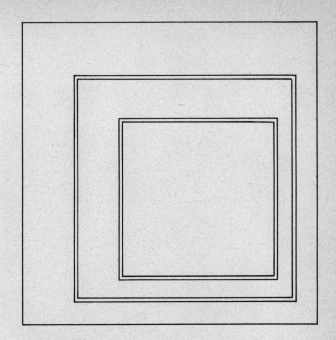

DDR Handbuch

Wissenschaftliche Leitung: Peter Christian Ludz
unter Mitwirkung von Johannes Kuppe

Herausgegeben vom
Bundesministerium für innerdeutsche Beziehungen

Verlag Wissenschaft und Politik · Köln

© by Bundesministerium für innerdeutsche Beziehungen, Dezember 1975
Titelgestaltung: Redactor GmbH, Frankfurt (Main)
Graphische Darstellungen: Walter Prangenberg, Bonn
Satz und Druck: A. Bernecker, Melsungen
ISBN 3–8046–8515–3

Vorwort

Im Januar 1971 wurde unter der Federführung meines Hauses von einer unabhängigen Gruppe von Wissenschaftlern unter der Leitung von Prof. Peter Christian Ludz mit den „Materialien zum Bericht zur Lage der Nation" erstmals eine wissenschaftliche Arbeit vorgelegt, die in der Öffentlichkeit als Systemvergleich der beiden deutschen Staaten ein fester Begriff wurde, ihre Fortführung und Abrundung in den „Materialien zum Bericht zur Lage der Nation" der Jahre 1972 und 1974 fand und den Anstoß für eine Vielzahl systemvergleichender Forschungen über DDR und Bundesrepublik Deutschland gab.

Die Fülle des in dieser Form vorgelegten wissenschaftlichen Materials hat seitdem einen Umfang erreicht, der vom einzelnen nur noch schwer zu überschauen und zu erschließen ist. Es liegt auf der Hand, daß dies auch von meinen Mitarbeitern erkannt wurde. Deshalb erging Anfang 1974 der Auftrag an Prof. Ludz, in Zusammenarbeit mit ausgewiesenen Wissenschaftlern und Fachkennern ein Manuskript für ein Nachschlagewerk zu erarbeiten, das nunmehr – nach einem verhältnismäßig kurzen Zeitraum, der den Autoren, der wissenschaftlichen Leitung, der Redaktion, der Herstellung, dem Verlag, der Druckerei und Binderei ein Höchstmaß an Leistung abverlangte, – als DDR-Handbuch vorgelegt wird.

Allen, die am Zustandekommen mitgewirkt haben, gebührt Dank und Anerkennung; auch den Mitarbeitern meines Hauses und des mir nachgeordneten Gesamtdeutschen Instituts. An die Benutzer des Handbuches habe ich – wie bei allen Veröffentlichungen des Bundesministeriums für innerdeutsche Beziehungen – die Bitte, auf mögliche Ergänzungen und Verbesserungen hinzuweisen.

Auch ihnen sei im voraus für ihre kritische Aufmerksamkeit und Mitwirkung gedankt.

Bundesminister
für innerdeutsche Beziehungen

Bonn, im November 1975

Einleitung

Generelle Hinweise

Seit dem Erscheinen der letzten, der 11. Auflage des Lexikons „A bis Z – Ein Taschen- und Nachschlagebuch über den anderen Teil Deutschlands" sind sechs Jahre vergangen. Die erhebliche Menge neuen Materials und die in der DDR seit 1969 festzustellenden entscheidenden Veränderungen machten eine völlige Neubearbeitung des Stoffes erforderlich.

Das vorliegende Buch soll in erster Linie über die aktuelle Situation der DDR informieren. Es soll dagegen kein Werk über die geschichtliche Entwicklung der DDR sein. Die Entscheidung für die Aktualität brachte den Wegfall einer Reihe von Stichwörtern mit sich, die inhaltlich – aufgrund der Entwicklung in der DDR – heute als überholt angesehen werden müssen. Andere historische Stichwörter mußten jedoch wegen ihrer zentralen politischen Bedeutung beibehalten werden. (Beispiel: „Arbeiterkomitee"). Darüber hinaus schienen – im Gegensatz zum früheren Lexikon – Kürzungen in den historischen Teilen auf solchen Gebieten vertretbar, wo heute spezielle Fachliteratur vorliegt. Nicht nur die Auswahl der Stichwörter, sondern auch die Darstellung und die Analyse wurden somit in der Regel auf die aktuelle Situation verlagert. Dies schließt nicht aus, daß bestimmte politische Erscheinungen in der DDR auch im Zeitalter der Entspannung beim Namen genannt werden.

Der formale Charakter des Nachschlagewerkes hat sich gewandelt. Es mußte eine Entscheidung zwischen Lexikon und Handbuch getroffen werden. Das Ergebnis ist ein Kompromiß. Der Band tendiert eher zum Handbuch, ohne die Vorzüge eines Lexikons ganz aufzugeben. Der Handbuchcharakter ist gewährleistet durch die – häufig vorgenommene – Zusammenfassung größerer Stichwörter zu Hauptartikeln. Das Schwergewicht verlagerte sich auf den Versuch, in diesen Hauptartikeln Zusammenhänge, auch historische Zusammenhänge, deutlich werden zu lassen. Der damit zwangsläufig gegebene teilweise Verzicht auf eine Fülle eher verwirrender und irrelevanter Einzelheiten wurde in Kauf genommen.

Das vorliegende Handbuch soll keine Ansammlung von Schnellinformationen sein. Die Artikel, besonders die Hauptartikel, wollen eher in die Problematik einführen, als in jedem Falle eine perfekte Datenaufbereitung liefern.

Die Redaktion hat es als ihre vordringliche Aufgabe erachtet, die wichtigsten Sachkomplexe zusammenzuführen und, soweit dies möglich war, inhaltlich-sachliche Fragen zu prüfen und aufeinander abzustimmen. Prinzipiell sollten jedoch die Autoren ohne grundsätzliche Veränderungen mit ihren Analysen und Bewertungen zu Wort kommen. In einigen Fällen ist deshalb bewußt darauf verzichtet worden, kontroverse Auffassungen einzuebnen. Dies schließt nicht aus, daß die Redaktion sich generell bemüht hat, Widersprüche in Wertungsfragen aus westlicher Sicht einvernehmlich mit den Autoren zu klären wie auf ein ausgewogenes Verhältnis von immanenter Deskription und Analyse zu achten. Naturgemäß konnte nicht immer Einmütigkeit erzielt werden. Damit spiegelt das vorliegende Handbuch die Spannweite der in der Bundesrepublik Deutschland gegenwärtig betriebenen DDR-Forschung wider. Als Beispiele für Stichwörter, die eher aus westlicher Sicht und weniger systemimmanent behandelt wurden, sei hier auf den Hauptartikel „Öffentliche Sozialleistungen" hingewiesen. Aufgrund des Verständnisses des Autors wurden u. a. staatliche Preissubventionen und der Komplex der gesellschaftlichen Konsumtion nicht einbezogen.

Die Auftragserteilung für das DDR-Handbuch erfolgte im Februar 1974. Letzter Termin für die Abgabe der Manuskripte war in der Regel der 31. Juli 1974. Die redaktionelle Bearbeitung nahm die Monate September 1974 bis Juli 1975 in Anspruch. In dieser Zeit und auch danach konnte noch eine Reihe neuer Daten berücksichtigt werden.

Spezielle Hinweise

1. Das Handbuch gliedert sich in alphabetisch angeordnete Hauptartikel, Stichwörter und Verweise, denen ein Literaturverzeichnis und ein Abkürzungsverzeichnis beigefügt sind.

2. Kürzere Stichwörter beginnen in der Regel mit einer Definition.

3. Im Text wird dann auf andere Stichwörter durch Fettdruck verwiesen, wenn die Redaktion dem Leser empfehlen möchte, sich weiter zu informieren.

4. Der Unterschiedlichkeit der voraussichtlichen Lesergruppen ist in einzelnen Fällen Rechnung getragen worden. So gehen manche Artikel auch auf theoretisch-wissenschaftliche Fragen ein, und zwar da, wo dies von der Sache her geboten schien.

5. Im Unterschied zum früheren Lexikon sind die 15 Bezirke der DDR nicht mehr in Stichwörtern behandelt worden. Dies konnte um so eher verantwortet werden, weil heute anderweitig genügend Informationen über die Entwicklung der einzelnen Bezirke zur Verfügung stehen.

6. Auf Biographien führender Persönlichkeiten der DDR ist verzichtet worden, weil seit 1973 das von

Günther Buch bearbeitete Werk „Namen und Daten. Biographien wichtiger Personen in der DDR" (Verlag J. H. W. Dietz Nachf., Berlin-Bonn) vorliegt.

7. Eine Reihe von Artikeln enthält erhebliche Zusammenfassungen von Stichwörtern und Tabellen. Dies gilt besonders für das Sachgebiet „Landwirtschaft". Ihm ist darüber hinaus relativ breiter Raum gewährt worden, weil der Landwirtschaft – nach Auffassung der Redaktion – unter dem Aspekt der Industrialisierung besondere Bedeutung zukommt.

8. Vergleiche zur Bundesrepublik Deutschland werden in der Regel nicht angestellt. Lediglich dort, wo Aussagen ohne Vergleichsbezug inhaltsleer würden (Beispiel: Arbeitsproduktivität, Kaufkraft), wurden sie beibehalten.

9. Statistische Angaben konnten nicht in allen Fällen vereinheitlicht werden, weil sich die Autoren z. T. auf unterschiedliche Quellen aus der DDR stützten sowie gelegentlich Eigenberechnungen benutzten.

10. Bisweilen enthalten Artikel lediglich formale Aussagen, weil weder die Autoren noch die Redaktion über wissenschaftlich gesicherte Angaben verfügten.

Bei anderen Stichwörtern waren solche inhaltlichen Angaben zwar verfügbar, wurden jedoch von Autoren und Redaktion nicht für wesentlich gehalten und deshalb nicht berücksichtigt (Beispiel: „Abschnittsbevollmächtigter").

11. Einige wichtige Sachgebiete konnten, trotz erheblicher Bemühungen der Redaktion, in diesem Zeitraum nicht vergeben werden (Beispiel: Literaturkritik). Andere Sachgebiete konnten in den entsprechenden Artikeln gar nicht oder nicht genügend vertieft werden. Es handelt sich hier jedoch um eine verschwindend geringe Anzahl von Stichwörtern.

12. Der Gegenstandsbereich „Universitäten und Hochschulen" ist zwar in einem Hauptartikel behandelt worden. Detailaussagen, z. B. über einzelne Universitäten und Hochschulen, waren jedoch nicht möglich, weil hier die neueste Entwicklung in der DDR bisher noch nicht mit genügender Genauigkeit erfaßt werden konnte.

Peter C. Ludz

Verzeichnis der Sachgebiete und Mitarbeiter

I. Staat, Verfassung, Recht:
G. Brunner, H. Hildebrand, O. Kringe, S. Mampel, G. Neugebauer, W. Rosenthal, K. Westen, U. Ziegler

II. Wirtschaft, Finanzen, Staatshaushalt:
R. Anders, J. Bethkenhagen, K. Bolz, H. Buck, H. Clement, K. Erdmann, W. Förster, H. Haase, J. Heidborn, M. Melzer, P. Plötz, M.-E. Ruban, R. Rytlewski

III. Gesundheitswesen, Genossenschaften, Handel, Landwirtschaft, Verkehrswesen, Post- und Fernmeldewesen:
M. Haendcke-Hoppe, P. Hannemann, W. Homann, E. Jahn, P. Kalinowski, Ch. Krebs, K. Wilde

IV. Arbeitskräfte, Lebensstandard, Lohnpolitik, Sozialwesen, Sozialplanung, Touristik:
K. Gröndahl, K. Hanf, P. Mitzscherling, J. Straßburger, H. Vortmann

V. SED, Massenorganisationen, Agitation und Propaganda, Massenmedien, bürgerliche Parteien, Kirchen:
A. Freiburg, K. W. Fricke, R. Henkys, E.-A. Jauch, P. Juling, J. Lehnecke, P. Lübbe, P. C. Ludz, F. Oldenburg, W. Schulz, W. Völkel, H. Weber, H. Zimmermann

VI. Ideologie, Philosophie, Soziologie, Wissenschaft, Sprache, Forschung, Bildungssystem, Hochschulen:
G.-J. Glaeßner, M. Hellmann, H. Hüning, K. Krakat, W. Leimbach, P. C. Ludz, R. Rytlewski, H. Vogt

VII. Bevölkerung, Sozialstruktur, Frauen, Jugend, Freizeit, Sport:
D. Behrens, A. Freiburg, G. Gast, G. Helwig, N. Kassel, W. Knecht, P. C. Ludz

VIII. Außenpolitik, innerdeutsche Beziehungen, Berlin, Außenwirtschaft, Militärpolitik:
M. v. Berg, H. Cloninger, U. Dietsch, K. Gröndahl, O. Klar, J. Kuppe, S. Kupper, H. Lippmann (†), H. Machowski, A. Mallinckrodt, K.-E. Murawski, G. Neugebauer, M. Rexin, W. Völkel

IX. Architektur, Auszeichnungswesen, Buchhandel und Verlagswesen, Kultur, Kunst:
M. Ackermann, R. Henkel, H. Kersten, L. Prisor, G. Rüß, H.-D. Sander, K. Saur, M. Virchow, W. Werner

Schlußredaktion: Günter Fischbach

Hilfen für den Benutzer

Das Handbuch will über die seit 1969 stark veränderte staatliche und gesellschaftspolitische Realität der DDR informieren. Im Gegensatz zu seinem Vorgänger „A bis Z, Ein Taschen- und Nachschlagebuch über den anderen Teil Deutschlands'' lag dieses Mal jedoch der Schwerpunkt auf der Einführung in die Problematik einzelner Sachgebiete und nicht so sehr auf der Vermittlung möglichst vollständiger Detailkenntnisse.

Der umfangreiche Stoff wurde in Hauptartikeln und Stichwörtern zusammengefaßt und in alphabetischer Reihenfolge angeordnet. Folgende Hauptartikel sind durch eine Umrahmung optisch herausgehoben worden:

Agitation und Propaganda
Agrarpolitik
Agrarwissenschaften
Arbeitsorganisation, Wissenschaftliche (WAO)
Arbeitsrecht
Architektur
Ästhetik
Außenpolitik
Außenwirtschaft und Außenhandel
Auszeichnungen
Bankwesen
Bau- und Wohnungswesen
Berlin
Berufsausbildung, Landwirtschaftliche
Betriebsformen und Kooperation
Betriebsverfassung
Bevölkerung
Beziehungen zwischen beiden deutschen Staaten
Binnenhandel
Deutschlandpolitik der SED
Eigentum
Einheitliches sozialistisches Bildungssystem
Energiewirtschaft
Familie
FDGB (Freier Deutscher Gewerkschaftsbund)
FDJ (Freie Deutsche Jugend)
Finanzsystem
Forschung
Frauen
Geld im Sozialismus
Genossenschaften, Ländliche
Gerichtsverfassung
Gesamtprodukt, Gesellschaftliches
Geschichte der DDR
Gesundheitswesen
Industrie
Information
Innerdeutscher Handel (IDH)
Jugend
Kriminalität
Kulturpolitik

Landwirtschaft
Landwirtschaftliche Betriebsformen
Literatur und Literaturpolitik
Lohnformen und Lohnsystem
Markt und Marktforschung
Marxismus-Leninismus
Medienpolitik
Militärpolitik
Nationale Volksarmee
Öffentliche Sozialleistungen
Phasen der Wirtschaftspolitik seit 1963
Planung
Politische Ökonomie
Post- und Fernmeldewesen
Preissystem und Preispolitik
Qualität der Erzeugnisse
Rat für Gegenseitige Wirtschaftshilfe (RGW)
Rationalisierung
Rechtswesen
Religionsgemeinschaften und Kirchenpolitik
SED
Sozialistischer Wettbewerb
Sozialstruktur
Sozialversicherungs- und Versorgungswesen
Soziologie und Empirische Sozialforschung
Sport
Staatsapparat
Standardisierung
Steuern
Strafrecht
Umweltschutz
Universitäten und Hochschulen
Verfassung
Verkehrswesen
Vertragssystem
Volkskammer
Währung/Währungspolitik
Wirtschaft
Zivilrecht

Für die Einordnung zusammengesetzter Begriffe war nicht immer das erste Wort maßgebend; sie wurden vielmehr dort aufgeführt, wo der Benutzer sie voraussichtlich suchen wird. bzw. dort, wo nach Auffassung der Redaktion und entsprechend ihrer Bedeutung der Hauptakzent liegt.

Z. B. wurde **Sozialistischer Wettbewerb** unter **Sozialistischer W.** eingeordnet, nicht aber unter Wettbewerb.

Ein Pfeil → verweist den Benutzer jeweils auf das Stichwort, unter dem er weitere Informationen findet. Aus Gründen der Übersichtlichkeit wurde in den einzelnen Texten nur dann auf weitere Hauptartikel oder Stichwörter verwiesen, wenn dort für das Verständnis des Zusammenhangs wichtige ergänzende Aussagen zu finden sind.

Verzeichnis wichtiger Abkürzungen

ABF	– Arbeiter-und-Bauern-Fakultät	BHT	– Braunkohlen-Hochtemperatur-koks
ABI	– Arbeiter-und-Bauern-Inspektion	BIMCO	– Baltic and International Maritime Conference (Vereinigung von Reedern, Schiffsmaklern und Fachverbänden für deren Zusammenwirken in Fragen des internationalen Seeverkehrs)
ABV	– Abschnittsbevollmächtigter		
ACZ	– Agrochemisches Zentrum		
AdK	– Akademie der Künste		
AdL	– Akademie der Landwirtschaftswissenschaften		
ADN	– Allgemeiner Deutscher Nachrichtendienst	BIS	– Betriebliches Informationssystem
AdW	– Akademie der Wissenschaften	BK	– Bauernkorrespondent
AE	– Arbeitseinheit	BKV	– Betriebskollektivvertrag
Agitprop	– Agitation und Propaganda	BLN	– Bank für Landwirtschaft und Nahrungsgüterwirtschaft
AGL	– Abteilungsgewerkschaftsleitung		
AGP	– Arbeitsgemeinschaft der Produktionsgenossenschaften	BMSR	– Betriebs-, Meß-, Steuerungs- und Regelungstechnik
Agra	– Agrarwissenschaftliche Gesellschaft der DDR	BNZ	– Bezirksneuererzentrum
		BPKK	– Bezirks-Parteikontrollkommission der SED
AHB	– Außenhandelsbetrieb		
AHU	– Außenhandelsunternehmen	BPL	– Betriebsparteileitung
AIK	– Agrar-Industrie-Komplex	BPO	– Betriebsparteiorganisation
AK-Verfahren	– Akkreditivverfahren	BR	– Baltischer Rundfunk
ALS	– Automatisiertes Leitungssystem	BRD	– Bundesrepublik Deutschland
AÖB	– Allgemeine Öffentliche Bücherei	BRK	– Bezirks-Revisionskommission
		BRT	– Bruttoregistertonne
APO	– Abteilungsparteiorganisation (der SED)	BSB	– Betrieb mit staatlicher Beteiligung
APW	– Akademie der Pädagogischen Wissenschaften	BSG	– Betriebssportgemeinschaft
		BV	– Bezirksverwaltung
ASG	– Armee-Sport-Gemeinschaft	BV	– Bundesvorstand
ASK	– Armee-Sport-Klub	BWL	– Betriebswirtschaftslehre
ASMW	– Amt für Standardisierung, Meßwesen und Warenprüfung	BWR	– Betriebswirtschaftsrat
		BZ	– Berliner Zeitung
ASPR	– Automatisiertes System der Planungsrechnung	BZL	– Bezirksleitung
ASV	– Allgemeiner Sportverband oder -verein	**CDU**	– Christlich-Demokratische Union
AWG	– Arbeiterwohnungsbaugenossenschaft	CFK	– Christliche Friedenskonferenz
		Comecon	– Council for Mutual Economic Assistance = Rat für Gegenseitige Wirtschaftshilfe
BdA/DDR	– Bund der Architekten der DDR	ČSSR	– Československá Socialistická Republika = Tschechoslowakische Sozialistische Republik
BDC	– Büro für Dokumentation		
BDK	– Bezirksdirektion für den Kraftverkehr		
BDP	– Bezirksdirektion Deutsche Post	CSU	– Christlich-Soziale Union
BDVP	– Bezirksbehörde der Deutschen Volkspolizei	**DABA**	– Deutsche Außenhandelsbank AG
BG	– Bezirksgericht		
BGB	– Bürgerliches Gesetzbuch	DAK	– Deutsche Angestellten-Krankenversicherung
BGL	– Betriebsgewerkschaftsleitung		
BGO	– Betriebsgewerkschaftsorganisation	DAL	– Deutsche Akademie der Landwirtschaftswissenschaften
BHG	– Bäuerliche Handelsgenossenschaft	DAMW	– Deutsches Amt für Meßwesen und Warenprüfung

DARAG	– Deutsche Auslands- und Rückversicherungs-AG	**ECE**	– Economic Commission for Europe = Wirtschaftskommission (der UN) für Europa
DASR	– Deutsche Akademie für Staats- und Rechtswissenschaften	ECOSOC	– Economic and Social Council = Wirtschafts- und Sozialrat der UN
DAV	– Deutscher Anglerverband		
DBB	– Deutsche Bauernbank	EG	– Einführungsgesetz
DBD	– Demokratische Bauernpartei Deutschlands	EKKI	– Exekutivkomitee der kommunistischen Internationale
DEFA	– Deutsche Film AG	EKO	– Eisenhüttenkombinat Ost
DER	– Deutsches Reisebüro GmbH	EKU	– Evangelische Kirche der Union
DEWAG	– Deutsche Werbe-Anzeigen-Gesellschaft	ELG	– Einkaufs- und Liefergenossenschaft
DFD	– Demokratischer Frauenbund Deutschlands	EOS	– Erweiterte Oberschule
DFÜ	– Datenfernübertragung	ESAV	– Einheitssystem der automatisierten Verfahrenstechnik
DHB	– Deutsche Handelsbank AG	ESER	– Einheitliches System elektronischer Rechentechnik
DHfK	– Deutsche Hochschule für Körperkultur	ESRS	– Einheitliches System von Rechnungsführung und Statistik
Diamat	– Dialektischer Materialismus		
DIB	– Deutsche Investitionsbank	EVP	– Einzelhandelsverkaufspreis
DIM	– Deutsches Institut für Marktforschung	EWG	– Europäische Wirtschaftsgemeinschaft
DIN	– Deutsche Industrie-Norm		
DIZ	– Deutsches Institut für Zeitgeschichte	**FAO**	– Food and Agriculture Organization = Organisation für Ernährung und Landwirtschaft der UN
DKA	– Deutsche Künstleragentur		
DKGD	– Deutsche Konzert- und Gastspieldirektion	FAZ	– Frankfurter Allgemeine Zeitung
DKP	– Deutsche Kommunistische Partei	FDGB	– Freier Deutscher Gewerkschaftsbund
DM	– Deutsche Mark		
DMI	– Deutsches Modeinstitut	FDJ	– Freie Deutsche Jugend
DNA	– Deutscher Normenausschuß	FDP	– Freie Demokratische Partei
DNB	– Deutsche Notenbank	FF-Dabei	– Funk- und Fernsehzeitschrift „Dabei"
DP	– Deutsche Post		
DPA	– Deutscher Personalausweis	FGB	– Familiengesetzbuch
dpa	– Deutsche Presseagentur	FGS	– Fischerei-Geräte-Station
DPZI	– Deutsches Pädagogisches Zentralinstitut	FIAF	– Internationale Föderation der Filmarchive
DR	– Deutsche Reichsbahn	FN	– Forstwirtschaftliche Nutzfläche
Dr. sc.	– Doktor der Wissenschaften	FPG	– Fischereiproduktionsgenossenschaft
Dr. sc. med.	– Doktor der medizinischen Wissenschaften		
		FVerfO	– Familienverfahrensordnung
DRK	– Deutsches Rotes Kreuz	FZR	– Freiwillige Zusatzrentenversicherung
DSA	– Deutscher Sportausschuß		
DSF	– Deutsch-Sowjetische Freundschaft (Gesellsch. f.)	**GAN**	– Generalauftragnehmer
DSR	– VEB Deutfracht/Seereederei Rostock	GATT	– General Agreement on Tariffs and Trade = Allgemeines Zoll- und Handelsabkommen
DSRK	– DDR-Schiffs-Revision und -Klassifikation	GB	– Genossenschaftsbank oder Gewerbebank
DTSB	– Deutscher Turn- und Sportbund		
DV	– Datenverarbeitung	GBA	– Gesetzbuch der Arbeit
DVA	– Deutsche Versicherungsanstalt	GBl.	– Gesetzblatt
DVP	– Deutsche Volkspolizei	GdA	– Geschichte der deutschen Arbeiterbewegung
DWI	– Deutsches Wirtschaftsinstitut		
DWK	– Deutsche Wirtschaftskommission	GG	– Gesellschaftliche Gerichte
		GGG	– Gesetz über die gesellschaftlichen Gerichte
DZA	– Deutsches Zentralarchiv		
DZfPh	– Deutsche Zeitschrift für Philosophie	GHG	– Großhandelsgesellschaft
		GI	– Geheimer Informant

GK	– Generalkonsulat	IIB	– Institut für internationale Beziehungen
GOS-Plan	– Staatl. Plankomitee der Sowjetunion (GOS = Abk. für Gossudarstwenni = staatlich)	ILIS	– Integriertes Leitungs- und Informationssystem
GPG	– Gärtnerische Produktionsgenossenschaft	ILO	– International Labor Organization = Internationale Arbeitsorganisation
GSSD	– Gruppe sowjetischer Streitkräfte in Deutschland	ILP	– Informationssystem Leitung und Planung
GST	– Gesellschaft für Sport und Technik	IML	– Institut für Marxismus-Leninismus beim ZK der SED
GVG	– Gerichtsverfassungsgesetz	IMSF	– Institut für Marxistische Studien und Forschungen
HA	– Handelsabgabe	IOC	– International Olympic Committee = Internationales Olympisches Komitee
HAN	– Hauptauftragnehmer		
HAP	– Herstellerabgabepreis		
HfÖ	– Hochschule für Ökonomie	IOJ	– Internationale Organisation der Journalisten
HGB	– Handelsgesetzbuch		
Histomat	– Historischer Materialismus	IPW	– Institut für Internationale Politik und Wissenschaft
HO	– Handelsorganisation		
HSG	– Hochschulsportgemeinschaft	IS	– Informationssystem
HV	– Hauptverwaltung	ISAIV	– Integriertes System der automatisierten Informationsverarbeitung
HVA	– Hauptverwaltung Aufklärung		
HVDVP	– Hauptverwaltung Deutsche Volkspolizei		
HVPF	– Hauptverwaltung für das Post- und Fernmeldewesen	I/UP	– Informations- und Unterhaltungsprogramm
		ITU	– International Telecommunication Union = Internationale Fernmeldeunion
IAEA	– International Atomic Energy Agency = Internationale Atomenergie-Organisation		
		IWT	– Informationssystem Wissenschaft und Technik
IAP	– Industrieabgabepreis		
IBFG	– Internationaler Bund freier Gewerkschaften	**JGG**	– Jugendgerichtsgesetz
		JP	– Junge Pioniere
IBWZ	– Internationale Bank für wirtschaftliche Zusammenarbeit	**KAE**	– Kollektiv- und Arbeitserziehung
ICHCA	– International Cargo Handling Coordination Association = Internationale Organisation für die Koordinierung der Transport- und Umschlagtechnik	KAP	– Kooperative Abteilung der Pflanzenproduktion
		KB	– Kulturbund
		KdT	– Kammer der Technik
		KfA	– Kammer für Außenhandel
ICOM	– Internationaler Museums-Rat	KfL	– Kreisbetrieb für Landtechnik
ID	– Information und Dokumentation	KG	– Kommanditgesellschaft
		KIM	– Kombinat für industrielle Mast
IDFF	– Internationale Demokratische Frauenföderation	KJS	– Kinder- und Jugend-Sportschule
		KK	– Konfliktkommission
IDH	– Innerdeutscher Handel	KKO	– Konfliktkommissionsordnung
IfD	– Institut für Dokumentation	KOE	– Kooperative Einrichtung
IfG	– Institut für Gesellschaftswissenschaften beim ZK der SED	KOG	– Kooperationsgemeinschaft
		KOV	– Kooperationsverband
IfL	– Institut für Landwirtschaft	KPD	– Kommunistische Partei Deutschlands
IfL „J.R.B.”	– Institut für Literatur „Johannes R. Becher”	KPdSU	– Kommunistische Partei der Sowjetunion
IG	– Industriegewerkschaft		
Iga	– Landwirtschaftsausstellung der DDR	KPKK	– Kreisparteikontrollkommission
		KrG	– Kreisgericht
IHB	– Industrie- und Handelsbank	KRK	– Kreis-Revisionskommission
IHK	– Industrie- und Handelskammer	KTW	– Komitee für Touristik und Wandern
IHS	– Ingenieurhochschule		
IIB	– Internationale Investitionsbank	KVP	– Kasernierte Volkspolizei

KSZE	– Konferenz für Sicherheit und Zusammenarbeit in Europa
LDPD	– Liberal-Demokratische Partei Deutschlands
LHA	– Landeshauptarchiv
LID	– Leitstelle für Information und Dokumentation
LIW	– Landtechnisches Instandsetzungswerk
LKG	– Leipziger Kommissions- und Großbuchhandel
LN	– Landwirtschaftliche Nutzfläche
LPG	– Landwirtschaftliche Produktionsgenossenschaft
LSK/LV	– Luftstreitkräfte/Luftverteidigung
MA	– Medizinischer Assistent
MAS	– Maschinen-Ausleih-Station
MBF	– Markt und Bedarfsforschung
MD	– Militärischer Dienst
MDV	– Medizinischer Dienst Verkehrswesen
MEA	– Marx-Engels-Werksausgabe
MEGA	– Marx-Engels-Gesamtausgabe
MEL	– Marx-Engels-Lenin-Institut
MELS	– Marx-Engels-Lenin-Stalin-Institut
MHB	– Medizinische Hilfsberufe
MHO	– Militärhandelsorganisation
MILOG	– Militärstrafsenat des Obersten Gerichts
ML	– Marxismus-Leninismus
MLO	– Marxistisch-Leninistische Organisation
MmB	– Mittlerer medizinischer Beruf
MmK	– Mittlere medizinische Kraft
MMM	– Messe der Meister von Morgen
MMW	– Mach-Mit-Wettbewerb
MOG	– Militärisches Oberstes Gericht
MTS	– Maschinen-Traktoren-Station
NATO	– North Atlantic Treaty Organization = Nordatlantische Verteidigungsgemeinschaft
NAW	– Nationales Aufbauwerk
ND	– Neues Deutschland
NDBZ	– Neue Deutsche Bauernzeitung
NDL	– Neue Deutsche Literatur
NDP	– Neue Deutsche Presse
NF	– Nationale Front
NFG	– Nationale Forschungs- und Gedenkstätte
NK	– Nutzkoeffizient
NKFD	– Nationalkomitee Freies Deutschland
NOK	– Nationales Olympisches Komitee

NÖS	– Neues Ökonomisches System
NÖSPL	– Neues Ökonomisches System der Planung und Leitung
NPT	– Netzplantechnik
NSDAP	– Nationalsozialistische Deutsche Arbeiterpartei
NVA	– Nationale Volksarmee
NVR	– Nationaler Verteidigungsrat
ÖFI	– Ökonomisches Forschungsinstitut
ÖLB	– Örtlicher Landwirtschaftsbetrieb
ÖP	– Ökonomische Planinformation
ÖSS	– Ökonomisches System des Sozialismus
OG	– Oberstes Gericht
OGL	– Ortsgewerkschaftsleitung
OGO	– Orts- bzw. Dorfgewerkschaftsorganisation
OIRT	– Organisation der internationalen Rundfunkverbände
OJM	– Olympiade Junger Mathematiker
OPW	– Gemeinsamer Güterwagenpark (der Länder des RGW)
ORZ	– Organisations- und Rechenzentrum
OS	– Oberschule
OSS	– Organisation für die Zusammenarbeit der sozialistischen Staaten auf dem Gebiet des Post- und Fernmeldewesens
OSShD	– Organisation für die Zusammenarbeit der Eisenbahnen der Länder des RGW
OTAK	– Organe für technische Aufsicht und Klassifikation von Schiffen
OWG	– Ordnungswidrigkeitsgesetz
PB	– Politbüro
PB	– Produktionsberatung
PBA	– Politischer Beratender Ausschuß
PBU	– Polytechnischer Bildungsunterricht
PDA	– Produktions- und Dienstleistungsabgabe
PDHA	– Produktions, Dienstleistungs- und Handelsabgabe
PFA	– Produktionsfondsabgabe
PG	– Produktionsgenossenschaft
PGH	– Produktionsgenossenschaft des Handwerks
PH	– Pädagogische Hochschule
PHS	– Parteihochschule
PHV	– Politische Hauptverwaltung
PK	– Produktionskomitee
PKK	– Parteikontrollkommission

PIANC	– Permanent International Association of Navigation Congresses = Internationale ständige Vereinigung der Schiffahrtskongresse	SED	– Sozialistische Einheitspartei Deutschlands
		SER	– System elektronischer Rechentechnik
POS	– Polytechnische Oberschule	SEW	– (russ.) Rat für Gegenseitige Wirtschaftshilfe
PR	– Prozeßrechentechnik	SHR	– VEB Seehafen Rostock
PV	– Parteivorstand	SHS	– VEB Seehafen Stralsund
PwF	– Produktionsgenossenschaft werktätiger Fischer	SHW	– VEB Seehafen Wismar
		SKAV	– Staatliches Komitee für Ankauf und Verarbeitung
PZV	– Postzeitungsvertrieb	SKE	– Steinkohleinheiten
QIZ	– Quellenorientiertes Informationszentrum	SKF	– Staatliches Komitee für Forstwirtschaft
		SKK	– Sowjetische Kontrollkommission
Rbd od. RBD	– Reichsbahndirektion	SKM	– Staatliches Komitee für Meliorationen
RBI	– Radio Berlin International		
RdB	– Rat des Bezirks	SMAD	– Sowjetische Militäradministration in Deutschland
RdF	– Rat der Freunde		
RdK	– Rat des Kreises	SMPS	– Abkommen über den internationalen Eisenbahn-Personenverkehr der sozialistischen Länder
RFB	– Roter Frontkämpferbund		
RFT	– VVB Radio- und Fernmeldetechnik		
		SMT	– Sowjetische Militärtribunale
RGO	– Rote Gewerkschaftsorganisation	SOPS	– Sachgebietsorientierte Programmsysteme
RGW	– Rat für Gegenseitige Wirtschaftshilfe		
		SPK	– Staatliche Plankommission
RIC	– Internationaler Personen- und Gepäckwagenverband	SSD	– Staatssicherheitsdienst
		SSO	– Seestraßenordnung
RIV	– Internationaler Güterwagenverband	StAAS	– Staatliches Amt für Atomsicherheit und Strahlenschutz der DDR
RKV	– Rahmenkollektivvertrag		
RLN	– Rat für Landwirtschaft und Nahrungsgüterwirtschaft	StFB	– Staatliche Forstbetriebe
		StGB	– Strafgesetzbuch
RLN-M	– Rat f. Landw. u. Nahrungsgüterw. beim Ministerrat	StPO	– Strafprozeßordnung
		SU	– Sowjetunion
RLN-B	– Rat f. Landw. u. Nahrungsgüterw. auf Bezirksebene	SV	– Sozialversicherung
		SVWG	– Strafvollzugs- und Wiedereingliederungsgesetz
RLN-K	– Rat für Landw. u. Nahrungsgüterw. auf Kreisebene		
		SZS	– Staatliche Zentralverwaltung für Statistik
RTL	– Radio Television Luxemburg		
SAG	– Sowjetische, später Staatliche Aktiengesellschaft der DDR	TAN	– Technisch begründete Arbeitsnorm
		TASS	– Sowjetische Nachrichtenagentur
SAG	– Sozialistische Arbeitsgemeinschaft	TH	– Technische Hochschule
SAP	– Sozialistische Arbeiterpartei	TK	– Technische Kabinette
SBBI	– Staatliches Büro für die Begutachtung der Investitionen	TÖK	– Technisch-ökonomische Kennziffern
SBW	– Sozialistische Betriebswirtschaft	TOM	– Technisch-organisatorische Maßnahme
SBWL	– Sozialistische Betriebswirtschaftslehre		
		TPA	– Transportausschüsse
SBZ	– Sowjetische Besatzungszone	TU	– Technische Universität
SC	– Sportclub		
SchkO	– Schiedskommissionsordnung		
SDAG	– Sozialistische Deutsche Wismut AG	UdSSR	– Union der Sozialistischen Sowjet-Republiken
SDAJ	– Sozialistische Deutsche Arbeiterjugend	UIC	– Internationaler Eisenbahnverband
SDAPR	– Sozialdemokratische Arbeiterpartei Rußlands	UIT	– Internationale Fernmeldeunion

UN	– United Nations = Vereinte Nationen	VVB	– Vereinigung Volkseigener Betriebe
UNCTAD	– United Nations Conference on Trade and Development = Konferenz für Handel und Entwicklung der Vereinten Nationen	VVEAB	– Vereinigung Volkseigener Erfassungs- und Aufkaufbetriebe
		VVN	– Vereinigung der Verfolgten des Nazi-Regimes
UNEP	– Verwaltungsrat für das UNO-Umwelt-Programm	VVW	– Vereinigung volkseigener Warenhäuser
UNESCO	– United Nations Educational Scientific and Cultural Organization = Organisation der Vereinten Nationen für Erziehung, Wissenschaft und Kultur	VWR	– Volkswirtschaftsrat
		WAO	– Wissenschaftliche Arbeitsorganisation
UNIDO	– Organisation für industrielle Entwicklung	WBDJ	– Weltbund der Demokratischen Jugend
UNO	– United Nations Organization = Organisation der Vereinten Nationen	WEU	– Westeuropäische Union
		WGB	– Weltgewerkschaftsbund
		WHO	– World Health Organization = Weltgesundheitsorganisation
UPU	– Universal Postal Union = Weltpostverein	WIB	– Wissenschaftliche Industriebetriebe
URSAMAT	– Universelles System von Geräten und Einrichtungen für die Automatisierung technologischer Prozesse	WIBO	– Weltorganisation für geistiges Eigentum
		WMO	– World Meteorological Organization = Internationale Meteorologische Organisation der UN
UTP	– Unterrichtstag in der sozialistischen Produktion	WP	– Warschauer Pakt
		WR	– Wirtschaftliche Rechnungsführung
VAN	– Vorläufige Arbeitsnormen		
VBK	– Verband bildender Künstler	WtB	– Wissenschaftlich-technisches Büro
VdgB	– Vereinigung der gegenseitigen Bauernhilfe	WTO	– Wissenschaftlich-technische Organisation
VDJ	– Verband der Journalisten in der DDR	WTZ	– Wissenschaftlich-technisches Zentrum
VDJD	– Vereinigung der Juristen der DDR	WTZ	– Wissenschaftlich-technische Zusammenarbeit
VE	– Verrechnungseinheit		
VEAB	– Volkseigener Erfassungs- und Aufkaufbetrieb	**ZA**	– Zentralausschuß
VEB	– Volkseigener Betrieb	ZAG	– Zentrale Arbeitsgemeinschaft
VEG	– Volkseigene Genossenschaft	ZAK	– Zentraler Arbeitskreis für Forschung und Technik
VEG	– Volkseigenes Gut		
VEH	– Volkseigener Handel	ZASK	– Zentraler Armee-Sport-Klub
VELK	– Vereinigte Evangelisch-Lutherische Kirche	ZBE	– Zwischenbetriebliche Einrichtung
VES	– Versuchs- und Entwicklungsstelle	ZBO	– Zwischengenossenschaftliche Bauorganisation
VIS	– Volkswirtschaftliches Informationssystem	ZEW	– Zwischengenossenschaftliche Einrichtung Waldwirtschaft
VKSK	– Verband der Kleingärtner, Siedler und Kleintierzüchter	ZFA	– Zentrales Forschungsinstitut für Arbeit
VM	– Valutamark	ZFG	– Zentrale Fachgruppen
VM	– Volksmarine	ZG	– Zollgesetz
VOB	– Vereinigung Organisationseigener Betriebe	ZGE	– Zwischengenossenschaftliche Einrichtung
VOPP/VOPS	– Verfahrensorientierte Programmpakete/Programmsysteme	ZIA	– Zentralinstitut für Automatisierung
VPKA	– Volkspolizei-Kreisamt	ZIAS	– Zentralinstitut für Arbeitsschutz
VR	– Volksrepublik	ZID	– Zentralinstitut für Dokumentation
VuM	– Verfügungen und Mitteilungen		

ZIF	– Zentralinstitut für Fertigungstechnik	ZPD	– Zentralstelle für Primärdokumentation
ZIID	– Zentralinstitut für Information und Dokumentation	ZPKK	– Zentrale Parteikontrollkommission
ZIS	– Zentralinstitut für Schweißtechnik	ZR	– Zentralrat
		ZRK	– Zentrale Revisionskommission
ZISW	– Zentralinstitut für Sprachwissenschaft	ZS	– Zentralsekretariat
		ZStPB	– Zentrale Ständige Produktionsberatungen
ZIZ	– Zweigorientiertes Informationszentrum	ZSW	– Zentralinstitut für sozialistische Wirtschaftsführung
ZK	– Zentralkomitee		
ZLID	– Zentrale Leitstelle für Information und Dokumentation	ZV	– Zentralvorstand
		ZVA	– Zeitungsvertriebsamt
		ZVOBl	– Zentralverordnungsblatt

A

ABF: Abk. für → **Arbeiter-und-Bauern-Fakultät.**

Abgaben: → **Steuern.**

Abgabenverwaltung: Die rechtliche Grundlage für den Neuaufbau einer öffentlichen Finanzwirtschaft und einer Finanzverwaltung in der SBZ war durch den Befehl Nr. 01 der → **SMAD** vom 23. 7. 1945 über die „Neuorganisation der Deutschen Finanz- und Kreditorgane" geschaffen worden. Bis 1949 lag das Recht, Steuern und Abgaben zu erheben, bei den 5 Ländern der SBZ und der von ihnen wiedererrichteten Finanzverwaltung. Der zentrale zonale Haushalt hatte demgemäß keine eigenen Einnahmequellen, sondern wurde aus den Länderhaushalten finanziert. Dieses dezentrale System der öffentlichen Finanzwirtschaft hemmte die angestrebte Errichtung einer vollkommen zentral gelenkten Wirtschaft und behinderte die gewünschte Umwandlung der privatwirtschaftlichen Wirtschaftsverhältnisse in sozialistische Produktionsverhältnisse. Nach Gründung der DDR 1949 schuf die neugebildete Staatsführung unter Bezug auf Artikel 119 der Verfassung vom 7. 10. 1949 vorübergehend eine allgemeine A. Diese umfaßte die Deutsche Zentralfinanzdirektion und die Länderfinanzdirektionen mit ihren Finanzämtern. Durch das Abgabengesetz vom 9. 2. 1950 wurde die Abgabenhoheit der Republik zuerkannt. Das Gesetz über die Reform des öffentlichen Haushaltswesens vom 15. 12. 1950 (GBl. 1950, S. 1201) ordnete dann die Schaffung eines einheitlichen Aufbaus des Staatshaushalts an. Dieser „einheitliche Staatshaushalt" umfaßte seitdem auch die Haushalte der Länder (später der Bezirke), Kreise und Gemeinden, deren Finanzhoheit damit bis auf einige Restkompetenzen beseitigt wurde. Nach diesen vorausgehenden Reorganisationen wurde durch den Umbau der Staatsverwaltung auf Grund des Gesetzes über die weitere Demokratisierung des Aufbaus und der Arbeitsweise der staatlichen Organe in den Ländern der DDR vom 23. 7. 1952 (GBl. 1952, S. 613) die Finanzverwaltung endgültig mit dem Rätesystem der staatlichen Exekutivorgane verschmolzen und existiert seither nicht mehr als eigener Verwaltungszweig. Die Aufgaben der A. wurden einerseits vom Ministerium der Finanzen und den Abt. Finanzen der Räte der → **Bezirke** und → **Kreise** übernommen. Anderseits wurde das Bankensystem bei der Mehrheit der Abführungen zum Kassenvollzugsorgan des → **Staatshaushalts.** Den Gemeinden wurden die noch verbliebenen Reste einer eigenen „Finanzhoheit" endgültig durch die am 17. 2. 1954 erlassene „Staatshaushaltsordnung" entzogen. (GBl. Nr. 23, S. 207 ff.)

Abgrenzung: Von der DDR-Führung seit Herbst 1970 verwendeter zentraler politischer Begriff zur Kennzeichnung ihrer Politik gegenüber der Bundesrepublik Deutschland. Nachdem H. Axen am 13. 9. 1970 erklärt hatte, der „antifaschistische Grundzug der DDR" verpflichte sie, in Gegenwart und Zukunft den „sozialistischen Arbeiter-und-Bauern-Staat weiterhin auf allen Gebieten von der imperialistischen Bundesrepublik abzugrenzen", bezeichnete W. Stoph am 6. 10. 1970 die A. als einen „objektiven Prozeß", der sich „angesichts der Gegensätzlichkeit der Staats- und Gesellschaftssysteme unvermeidlich" vollziehe.

Erkenntnis und Anerkennung der A. als einer historischen Gesetzmäßigkeit im Sinne des zeitgenössischen Marxismus-Leninismus gelten als Voraussetzung einer Politik der → **Friedlichen Koexistenz**; dabei wird das Verhältnis zwischen den beiden deutschen Staaten als Spiegelung eines weltweiten Gegensatzes zweier fundamental verschiedener Gesellschaftssysteme gedeutet: „Die Abgrenzung zwischen Imperialimus und Sozialismus vollzieht sich im Weltmaßstab und damit genauso zwischen der sozialistischen Deutschen Demokratischen Republik und der kapitalistischen BRD."

Maßgebliche Politiker der DDR betonen, daß A. nicht als Selbstisolierung oder Abkapselung von „fortschrittlichen Kräften" in den westlichen Ländern aufzufassen sei. In der politischen Praxis hat die Politik der A. zu einer Drosselung bestehender Kontakte und zu einer betonten Zurückhaltung gegenüber neuen Kommunikationsmöglichkeiten im kulturell-ideologischen Bereich geführt.

Auf der 9. Tagung des ZK der SED im Mai 1973 erklärte E. Honecker, nicht Sprache und Kultur hätten die Grenze zwischen der DDR und der Bundesrepublik Deutschland gezogen, sondern „die unterschiedliche, ja, gegensätzliche soziale Struktur" der beiden deutschen Staaten: „Gemeinsamkeiten in der Sprache können diese Realitäten nicht hinwegzaubern. Abgesehen davon, daß solche Gemeinsamkeiten noch lange nicht identisch sind mit einem gemeinsamen Staatswesen, mit einer gemeinsamen Nation." Nach Honecker gilt das gleiche auch für Geschichte und Kultur.

„Gemeinsame Geschichte? Dafür seien nur die Geschichtsbücher in beiden deutschen Staaten herangezogen. Es gibt zweierlei Geschichte . . . Gemeinsame Kultur? Stets gab es auch in Deutschland zwei Kulturen, die der herrschenden Ausbeuterklasse und die der werktätigen Massen." Letztere sei zur „aufblühenden sozialistischen Nationalkultur der DDR geworden" – geschieden durch eine „unüberbrückbare Kluft zum spätbürgerlichen Kulturverfall, zur Entstellung des Menschenbildes, zu Pornographie, Brutalität und bewußt betriebener Verdummung im imperialistischen Staat".

A., in der Entschließung des VIII. SED-Parteitages als „gesetzmäßiger Prozeß" bestätigt, schließt jedoch im Verständnis der DDR die Herstellung und Aufrechterhaltung normaler zwischenstaatlicher Beziehungen auf völkerrechtlicher Grundlage nicht aus.

Die Politik der A. muß als eine Abwehrstrategie gegenüber westlichen Einflüssen verstanden werden. Sie nahm daher an Bedeutung und Intensität zu, als sich die DDR der internationalen Entspannung anpassen mußte und durch vertragliche Regelungen (Grundlagenvertrag) die Kommunikationsmöglichkeiten zwischen den Bürgern beider deutscher Staaten wesentlich erleichtert wurden. → **Deutschlandpolitik der SED; Außenpolitik.**

ABI: → **Arbeiter-und-Bauern-Inspektion.**

Ablieferungspflicht: → **Agrarpolitik; Landwirtschaft.**

Ablieferungssoll: → **Agrarpolitik; Landwirtschaft.**

Abrüstung: Von der DDR wird A. als Prinzip des Völkerrechts (Art. 1, 11, 26 und 47 der UNO-Charta) und der Politik der → **Friedlichen Koexistenz** zwischen Staaten unterschiedlicher Gesellschaftsordnung verstanden, das die Einschränkung (Teil-A.) bzw. Abschaffung der Rüstungen und Streitkräfte (allgemeine oder vollständige A.) fordert. Die A. gilt als Mittel der Begrenzung bzw. Beseitigung der Kriegsgefahr und der Befreiung der Völker von den Rüstungslasten. Die DDR betreibt ihre Abrüstungspolitik im Rahmen des Warschauer Vertrages. Dessen Politischer Beratender Ausschuß und die seit 1970 jährlich stattfindenden Krim-Konferenzen der führenden Partei- und Staatsfunktionäre der sozialistischen Staaten fungieren als wichtige Gremien zur Koordinierung der → **Außenpolitik** und zur Formulierung von Abrüstungsinitiativen. Für die Warschauer-Vertrags-Staaten ist das Bemühen um A., als deren zentrales Anliegen das Verbot der Massenvernichtungsmittel, vor allem der Kernwaffen, gilt, Bestandteil ihrer umfassenderen Sicherheitspolitik. Von 1950 bis 1955 hat sich die DDR mit zahlreichen Vorschlägen an die Bundesregierung gewandt, sich über Schritte, Maßnahmen und Verpflichtungen hinsichtlich des militärisch neutralen Status eines wiedervereinigten Deutschlands und bezüglich der Beschränkung der zahlenmäßigen Stärke und der Bewaffnung der Streitkräfte zu verständigen. Um die befürchtete atomare Aufrüstung der Bundesrepublik zu verhindern, trat die DDR seit 1956/57 mit der Forderung und entsprechenden Vorschlägen zur Gewährleistung eines umfassenden Verzichts beider deutscher Staaten auf Kernwaffen, deren Produktion, Stationierung und Anwendung hervor. Besondere Bedeutung erlangte der von ihr unterstützte Rapacki-Plan für eine atomwaffenfreie Zone in Mitteleuropa. Im September 1960 unterbreitete die DDR der XV. UNO-Vollversammlung Vorschläge zur etappenweisen allgemeinen und vollständigen A. der beiden deutschen Staaten. Die Abrüstungspolitik der DDR hatte bis zum Abschluß des → **Grundlagenvertrages** mit der Bundesrepublik Deutschland neben dem primären Anliegen äußerer Sicherheit auch eine wichtige Funktion in ihrer → **Deutschlandpolitik** und dem Bemühen um internationale Anerkennung. Dies gilt auch für ihren Beitritt zum Vertrag über das Verbot der Kernwaffen-

versuche (8. 8. 1963), den Entwurf eines Vertrages zwischen der DDR und der Bundesrepublik Deutschland über den „umfassenden Verzicht auf Kernwaffen" (6. 1. 1964) und die Erklärung an die UNO zur Nichtweiterverbreitung und zum Verbot der Anwendung von Kernwaffen (27. 10. 1966). Die DDR unterschrieb und ratifizierte bisher alle Verträge über A. und Rüstungsbegrenzung, die interessierten Staaten zum Beitritt offenstehen, soweit sie für sie politisch bedeutsam sind. Eine besondere Rolle spielte der Kernwaffensperrvertrag, zu dessen ersten Unterzeichnerstaaten die DDR am 1. 7. 1968 mit gehörte. Die Tatsache, daß die Unterzeichnung des Vertrages durch die Bundesrepublik Deutschland erst im November 1969 und die Ratifizierung im März 1974 erfolgten, lieferte der DDR lange Zeit den propagandistischen Vorwand, ihr „Bemühen um Frieden und Sicherheit" einerseits und die „friedensgefährdende Politik" der Bundesrepublik andererseits herauszustellen.

Am 7. 3. 1972 hat die DDR mit der Internationalen Atomenergiebehörde (IAEA) ein Abkommen über die Anwendung von Sicherheitskontrollen geschlossen, das im Kernwaffensperrvertrag gefordert wird. In Art. 5 des Grundlagenvertrages haben sich DDR und Bundesrepublik zur Unterstützung der Bemühungen um Rüstungsbegrenzung und A. sowie deren wirksame Kontrolle verpflichtet. Die DDR – in ihrer Verfassung von 1968 hat sie das Eintreten für allgemeine A. zur Norm erhoben (Art. 6 Abs. 4) – sieht in der seit Ende der 60er Jahre eingetretenen politischen Entspannung die Chance, die politische durch die militärische Entspannung, die A., zu ergänzen. Auf der Grundlage des außenpolitischen Programms des XXIV. KPdSU-Parteitages und der Prager Deklaration der Warschauer Vertragspartner vom 26. 1. 1972 geht sie gemeinsam mit ihren Verbündeten auf der Konferenz für Sicherheit und Zusammenarbeit in Europa (KSZE) sowie in den Verhandlungen über die Beschränkung der Rüstungen und Streitkräfte in Mitteleuropa von der A. als einem „Grundprinzip" für die Sicherheit aus, das unter strikter Beachtung des Grundsatzes beiderseitiger Sicherheit realisiert werden soll.

Als neues Mitglied der UNO unterstützte sie auf der XXVIII. Vollversammlung den sowjetischen Vorschlag einer Weltabrüstungskonferenz sowie den zur „Reduzierung der Militärbudgets der Ständigen Mitglieder des UNO-Sicherheitsrates um 10 Prozent und die Verwendung eines Teils der eingesparten Mittel zur Hilfe für die Entwicklungsländer". Auf der Warschauer Tagung des Politischen Beratenden Ausschußes des Warschauer Pakts (17./18. 4. 1974) bekundeten die DDR und ihre Verbündeten ihre Bereitschaft zur gleichzeitigen Auflösung von NATO und → **Warschauer Pakt** und der Schaffung eines kollektiven Sicherheitssystems, erklären aber die Stärkung der Verteidigungskraft für unerläßlich, solange keine wirksamen Abrüstungsmaßnahmen erfolgen.

Die Abrüstungspolitik der DDR war in keiner Phase originell; sie paßte sich vielmehr stets sowjetischen Abrüstungsinitiativen an und modifizierte diese lediglich hin und wieder für den innerdeutschen propagandisti-schen Gebrauch. → **Europapolitik der SED.**

Absatz: Wertmäßige Realisierung der Produktion. Der A. ist Bestandteil der Zirkulation und übt direkt oder über den Handel Vermittlerfunktionen zwischen Produktions- und Konsumtionssphäre aus. Zur Vorbereitung des A. gehören u. a. Bedarfsforschung, Bilanzierung des Bedarfs, A.-Planung, die vertragliche Vorbereitung und Sicherung des A.
Die Organisation des A. besteht aus staatlichen Leitungs- und Planungsorganen, wie die Staatlichen Kontore mit ihren Versorgungskontoren, den Absatzabteilungen der VEB und VVB sowie aus Großhandelsorganen. Die VVB und Kombinate schaffen in Vereinbarung mit dem Großhandel eigene Absatzorganisationen für den betreffenden Zweig, zentralisieren den A. und organisieren den → **Industrievertrieb** sowie den Direktbezug. Der Außenhandel hat spezielle Absatzorganisationen. → **Binnenhandel; Außenwirtschaft und Außenhandel; Planung.**

Abschnittsbevollmächtigter: Angehöriger der → **Deutschen Volkspolizei,** der in Gemeinden, Stadtbezirken und Streckenabschnitten der Reichsbahn mit der Unterstützung ihm unterstellter freiwilliger Helfer der Deutschen Volkspolizei verantwortlich polizeiliche Aufgaben wahrnimmt.

Abschreibungen: A. sind Kostenbestandteile für den Verschleiß der → **Anlagemittel.** Hiermit wird in jeder Periode der in Geld ausgedrückte Wert erfaßt, um den sich der Gebrauchswert des jeweiligen Anlagegutes während des Produktionsprozesses im Zeitverlauf mindert. Dadurch, daß die A. Bestandteil der Produktionskosten sind, fließt der mit ihnen ausgedrückte Geldbetrag über den Erlös wieder an den Betrieb zurück und ermöglicht so zu gegebener Zeit eine Wiederbeschaffung des abgenutzten Anlagemittels. Nur über eine möglichst genaue Erfassung der laufenden Wertminderung wird sowohl eine genaue Kostenrechnung als auch die Reproduktion des jeweiligen Grundmittels ermöglicht.
A.-Gründe sind 1. der „physische Verschleiß" (darunter a) der natürliche Verschleiß durch klimatische Einwirkungen, Verkehrserschütterungen u. ä. und b) der technische Verschleiß durch extensive und intensive Nutzung der Anlagegüter im Produktionsprozeß); 2. der „moralische Verschleiß" infolge der Überalterung der Anlagen durch den technischen Fortschritt.
Die Forderung nach „abnutzungsgerechter" A. ist in der Wirtschaftspraxis der DDR nur z. T. erreichbar, da Methode und Umfang der A. – durch Vorgabe des A.-Satzes und der voraussichtlichen Nutzungsdauer der Grundmittel – den Betrieben im gesamten Wirtschaftsgebiet grundsätzlich einheitlich durch Gesetz ohne Berücksichtigung der individuellen Produktionsbedingungen vorgeschrieben sind.
Vor den Wirtschaftsreformen des → **NÖS** waren die A. zu niedrig und auch durch einige andere Mängel gekennzeichnet: Das mit der A.-Verordnung von 1956 (GBl. I, 1956, Nr. 70, S. 623 f.) vorgeschriebene Ver-

fahren der *Globalabschreibung* erfaßte nicht jenen Wert, der sich als Summe der nach der voraussichtlichen Lebensdauer der einzelnen Anlagemittel eines Betriebes zu ermittelnden Einzelabschreibungen ergeben hätte. Vielmehr wurde vom gesamten betrieblichen Anlagenbestand – entsprechend einem festgesetzten Durchschnittssatz – ein „globaler" Betrag errechnet, der dann auf die einzelnen Grundmittel – gemäß ihrem Verschleißgrad – verteilt wurde. Dieser Betrag erwies sich häufig als zu gering, um eine volle Kostenverrechnung der Anlagen innerhalb ihrer Nutzungsdauer zu gewährleisten. Da zudem die Generalreparaturen zu laufenden Preisen zu Lasten der A. verrechnet werden mußten, ergaben sich auch hieraus zunehmende Verzerrungen der Buchwerte der Anlagen: Denn die ursprünglich nur mit Stoppreisen des Beschaffungszeitpunktes bewerteten Anlagen erhöhten mit zunehmenden Generalreparaturen ihren Wert beträchtlich. Folge dieser Mängel war, daß auszusondernde Anlagen häufig noch mit hohen Werten zu Buche standen und zu Lasten des Gewinns ausgebucht werden mußten.
Gleichzeitig mit der → **Grundmittelumbewertung** erfolgte deshalb eine Korrektur der A. Mit dieser A.-Reform wurden neue, auf die einzelnen Anlagen bezogene A.-Raten entwickelt (GBl. II, 1964, Nr. 14, S. 120 f.). Ergebnis war die Schaffung eines A.-Kataloges für rund 10 000 Anlagearten, wobei auch gewisse Unterschiede des Auslastungsgrades Berücksichtigung fanden.
Als Gesamtergebnis resultierte daraus überraschenderweise allerdings eine Minderung der durchschnittlichen A.-Raten und damit eine Erhöhung der mittleren Lebensdauer. Der Grund lag darin, daß die starke Anhebung der Werte des Brutto-Anlagevermögens durch die Umbewertung stark erhöhte A.-Beträge auch bei geminderten A.-Raten mit sich brachte. Offensichtlich sollten höhere Kostensteigerungen vermieden werden – wie sie bei gleichen oder erhöhten A.-Raten eingetreten wären; denn dann hätte die Industriepreisreform noch stärkere Preissteigerungen mit sich gebracht. Insbesondere hätten dann Preiserhöhungen bei Konsumgütern nicht mehr vermieden werden können. Damit blieb aber der „moralische Verschleiß" der Anlagen (infolge technischer Veraltung) in den A. noch immer unberücksichtigt.
Die für die Betriebe verbindlichen A.-Sätze sind für jedes Anlagenteil oder für Gruppen von Anlagegütern im staatlichen Verzeichnis der A.-Sätze für Grundmittel (GBl., Sonderdruck Nr. 550, der den Sonderdruck Nr. 491 von 1964 ablöste) festgelegt. Der A.-Satz wird in Abhängigkeit vom Inventarobjekt und der Schichtauslastung des Anlagegutes, die beide wiederum die geschätzte „normative Nutzungsdauer" bestimmen, variiert. Der aus dem staatlichen Verzeichnis der A.-Sätze für Grundmittel entweder direkt zu entnehmende oder errechenbare A.-Satz ergibt, bezogen auf den Anschaffungs- oder Zeitwert des Anlagegutes, die A.-Quote. Um den „moralischen Verschleiß" zu berücksichtigen, können heute durch das Ministerium der Finanzen auch Sonder-A. bestätigt werden.

An A.-Methoden sind die *zeitabhängige* A., die in lineare, degressive und progressive A. unterteilt ist, sowie die *leistungsabhängige* A. zu trennen. Während bei der linearen A. bei konstantem A.-Satz auf den Bruttowert des Grundmittels für die Nutzungsperiode jährlich eine gleich große A.-Quote auftritt, wird bei der degressiven A. die jährliche A. (entweder Multiplikation eines jährlich abnehmenden A.-Satzes mit dem Bruttowert oder eines konstanten A.-Satzes mit dem jeweiligen Restwert) geringer. Die Form der degressiven A. wird in der sozialistischen Wirtschaft nicht angewendet. Bei der progressiven A. – in der Regel steigende A.-Sätze bezogen auf den Bruttowert – steigen die A.-Quoten (als Ausgleich für eine temporär überproportional zunehmende Wertminderung) zum Ende des Nutzungszeitraumes immer mehr an.

Bei der leistungsabhängigen A. geht man nicht von der zu erwartenden Nutzungsdauer des Grundmittels aus. Vielmehr wird die gesamte zu erwartende Leistung in Mengen oder Maschinenstunden zugrundegelegt. Zur Anwendung dieser Methode ist einmal die genaue Leistungsfeststellung und zum anderen das Vorliegen einer geringen Sortimentsbreite Voraussetzung.

In der DDR findet vermehrt auch die sog. *Kollektivabschreibung* (Pauschal- oder Global-A.) Anwendung. Zur Vereinfachung des A.-Verfahrens wird für eine Gruppe von Anlagemitteln etwa gleicher Nutzungsdauer ein durchschnittlicher A.-Satz angewandt. Das bedeutet in der Realität aber zuviel A. bei Gebäuden und zu wenig bei Ausrüstungen, weil häufig Gebäude und bauliche Anlage mit einbezogen werden, statt sie gesondert zu behandeln. Angesichts der Preisverzerrungen, die bei neueren Gütern mit ebenfalls neueren Preisen geringer und bei schon seit langer Zeit in der Produktion befindlichen Kapitalgütern größer sind, dürfte die Kollektiv-A. auch bei Grundmitteln mit formal noch gleicher Nutzungsdauer erhebliche Fehler mit sich bringen. → **Amortisationen; Grundmittel; Preissystem und Preispolitik; Phasen der Wirtschaftspolitik seit 1963.**

Abteilungsgewerkschaftsleitung: → **FDGB.**

Abteilungsparteiorganisationen der SED (APO): In Betrieben, Institutionen usw. mit mehr als 150 Mitgliedern und Kandidaten innerhalb der Grundorganisation (G.) können Parteiorganisationen der Abteilungen, Arbeitsbereiche usw. gebildet werden. Diese APO haben die gleichen Rechte und Pflichten wie eine normale G. Innerhalb der G. und der APO können sich ebenfalls Parteigruppen bilden. Diese sollen alle Mitglieder eines Arbeitsabschnittes, einer Brigade usw. erfassen. Ihre Leitung liegt bei einem Parteigruppenorganisator. Anleitung der Parteigruppenorganisatoren und ihrer Stellvertreter erfolgt außer auf den Mitgliederversammlungen regelmäßig monatlich durch den Sekretär der G. bzw. der APO. In größeren G. mit mehreren APO soll sich der „Tag des Parteiorganisators" bewährt haben. Die langfristige Qualifizierung der Kader für die Parteigruppe erfolgt durch Teilnahme an Seminaren sowie Lehrgängen der Partei. Im Juli 1974 waren die 1 954 130 Mitglieder und Kandidaten der SED in insgesamt 73 462 G. und APO organisiert. → **SED; Grundorganisationen der SED.**

Abtreibung: → **Schwangerschaftsverhütung und -unterbrechung.**

ABV: Abk. für → **Abschnittsbevollmächtigter.**

Abweichungen: Ideologischer Begriff zur Abwehr und Ausschaltung unerwünschter theoretischer Ansichten sowie politischer Aktivitäten.

Der → **Marxismus-Leninismus** versteht sich als eine geschlossene Lehre. Lehrbücher wie „Grundlagen des Marxismus-Leninismus", „Grundlagen der marxistisch-leninistischen Philosophie", „Wissenschaftlicher Kommunismus" gelten als verbindlich für die Auslegung der Werke von Marx, Engels und Lenin. Bis zum XX. Parteitag der → **KPdSU** (Februar 1956) galt Stalin, bis zum Bruch mit der Führung der KP Chinas Anfang der 60er Jahre auch Mao Tse-tung als ein „Klassiker" des Marxismus-Leninismus. Auffassungen, die sich durchaus auf Marx, Engels und Lenin gründen können, werden schon als A. bewertet, wenn sie sich von den Beurteilungen in autorisierten Abrissen unterscheiden, wie z. B. Werke von K. Korsch (1889–1961) oder G. Lukács (1885–1971).

Auf Parteitagen der kommunistischen Parteien des Ostblocks werden Beschlüsse gefaßt, die nicht nur für ihre Mitglieder bindend sind, sondern die auch Weisungscharakter für alle Ebenen staatlicher Leitung haben. Wissenschaftler oder Funktionäre, die den Entscheidungen von Parteitagen oder auch von Plenartagungen des ZK widersprechen, sind gleichfalls Abweichler. Die A. kann „rechter" (→ **Revisionismus; Sozialdemokratismus**) oder „linker" (→ **Dogmatismus; Maoismus; Trotzkismus; Sektierertum**) Natur sein. Ihre Vertreter werden, falls sie nicht hinreichend Selbstkritik üben, aus der Partei ausgeschlossen und verlieren ihre Stellungen in Partei, Staat, Wirtschaft oder Wissenschaft. → **Demokratischer Zentralismus; Revisionismus; Rehabilitierungen; Opposition; SED; Syndikalismus; Voluntarismus; Subjektivismus; Agnostizismus; Positivismus; Relativismus; Linie; Kritik und Selbstkritik.**

Abwerbung: → **Staatsverbrechen; Republikflucht.**

AdL: Abk. für Akademie der Landwirtschaftswissenschaften der DDR. → **Agrarwissenschaften.**

Administrieren: Bezeichnung für einen Leitungs- und Verwaltungsstil in Staatsapparat, Partei, Betrieb etc., dessen wesentliche Charakteristika die Mißachtung der Interessen der Bevölkerung und der Verzicht auf deren Mitwirkung an der Vorbereitung und Durchführung von Entscheidungen sind. A. kennzeichnet eine Arbeitsweise, für die formale Auslegung von Rechtsvorschriften, die Überbetonung der Kompetenzzuordnungen und praxisfernes Denken und Handeln charakteristisch ist. Das A. wird als nicht vereinbar mit den Prinzipien sozialistischer Leitungstätigkeit angesehen. → **Bürokratismus.**

ADN: Abk. für Allgemeiner Deutscher Nachrichtendienst, staatliche Nachrichten- und Fotoagentur der

DDR mit Sitz in Ost-Berlin. Nach dem Statut vom 14. 7. 1966 ergeben sich die Aufgaben des ADN aus dem Programm der SED, den Beschlüssen des ZK und den Erlassen, Verordnungen und Beschlüssen des Staatsrates und des Ministerrates der DDR. Mit Hilfe der Nachrichtengebung in Wort und Bild trägt ADN – als ein Instrument der → **Medienpolitik** der SED – zur „Entwicklung und Festigung des sozialistischen Bewußtseins" bei und informiert Presse, Rundfunk und Fernsehen in der DDR „aktuell und parteilich" über alle aus dieser Sicht interessanten Ereignisse auf allen Gebieten. Die parteipolitische Verpflichtung gilt auch persönlich: „Die Mitarbeiter des ADN haben sich in ihrer Tätigkeit ständig für die Durchsetzung der Politik der Partei der Arbeiterklasse und des sozialistischen Staates einzusetzen." Entscheidend für die Nachrichtenpolitik von ADN ist die Wertung und Auswahl der Nachrichten und in welcher Form sie verbreitet werden. Nachrichtengebung wird verstanden als „Agitation durch Tatsachen". „Es bedeutet schließlich, mit jeder Meldung, die ADN verläßt, darauf hinzuwirken, daß unsere Bürger an Hand konkreter Tatsachen besser verstehen und klarer erkennen, wo Freund und Feind ist, daß es ihnen leichter fällt, Partei zu ergreifen für die Sache der Arbeiterklasse, des Friedens und des Sozialismus" (Deba Wieland, ADN-Generaldirektor). ADN als einzige in der DDR beziehbare Nachrichtenagentur wertet dazu die Dienste von über 60 Agenturen anderer Staaten aus (Filterfunktion), unterhält eigene → **Korrespondenten** und Mitarbeiter in 50 Ländern und 14 Bezirksdirektionen in der DDR. In seinen deutsch- und fremdsprachigen Nachrichten- und Fotodiensten für das Ausland hat ADN die Aufgabe, das Geschehen in der DDR und deren Politik „überzeugend" darzustellen. Neben seinem allgemeinen Nachrichten- und Fotodienst („ADN-Zentralbild") gibt ADN mehrere gedruckte Informationsdienste heraus, darunter nur für einen ausgewählten Personenkreis bestimmte (mit Hintergrundinformationen, KP-Interna, Westinformationen etc.).

ADN unterliegt dem Weisungsrecht des Vorsitzenden des Ministerrates, das vom → **Presseamt** ausgeübt wird. Der Generaldirektor von ADN wird vom Vorsitzenden des Ministerrates berufen und abberufen, seit 1952: Deba Wieland, seit 1949 Chefredakteurin des Sowjetischen Nachrichtenbüros in der SBZ, danach 1. stellvertretende Leiterin des Amtes für Information, des späteren Presseamtes. ADN war 1946 als GmbH. gegründet worden und ist seit dem 1. 5. 1953 Staatseigentum. ADN wurde zusammen mit den anderen Ostblock-Agenturen im September 1970 Mitglied der „Allianz europäischer Nachrichtenagenturen".

Adoption: → **Familienrecht.**

AE: Abk. für Arbeitseinheit. → **Landwirtschaftliche Betriebsformen.**

Aeroklub der DDR: Zeitweilige Tarnbezeichnung („Aero-Club") für die im Dezember 1951 aufgestellten ersten Verbände der Luftstreitkräfte der → **Kasernierten Volkspolizei** (ca. 9000 Mann). Sie wurden im Janu-

ar 1956 in die → **Nationale Volksarmee** eingegliedert. Seit Mai 1960 ist der A. die Dachorganisation aller Flugsportsektionen, -disziplinen, -arbeitsgemeinschaften u. ä., die bei verschiedenen Organisationen (ASV Vorwärts, SV Dynamo, Pionierorganisation „Ernst Thälmann", vor allem der → **Gesellschaft für Sport und Technik**) geführt werden. Der bis zur Kreisebene herunter gegliederte A. umfaßt die Kommissionen für Segelflug-, Motorflug-, Fallschirm- und Modellflugsport. Während die Sektion Flugsport der Gesellschaft für Sport und Technik den Nachwuchs für die Luftstreitkräfte/Luftverteidigung der Nationalen Volksarmee heranbilden soll, dient der A. als Ausbildungs- und Leistungszentrum im Hinblick auf internationale Flugsport- und Fallschirmsportwettkämpfe. Der A. vertritt die Interessen der Sportler im internationalen Sportverkehr und veranstaltet internationale sowie DDR-Wettkämpfe. Seit 1960 Mitglied der Fédération Aéronautique Internationale (FAI).

Afro-Asiatisches Solidaritätskomitee: → **Freundschaftsgesellschaften.**

Agententätigkeit: → **Staatsverbrechen; Strafrecht.**

Aggressionsverbrechen: Nach einer Definition des Generalstaatsanwalts Streit, der sich dabei auf eine sowjetische Begriffsbestimmung aus dem Jahre 1933 stützt, ist Aggressor „derjenige Staat, der als erster einen bewaffneten Angriff auf das Territorium oder die Streitkräfte eines anderen Staates durchführt. Keinerlei Erwägungen politischer, wirtschaftlicher oder strategischer Art und keine Motive, die sich auf die innere Lage des Staates beziehen, können als Rechtfertigung einer bewaffneten Einmischung dienen" (Neue Justiz, H. 6, 1967, S. 169). An dieser Auffassung haben Sowjetunion und sozialistische Staaten bis heute festgehalten (vgl. Seidel, „Die Definition des Begriffs der Aggression, Geschichte und aktuelle Probleme" in Neue Justiz, H. 17, 1974, S. 509). Danach ist die versteckte oder offene Unterstützung oder gar Entfachung kommunistischer Umsturzversuche keine A., während eine von außen gewährte militärische Hilfe gegen solche Versuche A. wäre.

Durch Beschluß des Präsidiums des Ministerrates vom 22. 10. 1962 (GBl. II, S. 751) war beim Generalstaatsanwalt eine „Arbeitsgruppe zur Verfolgung von Aggressionshandlungen" gebildet worden. Sie sollte, „gestützt auf die Charta der Vereinten Nationen, alle friedensgefährdenden direkten oder indirekten Aggressionshandlungen gegen die DDR erfassen und die Voraussetzungen für deren systematische Ahndung schaffen". Nachdem A. Gegenstand des neuen Strafgesetzbuchs geworden sind, wurde die Tätigkeit der Arbeitsgruppe in eine offizielle staatsanwaltschaftliche Tätigkeit umgewandelt.

Das StGB behandelt die A. im 1. Kapitel des Besonderen Teils (§§ 85 ff.). Unter Strafandrohung bis zur Todesstrafe stehen die „Androhung, Planung, Vorbereitung oder Durchführung eines Aggressionskrieges", Durchführung von oder Mitwirkung an einem „Aggressionsakt gegen die territoriale Integrität oder politische

Unabhängigkeit der DDR oder eines anderen Staates", die „Anwerbung von Bürgern der DDR für imperialistische Kriegsdienste" und die Teilnahme von Bürgern der DDR an „kriegerischen Handlungen zur Unterdrückung eines Volkes". Wegen „Kriegshetze" wird mit Freiheitsstrafe von zwei bis acht Jahren bestraft, „wer einen Aggressionskrieg, einen anderen Aggressionsakt oder die Verwendung von Atomwaffen oder anderen Massenvernichtungsmitteln zu Aggressionszwecken propagiert", „wer zum Bruch völkerrechtlicher Vereinbarungen, die der Wahrung und Festigung des Friedens dienen, auffordert", oder „wer in diesem Zusammenhang zur Verfolgung von Anhängern der Friedensbewegung aufreizt, gegen diese Personen wegen ihrer Tätigkeit Gewalt anwendet, sie verfolgt oder verfolgen läßt". Mit der Schaffung dieses Tatbestandes sollte der von der UN-Vollversammlung am 16. 12. 1966 bestätigten Konvention über Bürgerrechte und politische Rechte entsprochen werden. Schließlich werden im Zusammenhang mit den A. noch die faschistische Propaganda, Völker- und Rassenhetze, Kriegsverbrechen (Verletzung völkerrechtlicher Normen bei bewaffneten Auseinandersetzungen) sowie die Verbrechen gegen die Menschlichkeit behandelt. Zu letzteren zählt § 91 StGB die Verfolgung, Vertreibung oder Vernichtung von nationalen, ethnischen, rassischen oder religiösen Gruppen oder andere unmenschliche Handlungen gegen diese Gruppen und droht Freiheitsstrafe von nicht unter fünf Jahren an. Bei vorsätzlicher Verursachung besonders schwerer Folgen kann lebenslange Freiheitsstrafe oder Todesstrafe verhängt werden.

Das Friedensschutzgesetz wurde trotz dieser Neukodizierung nicht aufgehoben. Die Strafvorschriften gegen die „völkerrechtswidrige Verfolgung von Bürgern der DDR" entsprechen dem → **Staatsbürgerrechtsschutzgesetz** vom 13. 10. 1966 , das neben diesem Straftatbestand des StGB als Sondergesetz bestehen bleibt. Nach § 95 StGB ist es bei objektiver Erfüllung dieser Straftatbestände ausgeschlossen, daß sich der Täter auf Befehlsnotstand berufen kann; er bleibt in jedem Falle strafrechtlich verantwortlich. → **Strafrecht; Friedensgefährdung; Staatsbürgerschaft.**

Agitation und Propaganda

Agitation und Propaganda im Marxismus-Leninismus – Organisation – Institutionen – Publikationsorgane – Agitation und Propaganda in der Praxis der DDR

I. Funktion

AuP. – im Selbstverständnis der → **SED** „untrennbar miteinander verbunden" – spielen in der Theorie und Praxis kommunistisch-sozialistischer Parteien sowjetischen Typs eine besondere Rolle. Sie sind „unlöslicher" Bestandteil der Partei- und Staatspolitik zur permanenten, systematischen Beeinflussung und Lenkung des Denkens (Bewußtseins) und Handelns (Verhaltens) der Bevölkerung im Sinne der Ideologie des → **Marxismus-Leninismus:** „Das Grundanliegen von Agitation und Propaganda der Partei ist es, die Arbeiterklasse und alle Werktätigen mit den revolutionären Ideen des Marxismus-Leninismus auszurüsten, ihnen die erfolgreiche Verwirklichung unserer Ideen in der Welt vor Augen zu führen, sie im Geiste der kommunistischen Ideale zu standhaften und streitbaren Kämpfern zu erziehen, sie zur Erfüllung der Parteibeschlüsse zu mobilisieren und sie noch besser zum Kampf gegen die Politik und Ideologie des Imperialismus zu befähigen" (Beschluß des Politbüros des ZK der SED vom 7. 11. 1972 über die Aufgaben der Agitation und Propaganda bei der weiteren Verwirklichung der Beschlüsse des VIII. Parteitages). Zur Indoktrinierungsfunktion tritt die Abschirmungsfunktion: „Agitation und Propaganda haben die Aufgabe, den Antikommunismus, dieses politisch-ideologische Hauptinstrument der imperialistischen Bourgeoisie, den bürgerlichen Nationalismus, den → **Sozialdemo**kratismus, den → **Revisionismus** und den „linken" Opportunismus mit unseren überlegenen geistigen Waffen aus dem Felde zu schlagen. Die Einheit und Reinheit des Marxismus-Leninismus ist gegen alle Angriffe konsequent zu verteidigen" (a. a. O.). Die „überragende Bedeutung", die der AuP. im gesellschaftlichen Entwicklungsprozeß beigemessen wird, ergibt sich aus der leninistischen Theorie von der Rolle der kommunistischen Partei („Partei neuen Typus") als der politisch-ideologischen und organisatorischen Kraft, die die Ideen des Klassenkampfes und seine politische Zielsetzung in die Arbeitermassen trägt. Aus Lenins Analyse der russischen Situation und seinen Schlußfolgerungen für die Rolle der Partei wurde – von Stalin in der Lehre von der „aktiven revolutionären Rolle des Überbaus" weiterentwickelt und in der politischen Praxis ausgebaut – die heute (1974) noch geltende dogmatisierte These abgeleitet, „daß sozialistisches Bewußtsein nicht spontan, außerhalb der lenkenden politisch-ideologischen Arbeit der Partei entstehen kann" (dagegen Marx: „Das gesellschaftliche Sein bestimmt das Bewußtsein"). Diese Erkenntnis verlange „die sozialistische Erziehung der Massen, eine breite mündliche und schriftliche Massenpropaganda und -Agitation", die in unserer Zeit „einer nie dagewesenen Verschärfung des ideologischen Kampfes im internationalen Maßstab" besonders aktuell sei.

II. Inhalt

Die jeweils zu vermittelnden Inhalte setzt die Partei fest (Ausschließlichkeitsanspruch): „Die allgemeinen Einsichten in den Gang der gesellschaftlichen Entwicklung werden für den einzelnen durch die Programme, Beschlüsse und Dokumente der marxistisch-leninistischen Partei und des sozialistischen

Staates konkretisiert. Sie setzen sich über diesen Weg in Normen und Handlungsappelle um" (G. Heyden, Direktor des Instituts für Marxismus-Leninismus beim ZK der SED). Erst in der Art und Weise der Vermittlung wird zwischen Agitation (A.) und Propaganda (P.) unterschieden: P. vermittelt die „allgemeinen Einsichten", die Theorie (wissenschaftliche Weltanschauung") des Marxismus-Leninismus sowie die Strategie und Taktik der kommunistischen Parteien und Staaten auf der Grundlage der Werke der „Klassiker" (Marx, Engels, Lenin, früher auch Stalin) in der jeweiligen Interpretation der „Dokumente und Beschlüsse" der KPdSU und der SED. Sie erläutert systematisch die marxistisch-leninistischen „Grundwahrheiten"; von zentraler Bedeutung ist hierbei die Schulung der Parteimitglieder und speziell der Propagandisten und Agitatoren der Partei (in Parteischulen sowie im Parteilehrjahr). A. soll dagegen die darauf abgeleiteten konkreten, tagesaktuellen „Normen und Handlungsappelle" auf der Grundlage der jüngsten Beschlüsse von Partei und Regierung verbreiten: „Im Mittelpunkt der Agitation steht die weitere Herausbildung der marxistisch-leninistischen Weltanschauung bei den Werktätigen, ihre Erziehung zum sozialistischen Patriotismus und proletarischen Internationalismus, zur sozialistischen Einstellung zur Arbeit und zum Haß gegen die Feinde des Friedens und des Sozialismus." Begriffliche und inhaltliche Überschneidungen ergeben sich zwangsläufig, z. B. gibt es den Begriff der „Produktionspropaganda".

Hauptinhalt der politischen AuP. ist seit dem VIII. Parteitag der SED 1971 die „allseitige Stärkung der DDR für ihre immer festere Verankerung in die sozialistische Staatengemeinschaft" unter besonderer Berücksichtigung der „führenden Kraft der KPdSU", der Führungs-, Vorbild- und Pionierrolle der Sowjetunion; die politische, sozialökonomische, kulturelle und geistige Abgrenzung gegenüber der Bundesrepublik und die „unversöhnliche Auseinandersetzung", der Kampf gegen alle Erscheinungsformen der bürgerlichen Ideologie, gegen Nationalismus, Sozialdemokratismus und kommunistischen Revisionismus und Opportunismus" gegen das „anti-leninistische, anti-sowjetische, feindliche Wesen des Maoismus". Zu diesem Zweck ist auch eine verstärkte Koordinierung der AuP. der von Moskau geführten kommunistischen Staaten eingeleitet worden.

III. Organisation

Da AuP. alle gesellschaftlichen Bereiche durchdringen und alle Bevölkerungsschichten erreichen soll, ist ein umfangreiches Organisationssystem aufgebaut worden. Neben der SED, den anderen Parteien und Massenorganisationen (→ **FDJ; FDGB; DFD; DSF; DTSB; GST; Kulturbund**) betreiben AuP. die → **Nationale Front**, die → **Urania**, →**Kammer der**

Technik, Künstlerverbände, staatliche Einrichtungen, gesellschaftswissenschaftliche Fachbereiche an den Hochschulen (Grundlagenstudium), besonders aber → **Presse**, → **Rundfunk** und → **Fernsehen**, da auch die Information, z. B. die Nachricht, als „Agitation durch Tatsachen" definiert wird.

Oberstes Lenkungs- und Leitungsorgan ist das Politbüro der SED („die politisch-ideologische Arbeit ist wichtigster Bestandteil der Führungstätigkeit der Partei"). Direkt verantwortlich sind drei Politbüromitglieder, die gleichzeitig hauptamtlich Sekretäre des ZK sind:

Kurt Hager für Ideologie, „wissenschaftliche Weltanschauung", Wissenschaft, Kultur, Volksbildung.

Werner Lamberz für Massen-AuP., FDJ, Presse, Rundfunk, Fernsehen. Lamberz untersteht die Agitationskommission beim Politbüro des ZK der SED. Leiter dieser Kommission ist E. Heinrich.

Albert Norden für West- (Bundesrepublik) und Auslands-AuP., auch Auslandsinformation (auch für bürgerliche Parteien und Nationale Front in der DDR, kommunistische Weltfriedensbewegung und anderes).

ZK-Abteilungen und deren Leiter sind u. a.: Propaganda: Kurt Tiedke; Agitation: Heinz Geggel; Wissenschaft: Hannes Hörnig; Kultur: Peter Heldt; West-Abteilung des ZK: Herbert Häber.

Auf der Bezirks- und Kreisebene sind AuP. organisatorisch wieder zusammengefaßt:

In den SED-Bezirksleitungen gibt es unter dem zuständigen Sekretär eine Abteilung AuP., in den Kreisleitungen den Sekretär für AuP. Sogenannte Agit-Prop-Lehrgänge für Abteilungsleiter der SED-Bezirksleitungen und Kreissekretäre finden in der Sonderschule des ZK der SED in Kleinmachnow, Lehrgänge für Propagandisten und Agitatoren an den Kreisschulen für Marxismus-Leninismus statt.

Zentrale Institute:

→ **Institut für Marxismus-Leninismus beim ZK der SED**, Leiter: Prof. Dr. Günter Heyden;

→ **Institut für Gesellschaftswissenschaften beim ZK der SED**, Leiter: Prof. Dr. Otto Reinhold;

→ **Parteihochschule „Karl Marx" beim ZK der SED**, Leiter: Hanna Wolf;

→ **Institut für Internationale Politik und Wirtschaft** (IPW), Leiter: Dr. Max Schmidt. Das IPW wurde als Spezialinstitut zur „Imperialismus"-Forschung 1971 auf Beschluß des Präsidiums des Ministerrates durch Zusammenlegung des → **Deutschen Instituts für Zeitgeschichte** (DIZ), des Deutschen Wirtschaftsinstituts (DWI) und des Apparates des früheren Staatssekretariates für gesamtdeutsche (später: westdeutsche) Fragen gegründet, das sich vor allem mit bundesrepublikanischen Themen befaßt. Es gibt seit April 1972 die Monatszeitschrift „IPW-Berichte" heraus.

Zentrale Publikationen: „Einheit" – Zeitschrift für „Theorie und Praxis des wissenschaftlichen Sozialis-

mus", Organ des ZK der SED; „Neuer Weg", Organ des Zentralkomitees für Fragen des Parteilebens; „Informationen", interne A.-Anleitungen des ZK für Parteifunktionäre; „IPW-Berichte".
Schriftenreihen: „ABC des Marxismus-Leninismus" (Inst. f. Gesellschaftswissenschaften), „Zur Kritik der bürgerlichen Ideologie" (Akademie der Wissenschaften) und Schriftenreihe „Der Parteiarbeiter" (ZK).
Lehrbuch für Propagandisten: „Methodik der politischen Bildung", aus dem Russischen, Dietz, 1974.

IV. Massenagitation und Massenpropaganda

Die wichtigsten Formen und Mittel der P. sind: Vortrag, Lektion, Parteilehrjahr, Bücher und Broschüren; der A. und Massen-P.: Presse, Rundfunk, Fernsehen, Film; Broschüren, Flugblätter; Ausstellungen, Transparente, Plakate, Fotos (Sicht-A.). Nach Meinung der Partei ist jedoch die mündliche A. „Hunderttausender Agitatoren und Propagandisten, die täglich mit Leidenschaft und Können die Politik der SED im ganzen Volk verbreiten . . . durch nichts zu ersetzen". Als Schwerpunkte gelten der Betrieb, das angestrebte „tägliche politische Gespräch im Arbeitskollektiv", in der Abteilung, in der Brigade mit Tages-A. und Produktions-P. zum → **Sozialistischen Wettbewerb,** unterstützt durch Betriebsfunk, Betriebszeitung, Wandzeitung, Kommentatorengruppen und den Einsatz zeitweilig besonderer A.-Gruppen zu spezifischen Problemen des Betriebes. Ferner soll nach den Vorstellungen der SED in den Arbeitskollektiven das „Massenstudium des Marxismus-Leninismus" organisiert werden. In den Wohngebieten sollen vor allem die Ausschüsse der → **Nationalen Front** eine „offensive politische Massenarbeit bis in die Hausgemeinschaften und Familien hinein" leisten. Verantwortlich für die gesamte A. und Massen-P. sind die Parteileitungen der SED. Auch staatliche und wirtschaftsleitende Organe sind angehalten, in Beschlüssen festzulegen, „durch wen, in welcher Weise und mit welchen Argumenten" die Bürger zur Unterstützung bereits beschlossener Maßnahmen gewonnen werden können. Zur Erhöhung der Wirksamkeit der gesamten AuP.-

Arbeit wird gefordert, die Erkenntnisse bzw. Ergebnisse der wissenschaftlichen Meinungsforschung, der Soziologie, der Psychologie, der Pädagogik und der Informationstheorie systematisch auszuwerten.
Kritisches zur Wirkung von AuP. hat aus systemimmanenter Sicht der Philosoph Georg Klaus in seiner Monographie „Sprache der Politik", Berlin (Ost) 1971, geäußert. Zur grundsätzlichen Auseinandersetzung über die Politik der SED im ideologisch-propagandistischen Bereich ist es zwischen Robert Havemann, („Dialektik ohne Dogma?" Rowohlt, Hamburg 1964 f., u. a. S. 109 ff. und 153 ff.) und der Parteiführung gekommen. Die Rolle von AuP. in Presse, Rundfunk und Fernsehen wird im wesentlichen von der → **Medienpolitik** der SED bestimmt. AuP. haben trotz eines stets hohen personellen, finanziellen und materiellen Aufwandes die Kluft zwischen Ideologie und Wirklichkeit in der DDR weder überwinden noch verdecken können (Mauerbau). Die zur Rechtfertigung des absoluten Machtanspruches der Partei in dogmatischer Form vertretene These, daß sozialistisches Bewußtsein nicht spontan entstehen, sondern nur durch die leninistische Partei den „werktätigen Massen" vermittelt werden kann, teilt von vornherein die Gesellschaft in Wissende und Unwissende, schließlich in Gläubige und Ungläubige. Letztere sind von der marxistisch-leninistischen Partei, die sich allein im Besitz der Kenntnis vom „richtigen" gesellschaftspolitischen Entwicklungsprozeß glaubt, zu bekehren. P. wird damit oft zur Verkündung von Glaubenssätzen, A. zur Zwangsbekehrung (Agitationskampagne zur Vollkollektivierung der Landwirtschaft 1960). Andersdenkende werden zu Ketzern, zu „Feinden" gestempelt. Obwohl der AuP.-Stil in den letzten Jahren im Werben um die Loyalität der Bevölkerung differenzierter wurde, sind die Grundwidersprüche dieselben geblieben. Eine größere Anpassungsmotivation der Bevölkerung nach dem Mauerbau 1961 einerseits, mehr Berücksichtigung der Realitäten durch die SED und Zugeständnisse (z. B. im kulturellen Bereich nach dem VIII. Parteitag 1971) andererseits, lassen aber noch nicht auf größere Glaubwürdigkeit von AuP. schließen.

Agitprop: → Agitation und Propaganda.

AGL: Abk. für Abteilungsgewerkschaftsleitung. → FDGB.

Agnostizismus: Wesentlich von D. Hume und I. Kant entwickelte erkenntnistheoretische Lehre, die die Fähigkeit des Menschen zur Erkenntnis der objektiven Realität bezweifelt oder leugnet. Hume nahm an, daß das menschliche Erkennen stets lediglich mit Wahrnehmungen zu tun habe; nur die Gewohnheit führe zu der Überzeugung, daß auch außerhalb des Verstandes materielle Gegenstände existieren. Kant bestritt, im Unter-

schied zu Hume, nicht die Existenz der objektiven Realität; sie war für ihn allerdings das „Ding an sich"; lediglich mit dessen Erscheinungsformen habe der Mensch, aufgrund der ihm a priori gegebenen Formen der Sinnlichkeit und des Verstandes, zu tun.
Aufgrund der Annahmen von Hume und Kant entwickelte sich im 19. Jahrhundert in der Naturphilosophie (E. DuBois-Reymond u. a.) der philosophische A. weiter und ist bis in die gegenwärtigen Strömungen des Neo-Positivismus hinein einflußreich geblieben. Die Vertreter des Historischen und Dialektischen Materialismus seit Engels und Lenin kritisieren am philosophi-

schen A. vor allem seine angebliche „Perspektivlosigkeit" und seinen „weltanschaulichen Skeptizismus". → **Positivismus**.

Agrarflug: Der Begriff A. umfaßt den Einsatz von Flugzeugen zur Durchführung landwirtschaftlicher Arbeiten. Haupteinsatzbereiche des A. sind in der DDR die Ausbringung von Mineraldüngern (kristallin oder granuliert), die Anwendung von Pflanzenschutzmitteln und die Aussaat land- und forstwirtschaftlicher Kulturen. Weitere Aufgaben des A. bestehen in der Defolation bzw. Desikkation (Entlaubung zur Erleichterung der Samengewinnung), im Gewässerschutz und in der Luftbildtechnik.

Die Durchführung aviotechnischer bzw. aviochemischer Arbeiten wurde in der DDR im Jahre 1957 aufgenommen. Die Entwicklung der Agrarflugleistung ergibt sich aus der nachfolgenden Übersicht:

Entwicklung der Agrarflugleistung in der DDR

Jahr	Leistungsart in 1 000 ha LN			Jahres-leistung in 1 000 ha LN	Gesamt-leistung in 1 000 ha LN
	Düngung	Pflanzen-schutz	Sonst.		
1957	1	19	–	20	20
1959	17	91	–	108	199
1962	89	138	1	218	842
1964	235	187	2	424	1 551
1968	335	410	–	745	3 829
1970	459	921	50	1 330	6 058
1972	1 087	1 001	43	2 131	10 019
1973[1]	950	1 570	–	2 520	12 539

1 Vorläufig.
Quelle: Statistisches Jahrbuch der DDR 1974, Berlin (Ost), S. 248.

Im Jahr 1975 sollen mehr als 3 Mill. ha LN beflogen werden. Gemessen an der absolut beflogenen Fläche pro Jahr nimmt die DDR in der Rangfolge der europäischen Nationen die dritte Position hinter der UdSSR und Bulgarien ein. Setzt man die beflogene Fläche ins Verhältnis zur vorhandenen LN, steht die DDR in Europa (einschließlich der UdSSR) an 1. Stelle. (In der Bundesrepublik Deutschland werden jährlich ca. 30–40 000 ha LN aviochemisch bearbeitet.)

Der Aufbau des A.-Wesens in der DDR vollzog sich in drei Etappen, deren erste zwischen den Jahren 1957 und 1963 liegt. Der A. war während der Endphase der Kollektivierung (vgl. Agrarpolitik 1958–1960) ein anschauliches Propagandainstrument, um die Vorteile und Möglichkeiten der Landwirtschaft in sozialistischen Großbetrieben zu verdeutlichen. Vor allem aber diente diese Phase der Sammlung von Erfahrungen. Es zeigte sich, daß die gegenüber konventionellen Arbeitstechniken erwarteten Vorteile nur teilweise erreicht werden konnten (z. B. zusätzliche Produktionssteigerungen bzw. Vermeidung von Verlusten und Schäden), während andere Vorzüge ausblieben (Arbeitskräfteersparnis) oder sich ins Gegenteil verkehrten (überproportional ansteigende Kosten). In Zusammenhang mit dem auf dem VI. Parteitag der SED 1963 beschlossenen wei-

teren Ausbau der A.-Technik wurden in der zweiten Etappe (1964–1968) zahlreiche Maßnahmen ergriffen, um die festgestellten Nachteile zu vermeiden bzw. zu verringern.

Die Summe dieser Maßnahmen und weitere organisatorische Änderungen ergaben eine beträchtliche Rentabilitätssteigerung, die nach dem VII. Parteitag der SED 1967 während der dritten Entwicklungsetappe (ab 1968) zu der gezeigten starken Expansion der A.-Leistungen führte. Bei dem gegenwärtig überwiegend eingesetzten Flugzeugtyp Z 37 werden die Kosten je Flugstunde in der DDR mit 720 Mark kalkuliert, wobei von einer produktiven Flugleistung mit 500 Stunden pro Jahr und Maschine ausgegangen wird.

Trotz der zahlreichen kostensenkenden Maßnahmen und der beträchtlichen Erhöhung der Tarifpreise, die von den Landwirtschaftsbetrieben für die Durchführung von A.-Arbeiten zu zahlen sind, muß der A. durch umfangreiche Subventionen unterstützt werden.

In Anbetracht dessen, daß die Phytophthorabekämpfung und die Ausbringung von Stickstoffdüngemitteln im Vordergrund der Agrarflugtätigkeit standen, dürften 1972 die Gesamtkosten bei ca. 65 Mill. Mark für die Bearbeitung von 2 131 Mill. ha LN gelegen haben (ca. 50 v. H. Subventionsanteil).

Als Fluggerät wurden in der DDR bisher fast ausschließlich Starrflügler der Typen Brigadyr L 60 (ČSSR), Antonow AN-2 (UdSSR), AN-2 M, Cmelak Z 37 (ČSSR), Michail Mi 4 (UdSSR), Kamov KA 26 eingesetzt.

Der Flugzeugpark wurde ständig erweitert:
1966 =   60 Maschinen (L 60, AN-2)
1968 =   77 Maschinen (Z 37, L 60, AN-2)
1970 = 107 Maschinen (Z 37, vereinzelt L 60, AN-2M)
1974 = 117 Maschinen (Z 37, vereinzelt KA-26).

Bis Ende 1975 soll die Kapazität auf 200 Starrflügler (Typ Z 37) und 10 Drehflügler (Typ KA-26) ausgedehnt werden.

Träger des landwirtschaftlichen Flugzeugeinsatzes ist der zur Interflug gehörende „Betrieb-Agrarflug" in Berlin-Schönefeld. Der Direktion in Berlin sind z. Z. fünf territoriale „Produktionsbereiche" unterstellt. Solche Produktionsbereiche bestehen z. Z. in:
Anklam für die Bezirke Neubrandenburg, Rostock;
Kyritz-Heinrichsfelde für die Bezirke Potsdam, Schwerin;
Magdeburg für die Bezirke Halle, Magdeburg;
Fürstenwalde für die Bezirke Cottbus, Frankfurt;
Leipzig-Mockau für die Bezirke Dresden, Gera, Karl-Marx-Stadt, Leipzig, Suhl.
Für die Koordination der Forschungs- und Entwicklungsaufgaben wurde beim Ministerium für Land-, Forst- und Nahrungsgüterwirtschaft in Zusammenarbeit mit den Ministerien für Verkehrswesen und für Chemische Industrie eine „Ständige Arbeitsgruppe Agrarflug" eingerichtet. Ebenso bestehen bei den Bezirksverwaltungen „Bezirksarbeitsgruppen", die sich mit Kontrollaufgaben (Düngerbereitstellung), Stand-

ortfragen, Jahres- und Perspektivplanung etc. befassen. Der Einsatz der Flugzeuge erfolgt aufgrund ein- oder mehrjähriger Verträge zwischen den Agrochemischen Zentren (ACZ) (→ **Landwirtschaftliche Betriebsformen**) und den Produktionsbereichen, durch die sich die ACZ zur jährlichen Annahme bestimmter Flugstunden oder Flächenleistungen verpflichten.

In der Regel übernehmen mehrere ACZ im Chartervertrag ein bis zwei Flugzeuge, die sie eigenverantwortlich einsetzen. Gleichzeitig organisieren die ACZ die Anlage von Arbeitsflugplätzen. Die maximale Entfernung zwischen Arbeitsflugplatz und Arbeitsfeld ist für Pflanzenschutzmaßnahmen auf 10 km und für Düngungsarbeiten auf 3 km festgelegt.

Das Flugpersonal unterliegt strengen Arbeitsschutzbedingungen. In letzter Zeit werden zunehmend Agraringenieure bzw. Diplom-Landwirte zu Agrarpiloten ausgebildet. Bereits eingesetzten Piloten ohne landwirtschaftliche Ausbildung wird entsprechendes Fachwissen in Kursen vermittelt.

Agrar-Industrie-Komplex (AIK): Der AIK ist ein volkswirtschaftlicher Begriff, unter dem die Gesamtheit derjenigen Wirtschaftsbereiche zu verstehen ist, die zur landwirtschaftlichen Produktion beitragen bzw. an der Herstellung von Nahrungsgütern und Lebensmitteln beteiligt sind. Hierzu gehören die Produktionsmittel herstellende Industrie, die → **Landwirtschaft** und die → **Nahrungsgüterwirtschaft**. Zeitweise wird auch die Lebensmittelindustrie in den AIK einbezogen.

Der Begriff AIK wurde von der Sowjetunion übernommen, wo er bisher mit der Bezeichnung Industrie-Agrar-Komplex synonym verwendet wurde. Nachdem im Frühjahr 1974 die Agrarökonomen der RGW-Staaten gemeinsam eine einheitliche Begriffssystematik erarbeitet haben, wurde die Bezeichnung „Agrar-Industrie-Komplex" (AIK) für die DDR verbindlich und auf der „Agra" 1974 erstmalig einem größeren Publikum vorgestellt.

Die volkswirtschaftliche Bedeutung des AIK wird einerseits am Wert der Bruttoproduktion und andererseits an der Zahl der Beschäftigten gemessen. Im Jahre 1972 war der AIK mit ca. 79,2 Mrd. Mark zu etwa 20 v. H. am gesamten Bruttoprodukt der DDR beteiligt. Die auf die einzelnen Produktionsbereiche entfallenden Anteile zeigt die nebenstehende Tabelle.

Im Zuge der Spezialisierung und Konzentration der Land- und Nahrungsgüterwirtschaft fanden in der Zeit von 1965 bis 1972 bei allgemeinem Abstieg des nominellen Produktionswertes erhebliche Umschichtungen statt. (S. die untenstehende Tabelle.)

Agrarökonomie: Die A. in der DDR ist die wissenschaftliche Grundlage für die wirtschaftliche Gestaltung der Produktionstätigkeit in der sozialistischen → **Landwirtschaft**, den landwirtschaftlichen Betrieben und Be-

Entwicklung der Produktionsleistung[1] und der Beschäftigten[2] im Agrar-Industrie-Komplex (AIK)[3] der DDR von 1965–1972

Beschäftigte bzw. Bruttoprodukt	AIK ohne Lebensmittel- industrie	davon		Land- wirt- schaft	Nahrungs- güter- wirtschaft[5]
		industrielle Vorleistungen	landwirtsch.[4] Vorleistungen		
Beschäftigte in VBE[2]					
1965 absolut	1 363 000	114 000	62 000	1 087 000	100 000
in v. H.	100	8,4	4,5	79,8	7,3
1972 absolut	1 222 000	102 000	120 000	890 000	110 000
in v. H.	100	8,3	9,8	72,9	9,0
Veränderungen 1965–1972 in v. H.	− 10,5	−10,5	+ 93,5	− 18,1	+ 10,0
Bruttoprodukt in Mrd. Mark					
1965 absolut	44,6	4,9	2,2	20,0	17,5
in v. H.	100	11,0	4,9	44,9	39,2
1972 absolut	64,0	6,5	5,2	29,5	22,8
in v. H.	100	10,2	8,1	46,1	35,6
Zunahme 1965–1972 in v. H.	43,5	32,7	136,4	47,5	30,3
Bruttoprodukt pro Beschäftigten					
1965 absolut	32 722	42 982	35 484	18 399	175 000
in v. H.	100	131,4	108,4	56,2	534,8
1972 absolut	52 373	63 725	43 333	33 146	207 272
in v. H.	100	121,1	82,7	63,3	395,7
Zunahme 1965–1972 in v. H.	60,1	48,3	22,1	80,2	18,4

1 In jeweiligen Preisen.
2 In VBE-Vollbeschäftigteneinheit = 2 100 Arbeitsstunden pro Jahr.
3 Ohne Lebensmittelindustrie.
4 Kreisbetriebe für Landtechnik, Agrochemische Zentren, Landwirtschaftsbau, Meliorationswesen.
5 Fleisch-, Milch-, Eier-, Geflügel- und Getreidewirtschaft, Zucker und Stärkeindustrie.

Quelle: NDBZ, Nr. 46, 1974, 28. 6. 1974, S. 16–17.

Die Produktionsleistung im AIK der DDR 1972

Produktionsbereich	Bruttoprodukt	
	in Mrd. Mark zu lfd. Preisen	in v. H.
1. Produktionsmittelherstellende Industrie		
1.1 Chemische Industrie	2,47	3,1
1.2 Lebensmittelindustrie	1,56	2,0
1.3 Maschinen- und Fahrzeugbau	1,04	1,3
1.4 Sonstige Vorleistungen	1,42	1,8
Summe der industriellen Vorleistungen	(6,49)	(8,2)
2. Landwirtschaft. Ldw. Vorleistungen (Eigenverbrauch)		
2.1 Vorleistungen (Eigenverbrauch)	5,21	6,6
2.2 Rohstoffe für Nahrungsgüter und Lebensmittel	21,86	27,6
2.3 Produktion zum direkten Verbrauch	4,86	6,1
2.4 Rohstoffe für Produktions- mittelherstellende Industrie (50 Erzeugnisgruppen)	2,78	3,5
Summe der ldw. Produktions- leistung	(34,71)	(43,8)
3. Nahrungsgüterwirtschaft		
3.1 Fleischwirtschaft	9,86	12,5
3.2 Milchwirtschaft	7,72	9,7
3.3 Getreidewirtschaft	2,70	3,4
3.4 Zucker- und Stärkeindustrie	1,98	2,5
3.5 Eier- und Geflügelindustrie	0,54	0,7
Summe der Leistungen in der Nahrungsgüterwirtschaft	(22,80)	(28,8)
4. Produktionsleistung der Lebensmittelindustrie	15,20	19,2
Agrar-Industrie-Komplex	79,20	100,0

Quelle: NDBZ, Nr. 46, 1974, 28. 6. 1974, S. 16–17.

triebszweigen. Als Hilfsmittel der A. dienen die Agrar- statistik, weitere spezielle mathematische Methoden, insbesondere die → **Operationsforschung** und EDV- Verfahren sowie das Rechnungswesen. Die A. hat eng mit der landwirtschaftlichen Praxis zusammenzuarbei- ten, deren Erfahrungen zu verwerten und für eine schnelle Überführung der Forschungsergebnisse in die Praxis zu sorgen. Ziel der A. ist die Erhöhung der Effek- tivität der Agrarproduktion und die Verbesserung der Versorgung der Bevölkerung mit Nahrungsmitteln so-

wie der Industrie mit landwirtschaftlichen Rohstoffen. Als Disziplin der sozialistischen → **Wirtschaftswissen- schaften** gründet die A. vor allem auf der → **Politischen Ökonomie** des Sozialismus und dem historischen Mate- rialismus. Sie gliedert sich in die Ökonomie des Volks- wirtschaftszweiges Landwirtschaft (Agrarökonomik) einerseits und andererseits in die Ökonomie der Land- wirtschaftsbetriebe bzw. der landwirtschaftlichen Pro- duktionszweige.

Im Gegensatz zu allen anderen Branchen der Volkswirt- schaft wurde die Notwendigkeit einer speziellen, auf die Betriebe gerichteten A. bereits in den 50er Jahren aner- kannt (→ **Sozialistische Betriebswirtschaftslehre**). Die- se Sonderstellung wird mit dem unterschiedlichen Ent- wicklungsstand der Produktionsverhältnisse (Vergesell- schaftungsgrad der Produktionsmittel) in der Landwirt- schaft erklärt. Die verschiedenen → **Landwirtschaftli- chen Betriebsformen** reagieren auf gleiche wirtschafts- politische Maßnahmen unterschiedlich und müssen in- folgedessen differenziert analysiert werden.

Darüber hinaus sind die einzelnen landwirtschaftlichen Produktionszweige Gegenstand der A. (Ökonomie der Rinder-, Schweine-, Schaf- und Geflügelhaltung, Ge- treide-, Kartoffel-, Zuckerrüben-, Futter-, Obst- und Gemüseproduktion etc.). Neben Aussagen über die zweckmäßigste Gestaltung der Produktionszweige wer- den Auskünfte über Standortverteilung, Investitionsbe- darf und -struktur, → **Arbeitsproduktivität** und den Be- darf an Fachleuten erwartet.

Die nach dem VII. Parteitag der SED (1967) versuchs- weise begonnene und nach dem VIII. Parteitag (1971) beschlossene Vereinheitlichung der landwirtschaftli- chen Betriebsformen und der Aufbau spezialisierter Großbetriebe (Industrialisierung in Landwirtschaft) stellt während der „Übergangsphase" erhöhte Anforde- rungen an die A. Dies führt jedoch schließlich dazu, daß die A. ausschließlich zur Ökonomie von Produktions- zweigen wird. Trotz zahlreicher Parallelen zur westli- chen A. im Hinblick auf Aufgabenstellung und Metho- den bestehen Unterschiede, da die A. der DDR die wei- tere Vergesellschaftung der Produktionsmittel fördern soll. Sie ist grundsätzlich auf die Steigerung der Produk- tion ausgerichtet und hat, ungeachtet der unterschiedli- chen Eignung der Produktionszweige, von der Organi- sation der Produktion in Großbetrieben auszugehen. → **Sozialistische Betriebswirtschaftslehre.**

Agrarpolitik

Theoretische und historische Grundlagen – Ziele und Instrumente – Entwicklungsphasen

I. Theoretische Grundlagen

Mit der Errichtung eines auf den Prinzipien des → **Marxismus-Leninismus** beruhenden Wirtschafts- systems wurde nach 1945 in der SBZ bzw. nach 1949 in der DDR auch die marxistisch-leninistische Agrartheorie in ihrer sowjetischen Ausformung für die praktische Agrarpolitik verbindlich.

Karl Marx war in der Begründung seiner Agrartheo-

rie von der Erwartung ausgegangen, daß die Agrar- produktion durch die Einführung des technischen und technologischen Fortschritts in ähnlicher Weise industrialisiert werden kann wie die gewerbliche Produktion. Folglich mußten in der Landwirtschaft die gleichen Konzentrationsprozesse (Großbetrie- be) und der Spezialisierungsprozeß (Arbeitsteilung) eintreten. Unter privatwirtschaftlichen Bedingun- gen war infolgedessen mit dem Ausscheiden der Masse der Kleinproduzenten aus dem Produktions- prozeß und deren Verelendung zu rechnen. Diese von Marx am Beispiel Englands entwickelte These bestätigte sich in anderen Industriestaaten nicht. Eine Unterstützung der proletarischen Revolution durch die Mehrheit eines verelendeten Landproletariats konnte nicht als sicher vorausgesetzt werden. Marx riet deshalb, die Bauern durch materielle Anreize für die Sache der Arbeiterklasse zu gewinnen bzw. zu neutralisieren.

F. Engels, der sich mit der Agrarfrage intensiver beschäftigte als Marx, kannte die emotionale Bindung der Bauern an Grund und Boden und warnte vor radikalen Maßnahmen, um die Bauern nicht durch Enteignung zu aktiven Gegnern der Revolution werden zu lassen. Die Schwierigkeit bestand darin, daß fast alle Marxisten die Errichtung landwirtschaftlicher Großbetriebe aus Gründen der Rentabilität als zwangsläufige Entwicklung ansahen. Auch ein sozialistischer Staat konnte deshalb keine Garantie für die Beibehaltung der privat-bäuerlichen Wirtschaftsweise geben.

Jedes Versprechen, den privat-bäuerlichen Besitzstand zu wahren, mußte sich schließlich als falsch bzw. als kurzfristiges taktisches Manöver erweisen, um die Bauern vorübergehend politisch zu neutralisieren. Als Ausweg griff Engels den schon von Marx formulierten Gedanken auf, die Bauern durch materielle Anreize für eine kollektive Wirtschaftsweise zu gewinnen. Er ging davon aus, daß insbesondere die Kleinbauern aufgrund der zu erwartenden wirtschaftlichen Zwangslage für den kollektiven Zusammenschluß interessiert werden können, daß man aber auch bei Mittel- und Großbauern von einer Enteignung absehen könne, weil der zwangsläufige Niedergang dieser Betriebe den genossenschaftlichen Zusammenschluß fördere. Der Großgrundbesitz als „kapitalistische" Betriebsform sollte dagegen enteignet werden.

Nach der russischen Oktoberrevolution ergab sich erstmalig die Notwendigkeit, diese Theorien in die Praxis zu übertragen. Die besondere Schwierigkeit bestand darin, daß die Sowjetunion als Agrarstaat nicht in der Lage war, die → **Landwirtschaft** ausreichend mit Maschinen und anderen Produktionsmitteln zu versorgen. Damit entfiel nicht nur die Notwendigkeit bzw. die Möglichkeit zur Konzentration und Spezialisierung der landwirtschaftlichen Produktion, sondern vor allem auch die ökonomischen Voraussetzungen für die Errichtung landwirtschaftlicher Großbetriebe. Im Gegenteil mußten die landwirtschaftlich Tätigen zunächst durch Konsumverzicht zum Aufbau der sowjetischen Industrie beitragen.

Lenin hat die von Marx und Engels entwickelten Agrarthesen weiterentwickelt und suchte dabei die besonderen Verhältnisse in Rußland zu berücksichtigen. Er unterschied – einschließlich der Landarbeiter – sechs Klassen der ländlichen Bevölkerung, die in unterschiedlicher Weise interessiert bzw. „behandelt" werden sollten. Großgrundbesitzer und Groß-

bauern sollten enteignet und der Einfluß der Mittelbauern beseitigt werden, da sie als Gegner der Revolution angesehen wurden. Wesentlich war, daß Lenin die enteigneten Betriebe zwar verstaatlichte, die Flächen sowie das Inventar aber zunächst an die Landarbeiter, Heuerlinge und landarmen Bauern zur privatwirtschaftlichen Nutzung verteilen ließ. Versuche, sofort zum Aufbau von Kollektivwirtschaften überzugehen, wurden 1921 – wegen des eingetretenen wirtschaftlichen Chaos – aufgegeben. Erst zu einem späteren Zeitpunkt sollte es die „Bündnispflicht" der Arbeiterklasse erfordern, durch Bereitstellung von Produktionsmitteln die Masse der kleinbäuerlichen Betriebe auf genossenschaftlicher Basis zu organisieren und anschließend den Aufbau großer Kollektivbetriebe zu leiten. Gleichzeitig sollten mit fortschreitender Mechanisierung die Arbeits- und Lebensbedingungen der Landbevölkerung an die der Stadt angeglichen werden.

Über den stufenweisen Aufbau dieser Betriebe veröffentlichte Lenin 1923 in der „Prawda" mehrere Beiträge, die gemeinsam mit anderen Veröffentlichungen aus den Jahren 1917–1922 als „Genossenschaftsplan" bekannt geworden sind. Dieser Genossenschaftsplan bzw. dessen „schöpferische" Auslegung und Anwendung ist zur Grundlage für die A. aller sozialistischen Staaten geworden.

In der Sowjet-Union wurde dieser Plan in vier Phasen verwirklicht:

1917–1921 Kriegskommunismus, Enteignung von 18 Mill. Großbetrieben und Bauernhöfen, beginnende Kollektivierung;

1921–1928 Neue ökonomische Politik (Erholungsphase), Rückgang der Kollektivierung;

1928–1933 2. Revolution (auf dem Lande), Liquidation der Großbauern, Durchführung der Kollektivierung;

ab 1933 politische Stabilisierung der neuen Verhältnisse in der Landwirtschaft, Errichtung von Großkolchosen.

II. Ziele und Instrumente der Agrarpolitik

Die agrarpolitische Zielsetzung der SBZ/DDR richtete sich seit 1945 einerseits auf die Versorgung der Bevölkerung mit Nahrungsmitteln sowie auf die Belieferung der Industrie mit landwirtschaftlichen Rohstoffen. Es wurde ein möglichst hoher Selbstversorgungsgrad angestrebt. Der Nahrungsgüterimport sollte zunehmend auf Produkte, die aus klimatischen Gründen nicht in der DDR erzeugt werden können, sowie auf die Einfuhr von Zuchtmaterial beschränkt werden.

Andererseits wurde bereits 1945 mit der Umgestaltung der Agrarverfassung auf der Basis der marxistisch-leninistischen Agrartheorie begonnen, die eine Änderung in der bestehenden Eigentumsordnung, der Rechtsformen der Bodenbewirtschaftung, der Besitz- und Betriebsgrößenstruktur und der Arbeitsverfassung vorsah. Langfristig wurde sowohl die Entwicklung spezialisierter Großbetriebe auf der Grundlage kollektiven Eigentums als auch – infolge einer industriemäßig betriebenen Agrarproduktion – die Angleichung der ländlichen Arbeits- und Lebensbedingungen an die der Stadt angestrebt.

Soweit in der Realisierung zwischen den beiden genannten Hauptzielen Konflikte auftraten, wurde dem Streben nach hohen Erzeugungsleistungen soweit Rechnung getragen, als dies ohne Gefährdung der gesellschaftspolitischen Ziele möglich war. Andererseits wurden Produktionseinbußen in Kauf genommen, sofern dies aus gesellschaftspolitischen Gründen für erforderlich gehalten wurde.

Zur Durchsetzung der genannten Ziele wurde das traditionelle agrarpolitische Instrumentarium (Preisgestaltung, Steuern, Agrarkredite, Subventionen etc.) um zahlreiche mehr oder weniger administrative Maßnahmen erweitert. Hierzu gehören die entschädigungslose Enteignung von Betrieben und Betriebsmitteln, Auflagen über die Betriebsorganisation sowie über die Verwendung der Erzeugnisse und der Betriebseinkommen, die Investitionsmittellenkung, die Auflösung, Umbildung und/oder Neueinrichtung von landwirtschaftlichen Dienstleistungsbetrieben und -organisationen, die Gründung von Parteigruppen der SED in den Landwirtschaftsbetrieben, die mit Kontrollrechten gegenüber den Betriebsleitungen ausgestattet sind, die Veränderung der Arbeitskräfte- und der Bevölkerungsstruktur sowie der weite Bereich der Agrarpropaganda. Die Agrarpropaganda umfaßt „sämtliche Maßnahmen, Mittel und Methoden zur Erläuterung und Verbreitung der Agrarpolitik von Partei und Regierung". Die Aufgabe wird von den Parteien und Massenorganisationen sowie von den Schulungs- und Ausbildungsorganen wahrgenommen und ist auf produktionstechnische wie auf gesellschaftspolitische Ziele gerichtet (**Landwirtschaftliche → Berufsausbildung**; **Bauernkongreß**).

III. Die Realisierung der agrarpolitischen Ziele

Der Aufbau sozialistischer Großbetriebe mit spezialisierter Produktionsrichtung in der Landwirtschaft der DDR orientiert sich an der UdSSR und damit an Lenins „Genossenschaftsplan". Obwohl Lenin ausdrücklich darauf hingewiesen hatte, daß der sowjetische Weg nicht für Industriestaaten geeignet sei (Aufteilung der enteigneten Großbetriebe), wurde dem russischen Beispiel in der SBZ/DDR gefolgt. Die SBZ muß jedoch aufgrund ihrer geringen Agrarquote, die 1939 ca. 26 v. H. (Westdeutschland 29 v. H.) betrug, als Industriestaat bezeichnet werden. Ebenso wie in der UdSSR wurden aus gesellschaftspolitischen Gründen die zuvor künstlich geschaffenen Kleinbetriebe in kollektiven Großbetrieben zusammengefaßt, ohne die wirtschaftlichen Zielkon-

flikte zwischen hoher Arbeitsproduktivität und hoher Flächenproduktivität, zwischen hoher Nutzungsintensität und Betriebsgröße zu berücksichtigen. Infolgedessen ging insbesondere der Anbau arbeitsintensiver Kulturen zurück. Die Erzeugerpreise werden in der Regel den gestiegenen Produktionskosten angepaßt.

Auf dem Wege zur sozialistischen Agrarverfassung sind in der SBZ/DDR mehrere Phasen festzustellen, die sich teilweise überlappen:

1. Bodenreform 1945–1949,
2. Klassenkampf gegen Mittel- und Großbauern 1949–1953,
3. Kollektivierung, Aufbau von Produktionsgenossenschaften 1952–1960,
4. Aufbau sozialistischer Großbetriebe auf dem Wege der Kooperation und der Fusion, seit 1960,
5. Errichtung von industriemäßig produzierenden Spezialbetrieben der Landwirtschaft auf dem Wege der Fusion seit 1972.

A. Die erste Bodenreform 1945–1949

Als die Außenminister der vier Besatzungsmächte den Plan einer Bodenreform für ganz Deutschland am 12. 4. 1947 billigten, war diese in der damaligen SBZ schon fast abgeschlossen. Gestützt auf eine gemeinsame Erklärung der wieder zugelassenen Parteien ergingen in den Ländern der SBZ vom 3. bzw. 5. 9. 1945 gleichlautende „Verordnungen über die Bodenreform", die kurz vorher aus dem Russischen übersetzt worden waren und mit den Texten ähnlicher Verordnungen in anderen Ostblockstaaten in einzelnen Passagen übereinstimmten.

Entschädigungslos enteignet wurden:
Sämtliche Betriebe mit mehr als 100 ha Betriebsfläche einschließlich des gesamten Inventars, sämtliche Betriebe auch unter 100 ha, deren Eigentümer als aktive Vertreter der NSDAP oder Kriegsschuldige oder Kriegsverbrecher eingestuft worden waren.

Der Großgrundbesitz war in den 5 Ländern der SBZ ungleichmäßig verteilt. Während in Thüringen und Sachsen nur 10 bzw. 13 v. H. der landwirtschaftlichen Nutzfläche (LN) von Betrieben mit mehr als 100 ha bewirtschaftet wurden, waren es in Sachsen-Anhalt 27 v. H., in Brandenburg 30 und in Mecklenburg 48 v. H.

Die Durchführung der Bodenreform erfolgte – unter Anleitung der Länder – durch die Kreis- und Gemeindeverwaltungen. Auf sämtlichen Verwaltungsebenen wurden insgesamt 10 000 Bodenreformkommissionen mit 52 292 Mitgliedern gebildet (Zusammensetzung: Parteilose 56,8 v. H., KPD 23,9 v. H., SPD 17,5 v. H., LDP und CDU zusammen 1,8 v. H.).

Die enteigneten Flächen wurden gemeinsam mit Flächen des Staates und anderer Körperschaften einem Bodenfonds zugeführt.

Eingebracht wurden aus	
Großgrundbesitz, über 100 ha	2,517 Mill. ha
Privatbesitz, unter 100 ha	0,132 Mill. ha
Öffentlicher u. sonstiger Besitz	0,649 Mill. ha
insgesamt	3,298 Mill. ha
Hiervon wurden verteilt an Privatbetriebe	2,190 Mill. ha = 66,4 v. H.
an VEG und sonstige volkseigene bzw. öffentliche Betriebe	1,108 Mill. ha = 33,6 v. H.

Quelle: W. Ulbricht, Die Bauernbefreiung in der DDR. Bd. I. Berlin (Ost) 1961, S. 126.

In der Gesamtfläche waren enthalten 1,042 Mill. ha Wald, von denen 0,433 Mill. ha (41,6 v. H.) an Privatbetriebe verteilt wurden. Von den an Privatbetriebe verteilten Flächen wurden ca. 1,7 Mill. ha an rd. 210 000 Neubauern verteilt (Durchschnittsgröße 8,1 ha), während 0,275 Mill. ha zur Aufstockung von ca. 82 500 Betrieben der Kleinbauern verwendet wurden. Die restlichen Flächen entfielen auf Kleinpächter, Handwerker und Altbauernbetriebe (Waldzulage). Entgegen Lenins Hinweisen waren im Industriestaat Deutschland die enteigneten Flächen nicht verstaatlicht, sondern zu einem größeren Teil reprivatisiert worden. Gleichzeitig wurden Eigentumsgarantien für alle nicht enteigneten Bauernbetriebe ausgesprochen und jede Absicht einer späteren Kollektivierung geleugnet. Zur Sicherung der Nahrungsversorgung sind Pflichtablieferungen je ha LN eingeführt worden, die ein Mindestaufkommen an Nahrungsgütern sichern sollten.

Für Marktlieferungen über dieses Maß hinaus gründete man „Bauernmärkte", auf denen die Bauern weit höhere Preise erhielten („Preis nach Angebot und Nachfrage") als für die der Pflichtablieferung unterliegenden Produkte. Bauern, die an diese Märkte lieferten, wurden zudem beim Produktionsmittelbezug bevorzugt. Gleichzeitig wurden die bäuerlichen Raiffeisengenossenschaften auf Anweisung der Sowjetischen Militäradministration (SMAD) erneut gegründet. Zusätzlich wurde zur Unterstützung der Neubauern die → **Vereinigung der gegenseitigen Bauernhilfe** (VdgB) etabliert. Sie hatte zunächst das Inventar der enteigneten Betriebe zu verwalten und organisierte 1946 besondere Maschinenausleihstationen (MAS). Die MAS sind 1949 zu selbständigen Betrieben mit Produktions-, Reparatur- und Lagereinrichtungen weiterentwickelt worden.

Beabsichtigt war vor allem auch, eine Beispielwirkung auf die Westzonen der heutigen Bundesrepublik auszuüben. Die Bodenreform ist von beträchtlichem Propagandaaufwand begleitet worden. Tatsächlich hat die Bodenreform jedoch die Betriebsgrößenstruktur, die Eigentums- und Arbeitsverfassung in der SBZ/DDR umwälzend verändert und vor allem die politische Bedeutung der „Klasse der werktätigen Bauern", beträchtlich erhöht (→ **Landwirtschaftliche Betriebsformen**).

B. Der Klassenkampf auf dem Lande 1949–1954

Die kurz nach Kriegsende von W. Ulbricht ausgesprochene Eigentumsgarantie für die privatbäuerlichen Betriebe galt bereits seit 1949 faktisch nur noch für den Besitz der Klein- und Mittelbauern.

Gegen die Großbauern (zunächst Betriebe mit 50–100 ha LN, später alle Betriebe über 20 ha LN) wurden zahlreiche restriktive Maßnahmen ergriffen. Der beginnende „Klassenkampf auf dem Lande" verfolgte das Ziel, die Mehrheit der Bauern und Landarbeiter für die A. der SED zu gewinnen und die Minderheit (in der Regel Groß- und Mittelbauern) zu isolieren.

Zur Förderung der Kleinbauern wurde ein Neubauernprogramm erarbeitet, in dessen Folge bis 1953 ca. 95 000 Wohngebäude, 104 000 Stallungen und 39 000 Scheunen entstanden sind. Insgesamt betrugen die Kosten der Neubauernstellen 1,35 Mrd. Mark. Außerdem entwickelten die MAS differenzierte Preissysteme, mit denen die in der Bearbeitung unwirtschaftlichen Flächen der Kleinbetriebe geringer als größere Flächen bewertet worden sind. Die Betriebsmittelversorgung der Mittel- und Großbauern wurde vernachlässigt, Maschinen und Ersatzteile fast ausschließlich an die MAS geliefert. Die Ersatzbeschaffungen gegen höhere Preise wurden als Wirtschaftsverbrechen bestraft. Die zwischen 1945 und 1948 gesetzlich vorgeschriebene Rücklagenbildung zur späteren Investitionsfinanzierung (Sperrkonto) wurde dem Gewinn zugeschlagen und mußte in voller Höhe versteuert werden (andernfalls wurden Sicherungshypotheken eingetragen).

Das Ablieferungssystem wurde so gestaffelt, daß Betriebe mit mehr als 50 ha z. T. doppelt so hohe Mengen je ha LN abzuliefern hatten, wie Betriebe mit 5–10 ha LN. Damit sank die Möglichkeit, Marktlieferungen über das Liefersoll hinaus zu erbringen und dadurch höhere Preise zu erzielen. Andererseits ist durch staatliche Anbaupläne verhindert worden, daß die Betriebe sich in ihrer Organisation den veränderten Bedingungen anpassen konnten. Außerdem wurden die traditionellen Selbsthilfeorganisationen der Bauernschaft, die Raiffeisengenossenschaften bzw. Genossenschaftskassen, unter staatliche Kontrolle gestellt (Ländliche → **Genossenschaften**). Diese Schwierigkeiten führten schließlich dazu, daß ca. 24 000 Betriebe mit ca. 700 000 ha LN aufgegeben bzw. beschlagnahmt worden sind.

C. Die Kollektivierungsphase 1952–1960

Entgegen zahlreichen früheren Versicherungen der SED und der Regierung beschloß die II. Parteikonferenz der SED im Juli 1952 die Vorbereitung des „Aufbaus des Sozialismus auf dem Lande" durch die Bildung von landwirtschaftlichen Produktionsge-

nossenschaften (LPG) mit unterschiedlichem Vergesellschaftungsgrad der Produktionsmittel (LPG
Typen I–III). Hierfür wurden Musterstatuten erlassen und für die Betriebsorganisation eine Musterbetriebsordnung aufgestellt (→ **Landwirtschaftliche
Betriebsformen**, LPG). Bereits am 31. 12. 1952 bestanden 1 906 LPG mit rd. 218 000 ha LN. Bis zum
Juni 1953 erhöhte sich diese Zahl auf 4 391 LPG
und stieg danach bis zum 31. 12. 1957 auf 6 691 Betriebe mit 1,632 Mill. ha an (ca. 26,0 v. H. der LN der
DDR). Das relativ langsame Wachstum in den Jahren 1953–1957 wird offiziell mit den negativen Einflüssen der „Klassenfeinde" (Arbeiteraufstände
1953 in der DDR, in Polen und Ungarn 1956) erklärt und hatte vor allem im Verlauf des neuen Kurses 1953–1954 zu einer Mäßigung in den Kollekti-
vierungskampagnen der SED geführt. Tatsächlich
bestand die von der LPG genutzte Fläche 1957 zu
54 v. H. aus den Flächen der „örtlichen Landwirtschaftsbetriebe". LPG-Mitglieder waren zu diesem
Zeitpunkt Landarbeiter (42,5 v. H.), Industriearbeiter (11,3 v. H.), Neubauern (28,5 v. H.), Kleinbauern (10,3 v. H.) und Großbauern mit mehr als
20 ha LN (2,3 v. H.). Sonstige Mitglieder (Parteifunktionäre, Landintelligenz u. a.) waren zu
5,1 v. H. beteiligt. Fast ausschließlich gingen wirt-
schaftsschwache Betriebe zur genossenschaftlichen
Produktionsweise in den LPG über, deren Wirt-
schaftsergebnisse aber insgesamt auch weiterhin
sehr schwach blieben. Die Einführung der LPG entsprach zugleich der Ausdehnung des „Klassenkampfes auf dem Lande" auf sämtliche privaten Landwirtschaftsbetriebe. Das zuvor gegen Großbetriebe angewandte Instrumentarium wurde nun auf alle
Landwirtschaftsbetriebe ausgedehnt, während die
LPG zahlreiche Vergünstigungen erhielten.
Die MAS wurden zu Maschinen-Traktoren-Stationen entwickelt (MTS) und vorwiegend bei den LPG
eingerichtet. Die ausschließlich den MTS zur Verfügung gestellten Maschinenkapazitäten wurden bereits 1955 zu 64 v. H., später zu 80–90 v. H. in den
LPG eingesetzt. Obwohl die LPG mit durchschnittlich 245 ha LN beachtliche Größen erreichten, wurden sie in der Produktionsleistung, in der Gestaltung
der Erzeugerpreise und in den MTS-Tarifen den Betrieben mit einer Größe von 5–10 ha gleichgestellt;
es wurden Steuern erlassen, Verlustbetrieben wurden durch direkte Subventionen Mindestarbeitsein-
kommen garantiert. Gleichzeitig mit dem Aufbau
der LPG erging von der SED eine Direktive zur Bildung und über die Arbeit von Parteiorganisationen
in den LPG, die gemeinsam mit den MTS die Neugestaltung des Dorfes auf sozialistischer Grundlage organisieren sollten. Den MTS wurden zu diesem
Zweck politische und kulturelle Abteilungen angegliedert.
Überlegungen – auch innerhalb der Parteiführung
der SED (Vieweg, Oelßner) – den kostspieligen

Aufbau der LPG einzustellen oder mindestens das
Prinzip der Freiwilligkeit wieder uneingeschränkt
anzuwenden, scheiterten; die gegen die Einzelbauern gerichteten Maßnahmen wurden ab 1958 verstärkt und führten bis April 1960 unter Gewaltanwendung oder -androhung zur Vollkollektivierung
in der Landwirtschaft der DDR.

D. Die Kooperationsphase 1960–1972
Im Anschluß an die Vollkollektivierung im Frühjahr
1960 begannen nebeneinander zwei auf Veränderung der Betriebsstruktur gerichtete Entwicklungen.
Einerseits wurden, vor allem mit Rentabilitätserwä-
gungen begründet, mehrere Betriebe zu einer LPG
vereinigt. Es handelte sich um Fusionen, wobei die
Rechte der Genossenschaftsbauern nicht verändert
wurden. Diese Entwicklung hatte insbesondere zur
Folge, daß die LPG der Typen I und II zum höheren
Vergesellschaftungsgrad der LPG Typ III übergingen, so daß eine Vereinheitlichung in der ländlichen
Sozialstruktur stattfand. Andererseits ist bereits
1962 begonnen worden, einzelne Aufgaben und Arbeiten aus den LPG-Betrieben auszugliedern und
Spezialbetrieben zu übertragen.
Diese Einrichtungen erlangten teilweise juristische
Selbständigkeit. Ihre Bedeutung ergibt sich aus ihrer
integrierenden Wirkung, die die Zusammenarbeit
bzw. den Zusammenschluß mehrerer Betriebe auf
dem Wege der Kooperation fördern soll. Beginnend
1965 und verstärkt nach dem VII. Parteitag der SED
(1967) wurden Formen der Kooperation propagiert
und in der Praxis erprobt. Es sollten nicht mehr einzelne Betriebszweige ausgegliedert werden, sondern
zahlreiche Betriebe mit einer zusammenhängenden
Fläche von ca. 5–6 000 ha LN Kooperationsgemeinschaften (KOG) bilden. Als Begründung für diese
Maßnahme hieß es, daß eine optimale Auslastung
der Betriebsmittel erst in Anlagen mit Größenordnungen von 1 000 Milchviehplätzen, 1 000 Sauenplätzen oder ab 5 000 Schweinemastplätzen möglich
ist. In der Feldwirtschaft ging man davon aus, daß
der Einsatz einzelner Traktoren oder Maschinen
nicht rentabel sei, so daß nur noch Maschinensysteme (von drei bis fünf Einheiten) anzuschaffen und
einzusetzen seien. Gleichzeitig wurde die Durchführung der Arbeit in Schichten propagiert. Die Besonderheit dieser KOG bestand darin, daß an ihnen sowohl LPG wie VEG beteiligt sein konnten. Sie erhielten jedoch keine Rechtsfähigkeit, sondern sollten durch Vertreter der beteiligten Betriebe kollektiv geleitet werden. Arbeitskräfte, Maschinen und
Betriebsmittel wurden von den angeschlossenen Betrieben entsprechend ihrem Flächenanteil bzw. ihren Betriebsplänen zur Verfügung gestellt und die Erträge untereinander aufgeteilt. Das System der KOG
führte zu einer beschleunigten Integration der LPG-
Betriebe der Typen I und II, erforderte jedoch beträchtlichen Verrechnungs- und Verwaltungsauf-

wand. Es verstärkte darüber hinaus die Tendenz zu weiterer Fusionen bzw. zur Bildung von „Groß-LPG". Damit entstand aber die Gefahr, daß sich diese genossenschaftlich geleiteten Betriebe zu großen, relativ autonomen Betriebseinheiten entwickeln, deren Betriebszweige auf die eigenen Bedürfnisse ausgerichtet sind. Infolgedessen sind diese Fusionen vom VIII. Parteitag der SED (1971) abgelehnt und der Weg der „Kooperation" bei gleichzeitiger Spezialisierung in „Kooperativen Einheiten" (KOE) vorgeschlagen worden.

Zur Unterstützung der Spezialisierung wurden vertikal organisierte Kooperationsverbände eingerichtet, in denen die Landwirtschaftsbetriebe mit den Be- und Verarbeitungsbetrieben auf der Grundlage von Lieferverträgen zusammenarbeiten. Die aufgezeigte Entwicklung zwischen 1960 und 1972 verlief in der Regel ohne Ausübung von Repressalien.

Die Einführung des Neuen Ökonomischen Systems (NÖS) hatte die verstärkte Anwendung gezielter wirtschaftspolitischer Maßnahmen ermöglicht: Aufhebung der gespaltenen Preise für Pflichtablieferung und darüber hinausgehender Marktproduktion für pflanzliche Produkte 1964, bzw. 1969 für tierische Produkte, Einführung von Prämien für Produktionssteigerungen, für Kostensenkung bzw. Bildung von Rücklagen, Vergabe von Subventionen für Großbauprojekte, Treibstoffe und Düngemittel, Zinsverbilligungen für Investitionsvorhaben, Steuerangleichungen etc. Die Summe dieser Vergünstigungen führte vielfach zur unwirtschaftlichen Verwendung der Betriebserlöse. Infolgedessen wurden Betriebsmittelverbilligungen zwischen 1965 und 1971 in der Regel aufgehoben oder gesenkt, nach 1971 jedoch durch neue ergänzt. Vor allem ist die individuelle Konsumtion (Arbeitseinkommen) durch eine progressiv gestaltete Konsumtionsfondsabgabe zusätzlich besteuert worden, sobald sie die Höhe von 8 000 Mark je LPG-Mitglied und Jahr überstiegen hat.

Insgesamt hat der Aufbau landwirtschaftlicher Großbetriebe zu einer starken Steigerung der Produktionskosten geführt, die sich u. a. in einer Erhöhung der landwirtschaftlichen Erzeugerpreise zwischen 1960 und 1972 um durchschnittlich ca. 60 v. H. niederschlug. Infolgedessen mußten für Preissubventionen zwischen 1966 und 1970 jährlich 4,4 Mrd. Mark von der DDR ausgegeben werden. Gleichzeitig wurde durch verbesserte Produktionsmittelversorgung die Produktion um 12,1 v. H. erhöht. (Nettonahrungsmittelproduktion in dz GE 1972 bezogen auf den Jahresdurchschnitt 1957/1961.)

Besondere Bedeutung erlangte in dieser Phase die Agrarpropaganda. Die völlig neuen Produktionsverhältnisse und -bedingungen hatten eine intensive und umfassende Schulungs- und Beratungsarbeit zur Voraussetzung. Andererseits erlaubte die einsetzen-

de Spezialisierung auch vereinfachte Ausbildungsformen.

E. Die Fusionsphase seit 1972

Auf dem VIII. Parteitag der SED 1971 wurde die weitere Fusion der LPG zu Groß-LPG abgelehnt und der Weg der Kooperation als verbindlich erklärt. Die Kooperation soll jedoch zu juristisch selbständigen Betrieben, den Kooperativen Einrichtungen (KOE), führen, die – sobald sie einen entsprechenden Konzentrationsgrad erreicht haben – zu „Spezialisierten LPG" bzw. „Spezialisierten VEG" entwickelt werden sollen. Da die KOE über eigene Pläne, eigene Fonds und Abrechnungssysteme verfügen, kann sich die Bezeichnung „Kooperation" nur auf die Übergangsphase bis zum Abschluß der Betriebsbildung beziehen. Tatsächlich entstanden und entstehen völlig selbständige Betriebseinheiten; die Kooperation erweist sich als partielle Fusion. In einem Beispielsverfahren entstanden aus 21 LPG verschiedener Typen und einem VEG 3 „Spezialisierte LPG" für Pflanzen-, Geflügel- und Milchproduktion sowie ein „Spezialisiertes VEG" für Schweinemast. Auf diese Weise erreicht die DDR mit Hilfe von administrativen Maßnahmen die Errichtung spezialisierter Großbetriebe in der Landwirtschaft. Gleichzeitig erfolgt eine Vereinheitlichung der ländlichen Sozialstruktur. Die LPG der Typen I und II sollen bis 1975 beseitigt sein. Genossenschaftsbauern und Landarbeiter arbeiten in den KOE zunehmend unter gleichen Bedingungen. Die Arbeit wird wie in der Industrie in Kollektiven bzw. Brigaden und nach Möglichkeit im Schichtsystem organisiert. Ausbildungsformen und -umfang der Landwirtschaft ebenso wie das Lohnniveau werden denen der Industrie angenähert.

Diese Entwicklung kann jedoch erst dann abgeschlossen werden, wenn die erforderlichen Stallkapazitäten errichtet sind. Zur Realisierung dieser Entwicklung trägt die bereits weit fortgeschrittene Konzentration der Pflanzenproduktion (Anfang 1974 ca. 75 v. H. der LN in 1 173 Betrieben) bei. Die Pflanzenbaubetriebe beliefern die LPG und VEG mit Futtermitteln und bilden gemeinsam mit diesen Betrieben finanzielle Rücklagen zum Aufbau von Großställen. Weitere Maßnahmen der gegenwärtigen Agrarpolitik sind:

Die Steuerung der Produktionsmittel und Investitionen durch den Rat des jeweiligen Kreises bzw. Bezirkes und deren Organe;

die zentrale Lenkung der Arbeitsorganisation durch Bezirks- und Kreisbehörden bei Bestellarbeiten bzw. bei der Getreide- und Hackfruchternte;

die Festlegung von Produktionsrichtungen (Hauptbetriebszweige);

die direkte Einflußnahme der Kreisbehörden auf das Verhältnis zwischen Arbeitseinkommen und Betriebsrücklagen;

die Gewährung von Kreditvergünstigungen sowie die Verfügung von Kreditstreichungen;
die Preispolitik bzgl. der Produktionsmittel und der Erzeugerpreise;

die Angleichung der unterschiedlichen Betriebssteuern (VEG/LPG).
→ **Planung; Phasen der Wirtschaftspolitik seit 1963; Wirtschaft.**

Agrarpreissystem: → **Agrarpolitik; Landwirtschaft.**

Agrarpropaganda: → **Agrarpolitik.**

Agrarstatistik: Die A. ist Teildisziplin der allgemeinen Wirtschafts- und Sozialstatistik. Aufgabe der A. ist die mathematische Erfassung, Abrechnung, Analyse und Darstellung der pflanzlichen und tierischen Produktion sowie der technischen, ökonomischen und gesellschaftlichen Entwicklungsprozesse. Für die Erfassung besteht ein einheitliches Kennziffernsystem, das aus den Berichten der landwirtschaftlichen Leitungsorgane und der Landwirtschaftsbetriebe sowie durch regelmäßige oder einmalige Erhebungen gespeist wird (Berichte über die Pflanzenproduktion, Ernteermittlung, Viehzählung, Berichterstattung über Arbeitskräfte und Ausbildung etc.).
Die erarbeiteten Kennziffern werden über EDV in der volkswirtschaftlichen Rechnungsführung und für die Planung, Leitung und Kontrolle der Wirtschaftsvorgänge nutzbar gemacht. Sie sind damit Grundlage agrarpolitischer und betriebswirtschaftlicher Entscheidungen.
Das Ziel, industriemäßig produzierende Landwirtschaftsbetriebe aufzubauen, und die Veränderung der Eigentumsverhältnisse und -rechte haben zur Folge, daß nunmehr auch für die Land- und Forstwirtschaft ein →**Einheitliches System von Rechnungsführung und Statistik** aufgebaut wird, wie es für die→ **Industrie** seit vielen Jahren besteht, und in das die A. integriert wird. Gleichzeitig dient die A. als Grundlage für die Agrarpropaganda.
Im Gegensatz zur Bundesrepublik Deutschland werden in der DDR landwirtschaftliche Einzelstatistiken nicht veröffentlicht. Die im Statistischen Jahrbuch der DDR ausgewiesenen Angaben können aufgrund unterschiedlicher Erhebungs- und Berechnungsmethoden nur selten direkt mit den statistischen Angaben der Bundesrepublik verglichen werden. Die Höhe der Abweichung wurde bisher vor allem für Ernteerträge ermittelt, die in der DDR je nach Fruchtart und Jahr um 5–12 v. H. höher ausgewiesen werden als in der Bundesrepublik.

Agrarsteuern: Die wichtigsten → **Steuern,** die von Bürgern und/oder Betrieben in der → **Landwirtschaft** der DDR durch den Staat oder die Gemeinde erhoben werden, sind
1. Einkommen- und Lohnsteuern. Die Lohnsteuer wird von allen Berufstätigen, die in einem Arbeitsrechtsverhältnis stehen, erhoben. Hierzu gehören insbesondere die Arbeiter und Angestellten in den volkseigenen Gütern (VEG) und sonstigen staatlichen Land- und Forstwirtschaftsbetrieben, aber auch die Arbeiter und Angestellten, die in den landwirtschaftlichen, gärtnerischen und fischwirtschaftlichen Produktionsgenossenschaften (LPG, GPG, PwF, FGP) beschäftigt sind.

Einkommensteuern werden auf der Grundlage des Abgabengesetzes vom 9. 2. 1950 (GBl. 1950, Nr. 17) und – durch besondere Veranlagungsrichtlinien geregelt – von den noch selbständig wirtschaftenden Betrieben erhoben. LPG und sonstige → **Genossenschaften** sind von der Einkommensteuer befreit. Soweit die Genossenschaftsmitglieder Einkommen aus selbständiger Arbeit erzielen, genießen sie eine Steuerermäßigung um 25 v. H.
2. Grundsteuer. Die Grundsteuerberechnung der DDR beruht wie in der Bundesrepublik Deutschland auf den Einheitswerten, dem Steuermeßbetrag (bis zu 10 000 Mark Einheitswert 8, danach 10 p. Tsd.) und dem Hebesatz.
Der Hebesatz für sämtliche landwirtschaftliche Grundstücke der DDR beträgt 200 v. H. Die Grundsteuer kann in bestimmten Fällen (Unwetterschäden, Ertrags- oder Mietausfälle, Wertminderungen etc.) teilweise oder ganz auf Zeit oder unbefristet erlassen werden. Schuldner sind die jeweiligen Eigentümer. LPG und sonstige Genossenschaften sind grundsätzlich steuerfrei. Sofern LPG-Mitglieder über Bodenanteile verfügen, sind sie grundsätzlich steuerpflichtig, wobei den Mitgliedern der LPG-Typen I/II eine Ermäßigung um 25. v. H. und den Mitgliedern des LPG-Typs III eine Ermäßigung um 75 v. H. eingeräumt wird. Sobald die LPG-Mitglieder auf die Auszahlung von Bodenanteilen verzichten, wird von der Erhebung der Grundsteuer abgesehen.
3. Vermögensteuer. Die Vermögensteuer wird von allen Bürgern und Betrieben erhoben, deren auf der Grundlage des Einheitswertes ermitteltes Vermögen die Freigrenze von 10 000 Mark zuzüglich je 5 000 Mark für Ehegatten und minderjährige Kinder übersteigt. LPG, GPG, PwF sowie die VdgB sind von der Vermögensteuer befreit. Für die Mitglieder dieser Genossenschaften besteht eine 50prozentige Steuerermäßigung.
4. Umsatzsteuer. LPG und PwF sind von der Zahlung einer Umsatzsteuer befreit. Sofern ihre Mitglieder aus persönlicher Hauswirtschaft oder selbständiger Tätigkeit durch Verkäufe Erlöse erzielen, genießen sie eine Steuerermäßigung um 75 v. H. Selbständige sind voll umsatzsteuerpflichtig.
5. Rückführungsbetrag. Der Rückführungsbetrag ist eine Sonderform ldw. Steuern und Abgaben. Nach Abschluß der Kollektivierung und in Zusammenhang sowohl mit der Einführung des Neuen Ökonomischen Systems (NÖS) als auch der steigenden Agrarproduktion wurde das starre Ablieferungssystem für pflanzliche Produkte 1964 und für tierische Produkte 1969 durch ein Vertragssystem ersetzt. Damit entfiel zugleich das System gespaltener Preise (niedrige Erfassungspreise für Produkte, die der Ablieferungspflicht unterlagen,

hohe Aufkaufpreise für Produkte, die über die Pflichtablieferung hinaus verkauft wurden). Die neu festgesetzten einheitlichen Erzeugerpreise erreichten etwa
das Niveau der früheren hohen Aufkaufpreise. Die Differenz zu den zuvor erzielten Durchschnittspreisen aus
Erfassungs- und Aufkaufpreis wurde zur Vermeidung
ungerechtfertigter Gewinne in Form des Rückführungs-
betrages abgeschöpft. Ab 1. 1. 1971 wurde zunächst für
die LPG vom Typ III und seit 1973 schrittweise auch für
die LPG-Typen I und II der Rückführungsbetrag in eine
„ökonomisch begründete Abgabe" umgewandelt.

6. Die ökonomisch begründete Abgabe. Die Einführung
der ökonomisch begründeten Abgabe erfolgte unter der
Zielsetzung, die Interessen des Staates, der Betriebe
und der LPG-Mitglieder in Übereinstimmung zu bringen und die Unterschiede in den natürlichen Produktionsbedingungen durch Abschöpfung der Differentialrente auszugleichen. Die Abgabe wird für jeden
Betrieb gesondert ermittelt.
Ihre Höhe wird bestimmt durch:
a) Das Bruttoeinkommen der LPG (Nettoprodukt =
Gesamtumsatz abzüglich Selbstkosten ohne Löhne und
Einkommen).
Das Bruttoeinkommen wird den Betrieben vorgegeben.
Sofern das tatsächliche Bruttoeinkommen die Vorgabe
überschreitet, wird das Mehreinkommen nur zu 50 v. H.
in Anrechnung gebracht.
b) Den Abgabesatz (max. 21 v. H. des Bruttoeinkom-

mens bei Lößböden mit Ackerzahlen von mehr als 75,
mindestens jedoch 2 v. H. bei schlechten Böden).
c) Die Relation zwischen Akkumulation und Konsumtion.
Überschreitet der konsumtive Verbrauch einer LPG die
Grenze von 8 000 Mark je Arbeitskraft und Jahr, so ist
eine zusätzliche Konsumtionsfondsabgabe, die bei
15 000 Mark mit 40 v. H. ihre Höchstgrenze erreicht,
zu zahlen.
Ziel dieser Regelungen ist es, einerseits die LPG-Mitglieder über zunehmende Produktionsleistungen für
steigende Betriebseinnahmen zu interessieren und andererseits zu verhindern, daß diese Betriebseinnahmen
für die individuelle Konsumtion (Löhne und → **Einkommen**) verwandt werden. Durch hohe Sparleistungen
soll insbesondere der wachsende Investitionsaufwand
gedeckt werden.
Im Zuge der fortschreitenden Kooperation werden auch
die Steuern und Abgaben der neu entstehenden Kooperativen Einrichtung und alle an diesen beteiligten Betriebe in eine ökonomisch begründete Abgabe umgewandelt. Dies trifft sowohl für die Nettogewinnabführung der VEG als auch für den Rückführungsbetrag der
LPG Typ I und II zu. → **Genossenschaften, Ländliche;
Landwirtschaftliche Betriebsformen.**

Agrartechnik: → **Landwirtschaft; Staatliches Komitee
für Landtechnik und materiell-technische Versorgung.**

Agrarwissenschaften

*Forschungsorganisation – Universitätsforschung –
Hochschulforschung – Akademie der Landwirt-
schaftswissenschaften – Hochschulfreie Forschung –
Übertragung der Forschungsergebnisse in die Praxis
– Institute für Landwirtschaft bei den Räten der Bezir-
ke – Agrarwissenschaftliche Gesellschaft der DDR –
„Agra", Landwirtschaftsausstellung der DDR –
„Iga", Gartenbauausstellung der DDR*

I. Forschungsorganisation

Die Schaffung völlig neuer Produktionsverhältnisse
in der Landwirtschaft, das Ziel einer weitgehenden
Selbstversorgung im Ernährungsbereich, die steigenden Qualitätsansprüche bei Nahrungsmitteln,
die Steigerung der Flächen- und → **Arbeitsproduktivität** und die Entwicklung neuer Produktionstechni-
ken haben in der DDR zum Aufbau eines beträchtlichen Forschungsapparates geführt. Während des
Fünfjahrplanes 1971–1975 werden jährlich ca.
350 Mill. Mark für diese Zwecke aufgewandt. Die
agrarwissenschaftlichen Forschungseinrichtungen
beschäftigen z. Z. 5 300 Wissenschaftler und wissenschaftliche bzw. wissenschaftlich-technische Mitarbeiter. Die Durchführung der Forschungsarbeit wird
in folgenden Forschungseinrichtungen betrieben:
1. Institute der Universitäten beim → **Ministerium
für Hoch- und Fachschulwesen** mit ca. 105 Instituten und 30 weiteren wissenschaftlichen Einrichtun-

gen in Berlin, Dresden, Halle, Jena, Leipzig und Rostock;
2. Institute der Hochschulen Bernburg und Meißen
beim → **Ministerium für Land-, Forst- und Nahrungsgüterwirtschaft;**
3. Institute der Akademie für Landwirtschaftswissenschaften der DDR (AdL) in Berlin (Ost) beim
Ministerium für Land-, Forst- und Nahrungsgüterwirtschaft;
4. Institute der Lebensmitteltechnik und Verarbeitung beim → **Staatlichen Komitee für Aufkauf und
Verarbeitung landwirtschaftlicher Produkte** und
beim → **Ministerium für Bezirksgeleitete Industrie
und Lebensmittelindustrie.**
5. Außerhalb der Agrarforschung wird die Ernährungsforschung beim Institut für Ernährung in Pots-
dam-Rehbrücke, das der → **Akademie der Wissenschaften der DDR** (AdW) angehört, betrieben.
Die Vielfalt der Forschungseinrichtungen und Forschungsaufgaben wird im einheitlichen Forschungsplan Wissenschaft und Technik koordiniert. An der
Erstellung der Pläne (Prognose-, Perspektiv- und
Jahrespläne) sind die Institute und Einrichtungen
sowie die zuständigen Ministerien beteiligt.

A. Universitätsforschung

Die Forschungsarbeit der Universitätsinstitute erfolgt in Abstimmung mit der AdL und ist auf die Bedürfnisse der landwirtschaftlichen Praxis bzw. die
Anforderungen der Industrie abgestellt. Der beab-

sichtigten Spezialisierung in der Ausbildungsrichtung entsprechend, ergeben sich für die Sektionen der einzelnen Universitäten folgende Forschungsschwerpunkte:

Berlin (Ost): Lebensmitteltechnologie, gärtnerische Pflanzenzüchtung, (Tierzucht (Genetik und Leistungsphysiologie) und Veterinärwesen (Geflügel- und Kleintierkrankheiten, Staatsveterinärwesen);

Dresden: Landtechnik und → **Forstwirtschaft**;

Halle: Agrochemie, Getreide und Zuckerrübenforschung, pflanzliche Verarbeitungstechnologie;

Leipzig: Tierzucht (Milch-, Fleisch- und Eierproduktion), Veterinärwesen (Rinder und Schweine), tropische und subtropische Landwirtschaft;

Rostock: Kartoffel- und Futterbau, Tierzucht (Rinderzucht).

B. Hochschulforschung

Die Hochschulen in Bernburg und Meißen wurden zur Ausbildung von Führungskadern für die sozialistische → **Landwirtschaft** gegründet. Ihre Forschungstätigkeit richtet sich auf agrarökonomische und gesellschaftspolitische Ziele.

C. Akademie der Landwirtschaftswissenschaften der DDR (AdL)

Die AdL beim → **Ministerium für Land-, Forst- und Nahrungsgüterwirtschaft** (bis 1972 Deutsche Akademie der Landwirtschaftswissenschaften [DAL]) gilt als zentrales wissenschaftliches Organ zur Förderung der A. in der DDR. Nach letzten Angaben umfaßt die AdL 2 Forschungszentren und 21 Institute mit ca. 1 860 Wissenschaftlern und wissenschaftlichen Mitarbeitern. Grundsätzliche Aufgaben der AdL sind unter Beachtung der industriemäßig betriebenen Landwirtschaft:

1. Intensivierung der wissenschaftlichen Vorarbeit.
2. Koordination der Arbeit verschiedener agrarwissenschaftlicher Disziplinen und Kooperation mit anderen Wissenschaftseinrichtungen und -zweigen.
3. Auswertung der internationalen Forschungsergebnisse und die Vertiefung der wissenschaftlichen Zusammenarbeit mit den → **RGW**-Staaten auf bilateraler Ebene, insbesondere zur UdSSR und multilateral im Rahmen des RGW-Komplexprogrammes.
4. Durchführung eigener umfangreicher Forschungsvorhaben, insbesondere die Züchtung von Tierrassen, die für die industriemäßige Produktion geeignet sind sowie die Zucht eiweiß- und energiereicher Pflanzenarten, die intensive Beregnung und Bewässerung gestatten.
5. Erprobung der Forschungsergebnisse und ihre Überführung in die Praxis. Hierfür stehen der AdL über 30 eigene Versuchsgüter mit ca. 32 000 ha LN zur Verfügung.

Anläßlich ihres 20jährigen Bestehens (1971) konnte die AdL u. a. auf folgende Leistungen verweisen:
1. Entwicklung eines Düngungsprogrammes für die gesamte DDR aufgrund von mehreren Millionen Bodenproben. Mit Hilfe der EDV erlaubten die Bodenaufnahmen 1973, für 80 v. H. der LN Düngungsempfehlungen nach Höhe und Zeitpunkt zu erteilen.
2. Im Bereich Pflanzenzucht konnten insgesamt 419 neue landwirtschaftliche und gärtnerische Kulturpflanzen gezüchtet werden. (In den Jahren 1971–1974 folgten 31 weitere Neuzüchtungen.)
3. Der Veterinärmedizin konnten 68 neue Präparate (einschließlich Prophylaxe) übergeben werden.
4. Im Bereich der Tierernährung wurde ein neues Futterbewertungssystem entwickelt.

Die staatlichen Aufwendungen betrugen 1951–1971 ca. 1,2 Mrd. Mark.

Die Gründung der AdL (DAL) erfolgte am 17. 10. 1951 (Gründungsbeschluß vom 11. 1. 1951) nach dem Vorbild der sowjetischen W.-I.-Lenin-Akademie. Sie übernahm einerseits die Aufgaben der landwirtschaftlichen Klasse der AdW. sowie die Aufgaben der Deutschen Landwirtschaftsgesellschaft. 1953 wurden auch die Forschungsanstalten der 1952 aufgelösten Länder in die AdL eingegliedert. Nach dem erst 1955 verabschiedeten Statut hatte die ADL den Status einer Anstalt des öffentlichen Rechts, den sie mit der Neufassung des Statutes – Unterstellung unter das Ministerium für Land-, Forst- und Nahrungsgüterwirtschaft (MfLFN) im Jahre 1962 – verlor. Nach der letzten Fassung des Statutes vom 6. 6. 1972 (GBl. II, Nr. 38, S. 438 ff.) zeigt die AdL folgende Organisationsstruktur:
1. Der Präsident wird auf Vorschlag des Ministers für Land-, Forst- und Nahrungsgüterwirtschaft vom Vorsitzenden des Ministerrates berufen.
2. Der Vizepräsident (ständiger Stellvertreter) wird vom Minister für Land-, Forst- und Nahrungsgüterwirtschaft berufen.
3. Die Direktoren, vom Präsidenten berufen, leiten in dessen Auftrag bestimmte Forschungsbereiche.
4. Das Präsidium besteht aus Präsident, Vizepräsident und Direktoren sowie – mit Zustimmung des Ministers – weiteren Personen.
5. Das Plenum, maximal 81 Personen, besteht aus ordentlichen Mitgliedern (Bürger der DDR mit hervorragenden Leistungen in der Wissenschaft oder Praxis) und Kandidaten (maximal 40 Bürger der DDR, die als Nachwuchswissenschaftler oder Praktiker Verdienste erworben haben). Die AdL hat ferner korrespondierende Mitglieder.

Ordentliche Mitglieder werden mit Vollendung des 65. Lebensjahres emeritiert. Die Wahl neu aufzunehmender ordentlicher Mitglieder erfolgt nach je 5 Jahren. Die Wiederwahl von Kandidaten ist zulässig.

Die eingangs genannten Institute sind seit der Akademiereform 1972 nicht mehr in Sektionen zusammengefaßt, sondern bestehen als „Wissenschaftliche Einrichtungen" in Form von Forschungszentren oder als einzelne Institute fort. Für spezielle Arbeitsvorhaben ist es möglich, aus Zentren und Instituten

„zeitweilige Sektionen" zu bilden. Die AdL hat das Recht, Professoren zu ernennen, akademische Grade zu verleihen und die „Erwin-Baur-Medaille" zu vergeben.

D. Hochschulfreie Forschung außerhalb der AdL

Die Forschungseinrichtungen der Universitäten und der AdL sind fast ausschließlich auf die Agrarproduktion orientiert. Nach Kriegsende fehlten zahlreiche spezialisierte Forschungseinrichtungen der Nahrungsgüterwirtschaft, da die bis 1945 bestehenden Institute entweder im Gebiet der 3 Westzonen angesiedelt waren oder kurz vor Kriegsende dorthin ausgelagert wurden. Infolgedessen kam es zu zahlreichen Neugründungen:

1. Institut für Kühl- und Gefrierwirtschaft in Magdeburg (1957);
2. Institut für Getreideverarbeitung, früher Zentrallaboratorium für Getreideverarbeitende Industrie, Potsdam (Bergholz-Rehbrücke), früher Riesa (Sachsen), (1957);
3. Institut für Hochseefischerei und Fischverarbeitung, Rostock-Marienehe (1955);
4. Institut für Milchforschung, Berlin (Ost)-Oranienburg (1958);
5. Institut für Fleischwirtschaft, Magdeburg (1958);
6. Forschungsinstitut für Gärungs- und Getränke-Industrie, früher Zentrallaboratorium für Brau- und Malzindustrie, Berlin (Ost) (1959).

Diese Institute waren ursprünglich der Staatlichen Plankommission, später jedoch überwiegend dem → **Ministerium für Bezirksgeleitete und Lebensmittelindustrie** unterstellt. Über das Staatliche Komitee für Aufkauf und Verarbeitung gelangten 1968 die Institute für Milchforschung und Fleischwirtschaft sowie zahlreiche andere Forschungseinrichtungen unter die Verwaltung des RLN bzw. MfLFN.

II. Einrichtungen zur Übertragung der Forschungsergebnisse in die Praxis

Neben den üblichen Möglichkeiten zur Überführung wissenschaftlicher Erkenntnisse in die Praxis (**Landwirtschaftliche → Berufsausbildung**, Zeitschriften, Fachbücher, Agrarjournalismus) bestehen in der DDR für diese Aufgaben einige zentralgeleitete Einrichtungen mit überdurchschnittlicher Breitenwirkung.

A. Institute für Landwirtschaft (IfL) bei den Räten der Bezirke (Konsultationspunkte)

Der Aufbau der IfL erfolgte nach Abschluß der Kollektivierung und mußte am 30. 6. 1962 beendet sein. (GBl. III, Nr. 5, vom 17. 2. 1961; GBl. II, Nr. 23, vom 17. 4. 1962). Diese Institute wurden aus → **Volkseigenen Gütern** zu „vorbildlichen sozialistischen Musterbetrieben" entwickelt, um als „Konsultationspunkte für eine rasche Umsetzung der agrarwissenschaftlichen und technischen Erkenntnisse in

die Praxis der LPG und VEG" zu sorgen. Aus diesem Grund sind sie einerseits zur engen Zusammenarbeit mit den Einrichtungen der AdL und andererseits zu einer „breiten Produktionspropaganda" verpflichtet.

In Anbetracht der Größenordnungen, die für den Aufbau industriemäßiger Anlagen der Pflanzen- und Tierproduktion erforderlich sind, haben die IfL ihre Beispielwirkung für die Betriebsorganisation verloren. Sie wirken ungeachtet dessen als Dienstleistungs- und Lehrbetriebe fort, indem sie Futtermittel analysieren, Futterpläne erarbeiten oder bestimmte Maschinen, Ausrüstungen und Arbeitsverfahren in der Praxis vorstellen. In den letzten Jahren wurden vereinzelt auch kooperierende LPG zu Konsultationsstützpunkten entwickelt.

B. Die Agrarwissenschaftliche Gesellschaft der DDR

Die AwG. (bis 1971 Deutsche Agrarwissenschaftliche Gesellschaft) wurde 1960 gegründet (GBl. III, Nr. 8, vom 9. 3. 1961, Änderungsanordnung vom 26. 3. 1971, vgl. GBl. II, Nr. 39, vom 19. 4. 1971, Statut veröffentlicht vom Ministerium für Landwirtschaft, Erfassung und Forstwirtschaft, GBl. II, 1961, Nr. 5). Ursprünglich gegründet zur Weiterbildung der in Lehre, Forschung und Praxis tätigen Wissenschaftler, Absolventen und Studenten, betreibt die AwG. seit vielen Jahren intensive fachliche und politische Bildungsarbeit unter den landwirtschaftlich Berufstätigen. Sie umfaßt z. Z. ca. 38 000 Mitglieder. Allein im Jahr 1972 führten mehr als 1 000 Mitglieder der AwG. über 5 000 Veranstaltungen durch, an denen ca. 250 000 landwirtschaftlich Berufstätige (ca. 29 v. H. der ständigen Berufstätigen in der Landwirtschaft) teilnahmen. Aufgabe der 330 Arbeitsgemeinschaften ist es, diese Veranstaltungen vorzubereiten, durchzuführen und auszuwerten. (Themen sind u. a.: Anbau sowjetischer Weizensorten, Stickstoffspätdüngung, technische Trocknung, Eiweiß- und Kraftfutterversorgung etc.)

In etwa dreijährigem Turnus (zuletzt 1973 mit 375 Delegierten) werden Kongresse abgehalten, auf denen das künftige Arbeitsprogramm beschlossen und der Zentralvorstand (z. Z. 58 Wissenschaftler und Praktiker) gewählt wird.

C. „Agra", Landwirtschaftsausstellung der DDR

Die DDR veranstaltet jährlich in den Monaten Juni und Juli in Leipzig-Markkleeberg eine vierwöchige Lehr- und Leistungsschau der Landwirtschaft. Neben der Vorstellung neu entwickelter Maschinen, Geräte, Stallanlagen etc. und den Tierleistungsschauen dient die „Agra" als fachliches und politisches Schulungstreffen für die landwirtschaftliche Bevölkerung. Zahlreiche Musterbetriebe stellen in der Praxis bewährte oder als Beispiel entwickelte Lösungen für bestimmte Produktionsaufgaben vor. Themen der Agra 1973 waren der → **Sozialistische**

Wettbewerb, die sozialistische → **Intensivierung** der Landwirtschaft, die sozialistische ökonomische Integration (SÖI), die Kooperation der Betriebe der Land-, Forst- und Nahrungsgüterwirtschaft und die landwirtschaftliche Berufsausbildung. Weitere Themen waren der → **Agrar-Industrie-Komplex**, die Intensivierung der Pflanzenproduktion, der konzentrierte Einsatz der Investitionen beim Aufbau industriemäßiger Anlagen, sozialistischer Wettbewerb und sozialistische Betriebswirtschaft im industriemäßig organisierten Pflanzenbau.

In 90 Hallen und auf ca. 235 ha Freigelände stellten 1974 insgesamt 400 Aussteller ihre Erzeugnisse und Projekte vor. An 300 Tagungen, Symposien, Kolloquien, Spezialistentreffen und sonstigen Veranstaltungen beteiligten sich ca. 36 000 Gäste.

Die „Agra" ist eine juristisch selbständige Einrichtung des MfLFN. mit Sitz in Leipzig-Markkleeberg. Als „Landwirtschaftsausstellung der DDR" ist sie Herausgeber zahlreicher Informations- und Fachschriften.

D. „Iga", Internationale Gartenbauausstellung der DDR in Erfurt
Für Gartenbau veranstaltet das MfLFN seit 1961 jährlich im September in Erfurt eine Lehr- und Leistungsschau für den Obst-, Gemüse- und Zierpflanzenbau, deren Charakter dem der „Agra" gleicht. 1974 wurde die „Iga" von ca. 30 000 Gartenbaufachleuten und von über 500 000 Interessenten besucht. In Weiterbildungsveranstaltungen und sonstigen Lehrgängen wird der Aufbau konzentrierter Obstbaugebiete, die Steigerung der Obst- und Gemüseerträge und die Verallgemeinerung wertvoller Anbauerfahrungen unterrichtet.

→ **Forschung; Wissenschaft; Akademie der Wissenschaften der DDR.**

Agronom: Landwirtschaftliche → **Berufsausbildung.**

AHB: Abk. für → **Außenhandelsbetriebe.**

AHU: Abk. für Außenhandelsunternehmen. → **Außenwirtschaft und Außenhandel.**

Akademie der Künste der DDR: Die am 24. 3. 1950 gegründete Deutsche Akademie der Künste zu Berlin verstand sich als Rechtsnachfolger der preußischen Akademie der Künste (gegr. 1696), die bis nach dem I. Weltkrieg als Teil der Preußischen Akademie der Wissenschaften existierte. Sie wurde im April 1974 umbenannt in AdK. der DDR.

Die Akademie „sieht ihre entscheidenden Aufgaben darin, das Entstehen neuer Kunstwerke zu fördern, in denen sozialistische Menschen und ihre gesellschaftlichen Beziehungen gestaltet werden, die Erziehung eines befähigten sozialistischen Nachwuchses in allen Künsten zu unterstützen, zu der ästhetischen Bildung und der Entwicklung der eigenen künstlerischen Betätigung des Volkes beizutragen sowie die Geschichte der deutschen humanistischen und besonders der sozialistischen Kunst zu erforschen" (Statut der DAK vom 30. 5. 1969).

Die Akademie untersteht dem → **Ministerrat**. Organe sind: das Plenum, das Präsidium, die Sektionen, der Direktor (seit April 1974 Generaldirektor). Die Akademie zählt 101 Ordentliche und 80 Korrespondierende Mitglieder (April 1974). Die Sektionen der Akademie sind: Bildende Kunst, Darstellende Kunst, Literatur und Sprachpflege, Musik. Analog zu den Sektionen arbeiten vier wissenschaftliche Abteilungen, 72 Archive und Nachlässe bedeutender Künstler werden betreut.

Die → **Nationalen Forschungs- und Gedenkstätten der klassischen deutschen Literatur** in Weimar sind der Akademie angeschlossen. Die Akademie unterhält enge Kontakte zur Akademie der Künste der UdSSR. Es besteht zwischen diesen beiden Akademien ein „Freundschaftsvertrag", aufgrund dessen Arbeitspläne für jeweils zwei Jahre vereinbart werden.

Regelmäßig werden Ausstellungen der bildenden Kunst im In- und Ausland, Stunden der Akademie und „Dialoge am Abend" veranstaltet.

Regelmäßige Veröffentlichungen: Sinn und Form (seit 1950), Mitteilungen der Akademie (seit 1963), Arbeitshefte (seit 1968).

Preise: Heinrich-Mann-Preis, Käthe-Kollwitz-Preis, F.-C.-Weiskopf-Preis, Willi-Lammert-Gedächtnis-Preis, Hans-Marchwitza-Preis, Alex-Wedding-Preis.

Präsidium der Akademie (April 1974): Präsident: Konrad Wolf (seit 1965), Vizepräsidenten: Walter Zechlin, Helmut Baierl, Manfred Wekwerth.

Bisherige Präsidenten: Arnold Zweig (seit 1950), Johannes R. Becher (seit 1953), Otto Nagel (seit 1956), Willi Bredel (seit 1962).

Die AdK. arbeitet auf der Grundlage eines Beschlusses des Ministerrates der DDR vom 30. 3. 1962 „Über die neue Stellung und die nächsten Aufgaben der Deutschen Akademie der Künste zu Berlin als sozialistische Akademie der DDR". Ihr 1. Statut vom 30. 5. 1969 wurde durch ein neues vom April 1974 ersetzt.

Akademie der Landwirtschaftswissenschaften der DDR: → **Agrarwissenschaften.**

Akademie der Pädagogischen Wissenschaften der DDR: → **Pädagogische Wissenschaft und Forschung.**

Akademie der Wissenschaften der DDR (AdW): Die AdW ist die bedeutendste Forschungsinstitution der DDR. Ihr ist die Aufgabe übertragen, in enger Zusammenarbeit mit den → **Universitäten und Hochschulen**, Forschungsinstitutionen des Partei-, Wirtschafts- und Staatsapparates und den entsprechenden Akademien der sozialistischen Länder naturwissenschaftlich-technische und gesellschaftswissenschaftliche Grundlagenforschung zu betreiben. Sie ist verantwortlich für die Fest-

legung der inhaltlichen Schwerpunkte der Grundlagenforschung, deren planmäßige Durchführung, insbesondere für die Koordinierung der Arbeit der verschiedenen Forschungsinstitutionen und die Gewährleistung einer schnellen praktischen Nutzung der Forschungsergebnisse.

Die AdW ist Nachfolgerin der am 11. 7. 1700 gegründeten Kurfürstlich Brandenburgischen Societät der Wissenschaften. Ihre Wiedereröffnung nach dem II. Weltkrieg erfolgte am 1. 7. 1946 als „Deutsche Akademie
der Wissenschaften" aufgrund eines Befehls der
SMAD. Ihre gegenwärtige Funktion erhielt die AdW im
Zuge der Neugestaltung der Wissenschaftsorganisation
der DDR nach dem VII. Parteitag der SED im Jahre
1970 („Akademiereform"). Nach dem VIII. Parteitag
1971 wurde die Akademie durch Zuweisung weiterer
Aufgaben in ihrer herausragenden Funktion bestätigt.
Ihren heutigen Namen erhielt sie im Oktober 1972.

Die AdW untersteht dem Ministerrat. Die Leitung der
Akademie obliegt dem Präsidenten (gegenwärtig Prof.
Dr. Hermann Klare), dem ein siebzehnköpfiges Präsidium als Beratungsorgan zugeordnet ist. 1972 gehörten
der AdW 131 ordentliche und 39 korrespondierende
Mitglieder an. Wissenschaftler außerhalb der DDR
können zu auswärtigen Mitgliedern ernannt werden.
Die ordentlichen Mitglieder bilden das Plenum. Neben
seinen Plenartagungen mit wissenschaftlichen Vorträgen von Mitgliedern der AdW zu Themen von allgemeiner wissenschaftlicher Bedeutung veranstaltet das Plenum in unregelmäßigen Abständen wissenschaftliche
Konferenzen mit zumeist internationaler Beteiligung.
Es hat das Recht zur Wahl neuer ordentlicher, korre-
spondierender und auswärtiger Mitglieder, die einer der
gegenwärtig 10 problemgebundenen Klassen zugeordnet sind. In den Klassen arbeiten Akademiemitglieder
und andere Wissenschaftler verschiedener Wissen-
schaftsrichtungen an der Lösung komplexer Fragestellungen (z. B. Klasse „Optimale Gestaltung der Umweltbedingungen; Mensch und Umwelt").

Darüber hinaus verfügt die AdW über einen großen wissenschaftlichen Apparat mit ca. 15 000 Beschäftigten.
Dieser gliedert sich in Zentralinstitute, Institute und
Forschungsstellen. Zentralinstitute sind Forschungseinrichtungen der AdW zur Lösung komplexer Forschungsaufgaben. Sie üben in vielen Fällen die Funktion
einer Leiteinrichtung für die gesamte in der DDR auf
diesem Gebiet betriebene Forschung aus.

Die Aufgabenstellung der Institute ist begrenzter und
umfaßt meist Teilbereiche eines Wissenschaftsgebietes.
Forschungsstellen werden für zeitweilige Aufgaben eingerichtet, wenn erkennbar ist, daß sie zu einem Institut
oder Zentralinstitut ausgebaut werden können. Zentralinstitute, Institute und Forschungsstellen, die verwandten Wissenschaftsbereichen zuzuordnen sind, werden in
Forschungsbereichen zusammengefaßt.

1. Forschungsbereich Kosmische Physik: Zentralinstitute für Astrophysik, für Solar-Terrestrische Physik, für
Physik der Erde; Institut für Meereskunde, Geographi-
sches Institut und Forschungsstelle für kosmische Elektronik.

2. Forschungsbereich Mathematik/Kybernetik: Zentralinstitute für Mathematik und Mechanik sowie für Kybernetik und Informationsprozesse, Zentrum für Rechentechnik.

3. Forschungsbereich Physik, Kern- und Werkstoffwis-
senschaften: Zentralinstitute für Elektronenphysik, für
Festkörperphysik und Werkstofforschung, für Isoto-
pen- und Strahlenforschung, für Kernforschung, für Optik und Spektroskopie; Institute für Festkörperphysik
und Elektronenmikroskopie, für Hochenergiephysik
sowie für Physik der Werkstoffbearbeitung.

4. Forschungsbereich Chemie: Zentralinstitute für Physikalische Chemie, für anorganische Chemie, für organische Chemie; Institute für Polymerenchemie, für technische Chemie sowie für Technologie der Fasern; Forschungsstelle für chemische Toxikologie.

5. Forschungszentrum für Molekularbiologie und Medizin: Zentralinstitute für Krebsforschung, für Herz- und
Kreislauf-Regulationsforschung, für Molekularbiologie, für Mikrobiologie und experimentelle Therapie, für
Genetik und Kulturpflanzenforschung sowie für Ernährung; Institut für Biochemie der Pflanzen; Zoologische
Forschungsstelle im Berliner Tierpark.

6. Forschungsbereich Gesellschaftswissenschaften:
Zentralinstitute für Philosophie, für Wirtschaftswissenschaften, für Geschichte, für Literaturgeschichte, für
Sprachwissenschaft sowie für alte Geschichte und Ar-
chäologie; Institute für Wirtschaftsgeschichte, für Wissenschaftstheorie und -organisation, für Theorie des
Staates und des Rechts.

Nach dem VIII. Parteitag der SED (1971) wurde der
AdW die Funktion einer zentralen Koordinationsstelle
für die gesamte naturwissenschaftlich-technische und
für ausgewählte Gebiete der gesellschaftswissenschaftlichen Forschung in der DDR übertragen. Auf der
Grundlage der Perspektiv- und Jahrespläne und der im
„Staatsplan Wissenschaft und Technik" bzw. im „Zentralen Forschungsplan der marxistisch-leninistischen
Gesellschaftswissenschaft" enthaltenen Ziele der Forschungspolitik werden zwischen der AdW und den Ministerien und zentralen Staatsorganen, denen Forschungseinrichtungen unterstehen, Forschungspläne für
die jeweiligen Bereiche erstellt. Im Rahmen dieser Pläne trifft die AdW mit den Forschungseinrichtungen der
Wirtschaft, des Staatsapparates oder den Universitäten
und Hochschulen Festlegungen über die jeweils einzuschlagende Forschungsstrategie, insbesondere die Nutzung des Forschungspotentials der AdW, die Verteilung
der Aufgaben und die Finanzierung des Forschungsvor-
habens.

Enge Kooperationsbeziehungen bestehen ferner zu den
anderen → **Akademien** der DDR.

Zur Wahrung ihrer Leitfunktion in zentralen Bereichen
der Gesellschaftswissenschaften wurden der AdW
→ **Wissenschaftliche Räte** zugeordnet.

Ihr sind ferner 12 wissenschaftliche Gesellschaften
(Chemische Gesellschaft der DDR, Meteorologische
Gesellschaft der DDR, Gesellschaft für Psychologie
usw.) und 22 Nationalkomitees zur Vertretung der wissenschaftspolitischen Interessen der DDR in internatio-

nalen Organisationen (Nationalkomitee für Astronomie, Physik, Wirtschaftswissenschaften, Soziologie u. a.) zugeordnet. Sie ist in 38 internationalen nichtstaatlichen wissenschaftlichen Vereinigungen vertreten. Bei der AdW besteht ferner ein Wissenschaftlicher Beirat „Die Frau in der sozialistischen Gesellschaft".

Die AdW unterhält intensive Beziehungen zu wissenschaftlichen Institutionen des Auslandes, vor allem der Länder des RGW. Mit über 200 Forschungsinstituten in den RGW-Staaten, davon etwa 80 der UdSSR, bestehen Kooperationsvereinbarungen. Institute der Akademie übernehmen im Rahmen dieser Vereinbarungen Leitfunktionen. Zu komplexen Problembereichen werden multinationale „Problemkommissionen" gebildet, deren Aufgabe die Koordinierung und gemeinsame Durchführung von Forschungsprojekten, die Abhaltung wissenschaftlicher Konferenzen und die Herausgabe von Informationsbulletins und anderen Publikationen ist (z. B. Problemkommission „Ökonomie und Politik der Entwicklungsländer").

Über die Arbeit der AdW informieren die Monatszeitschrift „spektrum", die Jahresberichte der AdW und Berichte über wissenschaftliche Tagungen und Kongresse. Zu Publikationszwecken steht der AdW der Akademie-Verlag Berlin (Ost) zur Verfügung.

Akademie für Ärztliche Fortbildung: Unter diesem Namen sind 1970 drei der vier Zentralinstitute wieder zusammengefaßt worden, in die die 1945 gegründete Akademie für Sozialhygiene, Arbeitshygiene und Ärztliche Fortbildung 1960 zerlegt worden war; nur das Zentralinstitut für Arbeitsmedizin ist selbständig geblieben (→ **Arbeitshygiene**). Die A. untersteht dem → **Ministerium für Gesundheitswesen.**

Nach ihrem Statut (15. 12. 1971) ist die A. jetzt „Leitinstitut für die Weiterbildung der im Gesundheits- und Sozialwesen tätigen Hochschulkader" (d. s. die berufstätigen Hochschulabsolventen). Außerdem sind ihr – als Nachfolgerin der in ihr aufgegangenen Institute für Sozialhygiene und für Planung und Organisation des Gesundheitsschutzes – Forschungsaufgaben auf den Gebieten der Leitung, Planung, Organisation und Ökonomie des Gesundheits- und Sozialwesens übertragen.

Im einzelnen soll die A. nach ihrem Aufgabenkatalog
1. die Bildungsinhalte für die Leitungs- und Hochschulkader erarbeiten,
2. Qualifizierungsmaßnahmen für diese Kader zentral durchführen,
3. dezentrale Qualifizierungsmaßnahmen koordinieren,
4. hohe Qualität der obligatorischen Fortbildung für Ärzte sichern und dafür Referentenmaterial herausgeben,
5. Lehrmaterialien und Lehrmittel erarbeiten,
6. die Berufsausbildung und die Weiterbildung der Mittleren medizinischen Fachkräfte und der Fachschulkader (d. s. die berufstätigen Fachschulabsolventen) im Gesundheits- und Sozialwesen unterstützen,
7. wissenschaftliche Grundlagen zur Entwicklung der Berufs- und Qualifikationsstruktur im Gesundheits- und Sozialwesen erarbeiten,

8. philosophische und wissenschafts-theoretische Grundlagen von Medizin und Biologie und deren Anwendung im Gesundheitsschutz und Beiträge zur Theorie der Medizin erarbeiten,
9. wissenschaftliche Grundlagen der Leitung und Planung des Gesundheits- und Sozialwesens, insbesondere für die Organisation der medizinischen und sozialen Betreuung und der medizinischen Forschung entwickeln und
10. wissenschaftliche Vorarbeiten für die Gestaltung des Informationswesens (d. i. Planung, Rechnungsführung und Statistik) des Gesundheits- und Sozialwesens leiten. Dieser weitgespannte Aufgabenkreis ist gegenüber dem der medizinischen Institute der → **Akademie der Wissenschaften** nicht klar abgegrenzt.

Leiter der A. ist der Rektor. Er wird auf drei Jahre vom Wissenschaftlichen Rat gewählt, einem Kollegium aus „hervorragenden Hochschullehrern und Wissenschaftlern", das dem Rektor als „kollektives wissenschaftliches Beratungsorgan" zur Seite steht. Allgemeines Beratungs- und Kontrollorgan des Rektors ist ein Gesellschaftlicher Rat, wie er an den übrigen → **Universitäten und Hochschulen** existiert.

Die A. ist in Sektionen gegliedert. Diese haben Lehrstühle, auf denen Hochschullehrer, aber auch „hervorragende Ärzte und Wissenschaftler, die in Einrichtungen des Gesundheitswesens eine leitende Funktion ausüben", hauptamtlich tätig sind. Außer ihnen sind nebenamtlich als Honorarprofessoren und Honorardozenten Hochschullehrer der Universitäten und Medizinischen Akademien tätig. Rektor ist gegenwärtig (1974): Prof. Dr. sc. med. Kurt Winter. Sitz: Berlin-Lichtenberg. → **Gesundheitswesen**, VI, A.

Akademie für Staats- und Rechtswissenschaft der DDR: Die A. ist eine zentrale Institution des → **Ministerrates** für die Aus- und Weiterbildung leitender Mitarbeiter des zentralen und regionalen → **Staatsapparates**, der Justiz und des auswärtigen Dienstes. Die A., die ihren heutigen Namen im Jahr 1972 erhielt, ist Nachfolgerin der „Deutschen Verwaltungsakademie" Forst-Zinna (gegr. 1947), die im Februar 1953 mit der 1952 gegründeten „Hochschule für Justiz" Potsdam-Babelsberg zur „Deutschen Akademie für Staats- und Rechtswissenschaft ‚Walter Ulbricht'" (DASR) in Potsdam-Babelsberg vereinigt wurde. Im Januar 1959 wurde das 1952 gegründete „Deutsche Institut für Rechtswissenschaft" als Prorektorat für Forschung in die A. eingegliedert.

Wichtigste Aufgabe in den ersten Jahren des Bestehens der A. war die Ausbildung der nach 1945 in leitende Funktionen eingesetzten Kader des Staatsapparates. Die Hochschulreife war nicht Voraussetzung für die Aufnahme eines Studiums. In Zweijahreslehrgängen – seit 1951 auch im Rahmen des → **Fernstudiums** – wurden Mitarbeiter des Staatsapparates zu „Diplomstaatswissenschaftlern" ausgebildet. Von 1953 bis 1963 stand die Ausbildung von Juristen im Mittelpunkt der Lehrtätigkeit der A., die ihrer Struktur nach als 5. juristische

Fakultät neben den Universitäten Halle, Jena, Leipzig und Berlin anzusehen war.

Im Rahmen des → **Neuen Ökonomischen Systems** wurde die Juristenausbildung eingestellt und die Arbeit der A. auf die Weiterbildung leitender Kader des Staatsapparates, die Aus- und Weiterbildung von Mitarbeitern des auswärtigen Dienstes der DDR und die rechtswissenschaftliche Forschung konzentriert. Die A. wurde dem Ministerrat unterstellt und in drei Institute gegliedert: Institut für staats- und rechtswissenschaftliche Forschung; Institut für Weiterbildung leitender Mitarbeiter staatlicher Organe; Institut für Internationale Beziehungen.

Trotz Einstellung der Juristenausbildung konnten Juristen aus dem Staatsapparat auch weiterhin an der A. promovieren und habilitieren.

Die Reform des Bildungssystems, vor allem der Ausbau der Weiterbildungseinrichtungen der Wirtschaft, die Hochschulreform und die Reform der Wissenschaftsorganisation der DDR brachten eine erneute Präzisierung der Aufgabenstellung der A. („Akademiereform"). Sie avancierte – neben ihrer bisherigen Aufgabenstellung – zur zentralen Forschungsinstitution auf dem Gebiet der Staats- und Rechtswissenschaft und erhielt Leitfunktionen für die gesamte staats- und rechtswissenschaftliche Forschung in der DDR.

Mit der 1972 erfolgten Gründung des „Instituts für Theorie des Staates und des Rechts" und des „Wissenschaftlichen Rates für Staats- und Rechtswissenschaft" im Jahr 1973 bei der → **Akademie der Wissenschaften** verlor die A. ihre herausragende Funktion als Forschungsinstitution. Die staats- und rechtswissenschaftliche Forschung wurde in die allgemeine Planung der Gesellschaftswissenschaften einbezogen.

Auf der Grundlage eines Beschlusses des Ministerrats wurde 1969 ein durchgängiges Weiterbildungssystem für Staatskader geschaffen, in das die bereits seit 1966 stattfindenden vierwöchigen Lehrgänge für Führungskader eingebettet wurden.

Die Struktur der A. wurde den Prinzipien der Hochschulreform entsprechend verändert. Es wurden vier Sektionen geschaffen:

Theorie des sozialistischen Staates und seines Rechts; wissenschaftliche Grundlagen des Gesamtsystems der sozialistischen staatlichen Führung;

sozialistische Rechtspflege;

Rechtsfragen der zentralen Planung und Leitung der sozialistischen Volkswirtschaft durch den Staat.

An der A. werden folgende Ausbildungsmaßnahmen durchgeführt:

1. Lehrgänge (vier bis fünf Wochen) zur Weiterbildung von Führungskräften zentraler und örtlicher Staatsorgane, der Rechtspflege und des auswärtigen Dienstes sowie Sonderlehrgänge zur Weiterbildung und Vorbereitung von Frauen mit Fach- und Hochschulausbildung für die Übernahme leitender Funktionen. In ihrem Rahmen wird eine Vertiefung der Kenntnisse des → **Marxismus-Leninismus**, der Staats- und Rechtstheorie, der → **Organisationswissenschaft**, → **Pädagogik**, → **Psychologie** und der EDV angestrebt. Ziel ist es, alle leitenden

Mitarbeiter im Turnus von etwa zwei Jahren an einem Lehrgang teilnehmen zu lassen.

2. Im Rahmen eines Zweijahresstudiums sollen Kader des Staatsapparates auf die Übernahme leitender Funktionen vorbereitet werden. Neben einem Hoch- oder Fachschulabschluß ist eine mehrjährige praktische Tätigkeit im Staats-, Wirtschafts- oder Parteiapparat Voraussetzung für die Teilnahme.

Schwerpunkt der Lehre sind Fragen der staatlichen Leitung und der „wissenschaftlichen Führungstätigkeit". Die Ausbildung endet mit dem Erwerb des Grades eines „Diplom-Staatswissenschaftlers".

3. Im „organisierten Selbststudium" kann – ohne größere Unterbrechung der Berufstätigkeit – in ca. vier Jahren ebenfalls das Diplom als Staatswissenschaftler erworben werden. Die Teilnehmer können sukzessive die einzelnen Themenbereiche des Zweijahresstudiums absolvieren und dann das Diplom erwerben. Bei den Teilnehmern am Zweijahresstudium bzw. organisierten Selbststudium handelt es sich neben Absolventen der staatlichen Hoch- und Fachschulen vor allem um solche der 1969 gegründeten „Fachschule für Staatswissenschaft, Edwin Hoernle'" in Weimar, die ebenfalls dem Ministerrat untersteht. An ihr wird eine Grundausbildung durchgeführt, die mit dem Fachschulabschluß endet und zum Studium an der A. berechtigt. Studenten der Fachschule sind Mitarbeiter des regionalen Staatsapparates mit Fachschulreife und mehrjähriger Berufspraxis. → **Universitäten und Hochschulen.**

Akademien: In der DDR bestehen drei traditionsreiche A.: Die → **Akademie der Wissenschaften der DDR** zu Berlin ist Nachfolgerin der am 11. 7. 1700 durch Kurfürst Friedrich III. gegründeten Kurfürstlich Brandenburgischen Societät der Wissenschaften. Die → **Sächsische Akademie der Wissenschaften** wurde am 1. 7. 1846 als Königlich Sächsische Gesellschaft der Wissenschaften in Leipzig gegründet. Die Gründung der → **Deutschen Akademie der Naturforscher Leopoldina zu Halle** erfolgte am 1. 1. 1652 in Schweinfurt. Ferner bestehen Akademien für einzelne Wissenschaftsbereiche: die → **Akademie der Landwirtschaftswissenschaften der DDR**, die → **Akademie der Künste**, die → **Akademie der Pädagogischen Wissenschaften der DDR** und die → **Bauakademie der DDR.**

Akademische Grade: Im Hochschulwesen der DDR werden folgende AG. verliehen:

1. Diplom eines Wissenschaftszweiges (z. B. Diplom-Ökonom);

2. Doktor eines Wissenschaftszweiges (z. B. Dr. oec.);

3. Doktor der Wissenschaften (Dr. sc.);

4. Doktor ehrenhalber in Anerkennung besonderer Verdienste um die Entwicklung von Wissenschaft, Technik und Kultur oder politischer Verdienste (Dr. eh.).

Als erster AG. wird das Diplom am Ende des Fachstudiums erworben und durch die jeweiligen Sektionen verliehen. Grundlage der Verleihung des AG. Doktor eines Wissenschaftszweiges (Promotion A) sind die positive Beurteilung und erfolgreiche „Verteidigung" einer Dissertation sowie der Nachweis von Kenntnissen des Marxismus-Leninismus, die über den Stoff des marxistisch-leninistischen Grundlagenstudiums hinausgehen, sowie Fremdsprachenkenntnisse.

Im Rahmen der Hochschulreform wurde in Anlehnung an das sowjetische Beispiel der „Doktor der Wissenschaften" (Promotion B) als höchster AG. geschaffen. Voraussetzung für die Verleihung sind der Besitz des Doktorgrades (Promotion A), der Nachweis hervorragender wissenschaftlicher Qualifikation durch eine schriftliche Arbeit, aus der hervorzugehen hat, daß die Forschungsergebnisse dem internationalen Stand von Wissenschaft und Technik entsprechen.

Das Recht zur Verleihung beider Doktorgrade liegt bei den Wissenschaftlichen Räten bzw. seinen Fakultäten. Die Verteidigung der Diplom- und Doktorarbeiten findet in der Regel öffentlich statt.

Da die Mehrzahl dieser Arbeiten im Rahmen vertraglich festgelegter Forschungsverträge zwischen den Universitäten und Partnern aus der Praxis entstehen, unterliegen ihre Ergebnisse oft der Geheimhaltung.

In diesen Fällen findet statt der öffentlichen Verteidigung ein Kolloquium statt, für das der Kandidat drei Themenbereiche vorschlagen kann. Alle wissenschaftlichen Arbeiten können sowohl als Einzelarbeit als auch kollektiv angefertigt werden. → **Universitäten und Hochschulen.**

Akkreditivverfahren (Ak-Verfahren): → **Verrechnungsverfahren.**

Akkumulation: A. ist ein anderer Begriff für volkswirtschaftliche Kapitalbildung, die für die Entwicklung (Wachstum) der Wirtschaft, unabhängig von ihrer Organisation (Marktwirtschaft oder zentralgeleitete Wirtschaft) von gleicher Bedeutung ist. Die A. ist danach der Teil des Nettosozialproduktes (Volkseinkommen), der für → **Investitionen** (einschließlich Änderung der Lagerbildung) verwendet wird, während der andere Teil konsumiert wird. Marx hat ein sog. ökonomisches „allgemeines Gesetz der kapitalistischen A." „entdeckt" und „wissenschaftlich begründet". Dieses „Gesetz" besagt, daß sich durch Ausbeutung der Arbeiter der Reichtum der Eigentümer von Produktionsmitteln ständig vermehre. Im Gegensatz hierzu diene die sozialistische A. der Produktionssteigerung zur Befriedigung der ständig wachsenden Bedürfnisse der Bevölkerung. Das ist allerdings bis heute noch nicht erkennbar geworden. Ermittelt wird die A. in der DDR als Summe aus den Positionen Erweiterung der Grundmittel (z. B. Gebäude, Maschinen und andere Ausrüstungen und Anlagen) und Veränderung der Vorräte (z. B. an Rohstoffen, Vieh). Die Zuwachsrate der A. betrug von 1963 bis 1972 in der DDR durchschnittlich 8,2 v. H. pro Jahr.

Aktien: → **Wertpapiere.**

Aktionseinheit der Arbeiterklasse: Definiert als Zusammenwirken verschiedener Organisationen der Arbeiterbewegung in nichtsozialistischen Staaten zur Durchsetzung gemeinsamer Interessen ungeachtet politischer und ideologischer Unterschiede. Die AdA. soll die organisatorische Spaltung der Arbeiterbewegung überwinden helfen und den Kern eines umfassenderen Bündnisses aller antikapitalistischen Kräfte bilden. Bereits die Niederschlagung des Kapp-Putsches in Deutschland 1920 gilt als Erfolg der Verwirklichung der AdA. In ihrer allgemeinen Form wurde diese jedoch erst angesichts des Faschismus durch den VII. Weltkongreß der Kommunistischen Internationale (→ **Komintern**) 1935 theoretisch konzipiert.

Die SED, die sich selbst als Ergebnis der auf dem Gebiet der heutigen DDR praktizierten Aktionseinheit zwischen Kommunisten und Sozialdemokraten begreift, propagierte bis zu ihrem VII. Parteitag 1967 die Herstellung der AdA. in der Bundesrepublik Deutschland als Voraussetzung für dortige gesellschaftspolitische Veränderungen und setzte sich zum anderen für die Herstellung einer AdA. der DDR und der Bundesrepublik als Voraussetzung für die Normalisierung zwischen beiden deutschen Staaten ein. Auch die internationale Beratung der kommunistischen und Arbeiterparteien in Moskau 1969 forderte die Kommunisten und anderen oppositionellen Kräfte nichtsozialistischer Staaten, besonders die Sozialdemokraten, zur Aktionseinheit auf. Mit der AdA., die eine wichtige Rolle in der gegenwärtigen Politik kommunistischer Parteien Westeuropas spielt, ist nicht der Begriff der „Aktionseinheit aller Kommunisten" zu verwechseln, den die SED und andere eng mit der KPdSU verbündete Parteien in der internen Diskussion der kommunistischen Weltbewegung verwenden, wenn sie an abweichlerische Parteien appellieren, ihre Positionen zugunsten der Wiederherstellung größerer Geschlossenheit im Weltkommunismus – zumindest zeitweilig für die gemeinsame Durchführung einzelner Aktionen – zurückzustellen. → **Bündnispolitik.**

Aktiv: A. bezeichnet im Sprachgebrauch der DDR eine zahlenmäßig meist kleinere Gruppe von Werktätigen, die im Staatsapparat, in der Wirtschaft, aber auch im gesellschaftlich kulturellen Bereich sowohl ad hoc als auch für die Lösung längerfristiger Aufgaben gebildet werden. Der Begriff A. stammt ursprünglich aus dem → **Sozialistischen Wettbewerb.**

Mit Ausnahme der Parteiaktivs der SED und der vom FDGB gebildeten Gewerkschaftsaktivs in den Betrieben bezeichnet heute A. eine Form der Arbeitsorganisation, die nicht klar von anderen Begriffen wie Kollektiv oder Brigade abhebt. Den A. können sowohl Angehörige des gleichen Arbeitsbereiches mit unterschiedlicher beruflicher Qualifizierung, als auch Werktätige verschiedener Produktions- bzw. Verwaltungsbereiche angehören.

Die Bildung von A. wird von der zuständigen, bzw. übergeordneten Leitungsebene angeordnet, bzw. „vorgeschlagen". Sie können sowohl berichtende wie ausführende Funktionen übertragen bekommen.

Während gegenwärtig im industriellen Bereich die Bedeutung der A. zurückgeht, stellen sie auf der Ebene der örtlichen Volksvertretungen, in der Massenorganisation und in der Landwirtschaft noch immer eine wichtige Organisationsform dar. Mit ihrer Hilfe versucht die SED einerseits, die Mitwirkung der Arbeitnehmer im Arbeitsprozeß zu stärken, andererseits kommt den A. aber auch die Funktion zu, die Werktätigen ständig zu mobilisieren und auf diese Weise eine Steigerung der Arbeitsproduktivität zu erreichen.

Aktivist, Aktivistenbewegung: → **Sozialistischer Wettbewerb.**

Alkoholmißbrauch: Der Pro-Kopf-Verbrauch alkoholischer Getränke ist seit 1950 bis 1972 bei Wein und Sekt von 1,7 l auf 5,3 l, bei Bier von 68,5 l auf 106,5 l gestiegen. Bei Spirituosen stieg der Verbrauch von 4,4 l im Jahr 1955 auf 6,7 l im Jahr 1971. Hier wurde für 1972 eine geringfügige Abnahme auf 6,5 l verzeichnet. Als A. wird sowohl der übermäßige Genuß alkoholischer Getränke als auch der Genuß an ungeeigneten Orten und zu ungeeigneten Zeiten, vor allem am Arbeitsplatz und während der Arbeitszeit, verstanden. Die schädlichen Folgen des A. zeigen sich in kriminellen Handlungen, in Ordnungswidrigkeiten und anderen Rechtsverletzungen. Der Anteil der unter A. straffällig gewordenen Täter ist örtlich und in verschiedenen Berufszweigen unterschiedlich hoch. Er stieg in Cottbus von 29,5 v. H. im Jahr 1964 auf 38,7 v. H. im Jahr 1970, lag aber im selben Jahr in dem zu diesem Bezirk gehörenden Kreis Finsterwalde bei 57 v. H. In einer Untersuchung des Bezirksgerichts Erfurt wurde festgestellt, daß 1971 im Bezirk Erfurt bei Widerstand gegen staatliche Maßnahmen 68,2 v. H., bei → **Rowdytum** 11,3 v. H. und bei Körperverletzung 8,5 v. H. der Straftäter alkoholbeeinträchtigt waren.

Zurechnungsunfähigkeit und verminderte Zurechnungsfähigkeit begründen nach §§ 15 Abs. 3, 16 Abs. 2 des Strafgesetzbuches (StGB) weder einen Schuldausschließungs- noch Strafmilderungsgrund. Bei schuldhaft verursachtem Rauschzustand ist der Täter nach dem von ihm verletzten Gesetz zu bestrafen, wobei Alkoholeinfluß häufig als strafverschärfender Umstand gewertet wird. Zur Verhinderung weiterer Rechtsverletzungen kann das Gericht den Täter verpflichten, sich einer fachärztlichen Behandlung zu unterziehen (§ 27 StGB). Die Verleitung von Kindern und Jugendlichen zum A. ist nach § 147 StGB mit Gefängnisstrafe bis zu 2 Jahren oder Strafen ohne Freiheitsentzug (→ **Strafensystem**) bedroht. Diese Strafbestimmung richtet sich vor allem gegen Gastwirte, die pflichtwidrig alkoholische Getränke an Minderjährige abgeben.

Übermäßiger Alkoholgenuß wird auch als wesentliche Ursache anderer Störungen des gesellschaftlichen Lebens angesehen. A. ist einer der häufigsten Ehescheidungsgründe, bei Ehen mehrfach Geschiedener nach einer Analyse von Ehescheidungsverfahren im Jahre 1970 der häufigste Scheidungsgrund.

Bei der Überwindung des A. sollen alle staatlichen und gesellschaftlichen Kräfte mitwirken.

In vielen Betrieben ist durch Arbeitsordnungen der Alkoholgenuß während der Arbeitszeit untersagt worden. Nach der VO über die Aufgaben der örtlichen Räte und der Betriebe bei der Erziehung kriminell gefährdeter

Bürger vom 15. 8. 1968 (GBl. I, S. 751) sind Vereinbarungen zur Erziehung, Betreuung und Unterstützung mit Bürgern anzustreben, die durch ständigen A. fortgesetzt die Arbeitsdisziplin verletzen oder sonst in gröbster Weise, z. B. durch → **Asoziales Verhalten**, die Regeln gesellschaftlichen Zusammenlebens mißachten. Durch die AO über die Allgemeinen Bedingungen für die Kraftfahrer-Haftpflicht-Versicherung vom 12. 1. 1971 (GBl. I, S. 93) ist die Regreßpflicht für Versicherte, die unter Alkoholeinfluß anderen einen Schaden zugefügt haben, erweitert worden.

Auch Preiserhöhungen für Spirituosen sollen den übermäßigen Alkoholgenuß hemmen. Die Lebensgewohnheit der Bevölkerung und nicht zuletzt auch ökonomische Interessen der Hersteller und Handelsbetriebe sowie der Gaststätten haben aber bisher einen wesentlichen Erfolg des Kampfes gegen den A. verhindert.

Allgemeiner Deutscher Nachrichtendienst: → **ADN.**

Alliiertes Komitee für die Luftsicherheit: Eine der letzten noch bestehenden militärischen Kontrolleinrichtungen der 4 Alliierten in → **Berlin** (Berlin Air Safety Center), in der auch noch ein Vertreter der UdSSR mitarbeitet. Das AKfdL. registriert, überwacht und genehmigt alle in der sogenannten Berliner Kontrollzone (mit Radius von 32 km vom Stadtkern) stattfindenden Flüge von militärischen und zivilen Luftfahrzeugen. Alle Flüge in den 3 Berliner Luftkorridoren müssen im AKfdL. angemeldet werden; nach wie vor darf Berlin (West) von deutschen Luftfahrtgesellschaften bzw. von Privatflugzeugen nicht angeflogen werden.

Altersaufbau der Beschäftigten: → **Bevölkerung; Sozialstruktur.**

Altersversorgung: Art. 36 der Verfassung verspricht jedem Bürger die Fürsorge der Gesellschaft im Alter und bei Invalidität als Rechtsanspruch, der durch eine steigende materielle, soziale und kulturelle Versorgung und Betreuung alter und arbeitsunfähiger Bürger gewährleistet werden soll. Infolge der großen Ausdehnung der Versicherungspflicht wird der größte Teil der Bevölkerung im Alter durch die Sozialversicherung versorgt (→ **Sozialversicherungs- und Versorgungswesen**). Der Durchschnitt der DDR-Altersrenten liegt auch unter Berücksichtigung der für Rentnerhaushalte höheren Kaufkraft der Mark der DDR erheblich unter dem in der Bundesrepublik Deutschland und Berlin (West). Jedoch gewährleisten die zwischen 200 und 240 Mark liegenden Mindestrenten (→ **Renten**) für jeden eine Grundversorgung, die Armut ausschließt. Durch die Umgestaltung der **Freiwilligen** → **Zusatzrentenversicherung**, die praktisch einer Anhebung der Beitragsbemessungsgrenze von 600 auf 1200 Mark gleichkommt, wird allmählich eine Verbesserung der Altersversorgung für das Gros der DDR-Rentner möglich. Doch wird auch 1980 ein DDR-Versicherter, der seit 1960 bei einem gleichbleibenden Monatsverdienst von 1 200 Mark seit 1971 monatlich 60 Mark an die freiwillige Zusatzrentenversicherung gezahlt hat, nach einem vollen Arbeitsleben mit keiner höheren A. (SV-Rente u. Zusatzrente) als maximal 566 Mark rechnen können. Danach wird seine „nichtdynamische" Rente hinter der Entwicklung der Arbeitseinkommen wieder zurückbleiben.

Höhere Altersrenten erhalten aus der Sozialversicherung wie bisher – bei höherer Beitragsleistung – die Bergleute (→ **Bergmannsrenten**). Neben diesen eigentlichen SV-Renten werden von der Sozialversicherung auch die – vergleichsweise niedrigen – Kriegsbeschädigtenrenten (→ **Kriegsopferversorgung**) ausgezahlt sowie Alters- und Invalidenrenten (in Höhe von höchstens 350 Mark) als zusätzliche Leistung an die Empfänger von staatlichen Ehrenpensionen, Kämpfer gegen den Faschismus und Opfer des Faschismus.

Daneben gibt es Renten der Sonder- und Zusatzeinrichtungen. So erhalten die Bediensteten der Polizei, des Militärs, der Zollverwaltung, der Reichsbahn und der Post Renten, die über den allgemeinen Sozialversicherungsrenten liegen, obwohl der Beitragssatz für Versicherte und Arbeitgeber auch hier jeweils 10 v. H. beträgt. Im einzelnen sind diese Regelungen ebensowenig bekannt wie jene, die Ende der 60er Jahre für Angestellte in gesellschaftlichen Organisationen, in anderen Verwaltungen und Ministerien getroffen wurden.

Bedienstete der Reichsbahn und der Post der DDR erwerben nach einer ununterbrochenen Beschäftigungszeit von 10 Jahren Anspruch auf Alters- oder Invaliditätsversorgung in Höhe von 20 v. H. des Monatsgrundlohns bzw. Durchschnittsverdienstes der letzten 5 Jahre. Er erreicht nach 40 Jahren bei der Post den Höchstsatz von 65 v. H. und nach 45 Jahren bei der Reichsbahn den von 70 v. H. Die Höchstrente beträgt 800 Mark.

Zusätzliche Alters-, Invaliditäts- und Hinterbliebenenversorgung wird Angehörigen der Intelligenz gewährt. Diese „Intelligenzrenten" erhalten Führungskräfte in wissenschaftlichen, künstlerischen, pädagogischen und medizinischen Einrichtungen durch VO vom 12. 7. 1951 (GBl. S. 675) bei Invalidität oder Alter in Höhe von 60 bis 80 v. H. des letzten Gehalts (höchstens 800 Mark) neben den grundsätzlich nur aus den Steigerungsbeträgen errechneten Sozialversicherungsrenten; beide Renten dürfen jedoch 90 v. H. des Arbeitseinkommens nicht übersteigen. Während diese Renten aus dem Staatshaushalt finanziert werden, beruhen die Zusatzrenten an die „Technische Intelligenz" durch VO vom 17. 8. 1950 (GBl. S. 844) auf Beiträgen der Betriebe an die Staatliche Versicherung der DDR und werden in unbegrenzter Höhe neben den Sozialversicherungsrenten gezahlt. Die Witwen erhalten generell 50 v. H., Waisen, Halbwaisen und Personen, für die der Versicherte unterhaltspflichtig war, bis zur Vollendung des 18. Lebensjahres oder solange sie sich in der Ausbildung befinden, 25 v. H. der „Intelligenzrente".

In geringem Umfang werden Zusatzrenten an Arbeitnehmer in Schwerpunktbetrieben in Höhe von 5 v. H. des monatlichen Nettoverdienstes der letzten 5 Jahre, wenigstens 10 Mark, gezahlt. Eine eigene, überwiegend aus Beiträgen finanzierte Zusatzversorgung besteht seit dem 1. 1. 1959 außerdem für freipraktizierende Ärzte und Zahnärzte. Sie erhebt die Beiträge, solange die Versicherten überhaupt kassenärztlich tätig sind, und sie gewährt bei Erreichung der Altersgrenze oder bei dauernder Invalidität eine einheitliche Rente von 600 Mark monatlich unter Anrechnung der Rente aus der Sozialversicherung, also ohne Berücksichtigung der Beitragszeiten und -beträge.

Weitere Zusatzrenten sind die staatlichen Ehrenpensionen, die neben den SV-Renten (350 Mark) gewährt werden. Sie betragen für Verfolgte des Faschismus 600 Mark (arbeitsfähige Witwen 120 Mark, sonst 400 Mark, Waisen 150 Mark) und für Kämpfer gegen den Faschismus 800 Mark (arbeitsfähige Witwen 120 Mark, sonst 500 Mark, Waisen 250 Mark), und werden bei Invalidität oder Erreichung der – um 5 Jahre vorverlegten – Altersgrenze gewährt → **Wiedergutmachung**. Eine → **Beamtenversorgung** kennt die DDR nicht.

Das durchschnittliche Einkommen von Rentnerhaushalten in der DDR und in der Bundesrepublik Deutschland wurde unlängst vom Deutschen Institut für Wirtschaftsforschung in Berlin (West) errechnet und dabei für den Zweipersonen-Rentnerhaushalt ein monatliches Durchschnittseinkommen, das auch Einkünfte aus Erwerbstätigkeit einschließt, von 397 Mark im Jahre 1970 (1965: 324 Mark) ermittelt. In der Bundesrepublik Deutschland lag das Einkommen in gleichartigen Haushalten (ohne Erwerbseinkünfte) 1970 bei 929 DM (1965: 695 DM). Nach ersten Schätzungen dürfte das Rentnerhaushaltseinkommen in der DDR Ende 1972 – bedingt durch die Rentenerhöhungen – etwa 490 Mark erreicht haben (Bundesrepublik: 1120 DM). Die Relationen im Einkommen von DDR-Rentnern zu westdeutschen Rentnerhaushalten (43:100) haben sich somit nominal kaum verschoben. Die starken Preissteigerungen in der Bundesrepublik gerade in den letzten Jahren haben die Kaufkraft der westdeutschen Einkommen aber deutlich beeinträchtigt.

Altguthaben und -Ablösungsanleihe: Mit der Enteignung der Banken (→ **Bankwesen**) gingen deren vor dem 9. 5. 1945 bestehende Vermögen und Verbindlichkeiten auf den Staat über. Während die aus Darlehen an Private und Einzelpersonen resultierenden Forderungen (Altforderungen) durch die Kreditinstitute eingezogen werden, wurden die Sparguthaben (Altguthaben) – nach der Währungsreform auch als Uraltguthaben bezeichnet – gemäß der Anordnung über die Altguthaben-Ablösungsanleihe der → **Deutschen Wirtschaftskommission** (DWK) vom 23. 9. 1948 (ZVOBl. S. 475) umgewertet. Die Verzinsung der Anleihe beträgt 3 v. H., beginnend mit dem 1. 1. 1949. Die Anleiheinhaber können seit 1952 über die aufgelaufenen Zinsen und seit 1955 über die Anleihe selbst verfügen. Die Tilgung der Anleihe sollte in 25 gleichen Jahresbeträgen 1959 beginnen, setzte aber tatsächlich erst 1962 ein. Bis 1972 sollte die Anleihe zu bestimmten jährlichen Tilgungsterminen zurückgezahlt werden (GBl. II, 1963, S. 861). Bei der Festlegung der Rückzahlungsquoten wurden die Inhaber im Rentenalter, Bedürftige sowie diejenigen mit niedrigeren Anteilsrechten durch die Gewährung höherer Jahresraten bevorzugt.

Personen, die die DDR verlassen haben oder verlassen, auch wenn sie hierzu eine Genehmigung erhielten, können bis zu einer endgültigen Regelung keine Ansprüche auf ihren Anleihebesitz geltend machen.

Ambulatorium: → **Gesundheitswesen,** III. B.

Amnestie: Das A.- und Begnadigungsrecht wird vom Staatsrat ausgeübt (Art. 74 Abs. 2 der Verfassung, in der Fassung vom 7. 10 1974). Seit dem aus Anlaß der Gründung der DDR erlassenen Gesetz zur Gewährung von Straffreiheit vom 11. 11. 1949, das Freiheitsstrafen bis zu 6 Monaten betraf, sind bis 1964 in fast regelmäßigen Abständen Häftlinge aufgrund von neun Begnadigungsaktionen oder A. vorzeitig aus der Haft entlassen worden. Allein von der Gnadenaktion des damals dafür zuständigen Präsidenten der DDR vom 7. 10. 1951 wurden ca. 20 000 Häftlinge betroffen. Spätere Entlassungsaktionen erstreckten sich auch auf politische Gefangene.

Bis auf den Staatsrats-Beschluß vom 1. 10. 1960, insoweit durch diesen bestimmte Strafen erlassen wurden, gehen alle diese Entlassungsaktionen auf der allgemeinen Gnadenakte des Präsidenten bzw. Staatsrats der DDR zurück. Sie gaben keinen Anspruch auf Begnadigung, sondern machten diese von einer besonderen Prüfung des Einzelfalles abhängig. Nach dem A.-Erlaß des Staatsrats vom 3. 10. 1964 konnten Strafen auf dem Gnadenwege erlassen werden, wenn die Verurteilten aufgrund ihres Gesamtverhaltens die Gewähr dafür boten, daß sie künftig die sozialistische Gesetzlichkeit einhalten werden (GBl. I, S. 135). Deshalb sind nur wenige **politische** → **Häftlinge** in den Genuß dieses Gnadenaktes gelangt.

Bei dem Beschluß des Staatsrats vom 6. 10. 1972, der nicht im Gesetzblatt veröffentlicht worden ist, handelt es sich dagegen um eine echte A. Aufgrund dieser bisher umfassendsten A. sind lt. ADN „25 351 politische und kriminelle Straftäter aus dem Strafvollzug und 6 344 Personen aus der Untersuchungshaft entlassen" worden. 2 087 dieser aus der Strafhaft entlassenen Häftlinge durften in die Bundesrepublik Deutschland und Berlin (West) ausreisen.

Eine A. für Flüchtlinge, die vor dem 1. 1. 1972 die DDR verlassen haben, enthält § 2 des Gesetzes zur Regelung von Fragen der Staatsbürgerschaft vom 16. 10. 1972 (GBl. I, S. 265), durch den diesen Personen „wegen des ungenehmigten Verlassens der DDR" die Straffreiheit gewährt worden ist. → **Rechtswesen; Strafrecht.**

Amortisationen: Geldausdruck für den jährlich zuzurechnenden Verschleiß der → **Anlagemittel.** Die A. werden vermittels der – entsprechend der voraussichtlichen jährlichen Abnutzung – von staatlichen Stellen festgelegten Abschreibungssätze vom Brutto-Anlagevermögen errechnet.

Den Begriff der A. rechnet man der Finanzierungssphäre zu, während die Abschreibungen als Begriff zur Ko-

stensphäre gehören. Die Entstehung der A. setzt einen Umsatzakt voraus. Sofern ein planmäßiger Ersatzbedarf im betrieblichen Investitionsplan vorgesehen ist, wird ein Teil der A. dem Fonds für Investitionen (→ **Fonds**) zugeführt. Dieser Fonds existiert als Sonderbankkonto unter diesem Namen bei der für den Betrieb zuständigen Bank. Die A. werden zuvor großenteils auf dem Separatkonto A.- Fonds des Betriebes bei seiner Bank gesammelt. Es ist aber auch möglich, daß die A. direkt auf das Konto Investitionsfonds überwiesen werden.

In der Regel werden die A. für die Erhaltung und den Ersatz verbrauchter Anlagemittel des Betriebes verwendet. Sie können aber auch z. T. dem Investitionsfonds der → **VVB** zufließen, wenn eine Erneuerung und Rationalisierung der betrieblichen Anlagen planmäßig nicht vorgesehen ist. In diesem Fall sind die A.-Abführungen auf maximal 60 v. H. begrenzt, höhere Abführungen dürfen nur durch Minister oder andere Leiter zentraler Staatsorgane – bei örtlich geleiteten Betrieben durch die Vorsitzenden der Räte der → **Bezirke** – festgesetzt werden. Mit den der Fondsbildung der VVB zugeflossenen A.-Abführungen wird wiederum eine Umverteilung zugunsten bestimmter förderungswürdiger Betriebe oder Projekte vorgenommen. Damit soll ein konzentrierter Einsatz von Mitteln zur Modernisierung und Rekonstruktion von Anlagen erreicht werden.

Während vor dem Beginn der Wirtschaftsreform 1963/64 die A. im wesentlichen der Ersatzbeschaffung verbrauchter Grundmittel im jeweiligen Betrieb dienten und darüber hinaus auch noch die Finanzierung von Generalreparaturen und Kleininvestitionen ermöglichen sollten, wurden die A. in der NÖS-Periode infolge der Änderung der Abschreibungssätze, des Abschreibungsverfahrens und durch die Neu- und Höherbewertung des in der Wirtschaft eingesetzten Anlageparks (→ **Grundmittelumbewertung**) zu einer bedeutenden Quelle für die Finanzierung der volkswirtschaftlichen Bruttoinvestitionen, also auch für Neuinvestitionen. Denn sowohl mit diesen Reformmaßnahmen als auch über eine vermehrte Selbstfinanzierung der → **Investitionen** (Prinzip der Eigenerwirtschaftung der Investitionsmittel) wurde ein effizienterer Einsatz der Kapitalgüter angestrebt. Seit der Rezentralisierung von Ende 1970 sollen die A. jedoch grundsätzlich wieder nur der Rationalisierung und Anlagenerneuerung zugute kommen. → **Grundmittel; Abschreibungen; Investitionsplanung; Phasen der Wirtschaftspolitik seit 1963; Betriebsformen und Kooperation.**

Amt für Arbeit und Berufsberatung: Die AAB. wurden inzwischen aufgelöst. Eine Aufgabenspaltung erfolgte insofern, als für Arbeits- und Lohnfragen auf Bezirksebene die Ämter, bzw. Abteilungen für Arbeit und Löhne (nachgeordnet dem → **Staatssekretariat für Arbeit und Löhne**) und auf Kreisebene die Organe, bzw. Abteilungen für Arbeit zuständig sind. Daneben existieren bei allen Räten der Bezirke Abteilungen und auf Kreisebene Organe für Berufsbildung und Berufsberatung, die dem Ministerium für Volksbildung und dem Staatssekretariat für Berufsbildung nachgeordnet sind.

→ **Einheitliches sozialistisches Bildungssystem,** XI; **Berufsberatung und Berufslenkung; Arbeitsrecht.**

Amt für Außenwirtschaftsbeziehungen: Das AfA. wurde im April 1970 auf Beschluß des Ministerrates der DDR gegründet. Sitz ist Berlin (Ost). Im Gegensatz zur → **Kammer für Außenhandel** (als einer „gesellschaftlichen Organisation") untersteht das AfA. direkt dem → **Ministerium für Außenhandel.** Es hat die Aufgabe, „zur Entwicklung des Außenhandels und anderer Beziehungen auf dem Gebiet der Außenwirtschaft beizutragen" (GBl. II, 1970, Nr. 39).

Amt für Erfindungs- und Patentwesen: → **Patentwesen.**

Amt für Jugendfragen beim Ministerrat: Seit 1962 (GBl. II, 1962, S. 367) Organ des Ministerrates, dem von diesem beauftragten Stellvertreter des Vors. des Ministerrates unmittelbar unterstellt. In Verbindung mit dem ZR der FDJ und „auf der Grundlage der Beschlüsse der SED" verantwortlich für die gesamte Jugendarbeit, die → **Jugendforschung,** federführend für den Jugendetat und mit wesentlichem Mitspracherecht bei der Jugendgesetzgebung. Vorsitzender ist Hans Jagenow. → **Jugend.**

Amt für Preise: Das AfP. wurde auf Beschluß des → **Ministerrates** im Dezember 1965 gebildet. Entsprechend der VO über das Statut dieser Institution (GBl. II, 1968, S. 17) ist es Organ des Ministerrates und für die Ausarbeitung der Grundsätze der Preispolitik, zur Leitung der Preisbildung, Preisbestätigung und Preisplanung sowie für die Sicherung der einheitlichen Arbeit aller mit der Preisplanung, -festsetzung und -kontrolle befaßten Instanzen zuständig.

Das AfP. hat zu gewährleisten, daß die Beschlüsse des ZK der SED und des Ministerrates sowie die Gesetze und Beschlüsse der Volkskammer in der Preispolitik durchgesetzt werden. Im einzelnen soll es bei der Preisgestaltung sowohl die wirtschaftspolitischen Ziele des Staates unterstützen als auch sicherstellen, daß die Preise zur Stärkung des wissenschaftlich-technischen Fortschritts, zur Verbesserung des Material- und Arbeitsmitteleinsatzes, zur Senkung der Kosten und zur verbesserten Qualität der Erzeugnisse beitragen. Zudem sollen alle Konsumgüterpreise grundsätzlich stabil bleiben. Zur Realisierung dieser Aufgaben führt das AfP. eine planmäßige Preisbildung und eine umfangreiche Preiskontrolle durch, daneben erarbeitet es laufende Analysen bezüglich der Wirksamkeit der Preise.

Neben dem Erlaß der zentralen staatlichen Kalkulationsrichtlinie (GBl. II, 1972, S. 741 ff.) bestätigt es spezielle Kalkulationsrichtlinien und Kalkulationsnormative. Gemeinsam mit der → **Staatlichen Plankommission** und dem → **Ministerium der Finanzen** setzt es die Gewinnormative fest und bestätigt die kalkulationsfähigen Normative für Forschung und Entwicklung sowie die Gemeinkostennormative. Weiterhin bestätigt das AfP. die Preise für neu- und weiterentwickelte Erzeugnisse. Unterstützt wird das AfP. durch den Zentra-

len Preisbeirat, der auf dem Gebiet der Konsumgüterpreise Entscheidungen sachkundig vorbereitet.

Bis 1965 lag die Planung und Überwachung der Preise in der Zuständigkeit der Regierungskommission für Preise, die ebenfalls Organ des Ministerrates war. Ihr Vorsitzender war der Minister der Finanzen. 1966 wurde die Regierungskommission für Preise mit ihren Nebenstellen aufgelöst und die im Rahmen des NÖS modifizierten Aufgaben hinsichtlich der Preisgestaltung auf das neugebildete AfP. übertragen, dessen Leiter im Ministerrang gegenwärtig Walter Halbritter ist.

Mit der Rezentralisierung ist das AfP. in seiner Rolle als entscheidende Kontrollinstanz für alle Preisbildungsprozesse aufgewertet worden: Es muß nicht nur die staatliche Preispolitik durch entsprechende Grundsatz- und Detailregelungen durchsetzen sondern auch ständig Preiskontrollen in Betrieben und Kombinaten durchführen. Dazu gehören auch die Verhängung von Ordnungsstrafen bei Preismanipulationen sowie die Erarbeitung einer jährlich dem Ministerrat vorzulegenden Analyse über die Entwicklung von Kosten, Gewinnen und Preisen.

Durch seinen Einfluß auf die jeweils geltenden Gewinnormen und die Kostenkalkulation kommt dem AfP. eine entscheidende Rolle bei der Ausrichtung der monetären Planungsbeziehungen zu. Da aber gerade die gegenwärtig in der DDR praktizierte außerordentlich komplizierte Preisbildung eine Unmenge an Detailinformationen aller beteiligten Wirtschaftseinheiten erfordert, dürfte das AfP. trotz seiner umfangreichen Kompetenzen allein schon wegen der übermäßigen Verwaltungsarbeit nicht in der Lage sein, die Prinzipien der Preisfestsetzung auch konsequent durchzusetzen. Allenfalls in Teilbereichen mag die Ausbreitung und Verstärkung von Preisverzerrungen oder auch Kostensteigerungen gebremst werden; eine Entwicklung der Preise zu einem echten Maßstab des volkswirtschaftlich notwendigen Aufwandes – unter den gegebenen Bedingungen der DDR – dürfte dem AfP. hingegen heute nicht möglich sein. → **Preissystem und Preispolitik.**

Amt für Standardisierung, Meßwesen und Warenprüfung: Dem Ministerrat unterstelltes Amt für die Planung, Leitung und Kontrolle der → **Standardisierung,** für die Sicherung und Kontrolle der Qualitätsentwicklung der Erzeugnisse und für das Meßwesen. Das ASMW entstand am 1. 1. 1973 aus dem Zusammenschluß des Amtes für Standardisierung (gegründet 1954) mit dem seit 1964 bestehenden Deutschen Amt für Meßwesen und Warenprüfung.

Amt für Wasserwirtschaft: → **Ministerium für Umweltschutz und Wasserwirtschaft.**

Anarchismus: Im Verständnis des → **Marxismus-Leninismus** jede ideologisch-politische Konzeption, die die staatliche Gewalt und damit jede staatliche Organisation überhaupt ablehnt. Als philosophische Grundlage des A. werden Subjektivismus und Voluntarismus angesehen. Als Hauptvertreter des A. gelten: W. Godwin, M. Stirner, P.-J. Proudhon sowie vor allem M. Bakunin. → **Syndikalismus.**

Anbauplanung: → **Landwirtschaft.**

Anerkennung, Völkerrechtliche: → **Außenpolitik; Souveränität.**

Angelsport: Der Deutsche Angler-Verband (DAV) der DDR wurde am 14. 9. 1954 als Nachfolger von sechs vorher selbständigen Angler-Vereinigungen gegründet. Er ist die zentrale Organisation aller Angelsportler, angeschlossener Verband des DTSB und seit dem 28. 9. 1957 Mitglied des Internationalen Sportfischer-Verbandes (CIPS). Der DAV ist wahrscheinlich der Verband mit den meisten aktiven Mitgliedern aller DDR-Sportorganisationen. 1967: 242 816 Mitglieder, 1974: 342 632 Mitglieder. Sie errangen zahlreiche Erfolge bei internationalen Wettbewerben. Rechtsgrundlage für die Tätigkeit des DAV sind die VO zur Förderung des Angelns vom 14. 10. 1954, das Statut vom 1. 5. 1960 und ferner das Fischereigesetz vom 2. 12. 1959. Fachzeitschrift „Deutscher Angelsport". → **Sport.**

Angestellte: A. sind den Arbeitern arbeitsrechtlich gleichgestellt. Ihr Gehalt wird nach Monatssätzen berechnet, dem Lohn der Arbeiter liegt dagegen der Stundensatz zugrunde. A., die gleichzeitig der Schicht der → **Intelligenz** angehören, sind z. T. arbeitsrechtlich besser gestellt. Die marxistisch-leninistische Gesellschaftstheorie begreift A. als Werktätige außerhalb der materiellen Produktion, die Funktionen in Leitungsgremien, bzw. der Verwaltung und den gesellschaftlichen Organisationen ausüben. A. bilden danach eine soziale Schicht (Gruppe mit gemeinsamen Merkmalen der Stellung im, bzw. zum Produktionsprozeß), die aber Teil der Arbeiterklasse ist, da ihre sozialökonomische Stellung in der Gesellschaft ebenfalls durch den Nichtbesitz von Produktionsmitteln charakterisiert ist. → **Arbeitsrecht; Sozialstruktur; Sozialversicherungs- und Versorgungswesen.**

Anlagemittel: Als → **Grundmittel** bezeichnete Arbeitsmittel mit einer Nutzungsdauer von länger als einem Jahr und einem Wert von über 500 Mark (künftig über 1000 Mark). Arbeitsmittel sind dagegen alle Instrumente zur Einwirkung auf Arbeitsgegenstände (z. B. Rohstoffe) mit dem Ziel der Erzeugung von materiellen Gütern (Gebrauchswerten), unabhängig von ihrer Nutzungsdauer und ihrem Wert. → **Rechnungswesen; Anlagevermögen.**

Anlagevermögen: Es umfaßt alle auch als → **Anlagemittel** bezeichneten Bauten und Ausrüstungen (z. B. Maschinen, Fahrzeuge, Laboreinrichtungen) in der gesamten Volkswirtschaft mit einer Nutzungsdauer von mehr als einem Jahr und einem Anschaffungswert von mehr als 500 Mark (künftig 1000 Mark). Uneinheitliche Bewertungsmaßstäbe dieser → **Grundmittel** verhinderten bis zu Beginn der sechziger Jahre eine realistische Einschätzung des Produktionspotentials der DDR, vermittelten falsche Vorstellungen über die → **Rentabilität** der betrieblichen Anlagen und führten zu fehlerhaften (Investitions-) Entscheidungen der Planungsinstanzen. Deshalb wurde im Zuge der Wirtschaftsreformen (NÖS) 1963 eine Neubewertung des Brutto-A. auf der Preisbasis von 1962 zunächst für die Industrie und später auch für andere Bereiche durchgeführt.

1973 betrug das Brutto-A. der gesamten Wirtschaft der DDR – zu Preisen von 1962 – 528 Mrd. Mark. Davon entfielen gut 326 Mrd. Mark, das sind rund 60 v. H., auf die produzierenden Bereiche (Industrie, Landwirtschaft, Bauwirtschaft, Verkehr, Handel). Damit sind die nichtproduzierenden Bereiche – vor allem der Infrastruktur (Straßen, Wohnungswesen, staatliche Verwaltung, kulturelle und soziale Einrichtungen) – mit einem Anteil von knapp 40 v. H. erheblich niedriger vertreten als z. B. in der Bundesrepublik Deutschland, wo sie 55 v. H. aller Anlagemittel umfassen. Unter den produzierenden Bereichen entfiel 1973 auf das verarbeitende Gewerbe mit 203 Mrd. Mark der größte Teil, gefolgt vom Verkehr, Post- und Fernmeldewesen mit etwa 51 Mrd. Mark und der Landwirtschaft mit 44 Mrd. Mark. Während der Binnenhandel ein A. von etwa 17 Mrd. Mark aufwies, betrug es in der Bauwirtschaft

Brutto-Anlagevermögen der Wirtschaftsbereiche in Mrd. Mark zu Preisen von 1962

Bereich	1960	1965	1970	1973	1960 = 100
Produzierende Bereiche ohne Infrastruktur	162,0	217,5	276,0	326,1	201,3
davon:					
Verarbeitendes Gewerbe[1]	96,3	132,4	170,1	203,1	210,9
Bauwirtschaft	2,8	4,6	7,5	9,2	328,6
Land- und Forstwirtschaft	20,5	28,4	37,5	43,5	212,2
Verkehr, Post- u. Fernmeldewesen	33,1	40,1	45,5	51,1	154,4
Binnenhandel	8,7	11,2	14,1	17,0	195,4
Sonstige produzierende Zweige	0,6	0,8	1,3	2,2	366,7
Übriges Anlagevermögen	162,9	175	190,7	201,9	123,9
Zusammen	324,9	392,5	466,7	528,0	162,5

1 Industrie (einschl. Energie und Bergbau), sonstige produzierende Zweige und produzierendes Handwerk ohne Bauhandwerk.

rund 9 Mrd. Mark. Die sonstigen produzierenden Zweige (Wirtschaftsleitende Organe, Institute aller produzierenden Bereiche, Projektierungs- und Rechenbetriebe, Verlage, Reparaturkombinate und textiles Reinigungswesen) erfaßten schließlich 2 Mrd. Mark.

Die Verteilung des Vermögens auf Ausrüstungen und Bauten zeigt, daß Landwirtschaft und Handel mit 70 bzw. 60 v. H. die höchsten Bauanteile sowie Bauwirtschaft und Verkehr, Post- und Fernmeldewesen mit 66 bzw. 55 v. H. die höchsten Ausrüstungsanteile aufweisen. Dicht danach folgt die Industrie mit einer Ausrüstungsquote von 54 v. H.

Die Entwicklung des A. im Zeitverlauf zeigt seit 1960 die stärkste Zunahme beim Vermögen der Bauwirtschaft sowie bei den sonstigen produzierenden Zweigen. Überdurchschnittlich expandierte es auch im verarbeitenden Gewerbe, in der Land- und Forstwirtschaft sowie beim Binnenhandel.

Ein Vergleich des Vermögens der produzierenden Bereiche zwischen DDR und Bundesrepublik Deutschland zeigt für das verarbeitende Gewerbe in der DDR (62 v. H.) einen merklich höheren Vermögensanteil als in der Bundesrepublik; dies ist ein Zeichen für die vorrangige Zuweisung von → **Investitionen** für die Industrie. Auch die Land- und Forstwirtschaft weist in der DDR bei einem Anteil von gut 13 v. H. noch eine expansive Tendenz auf, während sich der Vermögensanteil dieses Bereichs in der Bundesrepublik von 11 v. H. (1970) auf 8 v. H. (1973) verringerte. Demgegenüber sind Bauwirtschaft (3 v. H.) und Binnenhandel (5 v. H.) merklich weniger vertreten als in der Bundesrepublik Deutschland. → **Grundmittelumbewertung.**

Anleitung und Kontrolle: Den Organisationsprinzipien des → **Demokratischen Zentralismus** entsprechende Methode sozialistischer Leitungstätigkeit, deren Ziel eine gleichmäßigere politische und wirtschaftliche Entwicklung in allen Bereichen der Gesellschaft ist.

Partei-, Staats-, Wirtschaftsorgane und Organe der Massenorganisationen sind mit AuK.-Kompetenzen gegenüber den ihnen jeweils untergeordneten Organen ausgestattet. Die A. erfolgt in der Regel mittels allgemeiner Weisungen; sie soll den unteren Organen ausreichend Möglichkeiten zur Wahrnehmung ihrer Verantwortung lassen. Notwendige Ergänzung findet die A. in der nachfolgenden K.; deren Ziel ist die Überprüfung der Durchführung der von übergeordneten Instanzen gegebenen Weisungen.

AuK. im Staatsapparat finden ihre besondere Ausprägung im Prinzip der „doppelten Unterstellung" der örtlichen Räte und ihrer Fachorgane. Danach sind die Räte ihrer Volksvertretung und dem übergeordneten Rat für ihre Tätigkeit verantwortlich und rechenschaftspflichtig. Der übergeordnete Rat hat die nachgeordneten Räte bei der Durchführung ihrer Aufgaben anzuleiten und zu kontrollieren. Die Fachorgane der örtlichen Räte sind sowohl ihrem Rat als auch dem zuständigen Fachorgan des übergeordneten Rates bzw. dem zuständigen Ministerium oder einem anderen zentralen Staatsorgan unterstellt. Die übergeordneten Leiter leiten die Fachorgane an und kontrollieren deren Tätigkeit. Um eine einheitliche staatliche Leitung zu gewährleisten, sind die übergeordneten Leiter mit Weisungskompetenz gegenüber den Leitern der unterstellten Fachorgane ausgestattet.

AuK., insbesondere das Prinzip der doppelten Unterstellung, sollen sichern, daß es im sozialistischen Staat keinen ausschließlich örtlich geleiteten Bereich des gesellschaftlichen Lebens gibt, sondern stets eine enge Verbindung von örtlicher und zentraler Leitung. AuK. von Staat und Gesellschaft insgesamt erfolgt durch die Partei. → **SED; Staatsapparat.**

Anstalt zur Wahrung der Aufführungsrechte (AWA): Staatliche Einrichtung, die am 1. 1. 1951 an Stelle der GEMA trat und laut VO über die Wahrung der Aufführungs- und Vervielfältigungsrechte auf dem Gebiet der Musik vom 17. 3. 1955 die Rechte der Komponisten und Musikverleger aus der DDR für die Aufführung ihrer Werke, ausgenommen musikalische Bühnenwerke, in der DDR und im Ausland wahrnimmt. Sie zieht auch die Vergütung für Textdichter von Liedern, Schlagern u. ä. ein und verteilt sie. Auf die Geschäftstätigkeit nimmt der → **Verband der Komponisten und Musikwissenschaftler der DDR** entscheidenden Einfluß. Die AWA ist durch Gegenseitigkeitsverträge mit ähnlichen Einrichtungen des Auslands verbunden und seit 1957 Mitglied der internationalen Urheberschutzkonföderation CISAC. → **Urheberrecht.**

Antifaschistisch-demokratische Ordnung: Als AdO. wird seit 1974 offiziell die Etappe gesellschaftlicher und sozialökonomischer Umwälzungen in der DDR von 1945 bis 1949 bezeichnet. Sie wird als Übergangsform zwischen Kapitalismus und Sozialismus verstanden, in deren Verlauf unter Führung der Arbeiterklasse und ihrer marxistisch-leninistischen Partei „die Voraussetzungen für die sozialistische Revolution und die Errichtung eines sozialistischen Staates" geschaffen worden seien (Wörterbuch zum Sozialistischen Staat, Berlin 1974). – Als entscheidende Voraussetzung für die Errichtung der AdO. wird die Existenz der UdSSR und „ihr Sieg über den Faschismus" erachtet. Die AdO. sei durch einen verschärften Klassenkampf nach innen gekennzeichnet gewesen, sie sei definiert durch die „revolutionär-demokratische Diktatur der Arbeiter und Bauern unter Beteiligung anderer Schichten des Volkes".

Bis Ende der 50er Jahre reichte in der offiziellen Geschichtsschreibung die Periode der AdO. bis 1952; auf der 2. Parteikonferenz desselben Jahres sei der „Aufbau des Sozialismus" beschlossen und damit eine neue Etappe eingeleitet worden. Im Verlauf der Periodisierungsdiskussion in der DDR wurde dann der Beginn dieser Etappe auf 1949 zurückdatiert und die der AdO. auf den Zeitraum bis zur Gründung der DDR eingegrenzt.

Antiquariate: → **Buchhandel.**

Antisemitismus: → **Jüdische Gemeinden.**

APO: Abk. für Abteilungsparteiorganisation. → **Grundorganisationen der SED; SED.**

Apotheken: Alle A. sind 1949 durch VO der → **Deutschen Wirtschaftskommission** enteignet worden. Die Apotheker sollten für ihre Person berechtigt sein, ihren Betrieb weiterzuführen, nicht jedoch, ihn durch andere (Erben, Pächter) weiterführen zu lassen.
Nach der „A.-Ordnung" von 1958 sind A. grundsätzlich staatliche Einrichtungen; Inhaber älterer Betriebsrechte haben die „Staatliche Befugnis zum Betrieb der A." erhalten, die zurückgenommen werden kann und als Übergangsregelung zu verstehen ist. A. werden als „öffentliche A." vom Rat des Kreises betrieben, können aber verpachtet sein; sie können Arzneimittelausgabestellen als Nebenstellen führen, um Industriebetriebe, Einrichtungen des Gesundheitswesens und verkehrsmäßig wenig erschlossene Gebiete zu versorgen. Daneben gibt es als „nichtöffentliche A." Krankenhaus-A. und Tierärztliche A., außerdem die A. der bewaffneten Organe.
Die A. sind zwar in der Regel kleine Einzelbetriebe, werden jedoch in jedem Kreis zentral von einem Kreis-Apotheker angeleitet; in vielen Kreisen sind Buchhaltung, Rezeptabrechnung und oft auch Lagerhaltung und Belieferung in einer „Pharmazeutischen Zentrale" unter Leitung eines „Direktors für Pharmazie" bei der Abt. Gesundheits- und Sozialwesen des Rates des Kreises bzw. der Stadt zusammengefaßt, häufig auch Spezialaufgaben (Rezeptur, Defektur) auf die A. einer Stadt verteilt. Damit soll der Lagerbestand an Arzneimitteln möglichst klein gehalten werden.
Rezeptur und eigene Arzneimittelherstellung als Fertigpräparate machen je 5 v. H. des Arzneimittelumsatzes aus, industrielle Präparate stellen 90 v. H. Der Verkauf von Arzneimitteln auf Kosten der Einzelverbraucher hat einen Umsatzanteil von nur 12 v. H.; zwei Drittel des Umsatzes gehen zu Lasten der Sozialversicherung, der Rest wird in den Einrichtungen des Gesundheitswesens verbraucht, die aber in der Regel vom zuständigen Versorgungsbetrieb für Pharmazie und Medizintechnik direkt beziehen (→ **Arzneimittelversorgung**).
Bestand: Anfang 1974 gab es 1 358 A., davon werden 1 228 als Staatliche A., 18 als Verpachtete staatliche A., 55 als nichtstaatliche A. geführt (die nichtstaatlichen stellen 4 v. H. dar – mit einem Umsatzanteil von 4,3 v. H. – 1950 waren noch 645 oder 38 v. H. aller A. in Privatbesitz); hinzukommen 565 Arzneimittelausgabestellen, außerdem 57 Krankenhaus-A. Auf 8 850 Einwohner kommt also 1 A. oder Arzneimittelausgabestelle.
Das Deutsche Institut für Apothekenwesen in Jena, errichtet 1964, ist „Leitstelle" für die angewandte Pharmazie (Technologie, Qualitätsprüfung, Organisation und Betriebswesen der A.) und Fortbildung des Personals. Es untersteht dem → **Ministerium für Gesundheitswesen.**
Die Arbeit in den A. ist stark verlagert worden von den Apothekern mit Hochschulabschluß hin zu mittleren medizinischen Kräften. Aufgabe des Apothekers ist die technische und organisatorische Leitung der A. und die Anleitung und Überwachung des Personals.
Bestand: Anfang 1974: 2 945 Apotheker einschl. derjenigen in Industrie und Großvertrieb.
Mittleres medizinisches Personal in den A. erhält – nach Abschluß der 10klassigen Oberschule – eine Lehrausbildung zum Apothekenfacharbeiter (früher: Apothekenhelfer). Der „Facharbeiterbrief" berechtigt nach Bewährung im Beruf zur Ausbildung zum Apothekenassistenten und, wiederum nach Bewährung, zum Pharmazieingenieur (vor allem für den Bedarf in der Industrie). Ausbildungsstätte ist die Pharmazieschule in Leipzig (40 hauptamtliche Kräfte, Ausbildungskapazität 300 pro Jahr); Ausbildungsdauer je 2 Jahre. Ein Teil der Ausbildung vollzieht sich im → **Fernstudium.** → **Gesundheitswesen.**

Apothekenassistenten: → **Gesundheitswesen; Apotheken.**

Apparat: Bezeichnung für die Gesamtheit der von hauptamtlichen Funktionären besetzten, hierarchisch gegliederten Dienststellen der → **SED** (Partei-A.), der Staatsverwaltung (Staats-A.) und der → **Massenorganisationen** (z. B. FDJ-A.). Dem Aufbau und der Funktion der A. liegen die auch heute noch generell gültigen Vorstellungen Lenins und Stalins über die Organisationsprinzipien der Kommunistischen Partei und die Theorie des revolutionären Prozesses zugrunde. Danach „muß eine solche Organisation hauptsächlich aus Leuten bestehen, die sich berufsmäßig mit revolutionärer Tätigkeit befassen" (Lenin in seiner 1902 veröffentlichten Schrift „Was tun?"). Dabei wird die „Einheit programmatischer, taktischer und organisatorischer Auffassungen" (Stalin, Werke, Bd. I, Moskau 1947) vor allem auch durch den A. garantiert. Die Untergliederung der A. in Büros, Sekretariate, Abteilungen und Sektoren entspricht in den Massenorganisationen dem Vorbild des Partei-A. Die Gliederung des Partei-A. dient u. a. einer möglichst effektiven → **Anleitung und Kontrolle** des → **Staatsapparates.** → **Demokratischer Zentralismus; Marxismus-Leninismus; Kader.**

Arbeit: → **Marxismus-Leninismus.**

Arbeit, Abteilung für: → **Staatssekretariat für Arbeit und Löhne.**

Arbeit, Gesellschaftliche: → **Marxismus-Leninismus.**

Arbeit, Gesetz der: Kurztitel für Gesetz der Arbeit zur Förderung und Pflege der Arbeitskräfte, zur Steigerung der Arbeitsproduktivität und zur weiteren Verbesserung der materiellen und kulturellen Lage der Arbeiter vom 19. 4. 1950 (GBl., S. 349); wurde von der kommun. Propaganda als das arbeitsrechtliche Grundgesetz bezeichnet. In Wahrheit enthielt es bereits einen weitgehenden Abbau alter Rechte der Arbeiterschaft. Am 1. 7. 1961 wurde es abgelöst durch das → **Gesetzbuch der Arbeit.** → **Arbeitsrecht.**

Arbeiter: → **Sozialstruktur.**

Arbeiter, Schreibende: → Literatur und Literaturpolitik.

Arbeiterbewegung, Gedenkstätten der: Neben den → **Nationalen Gedenkstätten** wurden seit April 1961 auch GdA. errichtet. Historisch wichtige Plätze der Arbeiterbewegung (Parteitage, Kämpfe, Aufenthalt von Personen) wurden zu Museen ausgestaltet oder durch Gedenksteine und -tafeln gewürdigt. So bestehen z. B. im Bezirk Erfurt 12 Gedenkstätten und über 100 Ehrenhaine, Gedenksteine usw., im Bezirk Rostock 9 Gedenkstätten und über 70 Ehrenmale, Gedenksteine usw.

Arbeiterbewegung, Geschichte der deutschen (GdA): Die SED versteht sich als die konsequente Fortführerin der Tradition der deutschen Arbeiterbewegung, sie mißt daher der Geschichte der Arbeiterbewegung zur Stärkung des Traditionsbewußtseins große Bedeutung bei. Die Geschichte der Arbeiterbewegung, speziell die Geschichte der deutschen Arbeiterbewegung, ist neben Philosophie, Politökonomie und „wissenschaftlichem Kommunismus" der vierte Bereich der SED-Ideologie, sowohl in der Parteischulung als auch im gesamten wissenschaftlichen Leben der DDR.
Seit 1956 beschäftigt sich die Geschichtsschreibung der DDR in zunehmendem Maße mit der GdA. Zahlreiche Quelleneditionen, Dokumentationen, Monographien und eine Flut von Broschüren zu diesem Thema wurden veröffentlicht. Um eine einheitliche Darstellung und offizielle Auslegung der GdA zu erreichen, befaßte sich das ZK der SED mehrmals mit der Ausarbeitung eines Lehrbuchs zur Parteigeschichte. Am 29. 7. 1956 beschloß das ZK, ein solches Lehrbuch vorzubereiten, am 19. 9. 1958 setzte es eine Kommission unter Vorsitz Walter Ulbrichts ein, die auf der 16. ZK-Tagung der SED (26.–28. 6. 1962) einen „Grundriß zur Geschichte der deutschen Arbeiterbewegung" vorlegte. Der „Grundriß" widerspiegelte die These von Kurt Hager auf der 16. ZK-Tagung, „daß sich die Geschichtswissenschaft in der gesamten Arbeit jederzeit von den politischen Erfordernissen des gegenwärtigen Kampfes leiten läßt und daher von den Beschlüssen der Partei ausgehen muß". Nach diesem Axiom hatten die Historiker die Fakten so darzustellen und vor allem so zu werten, daß die politische Linie der Parteiführung in Vergangenheit, Gegenwart und für die Zukunft ihre historische Rechtfertigung erfuhr. Die Folge war ein einseitig vorgeprägtes Geschichtsbild, in dem die Geschichte zur rückprojizierten Gegenwart wurde. Dabei wurden der „Linie" widersprechende Dokumente verschwiegen oder verfälscht (aus Faksimiles weggeätzt oder Bilder retuschiert). Vor allem wurden die Namen sogenannter „Parteifeinde" eliminiert, d. h. alle Parteiführer, die irgendwann mit der Partei in Konflikt geraten waren, wurden zur „Unperson", ihre Namen aus der Geschichte „getilgt".
Zum 20. Jahrestag der SED-Gründung erschien im Frühjahr 1966 die achtbändige „Geschichte der deutschen Arbeiterbewegung" (GdA), die seither das Standardwerk der SED zur Geschichte der A. ist. Das Werk, mit zahlreichen Dokumenten und Bildteil versehen, enthielt fast überall ein Minimum an wissenschaftlicher Objektivität. Auf Fälschungen wurde weitgehend verzichtet. Bei aller „Parteilichkeit" der Aussage hat die Geschichtswissenschaft der DDR mit diesem Werk einen wesentlichen Beitrag zur GdA geleistet.
Durch eine Reihe wichtiger Dokumentations- und Informationsbände (Gesch. d. dt. Arbeiterbewegung-Chronik, GdA Biographisches Lexikon – dieser Band war allerdings einige Zeit aus dem Verkehr gezogen – Sachwörterbuch zur GdA) ist der Trend zur Versachlichung der Betrachtung der GdA noch verstärkt worden.
Die materialreiche Untersuchung soll nachweisen, daß eine „Kontinuität der Entwicklung der deutschen Arbeiterbewegung von ihren Anfängen bis zur SED" besteht (Bd. 1, S. 12*). Periodisierung, Auswahl der Fakten und Bewertung der Ereignisse wurden dabei jedoch – entsprechend dem Postulat der parteilichen Geschichtsschreibung des Marxismus-Leninismus – einseitig vorgenommen und können aus westlicher historiographischer Sicht diese These der SED nicht hinreichend belegen.
Allerdings kann die GdA der von der SED gestellten Aufgabe dienen: Unterlage für politische Schulung in allen Bereichen zu sein, nicht nur in der → **FDJ** und → **NVA**, sondern auch in allen Schulen und Hochschulen. Die GdA zählt auch im Parteilehrjahr der → **SED** ständig zu den Grundlagenwerken, die studiert werden, um das Traditionsbewußtsein der Mitglieder und Funktionäre zu stärken.

Arbeiterfestspiele: → Laienkunst; Kulturarbeit des FDGB.

Arbeiterklasse: Nach der marxistisch-leninistischen Ideologie ist die Arbeiterklasse eine Hauptklasse in den Gesellschaftsformationen des Kapitalismus und des Sozialismus. Sie soll in beiden Gesellschaftsformationen die fortschrittlichste und revolutionärste Klasse sein, die als Träger der sozialistischen Revolution den Übergang vom Kapitalismus zum Sozialismus herbeiführt und im Sozialismus die politische Macht im Bündnis mit den → **Genossenschaftsbauern** und den sonstigen werktätigen Schichten der Bevölkerung ausübt. Die führende Rolle der Arbeiterklasse im Sozialismus/Kommunismus wird mit deren – im Gegensatz zum Kapitalismus (vorwiegend Industriearbeiter, die lohnabhängig in der unmittelbaren Produktion arbeiten und ausgebeutet werden) veränderten – Stellung im Produktionsprozeß, der Trägerschaft des fortschrittlichsten Klassenbewußtseins und der einzig wissenschaftlichen Weltanschauung begründet. Zusätzlich wird heute auch geltend gemacht, daß die Arbeiterklasse den größten Teil aller materiellen Werte schaffe und den größten Teil der Bevölkerung ausmache. Andererseits bedarf die Arbeiterklasse auch ihrerseits einer führenden Kraft, nämlich der kommunistischen Partei, in der sich ihre bewußtesten und fortschrittlichsten Mitglieder zusammenschließen.
Im marxistisch-leninistischen Sprachgebrauch ist der Ausdruck „Arbeiterklasse" in neuerer Zeit an die Stelle des Ausdrucks „Proletariat" getreten, mit der Marx ur-

sprünglich die abhängigen Lohnarbeiter in der Maschinenfabrik des 19. Jh. bezeichnete. Der Ausdruck „Proletariat" wird heute nur noch selten verwendet (vornehmlich in der Zusammensetzung „Diktatur des Proletariats"). Mit der Änderung der Terminologie sollte u. a. auch den soziologischen Veränderungen in der modernen Industriegesellschaft Rechnung getragen werden. Gleichzeitig ist aber der Begriff der Arbeiterklasse als soziologische Kategorie inhaltlich verschwommen und konturlos geworden. Zur Arbeiterklasse werden nicht nur die in der materiellen Produktion unmittelbar tätigen ungelernten, angelernten und Facharbeiter gezählt; zu ihr sollen auch die Angestellten, die Dienstleistungen erbringen, Verwaltungs- und Organisationstätigkeiten verrichten, sowie weite Teile der Intelligenz gehören. Auf diese Weise umfaßt die Arbeiterklasse den größten Teil der erwerbstätigen Bevölkerung. Bei Analysen der sozioökonomischen Struktur der Bevölkerung werden die „Arbeiter und Angestellten" üblicherweise zu einer Gruppe zusammengefaßt.

Im Statistischen Jahrbuch der DDR wird diese Gruppe folgendermaßen definiert: „Arbeitskräfte, die in einem Arbeitsverhältnis zu einem Betrieb, einer Einrichtung, einem Verwaltungsorgan, einer Produktionsgenossenschaft, einem Rechtsanwaltskollegium, einer in Gewerbe oder eine freiberufliche Tätigkeit ausübenden Person stehen, das durch einen unbefristeten oder befristeten Arbeitsvertrag begründet wurde." → **Bündnispolitik; Aktionseinheit der Arbeiterklasse.**

Arbeiterkomitee: Unter dem Eindruck der Vorgänge in Polen und Ungarn im Jahre 1956 begann die SED, eine Erweiterung des Mitbestimmungsrechts in den → **VEB** zu erörtern. Das 29. Plenum des ZK der SED schlug im November 1956 vor, in den VEB Organe zu bilden, die A. oder ähnlich genannt werden sollten. Von vornherein dachte man nicht an einen grundsätzlichen Wandel. Die Befugnisse der A. sollten sich nicht wie die der Produzentenräte in Jugoslawien auf die Führung der Betriebe erstrecken. Sie sollten nur eine beratende Funktion haben, während die → **BGL** sich ausschließlich der Wahrung der Interessen der Belegschaften widmen sollten. In 18 ausgesuchten Betrieben verschiedener Industriezweige wurden A. gebildet. Über ihre Tätigkeit herrschte in der mitteldeutschen Publizistik Schweigen, so daß der Verdacht verstärkt wurde, daß man sie nicht ernst gemeint hatte. Anfang 1958 wurden die A. aufgelöst, und ihre Aufgaben gewerkschaftlichen Organen, den Ausschüssen für **Ständige → Produktionsberatungen,** übertragen.

Arbeiterkontrolle: → **Arbeiter-und-Bauern-Inspektion.**

Arbeiter-und-Bauern-Fakultät (ABF): ABF wurden 1949 an allen Universitäten und einigen Hochschulen eingerichtet. Sie waren zum großen Teil aus den sog. Vorstudienanstalten hervorgegangen. Zugelassen wurden Arbeiter- und Bauernkinder sowie Kinder der „werktätigen Intelligenz", die über eine abgeschlossene Grundschul- und Berufsausbildung verfügten, sich

durch hervorragende Arbeitsleistungen in der Produktion auszeichneten. Bevorzugt wurden die von „sozialistischen" Betrieben vorgeschlagenen und delegierten Bewerber. 1962 gab es noch 10 ABF mit 3 340 Studierenden, von denen 2 540 Arbeiter- und Bauernkinder waren. 1963 wurden alle ABF bis auf 2 (Halle/S. und Freiberg/Sa.) aufgelöst. Die ABF Freiberg nimmt Bewerber für Bergbau, Hüttenwesen und Naturwissenschaften auf, die ABF Halle Bewerber für Naturwissenschaften, Maschinenwesen, Elektrotechnik, Land- und Forstwirtschaft, Medizin, Wirtschaftswissenschaften, Lehrer für polytechnische Oberschulen u. a. Zur Erlangung des Abiturs an den ABF ist ein 1–3jähriges Studium notwendig. Von 1951 bis 1963 gelangten 33 729 Absolventen der ABF zum Hochschulstudium. Absolventen der ABF werden nicht in das Aufnahmeverfahren einbezogen, sondern auf dem Wege des Fakultätswechsels zum Studium zugelassen.

Arbeiter-und-Bauern-Inspektion (ABI): Die ABI ist ein staatliches und gesellschaftliches Kontrollorgan, das 1963 auf Beschluß des ZK der → **SED** und des → **Ministerrates** der DDR geschaffen wurde. Die ABI wird verstanden als eine Form der Volkskontrolle, deren Ziel die Erfüllung der Aufgaben der sozialistischen Gesellschaft, die Festigung des Staatsmacht, die Förderung der Aktivität der Massen und die Entwicklung des sozialistischen Bewußtseins ist. Der Beschluß über die ABI vom 26. 5. 1970 stellt die Aufgabe, eine systematische Kontrolle über die tatsächliche Durchführung der Beschlüsse der Partei- und Staatsführung zu organisieren, zur Vervollkommnung der Planung und Leitung beizutragen und die Staatsdisziplin sowie die sozialistische Gesetzlichkeit zu festigen.

Bereits 1946 waren Volkskontrollausschüsse zunächst als Hilfsorgane der → **Deutschen Volkspolizei** bei der Bekämpfung von Wirtschaftsdelikten tätig, ihre Aufgaben wurde 1948 auf die Kontrolle der Plandurchführung ausgedehnt. Gleichzeitig sind bei der → **Deutschen Wirtschaftskommission** die Zentrale Kontrollkommission und in den Ländern der SBZ Kontrollkommissionen errichtet worden. 1952 wurde die Zentrale Kontrollkommission in eine Zentrale Kommission für Staatliche Kontrolle (ZKSK) umgebildet, in die die Kontrollkommissionen der Länder und auch die Volkskontrollbewegung aufgenommen wurden. In der ABI wurden 1963 die ZKSK und die sie seit 1962 ehrenamtlich unterstützenden Helfer der Staatlichen Kontrolle nach sowjetischem Vorbild organisatorisch zusammengefaßt. Die gegenwärtige Organisationsstruktur der ABI beruht zum einen auf der Verbindung von Partei-, staatlicher und gesellschaftlicher Kontrolle, zum anderen auf der Kombination von Territorial- und Produktionsprinzip. Organe sind das Komitee der ABI, die Bezirks-, Kreis-, Stadt- und Stadtbezirkskomitees, die Zweig- und Kombinatsinspektionen, die Kommissionen und die Gruppen der ABI in Betrieben und Einrichtungen, die Volkskontrollausschüsse und die Gruppen der Volkskontrolle in den Städten und Gemeinden. Das Komitee der ABI ist ein Organ sowohl des ZK der SED als auch des Ministerrates und diesen beiden Gremien gegenüber rechenschaftspflichtig. Es leitet und koordiniert die Kontrolltätigkeit der Organe der ABI, es beschließt den zentralen Kontrollplan. Dem Komitee unterstehen der territorialen Gliederung der DDR entsprechend Bezirkskomitees, denen Kreis-, Stadt- und Stadtbezirkskomitees nachgeordnet sind. Die Mitarbeiter der Komitees sind hauptamtlich tätig, ihre für einzelne Sachgebiete gebildeten Inspektionsgruppen verfügen über haupt- und ehrenamtliche Mitarbeiter. Ehrenamtlich arbeiten die Kommissionen der ABI in den Betrieben und Einrichtungen und die Volkskontrollausschüsse in Städten und Gemeinden.

Neben dieser territorialen Organisationsstruktur bestehen hauptamtlich geleitete Zweig- und Kombinatsinspektionen auf der Basis des Produktionsprinzips. Die Zweiginspektionen bei den VVB und gleichgestellten Wirtschaftsorganen unterstehen dem Komitee der ABI, desgleichen die Kombinatsinspektionen in der zentralgeleiteten Wirtschaft. Die Kombinatsinspektionen in der bezirksgeleiteten Wirtschaft unterstehen dem Bezirkskomitee der ABI.

Die Organe der ABI sind mit Kontroll-, Veranlassungs- und Handlungsbefugnissen ausgestattet, die über die bloße Feststellung von Kontrollergebnissen erheblich hinausgehen. So haben die Komitees und Inspektionen ein Weisungsrecht gegenüber dem Kontrollunterworfenen, können Auflagen zur Mängelbeseitigung erteilen und Berichterstattung über Erfüllung anordnen. Die Komitees haben die Möglichkeit, Disziplinar- und Ordnungsstrafen zu veranlassen oder selbst zu erteilen. Den Kommissionen der ABI, den Volkskontrollausschüssen und den Gruppen der Volkskontrolle kommen im Rahmen ihrer Kontrolltätigkeit Weisungsrechte und dergleichen nicht zu, sie können lediglich dem übergeordneten Komitee der ABI bestimmte Maßnahmen vorschlagen.

Bei der Ausübung ihrer Kontrolltätigkeit arbeitet die ABI mit den Arbeiterkontrolleuren der Gewerkschaften (→ **FDGB**), den Kontrollposten der → **FDJ**, den Ausschüssen der → **Nationalen Front** und anderen gesellschaftlichen und staatlichen Organen mit Kontrollfunktionen zusammen.

In 20 000 Organen der ABI sind ca. 180 000 Bürger der DDR ehrenamtlich tätig.

Arbeiter-und-Bauern-Macht: Von der DDR 1952 übernommener Begriff der sowjetischen Staatslehre. Der DDR-Staat wurde bis Ende der 60er Jahre als ABM. bezeichnet, wobei neben dem „Bündnischarakter" auch auf das „Mehrparteiensystem" in der DDR verwiesen wurde. Mit der Bezeichnung ABM. sollte ausgedrückt werden, „daß die proletarische Staatsmacht in dem Bündnis der führenden Arbeiterklasse mit der Masse der Bauernschaft (sowie dem Kleinbürgertum, der Intelligenz und anderen nichtproletarischen Werktätigen) ihre Klassengrundlage hat" (Kleines Politisches Wörterbuch, 1967, S. 49). Der Begriff der ABM. stellte damit ein Synonym für „Diktatur des Proletariats" dar und dient in der Praxis bis in die Gegenwart

der Rechtfertigung der „führenden Rolle" der SED in der DDR. Seit dem VIII. Parteitag der SED (1971) ist sein Gebrauch zugunsten des Begriffs „sozialistischer Staat" stark in den Hintergrund getreten. → **Nation und nationale Frage; Verfassung.**

Arbeiterveteranen: → **Parteiveteranen.**

Arbeiterweihe: → **Jugend.**

Arbeiterwohnungsbaugenossenschaften (AWG): Seit 1954 bestehende Zusammenschlüsse von Wohnungsinteressenten in Betrieben, Kombinaten, staatlichen Organen, Verwaltungen von Organisationen, Universitäten und Instituten sowie PGH. Gesetzliche Grundlage ist die VO über die AWG in der Fassung vom 23. 2. 1973 mit dem als Anlage beigefügten verbindlichen Musterstatut (GBl. I, S. 109). Die AWG sollen u. a. durch die Bindung an die Betriebe die Bildung von Stammbelegschaften und die Ansiedlung von Fachkräften fördern und damit zur Erfüllung der Volkswirtschaftspläne beitragen. Mitglied kann jeder Werktätige eines Betriebes werden, dem eine AWG angeschlossen ist. Er benötigt dazu eine entsprechende Befürwortung seiner Betriebsleitung sowie der BGL. Ehegatten können nur gemeinsam Mitglieder einer AWG werden.

Die Anzahl der von den Mitgliedern zu übernehmenden Genossenschaftsanteile (je 300 Mark) ist abhängig von der Wohnungsgröße und beträgt z. B. für eine $1^1/_2$-Zimmer-Wohnung 1 500 Mark, für eine $2^1/_2$-Zimmer-Wohnung 2 100 Mark. Die Genossenschaftsanteile sind in nach dem Einkommen gestaffelten monatlichen Raten (mindestens 20 Mark) einzuzahlen; sie können auch als Arbeitsleistungen aufgebracht werden. Jedes Mitglied ist verpflichtet, neben den Genossenschaftsanteilen, die persönliches Eigentum bleiben, außerdem Arbeitsleistungen für die AWG zur Finanzierung des Baues und von Erhaltungsmaßnahmen durchzuführen.

Diese Arbeitsleistungen, deren Bedeutung in den nächsten Jahren zunehmen soll, gehen in den sogenannten „unteilbaren Fonds" ein und sind Genossenschaftsvermögen, zu dem auch die erstellten Genossenschaftswohnungen und Gemeinschaftseinrichtungen gehören.

Aus dem → **Staatshaushalt** erhalten die AWG Kredite bis zu 85 v. H. der Baukosten. Baugelände stellen die örtlichen Verwaltungsorgane unentgeltlich und unbefristet zur Verfügung. Die Verteilung fertiggestellter Wohnungen soll nach der Dringlichkeit des Wohnungsbedarfs erfolgen, wobei u. a. Arbeitskräftebedarf, ungünstige Wohnverhältnisse, Familiengröße sowie besondere Arbeitsleistungen für die AWG und am Arbeitsplatz berücksichtigt werden. Der Wohnungsverteilungsplan wird vom Vorstand der AWG in Zusammenarbeit mit den Leitern der Betriebe, staatlicher Organe und Einrichtungen ausgearbeitet und von der Mitgliederversammlung beschlossen. Die AWG soll nur soviel neue Mitglieder aufnehmen, wie sie nach dem Bauplan innerhalb der nächsten 3 Jahre Wohnungen baut; in der Praxis gab es jedoch oft wesentlich längere Wartezeiten. Der Anteil des genossenschaftlichen Wohnungsbaus am gesamten Wohnungsneubau schwankte in den 20 Jahren seit Bildung der AWG erheblich. Nachdem 1959 für den Siebenjahrplan eine Steigerung des genossenschaftlichen Wohnungsbaus auf das Vierfache gefordert worden war, lag sein Anteil am Wohnungsneubau bereits 1962 bei über 63 v. H., ging dann bis 1971 auf rund 17 v. H. zurück und erreichte 1973 bereits wieder über 32 v. H. Insgesamt wurden bis 1973 rund 410 000 Wohnungen für AWG-Mitglieder gebaut. Für die nächsten Jahre ist eine verstärkte Förderung vorgesehen: Nach durchschnittlich 35 v. H. im jetzigen Planjahrfünft soll der genossenschaftliche Anteil am Wohnungsneubau im Zeitraum 1976 bis 1980 auf 45 v. H. steigen und sich in Zukunft zu einer Hauptform der Wohnungswirtschaft entwickeln, wobei eine noch engere Bindung der AWG an ihre Trägerbetriebe angestrebt wird. → **Bau- und Wohnungswesen; Genossenschaften.**

Arbeitsbefreiung: An die Stelle der einfachen ärztlichen Arbeitsunfähigkeitserklärung der deutschen Krankenversicherung ist bereits 1947 das Prinzip der A. gesetzt worden. Damit greift der behandelnde Arzt in die arbeitsrechtliche Beziehung zwischen Arbeitnehmer und Arbeitgeber faktisch direkt ein, wenn auch die formale Bezeichnung neuerdings lautet „Arbeitsunfähigkeitsbescheinigung zur Arbeitsbefreiung". Lange Zeit durfte er die A. nur für jeweils 3 und insgesamt für 10 Tage aussprechen; er muß sie auch jetzt nach je 7 Tagen ausdrücklich erneuern. Die A. unterliegt der Kontrolle durch Ärzteberatungskommissionen aus nebenamtlichen Ärzten. Sie bestehen in allen Kreisen und auch bei Großbetrieben. Ihnen steht ein hauptamtlicher Kreisgutachter bei der Kreisstelle für ärztliches Begutachtungswesen vor, bei der alle ärztlichen Begutachtungen – für Renten- und Unfallversicherung, Sozialwesen usf. – zusammengefaßt sind. Diese Kommissionen haben auch zu prüfen, ob eventuell Maßnahmen der Rehabilitation einzuleiten sind.

Die Kontrolle der Entscheidungen jedes Arztes soll stets von der gleichen Kommission ausgeübt werden; sie soll eine „kollektive Beratung" des Arztes sein. In den Kommissionen bei Einrichtungen des Betriebsgesundheitswesens wirkt die betriebliche Gewerkschaftsleitung mit.

Gegen die Entscheidungen der Begutachtungskommissionen gibt es ein förmliches Einspruchs- und Beschwerdeverfahren.

Den → **Krankenstand** mit einem derartigen Kontrollverfahren auf einer Höhe zu halten, die der tatsächlich krankheitsbegründeten Arbeitsunfähigkeit entspricht, ist bisher nicht gelungen. → **Gesundheitswesen; Sozialversicherungs- und Versorgungswesen; Arbeitsrecht; Betriebsgewerkschaftsorganisation.**

Arbeitsbereich: Begriff, der bei der Lohn- und Gehaltsgruppeneinstufung der Arbeitnehmer von Bedeutung ist. Die Einstufung der Arbeitnehmer richtet sich unter Berücksichtigung ihrer Qualifikation nach dem A., in dem sie vereinbarungsgemäß tätig sind. Als A. gelten sowohl Einzelarbeitsplätze als auch mehrere Arbeitsplätze, für die gemeinsame Arbeitsaufgaben festgelegt werden. Die Zuordnung der A. zu den Lohn- und

Gehaltsgruppen wird in Betriebslisten erfaßt. → **Lohnformen und Lohnsystem.**

Arbeitsbuch: → **Ausweis für Arbeit und Sozialversicherung.**

Arbeitsdisziplin: → **Arbeitsrecht.**

Arbeitseinheit: → **Landwirtschaftliche Betriebsformen.**

Arbeitseinkommen: In der DDR verwendeter statistischer Begriff, der nicht identisch ist mit den in der Bundesrepublik Deutschland gebräuchlichen Begriffen „Bruttoarbeitsverdienst" und „Bruttolohn und -gehalt". Als A. gelten neben Bruttolöhnen und Prämien auch Einkommensteile, die nicht unmittelbar auf Arbeitsleistung beruhen (Sozialeinkommen), aber über die Betriebe ausgezahlt werden. Es handelt sich dabei um Zuschläge, die als Ausgleich für die durch Abschaffung der Lebensmittelkarten (1958) entstandenen Mehraufwendungen noch gesondert gezahlt werden, um Ehegattenzuschläge, staatliche Kinderzuschläge bzw. staatliches Kindergeld, Weihnachtsgeld, aus betrieblichen Mitteln gezahlte Unterstützungen u. ä. → **Lohnformen und Lohnsystem.**

Arbeitserziehung: → **Asoziales Verhalten; Strafensystem.**

Arbeitsgemeinschaft ehemaliger Offiziere: Am 11. 1. 1958 von ehemaligen Wehrmachtsgeneralen und -offizieren, die dem → **Nationalkomitee Freies Deutschland** bzw. dem Bund Deutscher Offiziere angehörten, gegründete Organisation, die ab 1959 auch Reserveoffiziere der → **Nationalen Volksarmee** aufnahm. Diese „Kampfgemeinschaft patriotisch gesinnter ehemaliger Offiziere" sollte einen spezifischen Beitrag zur → **Deutschlandpolitik der SED** leisten, indem sie durch militärgeschichtlich-propagandistische Arbeit gegen die „Rüstungspolitik" der Bundesrepublik Deutschland, besonders gegen die von der DDR befürchtete Aufstellung von an atomaren Trägersystemen ausgebildeten Kampfverbänden der Bundeswehr („atomare Aufrüstung") wirkte. Zu diesem Zweck wandte sich die AeO. auch an ehemalige Mitglieder des Nationalkomitees Freies Deutschland in der Bundesrepublik Deutschland und an Bundeswehroffiziere.

Dadurch, daß im Zuge der Normalisierung der Beziehungen Bundesrepublik-DDR die vor allem nach außen gerichtete Funktion der AeO. obsolet geworden ist, sowie durch eine biologisch bedingte Dezimierung des ursprünglichen Kerns der Organisation, ist es zu einer Bedeutungsminderung gekommen. Im Oktober 1971 wurde das monatlich seit Juli 1958 erscheinende „Mitteilungsblatt der AeO." eingestellt. Die der AeO. heute noch verbliebene Aufgabe besteht darin, durch militärische Traditionspflege die sozialistische Wehrideologie zu stärken.

Arbeitsgemeinschaften, Außerschulische: → **Einheitliches sozialistisches Bildungssystem.**

Arbeitsgemeinschaften der Produktionsgenossenschaften (AGP): → **Handwerk.**

Arbeitsgemeinschaften, Sozialistische: Zusammenfassende und allgemein übliche Kurzfassung für „Sozialistische Arbeits- und Forschungsgemeinschaften". Gemeint sind die Brigaden der sozialistischen Arbeit sowie die Neuerer-, Rationalisierungs- und Erfinderbrigaden in den Betrieben. Die letztgenannte Gruppe soll sich vorrangig auf die Lösung von Aufgaben auf dem Gebiet der Forschung und Entwicklung, der Konstruktion, der Betriebsorganisation und der Technologie orientieren. Hierbei wird eine „selbstlose, dem gemeinsamen Ziel untergeordnete Mitarbeit" von Arbeitnehmern verschiedener Arbeitsbereiche und Berufe in den Betrieben verlangt. → **Sozialistischer Wettbewerb; Forschung.**

Arbeitsgerichtsbarkeit: → **Rechtswesen; Gerichtsverfassung; Gesellschaftliche Gerichte.**

Arbeitsgesetzbuch: Abk. für Gesetzbuch der Arbeit. → **Arbeitsrecht.**

Arbeitsgestaltung: Die A. ist Bestandteil der **Wissenschaftlichen** → **Arbeitsorganisation** und der sozialistischen → **Rationalisierung.** Zwei Hauptwege der A. werden unterschieden:
1. Die A. in der Vorbereitungsphase der Produktion umfaßt alle konstruktiven, technologischen und organisatorischen Neuentwicklungen und ermöglicht schon vor Produktionsbeginn die Gestaltung optimaler Produktionsbedingungen.
2. Die A. in der Betriebsphase der Produktion wir als eine ständige Aufgabe verstanden. Gemessen an den möglichen Ergebnissen der bereits in der Vorbereitungsphase (Entwicklung und Projektierung) der Produktion betriebenen A., führt die A. in der Betriebsphase zwar zu Verbesserungen aber nicht zu Bestlösungen, da die Veränderungsmöglichkeiten bei vorhandener Technik und Organisation begrenzt sind. Aus diesem Grund wird die besondere Bedeutung der A. im Stadium der Forschung, Entwicklung und Überleitung hervorgehoben.
A. in der Betriebsphase der Produktion wird verstanden als die Realisierung der im → **Arbeitsstudium** erarbeiteten und bestätigten Veränderungsprojekte. Maßgeblichen Einfluß hat die A. auf die Beschaffenheit der Arbeitsmittel und Arbeitsgegenstände, die Einrichtung des Arbeitsplatzes (Arbeitsplatzgestaltung), die Zweckmäßigkeit der Arbeitskleidung und Arbeitsschutzmittel sowie auf die Leistungsvoraussetzungen der Werktätigen. Zu den letzteren gehören die Qualifikation, d. h. die Entwicklung des Wissens und Könnens der Werktätigen, die Vermittlung rationeller Arbeitsmethoden durch Übung sowie die Anwendung des Leistungsprinzips in der Entlohnung.
In diesem Sinne wird die A. verstanden als die „Schaffung und ständige Vervollkommnung aller notwendigen Voraussetzungen, Entscheidungen und Maßnahmen, die es dem Menschen im Produktionsprozeß ermöglichen, optimal wirksam zu werden" (Lexikon der Wirtschaft – Arbeit, Berlin 1970, S. 63).
Als Ergebnis der veränderten A. werden technisch be-

gründete Arbeitsnormen und andere Kennziffern der Arbeitsleistung neu festgelegt. → **Arbeitsnormung.**

Arbeitshygiene: A. als vorbeugender Gesundheitsschutz der Erwerbstätigen und medizinischer Beitrag zur Schaffung optimaler Arbeitsbedingungen nimmt in den Programmen für die Entwicklung des Gesundheitswesens (bzw. entsprechenden Abschnitten der Perspektivpläne und Volkswirtschaftspläne) stets einen hervorragenden Platz ein. Das hat – wie in der UdSSR – z. T. historisch-ideologische, überwiegend aber rationale Gründe: Die verfügbaren Arbeitskräfte sollen auch unter ungünstigen Bedingungen so effizient wie möglich eingesetzt und aus diesem Grund „pfleglich" behandelt werden. Die nachdrückliche Entwicklung des Betriebsgesundheitswesens nach 1945 hat hier ihre stärksten Wurzeln. Es hat seine Hauptaufgaben stets im Betriebsgesundheitsschutz, also in der vorbeugenden Arbeit, gehabt.
Einer Verbesserung der Ausbildung der Ärzte in der A. galt die frühzeitige Errichtung von Lehrstühlen für Arbeitsmedizin an den Medizinischen Fakultäten (der Universitäten) und Akademien. A. ist eigene Fachrichtung für die Facharztausbildung. Unter den Mittleren medizinischen Fachberufen entspricht dem die Gruppe der A.-Inspektoren.
Der Durchsetzung von Grundsätzen der A. in der Praxis dienen auf der unteren Ebene die Arbeitshygienischen Abteilungen und Untersuchungsstellen bei großen Betriebspolikliniken. Sie werden stets von Fachärzten der A. geleitet. Die Aufsicht führt eine Arbeitssanitätsinspektion bei jedem der 22 Bezirks-Hygieneinstitute und die entsprechende Hauptinspektion im → **Ministerium für Gesundheitswesen.**
Zentrale Leiteinrichtung ist das Zentralinstitut für Arbeitsmedizin. Seine Aufgaben (Statut vom 12. 8. 1971) umfassen die Forschung auf den Gebieten der A., der Arbeitsmedizin (Erkennung und Behandlung von Krankheiten, die mit der Erwerbstätigkeit zusammenhängen) und der Arbeitsphysiologie, die Aus- und Weiterbildung von Fachärzten für A. und von Betriebsärzten („im Auftrag" der → **Akademie für Ärztliche Fortbildung**), die fachliche Beratung des Ministeriums für Gesundheitswesen und schließlich die Erstattung von Fachgutachten. Das Zentralinstitut ist dem Ministerium für Gesundheitswesen direkt unterstellt. Direktor ist gegenwärtig (1974): Prof. Dr. sc. med. S. Kahle, Sitz: Berlin-Lichtenberg. → **Gesundheitswesen,** III. C., VI. B.

Arbeitsklassifizierung: Ziel der A. ist die analytische Ermittlung und Klassifizierung der Anforderungen der Arbeitsaufgabe an die Qualifikation und die körperliche und geistige Beanspruchung der Werktätigen. A. soll stets im Zusammenhang mit dem → **Arbeitsstudium,** der → **Arbeitsgestaltung** und der → **Arbeitsnormung** angewendet werden. Als Bestandteil der **Wissenschaftlichen** → **Arbeitsorganisation** sind der A. folgende Aufgaben zugewiesen:
1. Ermittlung der Anforderungen an das Arbeitsvermö-

gen der Werktätigen mit dem Ziel, qualifizierte Arbeit höher als unqualifizierte anzuerkennen.

2. Bei der Festlegung der Arbeitsaufgaben soll darauf geachtet werden, daß diese von ihrem Inhalt und Umfang sowie von ihren Bedingungen her zur allseitigen Persönlichkeitsentwicklung beitragen.

3. Die A. soll dazu dienen, Unterlagen für die qualitativ erweiterte Reproduktion der Arbeitskraft bereitzustellen (z. B. erforderliche Qualifizierungsmaßnahmen und Qualifizierungspläne). Gleichzeitig fördert die A. die materielle Stimulierung von Qualifizierungsprozessen unter Berücksichtigung des stufenweisen Bildungsprozesses.

4. Im Rahmen der Planung des betrieblichen Reproduktionsprozesses ist es Aufgabe der A., Unterlagen für die exakte Bestimmung des Bedarfs an Arbeitskräften und deren erforderliches Qualifikationsniveau zu ermitteln.

Die Einführung der A. in Industrie und Bauwesen soll die Anwendung der Wirtschaftszweiglohngruppen und Gehaltsgruppenkataloge allmählich überflüssig machen. Das Tempo der Durchsetzung und Anwendung der A. ist hierbei stark von der Veränderung der Produktions- und Arbeitsbedingungen abhängig, die sich aus den Maßnahmen der sozialistischen → **Rationalisierung** ergeben (Inbetriebnahme neuer Produktionsbereiche, Einführung neuer Technologien, Einsatz neuer Arbeitsmittel, Veränderung der Produktions- und Arbeitsorganisation etc.).

Um die einheitliche Durchführung der A. in allen Betrieben der DDR zu sichern, gab das Staatliche Amt für Arbeit und Löhne beim Ministerrat der DDR am 4. 2. 1970 die „Richtlinie für die Arbeitsklassifizierung der Produktionsarbeiten in der Industrie und im Bauwesen" heraus. Des weiteren liegt für die praktische Durchführung der A. die vom Zentralen Forschungsinstitut für Arbeit in Dresden erarbeitete „Grundmethodik der Arbeitsklassifizierung für Produktionsarbeiten in der Industrie und im Bauwesen" vor.

Die Anwendung der A. in den Betrieben ergibt sich auch aus Artikel 24 der Verfassung der DDR. Danach hat jeder Bürger „das Recht auf einen Arbeitsplatz . . . entsprechend den gesellschaftlichen Erfordernissen und der persönlichen Qualifikation. Er hat das Recht auf Lohn nach Qualität und Quantität der Arbeit." Dementsprechend sieht § 42 des Gesetzbuches der Arbeit die Eingruppierung der Arbeitsaufgabe „nach den Arbeitsanforderungen auf der Grundlage der geltenden Eingruppierungsunterlagen . . . in eine Lohn- bzw. Gehaltsgruppe . . ." vor (GBl. I, 1966, Nr. 15, S. 140). → **Arbeitsrecht.**

Arbeitskräfte: Kriegsfolgen (Zerstörungen, Demontagen, Zustrom von Vertriebenen aus den Ostgebieten) führten auch in der SBZ zu Arbeitslosigkeit. Mit dem Wiederaufbau der Wirtschaft und den starken Abwanderungen in die Bundesrepublik Deutschland wurden seit Mitte der 50er Jahre jedoch die A. in der DDR knapp. Durch den Bau der Mauer in Berlin gelang es 1961, den Beschäftigtenrückgang zu stoppen und in der Folgezeit die Zahl der A. leicht zu erhöhen, obwohl die Bevölkerung im erwerbsfähigen Alter bis 1969 weiter zurückging.

Der Grund für diese Entwicklung ist in erster Linie in der zunehmenden Beanspruchung des weiblichen A.-Potentials zu suchen. Die Quote der berufstätigen Frauen (einschl. beschäftigter Rentnerinnen) – gemessen an der Zahl der Frauen im erwerbsfähigen Alter – stieg bis 1973 auf 84 v. H. (1960: 67 v. H.). 47 von 100 Beschäftigten waren Frauen (1960: 43). Damit dürften fast alle Frauen dieser Altersklassen bis auf Schülerinnen, Studentinnen, Mütter von Kleinkindern usw. berufstätig gewesen sein. Mit dem Ansteigen des Beschäftigungsgrades nahm allerdings die Teilzeitbeschäftigung zu; ein Drittel aller Frauen arbeitete verkürzt.

Die Zahl der berufstätigen Männer blieb im gleichen Zeitraum nahezu konstant; ihr A.-Potential ist völlig ausgeschöpft. Die Quote der männlichen Berufstätigen

Beschäftigte[1] nach Wirtschaftsbereichen

	Jahresdurchschnitt in 1 000 Personen				Anteile in v. H. der Beschäftigten			
	1960	1965	1970	1973[2]	1960	1965	1970	1973[2]
Industrie[3]	3 580	3 510	3 580	3 660	41,8	41,4	41,1	41,4
Bauwirtschaft	515	535	670	675	6,0	6,3	7,7	7,6
Landwirtschaft[4]	1 445	1 230	1 055	945	16,9	14,5	12,1	10,7
Verkehr, Post, Fernmeldewesen	570	575	605	630	6,7	6,8	6,9	7,1
Handel	920	900	885	880	10,7	10,6	10,2	10,0
Dienstleistungsbereich[5]	1 530	1 735	1 920	2 055	17,9	20,4	22,0	23,2
Alle Bereiche	8 560	8 485	8 715	8 845	100,0	100,0	100,0	100,0

1 Einschließlich der von der amtlichen Statistik nicht ausgewiesenen Beschäftigten sowie Lehrlinge.
2 Vorläufige Angaben.
3 Einschließlich produzierendes Handwerk.
4 Einschließlich Forst- und Fischereiwirtschaft.
5 Dienstleistungen, Bank- und Versicherungswesen, Staat und sonstige produzierende Bereiche.

Quellen: Statistische Jahrbücher der DDR 1960/1961 bis 1973; Statistisches Taschenbuch der DDR 1974; Ergebnisse der Volks- und Berufszählung am 31. 12. 1964. Hrsg.: Staatliche Zentralverwaltung für Statistik, 1967. Berechnungen und z. T. Schätzungen des DIW, Berlin.

– bezogen auf die Männer im erwerbsfähigen Alter – betrug 1973 über 96 v. H. Mehr als die Hälfte der Bevölkerung der DDR ist berufstätig (Bundesrepublik Deutschland: 45 v. H.) – eine Erwerbsquote, die zu den höchsten in der Welt zählt.

Seit 1960 hat ein bedeutender Strukturwandel in der Verteilung der A. auf Wirtschaftsbereiche stattgefunden. Die Beschäftigung in der → **Landwirtschaft** nahm ab, während sie in der Bauwirtschaft und im Dienstleistungsbereich zunahm und in den übrigen Bereichen nahezu konstant blieb. Die Veränderungen entsprachen den typischen Tendenzen wachsender Industriegesellschaften. Die → **Industrie** hatte mit 41 v. H. 1973 den höchsten Anteil an der Beschäftigung, gefolgt vom Dienstleistungsbereich, der 23 v. H. der A. auf sich vereinigte. In der Landwirtschaft war ein mit 11 v. H. immer noch relativ hoher Anteil gebunden.

Auch die sozio-ökonomische Struktur der Erwerbstätigen hat sich verändert. Wie auch in anderen Ländern sank die Zahl der Selbständigen und der mithelfenden Familienangehörigen, während die Arbeitnehmer ihren Anteil an der Gesamtbeschäftigung erhöhten. Typisch für die DDR ist der hohe Anteil der Genossenschaftsmitglieder. Die genossenschaftliche Beschäftigung nahm allerdings seit Mitte der 60er Jahre wegen der aus Altersgründen ausscheidenden LPG-Mitglieder ständig ab. Die Umwandlung der industriell produzierenden → **Genossenschaften** des → **Handwerks** in volkseigene Betriebe führte 1972 zur Reduzierung auch der PGH-Mitglieder.

Trotz nachrückender geburtenstarker Jahrgänge ins erwerbsfähige Alter wird sich die A.-Situation in den nächsten Jahren nicht entspannen: Die Nachfrage der Wirtschaft steigt ständig. Außerdem wird die Zahl der berufstätigen Rentner abnehmen, da die Bevölkerung im Rentenalter zurückgeht. Noch sind über 700 000 Rentner berufstätig. An eine merkliche Ausweitung des Einsatzes von Gastarbeitern ist offensichtlich nicht gedacht. → **Bevölkerung; Sozialstruktur.**

Arbeitskräfte, Ausländische: AA. werden im nennenswerten Umfange erst seit Mitte der 60er Jahre in der DDR eingesetzt. Derzeit dürften etwa 30 000 bis 40 000 Ausländer, überwiegend Polen und Ungarn, in DDR-Betrieben tätig sein. Ende 1972 gab es 13 000 ungarische und 12 000 polnische Gastarbeiter in der DDR. Bei den Polen handelt es sich neben den „Grenzgängern" um Arbeitskräfte, die zur Montage im Auftrag polnischer Firmen entsandt wurden (ca. 6 000 Personen). Die ungarischen Gastarbeiter halten sich aufgrund eines 1967 abgeschlossenen und 1970 verlängerten Abkommens mit Ungarn in der DDR auf. Die meisten von ihnen sind jugendliche Facharbeiter, die sich beruflich weiterbilden wollen oder durch den höheren Lohn angezogen werden. In der Regel bleiben sie drei Jahre. Die vorgesehene Steigerung der Zahl der ungarischen Gastarbeiter wird jedoch kaum zu erreichen sein. Ungarn konnte bereits in der Vergangenheit aufgrund eigener Arbeitsmarktprobleme die vorgesehenen Kontingente kaum ausschöpfen.

Nur knapp 0,5 v. H. aller Erwerbstätigen in der DDR sind Gastarbeiter und tragen deshalb zur Entlastung der angespannten Arbeitskräftesituation bisher kaum bei. Nach offiziellen Verlautbarungen sollen AA. trotzdem nicht in größerem Umfang eingesetzt werden.

Ähnlich, wenn auch nicht in vergleichbarem Umfang wie in der Bundesrepublik Deutschland, wurden auch in der DDR Spannungen zwischen einheimischen und AA. beobachtet, die soziale, mentalitätsbedingte u. a. Ursachen haben mögen.

Arbeitskräftelenkung: → **Arbeitsrecht; Fluktuation.**

Arbeitskreis zur Pflege der deutschen Sprache und Kultur: → **Gesellschaft „Neue Heimat".**

Arbeitslosenversicherung: Bei unverschuldetem Verlust des Arbeitsplatzes und Bedürftigkeit wird – vom 8. Tag der → **Arbeitslosigkeit** an – aufgrund der VO über die Pflichtversicherung gegen Arbeitslosigkeit vom 28. 1. 1947 Arbeitslosenunterstützung („Unterstützung bei vorübergehendem unverschuldetem Verlust des Arbeitsplatzes") gezahlt. Diese Leistung, Bestandteil der als Einheitsversicherung konzipierten Sozialversicherung der Arbeiter und Angestellten (Träger und

Beschäftigte[1] nach sozio-ökonomischen Gruppen

| | Jahresdurchschnitt in 1 000 Personen | | | | Anteile in v. H. der Beschäftigten | | | |
	1960	1965	1970	1973[2]	1960	1965	1970	1973[2]
Arbeitnehmer	6 945	7 045	7 425	7 800	81,1	83,0	85,2	88,2
Genossenschaftsmitglieder	845	1 070	1 010	820	9,9	12,6	11,6	9,3
LPG-Mitglieder[3]	710	875	760	680	8,3	10,3	8,7	7,7
PGH-Mitglieder	135	195	250	140	1,6	2,3	2,9	1,6
Selbständige	440	260	210	175	5,1	3,1	2,4	2,0
Mithelfende Familienangehörige	330	110	70	50	3,8	1,3	0,8	0,6
Beschäftigte insgesamt	8 560	8 485	8 715	8 845	100,0	100,0	100,0	100,0

1 Einschließlich der nicht von der amtlichen Statistik ausgewiesenen Beschäftigten sowie Lehrlinge.

2 Vorläufige Angaben.

3 Einschließlich Mitglieder von gärtnerischen Produktionsgenossenschaften und Produktionsgenossenschaften werktätiger Fischer.

Quellen: Statistische Jahrbücher der DDR 1960/1961 bis 1973; Statistisches Taschenbuch der DDR 1974; Ergebnisse der Volks- und Berufszählung am 31. 12. 1964. Hrsg.: Staatliche Zentralverwaltung für Statistik, 1967. Berechnungen und z. T. Schätzungen des DIW, Berlin.

Leistungsstelle: Verwaltung der Sozialversicherung beim Bundesvorstand des → **FDGB**), ist angesichts des schon seit fast zwei Jahrzehnten immer sichtbarer werdenden Arbeitskräftemangels in der DDR nahezu bedeutungslos geworden. Sie tritt nur noch kurzfristig beim Wechsel eines Arbeitsplatzes in Erscheinung und fördert wegen der außerordentlich niedrigen Unterstützungssätze (täglich 1,20 bis 2 Mark, zuzüglich eines Zuschlags für Familienangehörige von 0,35 Mark bei einem Mietzuschuß von monatlich 18 Mark; für Ost-Berlin gelten höhere Sätze) die rasche Arbeitsaufnahme. Aufgrund des Rundschreibens vom 3. 12. 1954 erhalten alle leistungsberechtigten Arbeitslosen'(versichert sind alle gegen Entgelt Beschäftigten, die in den letzten 12 Monaten vor Beginn der Arbeitslosigkeit für 26 Wochen Beiträge zur Sozialversicherung gezahlt haben) eine Zusatzunterstützung aus Mitteln der → **Sozialfürsorge** bis zur Gesamthöhe der Fürsorgesätze. → **Sozialversicherungs- und Versorgungswesen.**

Arbeitslosigkeit: Seit 1955 gibt es in der DDR keine A. → **Arbeitskräfte; Arbeitslosenversicherung.**

Arbeitsmarkt: Seit Mitte 1966 gibt es in begrenztem Umfang wieder einen A., d. h. Stellen, bei denen Nachfrage und Angebot von → **Arbeitskräften** sich öffentlich treffen. In der Presse werden wieder Stellenangebote von Betrieben und Stellengesuche von Arbeitnehmern in Form von Anzeigen veröffentlicht. Die Betriebe werben um Arbeitskräfte – wie in westlichen Ländern – durch Hinweise auf günstige Arbeitsbedingungen, und Arbeitnehmer in ungekündigter Stellung suchen günstigere Arbeitsplätze. Die öffentliche Werbung von Arbeitskräften durch Betriebe ist allerdings in der Regel nach wie vor genehmigungspflichtig und nur in begründeten Ausnahmefällen zulässig. Der Zeitraum für die Durchführung der Werbung ist im Prinzip auf maximal sechs Monate befristet.

Arbeitsmethoden, Neue: → **Sozialistischer Wettbewerb; Arbeitsproduktivität.**

Arbeitsmoral, Sozialistische: → **Moral, Sozialistische; Sozialistisches Bewußtsein.**

Arbeitsnormung: Die A. ist Bestandteil der **Wissenschaftlichen** → **Arbeitsorganisation** und erfolgt in der Endphase jeder Maßnahme der sozialistischen → **Rationalisierung**. Inhalt der A. ist die Bestimmung des notwendigen Zeitaufwandes für die Durchführung exakt abgegrenzter Arbeitsgänge auf der Grundlage der erforderlichen Qualifikation der Werktätigen und unter Berücksichtigung technischer, technologischer und arbeitsorganisatorischer Bedingungen. Aus dem Zusammenhang der wissenschaftlichen Arbeitsorganisation wird die Erarbeitung von Arbeitsnormen und anderen Kennziffern des Arbeitsprozesses als die logische Weiterführung des → **Arbeitsstudiums** und der → **Arbeitsgestaltung** verstanden; der durch das Arbeitsstudium analysierte und durch die Arbeitsgestaltung festgelegte Arbeitsprozeß wird damit der → **Arbeitsklassi-**

fizierung und -normung unterworfen mit dem Ziel, Grundlagen für die Planung und den rationellen Einsatz der lebendigen Arbeit zu schaffen sowie für die Entlohnung nach der Arbeitsleistung auf der Basis der staatlichen Lohnpolitik zu sorgen.

Grundsätzlich gilt das Prinzip „Neue Technik – neue Normen". Im Prozeß der A. werden verschiedene Formen von Arbeitsnormen angewendet, die sich nach Art, Qualität und Umfang unterscheiden, die aber alle dem Ziel dienen, den notwendigen Gesamtaufwand an lebendiger Arbeit für die Erzeugung von Produkten und Leistungen in quantitativer und qualitativer Hinsicht zu ermitteln und festzulegen.

1. Die inhaltliche Unterteilung der Arbeitsnormen ergibt drei Arten:
a) die Anforderungsnormen,
b) die Arbeitszeitnormen,
c) die Besetzungsnormen.

Die *Anforderungsnormen* legen die sich aus der Arbeitsaufgabe ergebenden Anforderungen an die Qualifikation und Verantwortung sowie die Anforderungen an die physische und psychische Beanspruchung der Arbeitskraft fest. Anforderungsnormen sollen für alle Tätigkeiten ausgearbeitet werden.

Arbeitszeitnormen bestimmen den notwendigen Zeitaufwand an lebendiger Arbeit je Erzeugniseinheit. Arbeitszeitnormen finden vor allem in den Arbeitsprozessen Anwendung, bei denen zwischen Arbeitszeitaufwand und mengenmäßigem Arbeitsergebnis ein feststellbarer proportionaler Zusammenhang besteht.

Liegt zwischen Arbeitszeitaufwand und mengenmäßigem Arbeitsergebnis kein proportionaler Zusammenhang vor, kommen die *Besetzungsnormen* zur Anwendung. Diese bestimmen die notwendige Anzahl und Qualifikation (möglicherweise auch das Geschlecht) der Arbeitskräfte je Arbeitsstätte bzw. Arbeitsprozeß pro Zeiteinheit.

2. Bei der Gliederung der Arbeitsnormen nach ihrer Qualität werden zwei Formen unterschieden:
a) wissenschaftlich bzw. *Technisch begründete Arbeitsnormen* (TAN)
b) nicht wissenschaftlich begründete Arbeitsnormen, früher als *Vorläufige Arbeitsnormen* (VAN) bezeichnet.

Das Kriterium für die qualitative Differenzierung der Arbeitsnormen wird sowohl in der Anwendung bzw. Nichtanwendung der wissenschaftlichen Methoden des Arbeitsstudiums und der Arbeitsgestaltung als auch dem erzielten Ergebnis bei Anwendung der Arbeitsnormen in einem bestimmten Zeitraum gesehen.

Trotz größter Bemühungen, die wissenschaftliche A. in den Betrieben der DDR als zentrale Maßnahme der sozialistischen Rationalisierung durchzusetzen, bemängeln selbst die Arbeitsökonomen der DDR die immer noch mangelhafte Nutzung der A. als Instrument der Leitungstätigkeit und die geringe Einbeziehung der A. in das Plangeschehen. Zwar sieht die Planmethodik für die Ausarbeitung des Volkswirtschaftsplanes 1974 die Einbeziehung der Kennziffern „Arbeitszeit nach TAN" und „Arbeitszeit nach Zeitnormativen" in die ökonomischen Planinformationen vor, es fehlt aber an wesentlichen Voraussetzungen zur Durchführung dieser Aufgaben. Um diese Voraussetzungen herzustellen, sind die Betriebe aufgefordert:

a) für die Ausbildung von Arbeitsnormern auf der Grundlage zentral ausgearbeiteter Ausbildungsunterlagen zu sorgen. Vor allem qualifizierte Kader aus der unmittelbaren Produktion (Facharbeiter) sollen zur Qualifizierung zu Arbeitsnormern gewonnen werden,

b) die Kontinuität der Produktions- und Arbeitsprozesse sowie die Sicherung einer hohen Arbeitsdisziplin durch Anwendung der wissenschaftlichen Arbeitsorganisation zu gewährleisten,

c) die Arbeit auf technologischem Gebiet zu verstärken, um die Einheit von wissenschaftlicher Begründung und Erfüllung der Arbeitsnormen zu sichern bzw. herzustellen.

3. Die Unterscheidung der Arbeitsnormen nach ihrem Umfang ergibt:

a) Einzelnormen als Normen der technologisch erforderlichen Arbeitszeit in der Regel für einen Arbeitsgang,

b) *Komplexnormen* als Normen der technologisch erforderlichen Arbeitszeit für mehrere zum Arbeitsauftrag des Arbeiters oder des Arbeitskollektivs gehörende Arbeitsgänge.

4. Die Arbeitswissenschaftler der DDR nehmen teilweise eine noch weitergehende Unterteilung der Arbeitsnormen vor: Sie gliedern nach dem Geltungsbereich der Normen (innerbetriebliche und überbetriebliche Arbeitsnormen) und nach den Bestandteilen der Arbeitsnorm (Arbeitscharakteristik und Kennzahlen des Aufwandes an lebendiger Arbeit, angegeben in Zeiteinheit oder der Anzahl der Arbeitskräfte bestimmter Qualifikation und bestimmten Geschlechts). In diesem Fall bestimmt die Arbeitscharakteristik die Bedingungen, unter denen die jeweilige Kennzahl gilt.

Die entscheidenden Rechtsgrundlagen für die Anwendung und Durchführung der A. im Zusammenhang mit dem Arbeitsstudium und der Arbeitsgestaltung sind in den Beschlüssen des Ministerrates der DDR über die „Grundrichtung des Arbeitsstudiums, der Arbeitsgestaltung und der Arbeitsnormung als Bestandteil der komplexen sozialistischen Rationalisierung" vom 2. 2. 1967 (GBl. II, 1967, Nr. 18) und über die „Grundsätze zur wirksamen Einbeziehung des Arbeitsstudiums, der Arbeitsgestaltung und der Arbeitsnormung in das System der wissenschaftlichen Führungstätigkeit" vom 6. 11. 1968 festgelegt.

Arbeitsökonomik/Arbeitsökonomie: Die A. ist Teil der marxistisch-leninistischen → **Wirtschaftswissenschaften** und Disziplin der sozialistischen Arbeitswissenschaften. Gegenstand der A. sind die „ökonomischen Gesetzmäßigkeiten" auf dem Gebiet der Arbeit in der gesellschaftlichen, volkswirtschaftlichen und betrieblichen Praxis im Zusammenhang mit der Weiterentwicklung der Produktivkräfte und des Charakters der Arbeit.

Die A. untersucht, inwieweit sich wirtschaftliche Gesetzmäßigkeiten im System der Leitung und Planung ausnutzen lassen und welche Bedeutung sie für die Organisation des Arbeitsprozesses haben. Die A. soll ferner Maßnahmen und Methoden zur rationellen Entwicklung und Nutzung des gesellschaftlichen Arbeitsvermögens im Zusammenhang mit der Durchsetzung des wissenschaftlich-technischen Fortschritts vorbereiten, bzw. erarbeiten.

Folgende Schwerpunkte wurden der arbeitsökonomischen Forschung zugewiesen:

1. Untersuchung der Wirkungsweise und der Erfordernisse des „ökonomischen Gesetzes" der „stetigen Steigerung der Arbeitsproduktivität".

2. Untersuchung der wirtschaftlichen Aspekte des → **Arbeitsstudiums**, der → **Arbeitsgestaltung** und der → **Arbeitsnormung**.

3. Untersuchung der Arbeitskräfteentwicklung einschließlich der bildungsökonomischen Voraussetzungen.

4. Untersuchung der Organisation wirksamer Formen der persönlichen „materiellen Interessiertheit" unter Einbeziehung der Masseninitiative der Werktätigen.

5. Untersuchung der Leitung, Planung und Entlohnung der Arbeit unter Berücksichtigung der Prinzipien der sozialistischen Wirtschaftspolitik.

Die A. bemüht sich um die Verallgemeinerung der Erfahrungen bei der Verteilung und Lenkung des gesellschaftlichen Arbeitsvermögens. Ihre Erkenntnisse finden auf betrieblicher Ebene vor allem im Bereich der **Wissenschaftlichen** → **Arbeitsorganisation** (WAO) Anwendung. → **Sozialistischer Wettbewerb.**

Arbeitsorganisation, Wissenschaftliche (WAO)

Definition – WAO als Arbeitswissenschaft – Maßnahmen zur Durchsetzung der WAO

I. Definition

In der DDR wird WAO heute wie folgt definiert: „Wissenschaftliche Arbeitsorganisation (WAO) ist die Gestaltung des Zusammenwirkens der Werktätigen mit ihren Arbeitsmitteln und ihren Arbeitsgegenständen, ihrer Beziehungen untereinander im Arbeitsprozeß sowie der Umweltbedingungen entsprechend den neuesten wissenschaftlichen Erkenntnissen. Sie hat das Ziel, solche Bedingungen für die Tätigkeit der Werktätigen zu schaffen, die ihnen hohe Leistungen ermöglichen sowie ihre allseitige körperliche und geistige Entwicklung fördern . . ."

II. Entwicklung der WAO

Bereits in seiner im Frühjahr 1918 erschienenen Schrift „Die nächsten Aufgaben der Sowjetmacht" verweist Lenin auf die Notwendigkeit der Steigerung der → **Arbeitsproduktivität** durch eine grundsätzliche Verbesserung der Arbeitsorganisation unter Ausnutzung des neuesten Standes von Wissenschaft und Technik. Dieser Forderung entspricht in ihren Grundzügen die Interpretation der WAO, wie sie auf der zweiten Allunionskonferenz zur wissenschaftlichen Arbeitsorganisation im März 1924 gegeben wurde. WAO wurde damals bestimmt als „Prozeß der Einführung der durch Wissenschaft und Praxis erzielten Vervollkommnung zur Erhöhung der allgemeinen Arbeitsproduktivität in die vorhandene Arbeitsorganisation".

Bis Anfang der 30er Jahre findet die WAO in der UdSSR große Bedeutung. Die Diskussion bewegte sich vor allem um die Frage der Anwendbarkeit des Taylor-Systems unter den Bedingungen der Sowjetunion.

Einen nahezu vollständigen Zusammenbruch erleiden die Bemühungen um die WAO Mitte der 30er Jahre. Gesellschaftliche Organisationen, die sich mit Problemen der WAO befaßten, wurden aufgelöst, wissenschaftliche Forschungseinrichtungen (so z. B. das Zentralinstitut für Arbeit) geschlossen, Fachzeitschriften mußten ihr Erscheinen einstellen.

Neben objektiven Ursachen, der Herstellung und Wiederherstellung der industriellen Basis des Landes sind es vor allem subjektive Faktoren, die die Beseitigung der WAO in der UdSSR auslösen: Stalin glaubte, auf ein wissenschaftliches Herangehen an die Probleme der Arbeitsorganisation verzichten zu können, zumal die dogmatische Verneinung der Möglichkeit der Ausnutzung der Erfahrungen kapitalistischer Länder im Bereich der WAO eine unüberwindliche ideologische Barriere darstellte.

Erst Ende der 50er Jahre gewinnt die WAO in der UdSSR wieder an Bedeutung. Die Beseitigung einer Reihe ideologischer Hemmnisse der Stalin-Ära auf dem XX. Parteitag der KPdSU (1956) ermöglichte die sachliche Auseinandersetzung mit den Problemen der Arbeitsorganisation, zumal die wissenschaftlich-technische Entwicklung nach neuen Formen der Rationalisierung und Organisation des Arbeitsprozesses drängte.

Seit der „Allunionskonferenz zur Arbeitsorganisation in Industrie und Bauwesen", die im Juni 1967 in Moskau stattfand, existiert eine für alle Mitgliedsstaaten des Rates für Gegenseitige Wirtschaftshilfe verbindliche Definition für die „Wissenschaftliche Arbeitsorganisation" in Gestalt einer Empfehlung. In den Verlautbarungen der Allunionskonferenz heißt es: „Unter den gegenwärtigen Bedingungen ist eine solche Arbeitsorganisation als wissenschaftlich anzusehen, die auf den Errungenschaften der Wissenschaft und der systematisch in die Produktion überführten fortgeschrittenen Erfahrungen beruht, die es gestattet, Technik und Menschen im einheitlichen Produktionsprozeß bestmöglich miteinander zu vereinigen, die die effektivste Ausnutzung der Material- und Arbeitsressourcen sowie die allmähli-

che Verwandlung der Arbeit in das erste Lebensbedürfnis fördert."

Eine prinzipielle Abgrenzung zwischen Arbeitsorganisation einerseits und wissenschaftlicher Arbeitsorganisation andererseits läßt sich – im Selbstverständnis der Arbeitswissenschaftler der DDR – aus der Praxis der sozialistischen Wirtschaftsführung nicht herleiten, da sich der Unterschied zwischen beiden Begriffen „vor allem aus der Methode aus dem Herangehen an die Lösung ein und derselben Probleme, aus dem Grad der wissenschaftlichen Begründung der konkreten Lösungen" ergibt.

III. WAO als angewandte Arbeitswissenschaft

Mit den gegebenen Definitionen ist bereits die Aufgabenstellung der WAO umrissen. Sie ist auf die Ziele und Aufgaben der sozialistischen → **Rationalisierung** ausgerichtet und umfaßt vier Hauptaspekte:
die Steigerung der Arbeitsproduktivität (Senkung des Aufwandes an lebendiger Arbeit bei gleicher oder steigender Produktmenge pro Zeiteinheit);
die Senkung des Aufwandes an vergegenständlichter Arbeit (Materialeinsparung);
die Verbesserung der Arbeitsbedingungen;
die allseitige Entwicklung sozialistischer Persönlichkeiten und der Arbeitskollektive.

Die wissenschaftliche Organisation des Arbeitsprozesses, das Zusammenwirken der Werktätigen mit Arbeitsmitteln und Arbeitsgegenständen unter bestimmten Umweltbedingungen, ihre wechselseitigen Beziehungen im Arbeitsprozeß, setzen umfassende Kenntnisse über das körperliche und geistige Arbeitsvermögen der Menschen unter den spezifischen Bedingungen verschiedenartiger Arbeitsprozesse voraus. Diese Kenntnisse werden durch die Arbeitswissenschaften bereitgestellt: Arbeitsingenieurwesen, Arbeitshygiene, Arbeitsmedizin, Arbeitsphysiologie, Arbeitspsychologie, Arbeitssoziologie, Arbeitsökonomik, Arbeitspädagogik etc.

Die Umsetzung und Verwirklichung arbeitswissenschaftlicher Erkenntnisse in die Praxis ist die Grundlage der WAO. Somit versteht sich WAO auch als angewandte Arbeitswissenschaft. Diesen Zusammenhang aufgreifend definieren die Arbeitswissenschaftler der DDR die WAO wie folgt: „WAO als das wichtigste Anwendungsgebiet arbeitswissenschaftlicher Erkenntnisse ist die Gesamtheit der für einen bestimmten Arbeitsprozeß entwickelten Regelungen, die ein optimales Zusammenwirken der Menschen mit Arbeitsmitteln und Arbeitsgegenständen sowie die Realisierung entsprechender Maßnahmen bei der Vorbereitung künftiger und der Rationalisierung bestehender Arbeitsprozesse ermöglicht undd stimuliert. Es vereinigt in sich das → **Arbeitsstudium**, die → **Arbeitsgestaltung**, die → **Arbeitsnormung**, die → **Arbeitsklassifizierung** und die Gestaltung produktionsfördernder → **Lohnformen**."

IV. Entwicklung der Arbeitswissenschaften und Maßnahmen zur Durchsetzung der WAO in der DDR

Die Entwicklung der Arbeitswissenschaften und der WAO in der DDR steht in engem Zusammenhang mit der politischen und ökonomischen Entwicklung. Ähnlich wie in der UdSSR gibt es auch in der DDR bis Mitte der 50er Jahre kaum Bemühungen um eine WAO. Auch danach (bis Anfang der 60er Jahre), nach dem Beginn der Umstellung von vorwiegend extensiver zur intensiven Reproduktion, beläßt das wesentlich auf Mengenkennziffern ausgerichtete Planungssystem beginnende arbeitswissenschaftliche Untersuchungen im Bereich ihrer „Mutterwissenschaften". Ansätze einer Integration einzelner Disziplinen der Arbeitswissenschaften sind noch kaum vorhanden. Bis 1963 sind es vor allem → **Arbeitsökonomik** und Arbeitsmedizin, seit Anfang der 60er Jahre auch Arbeitspsychologie, die als Einzeldisziplinen der Arbeitswissenschaften in der DDR Forschungsergebnisse vorlegen.

Im Bereich der Arbeitsökonomik (einer traditionellen Disziplin der marxistisch-leninistischen → **Wirtschaftswissenschaft**) wurden allerdings Grundlagen für die Bestimmung von Faktoren und Kennziffern zur Messung und Steigerung der Arbeitsproduktivität gelegt. Vor allem auf dem Gebiet der → **Arbeitsnormung**, der Festlegung von Prinzipien und Methoden der Organisation des → **Sozialistischen Wettbewerbs**, der Neuererbewegung und der Entlohnung nach der Arbeitsleistung konnte die Forschung vorangetrieben werden.

Die Arbeitsmedizin, als Einheit von Arbeitsphysiologie, → **Arbeitshygiene** und Arbeitspathologie verstanden, bemühte sich um arbeitshygienische Normen und – im Zusammenhang mit dem Arbeitsschutz – um Richtlinien für Maßnahmen im Bereich des Betriebsgesundheitswesens.

Institutionell fanden diese Ansätze ihren Niederschlag in der Gründung des Zentralinstituts für Arbeitsökonomik und Arbeitsschutz in Dresden. 1965 fand eine Teilung dieses Instituts in das Zentrale Forschungsinstitut für Arbeit (ZFA) und das Zentralinstitut für Arbeitsschutz (ZIAS) statt. Daneben wurde das Deutsche Institut für Arbeitsmedizin in Berlin-Lichtenberg gegründet. Zahlreiche Schriftenreihen wie „Fragen der Arbeitsökonomik" (seit 1954), „Arbeitsschutz" (seit 1956) und Zeitschriften wie „Arbeitsökonomik und Arbeitsschutz" (seit 1957; 1963 in „Arbeit und Arbeitsrecht" umbenannt), „Arbeitsschutz und Sozialversicherung" (seit 1965) sorgten für die Verbreitung arbeitswissenschaftlicher Erkenntnisse in der DDR.

Die wirtschaftliche Entwicklung des Jahres 1963 steht im Zeichen der Einführung des „Neuen Ökonomischen Systems der Planung und Leitung" („NÖSPL", Kurzform „NÖS"). Die mit der Reform einsetzende, durch die Einführung wertmäßig orientierter Plankennziffern charakterisierte stärkere Ökonomisierung des Planungssystems, die zunehmende Bedeutung von Aufwand-Nutzen-Kalkülen in der wirtschaftlichen Rechnungsführung und nicht zuletzt die zunehmende Knappheit der Arbeitskraft zwangen zur „Intensivierung der Reproduktion" und „Rationalisierung der Arbeitsprozesse". Diese Faktoren wurden in ihrer Bedeutung für die Arbeitsorganisation auf der gemeinsamen Konferenz des ZK der SED und des Ministerrates der DDR über „Sozialistische Rationalisierung und Standardisierung" erst im Juni 1966 diskutiert und in die Reformpraxis eingeordnet. Auf dieser in Leipzig abgehaltenen Konferenz wurde als Grundlage der Analyse des Arbeitsprozesses die „Einheit von Ökonomie, Technik und Organisation" herausgestellt.

Im Ergebnis dieser Konferenz erfolgte der Beschluß des Ministerrates der DDR über die „Grundrichtung des Arbeitsstudiums, der Arbeitsgestaltung und der Arbeitsnormung als Bestandteil der komplexen sozialistischen Rationalisierung" (GBl. II, Nr. 18, vom 2. 3. 1967).

Die vom VII. Parteitag der SED (April 1967) vorgenommene Einschätzung, daß die sozialistischen Produktionsverhältnisse gesiegt und der Sozialismus sich nunmehr auf seiner eigenen ökonomischen Basis entwickle, wurde programmatisch in die Forderung umgesetzt, das entwickelte gesellschaftliche System des Sozialismus im Zusammenhang mit der Meisterung der Aufgaben auf wissenschaftlich-technischem Gebiet „proportional und allseitig" zu gestalten. Ulbricht erhob das umfassende Studium aller Bedingungen der Arbeit zur „entscheidende(n) Grundlage für qualitative Veränderungen in der Produktion und für die hohe Steigerung der Produktivität." Die Feststellung des VII. Parteitages, daß die besten Produktionsergebnisse dort erzielt worden seien, wo die fortgeschrittensten Erkenntnisse der technischen, ökonomischen und arbeitswissenschaftlichen Disziplinen zusammenhängend für die Praxis nutzbar gemacht wurden, führte zu der Forderung nach stärkerer Kooperation und Integration der arbeitswissenschaftlichen Einzeldisziplinen.

Die Folge war zunächst die Publikation einiger arbeitswissenschaftlicher Lehrbriefreihen mit dem Ziel besserer Schulung des Führungspersonals, der „leitenden Kader". U. a. erschienen: „Arbeitsstudium, Arbeitsgestaltung, Arbeitsnormung" (1967/68 insgesamt 33 Hefte), „Arbeitsschutz" (1968/69 insgesamt 20 Hefte), „Arbeitshygiene, Arbeitsphysiologie, Arbeitspsychologie" (1970/71 insgesamt 22 Hefte). Aus der großen Reihe weiterer Publikationen sei die Zeitschrift „Sozialistische Arbeitswissenschaft" erwähnt, die 1969 aus der Zeitschrift „Arbeitsökonomik" hervorging.

Zwei Maßnahmen bildeten den vorläufigen Abschluß der Konstituierung einer angewandten Arbeitswissenschaft in der DDR:

1. Als ergänzende Maßnahme zum „Beschluß über die Grundrichtung des Arbeitsstudiums . . ." sind die von einem Autorenkollektiv der Abteilung Arbeitsstudium des Staatlichen Amtes für Arbeit und Löhne beim Ministerrat und der Abteilung Arbeitsstudium, Arbeitsgestaltung, Arbeitsnormung des Zentralen Forschungsinstituts für Arbeit formulierten „Grundsätze zur wirksamen Einbeziehung des Arbeitsstudiums, der Arbeitsgestaltung und der Arbeitsnormung in das System der wissenschaftlichen Führungstätigkeit" vom 6. 11. 1968 zu verstehen.

2. Im Januar 1971 wurde in Dresden gemeinsam vom Bundesvorstand des FDGB und dem Zentralen Forschungsinstitut für Arbeit beim → **Staatlichen Amt für Arbeit und Löhne** beim Ministerrat der DDR eine arbeitswissenschaftliche Konferenz abgehalten.

Ausgehend von der besonderen gesellschaftlichen Rolle und Bedeutung der Anwendung der Arbeitswissenschaften im Rahmen der WAO wird nunmehr die Gesamtheit der praktischen Regelungen und Maßnahmen, die sich auf das Zusammenwirken der verschiedenen Faktoren des Arbeitsprozesses beziehen und somit Arbeitsstudium, Arbeitsgestaltung, Arbeitsklassifizierung, Arbeitsnormung, die Stimulierung und das Arbeitseinkommen der Werktätigen umfaßt, als WAO definiert.

Diese Entwicklung wurde auf dem VIII. Parteitag der SED (Juni 1971) im wesentlichen bestätigt. In der Direktive für die Entwicklung der Volkswirtschaft der DDR 1971–1975 wird die WAO explizit als Bestandteil der sozialistischen Rationalisierung aufgeführt.

Als weitergehende Maßnahme ist die Forderung des VIII. Parteitages zu verstehen, die folgenden Maßnahmen zu verbindlichen Leitungsaufgaben zu erklären:

Die „Methoden zur Gestaltung der wissenschaftlichen Arbeitsorganisation" in Verbindung mit der Verwirklichung der Grundsätze der sozialistischen Betriebswirtschaft breiter anzuwenden,

„durch wissenschaftliche Organisation der Arbeit, durch sorgfältige Arbeitsstudien und rationelle Arbeitsgestaltung beste Voraussetzungen für hohe Arbeitsleistungen" zu schaffen,

bei der Entwicklung und Herstellung von Produktionsmitteln „verstärkt arbeitswissenschaftliche Erkenntnisse zu berücksichtigen und dadurch von vornherein gute Arbeitsbedingungen und eine hohe Arbeitsschutzgüte zu gewährleisten".

Um die Durchsetzung der Maßnahmen der WAO in den Betrieben zu beschleunigen und deren Integration in den Betriebsplan zu sichern, wurde im April 1973 die „Anordnung über die Planung von Maßnahmen der WAO in den volkseigenen Betrieben und Kombinaten" erlassen. (GBl., Sonderdruck Nr. 754 vom 1. 6. 1973).

Dennoch scheinen sich die Maßnahmen der WAO bis heute nicht reibungslos in die betriebliche Praxis einordnen zu lassen. Dies gilt sowohl hinsichtlich der Integration der WAO in den betrieblichen Plan allgemein, als auch im Hinblick auf eindeutige Kontrollierbarkeit und Abrechenbarkeit der Ergebnisse einzelner Maßnahmen der WAO.

So stellte das Zentrale Forschungsinstitut für Arbeit in einer Zwischenbilanz zur WAO in der betrieblichen Praxis fest, daß zwar zahlreiche Betriebe „im Interesse einer systematischen und planmäßigen Intensivierung der Reproduktionsprozesse auch Maßnahmen der wissenschaftlichen Arbeitsorganisation in ihre Pläne" aufnahmen, andere Betriebe „hingegen die Möglichkeiten der WAO nicht oder nicht ausreichend" nutzten. Viele dieser Betriebe „beschränkten sich auf sporadische Aktivitäten, die dazu noch neben oder außerhalb des Betriebsplanes standen".

Arbeitsproduktivität: Meßziffer für die Ergiebigkeit der menschlichen Arbeit (Leistung pro Beschäftigten und je Arbeitsstunde). In der volkswirtschaftlichen Gesamtrechnung ist A. der Produktionswert je Beschäftigten. Der Wirkungsgrad der menschlichen Arbeit hängt von der Leistungsfähigkeit der verwendeten technischen Ausrüstungen (Kapitalaufwand), der Qualifikation der Beschäftigten (Ausbildung, Fertigkeit, Erfahrung) und der Organisation der Arbeitsprozesse ab. In marxistischer Terminologie bezeichnet A. den „Wirkungsgrad zweckmäßiger produktiver Tätigkeit im gegebenen Zeitraum" (K. Marx, Das Kapital, Bd. I, London 1867), also den Nutzeffekt der „konkreten, gebrauchswertschaffenden" Arbeit.

Der Begriff A. wird in der DDR als das Maß für den allgemeinen wirtschaftlichen Fortschritt angesehen, als dessen alleiniger Ausgangspunkt die menschliche Arbeit angenommen wird. Ihre Bedeutung überragt daher die aller anderen Meß- und Kennziffern. In der Planung

wird sie allerdings als eine von mehreren gleichrangigen Planungskennziffern behandelt. Sie mißt als einheitliche, betriebliche Kennziffer gegenwärtig a) die „Warenproduktion zu konstanten Preisen" und in einer Reihe von Fällen b) die „Eigenleistung" (betriebliche Wertschöpfung), jeweils bezogen auf Arbeiter und Angestellte sowie Produktionsarbeiter. Daneben bestehen betriebs- und branchenspezifische Plankennziffern, die unterschiedlichen Berechnungsmethoden folgen (z. B. Zeitsummenmethode, Naturalmethode, Leistung je Arbeitskraft und Arbeitsstunde).

Methodenprobleme bei der Analyse und statistischen Erfassung aller die A. beeinflussenden Faktoren zählten bisher zu den permanenten wirtschaftswissenschaftlichen Forschungsthemen in der DDR. So werden von der Kennziffer A. z. B. Materialeinsparungen – neben qualitativen Faktoren – nicht als Leistungsverbesserungen berücksichtig, da in der Kennziffer Warenproduktion auch Vorleistungen erfaßt werden. Das hat zur Folge, daß Betriebe zu Sortimenten mit hohem Materialeinsatz tendieren (Rudimente der „Tonnenideologie").

Die marxistische Theorie in der DDR betont die Bedeutung der A.-Steigerung als „Dreh- und Angelpunkt" für die wirtschaftliche und politische Stabilisierung – auch und besonders im Zusammenhang der Ost-West-Auseinandersetzung. Nach Lenin wird der Sozialismus eine „neue, weit höhere" A. schaffen: „Die Arbeitsproduktivität ist in letzter Instanz das Allerwichtigste, das Ausschlaggebende für den Sieg der neuen Gesellschaftsordnung" (in: Die große Initiative, Moskau 1919).

Die A. in der Gesamtwirtschaft stieg von 1960 bis 1973, gemessen am produzierten Nationaleinkommen je Beschäftigten (einschl. Lehrlinge), von 10 469 auf 18 861 Mark an. Da es sich hierbei um die übliche Bruttorechnung handelt, die in jedem Betrieb Vorleistungen von Zulieferbetrieben einbezieht, ist die Steigerung überhöht ausgewiesen. Die Erhöhung verlief auch nicht gleichmäßig; eine Schwächeperiode stellten die Jahre 1960 bis 1963 dar. Vergleiche der Struktur und Entwicklung der A. der → **Industrie** der DDR und der Bundesrepublik Deutschland ergaben einen Niveauunterschied von über 30 v. H. für das Jahr 1968: Die Industrie der DDR erzielte 68,4 v. H. der A. in der Bundesrepublik. (Vgl. Tabelle „Industrielle Arbeitsproduktivität in der DDR und der Bundesrepublik Deutschland".) Auch in der Landwirtschaft bestand ein beträchtlicher Niveaurückstand für die DDR (39 v. H.). Nach Berechnungen für den Zeitraum 1960–1971 wurde diese Lücke inzwischen nicht geschlossen, so daß der Abstand zur

Bundesrepublik Deutschland nach wie vor in der Industrie ca. 30 v. H. und in der Landwirtschaft ca. 40 v. H. beträgt. In der DDR und der Bundesrepublik Deutschland wurden nahezu gleiche Zuwachsraten erzielt (vgl. Tabelle „Struktur und Entwicklung der Arbeitsproduktivität in der DDR und der Bundesrepublik Deutschland"). Die höchsten DDR-Zuwachsraten im Jahres-

Struktur und Entwicklung der Arbeitsproduktivität[1] in der DDR und der Bundesrepublik Deutschland

Bereiche	Struktur 1971 in v. H.		Jahresdurchschnittliche Zuwachsraten in v. H.		
			1971 : 1960		1971 : 1966
	DDR	BRD	DDR	BRD	DDR
Industrie[2]	123	108	5,0	4,6	5,5
Baugewerbe	85	87	3,6	4,0	2,4
Landwirtschaft	69	39	2,7	5,5	2,4
Verkehr	60	98	3,7	4,3	3,8
Handel[3]	97	106	4,7	2,7	6,0
produzierende Bereiche insgesamt	100	100	4,4	4,6	4,8

1 Gemessen am Nettoprodukt in jeweiliger Währung (Preise von 1967) je Beschäftigten.
2 Einschließlich produzierendes Handwerk.
3 DDR: Nur Binnenhandel, einschließlich Gaststättengewerbe.

Quelle: Statistische Jahrbücher der DDR und der Bundesrepublik Deutschland; Berechnungen des DIW, Berlin; Materialien zum Bericht zur Lage der Nation, Bonn 1974, S. 366.

Industrielle Arbeitsproduktivität in der DDR und in der Bundesrepublik Deutschland (1960 und 1968)

Industriezweig	Arbeitsproduktivität 1968 in DM		Zuwachs 1960 bis 1968 in v. H.		DDR in v. H. der BRD	
	DDR	BRD	DDR	BRD	1960	1968
Grundstoffindustrien	51 660	81 020	51,8	77,9	63,8	74,8
Energie	99 720	134 100	48,4	65,1	74,4	82,8
Bergbau	43 410	42 550	28,7	66,5	102,0	131,9
Metallurgie	33 100	69 950	32,3	37,7	47,3	49,2
Chemie	61 280	99 100	70,4	89,7	61,8	68,8
Baumaterialien	33 960	54 580	63,7	57,1	62,2	59,7
Metallverarbeitende Industrien	26 170	40 310	63,5	27,4	64,9	50,6
Elektrotechnik	33 180	39 110	69,7	46,3	84,8	73,1
Schiffbau	24 520	40 810	49,2	44,0	60,1	58,0
Sonstige metallverarbeitende Industrie	23 990	40 750	61,1	21,3	58,9	44,3
Leichtindustrien	27 880	40 900	56,0	46,2	68,2	63,9
Holz- und Kulturwaren	31 740	43 540	74,1	50,2	72,9	62,9
Textilien	23 320	44 500	56,7	58,9	52,4	53,1
Bekleidung, Näherzeugnisse	31 200	33 620	47,2	32,0	92,8	83,2
Leder-, Schuh- und Pelzwaren	16 960	34 410	49,6	31,4	49,3	43,3
Zellstoff und Papier	46 440	55 980	50,5	46,8	83,0	80,9
Polygraphische Industrie	49 040	37 390	44,7	31,9	131,2	119,6
Glas und Keramik	17 540	33 190	54,2	56,0	52,6	53,2
Nahrungs- und Genußmittelindustrie	90 120	113 870	41,7	39,9	79,1	78,2
Industrie insgesamt	39 460	56 200	52,5	48,4	66,6	68,4

1 Gemessen am Bruttoproduktionsvolumen je Beschäftigten.

Quelle: Statistisches Bundesamt; Statistische Jahrbücher der DDR; Berechnungen des DIW, Berlin; Bericht der Bundesregierung und Materialien zum Bericht zur Lage der Nation, Bonn 1971, S. 324.

durchschnitt erzielte die Industrie (5 v. H.), die gering-sten die Bereiche Landwirtschaft (2,7 v. H.) und Ver-kehr (3,7 v. H.). → **Arbeitsrecht; Rationalisierung; Au-tomatisierung; Wissenschaftlich-technische Revolution.**

Arbeitspsychologie: Arbeits- und sozialpsychologi-sche sowie arbeitssoziologische Fragestellungen und Begriffe werden in der DDR im Rahmen der Arbeits-wissenschaften häufig kombiniert. Dies gilt vor allem für die Erforschung der Verhaltensweisen und -formen des arbeitenden Menschen im Betrieb. Dabei wird → **Ar-beit**, wie schon bei Marx, als bewußte, auf die Beher-rschung der Natur und Gesellschaft gerichtete Tätigkeit des Menschen begriffen. Der der A. somit zugrunde lie-gende marxistische Arbeitsbegriff weist noch auf eine zweite Fragestellung hin: die Einsicht in das „Wesen" der menschlichen Arbeitstätigkeit zu vertiefen. Im we-sentlichen konzentriert sich die A. jedoch auf die Unter-suchung der Leistung des einzelnen am Arbeitsplatz, auf die Arbeitsmethoden, das Arbeitstempo und die Ar-beitsintensität. Jedoch auch die Einstellung zur Arbeit („Arbeitsfreude") und die Arbeitsmotivationen werden mit Hilfe der A. analysiert. Die Ergebnisse der arbeits-psychologischen Untersuchungen werden unter ande-rem dazu verwandt, die Arbeitsproduktivität des einzel-nen und der Arbeitsgruppen zu steigern.

Neuere Zweige der → **Psychologie**, vor allem die Inge-nieurpsychologie und die kybernetische Psychologie, sind von den Fragestellungen der A. beeinflußt worden und haben diese ihrerseits beeinflußt. Wie die Inge-nieurpsychologie nimmt auch die A. die wechselseitige Anpassung von Mensch und Maschine im mechanisier-ten und automatisierten Arbeitsprozeß an.

Hier ist ferner der programmierte Unterricht zu erwäh-nen: Durch die Kombination der pädagogischen und der algorithmentheoretischen Erfassung psychologischer Strukturen und Prozesse sollen die Voraussetzungen für einen wirkungsvollen „Lerneffekt" geschaffen werden. Schließlich sollen gerade arbeitspsychologische Prozes-se mit Hilfe kybernetischer Psychologie exakter erfaßt werden.

Zentren der arbeits- und sozialpsychologischen For-schung in der DDR sind gegenwärtig die Karl-Marx-Universität Leipzig und die Technische Universität Dresden.

Arbeitsrecht

Quellen – Grundsätze – Arbeitsvertrag – Grundsätze der Lohngestaltung – Berufsausbildung und Qualifi-zierung – Arbeitszeit – Erholungsurlaub – Gesund-heits- und Arbeitsschutz – Disziplinarische und mate-rielle Verantwortlichkeit – betriebliche Sozialpolitik – Arbeitskräftelenkung

Unter A. wird die Gesamtheit der Rechtsnormen verstanden, welche die Arbeitsverhältnisse der Ar-beiter, → **Angestellten** und Angehörigen der → **In-telligenz** (→ **Werktätige** im Sinne des A.) regeln. Es ist ein Teil des einheitlichen sozialistischen Rechts-systems der DDR.

I. Die Quellen des Arbeitsrechts

Das grundlegende arbeitsrechtliche Gesetzeswerk ist das Gesetzbuch der Arbeit (GBA) der Deutschen Demokratischen Republik vom 12. 4. 1961 (GBl. I, S. 27), das bis jetzt durch sechs weitere Gesetze vom 17. 4. 1963 (GBl. I, S. 63), 23. 11. 1966 (GBl. I, S. 127), 26. 5. 1967 (GBl. I, S. 89), 12. 1. 1968 (GBl. I, S. 97), 11. 6. 1968 (GBl. I, S. 229) und 28. 1. 1974 (GBl. I, S. 45) ergänzt oder geändert wurde. Das GBA gilt für alle Werktätigen in den volkseigenen Betrieben, in den staatlichen Organen und Einrich-tungen, also für die Mitarbeiter der Staatsorgane (die Staatsbediensteten), für die Werktätigen in den gesellschaftlichen Organisationen, worunter auch die politischen Parteien zu verstehen sind, für die Heimarbeiter sowie grundsätzlich für alle Werktäti-gen in den Betrieben mit staatlicher Beteiligung, Pri-vatbetrieben einschließlich der Handwerksbetriebe und privaten anderen Einrichtungen und für Ar-beitsrechtsverhältnisse zwischen Bürgern über per-sönliche Dienstleistungen (z. B. im Haushalt). Auch ausländische Werktätige, die mit einem Betrieb in der DDR ein Arbeitsrechtsverhältnis haben, fallen unter seine Geltung, soweit zwischenstaatliche Ver-einbarungen nichts anderes vorsehen. Das GBA ent-hält im wesentlichen nur Grundsatzbestimmungen, stellt also keine Gesamtkodifikation dar. Zu seiner Ergänzung und Konkretisierung bestehen zahlreiche arbeitsrechtliche Bestimmungen in Gestalt von Ver-ordnungen des Ministerrates und Anordnungen anderer staatlicher Dienststellen. Arbeitsrechtliche Bestimmungen enthalten auch die Rahmenkollek-tivverträge, die zwischen den zentralen Organen des Staatsapparates, den Räten der Bezirke, den VVB oder den zentralen Organen sozialistischer Genos-senschaften einerseits und dem Bundesvorstand des FDGB, den Zentralvorständen der Industriege-werkschaften und Gewerkschaften oder den Be-zirksvorständen des FDGB andererseits abgeschlos-sen werden können und auf der Grundlage der ge-setzlichen Bestimmungen die besonderen Arbeits-und Lohnbedingungen für Bereiche der Volkswirt-schaft, für Personengruppen oder für bestimmte Ge-biete enthalten; ferner enthalten derartige Bestim-mungen auch die Betriebskollektivverträge, die zwi-schen den Betriebsleitern und den Betriebsgewerk-schaftsleitungen abgeschlossen werden, sowie die betrieblichen Arbeitsordnungen, die vom Betriebs-leiter auszuarbeiten und im Einvernehmen mit der Betriebsgewerkschaftsleitung in Kraft zu setzen sind.

II. Die Grundsätze des sozialistischen Arbeitsrechts

Das erste Kapitel des GBA enthält die Grundsätze des sozialistischen A. Danach sind in der DDR die politische Macht der Arbeiterklasse im Bündnis mit den Genossenschaftsbauern, der Intelligenz und den anderen Schichten der Werktätigen, das sozialistische Eigentum an den Produktionsmitteln und die sozialistische Planwirtschaft die Grundlage für die rechtliche Regelung der Arbeitsverhältnisse. Die Elemente und Prinzipien, welche die Struktur des Herrschaftsverhältnisses in der DDR bestimmen, bilden also auch die Basis des A. Als Aufgabe des A. wird es bezeichnet, der einheitlichen Lösung der Aufgaben, die sich aus dem umfassenden Aufbau des Sozialismus ergeben, zu dienen. Dabei soll es die Durchführung der → **Wissenschaftlich-technischen Revolution**, insbesondere die komplexe sozialistische Rationalisierung fördern. Durch die Verwirklichung des Grundsatzes der Einheit von zentraler Planung und Leitung und bewußter schöpferischer Tätigkeit jedes Werktätigen und seiner Mitwirkung an der Leitung von Staat und Wirtschaft soll ferner das A. der Durchführung des Volkswirtschaftsplanes dienen. Es soll helfen, dessen Aufgabe mit höchstem Nutzeffekt und größtem Zeitgewinn für die Gesellschaft durchzuführen. Das A. soll ferner dazu beitragen, den Reproduktionsprozeß so zu gestalten, daß ein maximaler Zuwachs an Nationaleinkommen erreicht und seine zweckmäßige Verwendung im Interesse der gesellschaftlichen Entwicklung und der Befriedigung der ständig wachsenden Bedürfnisse aller Mitglieder der Gesellschaft gesichert wird. Das A. soll also vor allem die Entwicklung fördern. Daneben hat es aber auch Schutzcharakter insofern, als es die Grundrechte der Werktätigen auf dem Gebiete der Arbeit sichern soll. Insbesondere soll es das in Art. 24 Abs. 2 der Verfassung verbürgte Recht auf Arbeit verwirklichen, wobei freilich zu beachten ist, daß das Recht auf Arbeit und die Pflicht zur Arbeit als Einheit angesehen werden.

Gegenstand des zweiten Kapitels ist die → **Betriebsverfassung** (→ **Mitbestimmungs-, Mitgestaltungs-, Mitwirkungsrechte**).

III. Der Arbeitsvertrag

In den nächsten fünf Kapiteln werden vor allem die Fragen geregelt, die das Einzelarbeitsrechtsverhältnis betreffen. Dessen Grundlage ist der Arbeitsvertrag, durch den der Werktätige entsprechend den gesetzlichen und kollektivvertraglichen Bestimmungen einen Arbeitsplatz erhält. Der Betrieb ist verpflichtet, Arbeitsverträge schriftlich abzuschließen. Grundsätzlich läuft der Arbeitsvertrag auf unbestimmte Zeit. Befristete Arbeitsverträge bis zur Dauer von 6 Monaten sind zulässig.

Das GBA und die auf seiner Grundlage erlassenen arbeitsrechtlichen Bestimmungen einschließlich des Kollektivvertragsrechtes sind bis auf wenige Ausnahmen zwingendes Recht. Sie legen also im allgemeinen nicht nur Mindestbestimmungen fest. Gesetzlich geregelt sind nicht nur der Abschluß und die Auflösung des Arbeitsvertrages, sondern auch die Grundsätze der Lohngestaltung, die Festlegung eines Mindestlohnes (→ **Lohnpolitik**), das Recht der Berufsausbildung und Qualifizierung, das Arbeitszeitrecht und das Urlaubsrecht. Somit sind viele Arbeitsbedingungen, die in der Bundesrepublik Deutschland Gegenstand kollektivvertraglicher Vereinbarungen (arbeitsrechtliche Mantelbestimmungen) sind, in der DDR gesetzlich geregelt.

Der freien Vereinbarung im Arbeitsvertrag sind deshalb im wesentlichen lediglich der Arbeitsort, die Arbeitsaufgabe und der Beginn der Arbeit überlassen. Zusätzliche Vereinbarungen können nur getroffen werden über a) eine Teilbeschäftigung, b) die zeitliche Begrenzung eines Arbeitsvertrages, c) besondere Kündigungsfristen und -termine, d) Heimarbeit, e) die Übernahme einer besonderen materiellen Verantwortlichkeit, f) eine Werk- oder Dienstwohnung. Alles übrige folgt aus den gesetzlichen Bestimmungen ohne die Möglichkeit einer abweichenden Regelung, auch nicht zugunsten des Werktätigen. Das gilt insbesondere auch für den Lohn, der sich aus der Festlegung der Arbeitsaufgabe ergibt, die im → **Rahmenkollektivvertrag** des betreffenden Wirtschaftszweiges in eine Lohngruppe eingruppiert ist.

IV. Die Übertragung einer anderen Arbeit

Aufgrund des Arbeitsvertrages untersteht der Werktätige dem Weisungsrecht des Betriebsleiters und seiner Beauftragten. Das Weisungsrecht geht so weit, daß dem Werktätigen für die Dauer eines Monats im Kalenderjahr auch ohne sein Einverständnis eine andere Arbeit im Betrieb (einschließlich eines anderen Betriebsteils am selben Ort) oder in einem anderen Betrieb am selben Ort übertragen werden kann, wenn das zur Erfüllung wichtiger betrieblicher bzw. volkswirtschaftlicher Aufgaben erforderlich ist. Wenn ein Werktätiger infolge Betriebsstörungen oder Warte- und Stillstandszeiten daran gehindert ist, in seinem Arbeitsbereich zu arbeiten, so darf ihm ohne zeitliche Beschränkung eine andere Arbeit im Betrieb übertragen werden. Ist dies nicht möglich, so kann ihm eine andere Arbeit auch in einem anderen Betrieb am selben Ort übertragen werden. Die Übertragung einer anderen Arbeit im Betrieb, die länger als 14 Tage ununterbrochen ausgeführt werden soll, bedarf stets der Zustimmung der zuständigen BGL. Soll die Arbeit in einem anderen Betrieb am selben Ort geleistet werden, ist die Zustimmung der zuständigen betrieblichen Gewerkschaftsleitung in jedem Fall erforderlich. Für bestimmte Gruppen von Werktätigen (z. B. in staatlichen Organen, im Verkehrswesen oder bei der Deutschen Post) können in gesetzlichen Bestimmungen und Rahmenkollektivverträgen abweichende Regelungen festgelegt werden.

V. Die Beendigung des Arbeitsvertrages

Die Auflösung eines Arbeitsvertrages soll grundsätzlich zwischen dem Betrieb und dem Werktätigen vereinbart werden. Nur wenn ein Aufhebungsvertrag nicht zustande kommt, soll gekündigt werden. Die Kündigung durch den Betrieb setzt voraus, daß die Übernahme einer anderen Arbeit im Betrieb nicht vereinbart werden kann. Der Betrieb darf kündigen, wenn es infolge Änderungen in der Produktion, der Struktur und des Stellen- oder Arbeitskräfteplanes (→ **Arbeitskräfte**) notwendig ist, der Beschäftigte für die vereinbarte Arbeit nicht geeignet ist oder Mängel eines Arbeitsvertrages nicht beseitigt werden können (solche Mängel machen also einen Arbeitsvertrag nicht nichtig oder unwirksam). Die Kündigungsfrist beträgt mindestens 14 Tage. Im Arbeitsvertrag können Kündigungsfristen bis zu 3 Monaten und besondere Kündigungstermine vereinbart werden. Die Kündigung bedarf der Schriftform. Die Gründe der Kündigung müssen angegeben werden. Jede Kündigung durch den Betrieb bedarf der Zustimmung der zuständigen betrieblichen Gewerkschaftsleitung.

Der Betrieb kann mit Zustimmung der betrieblichen Gewerkschaftsleitung fristlos entlassen bei „schwerwiegender Verletzung der staatsbürgerlichen Pflichten oder der sozialistischen Arbeitsdisziplin". Eine fristlose Kündigung durch den Werktätigen ist nicht zulässig.

Zur Kündigung und fristlosen Entlassung von anerkannten Verfolgten des Naziregimes (→ **VVN**), Schwerbeschädigten, Tuberkulosekranken und -rekonvaleszenten ist die vorherige schriftliche Zustimmung des Rates des Kreises erforderlich. Die Kündigungsfrist beträgt hier mindestens einen Monat. Besonderen Kündigungsschutz genießen werdende Mütter und Mütter nach der Niederkunft (→ **Mutterschutz**).

VI. Die Grundsätze der Lohngestaltung

Der Arbeitslohn wird nach der Arbeitsleistung festgesetzt. Prämien werden zusätzlich zum Lohn für die Erreichung besonderer wirtschaftlicher Ergebnisse des Betriebes sowie für hervorragende Einzelleistungen gewährt (Erfüllungsprämien, z. B. die Jahresendprämie, Anerkennungsprämien). Im Bergbau, bei der → **Deutschen Post** und der → **Deutschen Reichsbahn** werden für langjährige ununterbrochene Zugehörigkeit zu einem Betrieb Treueprämien gezahlt. Die Steigerung der → **Arbeitsproduktivität** und die Erhöhung des Nutzeffektes der Arbeit sind die Voraussetzungen für die Entwicklung von Lohn und Prämie. Es gilt das Recht auf gleichen Lohn für gleiche Arbeitsleistung unabhängig von Alter, Geschlecht, Nationalität, Rasse und Religion. Die Lohnform ist abhängig von der Art der Arbeit, der Technologie, der Produktions- und Arbeitsorganisation sowie von den aufgeschlüsselten Planaufgaben zu gestalten. Sie muß die Werktätigen an einem besonderen Nutzeffekt der Arbeit und der ständigen Steigerung der Arbeitsproduktivität interessieren. Bestmögliche Beziehungen zwischen Planerfüllung, Leistung und Lohnentwicklung sind herzustellen. Die → **Lohnformen** (Stücklohn, Zeitlohn, Prämienstücklohn, Prämienzeitlohn) sind vom Betriebsleiter in Kraft zu setzen, wozu es der Zustimmung der zuständigen betrieblichen Gewerkschaftsleitung bedarf. Für Tätigkeiten, bei denen sich die Leistung technisch exakt nicht messen läßt, kann in → **Rahmenkollektivverträgen** die Gewährung von Leistungszuschlägen für überdurchschnittliche Leistungen vorgesehen werden. Der Lohn ist nach der Qualität des Arbeitsergebnisses zu differenzieren. So wird bei schuldhaft (fahrlässig oder vorsätzlich) verursachter Ausschußproduktion für die auf dem Arbeitsauftrag verwandte Arbeitszeit kein Lohn gezahlt. Bei schuldhaft verursachter Qualitätsminderung ist der Lohn nach dem Grad der Brauchbarkeit oder nach Qualitätsstufen so zu differenzieren, daß jede Möglichkeit entfällt, durch Steigerung der Produktionsmenge auf Kosten der Qualität einen materiellen Vorteil zu erlangen. Garantiert werden in derartigen Fällen lediglich 50 v. H. des monatlichen Durchschnittsverdienstes, mindestens jedoch der monatliche Tariflohn der Lohngruppe 1. Seit dem 1. 3. 1971 beträgt der monatliche Mindestlohn 350 Mark (VO vom 3. 3. 1971, GBl. II, S. 81).

VII. Die Erschwerniszuschläge

Für die Zeit betriebsbedingter Arbeitserschwernisse, die nicht im Tariflohn oder durch die Eingruppierung in die Lohn- und Gehaltsgruppen berücksichtigt sind, werden Erschwerniszuschläge gezahlt. Deren Höhe wird in den Rahmenkollektivverträgen festgelegt. Die Erschwerniszuschläge sollen nicht mehr in prozentualen Zuschlägen zum Lohn, sondern als feste Beträge gewährt werden.

VIII. Die Lohnzahlung

Die Lohnabrechnungsperiode beträgt grundsätzlich einen Kalendermonat. Die Lohnzahlungsperioden sind in den betrieblichen Arbeitsordnungen festzulegen. Der Lohn ist grundsätzlich während der Arbeitszeit auszuzahlen.

IX. Die Verjährung der Lohnansprüche

Die Verjährungsfrist für Ansprüche auf Lohn und ähnliche Zahlungen sowie für Rückzahlungsansprüche der Betriebe beträgt zwei Jahre, soweit in gesetzlichen Bestimmungen keine andere Frist festgelegt ist. Sie beginnt mit Ablauf des Jahres, in dem der Anspruch entstanden ist.

X. Die Berufsausbildung und Qualifizierung

Die umfassende Berufsausbildung und Qualifizierung der Werktätigen werden vom GBA zum Bestandteil des → **Einheitlichen sozialistischen Bildungssystems** in der DDR erklärt und sollen der allseitigen Entwicklung der sozialistischen Menschen dienen.

XI. Die Arbeitszeit

Die Dauer der Arbeitszeit wird durch den Staat entsprechend dem erreichten Stand der Arbeitsproduktivität in Übereinstimmung mit den gesellschaftlichen und persönlichen Interessen der Werktätigen festgelegt. Nach dem GBA soll das im Volkswirtschaftsplan geschehen. Tatsächlich bestehen jedoch gesetzliche Bestimmungen, die über ein Planjahr hinaus Geltung haben. Die Verkürzung der Arbeitszeit wird von der Steigerung der Arbeitsproduktivität abhängig gemacht. Die Regelarbeitszeit von ursprünglich 8 Stunden täglich wurde 1957 in den volkseigenen Betrieben sowie im Verkehrs- und Nachrichtenwesen auf 45 Stunden wöchentlich verkürzt. Seit dem 1. 4. 1966 galt die wöchentliche Arbeitszeit von 45 Stunden für alle Werktätigen und für Schichtarbeiter die wöchentliche Arbeitszeit von 44 Stunden.

Mit Wirkung vom 28. 8. 1967 wurde die allgemeine Arbeitszeit von wöchentlich 45 Stunden auf 43 $\frac{3}{4}$ Stunden und die Arbeitszeit für Werktätige, die ständig im 3-Schicht- oder durchgehenden Schichtsystem arbeiten, von wöchentlich 44 Stunden auf 42 Stunden verkürzt.

Die wöchentliche Arbeitszeit ist auf die Arbeitstage Montag bis Freitag verteilt. Für die im 3-Schicht- oder durchgehenden Schichtsystem arbeitenden Werktätigen muß im Prinzip die gleiche zusammenhängende arbeitsfreie Zeit wie für die anderen Werktätigen gesichert werden. Für Werktätige, deren tägliche Arbeitszeit nicht auf einheitlich 8 $\frac{3}{4}$ Stunden festgelegt oder denen der arbeitsfreie Sonnabend nicht gewährt werden kann, weil sie für die Versorgung und Betreuung der Bevölkerung verantwortlich sind, ist der arbeitsfreie Tag an einem anderen Werktag der Woche zu gewähren, der nicht mit dem Sonntag zusammenhängen muß. Einzelheiten werden in den Rahmenkollektivverträgen geregelt. Abweichende Regelungen können auch für Werktätige in den Bereichen getroffen werden, in denen aufgrund der Besonderheiten der Produktion oder der Arbeit bzw. der Vegetationsperiode nicht in jeder Woche der arbeitsfreie Sonnabend gewährt werden kann, insbesondere also in der Landwirtschaft. Der Unterricht in Schulen und Hochschulen bleibt auf 6 Wochentage verteilt.

Gleichzeitig mit der Arbeitszeitverkürzung des Jahres 1967 wurde die Zahl der gesetzlichen Feiertage vermindert. Die Verkürzung der Arbeitszeit erfolgte bei gleicher Leistung ohne Lohnminderung. Verkürzte Arbeitszeiten gelten für besonders festgelegte schwere oder gesundheitsschädigende Arbeiten.

Ab 1. 7. 1972 wurde die 40-Stunden-Arbeitswoche für alle vollbeschäftigten werktätigen Mütter, zu deren eigenem Haushalt 3 oder mehr Kinder bis zu 16 Jahren gehören oder die im 2-, 3- oder durchgehenden Schichtsystem arbeiten und zu deren eigenem Haushalt 2 Kinder bis zu 16 Jahren gehören, eingeführt. Die 40-Stunden-Arbeitswoche gilt auch für werktätige Mütter, die infolge schwerer oder gesundheitsgefährdender Arbeit verkürzt arbeiten, soweit nicht bereits eine wöchentliche Arbeitszeit unter 40 Stunden festgelegt ist. Auch diese Verkürzung der Arbeitszeit erfolgte ohne Lohnminderung.

XII. Überstunden-, Sonn- und Feiertags-, Nachtarbeit

Überstundenarbeit soll nur in Ausnahmefällen mit Zustimmung der zuständigen betrieblichen Gewerkschaftsleitung angeordnet werden. Für den einzelnen Werktätigen dürfen für zwei aufeinanderfolgende Tage nicht mehr als 4, jährlich nicht mehr als 120 Überstunden angeordnet werden. Ausgenommen sind Überstunden bei Notfällen. Für einzelne Bereiche werden in Kollektivverträgen andere Höchstgrenzen vereinbart. Überstundenarbeit soll grundsätzlich vermieden werden, weil sie die Produktion verteuert. Trotzdem ist sie nicht selten, insbesondere wenn es im letzten Quartal eines Jahres um die Planerfüllung geht. Ein Verbot für Überstunden besteht für Jugendliche, Schwangere und stillende Mütter. Mütter, die Kinder bis zu 6 Jahren oder andere pflegebedürftige Angehörige im Haushalt zu versorgen haben, dürfen Überstunden verweigern. Der Zuschlag für Überstundenarbeit beträgt 25 v. H. des Tarif-, also nicht des Effektivlohnes.

Sonn- und Feiertage sind Tage der Arbeitsruhe. Jedoch sind Arbeiten an Sonn- und Feiertagen dann zulässig, wenn es die Versorgung und Betreuung der Bevölkerung, der technologisch bedingte ununterbrochene Produktionsgang, die volle Ausnutzung hochleistungsfähiger Anlagen oder die Durchführung anderer volkswirtschaftlich besonders wichtiger Aufgaben verlangen. Für Sonntagsarbeit, die nicht im Arbeitszeitplan vorgesehen war, ist ein Zuschlag zum Lohn von 50 v. H. und für Arbeit an einem Feiertag ein Zuschlag von 100 v. H. des Tariflohnes zu zahlen. Für die durch Feiertage ausfallende Arbeitszeit erhalten die Werktätigen einen Ausgleich in Höhe des Zeitlohnes.

Für Nachtarbeit (Arbeit in der Zeit von 22 Uhr bis 6 Uhr) ist ein Zuschlag von 10 v. H. des Tariflohnes zu zahlen. Ist die Nachtarbeit dem Werktätigen nicht mindestens 48 Stunden vor Beginn angekündigt worden, beträgt der Zuschlag 50 v. H. des Tariflohnes. Wird eine Schichtprämie (von z. Z. 7 Mark) gezahlt, entfällt der Zuschlag für Nachtarbeit.

XIII. Freistellung von der Arbeit

Eine Freistellung von der Arbeit darf erfolgen:
a) zur Wahrnehmung staatlicher und gesellschaftlicher Funktionen, deren Ausübung außerhalb der Arbeitszeit nicht möglich ist,
b) zur Weiterbildung,
c) aus persönlichen Gründen (Eheschließung, Niederkunft der Ehefrau, Wohnungswechsel, Tod eines Familienangehörigen, Aufsuchen eines Arztes oder der Schwangeren- und Mütterberatungsstelle, sofern das nicht während der Arbeitszeit möglich ist).
Für die Dauer der Freistellung im Falle a) wird ein Ausgleich in Höhe des Durchschnittsverdienstes gezahlt, sofern der ausgefallene Arbeitslohn nicht anderweitig ersetzt wird, im Falle b) ein Ausgleich in gleicher Höhe bis zu 14 Tagen, sodann in Höhe des Tariflohnes, im Falle c) ein Ausgleich in Höhe des Tariflohnes.

XIV. Der Erholungsurlaub

Alle Werktätigen haben Anspruch auf einen bezahlten Erholungsurlaub. Zu unterscheiden sind der Grundurlaub, der Zusatzurlaub und der Mindesturlaub. Der Grundurlaub beträgt für jeden Werktätigen 12 Werktage im Jahr. Er ist die Grundlage für die Berechnung des Erholungsurlaubs. Zu ihm kommt ein arbeitsbedingter Zusatzurlaub für Werktätige, die überwiegend besonderen Arbeitserschwernissen oder Arbeitsbelastungen ausgesetzt sind oder eine besonders verantwortliche Tätigkeit ausüben.
Die Dauer des Zusatzurlaubes ist für die einzelnen Beschäftigtengruppen in Urlaubskatalogen festzulegen, die in die Rahmenkollektivverträge aufzunehmen sind. Auf ihrer Grundlage ist die Dauer des Zusatzurlaubes in einer jährlich zwischen der Betriebsleitung und den zuständigen betrieblichen Gewerkschaftsleitungen abzuschließenden Urlaubsvereinbarung zu bestimmen. Zur Festigung der Betriebsbelegschaften wird Zusatzurlaub entsprechend den Rahmenkollektivverträgen für langjährige Tätigkeit in bestimmten Berufen oder in volkswirtschaftlich besonders wichtigen Betrieben gewährt. Zusatzurlaub gibt es auch für Schwerbeschädigte, Tuberkulosekranke und -rekonvaleszenten und Blinde, der ab 1. 1. 1975 auch nach Erhöhung des Mindesturlaubs zusätzlich gewährt wird. Ein Sonderfall des arbeitsbedingten Zusatzurlaubs ist der klimabedingte Zusatzurlaub. Schließlich gibt es noch leistungsabhängigen Zusatzurlaub für Werktätige, die in führenden Zweigen der Volkswirtschaft vorbildliche Arbeitsleistungen vollbringen.
Der Mindesturlaub beträgt (ab. 1. 1. 1975) 18 Werktage (Montag bis Samstag), also nicht Arbeitstage, bzw. 21 Werktage für Werktätige, die im 3- und durchgehenden Schichtsystem arbeiten. Ihn erhält jeder Werktätige, auch wenn er nur Anspruch auf einen Grundurlaub von 12 Werktagen hat. Der jährliche Erholungsurlaub umfaßt also entweder den Mindesturlaub oder den Grundurlaub zuzüglich des Zusatzurlaubes, wenn diese zusammen mehr als 15 Tage betragen. Für vollbeschäftigte Mütter mit mehreren Kindern beträgt der Mindesturlaub 21 Werktage, wenn 3 oder mehr Kinder bis zu 16 Jahren zum eigenen Haushalt gehören, 24 Werktage, wenn diese Mütter im Mehrschichtsystem arbeiten, 18 Werktage, wenn 2 Kinder bis zu 16 Jahren zum eigenen Haushalt gehören und 21 Werktage, wenn diese Mütter im Mehrschichtsystem arbeiten. „Kämpfer gegen den Faschismus" und Verfolgte des Faschismus erhalten einen jährlichen Erholungsurlaub von 27 Werktagen. Ansprüche auf arbeitsbedingten Zusatzurlaub sind damit abgegolten.
Jugendliche im Alter bis zu 16 Jahren erhalten einen Grundurlaub von 21 Werktagen, im Alter von 16 bis 18 Jahren einen Grundurlaub von 18 Werktagen. Seit 1974 beträgt für alle Lehrlinge der jährliche Erholungsurlaub 24 Werktage.
Der Erholungsurlaub ist grundsätzlich innerhalb des Kalenderjahres zu gewähren und zu nehmen. Für ihn ist ein betrieblicher Urlaubsplan aufzustellen, der gewährleisten soll, daß der Erholungsurlaub der Werktätigen die planmäßige Erfüllung der betrieblichen Aufgaben nicht gefährdet, die Wünsche der Werktätigen weitgehend berücksichtigt werden und mindestens der Grundurlaub zusammenhängend gewährt wird. Im betrieblichen Urlaubsplan muß der Erholungsurlaub auf alle Monate des Jahres verteilt werden. Für die Zeit des Erholungsurlaubes erhält der Werktätige eine Urlaubsvergütung in Höhe des Durchschnittverdienstes.

XV. Der Gesundheits- und Arbeitsschutz

Das achte Kapitel des GBA enthält die grundsätzlichen Bestimmungen über den Gesundheits- und Arbeitsschutz sowie über die Sozialversicherung. Für den Gesundheits- und Arbeitsschutz werden die Betriebsleiter und die ihnen übergeordneten Organe verantwortlich gemacht. Sie haben dessen Erfordernisse in die Planung und Leitung, insbesondere der Produktion sowie der Forschung und Entwicklung, einzubeziehen. Die Kontrolle über den Gesundheitsschutz in den Betrieben wird von den Organen des staatlichen → **Gesundheitswesens**, die Kontrolle über den Arbeitsschutz durch die Arbeitsschutzinspektion des → **FDGB** ausgeübt.
Im einzelnen wird der Arbeitsschutz in der Arbeitsschutzverordnung vom 22. 9. 1962 (GBl. II, S. 703) und zahlreichen Arbeitsschutzanordnungen, die oft gleichzeitig Brandschutzanordnungen sind, geregelt. Insgesamt ist damit eine ausreichende gesetzliche Grundlage für den Arbeitsschutz vorhanden. Besondere Schutzbestimmungen gelten für Frauen (alle weiblichen Personen nach vollendetem 18. Lebensjahr) und für Jugendliche (alle männlichen und weiblichen Personen vom vollendeten 14. bis zum

vollendeten 18. Lebensjahr). Hier geht der Arbeitsschutz bis zum Verbot bestimmter Tätigkeiten. Werktätige, die eine körperlich schwere oder gesundheitsgefährdende Arbeit übernehmen sollen, sind vor der Aufnahme der Arbeit auf ihre gesundheitliche Eignung zu untersuchen und während dieser Arbeit regelmäßig gesundheitlich zu überwachen. Wird ärztlich festgestellt, daß ein Werktätiger für eine Arbeit gesundheitlich nicht mehr geeignet ist, so darf er mit dieser nicht weiter beschäftigt werden. Der Betrieb hat mit ihm eine andere Arbeit zu vereinbaren oder, falls das nicht möglich ist, ihm bei der Beschaffung eines anderen Arbeitsplatzes behilflich zu sein. Er hat Anspruch auf Schonarbeit, die ihm bis zur Dauer eines Monats übertragen werden kann. Arbeitsschutzkleidung und Arbeitsschutzmittel sind entsprechend den gesetzlichen Bestimmungen vom Betrieb kostenlos zur Verfügung zu stellen. Allgemein sind die Betriebe verpflichtet, dem Werktätigen bei Schädigung seiner Gesundheit durch Arbeitsunfall oder Berufskrankheit oder den Hinterbliebenen beim Tode des Werktätigen Unterstützung und Hilfe zu gewähren. Sie haben den Werktätigen, wenn er seine bisherige Tätigkeit nicht mehr ausüben kann, oder die Hinterbliebenen zu unterstützen, damit sie eine zumutbare Arbeit erhalten. Erleidet der Werktätige einen Arbeitsunfall oder eine Berufskrankheit, weil der Betrieb die ihm im Gesundheits- und Arbeitsschutz obliegende Pflicht nicht erfüllt hat, so hat er gegen den Betrieb einen Anspruch auf Ersatz des ihm durch die Beeinträchtigung seiner Gesundheit und des Arbeitsschutzes entstandenen Schadens. Unterhaltsberechtigte Hinterbliebene eines Werktätigen, die nicht in der Lage sind, den entsprechenden Lebensunterhalt selbst zu verdienen, haben Anspruch auf Zahlung einer Rente durch den Betrieb, wenn der Unterhaltsverpflichtete infolge eines Arbeitsunfalles oder einer Berufskrankheit den Tod erlitten hat, weil der Betrieb die ihm im Gesundheits- und Arbeitsschutz obliegenden Pflichten nicht erfüllt hat. Auf diese Ansprüche gegen den Betrieb werden die Leistungen der Sozialversicherung und die Leistungen aus der zusätzlichen Altersversorgung der Intelligenz angerechnet (→ **Sozialversicherungs- und Versorgungswesen**).

XVI. Die disziplinarische und die materielle Verantwortlichkeit

Das neunte Kapitel des GBA befaßt sich mit der sozialistischen Arbeitsdisziplin. Sie soll vor allem die gewissenhafte Erfüllung aller Arbeitsaufgaben zur Verwirklichung der Betriebspläne sichern und wird als die entscheidende Grundlage der sozialistischen Organisation der Arbeit bezeichnet. Zur Organisation der Arbeit und zur Festigung der Arbeitsmoral und -disziplin sind in den Betrieben auf der Grundlage gesetzlicher Bestimmungen Arbeitsordnungen zu schaffen. Hervorragende Arbeitsleistungen werden

durch → **Auszeichnungen** geehrt. Schuldhafte Arbeitspflichtverletzungen ziehen entweder disziplinarische Verantwortlichkeit oder materielle Verantwortlichkeit nach sich. Bei der disziplinarischen Verantwortlichkeit ist der Betriebsleiter Disziplinarherr. Er kann nach der Arbeitsordnung ein Disziplinarverfahren durchführen, das entweder mit einem Verweis, einem strengen Verweis oder einer fristlosen Entlassung endet. Er kann die Sache auch der Konfliktkommission (→ **Gesellschaftliche Gerichte**) übergeben, wenn er den Ausspruch einer erzieherischen Maßnahme durch diese für erforderlich hält. Im Disziplinarverfahren ist der Werktätige zu hören. Die Bestimmungen über die materielle Verantwortlichkeit des Werktätigen ersetzen die Bestimmungen über dessen Schadensersatzpflicht. Ein Werktätiger, der einen Schaden fahrlässig verursacht, ist für den sogenannten direkten Schaden materiell verantwortlich. Jedoch besteht eine Haftungsgrenze bis zum Betrag seines monatlichen Tariflohnes. Der direkte Schaden ist bis zum vollen Umfange zu ersetzen

a) bei Verlust von Werkzeugen, Schutzbekleidung oder anderen Gegenständen, die dem Werktätigen vom Betrieb zur alleinigen Benutzung gegen schriftliche Bestätigung übergeben wurden und für die er rechenschaftspflichtig ist,

b) bei Verlust von Geld oder Sachwerten, für die der Werktätige oder ein Kollektiv aufgrund seines Aufgabengebietes ständig die Verantwortung trägt und rechenschaftspflichtig ist, sofern das zwischen ihm und dem Betrieb schriftlich vereinbart wurde,

c) bei Schäden, die durch Straftaten, welche unter Alkoholeinfluß begangen wurden, entstanden sind. Ein Werktätiger, der einen Schaden vorsätzlich verursacht, ist für den gesamten Schaden voll materiell verantwortlich.

Auch der Betrieb kann materiell verantwortlich gemacht werden, wenn ein Werktätiger dadurch Schaden erleidet, daß Pflichten des Betriebes aus dem Arbeitsrechtsverhältnis schuldhaft nicht erfüllt wurden. Der Werktätige hat in einem derartigen Fall Anspruch auf Ersatz des Schadens gegenüber dem Betrieb.

XVII. Die betriebliche Sozialpolitik

Grundsätze für die kulturelle und sportliche Betätigung der Werktätigen und ihre soziale Betreuung durch den Betrieb enthält das zehnte Kapitel des GBA (→ **Kulturpolitik**; **Sport**).

Zur sozialen Betreuung verpflichtet das GBA den Betrieb, die Werktätigen im Betrieb und am Arbeitsplatz mit hochwertigen Speisen, Lebens- und Erfrischungsmitteln zu versorgen, zur Verbesserung der Wohnverhältnisse der Werktätigen beizutragen, Umkleideräume, Aufenthaltsräume und Waschanlagen bereitzustellen und zu unterhalten und für die von den Werktätigen im Zusammenhang mit der Arbeit in den Betrieben mitgebrachten Gegenstände ordentliche und sichere Aufbewahrungsmöglichkeiten zu schaffen. Die aus dem Betrieb ausgeschiedenen Arbeitsveteranen sollen in die kulturelle Betätigung und soziale Betreuung einbezogen werden. Zur Förderung der kulturellen und sportlichen Betätigung der Werktätigen und zu ihrer sozialen Betreuung ist in den Betrieben entsprechend den gesetzlichen Bestimmungen ein Kultur- und Sozialfonds zu bilden. Die Verwendung der Mittel ist im Betriebskollektivvertrag festzulegen.

Das elfte Kapitel enthält die Grundsatzbestimmungen zur Förderung der werktätigen Frau (→ **Frauen**), das zwölfte Kapitel die entsprechenden Bestimmungen über die Förderung der Jugend im Betrieb (→ **Jugend**).

Die Grundsätze und Organe zur Entscheidung von Arbeitsstreitigkeiten sind Gegenstand des dreizehnten Kapitels (→ **Gesellschaftliche Gerichte**; **Gerichtsverfassung**).

Der Erlaß eines neuen GBA, das der neueren Entwicklung Rechnung tragen, aber auch Mängeln des geltenden GBA, vor allem im Ausdruck und der Begriffsbildung abhelfen soll, ist angekündigt. Eine vorbereitende Kommission ist gebildet worden. Jedoch ist der Zeitpunkt des Erlasses noch unbestimmt.

XVIII. Arbeitskräftelenkung

Außerhalb des GBA und seiner Folgebestimmung ist die überbetriebliche Arbeitskräftelenkung geregelt. Rechtsgrundlage ist die VO zur Verbesserung der Arbeitskräftelenkung und Berufsberatung vom 28. 8. 1961 (GBl. II, S. 347). Die Arbeitskräftelenkung umfaßt die → **Berufsberatung**, administrative Methoden sowie ökonomische und moralische Anreize.

Verantwortlich für die Berufsberatung und die Verteilung der Arbeitskräfte in der Volkswirtschaft sind das → **Staatssekretariat für Arbeit und Löhne**, die Ämter für Arbeit (und Löhne), die als Fachorgane der Räte der Bezirke, der Kreise, der kreisfreien Städte und des Magistrats von Berlin (Ost) bestehen. Die Direktoren dieser Ämter sind einem Mitglied des Rates unterstellt. Die Ämter sind berechtigt, Einstellungsbeschränkungen, Auflagen zur Werbung und Freistellung von → **Arbeitskräften** sowie Auflagen zur Einstellung, Ausbildung oder Qualifizierung von Werktätigen an die Betriebe zu erteilen. Sie haben auch die öffentliche Werbung von Arbeitskräften zu genehmigen. Es besteht eine Tendenz dahin, die Arbeitskräfte überbetrieblich nicht so sehr mittels administrativer Methoden, sondern mittels ökonomischer und moralischer Stimuli zu lenken. Indessen ist ein Erfolg nicht zu verzeichnen.

Arbeitsrechtliche Mantelbestimmungen: → **Arbeitsrecht**.

Arbeitssanitätsinspektion: → **Arbeitshygiene**.

Arbeitsschutz: → **Arbeitsrecht**.

Arbeitsstil, Operativer: Dem → **Bürokratismus** bewußt entgegengesetzter Stil der Leitung und Verwaltung von Staat, Wirtschaft und gesellschaftlichen Organisationen, auch als „neuer Arbeitsstil" propagiert. Kriterien: enge Verbindung der leitenden Funktionäre mit der Praxis; Erstellung modellhafter Beispiele zur Lösung von Schwierigkeiten; Propagierung des „Erfahrungsaustausches" zwischen gleich oder ähnlich gelagerten Betrieben durch die Leitungsorgane, damit brauchbare, in der Praxis gewonnene Verfahren schnell Allgemeingut der Volkswirtschaft werden; Orientierung an dem Grundsatz, daß leitende Tätigkeit von Partei und Staat in erster Linie nicht „Verwaltung von Sachen" sondern „Arbeit mit den Menschen" ist. → **Wirtschaft**.

Arbeitsstudium: Das A. ist Bestandteil der Wissenschaftlichen → **Arbeitsorganisation** und eine Methode der sozialistischen → **Rationalisierung**. Ausgehend vom Beschluß des Ministerrats der DDR über die „Grundrichtung des Arbeitsstudiums, der Arbeitsgestaltung und der Arbeitsnormung als Bestandteil der komplexen sozialistischen Rationalisierung" (GBl. II, Nr. 18, vom 2. 3. 1967) wird unter A. eine Methode der systematischen Analyse des Zusammenwirkens von Arbeitskraft, Arbeitsmittel und Arbeitsgegenstand im Arbeitsprozeß verstanden. Ziel des A. ist die „Ermittlung empirischer Befunde über den gesamten (jeweils spezifischen) Arbeitsprozeß und seine Bedingungen. Hierbei sollen prognostische Vorstellungen über die Entwicklung der → **Produktivkräfte** berücksichtigt und exakte Angaben über ihr künftig notwendiges Niveau im untersuchten Bereich entwickelt werden. Daraus sind Schlußfolgerungen für die erforderliche Veränderung bzw. Neugestaltung der Arbeitsbedingungen entsprechend den Prinzipien der wissenschaftlichen Arbeitsorganisation und den Aufgabenstellungen der sozialistischen Rationalisierung abzuleiten" (Autorenkollektiv: Arbeitswissenschaften für Ingenieure, Berlin [Ost] 1973, S. 195). Untersuchungsgegenstand des A. sind Technologie und Organisation der Arbeitsprozesse, die Betriebsanlagen und -einrichtungen, die Arbeitsmethode, die Arbeitsteilung und Zusammenarbeit im Arbeitskollektiv. Spezifische Fragestellungen des A. ergeben sich aus der Analyse der Konstitution und Qualifikation der Arbeitskraft und der Beschaffenheit der Werkzeuge, Vorrichtungen und Maschinen im Hinblick auf deren Bedienungs- und Schutzgüte.

Für die betriebliche Praxis wird folgendes Vorgehen für die Durchführung einer Arbeitsstudie vorgeschlagen:
1. Festlegung des Untersuchungszieles und Ausarbeitung der Aufgabenstellung. Ausgehend von Voruntersuchungen sowie Auswertung vorhandener Analysen und statistischer Materialien werden die Ziele und Schwerpunkte der Arbeitsstudie bestimmt sowie deren

Aufgabenstellung erarbeitet. Aufwand und angestrebter ökonomischer Nutzen sollen bereits auf dieser Ebene der Studie festgelegt werden.

2. Vorbereitung der Arbeitsstudie. Auf der Grundlage der Aufgabenstellung soll in dieser Phase die Arbeitsstudie sowohl politisch-ideologisch als auch technisch-organisatorisch vorbereitet werden.

Die politisch-ideologische Arbeit soll die Werktätigen von Inhalt, Ziel und Bedeutung der Arbeitsstudie im Rahmen der komplexen sozialistischen Rationalisierung überzeugen und ihre Bereitschaft zur Mitarbeit wecken.

Im Rahmen der technisch-organisatorischen Vorbereitung wird die Ablaufplanung vorgenommen, werden die an der Arbeitsstudie Mitwirkenden eingewiesen und die erforderlichen Arbeitsmittel und -unterlagen beschafft. Als weitere vorbereitende Maßnahme wird die Teilnahme an den verschiedenen Formen der sozialistischen Gemeinschaftsarbeit für die Durchführung und Auswertung der Arbeitsstudie organisiert.

3. Durchführung der Arbeitsstudie. Erfassung des Ist-Zustandes mittels verschiedener Verfahren und Methoden. Nach Aufnahme des Ist-Zustandes erfolgt dessen Analyse in quantitativer und qualitativer Form.

Aus dem Vergleich der Ergebnisse mit bestehenden Normativen werden Lösungsvarianten entwickelt.

4. Erarbeitung eines Veränderungsprojektes. Auf der Basis der Ergebnisse der Analyse des Ist-Zustandes wird der anzustrebende Soll-Zustand des Arbeitsprozesses erarbeitet. Dieses sogenannte Veränderungsprojekt beinhaltet bereits die notwendigen Schlußfolgerungen zur rationellen Gestaltung des untersuchten Arbeitsprozesses. Diese werden dem zuständigen Leiter zur Entscheidung vorgelegt und nach dessen Zustimmung durch die → **Arbeitsgestaltung** realisiert.

Arbeitsteilung: → **Marxismus-Leninismus.**

Arbeitsteilung, Internationale: → **Rat für Gegenseitige Wirtschaftshilfe.**

Arbeits- und Forschungsgemeinschaft, Sozialistische: → **Forschung.**

Arbeitsunfälle: → **Unfälle.**

Arbeitsverpflichtung: A. gibt es in der DDR seit 1954 im Sinne einer Arbeitskräftelenkung durch die zuständigen Abteilungen der Räte der Kreise und Bezirke. Auch die → **Notstandsgesetzgebung** der DDR sieht A. im Falle des Verteidigungszustandes, bei Naturkatastrophen und sonstigen Notständen vor.

Das Gesetzbuch der Arbeit (§§ 24–29) regelt eine innerbetriebliche A. insofern, als für einen begrenzten Zeitraum einem Betriebsangehörigen auch gegen seinen Willen eine bestimmte Aufgabe übertragen werden kann. → **Arbeitskräfte; Fluktuation; Arbeitsrecht.**

Arbeitszeit: → **Arbeitsrecht.**

Architekten: In der DDR arbeiten die A. nahezu ausschließlich in den Planungs- und Projektierungsbüros der Gebietskörperschaften (Kreise, Städte, Bezirke) sowie der volkseigenen Betriebe und Baukombinate.

Durch die Dominanz der Fertigbauweise (es werden rund 95 v. H. aller Wohnungen industriell in Fertigbauweise erstellt) haben sich die Berufe des A. und des Bauingenieurs angenähert. Mit der Industrialisierung des Bauens sind nicht nur neue Berufe entstanden (z. B. Baumonteure), sondern das Berufsbild des A. hat sich grundlegend verändert. Hinzu kommt die geänderte Stellung des A. innerhalb des Bauprozesses. Das Berufsbild des A. hat sich deshalb in verschiedene Funktionen aufgeteilt: Wissenschaftler, Planungsfachmann, Projektierungsfachmann („Entwerfer"), Produktionsfachmann; daneben gibt es eine Reihe von Sonderaufgaben: Statiker, Bauphysiker und andere. Private A. arbeiten nur noch vereinzelt; sie arbeiten mit den Projektierungsbüros zusammen. Neue private A. werden nicht mehr zugelassen.

Fachverband der A., Bauingenieure und Architekturwissenschaftler ist der **Bund der Architekten der DDR** (BdA/DDR – am 30. 10. 1952 als Bund Deutscher Architekten/BDA gegründet). Der BdA/DDR ist seit 1955 Mitglied der Union Internationale des Architectes/UIA, seit 1961 als selbständige Sektion. Die Mitgliederzahl des BdA/DDR liegt bei rund 3 100. Er verleiht für besondere Leistungen auf dem Gebiet der Architektur die Schinkel-Medaille.

Die Aufgaben des BdA/DDR laut dem vom Minister für Bauwesen bestätigten Statut (GBl. II, 1962, Nr. 99) sind: Entwicklung der → **Architektur** in der DDR durch Fachdiskussionen über technische, ökonomische und ästhetische Fragen des Bauens; Förderung des wissenschaftlich-technischen Fortschritts im Bauwesen; Unterstützung der A.-Aus- und -Weiterbildung; Zusammenarbeit mit der → **Bauakademie der DDR** und mit anderen gesellschaftlichen Einrichtungen in Fragen des Bauwesens; Beratung staatlicher Stellen; Pflege internationaler Verbindungen; Ausschreibung von Wettbewerben u. a. Der BdA/DDR hat als Fachverband insgesamt die Aufgabe, die Ansichten von Partei- und Staatsführung der DDR, speziell des Ministeriums für Bauwesen und der Bauakademie, bei den A. zu propagieren und ihre Verwirklichung durchzusetzen.

Organisatorisch baut sich der BdA wie folgt auf: Betriebsgruppen (in volkseigenen Projektierungsbüros und Baukombinaten, staatlichen und wissenschaftlichen Einrichtungen mit mindestens 5 BdA-Mitgliedern), Kreisgruppen, Bezirksgruppen. Oberstes Organ des BdA/DDR ist der alle 4 Jahre stattfindende 2tägige Bundeskongreß; dieser wählt den Bundesvorstand, der seinerseits das Präsidium, den Präsidenten und die Vizepräsidenten wählt. Das Präsidium ist das zentrale leitende Organ des Fachverbandes. Die laufenden Geschäfte werden vom Bundessekretariat geführt. Der Präsident und/oder sein 1. Vizepräsident vertreten den Bund nach außen.

Im Auftrage des Bundesvorstandes arbeiten Zentrale Kommissionen und Zentrale Fachgruppen (bei Bedarf können diese auch auf Bezirksebene gebildet werden). Zentrale Kommissionen gibt es für Architektur und bildende Kunst (seit 1968 gemeinsam mit dem Verband der Bildenden Künstler [VBK/DDR]), Aus- und Weiterbildung, Internationale Arbeit, Projektierung, Presse, Wettbewerbe, Denkmalspflege. Zentrale Fachgruppen widmen sich dem Städtebau, Industriebau, den Wohn- und gesellschaftlichen Bauten, der Rekonstruktion, Gebiets-, Stadt- und Dorfplanung, Landschaftsarchitektur, dem ländlichen Bauen, der Gartenarchitektur, Innengestaltung (Veränderungen der ZFG und ZK erfolgen nach Bedarf). Die Kommissionen und Fachgruppen arbeiten in Fragen des Bauwesens mit anderen gesellschaftlichen Einrichtungen zusammen (z. B. MfB, MfK, BA/DDR, KdT, VBK/DDR, FDGB, KB, Urania).

Kongresse: 1951 – 1. Deutscher Architektenkongreß; 1. Bundeskongreß 1952 in Berlin, 2. Bundeskongreß 1955 in Berlin, 3. Bundeskongreß 1957 in Leipzig-Markkleeberg, 4. Bundeskongreß 1961 in Berlin, 5. Bundeskongreß 1966 in Halle, 6. Bundeskongreß 1971 in Berlin, 7. Bundeskongreß 1975.

Leitung: Präsident: Prof. Edmund Collein (seit 1966, Präsident von 1952–1966: Hanns Hopp); 1. Vizepräsident: Hans Gericke; Bundessekretär: Werner Wachtel; Chefredakteur der Verbandszeitschrift „Architektur der DDR" (ehemals: „Deutsche Architektur"): Gerhard Krenz (Vizepräsident).

Architektur

Theorie – Geschichte – Organisation – Ausbildungsstätten

I. Theorie

A. als das Ergebnis einer Tätigkeit, die sich mit der Gestaltung der räumlichen Umwelt befaßt, hat seit jeher einen ästhetischen (Baukunst) und ökonomischen (Bauwesen) Aspekt. Nach Auffassung der Theoretiker in der DDR sind durch die Veränderungen des gesellschaftlichen Systems seit 1945 zum ersten Male auf deutschem Boden die Voraussetzungen geschaffen worden, den Dualismus zwischen der künstlerischen und ökonomischen Seite des Bauens zu überwinden. Der Gegensatz von wenigen Kunstbauten und der Vielzahl kunstloser Bauten sei beseitigt und das Künstlerische zu einem durchgängigen Moment der Umweltgestaltung geworden, weil mit dem Marxismus-Leninismus die Möglichkeit besteht, die objektiven Funktionen und Wirkungen der A. für die gesellschaftliche Produktions- und Lebensweise zu erkennen.

Es liegen keine Untersuchungen darüber vor, inwieweit die aufgrund dieser Prinzipien gebaute A. tatsächlich milieu- und bewußtseinsprägend geworden ist. Jedoch zeigen die Auseinandersetzungen in der bisherigen Geschichte der A. der DDR um die Begriffe → **Formalismus** und → **Funktionalismus**, daß die jeweils konkret realisierte Verbindung von Ökonomie und Kunst nicht widerspruchsfrei war. So hat die Bekämpfung des Formalismus zugunsten des sozialistischen Realismus zu Qualitätsmängeln in der A. der DDR geführt, weil sich zeitweise eine durch die Ökonomie des industriellen Bauens forcierte Monotonie breitmachte. Die Gefahren einer verbalen Ablehnung des Funktionalismus bei gleichzeitiger Praktizierung eines mit Zweckmäßigkeit begründeten Schematismus sind seit längerem in der DDR bekannt. Die jüngere DDR-A. versucht mit z. T. neuen Konzepten (→ **Städtebau**) diesen Gefahren zu entgehen, scheitert jedoch oft an den begrenzten ökonomischen Möglichkeiten der DDR oder an politischen Vorgaben, die Monumentalität als Alternative zur Monotonie verstehen.

II. Geschichte

Die gesellschaftlichen Veränderungen in der SBZ/DDR nach 1945 schufen vor allem durch die Änderung der Eigentumsverhältnisse und Eigentumsvorbehalte die Voraussetzungen für neue Möglichkeiten des Bauens: Grund und Boden sind überwiegend gesellschaftliches Eigentum, bzw. können ohne größere Schwierigkeiten enteignet werden; der größte Teil der Gebäude wie auch der Baubetriebe ist verstaatlicht; staatliche Organe sind nahezu die alleinigen Auftraggeber. Trotzdem hat es fast 20 Jahre gedauert, bis die städtebauliche Planung in die Volkswirtschaftspläne voll integriert war, bis über Verflechtungsbilanzen Städtebau, Industrieinvestition, Verkehrsplanung, Wohnungsbau und Raumplanung aufeinander bezogen wurden.

Es lassen sich drei Etappen der A. der DDR unterscheiden:

1945 bis 1955: Erste Wiederaufbauphase, Schaffung der theoretischen und praktischen Grundlagen für eine Neuorientierung des Bauens in der SBZ/DDR.

1955 bis 1966: Durchsetzung der neuen Prinzipien des Bauens in der DDR, vor allem deutlich in der Industrialisierung des Bauwesens.

Seit 1966: Über die Grundprinzipien bestehen keine Diskussionen mehr. Die tatsächliche Bauleistung hängt von Entscheidungen der Parteiführung ab (z. B. Ulbricht: Ausbau der Stadtzentren, Honekker: Lösung der Wohnungsfrage).

Schon seit längerem ist die Verabschiedung eines grundlegenden Städtebaugesetzes geplant.

Am bedeutsamsten für die Entwicklung des Bauens war die Zeit von 1954 bis 1967, in der sich die für die DDR typische Form der A. (industrialisierter Massenwohnungsbau – Akzentuierung der gesellschaftlichen Bauten) herausbildete. In dieser Phase wandelte sich die gesamte Bauwirtschaft von einem Handwerkszweig in einen Bereich der industriellen Fertigung mit allen Konsequenzen, die das für Architekten, Wissenschaftler, Baufunktionäre und auch für Auftraggeber und Benutzer der A. hatte. Erst gegen Ende dieser Etappe gelang es jedoch, die Volkswirtschaftspläne und die Stadtplanung aufeinander zu beziehen (Generalbebauungsplan).

1946 Wohnungsbauprogramm der KPD („Planwirtschaft im Wohnungsbau").

1950 1. Deutsche Bautagung in Leipzig (Fünf-Jahr-Plan: Industriezentren und Städtebau); 16 Grundsätze des Städtebaus; Aufbaugesetz.

1951 Gründung der Deutschen Bauakademie; Karl-Marx-Allee (1. Bauabschnitt).

1952 Beginn des Aufbaus von Eisenhüttenstadt (Grundstein 21. 8. 1950); Industriebau: Eisenhüttenkombinat Ost, Groß-Kokerei Lauchhammer, Eisenhüttenwerk Calbe, Stahlwerk Freital u. a.; Bund Deutscher Architekten (BDA) gegründet; 1. Ausgabe von „Deutsche Architektur" (April).

1953 Arbeiterwohnungsbaugenossenschaft/AWG gegründet.

1954 21. Tagung des ZK der SED: Industrialisierung des Bauens gefordert (Rationalisierung, Typisierung).

1955 1. Baukonferenz der DDR „Programm der umfassenden Industrialisierung und Typisierung des Bauens"; Ministerrat: Wichtige Aufgaben im Bauwesen (Beschluß); 2. wissenschaftlich-technische Konferenz der DDR (Standardisierung, Typisierung, Normung); Richtlinien für eine einheitliche Typenprojektierung.

1956 Beginn: Hoyerswerda; Industriebau: Schwarze Pumpe, Überseehafen Rostock, Reaktor Rossendorf, Kraftwerk Lübbenau u. a.

1958 Karl-Marx-Allee (2. Abschnitt); 2. Baukonferenz: Stärkung der örtlichen Bauindustrie; IX. RGW-Tagung: Ständige Kommission Bauwesen gegründet (Schaffung einer RGW-Maßordnung für den Fertigbau: TGL statt DIN).

1960 Industriebau: Petrolchemie (Schwedt/Leuna II); Ministerrat: Grundsätze zur Planung und Durchführung des Aufbaus der Stadtzentren (Beschluß).

1961 Ablösung von Kurt Liebknecht als Präsident der DBA.

1963 Ministerrat: Anwendung der Grundsätze des NÖSPL im Bauwesen (Beschluß).

1965 Berlin: Straße Unter den Linden (1962–1965) fertiggestellt.

1966 4. Baukonferenz: Überwindung der Monotonie im Bauwesen; Anfänge der Metalleichtbauweise; Reorganisation des Instituts für Städtebau und A. der DBA.

1967 VII. Parteitag: Komplexe Generalbebauungspläne der Bezirke und Städte gefordert.

1968 4. Tagung des ZK der SED: Beschleunigter Aufbau der Zentren der wichtigsten Städte der DDR.

1969 Ensemble Alexanderplatz Berlin (1966–1971); Ausstellung: Architektur und bildende Kunst.

1973 10. Tagung des ZK der SED: Orientierung auf den Wohnungsbau (bis 1990) und die Sanierung der Altbausubstanz.

Nach Auffassung der Architekten in der DDR drückt sich das Neue der DDR-A. insbesondere in zwei Bereichen aus: im Wohnungsbau und bei den gesellschaftlichen Bauten (z. B. beim Bau der Stadtzentren, → **Städtebau**). In diesen Bereichen zeigt sich auch die Entwicklung der A. in der DDR am deutlichsten: Im Wohnungsbau wurde die Industrialisierung des Bauens durchgesetzt. Die Entwicklung von Hoyerswerda bis zu den letzten Abschnitten von Halle-Neustadt, desgleichen in Berlin (Karl-Marx-Allee, 1. Abschnitt bis Umgebung Alexanderplatz) weist deutliche Fortschritte auf. Trotz großer Anstrengungen ist jedoch der Wohnungsbestand in der DDR stark überaltert (56 v. H. vor 1919, 22 v. H. nach 1945), und noch immer unzureichend ausgerüstet (58 v. H. ohne Bad und WC, mit Ofenheizung). Deshalb muß in den nächsten Jahren die Renovierung der Altbausubstanz eine erheblich größere Rolle spielen. Dies dürfte für die A. neue Probleme mit sich bringen, da sich die Bauweise des vergangenen Jahrzehnts – Aufbau 5stöckiger Wohnhäuser in Montagebau auf großen Freiflächen – in den Zentren der mittleren und kleineren Städte nicht fortsetzen läßt.

Die Konzentration der Mittel auf den Wohnungsbau hat – etwa seit Mitte 1971 – dazu geführt, daß für den Bereich der „strukturbestimmenden" gesellschaftlichen Bauten weniger finanzielle Mittel zur Verfügung stehen. Das ambitionierte Programm des Umbaus der Stadtzentren aller größeren Städte der DDR wird nur dort, wo es wegen der Investitionen der Vergangenheit unumgänglich ist, weitergeführt. Die A. der DDR, die mit dem Aufbau der Zentren ein eigenes Gesicht zu bekommen schien, wurde durch die Diskussionen über die Verbindung mit der bildenden Kunst und die geforderte Umsetzung von Ergebnissen der Informationswissenschaften (Semiotik: Die A. soll unverwechselbare monumentale Zeichen geben) zunächst belebt, ist heute jedoch mehr oder weniger mit sozialpolitischen Aufgaben (Wohnungsbau) beschäftigt.

Nach dem erklärten Willen von Partei- und Staatsführung der DDR soll die Wohnungsfrage bis 1990 durch den Bau (bzw. Um- oder Ausbau) von 2,8–3 Mill. Wohnungen gelöst sein.

III. Organisation

An der Spitze des Bauwesens in der DDR steht das → **Ministerium für Bauwesen** (Minister: Wolfgang Junker – seit 1963 –; 1. Stv. Sts Karl Schmiechen und Karl-Heinz Martini). Das MfB wurde 1949 als Mf Aufbau (Minister: L. Bolz 1949–1953, H. Winkler 1953–1958) eingerichtet und 1958 umbenannt (Minister 1958–1963 Ernst Scholz). Als zentrale Bildungs- und Forschungsinstitution sowie als Experimentierwerkstatt steht dem MfB die → **Bauakademie der DDR** zur Verfügung. Zentraler Fachverband der Architekten und Bauingenieure ist der Bund der Architekten der DDR (→ **Architekten**). Die städtebauliche Planung in der DDR ist auf zentraler Ebene abhängig von den Fünfjahrplänen bzw. den Volkswirtschaftsplänen (1 Jahr) der Staatlichen Plankommission. Gesamtkapazität der Bauleistung, Schwerpunkte der Investitionen und territoriale Verteilung sind damit weitgehend festgelegt. Auf dieser Grundlage gibt das MfB Richtlinien für die Planung der Städte und Bezirke heraus (Ausarbeitung: Institut für Städtebau und A. der Bauakademie der DDR). Anhand dieser Richtlinien erarbeiten die Büros für Territorialplanung, Verkehrsplanung und Städtebau die Generalbebauungspläne der Bezirke und Städte.

IV. Ausbildungsstätten

1. Grundstudienrichtung Architektur (A.), Landschaftsarchitektur (LA.), Städtebau (St.): Hochschule für Architektur und Bauwesen, Weimar (A., St; ferner Bauingenieurwesen, Baustoffkunde),

gegr. 1860, wiedergegr. 1946; Technische Universität Dresden (A., LA.; der Bereich Bauwesen der TU umfaßt nahezu 40 Institute und Lehrstühle); Kunsthochschule Berlin (A.).

2. Sonstige Ausbildungsstätten: Hochschule für Bauwesen, Leipzig (vornehmlich: Bautechnologie); Hochschule für Verkehrswesen „Franz List", Dresden (Bereich Verkehrsbauwesen); Bauakademie der DDR; Ingenieurschulen für Bauwesen (7).

V. Information und Dokumentation

Schriftenreihe für Bauforschung der Bauakademie der DDR, insbes. Reihe: Städtebau und Architektur; VEB Verlag für Bauwesen, Berlin; Zeitschrift „Architektur der DDR" (1952 als „Deutsche Architektur" gegr.).

→ **Bau- und Wohnungswesen.**

Archive: → **Staatsarchive.**

Armenrecht: → **Zivilprozeß.**

Arzneimittelgesetz: Gesetz vom 5. 5. 1964 (GBl. I, S. 101–111); → **Arzneimittelversorgung.**

Arzneimittelversorgung: Die A. ist erst spät auf einen Stand gebracht worden, der eine ausreichende medizinische Versorgung der Bevölkerung einigermaßen garantiert. Grund war einerseits, daß im Gebiet der damaligen SBZ zwar eine leistungsfähige chemische Grundstoffindustrie, aber kein ins Gewicht fallender Bestand an pharmazeutischen Herstellungsbetrieben vorhanden war und daher Fachpersonal für die Arzneimittel-(Am.) Fertigung fehlte. Andererseits fehlte der sowjetischen Besatzungsmacht das Verständnis für den hohen Am.-Bedarf der Bevölkerung. Die inzwischen aufgebaute Am.-Industrie vermag jetzt den Bedarf weitgehend zu decken.

Im Vergleich zum Stand von 1960 hat sich die Am.-Produktion verdreifacht. Das Sortiment umfaßt einschließlich Import ca. 3 000 Präparate, das ist kaum mehr als ein Zehntel des Sortiments in der Bundesrepublik Deutschland. Bestimmte Am. sind zu einem devisenbringenden Exportprodukt geworden (Antibiotika, Insulin). Die Ausfuhr ist dem Wert nach fast doppelt so groß wie die Einfuhr. In der Exportwerbung werden die Produkte aller Hersteller unter dem Warenzeichen „Germed" („German Medicaments") angeboten. Für Ein- und Ausfuhr ist die „Deutsche Pharmazie Export- und Import-Gesellschaft" zuständig.

Im großen und ganzen reicht die A. jetzt aus. Viele Am. sind auch heute noch ständig knapp oder zeitweilig nicht verfügbar. Das geht vorwiegend auf ungleichmäßige Einfuhren von Rohstoffen und Fertigprodukten zurück. Soweit Herstellung oder Belieferung auf Import angewiesen sind, hängen sie von den jeweiligen Möglichkeiten des bilateralen Außenhandels ab. Weil größere Lagerbestände nicht gehalten werden, schlägt jeder Produktionsausfall schnell auf die Apothekenbelieferung

durch. Größere Elastizität im Vergleich zu den VEB hat kleine Privatunternehmen bis 1971 am Leben gehalten (als halbstaatliche Betriebe). Ähnlich vermögen die Apotheken viele Mängel durch eigene Initiative auszugleichen.

Das geltende Arzneimittelgesetz (vom 5. 5. 1964 – anstelle des länderweise ergangenen Gesetzes von 1948), geht vom Prinzip der Zulassung („Registrierung") aus. Gefordert wird der Nachweis von Wirksamkeit, Unschädlichkeit und „Bedürfnis" sowie die Einhaltung von Gütevorschriften. Über die Zulassung entscheidet der Zentrale Gutachterausschuß für Arzneimittelverkehr. Die Am.-Prüfung obliegt dem Institut für Arzneimittelwesen in Ost-Berlin (seit 1964). Für die Herstellung außerhalb der Industrie ist das Deutsche Arzneibuch maßgebend, das seit 1965 (DAB 7. Ausgabe) erheblich von dem der Bundesrepublik Deutschland abweicht.

Auf dem Gebiet der medizintechnischen Geräte war die Ausgangslage günstiger, weil hier industrielle Erfahrungen und daher Fachkräfte vorhanden waren. Hinderlich hat sich hier dagegen der Exportzwang ausgewirkt. Gegenwärtig ist die Ausrüstung der Einrichtungen des Gesundheitswesens befriedigend, in Hochschulkliniken und Krankenhäusern der Zentralversorgung gut oder sehr gut. Wie überall wirkt sich Ersatzteilmangel störend aus.

Die Großhandelsfunktion für Am. und medizintechnische Geräte wird vom Staatlichen Versorgungskontor für Pharmazie und Medizintechnik in Ost-Berlin wahrgenommen. Es unterhält regionale Zweigstellen in den Bezirken, einige davon (Berlin, Frankfurt [Oder], Leipzig) mit guter technischer Ausrüstung sowie Datenverarbeitungsanlage, und in den meisten Kreisen einen „Versorgungsbetrieb für Pharmazie und Medizintechnik". Mängel in den Bedarfsanalysen und Schwerfälligkeit des Verteilungsapparates spielen für die Versorgungslücken eine wesentliche Rolle.

Die zentrale Steuerung der Verteilung von Am. und medizintechnischen Geräten liegt beim → **Ministerium für**

Gesundheitswesen, das dafür eine eigene Hauptabteilung führt, die Steuerung der Am.-Produktion liegt bei den für die entsprechenden Industriebereiche zuständigen Ministerien.

Die Abgabe von Am. ist den → **Apotheken** und den ihnen nachgeordneten Am.-Abgabestellen vorbehalten. Die Letzteren befinden sich jedoch in ländlichen Gebieten, z. T. in den Räumen der Konsumgenossenschaften. → **Gesundheitswesen.**

Ärzte: → **Gesundheitswesen**, VI. A.

Ärzteberatungskommission: → **Arbeitsbefreiung.**

Arzthelfer: A., 1951 als Berufsgruppe des „Mittleren medizinischen Personals" im Gesundheitswesen der damaligen SBZ eingeführt, entsprechen dem „Feldscher" in der UdSSR (oder dem „medical assistent" in den USA). Sie sollten die (damals knappen) Ärzte entlasten, in den staatlichen Einrichtungen der „ambulanten medizinischen Betreuung" – Polikliniken, Ambulatorien wie auch Betriebsgesundheitswesen – „vorläufige Diagnosen" stellen und therapeutische Maßnahmen einleiten. Sie durften seit 1957 auch die → **Arbeitsbefreiung** aussprechen. Danach wurden sie auf vorbeugende Tätigkeiten und die Mitwirkung als Anästhesisten im Operationsdienst beschränkt. Seit 1960 ist ihre Ausbildung auf die Tätigkeit als „Arbeits- und Sozialhygieniker" im Betriebsgesundheitswesen und als „Hygiene-Inspektor" im Hygienedienst ausgerichtet. Seit 1970 führen sie die Berufsbezeichnung Medizinischer Assistent.

A. bzw. Medizinischer Assistent werden auf Medizinischen Schulen (seit 1974 wieder „Medizinische Fachschulen") ausgebildet, und zwar auf der Grundlage einer abgeschlossenen Ausbildung und mehrjähriger Berufstätigkeit in der Krankenpflege. Sie gehören somit als Weiterbildungsberuf zur Oberstufe der Mittleren medizinischen Fachkräfte. → **Gesundheitswesen**, III. C., VI. B.

ASMW: Abk. für → **Amt für Standardisierung, Meßwesen und Warenprüfung.** → **Standardisierung.**

Asoziales Verhalten: „Gesellschaftlich-nützliche Tätigkeit ist eine ehrenvolle Pflicht für jeden arbeitsfähigen Bürger" (Art. 24 der Verf.). § 249 StGB enthält die strafrechtliche Sanktion für die Verletzung dieser staatsbürgerlichen Pflicht zur Arbeit. Danach wird derjenige, der das „das gesellschaftliche Zusammenleben der Bürger oder die öffentliche Ordnung dadurch gefährdet, daß er sich als Arbeitsscheuer einer gesetzlichen Arbeit hartnäckig entzieht, obwohl er arbeitsfähig ist, oder der Prostitution nachgeht oder sich auf andere unlautere Weise Mittel zum Unterhalt verschafft", mit Arbeitser-

ziehung oder mit Freiheitsstrafe bis zu 2 Jahren oder einer Strafe ohne Freiheitsentzug (→ **Strafensystem**) verurteilt. Im Wiederholungsfall oder bei bestimmten Vorstrafen ist Arbeitserziehung oder Freiheitsstrafe bis zu 5 Jahren angedroht.

Zusätzlich oder in leichten Fällen soll an deren Stelle auf staatliche Kontroll- und Erziehungsaufsicht erkannt werden. Für deren Verwirklichung sind gemäß § 10 der VO über die Aufgaben der örtlichen Räte und der Betriebe bei der Erziehung kriminell gefährdeter Bürger vom 15. 8. 1968 (GBl. II, S. 751) die Räte der Städte und Gemeinden zuständig. Diese können den „gefährdeten Bürgern" die Auflage erteilen, innerhalb eines Jahres den Arbeitsplatz nicht zu wechseln, bestimmten Qualifizierungsmaßnahmen nachzukommen, ihr Arbeitseinkommen sinnvoll und zweckmäßig zu verwenden, ihre Unterhaltsverpflichtungen gewissenhaft zu erfüllen, nicht ohne Zustimmung der Behörde die Wohnung zu wechseln, den Umgang mit bestimmten Bürgern zu unterlassen und bestimmte Gaststätten und Örtlichkeiten nicht zu betreten.

Mit Bürgern, die aus Arbeitsscheu keiner geregelten Arbeit nachgehen, deswegen jedoch noch nicht bestraft worden sind, sollen Vereinbarungen zu ihrer Erziehung, Betreuung und Unterstützung getroffen werden.

Die Strafbarkeit arbeitsscheuen Verhaltens ist bereits durch die VO über Aufenthaltsbeschränkung vom 24. 8. 1961 (GBl. II, S. 343) eingeführt worden. Gegen arbeitsscheue Personen konnte nach § 3 Abs. 2 dieser VO auf Verlangen der örtlichen Organe der Staatsmacht durch Urteil des Kreisgerichts Arbeitserziehung auf unbestimmte Zeit angeordnet werden.

Die Freiheitsstrafe der Arbeitserziehung wird in Arbeitserziehungs-Kommandos vollzogen (→ **Strafanstalten**). AV. gehört zu den Schwerpunkten der → **Kriminalität** in der DDR. Die Zahl der nach § 249 StGB Verurteilten ist jedoch in der Kriminalstatistik oder in anderen Veröffentlichungen nie genannt worden.

Aspirantur: Die „Wissenschaftliche A." ist eine besondere Form der postgradualen Weiterbildung für → **Kader** aus der Praxis mit dem Ziel der Promotion.

Die planmäßige A. ist eine Art Promotionsstipendium für die Dauer von 3 Jahren. Während dieser Zeit ruht das Arbeitsverhältnis der Aspiranten. Sie sind Mitglieder der Universität oder Hochschule und zu 2 Wochenstunden Lehrtätigkeit verpflichtet.

Eine 4jährige außerplanmäßige A. kann neben der beruflichen Tätigkeit aufgenommen werden. Im Rahmen der außerplanmäßigen A. erfolgt eine Freistellung vom Dienst bis zu 70 Arbeitstagen im Jahr. Zur besonderen Förderung der Frauen wurde eine „Frauen-Sonder-A." eingerichtet. → **Hochschulen und Universitäten.**

Ästhetik

Grundlagen – Geschichte – Gegenwärtige Diskussion

I. Allgemeine Grundlagen

Ä. wird im Marxismus-Leninismus der DDR begrif-

fen als „Wissenschaft vom Wesen, den Gesetzen, den historisch-gesetzmäßigen (Entstehungs- und) Entwicklungsprozessen des objektiv Ästhetischen in Gesellschaft und Natur, der subjektiven ästhetischen Empfindungen und Gefühle; des ästhetischen gesellschaftlichen Bewußtseins; der ästhetischen Beziehungen der Künste zur gesellschaftlichen Wirklichkeit und des gesamten Systems der Beziehungen von Kunst und Gesellschaft; der grundlegenden Besonderheiten des künstlerischen Denkens und der hauptsächlichen Bestimmungen des Inhalts und der Form künstlerischer Werke; des Systems der verschiedenen Künste, ihrer Wechselbeziehungen und grundlegenden Besonderheiten" (Kulturpol. Wörterbuch, Hrsg. Harald Bühl et al., Berlin 1970, S. 39). Ä. im engeren Sinne wird oft als „Wissenschaft vom Schönen" bezeichnet.

Die marxistisch-leninistische Ä. steht in engem Verhältnis zur marxistischen Erkenntnistheorie (→ **Marxismus-Leninismus**), zur → **Psychologie**, zur → **Pädagogik** und zur → **Soziologie**. Sie konzentriert sich auf die Herausarbeitung aller objektiven und subjektiven ästhetischen Erscheinungen in der geschichtlich-gesellschaftlichen Entwicklung. Sie soll zur planmäßigen Gestaltung der Kultur der „entwickelten sozialistischen Gesellschaft" beitragen und sich dabei von einer Wissenschaft, die sich ausschließlich mit der Deutung ästhetischer Phänomene befaßt, zu einer „produktiven" Wissenschaft wandeln. Die ästhetische Kultur soll durch die Massenkommunikationsmittel dynamisiert und gefördert, die Ä. für die Steuerung der Gesamtgesellschaft mit herangezogen werden.

Die marxistisch-leninistische Ä. konzentriert sich auf folgende Kategorien bzw. Kategorienpaare: das Schöne und das Häßliche, das Erhabene und das Niedrige, das Tragische und das Komische. Sie beschäftigt sich ferner mit den einzelnen Kunstgattungen sowie der „Dialektik" von Form und Inhalt in der Kunst und den Beziehungen zwischen Künstler und Gesellschaft (→ **Klassen; Volk; Nation**).

Im einzelnen geht die marxistisch-leninistische Ä. von folgenden Voraussetzungen aus: Die objektive Welt ist vom Subjekt unabhängig. Sie wird im subjektiven Bewußtsein widergespiegelt. Für das Bewußtsein gelten daher dieselben Gesetze der Dialektik, die in der objektiven Realität gelten. Die gesellschaftliche Umwelt entwickelt sich jedoch in historischen Gesetzmäßigkeiten. Die einzelnen Subjekte sind in dieser historisch-gesellschaftlichen Umwelt Teile und spiegeln sie daher entsprechend ihrem Stand innerhalb der historischen Entwicklung der Gesellschaft wider. Da die Geschichte eine Geschichte von Klassenkämpfen ist, nimmt auch die Widerspiegelung einen jeweils bestimmten Platz innerhalb dieser Klassenkämpfe ein. Die Kunst als eine „spezifische Art und Weise der Widerspiegelung der Wirklichkeit" ist daher nicht neutral; Kunst ist stets „parteilich" (→ **Parteilichkeit**).

Das ästhetische Bewußtsein spiegelt das Sein nicht einfach wider, sondern lenkt die Tätigkeit des Menschen und wird zu einer subjektiven Voraussetzung für die praktische Veränderung der Welt. Damit ist zweierlei gesetzt: 1. die Kunst ist jeweils auch die Widerspiegelung einer bestimmten politischen Position; 2. die Kunst hat als Form des Bewußtseins eine handlungsanleitende und damit erzieherische Funktion.

In der Geschichte ist die Kunst stets Ausdruck der Ideologie der sie tragenden Klasse und des Standortes, den diese Klasse im Geschichtsverlauf einnimmt. Solange z. B. die „Bourgeoisie" noch „fortschrittlich" gewesen ist und gegen die Feudalaristokratie um demokratische Rechte gekämpft hat, hatten die bürgerliche Kunst, Malerei, Literatur und Musik eine hohe Blüte erlebt. Mit dem Aufkommen der „Arbeiterklasse" jedoch wurde die „Bourgeoisie" historisch überholt, ihre Kunst verfiel. Besonders stark zeigt sich dies im „Imperialismus". Die Verachtung der Massen und damit des Menschen offenbarte die Kunst in ihrer Esoterik (l'art pour l'art, Formalismus), in ihrer Unverständlichkeit und Inhaltsleere. Wie die „Bourgeoisie" ihren Sinn in der Geschichte eingebüßt hat, hat der reaktionäre bürgerliche Künstler keinen Sinn mehr widerzuspiegeln. Kunst ist sinnliche Widerspiegelung der Realität. Die adäquate Methode ist die des Realismus. Das künstlerische Material muß so bearbeitet werden, daß die objektiven und sinnlich wahrnehmbaren Erscheinungen in ihm wiedererkannt werden können. Dabei wird unterschieden zwischen dem bürgerlichen, kritischen Realismus, der die Realität der bürgerlichen Gesellschaft kritisiert, ohne schon ihre Ursachen und das in ihr ruhende Neue zu entdecken, dem dekadenten Naturalismus, der sich in der genauen Wiedergabe der Oberfläche der Phänomene erschöpft, und dem sozialistischen Realismus, der zum historisch-fortschrittlichen Wesen der Erscheinungen vorstößt.

Das Aufzeigen dieses Wesens in seinen sinnlich-konkreten Erscheinungsformen wird mit dem Begriff des Typischen analysiert. Indem sie Typisches, das in einem Auswählen und Umstrukturieren der vorgefundenen Realität besteht, darstellt, erfüllt die Kunst ihre erkenntnisvermittelnde Funktion. Gleichzeitig ist durch die Erfahrung des Typischen ein normatives Element in die Kunst integriert: Typisch kann nur etwas sein, was das Wesen der (sozialistischen) Gesellschaft „richtig" widerspiegelt.

Die künstlerische Qualität eines Werkes erschöpft sich im Verständnis des Marxismus-Leninismus jedoch nicht in der „richtigen" Wiedergabe des Typischen. Gleichzeitig muß das Problem des Verhältnisses von Form und Inhalt in harmonischer Weise gelöst sein. Dabei ist der Inhalt das Primäre. Ein bestimmter Inhalt zieht eine bestimmte Form nach sich. Allerdings ist die Abhängigkeit der Form vom Inhalt nicht einseitig determiniert. Auch ein historisch richtiger Inhalt kann in eine historisch inadäquate Form gefaßt sein. Vollkommen ist nur das Kunstwerk, in dem Inhalt und Form harmonisch übereinstimmen. Wo der Inhalt ein historisches Verfallsprodukt ist (wie z. B. in der reaktionären bürgerlichen Literatur und Kunst von Joyce bis Beckett, von den Futuristen bis zu den Gegenstandslosen), mag zwar eine Form-Inhalt-Harmonie bestehen, aber sie ist ästhetisch wertlos, da der Inhalt historisch überholt ist.

Ein zentraler Begriff innerhalb der marxistisch-leninistischen Ä. ist ferner der Begriff des Schönen. Hauptquelle des Schönen in der Kunst ist das Schöne im Leben. Schön ist etwas, das ein positives ästhetisches Urteil hervorruft. Damit ist Schönheit jedoch nicht bloß subjektive Empfindung. Ihre Wahrnehmung ist nichts anderes als eine Widerspiegelung bestimmter objektiver Eigenschaften der Wirklichkeit, des objektiv Schönen. Zwar hat es, nach marxistisch-leninistischer Auffassung, in der Geschichte verschiedene Schönheitsbegriffe gegeben. Diese beleuchteten jedoch nur jeweils verschiedene Seiten des An-Sich-Schönen, das damit eine ahistorische Kategorie darstelle. Das Schöne sei darüber hinaus kein ausschließliches Merkmal der Kunst. Jede beliebige und vergegenständlichte Arbeit des Menschen schlösse Momente des Schönen ein. Neben dem ahistorischen Schönheitsbegriff bestehe ein mit dem des Wesens, des Typischen verbundener historischer Begriff des Schönen. Schönheit komme dem Wesen der fortschrittlichen Gesellschaft zu.

II. Historische Entwicklung

Die Entwicklung der Ä. in der DDR läßt sich in drei Hauptetappen untergliedern:

1. Bis 1956 sind folgende Richtungen zu unterscheiden: die dogmatische mit einem besonders engen Realismusbegriff, die verschiedenen Tendenzen im Umkreis von Georg Lukács und schließlich Auffassungen im Umkreis von Bertolt Brecht.

2. Charakteristisch für die Zeit bis etwa 1962 waren vor allem die Versuche, den Einfluß von Lukács zurückzudrängen und einen neuen Realismusbegriff zu finden.

3. Bis zur Gegenwart werden diese Diskussionen fortgeführt. Gleichzeitig ist eine starke Konzentration auf das Problem der gesellschaftspolitischen Wirkung des Kunstwerkes zu beobachten.

A. 1. Die dogmatische Richtung in der Ä. der DDR (vertreten u. a. durch W. Girnus und A. Kurella), die Grundlage der offiziellen Kulturpolitik war, ging von einem engen Realismusbegriff aus. Dieser galt sowohl für die Malerei als auch für die Literatur sowie für die Architektur und die Musik. Als das spezifische Neue des sozialistischen Realismus galt der neue Inhalt. Die neuen Beziehungen der Menschen, denen Schönheit, Kraft usw. zukommen soll, müssen im Kunstwerk zum Ausdruck gebracht werden. Daher rührt der stark monumentale, emblematische Charakter der bildenden Kunst und der typisierende, ,,schönfärbende'' der Literatur, daher z. B. die

Betonung des positiven Helden, der Mut, Klugheit, Fleiß, Hingabe an die Sache des Sozialismus in sich vereinigt.

2. Die andere Richtung hatte ihren Hauptvertreter in Georg Lukács. Sie bildete allerdings keine einheitliche Schule. Neben Lukács waren Ernst Bloch, Wolfgang Harich und Hans Mayer ihre herausragenden Repräsentanten. Diese marxistisch-leninistische Ä. ging von einem freieren Verhältnis von Basis und Überbau aus und damit letztlich auch von einem anderen Geschichtsbegriff. Die einzelnen Individuen, die in der Geschichte stehen, seien ideologisch zwar an ihre Klasse gebunden, ihre geistigen Arbeiten jedoch schafften eine neue Realität, die ihre eigenen Gesetze habe, mittels derer sich ein schöpferischer Geist aus seiner Klassengebundenheit lösen könne. Damit wurde sowohl die Rolle des schöpferischen Subjekts als auch die des Geistigen gegenüber der (gesellschaftlichen) Basis stärker betont. Obwohl Lukács selbst einen engen, vor allem Balzac als Richtmaß nehmenden Realismusbegriff besaß, wurde besonders von dieser Position her Kritik an der Praxis des sozialistischen Realismus geübt.

3. Eine dritte Richtung, die – realtiv unabhängig, wenn auch auf die Literatur und das Theater beschränkt – zu jener Zeit bestand, gründet sich auf die Anschauungen Bertolt Brechts. Auch sie kannte eine starke Betonung der Rolle des Subjekts. Das Schauspiel sollte keine Autorität sein, der sich das Publikum kritiklos unterordnet, sondern Gegenstand kritischen Überlegens. Um dies zu erleichtern, wurde der Ablauf der Spielhandlung ,,verfremdet''. Weder Schauspieler noch Zuschauer sollten sich mit den dargestellten Personen identifizieren. (Brechts Theorie der Verfremdung ist bis heute Bestandteil der marxistisch-leninistischen Ä. in Ost und West.)

B. Nach dem XX. Parteitag der KPdSU (1956) veränderte sich auch die kulturpolitische Szene in der DDR. In der ästhetischen Theorie setzte sich eine neue Konzeption des sozialistischen Realismus durch. Hatte die dogmatische Richtung im Anschluß an Shdanow die Kunstgeschichte noch als Kampf zwischen Realismus und Antirealismus betrachtet und sie dem Kampf zwischen Idealismus und Materialismus in der Philosophiegeschichte gleichgesetzt, so wurde der Realismusbegriff nun historisiert. Als seine Entstehungszeit ist meist das Aufkommen des Bürgertums angegeben worden. Gleichzeitig wurde eine größere Autonomie des Inhalts gegenüber der Form postuliert. Der Akzent verschob sich von der ,,getreuen Wiedergabe der Realität'' auf die ,,wahrheitsgetreue Wiedergabe''. Darin war impliziert, daß ein richtiger Inhalt sich eine eigene Form suchen müsse. Allerdings wurde mit der Betonung des Inhalts zugleich die formale Einheit des Kunstwerks gefordert. Die Details sollten sich nicht verselbständigen – weder in der photographischen Wiedergabe der Realität noch im formalistischen Sinn. In dieser Aufnahme der Realismusdiskussion war die Kritik an der Theorie des Realismus, wie sie Georg Lukács vertrat, enthalten. Nicht der „große (bürgerliche) Realismus" von Balzac bis Tolstoi sollte den ästhetischen Maßstab bilden, sondern die gesellschaftliche Wirklichkeit in der DDR.

Eine wichtige Neuerung in der ästhetischen Theorie war zu jener Zeit die begrifflich exaktere Unterscheidung von Kunst und Wissenschaft. In Anlehnung an die Konzeption des sowjetischen Ästhetikers A. I. Burow wurde postuliert, daß Kunst und Wissenschaft einen je anderen Gegenstand hätten. Der eigentliche Gegenstand der Kunst sei das menschliche Wesen, der Mensch als gesellschaftliches Wesen, das sowohl in seiner individuellen wie in seiner gesellschaftlich-historischen Totalität von den Gesellschaftswissenschaften nicht erfaßt werde.

Ferner wurde der analoge Charakter von materieller und geistiger, künstlerischer Arbeit stärker betont. Die Rolle des Künstlers und seine gesellschaftliche Arbeit rückten in den Vordergrund. Kunst wurde als „Praxis" konzipiert. Sie sei mehr als bloß Erkenntnis, und dieses Mehr gewährleiste erst wahrhaften Realismus. Auch hier ist eine Frontstellung gegen Lukács und seine Konzeption des Künstlers als „Partisan" deutlich zu erkennen.

C. Die beiden Hauptthemen der marxistisch-leninistischen Ä. der späten 50er Jahre, die Frage „Was ist sozialistischer Realismus?" und das Problem der Stellung des Künstlers in der sozialistischen Gesellschaft, werden bis in die Gegenwart – unabhängig von den Anschauungen Georg Lukács' – weiterverfolgt.

Weiterer Schwerpunkt der ästhetischen Diskussion ist seit den frühen 60er Jahren die Frage der „Volks-verbundenheit" der Kunst. Volksverbundenheit bedeutet einerseits, daß die Kunst erzieherischen Charakter besitzt bzw. besitzen soll, dessen Vorbedingungen Verständlichkeit, Vermittlung von Erkenntnis und eines bestimmten Lebensgefühls sowie Parteilichkeit sind; andererseits, daß die Kunst sich den Prinzipien des sozialistischen Realismus unterzuordnen bzw. diese weiterzuentwickeln habe. Diese Konzeption enthält die Aufhebung der Trennung von hoher Kunst und Volkskunst, die auf der ersten Bitterfelder Konferenz (24. 4. 1959) durch die Initiierung der Bewegung „schreibender Arbeiter" unterstrichen, jedoch auf der zweiten Bitterfelder Konferenz (24./25. 4. 1964) durch eine stärkere Betonung der Arbeitsteilung zwischen Berufs- und Laienkünstler partiell wieder zurückgenommen worden ist (→ **Kulturpolitik**).

Neben den eher programmatischen und abstrakt-philosophischen Erörterungen zu diesen Themen in der gegenwärtigen marxistisch-leninistischen Ä. sind im Zusammenhang mit der Entwicklung der Literatur- und Kunstsoziologie empirische Methoden zunehmend auch von der marxistisch-leninistischen Ä. diskutiert worden. Die Akzentuierung des Kunstwerkes als eines neben anderen Arbeitsprodukten, des Künstlers als „Arbeiter" sowie die für die marxistisch-leninistische Ä. charakteristische Blickrichtung auf die Wirkung des Kunstwerks scheinen einen unmittelbaren Zugang zur empirischen Forschung zu eröffnen. Andererseits jedoch ist die marxistisch-leninistische Ä., stärker als die marxistisch-leninistische Soziologie, von einem grundlegenden Mißtrauen gegenüber dem „Empirismus" (dessen Erkenntnisse als „ahistorisch" und „abstrakt", „zergliedernd" abgewertet werden) durchdrungen und hat deshalb empirische Methoden nur zögernd angewendet.

Atheismus: → **Religionsgemeinschaften und Kirchenpolitik.**

Atomenergie: Forschung und Entwicklung auf dem Gebiet der A. begannen Ende 1955. Zentrum der Kernforschung ist das „Zentralinstitut für Kernforschung" mit Sitz in Rossendorf bei Dresden. Nach der Auflösung des beim Ministerrat errichteten „Amt für Kernforschung und Kerntechnik" untersteht es seit dem 1. 5. 1963 der Akademie der Wissenschaften der DDR. Direktor des Instituts ist gegenwärtig: Prof. Dr. G. Flach. Die Hauptarbeitsgebiete des Instituts betreffen: Fragen der Kernphysik, Radiochemie sowie Kernenergie. Das Institut ist Leitinstitut für die gesamte Kernforschung in der DDR. Es arbeitet eng mit entsprechenden wissenschaftlichen Einrichtungen in der Sowjetunion zusammen, in der auch ein großer Teil des wissenschaftlichen Nachwuchses – nach vorbereitendem Studium in Dresden – eine zusätzliche Ausbildung erhält.

Außerdem ist die DDR Mitglied des „Vereinigten Insti-tuts für Kernforschung". Diesem 1956 gegründeten Forschungsinstitut mit Sitz in Dubna (UdSSR) gehören fast alle sozialistischen Länder an. Es soll die wissenschaftliche Zusammenarbeit auf dem Gebiet der theoretischen und experimentellen Kernphysik ermöglichen. Die Finanzierung des Instituts erfolgt durch die Mitgliedsländer. Leitendes Organ ist das „Komitee der Bevollmächtigten Regierungsvertreter", in das jedes Land einen Vertreter entsendet. Über die Forschungsarbeiten entscheidet ein wissenschaftlicher Rat.

Mit Unterstützung der Sowjetunion wurden in Rossendorf 1957 und 1962 die ersten Forschungsreaktoren in Betrieb genommen. 1958 erhielt das Institut aus der UdSSR ein Zyklotron mit 120 t Magnetgewicht. Einen Protonenbeschleuniger – er arbeitet nach dem Prinzip eines elektrostatischen Generators mit Inonenumladung (Tandem) und kann Protonen Energien bis 10 Mill. Elektronen-Volt verleihen – lieferte die UdSSR 1972.

Rund 50 v. H. der Produktion des Rossendorfer Instituts an radioaktiven Präparaten werden exportiert. Das Isotopenlieferprogramm des Binnen- und Außenhandelsunternehmens Isocommerz GmbH in Ost-Berlin enthält eine Vielzahl radioaktiver und stabiler Isotope für die Forschung sowie für medizinische und technische Zwecke.

Eine weitere Forschungsstätte ist das Zentralinstitut für Hochenergiephysik der Akademie der Wissenschaften der DDR in Zeuthen. Fakultäten für Kerntechnik entstanden an der Technischen Hochschule in Dresden sowie an den Universitäten Leipzig, Rostock, Jena und Ost-Berlin. Darüber hinaus gründete die → **Kammer der Technik** einen „Arbeitskreis Kernpraxis", der Kurse und Vorträge veranstaltet.

Kerntechnische Anlagen werden im „VEB Kombinat Kernenergetik" entwickelt und projektiert. Er ist gleichzeitig Leitbetrieb für den Bau kerntechnischer Anlagen.

Das besondere Interesse der Atomenergieforschung gilt der Ausnutzung von Atomenergie für die Erzeugung von Kraftstrom. Das ständige Zurückbleiben der Stromerzeugung hinter dem steigenden Bedarf erforderte nach eigenen Angaben bereits 1970 Atomkraftwerke mit einer Gesamtkapazität von 3 000 Megawatt (MW). Ende 1957 wurde nördlich von Berlin bei Rheinsberg (Mark) der Bau des ersten Atomkraftwerks mit einer Leistung von 70 MW begonnen. Der von der UdSSR gelieferte Druckwasserreaktor nahm 1966 seinen Betrieb auf, 1971 wurde er auf eine Leistung von 75 MW aufgestockt. Den spaltbaren Kernbrennstoff liefert die UdSSR. Dieses Atomkraftwerk trägt jedoch nur teilweise zur Energieversorgung bei; es dient darüber hinaus Forschungszwecken.

Das erste rein industriell genutzte Atomkraftwerk entsteht gegenwärtig in Lubmin bei Greifswald. Entscheidend für die Standortwahl waren das im Greifswalder Bodden vorhandene Kühlwasserreservoir sowie die Tatsache, daß die Nordbezirke keine Rohstoffgrundlage für Kohlekraftwerke besitzen.

Die Endkapazität des Kernkraftwerks Nord (KKW Nord) – offizieller Name: VEB Kernkraftwerke Greifswald/Rheinsberg „Bruno Leuschner" – soll gilt nicht betragen. Mit dem Bau des Werkes wurde 1967 begonnen, im Dezember 1973 nahm der erste Reaktorblock seinen Probebetrieb auf. Es handelt sich um einen von der Sowjetunion gelieferten Druckwasserreaktor (Wasser-Wasser-Energiereaktor WWER 440) vom Typ Nowo-Woronesh. Er betreibt zwei 220-MW-Turbinen und wird im Gleichgewichtsbetrieb mit Urandioxid beschickt, das auf einen 3,5-v.H.-Gehalt an spaltbarem Uran 235 angereichert ist. Der Jahresverbrauch eines Reaktors beträgt 14 t Uranbrennstoff; er wird von der UdSSR geliefert.

Mit der Ende 1974 geplanten Inbetriebnahme des zweiten Reaktorblocks ist die erste Ausbaustufe beendet. Das KKW Nord I wird dann eine Kapazität von 880 MW aufweisen. Damit würden in der DDR 1975 ca. 5 v. H. der installierten Kraftwerksleistungen von Kernkraftwerken gestellt (Bundesrepublik Deutschland: etwa 6 v. H. bzw. 4 800 MW).

Im März 1974 hat die DDR mit der Sowjetunion den Bau eines weiteren Kernkraftwerks im Bezirk Magdeburg vereinbart. Es soll nach dem gleichen Prinzip wie das KKW Nord gebaut werden und ebenfalls eine Endkapazität von 3 520 MW erreichen. Mit der Inbetriebnahme der ersten Blockeinheiten kann jedoch frühestens Anfang der 80er Jahre gerechnet werden.

Erst in der zweiten Hälfte der 80er Jahre werden neben den z. Z. eingesetzten thermischen Reaktoren möglicherweise auch sog. „schnelle Brutreaktoren" in der DDR genutzt. Ihr Vorteil besteht darin, daß sie mehr spaltbares Material erzeugen, als sie für ihren Betrieb benötigen.

Die DDR ist Mitglied der „Internationalen Wirtschaftsvereinigung für Ausrüstungen und Apparaturen zur Nutzung der Atomenergie" („Interatominstrument") sowie der internationalen Wirtschaftsvereinigung „Interatomenergo", beides Organisationen im → **RGW.** Interatominstrument (gegründet im Februar 1972) hat die Aufgabe, Forschung, Entwicklung, Konstruktion und Produktion auf dem Sektor des kerntechnischen Gerätebaus zu koordinieren bzw. Spezialisierungsvereinbarungen herbeizuführen. Ferner soll sie Normen vereinheitlichen und den Lizenzaustausch organisieren. Die Zusammenarbeit auf dem Gebiet des Kernkraftwerkebaus zu koordinieren ist Aufgabe von „Interatomenergo". Diese im Dezember 1973 von den europäischen RGW-Ländern und Jugoslawien gebildete Wirtschaftsvereinigung soll als Generallieferant für Anlagen und Ausrüstungen für Kernkraftwerke fungieren sowie die Ersatzteilversorgung und die Ausbildung von Fachkräften sichern.

Atomwaffen: → **Abrüstung; Außenpolitik, Gruppe sowjetischer Streitkräfte in Deutschland.**

Atomwaffensperrvertrag: → **Abrüstung.**

Aufbau des Sozialismus: Entstand als ein politisch-programmatischer Begriff, der der SED ursprünglich zur Bezeichnung ihres Konzepts gesellschaftspolitischer Transformation diente, und spielte eine Rolle in der historischen sowie ideologischen Diskussion über die → **Periodisierung** der Geschichte und künftigen Entwicklung der SBZ/DDR.

Auf der 2. Parteikonferenz der SED 1952 wurde der AdS. als die grundlegende Aufgabe verkündet. Er bedeutete auf wirtschaftlichem Gebiet die Ausdehnung des sozialistischen Sektors und auf politischem Gebiet die Durchsetzung des Modells der Volksdemokratie. Die vom V. Parteitag der SED 1958 in Angriff genommene „Vollendung des sozialistischen Aufbaus" beinhaltete vor allem die durchgängige Kollektivierung der Landwirtschaft. Der VI. Parteitag der SED 1963 verband seine Feststellung über den „Sieg der sozialistischen Produktionsverhältnisse" in Industrie und Landwirtschaft der DDR mit der Zielstellung, nunmehr den „umfassenden Aufbau des Sozialismus" durchzuführen. Der Begriff „umfassender Aufbau des Sozialismus" trat jedoch in den Hintergrund, als der VII. Parteitag der SED 1967 die „Gestaltung des entwickelten gesellschaftlichen Systems des Sozialismus" als neue Leitkonzeption einführte, die wiederum vom VIII. Parteitag 1971 verworfen wurde, der stattdessen auf die „Gestaltung der entwickelten sozialistischen Gesellschaft" orientierte.

In dem Bemühen, trotz dieser begrifflichen Veränderungen die Kontinuität der Politik zu betonen, erklärte Kurt Hager 1971, die Begriffe „umfassender Aufbau des Sozialismus", „Gestaltung des entwickelten gesellschaftlichen Systems des Sozialismus" und „Gestaltung der entwickelten sozialistischen Gesellschaft" würden im wesentlichen das gleiche besagen. Nach der 1974 gültigen Etappensicht setzte 1945 in der SBZ die „Übergangsperiode vom Kapitalismus zum Sozialismus" ein, die 1961/1962 nach dem „Sieg der sozialistischen Produktionsverhältnisse" abgeschlossen worden sei. Seitdem befinde sich die DDR in der Etappe der „Gestaltung der entwickelten sozialistischen Gesellschaft", auf die nach dem Erreichen eines durch bestimmte Kriterien gekennzeichneten Entwicklungsstandes die Etappe der „entwickelten sozialistischen Gesellschaft" bzw. des „reifen Sozialismus" folgen werden.

Sofern der Begriff AdS. gelegentlich noch auftaucht, wird er als zusammenfassende Bezeichnung für die „Übergangsperiode vom Kapitalismus zum Sozialismus" und die Etappe der „Gestaltung der entwickelten sozialistischen Gesellschaft" verwendet.

Aufbaugesetz: Mit dem Ziel, die Kriegszerstörungen in den Städten zu beseitigen, erging das Gesetz über den Aufbau der Städte in der Deutschen Demokratischen Republik und der Hauptstadt Deutschlands, Berlin (Aufbaugesetz) vom 6. 9. 1950 (GBl., S. 965). Darin wird die Regierung der DDR beauftragt, für den planmäßigen Aufbau der zerstörten Städte der DDR zu sorgen. Die Regierung wurde ermächtigt, Städte, Kreise und Gemeinden oder Teile hiervon zu Aufbaugebieten zu erklären. Diese Erklärung bewirkt, daß in diesen Gebieten eine Inanspruchnahme von bebauten und unbebauten Grundstücken für den Aufbau und eine damit verbundene dauernde oder zeitweilige Beschränkung oder Entziehung des Eigentums und anderer Rechte erfolgen kann.

Durch die DVO vom 7. 6. 1951 (GBl., S. 552) wurden generell die im Zentrum und im zentralen Bezirk der Städte Dresden, Leipzig, Chemnitz (später Karl-Marx-Stadt), Magdeburg, Dessau, Rostock-Warnemünde, Wismar und Nordhausen gelegenen Gebiete zu Aufbaugebieten erklärt. Gleichzeitig wurde das zuständige Ministerium (→ **Ministerium für Bauwesen**) ermächtigt, in Übereinstimmung mit der → **Staatlichen Plankommission** weitere Städte, Kreise und Gemeinden oder Teile hiervon zu Aufbaugebieten zu erklären. Das ist durch verwaltungsinterne Weisungen geschehen. Hervorzuheben ist das „Aufbaugebiet Stadtzentrum" in → **Berlin**. Die für den Aufbau beanspruchten Grundstücke im Aufbaugebiet gehen in → **Volkseigentum** über. Dingliche Rechte sowie die Rechte aus Miet-, Pacht- und anderen Nutzungsverträgen erlöschen. Ein Rechtsmittel gegen die Inanspruchnahme gibt es nicht.

Für die Inanspruchnahme soll nach dem A. eine Entschädigung gezahlt werden. Das Entschädigungsgesetz dazu wurde erst am 25. 4. 1960 erlassen (GBl. I, S. 257). Die Entschädigung in Geld tritt für Gläubiger, deren dingliche Rechte erloschen sind, an die Stelle des in Anspruch genommenen Grundstückes. Soweit die Gläubiger daraus nicht befriedigt werden können, haftet der frühere Eigentümer des Grundstücks mit seinem sonstigen Vermögen. Für Trümmergrundstücke wird nur der Zeitwert ersetzt, obwohl die auf einem solchen Grundstück liegenden Reichsmarkhypotheken im Verhältnis 1 : 1 umgewertet wurden. Die Belastungen übersteigen deshalb in der Regel weit die Entschädigung. Der Nutznießer dieser Regelung ist der Staat, dem über 80 v. H. der Hypothekenforderungen zustehen. Im übrigen werden als Entschädigung durch die für den Rat des Kreises zuständige Schuldbuchstelle Einzelschuldbuchforderungen und für Ansprüche bis zu 10 000 Mark, die Bewohnern der DDR zustehenden Spargutthaben begründet. Über die Schuldbuchforderungen und Spargutthaben können die Berechtigten seit 1960 jährlich mit bis zu 3 000 Mark verfügen. Handelt es sich um Guthaben aus einer Entschädigung für ein Trümmergrundstück, sind diese Verfügungen erst seit 1965 erlaubt.

Durch eine Zweite DB zum A. vom 29. 8. 1972 (GBl. II, S. 641) wurde angeordnet, daß die Anspruchnahme erst erfolgen darf, wenn alle Voraussetzungen gemäß der DB erfüllt sind und ein rechtsgeschäftlicher Erwerb des Grundstücks zugunsten des Volkseigentums bzw. die Sicherung der Instandsetzung, der Modernisierung, des Um- und Aufbaues sowie des Abrisses von Gebäuden auf andere Weise nicht zustande gekommen ist. Vor allem aber können nunmehr nach der Zweiten DB Grundstücke auch für den Bau von Eigenheimen in Anspruch genommen werden, die in Übereinstimmung mit der geplanten städtebaulichen Entwicklung dafür geeignet sind.

Die Inanspruchnahme setzt voraus, daß Bürger, die die Zustimmung für den Bau eines Eigenheimes erhalten haben, nicht über ein geeignetes Grundstück verfügen und ein geeignetes volkseigenes Grundstück nicht bereitgestellt werden kann sowie der rechtsgeschäftliche Erwerb eines geeigneten Grundstücks durch den Bürger nicht zustande gekommen ist. Die Inanspruchnahme darf sich nur auf die tatsächlich benötigte Grundstücksfläche erstrecken. Nur so viel Boden soll für den Eigenheimbau in Anspruch genommen werden, wie entsprechend der staatlichen Orientierung über die Parzellengröße für ein Eigenheim erforderlich ist. Der Entzug von Bodenflächen aus der land- und forstwirtschaftlichen Nutzung für den Eigenheimbau darf nur in begründeten Ausnahmefällen mit Zustimmung der für die Bodennutzung verantwortlichen Staatsorgane erfolgen. Die Inanspruchnahme eines Grundstückes ist unzulässig, wenn dessen Eigentümer oder Nutzungsberechtigter selbst Bewerber für den Bau eines Eigenheimes ist und zu dem Personenkreis gehört, dem nach der VO über die Förderung des Baues von Eigenheimen vom 24. 11. 1971 (GBl. II, S. 609) die Zustimmung zum Bau eines Eigenheimes erteilt werden kann oder wenn das Grundstück mit anderen gesellschaftlich notwendigen Bauwerken bebaut ist, insbesondere wenn es bereits Wohnzwecken dient.

Ferner können Grundstücke zur Sicherung der Instandsetzung, der Modernisierung, des Um- und Ausbaues sowie des Abrisses von Gebäuden in Anspruch genommen werden, wenn diese Maßnahmen mit der geplanten städtebaulichen Entwicklung im Territorium übereinstimmen und in den Volkswirtschaftsplan aufgenommen sind und der Eigentümer des Grundstückes nicht in der Lage oder nicht bereit ist, diese notwendigen Maßnahmen durchführen zu lassen, und andere Maßnahmen zur Sicherung der Instandsetzung, der Modernisierung, des Um- und Ausbaues oder des Abrisses sich nicht als zweckmäßig erweisen. Auch an den aufgrund der Zweiten DB in Anspruch genommenen Grundstücken entsteht Volkseigentum. Entschädigung erfolgt auf der Grundlage des Gesetzes vom 25. 4. 1970.

Aufbaugrundschuld: Wiederaufbau, Ausbau und Instandsetzung privater Wohnhäuser können durch langfristige Kredite der örtlichen → **Sparkassen** finanziert werden (VO vom 28. 4. 1960, GBl. I, S. 351). Die Kredite sind durch erstrangige A., die auch den Vorrang vor bereits eingetragenen Belastungen haben, zu sichern. → **Mietermitverwaltung.**

Aufenthaltsbeschränkung: → **Strafensystem.**

Aufenthaltsgenehmigung: → **Beziehungen zwischen beiden deutschen Staaten.**

Aufführungsrechte: → **Anstalt zur Wahrung der Aufführungsrechte.**

Aufgaben, Staatliche: Bezeichnung für die von der Staatlichen Plankommission vorgegebenen Kennziffern, nach denen im Prozeß der Planausarbeitung → **Planentwürfe** von Betrieben, staatlichen Einrichtungen und Verwaltungsinstanzen aufgestellt werden. → **Planung.**

Aufkauf, Freier: → **Agrarpolitik.**

Aufklärung, Sexuelle: Die SED hat die Notwendigkeit sA. spät anerkannt (Ulbricht auf dem V. Parteitag 1958) und die Voraussetzungen dafür nur zögernd geschaffen. Geschlechtserziehung blieb zunächst auch dann nur ein Teil des Erziehungsprozesses, eine Aufgabe der Pädagogen und ein Problem, das den Erziehungsfachmann anging. Ärzte hatten dazu nur Hilfe zu leisten, das Hygienemuseum in Dresden Unterrichtsmaterial bereitzustellen. Die eigentümliche kulturpolitische Bedeutung der Sexualität in der Industriegesellschaft unter dem Einfluß der visuellen Massenkommunikations- und Informationsmittel, zumal des Fernsehens und des Films, wurde – wie in der UdSSR – lange ignoriert. Die Ausbreitung der Antikonzeptionsmittel, insbesondere der Ovulationshemmer (→ **Schwangerschaftsverhütung und -unterbrechung**) hat die Probleme in der Bevölkerung zunehmend deutlicher werden lassen und Maßnahmen unausweichlich gemacht. Das → **Familiengesetzbuch** (1965) hat mit der Vorschrift der Errichtung von Ehe- und Familienberatungsstellen zwar auf medizinischem Gebiet primär Schwangerschaftsverhütung und Familienplanung gefördert. Die Frauenkliniken der Hochschulen indessen haben sich der Mitwirkung in den Beratungsstellen entschieden zugewandt und damit der sA. als Voraussetzung gesunder seelischer Entwicklung, in engem Zusammenhang mit dem Vordringen der Psychotherapie in der angewandten Medizin Anerkennung verschafft. Die jetzige Bezeichnung Ehe- und Sexualberatungsstelle (deren es 212 gibt) läßt die Erweiterung der Aufgabe in dieser Richtung (neben rechtlicher und sozialer Beratung) erkennen.

Neben ihnen hat sich in jüngerer Zeit das Nationale → **Komitee für Gesundheitserziehung** den allgemeinen Aufgaben der sA. zugewandt. Die beträchtliche Zunahme der Neuerkrankungen an Geschlechtskrankheiten, zumal bei Jugendlichen, hat starke Impulse gegeben (die Zahl der erfaßten Neuerkrankungen an Gonorrhö ist von 1970 bis 1972 in den Altersgruppen von 18 bis zu 30 Jahren um 50 v. H. angestiegen). → **Gesundheitswesen, V.**

Aufkommen, Staatliches: Bisherige Bezeichnung für den landwirtschaftlichen „Plan des Warenproduktes", in dem die landwirtschaftliche Marktproduktion zentral für die Perspektiv- und Jahrespläne quantitativ festgelegt ist. Dieser Plan wird sowohl für den Wirtschaftszweig Land-, Forst- und → **Nahrungsgüterwirtschaft** insgesamt als auch für den einzelnen Landwirtschaftsbetrieb erarbeitet. Die entsprechenden Angaben erfolgen in Naturalkennziffern (Tonnen oder Stück).

Während das StA. ausschließlich die unmittelbar zur Versorgung der Bevölkerung vorgesehenen Agrarprodukte umfaßt, schließt der Plan des Warenproduktes sämtliche Erzeugnisse der Pflanzen- und Tierproduktion, die an die Verarbeitungsbetriebe, den Handel oder sonstige Einrichtungen verkauft werden, sowie die Lieferungen von Zucht- und Nutzvieh, Saatgut und Pflanzengut an andere Landwirtschaftsbetriebe mit ein.

Die Ausdehnung der Pflankennziffern auf sämtliche Lieferungen der Landwirtschaftsbetriebe ist eine direkte Folge der fortschreitenden Spezialisierung der Agrarproduktion. Die grundsätzliche Trennung der Pflanzenproduktion von der Tierproduktion setzt den Verkauf sämtlicher pflanzlicher Erzeugnisse einschließlich Futterpflanzen und Futterstroh voraus. In gleicher Weise werden auch die Jungtiere für die Milch-, Fleisch- und Eierproduktion von Betrieb zu Betrieb, und damit als Marktprodukte verkauft. → **Landwirtschaftliche Betriebsformen** (KAP, LPG, VEG).

Auflagen, Staatliche: → **Planung.**

Aufsicht, Allgemeine: → **Staatsanwaltschaft.**

Ausfallzeiten: In der DDR unterscheidet man vermeidbare und unvermeidbare sowie vom Arbeiter abhängige und von ihm unabhängige Arbeitszeitverluste. Als vermeidbare, vom Arbeiter abhängige gelten A. 1. durch politische Beanspruchung, soweit sie 10 Stunden pro Produktionsarbeiter im Jahr übersteigen;

2. durch Krankheit, sofern sie über 4 v. H. der Kalenderarbeitszeit liegen (→ **Krankenstand**);

3. durch Fehlen infolge einer Disziplinlosigkeit.

Als vermeidbare, vom Arbeiter unabhängige A. gelten Stillstands- und Wartezeiten, soweit sie nicht auf technisch bedingten Erfordernissen oder auf Arbeitszeitausfällen beruhen, die durch Katastrophenfälle, Stromabschaltungen etc. auftreten können.

Die übrigen A. gelten als unvermeidbar, darunter A. durch Urlaub, Krankheit, sofern sie unter 4 v. H. der Kalenderarbeitszeit liegt, sowie durch Betriebsstörungen. Etwa die Hälfte der A. beruht auf Krankheit.

Ausgleichsanspruch: → **Familienrecht.**

Ausländerstudium: Grundlage des A. sind bilaterale Regierungsverträge, Kulturabkommen oder Verträge mit internationalen Organisationen wie der Internationalen Studenten-Union.

In der DDR studieren gegenwärtig Studenten aus mehr als 100 Staaten. Neben den sozialistischen Staaten stellen die Länder der Dritten Welt das größte Kontingent. Seit 1951 wurden mehr als 6 000 ausländische Studenten an den → **Universitäten und Hochschulen** der DDR ausgebildet. Die größte Gruppe von ausländischen Studenten kommt seit Jahren aus der Demokratischen Republik Vietnam.

Die ausländischen Studierenden erhalten ein Stipendium, dessen Höhe in den Verträgen festgelegt wird. Im Rahmen des RGW besteht ein Stipendienfonds zur Ausbildung von Studenten aus den Ländern der Dritten Welt, über dessen Verteilung die Konferenz der Hochschulminister der sozialistischen Länder entscheidet.

Ein Schwerpunkt für das A. ist die Karl-Marx-Universität Leipzig. Hier studieren etwa 1 300 ausländische Studenten aus 70 Staaten. Am 1956 gegründeten Herder-Institut der Universität werden die ausländischen Studenten in mehrmonatigen Lehrgängen und Sprachkursen auf das Studium in der DDR vorbereitet. Seit 1961 besteht an diesem Institut eine besondere Vorstudienabteilung für Studenten ohne Hochschulreife, die in mehrjährigen Kursen neben der deutschen Sprache das erforderliche Fachwissen der Schwerpunktfächer der erweiterten Oberschule vermittelt und zur Sonderreifeprüfung führt. Darüber hinaus ist das Institut für die Förderung deutscher Sprachkenntnisse im Ausland verantwortlich.

Ausländervermögen: → **Treuhandvermögen.**

Auslandsdeutschtum: → **Gesellschaft „Neue Heimat".**

Auslandspropaganda: Die A., oder in einem weiteren Sinn internationale politische Kommunikation, ist eines der wichtigsten Instrumente der → **Außenpolitik** der DDR. Während die jeweiligen diplomatischen, wirtschaftlichen und militärischen Instrumente materieller Bestandteil der Außenpolitik sind, beeinflußt die A. in entscheidendem Maße das Bild, das im Ausland von der DDR besteht. In diesem Sinne ist A. ein ergänzendes, die übrigen Aktivitäten unterstützendes Element im außenpolitischen Instrumentarium der DDR. In der Ver-

gangenheit, als die Mittel der Diplomatie aufgrund der Nichtanerkennung der DDR nur in begrenztem Umfang eingesetzt werden konnten, war die A. besonders wichtig: Ihr Ziel war es, Unterstützung für die Anerkennung, dem wichtigsten kurzfristigen außenpolitischen Ziel der DDR, zu gewinnen. Daher wurde A. in allen geographischen Regionen, insbesondere in der Dritten Welt betrieben. Dies geschah auch gegenüber Osteuropa in der Absicht, die als Erbe des II. Weltkrieges entstandenen antideutschen Ressentiments in jenen Ländern abzubauen und dafür zu werben, daß das „neue" Deutschland auch psychologisch akzeptiert wird.

In der Phase nach der weltweiten Anerkennung der DDR haben sich die Ziele der A. teilweise verändert. Nunmehr soll sie:

1. einen Beitrag zum Zusammenhalt des sozialistischen Blocks durch verstärkte Inter-Blockkommunikation leisten,

2. ein vorteilhaftes internationales Image der Sozialistischen Staatengemeinschaft als Ganzes schaffen und um Unterstützung für ihre spezifischen außenpolitischen Ziele werben, während gleichzeitig ein negatives Image des kapitalistischen Systems verbreitet wird,

3. soll die A. Ausländern gegenüber den Unterschied zwischen den beiden deutschen Staaten verdeutlichen, indem sie ein klares und positives Profil des „progressiven" sozialistischen deutschen Staates zeichnet und ein negatives Bild von der „perspektivlosen" Bundesrepublik verbreitet,

4. hat die A. einen Beitrag zur Abgrenzungspolitik gegenüber der Bundesrepublik zu leisten.

Um diese kurz-, mittel- und langfristigen Ziele zu erreichen, steht der A. der DDR ein breites Spektrum zentral geleiteter und koordinierter Kommunikationsmittel zur Verfügung. Hierzu gehören Rundfunksendungen („Stimme der DDR" gegenüber der Bundesrepublik „Radio Berlin International", das 322 Stunden pro Woche in 11 Sprachen in die ganze Welt ausstrahlt), die Veröffentlichung fremdsprachiger Bücher (aus dem Verlag „Zeit im Bild"), Zeitungen und Zeitschriften (u. a. erscheint die Zeitschrift „DDR Revue" in 7 Sprachen, und die → **Gesellschaft „Neue Heimat"** wendet sich an Ausländer deutscher Abstammung), Film- und TV-Produktionen zum Vertrieb im Ausland, Kulturzentren in verschiedenen Ländern, Ausstellungen, Messen und Gastvorlesungen.

Ferner treten Künstler und Schauspieler im Ausland auf, werden spezielle Veranstaltungen (Ostsee-Woche) und Konferenzen für Ausländer organisiert und ein internationaler Austausch von Studenten und Fachleuten organisiert. DDR-Städte treffen Partnerschaftsvereinbarungen mit Städten im Ausland. Zu besonderen Anlässen werden spezielle Komitees (Komitee für europäische Sicherheit) ins Leben gerufen. Organisationen mit dem speziellen Auftrag, sich an die internationale Öffentlichkeit zu wenden (so u. a. die Liga für Völkerfreundschaft, die Dachorganisation der DDR-Freundschaftsgesellschaften, Solidaritätskomitees und andere DDR-Massenorganisationen) wurden und werden gegründet, usw.

Die Aktivitäten der A. werden von der SED auf Partei- und Staatsebene koordiniert und von den entsprechenden Apparaten vorbereitet. Im besonderen Maße verantwortlich für die A. der DDR sind im Politbüro der DDR die Vollmitglieder Axen (Sekretär des ZK der SED für internationale Verbindungen), Hager (Sekretär des ZK für Kultur und Wissenschaft), Norden (Sekretär des ZK für West-Propaganda) und Lamberz (Sekretär des ZK für Agitation und Propaganda). Das ZK selbst betreibt A. durch seine Abteilungen, insbesondere der für internationale Verbindungen (Markowski), der für Auslandsinformation (Feist), der für Propaganda (Tiedke), der für Agitation (Geggel), sowie seine Büros, Kommissionen, Lehr- und Forschungsanstalten, sowie seine Presseorgane.

Auch die Block-Parteien haben in ihren Spitzengremien einzelne, besonders mit außenpolitischen Aufgaben und den Bedingungen der A. vertraute Spezialisten. Gleiches gilt für Massenorganisationen, die in der → **Nationalen Front der DDR** zusammenarbeiten.

Auf der staatlichen Ebene haben insbesondere der Staatsrat und der Ministerrat Zuständigkeiten im Rahmen der A. Der Ministerrat ist darüber hinaus verantwortlich für das Presseamt beim Ministerrat (welches u. a. den ADN anleitet) und die staatlichen Komitees für Rundfunk (Singer) und Fernsehen (Adameck). Das Ministerium für Auswärtige Angelegenheiten der DDR ist besonders für die Durchführung der A. verantwortlich. Entsprechend seinem Statut vom Februar 1970 ist es unmittelbar zuständig für die kulturellen Beziehungen mit dem Ausland, die eine spezielle Kommission zu koordinieren hat.

Auch der Volkskammer obliegen Aufgaben der A. Federführend sind hier ihr „Ausschuß für auswärtige Angelegenheiten" sowie die „Interparlamentarische Gruppe der DDR", die zahlreiche Kontakte mit ausländischen Parlamentariern unterhält. Da die DDR-Führung von der Intensivierung des ideologischen Klassenkampfes im internationalen Maßstabe ausgeht, sieht sie A. als eine der außenpolitischen Methoden und Instrumente an, die für die Bewältigung der gegenwärtigen internationalen Situation von besonderer Bedeutung ist.

Ziel und Zweck von A. ist es, „mit den Mitteln und Methoden der Agitation und Propaganda die Volksmassen in anderen Ländern so über . . . den Sozialismus zu informieren, daß sie durch Erkenntnis und Wahrnehmung ihrer eigenen Interessen zu aktiv Handelnden, zu Subjekten in den internationalen Beziehungen werden können. Es geht der sozialistischen Auslandsinformation also um die Bewußtheit und Organisiertheit der Volksmassen . . ." (Deutsche Außenpolitik, 5/1972, S. 900 f.).

Auslandsvertretungen: → **Diplomatische Beziehungen.**

Ausschuß für deutsche Einheit: Eine auf Beschluß des Ministerrates am 7. 1. 1954 gebildete zentrale Regierungsdienststelle zur politisch-publizistischen Unterstützung der → **Deutschlandpolitik der SED**. Der AfdE. versuchte erfolglos, Kontakte zum Kuratorium „Unteil-

bares Deutschland" in Bonn herzustellen. Zu seinen Tagungen lud er Bürger der Bundesrepublik Deutschland ein, die mit der SED sympathisierten. Der AfdE. publizierte Dokumentationen und andere Schriften, in denen die politische und gesellschaftliche Entwicklung des westlichen Deutschland heftig kritisiert wurde. Seine letzte bekanntgewordene Initiative bestand am 30. 8. 1965 in der Vorlage von „Vorschlägen für demokratische Veränderungen in Westdeutschland".

Erster Vorsitzender des AfdE. war von 1954 bis zu seinem Tod 1960 der Stellvertreter des Vorsitzenden des Ministerrates, Dr. Hans Loch (LDPD). Ihm folgte Dr. Max Suhrbier (LDPD). Als Sekretär des AfdE. – im Range eines Staatssekretärs – fungierten bis April 1955 Prof. Albert Norden (SED), anschließend Dr. W. Girnus (SED) und schließlich ab Mai 1958 A. Deter (SED). Nachdem bereits Anfang 1963 ein Teil der Aufgaben des AfdE. auf das „Komitee zum Studium der gesellschaftlichen Verhältnisse und ihrer Veränderung in Westdeutschland" übertragen worden war, erlosch die Tätigkeit des AfdE. nach der Bildung des Staatssekretariats für gesamtdeutsche Fragen im Dezember 1965, ohne daß seine formelle Auflösung mitgeteilt wurde.

Ausschüsse der Volkskammer: → **Volkskammer.**

Außenhandel: → **Außenwirtschaft und Außenhandel.**

Außenhandelsbetriebe (AHB): Bis 1968 Außenhandelsunternehmen; die AHB sind die für die Durchführung der Export- und Importaufgaben verantwortlichen Organe. Sie sind juristische Personen und arbeiten nach dem Prinzip der wirtschaftlichen Rechnungsführung und der Einzelleitung durch Generaldirektoren. Grundsätzlich unterstehen sie dem → **Ministerium für Außenhandel**, einige AHB werden jedoch von Kombinaten oder VVB angeleitet.

Die grundlegende Funktion der AHB besteht darin, das staatliche Außenhandelsmonopol vor allem in Form des Nachfrage- und Angebotsmonopols gemäß den staatlichen Planauflagen zu verwirklichen. Ferner kommt ihnen u. a. die Aufgabe zu, Marktforschung und → **Werbung** auch für die Produktionsbetriebe zu betreiben, Außenhandelsprognosen zu erstellen, bei der Vorbereitung und Realisierung der Kooperationsvorhaben im Rahmen des → **RGW** mitzuwirken und die Valutaaufkommens- und Bedarfspläne zu erarbeiten.

Im Zuge der Einführung des ökonomischen Systems des Sozialismus sollten die AHB zu Verkaufsorganen der VVB umgestaltet und ihnen leitungsmäßig direkt untergeordnet werden. Diese Bestrebungen hätten jedoch zu ständigen Kompetenzkonflikten der Industrieministerien mit dem Ministerium für Außenhandel und damit zu einer Aufweichung des Außenhandelsmonopols geführt. Sie wurden deshalb nicht realisiert. Vielmehr ist vorgesehen, die Stellung der AHB als wichtigstes Lenkungsinstrument der staatlichen Außenwirtschaftspolitik im Wirtschaftsprozeß zu stärken. Dies wird besonders angesichts der Bemühungen der DDR, ihre Wirtschaft mittels Kooperation und Spezialisierung verstärkt in den RGW zu integrieren, für notwendig gehalten (→ **Außenwirtschaft und Außenhandel**).

Zur Zeit existieren 31 AHB (ohne Produktionsbetriebe mit Außenhandelsfunktion).

Außenhandelsfinanzierung: → **Preissystem und Preispolitik; Außenwirtschaft und Außenhandel.**

Außenhandelsunternehmen: → **Außenhandelsbetriebe.**

Außenhandelswerbegesellschaft mbH „Interwerbung": → **Werbung.**

Außenpolitik

Ziele und Methoden – Verhältnis zur UdSSR – Beziehungen zu den Staaten des Warschauer Paktes – Westeuropa – Dritte Welt – Internationale Organisationen – Zusammenfassung

I. Zielsetzung und Methoden

Theoretische Grundlage der A. der DDR ist der → **Marxismus-Leninismus**. Danach wird auch die A. jedes Staates vom Charakter seiner Klassenstruktur und von den jeweiligen konkreten historischen und sozioökonomischen Bedingungen in einer Geschichtsepoche bestimmt. Damit wird die Kategorie des Klassenkampfes auch auf die Gestaltung der internationalen Beziehungen übertragen. A. sozialistischer Staaten bedeutet darum vor allem „Kampf" mit dem Fernziel der Herstellung einer internationalen klassenlosen Gesellschaft und erst in zweiter Linie Zusammenarbeit mit anderen Staaten. Diese außenpolitische Theorie unterscheidet zwischen Fern- und Nahzielen, Trägern und Triebkräften des internationalen Klassenkampfes und den Methoden (Strategie und Taktik) und Mitteln revolutionärer A. Träger sind danach in erster Linie das „internationale Proletariat", das von den kommunistischen und Arbeiterparteien geführt und organisiert wird. Als wichtige Triebkräfte werden außerdem die revolutionären Befreiungsbewegungen in den kolonialen und halbkolonialen Ländern und die staatstragenden Parteien einer Reihe von Entwicklungsländern (wie etwa die Arabische Sozialistische Union in Ägypten) angesehen, die vor allem in ihren wirtschaftlichen Programmen einen nichtkapitalistischen Entwicklungsweg ihrer einheimischen Volkswirtschaften propagieren. Weiterhin wird der Ausnutzung einer Reihe von Widersprüchen die Rolle einer Triebkraft im internationalen Klassenkampf zugesprochen. Dies sind im wesentlichen die Widersprüche zwischen Bourgeoisie und Proletariat in den kapitalistischen Ländern, zwischen den kapitalistischen Ländern und den Kolonien, zwischen den einzelnen kapitalistischen Ländern und zwischen kapitalistischem und sozialistischem Lager.

Aus diesem Grundverständnis leitet die SED als „Hauptaufgabe der sozialistischen A." – für die DDR wie für alle sozialistischen Staaten – „die Sicherung der günstigsten internationalen Bedingungen für den Sozialismus und Kommunismus wie für die Entfaltung des Kampfes aller fortschrittlichen und friedliebenden Kräfte" ab (Wörterbuch zum sozialistischen Staat, Stichwort Außenpolitik, Berlin [Ost] 1974, S. 37). Als wirksamste Methode zur Verwirklichung dieser Hauptaufgabe bezeichnet die SED ihre mit der UdSSR – als „Hauptmacht" – und den übrigen Staaten des Warschauer Paktes „Koordinierte Außenpolitik" (ebenda, S. 162/163). Als „Hauptzentrum" der Koordination gilt dabei der Warschauer Pakt, vor allem die regelmäßigen Konferenzen seines Politischen Beratenden Ausschusses, sowie die 1971, 1972 und 1973 auf der Krim durchgeführten Treffen der „Führer der kommunistischen und Arbeiterparteien der Bruderländer".

Bei der Durchführung dieser Hauptaufgabe gelten für die A. der DDR folgende Grundprinzipien: Zu den sozialistischen Staaten will sie ihre Beziehungen auf der Basis des „Prinzips des sozialistischen Internationalismus" gestalten, der als „höhere Stufe" des proletarischen Internationalismus verstanden wird. Dabei wird seit Gründung der DDR insbesondere die Freundschaft zur UdSSR als „Grundpfeiler der Außenpolitik" bezeichnet (Regierungserklärung Otto Grotewohls vom 12. 10. 1949). Faktisch führte dies mit einigen Einschränkungen – in der Berlin-Frage nahm die DDR zeitweise eine differenzierte Haltung ein – zu weitgehender Identifikation mit den außenpolitischen Zielen und Aktivitäten der UdSSR. Nach der Verfassungsrevision vom 7. 10. 1974 wird in Art. 6, Abs. 2 der zweiten Verfassung von 1968 das völkerrechtliche Verhältnis zur UdSSR auch verfassungsrechtlich normiert („. . . . für immer und unwiderruflich . . . verbündet").

Zwischen Staaten mit unterschiedlicher Gesellschaftsordnung sollen die Prinzipien der → **Friedlichen Koexistenz** gelten, die gleichermaßen einen Kooperations- wie Klassenkampfaspekt enthalten. Wichtige außenpolitische Funktionen nehmen in erster Linie wahr: das → **Ministerium für Auswärtige Angelegenheiten** (MfAA), das → **Ministerium für Außenhandel**, das → **Ministerium für Nationale Verteidigung** und die für die Beziehungen zu ausländischen kommunistischen Parteien zuständige Abteilung (für „Internationale Verbindungen") sowie die anderen Abteilungen des → **Sekretariats des ZK der SED**, die sich speziell mit Fragen der „BRD und Westberlins" befassen. Die außenpolitischen Befugnisse des Staatsrates, der von 1960 bis 1970 mehr als 30 internationale Verträge ratifizierte, sind nach der Verfassungsrevision von 1974 fast vollständig beseitigt bzw. auf die „Regierung" der DDR übertragen worden.

Während das MfAA außenpolitische Entscheidungen „vorbereitet" und „durchführt" sowie für alle Ministerien eine außenpolitische Koordinierungsfunktion ausübt, werden alle wichtigen Entscheidungen auf außenpolitischem Gebiet im 16köpfigen → **Politbüro der SED** getroffen. Damit ist die für

Herrschaftssysteme sozialistisch-kommunistischer Prägung charakteristische Zweigleisigkeit der A. – offizielle Staats- neben Parteiorganen – institutionell verankert. Zweigleisigkeit bedeutet hier, daß – soweit möglich – offizielle Beziehungen traditionellen Typs zu den Organen des anderen Staates unterhalten und gleichzeitig Parteibeziehungen zu den jeweiligen kommunistischen, bzw. sozialistischen Parteien, auch wenn diese nicht an der Regierung beteiligt sind, gepflegt werden.

Unter der Verantwortung dieser zentralen Organe nahm die außenpolitische Aktivität der DDR – vor allem bis zur diplomatischen Anerkennung durch die Mehrzahl der UNO-Mitglieder Ende 1972/Anfang 1973 – vielgestaltige Formen auf diplomatischer, wirtschaftlicher, wissenschaftlich-technischer und kultureller Ebene an und entwickelte die unterschiedlichsten, den Gegebenheiten des jeweiligen Staates angepaßten Methoden.

Instrumente und Kanäle dieser Aktivität waren bis zu diesem Zeitpunkt neben den Botschaften, die zur Pflege der → **diplomatischen Beziehungen** in den sozialistischen Ländern errichtet wurden, und den zahlreichen Handelsvertretungen in erster Linie die Vertretungen der → **Kammer für Außenhandel** (KfA), der → **Staatsbank** der DDR, der → **Deutschen Reichsbahn**, des Leipziger Messeamtes, der Deutschen Seereederei, des Allgemeinen Deutschen Nachrichtendienstes (ADN), des Deutschen Reisebüros und die Vertretung Volkseigener Handelsorganisationen (vor allem VE → **Außenhandelsbetriebe**) im Ausland. Als Medien der Kontaktaufnahme und -pflege und der Propagierung außenpolitischer Ziele dienten ferner die Entsendung eigener und der Empfang ausländischer Parlamentarier-Delegationen, die Einrichtung von Städte- und Betriebspartnerschaften, die Beteiligung an ausländischen Messen, die in westlichen Ländern bevorzugte Inseratenwerbung in der Tagespresse, internationale Sportveranstaltungen, wissenschaftliche Kongresse und tägliche, mehrstündige, fremdsprachliche Radiosendungen. Auf allen diesen Ebenen trieb die DDR eine technisch und finanziell aufwendige und nicht immer erfolglose → **Auslandspropaganda**.

Hierbei spielten die etwa 40–50 Auslands- und → **Freundschaftsgesellschaften** und Komitees mit globaler, regionaler oder auf einzelne Länder gerichteter Zuständigkeit, die in der 1961 gegründeten Liga für Völkerfreundschaft zusammengeschlossen wurden, eine wichtige Rolle. Ihnen oblag vor allem die Kontaktpflege zu kapitalistischen Staaten und Staaten der Dritten Welt.

Diese Vereinigungen und die entsprechenden Gesellschaften in den jeweiligen Partnerländern sollten von der DDR ein günstiges Bild ihrer innenpolitischen Entwicklung verbreiten und für ihre außenpolitischen Ziele werben. Die SED versprach sich davon vor allem günstige Auswirkungen auf die Erreichung ihres außenpolitischen Hauptzieles: die diplomatische Anerkennung.

Bis zum Abschluß des → **Grundlagenvertrages** 1972 war die A. der DDR gegenüber der Bundesrepublik Deutschland von spezifischen – deutschlandpolitischen – Zielsetzungen bestimmt, d. h. → **Deutschlandpolitik** war zwar wichtigstes Aktionsfeld, aber nicht identisch mit der A. der DDR. Das lag einerseits daran, daß zunächst in beiden Teilen Deutschlands entgegengesetzte Vorstellungen über die politische Gestalt eines wiederzuvereinigenden Deutschland entwickelt worden waren und die DDR ihren Anspruch auf uneingeschränkte Souveränität und völkerrechtliche Anerkennung als selbständiger deutscher Staat gegen die Politik der Bundesrepublik nicht durchzusetzen vermochte. Andererseits hat die SED gerade in der Frage der deutschen Nation einen schwankenden Kurs verfolgt, d. h. ihre Deutschlandpolitik blieb lange Zeit von widersprüchlichen Aussagen und raschen Positionswechseln in dieser zentralen Frage der politisch-propagandistischen Auseinandersetzung mit der Bundesrepublik bestimmt.

Noch Mitte der 60er Jahre galt als „Hauptziel und Hauptinhalt der gesamten außenpolitischen Tätigkeit (der DDR) . . . die Sicherung der deutschen Nation vor Krieg und Vernichtung . . .", d. h. die DDR verstand sich als Verfechterin der „nationalen Interessen Deutschlands". Die These von der zwar noch einheitlichen, aber staatlich schon gespaltenen Nation wurde von der SED nur kurze Zeit vertreten. Gegen Ende der 60er Jahre und als Reaktion auf westdeutsche Beschwörungen der Einheit der Nation behauptete die SED-Führung die Existenz zweier deutscher Nationen, einer bürgerlichen in der Bundesrepublik und einer sich entwickelnden sozialistischen in der DDR, wobei die Hereinnahme ideologischer, von der Klassenkampfdoktrin geprägter Erklärungsmuster in den sozialistischen Nationenbegriff neben defensiven auch offensive (Angliederung der Bundesrepublik an den „nationalen Kern" DDR) deutschlandpolitische Züge aufwies.

Die 1974 schließlich auch verfassungsrechtlich fixierte Aufgabe dieses Nation-Konzeptes (nach der Verfassungsänderung vom 7. 10. 1974 ist die DDR ein „sozialistischer Staat der Arbeiter und Bauern" statt, wie bis dahin, ein „sozialistischer Staat deutscher Nation"), läßt vermuten, daß die SED für die nächste Zukunft keine eigene Deutschlandpolitik unter (sozialistisch-) nationalem Vorzeichen zu treiben gedenkt und vielmehr das Verhältnis zur Bundesrepublik mit klassischen Mitteln und im Rahmen ihrer gesamten A., d. h. ohne Vorrang, zu gestalten beabsichtigt.

Damit ist vor allem auch jene Phase abgeschlossen, in der zur Erreichung außen- und deutschlandpolitischer Nahziele (wie der Anerkennung) die besondere „Unterstützung der nationalen Freiheitsbewegungen" als wichtige „internationale Verpflichtung" bezeichnet wurde, da ihr als Motiv die „ständige Entlarvung der neokolonialistischen Politik der westdeutschen Regierung" zugrunde lag. Diese Politik wurde als andauernder Versuch bezeichnet, durch wirtschaftlichen „Druck" und direkte „Einmischung" die „Entwicklung normaler Beziehungen" der Staaten der Dritten Welt zur DDR zu verhindern.

II. Das Verhältnis zur UdSSR

Nach Gründung der DDR übertrug am 10. 10. 1949 die seit dem 9. 6. 1945 bestehende Sowjetische Militäradministration in Deutschland (SMAD) einen Teil ihrer Funktionen auf die Provisorische Regierung der DDR. An Stelle der SMAD wurde die Sowjetische Kontrollkommission (SKK) gebildet, die für die „Durchführung der Potsdamer Beschlüsse und der anderen von den Vier Mächten gemeinsam getroffenen Entscheidungen über Deutschland" zuständig blieb. Seit diesem Zeitpunkt betrachtet sich die DDR als souverän in der Gestaltung ihrer außenpolitischen wie außenwirtschaftlichen Beziehungen. Am 28. 5. 1953 wurde die SKK in eine „Hohe Kommission" umgewandelt. Im Anschluß an die erfolglose Berliner Außenministerkonferenz der Vier Mächte erklärte die UdSSR am 25. 3. 1954, daß sie mit der DDR „die gleichen Beziehungen . . . wie mit anderen souveränen Staaten" aufnehmen wolle. Gleichzeitig wurde die Tätigkeit der sowjetischen „Hohen Kommission", soweit sie die Überwachung staatlicher Organe der DDR betraf, als beendet erklärt. Die Regierung in Moskau stellte jedoch gleichzeitig fest, daß sie sich auch künftig bestimmte Funktionen vorbehalte, die mit der „Gewährleistung der Sicherheit im Zusammenhang stehen und sich aus den Verpflichtungen ergeben, die der UdSSR aus den Viermächte-Abkommen erwachsen" (Dokumente zur Außenpolitik der Regierung der Deutschen Demokratischen Republik, Bd. 1, Berlin [Ost] 1954, S. 303).

Entgegen früheren Behauptungen der SED und in Übereinstimmung mit dem Völkerrecht kann erst das Datum dieser sowjetischen Erklärung als der Zeitpunkt gelten, von dem an die DDR als formal souveräner Staat anzusehen ist. Die von sowjetischer Seite geäußerten Vorbehalte – zuletzt erneut beim Abschluß des Viermächte-Abkommens über → **Berlin** – haben jedoch den Charakter von Souveränitätsbeschränkungen, auch wenn dies von der SED bestritten wird.

Durch Erlaß der Sowjetregierung vom 25. 1. 1955 beendete die UdSSR einseitig den Kriegszustand mit Deutschland. Von Januar bis April 1955 vollzogen die ČSSR, die Volksrepublik Polen, die VR Albanien, die Rumänische VR, die Ungarische VR und die VR China den gleichen Schritt.

Nach der Unterzeichnung der Pariser Verträge im Herbst 1954, insbesondere nach der Londoner Neunmächte-Konferenz (28. 9.–10. 3. 1954), die eine eindeutige Unterstützung des Alleinvertretungsrechts der Bundesrepublik Deutschland seitens der Westmächte brachte, nach der gescheiterten Gipfelkonferenz vom Sommer 1955 (18.–23. 7. 1955) und dem Besuch Bundeskanzler Adenauers in Moskau (9.–13. 9. 1955), in dessen Verlauf die Aufnahme diplomatischer Beziehungen zwischen der UdSSR und der Bundesrepublik Deutschland beschlossen wurde, ist am 20. 9. 1955 in Moskau ein „Vertrag über die Beziehungen zwischen der Deutschen Demokratischen Republik und der Union der Sozialistischen Sowjetrepubliken" unterzeichnet worden, der von Völkerrechtlern der DDR als „Beginn einer neuen Etappe in den Beziehungen zwischen beiden Staaten" bezeichnet wird. Dieser Vertrag sollte die → **Souveränität** der DDR erneut bekräftigen. Gleichzeitig löste die UdSSR ihre „Hohe Kommission" in der DDR auf. Art. 1 Abs. 2 des Vertrages übertrug der DDR die „Entscheidung über Fragen ihrer Innen- und Außenpolitik, einschließlich der Beziehungen zur Deutschen Bundesrepublik . . ." (Dokumente . . ., Bd. 3, Berlin 1956, S. 281).

Der Vertrag rückte seitens der DDR und der UdSSR die innerdeutschen Beziehungen in den Bereich des Völkerrechts; die Wiedervereinigung Deutschlands sollte nur noch über völkerrechtlich gültige Verträge zwischen beiden deutschen Staaten erreichbar sein. Der Vertrag regelte ferner (bis zum Abschluß eines Truppenvertrages zwischen beiden Staaten am 12. 3. 1957) die „zeitweilige Stationierung sowjetischer Truppen" auf dem Gebiet der DDR. (Seit 1970 wurden in der DDR stationierte Teile der Roten Armee als → **Gruppe der sowjetischen Streitkräfte in Deutschland** bezeichnet.) Um die DDR auch ökonomisch zu stärken und den wirtschaftlichen und psychologischen Folgen des 17. 6. 1953 entgegenzuwirken, hatte die UdSSR schon im April 1950 teilweise und im August 1953 auf alle noch ausstehenden Reparationszahlungen (2,5 Mrd. Dollar nach DDR-Quellen) verzichtet, weitere 33 SAG-Betriebe an die DDR zurückgegeben, alle Nachkriegsschulden erlassen, die Stationierungskosten für die Truppen auf dem Gebiet der DDR verringert und ihr beträchtliche Kredite (etwa 1 Mrd. Rubel) eingeräumt.

Große Bedeutung für die vom Rohstoffimport abhängige Wirtschaft hatten ebenfalls die Wirtschaftsverhandlungen am 16. und 17. 7. 1956 in Moskau. Die UdSSR halbierte noch einmal die Stationierungskosten für ihre Truppen (von 1,6 Mrd. auf 0,8 Mrd. Mark, ab 1959 wurden sie ganz gestrichen) und verpflichtete sich nach Angaben aus der DDR zu langfristigen Rohstofflieferungen für zusätzliche 7,5 Mrd. Rubel.

Die SED bezeichnete den mit der UdSSR am

12. 6. 1964 in Moskau abgeschlossenen „Vertrag über Freundschaft, gegenseitigen Beistand und Zusammenarbeit" als das „bis dahin wichtigste Ereignis und Ergebnis" ihrer A. und als „folgerichtige" Fortsetzung und Entwicklung der beiderseitigen Beziehungen, die mit dem Vertrag vom 20. 9. 1955 begonnen hätten. Er soll „der Freundschaft zwischen beiden Staaten Richtung und Perspektive bis über das Jahr 2000 hinaus" geben. In seinen Kernsätzen bekräftigt er die Zugehörigkeit beider Staaten zum → **Warschauer Pakt**, garantiert die Unantastbarkeit der Grenzen der DDR, bezeichnete – erstmalig in einem völkerrechtlichen Vertrag – West-Berlin als „selbständige politische Einheit" und forderte die „Normalisierung der Lage in West-Berlin auf der Basis eines Friedensvertrages". Die „Hohen vertragschließenden Seiten" erklären ferner, daß ein einheitlicher deutscher Staat nur durch „gleichberechtigte Verhandlungen und eine Verständigung zwischen beiden souveränen deutschen Staaten" erreicht werden könne. Die UdSSR behielt sich auch in diesem Vertrag „Rechte und Pflichten" vor, die ihr aus „internationalen Abkommen einschließlich des Potsdamer Abkommens" erwachsen sind. Die wirtschaftliche Zusammenarbeit beider Länder will der Vertrag optimal entwickeln und durch Koordinierung der Volkswirtschaftspläne den „nationalen Wirtschaften beider Staaten ein Höchstmaß an Produktivität sichern". Der Vertrag hat eine Gültigkeitsdauer von 20 Jahren, falls er nicht „auf Wunsch" beider Seiten im Falle der „Schaffung eines einheitlichen, demokratischen und friedliebenden deutschen Staates" oder des Abschlusses eines deutschen Friedensvertrages „überprüft" wird.

Nach Auffassung westlicher Völkerrechtler bedeutet dieser Beistandspakt, obwohl er explizit keine neuen Verpflichtungen schafft, die über den Warschauer Pakt hinausgehen, durch die Betonung des Prinzips des sozialistischen Internationalismus und der Verpflichtung zur „brüderlichen Hilfe", die sich beide Seiten gegebenenfalls leisten wollen, verstärkte Investitionsmöglichkeiten für die UdSSR aufgrund eines international gültigen Vertrages.

Darüber hinaus bedeutete dieser Vertrag die völkerrechtliche Festlegung beider Staaten auf die bis dahin verfolgte Deutschlandpolitik. Die Bündnisklausel (Art. 5 Abs. 1) entspricht der des Warschauer Paktes. Danach bestimmt allein die UdSSR, mit welchen Mitteln sie Beistand leistet, eine automatische Hilfeleistung ist nicht vorgesehen.

Einerseits wurde die DDR mit dem Vertrag vom 12. 6. 1964 erstmalig in das System der bilateralen Konsultations- und Beistandspakte einbezogen und damit noch stärker als bisher vertraglich an die UdSSR gebunden, andererseits erhielt sie durch ihn eine erhöhte Existenzgarantie seitens der UdSSR und ein begrenztes Mitspracherecht in der sowjetischen Deutschlandpolitik.

Die engen völkerrechtlichen und machtpolitischen Bindungen an die UdSSR können jedoch nicht die Spannungen verdecken, die mit einer wachsenden, aber eng begrenzten Emanzipation der DDR – vom einstigen Vasallen zum Juniorpartner der Hegemonialmacht UdSSR – auftreten mußten. Gründe hierfür sind in erster Linie die Auswirkungen des sowjetisch-chinesischen Konflikts auf die Bindungen innerhalb des Ostblocks und in der wachsenden wirtschaftlichen Bedeutung der DDR als größter Handelspartner der UdSSR zu suchen. Wegen der ideologischen Verbundenheit und der machtpolitischen Abhängigkeit der strategischen Führungsgruppe der SED von der KPdSU führen Spannungen zwar nicht zu offener Obstruktion gegenüber sowjetischer Politik. Gelegentlich deuten jedoch Zeitpunkt und Inhalt von DDR-Verlautbarungen, in denen sowjetische außenpolitische Aktionen oder innersowjetische Ereignisse kommentiert werden, auf mangelnde „völlige Übereinstimmung" hin. So hat sich z. B. Ulbricht bis 1961 in der öffentlichen Unterstützung des Chruschtschowschen Entstalinisierungskurses auffällig zurückgehalten. Ebenso wurden die Auswirkungen des kurzfristigen literarischen Tauwetters in der UdSSR im Jahre 1962 in der DDR rigoros bekämpft, die Reise und das Auftreten des Lyrikers Jewtuschenko in der Bundesrepublik Deutschland im Jahre 1963 sogar heftig kritisiert. Der Sturz Chruschtschows im Oktober 1964 fand in der DDR nur ein vorsichtig registrierendes Echo. Zwar war der sowjetische Parteichef durch den Ausgang der Kuba-Krise auch mit seiner Berlinpolitik (Berlin-Ultimatum von 1958) gescheitert, jedoch wurden gerade zum damaligen Zeitpunkt seine Verdienste um die DDR bezüglich der Einführung des → **Neuen Ökonomischen Systems** und des Abschlusses des Freundschaftsvertrages vom Juni 1964 auffällig betont und von der SED-Führung in den Vordergrund gerückt.

Im chinesisch-sowjetischen Konflikt hatte die SED auf ihrem VI. Parteitag im Jahre 1963 eindeutig die sowjetische Position unterstützt. Diese Einstellung wurde jedoch von ihr im Herbst 1964 vorsichtig modifiziert. Auch Ulbricht äußerte nun Bedenken gegen die Einberufung einer kommunistischen Weltkonferenz, die nach Chruschtschows Intention die Exkommunikation der KP Chinas aus der kommunistischen Weltbewegung beschließen sollte. Seitdem haben sich die Beziehungen zur VR China ständig verschlechtert. Die SED hat sich uneingeschränkt den sowjetischen Standpunkt zu eigen gemacht. Im Jahre 1974 werden zwar noch diplomatische Beziehungen unterhalten, jedoch wird die VR China von der SED nicht mehr als sozialistischer Staat anerkannt; die Existenz sozialistischer Produktionsverhältnisse in China wird im Widerspruch dazu aber nicht bestritten.

Die DDR sieht nach wie vor in der UdSSR den einzig

wirksamen Garanten ihrer Grenzen und damit ihrer Existenz. Zwar hat sie bisher weder einen separaten Friedensvertrag mit der UdSSR abschließen noch ihre einstige Forderung nach Umwandlung Berlins (West) in eine „Freie Stadt" in Moskau durchsetzen können. Volle Übereinstimmung zwischen beiden Staaten bestand und besteht jedoch hinsichtlich eines Grundsatzes der A. der DDR:

Jede Entspannung in Europa darf den territorialen und politischen Status quo nicht in Frage stellen. (Diesem Grundsatz entsprechend hat die DDR während der bisherigen Phasen der KSZE 1973 und 1974 – der Konferenz über Sicherheit und Zusammenarbeit in Europa – die sowjetische Konferenzdiplomatie uneingeschränkt unterstützt. Insbesondere die Weigerung der UdSSR, in das Abschlußdokument der KSZE die Möglichkeit einer einvernehmlichen, d. h. friedlichen Änderung bestehender Grenzen aufzunehmen, findet die volle Unterstützung der DDR.)

Die kompromißlose Unterstützung der sowjetischen Politik gegenüber den Reformbewegungen in der ČSSR 1968 lag zwar im ureigensten Interesse der Dogmatiker in der SED, ist aber auch als politischer Preis für die bis dahin unveränderte sowjetische Haltung in der Deutschlandfrage anzusehen. Andererseits war in den letzten Jahren vor der Ablösung Ulbrichts als Erster Sekretär des ZK der SED im Juni 1971 auch im Verhältnis zur UdSSR offenbar eine Veränderung eingetreten, die von einer wachsenden politischen Emanzipation der DDR ausgelöst wurde.

Das Bemühen Ulbrichts, die Interessen der SED auch gegenüber der UdSSR stärker zur Geltung zu bringen, zeigte sich andeutungsweise während der letzten Bundespräsidentenwahl in Berlin (West) im Frühjahr 1969, als die DDR-Führung im Gegensatz zur UdSSR eine schwere Berlin-Krise in Kauf nahm, während Moskau offenbar einen Konflikt mit den Westmächten zu Beginn der eigenen Entspannungsoffensive zu vermeiden suchte. Auch während der Vorbereitungen und in der ersten Phase der Vier-Mächte-Verhandlungen über Berlin schien die DDR eher einer Konfliktstrategie zu folgen als die Anstrengungen Moskaus zu unterstützen, mit den Westmächten (über Berlin) und der Bundesrepublik Deutschland zu einem vertraglich ausgehandelten Modus vivendi zu gelangen. Westliche Beobachter haben die Ablösung Ulbrichts u. a. auf dessen Widerstand gegen die neue sowjetische Europapolitik zurückgeführt.

Unter der Führung Honeckers ist wieder eine nahezu vollständige Unterordnung unter die Außenpolitik der UdSSR zu beobachten, der sich die SED-Führung mit Zugeständnissen gegenüber der Bundesrepublik Deutschland in den Folgeverträgen zum Berlin-Abkommen und zum Grundlagenvertrag anzupassen sucht.

III. Das Verhältnis zu den Staaten des Warschauer Paktes

Nach der Aufnahme diplomatischer Beziehungen zwischen der UdSSR und der DDR (15. 10. 1949) folgten diesem Schritt auch die übrigen osteuropäischen Staaten: am 17. 10. 1949 Bulgarien, am 18. 10. 1949 Polen, die ČSSR, Ungarn und Rumänien, am 25. 10. 1949 die VR China, am 6. 11. 1949 Nord-Korea. In allen Fällen wurden zunächst nur diplomatische Missionen eingerichtet, ein Botschafteraustausch erfolgte erst 1953. Albanien stimmte am 2. 12. 1949 dem Austausch von diplomatischen Missionen zu, die 1953 zu Gesandtschaften und am 28. 3. 1955 zu Botschaften erhoben wurden. Ebenso wie Albanien verfuhr eine Reihe asiatischer kommunistischer Staaten. Die seit dem 13. 4. 1950 bestehenden diplomatischen Missionen in der Mongolischen VR und Ost-Berlin wurden am 17. 10. 1955 wechselseitig in Botschaften umgewandelt. Mit Nord-Vietnam wurden am 16. 12. 1954 Botschafter ausgetauscht; die mit Kuba seit 1960 bestehenden Beziehungen in der Form diplomatischer Missionen wurden 1963 durch Botschafteraustausch aufgewertet. Die seit Oktober 1957 zwischen Jugoslawien und der DDR bestehenden Gesandtschaften wurden am 12. 10. 1966 in den Rang von Botschaften erhoben.

In zweiseitigen Abkommen mit Polen und der ČSSR erstrebte die DDR frühzeitig eine relative Konsolidierung ihrer östlichen Grenzen. Am 6. 6. und 6. 7. 1950 wurden in zwei Abkommen mit Polen Oder und Lausitzer Neiße zur „unantastbaren Friedens- und Freundschaftsgrenze" zwischen beiden Staaten erklärt, obwohl sich die SED anfangs einer Abtretung deutscher Ostgebiete an Polen ebenfalls widersetzt hatte. Am 23. 6. 1950 bestätigten sich DDR und ČSSR, daß es zwischen ihnen keine „offenen und strittigen" Fragen gebe und die „Umsiedlung der Deutschen aus der Tschechoslowakei unabänderlich, gerecht und endgültig" sei. Mit allen Ländern des Ostblocks wurde bis heute eine Vielzahl von bilateralen Handelsverträgen, Kreditabkommen und Protokolle über wissenschaftlich-technische und kulturelle Zusammenarbeit abgeschlossen (→ **Außenwirtschaft und Außenhandel**).

Keine unmittelbaren handelspolitischen Auswirkungen hatte zunächst die Aufnahme der DDR (29. 9. 1950) in den am 25. 1. 1949 von der UdSSR, Bulgarien. Ungarn. Polen, Rumänien und der ČSSR gegründeten → **Rat für Gegenseitige Wirtschaftshilfe** (RGW). Die DDR war von da an zwar in allen vom 1959 verabschiedeten Statut des RGW vorgesehenen Organen vertreten, und 3 „Ständige Kommissionen" (für Chemische Industrie, für Bauwesen und für Standardisierung) haben ihren ständigen Sitz in Ost-Berlin. Der Schwerpunkt der Wirtschaftsbeziehungen zwischen den Mitgliedern des RGW lag jedoch in den Jahren 1950–1960 auf den bilateralen langfristigen Handelsabkommen, unter anderen: DDR–UdSSR (23. 9. 1951 und 20. 2. 1957), DDR–ČSSR (1. 12. 1951), DDR–Polen (10. 11. 1951), DDR–Rumänien (23. 1. 1952).

Da auch die späteren Versuche der UdSSR (vor allem 1962), eine höhere Rechtsform der supranationalen Integration im RGW durchzusetzen, am wachsenden Selbständigkeitsstreben einzelner RGW-Länder (insbesondere Rumäniens) scheiterten, blieben die bilateralen Wirtschaftsbeziehungen auch für die DDR die entscheidenden Formen der wirtschaftlichen Intra-Block-Beziehungen. Die DDR galt und gilt jedoch bis heute als die entschiedenste Verfechterin einer möglichst engen Verflechtung und Arbeitsteilung zwischen den nationalen Volkswirtschaften. Sie dringt auf völkerrechtliche „direkte Verbindlichkeit der Ratsempfehlungen” im RGW. Von größerer Bedeutung für die außenpolitischen Bindungen der DDR war die Schaffung des Warschauer Paktes (14. 5. 1955), zu dessen Gründerstaaten sie gehört. Formal, jedoch nicht tatsächlich, von Anfang an gleichberechtigt, ist die DDR in allen Organen der Paktorganisation vertreten. Die am 18. 1. 1956 in → **Nationale Volksarmee** (NVA) umbenannte Kasernierte Volkspolizei (KVP) wurde jedoch erst am 28. 1. 1956 dem Vereinigten Oberkommando (Sitz Moskau) unterstellt. Rechtlich erhebliche Unterschiede und dadurch bedingte Einschränkungen der außen- und militärpolitischen Entscheidungsfreiheit der DDR sind in den unterschiedlichen Formulierungen der die Beistandsklauseln betreffenden Passagen der Vertragstexte festzustellen. Während der für die übrigen Pakt-Staaten maßgebende Text in russischer, polnischer und tschechischer Sprache abgefaßt ist und bestimmt, daß jeder dieser Staaten über die Formen seines Beistandes zugunsten der DDR allein entscheidet, legt die für die DDR geltende deutsche Fassung fest, daß die Art des Beistandes der DDR zugunsten der anderen Teilnehmerstaaten von diesen bestimmt werden kann. Diese vertragsrechtliche Benachteiligung der DDR, verbunden mit den einseitig auf die Sicherheitsinteressen der sowjetischen Truppen in der DDR abgestellten Konsultationsklauseln des Truppenvertrages von 1957 – die in ähnlichen Verträgen der UdSSR mit Polen und Ungarn den Stationierungsländern mehr Mitspracherechte einräumen –, verringerte aber nicht das faktische Gewicht, das die DDR im Pakt erlangen konnte. Seit gemeinsame Manöver der Paktstreitkräfte (Herbst 1961) stattfinden, hat der DDR-Verteidigungsminister Heinz Hoffmann, als einziger der Stellvertreter des sowjetischen Oberbefehlshabers, zwei größere Truppenübungen geleitet. Vieles deutet darauf hin, daß – einer Anregung W. Gomulkas zufolge – die Armeen der VR Polen, der ČSSR, der DDR zusammen mit den in Polen und der DDR stationierten sowjetischen Truppen, innerhalb des Paktes bis Ende 1967 eine

Sonderstellung einnahmen. (Neues Deutschland vom 24. 5. 1965 sprach von einer „Ersten Strategischen Staffel” des Warschauer Paktes.)

Angesichts des seit Mitte der 60er Jahre zu beobachtenden Wandels des Paktes zu einer „machtpolitischen Allianz klassischer Provenienz” (R. Löwenthal) hat die vollständige Einbindung der DDR in den Pakt auch eine Stärkung ihres außenpolitischen Gewichts im sozialistischen Lager insofern zur Folge gehabt, als Ulbricht insbesondere in den Jahren 1968–1971 z. T. erfolgreich versuchte, über das östliche Allianzsystem eine Kontrolle der Politik vor allem der kleineren Paktmitglieder gegenüber der Bundesrepublik Deutschland auszuüben. Der außenpolitische Entscheidungsspielraum der DDR ist jedoch aufgrund ihrer geographischen Lage und ihres besonderen politischen und wirtschaftlichen Abhängigkeitsverhältnisses zur UdSSR geringer als der der übrigen Paktmitglieder. Das wurde gerade seit 1969 deutlich, als die UdSSR in der Phase der Annäherung an die Bundesrepublik den Warschauer Pakt verstärkt als Disziplinierungsinstrument gegenüber Osteuropa benutzte.

Neben dem Pakt („lex generalis”) haben die Länder des „Eisernen Dreiecks” (DDR, Polen, ČSSR) von 1963 bis 1967 untereinander und mit der UdSSR eine Reihe von bilateralen Bündnisverträgen („leges speciales”) abgeschlossen, so die DDR im März 1967 mit Polen und der ČSSR, im Mai 1967 auch mit Ungarn und im September 1967 mit Bulgarien. Diese Verträge sollten vornehmlich der Konsolidierung des sozialistischen Lagers und dem Kampf „gegen die imperialistische Reaktion” dienen. Die Bestimmungen über den Bündnisfall und über Art und Umfang der Beistandsleistung entsprachen weitgehend denen des Warschauer Paktes. Die Bundesrepublik Deutschland wurde zwar in diesen Verträgen nicht explizit als potentieller Aggressor genannt (der Pakt als sogenannter „offener” Pakt spricht nur vom möglichen Angriff „irgendeines Staates oder einer Staatengruppe”); nach einheitlicher östlicher und westlicher Interpretation der Bündnisklauseln war sie aber implizit immer gemeint, wenn von möglichen Angreifern gesprochen wurde.

In allen Verträgen wurde ex- oder implizit die sowjetische Zwei-Staaten-Theorie hinsichtlich Deutschlands bekräftigt. Mit Ausnahme des Vertrages DDR–Ungarn wurde in allen Verträgen das Potsdamer Abkommen, das die Vier-Mächte-Verantwortung für Deutschland als Ganzes festlegte, nur in der Weise erwähnt, daß die DDR seine Prinzipien verwirklicht habe. Sofern sich die Vertragstexte überhaupt auf die Wiederherstellung der staatlichen Einheit Deutschlands beziehen, wurde sie nur nach „Normalisierung der Beziehungen zwischen beiden deutschen Staaten” für möglich erklärt. In den Verträgen der DDR mit Ungarn und Bulgarien wurde eine mögliche Vereinigung beider deutscher Staaten überhaupt nicht erwähnt. In allen Verträgen wurde als Grundbedingung für eine deutsche Friedensregelung die Überwindung des „deutschen Militarismus und Neonazismus" genannt. Berlin (West) wird in den Verträgen der DDR mit Polen, Ungarn und der ČSSR als „besondere politische Einheit", im Vertrag DDR–Bulgarien als „selbständige politische Einheit" bezeichnet. Die Forderung nach Umwandlung Berlins (West) in eine „Freie und entmilitarisierte Stadt Westberlin" konnte die DDR dagegen vertraglich nicht bekräftigen.

Die DDR verstand diese Verträge als zusätzliche Garantie ihrer Grenzen und damit als Vorleistung an ein zu schaffendes, den Status quo in Europa zementierendes Sicherheitssystem (W. Ulbricht in Neues Deutschland vom 8. 9. 1967).

Sie sollten ferner zu verstärkter Zusammenarbeit und Abstimmung auf allen Gebieten des politischen und gesellschaftlichen Lebens der Vertragspartner führen. Diese Abstimmung sah die DDR als „wirksames Mittel zur Durchführung gemeinsamer außenpolitischer Aktionen" gegen die Ostpolitik der Großen Koalition in Bonn an.

Da diese Verträge das Prinzip des sozialistischen Internationalismus stark betonten, boten sie der Blockpolitik der DDR nach westlicher und östlicher Auffassung die rechtliche Grundlage für die – besonders in der ČSSR im Frühjahr und Sommer 1968 – zu beobachtenden direkten und indirekten Interventionen in die inneren Angelegenheiten der betroffenen Partnerstaaten. Die „Präventivfunktion" dieser Verträge (Blockierungen schwer kontrollierbarer Entwicklungen im Verhältnis der Bündnispartner zur Bundesrepublik Deutschland) hat für die SED seit dem Abschluß des Grundlagenvertrages mit der Bundesrepublik Deutschland und der ihm folgenden internationalen diplomatischen Anerkennung an Bedeutung verloren.

Einen Sonderfall stellte das Verhältnis der DDR zu Rumänien dar. Rumänien hatte sich seit 1962 sowjetischen Integrationsbestrebungen im Rahmen des RGW widersetzt, weil es darin Nachteile für seine Volkswirtschaft befürchtete. 1967 hatte es als erstes sozialistisches Land Osteuropas diplomatische Beziehungen zur Bundesrepublik Deutschland aufgenommen, ohne die vorherige völkerrechtliche Anerkennung der DDR durch Bonn zur Vorbedingung zu machen. Dies hatte zu einer öffentlich ausgetragenen scharfen Kontroverse zwischen der SED und Bukarest geführt.

Die rumänische KP hatte sich 1968 an der Intervention der übrigen Staaten des Warschauer Paktes in der ČSSR nicht beteiligt und diese Aktion auch öffentlich mißbilligt.

Die in dieser Politik zum Ausdruck kommenden unterschiedlichen Auffassungen über die Bedeutung der nationalen Unabhängigkeit und Souveränität sowie über die Prinzipien des sozialistischen Internationalismus zwischen Rumänien und den übrigen Mitgliedsstaaten des Warschauer Vertrages (einschließlich der UdSSR) führten u. a. dazu, daß ein Freundschafts- und Beistandsvertrag zwischen DDR und Rumänien zwar im Oktober 1970 paraphiert, aber erst im Mai 1972 unterzeichnet wurde. Seine Bestimmungen gleichen – bis auf geringfügige Abweichungen – denen der Verträge des Jahres 1967.

IV. Das Verhältnis zu den nichtsozialistischen Industriestaaten

Bis 1972 gelang es der A. der DDR nicht, von einem europäischen Staat außerhalb des sowjetischen Einflußbereiches die völkerrechtliche, diplomatische Anerkennung als souveräner Staat zu erlangen. Dies lag gleichermaßen an der politischen Solidarität der Mehrzahl der europäischen Staaten mit der Bundesrepublik Deutschland, die eine Anerkennung der Teilung Deutschlands verbot, an den politisch-moralischen Überzeugungen und Sicherheitserwägungen der westlichen Bündnispartner und nicht zuletzt an der Wirksamkeit der von den Mitgliedern des Warschauer Paktes und der DDR heftig bekämpften sogenannten Hallstein-Doktrin (1955). Unterhalb der Schwelle der diplomatischen Anerkennung erlangte die DDR jedoch frühzeitig de-facto-Anerkennung insofern, als sie mit den meisten nichtsozialistischen Staaten Europas vertragliche Handelsbeziehungen anknüpfen, Verkehrs- und Finanzabkommen abschließen und/oder in diesen Staaten Niederlassungen volkseigener Außenhandelsunternehmen etablieren konnte. So bestanden Ende der 60er Jahre in 12 europäischen Staaten (einschließlich der Türkei) Vertretungen der → **Kammer für Außenhandel** (KfA) der DDR, in Zypern und Finnland gab es eine Handelsvertretung. Als einziger europäischer Staat unterhielt Finnland – bedingt durch sein besonders Verhältnis zur UdSSR – in Berlin (Ost) ebenfalls eine Handelsvertretung, die (ebenso wie die DDR-Vertretung in Helsinki) quasi-konsularischen Status besaß.

Eine ständige politische Offensive entwickelte die DDR etwa seit 1957 gegenüber den skandinavischen Staaten, die ihren alljährlichen Höhepunkt in der Veranstaltung der Rostocker → **Ostseewochen** erreichte. Unter der Losung „Die Ostsee muß ein Meer des Friedens sein" versuchte die DDR nicht ohne Erfolg einige Vorbehalte, insbesondere Dänemarks und Norwegens, gegen die NATO für die eigene Ostseepolitik auszunutzen, die eine Schwächung der NATO-Flanke zum Ziel hatte und hat und den eigenen außenpolitischen Status in diesem Gebiet aufwerten sollte. (Am 2. 9. 1957 hatte die DDR in einer offiziellen Erklärung allen skandinavischen Staaten den Abschluß zwei- und mehrseitiger Freundschaftsverträge angeboten.)

In Kopenhagen, Stockholm und Oslo bestanden bis 1973 (nur) Vertretungen der KfA.

Die finanziell aufwendige und agitatorisch den Bedingungen der jeweiligen Länder sich anpassende
Öffentlichkeitsarbeit dieser wie aller anderen Vertretungen der DDR im Ausland hatte jedoch ihr internationales Prestige merkbar aufgewertet. (Am
9. Juni 1968 wurde in Helsinki unter Teilnahme von
Delegierten aus 15 europäischen Ländern eine zwei-
tägige Konferenz mit dem Thema „Über die Bedeutung der Anerkennung der DDR für die europäische
Sicherheit" abgehalten. Die Konferenz nahm einen
Appell an die nichtsozialistischen Staaten Europas
an, in dem die Anerkennung der DDR gefordert
wurde. Ein neugegründetes Ständiges Internationales Komitee für die Anerkennung der DDR unter
Vorsitz des schwedischen Reichstagsabgeordneten
Dr. Stellan Arvidson sollte vor allem dieses Hauptziel der A. der DDR durchsetzen helfen.)
Ziel aller derartigen wie auch der intensiven
handelspolitischen Anstrengungen vor allem im Westen war es, die außenpolitische Isolierung zu durchbrechen und die völkerrechtliche Anerkennung als
souveräner deutscher Staat zu erreichen.
Im Zusammenhang mit dem Abschluß des Grundlagenvertrages (1972) mit der Bundesrepublik und der
Aufnahme der DDR in die Organisation der Vereinten Nationen (1973) hat sie zu über 90 Staaten → **diplomatische Beziehungen** aufgenommen. (Insgesamt haben bis Oktober 1974 109 Staaten die DDR
diplomatisch anerkannt.)
Bei der formalen Gestaltung der neuen außenpolitischen Beziehungen folgt die SED weitgehend den
traditionellen Mustern. Sie hat deshalb auch zu jenen Staaten diplomatische Beziehungen aufgenommen, die vorher jahrelang im Zentrum ihrer propagandistischen Angriffe (wie z. B. Spanien, der Iran
u. a.) standen. Ihr Ziel ist es dabei, als möglichst
„normaler" Partner auf dem diplomatischen Parkett
anerkannt zu werden.
Der Inhalt der A. der DDR gegenüber der nichtsozialistischen, insbesondere der kapitalistischen Welt
ist bisher noch nicht völlig deutlich geworden. Zwar
sollen die Prinzipien der friedlichen Koexistenz und
der antiimperialistische Kampf weiterhin die Grundlage ihrer A. bilden. Jedoch scheint die SED zunächst vor allem daran interessiert zu sein, ihre
frischgewonnene internationale Präsenz in möglichst
intensive handelspolitische Kontakte umsetzen
zu können.
Die auf diesem Wege angezielte wirtschaftliche Stabilisierung der DDR müßte sich zwangsläufig in einer Stärkung ihres politischen Gewichts innerhalb
ihres Blockes auswirken. Da gleichzeitig die Agitation gegen die Bundesrepublik seit 1972 zurückge-
schraubt wurde, scheint die angekündigte „Verschärfung des ideologischen Kampfes" in den internationalen Beziehungen vor allem der Kontrolle
nach innen zu dienen und eine gegenwärtig eher defensive Westpolitik absichern zu sollen.

V. Das Verhältnis zu den Staaten der Dritten Welt

Als Hauptaufgaben ihrer A. gegenüber den Staaten
der Dritten Welt bezeichnet die DDR: 1. Solidarische Unterstützung des nationalen Befreiungs-
kampfes der Völker Asiens, Afrikas und Lateinamerikas im Kampf gegen Imperialismus, Kolonialismus
und Neokolonialismus. 2. Hilfe bei der Festigung der
politischen und der Herstellung der ökonomischen
Unabhängigkeit.
Das Schwergewicht der Beziehungen zu diesen Staaten lag lange Zeit fast ausschließlich auf wirtschaftlichem bzw. kulturellem Sektor, jedoch sollte in jener
Phase „der Außenhandel den Kampf um die diplomatische Anerkennung der DDR" unterstützen.
Die DDR als an 9. Stelle (nach DDR-Quellen an 8.
Stelle) stehender Industriestaat der Welt fand und
findet in den Entwicklungsländern willkommene
Absatzmärkte für Investitionsgüter und geeignete
Rohstoffquellen für ihre Wirtschaft. Die Arbeitsweise der staatlichen oder halbstaatlichen Außenhan-
delsgesellschaften der Entwicklungsländer kommt
zudem den Wünschen der DDR nach Abschluß
langfristiger Handelsabkommen entgegen. Die Formen der Zusammenarbeit entsprechen vielfach
ebenfalls den Bedürfnissen der unterentwickelten
Länder. Sie reichen von Absatzgarantien für ihre
einheimischen Güter, Gewährung langfristiger Kredite zu billigem Zinssatz, Studienförderung für Gast-
studenten, relativ großzügigen wissenschaftlich-
technischen Hilfeleistungen einschließlich der ver-
billigten Überlassung von Produktionslizenzen,
Montageverträgen bezüglich der Errichtung ganzer
Industriebetriebe bis zum permanenten Austausch
von Regierungsdelegationen und der Organisierung
von Studienreisen in die DDR für Regierungs- und
Wirtschaftsfunktionäre aus Entwicklungsländern.
Geographischer Schwerpunkt dieser Auslandsaktivität war von 1954 bis 1970 insbesondere der afrikanische und asiatische Raum. Seit 1965 waren verstärkte Bemühungen der DDR auch in Lateinamerika zu registrieren. Wirtschaftliche Beziehungen unterhielt die DDR lange vor der 1972 einsetzenden
Anerkennungswelle u. a. mit Argentinien, Brasilien,
Chile, Ekuador, Kolumbien, Kostarika, Mexiko,
Peru, Uruguay und Britisch-Guayana. Nach eigenen
Angaben gab es Handelsvertretungen der DDR, deren völkerrechtlicher Status nicht eindeutig festzustellen war, in Chile, Ekuador und Mexiko. Eine
Handelsvertretung der DDR in Uruguay wurde bereits 1966 auf Anordnung der Regierung in Monte-
video geschlossen. Handelsvertretungen aufgrund
von Abkommen zwischen den jeweiligen Staatsbanken bestanden in Brasilien (seit 1958) und Kolumbi-
en (seit 1955).
Neben den wirtschaftlichen und einer Reihe kultureller Beziehungen (Universitätskontakte, sportliche und journalistische Kontakte) verstärkte die

DDR Ende der 60er Jahre auch ihre politische Aktivität in Südamerika.

Welche Bedeutung die DDR dem Verhältnis zur Dritten Welt beimaß, erhellt u. a. die Tatsache, daß die Asien-Experten J. Hegen (1964), G. Kohrt (1966) und G. Hertzfeld (1966) zu stellvertretenden Außenministern ernannt wurden, nachdem sie langjährige Erfahrung auf asiatischen Botschafterposten gesammelt hatten. In den Jahren 1964, 1966 und 1967 reisten Regierungsdelegationen unter der Leitung der damaligen stellvertretenden Vorsitzenden des Ministerrates, Dr. Margarete Wittkowski, und des stellvertretenden Ministerpräsidenten, Max Sefrin, nach Burma, Indien, Sri Lanka, Indonesien und Kambodscha. Hinsichtlich der erwünschten Aufnahme diplomatischer Beziehungen zu diesen Ländern blieben diese Reisen ebenso erfolglos wie die Good-Will-Tour, die Außenminister Otto Winzer im März 1968 nach Indien, Burma und Kambodscha führte. Dabei ging es der SED offensichtlich darum, schon vor der sich anbahnenden Entspannungsphase ihre völkerrechtliche Anerkennung außerhalb Europas zu erlangen, um auf diese Weise den Eindruck zu vermeiden, daß erst die Normalisierung ihrer Beziehungen zur Bundesrepublik Deutschland den internationalen Durchbruch ermöglichen würde.

Die Entwicklungspolitik der DDR hat bis zum Abschluß des Grundlagenvertrages vor allem außenpolitische Funktionen gehabt. Doppeltes Ziel entwicklungspolitischer Aktivitäten war neben der Erlangung der eigenen völkerrechtlichen Anerkennung die stets propagierte Ausdehnung des sozialistischen Weltsystems auf Kosten des „kapitalistischen Lagers". Dabei spielten die Theorie vom „nichtkapitalistischen Entwicklungsweg", die eigenen Aufbauleistungen und ihre Beispielwirkung für unterindustrialisierte Länder sowie die allgemeine Affinität einiger herrschender Machteliten in der Dritten Welt zum „sozialistischen Lager" eine nicht zu unterschätzende Rolle.

Der materielle Umfang der → **Entwicklungshilfe** der DDR war und ist aber vergleichsweise gering. So ist der Anteil des Warenaustausches mit Ländern der Dritten Welt am Gesamtaußenhandel der DDR mit ca. 3,4 v. H. (1973) der kleinste aller RGW-Staaten. Auch reine Kapital- bzw. technische Hilfe erfolgt im Vergleich zur Bundesrepublik Deutschland (ca. 10 Mrd. DM im Jahr) nur in geringem Umfang. (Genaue Zahlen liegen nicht vor, da nicht zwischen angebotener und tatsächlich in Anspruch genommener Leistung unterschieden werden kann. Westliche Schätzungen schwanken zwischen 1 und 3 Mrd. DM insgesamt bis 1970.) Struktur und Abwicklung des Außenhandels sowie der Entwicklungshilfe der DDR haben ihnen jedoch überproportionale politische Effizienz gesichert. Entgegen manchen westlichen Annahmen haben sie jedoch eine weltweite völkerrechtliche Anerkennung der DDR bis 1972

nicht entscheidend gefördert. Auch der frühzeitige Abschluß langfristiger Handelsabkommen mit Ägypten, Burma, Ceylon (Sri Lanka), Guinea, Indonesien, Irak, Jemen (Nord), Kambodscha, Libanon, Mali, Marokko, Tansania, Sudan, Syrien und Tunesien vermochte daran, trotz erklärter außenpolitischer Zielsetzungen, zunächst nichts zu ändern.

Begrenzte außenpolitische Erfolge für die DDR stellten jedoch die Stellungnahmen der großen Konferenzen nichtpaktgebundener Staaten zur deutschen Frage (1961 in Belgrad, 1965 in Kairo, 1970 in Lusaka) dar. Schon in Belgrad war von der „Existenz zweier deutscher Staaten" gesprochen worden, obwohl in diesem Zusammenhang die Interessenlage der Staaten der Dritten Welt und ihre Rolle im weltpolitischen Kräftespiel zwischen den Großmächten die ausschlaggebende Rolle gespielt hat.

Auch die frühe diplomatische Anerkennung durch Kambodscha, Irak, Sudan, Südjemen, Syrien und Ägypten (Mai bis Juli 1969) war weniger ein Verdienst der A. der DDR als vielmehr eine Folge der Nah-Ost-Krise von 1967, in deren Verlauf die DDR (wie, mit Ausnahme Rumäniens, alle Staaten des „sozialistischen Lagers") vorbehaltlos den arabischen Standpunkt eingenommen hatte.

Die A. der DDR im außereuropäischen Raum war lange Zeit Vehikel bei der Durchsetzung ihrer europäischen, vor allem deutschlandpolitischen Ziele. Entscheidende Erfolge konnte sie nicht verzeichnen, solange die für Deutschland als Ganzes verantwortlichen Großmächte die DDR nicht in ihre Entspannungspolitik einbezogen. Gegenwärtig scheint die DDR ihr Verhältnis zur Dritten Welt auf den Status traditioneller Beziehungen zurückzustufen, wobei gleichzeitig ihre handelspolitischen Interessen gegenüber industrialisierten Staaten vor allem in Asien an Bedeutung gewinnen. Europa als neuer Schwerpunkt außenpolitischer Aktivitäten hat die Bedeutung der Dritten Welt für die Durchsetzung außenpolitischer Ziele der DDR reduziert.

Unter den hochentwickelten außereuropäischen Industriestaaten sind es die USA und Japan, zu denen die DDR ihre Beziehungen zu normalisieren bemüht ist. Im Fall Japan – diplomatische Beziehungen wurden am 15. 5. 1973 aufgenommen – liegt der Schwerpunkt auf der Ausweitung der Handelsbeziehungen, die bereits seit 1954, auf der Ebene von Verträgen zwischen Außenhandelsbetrieben, bestehen. Hierbei kommt dem Anfang 1971 gegründeten „Wirtschaftskomitee Japan-DDR" verstärkte Bedeutung zu . Seit 1972 hat die SED jedoch ihre politischen Kontakte zu japanischen Organisationen, vor allem zur Sozialistischen Partei Japans, verstärkt.

Zu den USA wurden erst am 4. 9. 1974 diplomatische Beziehungen aufgenommen. Hier steht der weiteren politischen Normalisierung vor allem die Weigerung der DDR entgegen, für in der SBZ/DDR enteignete amerikanische Vermögenswerte Entschädigungszahlungen zu leisten. Darüber hinaus dürften aufgrund der amerikanischen Haltung in der Berlin-Frage – Festhalten am Vier-Mächte-Status von ganz Berlin – auch in Zukunft schnelle Fortschritte bei der Verbesserung des Verhältnisses nicht zu erwarten sein.

In den letzten Jahren waren die USA größter westlicher Lieferant landwirtschaftlicher Erzeugnisse, vor allem von Mais. Den – noch weitgehend einseitigen – Handelsaustausch auf vertragliche Grundlagen zu stellen, die Handelsbilanz auszugleichen, betrachtet die SED als vorrangigen Schritt auf dem Wege zur außenpolitischen Entspannung mit den USA. Der erste Botschafter der DDR in den USA, Prof. Dr. Rolf Sieber, ist Wirtschaftswissenschaftler.

VI. Das Verhältnis zu internationalen Organisationen

Bis 1953 hatte die DDR nach eigener Darstellung „gezögert", sich um Mitgliedschaft in internationalen Organisationen zu bewerben. Sie begründet das damit, daß eine – damals auch von der DDR noch erstrebte – gesamtdeutsche Regierung nicht in ihren Entscheidungen „präjudiziert" werden sollte. Tatsächlich bestanden jedoch Einwände einer Mehrheit von UN-Mitgliedern gegen eine Mitgliedschaft der DDR, der mangelnde Souveränität, Nichterfüllung einer Reihe in der Charta der UN verankerter Vorbedingungen für einen Beitritt, Vertiefung der Spaltung Deutschlands im Falle eines Beitritts der DDR vorgehalten wurde. Aus diesen Gründen, für deren Wirksamkeit die DDR vornehmlich die Propaganda der Bundesrepublik Deutschland verantwortlich machte, scheiterten auch alle Anträge auf Aufnahme in einzelne UN-Spezialorganisationen (wie 1954 in die ILO und am 8. 5. 1968 in die WHO) oder wurden von der DDR wegen der für sie ungünstigen Mehrheitsverhältnisse (wie 1955 in der ECOSOC) zurückgezogen.

Der am 28. 2. 1966 vom Staatsrat der DDR gestellte Antrag auf Aufnahme der DDR in die UN hatte mangels einer Empfehlung des Sicherheitsrates an die Vollversammlung zunächst ebenfalls keine Chance, obwohl die SED-Führung damals noch behauptete, im Interesse einer einheitlichen deutschen Nation zu handeln.

Seitdem hat die DDR eine intensive Kampagne für ihre Mitgliedschaft in der UN geführt. Das geschah zunächst im Rahmen der schon am 29. 7. 1954 in der DDR gegründeten Deutschen Liga für die Vereinten Nationen (Präsident ist gegenwärtig Prof. Dr. Peter Alfons Steiniger), später vor allem dadurch, daß zu allen Vollversammlungen und Resolutionen der UN Erklärungen des Ministerrates oder des Ministeriums für Auswärtige Angelegenheiten abgegeben wurden, die die Forderungen der UN voll unterstützten. Die SED sieht heute in den UN ein wirksames

Mittel, einen neuen Weltkrieg zu verhindern, da es der Weltorganisation in den letzten 25 Jahren gelungen sei, viele neue internationale Konflikte („Aggressionen") zu verhindern, bzw. einzugrenzen. Darüber hinaus sei es insbesondere durch den Beitritt vieler junger Nationalstaaten gelungen, die UN als Instrument „gegen die Kriegspolitik imperialistischer Staaten" einzusetzen.

Ihre Forderung nach Mitgliedschaft begründete die DDR u. a. mit

der Durchsetzung des Universalitätsprinzips,

dem Hinweis auf die gleichen Wurzeln, aus denen die UN-Charta und das von ihr „voll erfüllte" Potsdamer Abkommen entstanden seien (Anti-Hitler-Koalition).

der in der DDR erfolgten Verwirklichung der in der Charta der UN enthaltenen Menschenrechte.

Mit der Aufnahme sollte jedoch gleichzeitig die internationale Anerkennung der DDR durchgesetzt werden, ohne daß dafür in der innerdeutschen Auseinandersetzung ein politischer Preis zu zahlen gewesen wäre. Damit war auch die UNO-Politik der SED ein wesentliches Instrument ihrer Deutschlandpolitik, das sich jedoch solange als unwirksam erwies, wie in Europa ein Zustand der Konfrontation zwischen den Blöcken herrschte und in der deutschen Fragen keine Fortschritte erzielt wurden.

Erst nach dem Abschluß der Verträge von Moskau und Warschau zwischen der Bundesrepublik Deutschland und der UdSSR, bzw. der Volksrepublik Polen, nach Ratifizierung des Viermächte-Abkommens über Berlin und der Unterzeichnung des Grundlagenvertrages mit der Bundesrepublik Deutschland (1972) war für die DDR der Weg in die UN frei.

Am 18. 9. 1973 wurde die DDR als 133. Staat in die Weltorganisation aufgenommen. Das Verhalten der DDR im ersten Jahr ihrer Mitgliedschaft (September 1973 bis September 1974) läßt noch keine eindeutigen Schlüsse auf ihre künftige Politik in der UN zu. Bei den inzwischen erfolgten ca. 30 Abstimmungen bzw. Resolutionen stimmte sie stets – bis auf zwei unwesentliche Ausnahmen – genauso wie die UdSSR. (Im Vergleich dazu hat die Bundesrepublik Deutschland sehr viel öfter anders als ihre westlichen Verbündeten votiert.) Ein erster gemeinsamer Antrag von Bundesrepublik Deutschland, DDR und der Republik Österreich, Deutsch als offizielle UNO-Sprache zuzulassen (d. h. vor allem, offizielle Dokumente der UN auch in Deutsch zu übersetzen) wurde positiv entschieden. Offenbar beabsichtigt die SED gegenwärtig nicht, in der UN eine offene Konfrontationspolitik gegenüber der Bundesrepublik Deutschland zu treiben, vielmehr durch sachbezogene Mitarbeit in den Gremien der Weltorganisation ihr „Image" als „friedliebender" und „sozialistischer deutscher Staat" vor allem bei den Entwicklungsländern weiter zu verbessern. Allerdings ist gleichzeitig eine Fortsetzung ihrer Abgrenzungsstrategie festzustellen, die in zahlreichen Stellungnahmen der Vertreter der DDR – vor allem im Verlauf der XXIX. Tagung der UN-Vollversammlung – zum Ausdruck kam. Erst eine Analyse der Tätigkeit der DDR in den Unterorganisationen der UN wird ein schlüssiges Urteil über die UN-Politik der SED ermöglichen.

Gegenwärtig (Stand 30. 4. 1975) ist die DDR Mitglied in den folgenden Spezialorganisationen der UNO:

Organisation für Erziehung, Wissenschaft und Kultur (UNESCO) seit 24. 11. 1972;
Wirtschaftskommission für Europa (ECE) seit 5. 1. 1973;
Konferenz für Handel und Entwicklung (UNCTAD) seit 22. 2. 1973;
Internationale Fernmeldeunion (ITU) seit 3. 4. 1973;
Weltgesundheitsorganisation (WHO) seit 8. 5. 1973;
Weltpostverein (UPU) seit 1. 6. 1973;
Weltorganisation für Meteorologie (WMO) seit 22. 6. 1973;
Internationale Atomenergieorganisation (IAEA) seit 18. 9. 1973;
Internationale Beratende Seeschiffahrtsorganisation (IMCO) seit 25. 9. 1973;
Organisation für industrielle Entwicklung (UNIDO) seit 1. 10. 1973;
Internationale Arbeitsorganisation (ILO) seit 1. 1. 1974.

Ferner wurde die DDR u. a. für 2 Jahre in den Wirtschafts- und Sozialrat der UN (ECOSOC) und den Verwaltungsrat für das UNO-Umwelt-Programm (UNEP) gewählt.

Die DDR hat ca. 200 multilaterale völkerrechtliche Verträge mitunterzeichnet, darunter u. a. das Kernwaffenteststoppabkommen von 1963, den Nonproliferationsvertrag von 1968, den Vertrag über das Verbot der Stationierung von Kernwaffen auf dem Meeresboden von 1971 und die Konvention über das Verbot bakteriologischer Waffen von 1972.

Die DDR ist gegenwärtig Mitglied in einer Reihe zwischenstaatlicher Organisationen außerhalb der UN. So hat sie u. a. 1968 die Pariser Verbandsübereinkunft zum Schutz des gewerblichen Eigentums unterzeichnet, und gehört, ebenfalls seit 1968, der Weltorganisation für geistiges Eigentum (WIPO) an. Sie ist seit 1973 Mitglied des Internationalen Instituts für die Vereinheitlichung des Privatrechts (UNIDROIT) und hat im selben Jahr die beiden Internationalen Übereinkommen über den Eisenbahnfracht- und -personenverkehr (CIM/CIV) unterzeichnet.

Darüber hinaus gehört die DDR gegenwärtig mehr als 250 nichtstaatlichen internationalen Organisationen wie z. B. der OIR („Organisation Internationale de Radiodiffusion") und der internationalen Liga der Rotkreuzgesellschaften an und ist gleichberechtigtes Mitglied in allen internationalen Sportverbänden (seit 1968 auch im IOC).

Der Einzug der DDR in die UNO wirft für die SED einige neue Probleme auf. Zu denkbaren Konfliktsituationen ist z. B. die bisher verweigerte Wiedergutmachung an Israel sowie die Frage der Revision der UN-Charta zu rechnen. Während die UdSSR eine Revision bisher strikt ablehnt, befürworten sie gerade die Entwicklungsländer, die auf diese Weise die Privilegien (Vetorecht im Sicherheitsrat!) der Großmächte abbauen wollen. Ferner scheint der von der VR China forcierte Interessengegensatz zwischen den unterentwickelten Staaten und den Industrieländern (zu denen die DDR gerechnet wird) den traditionellen Ost-West-Konflikt auch im Rahmen der UN langsam zu überlagern. Selbst wenn die SED die chinesische Haltung heute als „falsche Auffassung", als „abstrakte Konstruktion" und als „imperialistischen Konvergenzauffassungen entlehnt" bezeichnet, wird sie sich auf Dauer den hier angelegten Konflikten nicht entziehen können.

VIII. Zusammenfassung und Ausblick

Mit der völkerrechtlichen Anerkennung durch 109 Staaten (Oktober 1974) ist für die DDR eine wichtige Phase ihrer A. abgeschlossen. In ihrem Verlauf ging es der DDR in erster Linie darum, durch Erlangung dieser Anerkennung einen Beitrag zur Existenzsicherung der DDR und damit zur Stärkung der Machtposition der SED zu leisten („günstige Bedingungen für den Aufbau des Sozialismus in der DDR" zu schaffen). Die A. hatte damit in besonderem Maß eine innenpolitische Funktion und Dimension. Ein Nebeneffekt dieser Entwicklung war, daß in der DDR – sowohl in der Bevölkerung wie in professionell mit A. befaßten Berufsgruppen – ein beträchtliches Potential an Kenntnissen über das Ausland entstand, das sich z. B. in intensiver akademischer wie tagespolitischer Beschäftigung mit Fragen der Dritten Welt auswirkte.

Somit scheint die DDR zu Beginn einer neuen außenpolitischen Phase für eine aktive Rolle bei der Gestaltung der internationalen Beziehungen gut vorbereitet zu sein. Dem stehen Erwägungen entgegen, die um die Stellung der DDR innerhalb ihres Blocks wie um den erforderlichen Methodenwandel ihrer A. kreisen.

1. Die DDR-Führung kann heute nicht mehr damit rechnen, daß ihren Problemen und Forderungen dieselbe internationale Aufmerksamkeit entgegengebracht wird wie in jenen Jahren, als sich ihre diplomatische Anerkennung noch als Druckmittel gegen den Westen im allgemeinen und die Bundesrepublik Deutschland im besonderen ausnutzen ließ.

2. Die seit dem VIII. Parteitag (1971) zu beobachten-

de und seit 1974 auch verfassungsrechtlich normierte verstärkte Anlehnung und strikte Unterordnung unter die UdSSR hat das diplomatisch-politische Gewicht der DDR aus der Sicht westlicher Staaten nicht vergrößert, da ihr außenpolitischer Spielraum im Vergleich mit anderen osteuropäischen Staaten als sehr gering eingeschätzt wird.

3. Die Aufnahme in die UN bedeutet, daß die DDR zu internationalen Streitfragen oder in Krisen- und Konfliktsituationen deutlicher als bisher Stellung nehmen muß. Dabei scheint nicht ausgeschlossen, daß sie in einzelnen Fällen in Gegensatz zu den Interessen einer großen Gruppe von Mitgliedern, den Staaten der Dritten Welt, geraten wird. Während Bündnistreue und eigenes Interesse keine A. der DDR wahrscheinlich macht, die auch nur dem Anschein nach in Widerspruch zu sowjetischen Interessen gerät, wird die DDR-Diplomatie in Zukunft ein hohes Maß an Beweglichkeit beweisen müssen, um andererseits in der Dritten Welt nicht als verlängerter Arm der Sowjetunion zu erscheinen. Im Kräfteviereck USA–UdSSR–VR China und Dritte Welt wird deutlicher als in der Vergangenheit werden, wo

die SED-Führung eigene Interessen der bedingungslosen Anpassung an die Sowjetunion opfert. Der A. der DDR könnte damit eine eigenständigere Funktion als in der Vergangenheit zuwachsen.

4. Unter dem Zwang, die gerade erst geknüpften staatlichen Beziehungen zu entwickeln und nicht zu gefährden, wird die DDR den klassenkämpferischen Aspekt ihrer A. zurückschrauben müssen. A. über die fortbestehenden Parteibeziehungen wird damit künftig eher subsidiär und zur Pflege revolutionärer Attitude betrieben werden. Wie die SED in der neuen Phase ihrer Aktivität den selbstgestellten „Klassenauftrag" („Sieg des Sozialismus/Kommunismus im Weltmaßstab") und die Verfolgung eigenstaatlicher Interessen zu verbinden gedenkt, wird sich daran ablesen lassen, ob und inwieweit sie ihre von Klassenkampfvorstellungen geprägten außenpolitischen Ziele und Methoden traditionelleren, auf Ausgleich gerichteten Aktionsmustern anzupassen versteht und ob sie bereit und fähig ist, wirksame Strategien der Konfliktregelung entweder selbst zu entwickeln oder sie wenigstens zu akzeptieren.

→ **Beziehungen zwischen beiden deutschen Staaten.**

Außenwirtschaft und Außenhandel

Grundlagen – Außenhandelsentwicklung – Waren- und Länderstruktur – Außenwirtschaftspolitik – Verhältnis DDR–UdSSR – Außenwirtschaftssystem – Außenhandelspreise – Verrechnungsverkehr

I. Allgemeine Grundlagen

Unter Außenwirtschaft wird die Gesamtheit der internationalen wirtschaftlichen Beziehungen einer Volkswirtschaft einschließlich der Produktionssphäre verstanden. Der Außenhandel ist wichtigster Teilbereich der Außenwirtschaft. Über den Außenhandel werden die meisten anderen Formen der Außenwirtschaftstätigkeit, wie wissenschaftlich-technische Beziehungen, Spezialisierungs-, Investitions- und Kooperationsvorhaben, die Plankoordinierung mit den → **RGW**-Mitgliedsländern, der Austausch von kommerziellen und nichtkommerziellen Dienstleistungen (Transport, Touristik u. a.), die auswärtigen Kreditbeziehungen und die Erschließung internationaler Märkte realisiert.

Für die gesamten Außenwirtschaftsbeziehungen der DDR gilt das Außenhandelsmonopol des sozialistischen Staates, das auch in Art. 9 Ziff. 5 der → **Verfassung** von 1968 (unverändert auch in der Fassung vom 7. 10. 1974) staatsrechtlich fixiert wurde. Es bedeutet die Beherrschung der gesamten Außenwirtschaftstätigkeit durch den sozialistischen Staat. In einer Planwirtschaft sozialistischen Typs erweist sich → **Planung** und Kontrolle auch dieses Wirtschaftssektors durch zentrale, damit beauftragte In-

stanzen (→ **Ministerium für Außenhandel; Kammer für Außenhandel; Außenhandelsbetriebe** etc.) als notwendig, wenn keine schwerwiegenden Störungen auf dem zentral geplanten Binnenmarkt auftreten sollen. Darüber hinaus kann die Außenwirtschaft ihrer funktionalen außenpolitischen Bedeutung für den sozialistischen Staat nur entsprechen, wenn ihre zentrale Lenkung gesichert ist.

Das Außenwirtschaftsmonopol umschließt das Valuta- und Außenhandelsmonopol, das die Verstaatlichung der Planung, Durchführung und Kontrolle des gesamten Außenhandels bedeutet. Damit sichert der sozialistische Staat ebenfalls die Übereinstimmung von Außenhandel und zentraler Volkswirtschaftsplanung, die Durchsetzung einer den Zielen seiner → **Außenpolitik** dienenden und den binnenwirtschaftlichen Erfordernissen angepaßten Volkswirtschaftspolitik. In der DDR wird darüber hinaus betont, daß nur das Außenwirtschafts- bzw. Außenhandelsmonopol unerwünschte Einflüsse des Weltmarktes von der eigenen Wirtschaft fernhalten könne. Trotz uneingeschränkter Beibehaltung des Außenwirtschaftsmonopols ist in den letzten Jahren in der DDR eine stärkere Verlagerung außenwirtschaftlicher Funktionen auf spezialisierte Organe des Außenhandels bzw. die für den Außenhandel zuständigen Betriebe und Unternehmen der VVB festzustellen, womit eine größere Flexibilität in der Außenwirtschaftspolitik angestrebt wurde.

Die DDR ist vor allem aus zwei Gründen auf die außenwirtschaftliche Tätigkeit angewiesen. Einmal bedarf sie der Importe von Roh- und Brennstoffen, um die traditionell stark vertretene verarbeitende Industrie zu versorgen, zum anderen kann sie die Enge des Binnenmarktes, die die Herausbildung effizienter Produktionsstrukturen verhindert, überwinden. Die allseitig wachsenden Anforderungen an das Wirtschaftspotential haben zu einem Wandel auch der Aufgabenstellung der Außenwirtschaft im volkswirtschaftlichen Leistungsprozeß geführt. War ursprünglich die Außenwirtschaftstätigkeit auf die Importseite fixiert, um hierüber vor allem binnenwirtschaftliche Engpässe infolge mangelnder Selbstversorgung, Flexibilität oder Unterplanerfüllung zu beseitigen (Lückenbüßerfunktion des Außenhandels), erlangte im Zuge zunehmender Intensivierung des Wirtschaftsprozesses seit Mitte der 60er Jahre die Exportseite eine eigenständigere Position. Dieser kommt nicht mehr allein die Aufgabe zu, die zur Bezahlung der Importe notwendigen Devisen hereinzubringen. Vielmehr soll vor allem über den Export das volkswirtschaftliche Wachstum durch die Entwicklung führender Zweige und dynamischer Produktionsstrukturen, die Herabsetzung der Fondsintensität und die verbesserte Kapazitätsausnutzung stimuliert werden. Gegenwärtig wird in der DDR die erreichte Intensität und Struktur der außenwirtschaftlichen Verflechtung als unbefriedigend angesehen. So betrug der Außenhandelsumsatz pro Kopf der Bevölkerung 2 750 VM (1973) bei einer vergleichbaren Pro-Kopf-Ziffer in der Bundesrepublik Deutschland von 4 494 DM.

Als Ursache für die noch – etwa im Vergleich zu führenden westlichen Außenhandelsländern – geringe Verflechtung der DDR sind vor allem der schwerfällige und für binnen- und außenwirtschaftliche Störungen anfällige Bilateralismus im Handelsverkehr, das lange Zeit für alle Länder des RGW typische Autarkiestreben (breites Produktionssortiment bis Ende der 60er Jahre!), die starke Orientierung der Wirtschaftsbeziehungen auf die sozialistischen Länder mit einem überwiegend noch komplementären und für die DDR oftmals unattraktiven Güteraustausch und die trotz der Außenwirtschaftsreformen fortdauernde Inflexibilität des Außenwirtschaftssystems aufgrund des uneingeschränkten Außenwirtschaftsmonopols des Staates zu nennen.

II. Außenwirtschaftspolitik

Die Außenwirtschaftspolitik ist sowohl der allgemeinen Wirtschafts- als auch der Außenpolitik untergeordnet. Neben dem bis Anfang der 70er Jahre beherrschenden politischen Aspekt – gegenüber den Entwicklungsländern und westlichen Industriestaaten das Streben nach völkerrechtlicher Anerkennung zu unterstützen – kam ihr jedoch stets die wichtige Aufgabe zu, über den Export den Import der DDR zu finanzieren. Als Bestandteil der Wirtschaftspolitik ist das Bemühen der Außenwirtschaftspolitik heute stärker darauf gerichtet, die Au-

ßenwirtschaftsbeziehungen zur Durchführung des „wissenschaftlich-technischen Fortschritts" zu intensivieren, d. h. Instrument der nationalen Wachstums- und Strukturpolitik zu sein. Nach den Bestimmungen des geltenden Fünfjahrplans (1971–1975) sind die Außenwirtschaftsbeziehungen mit den Mitgliedsländern des RGW, insbesondere mit der UdSSR (siehe dazu Punkt V.) „als entscheidende Grundlage für die gesamten Außenwirtschaftsbeziehungen der DDR" vorrangig weiterzuentwickeln und zu vertiefen. Von dieser Basis sollen die Beziehungen zu den Entwicklungsländern und den – im Plan zuletzt genannten – kapitalistischen Ländern auf der Grundlage der Gleichberechtigung und des gegenseitigen Vorteils weiterentwickelt werden.

Die intendierten Formen konkreter außenwirtschaftlicher Tätigkeit sind gegenüber den genannten Regionen unterschiedlicher Art. Mit westlichen Industrie- und den Entwicklungsländern werden insbesondere langfristige Handels- und Zahlungsabkommen abgeschlossen, und lediglich mit ausgewählten nichtsozialistischen Schwerpunktländern bzw. „progressiven" Entwicklungsländern sollen „vorteilhafte Kooperationsbeziehungen" entwickelt werden. Das Hauptgewicht bei der Gestaltung der Wirtschaftsbeziehungen zum RGW liegt noch immer bei den bilateralen Abkommen über Warenaustausch und Zahlungsverkehr. Daneben ist aber seit Beginn der 70er Jahre das Bemühen um den Abschluß von Kooperationsabkommen im Bereich von Wissenschaft, Technik und Produktion und die im „Komplexprogramm" vorgesehene zwei- und mehrseitige Plankoordinierung aller RGW-Länder, einschließlich des vorgesehenen „Fünfjahrplans der mehrseitigen Integrationsmaßnahmen für die Jahre 1976–1980" stark in den Vordergrund gerückt. Die DDR gilt innerhalb des RGW als eifriger Befürworter der „sozialistischen ökonomischen Integration". Die bislang realisierten wirtschaftlichen Aktivitäten mit den westlichen Industriestaaten mündeten vor allem im Abschluß von Handelsabkommen, die bis 1973 bzw. 1974 auf Kammer- oder Bankebene, danach auf Regierungsebene wirksam wurden. Langfristige bilaterale Regierungsabkommen, die zum Teil für mehrere Jahre laufen und in der Regel als „Verträge über wissenschaftliche, technische und industrielle Zusammenarbeit" gekennzeichnet sind, konnten seit 1969 mit Frankreich, Italien, Finnland, Island, Großbritannien, Österreich, Japan, Australien und Dänemark geschlossen werden. Darüber hinaus wurden die Westbeziehungen durch die Einrichtung staatlicher Handelsvertretungen, Niederlassungen und Servicestellen der → **Außenhandelsbetriebe** (AHB) intensiviert, wie auch durch die Teilnahme an international bedeutsamen Ausstellungen und Messen, an denen die DDR allein 1972 in 103 Fällen beteiligt war (Bundesrepublik Deutschland 31, Frankreich 12, Italien 12, Schweden 11).

Zu den vielfältigen Westbeziehungen der DDR läßt sich zusammenfassend feststellen, daß sie ein wirtschaftlich bedeutendes Element der gesamten Außenwirtschaftsbeziehungen sind, da die DDR auf diese Weise technologisches Know-how und eine Reihe von Engpaßgütern importiert. Der Westhandel ist gegenwärtig von einem hohen Importüberschuß auf Seite der DDR gekennzeichnet.

Auch die Wirtschaftsbeziehungen mit den sozialistischen Ländern bzw. RGW-Mitgliedern beruhen auf dem Abschluß von Abkommen über den Warenaustausch und Zahlungsverkehr. Diese zuletzt 1971 geschlossenen Handelsverträge mit allen sozialistischen Ländern sind der Laufzeit der lanfristigen Perspektivpläne (1971–1975) angepaßt und werden innerhalb des RGW zur Zeit noch bilateral koordiniert.

Darüber hinaus wurde von der DDR eine Vielzahl von zwei- und mehrseitigen Kooperationsabkommen im RGW – bis Ende 1972 waren es ca. 288 – geschlossen. Die RGW-Integrationspolitik der DDR zeigt sich u. a. darin, daß sie, im Rahmen der Produktionsspezialisierung, die Fertigung wichtiger Erzeugnisse zugunsten anderer RGW-Länder eingestellt hat. Zu nennen ist die Einstellung der Flugzeugproduktion, von Bereichen des Lokomotiven-, des Straßenbahnwagen-, Webmaschinen-, Elektrogabelstapler-, Traktoren- und Omnibusbaus. Multi- und bilaterale Großprojekte im RGW, bei denen die DDR beteiligt ist, wie die Erdgas-Transit-Leitung „Nordlicht", der Bau eines Zellstoffkombinats in Sibirien, einer Olefinproduktions- und Verarbeitungsanlage in der ČSSR, eines metallurgischen Kombinats in Kursk etc. zeigen weiterhin die enge Bindung der DDR an die östliche Wirtschaftsregion auf.

III. Entwicklung des Außenhandels

Eine hinreichend spezifizierte Aufstellung ist weder über die gesamte außenwirtschaftliche noch über die nach Ländern gegliederte Warenstruktur bekannt. Auch werden weder Zahlungsbilanzen noch – außer der Handelsbilanz – deren Teilbilanzen veröffentlicht. Schwierig ist es ebenfalls, die exakte Außenhandelsverflechtung (Anteil der Ex- und Importe am Nationaleinkommen) zu ermitteln, da die Valutamark (VM) eine rein rechnerische Größe darstellt, deren Umrechnungsverhältnis zu den Ex- und Importbinnenpreisen nicht bekannt ist. Doch ist seit 1960 das Nationaleinkommen (in vergleichbaren Preisen) um 74 v. H., der Außenhandelsumsatz aber um rd. 190 v. H. (vgl. Tabelle 1) gestiegen, woraus eine zunehmende Außenhandelsverflechtung der Wirtschaft der DDR abgelesen werden kann. Real nahm der Außenhandelsumsatz schneller zu als nominal: während er sich in vergleichbaren Preisen von 1960 bis 1972 um 160 v. H. erhöhte, steigerte er sich zu jeweiligen Preisen nur um 153 v. H.

Tabelle 1
Außenhandelsumsätze in Mill. Valuta-Mark zu jeweiligen Preisen (einschl. Innerdeutscher Handel)

		1960 = 100
1950	3 677,8	19,9
1955	10 389,3	56,2
1960	18 487,4	100
1961	19 034,6	103,0
1963	21 182,9	114,6
1965	24 693,2	133,6
1969	34 760,8	188,0
1970	39 597,4	214,2
1973	53 501,7	289,4

Quelle: Statistisches Jahrbuch der DDR 1974, Berlin (Ost), S. 282.

Der Außenhandelssaldo ist mit Ausnahme der Jahre 1962, 1966 und 1970 aktiv, so daß sich ein kumulierter Ausfuhrüberschuß von ca. 6,8 Mrd. VM (1972) bilden läßt. Dieser wurde allerdings vornehmlich im Handel mit sozialistischen Ländern erzielt, während der Westhandel der DDR einen kumulierten Passivsaldo (allein 1973 2,9 Mrd. VM) aufweist, an dem besonders die Bundesrepublik Deutschland einen großen Anteil hat (bis 1973 insgesamt 1,8 Mrd. DM).

Obwohl der Außenhandel – auch nach den Wirtschaftsreformen – über das Außenhandelsmonopol des sozialistischen Staates gelenkt wird, konnte er in der Vergangenheit nicht immer plangemäß entwickelt werden.

So wurden zwar die in den langfristigen Perspektivplänen niedergelegten Umsatzvolumina erreicht, jedoch nicht immer die Jahrplanvorgaben und die angestrebten Ex- und Importrelationen. Das gilt sowohl für den abgebrochenen Siebenjahrplan (1959–1965), in dessen Zeitraum die Exporte um 60 v. H. (Plan 86 v. H.) und die Importe um 65 v. H. (Plan 57 v. H.) stiegen, als z. B. auch für den laufenden Fünfjahrplan 1971–1975. Aufgrund des untererfüllten Exportplans konnte der für 1971 angestrebte Gesamtumsatzzuwachs von 8 v. H. nicht realisiert werden (Ist + 6,7 v. H.), und auch 1972 blieb das Wachstum des Handels mit + 10,8 v. H. hinter dem Planansatz von + 12,5 v. H. zurück. Demgegenüber gelang 1973 eine Planrealisierung (+ 14,1 v. H.), jedoch entwickelte sich die Regionalstruktur der Außenwirtschaft nicht plangemäß. Statt der vorgesehenen 15 v. H stieg der Umsatz mit den sozialistischen Ländern um nur 11 v. H. Dafür erhöhte sich der Umsatz mit den westlichen Industrieländern um ca. 22 v. H. auf das Doppelte des vorgesehenen. Der realtiv geringe Zuwachs des DDR-„Osthandels" wird damit gerechtfertigt, daß es bei der gegenwärtigen und zukünftigen Entwicklung der Wirtschaftsbeziehungen mit dieser Region mehr auf qualitative denn auf quantitative Veränderungen ankomme.

IV. Die Entwicklung der Waren- und Länderstruktur

Es ist festzustellen (siehe Tabelle 2), daß die Warenstruktur des Außenhandels der DDR durchaus derjenigen einer hochentwickelten Volkswirtschaft entspricht: hohe und weiter zunehmende Anteile der (metall-) verarbeitenden Industrie und abnehmende Anteile der Grundstoffindustrie bei Aus- und Einfuhren. Allerdings sind die jeweiligen Anteile bei der Leicht-, Nahrungs- und Genußmittelindustrie trotz deren starken Rückgangs bei den Einfuhren immer noch als recht hoch anzusehen.

Tabelle 2
Entwicklung der Warenstruktur des Außenhandels der DDR (in v. H.)

Erzeugnishauptgruppe	1960	1969	1971	1973
Ausfuhr				
Erzeugnisse der				
Grundstoffindustrie	30,5	21,0	20,7	22,4
Metallverarb. Industrie	51,8	57,0	56,6	56,6
Leicht-, Nahrungs-				
u. Genußmittelindustrie	15,8	20,2	21,1	17,9
Übrige Erzeugnisse	1,9	1,8	1,6	3,1
Einfuhr				
Erzeugnisse der				
Grundstoffindustrie	41,8	33,4	33,0	31,7
Metallverarb. Industrie	14,4	34,7	36,4	35,8
Leicht-, Nahrungs- u.				
Genußmittelindustrie	27,7	20,9	19,6	21,0
Landwirtschaft				
(incl. Forstwirtschaft)	15,4	9,5	9,1	9,3
Übrige Erzeugnisse	0,7	1,5	1,9	2,2

Quelle: Statistisches Jahrbuch der DDR 1974, Berlin (Ost), S. 286.

Tabelle 3
Der Handel der DDR mit den OECD-Ländern[1] (in v. H.)

Wirtschaftsbereich Warengruppe	Ausfuhr der DDR 1960	Ausfuhr der DDR 1972	Einfuhr der DDR 1960	Einfuhr der DDR 1972
Grundstoffe/				
Produktionsgüter	43	30	43	33
Eisen/Stahl	7	8	25	8
Chemie	14	11	8	10
Investitionsgüter	22	29	12	38
Maschinenbau	13	10	4	15
Verbrauchsgüter	20	20	8	6
Landwirtschaft/				
Ernährung	13	14	34	17
Nicht zuzuordnen	2	7	3	6

1 Nach Partnerlandangaben, ohne Bundesrepublik Deutschland.

Quelle: Nationale Außenhandelsstatistiken, bearbeitet vom Bundesamt für Gewerbliche Wirtschaft, Frankfurt (Main). Aus: DDR-Wirtschaft – Eine Bestandsaufnahme, Hrsg. DIW – Berlin (West), 3. Auflage, Frankfurt (Main) 1974.

Gegenüber den westlichen Ländern durchlief die Handelsstruktur eine ähnliche Entwicklung. Die Abnahme der Anteile der Grundstoffe, Verbrauchs-, Landwirtschafts- und Nahrungsgüter und die rapide Zunahme der Investitionsgüter bei den Einfuhren zeigen, daß – ganz entgegen den offiziellen Behauptungen der DDR-Wirtschaftsführung – der Westen zur Struktur- und Wachstumsentwicklung der DDR-Wirtschaft einen nicht unerheblichen Beitrag geleistet haben dürfte (vgl. Tabelle 3).

Bei der Handelsentwicklung der DDR (vgl. Tab. 4 a und 4 b) sind die relativ hohen Steigerungsraten bei den Ausfuhren in die sozialistische Länder und bei den Einfuhren aus nichtsozialistischen Ländern und die relativ niedrigen Raten bei den Ausfuhren in die nichtsozialistischen Länder und der Einfuhren aus sozialistischen Ländern hervorzuheben. Die hohe Einfuhrsteigerung aus den nichtsozialistischen Ländern dürfte den Bedarf der DDR besonders an hocheffektiven Industrieausrüstungen und technisch-organisatorischem Know-how widerspiegeln, während in der hohen Exportrate gegenüber den sozialistischen Ländern vor allem die Bedeutung der DDR als Investitionsgüterlieferant zum Ausdruck kommt. Bemerkenswert ist die trotz niedriger Ausgangsbasis und intensiver politischer Bemühungen um diese Ländergruppe geringfügige Steigerungsrate im Handel mit den Entwicklungsländern (→ **Entwicklungshilfe**).

Tabelle 4 a
Gesamtausfuhr nach Ländergruppen (Mill. VM)

Jahr	soz. Länder	kap. Länder	Entwicklungsländer
1960	7 011	1 869	390
1965	9 646	2 665	582
1967	10 916	2 882	718
1969	12 742	3 908	793
1971	15 891	4 495	935
1973	19 164	6 006	1 002
1973 in v. H. (1960 = 100)	273	321	257

Quelle: Statistisches Jahrbuch der DDR 1974, Berlin (Ost), S. 283, 284.

Tabelle 4 b
Gesamteinfuhr nach Ländergruppen (Mill. VM)

Jahr	soz. Länder	kap. Länder	Entwicklungsländer
1960	6 788	2 028	401
1965	8 595	2 681	524
1967	10 056	3 156	559
1969	12 548	4 121	650
1971	14 368	5 773	780
1973	17 616	8 898	816
1973 in v. H. (1960 = 100)	260	439	203

Die Länderstruktur des DDR-Außenhandels ist durch den hohen, aber seit 1968 nahezu kontinuierlich abnehmenden Anteil der sozialistischen Länder und den seit dem gleichen Zeitraum zunehmenden Anteil der kapitalistischen Länder mit der Bundesrepublik Deutschland als des bei weitem größten Handelspartners charakterisiert. Die von Honecker auf dem VIII. Parteitag geäußerte Zielvorstellung, im Zeitraum bis 1975 drei Viertel des Handels mit sozialistischen Ländern abzuwickeln, hat sich nicht verwirklichen lassen. Seit 1960 hat sich die Außenhandelsstruktur zuungunsten der UdSSR, jedoch zugunsten der industriell entwickelten Länder im RGW wie ČSSR, Polen und Ungarn entwickelt (vgl. Tabelle 5).

Tabelle 5
Entwicklung der Länderstruktur des DDR-Außenhandels (in v. H.)

	1960	1965	1969	1970	1971	1972	1973
soz. Länder	74,6	73,9	72,7	71,5	71,6	71,0	68,8
RGW-Länder	67,6	69,5	68,6	67,3	67,2	67,8	66,0
darunter: UdSSR	42,8	42,8	41,4	39,1	38,0	37,6	34,6
ČSSR	8,6	9,4	9,5	9,5	9,4	9,3	9,3
Polen	6,7	7,0	7,0	7,3	7,6	8,2	9,0
Ungarn	4,3	4,3	4,8	5,9	5.6	5,3	5,2
kapitalistische Industrieländer	21,2	21,6	23,1	24,4	24,3	25,7	27,9
darunter: Bundesrepublik	10,3	9.5	10,0	10,2	10,2	10,3	9,2
Entwicklungsländer	4,3	4,5	4,2	4,0	4,1	3,2	3,4

Quelle: Statistisches Jahrbuch der DDR 1974, Berlin (Ost), S. 282–285.

V. Besondere Bindungen an die UdSSR

Mit keinem anderen Land des RGW ist die wirtschaftliche Verflechtung der DDR so eng wie mit der UdSSR. 1973 wickelte die DDR rd. 35 v. H. des Außenhandels – das entspricht rd. 17 v. H. des Außenhandels der Sowjetunion – mit diesem ihrem größten Wirtschaftspartner ab. Diese Entwicklung erklärt sich aus der Tatsache, daß die UdSSR maßgeblich die Wirtschafts- und Gesellschaftspolitik und den Aufbau, die Besetzung und die Organisation des gesamten Staatsapparates einschließlich des Wirtschaftssystems der DDR bestimmt hat und auf diesem Wege eine enge wirtschaftliche und politisch-ideologische Bindung zwischen beiden Staaten erreichte.
Auch gegenwärtig gilt für die Partei- und Wirtschaftsführung der DDR das Bekenntnis E. Honekkers zur Sowjetunion (1971): „. . . die unzerstörbare Freundschaft mit der UdSSR ist das feste Fundament für alles, was wir in der DDR erreicht haben. Dieses Bündnis, unser Platz an der Seite der anderen Bruderparteien und Länder der sozialistischen Staatengemeinschaft sind so lebenswichtig für uns wie der Schlag unseres Herzens."
Trotz dieser Beschwörungen der „brüderlichen Beziehungen" hat seit Ende der 60er Jahre der Anteil des sowjetischen Außenhandels am Gesamthandel der DDR abgenommen (siehe Tabelle), obwohl absolut noch immer ein hoher Zuwachs erzielt wird. Ein nicht unwesentlicher Grund für diese Entwicklung dürfte darin zu suchen sein, daß die UdSSR sich angesichts der Größe ihrer Projekte gezwungen sieht, ihren Bedarf vor allem an wissenschaftlich-technischem und organisatorischem Know-how in Verbindung mit dem Kauf von Produktionsanlagen neuesten Entwicklungsstandes zunehmend auf westlichen Märkten zu decken.
Seit 1950 entwickelte sich der Handel DDR–UdSSR wie folgt:

	1950	1960	1965	1970	1971	1972	1973
Umsatz (in Mill. VM)	1 461	7 907	10 566	15 485	16 390	17 624	18 527
Anteil am Ges.-Handel der DDR	39,7	42,8	42,8	39,1	38,0	37,6	34,6

Die Warenstruktur des Außenhandels ist – obwohl hier Wandlungen zu beobachten sind – noch überwiegend komplementärer Natur. In ihrer wirtschaftlich bedeutendsten Funktion als Rohstofflieferant deckte die UdSSR den Importbedarf der DDR mit ca. 90 v. H. bei Baumwolle, Erdöl, Eisenerz, Buntmetallen und Holz, mit 80 v. H. bei Walzstahl. Auch gegenüber der Sowjetunion wurde die DDR ihrem Ruf als größter Investitionsgüterlieferant des RGW gerecht: ca. 25 v. H. des gesamten Maschinen- und Ausrüstungsimports der Sowjetunion kamen aus der DDR. Einzelne Gruppen wiesen noch höhere Anteile auf: Schienenfahrzeuge lagen bei 35 v. H. (Zahlen 1972), Produkte der Umformtechnik bei ca. 50 v. H., Schiffsdieselmotoren und Krane bei ca. 60 v. H. Seit einigen Jahren ist jedoch ein struktureller Wandel der Außenhandelsbeziehungen sichtbar geworden: Der Anteil der Einfuhr von Investitionsgütern aus der UdSSR stieg von 1960 bis 1969 von 4 v. H. auf 17 v. H., dagegen sanken die Anteile der Einfuhr von Grundstoffen und Produktionsgütern von 55 v. H. auf 46 v. H., diejenigen von Gütern der Ernährungs- und Landwirtschaft von 21 v. H. auf 10 v. H. Während der Anteil von Maschinen und Ausrüstungen an den Exporten in die DDR 1971 ca. 20 v. H. betrug, machte er bei den Einfuhren aus der DDR rd. 57 v. H. aus.

Auch das „Abkommen über den Warenaustausch und Zahlungen zwischen der DDR und der UdSSR für die Jahre 1971–1975" ist eindeutig auf die Verbesserung der Warenstruktur in Richtung eines mehr substitutiven Güteraustauschs gerichtet. So sollen die Importe aus der UdSSR besonders an Rationalisierungs- und Automatisierungsmitteln als Voraussetzung für die planmäßige Investitionstätigkeit der DDR steigen. Das Abkommen sieht vor, daß die UdSSR „in großem Umfange" spanabhebende Werkzeugmaschinen, Schmiede- und Preßausrüstungen, Krane, Bau- und Wegemaschinen, Erzeugnisse der elektronischen- und Radioindustrie, Elektroschweißausrüstungen, Textilmaschinen und Kondensationsturbinen liefert. Jedoch bilden nach wie vor Roh- und Grundstoffe die Grundlage des Warenaustauschs. Importiert werden: Erdöl, Erdgas, Steinkohle, Koks, Eisen- und Manganerz, Roheisen, Walzwerkerzeugnisse, Buntmetalle verschiedenster Art. Die DDR-Exporte bestehen vornehmlich aus Automatisierungs- und Rationalisierungsmitteln, Hochgenauigkeitsmaschinen, Präzisionsgeräten und Instrumenten, Walzwerk- und Chemieausrüstungen, Schienenfahrzeugen und Fischfangschiffen. Der Anteil dieser Produkte soll sich bis 1975 gegenüber dem Zeitraum 1966/1970 um über 50 v. H. erhöhen. Weiter liefert die DDR in wachsendem Umfang vor allem Pflanzenschutz- und Schädlingsbekämpfungsmittel, Medikamente, fotochemische Erzeugnisse, Kosmetika, Lacke und Farben und verschiedene Erzeugnisse der Konsumgüterindustrie.

Neben dem Abschluß von Handelsabkommen, die die Basis für den Austausch von Waren und Dienstleistungen bilden, treten in zunehmendem Maße andere Formen wirtschaftlicher Zusammenarbeit, die die Verflechtung der beiden Volkswirtschaften intensiver werden lassen. So wurden seit 1964 70 Regierungs- und Ministerabkommen zur Forschungs- und Produktionskooperation, zur Spezialisierung und langfristigen Gestaltung der gegenseitigen Beziehungen vor allem auf dem Gebiet der Rohstoffversorgung und der Entwicklung und Lieferung „entscheidender Industrieerzeugnisse" abgeschlossen, davon mehr als die Hälfte seit dem VIII. Parteitag der SED (1971). Seit 1967 werden als besondere Art der Zusammenarbeit „Direktbeziehungen", die abrechnungspflichtige Arbeitspläne einschließen, zwischen den Industrieministerien, anderen zentra-

len staatlichen Organen und auch den VVB und Kombinaten der DDR und der UdSSR gepflegt.

Von zentraler Bedeutung für die Beziehungen zwischen beiden Ländern ist die im März 1966 auf der Grundlage des „Vertrages über Freundschaft, gegenseitigen Beistand und Zusammenarbeit zwischen der DDR und der UdSSR" (12. 6. 1964) gebildete „Paritätische Regierungskommission für ökonomische und wissenschaftlich-technische Zusammenarbeit DDR–UdSSR" (PRK). Jede Seite in der Kommission bestimmt ihren Vorsitzenden; für die DDR ist es G. Schürer, stellvertretender Ministerratsvorsitzender und Vorsitzender der Staatlichen Plankommission der DDR, für die UdSSR N. A. Tichonow, stellvertretender Ministerratsvorsitzender der Sowjetunion. Abwechselnd finden in beiden Ländern wenigstens zwei Tagungen pro Jahr statt, denen ein gegenseitig abgestimmter Arbeitsplan zugrundeliegt. Die wichtigsten Aufgaben der Kommission sind:

Erweiterung und Vertiefung der Zusammenarbeit (vor allem in Wachstumsbranchen);

Koordinierung der Volkswirtschaftspläne, insbesondere der Fünfjahrpläne; Erarbeitung von Entwicklungsprognosen;

Zusammenarbeit zwischen Planungsorganen, Ministerien und Institutionen, Aufnahme von „Direktbeziehungen";

Koordinierung und Kooperation der Tätigkeit der wissenschaftlichen Forschungseinrichtungen;

Vertiefung der Kooperation und Spezialisierung vor allem im industriellen Sektor.

Bis zum April 1974 tagte die Kommission 15 mal. Im Verlauf ihrer Tätigkeit wurde eine Reihe von Regierungsabkommen über Kooperation und Spezialisierung in Forschung und Wirtschaft wirksam:

4. Tagung 20.–23. 5. 1968 – Abkommen über die Spezialisierung und Kooperation auf dem Gebiet der Produktion von Waren der Haushaltschemie und einzelner Arten von Papier und Karton.

5. Tagung 17.–20. 12. 1968 – Abkommen über die Zusammenarbeit auf dem Gebiet der Elektronik und des wissenschaftlichen Gerätebaus, der Kernenergetik und bei der Entwicklung moderner Prozesse der chemischen Großproduktion.

6. Tagung 1.–4. 7. 1969 – Abkommen über die Kooperation bei der Schaffung von Verfahren und Anlagen für Prozesse der chemischen Großproduktion.

7. Tagung 28.–30. 1. 1970 – Abkommen über die Kooperation bei der Schaffung von Verfahren und Anlagen für wichtige Gebiete der Chemie, Erdölverarbeitung und der Leichtindustrie. Abkommen über die gegenseitige Lieferung von Schiffen und Schiffsausrüstungen im Zeitraum 1971–1975.

8. Tagung 22.–24. 6. 1970 – Regierungsabkommen über Wissenschaftskooperation auf dem Gebiet der Automatisierung sowie der Chemie.

10. Tagung 17.–21. 5. 1971 – Regierungsabkom-

men über die Forschungs- und Produktionskooperation auf dem Gebiet der Nachrichtentechnik, der
chemischen Industrie, des Textilmaschinenbaus.
11. Tagung 15.–18. 11. 1971 – Regierungsabkommen über die Zusammenarbeit bei der Entwicklung
und Produktion von Glasseide.
12. Tagung 5.–9. 6. 1972 – Abkommen über die Rationalisierung und Rekonstruktion von Armaturen-
werken und über die Forschungs- und Produktionskooperation auf dem Gebiet des wissenschaftlichen
Gerätebaus und der Medizintechnik.
13. Tagung 29. 1.–1. 2. 1973 – Abkommen über gemeinsame Arbeiten bei der Entwicklung der Elektronik und auf dem Gebiet der Standardisierung.
14. Tagung 12.–15. 6. 1973 – Mehrere Abkommen
über Zusammenarbeit auf dem Gebiet der Rund-
funkindustrie, des Textilmaschinenbaus, der Elektrotechnik.
15. Tagung 18.–22. 3. 1974 – Regierungsabkommen über die Errichtung eines Betriebes für elektrotechnische Spezialausrüstungen, gemeinsam erstellt
von der UdSSR, der DDR und Polen.
Auf die Arbeit der PRK ist auch die nach den Vorstellungen des Komplexprogramms im Jahre 1973
geschaffene Wirtschaftsorganisation ,,ASSOFO-
TO" mit dem Sitz in Moskau zurückzuführen. Sie
stellt einen Zusammenschluß des VEB Fototechni-
sches Kombinat Wolfen und der sowjetischen ,,Soju-
schimfoto" dar und soll nach Abschluß der organisa-
torisch-rechtlichen Vorbereitungen ca. 90 v. H. aller
im RGW-Bereich benötigten Foto- und Datenauf-
zeichnungsmaterialien herstellen. Von ihr werden
ca. 100 000 Arbeitskräfte erfaßt werden. Gemeinsame Produktions- und → **Investitionsplanung**, die
Vertiefung der Spezialisierung und die Kooperation
im Produktionsbereich werden angestrebt.
Aufgrund der Tatsache der engen politischen und
wirtschaftlichen Bindung der DDR an die UdSSR
wurde oft die Behauptung aufgestellt, die DDR werde – vor allem was die geforderten Rohstoffpreise
und die Qualität der von der UdSSR gelieferten Waren anginge – ökonomisch von ihr übervorteilt. Solche Vermutungen lassen sich jedoch nicht eindeutig
beweisen. Die tatsächliche Preisentwicklung bei Ex-
und Importen Ende der 60er Jahre zeigt eine Verbesserung der Terms of Trade für die DDR, was das
Argument einer Preisausbeutung nicht stützt. Auch
läßt die immer stärker werdende wirtschaftliche Position der DDR gegenüber der UdSSR – so dürfte
die UdSSR in manchen Industriezweigen (Schiffsan-
triebe, Rechenmaschinen) in großem Umfang auf
Importe aus der DDR angewiesen sein – solche
Praktiken – zumindest in der jüngeren Vergangenheit – nicht vermuten. Angesichts der hohen Kosten
beim Fördern und Transportieren der sowjetischen
Rohstoffe drängt die UdSSR jedoch darauf, von der
DDR, wie auch von anderen Rohstoffbezugsländern
im RGW, einen finanziellen und materiellen Ko-

stenbeitrag zu erhalten. Das jüngste, diesen Problembereich berührende Abkommen wurde im Mai
1974 zwischen der Sowjetunion, der DDR, Polen,
der Tschechoslowakei, Ungarn und Bulgarien über
die gemeinsame Finanzierung der sowjetischen Erzeugung von Eisenerz und Eisenlegierungen geschlossen. Ob und inwieweit hier und in anderen Fällen versteckte ,,Kreditgeschenke" o. ä. an die Sowjetunion gemacht wurden, entzieht sich gegenwärtig einer Nachprüfung.

VI. Die Organisation der Außenwirtschaft

Mit dem sich allmählich vollziehenden Übergang zur
verstärkten Nutzung intensiver Wachstumsfaktoren
und mit der Einführung des NÖSPL bzw. des ÖSS in
der DDR wurde auch das bestehende System der
Außenwirtschaft reformiert (→ **Phasen der Wirtschaftspolitik seit 1963**).
Grundsätzlich bleibt das Außenwirtschaftsmonopol
erhalten. Der außenwirtschaftliche Bereich wurde
jedoch in monetärer Weise und organisatorisch-
institutioneller Hinsicht vom binnenwirtschaftlichen
derart getrennt, daß die Industriebetriebe zu Binnenpreisen fakturierten und den Außenhandelsbetrieben – früher Außenhandelsunternehmen – nahezu ausschließlich den Kontakt mit den Außenmärkten überlassen mußten.
Zur Anwendung des Monopols ist eine Reihe von
Organen notwendig, deren Funktionen sich zum Teil
im Laufe der Reformen geändert haben. Das zentrale Organ ist das → **Ministerium für Außenhandel** –
bis 31. 12. 1973 Ministerium für Außenwirtschaft –,
das im Auftrage des Ministerrates die Gesamtinteressen des Staates auf dem Gebiete der Außenwirtschaft wahrzunehmen hat und dem eine Reihe von
Außenhandelsorganen untergeordnet ist. Laut Statut des Ministeriums für Außenwirtschaft vom 9. 8.
1973 (GBl. I, 1973, Nr. 41) sind dies: die Handelsvertretungen und handelspolitischen Abteilungen
der DDR in anderen Staaten, die Außenhandelsbetriebe (soweit sie nicht von VVB, Kombinaten oder
Industrieministerien angeleitet werden), die
→ **Kammer für Außenhandel**, die Zollverwaltung
(→ **Zollwesen**), der VEB Leipziger Messeamt
(→ **Leipziger Messe**), die Außenhandelswerbegesellschaft mbH, das → **Amt für Außenwirtschaftsbeziehungen** der DDR, das Zentrum für Information
und Dokumentation der Außenwirtschaft, das Forschungsinstitut beim Ministerium für Außenhandel
und die Fachschule für Außenwirtschaft ,,Joseph
Orlopp".
Mit der Reform wurde das Außenwirtschaftsmonopol effektiver gestaltet. Im organisatorischen Bereich des Exports erhielten die AHB den Charakter
von Verkaufsorganen einzelner oder mehrerer
VVB, Kombinate oder VEB. Die AHB schließen sogenannte Exportkommissionsverträge mit den VVB
bzw. Exportbetrieben ab. Die Geschäfte der AHB

erfolgen zwar in eigenem Namen, aber für Rechnung der VVB und Exportbetriebe. Sie arbeiten nach den Prinzipien der wirtschaftlichen Rechnungsführung und erhalten für ihre Tätigkeit eine Handelsspanne. Neben anderen Formen der Organisation des Exportabsatzes wie der Übertragung der direkten Absatzfunktion auf Kombinate und Großbetriebe, der Durchführung von Eigengeschäften und der Einschaltung von Binnenhandelsorganen in den Exportabsatz spielen die im Zuge der Einführung des ÖSS gebildeten → **Exportbüros und -kontore** für die bezirks- und kreisgeleiteten Betriebe im Rahmen der Erzeugnisgruppenarbeit eine Rolle.

Auf der Importseite wurden keine bedeutenden organisatorischen Änderungen durchgeführt. Obwohl z. B. der VEB Carl-Zeiss-Jena, die VVB „Pharmazeutische Industrie" und „Schiffbau" und der VEB Uhrenkombinat Ruhla das Recht zum Abschluß von Importverträgen für Erzeugnisse ihres Produktionsprofils erhielten, bleibt der Import über die AHB typisch.

Im Bereich der finanziellen Beziehungen wurden die Voraussetzungen geschaffen, die Resultate außenwirtschaftlicher Tätigkeit auch auf die Produktionsbetriebe einwirken zu lassen. Dies geschah durch die Bildung des einheitlichen Betriebsergebnisses bei den Exporten. Es setzt sich im wesentlichen aus den Erlösen der abgesetzten Warenproduktion, den Exporterlösen und den sogenannten Exportstimulierungsmitteln (Exportförderungsprämie, Exportrückvergütungen, Exportstützungen) zusammen. Stimulanzien wurden als indirekte Lenkungsmittel notwendig, da das bis dahin zur plangemäßen Lenkung des Außenhandels geschaffene Preisdifferenzenkonto wegfiel. Damit gewannen auch die neu eingeführten, nur nach nichtsozialistischen Ländern und Güterarten differenzierten Richtungskoeffizienten zur Bestimmung des Exporterlöses an Gewicht, da vornehmlich über sie durch entsprechende Stimulierung der Exportbetriebe Richtung und Umfang des Warenverkehrs gesteuert werden kann. Auf der von der Reform ohnehin wenig berührten Importseite wurden im finanziellen Bereich im wesentlichen die Preise an das Niveau der Beschaffungsmärkte neu angeglichen, das Preisdifferenzenkonto blieb grundsätzlich erhalten. Allerdings wurde 1968 in einigen Betrieben das einheitliche Betriebsergebnis auch für die Importseite eingeführt (VVB Schiffbau Rostock, VEB Kombinat Carl-Zeiss-Jena, VEB Uhrenkombinat Ruhla).

Im Bereich der Planung und Leitung der Außenwirtschaft wurde im Zuge der Reformen von der Mengen- auf die kombinierte Wert-Mengenplanung übergegangen. Die Erfüllung des Valutaaufkommensplans für das sozialistische und nichtsozialistische Wirtschaftsgebiet wurde zur Hauptkennziffer erhoben. Dagegen wurde ein attraktiver ökonomischer Hebel, die Gewährung von Valutaanrechten für zusätzliche Importe bei Planüberbietungen der Produktionsbetriebe, vor allem wegen seiner den Intentionen des zentralen Plans zuwiderlaufenden Wirkung wieder aufgehoben.

Seit 1970, und besonders seit dem VIII. Parteitag (1971), sind im Rahmen allgemeiner Rezentralisierungsbestrebungen im System der Leitung und Planung der Volkswirtschaft auch ähnliche Tendenzen im System der Außenwirtschaft festzustellen gewesen. Sie hatten das Ziel, „einer weitergehenden Dezentralisation der Außenhandelsorganisation entgegenzutreten, die sich zum Teil aus einer einseitigen Betonung der Erfordernisse des wissenschaftlichtechnischen Fortschritts ergaben. Mit dem VIII. Parteitag der SED wurden diese Tendenzen überwunden." Damit dürfte – wenn auch nur indirekt – Kritik an den Interessen der Produktionsbetriebe, vornehmlich die Wirtschaftsbeziehungen zu den westlichen entwickelten Ländern zu intensivieren, geübt worden sein. Im Zuge der Umorientierung soll die Stellung der AHB gegenüber den Produktionsbetrieben „entsprechend den Gesamtinteressen des Staates" gestärkt und die ökonomischen Hebel sollen stärker als Planungsinstrumente eingesetzt werden. So ist z. B. vorgeschlagen worden, den Einfluß der AHB auf die Erwirtschaftung und Verwendung des Exportgewinns der Betriebe zu erweitern. Gegenwärtig wird auch betont, daß der AHB nicht – wie ursprünglich vorgesehen – Beauftragter des Produktionsbetriebes, sondern Bestandteil des Produktionsprozesses und Wahrer des Außenwirtschaftsmonopols ist.

Wesentliche Ursache für die verstärkte Straffung des Außenwirtschaftssystems dürften – neben den Widersprüchen, die eine Folge der Orientierung an der Rentabilität (einheitliches Betriebsergebnis) einerseits und am zentralen Plan andererseits sind – die Erfordernisse der sozialistischen Wirtschaftsintegration im RGW sein. Als dringlich wird es in diesem Zusammenhang angesehen, eine einheitliche Leitung des Außenhandels zu sichern und damit die Steuerungsmöglichkeiten durch das Außenhandelsministerium den gesamtpolitischen Vorstellungen entsprechend zu stärken. Kein Widerspruch ist es, wenn gleichzeitig postuliert wird, die Verantwortlichkeit der VVB, Kombinate und Betriebe zu erhöhen und deren „sachkundige Mitwirkung" besonders bei den zunehmenden Kooperations- und Spezialisierungsvorhaben u. a. in Form der „Direktbeziehungen" zu erweitern, da eine derartige Mitwirkung nur auf der Basis eines „durch staatliche Prämissen abgegrenzten Verantwortungsfeldes" geschieht. Verstärkte zentrale Eingriffe werden ohnehin dann notwendig, wenn einseitige Belastungen bestimmter Betriebe zu der Notwendigkeit führen, durch „zentrale Umverteilung von Reineinkommensmitteln entsprechende Kompensationsmöglichkeiten zu gewährleisten".

Festzuhalten bleibt jedoch, daß ein wesentliches Element der Reform – das einheitliche Betriebsergebnis – trotz verschiedentlich geübter Kritik nunmehr als fester Bestandteil des Außenwirtschaftssystems angesehen wird.

VII. Außenhandelspreise und Verrechnungsverkehr

Die Preisbildung im Außenhandel wird in Ermangelung eigener Bewertungsmaßstäbe im sozialistischen System überwiegend nach den auf den „internationalen Märkten" herrschenden Preisen (Weltmarktpreisen) vorgenommen. Diese bilden unter Berücksichtigung verschiedener ökonomischer Faktoren (Angebot und Nachfrage, Lieferfristen, Bestellmenge, Rabatte etc.) die Basis für die zwischen den Wirtschaftspartnern stattfindenden Preisverhandlungen, deren Ergebnis in der Regel in ausländischer Währung festgelegt und danach in Valutamark bzw. Binnenwährung umgerechnet wird. Die Umrechnung der Außenhandels- in Binnenpreise erfolgt beim Warenimport nach festgelegten Umrechnungskursen: Die Kurse richten sich nach dem Umfang des Warenexports, der notwendig ist, um die zur Einfuhr benötigten Devisen zu beschaffen. Bei Exportwaren werden die Differenzen zwischen Außenhandels- und Binnenpreisen, die auch durch die Richtungskoeffizienten beeinflußt werden, in die finanziellen Ergebnisse der Produzenten eingerechnet. Die Preisbildung anhand der Weltmarktpreise erfolgt sowohl im Handel mit westlichen kapitalistischen Ländern als auch mit den RGW-Mitgliedsländern und anderen sozialistischen Volkswirtschaften.

Innerhalb des RGW stellt die Preisgestaltung im Intrablockhandel ein viel diskutiertes Problem dar, das vor allem aufgrund der Besonderheiten des sozialistischen Systems bis heute keiner Lösung zugeführt werden konnte. Im Komplexprogramm von 1971 ist vorgesehen, von den gegenwärtig gültigen Preisbildungsprinzipien im gegenseitigen Handel auszugehen, d. h. die Preise auf der Basis der Weltmarktpreise „vom schädlichen Einfluß der konjunkturellen Faktoren des kapitalistischen Marktes bereinigt" festzulegen, gleichzeitig aber „das Problem der Vervollkommnung des Außenhandelspreissystems gründlich zu analysieren".

Die Basispreise im RGW für den Zeitraum 1971–1975 errechnen sich z. B. aus den durchschnittlichen Weltmarktpreisen – das sind Preise, die sich auf den von westlichen Ländern beeinflußten Hauptwarenmärkten bilden – der Jahre 1965–1969. Von ihnen wird angenommen, daß sie im wesentlichen den internationalen Wert der Waren widerspiegeln. Jedoch wurden im Zuge der in der Regel bilateralen Preisverhandlungen zwischen den Ländern oft Preiskorrekturen aufgrund von Preisunterschieden für gleiche Waren innerhalb der RGW-Länder oder geänderten Weltmarktpreisen notwendig. Um ein durch diese Praxis bedingtes ständiges Hinterherhin-

ken hinter den Weltmarktpreisen zu vermeiden, ist deshalb immer wieder vorgeschlagen worden (J. Arojo, M. Sawow), eine eigene – weltmarktpreisunabhängige – Preisbasis für die sozialistischen Länder zu schaffen. Dieses scheiterte jedoch bisher in Ermangelung brauchbarer, theoretisch fundierter Preisbildungskriterien. So kann ein Preissystem, das von den Kostenstrukturen der RGW-Länder ausgeht, deshalb keine Alternative sein, da diese Strukturen als Ausdruck staatlicher Politik ein viel zu weitreichendes Spektrum der Abweichung vom tatsächlichen Wert dieser Güter aufweisen. Eine Modifizierung des bestehenden Preissystems wird jedoch für notwendig erachtet, da sich herausstellte, daß die mengen- und wertmäßige Abstimmung der Pläne innerhalb des RGW häufig unabhängig voneinander erfolgte, die Entwicklung neuer Formen der Zusammenarbeit (gemeinsame Investitionen, Betriebe, Austausch wissenschaftlicher Leistungen etc.) es vielfach nicht mehr möglich machte, vergleichbare Preise der Hauptwarenmärkte zu ermitteln und die Langfristigkeit der Planung neue Anforderungen an Stabilität und Anpassungsfähigkeit der RGW-(Plan-)Preise stellte.

So sollen zur Förderung von Kooperation und Spezialisierung „wissenschaftlich begründete Preisprognosen" erarbeitet werden, für die nicht nur der nationale Ist-Aufwand, sondern vor allem „internationale Wertgrößen" (einschließlich der Berücksichtigung der Währungskurse; → **Währung**) die Basis bilden sollen.

Neben den Preisbildungsschwierigkeiten bildet die Frage des internationalen Verrechnungsverkehrs einen weiteren entwicklungsbedürftigen Komplex. Gegenüber westlichen bzw. nichtsozialistischen Ländern werden bislang die gegenseitigen Forderungen sowohl im Rahmen von bilateralen Handels- und Zahlungsabkommen, d. h. auf dem Clearingwege, über Kompensationen oder Switchoperationen als auch zum Teil durch Zahlungen in konvertibler Währung beglichen. Auch mit den RGW-Ländern entwickelten sich die Zahlungstransaktionen vorwiegend und bis 1964 nur auf bilateraler Ebene.

Mit der Gründung der → **Internationalen Bank für Wirtschaftliche Zusammenarbeit** (IBWZ) als internationale Verrechnungsinstanz und der Einführung des „transferablen Rubels" (1964), der keinesfalls mit westlichen konvertiblen Währungen vergleichbar, sondern lediglich als Verrechnungsgröße anzusehen ist, haben im RGW die Bestrebungen begonnen, zu einer mehrseitigen Verrechnung überzugehen. Daß dies bislang nicht funktionierte, lag nicht zuletzt in der Schwierigkeit und dem fehlenden Interesse der Mitgliedsländer begründet, die langfristigen, bilateral abgestimmten Außenhandelspläne und Handelsabkommen so auszurichten, daß entstehende Guthaben (bei der IBWZ) multilateral verwendet werden können.

Ausweis für Arbeit und Sozialversicherung: Mit Wirkung vom 28. 8. 1961 wurde der Sozialversicherungsausweis zu einem AfAuS. erweitert. Der Sozialversicherungsausweis diente zum Nachweis der Berechtigung, Leistungen aus der Sozialversicherung zu empfangen. In ihn wurden eingetragen Name und Sitz des Arbeitgebers, Beginn und Ende jeder Tätigkeit, der Gesamtverdienst bzw. das Einkommen aus selbständiger Praxis sowie jede Heilbehandlung (deren Dauer, Dauer der Arbeitsunfähigkeit und die gewährten genehmigungspflichtigen Heil- und Hilfsmittel). Die gleichen Angaben enthält jetzt der nach und nach eingeführte AfAuS. Außerdem enthält er Angaben über den beruflichen Werdegang und die staatlichen → **Auszeichnungen** des Inhabers. Ausweispflichtig sind alle Bürger, die bei der Sozialversicherung der Arbeiter und Angestell-

ten oder der Sozialversicherung bei der → **Deutschen Versicherungsanstalt** pflichtversichert sind.

Der AfAuS. ersetzt das Arbeitsbuch, weil in ihm auch der Beginn und die Beendigung jedes Arbeitsverhältnisses eingetragen sind. Das Arbeitsbuch, erstmals unter der nationalsozialistischen Herrschaft eingeführt, wurde in der SBZ zunächst beibehalten. 1947 wurden neue Arbeitsbücher ausgegeben. Der AfAuS. dient der Arbeitskräftelenkung. Auf Verlangen ist er nicht nur den Organen der Sozialversicherung, den Ärzten und Einrichtungen des → **Gesundheitswesens**, sondern auch den Betrieben und Universitäten, vor allem aber dem → **Amt für Arbeit und Berufsberatung** vorzulegen. → **Sozialversicherungs- und Versorgungswesen.**

Ausweise: → **Paß/Personalausweis.**

Auszeichnungen

Allgemeines – Nichtstaatliche Auszeichnungen – Staatliche Auszeichnungen – Orden – Preise – Medaillen – Ehrentitel – Ehrenzeichen und Leistungsabzeichen – Diplom – Statistik

I. Allgemeines

Seit Bestehen der DDR sind zahlreiche A. gestiftet worden, mit denen besondere Leistungen oder Verdienste oder Treue-Verdienste belohnt werden. Wie in kommunistisch-sozialistischen Staaten üblich, sind auch in der DDR A. Ausdruck gesellschaftspolitischer und wirtschaftlicher Anerkennung. Das Auszeichnungswesen in der DDR – orientiert an dem der UdSSR – ist inflationär: Im Laufe der Jahre wurden immer mehr A. gestiftet, es gibt inzwischen kaum eine Berufsgruppe, für deren Mitglieder nicht eine spezielle A. geschaffen worden ist.

Grundsätzlich wird unterschieden zwischen staatlichen A., die von oder im Namen der obersten Staatsorgane, und A., die von Parteien, Massenorganisationen, Akademien, Bezirken oder Städten verliehen werden.

Die staatlichen A. sind im wesentlichen in die 4 Gruppen Orden, Preise, Medaillen, Ehrentitel gegliedert. Außerdem gibt es als staatliche A. Ehrenzeichen und Leistungsabzeichen sowie das „Diplom für besondere Leistungen bei der Herstellung hochwertiger Güter für den Bedarf der Bevölkerung". Die A. werden verliehen an Einzelpersonen, Kollektive, Betriebe sowie an Teilkollektive, sofern sie eine organisatorische Einheit bilden. Der Trend zur Kollektiv-A. in der DDR, deren Ziel die Vergesellschaftung der Menschen ist, hat im Laufe der Jahre deutlich zugenommen.

Mit einigen A. können auch ausländische Staatsangehörige geehrt werden.

Zu den staatlichen A. gehören in der Regel eine Urkunde und die Befugnis, sich als Träger der jeweiligen A. zu bezeichnen (z. B. „Träger der Medaille für

ausgezeichnete Leistungen in den Kampfgruppen der Arbeiterklasse").

Staatliche A. sind – bis auf wenige Ausnahmen – mit dem Tragen eines Ordens, einer Medaille oder eines Abzeichens verbunden. Für fast alle tragbaren staatlichen A. gibt es Interimsspangen. Zur Verleihung vieler staatlicher A. gehört die Zahlung einer Geldprämie und – in wenigen Fällen – eine jährliche Rentenzahlung. Bei der Verleihung von staatlichen A. an Kollektive wird in der Regel die Geldprämie so geteilt, daß kein Kollektivmitglied eine größere Summe erhalten darf als bei einer Einzelverleihung vorgesehen ist. Derartige Geldzuwendungen sind steuerfrei und nicht sozialversicherungspflichtig.

Für alle staatlichen A. gibt es Verordnungen über die jeweilige A. durch den Ministerrat, bzw. Änderungsverordnungen. Details über die Verleihungen der jeweiligen staatlichen A. sind in Ordnungen verzeichnet, die im Gesetzblatt der DDR erscheinen und deren Paragraphen u. a. regeln:

die Stufen der A.;

die Verdienstgründe;

den Personenkreis und die kollektiven Gruppen, die für die A. vorgesehen sind;

den Kreis der Vorschlagsberechtigten;

die Form der Vorschläge (Begründung, Lebenslauf der Auszuzeichnenden);

die Auszeichnungsbefugten;

die Geldzuwendungen (Prämien);

die Tage, an denen die A. verliehen wird;

aus welchem Material die A. ist, welche Form sie hat, welche Bilder oder Embleme auf ihr abgebildet sind und welcher Text auf ihr steht;

wo und wann die A. zu tragen ist.

Die staatlichen A. werden vornehmlich verliehen am 1. Mai, dem „Kampf- und Feiertag der internationalen Arbeiterklasse", und am 7. Oktober, dem „Tag der Republik"; ferner

an den Ehrentagen der auszuzeichnenden Berufsgruppen (z. B. für pädagogische Berufe am 12. Juni, dem „Tag des Lehrers", oder an Angehörige der

NVA am 1. März, dem „Tag der Nationalen Volksarmee");

bei A., die den Namen bestimmter Personen tragen, in der Regel an den Geburtstagen der Namensgeber (z. B. den Johannes-R.-Becher-Preis und die dazugehörige Medaille jeweils am 22. Mai, dem Geburtstag des Dichters);

bei bestimmten A. „unmittelbar nach gezeigter Leistung" (z. B. Verdienstmedaille der Nationalen Volksarmee) oder

aus zeitlich bestimmten Anlässen (z. B. Medaille für hervorragende Leistungen in der Bewegung Messen der Meister von Morgen während der Zentralen Messe der Meister von Morgen).

Die Vorbereitung und Prüfung der mit der Stiftung und Verleihung staatlicher A. zusammenhängenden Fragen regelt ein zentraler A.-Ausschuß, dem der Leiter des Büros des Ministerrates vorsitzt. Ferner gehören ihm an: ein Mitglied des FDGB, ein Mitglied des Präsidiums der Nationalen Front u. a. Der zentrale Ausschuß überprüft erstens die Vorschläge für die Verleihung von staatlichen A., die dem Präsidium des Ministerrates zur Beschlußfassung oder dem Vorsitzenden des Ministerrates zur Bestätigung vorzulegen sind, zweitens die Vorschläge für die Verleihung staatlicher A. an Einzelpersonen, die mit einer Geldzuwendung bis 5 000 Mark verbunden sind. Der Ausschuß hat das Recht, auch die Vorschläge für die Verleihung aller anderen staatlichen A. zu überprüfen. Vor der Einreichung von Ordnungen über die Verleihung neu zu stiftender staatlicher A. und Änderung bestehender Ordnungen über die Verleihung staatlicher A. zur Beschlußfassung im Präsidium des Ministerrates ist die Stellungnahme des zentralen Ausschusses einzuholen.

Das Recht zum Tragen einer staatlichen A. bzw. zum Führen eines Ehrentitels kann aberkannt werden, 1. wenn nachträglich Tatsachen bekannt werden, die die A. zur Zeit ihrer Verleihung ausgeschlossen hätten, 2. wenn sich der Inhaber einer staatlichen A. dieser als unwürdig erweist, z. B. wenn gegen ihn durch Strafurteil auf Aberkennung staatsbürgerlicher Rechte erkannt wird.

Im Falle der Aberkennung sind die entsprechenden Urkunden und Ehrenzeichen an die zuständige staatliche Stelle zurückzugeben.

Einige staatliche A. der DDR werden nicht mehr verliehen oder sind durch andere ersetzt worden. So ist zum Beispiel an Stelle der drei Ehrentitel Brigade der kollektiven Aktivistenarbeit, Brigade der hervorragenden Leistung, Brigade der besten Qualität im Jahre 1962 der Ehrentitel Kollektiv der sozialistischen Arbeit geschaffen worden. 1969 wurde der Ehrentitel der sozialistischen Arbeit gestiftet, der die bis dahin verliehenen A. Aktivist des Siebenjahrplanes und Medaille für ausgezeichnete Leistungen ablöste. Nicht mehr verliehen werden Wanderfahnen, mit denen von 1950 bis 1963 vornehmlich Betriebe

und landwirtschaftliche Produktionsgenossenschaften ausgezeichnet wurden.

II. Nichtstaatliche Auszeichnungen

Neben den staatlichen A. gibt es noch zahlreiche nichtstaatliche A., die von Parteien, Massenorganisationen, Akademien, Bezirken und Städten verliehen werden. Mit ihnen werden zumeist sowohl Einzelpersonen als auch Betriebe oder Kollektive geehrt. Wie bei den staatlichen A. sind auch die meisten nichtstaatlichen A. mit dem Tragen einer Medaille verbunden. Etliche der nichtstaatlichen A. haben inzwischen im Auszeichnungswesen der DDR einen bestimmten Stellenwert erhalten. So zum Beispiel die A., die alljährlich vom Zentralrat der Freien Deutschen Jugend verliehen werden:

Artur-Becker-Medaille;

Medaille „Für hervorragende Leistungen bei der sozialistischen Erziehung in der Pionierorganisation Ernst Thälmann";

Ehrendiplom „Vorbildlicher Freundschaftspionierleiter";

Ehrenmedaille der FDJ „Für die Festigung der brüderlichen Beziehungen zwischen der Freien Deutschen Jugend und dem Leninschen kommunistischen Jugendverband der Sowjetunion";

Erich-Weinert-Medaille, Kunstpreis der FDJ;

Abzeichen für gutes Wissen;

Preis der FDJ für hervorragende wissenschaftliche Leistungen.

Die folgende, nicht vollständige Liste der nichtstaatlichen A. soll die kaum noch zu überblickende Vielzahl der A. in der DDR dokumentieren (die Angaben hinter den A. beschreiben den Bezieherkreis und/oder den Preisverteiler):

Alex-Wedding-Medaille, Kinderbuchautoren;

Literaturpreis des Demokratischen Frauenbundes Deutschlands;

Heinrich-Mann-Preis, Literaturpreis, Akademie der Künste der DDR;

Hans-Marchwitza-Preis, Literaturpreis für junge Schriftsteller, Akademie der Künste der DDR;

Alex-Wedding-Preis, Preis für belletristische Kinder- und Jugendliteratur, Akademie der Künste der DDR;

F.-C.-Weiskopf-Preis, Literaturpreis, Akademie der Künste der DDR;

J.-R.-Becher-Medaille, Preis für Kulturpolitiker, Kulturbund der DDR;

Kulturpreis des FDGB;

Kunstpreis des FDGB;

Goethe-Preis der Hauptstadt der DDR Berlin;

Martin-Andersen-Nexö-Kunstpreis der Stadt Dresden;

Kunstpreis für den Bezirk Gera;

Händelpreis des Rates des Bezirks Halle;

Kulturpreis des Bezirks Karl-Marx-Stadt;

Gutenberg-Preis der Stadt Leipzig;

Fritz-Reuter-Preis für Kunst und Literatur des Bezirks Neubrandenburg;

Kulturpreis der Stadt Rostock;

Fritz-Reuter-Kunstpreis des Rates des Bezirks Schwerin;

Max-Reger-Kunstpreis des Bezirks Suhl;

Carl-Blechen-Preis des Rates des Bezirks Cottbus;

John-Brinckmann-Preis des Rates des Bezirks Rostock;

Kulturpreis der Stadt Erfurt;

Kunstpreis des Bezirks Frankfut (Oder);

Kunstpreis der Stadt Halle;

Kunstpreis der Stadt Leipzig;

Erich-Weinert-Kunstpreis der Stadt Magdeburg;

Theodor-Fontane-Preis für Kunst und Literatur;

Winkelmann-Medaille;

Literatur- und Kunstpreis der Stadt Weimar;

Wilhelm-Bracke-Medaille, Börsenverein der Deutschen Buchhändler;

Arthur-Nikisch-Preis, Preis für Dirigenten, Stadt Leipzig;

Carl-Maria-von-Weber-Preis, Preis (alle zwei Jahre) für junge Künstler, Stadt Dresden;

Fritz-Heckert-Medaille, Auszeichnung für verdiente Gewerkschaftler, FDGB;

Hanns-Eisler-Preis, Preis für neue Kompositionen und musikwissenschaftliche Arbeiten;

Hans-Otto-Preis, Preis für Theaterkollektive, Zentralvorstand der Gewerkschaft Kunst;

Schumann-Preis.

III. Staatliche Auszeichnungen
A. Orden

Von den 6 Orden der DDR werden 5 vom Vorsitzenden des Staatsrates oder in seinem Namen verliehen, den Kampforden „Für Verdienste um Volk und Vaterland" verleiht der Minister für Nationale Verteidigung. Bis auf den Scharnhorst-Orden, mit dem nur Einzelpersonen geehrt werden, können die Orden auch an Kollektive verliehen werden, der Vaterländische Verdienstorden auch an Städte und Gemeinden. Mit einem Orden ausgezeichnete Kollektive bilden dessen Abzeichen auf ihren Hauseingängen, Briefbogen oder Druckerzeugnissen ab. Die oberste Klasse des Sterns der Völkerfreundschaft wird am Schulterband getragen, die beiden anderen Klassen dieses Ordens sind Bruststerne, alle anderen Orden werden auf der linken oberen Brustseite angelegt.

1. Der *Karl-Marx-Orden* gilt als die ehrenvollste staatliche A. der DDR. Er wird verliehen „für hervorragende Verdienste a) in der Arbeiterbewegung, b) bei der schöpferischen Anwendung des Marxismus-Leninismus, c) bei der Gestaltung des entwickelten gesellschaftlichen Systems des Sozialismus mit seinem Kernstück, dem ökonomischen System des Sozialismus, d) auf den Gebieten der Wissenschaft und Technik, e) auf den Gebieten der Kunst und Kultur, Bildung und Erziehung, f) im Kampf um die Sicherung des Friedens, g) in der Pflege und Förderung echter freundschaftlicher Beziehungen zur Sowjetunion, zu den anderen sozialistischen Staaten und allen friedliebenden Völkern der Welt sowie solcher Beziehungen von Angehörigen und Organisationen dieser Völker zur Deutschen Demokratischen Republik". Prämie bei Verleihung an Einzelpersonen: 20 000 Mark.

2. Der *Vaterländische Verdienstorden* wird in den Stufen Bronze, Silber, Gold und Ehrenspange zu Gold verliehen „für besondere Verdienste a) im Kampf der deutschen und internationalen Arbeiterbewegung und im Kampf gegen den Faschismus, b) beim Aufbau, bei der Festigung und Stärkung sowie beim Schutz der Deutschen Demokratischen Republik, c) im Kampf um die Sicherung des Friedens sowie bei der Erhöhung des internationalen Wirkens der Deutschen Demokratischen Republik". Der Orden kann nur einmal in der gleichen Stufe verliehen werden. Prämien bei Verleihung an Einzelpersonen: Bronze 2 500, Silber 5 000, Gold 10 000 Mark. Prämien bei Verleihung an Kollektive (bis zu 10 Mitgliedern): Bronze 500, Silber 1000, Gold 2 000 Mark. Ordensträger, die die Auszeichnung bis zum Jahre 1973 erhalten haben, beziehen statt der Prämie ein jährliches Ehrengeld: für Bronze 250, für Silber 500, für Gold 1000 Mark. Träger der Ehrenspange zum Vaterländischen Verdienstorden in Gold erhalten keine Geldzuwendungen.

3. Der *Stern der Völkerfreundschaft* „dient der Würdigung außerordentlicher Verdienste um die Deutsche Demokratische Republik, um die Verständigung und die Freundschaft der Völker und um die Erhaltung des Friedens". Der Orden wird in drei Klassen verliehen: I. Klasse Großer Stern der Völkerfreundschaft in Gold, II. Klasse Stern der Völkerfreundschaft in Gold, III. Klasse Stern der Völkerfreundschaft in Silber.

4. Der Orden *Banner der Arbeit* wird verliehen für „hervorragende und langjährige Leistungen bei der Stärkung und Festigung der DDR, insbesondere für hohe Arbeitsergebnisse in der Volkswirtschaft". Für die Auswahl der Vorschläge sind folgende Kriterien zugrunde zu legen: „Die Erfüllung und zielgerichtete Übererfüllung des Volkswirtschaftsplans, ständige Steigerung der Arbeitsproduktivität, die Erreichung einer hohen Effektivität der Produktion, der Senkung der Kosten und einer hohen Qualität der Erzeugnisse, die Intensivierung der Produktion durch umfassende sozialistische Rationalisierung, die Entwicklung vorbildlicher Initiativen und Ergebnisse im sozialistischen Wettbewerb und in der Neuerertätigkeit, die Entwicklung des wissenschaftlich-technischen Fortschritts, die schnelle Überleitung neuer Technologien und Verfahren sowie die Einführung neuer qualitätsgerechter Erzeugnisse in die Produktion, die Erfüllung und Übererfüllung der

Außenhandelsaufgaben, die Vertiefung der sozialistischen ökonomischen Integration, die Verbesserung der Arbeits- und Lebensbedingungen der Werktätigen." Der Orden, der – in einer Klasse – in den vergangenen Jahren 150- bis 250mal verliehen wurde, ist 1974 in drei Klassen aufgeteilt worden. Jahresquoten der einzelnen Stufen: Stufe III bis zu 1000 Orden, Stufe II bis zu 500 Orden, Stufe I bis zu 250 Orden. Die bisher verliehenen Orden gelten als Orden der Stufe I. Prämienzahlungen bei Verleihung an Einzelpersonen: Stufe III 2000, Stufe II 3500 , Stufe I 5000 Mark. Prämienzahlungen bei der Verleihung an Kollektive bis zu 20 Mitgliedern: Stufe III 500, Stufe II 750, Stufe I 1000 Mark.

5. Der *Scharnhorst-Orden* – benannt nach dem Schöpfer des preußischen Volksheeres Gerhard von Scharnhorst (1755–1813) – wird verliehen „für besondere Verdienste a) bei der Erfüllung von Aufgaben zur Stärkung der Verteidigungsbereitschaft der Deutschen Demokratischen Republik, b) auf dem Gebiet der Truppenführung, c) beim Einsatz der ganzen Persönlichkeit zum Schutze der Deutschen Demokratischen Republik, d) bei der Weiterentwicklung der Militärwissenschaft und Militärtechnik, e) bei der Festigung der Militärkoalition der sozialistischen Bruderarmeen". Die Ordensträger erhalten eine Prämie von 5 000 Mark.

6. Der *Kampforden „Für Verdienste um Volk und Vaterland"* wird verliehen „für hervorragende Verdienste a) bei der sozialistischen Wehrerziehung der Jugend, b) auf dem Gebiet der Truppenführung, c) bei der Erziehung und Ausbildung, d) in der persönlichen Einsatzbereitschaft, e) bei der Wartung und Instandhaltung der technischen Ausrüstung und Bewaffnung und bei der Entwicklung der Militärtechnik, f) bei der Entwicklung der Militärwissenschaft, g) bei Einsätzen, die für den Aufbau und den Schutz des Sozialismus in der Deutschen Demokratischen Republik von großem Nutzen sind, h) um die Festigung der Waffenbrüderschaft mit den sozialistischen Bruderarmeen". Der Orden wird in den Stufen Bronze, Silber und Gold verliehen.

B. Preise

Die höchste A., der Nationalpreis, wird vom Vorsitzenden des Staatsrates, alle anderen Preise werden von den für die Preisverteilung zuständigen Ministern des Ministerrates verliehen (die meisten vom Minister für Kultur). Mit fast allen Preisen werden sowohl Einzelpersonen als auch Kollektive ausgezeichnet. Jeder Preisträger erhält eine Medaille. Alle Preis-Medaillen werden auf der rechten oberen Brustseite angelegt, bis auf die Medaillen zum Rudolf-Virchow-Preis und zum Guts-Muths-Preis, die Etui-Medaillen sind und nicht anlegbar sind.

1. Der *Nationalpreis* wird verliehen für „hervorragende schöpferische Arbeiten auf den Gebieten der Wissenschaft und Technik, bedeutende mathematisch-naturwissenschaftliche Entdeckungen und technische Erfindungen, die Einführung neuer Arbeits- und Produktionsmethoden" sowie für „hervorragende Werke und Leistungen auf den Gebieten der Kunst und Literatur". Der Nationalpreis wird in drei Klassen an Einzelpersonen und Kollektive bis zu 6 Personen verliehen. Die Höhe des Preises: I. Klasse 100000, II. Klasse 50000, III. Klasse 25000 Mark. Jährliche Preis-Quoten: a) Wissenschaft und Technik bis zu 5 Preise der I. Klasse, bis zu 10 der II. Klasse, bis zu 15 der III. Klasse; b) Kunst und Literatur bis zu 3 Preise der I. Klasse, bis zu 6 der II. Klasse, bis zu 9 der III. Klasse.

2. Der *Johannes-R.-Becher-Preis* – benannt nach dem Dichter und ehemaligen Minister für Kultur der DDR Johannes R. Becher (1891–1958) – wird verliehen „für Werke der deutschen Lyrik, die im Geiste der großen Dichtung von Johannes R. Becher einen würdigen Beitrag zur sozialistischen deutschen Nationalliteratur bilden". Der Preis, der alle zwei Jahre verliehen wird, ist mit einer Geldprämie von 20 000 Mark verbunden.

3. Der *Preis für künstlerisches Volksschaffen* wird für „hervorragende Neuschöpfungen, beispielgebende künstlerische Interpretation, richtungweisende wissenschaftliche Forschungsarbeit oder vorbildliche kulturpolitische Leistungen auf dem Gebiet des künstlerischen Volksschaffens" verliehen. Die Höhe des Preises, der in zwei Klassen verliehen wird, beträgt für Einzelpersonen bis zu 15000 (I. Klasse), bis zu 3000 (II. Klasse), für Gruppen (je nach Struktur) 5000 bis 15000 (I. Klasse), 3000 bis 10000 Mark (II. Klasse).

4. Der *Heinrich-Heine-Preis* wird verliehen a) für „lyrische Werke und b) Werke der literarischen Publizistik". Die Höhe des Preises – jährlich eine Auszeichnung für lyrische Werke und eine für Werke der literarischen Publizistik – beträgt 12500 Mark.

5. Der *Lessing-Preis* wird verliehen für „hervorragende Werke a) auf dem Gebiet der Bühnendichtung und b) auf dem Gebiet der Kunsttheorie und Kunstkritik". Die Höhe des Preises – jährlich eine Auszeichnung für ein Werk (Bühnendichtung) und ein Werk (Gebiet der Kunsttheorie oder Kunstkritik) – beträgt 10000 Mark.

6. Der *Friedrich-Engels-Preis* wird verliehen für „hervorragende Leistungen in der Forschung oder in der Wissenschaftsorganisation, die der Stärkung und Vervollkommnung der sozialistischen Landesverteidigung insgesamt oder eines ihrer Teilsysteme dienen". Die Höhe des Preises, der in drei Klassen verliehen wird, beträgt für Kollektive bis zu 25000 (I. Klasse), bis zu 15000 (II. Klasse) bis zu 10000 Mark (III. Klasse); für Einzelpersonen bis zu 10000 (I. Klasse), bis zu 6000 (II. Klasse), bis zu 4000 Mark (III. Klasse). Jährliche Preis-Quoten: bis zu 3 Preise der I. Klasse, bis zu 6 Preise der II. Klasse, bis zu 12 Preise der III. Klasse.

7. Der *Heinrich-Greif-Preis* – benannt nach dem 1946 verstorbenen Schauspieler Heinrich Greif, der von 1935 bis 1945 als Sprecher der deutschen Sendungen im Moskauer Rundfunk tätig war – wird verliehen für „hervorragende Einzel- und Kollektivleistungen in der deutschen Filmkunst". Der Preis, der jährlich in drei Klassen je einmal für Leistungen aus dem Vorjahr verliehen wird, ist dotiert bei Einzelleistungen bis zu 7500 (I. Klasse), bis zu 5000 (II. Klasse), bis zu 3500 Mark (III. Klasse); bei Kollektivauszeichnungen bis zu 20000 (I. Klasse), bis zu 15000 (II. Klasse), bis zu 10000 Mark (III. Klasse).

8. Der *Kunstpreis der Deutschen Demokratischen Republik* wird verliehen für „hervorragende schöpferische oder interpretierende Leistungen" sowie für „Leistungen auf den Gebieten des Theaters, des Films, des Fernsehens, des Rundfunks, der Unterhaltungskunst, der Musik für Interpretation und Komposition, der bildenden und angewandten Kunst". Die Höhe des Preises, der jährlich bis zu 20mal verliehen werden kann, beträgt für Einzelpersonen 6000, für Kollektive bis zu 20000 Mark.

9. Der *Guts-Muths-Preis* – benannt nach dem Begründer des Schulturnens Johann Christoph Friedrich Guts Muths (1759–1839) – wird verliehen für „hervorragende wissenschaftliche Arbeiten, die geeignet sind, die Entwicklung der sozialistischen Körperkultur in der Deutschen Demokratischen Republik zu fördern". Die Höhe des Preises, der jährlich an 5 Einzelpersonen oder Kollektive verliehen wird, beträgt für Einzelpersonen 5000, für Kollektive (bis zu 6 Personen) bis zu 15000 Mark.

10. Der *Theodor-Körner-Preis* – benannt nach dem Dichter Theodor Körner (1791–1813) – wird verliehen für „hervorragende Leistungen bei der Schaffung bedeutender Werke der Literatur, der bildenden Kunst, der Musik, des Films, des Theaterschaffens und der Fernsehdramatik, in denen die Entwicklung und die Leistungen der Nationalen Volksarmee und der anderen bewaffneten Organe . . . Gestaltung finden". Die Höhe des Preises, der jährlich bis zu 8mal verliehen wird, beträgt für Kollektive bis zu 15000, für Einzelpersonen 5000 Mark.

11. Der *Cisinski-Preis* – benannt nach dem wendischen Schriftsteller Jakub Bart-Cisinski (1856–1909) – wird verliehen für „hervorragende Neuschöpfungen, beispielgebende künstlerische Interpretation, richtungweisende wissenschaftliche Forschungsarbeit oder andere vorbildliche kulturpolitische Leistungen auf dem Gebiet des sorbischen Volksschaffens". Mit dem Preis, der alle 2 Jahre verliehen wird, können jeweils bis zu 3 Einzelpersonen und bis zu 3 Kollektive ausgezeichnet werden. Die Höhe des Preises beträgt für Einzelpersonen 5000 (I. Klasse), bis zu 3000 Mark (II. Klasse); für Kollektive bis zu 8000 (I. Klasse), bis zu 5000 Mark (II. Klasse).

12. Der *Rudolf-Virchow-Preis* – benannt nach dem Anatomen und Pathologen Rudolf Virchow (1821–1902) – dient „der Förderung der medizinischen Wissenschaft und wird vorwiegend an Nachwuchswissenschaftler verliehen". Die Höhe des Preises, der jährlich bis zu 6mal verliehen wird, beträgt bei Einzelauszeichnungen bis zu 3000, bei Kollektivauszeichnungen bis zu 5000 Mark.

C. Medaillen

Die Medaillen werden in der DDR – je nach Bedeutung – vom Vorsitzenden des Ministerrates, den einzelnen Ministern, von den Leitern staatlicher Ämter bis hinunter durch Betriebsleiter verliehen. So wird beispielsweise ein Träger der Treuedienstmedaille der Deutschen Post in Bronze oder Silber vom Leiter des jeweiligen Postamtes dekoriert, die Medaille in Gold wird vom Leiter der Bezirksdirektion der Post übergeben und die Verleihung der Ehrenspange zur Medaille in Gold nimmt der Minister für das Post- und Fernmeldewesen vor. Mit den Medaillen werden Einzelpersonen, aber in zunehmendem Maße auch Kollektive ausgezeichnet. Von den 46 Medaillen werden 38 an der linken oberen Brustseite getragen, die Nr. 3, 24, 27, 28, 29, 41, 46, 47 werden an der rechten oberen Brustseite angelegt.

Verdienstmedaillen

1. Die *Clara-Zetkin-Medaille* – benannt nach der langjährigen kommunistischen Reichstagsabgeordneten Clara Zetkin (1857–1933) – wird verliehen für „hervorragende Verdienste a) beim Aufbau des Sozialismus in der Deutschen Demokratischen Republik, b) um die Erhaltung des Friedens, c) in der Frauenarbeit bei der Entwicklung des sozialistischen Bewußtseins der Frauen und bei der Verwirklichung der Gleichberechtigung der Frau". Prämie bei Einzelpersonen 2500, bei Kollektiven (bis zu 10 Personen) 5000 Mark. Medaillen-Träger, die bis 1964 ausgezeichnet wurden, erhalten, sobald Vollrentenanspruch besteht, eine jährliche Ehrenrente von 300 Mark.

2. Die *Hufeland-Medaille* – benannt nach dem Berliner Arzt Christoph Wilhelm Hufeland (1762–1836) – wird verliehen für „besondere Verdienste und vorbildliche Initiativen im sozialistischen Wettbewerb bei der Erfüllung der staatlichen Planaufgaben des Gesundheits- und Sozialwesens in hoher Qualität und Effektivität". Die Medaille mit den Stufen Bronze, Silber und Gold wird in jeder Stufe nur einmal und nur an Einzelpersonen verliehen. Prämien für Bronze 300, für Silber 500, für Gold 1000 Mark. Jährlich können 300 Personen mit der Medaille in Bronze, 200 mit der Medaille in Silber und 50 mit der Medaille in Gold ausgezeichnet werden.

3. Die *Dr.-Theodor-Neubauer-Medaille* – benannt nach dem kommunistischen Reichstagsabgeordneten und Pädagogen Theodor Neubauer

(1890–1945) – wird verliehen für „außerordentliche Verdienste beim Aufbau des sozialistischen Bildungs- und Erziehungswesens". Die Medaille mit den Stufen Bronze, Silber und Gold kann mehrmals verliehen werden. Einzelpersonen erhalten für die Medaille in Bronze eine Prämie von 500, für Silber 750, für Gold 1 000 Mark; Kollektive für Bronze 2 000, für Silber 3 000, für Gold 4 000 Mark. Es können jährlich ausgezeichnet werden: 475 Einzelpersonen mit der Medaille in Bronze, 110 mit der Medaille in Silber, 65 mit der Medaille in Gold; 155 Kollektive mit der Medaille in Bronze, 85 mit der Medaille in Silber, 25 mit der Medaille in Gold.

4. Die *Verdienstmedaille der Deutschen Demokratischen Republik* wird verliehen für „besondere Leistungen und treue Pflichterfüllung beim Aufbau des Sozialismus und bei der Stärkung und Festigung der Deutschen Demokratischen Republik".

5. Die *Verdienstmedaille der Deutschen Reichsbahn* wird in den Stufen I, II und III verliehen für „aktiven und selbstlosen Einsatz, beispielhafte Arbeit, mutiges und umsichtiges Verhalten und andere hohe Leistungen".

6. Die *Verdienstmedaille der Nationalen Volksarmee* wird entsprechend den Verdiensten in den Stufen Bronze, Silber und Gold verliehen für „hervorragende Verdienste und persönliche Einsatzbereitschaft beim Aufbau und bei der Festigung der Nationalen Volksarmee".

7. Die *Verdienstmedaille der Kampfgruppen der Arbeiterklasse* wird verliehen „in Anerkennung treuer und gewissenhafter Pflichterfüllung in den Reihen der Kampfgruppen der Arbeiterklasse und für vorbildliche Leistungen zur Festigung und Stärkung der Kampfgruppen der Arbeiterklasse". Mit der Verleihung der Medaille ist eine Prämie von 300 Mark verbunden.

8. Die *Verdienstmedaille der Seeverkehrswirtschaft* wird verliehen in den Stufen Bronze, Silber und Gold für „aktiven und selbstlosen Einsatz, beispielhafte Arbeitserfolge, mutiges und umsichtiges Verhalten und andere hohe Leistungen".

9. Die *Verdienstmedaille der Zollverwaltung der Deutschen Demokratischen Republik* wird in den Stufen Bronze, Silber und Gold verliehen für „hervorragende Verdienste bei der Erfüllung der der Zollverwaltung der Deutschen Demokratischen Republik gestellten Aufgaben zur Stärkung und Sicherung der Deutschen Demokratischen Republik".

10. Die *Verdienstmedaille der Deutschen Post* wird verliehen für „hervorragende Leistungen bei der Entwicklung des sozialistischen Post- und Fernmeldewesens und bei der Gewährleistung seiner ständigen Einsatzbereitschaft".

11. Die *Verdienstmedaille der Organe des Ministeriums des Innern* wird verliehen für „Verdienste und persönliche Einsatzbereitschaft zur Erhöhung der öffentlichen Ordnung und Sicherheit, zum Schutz des umfassenden Aufbaus des Sozialismus in der Deutschen Demokratischen Republik und zur Festigung der Deutschen Volkspolizei und der anderen Organe des Ministeriums des Innern sowie für andere hohe Leistungen". Die Medaille kann in den Stufen Bronze, Silber und Gold mehrmals verliehen werden.

12. Die *Verdienstmedaille für Zivilverteidigung* wird verliehen für „a) hervorragende Leistungen und persönliche Einsatzbereitschaft bei der Erfüllung der Aufgaben der Zivilverteidigung und b) besondere Verdienste bei der Erhöhung der Einsatzbereitschaft der Zivilverteidigung, bei der Erziehung, Ausbildung und Schulung ihrer Kräfte sowie bei der Instandhaltung und Weiterentwicklung der technischen Ausrüstung". Die Medaille kann in den Stufen Bronze, Silber und Gold mehrmals verliehen werden. Prämie für Einzelpersonen: Bronze 200, Silber 300, Gold 400 Mark. Prämie für Kollektive: Bronze 600, Silber 1 000, Gold 1 500 Mark.

13. Die *Medaille für Verdienste um das Grubenrettungswesen* wird verliehen für „persönliche Tapferkeit und selbstlosen Einsatz bei der Rettung von Menschen und Bergung von Verunglückten im Bergbau" sowie andere „hervorragende Leistungen". Prämie bei Einzelauszeichnungen 500, bei Kollektivauszeichnungen 1 500 Mark.

14. Die *Medaille für Verdienste in der Rechtspflege* wird verliehen für „Verdienste auf dem Gebiet der sozialistischen Rechtspflege". Die A. erfolgt in drei Stufen, bei „großen Verdiensten" in Bronze, bei „außerordentlichen Verdiensten" in Silber, bei „hervorragenden und beispielhaften Verdiensten" in Gold. Prämie für Bronze 500, für Silber 750, für Gold 1 000 Mark. Jährlich können 60 Medaillen in Bronze, 25 in Silber und 10 in Gold verliehen werden.

15. Die *Medaille für Verdienste im Brandschutz* wird verliehen für „hervorragende Leistungen bei der Erfüllung der den Brandschutzorganen gestellten Aufgaben zur Sicherung der Volkswirtschaft sowie des Lebens, der Gesundheit und des persönlichen Eigentums der Bürger" und anderer „besonderer Verdienste". Prämie bei Einzelauszeichnungen bis zu 500, bei Kollektivauszeichnungen bis zu 1 000 Mark. Die Medaille kann mehrmals verliehen werden.

16. Die *Medaille für Verdienste in der Kohleindustrie der Deutschen Demokratischen Republik* wird verliehen „in Würdigung hervorragender Leistungen sowie langjähriger Zugehörigkeit zur Kohleindustrie". Die Auszeichnung erfolgt nach einer 15jährigen ununterbrochenen Zugehörigkeit zur Kohleindustrie in Bronze, 25jähriger Zugehörigkeit in Silber und 40jähriger Zugehörigkeit in Gold, bei „besonders hervorragenden Leistungen" vorzeitig. Prämien bei Auszeichnungen in Bronze 250, in Silber 500, in Gold 1 000 Mark.

17. Die *Medaille für Verdienste in der Energiewirt-*

schaft der Deutschen Demokratischen Republik wird verliehen „in Würdigung langjähriger Zugehörigkeit und von hervorragenden Leistungen im Industriezweig Energie". Die Auszeichnung erfolgt nach einer 15jährigen ununterbrochenen Tätigkeit zum Industriezweig Energie in Bronze, 25jährigen Zugehörigkeit in Silber und nach 40jähriger Zugehörigkeit in Gold, bei „besonders hervorragenden Leistungen" vorzeitig. Prämien bei Auszeichnungen in Bronze 250, in Silber 500, in Gold 1000 Mark.

18. Die *Medaille für Waffenbrüderschaft* wird verliehen in den Stufen Bronze, Silber und Gold für „Leistungen und Verdienste, die zur Festigung der Beziehungen zwischen den sozialistischen Bruderarmeen und zur Entwicklung der gemeinsamen Zusammenarbeit beitragen".

19. Die *Medaille für ausgezeichnete Leistungen in den Kampfgruppen der Arbeiterklasse* wird verliehen für „besondere Verdienste beim Einsatz, beim Aufbau und bei der Festigung der Kampfgruppen".

20. Die *Medaille für ausgezeichnete Leistungen in den bewaffneten Organen des Ministeriums des Innern* wird verliehen für „ausgezeichnete Leistungen bei der Erfüllung der den bewaffneten Organen des Ministeriums des Innern gestellten Aufgaben zur Stärkung und Festigung der Deutschen Demokratischen Republik".

21. Die *Medaille für ausgezeichnete Leistungen in landwirtschaftlichen Produktionsgenossenschaften* wird verliehen für „besondere Leistungen bei der Steigerung der Produktion und der Entwicklung der landwirtschaftlichen Produktionsgenossenschaft".

22. Die *Medaille für ausgezeichnete Leistungen im Wettbewerb* wird verliehen an „Werktätige, die Initiatoren neuer Formen des sozialistischen Wettbewerbs zur Durchsetzung des wissenschaftlich-technischen Fortschritts, der Verbesserung der sozialistischen Arbeitsorganisation und der Produktion sind". Prämien für Einzelpersonen bis zu 500 Mark, für Kollektive bis zu 1000 Mark. Jährlich können bis zu 500 Medaillen verliehen werden.

23. Die *Medaille für selbstlosen Einsatz bei der Bekämpfung von Katastrophen* wird verliehen für „selbstlosen Einsatz, beispielhafte Hilfeleistungen, aufopferungsvolle Arbeit und andere hervorragende Leistungen bei der Verhinderung und der Bekämpfung von Katastrophen sowie bei der Beseitigung entstandener Schäden".

24. Die *Medaille für vorbildlichen Grenzdienst* wird verliehen für „vorbildliche Leistungen und persönliche Einsatzbereitschaft bei der Sicherung der Grenzen der Deutschen Demokratischen Republik" sowie „für andere hohe Leistungen zum Schutz der Staatsgrenzen".

25. Die *Medaille für hervorragende Leistungen im Bauwesen der Deutschen Demokratischen Republik* wird verliehen „in Würdigung hervorragender Leistungen sowie langjähriger Zugehörigkeit im Bauwesen der Deutschen Demokratischen Republik". Die Medaille wird in den Stufen Bronze, Silber und Gold verliehen. Prämien für Bronze 250, für Silber 500, für Gold 1000 Mark.

26. Die *Karl-Liebknecht-Medaille* – benannt nach dem Gründer des Spartakusbunds Karl Liebknecht (1871–1919) – wird verliehen „an Lehrlinge, die in ihrer Berufsausbildung im Rahmen des sozialistischen Berufswettbewerbs ständig Höchstleistungen vollbringen, über einen festen Standpunkt der Arbeiterklasse verfügen und sich zu einer sozialistischen Facharbeiterpersönlichkeit entwickelt haben". Die Verleihung der Medaille ist mit einer Prämie von 300 Mark verbunden. Jährlich können bis zu 400 Medaillen verliehen werden.

27. Die *Medaille für sehr gute Leistungen im sozialistischen Berufswettbewerb* wird verliehen an „Lehrlinge, die im sozialistischen Berufswettbewerb beim sozialistischen Lernen, Arbeiten und Leben ihre Wettbewerbsbedingungen mit sehr guten Ergebnissen erfüllen". Die Verleihung der Medaille ist mit einer Prämie von 150 Mark verbunden.

28. Die *Medaille Vorbildliches Lehrlingskollektiv im sozialistischen Berufswettbewerb* wird verliehen an „Lehrlinge, die die Ausbildungsziele durch eine vorbildliche sozialistische Gemeinschaftsarbeit und gegenseitige Hilfe erfüllen" sowie für andere ausgezeichnete Leistungen. Jedes Kollektivmitglied erhält bei der Verleihung eine Prämie von 50 Mark.

29. Die *Medaille für hervorragende Leistungen in der Bewegung Messen der Meister von Morgen* wird verliehen für „hervorragende schöpferische Leistungen Jugendlicher auf wissenschaftlichem, technischem und ökonomischem Gebiet", deren volkswirtschaftliche Nutzbarkeit nachzuweisen ist. Prämien bei Einzelpersonen 200, bei Kollektiven bis zu 1000 Mark. Jährlich können bis zu 150 Medaillen verliehen werden.

30. Die *Rettungsmedaille* wird verliehen für „die Rettung von Menschen aus Lebensgefahr, wenn die Rettungstat unter eigener Lebensgefahr erfolgte". Die Verleihung der Medaille ist mit einer finanziellen Anerkennung in Höhe von 500 Mark bzw. einem Geschenk dieses Wertes verbunden.

Medaillen für treue Dienste

31. Die *Medaille für treue Dienste bei der Deutschen Reichsbahn* wird verliehen für „treue, gewissenhafte und disziplinierte Arbeit bei der Deutschen Reichsbahn". Die Medaille hat 4 Stufen, deren Verleihung jeweils mit einer Prämie verbunden ist: Bronze für 10jährige ununterbrochene Dienstzeit (200), Silber für 20jährige Dienstzeit (400), Gold für 30jährige Dienstzeit (750), Ehrenspange zu Gold für 35jährige (Frauen) bzw. 40jährige (Männer) Dienstzeit (1000 Mark).

32. Die *Medaille für treue Dienste in der Nationalen Volksarmee* wird verliehen für „ehrliche, gewissen-

hafte und treue Pflichterfüllung in der Nationalen Volksarmee''. Die Medaille hat 4 Stufen: Bronze nach 5jähriger Dienstzeit, Silber nach 10jähriger Dienstzeit, Gold nach 15jähriger Dienstzeit und nochmals Gold nach 20jähriger Dienstzeit.

33. Die *Medaille für treue Dienste in den bewaffneten Organen des Ministeriums des Innern* wird verliehen ''für treue, gewissenhafte und ehrliche Pflichterfüllung in den bewaffneten Organen des Ministeriums des Innern''. Die Medaille hat 6 Stufen für 5-, 10-, 15-, 20-, 25- und 30jährige ununterbrochene Dienstzeit.

34. Die *Medaille für treue Dienste in der Freiwilligen Feuerwehr* wird verliehen für ''treue, gewissenhafte und aktive Mitarbeit in den Freiwilligen Feuerwehren''. Die Medaille wird in 3 Stufen verliehen: Bronze für 10jährige, Silber für 25jährige und Gold für 40jährige Mitarbeit.

35. Die *Medaille für treue Dienste in der zivilen Luftfahrt* wird verliehen für ''treue, gewissenhafte und disziplinierte Arbeit in der zivilen Luftfahrt''. Die Medaille hat 3 Stufen: Bronze für 5jährige, Silber für 10jährige und Gold für 15jährige ununterbrochene Beschäftigungszeit.

36. Die *Medaille für treue Dienste in den Kampfgruppen der Arbeiterklasse* wird verliehen für ''treue, gewissenhafte und ehrliche Pflichterfüllung in den Reihen der Kampfgruppen der Arbeiterklasse''. Die Medaille hat 3 Stufen: Bronze für 10jährige, Silber für 15jährige und Gold für 20jährige treue Dienste.

37. Die *Medaille für treue Dienste in der Seeverkehrswirtschaft* wird verliehen für ''langjährige, treue, gewissenhafte und disziplinierte Arbeit in der Seeverkehrswirtschaft''. Sie hat 3 Stufen: Bronze für 15jährige, Silber für 25jährige und Gold für 40jährige ununterbrochene Beschäftigungszeit.

38. Die *Medaille für treue Dienste in der Zollverwaltung der Deutschen Demokratischen Republik* wird verliehen für ''ehrliche, treue und gewissenhafte Pflichterfüllung in der Zollverwaltung der Deutschen Demokratischen Republik''. Die Medaille hat 6 Stufen für 5-, 10-, 15-, 20-, 25- und 30jährige ununterbrochene Dienstzeit.

39. Die *Treuedienstmedaille der Deutschen Post* wird verliehen für ''treue Dienste bei der Deutschen Post''. Die Medaille hat 4 Stufen, deren Verleihung jeweils mit einer Geldprämie verbunden ist: Bronze für 10jährige (200), Silber für 20jährige (400), Gold für 30jährige (750), Ehrenspange zu Gold für 35jährige (Frauen) bzw. 40jährige (Männer) ununterbrochene Dienstzeit (1000 Mark).

40. Die *Pestalozzi-Medaille für treue Dienste* – benannt nach dem Jugenderzieher Johann Heinrich Pestalozzi (1746–1827) – wird an Lehrer und Erzieher verliehen. Die Medaille hat 3 Stufen: Bronze für 10jährige, Silber für 20jährige und Gold für 30jährige Dienstzeit.

41. Die *Hans-Beimler-Medaille* – benannt nach dem

Mitglied der internationalen Brigaden im spanischen Bürgerkrieg Hans Beimler (1895–1936) – wird verliehen für ''Verdienste im national-revolutionären Befreiungskampf des spanischen Volkes 1936–1939''.

42. Die *Medaille für Teilnahme an den bewaffneten Kämpfen der deutschen Arbeiterklasse in den Jahren 1918–1923* wird verliehen für ''aktive Teilnahme an den in Deutschland in den Jahren 1918–1923 stattgefundenen bewaffneten Kämpfen gegen Reaktion und Militarismus, für Frieden, Demokratie und Sozialismus''.

43. Die *Medaille für Kämpfer gegen den Faschismus 1933–1945* wird verliehen für Teilnahme am ''antifaschistischen Kampf'' und ist mit einem jährlichen Ehrengeld von 500 Mark verbunden.

44. Die *Erinnerungsmedaille 20. Jahrestag – Demokratische Bodenreform* wurde einmalig verliehen für ''hervorragende Verdienste a) bei der Durchführung der demokratischen Bodenreform und der Festigung ihrer Ergebnisse, b) bei der Gründung von landwirtschaftlichen Genossenschaften und der Entwicklung der guten genossenschaftlichen Arbeit, c) bei der vollständigen sozialistischen Umgestaltung der Landwirtschaft''.

45. Die *Medaille für die Bekämpfung der Hochwasserkatastrophe im Juli 1954* wurde einmalig verliehen ''in Würdigung selbstlosen Einsatzes, beispielhafter Hilfeleistungen, aufopferungsvoller Arbeit und anderer hoher Leistungen bei der Bekämpfung der Hochwasserkatastrophe im Juli 1954''.

46. Die *Carl-Friedrich-Wilhelm-Wander-Medaille* – benannt nach dem Schulpolitiker Carl Friedrich Wilhelm Wander (1803–1897) – wurde einmalig in den Stufen Bronze, Silber und Gold verliehen ''für ausgezeichnete Leistungen im Kampf für die deutsche demokratische Schule 1954''.

D. Ehrentitel

Ehrentitel werden vornehmlich an Einzelpersonen verliehen, aber auch Kollektive können mit ihnen ausgezeichnet werden. Zu jedem Ehrentitel gehört eine Geldprämie (außer bei der Verleihung von Ehrentiteln an Sportler, die offiziell keine Geldzuwendungen erhalten dürfen). Die Mehrzahl der Ehrentitel wird von den zuständigen Ressortministern und den Leitern der obersten Behörden oder in deren Namen verliehen. Jeder Ehrentitel ist mit der Verleihung einer tragbaren Medaille verbunden (außer den Ehrentiteln Kollektiv der sozialistischen Arbeit und Betrieb der sozialistischen Arbeit). Von den 25 Medaillen werden 17 an der linken oberen Brustseite getragen, die Medaillen zu den Nummern 2, 7, 12, 14, 15, 20, 21, 23 werden an der rechten oberen Brustseite angelegt.

1. Der Ehrentitel *Held der Arbeit* wird an Personen verliehen, die ''durch ihre besonders hervorragende, bahnbrechende Tätigkeit, insbesondere in der Indu-

strie, der Landwirtschaft, dem Verkehr oder dem Handel oder durch wissenschaftliche Entdeckungen oder technische Erfindungen sich besondere Verdienste um den Aufbau und den Sieg des Sozialismus erworben haben und durch diese Tätigkeit die Volkswirtschaft und damit das Wachstum und das Ansehen der Deutschen Demokratischen Republik förderten". Der Ehrentitel, der mit einer Prämie bis zu 10 000 Mark dotiert ist, kann jährlich bis zu 50mal verliehen werden.

2. Der Ehrentitel *Hervorragender Wissenschaftler des Volkes* wird verliehen für „hervorragende Gesamtleistungen um die Weiterentwicklung der Wissenschaft im Dienste des Friedens durch Forschung und Lehre auf den Gebieten der Natur- und Gesellschaftswissenschaften". Die Auszeichnung, die mit einer Prämie bis zu 4 000 Mark verbunden ist, kann jährlich bis zu 6mal verliehen werden.

3. Der Ehrentitel *Hervorragender Genossenschaftler* wird verliehen an „sozialistische Genossenschaften sowie an in der Landwirtschaft tätige Personen, die an der Entwicklung der sozialistischen Genossenschaften der Landwirtschaft einen hervorragenden Anteil haben". Der Ehrentitel, verbunden mit einer Prämie bis 1000 Mark, kann jährlich bis zu 200mal verliehen werden.

4. Der Ehrentitel *Hervorragender Jungaktivist* wird an Jugendliche verliehen, „die im sozialistischen Wettbewerb besondere Leistungen durch die Anwendung neuer Arbeitsmethoden zur Steigerung der Arbeitsproduktivität vollbringen, den technisch-wissenschaftlichen Fortschritt verwirklichen helfen, überdurchschnittliche Ergebnisse in der Sparsamkeitsbewegung erzielen und maßgeblich zur Erfüllung und Übererfüllung der staatlichen Pläne beitragen". Der Ehrentitel, verbunden mit einer Prämie bis zu 500 Mark, kann jährlich an bis zu 100 Jugendliche verliehen werden.

5. Der Ehrentitel *Aktivist der sozialistischen Arbeit* wird an Werktätige verliehen, „die hervorragende Leistungen beim Aufbau des Sozialismus und bei der Festigung und Stärkung der Deutschen Demokratischen Republik vollbrachten", insbesondere „vorbildliche Leistungen bei der Durchsetzung des sozialistischen Wettbewerbs". Der Ehrentitel ist verbunden mit einer materiellen Anerkennung, „entsprechend dem erreichten ökonomischen Nutzen".

6. Der Ehrentitel *Verdienter Aktivist* wird an Werktätige verliehen, „die durch ihre über einen längeren Zeitraum währende hervorragende Tätigkeit . . . die Einführung und Ausnutzung der modernen Technik und Technologie und die Durchsetzung sozialistischer Arbeitsorganisation förderten, erprobte Neuerermethoden anwandten, andere Werktätige qualifizierten und insbesondere im sozialistischen Wettbewerb hohe Leistungen erzielten". Die Prämie für den Ehrentitel, der jährlich bis zu 600mal verliehen werden kann, beträgt 1000 Mark.

7. Der Ehrentitel *Verdienter Arzt des Volkes* wird verliehen für „bedeutsame Leistungen" in der wissenschaftlichen Forschung und in der praktischen ärztlichen Tätigkeit. Die Prämie für den Ehrentitel, der nur einmal an dieselbe Person verliehen werden kann, kann bis zu 8 000 Mark betragen. Jährlich können bis zu 30 A. vorgenommen werden.

8. Der Ehrentitel *Verdienter Bauarbeiter der Deutschen Demokratischen Republik* wird verliehen „für hervorragende Leistungen bei der Lösung der volkswirtschaftlichen Aufgaben des Bauwesens" sowie für „langjährige, vorbildliche persönliche Einsatzbereitschaft". Die Prämie beträgt 5 000 Mark. Der Titel kann nur einmal an dieselbe Person verliehen werden.

9. Der Ehrentitel *Verdienter Bergmann der Deutschen Demokratischen Republik* wird verliehen für „hervorragende Leistungen im Bergbau, die für die Volkswirtschaft von Bedeutung sind und eine wesentliche Steigerung der Arbeitsproduktivität bewirkten". Der Ehrentitel kann nur an Bergleute verliehen werden, die mindestens 5 Jahre im Bergbau tätig sind oder waren. Die Prämie für die Auszeichnung, die bis zu 30mal im Jahr verliehen werden kann, beträgt bis zu 10 000 Mark.

10. Der Ehrentitel *Verdienter Eisenbahner der Deutschen Demokratischen Republik* wird verliehen für „vorbildliche und disziplinierte Arbeit sowie hervorragende Initiativleistungen zur weiteren Gestaltung der entwickelten sozialistischen Gesellschaft". Die A. kann nur einmal und nur an Einzelpersonen verliehen werden. Die Prämie für den Ehrentitel, der jährlich bis zu 30mal verliehen werden kann, beträgt 5 000 Mark.

11. Der Ehrentitel *Verdienter Erfinder* wird verliehen an Personen, „die sich durch die Schaffung von Erfindungen, die Pionier- und Spitzenleistungen . . . darstellen, hervorragende Verdienste bei der Meisterung der wissenschaftlich-technischen Revolution . . . erworben haben". Die Prämie für Einzelpersonen beträgt 4 000, für Kollektive 15 000 Mark. Der Ehrentitel kann jährlich bis zu 50mal verliehen werden.

12. Der Ehrentitel *Verdienter Lehrer des Volkes* wird verliehen für „besondere Erfolge bei der Arbeit für die sozialistische Erziehung und Ausbildung der Jugend in Verbindung mit beispielhafter gesellschaftlicher und politischer Tätigkeit in der Öffentlichkeit". Die Prämie beträgt bis zu 5 000 Mark. Bis zu 40 A. im Jahr.

13. Der Ehrentitel *Verdienter Meister* wird verliehen an Meister, die über einen längeren Zeitraum bei der Erfüllung der staatlichen Pläne „überragende Erfolge" erzielen. Die Prämie beträgt bis zu 3 000 Mark. Jährlich erfolgen bis zu 100 A.

14. Der Ehrentitel *Meister des Sports* wird verliehen für „hervorragende sportliche Leistungen a) bei Erfüllung der bestätigten Normative in olympischen

Sportarten bzw. Disziplinen entsprechend der Sportklassifizierung der Deutschen Demokratischen Republik, b) beim Abschluß der sportlichen Laufbahn als Leistungssportler für beständige hervorragende Leistungen über mehrere Jahre". Der Titel kann nur einmal an dieselbe Person verliehen werden.

15. Der Ehrentitel *Verdienter Meister des Sports* wird verliehen für „hervorragende Verdienste und Erfolge vorrangig auf dem Gebiet des Leistungssports", insbesondere „für die Erringung von olympischen Medaillen, Weltmeistertiteln oder für gleichbedeutende sportliche Erfolge". Der Titel, mit dem auch erfolgreiche Trainer und Sportwissenschaftler ausgezeichnet werden, kann mehrmals an dieselbe Person verliehen werden.

16. Der Ehrentitel *Meisterbauer der genossenschaftlichen Produktion* wird verliehen für „besondere Leistungen bei der Steigerung der Brutto- und Marktproduktion und der vorbildlichen Erfüllung und Übererfüllung von Produktionsverpflichtungen sowie aktiver Beteiligung am sozialistischen Wettbewerb". Die Prämie beträgt bis zu 500 Mark. Jährlich werden bis zu 600 A. vorgenommen. Der Titel kann nur einmal an dieselbe Person verliehen werden.

17. Der Ehrentitel *Meisterhauer* wird an Hauer verliehen „mit besonders hoher fachlicher Qualifikation, die auch bei schwierigen Arbeiten überdurchschnittliche Leistungen vollbringen". Die Prämie beträgt bis zu 1000 Mark. Jährlich erfolgen bis zu 50 A.

18. Der Ehrentitel *Verdienter Mitarbeiter der Zollverwaltung der Deutschen Demokratischen Republik* wird verliehen für „besondere Verdienste und Initiativen zur Verbesserung der Wirksamkeit der zolldienstlichen Arbeit sowie für langjährige vorbildliche persönliche Einsatzbereitschaft". Die Prämie beträgt 5000 Mark. Jährlich gibt es 10 A. Der Titel kann nur einmal an dieselbe Person verliehen werden.

19. Der Ehrentitel *Verdienter Seemann* wird verliehen für „die entscheidende Weiterentwicklung der Seeverkehrswirtschaft und für die Durchsetzung des wissenschaftlich-technischen Höchststandes sowie für die Anwendung neuer Methoden, mit denen bessere Arbeitsergebnisse bzw. eine höhere Valutaeffektivität erreicht, die Arbeitproduktivität gesteigert und die Selbstkosten gesenkt werden". Die Prämie beträgt bis zu 5000 Mark. Jährlich gibt es bis zu 16 A.

20. Der Ehrentitel *Verdienter Techniker des Volkes* wird verliehen an Werktätige, „die hervorragende Leistungen bei der Durchsetzung des wissenschaftlich-technischen Fortschritts" erbringen, deren „Nutzeffekt nachgewiesen werden" muß. Die Prämie beträgt bis zu 8000 Mark. Jährlich erfolgen bis zu 50 A.

21. Der Ehrentitel *Verdienter Tierarzt* wird verliehen für „hervorragende Leistungen beim Aufbau des Sozialismus auf dem Gebiet des Veterinärwesens", insbesondere an Wissenschaftler und praktische Tierärzte. Die Prämie beträgt bis zu 8000 Mark. Jährlich werden bis zu 10 A. verliehen.

22. Der Ehrentitel *Verdienter Volkspolizist der Deutschen Demokratischen Republik* wird verliehen für „vorbildliche Initiativen zur Erhöhung der öffentlichen Ordnung und Sicherheit, für die Anwendung neuer Methoden, mit denen bessere Arbeitsergebnisse und ein höherer Nutzeffekt erreicht werden sowie die Einsatzbereitschaft erhöht wird". Die Prämie beträgt bis zu 5000 Mark. Jährlich werden bis zu 20 A. vorgenommen. Der Titel kann nur einmal an dieselbe Person verliehen werden.

23. Der Ehrentitel *Verdienter Züchter* wird verliehen für „hervorragende Leistungen auf den Gebieten der Tierzucht und der Pflanzenzucht". Die Prämie für Einzelpersonen beträgt bis zu 5000, für Kollektive bis zu 10000 Mark. Jährlich bis zu 20 A.

24. Der Ehrentitel *Betrieb der sozialistischen Arbeit* wird verliehen an Betriebe, „die hervorragende Leistungen vollbrachten und sich durch eine kontinuierliche und stabile Entwicklung auszeichnen". Der Ehrentitel kann nur einmal verliehen werden. Als Prämie erhalten Betriebe mit bis zu 10000 Beschäftigten bis zu 50000 Mark, bei Betrieben mit über 10000 Beschäftigten bis zu 100000 Mark. Jährlich können bis zu 15 Ehrentitel verliehen werden.

25. Der Ehrentitel *Kollektiv der sozialistischen Arbeit* wird an Arbeitskollektive verliehen, „die kollektive Verpflichtungen übernommen haben mit dem Ziel, sozialistisch zu arbeiten, zu lernen und zu leben". Die Verleihung des Ehrentitels ist mit einer materiellen Anerkennung in Form einer Kollektivprämie verbunden. Der Titel kann nur einmal verliehen, aber im jährlich stattfindenden sozialistischen Wettbewerb bestätigt werden.

26. Der Ehrentitel *Hervorragendes Jugendkollektiv der Deutschen Demokratischen Republik* wird verliehen an „Jugendbrigaden, Jugendarbeitsgruppen, Jugendneuererkollektive, Klubs junger Neuerer, Klubs junger Techniker, Klubs junger Forscher, Realisierungs- und Rationalisierungsbrigaden, Forschungskollektive und andere", die „auf dem Gebiet der materiellen Produktion ... hervorragende Arbeitsergebnisse erzielten". Jedes Mitglied erhält eine Prämie bis zu 200 Mark. Jährlich gibt es bis zu 50 A.

27. Der Ehrentitel *Hervorragende Jugendbrigade der Deutschen Demokratischen Republik* wird verliehen an „solche Jugendbrigaden und Jugendkollektive, die auf dem Gebiet des politischen, wirtschaftlichen und kulturellen Aufbaus hervorragende Arbeitsergebnisse erzielten". Für jedes Mitglied gibt es eine Prämie bis zu 300 Mark. Jährlich werden bis zu 50 A. vergeben.

E. Ehrenzeichen und Leistungsabzeichen

Die Ehrenzeichen und Leistungsabzeichen der DDR

werden von den zuständigen Ressortministern, den Leitern staatlicher Ämter oder in deren Namen verliehen. Die A. erhalten vornehmlich Einzelpersonen, aber – zum Teil – auch Kollektive. Außer dem Ehrenzeichen der Deutschen Volkspolizei, das an der linken oberen Brustseite getragen wird, werden die Ehrenzeichen und Leistungsabzeichen an der rechten oberen Brustseite angelegt.

1. Das *Ehrenzeichen der Deutschen Volkspolizei* wird verliehen „für hervorragende Leistungen beim Aufbau und der Festigung der Arbeiter-und-Bauern-Macht" und „zur Stärkung und Festigung der bewaffneten Organe des Ministeriums des Innern" sowie für „hervorragende Tapferkeit und selbstlosen Einsatz der eigenen Person beim Schutze der Deutschen Demokratischen Republik".

2. Das *Ehrenzeichen für Körperkultur und Sport der Deutschen Demokratischen Republik* wird verliehen für „hervorragende Verdienste und langjährige erfolgreiche Tätigkeit bei der Entwicklung von Körperkultur und Sport". Die Auszeichnung kann mehrmals an dieselbe Person verliehen werden. Die Prämie bei Einzelauszeichnungen beträgt bis zu 2 500, bei Kollektivauszeichnungen 10 000 bis 20 000 Mark. Jährlich erfolgen bis zu 40 A. Aktive

Sportler erhalten keine Prämie.

3. Das *Leistungsabzeichen der Grenztruppen* wird verliehen für „vorbildliche Leistungen in der Ausbildung und im persönlichen Einsatz zum Schutze der Grenze der Deutschen Demokratischen Republik".

4. Das *Leistungsabzeichen der Nationalen Volksarmee* wird verliehen für „vorbildliche Leistungen in der Ausbildung und im persönlichen Einsatz zum Schutze der Deutschen Demokratischen Republik".

F. Diplom

Das *Diplom für besondere Leistungen bei der Herstellung hochwertiger Güter für den Bedarf der Bevölkerung* ist eine singuläre A.-Form in der DDR. Es wird verliehen für „besondere Leistungen des Wohlstandes der Bevölkerung der Deutschen Demokratischen Republik durch die rasche Steigerung der Produktion von Konsumgütern hoher Qualität mit niedrigsten Kosten für den Bevölkerungsbedarf sowie von Rohstoffen und Halbfabrikaten zur Herstellung solcher Konsumgüter". Die Prämie beträgt für Einzelauszeichnungen bis zu 1 200, bei Kollektiv- bzw. Betriebsauszeichnungen bis zu 2 000 Mark. Jährlich werden bis zu 20 Einzal-A. und bis zu 35 Kollektiv- bzw. Betriebs-A. verliehen.

Staatliche Auszeichnungen in der Wettbewerbsbewegung

Auszeichnung	1960		1970		1973	
Held der Arbeit	25	(4)*	15	(2)*	20	(6)*
Banner der Arbeit						
an Einzelpersonen	177	(16)*	95	(11)*	75	(3)*
an Kollektive	19	–	67	–	101	–
an Betriebe	56	–	48	–	31	–
Verdienter Aktivist	597	(46)*	1 555	(268)*	2 268	(590)*
Verdienter Erfinder	99	–	40	(2)*	60	–
Verdienter Meister	98	(2)*	115	(11)*	127	(8)*
Aktivist der sozialistischen Arbeit	96 941	(15 059)*	168 829	(15 435)*	203 666	(67 823)*
Kollektiv der sozialistischen Arbeit	1 220		24 613		58 477[1]	

* An weibliche Personen verliehen.
1 Einschließlich der Kollektive, die den Titel erfolgreich verteidigten.

Quelle: Statistisches Jahrbuch der DDR 1974, Berlin (Ost), S. 72.

Autobahnen: → Verkehrswesen.

Automatisierung: Bezeichnung für einen Prozeß, in dessen Verlauf menschliche Arbeit sowohl in ihrer arbeitsausführenden wie in ihrer arbeitskontrollierenden Funktion durch sich selbst regelnde und steuernde Maschinen und Maschinensysteme ersetzt wird. Darüber hinaus bedeutet A. die Modifikation menschlicher Arbeit und ihre Erweiterung um neue Tätigkeitsfelder, da sich durch A.-Maßnahmen neue Tätigkeitsprofile und Organisationsstrukturen herausbilden. Die A. wird als die höchste Stufe im Prozeß der Technisierung, des Einsatzes von technischen Hilfsmitteln zur Erhöhung der Arbeitsproduktivität, verstanden. Die Vorstufen bilden die Mechanisierung und das Handwerk. Durch die Me-

chanisierung wird menschliche Arbeit in ihrer körperlich-ausführenden Funktion durch maschinelle Werkzeuge und Maschinen ersetzt. Je nach der Art der eingesetzten technischen Hilfsmittel (Arbeitsmittel) und dem Umfang des Fertigungsablaufs (einzelner Arbeitsplatz, Teil- oder Gesamtablauf) wird die Mechanisierung untergliedert in Kleinmechanisierung, Teil- und Vollmechanisierung. Ähnlich wird bei der A. der Einsatz von selbsttätigen Maschinen für Teilprozesse (Teil-A.) unterschieden vom Einsatz für Gesamtprozesse (Voll-A.). Der Begriff Voll-A. wird auch in dem Sinne verwendet, daß adaptive Automaten nicht nur die Steuerung des Arbeitsablaufs übernehmen, sondern auch die begrenzt selbsttätige Auswahl des Arbeitsweges (Steuerung der Steuerung). Das wichtigste soziale und wirtschaftliche

Problem liegt in der durch A. hervorgerufenen Freisetzung von Arbeitskräften. Bei dem anhaltenden Arbeitskräftemangel in der DDR führen Freisetzungen jedoch nicht zu längerfristiger Arbeitslosigkeit.

Gegenstand der A. sind ausschließlich formalisierbare, materielle und geistige Tätigkeiten des Menschen. Automatisiert werden bei dem gegebenen Stand der Automatenentwicklung in der DDR in erster Linie Bearbeitungs- und Transportprozesse in der chemischen Industrie und in einigen Branchen der Maschinenbauindustrie, daneben aber auch geistige Operationen, z. B. bei Konstruktionsarbeiten und in der Leitungs- u. Verwaltungsarbeit (durch Datenverarbeitungsanlagen). Zu den Voraussetzungen der A. zählt in wissenschaftlicher Hinsicht die Anwendung der Kybernetik. Praktische Voraussetzungen der A. von Produktionsabläufen mittels Automaten mit relativ starrem Programm sind: a) der Produktionsablauf muß als fließender, kontinuierlicher Gesamtprozeß konzipiert sein, b) größere Stückzahlen über einen längeren Fertigungszeitraum, c) die Konstruktionen der Erzeugnisse und Technologien müssen über einen längeren Zeitraum relativ konstant bleiben, d) geringe Qualitätsschwankungen der Zulieferungen und Roh- und Betriebsstoffe und e) fachlich geschulte Arbeitskräfte. Mit dem vorgesehenen Übergang zu adaptiven – algorithmisiert lernenden – Automaten wandeln sich diese Voraussetzungen.

Publizistisch ist der A. von Produktionsabläufen bereits in den 50er Jahren viel Aufmerksamkeit gewidmet worden. Seit Mitte der 60er Jahre hat sich die A.-Diskussion besonders der automatisierten Informationsverarbeitung zugewandt, von der man anfangs und im Unterschied zur Gegenwart schnell praktikable Lösungen für Leitungs- und Verwaltungstätigkeiten – etwa durch vollautomatische Leitungssysteme, vollautomatische Sprachübersetzung – erwartete.

Das Ausmaß der A. in der Industrie wurde in den letzten 15 Jahren gesteigert, ist jedoch im Vergleich zu anderen Industrieländern nicht sehr hoch. Die A. wird in der DDR statistisch gemessen am A.-Grad der Arbeit, das ist der Anteil der an teil- und vollautomatisierten Aggregaten, Maschinen und Anlagen Beschäftigten zur Gesamtzahl der Beschäftigten. Der A.-Grad gibt keinerlei Auskunft über die durch A. erzielte Produktivitätssteigerung und die aufgewendeten Kosten. Neben sprunghaften Effizienzsteigerungen durch A. gibt es auch Effizienzverluste. Sie treten vor allem bei sehr hohen Aufwendungen und/oder bei A. auf, die nur Teilphasen von Produktions- und Leistungsprozessen erfassen.

Der A.-Grad der Arbeit beträgt gegenwärtig für die gesamte Industrie 7 v. H. Manuell sind 40 v. H. der Produktionsarbeiter tätig, und 53 v. H. arbeiten an nicht selbsttätigen Maschinen und Anlagen. Der A.-Grad der maschinellen Ausrüstungen in sozialistischen Industrie-

betrieben, d. h. der Anteil der teil- und vollautomatisierten Anlagen, thermischen und chemischen Aggregate an der Gesamtzahl der Ausrüstungen, wird für 1972 mit 38,2 v. H. angegeben. Er betrug 1961 für alle Branchen der metallverarbeitenden Industrie ca. 14. v. H. und für die Leichtindustrie ca. 24 v. H. (Schätzungen). Zu diesem Zeitpunkt gab es in den sozialistischen und halbstaatlichen Industriebetrieben rd. 32 000 automatisierte Maschinen und rd. 23 000 Einzelautomaten (sie übernehmen neben der Fertigungssteuerung das selbsttätige An- und Ausschalten sowie das Zuführen und Auswerfen der Arbeitsgegenstände). Die Mehrzahl der eingesetzten automatisierten Maschinen werden numerisch gesteuert (z. B. numerisch gesteuerte Werkzeugmaschinen). Sie sind für die in der DDR-Industrie verbreiteten kleinen und mittleren Serien besonders geeignet.

Am weitesten fortgeschritten ist die A. in Zweigen mit kontinuierlicher Fertigung: z. B. in der chemischen Industrie, in der Zementerzeugung und in der Energie- und Brennstoffindustrie. Der A.-Grad ist in der Grundstoffindustrie am höchsten. Problematisch ist die Ungleichmäßigkeit, mit der die A. innerhalb von Betrieben wie auch zwischen Betrieben und Industriezweigen durchgeführt wird. Kennzeichnend für die Fortentwicklung der A. ist die Tendenz, den Fertigungsablauf mit Hilfsprozessen (z. B. innerbetrieblicher Transport, Qualitätskontrolle) und formalisierbaren Leitungselementen unter Einsatz der elektronischen Datenverarbeitung zu integrieren. Dem dienen auch die ersten Konzeptionen von „Integrierten Systemen automatisierter Informationsverarbeitung" (ISAIV), die die Informationen aus den Bereichen der Fertigung, des Absatzes, der Arbeitskräfteplanung, der Finanzen und der Produktionsvorbereitung einer abgegrenzten Leitungseinheit sammeln, speichern, aufbereiten und auswerten sollen. Intensiver untersucht wurden bisher die Anwendungsmöglichkeiten der A. in der Produktionsvorbereitung. An einem System zur A. der technischen Vorbereitung der Produktion (AUTEVO) wird seit mehreren Jahren gearbeitet. Die Routinetätigkeiten der technischen Vorbereitung sollen durch den Einsatz von EDV-Anlagen automatisiert werden. AUTEVO umfaßt folgende Teilsysteme: a) AUTOKONT-A. der konstruktiven Produktionsvorbereitung, b) AUTOPROJEKT-A. der technologischen Projektierung, c) AUTOTECH-A. der technologischen Produktionsvorbereitung. → **Arbeitsproduktivität; Rationalisierung; Datenverarbeitung, Elektronische (EDV); Technologie.**

AWA: → **Anstalt zur Wahrung der Aufführungsrechte.**

AWG: Abk. für → **Arbeiterwohnungsbaugenossenschaften.**

B

Bäder: → **Kurorte.**

Bank für Landwirtschaft und Nahrungsgüterwirtschaft (BLN): Als Bestandteil des → **Bankwesens** ist die am 1. 10. 1968 (GBl. II, 1969, S. 41) durch Umbenennung der → **Landwirtschaftsbank** gebildete Geschäftsbank kontoführend für die sozialistischen Genossenschaften, Betriebe und kooperativen Einrichtungen sowie staatlichen Organe der → **Landwirtschaft** und → **Nahrungsgüterwirtschaft.** Sie gewährt Kredite, führt den Zahlungs-, Verrechnungs- und Sparverkehr, die Finanzkontrolle und die Geschäfte des Staatshaushalts durch. Bei der BLN sowie den in bezug auf ihre Bankgeschäfte ihrer Aufsicht unterstellten Bäuerlichen Handelsgenossenschaften (BHG) können Sparkonten gehalten werden.

Die BLN gliedert sich in die Zentrale mit Sitz in Berlin (Ost), die Bezirksdirektionen, Filialen und VVB-Filialen, die für die Bankgeschäfte der VVB der Land- und Forstwirtschaft sowie des Staatlichen Komitees für Aufkauf und Verarbeitung landwirtschaftlicher Erzeugnisse zuständig sind. Sie ist Organ des Ministerrates, der auch ihren Präsidenten (Günther Schmidt) beruft. Sie arbeitet nach einem Finanzplan und verfügt über ein Grundkapital von 250 Mill. Mark.

Banken für Handwerk und Gewerbe: → **Genossenschaftsbanken für Handwerk und Gewerbe.**

Bankenabkommen: Vereinbarungen zwischen der → **Staatsbank** und Banken in den nichtsozialistischen Staaten, mit denen die DDR keine Handels- bzw. Zahlungsabkommen unterhält, über die Abwicklung des Waren- und Zahlungsverkehrs. In den B. werden das Volumen des Warenverkehrs, die Warenlisten und die Verrechnungseinheit (z. B. Clearing-US-Dollar) festgelegt. Die technische Durchführung (Kontoführung, Saldenvergleich) obliegt der → **Deutschen Außenhandelsbank AG** (DABA). Während diese Art von B. zunehmend durch Abkommen auf Regierungsebene ersetzt wird, gewinnen die Bankvereinbarungen über technisch-organisatorische Fragen im Zahlungsverkehr mit dem Ausland an Bedeutung.

Bankwesen

Geschichte – Organisation und Struktur – Aufgaben und Funktionen

In der politischen Ökonomie wird den Banken als den ,,Zentren des modernen Wirtschaftslebens" (Lenin, SW. nach d. 4. russ. Ausgabe, dt., Berlin [Ost] 1961 ff., Bd. 25, S. 338) für den Aufbau des sozialistischen Wirtschaftssystems eine wesentliche Bedeutung beigemessen. Ausgehend von der im ,,Kommunistischen Manifest" erhobenen Forderung nach ,,einer Nationalbank mit Staatskapital und ausschließlichem Monopol" schrieb Lenin im Oktober 1917:

,,Ohne die Großbanken wäre der Sozialismus nicht zu verwirklichen. Die Großbanken sind jener ,Staatsapparat', den wir für die Verwirklichung des Sozialismus brauchen und den wir vom Kapitalismus fertig übernehmen ... Eine einheitliche Staatsbank allergrößten Umfangs mit Zweigstellen in jedem Amtsbezirk, bei jeder Fabrik – das ist schon zu neun Zehnteln ein sozialistischer Apparat. Das bedeutet eine gesamtstaatliche Buchführung, eine gesamtstaatliche Rechnungsführung über die Produktion und die Verteilung der Produkte, das ist sozusagen eine Art Gerippe der sozialistischen Gesellschaft" (Lenin, a. a. O., Bd. 26, S. 89–90).

Obwohl dieses dem Wirtschaftssystem adäquate Einbanksystem (noch) nicht realisiert worden ist, wird die systemnotwendige Einheitlichkeit durch das staatliche Bankmonopol und die damit verbundene Kompetenzabgrenzung nach spezifischen Aufgaben und Funktionen gewährleistet.

I. Entwicklung

Die etappenweise Umgestaltung des Bankwesens hat sich in vier Phasen vollzogen:

1. Auf der Grundlage von Befehlen der Sowjetischen Militäradministration in Deutschland (→ **SMAD**) wurden die traditionellen Geld- und Kreditinstitute geschlossen (April 1945) und die Einstellung der weiteren Tätigkeit der alten Banken sowie die Gründung neuer Banken angeordnet (Befehl Nr. 01 der SMAD über die Neuorganisation der deutschen Finanz- und Kreditorgane vom 23. 7. 1945). Während die Landes- und Provinzialbanken als regionale Universalbanken und die Sparkassen neu gebildet wurden, konnten die genossenschaftlichen Kreditinstitute wiedereröffnet werden, d. h. die ländlichen Genossenschaften und die Banken für Handwerk und Gewerbe wurden als Rechtsnachfolger der Raiffeisenkassen bzw. Volksbanken akzeptiert.

In dieser Zeit des Übergangs (*Transformationsphase 1945–1948*) bestanden auch noch private Banken, und die Kreditgewährung erfolgte nach herkömmlichen Methoden. Lediglich die Neubauernkredite, die Einführung der → **Aufbaugrundschuld** zur Wiedererrichtung zerstörten Wohnraums und die Ausgabe von Länderanleihen zur Finanzierung staatlicher Aufgaben stellten etwas Neues dar. Der Abschluß dieser Phase erfolgte durch die Bildung von fünf Länderbanken (Emissions- und Girobanken), denen am 26. 5. 1948 die Deutsche Emissions- und Girobank (Potsdam) als zentrales Koordinierungsinstitut übergeordnet wurde. Obwohl der Name darauf hindeutete, war dieses Spezialinstitut dennoch keine Emissionsbank im Sinne der westlichen Bankwirtschaft, da es nicht zur Ausgabe von Noten berechtigt war.

2. Nach der Währungsreform setzte mit der Vorbereitung der zentralen Wirtschaftsplanung die Einbeziehung der Kreditinstitute in das Wirtschaftssystem durch den Aufbau des zentralisierten Banksystems sowie die Einführung systemadäquater bankpolitischer Maßnahmen ein (*Integrationsphase 1948–1963*). Die am 20. 7. 1948 aus der Deutschen Emissions- und Girobank hervorgegangene → **Deutsche Notenbank** (DNB) trat als zentrales Organ des Ministerrats an die Spitze des Banksystems und bildete als Zentral- und Geschäftsbank das Emissions- und Verrechnungszentrum der DDR. Ihr folgten weitere Spezialbanken für die Investitionsfinanzierung (→ **Deutsche Investitionsbank** [DIB] 1948), für die Landwirtschaft (→ **Deutsche Bauernbank** [DBB] 1950) und zur finanziellen Abwicklung von Außenhandelsgeschäften (→ **Deutsche Handelsbank AG** [DHB] 1956). Durch die Reform des Kreditwesens (1949) wurde der Bankkredit bei Einführung der Kreditplanung zum finanziellen Instrument der Planerfüllung und Plankontrolle. Im Zahlungsverkehr wurden Maßnahmen zur Erhöhung der Kontroll- und Lenkungsfunktionen der Banken ergriffen (z. B. → **Kontenführungspflicht; Verrechnungsverfahren**).

3. Nach Einleitung der Wirtschaftsreform (1963) wurden auch Veränderungen innerhalb des B. notwendig, um die beabsichtigte Umstellung von überwiegend administrativen Weisungen auf ökonomische Lenkungsinstrumente („ökonomische Hebel") zu ermöglichen. In dieser Zeit der wirtschaftspolitischen Experimente (*Experimentierphase 1964–1971*) erfolgten vier institutionelle Veränderungen innerhalb des Bankwesens.

Ab 1963 wurden als „Hausbanken" der nach dem Prinzip der → **Wirtschaftlichen Rechnungsführung** arbeitenden und somit finanziell verselbständigten Vereinigungen Volkseigener Betriebe (VVB) (→ **Betriebsformen und Kooperation**) Spezialbankfilialen zur Abwicklung bestimmter Bankgeschäfte (z. B. Kreditvergabe, Kontenführung, Finanzkontrolle) sowie der Beziehungen zum Staatshaushalt gebildet. Als Industriebankfilialen waren sie direkt dem Präsidenten der Deutschen Notenbank und als Kombinats- und VVB-Filialen dem Präsidenten der Landwirtschaftsbank unterstellt.

1966 erfolgte als Vorgriff auf die ein Jahr später durchgeführte Bankreform durch Ausgliederung aus der Deutschen Notenbank die Gründung der → **Deutschen Außenhandelsbank AG** (DABA). Sie übernahm – neben der → **Deutschen Handelsbank**

AG (DHB) – die Geschäftsbankfunktionen der Zentralbank für den Bereich der Außenwirtschaft. Ihre letzten Geschäftsbankfunktionen gab die Deutsche Notenbank Ende 1967 auf, als durch Zusammenlegung mit der Deutschen Investitionsbank die → **Industrie- und Handelsbank der DDR** (IHB) errichtet wurde. Während in dieser Geschäftsbank die Investitions- und Umlaufmittelfinanzierung für Betriebe und Einrichtungen von Industrie, Bauwesen, Handel und Verkehr zusammengefaßt wurden, konnte sich die mit Wirkung vom 1. 1. 1968 aus der Deutschen Notenbank hervorgegangene → **Staatsbank** der DDR auf die Zentralbankfunktionen konzentrieren. Durch diese Trennung von Staats- und Geschäftsbankfunktionen hatte sich das Bankwesen der DDR in dieser Phase vom sowjetischen Vorbild losgelöst und wies eine starke formale Ähnlichkeit mit den Banksystemen westlicher Industriestaaten auf.

Als vorerst letzte organisatorische Veränderung erfolgte 1968 die Erweiterung des Geschäftsbereiches der Landwirtschaftsbank auf die Betriebe und Produktionsvereinigungen der Nahrungsgüterindustrie. Seit der Ausweitung ihres Kundenkreises firmiert sie unter dem Namen → **Bank für Landwirtschaft und Nahrungsgüterwirtschaft** (BLN).

Neben diesen organisatorischen Veränderungen erfolgte auch in dieser Phase eine Ökonomisierung der Banktätigkeit mit dem Ziel, in Analogie zu der gewachsenen Selbständigkeit der Betriebe die Entscheidungsbefugnisse der Banken zu erhöhen und somit zu einer Verbesserung des wirtschaftspolitischen Instrumentariums beizutragen. Besonders deutlich traten diese Veränderungen bei der Finanzierung der → **Investitionen** hervor. Während bis 1967 die Betriebe einen automatischen Anspruch auf die Zuteilung von → **Krediten** hatten, sollten die Banken gemäß der Kreditverordnung vom 19. 6. 1968 (GBl. II, S. 653) „Kredite grundsätzlich nur nach dem Nutzeffekt der Investitionen und der Effektivität der Umlaufmittel . . . gewähren und vom Einsatz eigener Mittel abhängig . . . machen" (§ 3, Abs. 1). In einem betriebsindividuellen Kreditvertrag legten der Betrieb und die für ihn zuständige Geschäftsbank die ausgehandelten Kreditbedingungen und vor allem den Zinssatz fest. Zusammen mit dem seit 1967 maßgeblichen Prinzip der Eigenerwirtschaftung der Investitionsmittel – statt der zuvor praktizierten Finanzierung durch den Staatshaushalt – erfuhr das Verhältnis zwischen Betrieben und Banken eine zuvor nicht gekannte Verselbständigung. Im Rahmen dieser „aktiven Kreditpolitik" sollte der Kredit als „ökonomischer Hebel" – anstelle eines administrativen Aktionsparameters – wirken.

Der Einsatz vorwiegend finanzpolitischer Lenkungsinstrumente mußte mit dem Prinzip der imperativen Zentralplanung kollidieren, wenn diese nicht auf eine indikative Planung reduziert wurde. Konflikte zwischen Kredit und Plan traten vornehmlich bei der Realisierung langfristiger und strukturpolitischer Planziele, der proportionalen Entwicklung der Wirtschaft und einer nach Auffassung der zentralen Wirtschaftsführung optimalen Verteilung der Ressourcen auf. Da darüber hinaus das vorgeblich „in sich geschlossene System ökonomischer Hebel" – u. a. auch auf Grund der Funktionsschwächen des Preissystems – nicht wirksam werden und somit auch nicht die Steuerungsfunktion übernehmen konnte, erhielten die Betriebe mehr Kreditmittel als ökonomisch vertretbar erschien, denn die Banken zeigten sich auf Grund ihrer Zielvorgabe (Gewinnmaximierung = Prämienmaximierung) einer maximalen Kreditvergabe stärker zugeneigt denn einer optimalen. Aus dieser Kollision zwischen betrieblichen und staatlichen Investitionszielen („strukturbestimmende Erzeugnisse") resultierte eine Verknappung der Investitionsgüter, die sich in einer Erhöhung der Kosten für die einzelnen Investitionsobjekte sowie in einer Expansion der Importe niedergeschlagen hat. Somit wurde durch dieses Beispiel in der Kreditpolitik demonstriert, daß in einem Wirtschaftssystem durch eine Reform, die „auf halbem Wege stehengeblieben" ist, der Einsatz finanzpolitischer Lenkungsinstrumente unter Beibehaltung der dominierenden Rolle imperativer Zentralplanung nicht möglich ist. Daher ist es nur folgerichtig, daß durch die VO vom 20. 1. 1971 (GBl. II, S. 88) Kredite nur noch auf der Grundlage eines vom Ministerrat beschlossenen Kreditplanes – aufgestellt von der Staatsbank in Abstimmung mit dem → **Ministerium der Finanzen** – sowie der für die Betriebe und Kombinate festgelegten volkswirtschaftlichen Berechnungskennziffer über die Veränderung des Kreditvolumens ausgereicht werden. Die staatlichen Plankennziffern „Investitionen" und „genehmigte Investitionsvorhaben" (zentrale Titelliste) determinieren die Aufnahme von Krediten für Investitionen, deren Wirtschaftlichkeit anhand von volkswirtschaftlichen Berechnungskennziffern (z. B. Rückflußdauer, Kapitalrentabilität, Bauzeitnormen) nachzuweisen ist. Durch die nunmehr erkennbare dominierende Rolle des zentralen staatlichen Planes sowie der Rezentralisierung von Entscheidungsbefugnissen kann zwar von einer Abkehr vom früheren Lenkungskonzept der Wirtschaftsreformen gesprochen werden. Allerdings besteht in dieser Abkehr keine Rückkehr zu der Zeit vor 1963, da die finanzwirtschaftlichen Leistungskennziffern zwar auf der Grundlage des zentralen staatlichen Planes wirksam werden sollen, aber nicht aufgehoben wurden.

4. Seit 1972 erfolgten weitere Maßnahmen zur Vereinheitlichung des Bankwesens der DDR (*Zentralisierungsphase*). So wurde durch einen nicht veröffentlichten Ministerratsbeschluß vom 13. 9. 1972 der Präsident der Staatsbank wieder Mitglied des Ministerrates und darüber hinaus Vorsitzender eines einheitlichen Leitungsgremiums des B., dem die Präsidenten der Geschäftsbanken angehören. Somit war der Staatsbank einerseits die Aufgabe gestellt, bei der Vorbereitung von Entscheidungen mit volkswirtschaftlichen Auswirkungen auf das Kredit- und Geldsystem von Anfang an mitzuwirken, und andererseits die Übereinstimmung zwischen der zentralen Kreditplanung und der von den Filialen der Banken vorgenommenen Kreditgewährung zu gewährleisten.

Mit Wirkung vom 1. 7. 1974 (GBl. I, S. 305) wurde die Industrie- und Handelsbank in die Staatsbank eingegliedert. Ob diese Maßnahme zur intendierten Beschleunigung des Umschlags der Umlaufmittel der Betriebe, Steigerung der Effizienz der Investitionstätigkeit – Argumente, die 1968 als Begründung zur Trennung von Staats- und Geschäftsbankfunktionen vorgegeben wurden – und zur Verminderung der Doppelarbeit zwischen den Banken führen muß, bleibt abzuwarten. Damit sind seit diesem Zeitpunkt die Planung und Bilanzierung des Geldumlaufs und der Kredite unmittelbar mit der Finanzierung und Kontrolle der Betriebe verbunden.

Mit ihren 15 Bezirksdirektionen, 41 Industriebankfilialen, 180 Kreisfilialen und mehr als 100 Zweig- und Wechselstellen hat die Staatsbank die Aufgabe, die staatliche Geld- und Kreditpolitik einheitlich gegenüber den Betrieben, Verwaltungseinrichtungen und der Bevölkerung zu verwirklichen. Ihr Präsident übt dazu das Weisungs- und Kontrollrecht gegenüber den anderen Geschäftsbanken aus und erläßt die Grundsatzregelungen für den Geldumlauf, Kredit, Zins sowie Zahlungs- und Verrechnungsverkehr. Diese Maßnahme wurde auch mit „Erfahrungen" begründet, die in der UdSSR und anderen sozialistischen Ländern mit einem stärker zentralisierten Bankensystem vorgeblich gemacht wurden. Dies entspricht der oben zitierten Vorstellung Lenins von der Rolle der Staatsbank.

Weitere Schritte zum Einbanksystem dürften folgen. Naheliegend wäre die Fusion der beiden für die Außenwirtschaft zuständigen Banken – darüber hinaus noch bestehend in der Rechtsform einer Aktiengesellschaft (AG) – und die Auflösung der Genossenschaftsbanken, denen aber während der Übergangsperiode zwischen Kapitalismus und Sozialismus eine Existenzberechtigung zugebilligt wird (vgl. Zagolow, N. A., u. a., Lehrbuch Politische Ökonomie Sozialismus, Frankfurt/Main 1972, S. 494).

II. Organisation und Struktur

Zum Banksystem der DDR (vgl. Seite 102) gehören die Staatsbank, die staatlichen und genossenschaftlichen Geschäftsbanken sowie Sparkassen.
Als Emissionsbank nimmt die → **Staatsbank** im B. der DDR eine zentrale Rolle ein, da sie die Konten der übrigen Kreditinstitute führt und somit durch die Festlegung der Konditionen für die Einlagen sowie

Gewährung von Refinanzierungskrediten und die Festlegung der Grundsätze für den Zahlungs-, Verrechnungs- und Kreditverkehr deren Geschäftstätigkeit bestimmt und kontrolliert. Ihr Präsident übt gegenüber den anderen Geschäftsbanken das Weisungs- und Kontrollrecht aus und vertritt die DDR in den Räten der Internationalen Bank für Wirtschaftliche Zusammenarbeit (IBWZ) und der Internationalen Investitionsbank (IIB) in Moskau. Als Geschäftsbank ist sie zuständig für die Wirtschaftsbereiche Industrie (ohne Nahrungsgüterindustrie), Bauwesen, Handel und Verkehr sowie den Verkauf von Reisezahlungsmitteln an die Bevölkerung.

Die → **Bank für Landwirtschaft und Nahrungsgüterwirtschaft** (BLN) ist allein für die Durchführung der Bankgeschäfte dieses Wirtschaftsbereiches zuständig und wickelt mit den ihr unterstellten Bäuerlichen Handelsgenossenschaften (BGH) den Spar- und Zahlungsverkehr der auf dem Lande lebenden Bevölkerung ab.

Für die Abwicklung des durch die Außenwirtschaftsbeziehungen bedingten Zahlungs- und Verrechnungsverkehrs sowie die Finanzierung der Außenhandelsbetriebe wird im Auftrage der Staatsbank die → **Deutsche Außenhandelsbank AG** (DABA) tätig, während die → **Deutsche Handelsbank AG** (DHB) vornehmlich mit der finanztechnischen Abwicklung von Transitgeschäften beauftragt ist.

Die → **Genossenschaftsbanken für Handwerk und Gewerbe** (GB) sind als Geschäftsbanken vornehmlich für die genossenschaftlichen und privaten Handwerks- und Handelsbetriebe zuständig (→ **PGH**). Bankfunktionen werden auch von den → **Sparkassen** ausgeübt. Sie sind den Räten der Kreise unterstellt und unterliegen der Kontrolle des Ministeriums der Finanzen. In diesem Zusammenhang sei auf die Postsparkasse (→ **Postsparkassendienst**) und die Postscheckämter sowie die Reichsbahnsparkasse und die Reichsbahnkasse hingewiesen.

III. Aufgaben und Funktionen

Die Tätigkeit der Banken konzentriert sich schwerpunktmäßig auf die Verteilung und Umverteilung des Nationaleinkommens *(Verteilungsfunktion)*, die Überwachung der wirtschaftlichen Tätigkeit von Produktions- und Verwaltungseinrichtungen *(Kontrollfunktion)* und die Erhöhung der Leistungsfähigkeit dieser im Rahmen des staatlichen Planungs- und Leitungssystems *(Stimulierungsfunktion)*. Durch ihre Operationen sollen die Banken nicht nur die Einhaltung der in den Plänen vorgegebenen wirtschaftspolitischen Ziele (passiv) registrieren, sondern darüber hinaus auch „aktiv" auf den Ablauf der Wirtschaftsprozesse einwirken, um so Reserven und Wege zur Steigerung der Produktivität aufzudecken. Zu ihren wichtigsten Funktionen gehören:

1. *Sammlung zeitweilig freier Geldmittel.* Alle Betriebe sind verpflichtet, ihr Geld auf Konten der jeweils zuständigen Geschäftsbank zu halten (→ **Kontenführungspflicht**). Hierbei wird den Betrieben in Finanzierungsrichtlinien vorgeschrieben, auf welchen Konten und zu welchem Zweck zeitweilig freie Geldmittel zu halten sind. Während das laufende Bankkonto in der Regel als Umlaufmittelkredit mit einer Verzinsung von 5 v. H. geführt wird, gewährt die Bank für Sonderbankkonten (z. B. für den Investitionsfonds, den Prämien- und Kulturfonds, den Werkwohnungsfonds u. a.) einen Guthabenzins von 1 v. H. Es besteht somit nicht die Möglichkeit – z. B. aus Gründen der Zinsersparnis –, Guthaben von Sonderbankkonten auf das laufende Verrechnungskonto zu übertragen. Die Haltung und Verfügung über Bargeld ist den Betrieben nur im Rahmen eines engen Kassenlimits erlaubt. Auch die Bevölkerung – und darin besteht eine der Hauptaufgaben der Sparkassen – soll angeregt werden, ihre Bargeldbestände so niedrig wie möglich zu halten.

Als → **Finanzorgane** sind die Banken integrierender Bestandteil des → **Finanzsystems** und – da Finanzämter bzw. -kassen nicht bestehen – Kassenvollzugsorgane des → **Staatshaushalts**, dessen Konten von der Staatsbank geführt werden.

2. *Durchführung des Zahlungsverkehrs.* Innerhalb der DDR wird der Zahlungs- und Verrechnungsverkehr zwischen den Wirtschaftseinheiten überwiegend bargeldlos abgewickelt. Zur Begleichung von Geldforderungen können das → **Überweisungsverfahren**, → **Scheckverfahren**, Lastschriftverfahren oder Akkreditivverfahren (→ **Verrechnungsverfahren**) vereinbart werden. Aber auch die Bevölkerung wird z. B. durch den → **Sparkaufbrief** zur bargeldlosen Zahlung angehalten.

Der → **Zahlungsverkehr** mit dem Ausland wird auf der Grundlage eines Valutaplanes nach besonderen Vorschriften durchgeführt.

3. *Finanzierung der Wirtschaft.* Durch die Ausreichung von Bankkrediten wird Geld in Umlauf gesetzt und mit jeder Tilgung aus dem Umlauf gezogen. Der Kredit wird in der einzig legalen Form als Bankkredit entsprechend dem Kreditplan für bestimmte Objekte und unter festgelegten Konditionen ausgereicht, d. h., die Planmäßigkeit und nicht die Liquiditätslage bzw. Zahlungsfähigkeit (Bonität) des Kreditnehmers gilt als wichtigste Voraussetzung. Ist dies nicht gewährleistet, so kann die Bank die Kreditausreichung einstellen oder aber das Stabilisierungsverfahren einleiten.

Die Finanzierung der Investitionen erfolgt hauptsächlich aus eigenen Mitteln der Betriebe (Gewinne und Amortisationen). Hinzu kommen dann noch Kredite und Staatshaushaltszuschüsse. Letztere dürften seit 1968 zu gleichen Teilen an der Investitionsfinanzierung beteiligt sein und 1973 jeweils ca. 27 v. H. des Investitionsaufwandes bestritten haben.

4. *Planung und Regulierung des Bargeldumlaufs.* Die systemnotwendige Erfassung der Geldströme

erfolgt über zentrale Geldbilanzen, von denen die Finanzbilanz des Staates zur Koordination der volkswirtschaftlichen Finanzbeziehungen und die Staatshaushaltsbilanz, Kreditbilanz, Versicherungsbilanz und Bilanz der Geldeinnahmen und -ausgaben der Bevölkerung zur Bestimmung der zentralen Geldfonds dienen. Hierbei wird der Festlegung des Geldvolumens eine geringere Bedeutung zugewiesen als der Regulierung des Geldumlaufs, da sich aus seiner nicht planadäquaten Entwicklung Störungen für den Ablauf der Wirtschaftsprozesse ergeben. Während der Buchgeldumlauf auf Grund der bestehenden → **Kontenführungspflicht** relativ einfach kontrolliert werden kann, wird der → **Bargeldumlauf** nur zum Teil durch gesetzliche Regelungen determiniert. Alle Geld- und Kreditinstitute sind daher verpflichtet, im Auftrag der Staatsbank auf der Grundlage jährlicher Bargeldanmeldungen der Betriebe und eigener Einschätzungen den Bargeldumsatzplan aufzustellen, der die Bargeldbewegungen zwischen den Betrieben, der Bevölkerung und den Banken erfaßt.

Die bisherigen Veränderungen im Bankwesen haben – gemessen an dem Zustand vor 1963 – zu einer Verbesserung der Bankarbeit geführt, für die die Versachlichung in der Diskussion über die Funktionen von → **Geld**, → **Kredit** und → **Zins** innerhalb dieses Wirtschaftssystems wesentliche Impulse beinhaltete.

Beim Vergleich mit westlichen Banken gilt es zu beachten, daß sich nicht nur die Eigentumsformen und Strukturen unterscheiden, sondern darüber hinaus auch andere Funktionen durch das Bankwesen der DDR wahrgenommen werden. Ein Geld- und Kapitalmarkt existiert nicht. Kredit und Zins üben keine Steuerungsfunktionen (Allokationsfunktionen) aus, sondern sind als Instrumente der zentralen staatlichen → **Planung** zu verstehen. Insofern kann das B. einer Volkswirtschaft auch nicht losgelöst vom gesamten Wirtschaftssystem betrachtet werden.

Präsident der Staatsbank in Horst Kaminsky, der Bank für Landwirtschaft und Nahrungsgüterwirtschaft Günter Schmidt, der Deutschen Außenhandelsbank AG. Helmut Dietrich (Stand 1. 1. 1975).

Struktur des Bankwesens (Stand: 1. 9. 1975)

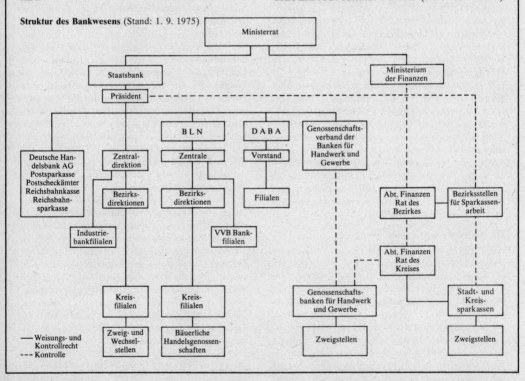

Bargeldumlauf: Neben dem dominierenden bargeldlosen Zahlungsverkehr (→ **Überweisungsverfahren**) wird auch der Geldumlauf an Münzen und Banknoten in das System zentraler Planung und Kontrolle einbezogen. Daher ist der Bargeldumlauf im wesentlichen auf Lohn- und Gehaltszahlung, den Einzelhandelsumsatz und die zwischenbetrieblichen Zahlungen bis zu 200 Mark beschränkt (AO über den baren Zahlungsverkehr vom 12. 5. 1969, in: GBl. I, S. 263). Die Betriebe und Haushaltsorganisationen sind zur Anmeldung ihres Bargeldbedarfs bei der kontoführenden Bank verpflichtet. Aus diesen Angaben sowie eigenen Berechnungen ermitteln die Kreisfilialen und Bezirksdirektionen der → **Industrie- und Handelsbank** die territorialen Bargeldumsatzpläne und die → **Staatsbank** den zentralen Bargeldumsatzplan. Dieser wird mit einer Stellungnahme der Staatlichen Plankommission – die ihn durch die Einbeziehung der Bargeldzahlungen zwischen der Bevölkerung zur Bilanz der Geldeinnahmen und Geldausgaben der Bevölkerung erweitert – dem → **Ministerrat** zur Bestätigung vorgelegt. Der Bargeldumsatzplan dient nicht allein nur der Bestimmung des notwendigen Bargeldumlaufes, sondern ist auch ein Instrument zur Kontrolle des Ablaufes der Wirtschaftsprozesse durch das → **Bankwesen**, da die Bargeldumsätze ebenfalls in den Plänen der Volkswirtschaft und des → **Staatshaushalts** erfaßt werden.

Die in der DDR umlaufende Bargeldmenge weist seit 1950 folgende Entwicklung auf:

Jahres- ende	Mill. Mark	pro Kopf Mark
1950	3 363	183
1955	4 123	231
1960	4 543	264
1965	5 162	303
1970	7 407	434
1971	7 684	451
1972	8 778	515
1973	9 181	541

Quelle: Statistisches Jahrbuch der DDR 1974, Berlin (Ost), S. 313.

Basis: → **Marxismus-Leninismus.**

Bauakademie der DDR: Die B. (ehemals: Deutsche Bauakademie/DBA) ist die zentrale wissenschaftliche Einrichtung für Architektur und Bauwesen in der DDR mit Sitz in Berlin (Ost). Sie wurde durch Gesetz vom 6. 9. 1950 als Nachfolger des Instituts für Bauwesen der Akademie der Wissenschaften und des Instituts für Städtebau und Hochbau der Deutschen Wirtschaftskommission mit 5 Instituten und 3 Meisterwerkstätten gegründet und untersteht dem Ministerium für Bauwesen (Statut: GBl. I, 1973, Nr. 8). Zu den Aufgaben der B. gehören: Prognose der Entwicklung des Bauwesens; Methodik der Bauplanung; Grundlagen- und angewandte Forschung unter besonderer Berücksichtigung der Grundsätze des ökonomischen, industrialisierten und rationalisierten Bauens; Materialforschung; Typisierung und Systematisierung; experimentelles Bauen; Anwendung neuer Methoden; die Diskussion konzeptioneller Fragen der Architekturtheorie und -geschichte; internationale Standardisierung und Integration; Weiterbildung der Führungskader des Bauwesens; Dokumentation und Information.

Die Geschichte der B. ist zugleich auch die Geschichte der → **Architektur** in der DDR. Der erste Präsident der DBA, Kurt Liebknecht, orientierte die Architektur der DDR stark an sowjetischen Vorbildern („sozialistischer Inhalt – nationale Form" / Karl-Marx-Allee 1. Bauabschnitt) und kritisierte die funktionelle Architektur als inhuman (→ **Funktionalismus**). An seine Stelle traten 1961 Gerhard Kosel und 1965 Werner Heynisch. Unter ihrer Präsidentschaft wurde das Bauwesen der DDR

noch einmal grundlegend verändert. Heynisch hat vor allem dem Ingenieur- und Industriebau mit zum Durchbruch verholfen und 1966 das Institut für → **Städtebau** und Architektur reorganisiert.

Die B. wird von einem Präsidenten geleitet, der auf Vorschlag des Ministers für Bauwesen vom Vorsitzenden des Ministerrates der DDR ernannt wird. Ihm zur Seite stehen der 1. Stellvertreter und Wissenschaftliche Direktor sowie die Vizepräsidenten (zugleich Direktoren eines Instituts der B.). Die Bauakademie hat ordentliche (max. 25), kandidierende (max. 30) und korrespondierende Mitglieder. Die ordentlichen und kandidierenden Mitglieder bilden das Plenum der B.; sie arbeiten innerhalb der B. in Fachbereichen (Sektionen) und erhalten eine Dotation. Das Plenum berät über grundsätzliche Probleme des Bauwesens; die Sektionen sind Arbeitsgremien des Plenums, die sich noch einmal in Fachgruppen unterteilen.

Es gibt die Sektionen: Ökonomie, Städtebau und Architektur, ingenieurtheoretische Grundlagen, automatisierte Informationsverarbeitung, Tiefbau, Wohn- und Gesellschaftsbau, Industriebau, technische Gebäudeausrüstung, ingenieurtechnische Grundlagen (die Sektion ingenieurtechnische Grundlagen z. B. hat 10 Fachgruppen für Baumechanik, Brandschutz, Akustik, Sicherheit u. a.).

Die B. hat Promotionsrecht und verleiht akademische Grade (Dr.-Ing.) sowie Auszeichnungen (z. B. die Ehrenplakette „Für hervorragende Leistungen in der Bauforschung").

Die Forschungsarbeit wird hauptsächlich in den von den Vizepräsidenten geleiteten Instituten geleistet: im Zentralinstitut Einheitssystem Bau, im Institut für Städtebau und Architektur, in den Instituten für Ingenieur- und Tiefbau, für Industriebau, für Wohnungs- und Gesellschaftsbau, und für landwirtschaftliche Bauten. Den Instituten sind Werkstätten angegliedert, die als besonders vorbildlich geltende Beispiele des Bauwesens erarbeiten und verwirklichen und neue Technologien und Werkstoffe experimentell erproben sollen.

Präsident: Werner Heynisch (Mitgl. des ZK der SED), 1. Stv. d. Präs. u. Wiss. Direktor: Hans Fritsche; Direktor des Instituts für Städtebau und Architektur: U. Lammert; Leiter der Architektur-Werkstatt: Hermann Henselmann.

Bauaktivs: Institutionen bei den Ständigen Kommissionen für Bauwesen der Städte und Gemeinden, denen in ihrem Bereich Funktionen der Staatlichen Bauaufsicht übertragen sind. Diese Funktionen betreffen nicht nur bauanzeigepflichtige Baumaßnahmen, sondern auch Vorsorgemaßnahmen zur Verhütung von Bauschäden. Die B. sollen sowohl öffentliche als auch private Bauten in regelmäßigen Abständen überprüfen. Die B. geben Gutachten über die Dringlichkeit von Instandsetzungsarbeiten ab. Mitglieder der B. sollen – neben Abgeordneten – Baufachleute verschiedener Fachrichtungen sein. → **Bau- und Wohnungswesen.**

Baueinheiten: Seit Herbst 1964 bestehende Pionierkompanien der → **Nationalen Volksarmee**, deren Angehörige ohne Waffen dienen. Da es in der DDR die Möglichkeit der Wehrdienstverweigerung nicht gibt, werden potentielle Wehrdienstverweigerer zur Ableistung ihres Wehrdienstes in die B. abkommandiert.

Bauer: → **Genossenschaftsbauer.**

Bauernkongreß der DDR: Diese Bezeichnung gilt seit dem XI. Bauernkongreß der DDR 1972, früher: VI.–X. Deutscher Bauernkongreß (1960–1968). (Vor 1960: I.–V. Deutscher Bauerntag der → **VdgB** und I.–VI. LPG-Konferenz der SED.)
Die B. der DDR sind Veranstaltungen, auf denen über den jeweiligen Entwicklungsstand der Agrarproduktion und der landwirtschaftlichen Produktionsverhältnisse berichtet wird. Aufgrund der Beschlüsse der → **SED** und des → **Ministerrates** der DDR werden Maßnahmen zur Weiterentwicklung der Land- und Nahrungsgüterwirtschaft beschlossen. Diese Beschlüsse werden seit dem VII. B. auch vom Ministerrat der DDR zum Beschluß erhoben und im Gesetzblatt der DDR veröffentlicht. Seit dem IX. Bauernkongreß (1966) werden auf den B. die Mitglieder des → **RLN** (Z) gewählt.
Jedem B. gehen Beratungen in den Betrieben der Landwirtschaft und (seit 1968) der → **Nahrungsgüterwirtschaft** sowie die Kreisbauernkonferenzen voraus. Auf diesen Veranstaltungen werden Anträge über die weitere Entwicklung der Land- und Nahrungsgüterwirtschaft erarbeitet und auf den B. eingereicht. Außerdem werden die Delegierten zum B. gewählt. Nach Durchführung der B. werden die dort gefaßten Beschlüsse auf Bezirksbauernkonferenzen ausgewertet und in die Praxis umgesetzt. Träger der B. sind das ZK der SED, der Ministerrat der DDR, der Parteivorstand des → **DBD**, der Zentralvorstand der VdgB und der → **Nationalrat der Nationalen Front**.
Organe der B. sind das Präsidium, das Vorbereitungskomitee, die Antragskommission, die Redaktionskommission, die Mandatsprüfungskommission und das Plenum der Delegierten. (Die Aufgaben der 1966 und 1968 tätigen Wahlkommission wurden 1972 von der Mandatsprüfungskommission wahrgenommen.)
Die Bedeutung der B. liegt weniger in der Veranstaltung selbst – auf der kurze Erfahrungsberichte gegeben werden –, sondern in ihrer Vorbereitung. Vor dem XI. B. wurden durchschnittlich aus jedem Kreis der DDR 55–60 Anträge, Vorschläge und Hinweise beim Vorbereitungskomitee eingereicht. Dieses umfangreiche Material gestattet einerseits der SED und dem Ministerium eine gute Übersicht über die Situation der Landwirtschaft in allen Teilen der DDR und erlaubt andererseits in der Auswertung der Beschlüsse durch die Bezirksbauernkonferenzen die den jeweiligen Gegebenheiten adäquaten Maßnahmen einzuleiten. Die Durchführung der Beschlüsse wird insofern erleichtert, als 40–50 v. H. der Delegierten zugleich Abgeordnete der Volksvertretungen und ca. 50 v. H. Mitglieder der RLN sind.
Die Antragskommission bestätigte 1972, daß sämtliche Anträge etc. mit den vom VIII. Parteitag der SED für die Land-, Forst- und Nahrungsgüterwirtschaft beschlossenen Aufgaben übereinstimmten. Die Vorbereitung der Beschlüsse obliegt jedoch nicht der Antrags- sondern der Redaktionskommission, für deren Beschlußentwurf das Referat des Ersten Sekretärs des ZK der SED, Erich Honecker, früher Walter Ulbricht, richtungsweisend ist. Dieser Kommission gehörten 1972 über 60 v. H. SED-Mitglieder an, 30 v. H. waren zugleich Mitglieder oder Kandidaten des ZK der SED. Die Beschlüsse werden ausnahmslos einstimmig gefaßt. Außer den administrativen Vorteilen verbindet die DDR mit den B. eine quasi demokratische Legitimation für die Durchführung ihrer Agrarpolitik.

Merkmale der Bauernkongresse 1966–1972

Merkmal	IX. B. 26.–27. 2. 1966 Berlin(Ost)	X. B. 13.–15. 6. 1972 Leipzig	XI. B. 8.–10. 6. 1972 Leipzig
Anzahl der Kreis-Bauernkonferenzen	193	194	194
Vorschläge, Hinweise, Erfahrungen	6 726	10 714	11 086
Gäste	852	891	369
Delegierte	2 397	2 776	2 482
Zusammensetzung der Delegierten in v. H.			
Frauen	39,6	37,3	35,6
Männer	60,4	62,7	64,4
Hochschulabschluß	17,9	25,5	32,6
Fachschulabschluß	31,5	32,9	35,2
Meister	8,3	7,4	6,3
Facharbeiter	22,7	24,2	23,3
Vors. bzw. Leiter von			
LPG, GPG	37,3	27,1	18,1
VEG	·	·	2,3
KOG/KOE	·	·	12,1
Mitglieder			
Volkskammer	2,3	2,6	3,0
Bezirkstage	2,7	3,7	4,3
Kreistage	14,9	9,1	10,0
Gemeindevertretungen	36,0	20,3	23,1

Bauernkorrespondent (BK): → **Korrespondenten.**

Bauernmarkt: → **Agrarpolitik; Aufkommen, Staatliches.**

Baukunst: → **Architektur.**

Bau- und Montagekombinate: Volkseigene Großbetriebe der Bauwirtschaft (→ **Bau- und Wohnungswesen**), gebildet durch Zusammenschluß einer Anzahl von Bau- und Montagebetrieben in einem bestimmten Gebiet (in der Regel 2–3 Bezirke umfassend). Auf Beschluß des Ministerrats gebildet seit 1963. BuM. stehen im Rang einer Vereinigung volkseigener Betriebe und werden von einem Generaldirektor geleitet. Sie werden als → **Generalauftragnehmer** für die Durchführung staatlicher Investitionsaufgaben innerhalb ihres Gebietes eingesetzt. Die Betriebsteile der BuM. sind – wie die VEB im Verhältnis zu ihren VVB – wirtschaftlich selbständig.

Hauptaufgaben der BuM. sind: Sicherstellung des vorrangigen Aufbaus der Investitionsbauvorhaben, Durchführung anderer wichtiger Industriebauten, Einflußnahme auf Vorbereitung und Durchführung der staatlichen Investitionspläne, Förderung der Industrialisierung des Industriebaus.

Bau- und Wohnungswesen
Bauwirtschaft – Bauinvestitionen – Wohnungsbau

I. Bauwirtschaft

Die B. ist der Wirtschaftsbereich für Hoch- und Tiefbau sowie Bauinstandsetzungen, der grundsätzlich jene Betriebe umfaßt, die am Prozeß der Bauvorbereitung und Baudurchführung teilhaben. Seit 1960 hat sich der Anteil der Bauwirtschaft am Nettoprodukt der DDR (→ **Nationaleinkommen**) von 7 v. H. (1960) auf 8 v. H. (1973) und ihr Anteil an der Gesamtbeschäftigung von 6 auf 7 v. H. erhöht.

Die bauwirtschaftliche Gesamtleistung, im Bauvolumen erfaßt, wird in der DDR zu 68 v. H. von der Bauindustrie, zu 13 v. H. vom Bauhandwerk, zu rund 7 v. H. von den Baueinrichtungen der Landwirtschaft (Zwischengenossenschaftliche Bauorganisationen der Landwirtschaft und Meliorationsgenossenschaften) sowie zu 12 v. H. von den übrigen Betrieben außerhalb der Bauwirtschaft (z. B. landwirtschaftliche Baubrigaden [1973: 3 v. H.] sowie Betrieben anderer Wirtschaftsbereiche) erzeugt.

II. Entwicklung des Bauvolumens

Das *Bauvolumen* der DDR entwickelte sich ähnlich wie die Brutto-Anlageinvestitionen (→ **Investitionen**) und zeigt seit 1960 deutliche Wachstumsschwankungen. Eine schwache Entwicklung trat während der Wachstumskrise zu Anfang der 60er Jahre, im Jahre 1966 – damals ergaben sich Anpassungsschwierigkeiten an die Reformen (→ **NÖS**) – sowie Anfang der 70er Jahre auf. Systemimmanente Schwächen der Bauwirtschaft wurden sichtbar: Schwierigkeiten bei der Bereitstellung von Baumaterialien, die nicht bedarfsgerechte regionale Verteilung der Baukapazitäten, eine Zersplitterung der Bauleistungen der Betriebe auf zu viele gleichzeitig

begonnene Baustellen sowie Probleme bei der Einführung neuer Technologien. Mit der Rezentralisierung sollten auch diese Probleme überwunden werden. Im Gefolge mit der zunächst planmäßig in den Jahren 1971 und 1972 stagnierenden Investitionstätigkeit wurde die Bauwirtschaft tatsächlich entlastet, eine Minderung der erheblichen Produktivitätsunterschiede zwischen den Baubetrieben blieb jedoch weitgehend aus. Während das Bauvolumen 1971 und 1972 um jährlich 6 v. H. expandierte, wurde 1973 nur noch ein Wachstum von 4 v. H. erreicht. Charakteristisch für die DDR ist der relativ hohe Anteil der *Baureparaturen,* die – nach der in der DDR üblichen Abgrenzung – zu einem Viertel bis zu einem Drittel auch die Generalreparaturen enthalten. Von der gesamten Bauproduktion sind seit 1960 21–28 v. H. auf Baureparaturen entfallen, von denen wiederum ein Drittel die Instandhaltung der stark veralteten und lange Zeit vernachlässigten Wohngebäude des Altbaus betraf. Dabei haben seit einigen Jahren Versuche an Bedeutung gewonnen, mit industriellen Reparaturmethoden – bei zeitweiliger Umsiedlung der Mieter – ganze Straßenzüge rationell zu überholen und zu modernisieren.

Die *sonstigen Bauleistungen* – zu ihnen rechnen Abbruch- und Enttrümmerungsleistungen, Architektenleistungen für die reine Baudurchführung, Bodennutzungsgebühren, Aufwendungen für Erschließungsarbeiten u. ä. – haben in den letzten Jahren mit den Großvorhaben und der damit verbundenen Intensivierung der Vorarbeiten stark zugenommen.

III. Die Bauinvestitionen

Genauso wie bei den Brutto-Anlageinvestitionen (→ **Investitionen**) vereinigen in der DDR die „produktiven" Bereiche auch den größten Teil der Bauinvestitionen; seit 1960 stieg deren Anteil von knapp

Entwicklung des Bauvolumens

Jahr	Bauvolumen insgesamt	davon			Bauvolumen je Einwohner
		Bauinvestitionen[1]	Baureparaturen[2]	Sonstiges	
		in Mrd. Mark zu Preisen von 1967			Mark zu Preisen von 1967
1950	3,61	2,81	0,70	0,10	196
1955	5,49	4,19	1,10	0,20	306
1960	9,66	7,16	2,04	0,46	560
1965	12,51	8,50	3,51	0,50	735
1970	18,58	13,20	4,17	1,21	1 089
1971	19,64	13,50	4,45	1,69	1 151
1972	20,89	14,25	4,89	1,75	1 226
1973	21,85	14,85	4,84	2,16	1 287

1 Ohne Generalreparaturen, 2 Einschl. Generalreparaturen. Quelle: Bauvolumensberechnung des DIW, Berlin (West).

60 auf fast 70 v. H. aller Bauinvestitionen. Allein die Industrie hat 1965 wie auch seit 1970 40 v. H. der gesamten Bauinvestitionen durchgeführt. Auf die Land- und Forstwirtschaft entfielen knapp 20 v. H., auf den Bereich Verkehr, Post- und Fernmeldewesen knapp 4 v. H. und auf die Bauwirtschaft selbst schließlich 2–3 v. H.

Bei den „nichtproduzierenden" Zweigen konzentrierte sich die Neubautätigkeit vor allem auf den Wohnungsbau, dessen Anteil an den Bauinvestitionen von 1960 bis 1970 von 30 auf 20 v. H. zurückfiel, seitdem aber wieder 24 v. H. erreichte. Auf kulturelle und soziale Einrichtungen (Bildungswesen, Kunst, Gesundheits- und Sozialwesen sowie Sport und Touristik) entfielen 3–7 v. H. der Bauinvestitionen. Die übrigen nichtproduzierenden Bereiche (Staatliche Verwaltung, Bank- und Versicherungswesen) erhielten in der Regel nur 1–3 v. H. aller Bauinvestitionen.

IV. Die Wohnungsbauleistungen

Die Wohnungsversorgung war, gemessen an der Zahl der Wohnungen, im Gebiet der heutigen DDR schon immer besser als in der Bundesrepublik Deutschland. Die Wohndichte betrug 1939 im Gebiet der heutigen DDR 3,35 Personen je Wohnung, in Westdeutschland dagegen 3,7 Personen (vgl. Klaus Dieter Arndt: Wohnverhältnisse und Wohnungsbedarf in der sowjetischen Besatzungszone, Sonderheft des DIW, Nr. 50, Berlin 1960, S. 36). Hinzu kamen geringere Kriegszerstörungen in der DDR und eine stagnierende Bevölkerung, während in der Bundesrepublik durch starke Zuwanderungen eine beträchtliche Bevölkerungszunahme auftrat. So betrug die Wohndichte (Zahl der Personen je Wohnung) in der DDR 1950 und 1961 3,6 und 3,1 Personen gegenüber 4,9 bzw. 3,4 Personen in der Bundesrepublik.

Aus dieser geringeren Dringlichkeit zum Wohnungsneubau erklärt sich auch der vergleichsweise niedrigere Anteil des Wohnungsbauvolumens der DDR am gesamten Bauvolumen: In den 50er Jahren waren es bei insgesamt nur geringem Bauvolumen 35–40 v. H. (Bundesrepublik Deutschland: über 50 v. H.), heute sind es 28 v. H. (Bundesrepublik: 43 v. H.). Je Einwohner gerechnet wurden 1950 weniger als ein Viertel, gegenwärtig bereits etwas mehr als die Hälfte der westdeutschen Pro-Kopf-Produktion von Wohnbauten erstellt. Obwohl bei dieser Berechnung das Wohnungsbauvolumen zu jeweiliger Preisbasis beider deutscher Staaten von 1967 zugrundegelegt worden ist, dürften die Ergebnisse den realen Niveauunterschied widerspiegeln, da 1967 die Baukosten im Wohnungsbau in beiden Gebieten einander etwa entsprochen haben.

In der Zeit von 1960 bis 1973 wurden knapp 1,1 Mill. Wohnungen neugeschaffen, in der Bundesrepublik Deutschland waren es im gleichen Zeitraum 7,9 Mill. Wohnungen. Von den seit 1960 in der DDR neugeschaffenen Wohnungen sind 14 v. H. durch Um- oder Ausbau vorhandener Wohngebäude gewonnen worden. Damit beziffert sich der reine Neubau auf insgesamt rund 940 000 Wohnungen. Davon sind 77 v. H. in Montagebauweise errichtet worden. Zusätzlich zu diesen Leistungen sind seit 1971 71 000 Wohnungen in Altbauten modernisiert worden.

Der Ausstattungsgrad der neugebauten Wohnungen ist seit 1960 merklich gestiegen: Beinahe alle der 1972 gebauten Wohnungen sind mit Warmwasser (1960: 17 v. H.) und Einbauküchen (1960: 26 v. H.)

Entwicklung des Wohnungsbauvolumens

Jahr	DDR					Bundesrepublik Deutschland	
	Wohnungsbauvolumen[1]	davon		Anteil des Wohnungsbauvolumens am gesamten Bauvolumen	Wohnungsbauvolumen je Einwohner Mark	Wohnungsbauvolumen in v. H. des gesamten Bauvolumens	Wohnungsbauvolumen je Einwohner DM zu Preisen
		Wohnungsbauinvestitionen[2]	Baureparaturen an Wohngebäuden[3]				
	Mrd. Mark zu Preisen von 1967			in v. H.	zu Preisen von 1967		von 1967
1950	0,80	0,50	0,30	22	44	50,8	252
1955	2,18	1,46	0,72	39,7	121	51,5	390
1960	3,21	2,33	0,88	33,2	186	43,2	467
1965	3,62	2,34	1,28	28,9	213	41,5	570
1970	4,47	3,05	1,42	24,0	262	37,7	572
1971	4,63	3,16	1,47	23,6	271	39,8	623
1972	5,44	3,80	1,64	26,0	319	42,2	679
1973	5,83	4,33	1,50	26,7	343	42,9	688

1 Für den Wohnungsbau aufgewendete Mittel einschließlich der Mittel für die Erhaltung des Wohnungsbestandes.
2 Ohne Generalreparaturen (Modernisierung).
3 Baureparaturleistungen an Wohnungen sämtlicher Wirtschaftsbereiche, einschließlich Generalreparaturen (Modernisierung).

Quelle: Bauvolumensberechnung des DIW, Berlin (West).

ausgestattet, 93 v. H. weisen Zentralheizung auf (1960: 9 v. H).

Die durchschnittliche Wohnungsgröße der neugebauten Wohnungen betrug Anfang der 60er Jahre 55 bzw. 56 qm, sie verringerte sich bis 1967 auf 51 qm; gegenwärtig erreicht sie jedoch 58 qm.

V. Der Wohnungsbestand

Am 1. 1. 1971 gab es gemäß der Ergebnisse der Wohnraum- und Gebäudezählung ca. 6 Mill. Wohnungen in der DDR. Der Bestand hat sich somit gegenüber März 1961 um 550 000 Wohnungen erhöht. Bei Berücksichtigung des Nettozugangs von 205 000 Wohnungen seit Anfang 1971 läßt sich der Wohnungsbestand für das Jahresende 1973 auf 6,3 Mill. Wohnungen beziffern. Damit standen bei einer Wohnbevölkerung von 17 Mill. Personen 369 Wohnungen je 1 000 Einwohner zur Verfügung, 1961 waren es 327 Wohnungen. Die Durchschnittsgröße beträgt 58 qm. In der DDR stehen je Einwohner durchschnittlich nur 21 qm Wohnfläche (1961: 17 qm) zur Verfügung.

Die Wohnungen mit einem oder zwei Wohnräumen machen in der DDR 48 v. H. des Gesamtbestandes aus. Die Zweiraumwohnung ist mit einem Anteil von 37 v. H. aller Wohnungen die häufigste Wohnungsgröße. In der DDR entfallen auf Dreiraumwohnungen auch 33 v. H., dafür auf Wohnungen mit vier und mehr Wohnräumen lediglich 19 v. H.

Wegen der im Vergleich zur Bundesrepublik Deutschland erheblich niedrigeren Wohnungsbauleistung besteht in der DDR eine weitaus ungünstigere Altersstruktur der Wohnungen: Anfang 1971 entfiel nur knapp ein Fünftel des Gesamtbestandes

auf nach 1945 gebaute Wohnungen – in der Bundesrepublik dagegen über die Hälfte. 56 v. H. aller Wohnungen der DDR sind vor 1919 errichtet worden und damit über 50 Jahre alt, 22 v. H. sind in den Jahren von 1919 bis 1945 gebaute Wohnungen.

VI. Wohnungswesen

Bei den staatlichen Organen (Räte der Kreise, der Bezirke und Gemeinden) bestehen Wohnungskommissionen, die über die Wohnraumverwendung entscheiden.

In der Regel müssen Wohnungssuchende – insbesondere für Neubauwohnungen – lange Wartezeiten hinnehmen. Mit Vorrang werden Personen behandelt, die besondere Leistungen für den Aufbau der DDR geleistet haben, oder aber auch Familien von Arbeitern neuer, erweiterter bzw. besonders wichtiger Industriebetriebe. Deshalb nehmen die Betriebsgewerkschaftsleitungen (BGL) Einfluß auf die Verteilung fertiggestellter Wohnungen, aber auch auf die Verteilung des Altwohnraums.

Seit März 1958 bestehen in den meisten Städten „Volkseigene kommunale Wohnungsverwaltungen", deren Aufgabe es ist, neben den vormals schon staatlichen Wohnbauten auch die in den Nachkriegsjahren auf Grund der sowjet. Befehle enteigneten Grundstücke (→ **Eigentum; Enteignung**) zu verwalten, ebenso Grundstücke ausländischer oder westdeutscher Eigentümer, ferner Grundbesitz von Personen, die nach dem 17. 6. 1953 die DDR „illegal" verlassen haben. Erträge aus Grundstücken bzw. Wohnungen, deren Eigentümer bereits vor 1945 im Ausland oder im Gebiet der heutigen Bundesrepublik lebten, werden nach Abzug der Instandhal-

Der Wohnungsbau in der DDR

Jahr	Wohnungsneubau, -umbau und -ausbau	ausgebaute und umgebaute Wohnungen	Neugebaute Wohnungen			Wohnfläche insgesamt[1]
			insgesamt	im Montagebau errichtet	Anteil des Montagebaus in v. H.	
		1000 Wohnungen				in 1000 qm
1960	80,5	8,6	71,9	23,1	32	4 447
1961	84,1	6,4	77,7	37,5	48	4 630
1962	87,2	7,1	80,1	49,4	62	4 867
1963	76,0	6,6	69,3	50,2	72	4 217
1964	76,6	7,3	69,3	56,9	82	4 017
1965	68,2	9,9	58,3	52,7	90	3 530
1966	65,3	11,9	53,4	49,6	93	3 370
1967	76,3	17,2	59,1	54,4	92	3 876
1968	76,0	14,1	61,9	55,3	89	4 126
1969	70,3	13,8	56,5	51,0	90	3 955
1970	76,1	10,3	65,8	59,2	90	4 256
1971	76,1	11,1	65,0	57,3	88	4 398
1972	85,9	16,3	69,6	60,3	87	4 905
1973	96,3	15,6	80,7	68,0	84	5 577
1960–1973	1 094,9	156,2	938,6	724,9	77	60 171

1 Geschaffene Wohnfläche sowohl der neugebauten als auch der durch Ausbau und Umbau gewonnenen Wohnungen.

Quelle: Statistische Jahrbücher der DDR.

tungs- und Verwaltungskosten einem Sperrkonto bei der Staatsbank der DDR überwiesen. Grundstücke bzw. Wohnungen von nach dem 17. 6. 1953 nach der Bundesrepublik Deutschland abgewanderten Eigentümern wurden von den „Kommunalen Wohnungsverwaltungen" in Treuhänderschaft übernommen. Die Eigentümer haben kein Recht auf die Erteilung von Auskünften oder auf Zahlung von Erträgen aus der Vermietung. Die „Volkseigenen kommunalen Wohnungsverwaltungen" sind auch die Träger des „Volkseigenen Wohnungsbaus". Daneben gibt es die seit 1953 existierenden → **Arbeiterwohnungsbaugenossenschaften** (AWG), die den sog. Arbeiterwohnungsbau (1961: 59 v. H., 1967: 25 v. H., 1973/74: 38 v. H. der errichteten Neubauwohnungen) durchführen und die entstandenen Wohnungen verwalten.

Seit Ende 1963 sind die „Volkseigenen Kommunalen Wohnungsverwaltungen" auch zuständig für die Organisierung der Reparaturarbeiten an in privatem Besitz befindlichen Wohnungen. Über die → **Mietermitverwaltung** wird angestrebt, die Mieter zu teilweise kostenlosen Reparaturarbeiten an den von ihnen bewohnten Wohnhäusern zu veranlassen.

Anders als im Westen konnte in der DDR das – nur durch hohe staatliche Subventionen aufrechterhaltene – äußerst niedrige Mietenniveau weder die Kommunalen Wohnungsverwaltungen und die Wohnungsgenossenschaften noch den privaten Hausbesitz, dem heute immer noch 60 v. H. aller Wohngebäude gehören, zu nachhaltigen Modernisierungsmaßnahmen veranlassen. Dies erklärt den weitgehend baufälligen Zustand eines großen Teils der Miethäuser. Die Altbaumieten befinden sich noch auf dem Stand von 1938. Wie niedrig das Mietenniveau für Neubauten ist, wird an der Anfang 1972 für einen bestimmten Personenkreis durchgeführten Mietpreissenkung der seit 1967 fertiggestellten Wohnungen deutlich: So zahlen gegenwärtig Arbeiter- und Angestelltenfamilien mit einem Monatseinkommen bis 2 000 Mark in Ost-Berlin 1,– bis 1,25 Mark und in den Bezirken der DDR 0,80 bis 0,90 Mark je qm Wohnfläche, Personen mit höherem Einkommen bis zu einem Drittel mehr.

VII. Die Wohnungsbauprogramme bis 1990

Das *Wohnungsbauprogramm des gegenwärtigen*

Fünfjahrplans sieht für die Jahre 1971–1975 vor, 525 000 Wohnungen neu zu bauen bzw. durch Generalüberholung zu verbessern. 408 500 Wohnungen (einschl. 50 000 Eigenheime) sind als Neubauten geplant, 116 500 Wohnungen in bereits vorhandenen Wohngebäuden sollen modernisiert werden.

Unter Berücksichtigung der erreichten Neubauleistung von 304 000 Wohnungen der Jahre 1971–1974, verbliebe für das Jahr 1975 noch ein Planziel von 104 500 Wohnungen. Dieses Ziel erfordert in den meisten Bezirken der DDR erhebliche Leistungsanstrengungen.

Beim Um- und Ausbau sowie der Modernisierung ist die Situation hingegen sehr günstig, da bis 1974 bereits 164 000 derartige Wohnungen geschaffen worden sind. Abgesehen von einem regionalen Zurückbleiben im Bezirk Dresden, ist damit das Fünfjahrplansoll von 116 500 Wohnungen mehr als erreicht. Somit dürfte am Ende des Jahres 1975 eine starke Übererfüllung an um- und ausgebauten Wohnungen zu erwarten sein, beim Wohnungsneubau hingegen eine leichte Untererfüllung.

Seit 1971 wird der Bau von Eigenheimen für Familien von Arbeitern und Genossenschaftsbauern, für kinderreiche Familien sowie für junge Ehepaare – bei Übernahme größerer Eigenleistungen – insbesondere in kleinen und mittleren Städten und Dörfern gefördert. Insgesamt sind bis 1975 50 000 Eigenheime geplant, eine Zahl, die nur etwa zur Hälfte erreicht werden wird.

Da auch bei einer Übererfüllung des Wohnungsbauprogramms des Fünfjahrplanes sowohl wegen der starken Überalterung als auch wegen der recht erheblichen Ausstattungsmängel der Wohnungen die Wohnbedingungen noch weit hinter den Erfordernissen zurückbleiben werden, hat die Wirtschaftsführung der DDR ein weiteres, recht umfassendes *Wohnungsbauprogramm bis 1990* konzipiert. Danach ist für den Zeitraum von 1976 bis 1990 der Bau bzw. die Modernisierung von 2,8 bis 3 Mill. Wohnungen vorgesehen, wovon bis zum Jahre 1980 750 000 Wohnungen neu gebaut bzw. modernisiert werden sollen (Neubau: 550 000 bis 570 000 Wohnungen). Damit soll die Voraussetzung für einen in den 80er Jahren vermehrten Abriß nicht mehr modernisierungswürdiger Wohnungen geschaffen werden.

BDA: Seit 1952 Abk. für Bund Deutscher Architekten; 1973 umbenannt in Bund der Architekten der DDR BdA/DDR. → **Architekten.**

BDVP: Abk. für → **Bezirksbehörde der Deutschen Volkspolizei.** → **Deutsche Volkspolizei.**

Beamte: → **Staatsfunktionäre.**

Beamtenversorgung: In der DDR besteht kein Beamtentum. Die Versorgung ehemaliger Beamter und Berufssoldaten wird von der Sozialversicherung durch-

geführt. Voraussetzung für den Versorgungsanspruch ist, daß der Betroffene mindestens 5 Jahre lang als Beamter oder 10 Jahre als Berufsoffizier tätig war und arbeitsunfähig ist oder die Altersgrenze (bei Männern 65 Jahre, bei Frauen 60 Jahre) überschritten hat. Die Leistungen sind grundsätzlich gleich denen in der Sozialversicherung. → **Sozialversicherungs- und Versorgungswesen; Renten; Altersversorgung.**

Bedarfsforschung: → **Markt und Marktforschung.**

Bedingte Strafaussetzung: → **Bewährung.**

Bedingte Verurteilung: → **Bewährung.**

Begräbnis, Sozialistisches: Sozialistische → **Feiern.**

Beherbergungsgewerbe: → **Hotel- und Gaststättengewerbe.**

Beirat für ökonomische Forschung bei der Staatlichen Plankommission: 1963 gegründetes Lenkungs- und Konsultationsorgan für wirtschaftswissenschaftliche Forschung. Der B. faßte Wissenschaftler der wichtigsten Forschungsgebiete und Mitarbeiter aus Ministerien, Vereinigungen Volkseigener Betriebe und Volkseigenen Betrieben in Arbeitskreise zusammen. Deren Aufgabe bestand darin, die Arbeit der Wissenschaftler zu koordinieren und eine Verbindung zu schaffen zwischen Forschung und wirtschaftspolitischer bzw. betrieblicher Praxis. Der B. wurde 1968 aufgelöst. Die Funktion der zentralen Lenkung und Koordination der wirtschaftswissenschaftlichen Forschung übernahm zunächst die „Arbeitsgruppe für die Gestaltung des ökonomischen Systems des Sozialismus beim Präsidium des Ministerrats". 1972 konstituierte sich bei der Akademie der Wissenschaften der DDR erneut ein Wissenschaftliches Lenkungsgremium, der Wissenschaftliche Rat für Wirtschaftswissenschaftliche Forschung. → **Forschung; Wissenschaftliche Räte.**

Beistandsverträge: → **Außenpolitik.**

Bekleidungsindustrie: Allgemeine Bezeichnung für den Zweig Konfektionsindustrie, der entsprechend der Industriezweigsystematik der DDR zum Bereich Leichtindustrie zählt. Die B. umfaßt alle Betriebe zur Herstellung von Bekleidung, Leib- und Haushaltswäsche aus textilen Flächengebilden. Neben Betrieben zur industriellen und serienmäßigen Fertigung von Kleidungs- und Wäschestücken (Konfektionsbetriebe) gehören zum Zweig B. auch Maß-, Ateliers- und Bekleidungsreparaturwerkstätten. Während Mitte der 60er Jahre fast die Hälfte der Beschäftigten in privaten oder halbstaatlichen Betrieben tätig waren und der Umsatzanteil dieser Betriebe rd. 40 v. H. am Gesamtumsatz der B. betrug, wurden 1972 nahezu sämtliche noch bestehenden privaten und halbstaatlichen Betriebe in volkseigene Betriebe überführt. Von 1960 bis 1973 hat sich die Bruttoproduktion der B. nur um das 1,68fache erhöht (zum Vergleich: im gleichen Zeitraum stieg die industrielle Bruttoproduktion um das 2,17fache).

Die Versorgung der Bevölkerung mit Erzeugnissen der B. ist immer noch uneinheitlich und unbefriedigend. Der Anteil aus pflegeleichten synthetischen Fasern (→ **Chemiefaserindustrie**) ist noch relativ gering, wenn sich auch die Materialstruktur in der B. durch einen verstärkten Einsatz synthetischer Faserstoffe verbessert hat. Ihr Anteil betrug 1960 nur 3 v. H., 1970 17 v. H. und 1973 26 v. H. Zellulosefaserstoffe werden damit zunehmend in ihrer Bedeutung zurückgedrängt. Modische Gesichtspunkte – an westlichen, aber nicht an osteuropäischen Maßstäben gemessen – bleiben beim Bekleidungsangebot vielfach unberücksichtigt. Untersuchungen im Einzelhandel zeigen, daß 20 v. H. aller Oberbekleidung überhaupt nicht oder kaum absetzbar sind.

Neben der bedarfsgerechten Fertigung bringt die zweigleisige Planung und Leitung der B. große Probleme für die Betriebe. So erfolgt die Bilanzierung und Verteilung der Gewebe sowie auch die Bilanzierung der Konfektionserzeugnisse durch die VVB Konfektion bzw. durch das Ministerium für Leichtindustrie. Die staatlichen Planaufgaben werden aber für die bezirksgeleiteten Betriebe, die das überwiegende Volumen der Konfektion produzieren, durch das Ministerium für Bezirksgeleitete Industrie und Lebensmittelindustrie erteilt. Aus dieser uneinheitlichen Leitungsstruktur resultieren immer wieder beklagte Reibungsverluste. Eine bedarfsgerechte Produktion durch schnelles Anpassen an unerwartete Verbraucherwünsche ist durch das Planungsverfahren praktisch ausgeschlossen. Ca. 14 Monate vor Beginn eines Planjahres müssen die B.-Betriebe ihre Sortimentsvorstellungen bis ins Feinsortiment nach Stückzahlen erarbeiten.

Bereitschaftspolizei: → **VP-Bereitschaften.**

Bergakademie Freiberg: Älteste montanwissenschaftliche Hochschule der Welt (gegr. 1765). Seit 1905 besitzt sie das Promotionsrecht. Neben Sektionen für die Bereiche Bergbau, Geowissenschaften und Metallurgie sind seit Mitte der 60er Jahre auch andere ingenieurwissenschaftliche Disziplinen, wie Elektronik, Bauwesen, Anlagenbau etc. an der BF. vertreten. → **Universitäten und Hochschulen.**

Bergbau: Bis 1967 eigener Industriezweig. In ihm waren 1967 7 v. H. (183 300) der Arbeiter und Angestellten der Industrie beschäftigt; vom industriellen Bruttoanlagevermögen entfielen 16 v. H. auf diesen Bereich. Ab Planjahr 1968 werden die Bergbaubetriebe verschiedenen Industriebereichen mit den Zweigen Steinkohlenindustrie, Braunkohlenindustrie, Kali- und Steinsalzindustrie, Schwarzmetallurgie und NE-Metallurgie zugeordnet. Die Rohstoffbasis des Bergbaus ist relativ schmal. Sie erlaubt lediglich, den Eigenbedarf an Braunkohle und Kalisalzen aus inländischen Quellen zu decken.

Die erkundeten *Braunkohlenvorräte* werden mit 19 Mrd. t angegeben. Damit könnte das gegenwärtige Fördervolumen (1973: 246 Mill. t) ca. 75 Jahre aufrechterhalten werden. Vor dem Kriege konzentrierte sich die Förderung überwiegend auf die westelbischen Gebiete. Anfang der 50er Jahre wurde die Erschließung der Vorkommen – mit Schwerpunkt im Bezirk Cottbus – im großen Umfange aufgenommen. (Vorräte des „Lausitzer Reviers" 11 Mrd. t.) Insgesamt verfügte die Braunkohlenindustrie Anfang 1974 über 32 Tagebaue, in denen die Förderung bzw. die Aufschlußarbeiten aufgenommen wurden. Von Vorteil ist, daß die Braunkohle im „Lausitzer" und „mitteldeutschen Revier" überwiegend in großen Feldern mit 200 Mill. t Vorrat ansteht, so daß kostengünstige Großtagebaue betrieben werden können. Allerdings verschlechtern sich die Förderbedingungen.

Da die oberflächennahen Lagerstätten nahezu abgebaut sind, vermindert sich das Abraum-Kohle-Verhältnis: 1970 mußten für die Förderung einer Tonne Braunkohle 3,6 m³ Deckgebirge abgetragen werden, 1980 werden es ca. 5 m³ sein. Um die Braunkohlenförderung bis 1980 auf dem gegenwärtigen Niveau halten zu können, müssen neue Tagebaue mit einem Jahresaufkommen von 130 Mill. t. neu aufgeschlossen werden. Hierzu zählen die Vorkommen von Nochten bei Weißwasser (Oberlausitz), Jänischwalde bei Cottbus und Delitzsch-Südwest.

Der *Steinkohlenbergbau* hat für die Wirtschaft der DDR keine nennenswerte Bedeutung. Die Vorräte werden mit insges. 50 Mill. t angegeben. Mangels abbauwürdiger Vorräte wird die Kohle nur noch in den Lagerstätten der Zwickauer Mulde gefördert. Die ungünstigen Ab-

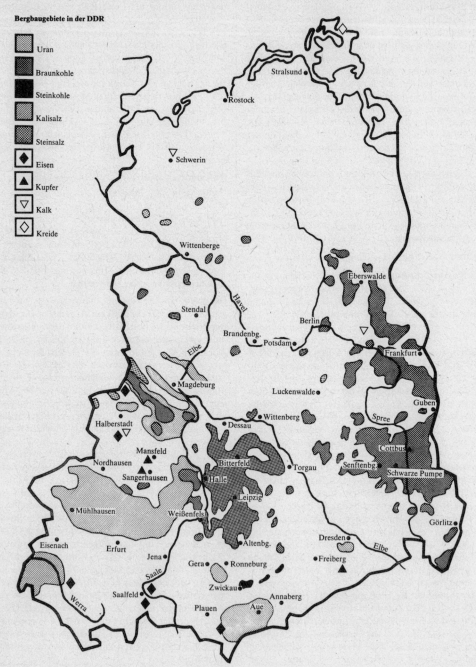

Bergbaugebiete in der DDR

- Uran
- Braunkohle
- Steinkohle
- Kalisalz
- Steinsalz
- ◆ Eisen
- ▲ Kupfer
- ▽ Kalk
- ◇ Kreide

bauverhältnisse, die wiederum hohe Betriebskosten bedingen, haben dazu beigetragen, daß die Fördermengen ständig zurückgenommen wurden und 1972 nur noch 0,7 Mill. t erreichten (1960: 2,7 Mill. t).

Ein wichtiges Rohstoffreservoir für die Chemische Industrie sind die umfangreichen *Steinsalz- und Kalivorkommen*, die auf 5 Bill. t bzw. 13 Mrd. t geschätzt werden. Die Kaliindustrie beschäftigt ca. 31 000 Personen; zwei Drittel ihrer Erzeugnisse werden exportiert. Die DDR ist damit der bedeutendste Kaliexporteur der Welt; mit einer Jahresproduktion von 2,6 Mill. t (1973) nimmt sie den dritten Rang in der Welt ein. Gegenwärtig konzentriert sich die Kaliförderung noch auf das Werra- und Südharz-Revier. Dort befindet sich der zur Zeit größte Kalibetrieb (VEB Kalibetrieb „WERRA", 8 000 Beschäftigte). Schwerpunkt des neuen Kaliprogramms bildet die Erschließung der Calvörder Scholle (bei Magdeburg). Hier sollen 0,7 Mrd. t Kali lagern. 1973 nahm dort der Kalibetrieb Zielitz seine Produktion auf; er soll der größte Kaliproduzent der DDR werden.

Aus den einheimischen *Eisenerzlagerstätten* kann die DDR lediglich 5 v. H. ihres Eigenbedarfs decken. Selten sind auch die Erze von Stahlveredelungsmetallen, von denen lediglich das im Vorland des Erzgebirges abgebaute Nickelerz eine gewisse Bedeutung besitzt. Zwar befinden sich auf dem Territorium der DDR zum Teil relativ umfangreiche Vorkommen von *Buntmetallen*. Ihr Abbau ist aber aufgrund der geringen Wertkonzentration erschwert bzw. wirtschaftlich nicht rentabel. Am bedeutendsten ist der Kupferbergbau mit etwa 27 000 Beschäftigten und einer (geschätzten) Jahresproduktion von etwa 2 000 t. Wichtigste Kupfervorkommen sind die südlich des Harzes gelegenen Mulden von Mansfeld und Sangerhausen (Cu-Gehalt bis zu 3 v. H.). Das Schwergewicht des Kupferbergbaus hat sich jedoch in den letzten Jahren aus der Mansfelder in die Sangerhauser Mulde verschoben.

Abbauwürdige *Blei- und Zinkerze* (Gehalt etwa 2 bis 5 v. H.) befinden sich im Freiberger Raum; im Mansfelder Kupferschiefer treten Blei- und Zinkerze als Beimengungen auf. Die Erzförderung beträgt etwa 300 000 t, eine Steigerung ist gegenwärtig nicht möglich. Zentrum des Zinnerzbergbaus (Zinngehalt etwa 2 v. H.) ist Altenberg im Osterzgebirge; die Jahresproduktion wird auf etwa 1 000 t geschätzt. → **Energiewirtschaft.**

Bergbehörde: → **Oberste Bergbehörde der DDR.**

Bergmannsrenten: Bergleute und ihre Hinterbliebenen erhalten entsprechend dem höheren Beitragssatz von 30 v. H. zur Sozialversicherung erhöhte Leistungen, auch gelten andere Altersgrenzen. → **Sozialversicherungs- und Versorgungswesen; Renten.**

Berlin

Geschichte der Berlin-Politik der SED – Völkerrechtliche Problematik – Innere Ordnung von Berlin (West) und Berlin (Ost) – Statistische Angaben

I. Vereinbarungen der Siegermächte

Bestimmend für die Nachkriegsentwicklung der ehemaligen deutschen Reichshauptstadt waren die im Herbst 1944 von den USA, Großbritannien und der Sowjetunion getroffenen, einige Zeit später auch von Frankreich akzeptierten Vereinbarungen über die Aufteilung Deutschlands in Besatzungszonen (Londoner Protokoll vom 12. 9. 1944) und über die Kontrolleinrichtungen der Siegermächte (Londoner Abkommen vom 14. 11. 1944). Danach sollte das besiegte Deutschland „zum Zwecke der Besetzung" in Zonen und „ein besonderes Berliner Gebiet" („a special Berlin area") gegliedert werden. B., d. h. Groß-B. in den durch das Gesetz vom 27. 4. 1920 festgelegten Grenzen, sollte in Sektoren aufgeteilt und einem „besonderen Besatzungssystem" unterstellt werden.

Über die Absichten der Vier Mächte wurde die deutsche Bevölkerung durch vier Deklarationen unterrichtet, die am 5. 6. 1945 – vier Wochen nach der bedingungslosen Kapitulation des Hitler-Reiches – von den Militärgouverneuren Eisenhower, Schukow, Montgomery und de Lattre de Tassigny in B.-Karlshorst unterzeichnet wurden. Sie stellten darin fest, daß sie die oberste Regierungsgewalt in Deutschland übernommen hätten, ohne damit eine Annektierung des Landes zu beabsichtigen. In ihrer Feststellung über das gemeinsame Kontrollverfahren in Deutschland erklärten sie: „Die Verwaltung des Gebietes von Groß-Berlin wird von einer Interalliierten Behörde geleitet, die unter der Leitung des Kontrollrates arbeitet und aus vier Kommandanten besteht, deren jeder abwechselnd als Hauptkommandant fungiert. Sie werden von einem Stab von Sachbearbeitern unterstützt, der die Tätigkeit der örtlichen deutschen Behörden überwacht und kontrolliert." B. galt damit als Sitz des Vier-Mächte-Kontrollrates. Wie im Kontrollrat so konnten auch in der Berliner Kommandantur Beschlüsse nur einstimmig gefaßt werden.

II. Bildung von Sektoren

Die auf Weisung Hitlers bis zuletzt mit äußerster Härte andauernden Kampfhandlungen endeten in B. am frühen Morgen des 2. 5. 1945, nachdem der letzte Berliner Stadtkommandant, General Weidling, die Kapitulation der deutschen Truppen in der Stadt vollzogen hatte. Unverzüglich gingen die sowjetischen Militärbehörden mit Unterstützung der aus Moskau heimgekehrten → **Gruppe Ulbricht** daran, Bezirksverwaltungen und einen Magistrat von Groß-B. einzusetzen, um noch vor dem Einzug der westalliierten Garnisonen die neue Verwaltungsstruktur – vor allem in personeller Hinsicht – unter ihre Kontrolle zu bringen.

Amerikaner, Briten und Franzosen besetzten erst Anfang Juli ihre Sektoren in B., während die Sowjetarmee in Thüringen und Sachsen bis zur in London vereinbarten Zonengrenze vorrückte.

Zum amerikanischen Sektor von B. gehörten sechs Bezirke (Neukölln, Kreuzberg, Tempelhof, Schöne-

berg, Steglitz und Zehlendorf), zum britischen vier (Tiergarten, Charlottenburg, Wilmersdorf und Spandau) zum französischen Sektor zwei Bezirke (Wedding und Reinickendorf). Die drei Westsektoren umfaßten 54,4 v. H. der Fläche und 63,2 v. H. der Bevölkerung von Groß-B., das im August 1945

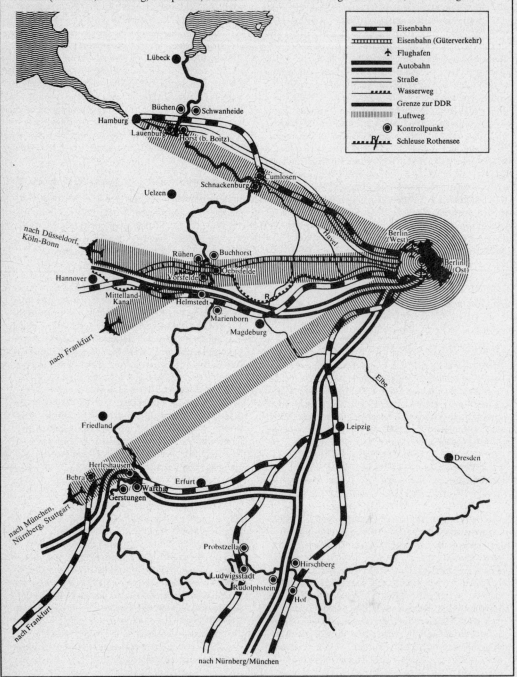

▨▨▨	Eisenbahn
▥▥▥	Eisenbahn (Güterverkehr)
✈	Flughafen
▬▬▬	Autobahn
═══	Straße
▬ ▪▪▪	Wasserweg
▬▬▬	Grenze zur DDR
▓▓▓▓	Luftweg
◉	Kontrollpunkt
▪▪R▪▪	Schleuse Rothensee

2,8 Mill. Einwohner zählte. Der sowjetische Sektor – 45,6 v. H. der Fläche und 36,8 v. H. der Bevölkerung – bestand aus acht Bezirken (B.-Mitte, Prenzlauer Berg, Friedrichshain, Treptow, Köpenick, Lichtenberg, Weißensee und Pankow).

Eindeutige Regelungen für den Verkehr der westalliierten Garnisonen und der deutschen Zivilbevölkerung auf den Zugangswegen zwischen dem westdeutschen Besatzungsgebiet und den Westsektoren von B. sind 1944/45 nicht ausgehandelt worden. Der ehemalige amerikanische Hochkommissar in Deutschland, Lucius D. Clay, bemerkte in seinem Buch „Entscheidung in Deutschland" einige Jahre nach Kriegsende, es sei aufschlußreich, festzustellen, daß in den Londoner Dokumenten „die gemeinsame Besetzung Berlins stand, daß aber in keinem der Zugang garantiert oder besondere Rechte zum Verkehr auf den Straßen, Schienen oder auf dem Luftwege festgelegt wurden". Auf amerikanischer Seite glaubte man, sich mit der Feststellung begnügen zu können, daß das aus der bedingungslosen Kapitulation Deutschlands abgeleitete Recht auf Anwesenheit in B. das Recht des ungehinderten Zugangs einschließe.

Ende November 1945 kamen die Vertreter der Vier Mächte auf der Grundlage eines Berichts ihres Luftfahrtdirektorats überein, drei jeweils 32 km breite Luftkorridore von B. nach Hamburg, Bückeburg (Hannover) und Frankfurt am Main sowie eine Kontrollzone mit einem vom Gebäude des Alliierten Kontrollrats ausgehenden Radius von 32 km festzulegen (Einzelheiten der Tätigkeit einer Luftsicherheitszentrale B. – Berlin Air Safety Center – legten die Vier Mächte in einer Vereinbarung vom 22. 10. 1946 fest). Diese Regelungen gelten auch heute noch für den Luftverkehr von und nach West-B.; sie haben sich trotz einiger Zwischenfälle in den Luftkorridoren bewährt und sind von den Botschaftern der Vier Mächte 1970/71 nicht in Frage gestellt und auch nicht durch neue Absprachen ersetzt oder ergänzt worden (Schaubild Seite 112).

III. Bildung von Parteien und Gewerkschaften

Die Situation B. war in der frühen Nachkriegszeit von den schweren Zerstörungen, die die Stadt vor allem in der letzten Phase des Krieges erlitten hatte, von dem Mangel an Nahrungsmitteln, Medikamenten, Wohnraum und von der daraus resultierenden Existenznot der Bevölkerung geprägt. Die chaotischen Verhältnisse verlangten eine Zusammenarbeit aller sich mit Zustimmung der Besatzungsbehörden formierenden politischen Kräfte. Nachdem die Sowjetische Militäradministration (SMAD) am 10. 6. 1945 in ihrem Befehl Nr. 2 die Bildung von politischen Parteien und Gewerkschaften zugelassen hatte, entstanden in rascher Folge vier → **Parteien:** KPD, SPD, CDU und LDPD. Ihre Berliner Gründer versuchten Verbindungen zu Gleichgesinnten in den

fünf Ländern der Sowjetischen Besatzungszone und, soweit das überhaupt möglich war, auch ins westliche Deutschland zu knüpfen.

Zunächst wies die Entwicklung in den vier Sektoren B. keine grundlegenden Unterschiede auf, zumal die westlichen Stadtkommandanten die vor ihrem Eintreffen von den Sowjets getroffenen Verfügungen im wesentlichen übernahmen. Ein erster ernster Konflikt mit unterschiedlichen Konsequenzen für den Sowjetsektor und die von den Westmächten kontrollierten Bezirke der Stadt deutete sich jedoch bereits im Frühjahr 1946 an, als die Kommunisten, unterstützt von der SMAD, die Verschmelzung von KPD und SPD zur → **Sozialistischen Einheitspartei Deutschlands** (SED) durchsetzten. Eine Urabstimmung unter den sozialdemokratischen Parteimitgliedern konnte lediglich in den Westsektoren B. stattfinden – dabei sprachen sich mehr als vier Fünftel der an der Abstimmung teilnehmenden Sozialdemokraten gegen die Verschmelzung mit den Kommunisten aus. Auf Beschluß der Vier Mächte wurden SPD und SED in allen vier Sektoren zugelassen. (Die Ost-Berliner Gliederungen der SPD wurden formell erst nach dem Bau der Mauer 1961 aufgelöst, nachdem sie während der vorhergehenden 13 Jahre in ihrer Öffentlichkeitsarbeit weitgehend beschränkt gewesen waren.)

Die am 13. 8. 1946 verkündete Vorläufige Verfassung von Groß-B. sah eine allgemeine, gleiche, unmittelbare und geheime Wahl der 130 Mitglieder der Stadtverordnetenversammlung vor, die ihrerseits den Magistrat (Oberbürgermeister, drei Bürgermeister und höchstens 16 weitere hauptamtlich besoldete Magistratsmitglieder) zu wählen hatten. Die von der Stadtverordnetenversammlung beschlossenen Gesetze bedurften ebenso wie die Verordnungen und Anweisungen des Magistrats der – einmütigen – Zustimmung der Vier-Mächte-Kommandantur.

Bei den Wahlen der Stadtverordneten und Bezirksverordneten in B. am 20. 10. 1946 entschieden sich 48,7 v. H. der Wähler für die SPD, die in allen vier Sektoren den größten Stimmenanteil gewinnen konnte. Zweitstärkste Partei wurde die CDU mit 22,2 v. H. Die SED erhielt 19,8 v. H., die LDPD 9,3 v. H. der abgegebenen gültigen Stimmen.

IV. Konflikte zwischen der UdSSR und den Westmächten

Die sich im Laufe des Jahres 1947 verschärfenden Konflikte zwischen der Sowjetunion und den Westmächten erschwerten die Zusammenarbeit im Kontrollrat und in der Kommandantur. Die Sowjets blockierten durch ihren Einspruch die Wahl Ernst Reuters (SPD) zum Oberbürgermeister B. Zwischen Sozialdemokraten und Kommunisten entbrannte ein heftiger Streit innerhalb des Berliner → **FDGB.** Sozialdemokratische und christliche Gewerkschaften zogen sich aus dem FDGB zurück, dessen Vorstand nach ihrer Überzeugung demokratische Grundregeln verletzte. Sie bildeten schließlich eine Unabhängige Gewerkschaftsorganisation (UGO), aus der später der B.-Landesverband des DGB hervorging. Der von den Sowjets 1945 eingesetzte Polizeipräsident Paul Markgraf (SED), dem die Stadtverordnetenversammlung im November 1947 das Mißtrauen aussprach, weigerte sich, Weisungen des Magistrats auszuführen und bevorzugte in seiner Personalpolitik Mitglieder der SED.

Am 20. 3. 1948 brach der Vier-Mächte-Kontrollrat auseinander – der sowjetische Vertreter verließ die Sitzung, nachdem er von seinen Kollegen Aufschluß über die von den Westmächten und den drei Benelux-Staaten auf der Londoner Sechs-Mächte-Konferenz erwogenen Pläne für die Bildung eines westdeutschen Staatswesens verlangt hatte. Im Juni zogen sich die Sowjets auch aus der Kommandantur zurück.

Zuvor bereits – Anfang April 1948 – hatten ihre Eingriffe in den Verkehr der westalliierten Garnisonen auf den Zugangswegen Amerikaner und Briten zur Errichtung einer „kleinen Luftbrücke" veranlaßt. Behinderungen des zivilen Personen- und Güterverkehrs zwischen West-B. und dem westlichen Besatzungsgebiet waren seit der Jahreswende 1947/48 zahlreicher geworden.

V. Blockade Berlins

Nachdem am 18. 6. 1948 eine Währungsreform für die Westzonen verkündet worden war, führten auch die Sowjets – mit Wirkung vom 24. Juni – in ihrer Zone eine solche Reform durch. Sie verlangten, daß die DM-Ost als einziges gesetzliches Zahlungsmittel auch in allen vier Sektoren von B. eingeführt werden sollte. Eine zentrale Notenbank mit dem Recht der Notenemission für ganz Deutschland sollte in Leipzig (SBZ) errichtet werden. Da die Westalliierten damit keine Kontrolle über die Ausgabe und den Umlauf der Noten gehabt hätten, lehnten sie den sowjetischen Vorstoß ab. Bevor ernsthafte Verhandlungen der Vier Mächte über die spezielle Berliner Währungssituation beginnen konnten, blockierten die Sowjets sämtliche Land- (am 19. 6.) und Wasserwege (am 8. 7.) von und nach B. (West).

Die Westmächte verwarfen den Plan, die versperrten Zugangswege mit militärischen Mitteln zu öffnen, und entschlossen sich, den Westteil der Stadt durch die Luft zu versorgen. Die Luftbrücke erwies sich als eine außergewöhnliche technische und organisatorische Leistung, die die ursprünglich in sie gesetzten Erwartungen weit übertraf: Während der elfmonatigen Berliner Blockade wurden in annähernd 200 000 Flügen rund 1,44 Mill. t Güter – vor allem Kohle und Lebensmittel – nach B. transportiert.

Ab 24. 6. 1948 galten in den Westsektoren beide Währungen als gültige Zahlungsmittel, während im Ostsektor Besitz und Verwendung der DM-West bestraft wurden. Expertengespräche – auf der Ebene der Vier Mächte und schließlich auch im Rahmen der Vereinten Nationen – führten zu keiner Einigung über die Währungsfrage.

Von welchen politischen Motiven sich die Sowjetunion während der Blockade leiten ließ, verdeutlichte Marschall Sokolowski am 3. 7. 1948 bei einem Treffen mit den westlichen Militärgouverneuren: Die „technischen Schwierigkeiten" auf den Zugangswegen, erklärte er, würden solange anhalten, bis der Westen seine Vorbereitungen für die Gründung eines westdeutschen Staates eingestellt habe. Der schwere Konflikt um B. wurde auch mit psychologischen Mitteln ausgetragen: Es gelang den führenden Repräsentanten der nichtkommunistischen Parteien – vor allem Ernst Reuter –, die Bevölkerung in der blockierten Stadt zur mutigen und entschlossenen Abwehr der östlichen Pressionen zu ermuntern – eine Haltung, die von der Öffentlichkeit weltweit beachtet und respektiert wurde. Trotz spürbarer Versorgungsmängel machten nicht mehr als 5 v. H. der West-Berliner von der von der UdSSR eröffneten Möglichkeit Gebrauch, sich im Ostsektor als Käufer von Lebensmitteln registrieren zu lassen.

Zu Beginn der Blockade besaß die Vier-Sektoren-Stadt zunächst noch eine einheitliche Verwaltung; Magistrat und Stadtverordnetenversammlung traten im Ost-Berliner Stadthaus zusammen. Nachdem aber bereits in der letzten August-Woche ernste Störungen der parlamentarischen Arbeit eingetreten waren, mußte am 6. 9. 1948 die ordnungsgemäße Sitzung der Stadtverordnetenversammlung wegen des gewaltsamen Eindringens kommunistischer Demonstranten abgebrochen werden. Die Mehrheit der Versammlung – mit Ausnahme der SED-Fraktion – beschloß, weitere Sitzungen in West-B. abzuhalten. In den acht Ost-Berliner Bezirksverwaltungen setzte daraufhin eine rigorose personelle „Säuberung" ein; ausgeschaltet wurden weitgehend alle Funktionsträger, die sich dem erklärten Ziel der SED widersetzten, eine volksdemokratische Ordnung wie in den anderen von der Sowjetunion kontrollierten osteuropäischen Ländern zu errichten.

Am 30. 11. 1948 trat unter dem Vorsitz des stellvertretenden Stadtverordnetenvorstehers Ottomar Geschke (SED) in Ost-B. eine mehr als 1 600 Teilnehmer zählende Versammlung zusammen, der neben den 23 gewählten SED-Mitgliedern der Stadtverordnetenversammlung Delegierte des Demokratischen Blocks von Ost-B., der Betriebe und verschiedener mit der SED verbündeter Massenorganisationen angehörten. Diese Versammlung erklärte den Magistrat von Groß-B. für abgesetzt und wählte einen neuen „provisorischen demokratischen Magistrat" mit dem Oberbürgermeister Friedrich Ebert (SED) an der Spitze. Diese auf Ost-B. beschränkte Stadtverwaltung wurde von den Sowjets anerkannt.

Damit war die administrative Spaltung B. vollzogen. Die nach der vorläufigen Verfassung für ganz B. vorgeschriebenen Wahlen konnten am 5. 12. 1948 nur in den Westsektoren abgehalten werden. Die SED rief zum Wahlboykott auf – dennoch beteiligten sich 86,3 v. H. der Wahlberechtigten an der Abstimmung, bei der 64,5 v. H. sich für die SPD, 19,4 v. H. für die CDU und 16,1 v. H. für die LDPD entschieden. Nach dieser Wahl übernahm Ernst Reuter das Amt des Oberbürgermeisters von B., ohne seine verfassungsmäßigen Funktionen im Ostsektor noch wahrnehmen zu können. Die drei Westmächte setzten – ohne sowjetische Beteiligung – ihre Zusammenarbeit in der Alliierten Kommandantur fort.

VI. Beendigung der Blockade

Nach erfolglosen Vier-Mächte-Verhandlungen in B., Moskau und vor den Vereinten Nationen kam es im Frühjahr 1949 zu sowjetisch-amerikanischen Gesprächen, die schließlich zum sogenannten *Jessup-Malik-Abkommen* führten: Ein am 4. Mai veröffentlichtes Vier-Mächte-Kommuniqué teilte mit, daß „alle Einschränkungen, die seit dem 1. 3. 1948 von der sowjetischen Regierung über Handel, Transport und Verkehr zwischen Berlin und den westlichen Besatzungszonen sowie zwischen der Ostzone und den westlichen Besatzungszonen verhängt wurden, am 12. 5. 1949 aufgehoben" würden. Die Westmächte ordneten die Aufhebung ihrer Gegenblockade an und erklärten auf Drängen der Sowjetunion ihre Bereitschaft, am 23. 5. 1949 in Paris an einer neuen Außenministerkonferenz der Vier Mächte teilzunehmen.

Die Konferenz wurde am 20. 6. mit einem Kommuniqué beendet, in dem das New Yorker Abkommen vom 4. 5. bestätigt und darüber hinaus die gemeinsame Absicht bekundet wurde, ein „normales Funktionieren und einen normalen Gebrauch der Schienen-, Wasser- und Straßenverbindungen für den Personen- und Güterverkehr sowie der Post-, Telefon- und Telegrafenverbindungen" sicherzustellen. Die Besatzungsbehörden vereinbarten, „deutsche Sachverständige und geeignete deutsche Organisationen" heranzuziehen.

Die im November 1948 vollendete Spaltung der Stadt konnte jedoch auch nach der Beendigung der Blockade nicht mehr rückgängig gemacht werden.

VII. Stellung Berlins zur Bundesrepublik Deutschland und zur DDR

Im Sommer und Herbst 1949 rückte ein neues Problem in den Mittelpunkt des politischen Interesses: die Stellung B. und seiner Teile zur Bundesrepublik Deutschland einerseits, zur DDR andererseits.

Der Parlamentarische Rat in Bonn hatte in seiner konstituierenden Sitzung am 1. 9. 1948 beschlossen, fünf Abgesandte B. mit beratender Stimme an seinen Arbeiten teilnehmen zu lassen. Das vom Parlamentarischen Rat erarbeitete Grundgesetz der Bundesrepublik Deutschland bezeichnete in seinem Artikel 23 Groß-B. als eines der 12 zum Geltungsbereich dieser provisorischen Verfassung gehörenden Länder. Dagegen betonten die Militärgouverneure der drei Westmächte, ohne deren Zustimmung das Grundgesetz nicht in Kraft treten konnte, am 22. 4. 1949, ihre Außenminister könnten „gegenwärtig nicht zustimmen, daß Berlin als ein Land in die ursprüngliche Organisation der deutschen Bundesrepublik einbezogen wird". In ihrem formellen Genehmigungsschreiben zum Grundgesetz präzisierten die Militärgouverneure am 12. 5. 1949 ihren Vorbehalt, indem sie erklärten, B. könne „keine abstimmungsberechtigte Mitgliedschaft im Bundestag oder Bundesrat erhalten und auch nicht durch den Bund regiert werden"; es dürfe „jedoch eine beschränkte Anzahl Vertreter zur Teilnahme an den Sitzungen dieser gesetzgebenden Körperschaften benennen".

Die am 1. 9. 1950 verkündete Verfassung von B. besagte in ihrem Artikel 1: „1. Berlin ist ein deutsches Land und zugleich eine Stadt. 2. Berlin ist ein Land der Bundesrepublik Deutschland. 3. Grundgesetz und Gesetze der Bundesrepublik Deutschland sind für Berlin bindend." Der 2. und der 3. Absatz dieses Artikels 1 würden „zurückgestellt", erklärten die Alliierten in ihrem Genehmigungsschreiben zur Verfassung von B. am 29. 8. 1950: B. werde „während der Übergangsperiode keine der Eigenschaften eines zwölften Landes" der Bundesrepublik Deutschland haben; Bestimmungen eines Bundesgesetzes könnten in B. erst Anwendung finden, „nachdem seitens des Abgeordnetenhauses darüber abgestimmt wurde und dieselben als Berliner Gesetz verabschiedet worden sind".

Die am 7. 10. 1949 in Kraft gesetzte Verfassung der DDR bezeichnete in ihrem Artikel 2 B. als „Hauptstadt der Republik". Die Bevölkerung des Ostsektors war aufgefordert worden, sich am 15. 5. 1949 an der Wahl zum Dritten Deutschen → **Volkskongreß** zu beteiligen (wobei das offizielle, im Westen als manipuliert bezeichnete Wahlergebnis den Anteil derer, die mit „Ja" für die Liste des Volkskongresses gestimmt haben sollten, mit 51,6 v. H., die Nein-Stimmen und die ungültigen Stimmen mit zusammen 48,4 v. H. der abgegebenen Stimmen angegeben hatte; das waren weniger ausgewiesene „Ja"-Voten als in den fünf Ländern der Sowjetischen Besatzungszone).

Nachdem die im Juli 1945 auf Weisung der SMAD gebildeten Zentralverwaltungen für die Länder der Sowjetischen Besatzungszone ihren Sitz in Ost-B. genommen hatten und nachdem dort im Juni 1947 die → **Deutsche Wirtschaftskommission** entstanden war, die den Kern des späteren Regierungsapparates der DDR darstellte, war Ost-B. seit dem 7. 10. 1949 der Sitz aller wichtigen Ministerien, Behörden und

Ämter der DDR. Dennoch nahm auch die östliche Seite zunächst Rücksicht auf den Vier-Mächte-Status der Stadt: Die Vertreter des Ostblocks in der provisorischen Volkskammer und in der provisorischen Länderkammer der DDR hatten kein volles Stimmrecht. DDR-Gesetze galten in Ost-B. nicht automatisch, sondern erst nach Zustimmung des Magistrats. Die ersten Volkskammer-Wahlen am 15. 10. 1950 blieben – wie alle späteren Wahlen zur obersten Volksvertretung der DDR – auf die Länder (ab 1952 Bezirke) der DDR beschränkt; Ost-Berliner hatten kein aktives Wahlrecht für die Volkskammer – ebensowenig wie West-Berliner für den Deutschen Bundestag.

In den 50er Jahren bestanden zwischen Bewohnern beider Teile der gespaltenen Stadt vielfältige Kommunikationen – die Grenzen waren offen. Offizielle Kontakte zu dem nach westlicher Überzeugung nicht durch ein unanfechtbares demokratisches Votum der Bevölkerung legitimierten Magistrat in Ost-B. lehnten Senat und nichtkommunistische Parteien jedoch ab.

Wiederholt kam es zu Zwischenfällen und angespannten Situationen – so während des Pfingsttreffens der FDJ 1950, während der Weltjugendfestspiele 1951, bei der Besetzung des Westteils von Staaken im Februar 1951 und bei der nach fünf Tagen wieder rückgängig gemachten Besetzung der Exklave Steinstücken durch Volkspolizei im Oktober 1951.

Seit dem 1. 9. 1951 erhoben die Behörden der DDR → **Straßenbenutzungsgebühren** für alle Fahrten von zivilen Fahrzeugen auf den Zugangswegen. Nach der Unterzeichnung des Generalvertrages zwischen der Bundesrepublik Deutschland und den drei Westmächten ordnete der Ministerrat der DDR im Mai 1952 die Errichtung eines Kontroll- und Sperrgürtels zwischen B. (West) und der DDR, die Schließung der aus den Westsektoren in die DDR-Bezirke führenden Straßenübergänge, soweit sie nicht dem Interzonenverkehr dienten, und die Unterbrechung der Telefonverbindungen innerhalb der gespaltenen Stadt an. West-Berlinern wurden Reisen in das Gebiet der DDR – außerhalb Ost-B. – nur noch in Ausnahmen aufgrund von Sondergenehmigungen gestattet. Im Januar 1953 wurde der über die Sektorengrenzen führende Straßenbahn- und Autobus-Durchgangsverkehr auf Weisung der Ost-Berliner Behörden unterbrochen. Lediglich S- und U-Bahnlinien verbanden weiterhin beide Teile der Stadt. Während des → **Juni-Aufstandes** 1953 wurde die Sektorengrenze von sowjetischen Soldaten und Volkspolizisten zeitweilig hermetisch abgeriegelt.

Trotz dieser und anderer Spannungen machte der nach der Aufhebung der Blockade beschleunigt fortgesetzte Wiederaufbau von B. (West) rasche Fortschritte. Die im Frühjahr 1949 von den Westalliierten getroffene Entscheidung, daß die DM-West als einziges gesetzliches Zahlungsmittel in B. (West) gelten sollte, schuf die Voraussetzung für eine enge soziale und wirtschaftliche Verflechtung mit dem Bundesgebiet.

Das Dritte Überleitungsgesetz vom 4. 1. 1952 regelte die Stellung B. im Finanzsystem des Bundes. Der Bund gewährte B. eine Bundeshilfe in Gestalt von Zuschuß und Darlehen „zur Deckung eines auf andere Weise nicht auszugleichenden Haushaltsfehlbedarfs". Um die künftige Hauptstadtfunktion B. zu unterstreichen und um zugleich angesichts der Anfang der 50er Jahre noch relativ hohen Arbeitslosenzahl weitere Arbeitsplätze zu schaffen, nahmen zahlreiche Bundesbehörden ihren Sitz in B. 1952 erließen die westlichen Alliierten Verfügungen, unter welchen Voraussetzungen B. in internationale Verträge der Bundesrepublik einbezogen werden sollte. Der im Mai 1955 in Kraft getretene Generalvertrag bestätigte im Artikel 2, daß die Westmächte die „bisher von ihnen ausgeübten oder innegehabten Rechte und Verantwortlichkeiten in bezug auf Berlin und auf Deutschland als Ganzes" aufrechterhielten.

Auch die Sowjetunion unterstrich in ihrem am 20. 9. 1955 mit der DDR abgeschlossenen Vertrag die weitere Geltung ihrer Verpflichtungen „gemäß den bestehenden internationalen Abkommen, die Deutschland als Ganzes betreffen". In einem den Vertrag ergänzenden Briefwechsel stellten beide Seiten fest, daß die DDR zwar die Bewachung und Kontrolle „am Außenring von Groß-Berlin, in Berlin sowie auf den im Gebiet der DDR liegenden Verbindungswegen zwischen der Deutschen Bundesrepublik und West-Berlin" ausüben, daß aber die Kontrolle des Verkehrs der westlichen Garnisonen auf den Zugangswegen weiterhin den Sowjets obliegen sollte.

Bis in die zweite Hälfte der 50er Jahre nahmen die UdSSR und die DDR die Bemühungen, B. (West) enger mit der Bundesrepublik zu verbinden, relativ gelassen hin, sofern die Stadt dadurch nicht entgegen den alliierten Vorbehalten den Charakter eines voll in die Bundesrepublik integrierten Bundeslandes annahm (gegen die Abhaltung der Bundesversammlung 1954 in B. [West] erhob die östliche Seite keinen Einspruch. Die Presse der SED nahm die Wahl des Bundespräsidenten sogar zum Anlaß, den Wahlmännern einen Besuch im Ostsektor anzuraten.)

UdSSR und DDR ergriffen eine Reihe von Maßnahmen, durch die der Status Ost-B. faktisch weitgehend dem der 14 DDR-Bezirke angeglichen wurde; dennoch blieben wichtige Elemente des Vier-Mächte-Status der Stadt auch in ihrem Ostteil wirksam.

VIII. Berlin-Ultimatum der UdSSR

Eine neue B.-Krise kündigte sich 1958 an: Nachdem der sowjetische Parteisekretär N. Chruschtschow in einer Rede am 10. 11. 1958 eine Beendigung des „Besatzungsregimes in Berlin" verlangt und die

Übertragung der von den Sowjets wahrgenommenen Funktionen auf die Organe der DDR angekündigt hatte, übermittelte die sowjetische Regierung den Westmächten am 27. November gleichlautende Noten, in denen sie die Londoner Vereinbarungen über die Besetzung und Kontrolle Deutschlands als nicht mehr in Kraft befindlich bezeichnete und eine grundlegende Veränderung der B.-Situation forderte: „Die richtigste und natürlichste Lösung dieser Frage wäre natürlich die Wiedervereinigung des westlichen Teils Berlins, der heute faktisch von der DDR losgelöst ist, mit dem östlichen Teil, wodurch Berlin zu einer vereinigten Stadt im Bestande des Staates würde, auf dessen Gebiet sie sich befindet." Angesichts der grundlegend verschiedenen Lebensformen in beiden Teilen B. sei die Sowjetregierung jedoch bereit, „bei Beendigung der Besetzung durch die Fremdmächte" der West-Berliner Bevölkerung das Recht zuzugestehen, „bei sich eine Ordnung einzuführen, die sie selbst wünscht. Wenn die Bewohner Westberlins die gegenwärtigen Lebensformen, die auf privat-kapitalistischem Eigentum basieren, beizubehalten wünschen, so ist das ihre Sache. Die UdSSR ihrerseits wird jede diesbezügliche Entscheidung der Westberliner respektieren." Der Westteil der Stadt müsse jedoch in eine „selbständige politische Einheit – in eine Freie Stadt" umgewandelt werden, „in deren Leben sich kein Staat, auch keiner der beiden bestehenden deutschen Staaten, einmischen dürfte". Die Sowjetunion setzte den Westmächten eine Frist von sechs Monaten, innerhalb der die von ihr verlangte Regelung vereinbart werden sollte: „Sollte die genannte Frist nicht zur Erreichung einer entsprechenden Übereinkunft ausgenutzt werden, so wird die Sowjetunion durch ein Abkommen mit der DDR die geplanten Maßnahmen verwirklichen."

Die sowjetischen Noten vom 27. 11. 1958 standen in engem Zusammenhang mit dem sowjetischen Friedensvertragsentwurf vom 10. 1. 1959. Der östliche Vorstoß war in erster Linie darauf gerichtet, eine Anerkennung der DDR durch die westliche Staatengemeinschaft zu erzwingen und zugleich Rüstungsbeschränkungen für die Bundesrepublik Deutschland – insbesondere ihren Verzicht auf Verfügungsmacht über nukleare Waffen – vertraglich zu verankern; der Druck auf die vorgeschobene Position des Westens in B. sollte dabei als Hebel dienen.

Die Westmächte lehnten jedoch die sowjetischen Forderungen ab und bekräftigten ihre Garantien für den Westteil der Stadt (Anwesenheit der westalliierten Garnisonen, Sicherung der Zugangswege und der Lebensfähigkeit von B. [West]). Die Vier Mächte verhandelten im Sommer 1959 – unter Beteiligung zweier Beraterdelegationen der Bundesrepublik Deutschland und der DDR – in Genf über das B.- und Deutschlandproblem. Sie erwogen zeitweilig eine interimistische Lösung des B.-Problems, erzielten aber keinen für alle Beteiligten akzeptablen Kompromiß.

In der Folgezeit erneuerte die Sowjetunion mehrfach ihre Forderung nach Umwandlung von B. (West) in eine „entmilitarisierte Freie Stadt", wobei sie den Abschluß eines separaten Friedensvertrages mit der DDR für den Fall androhte, daß die Westmächte sich nicht zu einer einvernehmlichen friedensvertraglichen Regelung mit zwei deutschen Staaten bereit fänden.

Nach dem Scheitern der Pariser Gipfelkonferenz im Mai 1960 verschärfte sich die Situation erneut. Am 8. September führten die DDR-Behörden einen Passierscheinzwang für westdeutsche Besucher Ost-B. ein.

IX. Bau der Mauer

Unter den DDR-Bürgern nahm die Besorgnis zu, die Fluchtwege nach B. (West) könnten völlig versperrt werden. Ohnehin wies die Abwanderungsbewegung nach dem Abschluß der Kollektivierung der Landwirtschaft in der DDR eine rasch steigende Tendenz auf. In der Nacht vom 12. zum 13. 8. 1961 wurden die Grenzen in und um B. vollständig abgeriegelt. Der Bau der Mauer besiegelte die Teilung der Stadt und zerstörte die Kommunikation zwischen ihren Bevölkerungsgruppen. Den West-Berlinern wurde der Besuch Ost-B. verwehrt.

Die Westmächte protestierten zwar gegen die Errichtung der Sperren, sahen jedoch ihre eigenen Garantieverpflichtungen für B. (West) nicht berührt und nahmen die veränderte Lage schließlich hin. Die Bewegungsfreiheit ihrer Militärpersonen in Ost-B. wurde eingeschränkt, aber nicht grundsätzlich angetastet.

Gegen Ende des Jahres 1963 öffnete das erste → **Passierscheinabkommen**, das von einem Unterhändler des Senats und einem Vertreter der DDR-Regierung ausgehandelt worden war, einem Teil der West-Berliner wieder, wenn auch nur befristet, den Zutritt zum Ostteil ihrer Stadt. Die Passierscheinregelung konnte in den folgenden Jahren mehrfach erneuert werden. 1966 aber scheiterten Bemühungen um ein neues Abkommen, nachdem die DDR ihre Ansprüche erhöht und auf formellen Verhandlungen mit dem Senat bestanden hatte. Lediglich die Passierscheinstelle für dringende Familienangelegenheiten (Härtestelle) konnte ihre Tätigkeit – ohne vertragliche Absprache – fortsetzen.

In ihrem Bündnis- und Beistandsvertrag vom 12. 6. 1964 unterstrichen die Sowjetunion und die DDR, daß B. (West) als „selbständige politische Einheit" betrachtet würde. Ähnliche Formulierungen enthielten alle bilateralen Verträge der DDR mit osteuropäischen Staaten und mit der Mongolischen Volksrepublik, die in den folgenden Jahren abgeschlossen wurden. War die östliche B.-Politik zunächst – Ende der 50er und in der ersten Hälfte der 60er Jahre – vor allem darauf gerichtet gewesen, die Position der drei Westmächte in B. abzubauen oder einzuschränken, so richtete sich der Hauptstoß der Sowjetunion und der DDR in der zweiten Hälfte der 60er Jahre gegen die Bindungen zwischen B. (West) und der Bundesrepublik Deutschland. Soweit auf den Vier-Mächte-Status der Stadt Bezug genommen wurde, geschah das in der Weise, als ob lediglich der westliche Teil der Stadt diesem Status unterworfen sei.

Proteste der DDR gegen die Anwesenheit des Bundespräsidenten, gegen Sitzungen von Bundestags- und Bundesratsausschüssen, gegen Parteitage westdeutscher Parteien waren wiederholt mit Eingriffen in den Verkehr auf den Zugangswegen verknüpft.

Im April 1965 begleiteten demonstrative Tiefflüge von sowjetischen und DDR-Flugzeugen über B.(West) eine Plenarsitzung des Bundestages in der Kongreßhalle. Im März 1968 verhängte die DDR ein Ein- und Durchreiseverbot gegen Mitglieder der NPD, am 13. April gegen Minister und leitende Beamte der Bundesregierung. Am 11. 6. 1968 wurde schließlich auf den Zugangswegen von und nach B.(West) ein Paß- und Visumzwang eingeführt.

Den Standpunkt der DDR in der B.-Frage umriß W. Ulbricht am 1. 12. 1967 vor der Volkskammer bei der Begründung des Konzepts einer neuen DDR-Verfassung mit der Behauptung, B.(West) liege auf dem Territorium der DDR und gehöre „rechtlich zu ihr", sei aber zur Zeit noch einem Besatzungsregime

Sektorenübergänge Berlin (West) — Berlin (Ost) und DDR
(Stand: 1. 1. 1975)

1 Bornholmer Straße (Straße)
Einwohner von Berlin (West) und Bundesrepublik Deutschland mit und ohne Pkw

2 Chausseestraße (Straße)
Einwohner von Berlin (West) mit und ohne Pkw

3 Invalidenstraße (Straße)
Einwohner von Berlin (West) mit und ohne Pkw

4 Friedrichstraße (S- und U-Bahn)
Einwohner von Berlin (West), Bundesrepublik Deutschland und Ausländer

5 Friedrichstraße (Straße)
Ausländer, Alliierte und Diplomatisches Personal

6 Prinzenstraße (Straße)
Einwohner der Bundesrepublik Deutschland, Alliierte und Diplomatisches Personal mit und ohne Pkw

7 Oberbaumbrücke (Straße)
Einwohner von Berlin (West), nur Fußgänger

8 Sonnenallee (Straße)
Einwohner von Berlin (West) mit und ohne Pkw

9 Waltersdorfer Chaussee (Straße)
Einwohner von Berlin (West), Busverkehr zum DDR-Flughafen Schönefeld

unterworfen"; die DDR werde sich dafür einsetzen, daß „Schritt um Schritt auch die letzten Überreste des Zweiten Weltkrieges beseitigt werden".

Die neue → **Verfassung** der DDR, am 6. 4. 1968 durch eine – auch in Ost-B. stattfindende – Volksabstimmung bestätigt und zwei Tage später verkündet, bezeichnete B. in ihrem Artikel 1 als „Hauptstadt der DDR".

Im März 1969 nahm die DDR die Einberufung der Bundesversammlung nach B.(West) erneut zum Anlaß für erhebliche Behinderungen des Verkehrs auf den Zugangswegen.

X. Viermächte-Abkommen

Kurze Zeit zuvor hatte der amerikanische Präsident Nixon bei einem Besuch in B. erklärt, die Situation sei nicht zufriedenstellend, alle Beteiligten seien zum Handeln aufgerufen. Die Sowjetunion griff diese – von Bundesaußenminister Willy Brandt auf der Washingtoner NATO-Konferenz im April nachhaltig unterstützte – Anregung auf: Am 10. 7. 1969 unterstrich der sowjetische Außenminister Gromyko vor dem Obersten Sowjet, daß seine Regierung zu einem Meinungsaustausch mit den ehemaligen Kriegsalliierten bereit sei, um künftig „Komplikationen" um West-Berlin zu verhüten.

Am 26. 3. 1970 trafen die Botschafter der Vier Mächte zu ihrem ersten Gespräch im Gebäude des ehemaligen Alliierten Kontrollrats in B. (West) zusammen. Ihre Verhandlungen, die sowohl in engen Konsultationen zwischen den drei Westmächten und der Bundesrepublik als auch in ständigen Kontakten zwischen der UdSSR und der DDR vorbereitet wurden, führten schließlich am 3. 9. 1971 zu dem Viermächte-Abkommen, das am 3. 6. 1972 von den Außenministern unterzeichnet und in Kraft gesetzt wurde. Der Erfolg der Botschaftergespräche über B. war erst durch den Abschluß der Verträge von Moskau und Warschau 1970 ermöglicht worden.

In der Präambel ihres Abkommens stellten die Vier Mächte fest, daß sie auf der Grundlage ihrer bestehenden Rechte und Verantwortlichkeiten, „die nicht berührt werden", unter „Berücksichtigung der bestehenden Lage in dem betreffenden Gebiet" und „unbeschadet ihrer Rechtspositionen" zu „praktischen Verbesserungen der Lage" beizutragen wünschten. Sie klammerten also unüberbrückbare Meinungsverschiedenheiten über Grundsatzfragen aus und suchten „praktische" Regelungen im Hinblick auf drei Komplexe: Zugang, Zutritt und Zuordnung (die „drei Z").

Ausgehend von einem Abschnitt „Allgemeine Bestimmungen" (Verzicht auf Androhung und Anwendung von Gewalt, friedliche Streitschlichtung, Respektierung der individuellen und gemeinsamen Rechte und Verantwortlichkeiten der vier Regierungen, Bereitschaft, die Lage, die sich „in diesem Gebiet entwickelt hat", nicht „einseitig" zu verändern)

legten die Mächte „Bestimmungen, die die Westsektoren Berlins betreffen", fest.

Hinsichtlich des seit fast einem Vierteljahrhundert umstrittenen Problems des Zugangs zu Lande und zu Wasser erklärte die Sowjetunion, daß „der Transitverkehr von zivilen Personen und Gütern zwischen den Westsektoren Berlins und der Bundesrepublik Deutschland auf Straßen, Schienen- und Wasserwegen durch das Territorium der Deutschen Demokratischen Republik ohne Behinderungen sein wird, daß dieser Verkehr erleichtert werden wird, damit er in der einfachsten und schnellsten Weise vor sich geht und daß er Begünstigungen erfahren wird". Im einzelnen wurde diese grundlegende Zusicherung durch den am 17. 12. 1971 von den Staatssekretären Bahr (Bundesrepublik Deutschland) und Kohl (DDR) in Bonn unterzeichneten Transitvertrag präzisiert.

Hinsichtlich des seit vielen Jahren unterbrochenen Zutritts der West-Berliner zum Ostteil B. und zu den DDR-Bezirken gab die Sowjetunion die Zusicherung, „daß die Kommunikationen zwischen den Westsektoren Berlins und Gebieten, die an diese Sektoren grenzen, sowie denjenigen Gebieten der Deutschen Demokratischen Republik, die nicht an diese Sektoren grenzen, verbessert werden" und daß Personen mit ständigem Wohnsitz in den Westsektoren B. aus „humanitären, familiären, religiösen, kulturellen oder kommerziellen Gründen oder als Touristen" in diese Gebiete reisen und sie besuchen könnten. Mit der Formulierung „Gebiete, die an diese Sektoren grenzen" war Ost-B. gemeint – die Westmächte wünschten eine ausdrückliche Bezeichnung der Hauptstadtfunktion Ost-B. zu vermeiden. Der Kreis derer, denen das Abkommen den Zutritt zum „umliegenden Gebiet" öffnete, ging – zahlenmäßig personell, zeitlich und räumlich – weit über diejenigen hinaus, die in den Jahren von 1963 bis 1966 von den → **Passierscheinabkommen** Gebrauch machen konnten.

Im einzelnen wurde diese Zutrittsregelung in Verhandlungen zwischem dem Senat von B. und der Regierung der DDR präzisiert, die am 20. 12. 1971 mit einer von Senatsdirektor Ulrich Müller und DDR-Staatssekretär Günter Kohrt unterzeichneten Vereinbarung über Erleichterungen und Verbesserungen des Reise- und Besucherverkehrs beendet wurden.

In den Jahren 1972 und 1973 registrierte die DDR jeweils rund 3,5 Mill. Besucher aus B.(West), bevor die Erhöhung des Mindestumtausches im November 1973 zu einem drastischen Rückgang (ca. 50 v. H. für einzelne Personenkreise) der Besucherzahlen führte, um aber 1975 wieder stark anzusteigen. Ebenfalls am 20. 12. 1971 trafen Senat und DDR-Regierung eine Vereinbarung über die Regelung der Frage von Enklaven durch Gebietstausch – sie gestattete es dem Senat von B., den Ortsteil Steinstükken durch eine neue, von der DDR nicht mehr kontrollierte Straße fest mit dem Bezirk Zehlendorf zu verbinden.

Zu den schwierigsten Problemen, mit denen sich die Botschafter der vier Alliierten während ihrer anderthalbjährigen Verhandlungen beschäftigen mußten, gehörte die Zuordnung B.(West) zur Bundesrepublik Deutschland, also der gesamte Komplex der in mehr als zwei Jahrzehnten gewachsenen Bindungen wirtschaftlicher, finanzieller, sozialer, juristischer und kultureller Art.

Die drei Westmächte und die UdSSR erklärten in dem Abkommen vom 3. 9. 1971, daß „die Bindungen zwischen den Westsektoren Berlins und der Bundesrepublik Deutschland aufrechterhalten und entwickelt" würden, wobei sie berücksichtigten, daß „diese Sektoren so wie bisher kein Bestandteil (konstitutiver Teil) der Bundesrepublik Deutschland" seien und „auch weiterhin nicht von ihr regiert" würden.

In einem Brief an Bundeskanzler Brandt stellten die Botschafter der drei Westmächte erläuternd fest, daß Repräsentanten und Organe der Bundesrepublik keine „unmittelbare Staatsgewalt über die Westsektoren Berlins" ausüben könnten, daß keine Sitzungen der Bundesversammlung, des Bundestages und des Bundesrates in B.(West) stattfinden dürften, daß aber auch künftig „einzelne Ausschüsse des Bundestages und des Bundesrates ... im Zusammenhang mit der Aufrechterhaltung und Entwicklung der Bindungen" im Westteil der Stadt tagen könnten: „Im Falle der Fraktionen werden Sitzungen nicht gleichzeitig abgehalten werden."

Westmächte und Bundesregierung ließen sich dabei von der Ansicht leiten, daß ein Verzicht auf demonstrative Bundespräsenz möglich sei, nachdem die UdSSR sich zur Hinnahme der substantiellen Bundespräsenz in Gestalt der zahlreichen in B.(West) seit langem bestehenden Bundesbehörden bereitgefunden hatte. In einer Anlage zum Viermächte-Abkommen bestätigte die Sowjetunion, sie habe – „unter der Voraussetzung, daß Angelegenheiten der Sicherheit und des Status nicht berührt werden" – ihrerseits keine Einwände gegen eine „konsularische Betreuung für Personen mit ständigem Wohnsitz in den Westsektoren Berlins" durch die Bundesrepublik. Die Sowjetunion stimmte der Ausdehnung der von der Bundesrepublik Deutschland abgeschlossenen völkerrechtlichen Verträge und Abmachungen auf B.(West) „in Übereinstimmung mit den festgelegten Verfahren" zu. Sie akzeptierte schließlich auch die Vertretung der Interessen von B.(West) in internationalen Organisationen und auf internationalen Konferenzen durch die Bundesrepublik Deutschland.

Die Westmächte stimmten der Errichtung eines sowjetischen Generalkonsulats in B.(West) zu. Geklärt wurde schließlich auch, unter welchen Voraus-

setzungen West-Berliner Reisende sich in der Sowjetunion durch Pässe der Bundesrepublik Deutschland ausweisen könnten. (Die DDR hat im September 1960 die Ausgabe von Pässen der Bundesrepublik an Einwohner von B.[West] als „rechtswidrig" bezeichnet und die Anerkennung dieser Personaldokumente verweigert.)

Seit dem Inkrafttreten des Viermächte-Abkommens im Juni 1972 hat sich die Situation von B.(West) deutlich entspannt und verbessert, obwohl nicht zu übersehen ist, daß die beteiligten Mächte Verhandlungsergebnisse erzielt haben, die in einigen Details unterschiedliche Auslegungen gestatten. Ungeklärt blieb die Frage, ob und wie diplomatische Missionen der Bundesrepublik Deutschland in osteuropäischen Ländern auch West-Berliner juristische Personen (Behörden, Gerichte) vertreten sollten. Die Presse der DDR kritisierte mehrfach Sitzungen von Bundestags- und Bundesratsausschüssen, wenn diese nach ihrer Meinung Tagesordnungspunkte erörterten, die keine Beziehung zu B.(West) hatten. Ohnehin ignorierten Sprecher der DDR in der Regel den Hinweis auf die Aufrechterhaltung und Entwicklung der Bindungen – sie beriefen sich stattdessen nur auf jenen Teilsatz des Viermächte-Abkommens, in dem die Westmächte ihre Auffassung bekräftigt hatten, daß B.(West) kein „konstitutiver", d. h. integraler Bestandteil der Bundesrepublik Deutschland sei. So erklärte E. Honecker am 1. 11. 1973 in einem Interview mit dem „Neuen Deutschland", die „Präsenz der BRD in Westberlin" müsse „abgebaut" werden; im Abkommen ginge es „um die Verbindungen zwischen der BRD und Westberlin und nicht um Bindungen. Das ist ein großer Unterschied."

Nachdem die DDR Ende Januar 1974 mit der Begründung, sie habe nach Kriminellen fahnden müssen, in den Transitverkehr eingegriffen hatte, kam es zu einer neuen Kontroverse, als die DDR, unterstützt von der Sowjetunion, im Juli eine Verordnung erließ, wonach Mitarbeitern (und Materialien) des auf Beschluß der Bundesregierung mit Zustimmung der Westmächte in B.(West) zu errichtenden Umweltbundesamtes die Benutzung der Transitwege zu verwehren sei. Abgesehen von diesem grundsätzlichen Konflikt gelang es jedoch den Vertretern der Bundesrepublik Deutschland und der DDR, in den Sitzungen ihrer gemeinsamen Transitkommission laufend Vorfälle zu klären und Streitfragen auszuräumen. Der Verkehr auf den Zugangswegen von und nach B.(West) gestaltete sich seit Juni 1972 so reibungsfrei wie nie zuvor in den zweieinhalb Jahrzehnten der Berliner Nachkriegsgeschichte.

XI. Völkerrechtliche Problematik

Auch nach Abschluß des Viermächte-Abkommens über B. vom 3. 9. 1971 besteht zwischen den beteiligten Staaten keine Übereinstimmung über die Interpretation des B.-Status.

Die Westmächte halten an ihrer Auffassung fest, daß ihr Recht auf Anwesenheit in der ehemaligen deutschen Reichshauptstadt aus der bedingungslosen Kapitulation des Deutschen Reiches am 8. 5. 1945 und aus der „occupatio bellica", d. h. aus der wirksamen Inbesitznahme eines Gebietes im Verlaufe einer Kriegshandlung, resultiert und insofern von einer Zustimmung der UdSSR nicht abhängig ist. Nach westlicher Überzeugung schließt das originäre Recht auf Anwesenheit in B. das Recht des ungehinderten Zugangs nach B. ein. Die Westmächte haben nach der Aufnahme diplomatischer Beziehungen zur DDR und nach Eröffnung ihrer Botschaften in Ost-B. betont, daß der Vier-Mächte-Status in ganz B. fortbesteht und daß dieser Status auch künftig weder von der UdSSR noch von der DDR einseitig aufgekündigt werden kann, sondern erst mit der Beendigung besatzungsrechtlicher Funktionen der ehemaligen Siegermächte seinen Abschluß finden wird. Würde die Sowjetunion das Viermächte-Abkommen vom 3. 9. 1971 einseitig aufkündigen oder kämen die beteiligten Regierungen überein, weitere ergänzende Abmachungen zu treffen, so würde das nach westlicher Auffassung den Vier-Mächte-Status nicht berühren.

Die Sowjetunion dagegen deutet das Abkommen als eine ausschließlich die Westsektoren von B. betreffende Vereinbarung. Sie bestreitet im Verein mit der DDR, daß der Vier-Mächte-Status weiterhin auch für Ost-B. gelte. Allerdings hält sie zunächst bestimmte Sonderregelungen für Ost-B. aufrecht – dazu gehört auch der von DDR-Organen unkontrollierte Zutritt westalliierter Militärpersonen zum Ostteil der Stadt.

XII. Innere Ordnung von Berlin (West)

Das Bundesverfassungsgericht hat in seinem Urteil zum → **Grundlagenvertrag** am 31. 7. 1973 die Auffassung vertreten, daß Art. 23 GG, in dem Groß-B. als zum Geltungsbereich des Grundgesetzes gehörend bezeichnet wurde, „weder durch die politische Entwicklung überholt, noch aus sonst irgendeinem Grund rechtlich obsolet geworden" sei: „Derzeit besteht die Bundesrepublik aus den in Art. 23 GG genannten Ländern, einschließlich Berlins; der Status des Landes Berlin der Bundesrepublik Deutschland ist nur gemindert und belastet durch den sog. Vorbehalt der Gouverneure der Westmächte." Alle Verfassungsorgane in Bund und Ländern seien – auch für die Zukunft – verpflichtet, diese Rechtsposition ohne Einschränkung geltend zu machen und dafür einzutreten.

Demgegenüber haben die drei Westmächte 1949, 1954 und 1967 ihre – auch im Viermächte-Abkommen 1971 bestätigte – Ansicht zum Ausdruck gebracht, daß B. kein Land der Bundesrepublik sei. In ihrer Stellungnahme zum Urteil des Bundesverfassungsgerichts vom 20. 1. 1966 im Fall Niekisch er-

klärte die Alliierte Kommandantur am 24. 5. 1967: „It has been and remains the Alliied intention and opinion that Berlin is not to be regarded as a Land of the Federal Republic and is not to be governed by the Federation. It also has been and remains the Alliied intention and opinion that Berlin laws, if they adopt the provisions of Federal laws, are legislative acts of the Berlin House of Representatives and are legally distinct from such Federal laws ... The Alliied Kommandantura considers that the Court does not have jurisdiction in relation to Berlin."

Ungeachtet dieser unterschiedlichen Rechtsauffassungen stimmen Westalliierte, Bundesregierung und Senat von B. darin überein, daß die in mehr als zwei Jahrzehnten gewachsenen Bindungen zwischen B.(West) und dem Bund für die Lebensfähigkeit der Stadt von fundamentaler Bedeutung sind.

Die am 1. 9. 1950 erlassene Verfassung von B., die in allen 20 Bezirken der Stadt Geltung beanspruchte, ersetzte die Bezeichnung „Stadtverordnetenversammlung" durch „Abgeordnetenhaus" von B.; der „Magistrat" wird seitdem „Senat" genannt. Er besteht aus dem Regierenden Bürgermeister, dem Bürgermeister als seinem Stellvertreter sowie höchstens 16 Senatoren.

In den 12 Bezirken bestehen Bezirksverordnetenversammlungen (mit maximal 45 Mitgliedern) als legislative und Bezirksämter (Bezirksbürgermeister und höchstens 8 Bezirksstadträte) als exekutive Organe.

Bei den Wahlen zum Abgeordnetenhaus 1975 entschieden sich 44,0 v. H. für die CDU, 42,7 v. H. für die SPD und 7,2 v. H. für die FDP. Die SEW blieb mit 1,9 v. H. – ebenso wie drei andere Parteien – unter der für den Einzug ins Abgeordnetenhaus erforderlichen Fünf-Prozent-Grenze. B. entsendet 22 Abgeordnete in den Bundestag und 4 Vertreter in den Bundesrat. Sie haben volles Stimmrecht in den Ausschüssen, aber nur beratende Stimme in Plenarsitzungen, d. h. ihr Votum wird jeweils gesondert registriert. Seit 1959 sind die West-Berliner Wahlmänner in der Bundesversammlung den übrigen, aus den westdeutschen Bundesländern stammenden Mitgliedern dieses Gremiums, das den Bundespräsidenten zu wählen hat, völlig gleichgestellt.

Nach Art. 87 der Verfassung von B. kann das Abgeordnetenhaus feststellen, daß ein Gesetz der Bundesrepublik Deutschland unverändert auch in B. Anwendung findet. Die Übernahme erfolgt auf dem Wege der „Mantelgesetzgebung". Ausgenommen sind alle Bundesgesetze, die die Sicherung des Staates gegen gewaltsame Einwirkung von außen gewährleisten sollen: Weder die Wehrdienstgesetzgebung noch das Notstandsrecht der Bundesrepublik sind mit Rücksicht auf die ausschließliche Zuständigkeit der Alliierten in B. übernommen worden. Nach alliierter Auffassung stellt die Übernahme bundesrechtlicher Regelungen durch das Abgeordnetenhaus eine Transformation von Bundesrecht in Berliner Landesrecht dar.

Zahlreiche Bundesbehörden haben ihren Sitz in B., darunter die Bundesversicherungsanstalt für Angestellte, das Bundesgesundheitsamt, das Bundeskartellamt, das Bundesverwaltungsgericht (mit Ausnahme seiner Wehrdienstsenate) und der 5. Senat des Bundesgerichtshofes. Insgesamt beschäftigt der Bund in B. rund 25 000 Beamte, Angestellte und Arbeiter.

XIII. Innere Ordnung von Berlin (Ost)

Obwohl Ost-B. Sitz nahezu aller Ministerien und zentralen Behörden (mit Ausnahme des → **Ministeriums für Nationale Verteidigung**), der Partei- und Gewerkschaftsapparate ist, weist sein Status noch immer einige Unterschiede zu dem der 14 DDR-Bezirke auf. (Sonderstellung der Ost-Berliner „Vertreter" in der Volkskammer im Unterschied zu den direkt von der Bevölkerung nach dem Prinzip der Einheitsliste gewählten „Abgeordneten", Übernahme von DDR-Gesetzen durch Beschluß des Magistrats, Recht der westalliierten Militärangehörigen auf von DDR-Organen unkontrollierten Zutritt zum Ostteil der Stadt, besondere Bestimmungen für den Luftraum über Ost-B.).

Faktisch ist Ost-B. jedoch – in seiner politischen und sozialökonomischen Struktur – weitgehend mit der DDR verflochten. Das Verteidigungsgesetz vom 20. 9. 1961 und das Wehrpflichtgesetz vom 24. 1. 1962 wurden in Ost-B. in Kraft gesetzt. Am 22. 8. 1962 wurde die Sowjetische Stadtkommandantur für Ost-B. aufgelöst – die DDR ernannte einen eigenen Stadtkommandanten.

Der Magistrat von Ost-B. ist dem Ministerrat der DDR rechenschaftspflichtig – seine Tätigkeit vollzieht sich innerhalb des von der Partei- und Staatsführung gesetzten Rahmens. Anfang 1975 setzte sich der Magistrat aus dem Oberbürgermeister, seinem Ersten Stellvertreter, sieben weiteren Stellvertretenden Oberbürgermeistern und 13 Stadträten zusammen, die einzelne Fachressorts verwalteten. Bis auf je einen Vertreter der vier Blockparteien stammten alle Mitglieder des Magistrats aus den Reihen der SED. Ähnlich war die personelle Zusammensetzung der Räte in den acht Stadtbezirken, an deren Spitze jeweils Bezirksbürgermeister stehen.

Die Stadtverordnetenversammlung wird alle vier Jahre nach dem Prinzip der Einheitsliste gewählt. Im Mai 1974 wurde bei einer Wahlbeteiligung von 97,53 v. H. und einem Anteil der ungültigen Stimmen von 0,04 v. H. der Anteil der für den Wahlvorschlag der Nationalen Front abgegebenen Stimmen mit 99,80 v. H. beziffert.

XIV. Sozialökonomische Grunddaten

Berlin (West) (480 qkm)

Die Einwohnerzahl betrug Ende 1972 2 165 Mill., von denen 22 v. H. 65 Jahre alt und älter waren. Die

914 300 Erwerbstätigen (darunter 82 000 ausländische Arbeitnehmer) erzeugten ein Bruttoinlandprodukt von 30,1 Mrd. DM. Zum Vergleich: 1950, im ersten Jahr nach Beendigung der Blockade, hatten 780 000 Erwerbstätige eine gesamtwirtschaftliche Leistung von 3,8 Mrd. DM erbracht. Rückgrat der West-Berliner Wirtschaft ist nach wie vor die Industrie – vor allem die Elektroindustrie (1972 mit 29 v. H. am Umsatz aller Industriegruppen in B. beteiligt), gefolgt vom Maschinenbau (10,7 v. H.). Der Verlust der Hauptstadtfunktion nach dem II. Weltkrieg brachte es mit sich, daß B. seine Bedeutung als Zentrum überregionaler Dienstleistungen teilweise einbüßte; Bemühungen der letzten Jahre waren darauf gerichtet, diesen Bereich stärker auszubauen.

Universitäten, Hoch- und Fachschulen zählten im Sommersemester 1973 57 500 Studierende, davon kamen 9 v. H. aus dem Ausland und 42 v. H. aus dem westdeutschen Bundesgebiet. Bildung, Wissenschaft und Forschung bestimmen ebenso wie das breite Angebot der Theater, Orchester und Museen den intellektuellen Rang B.(West).

Berlin (Ost) (403 qkm)

Ende 1973 betrug die Einwohnerzahl 1,09 Mill. – davon standen 635 400 im arbeitsfähigen Alter. Zur Bevölkerung im nichtarbeitsfähigen Alter gehörten 233 500 Kinder unter 15 Jahren und 220 000 Personen im Rentenalter, das bei Männern mit 65, bei Frauen mit 60 Jahren beginnt.

Von den 567 000 Berufstätigen (ohne Lehrlinge), die die Statistik für 1973 auswies, waren mehr als neun Zehntel als Arbeiter und Angestellte tätig – lediglich 12 400 waren Mitglieder von Produktionsgenossenschaften und Rechtsanwaltskollegien, 15 600 galten noch als selbständig Erwerbstätige und mithelfende Familienangehörige (Anfang der 60er Jahre waren es noch doppelt so viele gewesen).

Die Bedeutung Ost-B. als Sitz der DDR-Ministerien und zentralen Behörden, der Massenorganisationen und Verbände, der wichtigsten Verlage und Redaktionen spiegelt sich in der Feststellung der Statistiker, daß 29,3 v. H. aller Berufstätigen (ohne Lehrlinge) in den „nichtproduzierenden Bereichen" beschäftigt waren.

An zweiter Stelle folgte die Industrie mit einem Anteil von 27,2 v. H., an dritter Stelle der Handel mit 13,5 v. H., auf viertem Platz Verkehr, Post und Fernmeldewesen mit 12,3 v. H. der Berufstätigen im Jahre 1973.

Wird der Wert der industriellen Bruttoproduktion in jenem Jahr nach Bereichen aufgeschlüsselt, so zeigt sich, daß in Ost-B. Elektrotechnik / Elektronik / Gerätebau den wichtigsten Platz einnehmen (32,9 v. H. der industriellen Bruttoproduktion). Daneben haben die Leichtindustrie (ohne die in Ost-B. bedeutungslose Textilindustrie) mit 17,9 v. H., der Maschinen- und Fahrzeugbau mit 17,4 v. H., die Lebensmittelindustrie mit 14,6 v. H. und die chemische Industrie mit einem Anteil von 9,3 v. H. Gewicht.

Werden die Ost-Berliner Daten und die der 14 DDR-Bezirke zu Gesamtziffern zusammengefaßt, so ist der Ostteil der gespaltenen Stadt mit 6,4 v. H. an der Wohnbevölkerung und mit 5,9 v. H. an der industriellen Bruttoproduktion des östlichen Deutschland beteiligt.

Auch Ost-B. ist ein Zentrum des Theaterlebens, der Wissenschaft und Forschung (→ **Humboldt-Universität; Akademie der Wissenschaften der DDR**).

→ **Außenpolitik; Beziehungen zwischen beiden deutschen Staaten; Deutschlandpolitik der SED.**

Berliner Außenring: Strategisch wichtige, rund 122 km lange Strecke der → **Deutschen Reichsbahn**, die → **Berlin** (in meist beträchtlichem Abstand von der inneren „Ringbahn") umgeht. Die SED sucht den Eindruck zu erwecken, erst ihr Regime habe den BA. wesentlich geschaffen. Aber die westliche Teilstrecke Wustermark–Wildpark wurde schon 1902, die Anschlußstrecke bis Seddin 1908, die Linie Seddin–Saarmund 1918 in Betrieb genommen. Der Versailler Vertrag verbot den Weiterbau. 1926 wurde die Strecke Saarmund–Großbeeren eröffnet. Von 1936 bis 1943 wurde ein weiteres südöstlich-östliches Drittel des BA. gebaut (Großbeeren – Lichtenrade – Bohnsdorf – Karow) und, zuletzt in seinem Nordstück, noch vor 1945 in Betrieb gesetzt. Am BA., der 1945 bis 1946 großenteils demontiert worden war, arbeitete die „Reichsbahn" der SBZ erst seit Herbst 1948, als die Blockade West-Berlins die UdSSR bewog, sich von den durch B.(West) laufenden Strecken unabhängig zu machen.

Die „Reichsbahn" ersetzte seit 1948 die Demontagen auf dem BA. wieder, baute bis 1951 zwischen Großbeeren und Bohnsdorf (über Glasow) eine Parallelstrecke zu einem schon vorhandenen, aber größtenteils durch den Westsektor gehenden Abschnitt des BA. und schuf von 1950 bis 1955 zwischen Karow und Wustermark (über Henningsdorf) das vor 1944 fehlende nördliche Drittel des BA. Sie baute zwischen Golm (westl. Wildpark) und Saarmund, mit einem Damm über den Templiner See, 1955–1957 eine Abkürzung des ursprünglichen BA., der bisher eine spitze Ausbuchtung nach Seddin hin hatte. 1968 war der BA. zweigleisig ausgebaut, bis auf einen 9 km langen Teilabschnitt, der von Wuhlheide über Springpfuhl bis Magerviehhof führte. Der zweigleisige BA. dient dem Güterverkehr, ferner jenen Personenzügen, die B. (West) umfahren.

Berliner Ensemble: 1949 von Bertolt Brecht gegr. Kollektiv von Schauspielern, Regisseuren, Dramaturgen, Bühnenbildnern und Technikern. Es ging hervor aus den Beteiligten an der deutschen Erstaufführung von Brechts „Mutter Courage und ihre Kinder" in Berlin (11. 1. 1949), die der Autor nach Rückkehr aus der Emigration zusammen mit Erich Engel inszeniert hatte. Brecht prägte bis zu seinem Tode (14. 8 1956) das künstlerische Gesicht des von seiner Ehefrau, der Schauspielerin Helene Weigel, geleiteten BE. Es spielte anfangs im Hause des Deutschen Theaters Berlin, seit 1954 im eigenen Theater am Schiffbauerdamm. Sein großes internationales Ansehen (bis 1974 42 Auslandstourneen) begründete es mit der authentischen Interpretation von Brecht-Stücken. Zahlreiche Inszenierungen sind jahrelang im Repertoire („Der aufhaltsame Aufstieg des Arturo Ui" von 1959 bis 1974 in 532 Aufführungen) geblieben.

Nach dem Tode von Helene Weigel (6. 5. 1971) wurde Ruth Berghaus zur Intendantin des BE. berufen, die dort schon früher Regieaufgaben übernommen hatte. Unter ihrer Leitung bezieht das BE. neben der Bewahrung des Brecht-Erbes auch wieder stärker andere Autoren in seinen Spielplan ein. Großen Einfluß auf die allgemeine Theaterentwicklung übte das BE. durch die Ausbildung heute vielerorts beschäftigter Regisseure aus (u. a. Manfred Wekwerth, Peter Palitzsch, Egon Monk, Benno Besson, Manfred Karge, Matthias Langhoff, Klaus Erforth, Alexander Stillmark). → **Kulturpolitik.**

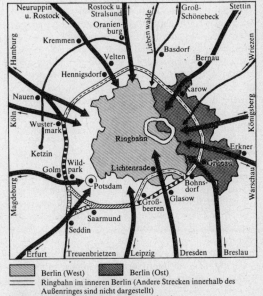

Berlin (West)   Berlin (Ost)

═══ Ringbahn im inneren Berlin (Andere Strecken innerhalb des Außenringes sind nicht dargestellt)

━━━ Hauptbahnlinien außerhalb des Außenringes

▬▬▬ Nebenbahnlinien des Außenringes

▮▮▮ 1902 in Betrieb genommen: Wustermark-Wildpark

▭▭▭ 1908 in Betrieb genommen: Wildpark-Seddin

⋀⋁⋀⋁ 1918 in Betrieb genommen: Seddin-Saarmund

⧄⧄⧄ 1926 in Betrieb genommen: Saarmund-Großbeeren

zwischen 1930 und 1943 gebaut, vor 1945 in Betrieb: Großbeeren-Lichtenrade-Bohnsdorf-Karow. — Diese Strecke wurde 1945 weitgehend demontiert. Nur die Strecke Bohnsdorf-Karow wurde ab 1948 wiederbegleist.

▼▲▼▲ Neubau 1950—51: Großbeeren-Glasow-Bohnsdorf, um den Westsektor südlich zu umgehen.

═══ Neubau 1950—55: Karow-Henningsdorf-Wustermark

⋯⋯ Neubau 1955—57: Saarmund-Wildpark

Berliner Handelszentralen: → Binnenhandel.

Berliner Konferenz Katholischer Christen (BK):
Die BK wurde 1964 in der DDR ins Leben gerufen. Die Initiative ging von kath. Funktionären der Ost-CDU, vor allem dem 1950 aus der Bundesrepublik in die DDR übergesiedelten Publizisten Otto Hartmut Fuchs, ferner dem Verlagsleiter des Ost-Berliner Union-Verlages, Alfons Malik, sowie dem ehemaligen Zentrumsabgeordneten Karl Grobbel aus.

Etwa 140 Katholiken aus 12 europäischen Staaten trafen sich zur I. Tagung der BK 17./18. 11. 1964 in der Kongreßhalle am Ost-Berliner Alexanderplatz. Das Thema lautete: „Dauerhafte Friedensordnung durch Vertrauen und Verträge". Die Teilnehmer waren, neben führenden Mitgliedern der Ost-CDU, Funktionäre der polnischen Pax- sowie der Christlich-sozialen Bewegung, Friedenspriester aus Ungarn und der ČSSR, einige litauische Priester, ferner eine größere Anzahl von Linkskatholiken und Pazifisten aus mehreren westeuropäischen Ländern.

Während der gegenüber der Öffentlichkeit streng abgeschirmten Tagung, die von der Regierung der DDR finanziell und ideell unterstützt wurde und an der zeitweilig auch der Staatssekretär für Kirchenfragen, Seigewasser, und der CDU-Vorsitzende Götting teilnahmen, wurde eine „Berliner Erklärung" beschlossen. Unter Berufung auf die 1963 veröffentlichte Enzyklika Papst Johannes XXIII. „Pacem in terris" bekannte sie sich zu den „Friedensprinzipien der Wahrheit, Gerechtigkeit, Liebe und Freiheit". Sie wandte sich gegen Wettrüsten, vor allem gegen die in Westeuropa unter Beteiligung der USA geplante multilaterale Atomstreitmacht (MLF). Jeder Katholik sei „nach göttlichem Willen zum Dienst am Frieden berufen", hieß es in dem fast einstimmig angenommenen Papier.

Der 1965 mit ständigem Sitz in Ost-Berlin gebildete Internationale Fortsetzungsausschuß (IFA) tritt seither 2- bis 3mal jährlich zusammen. Zwischen den in etwa 2jährigem Turnus abgehaltenen Plenarversammlungen finden die Regionalkonferenzen in verschiedenen europäischen Ländern statt. Seit einigen Jahren veranstaltet die BK auch Jugend- und Frauen-Treffen.

Vom 22.–24. 3. 1966 fand die II. Plenartagung statt. Rund 200 Katholiken aus 18 europäischen Staaten – DDR, Bundesrepublik Deutschland und West-Berlin werden stets als 3 Staaten gezählt – waren in Ost-Berlin versammelt, darunter etwa 30 Priester (Thema: „Entspannung und Sicherheit in Europa").

Die BK versteht sich seitdem als „Forum kath. Friedenskräfte aus ganz Europa zur Beratung und Aktivierung des Friedensdienstes auf der Grundlage der Lehre der Kirche." Man will den Geist der Friedensbotschaft der Kirche verbreiten und ihn im politischen Denken und Handeln der Völker und Regierungen fruchtbar machen. Die BK hebt zugleich ihren Willen zur Zusammenarbeit mit „gleichgerichteten Friedensbestrebungen" hervor, besonders mit der im Westen aktiven und offiziell von der Amtskirche unterstützten Pax-Christi-Bewegung, der Christlichen Friedens-Konferenz (CFK)

sowie der (kommunistischen) Weltfriedensbewegung. Intensiv wirbt die BK um Anerkennung durch die kath. Kirche in der DDR. Aber der Bischof von Berlin, Kardinal Bengsch, zugleich Vorsitzender der „Berliner Ordinarienkonferenz", distanziert sich bis heute nachdrücklich von den Aktivitäten der BK. Daher haben Priester aus beiden Teilen Deutschlands – von einzelnen Ausnahmen abgesehen – an den BK-Veranstaltungen niemals teilgenommen. Auch der „Osservatore Romano", das amtliche Sprachrohr des Vatikans, übte mehrfach heftige Kritik.

Erst die III. Plenarversammlung der BK vom 5. bis 7. 6. 1968 unter dem Thema „Unser Auftrag: Friede und Gerechtigkeit. Unsere Aktion: Gegen Krieg – für europäische Sicherheit", an der sich ca. 300 Personen aus 21 Staaten beteiligten, weckte internationales, auch kirchliches Interesse. Der Vatikan ließ die Veranstaltung beobachten; der Präsident der internationalen Pax Christi, der Utrechter Erzbischof Kardinal Alfrink, sowie der Wiener Erzbischof Kardinal König, päpstlicher Beauftrager für den Kontakt mit den Nichtglaubenden, bekundeten ihre Aufmerksamkeit. Vor allem das niederländische Friedensforschungsinstitut Groningen war auf der Ost-Berliner Tagung durch ein größeres Studenten- und Dozentenaufgebot vertreten. Die Gesamtzahl der anwesenden Kleriker betrug etwa 50. Die III. Tagung verabschiedete nach teilweise lebhaften Diskussionen, in die vor allem Studenten aus dem Westen mit kritischen Beiträgen eingriffen, drei Dokumente zu Frieden und Sicherheit in Europa, zum Vietnamkrieg und zum „Neofaschismus in der Bundesrepublik". In große Schwierigkeiten geriet die BK – wie auch die CFK – durch den Einmarsch der UdSSR und ihrer Verbündeten in die ČSSR im August 1968. Die Folgen zeigten sich auf der Sitzung des IFA der BK am 7./8. 12. 1968 in Ost-Berlin. Hier kam es zu heftigen Kontroversen über den Einmarsch. Das „Neue Deutschland" behauptete in seiner Berichterstattung über die IFA-Sitzung fälschlich, die ca. 30 anwesenden Vertreter hätten die Politik der Warschauer Paktstaaten gegenüber der ČSSR gutgeheißen.

Bemühungen um Anlehnung an die von den Kirchen westeuropäischer Länder getragenen Friedensvereinigung „Pax Christi" werden verstärkt. Gleichzeitig polemisiert die BK-Führung nach wie vor heftig gegen die Bundesrepublik Deutschland und deren katholische Hierarchie.

In kleinerem Rahmen als die früheren Vollversammlungen spielte sich ein internationales Symposium im Ost-Berliner Haus der Deutsch-sowjetischen Freundschaft vom 29.–31. 5. 1970 zum Thema „System der kollektiven Sicherheit in Europa" ab, an dem ca. 120 Katholiken aus rund 20 europäischen Staaten teilnahmen. Die Versammlung machte sich – wie überhaupt die BK in der Folgezeit – die Forderung der SED nach völkerrechtlicher Anerkennung der DDR zu eigen.

Einen Vorstoß zur Sympathie-Gewinnung auch im Vatikan unternahm die BK im Juli 1970. Fuchs kontaktierte in Begleitung u. a. von Prof. Fassbinder und dem polnischen Sejm-Abgeordneten W. Jankowski vatikanische Prälaten und legte auf einer anschließend in Rom abgehaltenen Pressekonferenz die Ziele der BK dar. 1971 schlossen sich diverse Regionaltagungen der BK in Ost-Berlin, Manchester, Warschau, Florenz, Budapest, Basel und Bad Nauheim den im Ostblock erhobenen Forderungen nach einer europäischen Sicherheitskonferenz an.

An der IV. Plenartagung in der Ost-Berliner Volkskammer (19.–21. 11. 1971) beteiligten sich wieder ca. 200 Katholiken aus etwa 20 europäischen Ländern, darunter 50 Kleriker (Thema: Friede und Sicherheit in Europa). Die früher stets scharfe Kritik an der Bundesrepublik Deutschland und deren kath. Hierarchie klang nun wesentlich zurückhaltender. Einen weiteren Besuch bei vatikanischen Stellen in Rom unternahm Fuchs im April 1972. Er traf dort mit dem Sekretär der päpstlichen Kommission für Gerechtigkeit und Frieden, Msgr. Gremillion, zusammen.

Auf einem „Konsultativtreffen” von 50 Mitarbeitern am 13./14. 5. 1972 in Ost-Berlin wurde der Bundestag in einer Resolution aufgefordert, der Ratifizierung der Ostverträge zuzustimmen. Eine BK-Delegation beteiligte sich auch am sog. Brüsseler „Forum der europäischen Öffentlichkeit für Sicherheit und Zusammenarbeit am 2.–5. 6. 1972”, das von vornehmlich linksstehenden Kräften veranstaltet wurde. Im Anschluß an das Forum reiste die Delegation nach Paris, wo sie von Erzbischof Marty empfangen wurde.

Eine Reihe weiterer politischer Aktivitäten im Sinne der Außenpolitik der SED folgten. Am 6./7. 1. 1973 fand ein Frauenseminar in Bad Nauheim mit Unterstützung durch Pax-Christi-Gruppen der Diözesen Mainz und Limburg statt. Weitere Treffen folgten im März in Prag und im April in Budapest. Kontaktgespräche fanden ferner mit der Internationalen Pax-Christi-Bewegung am 13. Juni in Brüssel statt. Kurz darauf trafen ca. 60 Katholiken aus 10 europäischen Ländern in Paris zusammen, um sich mit der zwei Tage später in Helsinki beginnenden gesamteuropäischen Konferenz über Sicherheit und Zusammenarbeit in Europa zu befassen. In der zweiten Oktoberhälfte nahm eine größere Delegation der BK am Moskauer Weltfriedenskongreß teil und unterstützte dessen Ziele.

Die BK genießt, wie alle Organisationen dieser Art in der DDR, aktive Unterstützung seitens des Staates, der ihr die Funktion eines Werbeträgers für die Politik der SED im katholischen Volksteil zugedacht hat. Darüber hinaus ist ihr die Aufgabe gestellt, Verbindung zu kooperationswilligen Gruppen von Katholiken im Ostblock wie auch in Westeuropa herzustellen, bzw. zu halten. Durch solche Aktivitäten sowie durch das Auftreten größerer Sympathisanten-Gruppen aus dem Westen soll der Masse der katholischen Bevölkerung der DDR der Eindruck vermittelt werden, als unterstütze das kath. Europa die BK und deren Ziele. Auf diese Weise will man offensichtlich die Reserve der Mehrheit der Katholiken der DDR überwinden und den unübersehbaren Widerstand der Bischöfe gegen die BK brechen. → **Religionsgemeinschaften und Kirchenpolitik.**

Berliner Stadtkontor: Das 1945 gegründete BS. nimmt als Bezirksdirektion mit nachgeordneten Filialen der → **Industrie- und Handelsbank** (IHB) deren Funktionen in Berlin (Ost) wahr.

Berliner Vertrag: Von Sprechern der DDR zeitweilig benutzte Bezeichnung für den am 21. 12. 1972 im Ost-Berliner Haus der Ministerien unterzeichneten → **Grundlagenvertrag** zwischen der Bundesrepublik Deutschland und der DDR. Der Versuch, den Begriff BV. ähnlich wie die Bezeichnungen Moskauer Vertrag und Warschauer Vertrag in den allgemeinen Sprachgebrauch einzuführen, blieb erfolglos.

Berufsausbildung: → **Einheitliches sozialistisches Bildungssystem,** XI.

Berufsausbildung, Landwirtschaftliche

Ausbildungsstand und Erfordernisse – Fachausbildung – Ingenieurausbildung – Ausbildung an Universitäten und Hochschulen – Ausbildungsinstitutionen

Die DDR betreibt auf dem Gebiet der Landwirtschaft eine intensive Ausbildungspolitik (s. Tabelle). Die Zahl der qualifizierten ständig Berufstätigen wurde zwischen 1963 und 1973 verdreifacht (313,8 v. H.). Da die Anzahl der Berufstätigen gleichzeitig um ca. 21 v. H. sank, nahm der Anteil aller qualifizierten Mitarbeiter an den Berufstätigen von 18,1 v. H. (1963) auf 72,5 v. H. (1973) zu. An der Verbesserung des Ausbildungsstandes sind die Berufstätigen mit Facharbeiterabschluß überproportional beteiligt. Die Ausbildungserfolge sind einerseits das Ergebnis des in der Lehre des Marxismus-Leninismus enthaltenen Klassenauftrages zur Überwindung des angeblichen oder tatsächlich vorhandenen Bildungsrückstandes in der Landwirtschaft, andererseits waren die Ausbildungsanstrengungen aus zahlreichen Gründen dringend erforderlich.

Die Bodenreform und Kollektivierung führten zu einem weitgehenden Exodus insbesondere der Betriebsleiter, die einen überdurchschnittlichen Qualifikationsstand aufwiesen. Einem erheblichen Teil der Neubauern, insbesondere aber den mehr als 140 000 Industriearbeitern, die in die Landwirtschaft entsandt wurden, fehlten Kenntnisse über den landwirtschaftlichen Produktionsprozeß und über die Betriebsführung völlig. Für die verbliebenen Altbauern gab es bis zum Abschluß der Kollektivierung keine Fortbildung, ihr produktionstechnisches Wissen hatte Vorkriegsniveau. Für die Arbeit in den nach Abschluß der Kollektivierung durchgesetzten bzw. eingeführten → **landwirtschaftlichen Betriebs-**

formen (Spezialbetriebe mit 5 000–6 000 ha landwirtschaftliche Nutzfläche [LN] und entsprechender Maschinenkapazität, Milchvieh- bzw. Schweinemastställe mit 2 000 bis 100 000 Plätzen) war die landwirtschaftliche Bevölkerung nicht vorbereitet. Die errichteten Großbetriebe ermöglichten eine weitgehende Spezialisierung, die die Ausbildung von Facharbeitern vereinfachte, und stellte andererseits erhöhte Anforderungen an die Leitung und Planung der Produktions- bzw. erweiterten Reproduktionsprozesse. Diesen Bedingungen entsprechend wurde das landwirtschaftliche Ausbildungswesen der DDR aufgebaut.

I. Die landwirtschaftliche Fachausbildung

A. Erwachsenenbildung

Zur Erreichung des hohen Facharbeiterstandes mußten insbesondere ältere Berufstätige auf dem Wege der Erwachsenenbildung qualifiziert werden. Von den ca. 230 000 Facharbeitern, die zwischen 1967 und 1973 ausgebildet wurden, haben über 60 v. H. ihre Qualifikation in Form von Lehrgängen und Schulungskursen erhalten. Im Rahmen des Ausbildungsprogrammes 1974 sollen sich mehr als 22 000 LPG-Mitglieder und Landarbeiter für die Handhabung der modernen Landtechnik qualifizieren. Weitere Kurse werden für Schichtleiter oder Brigadeleiter abgehalten. Die Ausbildung erfolgt in der Regel in den Kreislandwirtschaftsschulen, in den Kreisbetrieben für Landtechnik oder in den Koope-

rationsakademien, die während des Winters in allgemeinbildenden Schulen, den Landwirtschafts- und Ingenieurschulen abgehalten werden. Das Ausbildungsprogramm wird durch eine Sendefolge des Fernsehens unterstützt. Für die Führungsaufgaben (KOE-Leiter, LPG-Vorsitzende, Brigadeleiter etc.) werden insbesondere an den Hochschulen des → **Ministeriums für Land-, Forst- und Nahrungsgüterwirtschaft** (MfLFN) Fortbildungskurse abgehalten. Für die Ausbildung von Leitungskadern und Berufstätigen, die in industriemäßigen Anlagen eingesetzt werden sollen, wurden zusätzlich folgende Bildungszentralen geschaffen:

Rindermast – Bildungszentrum Dedelow, bei Prenzlau;

Schweinezucht- und -mast – Bildungszentrum Eberswalde;

Geflügelhaltung – Bildungszentrum Königs Wusterhausen;

Meliorationsanlagen – Agraringenieurschule Fürstenwalde;

Landtechnik – Spezialschule für Landtechnik Großenhain, bei Riesa;

Obst- und Gemüseerzeugung – Ingenieurschule für Gartenbau Werder;

Sortier- und Lagerhallen für Pflanzkartoffeln – Agraringenieurschule Neugattersleben, bei Staßfurt;

Speisekartoffeln – Agraringenieurschule Neubrandenburg-Tollenseheim.

B. Facharbeiterausbildung

Für die Ausbildung Jugendlicher zum landwirtschaftlichen Facharbeiter stehen neben einigen Spezialschulen und Ausbildungsgemeinschaften über 120 Betriebsberufsschulen und 191 Kreislandwirtschaftsschulen zur Verfügung.

Die Lehrlinge (1974 ca. 25 000) werden bereits in der 9. und 10. Klasse der polytechnischen Oberschule durch ständig berufsbezogenen Unterricht und durch Arbeitseinsätze in der Praxis auf ihren Lehrberuf vorbereitet. Nach Schulabschluß erfolgt eine 2jährige Lehre in einem der landwirtschaftlichen Grundberufe, die zahlreiche Spezialisierungsmöglichkeiten zulassen. Über die Ausbildung wird ein Vertrag mit dem Ausbildungsbetrieb abgeschlossen. Sie gliedert sich in die Grundausbildung (12 Monate mit ca. 900 Stunden theoretischem Unterricht bzw. ca. 800 Stunden praktischem Unterricht) und die Spezialausbildung (12 Monate) mit 150–200 Stunden theoretischem und 1 750 Stunden praktischem Unterricht. 1970 wurden folgende Grundberufe mit zahlreichen Spezialisierungsmöglichkeiten eingeführt:

Zootechniker / Agrotechniker / Be- und Verarbeitung pflanzlicher Produkte / Meliorationstechniker / Umschlagprozesse und Lagerwirtschaft.

Insgesamt bestehen z. Z. im Bereich der Land-,

Entwicklung des Ausbildungsstandes in der sozialistischen Landwirtschaft der DDR

Jahr	Berufstätige[1] gesamt in 1 000	darunter mit Abschluß			
		Hochschule	Fachschule in 1 000	Meister in 1 000	Facharbeiter in 1 000
1963	1 029	4 095	16,8	28,5	136,9
1969	915	7 119	26,8	42,9	364,3
1971	869	8 113	30,4	49,3	471,6
1973	817	9 851	34,5	51,1	496,6
		in v. H.			
1963	100	0,4	1,6	2,8	13,3
1969	100	0,8	2,9	4,7	39,8
1971	100	0,9	3,5	5,7	54,3
1973	100	1,2	4,2	6,3	60,8
Veränderung 1963 = 100 v. H.					
1973	79,4	240,6	205,3	179,1	362,7
Anteil der Frauen 1973					
absolut	359	1 262	7,6	5,8	223,4
in v. H.	44,0	12,8	22,1	11,4	45,0

1 Ständig Berufstätige ohne Veterinärwesen und Pflanzenschutz.

Quelle: Statistisches Jahrbuch der DDR, 1974, S. 401.

Forst- und Nahrungsgüterwirtschaft 26 Ausbildungsberufe. Sofern die Lehrlinge bereits nach der 8. Klasse die Schulausbildung beendet haben, verlängert sich die Lehrzeit auf 3 Jahre.

C. Ausbildung zum Meister der Landwirtschaft

Als Voraussetzungen gelten u. a.: Abgeschlossene Ausbildung als Facharbeiter und mehrjährige Berufstätigkeit in der Praxis sowie Abschluß der 10klassigen (polytechnischen) Oberschule. Die fehlende 9. und 10. Klasse kann in Vorkursen (118 Unterrichtsstunden) nachgeholt werden.

Die Ausbildung soll in maximal 2 Jahren abgeschlossen sein, erfolgt in Kursen und ist in eine Grundausbildung (4 Kurse – 440 Std., davon 120 Marxismus-Leninismus) und eine Spezialausbildung (2–3 Kurse ca. 300 Stunden) gegliedert.

Die bestandene Prüfung berechtigt je nach Ausbildungsrichtung zur Führung des Titels Meister der Pflanzenproduktion, Tierproduktion, Landtechnik, Nahrungsgüterproduktion etc.

Die Ausbildung erfolgt in den Hauptrichtungen
Feld- und Grünlandwirtschaft (nach Pflanzenarten weiter spezialisiert);
Be- und Verarbeitung von Pflanzenprodukten;
Tierproduktion (nach Tierarten spezialisiert);
Be- und Verarbeitung von Tierprodukten;
Gärtnerische Produktion (Obst, Gemüse, Zierpflanzen, Baumschulen);
Lagerwirtschaft und Konservierung;
Melioration;
Landwirtschaftsbau;
Instandsetzung und Wartung.

II. Ingenieurausbildung

Für die Ingenieurausbildung verfügt die DDR 1974 über 29 Agraringenieurschulen und 13 Ingenieurschulen. Sie sollen Agraringenieure, Ingenieure, Agraringenieurökonomen und Agraringenieurpädagogen als Führungskräfte ausbilden.

A. Ausbildung zum Agraringenieur

Das Ingenieurstudium wird als Spezialausbildung in 17 Fachrichtungen angeboten. Voraussetzung zur Studienaufnahme sind u. a. der Abschluß der 10-klassigen polytechnischen Oberschule sowie der Abschluß einer der Spezialisierung entsprechenden Berufsausbildung und die vorherige Ableistung des Wehrdienstes.

Das Studium nimmt 3 Jahre Zeit in Anspruch und ist in Grund-, Fach- und Spezialstudium gegliedert. Das Grundstudium ist für alle Fachrichtungen gleich gestaltet (12 Monate 1216 Std. Vorlesungen und Übungen, 608 Std. Selbststudium), während im Fachstudium bei gleichem Studienumfang die Spezialisierung einsetzt. Nach Abschluß des Grund- und Fachstudiums wird die Hauptprüfung abgelegt, die gleichzeitig die Hochschulreife einschließt.

Das Spezialstudium (3. Studienjahr) wird unter Aufsicht der Ingenieurschule als Praktikum im Betrieb absolviert. Hier hat der Absolvent spezielle Aufgaben (Plan Wissenschaft und Technik, Rationalisierungsplan, Ausarbeitung von Prognosen, Fragen der Planerfüllung oder der sozialistischen Leitungstätigkeit) zu untersuchen und Lösungsvorschläge zu unterbreiten. Die Verteidigung der Examensarbeit vor dem Betrieb schließt das Studium mit dem Titel Agraringenieur bzw. Ingenieur der gewählten Fachrichtung ab.

Das Studium ist stark praxisbezogen und wird in der Spezialisierung auf die Gegebenheiten des späteren Einsatzbetriebes ausgerichtet.

B. Ausbildung zum Agraringenieurökonom bzw. Ingenieurökonom

Die Agrarökonome werden für spezielle wirtschaftliche Aufgaben in sozialistischen Betrieben der Land- und Nahrungsgüterwirtschaft in der von ihnen gewählten Fachrichtung (z. B. Agraringenieurökonom der Pflanzenproduktion) ausgebildet. Studienvoraussetzung, Studienverlauf und die Einsatzbedingungen nach Studienabschluß entsprechen völlig denen der Agraringenieure. Der Unterschied zur Ausbildung des Agraringenieurs besteht darin, daß beim Agraringenieurökonom im Fachstudium die produktionstechnischen Studienzweige reduziert und die ökonomischen Fächer stark betont werden. Die Ausbildung erfolgt an den Agraringenieurschulen Bautzen, Beelitz, Güstrow/Bockhorst und Weimar.

C. Ausbildung zum Agraringenieurpädagogen

Die Agraringenieurpädagogen werden für den berufspraktischen Unterricht (Berufsschulen) ausgebildet. Studienvoraussetzung, Studiengang und Studienabschluß entsprechen dem der Agraringenieure. In das Fachstudium werden pädagogische Fächer aufgenommen, und das Spezialstudium wird in den Berufsschulen der Land-, Forst- und Nahrungsgüterwirtschaft absolviert.

D. Sonderformen des Ingenieurstudiums

Neben den genannten Ausbildungsgängen bestehen einige Sonderformen, die darauf abzielen, entweder den Personenkreis für das Ingenieurstudium der Landwirtschaft zu erweitern, oder aber den Wissensstand der Absolventen der früheren Fachschulen den heutigen Anforderungen anzugleichen. So werden staatlich geprüfte Landwirte durch einjähriges Zusatzstudium nach dem jeweiligen Stand der Lehrpläne zu Agraringenieuren einer der genannten Spezialrichtungen ausgebildet.

Die Erweiterung des Personenkreises erfolgt einerseits in Form des Fern- und Abendstudiums und andererseits durch das Frauensonderstudium, das ebenfalls dem Fernstudium zuzurechnen ist. Die Voraussetzungen und Studiengänge entsprechen vollkommen dem Direktstudium. Die Studiendauer beträgt im Fernstudium in der Regel 4 Jahre. Die Ausbildung wird durch Anleitung in Lehrbriefen überwiegend im Selbststudium absolviert, das durch mehrwöchige Lehrgänge Ergänzung findet. Das Abendstudium findet als Direktstudium an den Ingenieurschulen statt und ist einerseits an die Entfernung zwischen Arbeits- und Studienart und andererseits an eine ausreichende Anzahl von Studienbewerbern im Nahbereich des Studienortes gebunden. Der Vorteil beider Studienformen liegt darin, daß dem delegierenden Betrieb weitgehend die Arbeitskraft und dem Auszubildenden das Einkommen erhalten bleibt. In Anbetracht der doppelten Belastung der Studierenden hat die Bedeutung des Fern- und Abendstudiums in den letzten Jahren abgenommen.

Das Frauensonderstudium wurde im Studienjahr 1969/70 an einigen Ingenieurschulen der DDR mit dem Ziel eingerichtet, die mehrfachen Belastungen der Frauen zu verringern und die Benachteiligungen der → **Frauen** aufzuheben. Durch gesetzliche Bestimmungen haben die Betriebe die Frauen bis zu 20 Std. pro Woche freizustellen. Neben den üblichen Studienzuschüssen und Stipendien erhalten die Studierenden bis zu 80 v. H. ihrer Nettoeinkommen durch die Betriebe.

III. Ausbildung an den Universitäten und Hochschulen

Ziel des Studiums ist es, Führungskader für die Betriebe, Verwaltungen und Einrichtungen der Land-, Forst- und Nahrungsgüterwirtschaft zu gewinnen und den Nachwuchs für die wissenschaftlichen Einrichtungen (→ **Agrarwissenschaften**) auszubilden.

A. Das Studium an den Universitäten

Voraussetzung ist die Hochschulreife, die auf dem Wege über die Oberschule, nach 2jährigem Fachschulbesuch oder über andere Wege der Erwachsenenqualifizierung erlangt wird. Außerdem müssen gute fachliche und gesellschaftspolitische Leistungen und Lernergebnisse vorgewiesen werden.

Studierende der Agrarwissenschaften an den Ingenieurschulen der DDR 1967 und 1973

Studienform	1967	1973	1967 = 100 v. H.
Fachstudium insgesamt davon	13 089	10 813	82,6 v. H.
Direktstudium	5 682	5 518	97,1 v. H.
Fernstudium	7 096	5 273	74,3 v. H.

Quelle: Statistisches Jahrbuch der DDR 1968. S. 469 und 1974, S. 364.

Die Bewerbung der Studenten wird entweder von den erweiterten Oberschulen oder aber von den delegierenden Betrieben (Kombinate, VEB, VEG, LPG) mit einer umfassenden Beurteilung bei den Universitäten eingereicht. (VO vom 25. 2. 1971, GBl. II, Nr. 26, vom 20. 3. 1971.)

Auch das Universitätsstudium ist stark praxisbezogen angelegt. Sofern die Studenten von Betrieben delegiert werden, gelten die zwischen ihnen und diesen Betrieben getroffenen Vereinbarungen. Ein entsprechender Arbeitsvertrag ist bei Beginn des letzten Studienjahres zunächst für die Dauer von 3 Jahren abzuschließen. (VO vom 3. 2. 1971, GBl. II, Nr. 37, vom 15. 4. 1971.)

Das Universitätsstudium besteht wie bei allen anderen Fachrichtungen aus Grundstudium, Fachstudium, Spezialstudium und Forschungsstudium. Das Grundstudium dauert 2 Jahre, vermittelt Grundlagenkenntnisse in gesellschafts- und naturwissenschaftlichen, aber auch bereits in fachspezifischen Grundlagenfächern. Es folgt ein 2jähriges Fachstudium, das zur Beherrschung der wirtschaftlichen, technischen und technologischen Grundlagen der industriellen Pflanzen- oder Tierproduktion führen soll. Innerhalb dieser 2 Jahre sind 6–12 Monate Betriebspraktikum zu absolvieren. Am Ende des Fachstudiums wird die Hauptprüfung abgelegt; nach erfolgreichem Abschluß darf die Berufsbezeichnung Ingenieuragronom bzw. Ingenieurzootechniker oder Ingenieurökonom geführt werden.

Der gleiche Ausbildungsweg führt auch zum Fachlehrer für Landwirtschaft. Mit dieser Qualifikation kann eine Tätigkeit in der Praxis aufgenommen werden oder aber in einem Spezialstudium das Fachwissen in der eingeschlagenen Fachrichtung vertieft werden. Nach Diplom-Arbeit und Staatsexamen wird der Titel Diplom-Agraringenieur verliehen.

,,Klassenbewußte" Studenten mit hervorragenden Studienergebnissen können in einem 2–3 Jahre umfassenden Forschungsstudium als wissenschaftlicher Nachwuchs für Forschung, Entwicklung und Lehre ausgebildet werden, das in der Regel mit der Promotion abschließt. (AO vom 1. 6. 1970; GBl. II, Nr. 54, vom 1. 7. 1970.) Außerdem ist die Promotion auf dem Wege der planmäßigen oder außerplanmäßigen Aspirantur nach mindestens 3jähriger Arbeit in der Praxis oder Verwaltung möglich. (AO vom 22. 9. 1972; GBl. II, Nr. 60, vom 13. 10. 1972.)

Das landwirtschaftliche Universitätsstudium in der DDR hat in der Vergangenheit aufgrund seiner starken Ausrichtung auf die wechselnden Anforderungen der Praxis vielfache Veränderungen erfahren. Eine enge Verbindung zwischen Praxis und Theorie ist in keiner Phase der permanenten Hochschulreform gelungen. Das Ziel, Leiter komplexer Großbetriebe auszubilden, verhinderte bis 1970 eine tiefergehende Spezialisierung. Die wissenschaftliche Qualität des Studiums mußte darunter leiden.

Erst der Aufbau industriemäßiger Spezialbetriebe in der DDR-Landwirtschaft brachte die Anforderungen der Praxis und der Wissenschaft in Übereinstimmung.

Ferner ist festzustellen, daß die ökonomischen Disziplinen im landwirtschaftlichen Universitätsstudium lange Zeit vernachlässigt wurden. Auf dem XI. Bauernkongreß der DDR 1972 wurden neben einer weiteren Spezialisierung der produktionstechnischen Disziplinen auch Studienpläne für die Agrarökonomie und die sozialistische Betriebswirtschaft gefordert. Beide Forderungen wurden – neben einer erneuten Ausdehnung des Studienpraktikums – in den 1973 vom Ministerium für das Hoch- und Fachschulwesen vorgelegten Studienplänen berücksichtigt. (Vgl. die untenstehende Tabelle.)

B. Das Studium an den Hochschulen des Ministeriums für Land-, Forst- und Nahrungsgüterwirtschaft

1. LPG-Hochschule Meißen

Auf Beschluß des Ministerrates vom 29. 12. 1952 über die Berufsausbildung und Qualifizierung der Mitglieder der LPG (GBl. 1953, S. 7) wurde am 1. 9. 1953 in Meißen die „Zentrale Hochschule für leitende Funktionäre der landwirtschaftlichen Produktionsgenossenschaften" mit einer Kapazität von 300 Studienplätzen geschaffen. Voraussetzung zum Studium sind die Facharbeiterprüfung und der erfolgreiche Abschluß der höheren Fachschule als Agrar-

ingenieur bzw. Agraringenieurökonom. Das Studium dauert 2 Jahre und berechtigt nach erfolgreichem Abschluß zur Führung des Titels Diplom-Agraringenieurökonom. Daneben werden Finanzwirtschaftler ausgebildet. Anläßlich ihres 20jährigen Bestehens konnte die LPG-Hochschule Meißen Ende 1973 auf die Ausbildung von 4 000 sozialistischen Leitungskadern (Direkt- und Fernstudium) verweisen. Gegenwärtig sind ca. 800 Direkt- und Fernstudenten immatrikuliert.

2. Hochschule für Land- und Nahrungsgüterwirtschaft Bernburg

Die Hochschule ist Nachfolgerin des 1954 in Potsdam gegründeten „Spezialinstituts für Agrarökonomie", das 1956 nach Bernburg verlegt und 1961 in den Rang einer Hochschule erhoben wurde. Die Studienvoraussetzungen entsprechen denen der LPG-Hochschule Meißen. Die ausgebildeten Diplom-Agraringenieurökonomen werden als Führungskräfte für Aufgaben der Leitung, Planung und die Ökonomik des Reproduktionsprozesses der Land- und Nahrungsgüterwirtschaft eingesetzt.

Die Lehrpläne dieser Hochschulen wurden, wie auch die Lehrpläne für die Universitäten zwischen dem MfLFN und dem Ministerium für Hoch- und Fachschulwesen abgestimmt.

C. Sonderformen des Hochschulstudiums

Das *Fernstudium* wurde für die Agrarwissenschaften bereits 1953 eingeführt. Vorlesungen und Seminare

Studienrichtungen an den Universitäten und Hochschulen der DDR

Fachrichtung	Berlin	Bern-burg	Dresden	Halle	Neubran-denburg	Leip-zig	Meißen	Ro-stock
Pflanzenproduktion	–	–	–	+	–	–	–	+
Agrochemie	–	–	–	+	–	–	–	–
Landtechnik	–	–	+	–	–	–	–	+
Meliorationswesen	–	–	–	–	+	–	–	+
Pflanzliche Verarbeitungstechnologie	–	–	–	+	–	–	–	–
Gärtnerische Produktion	+	–	–	–	–	–	–	–
Lebensmitteltechnologie	+	–	–	–	–	–	–	–
Tierproduktion und	+	–	–	–	–	+	–	+
Veterinärwesen	+	–	–	–	–	+	–	–
Forstwirtschaft	–	–	+	–	–	–	–	–
Trop. u. subtrop. Landwirtsch. u. Veterinärmedizin	–	–	–	–	–	+	–	–
Agrarökonomie	–	+	–	–	+	–	+	–
EDV	–	–	–	–	+	–	–	–
Planung und Leitung betriebswirtschaftlich Volkswirtschaftsbereich	–	–	–	–	–	–	+	–
Land-, Forst- u. Nahrungsgüterwirtschaft	+	–	–	–	+	–	–	–

Die Hochschule Neubrandenburg soll bis 1980 gegründet werden.
Die Landwirtschaftliche Fakultät der Friedrich-Schiller-Universität Jena wurde geschlossen.

werden durch Lehrbriefe ersetzt. Bei einer Ausbildungsdauer von 5 Jahren sind 1–2 Semester im Direktstudium vorgesehen.

Das *Abendstudium* entspricht in Anlage und Dauer dem Fernstudium, ist jedoch an die räumliche Nähe der Universitäten gebunden.

Das *Fortbildungsstudium* wird von den Hochschulen in Bernburg und Meißen in Form von 4wöchigen Fortbildungslehrgängen, die in 2jährigem Turnus wiederholt werden, betrieben. In Meißen wurden in den letzten 5 Jahren ca. 2 000 Fachkräfte in diesen Weiterbildungslehrgängen erfaßt.

Ebenso wie im Fachschulbereich wurde 1970 an der Hochschule Bernburg eine Sonderklasse für Frauen, die aus familiären und beruflichen Gründen keine Studienmöglichkeit fanden, gegründet.

Berufsberatung und Berufslenkung: Hauptziel aller berufsberatenden und berufslenkenden Maßnahmen ist die Befähigung der Jugendlichen zur bewußten Berufswahl, d. h. zu einer Berufswahl, bei der die gesellschaftlichen Erfordernisse und die persönlichen Interessen in weitgehende Übereinstimmung gebracht werden und im Falle der Diskrepanz die persönlichen Interessen gegenüber den gesellschaftlichen Erfordernissen hintangestellt werden. Wesentliche Teilziele einer solchen Erziehung zur bewußten Berufswahl sind die Erweiterung des beruflichen Gesichtskreises der Schüler durch exakte Informationen über die Entwicklungstendenzen in den wichtigsten Berufsgruppen und Wissenschaften, die möglichst frühzeitige Erkenntnis und Entwicklung der beruflichen und wissenschaftlichen Neigungen und Eignungen der Schüler sowie die Ausprägung einer sozialistischen Arbeitseinstellung als wesentliche Voraussetzung für eine solche Berufsentscheidung, die den volkswirtschaftlichen Erfordernissen und auch den Fähigkeiten und Neigungen der Schüler entspricht. Ferner soll damit die Befähigung der Schüler zur Selbsteinschätzung ihrer fachlichen und moralischen Qualitäten im Hinblick auf die verschiedenen beruflichen Grundanforderungen, die Entwicklung einer persönlich vertretenen Berufsperspektive bereits vor Abschluß der Schulzeit sowie die Befähigung der Schüler zu frühzeitiger und aktiver Teilnahme an allen Formen und Methoden der Berufs- und Studienberatung herangebildet werden. „Berufsberatung" und „Berufsfindung" sind die beiden aufeinander bezogenen Oberbegriffe, die für den gesamten Komplex der Maßnahmen und Vorgänge zur Herbeiführung einer bewußten Berufswahl gebraucht werden.

Unter Berufsberatung (Bb.) werden, und zwar unabhängig von ihrer institutionellen Bindung, alle von außen auf die Schüler wirkenden Einflüsse verstanden, die ihnen Hilfe und Orientierung bei ihrer Berufswahl sein können und auch sollen; dabei werden dem Begriff Bb. solche Begriffe wie Berufsaufklärung, Berufsvorbereitung, berufliche Konsultation, Berufseignungsprüfung, Berufsorientierung, Berufslenkung usw. zu- bzw. untergeordnet.

Demgegenüber umfaßt der Begriff Berufsfindung alle im inneren, d. h. im Bewußtsein der Schüler ablaufenden Prozesse, die ihren individuellen, subjektiven Weg zum Beruf kennzeichnen; demnach wird der Berufsfindungsprozeß durch solche Begriffe wie Berufswunsch, Berufsneigung, berufliche Interessen, persönliche Berufsperspektive, Berufsentschluß charakterisiert.

Die den Berufsfindungsprozeß steuernde Bb. umfaßt zwei Etappen, nämlich die Berufsaufklärung und die Berufsorientierung. Die Berufsaufklärung vermittelt den Schülern allgemeine Kenntnisse und Zusammenhänge über die perspektivische und strukturelle Entwicklung der Volkswirtschaft sowie der Facharbeiter-, Fach- und Hochschulberufe einschließlich der Berufe der bewaffneten Streitkräfte. Durch sie sollen die Schüler das notwendige Wissen über Inhalt, Charakter, Anforderungen und Perspektiven der volkswirtschaftlich und regional wichtigen Berufe erwerben und auf dieser Grundlage zu einer „gesellschaftlich bewußten Berufsentscheidung" geführt werden. Die Berufsaufklärung beginnt in der Unterstufe der allgemeinbildenden Schule und wird in der Mittel-, Ober- und Abiturstufe, in Einrichtungen der Berufsausbildung, in den Fach- und Hochschulen, in den Betrieben, in den Jugendorganisationen usw. fortgesetzt; sie erfaßt relativ viele Berufe verschiedener Industrie- und Wirtschaftszweige und erfolgt für alle Schüler einer Klasse gleichzeitig mit einheitlicher Zielstellung.

Demgegenüber richtet sich die Berufsorientierung bzw. Berufslenkung (Bl.) auf einzelne Schüler oder Schülergruppen sowie schwerpunktmäßig auf bestimmte Berufsgruppen oder Berufe und soll positive Einstellungen der Schüler zu bestimmten volkswirtschaftlich wichtigen Berufen bzw. Berufsrichtungen entwickeln und die Berufswünsche – möglichst als persönlich vertretene Berufsperspektiven – darauf orientieren. Während die Berufsaufklärung schon in der Unterstufe beginnt, setzt die Berufsorientierung bzw. Bl. der Schüler in der Regel in der Klasse 7 ein und endet mit der bewußten Berufsentscheidung im Verlaufe des 8., 10. oder 12. Schuljahres. Die Begriffe Studienaufklärung und Studienorientierung haben entsprechenden Inhalt und werden gemeinsam mit den Begriffen Berufsaufklärung und Berufsorientierung unter dem Oberbegriff Bb. subsumiert. Grundlage für die Planung und Organisation der berufsberatenden und berufsorientierenden bzw. berufslenkenden Arbeit der allgemeinbildenden Schulen sind die in der VO über die Berufsberatung (GBl. II, 1970, S. 311) und in der Schulordnung festgelegten Aufgaben und Verantwortlichkeiten; ein besonderes Maß an Verantwortung wird dabei den Direktoren und den Lehrern für Bb. übertragen. Einen speziellen Beitrag zur Bb. und Berufsvorbereitung leistet der polytechnische Unterricht (→ **Polytechnische Bildung und polytechnischer Unterricht**). Neben den Betrieben, insbesondere den Patenbetrieben der Schulen, und den Jugendorganisationen sind vor allem die Organe bzw. Abteilungen für Berufsbildung und Bb. der Räte der Kreise bzw. der Bezirke für die Bb. und Bl. verantwortlich. So erstellen gemäß der AO zur Lenkung der Schulabgänger und Jugendlichen in Lehr- und Arbeitsstellen (1970) beispielsweise die Organe für Berufsbildung und Bb. der Räte der Kreise die Lehrstellenverzeichnisse und den Plan der Berufsausbildung (Neueinstellung von Schulabgängern und Schülern in die Berufsausbildung), stellen diese den Schulabgängerverzeichnissen gegenüber und ergreifen im Zusammenwirken mit den Schulen, den Betrieben, den Wehrkreiskommandos, den Volkspolizeikreisämtern und den Abteilungen Volksbildung die jeweils erforderlichen Maßnahmen zur Bb. und Nachwuchslenkung. Die Abteilungen Berufsausbildung und Bb. der Räte der Bezirke betreiben in Zusammenarbeit mit strukturbestimmenden Betrieben und Kombinaten sowie mit den Räten der Kreise Bb.-Zentren – häufig in enger Verbindung mit „militärpolitischen Kabinetten" – zur vielseitigen Information der Bevölkerung über Berufsausbildungs- und Weiterbildungsmöglichkeiten. Besondere Schwerpunkte der Bb. und Bl. bilden in jüngster Zeit die Lenkung von Jugendlichen in bestimmte Facharbeiterberufe sowie in Berufe der bewaffneten Streitkräfte, vor allem in die Laufbahnen als Berufsoffiziere und Berufsunteroffiziere.

Die Herbeiführung einer möglichst weitgehenden Übereinstimmung von volkswirtschaftlichen Erfordernissen, individuellen Neigungen und Fähigkeiten als wesentliche Zielstellung der Bb. und Bl. erscheint auf den ersten Blick pädagogisch begründet. Trotz der langfristig angesetzten Maßnahmen ist es bisher jedoch kaum gelungen, bei der überwiegenden Mehrzahl der Jugendlichen die geforderte Übereinstimmung in den genannten drei Punkten herbeizuführen, ohne dabei den im engeren Sinn berufslenkenden Maßnahmen einen deutlichen Vorrang einzuräumen bzw. diese mit entschieden größerem Nachdruck durchzuführen. Außerdem hat sich immer wieder herausgestellt, daß bei einer relativ großen Anzahl von Jugendlichen zwar die langfristige Hinlenkung auf bestimmte Berufe gelingt, daß dann aber – etwa kurz vor Beginn der Ausbildung in diesen Berufen – diese Berufe aus wirtschaftlich-objektiven oder politischen Gründen aus dem Bereich der gesellschaftlich wichtigen Berufe ausgeschieden sind bzw. wurden.

Ein anschauliches Beispiel dafür bildet die 1973 verfügte Verringerung des Zugangs zu den Hochschulen und zu den zur Hochschulreife führenden Bildungseinrichtungen. Für diejenigen Abiturienten, die nun kein Hochschulstudium aufnehmen können, die jedoch durch entsprechende berufsberatende und berufslenkende Maßnahmen langfristig auf ein bestimmtes Hochschulstudium hingelenkt und vorbereitet worden sind, kann der Hinweis kaum befriedigen, daß die gesellschaftlichen Erfordernisse, „da sie auf nicht ganz realistischen Prognosen beruhten", heute nicht mehr denjenigen entsprechen, die vor kurzem noch als Grundlage für ihre Bb. und Bl. gedient haben. Dies aber gilt für alle Jugendlichen, deren Bb. und Bl. – mitunter mehrfachen

– Prognose- und Planungsschwankungen unterworfen sind, so daß nicht nur der persönliche, sondern auch der volkswirtschaftliche Nutzen einer solchen Bb. und Bl. nur in beschränktem Maß den daran geknüpften Erwartungen zu entsprechen vermag. → **Einheitliches sozialistisches Bildungssystem; Staatssekretariat für Arbeit und Löhne; Wehrerziehung.**

Berufsbild: → **Einheitliches sozialistisches Bildungssystem, XI; Berufsausbildung, Landwirtschaftliche.**

Berufspraktikum: → **Einheitliches sozialistisches Bildungssystem; Lehrer und Erzieher.**

Berufsschulen: → **Einheitliches sozialistisches Bildungssystem, XI; Schüler und Lehrlinge.**

Berufswettbewerb: → **Schüler und Lehrlinge.**

Besatzungspolitik: Entsprechend den Vereinbarungen der Kriegskonferenzen der Alliierten und dem Potsdamer Abkommen sollte in Deutschland eine einheitliche B. getrieben werden. Da jedoch die Oberbefehlshaber der Vier Mächte in ihren Besatzungszonen allein verantwortlich waren und nur einstimmig gefaßte Beschlüsse des → **Kontrollrates** in ganz Deutschland zur Durchführung gelangen konnten, hat die unterschiedliche B. der Vier Mächte seit Kriegsende entscheidend zur Teilung Deutschlands beigetragen. In der SBZ bestand seit der deutschen Kapitulation eine Sowjetische Militäradministration in Deutschland (→ **SMAD**) in Berlin-Karlshorst, die 1949 aufgelöst wurde. Soweit ihre Aufgaben nicht an Regierungsbehörden der DDR übertragen wurden und mit der „Kontrolle der Durchführung der Potsdamer Beschlüsse und der anderen von den Vier Mächten gemeinsam getroffenen Entscheidungen über Deutschland" in Zusammenhang standen, war die neugebildete „Sowjetische Kontrollkommission" (SKK) für die sowjetische B. verantwortlich. An die Stelle der SKK trat im Mai 1953 eine sowjetische „Hohe Kommission", die im Anschluß an den „Vertrag über die Beziehungen zwischen der DDR und der UdSSR" am 20. 9. 1955 aufgelöst wurde. Rechte und Pflichten aus bestehenden Vier-Mächte-Vereinbarungen, die sich die UdSSR weiter vorbehalten hatte, nahmen nun der sowjetische Botschafter in Ost-Berlin und der Oberbefehlshaber der sowjetischen Besatzungstruppen wahr. Da der Alliierte Kontrollrat nur in seltenen Fällen einstimmige und präzise Beschlüsse fassen konnte und alliierte Beschlüsse von allen Beteiligten unterschiedlich ausgelegt wurden, trieb die SMAD von 1945 an eine B., die auf eine politische, ökonomische und sozialstrukturelle Umwandlung ihrer Besatzungszone und damit *faktisch* auf deren Eingliederung in den Ostblock hinauslief. Hauptziele der sowjetischen B. waren die Sicherstellung von → **Reparationen**, Aufbau eines kommunistischen Verwaltungsapparates (→ **DWK**), Einleitung einer Boden- und Währungsreform, Enteignung von privatem Industriebesitz und Aufbau einer volksdemokratischen Wirtschaftsordnung zentralverwaltungswirtschaftlichen Charakters. Die Durchführung dieser B. war weitgehend unabhängig von der Arbeit des Alliierten Kontrollrates, dessen faktische Auflösung am 20. 3. 1948 (Auszug der sowjetischen Vertreter) für die sowjetische B. ohne besondere Bedeutung ist. Für den Zeitraum von 1945 bis 1949, als die SMAD volle Regierungsgewalt ausübte und durch „Befehle" das gesamte Leben in ihrer Zone bis in Einzelheiten bestimmte und kontrollierte, kann man von B. im engeren Sinne sprechen. Sowohl bis 1955 als auch nach Proklamierung der vollen → **Souveränität** der DDR unterliegt sie jedoch einer B. im weiteren Sinne, da sich u. a. im Truppenvertrag von 1957 die Sowjets Sonderrechte vorbehalten haben und alle militärpolitischen und militärwirtschaftlichen Entscheidungen einer sowjetischen Einflußnahme unterliegen. → **Außenpolitik; Deutschlandpolitik der SED; Gruppe der sowjetischen Streitkräfte in Deutschland.**

Besatzungstruppen, sowjetische: → **Gruppe der sowjetischen Streitkräfte in Deutschland.**

Beschäftigte: → **Arbeitskräfte.**

Beschlagnahme: → **Strafverfahren.**

Beschwerdeausschuß: Ausschuß der örtlichen Volksvertretung in → **Bezirk**, Landkreis, Stadtkreis und Stadtbezirk (→ **Kreis**) zur Behandlung von Beschwerden, die gegen Maßnahmen oder Entscheidungen von Leitern staatlicher Organe geltend gemacht werden. Die Verfassung der DDR von 1968 legte in Art. 105 erstmals die Bildung von B. bei den örtlichen Volksvertretungen fest. Da Erfahrungen über die Arbeit solcher Ausschüsse nicht vorlagen, wurden zunächst probeweise bei einigen Volksvertretungen B. gebildet. Die Erfahrungen nach mehr als einjähriger Erprobungszeit gingen in den Erlaß des Staatsrates der DDR über die Bearbeitung der → **Eingaben** der Bürger vom 20. 11. 1969, der u. a. die Aufgaben und Rechte der B. regelt, ein. Im folgenden wurden – wie im Eingabenerlaß vorgesehen – bei allen Bezirkstagen, Kreistagen, Stadtverordnetenversammlungen der Stadtkreise und Stadtbezirksversammlungen B. gebildet. Die Volksvertretungen kreisangehöriger Städte und Gemeinden haben keine B., zuständig ist dort der B. des Kreistags.

Der B. ist Organ der Volksvertretung. Da die Staatslehre der DDR vom Prinzip der Einheit aller staatlichen Gewalt ausgeht und zum Träger der obersten Staatsgewalt die Volksvertretung erklärt, von der alle anderen staatlichen Gewalten als abgeleitet gelten, ist eine Kontrolle der vollziehenden Organe durch sogenannte unabhängige Gerichte nicht denkbar. Zur Kontrolle der Vollzugsorgane kann nur die Volksvertretung oder ein Organ der Volksvertretung befugt sein; insofern ist die Konstruktion von B. als Organe der Volksvertretungen konsequenter Ausdruck des Prinzips der Gewalteneinheit.

Der B. besteht aus dem Vorsitzenden, seinem Stellvertreter und 3–7 weiteren Mitgliedern, die aus der Mitte der Abgeordneten von der Volksvertretung gewählt werden; sie dürfen nicht Mitglieder des Rates der Volks-

vertretung sein. Der B. ist der Volksvertretung rechenschaftspflichtig, er berichtet ihr mindestens einmal jährlich über seine Tätigkeit.

Die B. sind zuständig für Beschwerden gegen Maßnahmen solcher Staatsorgane, die der Volksvertretung bzw. ihrem Rat auf derselben Ebene unterstehen. Bürger, gesellschaftliche Organisationen und Gemeinschaften der Bürger können sich an den B. der zuständigen Volksvertretung wenden, wenn sie mit der Entscheidung über eine, gegen eine Maßnahme eines örtlichen Organs vorgebrachte, Beschwerde nicht einverstanden sind. Vor Tätigwerden des B. sollen die gesetzlich festgelegten Rechtsmittel in Anspruch genommen werden. Der B. kann Beschwerden gegen Rechtsmittelentscheidungen behandeln, wenn offensichtliche Verstöße gegen Gesetze und gegen Rechte des Bürgers vorliegen. Der B. prüft, ob die durch die Beschwerde angefochtene Entscheidung der Verfassung, den gesetzlichen Bestimmungen und den Beschlüssen der zuständigen Volksvertretung entspricht, die Entscheidung unter Ausnutzung aller Möglichkeiten zur Herstellung der Übereinstimmung zwischen persönlichem und gesellschaftlichem Interesse erfolgt ist, die Rechte der Bürger gewahrt sind, die Prinzipien sozialistischer Leitungstätigkeit beachtet und die Gründe der Entscheidung ordnungsgemäß erläutert wurden. Das Verfahren ist so geregelt, daß der Beschwerdeführer und der Leiter des Staatsorgans, dessen Maßnahme angefochten wird, zur Aussprache geladen werden müssen. Der B. hat das Recht zur Einsicht in Unterlagen, zur Vornahme von Ortsbesichtigungen und zum Anfordern von Gutachten. Er muß über jede Beschwerde eine Entscheidung treffen. Dies kann geschehen, indem er a) eine Entscheidung über die Sache durch den zuständigen Rat beantragt und dazu entsprechende Empfehlungen gibt, b) die Beschwerde an das Staats- und Wirtschaftsorgan übergibt, das gemäß den gesetzlichen Bestimmungen für die Bearbeitung und die Entscheidung zuständig ist, c) die angefochtene Entscheidung wegen offensichtlichen Gesetzesverstoßes aussetzt und die unverzügliche Aufhebung durch den zuständigen Rat verlangt oder d) die Beschwerde ablehnt. Wenn der B. mit der Entscheidung des Rates über eine von ihm behandelte Beschwerde nicht einverstanden ist, der Rat dem Verlangen nach Aufhebung einer Entscheidung nicht nachkommt, oder Zweifel an der Rechtmäßigkeit eines Ratsbeschlusses bestehen, muß er die Sache der Volksvertretung zur Entscheidung vorlegen. Der B. selbst hat kein Sachentscheidungs- und Aufhebungsrecht.

Beschwerdekommissionen für Sozialversicherung: Streitfälle über Leistungen der Sozialversicherung (SV) werden von Beschwerdekommissionen entschieden, in letzter Instanz von den Bezirksbeschwerdekommissionen. In erster Instanz entscheidet die Kreisbeschwerdekommission (sowohl für die Sozialversicherung beim FDGB als auch für die SV bei der Staatlichen Versicherung – StV), während die auf zentraler Ebene bestehende Zentrale B. ein reines Kassationsorgan ist. Die Mitglieder der B. werden bei der SV des FDGB vom zuständigen Vorstand aus der Reihe der Versicherten und bei der SV der StV aus den Reihen der Mitglieder der Beiräte für Sozialversicherung (→ **Sozialversicherungs- und Versorgungswesen**) gewählt.

Besondere Wege zum Sozialismus: → **Nationalkommunismus.**

Betriebe mit staatlicher Beteiligung (BSB): Bezeichnung für Betriebe, deren Eigentümer eine finanzielle Beteiligung des Staates aufnehmen und in der Regel in Form einer Kommanditgesellschaft organisiert sind. Sie werden auch halbstaatliche Betriebe genannt. Die BSB wurden 1956 als eine Übergangsform auf dem Wege zur Vollsozialisierung aller Wirtschaftseinheiten eingeführt. Der Anteil der BSB an der industriellen Bruttoproduktion stieg bis 1971 auf ca. 10 v. H. und war besonders stark in der Textil- und Leichtindustrie. Die halbstaatlichen Betriebe im industriellen Sektor wurden 1972 sozialisiert. BSB bestehen weiterhin im Handel (auf der Grundlage von Kommissionsverträgen) und Verkehrswesen. → **Betriebsformen und Kooperation; Binnenhandel; Handwerk; Eigentum.**

Betriebsakademie: → **Einheitliches sozialistisches Bildungssystem.**

Betriebsambulatorium: → **Gesundheitswesen,** III C.

Betriebsarztsystem: → **Gesundheitswesen,** IV.

Betriebsberufsschule: → **Einheitliches sozialistisches Bildungssystem,** XI.

Betriebsbüros für Neuererwesen: → **Sozialistischer Wettbewerb.**

Betriebsdirektor: → **Betriebsverfassung.**

Betriebsformen und Kooperation

Betriebsformen – Allgemeine Merkmale von VEB, Kombinat und VVB – Volkseigener Betrieb (VEB) – Kombinat – Vereinigung Volkseigener Betriebe (VVB) – Erzeugnisgruppen – Industriekooperation (Kooperationsverbände, -gemeinschaften, sozialistische Gemeinschaftsarbeit)

I. Betriebsformen

An die Stelle der verschiedenartigen früheren Rechtsformen im gewerblichen Bereich ist in der DDR ein einheitlicher Typ getreten: der Volkseigene Betrieb (VEB) als eine rechtsfähige Organisation mit staatlich begrenztem Aufgabengebiet. Die Dispositionsmöglichkeiten der VEB bewegen sich in den Grenzen lang- und kurzfristiger Planungen. Diese Merkmale gelten auch für das **Kombinat,** einem Zusammenschluß mehrerer volkseigener Betriebe unter einer einheitlichen Kombinatsleitung. In der Rechtsform ähnelt das Kombinat dem Trust, im Hinblick auf die verbliebene Selbständigkeit der Kombinatsbetriebe weist es Ähnlichkeiten mit dem Konzern auf. Der VEB bzw. das Kombinat ist die dominierende Betriebsform in der DDR-Wirtschaft (vgl. Tabelle „Beschäftigte nach betrieblichen Eigentumsformen und Wirtschaftsbereichen"). Als Übergangslösung (in der Form zumeist einer Kommanditgesellschaft) bestanden von 1956 bis 1972 → **Betriebe mit staatlicher Beteiligung** (BSB). Gegenwärtig existiert eine nennenswerte Anzahl nur noch im Handel (als Kommissionshandel) und im Verkehrswesen. Als eine Übergangsform werden grundsätzlich auch die heute noch existierenden privaten Betriebe, d. s. hauptsächlich Handwerks- und Einzelhandelsbetriebe, angesehen.

Vorherrschende Betriebsformen in den nichtindustriellen Wirtschaftszweigen sind die → **Genossenschaften**. Sie sind juristische Personen mit begrenzter Rechtsfähigkeit, die auf der Grundlage staatlicher Statute und staatlicher Planauflagen arbeiten. Bedeutung haben die Landwirtschaftlichen Produktionsgenossenschaften (→ **LPG**) mit drei Untertypen (LPG I, LPG II, LPG III), die Produktionsgenossenschaften des → **Handwerks** (PGH), die genossenschaftlichen Baueinrichtungen der Landwirtschaft, die Produktionsgenossenschaften werktätiger Fischer (PWF), die Konsumgenossenschaften und die Bäuerlichen Handelsgenossenschaften (BHG).

Neben den LPG mit gemischt genossenschaftlich-privatem Eigentum bestehen landwirtschaftliche Großbetriebe als volkseigene Güter (VEG). Sie bewirtschaften 7 v. H. der landwirtschaftlichen Nutzfläche der DDR. Als spezielle Kooperationsform im Bereich der Pflanzenproduktion bestehen seit 1972 „Kooperative Abteilungen Pflanzenproduktion" (KAP). Sie werden von LPG und VEG als weitgehend selbständig wirtschaftende spezialisierte Produktionseinheiten gebildet. Die wirtschaftlich- und im allgemeinen auch juristisch-selbständige Wirtschaftseinheit im Einzelhandel ist der in unterschiedlichen Eigentumsformen organisierte Einzelhandelsbetrieb. Dazu gehören Warenhäuser, HO-Kreisbetriebe, Konsumgenossenschaften und Verkaufsstellen.

Auf der mittleren Leitungsebene existieren verschiedenartige staatliche Instanzen – wirtschaftsleitende Organe – zur einheitlichen Leitung und Planung von relativ abgegrenzten Wirtschaftsbereichen und -zweigen. Sie arbeiten nach den Grundsätzen der wirtschaftlichen Rechnungsführung und bilden eigene Finanzfonds (vgl. Schaubild „Fonds der VEB, Kombinate und VVB"). Ihnen unterstehen in der Regel die volkseigenen Betriebe, Genossenschaften und Einzelhandelsbetriebe als die primären Wirtschaftseinheiten. Wirtschaftsleitende Organe sind in der Industrie und in der Land-, Forst- und Nahrungsgüterwirtschaft die Vereinigungen Volkseigener Betriebe (VVB), ferner die Vereinigung

Beschäftigte nach betrieblichen Eigentumsformen und Wirtschaftsbereichen 1973 (in 1 000)

Eigentumsformen der Betriebe	Wirtschaftsbereiche								Ins-gesamt
	Industrie	Produzier. Handwerk (ohne Bau-handwerk)	Bauwirt-schaft	Land- u. Forst-wirt-schaft	Verkehr, Post, Fernmelde-wesen	Handel	Sonstige produzier. Zweige[1]	Nicht-produzier. Bereiche[2]	
Sozialistisches E.	3 000,1	57,1	503,3	900,0	575,4	717,4	208,3	1 328,7	7 290,4
davon									
a) Volkseigenes E.	2 955,8	–	398,0	136,6	575,4	469,7	198,6	1 292,6	6 026,6
b) Genossenschaftl. E.	44,4	57,1	105,4	763,4	–	247,8	9,7	36,0	1 263,8
davon									
Produktionsgenossen-schaften	3,1	57,1	105,4	763,4	–	0,8	1,1	30,1	961,1
VdgB (BHG)	16,0	–	–	–	–	27,3	–	1,0	44,3
Konsumgenossen-schaften	25,3	–	–	–	–	219,7	8,6	0,6	254,2
Rechtsanwalt-kollegien	–	–	–	–	–	–	–	4,2	4,2
Staatliche Beteiligung	0,2	–	–	0,1	0,4	60,9	0,1	–	61,6
Privates E.	4,2	231,4	41,0	17,8	19,1	59,4	6,0	113,2	492,2

1 Ingenieurbüros, Verlage, Wäschereien, Rechenbetriebe usw.
2 Gesundheitswesen, Bildung und Wissenschaft, Kredit- und Versicherungswesen usw.

Quelle: Statistisches Jahrbuch der DDR 1974, S. 53 f.

Volkseigener Warenhäuser „Centrum" und die Ver-einigung Interhotel. Im Handel rechnen dazu die Staatlichen Kontore für Roh- und Betriebsstoffe, Maschinen und technische Ausrüstungen, die Zen-tralen Warenkontore und die Großhandelsdirektion Textil- und Kurzwaren für Konsumgüter, die Mili-tärhandelsorganisation (MHO) sowie die Außen-handelsbetriebe und Exportkontore.

Für den materiell produzierenden Wirtschaftsbe-reich sind die VEB, Kombinate und VVB von über-ragender Bedeutung. VEB und Kombinate sind die wirtschaftlichen und sozialen Grundeinheiten, die „für die Erfüllung der staatlichen Pläne unter Beach-tung des Bedarfs der Bevölkerung, der Wirtschaft und der Erfordernisse des sozialistischen Staates verantwortlich" sind (VO über die Aufgaben, Rech-te und Pflichten der Volkseigenen Betriebe, Kombi-nate und VVB vom 28. 3. 1973, GBl. I, S. 129). Sie haben eine plan- und vertragsgerechte Fertigung auf hohem wissenschaftlich-technischem Niveau zu or-ganisieren, die Produktionssortimente nach den Er-gebnissen der Forschung und Entwicklung, der Be-darfsforschung und internationaler Spezialisierungs-abkommen zu gestalten, die Produktionsfaktoren (→ **Arbeitskräfte**, → **Anlagevermögen**, Roh-, Hilfs-und Betriebsstoffe) kostengünstig und effizient ein-zusetzen sowie besondere politisch-staatliche Aspekte wie die Intensivierung der Zusammenarbeit innerhalb des RGW, Lieferungen für militärische Zwecke, die Förderung der „sozialistischen Wehrer-ziehung" und den Schutz des Volkseigentums beson-ders zu beachten. Diese Aufgabenstellung gilt eben-so für die VVB. Sie wird ergänzt durch spezifische Funktionen, die aus der Rolle der VVB als „wirt-schaftlich-technischen Führungsorganen" der ihnen unterstellten VEB und Kombinate sowie darüber hinaus aus der Gesamtinteressenlage der jeweiligen Industriebranche erwachsen. Innerhalb des VVB-Verbandes ist die VVB-Zentrale für die Gesamtpla-nung, -leitung und -kontrolle und die Sicherung der wissenschaftlich-technischen und wirtschaftlichen Fortentwicklung verantwortlich. Dies schließt die Beratung und Unterstützung der Betriebe in For-schungsfragen und bei der Gestaltung der zwischen-betrieblichen Kooperation sowie die Zentralisierung betrieblicher Teilfunktionen ein, z. B. Forschung und Entwicklung, Marktforschung, Kundendienst. Innerhalb der gesamten Industriebranche hat die VVB eine ausgewogene Wirtschaftsentwicklung und eine einheitliche wirtschaftliche und wissenschaft-lich-technische Entwicklung zu fördern und prak-tisch durchzusetzen. Sie hat die Zusammenarbeit der Betriebe im Rahmen der Erzeugnisgruppenarbeit und Kooperationsverbände zu unterstützen und die kostengünstige Konzentration und Spezialisierung der Fertigung, der Forschung und des Absatzes zu unterstützen.

VEB, Kombinate und VVB sind rechtsfähige Orga-nisationen, die nach den Grundsätzen der wirtschaft-lichen Rechnungsführung arbeiten – d. h. eigene Gewinn- und Verlustrechnungen durchführen – und über eigene Finanzmittel verfügen. Die Finanzmittel werden in Fonds für unterschiedliche Zwecke bereit-gestellt (vgl. Schaubild „Fonds der VEB, Kombinate und VVB"). Mitte 1972 wurde zur Stimulierung zu-sätzlicher, über die Planauflagen hinausgehender Leistungen zusätzlich zu den bisherigen Fonds ein Leistungsfonds geschaffen.

Die typische Organisationsstruktur der VEB und Kombinate weist verschiedene Ebenen auf (vgl. Schemata „Leitungsstruktur eines Großbetriebs", „Organisationsstruktur eines Industriekombinats"). An der Spitze steht der den Betrieb bzw. das Kombinat allein verantwortlich leitende Generaldirektor, Betriebsdirektor bzw. → **Betriebsleiter** („Prinzip der Einzelleitung"). Die Erwartungen, die von der SED, den staatlichen Behörden, den technisch ökonomischen Organisationen (→ **KdT; ASMW**) und Massenorganisationen sowie den Beschäftigten mit der Rolle des Leiters verknüpft und auch rechtlich fixiert werden, sind sehr zahlreich und z. T. widersprüchlich. Der Leiter wird unterstützt durch ein Sekretariat und einen Justitiar. Ihm unterstehen mehrere Stabsorgane (z. B. der → **Hauptbuchhalter** und die Personal- und Organisationsabteilungen) und schließlich die Fachdirektoren für Technik, Ökonomie, Produktion, Forschung sowie Beschaffung und Absatz mit ihren Unterabteilungen. Das → **NÖS** führte zur Herausbildung der Direktorate für Beschaffung und Absatz sowie für Ökonomie; hinzu kam später das Direktorat für Forschung bzw. Wissenschaft.

Problematisch ist das Verhältnis der weisungsbefugten Linie zu den nur beratenden Stäben. Häufig besteht eine Tendenz, den in den Stabsstellen arbeitenden Sachverständigen auch Linienfunktionen zu überlassen und das Leitungssystem damit stärker zu dezentralisieren. Die Leitung gemäß dem „Prinzip der Einzelleitung" erleichtert solche Tendenzen, da der Einzelleiter immer wieder auf Expertenwissen angewiesen ist. Die Generaldirektoren, Betriebsdirektoren und Betriebsleiter werden jeweils von dem Leiter der übergeordneten Leitungsinstanz in ihre Rolle als staatlicher Leiter berufen und sind diesem gegenüber weisungsgebunden und rechenschaftspflichtig. Die Generaldirektoren der VVB und der direkt unterstellten Kombinate beruft der jeweilige

Art der Fonds	VEB, die einer VVB oder einer anderen wirtschaftsleitenden Instanz unterstellt sind	Kombinate (Kombinationsleitung und -einzelbetriebe)	VVB und andere wirtschaftsleitende Instanzen, die nach der wirtschaftl. Rechnungsführung arbeiten
Investitionsfonds	x	x	x
Reparaturfonds	x	x	x
Fonds Wissenschaft und Technik	x[1]	x[1]	x
Gewinnfonds		x[2]	x
Reservefonds		x[2]	x
Werbefonds		x[2]	x
Risikofonds	x	x	
Prämienfonds	x	x	x
Kultur- und Sozialfonds	x	x[3]	x
Verfügungsfonds		x[2]	x
Leistungsfonds	x	x	

Fonds der VEB, Kombinate und VVB

1 Soweit nicht in der VVB konzentriert.
2 Über Mittel dieser Fonds verfügt lediglich die Kombinatsleitung.
3 Mit Zustimmung der Betriebsgewerkschaftsleitung des oder der Kombinatseinzelbetriebe können Mittel dieses Fonds bei der Kombinatleitung konzentriert werden.

Quelle: Finanzierungsrichtlinie für die volkseigene Wirtschaft, in: GBl. II, 1972, S. 477 f.

Industrieminister. Im Unterschied zu den VEB und den nicht direkt angeleiteten Kombinaten enthält die Organisationsstruktur der VVB (vgl. Schema „Organisationsstruktur einer VVB") häufig noch wissenschaftlich-technische Zentren und Institute, zentrale Entwicklungs- und Konstruktionsbetriebe sowie besondere Arbeitsgruppen für Prognose, langfristige Planung und sozialistische Wirtschaftsführung. Weitere spezielle Organisationseinheiten sind das Ingenieurbüro für Betriebswirtschaft, die Einkaufs- und Absatzorgane und die Leitbetriebe der Erzeugnisgruppen.

Leitungsstruktur eines Großbetriebes

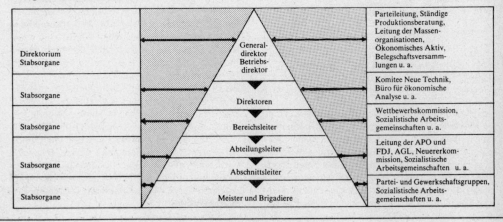

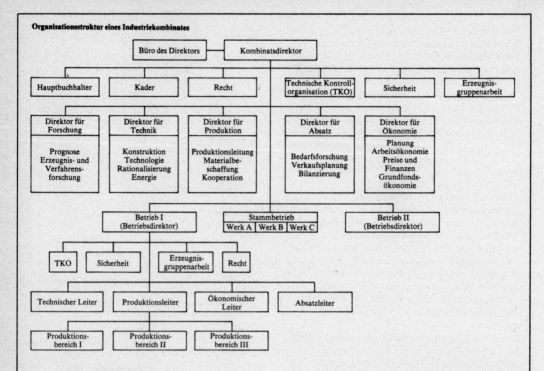

Organisationsstruktur eines Industriekombinates

II. Volkseigener Betrieb (VEB)

Der volkseigene Betrieb ist die wichtigste Wirtschaftseinheit der DDR. Die größeren VEB werden zentral geleitet und unterstehen den VVB, die übrigen VEB unterstehen den Bezirkswirtschaftsräten oder anderen Staats- und Wirtschaftsorganen (→ **Wirtschaft**, Schaubild „Leitungsstruktur der Wirtschaft").

Die VEB setzen sich zusammen aus Betrieben, die 1945 beschlagnahmt und später zu „Volkseigentum" erklärt wurden sowie den nach Kriegsende neu errichteten staatlichen Betrieben. Durch den Befehl 124 der Sowjetischen Militäradministration in

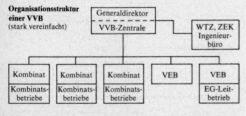

Organisationsstruktur einer VVB (stark vereinfacht)

Deutschland (→ **SMAD**) vom 30. 10. 1945 „Über die Beschlagnahme und provisorische Übernahme einiger Eigentumskategorien in Deutschland" waren mehrere zehntausend gewerbliche Unternehmungen sequestriert worden, die in der Folge durch die SMAD nach drei Gruppen gegliedert wurden. In einer „Liste A" wurden solche Betriebe zusammengestellt, die einem Volksentscheid über eine Enteig-

nung unterworfen werden sollten. Ein solcher Volksentscheid fand jedoch nur im Lande Sachsen (Juni 1946) statt. – In eine „Liste B" waren solche Betriebe aufgenommen worden, deren geringere Bedeutung eine schnelle Enteignung nicht notwendig machte (kleinere gewerbliche Unternehmen). Sie wurden unter großem propagandistischem Aufwand den Inhabern wegen fehlender politischer „Belastung" zurückgegeben. – Die „Liste C" enthielt schließlich diejenigen Betriebe, die für den Übergang in sowjet. Eigentum als SAG-Betriebe vorgesehen waren und durch den Befehl 167 vom 5. 6. 1946 „auf Grund der Reparationsansprüche der SU in sowjetisches Eigentum" übergingen. Als Rechtsträger der VE-Betriebe waren Vereinigungen Volkseigener Betriebe, Kreis- und Kommunalbehörden, Genossenschaften und die → **Vereinigung der gegenseitigen Bauernhilfe** (VdgB) vorgesehen. Knapp 10 000 Unternehmungen, darunter zahlreiche kleine und mittlere Handwerks-, Transport- und Handelsunternehmen, wurden enteignet.

Bis 1951 waren die VEB unselbständige Filialbetriebe der ihnen vorgeordneten VVB. Zum 1. 1. 1952 wurden sie zwar in selbständig wirtschaftende Einheiten umgewandelt, die aber noch immer Realisierungsinstanzen für detailliert vorgegebene Plandaten waren. Sie erhielten eine eigene finanzielle Grundausstattung und einen eigenen Umlaufmittelfonds; sie entrichteten seitdem auch selbständig die Abgaben an den → **Staatshaushalt** (→ **Steuern; Produktionabgabe**).

Seit der Einführung des → **Neuen Ökonomischen Systems der Planung und Leitung der Volkswirtschaft** im Jahre 1963 wurden die VEB wieder stärker von den VVB angeleitet. Jedoch kamen den VEB bis 1970 mehr Entscheidungsrechte zu. Ihre im Rahmen vorgegebener Plankennziffern verstärkten Entscheidungskompetenzen (z. B. über Investitionen) sollten eine stärkere wirtschaftliche Optimierung sowie erhöhte Initiativen auslösen. Zu diesem Zweck wurde eine Reihe von – auf den Gewinn und die Gewinnverwendung – wirkenden ökonomischen Hebeln eingeführt. Da in der Folge die betrieblichen Strukturziele zunehmend von den gesamtwirtschaftlichen Zielen abwichen und auch die 1968 entwickelte „Strukturpolitische Konzeption" des Ministerrates erhebliche Störungen auslöste, wurden den VEB mit der Rezentralisierung von Ende 1970 wieder Entscheidungskompetenzen – insbesondere über → **Investitionen** – genommen. Die ökonomischen Hebel (und damit auch die Fondsbildung) wurden so umgestaltet, daß sie einen starken Druck zur Planerfüllung auf die Betriebe ausübten (→ **Fonds**). Bezüglich wissenschaftlich-technischer Weiterentwicklungen gilt heute, daß sowohl Funktionen und Aufgaben der VEB als auch Finanzmittel aus dem betrieblichen Fonds Wissenschaft und Technik bei den übergeordneten VVB zentralisiert werden.

Eine im Frühjahr 1972 durchgeführte Sozialisierungsaktion erhöhte die Zahl der VEB um 2 910 (Ende 1971) auf 13 800. Die Verstaatlichung erfaßte alle Betriebe mit staatlicher Beteiligung (BSB) und private Betriebe in der → **Industrie** (einschl. Bauindustrie) sowie einen Teil der Produktionsgenossenschaften des Handwerks (PGH). Die BSB hatten bis zur Verstaatlichung ca. 10 v. H. der industriellen Bruttoproduktion und 12,5 v. H. der Bruttoproduktion in der Bauindustrie aufgebracht. Die entsprechenden Anteile der privaten Betriebe lagen bei 1,3 v. H. und 0,9 v. H. Der Anteil der volkseigenen Betriebe an der Warenproduktion in der Industrie stieg von 83,1 v. H. im Jahr 1971 auf 94,9 v. H. im Jahr 1972. In volkseigenen Betrieben arbeiteten 1973 ca. 6 Mill. Beschäftigte (ohne Lehrlinge) von insgesamt 7,8 Mill. in der Wirtschaft Beschäftigten.

III. Kombinat

Das Kombinat (K.) besteht aus Betrieben, in denen die Güterherstellung technologisch und ökonomisch zusammenhängender Produktionszweige zusammengefaßt ist. Es entsteht gewöhnlich durch den fusionsartigen Zusammenschluß einzelner VEB, wobei der qualifizierteste bzw. größte Betrieb zum Sitz des K. wird. Die Vereinigung kann zusätzlich auch eine räumliche Zusammenlegung beinhalten. Die K.-Betriebe arbeiten nach dem Prinzip der wirtschaftlichen Rechnungsführung. Ihnen verbleiben Kompetenzen bei der Betriebsplanung, der Finanzwirtschaft, der Forschung und Entwicklung sowie bei

der Kooperation und Abstimmung mit örtlichen Räten.

Verbreitet sind K. vor allem im Gewinnungs- und Verarbeitungsbereich der Braunkohle, wo die Produktionszweige der Kohlenindustrie, Energieerzeugung und chemischen Industrie vereinigt wurden (z. B. VEB Braunkohlen-K. → **Schwarze Pumpe**, Kreis Spremberg; VEB Elektrochemisches K. Bitterfeld; VEB Leuna-Werke „Walter Ulbricht"). K. bestehen weiterhin in der Eisen- und Stahlindustrie (z. B. VEB Bergbau- und Hütten-K. „Maxhütte", Unterwellenborn), in der Nichteisenmetallindustrie (z. B. VEB Mansfeld-Hütten-K. „Wilhelm Pieck", Eisleben) und in verschiedenen Branchen der weiterverarbeitenden Industrie (z. B. Fisch-K. Rostock; VEB Uhren-K. Ruhla; VEB Kabelwerk Oberspree, Berlin-Oberschöneweide; VEB K. Chemieanlagenbau, Leipzig; VEB K. für Haushaltsgroßgeräte, Schwarzenberg). K. der weiterverarbeitenden Industrie wurden besonders in den Jahren 1967–1970 gebildet. Damit wurden Voraussetzungen für die zur Sicherung eines ausreichenden Wirtschaftswachstums erforderlichen → **Rationalisierungen** in der Form von Mechanisierungen, der → **Standardisierung** von Baugruppen (Einheitssysteme), → **Automatisierungen** und der Anwendung der elektronischen Datenverarbeitung geschaffen.

Ein Sonderfall der K. sind K. der örtlichen Versorgungswirtschaft.

Die Organisationsstruktur ist stark abhängig von der Form der Vereinigung. Sie ist komplizierter bei K., die unterschiedliche Verarbeitungsprozesse vereinen (z. B. elektro-chemisches K.). (Vgl. Schema „Organisationsstruktur eines Industriekombinats".) Als Grundformen lassen sich unterscheiden: K. als die Zusammenfassung von 1. aufeinanderfolgenden Stufen der Rohstoffverarbeitung (z. B. Eisenhütten-K. mit den Stufen Erzförderung, Roheisen-, Stahl- und Walzguterzeugung, 2. verschiedenartigen Verarbeitungsprozessen eines Rohstoffes (z. B. Chemie-K., Kupfer-K.), 3. Haupt- und Nebenfertigung (z. B. Fisch-K. einschließlich Fischmehlherstellung), 4. technologisch gleichartigen Produktionen (z. B. Uhren-K. als Zusammenschluß von Betrieben einer Erzeugnisgruppe).

Die Hauptaufgabe der K.-Bildung liegt in der Schaffung größerer Produktionseinheiten mit günstigeren Produktionsstrukturen. Als wirtschaftliche Organisationsform dient das K. – ähnlich den Kooperationsverbänden und den Erzeugnisgruppen – der mehrere Betriebe wie ganze überbetriebliche Fertigungssysteme erfassenden Spezialisierung und Konzentration sowie der „Ökonomisierung" der Leitung. K. sollen die Zersplitterung der Industrieproduktion wie der Forschung und Entwicklung verringern und die Verbesserung betrieblicher Fertigungsorganisation ermöglichen.

Die K.-Bildung kann im einzelnen mit folgenden

Vorzügen verbunden sein: 1. Beschleunigung und erhöhte Kontinuität der Fertigungsprozesse, 2. bessere Anordnung der Produktionsstufen und -verfahren, 3. leichtere Mechanisierung und Automatisierung, 4. Vereinfachung des Produktionsprogrammes einzelner Werke durch Sortimentsbereinigung und Standardisierung, 5. Zentralisierung von Teilaufgaben, wie Vertrieb, Marktforschung, Lagerwirtschaft, Forschung und Entwicklung, Personalwesen, 6. rationelle Ausnutzung der Rohstoffe, 7. Einsparung von Transport-, Energie-, Verwaltungs- und Vertriebskosten.

IV. Vereinigung Volkseigener Betriebe (VVB)
A. Funktion und Aufgaben der VVB
Die VVB ist eine wirtschaftliche Leitungsinstanz der mittleren Ebene, der VEB, Kombinate und staatliche Einrichtungen (z. B. Forschungsinstitute) unterstellt sind. Als neuartige Produktionsverbände, zeitweilig auch „sozialistische Konzerne" genannt, führen die VVB die materielle Produktion nicht unmittelbar durch. Finanzwirtschaftlich sind sie das Zwischenglied zwischen dem Staatshaushalt und den unterstellten Betrieben. Die wirtschaftliche Rechnungsführung der VVB ist abgeleitet von der Gewinn- und Verlustrechnung der unterstellten Betriebe. Ihre Kosten finanzieren die VVB aus Betriebsumlagen. Aufgrund eigener finanzieller Fonds sind die VVB in der Lage, die unterstellten Betriebe bei der Lösung volkswirtschaftlich bedeutsamer Projekte entsprechend den geltenden Rechtsvorschriften direkt finanziell zu unterstützen (z. B. durch Zuführungen aus dem Investitionsfonds oder auch durch Umverteilungen und Verluststützungen aus dem Gewinnfonds der VVB).

Die VVB sind dafür verantwortlich, daß geplante Gewinnanteile der Betriebe (Netto-Gewinnabführung) an den Staatshaushalt abgeführt werden. Sie fließen vom Betrieb an den Gewinnfonds der VVB, wo gewisse Umverteilungen stattfinden und gehen dann zum großen Teil an den Staatshaushalt weiter. Reicht der erwirtschaftete Gewinn der Betriebe für bestimmte Aufgaben nicht aus, werden Mittel aus den VVB-Fonds (Reservefonds, Gewinnfonds, Verfügungsfonds) eingesetzt. Die finanziellen Beziehungen erfassen nur die unterstellten Betriebe; andere Betriebe des Industriezweiges sind von dem Finanzverbund ausgeschlossen.

Die VVB haben eine doppelte Leitungsfunktion: Sie sind einerseits staatliche Leitungsinstanz der ihnen unterstellten Betriebe und Einrichtungen; sie sind andererseits „Führungsorgan" der jeweiligen Industriebranche. Dies besagt, daß die VVB auch für die außenwirtschaftliche Entwicklung der gesamten Industriebranche und die wirtschaftliche und wissenschaftlich-technische Zusammenarbeit mit den RGW-Mitgliedsländern verantwortlich sind (→ **RGW**).

Im Bereich der unterstellten VEB und Kombinate sind neben den Planungs- und Bilanzierungsverfahren die finanziellen Regelungen die wichtigsten Instrumente der Zusammenarbeit. Über diese Grenzen hinaus stellen die Erzeugnisgruppenarbeit und die Anleitung von Kooperationsverbänden und -gemeinschaften bedeutsame Leitungsinstrumente der VVB dar.

B. Entwicklung der VVB
Von 1948 bis 1951 waren Leitung und Kontrolle der verstaatlichten Betriebe Aufgabe der VVB. Es gab damals ca. 75 VVB unterschiedlicher Branchen, denen jeweils eine größere Anzahl von juristisch und finanziell abhängigen Betrieben unterstellt war. Die VVB stellte aus den Teilbilanzen der einzelnen VEB eine Gesamtbilanz zusammen, in der Gewinne bzw. Verluste gegeneinander aufgerechnet werden konnten.

Anfang 1952 wurden im Rahmen der ersten größeren Reorganisation die VEB zu selbständig wirtschaftenden Einheiten. Die VVB wurden in „Verwaltungen Volkseigener Betriebe" umbenannt. Sie verloren ihre direkten Leitungs- und Kontrollbefugnisse und galten nur noch als Anleitungs- und Aufsichtsorgane der zugeordneten, fachlich übereinstimmenden Betriebe; die Weisungen der Hauptverwaltungen der zuständigen Industrieministerien waren für ihre Tätigkeit bindend.

Mit der Reform des Jahres 1958, deren Hauptmerkmal die Konzentration der Planungs- und Leitungsbefugnisse bei der Staatlichen Plankommission war, wurden die Verwaltungen Volkseigener Betriebe wieder in Vereinigungen Volkseigener Betriebe umbenannt und den Fachabteilungen der Staatlichen Plankommission unterstellt. Im Unterschied zu den VVB vom Jahr 1948 waren sie nun keine direkt wirtschaftenden Organe mehr, sondern wurden zu zentralen Staatsorganen. Sie übernahmen die Aufgaben der aufgelösten Industrieministerien, d. h. die operative und produktionsnahe Anleitung der unterstellten volkseigenen Industriebetriebe.

1961 wurden die VVB dem neugebildeten → **Volkswirtschaftsrat** unterstellt: sie leiteten die → **Zentralgeleitete Industrie** an, doch waren bereits Ansätze zur Zusammenarbeit mit der örtlichen Industrie vorhanden. An dieser Form der VVB wurde kritisiert, sie arbeiteten zu sehr „administrativ" und zu wenig „ökonomisch", und ihre bürokratische Struktur stehe einer Anpassung an die wachsenden Bedürfnisse der Volkswirtschaft häufig entgegen.

Im Zuge der Einführung des → **Neuen Ökonomischen Systems** (1963) wurden die VVB in „Ökonomische Führungsorgane" ihrer Industriebranche umgewandelt. Neben den ihnen unterstellten zentralgeleiteten volkseigenen und gleichgestellten Betrieben wurden auch private und halbstaatliche Betriebe durch die Mitgliedschaft in Erzeugnisgruppen in den Leitungsbereich der VVB einbezogen.

Diese Stellung der VVB wurde bisher nicht mehr entscheidend verändert, ihre Kompetenzen wurden mit der Rezentralisierung von Ende 1970 geringfügig verringert. Auch die Anzahl sank, als ab 1967 einzelne VVB aufgelöst und durch Kombinate, die den Industrieministerien nunmehr direkt unterstanden, ersetzt wurden. Anfang 1968 bestanden in der Industrie (ohne Bauwesen) 85 VVB, die den 8 Industrieministerien unterstellt waren. In anderen Bereichen der Volkswirtschaft existierten weitere 20 VVB: → **Ministerium für Bauwesen** (7), → **Staatssekretariat für Geologie** (1), Landwirtschaftsrat (10), Amt für Wasserwirtschaft (1), Staatliche Zentralverwaltung für Statistik (1). Im Jahr 1972 gab es 115 den Industrieministerien direkt unterstellte VVB und Kombinate.

V. Erzeugnisgruppen

Erzeugnisgruppen stellen eine wirtschaftliche Organisationsform dar, nach der Gruppen von Betrieben unter Anleitung der VVB nach dem technologischen Prinzip der gleichartigen Produktion (gleiche oder verwandte Erzeugnisse oder Halbfabrikate) zu technisch-wirtschaftlichen Untergruppen des Industriezweigs zusammengefaßt werden. Erzeugnisgruppen sollen zur Erreichung folgender wirtschaftspolitischer Ziele beitragen: a) die einheitliche ökonomische und technische Führung aller Betriebe eines Industriezweiges durch die VVB ermöglichen, b) die Aufdeckung und Ausnutzung aller Produktions- und Forschungskapazitäten des Industriezweiges bzw. der -branche fördern, c) die Steigerung der → **Arbeitsproduktivität** durch Spezialisierung und Standardisierung und die damit verbundene Einschränkung des Produktionssortiments und d) die fachliche Kontrolle auch der nicht den VVB unterstellten VEB sowie der privaten Betriebe durchsetzen helfen.

Die VVB leiten die in den → **Erzeugnisgruppen** horizontal kooperierenden Betriebe und Genossenschaften an. In Zusammenarbeit mit den örtlichen Räten bestimmen sie die Einteilung der Erzeugnisgruppen und üben entscheidenden Einfluß auf deren Zusammensetzung aus. Während die VEB zur Teilnahme an der „Erzeugnisgruppenarbeit" rechtlich verpflichtet sind, soll für die privaten Betriebe und industriell produzierenden PGH das Prinzip der „Freiwilligkeit" gelten. Die Zusammensetzung ist abhängig von den typischen, sich aus Zahlen und Größen der Betriebe, Sortimentsbreiten, Fertigungsarten, Eigentums- und Unterstellungsverhältnissen ergebenden Produktionsbedingungen der Branchen.

Die wichtigsten Aufgaben der Erzeugnisgruppen sind: a) Erarbeitung von Entwürfen für das Produktionsprogramm, b) Entscheidungen zur Spezialisierung und Kombination, c) Leistungsvergleiche und Verallgemeinerungen von Rationalisierungen, d)

Bildung von Einrichtungen zur Lösung gemeinsamer Aufgaben (z. B. Einkaufs- und Verkaufsgemeinschaften), e) Koordinierung der vertikalen Kooperationsbeziehungen, f) Vorbereitung von Wettbewerben, g) Leitung und Abstimmung der Forschung und Entwicklung innerhalb der Erzeugnisgruppen. Diese Aufgaben wurden bisher unterschiedlich intensiv wahrgenommen.

Erzeugnisgruppen sind sowohl Beratungs- wie Arbeitsgremien der VVB, wobei gelegentlich Verselbständigungstendenzen der Erzeugnisgruppen feststellbar sind. Von den VVB erhalten sie verbindliche Rahmenarbeitspläne und Einzelanweisungen als Konkretisierungen der Fünfjahr- und Jahrespläne der VVB und → **Bezirkswirtschaftsräte** (BWR). Zur Durchführung und Organisation der Arbeit bestimmen die VVB in der Regel die technisch und ökonomisch qualifiziertesten Betriebe zu Leitbetrieben und deren Werkdirektoren zu Leitern der Erzeugnisgruppen. Die Leiter der Erzeugnisgruppen werden von den Generaldirektoren der VVB berufen und abberufen und damit in ein besonderes Leitungsverhältnis gestellt. Sie erlangen bestimmte Rechte und Pflichten gegenüber den anderen Mitgliedern der Erzeugnisgruppe.

Der Leitbetrieb übernimmt die praktische Durchführung der allgemeinen technisch-wirtschaftlichen und organisatorischen Anleitung durch die VVB. Er ist kein rechtlich zu unterscheidendes Leitungsorgan mit genereller Anordnungsbefugnis gegenüber den Betrieben und Genossenschaften der Erzeugnisgruppe.

Die Organisationsstruktur der Erzeugnisgruppen ist nicht einheitlich geregelt. Generell existieren Leitbetriebe und ständige Arbeitsgruppen bzw. Untergruppen. Letztere erarbeiten Entwürfe, organisieren und kontrollieren, wobei die Arbeitsgruppen „Wissenschaft und Technik" und „Absatz" von besonderer Bedeutung sind. Die Gruppen bilden sich aus Vertretern der Mitglieder unter Leitung von Fachdirektoren der Leitbetriebe oder der VVB. Spezielle Formen der Zusammenarbeit sind gemeinsame Einrichtungen der Erzeugnisgruppe (z. B. Muster- und Mitgliederversammlungen, zeitweilige Arbeitsgruppen und Räte). Die Erzeugnisgruppen haben Kompetenzen vor allem beim Einkauf und Absatz, in der Forschung und Entwicklung sowie bei der Bilanzierung gewonnen. Die Konfliktmöglichkeiten, die sich aus der Überlappung der beiden Leitungsbereiche der branchenmäßig bzw. territorial zusammengefaßten Betriebe und Genossenschaften für das Verhältnis zwischen VVB und BWR ergeben, konnten bisher nicht beseitigt werden.

VI. Kooperation in der Industrie

Zur Intensivierung und Stabilisierung der zwischenbetrieblichen Verflechtung wurden seit Mitte der 60er Jahre neben den Erzeugnisgruppen weitere

Formen der Zusammenarbeit von Beschäftigten bzw. von Betrieben im arbeitsteiligen Wirtschaftsprozeß entwickelt. Sie sind eine Reaktion auf die steigende betriebliche, volkswirtschaftliche und internationale Arbeitsteilung. Wichtige Probleme der Kooperation sind die Nutzung von Spezialisierung und Konzentration in der Produktionssphäre sowie die Verbindung von Produktion und Wissenschaft. Die Wirtschaftspolitik hat die Bedeutung der zwischenbetrieblichen Kooperation als Wachstumsfaktor in der letzten Zeit stärker hervorgehoben (vgl. VO über Kooperationsgemeinschaften, GBl. II, 1970, S. 287 ff.). Dispositionsmöglichkeiten der wirtschaftenden Einheiten (Betriebe, Handelsorganisationen, landwirtschaftl. Produktionsgenossenschaften u. a.) sowie ein Instrumentarium zur vertraglichen Regelung der Zusammenarbeit (→ **Vertragssystem; Wirtschaftsrecht**) sind Voraussetzungen der Kooperation.

Formen der Kooperation sind a) die innerbetriebliche Zusammenarbeit zwischen Abteilungen, Bereichen, Arbeitsgruppen und einzelnen Arbeitskräften zum Zwecke der Fertigung eines bestimmten Produktes, b) die zwischenbetriebliche Kooperation zwischen juristisch selbständigen Betrieben, die Wirtschaftsgemeinschaften bilden. Die Wirtschaftsgemeinschaften können unterschiedliche Formen annehmen: Produktions- und Nutzergemeinschaften, Forschungsverbände und -gemeinschaften, Handelsverbände. Rechtlich geregelte Wirtschaftsgemeinschaften stellen die Kooperationsverbände und Kooperationsgemeinschaften dar. In beiden Organisationsarten können Betriebe aller Eigentumsformen die Mitgliedschaft erhalten, wodurch auch die Einbeziehung kleinerer, privater Betriebe in den industriellen Produktionsprozeß gefördert wird.

A. Kooperationsverbände (gelegentlich auch Kooperationsketten genannt) bezeichnen eine seit Anfang des Jahres 1966 in einigen Industriezweigen eingeführte neue organisatorische Zusammenfassung von Industriebetrieben, die an der Fertigung bestimmter Enderzeugnisse beteiligt sind. Kooperationsverbände sind vertikale Zusammenfassungen, da sie Betriebe verschiedener Produktionsstufen enthalten. Sie werden gebildet, um den komplexen Produktionsprozeß von den Grund- und Hilfsstoffen über die zahlreichen Zwischenstufen und Zwischenerzeugnisse bis zum Absatz der Enderzeugnisse mit dem Ziel zusammenzufassen, das Zusammenwirken aller Stufen und Beteiligten reibungsloser und damit effektiver zu gestalten. Diese Kooperation wird als „sozialistische Gemeinschaftsarbeit" zwischen Betrieben bezeichnet.

Durch Arbeitsteilung und Koordination lassen sich so Konzentrationseffekte erzielen, ohne daß die Betriebe fusionieren müßten. Verbreitet sind Kooperationsverbände zwischen Endproduzenten und Zulieferbetrieben in Branchen, die strukturpolitisch bedeutsam sind und in denen der Endproduzent das Fertigungsprogramm der Zulieferindustrie stark beeinflußt, z. B. im Großmaschinenbau (Schiffbau, Lokomotivenfertigung) und der elektrotechnischen und elektronischen Industrie.

B. Kooperationsgemeinschaften stellen im Gegensatz zu den Kooperationsverbänden horizontale Zusammenfassungen von Betrieben mit gleichen oder ähnlichen Produktionsprogrammen dar. Die Kooperation erstreckt sich vor allem auf die Abstimmung der Sortimente und auf die Zentralisierung gemeinsamer Aufgaben, z. B. der Forschung, Produktion (Aufbau zentraler Fertigungen), Lagerhaltung, Werbung und Marktforschung. Die beteiligten Betriebe behalten ihre wirtschaftliche und juristische Selbständigkeit; auch die Unterstellungsverhältnisse verändern sich nicht. Innerhalb der Kooperationsgemeinschaft übernimmt ein größerer VEB bzw. ein größeres Kombinat die Funktion eines Leitbetriebes (ohne direkte Weisungsbefugnis). Entscheidungen fällt ein die Mitgliederbetriebe repräsentierender Rat im Rahmen der Planfestlegungen und vertraglichen Verpflichtungen.

C. Sozialistische Gemeinschaftsarbeit als eine weitverbreitete Form der Zusammenarbeit zwischen Betrieben wird unter den Kooperationspartnern mit dem Ziel organisiert, wirtschaftliche und technische Informationen auszutauschen, Arbeitsberatungen durchzuführen und Arbeitsgruppen zu bilden. Darüber hinaus kontrollieren sie die Einhaltung der Verpflichtungen und können gemeinsame Fonds verwalten.

D. Internationale Kooperation erfaßt vor allem sozialistische Länder. Seit Abschluß eines gemeinsamen langfristigen Aktionsprogramms der Mitgliedsländer des → **RGW** im Jahre 1971 („Komplexprogramm") hat die internationale wirtschaftliche Zusammenarbeit stark an Bedeutung gewonnen. Sie ist Bestandteil der Planabstimmung zwischen den Mitgliedsländern des RGW, und soll die Voraussetzungen für die rationale Auslastung bestehender Produktionskapazitäten und den Ausbau einer Massen- und Großserienfertigung schaffen. Ohne Bedeutung ist bisher die internationale Kooperation mit „kapitalistischen" Ländern.

VII. Kombinate und VVB

1. VEB Kombinat Ascoblock	Dresden
2. VEB Betonleichtbaukombinat	Dresden
3. VEB Bergbau- und Hüttenkombinat „Albert Funk"	Freiberg
4. VEB Bandstahlkombinat Eisenhüttenstadt	Eisenhüttenstadt
5. VEB Chemische Werke Buna	Schkopau

6. VEB Chemiefaserkombinat	Schwarza
7. VEB Chemiekombinat Bitterfeld	Bitterfeld
8. VEB Kombinat Carl Zeiss Jena	Jena
9. Kombinat VEB Elektro-maschinenbau	Dresden
10. VEB Filmfabrik Wolfen	Wolfen
11. VEB Werkzeugmaschinen-Kombinat „Fritz Heckert"	Karl-Marx-Stadt
12. VEB Geologische Forschung und Erkundung	Halle
13. VEB Kombinat ORSTA-Hydraulik	Leipzig
14. VEB Kombinat impulsa	Elsterwerda
15. VEB Kombinat Kali Sondershausen	Sondershausen
16. VEB Kombinat Kernenergetik	Berlin
17. VEB Kombinat Fortschritt Landmaschinenbau	Neustadt (Sa.)
18. VEB Kombinat Keramische Werke	Hermsdorf
19. VEB Kombinat Kabelwerke Oberspree	Berlin
20. VEB Leuna-Werke „Walter Ulbricht"	Leuna
21. VEB Kombinat LEW „Hans Beimler"	Hennigsdorf
22. VEB Kombinat Luft- und Kältetechnik	Dresden
23. VEB Kombinat Metall-aufbereitung	Halle
24. VEB Magdeburger Armaturenwerke „Karl Marx"	Magdeburg
25. VEB Kombinat Medizin- und Labortechnik	Leipzig
26. VEB Mansfeld-Kombinat „Wilhelm Pieck"	Lutherstadt/Eisleben
27. VEB Metalleichtbau-Kombinat	Leipzig
28. VEB Nahrungs-, Genußmittel- und Verpackungsmaschinen	Dresden
29. VEB Petrolchemisches Kombinat	Schwedt
30. VEB Plast- und Elast-verarbeitungsmaschinen-Kombinat	Karl-Marx-Stadt
31. VEB Kombinat Pentacon Dresden	Dresden
32. VEB Polygraph, Kombinat für polygraphische Maschinen und Ausrüstungen	Leipzig
33. VEB Kombinat Pumpen und Verdichter	Halle
34. VEB Qualitäts- und Edelstahl-Kombinat Hennigsdorf	Hennigsdorf
35. VEB Kombinat Robotron	Radeberg
36. VEB Rohr-Kombinat Riesa	Riesa

37. VEB Kombinat Rohrleitungen und Isolierungen	Leipzig
38. VEB Schwermaschinenbau-Kombinat „Ernst Thälmann"	Magdeburg
39. VEB Schwermaschinenbau „Karl Liebknecht"	Magdeburg
40. VEB Werkzeugmaschinen-Kombinat „7. Oktober"	Berlin
41. VEB Kombinat Technische Gebäudeausrüstung	Leipzig
42. VEB Uhren- und Maschinen-Kombinat Ruhla	Ruhla/Thür.
43. VEB Kombinat Umform-technik Erfurt	Erfurt
44. VEB Werkzeug-Kombinat	Schmalkalden
45. VEB Zement-Kombinat	Dessau
46. VEB Kombinat Zentronik	Sömmerda

Vereinigungen Volkseigener Betriebe (VVB)

1. VVB Altrohstoffe	Berlin
2. VVB Automatisierungs- und Elektroenergieanlagen	Berlin
3. VVB Automatisierungsgeräte	Berlin
4. VVB Automobilbau	Karl-Marx-Stadt
5. VVB Agrochemie und Zwischenprodukte	Halle
6. VVB Bauelemente und Faserbaustoffe	Leipzig
7. VVB Bauglas	Dresden
8. VVB Bau-, Baustoff- und Keramikmaschinen	Leipzig
9. VVB Baumechanisierung	Dresden
10. VVB Binnenfischerei	Peitz
11. VVB Bau- und Grobkeramik	Halle
12. VVB Braunkohle	Senftenberg
13. VVB RFT Bauelemente und Vakuumtechnik	Berlin
14. VVB Baumwolle	Karl-Marx-Stadt
15. VVB Chemieanlagen	Leipzig
16. VVB Deko	Plauen (Vogtl.)
17. VVB Eisen-, Blech- und Metallwaren	Karl-Marx-Stadt
18. VVB Erdöl – Erdgas	Gommern
19. VVB Elektrische Konsumgüter	Berlin
20. VVB Energieversorgung	Berlin
21. VVB Feuerfeste Industrie	Meißen
22. VVB Furniere und Platten	Leipzig
23. VVB Forstwirtschaft	Suhl
24. VVB Gießereien	Leipzig
25. VVB Getriebe und Kupplungen	Magdeburg
26. VVB Hochseefischerei	Rostock

27. VVB Haushalts- und Verpackungsglas	Weißwasser	51. VVB Schnittholz und Holzwaren	Berlin
28. VVB Industrielle Tierproduktion	Berlin	52. VVB Spielwaren	Sonneberg
29. VVB Kraftwerksanlagenbau	Berlin	53. VVB Steinkohle	Zwickau
30. VVB Keramik	Erfurt	54. VVB Süß- und Dauerbackwaren	Halle
31. VVB Konfektion	Berlin	55. VVB Tabakindustrie	Berlin
32. VVB Kühl- und Lagerwirtschaft	Berlin	56. VVB Tagebauausrüstungen, Krane und Förderanlagen	Leipzig
33. VVB Kraftwerke	Cottbus	57. VVB Technisches Glas	Ilmenau (Thür.)
34. VVB Leichtchemie	Berlin		
35. VVB Leder und Kunstleder	Leipzig	58. VVB Technische Textilien	Karl-Marx-Stadt
36. VVB Lacke und Farben	Berlin	59. VVB Textilmaschinenbau	Karl-Marx-Stadt
37. VVB Land- und Nahrungsgütertechnik	Leipzig	60. VVB Tierzucht	Paretz (Krs. Nauen)
38. VVB Lederwaren	Halle		
39. VVB Möbel	Dresden	61. VVB Tierische Rohstoffe	Leipzig
40. VVB Maschinelles Rechnen	Berlin	62. VVB Trikotagen und Strümpfe	Limbach-Oberfrohna
41. VVB Musikinstrumente und Kulturwaren	Plauen (Vogtl.)	63. VVB Verpackungsmittel	Leipzig
42. VVB RFT Nachrichten- und Meßtechnik	Leipzig	64. VVB Wasserversorgung und Abwasserbehandlung	Potsdam
43. VVB Öl- und Margarineindustrie	Magdeburg	65. VVB Wälzlager und Normteile	Karl-Marx-Stadt
44. VVB Plast- und Elastverarbeitung	Berlin	66. VVB Wolle und Seide	Meerane
45. VVB Pharmazeutische Industrie	Berlin	67. VVB Zuschlagstoffe und Naturstein	Dresden
46. VVB RFT Rundfunk und Fernsehen	Radeberg (Sa.)	68. VVB Zellstoff, Papier und Pappe	Heidenau (Sa.)
47. VVB Saat- und Pflanzgut	Quedlinburg	69. VVB Zucker- und Stärkeindustrie	Halle
48. VVB Schienenfahrzeuge	Berlin		
49. VVB Schiffbau	Rostock	→ **Betriebsverfassung; Landwirtschaftliche Betriebsformen; Fischwirtschaft; Binnenhandel.**	
50. VVB Schuhe	Weißenfels		

Betriebsgeschichte: Zweig der Wirtschaftsgeschichte, der sich in Forschung, Lehre und Darstellung mit der ökonomischen, technischen, soziologischen, politischen, sozialen und kulturellen Entwicklung der Betriebe und der in ihnen arbeitenden Menschen und Organisationen beschäftigt. Dabei werden sowohl die sich verändernde Stellung des Betriebes im Industriezweig bzw. in der gesamten Volkswirtschaft in Verbindung mit der allgemeinen politischen Geschichte als auch die sich aus der Geschichte der Arbeiterbewegung ergebenden Aspekte in die Untersuchung einbezogen. Wenn auch die Geschichte der Betriebe seit ihrer Gründung Gegenstand der Forschung ist, liegt das Schwergewicht der veröffentlichten Arbeiten auf der Zeit nach 1945.
Aufgaben der B. sind besonders: 1. Förderung der Entwicklung eines sozialistischen Bewußtseins; 2. Verbesserung des Betriebsklimas und Festigung der Betriebsverbundenheit mit dem Ziel, zur Bildung von Stammbelegschaften beizutragen; 3. Analyse einzelner betrieblicher Probleme und Erfahrungen (Anwendung bestimmter Lohnsysteme, Verlauf einzelner Wettbewerbe, Einführung bestimmter Produktionsverfahren usw.), um einerseits zur Verbesserung der Leitungstätigkeit unmittelbar beizutragen, andererseits die wissenschaftliche Forschung auf den jeweiligen Spezialgebieten voranzubringen. Die Arbeiten zu den beiden ersten Aufgabengebieten werden wesentlich von ehrenamtlichen B.-Kommissionen, die sich aus langjährigen Betriebsangehörigen rekrutieren, mit Unterstützung beratender oder mitarbeitender Wissenschaftler von Hochschulen und Akademien geleistet. Der dritte Themenbereich wird überwiegend von Wissenschaftlern behandelt.
Wenn auch die häufig diskontinuierliche Tätigkeit der B.-Kommissionen kritisiert und der unwissenschaftliche Festschriftcharakter mancher Publikationen bemängelt werden, ist doch eine große Zahl umfangreicher Studien entstanden, die u. a. in der Reihe „Geschichte der Fabriken und Werke" im Tribüne-Verlag veröffentlicht wurden. Im ganzen sind von 1945 bis 1972 über 900 selbständige Arbeiten zur B. erschienen, davon über 60 Habilitations- und Dissertationsschriften. Das vom Institut für Wirtschaftsgeschichte der Akademie der Wissenschaften herausgegebene Jahrbuch für Wirtschaftsgeschichte berichtet laufend über Grundsatzdiskussionen und in Bibliographien über die Ergebnisse der B.

Betriebsgesundheitswesen: → **Gesundheitswesen, III. C; Arbeitshygiene.**

Betriebsgewerkschaftsorganisation (BGO): Gewerkschaftliche Grundorganisation, die in allen Betrieben und Institutionen, in denen wenigstens 10 Mitglieder des → **FDGB** beschäftigt sind, gebildet wird. (Die Gewerkschaftsmitglieder in Kleinbetrieben ohne eigene BGO werden in Ortsgewerkschaftsorganisationen zusammengefaßt; Aufbau, Leitung und Funktion entsprechen denen der BGO.) Die BGO untergliedert sich in Anlehnung an die Betriebsstruktur (Produktionsprinzip) nach Brigaden, Schichten, Meisterbereichen, Produktions- bzw. Verwaltungsabschnitten usw. in Gewerkschaftsgruppen.

An der Spitze der BGO steht die Betriebsgewerkschaftsleitung (BGL). Sie wird alle $2\,^1/_2$ Jahre (d. h. zweimal in einem Fünfjahrplan-Zeitraum) von der Mitgliederversammlung, in Großbetrieben von der Delegiertenkonferenz, direkt und geheim gewählt. Zahlenmäßige Größe (ca. 5–25 Mitglieder) und sozialstrukturelle Zusammensetzung (Frauen-, Produktionsarbeiteranteil usw.) werden in den jeweiligen Wahldirektiven des FDGB-Bundesvorstandes festgelegt. Die Zahl der für die Leitungsarbeit freigestellten BGL-Mitarbeiter ist gleichfalls von der Größe des Betriebes abhängig; überwiegend ist Gewerkschaftsarbeit jedoch ehrenamtlich. In Betrieben mit mehr als 500 Mitgliedern werden als mittlere Leitungsebene Abteilungsgewerkschaftsleitungen (AGL: 3–13 Mitglieder) gewählt. Die Kandidatenaufstellung für die Gewerkschaftswahlen erfolgt in Absprache mit der Betriebsparteileitung (BPL), der der Vorsitzende der BGL angehört.

Die BGL bildet Kommissionen (K.), in denen ein BGL-Mitglied den Vorsitz führt und deren Angehörige berufen werden: K. Agitation und Propaganda; K. Arbeit, Lohn und Wettbewerb; K. Sozialpolitik; K. Kultur und Bildung; Rat für Sozialversicherung; Arbeitsschutzk.; Finanzk.; Rechtsk. Je nach Größe und spezieller Problematik des Betriebes können weitere K. oder Arbeitsgruppen eingerichtet (z. B. für → **Feriendienst des FDGB**, für die Zusammenarbeit mit den Schulen) oder die Aufgaben verschiedener K. zusammengefaßt werden. Bei den AGL werden gleichfalls K. und Arbeitsgruppen eingesetzt.

Weitere Organe der BGL mit einem den K. vergleichbaren organisationsrechtlichen Status sind der Frauenausschuß, der Jugendausschuß, das Neuereraktiv und die Ständige Produktionsberatung. Ihre Mitglieder werden aber direkt je nach ihrer Aufgabenstellung auf speziellen Versammlungen der Gruppen, deren Sprecher sie sein sollen, gewählt; ihre Vorsitzenden sind in der Regel Mitglieder der BGL. Die K. und Ausschüsse sollen die Leitungen bei der Vorbereitung, Durchführung und Kontrolle von Beschlüssen unterstützen. Sie arbeiten im Auftrage und unter Leitung der BGL. Neuere Untersuchungen zeigen, daß 10–25 v. H. der Kommissionsmitglieder in die Tätigkeit der BGL effektiv einbezogen sind.

Eine Sonderstellung nehmen die Konflikt- und Revisionskommissionen ein. Die Konfliktkommissionen sind Teil des Systems der Rechtspflege; für die Wahl und die Qualifizierung ihrer Mitglieder und die Auswertung der Arbeitsergebnisse der Konfliktkommissionen sind

die BGL verantwortlich. Die Revisionskommissionen werden zugleich mit den BGL gewählt; sie sind als Kontrollorgane der Gewerkschaftsmitglieder definiert und überprüfen das Finanzgebaren und das satzungsgemäße Arbeiten der Leitungen.

Es entspricht der Intention, möglichst viele Mitglieder aktiv in die Gewerkschaftsarbeit einzubeziehen, um einen ständigen Prozeß der Erziehung und Selbsterziehung in Gang zu setzen, wenn auch in der Gewerkschaftsgruppe (G.) mehrere Wahlfunktionen zu besetzen sind. Die G. soll etwa 10–30 Mitglieder haben; sie wird von Vertrauensmann (zugleich Kassierer) geleitet. Sein Stellvertreter ist der Kulturobmann. Weitere Funktionäre der G. sind der Arbeitsschutzobmann, der Bevollmächtigte für Sozialversicherung und der Sportorganisator. Bei mehr als 5 jugendlichen Mitgliedern in der G. wählen diese einen Jugendvertrauensmann. Die Wahl aller G.-Funktionäre erfolgt grundsätzlich offen. Die G. soll monatlich und zu besonderen Anlässen (Plandiskussion, Übernahme von Wettbewerbsverpflichtungen usw.) außerhalb der Arbeitszeit zu Versammlungen zusammenkommen. Ihre Tätigkeit wird inhaltlich durch die Beschlüsse der BGL und AGL bestimmt, die wesentlich durch die Arbeit in der G. verwirklicht werden müssen und auf die die G. ihrerseits durch Kritik, Information und Vorschläge Einfluß nimmt. 1972 gab es (ohne Jugendvertrauensleute) 1,05 Mill. Funktionäre in G., davon 234 002 Vertrauensleute.

In der BGO, insbesondere in der Tätigkeit der BGL und ihrer Organe, sollen sich, wie im Gesetzbuch der Arbeit ausgeführt, die Mitwirkungsrechte der Werktätigen verwirklichen (→ **Arbeitsrecht**). Inhalt und Möglichkeiten der Arbeit der BGL werden geprägt durch die feste Einbindung in den durch den → **Demokratischen Zentralismus** bestimmten Organisationszusammenhang des FDGB, den Primat der SED und die (durch das Prinzip der Einzelleitung, zentral vorgegebene bzw. entschiedene Produktionspläne, gesetzlich vorgeschriebenen Formen der Verwendung der betrieblichen Fonds bestimmte) Struktur und Funktionsweise des Betriebes. Die Tätigkeit der BGL richtet sich sowohl auf die optimale Erfüllung der wirtschaftlichen Aufgaben, die Einhaltung und Durchführung der staatlichen, gewerkschaftlichen und Parteibeschlüsse als auch innerhalb dieses Rahmens auf Vertretung der unmittelbaren Interessen der Gewerkschaftsmitglieder. Wenn auch die grundsätzliche Identität der verschiedenen Interessen postuliert wird, bleibt das Verfolgen der verschiedenen Ziele betrieblicher Gewerkschaftsarbeit konfliktreich.

Die BGL soll mit Hilfe der differenzierten Organisationsstruktur der BGO die Betriebsangehörigen in den Plandiskussionen mobilisieren und eine eigene Stellungnahme zum Betriebsplanentwurf erarbeiten; sie schließt jährlich den BKV (mit Jugend- und Frauenförderungsplan, Planteil Förderung der Arbeits- und Lebensbedingungen) mit der Werkleitung ab und vereinbart Arbeitsschutz- und Prämienordnungen. Der BKV und andere Vereinbarungen werden zuvor der Mitgliederversammlung, in Großbetrieben der Vertrauensleutevollver-

Sammlung unterbreitet, der die BGL vierteljährlich einen Rechenschaftsbericht gibt. Auf der Grundlage des Betriebsplans und zu seiner Erfüllung organisiert die BGL den → **Sozialistischen Wettbewerb** und unterstützt die → **Neuererbewegung**. Sie setzt sich gegenüber der Werkleitung und ihren Mitgliedern für die Ausarbeitung und Einhaltung der Arbeitsnormen, der Lohn- und Prämiensysteme ein, die, auf generellen Vorgaben beruhend, leistungsstimulierend wirken sollen (→ **Materielle Interessiertheit**).

Durch von ihr organisierte Formen der Massenschulung (Schulen der sozialistischen Arbeit), Wochenendkurse, Delegation zu Lehrgängen an Gewerkschaftsschulen unterstützt die BGL die Bildung sozialistischen Bewußtseins und soll zur Heranbildung neuer → **Kader** beitragen.

Die auf und nach dem VIII. Parteitag der → **SED** zu beobachtende Betonung der Rolle des FDGB als Organisation der gesellschaftspolitisch entscheidenden Klasse hat die Stellung der BGL gestärkt. Alle betrieblichen Mitwirkungsorgane sind jetzt in die BGO einbezogen (Auflösung der Produktionskomitees, der Neuererräte usw. und Schaffung entsprechender Organe bei den BGL). Abschluß, Änderung, Auflösung und Kündigung von Arbeitsverträgen bedürfen der Mitwirkung der BGL. Die BGL gewährt Rechtsschutz, erzieht aber zugleich ihre Mitglieder zu Arbeitsmoral und -disziplin und zur Erfüllung ihrer arbeitsrechtlichen Verpflichtungen.

Erweitert wurde der Rechte- und Pflichtenkatalog der BGL in der betrieblichen Sozialpolitik. Arbeits- und Gesundheitsschutz, Qualifizierung und Weiterbildung der Werktätigen, kulturelle Betreuung, Versorgung mit Dienstleistungen, Konsumgütern und Wohnraum werden von der BGL innerhalb der im Plan gesetzten materiellen Grenzen mitgestaltet und sollen in Zukunft in ein zusammenhängendes und langfristiges Konzept gebracht werden.

In Zusammenarbeit mit den örtlichen Staatsorganen, insbesondere auch mit den Vertretern des FDGB in den Volksvertretungen, greift die Arbeit der BGL in die Wohngebiete über; sie soll dort die politische, soziale und kulturelle Betreuung mitübernehmen.

Betriebskollektivvertrag (BKV): Das GBA (Gesetzbuch der Arbeit) definiert den jährlich abzuschließenden BKV als „Vereinbarung zwischen Betriebsleiter und Betriebsgewerkschaftsleitung zur allseitigen Erfüllung der Betriebspläne" (§ 13,1). Er begründet darüber hinaus – bestätigt durch eine Belegschafts- oder Vertrauensleutevollversammlung – auch die moralischen Verpflichtungen der Belegschaft bzw. bestimmter Belegschaftsgruppen (Abteilung, Brigade) eines volkseigenen oder diesem gleichgestellten Betriebes für die Planerfüllung. Für Betriebsabteilungen können gesonderte Abteilungskollektivverträge abgeschlossen werden (§ 13,3 GBA). In → **Kombinaten** schließen die einzelnen Betriebe und in den → **VEB** räumlich getrennte Betriebsteile mit eigener Betriebsgewerkschaftsorganisation eigene BKV ab. Behörden und staatliche Einrichtungen erarbeiten einen ihren spezifischen Bedingungen angepaßten BKV.

Während im Betriebsplan die staatlichen Ziele festgelegt sind, werden mit dem BKV – bei völliger Ausklammerung aller Lohnfragen – in umfassender Weise Formen, Wege und Methoden zur Realisierung des Plans vorgegeben, zu deren Einsatz und Anwendung sich → **Betriebsleiter**, → **BGO** und Belegschaft mit gleichgerichtetem Ziel verpflichten. Insofern dient der BKV ebenso als wichtiges Instrument zur Förderung der Masseninitiative und des → **Sozialistischen Wettbewerbs** (§ 13,2 BAG) wie als entscheidendes Mittel einer straffen Ordnung und Arbeitsdisziplin. (Bewegung für vorbildliche Ordnung und Sicherheit; GBl. I, 1974, S. 314.)

Alle gegenwärtig geltenden grundsätzlichen Bestimmungen des BKV sind durch eine gemeinsame Direktive des → **Ministerrates** der DDR und des Bundesvorstandes des → **FDGB** – von 1973 – festgelegt, in der vor allem sozialpolitische Fragen vergleichsweise stärker berücksichtigt und eine bessere Koordination mit den örtlichen Staatsorganen (Gesetz über die örtlichen Volksvertretungen . . .) erreicht werden soll (Richtlinie für die jährliche Ausarbeitung der Betriebskollektivverträge, GBl. I, 1973, S. 213 ff.).

Der Abschluß des BKV hat jeweils bis zum Jahresende vor dem neuen Planjahr zu erfolgen. Eine Richtlinie von 1970 (GBl. II, S. 431), die eine neue Geltungsdauer des BKV von 5 Jahren vorsah (1971–1975) wurde 1971 wieder zugunsten der jährlichen Regelung geändert.

Der BKV weicht in Wesen und Ausgestaltung erheblich von der Betriebsvereinbarung nach dem Betriebsverfassungsgesetz in der Bundesrepublik Deutschland ab, deren vertragliche Ordnung im Rahmen der tariflichen Bestimmungen auch weitgehend Raum für autonome Regelungen läßt.

Der Ursprung des BKV ist seit 1922 im sowjetischen Arbeitsrecht begründet, er wurde seit 1947 zur Regel in der UdSSR. In der DDR entwickelte sich aus dem Betriebsvertrag gemäß Gesetz der Arbeit vom April 1950 (GBl., S. 349) mit der VO über Kollektivverträge vom 8. 6. 1950 (GBl. I, S. 493) für das Planjahr 1951 der Vorläufer des heutigen BKV.

Die inhaltliche Ausgestaltung der zentral vorgegebenen Rahmenbedingungen des BKV richtet sich nach den Hauptaufgaben des laufenden Fünfjahrplanes und des jeweiligen Jahresplans sowie der wichtigsten spezifischen Anforderungen der einzelnen Wirtschaftszweige. Gemäß Richtlinie für die Ausarbeitung der BKV von 1973 sind für den BKV inhaltlich 3 Hauptteile und eine Reihe von Anlagen vorgegeben.

Die Hauptteile umfassen:
1. einen ausführlichen Katalog von Verpflichtungen (Werkleiter und BGL) zur Gestaltung des Sozialistischen Wettbewerbs (z. B. Aufschlüsselung des Plans, Vorgabe differenzierter und abrechenbarer Wettbewerbsziele, Förderung und Durchsetzung einer Anzahl als besonders wirksam erachteter Wettbewerbsformen, Erschließung von Materialreserven, Qualitätssteigerung usw.),

2. die Verbesserung der Arbeits- und Lebensbedingungen der Belegschaft (u. a. Durchsetzung des sozialistischen Leistungsprinzips und der → **WAO** nach dem Grundsatz „Neue Technik – Neue Normen", optimale Verwendung des → **Lohnfonds**, Festlegung über Prämienformen, Verpflichtungen zur Verbesserung der Arbeitsbedingungen sowie Bestimmungen zur sozialen und gesundheitlichen Betreuung) und

3. „Entwicklung eines hohen Kultur- und Bildungsniveaus der Werktätigen" (u. a. Qualifizierung, politische Schulung, Feriengestaltung, Organisation von Betriebsfestspielen).

Die Anlagen enthalten Details zum Frauen- und Jugendförderungsplan, zur betrieblichen Ordnung der Bewegung „sozialistisch arbeiten, lernen und leben", zur Verwendung des → **Prämienfonds**, des → **Kultur- und Sozialfonds** und des→ **Leistungsfonds**, Vereinbarungen zum Urlaub entsprechend der Rechtsvorschrift und des → **Rahmenkollektivvertrags** sowie eine Liste der Arbeitserschwernisse.

Eine dem BKV vorangestellte Präambel umreißt in der Regel die Erfüllung oder Höhe der Übererfüllung wesentlicher Hauptkennziffern, wie industrielle Warenproduktion oder → **Arbeitsproduktivität** sowie entscheidende verbal gefaßte Planverpflichtungen (z. B. „sortiments-, termin- und qualitätsgerechte Erfüllung des Produktions-, Absatz- und Exportplans").

Über die Erfüllung der Verpflichtungen des BKV soll durch Betriebsleiter und BGL mindestens halbjährlich auf einer Belegschaftsversammlung und „durch alle anderen Leiter monatlich" im jeweiligen Bereich Rechenschaft abgelegt werden. Die Gewerkschaft hat das Recht der Kontrolle.

Selbstkritische Äußerungen in der DDR richten sich gegen eine in der Vergangenheit oft nur sehr formale Handhabung; heute werden konkret abrechenbare und terminierte Verpflichtungen für den BKV gefordert.

Für einen Privatbetrieb ist analog eine Betriebsvereinbarung, für einen Betrieb mit staatlicher Beteiligung ein entsprechender Betriebsvertrag vorgeschrieben.

In den LPG regeln anstelle des BKV innerbetriebliche Verträge die entsprechenden arbeitsökonomischen Belange. → **Planung; Betriebsformen und Kooperation.**

Betriebsleiter: Dienstbezeichnung des Leiters eines meist kleineren Betriebes. Auch die Leiter von selbständigen Betriebsabteilungen größerer Werke werden als B. bezeichnet. → **Betriebsformen und Kooperation.**

Betriebsorganisation: → **Betriebsformen und Kooperation; Organisationswissenschaft.**

Betriebsparteiorganisation: → **SED; Grundorganisationen der SED.**

Betriebsplan: Jahres- oder Quartalsplan der VEB. → **Planung.**

Betriebspoliklinik: → **Gesundheitswesen.**

Betriebsprämienordnung: → **Betriebskollektivvertrag; Fonds; Sozialistischer Wettbewerb.**

Betriebspreis: → **Industrieabgabepreis** minus Produktionsabgabe und/oder → **Verbrauchsabgabe.**

Betriebsräte: Bereits im Sommer 1945 bildeten sich in vielen Betrieben der SBZ B., die durch das Kontrollratsgesetz Nr. 22 vom 10. 4. 1946 eine für alle Besatzungszonen geltende rechtliche Grundlage erhielten. Die vom Bundesvorstand der → **FDGB** am 25./26. 11. 1948 in Bitterfeld gefaßten Beschlüsse verfügten die Auflösung aller B. in Betrieben, in denen über 80 v. H. der Beschäftigten Gewerkschaftsmitglieder waren, zugunsten der Leitungen (BGL) der → **Betriebsgewerkschaftsorganisationen**. Damit wurden Interessenvertretung und Mitwirkungsrechte der Belegschaften unmittelbar in den sich zur marxistisch-leninistischen → **Massenorganisation** entwickelnden FDGB eingebunden und eine Voraussetzung für die Einführung einer am sowjetischen Vorbild orientierten Planwirtschaft sowie der damit verbundenen Formen der Arbeitsorganisation geschaffen. Das Gesetz der Arbeit vom 19. 4. 1950 sah demzufolge nur noch die BGL als „Vertretung der Arbeiter und Angestellten im Betrieb" vor (§ 6).

Betriebsschulen, Technische: Betriebliche Einrichtungen zur beruflichen Weiterbildung und zur → **Qualifizierung** insbesondere ungelernter Arbeiter. Ziel ist, „das technisch-kulturelle Niveau der Massen der Werktätigen zu heben". Durch den Besuch der TB. haben die Belegschaftsmitglieder folgende Möglichkeiten: Qualifizierung in der derzeitigen oder einer höheren Lohngruppe, Erlernung eines zweiten, artverwandten Berufes, Kenntniserwerb für einen größeren beruflichen Wirkungskreis. Es laufen auch Kurse für Ingenieure, Techniker, Meister und Facharbeiter. Der praktische Unterricht erfolgt entweder als Klassenunterricht oder als sogenannter Brigade-Unterricht, bei dem der zu Qualifizierende einer Arbeitsbrigade mit höher bewerteter Tätigkeit zugeteilt wird. Ein Teil des Unterrichts besteht aus „gesellschaftlicher Schulung". Die TB. bestehen in solchen Betrieben, in denen es keine → **Betriebsakademien** gibt.

Betriebsschutz: Unabhängig von den → **Kampfgruppen** der → **SED** und weit älter als sie ist der B., eine Gliederung der → **Deutschen Volkspolizei**. Er hat die ständige Bewachung und den Werkschutz in Betrieben und Behörden aller Art. Er gliedert sich in den B. „A" (aktive Volkspolizisten, ca. 15 000 Mann) und „B" (Arbeitnehmer der Betriebe, die nur für Zwecke des B. unter Polizeibefehl stehen und seit 1. 1. 1954 Lohnzuschläge beziehen). Um Arbeitskräfte für die Produktion zu gewinnen, wurde ab 1. 1. 1958 der Bestand des zivilen Werkschutzes („B") örtlich etwas verringert. – Als Volkspolizisten wirken die Angehörigen des B. „A" als Ausbilder in den Kampfgruppen. Die Angehörigen des B. „B" gehören fast stets den Kampfgruppen an. Zuweilen werden die Einheiten „B" des B. als „Betriebswachen" bezeichnet.

Betriebssoziologie: → **Soziologie und Empirische Sozialforschung.**

Betriebssparkassen: Zweigstellen der → **Sparkassen** in größeren Betrieben. Sie sind zur Durchführung der typischen Sparkassengeschäfte befugt.

Betriebssportgemeinschaften: → **Sport.**

Betriebsverfassung: Die rechtlichen Grundlagen der B. der volkseigenen Betriebe (VEB) und Kombinate sind das Gesetzbuch der Arbeit sowie die VO über die Aufgaben, Rechte und Pflichten der volkseigenen Betriebe, Kombinate und VVB vom 28. 3. 1973 (GBl. I, S. 129). Diese VO löste eine Anzahl vorangegangener Regelungen von grundsätzlicher Bedeutung ab, so insbesondere für die VEB die VO über Aufgaben, Rechte und Pflichten des volkseigenen Produktionsbetriebes vom 9. 2. 1967 und für die Kombinate die VO über Bildung und Rechtsstellung von volkseigenen Kombinaten vom 16. 10. 1968. Ein Anfang 1967 veröffentlichter Entwurf zur VO über die Aufgaben, Rechte und Pflichten der VVB wurde dann zwar vielfach wie geltendes Recht behandelt, erlangte jedoch keine Gesetzeskraft. Rechtliche Grundlagen für eine B. der VEB waren erstmals 1952 geschaffen worden. Die bis dahin unselbständigen Teilbetriebe einer VVB waren in rechtlich selbständige und nach dem Prinzip der → **Wirtschaftlichen Rechnungsführung** arbeitende Wirtschaftseinheiten (VEB) überführt worden.

Mit der VO 73 trat zum erstenmal in der DDR eine geschlossene Regelung für VEB, Kombinate und VVB in Kraft. Sie bildet im Zusammenhang mit dem Gesetz über den Ministerrat der DDR vom 16. 10. 1972 (→ **Ministerrat**) und dem Gesetz über die örtlichen Volksvertretungen und ihrer Organe in der DDR vom 12. 7. 1973 (→ **Örtliche Organe der Staatsmacht**) ein umfassendes aufeinander abgestimmtes Gesetzeswerk zur Struktur der Wirtschaftsleitung. Die DDR besitzt damit heute eine bessere rechtlichere Abgrenzung der Kompetenzen und Funktionen der nach den Prinzipien des → **Demokratischen Zentralismus** gestalteten Leistungsebenen im Vergleich zu vorangegangenen Regelungen. Die VO 73 bestimmt die Stellung der wirtschaftenden Einheiten im Wirtschaftssystem (→ **Wirtschaft**). Nach den „Grundsätzen" der VO 73 (§ 1) sind die VEB, Kombinate und VVB „Bestandteil der einheitlichen sozialistischen Volkswirtschaft der DDR". Sie erfüllen „ihre Aufgaben im Auftrage des sozialistischen Staates und in Verwirklichung des Beschlusses der Partei der Arbeiterklasse, der Gesetze und anderer Rechtsvorschriften". Die zentralen staatlichen Pläne bilden die verbindliche Grundlage ihrer Arbeit. VEB, Kombinate und VVB werden nach dem Prinzip der → **Einzelleitung** durch den Direktor des Betriebes oder Kombinats (Generaldirektor der VVB) und nach einer „kollektiven Beratung der Grundfragen" unter Mitwirkung der Werktätigen geführt. Die Rolle der Gewerkschaftsorganisation im Betrieb steht heute stärker als bisher im Vordergrund. Dafür sind seit der VO 73 eine Reihe von Beratungsgremien entfallen (Gesellschaftliche Räte in VVB, wissenschaftlich-ökonomische Räte in Kombinaten; die Produktionskomitees in den VEB waren bereits vorher aufgelöst worden). Diese Regelung wird offiziell damit begründet, daß dadurch der direkte Einfluß der Werktätigen über Partei und Gewerkschaft besser zu sichern sei. Neben den wesentlichen betrieblichen Funktionen wurden auch verstärkt die sozialpolitischen Aufgaben herausgearbeitet und die Pflicht zur Zusammenarbeit mit den örtlichen Volksvertretungen betont. Nach geltenden Regelungen haben außerdem die VEB, Kombinate und VVB die „ihnen übertragene Aufgabe zur materiell-technischen Sicherstellung und andere Maßnahmen der Landesverteidigung, einschließlich der Zivilverteidigung" durchzuführen. Die Betriebe werden verpflichtet, die sozialistische → **Wehrerziehung** zu fördern und dazu auch materielle Unterstützung zu leisten. Der volkseigene Betrieb (VEB) fungiert sowohl als wirtschaftliche als auch als gesellschaftliche Grundeinheit, also nicht nur als „arbeitsteiliges Glied" der Volkswirtschaft, sondern auch als Zentrum zur Entwicklung sozialistischer Persönlichkeiten. Der VEB ist rechtsfähig und führt einen eigenen Betriebsnamen. Mit der VO 73 wird auf die ausdrückliche Feststellung der juristischen Selbständigkeit des VEB verzichtet. Alle Betriebe der volkseigenen Wirtschaft sind verpflichtet, sich in das beim Ministerrat durch das Staatliche Vertragsgericht geführte Register eintragen zu lassen (GBl. II, 1970, S. 573). Die Registerführung erfolgt beim Bezirksvertragsgericht.

Nach der → **Sozialistischen Betriebswirtschaftslehre** in der DDR ist der Betrieb ein → **Kollektiv** von Werktätigen, ausgestattet mit volkseigenen materiellen und finanziellen → **Fonds**. Als ökonomische Grundeinheit und sozialistischer Warenproduzent erfüllt der Betrieb die durch die staatlichen Pläne fixierten Teilaufgaben und arbeitet nach dem Prinzip der wirtschaftlichen Rechnungsführung. Daneben sind eine Reihe besonderer Weisungen zu beachten, wie die Verpflichtung zur sortiments- und bedarfsgerechten Produktion, für eine hohe Qualität und Zuverlässigkeit wie auch für eine moderne → **Formgestaltung** der Erzeugnisse zu sorgen und die Produktion zu niedrigsten Kosten zu erbringen. Besondere Aufmerksamkeit wird der Verantwortung der Betriebe im Hinblick auf die Forderungen der sozialistischen ökonomischen Integration gezollt. Die Betriebe sind gehalten, die Konsequenzen einer fortschreitenden Integration im → **RGW** umfassend zu berücksichtigen. Nach dem Prinzip der Eigenerwirtschaftung der Mittel für die erweiterte Reproduktion der Betriebe besteht eine grundsätzliche Verpflichtung zur Selbstfinanzierung über → **Gewinn** und → **Kredit**; generell bedeutet jedoch die vielzitierte „Eigenverantwortung" nur eine relative Selbständigkeit im Rahmen einer weitgehend an überbetriebliche Weisungen und Normen gebundenen Dispositionsbefugnis insbesondere für das „Wie" der Planerfüllung. Alle wesentlichen Kompetenzen liegen in den Händen der VVB und der Ministerien. Teilweise sind bei den VVB auch wichtige betriebliche Funktionen zentralisiert.

Mit der VO 73 entfielen einige im Zuge der Wirtschaftsreform seit 1967 den VEB erteilten Rechte (z. B. das Recht eines finanziellen Ausgleichsanspruchs bei Eingriffen und Planänderung durch übergeordnete Instanzen), die im Vergleich zur VEB-VO 1967 eine erneute Beschränkung des Dispositionsspielraumes bedeuten. Gründe hierfür sind nicht zuletzt in Bemühungen der Betriebe zu suchen, ihren Betriebserfolg durch sehr flexible Handhabung oder bewußte Umgehung von Plananweisungen und Rechtsvorschriften zu sichern oder zu erhöhen.

Der Spitzenfunktionär in der Betriebshierarchie ist der Betriebsdirektor. Als „Beauftragter des sozialistischen Staates" und Betriebsleiter, berufen durch den Leiter des übergeordneten Organs, fungiert er in doppelter Funktion als Wirtschaftsleiter und als sozialistischer Erzieher. Seine Position ist in ein System der gesellschaftlichen Leitung (Partei, Gewerkschaft, FDJ usw.) eingebettet. Gemäß dem Prinzip der Einzelleitung ist er gegenüber seiner übergeordneten Instanz persönlich voll verantwortlich und besitzt Weisungsrecht gegenüber allen Mitarbeitern des Betriebes (GBA, § 9, 2).

Die straffe Subordination der innerbetrieblichen Struktur ist durch die Ausbildung eines für die Leitungsorganisation des sozialistischen Betriebes typischen Gegengewichtsprinzips zur allseitigen Kontrolle innerhalb der betrieblichen Führung gekennzeichnet. Typisch hierfür ist die doppelte Unterstellung des → **Hauptbuchhalters**. Ebenso richtet sich das System der gesellschaftlichen Leitung gegen „individuelle und kollektive Sonderinteressen" des Betriebes.

Der Betriebsdirektor hat die Grundsätze und Normen des sozialistischen → **Arbeitsrechts** zu verwirklichen. Er ist für die Ausarbeitung und Erfüllung des → **Betriebsplans** und seiner Aufschlüsselung bis hin zum Arbeitsplatz verantwortlich und hat den Betriebsplan vor seinem vorgesetzten Leiter zu verteidigen. Er legt die Aufgabenbereiche und Befugnisse der leitenden Mitarbeiter fest. Er kann seine Befugnisse partiell auf diese übertragen. Er ist verantwortlich für → **Arbeitsgestaltung**, Arbeitsnormen und die Ausarbeitung und Festsetzung

sonstiger Leistungskennziffern. Gemäß dem sozialistischen Leistungsprinzip hat er das Arbeitspotential des Betriebes auf hohe Planerfüllung und maximale Steigerung der Arbeitsproduktivität zu konzentrieren, wie auch „die Beziehungen zwischen Tarif, Leistung und Lohn so zu gestalten, daß jeder Werktätige daran interessiert ist, hohe Leistungen zu erreichen" (VO 73, § 9). Mitwirkungsorgane der Belegschaft sind nicht als Beginn des Übergangs zur kollektiven Leitung im Sinne einer Mitbestimmung, sondern als Form einer straffen Leitung durch kollektive Mitwirkung und Beratung im Dienste einer intensiven Kontrolle zu verstehen. Ihr Recht auf Mitwirkung sollen die Werktätigen grundsätzlich durch die BGL und die BPO verwirklichen. „Im Betrieb . . . wirken die Werktätigen unmittelbar und mit Hilfe ihrer gewählten Organe an der Leitung mit" (Verfassung der DDR, Art. 42, 1). Betriebsdirektor, Partei und Gewerkschaft organisieren, kanalisieren und steuern die Mitwirkung.

Dabei ist der Form nach zwischen kollektiven Verträgen (→ **BKV**), beratenden Gremien, (**Ständige** → **Produktionsberatungen**), gelenkte Produktionsinitiativen (Formen des → **Sozialistischen Wettbewerbs**) und Versammlungen verschiedener Art (Rechenschaftslegungen usw.) zu unterscheiden. Mitwirkung bedeutet Mitsprache zur Mobilisierung der Reserven des Betriebes durch Ausnutzung der „schöpferischen Initiative" der Belegschaft.

Die Grundsätze der B. eines VEB gelten in der Regel gleichermaßen für die Betriebe eines → **Kombinates**, soweit diese einen eigenen Betriebsnamen führen. Für unselbständige Betriebsteile eines Kombinates bestehen Sonderregelungen.

Betriebswirtschaft, Sozialistische: → **Sozialistische Betriebswirtschaftslehre.**

Betriebszeitung: → **Zeitschriften; Presse.**

Bevölkerung

Entwicklung der Wohnbevölkerung – Altersaufbau – Beschäftigtenstruktur – Bevölkerungsbewegung

I. Gegenwärtiger Stand und allgemeine Entwicklung der Wohnbevölkerung nach 1945

Am 31. 12. 1973 hatte die DDR 16 951 251 Einwohner. Die mittlere Bevölkerungszahl wird mit 16 980 000 Personen angegeben. Die Wohn-B. ist, von kleineren Anstiegen abgesehen, ständig und 1973 erstmals unter die 17-Millionen-Grenze gesunken (vgl. Tabelle 1, Seite 148).

Der Anteil der Land-B. (B. in Gemeinden mit einer Einwohnerzahl von unter 200 bis unter 2 000 Personen) betrug 25,3 v. H. im Jahre 1973, der der Stadt-B. (B. in Gemeinden mit einer Einwohnerzahl von 2 000 bis 100 000 und mehr Personen) 74,7 v. H. Die Relation hat sich in den letzten Jahren ständig zugunsten der Stadt-B. verbessert.

Im Jahre 1939 lebten auf dem Territorium der heuti-

gen DDR 16 745 385 Menschen. Bis zum Jahre 1946 hatte die Zahl um 1 742 931 Personen zugenommen, so daß ein Jahr nach Ende des Krieges ein B.-Stand von 18 488 316 Einwohnern (nach dem Gebietsstand vom 1. 1. 1960 einschließlich Ost-Berlin und einschließlich der Insassen von Umsiedler-, Kriegsgefangenen- und anderen Durchgangslagern) registriert wurde (vgl. Tab. 1). Die Zahl stieg noch bis 1947 auf über 19,102 Mill. an und sank von da an bis 1964 schnell und stetig. Das starke Ansteigen der B.-Zahl in den ersten Jahren nach dem Kriege ist durch das Einströmen von Vertriebenen bzw. durch deren Umsiedlung aus den Gebieten östlich der Oder-Neiße-Linie sowie durch die Rückkehr von Kriegsgefangenen bedingt. Die Zahl der Vertriebenen („Neubürger" oder „Umsiedler") wird für den Zeitraum von 1945 bis 1949 nach offiziellen Angaben mit 4,44 Mill. veranschlagt. Im Verlauf der allgemeinen Fluchtbewegung (→ **Flüchtlinge**) reduzierte sich ihre Zahl auf ca. 1,7 Mill. Verbindliches

Tabelle 1
Die zahlenmäßige Entwicklung der Wohnbevölkerung von 1946 bis 1973

Jahres-ende[1]	Wohnbev. insges. einschl. Berlin (Ost)	männlich absolut	in v. H.	weiblich absolut	in v. H.	Frauen je 100 Männer
1946	18 488 316	7 859 545	42,5	10 628 771	57,5	135
1950	18 388 172	8 161 189	44,4	10 226 983	55,6	125
1951	18 350 128	8 159 015	41,5	10 191 113	55,5	125
1952	18 300 111	8 146 390	44,5	10 153 721	55,5	125
1953	18 112 122	8 071 789	44,6	10 040 333	55,4	124
1954	18 001 547	8 036 712	44,6	9 964 835	55,4	124
1955	17 832 232	7 968 716	44,7	9 863 516	55,3	124
1956	17 603 578	7 876 305	44,7	9 727 273	55,3	124
1957	17 410 670	7 795 241	44,8	9 615 429	55,2	123
1958	17 311 707	7 769 816	44,9	9 541 891	55,1	123
1959	17 285 902	7 774 689	45,0	9 511 213	55,0	122
1960	17 188 488	7 745 274	45,1	9 443 214	54,9	122
1961	17 079 306	7 704 357	45,1	9 374 949	54,9	122
1962	17 135 867	7 743 936	45,2	9 391 931	54,8	121
1963	17 181 083	7 784 482	45,3	9 396 601	54,7	121
1964	17 003 653	7 748 138	45,6	9 255 515	54,4	119
1965	17 039 717	7 779 661	45,7	9 260 056	54,3	119
1966	17 071 380	7 808 255	45,7	9 263 125	54,3	119
1967	17 089 884	7 829 905	45,8	9 259 979	54,2	118
1968	17 087 236	7 843 503	45,9	9 243 733	54,1	118
1969	17 074 504	7 851 573	46,0	9 222 931	54,0	118
1970	17 068 318	7 865 265	46,1	9 203 053	53,9	117
1971	17 053 699	7 872 973	46,2	9 180 726	53,8	117
1972	17 011 111	7 866 414	46,2	9 144 697	53,8	116
1973	16 951 251	7 851 336	46,3	9 099 915	53,7	116

1 1946, 1950 und 1964 Ergebnis am Stichtag der Volkszählung; 1970 Ergebnis der Volkszählung vom 1. 1. 1971.

über die tatsächliche Größenordnung läßt sich aber aufgrund fehlender oder nicht zugänglicher Unterlagen kaum aussagen. In den Statistiken werden ehemalige Bewohner der deutschen Ostgebiete nicht als solche ausgewiesen.

Tabelle 1 zeigt neben der zahlenmäßigen Entwicklung der Wohn-B. auch die Entwicklung der Sexualstruktur. In den letzten 25 Jahren ist der Frauenüberschuß zwar kontinuierlich zurückgegangen: Auf 100 männliche Personen kommen Ende 1973 nur noch 116 weibliche (1950: 125). Jedoch ist auch diese Relation im internationalen Vergleich noch relativ hoch.

Die B.-Dichte betrug 1973 für die gesamte DDR 157 Einwohner pro km² (B.-Dichte des Gebiets im Vergleich: 155 Einw./km², 1939; 170 Einw./km², 1946; 171 Einw./km², 1950; 158 Einw./km², 1961 und 1967).

In den einzelnen Bezirken variiert die B.-Dichte erheblich. Ost-Berlin hat bei einer Fläche von 403 km² im Jahre 1973 eine B.-Dichte von 2 702 Einw./km², während der Bezirk Neubrandenburg bei einer Ausdehnung von 10 792 km² nur 59 Einw./km² aufweist. Der bevölkerungsreichste Bezirk der DDR, Karl-Marx-Stadt, umfaßt eine Fläche von 6 009 km² bei einer B.-Dichte von 344 Einw./km². Im – flächenmäßig größten – Bezirk Potsdam mit einer Ausdehnung von 12 572 km² leben durchschnittlich 90 Personen pro km².

II. Die zahlenmäßige Entwicklung der Wohnbevölkerung der Bezirke von 1946 bis 1973

Die Wohn-B. der Bezirke, einschließlich Ost-Berlins, hat sich seit 1946 in recht unterschiedlicher Weise entwickelt. Der Vergleich der Einwohnerzahlen der einzelnen Bezirke zu sechs verschiedenen Zeitpunkten bringt das Ausmaß der Zu- bzw. Abnahme der B. zum Ausdruck, wobei einzelne Faktoren der B.-Bewegung (wie Flucht, Übersiedlung, Binnenwanderung usw.) nicht analysiert werden (vgl. Tabelle 2).

Lediglich die Bezirke Frankfurt (Oder) und Cottbus weisen in den Jahren seit 1950 eine steigende B.-Zahl auf. Sie ist vermutlich in erster Linie – aufgrund der in diesen Gebieten neugeschaffenen und gutbezahlten Arbeitsmöglichkeiten (Braunkohlengebiet „Schwarze Pumpe", Eisenhüttenstadt, Erdölstadt Schwedt) – eine Folge starker Binnenwanderung und geht somit auf Kosten anderer Bezirke. Alle anderen Bezirke bis auf Rostock haben seit 1950 sinkende B.-Zahlen.

III. Der Altersaufbau der Wohnbevölkerung

In Tabelle 3 sind der Altersaufbau der Wohn-B. und der prozentuale Anteil der Altersgruppen zusammengestellt.

B.-Entwicklung bzw. B.-Stand sind durch einen ungünstigen Altersaufbau gekennzeichnet. Der hohe Anteil junger Menschen im Alter bis zu 25 Jahren an

Tabelle 2
Die zahlenmäßige Entwicklung der Wohnbevölkerung (in 1 000) in den einzelnen
Bezirken 1946, 1950, 1961, 1964, 1967, 1973[1]

Bezirk	29. 10. 1946	31. 8. 1950	31. 12. 1961	31. 12. 1964	31. 12. 1967	31. 12. 1973	Differenz zwischen 1946 u. 1950	1950 u. 1961	1961 u. 1964	1964 u. 1967	1967 u. 1971
Berlin (Ost)	1 174,6	1 189,1	1 055,3	1 070,7	1 082,0	1 088,8	+ 14,5	− 133,8	+ 15,4	+ 11,3	+ 6,8
Rostock	850,6	846,3	831,9	834,6	849,1	866,5	− 4,3	− 14,8	+ 2,7	+ 14,5	+ 17,4
Schwerin	730,0	691,0	618,9	593,5	598,7	594,4	− 38,9	− 72,2	− 25,4	+ 5,2	− 4,3
Neubrandenburg	732,1	715,9	644,9	632,7	638,3	631,5	− 16,2	− 71,0	− 12,2	+ 5,6	− 6,8
Potsdam	1 223,6	1 221,7	1 146,7	1 123,8	1 134,4	1 128,6	− 1,9	− 75,0	− 22,9	+ 10,6	− 5,8
Frankfurt/Oder	609,5	643,5	655,5	652,5	670,3	688,4	+ 34,0	+ 12,0	− 3,0	+ 17,8	+ 18,1
Cottbus	805,0	804,0	805,8	831,6	847,3	871,0	− 1,0	+ 1,8	+ 25,8	+ 15,7	+ 23,7
Magdeburg	1 533,7	1 518,6	1 369,0	1 323,1	1 325,9	1 305,0	− 15,1	− 149,6	− 45,9	+ 2,8	− 20,9
Halle/Saale	2 147,9	2 118,9	1 958,1	1 928,5	1 932,9	1 902,3	− 29,0	− 160,8	− 29,6	+ 4,4	− 30,6
Erfurt	1 391,7	1 367,0	1 241,7	1 246,2	1 256,0	1 250,6	− 24,7	− 125,3	+ 4,5	+ 9,8	− 5,4
Gera	791,2	756,9	723,7	733,9	736,0	739,9	− 34,3	− 33,2	− 10,2	+ 2,1	+ 3,9
Suhl	573,5	568,7	544,0	548,7	552,6	551,9	− 4,8	− 24,7	+ 4,7	+ 3,9	− 0,7
Dresden	1 951,8	1 981,2	1 875,6	1 883,8	1 884,6	1 855,9	+ 29,4	− 105,6	+ 8,2	+ 0,8	− 28,7
Leipzig	1 649,5	1 630,4	1 509,6	1 510,7	1 507,9	1 467,1	− 19,1	− 120,8	+ 1,1	− 2,8	− 40,8
Karl-Marx-Stadt	2 190,3	2 333,0	2 098,6	2 089,3	2 074,0	2 009,3	+ 142,7	− 234,4	− 9,3	− 15,3	− 64,7

1 29. 10. 1946: Datum der Volkszählung   31. 12. 1964: Endgültige Ergebnisse der Volks- und Berufszählung
  31. 8. 1950: Datum der Vokszählung   31. 12. 1967: Gebietsstand
  31. 12. 1961: Gebietsstand 1. 1. 1962   31. 12. 1973: Gebietsstand

Tabelle 3
Wohnbevölkerung nach Alter und Geschlecht und Anteil der Altersgruppen (Stand: 31. 12. 1973)

Altersgruppe	insgesamt	männlich	weiblich	Anteil der Altersgruppe an der Gesamtbevölkerung in v. H.
unter 1 J.	177 767	91 183	86 584	1,0
1 bis unter 3 J.	426 919	219 208	207 711	2,5
3 bis unter 6 J.	702 055	359 286	342 769	4,1
6 bis unter 10 J.	1 065 845	546 449	519 396	6,3
10 bis unter 14 J.	1 149 653	588 339	561 314	6,8
14 bis unter 15 J.	275 538	141 155	134 383	1,6
15 bis unter 18 J.	771 628	395 564	376 064	4,6
18 bis unter 21 J.	798 994	411 176	387 818	4,7
21 bis unter 25 J.	989 326	505 981	483 345	5,8
25 bis unter 30 J.	872 269	440 921	431 348	5,1
30 bis unter 35 J.	1 300 593	654 777	645 816	7,7
35 bis unter 40 J.	1 246 722	627 494	619 228	7,4
40 bis unter 45 J.	1 012 425	504 258	508 167	6,0
45 bis unter 50 J.	917 541	392 597	524 944	5,4
50 bis unter 55 J.	894 941	338 862	556 079	5,3
55 bis unter 60 J.	609 334	225 998	383 336	3,6
60 bis unter 65 J.	1 014 702	387 209	627 493	6,0
65 bis unter 70 J.	994 562	398 382	596 180	5,9
70 bis unter 75 J.	807 721	315 928	491 793	4,8
75 J. und älter	922 716	306 569	616 147	5,4
zusammen	16 951 251	7 851 336	9 099 915	100,0

den → **Flüchtlingen** bis 1961 und eine – ebenfalls durch die Fluchtbewegung, jedoch auch durch die Nachwirkungen der beiden Weltkriege und Veränderungen im generativen Verhalten bedingte – niedrige Geburtenrate hat zu einer starken Überalterung der B. geführt. Durch den zunehmenden Prozeß der Überalterung liegen die Sterbeziffern seit 1969 über den Geburtenziffern (vgl. Tabelle 5). Man rechnet damit, daß die negative B.-Entwicklung anhalten wird (→ **Familie**).

IV. Wohnbevölkerung und Beschäftigtenstruktur

Die drei Hauptgruppen der B. bei Berücksichtigung der Beschäftigtenstruktur: Personen im arbeitsfähigen Alter (Frauen von 15 bis unter 60, Männer von 15 bis unter 65 Jahre), Kinder (unter 15 Jahre) und

Tabelle 4

Wohnbevölkerung im arbeitsfähigen und nichtarbeitsfähigen Alter 1946–1973

Jahr	Von 100 Personen der Wohnbevölkerung waren			Auf 100 Personen im arbeitsfähigen Alter der Wohnbevölkerung kamen ... Personen im nichtarbeitsfähigen Alter		
	im arbeitsfähigen Alter (15 bis unter 60/65 Jahren)	im nichtarbeitsfähigen Alter (unter 15 Jahren)	(im Rentenalter)	insgesamt	Kinder unter 15 Jahren	im Rentenalter Stehende
1946	63,1	23,9	13,0	58,6	38,0	20,6
1950	64,1	22,1	13,8	56,1	34,5	21,6
1955	63,9	20,1	16,0	56,4	31,4	24,9
1956	63,6	19,9	16,4	57,1	31,3	25,8
1957	63,2	20,0	16,8	58,2	31,6	26,6
1958	62,9	20,0	17,2	59,1	31,8	27,3
1959	62,3	20,4	17,4	60,6	32,7	27,9
1960	61,3	21,0	17,6	63,0	34,3	28,7
1961	60,3	21,8	18,0	65,9	36,1	29,8
1962	59,6	22,3	18,1	67,8	37,4	30,4
1963	59,0	22,7	18,2	69,4	38,5	30,9
1964	58,4	23,2	18,4	71,2	39,7	31,5
1965	58,2	23,2	18,6	71,8	39,9	31,9
1966	58,0	23,2	18,8	72,5	40,0	32,4
1967	57,8	23,1	19,1	72,9	39,9	33,0
1968	57,8	22,9	19,3	73,0	39,7	33,3
1969	57,8	22,8	19,4	73,0	39,4	33,6
1970	57,9	22,6	19,5	72,7	39,1	33,7
1971	58,0	22,5	19,5	72,5	38,8	33,7
1972	58,2	22,2	19,7	72,0	38,1	33,8
1973	58,5	21,7	19,8	71,0	37,1	33,8

Tabelle 5

Ziffern der natürlichen Bevölkerungsbewegung

Jahr	Eheschließungen insgesamt	Lebendgeborene insgesamt	Gestorbene insgesamt	Eheschließungen	Lebendgeborene	Gestorbene	Gestorbene Säuglinge je 1000 Lebendgeb.
				je 1000 der Bevölkerung			
1950	214 744	303 866	219 582	11,7	16,5	11,9	72,2
1951	195 220	310 772	208 800	10,6	16,9	11,4	63,8
1952	176 421	306 004	221 676	9,6	16,7	12,1	59,1
1953	158 020	298 933	212 627	8,7	16,4	11,7	53,5
1954	152 224	239 715	219 832	8,4	16,3	12,2	50,3
1955	155 410	293 280	214 066	8,7	16,3	11,9	48,9
1956	152 580	281 282	212 698	8,6	15,9	12,0	46,5
1957	150 069	273 327	225 179	8,6	15,6	12,9	45,5
1958	154 361	271 405	221 113	8,9	15,6	12,7	44,2
1959	161 863	291 980	229 898	9,4	16,9	13,3	40,8
1960	167 583	292 985	233 759	9,7	17,0	13,6	38,8
1961	169 438	300 818	222 739	9,9	17,6	13,0	33,7
1962	165 677	297 982	233 995	9,7	17,4	13,7	31,6
1963	148 330	301 472	222 001	8,6	17,6	12,9	31,2
1964	135 855	291 867	226 191	8,0	17,2	13,3	28,6
1965	129 002	281 058	230 254	7,6	16,5	13,5	24,8
1966	121 571	267 958	225 663	7,1	15,7	13,2	22,9
1967	117 146	252 817	227 068	6,9	14,8	13,3	21,4
1968	119 676	245 143	242 473	7,0	14,3	14,2	20,2
1969	125 151	238 910	243 732	7,3	14,0	14,3	20,3
1970	130 723	236 929	240 821	7,7	13,9	14,1	18,5
1971	130 205	234 870	234 953	7,6	13,8	13,8	18,0
1972	133 575	200 443	234 425	7,8	11,8	13,8	17,6
1973[1]	136 996	180 336	232 006	8,1	10,6	13,7	16,0

1 Vorläufige Zahlen.

Rentner (Frauen ab 60, Männer ab 65), haben einen Anteil an der gesamten Wohn-B. von 58,5 v. H., 21,7 v. H. und 19,8 v. H. (vgl. Tabelle 4).

Gegenüber dem Tiefstand in den Jahren 1968/1969 hat sich das Verhältnis von Personen im arbeitsfähigen und nichtarbeitsfähigen Alter leicht gebessert. 1968 kamen auf je 100 Personen im arbeitsfähigen Alter 73 Nichtarbeitsfähige, und diese Zahl ist 1973 – entgegen den statistischen Vorausberechnungen aufgrund der Ergebnisse der Volks- und Berufszählung vom 31. 12. 1964 – auf 71 herabgesunken. Vergleicht man die Bezirke miteinander, so weist 1973 der Bezirk Dresden die niedrigste B.-Zahl im arbeitsfähigen Alter auf, nämlich 57,1 v. H. der Wohn-B. des Bezirkes. Die höchsten B.-Zahlen im arbeitsfähigen Alter sind mit jeweils 59,4 von 100 in den Bezirken Halle, Rostock und Suhl zu finden. Rostock ist darüber hinaus der Bezirk mit dem günstigsten Verhältnis von Kindern (42,2 auf 100 Personen im arbeitsfähigen Alter) und Rentnern (26,2 auf 100 Personen im arbeitsfähigen Alter). Im Bezirk Karl-Marx-Stadt dagegen ist der Anteil der Kinder an der im nichtarbeitsfähigen Alter stehenden Wohn-B. kleiner als der der Rentner: Auf 100 Personen im arbeitsfähigen Alter entfallen 71,5 im

nichtarbeitsfähigen Alter – 31,8 unter 15 und 39,7 über 60/65 Jahre.

Noch aussagekräftiger – vor allem in Hinsicht auf die Versorgung der Volkswirtschaft mit Arbeitskräften – ist die Zahl der tatsächlich am Arbeits- und Produktionsprozeß teilnehmenden Personen, also der „wirtschaftlich Tätigen" (Beschäftigten) und ihr Anteil an der Wohn-B. Bei der männlichen B. ist nur eine verhältnismäßig geringe Differenz zwischen der Zahl der im arbeitsfähigen Alter Stehenden und der der wirtschaftlich Tätigen zu erwarten, während der Unterschied bei den Frauen größer sein dürfte. Nach den Ergebnissen der Volks- und Berufszählung vom 1. 1. 1971 ergibt sich folgendes Bild:

Wohnbevölkerung:

insgesamt	17 068 318 Personen
Männer	7 865 265 Personen
Frauen	9 203 053 Personen

Personen im arbeitsfähigen Alter:

insgesamt	9 881 068 Personen
Männer	4 870 386 Personen
Frauen	5 010 682 Personen

Wirtschaftlich Tätige (Beschäftigte):

insgesamt	8 214 251 Personen
Männer	4 413 126 Personen
Frauen	3 801 125 Personen

Die Zahlen zeigen, daß in der DDR so gut wie keine Arbeitskräftereserven mehr vorhanden sein dürften. Rechnet man zu den wirtschaftlich Tätigen noch die

Tabelle 6
Eheschließende 1972 nach Alter und Geschlecht

Alter	Männer	Frauen	insgesamt
18 bis unter 19 J.	3 080	18 713	21 793
19 bis unter 20 J.	7 280	22 146	29 426
20 bis unter 21 J.	12 204	22 727	34 931
21 bis unter 22 J.	18 280	17 749	36 029
22 bis unter 23 J.	18 359	11 820	30 179
23 bis unter 24 J.	13 521	6 574	20 095
24 bis unter 25 J.	9 415	3 929	13 344
25 bis unter 26 J.	7 459	2 832	10 291
26 bis unter 27 J.	3 913	1 704	5 617
27 bis unter 28 J.	4 358	2 001	6 359
28 bis unter 29 J.	4 332	2 076	6 408
29 bis unter 30 J.	3 422	1 775	5 197
30 bis unter 31 J.	3 179	1 711	4 890
31 bis unter 32 J.	2 803	1 622	4 425
32 bis unter 33 J.	2 446	1 540	3 986
33 bis unter 34 J.	2 136	1 325	3 461
34 bis unter 35 J.	1 587	1 096	2 683
35 bis unter 36 J.	1 398	939	2 337
36 bis unter 37 J.	1 112	899	2 011
37 bis unter 38 J.	1 063	812	1 875
38 bis unter 39 J.	769	678	1 474
39 bis unter 40 J.	662	553	1 215
40 bis unter 41 J.	654	509	1 163
41 bis unter 42 J.	679	512	1 191
42 bis unter 43 J.	619	471	1 090
43 bis unter 44 J.	604	491	1 095
44 bis unter 45 J.	488	441	929
45 bis unter 50 J.	1 771	2 026	3 797
50 bis unter 55 J.	1 271	1 618	2 889
55 bis unter 60 J.	1 178	1 072	2 250
60 J. und älter	3 506	1 214	4 720

Tabelle 7
Eheschließungen und Ehescheidungen 1950–1973

Jahr	Eheschließungen	Ehescheidungen insgesamt	je 10 000 der Bevölkerung
1950	214 744	49 860	27,1
1951	195 220	38 110	20,8
1952	176 421	32 322	17,6
1953	158 020	30 970	17,0
1954	152 224	28 214	15,6
1955	155 410	25 736	14,3
1956	152 580	23 349	13,2
1957	150 069	23 298	13,3
1958	154 361	23 167	13,3
1959	161 863	24 273	14,0
1960	167 583	24 540	14,2
1961	169 438	26 114	15,2
1962	165 677	24 900	14,6
1963	148 330	24 649	14,4
1964	135 855	27 486	16,2
1965	129 002	26 576	15,6
1966	121 571	27 949	16,4
1967	117 146	28 303	16,6
1968	119 676	28 721	16,8
1969	125 151	28 900	16,9
1970	130 723	27 407	16,1
1971	130 205	30 831	18,1
1972	133 575	34 766	20,4
1973[1]	136 996	38 531	22,7

1 Vorläufige Zahlen.

an Hoch- und Fachschulen im Direktstudium Studierenden hinzu (1970 = 163 004 Personen) und berücksichtigt ferner die Lehrlinge sowie die arbeitsfähigen Jahrgänge der Schüler an polytechnischen Oberschulen, so ergibt sich eine Summe, die der Zahl der im arbeitsfähigen Alter stehenden Personen sehr naherückt. In anderen Worten: Zu den wirtschaftlich Tätigen gehören bereits Personen im Rentenalter. Die Arbeitskräftereserven der DDR-Wirtschaft liegen damit bei den durch Hausarbeit gebundenen Frauen und weiteren Rentnern.

V. Die natürliche Bevölkerungsbewegung

Die starke Überalterung der B. läßt die Sterbeziffern (Gestorbene auf je 1 000 der B.) schneller ansteigen, als sie durch die Zahl der Lebendgeborenen in einem Maße ausgeglichen werden könnten, das sich sichtbar progressiv auf die B.-Entwicklung auswirkte. Zusätzlich zu dem ungünstigen Altersaufbau und der hohen Sterberate ist eine Abnahme der Zahl der Geburten, parallel zu einer sinkenden Geburtenfreudigkeit, zu beobachten (vgl. Tabelle 5).

Die allgemeine Fruchtbarkeitsziffer, die bis zum Jahre 1963 angestiegen war, ist seitdem ständig und stark gesunken. Auf je 1 000 Frauen im gebärfähigen Alter (von 15 bis unter 45 Jahren) entfielen:

1949 – 63,6 Geburten	1963 – 88,7 Geburten
1953 – 75,8 Geburten	1966 – 80,5 Geburten
1955 – 77,0 Geburten	1969 – 71,1 Geburten
1959 – 84,0 Geburten	1972 – 58,6 Geburten
1961 – 87,8 Geburten	

Wie aus Tabelle 5 weiterhin zu ersehen ist, konnte die Säuglingssterblichkeit erheblich gesenkt werden. Auch die Zahl der Totgeburten, die in Tabelle 5 nicht aufgeführt wurde, nahm ab: Kamen 1950 auf 1 000 Geburten noch 21,7 Totgeburten, so sind es 1972 nur noch 9,2.

Tabelle 6 zeigt die Zahl der Eheschließenden, verteilt auf Altersgruppen für das Jahr 1972. Frauen heiraten in der DDR überwiegend früher als Männer, und das Heiratsalter beider Geschlechter ist – wie etwa der Vergleich mit der Bundesrepublik Deutschland ergibt (s. Bericht der Bundesregierung und Materialien zur Lage der Nation 1971, S. 68 ff.) – relativ niedrig (→ **Familienrecht**).

Die Zahl der Eheschließungen ist nach einem Tiefstand im Jahre 1967 wieder angestiegen, die Zahl der Ehescheidungen (vgl. Tabelle 7) dagegen fast kontinuierlich gewachsen. Mit 20,4 Ehescheidungen je 10 000 der B. liegt die Scheidungsziffer der DDR über der der Bundesrepublik und gehört zu den höchsten im Weltmaßstab (→ **Ehescheidungen**).

VI. Quellen

Soweit nicht anders vermerkt, sind alle vorangehenden Zahlenangaben den Statistischen Jahrbüchern der DDR entnommen. Für den Vergleich von B.-Strukturen in der DDR und der Bundesrepublik ist der Bericht der Bundesregierung und Materialien zur Lage der Nation 1971 hilfreich.

→ **Sozialstruktur; Frauen; Jugend.**

Bevollmächtigter für Sozialversicherung: Funktionär im → **Sozialversicherungs- und Versorgungswesen**.

Bewaffnete Kräfte: Im Sprachgebrauch der SED als „Bewaffnete Organe der DDR" bezeichnet. Dazu gehören:

die → **Nationale Volksarmee**, einschließlich der Grenztruppen, ca. 178 000 Mann;

die → **Deutsche Volkspolizei**, ca. 73 000 Mann;

die → **VP-Bereitschaften**, ca. 15 000 Mann;

Sondereinheiten des → **Ministeriums für Staatssicherheit**, ca. 24 000 Mann;

die → **Kampfgruppen**, ca. 400 000 Mann;

die → **Transportpolizei**, ca. 8 500 Mann;

die bewaffneten Einheiten der Zollverwaltung (→ **Zollwesen**), ca. 10 000 Mann.

Für den Ernstfall müssen noch ca. 250 000 Reservisten der NVA hinzugezählt werden.

Bewährung: Es gibt die Verurteilung auf B. und die Strafaussetzung auf B., früher bedingte Verurteilung bzw. bedingte Strafaussetzung genannt.

1. *Verurteilung auf B.* ist eine der im StGB vorgesehenen Strafen ohne Freiheitsentzug, durch die der Täter dazu angehalten werden soll, „durch gewissenhafte Erfüllung seiner Pflichten und Bewährung in der Arbeit und in seinem persönlichen Leben seine Tat gegenüber der Gesellschaft wieder gutzumachen, seine gesellschaftliche Verantwortung zu erkennen und ernst zu nehmen und das Vertrauen der Gesellschaft auf sein künftiges verantwortungsbewußtes Verhalten zu rechtfertigen". Mit der Verurteilung auf B. wird eine B.-Zeit von einem Jahr bis zu drei Jahren festgesetzt. Zugleich wird eine Freiheitsstrafe für den Fall angedroht, daß der Verurteilte seine Pflicht zur B. schuldhaft nicht nachkommt.

Zur Erhöhung der erzieherischen Wirksamkeit kann der Verurteilte für die Dauer der B.-Zeit verpflichtet werden, den von ihm angerichteten Schaden wieder gutzumachen, sich am Arbeitsplatz zu bewähren, sein Arbeitseinkommen für den Familienunterhalt zu verwenden sowie sich einer fachärztlichen Behandlung zu unterziehen, wenn dies zur Verhütung weiterer Rechtsverletzungen notwendig ist.

Nach Ablauf der B.-Zeit stellt das Gericht durch Beschluß fest, daß der Verurteilte nicht mehr als bestraft gilt. Wird der Verurteilte während der B.-Zeit erneut zu einer Freiheitsstrafe verurteilt, kommt er böswillig den ihm auferlegten B.-Pflichten nicht nach oder zeigt er durch hartnäckiges undiszipliniertes Verhalten, daß er keine Lehren aus der Verurteilung gezogen hat, so kann der Vollzug der angedrohten Freiheitsstrafe angeordnet werden.

2. Der Vollzug einer zeitigen Freiheitsstrafe kann nach § 45 StGB unter Auferlegung einer B.-Zeit von 1 Jahr bis 5 Jahren mit dem Ziel des Straferlasses zur B. ausgesetzt werden, bei Freiheitsstrafen von mehr als 6 Jahren aber erst, wenn mindestens die Hälfte der Strafe verbüßt ist (§ 349 StPO). Das Gericht kann zur Erhöhung der erzieherischen Wirkung ein Kollektiv der Werktätigen beauftragen, dem Verurteilten bei der Wiedereingliederung in das gesellschaftliche Leben zu helfen und erzieherisch auf ihn einzuwirken, sowie den Verurteilten verpflichten, den ihm zugewiesenen Arbeitsplatz nicht zu wechseln, seinen Unterhaltsverpflichtungen nachzukommen, und eine Aufenthaltsbeschränkung aussprechen. → **Strafensystem.**

Bewußtsein, Gesellschaftliches: Nach Auffassung des Dialektischen und Historischen Materialismus ist das Bewußtsein des Menschen stets historisch-gesellschaftlich determiniert. Das GB. spiegelt das „gesellschaftliche Sein" bzw. die gesamte objektive Realität wider. Im engeren Sinn wird unter GB. die Gesamtheit der politischen, philosophischen, moralischen, juristischen Anschauungen und Theorien verstanden, die den ideellen Bestandteil des Überbaus einer bestimmten Gesellschaft bilden. GB. ist für den Marxismus-Leninismus ein am Gesamtinteresse einer sozialen Klasse orientiertes Bewußtsein; in der Klassengesellschaft hat es stets Klassencharakter. Als solches ist es ein Produkt der gesellschaftlichen Entwicklung und nicht die Summe der individuellen Bewußtseinshaltungen der Menschen. Andererseits ist das individuelle Bewußtsein vom GB. beeinflußt. Der herrschenden Lehre des Marxismus-Leninismus zufolge soll das GB. nach dem „Sieg der sozialistischen Produktionsverhältnisse" und im Verlauf des „Aufbaus der sozialistischen Gesellschaft" in zunehmendem Maße gemeinsame Lebensbedingungen und Interessen „wissenschaftlich exakt" widerspiegeln. Um diese Entwicklung zu garantieren, muß das GB. durch die Partei der Arbeiterklasse in die werktätigen Massen hineingetragen werden. → **Moral, Sozialistische; Staatsbewußtsein, Sozialistisches.**

Beziehungen zwischen beiden deutschen Staaten

Viermächte-Abkommen und Folgeverträge – Grundlagenvertrag – Reiseverkehr – Zahlungsverkehr – Innerdeutsche Kommunikation und menschliche Erleichterungen

I. Das Transitabkommen

Wenn man vom → **Innerdeutschen Handel** und notwendigen Kontakten und Vereinbarungen im Bereich von Verkehr und Post absieht, gab es bis zum Jahre 1971 keine institutionalisierten Beziehungen amtlichen Charakters zwischen der Bundesrepublik Deutschland und der DDR. Das Transitabkommen, die deutsche Durchführungsvereinbarung zum → **Viermächte-Abkommen,** war der erste bedeutende Schritt zur Normalisierung des Verhältnisses zwischen den beiden deutschen Staaten.

Das Abkommen zwischen der Regierung der Bundesrepublik Deutschland und der Regierung der Deutschen Demokratischen Republik über den Transitverkehr von zivilen Personen und Gütern zwischen der Bundesrepublik Deutschland und Berlin (West) (Transitabkommen) wurde am 17. 12. 1971 unterzeichnet. Mit dem Schlußprotokoll zum Viermächte-Abkommen trat es am 3. 6. 1972 in Kraft.

A. Benutzung der Transitwege

Von Juni 1972 bis einschließlich Mai 1974, also in den zwei Jahren seit seinem Inkrafttreten, haben insgesamt etwa 25,4 Mill. Deutsche (Westdeutsche und West-Berliner) die Transitwege in beiden Richtungen benutzt.

Im entsprechenden Zeitraum vor Inkrafttreten des Transitabkommens, also in der Zeit von Juni 1970 bis einschließlich Mai 1972, betrug die Zahl der Westdeutschen und West-Berliner, die die Transitwege benutzt haben, etwa 15,8 Mill. Im Vergleich der beiden entsprechenden Zeiträume bedeutet das eine Steigerung um etwa 9,6 Mill. Personen = 60,7 v. H.

Das Viermächte-Abkommen und die deutsche Durchführungsvereinbarung sehen vor, daß es grundsätzlich keine Kategorie von Personen gibt, die von der Benutzung der Transitwege ausgeschlossen werden kann. Kein Reisender kann wegen seiner politischen oder sonstigen Betätigung im Bundesgebiet oder in Berlin (West) zurückgewiesen werden. Auch Personen, welche die DDR ohne Erlaubnis der dortigen Behörden verlassen oder früher in der DDR strafbare Handlungen begangen haben, können die Transitwege ungehindert benutzen. Reisenden, die in der Vergangenheit in der DDR und nach dem Recht der DDR Straftaten gegen das Leben, vorsätzliche Straftaten gegen die körperliche Unversehrtheit des Menschen oder schwere Straftaten gegen das Eigentum begangen haben, kann die Durchreise verweigert werden.

B. Mißbrauch der Transitwege

Ein Mißbrauch der Transitwege liegt gem. Art. 16 des Abkommens vor, wenn ein Reisender während der Benutzung der Transitwege rechtswidrig und schuldhaft gegen die allgemein üblichen Vorschriften der DDR bezüglich der öffentlichen Ordnung verstößt, indem er

a) Materialien verbreitet oder aufnimmt;

b) Personen aufnimmt;

c) die vorgesehenen Transitwege verläßt, ohne durch besondere Umstände, wie Unfall oder Krankheit, oder durch Erlaubnis der zuständigen DDR-Organe dazu veranlaßt zu sein;

d) andere Straftaten begeht oder

e) durch Verletzung von Straßenverkehrsvorschriften Ordnungswidrigkeiten begeht.

Mißbrauch liegt auch vor, wenn jemand als Mittäter, Anstifter oder Gehilfe an der Mißbrauchshandlung eines anderen teilnimmt.

Im Falle des hinreichenden Verdachts, daß ein Mißbrauch beabsichtigt ist, begangen wird oder begangen worden ist, können die DDR-Organe den Reisenden sowie sein Transportmittel und sein Gepäck durchsuchen oder ihn zurückweisen.

Bestätigt sich der Verdacht eines Mißbrauchs, so werden die zuständigen DDR-Organe im angemessenen Verhältnis zur Schwere der Tat entsprechend den allgemein üblichen Vorschriften der DDR bezüglich der öffentlichen Ordnung

a) einen Verweis oder eine Ordnungsstrafe oder eine Verwarnung mit Ordnungsgeld aussprechen oder Gegenstände einziehen;

b) Gegenstände sicherstellen oder beschlagnahmen;

c) Personen zurückweisen oder zeitweilig von der Benutzung der Transitwege ausschließen oder

d) Personen festnehmen.

Bei Straftaten können die zuletzt genannten Maßnahmen auch dann getroffen werden, wenn die Straftaten bei einer früheren Benutzung der Transitwege begangen wurden.

Die DDR ist verpflichtet, die zuständigen Behörden der Bundesrepublik Deutschland über Festnahmen, den Ausschluß von Personen von der Benutzung der Transitwege und Zurückweisungen sowie über die dafür maßgebenden Gründe zu unterrichten.

C. Das Abfertigungsverfahren

Das Abfertigungsverfahren im Eisenbahnverkehr und auf den Straßen ist wesentlich vereinfacht worden. Die Reisenden können grundsätzlich im Fahrzeug sitzen bleiben. Die Kontrolle beschränkt sich auf die Feststellung der Personalien durch Vorlage des Reisepasses, bei West-Berlinern des Personalausweises. Die Visaerteilung erfolgt ohne gesonderten schriftlichen Antrag; bei durchgehenden Bussen können Sammelvisa erteilt werden.

Die Fahrzeuge und das persönliche Gepäck dürfen nur in Ausnahmefällen durchsucht werden. In durchgehenden Zügen und durchgehenden Autobussen umfassen die Kontrollverfahren der DDR außer der Identifizierung von Personen keine anderen Formalitäten. Zum persönlichen Gepäck gehören alle Gegenstände, die für den Gebrauch und Verbrauch während der Reise bestimmt sind, Reiselektüre aller Art, mitgeführte Geschenke und auch Umzugsgut, soweit es im individuellen Personenverkehr mitgeführt wird. Für mitgeführte Hunde und Katzen ist eine amtsärztlich bestätigte Impfbescheinigung ausreichend.

Die Zahlung individueller Visa- und Straßenbenutzungsgebühren ist entfallen. Statt dessen zahlt die Bundesregierung eine Pauschalsumme, die bis 1975 auf jährlich 234,9 Mill. DM festgesetzt worden ist. Mit dieser Pauschale werden noch eine Reihe weiterer, bisher erhobener individueller Abgaben im Güterverkehr abgegolten. Individuelle Gebühren werden nur noch in Ausnahmefällen erhoben, z. B. für die Ausstellung von Paßersatzpapieren oder bei Mitnahme genehmigungspflichtiger Gegenstände.

Das Viermächte-Abkommen und das Transitabkommen haben die Voraussetzung dafür geschaffen, daß in Zukunft die Masse der Transporte in verplombten Transportmitteln durchgeführt werden wird.

D. Das Verplombungsgesetz

Ein Verplombungsgesetz der Bundesregierung vom 23. 6. 1972 sieht – bei wenigen Ausnahmen – die grundsätzliche Verplombungspflicht vor. Es ist am 1. 7. 1973 in Kraft getreten.

Die Verplombung wird grundsätzlich von den Zollbehörden im Bundesgebiet oder in Berlin (West) vorgenommen; anerkannt werden auch Bahn- und Postplomben. Zur praktischen Erleichterung können Verschlüsse nicht nur von den Grenzkontrollstellen, sondern auch von Binnenzollstellen angelegt werden. Darüber hinaus können auch Unternehmen ermächtigt werden, unter bestimmten Voraussetzungen selbst Plomben anzulegen.

Die Kontrollverfahren der DDR beschränken sich auf die Prüfung der Plomben und der Begleitdokumente.

Die Ladung von Fahrzeugen, die nicht verplombt werden können oder von der Verplombungspflicht befreit sind, unterliegt entsprechend dem Viermächte-Abkommen einer Prüfung nur in näher bezeichneten Verdachtsfällen und „im erforderlichen Umfang". Dabei finden die Bestimmungen über den Mißbrauch der Transitwege Anwendung.

Durch einen gesonderten Briefwechsel ist der Warenbegleitschein als Begleitdokument des Verkehrs von und nach Berlin (West) neu gefaßt und wesentlich vereinfacht worden. Diese Neuregelung ist seit dem 1. 3. 1972 in Kraft.

Die besonderen Bedingungen für das Mitführen und den Transport bestimmter Gegenstände einschließlich lebender Tiere sind in einer „Information" der DDR festgelegt. Dabei haben sich eine Reihe wesentlicher Erleichterungen ergeben, vor allem bei Veterinär- und Pflanzenschutzzeugnissen.

E. Grenzübergänge und Transitstrecken

Die bestehenden Grenzübergänge und Transitstrecken wurden im Transitabkommen bestätigt und die Benutzbarkeit verschiedener Grenzübergangsstellen für bestimmte Verkehrs- oder Transportarten erweitert. Alle Eisenbahnzüge verkehren im Transitverkehr als durchgehende Züge; die Betriebshalte an den Grenzen wurden verkürzt und dadurch der Eisenbahnverkehr beschleunigt. Außerdem wurde eine neue Verbindung München – Saßnitz via Berlin eingerichtet. Die Zahl der Reise- und Güterzüge wird nach dem Verkehrsaufkommen bemessen. Im Straßenverkehr werden neben der Anerkennung der Zulassungen und Führerscheine die am Zulassungsort geltenden Vorschriften über Bau und Ausrüstung der Fahrzeuge von der DDR als ausreichend anerkannt. Alle Autobusse, auch solche des Gelegenheitsverkehrs, können als durchgehende Autobusse mit besonderen Abfertigungserleichterungen verkehren. Die DDR hat bestimmte Rastplätze festgelegt, auf denen durchgehende Autobusse anhalten können, ohne dadurch den Charakter eines durchgehenden Autobusses zu verlieren. Die Erteilung von Transportgenehmigungen für den Güterverkehr und die Konzessionierung neuer Transitbuslinien richten sich ausschließlich nach dem Recht der Bundesrepublik Deutschland.

Im Binnenschiffsverkehr ist die besondere Erlaubnis zum Befahren der Wasserstraßen der DDR entfallen. Die Zahl der Feierabendplätze wurde vermehrt. An besonders zugelassenen Liegeplätzen wird den Besatzungen der Binnenschiffe der Landgang gestattet.

Der Verkehr auf den Straßen und Wasserwegen von und nach Berlin (West) wird ferner durch Absprachen über die Hilfe bei Unfällen, Betriebsstörungen und Havarien sowie durch die Übermittlung von Verkehrsinformationen erleichtert.

F. Die Transitkommission

Nach Art. 19 des Transitabkommens ist eine Kommission zur Klärung von Schwierigkeiten und Meinungsverschiedenheiten bei der Anwendung oder Auslegung dieses Abkommens gebildet worden („Transitkommission"). Die Kommission, die abwechselnd in Bonn und in Ost-Berlin tagt, behandelt in ihren regelmäßig stattfindenden Sitzungen alle Probleme des Transitverkehrs von und nach Berlin (West), z. B. Festnahmen und Zurückweisungen von Personen sowie Fragen des Güterverkehrs auf Schiene, Straße und Wasserstraße. In der mehrjährigen Tätigkeit der Kommission seit Inkrafttreten der zitierten Abkommen konnten zahlreiche Unklarheiten beseitigt und Schwierigkeiten aus dem Wege geräumt werden.

II. Der Verkehrsvertrag

Der Abschluß des Vertrages über Fragen des Verkehrs zwischen der Bundesrepublik Deutschland und der Deutschen Demokratischen Republik (Verkehrsvertrag) vom 26. 5. 1972 entsprach dem gegenseitigen Wunsch, die Verkehrsbeziehungen umfassend zu regeln. Der Vertrag trat am 17. 10. 1972 in Kraft.

A. Gegenstand des Verkehrsvertrages

Der Gegenstand des Vertrages umfaßt den Wechselverkehr, d. h. den Verkehr zwischen den beiden Verkehrsgebieten und den Transitverkehr in dritte Staaten auf Straßen, Schienen- und Wasserwegen; ausgenommen sind der Personenverkehr mit Seepassagier- und Binnenschiffen und der Luftverkehr. Grundsätzlich soll der Verkehr in und durch die Hoheitsgebiete der Vertragsstaaten entsprechend der üblichen internationalen Praxis auf der Grundlage der Gegenseitigkeit und Nichtdiskriminierung im größtmöglichen Umfange gewährt, erleichtert und möglichst zweckmäßig gestaltet werden.

Die im Art. 32 zur Klärung eventuell auftretender Meinungsverschiedenheiten vorgesehene gemischte Kommission („Verkehrskommission") trat zu ihrer konstituierenden Sitzung am 13. 11. 1972 in Ost-Berlin zusammen. Insgesamt hat sie bis Mitte 1975 fünfzehnmal getagt. Dabei wurden die sich auf dem Verkehrsgebiet ergebenden praktischen Fragen bei Anwendung des Verkehrsvertrages behandelt.

Der Vertrag gilt für unbestimmte Zeit und kann fünf Jahre nach Inkrafttreten mit einer Frist von drei Monaten zum Ende des jeweiligen Kalenderjahres gekündigt werden.

Der Verkehrsvertrag enthält in sieben Artikeln die erforderlichen Grundbestimmungen, die überwiegend an die Praxis im grenzüberschreitenden Eisenbahnverkehr anknüpfen. Seit dem 1. 4. 1973 sind beide deutschen Staaten Vollmitglieder der Berner Union. Gemäß Art. 11 gilt das internationale Personenbeförderungs- und Frachtrecht der internationalen Übereinkommen CIV und CIM auch für das Verhältnis zwischen der Bundesrepublik Deutschland und der DDR. Berlin (West) wird in der Berner Union von der Bundesrepublik Deutschland vertreten.

Die Hauptverwaltung der Deutschen Bundesbahn und das Ministerium für Verkehrswesen der DDR schlossen in Ausführung des Verkehrsvertrages am 25. 9. 1972 ein Eisenbahngrenzübereinkommen, das technische und Haftungsfragen regelt.

Für beide Seiten ist durch den Verkehrsvertrag erstmals seit 1945 der Transitverkehr durch das Gebiet des anderen Staates in dritte Staaten möglich geworden. Die Vertragsstaaten schaffen auf ihrem Gebiet auch die Voraussetzungen für einen schnellen und wirtschaftlichen Schiffsablauf. Beide Seiten verzichten auf die ehemals durch alliiertes Recht vorgeschriebenen besonderen Erlaubnisse.

Bezüglich des Genehmigungserfordernisses für die gewerbliche Beförderung von Personen oder Gütern wurde vereinbart, daß beide Seiten auf der Grundlage der Gegenseitigkeit ihr Recht auf Anwendung des Genehmigungsverfahrens – mit Ausnahme für den Kraftomnibus-Linienverkehr – nicht ausüben.

Die Vorschriften über den Seeverkehr entsprechen den auch schon bisher im Verhältnis zwischen den beiden deutschen Staaten beachteten Grundsätzen der allgemeinen zwischenstaatlichen Praxis. So wird die gegenseitige Benutzung von Seehäfen und anderen Einrichtungen des Seeverkehrs sowie der Grundsatz der Meistbegünstigung zugesichert. Wie üblich wird die Beförderung von Gütern zwischen Häfen und Ladestellen des anderen Vertragsstaates (Kabotage) unter Genehmigungsvorbehalt gestellt. Art. 31 stellt klar, daß die Vorschriften des Staates, unter dessen Flagge das Schiff fährt, für die Besatzung, Ausrüstung, Einrichtung, Schiffssicherheit, Vermessung und Seetüchtigkeit auch dann gelten, wenn sich das Schiff in den Hoheitsgewässern des anderen Vertragsstaates befindet.

B. Protokollvermerke und Briefwechsel

Zum Vertragswerk gehören Protokollvermerke zu einzelnen Artikeln sowie zum Luftverkehr; über die Mitgliedschaft beider deutschen Staaten in CIV und CIM wurden Briefe gewechselt. In einem weiteren Brief teilte die DDR die im Ergebnis der Inkraftsetzung des Verkehrsvertrages von der DDR erlassenen Reiseerleichterungen mit. Weiter bestätigten die Staatssekretäre Bahr und Kohl in Erklärungen ihr Einvernehmen, daß die Bestimmungen des Verkehrsvertrages in Übereinstimmung mit dem Viermächte-Abkommen vom 3. 9. 1971 auf Berlin (West) unter der Voraussetzung sinngemäß anzuwenden sind, daß in Berlin (West) die Einhaltung der Bestimmungen des Verkehrsvertrages gewährleistet wird.

III. Belebung des innerdeutschen Reiseverkehrs

Die Bemühungen um eine Normalisierung der Beziehungen finden in der Belebung des innerdeutschen Reiseverkehrs ihren sichtbaren Ausdruck.

A. Reiseverkehr aus der Bundesrepublik Deutschland in die DDR

Bis zum Inkrafttreten des Verkehrsvertrages gestattete die DDR Einwohnern des Bundesgebietes eine Reise aus privaten Gründen in die DDR in der Regel nur zum Besuch von Verwandten ersten und zweiten Grades, und zwar nur einmal jährlich bis zur Dauer von 4 Wochen. Ferner war Einwohnern des Bundesgebietes der Tagesaufenthalt in Ost-Berlin möglich. Unabhängig hiervon waren Geschäftsreisen, Reisen zur Leipziger Messe sowie Reisen auf Einladung amtlicher Stellen zulässig.

Mit dem Inkrafttreten des Verkehrsvertrages vom 17. 10. 1972 sind wesentliche Reiseerleichterungen und Verbesserungen wirksam geworden. Einwohnern des Bundesgebietes wird jetzt eine Reise in die DDR nicht nur zum Besuch von Verwandten, sondern auch von Bekannten, und zwar einmal oder mehrmals bis zu einer Dauer von insgesamt 30 Tagen im Jahr erlaubt. Außerdem können Einwohner des Bundesgebietes die Einreisegenehmigung auch auf Einladung der zuständigen Organe der DDR aus kommerziellen, kulturellen, sportlichen und religiösen Gründen erhalten. Erstmals können Touristen-

reisen in die DDR aufgrund von Vereinbarungen zwischen Reisebüros der Bundesrepublik Deutschland und der Generaldirektion des Reisebüros der DDR unternommen werden. Verschiedene Reisebüros im Bundesgebiet bieten Touristenreisen in die DDR an. Westdeutsche, die eine Touristenreise in die DDR unternehmen wollen, stellen einen Reiseantrag bei einem Reisebüro im Bundesgebiet, das bei den Behörden der DDR einen Berechtigungsschein für das Einreisevisum beantragt und im Rahmen der vereinbarten Programme am Zielort in der DDR eine Hotelunterkunft bucht.

Die besonderen Möglichkeiten für Westdeutsche, zu Tagesbesuchen nach Ost-Berlin oder zum Besuch der Leipziger Messe in die DDR einzureisen, bestehen weiterhin.

Eine wesentliche Erleichterung bedeutet die Möglichkeit, unter bestimmten Voraussetzungen mit dem Pkw in die DDR einzureisen. Eine solche Genehmigung kann jetzt erteilt werden, wenn es sich um dringende Einreisen handelt oder das Reiseziel mit öffentlichen Verkehrsmitteln nicht rechtzeitig erreicht werden kann oder der Zielort verkehrsungünstig liegt, ferner, wenn die Einreise mit einem Kind oder mehreren Kindern bis zu 3 Jahren erfolgt, wenn Einreisende wegen Körperbehinderung auf die Benutzung von Personenkraftwagen angewiesen sind oder wenn es sich um Einreisen aus kommerziellen, kulturellen, sportlichen oder religiösen Gründen handelt.

Neu ist ferner, daß die Aufenthaltsgenehmigung jetzt in der Regel für das gesamte Gebiet der DDR gilt. Bisher durften Besucher aus dem Bundesgebiet, die nicht im Besitz einer Sondergenehmigung waren, sich in der DDR nur in dem Kreis aufhalten, für den die Einreisegenehmigung erteilt worden war.

Mit dem Inkrafttreten des → **Grundlagenvertrages** am 21. 6. 1973 wurden weitere Verbesserungen des grenzüberschreitenden Reise- und Besucherverkehrs einschließlich des Tourismus wirksam. Die Be-

Übersicht über den grenznahen Verkehr

Monat	Zahl der Reisenden	Anteil der Pkw-Reisenden in v. H.
1973 Juli	9 800	60
August	26 750	66
September	42 600	75
Oktober	49 500	78
November	38 950	80
Dezember	25 300	83
1974 Januar	12 900	81
Februar	13 350	82
März	19 150	83
April	26 450	83
Mai	25 750	84
Juni	33 300	85
Juli	31 400	85
	355 200	

wohner von 56 grenznahen Stadt- und Landkreisen der Bundesrepublik Deutschland haben jetzt die Möglichkeit, im festgesetzten Rahmen von 30 Besuchstagen im Jahr auf einen Antrag hin bis zu neunmal innerhalb von 3 Monaten zu einem Tagesaufenthalt in den grenznahen Bereich der DDR (54 Kreise) einzureisen („Grenznaher Verkehr"). Der Zeitpunkt jeder einzelnen Reise kann beliebig gewählt werden. Beide deutsche Staaten kamen in einem Briefwechsel überein, zum Zweck des „kleinen Grenzverkehrs" 4 neue Straßenübergänge (DDR: Salzwedel, Worbis, Meiningen, Eisfeld; Bundesrepublik: Uelzen, Duderstadt, Bad Neustadt, Coburg) einzurichten (→ **Grenze**).

Tagesaufenthalte sind sowohl zum Besuch von Verwandten und Bekannten als auch aus rein touristischen Gründen möglich. Der grenznahe Verkehr wickelt sich weitgehend mit Personenkraftwagen ab. Fragen, die in diesem Zusammenhang auftreten, werden von Zeit zu Zeit in Expertengesprächen zwischen der Bundesrepublik Deutschland und der DDR erörtert.

Seit dem 21. 6. 1973 können Transitreisen durch die DDR in andere Länder auch zu Besuchen innerhalb der DDR unterbrochen werden, falls über das Reisebüro der DDR vorher Hotelunterkünfte gebucht worden sind.

Reisen von Westdeutschen in die DDR

1967	1 423 738	1971	1 267 355
1968	1 261 441	1972	1 540 381
1969	1 107 077	1973	2 278 989
1970	1 254 084		

Mit der Anordnung über die Durchführung eines verbindlichen Mindestumtausches von Zahlungsmitteln vom 5. 11. 1973 hatte die Regierung der DDR mit Wirkung vom 15. 11. 1973 den Mindestumtausch, der bei Reisen in die DDR pro Person und Aufenthaltstag zu entrichten ist, von bisher 10 auf 20 DM und bei Tagesaufenthalten in Ost-Berlin von bisher 5 auf 10 DM erhöht. Von der Pflicht zum Mindestumtausch sind lediglich Jugendliche, die das 16. Lebensjahr noch nicht vollendet haben, befreit. Die Befreiung von der Pflicht zum Mindestumtausch für Personen im Rentenalter sowie für Invaliden- und Unfallrentner war damit entfallen. Nach übereinstimmender Meinung westlicher Beobachter sowie der Bundesregierung hatte die Regierung der DDR durch die drastische Erhöhung des Mindestumtauschsatzes gegen den Grundlagenvertrag verstoßen. Mit Wirkung vom 15. 11. 1974 hat die DDR eine Reduzierung des Mindestumtausches auf 13 DM, bzw. 6,50 DM verfügt. Die Rentner wurden allerdings erst ab 20. 12. 1974 wieder von der Umtauschpflicht ausgenommen.

B. Reisen aus der DDR in die Bundesrepublik Deutschland

Nach den Sperrmaßnahmen der DDR seit dem 13. 8. 1961 war es zunächst allen Bewohnern der DDR verwehrt, in die Bundesrepublik Deutschland zu reisen. Seit dem 2. 11. 1964 durften Personen im Rentenalter einmal im Jahr bis zur Dauer von 4 Wochen ihre Verwandten im Bundesgebiet oder in Berlin (West) besuchen. Bei Todesfällen oder in Fällen schwerer Erkrankung eines Angehörigen kann dem gleichen Personenkreis eine zusätzliche Reiseerlaubnis gewährt werden. Als Personen im Rentenalter gelten Frauen von Vollendung des 60. Lebensjahres und Männer ab Vollendung des 65. Lebensjahres an. Den Altersrentnern gleichgestellt sind Invaliden- und Unfallvollrentner. Mit dem Inkrafttreten des Verkehrsvertrages am 17. 10. 1972 wurden die Reisemöglichkeiten insofern verbessert, als nunmehr die Ausreise einmal oder mehrmals im Jahr bis zur Dauer von 30 Tagen – in dringenden Fällen auch mit dem Pkw – genehmigt werden kann.

Bis zum Jahre 1972 machten im Durchschnitt jährlich etwa eine Million Rentner aus der DDR von dieser Besuchsmöglichkeit Gebrauch. Im Jahre 1973 stieg die Zahl dieser Reisen um ein Viertel auf 1,25 Mill.

Nach der Anordnung der DDR-Regierung über Regelungen im Reiseverkehr von Bürgern der DDR vom 17. 10. 1972, die am selben Tage wie der Verkehrsvertrag in Kraft getreten ist, haben erstmals außer Rentnern auch nahe Verwandte jeden Alters – und zwar Großeltern, Eltern, Kinder und Geschwister – die Möglichkeit, in dringenden Familienangelegenheiten in das Bundesgebiet und nach Berlin (West) zu reisen. Als dringende Familienangelegenheiten werden Geburten, Eheschließungen, lebensgefährliche Erkrankungen und Sterbefälle angesehen. Die Ausreise kann einmal oder mehrmals bis zu einer Dauer von insgesamt 30 Tagen im Jahr – und zwar in dringenden Fällen auch mit dem Pkw – genehmigt werden. Von dieser Möglichkeit haben von November 1972 bis zum 31. 12. 1973 insgesamt 52 919 Reisende Gebrauch gemacht.

Mit dem Inkrafttreten des Grundlagenvertrages am 21. 6. 1973 können auch in der DDR wohnende Halbgeschwister (dieselbe Mutter) in dringenden

Besuche von Personen im Rentenalter aus der DDR

1964 (nur November/Dezember)	664 435
1965	1 218 825
1966	1 055 498
1967	1 072 496
1968	1 047 359
1969	1 042 191
1970	1 048 070
1971	1 045 385
1972	1 068 340
1973	1 257 866

Familienangelegenheiten die Ausreisegenehmigung erhalten. Die „dringenden Familienangelegenheiten" wurden auf silberne und goldene Hochzeiten ausgedehnt.

C. Reisen von Personen mit ständigem Wohnsitz in Berlin (West) in die DDR und nach Berlin (Ost)

Den Bewohnern von Berlin (West) wurde in den vergangenen Jahrzehnten die Möglichkeit, in die DDR zu reisen und Ost-Berlin zu besuchen, zunehmend beschnitten. Seit 1952 war es ihnen praktisch unmöglich, in die DDR zu gelangen, und seit 1961 war ihnen grundsätzlich auch Ost-Berlin versperrt. Nur für kurze Zwischenzeiten, und zwar in den Besuchsräumen über Weihnachten und Neujahr in den Jahren 1963, 1964 und 1965, über Ostern und Pfingsten in den Jahren 1965 und 1966 sowie für 14 Tage im Herbst 1964 konnten sie aufgrund der Passierscheinabkommen nahe Verwandte im Ostteil der Stadt besuchen. Seit 1966 bestand nur noch die Möglichkeit, in dringenden Familienangelegenheiten über die sogenannte Härtestelle eine Genehmigung zum Besuch von Ost-Berlin zu erhalten. In den Jahren 1969–1971 waren es im Jahresdurchschnitt 90 000 Berliner, die so ihre Angehörigen im anderen Teil der Stadt wiedersehen konnten.

Nach der in Übereinstimmung mit den Regelungen des Viermächte-Abkommens getroffenen Vereinbarung zwischen dem Senat und der Regierung der DDR über Erleichterungen und Verbesserungen des Reise- und Besucherverkehrs, die zusammen mit dem Viermächte-Abkommen am 3. 6. 1972 in Kraft getreten ist, können Personen mit ständigem Wohnsitz in Berlin (West) einmal oder mehrmals zu Besuchen von insgesamt 30 Tagen im Jahr in die DDR und nach Ost-Berlin einreisen. Die Einreise wird aus humanitären, familiären, religiösen, kulturellen oder touristischen Gründen genehmigt. In dringenden Familienangelegenheiten können Reisen auch dann gewährt werden, wenn die allgemeine Besuchsdauer von insgesamt 30 Tagen im Jahr bereits erschöpft ist. Darüber hinaus können Einreisen zu gesellschaftlichen, wissenschaftlichen, wirtschaftlich-kommerziellen oder kulturellen Zwecken erfolgen. Auf der Grundlage von Vereinbarungen zwischen dem Reisebüro der DDR und der DER-Deutsche Reisebüro GmbH – sind auch Touristenreisen in die DDR möglich. Auf Antrag genehmigen die DDR-Behörden Bewohnern von Berlin (West) den Aufenthalt in mehreren Kreisen der DDR.

Die Einreise mit dem Pkw wurde bis Dezember 1974 nur genehmigt, wenn ein Reisender wegen Körperbehinderung auf die Benutzung des Kraftfahrzeuges angewiesen ist, wenn es sich um dringende Einreisen handelt und das Reiseziel mit öffentlichen Verkehrsmitteln nicht rechtzeitig erreicht werden kann, die Einreise mit Kindern im Alter bis zu 3 Jahren erfolgt oder der Zielort verkehrsungünstig oder über

100 Kilometer von Berlin (West) entfernt liegt. Seitdem wird grundsätzlich die Einreise mit dem Pkw – auf Antrag – gestattet.

Der Senat von Berlin und die Regierung der DDR haben Beauftragte ernannt, die Meinungsverschiedenheiten und Schwierigkeiten klären sollen, die sich im einzelnen aus der Anwendung und Durchführung der Vereinbarung ergeben. Darüber hinaus ist vorgesehen, daß zu gegebener Zeit aufgrund gewonnener Erfahrungen weitere Erleichterungen vereinbart werden können. Die Regelungen dieser Vereinbarung waren bereits vor deren Inkrafttreten von der Regierung der DDR zu Ostern und Pfingsten 1972 – und zwar vom 29. 3. bis 5. 4. 1972 und vom 17. 5. bis 24. 5. 1972 – angewandt worden. Allein in diesen Zeiträumen reisten ca. 1,15 Mill. West-Berliner in die DDR und nach Ost-Berlin.

IV. Der Grundlagenvertrag und Folgeabkommen

Am 21. 6. 1973 trat der Vertrag über die Grundlagen der Beziehungen zwischen der Bundesrepublik Deutschland und der Deutschen Demokratischen Republik (→ **Grundlagenvertrag**) in Kraft. Wenige Wochen später, am 31. 7. 1973, bestätigte das Bundesverfassungsgericht die Vereinbarkeit des Grundlagenvertrages mit dem Grundgesetz. Damit waren die Voraussetzungen für die sogenannten Folgeverhandlungen zur Regelung zahlreicher praktischer Fragen zwischen den beiden deutschen Staaten geschaffen.

A. Die Grenzkommission

Gemäß Zusatzprotokoll I zum Grundlagenvertrag wurde aus Beauftragten der Regierung beider deutscher Staaten die Grenzkommission gebildet. Sie konstituierte sich bereits am 31. 1. 1973. Ihre Aufgaben sind in der Erklärung zu Protokoll über die Aufgaben der Grenzkommission durch die beiden Delegationsleiter präzisiert.

Sie wird die Markierung der zwischen den beiden Staaten bestehenden Grenze überprüfen und, soweit erforderlich, erneuern oder ergänzen sowie die erforderlichen Dokumentationen über den Grenzverlauf erarbeiten. Gleichermaßen wird sie zur Regelung sonstiger mit dem Grenzverlauf im Zusammenhang stehender Probleme, z. B. der Wasserwirtschaft, der Energieversorgung und der Schadensbekämpfung, beitragen.

Grundlage für die Grenzfeststellung sind die diesbezüglichen Festlegungen des Londoner Protokolls vom 12. 9. 1944 mit Einschluß späterer Vereinbarungen der damaligen Besatzungsmächte. Die Feststellung der Grenze erfolgt in mehreren Arbeitsgängen. Am 29. 6. 1974 wurde ein Protokollvermerk über den Grenzverlauf in der Lübecker Bucht unterzeichnet, der entsprechend der Praxis der britischen Besatzungsmacht die Grenze zwischen den Küstenmeeren der Bundesrepublik Deutschland und der

DDR auf dem südostwärtigen Rand des Schiffahrtsweges 3 feststellt.

Zur Lösung sonstiger Probleme wurden schon zuvor am 20. 9. 1973 die Vereinbarung zwischen der Regierung der Bundesrepublik Deutschland und der Regierung der Deutschen Demokratischen Republik über Grundsätze zur Schadensbekämpfung an der Grenze zwischen der Bundesrepublik Deutschland und der Deutschen Demokratischen Republik und die Vereinbarung zwischen der Regierung der Bundesrepublik Deutschland und der Regierung der Deutschen Demokratischen Republik über Grundsätze zur Instandhaltung und zum Ausbau der Grenzgewässer sowie der dazugehörigen wasserwirtschaftlichen Anlagen unterschrieben. Die erstere Vereinbarung sieht insbesondere eine Pflicht zur Verhinderung des Übergreifens von Schäden auf das Gebiet der jeweils anderen Seite und die Einrichtung von 14 Grenzinformationspunkten vor, die es ermöglichen, nötigenfalls im lokalen Bereich schnell mit den zuständigen Stellen jenseits der Grenze fernmündlich Verbindung aufzunehmen. Die Grenzinformationspunkte sind weitgehend in Betrieb.

Beide Vereinbarungen werden zusammen mit den die Arbeit der Grenzkommission abschließenden Dokumenten in Kraft treten. Sie werden seit dem Tage der Unterzeichnung vorab angewendet.

Am 29. 6. 1974 wurde die Vereinbarung zwischen der Regierung der Bundesrepublik Deutschland und der Regierung der Deutschen Demokratischen Republik über den Fischfang in einem Teil der Territorialgewässer der Deutschen Demokratischen Republik in der Lübecker Bucht unterzeichnet. Sie sichert die Ausübung des Fischfangs aufgrund des der Hansestadt Lübeck 1188 und 1226 verliehenen Fischereirechtes.

B. Arbeitsbedingungen für Journalisten

Im Zusammenhang mit dem Grundlagenvertrag wurden in Form eines Briefwechsels Regelungen vereinbart, die sich auf die Arbeitsbedingungen für Journalisten erstrecken. Danach gewähren beide Seiten im Rahmen der jeweils geltenden Bestimmungen Journalisten das Recht der Berufsausübung, der freien Information und der Berichterstattung und sichern ihnen eine Behandlung wie Korrespondenten anderer Staaten zu. Wegen der unterschiedlichen Rechtsordnung können die Arbeitsmöglichkeiten der Journalisten in der DDR nicht mit denen ihrer Berufskollegen in der Bundesrepublik Deutschland verglichen werden.

Anfang Februar 1973 wurden zwischen der Bundesregierung und der Regierung der DDR Expertengespräche zur Regelung von Einzelfragen aus dem Briefwechsel über Arbeitsmöglichkeiten für Journalisten aufgenommen. 44 Redaktionen, Rundfunk- und Fernsehanstalten aus der Bundesrepublik Deutschland und aus Berlin (West) haben Anträge

auf Akkreditierung eines ständigen Korrespondenten in der DDR gestellt. Nach dem Stand vom Juli 1974 haben Korrespondenten von sieben Publikationsorganen ihre Niederlassung in Ost-Berlin vollzogen, für weitere 21 Anträge liegen verbindliche Akkreditierungszusagen vor. Außer zu Großveranstaltungen wie Leipziger Messe, Rostocker Ostseewoche und zu Sportereignissen hat die DDR Reisekorrespondenten weitere Arbeitsmöglichkeiten eingeräumt.

C. Das Gesundheitsabkommen

Am 25. 4. 1974 wurde als erstes Folgeabkommen zum Grundlagenvertrag das Abkommen auf dem Gebiet des Gesundheitswesens unterzeichnet. Es regelt einen Informationsaustausch zur Verhütung und Bekämpfung übertragbarer Krankheiten und stellt die medizinische Versorgung von Einreisenden in den jeweiligen anderen deutschen Staat während ihres Aufenthaltes sicher. Hierbei trägt jeder Staat die Kosten, die in seinem Gebiet anfallen. Vereinbart wurde weiter die Möglichkeit, medizinische Spezialkuren und -behandlungen im jeweiligen anderen Staat durchzuführen, soweit diese nicht anders gewährleistet werden können. In gewissem Umfang soll auch ein Austausch von Arzneimitteln stattfinden. Beide Seiten einigten sich ferner über die Zusammenarbeit zur Bekämpfung des Suchtmittelmißbrauchs und einen entsprechenden Informationsaustausch. Es werden Beauftragte ernannt, die bei der Anwendung und Auslegung des Abkommens entstehende Schwierigkeiten klären sollen. Das Abkommen wird auf Berlin (West) ausgedehnt und tritt nach dem Erlaß eines Ratifizierungsgesetzes in Kraft.

D. Rechtsverkehr

Die DDR hat im Grundlagenvertrag dem Prinzip zugestimmt, die Fragen des Rechtsverkehrs, also auch den Rechts- und Amtshilfeverkehr zwischen den Gerichten und den Verkehr zwischen den Staatsanwaltschaften, so einfach und zweckmäßig wie möglich zu regeln. Dementsprechende Vereinbarungen sind das Ziel von Verhandlungen, die im August 1973 zwischen der Bundesrepublik Deutschland und der Deutschen Demokratischen Republik unter der Leitung der Staatssekretäre der Justizministerien der beiden Staaten aufgenommen wurden.

E. Zahlungsverkehr

Ein Abkommen über den nichtkommerziellen → **Zahlungsverkehr** wurde zwischen der Bundesregierung und der Regierung der DDR am 25. 4. 1974 unterzeichnet. In diesem Zusammenhang sind auch die Bestimmungen des Devisengesetzes der DDR von Bedeutung (→ **Devisen**).

F. Umweltschutz

Auf dem Gebiet des Umweltschutzes sind die Verhandlungen zwischen der Bundesrepublik Deutschland und der Deutschen Demokratischen Republik am 29. 11. 1973 in Bonn aufgenommen worden. Sie haben gemäß Zusatzprotokoll zum Grundlagenvertrag, Abschnitt II, Ziffer 9, zum Ziel, Vereinbarungen zu schließen, um zur Abwendung von Schäden und Gefahren für die jeweils andere Seite beizutragen. Seit Errichtung des Umweltbundesamtes in Berlin (West) im Sommer 1974 sind die Verhandlungen jedoch von der DDR nicht wieder aufgenommen worden.

G. Wissenschaft und Technik

Auch auf den Gebieten der Wissenschaft und Technik soll die Zusammenarbeit zum beiderseitigen Nutzen entwickelt werden. Verhandlungen über die hierzu erforderlichen Verträge haben am 30. 11. 1973 begonnen.

H. Kulturelle Zusammenarbeit

Im Grundlagenvertrag haben die Bundesrepublik Deutschland und die DDR ferner die Entwicklung der kulturellen Zusammenarbeit vereinbart. Verhandlungen über den Abschluß eines Regierungsabkommens nahmen am 27. 11. 1973 ihren Anfang.

V. Post- und Fernmeldeverkehr

Ab Ende 1966 begann die DDR, gegenüber der Deutschen Bundespost und dem Senat von Berlin die Abrechnung des gegenseitigen Post- und Fernmeldeverkehrs nach internationalen Abrechnungsgrundsätzen zu verlangen. Sie bezifferte ihre Forderungen rückwirkend ab 1948 für die Zeit bis Ende 1968 auf insgesamt 1,8 Mrd. DM.

Der Bundesminister für das Post- und Fernmeldewesen erklärte sich zu einem Ausgleich der Mehrleistungen der Deutschen Post der DDR für die Zeit ab 1967 bereit. Er bot der DDR wiederholt Gespräche über die Höhe des Ausgleichs an und schlug zugleich Verhandlungen über dringend notwendige Verbesserungen des Post- und Fernmeldeverkehrs vor.

Nach Zahlungen von insgesamt 22 Mill. DM im Oktober 1968 und im Februar 1969 als Kostenausgleich für die Jahre 1967 und das erste Halbjahr 1968 an die Deutsche Post der DDR, fand sich die DDR schließlich zu ersten Verhandlungen am 19. 9. 1969 bereit.

In der Folge wurden die Vereinbarung vom 29. 4. 1970 und das Protokoll vom 30. 9. 1971 abgeschlossen.

An wichtigen Verbesserungen wurden die Wieder-

aufnahme des innerberliner Telefonverkehrs, die Schaltung zahlreicher Leitungen und in den übrigen Verkehrsrelationen zahlreiche posttechnische Verbesserungen erreicht.

Als Abgeltung der von der Deutschen Post der DDR erbrachten Mehrleistungen wurde eine jährliche Pauschale von 30 Mill. DM festgesetzt, die bis einschließlich 1976 gilt. Für die bis zum 31. 12. 1966 erbrachten Mehrleistungen wurde an die Deutsche Post der DDR ein einmaliger Pauschalbetrag von 250 Mill. DM gezahlt.

Folgende Tabelle verdeutlicht die Entwicklung des Fernsprechverkehrs:

Gespräche (in Millionen) (Abgehender Verkehr)

Jahr	West – Ost	davon Berlin (West) – Berlin (Ost)
1970	0,699	
1971	1,809	0,806
1972	5,122	2,904
1973	5,779	2,802

In Art. 7 des Grundlagenvertrages wurde die Vereinbarung getroffen, daß die Bundesrepublik Deutschland und die DDR ein Abkommen schließen werden, um die Zusammenarbeit auf dem Gebiet des Post- und Fernmeldewesens zu entwickeln und zu fördern. Aus dem Zusatzprotokoll zu Art. 7 ergibt sich, daß in dieses Abkommen die bestehenden Vereinbarungen und die für beide Seiten vorteilhaften Verfahren übernommen werden.

In einem Briefwechsel dazu wurde übereinstimmend erklärt, daß bereits nach der Paraphierung Verhandlungen über das Post- und Fernmeldeabkommen aufgenommen werden, daß die bestehenden Vereinbarungen und Verfahren bis zum Abschluß des Abkommens fortgelten und daß die Regierung der DDR nach Beginn der Verhandlungen die erforderlichen Schritte zur Erlangung der Mitgliedschaft im Weltpostverein (UPU) und in der Internationalen Fernmelde-Union (UIT) unternehmen wird.

Die Verhandlungen haben am 7. 12. 1972 begonnen. Sie finden im 6- bis 8wöchigen Turnus abwechselnd in Ost-Berlin und in Bonn statt. Bis Mitte 1974 haben 17 Verhandlungsrunden stattgefunden.

→ **Deutschlandpolitik der SED; Außenpolitik; Berlin.**

Bezirk: Gebietseinheit im staatlichen Aufbau der DDR, die 1952 im Zuge der Neugliederung der staatlichen Verwaltung durch das Gesetz über die weitere Demokratisierung des Aufbaus und der Arbeitsweise der staatlichen Organe in den Ländern der DDR geschaffen wurde. Mit der Bildung von B. nach politischen, staatsorganisatorischen und wirtschaftlichen Maßstäben

wurden die Länder aufgehoben und ein zentralistischer Staatsaufbau geschaffen.

Ein B. untergliedert sich in → **Kreise** (Stadt- und Landkreise) und trägt seinen Namen nach der jeweiligen Hauptstadt des B. In der DDR gibt es 14 B.: Cottbus, Dresden, Erfurt, Frankfurt/Oder, Gera, Halle, Karl-Marx-Stadt, Leipzig, Magdeburg, Neubrandenburg,

Potsdam, Rostock, Schwerin und Suhl. Berlin (Ost) besitzt den Status eines B. und wird gelegentlich auch als 15. B. der DDR bezeichnet.

Im B. ist der Bezirkstag das oberste staatliche Machtorgan. Er umfaßt je nach der Einwohnerzahl des B. 120 bis 160 Abgeordnete. Er tritt mindestens einmal im Vierteljahr zusammen und wählt zu Beginn der Wahlperiode als seine Organe den Rat des Bezirkes und die ständigen Kommissionen des Bezirkstages.

Aufgaben, Rechte und Pflichten des Bezirkstages und seiner Organe wurden 1973 im Gesetz über die örtlichen Volksvertretungen und ihre Organe in der DDR (GBl. I, S. 313) neu bestimmt.

Danach leiten der Bezirkstag und der Rat die Entwicklung des gesellschaftlichen Lebens im B. Der Bezirkstag beschließt auf Vorschlag des Rates den Fünfjahrplan, den Jahresplan und den Haushaltsplan des Bezirkes, die auf der Grundlage zentraler staatlicher Plankennziffern und anderer Festlegungen des → **Ministerrates** erarbeitet werden und nach Beschluß des Bezirkstages die Grundlage der Tätigkeit des → **Staatsapparates** auf der Bezirksebene bilden.

Bezirkstag und Rat entscheiden über eine Reihe von Aufgaben, soweit dies nicht ausschließlich – wie z. B. in Fragen der Arbeitskräfteplanung und -lenkung und der Lohn- und Sozialpolitik – nur vom Rat durchzuführende bzw. zu koordinierende zentrale Festlegungen betrifft. Bezirkstag und Rat werden tätig auf den Gebieten: Haushalts- und Finanzwirtschaft im B.; Preisbildung und Preiskontrolle; Örtlich geleitete Industrie; Handel, Versorgung und Dienstleistungen; Bauwesen, Städtebau und Wohnungspolitik; Landwirtschaft und Nahrungsgüterwirtschaft; Verkehr, Energie, Geologie, Umweltschutz und Wasserwirtschaft; Bildungswesen; Jugendfragen; Kultur; Körperkultur, Sport, Erholungswesen und Fremdenverkehr; Hygiene, medizinische und soziale Betreuung; Sicherheit und Ordnung sowie Zivilverteidigung.

Als ständig arbeitendem Gremium kommt dem Rat des Bezirkes, und hier dem Vorsitzenden, die größte Bedeutung für die Durchführung der Aufgaben zu. Die Mitglieder des Rates sind in der Regel Abgeordnete. Als ein kollektiv arbeitendes Organ ist der Rat sowohl dem Bezirkstag als auch dem Ministerrat verantwortlich; beide Institutionen können seine Entscheidungen aufheben.

Im Mai 1974 erließ der Ministerrat einen Beschluß zur Zusammensetzung der örtlichen Räte. Danach setzt sich der Rat eines Bezirkes aus folgenden Mitgliedern zusammen:

1. Vorsitzender des Rates des Bezirkes,
2. Erster Stellv. d. Vors. d. R. d. B.,
3. Stellv. d. Vors. d. R. u. Vors. d. Bezirksplankommission,
4. Stellv. d. Vors. d. R. für bezirksgeleitete Industrie, Lebensmittelindustrie u. örtliche Versorgungswirtschaft (Vorsitzender des Bezirkswirtschaftsrates),
5. Stellv. d. Vors. d. R. für Inneres,
6. Stellv. d. Vors. d. R. für Handel u. Versorgung,
7. Stellv. d. Vors. d. R. u. Produktionsleiter für Land-, Forst- und Nahrungsgüterwirtschaft,

8. Sekretär des Rates.
Weitere Mitglieder:
 9. für Finanzen und Preise,
10. für Wohnungspolitik,
11. für Arbeit und Löhne,
12. für Verkehrs- und Nachrichtenwesen,
13. für Umweltschutz und Wasserwirtschaft,
14. für Kultur,
15. für Jugendfragen, Körperkultur und Sport sowie
16. der Bezirksarzt,
17. der Bezirksbaudirektor und
18. der Bezirksschulrat vervollständigen den Rat d. B.

In bestimmten, durch örtliche Bedingungen veranlaßten Fällen kann der Rat d. B. seine Zusammensetzung im Rahmen des Stellenplanes verändern, d. h. auch Abweichungen von der Zahl beschließen. Weitere Stellvertreter dürfen allerdings nur mit Zustimmung des Vorsitzenden des Ministerrates berufen werden; deren Zahl ist durch den Beschluß von bisher 3 auf 5 vergrößert worden. Neu im Rat sind die Mitglieder für Arbeit und Löhne und für Umweltschutz und Wasserwirtschaft, während die Aufgaben des ehemaligen Mitglieds für örtliche Versorgungswirtschaft von einem der Stellvertreter des Vors. wahrgenommen werden.

Der Rat des B. hat das Recht, über alle Angelegenheiten des B. und der Bürger zu entscheiden, soweit dies auf der Grundlage der Rechtsvorschriften und der Beschlüsse des Bezirkstages erfolgt und nicht dessen ausschließliche Kompetenz berührt. Die Anleitung und Kontrolle der Tätigkeit des Rates des B. ist Sache des Ministerrates, der den Rat sowohl in die Vorbereitung den B. betreffender Entscheidungen auf bestimmten Gebieten einbeziehen als auch die Übereinstimmung der zweiglichen und territorialen Entwicklung durch eine Zusammenarbeit zwischen Rat und zentralen Staatsorganen sichern soll. Die Beratungen über Planfragen werden von der Staatlichen Plankommission vorbereitet und als „Komplexberatungen" unter Leitung eines Mitglieds des Präsidiums des Ministerrates geführt. Entsprechend dem Leitungsprinzip der doppelten Unterstellung im Staatsapparat erteilt der Vorsitzende des Ministerrates dem Vorsitzenden des Rates des B. Weisungen; dieser besitzt das gleiche Recht gegenüber den Vorsitzenden der nachgeordneten Räte der Kreise. Die früher vom → **Minister für Anleitung und Kontrolle der Bezirks- und Kreisräte** wahrgenommenen Aufgaben zur Unterstützung der Anleitung und Kontrolle der örtlichen Räte durch den Ministerrat sind nach der Abschaffung dieser Institution im November 1971, soweit erkennbar, auf die Instrukteurabteilung beim 1. Stellvertretenden Vorsitzenden des Ministerrates übergegangen.

Bezirksbehörde der Deutschen Volkspolizei (BDVP): Leitbehörde der → **Deutschen Volkspolizei** in einem → **Bezirk**.

Bezirksdirektionen für den Kraftverkehr (BDK): Den Räten der → **Bezirke** unterstellte Institutionen, die den gesamten privaten und gewerblichen Güter- und Personenverkehr mit Kraftfahrzeugen und Gespannen lenken und kontrollieren. Zur Sicherstellung der Rückladungen bestehen an vielen Orten Lkw-Meldestellen, die den BDK unterstellt sind. Die volkseigenen Kraftfahrbetriebe und Kraftfahrzeug-Instandsetzungsbetriebe sind ebenfalls den BDK unterstellt. Die BDK sind an die Weisungen der für ihren Bezirk zuständigen → **Transportausschüsse** gebunden. → **Verkehrswesen.**

Bezirksgeleitete Industrie: Neubezeichnung der örtlichen Industrie nach der Einführung des Neuen Ökonomischen Systems der Planung und Leitung der Volkswirtschaft 1963. Zur BI. zählen sämtliche den Bezirkswirtschaftsräten unterstehenden volkseigenen Industriebetriebe und die den Wirtschaftsräten der Bezirke beigeordneten wenigen noch vorhandenen privaten Betriebe. Bis zur Umwandlung der bestehenden halbstaatlichen Industriebetriebe und der industriell produzierenden Produktionsgenossenschaften des Handwerks in volkseigene Industriebetriebe im Jahre 1972 unterstanden sie ebenfalls den Bezirkswirtschaftsräten. Die BI. umfaßt vorwiegend kleinere Betriebe. Mitte der 60er Jahre wurden ca. 85 v. H. aller Industriebetriebe, die jedoch nur mit 30 v. H. an der industriellen Bruttoproduktion beteiligt waren, bezirksgeleitet. Der Anteil der BI. an der gesamten industriellen Warenproduktion betrug 1973 nur noch 20,6 v. H. Durch die Erzeugnisgruppenarbeit ist die BI. mit der zentralgeleiteten Industrie verbunden. Sie hat für die Versorgung der Bevölkerung erhebliche Bedeutung. In den folgenden Produktionsrichtungen sind alle oder fast alle volkseigenen Betriebe bezirksgeleitet: Möbel und Polsterwaren, Musikinstrumente, Spielwaren, Sportwaren, Schmuck, Pelz- und Lederbekleidung, Schlachthöfe und Fleischverarbeitung, Süßwaren, Spirituosen und Brauereien.

Bezirksgericht: → **Gerichtsverfassung.**

Bezirksparteiorganisationen der SED: Die B. und ihre Leitungsorgane sind den Kreis-, Stadt- und Stadtbezirksorganisationen der → **SED** übergeordnet. Entsprechend der territorialen Struktur der DDR gibt es 15 B. Ihnen ist (als 16.) die Gebietsleitung SDAG Wismut gleichgestellt. Alle 2 $\frac{1}{2}$ Jahre tritt, entsprechend einem vom → **Sekretariat des ZK** festgelegten Schlüssel, die Bezirksdelegiertenkonferenz zusammen, deren Delegierte durch → **Parteiwahlen** ermittelt werden. Diese Bezirksdelegiertenkonferenz stellt das höchste Organ der B. dar. Ihre wichtigste Aufgabe besteht in der Wahl der Bezirksleitung. Daneben gibt es ein „Bezirksparteiaktiv", über dessen Zusammensetzung und Zustandekommen wenig bekannt ist, das aber als Diskussionsforum für die B. eine gewisse Rolle spielt. Die 1974 gewählten Bezirksleitungen in den 14 Bezirken der DDR bestehen aus je 60 Mitgliedern und 15 Kandidaten. In „Berlin – Hauptstadt der DDR", besteht die Bezirksleitung aus 103 Mitgliedern und 23 Kandidaten. Die Bezirksleitungen treten in der Praxis alle drei Monate zusammen, um die Teilrechenschaftsberichte ihrer Sekretariate entgegenzunehmen, die Durchführung und Auswirkung der von der Parteiführung gefaßten Beschlüsse in dem und auf den Bezirk zu erörtern und ggf. personelle Veränderungen zu beschließen. Wichtigste Aufgabe der Bezirksleitung ist es, auf ihrer 1. (konstituierenden) Sitzung das Sekretariat und die Bezirksparteikontrollkommission zu wählen. Da es sich bei den Kandidaten für diese Funktionen um Nomenklaturkader des ZK oder um Kontrollnomenklaturkader handelt, obliegt das Vorschlagsrecht dem ZK-Apparat (Sekretariat des ZK, Kaderkommission).

Bis Februar 1963 bestanden bei den Bezirks- und Kreisleitungen Büros (statt Sekretariate). Diese sind nicht mit den im Februar 1963 gebildeten Büros für Industrie und Bauwesen und dem Büro für Landwirtschaft zu verwechseln. Den Büros der Bezirksleitungen gehörten Mitte der 50er Jahre 9–11 Mitglieder und 3–5 Kandidaten an. Zwischen 1959 und 1962 wurden diese Büros teilweise auf 15–20 Personen erweitert.

Im Jahre 1963 (4. Statut des VI. Parteitages, Beschluß des Politbüros vom 26. 2. 1963) wurde die Organisationsstruktur nicht nur der zentralen, sondern auch der regionalen Ebene (Bezirke, Kreise) einschneidend verändert. Funktionen der zentralen und regionalen Parteisekretariate wurden ausgegliedert. Nicht betroffen hiervon waren die Parteikontroll- und Revisionskommissionen. Sie bestanden ohnehin neben den Büros bzw. Sekretariaten der jeweiligen Ebene.

Entsprechend dem Vorbild der KPdSU wurden sowohl beim Politbüro, bei den Bezirksleitungen, wie bei den Kreis- und Stadtleitungen Büros und Kommissionen ausgegliedert, die künftig für die Bereiche a) Industrie, Bauwesen und Verkehr, b) Landwirtschaft, c) Agitation und Propaganda (nur beim Politbüro) und d) ideologische Fragen zuständig waren. Den Büros für Industrie- und Bauwesen wurden volkswirtschaftlich wichtige Betriebe zugeordnet. Die Sekretariate der Bezirks- bzw. Kreisleitungen behielten aber die entscheidende letzte Koordinierungsfunktion.

Im Laufe des Jahres 1963 wurden die Büros der Bezirksleitungen in Sekretariate umgewandelt. Der Umorganisation lag die Absicht zugrunde, diese Gremien zu verkleinern, um den Entscheidungsprozeß zu beschleunigen.

Den Sekretariaten gehörten von 1963 bis 1966 nur noch an: der 1. Sekretär, der 2. Sekretär bzw. Leiter der Abteilung Parteiorgane, der Leiter des Büros für Industrie und Bauwesen, der Leiter des Büros für Landwirtschaft und der Leiter der Ideologischen Kommission. Agitationskommissionen wurden weder auf Bezirks- noch Kreisebene gebildet. Im Frühjahr 1967 wurden die Sekretariate jedoch wieder vergrößert, nachdem schon im Verlauf des Jahres 1966 die Büros für Industrie und Bauwesen sowie Landwirtschaft wieder aufgelöst wurden. Die früheren Büros der Bezirks- bzw. Kreisleitungen (Vorläufer der Sekretariate) wurden zwar wieder eingerichtet, doch ähnelten die 13 Personen umfassenden Sekretariate nach 1967 stark den früheren Büros der Bezirksleitungen. Allerdings besteht bei den wenigen Sekretariaten keine Unterscheidung zwischen Mitgliedern und Kandidaten wie bei den alten Büros. Anfang 1974 wurde zu den 13 Funktionsträgern noch der

Vorsitzende der Bezirksparteikontrollkommission in die Sekretariate der Bezirksleitungen (und jeweils auch in allen Kreisleitungen) kooptiert.

Das Sekretariat einer Bezirksleitung umfaßt folgende Funktionsträger:

1. Sekretär;
2. Sekretär;

Sekretär für Wirtschaft;

Sekretär für Landwirtschaft;

Sekretär für Agitation und Propaganda;

Sekretär für Wissenschaft, Volksbildung und Kultur;

Vors. des Rates des Bezirks (in Ost-Berlin Oberbürgermeister);

Stellv. des. Vors. des Rates des Bezirks für bezirksgeleitete Industrie, Lebensmittelindustrie und örtliche Versorgungswirtschaft;

Stellv. des Vors. des Rates des Bezirkes und Vors. der Bezirksplankommission;

Stellv. des Vors. des Rates des Bezirkes und Produktionsleiter für Land- und Nahrungsgüterwirtschaft;

Vors. des FDGB-Bezirksvorstandes;

1. Sekretär der FDJ-Bezirksleitung;

1. Sekretär der SED Stadt- bzw. Kreisleitung der Bezirksstadt;

Vors. der Bezirksparteikontrollkommission.

Die Gebietsleitung Wismut besteht aus der gleichen Anzahl von Sekretären und dem 1. Stellv. des Generaldirektors der SDAG Wismut, dem Vors. des Zentralvorstandes der IG Wismut, dem 1. Sekretär der FDJ-Gebietsleitung und dem Vors. der Gebietsparteikontrollkommission.

Die Verantwortung der B. für bestimmte Betriebe und Organisationen bedeutet formal zunächst Anleitung der entsprechenden Parteiorganisation. Tatsächlich geht sie jedoch darüber hinaus. Allerdings gilt der Grundsatz, daß die Partei selbst nicht unmittelbar operative Anweisung im staatlichen oder wirtschaftlichen Bereich erteilen soll, also keine direkte Verantwortung zu tragen hat. Da nach dem Parteistatut aber alle Mitglieder Anweisungen der übergeordneten Parteileitungen strikt auszuführen haben und z. B. Führungskräfte im Staatsapparat in der Regel Parteimitglieder sind, kommt den Parteileitungen in der Praxis eine große Entscheidungs- und Kontrollkompetenz zu. Wenn sie auch nicht selbst an der Durchführung der staatlichen bzw. sonstigen Aufgaben beteiligt sind, bzw. sich beteiligen sollen, nehmen sie aber vielfach indirekt auch auf die Art der Durchführung beträchtlichen Einfluß. Dieses System der Anleitung ermöglicht es der Partei, die Verantwortung für Fehlentwicklungen sowie konkrete Konflikte in der Regel vom Parteiapparat fernzuhalten.

Die Sekretariate der Bezirksleitung tagen regelmäßig einmal in der Woche an einem festgesetzten Tag. Die Sitzungen werden durch das Sekretariat der Bezirksleitung vorbereitet.

Der Apparat der Bezirksleitung wird durch die Sekretäre geleitet, sie sind die entscheidenden Funktionäre der B. Ihnen unterstehen Abteilungen, an deren Spitzen Abteilungsleiter stehen. Die Abteilungen sind in Sektoren unterteilt. Oftmals besteht ein Sektor lediglich aus der Person des Sektorenleiters. Ferner gibt es Sektorengruppen (für Parteilehrjahr, Leiter der Konsultationsstützpunkte, Parteiarchiv usw.). An Kommissionen sind bekannt:

Westkommission der Bezirksleitung; Kommission für Jugend und Sport; Frauenkommission; Kommission zur Betreuung alter, verdienter Parteimitglieder.

Eine Bezirksleitung hat im Durchschnitt 180–250 hauptamtliche Mitarbeiter. Daneben gibt es eine Zahl ehrenamtlicher Mitarbeiter (z. B. in den genannten Kommissionen). Die Arbeit der Kommissionen und der ad hoc gebildeten Arbeitsgruppen oder Ausschüsse (Pressefest, Jugendweihe) wird von haupt- und ehrenamtlichen Mitarbeitern durchgeführt, die beide zur Nomenklatur der jeweiligen Bezirksleitung gehören.

Die exponierte politische Stellung der SED-Bezirksleitungen zeigt sich in der Regel darin, daß alle 1. Sekretäre der Bezirksleitung Mitglieder oder Kandidaten des Zentralkomitees sind. Nach dem VIII. Parteitag sind darüber hinaus drei 1. Bezirkssekretäre Kandidaten des Politbüros (Felfe, Halle; Naumann, Berlin; Tisch, Rostock). Nach der Wahl H. Tischs zum Vorsitzenden des FDGB-Bundesvorstandes (28. 4. 1975) sind nur noch zwei 1. Bezirkssekretäre im Politbüro.

Die Aufgaben und Funktionen der Bezirksleitung sind:

1. Sie ist organisatorisches und politisches Bindeglied zwischen den zentralen und regionalen Parteiapparaten.

2. Sie hat die einheitliche politische Leitung im Bezirk zu sichern sowie die prognostische Einschätzung der Entwicklung aller gesellschaftlichen Bereiche (Pläne der Parteiarbeit, Prognosen) vorzunehmen. Ihr obliegt daher auch die umfassende Anleitung der Staats- und Wirtschaftsorgane, der Massenorganisationen und anderer gesellschaftlicher Gruppen auf Bezirksebene entsprechend der „ständig wachsenden Rolle der Partei in der Gesellschaft"; nach wie vor wichtig ist die persönliche Verantwortung der Mitglieder der Bezirksleitung bzw. des Sekretariats für bestimmte Betriebe oder sonstige Organisationen.

3. Sie hat die Kreisorganisationen und deren Organe durch Instrukteurbrigaden und Arbeitsgruppen in den Kreisen durch schriftliche Informationen und Direktiven anzuleiten.

Bezirksplankommission: → Planung.

Bezirkstag: → Bezirk.

Bezirkswirtschaftsrat (BWR): Übliche Bezeichnung für Wirtschaftsrat des Bezirkes. Der BWR ist das für die Planung und Leitung der → **bezirksgeleiteten Industrie** aller Eigentumsformen zuständige Fachorgan des Rates des → **Bezirkes**. Gleichzeitig ist er dem → **Ministerium für Bezirksgeleitete Industrie und Lebensmittelindustrie** nachgeordnet und somit „doppelt unterstellt".

Die Beziehungen der bezirksgeleiteten Betriebe zum BWR differieren entsprechend der jeweiligen Eigentumsform: Volkseigene Betriebe sind dem BWR unterstellt, während Privatbetriebe und industriell produzierende Produktionsgenossenschaften des Handwerks (PGH) ihm lediglich zugeordnet sind.

In seiner gegenwärtigen Form geht der BWR auf einen Beschluß des VI. Parteitags der SED (Januar 1963) zurück. Seine Hauptaufgabe besteht in der Ausarbeitung, Durchführung und Erfüllung der staatlichen Pläne der bezirksgeleiteten Industrie. Da er keinen geschlossenen Teil eines Produktionszweiges leitet, kann er seine Aufgaben nur in Zusammenarbeit und unter maßgeblicher Einflußnahme der jeweiligen VVB und Kombinate erfüllen. So arbeitet der BWR mit den VVB bei der Aufstellung der wissenschaftlich-technischen Konzeptionen und ihrer Verwirklichung, z. B. durch die Erzeugnisgruppenarbeit, zusammen. Eine weitere wesentliche Aufgabe des BWR besteht in der Konzipierung eines eigenen Planprojektes für die ihm unterstellte Industrie. Weitere Bereiche seiner Tätigkeit sind die Aufsicht über eine rationelle geographische Verteilung der Betriebe im Bezirk, die Festlegung von Standorten für Neuinvestitionen oder die Auflockerung von Ballungsgebieten; die Lösung dieser Probleme erfordert jedoch – wegen Kompetenzüberschneidungen – eine Zusammenarbeit mit den Bezirks- und Kreisplankommissionen bzw. mit den Bezirks- und Kreisbauämtern.

Zur Erfüllung seiner Aufgaben verfügt der BWR über eine Reihe von Fonds: a) den Fonds Technik, b) den Verfügungsfonds, c) den Gewinnabführungs-, Amortisations- und Umlaufverteilungsfonds, d) den Prämienfonds, e) den Exportprämienfonds.

Die Organisationsstruktur der BWR ist nicht starr und detailliert festgelegt. Ihre wichtigsten Merkmale sind:
a) Der Vors. als Mitglied des Rates des Bezirks wird vom Bezirkstag gewählt. Die Berufung in seine Funktion erfolgt durch den Minister für die Bezirksgeleitete und Lebensmittelindustrie. Er leitet den BWR nach dem Prinzip der Einzelleitung. Als Beratungsorgan können spezielle zeitweilige (z. B. Neuererrat) oder ständige Gremien gebildet werden.
b) Der Stellv. für bestimmte Querschnittsbereiche, z. B. Abteilung Technik, Materialwirtschaft, Leit-Büro für Neuererbewegung (BfN), Finanzen. Auch diese Abteilungen sind Beratungsorgane für den Vorsitzenden.
c) Die Industrieabteilungen, die nach dem Produktionsprinzip aufgebaut sind. Die jeweilige Industrieabteilung ist der direkte Partner der Betriebe eines Produktionszweiges im Bezirk.
d) Das Neuererzentrum als Koordinierungsorgan für das Neuererwesen aller Betriebe im Bezirk (z. B. Erfahrungsaustausch über territoriale Rationalisierung).
e) Den BWR sind in der Regel ein VEB für Rationalisierung bzw. ein Ingenieurbüro für Rationalisierung und ein Organisations- und Rechenzentrum unterstellt.

Über seine Industrieabteilungen nimmt der BWR gegenüber den unterstellten Betrieben eine ähnliche Stellung ein wie die VVB gegenüber den Betrieben ihres Produktionszweiges; er besitzt Weisungsrecht. Bei nicht unterstellten (zugeordneten) Betrieben bestehen Möglichkeiten der indirekten Einwirkung (z. B. Materialkontingente, Bestätigung von Baubilanzen usw.). Da der BWR bei privaten Betrieben nicht weisungsberechtigt ist, müssen alle Vorstellungen über die perspektivische Gestaltung dieser Betriebe durch gegenseitige Ver-

einbarungen ausgehandelt werden. In steigendem Maße nahmen diese Vereinbarungen die Form vertraglicher Beziehungen an. → **Planung; Wirtschaft.**

Bezirkszeitungen: → **Presse.**

BG: Abk. für Bezirksgericht. → **Gerichtsverfassung.**

BGB: → **Zivilrecht.**

BGL: Abk. für Betriebsgewerkschaftsleitung. → **Betriebsgewerkschaftsorganisation.**

BHG: Abk. für Bäuerliche Handelsgenossenschaft. **Ländliche** → **Genossenschaften; Vereinigung der gegenseitigen Bauernhilfe.**

BHZ: Abk. für Berliner Handelszentrale. → **Binnenhandel.**

Bibliotheken: Alle B. gehören dem Verband der B. der DDR (Präs.: Prof. Dr. Helmut Rötzsch, Generaldirektor der Deutschen Bücherei Leipzig) an, in dem alle wissenschaftlichen und öffentlichen Bibliotheken der DDR Mitglied sind.

Da es an einem zentralen staatlichen Leitungsorgan für alle B. fehlt – ein Ansatz dazu ist die Arbeitsgruppe Bibliothekswesen beim Stellv. des Vors. des Ministerrates – nimmt der Verband teils beratend, teils exekutiv koordinierende Funktionen wahr. 1965 arbeitete er Grundzüge für das angestrebte „einheitliche sozialistische Bibliothekssystem" aus; sie sehen die Zusammenfassung aller B. unter einem „Staatlichen Komitee beim Ministerrat" und die Durchgliederung nach dem Regionalprinzip einerseits, dem Fachprinzip andererseits vor, ein Projekt, das nur schrittweise und in langen Fristen zu verwirklichen sein wird.

1. Wissenschaftliche B. Die größeren Wissenschaftlichen B. (darunter als wichtigste die – früher Preußische – Staats-B. in Berlin, die früher vom → **Börsenverein der Deutschen Buchhändler** getragene Deutsche Bücherei in Leipzig, 5 Landes-B., 7 Universitäts-B. und 12 Hochschul-B.) unterstehen dem → **Ministerium für Hoch- und Fachschulwesen.** In den „Anleitungsbereich" der Universitäts-B. gehören ferner annähernd 800 Fakultäts- und Instituts-B.; schließlich sind dem genannten Ministerium nachgeordnet rd. 70 technische und ökonomische Fach-B. Diese insgesamt rd. 820 Wissenschaftlichen B. verwalteten 1967 einen Bestand von rd. 30 Mill. Bänden; davon entfielen auf die 5 Landes-B. 2,7 Mill., auf die 7 Universitäts-B. 9,8 Mill. und auf die 12 Hochschul-B. 1,3 Mill. Bände. Der Rest der insgesamt auf 2 500 geschätzten wissenschaftlichen B. ist statistisch noch nicht erschlossen; diese wissenschaftlichen Fach-B. (der Akademien, Institute, Verwaltungen, Gerichte, Betriebe usw.) unterstehen den Unterhaltsträgern der betreffenden Institution. Im → **Staatshaushalt** 1973 sind für die B. insgesamt rd. 84,3 Mill. Mark ausgewiesen. Dem Ministerium steht ein Beirat für das wissenschaftliche Bibliothekswesen zur Seite, außerdem verfügt es über ein Methodisches Zentrum für wissenschaftliche B.

1962 wurde der Aufbau regionaler Zentralkataloge für die wissenschaftlichen Bestände eines Bereiches bei den

Univ.-B. in Ost-Berlin, Halle, Jena, Leipzig, Rostock und der Landes-B. in Dresden angeordnet. Die B. der TU Dresden wird zur technischen Zentral-B. entwickelt und gilt heute schon als größte technische B. der DDR; sie verfügt fast über die gesamte in der UdSSR veröffentlichte technische und naturwissenschaftliche Literatur.

Wie von allen B. wird auch von den wissenschaftlichen die Bevorzugung des Fachgebietes „Wissenschaftlicher Sozialismus", Ausschaltung „antimarxistischer" Literatur und vor allem „parteiliche" Arbeit der Bibliothekare gefordert, und das B.-Wesen hat sich daher, obschon durch den Leihverkehr und gewisse Katalogarbeiten noch mit dem der Bundesrepublik Deutschland verbunden, weitgehend von der gemeinsamen Basis gelöst. Westdeutsche und ausländische Literatur wird im Rahmen zugeteilter Kontingente durch den Leipziger Kommissions- und Großbuchhandel (LKG, → **Buchhandel**) beschafft. Zentrale für den internationalen Leihverkehr ist die Benutzungsabteilung der Deutschen Staatsbibliothek. Die Deutsche Bücherei, die zentrale B. des Buchhandels, wird vom Ministerium für das Hoch- und Fachschulwesen getragen; sie gibt eine „Nationalbibliographie" in zwei Reihen und die Jahresverzeichnisse des deutschen Schrifttums und der deutschen Hochschulschriften heraus. Für die Ausbildung der Bibliothekare gibt es ein Institut für Bibliothekswissenschaft an der Humboldt-Universität sowie 2 Fachschulen.

2. Allgemeinbildende B. Stärker noch als die wissenschaftlichen unterliegen die allgemeinbildenden B. der ideologischen Ausrichtung. Zu ihnen zählen die Allgemeinen öffentlichen B. (AÖB, Volksbüchereien), die Gewerkschafts-, Heim- und Anstalts-B., die der FDGB unterhält, sowie die Schüler- und Kinder-B. Zentral gesteuert werden diese B. durch das → **Ministerium für Kultur**, und zwar seit 1963 durch die Hauptverwaltung Verlage und Buchhandel; Bezirks-B. leiten die Kreis-B., diese wiederum die AÖB und die Gewerkschafts-B. an, und zwar nach Materialien, die das 1950 gegründete Zentralinstitut für Bibliothekswesen bereitstellt. Die Ausbildung der Bibliothekare erfolgt auf der Fachschule für Bibliothekare „Erich Weinert" in Leipzig sowie auf einer Schule für die Weiterbildung von Bibliothekaren an Allgemeinbildenden B. Der → **FDGB** unterhält ein Methodisches Kabinett für Bibliotheksarbeit. Sonderausbildungslehrgänge finden seit 1958 nicht mehr statt, alle Bibliothekare müssen jetzt die Fachschule besucht haben; außerdem gibt es Möglichkeiten des → **Fernstudiums**.

Als Instrument der politischen Bewußtseinsbildung (**gesellschaftliches** → **Bewußtsein**) werden die allgemeinbildenden B. zwar stark gefördert, doch reichen Beschaffungsmittel und Personal nicht aus, um den Anforderungen zu entsprechen, die man an die B. stellt. 1974 waren im Staatshaushalt rd. 67,7 Mill. Mark für die AÖB vorgesehen. Von den 20 826 Allgemeinbildenden B. mit ca. 24 Mill. Bänden und 59 Mill. Entleihungen waren AÖB 12 799 (mit 18 Mill. Bänden und 49,5 Mill. Entleihungen), Gewerkschafts-B. 8 027 (mit 6,5 Mill. Bänden und 9,9 Mill. Entleihungen); von den ersteren

waren 3 617 hauptamtlich, 9 182 nebenamtlich geleitet, von den letzteren 3 725 hauptamtlich, 4 302 nebenamtlich. Rund ein Fünftel (bei den nebenberuflich geleiteten B. und den Gewerkschafts-B. sogar 40–50 v. H.) des Bestandes werden jedoch für „moralisch veraltet", politisch oder fachlich überholt oder zerschlissen gehalten. Der Bestandsaufbau wird in erheblichem Maße zentral dirigiert und berücksichtigt nur die „fortschrittlichen" Wünsche und Bedürfnisse der Leserschaft; insbesondere die neuere Literatur des Westens wird nur in einer sorgfältig gesiebten Auswahl angeboten; die B. machen vielerlei und keineswegs erfolglose Anstrengungen, das „sozialistische Buch" ihren Lesern nahezubringen. → **Kulturpolitik; Literatur; Verlagswesen.**

Bilanz: Die zahlenförmige Gegenüberstellung von wirtschaftlichen Größen, die einander bedingen (z. B. Bedarf und Aufkommen an Arbeitskräften, Rohstoffen, Erzeugnissen) und deren Proportionen und Relationen dargestellt werden sollen. Die B. ist ein wichtiges Instrument der → **Planung**.

Bilanzverzeichnis: Verzeichnis 1. sämtlicher der Planung unterliegender Erzeugnisse, 2. der für die Planung sowie 3. der für die Aufstellung von Aufkommens- und Verwendungsbilanzen zuständigen staatlichen Verwaltungsstellen. Das B. wird jährlich von der Staatlichen Plankommission herausgegeben. Seine Positionen sind identisch mit „Planpositionen". Die im Jahresplan gesondert aufgeführten Erzeugnisse und Erzeugnisgruppen („Staatsplannomenklatur") werden speziell gekennzeichnet. → **Planung.**

Bildende Kunst: *I. Kunsttheorie.* Die BK. ist kunsttheoretisch an die marxistische → **Ästhetik** gebunden, nach der sie zusammen mit den anderen Kunstarten höchster Ausdruck des ästhetischen Bewußtseins ist, das sich in der bildhaft-künstlerischen Aneignung der Wirklichkeit vollzieht.

Als allgemeine Methode dieser Aneignung gilt der → **Sozialistische Realismus,** der „vom Künstler eine wahrheitsgetreue, konkret-historische Darstellung der Wirklichkeit in ihrer revolutionären Entwicklung erfordert". Die Kategorie der „künstlerischen Wahrheit" meint dabei die Übereinstimmung des künstlerischen Abbildes mit dem abgebildeten Sachverhalt in seiner objektiven, sinnlich wahrnehmbaren Erscheinung. Allerdings muß es stets das Abbild eines größeren gesellschaftlichen Zusammenhanges sein. In diesem Sinne meint die „künstlerische Konkretheit", als zweite Kategorie, die Widerspiegelung einer im historischen Entwicklungsprozeß eingebetteten Wirklichkeit in ihrer jeweiligen gesellschaftlichen Ausprägung, wobei deren Beurteilung und Bewertung vom Standpunkt vermeintlich erkannter Gesetzmäßigkeiten des Geschichtsverlaufs ausgeht.

Der Realismus wird bei dieser Art Realitätswiderspiegelung als einzig adäquate künstlerische Methode angesehen, weil in ihm die Erscheinungen erkennbar bleiben. Der Inhalt, nach dem die Form sich zu richten hat, dominiert. Strikt abgelehnt werden deshalb in der marxistischen Kunsttheorie Ausdrucksweisen, die entweder die Form über den konkret fixierbaren Inhalt stellen (Formalismus) oder den historisch „falschen" Inhalt widerspiegeln (Dekadenz). Die Forderung nach harmonischer, d. h. historisch „richtiger" Übereinstimmung von Inhalt und Form ist dann gewährleistet, wenn die Arbeiterklasse als Held und Subjekt der Geschichte den neuen sozialistischen Inhalt ausmacht und zugleich zur Rezeption der formalen Gestaltung befähigt ist. Oberstes Kriterium der sozialistischen Kunst ist deshalb die Volksverbundenheit des Kunstwerks im allgemeinen und die Volksverständlichkeit der Form im besonderen. Als Beispiel und Vorbild für die ideale Einheit von Inhalt und Form gilt die sowjetische bildende Kunst.

In der Kategorie des „Typischen" erfaßt der soz. Realismus den „Sinn" oder das „Wesen" der Erscheinungen. Über das Typische artikuliert sich sinnlich anschaulich der historische Wahrheitsgehalt im Kunstwerk, in ihm kommt die dialektische Verbindung von Besonderem und Allgemeinem, von Individuellem und Gesellschaftlichem zum Ausdruck. Diese im Typischen konzentrierte Verallgemeinerung ermöglicht eine wahrheitsgetreue adäquate Darstellung gesellschaftlicher Prozesse und der Gesamtwirklichkeit der sozialistischen Gesellschaft. Der „typische Charakter" in seiner klassenmäßig sozialen Bestimmung erscheint im Sozialismus als Protagonist neuer sozialer Beziehungen der sozialistischen Gesellschaft, als „positiver Held". Die normative Ausprägung des Typischen führt zu symbolhafter, emblematischer oder zu monumentaler Kunstform.

Die Kunst trägt Klassencharakter, denn die künstlerische Widerspiegelung nach dieser Auffassung kann nur vom parteilichen Standpunkt aus erfolgen, welcher bewirkt, daß die Kunst erkenntnisvermittelnde, bewußtseinsbestimmende und handlungsanleitende Funktionen innehat.

Parteilichkeit, Volksverbundenheit in Form und Inhalt, Gegenständlichkeit, Typisierung und Optimismus der Darstellung sind die feststehenden Kriterien des soz. Realismus als künstlerische Arbeitsmethode, mit der die gesellschaftspolitischen Aufgaben der bildenden Kunst – Erziehung der Bevölkerung zu soz. Bewußtsein – am wirkungsvollsten erfüllt werden.

II. Kunstpolitik. Die Kunstpolitik in der DDR ist bestrebt, die Funktionsfähigkeit auch der bildenden Kunst in diesem instrumentalen Sinn zu erhalten. Die Kriterien des soz. Realismus sind deshalb auf dem 5. Plenum des ZK der SED 1951 in einer Grundsatzerklärung für jegliches bildkünstlerisches Schaffen zur verbindlichen Maxime erklärt worden. Gleichwohl ist die Kunstpolitik, als Teil der Kulturpolitik, durch Entwicklungsphasen gekennzeichnet, in denen diese Kriterien unterschiedlich interpretiert wurden. Als Problemkreise standen und stehen dabei im Mittelpunkt:

a) Hinsichtlich der künstlerischen Form gab es eine dogmatischere (2. und 4. Kongreß des Verbandes Bildender Künstler Deutschlands, 1952 und 1959) oder liberalere Auffassung des Realismus- und Formalismusbegriffs (3. und 7. Kongreß des VBK, 1955 und 1974). Die sowjetische bildende Kunst als Vorbild in „Inhalt und Form"

oder als nur ideologisches Vorbild spielte hier eine wesentliche Rolle. Die Möglichkeit, über den bürgerlichen Realismus und Naturalismus des 19. Jh. hinaus moderne Strömungen gegenständlicher Kunst zu rezipieren, war ebenfalls Gegenstand der Diskussion.

b) Hinsichtlich der Thematik ging es um die Darstellung des Arbeiters und der Arbeitswelt als gleichbleibend zentrales Thema und darüber hinaus entweder um eine Reduktion auf die bildkünstlerische Vermittlung politischer Losungen und ideologischer Normen (vorherrschend in den 50er Jahren), oder aber um eine Erweiterung der Themenbereiche auf die Spiegelung aller – gesellschaftlicher wie privater – Lebensbereiche (z. Z. vertretene Linie: „. . . jeder Bürger unserer Republik. . . will auch durch die Kunst als ein ganzer Mensch erfaßt werden, in allen seinen Beziehungen und Lebensäußerungen", Kurt Hager 1972).

c) Hinsichtlich der gesellschaftlichen Gebundenheit der Kunst wurde die „Schließung der Kluft von Kunst und Leben" über konkrete Einbeziehung des Künstlers in die Arbeitswelt (Bitterfelder Weg) oder über die Aktivitäten bei der ästhetischen Gestaltung der Umwelt (6. und 7. Kongreß des VBK, 1970 und 1974) diskutiert sowie die Ausnutzung des Kunstwerks lediglich für den Transport ideologischer Inhalte oder darüber hinaus unter dem Aspekt der Vermittlung ästhetischer Werte mit vielfältigem gesellschaftlichen Wirkungsbereich erörtert.

Für Kunstpolitik ist das → **Ministerium für Kultur** zuständig. An der Vermittlung ist der Verband Bildender Künstler der DDR (VBK-DDR; von 1950–1952 Gruppe des Deutschen Kulturbundes; bis 1970 „VBK Deutschlands") entscheidend beteiligt. Die kunstpolitischen Richtlinien werden auf dem in der Regel alle vier Jahre tagenden Verbandskongreß diskutiert und in Form von Beschlüssen für die – überwiegend im Verband organisierten – Künstler als bindend erklärt. Der Zentralvorstand ist für ihre Realisierung verantwortlich und rechenschaftspflichtig. Der Verband sieht seine Hauptaufgaben in der Pflege des klassischen künstlerischen Erbes, in der Anknüpfung an die Kunsttradition des Realismus und im Beitrag zur Bildung einer „sozialistischen deutschen Nationalkultur" durch Förderung sozialistisch-realistischer Kunst. Neben der Lenkung der Kunstproduktion übernimmt der VBK Kontrolle und Lenkung der Künstler in ihrer Funktion als bewußtseinsprägende Kulturvermittler; er spielt eine „ausschlaggebende Rolle im Prozeß der ideologischen Klärung und schließlich in der Formung einer gereiften Überzeugung bei den Künstlern". Im (1959 und 1974 geänderten) Statut wird die Verpflichtung des einzelnen Künstlers zu aktiver Mitarbeit hervorgehoben.

In nach Bezirksmaßstab organisierten Sektionen (Sektion Malerei und Grafik, Bildhauerei, Karikatur und Pressezeichnung, Gebrauchsgrafik, Formgestaltung und Kunsthandwerk, Kunstwissenschaft, Restauration) findet „theoretisch-konzeptionelle, politisch-ideologische und praktisch-organisatorische Arbeit" statt.

Die Tätigkeit der Sektion Kunstwissenschaft („Herausarbeitung und Vermittlung einer marxistisch-leninisti-

schen Geschichte der Kunst sowie der Geschichte und
Theorie des soz. Realismus") wird als entscheidend für
die Kunstentwicklung und -rezeption sowie die „Planung und Leitung künstlerischer Prozesse" angesehen.
Theoretisches Organ des Verbandes ist die Zeitschrift
„Bildende Kunst" im 23. Jg. (1975).
Wesentlicher Teil der Verbandsarbeit ist die Auftrags-
politik, in der Einzel- oder Kollektivaufträge für gesellschaftspolitisch wichtige Kunstwerke (Wandbilder,
Denkmäler) vergeben werden bzw. in Zusammenarbeit
mit → **Massenorganisationen** (→ **FDGB**) Arbeitsvereinbarungen in Form von Werkverträgen zwischen
Künstlern und Betrieben in Industrie und Landwirtschaft getroffen werden. Letztere sollen stärkere Volksverbundenheit und Massenwirksamkeit der Kunst erzielen und der Bevölkerung zum Kunstverständnis verhelfen. Ebenfalls der „Förderung, Popularisierung und
Verbreitung sozialistisch-realistischer Kunst" dienen
die „Genossenschaften Bildender Künstler", selbständige Verkaufsstätten, die dem wachsenden Bedürfnis
nach Kunstkonsum Rechnung tragen. Einer erwünschten, möglichst intensiven Kunstrezeption der Bevölkerung genügen die „Deutschen Kunstausstellungen" (seit
1972: „VII. Kunstausstellung der DDR"; nach halb-
jähriger Dauer 650 000 Besucher) des VBK in Dresden, die als repräsentative „Leistungsschauen" im vier-
jährlichen Turnus eine Übersicht über die Gesamte
Kunstproduktion der DDR bieten. Neben großen Jubi-
läums- oder Übersichtsausstellungen (z. B. seit 1967
„Intergrafik") machen zahlreiche „Rechenschaftsaus-
stellungen" in den Bezirken mit zeitgenössischer Kunst
bekannt.
In den Beschlüssen des VBK lassen sich die Haupttten-
denzen der kunstpolitischen Entwicklung ablesen: In
seiner Gründungszeit (1950; 1. Präs. Otto Nagel) bemühte sich der VBK um eine nationale, demokratisch-
antifaschistische Kunst unter Berufung auf die deutsche
Realismustradition von Dürer bis Käthe Kollwitz.
„Ohne dem Künstler Vorschriften per Stil und Inhalt zu
machen", werden die Akzente dennoch auf eine „reale,
wirklichkeitsnahe und volksverbundene Kunst" (Ulbricht auf der I. Kulturkonferenz 1948) gesetzt. Zu einem politischen Bekenntnis unter der Formel der „demokratischen Erneuerung" und zur „ideell-erzieheri-
schen Rolle der Kunst . . . für die gesellschaftlichen
Auseinandersetzungen" sollte die ältere bürgerliche
Kunstgeneration bekehrt werden. Unmißverständlich
bekämpft wurden moderne Strömungen auch gegenständlicher Malerei unter dem Schlagwort „Formalismus". Höhepunkt war die Auseinandersetzung um das
Werk der deutschen Expressionisten.
Der 2. Kongreß des VBK (Juni 1952; 1. Vors. Fritz
Dähn) stellte das ideologische Bekenntnis zur DDR
zum sozialistischen Realismus als allein verbindlicher
künstlerischer Norm und das Vorbild der sowjetischen
Kunst in den Vordergrund, während der 3. Kongreß des
VBK (Jan. 1955; Präs. Otto Nagel) im Zeichen des
„Neuen Kurses" eine differenziertere Bewertung mo-
derner Kunstrichtungen und eine gesamtdeutsche
Kunstdiskussion anstrebte.

Das auf dem V. Parteitag 1958 aufgestellte und auf der
I. Bitterfelder Konferenz 1959 propagierte kulturpolitische Ziel, das „sozialistische Menschenbild" zu schaffen, war für die Kunstpolitik der sechziger Jahre entscheidend. Neue Akzente, die auf dem 4. Kongreß des
VBK (Dez. 1959; Präs. Walter Arnold) beschlossen
wurden, betrafen die Bindung der künstlerischen Betätigung an den Produktionsprozeß in Form von Werkverträgen mit „sozialistischen Brigaden", die die Entwicklung einer spezifisch sozialistischen Kunst beschleunigen sollten. Darunter wurde die lebensnahe Darstellung
des Arbeiters und der Arbeitswelt sowie der „typischen" Züge des „neuen Menschen" verstanden. Die
Teilnahme des Arbeiters am künstlerischen Schaffensprozeß und die damit verbundene Kunsterziehung sollten die bisher vermißte massenwirksame Vermittlung
und effektive Rezeption gewährleisten. Darüber hinaus
wurde das Laienschaffen als Massenbewegung initiiert
in Form von Zirkeleinrichtungen unter Betreuung pro-
fessioneller Künstler (1970 existierten 3 000 Zirkel der
bildenden und angewandten Kunst; z. Z. gibt es 40 000
in Kunstzirkeln organisierte Arbeiter). Die Verbindung
von materieller und kultureller Sphäre wird als wesentlicher Bestandteil der „sozialistischen Nationalkultur"
angesehen und der sich im „bildnerischen Volksschaffen" schöpferisch betätigende Arbeiter als soziales Leitbild des „allseitig gebildeten" Menschen aufgefaßt.
Die wichtigsten Beschlüsse des 4. Kongresses bezogen
sich auf die Vergabe eines Kunstpreises des FDGB, auf
die Einbeziehung des bildnerischen Volksschaffens in
Verbandsausstellungen, auf die Mitarbeit der Künstler
bei Industrieformgebung und Wohnkultur sowie auf die
Weckung und Deckung des Kunstbedarfs durch kontrollierte Ankaufs-, Ausstellungs- und Verkaufspolitik.
Die weitere Kunstpolitik versuchte die bildkünstlerische
Entwicklung auf den proklamierten „umfassenden Aufbau des Sozialismus" (6. Parteitag) unter den durch die
wissenschaftlich-technische Revolution geschaffenen
Bedingungen und Erfordernissen des Bewußtseins, des
Alltags, der menschlichen Beziehungen und der Kunst-
bedürfnisse einzustellen.
Der 5. Kongreß des VBK (März 1964, Präs. Lea Grundig) thematisierte aktuelle Gegenwartsprobleme („Ankunft im Alltag"), insbesondere Konflikte und Widersprüche zwischen individueller und gesellschaftlicher
Ebene und deren Überwindung. Er diskutierte in diesem Zusammenhang die gesellschaftspolitische Wirksamkeit der Bildkunst sowie Qualitäts- und Formfragen.
Auf dem VII. Parteitag der SED und der 5. Staatsratssit-
zung 1967 wurde dann von der bildenden Kunst gefordert, die ästhetische Gestaltung qualitativer „typischer"
Merkmale des sozialistischen „Planers und Leiters" zu
meistern.
Diese Aufgabe bleibt für die Kunstpolitik in der DDR
bis heute zentral. Parallel dazu galt das Hauptaugenmerk ab Mitte der 60er Jahre der künstlerischen Durchdringung aller Lebenssphären, also der Erzeugung eines
„sozialistischen Lebensstils". Der angewandten Kunst
wird dabei stärkere Bedeutung zugesprochen (Plakat,
Gebrauchsgrafik, Design), wobei die Integration von

Kunsthandwerk und Technik sowohl den künstlerischen Formenkanon bereichert als auch neue Produktionsweisen schafft (z. B. VEB Bildende Kunst Neubrandenburg). Schwerpunkte dieser Periode bildeten – auf dem 6. Kongreß des VBK (April 1970, Präs. Gerhard Bondzin) formuliert – die mit dem forcierten Ausbau der Stadtzentren aufkommenden Probleme der Ausgestaltung der sozialen Umwelt, der sich die Ausstellung „Architektur und bildende Kunst" 1969 widmete. Angestrebt wird eine organische, d. h. ästhetische, funktionalen wie ethischen Bedürfnissen gerecht werdende Synthese von Architektur, bildender und angewandter Kunst, die Konzentration auf die Monumentalkunst als der Architektur adäquateste Form und die Zusammenarbeit von Künstlern, Architekten, Soziologen, Handwerkern usw. bereits bei der Bauprojektierung.

Im Mitwirken der Kunst an der Umweltgestaltung sieht man z. Z. ihren gesellschaftlichen Auftrag als erfüllt an. Parallel dazu konnten die traditionellen Genres ein größeres, von agitatorischer Zweckgebundenheit befreites Betätigungsfeld gewinnen, was sich im deutlichen Aufschwung des malerischen Niveaus niederschlug. In diesem seit dem VIII. Parteitag andauernden toleranterem kunstpolitischen Klima, das B. Brechts Formel von der „Weite und Vielfalt der realistischen Schreibweise" sinngemäß auch für Bildkunst gelten läßt, zeichnet sich eine Kunstentwicklung ab, die darauf abzielt, in traditionellen wie neuentwickelten Genres und deren speziellen Gestaltungsformen zu agieren und zu wirken. Unter diesem Anspruch verlagern sich kunstpolitische Entscheidungen tendenziell von der Partei auf den VBK und die Diskussionen von der ideologischen Seite auf Probleme der Kunstproduktion und -rezeption.

Der 7. Kongreß des VBK (Mai 1974, Präs. Willi Sitte) sah als zukünftige Aufgaben den intensiveren Ausbau der ganzen Spannbreite und der Spezifika künstlerischen Gestaltens in allen Genres (von Malerei bis Produktionskultur). Zur weiteren Differenzierung der künstlerischen Ausdrucksmittel wurden alle Kunstepochen der Weltkultur als mögliche Vorbilder empfohlen. Betont wurde erstmals der internationale Charakter und Wirkungsbereich auch der nationalen Kunst, allerdings bei fortdauernder Abgrenzung gegen die „modernistischen Strömungen der imperialistischen Kunst".

III. Entwicklung der bildenden Kunst. Seit Ende der 60er Jahre zeichnet sich mit dem Auftreten der 3. Künstlergeneration die Malerei und Grafik durch stilistische Vielfalt und handwerklich hohes Niveau aus. Voraus gingen zwei Entwicklungsphasen, von denen die erste durch die Emigrantengeneration mit Künstlern wie Hans und Lea Grundig, Otto Nagel, Rudolf Bergander, dem Graphiker Arno Mohr geprägt war. Sie knüpfte im Malstil an den kritischen Realismus der 20er Jahre an und formulierte thematisch die Auseinandersetzung mit dem Faschismus. In den 50er Jahren bewirkte die dogmatische Auffassung vom „soz. Realismus" eine thematische Einengung auf explizit politisch-ideologische Momente des gesellschaftlichen Lebens (Aufmärsche, Kundgebungen, Aufbauarbeit, Sport, NVA, Agitationsbilder zu aktuellen Kampagnen).

Naturalistisches Illustrieren, ornamental-dekorative oder monumentale Formgebung unter Verwendung stereotyper Symbole (Friedenstaube, Fahnen, verschlungene Hände . . .) kennzeichnen die bildnerische Kunstproduktion dieser Zeit (II. Deutsche Kunstausstellung 1953). Erst in den 60er Jahren bilden sich individuelle Ausdrucksformen der realistischen Malweise heraus; Hauptvertreter dieser 2. Generation sind die Hochschullehrer Bernhard Heisig (Jg. 1925, Leipzig), Willi Sitte (Jg. 1921, Halle), Werner Tübke (Jg. 1929, Leipzig), die z. Z. die BK. der DDR offiziell repräsentieren. Neben einer noch überwiegend abbildhaft-naturalistischen Malweise zeichnen sich drei Stilrichtungen ab: 1. die stark verbreitete impressionistische, vertreten z. B. durch Frank Ruddigkeit (Jg. 1939), Karl-Heinz Jakob (Jg. 1929), Karl-Erich Müller (Jg. 1926), Fritz Eisel (Jg. 1929); 2. die dekorative, vertreten z. B. durch Willi Neubert (Jg. 1920), Walter Womacka (Jg. 1925), Bert Heller (1920–1970) und 3. die expressionistische, vertreten z. B. durch Heinz Zander (Jg. 1939) und Ronald Paris (Jg. 1933). Während die monumentalen Farbtafeln von Heisig („Pariser Kommune", 1970/71) und Sitte („Leuna 1969", 1968, „Höllensturz in Vietnam", 1966/67, „Mensch, Ritter, Tod und Teufel" 1969/70) mit simultan gesetzten Symbolen und Versatzstücken in impressionistisch-tachistischer Pinselführung und stark expressiver Farbgebung eine sinnlich-aktivierende kritische Analyse gesellschaftlicher Zustände darstellen, sind Tübkes manieristisch-stilisierte Arbeiten (Wandfries, „Intelligenz und Arbeiterklasse" in der Leipziger Universität, 1973, „Bildnis eines sizilianischen Großgrundbesitzers mit Marionetten", 1972) durch die Rezeption der Renaissancemalerei geprägt. Auf der Bezirkausstellung des VBK in Leipzig 1969 trat erstmals ein am Stil der „Neuen Sachlichkeit" der 20er Jahre orientierter Malerkreis der jüngsten Generation unter dem Dozenten Wolfgang Mattheuer (Jg. 1927; „Liebespaar", 1970, „Leipzig", 1971) hervor. Die Künstler (Hachulla, Glombitza, Stelzmann, Rink, Thiele, Löbel u. a.) arbeiten in einem relativ einheitlichen, für die DDR-Malerei völlig neuen Formenkanon („veristisch" klare Bildkomposition, glatte Pinselführung, satte leuchtende Farbgebung) und einem uneingeschränkten Themenkreis (Porträtbildnisse privater Personen, Stilleben, Landschaften). Auf der 7. Kunstausstellung der DDR in Dresden 1972 erzielte diese Richtung ihren Durchbruch und offizielle Anerkennung und bestimmt seitdem im wesentlichen die Kunstszene der DDR.

Als spezifisches Genre im Bereich der Monumentalkunst hat die stark geförderte „Kunst am Bau" das großformatige Wandbild als Ausschmückung von Innen- oder Außenflächen repräsentativer Gebäude hervorgebracht. Die allegorisch-symbolischen Darstellungen mit gesellschaftspolitischem Themengehalt haben jedoch meist nur dekorativen Schauwert und werden dem ehtischen Anspruch nicht gerecht. Beispiele: Walter Womacka, Fassadenverkleidung „Unser Leben" am Haus des Lehrers, Ost-Berlin 1964; Gerhard Bondzin, Betonplatten-Wandbild „Der Weg der Roten Fahne" am

Kulturpalast, Dresden 1969; Ronald Paris, Wandfries „Lob des Kommunismus" im Haus der Statistik, Ost-Berlin 1969.

Neben dem im letzten Jahrzehnt stark entwickelten Zweig der Formgestaltung (Gebrauchs- und Produktionskunst) und des Kunsthandwerks (Raumschmuck, Nippes) bleiben Malerei, Grafik und Plastik die Hauptgenres, jedoch entsprechend ihrer veränderten gesellschaftlichen Funktionen mit neuen Themengehalten. In der Porträtmalerei steht – abgesehen von Bildnissen politischer und historischer Persönlichkeiten (Hauptporträtist: Bert Heller) – das Arbeiterporträt im Zentrum, zunächst als befreiter Proletarier oder Landarbeiter gestaltet (Otto Nagel, Kurt Querner), seit den 50er Jahren als Gestalter des Neuaufbaus und Repräsentant seiner Klasse gezeichnet (K. H. Jakob: „Bergmann" 1961; O. Schutzmeister: „Tagebauleiter Kurt Jakob" 1960; die Stahlwerkerdarstellungen von W. Neubert). Hierher gehören auch die Typenporträts von Lea Grundig in der Folge „Genossen" 1966–1970). Die jüngsten Darstellungen zeigen den Arbeiter in selbstbewußter, optimistischer Geste als Beherrscher seiner Gesellschaft (B. Heisig: „Brigadier" 1970; F. Ruddigkeit: „Meister Heyne" 1971; V. Stelzmann: „Schweißer" 1971; W. Sitte: „Sieger" 1972). Die Auffassung, daß der sozialistische Mensch sich die Wirklichkeit über den Arbeitsprozeß aneignet und sich in ihm verwirklicht, erklärt die zentrale Stellung des Themas Arbeit in der BK. Allerdings ist eine realistische wie dynamische Gestaltung der Arbeit, vor allem als wissenschaftlich-technologischer Prozeß, ein bis heute nicht gelöstes Problem der Bildkunst (Ausstellung „Das Antlitz der Arbeiterklasse in der bild. Kunst der DDR" zu Ehren des VIII. Parteitages der SED, 1971).

Auch das Gruppenbildnis ist eine Domäne der Arbeitsthematik, zumeist als repräsentatives Konterfei von „Neuererbrigaden", das das Selbstbewußtsein der Leistungskollektives vermitteln soll, die Darstellung des Arbeitsvorgangs selbst jedoch meist meidet (ca. 10 Tafelbilder dieser Art auf der 7. Kunstausstellung der DDR 1972, u. a. in neusachlicher Manier wie W. Tübke: „Gruppenbild"; S. Gille, Jg. 1941: „Brigade Heinrich Rau"; G. Brüne, Jg. 1941: „Die Neuerer").

Die technisch-industrielle Organisierung des Lebens spiegelt sich – allerdings nicht bedrohlich, sondern als positiver Ausdruck der menschlichen Produktivkraft – als Thema auch in der Landschaftsmalerei mit überwiegend Industrie- und Städtebildern wider.

Das Historienbild, das sog. Ereignisbild, ist mit der Gestaltung revolutionärer Prozesse zu neuer Blüte gelangt. Sitte und Heisig sind hier die Protagonisten, deren Malweise dem Bemühen, dialektische Geschichtsauffassung bildhaft zu vermitteln, am ehesten gerecht wird.

Die Grafik und Buchillustration (Max Schwimmer) gehört im thematischen Angebot und technischen Niveau zu den stärksten Genres der Kunst in der DDR. Die ältere Generation knüpfte an die Realismus-Tradition des 19. Jh. an mit Porträt- und lyrischer Landschaftsgestaltung (Otto Paetz, Hans Theo Richter) oder setzte den sozialkritischen Stil der Weimarer Zeit fort (Lea Grundig als Schülerin von Käthe Kollwitz). Thematische Zyklen richten die Anklage gegen politische Mißstände der westlichen Welt (Faschismus, Imperialismus, Atomtod, Vietnamkrieg) oder sie dienen der aufklärenden Illustration historischer Vorgänge (Kurt Zimmermanns Blätter zur Geschichte der deutschen Arbeiterbewegung; Karl Erich Müller: „Geschichte der KPD"). Die grafischen Arbeiten der jungen Generation sind durch individuelle Gestaltung und freien Gebrauch moderner Techniken (Siebdruck) charakterisiert.

Auch die Plastik entwickelte sich aus der engagierten realistischen deutschen Bildhauertradition, in der die frühen typisierenden Arbeiten des Bildhauers Fritz Cremer (Jg. 1906, „Aufbauhelfer", „Aufbauhelferin") stehen, dessen künstlerische Entwicklung über vielfältige Porträt- und Aktgestaltungen zu diffiziler Ausdrucksfähigkeit des Widerstreits zwischen individuellen und gesellschaftlichen Zügen des Menschlichen führt (Figur des Galilei „Und sie bewegt sich doch", 1970/71).

Die Skulpturengruppe Cremers für das Ehrenmal des ehem. Konzentrationslagers Buchenwald (1956–1958) stellt Anklage wie Überwindung des Faschismus durch psychologische Konstellation und Haltung der Figuren dar und ist ein herausragendes Beispiel zeitgenössischer Denkmalskunst. → **Literatur und Literaturpolitik.**

Bildung: → **Einheitliches sozialistisches Bildungssystem.**

Bildungsgesetz: → **Einheitliches sozialistisches Bildungssystem.**

Bildungsökonomie: → **Pädagogische Wissenschaft und Forschung.**

Bildungssystem der SED: → **Parteischulung der SED.**

Binnenhandel

Grundlagen – Produktionsmittel- und Konsumgüterhandel – Einzelhandel – Kommissionshandel – Großhandel –Leitungsstruktur

I. Grundlagen

Der B. ist derjenige Teil des Handels, der als Hauptträger der Warenzirkulation Produktion und Konsumtion miteinander verbindet und aktiv auf beide einwirkt. In der DDR wird das → **Hotel- und Gaststättengewerbe** auch zum B. gerechnet. Neben dem B. ist der zweite wesentliche Bestandteil des Handels der Außenhandel. Die ungenügende ideologische Fundierung des B., dem im Sozialismus nur eine zeitliche Bedeutung zukommt, bis der Kommunismus und damit die Verteilung nach den Bedürfnissen erreicht ist, führte dazu, daß der B. als Instrument der Verteilung der Güter der Abteilung II lange Zeit

„Stiefkind des wirtschaftlichen Aufschwungs" war. Zwar wurden bereits 1953 zur Zeit des Neuen Kurses nach Stalins Tod unter dem damaligen sowjetischen Handelsminister Mikojan, der die bisherige Unterbewertung und Vernachlässigung der Rolle des B. kritisierte, zögernde Anläufe auch in der DDR gemacht; aber die entscheidende Erkenntnis, daß der Konsumgütermarkt und die Konsumgüterverteilung volkswirtschaftliche Wachstumfaktoren sind, setzte sich erst während des NÖS vor allem nach dem VII. Parteitag 1967 durch.

Im Gesetz über den Fünfjahrplan 1971–1975 wird schließlich die Forderung aufgestellt: „Auf dem Gebiet des Konsumgüterbinnenhandels sind alle Anstrengungen darauf zu konzentrieren, daß in den Verkaufsstellen, Kaufhallen und Warenhäusern sowie Gaststätten sichtbare Veränderungen bei der Versorgung der Bevölkerung erreicht werden."

Seit 1945 wurde der B. wie die übrigen Wirtschaftsbereiche in die systemgerechten Umgestaltungen einbezogen. Der private Einzelhandel konnte ohne Gefährdung der Versorgung der Bevölkerung nicht kurzfristig beseitigt werden. Die Verstaatlichung des Großhandels als eine der „Kommandohöhen der Volkswirtschaft" war dagegen 1955 bereits weitgehend abgeschlossen.

Seit Mitte der 60er Jahre konzentrierten sich die Bemühungen dann neben Veränderungen der Leitungsstruktur vor allem auf den Aufbau eines leistungsfähigen Handelsnetzes durch erhöhte Investitionen, Rationalisierung, Konzentration und Kooperation und den Aufbau des völlig vernachlässigten Informationssystems durch Markt- und Bedarfsforschung.

Der B. umfaßt den Produktionsmittelhandel und den Konsumgüterhandel, der sich in Groß- und Einzelhandel gliedert.

II. Der Produktionsmittelhandel

Der Produktionsmittelhandel umfaßt denjenigen Teil der Produktionsmittelzirkulation, der nicht im Direktverkehr (Direktbezug), d. h. ohne Zwischenlagerung vom Produzenten zum Bedarfsträger geht. Er ist das Bindeglied zwischen Produktion und produktiver Konsumtion. Sein Anteil an der gesamten Produktionsmittelzirkulation beträgt nur etwa 20 v. H. Die Stellung des Produktionsmittelhandels war aufgrund der sowjetkommunistischen Theorie längere Zeit umstritten. Noch 1955 galt die sowjetische Auffassung auch in der DDR, daß Produktionsmittel keinen Warencharakter hätten. Unmittelbar nach dem Kriege bildete er jedoch auf Grund des beschränkten Konsumgüterumsatzes den Schwerpunkt im Großhandel.

1958–1966 waren für den Produktionsmittelhandel die Absatzabteilungen der Produktionsministerien und die von der Deutschen Handelszentrale (DHZ) gebildeten Staatlichen Kontore zuständig. Diese wurden 1966 den neugegründeten Industrieministerien und dem Ministerium für Bezirksgeleitete Industrie unterstellt. Die 14 Staatlichen Kontore sind zentrale Leitungsorgane, die branchenmäßig (z. B. staatliches Holzkontor, staatliches Kohlenkontor) gegliedert sind. Den Staatlichen Kontoren sind Versorgungskontore nachgeordnet, die als Sortimentsgroßhandelsbetriebe für die planmäßige Versorgung ihrer Abnehmer verantwortlich sind.

Neben dem industriellen Produktionsmittelhandel entstanden der Versorgungs- und Erfassungsgroßhandel der Landwirtschaft und der Vermittlungsgroßhandel; hier ist von besonderer Bedeutung das Staatliche Vermittlungskontor für Maschinen und Materialreserven. Es hat Lenkungsfunktionen bei der Erfassung und Verteilung wertgeminderter Maschinen, von Produktionsmaterial und nichtmetallischer Altstoffe; dazu gehörte bis Ende 1974 auch der Gebrauchtwagenhandel.

III. Der Konsumgüterhandel

A. Der Großhandel gilt als verselbständigte Handelsstufe und umfaßt heute in erster Linie den Konsumgütergroßhandel, der die Funktion eines Bindegliedes von Produktion und Konsumtion hat. Auf „Vorschlag" von Ulbricht auf der 1. Parteikonferenz im März 1946 wurden Ende 1946 Handelskontore geschaffen, an denen zu 51 v. H. staatliches und zu 49 v. H. privates Kapital beteiligt war (in diese mußten sich Konsumgenossenschaften und Großhandel teilen). Ihnen oblag die Fertigwarenbewegung, den gleichzeitig entstandenen Industriekontoren die Rohstoffbewegung.

1948 wurde als Dachorganisation für den Großhandel die Deutsche Handelsgesellschaft (DHG-Berlin) geschaffen, die nach ihrem Versagen 1949 in die Deutsche Handelszentrale (DHZ) übergeleitet wurde. Sie unterstand zunächst der → **Deutschen Wirtschaftskommission** und später den Fachministerien; neben reinen Verteilungsfunktionen hatte sie auch echte Handelsfunktionen. Die noch im erheblichen Umfange bestehenden privaten Firmen mußten ihre Produktionsmittel über die eigens dafür gegründeten Vertragskontore beziehen. Ihre Handelsspannen waren extrem niedrig (6–15 v. H.) und mußten teilweise mit dem staatlichen Großhandel geteilt werden. Der private landwirtschaftliche Großhandel wurde zunächst auf die Bäuerlichen Handelsgenossenschaften (BGH) verlagert.

1953 wurden die Großhandelskontore gebildet und direkt dem Ministerium für Handel und Versorgung unterstellt. 1966 erfolgte der Zusammenschluß der Großhandelskontore mit den Großhandelsbetrieben der Konsumgenossenschaften zu volkseigenen Großhandelsgesellschaften (GHG) (GBl. I, 1960, Nr. 20). Nach Branchengruppen gegliedert wurden die GHG bis 1968 den Räten der Bezirke bzw. der Kreise unterstellt. Gleichzeitig wurden als wirtschaftsleitende Organe 6 zentrale Warenkontore (ZWK) für die Warenversorgung mit Industriewaren und Nahrungsmitteln gegründet. Die ZWK Schuhe/Lederwaren, Haushaltswaren, Technik, Möbel/Kulturwaren, Großhandel Waren täglichen Bedarfs (WtB) und Textil und Kurzwaren (letzteres wurde 1965 aufgelöst und dafür eine Großhandelsdirektion mit der gleichen Funktion und dem gleichen Rechtsstatus wie die ZWK errichtet) arbeiten nach dem Prinzip der → **wirtschaftlichen Rechnungsführung** und sind mit eigenen Fonds ausgestattet. Seit 1968 obliegt ihnen und nicht mehr den Räten der Bezirke die Gründung von Großhandelsgesellschaften.

B. Der Einzelhandel ist seit 1972 der einzige Wirtschaftsbereich, in dem noch vier verschiedene Eigentumsformen nebeneinander existieren. Hauptträger sind die HO und die KG mit einem Anteil von ca. 85 v. H. am Umsatz im Jahre 1973. Der Rest entfällt zu gleichen Teilen auf den Kommissionshandel und den privaten Einzelhandel.

1. Die KG spielten bei der sozialistischen Umgestaltung des B. eine wichtige Rolle. Mit SMAD-Befehl Nr. 176 vom 18. 12. 1945 erhielten die, während der Nazizeit aufgelösten und unmittelbar nach Kriegsende wiedererrichteten, KG ihre Rechtsgrundlage. Zu ihrer früheren alleinigen Funktion als reine Verbraucherorganisation trat ihre Rolle als politisches Instrument. „Sie verkörpern die Einheit von gesellschaftlicher Massenorganisation und sozialistischem Handelsorgan." (Wörterbuch der Ökonomie – Sozialismus, Berlin [Ost] 1973, S. 484.) Mit 4,1 Mill. Mitgliedern entwickelten sie sich zur zweitgrößten Massenorganisation nach dem → **FDGB**. Seit 1953 mußten die KG zugunsten der staatlichen Einzelhandelsorgane ihren traditionellen Schwerpunkt aus den Städten auf das flache Land verlegen, wo mit den Bäuerlichen Handelsgenossenschaften (BHG) eine Arbeitsteilung herbeigeführt wurde, indem die KG alle Waren außer den bäuerlichen Bedarfsartikeln führen. Ihnen fiel die wichtige Rolle zu, die Kollektivierung der Landwirtschaft vorzubereiten.

Die KG sind in dem 1949 gegründeten und nach den Prinzipien des → **demokratischen Zentralismus** aufgebauten Verband Deutscher KG (VDK) organisiert. 1970–1972 wurden die bis dahin bestehenden über 900 KG zu knapp 200 KG auf der Kreisebene zusammengeschlossen. Die KG erzielen etwa ein Drittel des gesamten Einzelhandelsverkaufsumsatzes. Der Hauptanteil von 64 v. H entfällt dabei auf Nahrungs- und Genußmittel.

Daneben besitzen die KG 250 Produktionsbetriebe, in denen 1971 Konsumgüter im Werte von 4,5 Mill. Mark produziert wurden.

2. Die HO wurde auf Beschluß Nr. 257 der Deutschen Wirtschaftskommission vom 20. 10. 1948 als zweiter sozialistischer, heute wichtigster Träger des Einzelhandels gegründet. Die HO-Verkaufsstellen hatten zunächst allein die Genehmigung, rationierte Lebensmittel und Gebrauchsgüter frei zu verkaufen. Ihnen fiel die Aufgabe zu, durch stark überhöhte Preise die Kaufkraft offiziell abzuschöpfen und die abgeschöpften Beträge an den Staatshaushalt abzuführen (→ **Preissystem und Preispolitik**). 1950 hatte die HO bereits einen Umsatzanteil von über 30 v. H. erreicht, ihr Anteil blieb aber aufgrund des gespaltenen Preisniveaus bis zur Aufhebung der Rationierung 1958 preislich verzerrt. 1972 betrug ihr Anteil am Einzelhandelsumsatz knapp 50 v. H. Zur Versorgung der Beschäftigten der deutsch-sowjetischen Wismut AG besteht als besonderer Zweig die HO-Wismut. Für die Versorgung der Angehörigen der → **NVA** und der sowjetischen Armeeangehörigen ist der HO-Spezialhandel zuständig, der den Einzel-, Großhandel und bestimmte Produktionsbetriebe für den Armeebedarf umfaßt.

Seit 1962 wurden Exquisit-Verkaufsstellen eingerichtet, in denen Spitzenerzeugnisse der Bekleidungs-, Leder- und Rauchwarenherstellung – vornehmlich westlicher Herkunft – zu stark überhöhten Preisen verkauft werden. Seit 1968 sind sie in volkseigene Modesalons umgewandelt und in einer Einkaufs- und Leistungsgemeinschaft zusammengeschlossen.

3. Der Kommissionshandel bildet die dritte Eigentumsform im Einzelhandel. Er besteht seit 1956 (GBl. I, Nr. 6) als besondere Form der Einbeziehung der privaten Einzelhändler in den Sozialismus in Anlehnung an die Betriebe mit staatlicher Beteiligung in der Industrie. Der Kommissionshändler führt seine Geschäfte nicht mehr auf eigene Rechnung, für die Waren hat er eine Kaution von $33^{1}/_{3}$ v. H. des Warenwertes zu stellen. Er unterliegt einer den Sätzen der Lohnsteuer ähnlichen Belastung und ist von Umsatz- und Gewerbesteuer befreit. Die Kommissionsverträge werden seit 1959 nur noch mit der HO und KG abgeschlossen. Die gesetzliche Grundlage für den Kommissionshandel wurde erst 1966 mit der „Kommissionshandelsverordnung" geschaffen (Gbl. II, Nr. 68). 1971 wurden für den Kommissionshandel Steuererhöhungen eingeführt, (GBl. II, 1970, Nr. 97), die Beschäftigtenzahl wurde bis auf Ausnahmefälle auf 3 begrenzt.

4. Der private Einzelhandel büßte aufgrund der massiven Förderung der KG und der Errichtung der HO seit 1950 immer stärker seine Bedeutung ein. Ungünstige Steuerregelungen, extrem niedrige Handelsspannen, die Benachteiligung der Warenzuteilung und die Propagierung des Kommissionshandels bewirkten, daß sein Anteil am Gesamtumsatz 1973 nur noch knapp 8 v. H. betrug. Davon betrug bis 1966 der Anteil des Handwerks mit Einzelhandel fast 50 v. H., seitdem fehlt ein getrennter statistischer Ausweis. Ebenso wie die Kommissionshändler gehören sie den → **Industrie- und Handelskammern** (IHK) an.

IV. Beschäftigte, Verkaufsstellen und Umsatz

1973 gab es 838 000 Beschäftigte im B., 96 000 im Großhandel, 415 000 im sozialistischen Einzelhandel, darunter 164 000 in KG, 56 000 Kommissionshändler und knapp 20 000 private Einzelhändler. 1971 entfielen von den 97 269 Verkaufsstellen des Einzelhandels mit Verkaufsraumfläche 24 527 auf die HO mit 1,71 Mill. m², 33 037 auf die KG mit 1,83 Mill. m², 11 727 auf den Kommissionshandel mit 0,46 Mill. m² und den privaten Einzelhandel einschließlich Handwerk mit Einzelhandel 27 978 mit 0,71 Mill. m².

Der größte Verkaufsstellentyp ist das Warenhaus mit einem Mindestverkaufsraum von 2 500 m² und einem universellen Sortiment. In der DDR gab es 1973 31 Warenhäuser, zur Hälfte HO-Warenhäuser „CENTRUM" und KG-Warenhäuser „konsument". Daneben bestehen die Kaufhäuser der HO, z. B. „Magnet", und der KG, z. B. „kontakt". Ihre Mindestverkaufsraumfläche muß 1 000 m² betragen, Schwerpunkt sind Textil- und Bekleidungserzeugnisse.

Als wichtigste Vertriebsform für Waren des täglichen Bedarfs sind in den letzten Jahren ca. 600 Kaufhallen (über ²/₃ davon HO) entstanden. Daneben

Großhandelsumsatz nach Eigentumsform (in v. H.)

Jahr	sozialistischer Großhandel	privater Großhandel
1950	62,0	38,0
1955	90,4	9,6
1958	93,0	7,0
1969	über 98,0	unter 2,0

Quellen: H. Schlenk, Der Binnenhandel der DDR, Köln 1970, S. 39, und Wörterbuch der Ökonomie – Sozialismus – Berlin (Ost) 1969, S. 435.

Einzelhandelsumsatz einschließlich Gaststättenumsatz nach Eigentumsform (in v. H.)

Jahr	volkseigene HO[1]	Konsumgenossensch.	Kommissionshandel[2]	Privat[3]
1950	30,2	17,0	–	52,8
1955	40,3	27,7	–	32,0
1960	44,3	32,9	6,5	16,3
1965	44,1	33,9	8,7	13,3
1970	80,5		9,4	10,1
1971	81,3		9,1	9,6
1972	83,1		8,3	8,6
1973	84,4		7,8	7,8

1 Einschließlich sonstiger sozialistischer Betriebe wie Industrievertrieb Mitropa. Volksbuchhandel u. ä.
2 Einschließlich Betriebe mit staatlicher Beteiligung.
3 Einschließlich Handwerk mit Einzelhandel.

Quelle: Statistisches Jahrbuch der DDR 1973, S. 265; Statistisches Taschenbuch 1974, Anteile errechnet.

spielen die ländlichen Einkaufszentren der KG eine wachsende Rolle.

Als weitere Vertriebsform ist der Versandhandel zu nennen. Er wurde durch Ministerratsbeschluß vom 5. 8. 1954 eingeführt. 1956 wurde das Versandhaus der HO in Leipzig gegründet. Ende der 60er Jahre richteten die KG in Karl-Marx-Stadt (Chemnitz) ein Versandhaus speziell für den Landbedarf ein. Die Bedeutung des Versandhandels ist mit einem Anteil von unter 1 v. H. am Einzelhandelsumsatz erheblich geringer als in der Bundesrepublik Deutschland.

V. Reorganisation, Kooperation, Leitungsstruktur und Planung

A. Reorganisation

Im Zusammenhang mit der Kritik an der unbefriedigenden Versorgung der Bevölkerung wurde auf dem VII. Parteitag von Ulbricht die Reorganisation des gesamten B.-Systems konzipiert. Neben der Bildung von Großbetrieben gehörte zum Kernstück des Konzeptes die Bildung von zentral (durch Zusammenschluß der Warenhäuser) und territorial (durch Zusammenschluß der Kaufhallen) organisierten Handelssystemen und die Bildung einheitlicher Vertriebssysteme mittels Kooperationsbeziehungen.

Die Investitionsmittel wurden bis 1971 beträchtlich erhöht; dies führte zum Neubau einer Reihe von CENTRUM-Warenhäusern und Kaufhallen. Obwohl die Investitionen nicht ausreichten, das jahrelang vernachlässigte Handelsnetz zu modernisieren, wurde in der laufenden Fünfjahrplanperiode die Devise ausgegeben, ohne Erhöhung der Investitionsmittel zu rationalisieren. Schrittmacher auf dem Gebiet der → **Rationalisierung** des Verkaufsstellennetzes ist die Stadt Bergen auf Rügen. Das „Bergener Modell" wird hinsichtlich seiner Umorganisation und Zusammenfassung von bestehenden Verkaufsstellen unterschiedlicher Eigentumsformen nach Sortimentskomplexen propagiert.

B. Kooperation

Ein wichtiges Instrument zur effizienteren Gestaltung des Handelsnetzes war in den letzten Jahren der Aufbau von horizontalen und vertikalen Kooperationsbeziehungen. Horizontal kooperieren Einzelhandelseinrichtungen untereinander im Territorium. Groß- und Einzelhandel und Dienstleistungsbetriebe arbeiten zum Zwecke der besseren Arbeitsteilung zusammen: im Rahmen des Technikhandels ist so das „Kontaktringsystem" entstanden. Großhandelseinrichtungen kooperieren untereinander, um die kontinuierlichere Versorgung des Einzelhandels zu erreichen und die Konsumgüterindustrie zur bedarfsgerechten Produktion zu beeinflussen. Dazu gehört die Vorbereitung von → **Binnenhandelsmessen.**

Vertikale Kooperation findet zwischen B. und Konsumgüterindustrie statt; zwischen beiden Bereichen bestand bis Ende der 60er Jahre überhaupt keine Zusammenarbeit. Das bekannteste Beispiel ist bisher der Wirtschaftsverband Bekleidung, in dem auf der Grundlage gemeinsamer Sortimentskonzeptionen zwischen Konsumgüterindustrie und Handel die Zusammenarbeit vertraglich geregelt wird.

C. Leitungsstruktur

Die in der Vergangenheit ständig umorganisierte Leitungsstruktur des B. ist immer noch so schwerfällig, daß in ihr ein Teil der Schwierigkeiten im B. gesehen werden muß.

1. Zentrales staatliches Leitungsorgan für den Handel ist das → **Ministerium für Handel und Versorgung.** Örtliche Leitungsorgane sind die → **Räte der Bezirke.** Nach dem VII. Parteitag wuchs zunächst die Selbständigkeit der Handelsbetriebe, seit der Rezentralisierung Ende 1970 (GBl. II, Nr. 100) ist dagegen die Befugnis der Räte der Bezirke wieder erweitert worden. Ihre Rechte sind im Gesetz über die örtlichen Volksvertretungen (GBl. I, 1973, Nr. 32) niedergelegt. Danach sind sie für die Grundlinie der Entwicklung des gesamten Handelsnetzes in ihren Territorien verantwortlich.

2. Zentrale wirtschaftsleitende Organe des Ministeriums für Handel und Versorgung sind im Großhandel die 5 ZWK, die Großhandelsdirektion Textil und Kurzwaren und die zentrale Wirtschaftsvereinigung Obst, Gemüse, Speisekartoffeln (OGS), die bis 31. 12. 1973 dem VDK unterstand.

Organisation der Konsumgenossenschaften

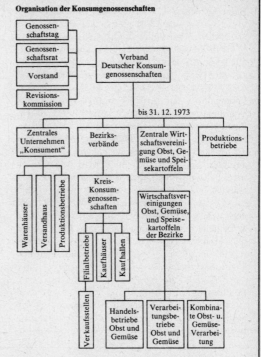

Quelle: G. Baron, Betriebsökonomik Handel 1, 1970, S. 70

Organisation des sozialistischen Konsumgüterhandels

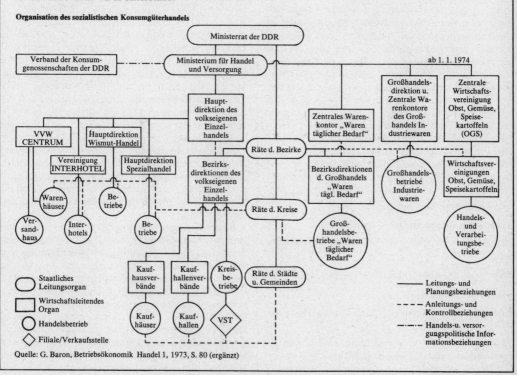

Quelle: G. Baron, Betriebsökonomik Handel 1, 1973, S. 80 (ergänzt)

Beim Großhandel WtB und der zentralen Wirtschaftsvereinigung OGS gibt es auf Bezirksebene örtliche wirtschaftsleitende Organe.

3. Zentrale wirtschaftsleitende Organe im Einzelhandel sind die HO Hauptdirektion und die 1965 gebildete Vereinigung Volkseigener Warenhäuser CENTRUM, die 1968 mit dem „Volkseigenen Versandhaus Leipzig" zur Volkseigenen Versand- und Warenhausvereinigung VVW CENTRUM zusammengelegt wurden. Weitere zentrale wirtschaftsleitende Organe sind die Hauptdirektion Wismut-Handel, die Hauptdirektion Spezialhandel und die Generaldirektion Interhotel. Im Bereich des VDK ist wirtschaftsleitendes Organ das Zentrale Konsum-Handels- und Produktionsunternehmen „konsument", das im Gegensatz zu der VVW CENTRUM nach dem Kombinatsprinzip aufgebaut ist.

4. Örtliche wirtschaftsleitende Organe der HO sind die Bezirksdirektionen und die seit 1968, soweit territorial erforderlich, entstehenden Kaufhallen- und Kaufhausverbände.

D. Planung
Die Planung im B. ist derjenige Faktor, der vor den Mängeln in der Distributionssphäre und der Leitungsstruktur Hauptursache für Versorgungsschwierigkeiten ist. Sowohl modischen als auch saisonalen Schwankungen wurde das starre Planungssystem bisher nicht gerecht. Der Handel erhält als letzter seine Planauflagen, obwohl seine Planung die Basis der Konsumgüterproduktion bildet. Seit 1973 erhebt sich daher verstärkt seitens des Großhandels die Forderung nach flexibler Planung mit Toleranzen, die über die gegenwärtigen geringfügigen Toleranzen hinausgehen.

Dabei sollen nur etwa 80 v. H. des geplanten Warenfonds vertraglich gebunden sein und für die restlichen 20 v. H. Optionen erworben werden. Im Rahmen der betrieblichen Planung hat sich in der Vergangenheit die Hauptkennziffer Warenumsatz zu Einzelhandelspreisen als Hindernis für die bedarfsgerechte Versorgung erwiesen, da sie ausschließlich den Verkauf teurer Waren stimuliert. Auch die 1968 eingeführte Kennziffer → **Handelsfondsabgabe** hatte negative Auswirkungen auf die Versorgung, weil der Einzelhandel seine Lagerhaltung auf das plangebundene Minimum reduzierte, um die Abgabe so gering wie möglich zu halten. Daneben bestehen staatliche Plankennziffern wie: Warenfonds, Bilanzteile für zentral bilanzierte Konsumgüter, Lohnfonds, Nettogewinn und Nettogewinnabführung.

Binnenhandelsmessen: Die B. haben seit Frühjahr 1973 im Bereich Textil und Bekleidung sowie Schuhe und Lederwaren die bisherige Einkaufsform des Großhandels und des direktbeziehenden Einzelhandels auf Musterausstellungen der Industrie (Kaufhandlungen oder Submissionen) abgelöst. Sie stehen unter der Leitung und Durchführung der zuständigen Ministerien und werden auf der Grundlage einer zwischen Industrie und Großhandel ausgearbeiteten Sortimentskonzeption von den wirtschaftsleitenden Organen des Großhandels organisiert. Als Einkäufer bzw. deren Berater treten die seit 1960 bestehenden Einkaufskollektive von Groß- und Einzelhandel auf den B. auf. Sie werten die Bedarfsforschungsunterlagen aus, wirken bei der Ausarbeitung der Einkaufspläne, beim Einkauf und der Auswertung der Einkaufsergebnisse mit. Die B. finden halbjährlich statt.

Binnenschiffahrt: → Schiffahrt.

Bitterfelder Beschlüsse: → Betriebsräte.

Bitterfelder Konferenzen: → Literatur und Literaturpolitik.

BKV: Abk. für → **Betriebskollektivvertrag.**

Blockade: → Berlin.

Blockpolitik: → **Bündnispolitik; Nationale Front der DDR.**

Bodennutzung: Im Zeitraum 1951–1963 nahm die Landwirtschaftliche Nutzfläche (LN) in der DDR um 177 036 ha LN ab. Die Verringerung des Bodenfonds (insgesamt von 1951–1970 ca. 260 000 ha LN) war damit erheblich stärker als in der Bundesrepublik (Rückgang der LN im selben Zeitraum ca. 105 000 ha LN). Hatte die LN der DDR während der Kollektivierungsphase 1952–1960 durchschnittlich um ca. 14 000 ha pro Jahr abgenommen, so verstärkte sich der jährliche Rückgang nach Abschluß der Kollektivierung zwischen 1960–1963 auf durchschnittlich 16 900 ha LN pro Jahr. Mit der Begründung, daß „zahlreiche Betriebe, denen für die Durchführung ihrer Produktion Grund und Boden zur Verfügung gestellt wird, mit dem Boden unverantwortlich und leichtfertig umgehen" und damit „die landwirtschaftliche Produktion in nicht vertretbarem Umfang beeinträchtigen", ergingen ab 1964 mehrere An- bzw. Verordnungen; sie sollen die außerlandwirtschaftliche Inanspruchnahme bzw. das Brachfallen landwirtschaftlicher Nutzflächen einschränken und die Bewirtschaftung von Unland, Ödland oder Abbauflächen etc. fördern.

1. Bodennutzungsverordnung (VO zum Schutz des land- und forstwirtschaftlichen Grund und Bodens und zur Sicherung der sozialistischen Bodennutzung vom 17. 12. 1964, GBl. II, 1965, Nr. 32, S. 233, Berichtigung Nr. 42, S. 299, Anpassungsverordnung vom 13. 6. 1968, GBl. II, Nr. 62, S. 363 und 1. Durchführungsbestimmung zur Bodennutzungsverordnung vom 28. 5. 1968, GBl. II, Nr. 56, S. 295, Berichtigung Nr. 116, S. 918). Diese Verordnung legt fest, daß die Landwirtschaftsbetriebe das Nutzartenverhältnis nur im Einverständnis mit den ldw. Produktionsleitungen beim Rat des Kreises ändern dürfen, daß und auf welche Weise die Boden-

fruchtbarkeit zu erhöhen ist, Brachland in Nutzung und Öd- und Unland zu kultivieren ist.

Die außerlandwirtschaftliche Nutzung der LN wurde auf Ausnahmefälle beschränkt und einem Genehmigungsverfahren unterworfen (Rat des Kreises, Revisionsverfahren beim Rat des Bezirkes). Sofern die außerlandwirtschaftliche Inanspruchnahme eine gleichzeitige ldw. Nutzung ganz oder teilweise gestattet, jedoch beeinträchtigt (z. B. Freileitungen), müssen die entstehenden Wirtschaftserschwernisse finanziell ausgeglichen werden. Eine allgemeinverbindliche Regelung zur Ermittlung der Entschädigungsbeträge erging allerdings erst im Jahre 1968. Entschädigung wird gezahlt:

für die Errichtung von Freileitungsmasten,

für Um- und Mehrwege infolge Behinderung,

für nicht ausgenutzte Stalldunggaben,

für nicht ausgenutzte Bodenkalkung und

für Wirtschaftserschwernisse durch Schlagzerteilung.

Nachdem der jährliche Bodenentzug 1963–1965 im Durchschnitt weniger als 6000 ha betrug, nahm er in den folgenden Jahren 1965–1967 wieder auf über 15000 ha pro Jahr zu. Zur zusätzlichen Steuerung der außerlandwirtschaftlichen B. wurde ab 1. 1. 1968 eine B.-Gebühr eingeführt.

Die 2. VO über die Einführung einer Bodennutzungsgebühr zum Schutz des land- und forstwirtschaftlichen Bodenfonds vom 15. 6. 1967 (GBl. II, Nr. 71, S. 487 f.) regelt, welche Betriebe für welche Zwecke Gebühren in welcher Höhe an die Abteilung Finanzen des zuständigen Rates des Kreises zu zahlen haben und wie die dort zentralisierten Mittel zu verwenden sind.

Von der Zahlung einer B.-Gebühr sind grundsätzlich befreit der Wismut-Bergbau, die Volksarmee und Baumaßnahmen für die Naherholung bzw. für den eigenen Bedarf (Eigenheime, Wochenendhäuser).

Die Höhe der Gebühr berücksichtigt die Nutzungsart und die Qualität der Flächen und beträgt je ha bei dauerndem Entzug für

Ackerland von 60000 Mark (bei Ackerzahl bis 10) bis 400000 Mark (Ackerzahl 100),

Grünland von 35000 Mark (Grünlandzahl bis 10) bis 250000 Mark (Grünlandzahl 88),

Forstflächen und Holzungen 30000 Mark (Wertziffer 1–2) bis 150000 Mark (Wertziffer 12),

Sonderkulturen 400000 Mark, Haus- und Kleingärten 100000 Mark, ablaßbare Teiche 30000 Mark.

Von diesen Gebühren sind je nach zukünftiger Nutzung zu zahlen:

50 v. H. bei Wohnungsbaumaßnahmen und von Nutzern, die an den Standort gebunden sind oder die nicht der wirtschaftlichen Rechnungsführung unterliegen (Sozialeinrichtungen),

25 v. H. bei wasserwirtschaftlichen bzw. verkehrstechnischen Maßnahmen für Einrichtungen der Landwirtschaft sowie bei Ausbildungs- und Forschungseinrichtungen.

Die VO legt darüber hinaus die Höhe der Entschädigungen für vorübergehenden Entzug von LN sowie für Überschreitung des Rückgabetermins, Qualitätsminderung wieder urbar gemachter Flächen usw. fest.

Die bei den Abteilungen Finanzen der Kreise zentralisierten Mittel sind zu verwenden für Neulandgewinnung, Ödlandkultivierung, Meliorations- und Intensivierungsmaßnahmen etc., unter der Voraussetzung, daß die Kultivierungskosten tragbar sind (max. Kosten bei Ackerland 10000 Mark/ha), bei Grünland 8000 Mark/ha, bei Forstflächen 4000 Mark/ha). Neben den Kultivierungskosten erhalten die Betriebe, die nicht gesetzlich zur Rekultivierung der Flächen verpflichtet sind, eine pauschale Grundprämie von 5000 Mark/ha zuzüglich 1 v. H. der Bodennutzungsgebühren (max. 4000 Mark/ha).

3. Wiederurbarmachung und Rekultivierung. Außer den erwähnten An- und Verordnungen ergingen in Zusammenhang mit dem Berggesetz 1970/1971 weitere Bestimmungen, die die im Berggesetz erfaßten Betriebe zur Wiederurbarmachung verpflichten und die technischen Einzelheiten neu regeln (AO über die Wiederurbarmachung bergbaulich genutzter Bodenflächen – Wiederurbarmachungsanordnung – vom 10. 4. 1970, GBl. II, Nr. 38, S. 279). Zur Herstellung der vollwertigen Bodenfruchtbarkeit sind seit 1971 die Folgenutzer (in der Regel Betriebe der Land- und Forstwirtschaft) verpflichtet (AO über die Rekultivierung bergbaulich genutzter Bodenflächen – Rekultivierungsanordnung – vom 23. 2. 1971, GBl. II, Nr. 30, S. 245). Für erforderliche Aufwendungen und zur rationellen Bewirtschaftung dieser Flächen können den Folgenutzern Beihilfen gewährt werden. Sofern sich aus der Einbeziehung der rekultivierten Flächen in die Betriebsfläche erhebliche Änderungen in der Betriebsorganisation ergeben, können zusätzlich zinslose Kredite ausgereicht werden.

Die zahlreichen An- und Verordnungen, deren strikte Überwachung (→ **ABI**), und die finanziellen Anreize haben dazu geführt, daß seit 1970 der Bodenfonds der DDR mit rd. 6,288 Mill. ha LN konstant geblieben ist.

Bodennutzungsgebühr: → **Bodennutzung.**

Bodenreform: → **Agrarpolitik; Landwirtschaftliche Betriebsformen.**

Bodenschätze: → **Bergbau.**

Bodenverschmutzung: Im Rahmen der zunehmenden Umweltproblematik (→ **Umweltschutz**) nehmen die Beeinträchtigungen des Bodens laufend zu. Einerseits handelt es sich dabei um die Entziehung landwirtschaftlichen Bodens aus der land- und forstwirtschaftlichen Nutzung, insbesondere zur Nutzung für den Braunkohlenbergbau, dem in der DDR große Bedeutung zukommt (→ **Landeskultur**). Dabei können auch angrenzende land- und forstwirtschaftliche Bodenflächen durch die für den Tagebau notwendige Grundentwässerung Schaden nehmen. Andererseits sind es Devastierungen des Bodens durch agrarischen Raubbau, übermäßigen Einsatz von Bioziden, Übermeliorationen, ungeordnete Abfallagerung und Verkippen von Abraummassen, Bodenvergiftung sowie Grundwasserverseuchung. Hierzu zählen auch die in den letzten Jahrzehnten stark gestiegenen Beeinträchtigungen durch das sog. fall-out. Eine Reihe von Schadstoffen gelangt als Folge chemischer und technischer Prozesse aus der Luft bzw. über das Wasser oder direkt bei der Bodenbearbeitung – als Dünge-, Pflanzenschutz- und Schädlingsbekämpfungsmittel – in den Boden und auf Ernteprodukte. Auf dem Erntegut zurückbleibende Rückstände dieser Wirkstoffe gelangen schließlich über die Nahrungsaufnahme in den menschlichen und tierischen Organismus. Die bei der Bodenbearbeitung tätigen Personen können zudem auch durch direkten Kontakt mit diesen Stoffen Schäden erleiden.

So wurde z. B. der – aus Verbrennungsvorgängen bei Kraftfahrzeugen, Flugzeugen und Industrieanlagen stammende – krebsfördernde Wirkstoff Benzpyren auch in der DDR in geringen Mengen in den meisten Böden und auf vielen Ernteprodukten nachgewiesen. Ebenfalls ist Blei – ein Kraftfahrzeug stößt bei normalen Kraftstoffen bereits 2 bis 3 g Blei je 100 km Fahrleistung aus – in meßbaren Mengen auf den Böden der DDR festgestellt worden.

Zum Schutz des Bodens, der Erhaltung der landwirtschaftlichen Nutzflächen sowie der besseren Nutzung von Boden und Wäldern dienen wichtige Abschnitte des → **Landeskulturgesetzes** sowie einige gesetzliche Verordnungen (z. B. GBl. II, 1965, Nr. 32, S. 233 ff.; GBl. II, 1971, Nr. 30, S. 245 ff.).

Im Zusammenhang mit der B. steht das Problem der Abfallprodukte. Es besteht nicht nur in der Verschmutzung der Landschaft – z. B. durch illegale Müllablagerungen – sondern auch in der Gefahr der Störungen der natürlichen Landschaftsstruktur (z. B. durch Verunreinigung des Grundwassers, durch Ansammlung von Ungeziefer) oder aber der Anreicherung des Bodens mit Schadstoffen. In der DDR fallen jährlich allein 15 Mill. t Müll und Abwasserschlamm in den Städten und Gemeinden an sowie viele Mill. t Aschen aus den Kraftwerken, die in geordneter Deponie abgelagert werden müssen oder z. T. zur Gewinnung von Sekundärrohstoffen herangezogen werden können. Neben entsprechenden Regelungen des Landeskulturgesetzes und dessen Durchführungsverordnungen gelten in der DDR bezüglich der Nutzbarmachung und schadlosen Beseitigung der Abprodukte noch weitere gesetzliche Bestimmungen (vgl. u. a. GBl. II, 1969, Nr. 22, S. 149 ff. und Nr. 30, S. 203 ff.).

Börsenverein der Deutschen Buchhändler zu Leipzig – Verband der Verleger und Buchhändler in der DDR: Der 1825 gegründete, ursprünglich vor allem dem Abrechnungsverkehr zwischen Verlegern und Buchhändlern dienende BdDB. nahm in Leipzig seine Tätigkeit 1946 wieder auf und entwickelte sich allmählich zur „gesellschaftlichen Organisation der Verleger und Buchhändler" im anderen Teile Deutschlands, d. h. zu einem Instrument der Kulturpolitik der SED. Diese Entwicklung schloß ab mit der Annahme eines neuen Statuts durch die Hauptversammlung vom November 1967; der BdDB. wurde damit jurist. Person und manifestierte durch den Zusatz zu seinem alten Namen die seit langem betriebene Preisgabe der gesamtdeutschen Tradition. Die Leiter aller volkseigenen Verlage und

Buchhandelseinrichtungen und der ihnen gleichgestellten Betriebe der Massenorganisationen sind Pflichtmitglieder des BdDB.; die Leiter privater und selbständiger Verlage und Buchhandlungen sowie leitende Mitarbeiter aus Buchproduktion und -vertrieb „können" Mitglieder werden.

Die organisatorischen Beziehungen zum Buchhandel in der Bundesrepublik Deutschland wurden, entsprechend den gesellschaftspolitischen Zielsetzungen des Verbandes, bewußt vernachlässigt.

Kontakte zwischen den beiden Börsenvereinen (Der Börsenverein des Deutschen Buchhandels e. V. in Frankfurt, gegr. 1948) existieren fast gar nicht mehr. Vorsteher des BdDB. zu Leipzig ist Siegfried Hoffmann (Direktor des VEB Fachbuchverlag und des VEB Fotokino-Verlag, Leipzig. 1. Stellv. Günther Hofé (Direktor des Verlags der Nation, Ost-Berlin), 2. Stellv. ist Hans Hünich (Direktor des Leipziger Kommissions- und Großbuchhandels LKG). Der BdDB. gibt wöchentlich die Zeitschrift „Börsenblatt für den Deutschen Buchhandel" heraus. → **Buchhandel**.

Bourgeoisie: → **Marxismus-Leninismus.**

Boykott-, Kriegs- und Mordhetze: → **Strafrecht; Staatsverbrechen; Friedensgefährdung.**

BPKK: Abk. für Bezirksparteikontrollkommission der SED. → **Bezirksparteiorganisationen der SED.**

BPO: Abk. für Betriebsparteiorganisation der SED. → **Grundorganisationen der SED.**

Braunkohlenindustrie: → **Bergbau; Energiewirtschaft.**

Brigade: Bezeichnung für ein aus mehreren Arbeitern bestehendes → **Kollektiv**, das nach produktionstechnischen Gesichtspunkten zusammengefaßt ist. Meist fällt die B. mit der → **Gewerkschaftsgruppe** zusammen. Der Begriff stammt aus der UdSSR. Leiter der B. ist der Brigadier.

Brigade der sozialistischen Arbeit: Sozialistische → **Gemeinschaftsarbeit.**

Brigaden der LPG: → **Landwirtschaftliche Betriebsformen; Landwirtschaft.**

Brigadetagebücher: Das B. ist ein Mittel für den ökonomisch-kulturellen Leistungsvergleich. Um die künstlerische Betätigung der Werktätigen anzuregen (→ **Kulturpolitik**), vor allem aber, um sich gegenseitig zu „sozialistischen Menschen" zu erziehen, werden die Arbeiter in den → **VEB** angehalten, B. zu führen, in denen alle Mitglieder einer → **Brigade** Ereignisse während der Arbeit und während der gemeinsam verbrachten → **Freizeit** eintragen sollen. In den B. sollten Brigademitglieder, die noch nicht verstanden, „sozialistisch zu leben und sozialistisch zu arbeiten", namentlich genannt, auf ihre Fehler aufmerksam gemacht und zur Selbstkritik veranlaßt, „fortschrittliche" Arbeiter dagegen als Vorbilder hingestellt werden. Man veranstaltete Wettbewerbe „Wer schreibt das beste Brigadetagebuch?", und als Muster wurde ein B., das ein Reparaturschlosser mit

Hilfe eines Berufsschriftstellers verfaßt hatte, als Buch veröffentlicht.

Bruttoproduktion: Begriff aus dem Bereich der statistischen Erfassung volkswirtschaftlicher Leistungen sowie der betrieblichen Planabrechnung. Die B. bezeichnet die Gesamtheit der in einer Wirtschaftsperiode (gewöhnlich in einem Jahr) produzierten Güter und materiellen Leistungen (Reparaturen, Montagen). Sie ist die Summe aus Umsatz, selbsterstellten Anlagen zuzüglich bzw. abzüglich der Lagerveränderungen und enthält alle in- und ausländischen Vorleistungen. Die Summe der betrieblichen B.-Werte ergibt das **gesellschaftliche → Gesamtprodukt.**

Die übliche Darstellung der wirtschaftlichen Entwicklung nach den Zahlen der B. führt zu überhöhten Zuwachsraten, da die B. sämtliche Vorleistungen der Zulieferer einschließt (Bruttorechnung). Bisher konnte die Rechnung mit B.-Werten nicht durch eine Rechnungsart ersetzt werden, die die jeweilige betriebliche und gesamtwirtschaftliche Leistung exakt und real bewertet und ausweist.

BSG: Abk. für Betriebs-Sportgemeinschaften. → **Sport.**

Bücher-Austausch: Der Literatur-Austausch zwischen der Bundesrepublik Deutschland und der DDR geht einerseits (im Rahmen des → **Innerdeutschen Handels**) über den Buchhandel, andererseits (vorwiegend in west-östlicher Richtung) als Geschenkverkehr vor sich. Entgegen einem verbreiteten Irrtum ist mitteldeutsche Literatur in der Bundesrepublik über jede Buchhandlung zu beziehen. Lizenzverträge zwischen Verlagen in der Bundesrepublik und der DDR können dem „Export" von mitteldeutschen Büchern entgegenstehen. (1972 wurden nach Angaben des Börsenvereins der Deutschen Buchhändler zu Leipzig 273 Lizenzen von Verlagen aus der Bundesrepublik erworben und 255 an solche vergeben.)

Wer Literatur und sonstige Druckerzeugnisse aus der Bundesrepublik, Berlin (West) und dem westlichen Ausland unmittelbar empfangen will, bedarf einer Sondergenehmigung des → **Ministeriums für Kultur,** die Institutionen und einzelnen Bürgern bei nachgewiesenem Bedarf für ein bestimmtes Fachgebiet, eine bestimmte Literaturgattung oder einzelne Druckerzeugnisse auf Widerruf oder zeitlich begrenzt erteilt werden kann (Anordnung des Min. für Kultur vom 13. 6. 1963). Ein Perspektiv-Programm für die ideologische und kulturpolitische Arbeit auf dem Gebiet der Literatur, des Verlagswesens und der Literaturverbreitung von 1965 fordert auch eine außerordentliche Steigerung des Buch-Exports; Voraussetzung dazu wären neben der Attraktivität der Produktion wirksame Schritte zur Befreiung des Bücheraustausches mit der Bundesrepublik Deutschland und dem westlichen Ausland von einengenden Vorschriften. Der Geschenkverkehr soll laut Erklärung des damaligen Staatssekretär E. Wendt vom Januar 1964 durch die oben zitierte Anordnung nicht betroffen sein, und eine Vermehrung der Büchergeschenksendungen würde den Wünschen der Menschen

in der DDR entsprechen. Bücher und Druckschriften sollen niemals in anderen Geschenksendungen beigepackt, sondern gesondert versandt werden. Welche Literatur von allen Geschenksendungen auch nach den eingetretenen Erleichterungen im **nichtkommerziellen → Warenverkehr** ausgeschlossen bleibt, ist aus dem Merkblatt „Hinweise für Geschenksendungen in die DDR und nach Berlin (Ost), hrsg. vom Gesamtdeutschen Institut, Bundesanstalt für gesamtdeutsche Aufgaben, Oktober 1974, zu entnehmen, das auf allen Postämtern der Bundesrepublik erhältlich ist.

Die Bezüge und Lieferungen im innerdeutschen Handel mit Gegenständen des Buchhandels hatten 1972 folgende Werte (ohne Geschenksendungen, in DM):

	Lieferung von der Bundesrepublik Deutschland in die DDR	Bezüge aus der DDR
Bücher	6 377 000,–	13 323 000,–
Zeitschr. u. Ztgen.	7 741 000,–	1 750 000,–
Kunstdruckblätter u. Karten	47 000,–	674 000,–
Gesamtsumme	14 165 000,–	15 747 000,–

Buchexport: Volkseigener Betrieb der Deutschen Demokratischen Republik, Leipzig, (offizielle Bezeichnung der 1972/73 umbenannten Firma „Deutscher Buchexport- und -import GmbH", Leipzig). 1953 in Leipzig hervorgegangen aus der seit 1945 als VEB geführten Firma Koehler und Volckmar, Leipzig.

Der B. gehört zu den wichtigsten Organisationsformen des weitgehend verstaatlichten → **Buchhandels** der DDR. Die gesamte Ein- und Ausfuhr graphischer Erzeugnisse läuft über den B. Er betreibt eine intensive Exportwerbung und war 1972 an 25 Ausstellungen und Buchmessen sowie an mehr als 250 Kongressen und Ausstellungen auf Tagungen beteiligt. Der Werbeetat für Auslandswerbung liegt bei mehr als 3 Mill. Mark pro Jahr. Der B. hat das Außenhandelsmonopol der DDR für Bücher und besitzt ein starkes Mitspracherecht nicht nur bei Exportlieferungen sondern auch bei Lizenzvergaben ostdeutscher Publikationen.

Der Import und Export antiquarischer Druck- und Kunstwerke bzw. die Verwaltung der Bibliotheksbestände enteigneter Großgrundbesitzer sowie von Republikflüchtigen wird zum Teil vom B. direkt, bzw. vom „Zentralantiquariat der DDR, Leipzig" durchgeführt. Generaldirektor des B. ist Otto Herold.

Buchgemeinschaften: Aufgrund der niedrigen Ladenpreise für Bücher und der sehr guten Versorgung des Bibliotheksnetzes (vor allem Gewerkschaftsbibliotheken) haben B. in der DDR nur eine untergeordnete Funktion, die mit der Bedeutung der B. in der Bundesrepublik Deutschland in keiner Weise verglichen werden kann. Neben dem Buchklub der Schüler, der jährlich etwa 30 Titel produziert, existiert als Neugründung seit 1965 der „buchclub 65", der jährlich etwa 60–80 Titel aus der Produktion der belletristischen Verlage der DDR übernimmt und sie an Mitglieder weiterleitet.

Buchhandel: Der B. der DDR wird in folgenden Eigentumsformen betrieben: Volks-B., privater B. mit Kommissionshandelsvertrag, privater B. mit staatlicher Beteiligung und privater B. Der Volks-B. errang frühzeitig die führende Stellung im Sortimentsbuchhandel; 1969 wurden über 80 v. H. der in der DDR verkauften Bücher vom Volks-B. vertrieben. Die Geschichte des B. spiegelt die gesellschaftspolitische Entwicklung der DDR im allgemeinen sowie ihre wirtschafts- und kulturpolitische Entwicklung im besonderen wider.

Am 15. 9. 1945 erließ die→ **SMAD** den Befehl über die „Vernichtung faschistischer Literatur zur schnellen Ausmerzung der nazistischen Ideen und des Militarismus". Diese Maßnahmen verliefen nicht reibungslos und zogen sich mehrere Jahre hin. Der Neuaufbau des Bucheinzelhandels erfolgte nicht nur auf der Grundlage kommerzieller Privatunternehmen, sondern es trat von Anfang an ein auf gesellschaftlichem Eigentum beruhender B. in Erscheinung. Die Gründung dieser Buchhandlungen erfolgte zunächst örtlich durch die KPD und SPD, ab 1946 durch die SED, durch gesellschaftliche Organisationen und kommunale Verwaltungen. Um die Leitung der Volks-Buchhandlungen nach einheitlichen Prinzipien auszurichten, wurden 1947 in den 5 Ländern der SBZ B.-Gesellschaften gegründet. Am 25. 5. 1947 erließ die Deutsche Verwaltung für Volksbildung eine „Richtlinie für die Neuzulassung, Führung und Übernahme buchhändlerischer Betriebe", die den B., ausgehend von dessen kulturpolitischer Bedeutung, in den in der SBZ in Angriff genommenen gesellschaftlichen Transformationsprozeß einbezog.

Aus dem „Hauptmeßplatz" des deutschen B., Leipzig, war bereits im 19. Jh. der „Hauptkommissionsplatz", der sog. Leipziger Platz, geworden; an diese Traditionen knüpfte man nach 1945 wieder an. 1946 erhielt der → **Börsenverein der Deutschen Buchhändler zu Leipzig** von der SMAD eine Lizenz und durfte seine Tätigkeit wieder aufnehmen.

Nach der Gründung von Verlagen und Buchhandlungen auf der Basis gesellschaftlichen Eigentums war es folgerichtig, einen Zwischenbuchhandelsbetrieb auf gleicher Grundlage zu schaffen. So entstand 1946 der LKG Leipziger Kommissions- und Großbuchhandel GmbH, der als Verleger- und Sortimenterkommissionär eine entscheidende Rolle beim Aufbau des Volksbuchhandels spielte. Bereits 1952 lieferte der LKG Dreiviertel der gesamten Verlagsproduktion der DDR aus. Wegen ihrer unterschiedlichen Wirksamkeit wurden am 1. 9. 1952 die Buchhandelsgesellschaften der Länder aufgelöst und die 322 Volksbuchhandlungen direkt dem LKG unterstellt, in dem eine Hauptabteilung Volksbuchhandel eingerichtet wurde. Am 1. 1. 1954 wurde die Zentrale Verwaltung des Volksbuchhandels in Leipzig gegründet, wodurch der Volksbuchhandel ein juristisch selbständiger Betrieb wurde, dem alle Volksbuchhandlungen, ausgenommen die Berliner, angehörten.

Der Aufbau eines leistungsfähigen B. war mit der Entwicklung neuer Vertriebsformen verbunden. So ging der Volks-B. Anfang der 50er Jahre dazu über, nach dem Vorbild des Literaturobmanns in der KPD der Weimarer Republik in Betrieben und Institutionen arbeitende Werktätige als ehrenamtliche Vertriebsmitarbeiter zu gewinnen (1971: 13000), die direkt am Arbeitsplatz Bücher verkaufen und 10 v. H. des Erlöses erhalten. Vor allem um den Buchvertrieb auf dem Lande zu gewährleisten, wurde ein Netz von Agenturen aufgebaut (1969: 5000). Die Volksbuchhandlungen schlossen zu diesem Zweck mit den Verkaufsstellen des staatlichen und genossenschaftlichen Handels, aber auch mit Einzelhändlern, Agenturverträge ab. Diese Verkaufsstellen beziehen von der nächstliegenden Volksbuchhandlung Bücher und erhalten einen Rabatt von 15 v. H.

Als Einrichtung des Volks-B. wurde am 21. 10. 1949 ein zentraler Versand-B., das Buchhaus Leipzig, geschaffen. Weitere Formen der Literaturpropaganda und des Literaturvertriebs sind die „Woche des Buches", Buchausstellungen und die Buchbasare, auf denen sich Leser und Autoren begegnen.

Nachdem das umfangreiche Verlagsangebot von der Lagerhaltung her die finanzielle Leistungsfähigkeit privater Buchhändler überstieg und die 3. Parteikonferenz der SED (1956) im Rahmen der → **Bündnispolitik** die verstärkte Einbeziehung der Einzelhändler in den Aufbau des Sozialismus beschlossen hatte, wurde am 1. 3. 1957 der erste Kommissionsvertrag zwischen der LKG und einem privaten Buchhändler geschlossen. Der LKG übernahm die Warenbestände, erstattete die fixen Kosten und gewährte eine Provision, die bei Übererfüllung des Verkaufs-Planes ein höheres Einkommen sicherte. Der private Buchhändler war damit in die staatliche Planung einbezogen. Für sie erwies es sich in den folgenden Jahren als attraktiver auch im B. – wie in anderen Bereichen des Handels – Verträge direkt mit dem Volks-B. und nicht mit dem Großhandel abzuschließen. Von 1960 bis 1964 wechselten alle Kommissionshandelspartner der LKG zum Volks-B. über, da die örtliche Zusammenarbeit günstigere Voraussetzungen bot. 1969 bestanden ca. 100 Kommissions-B.

Eine weitere Organisationsform im B. entwickelte sich 1959, als die erste private B. mit staatlicher Beteiligung zu arbeiten begann; Ende 1969 existierten nur noch 1200 private Betriebe im B.

Unter Rückgriff auf sowjetische Erfahrungen wurde 1969 in einer LPG die erste gesellschaftliche Buchverkaufsstelle eingerichtet. 1971 bestanden in den Schwerpunkten von Industrie und Landwirtschaft sowie in schulischen Einrichtungen bereits über 40 gesellschaftliche Buchverkaufsstellen, die meistens von ehrenamtlichen Vertriebsmitarbeitern geführt werden. Dem gesellschaftlichen Literaturvertrieb – mit diesem Begriff werden seit 1969 die Vertriebsmitarbeiter und die gesellschaftlichen Buchverkaufsstellen zusammenfassend bezeichnet – gilt gegenwärtig die besondere Aufmerksamkeit des Volks-B. Der Volks-B. im engeren Sinne umfaßt dagegen 1969 – 775 Volksbuchhandlungen mit 6000 Beschäftigten.

Seine heute gültige Struktur erhielt der Buchvertrieb durch den Beschluß des Ministerrates vom 21. 12. 1962, ab 1. 1. 1963 die Hauptverwaltung Verlage und Buchhandel im Ministerium für Kultur zu bilden, und zwar

„zur Herstellung einer einheitlichen politisch-ideologischen und ökonomischen staatlichen Leitung des Verlagswesens und des Groß- und Einzelbuchhandels". Die Aufgaben, Rechtsstellung, Arbeitsweise, Planung und Finanzierung des Volks-B. wurden nach Bildung der Hauptverwaltung im August 1964 durch das neue „Statut des Volksbuchhandels" geregelt, das vom Minister für Kultur erlassen wurde. Ihm zufolge gehören dem Volks-B. die 14 Zweigstellen in den Bezirken und die Zweigstelle Berliner Buchhandels-Gesellschaft sowie das Buchhaus Leipzig und das Zentralantiquariat der DDR in Leipzig an. Die bisherigen Bezirksbetriebe und die zentralen Einrichtungen waren damit nicht mehr wie bislang selbständige Betriebe, sondern als Zweigstellen Teil des Gesamtbetriebes Volks-B.

Nachdem sich 1963 im Buchgroß- und Bucheinzelhandel die Bestände bei insgesamt steigendem Umsatz vergrößerten, andererseits bei zahlreichen Titeln das Angebot nicht ausreichte, wurde seit 1964 systematisch die Buchmarktforschung aufgebaut. Im LKG wurde die Abteilung Buchmarktforschung gebildet, die für den gesamten Wirtschaftszweig tätig ist. Außerdem schuf der Volks-B. Testbuchhandlungen, die auf bestimmten Literaturgebieten die Erfahrungen des Buchvertriebs systematisch sammeln und den Verlagen als Berater zur Verfügung stehen. Im Jahre 1964 wurde die 1961 begonnene Spezialisierung des Volks-B. abgeschlossen, die das Handelsnetz heute nach 4 Kategorien gliedert: Spezialbuchhandlungen (z. B. für Fremdsprachen, Pädagogik etc.), allgemeine Sortimentsbuchhandlungen mit Spezialabteilungen, allgemeine Sortimentsbuchhandlungen mit erweitertem Fachbuchsortiment, allgemeine Sortimentsbuchhandlungen.

Beim Aufbau des → **Verlagswesens** und des B. waren eine Vielzahl von gesetzlichen und vertraglichen Regelungen entstanden, die durch die am 1. 7. 1969 vom Ministerium für Kultur erlassene „Ordnung für den Literaturvertrieb" zusammengefaßt und aktualisiert wurden. Die Anordnung des Ministers für Kultur vom 8. 4. 1970 regelt den Antiquariats-B., der überwiegend in den Händen des der Zentralen Leitung des Volks-B. unterstehenden Zentralantiquariats der DDR in Leipzig liegt, aber auch privat und auf der Basis von Kommissionsverträgen betrieben wird. Für die Antiquariatsangebote steht der Deutschen Staatsbibliothek Berlin, dem Institut für Marxismus-Leninismus beim ZK der SED, der Deutschen Bücherei Leipzig und der Deutschen Militärbibliothek ein Vorkaufsrecht binnen 10 Tagen nach Eingang der Kataloge zu. Im Antiquariats-B. werden auch wissenschaftliche und bibliophile Nachdrucke (Reprints) vertrieben.

Der Wirtschaftszweig Verlagswesen und Buchhandel verfügt über ein geschlossenes Aus- und Weiterbildungssystem. Die Lehrausbildung erfolgt an der zentralen Betriebsberufsschule des Volksbuchhandels in Leipzig (bis Ende 1971 Deutsche Buchhändler-Lehranstalt); die Facharbeiterprüfung wird nach zwei Jahren vor der Prüfungskommission des jeweiligen Bezirks abgenommen. Für die Qualifizierung stehen je eine Bildungsstätte in Ost-Berlin und Leipzig sowie das Schu-

lungszentrum der Zentralen Leitung des Volks-B. in Leipzig zur Verfügung. Die seit 1957 bestehende Fachschule für Buchhändler in Leipzig bildet mittlere Leitungskader im Verlagswesen und B. im Direkt- (3 Jahre) und Fernstudium (4 Jahre) aus und führt für ihre Absolventen Weiterbildungskurse durch. Das Institut für Verlagswesen und Buchhandel nahm 1968 seine Lehrtätigkeit auf und ist für die Ausbildung von Führungskräften zuständig.

Der Börsenverein für den Deutschen Buchhandel in Leipzig gibt die Zeitschriften „Börsenblatt für den Deutschen Buchhandel" und „Nationalbibliographie" heraus.

Buchhandlungen, Pädagogische: → **Buchhandel.**

Bund der Architekten der DDR: → **Architekten.**

Bund Deutscher Offiziere: Hilfsorganisation des → **Nationalkomitees Freies Deutschland.**

Bund evangelischer Pfarrer: → **Religionsgemeinschaften und Kirchenpolitik.**

Bündnispolitik: Definiert als strategisches und taktisches Verhalten einer sozialen Klasse, die sich zur Durchsetzung ihrer Ziele mit anderen Klassen und Schichten auf der Basis dauernder oder zeitweiliger gemeinsamer Interessen verbündet (→ **Klassen**). Die B. der → **SED** soll darauf abzielen, die politische Macht zu erobern, um dann in einem langen geschichtlichen Prozeß die Spaltung der Gesellschaft in Klassen zu überwinden und die klassenlose Ordnung des Kommunismus zu entwickeln. Als natürliche Verbündete der Arbeiterklasse werden ebenfalls im Kapitalismus ausgebeutete Klassen und Schichten wie Bauern, Handwerker, Gewerbetreibende, Angehörige der → **Intelligenz** und sogar kleinere Unternehmer sowie Großbauern angesehen. Ihnen soll durch das Zusammengehen mit der Arbeiterklasse im Sozialismus eine positive Perspektive geboten werden.

Die SED nimmt für sich in Anspruch, die bereits durch Marx und Lenin konzipierte B. der Arbeiterklasse bei der Schaffung der antifaschistisch-demokratischen Ordnung durch Organisationsformen wie den demokratischen Block, die Volkskongreßbewegung und die → **Nationale Front** angewandt und vertieft zu haben. Durch die Anwendung der B. sei es unter der Führung der SED zur Herausbildung der „politisch-moralischen Einheit des Volkes" gekommen. Als Kern des Bündnisses aller Werktätigen wird das Bündnis der Arbeiterklasse mit der Klasse der → **Genossenschaftsbauern** angesehen. Die B. soll die besonderen Interessen der mit der Arbeiterklasse Verbündeten berücksichtigen, die Bündnispartner durch schrittweises Heranführen an sozialistische Produktions- und Lebensverhältnisse in die sozialistische Gesellschaft integrieren und sie der Arbeiterklasse weiter annähern.

Dieses gesellschaftspolitische Konzept bedeutet allerdings, daß mit dem Zurücktreten spezifischer Interessen hinter der wachsenden Übereinstimmung grundlegender Interessen und zunehmender sozialer Homogenität tendenziell die Bedingungen der B. aufgehoben werden.

Dies schloß besonders die von Ulbricht 1967 formulierte These von der „sozialistischen Menschengemeinschaft" in der DDR ein, sie wurde jedoch nach dem VIII. Parteitag der SED 1971 wieder als „unwissenschaftlich" verworfen, da sie bei der Einschätzung des erreichten Entwicklungsstandes in unrealistischer Weise „harmonistische" Elemente der in der DDR noch nicht verwirklichten klassenlosen Gesellschaft antizipiert habe. Aus der gegenwärtig in der SED vorherrschenden Sicht von der DDR als einer noch relativ stark differenzierten – wenngleich nichtantagonistischen – Klassengesellschaft resultiert die immanente Notwendigkeit, die B. für eine längere, nicht näher bestimmte Frist forzusetzen.

Bürgerlich-Demokratische Revolution: → **Periodisierung.**

Bürgermeister: → **Gemeinde.**

Bürgschaft: Als Zivilrechtsinstitution hat die B. in der DDR keine große praktische Bedeutung. Anders ist es jedoch auf strafrechtlichem Gebiet, nachdem seit 1963 nach dem Vorbild der Sowjetunion die gesellschaftliche B. mehr und mehr in die strafrechtliche Praxis Eingang gefunden hat. Nunmehr bestimmt § 31 StGB, daß sich Kollektive der → **Werktätigen** dem Gericht gegenüber verpflichten können, die B. über den Rechtsverletzer zu übernehmen. Sie können vorschlagen, eine Strafe ohne Freiheitsentzug auszusprechen. Ausnahmsweise können auch einzelne, zur Erziehung des Täters befähigte und geeignete Bürger die B. übernehmen. Der Inhalt der B. soll vorwiegend auf die Bewährungs- und Wiedergutmachungspflicht des Rechtsverletzers ausgerichtet sein. Die mit der B. übernommene Verpflichtung erlischt nach Ablauf eines Jahres; sie kann bei Verurteilung auf Bewährung für eine längere Dauer, höchstens jedoch für die Dauer der Bewährungszeit, bestimmt werden. Eine mit einer Verurteilung auf → **Bewährung** angedrohte Freiheitsstrafe ist zu vollstrecken, wenn sich der Verurteilte böswillig der Bewährung und Wiedergutmachung entzieht. Einzel-B. sollen vor allem bei jungen Straftätern in Erwägung gezogen werden. Das Schwergewicht liegt in der Praxis bei der B. durch ein Kollektiv. Auf Antrag des Kollektivs oder des Einzelbürgen bestätigt das Gericht das Erlöschen der B., wenn die Voraussetzungen für die Erfüllung der mit der B. verbundenen Verpflichtungen weggefallen sind. → **Strafensystem.**

Büro des Präsidiums des Ministerrates: Dienststelle des → **Ministerrates.**

Büro für Urheberrechte: → **Urheberrecht.**

Bürokratismus: Bezeichnung für jene Einstellungen und Handlungsweisen vornehmlich in der staatlichen Verwaltung und in der Wirtschaftsführung, deren charakteristisches Merkmal das Reglementieren und das → **Administrieren,** die engstirnig formale Auslegung von Rechtsvorschriften, die Überbetonung von Kompetenzgesichtspunkten und ein praxisfernes, die Interessen der Bevölkerung mißachtendes Denken und Handeln sind.

Historisch wird die Entstehung der den B. kennzeichnenden gesellschaftlichen Denk- und Handlungsweisen im Zusammenhang mit der Herausbildung und Entwicklung des Verwaltungsapparates vor allem des bürgerlichen Staates gesehen. Der B. gilt als eine der Bürokratie in der antagonistischen Klassengesellschaft entsprechende Erscheinungsform repressiver staatlicher Machtausübung. Vermittels der Veränderung der gesellschaftlichen Verhältnisse durch die sozialistische Revolution soll der B. seine soziale Basis verlieren. Allerdings wird festgestellt, daß Erscheinungen des B. durchaus auch im sozialistischen Staat auftreten, jedoch für den Verwaltungsapparat im Sozialismus nicht mehr typisch, sondern überwindbare Überreste der alten Gesellschaftsordnung sind. → **Arbeitsstil, operativer; Demokratischer Zentralismus.**

Büros der SED: → **SED; Bezirksparteiorganisationen der SED.**

Büros für die Vertretung in Patent-, Muster- und Zeichenangelegenheiten: → **Patentwesen.**

Büros für Standardisierung: Dienststellen in volkseigenen Betrieben, die für die Durchführung der → **Standardisierung** zuständig sind. Die BfS. arbeiten eng mit der → **Technischen Kontrollorganisation** der Betriebe und den Zentralstellen für Standardisierung bei den Vereinigungen volkseigener Betriebe zusammen.

C

Caritas: Bezeichnung für die von der kath. Kirche organisierte Tätigkeit auf allen Gebieten der Wohlfahrtspflege. Entsprechend der Haltung des Regimes gegenüber der kath. Kirche wurde die Arbeit der C. zeitweilig stark behindert, insgesamt aber geduldet. Im einzelnen verfügt die C. in der DDR über 34 katholische Kliniken, in deren 5438 Betten im Jahr 1974 insgesamt 75782 Patienten betreut wurden. Ferner gibt es 11 Pflegeheime, 107 Altenheime, 219 örtliche C.-Stationen sowie 39 Kur- und Erholungsheime. Hinzu kommen 44 Kinderheime sowie eine größere Zahl von Pfarrkindergärten. Im Ausbildungssektor besitzt die C. 7 Krankenpflegeschulen und 8 Seminare. → **Religionsgemeinschaften und Kirchenpolitik.**

CDU: Die Christlich-Demokratische Union (CDU) trägt als einzige Partei in der DDR den gleichen Namen wie eine Partei in der Bundesrepublik Deutschland. Beide haben dieselbe Wurzel. Auf den Gründungsaufruf vom 26. 6. 1945 (1. Vors. Hermes, Stellv. Schreiber) folgte am 10. 7. 1945 die Genehmigung zur Gründung durch die → **SMAD.** Bereits im August erreichte die Partei einen Mitgliederstand von über 100000. Nach dem von der SMAD erzwungenen Rücktritt von Hermes und Schreiber wegen eines Konfliktes vor allem über die Bodenreform, übernahm Jakob Kaiser die Führung der Partei, die sich in den folgenden Monaten heftig gegen die Volkskongreßpolitik der im April 1946 durch Zusammenschluß von KPD und SPD entstandenen SED wehrte. Als auch Kaiser durch die Sowjets aus seinem Amt gedrängt wurde, ging die Führung an Otto Nuschke über, der die Partei gegen den Willen der meisten ihrer Mitglieder vollständig in die → **Bündnispolitik** der SED einordnete. Zunächst übernahm er interimistisch mit Wilhelm Wolff die Leitung der CDU. Auf dem 3. Parteitag, 19. 9. 1948, wurde Nuschke Vorsitzender. Die CDU fand damals ihre Anhänger vornehmlich in den Reihen der Bauern, Handwerker und kleinen Gewerbetreibenden. Viele engagierte Christen, darunter auch Pfarrer und Theologen beider Konfessionen, gehörten ihr an. Den höchsten Mitgliederstand verzeichnete sie im Dezember 1947: 218000. Danach sank die Zahl ständig bis auf etwa 70000 ab. Erst in jüngster Zeit wird wieder steigende Tendenz verzeichnet (Juni 1975: 100000). Bei den Landtagswahlen 1946 erhielt die CDU 2378346 von insgesamt 9490907 Stimmen. Den entscheidenden Einbruch in ihre Mitgliederzahl erlitt die Partei, als sie sich im Frühjahr 1960 hinter die von der SED verfügte Zwangskollektivierung der Landwirtschaft stellte und ihre Mitglieder zur „aktiven Mitarbeit" bei der Liquidierung des selbständigen Bauerntums aufforderte.

Unter Nuschkes Führung und der totalen Unterordnung unter die SED, die der 6. Parteitag der CDU im Oktober 1952 offiziell bestätigte, wandelte sich die ideologische Konzeption der Partei zum „christlichen Realismus". Generalsekretär Gerald Götting definierte auf der Meissener Arbeitstagung Oktober 1951: „Echte Christen sind Friedensfreunde." Daraus ergab sich, daß sie im „Friedenslager" der UdSSR stehen müssen, wie auch Christus „im Lager des Fortschritts" gestanden habe („Neue Zeit" Nr. 244/1951). Nach der vom 6. Parteitag angenommenen neuen Satzung werden ein „Politischer Ausschuß" und ein „Hauptvorstand" – entsprechend dem Politbüro und dem ZK der SED – als oberste Organe gebildet. Nuschke: „Wir sind eine einschränkungslos sozialistische Partei."

Nach Nuschkes Tod im Dezember 1957 übernahm auf dem 9. Parteitag der CDU im Oktober 1958 August Bach den Vorsitz. Gerald Götting wurde zum Generalsekretär gewählt. Die CDU folgte dem verschärften kirchenpolitischen Kurs der SED und forderte ihrerseits die Kirchen in Ost und West auf, den in der Bundesrepublik unterzeichneten Militärseelsorgevertrag rückgängig zu machen. Sie unterstützte fortan auch die verstärkten Bemühungen der SED-Regierung, die EKD zu spalten. Als Ulbricht am 9. 2. 1961 in seinem Amtssitz eine größere Anzahl evangelischer Theologen und kirchlicher Amtsträger unter Führung von Prof. Emil Fuchs empfing, rechnete sich die CDU diese Begegnung, die einen gewissen Wendepunkt der Beziehungen zwischen Staat und Kirche darstellte, als ihr Verdienst an.

Als eine ihrer wichtigsten Aufgaben nannte die CDU in den 60er Jahren die Verwirklichung einer immer engeren Zusammenarbeit von Christen und Marxisten („Bündnispolitik"). Die Partei bezeichnet die DDR als die politische und geistige Heimat der Christen in Deutschland. Sie wirbt heute im Einklang mit den gesellschaftspolitischen Zielen der SED unter Einzelhändlern, Handwerkern und Unternehmern für die vollständige Überführung noch vorhandener privater Betriebe in Staatseigentum. Daneben betrachtet sie es als ihre Aufgabe, die „parteilosen Christen" zur gesellschaftspolitischen Mitarbeit zu gewinnen. Dazu werden vornehmlich die in vielen Orten und Kreisen innerhalb der „Nationalen Front" gebildeten „Arbeitsgemeinschaften Christliche Kreise" benutzt. Ebenso, wie sich die CDU bei der Niederschlagung der Unruhen im Juni 1953 und bei der Errichtung der Berliner Mauer im August 1961 hinter die SED stellte, begrüßte sie die Maßnahmen im Zusammenhang mit dem Einmarsch der Warschauer-Pakt-Truppen in die ČSSR im August 1968.

Zu einer Modifikation ihres Kurses sah sich die Partei 1971 nach der Ablösung Ulbrichts durch Honecker gezwungen. Der von Ulbricht geschaffene und jahrelang von der CDU als politische Maxime erachtete Begriff der „sozialistischen Menschengemeinschaft", in der Christen und Marxisten gemeinsam an der Verwirklichung des Sozialismus arbeiten, wurde von Honecker zugunsten einer Wiederbelebung des Klassenkampf-konzeptes und Rückbesinnung auf die Grundlagen des → **Marxismus-Leninismus** fallen gelassen. Zugleich stufte Honecker die CDU in der Rangliste der Block-parteien deutlich zurück, indem der → **DBD** (Demo-kratischen Bauernpartei Deutschlands) seit dem VIII. Parteitag der SED im Herbst 1971 bei zahlreichen Gele-genheiten eindeutig der Vorrang eingeräumt wurde. Die CDU legte fortan das Schwergewicht ihrer Aktivität auf außenpolitische Fragen, die mit Problemen von „Frie-den und Sicherheit in Europa" zusammenhängen. Sie drängt heute zugleich die Kirchen, sich stärker im Sinne der von der UdSSR und der Regierung der DDR ver-folgten europäischen Politik zu engagieren.

Auf dem 13. Parteitag im Oktober 1972 in Erfurt tauch-te erstmals in einer Rede von SED-Politbüro-Mitglied Albert Norden der Begriff „sozialistische Staatsbürger christlichen Glaubens" auf, der künftig in der Propagan-da der CDU eine Vorrangstellung einnahm und den Christen die Möglichkeit einräumen sollte, sich als voll-wertige Bürger des sozialistischen Staates unter Ver-zicht auf ein ausdrückliches Bekenntnis zur materiali-stisch-atheistischen Staatsideologie zu fühlen. Der Be-griff „sozialistische Staatsbürger christlichen Glaubens" verschwand jedoch im Juli 1974 aus Publizistik und Agi-tation. Offenbar konnten in jüngster Zeit die Kirchen die SED davon überzeugen, daß die Partei für das Ge-spräch mit ihnen weniger als in der Vergangenheit der CDU bedarf.

In enger, z. T. auch personaler Verbindung steht die CDU zur Christlichen Friedenskonferenz und zur → **Berliner Konferenz katholischer Christen** aus europä-ischen Staaten. Über beide Organisationen pflegt sie zahlreiche internationale Verbindungen nach Ost und West. Enge Kontakte bestehen zur polnischen PAX-Bewegung und zur Christlichen Volkspartei in der ČSSR, bzw. zur dortigen Friedenspriesterbewegung „Pacem in terris". Ähnliche Kontakte unterhält die Par-tei nach Ungarn.

In den bisherigen Regierungen der DDR war die CDU meistens mit 1 bis 2 Ministern vertreten. Seit 1963 be-kleidet das CDU-Vorstandsmitglied Rudolph Schulze das Amt des Ministers für Post und Fernmeldewesen. In den 60er Jahren war Max Seffrin Gesundheitsminister. Gegenwärtig ist Gerd Mönkemeier stellv. Minister für Außenhandel. Heinrich Toeplitz, einer der stellv. Par-teivorsitzenden, steht an der Spitze des Obersten Ge-richts. Fritz Flint ist stellv. Staatssekretär für Kirchen-fragen, Gerald Götting ist Volkskammerpräsident.

Presse: Zentralorgan „Neue Zeit" und 5 Provinzzeitun-gen mit einer Gesamtauflage von ca. 150 000. Als Funk-tionärsorgan fungiert „Union teilt mit". Der Ost-Berli-ner Union-Verlag druckt neben politischer Literatur vornehmlich Bücher mit historischer und kirchlich-rele-vanter Thematik.

Checkpoint Charlie: Von den Amerikanern nach dem „C" als drittem Buchstaben des Alphabets benannter Ausländerübergang (Friedrichstraße) zwischen Berlin (West) und Ost-Berlin.

Chemiefaserindustrie: Entsprechend der Industrie-zweigsystematik der DDR ein Zweig der → **Chemi-schen Industrie** mit etwa 25 000 Beschäftigten und ei-nem Anteil von 8. v. H. an der industriellen Warenpro-duktion der Chemischen Industrie (1972; 1965: 5 v. H.). Sämtliche Betriebe sind zentral geleitete volks-eigene Betriebe.

Die Ch. erzeugt Zellulosefasern herkömmlicher Art und synthetische Fasern. Überwiegend werden noch Textil-faserstoffe auf Zellulosebasis hergestellt. Die Produk-tion von Synthesefasern ist noch im Aufbau, hat aber in den letzten Jahren stark zugenommen. Wurden 1960 erst 7 800 t produziert, so waren es 1965 19 000 t und 1973 92 900 t (zum Vergleich: 1973 betrug die Produk-tion von Zellulosefasern 132 500 t). Für 1974 werden über 100 000 t erwartet. Der Anschluß an die in westli-chen Ländern hochentwickelte Produktion syntheti-scher Fasern wird aber trotz aller Anstrengungen nur langsam erreicht.

Chemiefaserproduktion je Kopf der Bevölkerung im Jahre 1972:

	Bundesrepublik Deutschland	DDR
Zellulosefasern	1,5 kg	7,6 kg
Synthesefasern	10,4 kg	4,1 kg

Im Jahr 1975 sollen 480 000 t Chemiefasern produziert werden (1973: 258 400 t). Vor allem die Produktion von Synthesefasern soll weiter erheblich gesteigert wer-den und sich insbesondere auf drei Gruppen konzentrie-ren: Mit Ende des laufenden Planjahrfünfts sollen 44 v. H. der Synthesefaserproduktion auf Polyesterfa-sern (in der DDR „Grisuten" genannt), 33 v. H. auf Po-lyamidfasern („Dederon"), 20 v. H. auf Polyacrylnitril-fasern („Wolpryla") und die restlichen 3 v. H. auf son-stige Faserstoffe entfallen. Damit soll sich der Anteil der Polyesterfasern an der gesamten Synthesefaserproduk-tion weiter vergrößern. Er erhöhte sich bisher schon von 3 v. H. im Jahre 1965 auf 22 v. H. im Jahre 1972. Diese Entwicklung wurde u. a. durch die Inbetriebnahme von neuen Anlagen in Premnitz – VEB Chemiefaserwerk „Friedrich Engels" (Produktion von jährlich 20 000 t Polyesterfaser) – sowie Guben – VEB Chemiefaser-kombinat „Wilhelm-Pieck-Stadt" (ab 1973 eine Pro-duktionskapazität von 22 000 Jahrestonnen Polyamid- und Polyesterfasern) – ermöglicht. Ein weiterer bedeu-tender Betrieb ist der VEB Chemiefaserwerk „Wil-helm-Pieck", Schwarza.

Chemische Industrie: Die ChI. ist entsprechend ihrer Beschäftigtenzahl mit 333 129 Arbeitern und Ange-stellten, die 1973 in 723 Betrieben tätig waren, der viertgrößte, entsprechend ihrem Produktionswert nach dem Maschinen- und Fahrzeugbau und der Lebensmit-telindustrie der drittgrößte Industriebereich der DDR. Ihr Anteil an der industriellen Bruttoproduktion der DDR betrug 1973 14,3 v. H. Von 1960 bis 1973 konnte die ChI. die Bruttoproduktion um das 2,64fache stei-gern (zum Vergleich: Steigerung der gesamten indu-striellen Bruttoproduktion im gleichen Zeitraum um das 2,17fache).

Im einzelnen umfaßt die ChI. folgende Industriezweige:

Kali- und Steinsalzindustrie; Erdöl-, Erdgas- und Kohlewertstoffindustrie; Anorganische Grundchemie; Organische Grundchemie; Pharmazeutische Industrie; Plastindustrie; Gummi- und Asbestindustrie; → **Chemiefaserindustrie**; Industrie chemischer und chemisch-technischer Spezialerzeugnisse. Die Hauptstandorte der ChI. liegen in den Bezirken Frankfurt (Oder), Halle und Leipzig.

Die ChI. ist auch heute noch überwiegend Braunkohlenchemie, d. h. sie basiert primär auf der Verarbeitung der noch reichlich verfügbaren Braunkohle. Allerdings ist seit einigen Jahren ein bedeutsamer Strukturwandel im Rohstoffeinsatz – von der Braunkohlen- zur Mineralölverarbeitung – eingetreten. In beachtlichem Umfang sind die Kapazitäten der Petrochemie und Erdölverarbeitung erweitert worden.

Vor der Spaltung Deutschlands hatte die mitteldeutsche ChI. bei einer großen Anzahl von Erzeugnissen überdurchschnittliche Produktionsanteile, bei einigen wichtigen chemischen Grundstoffen bestand sogar eine weitgehende Abhängigkeit Westdeutschlands von der mitteldeutschen ChI. Das größte Chemiewerk Europas, das Leunawerk, die drei I. G.-Farbenwerke in Bitterfeld und andere Werke waren Lieferanten Westdeutschlands und der ganzen Welt.

Bei verhältnismäßig geringen Kriegsschäden mußte die ChI. 1945–1946 empfindliche Demontagen hinnehmen. Die wichtigsten Chemie-Großbetriebe wurden von der UdSSR beschlagnahmt. Nach dem Wiederaufbau verfügten die Sowjets (Stand vom Anfang 1952) über mehr als 52 v. H. aller Kapazitäten in der ChI. Erst seit 1. 1. 1954 wurden die SAG-Betriebe der ChI. an die deutsche Verwaltung zurückgegeben. In der Periode des ersten Siebenjahrplans sollte die Produktion der ChI. bis 1965 gegenüber 1958 annähernd verdoppelt werden. Entwicklungsschwerpunkte waren Kunststoffe (Plaste) und synthetische Fasern. Die Kraftstofferzeugung und die Düngemittelproduktion sollten gegenüber 1958 um 100 v. H. gesteigert werden. Alle Planziele wurden nicht erreicht. Nach vier Jahren Laufdauer des ersten Siebenjahrplans hat die ChI. nur 45 v. H. des in dieser Zeit geplanten Zuwachses der Produktion erzielt. Im Rahmen der Zusammenarbeit der Länder des → **Rates für Gegenseitige Wirtschaftshilfe** (RGW) soll die ChI. der DDR Hauptlieferant für Kalidünger, Kunststoffe, Silicone und synthetischen Kautschuk werden.

Die ChI. gehört zu den Schwerpunktindustrien der DDR. Die durchschnittliche jährliche Grundfondszunahme betrug zwischen 1966 und 1970 6,1 v. H. (zum Vergleich: Industrie insgesamt 4,9 v. H.). In den Jahren 1971 und 1972 erhielt sie mehr als 20 v. H. der Investitionen der gesamten Industrie (1973 = 20,0 v. H.). Im laufenden Fünfjahrplan (1971–1975 soll die industrielle Warenproduktion im Bereich des Ministeriums für Chemische Industrie um 47 bis 49 v. H. gesteigert werden, das entspricht einer durchschnittlichen Wachstumsrate pro Jahr von 8,0 bis 8,3 v. H. Während 1971 das Produktionswachstum mit 5,6 v. H. unter dem durchschnittlichen Wachstum des Fünfjahrplan-Zeitraumes lag, wurde 1972 mit einem Wachstum von 7,9 v. H. ge-

genüber dem Vorjahr und 1973 mit 8,7 v. H. eine erhebliche Beschleunigung erreicht. Trotz einiger moderner Anlagen der chemischen Rohstoffumwandlung gelang es jedoch der ChI. der DDR bisher nicht, auch nur annähernd einen so deutlichen Wachstumsvorsprung vor der gesamten Industrie zu erreichen, wie es in führenden westlichen Industrieländern üblich ist.

Industrielle Produktion ausgewählter chemischer Erzeugnisse

(in 1 000 t)	1965	1970	1973
Benzin	1 604	2 236	2 736
Dieselkraftstoff	2 258	3 619	4 004
Kalidüngemittel	1 926	2 419	2 556
Stickstoffdüngemittel	348	395	410
Plaste u. synthetische Harze	219	370	489
Synthetischer Kautschuk	95	118	133
Chemische Faserstoffe insg.	173	215	258
– synthetische Faserstoffe	19	48	93
– Zelluloseregeneratfasern	113	115	132

Christlich-Demokratische Union (CDU): → **CDU.**

Christliche Friedenskonferenz (CFK): Die CFK – auch Prager (christliche) Friedenskonferenz – wurde 1961 als 1. Allchristliche Friedensversammlung gegründet. Ursprünglich vor allem von den protestantischen Kirchen der ČSSR und anderer Staaten des Ostblocks sowie der Russisch-Orthodoxen Kirchen getragen, konnte die CFK bis Ende der 60er Jahre auch zahlreiche Sympathisanten innerhalb der westlichen Kirchen gewinnen. Diese Entwicklung kam zum Stillstand, als von Mitgliedern der CFK – so u. a. auf der Regionalkonferenz in der DDR im November 1968 – die militärische Intervention des Warschauer Paktes in der ČSSR („Beitrag zur Erhaltung des Friedens") unterstützt wurde. Als politische Ziele dieser Bewegung werden genannt: Die Erhaltung des Friedens durch Mobilisierung sowohl der Kirchen wie der einzelnen Christen, die weltweite Abrüstung, die Abschaffung der Atomwaffen, die Überwindung des Blockdenkens und die Zusammenarbeit aller Völker auf der Basis der friedlichen Koexistenz. Mitglieder der CFK können sowohl Kirchen und kirchliche Vereinigungen wie Einzelpersonen werden. Die DDR hat die CFK seit ihrer Gründung in wachsendem Maße unterstützt. Bisher ist von den evangelischen Landeskirchen in der DDR nur die Thüringische Gliedkirche (damals unter Leitung von Bischof D. Mitzenheim) der CFK als korporatives Mitglied beigetreten. Vors. des Regionalausschusses der CFK in der DDR ist Prof. K.-H. Bernhardt, Dekan der Theologischen Fakultät der Humboldt-Universität in Berlin (Ost).

Cisinski-Preis: Für Verdienste auf dem Gebiet des sorbischen Kulturschaffens vom Minister für Kultur verliehener Kunstpreis. (2 Stufen; Jakub Bart-Cisinski, 1856–1909). → **Sorben; Auszeichnungen.**

Container-Verkehr: → **Verkehrswesen.**

Comecon: Abk. für Council for Mutual Economic Assistance. Englische Bezeichnung für → **Rat für Gegenseitige Wirtschaftshilfe** (RGW).

D

DAL: Abk. für Deutsche Akademie der Landwirtschaftswissenschaften (neue Bezeichnung: Akademie der Landwirtschaftswissenschaften der DDR). → **Agrarwissenschaften.**

DAMW: → **ASMW; Standardisierung.**

DARAG: Abk. für → **Deutsche Auslands- und Rückversicherungs-AG.**

Datenverarbeitung, Elektronische (EDV):

1. Entwicklung. Die Entwicklung der EDV in der DDR vollzog sich relativ schleppend. Sie war gekennzeichnet durch Hemmnisse und Rückschläge einerseits und durch verschiedene staatliche Förderungsmaßnahmen andererseits.

Bereits im Jahre 1950 setzten an der TH Dresden die ersten Forschungs- und Entwicklungsarbeiten auf dem Gebiet der EDV ein. Diese Vorarbeiten bildeten die Grundlage für den späteren Bau von Rechnern der sogen. D-Serie. Der erste Rechner wurde jedoch erst 1955 vorgestellt. Es handelte sich um den vom VEB Carl Zeiss Jena konstruierten Digitalrechner „Oprema" (Optische Rechenmaschine). Er diente ausschließlich der Durchführung von Forschungs- und Entwicklungsarbeiten im Bereich der Technik.

Im Jahre 1959 folgte schließlich der programmgesteuerte Rechner „D 1–2", eine Gemeinschaftsproduktion des VEB Funkwerk Dresden und der TH Dresden. Neben diesen Institutionen waren auf dem Gebiet der EDV der 1957 gegründete VEB Elektronische Rechenmaschinen (ELREMA) als sogen. wissenschaftlicher Industriebetrieb, der im gleichen Jahr gegründete VEB Maschinelles Rechnen als Dienstleistungsbetrieb sowie das 1960 gegründete Zentralinstitut für → **Automatisierung** (ZIA) tätig.

Im Jahre 1960 wurde als weiterer Rechner der vom VEB Carl Zeiss Jena entwickelte ZRA 1 (Zeiss Rechenautomat) mit einer Leistung von ca. 300 bis 350 Operationen pro Sekunde vorgestellt. Die Übernahme dieses Rechners in eine Serienproduktion und sein Einsatz in der Wirtschaftspraxis erfolgte jedoch erst in späteren Jahren. Betrieben und Kombinaten standen als technische Hilfsmittel Büromaschinen zur Verfügung. Zum Teil wurden bereits Lochkartenrechner eingesetzt, deren Produktion 1960 im größeren Umfange anlief. Trotz der Neuproduktion des programmgesteuerten elektronischen Kleinrechners „SER 2", der 1961 auf der → **Leipziger Messe** vorgestellt wurde, blieb die Gesamtsituation hinsichtlich der Produktion und des Einsatzes von Lochkartenrechnern und elektronischen Rechenanlagen hinter den gehegten Erwartungen zurück. Es gab weder eine der Bedeutung der Rechentechnik gerecht werdende Konzeption der Forschungs- und Entwicklungstätigkeit sowie der Produktion noch ausreichend Pläne für den Einsatz der vorhandenen Rechnerkapazitäten in Betrieben bzw. Rechenstationen.

Mit einem „Beschluß zur Entwicklung des maschinellen Rechnens in der DDR" versuchte man die Entwicklung der EDV – wohl ohne besonderen Erfolg – neu zu organisieren. Denn im Juni 1963 beschloß der Ministerrat der DDR unter dem Eindruck der noch immer bestehenden unbefriedigenden Situation zunächst ein „Programm zur Entwicklung der elektronischen Bauelemente und Geräte", um eine Beseitigung der auf dem Gebiet der EDV offenbar gewordenen Schwierigkeiten von Grund auf einzuleiten. Eine parallel hierzu einberufene Regierungskommission legte als Ergebnis ihrer Untersuchungen ein vom Ministerrat im Juli 1964 beschlossenes „Programm zur Entwicklung, Einführung und Durchsetzung der maschinellen Datenverarbeitung in der DDR in den Jahren 1964 bis 1970" vor. In Ergänzung hierzu wurde weiterhin eine „Grundkonzeption zur Entwicklung der elektronischen Industrie im Zeitraum des Perspektivplanes bis 1970" festgelegt.

Erste Folge dieses vorangegangenen Maßnahmenkomplexes war die Gründung eines Elektronik-Zentrums, in dem 12 spezialisierte Fachbetriebe zusammengeschlossen waren. Während dieser Phase der Neuorganisation der EDV-Industrie wurde ein weiterer Rechner, der programmgesteuerte Lochkartenrechner „Robotron 100" des VEB Carl Zeiss Jena entwickelt und in die Produktion übernommen. Weitere Entwicklungsarbeiten der Radeberger Rafena-Werke (später in VEB Kombinat Robotron umbenannt) führten zu der Fertigstellung des volltransistorisierten Rechners der 2. Generation „Robotron 300" im Jahre 1966. Trotz dieser Weiterentwicklungen kam in der Wirtschaftspraxis vornehmlich noch immer nur mechanisierte, z. T. bereits partielle DV zum Einsatz. Um dieses Mißverhältnis zu ändern, wurden entsprechend den Beschlüssen des VII. Parteitages der SED 1967 zunehmend in Betrieben und Kombinaten volkswirtschaftlich wichtiger Industriezweige Rechner des Typs „Robotron 300" eingesetzt. Anfang 1968 waren 18 Rechenanlagen fertiggestellt und ausgeliefert.

Im Jahre 1969 beschlossen die Regierungen der RGW-Länder ein Abkommen über die arbeitsteilige Entwicklung, Produktion und Anwendung der EDV-Technik. Ziel war es, ein „einheitliches System elektronischer Rechentechnik (ESER)" zu entwickeln, welches ein weitestgehend vereinheitlichtes System leistungsmäßig abgestufter, programmkompatibler elektronischer Rechner, dazugehöriger peripherer Geräte und Anwenderprogramme für die verschiedensten Einsatzgebiete vorsah. Anläßlich der Leipziger Frühjahrsmesse 1969 wurde als erstes Ergebnis der Gemeinschaftsarbeiten zwischen der UdSSR und der DDR eine Datenfernübertragung Leipzig–Moskau–Leipzig demonstriert. EDV-technische Basis dieser Datenübertragung waren Geräte aus der DDR-Produktion. Ein Jahr später konnte die Computerindustrie der DDR in Leipzig mit einer

Neuerscheinung auf dem Gebiet der Prozeßrechentechnik, dem „PR 2100" des VEB Kombinat Robotron, aufwarten. Neben den Neuentwicklungen wurde vor allem die Produktion des „Robotron 300" forciert.

Ende 1970 wies die Berichterstattung über die Perspektivplanerfüllung die Produktion von „über 200 Anlagen" des „Robotron 300" seit 1967 aus. Mit dem im Juli 1971 festgelegten „Komplexprogramm für die weitere Vertiefung und Vervollkommnung der Zusammenarbeit und Entwicklung der sozialistischen ökonomischen Integration der Mitgliedsländer des RGW" wurde auch auf dem Gebiet der EDV als Schwerpunktaufgabe und Ziel die Realisierung der sogen. „Systemautomatisierung sozialistischer Länder" und in diesem Zusammenhang die Fortführung und Verstärkung der weiteren Zusammenarbeit auf dem Gebiet der EDV-Technik festgelegt. Hinsichtlich der vorgesehenen Systemautomatisierung (Einheitssysteme) handelt es sich um eine langfristige, innerhalb des Zeitraums 1971–1980 geplante, komplexe → **Standardisierung** von Maschinen-, Ausrüstungs- und Gerätesystemen.

Zu unterscheiden sind 1. Einheitssysteme (ES) industrieller Zweige und 2. ES zur Lösung von Querschnittsaufgaben. Zu den ersteren gehören u. a. folgende z. T. bereits realisierte ES: das ES der automatisierten Verfahrenstechnik (ESAV), das ES der Elektronik und des Gerätebaus (ESEG), das ES für die Meßwerterfassung, -verarbeitung und -ausgabe, das Gerätesystem zur direkt rechnergeführten Werkzeugmaschinensteuerung, das integrierte Datenverarbeitungssystem des Werkzeugmaschinenbaus und das ES der Meß- und Prüfautomatisierung.

Für die Lösung sogen. Querschnittsaufgaben sind u. a. folgende ES z. T. realisiert: das universelle Steuer- und Regelungssystem (URSAMAT), das System zur Automatisierung der technischen Produktionsvorbereitung (AUTEVO) mit seinen Teilsystemen sowie das ES der integrierten Informationsverarbeitung, auch als automatisiertes Leitungssystem (ALS) bezeichnet.

Sämtliche ES arbeiten auf der Grundlage der EDV-Technik. Zur Durchsetzung einer qualitativen Verbesserung der ES werden seit etwa 1973 in den RGW-Ländern auch Rechner der 3. Generation, also der ESER-Familie als weitere Ausprägungsform der Systemautomatisierung eingesetzt.

2. Datenverarbeitungsanlagen der 3. Generation. Bereits anläßlich der Leipziger Frühjahrsmesse 1972 wurden von der DDR der „Robotron 21" und das Prozeßrechnersystem „PRS 4000", Erzeugnisse des VEB Kombinat Robotron, vorgestellt und seit 1973 zur Lösung ökonomischer sowie wissenschaftlich-technischer Aufgaben in der Praxis eingesetzt. Im gleichen Jahr konnte das EDV-System „ES 1030" (UdSSR/Polen) vorgestellt werden. Es folgten z. T. als Gemeinschaftsproduktionen ein Jahr später in Leipzig und Moskau weitere Rechner der ESER-Familie: der elektronische Kleinrechner „ES 1010" (Ungarn), das EDV-System „ES 1020" (UdSSR/Bulgarien), das EDV-System „ES 1021" (ČSSR), das EDV-System „ES 1040" (DDR/VEB Kombinat Robotron) und das EDV-System „ES 1050"

(UdSSR). Von der DDR wurde ferner das Kleinrechnersystem „KRS 4200" fertiggestellt. Geplant ist darüber hinaus das EDV-System „ES 1060" (UdSSR) mit 2 Mill. Operationen/sec. Mit Ausnahme dieser Rechenanlage sind sämtliche anderen Rechner bis Mitte 1974 in die Serienproduktion übernommen worden.

Für den Einsatz der ESER-Rechner werden gebräuchliche Programmiersprachen verwendet: Algol, Cobol, Fortran, Pl 1, Assembler. Das VEB Kombinat Robotron bietet darüber hinaus eine Palette von vorprogrammierten Problemlösungen an. Sie gliedern sich in verfahrensorientierte Programmpakete und Programmiersysteme (VOPP u. VOPS) sowie in sachgebietsorientierte Programmiersysteme (SOPS).

3. Struktur der EDV-Industrie der DDR. Die Datenverarbeitungs- und Büromaschinenindustrie ist – entsprechend der z. Z. gültigen volkswirtschaftlichen Betriebssystematik – ein Zweig des Industriebereichs „Elektrotechnik/Elektronik/Gerätebau". Er untergliedert sich in die Wirtschaftsgruppen „Datenverarbeitungsmaschinenindustrie" und „Büromaschinenindustrie". Wichtigster Hersteller von EDV-Anlagen innerhalb der Wirtschaftsgruppe der EDV-Maschinenindustrie ist der VEB Kombinat Robotron Dresden mit seinen Herstellerbetrieben (Dresden, Riesa, Hoyerswerda, Radeberg), einem Großforschungszentrum und Außenstellen, die über die ganze DDR verteilt sind. Exporteur von Robotron-Erzeugnissen ist das AHB Büromaschinen-Export GmbH Berlin. Daneben sind u. a. auf dem EDV-Gebiet der VEB Carl Zeiss Jena sowie der VEB Kombinat Elektronische Bauelemente tätig. Der VEB Kombinat Zentronik Erfurt ist der Leitbetrieb der DDR-Büromaschinenindustrie mit acht ihm unterstellten VEB.

4. Einsatz der EDV in der Praxis. In der DDR werden z. Z. sowohl in der Wirtschaftspraxis als auch in der Technik und für Forschungs- und Entwicklungsaufgaben je nach der spezifischen Aufgabenstellung verschiedenartige Rechner eingesetzt. Nach eigenen Angaben wurden bis zum Anfang des Jahres 1974 rd. 500 elektronische Datenverarbeitungsanlagen in Betrieb genommen. Hierbei handelte es sich hauptsächlich um die Rechner „Robotron 300" (2. Generation), „Robotron 21", „ES 1040" und das Kleinrechnersystem „KRS 4200". Daneben sind vor allem zahlreiche sowjetische Rechner wie z. B. „Ural" oder „Besm" sowie einige Rechner aus der ESER-Serie „ES 1020" (sowjetisch/bulgarische Produktion) in der DDR eingesetzt worden. Die Produktion des Rechners „Robotron 300" wurde bereits Mitte des Jahres 1973 eingestellt. Insgesamt sind bis zu diesem Zeitpunkt rd. 400 Anlagen dieses Modells vom VEB Kombinat Robotron ausgeliefert worden. Als seine Nachfolgemodelle gelten die Rechner „Robotron 21" sowie „ES 1040". Weiterhin wurden als eigener Produktion „mehrere Dutzend" Prozeßrechner (z. B. der für die Prozeßdatenerfassung umgerüstete „Robotron 300" sowie die Anlagen „PRS 2100" und „PRS 4000") und ca. 2000 elektronische Kleinrechner vom Typ „Cellatron 8205" bis zu Beginn des Jahres 1974 in Betrieb genommen.

Parallel zu den EDV-Anlagen aus eigener sowie aus der Produktion der RGW-Länder wurden zunehmend auch westliche Rechner (u. a. IBM, Control Data, Siemens) gekauft und zur Lösung verschiedenartiger Aufgabenstellungen eingesetzt. Neben der Durchführung von Routinearbeiten in Betrieben und Kombinaten, der Übernahme von Planungsrechnungen auf Industriezweigebene wird der EDV besondere Bedeutung beim Aufbau automatisierter Leitungssysteme (ALS) beigemessen (→ **Information**). Das ALS für Betriebe soll einzelne Teilsysteme umfassen, die als selbständige Systembausteine eingesetzt werden können. Teilsysteme werden entweder nach funktionellen Merkmalen (entsprechend den Funktionen des betrieblichen Leistungssystems), nach Organisationsmerkmalen (entsprechend der Organisationsstruktur des Leitungssystems) oder nach anderen möglichen Merkmalen gebildet. Dabei bedient man sich insbesondere der Erkenntnisse der Kybernetik. Auf der Grundlage der EDV und mit Hilfe von Verfahren der Operationsforschung sollen diese ALS die Leitung in die Lage versetzen, möglichst schnelle und optimale Entscheidungen treffen zu können. Die Durchführung der EDV wird in Organisations- und Rechenzentren (ORZ) vorgenommen. Sie vollzieht sich sowohl innerhalb eines betrieblichen ORZ als Direktionsbereich oder Hauptabteilung eines Betriebes bzw. Kombinates als auch in wirtschaftszweigorientierten ORZ, juristisch selbständigen Dienstleistungsbetrieben.

Diskussionsbeiträge zum Entwurf der Rahmenrichtlinie für die Jahresplanung der Betriebe und Kombinate und zur Planungsordnung bemängeln die gegenwärtige Einsatzpraxis der EDV und verlangen eine umfassendere Nutzung der EDV für Planungsarbeiten, die Vervollkommnung der EDV-Programme, die intensivere Nutzung der Operationsforschung im Zusammenhang mit der EDV und die Realisierung von „automatisierten Systemen der Planungsrechnung" (ASPR) als Teilsysteme von automatisierten Leitungssystemen. → **Planung; Rationalisierung.**

DBD: Abk. für Demokratische Bauernpartei Deutschlands. Am 29. 4. 1948 gegründete und am 16. 6. 1948 durch die → **SMAD** zugelassene Partei. Die DBD, bei deren Gründung ehemalige KPD- bzw. SED-Funktionäre eine maßgebliche Rolle spielten, versteht sich als Bündnispartner der SED und sieht ihre Aufgabe darin, das Bündnis von Arbeitern und Bauern zu entwickeln (→ **Bündnispolitik**). Die DBD nahm im Frühjahr 1960 aktiv an der Kollektivierungskampagne teil und setzt sich gegenwärtig besonders dafür ein, daß die LPG auf dem Wege der Kooperation zu industriemäßigen Produktionsmethoden übergehen. Der Mitgliederstand ist unbekannt, da keine Angaben veröffentlicht werden. 21 000 Mitglieder sind Abgeordnete und Nachfolgekandidaten in den Volksvertretungen. Der Volkskammerfraktion gehören 52 Abgeordnete an. Aufbau und Tätigkeit der Partei beruhen auf dem → **demokratischen Zentralismus.** Höchstes Organ ist der Parteitag, der den Parteivorstand wählt. Dieser wählt aus seiner Mitte das

Präsidium, das für die Leitung der Partei zwischen den Sitzungen des Parteivorstandes verantwortlich ist, und bestätigt das Sekretariat. Vorsitzender: Ernst Goldenbaum. Zentralorgan: „Bauern-Echo". Funktionärszeitschrift: „Der Pflüger". → **Parteien.**

DDR-Schiffs-Revision und -Klassifikation (DSRK): Organ des → **Ministeriums für Verkehrswesen** für die technische Sicherheit aufsichts- und klassifikationspflichtiger Wasserfahrzeuge, deren Bauteile, Ausrüstungen und Einrichtungen. Die DSRK ist juristische Person und Haushaltsorganisation mit Sitz in Zeuthen bei Berlin sowie Direktionsbereichen und Inspektionen an wichtigen Zentren der See- und Binnenschiffahrt. Sie ist Rechtsnachfolger der Deutschen Schiffs-Revision und -Klassifikation, die 1950 als Anstalt des öffentlichen Rechts errichtet worden war und seit 1960 als staatliches Organ bestanden hat.

Die Hauptaufgaben der DSRK gemäß ihrem Statut (vom 1. 1. 1973) sind:

Vorschriften für die technische Schiffssicherheit auszuarbeiten und selbständig zu erlassen, wobei Arbeitsschutz und Umweltschutz zu berücksichtigen sind,

das Einhalten dieser Vorschriften und internationaler Bestimmungen über Schiffsklassifikation und -sicherheit zu überwachen sowie die erforderlichen Dokumente auszustellen,

die Fahrtüchtigkeit der aufsichtspflichtigen Schiffe (Seeschiffe ab 20 BRT und Binnenschiffe ab 12 m Länge) zu kontrollieren,

Klassifikation aller Seeschiffe mit einer Bruttovermessung von 80 RT und mehr, aller Binnenschiffe mit einer Antriebsleistung von 75 PS und mehr, aller Schiffe mit Fahrgastplätzen für mehr als 12 Personen, aller Tankschiffe, Schlepper, Schubschiffe und Eisbrecher sowie Ausstellen der Klassen-Atteste,

Festlegen und Prüfen des Freibords sowie Eichen der Binnenschiffe.

Außerdem wurde die DSRK auf Grund des Beitritts der DDR zur Internationalen Konvention über sichere Container (CSC) von November 1972 als einziges Organ der DDR berechtigt und verpflichtet, Container für den Einsatz im Seeverkehr zu prüfen und zuzulassen. Stellung und Aufgaben der DSRK sind durch ihre Mitarbeit in den Organen für Technische Aufsicht und Klassifikation von Schiffen (OTAK) der Mitgliedsländer des → **RGW** geprägt. Im Rahmen der OTAK und auf Grund bilateraler Vereinbarungen arbeitet die DSRK mit den Klassifikationsorganen der anderen Ostblockländer zusammen.

Zweiseitige Vereinbarungen über Zusammenarbeit mit Schiffsregistergesellschaften westlicher Staaten hat die DSRK seit 1971 mit Det Norske Veritas, Oslo, (Juni 1971); Bureau Veritas, Paris, (Oktober 1972); Lloyds Register of Shipping, London, (Juni 1973) und Germanischer Lloyd, Hamburg, getroffen.

DEFA: Abk. für Deutsche Film AG, jetzt Deutsche Filmgesellschaft m. b. H. → **Filmwesen.**

Demarkationslinie: Im allgemeinen Sprachgebrauch zunächst Bezeichnung für die Trennungslinie zwischen den ehemaligen 3 westlichen und der sowjetischen Besatzungszone (→ **SBZ**). Auch nach Gründung der Bundesrepublik Deutschland und der DDR wurde im westlichen Schrifttum diese Bezeichnung vorläufig beibehalten, während in der DDR – vor allem seit dem Bau der Mauer in Berlin – von „Staatsgrenze West" gesprochen wird. Bei Abschluß des Grundlagenvertrages zwischen beiden deutschen Staaten wurde vereinbart, durch eine → **Grenzkommission** den genauen Verlauf der → **Grenze** feststellen zu lassen. Diese Kommission hat sich am 31. 1. 1973 konstituiert und ist paritätisch mit Regierungsvertretern der DDR und der Bundesrepublik Deutschland besetzt. Das → **Londoner Protokoll** einschließlich späterer Vereinbarungen der damaligen Besatzungsmächte ist Grundlage für die Tätigkeit der Grenzkommission.

Demographie: Die DDR gehört 1974 zu den 10 führenden Industriestaaten der Welt. Diese Entwicklung muß auf dem Hintergrund soziographischer und wirtschaftlicher Faktoren gesehen werden, die die Ausgangsposition der DDR als relativ ungünstig erscheinen lassen. Auf einer Fläche von 108 178 km^2 lebten am 31.12.1973 16 951 Mill. Menschen (1946 noch 18 057 Mill.), was ca. 23 v. H. des Gebietes des Deutschen Reiches (1937) und ca. 27 v. H. seiner Bevölkerung entspricht. Mit 157 Menschen pro km^2 gehört die DDR zu den dichtest besiedelten Ländern der Erde. Im Norden grenzt die DDR an die Ostsee, im Westen an die Bundesrepublik Deutschland, im Süden an die ČSSR und im Osten an die Volksrepublik Polen (→ **Oder-Neiße-Grenze**).

Während das Gebiet der heutigen DDR vor 1937 im wesentlichen agrarisch strukturiert war (mit Ausnahme von Leicht-, Lebensmittel- und Textilindustrie), sind im Zuge der nach 1945 forcierten Industrialisierung 10 Industrieregionen (überwiegend im Süden sowie in der Mitte der DDR) entstanden, in denen – von wenigen Ausnahmen abgesehen – importierte Rohstoffe verarbeitet werden:
Der Raum Magdeburg/Süd- und Ostharz (Schwermaschinen- und Leichtindustrie),
der Raum Halle/Leipzig (Braunkohlen- und Chemieindustrie),
der Raum Erfurt/Gera (Textil- und Automobilindustrie),
das Gebiet um Karl-Marx-Stadt, ehemals Chemnitz, (Textil- und Werkzeugmaschinenindustrie),
das Gebiet um Dresden (Elektrotechnische, Elektronik- und optische Industrie),
das Gebiet der Lausitz um Cottbus (Eisenerz- und Eisenerzverarbeitungsindustrie),
das Gebiet um Berlin (Elektrotechnische und Werkzeugmaschinenindustrie),
das Gebiet um Frankfurt (Oder) (Stahl- und Erdölindustrie),
das Gebiet um Brandenburg (Landmaschinenindustrie),
die Hafenstadt Rostock (Schiffbau- und Schiffsausrüstungsindustrie).

Die nach 1945 zunächst weiter bestehende Verwaltungsstruktur (5 Länder) wurde 1952 geändert; seitdem bestehen 15 Bezirke, die ihrerseits wieder in 218 Kreise (einschließlich Stadtkreise) und ca. 9 000 Gemeinden bzw. Gemeindeverbände aufgeteilt sind. Mehr als 2 000 Gemeinden haben mehr als 10 000 Einwohner. Die drei größten Bezirke (Potsdam, Magdeburg, Neubrandenburg) sind wirtschaftlich auch heute noch überwiegend durch ihre landwirtschaftliche Produktion bestimmt.

Statistische Daten (1973)
Wohnbevölkerung:

insgesamt	16,951 Mill.
Männer	7,851 Mill.
Frauen	9,099 Mill.

Lebendgeborene/je 1 000 der Bevölkerung: 10,6 (1968: 14,3)
Gestorbene/je 1 000 der Bevölkerung: 13,7 (1968: 14,2)
Gestorbenenüberschuß: – 3,0 (1968: + 0,2 Lebendgeborenenüberschuß)
Berufstätige (ohne Lehrlinge): 7,844 Mill. (davon 3,854 Mill. Frauen)

Eheschließungen:	136 996
Ehescheidungen:	38 531
Sparguthaben:	65,12 Mrd. Mark

→ **Bevölkerung; Sozialstruktur; SED; Arbeitskräfte; Intelligenz; Wirtschaft; Agrarpolitik; Landwirtschaft.**

Demokratie: Nach der Staatslehre des Marxismus-Leninismus eine Staatsform, eine Form der Machtausübung, „deren Inhalt und Funktion stets durch die in der jeweiligen Gesellschaftsordnung herrschenden Produktionsverhältnisse und dem diesen Verhältnissen entsprechenden Klassencharakter des Staates bestimmt wird". Nach Lenin hat D. gleichzeitig eine andere Seite. Sie bedeutet die „formale Anerkennung der Gleichheit zwischen den Bürgern, des gleichen Rechts aller, die Staatsverfassung zu bestimmen und den Staat zu verwalten".

Die seit 1776 (USA) bzw. 1791 (Frankreich) für die westliche Welt gültige D.-Auffassung wird in der Staatslehre des Marxismus-Leninismus häufig als „bürgerlich" bezeichnet. Obwohl die französischen Aufklärer, namentlich Jean-Jacques Rousseau, die den D.-Begriff für die Staats- und Gesellschaftsordnungen des 18. Jahrhunderts entwickelt haben, eine positive Bewertung erfahren, wird an ihrem D.-Begriff kritisiert, daß er das „Klassenbewußtsein des Volkes" unberücksichtigt ließe. Schon Marx und Engels haben darauf verwiesen, daß in der „bürgerlichen D." weder die Ausbeutung noch die politische Ungleichheit aufgehoben seien; Grundlage der bürgerlichen D. sei vielmehr der auf dem „Antagonismus der Klassen" beruhende kapitalistische Staat. Gemäß der marxistischen Formationslehre stellt die bürgerliche D. allerdings dennoch einen Fortschritt gegenüber dem absolutistischen Feudalstaat dar, weil sie dem Proletariat das Wahlrecht sowie Rede-und Koalitionsfreiheit gebracht und damit die Voraussetzungen für die Überwindung der kapitalistischen Gesellschaft geschaffen hat. Die bürgerliche D. sei zwar eine „Diktatur der Minderheit über die Mehrheit", der Bourgeoisie über das Proletariat, bilde aber ein erstrebenswertes Übergangsstadium auf dem Wege zur Diktatur des → **Proletariats** und zum Sozialismus, damit zu einer „Diktatur der Mehrheit über die Minderheit". Entsprechend der Auffassung, daß die D. Klassencharakter trage, wird in der marxistisch-leninistischen Staatslehre scharf zwischen „bürgerlicher" und „sozialistischer" D. unterschieden. „Wirkliche" D. könne erst die Arbeiterklasse errichten. Mit der Diktatur des Proletariats und dem Aufbau der sozialistischen D. werde die bürgerliche D. historisch abgelöst. Die marxistisch-leninistische Lehre von der sozialistischen D. verwendet denn auch einen D.-Begriff, der außer einigen nur äußerlichen Ähnlichkeiten mit dem westlichen D.-Begriff nichts gemein hat (vgl. Materialien zum Bericht zur Lage der Nation 1972, Kap. I; Materialien . . . 1974, Kap. II). → **Grundrechte; Verfassung; Wahlen.**

Demokratische Bauernpartei Deutschlands: → **DBD.**

Demokratischer Block: → **Bündnispolitik.**

Demokratischer Frauenbund Deutschlands (DFD): Einheitliche → **Massenorganisation** der → **Frauen** der DDR; vereint Frauen aller Bevölkerungskreise, unabhängig von Parteizugehörigkeit und Weltanschauung; die hauptamtlichen Funktionäre sind allerdings überwiegend SED-Mitglieder. In der Volkskammer der DDR stellt der DFD eine eigene Fraktion (30 Mitgl.). Hervorgegangen aus den am 30. 10. 1945 gegründeten antifaschistischen Frauenausschüssen; am 8. 3. 1947 in Ost-Berlin gegr. (8. März = Internationaler Frauentag; im August 1910 während der II. Internationalen Sozialistischen Frauenkonferenz in Kopenhagen auf Antrag von Clara Zetkin als internationaler Kampftag der Frauen für Gleichberechtigung, Frieden und Sozialismus proklamiert). In der Bundesrepublik Deutschland wurde der DFD am 8. 3. 1951 gegr., am 10. 4. 1957 jedoch verboten. Die Mitgliederzahlen für 1973 lauten: 1,3 Mill. Mitglieder (= 14,2 v. H. der weiblichen DDR-Bevölkerung), davon sind 71,2 v. H. berufstätige Frauen und 28,8 v. H. Hausfrauen.

Der Aufbau gestaltet sich nach dem Territorialprinzip entsprechend dem der SED: 16 700 Gruppen (1973) in Wohngebieten und Gemeinden, Orts-, Kreis- und Bezirksorganisationen, zentrale Leitungsorgane. Struktur der zentralen Organe: Der Bundeskongreß (höchstes Organ) tagt in der Regel alle 4 Jahre. Der 8. Bundeskongreß wurde im Juni 1964 erstmals nicht mehr nur als Kongreß des DFD, sondern als 1. Frauenkongreß der DDR, der 9. Bundeskongreß im Juni 1969 als 2. Frauenkongreß der DDR abgehalten. Der 10. Bundeskongreß fand wieder als DFD-Kongreß im Februar 1975 statt, an dem ca. 800 Delegierte der 1,3 Mill. Mitglieder teilnahmen. Der Bundeskongreß wählt den Bundesvorstand, die Vorsitzende und die stellv. Vorsitzenden. Der Bundesvorstand (höchstes leitendes Organ zwischen den Kongressen) tagt in der Regel alle 4 Monate; er wählt aus seiner Mitte das Präsidium (verantwortliches Organ zwischen den Tagungen des Bundes-

vorstandes) und das Sekretariat (operatives Organ des Bundesvorstandes, wird von der Vorsitzenden geleitet). Vorsitzende des Bundesvorstandes des DFD ist seit dem 11. 9. 1953 Ilse Thiele.

Funktionärorgan des DFD: „Lernen und Handeln" (erscheint 14täglich).

Zu den Aufgaben des DFD gehört: Politisch-ideologische Arbeit unter den Frauen, Heranführung der Frauen aller Bevölkerungsschichten an die aktive Mitwirkung im gesellschaftlichen Leben; Gewinnung der Frauen für die Arbeit in der Produktion; Erleichterung des Lebens der werktätigen Frau. Seit dem 1. Frauenkongreß 1964 geht die Aktivität des DFD weit über den Rahmen der Organisation hinaus und konzentriert sich verstärkt auf die nichtorganisierten und nichtberufstätigen Frauen im Wohngebiet. Entsprechend sind die derzeitigen und zukünftigen Aufgabenschwerpunkte abgesteckt: weitere Festigung der „sozialistischen Überzeugungen der Frauen – besonders der nichtberufstätigen oder in Teilzeit beschäftigten"; Gewinnung weiterer Arbeitskräfte für die Volkswirtschaft aus dem Kreise der Hausfrauen und der nichtberufstätigen Mütter sowie deren Einbeziehung in das politische Leben der Wohngebiete; Entlastung der werktätigen Mütter durch weiteren Ausbau und Verbesserung von Kinder- und Dienstleistungseinrichtungen.

Zu den Arbeitsformen des DFD, die speziell für die Wohngebiete entwickelt wurden und auf die nichtberufstätigen Frauen ausgerichtet sind, gehören: Schulung der Frauen in den seit 1967 entstandenen „Frauenakademien" in Form von Vortragsreihen zu bestimmten politisch-ideologischen, kulturellen und hauswirtschaftlichen Themen mit dem Ziel ihrer nachfolgenden Eingliederung in den Produktionsprozeß; 1970/71 wurden in 390 Frauenakademien 54 000 Frauen in den Wohngebieten der Städte und Dörfer erfaßt. Zur beratenden Unterstützung der berufstätigen Frauen richtet der DFD seit Ende 1971 „Beratungszentren für Haushalt und Familie" in den Kreisstädten ein: im März 1973 bestanden 190 solcher Zentren. Internationale Aktivitäten des DFD: Seit 18. 5. 1948 gehört der DFD der → **Internationalen Demokratischen Frauenföderation** (IDFF) an; die DFD-Vors. Ilse Thiele ist seit 1964 Vizepräsidentin der IDFF. 1973 unterhielt der DFD Verbindungen zu 111 Frauenorganisationen in 80 Ländern.

Demokratischer Zentralismus: Der DZ. ist das verbindliche Organisations- und Leitungsprinzip der kommunistischen Partei, des sozialistischen Staates und aller sonstigen Organisationen und → **Parteien** der DDR, die in der → **Nationalen Front** zusammenarbeiten. Seine Installierung als für alle verbindliches Prinzip beruht auf der Auffassung, daß die sozialistische Gesellschaft der planmäßigen und einheitlichen Führung und Leitung bedarf. Diese wird durch die Arbeiterklasse und deren Partei ermöglicht; deshalb sei eine Grundlage für eine politische Opposition oder Elemente eines politischen Pluralismus aufgrund der ökonomischen und politischen Struktur dieser Gesellschaft nicht gegeben.

DZ. bedeutet als Organisationsprinzip der Partei: Leitung der Partei von der gewählten Spitze aus, Wahl der leitenden Parteiorgane von unten nach oben, wobei die Wahlgremien nach dem Delegationsprinzip zusammengesetzt werden, Rechenschaftspflicht der Leitungen vor den Wahlgremien, Kollektivität der Leitungen, straffe Parteidisziplin und Fraktionsverbot, Unterordnung der Minderheit unter die Mehrheit sowie absolute Verbindlichkeit der Beschlüsse. Diese Normen gelten analog für andere Parteien und Massenorganisationen; eine Besonderheit gilt allerdings nur für die Mitglieder der SED: Sie sind verpflichtet, in ihren Tätigkeitsbereichen aktiv für die Verwirklichung der Parteibeschlüsse einzutreten.

Auf der Grundlage des DZ. soll nach Art. 47 Abs. 2 der → **Verfassung** der DDR die Volkssouveränität im Staatsaufbau verwirklicht werden. Der DZ. soll hier ein einheitliches und reibungsloses Funktionieren des staatlichen und gesellschaftlichen Lebens durch die Verbindung von zentraler staatlicher Leitung – als grundlegender Bedingung – mit der Initiative der Bürger und der eigenverantwortlichen Tätigkeit der → **örtlichen Organe** in den ihnen übertragenen Aufgabenbereichen gewährleisten. In diesem Verständnis des DZ. soll die Herausbildung lokaler Egoismen verhindert und bei seiner konsequenten Anwendung die Mobilisierung aller menschlichen und materiellen Ressourcen gefördert. Deshalb ist der DZ. nicht nur als „Negation" der → **Selbstverwaltung** zu begreifen, sondern auch als Garant einer planmäßigen Entwicklung der Gesellschaft, wobei seine „richtige" Anwendung Erscheinungsformen des → **Bürokratismus** verhindern soll.

Der DZ. wurde erstmals 1905 in die Organisationstheorie und -praxis der Bolschewiki von Lenin mit dem Ziel eingeführt, die autoritären Strukturen der von den Menschewiki beherrschten Parteiführung von der Basis her aufzubrechen und auch unter den Bedingungen der Illegalität eine Verbindung von Führung und Parteibasis bei Aufrechterhaltung der Aktionsfähigkeit der Partei zu gewährleisten. Die nachrevolutionären Entwicklungen, die innerparteilichen Organisationspraktiken und die Übertragung des Prinzips auf den Staat und andere Organisationen leiteten jene Entwicklung des DZ. als Organisations- und Leitungsprinzip ein, in deren Verlauf im Verhältnis von Demokratie und Zentralismus mehr und mehr die zentralistische Komponente überwog.

Demokratisierung: Mit dieser Formel umschrieb die SED die Umgestaltung der Verhältnisse in der SBZ/DDR nach ihrer Vorstellung von → **Demokratie**. Als D. verstand sie die Vorbereitung des Sozialismus, vor allem vor 1950. – Über die Zielsetzung dieser D. sagte Ulbricht am 23. 7. 1948 auf der 1. Staatspolitischen Konferenz der SED u. a. (W. Ulbricht: „Zur Geschichte der deutschen Arbeiterbewegung", Berlin (Ost) 1953, Bd. III, S. 260, 265, 268, 274.): „Die Verwaltung in der Sowjetischen Besatzungszone ist die Ausübung demokratischer Staatsgewalt. Die Verwaltung und ihre Organe stehen im Dienste des werktätigen

Volkes." Ulbricht erklärte ferner: Die „Erfahrungen in Deutschland bestätigen, daß die bürgerliche Demokratie die gewaltsame Unterdrückung der Arbeiterklasse ist. Unsere demokratische Ordnung fördert die Entwicklung aller demokratischen Kräfte . . . Unsere Demokratie ist eine höhere Form der Demokratie, sie wendet den Zwang im Interesse der Mehrheit gegen die Minderheit an. Die höchste Form der Demokratie und ihre volle Entfaltung ist erst im Sozialismus möglich. – Das ist die marxistisch-leninistische Erkenntnis über das Wesen der Demokratie." Er betonte: „In der Sowjetischen Besatzungszone soll die öffentliche Verwaltung die Vollstreckerin des Willens der Arbeiterklasse und der antifaschistisch-demokratischen Bevölkerungsschichten sein. Diese sind die Mehrheit der Bevölkerung, und das Parlament hat als gesetzgebendes Organ im Interesse dieser Mehrheit die Gesetze zu beschließen."

Auch nach der Errichtung der DDR wandte die SED den Begriff D. an. Unter dem Leitwort „D. der Verwaltung" wurden im Juli 1952 die Länder in 14 Bezirke gegliedert (→ **Verwaltungsneugliederung; Bezirk**). Diese Ordnung wurde 1957 durch eine „weitere D." der Staatsverwaltung und der Selbstverwaltung abgelöst: Im Anschluß an die 3. Parteikonferenz der SED (März 1956) beschloß die → **Volkskammer** am 17. 1. 1957: 1. das „Gesetz über die Rechte und Pflichten der Volkskammer gegenüber den örtlichen Volksvertretungen"; 2. das „Gesetz über die örtlichen Organe der Staatsmacht".

Das 1. Gesetz gibt (so bes. in den §§ 1, 3 und 6) der Volkskammer bzw. ihrem neugebildeten „ständigen Ausschuß für die örtlichen Volksvertretungen" die Stellung eines alles lenkenden Gremiums, das gesetzgebend, ausführend, richtend und kontrollierend in einem ist. Das 2. Gesetz verleiht, dem Buchstaben nach, den örtlichen Parlamenten weitgehende Leitungsgewalt, aber die Selbständigkeit ist nur scheinbar. Das 1. Gesetz und der allgemein verbindliche → **demokratische Zentralismus** machen die örtlichen Parlamente und Verwaltungen zu Werkzeugen der völlig von der SED beherrschten Volkskammer. – Bei der Propagierung der Neuen Ordnungen für die örtlichen Volksvertretungen und ihre Organe (seit April 1961) verzichtet die SED auf die Formel D. → **Rechtswesen**.

Demontagen: → **Reparationen**.

Denkmalschutz: Gemäß einer VO über die Pflege und den Schutz der Denkmale vom 28. 9. 1961 werden als Gegenstände des D. bestimmt: Bauwerke, Park- und Gartenanlagen, die sich durch geschichtliche Bedeutung, Eigenart oder Schönheit auszeichnen; Werke der bildenden Kunst von hervorragender Bedeutung; Einrichtungen, Maschinen, Anlagen und Bauten von geschichtlicher oder ethnographischer Bedeutung sowie Gegenstände, die zu bedeutenden Persönlichkeiten oder Ereignissen der deutschen Geschichte in Verbindung stehen. Kriterien für den D. sind die Rolle der Objekte im geistig-kulturellen Leben der sozialistischen Gesellschaft; ihre künstlerische, historische bzw. wissenschaftliche Bedeutung sowie ihre künstlerische und gesellschaftliche Funktion für die Neugestaltung der Städte und der Landschaft.

Zur Erhaltung eines Denkmals sind die Rechtsträger, Eigentümer oder Verfügungsberechtigten verpflichtet, wobei ihnen staatliche Hilfe gewährt werden kann. Verantwortung für den D. tragen die staatlichen Organe; die wissenschaftliche Beratung obliegt dem Institut für Denkmalpflege, das dem → **Ministerium für Kultur** untersteht und in 5 Arbeitsstellen (Berlin, Dresden, Erfurt, Halle, Schwerin) gegliedert ist. Wiederhergestellt wurden u. a. der Zwinger in Dresden, Nationalgalerie, Altes Museum und historische Bauten Unter den Linden in Berlin, das Alte Rathaus und die Börse in Leipzig sowie die Dome von Magdeburg, Naumburg, Halberstadt, Stendal und Brandenburg. Andererseits wurden Bauwerke wie das Berliner Schloß sowie Stadtschloß und Garnisonkirche in Potsdam beseitigt oder dem Verfall preisgegeben. Nach einer Mitteilung des Generalkonservators rechnet man mit 30 000 schutzwürdigen Bau- und Kunstdenkmälern.

Seit 1971 ist die DDR Mitglied der internationalen Denkmalschutzorganisationen der UNESCO, I COSMOS.

Deutrans: Internationale → **Spedition.**

Deutsch-Afrikanische Gesellschaft: → **Freundschaftsgesellschaften.**

Deutsch-Arabische Gesellschaft: → **Freundschaftsgesellschaften.**

Deutsch-Britische Gesellschaft: → **Freundschaftsgesellschaften.**

Deutsch-Französische Gesellschaft: → **Freundschaftsgesellschaften.**

Deutsch-Italienische Gesellschaft: → **Freundschaftsgesellschaften.**

Deutsch-Lateinamerikanische Gesellschaft: → **Freundschaftsgesellschaften.**

Deutsch-Nordische Gesellschaft: → **Freundschaftsgesellschaften.**

Deutsch-Polnische Gesellschaft für Frieden und gute Nachbarschaft: Auch Ges. für dt.-poln. Freundschaft. Im Frühjahr 1949 gegründet. Ziel: Propagierung der → **Oder-Neiße-Grenze** als „Friedensgrenze". Im Mai 1953 als „Arbeitsgemeinschaft deutsch-polnische Freundschaft" in die → **Gesellschaft für kulturelle Verbindungen mit dem Ausland** eingefügt.

Deutsch-Sowjetische Freundschaft: → **Gesellschaft für Deutsch-Sowjetische Freundschaft.**

Deutsch-Südostasiatische Gesellschaft: → **Freundschaftsgesellschaften.**

Deutsche Agrarwissenschaftliche Gesellschaft: → **Agrarwissenschaften.**

Deutsche Akademie der Künste: → **Akademie der Künste der DDR.**

Deutsche Akademie der Landwirtschaftswissenschaften zu Berlin: → **Agrarwissenschaften.**

Deutsche Akademie der Naturforscher Leopoldina zu Halle/Saale: Internationale wissenschaftliche Vereinigung, der etwa 700 Mitglieder aus den beiden deutschen Staaten und dem Ausland angehören. Sie wurde am 1. 1. 1652 in Schweinfurt als private Gesellschaft zur Förderung der Heilkunde und der Naturwissenschaft gegründet. Im Jahre 1687 bestätigte Kaiser Leopold die Gesetze der Akademie und stattete sie mit besonderen Rechten und Privilegien aus. Seit 1878 befindet sich ihr Sitz in Halle.

Die Mitglieder sind 15 sog. Adjunkten-Kreisen zugeordnet, die regionale Untergliederungen auf dem Gebiet der DDR, der Bundesrepublik Deutschland, Österreichs und der Schweiz darstellen. Außerhalb der Adjunkten-Kreise gehören der A. Mitglieder aus 27 Ländern an. Die A. gliedert sich in drei Abteilungen: die naturwissenschaftliche Abteilung mit 15 Sektionen, die medizinische Abteilung mit 21 Sektionen und eine Abteilung Geschichte der Naturwissenschaften und Medizin.

Die Leitung der A. erfolgt durch ein Präsidium, an dessen Spitze ein Präsident (gegenwärtig Prof. Dr. Kurt Mothes, Halle) und zwei Vizepräsidenten stehen.

Auf Beschluß des Ministerrates ist die A., wie andere wissenschaftliche Gesellschaften, der → **Akademie der Wissenschaften der DDR** zugeordnet mit dem Ziel einer engen wissenschaftlichen Zusammenarbeit beider A.

Deutsche Akademie der Wissenschaften zu Berlin: → **Akademie der Wissenschaften der DDR.**

Deutsche Akademie für Staats- und Rechtswissenschaft „Walter Ulbricht": → **Akademie für Staats- und Rechtswissenschaft der DDR.**

Deutsche Arbeiterkonferenz: Seit September 1954 veranstaltete die SED jeweils zur Leipziger Messe eine DA. unter Teilnahme von Arbeitern und kommunistischen Funktionären aus der DDR und der Bundesrepublik Deutschland, zunächst „Gesamtdeutsche A." und seit 1961 DA. genannt. Hauptaufgabe war die Beeinflussung der westdeutschen Arbeiterschaft, die → **SED** wollte vor allem zum DGB und zur SPD Kontakte herstellen und auf diese einwirken. Nach dem Verbot der → **KPD** im August 1956 dienten die DA. der Propagierung der SED- bzw. KPD-Politik. Im September 1956 wurde ein „ständiger Ausschuß" der DA. als operatives Organ für die Zeit zwischen den Konferenzen gebildet, die tatsächliche Leitung lag beim FDGB.

Politisch vertrat die DA. die Linie der SED, so in den Dokumenten „Weg und Ziel der deutschen Arbeiterklasse" (1957) und „Für einen deutschen Beitrag zur Abrüstung, zur Entspannung und zum Frieden" (1963). Die Aktivitäten der DA. verringerten sich mit der Abgrenzungspolitik der DDR (→ **Abgrenzung**) und vor allem nach dem VIII. Parteitag der SED 1971. Seit der 32. DA. (März 1971) fand keine Konferenz mehr statt. Auf dieser letzten DA. waren 1200 Teilnehmer (Delegationen der SED, des → **FDGB**, aus der Bundesrepublik:

der DKP und der SDAJ) anwesend. Albert Norden wandte sich auf dieser DA. gegen die „Fiktion" einer „Einheit der Nation".

Deutsche Auslands- und Rückversicherungs-Aktiengesellschaft (DARAG): Rechtsnachfolger der früheren Schwarzmeer-Ostsee-Versicherungs-AG, mit Monopol für alle Arten der Sach- und Haftpflichtversicherung, bei denen eine Entschädigung ganz oder teilweise in fremder → **Währung** anfallen kann, sowie für die Rückversicherung. Sie unterhält Beziehungen zu ausländischen Versicherungsunternehmen und betreibt vornehmlich die Schiffsversicherung, Luftfahrtversicherung, Kreditversicherung, Transportversicherung für Ex- und Importe sowie die Versicherung von Messen und Ausstellungen in anderen Staaten. Die DARAG arbeitet nach dem Prinzip der → **wirtschaftlichen Rechnungsführung.** Der Sitz ihrer Generaldirektion ist Berlin (Ost), Filialen bestehen in Rostock und Leipzig. Die DARAG unterliegt der staatlichen Versicherungsaufsicht durch das → **Ministerium der Finanzen.** → **Rückversicherung.**

Deutsche Außenhandelsbank Aktiengesellschaft (DABA): Am 1. 7. 1966 durch Ausgliederung der für die finanzielle Abwicklung von Außenhandelsgeschäften zuständigen Bereiche aus der → **Deutschen Notenbank** gebildet, ist die DABA als Teil des → **Bankwesens** die zuständige Geschäftsbank für
die Abwicklung des zwischenstaatlichen Kredit-, Zahlungs- und Verrechnungsverkehrs;
die Finanzierung und Finanzkontrolle in Mark sowie ausländischen Währungen (Valuta) der Außenhandelsbetriebe und der im Rahmen des Außenwirtschaftsmonopols tätigen Verkehrsbetriebe;
die Ausreichung von Devisenkrediten sowie die Refinanzierung der übrigen Geschäftsbanken für deren Kreditgewährung in ausländischen Zahlungsmitteln.
Zur Erfüllung ihrer Aufgaben im Auftrage der → **Staatsbank** unterhält die DABA Geschäftsbeziehungen zu ausländischen Banken und wickelt alle im internationalen Bankverkehr üblichen Geschäftsoperationen einschließlich der Aufnahme und Vergabe von Depositen und Krediten sowie des Geld- und Devisenhandels ab. Besonders intensive Beziehungen unterhält die DABA mit der → **Internationalen Bank für wirtschaftliche Zusammenarbeit** (IBWZ), über die auf Grund der regionalen Struktur des → **Außenhandels** der größte Teil des Zahlungs- und Verrechnungsverkehrs der DDR in transferablen Rubeln abgewickelt wird. Den Filialen der DABA obliegen die Bearbeitung und Weiterleitung von Exportdokumenten, die Durchführung des Zahlungsverkehrs mit dem Ausland sowie die Beratung der exportierenden Betriebe.
Sitz der DABA ist Berlin (Ost). Sie hat das Recht, auch im Ausland Niederlassungen zu errichten. Ihr Grundkapital beträgt 300 Mill. Mark, die Aktionäre dürften die Staatsbank und → **Außenhandelsbetriebe** sein. Als Organe fungieren die Hauptversammlung, der Aufsichtsrat und der Vorstand. Seit 1971 ist Dr. Helmut Dietrich Präsident der DABA.

Deutsche Bauakademie: → **Bauakademie der DDR.**

Deutsche Bauernbank: → **Landwirtschaftsbank.**

Deutsche Bücherei: → **Bibliotheken.**

Deutsche Fotothek: 1961 als Zentrales Institut für Bilddokumente der Wissenschaft, Forschung und Lehre der Deutschen Staatsbibliothek angegliedert. → **Bibliotheken.**

Deutsche Grenzpolizei (Grenztruppen der DDR): Am 28. 11. 1946 durch die Sowjetische Militäradministration aufgestellte Grenztruppen, die seit 1948 kaserniert und militärisch ausgebildet wurden. Bis zum 15. 5. 1952 unterstand die DG. aus Tarnungsgründen der → **Deutschen Volkspolizei** und somit dem → **Ministerium des Innern,** dann bis zum 27. 6. 1953 dem → **Ministerium für Staatssicherheit.** Nach anschließender Unterstellung unter das MdI ging die DG. im Mai 1955 erneut an das Staatssekretariat für Staatssicherheit über, das im November 1955 wieder in ein Ministerium umgewandelt wurde. Als Folge der im „Vertrag über die Beziehungen zwischen der DDR und der UdSSR" vom 20. 9. 1955 bekräftigten → **Souveränität** der DDR übergab die sowjetische Hohe Kommission am 1. 12. 1955 der DG. die Sicherung und Kontrolle der Grenzen zur Bundesrepublik Deutschland und Berlin (West). Nachdem im November 1957 das Amt für Zoll und Kontrolle des Warenverkehrs die Kontrollfunktionen an den Kontrollpassierpunkten übernahm, widmete sich die DG. nur noch der militärischen Sicherung. Am 1. 3. 1957 erfolgte erneut eine Unterstellung unter das MdI. Im Frühjahr 1958 erhielt die DG. auch schwere Waffen (Sturmgeschütze und Schützenpanzerwagen). Seit Juni 1958 wurden zur Unterstützung der DG. „Freiwillige Helfer der DG." herangezogen.
Durch Befehl des Vors. des → **Nationalen Verteidigungsrates** der DDR wurde die DG. in Stärke von 50 000 Mann am 15. 9. 1961 als NVA-Kommando Grenze in die → **Nationale Volksarmee** eingegliedert. Gleichzeitig wurden Formationen der damaligen Bereitschaftspolizei, die in Berlin und an der Grenze zur Bundesrepublik Deutschland eingesetzt waren, in das NVA-Kommando Grenze einbezogen. Im Juli 1962 wurde darüber hinaus die „Grenzbrigade Küste" (vor allem zum Schutz der Ostseeküste) aufgestellt. Um die Jahreswende 1973/74 wurden die Einheiten des NVA-Kommandos Grenze (ca. 46 000 Mann) in Grenztruppen der DDR umbenannt, die gelegentlich inoffiziell auch als Grenztruppen der NVA bezeichnet werden. → **Grenztruppenhelfer.**

Deutsche Handelsbank Aktiengesellschaft (DHB): Am 23. 2. 1956 mit der Aufgabe gegründet, die mit dem Einfuhr-, Ausfuhr- und Transithandel der DDR gegenüber den westlichen Industrieländern zusammenhängenden Bankgeschäfte (Diskontierung, Rediskontierung und Akzeptierung von Wechseln, Stellung von Bürgschaften und Garantien, Finanzierung etc.) durchzuführen. Die DHB ist eine der Verrechnungsbanken im → **Innerdeutschen Handel.** Sitz der DHB ist Berlin (Ost). Ihr Aktienkapital beträgt 30 Mill. Mark. Ihre Organe sind die Hauptversammlung, der Aufsichtsrat und der Vorstand (Vors.: Paul Rückert). → **Außenhandel; Bankwesen.**

Deutsche Handelszentralen: → **Binnenhandel.**

Deutsche Historikergesellschaft: → **Historikergesellschaft der DDR:**

Deutsche Hochschule für Körperkultur (DHfK): Am 22. 10. 1950 gegründete, dem → **Staatssekretariat für Körperkultur und Sport** unterstellte Zentrale Lehr- und Forschungsstätte des DDR-Sports. Am 17. 5. 1952 erfolgte an der Gohliser Straße (heute Friedrich-Ludwig-Jahn-Allee) in Leipzig die Grundsteinlegung durch Walter Ulbricht. In enger Nachbarschaft zum Zentralstadion (Fassungsvermögen 100 000 Zuschauer) belegt die DHfK eine Gesamtfläche von 14 ha, wovon 6,1 ha bebaut sind. Der Gebäudekomplex umfaßt 18 Institute, zehn Spezialsporthallen mit einer Nutzfläche von ca. 7 000 qm, drei Hörsäle mit ca. 1 000 Plätzen, 920 Internats- und 600 Seminarplätze, eine Bibliothek mit 65 000 Bänden und eine hochschuleigene Schwimmhalle mit 8 000 Zuschauerplätzen.

Die DHfK begann 1950 mit 14 Lehrern und 96 Studenten. Inzwischen studieren an der DHfK jeweils ca. 1 100 Studenten im Direkt- und die gleiche Anzahl im Fernstudium. Insgesamt wurden an der DHfK bis zum Ende des Wintersemesters 1973/74) ca. 5 000 Studenten zu Trainern, Diplomsportlehrern, Hochschullehrkräften, Sportwissenschaftlern oder Sportfunktionären ausgebildet. Außerdem zählte die DHfK bis zu diesem Zeitpunkt etwa 800 Seminaristen aus 40 Ländern Afrikas, Asiens und Lateinamerikas. Im 380köpfigen Lehr- und Trainerkollegium befinden sich mehr als 200 mit speziellen Forschungsaufgaben betraute Wissenschaftler. Knapp 50 v. H. der Mitglieder des DHfK-Lehrkörpers sind in Wahlfunktionen des DTSB tätig. 1956 wurde der DHfK das Promotionsrecht, 1965 das Habilitationsrecht verliehen. Unter Rektor Prof. Dr. Günther Stiehler betrug 1973 der Jahresetat der DHfK 120 Mill. Mark.

Die Ausbildung an der in vier Sektionen unterteilten DHfK ist betont praxisbezogen. Bereits während des Studiums wird von den DHfK-Studenten die Weitergabe ihres fachlichen Wissens sowie politisch-ideologischer Lehrstoffe an die Schuljugend gefordert. Jeder Student des vierten Studienjahres erteilt als Schulsportlehrer im zehnwöchigen Praktikum 150 Stunden obligatorischen Unterricht im Sport und in einem zweiten Fach. Außerdem bilden die DHfK-Studenten Hilfs-Übungsleiter aus, betreuen Schüler im außerschulischen Sportbetrieb und beteiligen sich aus den verschiedensten Anlässen (Partei- und Staatsjubiläen, ZK-Tagungen oder Gesetzesveröffentlichungen) an der Lösung gesellschaftspolitischer Aufgaben. Ständig wachsende Anforderungen und „freiwillige Selbstverpflichtungen" bestimmen das Leben der DHfK-Studenten. Als dritte Säule der Persönlichkeitsbildung neben der ideologischen Erziehung und dem Fachstudium gilt die militärische Ausbildung. Seit 1960 erfolgt sie „im Rahmen des Studiums" durch die → **NVA.** Die DHfK-Studenten

müssen ihre Studienzeit für ein Jahr unterbrechen und leisten Militärdienst in einer NVA-Spezialeinheit, bis 1972 im NVA-Regiment „Walter Ulbricht".

Die DHfK unterhält die Hochschulsportgemeinschaft (HSG) „Wissenschaft" und den Sportclub (SC) „Wissenschaft" DHfK. Aus ihm sind zahlreiche Spitzensportler hervorgegangen, u. a. der zweifache Radsportweltmeister Gustav Adolf („Täve") Schur, die Kugelstoß-Olympiasiegerin Margitta Gummel und die Ruder-Olympiasieger Siegfried Britzke/Wolfgang Mager. Die Mitglieder des Sportclubs erhalten enorme Vergünstigungen, u. a. Freisemester über das achtsemestrige Studium hinaus, individuelle Ausrichtung des Studienplans einschließlich der Verteilung der Zwischenprüfungen nach den Erfordernissen des Leistungssports, besondere Unterkünfte, Sonderverpflegung, Leistungsprämien und bei Studienzeitverlängerung als Folge des Wettkampfsports abgestuft bis zu 100 v. H. eines Assistentengehalts.

Deutsche Investitionsbank: → **Industrie und Handelsbank.**

Deutsche Künstler-Agentur: → **Künstler-Agentur der DDR.**

Deutsche Liga für die Vereinten Nationen: → **Freundschaftsgesellschaften.**

Deutsche Notenbank: Aus der Deutschen Emissions- und Girobank im Juli 1948 hervorgegangene Geschäfts- und → **Staatsbank** der DDR, der bis Ende 1967 u. a. die kurzfristige Kreditierung der volkseigenen Wirtschaft oblag. → **Bankwesen.**

Deutsche Post: Seit 1949 eingeführte zusammenfassende Bezeichnung für das → **Post- und Fernmeldewesen.**

Deutsche Reichsbahn (DR): Bedeutendster Verkehrsträger und größter volkseigener Betrieb der DDR; 240 000 Beschäftigte, davon 70 000 Frauen, Neugründung durch Befehl Nr. 8 der Sowjetischen Militäradministration (SMAD) vom 11. 8. 1945 unter Beibehaltung des alten Namens. 1949 wurden alle Privatbahnen auf dem Gebiet der DDR der DR übergeben.

Die materielle Basis der DR war durch Krieg und Kriegsfolgen (Demontage) zu 60 v. H. vernichtet. Erschwerend wirkte sich vor allem der Abbau der zweiten Gleise aus. Bis auf die sogenannte Magistrale der Freundschaft (Berlin–Frankfurt/O) als Hauptabfuhrstrecke für die UdSSR, gab es – ausgenommen betrieblich wichtige, kurze Streckenabschnitte – nur noch eingleisige Strecken.

Bis Ende der 60er Jahre mußte die DR zugunsten anderer Zweige der Wirtschaft bei der Bereitstellung von Investitionsmitteln zurücktreten. Wiederholt ist es deswegen, vor allem bis 1962, zu Transportkrisen gekommen, die sich nachteilig auf die Wirtschaft ausgewirkt haben. Inzwischen ist die DR wieder zu einem zuverlässigen, technisch relativ modernen Verkehrsmittel geworden. Schwierigkeiten bereitet allerdings noch der Oberbau. Durch die Beanspruchung der Gleise in beiden Richtungen ist der Verschleiß besonders hoch. In der Unterhaltung des Oberbaues wirkt sich die Eingleisigkeit auch deshalb erschwerend aus, weil die Strecken nicht lange genug für Aufarbeitungszwecke gesperrt werden können. Der Einsatz von modernen Gleisbaugeräten ist begrenzt.

Auch bei der DR werden unwirtschaftliche Strecken stillgelegt, vor allem Schmalspurstrecken. Seit 1960 waren es ca. 1 800 km. Anfang 1973 hatte das Streckennetz der DR eine Länge von 14 384 km, davon 382 km Schmalspur; 7 382 km gelten als Hauptbahnen und 7 002 km als Nebenbahnen; 1 384 km sind elektrifiziert. Die Kriegs- und Kriegsfolgeschäden sind beim Triebfahrzeugpark überwunden. Anfang der 50er Jahre wurde in der Lokomotivfabrik VEB Babelsberg mit dem Bau von Dampflok begonnen. Bis 1960 sind mehrere 100 Dampflokomotiven (Reisezug-, Güterzug- und Rangierlok) in Dienst gestellt worden.

Anfang der 60er Jahre setzte die Traktionsumstellung im großen Stil ein, die etwa 1978 abgeschlossen sein wird. Die Dampflok werden hauptsächlich durch Diesellok ersetzt. Gegenwärtig besteht der Traktionspark der DR aus 60 v. H. Diesellok, 15 v. H. E-Lok und 25 v. H. Dampflok. Zunächst lieferte der VEB Babelsberg verschiedene Typen von Diesellokomotiven (600, 1 000, 1 800 PS) mit hydraulischer Kraftübertragung. Der VEB Babelsberg hat inzwischen die Lokomotivproduktion eingestellt. Leichte Diesellok werden im Werk LEW Henningsdorf gebaut.

Die schweren Diesellok der DR für den Güter- und Reisezugdienst werden nur noch in der Sowjetunion beschafft. Seit 1966 hat die sowjetische Lokomotivfabrik Lugansk über 500 Diesellok mit elektrischer Kraftübertragung an die DR geliefert. Es handelt sich um Standardtypen für 2 000 und 3 000 PS, die im ganzen Ostblock den Hauptteil des Triebfahrzeugparkes bilden. (Höchstgeschwindigkeit 100/120 km/h.)

Nachdem 1952 ein Teil der nach dem Kriege demontierten Eisenbahn-Anlagen für den elektrischen Betrieb der DR zurückgegeben worden waren, setzte langsam eine Reelektrifizierung im Raum Magdeburg – Halle – Leipzig – Erfurt ein, die inzwischen auf das sächsische Dreieck Dresden – Leipzig – Werdau und neuerdings auf den Raum Dresden – Bad Schandau erweitert worden ist. Ursprünglich war vorgesehen, 4 000 km des Hauptnetzes der DR zu elektrifizieren. Von diesem Plan ist 1966 wieder Abstand genommen worden, so daß es praktisch nur einen elektrischen Inselbetrieb in der DDR gibt, der häufige Wechsel der Triebfahrzeuge bedingt. Die großen Vorzüge der elektrischen Traktion bei langen durchgehenden Strecken können deshalb in der DDR nicht voll genutzt werden. Dennoch sind im Vergleich zur früheren Dampftraktion auf diesen Strecken beträchtliche Leistungssteigerungen zu verzeichnen. Während die Reelektrifizierung allgemein nach dem früheren und auch bei der Deutschen Bundesbahn gebräuchlichen Stromsystem ($16^2/_3$ Hz, 15 kV) erfolgte, wurde für die Abfuhr der im Oberharz geförderten Erze sowie der Kalkvorkommen im Gebiet von Rübeland die eingleisige Steilstrecke Blankenburg – Rübeland – Königs-

hütte mit 50 Hz. 50 kV elektrifiziert. Diese Strecke hat zugleich die Aufgabe, Erfahrungen für den Betrieb mit 50 Hz-Wechselstrom-Lokomotiven zu liefern, die von der DDR-Lokindustrie (LEW-Henningsdorf) für die UdSSR gebaut werden.

Für die E-Traktion hat die DR zusammen mit dem VEB-LEW Henningsdorf Lokomotiven entwickelt (E 211, E 242, E 250, E 251). Daneben sind noch E-Lokomotiven aus der Vorkriegszeit im Einsatz.

Etwa 1978 wird auf etwa 10 v. H. des Streckennetzes elektrisch und auf 90 v. H. mit Diesel-Triebfahrzeugen gefahren werden. Von den gesamten Transportleistungen beträgt im Endstadium der E-Lokanteil 25 v. H. und der Diesellokanteil 75 v. H.

Der Park der Reisezug- und Güterwagen ist in den letzten Jahren ebenfalls verbessert worden. Alte Reisezugwagen wurden rekonstruiert und neue Reisezugwagen beschafft. Seit 1955 sind Doppelstockwagen in Dienst gestellt, die das Platzangebot vor allem im Nahverkehr verbesserten. In Frankreich sind bis Ende 1972 über 10 000 Güterwagen für die DR beschafft worden. Seit mehreren Jahren baut die DR auch selber Güterwagen in einem eigens für diesen Zweck hergerichteten Ausbesserungswerk. Dennoch entspricht der Reisezugpark noch nicht den qualitätsmäßigen Ansprüchen, und der Güterzugpark reicht mengenmäßig für den Bedarf nicht aus.

Organisation der DR: Der Minister für → **Verkehrswesen** ist zugleich Generaldirektor der DR. Die obersten Verwaltungsorgane der DR sind im → **Ministerium für Verkehrswesen** (MfV) eingegliedert. Es handelt sich um 6 Hauptverwaltungen (HV): 1. HV Betrieb und Verkehr, 2. HV Maschinenwirtschaft, 3. HV Wagenwirtschaft, 4. HV Reichsbahn-Ausbesserungswerke, 5. HV Bahnanlagen, 6. HV Sicherungs- und Fernmeldewesen. Sie unterstehen jeweils einem Stellvertreter des Ministers. Außerdem gibt es im MfV eine „Politische Verwaltung der DR", die für die politische Ausrichtung und für die militärische Ausbildung (→ **Kampfgruppen**) der Eisenbahner zuständig ist. Der Leiter der Politischen Verwaltung ist zugleich einer der 7 Stellvertreter des Ministers. Jede Hauptverwaltung besteht aus mehreren (in der Regel 5) Abteilungen.

Der Betrieb wird von 8 Reichsbahndirektionen (Rbd) geleitet mit Sitz in Berlin, Dresden, Erfurt, Halle, Schwerin, Cottbus, Greifswald, Magdeburg. Die Gliederung der Rbd entspricht denen der Reichsbahn-Hauptverwaltungen im MfV. Dasselbe gilt auch in Bezug auf die Gliederung der Reichsbahnämter (Rba), die den Rbd unterstehen. Den Rba unterstehen Betriebsdienststellen: Bahnhöfe, Güterabfertigungen, Fahrkartenausgaben, Wagendienststellen, Signal- und Fernmeldemeistereien, Bahnmeistereien usw.

Außer den für den operativen Betrieb zuständigen 8 Rbd gibt es noch eine Reichsbahn-Baudirektion (Rbbd), der Gleisbaubetriebe in Naumburg, Berlin, Dresden und Magdeburg unterstehen. Der operative Dienst der DR wird von Dispatchern geleitet. Höchstes Organ des Dispatcherdienstes der DR ist die Chefdispatcherleitung im Ministerium für Verkehrswesen

(MfV) mit dem Chefdispatcher an der Spitze. Ihm unterstehen der Brigadehauptdispatcher, der Hauptlokdispatcher, der Hauptwagendispatcher und mehrere Hauptbezirksdispatcher. Zur Unterstützung des Chefdispatchers gibt es Gruppenleiter für Fahrdienst, Wagendienst, Lokbetriebsdienst und Hauptdispatcher für Regulierungsaufgaben. Auch auf den unteren Ebenen, denen der Rbd, Rba und im Bahnhofsbereich, gilt das Dispatchersystem, das mit Hilfe der Nachrichten-, Signal- und Fernmeldetechnik eine zentrale Lenkung und Kontrolle des gesamten Dienstes der DR ermöglicht.

Dieses straff organisierte System, das mit den Dispatchersystemen aller Eisenbahnen im RGW-Bereich gekoppelt ist, bewirkt nicht zuletzt, daß die DR trotz der Eingleisigkeit ihres Betriebes Beförderungsleistungen erbringt, die denen westlicher Eisenbahnen mit mehrgleisigen Strecken nicht nachstehen. Das Dispatchersystem hat sich besonders in Krisenzeiten gut bewährt.

Auch bei der DR ist der Volkswirtschaftsplan „oberstes Gesetz". Neben einer Fülle von Einzelplänen steht an erster Stelle der Transportbedarfsplan für verschiedene Güter. Er ist die Grundlage für die Pläne der „technisch-ökonomischen Produktion". Außerdem existieren u. a. Einsatzpläne für die Eisenbahner (Vierbrigadepläne), Pläne für Fahrzeuge und Ausrüstungen, Materialpläne, Pläne für Grundmittel und für alle Mechanismen, die eine Abwicklung des „Reproduktions-" bzw. Transportprozesses gewährleisten sollen. Ein wichtiger Plan ist der „Plan Neue Technik", der die Grundlage für Rationalisierungsvorhaben ist. Er beeinflußt auch den Fahrplan und die Pläne für die Transporttechnologie sowie die Kostenpläne, die im gesamten Planungsprozeß eine übergeordnete Rolle spielen.

Oberstes Planungsorgan der DR ist die Zentrale Abteilung Planung des MfV. In allen Reichsbahndirektionen gibt es einen eigenen Planungsapparat mit zahlreichen Mitarbeitern. Hinsichtlich der Planvergabe als auch der Überwachung des Planvollzugs verfügen alle Planungsgremien über außergewöhnliche Vollmachten. Ihre Aufgabe erstreckt sich auch auf die sogen. Planangebote für den Volkswirtschaftsplan, die Grundlage für den Jahresplan des MfV sind. Die Präsidenten der Reichsbahndirektionen haben auf besonderen Veranstaltungen ihre Pläne bzw. Planangebote vor dem Minister für Verkehrswesen zu verteidigen.

Die VO über die Pflichten und Rechte der Eisenbahner (Eisenbahnverordnung) in der Neufassung vom 28. 3. 1973 regelt ergänzend zum Gesetzbuch der Arbeit der DDR vom 23. 11. 1966 und zu den dazu erlassenen Rechtsvorschriften die Beziehungen der Angehörigen der DR zu „ihrem" Unternehmen. Für hervorragende Leistungen und vorbildliche Einsatzbereitschaft werden der Titel „Verdienter Eisenbahner der DDR" sowie die „Verdienstmedaille der Deutschen Reichsbahn" verliehen. Außerdem gibt es die „Medaille für treue Dienste bei der DR".

Mit Wirkung vom 1. 1. 1974 wurden neue Bestimmungen für die Gewährung von Alters-, Invaliden-, Hinterbliebenen- und Unfallversorgung der Eisenbahner eingeführt. U. a. werden bei Abschluß einer freiwilligen Zusatzrentenversicherung neben den – allerdings bescheidenen Versorgungsrenten der DR – Zusatzalters- und Zusatzinvalidenrenten, sowie Zusatzhinterbliebenenrenten gezahlt.

In der DR gibt es 5 Dienstgruppen: Assistenten, Inspektoren bzw. Amtmänner, Räte und Direktoren. Sie entsprechen dem unteren, mittleren, gehobenen und oberen Dienst bei der Deutschen Bundesbahn.

Bei Verletzung der Arbeitspflichten sind wahlweise folgende Disziplinarmaßnahmen vorgesehen: Verweis, strenger Verweis, Herabsetzung im Dienstrang, fristlose Entlassung.

Sowjetische Arbeitsmethoden werden bei der DR stark propagiert. Sie sind einerseits als Grundlage von „persönlich schöpferischen Plänen zur Steigerung der Arbeitsproduktivität" gedacht, andererseits sollen sie „Produktivitätsreserven" aufdecken.

Die Schienenverbindungen mit anderen Ländern Europas bieten der DR viele Möglichkeiten zur Zusammenarbeit mit anderen Eisenbahnverwaltungen. Ein Stellv. des Ministers für Verkehrswesen ist in der ständigen Kommission für Transport des RGW als Stellv. des Leiters der DDR-Delegation tätig. Im RGW-Bereich gibt es die „Organisation für die Zusammenarbeit der Eisenbahnen (OSShd)", Sitz Warschau, in der die DR seit 1957 Mitglied ist und in der seit 1963 ihre Mitarbeiter verantwortliche Funktionen bekleiden. Die DR hat hier wesentlichen Anteil an dem Abkommen der RGW-Länder für den Internationalen Personen-, Gepäck- und Expreßgutverkehr (SMPS) und den Eisenbahngüterverkehr (SMGS).

Seit 1966 existiert im Rahmen der OSShd ein gemeinsames Konstruktionsbüro für eine einheitliche Mittelpufferkupplung, in dem die DR führend mitwirkt.

1954 wurde die DR in den Internationalen Eisenbahnverband (UIC), Sitz Paris, aufgenommen, und seit 1960 ist sie auch im Forschungs- und Versuchsamt (ORE) des UIC tätig. Außerdem gehört die DR folgenden internationalen Gremien an: Internationales Büro für Dokumentation (BDC), Internationales Eisenbahnfilmbüro (BFS), Internationaler Verband für den bahnärztlichen Dienst (UJMF). Ferner ist die DR Mitglied der Europäischen Reisezugfahrplankonferenz (EFK), der Europäischen Wagenbeistellungskonferenz (EWK), der Europäischen Güterzugfahrplankonferenz (LIM), des Internationalen Personen- und Gepäckwagenverbandes (RIC) und des Internationalen Güterwagenverbandes (RIV).

1964 haben die → **RGW**-Länder einen gemeinsamen Güterwagenpark (OPW) geschaffen mit einem eigenen Betriebsbüro in Prag. Auch hier übt die DR einen großen Einfluß aus. Der OPW-Wagenpool ist ein Mittel, die Verkehrsintegration der Länder des Ostblocks zu verbessern. Er umfaßt derzeitig 240000 Güterwagen. Alle Wagen bleiben Eigentum der Eisenbahnverwaltung, die sie bereitgestellt hat. Die Wagen können in allen Ländern freizügig verkehren, solange ihre Gesamtzahl die eingebrachten Wagen nicht übersteigt. Etwa 70 v. H. der Transporte zwischen OPW-Mitgliedsländern werden mit OPW-Wagen abgewickelt.

Deutsche Seereederei: → **Direktion Seeverkehr und Hafenwirtschaft; Verkehrswesen.**

Deutsche Versicherungsanstalt: → **Staatliche Versicherung der DDR.**

Deutsche Volkspolizei (DVP): Im Selbstverständnis der DDR Organ der sozialistischen Staatsmacht, das nicht nur der Wahrung des gegenwärtigen Bestandes von Rechtsgütern (Gefahrenabwehr), sondern auch – abweichend vom westlichen Polizeibegriff – positiv der Verwirklichung angestrebter Gesellschaftsverhältnisse dient. Die Tätigkeit der DVP soll wie die jedes anderen Staatsorgans einen entwicklungsfördernden Charakter haben.

Der Begriff DVP bezeichnete vom 1. 6. 1945 bis zum 18. 1. 1956 (Gesetz über die Schaffung der → **Nationalen Volksarmee** und des → **Ministeriums für Nationale Verteidigung**) alle waffentragenden Verbände der SBZ/DDR. Solche Verbände innerhalb der DVP, die eher militärische als polizeiliche Aufgaben erfüllten, waren die → **Kasernierte Volkspolizei**, die → **Bereitschaftspolizei** und die → **Deutsche Grenzpolizei.**

Die DVP war zunächst den Landes- und Provinzialverwaltungen, ab 1948 der Deutschen Verwaltung des Innern unterstellt und somit zonal zentralisiert. Seit der Gründung der DDR untersteht die DVP dem Ministerium des Innern, dessen Minister gleichzeitig Chef der DVP ist. Die DVP wird zentral von der Hauptverwaltung DVP geleitet, deren Chef Stellvertreter des Ministers des Innern ist.

In der HVDVP laufen auch die Dienstzweige der DVP zusammen. Ihre wichtigsten sind: Schutzpolizei, Verkehrspolizei, Kriminalpolizei, → **Transportpolizei**, Paß und Meldewesen. Innerhalb der Schutzpolizei besteht als besonderer Dienstzweig der Betriebsschutz A (= aktive Volkspolizisten). Dienststellen der DVP in den Bezirken, Kreisen, Städten und Stadtbezirken sind: Bezirksbehörden der DVP (BDVP), VP-Kreisämter (VPKA), VP-Reviere. Der BDVP entspricht in Berlin das Polizeipräsidium mit je einer VP-Inspektion in den 8 Stadtbezirken. In Gemeinden, Stadtbezirken und Streckenabschnitten der Reichsbahn werden polizeiliche Aufgaben verantwortlich durch den → **Abschnittsbevollmächtigten** (ABV) wahrgenommen. Den im Range eines Unterleutnants oder Leutnants der Schutzpolizei stehenden ABV wird im besonderen Maße die Aufgabe zugeschrieben, die Verbindung der DVP mit der Bevölkerung zu festigen. Unterstützt von gegenwärtig ca. 126 000 Freiwilligen Helfern der DVP überwachen die ABV u. a. die Einhaltung der Meldevorschriften durch Kontrolle der Hausbücher.

Im Rahmen ihrer Zuständigkeit obliegt der DVP insbesondere: Straftaten, Verfehlungen und Ordnungswidrigkeiten vorzubeugen, alle Straftaten aufzudecken, zu untersuchen und aufzuklären, Verfehlungen und Ordnungswidrigkeiten zu ahnden sowie die Ursachen und Bedingungen der Straftaten, Verfehlungen und Ordnungswidrigkeiten aufdecken und beseitigen zu helfen; die Einhaltung der Ausweis-, Paß- und Meldebestimmungen zu gewährleisten; wichtige Betriebe, Anla-

gen und Objekte zu sichern; die ihr im Rahmen der Landesverteidigung übertragenen Aufgaben zu erfüllen. Zu den in den militärischen Bereich übergreifenden Aufgaben der DVP gehört die Ausbildung der → **Kampfgruppen** durch Instrukteure der Schutzpolizei.

Nachdem man in der DDR anfangs von einer teilweisen Fortgeltung des preußischen Polizeiverwaltungsgesetzes und der anderen Landespolizeigesetze ausging, vollzog sich die Tätigkeit der DVP jahrelang faktisch ohne Rechtsgrundlage, bis diese Materie schließlich durch das „Gesetz über die Aufgaben und Befugnisse der DVP" vom 11. 6. 1968 geregelt wurde.

Seit dem 1. 12. 1962 besteht die „Hochschule der Deutschen Volkspolizei" in Berlin, die seit 1965 über das Promotionsrecht verfügt. Uniform der DVP: hellgraugrün. Ca. 73 000 Mann, zusätzlich ca. 8 000 Mann Transportpolizei und ca. 15 000 Mann Betriebsschutz A. In jedem Jahr wird der 1. Juli als „Tag der Volkspolizei" begangen.

Deutsche Wirtschaftskommission (DWK): Zentrale deutsche Verwaltungsinstanz in der SBZ. Sie wurde auf Befehl Nr. 138 der Sowjetischen Militäradministration in Deutschland (→ **SMAD**) am 14. 6. 1947 in Berlin gegründet und bestand bis zur Bildung der DDR am 7. 10. 1949.

Die DWK setzte sich aus den Präsidenten der Deutschen Zentralverwaltungen für Industrie, Verkehr, Handel und Versorgung, Land- und Forstwirtschaft, Brennstoff und Energie sowie den 1. Vors. des FDGB und der Vereinigung der gegenseitigen Bauernhilfe (VdgB) zusammen. Einen Vorsitzenden hatte die DWK zunächst nicht. In der Anfangsphase bestanden ihre Aufgaben hauptsächlich darin,

a) die Arbeiten der angeschlossenen Zentralverwaltungen zu koordinieren,

b) die SMAD zu beraten und

c) die Reparationsleistungen an die Sowjetunion sicherzustellen.

Durch Befehl Nr. 32 der SMAD vom 12. 2. 1948 wurden die Zuständigkeiten der DWK um die Vollmacht zum Erlaß von Verordnungen und Anordnungen erweitert, „um die deutschen demokratischen Organe zu einer aktiven Teilnahme am Wiederaufbau und an der Entwicklung der Friedenswirtschaft in der sowjetischen Besatzungszone heranzuziehen". Während nunmehr die Entscheidungen der Plenarsitzungen und des Sekretariats der DWK als Verordnungen innerhalb der SBZ galten, wurden die Anweisungen des neu institutionalisierten ständigen Vorsitzenden (H. Rau) und seiner zwei Stellvertreter (B. Leuschner, F. Selbmann) zu verpflichtenden Anordnungen für den Apparat der DWK. Ferner erhielt die DWK, die weiterhin unter der Kontrolle der SMAD stand, eine Abteilung für die Planung und Leitung der Wirtschaft. Am 9. 3. 1948 wurden die Zentralverwaltungen in Hauptverwaltungen (HV) umbenannt und ihre Zahl von 12 auf 17 erhöht. Auf Befehl Nr. 183 der SMAD vom 27. 11. 1948 wurde die Mitgliederzahl der DWK von 38 auf 101 Mitglieder erweitert. Hinzu kamen 48 „Vertreter der Bevölkerung", ferner 15 Vertreter der Parteien und 10 Vertreter der Massenorganisationen. Aufgrund der übertragenen Vollmachten hatte das Sekretariat der DWK allmählich die Funktionen einer ersten Regierung der SBZ übernommen. Mit der Proklamation der SBZ zur Deutschen Demokratischen Republik vom 7. 10. 1949 ging die DWK in der „Provisorischen Regierung" der DDR auf.

Zur Durchführung ihrer Aufgaben war der DWK die Mehrzahl der bereits zur Durchführung von Befehl Nr. 17 der SMAD vom 27. 7. 1945 gegründeten Deutschen Zentralverwaltungen unterstellt. Am 10. 4. 1945 hatten sich Zentralverwaltungen auf folgenden Arbeitsgebieten konstituiert: Industrie, Landwirtschaft, Brennstoffindustrie, Handel und Versorgung, Nachrichtenwesen, Verkehrswesen, Finanzen, Arbeit- u. Sozialfürsorge, Gesundheitswesen; später folgte die Gründung von Zentralverwaltungen auch für Inneres, Umsiedler und für Interzonen- u. Außenhandel. Unabhängig von der DWK blieben die Zentralverwaltungen für Volksbildung, Justiz und Inneres. Die Deutschen Zentralverwaltungen arbeiteten unabhängig voneinander. Ohne Kompetenz zum Erlaß von Gesetzen und Verordnungen lag das Schwergewicht ihrer Arbeit auf der Koordination der Verwaltungsmaßnahmen der Länder der SBZ und der zentralen Einrichtungen.

Deutscher Bauernkongreß: → **Bauernkongreß der DDR.**

Deutscher Bibliotheksverband: → **Bibliotheken.**

Deutscher Buch-Export und -Import: → **Buchexport.**

Deutscher Friedensrat: → **Friedensrat der DDR.**

Deutscher Jugendring: → **FDJ.**

Deutscher Kulturbund: → **Kulturbund der DDR.**

Deutscher Schriftstellerverband: → **Schriftstellerverband der DDR.**

Deutscher Städte- und Gemeindetag: → **Städte- und Gemeindetag der DDR.**

Deutscher Turn- und Sportbund (DTSB): Gegründet am 27./28. 4. 1957 als Nachfolger des Deutschen Sport-Ausschusses. Zum DTSB gehören 36 Mitgliedsverbände mit zusammen 2 543 016 Mitgliedern (Stand: 1. 5. 1975). Die zahlenmäßig weitaus stärksten Mitgliedsverbände sind der Deutsche Fußball-Verband der DDR (ca. 490 000), der Deutsche Turn-Verband der DDR (ca. 345 000) und der Deutsche Angler-Verband der DDR (ca. 343 000). Dem Statistischen Jahrbuch der DDR 1973 zufolge waren am 31. 12. 1972 von damals insgesamt 2 336 050 Mitgliedern 1 759 302 männlichen und 576 748 weiblichen Geschlechts. (Mitgliederaufteilung nach Altersgruppen am 30. 4. 1974: 666 264 unter 14 Jahren, 403 090 14 bis unter 18 Jahren, 1 404 421 18 Jahre und älter.)

Der DTSB gliedert sich in a) Bezirks- (15), Kreis- (214) und Grundorganisationen, b) die vier Sportvereinigungen „Vorwärts", „Dynamo", „Lokomotive" und „Wismut" (→ **Sport**) und c) 34 ordentliche und zwei ange-

schlossene Verbände. Diese Gliederungen umfassen insgesamt ca. 7 600 Sportgemeinschaften mit 34 000 Sektionen, in denen ca. 300 000 ehrenamtliche Funktionäre tätig sind (Stand: 25. 5. 1974).

Nach dem auch im DTSB gültigen Prinzip des → **demokratischen Zentralismus** werden alle Organe gewählt und unterliegen den Weisungen der übergeordneten Leitungen. Das Leitungssystem beruht auf der Mehrfachkontrolle der untergeordneten Instanz durch die übergeordneten Stellen a) der Fachorganisation, b) der Regionalorganisation und c) der zuständigen staatlichen Organe. In Leitungen dürfen nur „Bürger der DDR tätig sein, die für die Stärkung und Festigung der → **Arbeiter-und-Bauern-Macht** wirken und am sozialistischen Aufbau teilnehmen". Dementsprechend sind fast alle wichtigen Funktionsstellen bis hinunter in die Grundorganisationen mit SED-Mitgliedern besetzt. Wie sein Vorgänger Rudi Reichert gehört auch der seit Mai 1961 amtierende DTSB-Präsident Manfred Ewald zum → **ZK der SED.**

Das von Ewald geleitete zentrale DTSB-Führungsgremium besteht aus einem Sekretariat (7 Mitglieder), dem Präsidium (26 Mitglieder) und dem Bundesvorstand (150 Mitglieder). Zum Sekretariat zählen außer dem Vorsitzenden Ewald Vizepräsidenten für Organisation (Werner Berg), Leistungssport (Bernhard Orzechowski), Volkssport (Professor Dr. Horst Röder), Agitation und Propaganda (Johannes Rech), Internationale Arbeit (Günther Heinze) und Kaderwesen (Franz Rydz). Das Sekretariat bildet den Führungskern des Präsidiums, das im Turnus von vier Jahren beim Turn- und Sporttag des DTSB von dem jeweils dort gewählten Bundesvorstand bestimmt wird. Zentrale Funktionärs-Ausbildungsstätte ist die DTSB-Schule „Artur Becker" in Bad Blankenburg. Bezirkssportschulen des DTSB befinden sich in Bad Blankenburg, Frankfurt/Oder, Güstrow, Greiz, Berlin (Ost), Osterburg, Prenzlau und Weißenfels.

Deutscher Volkskongreß: Auf dem DV. am 6./7. 12. 1947, der aus gewählten Delegierten vor allem aus der SBZ, aber auch den Westzonen bestand, wurde die „Volkskongreßbewegung für Einheit und gerechten Frieden" unter Führung der → **SED** gegründet. Die ursprüngliche Zielsetzung, eine Stellungnahme zur Londoner Konferenz der Außenminister abzugeben, wurde erweitert in die Forderung nach „Einheit und gerechtem Frieden" im Sinne der von der Sowjetunion formulierten Deutschlandpolitik. Die Bewegung wurde seitens der SED als Instrument der → **Bündnispolitik** genutzt. Im März 1948 wählte der 2. DV., nachdem die Bewegung in den Westzonen verboten worden war, den Deutschen Volksrat (400 Mitglieder). Der Volksrat wurde von einem Präsidium geleitet, in dem die in der SBZ zugelassenen Parteien durch ihre Vorsitzenden vertreten waren. Bis zum 3. DV. im Mai 1949, dessen Delegierte wiederum gewählt wurden, tagte der Volksrat u. a. zur Vorbereitung einer Verfassung, deren Entwurf am 30. 5. 1949 vom DV. angenommen wurde. Die Bewegung konstituierte sich im Oktober 1949 als → **Nationa-**

le Front des demokratischen Deutschland; der Deutsche Volksrat als Provisorische → **Volkskammer** der DDR.

Deutscher Volksrat: Den 1. DV. wählte der 2. → **Deutsche Volkskongreß** am 18. 3. 1948. – Den 2. DV. wählte der 3. Deutsche Volkskongreß am 30. 5. 1949. Der 2. DV. konstituierte sich am 7. 10. 1949 als provis. →**Volkskammer**.

Deutsches Amt für Meßwesen und Warenprüfung: → **ASMW; Standardisierung.**

Deutsches Armeemuseum: Von 1957 bis 1960 war dem → **Museum für Deutsche Geschichte** die Sammlung „Waffen und Uniformen in der Geschichte" angegliedert, die viele gerettete Bestände des alten Berliner „Zeughauses" umfaßte. Sie bildet, mit anderen historischen Waffenbeständen und kriegsgeschichtlichen Sammlungen vereinigt, seit 1. 3. 1961 das DA., untergebracht im Marmorpalais bei Potsdam. Es untersteht dem → **Ministerium für Nationale Verteidigung**. Seit Juli 1965 hat es eine Zweigstelle auf der Festung Königstein im Elbsandsteingebirge.

Deutsches Institut für Berufsbildung: → **Pädagogische Wissenschaft und Forschung; Einheitliches sozialistisches Bildungssystem,** XI.

Deutsches Institut für Zeitgeschichte (DIZ): Am 1. 3. 1946 gegründet als Zentralstelle für Zeitgeschichte. Im Juli 1947 mit dem Institut für Zeitungskunde vereinigt zum Institut für Zeitgeschichte, im Oktober 1949 umbenannt in DIZ. Zunächst Zentrum politischer Dokumentation, entwickelte das DIZ ab Mitte der 50er Jahre auch Forschungstätigkeit. Seit 1951 von Prof. Karl Bittel geleitet; im Oktober 1957 wurde Prof. Walter Bartel und im Mai 1962 Prof. Stefan Doernberg Direktor des DIZ.

1963 entwickelte sich das DIZ zu einem Forschungsinstitut für deutsche und internationale Politik, drei Forschungsabteilungen wurden aufgebaut: DDR, westdeutsche Fragen und internationale Fragen. Neben Monographien publizierte das DIZ die „Dokumentation der Zeit" (halbmonatlich) und 1958–1962 die Vierteljahresschrift „Unsere Zeit".

1968 erhielt das DIZ die Aufgabe, „als Leitinstitut im Rahmen der Imperialismusforschung und als Informationszentrum für die politisch-ideologische Auseinandersetzung mit dem Imperialismus zu wirken" (Dok. d. Zeit 8/1971, S. 6). Im Juli 1971 (nach Auflösung des → **Staatssekretariats für westdeutsche Fragen**) wurde

das DIZ mit dem Deutschen Wirtschaftsinstitut (DWI) zum→ **Institut für internationale Politik und Wirtschaft** vereinigt.

Deutsches Pädagogisches Zentralinstitut (DPZI): → **Pädagogische Wissenschaft und Forschung; Einheitliches sozialistisches Bildungssystem,** XI.

Deutsches Rotes Kreuz (DRK): Das DRK, (nach Auflösung 1946) im Oktober 1952 wiedergegründet, ist seit 1954 Mitglied der internationalen Liga der Rotkreuz-Gesellschaften. Es untersteht dem → **Ministerium des Innern**, nicht dem Ministerium für Gesundheitswesen. Jede Sanitätseinheit wählt zwar ihren (ehrenamtlichen) Vorsitzenden, er bedarf aber der Bestätigung durch die leitenden Organe. Diese – Zentralausschuß als Spitze (Sitz: Dresden), Bezirks- und Kreiskomitees in jeder entsprechenden Verwaltungseinheit – bestehen aus Funktionären, deren Bestellung durch Wahl von der Zustimmung der SED abhängt. Ihnen unterstehen das Zentralbüro und die Bezirks- und Kreisbüros als ausführende Organe. Insgesamt bestehen 12 370 Grundorganisationen.

Das DRK ist Träger des Zivilen Bevölkerungsschutzes. Die Mitglieder sind verpflichtet, sich der Ausbildung zum „Gesundheitshelfer" zu unterziehen. Die Zahl der Lehrgangsteilnehmer (1972) an der Grundausbildung betrug 44 800, an der Ausbildung „Junge Sanitäter" 24 500, an der Breitenausbildung „Erste Hilfe" 241 300. Die Finanzierung geschieht fast vollständig aus dem Staatshaushalt.

Das DRK erfüllt darüber hinaus auch rein zivile Aufgaben, in erster Linie im Sanitätsdienst bei Großveranstaltungen von Politik und Sport und im Hilfsdienst bei Maßnahmen des Gesundheitsschutzes (Impfaktionen u. ä.). Es unterhält einen Bahnhofsdienst und richtet Hauspflege ein. Ihm ist der gesamte Krankentransport (mit geringfügigen Ausnahmen) übertragen, desgleichen der Wasser-, Berg- und Grubenrettungsdienst. Mitglieder Anfang 1974: 534 000 über 14 Jahre (davon ausgebildet 464 000) und 74 000 „Junge Sanitäter" sowie 585 000 „Freunde". Unter den Mitgliedern gibt es 10 321 → **Ärzte** und 59 000 examinierte Mittlere medizinische Fachkräfte. – Präsident ist 1974 Prof. Dr. med Werner Ludwig (SED). → **Gesundheitswesen.**

Deutschland: → **Nation und nationale Frage; Deutschlandpolitik der SED.**

Deutschlandplan des Volkes: → **Deutschlandpolitik der SED.**

Deutschlandpolitik der SED

Grundzüge – Geschichte bis 1974 – Selbstbestimmungsrecht und Deutschlandpolitik – Bedingungen der SED für die Wiedervereinigung – Deutschlandpolitik während Großer und Kleiner Koalition – Deutschlandpolitik und Grundlagenvertrag – Deutschlandpolitik und Verfassungsrecht

I. Grundzüge
Die Geschichte der Teilung Deutschlands und der Wandel der deutschlandpolitischen Vorstellungen der KPD/SED seit dem Ende des II. Weltkrieges sind aufs engste verknüpft mit jenem internationalen Konflikt, der seit 1947 als „Kalter Krieg" bezeichnet worden ist. Der Zerfall der Staatenkoalition, die sich während des Krieges gegen das Deutschland Hitlers vereinigt hatte, die Entstehung zweier Blöcke, zwei-

er politischer, wirtschaftlicher und militärischer Allianzsysteme, schließlich das Bemühen, die zwischen Ost und West bestehenden friedensgefährdenden Spannungen abzubauen und die zwei Jahrzehnte andauernde Konfrontation durch neue Formen der Kooperation (→ **friedliche Koexistenz**) zu ersetzen – dieser weltpolitische Entwicklungsgang setzte die Rahmenbedingungen für die D. der SED.

Die Frage, ob und inwieweit die SED überhaupt imstande war, ihren politischen Kurs autonom zu bestimmen und in welchem Ausmaß sie auf die Deutschland- und Europapolitik der Sowjetunion einzuwirken vermochte, läßt sich nicht eindeutig beantworten. Wenn die SED in einer frühen Phase ihrer Geschichte – 1946, kurz vor den ersten Wahlen in der Sowjetzone – hinsichtlich der künftigen Grenzziehung an Oder und Neiße eine von der sowjetischen Position abweichende Haltung einnahm und sich gegen die Abtrennung der Ostgebiete wandte, so war dies eine kurzfristige Episode. Ende der 40er und im Laufe der 50er Jahre hielt sich die SED strikt, bis in Nuancen, an die von der Sowjetunion vertretene Linie. In den 60er Jahren mehrten sich Anzeichen dafür, daß das politisch-ökonomische Gewicht der DDR groß genug geworden war, um ihr im Verhältnis zur Sowjetunion und zu anderen Partnern ein Mitspracherecht zu sichern. Die DDR achtete jedoch stets sorgsam darauf, daß ihre D. bis in Einzelheiten mit der der Sowjetunion abgestimmt war. Ihre Sprecher betonten stets die Führungsrolle der KPdSU innerhalb der kommunistischen Weltbewegung.

Als Mitglied des → **RGW** seit 1950 und als einer der an der Gründung des → **Warschauer Paktes** 1955 beteiligten Staaten betrachtet die DDR ihre Zugehörigkeit zum östlichen Bündnissystem als eine fundamentale Bedingung ihrer politischen Existenz. Ihre enge Bindung an die Sowjetunion ist völkerrechtlich durch die Verträge vom 20. 9. 1955 und 12. 6. 1964 bekräftigt worden; ihre Beziehungen zu den übrigen Staaten der Allianz gründen sich auf bilaterale Bündnis- und Beistandsverträge, die in den Jahren 1967/68 abgeschlossen wurden. Im Artikel 6 Abs. 2 ihrer neuen Verfassung vom April 1968 hat die DDR die „allseitige Zusammenarbeit und Freundschaft mit der Union der Sozialistischen Sowjetrepubliken und den anderen sozialistischen Staaten" zum Verfassungsgrundsatz erhoben. Nach der Verfassungsänderung vom 7. 10. 1954 lautet der entsprechende Artikel 6 Abs. 2 Satz 1: „Die Deutsche Demokratische Republik ist für immer und unwiderruflich mit der Union der Sozialistischen Sowjetrepubliken verbündet." Diese Vertrags- und Verfassungsnormen spiegeln die Bereitschaft der DDR-Führung, in ihrer D. stets die Blocksolidarität zu wahren. Dies allerdings stellt keinen Verzicht auf die Vertretung spezifischer eigener Interessen der DDR bei der Festlegung des generellen außenpoliti-

schen Kurses der Allianz dar; spätestens seit Mitte der 60er Jahre haben die Bündnispartner der DDR ihrerseits dieser besonderen Interessenlage Rechnung zu tragen versucht.

Die D. der KPD/SED läßt verschiedene Phasen erkennen.

1941–1945: Während des Krieges bereitete sich die Führung der KPD in Moskau in doppelter Weise auf die Rückkehr nach Deutschland vor. Einerseits bemühte sie sich um ein Bündnis mit antifaschistischen, bürgerlich-konservativen Kräften unter kriegsgefangenen Offizieren und Soldaten, die sie für die Gründung des → **Nationalkomitees Freies Deutschland** und des → **Bundes Deutscher Offiziere** zu gewinnen wünschte. Dabei bekundeten die Repräsentanten der KPD allgemeine demokratisch-republikanische Zielvorstellungen. Zu dieser Zeit vermieden sie es, von der Notwendigkeit tiefgreifender gesellschaftlicher Strukturreformen zu sprechen. Andererseits setzte die KPD-Führung im Februar 1944 eine 20köpfige Arbeitskommission ein, die während der folgenden Monate eine Reihe von Entwürfen zu wirtschaftlichen, sozialen und kulturellen Fragen vorbereitete. Im Oktober 1944 wurde ein „Aktionsprogramm des Blocks der kämpferischen Demokratie" im Entwurf fertiggestellt. Anfang April 1945 verabschiedete das Politbüro der KPD Richtlinien für die Tätigkeit der im Gefolge der Sowjetarmee nach Deutschland zurückkehrenden Initiativgruppen, deren wichtigste die → **Gruppe Ulbricht** in Berlin war.

Während des Krieges hatte die D. der KPD Rücksicht auf die zwischen der Sowjetunion und den Westmächten getroffenen Vereinbarungen zu nehmen. Die von den „Großen Drei" in den Konferenzen von Teheran (28. 11.–1. 12. 1943), Jalta (4.–11. 2. 1945) und Potsdam (17. 7.–2. 8. 1945) erörterten Pläne für eine gemeinsame Nachkriegspolitik gegenüber Deutschland erwiesen sich jedoch nicht als tragfähige Basis, da die Großmächte die vor allem im → **Potsdamer Abkommen** umrissenen gesellschaftspolitischen Zielsetzungen auf unterschiedliche Weise auslegten.

1945–1947: Solange die Kriegsalliierten noch bemüht blieben, trotz wachsender Spannungen zwischen Ost und West ihre Zusammenarbeit im Alliierten Kontrollrat und auf den Außenministerkonferenzen fortzusetzen, verfolgte die KPD – ebenso wie nach ihrer Gründung 1946 die SED – einen gesellschaftspolitisch behutsamen Kurs, für den die Feststellung im KPD-Aufruf vom 11. 6. 1945, es wäre falsch, „Deutschland das Sowjetsystem aufzuzwingen", und die 1946/47 propagierte These vom „eigenen deutschen Weg zum Sozialismus" das Leitmotiv bildeten.

In dieser Phase unterstützten die deutschen Kommunisten das Verlangen der Sowjetunion nach Reparationen – auch aus der laufenden Produktion neuer Güter – im Wert von 10 Mrd. Dollar sowie nach einer Vier-Mächte-Kontrolle der Ruhrindustrie.

1948–1952: Nach dem Scheitern der Außenministerkonferenzen von Moskau (10. 3.–24. 4. 1947) und London (25. 11.–15. 12. 1947) begann im Frühjahr 1948 eine neue Phase der D., die SED begann, sich auf eine fortdauernde Teilung Deutschlands einzustellen. Ihr Wandel zur „Partei neuen Typus" signalisierte einen neuen gesellschaftspolitischen Kurs: Das sowjetische Vorbild galt in allen Bereichen bis in Details hinein als nachahmenswert. Die Spaltung → **Berlins** während der Blockade ging der Konstituierung der DDR am 7. 10. 1949 voraus. In den der Staatengründung folgenden beiden Jahren stagnierte der politisch-diplomatische Disput der Großmächte über Deutschland. Die SED versuchte mit harten repressiven Mitteln die Umformung der DDR-Gesellschaft zu einer volksdemokratischen Ordnung voranzutreiben, eine Politik, die sie auf der II. Parteikonferenz im Juli 1952 als beginnenden „Aufbau des Sozialismus" charakterisierte.

1952–1955: Vier Monate vor dieser II. Parteikonferenz der SED hatte die Sowjetunion jedoch, offensichtlich beunruhigt über die seit dem Ausbruch des Korea-Krieges im Sommer 1950 auf westlicher Seite mit Nachdruck betriebene Wiederbewaffnung der Bundesrepublik innerhalb der westeuropäischen oder atlantischen Allianz, eine neue diplomatische Initiative eingeleitet, die auf Ausklammerung eines gesamtdeutschen Staates aus dem östlichen und westlichen Bündnissystem gerichtet war und ihn auf einen neutralen Status verpflichten wollte. Mit der Parole „Deutsche an einen Tisch" warb die SED – wie schon in den frühen 50er Jahren – um die Anerkennung der DDR als gleichrangigen Gesprächs- und Verhandlungspartner des westlichen Deutschland.

1955–1957: Nach dem Beitritt der Bundesrepublik Deutschland zur Atlantischen Allianz, der im Mai 1955 völkerrechtlich wirksam wurde, änderte sich die D. der SED ebenso wie die der Sowjetunion in mehreren wichtigen Punkten: Die These von der Existenz zweier deutscher Staaten, die man nicht mehr auf „mechanische Weise", also durch freie gesamtdeutsche Wahlen vereinigen könne, wurde mit der Forderung nach einer Garantie der **sozialistischen** → **Errungenschaften** der DDR im Falle einer Wiedervereinigung verbunden. Die SED leitete daraus ihren Vorschlag für die Bildung einer deutschen → **Konföderation** ab, der zum ersten Mal gegen Ende des Jahres 1956 kurz erwähnt und in der Folgezeit mehrfach präzisiert, kommentiert und ergänzt wurde.

1958–1961: Die seit Beginn des Jahres 1958 von der SED erhobene Forderung nach Abschluß eines → **Friedensvertrages** mit zwei deutschen Staaten deutete auf Absichten hin, das Deutschlandproblem erneut auf internationaler Ebene zu erörtern, um einerseits die Anerkennung der DDR, andererseits bestimmte Rüstungsbegrenzungen für die Bundesrepublik – vor allem deren verbindlichen Verzicht auf Verfügungsmacht über Kernwaffen – zu erreichen. Als der Westen keine Bereitschaft zeigte, auf den von der Sowjetunion und der DDR eingeleiteten Friedensvertragsvorstoß positiv zu reagieren, entschloß sich die sowjetische Führung im November 1958, auf die vorgeschobene Position des Westens in Berlin Druck auszuüben. Die folgenden Jahre standen im Zeichen der zweiten schweren Berlin-Krise, die ihren Höhepunkt in der Errichtung der → **Mauer** im August 1961 fand.

1962–1966: Nach der Absperrung West-Berlins konzentrierte die SED ihre Anstrengungen auf die innere Konsolidierung ihres Herrschaftssystems und auf eine Steigerung der wirtschaftlichen Effizienz (→ **Neues Ökonomisches System**). Im Anschluß an die sowjetisch-amerikanische Machtprobe während der Kuba-Krise sprach W. Ulbricht im Dezember 1962 von der Möglichkeit eines nationalen Kompromisses zwischen der DDR und der Bundesrepublik Deutschland. Die → **Passierscheinabkommen** der Jahre 1963–1966 galten als Ausdruck einer „Politik der kleinen Schritte", zu der die DDR – wenn auch widerstrebend – offenbar unter dem Eindruck internationaler Entspannungstendenzen nach dem Abschluß des Test-Stopp-Vertrages im Sommer 1963 – einen Beitrag leistete, obwohl ihr die erhoffte völkerrechtliche Anerkennung durch westliche Staaten, vor allen durch die Bundesrepublik Deutschland, weiterhin versagt blieb.

1967–1969: Gegenüber der Ende 1966 gebildeten Regierung der Großen Koalition in Bonn bezog die SED eine verhärtete Position, zumal ihr bei der Vorbereitung des zunächst mit der SPD vereinbarten, dann jedoch von der SED abgesagten Redneraustausches im Frühjahr und Sommer 1966 bewußt geworden war, daß eine Intensivierung der Kontakte innenpolitische Wirkungen zeitigte, die der Parteiführung bedrohlich und ein Sicherheitsrisiko zu enthalten schienen (Sozialdemokratismus). In dieser Phase fand sich die Bundesregierung zum ersten Mal bereit, direkte offizielle Kontakte zu Regierungsinstitutionen der DDR anzubahnen, ohne allerdings bereits vertragliche Absprachen treffen zu wollen. Die Entwicklung *seit Herbst 1969* wurde schließlich von der Absicht der sozialliberalen Regierung bestimmt, auf vertraglicher Basis ein geregeltes Nebeneinander zweier Staaten in Deutschland zu erreichen, um so den Zusammenhalt der deutschen Nation trotz fortdauernder Teilung zu wahren. In Reaktion auf die „Neue Ostpolitik" der Regierung Brandt-Scheel, die aus der These vom Fortbestand einer Nation in zwei deutschen Staaten ihren Anspruch auf besondere innerdeutsche Beziehungen ableitete und einer völkerrechtlichen Anerkennung der DDR – „als Ausland" – widersprach, änderte die SED zu Beginn des Jahres 1970 ihre Haltung zur „nationalen Frage" (→ **Nation und nationale Frage**).

Hatte die DDR sich selbst in ihrer Verfassung vom April 1968 als „sozialistischen Staat deutscher Nation" bezeichnet, so wurde dieser Begriff zu Beginn des Jahres 1970 – ohne formelle Änderung der Verfassung – im politischen Sprachgebrauch der SED durch die Formel vom „sozialistischen deutschen Nationalstaat DDR" ersetzt.

Die SED berief sich auf die marxistisch-leninistische Deutung der Klassenstrukturen in beiden deutschen Staaten, und behauptete, in der DDR entwickle sich die „sozialistische Nation", die mit der in der Bundesrepublik bestehenden „bürgerlichen Nation" nichts mehr gemein habe.

Der um die Jahreswende 1969/1970 erfolgende Positionswandel der SED in der „nationalen Frage" läßt sich eindrucksvoll an dem veränderten Verhalten der DDR gegenüber den Vereinten Nationen ablesen. Als die DDR 1966 zum ersten Mal einen Aufnahmeantrag an die Weltorganisation richtete, legte sie in einem Memorandum ihres Außenministeriums an die Vereinten Nationen großen Wert auf die Feststellung, daß ein Beitritt „die friedliche Wiedervereinigung Deutschlands fördern" könnte. Beide deutsche Staaten hätten sich konsolidiert und selbständig entwickelt, jeder von ihnen habe seine eigene Verfassung, seinen eigenen Staatsapparat, seinen eigenen Wirtschaftsorganismus und seine selbständige Armee: „Diese beiden deutschen Staaten bilden ungeachtet dessen eine Nation" (Dokumente zur Außenpolitik der DDR 1966, XIV/1, S. 643). Als dagegen Außenminister O. Winzer am 1. 10. 1973 nach vollzogener Aufnahme der beiden deutschen Staaten in die Vereinten Nationen vor der Vollversammlung sprach, erklärte er, aus der Gegensätzlichkeit der gesellschaftlichen und politischen Ordnungen in der Bundesrepublik und in der DDR ergäbe sich als „zwingende Schlußfolgerung", daß zwischen ihnen „eine Vereinigung niemals möglich" sein werde.

Bis Ende der 60er Jahre war die D. der SED noch auf eine Wiedervereinigung Deutschlands gerichtet – gemeint war allerdings, wie Art. 8 der neuen DDR-Verfassung vom April 1968 besagte, eine „Vereinigung auf der Grundlage von Demokratie und Sozialismus", wobei diese beiden Begriffe im Sinne der marxistisch-leninistischen Lehre verstanden wurden. Die in jener Verfassungsnorm geforderte „schrittweise Annäherung der beiden deutschen Staaten" ist seit 1970 nicht mehr postuliert worden. Stattdessen sprach die DDR von einem objektiven Prozeß der → **Abgrenzung**, der sich zwischen ihnen vollziehe.

Rückschauend lassen sich in der D. der SED vier entscheidende Wendepunkte aufzeigen – 1948 der Kurswechsel in Richtung auf eine eigene Staatsgründung, 1955 die Proklamation der Zwei-Staaten-These in Verbindung mit der gesellschaftspolitisch relevanten Forderung nach Garantie der „Sozialistischen Errungenschaften", 1961 die endgültige Unterbrechung der bis zu diesem Zeitpunkt noch durchaus lebendigen Kommunikation der Deutschen in beiden Staaten und in beiden Teilen Berlins, 1970 die Abkehr von der Formel „zwei Staaten – eine Nation" und der Verzicht auf das grundsätzliche Ziel einer deutschen Wiedervereinigung. Diese Skizze wird in den folgenden Abschnitten genauer ausgeführt.

II. Von der Kapitulation bis zur Gründung der DDR

In der „Atlantik-Charta" (12. 8. 1941) hatten die USA und Großbritannien ihre Kriegsziele verkündet. Sie versicherten darin u. a., daß „ihre Länder keinerlei Gebiets- und sonstige Vergrößerungen erstrebten", die „nicht mit den frei zum Ausdruck gebrachten Wünschen der betreffenden Völker übereinstimmten". Auf der Sitzung des Interalliierten Rates in London vom 24. 9. 1941 hatte u. a. die UdSSR dieser Proklamation voll zugestimmt.

Ohne eine freie Willensäußerung des deutschen Volkes abzuwarten, erörterten die Alliierten auf ihren folgenden Kriegskonferenzen Pläne für eine Aufteilung Deutschlands in fünf Teile (28. 11.–1. 12. 1943 in Teheran) und einigten sich vorläufig auf eine Ausdehnung Polens von der Curzon-Linie bis zur Oder. Auf der Konferenz in Jalta (3.–11. 2. 1945) wurden, insbesondere auf Veranlassung Stalins, schließlich die „völlige Entwaffnung, Entmilitarisierung und Zerstückelung Deutschlands" beschlossen. Da es außer dieser Formulierung im Protokoll der Konferenz keinen förmlichen Beschluß über die Aufgliederung Deutschlands und die Art ihrer Durchführung gab, sollten diese Fragen von dem „Ausschuß für die deutsche Teilungsfrage" (Dismemberment Committee) in London weiterberaten werden. Die UdSSR hat sich an den Beratungen dieses Komitees weitgehend uninteressiert gezeigt. Gleichzeitig einigte man sich in Potsdam, der Moskauer Reparationskommission als „Diskussionsgrundlage" eine deutsche Wiedergutmachung von 20 Mrd. Dollar (50 v. H. an die UdSSR) zu empfehlen. Sicher haben die Frage der Reparationen und die Sorge der Sowjets, bei einer Aufteilung Deutschlands von den Industrie-Zentren des Rheinlandes abgeschnitten zu werden, entscheidend dazu beigetragen, daß Stalin seit dem Abschluß des sowjetisch-polnischen Bündnispaktes am 21. 4. 1945 alle sowjetischen Pläne einer „Zerstückelung" Deutschlands in Abrede stellte (Stalins Rundfunkansprachen vom 9. 5. 1945 aus Anlaß der Unterzeichnung der Kapitulationsurkunde in Reims/Karlshorst am 8. 5. 1945).

Das Potsdamer Protokoll legt fest, Deutschland als eine wirtschaftliche Einheit zu behandeln und, soweit „praktisch durchführbar", die „deutsche Bevölkerung in ganz Deutschland" gleich zu behandeln. Als Folge der hinsichtlich der deutschen Frage ergebnislosen alliierten Konferenzen der Jahre 1947 und 1948 begann in beiden Teilen Deutschlands eine Entwicklung, die 1949 zur Gründung der Bundesrepublik Deutschland und der DDR führte.

In der SBZ schuf die Sowjetische Militäradministration (SMAD) am 25. 7. 1946 11 deutsche Zentralverwaltungen, deren Errichtung eine einseitige Vorwegnahme der nach dem Potsdamer Abkommen für ganz Deutschland vorgesehenen Zentralverwaltungen darstellte und insofern die Abspaltung der SBZ von den anderen Besatzungszonen verstärkte. Im September und Oktober 1945 erließen die 5 Landesregierungen in der SBZ Verordnungen über die Durchführung der → **Bodenreform.** Gleichzeitig begann die → **Enteignung,** die sich zunächst nur gegen Betriebe ehemaliger Nationalsozialisten richtete.

Der im August 1946 von den Sowjets geschaffenen „Deutschen Verwaltung des Inneren" wurden bereits die Polizeien aller 5 SBZ-Länder unterstellt, wodurch eine weitgehende Zentralisierung der Verwaltung der SBZ erreicht wurde. Durch SMAD-Befehl Nr. 138 vom 27. 6. 1947 wurden die 11 Zentralverwaltungen zur → **DWK** zusammengefaßt und deren Zuständigkeit seit Februar/März 1948 erheblich ausgeweitet. Außerhalb der DWK wurden noch einige Zentralverwaltungen (für Justiz, Volksbildung, Gesundheitswesen und Inneres) eingerichtet, die formal dem ersten DWK-Präsidenten (Heinrich Rau) unterstanden. Die DWK nahm von Anfang an gewisse Funktionen einer Zentralregierung wahr. In den westlichen Zonen gab es zu dieser Zeit keine vergleichbaren zentralen deutschen Verwaltungen.

Das Scheitern der Münchener Ministerpräsidentenkonferenz (6.–7. 6. 1947) zeigte, daß die Westmächte einerseits damals nicht bereit waren, *vor* einer grundsätzlichen Einigung zwischen den Alliierten, Vertreter deutscher Verwaltungsorgane über politische Fragen der Wiedervereinigung beraten zu lassen. Andererseits bewiesen SED und Sowjets durch den von ihnen erzwungenen Auszug der 5 Vertreter der SBZ, daß sie der ersten gesamtdeutschen Beratung nach dem Krieg nur unter ihren Bedingungen zuzustimmen bereit waren.

Sowohl die Schaffung der „Bi-Zone" (2. 12. 1946) als auch die Gründung eines „deutschen Wirtschaftsrates" (29. 5. 1947) und die Zusammenlegung aller 3 westlichen Zonen zur „Tri-Zone" (Sommer 1948) hatten überwiegend wirtschaftliche Gründe, da sich die Alliierten über die Behandlung Deutschlands als wirtschaftlicher Einheit nicht zu einigen vermochten (Viermächte-Außenministerkonferenz vom 23.5. bis 20. 6. 1949 in Paris) und die Durchführung einer Währungsreform notwendig geworden war. Diese und ihre Nichtbeteiligung an der inoffiziellen Londoner Sechsmächtekonferenz

(23. 2.–3. 6. 1948) nahmen die Sowjets zum Anlaß, den Alliierten Kontrollrat zu verlassen (20. 3. 1948) und gegen → **Berlin** die Blockade (24. 6. 1948) zu verhängen. Gleichzeitig „bestätigte" der 3. → **Deutsche Volkskongreß** der SBZ am 30. 5. 1949 die 1. Verfassung der „Deutschen Demokratischen Republik".

Er wählte einen → **Deutschen Volksrat,** der sich am 7. 10. 1949 zur „provisorischen Volkskammer" erklärte. Die ersten → **Wahlen** zur 1. Volkskammer (15. 10. 1950) erfolgten nach Einheitslisten der → **Nationalen Front.** Am 10. 10. 1949 wurde die SMAD in eine Sowjetische Kontrollkommission (SKK) umgewandelt und die Regierung der DDR für → **Außenpolitik** und Außenhandel zuständig erklärt. Die Bundesregierung hat von Anfang an die Gründung der DDR als „rechtswidrig" bezeichnet, da keine freie Willensäußerung des deutschen Volkes stattgefunden habe.

Auf der New Yorker Außenministerkonferenz der drei Westmächte (18. 9. 1950) wurde dieser Standpunkt der Bundesregierung bestätigt und die Bundesregierung erstmalig offiziell für berechtigt erklärt, als einzige deutsche Regierung bis zur Wiedervereinigung für das gesamte Deutschland zu sprechen.

Die SED behauptete dagegen, die Westmächte hätten das → **Potsdamer Abkommen** gebrochen, die „Bildung der Bonner Marionettenregierung" habe den „nationalen Notstand und die Kriegsgefahr verstärkt". Sie forderte die Schaffung einer „provisorischen Regierung des demokratischen Deutschland" und den Abschluß eines Friedensvertrages mit Deutschland („Neues Deutschland" vom 5. 10. 1949).

III. Gesamtdeutsche Politik bis zur Gründung des Warschauer Paktes

Zur D. sagte Wilhelm Pieck, Präsident der DDR, am 10. 11. 1949 vor der Volkskammer: „Niemals wird die Spaltung Deutschlands . . . von der Deutschen Demokratischen Republik anerkannt werden . . . Es geht nicht darum, ob die westdeutsche Bundesregierung und die Regierung der Deutschen Demokratischen Republik sich gegenseitig anerkennen, sondern darum, gemeinsam oder nebeneinander den nationalen Interessen des deutschen Volkes zu dienen . . . wir wollen ein demokratisches, nationales und wirtschaftlich selbständiges Deutschland . . ." („Dokumente zur Außenpolitik der DDR", Bd. I, Berlin 1954, S. 15–16). In seiner ersten Regierungserklärung vom 12. 10. 1949 bezeichnete O. Grotewohl die Gründung des „Bonner Separatstaates" als „Vollendung der Spaltung Deutschlands". Gleichzeitig wurde „die Wiedervereinigung aller Teile Deutschlands zu einer einheitlichen demokratischen Republik" gefordert, deren „Rechtsgrundlage" im Potsdamer Abkommen enthalten sei. Die im Westen beginnende Diskussion um die Schaffung einer Europäischen Verteidigungsgemeinschaft unter Einschluß der Bundesrepublik Deutschland und die vorerst versteckte, später offene Aufrüstung in der DDR (bereits seit 1950 wurden paramilitärische Verbände in Form der → **Kasernierten Volkspolizei** aufgestellt) leiteten die Phase der Einbeziehung beider Teile Deutschlands in das östliche und westliche Bündnissystem ein.

Im folgenden zeigte es sich, daß die Regierungen in beiden deutschen Staaten (und die hinter ihnen stehenden Mächtegruppierungen) in der deutschen Frage auf entgegengesetzten Positionen beharrten und keine praktischen Schritte unternahmen, die zu einer Annäherung hätten führen können. Die Bundesregierung forderte stets als ersten Schritt zur Wiederherstellung der deutschen Einheit gesamtdeutsche, freie, geheime, gleiche und von den Besatzungsmächten unbeeinflußte → **Wahlen** zu einer verfassunggebenden Nationalversammlung (so in ihrer Erklärung vom 25. 3. 1950 und in der Entschließung des deutschen Bundestages vom 14. 9. 1950 zu den bevorstehenden Volkskammerwahlen am 15. 10. 1950).

Die Regierung der DDR schlug in Anlehnung an die Empfehlungen der Prager Außenministerkonferenz (20.–21. 10. 1950) vor, zunächst einen „Gesamtdeutschen Konstituierenden Rat unter paritätischer Zusammensetzung aus Vertretern Ost- und Westdeutschlands" zu bilden, der die Einsetzung einer „gesamtdeutschen souveränen demokratischen und friedliebenden provisorischen Regierung vorzubereiten, mit der Ausarbeitung eines Friedensvertrages zu beginnen und Vorbereitungen für die Durchführung gesamtdeutscher Wahlen zu treffen hätte" (so in einer Regierungserklärung Otto Grotewohls vom 15. 9. 1950, in einem „Beschluß des Ministerrates der DDR" vom 25. 10. 1950 und einem Brief Grotewohls an Bundeskanzler Adenauer vom 30. 11. 1950).

Die SED hat ihr Wahlsystem – Einheitsliste der Kandidaten der Nationalen Front, Beteiligung der → **Massenorganisationen** an der Kandidatenaufstellung, faktische Ausschaltung aller nicht im „Demokratischen Block" zusammengeschlossenen politischen Parteien und Organisationen – stets als vorbildlich bezeichnet.

Am 15. 9. 1951 modifizierte Grotewohl in einer Regierungserklärung seinen Vorschlag über die Bildung eines Gesamtdeutschen konstituierenden Rates, indem er dessen paritätische Zusammensetzung als „nicht von grundlegender Bedeutung" bezeichnete.

Als der Bundestag am 27. 9. 1951 „14 Grundsätze einer neuen Wahlordnung für gesamtdeutsche Wahlen" verabschiedete und deren internationale Kontrolle forderte, erklärte Grotewohl in einer Regierungserklärung vom 10. 10. 1951 diese Vorschläge

in der Mehrzahl als „annehmbar" und eine internationale Kontrolle als diskutabel, falls es vorher zu einer „gesamtdeutschen Beratung" käme. Eine solche Beratung wurde jedoch am 16. 10. 1951 erneut von Bundeskanzler Adenauer vor dem Bundestag abgelehnt.

Auf Vorschlag der drei Westmächte verabschiedete die UN-Vollversammlung am 20. 12. 1951 (u. a. gegen die Stimmen des Sowjetblocks) eine Resolution über die Einsetzung einer UN-Kommission, die die Voraussetzung für freie Wahlen in ganz Deutschland prüfen sollte. Die Resolution wurde am 9. 1. 1952 von der Regierung der DDR als „rechtsungültig" bezeichnet und am 23. 3. 1952 der UN-Kommission in Berlin die Einreise in die DDR verweigert.

Im Mittelpunkt der Auseinandersetzungen standen sowohl die Frage des Wahlmodus – wie die beiden Wahlgesetzentwürfe der Volkskammer vom 9. 1. 1952 und des Deutschen Bundestages vom 6. 2. 1952 zeigen – als auch die Reihenfolge der Schritte, die zur Wiedervereinigung führen sollten. Der Notenwechsel zwischen der UdSSR und den Westmächten im Jahre 1952 zeigte, daß die UdSSR nicht bereit war, freien Wahlen *vor* dem Abschluß eines Friedensvertrages zuzustimmen. Aus diesem Grunde lehnten die Westmächte auch den Entwurf eines Friedensvertrages und den Vorschlag zur Bildung einer „Provisorischen gesamtdeutschen Regierung" ab, den Molotow auf der Berliner Außenministerkonferenz im Februar 1954 unterbreitete. Darüber hinaus stieß der sowjetische Vorschlag im Westen auf Ablehnung, da er als diplomatischer Schachzug gegen den geplanten Beitritt der Bundesrepublik Deutschland zur NATO (in Oktober 1954 auf der Londoner Neunmächtekonferenz beschlossen) verstanden wurde.

Um die Ratifizierung der Pariser Verträge durch die Bundesrepublik Deutschland zu verhindern, erklärte sich die UdSSR am 14. 1. 1955 bereit, „Gesamtdeutschen Wahlen" unter internationaler Aufsicht zuzustimmen, falls sich „die Regierungen der DDR und der BRD damit einverstanden erklären". Unter Abkehr von seiner bisherigen Haltung stimmte der Ministerrat der DDR am 20. 1. 1955 einer internationalen Aufsicht über gesamtdeutsche Wahlen zu. Die Bundesregierung lehnte diesen Vorschlag am 22. 1. 1955 mit der Begründung ab, daß die UdSSR zwar einer internationalen Aufsicht von Wahlen (endlich) zugestimmt habe, diese Kontrolle sich hingegen nicht auf „wirkliche freie Wahlen" erstrecken solle.

Am 5. 5. 1955 traten die Pariser Verträge in Kraft, das Besatzungsstatut wurde aufgehoben, und die Bundesrepublik Deutschland trat der WEU bei, am 9. 5. 1955 wurde sie in den Nordatlantikpakt aufgenommen. Die DDR trat dem am 14. 5. 1955 gegründeten Warschauer Pakt bei. Damit war die Einbeziehung beider Teile Deutschlands in die Militärblöcke des Westens und Ostens vollzogen, eine neue Etappe der D. begann.

IV. Die UdSSR lehnt Verantwortung für Wiedervereinigung ab

In einer TASS-Erklärung vom 12. 7. 1955 hatte die UdSSR eine deutschland-politische Schwenkung vollzogen. Sie bezeichnete nunmehr die „Gewährleistung der europäischen Sicherheit" als „wichtigste Frage", der gegenüber das „Verfahren der Durchführung von Wahlen" (in Deutschland) eine „untergeordnete Frage" sei.
Zwar einigten sich die Regierungschefs der Vier Mächte auf der Genfer Gipfelkonferenz (17.–23. 7. 1955) in der Direktive an ihre Außenminister, die „Regelung des deutschen Problems und der Wiedervereinigung Deutschlands mittels freier Wahlen" anzustreben. Jedoch schon auf der Rückreise von Genf nannte Chruschtschow am 26. 7. 1955 die „mechanische Vereinigung beider Teile Deutschlands" (durch Wahlen zu einer gesamtdeutschen Nationalversammlung) eine „unreale Sache". Er lehnte es ab, die „deutsche Frage" auf „Kosten der Interessen der Deutschen Demokratischen Republik zu lösen". In einer Regierungserklärung vom 12. 8. 1955 schloß sich Grotewohl dem sowjetischen Standpunkt an und betonte, daß eine Wiedervereinigung „nur Schritt für Schritt auf dem Wege der Zusammenarbeit und der Annäherung der beiden deutschen Staaten herbeigeführt werden kann" („Dokumente zur Außenpolitik der DDR", Bd. III, Berlin 1956, S. 32). „Freie demokratische Wahlen" würden – so Grotewohl – erst stattfinden, wenn ihre „Ausnutzung zu Aggressionszwecken" nicht mehr möglich sei.
Als konkrete Maßnahmen zur „Annäherung beider deutscher Staaten" schlug er eine Beteiligung an der Ausarbeitung eines Systems der kollektiven Sicherheit in Europa vor und regte verstärkte wirtschaftliche und kulturelle Beziehungen zwischen ihnen und eine „Verbesserung der Bedingungen für den Verkehr der Bevölkerung zwischen beiden Staaten" an. Erstmalig wurde von Grotewohl offiziell gefordert, daß in der Bundesrepublik die „Herrschaft der Monopolkapitalisten und Großgrundbesitzer" gebrochen werden müsse, wenn „die friedliebenden Kräfte des deutschen Volkes" die „realen Voraussetzungen für die Vereinigung Deutschlands" schaffen wollten.
Im folgenden hat die DDR ihre Vorstellungen zur D. und zur Lösung des deutschen Problems mehrmals formuliert. Die verschiedenen Modifikationen enthielten aber stets ein feststehendes Grundmuster, indem eine Wiedervereinigung durch freie Wahlen im westlichen Sinne abgelehnt, Vereinbarungen „zwischen beiden deutschen Regierungen" jedoch befürwortet wurden. Am 31. 12. 1956 schlug Ulbricht im

„Neuen Deutschland" im „Interesse der Wiedervereinigung der Arbeiterklasse ganz Deutschlands" vor, zunächst eine „Annäherung" der zwei deutschen Staaten mit verschiedenen gesellschaftlichen Systemen herbeizuführen, um „später eine Zwischenlösung in Form der Konföderation zu finden". Erst daran anschließend könnten „wirkliche demokratische Wahlen" zu einer Nationalversammlung stattfinden.

V. Über eine Konföderation zur Wiedervereinigung

Was die SED unter einer „Konföderation" verstand, hat sie mehrmals präzisiert. Am 30. 1. 1957 nannte Ulbricht zunächst die Vorbedingungen für eine „Annäherung beider deutscher Staaten": u. a. Erweiterung des westdeutschen Betriebsverfassungsgesetzes, Beseitigung aller Vorrechte der Großgrundbesitzer, Volksabstimmung über die Überführung der Schlüsselindustrien in Volkseigentum, demokratische Boden- und Schulreform. Danach könnten die Mitglieder eines paritätisch zusammengesetzten „Gesamtdeutschen Rates" auf der Basis der geltenden Wahlgesetze gewählt werden. Dieser Rat wäre als Regierung der Konföderation, eines Staatenbundes aus DDR und Bundesrepublik Deutschland, befugt, „freie gesamtdeutsche Wahlen" vorzubereiten.
Während der Diskussion über den ersten Rapacki-Plan im Jahre 1957 erneuerte der Ministerrat der DDR am 26. 7. 1957 seinen Konföderationsvorschlag, jedoch mit der wichtigen Einschränkung, daß ein „Gesamtdeutscher Rat" nur „beratenden Charakter" haben sollte. Da einerseits in einer Konföderation jeder der beiden deutschen Staaten seine bestehende gesellschaftspolitische Verfassung unverändert beibehalten sollte, blieb unklar, wie sich die SED die „Schaffung eines einheitlichen, demokratischen, friedliebenden und antiimperialistischen deutschen Staates" vorstellte.
Am 2. 8. 1957 bekannte sich die UdSSR zwar zur Viermächte-Verantwortung für Deutschland, jedoch wurde eine Konföderation nur als „erster Schritt" auf dem Weg zur Beseitigung der deutschen Spaltung bezeichnet. Die UdSSR hat – zum wiederholten Male in einer Note vom 8. 1. 1958 an die Bundesregierung – den Plan der SED entschieden befürwortet, während die Bundesregierung eine Konföderation am 20. 1. 1958 mit der Begründung ablehnte, die Wiedervereinigung sei nicht Sache zweier Regierungen, sondern liege in der „ausschließlichen Zuständigkeit des deutschen Volkes". Schon am 22. 1. 1958 antwortete Chruschtschow darauf in einer Rede in Minsk und bestritt, daß sich die UdSSR jemals zur Abhaltung freier Wahlen als erstem Schritt auf dem Weg zur Wiederherstellung der Einheit Deutschlands verpflichtet hätte. Auf dem Boden Deutschlands existierten jetzt „zwei

souveräne Staaten mit unterschiedlicher Gesellschaftsordnung", deren Aufgabe es in erster Linie sei, die „nationale Einheit Deutschlands als einheitlichen, friedliebenden demokratischen Staat wiederherzustellen".

Worauf es jedoch der SED mit ihrem Vorschlag für eine Konföderation in erster Linie ankam, bekannte Ulbricht am 13. 2. 1958 in einem Interview mit der „Süddeutschen Zeitung". Demnach sollte die Bildung eines Staatenbundes durch den Abschluß eines völkerrechtlich gültigen Vertrages zwischen Bundesrepublik Deutschland und DDR vorgenommen werden. Gleichzeitig machte er alle Schritte auf eine Wiedervereinigung hin davon abhängig, daß sich die Bundesrepublik positiv zur Schaffung einer atomwaffenfreien Zone in Mitteleuropa im Sinne des Rapacki-Planes äußere. Die „Vereinigung der beiden deutschen Staaten" – so sagte Ulbricht bei dieser Gelegenheit – sei kein „einmaliger Akt, sondern ein Prozeß". Die Bestimmung eines Zeitpunktes für „gemeinsame Wahlen" nannte er „reine Spekulation".

Die Forderung nach Bildung einer „Konföderation" ist für die D. der SED bis Mitte der 60er Jahre kennzeichnend gewesen. Der Begriff Konföderation wurde von der SED ideologisch interpretiert und als „dialektische Einheit von friedlicher Koexistenz und Selbstbestimmung", als eine „besondere Form des Klassenkampfes zwischen Sozialismus und Kapitalismus auf deutschem Boden" bezeichnet.

Das Jahr 1958 war gleichzeitig auch von besonderer sowjetischer Aktivität hinsichtlich der Durchsetzung der internationalen Anerkennung der DDR charakterisiert. Jedoch haben die Westmächte und die Bundesregierung alle von der UdSSR unterstützten Konföderations-Vorschläge der DDR zurückgewiesen, da sie darin keinen Weg zur Überwindung der deutschen Spaltung, sondern lediglich ein Vehikel zur Aufwertung und letztlich zur völkerrechtlichen Anerkennung der DDR sahen.

Der V. Parteitag der SED (Juli 1958) führte zu einer weiteren Verhärtung der D. der SED. Nunmehr sollten die „sozialistischen Errungenschaften" nicht mehr nur in der Phase der Zusammenschlusses „beider deutscher Staaten" geschützt werden, sondern jetzt wurden sie als „für immer unantastbar" bezeichnet. Die DDR repräsentiere den einzigen „rechtmäßigen souveränen deutschen Staat" – bisher war von „zwei souveränen deutschen Staaten" gesprochen worden. Da der Parteitag weiterhin offen an die „friedliebenden Kräfte" in der Bundesrepublik appellierte, eine „bürgerlich demokratische Ordnung" (d. h. vor allem Wiederzulassung der verbotenen KPD) als Voraussetzung für eine Wiedervereinigung zu errichten und aus der NATO auszutreten, fanden die SED-Vorschläge selbst bei oppositionellen Kräften in der Bundesrepublik Deutschland wenig Unterstützung.

VI. Statt Wiedervereinigung – Abschluß eines Friedensvertrages

Bis zum VI. Parteitag 1963 weist die D. der SED einige Grundzüge auf, die in erster Linie den Abschluß eines „Friedensvertrages mit beiden deutschen Staaten" und die Konsolidierung der DDR zum Inhalt haben.

Entsprechend der sowjetischen Deutschlandpolitik trat nunmehr die Forderung nach Abschluß eines Friedensvertrages *vor* der Abhaltung von Wahlen in den Vordergrund (Note der Regierung der DDR an die Bundesregierung vom 4. 8. 1958, in der die Bildung einer gesamtdeutschen Kommission vorgeschlagen wird, die die Vier Mächte bei der Ausarbeitung eines Friedensvertrages für Deutschland beraten soll). Die Frage eines deutschen Friedensvertrages wurde akut, als Chruschtschow (so u. a. am 5. 3. 1959 in Leipzig, am 14. 1. 1960 in Moskau, am 15. 6. 1961 im Moskauer Fernsehen) und Gromyko (auf der Genfer Außenministerkonferenz am 10. 6. 1959) mit dem Abschluß eines Friedensvertrages mit der DDR allein und allen sich daraus möglicherweise ergebenden Konsequenzen drohten. Am deutlichsten kommen die Bestrebungen der SED im „Friedensplan" zum Ausdruck, den die Volkskammer am 6. 7. 1961 (einen Monat vor Errichtung der Berliner Mauer) verabschiedete. Darin wird die Bildung einer „Deutschen Friedenskommission" vorgeschlagen, die deutsche Vorschläge für einen Friedensvertrag ausarbeiten sollte.

Von besonderer Bedeutung für die Beurteilung der D. der SED war, welche Interpretation der von Chruschtschow (seit dem XX. Parteitag der KPdSU) vertretenen Koexistenz-Konzeption gegeben wurde und wieweit Ulbricht sie auch bei der Gestaltung der innerdeutschen Verhältnisse praktizieren würde. Sofern Koexistenz auch Nichteinmischung in die inneren Angelegenheiten eines nichtsozialistischen Gesellschaftssystems bedeutet, hat die SED diese Auffassung in jener Zeit durch Betonung der „einen gesamtdeutschen Arbeiterklasse" in ganz Deutschland und der „Aktionsgemeinschaft mit allen friedliebenden Kräften" in der Bundesrepublik Deutschland zurückgewiesen.

„Die Anwendung des Prinzips der friedlichen Koexistenz auf das Verhältnis zwischen beiden deutschen Staaten würde bedeuten, den Klassenstandpunkt der Arbeiterklasse zu verraten. Wir betrachten auch die Beseitigung der Macht der Monopolherren und Militaristen (in Westdeutschland) nicht nur als eine Angelegenheit der Werktätigen Westdeutschlands. Deshalb hat unsere Partei auch niemals eine Nichteinmischung in die inneren Angelegenheiten der Bundesrepublik proklamiert" (W. Horn, Der Kampf der SED um die Festigung der DDR und den Übergang zur zweiten Etappe der Revolution, Berlin [Ost] 1959).

Dieser Konzeption entsprach die vom ZK der SED

im April 1960 veröffentlichte „Deutschlandplan des Volkes – Offener Brief an die Arbeiterklasse Westdeutschlands". Um über die Anhängerschaft der verbotenen KPD hinaus breitere Kreise in der Bundesrepublik anzusprechen, forderte die SED darin „sozialdemokratische, christliche und parteilose Arbeiter, ehrliche Patrioten in Stadt und Land" und „fortschrittliche Unternehmer" auf, den „westdeutschen Militarismus zu beseitigen und so die Voraussetzung für eine Konföderation beider deutscher Staaten zu schaffen". Die SED hat zu diesem Zeitpunkt nicht nur eine grundlegende Umgestaltung der gesellschaftlichen und politischen Verhältnisse in der Bundesrepublik als Vorbedingung für eine Wiedervereinigung gefordert, sondern wollte selbst diese Umgestaltung aktiv fördern. Dabei wurde stets betont, daß die DDR *der* „rechtmäßige deutsche Staat" sei und jede innerdeutsche Verständigung eine Anerkennung ihrer Souveränität voraussetze. Diese Forderungen sind von der SED in dem am 25. 3. 1962 vom Nationalrat der → **Nationalen Front** der DDR vorgelegten Dokument „Die geschichtliche Aufgabe der DDR und die Zukunft Deutschlands" zusammengefaßt worden. Der Gedanke der Konföderation wurde zwar beibehalten, jedoch hieß es jetzt:

Ob „mit oder ohne Konföderation – der Sozialismus ist auch die Zukunft Westdeutschlands", und: „der sozialistische deutsche Staat verkörpert die Zukunft der ganzen Nation". Trotz der von der SED seit 1960 gelegentlich erklärten Kompromißbereitschaft in nationalen Fragen (erstmalig wurde von „nationalem Kompromiß" in einem Brief W. Ulbrichts an Bundeskanzler Adenauer vom 28. 1. 1960 gesprochen), war in grundsätzlichen Fragen von ihr kein Entgegenkommen zu erwarten. Ulbricht selbst hat diese Befürchtungen teilweise bestätigt, als er am 13. 9. 1962 im „Neuen Deutschland" erklärte, daß „die Grenzlinie in Deutschland nicht an der Elbe verläuft, sondern die Frontlinie mitten durch Westdeutschland geht". Und im Rechenschaftsbericht des ZK auf dem VI. Parteitag hieß es noch, daß nur „die Vereinigung aller patriotischen Kräfte unter der Führung der Arbeiterklasse in beiden deutschen Staaten zum Erfolg der Volksbewegung in Westdeutschland" führen würde.

Diese Auslegung des Koexistenzprinzips wurde von der SED erst im Anschluß an den Ausgang der Kuba-Krise im Okt. 1962 inhaltlich ganz der sowjetischen angepaßt. So sprach Ulbricht am 2. 12. 1962 in Cottbus von „Kompromissen", die die Politik der friedlichen Koexistenz auch bei der „Lösung der nationalen Frage" erfordere. Da aber seit Anfang der 60er Jahre als „Hauptinhalt der nationalen Frage" die „Entmachtung der westdeutschen Militaristen und Monopolkapitalisten" bezeichnet wurde, hat die SED nie deutlich gemacht, in welchen Punkten sie zu Kompromissen bereit sei.

VII. Der VI. Parteitag – innere Konsolidierung der DDR vor Wiedervereinigung

Entgegen der Meinung einiger westlicher Beobachter bedeutete der VI. Parteitag der SED vom 15. bis 21. 1. 1963 eine Korrektur ihrer bisherigen D. Es gab deutliche Anzeichen, die für eine verstärkte Hinwendung der SED zur inneren Konsolidierung ihres Herrschaftssystems sprachen. Dies bedeutete eine relative Abkehr von ihrer bis dahin eher offensiven D. Die Proklamation des → **Neuen Ökonomischen Systems**, die verstärkten Bemühungen in den folgenden Jahren, die Herausbildung eines eigenen DDR-Staatsbewußtseins zu fördern, und die gewandelte Einschätzung der „Klassenkampfsituation" in der Bundesrepublik sind Kennzeichen einer vorsichtigen Umorientierung der D. der SED. So sah sie nun „die historische Mission der DDR darin, durch eine umfassende Verwirklichung des Sozialismus im ersten deutschen Arbeiter-und-Bauern-Staat die feste Grundlage dafür zu schaffen, daß in ganz Deutschland die Arbeiterklasse die Führung übernimmt". Andererseits hieß es an gleicher Stelle: „Die günstigen Voraussetzungen für den umfassenden Aufbau des Sozialismus wie für den Übergang zum Kommunismus in der DDR werden gegeben sein, wenn in Westdeutschland Imperialismus und Militarismus überwunden sind und die beiden deutschen Staaten im Rahmen einer Konföderation in gesicherter friedlicher Koexistenz miteinander wetteifern" (Programm der SED, „Neues Deutschland" vom 25. 1. 1963, Sonderbeilage).

Damit wurden als „günstige Voraussetzungen" für den gesellschaftlichen Fortschritt in der DDR Änderungen der innenpolitischen Verhältnisse in der Bundesrepublik angesehen. Die Möglichkeit einer solchen Änderung wurde etwa seit 1966 von der SED wesentlich skeptischer beurteilt als in früheren Jahren. Da die Bundesrepublik gegenwärtig die gesellschaftliche Periode des „staatsmonopolistischen Kapitalismus" durchlaufe und in dieser Epoche das Eintreten zyklischer Krisen nicht mehr mit derselben Zwangsläufigkeit erfolge, schienen die Hoffnungen der SED auf eine Mobilisierung der westdeutschen Arbeiterschaft geringer geworden zu sein.

Auf dem VI. Parteitag wurde die These von der einheitlichen „gesamtdeutschen Arbeiterklasse", deren anerkannte Avantgarde die SED sei, vollständig aufgegeben. Eine indirekte Begründung findet sich im Rechenschaftsbericht des ZK, in dem es heißt, daß die „langanhaltende Nachkriegskonjunktur es der westdeutschen Großbourgeoisie gestattete, Teile der Arbeiterklasse, des Kleinbürgertums und der Intelligenz ökonomisch zu korrumpieren und eine starke Arbeiteraristokratie entstehen zu lassen". Dadurch seien bei der westdeutschen Bevölkerung „Illusionen" über den „Charakter der kapitalistischen Gesellschaftsordnung" entstanden.

Auch in anderer Weise hatte sich der Schwerpunkt

der Argumentation der SED verschoben. Nachdem Chruschtschow auf dem VI. Parteitag den Abschluß eines Friedensvertrages aufgrund der Existenz der Mauer in Berlin als nicht mehr dringend notwendig bezeichnet hatte, fehlte diese Forderung auch in Ulbrichts Parteitagsrede. Er forderte stattdessen ein „Abkommen der Vernunft und des guten Willens", das von der „Existenz zweier deutscher Staaten" ausgehen und folgende Punkte enthalten sollte: 1. Respektierung der Existenz des anderen deutschen Staates und seiner politischen und gesellschaftlichen Ordnung. Feierlicher Verzicht auf Gewaltanwendung in jeder Form; 2. Respektierung, Fixierung und Festigung der bestehenden deutschen Grenzen; 3. Verzicht auf Erprobung, Besitz, Herstellung und Erwerb von Kernwaffen und der Verfügung über sie; 4. Verhandlungen über Abrüstung in „beiden deutschen Staaten"; 5. Gegenseitige Anerkennung von Reisepässen und Staatsbürgerschaft der DDR und BRD als Voraussetzung für eine Normalisierung des Reiseverkehrs; 6. „Herstellung normaler, sportlicher und kultureller Beziehungen zwischen den beiden deutschen Staaten", Einstellung der Tätigkeit des Alliierten Reisebüros (Allied Travel Board) in West-Berlin; 7. Abschluß eines Handelsvertrages zwischen der DDR und der Bundesrepublik Deutschland.

VIII. Abrüstung und Selbstbestimmungsrecht in der Deutschlandpolitik der SED

Zwei Problemkreise standen im Jahre 1963 im Mittelpunkt der Propaganda: → **Abrüstung** und Selbstbestimmungsrecht. Schon 1957 hatte die SED den Rapacki-Plan für eine atomwaffenfreie Zone in Mitteleuropa unterstützt. Wäre hierüber ein Abkommen zustandegekommen, hätte dies die Unterschrift auch der DDR unter einen völkerrechtlich gültigen Vertrag erfordert.

Dies hätte der internationalen Anerkennung der DDR entscheidend genützt.

Daß die Abrüstungspolitik der SED eine deutschlandpolitische Funktion hatte, zeigten auch die Passagen des Konföderationsplanes Grotewohls vom 27. 7. 1957, in denen ein Verbot der Lagerung und Herstellung von Atom-Waffen auf deutschem Boden gefordert, das Ausscheiden von Bundesrepublik und DDR aus NATO und Warschauer Pakt und „gemeinsames oder einzelnes Ersuchen an die Vier Mächte auf baldige schrittweise Zurückziehung ihrer Truppen aus ganz Deutschland" vorgeschlagen wurden.

Auch andere Aktionen der DDR in der Abrüstungsfrage hatten stets eine gesamtdeutsche Stoßrichtung. In der Denkschrift der Regierung der DDR an die XV. Tagung der UN-Vollversammlung vom 15. 9. 1960 wurden z. B. der Bundesrepublik Deutschland „totale Militarisierung und atomare Aufrüstung" vorgeworfen. „Schnellste Abrüstungs-

maßnahmen" in ganz Deutschland sollten deshalb die „Herstellung der Neutralität der beiden deutschen Staaten ermöglichen" und die „Verständigung der beiden deutschen Staaten über ihre Wiedervereinigung" fördern.

Auch der Beitritt der DDR zum Kernwaffenteststopp-Abkommen von Moskau (8. 8. 1963), der Entwurf eines Vertrages zwischen DDR und Bundesrepublik Deutschland über den „umfassenden Verzicht auf Kernwaffen" vom 6. 1. 1964 und die Erklärung der DDR-Regierung an die UNO zur Nichtweiterverbreitung und zum Verbot der Anwendung von Kernwaffen (27. 10. 1966) dienten ähnlichen Zielen. Einerseits waren diese Schritte diktiert von der Solidaritätspflicht gegenüber der Abrüstungspolitik der UdSSR, andererseits boten sie eine ständige Möglichkeit, die Stellung der Bundesrepublik zur NATO einer unaufhörlichen Kritik zu unterziehen und dem westlichen Verteidigungsbündnis permanente Aggressionsabsichten gegen das „sozialistische Lager" zu unterstellen. Indem das Schreckgespenst einer drohenden Aggression durch die „atombewaffneten westdeutschen Militaristen" an die Wand gemalt wurde, sollte die Bevölkerung von der Notwendigkeit einer engen Bindung an die UdSSR und die übrigen Bündnispartner des Warschauer Paktes überzeugt werden.

Der „Freundschafts- und Beistandspakt" zwischen der DDR und UdSSR vom 12. 6. 1964 hat in allen wesentlichen Punkten die D. der SED sanktioniert. Dieser Vertrag, der in einer bis dahin einmaligen Weise die vertragliche Bindung eines Ostblockstaates an die UdSSR fixierte, erhielt noch besondere Bedeutung dadurch, daß er die Diskussion um das Selbstbestimmungsrecht des deutschen Volkes wiederbelebte.

Die Politik der Bundesregierung ging bisher davon aus, daß das Recht auf Selbstbestimmung ein universales Prinzip des Völkerrechts sei und nur in freien Wahlen geltend gemacht werden könne. Da diese bisher in der DDR nicht stattgefunden hätten, habe sich die Bevölkerung nicht darüber äußern können, in welcher Staatsform sie leben und wie sie ihre inneren und äußeren Lebensverhältnisse gestalten wolle. Daher habe die Bundesrepublik Deutschland bis zur Gewährung dieses Rechtes an die Bevölkerung der DDR die Pflicht, in außenpolitischen Angelegenheiten diese Bevölkerung mitzuvertreten.

Von sowjetischer und mitteldeutscher Seite lagen zur Frage des Selbstbestimmungsrechts des deutschen Volkes widersprüchliche Äußerungen vor. Chruschtschow hatte am 28. 1. 1960 in einem Brief an Bundeskanzler Adenauer die Viermächte-Verantwortung für die Wiedervereinigung ausdrücklich mit dem Hinweis auf das Selbstbestimmungsrecht des deutschen Volkes bestritten. „Selbstbestimmung der Völker bedeutet", so schrieb Chruschtschow, „daß die Völker einer Nation oder eines Staates selber ihr Schicksal, das Schicksal ihres Staates bestimmen." Am 12. 6. 1964 äußerte Chruschtschow aus Anlaß der Unterzeichnung des Freundschaftsvertrages mit der DDR, daß das Selbstbestimmungsrecht auf die deutsche Frage nicht anwendbar șei und mithin die Wiedervereinigungsproblematik nicht berühre. Die Wahrnehmung des Selbstbestimmungsrechtes sei eher ein soziales, denn ein nationales Problem.

Diese Ansicht Chruschtschows stand – mindestens teilweise – im Widerspruch zu der von der SED vertretenen These, daß das Selbstbestimmungsrecht von den Deutschen in der DDR durch Errichtung des „ersten friedliebenden Staates in der deutschen Geschichte" längst ausgeübt worden sei. In allen sozialistischen Ländern ist nach Meinung der Völkerrechtslehre der SED das Selbstbestimmungsrecht durch die politische Praxis der kommunistischen Parteien realisiert worden.

Damit wurde die postulierte Universalität eines geltenden Völkerrechtsprinzips in seiner erlaubten Anwendung auf eine konkrete gesellschaftspolitische Situation eingeschränkt. Es sei nur dann der Forderung nach Selbstbestimmung Rechnung zu tragen, wenn ihre Erfüllung dem „gesellschaftlichen Fortschritt", d. h. der Errichtung oder Festigung eines sozialistischen oder kommunistischen Herrschaftssystems dient.

Jedoch mußte gerade die innerdeutsche Situation die Frage aufwerfen, wer in Deutschland dieses Selbstbestimmungsrecht zu beanspruchen hat und wie es ausgeübt werden soll. Insbesondere mußte die Völkerrechtslehre der SED versuchen zu begründen, daß dem „Volk der DDR" ein eigenständiges, vom Volks in ganz Deutschland abgesondertes Selbstbestimmungsrecht zusteht.

Die Frage, was unter dem Begriff → **Volk** zu verstehen sei, wurde mit der These beantwortet, daß es in Deutschland zwei „Subjekte des Selbstbestimmungsrechtes" gäbe (vgl. R. Arzinger in: Deutsche Außenpolitik, H. 8, 1964, S. 768 ff.). Zu den herkömmlichen Begriffsmerkmalen (nationale, religiöse, kulturelle, sprachliche Gemeinsamkeiten) von Völkerrechtssubjekten, die ein Selbstbestimmungsrecht beanspruchen können, fügt Arzinger den „bestimmten Stand von gesellschaftlicher Entwicklung, (und) eine bestimmte ökonomische klassenmäßige Struktur" hinzu. Er ist der Meinung, daß die Abgrenzung der Subjekte des Selbstbestimmungsrechtes nicht nur nach nationalen, sondern auch nach sozialen Gesichtspunkten erfolgen kann, und daß dementsprechend in Deutschland mit der „Bildung von zwei Staaten mit unterschiedlicher Gesellschaftsordnung" sich auch zwei Subjekte des Selbstbestimmungsrechtes herausgebildet haben. Internationale Anerkennung hat diese Auffassung weder im Westen noch im Osten gefunden. Selbst die SED bestritt die Existenz einer einheitlichen deutschen Nation bis gegen Ende der 60er Jahre nicht (→ **Nation und nationale Frage**).

IX. Die Bedingungen der SED für eine Wiedervereinigung Deutschlands

In den Jahren 1964/1965 änderte sich die D. der SED prinzipiell nicht, auch wenn man zunächst im Angebot eines beschränkten → **Zeitungsaustausches** durch Ulbricht am 25. 4. 1964 (von der Bundesregierung aus verfassungsrechtlichen Gründen am 2. 6. und 16. 7. 1964 abgelehnt) und in der Ausreisegenehmigung für Rentner seit 9. 9. 1964 ein begrenztes Einlenken der Regierung der DDR vermutete.

Dem stehen Maßnahmen und Erklärungen der SED gegenüber, die von der Bundesregierung als Vertiefung der Spaltung verstanden wurden: die Einführung eines zwangsweisen DM-Umtausches bei Besuchsreisen in die DDR (25. 11. 1964), die Aufforderung an die Bundesregierung (26./28. 4. 1964), 120 Mrd. DM „Schulden" zu zahlen, die der DDR durch Reparationsleistungen und „Abwerbung" entstanden seien, die weiteren Erschwernisse durch eine Verordnung über den „grenzüberschreitenden Binnenschiffahrtsverkehr" vom 24. 6. 1965 und die direkte Einmischung in die inneren Angelegenheiten der Bundesregierung durch die Erklärung Ulbrichts vom 1. 8. 1965, ein Wahlsieg der CDU/CSU bei den bevorstehenden Bundestagswahlen bedeute eine „dauernde" Blockierung der Wiedervereinigung. Verbunden mit wachsender Polemik zeigte die SED in steigendem Maße eine Haltung, die von westlichen Beobachtern als „DDR-Alleinvertretungsanmaßung" bezeichnet wurde. So sagte Ulbricht im September 1965 in Moskau, daß die DDR für „das ganze friedliebende Deutschland (spreche), für alle friedliebenden Menschen, auch für diejenigen, die heute noch jenseits unserer Staatsgrenzen in der westdeutschen Bundesrepublik oder auf dem besonderen Territorium Westberlin leben" (ND vom 24. 9. 1965).

Die Gründung eines „Staatssekretariats für gesamtdeutsche Fragen" (18. 12. 1965) und die Konstituierung eines „Rates für gesamtdeutsche Fragen" (14. 1. 1966) hatten dagegen in erster Linie eine innenpolitische Funktion. Der Bevölkerung sollte gezeigt werden, daß die SED die Wiedervereinigung Deutschlands als politisches Fernziel keineswegs aufgegeben habe; wann dieses Ziel, ein „sozialistisches Deutschland", jedoch erreicht würde, machte die Partei jetzt ganz von einer innenpolitischen Veränderung in der Bundesrepublik (Austritt aus der NATO, Verzicht auf Kernwaffen, Entmilitarisierung, Herrschaft der Arbeiterklasse) abhängig. Dabei wurde die seit 1964 von der SED benutzte These von den „2 Staatsvölkern" der „beiden deutschen Nationalstaaten" zu einer Drei-Staaten-Theorie und Drei-Völker-Theorie (unter Einschluß von West-

Berlin) ausgedehnt (G. Kegel im ND vom 16. 1. 1966).

X. Das Scheitern des geplanten Redneraustausches zwischen SED und SPD

Im Februar, März und April 1966 kam es zu einem Briefwechsel zwischen SED und SPD, den die SED begonnen hatte und in dem sie zunächst ihren bekannten Standpunkt in der Deutschlandfrage wiederholte. Die SPD hatte im 1. Antwortbrief 7 konkrete Fragen an die SED gerichtet, in denen vor allem auf Entspannung in „kleinen Schritten" zwischen DDR und Bundesrepublik Deutschland gedrungen wurde. Dieser Briefwechsel zeigte zunächst, daß es innerhalb der SED-Führung Kräfte gab, deren Selbstbewußtsein so gewachsen war, daß sie sich einer gesamtdeutschen Auseinandersetzung gewachsen fühlten. Die zögernde Veröffentlichung des 1. SPD-Briefes in der DDR machte jedoch auch deutlich, daß sich die Hoffnung der SED, zwischen SPD-Führung und Mitgliedern einen Keil treiben zu können, keineswegs erfüllt hatte. Als die SED eine im März 1966 von der Arbeitsgemeinschaft der Rundfunkanstalten Deutschlands angebotene Fernsehdiskussion zwischen Vertretern der SED und SPD ablehnte, schien sie von der Leidenschaftlichkeit der besonders in der DDR im Gang gekommenen Diskussion überrascht und gleichzeitig besorgt zu sein, eine von ihr initiierte Entwicklung könne ihrer Kontrolle entgleiten.

Den von der SED in ihrem zweiten Brief an „die Delegierten des Dortmunder Parteitages der SPD und alle Mitglieder und Freunde der Sozialdemokratie in Westdeutschland" (ND vom 26. 3. 1966) unterbreiteten Vorschlag eines Redneraustausches zwischen SED und SPD hielt sie jedoch zunächst aufrecht.

Am 22. 4. 1966 veröffentlichte das „Neue Deutschland" eine Rede Ulbrichts. Darin wiederholte er den 6-Punkte-Plan seiner Neujahrsrede, in dem er „erste Schritte" zur innerdeutschen Annäherung der Bundesregierung offeriert hatte: Verzicht beider Teile Deutschlands auf atomare Aufrüstung, Anerkennung der bestehenden Grenzen in Deutschland, Aufnahme diplomatischer Beziehungen zwischen den Mitgliedstaaten der NATO und des Warschauer Paktes, Verhandlungen über Abrüstung in Deutschland, Verzicht auf die „Notstandsgesetzgebung" in der Bundesrepublik, Normalisierung der Beziehungen zwischen „den deutschen Staaten und ihren Bürgern". Hinzu kam jetzt jedoch ein Katalog von Vorbedingungen für das Zustandekommen einer Konföderation. So forderte Ulbricht u. a. eine Parlamentsreform in der Bundesrepublik, Mitbestimmung für die Gewerkschaften in den Betrieben, Veränderung der Machtverhältnisse in der westdeutschen Großindustrie, Enteignung des Springer-Konzerns, eine Bildungsreform in der Bundesrepublik, Säuberung des Staatsapparates der Bundesrepublik und der-

gleichen mehr. Erst danach könne durch eine Konföderation die „demokratische Umwälzung" in der Bundesrepublik vollendet werden.

Der zweite offene Brief des Parteivorstandes der SPD vom 14. 4. 1966 wurde zunächst vom „Neuen Deutschland" am 30. 4. 1966 nur in stark entstellter Weise abgedruckt, der volle Wortlaut wurde erst am 29. 5. 1966 zusammen mit dem 3. offenen Brief der SED veröffentlicht. Gleichzeitig wurde auf dem 12. ZK-Plenum (27./28. 4. 1966) eine Vertagung des Redneraustausches auf Juli 1966 beschlossen.

Da die SED in dieser Zeit ihre öffentlichen Angriffe gegen Mitglieder des Parteivorstandes der SPD verstärkt fortsetzte und gleichzeitig Kontakte auf unterer Parteiebene forderte, liegt der Schluß nahe, daß es ihr vor allem um die Praktizierung der vom XXIII. Parteitag der KPdSU (Februar 1966) proklamierten „Volksfronttaktik" auch in der innerdeutschen Auseinandersetzung ging.

Am 26. 5. 1966 legten Beauftragte der SPD und SED die Termine für den Redneraustausch fest (14. 7. in Karl-Marx-Stadt und 21. 7. in Hannover). Am 29. 6. 1966 sagte die SED den Redneraustausch dann mit der Begründung ab, das vom Bundestag verabschiedete „Gesetz über eine befristete Freistellung von der deutschen Gerichtsbarkeit" sei ein „völkerrechtswidriges annexionistisches Gesetz, mit dem die westdeutsche Gerichtsbarkeit willkürlich auf Territorien und Bürger anderer europäischer Staaten, vor allem der DDR, ausgedehnt werden soll" (→ **Handschellengesetz**); unter diesen Bedingungen sei eine „ordnungsgemäße Durchführung der Versammlung in Hannover" nicht mehr gewährleistet, da sich kein Bürger der DDR einem solchen Gesetz unterwerfen könne. Offensichtlich hatten sich diejenigen Kräfte im SED-Politbüro durchgesetzt, die von Anfang an den Redneraustausch unter Hinweis auf ein zu großes Sicherheitsrisiko für die Partei verhindern wollten. Angesichts der bevorstehenden Bukarester Gipfelkonferenz der Partei- und Regierungschefs des Warschauer Paktes wollte es diese Gruppe vermeiden, durch Entspannungsschritte ihre Argumentation von der Gefährlichkeit des „Bonner Militarismus" zu entkräften.

Zum Schwerpunkt der D. der SED wurde nun erneut der Kampf um internationale Anerkennung. Auf dem 13. ZK-Plenum vom 15. 9. 1966 hatte Ulbricht deutlich gemacht, daß er die Aufnahme diplomatischer Beziehungen der Bundesrepublik Deutschland zu einzelnen Ostblock-Staaten ohne offiziellen Verzicht auf die „Alleinvertretungsanmaßung" als einen Verstoß gegen die Bukarester Deklaration (Juli 1966) ansehe. In der Deutschlandfrage richtet sich die SED offenbar auf ein „längeres Nebeneinander der beiden deutschen Staaten" ein.

XI. Die Haltung der SED zur Großen Koalition

Auf die Koalitionsverhandlungen in der Bundesrepublik im November 1966 hatte Ulbricht versucht, Einfluß zu nehmen. In einem Brief an den SPD-Parteivorsitzenden, Willy Brandt, hatte Ulbricht für eine SPD-FDP-Koalition in Bonn plädiert und direkte Verhandlungen zwischen Spitzengremien der SED und SPD vorgeschlagen. Am Tage der Vereidigung des CDU/SPD-Kabinetts in Bonn (1. 12. 1966) wurde in Ost-Berlin die 4. Durchführungsbestimmung zum „Paßgesetz der DDR" veröffentlicht, die allen westdeutschen Besuchern, die die Politik der „Alleinvertretungsanmaßung" vertreten, mit „unverzüglicher" Ausweisung bzw. der Einleitung eines Ermittlungsverfahrens droht (GBl. II, S. 855). Die D. der SED im Jahre 1967 war von einer weiteren Verhärtung („Alles-oder-Nichts-Standpunkt") gekennzeichnet. Am 5. 1. 1967 forderte das DDR-Postministerium von der Bundespost 1,4 Mrd. DM „Gebührenausgleich" für zusätzliche Leistungen seit 1948, am 14. 1. 1967 gab ADN bekannt, daß die DDR ihre Mitarbeit im alliierten Abrechnungsbüro für den innerdeutschen Post- und Fernmeldeverkehr in Berlin einstellt.

Die neue Ostpolitik der Großen Koalition führte am 31. 1. 1967 zur Aufnahme diplomatischer Beziehungen zu Rumänien, ohne daß die Partner ihren Rechtsstandpunkt in der deutschen Frage vorher revidiert hätten. Die SED reagierte mit heftigen offenen und versteckten Angriffen auf das „sozialistische Bruderland" (ND vom 27. 1. bis 3. 2. 1967). Jede Normalisierung der Beziehungen der Bundesrepublik zu den osteuropäischen Staaten wurde von der vorherigen Aufnahme „zwischenstaatlicher Beziehungen" zwischen Bundesrepublik und DDR, Aufgabe der „Ausschließlichkeitsanmaßung" seitens der Bundesrepublik, Anerkennung der bestehenden Grenzen in Europa und einer Nichtigkeitserklärung des Münchner Abkommens von Beginn an abhängig gemacht.

Die SED startete als Reaktion auf diese Entwicklung eine anti-gesamtdeutsche Kampagne, die ihre Befürchtung erkennen ließ, von der Ostpolitik der Großen Koalition könnten Impulse ausgehen, die ihre D. langfristig zu unterlaufen drohten. Am 2. 2. 1967 wurde das „Staatssekretariat für gesamtdeutsche Fragen" in → **Staatssekretariat für westdeutsche Fragen** umbenannt. Staatssekretär Joachim Herrmann sagte dazu, durch „Schuld des westdeutschen Monopolkapitals und seiner Bonner Regierung" seien „Begriffe wie gesamtdeutsch ihres Inhalts entleert und gegenstandslos geworden" (ND vom 3. 2. 1967). Im „Gesetz über die Staatsbürgerschaft der DDR" (ND vom 21. 2. 1967) wurde die seit 1913 bestehende einheitliche deutsche Staatsbürgerschaft abgeschafft und der Begriff „Staatsbürger der DDR" eingeführt. Parallel dazu entfaltete „Neues Deutschland" eine Leserbriefkampagne, die nicht nur die Forderung nach „Wiedervereinigung" als „groteskes Geschwätz" und diese „heute und in

absehbarer Zeit" als unmöglich bezeichnete (ND vom 21. 1. 1967), sondern auch gesamtdeutsches Denken auf dem Gebiet von Wissenschaft, Kultur und Kirche (ND vom 24. 1. 1967) entschieden ablehnte. Dies führte dazu, daß die SPD nur noch als „SP" vorgestellt wurde, um den Namen „Deutschland" aus der Diskussion zu verdrängen.

Als letzter gesamtdeutscher Institution wurde nun auch der EKD (Evang. Kirche in Deutschland) von der SED ihre Arbeit zunehmend erschwert. Anfang April 1967 sollte in beiden Teilen Berlins die Teilsynode der EKD tagen. Die Synodalen der DDR-Landeskirchen mußten jedoch nach Fürstenwalde in die DDR ausweichen, da ihnen die Zusammenkunft in Ost-Berlin untersagt wurde. Trotz heftigster Vorwürfe, insbesondere gegen den Ratsvorsitzenden, Bischof Scharf („irreale ‚Einheits'-Euphorie" hieß es in der „Neuen Zeit" vom 2. 4. 1967), und großer Kommunikationsschwierigkeiten zwischen den Synoden gelang die gemeinsame Wahl eines neuen Rates der EKD.

Außenpolitisch versuchte sich die SED ein Mitspracherecht für den Fall zu sichern, daß weitere osteuropäische Länder – dem Beispiel Rumäniens folgend – ihre Beziehungen zur Bundesrepublik zu normalisieren begonnen hätten. Die „Freundschafts- und Beistandspakte" mit Polen, der ČSSR, Ungarn und Bulgarien im Jahre 1967 betonen demzufolge alle, daß es Sicherheit in Europa nur auf der Basis der „Existenz zweier deutscher Staaten" und des territorialen Status quo geben könne und alle Politik des „westdeutschen Revanchismus" diese Sicherheit in Frage stelle, wenn nicht zuvor die völkerrechtliche Anerkennung der DDR durch die Bundesregierung vollzogen sei.

XII. Die Entwicklung seit dem VII. Parteitag

Der VII. Parteitag der SED (17.–22. 4. 1967) bestätigte die allgemeine Verhärtung in der D. der SED. Durch den Brief Bundeskanzler Kiesingers (vom 12. 4.) und des SPD-Parteivorstandes („Die Welt" vom 14. 4.) an die 2 200 Delegierten sah sich Ost-Berlin in der Deutschlandfrage in die Defensive gedrängt; insbesondere der Brief Kiesingers, in dem ein ganzer Katalog von Entspannungsmaßnahmen aufgeführt wurde, schien im Politbüro der SED vorübergehend Unsicherheit ausgelöst zu haben. Dies zeigte die unterschiedliche Reaktion des „Neuen Deutschland" vom 12., 13. und 14. 4. 1967, als einer ersten schroffen Ablehnung eine vorsichtiger formulierte Stellungnahme folgte. Die Tatsache, daß sich erstmalig ein westdeutscher Regierungschef an einen Parteitag der SED wandte, wurde als gefährliche Taktik der Beeinflussung der Delegierten und als Versuch angesehen, zwischen Parteiführung und Mitgliedern zu differenzieren. (Die SED selbst hatte diese Taktik gegenüber der SPD im Jahre 1966 betrieben.)

Schon bei der Vorbereitung des Parteitages hatte die Partei in einem internen Rundschreiben (FAZ vom 11. 4. 1967) den Mitgliedern der Grundorganisationen klarzumachen versucht, daß „friedliche Existenz der beiden deutschen Staaten mit der Vereinigung (nicht) in einen Topf" geworfen werden dürfe und „Begriffe wie ‚Lösung der deutschen Frage' im Sinne der Vereinigung von Feuer und Wasser" nicht anzuwenden seien. Auf dem Parteitag bezeichnete Ulbricht die „Vereinigung" Deutschlands als „nicht real". Eine „Vereinigung beider deutscher Staaten" werde es erst im Sozialismus geben. Seine „Vorschläge für ein friedliches Nebeneinander der deutschen Staaten" waren identisch mit den Forderungen aus der „Neujahrsbotschaft" vom 31. 12. 1966. Die Existenz innerdeutscher Beziehungen wurde von der SED nun in immer stärkerem Maße geleugnet und stattdessen D. zur Außenpolitik im traditionellen Sinne deklariert. Dies dokumentiert u. a. die Umbenennung des „Ministeriums für Außenhandel und Innerdeutschen Handel" in „Ministerium für Außenwirtschaft" im Juli 1967 (seit dem 1. 1. 1974 → **Ministerium für Außenhandel**).

Von besonderer politischer Bedeutung war der Briefwechsel zwischen Bundeskanzler Kiesinger und dem Vorsitzenden des Ministerrates der DDR, Willi Stoph. In Briefen vom 13. 6. und 28. 9. 1967 hatte Bundeskanzler Kiesinger Stoph seine Bereitschaft erklärt, wenn nötig in direkten Verhandlungen der Regierungschefs, die Stoph vorgeschlagen hatte, über menschliche Erleichterungen ungeachtet der bisherigen Rechtsstandpunkte zu verhandeln. W. Stoph hatte am 10. 5. 1967 die Korrespondenz eröffnet und am 18. 9. 1967 den ersten Kiesinger-Brief beantwortet. Diesem zweiten Stoph-Brief war der „Entwurf eines Vertrages über die Herstellung und Pflege normaler Beziehungen zwischen der Deutschen Demokratischen Republik und der Bundesrepublik Deutschland" beigefügt, der als Verhandlungsvorschläge enthielt: Aufnahme normaler Beziehungen zwischen Bonn und Ost-Berlin, Vereinbarungen über Gewaltverzicht, Anerkennung aller bestehenden Grenzen in Europa, Herabsetzung der Rüstungsbudgets in beiden Teilen Deutschlands, Verzicht auf Stationierung, Besitz und Mitverfügung von Atomwaffen, Beteiligung beider deutscher Staaten an einer atomwaffenfreien Zone, Anerkennung West-Berlins als „selbständige politische Einheit", Anerkennung der Nichtigkeit des Münchner Abkommens von Anbeginn, Einstellung einer „Diskriminierung" von DDR-Bürgern im westlichen Ausland, Begleichung von „Schulden"-Rechnungen.

Daß die SED die Initiative zu diesem Briefwechsel ergriff, zeigte einerseits, daß sie offenbar die Gefahr einer Schwächung ihrer Position im Ostblock als Folge der Entspannungspolitik der Großen Koalition erkannte und deren Wirksamkeit auf das politische Klima in Europa richtig einschätzte. Andererseits

verriet der Briefwechsel eine Verschärfung des SED-Kurses. Nachdem Bonn nach jahrelanger Weigerung den immer wieder von der SED geforderten Regierungsverhandlungen auf höchster Ebene zustimmte, schlug die SED diese aus. Sie stellte nun ihrerseits eine Vorbedingung für solche Verhandlungen: Sie sollten nur auf der Grundlage ihres Maximalprogramms, d. h. in erster Linie völkerrechtliche Anerkennung der DDR durch Bonn, stattfinden. Damit wurde deutlich, wie die Worte Ulbrichts auf dem VII. Parteitag der SED 1967 zu verstehen waren: „Unter die Grenze der formellen Anerkennung und der normalen Beziehungen können wir . . nicht hinuntergehen" (ND vom 18. 4. 1967).

Ob zu diesem Zeitpunkt die Bundesrepublik von der DDR-Führung als Ausland angesehen wurde, blieb zunächst unklar. Als Politbüromitglied Albert Norden auf einer Pressekonferenz am 18. 12. 1967 in Ost-Berlin indirekt diese Meinung vertrat (er beklagte sich darüber, daß die DDR von Bonn nicht als Ausland betrachtet werde) und die Aufnahme diplomatischer Beziehungen zur DDR forderte, wurde er vom „Neuen Deutschland" umgehend korrigiert (19. 12. 1967). Es schien, daß die SED damals weder ihrer Bevölkerung eine weitgehende Absage an die Wiedervereinigung zumuten noch dadurch ihren Anspruch auf Hineinwirken in die Bundesrepublik aufgeben wollte.

Die am 9. 4. 1968 verabschiedete 2. → **Verfassung** bekannte sich zwar noch eindeutig zur Einheit der deutschen Nation (Art. 1, Abs. 1), jedoch gab es kein einheitliches deutsches Volk mehr, sondern neben dem Volk der Bundesrepublik „das Volk der Deutschen Demokratischen Republik" (Präambel). Art. 8, Abs. 2 spricht von der „Herstellung und Pflege normaler Beziehungen" auf völkerrechtlicher Basis zwischen beiden deutschen Staaten. Eine Vereinigung sollte erst auf der „Grundlage der Demokratie und des Sozialismus" möglich sein.

Am 9. 8. 1968 wiederholte Ulbricht vor der Volkskammer seine bekannten Forderungen, ohne deren Annahme die SED keiner Entspannung in Deutschland zustimme. Neu war der Vorschlag, die Volkskammer solle den Ministerrat bevollmächtigen, „wenn die Bundesregierung auf solche Vorbedingungen wie Alleinvertretungsanmaßung und Hallstein-Doktrin verzichtet und bereit ist, Verträge über den Verzicht auf Anwendung von Gewalt in den gegenseitigen Beziehungen und über die Anerkennung der Grenzen abzuschließen, einen Staatssekretär zur Vorbereitung der Verhandlungen zu bestimmen". Neu war außerdem die bekundete Bereitschaft Ulbrichts, im Falle eines Bonner Verzichts auf das Alleinvertretungsrecht der Schaffung „bevollmächtigter Missionen" in Bonn und Ost-Berlin zuzustimmen, deren Status er ausdrücklich offen ließ. (In dieser Frage ging Ulbricht auf eine Anregung des SPD-Franktionsvorsitzenden im Bundestag, Helmut

Schmidt, ein, der vorher den Austausch von „Generalbevollmächtigten" beider deutscher Regierungen angeregt hatte.) Angesichts der weitgehenden Modifizierung des Alleinvertretungsrechtes durch die Bundesregierung (Außenminister W. Brandt am 9. 3. 1967 in Berlin: „keine Kompetenzen außerhalb des Grundgesetzes . . . Pflicht, uns um die gesamtdeutschen Dinge in ihrer Gesamtheit zu kümmern") schienen sich mögliche neue Ansatzpunkte für eine innerdeutsche Entspannung zu bieten. Verstärkt wurde dieser Eindruck zunächst durch die offenbar bedingungslose Zusage, der DDR-Außenhandelsminister sei zu Gesprächen mit dem Bundeswirtschaftsminister bereit.

Die Beteiligung der → **Nationalen Volksarmee** an der gewaltsamen Intervention von fünf Warschauer Pakt-Staaten in der ČSSR am 20./21. 8. 1968 erschwerte das Bemühen um Entspannung zwischen Bonn und Ost-Berlin.

Im Februar 1969 protestierte die DDR scharf gegen die Einberufung der Bundesversammlung nach Berlin (West), die dort – wie 1954, 1959 und 1965 – den Präsidenten der Bundesrepublik Deutschland wählen sollte. Das Innenministerium der DDR verhängte ein Durchreiseverbot für die Mitglieder der Bundesversammlung. In einem Schreiben an den SPD-Vorsitzenden Willy Brandt deutete Ulbricht ein Entgegenkommen in der seit 1966 ungelösten Passierscheinfrage an – vorausgesetzt, die Bundesversammlung würde in eine westdeutsche Stadt verlegt. Einen ähnlichen Vorstoß unternahm der sowjetische Botschafter in Bonn, Zarapkin, bei Bundeskanzler Kiesinger. Indessen führten Verhandlungen zwischen dem West-Berliner Senatsdirektor Grabert und DDR-Staatssekretär Kohl zu keinem Ergebnis: Senat und Bundesregierung hielten in Übereinstimmung mit den westlichen Alliierten die von der DDR gestellten Vorbedingungen für unannehmbar. Vom 1. bis 7. 3. 1969 wurden wiederholte mehrstündige Unterbrechungen des Verkehrs auf den Zugangswegen von der DDR mit dem Hinweis auf militärische Manöver begründet – die Bundesversammlung trat am 5. 3. wie vorgesehen in Berlin (West) zusammen und wählte Gustav Heinemann zum Bundespräsidenten.

Auf der 10. ZK-Tagung wies Ulbricht am 7. Mai Überlegungen westdeutscher Politiker und Publizisten zurück, anstelle einer völkerrechtlichen Anerkennung der DDR durch die Bundesrepublik ein staatsrechtliches Verhältnis zwischen ihnen herzustellen. Der Erste Sekretär bezeichnete das als eine „Zweckkonstruktion, die darauf hinausläuft, die DDR zu einer Art westdeutschen Bundeslandes zu degradieren".

Trotz des unverändert scharfen Gegensatzes in allen grundsätzlichen Fragen konnten im September 1969 Verhandlungen zwischen der Deutschen Bundesbahn und dem Verkehrsministerium der DDR (über

die Wiederaufnahme des 1967 unterbrochenen Verkehrs westdeutscher Kalizüge auf DDR-Territorium im Raume Gerstungen), zwischen Beauftragten beider Verkehrsministerien (über die Koordinierung der Straßenbauplanung, den Transit von Binnenschiffen und den Eisenbahnverkehr) sowie zwischen Abgesandten der Postministerien beider Seiten (u. a. über Ausgleichszahlungen an die DDR für Mehrleistungen im innerdeutschen Postverkehr) aufgenommen werden.

XIII. Die Haltung der SED zur sozialliberalen Koalition (1969–1971)

Die Regierungserklärung Bundeskanzler Brandts vom 28. 10. 1969 ging von der Existenz zweier Staaten in Deutschland aus – allerdings mit dem Zusatz, daß sie füreinander nicht Ausland seien und daß ihre Beziehungen zueinander nur von besonderer Art sein könnten. Der neue Aspekt wurde von der DDR-Führung zwar aufmerksam registriert, aber sogleich mit dem Einwand abgewehrt, auch die neue Bundesregierung versuche, die „bankrotte Hallstein-Doktrin in veränderter Form weiter zu praktizieren" (W. Stoph am 12. 11. 1969 in Rostock).

Am 17. 12. richtete der Staatsratsvorsitzende Ulbricht ein Schreiben an Bundespräsident Heinemann, dem der Entwurf eines Vertrages „über die Aufnahme gleichberechtigter Beziehungen" zwischen der DDR und der Bundesrepublik beigefügt war. Der Entwurf ging über die in dem Konzept Stophs vom 18. 9. 1967 geforderten Regelungen hinaus, indem er die Aufnahme diplomatischer Beziehungen in Form eines Botschafteraustausches vorschlug und die Aufhebung aller dem Vertrag entgegenstehender Gesetze, Normativakte und entsprechender Gerichtsentscheidungen verlangte.

Unmittelbar nachdem Bundeskanzler Brandt in seinem Bericht zur Lage der Nation Mitte Januar 1970 den Begriff der Nation als das „Band um das gespaltene Deutschland" charakterisiert und in diesem Zusammenhang auf das in der DDR-Verfassung enthaltene Bekenntnis zur Nation verwiesen hatte, leitete W. Ulbricht am 19. 1. 1970 auf einer internationalen Pressekonferenz eine grundlegende Schwenkung in der Interpretation der „nationalen Frage" durch die SED ein. Er verwarf die These vom Fortbestand der deutschen Nation in zwei Staaten („. . .unrealistische Behauptung, um der Herstellung normaler gleichberechtigter völkerrechtlicher Beziehungen mit der DDR aus dem Wege zu gehen"). Während in der Sowjetunion und in anderen osteuropäischen Staaten die „neue Ostpolitik" der sozialliberalen Koalition – vor allem nach der Unterzeichnung des Vertrages über die Nichtweitergabe von Kernwaffen durch die Bundesrepublik – eine erste vorsichtige Klimaverbesserung gegenüber Bonn zur Folge hatte, argumentierte die DDR weiterhin unversöhnlich. Am 16. 2. 1970 bezeichnete E. Honekker den Regierungswechsel in Bonn als ein takti- sches Manöver der „westdeutschen Großbourgeoi- sie" mit dem Ziel, „unter Ausnutzung der wirt- schaftlichen Potenzen des westdeutschen Imperialis- mus und der sozialdemokratischen Ideologie" das „Tor nach dem Osten" zu öffnen, um so die „Vor- herrschaft über Europa" zu gewinnen.

Trotz fortgesetzter polemischer Angriffe der SED gegen die Regierung Brandt-Scheel gelang es, ein er- stes Treffen beider Regierungschefs zu vereinbaren. Erfurt wurde als Treffpunkt ausgewählt, nachdem eine geplante Reise des Bundeskanzlers nach Berlin (Ost) zu Auseinandersetzungen darüber geführt hat- te, ob Berlin (West) in die Reiseroute Brandts einbe- zogen werden sollte.

In Erfurt trug Ministerpräsident Stoph am 19. 3. 1970 ein 7-Punkte-Programm vor. Er forder- te 1. die „Herstellung normaler gleichberechtigter Beziehungen . . . unter Aufgabe des Alleinvertre- tungsanspruchs der Bundesregierung", 2. „Nicht- einmischung in die außenpolitischen Beziehungen des anderen Staates und endgültiger Verzicht auf die Hallstein-Doktrin", 3. eine Vereinbarung über den Gewaltverzicht „unter uneingeschränkter gegensei- tiger Anerkennung ihrer Völkerrechtssubjektivität, ihrer territorialen Integrität und der Unantastbar- keit ihrer Staatsgrenzen", 4. die Mitgliedschaft bei- der Staaten in den Vereinten Nationen, 5. „Verzicht auf ABC-Waffen und Herabsetzung der Rüstungs- ausgaben um 50 Prozent", 6. „Beseitigung aller Überreste des Zweiten Weltkrieges" und 7. Beglei- chung der – von Stoph mit 100 Mrd. Mark beziffer- ten – „Schulden der Bundesrepublik gegenüber der DDR" bzw. „Wiedergutmachungsverpflichtungen durch die Bundesrepublik".

Obwohl die wenige Tage nach dem Treffen von Er- furt beginnenden Botschafter-Gespräche über Ber- lin, die bereits zuvor aufgenommenen Gespräche von Staatssekretär Bahr in Moskau und Staatssekre- tär Duckwitz in Warschau der Entspannungspolitik deutlichere Konturen verliehen, und obwohl am 29. 4. 1970 zwischen den Postministerien der Bun- desrepublik und der DDR eine erste Vereinbarung über den Kostenausgleich und zusätzliche Fernmel- deeinrichtungen getroffen werden konnte, verlief die zweite Begegnung zwischen Brandt und Stoph am 21. 5. 1970 in einer frostigeren Atmosphäre als das Treffen von Erfurt. Ein wesentlicher Grund für das schroffe Verhalten der DDR-Delegation, der auch Außenminister Winzer angehörte, lag offenbar darin, daß die in Erfurt überraschend starken Sym- pathiebekundungen eines Teils der Bevölkerung für Brandt in der SED-Führung Besorgnis ausgelöst hatten, die Intensivierung der Kontakte könnte höchst unwillkommene Folgen für die innere Stabili- tät der DDR haben. In Kassel nahm Stoph Übergrif- fe von Demonstranten zum Anlaß, die Bundesregie- rung scharf zu kritisieren. Der Bundeskanzler dage-

gen zeichnete in seinen „20 Punkte von Kassel" die Umrisse eines zwischen beiden deutschen Staaten abzuschließenden → **Grundlagenvertrages**. Im An- schluß an das Kasseler Treffen sprach die DDR von einer „Denkpause", die man in Bonn nutzen müsse. Auf der 13. ZK-Tagung am 10. Juni bezeichnete Stoph den 20-Punkte-Vorschlag Brandts als ein „ge- schlossenes Programm gegen gleichberechtigte völ- kerrechtliche Beziehungen zwischen der DDR und der Bundesrepublik".

Fortschritte in den Gesprächen zwischen Bonn und Moskau ließen es Ulbricht geraten erscheinen, am 16. Juli in Rostock der Bundesregierung eine „ge- wisse Anerkennung der Realitäten" zu bescheini- gen. Nachdem am 12. August der Moskauer Vertrag unterzeichnet worden war und nachdem in den fol- genden Wochen auch in den Verhandlungen über den Warschauer Vertrag Fortschritte sichtbar wur- den, entsandte die DDR-Regierung Ende Oktober zwei leitende Funktionäre ihres Presseamtes nach Bonn. Im Anschluß an ihren Besuch wurde in Bonn und Berlin (Ost) eine gleichlautende Mitteilung ver- öffentlicht, derzufolge beide Regierungen „auf offi- ziellem Wege einen Meinungsaustausch" über Fra- gen zu führen wünschten, „deren Regelung der Ent- spannung im Zentrum Europas dienen würde und die für beide Staaten von Interesse sind".

Am 27. 11. 1970 trafen der Staatssekretär des Bun- deskanzleramts, Egon Bahr, und der Staatssekretär des DDR-Ministerrats, Dr. Michael Kohl, zu einer ersten vertraulichen Begegnung zusammen, der zahlreiche Gespräche folgen sollten.

Die DDR reagierte zur selben Zeit auf eine geplante Sitzung der CDU/CSU-Fraktion im Berliner Reichstag mit schleppender Abfertigung an den Grenzkontrollpunkten. Im Dezember 1970 kam es erneut zu schweren Verkehrsbehinderungen, als die Vorsitzenden der SPD-Bundestags- und Landtags- fraktionen in Berlin eine Sitzung abhielten. Ende Ja- nuar 1971 wurden zeitweise Wartezeiten bis zu 18 Stunden im Kraftfahrzeugverkehr zwischen der Bundesrepublik und Berlin (West) registriert.

Diese Zwischenfälle unterstrichen die Dringlichkeit eines Berlin-Abkommens, das den Zugang zum Westteil der Stadt gegen willkürliche Eingriffe schützen sollte. In den Verhandlungen der Botschaf- ter der Vier Mächte bahnte sich ein Durchbruch al- lerdings erst im Mai/Juni 1971 an, nachdem W. Ul- bricht durch E. Honecker als 1. Sekretär des ZK der SED abgelöst worden war und Honecker seine Be- reitschaft bekundet hatte, die D. der SED wieder stärker an den inzwischen flexibleren Kurs der so- wjetischen Führung anzupassen. Bereits im Januar 1971 war ein erster Schritt zur verbesserten Kom- munikation West-Berlins mit seiner Umwelt erfolgt: Nach 19jähriger Unterbrechung war der Telefon- verkehr zwischen West-Berlin und dem Ostteil der Stadt mit zunächst je fünf Leitungen in beiden Richtungen wieder aufgenommen worden. Weitere Leitungen wurden in der Folgezeit geschaltet.

Nachdem am 3. 9. 1971 das Viermächte-Abkommen über Berlin unterzeichnet worden war, konzentrierten sich die Staatssekretäre Bahr und Kohl auf den Abschluß eines die Vereinbarungen der Mächte ergänzenden und im einzelnen konkretisierenden Transitvertrages. Die am 6. September aufgenommenen Verhandlungen fanden nach 15 Gesprächsrunden am 3. Dezember ihren Abschluß, so daß der ausgehandelte Vertragstext am 11. Dezember paraphiert und sechs Tage später unterzeichnet werden konnte.

Parallel dazu verliefen die Verhandlungen zwischen dem Chef der Berliner Senatskanzlei, Senatsdirektor Müller, und Staatssekretär Günter Kohrt vom Ministerium für Auswärtige Angelegenheiten der DDR über Verbesserungen des Besuchs- und Reiseverkehrs und eine Regelung der Frage von Enklaven durch Gebietsaustausch, die am 20. Dezember mit der Unterzeichnung einer entsprechenden Vereinbarung beendet werden konnten. (Der Kommunikation zwischen den Deutschen in beiden Staaten und innerhalb Berlins diente auch das sehr bald nach dem Ende der Botschafter-Gespräche von Vertretern der Postministerien beider Seiten ausgehandelte Protokoll über den Post- und Fernmeldeverkehr vom 30. 9. 1971).

XIV. Der Weg zum Grundlagenvertrag 1972

Vor den Delegierten des VIII. Parteitages hatte Honecker am 15. 6. 1971 noch die Forderung nach „Aufnahme normaler Beziehungen entsprechend den Regeln des Völkerrechts auch zur BRD" und die Absage an die These vom Fortbestand der deutschen Nation erneuert. Im Januar 1972 nannte der Parteisekretär die Bundesrepublik in einer Rede vor Armeeangehörigen auf Rügen „imperialistisches Ausland". Am 18. April sprach er dann in Sofia von einer Entwicklung, „die zu einem friedlichen Nebeneinander zwischen der DDR und der BRD führt, zu normalen gutnachbarlichen Beziehungen mit dem Ausblick zu einem Miteinander im Interesse des Friedens, im Interesse der Bürger beider Staaten". Acht Tage danach erzielten Bahr und Kohl Einigkeit über den Text eines Verkehrsvertrages, über den sie seit Januar 1972 in einer 3. Gesprächsphase verhandelt hatten. Nach der Unterzeichnung dieses Verkehrsvertrages am 26. 5. 1972 widmeten sich die beiden Staatssekretäre dem schwierigsten Thema: dem → **Grundlagenvertrag**, der die Voraussetzungen für weitere Folgeverträge schaffen sollte. Diese Verhandlungen wurden mit der Paraphierung des Vertragswerks am 8. 11. 1972 beendet. Unterzeichnet wurde der Grundlagenvertrag am 21. 12. 1972 in Ost-Berlin.

In einer ersten Stellungnahme wertete ADN das er-

zielte Verhandlungsergebnis als fair: es habe zum Ausdruck gebracht, was für beide Seiten real zu erreichen war.

In seinem Bericht an die 8. ZK-Tagung im Dezember 1972 betonte das Politbüro der SED, die Beziehungen zwischen beiden Staaten könnten sich positiv entwickeln, wenn der Vertrag ratifiziert und mit Leben erfüllt werde und sich „auch die andere Seite an seinen Text und Geist" halte. Zugleich legte das Politbüro Wert auf die Feststellung, daß die Politik der → **friedlichen Koexistenz** die gesellschaftlichen Gegensätze nicht einebne und schon „gar nicht zu einer Annäherung oder Aussöhnung der feindlichen Ideologien" führe; der „Kampf an der ideologischen Front" verschärfe sich in besonderem Maße. In der Folgezeit – vor allem in der zweiten Häfte des Jahres 1973 nach dem Urteil des Bundesverfassungsgerichts zum Grundlagenvertrag – hat die SED agitatorisch-propagandistische Anstrengungen unternommen, um trotz der sich anbahnenden Normalisierung des Verhältnisses zwischen Bonn und Ost-Berlin das überkommene Feindbild vom westlichen Deutschland aufrechterhalten zu können. Die praktischen → **Beziehungen zwischen beiden deutschen Staaten** sowie zwischen Berlin (West) und der DDR haben sich jedoch inzwischen auf einigen Gebieten normalisiert. Durch eine Reihe von „Abkommen", „Vereinbarungen" und „Protokollvermerken" konnten Erleichterungen insbesondere auch für die Menschen in der Bundesrepublik und der DDR ausgehandelt werden.

Abgeschlossen wurden am
20. 9. 1973 Vereinbarungen über Grundsätze zur Schadensbekämpfung und über die Grenzgewässer;
14. 3. 1974 Protokoll über die Einrichtung der Ständigen Vertretung;
25. 4. 1974 Vereinbarungen über den Transfer von Unterhaltszahlungen und aus Guthaben in bestimmten Fällen;
25. 4. 1974 Abkommen auf dem Gebiet des Gesundheitswesens;
29. 6. 1974 Vereinbarung über den Fischfang in einem Teil der Lübecker Bucht;
29. 6. 1974 Protokollvermerk über den Verlauf der Grenze zwischen dem Küstenmeer der Bundesrepublik Deutschland und dem Küstenmeer der DDR.
Ferner wurde zwischen den Dachorganisationen des → **Sports** in der Bundesrepublik Deutschland (DSB) und der DDR (DTSB) am 8. 5. 1974 ein Protokoll über die innerdeutschen Sportbeziehungen unterzeichnet.

Der Senat von Berlin (West) schloß am 20. 12. 1971 mit der Regierung der DDR eine „Vereinbarung über den Reise- und Besucherverkehr" zwischen Berlin (West) und der DDR einschließlich Ost-Berlins sowie über die „Regelung der Frage der Enklaven", die nach dem Zweiten Weltkrieg und als Folge der Absperrmaßnahmen der DDR vom 13. 8. 1961 auf dem Gebiet der DDR und auf westlichem Stadtgebiet entstanden waren.

Über die Regelung einzelner kommunaler Probleme steht der Senat von Berlin (West) in Verhandlungen mit der DDR.

Bisher kam es lediglich (am 11. 12. 1974) zum Abschluß einer Vereinbarung zwischen beiden Seiten, die die Deponierung von Müllabfällen aus Berlin (West) auf dem Gebiet der DDR ermöglicht. Auf der Grundlage eines vereinbarten Leistungsvolumens von 1,4 Mrd. DM kann Berlin (West) in den nächsten 20 Jahren knapp 100 Mill. t Bodenaushub, Bauschutt und Siedlungsabfälle auf Mülldeponien der DDR lagern. Demgegenüber sind bisher alle Verhandlungen über Erste-Hilfe-Maßnahmen an und auf städtischen Gewässern, soweit sie die Sektorengrenze bilden, ergebnislos geblieben.

Der Abschluß weiterer Folgeverträge zwischen der Bundesrepublik Deutschland und der DDR steht noch aus. Insbesondere die Verhandlungen über Abkommen auf dem Gebiet

des Post- und Fernmeldewesens, das Vereinbarungen und Absprachen aus den Jahren 1970 und 1971 ersetzen und ergänzen soll,

des Rechtsverkehrs,

des Umweltschutzes,

der wissenschaftlichen und technischen Zusammenarbeit und

der kulturellen Beziehungen

gestalten sich langwierig, weil bisher keine befriedigende Regelung für die Einbeziehung von Berlin (West) gefunden werden konnte und weil im Fall eines Kulturabkommens die SED die Vorbedingung stellt, die Bundesrepublik müsse zunächst einen Großteil der Bestände der Stiftung Preußischer Kulturbesitz (Sitz Berlin-West), d. h. der von ihr treuhänderisch verwalteten Kulturgüter, soweit sie jemals in Museen auf dem heutigen Gebiet der DDR verwahrt wurden, an die DDR zurückgeben. Da es für diese Forderung keinerlei Rechtsgrundlage gibt, die DDR auch keine Ansprüche besitzt, da sie niemals Eigentümerin war, hat sie die Bundesregierung kategorisch zurückgewiesen. Hier steht die DDR auf dem Standpunkt, daß die Einbeziehung von Berlin (West) von Fall zu Fall neu auszuhandeln ist, da der Grundlagenvertrag hierüber nur eine „kann"-Bestimmung enthalte. Faktisch wünscht aber die SED diese Einbeziehung zum gegenwärtigen Zeitpunkt nicht, bzw. möchte sie möglichst lange hinauszögern. Die Bundesregierung hingegen geht davon aus, daß der Westteil der Stadt in alle Folgeverträge einbezogen werden soll.

Aus Anlaß der Gipfelkonferenz zum Abschluß der Konferenz für Sicherheit und Zusammenarbeit in Europa Ende Juli 1975 in Helsinki kam es – erstmals in der Geschichte der innerdeutschen Beziehungen – auch zu mehreren Gesprächen zwischen dem Bundeskanzler der Bundesrepublik Deutschland, Helmut Schmidt, und dem Ersten Sekretär des Zentralkomitees der Sozialistischen Einheitspartei Deutschlands, Erich Honecker. Von diesen Begegnungen – wie von anschließenden Äußerungen Honeckers in Berlin (Ost) – erwarten westliche Beobachter positive Auswirkungen auf die bisher stokkend verlaufenden Verhandlungen über noch ausstehende Folgeverträge zum Grundlagenvertrag.

XV. Die Bedeutung der Verfassungsänderung vom 7. 10. 1974 für die Deutschlandpolitik der DDR

Die D. hat mit der Änderung der Verfassung von 1968 (GBl. I, Nr. 47, 27. 9. 1974, S. 432 ff.) eine neue, nun auch verfassungsrechtliche Modifikation erfahren.

Unter anderem ist das in Art. 1 der Verfassung vom 6. 4. 1968 enthaltene Bekenntnis zur fortbestehenden deutschen → **Nation** (die DDR „ist ein sozialistischer Staat deutscher Nation") durch die Formel „. . . ist ein sozialistischer Staat der Arbeiter und Bauern" ersetzt worden. Ferner wurde das 1968 noch zur Verfassungsnorm erhobene Gebot der „Zusammenarbeit der beiden deutschen Staaten" und das an gleicher Stelle proklamierte Streben nach „Vereinigung (beider deutscher Staaten) auf der Grundlage der Demokratie und des Sozialismus" (Art. 8,2) ersatzlos gestrichen.

Diese Tatsache läßt verschiedene Deutungen zu:

1. Die im Zuge der Abgrenzungspolitik der SED seit 1969 vertretene These von der „Spaltung der deutschen Nation", bzw. von der „Herausbildung eines sozialistischen deutschen Nationalstaates" konnte keine Überzeugungskraft gewinnen. Vor allem die Übertragung der „Klassenkampf"-Doktrin auf die „Nation"-Theorie der SED, d. h. die theoretischideologische Ableitung und Absicherung eines sozialistischen Nation-Konzeptes bereitete sowohl im propagandistischen Bereich wie im historisch-wissenschaftlichen Kontext so große Schwierigkeiten, daß sich die SED zur verübergehenden Aufgabe aller Formeln von der sozialistischen Nation entschloß. Sie verzichtete daher auch auf eine verfassungsrechtliche Festschreibung einer konkreten Aussage über den „nationalen Charakter" ihres Staates. Das kann als Abkehr von einer offensiven D., die im Namen des Sozialismus nationale Ansprüche gegenüber der Bundesrepublik anmeldet, interpretiert werden.

2. Die Verfassungsänderung enthält jedoch auch einen Aspekt, der der D. der SED einen neuen Stellenwert im Rahmen der gesamten → **Außenpolitik** der DDR zuweist.

Durch Aufgabe einer selbstabgrenzenden Nation-Definition soll der Eindruck erweckt werden, daß die deutsche Frage gegenwärtig für die SED kein besonderes Problem mehr darstellt, daß D. ein „normaler" Teilbereich ihrer Außenpolitik ist. Die D. wäre damit zum Bestandteil einer umfassenden

Westpolitik der DDR geworden, die sich auf die künftige Mitarbeit der DDR in den Gremien der Vereinten Nationen und ein verbessertes Verhältnis zu den westlichen Industrieländern generell konzentriert. Damit dürfte es für die Bundesregierung noch schwieriger werden, ihre Vorstellungen vom besonderen Charakter der innerdeutschen Beziehungen auch gegenüber der DDR durchzusetzen.

Wer in dieser Form der Abgrenzung – durch Abwertung des deutschen Problems, vor allem der Dringlichkeit seiner Lösung – eine offensive, gegen den Fortbestand der deutschen Nation gerichtete Politik erkennt, wird die gegenwärtige D. der SED als Teil einer langfristigen expansiven Konzeption in der Deutschlandfrage verstehen.

3. Es ist nicht auszuschließen, daß die SED im Zuge einer neuen → **Europapolitik** von der Änderung ihres Nation-Begriffs positive Wirkungen bei den westeuropäischen Industrieländern erwartet. Wollte die SED mit der Verfassungsänderung vom 7. 10. 1974 die Absicht bekunden, die „nationalen deutschen Streitigkeiten" ihrerseits wenigstens in der propagandistischen Auseinandersetzung zu beenden, so könnte das seinen Eindruck zumindestens auf einen Teil der westlichen öffentlichen Meinung nicht verfehlen.

Ob die SED damit freilich größeres Entgegenkommen gegenüber ihren Vorstellungen auf seiten der mit der Bundesrepublik verbündeten Regierungen eintauschen kann, bleibt vorläufig zweifelhaft.

→ **Beziehungen zwischen beiden deutschen Staaten.**

Deutschlandsender: → **Rundfunk.**

Deutschlandtreffen der Jugend: → **FDJ.**

Devisen: Das in der → **Verfassung** der DDR (Art. 9, Ziff. 5) als konstitutiver Bestandteil des sozialistischen Wirtschaftssystems verankerte Außenwirtschaftsmonopol impliziert das alleinige Recht des Staates, die Leitung, Planung, Organisation und Durchführung aller ökonomischen Relationen mit dem Ausland festzulegen und zu kontrollieren. Es umfaßt – neben dem Außenhandels- und Außenhandelstransportmonopol – an hervorragender Stelle das Valutamonopol und wird durch den → **Ministerrat** der DDR ausgeübt, dem die Entscheidungskompetenz in allen grundsätzlichen Fragen zusteht. Dem → **Ministerium der Finanzen** obliegt die Organisation der Devisenbewirtschaftung und gemeinsam mit anderen zentralen Staatsorganen (z. B. → **Ministerium für Außenhandel; Ministerium für Auswärtige Angelegenheiten; Ministerium für Verkehrswesen**) die Durchführung der Kontrolle bzw. Erteilung von Genehmigungen. Die → **Staatsbank** regelt und vollzieht – gemeinsam mit der → **Deutschen Außenhandelsbank AG** (DABA) und der → **Deutschen Handelsbank AG** (DHB) – den Zahlungsverkehr mit dem Ausland und setzt die Umrechnungssätze der Mark zu anderen Währungen (Wechselkurs) fest.

Die wichtigste Rechtsgrundlage auf dem Gebiet der kommerziellen und nichtkommerziellen Geld- und Wertbeziehungen mit dem Ausland stellt das am 1. 2. 1974 in Kraft getretene Devisengesetz vom 19. 12. 1973 (GBl. I, S. 574) mit seinen fünf Durchführungsbestimmungen (GBl. I, S. 579 ff.) dar. Von besonderer Bedeutung ist die Tatsache, daß nunmehr die Sonderregelungen des innerdeutschen Zahlungs- und Geldverkehrs aufgehoben und somit jedes Gebiet außerhalb der DDR als Devisenausland deklariert worden ist. Als Devisenwerte gelten nicht nur Guthaben in fremder Währung sowie ausländische Banknoten und Münzen, sondern darüber hinaus auch im Devisenausland befindliche und Deviseninländern gehörende Vermögenswerte (z. B. Grundstücke; Briefmarken, Kunstsammlungen,

Edelmetalle, Edelsteine oder Perlen, Gemälde, Plastiken oder „ähnliche wertvolle Sachen") und Vermögensbeteiligungen. Sie unterliegen einer allgemeinen Anmeldepflicht und Anbietungspflicht sowie bei Verfügungen (Devisenwertumlauf) der Genehmigungspflicht.

Für die Mark der DDR besteht als reiner Binnenwährung (→ **Währung**) ein grundsätzliches Ausfuhr- und Einfuhrverbot. Bewohner der DDR (Deviseninländer) dürfen allerdings bis zu 300 Mark in das Devisenausland mitnehmen, die jedoch in Einrichtungen der DDR (z. B. Flughafengaststätten, „Mitropa") – bei Reisen in die Mitgliedsländer des → **Rates für Gegenseitige Wirtschaftshilfe** (RGW) kann dieser Betrag auch umgetauscht bzw. verausgabt werden – verwendet werden dürfen und deren Verbrauch nachzuweisen ist. Eine bemerkenswerte Neuerung enthält die Erste Durchführungsbestimmung zum Devisengesetz (§ 6, Abs. 3) insofern, als Bewohner der DDR Bargeld anderer Währungen genehmigungsfrei besitzen dürfen und dieses auch in besonderen Einrichtungen (z. B. → **Intershop**, Intertank) ausgeben dürfen. Dieses trifft nach der Dritten Durchführungsbestimmung (§ 5) auch für den Fall zu, wenn Deviseninländer anläßlich eines Aufenthalts im Devisenausland (z. B. Bundesrepublik Deutschland und West-Berlin) über ihre dort befindlichen Guthaben bis zum Gegenwert von 500 Mark zum Zwecke des Transfers in die DDR genehmigungsfrei und ohne Zustimmung der zuständigen Bank der DDR verfügen. Werden diese Devisenwerte nicht innerhalb von 14 Tagen nach der Wiedereinreise in den vorgenannten Einrichtungen verausgabt, so müssen sie der zuständigen Bank zum Ankauf angeboten werden. Wie aus Pressemeldungen hervorgeht, können Devisenausländer bei ihrem Besuch in der DDR Bargeld in konvertierbarer Währung bis zu einer Höhe von 500 Mark verschenken, deren Höhe und Empfänger bei der Ausreise den Zollbehörden der DDR mitzuteilen sind.

Devisenausländer können über eingetauschte Markbeträge frei verfügen, sofern diese nicht zur Bezahlung von Verbindlichkeiten aus dem internationalen Waren- und

Dienstleistungsverkehr sowie für den Erwerb oder die Begründung von Forderungen und anderen Vermögenswerten verwendet werden. Die Staatsbank führt die Devisenausländerkonten A (Beträge aus Arbeitseinkommen, Stipendien oder aus Umtausch) und B (sonstige Beträge), von denen Verfügungen u. a. erlaubt sind für

die Erfüllung von Unterhaltsverpflichtungen;

die Bezahlung von Aufwendungen zur Erhaltung von Häusern und Grundstücken;

die Zahlung von Steuern;

Zuwendungen an Großeltern, Eltern, Kinder, Enkelkinder, Schwiegereltern, Schwiegersöhne, Schwiegertöchter und Geschwister des Kontoinhabers bis zu einer Höhe von 200 Mark je Person pro Monat bzw. für einen Haushalt mit 2 Personen bis zu 300 Mark monatlich und für jede weitere zum Haushalt gehörige Person bis zu 50 Mark, sofern das Guthaben zur Begleichung der obengenannten Zahlungen ausreicht;

die Bezahlung von Aufenthaltskosten des Kontoinhabers und seines Ehegatten sowie seiner Kinder und Enkel, soweit diese das 16. Lebensjahr noch nicht vollendet haben, bis zur Höhe von 15 Mark je Tag und je Person;

die Begleichung von Nachlaßverbindlichkeiten, Fracht- und Transportkosten für Umzugs- und Erbschaftsgut des Kontoinhabers, Gebühren für Gerichts- und Notariatssachen, Arztkosten sowie von Bestattungskosten von Familienmitgliedern oder Verwandten.

Zur Führung von Konten in anderen Währungen (Valutakonten) sind nur die Deutsche Außenhandelsbank AG und die Handelsbank AG berechtigt.

Die Höhe der Devisenreserve der DDR ist nicht bekannt. Sie dürfte sich u. a. aus den Westgeldeinnahmen im Rahmen des Transit- und Reiseverkehrs finanzieren.

DEWAG: Abk für Deutsche Werbeanzeigen-Gesellschaft. → **Werbung.**

Dezentralisation: → **Zentralisation.**

DFD: Abk. für → **Demokratischer Frauenbund Deutschlands.**

DHfK: Abk. für → **Deutsche Hochschule für Körperkultur.**

Dialektischer Materialismus: → **Marxismus-Leninismus.**

Diamat: Abk. für Dialektischer Materialismus; → **Marxismus-Leninismus.**

Dienstleistungsabgabe: → **Steuern.**

Dienstleistungsbetriebe: Nach dem Prinzip der → **wirtschaftlichen Rechnungsführung** arbeitende Betriebe, die vorwiegend Dienstleistungen für die Bevölkerung erbringen, ohne materielle Güter zu schaffen oder auszutauschen. Zu den D. gehören u. a. Wäschereien, Färbereien, Bügelanstalten, Reparaturstützpunkte, Gaststätten, Friseurbetriebe und Einrichtungen des Verkehrswesens, soweit diese nicht den produktiven Bereichen der Wirtschaft zugerechnet werden. Des wei-

teren gehören zu den D. die Einrichtungen der kulturellen, sozialen und medizinischen Betreuung.

Um die bestehenden Mängel auf dem Dienstleistungssektor zu beheben sowie im Interesse der → **Rationalisierung** wurde in den letzten Jahren die Bildung von Dienstleistungskombinaten gefördert. Diese fassen die Ausführung verschiedener Dienstleistungen in einem Betrieb zusammen.

Dienstränge: D. werden bei der → **Deutschen Reichsbahn** und der → **Deutschen Post** verliehen nach den folgenden Maßstäben:

Moralische Anerkennung der fachlichen Arbeitsleistung, Berufserfahrung, erreichter Ausbildungsstand, gesellschaftliche Betätigung. Der Beschäftigte erwirbt einen D. durch Attestierung (erstmalige Verleihung) oder Beförderung. Mit der Führung eines D. sind verschiedene Rechte, das Führen von Rangabzeichen u. a. m. verbunden. Der wichtigste materielle Vorteil besteht in der Festlegung eines D.-Gehalts. Ist z. B. der D. eines Beschäftigten niedriger als der für seine Tätigkeiten an sich vorgesehene Rang, erhält er den seiner Eingruppierung bzw. Tätigkeit entsprechender Tariflohn; im umgekehrten Fall tritt unter bestimmten Voraussetzungen das D.-Gehalt in Kraft, z. B. bei Betriebsdienstuntauglichkeit. Dadurch erhält der Beschäftigte einen materiellen Schutz.

Die Aberkennung des D. ist als disziplinarische Maßnahme möglich.

Die verschiedenen D. werden in einzelnen Ranggruppen zusammengefaßt. Das D.-System z. B. der Reichsbahn kennt in der Ranggruppe die D.

I Eisenbahner
  Reichsb.-Unterassistent
  Reichsb.-Assistent
II Reichsb.-Untersekretär
  Reichsb.-Sekretär
  Reichsb.-Obersekretär
  Reichsb.-Hauptsekretär
III Reichsb.-Inspektor
  Reichsb.-Oberinspektor
  Reichsb.-Amtmann
  Reichsb.-Oberamtmann
IV Reichsb.-Rat
  Reichsb.-Oberrat
  Reichsb.-Hauptrat
V Reichsb.-Direktor
  Reichsb.-Oberdirektor
  Reichsb.-Hauptdirektor
  Stellvertr. d. Generaldirektors
  Generaldirektor

Die D. von Post und Bahn sind nicht mit den Dienstgraden der → **NVA** und anderer bewaffneter Kräfte vergleichbar. → **Post- und Fernmeldewesen.**

Diktatur des Proletariats: → **Marxismus-Leninismus.**

DIM: Abk. für Deutsches Institut für Marktforschung. → **Markt- und Marktforschung.**

DIN (Deutsche Industrie-Normen): Technische Normen des Deutschen Normenausschusses (DNA), Sitz Berlin (West), die bis 1960 auch in der DDR volle Gültigkeit hatten. Seit Anfang 1961 wurden die DIN durch eigene „Staatliche Standards" ersetzt (→ **Standardisierung**). Das war bis Mitte 1964 weitgehend durchgeführt. Allerdings wurden zahlreiche DIN dabei unverändert als „Staatliche Standards" übernommen.

Der DNA war bis Mitte 1961 trotz der Spaltung Deutschlands funktionsfähig geblieben. In seinen Fachausschüssen arbeiteten die Vertreter beider Teile Deutschlands. Das Präsidium des DNA bestand zu einem Drittel aus Vertretern der DDR. Seit dem 13. 8. 1961 sind alle offiziellen Kontakte mit westdeutschen Stellen des DNA unterbrochen.

Diplomatische Beziehungen: Die Führung der DDR versteht Diplomatie als eines der wichtigsten Mittel zur Verwirklichung ihrer → **Außenpolitik**. Weitere Mittel sind z. B. außenwirtschaftliche, kulturelle Beziehungen usw. Die Hauptformen diplomatischer Tätigkeit sind: Verhandlungen auf diplomatischen Kongressen, Konferenzen oder Beratungen; Vorbereitung und Abschluß diplomatischer Verträge; diplomatischer Schriftwechsel; ständige oder zeitweilige Vertretung des Staates im Ausland (durch diplomatische oder konsularische Vertretungen oder Sondermissionen); Teilnahme staatlicher Vertretungen an der Tätigkeit internationaler Organisationen; Erläuterung des Standpunktes der Regierung zu außenpolitischen Fragen in der Presse, Herausgabe öffentlicher Informationen und völkerrechtlicher Dokumente.

Als ständige offizielle Auslandsvertretungen gibt es a) diplomatische Vertretungen (Botschaften, Gesandtschaften und Missionen, denen diplomatische Rechte zuerkannt worden sind); b) konsularische Vertretungen; c) staatliche Wirtschafts- und Handelsmissionen bzw. Handelsvertretungen.

Alle sozialistischen Länder, einschließlich der DDR, verwenden das seit dem Wiener Reglement (1815) international gebräuchliche und in der Wiener Konvention über diplomatische Beziehungen vom 18. 4. 1961 erneut kodifizierte System der diplomatischen Rangfolge: Botschafter oder Legat (Nuntius), Gesandter, Ministerresident, ständiger Geschäftsträger. Angehörige der ersten 3 Gruppen werden in der Regel bei den Staatsoberhäuptern akkreditiert, ständige Geschäftsträger, Konsuln und Leiter von Handelsvertretungen, sofern diese nicht einer Botschaft angegliedert sind, dagegen bei den zuständigen Ressortministern für Auswärtiges oder Außenhandel. Die Rangfolge im Diplomatischen Korps hängt vom Datum der Übergabe des Beglaubigungsschreibens ab.

Da nach der Gründung der DDR im Diplomatischen Dienst Mangel an politisch zuverlässigen Berufsdiplomaten bestand, befanden sich auf wichtigen diplomatischen Posten häufig verdiente Altkommunisten oder Spitzenfunktionäre des Parteiapparates. Heute wird der diplomatische Nachwuchs an speziellen Hochschulen ausgebildet, wie dem zur Akademie für Staats- und Rechtswissenschaft der DDR gehörenden Institut für Internationale Beziehungen sowie dem sowjetischen Institut für Internationale Beziehungen und der sowjetischen Diplomaten-Hochschule.

Nach Angaben der DDR unterhält sie zu 113 Staaten DB. (Stand 31. 5. 1975), wobei sowohl die Beziehungen zur Bundesrepublik Deutschland als auch die suspendierten Beziehungen zur Zentralafrikanischen Republik sowie zu Chile eingeschlossen sind. Nachdem die DDR nach 1949 zunächst international isoliert war und nur zu den sozialistischen Staaten mit der Zeit DB. aufnehmen konnte, gelang es ihr, ab 1969 von den arabischen und einigen afro-asiatischen Staaten anerkannt zu werden. Die diplomatische Blockade konnte erst mit der Ende 1972 einsetzenden Anerkennungswelle (Unterzeichnung des Grundlagenvertrages am 21. 12. 1972) im Zuge der Normalisierung des Verhältnisses DDR – Bundesrepublik Deutschland durchbrochen werden.

Bis zur Einrichtung von Botschaften unterhielt die DDR Generalkonsulate in fünf Staaten: Burma, Ceylon, Indonesien, Volksdemokratische Republik Jemen und Tansania. Im Rahmen DB. bestehen heute zusätzliche Konsulate in Polen (GK in Danzig, K in Breslau), UdSSR (GK in Leningrad, Kiew und Minsk), ČSSR (GK in Bratislava), Bulgarien (K in Varna), Jugoslawien (GK in Zagreb), Ägypten (K in Alexandria) und Tansania (K in Sansibar).

Bis zur Herstellung DB. verfügte die DDR in 28 Ländern über Handelsvertretungen, die bis auf drei Ausnahmen (Finnland, Guinea, Mali) einseitig errichtet worden waren und neben außenwirtschaftlichen Aufgaben auch außenpolitisch für die diplomatische Anerkennung werben sollten. Solche Handelsvertretungen bestanden entweder aufgrund von Regierungsabkommen und nahmen damit z. T. auch konsularische Aufgaben wahr oder aufgrund von Abkommen im Handels- und → **Zahlungsverkehr**, wobei die → **Kammer für Außenhandel** bzw. das → **Amt für Außenwirtschaftsbeziehungen** der DDR als Träger fungierten. Nach der Aufnahme DB. wurden die Aufgaben dieser Vertretungen in der Regel durch die handelspolitischen Abteilungen der neuen Botschaften wahrgenommen. Die dem → **Ministerium für Verkehrswesen** unterstellten, auf Aufgaben des Transitverkehrs spezialisierten Verkehrsvertretungen in Dänemark, Österreich und Schweden blieben auch nach Anerkennung der DDR durch diese Staaten bestehen.

Die DDR unterhält zu folgenden Staaten DB. (Stand vom 31. 8. 1975);

1. Union der Sozialistischen Sowjetrepubliken (15. 10. 1949),
2. Volksrepublik Bulgarien (17. 10. 1949),
3. Volksrepublik Polen (18. 10. 1949),
4. Tschechoslowakische Sozialistische Republik (18. 10. 1949),
5. Ungarische Volksrepublik (19. 10. 1949),
6. Sozialistische Republik Rumänien (22. 10. 1949),
7. Volksrepublik China (25. 10. 1949),
8. Koreanische Volksdemokratische Republik (7. 11. 1949),
9. Volksrepublik Albanien (2. 12. 1949),

10. Demokratische Republik Vietnam (3. 2. 1950),
11. Mongolische Volksrepublik (13. 4. 1950),
12. Sozialistische Föderative Republik Jugoslawien
    (10. 10. 1957),
13. Republik Kuba (12. 1. 1963),
14. Kambodscha (8. 5. 1969),
15. Republik Irak (10. 5. 1969),
16. Demokratische Republik Sudan (3. 6. 1969),
17. Syrische Arabische Republik (5. 6. 1969),
18. Republik Südvietnam (20. 6. 1969),
19. Volksdemokratische Republik Jemen
    (10. 7. 1969),
20. Arabische Republik Ägypten (11. 7. 1969),
21. Volksrepublik Kongo (8. 1. 1970),
22. Demokratische Republik Somalia (8. 4. 1970),
23. Zentralafrikanische Republik (18. 4. 1970;
    am 14. 8. 1971 durch die Zentralafrikanische
    Republik unterbrochen),
24. Demokratische Volksrepublik Algerien
    (20. 5. 1970),
25. Republik der Malediven (22. 5. 1970),
26. Republik Sri Lanka (16. 6. 1970),
27. Republik Guinea (9. 9. 1970),
28. Republik Chile (16. 3. 1971;
    am 21. 9. 1973 durch die DDR unterbrochen),
29. Republik Äquatorial-Guinea (14. 4. 1971),
30. Republik Tschad (6. 6. 1971),
31. Volksrepublik Bangladesh (16. 1. 1972),
32. Republik Indien (8. 10. 1972),
33. Islamische Republik Pakistan (15. 11. 1972),
34. Kaiserreich Iran (7. 12. 1972),
35. Republik Burundi (7. 12. 1972),
36. Republik Ghana (13. 12. 1972),
37. Republik Tunesien (17. 12. 1972),
38. Republik Zaire (18. 12. 1972),
39. Staat Kuwait (18. 12. 1972),
40. Schweizerische Eidgenossenschaft
    (20. 12. 1972),
41. Königreich Nepal (20. 12. 1972),
42. Republik Indonesien (21. 12. 1972),
43. Königreich Schweden (21. 12. 1972),
44. Republik Österreich (21. 12. 1972),
45. Republik Zypern (21. 12. 1972),
46. Vereinigte Republik Tansania (21. 12. 1972),
47. Jemenitische Arabische Republik
    (21. 12. 1972),
48. Republik Sierra Leone (21. 12. 1972),
49. Australischer Bund (22. 12. 1972),
50. Republik Uruguay (24. 12. 1972),
51. Republik Libanon (24. 12. 1972),
52. Königreich Belgien (27. 12. 1972),
53. Republik Peru (28. 12. 1972),
54. Königreich Marokko (29. 12. 1972),
55. Königreich der Niederlande (5. 1. 1973),
56. Großherzogtum Luxemburg (5. 1. 1973),
57. Republik Uganda (5. 1. 1973),
58. Republik Finnland (7. 1. 1973),
59. Republik Costa Rica (9. 1. 1973),
60. Spanien (11. 1. 1973),
61. Republik Island (12. 1. 1973),

62. Königreich Dänemark (12. 1. 1973),
63. Republik Gambia (15. 1. 1973),
64. Königreich Norwegen (17. 1. 1973),
65. Republik Afghanistan (17. 1. 1973),
66. Italienische Republik (18. 1. 1973),
67. Islamische Republik Mauretanien (22. 1. 1973),
68. Kaiserreich Äthiopien (1. 2. 1973),
69. Staat Malta (6. 2. 1973),
70. Vereinigtes Königreich von Großbritannien
    und Nordirland (8. 2. 1973),
71. Französische Republik (9. 2. 1973),
72. Bundesrepublik Nigeria (10. 2. 1973),
73. Republik Rwanda (14. 2. 1973),
74. Republik Sambia (21. 2. 1973),
75. Union von Burma (23. 2. 1973),
76. Republik Kolumbien (23. 3. 1973),
77. Föderation Malaysia (4. 4. 1973),
78. Republik Obervolta (13. 4. 1973),
79. Kooperative Republik Guyana (13. 4. 1973),
80. Republik Togo (18. 4. 1973),
81. Republik Mali (19. 4. 1973),
82. Japan (15. 5. 1973),
83. Griechenland (25. 5. 1973),
84. Vereinigte Mexikanische Staaten (5. 6. 1973),
85. Libysche Arabische Republik (11. 6. 1973),
86. Republik Argentinien (25. 6. 1973),
87. Fürstentum Liechtenstein (28. 6. 1973),
88. Vereinigte Republik Kamerun (21. 7. 1973),
89. Republik Ecuador (23. 7. 1973),
90. Republik Venezuela (24. 7. 1973),
91. Republik Singapur (10. 8. 1973),
92. Republik Senegal (22. 8. 1973),
93. Republik Dahome (14. 9. 1973),
94. Republik Bolivien (18. 9. 1973),
95. Republik der Philippinen (21. 9. 1973),
96. Republik Liberia (28. 9. 1973),
97. Haschemitisches Königreich Jordanien
    (8. 10. 1973),
98. Föderative Republik Brasilien
    (22. 10. 1973),
99. Republik San Marino (26. 11. 1973),
100. Republik Madagaskar (29. 11. 1973),
101. Republik Fidschi (11. 1. 1974),
102. Republik Panama (29. 1. 1974),
103. Republik Gabun (4. 4. 1974),
104. Republik Guinea-Bissau (17. 4. 1974),
105. Königreich Laos (27. 5. 1974),
106. Neuseeland (31. 5. 1974),
107. Republik Türkei (1. 6. 1974),
108. Portugal (Abkommen über die Herstellung
     der DB. am 19. 6. 1974 unterzeichnet),
109. Thailand (3. 9. 1974),
110. USA (4. 9. 1974),
111. Mauritius (29. 10. 1974),
112. Republik Niger (4. 3. 1975),
113. Kenia (19. 5. 1975)
114. Mosambik (25. 6. 1975)
115. Sao Tomé und Principé (15. 7. 1975)
116. Kanada (1. 8. 1975)
117. Kap Verden (5. 8. 1975)

Direktion Seeverkehr und Hafenwirtschaft: → **Kombinat Seeverkehr und Hafenwirtschaft – Deutfracht/Seereederei.**

Direktstudium: Das traditionelle Studium im Unterschied zum → **Fernstudium** und Abendstudium.

Dispatchersystem: → **Deutsche Reichsbahn.**

Dispensaire: → **Gesundheitswesen,** V.

Divergenztheorie: → **Konvergenztheorie.**

Diversion: 1. Ablenkung, unerwarteter Angriff, der von einer D.-Gruppe als Einheit der Aufklärungsgruppe während eines Krieges zur Störung der rückwärtigen Verbindungen des Feindes, zur Desorganisation seiner Führung, zur Lahmlegung wichtiger Objekte im Hinterland sowie zur Nachrichtengewinnung unternommen wird.
2. Begriff aus dem Wirtschaftsstrafrecht, der in Befehlen der → **SMAD** (vgl. vor allem den Befehl Nr. 160 vom 3. 12. 1945) auftaucht. Die Definition sowie die Abgrenzung zur Sabotage waren zunächst unklar. Mit Außerkraftsetzung des Besatzungsrechts wurde D. als eine unter Boykotthetze nach Art. 6 der → **Verfassung** fallende Erscheinungsform im Klassenkampf angesehen. Durch das Strafrechtsergänzungsgesetz vom 11. 12. 1957 wurde D. zu einem selbständigen Tatbestand formuliert. Seit dieser Zeit beschreibt § 103 StGB den Tatbestand der D.
3. Die „ideologische D." gilt als „Hauptform des Klassenkampfes" von innen und als Bestandteil der „psychologischen Kriegführung" des Klassengegners. In der ideologischen D. seien Antikommunismus und Antisowjetismus die Hauptelemente.
→ **Imperialismus; Rechtswesen; Revisionismus; Sozialdemokratismus; Staatsverbrechen; Strafrecht.**

DKP: Abk. für Deutsche Kommunistische Partei. → **KPD.**

DM: → **Währung.**

Dogmatismus: Im Verständnis des Marxismus-Leninismus eine Denkweise, die die Erscheinungen mit Hilfe abstrakter und festgeschriebener Kategorien und Sätze erklärt, ohne die jeweils konkret gegebenen politisch-historischen Situationen miteinzubeziehen. Nach dem XX. Parteitag der KPdSU 1956 wurde D. vor allem jenen vorgeworfen, die an bestimmten dogmatischen Lehrsätzen festhielten, statt die schöpferische Weiterentwicklung des → **Marxismus-Leninismus** zu vertreten. Der D. wird häufig als „Abart der Metaphysik" bezeichnet; er sei vor allem in Theologie und Religion nachzuweisen. Der Marxismus-Leninismus selbst sei jedoch auch nicht frei von der Gefahr des D.; D. im Marxismus-Leninismus könne die Ursache sein von „Sektierertum", von einer Trennung von Theorie und Praxis, von → **Subjektivismus.** Gegenwärtig wird der D. für den internationalen Marxismus-Leninismus als ähnlich gefährlich angesehen wie → **Revisionismus** und → **Sozialdemokratismus.** → **Abweichungen.**

Dokumentation: D. bedeutet in der DDR: **1.** wertende Einschätzungen und inhaltliche Analyse von Dokumenten zum Zwecke der wissenschaftlichen Information unter Berücksichtigung der entwickelten Methoden und Techniken zum Auffinden, Sammeln, Ordnen, Speichern und zur Auswahl wissenschaftlicher und technischer Erkenntnisse und Erfahrungen. Das Ergebnis der D. dieser Art sind z. B. Inhaltsanalysen, Faktenspeicher, Deskriptoren zur inhaltlichen Kennzeichnung von Informationsquellen; dieser Begriff wird im allgemeinen im Zusammenhang mit → **Information** verwendet.
2. sämtliche textlichen und graphischen Unterlagen einer realisierten Datenverarbeitungsaufgabe, beginnend z. B. mit dem Auftrag über die Ausarbeitung eines Datenverarbeitungsprojektes bis zu den Unterlagen für die Nutzrechnungen in der Rechenstation; im engeren Sinne Programm- und Einführungs-D.
3. spezifische publizistische Gattung, die unter Verwendung von Dokumenten Nachweise über das gesellschaftliche Verhalten von Einzelpersonen, sozialen Gruppen, Klassen und Staaten führt. Soweit technisch möglich, wird originales und authentisches Schrift-, Ton-, Bild- und Filmmaterial benutzt. Film-, Fernseh- und Rundfunk-D. entwickeln sich immer mehr zu eigenständigen, z. T. künstlerischen Formen mit hoher emotionaler Wirkung.
→ **Zentralinstitut für Information und Dokumentation** (ZIID); **Zentralstelle für Primärdokumentation.**

Domowina: → **Sorben.**

Doppelte Unterstellung: → **Anleitung und Kontrolle.**

Dorfakademien: Einrichtungen der → **Erwachsenenqualifizierung,** die seit 1958 entstanden und manchmal mit den → **Dorfklubs** verbunden sind. Nach den Grundsätzen für die Gestaltung des → **einheitlichen sozialistischen Bildungswesens** sind Aufgabe der D. „die planmäßige und systematische berufliche Ausbildung im Rahmen der abschnittsweisen Qualifizierung, die berufliche Weiterbildung . . . und die Vervollkommnung der Allgemeinbildung"; sie sollen die Genossenschaftsbauern vor allem auf den schrittweisen Übergang zu industriemäßigen Produktionsmethoden vorbereiten und sie in die Fragen der „Chemisierung" der landwirtschaftlichen Produktion einführen.

Dorfklubs: In den D., von denen seit 1957 rund 6 000 eingerichtet wurden, soll sich das kulturelle und künstlerische Leben auf dem Lande konzentrieren. Sie werden von den Gemeinderäten angeleitet und von LPG und VEG unterstützt.

Dorfzeitungen: → **Presse.**

DPA: Abk. für Deutscher Personalausweis. → **Paß/Personalausweis.**

Dritter Weg: Mit dem Begriff DW. verbindet die sozialistische → **Opposition** im → **Ostblock** das Bekenntnis zum „demokratischen" oder auch „menschlichen Sozialismus". Sozialistische Wirtschaftsformen sollen ihre

Ergänzung finden durch eine echte Demokratie in Staat und Gesellschaft. Diese Auffassung lehnt sowohl den Stalinismus und den nachstalinistischen Totalitarismus im Ostblock als auch die bürgerlich-demokratische Gesellschaftsordnung ab, in der die Ausbeutung des Menschen durch den Menschen infolge des Privatbesitzes an → **Produktionsmitteln** weiterbestehe. Der DW. wird als Alternative gegenüber dem Kapitalismus und dem entarteten Sozialismus verstanden. Seine Anhänger in der DDR sehen in der Theorie des DW. die einzig mögliche programmatische Plattform für ein wiedervereinigtes Deutschland, das eine Synthese zwischen „sozialistischer Diktatur" und „kapitalistischer Demokratie" sein soll. Eine solche Synthese, die Verbindung von Sozialismus und Demokratie, erstrebten auch die tschechoslo-wakischen Reformkommunisten. Die SU und die mit ihr verbündeten Ostblockstaaten bezeichneten ein solches Programm als konterrevolutionär und begründeten damit ihre Invasion im August 1968.

DRK: → **Deutsches Rotes Kreuz.**

Druckerei- und Verlagskontor: → **Verlagswesen.**

DSF: Abk. für → **Gesellschaft für Deutsch-Sowjetische Freundschaft.**

DTSB: Abk. für → **Deutscher Turn- und Sportbund.**

DVP: → **Deutsche Volkspolizei.**

DWK: Abk. für → **Deutsche Wirtschaftskommission.**

E

Ehegattenzuschlag, Staatlicher: Zum Ausgleich der Preiserhöhungen nach der Abschaffung der Lebensmittelkarten erhalten seit 1. 6. 1958 Arbeiter, Angestellte, Mitglieder landwirtschaftlicher und handwerklicher Produktionsgenossenschaften mit einem Bruttodurchschnittsverdienst bis zu 800 Mark im Monat einen StE. von 5 Mark monatlich, wenn der Ehegatte kein eigenes Einkommen hat und in der DDR oder in Ost-Berlin wohnt. Studenten und Sozialeinkommensbezieher, sofern sie ebenfalls Anspruch haben und ihr Bruttodurchschnittsverdienst 600 Mark nicht übersteigt, erhalten einen StE. von 9 Mark. Alle StE. werden nur auf Antrag gezahlt.

Eherecht: → **Familienrecht.**

Ehescheidungen: Entsprechend dem staatlichen Eheschließungsmonopol können E. nur durch gerichtliches Urteil im Gefolge einer E.-Klage eines oder beider Ehegatten ausgesprochen werden. Das Verfahren richtet sich nach der Familienverfahrensordnung vom 17. 2. 1966. Materielle Grundlage ist § 24 des Familiengesetzbuches vom 20. 12. 1965, wonach eine Ehe nur geschieden werden darf, „wenn das Gericht festgestellt hat, daß solche ernstlichen Gründe vorliegen, aus denen sich ergibt, daß diese Ehe ihren Sinn für die Ehegatten, die Kinder und damit auch für die Gesellschaft verloren hat".
Im internationalen Vergleich und im Vergleich zur Bundesrepublik Deutschland weist die DDR eine hohe, stetig ansteigende E.-Quote (vor allem von jungen Ehen) auf.

Anzahl der Ehescheidungen (auf 10 000 Einwohner)

Jahr	Bundesrepublik Deutschland	DDR
1964	9,5	16,2
1965	10,0	15,6
1966	9,8	16,4
1967	10,5	16,6
1968	10,8	16,8
1969	11,9	16,9
1970	12,6	16,1
1971	13,1	18,1
1972	–	20,4
1973	–	22,7

Quellen: Statistisches Jahrbuch der Bundesrepublik Deutschland 1973, S. 63; Statistisches Jahrbuch der DDR 1974, S. 476.

Auch der Anteil der Geschiedenen ist in allen Altersgruppen in der DDR höher als in der Bundesrepublik.

Allerdings ist die Wiederverheiratungsquote hoch. Die Gründe für die größere Scheidungshäufigkeit lassen sich in der (für Männer) – in der DDR bis 31. 12. 1974 – niedriger angesetzten Ehemündigkeit, in der andersartigen Regelung des Scheidungsrechts, in einer weiter verbreiteten wirtschaftlichen Selbständigkeit der Frauen, aber auch in der Konfessionsstruktur der DDR vermuten. Hier scheint sich auch das im Vergleich zur Bundesrepublik Deutschland niedrigere Heiratsalter auszuwirken. → **Familienrecht.**

Eheschließung, Sozialistische: Sozialistische → **Feiern.**

Ehrenpensionen: → **Wiedergutmachung.**

Eid: Für das Verfahrensrecht wird dem E. in der DDR nicht mehr die Rolle einer besonderen Bekräftigung des Wahrheitsgehalts einer Aussage beigemessen. Vielmehr sieht man in ihm ein nur formales Beweismittel, das wenig geeignet ist, zur Ermittlung der objektiven Wahrheit beizutragen. Nach dem Vorbild der Verfahrensrechts anderer sozialistischer Staaten sieht die → **Strafprozeßordnung** vom 12. 1. 1968 die Vereidigung von Zeugen und Sachverständigen nicht mehr vor. Lediglich im Rechtshilfeverfahren in Strafsachen ist eine Vereidigung von Zeugen und Sachverständigen zulässig, wenn diese nach den Bestimmungen, die für das ersuchende Organ gelten, notwendig ist. Für den → **Zivilprozeß** gelten noch die Bestimmungen der ZPO von 1877 über die Beeidigungen von Zeugen (§§ 391, 392), Sachverständigen (§§ 410, 402) und Parteien (§ 452); sie haben jedoch dadurch an Bedeutung verloren, daß das materielle Strafrecht keine Eidesdelikte mehr enthält. Das Strafgesetzbuch vom 12. 1. 1968 enthält lediglich die Straftatbestände der vorsätzlich falschen Aussage (§ 230) sowie der falschen Versicherung zum Zwecke des Beweises (§ 231), wodurch die Möglichkeit, eine Falschaussage unter E. strafrechtlich anders zu behandeln als eine uneidliche Falschaussage, entfällt. Im künftigen Verfahrensrecht für Zivil-, Familien- und Arbeitssachen werden daher voraussichtlich keine Bestimmungen über den E. mehr enthalten sein. Auch das Verfahren des Offenbarungseides soll abgeschafft und durch die Pflicht zur Vorlegung eines Vermögensverzeichnisses abgelöst werden.
Im Unterschied zum Verfahrensrecht spielt der E. in Gestalt des Fahneneides bei der → **Nationalen Volksarmee** eine Rolle und ist in der Dienstlaufbahnordnung vom 24. 1. 1962 geregelt.

Eigentum

Eigentum und Gesellschaftsordnung – Eigentumsformen – Verfassungsrechtliche Bestimmungen

I. Die Eigentumsordnung in der DDR
Die E.-Ordnung in der DDR beruht nach ihrer grundlegenden Umgestaltung nach 1945 durch Bodenreform, → **Enteignung** der Schlüsselindustrien,

Banken, Versicherungsunternehmen, Enteignung der als Kriegsverbrecher und aktive Nationalsozialisten angesehenen Personen, Treuhandsverwaltung von Flüchtlingsvermögen, individuelle Enteignungen mit Mitteln der Wirtschafts- und Steuerpolitik, Einführung staatlicher Beteiligung an Privatbetrieben, Vergenossenschaftung der Landwirtschaft und des Handwerks usw., unmittelbar auf Verfassungsrecht (Art. 9–16 Verf.). Eigentumsrechtliche Bestimmungen anderer Gesetze, wie das Sachenrecht des noch geltenden Bürgerlichen Gesetzbuches (→ **Zivilrecht**), sind nach Maßgabe der verfassungsrechtlichen Bestimmungen zum E. anzuwenden.

II. Eigentumsformen

Kennzeichnend für die E.-Ordnung der DDR ist die Überwindung des monistischen Eigentumsbegriffs des bürgerlichen Rechts und seine Aufspaltung in mehrere E.-Formen unter dem Gesichtspunkt ihrer sozialen und wirtschaftlichen Funktion.

A. Das sozialistische Eigentum

Grundlage der Volkswirtschaft in der DDR ist das sozialistische E., das seinerseits in drei Erscheinungsformen vorkommt: als gesamtgesellschaftliches Volkseigentum, als genossenschaftliches Gemeineigentum werktätiger Kollektive und als Eigentum gesellschaftlicher Organisationen der Bürger (Art. 10 Abs. 1 Verf.). Hiervon werden als weitere Formen des E. das persönliche E. und das Privat-E. unterschieden. Die E.-Ordnung wird im Verständnis des Marxismus-Leninismus nur als entscheidendes Element der gesamten politischen wie gesellschaftlichen Ordnung begriffen. Mit ihr werden sowohl der sozialistische Charakter der Gesellschaft als auch z. B. die für sie spezifischen Formen der Mitwirkungsrechte begründet.

1. Das *gesamtgesellschaftliche Volkseigentum* gilt als die höchstentwickelte Form des sozialistischen E., da es im weitestgehenden Grade vergesellschaftet ist. Im Hinblick auf den Gegenstand des gesamtgesellschaftlichen Volks-E. gelten keine Begrenzungen. Für bestimmte Objekte ist die Form des Volks-E. zwingend, so für die Bodenschätze, die Bergwerke, Kraftwerke, Talsperren, großen Gewässer, die Naturreichtümer des Festlandsockels, Banken und Versicherungseinrichtungen, die volkseigenen Güter, die Verkehrswege, die Transportmittel der Eisenbahn, Seeschiffahrt und Luftfahrt, die Post- und Fernmeldeanlagen sowie – seit der Verfassungsänderung vom 7. 10. 1974 – für alle Industriebetriebe. An diesen Objekten ist Privat-E. unzulässig (Art. 12 Abs. 1 Verf.).

Als Subjekt gelten der Staat und das Volk, wobei in rechtlicher Hinsicht Subjekt letztlich der Staat als „politische Organisation der Werktätigen in Stadt und Land" ist (Art. 1. Abs. 1 Verf.). Die Nutzungs- und Verfügungsbefugnisse des Eigentümers übt der Staat durch seine Wirtschaftsverwaltungsorgane und durch die von diesen eingesetzten Leiter der volkseigenen Betriebe, volkseigenen Güter und sonstigen staatlichen Einrichtungen aus. Das Fehlen einer privaten Verfügungsmacht über Produktionsmittel in den genannten Bereichen wird zugleich als Voraussetzung dafür bezeichnet, daß der Staat seinen Charakter grundlegend geändert habe und zu einer alle Gesellschaftsmitglieder gleichberechtigt beteiligenden Organisationsform geworden sei.

Die volkseigenen Betriebe wirtschaften im Rahmen ihrer Aufgaben eigenverantwortlich. In der Art der Nutzung des ihnen anvertrauten Volks-E. sind sie jedoch an die dem Betrieb übertragenen Aufgaben gebunden. Über Gegenstände des Anlagevermögens dürfen sie in der Regel nicht verfügen, wohl aber über Gegenstände der Umlaufmittel. Grundsätzlich dürfen auch nur die letzteren in andere Formen des E. überführt werden (z. B. Verkauf von Produkten), während für das Anlagevermögen der Grundsatz der Unantastbarkeit des Volks-E., d. h. das Verbot, die Substanz und den Bestand des Volks-E. planwidrig zu verringern, gilt. Diesem Grundsatz entspricht auch ein erhöhter Bestandsschutz des Volks-E. So ist ein gutgläubiger Erwerb von Volks-E. ausgeschlossen, eine Aufrechnung persönlicher Forderungen gegenüber Forderungen von Rechtsträgern von Volks-E. ist verboten, das gleiche gilt für das Zurückbehaltungsrecht. Das Volks-E. unterliegt auch nicht der Zwangsvollstreckung, und im Konkurs sind volkseigene Forderungen bevorrechtigt.

2. Das *genossenschaftliche Gemeineigentum* gilt als niedere Entwicklungsstufe des sozialistischen E., da das Subjekt dieses E. ein kleineres Kollektiv und nicht das gesamte Volk ist. Eigentümer sind die Genossenschaften als juristische Personen in Gestalt der landwirtschaftlichen Produktionsgenossenschaften (→ **LPG**), der → **gärtnerischen Produktionsgenossenschaften**, der → **Produktionsgenossenschaften des Handwerks**, der → **Produktionsgenossenschaften werktätiger Fischer** (→ **Fischerei**), der → **Arbeiterwohnungsbaugenossenschaften** und der → **Konsumgenossenschaften**. Das genossenschaftliche E. erstreckt sich, entsprechend den unterschiedlichen Einbringungspflichten bei den einzelnen Genossenschaftstypen, auf einen unterschiedlich großen Bereich von Produktionsmitteln und sonstigen Gegenständen.

Art. 13 Verf. nennt als genossenschaftliches E. Geräte, Maschinen, Anlagen, Bauten, Tierbestände und das aus genossenschaftlicher Nutzung des Bodens sowie genossenschaftlicher Produktionsmittel erzielte Ergebnis. Dieser Katalog ist nicht abschließend, jedoch gilt für das genossenschaftliche E. der Grundsatz der Zweckbindung, wonach der Erwerb von Gegenständen, die nicht der Durchführung der satzungsmäßigen Aufgaben der Genossenschaften dienen, verboten ist. Auch genossenschaftliches E. kann nicht gutgläubig erworben werden, Produktionsmittel sind unpfändbar, eine Zwangsvollstrekkung in Geldmittel ist nur wegen solcher Forderungen zulässig, die aus dem genossenschaftlichen Fonds im Rahmen der Zweckbestimmung der Genossenschaft bezahlt werden müssen.

3. Für das *E. der gesellschaftlichen Organisationen der Bürger* gilt entsprechendes wie für das genossenschaftliche E. Seine Träger sind die Massenorganisationen und Parteien. Objekte sind insbesondere Verlagsbetriebe sowie soziale und kulturelle Einrichtungen.

B. Das persönliche Eigentum

Das persönliche E. ist grundsätzlich kein Produktionsmittel-E. Es erfährt durch die Bestimmung, daß es der Befriedigung der materiellen und kulturellen Bedürfnisse der Bürger dient und sein Gebrauch nicht den Interessen der Gesellschaft zuwiderlaufen darf, eine soziale Zweckbestimmung und rechtliche Begrenzung. Quelle des persönlichen E. ist in erster Linie das Arbeitseinkommen, aber auch andere Erwerbsgründe, wie Schenkung, Erbschaft, Auszeichnung, Lotteriegewinn usw., sind zulässig. Objekte des persönlichen E. sind vorwiegend Konsumgüter, vor allem Haushalts- und Einrichtungsgegenstände, Gegenstände des persönlichen Bedarfs und Komforts sowie Geld. Hierunter fallen auch Grundstücke und Gebäude, sofern sie der Befriedigung der Wohnbedürfnisse des Eigentümers und seiner Familienangehörigen dienen.

Zur Erfüllung des in Art. 15 Verf. erteilten Auftrages auf Schutz des Bodens und zur Verhinderung von Spekulation und arbeitslosen Einkommens bedarf die Übertragung von E.-Rechten an Grundstücken der staatlichen Genehmigung (VO vom 11. 1. 1963, GBl. II, S. 159). Persönliches E. ist auch die „persönliche Hauswirtschaft" des Genossenschaftsbauern, obwohl es sich hier großenteils um Produktionsmittel handelt.

C. Privates Eigentum

Unter der Voraussetzung, daß es gesellschaftliche

Bedürfnisse befriedigt und der Erhöhung des Volkswohlstandes sowie der Mehrung des gesellschaftlichen Reichtums dient, war in der DDR bis zur Änderung der Verfassung vom 7. 10. 1974 als Übergangserscheinung noch privates Produktionsmittel-E. zugelassen (Art. 14, Abs. 1 Verf.). Seitdem sind nur noch die „auf überwiegend persönlicher Arbeit beruhenden kleinen Handwerks- und anderen Gewerbebetriebe" existenzberechtigt (Art. 14, Abs. 2 der Verf. vom 7. 10. 1974). Privatwirtschaftliche Vereinigungen zur Begründung wirtschaftlicher Macht sind verboten. Soweit im Bereich des Einzelhandels und des Gaststättengewerbes noch private Betriebe existieren, sollen sie auf der Basis staatlicher Förderung mit den sozialistischen Betrieben zusammenwirken. Dies geschieht in der Form staatlicher Beteiligung und durch Abschluß von Kommissionsverträgen.

Die bis 1972 noch existierenden halbstaatlichen Betriebe besaßen meist die Rechtsform einer Kommanditgesellschaft mit dem Staat als Kommanditisten und dem früheren Alleineigentümer als unbeschränkt haftendem Gesellschafter. Seitdem sind sie fast vollständig in volkseigene Betriebe umgewandelt worden.

Die Verfassung sieht in Art. 16 die Möglichkeit der → **Enteignung** für gemeinnützige Zwecke auf der Grundlage eines Gesetzes und gegen angemessene Entschädigung vor. Enteignungen dürfen nur erfolgen, wenn der angestrebte Zweck nicht durch Bereitstellung von Volks.-E. erreicht werden kann. Zulässige Enteignungen regeln z. B. das → **Aufbaugesetz**, das Wassergesetz, das Atomenergiegesetz und das → **Verteidigungsgesetz.** Der Rechtsweg zu den Gerichten ist jedoch ausgeschlossen.

→ **Handwerk; Betriebsformen und Kooperation; Landwirtschaftliche Betriebsformen; Genossenschaften; Genossenschaften, ländliche; Landwirtschaft; Fischwirtschaft.**

Eingaben: Nach Art. 103 der → **Verfassung** kann sich jeder Bürger mit E. (Vorschlägen, Hinweisen, Anliegen oder Beschwerden) an die Volksvertretungen, ihre Abgeordneten oder die staatlichen und wirtschaftlichen Organe wenden. Dieses Recht steht auch den gesellschaftlichen Organisationen und den Gemeinschaften der Bürger zu. Ihnen darf aus der Wahrnehmung dieses Rechts kein Nachteil entstehen. Die für die Entscheidung verantwortlichen Organe werden verpflichtet, die E. der Bürger oder der Gemeinschaften innerhalb der gesetzlich vorgeschriebenen Frist zu bearbeiten und den Antragstellern das Ergebnis mitzuteilen.

Einzelheiten regelt das Gesetz über die Bearbeitung der E. der Bürger vom 19. 6. 1975, das bei Redaktionsschluß noch nicht veröffentlicht war. Wesentliche Änderungen der Rechtslage sind nicht zu erwarten. Deshalb kann die Darstellung der Rechtslage dem E.-Erlaß des

Staatsrates vom 20. 11. 1969 (GBl. I, S. 239), der vor dem neuen Gesetz galt, folgen.

Die Ausübung des E.-Rechtes wird als aktive Wahrnehmung des Rechts der Bürger auf umfassende Mitgestaltung des politischen, wirtschaftlichen, sozialen und kulturellen Lebens des sozialistischen Staates bezeichnet. Deshalb sollen die in den E. enthaltenen Vorschläge und Hinweise für die Durchführung der staatlichen Aufgaben, insbesondere zur Erfüllung der ökonomischen Aufgaben, und zur Verbesserung der Arbeits- und Lebensbedingungen der Bürger genutzt werden.

E. sind von den nach den Rechtsvorschriften sachlich zuständigen Staats- und Wirtschaftsorganen, sozialistischen Betrieben, Kombinaten und staatlichen Einrichtungen sorgfältig zu prüfen, zu entscheiden und fristgemäß zu beantworten. Die Frist zur Beantwortung ist für die zentralen Staatsorgane und → **VVB** auf 20 Arbeits-

tage, für die Staats- und Wirtschaftsorgane in den → **Bezirken**, → **Kreisen**, Städten, Stadtbezirken und → **Gemeinden** sowie die sozialistischen Betriebe, Kombinate und staatlichen Einrichtungen auf 15 Arbeitstage, gerechnet jeweils nach dem Eingang, festgesetzt.
Geregelt sind auch die Abhaltung von Sprechstunden, die sowohl von den zentralen Staatsorganen als auch von den örtlichen Räten abzuhalten sind.
Eine Unterart der E. ist die Beschwerde (nicht zu verwechseln mit der → **Verwaltungsbeschwerde**). Die Beschwerden richten sich gegen Entscheidungen von Staatsorganen. Für Beschwerden gegen Entscheidungen zentraler Organe des Ministerrates ist der → **Ministerrat** zuständig. Für Beschwerden gegen Leitungsentscheidungen des Ministerrates, des → **Obersten Gerichtes** oder des Generalstaatsanwaltes ist der → **Staatsrat** zuständig. Für Beschwerden gegen Entscheidungen ört-

licher Organe ist die Zuständigkeit des Leiters des Organes gegeben, welches die angefochtene Entscheidung getroffen hat. Leiter örtlicher Organe in diesem Sinne sind die Vorsitzenden der Räte sowie die Leiter, denen die Entscheidungsbefugnis für E. übertragen ist. Für Beschwerden gegen Entscheidungen von nicht örtlich unterstellten Organen, Wirtschaftsorganen, sozialistischen Betrieben, Kombinaten und staatlichen Einrichtungen sind die jeweils übergeordneten Leiter zuständig. Über Beschwerden entscheidet also stets ein Organ derselben Leitungslinie. Immerhin ist sichergestellt, daß in diesem Fall nicht das entscheidende Organ selbst, sondern eine übergeordnete Stelle die Entscheidung trifft.
Die Beschwerdeausschüsse bei den örtlichen Volksvertretungen gibt es nicht mehr.
→ **Grundrechte.**

Einheitliches sozialistisches Bildungssystem

Ziele und Grundsätze – Aufbau und Gliederung – Planung und Leitung – Vorschulerziehung – Zehnklassige allgemeinbildende polytechnische Oberschule – Abiturstufe – Sonderschulen und sonderpädagogische Einrichtungen – Sorbische Schulen und Klassen – Spezialschulen und Spezialklassen – Einheitlichkeit und Differenzierung – Berufsausbildung Jugendlicher – Aus- und Weiterbildung der Werktätigen (Erwachsenenqualifizierung) – Kulturelle Einrichtungen – Ganztägige Bildung und Erziehung – Entwicklung des Bildungssystems in Zahlen

I. Ziele und Grundsätze
Nach Auffassung der marxistisch-leninistischen Pädagogik (→ **Pädagogische Wissenschaft und Forschung**), wie sie gegenwärtig in der DDR – darin vor allem der sowjetischen Pädagogik und Bildungspolitik folgend – offiziell vertreten wird, ist die sozialistisch-kommunistische Bildung und Erziehung, und darin besonders die Herausbildung eines sozialistischen Bewußtseins (**Politisch-ideologische bzw. staatsbürgerliche → Erziehung**) bei allen Kindern, Jugendlichen und auch Erwachsenen eine notwendige Voraussetzung für die Errichtung und Sicherung der sozialistischen bzw. kommunistischen Gesellschaftsordnung.
Für die sozialistische Bildungskonzeption wird aus der Sicht des Marxismus-Leninismus, d. h. aus der marxistisch-leninistischen Persönlichkeitstheorie, vor allem gefolgert, daß alle Bildungs- und Erziehungsprozesse (Sozialisationsprozesse) unlösbar in lebendige geschichtliche Prozesse eingebettet sind und von den materiellen Lebensprozessen, den politischen Kämpfen der Klassen und ihren ideologischen Reflexionen in bezug auf Ziele, Inhalte und Methoden entscheidend bestimmt werden. Sie können nur im Rahmen revolutionärer gesellschaftlicher Veränderungen unter der Führung der SED voll wirksam und zu einem bedeutenden Faktor des ge-

sellschaftlichen Fortschritts werden. Dabei müsse aufgrund der Dialektik der äußeren und inneren Entwicklungsbedingungen und -ursachen die Entwicklung des Menschen als ein „ununterbrochener Prozeß der aktiven Aneignung und Verinnerlichung der historisch-konkreten Umwelt", der menschlichen Kultur in ihrer Gesamtheit, in der Arbeit, im Lernen und in weiteren „kulturschöpferischen Tätigkeiten" verstanden und verwirklicht werden.
Nach dem Gesetz über das einheitliche sozialistische Bildungssystem vom 25. 2. 1965 (Bildungsgesetz), das die bildungspolitischen Beschlüsse des Parteiprogrammes der SED von 1963 rechtlich regelt, ist es das Hauptziel des Bildungssystems, alle Bürger zu „allseitig und harmonisch entwickelten sozialistischen Persönlichkeiten, die bewußt das gesellschaftliche Leben gestalten, die Natur verändern und ein erfülltes, glückliches, menschenwürdiges Leben führen", zu bilden und zu erziehen. Insbesondere sollen sie befähigt werden, „die technische Revolution zu meistern und an der Entwicklung der sozialistischen Demokratie mitzuwirken". Dazu sollen sie eine moderne Allgemeinbildung und eine hohe Spezialbildung sowie „Charakterzüge im Sinne der sozialistischen Moral" erwerben. Durch die gemeinsame, einheitliche Bildungs- und Erziehungsarbeit des sozialistischen Staates und aller gesellschaftlichen Kräfte sollen die Kinder, Jugendlichen und Erwachsenen befähigt werden, „als gute Staatsbürger wertvolle Arbeit zu leisten, ständig weiter zu lernen, sich gesellschaftlich zu betätigen, mitzuplanen und Verantwortung zu übernehmen, gesund zu leben, die Freizeit sinnvoll zu nutzen, Sport zu treiben und die Künste zu pflegen". Dazu sichern Verfassung und Bildungsgesetz allen Bürgern das gleiche Recht auf Bildung, das gleichermaßen die gesellschaftliche Pflicht zu Bildung einschließt.
Maßgeblich für den Aufbau des Bildungssystems und für die inhaltliche Gestaltung der Bildung und Erziehung sind die Grundsätze der Einheit von Bil-

dung und Erziehung, der Verbindung von Bildung und Erziehung mit dem „Leben", der Verbindung von Theorie und Praxis, der Verbindung von Lernen und produktiver Arbeit sowie der Allseitigkeit und Permanenz der Bildung und Erziehung.

In der DDR wird in der Regel der komplexe Begriff „Bildung und Erziehung" für die Gesamtheit sowohl der pädagogischen Prozesse als auch ihrer Ergebnisse verwendet, um damit das Grundprinzip der Einheit von Bildung und Erziehung (im engeren Sinne) zum Ausdruck zu bringen. Dabei sollen wohl auch die Schwierigkeiten einer der Praxis standhaltenden definitorischen Abgrenzung beider pädagogischen Grundbegriffe vermieden werden. Unter Berücksichtigung der Einheit, also der praktischen Untrennbarkeit von Bildung und Erziehung, wird unter „Bildung" jene Komponente der Gesamtheit der pädagogischen Prozesse und ihrer Ergebnisse verstanden, in der die Aneignung des vor allem in den Lehrplänen und anderen curricularen Materialien aufbereiteten Bildungsgutes unter dem Gesichtspunkt der Kenntnisse, Erkenntnisse, Fähigkeiten, Fertigkeiten usw., akzentuiert wird.

Der Begriff „Erziehung" (im engeren Sinne) meint jene Seite aller pädagogischen Prozesse und ihrer Ergebnisse, die sich auf die Herausbildung ideologischer (politischer, weltanschaulicher, ethischer und ästhetischer) Wertmaßstäbe, Normen und Einstellungen und auf die Entwicklung von Überzeugungen, Charaktereigenschaften und Verhaltensweisen bezieht.

Der jeweilige Gebrauch der Begriffe „Bildung" oder „Erziehung" (im engeren Sinne) meint jedoch nicht immer die dargestellte Differenzierung, sondern stellt häufiger nur eine Abkürzung des Gesamtbegriffes dar. Wenn beispielsweise von „Polytechnischer Bildung" oder von „Politisch-ideologischer Erziehung" gesprochen wird, so ist in der Regel damit „Polytechnische Bildung und Erziehung" bzw. „Politisch-ideologische Bildung und Erziehung" als untrennbare Einheit, nicht jedoch in der jeweiligen Akzentuierung gemeint.

Der Grundsatz der Einheit von hoher wissenschaftlicher Bildung und „klassenmäßiger sozialistischer" Erziehung beruht einmal auf der Erkenntnis der Unteilbarkeit der pädagogischen Prozesse, zum anderen aber auf dem marxistisch-leninistischen Grundaxiom der Einheit bzw. Identität von Wissenschaft und sozialistischer Ideologie und von Wissenschaftlichkeit und Parteilichkeit auf der Grundlage des Marxismus-Leninismus; er findet seinen inhaltlichen Niederschlag in allen Bereichen der Bildung und Erziehung, sei es nun in der politisch-ideologischen bzw. staatsbürgerlichen, der polytechnischen oder der ästhetischen Bildung und Erziehung, in der Körper-, Wehr-, Arbeits- oder Kollektiverziehung. Dies gilt aber auch für die damit eng verbundenen Grundsätze der Verbindung von Theorie und Praxis in der Bildung und Erziehung sowie der Verbindung von Lernen und produktiver Arbeit.

Der Grundsatz der Allseitigkeit und Permanenz von Bildung und Erziehung schließlich ist vor allem bezogen auf die Realisierung eines ihrer wichtigsten Ziele, nämlich auf die Herbeiführung und langfristige Sicherung der beruflichen Disponibilität möglichst aller Bürger unter Berücksichtigung sowohl ihrer Befähigungen und Neigungen als auch der jeweiligen wechselnden volkswirtschaftlichen Erfordernisse. Eine möglichst weitgehende Übereinstimmung zwischen Neigungen und gesellschaftlichen

Gliederung des Bildungssystems der DDR

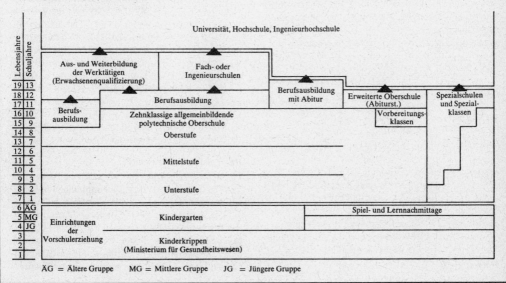

ÄG = Ältere Gruppe   MG = Mittlere Gruppe   JG = Jüngere Gruppe

bzw. volkswirtschaftlichen Erfordernissen zu erreichen, ist eine zentrale Aufgabe aller Bildungseinrichtungen, speziell aber der umfassend angelegten → **Berufsberatung und Berufslenkung**. Dazu wird eine „moderne sozialistische Allgemeinbildung" angestrebt, deren Bestandteile „die mathematische, naturwissenschaftliche und polytechnische, die staatsbürgerliche, gesellschaftswissenschaftliche und moralische, die muttersprachliche, fremdsprachliche, ästhetische und körperliche Bildung und Erziehung" sind und die auch auf den oberen Stufen des Bildungssystems fortgeführt werden soll. Auf diese Allgemeinbildung soll jede Spezialbildung zur Ausübung einer beruflichen Tätigkeit aufbauen und immer wieder zurückgreifen kann. Damit wiederum eng verbunden ist die Befähigung zu selbständigem Lernen und zur Selbsterziehung.

Umfassende sozialistische Bildung und Erziehung, verstanden und gestaltet als gesamtgesellschaftliche Aufgabe, läßt kaum bildungs- und erziehungslose Freiräume zu und versucht darüber hinaus, auch die Familienerziehung und die außerschulische und außerunterrichtliche Bildung und Erziehung intentional-inhaltlich und organisatorisch-institutionell möglichst genau zu reglementieren und zu kontrollieren. Auf diese weitgreifende gesellschaftspolitische Zielstellung läßt sich partiell zurückführen, wenn heute in der DDR die Merkmale einer ausgeprägten Lern- und Leistungsgesellschaft zu beobachten sind.

II. Aufbau und Gliederung

Wird das Bildungssystem vor allem unter intentional-inhaltlichem Gesichtspunkt als „sozialistisch" bezeichnet, so erfolgt die Bezeichnung als „einheitlich" besonders im Hinblick auf die Struktur und Gliederung in vertikaler Sicht; d. h. das Bildungssystem ist in aufeinander folgenden Stufen aufgebaut; in horizontaler Sicht ist das Bildungssystem gegliedert in

Elementarstufe I:	Kinderkrippen usw. (0–3 J.)	als Einrichtungen der Vorschulerziehung
Elementarstufe II:	Kindergärten usw. (3–6 J.)	
Primarstufe:	Unterstufe (Kl. 1–3)	der 10klassigen allgemeinbildenden polytechnischen Oberschule
Sekundarstufe I a:	Mittelstufe (Kl. 4–8)	
Sekundarstufe I b:	Oberstufe (Kl. 9 u. 10)	
Sekundarstufe II:	Abiturstufe (Kl. 11 u. 12) Einrichtungen der Berufsausbildung Jugendlicher	
Sekundar- und Tertiarstufe:	Einrichtungen der Aus- und Weiterbildung der Werktätigen (Erwachsenenqualifizierung)	
Tertiarstufe I:	Fachschulwesen	

Tertiarstufe II:	Hochschulwesen incl. postgraduale Weiterbildung und → **Akademien**.

Dem Grundatz der Einheitlichkeit und Differenzierung (bei Dominanz der Einheitlichkeit) teils entsprechend, teils widersprechend, ist das Bildungssystem zugleich vertikal gegliedert, und zwar auch so, daß unterschiedliche, voneinander deutlich geschiedene und undurchlässige Bildungswege entstehen, die qualitativ unterschiedliche Bildungschancen und soziale Aufstiegsmöglichkeiten bieten; in horizontaler Sicht ist das Bildungssystem gegliedert in

A. Normal- bzw. Regel-Bildungseinrichtungen (Normalkindergärten, Normalschulen),

B. Spezialschulen und Spezialklassen,

C. Sonderschulen und andere sonderpädagogische Einrichtungen,

D. Sorbische Oberschulen und Klassen,

E. Einrichtungen der Jugendhilfe und Heimerziehung,

F. Einrichtungen der ganztägigen Bildung und Erziehung,

G. Kulturelle Einrichtungen.

Die „Einheitlichkeit" wird in diesen speziellen bzw. komplementären Bildungseinrichtungen zumindest dadurch angestrebt, daß auch hier die verbindlich festgelegten Ziele der politisch-ideologischen Erziehung verwirklicht werden sollen.

Wenn es im Bildungsgesetz heißt, das Bildungssystem sei so aufgebaut, daß jedem Bürger der Übergang zur jeweils nächsthöheren Stufe bis zu den höchsten Bildungsstätten, den Universitäten und Hochschulen, möglich sei, so wird diese Möglichkeit im unmittelbaren Anschluß daran wieder durch die Bestimmung – und zwar, wie die Praxis deutlich zeigt, erheblich – eingeschränkt, daß nämlich für die höheren Bildungeinrichtungen nur die Besten und Befähigtesten unter Berücksichtigung der sozialen Struktur der Bevölkerung, d. h. möglichst unter Bevorzugung der Arbeiter- und Bauernkinder und damit Benachteiligung anderer sozialer Schichten, ausgewählt werden. Das Schema für die Gliederung des Bildungssystems auf Seite 225, in dem die oben unter C–G aufgeführten Einrichtungen nicht enthalten sind, kann deshalb nur einen Überblick über die verschiedenen Bildungswege als prinzipielle Möglichkeiten vermitteln, erlaubt also keine quantitative Aussage über ihre tatsächliche Nutzung.

III. Planung und Leitung

Planung und Leitung aller zwecks Realisierung der gestellten Bildungs- und Erziehungsaufgaben durchzuführenden Maßnahmen einschließlich der Weiterentwicklung des Bildungssystems obliegen den zentralistisch-hierarchisch organisierten Volksbildungsorganen, die ihrerseits der Weisung und Kontrolle durch die oberste Staatsführung sowie durch die entsprechenden Abteilungen des → **Zentralkomitees**

der SED unterliegen. Zu den Volksbildungsorganen im weiteren Sinne zählen der → **Ministerrat** der DDR, das → **Staatssekretariat für Berufsbildung**, das → **Ministerium für Hoch- und Fachschulwesen**, die → **Industrieministerien**, das → **Ministerium für Land-, Forst- und Nahrungsgüterwirtschaft**, das → **Ministerium für Gesundheitswesen**, das → **Ministerium für Kultur**, das → **Staatssekretariat für Körperkultur und Sport** und das → **Ministerium für Nationale Verteidigung** sowie die ihnen unter- und zugeordneten Organe und Institutionen auf den verschiedenen Ebenen. Als Volksbildungsorgane (im engeren Sinne) fungieren vor allem das Ministerium für Volksbildung und die Abteilungen Volksbildung der Räte der → **Bezirke** und der → **Kreise** einschließlich der Bezirks- bzw. der Kreis-Schulräte und -Inspektoren.

Das → **Ministerium für Volksbildung** hat insbesondere die Aufgabe, diejenigen grundsätzlichen Aufgaben des Bildungsgesetzes zu erfüllen, die wegen ihrer Bedeutung einer zentralen Koordination über den Verantwortungsbereich der unter- und zugeordneten Organe und Institutionen hinausgehen. Es hat zwecks Sicherung des erwünschten „Bildungsvorlaufes" durch rechtzeitige Entscheidung der wesentlichen Grundfragen der Volksbildung den nachgeordneten Organen und Institutionen die Erfüllung der jeweils gestellten Aufgaben zu ermöglichen und mit Unterstützung der Akademie der Pädagogischen Wissenschaften die Organisation sowie die (speziellen) Lernziele und Lerninhalte der Einrichtungen der Vorschulerziehung (Kindergärten usw.), der allgemeinbildenden Oberschulen, der zur Hochschulreife führenden Einrichtungen, der Spezialschulen und Spezialklassen, der Sonderschulen, der Einrichtungen und Veranstaltungen der außerschulischen und außerunterrichtlichen Bildung und Erziehung einschließlich der Feriengestaltung und der Einrichtungen der Jugendhilfe und Heimerziehung zu bestimmen. Es soll ferner die Erarbeitung entsprechender Vorschriften (Bildungsgesetz, Schulordnung usw.) sowie Lehrpläne, Lehrbücher und anderer Unterrichtsmittel gewährleisten. Ihm obliegen die Planung, Leitung und Kontrolle der pädagogischen Wissenschaft und Forschung – mit Ausnahme der Forschungen auf dem Gebiet der Berufsbildung und des Fach- und Hochschulwesens – unter Konzentration auf die im Bildungsgesetz gestellten Aufgaben. Ziele und Inhalte der Aus- und Weiterbildung der Lehrer und Erzieher sowie der Schulfunktionäre sind von ihm zu bestimmen, die entsprechenden Studienpläne zu bestätigen sowie die Arbeitsbedingungen und Vergütungen der Lehrer und Erzieher festzulegen. Durch Einbeziehung insbesondere der volkseigenen Betriebe, der gesellschaftlichen Organisationen, der Jugendorganisationen und der Eltern hat es eine einheitliche sozialistische Bildungs- und besonders Schulpolitik durchzusetzen

sowie auf der Grundlage des Perspektivplans zur Entwicklung der Volkswirtschaft die proportionale Entwicklung der Bildungseinrichtungen und die ökonomische Verwendung der verfügbaren personellen und materiellen Mittel zu garantieren.

1973 beliefen sich die Ausgaben für das Bildungswesen im Rahmen des Staatshaushaltes auf 7,3 Mrd. Mark, davon 5 Mrd. Mark für die Volksbildung (Kindergärten und allgemeinbildenden Schulen), 0,71 Mrd. Mark für die Berufsausbildung Jugendlicher und die Aus- und Weiterbildung der Werktätigen (die hauptsächlich von den Betrieben finanziert werden) sowie 1,6 Mrd. Mark für das Fach- und Hochschulwesen, was 20 v. H. des gesamten Staatshaushaltes entspricht.

Grundlage für die Planung im Bildungssystem bilden die für die gesamte Volkswirtschaft geltenden mehr- und einjährigen Volkswirtschaftspläne. Im Gesetz über den Fünfjahrplan 1971–1975 werden als wichtigste Ziele die wesentliche Verbesserung der gesamten Aus- und Weiterbildung und insbesondere der „klassenmäßigen Erziehung" sowie die weitgehende Verwirklichung der bereits im Bildungsgesetz (1965) vorgeschriebenen 10klassigen Oberschulbildung genannt; so sollen 1975 90 v. H. der Schüler mit Abschluß der 8. Klasse in eine 9. Klasse übergehen sowie bis 1975 für je 100 Vorschulkinder 75 Kindergartenplätze und für je 100 Schüler der Klassen 1 bis 4 66 Hortplätze geschaffen sowie insgesamt 900 000 Schulabgänger zu Facharbeitern ausgebildet werden. Dazu ist eine erhebliche Erweiterung der betreffenden Ausbildungskapazitäten geplant. Im Gesetz über den Volkswirtschaftsplan 1974 wird dazu bestimmt, daß 1974 3 550 Unterrichtsräume, 295 000 Schulhortplätze und 19 150 Kindergartenplätze neu zu schaffen sind und 198 600 Schulabgänger die Ausbildung zum Facharbeiter aufnehmen sollen. Diese wie alle übrigen Bestimmungen für das Bildungswesen sollen die Erfüllung der Hauptaufgaben des Fünfjahrplanes sichern helfen.

IV. Vorschulerziehung

Die Vorschulerziehung umfaßt die Bildung und Erziehung der Kinder in gesellschaftlichen Einrichtungen und in den Familien bis zu ihrem Eintritt in die allgemeinbildende Schule, d. h. bis zum beginnenden 7. Lebensjahr. Die wichtigsten Einrichtungen der institutionalisierten Vorschulerziehung, deren Besuch nicht obligatorisch ist, sind → **Kinderkrippe** und → **Kindergarten**; sie repräsentieren zugleich die beiden zeitlich aufeinander folgenden Etappen der Vorschulerziehung.

Die erste Etappe der Vorschulerziehung (Elementarstufe I), die Pflege und Erziehung der Kinder von den ersten Lebenswochen bis zur Vollendung des 3. Lebensjahres vor allem in den Kinderkrippen, aber auch in Saisonkrippen und Dauerheimen, soll in engem Zusammenwirken mit der Familie erfolgen.

Die Einrichtungen der ersten Etappe der Vorschulerziehung unterliegen der Aufsicht durch das Ministerium für Gesundheitswesen, das einheitliche Grundsätze insbesondere für die Arbeit in den kommunalen, betrieblichen, genossenschaftlichen, aber auch kirchlichen Kinderkrippen erläßt.

Dagegen ist die zweite Etappe der Vorschulerziehung (Elementarstufe II), die vorschulische Bildung und Erziehung der Kinder vom 3. Lebensjahr bis zum Beginn der Schulpflicht, also der 3- bis 5jährigen, grundlegender Bestandteil des einheitlichen sozialistischen Bildungssystems und untersteht deshalb auch der Anleitung und Aufsicht durch das Ministerium für Volksbildung; daher gelten die generellen Ziele und Grundsätze der sozialistischen Bildung und Erziehung der Jugend in der DDR auch für die vorschulische Bildung und Erziehung der 3- bis 5jährigen. Sie werden jedoch durch spezielle Ziele, Inhalte und Realisationsformen, die sich vor allem aus der Altersspezifik der 3- bis 5jährigen ergeben, präzisiert, komplettiert und auch modifiziert. Durch eine entsprechende vorschulische Bildung und Erziehung, wie sie insbesondere in der Kindergartenordnung (1968) festgelegt ist, sollen die 3- bis 5jährigen – vor allem in den (kommunalen, betrieblichen, genossenschaftlichen, aber auch kirchlichen) Kindergärten und Wochenkindergärten sowie in den Ernte- und anderen Saisonkindergärten – auf das gesellschaftliche Leben in der DDR und auf das Lernen in der Schule bzw. im Klassenverband vorbereitet werden.

Neben dieser Bildungs- und Erziehungsfunktion hat die Vorschulerziehung in beiden Etappen auch eine sozio-ökonomische Funktion zu erfüllen. Sie hat die berufstätigen Mütter und auch Väter von der Betreuung und Erziehung ihrer Kinder im vorschulischen Alter zu entlasten. Diese Funktion gewinnt um so größere Bedeutung, je stärker Staat und Wirtschaft bestrebt sind, das Arbeitskräftepotential maximal auszuschöpfen. Deshalb werden auch Kinder alleinstehender Mütter oder Väter bzw. berufstätiger und auch studierender Mütter laut Einweisungsordnung (1968) bevorzugt in die Vorschuleinrichtungen aufgenommen.

Für die Kinder im letzten vorschulischen Jahr, also für die 5jährigen, besteht im Rahmen der Vorschulerziehung ein dreiteiliges System der systematischen Schulvorbereitung; es umfaßt die Schulvorbereitung der älteren Gruppe des Kindergartens nach dem Bildungs- und Erziehungsplan für den Kindergarten (der auch für die jüngere und mittlere Gruppe gilt), ferner Spiel- und Lernnachmittage und die Vorbereitung in der Familie nach dem Buch „Bald bin ich ein Schulkind" (1967).

Die Vorschulerziehung und besonders die Schulvorbereitung erfolgen – entsprechend den Festlegungen des „Bildungs- und Erziehungsplans für den Kindergarten" (1967) – in den „Beschäftigungen" (unterrichtliche Sachgebiete) Muttersprache Bekanntmachen mit der Kinderliteratur, Malen, Zeichnen, Formen, Basteln und Bauen, Bekanntmachen mit dem gesellschaftlichen Leben, mit der Natur, mit den Mengen (Vergleich von Längen, Breiten und Höhen), Turnen und Musik. Zum Zweck der → **Kollektiv- und Arbeitserziehung** werden im Kindergarten verschiedene Arbeitsarten geübt. Neben der Hinführung zum verantwortlichen Handeln in der Gemeinschaft durch Übernahme entsprechender Arbeitsaufgaben hat die Arbeitserziehung der Vorschulkinder insofern propädeutischen Charakter, als mit der Anleitung zur Herstellung von Gegenständen für das Spiel und den täglichen Gebrauch die Kinder erste Fertigkeiten und Fähigkeiten erwerben sollen, die später im polytechnischen Unterricht der Schule als Grundlage für den Erwerb weiterer, komplexerer Arbeitsfähigkeiten dienen können bzw. sollen. Zunehmende Bedeutung wird der → **Wehrerziehung** der Kinder und Jugendlichen im Rahmen der Vorschulerziehung beigemessen.

Die Kindergartenkinder werden in drei Alters- bzw. Jahrgangsgruppen zusammgengefaßt: die jüngere Gruppe umfaßt die 3jährigen, die mittlere Gruppe die 4jährigen und die ältere Gruppe die 5jährigen Kinder; daneben gibt es auch gemischte Gruppen. Die Gruppenstärke beträgt in der Regel 18 bis 20 Kinder. Im Kindergarten arbeiten Kindergärtnerinnen mit staatlicher Abschlußprüfung, Erziehungshelferinnen mit pädagogischer Kurz- oder Teilausbildung und – meist nur stundenweise eingesetzte – Helferinnen ohne Ausbildung, und zwar in den Funktionen als Leiterin des Kindergartens, als stellvertretende Leiterin, als Gruppenleiterin und als Helferin.

Die Spiel- und Lernnachmittage sind vorschulische, insbesondere schulvorbereitende Veranstaltungen der Abteilungen Volksbildung der Räte der Kreise, die vorwiegend an den Oberschulen für diejenigen Kinder im letzten vorschulischen Jahr durchgeführt werden, die keinen Kindergarten besuchen. In 20 14täglich stattfindenden und ca. 90 Minuten dauernden Spiel- und Lernnachmittagen werden die Vorschulkinder anhand des Planes für die Spiel- und Lernnachmittage (1968) und der darin vorgesehenen Beschäftigungsthemen systematisch auf das gemeinsame Lernen in der Schule vorbereitet, und zwar vorwiegend von Lehrern der unteren Klassen, aber auch von Kindergärtnerinnen und Horterzieherinnen.

V. Zehnklassige allgemeinbildende polytechnische Oberschule

Die zehnklassige allgemeinbildende polytechnische Oberschule, Oberschule (OS) genannt, ist die staatliche Regel- bzw. Normal-Pflichtschule der DDR, die jedoch keineswegs von allen Kindern bis zu ihrem Abschluß besucht wird. Mit der Bezeichnung

„Oberschule" wird zum Ausdruck gebracht, daß in ihr eine relativ hohe Allgemeinbildung als Grundlage für jede weiterführende Bildung und Berufsbildung vermittelt werden soll; die Bezeichnung „polytechnisch" weist auf die besondere Bedeutung hin, die im Rahmen der schulischen Allgemeinbildung der → **polytechnischen Bildung und dem polytechnischen Unterricht** beigemessen wird.

Obligatorische Unterrichtsfächer (mit Angabe der Gesamtwochenstunden, in denen das jeweilige Fach in den betreffenden Schuljahren unterrichtet wird) sind Deutsch (78), Russisch (23), Geschichte (11), Staatsbürgerkunde (5), Geographie (11), Mathematik (54), Physik (13), Chemie (10), Biologie (11), Astronomie (1), Werkunterricht (9), Schulgartenunterricht (4), Polytechnischer Unterricht (18), Zeichnen (10), Musik (11) und Sport (23); fakultative Unterrichtsfächer sind Nadelarbeit (2) und der Unterricht in Englisch oder Französisch als 2. Fremdsprache (11).

Der Unterricht erfolgt ausschließlich anhand verbindlicher Lehrpläne (→ **Lehrplanreform**) und → **Unterrichtsmittel** einschließlich Schulbücher, die vom Ministerium für Volksbildung herausgegeben bzw. bestätigt werden. Der im Bildungsgesetz festgelegten organisatorischen Gliederung der Oberschule in Unterstufe (Kl. 1–3), Mittelstufe (Kl. 4–6) und Oberstufe (Kl. 7–10), die zuzüglich der Abiturstufe (Kl. 11 und 12) das System 3 + 3 + 4 ++ 2 bildet, steht bei Zugrundelegung der inhaltlichen Gliederung nach der Einführung der Unterrichtsfächer sowie der Übergangsmöglichkeiten in Spezialschulen und -klassen ein tatsächliches Zweijahresblock-System 2 + 2 + 2 + 2 ++ 2 ++ 2 gegenüber, bei dem besonders die Übergänge zu den Klassen 9 und 11 selektiv wirken.

Die *Unterstufe,* die offiziell die Klassen 1–3 sowie faktisch auch noch die als Übergangsklasse bezeichnete Klasse 4 umfaßt, hat die Aufgabe, ein Fundament für den weiterführenden Unterricht und für die Auseinandersetzung des Kindes mit seiner Umwelt zu legen und vor allem die Schüler an beharrliches und fleißiges Lernen zu gewöhnen, und zwar in einem nach dem eingeschränkten Fachlehrerprinzip erteilten und bereits gefächerten Unterricht mit Deutsch einschließlich Heimatkunde und Mathematik als tragenden Fächern und den Fächern Werk- und Schulgartenunterricht, Sport, Musik und Zeichnen.

Der Anfangsunterricht in der 1. Klasse stellt an die betreffenden Lehrer insofern besondere Anforderungen, als die Schulanfänger zum größeren Teil eine systematische Schulvorbereitung zumindest im letzten vorschulischen Jahr erhalten haben, ein kleiner Teil jedoch noch an systematisches Lernen gewöhnt werden muß. Im Deutschunterricht der Klasse 1 steht der Erwerb der Grundfertigkeiten im Lesen und Schreiben im Vordergrund, wobei die analy-

tisch-synthetische Leselernmethode und eine aus der Antiqua abgeleitete Schulausgangsschrift verbindlich sind. Der Mathematikunterricht zielt – als Bestandteil einer von Klasse 1 bis 10 bzw. 12 reichenden Gesamtkonzeption – auf die Vermittlung grundlegenden mathematischen Wissens sowie auf die Entwicklung des mathematischen Denkens und der Rechenfertigkeiten, und zwar anhand traditioneller Lehrstoffe, ist also nicht an Begriffen und Inhalten der Mengenlehre orientiert. Die polytechnische Bildung wird vor allem im Werkunterricht und die **politisch-ideologische bzw. staatsbürgerliche** → **Erziehung** besonders im Heimatkundeunterricht (innerhalb des Faches Deutsch) vermittelt. Nach Abschluß der Klasse 2 besteht die erste Möglichkeit zum Übergang in Spezialklassen, nämlich in die Klassen 3 mit erweitertem Russischunterricht. Auf der Unterstufe stehen Schulunterricht und Schulhortarbeit in besonders engem Zusammenhang.

Die *Mittelstufe* (Kl. 4 bzw. 5 und 6) ist vor allem dadurch gekennzeichnet, daß in ihr der Unterricht in den Fächern Russisch, Geschichte, Geographie, Biologie und Physik sowie die systematische Berufsberatung beginnen. Nach Abschluß der 5. Klasse besteht die Möglichkeit zum Übergang in weitere Spezialschulen und -klassen. Die polytechnische Bildung wird vor allem im Werkunterricht vermittelt.

Die *Oberstufe* (Kl. 7–10) untergliedert sich in eine untere Oberstufe (Kl. 7 und 8) und eine obere Oberstufe (Kl. 9 und 10); denn mit Abschluß der Klasse 8 endet die eigentliche Einheitsschule und beginnt eine Verstärkung der Differenzierung in qualitativ unterschiedliche Bildungswege, wenn auch die Mehrzahl der Schüler die 9. und 10. Klassen der Normal-Oberschule besucht. Die Oberstufe wird dadurch differenziert, daß ab Klasse 7 der fakultative Unterricht in einer zweiten Fremdsprache (Englisch oder Französisch mit 3 Wochenstunden) einsetzt und im Rahmen des polytechnischen Unterrichts auch die produktive Arbeit der Schüler in den beiden Varianten „Industrie" und „Landwirtschaft" durchgeführt wird. Eine noch stärkere Differenzierung erfährt der Unterricht in den Klassen 9 und 10 (obere Oberstufe) durch die zwar als außerunterrichtlich bezeichneten, jedoch eng mit dem Unterricht verbundenen jeweils wöchentlich 2stündigen Arbeitsgemeinschaften, für die 26 Rahmenprogramme vorliegen, sowie durch die polytechnischen Disziplinen Grundlagen der Produktion des sozialistischen Betriebes und produktive Arbeit der Schüler in neuerdings 10 Varianten. Auch mit dieser Differenzierung werden bereits verschiedene Bildungsgänge mit unterschiedlichen Aufstiegsmöglichkeiten angebahnt.

Die *Vorbereitungsklassen 9 und 10* stellen eine besondere Form der oberen Oberstufe insofern dar, als sie unmittelbar bzw. speziell auf den Unterricht in der Abiturstufe, insbesondere in der Erweiterten Oberschule, vorbereiten. Organisatorisch sind sie teilweise der 10klassigen Oberschule, hauptsächlich aber der Erweiterten Oberschule zugeordnet; sie stellen ein Relikt der vormals die Klassen 9 bis 12 umfassenden Erweiterten Oberschule und „eine Übergangslösung, die lange Zeit Gültigkeit haben wird", dar. Für die Aufnahme von Schülern in die Vorbereitungsklassen 9 und 10 gelten im wesentlichen die gleichen Grundsätze und Bedingungen wie für die Aufnahme in die Abiturstufe, insbesondere in die Erweiterte Oberschule. Zu einer Oberschule gehören in der Regel noch der Schulhort, unter Umständen auch das Schulinternat.

Mit Ausnahme der 1. Klasse erfolgt am Ende jeder Klasse die Versetzung oder Nichtversetzung der Schüler in die nächsthöhere Klasse; probeweise Versetzung oder Rückversetzung sind nicht vorgesehen. Zum Abschluß der 10. Klasse wird von den Schülern der betreffenden Klassen in den verschiedenen Schulen die *Abschlußprüfung* (schriftliche Prüfung in Deutsch, Mathematik und Russisch sowie in Physik oder Chemie oder Biologie, mündliche Prüfung in zwei auszuwählenden Fächern und Sportprüfung) abgelegt und bei Bestehen das Abschlußzeugnis mit einem Gesamtprädikat erteilt. An den Abschlußprüfungen nehmen auch Lehrlinge, die bereits nach der 8. Klasse in die Berufsausbildung eingetreten sind und dort einen entsprechenden nachholenden allgemeinbildenden Unterricht erhalten haben, sowie Teilnehmer entsprechender Lehrgänge der Volkshochschulen teil.

Für sämtliche Zeugnisse gilt eine einheitliche fünfgradige Zensurenskala: sehr gut (1), gut (2), befriedigend (3), genügend (4), ungenügend (5). Für besonders gute Leistungen bei der Abschlußprüfung werden Auszeichnungen verliehen (→ **Schüler und Lehrlinge**).

Nach der Schulordnung (1967) sind alle Direktoren, Lehrer und Erzieher verpflichtet, ihre Leitungstätigkeit und ihre Bildungs- und Erziehungsarbeit ausschließlich auf der Grundlage der verbindlichen staatlichen Lehrpläne, Stundentafeln, Lehrbücher und anderer Dokumente zu leisten und durch gewissenhafte Erfüllung der in diesen Dokumenten festgelegten Aufgaben die Voraussetzung dafür zu schaffen, daß alle Schüler das Ziel der Klasse und der Schule erreichen können.

Die politische, pädagogische und schulorganisatorische Leitung der Schule einschließlich des Schulhortes und des Schulinternates erfolgt nach dem Prinzip der → **Einzelleitung** durch den Direktor sowie unter Teilnahme der Lehrer und Erzieher an der Arbeit des Pädagogischen Rates und der Schulleitung. Der Schulleitung, die vom Direktor ernannt wird, gehören an voll ausgebauten Oberschulen mindestens der Stellvertr. des Direktors, der Stellvertr. des Direktors für außerunterrichtliche Arbeit, der Leiter des

Schulhortes, eventuell der Leiter des Schulinternats, der Lehrer für Berufsberatung (und polytechnischen Unterricht) sowie der Beauftragte des Patenbetriebes für den polytechnischen Unterricht an. Den → **Pädagogischen Rat**, die Vollversammlung aller Lehrer und Erzieher einer Oberschule und beratendes Organ des Direktors, bilden die Schulleitung, alle Lehrer und Erzieher sowie der Freundschaftspionierleiter und der Vorsitzende des Elternbeirates. Die Ergebnisse der Beratungen des Pädagogischen Rates werden in Beschlüssen zusammengefaßt, die jedoch der Bestätigung durch den Direktor bedürfen und durch die die persönliche Verantwortung und damit auch die Entscheidung des Direktors nicht aufgehoben werden. Als Pläne für die Bildungs- und Erziehungsarbeit der Oberschule sind jährlich der Arbeitsplan der Schule, die Klassenleiterpläne, der Stundenplan und der Zeitplan für die außerunterrichtliche Bildungs- und Erziehungsarbeit auszuarbeiten. Der Unterricht durch Privatschulen ist in der DDR grundsätzlich ausgeschlossen; Unterricht durch Privatpersonen an einzelne Schüler oder Schülergruppen außerhalb des obligatorischen Schulunterrichts in den schulischen Fächern darf nur mit Genehmigung des für die betreffenden Schüler zuständigen Schuldirektors erteilt werden.

VI. Abiturstufe

Die zur Hochschulreife führenden Bildungseinrichtungen, die Abiturstufe bzw. Abiturklassen, umfassen hauptsächlich die Erweiterte Oberschule mit den Klassen 11 und 12, aber auch die verschiedenen Spezialschul- und Sonderschul-Klassen 11 und 12, die Abiturklassen der Berufsausbildung (Jugendlicher), die Abiturlehrgänge (Gesamtlehrgänge) und die Sonderreifelehrgänge der Volkshochschulen sowie die (noch bestehenden) Arbeiter-und-Bauern-Fakultäten der Bergakademie Freiberg und der Universität Halle-Wittenberg. Die fachgebundene Hochschulreife kann außerhalb dieses Systems auch in einer Sonderreifeprüfung an den Universitäten und Hochschulen erworben werden. An den Ingenieur- und Fachschulen erwerben die Studierenden die fachgebundene Hochschulreife mit der Abschlußprüfung. Die Hochschulreife bzw. das Abitur bezeugt lediglich den erfolgreichen Erwerb der für ein Hochschulstudium erforderlichen Allgemeinbildung und berechtigt nur zur Bewerbung, nicht jedoch zum Hochschulstudium, schon gar nicht in einem Fach eigener Wahl; denn der Zugang zum Hochschulstudium ist darüber hinaus von einem strengen Auswahl- und Zulassungsverfahren der Universitäten und Hochschulen abhängig, das jedoch praktisch immer mehr auf die 10. Klasse vorverlagert wird.

Die *Erweiterte Oberschule (EOS)* bereitet unmittelbar und ausschließlich auf die Hochschulreife vor, auch wenn zahlreiche Abiturienten anschließend eine Berufsausbildung zum Facharbeiter im Rahmen der Aus- und Weiterbildung der Werktätigen erwerben müssen; eine Ausbildung zum Facharbeiter neben der Vorbereitung auf den Erwerb der Hochschulreife, wie sie das Bildungsgesetz von 1965 noch vorsieht, erfolgt seit 1967/68 in den Erweiterten Oberschulen nicht mehr. Obligatorische Unterrichtsfächer (mit Angabe der Gesamtwochenstundenzahl für beide Schuljahre) der EOS sind Deutsch (6), Russisch (6), zweite Fremdsprache (5), Staatsbürgerkunde (3), Geschichte (3), Geographie (2), Sport (4), Mathematik (10), Physik (6), Chemie (5) und Biologie (5); wahlweise-obligatorische Unterrichtsfächer sind Kunsterziehung oder Musik (2) sowie die wissenschaftlich-praktische Arbeit (8), die als Fortsetzung der → **polytechnischen Bildung und des polytechnischen Unterrichts** der Oberschule nach neun verschiedenen Rahmenprogrammen durchgeführt werden kann. Für fakultative 25- und 50stündige Lehrgänge stehen insgesamt 6 Wochenstunden für beide Schuljahre sowie z. Z. 20 zusätzliche Lehrgangspläne unterschiedlicher Thematik zur Verfügung.

Den Erweiterten Oberschulen – wie auch den zur Hochschulreife führenden Spezial- und Sonderschul-Klassen – sind in der Regel Vorbereitungsklassen, deren Schüler nach den Lehrplänen für die Normalklassen 9 und 10 unterrichtet werden und die am Ende der 10. Klasse die Abschlußprüfung der Oberschule ablegen, sowie in den größeren Städten der ländlichen Bezirke häufig Schulinternate zur Aufnahme von Schülern aus den verschiedenen weiter entfernten Orten angegliedert. Die Reifeprüfung erfolgt als schriftliche Prüfung in den Fächern Deutsch, Russisch und Mathematik sowie in Physik oder Chemie oder Biologie, als mündliche Prüfung in zwei aus bestimmten Fächergruppen auszuwählenden Fächern und als Sportprüfung. Die Zahl der Fächer der mündlichen Prüfung kann bis auf fünf erhöht werden. Bei bestandenen Prüfungen wird das Reifezeugnis mit einem Gesamtprädikat ausgehändigt; für besonders gute Leistungen bei der Reifeprüfung werden ihnen Auszeichnungen verliehen (→ **Schüler und Lehrlinge**).

In den *Abiturlehrgängen (Gesamtlehrgängen) der Volkshochschulen* werden Berufstätige mit abgeschlossener Oberschulbildung (10. Klasse) oder mit einer Bildung, die dem Niveau der Oberschulbildung entspricht, in zwei Jahren zum Abitur geführt, und zwar in den obligatorischen Fächern Deutsch (4), Russisch (4), Mathematik (8,5), Physik (5), Staatsbürgerkunde (2) und Georgraphie (1) sowie in den wahlweise-obligatorischen Fächern Chemie oder Biologie (4). Daneben werden an den Volkshochschulen auch Sonderreifelehrgänge zum Erwerb einer fachgebundenen Hochschulreife durchgeführt. Die Reifeprüfungen werden nach den Bestimmungen der Reifeprüfung für die Erweiterte Oberschule abgelegt und bewertet.

In den *Abiturklassen der Berufsausbildung* werden Abgänger der Klasse 10 der Oberschule in einer in der Regel 3jährigen Lehrzeit zur Reife- und zur Facharbeiterprüfung geführt und vor allem auf ein Studium an Technischen und Ingenieur-Hochschulen vorbereitet; sie sollen deshalb auch vorrangig in solchen Berufen ausgebildet werden, die für den festgelegten Bedarf an Studienbewerbern in den technischen und ökonomischen Hauptfachrichtungen der Technischen und Ingenieur-Hochschulen die besten Voraussetzungen bieten. In den Abiturklassen der Berufsausbildung z. B. technischer und ökonomischer Richtung sind die obligatorischen allgemeinbildenden Fächer Deutsch (6), Russisch (6), 2. Fremdsprache (10), Staatsbürgerkunde (3), Geschichte (3), Geographie (2), Sport (6), Mathematik (10), Physik (6) und Chemie (5); dazu kommt noch der gegenüber der regulären Facharbeiterausbildung etwas gekürzte berufstheoretische (18) und berufspraktische Unterricht (22). Die Reifeprüfung wird nach den Bestimmungen für die Reifeprüfung an den Erweiterten Oberschulen, die Facharbeiterprüfung nach den Bestimmungen der Facharbeiterprüfungsordnung durchgeführt; sind beide Prüfungen bestanden, so wird ein Reife- und Facharbeiterzeugnis mit zwei Gesamtprädikaten ausgehändigt; für besonders gute Prüfungsleistungen werden Auszeichnungen verliehen (→ **Schüler und Lehrlinge**).

Zur Aufnahme in die Abiturstufe, insbesondere in die Erweiterten Oberschulen und dazu zuvor in die Vorbereitungsklassen 9 und 10, werden „die besten und befähigtesten Schüler unter Berücksichtigung der sozialen Struktur der Bevölkerung" ausgewählt. Zu diesem Zweck schlagen die Direktoren der Oberschulen dem Kreisschulrat mit Zustimmung der Eltern die besten Schüler der 8. Klasse zur Vorbereitung auf den Besuch der Erweiterten Oberschule vor. Die vorgeschlagenen Schüler sollen sich sowohl durch gute Leistungen im Unterricht als auch durch einwandfreies Verhalten auszeichnen und „ihre Verbundenheit mit der DDR durch ihre Haltung und ihre gesellschaftliche Tätigkeit bewiesen haben". Ferner werden bei den Vorschlägen Kinder von „Angehörigen der Arbeiterklasse" besonders berücksichtigt. Aber auch Eltern von Schülern der 8. Klasse können beim Direktor der Oberschule einen Antrag auf Aufnahme ihrer Kinder in die Vorbereitungsklassen stellen. Der Direktor berät seine Vorschläge und die Anträge der Eltern zur Vorbereitung auf den Besuch der Erweiterten Oberschule mit den Klassenleitern und Fachlehrern der 8. Klasse unter Teilnahme der Elternbeiratvorsitzenden und des Freundschaftspionierleiters der Schule und reicht die von ihm übernommenen Vorschläge und Anträge an den Kreisschulrat weiter; dieser entscheidet in Zusammenarbeit mit den Direktoren der delegierenden Oberschulen und der Erweiterten Oberschulen über die Aufnahme. Die in die Vorbereitungsklassen 9 und 10 aufgenommenen Schüler gelten als für den Besuch der Erweiterten Oberschule voraussichtlich geeignet und bleiben formal Schüler der Oberschule – auch wenn die Vorbereitungsklassen, wie es hauptsächlich der Fall ist, der Erweiterten Oberschule angegliedert sind – und legen am Ende des 10. Schuljahres die Abschlußprüfung der Oberschule ab.

Zur (endgültigen) Aufnahme in die Erweiterte Oberschule schlagen die Direktoren der Erweiterten Oberschulen mit Vorbereitungsklassen die für geeignet befundenen Schüler der Klasse 10 vor. Darüber hinaus können aber auch Eltern von Schülern der Vorbereitungsklassen 10 die endgültige Aufnahme in die Erweiterte Oberschule beantragen. Aber auch von allen Schülern der 10. Normalklassen der Oberschule mit sehr guten Leistungen in den wissenschaftlichen Fächern, im fakultativen Unterricht einer zweiten Fremdsprache und in den außerunterrichtlichen Arbeitsgemeinschaften bzw. von deren Eltern können entsprechende Anträge gestellt werden. Zur (endgültigen) Aufnahme in die Erweiterte Oberschule bilden die Kreisschulräte Aufnahmekommissionen, die über jeden einzelnen Antrag entscheiden. Da die Aufnahmekommissionen in der Regel vor den Abschlußprüfungen tagen, erfolgt bei positiver Entscheidung die Aufnahme unter dem Vorbehalt, daß die Eignung durch die Leistungen und das Gesamtverhalten bis zur Abschlußprüfung der Oberschule und durch die Abschlußprüfung selbst bestätigt wird. Für die Aufnahme in die Berufsausbildung mit Abitur, d. h. in die Abiturklassen in den Einrichtungen der Berufsausbildung Jugendlicher, für die im Prinzip die gleichen Grundsätze wie für die Aufnahme in die Erweiterte Oberschule gelten, kommen vor allem solche Schulabgänger in Frage, die ein Studium an Ingenieurhochschulen, Technischen Hochschulen und Offiziershochschulen (mit technischer Fachrichtung) anstreben. Die Vorschläge und die Aufnahmeverfahren (Aufnahmekommission) werden jedoch in Zusammenarbeit mit den Kombinaten, Betrieben und Genossenschaften auf der Grundlage der zahlenmäßig eng begrenzten „Plans zur Neueinstellung von Schulabgängern für die Ausbildung in Abiturklassen" durchgeführt, die auch die entsprechenden Lehrverträge abschließen. Die Aufnahmeverfahren werden zum Teil bereits im Laufe des 9. Schuljahres für die betreffenden Schüler durchgeführt. Auch bei der Aufnahme in die Abiturklassen der Berufsausbildung sollen Arbeiter- und Bauernkinder sowie Mädchen besonders berücksichtigt werden. Für den Besuch der Abiturlehrgänge (Gesamtlehrgänge) für Berufstätige an den Volkshochschulen ist eine Beurteilung durch den Betrieb, in dem der betreffende Berufstätige arbeitet, notwendig; Lehrlingen, sofern sie nicht in der Berufsausbildung mit Abitur lernen, ist seit kurzem die Teilnahme an den Abiturlehrgängen der Volkshochschulen (und Betriebsakademien) verboten; zeitweilig nicht berufstätige Frauen können dagegen aufgenommen werden.

Nach dem VIII. Parteitag der SED (1971) wurde das Bestreben deutlich, die Zahl der jährlichen Abiturienten und dazu die Schülerplätze an den zur Hochschulreife führenden Bildungseinrichtungen so zu verringern, daß ihre Zahl möglichst weitgehend der in den Volkswirtschaftsplänen festgelegten Zahl der Hochschulstudienplätze entspricht. Dies bedeutet nichts anderes, als den „Numerus clausus" vom Hochschuleingang auf den Abiturstufeneingang vorzuverlagern.

VII. Sonderschulen und sonderpädagogische Einrichtungen

Zum Sonderschulwesen gehören als Einrichtungen für wesentlich physisch oder psychisch geschädigte, jedoch schulbildungsfähige Kinder und Jugendliche Schulen für Schwachsinnige, Gehörlose, Schwerhörige, Sprachgestörte, Blinde, Sehschwache und Körperbehinderte sowie Schulen und Klassen für langfristig stationär Behandlungsbedürftige bzw. chronisch Erkrankte in Einrichtungen des Gesundheits- und Sozialwesens und auch die sonderpädagogischen Beratungsstellen. Vorschul- und Berufsschulteile sowie zum Abitur führende Klassen sind jeweils organisatorische Bestandteile der betreffenden Sonderschulen. Darüber hinaus gibt es aber auch eigenständige Sonderkindergärten und Sonderberufsschulen, z. B. Sprachheilkindergarten, Gehörlosen-Berufsschule, Berufshilfsschule. Sonderschulen, die Kinder und Jugendliche eines oder mehrerer Kreise oder Bezirke aufnehmen, sind in der Regel Internatsschulen.

Hilfsschulen sind 8klassige Schulen, denen zum Teil Vorschulgruppen und Berufsschulklassen angegliedert sind. Die schulbildungsfähigen schwachsinnigen Kinder und Jugendlichen werden entsprechend dem Grad ihrer Schädigung in einem A-, B- oder C-Zug nach differenzierten Lehrplänen unterrichtet.

Die *Gehörlosen-Schulen* und die *Gehörlosen-Hilfsschulen*, denen Vorschulgruppen und Berufsschulklassen angegliedert sein können, betreuen Kinder und Jugendliche, die auch bei Einsatz elektro-akustischer Hilfsmittel die Lautsprache auf natürlichem (akustischem) Wege nicht erlernen können. Die Gehörlosen-Schulen sind 10klassig, die Gehörlosen-Hilfsschulen 8klassig.

Die 10- bzw. 12klassigen *Schwerhörigen-Schulen* und die 8klassigen *Schwerhörigen-Hilfsschulen* nehmen Kinder und Jugendliche auf, die durch eine Hörminderung dem Unterricht außerhalb dieser Einrichtungen nicht folgen können, die Sprache jedoch über das Ohr – in der Regel mit Hörhilfen – erlernen oder dem Unterricht über das Absehen vom

Munde zu folgen vermögen; auch diesen Schulen können Vorschulgruppen und Berufsschulklassen angegliedert sein.

In den *Sprachheilschulen* oder durch ihre ambulant tätigen Sprach- und Stimmheilpädagogen werden Kinder und Jugendliche sonderpädagogisch gebildet und behandelt, die an einem totalen oder partiellen Unvermögen leiden, die normale Umgangssprache zu erlernen, so daß Erkenntnisfähigkeit und Kommunikation beeinträchtigt sind. Die sonderpädagogische Behandlung Sprach- und Stimmgeschädigter erfolgt in der Regel durch ambulant tätige Pädagogen in sonderpädagogischen Beratungsstellen; nur Kinder mit solchen Sprachstörungen, für deren Behandlung die Bedingungen der Beratungsstelle nicht genügen, werden in Vorschulgruppen und Sprachheilschulen eingewiesen. Die Sprachheilschulen sind 3- bzw. 6klassige Oberschulen, denen Vorschulgruppen angegliedert sind. Ziel der Sprachheilschulen ist es, die erfaßten Kinder sprachlich so zu fördern, daß die Mehrzahl von ihnen nach dem 3. Schuljahr in die Normalschule umgeschult werden kann.

In den in der Regel 10klassigen *Blindenschulen,* denen Vorschulgruppen, Berufsschulklassen, zum Abitur führende Klassen für Sehgeschädigte sowie Hilfsschulklassen angegliedert sein können, werden Kinder und Jugendliche betreut, die infolge hochgradiger Sehschädigung auch mit Spezialsehhilfen Flachschrift nicht lesen und schreiben können und deren vollwertige Bildung und Erziehung außerhalb dieser Einrichtungen nicht gewährleistet ist. Abgänger der Blindenschule erhalten ihre Berufsausbildung im Rehabilitationszentrum für Blinde. Befähigte Schüler können in Klassen für Sehgeschädigte (Blinde und Sehschwache) zum Abitur geführt werden. Schulbildungsfähige schwachsinnige Blinde besuchen Hilfsschulklassen in den Blindenschulen.

Die 10klassige *Sehschwachen-Schule* hat die Aufgabe, die Schüler auf der Grundlage der Lehrpläne der Normalschule mit Hilfe sonderpädagogischer Maßnahmen zum Oberschulabschluß zu führen. Befähigte Schüler können in den zum Abitur führenden Klassen für Sehgeschädigte die Hochschulreife erlangen. Abgänger aus der Sehschwachenschule, deren berufliche Ausbildung unter allgemeinen Bedingungen nicht gesichert werden kann, werden ihren Fähigkeiten und Leistungen entsprechend in speziellen Berufsschulklassen und gegebenenfalls Ausbildungsgruppen beruflich ausgebildet.

Schulbildungsfähige schwachsinnige Sehschwache besuchen die 8klassigen *Sehschwachen-Hilfsschulen.* Ihre Berufsausbildung bzw. berufliche Eingliederung erfolgt nach den Rechtsvorschriften für Hilfsschulabgänger. Den Sehschwachen-Schulen und den Sehschwachen-Hilfsschulen können Vorschulgruppen und Berufsschulklassen angegliedert sein.

In *Körperbehinderten-Schulen* werden Kinder und Jugendliche aufgenommen, die in einer anderen Schule keine vollwertige Bildung und Erziehung erhalten können bzw. der Gefahr weiterer gesundheitlicher Schädigung oder psychischer Fehlentwicklung ausgesetzt sind ; sie sind in der Regel 10klassig. Befähigte Schüler können in den zum Abitur führenden Klassen für Körperbehinderte die Hochschulreife erlangen. Abgänger aus den Körperbehindertenschulen, deren Berufsausbildung in den allgemeinen Ausbildungsstätten nicht gesichert werden kann, werden in Rehabilitationsstätten auf eine berufliche Tätigkeit vorbereitet.

Schulbildungsfähige schwachsinnige Körperbehinderte besuchen die 8klassigen *Körperbehinderten-Hilfsschulen;* den Körperbehinderten-Schulen und den Körperbehinderten-Hilfsschulen können Vorschulgruppen und Berufsschulklassen angegliedert sein.

Für Kinder und Jugendliche, die auch nicht in Sonderschulen betreut werden können, gibt es *sonderpädagogische Einrichtungen,* die auf allen Stufen die schul- und unterrichtsorganisatorischen Bedingungen, Methoden, Arbeitstechniken und pädagogischen Hilfen sowohl den Auswirkungen der Erkrankung als auch den Anforderungen der gültigen Lehrpläne anpassen und den altersgemäßen Übergang zur entsprechenden Bildungsstufe einer Sonder- oder örtlichen Oberschule ermöglichen sollen.

Kinder und Jugendliche mit wesentlichen physischen und psychischen Schädigungen unterliegen der Meldepflicht; meldepflichtig sind die Jugendärzte, alle anderen Mitarbeiter des Gesundheits- und Sozialwesens, Lehrer, Erzieher, Kindergärtnerinnen sowie die Eltern der geschädigten Kinder; die Meldung erfolgt an die zuständige Abteilung Volksbildung des Rates des Kreises.

VIII. Sorbische Schulen und Klassen

Auf der Grundlage zunächst des Gesetzes des Landes Sachsens zur Wahrung der Rechte der sorbischen Bevölkerung (1948), später der → **Verfassung** der DDR und des Bildungsgesetzes wurden in dem sogenannten zweisprachigen Gebiet der heutigen Bezirke Cottbus und Dresden sorbische Schulen und Klassen bzw. sorbischer Sprachunterricht eingeführt. Darüber hinaus wird aber auch an anderen Bildungseinrichtungen, so in Kindergärten, an Berufsschulen, Betriebsakademien und Volkshochschulen der Gebrauch der sorbischen Sprache ermöglicht.

Die Ausbildung entsprechend sprachlich befähigter Kindergärtnerinnen, Erzieher und Lehrer der unteren Klassen erfolgt am Sorbischen Institut für Lehrerbildung in Bautzen, die der Fachlehrer für das Fach Sorbisch in der Oberstufe erfolgt an der Karl-Marx-Universität Leipzig. Die schulischen und anderen Möglichkeiten zur Pflege der sorbischen Sprache und Kultur sind offensichtlich größer als das tatsächliche Verlangen dieser Bevölkerungs- bzw. Sprachgruppe, insbesondere ihrer jüngeren Mitglieder, diese Möglichkeiten auch zu nutzen.

IX. Spezialschulen und Spezialklassen

Spezialschulen und Spezialklassen sind elitäre Bildungseinrichtungen im Rahmen des allgemeinbildenden Schulwesens, zum Teil auch in Verbindung mit dem Hochschulwesen, die „besonderen Erfordernissen der Nachwuchsentwicklung für die Wirtschaft, die Wissenschaft, den Sport und die Kultur dienen" und nur „Schüler mit hohen Leistungen und besonderen Begabungen aufnehmen"; sie führen in der Regel zum Abitur und werden nur in begrenztem Umfang errichtet, dafür aber personell und materiell bevorzugt ausgestattet. Spezialschulen sind selbständige schulorganisatorische Einheiten, während Spezialklassen relativ selbständige Bestandteile von Normalschulen, meist von Erweiterten Oberschulen, aber auch anderen Bildungseinrichtungen, wie Universitäten, Technischen Hochschulen usw., darstellen.

Zur Zeit werden folgende Arten von Spezialschulen und Spezialklassen betrieben: 1. (Spezial-)Klassen mit erweitertem Russischunterricht ab Klasse 3; 2. Spezialschulen und Spezialklassen für Musik, Bühnentanz und Artistik vorwiegend ab Klasse 5; 3. Spezialschulen für Sport (Kinder- und Jugendsportschulen) vorwiegend ab Klasse 5; 4. Spezialschulen und Spezialklassen für Russisch ab Klasse 9; 5. Spezialklassen mit verstärktem neusprachlichem Unterricht ab Klasse 9; 6. Spezialklassen mit verstärktem altsprachlichem Unterricht ab Klasse 9; 7. Spezialschulen und Spezialklassen für Mathematik ab Klasse 9 oder 11; 8. Spezialschulen und Spezialklassen physikalisch-technischer Richtung ab Klasse 9 oder Klasse 11; 9. Spezialklassen biologisch-technischer Richtung ab Klasse 9 oder Klasse 11.

In dem Beschluß über die Bildung von Spezialschulen und Spezialklassen (1963) wurde die Einrichtung von mathematisch-naturwissenschaftlichen Spezialschulen und -klassen bestimmt, in denen Schüler in solchen speziellen Berufen der führenden Wirtschaftszweige und der Landwirtschaft ausgebildet und auf ein Studium der entsprechenden Fachrichtungen vorbereitet werden, die für die Durchsetzung des wissenschaftlich-technischen Fortschritts in diesen Bereichen und in der gesamten Volkswirtschaft von grundlegender Bedeutung sind und besonders hohe mathematisch-naturwissenschaftliche Kenntnisse verlangen. Jedoch schon vor diesem Spezialschulen-Beschluß (1963) bestanden verschiedene Spezialschulen bzw. Spezialklassen, so die Spezialschulen für Sport (Kinder- und Jugendsportschulen) und die Klassen mit erweitertem Russischunterricht.

In den Jahren 1964–1968 wurden zahlreiche Aktivitäten zur Einrichtung von Spezialschulen und Spezialklassen verschiedener Art entwickelt, so daß sich Margot Honecker 1968 genötigt sah, die Forcierung dieser – die Einheitsschule aufzulösen drohenden – Entwicklung zu kritisieren. Da die Spezialschulen und Spezialklassen, deren elitärer Charakter nicht zuletzt dadurch zum Ausdruck kommt, daß in sie nur etwa 5 v. H. der Schüler der betreffenden Jahrgänge Aufnahme finden, offensichtlich der Idee der Einheitsschule bzw. dem Prinzip der „Einheit von Einheitlichkeit und Differenzierung bei Prädominanz der Einheitlichkeit" widersprechen, finden sich in allgemein zugänglichen Veröffentlichungen über das Bildungswesen der DDR nur spärliche Angaben über diese Einrichtungen.

Bezüglich des Fächerkanons und der Stundentafel unterscheiden sich die Spezialschulen und Spezialklassen durch ihre spezielle Fächerprofilierung. Zum Unterschied von der Stundentafel der Normalschulen werden die „profilierenden" Fächer mit besonders hoher Stundenzahl unterrichtet, und zwar zu Lasten der Verminderung der Stunden für andere Fächer, so für den polytechnischen Unterricht.

Den größten Anteil an den Spezialschulen und -klassen haben die *Klassen mit erweitertem Russischunterricht,* die bereits ab Klasse 3 einsetzen. Schüler der Spezialklassen 10 mit erweitertem Russischunterricht haben die Möglichkeit, das Abitur im Fach Russisch nach den Bedingungen der Klasse 12 des regulären Russischunterrichts abzulegen; Schüler der Spezialklassen 12 mit erweitertem Russischunterricht können zusammen mit dem Abitur die Sprachkundigen-Prüfung Ia oder sogar IIa ablegen. Nicht zu verwechseln mit den Spezialklassen mit erweitertem Russischunterricht sind die *Spezialschulen für Russisch* mit den Klassen 9 bis 12 in Wiesenburg und in Wickersdorf, an denen Schüler speziell auf ein Studium als Russischlehrer vorbereitet werden.

Nach der Vereinheitlichung der Erweiterten Oberschule, die bis 1967/68 in einen neusprachlichen A-Zweig, einen mathematisch-naturwissenschaftlichen B-Zweig und einen altsprachlichen C-Zweig gegliedert war, wurden *Spezialklassen* 11 und 12 mit verstärktem Fremdsprachenunterricht, d. h. *mit verstärktem neusprachlichem und mit verstärktem altsprachlichem Unterricht* einschließlich entsprechender Vorbereitungsklassen 9 und 10 eingerichtet. Die Verstärkung des Fremdsprachenunterrichts kommt sowohl in seinem größeren Umfang – es werden mindestens 3 obligatorische Fremdsprachen gelehrt – als auch in seinem höheren Niveau zum Ausdruck, das vor allem dadurch erreicht wird, daß der Fremdsprachenunterricht in kleinen Gruppen erteilt wird. Eine sehr niedrige Klassenfrequenz ist überhaupt ein wesentliches Ksnnzeichen und Privileg der Spezialschulen und -klassen.

Zu den fremdsprachlichen Spezialschulen und -klassen ist auch das *Institut zur Vorbereitung auf das Aus-landsstudium* der Arbeiter-und-Bauern-Fakultät der Universität Halle-Wittenberg zu rechnen, an dem besonders ausgewählte Schüler, die die Klasse 11 absolviert haben, in einem besonderen 12. Schuljahr auf ein Studium in den RGW-Ländern, vor allem in der Sowjetunion, vorbereitet werden und dafür eine entsprechend verstärkte fremdsprachliche Ausbildung, vorzugsweise in der russischen Sprache, erhalten.

Neben den *mathematischen Spezialklassen* 9 und 12 an Erweiterten Oberschulen gibt es auch eine *Spezialschule für Mathematik,* nämlich die Heinrich-Hertz-Schule in Berlin-Friedrichshain. *Physikalisch-technische Spezialschulen* bestehen in Dresden, Frankfurt (Oder), Jena, Merkers und Riesa. Darüber hinaus bestehen an (normalen) Erweiterten Oberschulen *physikalisch-technische und biologisch-technische Spezialklassen,* so z. B. in Kleinmachnow, Hermsdorf/Thüringen und Güstrow. Außerdem wurden (bereits 1964) an den damaligen mathematisch-naturwissenschaftlichen Fakultäten einiger Universitäten und Hochschulen Spezialklassen „zur Förderung mathematisch-naturwissenschaftlich besonders begabter Jugendlicher" eingerichtet. In diesen Spezialklassen 11 und 12 sollen die Jugendlichen, die durch die Universitäten und Hochschulen im Zusammenwirken mit den Schulbehörden, insbesondere aufgrund der Ergebnisse der Mathematik-Olympiaden und anderer naturwissenschaftlich-technischer Leistungswettbewerbe, ausgewählt werden, vor allem auf ein Studium in mathematisch-naturwissenschaftlichen und technischen Fachrichtungen vorbereitet werden. Der Unterricht in diesen Spezialklassen erfolgt durch Wissenschaftler nach speziellen Lehrplänen sowie in kleinen Gruppen.

Spezialklassen dieser Art gibt es an der Humboldt-Universität Berlin, der Martin-Luther-Universität Halle-Wittenberg sowie an den Technischen Hochschulen Magdeburg, Merseburg und Karl-Marx-Stadt. Die in diesen Spezialklassen auf ein Studium vorbereiteten Schüler überspringen z. T. das erste Studienjahr. Die Delegierung dieser Schüler und ihre Zulassung seitens der jeweiligen Universität oder Technischen Hochschule erfolgt im Zusammenhang mit dem Verfahren der Aufnahme von Schülern in die Abiturstufe im 10. Schuljahr.

Abgesehen von der *Spezialschule für Musik* in Berlin-Friedrichshain und den *Spezialklassen für Musikerziehung* in Wernigerode, die wie die Mehrzahl der übrigen Spezialschulen und -klassen dem Ministerium für Volksbildung unterstehen, sind die verschiedenen *Spezialschulen und -klassen für Musik, Bühnentanz und Artistik* dem Ministerium für Kultur unterstellt, die in ihrer Mehrzahl auch nicht zum Abitur führen, dafür aber eine Berufsausbildung, z. B. zum Bühnentänzer und Artisten, vermitteln.

Die in den letzten Jahren zahlenmäßig eingeschränkten Spezialschulen für Sport, die seit 1952 bestehenden *Kinder- und Jugendsportschulen,* sind – neben der Vermittlung einer (pro Schuljahr eingeschränkten) allgemeinen Oberschulbildung – auf die möglichst frühzeitige Heranbildung von Spitzensportlern ausgerichtet und erteilen einen auf einige wenige Sportarten begrenzten, äußerst intensiven Sportunterricht; wegen der hohen Trainingsanforderungen wird nur ein Teil der Schüler zum Abitur geführt, und zwar in einem um ein oder sogar zwei Jahre verlängerten Bildungsgang (13. oder 14. Schuljahr).

Für die Aufnahme von Schülern in die Spezialschulen und -klassen, insbesondere in die Spezialklassen 9, gelten die gleichen Grundsätze wie für die Aufnahme in die Vorbereitungsklassen 9, jedoch andere und wesentlich strengere Maßstäbe. In der Regel schlagen die Direktoren der allgemeinbildenden Normalschulen – mit Zustimmung, meistens aber auf Antrag der Eltern – dem Kreisschulrat die für geeignet befundenen Schüler zur Aufnahme in die betreffenden Spezialschulen bzw. Spezialklassen vor. Die Entscheidungskriterien sind einmal die volkswirtschaftlichen Bedürfnisse bzw. die verfügbaren Kapazitäten, zum anderen aber die besonderen Leistungen der Schüler sowohl in den betreffenden, d. h. den „profilierenden" Fächern als auch in allen übrigen wissenschaftlichen Fächern, das einwandfreie Verhalten der Schüler, „ihre durch ihre Haltung und ihre gesellschaftliche Tätigkeit bewiesene Verbundenheit mit der DDR" sowie ihre festgelegte Zugehörigkeit zur Gruppe der besonders zu fördernden „Arbeiter- und Bauernkinder" (→ **Schüler und Lehrlinge**). Offensichtlich gelingt es Angehörigen höherer sozialer Schichten, insbesondere leitenden Funktionären in Partei, Staat, Wissenschaft und Wirtschaft in besonders hohem Maße, ihre Kinder gerade in den Spezialschulen und Spezialklassen unterzubringen. Dies wird zwar offiziell ab und zu kritisiert, jedoch keineswegs verhindert.

Ist es die generelle Aufgabe aller Spezialschulen und -klassen, unter Ausnutzung spezieller Befähigungen der Schüler besonders hohen und differenzierten bzw. speziellen Kader-Erfordernissen von Wissenschaft, Technik, Volkswirtschaft, Staat, Kultur und Sport zu genügen, so sollen die mathematisch-naturwissenschaftlich-technischen Spezialschulen und -klassen insbesondere „die wissenschaftlich-technische Revolution meistern helfen"; dagegen stellen die fremdsprachlichen Spezialschulen und -klassen einschließlich der Veranstaltungen zur fremdsprachlichen Intensivausbildung vor allem eine notwendige Reaktion auf die in jüngster Zeit verstärkten internationalen Beziehungen und Verpflichtungen dar. Der starke Andrang zu diesen Spezialschulen und -klassen bzw. die aktiven und einfallsreichen Bemühungen interessierter Schüler und vor allem Eltern, einen der wenigen Plätze in diesen Schulen und Klassen für sich bzw. für ihre Kinder zu erlangen, ist vor allem darauf zurückzuführen, daß die Absolventen dieser zum Abitur führenden Schulen bezüglich der Zuteilung eines – aufgrund der jüngsten Beschränkungen noch mehr begehrten – Hochschulstudienplatzes erhebliche Vorteile besitzen.

X. Einheitlichkeit und Differenzierung

Das Bildungssystem in der DDR wird in bezug auf Zielstellung und Inhalt als „sozialistisch" sowie hinsichtlich Aufbau und Gliederung als „einheitlich" bezeichnet. Das bedeutet, daß die Grundsätze der Einheitlichkeit der Bildung und Erziehung und der Gleichheit der Bildungsmöglichkeiten von entscheidender Bedeutung sein sollen. Der Grundsatz der Einheitlichkeit wird jedoch in Zusammenhang mit der Notwendigkeit der Differenzierung gesehen.

Daß es keineswegs die Aufgabe des Bildungssystems in der DDR sein kann, jedem Bürger den Übergang zu den höchsten Bildungsstätten zu ermöglichen, kommt in der Direktive des VIII. Parteitages der SED (1971) zum Fünfjahrplan 1971–1975 in den Formulierungen „Die weitere Entwicklung der Hoch- und Fachschulen hat entsprechend den volkswirtschaftlichen Erfordernissen zu erfolgen" und „Die Anzahl der auszubildenden Abiturienten ist in Übereinstimmung mit der Entwicklung des Hochschulstudiums festzulegen" zum Ausdruck. Dies unterstrich der Minister für Volksbildung, Margot Honecker, noch mit der Feststellung, daß die Schule in erster Linie den hochqualifizierten Facharbeiternachwuchs vorzubereiten habe. Wenn danach die Hochschulstudienplätze und in noch stärkerem Maße die Abiturstufenplätze vermindert wurden, so bedeutet dies eine ganz erhebliche Einschränkung des Grundsatzes der Einheitlichkeit der Bildung und insbesondere des Zugangs aller dazu Befähigten zum Abitur und zum Hochschulstudium.

Der Grundsatz der „Einheit von Einheitlichkeit und Differenzierung bei Prädominanz der Einheitlichkeit" entspricht – bezogen auf die allgemeinbildenden Schulen – der Idee der *Einheitsschule*. Die klassische Definition der sozialistisch-kommunistischen Einheitsschule, die von Nadeshda Krupskaja, der Lebensgefährtin Lenins, in der „Deklaration über die Einheits-Arbeitsschule" vom 16. 10. 1918 formuliert wurde, besagt aber, daß der Begriff „Einheitsschule" zwar nicht deren Einförmigkeit bedeutet und daß die Einheitsschule durchaus horizontal differenziert sein kann, jedoch in vertikaler Richtung unbedingt einheitlich sein muß. Wenn es also heute die Pädagogik und die Schulpolitik der DDR als wesentliches Merkmal der Einheitsschule und als eine Mindestforderung an die Einheitlichkeit eines Schulsystems erachtet, die allgemeinbildende Pflichtschule als „eine für alle Kinder gemeinsame Schule mit im wesentlichen gleichartiger Bildung, als einheitlichen Grundschultyp" zu gestalten, die alle

Absolventen auf das Leben und die Berufsbildung sowie auf die nichtobligatorische weitere Allgemeinbildung vorbereitet, so schließt das nach Meinung der offiziellen Pädagogik und Bildungspolitik der DDR „zwar unterschiedliche nichtobligatorische Beschäftigungen und Kurse nicht aus, macht aber zur Bedingung, daß diese das hohe Abschlußniveau für alle nicht gefährden, keine Vorentscheidungen über die weitere Bildung darstellen, sondern alle weiteren Bildungswege für alle offenhalten".

Gerade wenn man diese Maßstäbe der offiziellen Pädagogik und Schulpolitik der DDR der Beurteilung zugrundelegt, kann der Tatbestand eines vertikal mehrfach gegliederten allgemeinbildenden Schulsystems für die DDR nicht geleugnet werden: Neben dem Normalschulsystem für die große Masse der Schüler existiert u. a. ein System von Spezialschulen und Spezialklassen mit äußerst beschränkten Zugangsmöglichkeiten, also für eine elitäre Minderheit von Schülern, für deren Auslese dazu noch ein umstrittener Begabungsbegriff angewendet wird. Einerseits betonen zwar die Pädagogen und Schulpolitiker in der DDR, daß „der Abschluß der Spezialschulen keine besonderen Berechtigungen außerhalb des allgemeinen Leistungsprinzips und der speziellen Vorbereitung auf bestimmten Gebieten gibt", es sich also „nicht um einen besonderen Bildungsweg handelt"; andererseits wird aber ausdrücklich festgestellt: „Der erfolgreiche Abschluß an Spezialschulen und -klassen sichert in höherem Maße den Übergang zum Hochschulstudium in der entsprechenden Studienrichtung als der Abschluß an Normalschulen". Außerdem wird betont, daß durch die praktizierten Auswahlprinzipien und Auswahlverfahren neben den jeweiligen speziellen Begabungen auch die allgemeinen Begabungen der Schüler berücksichtigt werden und daß in den Spezialschulen und -klassen oft ein höheres Leistungsniveau in fast allen Bereichen der Allgemeinbildung als an normalen Schulen erreicht wird. Auch wird eingeräumt, daß „die Möglichkeit einer von der sozialen Gesamtstruktur abweichenden Rekrutierungsbasis dieser Einrichtungen, besonders aufgrund territorialer Zugangseinschränkungen und hinsichtlich vorhandener ausgeprägter Ambitionen in bestimmten Sozialschichten für diesen oder jenen Spezialschultyp" gegeben ist.

Kann die Oberschule mit den Normalklassen 1 bis 8 vielleicht noch als *differenzierte Einheitsschule* charakterisiert werden, so bietet sich das allgemeinbildende Schulsystem besonders oberhalb der 8. Klassen als ein ausgeprägtes vertikal mehrfach gegliedertes Schulsystem mit all seinen Problemen dar, dessen unüberschreitbare Bildungsweggrenzen qualitativ unterschiedliche Ausgangslagen und Chancen für weiterführende Bildungsgänge und sozialen Aufstieg schafften. Aber auch für die 10klassige Oberschule, also für die als „differenzierte Einheitsschule" charakterisierte Normalschule, stellen die gegebenen *Differenzierungen* zumindest Ansätze zur Errichtung solcher vertikaler Bildungsbarrieren dar. Die in der 10klassigen Oberschule in den letzten Jahren eingeführten Differenzierungen sind als qualitative Veränderungen der Einheitsschule zu bewerten. Die offiziell gültige Charakterisierung des allgemeinbildenden Schulsystems als Einheitsschule muß daher als sachlich nicht gerechtfertigt und als Versuch angesehen werden, die tatsächlichen Gegebenheiten aus politisch-ideologischen und agitatorischen Gründen zu verschleiern.

Ein Blick durch die 9. Jahrgangsstufe verdeutlich die tatsächlichen Gegebenheiten der vertikalen Differenzierung; denn bezüglich der äußeren Differenzierung befinden sich in der DDR Jugendliche dieser Jahrgangsstufe 1. im ersten Lehrjahr der (in diesem Fall um ein Jahr verlängerten) Berufsausbildung, in die sie nach Abschluß der 8. Klasse, zum Teil aber auch einer früheren Klasse, jedoch nach mindestens 8 Schuljahren, eingetreten sind, oder 2. in einer 9. Klasse der Normalschule, d. h. der 10klassigen Oberschule, oder 3. in einer Vorbereitungsklasse 9, in der sie unmittelbar bzw. speziell auf den Eintritt in die Erweiterte Oberstufe (Abiturstufe) vorbereitet werden, oder 4. in einer 9. Sonderschulklasse, oder 5. in einer Spezial(vorbereitungs)klasse 9, oder 6. in einer 9. Spezialschulklasse.

XI. Berufsausbildung Jugendlicher

Berufsbildung im umfassenden Sinne meint die berufliche Aus- und Weiterbildung auf allen Ebenen, d. h. von der Qualifizierung Anzulernender bis zur Weiterbildung der Hochschullehrer und Wissenschaftler. Berufsbildung im engeren Sinne dagegen umfaßt nur die Veranstaltungen zur beruflichen Aus- und Weiterbildung bis zur Ebene der Meister, vor allem aber bis zum Facharbeiterabschluß; sie gliedert sich in „Berufsausbildung Jugendlicher" und „Aus- und Weiterbildung der Werktätigen".

Nach der Verfassung haben alle Jugendlichen nicht nur das Recht, sondern auch die Pflicht, nach Verlassen der Schule – aus welcher Klasse auch immer – eine Berufsausbildung, zumindest eine berufliche Teilausbildung, zu absolvieren. Sie erfolgt in den in der „Systematik der Ausbildungsberufe" aufgeführten Ausbildungsberufen – das sind z. Z. 307 Ausbildungsberufe, davon 28 Grundberufe – sowie anhand der vom Staatssekretariat für Berufsbildung herausgegebenen verbindlichen Rahmenausbildungsunterlagen mit ihren Berufsbildern, Stundentafeln und Lehrplänen. Die Zahl der Ausbildungsberufe wurde von 972 im Jahre 1957 über 658 im Jahre 1964, 455 im Jahre 1967 und 355 im Jahre 1969 systematisch verringert, vor allem im Zusammenhang mit der Entwicklung der Grundberufe (1967: 4; 1968: 8; 1969: 21; 1970: 26).

Die Rahmenausbildungsunterlagen und die darin enthaltenen Berufsbilder und Lehrpläne werden auf der Grundlage von Berufsanalysen und zentralen Richtlinien von den Berufsfachkommissionen teildezentralisiert erarbeitet, und zwar mit Unterstützung bzw. Anleitung durch beauftragte Leitbetriebe, das Staatssekretariat für Berufsbildung (vormals Staatliches Amt für Berufsausbildung, Leiter: Prof. Dr. H. Kuhn) in Ost-Berlin und das Zentralinstitut für Berufsbildung der DDR (vormals Deutsches Institut für Berufsbildung, Leiter: Prof. Dr. sc. A. Knauer), ebenfalls in Ost-Berlin, die auch die entsprechende Bestätigung und Verbindlichkeitserklärung abgeben und die Ausbildungsberufe in die Systematik der Ausbildungsberufe aufnehmen.

Die detaillierten Berufsbilder enthalten Angaben über die beruflichen Spezialisierungen, über die Bedeutung und Entwicklung des Berufes im Rahmen der Volkswirtschaft, über die Charakteristik der beruflichen Tätigkeit einschließlich der beruflich-fachlichen Anforderungen mit Angabe der wesentlichen Arbeitsmittel, Arbeitsgegenstände, Arbeitstätigkeiten und Anforderungen an die Arbeitsausführung, über die schulischen, psychischen und physischen Voraussetzungen für die Berufsausübung, über die Ausbildungsdauer sowie über die Einsatz- und weiteren Entwicklungsmöglichkeiten der in dem betreffenden Beruf ausgebildeten Facharbeiter.

Die Ausbildungsdauer liegt für Absolventen der 10. Klasse zwischen eineinhalb Jahren (z. B. Metallurge für Formgebung, Fotolaborant) und 4 Jahren (Porzellanmaler), beträgt in der Regel jedoch 2 Jahre. Für Absolventen der 8. Klasse und für die Berufsausbildung mit Abitur dauert die jeweilige Ausbildung ein Jahr länger. Von den derzeit 307 Ausbildungsberufen sind 265 Ausbildungsberufe nur für Absolventen der 10. Klasse, 18 Ausbildungsberufe nur für Absolventen der 8. Klasse, 24 Ausbildungsberufe für alle Arten von Absolventen, 138 Ausbildungsberufe auch für Absolventen der 8. Klasse und 96 Ausbildungsberufe auch für die Berufsausbildung mit Abitur vorgesehen; Ausbildungsberufe nur für die Berufsausbildung mit Abitur gibt es nicht.

Die *Facharbeiterausbildung* in einem Ausbildungsberuf gliedert sich einerseits in die Grundlagenbildung und in die Spezialisierung (für den jeweiligen betrieblichen Einsatz), andererseits in die allgemeinbildenden Unterricht (zumindest Staatsbürgerkunde und Sport), den berufstheoretischen Unterricht einschließlich der Grundlagenfächer Grundlagen der Elektronik, der BMSR-Technik, der Datenverarbeitung und Betriebsökonomik sowie in den berufspraktischen Unterricht (einschließlich der Vermittlung spezieller theoretischer Lehrstoffe). Der berufstheoretische und der berufspraktische Unterricht sind in der Regel in Lehrgänge gegliedert.

Jugendliche, die keine volle Facharbeiterausbildung mit Aussicht auf Erfolg absolvieren können, erhalten eine 1- bis 2jährige *berufliche Teilausbildung,* d. h. eine berufliche Ausbildung auf Teilgebieten eines Ausbildungsberufes (den auch Schulabgänger aus der 8. Klasse in 3 Jahren erlernen dürfen); zu diesen Jugendlichen gehören insbesondere Abgänger aus Hilfs- und einigen Sonderschulen. Solche Teilausbildungen sind z. B. „Putzen" (als Teil des Ausbildungsberufes Maurer), „Bewehrungsarbeiten" (Betonbauer), „Glasreiniger" (Gebäude- und Fahrzeugreiniger), „Postzusteller" (Facharbeiter für Betrieb und Verkehr des Post- und Zeitungswesens) und „Wirtschaftsgehilfin" (Wirtschaftspflegerin). Abgänger aus Hilfsschulen, die auch nicht über die Voraussetzungen für eine Teilausbildung verfügen, erhalten eine 1jährige Ausbildung für eine einfache Arbeitstätigkeit als Produktionshilfsarbeiter.

Ausgehend von der Erkenntnis, daß die Gestaltung der Berufsausbildung mit der Dynamik schritthalten müsse, welche die wissenschaftlich-technische Revolution in der Volkswirtschaft bewirkt, wurde in den Grundsätzen für die Weiterentwicklung der Berufsausbildung (1968) festgestellt, daß für die dazu erforderliche Erhöhung des Niveaus der Berufsausbildung und die vielseitigere Einsetzbarkeit der Facharbeiter vor allem die Einführung von Grundlagenfächern und *Grundberufen,* die Veränderung des Inhalts der herkömmlichen Ausbildungsberufe sowie die Weiterentwicklung der Formen und Methoden der Berufsausbildung dringend erforderlich sind. Insbesondere sei im Prozeß der wissenschaftlich-technischen Revolution und der damit verbundenen weiteren Arbeitsteilung ein neuer Typ der Ausbildungsberufe zwingend notwendig: der Grundberuf, in dem die mathematisch-naturwissenschaftlichen, technischen, produktionsorganisatorischen und ökonomischen Grundlagen verwandter Produktions- und Arbeitsprozesse einschließlich neuer Technologien und Arbeitsverfahren vermittelt werden. Grundberufe sind also breit profilierte Ausbildungsberufe, die den erforderlichen Bildungsvorlauf und die notwendige berufliche Disponibilität der Arbeitskräfte gewährleisten sollen, die berufliche Aus- und Weiterbildung organisch miteinander verbinden, die Organisation des Ausbildungssystems und die Ausarbeitung von Lehrplänen usw. vereinfachen sowie die materiellen und personellen Aufwendungen für die Berufsausbildung senken sollen, sowie volkswirtschaftlich bedeutsame Querschnitts- und Massenberufe für Absolventen mindestens der 10. Klasse.

Die derzeit 28 Grundberufe sind Facharbeiter für automatisierte Produktionssysteme, für BMSR-Technik (Betriebs-, Meß-, Steuerungs- und Regelungstechnik), für Datenverarbeitung, Wartungsmechaniker für Datenverarbeitungs- und Büromaschinen, Elektronikfacharbeiter, Elektromonteur, Facharbeiter für Fertigungsmittel, Maschinen- und Anlagenmonteur, Zerspanungsfacharbeiter, Instandhaltungsmechaniker, Maschinist, Facharbeiter für chemische Produktion, Laborant, Metallurge für Erzeugung, Metallurge für Formgebung, Facharbeiter für Anlagentechnik, Facharbeiter für Nachrichtentechnik, Fahrzeugschlosser, Baufacharbeiter, Agrotechniker, Zootechniker, Facharbeiter für die Be- und Verarbeitung pflanzlicher Produkte, Meliorationstechniker, Facharbeiter für Umschlagprozesse und Lagerwirtschaft, Wirtschaftskaufmann, Finanzkaufmann, Landmaschinenschlosser und Motorenschlosser (Landwirtschaft) mit jeweils verschiedenen Spezialisierungen, deren Anzahl zwischen 2 und 21 beträgt.

Die Ausbildung in einem Grundberuf umfaßt die Grundlagenbildung und die Ausbildung in einer von mehreren möglichen Spezialisierungen. So umfaßt beispielsweise der Grundberuf Elektromonteur die berufliche Grundlagenbildung sowie die sieben beruflichen Spezialisierungen Installation, Kabel, Schalt- und Verteilungsanlagen, Fahrleitungen, Freileitungen, Wartung und Instandhaltung sowie Stationsbau; die berufliche Grundlagenbildung umfaßt 2 120 Stunden und jede der sieben Spezialisierungen 1 600 Stunden; in einer anderen Aufteilung bedeutet dies eineinhalb Jahre berufliche Grundlagenbildung und ein halbes Jahr Spezialisierung. Demgegenüber gliedert sich der Grundberuf Elektronikfacharbeiter in die ebenfalls eineinhalb Jahre dauernde berufliche Grundlagenbildung und 10 Spezialisierungen, wobei 4 Spezialisierungen 6 Monate Ausbildung und die übrigen 6 Spezialisierungen 12 Monate Ausbildung beanspruchen.

Die *berufliche Grundlagenbildung* für einen Grundberuf, aber auch für breit profilierte Ausbildungsberufe, gliedert sich in allgemeinbildenden und berufstheoretischen Unterricht einschließlich des Unterrichts in beruflichen Grundlagenfächern und in berufspraktischen Unterricht. Aufgaben der Grundlagenfächer „Grundlagen der Elektronik", „Grundlagen der BMSR-Technik" und „Grundlagen der Datenverarbeitung" ist es, die Lehrlinge für den wissenschaftlich-technischen Fortschritt zu interessieren und seine Bedeutung für die gesellschaftliche Entwicklung zu erläutern sowie sie mit den wichtigsten allgemeinen Grundzügen des Zwecks, der Wirkungsweise und der Anwendung der Automatisierungstechnik und Datenverarbeitung und dazu mit den naturwissenschaftlich-technischen Wirkungsprinzipien vertraut zu machen.

Aufgabe des Grundlagenfaches Betriebsökonomik ist es, den Lehrlingen sichere und anwendungsfähige ökonomische Kenntnisse zu vermitteln, damit sie den Zusammenhang zwischen eigener Tätigkeit und betrieblichen Aufgaben erkennen, daraus die erforderlichen persönlichen Verhaltensweisen ableiten und das richtige Verhältnis von Aufwand und Nutzen beim Einsatz und der Verwendung von Arbeitsmitteln und Arbeitsgegenständen bestimmen.

Die *spezielle berufliche Ausbildung,* d. h. die Vermittlung einer Spezialisierung, untergliedert sich ebenfalls in die berufstheoretische und die berufspraktische Ausbildung.

Der *berufstheoretische Unterricht* ist bestimmender Bestandteil der beruflichen Grundlagenbildung und umfaßt außer den beruflichen Grundlagenfächern die für den betreffenden Beruf jeweils erforderlichen fachlich-theoretischen Disziplinen einschließlich solcher für mehrere Grund- bzw. Ausbildungsberufe relevanten Disziplinen wie Maschinen- und Anlagenkunde, Werkstoffkunde, Gütesicherung, Qualitätskontrolle usw., aber auch berufsspezifisch-allgemeinbildende Fächer wie z. B. berufsbezogene Mathematik; er wird vorwiegend in Klassenräumen und in speziell ausgestatteten Unterrichtskabinetten der Berufsschulen von Berufsschullehrern, darunter zunehmend von Diplom-Ingenieurpädagogen usw. erteilt (→ **Lehrer und Erzieher**). Der tendenziell steigende Anteil des berufstheoretischen Unterrichts ist von Ausbildungsberuf zu Ausbildungsberuf unterschiedlich und bei den Grundberufen am höchsten; er wird in der Regel in der ersten Hälfte der Ausbildungszeit abgeschlossen.

Der *allgemeinbildende Unterricht* in der (in der Regel 2jährigen) Berufsausbildung von Absolventen der 10klassigen Oberschule umfaßt die Fächer Staatsbürgerkunde (74 Stunden) und Sport (74 Stunden); der allgemeinbildende Unterricht im Rahmen der (um 1 Jahr, in der Regel also auf 3 Jahre) verlängerten Berufsausbildung für Abgänger aus der Klasse 8 der Oberschule umfaßt die Fächer Deutsche Sprache und Literatur (284 Stunden), Mathematik (321 Stunden), Geschichte (142 Stunden) sowie Staatsbürgerkunde (105 Stunden) und Sport (148 Stunden); bei Jugendlichen, die die Oberschule verlassen, ohne das Ziel der Klasse 8 erreicht zu haben und einen Lehrvertrag für die Ausbildung auf Teilgebieten eines Berufes (Teilausbildung) oder für einen engprofilierten Beruf abschließen, wird der allgemeinbildende Unterricht in den Fächern Deutsche Sprache und Literatur, Mathematik, Staatsbürgerkunde und Sport weitergeführt.

Berufstheoretischer und allgemeinbildender Unterricht der Berufsausbildung Jugendlicher werden in der Regel in Betriebs- oder in Kommunalen Berufsschulen erteilt.

Betriebsberufsschulen sind staatliche Bildungseinrichtungen in volkseigenen Betrieben und vergleichbaren Institutionen des Staates, die Einrichtungen für den allgemeinbildenden und den berufstheoretischen Unterricht wie Fachklassen, Unterrichtskabinette, Turnhallen, aber auch für den berufspraktischen Unterricht (Lehrwerkstatt, Trainingskabinett usw.) sowie das Lehrlingswohnheim umfassen; sie werden von einem Direktor geleitet, der dem Leiter des Betriebes bzw. Kombinates unterstellt ist und zur Werkleitung gehört.

Kommunale Berufsschulen sind staatliche Bildungseinrichtungen, die den Abteilungen Berufsausbildung und Berufsberatung der Räte der Kreise unterstehen und in denen Lehrlinge sowie Jugendliche im berufsschulpflichtigen Alter theoretischen, d. h. allgemeinbildenden und berufstheoretischen Unterricht erhalten; an ihnen bestehen nach Ausbildungsberufen und Lehrjahren gegliederte Fachklassen. Je nach den Hauptrichtungen der Ausbildungsberufe gibt es Gewerbliche, Kaufmännische, Landwirtschaftliche und (mehrere Hauptrichtungen umfassende) Allgemeine Berufsschulen.

Die *Zentralberufsschulen* sind staatliche Bildungseinrichtungen für Lehrlinge, für die in den Betriebsberufsschulen oder Kommunalen Berufsschulen keine nach Fachrichtungen und Abgangsklassen gegliederte, ökonomisch vertretbare Klassenbildung möglich ist; an ihnen erhalten die Lehrlinge den berufstheoretischen Unterricht nach einem Kurssystem (mehrmals 4 bis 8 Wochen pro Lehrjahr); den allgemeinbildenden Unterricht und den übrigen theoretischen Unterricht (berufliche Grundlagenfächer) erhalten sie in den Berufsschulen ihres Heimatkreises. Zu den Zentralberufsschulen sind auch die Bezirksfachklassen sowie die Berufsschulen mit Zentralberufsschulteil zu rechnen, an denen ebenfalls berufstheoretischer Unterricht zentralisiert erteilt wird. Charakteristisch für die Kommunalen Berufsschulen und die Zentralberufsschulen ist, daß an ihnen nur der theoretische Unterricht erteilt wird, während die Lehrlinge dieser Schulen ihre berufspraktische Ausbildung in mittleren und kleineren volkseigenen Betrieben, in Produktionsgenossenschaften der Landwirtschaft und des Handwerks sowie in Privatbetrieben erhalten.

Medizinische Berufsschulen sind Bildungseinrichtungen des staatlichen Gesundheitswesens, in denen die Ausbildung für einen mittleren medizinischen Beruf vermittelt wird; in der Aufgaben- und Zielstellung entsprechen sie den Betriebsberufsschulen; sie unterstehen dem ärztlichen Direktor.

Der *berufspraktische Unterricht* wird in Lehrwerkstätten und ähnlichen Einrichtungen wie Lehrbaustellen, Lehrschächten usw., aber auch in Ausbildungskabinetten, Trainingskabinetten, Labors usw., der Betriebsberufsschulen sowie in den Produktionsabteilungen der Betriebe durchgeführt. Zwecks gemeinsamer Nutzung und rationeller Ausnutzung ihrer Ausbildungsstätten bilden verschiedene Betriebe Ausbildungsgemeinschaften, wobei die Lehrlinge in denjenigen Ausbildungsstätten konzentriert werden, in denen die besten Bedingungen für die jeweilige Ausbildung gegeben sind.

Für die Leitung, Planung und Organisation des berufspraktischen Unterrichts der Lehrlinge in den Lehrwerkstätten usw. wie auch in den Produktionsabteilungen der Betriebe sind die Lehrkräfte – das sind in zunehmendem Maße je nach der Betriebsart

Ingenieurpädagogen, Ökonompädagogen oder Medizinpädagogen (früher Lehrmeister) – in Zusammenarbeit mit den Lehrfacharbeitern verantwortlich; sie erteilen auf der Grundlage der verbindlichen Lehrpläne und der Ausbildungsbedingungen im Arbeitsbereich ausgearbeitete Lehraufträge an die Lehrfacharbeiter und Lernaufträge an die Lehrlinge. Ferner haben sie dafür Sorge zu tragen, daß eine sowohl ausbildungsgerechte als auch volkswirtschaftlich bedeutsame Lehrproduktion von Geräten, Maschinen oder Anlagen bzw. von Baugruppen oder Teilaggregaten oder von Massenbedarfsgütern eingerichtet wird; zu diesem Zweck sollen Kooperationsbeziehungen zwischen den Lehrwerkstätten und den anderen Betriebsabteilungen, insbesondere den Produktionsabteilungen hergestellt werden.

Die Lehrlinge werden vom ersten Tag ihrer Ausbildung an zu rationeller und effektiver Arbeit erzogen. Die Ausbildung erfolgt vor allem an jenen Arbeitsplätzen, an denen die Lehrlinge nach erfolgreichem Abschluß ihrer Lehrzeit als Facharbeiter arbeiten werden; dieses Ziel soll mindestens 8 Wochen vor Abschluß der Lehre erreicht werden. Für Leistungssteigerung und Entwicklung des ökonomischen Denkens und Handelns führen die Lehrlinge ein Haushaltsbuch, in dem die Erfüllung der produktiven Lehrlingsleistungen, die Senkung der beeinflußbaren Kosten und des Ausfalls an produktiven Stunden sowie ihre Beteiligung am Neuererwesen, am Berufswettbewerb und ihre Wettbewerbsverpflichtungen im Rahmen der Bewegung der Messe der Meister von Morgen eingetragen werden (→ **Schüler und Lehrlinge**). Für in Einzelausbildung stehende Lehrlinge werden überbetriebliche Leistungsvergleiche veranstaltet. Pünktlichkeit, Fleiß, Ordnung am Arbeitsplatz, die volle Nutzung der Arbeitszeit, das Leisten von Qualitätsarbeit und der „Kampf um die allseitige Planerfüllung" sind wesentliche Erziehungsziele, die durch möglichst frühzeitige Mitarbeit der Lehrlinge in den Arbeitskollektiven der Produktionsabteilungen erreicht werden sollen; dazu gehört auch das möglichst frühzeitige Erreichen der Facharbeiterleistung.

Die Organisationsform für die praktische Ausbildung mit ähnlicher Bedeutung wie die Fachklassen für den berufstheoretischen Unterricht ist das Lernaktiv, das in der Regel 14 Lehrlinge umfaßt und von einer Lehrkraft (Ingenieurpädagogen usw.) geleitet wird.

Berufspraktischer und berufstheoretischer Unterricht wechseln in der Regel innerhalb einer Woche; unter besonderen Bedingungen, z. B. bei zusammenhängenden Tätigkeiten zur Lösung komplexer Arbeitsaufgaben bei der Ausbildung unter den Bedingungen der Schichtarbeit und des Bau- und Montagebetriebes, kann auch ein anderer Turnus festgelegt werden.

Nach der Facharbeiter-Prüfungsordnung (1973)

umfaßt die Facharbeiterprüfung, die vor einer Prüfungskommission abgelegt wird, die Abschlußprüfung in den Grundlagenfächern Grundlagen der Elektronik, der BMSR-Technik, der Datenverarbeitung und Betriebsökonomik, die Abschlußprüfungen in den weiteren theoretischen und praktischen Fächern, Lehrgängen und Stoffgebieten der beruflichen Grundlagenbildung und der beruflichen Spezialisierung, die in der jeweiligen Rahmenausbildungsunterlage geforderten zusätzlichen besonderen Prüfungen, z. B. Fahrerlaubnis-Prüfung, Sprachkundigen-Prüfung usw., die Abschlußprüfungen in den Fächern des allgemeinbildenden Unterrichts Staatsbürgerkunde und Sport sowie die schriftliche Hausarbeit und ihre „Verteidigung". In dem Facharbeiterzeugnis werden die einzelnen Abschlußzensuren sowie eine Gesamtzensur ausgewiesen. Für die Zensierung gilt die gleiche Zensurenskala wie für die allgemeinbildenden Schulen.

Gemäß der Anordnung über die *Finanzierung der Berufsausbildung* (1969) werden die Kosten der Betriebe für die praktische Berufsausbildung, die sich als Differenz zwischen den Gesamtkosten und den Erlösen aus der praktischen Berufsausbildung ergeben, in die Selbstkosten der Betriebe einbezogen; bei Einrichtungen, die aus dem Staatshaushalt finanziert werden, sind diese Ausgaben auch in dem Haushaltsplan enthalten. Die Finanzierung der Ausgaben für die allgemeinbildende und theoretische Berufsausbildung sowie für die Lehrlingswohnheime der betrieblichen Einrichtungen erfolgt (abzüglich der Einnahmen) aus Mitteln des Staatshaushaltes; die Finanzierung der kommunalen Berufsschulen und Lehrlingswohnheime erfolgt entsprechend den Rechtsvorschriften und Prinzipien der Haushaltswirtschaft für staatliche Einrichtungen. Die Finanzierung der Grundmittel für die Berufsausbildung erfolgt aus den betrieblichen Fonds für Investitionen. Einrichtungen, die voll oder teilweise nach dem Prinzip der Haushaltsfinanzierung abgerechnet werden, erhalten die notwendigen Mittel aus dem Staatshaushalt; das gleiche gilt für die kommunalen Einrichtungen der Berufsausbildung.

XII. Aus- und Weiterbildung der Werktätigen (Erwachsenenqualifizierung)

In der Erkenntnis des Zusammenhanges von Ausbildungsstand und Arbeitsproduktivität sowie zur Verwirklichung des Grundsatzes der „Permanenz der Bildung und Erziehung" und zur Sicherung des steigenden Bedarfes an qualifizierten Arbeitskräften wird nicht nur der Berufsausbildung Jugendlicher, sondern auch der Aus- und Weiterbildung der Werktätigen bzw. der Erwachsenenqualifizierung hohe Bedeutung beigemessen; sie dient der Erlangung und Vervollkommnung der Fachausbildung und der Allgemeinbildung der Berufstätigen entsprechend den volkswirtschaftlichen Erfordernissen.

Im weiteren Sinn umfaßt das System der Aus- und Weiterbildung der Werktätigen

1. die hauptsächlich in den Bildungseinrichtungen der Betriebe, Kombinate und LPG durchgeführte berufliche Aus- und Weiterbildung der ungelernten und angelernten Arbeitskräfte sowie der Facharbeiter, Genossenschaftsbauern, Brigadiere und Meister,

2. die systematische allgemeinbildende Vorbereitung geeigneter Facharbeiter, Genossenschaftsbauern, Brigadiere und Meister auf ein Fach- oder Hochschulstudium in Kooperation der betrieblichen Bildungseinrichtungen mit den Volkshochschulen sowie den Fach- und Hochschulen,

3. die berufliche und politisch-ideologische Weiterbildung der Fach- und Hochschulkader sowie der mittleren Leitungskader in den betrieblichen Bildungseinrichtungen sowie an der Kammer der Technik, den Industriezweigakademien, den Fach- und Hochschulen und den Instituten für sozialistische Wirtschaftsführung,

4. die Vermittlung der neuesten Erkenntnisse aus Politik, Gesellschaft, Wissenschaft und Technik an die Berufstätigen durch die Urania (Gesellschaft zur Verbreitung wissenschaftlicher Kenntnisse), die Kammer der Technik, wissenschaftliche Gesellschaften und spezielle wissenschaftliche Institutionen und Akademien sowie

5. die Qualifizierung aller an der Durchführung der Aus- und Weiterbildung der Werktätigen beteiligten Kader an betrieblichen und zweiglichen Bildungseinrichtungen, an Volkshochschulen, Kreislandwirtschaftsschulen, Fach- und Hochschulen sowie an speziellen Bildungseinrichtungen.

Im engeren Sinn umfaßt das System der Aus- und Weiterbildung der Werktätigen nur die systematische Vervollständigung der schulischen Allgemeinbildung bis zum Abschluß der 10. Klasse der Oberschule und die systematische berufliche Qualifizierung bis zum Meister einschließlich der Weiterbildung der Meister.

Die Erwachsenenqualifizierung erfolgt in einem durch verschiedene Pläne, Verträge usw. festgelegten Verbund von betrieblichen, staatlich-kommunalen und gesellschaftlichen Bildungseinrichtungen mit deutlicher Schwerpunktbildung für die unterschiedlichen Aufgabenbereiche, vor allem in den „einheitlichen betrieblichen Bildungseinrichtungen", auch *Betriebsschulen* genannt, und darin besonders in den Betriebsakademien. Die Betriebsschulen umfassen außerdem noch die betrieblichen Einrichtungen für die Berufsausbildung Jugendlicher, insbesondere die Betriebsberufsschule und die Lehrwerkstatt, und als Einrichtungen für den polytechnischen Unterricht der Schüler der Oberschulen die Polytechnischen Kabinette bzw. Polytechnischen Zentren (→ **Polytechnische Bildung und polytechnischer Unterricht**).

Die *Betriebsakademie* ist eine staatliche Bildungseinrichtung der Erwachsenenqualifizierung in volkseigenen Betrieben sowie in vergleichbaren Einrichtungen des Staatsapparates; sie wird von einem Direktor geleitet, den der Werkleiter bzw. Leiter des staatlichen Organs einsetzt. Arbeitsgrundlage der Betriebsakademie ist der Qualifizierungsplan des Betriebes. Auf dem Lande übernehmen diese Aufgaben ebenfalls Betriebsakademien (und auch die Volkshochschulen), die früher Dorf- bzw. Kooperationsakademien hießen; sie sind zwischenbetriebliche, zentrale Einrichtungen der LPG und VEG einer Kooperationsgemeinschaft zur gemeinsamen Durchführung der den neuen Produktionsbedingungen entsprechenden Bildungs- und Erziehungsaufgaben und der Entwicklung des geistig-kulturellen Lebens der gesamten Dorfbevölkerung.

Die Bildungseinrichtungen der Großbetriebe und besonders der Kombinate übernehmen auch die genannten Aufgaben der beruflichen Aus- und Weiterbildung der Werktätigen aus kleineren und mittleren Betrieben sowie von Angehörigen der bewaffneten Organe der DDR. Besonders entwickelte betriebliche Bildungseinrichtungen des Stammbetriebes eines Kombinates fungieren als Konsultationszentrum für die betrieblichen Bildungseinrichtungen der anderen Betriebe des betreffenden Kombinates.

Die systematische Weiterbildung in den allgemeinbildenden Unterrichtsfächern erfolgt vor allem in den *Volkshochschulen*, die als staatliche Bildungseinrichtungen in den Städten und Kreisen Teil- und Gesamt-Lehrgänge zum Abschluß der 10. und der 12. Klasse, Vorbereitungslehrgänge für das Fach- und das Hochschulstudium, Fremdsprachenlehrgänge sowie Vortragsreihen und Kurse zu verschiedenen Themen und Lernbereichen veranstalten.

Kurse und Vorträge zur Vermittlung und Verbreitung neuester Erkenntnisse aus Politik, Gesellschaft, Naturwissenschaft und Technik werden vor allem von den (populär)wissenschaftlichen Gesellschaften, so der → **Urania** (vormals Gesellschaft zur Verbreitung wissenschaftlicher Kenntnisse), der → **Kammer der Technik** und speziellen wissenschaftlichen Instituten und Akademien durchgeführt, die ihrerseits wiederum in vertraglichen Beziehungen zu den betrieblichen Bildungseinrichtungen und den Volkshochschulen stehen, wie auch einige Volkshochschulen bestimmte, allerdings sehr eng begrenzte berufliche Qualifizierungsmaßnahmen im Auftrage der betrieblichen Bildungseinrichtungen durchführen.

Die Anforderungen an die Berufstätigen bzw. Betriebsangehörigen bezüglich ihrer Aus- und Weiterbildung werden in die jeweiligen Betriebskollektivverträge, Betriebsvereinbarungen, Frauenförderungspläne und Pläne zur Förderung der Initiative der Jugend aufgenommen und sind Bestandteile des sozialistischen Wettbewerbs in den Betrieben, Kombinaten und Genossenschaften. Auf dieser Grundlage nehmen die Brigaden kontrollfähige Verpflichtungen ihrer Mitglieder in ihre Kultur- und Bildungspläne auf. Zur Kontrolle der Einhaltung der Verpflichtungen zur Aus- und Weiterbildung der Werktätigen werden einheitliche Qualifizierungsnachweise geführt.

Eine wesentliche (ursprünglich zentrale) Aufgabe der Aus- und Weiterbildung der Werktätigen ist die abschnitts- bzw. stufenweise *Qualifizierung ungelernter und angelernter Arbeitskräfte* zu voll ausgebildeten Facharbeitern in Betriebsakademien, aber auch in überbetrieblichen Lehrgängen usw.; Stufen bzw. Abschnitte einer solchen Qualifizierung sind Produktionshilfsarbeiter – Produktionsgrundarbeiter – Produktionsfacharbeiter – Facharbeiter; oder aber Angelernter – Spezialarbeiter – Facharbeiter.

Im Rahmen der Aus- und Weiterbildung der Werktätigen werden auch Facharbeiter, die aus volkswirtschaftlichen Gründen eine andere berufliche Tätigkeit aufnehmen müssen, relativ kurzfristig auf eine neue berufliche Tätigkeit vorbereitet, und zwar anhand von speziellen Programmen, die von den Betrieben ausgearbeitet werden.

Ein besonders wichtiges Aufgabenfeld im Rahmen der Aus- und Weiterbildung der Werktätigen bzw. der Erwachsenenqualifizierung stellt die *Qualifizierung von Mädchen und Frauen* zu Produktionsfacharbeiterinnen, für technische Berufe und für den Einsatz in leitenden Tätigkeiten dar. Da nur 28 v. H. der im Bereich der materiellen Produktion beschäftigten → **Frauen** und Mädchen einen Facharbeiterabschluß für ihre derzeitige Tätigkeit besitzen, werden seitens der Betriebe erhebliche Anstrengungen unternommen, damit sich diese Frauen zu Produktionsfacharbeiterinnen qualifizieren und dazu entsprechende Qualifizierungsverträge abschließen. Die erforderliche berufstheoretische Ausbildung erfolgt auf der Grundlage der staatlichen Lehrpläne in einer Kombination von Unterricht, Selbststudium, Konsultationen und theoretischen Unterweisungen am Arbeitsplatz; die berufspraktische Ausbildung erfolgt grundsätzlich im Arbeitsbereich. Zur Absolvierung berufstheoretischer Lehrgänge werden die betreffenden Frauen zeitweilig von der Arbeit freigestellt; in dieser Zeit wird ein finanzieller Ausgleich in Höhe des Durchschnittsverdienstes gezahlt.

Darüber hinaus werden im Zusammenwirken von allgemeinbildender Schule, FDJ, Berufsberatung und Betrieben verschiedene Maßnahmen bzw. Möglichkeiten geschaffen, damit mehr Mädchen und junge Frauen für die Berufsausbildung in technischen Berufen gewonnen und bereits ausgebildete Frauen für leitende Tätigkeiten qualifiziert und auch dementsprechend eingesetzt werden. Dazu wird ein spezielles System der abschnittweisen Qualifizierung in Lehrgängen oder Stufen sowie im Prozeß der Arbeit

entwickelt bzw. genutzt. Der Erfolg dieser Bemühungen ist recht unterschiedlich und hängt im wesentlichen davon ab, ob die erforderlichen Maßnahmen zur Minderung der außerberuflichen Belastung dieser Frauen, so z. B. die Versorgung durch die Handels- und Dienstleistungseinrichtungen, die teilweise Durchführung der beruflichen Aus- und Weiterbildung während der Arbeitszeit usw. gewährleistet sind. Den besonderen Bedingungen der Frauenqualifizierung tragen Frauenklassen, die Durchführung von ganzen Unterrichtstagen, Externats- bzw. Internatslehrgänge und ähnliches Rechnung. Besondere Maßnahmen werden dabei für diejenigen zu qualifizierenden Frauen getroffen, die Mütter von mehreren vorschul- und schulpflichtigen Kindern sind.

Im Zusammenhang mit der ab 1971 erfolgten Verminderung der Hochschulstudienplätze gewinnt in der DDR das Problem der *beruflichen Qualifizierung von Abiturienten,* d. h. von Absolventen der Erweiterten Oberschule (EOS), die kein Hoch-, aber auch kein Fachschulstudium aufnehmen können (zu letzterem fehlt ihnen die vorgeschriebene abgeschlossene Facharbeiterausbildung), zunehmend an Bedeutung. Diese Absolventen der 12. Klasse der EOS werden grundsätzlich im Rahmen der Aus- und Weiterbildung der Werktätigen zu Facharbeitern ausgebildet, wobei die Ausbildungsdauer durch den Inhalt des jeweiligen Ausbildungsberufes und durch die Vorkenntnisse bzw. Erfahrungen der Abiturienten aus der wissenschaftlich-praktischen Arbeit in der EOS bestimmt wird, jedoch nicht mehr als $1^1/_2$ Jahre beträgt. Diese Abiturienten werden nach Möglichkeit in eine solche Facharbeiterausbildung übernommen, die mit der Fachrichtung der Hochschule übereinstimmt, für die sie sich beworben hatten. So werden beispielsweise Abiturienten, die sich für die Handelshochschule Leipzig beworben hatten und für dieses Studium auch für geeignet befunden, jedoch aus Kapazitätsgründen nicht zugelassen wurden, im Konsumgüter-Binnenhandel ausgebildet, und zwar vorwiegend in den Grundberufen Facharbeiter für Umschlagsprozesse und Lagerwirtschaft, Wirtschaftskaufmann und Facharbeiter für Datenverarbeitung.

Die Facharbeiterausbildung der Abiturienten erfolgt in einer Kombination von Lehrgängen der Betriebsakademie, angeleitetem Selbststudium und Qualifizierung am Arbeitsplatz. Die Ausbildung ist so angelegt, daß der Abiturient in kurzer Zeit die Kenntnisse eines Fachschulabsolventen erwirbt. Entsprechend der von ihm erzielten Leistung in der praktischen Tätigkeit wird er dann bei entsprechender Eignung mit einer mittleren leitenden Funktion betraut. Aus diesem Personenkreis können dann besonders Leistungsfähige eventuell zum Hochschulfernstudium delegiert werden, zumindest wird ihnen diese Möglichkeit als Anreiz in Aussicht gestellt.

Einen weiteren Schwerpunkt der Aus- und Weiterbildung der Werktätigen bildet die Ausbildung von Facharbeitern zu Meistern und die Weiterbildung der Meister. Nach der Verordnung über die Aus- und Weiterbildung der Meister (1973) erfolgt die *Ausbildung der Meister* in volkseigenen Betrieben und anderen staatlichen Einrichtungen und schließt mit der staatlich anerkannten Qualifikation als Meister ab. Die Meisterausbildung gliedert sich in die Grundlagenbildung, in die nach Wirtschaftszweigen und technologischen Erfordernissen differenzierte Fachbildung und in die auf den Einsatz als Meister orientierende Spezialisierung als Meisterpraktikum. Die Dauer der gesamten Ausbildung zum Meister beträgt durchschnittlich 2 Jahre.

Die *Weiterbildung der Meister* erfolgt in den volkseigenen Betrieben und deren Bildungseinrichtungen als Bestandteil der systematischen Qualifizierung der leitenden Kader der Wirtschaft und der betrieblichen Erwachsenenqualifizierung. Im Rahmen der Weiterbildung der Meister sollen vor allem die marxistisch-leninistischen Kenntnisse vertieft, das betriebswirtschaftliche, arbeitswissenschaftliche und arbeitsrechtliche sowie das pädagogisch-psychologische Wissen und Können entsprechend den neuesten Erkenntnissen vervollkommnet sowie die den zweiglichen und betrieblichen Besonderheiten und Erfordernissen entsprechenden technischen und technologischen und im Zusammenhang damit nötigen mathematisch-naturwissenschaftlichen Kenntnisse vermittelt werden. Die Weiterbildung der Meister in den volkseigenen Betrieben und staatlichen Einrichtungen erfolgt nach Rahmenprogrammen in besonderen Kursen der Betriebsakademien und anderen betrieblichen Bildungseinrichtungen sowie während des monatlichen „Tags des Meisters". An diesen Kursen nehmen auch Meister aus Klein- und Mittelbetrieben teil, die keine eigenen Bildungseinrichtungen besitzen.

XIII. Kulturelle Einrichtungen

Die Kulturellen Einrichtungen, das sind vor allem die Klubs und die Kulturhäuser, aber auch die allgemeinbildenden und wissenschaftlichen Bibliotheken, Museen und Gedenkstätten, Ausstellungen, Zoologische und Botanische Gärten, Planetarien und Observatorien, Theater, Konzerte und Filmdarbietungen sowie Fernsehen und Rundfunk, gehören insofern zum EsB., als auch sie nach dem Bildungsgesetz den Gesamtprozeß der sozialistischen Bildung und Erziehung der Kinder, Jugendlichen und Erwachsenen unterstützen sollen. Als Einrichtungen der kulturellen Massenarbeit unterstehen sie, wie auch andere Bildungseinrichtungen, z. B. die → **Musikschulen**, die Spezialschulen für Musik und die Künstlerischen Hochschulen, dem → **Ministerium für Kultur**. Zwischen den kulturellen Einrichtungen, den Einrichtungen der außerunterrichtlichen

und außerschulischen Bildung und Erziehung und den Einrichtungen der Erwachsenenqualifizierung bestehen zahlreiche enge Verbindungen.

Als Kulturelle Einrichtungen und als „Zentren des geistig-kulturellen Lebens in den Städten und auf dem Lande" gelten die *Klubs* und *Kulturhäuser*. Nach den Bestimmungen des Ministeriums für Kultur sollen die Klubs und Kulturhäuser im Zeitraum des Fünfjahrplans bis 1975 zu „Zentren des geistig-kulturellen Lebens, zu Stätten der Bildung, Erziehung und Erholung, der Geselligkeit und Unterhaltung, der Begegnungen, des Gedanken- und Erfahrungsaustausches sowie zu Anleitungs- und Konsultationszentren für das geistig-kulturelle Leben in den Betrieben, Wohngebieten und Familien" entwickelt werden und dabei insbesondere auch zur staatsbürgerlichen Erziehung der Jugend beitragen. Zu diesem Zweck arbeiten die Klubs und Kulturhäuser eng mit den Einrichtungen der Aus- und Weiterbildung der Werktätigen, insbesondere mit der → **Urania** zusammen und unterstützen die außerschulische Bildung und Erziehung und die → **Feriengestaltung** der Schüler; sie führen verschiedenartige Jugendstunden durch und bilden zusammen mit der FDJ und der Pionierorganisation Kinder- und Jugendsektionen.

In speziellen *Jugendklubhäusern* und *Jugendklubs,* in den Betrieben, in den Kulturellen Einrichtungen und in den Wohngebieten soll die „kontinuierliche Teilnahme am sozialistischen kulturellen Leben vom Kinder- bis zum Erwachsenenalter" gewährleistet werden. Im Zentrum der Tätigkeit der Kulturellen Einrichtungen für Kinder, Jugendliche und Erwachsene stehen die Vermittlung des Marxismus-Leninismus und die Festigung der Verteidigungsbereitschaft; dafür wurden in allen Kreisen *wehrpolitische und militärtechnische Kabinette* eingerichtet (→ **Wehrerziehung** der Kinder und Jugendlichen). Darüber hinaus unterstützen die Klubs und Kulturhäuser die Werktätigen durch Wissensvermittlung über die sozialistische Wirtschaftspolitik sowie die Rationalisierung, Automatisierung und Wissenschaftsorganisation und führen die Werkstattage und Leistungsvergleiche der Volkskunstschaffenden entsprechend dem Perspektivplan des künstlerischen Volksschaffens, z. B. anläßlich von Betriebsfestspielen, durch.

XIV. Ganztägige Bildung und Erziehung

Die ganztägige Bildung und Erziehung der Kinder und Jugendlichen gilt aus der Sicht der sozialistisch-kommunistischen Pädagogik deshalb als besonders wichtig und notwendig, weil mit ihr der Anteil der *gesellschaftlichen,* d. h. außerhalb der Familie erfolgenden *Bildung und Erziehung* am gesamten Erziehungs- und Sozialisationsgeschehen wesentlich erhöht wird. Zugleich sollen die berufstätigen Eltern, besonders die berufstätigen Mütter, zugunsten ihrer beruflichen Tätigkeit sowie ihrer Qualifikation von der Betreuung und Erziehung ihrer Kinder entlastet werden. Offenbar soll aber auch der Erziehungseinfluß der Eltern, soweit er den Zielen einer „sozialistischen" Erziehung möglicherweise nicht oder nicht voll entspricht, wenigstens teilweise neutralisiert werden. Im weiteren Sinne umfaßt sie sowohl alle (in der Regel halbtägigen) schulisch-unterrichtlichen als auch alle außerunterrichtlichen und außerschulischen Einrichtungen und Veranstaltungen der Bildung und Erziehung der Kinder und Jugendlichen; im engeren und häufig verwandten Sinne umfaßt sie nur die außerschulischen und außerunterrichtlichen Einrichtungen und Veranstaltungen der Bildung und Erziehung der Kinder und Jugendlichen im schul- und berufsschulpflichtigen Alter.

Die weitestgehende und ausgeprägte Form der ganztägigen Bildung und Erziehung stellen die *Tagesschulen* (Ganztagsschulen) dar, die „entsprechend den ökonomischen Möglichkeiten schrittweise" eingerichtet werden sollen, was bisher jedoch nur in sehr bescheidenem Maße verwirklicht wurde. Diese Lücke im System der ganztägigen gesellschaftlichen Erziehung sollen die den Schulunterricht ergänzenden und verstärkenden Einrichtungen und Veranstaltungen der Tageserziehung und der außerunterrichtlichen Bildung und Erziehung ausfüllen. Das hat in engem Zusammenwirken sowohl mit den Schulen als auch mit den Einrichtungen und Veranstaltungen der außerschulischen Bildung und Erziehung einschließlich der Feriengestaltung zu geschehen.

Auf der Unter- und auch Mittelstufe stellen die *Schulhorte* (als Bestandteile der Oberschulen) und die (nicht einer Schule unmittelbar angeschlossenen) *Kinderhorte* die häufigsten Einrichtungen der Tageserziehung dar. In den Hortklassen und Hortgruppen, auch als Tagesklassen und Tagesgruppen bezeichnet, wird in engem Zusammenwirken mit der Pionierorganisation der Anfertigung der Hausaufgaben, dem (didaktischen) Spiel, der Arbeit in Arbeits- und Interessengemeinschaften sowie der den Schulunterricht der Klassen 1–4 ergänzenden Bildung und Erziehung nach dem „Rahmenplan für die Bildung und Erziehung im Schulhort" (1972) besondere Bedeutung beigemessen. Dieser Plan enthält Vorschriften für die Lern- und Betätigungsbereiche „Einführung in das gesellschaftlich-politische Leben", „Gesellschaftlich nützliche Betätigung", „Naturwissenschaftlich-technische Betätigung", „Sportlich-touristische Betätigung" und „Kulturell-künstlerische Betätigung", die von Horterziehern und -erzieherinnen, aber auch von Lehrern (der Unterstufe) durchgeführt bzw. beaufsichtigt werden.

Für Schüler der oberen Klassen (9 und 10) werden *außerunterrichtliche Arbeitsgemeinschaften* nach den bisher 26 dafür vom Ministerium für Volksbildung herausgegebenen verbindlichen Rahmenprogrammen und den für den regulären (obligatorischen und fakultativen) Unterricht geltenden Bestimmungen in verschiedenen gesellschaftswissenschaftlichen, naturwissenschaftlich-technischen und kulturell-künstlerischen Lernbereichen durchgeführt. Der besonderen Bedeutung der außerunterrichtlichen Bildung und Erziehung wird u. a. dadurch Rechnung getragen, daß zur Schulleitung einer jeden vollausgebauten Oberschule ein Stellvertreter (des Direktors) für außerunterrichtliche Arbeit gehört, und daß zur Sicherung einer ziel- und sachgerechten Durchführung der außerunterrichtlichen Arbeit bei den Abteilungen Volksbildung der Räte der Bezirke besondere Bezirkskabinette für außerunterrichtliche Tätigkeit eingerichtet wurden.

Die *außerschulische Bildung und Erziehung* umfaßt entsprechende Veranstaltungen der Schule (als Hauptträgerin), der Jugendorganisationen und der außerschulischen Einrichtungen einschließlich der Feriengestaltung. Die außerschulischen Einrichtungen sind staatliche Bildungs- und Erziehungseinrichtungen des einheitlichen Bildungssystems, die unter Aufsicht und Anleitung durch das Ministerium für Volksbildung und den Zentralrat der → **FDJ** bzw. durch die nachgeordneten Organe in den Bezirken und vor allem in den Kreisen (durch die Kreisschulräte und die Kreisleitungen der FDJ) als pädagogisch-methodische Zentren wirken. Zu ihnen gehören die Häuser der → **Jungen Pioniere**, die Pionierparks und die Stationen Junger Naturforscher, Techniker und Touristen, in denen sowohl alle Kräfte der Volksbildung und der Jugendorganisationen pädagogisch-methodisch angeleitet als auch verschiedene außerschulische bzw. außerunterrichtliche Veranstaltungen wie Arbeitsgemeinschaften, Interessengemeinschaften, Zirkel, Wettbewerbe usw. zwecks Ergänzung und Vertiefung der schulischen Bildung und Erziehung, sinnvoller Freizeitgestaltung und Förderung spezieller Neigungen und Talente durchgeführt werden.

Die *Häuser der Jungen Pioniere,* darunter besonders das Zentrale Haus der Jungen Pioniere in Berlin-Lichtenberg und der Pionierpalast in Dresden, führen verschiedene Veranstaltungen in den Bereichen „Organisationsleben der FDJ und der Pionierorganisation", „Gesellschaftswissenschaft", „Naturwissenschaft und Technik", „Kunsterziehung" sowie „Sport und Touristik" durch. Dazu verfügen sie über Bibliotheken, Theater-, Vortrags-, Spiel-, Fernseh-, Film-, Werk- und andere Räume.

Die *Pionierparks,* insbesondere der Pionierpark „Ernst Thälmann" in Berlin-Wuhlheide, nehmen im wesentlichen die gleichen Aufgaben wahr, jedoch mit Schwergewicht auf Spiel, Sport und Erholung.

Die *Stationen Junger Naturforscher,* angeleitet durch die Zentralstation Junger Naturforscher in Berlin-Blankenfelde, sowie die *Stationen Junger Techniker,* angeleitet durch die Zentralstation Junger Techniker in Berlin-Treptow, dienen der außerschulischen Bildung und Erziehung speziell auf naturwissenschaftlich-technischem Gebiet und führen Leistungsvergleiche, z. B. örtliche Messen der Meister von Morgen, Spezialistentreffen, vor allem aber spezialisierte Arbeitsgemeinschaften durch. Sie fungieren aber auch als pädagogisch-methodische Leitungs- und Beratungsstellen für die außerschulische Bildung und Erziehung in anderen Einrichtungen. Die *Stationen Junger Touristen* dienen der Förderung einer – ebenso naturwissenschaftlich wie wehrsportlich orientierten – Kindertouristik und verfügen über entsprechende Veranstaltungs- und Unterbringungsmöglichkeiten. Der außerunterrichtlichen bzw. außerschulischen Bildung und Erziehung der Kinder und Jugendlichen dienen auch die Jugendklubs der Kulturhäuser und die Jugendklubhäuser, die jedoch zu den dem Ministerium für Kultur unterstehenden Kulturellen Einrichtungen zählen, sowie die Einrichtungen des Kinder- und Jugendsports (→ **Körpererziehung/Kinder- und Jugendsport**).

Die → **Feriengestaltung** der Schüler ist ebenfalls fester Bestandteil des einheitlichen sozialistischen Bildungs- und vor allem des außerschulischen Erziehungssystems und soll nach dem VIII. Parteitag der SED 1971 in verstärktem Maße sowohl für die politisch-ideologische und Wehr-Erziehung als auch für gesellschaftlich nützliche Arbeit genutzt werden. Dies geschieht in Zentralen Pionierlagern, Betriebsferienlagern, Spezialistenlagern (z. B. für Mathematik, Naturwissenschaften, Sprachen usw.), bei den Ferienspielen am Ort (für Schüler der Klassen 1–4), auf mehrtägigen Fahrten und Wanderungen mit anschließendem Schullager (für Schüler der Klassen 5–12), in den „Lagern der Erholung und Arbeit" (für Schüler ab Klasse 9) sowie in den kulturellen Einrichtungen des Heimatortes. Auch die Urlaubsgestaltung der Lehrlinge soll nicht nur der Erholung und Gesunderhaltung, sondern vor allem der sozialistischen Erziehung dienen. Zu diesem Zweck werden sportliche Wettkämpfe, touristische Übungen, Geländespiele, Sternwanderungen, wehrpolitische Massenaktionen usw. in Lehrlingsurlaubslagern der Betriebe, Kombinate und VVB veranstaltet und ferner Wanderungen, Fahrten und Exkursionen mit Unterbringung in Jugendherbergen, Wanderquartieren, Zeltlagern, Zeltplätzen und Behelfsunterkünften, aber auch in Ferienheimen des → **FDGB** und bei der – besonders beliebten, aber eng begrenzten – Auslandstouristik in die Länder des RGW organisiert.

Zu den dem Ministerium für Kultur unterstehenden staatlichen außerunterrichtlichen Einrichtungen der Räte der Kreise oder Stadtkreise gehören auch die → **Musikschulen** mit ihren Haupt- und Außenstellen sowie Stützpunkten. Sie gelten als die wichtigsten Einrichtungen der *außerunterrichtlichen* instrumentalen und vokalen *Musikerziehung* und haben die Aufgabe, musikalisch besonders begabte und interessierte Kinder frühzeitig auszuwählen und in einer langfristigen systematischen Ausbildung zu hoher künstlerischer Ausdrucksfähigkeit zu führen, durch Ausbildung und Förderung von besonderen Talenten die Auswahl und Vorbereitung des musikalischen Berufsnachwuchses zu sichern und diese den Oberschulen und Erweiterten Oberschulen zur Delegierung an eine Spezialschule für Musik, eine Hochschule für Musik, an die Universitäten oder an andere musikbezogene Ausbildungseinrichtungen vorzuschlagen. Die Musikschulen arbeiten eng mit den Oberschulen und Erweiterten Oberschulen, der Pionierorganisation und der FDJ, aber auch mit den Betrieben und anderen gesellschaftlichen Organisationen zusammen und wenden die einschlägigen Richtlinien der Oberschulen sinngemäß an. Vom Ministerium für Kultur wurde ergänzend eine besondere Schulordnung für Musikschulen (1973) erlassen.

Zu den weiteren Aufgaben der Musikschulen gehört die Ausbildung von Jugendlichen und Erwachsenen in der Tanz- und Unterhaltungsmusik, die in Zusammenarbeit mit den Kulturellen Einrichtungen, den Kreiskabinetten für Kulturarbeit und den gesellschaftlichen Organisationen erfolgt, sowie die instrumentale Ausbildung von Lehrern aller betroffenen Institutionen unter der Aufsicht der Abteilungen Kultur der Räte der Kreise bzw. Stadtkreise. Alle Schüler der Musikschulen werden angehalten, im Rahmen ihrer Möglichkeiten aktiv an der Kulturarbeit, an Veranstaltungen der Schulen und Volkskunstgruppen sowie an Volkskunstwettbewerben mitzuwirken. Die Auswahl der Schüler zum Besuch der Musikschulen erfolgt vor allem als Delegierung aus den Kindergärten und Schulen, aber auch aus Betrieben. Die Lehrkräfte der Musikschulen sind verpflichtet, ständigen Kontakt mit den Klassenleitern der Oberschulen und Erweiterten Oberschulen zu halten, aus denen sie Schüler unterrichten.

Der Unterricht erfolgt in Vorbereitungsklassen für Kinder im Vorschulalter, in der Grundstufe, in der Oberstufe und in besonderen Lehrgängen. Eine wichtige Aufgabe der Grundstufe ist es, geeignete Schüler systematisch auf den Übergang in eine Spezialschule für Musik vorzubereiten. Spezielle Lehrgänge werden z. B. zur Weiterbildung von Jugendlichen und Erwachsenen zu Laientanzmusikern, Singegruppen- und Chorleitern, Leitern von Instrumentalgruppen, Vorschulerziehern usw. durchgeführt. Der Unterricht an den Musikschulen erfolgt nach den vom Ministerium für Kultur herausgegebenen verbindlichen Stundentafeln und Lehrplänen. Der Lehrkörper setzt sich aus haupt- und nebenamtlichen Lehrkräften zusammen. Für den Besuch der Musikschule einschließlich der Vorbereitungsklassen für Kinder im Vorschulalter sowie für die Ausleihe von schuleigenen Instrumenten werden von den

Schülern bzw. deren Erziehungsberechtigten Gebühren erhoben, die nach dem Einkommen der Schüler bzw. deren Eltern gestaffelt sind.

In einigen Bezirken – bis 1975 soll dies in allen Bezirken geschehen – wurden *Bezirksmusikschulen* als Einrichtungen der Räte der Bezirke eingerichtet. Sie fungieren als Leiteinrichtungen für die Leitung und Planung der instrumentalen und vokalen Musikerziehung im Bereich des betreffenden Bezirkes. Zu ihren Aufgaben gehörten die Anleitung der Musikschulen des Bezirkes sowie die Übernahme spezifischer Ausbildungsformen, z. B. die Durchführung von Lehrgängen und der Aufbau von Förderklassen, die nicht von allen Musikschulen des Bezirkes realisiert werden können.

XV. Entwicklung des Bildungssystems in Zahlen

Wenn es in der Präambel des Bildungsgesetzes von 1965 heißt, daß „die Errungenschaften der Deutschen Demokratischen Republik auf dem Gebiet des Bildungswesens und ihr weiterer systematischer

Ausbau eine nationale Leistung sind, die für ganz Deutschland beispielhaft ist", so wird damit deutlich gemacht, daß das Bildungswesen bzw. die darüber veröffentlichten statistischen Angaben über das Bildungswesen auch eine propagandistische Funktion haben. Angaben werden nur für solche Bereiche gemacht, die sich propagandistisch auswerten lassen. Deshalb fehlen in den Statistischen Jahrbüchern der DDR auch zahlreiche wesentliche Angaben über die tatsächliche Entwicklung des Bildungssystems, z. B. Angaben über die Anzahl der Schüler, die bereits nach der 8. Klasse in die Berufsausbildung eintreten, über die Anzahl der Spezialschulen und Spezialklassen und der sie besuchenden Schüler, über die Gesamtzahl der Jugendlichen, die jeweils die Reifeprüfung bestanden haben und nicht zum Hochschulstudium zugelassen wurden, sowie über die Anzahl der Mitglieder der FDJ (die vermutlich mit zunehmendem Alter, vor allem nach der 10. Klasse, stark abnimmt).

Dennoch können die in der folgenden Übersicht ent-

	1964	1968	1970	1972	1973
Kindergärten und Kinderwochenheime (ohne Saisoneinrichtungen)	9 673	10 606	11 087	11 359	11 442
Plätze	414 118	508 464	571 930	623 568	640 389
Betreute Kinder insges.	484 728	580 111	620 158	659 852	675 104
Betreute Kinder je Erzieher	15,8	15,3	14,8	14,0	13,7
v. H. der betreuten Kinder von allen Kindern der betreuten Jahrgänge	47,3	53,8	60,9	70,4	74,8
Zehnklassige Oberschulen incl. Vorbereitungsklassen 9 und 10[1]	8 285	6 912[1]	6 035[1]	5 025[1]	5 042[1]
Klassen	80 474	88 431	91 643	94 566	95 983
Schüler	2 247 557	2 437 105	2 534 077	2 597 605	2 608 074
Schüler je Klasse	27,9	27,6	27,7	27,5	27,2
Erweiterte Oberschulen (Kl. 11 und 12)	303	304	306	291	288
Klassen	3 176[2]	1 973	2 179	2 365	2 314
Schüler insgesamt	81 097[2]	50 489	54 654	55 064	51 609
Schüler je Klasse	25,5	25,6	25,1	23,3	22,3
Schüler in Klasse 12	–	24 503	25 659	28 473	26 059
Teilnehmer an der Reifeprüfung der Erweiterten Oberschulen	15 677	21 326	25 709	27 797	27 884
Anteil an der Gesamtzahl der 18jährigen	11,4	–	9,8[3]	–	–
Sonderschulen	567	538	537	562	566
Klassen	4 333	5 513	5 687	5 903	5 939
Schüler	67 018	74 842	75 585	78 090	76 517
Schüler je Klasse	15,5	13,3	13,1	12,5	12,2

1 Ab 1967 werden auch die Vorbereitungsklassen 9 und 10 und deren Schüler einbezogen; dabei ist zu bemerken, daß die Vorbereitungsklassen 9 und 10, die die betreffenden Schüler unmittelbar auf den Besuch der Erweiterten Oberschule vorbereiten, meistens an den Erweiterten Oberschulen (Abiturstufe) geführt werden, so daß die Zahl der Schüler, die die Vorbereitungsklassen 9 und 10 besuchen, nicht ermittelt werden kann.

2 1964 bestand die Erweiterte Oberschule noch aus den Klassen 9 bis 12, woraus sich die relativ hohe Zahl im Verhältnis zu den folgenden Jahren ergibt.

3 Ergänzend ist anzumerken, daß 1971 von 524 124 18–20jährigen 41 070, das sind 7,8 v. H., das Abitur bestanden hatten.

	1964	1968	1970	1972	1973
Berufsschulen insgesamt	1 123	1 189	1 108	1 044	1 035
Berufsschüler insges.	387 076	464 541	430 934	428 960	431 963
Allgemeine BS[4]	423	420	349	298	295
Schüler der anderen BS	194 579	203 861	167 325	142 216	142 014
Betriebsberufsschulen	645	713	702	690	683
Schüler der BBS	177 673	236 861	239 052	259 268	262 129
Medizinische Schulen	55	56	57	56	57
Schüler der MS	14 824	23 999	24 557	27 476	27 820
Lehrlinge (und Anlernlinge)	353 362	460 600	448 800	455 100	462 900
Bestandene Facharbeiter-Prüfungen					
a) Lehrlinge	86 092	141 280	159 368	153 669	157 860
b) Werktätige	71 039	80 182	101 127	69 905	71 726
Erzieher in ständigen Kindergärten und Kinder-wochenheimen	30 649	37 916	41 874	47 030	49 114
Erzieher in Einrichtungen der Tages-erziehung (Schulhorte und Tagesschulen)	20 479	24 581	27 900	28 434	–
Vollbeschäftigte Lehrkräfte an Oberschulen, Sonderschulen, Erweiterten Oberschulen[5]	118 005	131 000	137 963	147 453	151 989
Vollbeschäftigte Lehrkräfte an Berufsschulen	13 601	15 159	14 744	14 897	14 692
Päd. Fachschulstudium (Lehrer, Erzieher usw.)					
Studierende	15 590	24 292	28 432	27 787	29 883
Absolventen	8 308	5 935	7 100	10 388	6 698
Neuzulassungen			[1971:10 606]	8 991	10 069
Päd. Hochschulstudium (Fachlehrer usw.)					
Studierende	31 359	29 769	31 257	31 408	30 754
Absolventen	6 771	5 755	6 418	6 812	7 465
Neuzulassungen			[1971:8 559]	8 144	8 152
Neuzulassungen zum Hochschulstudium insges.	22 928	26 796	41 594	36 537	31 267

4 Als „allgemeine" Berufsschulen werden nicht nur die kommunalen allgemeinen Berufsschulen, sondern auch die gewerblichen, die landwirtschaftlichen, die kaufmännischen und die Zentralberufsschulen aufgeführt.
5 Diese Angaben werden nicht nach Schularten differenziert, so daß z. B. nicht zu entnehmen ist, wieviele Lehrkräfte an den
  Spezialschulen tatsächlich tätig sind.

haltenen Zahlen, die den Statistischen Jahrbüchern entnommen bzw. auf ihrer Grundlage berechnet worden sind, einige Aufschlüsse über die Entwicklung im Bildungwesen der DDR vermitteln. Als Bezugs- bzw. Vergleichs-Jahre wurden gewählt: 1964 als das Jahr nach dem VI. Parteitag der SED und nach der Verabschiedung des Parteiprogrammes sowie vor der Verkündung des Bildungsgesetzes, 1968 als das Jahr nach dem VII. Parteitag sowie zahlreicher bildungspolitischer Initiativen und Veränderungen, 1970 als Jahr der sichtbaren Auswirkungen dieser Initiativen und Veränderungen sowie des VII. Pädagogischen Kongresses, 1972 als das Jahr nach dem VIII. Parteitag, auf dem wiederum einige bildungspolitische Änderungen beschlossen wurden, und 1973 als das Jahr der vorliegenden neuesten offiziellen statistischen Angaben.
Im Hinblick auf die vorstehende Zahlenübersicht und die daraus ersichtliche Entwicklung im Bildungswesen soll hier als besonders bemerkenswert hervorgehoben werden, daß

1. die Anzahl der Plätze und vor allem der (ständig) betreuten Kinder in den Kindergärten einschließlich der Kinderwochenheime kontinuierlich erhöht wurden und gegenwärtig fast 75 v. H. der Kinder der betreffenden Jahrgänge vorschulpädagogisch betreut werden,
2. die durchschnittliche Klassenstärke in der 10klassigen Oberschule (Normalschule) mit 27,2 und in der Erweiterten Oberschule mit 22,3 Schülern je Klasse international keinen besonders guten Durchschnitt darstellt,
3. der Anteil von 7,8 v. H. Abiturienten an der Gesamtzahl der 18–20jährigen kein Bildungsergebnis zeigt, das sich im internationalen Vergleich und auch im Vergleich zur Bundesrepublik Deutschland positiv heraushebt,
4. die Anzahl der Betriebsberufsschulen besuchenden Lehrlinge sich ständig zu Lasten des Besuchs der übrigen Berufsschulen erhöht hat und die zunehmende Konzentration der Berufsausbildung Jugendlicher in volkseigenen Großbetrieben anzeigt,

5. die Anzahl derjenigen (nicht mehr jugendlichen) Werktätigen, die eine Facharbeiterausbildung in den Einrichtungen der Aus- und Weiterbildung der Werktätigen abschließen, deutlich zurückgegangen ist,
6. die Zahl der Neuzulassungen zum Hochschulstudium seit 1971 (mit Ausnahme der pädagogischen Studienrichtungen) ganz erheblich vermindert wurde und
7. die quantitative Entwicklung im Bildungswesen der DDR im allgemeinen als positiv, wenn auch international-vergleichend nicht als besonders hervorstechend anzusehen ist.

Einheitliches System von Rechnungsführung und Statistik: Das ESRS. stellt eine Verbindung der beiden bisher getrennten Informationssysteme betriebliches Rechnungswesen und Statistik dar.

Mit dem innerbetrieblichen → **Rechnungswesen** wird insbesondere versucht, eine möglichst exakte und detaillierte Kostenzurechnung auf Produkte (Kostenträger), auf Entstehungsfaktoren (Kostenstellen) sowie nach der Art ihrer Entstehung (Kostenarten) zu erreichen. Damit sollen einerseits alle betrieblichen finanziellen Ströme genau erfaßt werden, andererseits dient die Kostenrechnung und -analyse aber auch dem Ziel, herauszufinden, wo noch Kostenteile eingespart, ungünstige Produktionen von Halbprodukten durch Zulieferungen anderer Hersteller ersetzt bzw. unrentable Endprodukte zugunsten neuer Erzeugnisse aufgegeben werden können. Zu diesen, auch in marktwirtschaftlichen Systemen geltenden Aufgaben des Rechnungswesens tritt in sozialistischen Wirtschaftssystemen noch die staatliche Zielvorstellung der eingehenden Prüfung der innerbetrieblichen Vorgänge vermittels der Finanzbuchhaltung. Deshalb wurde in der DDR auch dem → **Hauptbuchhalter** im Betrieb oder Kombinat neben der Leitung des Rechnungswesens eine weitgehende Überwachungsfunktion hinsichtlich der Einhaltung der Pläne und gesetzlichen Verordnungen übertragen, für die er übergeordneten Organen direkt verantwortlich ist.

Die Funktion der → **Statistik** geht in der DDR über die Rolle der reinen Erfassung und Auswertung gesamtwirtschaftlich wichtiger Daten hinaus: Einerseits ist sie Instrument politischer Zielsetzungen und dient z. B. der Propaganda und der Darstellung der „Errungenschaften des Sozialismus". Sie ist so organisiert, daß Vergleiche mit westlichen Ländern erschwert werden. In wichtigen Grundsätzen, Definitionen, Erhebungsmethoden sowie in der Aufbereitung und Klassifizierung des Zahlenmaterials bestehen z. B. erhebliche Unterschiede zur Bundesrepublik Deutschland. Andererseits hat auch die Statistik in der DDR die entscheidende Aufgabe, Instrument zur Überprüfung der Planerfüllung zu sein.

Da sowohl das innerbetriebliche Rechnungswesen als auch die Statistik in starkem Maße der Überwachung der Erfüllung der Volkswirtschaftspläne dienen, wurde bereits frühzeitig die Idee entwickelt, den zahlenmäßigen Informationsbedarf der wirtschaftsleitenden Organe auf allen Ebenen nach einheitlichen Gesichtspunkten zu befriedigen. Grundsatz des daraus entstandenen ESRS. ist die Erfassung, Darstellung und Analyse gleicher wirtschaftlicher Erscheinungen und Prozesse in allen Bereichen nach gleichen Merkmalen, Abgrenzungen und Definitionen. Damit gelingt es in relativ kurzer Zeit, betriebliche Angaben durch Hochrechnung zu gesamtwirtschaftlichen Daten zu aggregieren. Im Einzelnen ist geregelt worden, daß eine Reihe von Kennziffern für den Informationsbedarf über gesamtwirtschaftliche bzw. bereichstypische Fragen regelmäßig erfaßt wird, während zusätzliche andere Daten zur zweig- oder branchenspezifischen Information entweder auch regelmäßig oder nur in größeren Zeitintervallen erhoben werden.

Das ESRS. wurde ab 1. 1. 1968 für die sozialistische → **Industrie,** die → **Bauwirtschaft,** das → **Post- und Fernmeldewesen,** den Bereich Verkehr, den sozialistischen → **Binnenhandel** sowie für bestimmte Betriebe der → **Landwirtschaft** eingeführt (GBl. II, 1966, S. 445 ff.). Seit Beginn des Jahres 1969 ist das ESRS. auf den Außenhandel sowie seit Anfang 1970 auch auf Kreditinstitute, Versicherungen, Produktionsgenossenschaften des Handwerks, Privatbetriebe und Staatsorgane ausgedehnt worden. Gesetzliche Grundlagen sind neben der Verordnung von 1966 mehrere Durchführungsbestimmungen zum ESRS. (GBl. II, 1966, S. 827 ff.; II, 1967, S. 729 ff.; II, 1969, S. 619 ff.; II, 1970, S. 557 ff.; sowie I, 1973, S. 405 f.), und spezielle Anordnungen für einzelne Bereiche. Mit Wirkung vom 1. 1. 1973 wurden allerdings für bestimmte örtlich geleitete Betriebe, die vereinfachten Planungsanforderungen unterliegen, Erleichterungen hinsichtlich der Datenerfassung erlassen (GBl. II, 1972, S. 609 f.).

Zentrales Organ des Ministerrates der DDR für die Durchsetzung des ESRS. ist die → **Staatliche Zentralverwaltung für Statistik** (SZS). Sie besteht aus einer Zentralstelle in Ost-Berlin sowie Bezirks- und Kreisstellen. Unterstellt sind ihr ebenfalls die „VVB Maschinelles Rechnen" mit einem Rechenzentrum Statistik und Rechenbetrieben in den Bezirken sowie die Zentralstelle für Primärdokumentation. Gemäß ihrem Statut von 1966 (GBl. II, 1966, S. 881 ff.) leitet und kontrolliert die SZS die statistische Berichterstattung und faßt das statistische Material zusammen, um den staatlichen Leitungsorganen zuverlässiges Zahlenmaterial hinsichtlich der Erfüllung der Volkswirtschaftspläne sowie als Grundlage für wichtige wirtschaftliche Entscheidungen (z. B. die Ausarbeitung der Jahres- und Fünfjahrpläne) zu geben. Der SZS wurde ab 1964 auch die Verantwortung für die Entwicklung und Durchsetzung der Grundsätze des Rechnungswesens sowie seit 1966 der Grundsätze des ESRS. übertragen. Die SZS hat zu gewährleisten, daß sowohl Erfassung als auch

Aufbereitung und Analyse der Daten in der gesamten Volkswirtschaft möglichst rationell sowie unter Einsatz moderner Datenverarbeitungsanlagen erfolgen. Leiter ist gegenwärtig (1974) Prof. Dr. Arno Donda.

Obwohl dem ESRS. erhebliche Vorteile zuerkannt werden können, erweist sich bisher noch eine Reihe von Faktoren als problematisch:

a) Das betriebliche Rechnungswesen muß zur weiteren Durchsetzung des ESRS. gesamtwirtschaftlichen Erfordernissen und bestimmten, an den Einsatz der elektronischen Datenverarbeitung geknüpften Notwendigkeiten angepaßt werden.

b) Die Betriebe stehen einem überhöhten Verwaltungsaufwand gegenüber, da sie eine Fülle von Daten entsprechend den Erfordernissen der Planabrechnung sowohl termingerecht als auch möglichst EDV-gerecht bereitstellen müssen.

c) Die Uneinheitlichkeit sowohl der Definitionen der Plankennziffern als auch ihrer Berechnungsverfahren erweisen sich für das Informationssystem als recht hinderlich. Daran dürfte sich auch in Zukunft wenig ändern, da allen Bemühungen um Vereinheitlichung ständig Veränderungen des Kennziffernsystems infolge von Plankorrekturen oder Änderungen der Organisation der Wirtschaftsleitung gegenüberstehen.

d) Die Leistungsabrechnung unterliegt einer Reihe von Schwierigkeiten, die sich z. T. aus den Verzerrungen der Preise (→ **Preissystem und Preispolitik**) ergeben, z. T. aber auch auf miteinander nicht vergleichbare bzw. unzureichende Maßgrößen zurückzuführen sind. So werden z. B. die Verfahren der Produktivitäts- und der Rentabilitätsmessung von diesen Mängeln beeinträchtigt. Aber auch die Messung der Produktionsleistung anhand der Kennziffer „Warenproduktion" erweist sich wegen der bei den verschiedenen Produktionsstufen auftretenden Doppelzählungen der Vorleistungen (Bruttoprinzip) als problematisch.

e) Die zunehmende Zusammenarbeit innerhalb des → **RGW** und die damit verbundene Koordinierung der Volkswirtschaftspläne verlangt auch von der DDR erhebliche Anpassungen im Rahmen des ESRS., die zweifellos nicht einfach zu bewältigen sind. Immerhin hat die 1962 gegründete „Ständige Kommission des RGW für Statistik" bis zum Jahre 1973 insgesamt 60 Empfehlungen zur Vereinheitlichung der statistischen Kennziffern erarbeitet. Dennoch dürfte es noch einige Zeit dauern, bis das ESRS. der DDR mit den teilweise noch unvollkommeneren Systemen der anderen RGW-Länder abgestimmt wird und dabei seine Leistungsfähigkeit gleichzeitig erhöht.

Um das Berichtswesen für den Zeitraum des künftigen Fünfjahrplanes 1976 bis 1980 zu verbessern, werden gegenwärtig in der DDR größere Anstrengungen unternommen. Dabei sollen neben einer Verbesserung der Planung auch eine straffere Kontrolle der Plandurchführung sowie eine bessere Übereinstimmung von Jahres- und Fünfjahrplanung erreicht werden. Deshalb ist vorgesehen, künftig – zusammen mit der Erarbeitung einer „Ordnung der Planung der Volkswirtschaft der DDR 1976–1980" – nach einer Überprüfung des bestehenden betrieblichen und gesamtwirtschaftlichen Rechnungswesens eine „Ordnung der Planabrechnung" für den gleichen Zeitraum herauszugeben. Grundsätzlich soll zwar möglichst viel Bewährtes aus dem bestehenden Berichtswesen übernommen werden, jedoch sind auch nachhaltige Korrekturen und Verbesserungen vorgesehen. Z. B. sollen die Berichtsunterlagen (Formblätter) vereinheitlicht, generell eine Umstellung der Planabrechnung auf neue konstante Planpreise (auf Basis der Preise vom 1. 1. 1975) durchgeführt und die statistische Erfassung der Qualität der Erzeugnisse erheblich verbessert werden.

Einheitslisten: → **Wahlen.**

Einkaufskollektive: → **Binnenhandelsmessen.**

Einkaufs- und Liefergenossenschaften (ELG): → **Handwerk.**

Einkommen: *1. Gesamteinkommen der Bevölkerung.* Die E. der Bevölkerung stiegen von 68 Mrd. Mark (brutto) 1960 auf 101 Mrd. Mark im Jahre 1972; sie nahmen damit durchschnittlich jährlich um 3,4 v. H. (netto 3,3 v. H.) zu, allerdings recht unterschiedlich in einzelnen Zeitabschnitten.

Durchschnittlicher Jahreszuwachs der Gesamteinkommen (brutto) 1961–1965: 2,5 v.H., 1966–1970: 3,9 v. H., 1971/72: 4,3 v. H.

Die hohen Raten in den letzten Jahren sind in erster Linie auf die umfangreichen sozialpolitischen Maßnahmen und die E.-Steigerungen bei den Arbeitern und Angestellten zurückzuführen, die niedrigen Zuwachsraten in der ersten Häfte der 60er Jahre auf die seinerzeitige Wachstumskrise.

Bemerkenswert niedrig blieb der Anteil der gesetzlichen Abzüge von den Brutto-E. (1960: 11,6 v. H.; 1972: 12,4 v. H.). Dahinter verbergen sich allerdings zwei gegenläufige Entwicklungen: Die steuerliche Belastung der E. erhöhte sich progressiv, während die Beiträge zur Sozialversicherung sich bis 1970 degressiv gestalteten. Ihr Anteil an den Brutto-E. nahm ständig ab, da Arbeitnehmer und Mitglieder von Produktionsgenossenschaften Abgaben zu einem beitragspflichtigen Monats-E. von 600 Mark in Höhe von 10 v. H. (LPG-Mitglieder bis 1971: 9 v. H.) zu entrichten hatten. Für den Teil der E., der die Bemessungsgrenze überschritt, wurden keine Beiträge erhoben. Seit Einführung

Die Einkommen der privaten Haushalte in der DDR
(in Mrd. Mark)

	1960	1965	1970	1972
Bruttoeinkommen[1]	68,0	76,9	93,1	101,3
./. Sozialversicherungs-beiträge[2]	3,7	4,1	4,7	5,4
./. Direkte Steuern	4,2	4,9	6,6	7,2
Nettoeinkommen	60,1	67,9	81,8	88,7

1 Geldeinnahmen und Naturalverbrauch.
2 Pflichtbeiträge: 1972 auch Beiträge zur „freiwilligen Zusatzrentenversicherung".

Quelle: DIW, Berlin.

der „freiwilligen Zusatzrentenversicherung" im Jahre 1971 steigt der Anteil wieder.

Einkommen der Arbeitnehmer. Die einzelnen sozio-ökonomischen Gruppen partizipierten an der Zunahme der Gesamt-E. in unterschiedlichem Maße. Die E. der Arbeitnehmer – dazu zählen Arbeits-E., Sozial-E. (z. B. → **Krankengeld**, → **Kindergeld**, → **Ehegattenzuschläge**, → **Renten**), Vermögenseinkünfte u. ä. – stiegen überdurchschnittlich, jährlich um 4,4 v. H. (netto: 4,2 v. H.), allerdings mit ähnlichen Schwankungen wie die Gesamt-E. Ihr Anteil an den E. der Bevölkerung erhöhte sich dadurch von 67 v. H. (1960) auf 75 v. H. (1972). Der Anstieg ist auf höhere Durchschnitts-E. und auf die wachsende Zahl der Arbeitnehmer zurückzuführen. Steuern und Sozialversicherungsbeiträge brauchten die Arbeitnehmer 1972 nur in Höhe von 12,5 v. H. ihrer Brutto-E. zu zahlen (1960: 11,4 v. H.). In der Bundesrepublik Deutschland nahmen die gesetzlichen Abzüge auf Arbeitnehmer-E. im gleichen Zeitraum erheblich stärker zu – von 14,3 v. H. auf 22,0 v. H. Der Grund dafür ist vor allem in der Steuerprogression für steigende E. zu suchen.

Die personelle Einkommensverteilung in der DDR
(in Mrd. Mark)

	1960	1965	1970	1972
Arbeitnehmer [1]				
Brutto	45,6	53,0	67,6	76,4
Abzüge[2]	5,2	6,2	8,3	9,6
Netto	40,4	46,8	59,3	66,8
Genossenschaftsmitglieder				
Brutto	6,9	10,6	11,1	10,7
Abzüge[2]	0,4	0,7	0,9	1,0
Netto	6,5	9,9	10,2	9,7
Selbständige				
Brutto	11,2	8,3	7,7	6,5
Abzüge[2]	2,3	2,1	2,1	2,0
Netto	8,9	6,2	5,6	4,5
Rentner[3]	4,3	5,0	6,7	7,7
Insgesamt				
Brutto	68,0	76,9	93,1	101,3
Abzüge[2]	7,9	9,0	11,3	12,6
Netto	60,1	67,9	81,8	88,7

1 Einschl. Lehrlinge und beschäftigte Rentner.
2 Direkte Steuern, Sozialversicherungsbeiträge.
3 Ohne Empfänger von Waisenrenten, einschl. Empfänger von Sozialfürsorgeunterstützung

Quelle: DIW, Berlin.

Einkommen der Genossenschaftsmitglieder. Die E. der Genossenschaftsmitglieder, gemessen an den Gesamt-E., sind von 14 v. H. im Jahre 1965 auf 11 v. H. 1972 gesunken. Bei zurückgehender Zahl der Genossenschaftsmitglieder sind aber die Durchschnitts-E. in der Regel gestiegen.

Die geringe Belastung der E. mit gesetzlichen Abzügen erklärt sich aus der Steuerbefreiung für genossenschaftlich erzielte E. der Bauern.

Die überdurchschnittlich günstige E.-Entwicklung der Mitglieder von Produktionsgenossenschaften des → **Handwerks** gab der DDR-Führung 1971 Anlaß, die Steuern zu erhöhen.

Einkommen der Selbständigen. Mit der Abnahme der Zahl der Selbständigen (Einzelhandwerker, Kommissionshändler, Komplementäre, freiberuflich Tätige u. ä.) hat sich auch das E. dieser Gruppe kontinuierlich von 1965 bis 1972 jahresdurchschnittlich um 3,0 v. H. brutto (netto: 4,2 v. H.) verringert. Der Anteil am gesamten Brutto-E. ging von 16 v. H. (1960) auf 7 v. H. (1972) zurück.

Die hohe Belastung der E. mit gesetzlichen Abgaben – ein Viertel bis ein Drittel der Brutto-E. – erklärt sich einmal aus den im Vergleich zu anderen Gruppen in der Regel höheren Sozialversicherungsbeiträgen, vor allem aber durch die besonders starke Besteuerung der Selbständigen. Die Steuern wurden seit 1960 des öfteren angehoben, z. B. 1966 für Handwerker und 1971 für fast alle Selbständigen.

Einkommen der Rentner. Die Rentner-E. haben von 1965 bis 1972 stärker expandiert als die E. jeder anderen Bevölkerungsgruppe, nämlich um jahresdurchschnittlich 6,5 v. H. Von 6,3 v. H. (1960) stieg ihr Anteil am Brutto-E. der Bevölkerung auf 7,6 v. H. im Jahre 1972. Die Renten, die in der DDR nicht dynamisiert sind, wurden wiederholt erhöht. Im Jahre 1968 wurden die Renten um 10 bis 12 v. H. und 1971 alle Mindestrenten angehoben. 1972 wurde mit etwa 20 v. H. die bisher größte Rentensteigerung in der DDR vorgenommen. Knapp vier Mill. Renten wurden jeweils 1968 und 1971/72 erhöht.

2. Durchschnittseinkommen. Die durchschnittlichen Netto-E. haben seit 1960 in allen Bevölkerungsgruppen kräftig zugenommen. Obwohl die niedrigeren E. prozentual am stärksten erhöht wurden, blieb der Rangfolge der sozialen Gruppen hinsichtlich der Durchschnitts-E. unverändert. Spitzenverdiener sind die Selbständigen, mit deutlichem Abstand folgen die Genossenschaftsmitglieder und die Arbeitnehmer. Das Schlußlicht bilden die Rentner.

Die monatlichen Nettodurchschnittseinkommen[1]
je Einkommensbezieher in der DDR (in Mark)

	1960	1965	1970	1972[2]
Arbeitnehmer[3]	485	554	665	723
Genossenschaftsmit- glieder und Selbständige	999	1 009	1 079	1 122
Genossenschafts- mitglieder	641	771	842	929
Selbständige	1 685	1 985	2 220	2 025
Rentner	143	161	194	221

1 Erwerbseinkommen, Sozialeinkommen, Vermögenseinkommen und sonstige Einkommen.
2 Vorläufige Zahlen.
3 Einschl. Lehrlinge und beschäftigte Rentner.

Quellen: DIW, Berlin.

Die Rentner bezogen nur 30 v. H. eines Arbeitnehmer-E. Das E. der Genossenschaftsmitglieder lag dagegen um ein Drittel über dem der Arbeitnehmer, während die Selbständigen sogar dreimal soviel wie diese verdienten.

Im Vergleich zur Bundesrepublik Deutschland, wo eine ähnliche Rangfolge besteht, hat sich die Schere zwischen den nominalen E. weiter geöffnet. Die durchschnittlichen Netto-E. der Arbeitnehmer unterschieden sich 1960 in Ost und West kaum; jedoch schon 5 Jahre später betrug der E.-Rückstand in der DDR gut 20 v. H. und vergrößerte sich bis 1972 auf fast 40 v. H.

Zwischen den Selbständigen in der Bundesrepublik und in der DDR bestehen erhebliche qualitative und quantitative Unterschiede. Bauern und Handwerker zählen in der Bundesrepublik zu den Selbständigen, während in der DDR die Bauern und ein großer Teil der Handwerker Genossenschaften angehören. Für den E.-Vergleich der übrigen Erwerbstätigen werden deshalb den Selbständigen in der Bundesrepublik Genossenschaftsmitglieder und Selbständige in der DDR als eine Gruppe gegenübergestellt. Hier sind seit 1960 die größten Änderungen in der (nominalen) E.-Relation festzustellen; hatten Selbständige und → **Genossenschaftsbauern** in der DDR 1960 noch ein E., das knapp 15 v. H. unter dem westdeutschen Niveau lag, so verdienten sie zwölf Jahre später rund 70 v. H. weniger als die Selbständigen in der Bundesrepublik Diese Entwicklung ist in erster Linie eine Folge der hohen E.-Steigerung bei den Selbständigen in der Bundesrepublik Deutschland. Bei den Rentnern hat sich der E.-Abstand ebenfalls vergrößert. Schon 1960 bezogen die DDR-Rentner nur knapp die Hälfte der Rente, die in der Bundesrepublik gezahlt wurde, 1972 betrug die Differenz über 70 v. H.

Auch innerhalb der sozio-ökonomischen Gruppen bestehen beträchtliche Spannweiten in den E., z. B. branchenspezifische Unterschiede. Bei den Arbeitnehmern waren sie in beiden Staaten in der Tendenz ähnlich, im Ausmaß der Abweichungen im Durchschnitt jedoch in der Bundesrepublik größer.

Die durchschnittlichen Bruttomonatseinkommen [1] **der Arbeitnehmer in der DDR in ausgewählten Wirtschaftsbereichen 1972**

	in Mark	in v. H.
alle Arbeitnehmer	750	100
Industrie	739	99
Baugewerbe	786	105
Land- und Forstwirtschaft	675	90
Verkehr	786	105
Handel	622	83

1 Bruttolöhne und -gehälter.

Quelle: DIW, Berlin.

In der → **Landwirtschaft** und im Handel lagen die Verdienste hier wie dort erheblich niedriger als in den produzierenden Bereichen.

3. Haushaltseinkommen. Durch Miterwerb oder E.-Bezug weiterer Familienmitglieder erhöht sich das E. der privaten Haushalte gegenüber den Durchschnitts-E. (je E.-Bezieher).

Ein Vergleich der durchschnittlichen Haushaltsnetto-E. einzelner Bevölkerungsgruppen in der DDR zeigt, daß

die LPG-III-Bauern 10 bis 15 v. H. mehr verdienten als die Arbeitnehmer. Über die Haushalts-E. der LPG-Mitglieder vom Typ I und II liegen neuere Angaben nicht vor. 1965 verfügten sie über das 1,5fache des E. im Arbeitnehmerhaushalt. Schätzungen deuten darauf hin, daß sich dieser Abstand noch vergrößert hat. Am unteren Ende der Skala lagen auch hier die Rentner; ihr E. erreichte nicht einmal ein Drittel von dem der Arbeitnehmer.

Die durchschnittlichen monatlichen Haushaltsnettoeinkommen in der DDR (in Mark)

	1960	1964	1970	1972
Arbeitnehmerhaushalt	758	807	1 031	1 142
Rentnerhaushalt[1]	223	252	301	343
LPG-III-Haushalt	864	885	1 124	·

1 Haushalte ohne Einkommen aus Erwerbstätigkeit.

Quelle: DIW, Berlin.

Wegen der unterschiedlichen Haushaltsgröße gibt ein Vergleich der Haushalts-E. nur bedingt die E.-Situation verschiedener Bevölkerungsgruppen wider; während z. B. bei den Rentnern 1,6 Personen vom Haushalts-E. leben mußten, waren es bei den LPG-III-Bauern 3,5 Personen. Bezieht man das E. auf die Zahl der Haushaltsmitglieder, so erzielten die Arbeitnehmer ein E., das um 10 bis 20 v. H. über dem der LPG-III-Bauern lag. Nivellierungstendenzen bei diesen beiden Gruppen sind jedoch unverkennbar. Mit Abstand die geringsten E. bezogen auch hier die Rentner, obwohl sie immerhin gut die Hälfte des Pro-Kopf-E. im Arbeitnehmerhaushalt erhielten.

Die durchschnittlichen monatlichen Nettoeinkommen je Haushaltsmitglied in der DDR (in Mark)

	1960	1964	1970	1972
Arbeitnehmerhaushalt	267	284	347	382
Rentnerhaushalt[1]	135	153	182	208
LPG-III-Haushalt	216	229	317	·

1 Haushalte ohne Einkommen aus Erwerbstätigkeit.

Quelle: DIW, Berlin.

Wie bei der personellen Verteilung (E. je E.-Bezieher) hat der Abstand zur Bundesrepublik auch bei den Haushalts-E. der Arbeitnehmer und Rentner ständig zugenommen und ähnliche Relationen erreicht. Bemerkenswert ist, daß sich die E.-Situation der Rentner innerhalb der beiden Staaten wesentlich unterscheidet. In der Bundesrepublik Deutschland entsprachen die Pro-Kopf-E. der Rentner 1972 fast denen in den Arbeitnehmerhaushalten – eine finanzielle Gleichstellung dieser Gruppen ist weitgehend erreicht. Die DDR-Rentner konnten – wie bereits erwähnt – pro Kopf nur über gut die Hälfte des E. eines Arbeitnehmerhaushalts verfügen.

Die Differenzierung der Arbeitnehmerhaushalte (über die Hälfte aller privater Haushalte in beiden Staaten sind Arbeitnehmerhaushalte) nach E.-Klassen läßt für 1960 in beiden Teilen Deutschlands eine ähnliche Verteilung der Netto-E. im unteren und mittleren E.-

Bereich erkennen. Erst bei E. von über 1 200 Mark/DM monatlich war der entsprechende Anteil der Haushalte in der Bundesrepublik nennenswert größer (19 v. H.) als in der DDR (9 v. H.). 1970 waren die Unterschiede ausgeprägter; in der DDR wurde diese Grenze – nämlich 1 200 Mark – von 30 v. H., in der Bundesrepublik von 60 v. H. aller Arbeitnehmerhaushalte überschritten. Insgesamt ist festzustellen, daß die Haushalts-E. der Arbeitnehmer in der DDR gleichmäßiger verteilt sind als in der Bundesrepublik. Die Tendenz zur Nivellierung – in beiden Staaten vorhanden – ist überdies in der DDR stärker.

Der Vergleich der Haushalts-E. in der DDR und in der Bundesrepublik ist nur bedingt geeignet, Unterschiede im Lebensstandard sichtbar zu machen. Dieser hängt, soweit durch den privaten Verbrauch bestimmt, auch von der → **Kaufkraft** der Währungen ab. Die Kaufkraft der Mark gegenüber der DM hat sich seit 1960 sowohl für den Verbrauch der Arbeitnehmerhaushalte als auch für den der Rentnerhaushalte – in erster Linie als Folge der Preissteigerungen in der Bundesrepublik – ständig erhöht. Diese Verbesserung der Kaufkraftparität hat aber nicht die Relationen der Real-E. (um Kaufkraftunterschiede bereinigte Netto-E. – nicht zu verwechseln mit gleichlautendem DDR-Terminus; → **Lohnformen und Lohnsystem**) verändert. Die nominalen E. der Arbeitnehmerhaushalte sind in der Bundesrepublik sehr viel stärker gestiegen als in der DDR, so daß der Abstand der Real-E. in der DDR zu denen der Bundesrepublik sogar größer geworden und für 1972 mit 44 v. H. zu veranschlagen ist (1960: 33 v. H.). Für Rentnerhaushalte dürfte das Real-E. in der DDR 1972 um zwei Drittel unter dem westdeutschen Niveau gelegen haben.

Einzelhandel: → **Binnenhandel.**

Einzelhandels-Verkaufspreise (EVP): Zum EVP, auch Verbraucher- bzw. Endverbraucherpreis genannt, werden die Konsumgüter an die Konsumenten abgegeben. Der EVP wird sowohl vom Einzelhandel als auch bei Direktbezügen von privaten Verbrauchern von der Industrie berechnet. Der Einzelhandels-Verkaufspreis setzt sich zusammen aus dem → **Industrieabgabepreis** zuzüglich der Großhandelsspanne (= → **Großhandelspreis**), zuzüglich der Einzelhandelsspanne.

Angesichts der wirtschaftspolitischen Entscheidung, sowohl bei der → **Industriepreisreform** als auch bei der Einführung → **fondsbezogener Preise** keine Erhöhung des Konsumgüterpreisniveaus zuzulassen, und erst recht mit dem allgemeinen Preisstopp von 1971 (→ **Preissystem und Preispolitik**) ergab sich die Schwierigkeit, den EVP in vielen Fällen nicht vom Betriebspreis (= Kosten + kalkulierbarer Gewinn) her ableiten zu können. Deshalb mußte bei einer Reihe von Produkten der nach Abzug der Groß- und Einzelhandelsspanne vom festgesetzten EVP verbleibende Industrieabgabepreis durch Subventionierung bzw. Minderung der → **Verbrauchsabgaben** mit dem Betriebspreis in Einklang gebracht werden. Das bedeutet, daß die Lücke zwischen dem relativ hohen Betriebspreis und einem demgegenüber niedrigeren Industrieabgabepreis (= Betriebspreis plus produktge-

bundene Abgaben minus Subventionen) über Subventionen und/oder Minderungen der produktgebundenen Abgaben (→ **Steuern**) geschlossen werden mußte. Bei anderen Erzeugnissen mit auf hohem Niveau festgelegtem, präventiv wirkendem EVP hingegen ließen relativ niedrige Betriebspreise relativ hohe Sätze der Verbrauchsabgaben zu.

Ein Vergleich wichtiger Konsumgüterpreise der Jahre 1972/73 zwischen Bundesrepublik und DDR läßt beispielsweise erkennen, daß die Preise einer Reihe von Lebensmitteln des täglichen Bedarfs (z. B. Brot, Kartoffeln, Fisch, Backwaren, Fleisch, Fleischwaren, Milch) in der DDR deutlich niedriger liegen. Dagegen sind andere Nahrungsmittel (z. B. Mehl, Eier, Zucker, Fette, Kakao), vor allem jedoch Genußmittel (z. B. Bohnenkaffee, Schaumwein, Schokolade, Zigaretten) teurer. Ebenfalls teurer sind in der DDR die meisten übrigen Konsumwaren (Ausnahme Kinderbekleidung), insbesondere Erzeugnisse des gehobenen Bedarfs (z. B. Fernsehgeräte, Autos, Kühlschränke, Waschmaschinen, synthetische Bekleidung). Demgegenüber sind wichtige Dienstleistungen erheblich billiger (z. B. Wohnungsmieten, Verkehrsleistungen, Nachrichtenübermittlung, Leistungen der Friseure und Wäschereien).

Diese Tatsachen lassen erkennen, daß die Konsumgüterpreisbildung in der DDR – angesichts einer starren → **Lohnpolitik** – ebenfalls eine sozialpolitische Komponente enthält. Andererseits wird gerade auch über die Festlegung von Preisen für eine Reihe von Konsumgütern des gehobenen Bedarfs Einfluß auf Verbrauchsstruktur und Versorgungsniveau genommen. Man läßt Preise bewußt vom – gegenwärtig ohnehin nicht einwandfrei ermittelbaren – volkswirtschaftlich notwendigen Arbeitsaufwand abweichen. Damit sollen produktionsstimulierende und verbrauchslenkende Wirkungen erzielt, gesundheitspolitische Aspekte berücksichtigt sowie Angebots- und Nachfragerelationen einander angepaßt werden.

Diese Aspekte der Preispolitik mußten zwangsläufig erhebliche Probleme bei der Konsumgüterpreisbildung mit sich bringen. Beispielsweise gelang es den Betrieben unter Bezugnahme auf die jeweils für sie, d. h. für ihr Produkt günstigste Preisverordnung, sich „unzulässige" → **Gewinne** zu verschaffen – auch ein Ausdruck der widersprüchlichen Konsumpreisbildung. Dies geschah in der Regel, indem sie aus dem vielfältigen Bündel der bestehenden Preisanordnungen sowie durch Preismanipulationen (über unplanmäßige Sortimentsänderungen oder direkte Preiserhöhungen) den für sie günstigsten Preis auswählten bzw. festsetzten. Während dieses betriebliche Verhalten sowohl durch die volle Abführungspflicht derartiger unzulässiger Gewinne als auch durch die Aufhebung nahezu aller älteren preisrechtlichen Bestimmungen (GBl. I, 1973, Nr. 2, S. 9 ff.) und deren Ersetzung durch verbindliche allgemeine Kalkulationsrichtlinien (GBl. II, 1972, Nr. 67, S. 741 ff.) bekämpft werden konnte, hat der Preisstopp von 1971 (GBl. II, 1971, Nr. 77, S. 674 ff.) für die Preisfestlegung für neue oder verbesserte Produkte zahlreiche neue Schwierigkeiten gebracht. Denn nun müssen die Preise von neuentwickelten Erzeugnissen mit den divergierenden Preisen der bisherigen Warensortimente in Einklang gebracht werden. Zudem wird die Preisfestlegung durch das umständliche und bürokratische Preisantrags- und -bestätigungsverfahren erschwert und behindert. Entsprechend der herrschenden Preisbildungsgrundsätze sollen sich die Preise für Neuentwicklungen sowohl am volkswirtschaftlich notwendigen Arbeitsaufwand als auch an der Erhöhung des Gebrauchswertes gegenüber bisherigen Erzeugnissen ausrichten. Sollte mit der Zunahme neuer Erzeugnisse der Anteil von Gütern höherer Preisgruppen für die entsprechende Erzeugnisgruppe ein Ansteigen des EVP-Niveaus mit sich bringen, so ist eine Minderung der produktgebundenen Abgaben vorgesehen. Zur Preiseinstufung von nur in geringerem Maße veränderten Produkten haben das → **Amt für Preise**, das → **Ministerium für Handel und Versorgung** sowie andere staatliche Instanzen Preiskataloge und Preislisten, branchenbezogene Preisbildungsrichtlinien und Handelsspannenkataloge auszuarbeiten.

Da die neuen Preise neben einer Orientierung am volkswirtschaftlich notwendigen Arbeitsaufwand und am bestehenden Gebrauchswert ebenfalls auf die bisherigen Differenzierungen der Preisgestaltung wichtiger Erzeugnisgruppen ausgerichtet sein müssen, um unerwünschte Substitutionsbewegungen seitens der Verbraucher auszuschließen, stehen die Preisbildungsorgane einer kaum zu bewältigenden Aufgabe gegenüber. Hinzu kommt, daß sich die Betriebe bei dieser widerspruchsvollen Verbrauchsgüter-Preisgestaltung – trotz der bürokratischen Preisbildungsverfahren – immer wieder Preisvorteile (z. B. Durchsetzung ungerechtfertigt hoher Preise durch Vorlage übertriebener Kostenunterlagen, Qualitätsminderung, Änderung der vorgesehenen Materialien und Rohstoffe) verschaffen können, weshalb die Preisbildungsinstanzen neben ihrer Preisbildungsfunktion auch noch laufende Preis- und Qualitätskontrollen durchführen müssen.

Einzelleitung: Das Prinzip der E. gelangt im Staats- und Wirtschaftsapparat der DDR zur Anwendung. Ministerien, Fachabteilungen, VVB, Kombinate und VEB werden wie andere staatliche Institutionen und Einrichtungen nach diesem auf dem → **demokratischen Zentralismus** beruhenden Prinzip geleitet, das seine stärkste Ausprägung im militärischen Bereich findet.

E. bedeutet, daß der Leiter die volle persönliche Verantwortung für seine Entscheidungen trägt und das Recht zur Durchsetzung dieser Entscheidungen mit Hilfe von Weisungen besitzt. Die E. wird beispielsweise in den Ministerien und den Wirtschaftsorganen durch die kollektive Beratung der Entscheidungen ergänzt. Damit sollen deren „Wissenschaftlichkeit" erhöht und die Mitglieder eines Leitungsbereiches partiell in die Entscheidungsfindung und Kontrolle der Durchführung einbezogen werden. Die Verbindung von E. und kollektiver Beratung bedeutet nicht die Einführung bzw. Institutionalisierung des kollektiven Führungs- und Leitungsstils, auch wenn in der Praxis der Entscheidungsfindung bei wichtigen Fragen des Leitungsbereichs die vom Leiter gefällten Entscheidungen in der Regel den Empfehlungen des kollektiven Beratungsorgans, z. B. des → **Kollegiums** eines Ministeriums, folgen.

Die E., die eine „direkte, objektbezogene und unkomplizierte Leitungstätigkeit" ermöglichen soll, ist nicht mit der operativen Leitungspraxis zu verwechseln; diese stellt eine andere Form der Leitungstätigkeit dar. → **Betriebsformen und Kooperation.**

Einzelvertrag: Arbeitsvertrag, der im Gegensatz zum → **Betriebskollektivvertrag** mit Einzelpersonen abgeschlossen wird, vornehmlich mit Angehörigen der → **Intelligenz**, die „durch ihre Leistungen einen hervorragenden Einfluß auf die Entwicklung der Wissenschaft, der Technik, der Wirtschaft oder Kultur ausüben". Gesetzliche Grundlage für den E. sind § 21 des → **Gesetzbuches der Arbeit** und die VO zum 23. 7. 1953 (GBl. S. 897). Der Kreis der möglichen Anwärter für einen E. umfaßt Spitzenkräfte aus allen Gebieten der Wissenschaft und Kultur, der Technik, der Wirtschaft, des öffentlichen Gesundheitswesens und des Erziehungswesens. Ein E. bringt für den Betroffenen beträchtliche Vorteile mit sich: zusätzliche → **Altersversorgung**, Prämien sowie Zuwendungen im Krankheitsfalle. Die Kinder des Beteiligten erhalten die von ihm gewünschte Ausbildung.

Eisenhüttenkombinat Ost (EKO): In den Jahren 1951–1954 errichtetes Hüttenwerk nahe Fürstenberg/Oder. Das EKO war ursprünglich als kombiniertes Hütten-, Stahl- und Walzwerk geplant. Im Zuge des Neuen Kurses wurden Planung und Ausführung auf ein Hüttenwerk beschränkt. 1963 wurde der weitere Ausbau zu einem Kombinat beschlossen – 1968 das mit Hilfe der UdSSR in Betrieb genommene moderne Walzwerk VEB Bandstahlkombinat „Hermann Matern", Eisenhüttenstadt, dem EKO unterstellt. Dem VEB Bandstahlkombinat sind der VEB Kaltwalzwerk Oranienburg, VEB Walzwerk Finow, die Eisen- und Hüttenwerke Thale und das Blechwalzwerk Olbenhau angegliedert.

Wirtschaftlich ist der Standort des EKO außerordentlich ungünstig. Das Eisenerz muß auf dem Landwege aus dem 1 000 km entfernten Kriwoi Rog (UdSSR) und der Steinkohlenkoks aus dem oberschlesischen Revier geholt werden, zu dem lange Zeit nicht einmal eine direkte Bahnverbindung bestand.

Eisen- und Stahlindustrie: Entsprechend der Industriezweigsystematik der DDR im wesentlichen der als Schwarzmetallurgie bezeichnete Industriezweig des Industriebereichs der Metallurgie. Die Schwarzmetallurgie umfaßt alle Eisenhüttenkombinate, Stahl- und Walzwerke sowie Ziehereien. Von 1960 bis 1973 hat sich die Bruttoproduktion der Schwarzmetallurgie nur um das 1,96fache und damit im Vergleich zur gesamten Industrie unterdurchschnittlich erhöht (zum Vergleich: im gleichen Zeitraum stieg die industrielle Bruttoproduktion um das 2,17fache).

Der Industriebereich der Metallurgie, der auch die Betriebe der NE-Metallgewinnung und die NE-Metall-halbzeugwerke umfaßt, beschäftigte 1973 in 41 Betrieben 123 783 Arbeiter und Angestellte (4,1 v. H. aller Arbeiter und Angestellten in der Industrie), die 7,8 v. H. der industriellen Bruttoproduktion erzeugten und damit an 6. Stelle der Industriebereiche stehen. Die Hauptstandorte der ESI. liegen in den Bezirken Halle, Potsdam, Frankfurt/Oder und Dresden.

Die ESI. der DDR hat aus Eigenvorkommen keine ausreichende Rohstoffbasis. Die Eisenerzvorkommen in Thüringen und Sachsen-Anhalt decken nur etwa 5 v. H. des Bedarfs. Sie haben zudem nur einen geringen und daher wenig wirtschaftlichen Eisengehalt. Aufgrund der begrenzten Eisenerzvorkommen existieren nur Kleinbetriebe. Die Förderung von Eisenerzen betrug 1972 nur noch 268 000 t (1965 immerhin noch 1 630 000 t). Auch der Mangel an Steinkohlen bzw. Steinkohlenkoks zur Verhüttung der Erze steht einer weiteren Entwicklung dieses Industriezweiges entgegen.

1938 betrug der Anteil des jetzigen Gebietes der DDR an der Eisen- und Stahlerzeugung des Reichsgebietes nur 7 v. H. bei einem Bevölkerungsanteil von 32 v. H. Die eisenschaffende Industrie hatte nur geringe Einbußen durch Kriegsschäden. Um so umfangreicher waren die Demontage-Verluste; sie betrugen: Walzstahlerzeugung 85 v. H., Rohstahlerzeugung 80 v. H., Stahlformguß 56 v. H., Grauguß 50 v. H., Temperguß 35 v. H. Trotz dieser ungünstigen Ausgangsposition beschloß die SED-Führung, um den Einfuhrbedarf zu verringern, den Aufbau einer eigenen ESI., der überraschend kurzfristig gelang, zum Teil gefördert durch Lieferungen von Stahl- und Walzwerkseinrichtungen aus der Bundesrepublik Deutschland.

Diese Entwicklung spiegelt sich in dem Aufbau des → **Eisenhüttenkombinats Ost**, der Eisenwerke West in Calbe/Saale, des Stahlwerks Brandenburg und des Edelstahlwerks Döhlen wider. Die wichtigsten Betriebe der ESI. wurden 1968 zu den Kombinaten VEB Qualitäts- und Edelstahlkombinat Hennigsdorf (ca. 35 000 Beschäftigte mit einer Jahreskapazität von 250 000 t), VEB Bandstahlkombinat Eisenhüttenstadt und VEB Rohrkombinat Riesa zusammengefaßt. Die Kapazität der ESI. liegt jedoch weiter unter dem Bedarf der Metallverarbeitenden Industrie. Der größte Teil des Eisen- und Stahlbedarfs muß deshalb auch weiterhin aus Importen gedeckt werden, weil die Erhöhung der Eigenproduktion nicht ausreicht, den Bedarf vor allem an Qualitätsstahl zu decken.

Wesentliche Produktionszahlen (in Mill. t)

	1955	1965	1973
Roheisen	1,516	2,338	2,201
Rohstahl (einschl. Flüssigstahl für Formguß)	2,815	4,313	5,891
Walzstahl, warmgewalzt	1,884	2,986	3,876

Elektrotechnische und Elektronische Industrie:

Entsprechend der Industriezweigsystematik der DDR zwei Industriezweige, die zum Industriebereich Elektrotechnik/Elektronik/Gerätebau zählen. Der gesamte Industriebereich Elektrotechnik/Elektronik/Gerätebau,

der neben der EuEI noch die Zweige Meß-, Steuer- und Regelungstechnik, Datenverarbeitungs- und Büromaschinenindustrie, Feinmechanische und optische Industrie umfaßt, beschäftigte 1973 in 700 Betrieben 420 769 Arbeiter und Angestellte (13,9 v. H. aller in der Industrie Beschäftigten), die 10,7 v. H. der industriellen Bruttoproduktion erzeugten. Damit steht dieser Industriebereich an fünfter Stelle der Industrie der DDR. 25 v. H. des Produktionsaufkommens werden in 70 Länder exportiert, wobei die UdSSR der wichtigste Partner ist. Die Hauptstandorte liegen in den Bezirken Berlin (Ost), Gera, Erfurt, Dresden und Karl-Marx-Stadt. Zentrales Anleitungs- und Kontrollorgan ist das Ministerium für Elektrotechnik-Elektronik, dem 13 Kombinate und VVB zugeordnet sind.

Die Elektrotechnische Industrie umfaßt alle Betriebe der Wirtschaftsgruppen Elektromaschinenbau, Transformatoren- und Wandlerbau, Bau von Hoch- und Niederspannungsschaltgeräten und -einrichtungen, Herstellung von Kabeln und Leitungen, von Elektromontagematerial und elektrotechnischen Spezialausrüstungen für Straßen- und Schienenfahrzeuge, von radiologischen und medizinisch-elektronischen Erzeugnissen, von sonstigen Erzeugnissen der elektrotechnischen Industrie, Reparatur- und Montagebetriebe (Betriebe, die elektrische Haushaltsgeräte und Leuchten herstellen, zählen ab 1968 zur Metallwarenindustrie). Die wichtigsten Betriebe sind: VEB Elektromaschinenbau Sachsenwerk, Dresden; VEB Elektro-Apparate-Werke, Berlin-Treptow; VEB Starkstrom-Anlagenbau, Karl-Marx-Stadt. Besonders kennzeichnend für diesen Industriezweig ist die Mitte der 60er Jahre durchgeführte Zusammenfassung von Betrieben mit gleicher Erzeugnisgruppenproduktion zu kombinatsähnlichen Organisationsgebilden. Beispiel: Die sieben Kabelwerke der DDR wurden 1967 zum Kombinat Kabelwerk Oberspree vereinigt (ca. 14 000 Beschäftigte). Von 1960 bis 1973 hat sich die Bruttoproduktion der Elektrotechnischen Industrie um das 2,53fache erhöht (zum Vergleich: Steigerung der industriellen Bruttoproduktion im gleichen Zeitraum um das 2,17fache).

Die Elektronische Industrie umfaßt alle Betriebe, die folgende Erzeugnisse herstellen: Erzeugnisse der Drahtnachrichtentechnik, der Funktechnik, der Elektroakustik und Geräte für Bild- und Tonaufzeichnungen, Rundfunk- und Fernsehempfänger, elektrische Lichtquellen, Elektronenröhren, Halbleiterbauelemente etc. Die wichtigsten Betriebe sind: VEB Halbleiterwerk Frankfurt (Oder); VEB Werk für Fernsehelektronik, Berlin-Oberschöneweide; VEB Fernsehgerätewerk Staßfurt. 1973 wurden in der DDR u. a. 983 321 Rundfunkempfänger, 453 864 Fernsehempfänger, -truhen und -schränke und 556 000 Bildröhren erzeugt. Die Elektronische Industrie gehört zu den besonders geförderten Industriezweigen der DDR. Von 1960 bis 1973 stieg ihre Bruttoproduktion um das 3,96fache.

ELG: Abk. für Einkaufs- und Liefergenossenschaften. → **Handwerk.**

Elternbeiräte: → **Elternhaus und Schule.**

Elternhaus und Schule: Nach der Verfassung und dem Bildungsgesetz ist es nicht nur das Recht, sondern auch die Pflicht der Eltern, „ihre Kinder zu sozialistischen Persönlichkeiten und staatstreuen Bürgern zu erziehen" und dabei mit den gesellschaftlichen und staatlichen Bildungs- und Erziehungseinrichtungen zusammenzuwirken. Wenn auch die (gesellschaftliche) Bildung und Erziehung stets als das gemeinsame Anliegen aller Erziehungsträger und die Schule als das Zentrum aller pädagogischen Bemühungen angesehen werden, so wird doch auch der Erziehung der Kinder und Jugendlichen durch die Eltern bzw. in der Familie große Bedeutung beigemessen. Um die erzieherischen Potenzen der Familie für die gesellschaftliche Erziehung der Kinder voll zu nutzen, werden die Eltern angehalten und zum Teil auch verpflichtet, eine feste Ordnung in der Familie zu schaffen, die bestimmte Gewohnheiten herausbildet, eine sinnvolle gegenseitige Ergänzung von häuslicher Erziehung und erzieherischer Einwirkung durch die gesellschaftlichen Bildungseinrichtungen anzustreben, ständig an schulischen Fragen interessiert zu sein sowie an Elternversammlungen teilzunehmen und damit engen Kontakt zur Schule zu halten. Andererseits ist aber auch die Schule – das gilt auch für den Kindergarten, den Hort und die Einrichtungen der Berufsausbildung Jugendlicher – verpflichtet, eng mit dem Elternhaus zusammenzuarbeiten und dabei nicht nur den Wünschen der Eltern nach Erziehungshilfen zu entsprechen, sondern im Sinne der Bildungs- und Erziehungsziele – auch über die Betriebe, in denen die Eltern tätig sind, z. B. im Rahmen der Bewegung „Kollege, wie erziehst du dein Kind?" – nachdrücklich einzuwirken. Die Familienerziehung, die also den gleichen Zielen und Grundsätzen wie die gesellschaftliche Erziehung verpflichtet ist, wird vor allem unter dem Gesichtspunkt der → **Kollektiv- und Arbeitserziehung** gesehen und zu beeinflussen getrachtet; sie wird aber auch insofern als besonders problematisch angesehen, als die Sozialisations- und Erziehungseinflüsse in der Familie im geringsten Maße gesellschaftlich steuerbar sind, weshalb auch die ganztägige erzieherische Beeinflussung in Ergänzung zur schulischen Bildung und Erziehung besonders forciert wird. Mitwirkung der Eltern bei der Gestaltung der schulischen Bildung und Erziehung und Einflußnahme der Schule auf die Familienerziehung stehen also in einem engen wechselseitigen Verhältnis.

Als gewählte Elternvertretungen an den Schulen sollen die Elternbeiräte und die Klassenelternaktive Mitverantwortung für die Sicherung hoher Ergebnisse der schulischen Bildung und Erziehung übernehmen. Für Elternbeiräte der Schule beträgt die Wahlperiode zwei Jahre, für Klassenelternaktive ein Jahr. Darüber hinaus werden Schulelternversammlungen einmal jährlich und Klassenelternversammlungen etwa dreimal jährlich durchgeführt. Grundsätzlich sollen alle Veranstaltungen der Schule mit den Eltern immer auch der pädagogischen Propaganda dienen; darunter wird die Gesamtheit der Bildungsmaßnahmen verstanden, die darauf gerichtet sind, die Werktätigen, und insbesondere die Eltern, zu befähigen, ihrer speziellen erzieherischen Verantwortung in den verschiedenen Bereichen ihrer gesellschaftlichen Tätigkeit gerecht zu werden. Durch vermehrtes pädagogisches Wissen der Eltern soll auch die Familienerziehung stärker pädagogisiert werden und die „Pädagogik der individuellen Erfahrung" ablösen. Hauptformen der pädagogischen Propaganda sind einmal die von der Schule durchgeführten **Elternseminare** sowie die pädagogischen Seminare, die vor allem von der → **Urania** (Gesellschaft zur Verbreitung wissenschaftlicher Kenntnisse) in Zusammenarbeit mit den Volksbildungsorganen, den gesellschaftlichen Organisationen und den kulturellen Einrichtungen durchgeführt werden. Durch die Behandlung der Grundfragen der sozialistischen Bildungspolitik, der politisch-ideologischen Erziehung im Elternhaus, der Erziehungs- und Lernschwierigkeiten, der Freizeitgestaltung der Kinder usw. soll vor allem die Bereitschaft und Fähigkeit der Eltern zur „sozialistischen Erziehung" ihrer Kinder und zur Zusammenarbeit mit der Schule gefördert werden. Entscheidungen in Eheverfahren, in denen das elterliche → **Erziehungsrecht**, das bisher beide Elternteile ausübten, nur einem Teil übertragen wird, haben wegen ihrer Häufigkeit und Folgen besondere Bedeutung erlangt. Außerdem ergeben sich weitreichende Auswirkungen für Eltern und Kinder auch aus Entscheidungen über den Entzug, die Rückübertragung und die Änderung des Erziehungsrechts sowie die Ersetzung der Einwilligung der Annahme an Kindes Statt. Mit der Entscheidung über das Erziehungsrecht haben die Gerichte in der DDR deshalb zu sichern, daß die weitere Erziehung und Entwicklung der Kinder unter den veränderten Bedingungen gewährleistet sind, und das Erziehungsrecht dem Elternteil zu übertragen, der nach den im Zeitpunkt der Ehescheidung gegebenen Voraussetzungen am besten geeignet ist, die sozialistischen Erziehungsziele zu verwirklichen. Den betreffenden Elternteilen sollen von der Schule und im Rahmen der pädagogischen Propaganda die nötigen Hilfen gegeben werden.
→ **Einheitliches sozialistisches Bildungssystem.**

Elternseminare: → **Elternhaus und Schule.**

Energiemaschinenbau: Bis 1967 Industriegruppe des Industriezweigs Schwermaschinenbau. Mit Einführung der neuen Betriebssystematik (1968) Zweig des Maschinen- und Fahrzeugbaus. Zum E. gehören alle Betriebe zum Bau von Dampferzeugern, Turbinen, Kraftwerksgeneratoren, Dampfmaschinen, Lokomotiven, Generatoraggregaten, Apparaten für Wasseraufbereitungsanlagen sowie von Baugruppen, Zubehör und Einzelteilen für Energieausrüstungen. Ein wichtiger Betrieb dieses Zweiges ist der VEB Bergmann-Borsig, Berlin, der in erster Linie Dampfturbinen, Kraftwerksturbogeneratoren sowie Kesselzubehör produziert.
→ **Energiewirtschaft; Industrie.**

	1960	1970	1973
Produktion von Diesel- und Elektrolokomotiven (Stück)	675	633	450
Dieselmotoren (1 000 PS)	1 694	6 222	6 435

Energiewirtschaft

Die Energie- und Brennstoffindustrie – Primärenergieaufkommen – Sekundärenergie

I. Die Energie- und Brennstoffindustrie

E. ist der Zweig der → **Industrie**, der sich mit der Förderung, Erzeugung bzw. Umwandlung, Fortleitung und Verteilung von Energieträgern befaßt. Diese Aufgaben obliegen in der DDR der Energie- und Brennstoffindustrie. In ihr sind die bis 1967 dem Bergbau zugeordneten Zweige Braun- und Steinkohlenindustrie sowie der Zweig Energiebetriebe zusammengeschlossen. 1973 arbeiteten in der Energie- und Brennstoffindustrie 6,3 v. H. (191 000) aller Industriebeschäftigten, der Anteil an der industriellen Nettoproduktion lag bei knapp 9 v. H. (1973). Die Energiewirtschaft gehört zu den kapitalintensiven Wirtschaftsbereichen. Der Grundmittelbestand je Arbeiter und Angestellten betrug 1973 in diesem Industriebereich 248 000 Mark, im Industriedurchschnitt hingegen nur 68 000 Mark. Allein 27 v. H. aller für die Industrie bereitgestellten Investitionsmittel wurden im Zeitraum 1960–1973 der E. zugewiesen. Trotzdem bildet sie das Schlußlicht in der Wachstumsrangfolge aller Industriebereiche. Während die industrielle Bruttoproduktion zwischen 1960 und 1973 im Jahresdurchschnitt um 6,1 v. H. zunahm, verzeichnete die Energie- und Brennstoffindustrie lediglich einen Zuwachs von 3,4 v. H. (davon Energiebetriebe 5,3 v. H.). Damit konnte die bestehende Energielücke – sie führte vor allem in den 60er Jahren zu zeitweiligen Strom- und Gasabschaltungen sowohl im privaten als auch im industriellen Bereich – nicht geschlossen werden.

II. Primärenergieaufkommen

Bezeichnung für das erstmalige Aufkommen eines Landes an Energieträgern. Hierzu zählen Gewinnung und Förderung von natürlichen Energierohstoffen, der Nettoimport (Import minus Export) von Energieträgern jeder Art, also auch von solchen, die bereits einer Verarbeitung bzw. Umwandlung unterworfen wurden (Sekundärenergieträger) sowie die Bestandsveränderungen.

A. Entwicklung und Struktur

1973 betrug das aus dem Inland stammende Primärenergieaufkommen 76 Mill. t Steinkohleneinheiten (SKE) – 1960 waren es 68 Mill. t SKE. Viel schneller als die Inlandsproduktion (+ 11 v. H.) haben im selben Zeitraum die Nettoimporte zugenommen (+ 282 v. H.). Betrugen sie 1960 erst 8,3 Mill. SKE, so waren es 1973 bereits 31,7 Mill. t SKE. Damit hat die Auslandsabhängigkeit der Energieversorgung der DDR zwar zugenommen: 1960 wurden 11 v. H. des Inlandsverbrauchs importiert (netto), 1973 waren es hingegen 29 v. H. Gemessen an der Bundesrepublik Deutschland, die immerhin 55 v. H. ihres Pri-

märenergiebedarfs aus dem Ausland deckt, ist das Ausmaß der Abhängigkeit jedoch gering. Die Gründe für diese unterschiedliche Importabhängigkeit sind strukturbedingt. Während die Bundesrepublik ebenso wie die übrigen westlichen Industrieländer über 50 v. H. ihres Energiebedarfs durch Erdöl (-importe) deckt, nutzt die DDR stärker ihre inländischen Rohstoffe.

Das Primärenergieaufkommen wies in den Jahren 1960 und 1973 folgende Struktur auf (Angaben in v. H.):

	1960	1973
Braunkohle	82,3	66,4
Steinkohle	11,5	6,7
Steinkohlenkoks	3,1	2,8
Erdöl und Erdölprodukte	3,0	19,4
Erdgas	0,0	3,7
Primärstrom (Strom aus Wasser- und Kernkraft sowie Nettoimport)	0,1	1,0

Die intensive Nutzung der inländischen Energieträger führt zwar zu einer geringen Importabhängigkeit und vermindert den Devisenbedarf. Diese Vorteile dürften aber mit Einsatzkosten verbunden sein, die in einigen Bereichen sicher niedriger wären, wenn man stärker auf andere Energieträger zurückgegriffen hätte. Nicht zuletzt diese Tatsache hat die Wirtschaftsführung der DDR zu der Entscheidung veranlaßt, den Braunkohlenanteil weiter zu senken und den Verbrauchszuwachs an Primärenergie vor allem durch Erdöl und Erdgas zu decken. Damit wird aber auch die Importabhängigkeit der Energiewirtschaft der DDR weiter zunehmen.

B. Braunkohle

Der mit Abstand bedeutendste Energieträger wird aber noch für lange Zeit die Braunkohle bleiben. Die erkundeten Vorräte werden mit 19 Mrd. t angegeben (→ **Bergbau**). Obwohl dies noch nicht einmal 2 v. H. der Weltvorräte sind, ist die DDR mit einem Anteil von 33 v. H. das bedeutendste Braunkohlenförderland der Welt. 1973 wurden 246 Mill. t gefördert (1960: 226 Mill. t). Da die Braunkohle im Tagebau gewonnen werden kann, sind die Förderkosten relativ niedrig (günstige Mechanisierungsmöglichkeiten). Künftig soll die Ausbringung nicht mehr nennenswert gesteigert werden. Ungünstiger werdende Abbaubedingungen und Qualitätsverschlechterungen begründen diese Beschränkungen. Gegenwärtig beträgt der Heizwert der DDR-Braunkohle etwa 2 000 Kcal/kg, das sind 0,286 SKE. Aufgrund des relativ niedrigen Heizwertes ist es nicht wirtschaftlich, Braunkohle über große Entfernungen zu transportieren. Daher sind vier Fünftel der Bruttoproduktion der Energie- und Brennstoffindustrie auf die Bezirke Cottbus (37 v. H.), Halle (20 v. H.), Leipzig (14 v. H.) und Dresden (11 v. H.) konzentriert (1972).

Seit 1960 hat die DDR die Braunkohlenexporte beträchtlich eingeschränkt (1960: 6,3 Mill. t – 1973:
2,3 Mill. t). Betroffen war davon vor allem der → **Innerdeutsche Handel.** Gehörte nämlich die Braunkohle 1960 mit einem Lieferanteil von ca. 25 v. H.
noch zu einem bedeutenden „Devisenbringer", so ist
ihr Anteilswert bis zum Jahre 1973 auf einen „Erin-
nerungsposten" von knapp 3 v. H. zurückgegangen
(ca. 1 Mill. t).

C. Steinkohle

Die Steinkohle spielt für die Energieversorgung der
DDR nur eine relativ geringe Rolle. Die Inlandsför-
derung reicht zur Bedarfsdeckung nicht aus, sie
mußte mangels abbauwürdiger Vorkommen ständig
zurückgenommen werden. 1973 wurden etwa 0,7
Mill. t gefördert, das sind 2 Mill. t weniger als 1960.
Um die Versorgung der Industriebetriebe zu sichern,
die nicht oder nur teilweise auf Braunkohle ausweichen können (z. B. Eisen- und Stahlwerke, Werke
der Baustoff- und chemischen Industrie sowie Gaswerke), wurden 1973 8,3 Mill. t Steinkohle und 3,2
Mill. t Steinkohlenkoks importiert. Lieferländer sind
die Sowjetunion, Polen und die ČSSR.

D. Erdöl

Erdöl gehört zu den expandierenden Energieträgern. Da die DDR über keine nennenswerten Vorkommen verfügt, ist sie auf diesem Sektor fast zu 100
v. H. importabhängig. Das mit Abstand wichtigste
Lieferland ist die Sowjetunion:

Erdölimporte der DDR (in Mill. t)

	Insgesamt	davon UdSSR	Importanteil der UdSSR in v. H.
1960	1,9	1,8	95
1965	5,1	4,9	96
1970	10,3	9,2	89
1973	16,0	13,0	81

Rund vier Fünftel der sowjetischen Lieferungen
werden durch die 1964 fertiggestellte Pipeline
„Freundschaft" nach Schwedt transportiert. 1973
wurde der zweite Strang dieser Leitung in Betrieb
genommen. Durch das 5 330 km lange Rohrleitungs-
system ist die DDR direkt mit den westsibirischen
Erdölfeldern verbunden. Daneben gelangt Erdöl
über Rostock in die DDR. Von dort besteht eine
Pipelineverbindung zum Stammbetrieb des „VEB
Petrochemisches Kombinat", dem Erdölverarbei-
tungswerk in Schwedt. In den letzten Jahren ist der
Anteil der aus der Sowjetunion stammenden Importe zurückgegangen. Einfuhren aus arabischen Ländern (u. a. Ägypten, Irak, Syrien) traten an ihre Stelle. Aber auch über die Bundesrepublik wurde Erdöl
zur Verarbeitung in die DDR geliefert. 1972 standen
sich Rohöllieferungen der Bundesrepublik im Umfang von 1,2 Mill. t und Bezüge an Mineralölproduk-
ten im gleichen Umfang gegenüber.

E. Erdgas

Ebenso wie das Erdöl gehört das Erdgas zu den an
Bedeutung gewinnenden Energieträgern. Infolge
des 1967 mit Hilfe sowjetischer Spezialisten erfolgten Aufschlusses der Erdgaslagerstätte Salzwedel-
Peckensen (Altmark) verfügt die DDR über eine
nennenswerte Erdgasquelle. Die Vorräte dürften
sich in der Größenordnung von 100 Mill. Nm³ bewegen. 1969 wurden 0,2 Mrd. Nm³ gefördert, für 1974
wurden 8,2 Mrd. Nm³ geplant. Das ursprüngliche
Ziel für 1975 (11,5 bis 14 Mrd. Nm³) mußte jedoch
bereits zurückgenommen werden. Das in der Altmark geförderte Erdgas ist von minderer Qualität.
Mit einem Heizwert von nur 3 000 Kcal/Nm³ liegt es
weit unter der nordwesteuropäischen Norm (Hu =
7 600 Kcal/Nm³). Sogar noch über dieser Norm liegt
das seit April 1973 importierte Erdgas aus der Sowjetunion. Dieses Gas bezieht die DDR über die
durch die ČSSR führende Pipeline, durch die auch
die Bundesrepublik Deutschland beliefert wird. Für
1975 ist ein Erdgasaufkommen von 13 Mrd. Nm³
vorgesehen, wovon 4 Mrd. Nm³ aus der UdSSR
stammen sollen. Das hochwertige Importgas wird
vor allem in der chemischen Industrie, Metallurgie,
der Glas- und keramischen Industrie, der Leichtindustrie und in der Energiewirtschaft eingesetzt.

F. Sonstige

Die Bedeutung der ebenfalls zum Primärenergieaufkommen zählende Kernenergie und Wasserkraft ist
gering, ihr Anteil am Energieverbrauch lag 1973 erst
bei etwa 1 v. H.; Wasserkraft wird vor allem in Form
von Pumpspeicherwerken genutzt. Sie sind hinsichtlich des Ausgleichs von Belastungsspitzen von Bedeutung.

III. Sekundärenergie

A. Elektroenergie

1973 waren in der DDR ca. 15 000 MW installiert.
Damit wurde die Kapazität innerhalb von 13 Jahren
etwa verdoppelt (1960: 7 840 MW). Allerdings
konnten in den vergangenen Jahren die geplanten
und für die Befriedigung des steigenden Strombe-
darfs unbedingt erforderlichen Kapazitätszugänge
nicht realisiert werden. Auch im gegenwärtigen
Fünfjahrplan muß mit erheblichen Rückständen gerechnet werden: Im Zeitraum 1971–1975 soll die in-
stallierte Kraftwerksleistung um ca. 6 150 MW gesteigert werden; bis 1973 wurde jedoch nur ein Zugang von 2 500 MW erreicht, für 1974 sind weitere
1 050 MW geplant. Somit wird aufgrund unzureichender Infrastrukturinvestitionen die Elektroener-
gieerzeugung vor allem in den Wintermonaten noch
für längere Zeit unterhalb der potentiellen Bedarfs-
grenze liegen und eine Bedrohung für ein stetiges
Wirtschaftswachstum darstellen. Dies umsomehr,
als die Stromerzeugung zu 84 v. H. (1973) auf dem
Einsatz von Braunkohle basiert. Um Lagerkosten zu

sparen, werden die in Tagebaunähe befindlichen Kraftwerke direkt bekohlt – d. h. die Speicherkapazitäten reichen nur bis zur Höhe eines 1-Tage-Bedarfs. Damit ist aber eine gewisse Anfälligkeit der Energiewirtschaft gegeben, denn bei starkem Frost kann die Braunkohle wegen ihres hohen Wassergehalts gefrieren. Trotzdem werden auch künftig noch überwiegend Braunkohlenkraftwerke gebaut. Kernkraft wird erst in geringem Umfang zur Stromerzeugung eingesetzt. Zusätzlich zum Kernkraftwerk Rheinsberg (75 MW) wurde Ende 1973 der erste 440-MW-Reaktor des Kernkraftwerks Nord in

Kraftwerke in der DDR[1]

I. Heizkraftwerke

Bezirk	Kraftwerk	Brenn-stoff[2]	Bauzeit	Kapazität 1946/47 in MW	Blöcke	Gesamtkapazität in MW	Last[3]
Berlin	Klingenberg	SK	Ende 1926[5]	185	–	250	M
Cottbus	Lauta	BK	–	52	–	175	G
	Schwarze Pumpe	BK	250 MW: 1957/60; 300 MW: 1962/66; 100 MW: 1968/69; 400 MW: 1970/?	–	–	1050	G
	Trattendorf	BK	1954–1959	–	–	450	M
	Lübbenau	BK	1957–1964	–	6 x 50 MW 10 x 100 MW	1300	M
	Vetschau	BK	1960–1967	–	12 x 100 MW	1200	G
	Boxberg I	BK	1968–1972	–	6 x 210 MW	1260	–
	Boxberg II	BK	1968–1974	–	4 x 210 MW	840	–
Dresden	Hirschfelde	BK	vor 1959	134	–	300[4]	M
	Hagenwerder I	BK	1955–1962	–	50, 75	500	M
	Hagenwerder II	BK	–	–	und 100 MW	255	M
Frankfurt/O.	Brieskow-Finkenheerd	BK	zwischen 1951/55	75	–	190	M
	Eisenhüttenstadt	Gg	zwischen 1951/55	–	–	200[4]	G
Halle	Bitterfeld	BK	–	216	–	225	G
	Leuna	BK	–	100	–	110	G
	Schkopau	BK	–	193	–	225	G
	Zschornewitz	BK	–	176	–	225	S
	Vockerode	BK	1959	–	12 x 32 MW	384	G
Leipzig	Böhlen	BK	–	190	–	250[4]	G
	Kulkwitz	BK	–	70	–	100[4]	G
	Espenhain	BK	–	280	–	450[4]	G
	Lippendorf	BK	1966–1970	–	6 x 100 MW	600	M
	Thierbach	BK	1965–1971	–	4 x 210 MW	840	M
Magdeburg	Harbke	BK	–	147	–	140	M
	Calbe	Gg	zwischen 1951/55	–	–	100[4]	G

II. Kern- und Pumpspeicherkraftwerke

Bezirk	Kraftwerk	Bauzeit	Kapazität in MW	Blöcke	Gesamtkapazität in MW	Last[3]
A. Kernkraftwerke						
Potsdam	Rheinsberg	1957–1966	–	1 x 70 MW	70	S
Rostock	Lubmin (VEB Kernkraftwerk Greifswald/	1967–				
	Rheinsberg „Bruno Leuschner, Kernkraftwerk Nord)	1973/74	–	2 x 440 MW	880	G
B. Pumpspeicherkraftwerke						
Dresden	Niederwartha	vor 1960	–	–	126	S
Gera	Hohenwarte I	1964[5]	6	–	320	S
	Hohenwarte II	1964[5]	–	–	45	S
	Bleiloch	–	40	–	40	S
Magdeburg	Wendefurth	1968[5]	–	–	80	S

1 Auswahl; Repräsentationsgrad ca. 85 v. H.
2 SK = Steinkohle; BK = Braunkohle; Gg = Gichtgas.
3 G = Grundlast; M = Mittellast; S = Spitzenlast.
4 Schätzung.
5 Fertigstellung.

der Nähe von Lubmin (Bezirk Rostock) mit seinen zwei 220-MW-Turbosätzen in Betrieb genommen. Sollte 1975 der zweite Reaktor planmäßig fertiggestellt werden, dann würden ca. 5 v. H. der installierten Kraftwerksleistung von Kernkraftwerken gestellt. Ein weiteres Kernkraftwerk mit vier Reaktoren und einer Endkapazität von 3 520 MW soll im Raum Magdeburg errichtet werden. Bis 1980 sollen etwa 15 v. H. der elektrischen Leistung auf der Basis der Kernenergie produziert werden.

Während in westlichen Ländern mit einer Verdoppelung des Stromverbrauchs innerhalb von zehn Jahren – das entspricht einem jahresdurchschnittlichen Wachstum von 7 v. H. – gerechnet wird, konnte er in der DDR zwischen 1960 und 1973 nur mit einer Rate von knapp 5 v. H. steigen; 1973 wurden im Inland 78,2 Mrd. kWh verbraucht (1960: 39,9 Mrd. kWh). Das Stromaufkommen verteilte sich auf die wichtigsten Abnehmergruppen 1973 (1960) wie folgt: Industrie (einschl. Energieindustrie und Netzverluste): 77,8 v. H. (79,8 v. H.), Haushalte und Kleinverbraucher 20,3 v. H. (18,3 v. H.) Verkehr 1,9 v. H. (1,9 v. H.). Damit die Nachfrage dem teilweise noch unzureichenden Angebot angepaßt werden kann, soll der spezifische Elektroenergieverbrauch im Jahresdurchschnitt um 2,75 v. H gesenkt werden. Um dieses Ziel durchsetzen zu können, werden in den Jahren 1972–1975 die Strompreise für gewerbliche Abnehmer erhöht. Ferner werden für energieintensive Prozesse Verbrauchsnormative festgesetzt, die „dem wissenschaftlich-technischen Höchststand" entsprechen sollen. Außerdem darf Elektroenergie in den nächsten Jahren nur in Ausnahmefällen als Raumheizung genutzt werden.

Die DDR ist Mitglied der „Vereinigten Energiesysteme der Mitgliedsländer des RGW" (Populäre Kurzform: Verbundsystem „Frieden" bzw. „Mir"). Sitz der zentralen Dispatcherverwaltung ist seit 1963 Prag. Ziel der Organisation: Ausgleich der Spitzenbelastungszeiten, Hilfe im Katastrophenfall, Ausnutzung zeitweilig freier Kapazitäten. In diesem System waren Anfang 1972 Kraftwerke mit einer Gesamtkapazität von 59 000 MW zusammengeschlossen. 1971 wurden über die zur Verfügung stehenden 25 Leitungen – davon fünf 400-kV-Leitungen – 15,7 Mrd. kWh ausgetauscht. Geplant ist der Bau einer 750-kV-Leitung zwischen dem westukrainischen Energiesystem der UdSSR und Ungarn.

B. Mineralölverarbeitung

Die DDR deckt ihren Bedarf an Mineralölerzeugnissen ausschließlich aus eigenen Raffinerien. Anfang 1974 dürfte die Verarbeitungskapazität ca. 15 Mill. t betragen haben; sie soll bis 1975 auf 18 bis 19 Mill. t gesteigert werden. Etwa 70 v. H. der Erdölverarbeitungskapazität war 1972 im VEB Petrolchemisches Kombinat Schwedt konzentriert. Es umfaßt neben dem Stammbetrieb Schwedt mit dem Be-

triebsteil Erkner noch den VEB „Otto Grotewohl" Böhlen (Betriebsteile: Espenhain und Rositz), den VEB Hydrierwerk Zeitz (Betriebsteile: Lützkendorf, Mieste, Völpke, Webau und Klaffenbach) sowie den VEB Mineralölverbundleitung Heinersdorf. Die Erdölverarbeitung im Stammbetrieb Schwedt wurde von 0,8 Mill. t (1964) auf 7,6 Mill. t im Jahre 1972 gesteigert. 1975 sollen 8,4 Mill. t Erdöl verarbeitet werden, ohne daß neue Kapazität in Betrieb genommen werden. Daneben wird Erdöl vor allem noch in Leuna verarbeitet. Neben der Benzin- und Dieselproduktion (→ **Kraftstoffversorgung**) fallen vor allem Heizöle an (1973: 6,7 Mill. t; 1960 waren es erst 0,4 Mill. t). Heizöl wird für Hochtemperaturprozesse in der Metallurgie, in der Glas- und Zementindustrie sowie in Heiz- und Heizkraftwerken eingesetzt. Ohne Bedeutung ist der private Verbrauch. Die Hydrierung von Rohbraunkohle wird noch betrieben. In diesem Jahrzehnt soll aber eine ständige Substitution von carbochemischen Rohstoffen durch Erdöl erfolgen.

Für die chemische Weiterverarbeitung (Petrochemie) wird ein relativ geringer Teil des Erdölaufkommens eingesetzt (1972 etwa 3 v. H.). Bis 1975 sollen etwa 7 v. H. (Bundesrepublik: 12 v. H.) des Rohöldurchsatzes für die nichtenergetische Weiterverarbeitung zur Verfügung gestellt werden, das sind etwa 1,3 Mill. t. Die Produktion von Kunststoffen (Plaste) und synthetischen Harzen ist von 115 000 t (1960) auf 489 000 t (1973) gestiegen; bei chemischen Faserstoffen war ein Anstieg von 156 000 t auf 258 000 t zu verzeichnen. Der Schwerpunkt der Petrochemie lag bisher in Leuna. Hier wird das Rohbenzin zu den wichtigen Ausgangsstoffen Äthylen und Propylen verarbeitet. Mit der geplanten Fertigstellung eines Olefinkomplexes in Böhlen im Jahre 1974 (Kapazität 300 000 t Äthylen) wird die Rohstoffbasis der Petrochemie beträchtlich erweitert. Da die Weiterverarbeitungskapazitäten in Böhlen vorläufig nicht ausreichen, werden über eine nationale Äthylenleitung (50 km) der VEB Leuna-Werke und über eine internationale Pipeline (130 km) das chemische Werk Zaluži in der ČSSR mit diesem Rohstoff versorgt. Die DDR erhält dafür Polyäthylen und Polypropylen. Nach Errichtung eines entsprechenden Olefinkomplexes in der ČSSR wird eine Kooperation in umgekehrter Richtung erfolgen.

Neben den bereits genannten Leitungen umfaßt das Verbundsystem der DDR noch folgende Trassen (z. T. noch im Bau): Rostock–Schwedt (202 km), Schwedt–Leuna (340 km), Leuna–Böhlen–Zeitz (50 km) sowie die Kraftstoffleitung Schwedt–Seefeld (72 km) und die Rohbenzinpipeline Zeitz–Böhlen.

Im Vergleich zu westlichen Industrieländern ist der Verbrauch an Mineralölerzeugnissen noch relativ gering. Einem Pro-Kopf-Verbrauch von 0,8 t in der

DDR steht ein entsprechender Wert für die neun EG-Staaten von 2,2 t im Jahre 1972 gegenüber.

C. Koks und Brikett

Mit Ausnahme der Produktion von Braunkohlen-hochtemperaturkoks (BHT-Koks) hat sich die Kohlenveredelung in den letzten Jahren rückläufig entwickelt. Zur Verminderung der Steinkohlenabhängigkeit wurden in Lauchhammer und im Kombinat → **Schwarze Pumpe** Großkokereien errichtet, in denen BHT-Koks produziert wird. Sein Heizwert liegt zwischen 6300 und 7200 Kcal/kg. Dieser Hartkoks ist jedoch nur als Beimischung zu Steinkohlenkoks verwendbar. Während die Produktion von BHT-Koks von 1 Mill. t (1960) auf 1,9 Mill. t (1973) gesteigert wurde, ist mit der Stillegung veralteter und unwirtschaftlich arbeitender Anlagen die Kokserzeugung aus Steinkohle von 3,2 Mill. t auf 1,9 Mill. t (1973) zurückgegangen. Die Erzeugung von Braunkohlentieftemperaturkoks verminderte sich von 6,7 Mill. t auf 3,9 Mill. t (1973). Ebenfalls zurückgenommen wurde die Briketterzeugung. Mit 50 Mill. t wurden 1973 6 Mill. t weniger Briketts produziert als im Jahre 1960.

D. Stadtgas

Das Stadtgasaufkommen betrug 1973 ebenso wie 1972 4,8 Mrd. Nm³. Die Tageskapazität aller Werke wird mit 18 Mill. Nm³ angegeben. Sie reicht nicht aus, um den Spitzenbedarf (20 Mill. Nm³) zu dekken, so daß zeitweise auf die seit 1965 errichteten unterirdischen Speicherkapazitäten zurückgegriffen werden muß. Trotzdem soll die Stadtgasproduktion in den nächsten Jahren nicht wesentlich gesteigert werden. Der durch die Stillegungen veralteter und unwirtschaftlicher Kokereien und Gaswerke entstehende Produktionsausfall soll durch Erdgaszumischung und -spaltung ausgeglichen werden. Der Bedarfszuwachs im Haushaltssektor soll durch den rückläufigen Einsatz im Industriebereich (zunehmender Erdöl- und Erdgaseinsatz) abgedeckt werden.

Stadtgas wird in der DDR nach einer Reihe von Verfahren hergestellt: Etwa ein Drittel der Produktion stammt aus Sauerstoffdruckvergasungsanlagen für Braunkohle. Dieses Verfahren wird künftig nur noch im Gaskombinat Schwarze Pumpe angewandt. Ein weiteres Drittel entfällt auf Stein- und Braunkohlenkokereien. Die thermische Spaltung von Heizöl und Flüssiggas liefert einen Anteil von 10 v. H. Die nach diesem Verfahren arbeitenden Kapazitäten sollen ausgebaut werden und 1985 etwa ein Viertel des Winterbedarfs decken. Ebenfalls etwa 10 v. H. des Gasaufkommens wurden 1972/73 durch die Zumischung von Erdgas, Flüssiggas und Stickstoff zu den im Kombinat Schwarze Pumpe erzeugten Gasen gewonnen. Auch dieses Produktionsverfahren soll künftig an Bedeutung gewinnen. Die Möglichkeit, inländisches Erdgas im größeren Umfange zur Stadtgaserzeugung verwenden zu können, hat zu einer Verbesserung der Versorgung geführt, denn 1972/73 konnte die Industrie erstmals ausreichend mit Stadtgas versorgt werden.

Die Stadtgasversorgung erfolgt über ein zentralgesteuertes Ferngasnetz, durch das alle Bezirke der DDR miteinander verbunden sind. Damit ist es möglich, die Produktion zu konzentrieren. So deckt allein das Werk Schwarze Pumpe etwa die Hälfte des Stadtgasbedarfs der DDR. 1973 verbrauchte die Industrie 41 v. H. des Stadtgasaufkommens, in die übrigen Bereiche wurden 48 v. H. geleitet. Die Netzverluste werden mit 11 v. H. angegeben.

E. Fernwärme

Die Versorgung mit Fernwärme erfolgt vor allem in Großstädten. Der Versorgungsradius ist wegen der hohen Leitungsverluste gering. Er beträgt bei Heizwasser 15–20 km, bei Dampf 5–8 km. Vor allem neue Wohngebiete sollen mit Fernwärme versorgt werden. Gas- und Elektrospeicherheizungen sind vordringlich für zu modernisierende Wohnungen und für kleine Wohngebiete vorgesehen. Die Erzeugung soll auf große, leistungsfähige Heizwerke und Heizkraftwerke konzentriert werden. Schrittweise stillgelegt werden sollen sog. kleine Heizhäuser – davon existieren ca. 25 000 –, die vor allem kommunale Einrichtungen versorgen. Um die Versorgungssicherheit zu erhöhen, sollen in Berlin (Ost), Halle, Leipzig, Dresden, Karl-Marx-Stadt und Rostock Verbundsysteme geschaffen werden.

→ **Atomenergie.**

Enteignung: Als E. gilt in der DDR der für gemeinnützige Zwecke auf der Grundlage eines Gesetzes vorgenommene Entzug von Eigentumsrechten (Art. 16 Verf.). Von ihr wird die zum Zweck der Umwälzung der politischen, gesellschaftlichen und ökonomischen Verhältnisse erfolgte Sozialisierung begrifflich unterschieden. Diese Unterscheidung wurde jedoch nicht von vornherein getroffen, vielmehr hat man sich bei der Durchführung dieser Umwälzung häufig des Mittels der – kollektiven oder individuellen – E. bedient.

In der ersten Zeit nach Beendigung des II. Weltkrieges wurden Sozialisierungen als E. vielfach unter dem Gesichtspunkt einer Entmachtung der Ausbeuterklasse und einer Bestrafung wirklicher oder angeblicher Kriegsverbrecher unmittelbar auf Veranlassung der sowjetischen Besatzungsmacht durchgeführt. Die wichtigsten E.-Maßnahmen waren hier die 1945 auf der Grundlage von Länderverordnungen eingeleitete Bodenreform, durch die alle privaten landwirtschaftlichen Betriebe über 100 ha entschädigungslos enteignet wurden; ferner die auf der Grundlage des Befehls Nr. 124 der → **SMAD** vom 30. 10. 1945 und des Befehls Nr. 64 vom 17. 4. 1948 erfolgte Beschlagnahme der wichtigsten Industrie- und Gewerbebetriebe und ihre Überführung in Volkseigentum. In Sachsen wurde am 30. 6. 1946 ein „Volksentscheid über die entschädigungslose Enteignung der sequestierten Betriebe der Kriegsverbrecher und aktiven Faschisten" durchgeführt. Durch fast gleichlautende Ländergesetze „über die Überführung der Bodenschätze und Bergwerksbetriebe in die Hand des Volkes" vom Mai/Juni 1947 wurden alle Bodenschätze, Bergwerksbetriebe sowie Heilund Mineralquellen gegen teilweise Entschädigung zu Gunsten der jeweiligen Landes enteignet; ebenfalls durch Ländergesetze (von 1946) die meisten Lichtspieltheater, durch Verordnungen der Deutschen Wirtschaftskommission (von 1949) die Energiebetriebe und die → **Apotheken**.

Auch die in politischen Strafverfahren häufig verhängte Vermögenseinziehung ist gezielt als Maßnahme zur wirtschaftlichen Entmachtung politischer Gegner benutzt worden. In den → **Kriegsverbrecherprozessen** und in zahlreichen politischen Strafverfahren nach Art. 6 der Verfassung von 1949 (→ **Boykott-, Kriegs- und Mordhetze**), der Kontrollratsdirektive 38 (→ **Friedensgefährdung**) sowie in zahlreichen Wirtschaftsstrafverfahren sind über die Verhängung der Vermögenseinziehung als Nebenstrafe E. von „Klassenfeinden" im großen Stil vorgenommen worden. Planmäßige E. des Privateigentums sind ferner durch steuerliche Maßnahmen (→ **Steuern**) und im Wege des Konkursverfahrens betrieben worden. E.-Charakter haben auch viele Maßnahmen gegenüber → **Flüchtlingsvermögen** und den Vermögenswerten von Westdeutschen, West-Berlinern und Ausländern (→ **Treuhandvermögen**).

Von dieser E.-Praxis wich die rechtliche Regulierung der E. seit der Verfassung von 1949 ab. Nach Art. 23 Verf. 1949 durften E. nur auf gesetzlicher Grundlage vorgenommen werden und grundsätzlich gegen angemessene Entschädigung erfolgen, soweit das Gesetz nichts anderes bestimmte. Im Streitfall war wegen der Höhe der Entschädigung der Rechtsweg vor den ordentlichen Gerichten eröffnet. Die meisten der tatsächlichen E. unter der Geltung der Verfassung von 1949 wurden jedoch unter Umgehung dieser Bestimmung und unter Heranziehung anderer Rechtsinstitute vorgenommen. Nur wenige E.-Gesetze sahen von vornherein Entschädigungen vor. Teilweise wurden Entschädigungsregelungen erst jahrelang nach erfolgter E. erlassen, so die VO zur Regelung der Entschädigungsleistungen für Bodenschätze, Bergbaubetriebe sowie Heil- und Mineralquellen vom 15. 10. 1953 (GBl., S. 1037), die VO vom 23. 8. 1956 (GBl., S. 683) über die Entschädigung ehemaliger Gesellschafter für Beteiligungen an enteigneten Unternehmen und die Befriedigung langfristiger Verbindlichkeiten aus der Zeit nach dem 8. 5. 1945 und das Gesetz vom 2. 11. 1956 (GBl., S. 1207) über die Regelung der Ansprüche gegen Personen, deren Vermögen nach der VO zur Sicherung von Vermögenswerten oder aufgrund rechtskräftiger Urteile in das Eigentum des Volkes übergegangen ist.

Nachdem in der DDR die Sozialisierung im wesentlichen abgeschlossen und das sozialistische Eigentum durch die Verfassung von 1968 zur Grundlage der Ei-

gentumsordnung erklärt worden ist, wird auch die E. enger interpretiert. Sie ist nach Art. 16 Verf. nur für gemeinnützige Zwecke auf gesetzlicher Grundlage gegen angemessene Entschädigung zulässig und darf nur erfolgen, wenn auf andere Weise der angestrebte gemeinnützige Zwecke nicht erreicht werden kann. Gesetzliche Grundlagen für E. sind z. B. das → **Aufbaugesetz** vom 6. 9. 1950 (GBl., S. 965), das Entschädigungsgesetz vom 25. 4. 1960 (GBl. I, S. 257), das Atomenergiegesetz vom 28. 3. 1962 (GBl. I, S. 47), das Wassergesetz vom 17. 4. 1963 (GBl. I, S. 77) und das → **Verteidigungsgesetz** vom 20. 9. 1961 (GBl. I, S. 175). Vermögenseinziehungen im Zusammenhang mit Strafverfahren gemäß §§ 56, 57 StGB vom 12. 1. 1968 (GBl. I, S. 1) werden hingegen nicht als E. angesehen.

Entfremdung: In der marxistischen Philosophie der Gegenwart spielt der Begriff der E. eine wesentliche Rolle. Besonders in der philosophisch-anthropologischen, der literaturwissenschaftlichen und der allgemeinideologischen Diskussion wurde immer stärker in den Vordergrund gestellt, daß auch in sozialistischen Gesellschaftssystemen eine „entfremdete, immer wieder entgleitende, in Verlust geratene Wirklichkeit" nur durch eine „sinnvolle Entscheidung" (Ernst Fischer) aufzufangen sei. Politisch ist die Diskussion um den Begriff der E. deshalb von Bedeutung, weil in ihr die Forderungen der osteuropäischen Intelligenz sichtbar werden, endlich auch im kulturellen Bereich Reformen zuzulassen. Historisch sind Konzeption und Begriff der E. vor allem von Rousseau, Fichte, Hegel, Schelling, Feuerbach und Marx ausgebildet worden. E. geht jedoch letztlich auf gnostische und orphisch-platonische Vorstellungen zurück. In zahlreichen naturrechtlichen Vertragstheorien steht der Begriff der E. für den Verlust bzw. die Übertragung der ursprünglichen Freiheit an eine durch Vertrag entstandene Gesellschaft.

Besonders der junge Marx hat, im Anschluß an Hegel, den ökonomischen und politischen Kern der E. des Menschen herausgearbeitet: Dem Arbeiter ist seine Tätigkeit als Produzent wie das Produkt seiner Arbeit entfremdet (→ **Arbeit**). Das entfremdete Produkt der Arbeit, niedergeschlagen in Kapital und Eigentum, weist auf die in der kapitalistischen Gesellschaft allseitig herrschende „Habgier" hin. Das Privateigentum an Produktionsmitteln entfremdet für Marx nicht nur die Individualität des Menschen, sondern auch die der Dinge. Für Marx trifft die durch die Arbeitsteilung bedingte E. nicht nur den arbeitenden Menschen, sondern „Herrn" und „Knecht" gleichermaßen und damit die gesamte Menschheit. Die E. ist der Ausdruck einer konfliktgeladenen Welt. Sie manifestiert sich in der Teilung der Gesellschaft in antagonistische Klassen, in Stadt und Land, in Kopfarbeiter und Handarbeiter. Die E. kann deshalb letztlich nur aufgehoben werden durch die universale Revolution.

In der marxistischen Philosophie der Gegenwart lassen sich heute zwei Gruppen hinsichtlich des E.-Problems unterscheiden: die Revisionisten (Ernst Fischer, Wolfgang Heise, Georg Klaus), die behaupten, daß der

Mensch auch in der „sozialistischen Gesellschaftsordnung" sich selbst, den von ihm produzierten Gegenständen und damit der Gesellschaft entfremdet sei. Solange das „Wertgesetz" seine Gültigkeit besitze und verschiedene Eigentumsformen nebeneinander existierten, neben dem Staatseigentum etwa das Genossenschaftseigentum, solange seien die ökonomischen Wurzeln der E. nicht überwunden. In der marxistischen Philosophie der letzten Jahre ist der Begriff der E. sowohl differenziert wie, gegenüber der Fülle seiner Merkmale bei Marx, verengt worden. Der inzwischen verstorbene Technikphilosoph Georg Klaus (Ost-Berlin) unterschied zwischen gesellschaftlicher und technischer E. „Die gesellschaftliche Entfremdung des Menschen und seiner Arbeit ist dadurch gegeben, daß der Mensch gezwungen ist, seine Arbeitskraft zu verkaufen und die Produkte seiner Arbeit dem zu überlassen, der diese Arbeitskraft gekauft hat. Die technische Entfremdung hängt mit dieser gesellschaftlichen Entfremdung zwar eng zusammen, ist aber nicht mit ihr identisch. Technische Entfremdung des Menschen ist der durch einen bestimmten Stand der Entwicklung der Produktivkräfte vorhandene Zwang, monotome körperliche und geistige Arbeit zu verrichten, sich dem Takt des Fließbandes zu unterwerfen" (Georg Klaus, Kybernetik in philosophischer Sicht, 2. Aufl., Berlin 1962, S. 430). Klaus hat neben der angegebenen Differenzierung Marx' Begriff der E. auch als „Entäußerung" im Sinne Hegels gefaßt. Entäußerung wird als eine Form der unendlichen schöpferischen Lern-Möglichkeit des Menschen begriffen. Die Revisionisten haben mit Hilfe des Begriffs der E. die bürokratischen Erstarrungen des Parteiapparates des SED zu kritisieren gesucht.

Die Dogmatiker in der UdSSR wie in der DDR (Alfred Kurella, E. M. Sitnikov, T. I. Ojzerman) behaupten dagegen, daß es nicht darauf ankomme, wie viele Eigentumsformen in der „sozialistischen Gesellschaft" noch bestehen, sondern darauf, für wen der Werktätige arbeite, für den kapitalistischen Unternehmer oder für die sozialistische Gesellschaft. Ferner ist nach Ansicht der Dogmatiker der Begriff der E. eine „historische Kategorie" und somit nur auf die kapitalistische Gesellschaftsordnung anzuwenden. Erscheinungen des Personenkults und Entartungen der Bürokratie seien mit diesem Begriff nicht zu erfassen.

Entwicklungshilfe: Der Begriff E. wird in der DDR offiziell nicht verwendet. Statt dessen spricht man von „einer besonderen Form der Zusammenarbeit mit Entwicklungsländern", die langfristig auch der DDR „ökonomischen Nutzen" bringen muß.

Bis zum Zeitpunkt der weltweiten völkerrechtlichen Anerkennung der DDR nach Abschluß des Grundlagenvertrages 1972 bestand die Funktion ihrer E. vor allem darin, die Empfängerländer zur Aufnahme diplomatischer Beziehungen mit der DDR zu bewegen. Erfolge konnte die SED auf diesem Wege jedoch nicht erzielen. Darüber hinaus verfolgt sie mit ihrer E.-Politik aber auch das Ziel, einzelne Entwicklungsländer für das „sozialistische Lager" zu gewinnen, um auf diese Weise

– entsprechend ihrer ideologisch bestimmten außenpolitischen Doktrin – die „Basis des Imperialismus" in den Ländern der Dritten Welt zu schwächen. Sofern schließlich einzelnen Formen des Außenhandels der DDR mit unterentwickelten Ländern von der SED die Bedeutung von E. zugemessen wird, ging es der DDR auch darum, sowohl Zugang zu den Rohstoffmärkten der Dritten Welt zu bekommen, als auch auf dem Wege langfristiger handelspolitischer Vereinbarungen auch jene auf dem („kapitalistischen") Weltmarkt oder dem RGW-Markt schwer verkaufbaren Erzeugnisse der Industrie der DDR günstig abzusetzen.

Potentielle Empfänger von E. der DDR sind:

Staaten, die den „nichtkapitalistischen Entwicklungsweg" eingeschlagen haben und sich auch politisch an das „sozialistische Lager" anlehnen;

Staaten, die sich (noch) auf dem kapitalistischen Entwicklungsweg befinden, aber eine „antiimperialistische" Außenpolitik betreiben;

die nationalen Befreiungsbewegungen in einigen Ländern, die noch „halbkolonialen Status" besitzen.

Der materielle Umfang der E. ist aufgrund der vergleichsweise (zur Bundesrepublik) geringen Liefer- und Leistungs-Kapazität der Wirtschaft der DDR entsprechend gering.

Der Anteil des Außenhandelsumsatzes mit den Entwicklungsländern am gesamten Außenhandel der DDR ist von 1969 bis 1973 von 4,2 v. H. auf 3,4 v. H. gesunken. Dieser Warenaustausch, der vielfach von der SED selbst unter entwicklungspolitischen Gesichtspunkten aufgebaut wurde, ist damit der geringste im Vergleich zu den übrigen RGW-Ländern.

Der Umfang der E. im engeren Sinne, also Kapital- bzw. technische Hilfe, läßt sich nicht genau angeben, da zwischen angebotener und tatsächlich erfolgter Leistung nicht unterschieden werden kann. Westliche Schätzungen schwanken zwischen 1–3 Mrd. DM insgesamt bis zum Jahr 1970.

Diese E. erfolgt im Rahmen von langfristigen Abkommen über „wirtschaftliche und technische", bzw. „wissenschaftlich-technische Zusammenarbeit" (bisher ca. 50 derartiger Abkommen) und wird zu Konditionen gewährt, die z. T. ungünstiger als die der Bundesrepublik Deutschland sind: 10–15jährige Laufzeit, 2–4jährige Karenzzeit, 2,5 v. H. Jahreszinsen (Bundesrepublik: 20–25jährige Laufzeit, 7–8 Jahre Karenzzeit, allerdings 3–4 v. H. Zinsen).

In der Regel offeriert die DDR keine Kredite in konvertibler Währung, sondern bietet Waren- bzw. Lieferkredite an.

Ferner sind hier E.-Maßnahmen der DDR zu nennen, die sich nicht genau beziffern lassen, vermutlich aber hohe Kosten verursachen:

Regelmäßige Aus- und Fortbildungskurse für Gewerkschaftsfunktionäre aus Entwicklungsländern an der Hochschule des FDGB „Fritz Heckert" in Bernau;

Kurse für Kommunalpolitiker aus Entwicklungsländern an der Fachschule für Staatswissenschaften „Erwin Hoernle" in Weimar;

Kurse für angehende Journalisten, insbesondere aus

afrikanischen und asiatischen Ländern, an der „Schule der Solidarität", die dem Verband der Journalisten der DDR untersteht, in Ost-Berlin;

Einrichtung von ca. 17 sogenannten technisch-wissenschaftlichen (nichtkommerziellen) Informationsbüros in den arabischen Staaten;

Abwicklung eines meist auf Einladung der DDR stattfindenden umfangreichen Besucherverkehrs, der Vertreter staatlicher und gesellschaftlicher Organisationen aus den Entwicklungsländern in die DDR führt;

die Vergabe von Stipendien an Studenten aus den Entwicklungsländern;

die Ausbildung von ungelernten Arbeitern aus den Entwicklungsländern zu Facharbeitern an Fachschulen der DDR;

die Ausbildung von Leistungssportlern an der Deutschen Hochschule für Körperkultur und Sport in Leipzig;

die Entsendung von sogenannten FDJ-„Brigaden der Freundschaft" (bisher mindestens 6 mit ca. 250 Mitgliedern) nach Tansania, Mali und Algerien, deren Mitglieder aufgrund ihrer Fachausbildung (Agronomen, Landmaschinentechniker etc.) am Aufbau infrastruktureller Projekte anleitend und ausbildend beteiligt sind;

Unterhaltung und Betrieb eines veterinärmedizinischen Forschungs- und Pflegezentrums in Tansania und einer Landwirtschaftsschule in Guinea.

Regionale Schwerpunkte der E. der DDR waren bisher in Mittel- und Südamerika: Kuba, Chile, Kolumbien (im Handel: Brasilien),

Asien: Indien, Burma. Ceylon,

Afrika: die arabischen Staaten, Tansania, Mali, Guinea, Somalia, VR Kongo.

Die außenpolitische Dimension der E. der DDR hat mit ihrer weltweiten diplomatischen Anerkennung seit 1972/1973 zunehmend an Bedeutung verloren. Im „Wettbewerb der Systeme" muß sie jedoch beachtet werden, da sich ihre Methoden – vor allem der ständige Versuch ideologischer Beeinflussung und die zum Teil geschickte Anpassung an die Bedürfnisse der Entwicklungsländer – von denen westlicher E.-Politik unterscheiden und sich möglicherweise langfristig auswirken werden. → **Nationale Demokratie; Außenpolitik.**

Entwicklungsländer: → **Nationale Demokratie.**

Erbrecht: → **Zivilrecht.**

Erbschaftssteuern: → **Steuern.**

Erdölindustrie: → **Energiewirtschaft.**

Erfassungspreis: → **Agrarpolitik; Landwirtschaft.**

Ernst-Moritz-Arndt-Universität Greifswald: Sie wurde am 17. 10. 1456 gegründet, am 15. 2. 1946 wiedereröffnet. → **Universitäten und Hochschulen.**

Erntestatistik: → **Agrarstatistik.**

Errungenschaften, Sozialistische: Als SE. werden alle Maßnahmen bezeichnet, die seit 1945 von der SED in der DDR durchgeführt wurden und zu einer vollständigen Umgestaltung aller politischen und gesellschaftli-

chen Lebensbereiche geführt haben. Im allgemeinen Sinn wird darunter der Aufbau einer sozialistischen Herrschafts- und Gesellschaftsordnung unter Führung der Partei der Arbeiterklasse, der → **SED**, verstanden, in der die Ausbeutung des Menschen durch den Menschen abgeschafft worden und ein neuer Typ sozialer Beziehungen entstanden sei (→ **Lebensweise, sozialistische**).

Im engeren Sinne werden dazu vor allem die Bodenreform und seit 1960 die Einführung sozialistischer Produktionsverhältnisse auf dem Lande, die sozialistische Planwirtschaft, die Reformen des Schulwesens, der Universitäten und Hochschulen, des Justiz- und Gesundheitswesens und des Staatsapparates gezählt. Folge dieser umfassenden Neuordnung der politischen und gesellschaftlichen Verhältnisse sei eine stetige Steigerung des materiellen → **Lebensstandards** sowie eine Ausweitung des Bereiches der gesellschaftlichen → **Konsumtion**. Da der Staat hohe Subventionen im sozialen und infrastrukturellen Bereich aufwendet, komme der Bürger in den Genuß niedriger Wohnungsmieten und Verkehrstarife sowie u. a. der Leistungen eines für ihn nahezu kostenlosen Gesundheits- und Ausbildungswesens. Im politisch propagandistischen Sprachgebrauch hat die Formel von den SE. an Bedeutung verloren, wird aber im Zusammenhang mit der ideologischen Rechtfertigung der Abgrenzungspolitik der SED noch gebraucht.

Erschwerniszuschläge: → **Arbeitsrecht; Einkommen; Lohnformen und Lohnsystem.**

Erwachsenenqualifizierung: → **Einheitliches sozialistisches Bildungssystem, XII.**

Erzeugnisgruppen: 1. Bezeichnung für Gruppen von gleichen oder verwandten Erzeugnissen. In der Planung und Statistik wurden folgende Erzeugnishauptgruppen unterschieden:

Energie und feste Brennstoffe;

Chemische Erzeugnisse;

Metallurgische Erzeugnisse;

Baumaterialien;

Wasserwirtschaftliche Produktion;

Erzeugnisse des Maschinen- und Fahrzeugbaus;

Elektrotechnische, elektronische und Gerätebauerzeugnisse;

Erzeugnisse der Leichtindustrie (ohne Textilien);

Textilien;

Lebensmittel.

2. Bezeichnung für eine wirtschaftliche Organisationsform, nach der Gruppen von Betrieben eines Industriezweiges unabhängig von der Unterstellungs- und Eigentumsform nach dem technologischen Prinzip der gleichartigen Produktion gebildet werden. Sie werden in der Regel von Vereinigungen Volkseigener Betriebe angeleitet. → **Betriebsformen und Kooperation.**

Erzeugnispaß: → **Qualität der Erzeugnisse.**

Erzeugnisprinzip: Fertigungsprinzip, demzufolge Arbeitsplätze und Maschinen zur Fertigung eines bestimmten Erzeugnisses oder Einzelteils spezialisiert und zumeist so angeordnet sind, daß ein fließender Fertigungsablauf entsteht (Fertigungsstraße, Fließband). Das E. ist eine der Voraussetzungen der Massenfertigung. Es ist in der DDR weniger verbreitet als das → **Werkstattprinzip.** → **Rationalisierung.**

Erzeugnis- und Leistungsnomenklatur: → **Planung.**

Erziehung, Politisch-ideologische bzw. Staatsbürgerliche: Die PStE. – die Begriffe „politisch-ideologisch" und „staatsbürgerlich" werden synonym gebraucht – gelten als das Kernstück der gesamten sozialistischen Bildung und Erziehung in der DDR, und zwar auf allen Stufen und in allen Bereichen des Bildungswesens; ihre Realisierung erfolgt einmal und vor allem als bereich- und fachübergreifendes, alle Ziele und Inhalte determinierendes Prinzip; zum anderen in einem speziellen Unterrichtsfach, dem Staatsbürgerkundeunterricht, und zwar in besonders enger Beziehung zur → **Kollektiv- und Arbeitserziehung,** zur → **Wehrerziehung,** zur → **Erziehung zu bewußter Disziplin** und zur → **polytechnischen Bildung.** Die Aufgaben und Ziele der PStE. wurden im Parteiprogramm der SED (1963) festgelegt, im Bildungsgesetz (1965) kodifiziert sowie in den „Aufgabenstellungen für die staatsbürgerliche Erziehung" (1966 und 1969) und in den Beschlüssen des VII. Pädagogischen Kongresses (1970) und des VIII. Parteitages der SED (1971) weiter aktualisiert. Als Grundlage, Gesamtzielstellung und oberstes Kriterium aller anderen Bildungs- und Erziehungsmomente hat sie die generelle Aufgabe, durch die Vermittlung der Ideologie des → **Marxismus-Leninismus** und in enger Verbindung mit einer entsprechenden Charakter- und Verhaltenserziehung den entscheidenden Beitrag zur Formung „sozialistischer Persönlichkeiten" zu leisten.

Die theoretische Grundlage für die Zielstellung der PStE. bildet das langfristig gültige „sozialistische Menschenbild" der marxistisch-leninistischen Philosophie, das Stellung, Standort, Wirkungsfeld und Entfaltungsmöglichkeiten des Menschen in der sozialistischen Gesellschaft und die damit verbundenen gesellschaftlichen Anforderungen an ihn sowie die wesentlichen Merkmale, Eigenschaften und Verhaltensweisen der angestrebten sozialistischen Persönlichkeiten umreißt und zugleich die Orientierungsgrundlage für die Entwicklung der sozialistischen Gesellschaft darstellt.

Die auf dem „sozialistischen Menschenbild" gründende „sozialistische Persönlichkeit" wird durch vier wesentliche Merkmale gekennzeichnet: durch vielseitiges Wissen und Können, durch sozialistisches Bewußtsein, durch sozialistisches moralisches Verhalten sowie eine optimistische Lebensauffassung. Das → **sozialistische Bewußtsein** wird durch sieben sozialistische Grundüberzeugungen definiert, die das Handeln und Verhalten der sozialistischen Persönlichkeit bestimmen, als Maßstäbe für die Bewertung von Situationen und Verhaltensweisen dienen sollen und denen entsprechende Kenntnisse, Erkenntnisse, Fähigkeiten und Einstellungen sowie entsprechende Gefühle, Erfahrungen und Verhaltensweisen zugeordnet sind; in der Formulierung

der „Aufgabenstellung des Ministeriums für Volksbildung und des Zentralrates der FDJ zur weiteren Entwicklung der staatsbürgerlichen Erziehung der Schuljugend der DDR" (Aufgabenstellung 1969) sind dies:
1. „die Überzeugung von der historischen Mission der Arbeiterklasse . . ."
2. „die Überzeugung vom objektiven Charakter der Entwicklung in Natur und Gesellschaft . . ."
3. „die Überzeugung von der Gewißheit, daß die Zukunft der ganzen Menschheit der Sozialismus ist . . ."
4. „die Überzeugung von der historischen Aufgabe der DDR und der Verantwortung der Jugend bei der Gestaltung des entwickelten gesellschaftlichen Systems des Sozialismus . . ."
5. „die Überzeugung von der entscheidenden Rolle der ruhmreichen Sowjetunion und der sozialistischen Staatengemeinschaft in der weltweiten Auseinandersetzung zwischen Sozialismus und Imperialismus";
6. „die Überzeugung, daß Demokratie, Freiheit und Menschlichkeit nur dort gesichert sind, wo das werktätige Volk unter Führung der Arbeiterklasse und ihrer Partei die politische Macht ausübt";
7. „die Überzeugung, daß die Jugend ihres eigenen Glückes Schmied ist, indem sie die Rechte und Pflichten gegenüber der sozialistischen Gesellschaft bewußt wahrnimmt . . .".

Durch die Internationalisierung dieser ideologischen Grundsätze als eines nicht in Frage zu stellenden Glaubenskanons soll „die Erziehung der jungen Menschen zum sozialistischen Patriotismus und zum proletarischen Internationalismus . . ." bewirkt werden.

Um diese Ziele zu erreichen, sollen einerseits alle Bereiche des Lebens der Kinder und Jugendlichen mit der sozialistischen Ideologie durchdrungen werden, alle staatlichen und gesellschaftlichen Erziehungseinflüsse auf die Verfolgung der einheitlichen Erziehungsziele orientiert und zum Zweck einer höheren Effektivität koordiniert sowie andererseits die politisch-ideologische bzw. staatsbürgerliche Erziehung weiter verstärkt werden.

Die PStE. ist vor allem darauf gerichtet, „daß sich alle Mädchen und Jungen einen festen Klassenstandpunkt aneignen und rückhaltslos für die allseitige Stärkung und Verteidigung der sozialistischen DDR und Staatengemeinschaft einsetzen" und daß dazu vor allem die Schuljugend mit dem Marxismus-Leninismus und „den revolutionären Traditionen der deutschen Arbeiterklasse" vertraut gemacht wird.

Sind die Ziele der PStE. von grundlegend-prägender Bedeutung für Ziele und Inhalte der Bildung und Erziehung in allen gesellschaftlichen Bereichen und auf allen Stufen des Bildungssystems der DDR einschließlich der außerschulischen Einrichtungen und Veranstaltungen und bestimmen sie insbesondere als politisch-ideologische Leitlinien Ziele und Inhalte der seit 1965 neugestalteten Lehrpläne aller Fächer und Klassen (→ **Lehrplanreform**), so hat der Unterricht in dem Fach → **Staatsbürgerkunde,** der in den Klassen 7 bis 10 (mit 5 Gesamtwochenstunden), 11 und 12 (mit 3 Gesamtwochenstunden) und in der Berufsausbildung (mit insgesamt mindestens 74 Stunden) erteilt wird, speziell die

Aufgabe, durch die systematische Vermittlung „sicherer und anwendungsbereiter politischer, ökonomischer und philosophischer Kenntnisse des Marxismus-Leninismus" die Schüler und Lehrlinge „zu verallgemeinerten Erkenntnissen über die historische Mission der Arbeiterklasse und die Sieghaftigkeit des Sozialismus zu führen, ihren Klassenstandpunkt wissenschaftlich zu fundieren" und sie zu befähigen, „nach den sozialistischen Normen und Grundüberzeugungen zu entscheiden und zu handeln".

Die ständig wiederholte und zunehmend forcierte Forderung nach – dringend notwendiger – Intensivierung und Verstärkung der PStE. der Schüler und Lehrlinge macht deutlich, daß ihre Ergebnisse erheblich hinter den gesteckten Zielen zurückbleiben; gerade bei dem „Kernstück der gesamten sozialistischen Bildung und Erziehung" besteht offensichtlich eine Diskrepanz zwischen Bedeutung und Aufwand einerseits sowie Breiten- und Tiefenwirkung andererseits. Angesichts der fundamentalen Bedeutung, die der PStE. für die gesamte Bildung und Erziehung, vor allem aber für die besonders dringend geforderte politisch-ideologische Abgrenzung gegenüber der Bundesrepublik Deutschland beigemessen wird, bedeutet dies eine erhebliche Einschränkung. → **Einheitliches sozialistisches Bildungssystem.**

Erziehung zu bewußter Disziplin: Ein wesentliches Merkmal der für die Gestaltung und Sicherung der sozialistischen Gesellschaftsordnung erforderlichen „sozialistischen Persönlichkeit" und ein sichtbarer Ausdruck ihres „sozialistischen Bewußtseins" (**Politischideologische bzw. staatsbürgerliche → Erziehung**) soll das bewußt-disziplinierte Verhalten in allen gesellschaftlichen Bereichen, besonders aber beim Arbeiten, Lernen und militärischen Dienst sein. Alle für die Bildung und Erziehung verbindlichen Gesetze und Bestimmungen fordern daher die zielstrebige, systematische und permanente Erziehung der Kinder, Jugendlichen und Erwachsenen zur bewußten Disziplin, d. h. zur Fähigkeit und Bereitschaft, ihr Verhalten entsprechend den Normen der sozialistischen Gesellschaft aktiv und selbständig als innerem Antrieb zu steuern. Diszipliniertes Verhalten – als „sozialistische Diszipliniertheit" und „bewußte Disziplin" – wird vor allem als Arbeitsdisziplin, Lerndisziplin (Schul-, Studiendisziplin) und Wehrdisziplin (militärischer Gehorsam) – diese zusammenfassend auch als Staatsdisziplin bezeichnet – gefordert und erzieherisch angestrebt. Da der Produktionsprozeß infolge der → **wissenschaftlich-technischen Revolution** immer komplizierter wird und in ihm immer wertvollere Maschinen und Anlagen benutzt werden, müssen die Arbeitskräfte nicht nur über eine hochqualifizierte fachliche Ausbildung, sondern sollen auch – und das gilt auch schon für die Lehrlinge und für die Schüler während der produktiven Arbeit im Rahmen des polytechnischen Unterrichts – über die Fähigkeit und Bereitschaft zu Selbststeuerung und Selbstkontrolle im Arbeitsprozeß verfügen, d. h. bewußte Arbeitsdisziplin üben, die vor allem in der gewissenhaften, ordnungs-

und fristgemäßen Erfüllung der gestellten Arbeitsaufgaben sowie in der sorgsamen und ökonomischen Verwendung von Maschinen, Material und Arbeitszeit zum Ausdruck kommt.

Auch die EzbD. in der Schule besteht nicht nur (aber auch) in der Erziehung der Schüler zur strikten Unterordnung unter Schulordnung und Lehrkräfte, sondern man versucht bei den Schülern auch eine „aktive und schöpferische Haltung den gesellschaftlichen Normen gegenüber", also eine bewußte Schuldisziplin zu entwikkeln. Dies führt allerdings auch dazu, daß sich vor allem die älteren Schüler „aktiv, schöpferisch und bewußt" mit den geltenden Verhaltensregeln auseinandersetzen. Dies wird jedoch nur soweit zugelassen, wie sich diese Auseinandersetzung im Rahmen der normativen Grundlinien hält. Mit der EzbD. soll also die Spannung zwischen der Erziehung zu selbständigem und kreativem Denken und Handeln einerseits und der Erziehung zu strikter Einhaltung der politisch-ideologischen Normen andererseits dialektisch aufgehoben werden. Dies gelingt jedoch nicht – wie zahlreiche Klagen von Lehrern und Erziehern erkennen lassen –, zumindest nicht in dem gewünschten Maße, so daß das gezeigte disziplinierte Verhalten hauptsächlich der Ausdruck einer (meist wohl kalkulierten) Anpassung ist.

In der DDR wird vor allem die Auffassung vertreten und praktiziert, daß diszipliniertes Verhalten nicht nur bzw. nicht zuerst das Ergebnis, sondern vor allem die unerläßliche Voraussetzung für einen effektiven Unterricht darstellt.

Um das nötige disziplinierte Verhalten der Schüler zu erreichen, wird „das einheitlich handelnde Erzieherkollektiv" gefordert, das „die Forderungen an die Schüler konsequent durchsetzt und ihre Erfüllung dauernd kontrolliert". Im Zusammenhang mit dem Bemühen, Fragen der Kollektiverziehung differenzierter zu sehen und zu lösen, wird auch der Einfluß der Gruppen innerhalb einer Schulklasse in den Problemkreis der Erziehung der Schüler zu bewußter Lern- bzw. Schuldisziplin einbezogen und die Möglichkeit berücksichtigt, daß die Normen der Gruppe von den Schülern häufig ernster genommen werden als die Normen des Lehrers bzw. der Schule, wenn diese im Widerspruch zueinander stehen. Auch der Einfluß anderer Erziehungs- bzw. Sozialisationskräfte, so angeblich besonders der „Westsender", macht es der Schule offensichtlich bei älteren Schülern immer schwerer, ihre Hauptaufgabe zu erfüllen, nämlich die Vielfalt der erzieherischen Einflüsse den Zielen und Normen der politisch-ideologischen bzw. staatsbürgerlichen Erziehung entsprechend zu koordinieren, zu kanalisieren und zu integrieren. Die EzbD. zielt daher auf das Bewußtwerden (Bewußtheit) der Bedeutung und Notwendigkeit der Einhaltung der von den Lehrern, dem Schülerkollektiv, wie überhaupt der „sozialistischen Gesellschaft" gesetzten Normen. Sie will aber auch auf die Disziplin der Mitschüler des Schülerkollektivs positiv regulierend einwirken (Kollektivität), damit sich die Schüler auch in neuen und für sie ungewohnten Situationen, ohne auf besondere Anordnungen und Befehle zu warten, selbständig und aus eigenem Antrieb diszipliniert verhalten und nötigenfalls auch bei speziellen Bedingungen notwendige ergänzende Verhaltensnormen festlegen (Selbständigkeit); sie sollen die Forderungen, die an sie gestellt werden oder die sie an sich selbst stellen, nicht nur überhaupt, sondern so vollkommen wie möglich erfüllen (Vollständigkeit) und schließlich ihre Diszipliniertheit als ein konstantes und habituelles Verhalten ohne größere situations- oder stimmungsabhängige Schwankungen durchhalten (Stetigkeit).

Im Rahmen der → **Wehrerziehung** unterliegen auch bereits Schüler und Lehrlinge der Wehrdisziplin. Da für die Durchführung der Wehrerziehung die „Überzeugungen und Persönlichkeitsmerkmale des sozialistischen Soldaten der NVA" gelten, ist eine wesentliche Zielstellung der Wehrerziehung der noch nicht wehrpflichtigen Schüler und Lehrlinge die Fähigkeit und Bereitschaft, „jeden Auftrag der Partei und Regierung, jeden Befehl bedingungslos zu erfüllen", und zwar in der Überzeugung, „daß die bewußte militärische Disziplin unerläßliches Element des Sieges ist". Mit den in jüngster Zeit verstärkten Bemühungen zur Erziehung der Kinder und Jugendlichen zur Diszipliniertheit – nach Möglichkeit zu „bewußter Disziplin" – soll offensichtlich eine zusätzliche, verstärkende Wirkung auf die angestrebte Abgrenzung und Immunisierung der gesamten Bevölkerung der DDR gegenüber dem Westen, insbesondere der Bundesrepublik Deutschland erzielt werden. → **Einheitliches sozialistisches Bildungssystem.**

Erziehungsrecht, Elterliches: → **Familienrecht; Elternhaus und Schule.**

Erziehungswissenschaft: → **Pädagogische Wissenschaft und Forschung.**

Europapolitik der SED: Von einer „sozialistischen E." wird in der DDR erst seit 1973 gesprochen. Dies deutet darauf hin, daß die SED seit der internationalen Anerkennung der DDR als Folge der Unterzeichnung des Grundlagenvertrages mit der Bundesrepublik Deutschland offenbar ihre „europäische Rolle" neu zu definieren beabsichtigt. Bis zu diesem Zeitpunkt umfaßte ihre E. in erster Linie zwei außenpolitische Aktionsfelder, die funktional in engem Zusammenhang standen:

1. Das Konzept der UdSSR für ein „kollektives Sicherheitssystem" in Europa (erstmalig 1954 formuliert) und ihre Vorschläge für die Einberufung einer europäischen Sicherheitskonferenz wurden von der SED-Führung vorbehaltlos unterstützt.

Auf den Konferenzen vor allem in

Bukarest (4.–6. 7. 1966, Tagung des Politischen Beratenden Ausschusses [PBA] der Mitgliedstaaten des Warschauer Vertrages)

Karlovy Vary (24.–26. 4. 1967, Konferenz der Kommunistischen und Arbeiterparteien Europas zu Fragen der europäischen Sicherheit)

Budapest (17. 3. 1969, Tagung des PBA des Warschauer Vertrages)

Prag (30.–31. 10. 1969, Konferenz der Außenminister der Warschauer Vertragsstaaten)

Budapest (21.–22. 6. 1970, ebenfalls Außenministerkonferenz)

haben die Vertreter der DDR wiederholt deutlich gemacht, daß es der SED vor allem darum ging, im Rahmen der Propaganda für eine europäische Sicherheitskonferenz, die Bundesrepublik Deutschland als „Hauptstörenfried" einer Entspannung in Europa darzustellen. Damit erklärt sich die damalige Haltung der DDR in Fragen eines Sicherheitssystems in Europa vor allem mit deren Funktion im Rahmen der Deutschlandpolitik der SED.

2. Die Bundesrepublik Deutschland war der einzige Staat, der ausdrücklich den politischen und territorialen Status quo in Europa politisch in Frage stellte und damit von der SED als unmittelbare Gefahr für ihr Herrschaftssystem angesehen wurde. „Entlarvung der Aggressivität des westdeutschen Imperialismus" bedeutete damit einerseits Ablehnung und Kampfansage gegenüber den deutschlandpolitischen Vorstellungen der Bundesrepublik. Andererseits ließ sich damit ständig auf die Notwendigkeit eines kollektiven Sicherheitssystems angesichts eines als potentieller Angreifer bezeichneten NATO-Staates, der Bundesrepublik Deutschland, hinweisen.

Aus diesem strategischen Kontext bezogen alle in den 50er und 60er Jahren an die Bundesrepublik Deutschland gerichteten Forderungen der SED ihre Berechtigung:

völkerrechtliche Anerkennung der DDR;

völkerrechtliche Anerkennung der Oder-Neiße-Grenze und der innerdeutschen Grenze;

Anerkennung der Ungültigkeit des Münchner Abkommens („ex tunc");

Verzicht der Bundesrepublik Deutschland auf Zugang zu Atomwaffen;

Auflösung aller ausländischen Militärstützpunkte in beiden deutschen Staaten;

Reduzierung der „Rüstungsetats" beider deutscher Staaten;

Anerkennung von Berlin (West) als „besondere politische Einheit" etc.

Mit dem Abschluß der Gewaltverzichtsverträge zwischen der Bundesrepublik Deutschland und der UdSSR sowie der VR Polen, der Unterzeichnung des Viermächte-Abkommens über Berlin 1971, der Aufnahme beider deutscher Staaten in die UN 1973, dem Beginn der Konferenz über Sicherheit und Zusammenarbeit in Europa (KSZE 1973) und den Wiener Verhandlungen über einen ausgewogenen gegenseitigen Truppenabbau in Europa 1973 (unter Beteiligung beider deutscher Staaten) wurden die bis dahin geäußerten Begründungen für die E. der SED verändert. Die Bundesrepublik ließ sich nun nicht mehr zum „Hauptaggressor" in Europa abstempeln, da sie die DDR als gleichberechtigten Staat anerkannt hatte. Damit war eine defensive Phase der E. der SED abgeschlossen. Die Konturen einer neuen, eher offensiven E. der DDR erscheinen noch wenig deutlich; einige Widersprüche sind in der Anlaufphase nicht zu übersehen:

Trotz einer verstärkten „sozialistischen Integration" in

den von der UdSSR geführten Block sucht die SED ein neues Verhältnis zu den westeuropäischen Industriestaaten und damit auch einen neuen Standort gegenüber den westeuropäischen Einigungsbestrebungen im Rahmen der EWG.

Die politische Realität der EWG – in der Propaganda als untauglicher Versuch des „Monopolkapitals" zur Überwindung seiner inneren Widersprüche bezeichnet – wird seit 1973 auch von der DDR nicht mehr geleugnet. Sie kritisiert zwar das darin zum Ausdruck kommende Anwachsen des politisch-wirtschaftlich-militärischen Potentials Westeuropas, begrüßt aber andererseits diese Entwicklung insofern, als es tendenziell auf einen Rückzug der USA aus Europa hindeuten könnte.

Will die SED vor allem wirtschaftlich und technologisch den Anschluß an das Niveau hochindustrialisierter Staaten halten bzw. gewinnen, wird sie ihren Widerstand gegen vertrauenschaffende Maßnahmen und die Errichtung neuer Strukturen einer die Blöcke übergreifenden europäischen Zusammenarbeit aufgeben müssen. Dies erfordert möglichst „normale" staatliche Beziehungen zu den europäischen Ländern. Jedoch sind hier Störungen unvermeidlich, wenn die SED in ihrere Außenpolitik den im Prinzip der → **Friedlichen Koexistenz** ebenfalls enthaltenen andauernden ideologischen Klassenkampf nicht modifiziert, bzw. wenn sie ihre aus dem Prinzip des **proletarischen** → **Internationalismus** erwachsenen Verpflichtungen zur brüderlichen Hilfe gegenüber den kommunistischen Parteien Westeuropas über propagandistische Unterstützung hinaus erfüllen würde.

Ferner können sich zwischen den europa-politischen Interessen der Hegemonialmacht UdSSR, die die Interessen der gesamten sozialistischen Staatengemeinschaft definiert, und denen der regionalen Mittelmacht DDR, die letztlich aus wirtschaftlichen Gründen an einer europäischen Zusammenarbeit stärker interessiert sein muß, Konflikte ergeben, die die E. der SED zu Kompromissen zwingen dürfte. → **Außenpolitik; Deutschlandpolitik der SED.**

Exportbüros und -kontore: Die Eb. entstanden im Zuge der Durchsetzung des → **Neuen Ökonomischen Systems** der → **Planung** und Leitung in der → **Außenwirtschaft** der DDR. Drei Arten von Eb. sind zu unterscheiden:

a) Absatzorgane verschiedener VVB auf dem Gebiet des Exports; in bezug auf die Vorbereitung und Durchführung von Exportlieferungen kann das E. als alleiniger Vertragspartner des → **AHB** auftreten;

b) nach → **Erzeugnisgruppen** spezialisierte vorübergehend angewandte Form der Zusammenarbeit von Außenhandel und Industrie;

c) Verkaufsstützpunkte der AHB im Ausland; tritt insbesondere auf internationalen Messen und Ausstellungen in Erscheinung.

Ek. sind zwischenbetriebliche, branchenmäßig gegliederte Einrichtungen, die von bezirklich und örtlich geleiteten Betrieben als gemeinsame Absatzorgane gebildet werden können. Sie entstanden in dem Bestreben,

die zahlreichen kleinen und mittelgroßen Betriebe mit einem stark zersplitterten Produktionssortiment stärker in die zentral gelenkten Exportaktivitäten einzuschalten. Die Aufgaben der Ek. bestehen dementsprechend darin, „weltmarktfähige" Exportsortimente der örtlichen Industrie und des örtlichen Handwerks zusammenzustellen, die örtliche Wirtschaft bei der Planung und Durchführung der Exportaufgaben anzuleiten und Verträge über Exportlieferungen mit dem AHB bzw. in Ausnahmefällen direkt mit den ausländischen Partnern abzuschließen.

Die Ek. werden, im Gegensatz zu den juristisch nicht selbständigen Verkaufsgemeinschaften der örtlichen Industrie, als GmbH. oder eGmbH. geführt und können auch sogenannte Eigengeschäfte (in eigenem Namen) abschließen. 1968 wurde versucht, Ek. im Rahmen der Erzeugnisgruppen der VVB auch unter Beteiligung zentral geleiteter Betriebe zu gründen. Hier traten jedoch offenbar nichtgelöste Probleme hinsichtlich der Planungskompetenzen (zentrale Planung einerseits – bezirksgeleitete Planung andererseits) auf.

Exportleitbetriebe: Die E. koordinieren und leiten im Auftrag der VVB den Export der Betriebe einer Erzeugnis- oder Artikelgruppe an. Zu ihren Funktionen gehört es u. a., die Exportlieferungen der Produktionsbetriebe mit den → **AHB** abzustimmen, Verträge mit ihnen zu schließen und durchzuführen, eine zentrale Exportlagerhaltung durchzuführen und für die Betriebe zentralisiert bestimmte Absatzfunktionen (Marktforschung, Werbung, Kundendienst, Ersatzteilexport etc.) auszuüben. Ebenso wie die Exportkontore können die E. zur verstärkten Einbeziehung kleiner und mittlerer Betriebe in den Export beitragen. → **Markt und Marktforschung; Exportbüros und -kontore; Werbung.**

Exportprämie: 1. Finanzielle Mittel, die den Exportbetrieben zur Förderung und Stimulierung des Exports zur Verfügung gestellt werden. Die E. ist nicht mit der Exportförderungsprämie als zeitweilig für strukturpolitische Zwecke gezahltem Stimulierungsmittel zu verwechseln. Eine E. wird bei Erfüllung und Übererfüllung des nach Wirtschaftsgebieten differenzierten Exportplanes gewährt. Ihre Höhe ist vom Grad der Planerfüllung abhängig. Sonderzuführungen zum Prämienfonds bei Übererfüllung der Jahresexportpläne sind seit Februar 1972 nicht mehr gestattet (GBl. II, 1972, Nr. 5), da das eine zu starke Beachtung quantitativer Kennziffern (Exportumsatz) zur Folge hatte.

Die E. wird an die Mitglieder der Exportbetriebe gezahlt bei besonderen Leistungen auf dem Gebiet der Rationalisierung der Exportproduktion in Verbindung mit der Verbesserung der Arbeitsbedingungen, beim Erschließen von Reserven für eine zusätzliche Exportproduktion, bei der produktiven Nutzung von Produktionsanlagen, bei der Einsparung von Produktionsfaktoren und der Senkung der Betriebskosten. Die Finanzierung der Prämie erfolgt aus dem Prämienfonds der Betriebe, der wiederum aus dem erwirtschafteten Nettogewinn gespeist wird. Weitere E. können aus den Betriebsfonds der → **AHB** bzw. der Exportbetriebe, aus dem zentralen Exportförderungsfonds des → **Ministeriums für Außenhandel** sowie aus den Verfügungsfonds der VVB und → **Industrieministerien** gewährt werden.

2. Zuschlag zu dem in Binnenmark umgerechneten Exporterlös; er diente vornehmlich zur Überbrückung unterschiedlicher Preisniveaus in den Partnerländern; auch als Stimulierungsmittel eingesetzt. Mit Einführung des Systems der differenzierten Richtungskoeffizienten abgeschafft.

Exportpreis: Als E. wird der für eine in das Ausland gelieferte Ware oder Leistung erzielte, vereinbarte oder erzielbare Preis angesehen. Der E. kann in Valuta oder – nach Umrechnung mittels des Valutakurses – in Valutagegenwerten ausgedrückt sein. Bis zur Einführung des im Rahmen der Reform des Außenwirtschaftssystems der DDR (→ **Außenwirtschaft und Außenhandel**) im Jahre 1971 für alle exportierenden Betriebe durchgesetzten einheitlichen Betriebsergebnisses (erprobt 1968, in allen Betrieben einzelner Industriezweige angewandt 1969) war bei der Bildung des E. grundsätzlich vom Tatbestand der Trennung des Außen- und Binnenmarktes in preislich-finanzieller und in organisatorischer Hinsicht auszugehen. Die fehlende Verbindung zwischen dem für die Abrechnung des Exportbetriebes ursprünglich maßgeblichen Inlandspreis und dem E. wurde durch ein über den Staatshaushalt geführtes Preisausgleichskonto hergestellt (Subventionierung des Exportes). Durch die angestrebte „Konfrontation der Betriebe mit dem Weltmarkt" sollte die Isolierung der Exportbetriebe von diesem aufgehoben und auf diesem Wege die bislang mangelnde Interessiertheit der Betriebe an Exportgeschäften überwunden werden.

Einen ersten Versuch in dieser Richtung bildete die Einführung des sogenannten Normativ-Außenhandelsergebnisses (Export). Dieser Versuch scheiterte jedoch, da das Ergebnis – wie das alte System – auf dem durch planwirtschaftliche Eingriffe verzerrten inländischen Preisniveau beruhte. Im Jahre 1968 wurde das Normativ durch eine sich an den Auslandspreisen – genauer den Weltmarktpreisen – orientierende Abrechnungsmethode abgelöst.

Der endgültige E. bildet sich anhand dieses Maßstabes dann je nach Marktlage und Verhandlungsposition bzw. -geschick der Marktpartner. Mit der Umorientierung geht nun der E., der bei dieser Art der Ergebnisbildung der Exportbetriebe mit dem früher zwischen → **AHB** und Exportbetrieb gebildeten Valutaverrechnungspreis identisch ist, direkt in das einheitliche Betriebsergebnis ein. Um jedoch die Betriebe nicht nur auf die Erzielung eines maximalen E. und damit letztlich einer hohen Exportrentabilität zu orientieren, sondern sie zur Durchführung der oftmals nicht rentablen staatlichen Planauflagen zu veranlassen, wurde die Einführung von, die Lenkungsfunktion der Weltmarktpreise tendenziell paralysierenden, Exportstimulierungsmitteln notwendig. Trotz dieses permanenten Dilemmas zwischen Rentabilitäts- und Planorientierung scheint sich das einheitliche Betriebsergebnis und damit die Konstruktion des E. bewährt zu haben, denn an deren Umgestaltung ist im Zuge der 1974 beginnenden Reformdiskussionen des Planungs-, Leitungs- und Stimulierungssystems nicht gedacht.

Exquisit-Verkaufsstellen: → **Binnenhandel.**

F

Fachhochschulen: → **Universitäten und Hochschulen.**

Fachschulen: F. sind Teil des → **Einheitlichen sozialistischen Bildungssystems**, in dem Werktätige nach erfolgreichem Abschluß der zehnklassigen polytechnischen Oberschule und einer Berufsausbildung im Direkt-, Fern- oder Abendstudium zu mittleren wissenschaftlich-technischen bzw. ökonomischen → **Kadern** für die industrielle bzw. landwirtschaftliche Produktion, die Volksbildung, das Gesundheitswesen, den Handel, für künstlerische Berufe und andere gesellschaftliche Bereiche aus- und weitergebildet werden.
Die F. gliedern sich in technische F. (Ingenieurschulen), nichttechnische F. und Institute mit F.-Charakter (für den Erziehungssektor).
Im Rahmen der 3. Hochschulreform wurde 10 Ingenieurschulen der Status von → **Ingenieurhochschulen** verliehen. In der DDR bestanden 1972 196 F.
Die F. wurden den jeweiligen Fachministerien oder deren nachgeordneten Organen unterstellt. Die fachliche Zuständigkeit liegt beim → **Ministerium für Hoch- und Fachschulwesen**, dem zur wissenschaftlichen Untersuchung und Ausarbeitung von Grundsatzfragen der Fachschulpolitik das „Institut für Fachschulwesen" in Karl-Marx-Stadt untersteht. Auf diese Weise soll gesichert werden, daß die Aus- und Weiterbildung an den F. „unmittelbarer Bestandteil des Reproduktionsprozesses der betreffenden Zweige" wird, daß die ständige Weiterentwicklung der Bildungsinhalte und Erziehungsmethoden sich an den Bedürfnissen der Praxis orientiert und die Kapazitäten der F. für Entwicklungs- und Rationalisierungsaufgaben der Betriebe genutzt werden. Ferner ermöglicht diese Konstruktion eine bessere Kooperation von F. und betrieblichen Qualifizierungseinrichtungen.
Eine Fachschulausbildung erfolgt in den Zweigen: Technische Wissenschaften (Maschinenwesen, Schiffswesen, Textil-, Bekleidungs-, Ledertechnologie u. a.); Medizin/Gesundheitswesen (Medizintechnik, Medizinische Assistenz u. a.);
Agrarwissenschaften (Pflanzenproduktion u. a.);
Wirtschaftswissenschaften (u. a. Sozialistische Betriebswirtschaft / Ingenieurökonomie für verschiedene Industriebereiche);
Staats- und Gesellschaftswissenschaften;
Dokumentations- und Bibliothekswissenschaften (Staatswissenschaft, Museumskunde u. a.);
Kultur-, Erziehungs- und Sportwissenschaft (Erzieher, Oberschullehrer für untere Klassen u. a);
Literatur- und Sprachwissenschaften, Kunst sowie Militärwesen.
Schwerpunktfächer sind die Technischen Wissenschaften mit 6 552 Direkt-, Fern- und Abendstudenten (darunter 24 255 im Bereich Maschinenwesen) und die Wirtschaftswissenschaften mit 49 095 Studenten (1973). Im selben Jahr studierten insgesamt 162 347 DDR-Bürger an einer F. (davon im Direktstudium 64 764, im Fernstudium 64 739 und im Abendstudium 32 844). Der Anteil der F.-Absolventen bei den Berufstätigen in der DDR-Wirtschaft erhöhte sich von 232 593 im Jahre 1961 auf 540 574 im Jahre 1973, d. h. von 39,0 auf 84,0 je 1 000 Berufstätige. → **Universitäten und Hochschulen; Stipendien; Fernstudium.**

Fahneneid: → **NVA.**

Familie

Ideologische Grundlagen – Entwicklung bis zum Familiengesetzbuch – Familienpolitische Ziele und gesellschaftliche Widersprüche

I. Offizielles Leitbild
Das 1965 verabschiedete Familiengesetzbuch (FGB) soll laut Präambel allen Bürgern helfen, „ihr Familienleben bewußt zu gestalten" (→ **Familienrecht**). Rechtliche Regelungen und Postulate zielen auf einen F.-Typ, für den individuelle und gesellschaftliche Interessen zusammenfallen sollen. Als Voraussetzungen sind die „sozialistische Entwicklung" in der DDR und die daraus resultierende „gleichberechtigte Stellung der Frau auf allen Gebieten des Lebens" vorgegeben. Darauf aufbauend entwickelt das FGB ein Leitbild, das in Definition und Wertung sowohl der Ehe als auch der elterlichen Erziehung über alle früheren offiziellen Aussagen zu dieser Thematik hinausgeht und die dem Recht zugewiesene Disziplinierungsfunktion deutlich macht. In einer „auf gegenseitiger Liebe, Achtung und Treue, auf Verständnis und Vertrauen und uneigennütziger Hilfe füreinander" beruhenden Gemeinschaft sollen die Ehegatten ihre Beziehungen zueinander so gestalten, „daß beide das Recht auf Entfaltung ihrer Fähigkeiten zum eigenen und gesellschaftlichen Nutzen voll wahrnehmen können". Die Möglichkeit einer funktionalen Aufgabenteilung – im Sinne der Beschränkung eines Partners auf häusliche Pflichten – wird zwar vom Gesetz nicht ausgeschlossen, gilt aber als unerwünschte Übergangserscheinung. Prinzipiell geht man davon aus, daß beide Ehepartner berufstätig und darüber hinaus gesellschaftlich bzw. politisch aktiv sind. Ihre Kinder sollen sie „in vertrauensvollem Zusammenwirken mit staatlichen und gesellschaftlichen Einrichtungen zu gesunden und lebensfrohen, tüchtigen und allseitig

gebildeten Menschen, zu Erbauern des Sozialismus"
erziehen (→ **Elternhaus und Schule**). Die F. wird als
„Grundkollektiv" verstanden, dessen organische
Verbindung mit anderen Kollektiven (im Haus, in
der Schule, am Arbeitsplatz, im öffentlichen Leben)
einen „Gleichklang von gesellschaftlichen Erfordernissen und grundlegenden persönlichen Interessen"
schafft.

II. Entwicklung bis 1966

Ausgesprochen familienfeindliche Tendenzen hat es
in der DDR niemals gegeben. Dagegen könnte man
– vor allem bis zum Ende der 50er Jahre – von einer
gewissen „Vernachlässigung" der F. sprechen. Da
sie im Gegensatz zu anderen Institutionen einer
Kontrolle durch die SED kaum zugänglich war, galt
sie als retardierendes, zumindest aber unsicheres
Moment im Prozeß der „sozialistischen Bewußtseinsbildung". Die Ausrichtung auf ein neues F.-
Modell vollzog sich in diesen Jahren eher indirekt –
hauptsächlich durch Abgrenzung gegenüber der
Bundesrepublik Deutschland. Dort stand gerade
dieser Zeitraum im Zeichen der „Mutterideologie".
Herrschende Lehre und Rechtspraxis der DDR waren damals in erster Linie von der rigorosen Ablehnung des Bürgerlichen Gesetzbuches (BGB) bestimmt. So stand bald fest, was man nicht wollte
(z. B. Funktionsteilung in der Ehe, Unterhaltsanspruch nach einer Scheidung), während die Entwicklung eines sozialistischen F.-Verständnisses zumeist
über wenig präzise Ansätze nicht hinauskam. Zwar
wurde bereits 1954 ein erster Entwurf für ein Familiengesetzbuch vorgelegt; er trat jedoch nie in Kraft.
Die damalige Justizministerin Hilde Benjamin begründete sein Scheitern mit der noch nicht voll verwirklichten Sozialisierung der Wirtschaft und dadurch bedingten Hemmnissen bei der Durchsetzung
des Gleichberechtigungsprinzips.
In der marxistisch-leninistischen Gesellschaftstheorie gilt die Erwerbsarbeit der Frau als wesentliche
Grundlage für ihre Gleichberechtigung und „eine
höhere Form der Familie und des Verhältnisses beider Geschlechter". Von daher schien es geboten, die
Integration der weiblichen Bevölkerung in den Arbeitsprozeß zunächst zu einem vorläufigen Abschluß
zu bringen und erst dann ein neues F.-Leitbild zu
entwerfen. Folgerichtig trat *vor* dem FGB eine Fülle
von Gesetzen und Verordnungen in Kraft, die auf
die berufliche Gleichstellung der → **Frauen** abzielten. Sie waren von ideologischen „Aufklärungsaktionen" begleitet. Neben dem Recht der Frau auf
volle Entfaltung ihrer Fähigkeiten und Talente wurde zunehmend auch die positive Auswirkung ihrer
Berufsarbeit auf die innerfamiliären Beziehungen
einerseits sowie auf das Verhältnis zwischen F. und
Gesellschaft andererseits propagiert. Walter Ulbricht betonte vor dem V. Parteitag der SED 1958,
daß sich die Umerziehung der Menschen zur bewuß

ten Beachtung und Anerkennung sozialistischer
Verhaltensweisen am klarsten und eindeutigsten im
Arbeitskollektiv vollziehe und somit die Arbeitsmoral auch die wichtigste Quelle der F.-Moral sei
(→ **Kollektiv**).
1963 verkündete die SED auf ihrem VI. Parteitag
den „Sieg der sozialistischen Produktionsverhältnisse" und beschloß auf dieser Grundlage den Ausbau
und die Vervollkommnung der juristischen Normen
für das „gesellschaftliche Zusammenleben der Menschen". Die mit der Ausarbeitung eines FGB beauftragte Kommission war sich der Schwierigkeiten bewußt, die in dem Mangel an fundierten familiensoziologischen Erkenntnissen gründeten. Die wenigen
vorliegenden Daten gaben Grund zu der Annahme,
daß für ein Großteil aller F. noch immer das tradierte
„patriarchalische" Leitbild maßgebend war. Diese
Haltung versuchte man in einer großangelegten Propagandaaktion zu korrigieren. Der im April 1965
vorgelegte neue Entwurf eines FGB war in den folgenden Monaten Gegenstand einer Fülle von erläuternden Darstellungen und Kommentaren in den
Massenmedien sowie Anlaß für über 30 000 Veranstaltungen, deren Teilnehmer fast 24 000 Stellungnahmen zu dem Gesetz abgaben. Nichtsdestoweniger hielt man gewisse Zugeständnisse an überlieferte
Verhaltensmuster für angezeigt. Im ersten FGB-
Kommentar des Justizministeriums (1966) wurde
die Beschränkung auf Hausarbeit und Kindererziehung „als Form der Beteiligung am Familienaufwand" ausdrücklich „gesellschaftlich" anerkannt.
Die dem zugrunde liegende Norm des FGB ist zwar
weiterhin geltendes Recht, doch wäre eine so offizielle Billigung der „Hausfrauenehe" heute in der
DDR unvorstellbar. Vermutlich zielte sie auf eine
breite Identifizierungsbereitschaft ab, um auf dieser
Basis eine allgemeine Bewußtseinsänderung in
Richtung des Modells einzuleiten. Diese Taktik wurde allerdings schon bald wieder aufgegeben. An ihre
Stelle trat die totale Anpassung der „sozialistischen
Familienmoral" an gesellschaftspolitische Leitlinien. Die Propaganda konzentrierte sich zunehmend
auf bestimmte Schwerpunkte. Dabei wurden und
werden die in erster Linie gesellschaftsbezogenen
Forderungen an den einzelnen weitaus kategorischer
eingeklagt als diejenigen Regelungen des FGB, die
primär den innerfamiliären Raum betreffen. Mit anderen Worten: Ob Mann und Frau zu Hause Gleichberechtigung praktizieren, ist so lange von untergeordneter Bedeutung, wie beide nach außen hin
„funktionieren". Während der Appell zur häuslichen Arbeitsteilung mehr und mehr zur verbalen
Pflichtübung wurde, sehen sich die Frauen in der
DDR immer drängender formulierten Ansprüchen
gegenüber, ohne daß die Grenzen der individuellen
Belastbarkeit die erforderliche Beachtung finden.
Das rührt z. T. auch daher, daß ein wesentlicher ursprünglicher Bestandteil des sozialistischen Emanzi

pationsmodells bisher weder in der DDR noch in einem anderen Land des Ostblocks gegeben ist. Die Klassiker des Marxismus-Leninismus waren davon ausgegangen, daß die Einbeziehung der Frauen in den Produktionsprozeß parallel zu ihrer weitgehenden Entlastung von häuslichen Pflichten verlaufen würde. Die Hausarbeit sollte industrialisiert, die Kindererziehung „vergemeinschaftet" werden. Die damit intendierte Auflösung der Klein-F. ist jedoch weder vollzogen noch gegenwärtig beabsichtigt. Statt dessen gilt der Grundsatz, es müsse den Frauen ermöglicht bzw. erleichtert werden, familiale, berufliche und gesellschaftliche Pflichten miteinander in Einklang zu bringen. Doch selbst bei optimaler öffentlicher Hilfe – durch vermehrte Einrichtung von → **Kinderkrippen,** → **Kindergärten** und Schulhorten (→ **Einheitliches sozialistisches Bildungssystem**) und → **Dienstleistungsbetrieben** – werden durch diesen Anspruch unter den gegebenen Umständen viele Frauen ständig überfordert. Die behauptete Übereinstimmung von Gleichberechtigung und -verpflichtung trifft nur bei Ledigen oder allenfalls noch bei kinderlosen Ehepaaren zu. Erwerbstätige Mütter dagegen sind im Normalfall erheblich stärker belastet als Familienväter, weil sie – einer Erhebung von 1970 zufolge – ca. 80 v. H. aller häuslichen Arbeiten allein verrichten.

III. „Widersprüche" zwischen familienpolitischer Zielsetzung und individuellem Verhalten

Neue Publikationen zur F.-Entwicklung in der DDR heben übereinstimmend drei „Widersprüche" zwischen „gesamtgesellschaftlichem Interesse" und realem Verhalten hervor, die es zu überwinden gelte:
1. Die hohe Zahl von → **Ehescheidungen**;
2. die weitverbreitete Teilzeitarbeit verheirateter Frauen;
3. die niedrige Geburtenrate (→ **Bevölkerung**).
Die kontinuierlich steigenden Scheidungsziffern ließen die „Eheerhaltung" zu einer vieldiskutierten Forderung werden, der sowohl die Ehe- und F.-Beratungsstellen als auch die Gerichte unterliegen. Sollen die einen verhindern, daß es überhaupt zur Klage kommt, so haben die anderen die gesamte Prozeßführung auf das „Ziel einer hohen erzieherischen Einflußnahme" auszurichten (→ **Familienrecht**). Wenn eine Rücknahme der Klage nicht erreicht werden kann und die Abweisung oder Aussetzung des Verfahrens ebenfalls nicht geboten erscheint, sind die Richter gehalten, zumindest die Urteilsbegründung eindeutig an der „sozialistischen Familienmoral" auszurichten.
Für die beiden letztgenannten Widersprüche lassen sich in doppelter Hinsicht gemeinsame Bezugspunkte finden:
1. Sowohl die Teilzeitbeschäftigung als auch der Verzicht auf mehrere Kinder kann Ausdruck dafür

sein, daß familiale und berufliche Anforderungen anders nicht zu vereinbaren sind.
2. Beide Erscheinungen stehen mit dem Mangel an → **Arbeitskräften** in einem direkten Zusammenhang. Einmal stellen bei einer weiblichen Beschäftigungsquote von 84,5 v. H. (1974) die verkürzt tätigen Frauen (1974: ca. 35 v. H.) faktisch die letzte nennenswerte Reserve am Arbeitsmarkt. Zum anderen wird eine fortdauernde Disproportion in der Altersstruktur und dementsprechend in der Relation zwischen erwerbs- und nichterwerbsfähiger Bevölkerung durch die sinkende Geburtenrate bereits vorprogrammiert.
Die starke Zunahme der Teilzeitarbeit wie der rapide Rückgang der Geburten traten erst nach der Verabschiedung des FGB ein. Die dort formulierte Zielvorstellung wurde der neuen Entwicklung zufolge inzwischen konkretisiert; dies geht z. B. aus dem 1972 erschienenen Lehrbuch des Familienrechts hervor: „Worauf es ankommt, ist, daß die Frau den wachsenden Erwartungen und Anforderungen beider Lebensbereiche gemäß ihr Leben gestalten kann, daß sie nicht in dem einen Bereich (z. B. durch Ausweichen auf Teilbeschäftigung oder die Ablehnung verantwortungsvollerer Funktionen, durch den Verzicht auf mehrere Kinder oder auch auf die Ehe) gravierende Zugeständnisse zugunsten des anderen Bereichs für notwendig oder unabänderlich erachtet."
Dieses – im Vergleich zum FGB – erweiterte und anspruchsvollere Leitbild zielt auf eine optimale Harmonisierung von ökonomischer und materneller Funktion der Frau ab. Obwohl das Ausmaß der wechselseitigen Abhängigkeit beider Faktoren bisher nur unzulänglich erforscht ist, lassen die vorliegenden Daten immerhin auf enge Beziehungen schließen. Dem wird nicht nur ideologisch Rechnung getragen, sondern auch mit dem gezielten Einsatz sozialpolitischer Maßnahmen wie Erhöhung der → **Geburten-** und → **Kinderbeihilfen**, Verlängerung des Wochenurlaubs (→ **Mutterschutz**), Arbeitszeitverkürzung und Urlaubsverlängerung für Mütter mehrerer Kinder, zinslose Kredite an junge Ehepaare, besondere Unterstützung kinderreicher Familien sowie alleinstehender Elternteile (→ **Frauen**).
Zusammenfassend ist festzuhalten, daß sich die F.-Politik der SED sowohl theoretisch als auch praktisch in erster Linie an die Frauen wendet. Die mangelhafte häusliche Arbeitsteilung wird zwar nicht gutgeheißen, aber doch mit einer gewissen Resignation ins Kalkül gezogen. Der fehlenden Bereitschaft vieler Männer, ihre familiale Rolle zu überdenken, ist darüber hinaus nie mit ähnlicher Konsequenz begegnet worden, wie auf die Frauen ideologischer Druck ausgeübt wurde.

IV. Leitbild und Wirklichkeit

Das FGB trägt Haushaltsführung und Kindererziehung ausdrücklich beiden Ehegatten auf. Im offiziellen Kommentar heißt es dazu, der Mann genüge seiner Pflicht nicht schon dadurch, daß er lediglich „mithelfe". Er habe vielmehr den der „konkreten Familiensituation" angemessenen Anteil zu übernehmen. Daß dieser Anspruch bisher auch nicht annähernd erfüllt wurde, machen – neben anderen – die folgenden Untersuchungsergebnisse deutlich. 1965 und 1970 hat das Leipziger Institut für Marktforschung jeweils ermittelt, wieviel Zeit die Versorgung eines Vier-Personen-Haushalts erfordert und wie sie sich auf die einzelnen F.-Mitglieder verteilt: Das familiale Engagement der Ehemänner hat mithin innerhalb von fünf Jahren nur um 1,4 v. H. zugenommen. Eine positivere Entwicklung zeichnet sich auch für die absehbare Zukunft kaum ab. 1975 veröffentlichten Befragungen des Zentralinstituts für

Jugendforschung ist vielmehr zu entnehmen, daß die Jugendlichen ihr F.-Leitbild weitgehend an der im Elternhaus praktizierten Aufgabenteilung ausrichten.

Durchschnittlicher wöchentlicher Zeitaufwand für die Hausarbeit in einem Vier-Personen-Haushalt der DDR

	1965		1970	
	Std.	in v. H.	Std.	in v. H.
Ehefrau[1]	37,7	79,4	37,1	78,7
Ehemann	5,5	11,6	6,1	13,0
sonstige Personen	4,3	9,0	3,9	8,3
Insgesamt	47,5	100,0	47,1	100,0

1 Durchschnitt, der den Zeitaufwand berufstätiger und nichtberufstätiger Ehefrauen enthält.

Quelle: Die Wirtschaft Nr. 22/1974, S. 12.

Familiengesetzbuch: → Familie; Familienrecht.

Familienname: Nach § 7 des Familiengesetzbuches (→ **Familienrecht**) können die Ehegatten als gemeinsamen F. entweder den Namen des Mannes oder den der Frau wählen. Die unwiderrufliche Entscheidung darüber ist bei der Eheschließung zu erklären und in das Ehebuch einzutragen. Die Kinder erhalten den gemeinsamen F. Von der Möglichkeit, den Namen der Frau anzunehmen, ist bisher nur wenig Gebrauch gemacht worden. Wenn ein „berechtigtes Interesse" vorliegt (§ 25 Personenstandsgesetz), kann die Ehefrau an den Namen des Mannes ihren Geburtsnamen anhängen.

Familienrecht: Nach marxistisch-leninistischer Rechtsauffassung ist das F. ein eigenständiges Rechtsgebiet, das die persönlichen und vermögensrechtlichen Verhältnisse zwischen Ehegatten sowie zwischen Eltern und Kindern regelt und nicht primär Vermögensrecht ist. Entsprechend der Praxis in den anderen sozialistischen Staaten ist daher auch in der DDR das F. aus dem kodifizierten → **Zivilrecht** ausgeklammert und als eigenständige Materie in dem am 1. 4. 1966 in Kraft getretenen Familiengesetzbuch (FGB) vom 20. 12. 1965 (GBl. I, 1966, S. 1) mit Einführungsgesetz (EFGB) (GBl. I, 1966, S. 19) und in der gleichzeitig in Kraft getretenen Familienverfahrensordnung (FVerfO) vom 17. 2. 1966 (GBl. II, S. 171) abschließend kodifiziert worden. Gleichzeitig wurde das vierte Buch des Bürgerlichen Gesetzbuches von 1896 aufgehoben, soweit seine Bestimmungen nicht bereits durch frühere Rechtsakte abgelöst worden waren.
Entwicklung. Nach dem Zweiten Weltkrieg war die Entwicklung des F. von zwei Akzenten geprägt: der rechtlichen Gleichstellung von Mann und Frau und der rechtlichen Gleichstellung des unehelichen Kindes mit dem ehelichen. Schon die Länderverfassungen von 1946 hoben entgegenstehende partikularrechtliche Bestimmungen auf. Durch Art. 7 Abs. 2 und Art. 30 Abs. 2 der Verfassung vom 7. 10. 1949 wurden alle dem Grund-

satz der Gleichberechtigung von Mann und Frau entgegenstehenden Vorschriften unmittelbar aufgehoben. Das hierdurch entstandene rechtliche Vakuum wurde nur teilweise durch neue gesetzliche Bestimmungen aufgefüllt, zum großen Teil oblag diese Aufgabe der Rechtsprechung.
Wichtige Rechtsetzungsakte mit Wirkung für das F. waren:
1. Das Gesetz über die Herabsetzung des Volljährigkeitsalters vom 17. 5. 1950 (GBl., S. 437), durch das die Volljährigkeit auf die Vollendung des 18. Lebensjahres herabgesetzt wurde. Damit wurden Männer mit 18 Jahren ehemündig, während die Ehemündigkeit der Frauen weiterhin auf 16 Jahre festgesetzt blieb.
2. Das Gesetz über den Mutter- und Kinderschutz und die Rechte der Frau (Mutterschutzgesetz) vom 27. 9. 1950 (GBl., S. 1037), das zwar nur wenige familienrechtliche Fragen regelte, durch seine ausdrückliche Bestätigung des Grundsatzes der Gleichberechtigung der Frau und seine Grundsätze zum Nichtehelichenrecht aber eine wichtige Grundlage für die Interpretation familienrechtlicher Bestimmungen bildete.
3. Die VO über Eheschließung und Eheauflösung vom 24. 11. 1955 (GBl. I, S. 849), durch die die Bestimmungen des Ehegesetzes vom 20. 2. 1946 abgelöst und das Eherecht neu geregelt wurde.
4. Die Eheverfahrensordnung vom 7. 1. 1956 (GBl. I, S. 145), durch die einige Bestimmungen der ZPO aufgehoben und an das neue materielle Recht der Eheschließung und → **Ehescheidung** angepaßt wurden.
5. Die VO über die Annahme an Kindes Statt vom 29. 11. 1956 (GBl. I, S. 1326), durch die die Bestimmungen des BGB über die Adoption (§§ 1741–1772) aufgehoben wurden und dieser Komplex eine Neuregelung erfuhr.
Veränderungen des geltenden F. durch die Rechtsprechung, teilweise auf der Basis ministerieller Richtlinien, erfolgten für die Regelungen über das Verlöbnis, über das Verhältnis der Ehegatten zueinander, über das Unterhaltsrecht während der Ehe und nach der Eheschei-

dung sowie über das Verhältnis zwischen Eltern und Kindern. Vor allem das eheliche Güterrecht wurde durch die Rechtsprechung neu gestaltet. Auf der Basis des Gleichberechtigungsgrundsatzes bestimmte sie die Gütertrennung zum gesetzlichen Güterstand (OGZ 1, 123; 3, 298; 7, 222) und gestand der Ehefrau im Falle der Scheidung unter Umständen einen Vermögensausgleichsanspruch zu. Eine wesentliche Rolle für die familienrechtliche Praxis hat ab 1954 der im gleichen Jahre veröffentlichte erste Entwurf eines FGB gespielt. Obwohl er nicht verabschiedet worden ist, wurden seine Bestimmungen von der Rechtsprechung und Verwaltungspraxis wie geltendes Recht behandelt. Inhaltlich wich der Entwurf von 1954 vom FGB vom 20. 12. 1965 z. T. erheblich ab.

Das FGB von 1965. Das FGB von 1965 ist geprägt vom Verständnis der Familie als „Keimzelle der sozialistischen Gesellschaft" und damit von einem aktiven Interesse des Staates und der Gesellschaft an Ehe und Familie, von der konsequenten Realisierung des Grundsatzes der Gleichberechtigung von Mann und Frau sowie vom Verständnis von Ehe und Familie als Lebensgemeinschaft.

Mit der Eheschließung, die durch Erklärung gegenüber dem Standesamt erfolgt und in würdiger Form stattfinden soll, begründen die Ehegatten „eine für das Leben geschlossene Gemeinschaft". Sinn der Ehe ist die Gründung einer Familie. Die Ehemündigkeit ist für beide Teile auf die Vollendung des 18. Lebensjahres festgesetzt. Die Eingehung eines Verlöbnisses ist den Ehewilligen zwar freigestellt, es wird jedoch nur noch als Realakt ohne Rechtsfolgen behandelt. Das FGB beschränkt sich auf vier Eheverbote, nämlich die Doppelehe, die Verwandtschaft, die Adoption und die Entmündigung. Ehen, die gegen eines der Eheverbote verstoßen, sind nichtig. Die Ehegatten entscheiden sich für einen gemeinsamen Familiennamen, der der voreheliche Name des Mannes oder der Frau sein kann und den auch die gemeinsamen Kinder erhalten. Nach einer Ehescheidung können die Ehegatten wieder ihren vorehelichen Namen annehmen.

Die Bestimmungen über die eheliche Gemeinschaft sind von dem Grundsatz geprägt, daß die Ehegatten alle Angelegenheiten des gemeinsamen Lebens im beiderseitigen Einverständnis regeln, das Erziehungsrecht über die Kinder gemeinsam ausüben und ihren Anteil an der Erziehung und Pflege der Kinder sowie an der Haushaltsführung tragen. Dabei soll es insbesondere der Frau ermöglicht werden, Mutterschaft mit beruflicher und gesellschaftlicher Tätigkeit zu vereinbaren. Die Ehegatten haben in Angelegenheiten des gemeinsamen Lebens ein gegenseitiges Vertretungsrecht. Die Aufwendungen für die Kosten des Haushalts werden von den Ehegatten nach ihren Möglichkeiten durch Geld, Sach- und Arbeitsleistungen aufgebracht. Aber auch die minderjährigen und die im Haushalt lebenden volljährigen Kinder sind zu entsprechenden Leistungen verpflichtet. Im Falle des Getrenntlebens der Ehegatten statuiert das FGB Unterhaltsverpflichtungen eines Ehegatten gegenüber dem bedürftigen anderen. Den Maßstab für den zu zahlenden Unterhalt bilden die Lebensbedingungen der vorherigen gemeinsamen Haushaltsführung.

Das eheliche Güterrecht kennt praktisch nur einen gesetzlichen Güterstand. Danach sind die von den Ehegatten während der Ehe erworbenen Sachen, Vermögensrechte und Ersparnisse gemeinschaftliches Eigentum und Vermögen der Ehegatten, während vor der Eheschließung erworbene Vermögenswerte oder einem der Ehegatten allein während der Ehe im Wege der Schenkung, Auszeichnung oder Erbschaft zufallende Sachen und Vermögenswerte, sowie die seiner persönlichen oder beruflichen Nutzung unterliegenden Sachen Alleineigentum jedes Ehegatten sind. Hiervon abweichende Vereinbarungen dürfen nicht zu Lasten des gemeinschaftlichen → **Eigentums**, soweit dieses der gemeinsamen Lebensführung dient, getroffen werden. Über Gegenstände des gemeinschaftlichen Eigentums verfügen die Ehegatten im beiderseitigen Einverständnis; sie können sich gegenseitig vertreten. Über Häuser und Grundstücke können sie nur gemeinschaftlich verfügen. Die Vermögensgemeinschaft der Ehegatten endet mit Beendigung der Ehe; auf Klage eines der Ehegatten kann sie auch schon während der Ehe aufgehoben werden, wenn dies zum Schutze der Interessen des anderen Ehegatten oder minderjähriger Kinder erforderlich ist. Grundsätzlich wird das gemeinschaftliche Eigentum zu gleichen Teilen geteilt, unter Berücksichtigung der Lebensverhältnisse der Beteiligten können den Ehegatten auch ungleiche Anteile zugesprochen werden. Darüber hinaus kann das Gericht einem Ehegatten, der wesentlich zur Vergrößerung oder Erhaltung des Vermögens des anderen beigetragen hat, bei Beendigung der Ehe einen Anteil an dessen Vermögen zusprechen (sog. Ausgleich).

Die Ehe endet: durch Tod eines Ehegatten, durch Scheidung, durch Nichtigkeitserklärung und durch Todeserklärung eines Ehegatten. Die Ehescheidung beruht auf dem Zerrüttungsprinzip. Jedoch haben die Gerichte der DDR in jedem Scheidungsprozeß „eine sorgfältige Prüfung der Entwicklung der Ehe vorzunehmen". Voraussetzung der Scheidung ist ferner, daß die Ehe ihren Sinn für die Ehegatten, die Kinder und damit auch für die Gesellschaft verloren hat. Stehen die Interessen minderjähriger Kinder einer Scheidung entgegen oder würde sie für einen Ehegatten eine unzumutbare Härte darstellen, so sind an die Feststellung der Zerrüttung strengere Maßstäbe anzulegen. Das Schuldprinzip behält insofern seine Gültigkeit, als im Urteil der Schuldige für die Zerrüttung der Ehe genannt wird. Durch Beschluß des Obersten Gerichts der DDR vom 24. 6. 1970 sind die unteren Gerichte auf ihre „erzieherischen" Pflichten hingewiesen und neben der obligatorischen Aussöhnungsverhandlung weitere Maßnahmen in Zusammenarbeit mit den Ehe- und Familienberatungsstellen zur sogenannten Eheerhaltung festgelegt worden.

Im Scheidungsurteil ist gleichzeitig über das elterliche Erziehungsrecht für die minderjährigen Kinder, über die Höhe des Unterhalts des nichterziehungsberechtigten Elternteils, über etwaige Unterhaltsansprüche zwischen den Ehegatten sowie eventuell über die Ehewohnung zu entscheiden. Die Entscheidung über das Erziehungsrecht für die Kinder ist in erster Linie unter dem Gesichtspunkt des Wohls der Kinder zu treffen. Die Umstände der Ehescheidung können jedoch mitberücksichtigt werden. Das Erziehungsrecht kann bei der Ehescheidung auch beiden Eltern entzogen oder seine Ausübung bis zur Dauer eines Jahres ausgesetzt werden. Der nichterziehungsberechtigte Elternteil behält das Recht zum persönlichen Umgang mit dem Kind.

Der Unterhalt zwischen geschiedenen Ehegatten richtet sich nach dem Bedürfnisprinzip unter zusätzlicher Berücksichtigung der Umstände, die zur Scheidung geführt haben. In der Regel ist eine Unterhaltsverpflichtung als eine Übergangshilfe gedacht und daher auf zwei Jahre begrenzt; ca. 85 v. H. der geschiedenen Eheleute erhalten keine Unterhaltszahlungen, 10 v. H. bis höchstens 2 Jahre und nur 5 v. H. für einen längeren Zeitraum. Nur bei Erwerbsunfähigkeit kann eine darüber hinausgehende, eventuell auch dauernde Unterhaltsverpflichtung ausgesprochen werden, wenn sie für den Verpflichteten zumutbar ist.

Das Verhältnis Eltern–Kinder regelt das FGB für eheliche und nichteheliche Kinder gemeinsam. Das elterliche Erziehungsrecht wird als „bedeutende staatsbürgerliche Aufgabe der Eltern" bezeichnet, wobei als Erziehungsziele sowohl allgemeine Werte als auch spezielle Werte der sozialistischen Gesellschaft herausgestellt werden. Das elterliche Erziehungsrecht umfaßt sowohl die Personensorge als auch die rechtliche Vertretung des Kindes. Staatliche Organe und gesellschaftliche Organisationen sollen die Eltern bei der Ausübung des Erziehungsrechts unterstützen. Bei ehelichen Kindern steht das elterliche Erziehungsrecht beiden Elternteilen gemeinsam zu, im Falle der Verhinderung oder des Todes eines Ehegatten einem Elternteil allein. Das gleiche gilt bei Ehescheidung und eventuell auch im Falle des Getrenntlebens. Das Erziehungsrecht für nichteheliche Kinder steht der Mutter zu. Gefährdungen des Kindes können zu Eingriffen in das elterliche Erziehungsrecht – bis zu seinem Entzug – führen.

Die Vaterschaft ehelicher Kinder beruht auf der gesetzlichen Vermutung, daß der Ehemann der Mutter der Vater des Kindes ist; bei nichtehelichen Kindern wird die Vaterschaft durch Anerkennung oder im gerichtlichen Verfahren festgestellt. Das nichteheliche Kind ist mit seinem Vater verwandt und ihm gegenüber unterhalts- und in beschränktem Rahmen auch erbberechtigt; es erhält jedoch den Namen der Mutter. Ein Eltern-Kind-Verhältnis wird auch durch Annahme an Kindes Statt (Adoption) begründet (§§ 66 bis 78 FGB). Die Adoption erfolgt auf Antrag durch Beschluß des Organs für Jugendhilfe. Der Annehmende muß volljährig, der Angenommene minderjährig sein, zwischen beiden soll ein angemessener Altersunterschied bestehen. Ehegatten sollen Kinder nur gemeinschaftlich adoptieren. Die Adoption schafft die gleichen Beziehungen, wie sie zwischen Eltern und Kindern bestehen und begründet auch zwischen dem Kind und dessen Abkömmlingen und den Verwandten des Annehmenden die gleichen Rechte und Pflichten wie zwischen leiblichen Verwandten. Ein

Eheverbot besteht allerdings nur zwischen dem Annehmenden und dem Kind. Zur Adoption ist in der Regel die Einwilligung der Eltern erforderlich, ausnahmsweise kann sie jedoch durch das Gericht ersetzt werden. Auch der Anzunehmende muß, wenn er das 14. Lebensjahr vollendet hat, einwilligen. Mit der Adoption erlöschen alle Rechte und Pflichten aus dem Verhältnis zwischen dem Kind und seinen leiblichen Verwandten. Die Adoption kann nur durch das Gericht aufgehoben werden. Zur Klage sind unter bestimmten Voraussetzungen die Eltern, das Organ der Jugendhilfe und der Annehmende berechtigt. Ähnliche Verhältnisse wie das Eltern-Kind-Verhältnis begründen die Vormundschaft und die Pflegschaft. Die Vormundschaft über einen Minderjährigen wird angeordnet, wenn niemand das elterliche Erziehungsrecht hat, die Pflegschaft dann, wenn die erziehungsberechtigten Eltern oder der Vormund verhindert sind oder eine Vertretung des Kindes durch sie aus Gründen der Pflichtenkollision entfällt. Vormundschaft und Pflegschaft können auch unter bestimmten Voraussetzungen über Volljährige angeordnet werden.

Bei den Regelungen über die Verwandtschaft unterscheidet das FGB zwischen Verwandten in gerader Linie und in der Seitenlinie sowie nach Verwandtschaftsgraden. Unterhaltspflichten bestehen nur zwischen Verwandten auf- und absteigender gerader Linie (z. B. nicht zwischen Geschwistern); sie sind auf drei Generationen beschränkt und grundsätzlich vom Bedürftigkeitsprinzip beherrscht.

Das *Einführungsgesetz zum FGB* (EGFGB) enthält neben Übergangsbestimmungen sowie erb- und sachenrechtlichen Anpassungsbestimmungen (→ **Zivilrecht**) die Vorschriften zum internationalen F. Für die Gültigkeit der Eheschließung ist das Heimatrecht maßgeblich, die Form richtet sich nach dem Ortsrecht. Bürger der DDR bedürfen zur Eheschließung mit einem Bürger eines anderen Staates einer staatlichen Genehmigung. Für die persönlichen und vermögensrechtlichen Beziehungen der Ehegatten sowie für die Ehescheidung gilt das Heimatrecht; wenn die Ehegatten verschiedenen Staaten angehören, das Recht der DDR. Die Abstammung von Kindern, die Rechtsverhältnisse zwischen Eltern und Kindern, die Adoption, Vormundschaft und Pflegschaft richten sich nach dem Heimatrecht der Betroffenen. Bei der Anwendung fremden Rechts findet der Grundsatz des ordre public Anwendung. Ehescheidungen durch ausländische Gerichte bedürfen der Anerkennung durch den Minister der Justiz. Hiervon ausgenommen sind Scheidungsurteile der Gerichte der Bundesrepublik Deutschland und Berlins (West). Anderslautende internationale Vereinbarungen finden vor diesen gesetzlichen Bestimmungen Anwendung.

Das *Verfahren in Familiensachen* ist in der Familienverfahrensordnung vom 17. 2. 1966 geregelt. Subsidiär finden die Vorschriften der ZPO (→ **Zivilprozeß**) Anwendung. In Ehesachen gilt der Grundsatz der umfassenden Aufklärung des Sachverhalts (Offizialmaxime). Das Gericht kann Vertreter gesellschaftlicher Kollektive und Kräfte in das Verfahren einbeziehen. Zuständig in

Ehesachen ist das Kreisgericht. Dem Ehescheidungsverfahren ist eine grundsätzlich obligatorische Aussöhnungsverhandlung vorgeschaltet, die zur Aussetzung des Verfahrens bis zu einem Jahr führen kann, wenn Aussicht auf Aussöhnung der Parteien besteht. Für das Eheverfahren gilt der Grundsatz der Einheitlichkeit, d. h. es muß gleichzeitig mit dem Urteil über die Scheidung oder Nichtigkeit der Ehe über das elterliche Erziehungsrecht, den Unterhalt für die Kinder und auf Antrag über eventuelle Unterhaltsansprüche eines Ehegatten entschieden werden. Auf Antrag sind außerdem die Vermögensteilung, der Ausgleichsanspruch und die Zuteilung der ehelichen Wohnung mit dem Eheverfahren zu verbinden.

Familienzusammenführung: Nach Errichtung der → **Mauer** in Berlin am 13. 8. 1961 wurden zunächst alle Anträge auf Übersiedlung in die Bundesrepublik Deutschland abgelehnt. Im 1. Halbjahr 1962 durften dann wieder einige hundert Personen, meist im Rentenalter, im Rahmen der F. in die Bundesrepublik ausreisen. Seit dem 1. 7. 1962 sind die Zuwanderer, die mit Genehmigung der DDR-Behörden in die Bundesrepublik übergesiedelt sind, im Bundesnotaufnahmeverfahren besonders erfaßt worden (siehe nebenstehende Tabelle).

Diese Statistik erfaßt jedoch nur die Übersiedler, die im Bundesgebiet die Notaufnahme beantragt haben. Es ist aber davon auszugehen, daß dies nicht alle Übersiedler getan haben. Die wirkliche Zahl derjenigen, die seit dem 1. 7. 1962 die DDR mit Genehmigung der dortigen Behörden verlassen haben, ist also höher. Sie übertrifft bei

1962 (1. 7.–31. 12.)	4 615
1963	29 665
1964	30 012
1965	17 666
1966	15 675
1967	13 188
1968	11 134
1969	11 702
1970	12 472
1971	11 565
1972	11 627
1973	8 667
1974 (1. 1.–30. 9.)	5 493
	183 481

weitem die der → **Flüchtlinge**. Im Gegensatz zur Entwicklung der Flüchtlingszahlen ist allerdings bei den Übersiedlern seit 1970 ein Rückgang zu verzeichnen. Im Zusammenhang mit dem Grundlagenvertrag vom 21. 12. 1972 ist vereinbart worden, auch Probleme der F. zu lösen, und zwar durch Zusammenführung von Ehegatten, den Umzug von Eltern, die von ihren Kindern betreut werden sollen, und in besonderen Ausnahmefällen auch die Genehmigung zur Eheschließung und die Ausreise des in der DDR lebenden Verlobten. Im Jahr 1973 durften 886 Personen, davon 520 Erwachsene und 366 zu ihnen gehörende Kinder sowie weitere 473 Kinder aus der DDR zu ihren Angehörigen im Bundesgebiet ausreisen.

Umzugsgut darf mitgenommen werden, soweit dies nach den zollrechtlichen Bestimmungen der DDR zulässig ist.

FDGB (Freier Deutscher Gewerkschaftsbund)

Funktion und Selbstverständnis – Geschichte – Organisation – Aufgaben – Schulung – Internationale Beziehungen

Der FDGB ist die einheitliche gewerkschaftliche Organisation für alle Arbeiter, Angestellte und Angehörige der Intelligenz in der DDR. Seine ausschließliche Erwähnung in der → **Verfassung** der DDR vom 6. 4. 1968 (Art. 44,1) und im Gesetzbuch der Arbeit geben seiner Monopolstellung die rechtliche Grundlage. Als der „umfassenden Klassenorganisation der Arbeiterklasse" und als der zahlenmäßig stärksten → **Massenorganisation** kommt dem FDGB im Herrschafts- und Gesellschaftssystem der DDR zentrale Bedeutung zu. Der von der → **SED** erhobene politische und gesellschaftliche Führungsanspruch und der → **Marxismus-Leninismus** als ideologisch-programmatische Grundlage gewerkschaftlichen Handelns werden in der Satzung des FDGB ausdrücklich anerkannt; die in der Verfassung (Art. 44,2) betonte Unabhängigkeit der Gewerkschaften kann demnach nur als Ausfüllung der auf diese Weise grundsätzlich vorgeformten Handlungsspielräume und Aufgabenstellungen verstanden werden.

I. Zum Selbstverständnis des FDGB

Die Funktion des FDGB als Interessenvertretung wird von der Auffassung bestimmt, daß mit der Abschaffung des Privateigentums an Produktionsmitteln der Klassenkonflikt beseitigt und im Grundsätzlichen die Interessenidentität zwischen den Gesellschaftsmitgliedern hergestellt worden sei. Der FDGB ist seinem Selbstverständnis nach nicht ein Interessenverband abhängig Beschäftigter, der Arbeitgebern gegenübertritt, sondern eine Organisation von Werktätigen, die zugleich als Miteigentümer der als im Volkseigentum befindlich verstandenen Produktionsmittel aufgefaßt werden. Auf dem Hintergrund dieser Interpretation werden im gesamtgesellschaftlichen Interesse, wie es die SED und die Staatsorgane aktualisieren und konkretisieren, die Einzelinteressen von Individuen, Gruppen, Schichten und Klassen immer als in ihm aufgehoben gesehen.

Interessenvertretung hat so wesentlich die Propagierung dieser parteilichen und staatlichen Zielsetzungen bzw. die Mobilisierung der Mitgliedschaft für ihre Erfüllung zum Inhalt. Doch ist bereits in der auch heute noch für den FDGB verbindlichen leninschen Gewerkschaftskonzeption die Perspektive enthalten, daß die postulierte Interessenidentität sich erst in einem längeren historischen Prozeß realisieren läßt und nicht als etwas Gegebenes, sondern als etwas jeweils erneut Herzustellendes begriffen werden muß. Ferner können danach Verselbständigungstendenzen staatlicher und wirtschaftlicher Verwaltungseinheiten (Bürokratisierung usw.) und die selbstherrliche Verletzung gesetzlicher Bestimmungen durch einzelne Funktionäre nicht ausgeschlossen werden. So sei es notwendig, den Gewerkschaften eine gewisse Eigenständigkeit zuzubilligen, damit sie die unmittelbaren Interessen der in ihren Reihen Organisierten artikulieren und vertreten, eine gewisse Kontrollfunktion gegenüber staatlichen, vor allem wirtschaftlichen Teilstrukturen ausüben und für die Einhaltung der gesetzlichen Bestimmungen des Arbeits-, Arbeitsschutz-, Sozial- und Bildungsrechts Sorge tragen können.

Während diese Seite der Arbeit des FDGB bis weit in die 50er Jahre hinein im Hintergrund stand und seine Tätigkeit von der einseitigen Unterstützung der gesamtgesellschaftlichen politischen und ökonomischen Zielsetzungen, wie sie in den Parteibeschlüssen zum Ausdruck kamen, geprägt war, ist seitdem eine gewisse Korrektur erfolgt. Zu diesen Veränderungen haben neben aktuellen politischen und sozialen Konflikten, die den Verlust der integrativen Funktion der Gewerkschaften drastisch demonstrierten (Ungarnaufstand, Polnischer Oktober, Dezemberstreiks in Polen, Fluktuation der Arbeitskräfte, ungenügende Steigerung der Arbeitsproduktivität usw.) auch die neueren theoretisch-ideologischen Diskussionen beigetragen. In ihnen wurde das Vorhandensein sozialer Konflikte (nichtantagonistischer Widersprüche) auch in den sich herausbildenden neuen gesellschaftlichen Strukturen nicht nur zugegeben, sondern als unvermeidlich und den Entwicklungsprozeß letztlich befördernd anerkannt. In diesem Zusammenhang sind allerdings Fragen nach der tatsächlichen Machtverteilung, nach der realen Verfügungsgewalt über den Wirtschaftsapparat nicht gestellt, das Postulat von der grundsätzlichen Interessenidentität nicht bezweifelt worden. Ebenso blieb der Anspruch der Partei, mit ihrer Politik das Entstehen ausgedehnterer Konfliktfelder durch vorausschauende (wissenschaftliche), planmäßige „Leitung der gesellschaftlichen Prozesse" zu verhindern, unangetastet. Trotzdem wich im Ergebnis dieser Diskussionen die Vorstellung von einer weitgehend „harmonistischen" Gesellschaft, in der jedes dieses Konzept störende Sonderinteresse bzw. jeder Konflikt als vom „Klassenfeind" inspiriert und potentiell „feindlich" erscheinen mußte, einer nüchterneren Einsicht in die Interessenvielfalt und Konflikthaltigkeit der Gesellschaft. Damit erhielt der Teil der Gewerkschaftsarbeit, der im herkömmlichen Sinn als unmittelbare Vertretung der Interessen der Mitglieder verstanden werden kann, auch von der theoretisch-ideologischen Seite her ein größeres Gewicht.

Dabei werden im Selbstverständnis des FDGB gesamtgesellschaftliche und partikulare Interessen nicht voneinander getrennt gesehen oder gar einander gegenübergestellt. Vielmehr werden sie als eine konfliktreiche (dialektische) Einheit gedeutet, in der im Ergebnis die Lösung von Zielkonflikten immer zugunsten des Gesamtinteresses gesucht wird. So bedeutet z. B. die gewerkschaftliche Kontrolle bei der Einhaltung der arbeitsrechtlichen Bestimmungen einerseits Schutz des Beschäftigten vor Gesetzesverletzungen durch die Werkleitungen, andererseits den Einsatz gewerkschaftlicher Mittel, um bei den Betriebsbelegschaften gleichfalls die Befolgung der rechtlichen Vorschriften zu sichern (→ **Arbeitsrecht; Gesellschaftliche Gerichte**).

Auf diesem Hintergrund sind die Funktionen und die Einbeziehung des FDGB in die Herrschaftsstrukturen zu sehen und zu beurteilen. Der FDGB versteht sich als „Schule des Sozialismus", d. h. er beteiligt sich an der Erziehung seiner Mitglieder zum sozialistischen Bewußtsein, vermittelt Kenntnisse über politische, gesamtgesellschaftliche und insbesondere volkswirtschaftliche Zusammenhänge und strebt die Herausbildung neuer sozialer Verhaltensweisen (Arbeitsdisziplin, Eigentümerbewußtsein, sozialistische Hilfe am Arbeitsplatz, → **Kritik und Selbstkritik** usw.) an. Als Teil der „Sozialistischen Demokratie" setzt er sich für die Durchführung der Beschlüsse der SED und der staatlichen Organe ein, aktiviert seine Mitglieder für die Erfüllung bzw. Übererfüllung der ökonomischen Aufgaben und bietet zugleich in seiner Organisationsstruktur vorgegebene und abgestufte Möglichkeiten für die Mitwirkung an den staatlichen und ökonomischen Entscheidungsprozessen, insbesondere auf betrieblicher Ebene. Von besonderer Bedeutung sind die Mitwirkungsrechte des FDGB im Arbeitsrecht sowie in der Sozial- und Kulturpolitik.

Die im Selbstverständnis und in den grundsätzlichen Aufgabenstellungen des FDGB angelegten Gegensätze und Konflikte führen in der täglichen Gewerkschaftsarbeit zu mannigfachen Schwierigkeiten. Die Vorrangigkeit der wirtschaftlichen Zielsetzungen, die Abhängigkeit des FDGB von der SED und die Einbindung der Gewerkschaften in die staatliche und ökonomische Entscheidungs- und Leitungspyramide begünstigen nach wie vor Tendenzen zur Vernachlässigung der unmittelbaren Interessenvertretung der Werktätigen am Arbeitsplatz. Andererseits ist nicht zu verkennen, daß, beginnend mit der Einführung des → **NÖS** 1963 und verstärkt nach dem VIII. Parteitag der SED 1971, die gewerkschaftlichen Kontrollrechte gegenüber den Wirtschaftsleitungen und die Mitgestaltungsrechte im sozialpolitischen Bereich gestärkt worden sind.

II. Zur Geschichte

Als der → **SMAD**-Befehl Nr. 2 vom 10. 6. 1945 die

Gründung von Gewerkschaften erlaubte und am 15. 6. 1945 der vorbereitende Gewerkschaftsausschuß für Groß-Berlin zur Schaffung freier Gewerkschaften aufrief, hatten sich erstmals in der Geschichte der deutschen Arbeiterbewegung unter dem Eindruck des Versagens der verschiedenen Gewerkschaftsrichtungen vor dem Nationalsozialismus und angesichts des totalen Zusammenbruchs von Staat, Gesellschaft und Wirtschaft alle bedeutenden weltanschaulichen Richtungen (sozialdemokratisch, kommunistisch, christlich und liberal) zusammengefunden, um eine überparteiliche Einheitsgewerkschaft ins Leben zu rufen. Damit war es der KPD gelungen, aus der Außenseiterrolle, die sie in den freien Gewerkschaften und mit den Roten Gewerkschaftsorganisationen (RGO) in der Weimarer Republik gespielt hatte, herauszutreten und sich von Anbeginn maßgeblich an der Führung der neuen Gewerkschaftsbewegung zu beteiligen. Der Gründungsvorgang fand im Februar 1946 auf der I. Zentralen Delegiertenkonferenz des FDGB seinen Abschluß.

Die Konstituierung des FDGB bildete eine wichtige Voraussetzung für die Vereinigung von KPD und SPD, da letztere ihren traditionellen Rückhalt in den sozialdemokratisch orientierten freien Gewerkschaften verloren hatte. Der Zusammenschluß von KPD und SPD zur SED förderte seinerseits die Umgestaltung des FDGB in eine Gewerkschaft kommunistischen Typs; er drängte die Vertreter der früheren christlichen und Hirsch-Dunckerschen Gewerkschaften von vornherein in eine aussichtslose Minderheitenposition. Die Ausschaltung ehemals sozialdemokratischer Gewerkschaftsfunktionäre, soweit sie an ihren Vorstellungen festhielten, wurde zu einem innerparteilichen Problem der SED, das diese im Zuge ihrer Entwicklung zu einer „bolschewistischen Partei neuen Typs" lösen konnte. Die Auflösung der → **Betriebsräte** und die Übertragung des Vertretungsrechts der Belegschaften gegenüber den Werkleitungen an die Betriebsgewerkschaftsorganisationen aufgrund der Bitterfelder Beschlüsse 1948 war ein weiterer entscheidender Schritt in der Formung des FDGB zu seiner heutigen Gestalt. Die Herausbildung des Planungssystems, die Konzentrierung der Gewerkschaftsarbeit auf die Steigerung der Arbeitsproduktivität mit Hilfe der Aktivisten- und Wettbewerbsbewegung, das Fehlen des traditionellen Gegenspielers in Form der Arbeitgeberverbände, die verboten blieben, bestimmten sehr bald die Tätigkeit des FDGB. Auf dem 3. FDGB-Kongreß 1950 wurde in der Satzung der Führungsanspruch der SED auch öffentlich anerkannt, der traditionellen Gewerkschaftsarbeit als „Nur-Gewerkschaftertum" der Kampf angesagt und der → **demokratische Zentralismus** als Organisationsprinzip festgelegt.

In den folgenden Jahren, die gekennzeichnet waren durch die Einführung der Planwirtschaft sowjetischen Typs, durch die Überwindung der Kriegsfolgen und den Neuaufbau einer industriellen Produktionsbasis, durch die Umwandlung der überkommenen Sozialstrukturen und die Herausbildung einer neuen politisch-gesellschaftlichen Ordnung, steht der FDGB ganz im Dienst dieser ökonomischen und gesellschaftspolitischen Zielsetzungen; er vollendet seine Ausformung zu einer voll in das Herrschaftssystem integrierten marxistisch-leninistischen Gewerkschaft.

Die Erfahrungen aus den polnischen und ungarischen Unruhen 1956 im Zusammenhang mit den sich zur gleichen Zeit anbahnenden Diskussionen um neue Formen der ökonomischen und in begrenzterer Weise auch der politischen Organisation (Gesetz über die örtl. Organe der Staatsmacht 1957, erste Reorganisation der Planungs- und Leitungsinstanzen im ökonomischen Bereich usw.) führen zu Ansätzen einer Stärkung der Kontroll- und Mitwirkungsrechte des FDGB (z. B. gesetzl. Verankerung der ständigen Produktionsberatung 1959). Die Einführung des Neuen Ökonomischen Systems 1963 mit seinem Abgehen von der zentralen Detailplanung und der daraus resultierenden größeren Selbständigkeit der VEB, VVB und regionalen Staatsorgane vergrößerten die Möglichkeiten der Einwirkung und die Notwendigkeit der Kontrolle durch den FDGB. Seit dem 6. FDGB-Kongreß 1963 wird die Vertretung der unmittelbaren Interessen der Beschäftigten als gewerkschaftliche Aufgabe immer erneut unterstrichen und die Kontrollfunktion des FDGB betont. Herbert Warnke formulierte als Vorsitzender des FDGB dieses stärkere Absetzen von den wirtschaftlichen Leitungsorganen auf dem 7. FDGB-Kongreß 1968: „Die Gewerkschaftsfunktionäre sind die Vertrauensleute der Arbeiterklasse, sie sind nicht die Assistenten der Werkleiter."

Die Teilrevision der Wirtschaftsreformen 1970/71 hat diese Entwicklung nur insoweit beeinträchtigt, als die stärkeren Planbindungen der Betriebe deren Entscheidungsspielraum und damit auch die Mitwirkungsmöglichkeiten einengten. Im Gegenteil haben die Ergebnisse des VIII. Parteitages der SED den FDGB aus den anderen Massenorganisationen deutlich herausgehoben. Die Akzentuierung der Sozialpolitik als zentralem Teil der gesellschaftspolitischen Linie der SED für die nächsten Jahre brachte einen Aufgabenzuwachs, die Auflösung von Mitwirkungsgremien (Produktionskomitees in den VEB, Gesellschaftliche Räte bei den VVB usw.) machte den FDGB zum alleinigen Träger von Mitwirkungsorganen. Die Betonung der Bedeutung der Gewerkschaften fand ihren Niederschlag u. a. in dem Gesetz über den → **Ministerrat** der DDR vom 16. 10. 1972, in dem der FDGB als einzige Organisation genannt ist (§ 1,3). Der Ministerrat wird darin zur Zusammenarbeit mit der Gewerkschaft „bei der Gestaltung der entwickelten sozialistischen Gesellschaft und allseitigen Stärkung der sozialistischen Staatsmacht" verpflichtet; gemeinsame Beschlüsse sind zur Entwicklung der Arbeits- und Lebensbedingungen, des Gesundheits- und Arbeitsschutzes, der Arbeitskultur, des kulturellen und sportlichen Lebens und für die Ausarbeitung der Grundlinie der Sozial-, Lohn- und Einkommenspolitik vorgesehen. Seitdem sind eine Reihe solcher gemeinsamer Beschlüsse vom Politbüro des ZK der SED, Ministerrat und Bundesvorstand des FDGB vor allem auf sozialpolitischem Gebiet und über neue Formen des → **sozialistischen Wettbewerbs** veröffentlicht worden, allerdings ohne daß dabei der inhaltliche Anteil des FDGB an ihrer Formulierung zu ersehen gewesen wäre.

III. Organisationsaufbau

Der Organisationsaufbau des FDGB beruht auf dem Industriegewerkschaftsprinzip: ein Betrieb – eine Gewerkschaft. Gegenwärtig bestehen 15 Industriegewerkschaften (IG) bzw. Gewerkschaften (Gew.): IG Bau – Holz; IG Berbau – Energie; IG Chemie – Glas – Keramik; IG Druck und Papier ; IG Metall; IG Textil – Bekleidung – Leder; IG Transport- und Nachrichtenwesen; IG Wismut; Gew. Gesundheitswesen; Gew. Handel, Nahrung und Genuß; Gew. Kunst; Gew. Land-, Nahrungsgüter- und Forstwirtschaft; Gew. d. Mitarbeiter der Staatsorgane u. d. Kommunalwirtschaft; Gew. Unterricht und Erziehung; Gew. Wissenschaft.

Der FDGB ist jedoch kein „Bund" unabhängiger Einzelgewerkschaften, sondern eine Einheitsorganisation. Die IG/Gew. haben den Charakter ausgegliederter Fachabteilungen, die die bindenden Beschlüsse der zentralen Organe des FDGB entsprechend den spezifischen Bedingungen ihres jeweiligen Organisationsbereichs durchführen. Ihre organisatorische Abhängigkeit zeigt sich u. a. in dem Recht des Bundesvorstandes (BV) des FDGB, über Veränderungen im Organisationsaufbau verbindlich zu beschließen (z. B. Auflösung oder Neugründung von IG/Gew.), und in der Unterstellung der regionalen Vorstände der IG/Gew. unter die jeweiligen FDGB-Vorstände der gleichen Ebene.

Unterste Organisationseinheiten des FDGB sind die gewerkschaftlichen Grundorganisationen: → **Betriebsgewerkschaftsorganisationen** (BGO bestehen in allen Betrieben, in denen mehr als 10 Mitglieder beschäftigt sind; die bis 1974 gültige Untergrenze von 20 Mitgliedern wurde gesenkt, um die in Volkseigentum überführten, vielfach sehr kleinen und verhältnismäßig schlecht erfaßten früheren privaten, halbstaatlichen und genossenschaftlichen Betriebe voll in die Gewerkschaftsorganisation einzubeziehen) und Orts- bzw. Dorfgewerkschaftsorganisationen (OGO fassen die FDGB-Mitglieder in Kleinbetrieben ohne BGO sowie Hausangestellte, Heimar-

beiter, Rentner usw. zusammen). Leitungsorgan der BGO ist die Betriebsgewerkschaftsleitung (BGL). Die BGO untergliedert sich in Gewerkschaftsgruppen (10–30 Mitglieder), die von den Vertrauensleuten geleitet werden. In größeren Betrieben werden für die einzelnen Betriebsabschnitte Abteilungsgewerkschaftsleitungen (AGL) gebildet. Die Größe der AGL (3–13 Mitglieder) und der BGL bzw. OGL (5–25 Mitglieder) richtet sich nach der Zahl der in ihrem Organisationsbereich erfaßten Mitglieder. Die AGL und BGL bilden zur Unterstützung ihrer Arbeit je nach Größe und spezieller Aufgabenstellung des Betriebes eine Reihe von Kommissionen, deren Vorsitz jeweils ein Leitungsmitglied inne hat, deren Mitglieder jedoch überwiegend nicht den gewählten Gewerkschaftsleitungen angehören. Die differenzierte und ausgedehnte Organisationsstruktur des FDGB insbesondere im Betrieb dient sowohl der Erfüllung der mannigfachen gewerkschaftlichen Aufgaben als auch der aktiven Integration möglichst vieler Mitglieder durch die Übernahme ehrenamtlicher Funktionen.

Sind mehrere VEB zu → **Kombinaten** zusammengefaßt, werden Kombinatsgewerkschaftsleitungen (KGL: 11–19 Mitglieder) gewählt; allerdings sollen diese sich wesentlich um eine abgestimmte und einheitliche Gewerkschaftsarbeit im Kombinat bemühen, während das Schwergewicht der FDGB-Arbeit bei den BGL bleibt.

Mit ähnlicher Aufgabenstellung werden auf Großbaustellen ebenfalls Gesamtleitungen (15–25 Mitglieder) gebildet. In Großkombinaten, die den Ministerien direkt unterstehen, wie z. B. Leuna, Buna, Carl Zeiss Jena, haben die betrieblichen Gewerkschaftsleitungen den Status einer IG-Kreisleitung, unterstehen also unmittelbar ihrem zuständigen Bezirksvorstand.

Die BGL werden von den Kreisvorständen (25–55 Mitglieder) der zuständigen IG/Gew. angeleitet. Diese wählen für die laufenden Arbeiten Sekretariate (hauptamtliche, geschäftsführende Vorstände) und bilden Kommissionen: Agitation und Propaganda; Arbeit, Lohn und Arbeitsrecht; Sozialpolitik; Arbeits- und Gesundheitsschutz; Kultur und Bildung. In ihren zweigspezifischen Aufgaben unterstehen sie den Bezirksvorständen der IG/Gew. (20–35 Mitglieder), die in gleicher Weise wie die Kreisvorstände gegliedert sind. In Kreisen, in denen die Mitgliederzahl einer Einzelgewerkschaft so gering ist, daß der umfangreiche Apparat eines regulären Kreisvorstandes nicht gerechtfertigt ist, können die Bezirksvorstände des FDGB in Abstimmung mit dem zuständigen Bezirksvorstand der betroffenen Gewerkschaft einen ehrenamtlichen Kreisvorstand als Koordinierungsstelle wählen lassen.

Die Kreis- und Bezirksvorstände der IG/Gew. unterstehen den jeweiligen regionalen FDGB-Vorständen der gleichen Ebene (Kreisvorstand: 40–80,

Bezirksvorstand: 80–120 Mitglieder). Die FDGB-Kreis- bzw. Bezirksvorstände tragen für ihren Bereich jeweils die ausschließliche gewerkschaftspolitische Verantwortung, koordinieren die Arbeit der IG/Gew. und vertreten die Gewerkschaften gegenüber den regionalen Staatsorganen. Außer in ihrem satzungsmäßigen Weisungsrecht gegenüber den Leitungen der IG/Gew. zeigt sich ihre umfassendere Aufgabenstellung in der großen Zahl der bei ihnen bestehenden Kommissionen: Agitation und Propaganda; Arbeit und Löhne; Sozialpolitik; Feriendienst; Kurenkommission; Arbeits- und Gesundheitsschutz; Kultur und Bildung; Finanzkommission; Frauenkommission; Jugendausschuß; Neuereraktiv; Rat für Sozialversicherung; Beschwerdekommission der Sozialversicherung. Die eigentliche Führungstätigkeit obliegt auch bei den Kreis- bzw. Bezirksvorständen des FDGB den Sekretariaten. Die Vorsitzenden der FDGB-Vorstände gehören den Sekretariaten der SED-Leitungen auf der gleichen Ebene, die BGL-Vorsitzenden den Betriebsparteileitungen an.

Besondere Probleme ergeben sich für die IG Transport- und Nachrichtenwesen durch die von der territorialen Gliederung des Staatsapparats abweichenden Organisationsstrukturen im Transportwesen, bei der Post und der Reichsbahn. Entsprechend gibt es getrennte Bezirksgewerkschaftsleitungen für Transport- bzw. Post- und Fernmeldewesen. Bei der Reichsbahn bestehen in den Reichsbahnamtsbezirken Gewerkschaftsleitungen, bei den Reichsbahndirektionen Bezirksgewerkschaftsleitungen.

Die in der Zeit von 1963 bis 1970 zu beobachtenden mannigfachen Versuche, die Zuständigkeiten zwischen FDGB- und IG/Gew.-Leitungen zugunsten der letzteren neu zu ordnen – Ausdruck der größeren Selbständigkeit der Vereinigungen Volkseigener Betriebe (VVB) und der daraus resultierenden Bemühungen, die industriezweigspezifischen Bedingungen stärker zur Grundlage der Gewerkschaftsarbeit zu machen – sind im Ergebnis des VIII. Parteitages der SED 1971 (teilweise Revision der Wirtschaftsreformen) aufgegeben worden. Auch die bei den VVB eingerichteten Gewerkschaftskomitees, die als gewählte Organe die Arbeit der einzelnen BGL in den Betrieben der VVB besonders bei den Wettbewerbskampagnen, den Rationalisierungsvorhaben, der Neuererbewegung und Normenarbeit koordinieren sollten, wurden aufgelöst und durch Instrukteure der Zentralvorstände (ZV) der IG/Gew. ersetzt. Ziele dieser Maßnahmen sind der Abbau eines Teils der Kompetenzüberschneidungen und eine Straffung der Leitungsstränge.

An der Spitze der IG/Gew. stehen die ZV (50–90 Mitglieder), die ihrerseits Präsidien wählen, deren hauptamtlichen Führungskern die Sekretariate bilden, ihre Aufgabe ist es, die allgemeinen, die IG/Gew. bindenden Beschlüsse des BV des FDGB bzw.

seines Präsidiums auf die Problematik des eigenen Wirtschaftsbereichs anzuwenden, die sich daraus oder aus gesetzlichen Bestimmungen ergebenden Verhandlungen mit den zuständigen Ministerien und VVB zu führen sowie die eigenen nachgeordneten Leitungen anzuleiten.

Zwischen den Kongressen ist der BV des FDGB (200 Mitglieder, 40 Kandidaten) das höchste Organ. Für die laufenden Arbeiten wählt der BV ein 32köpfiges Präsidium und das diesem Gremium angehörende Sekretariat (9 Mitglieder; Leiter des Sekretariats: Wolfgang Beyreuther; als Stellvertretender Vorsitzender des BV des FDGB: Johanna Töpfer; Sekretäre: Harald Bühl, Werner Heilemann; Horst Heintze, Margarete Müller, Heinz Neukrantz, Fritz Rösel, Helmut Thiele). Vorsitzender des BV des FDGB war bis März 1975 Herbert Warnke; nach dessen Tod wurde Harry Tisch, bis dahin 1. Sekretär der SED-Bezirksleitung Rostock und Kandidat des Politbüros der SED, zum Nachfolger gewählt. Seine Stellvertreter sind wie bisher Wolfgang Beyreuther und Johanna Töpfer.

Bei allen Leitungen des FDGB und der IG/Gew. werden Revisionskommissionen gewählt, die deren Finanzgebaren, die Einhaltung der Satzung und die Durchführung der Beschlüsse der jeweils übergeordneten Organe kontrollieren sollen. Sie erstatten laufend Bericht an die übergeordnete Revisionskommission, nehmen, soweit sich kritische Anhaltspunkte aus ihrer Revisionstätigkeit ergeben, Einfluß auf die Arbeit der gewählten Leitungen und berichten anläßlich der Gewerkschaftswahlen über die Ergebnisse ihrer Tätigkeit.

Der FDGB erkennt in seiner Satzung den → **demokratischen Zentralismus** als verbindliches Organisationsprinzip an; d. h. daß alle Leitungen von unten nach oben gewählt werden, diese ihren Wahlgremien gegenüber rechenschaftspflichtig sind, abgewählt werden können und alle Leitungen an die Beschlüsse und Richtlinien der übergeordneten Gremien gebunden sind. Die Wahlen finden bis zur Bezirksebene alle 2 $\frac{1}{2}$ Jahre, für die zentrale Ebene (Zentrale Delegiertenkonferenzen der IG/Gew. und Bundeskongreß des FDGB) alle 5 Jahre statt. (Der früher gültige Rhythmus von 2 bzw. 4 Jahren wurde auf dem 8. FDGB-Kongreß 1972 an die Satzungsregelung der SED und die Laufzeit der 5-Jahrespläne angeglichen.) Die Funktionäre der Gewerkschaftsgruppen, die Mitglieder der Frauen- und Jugendausschüsse, der Ständigen Produktionsberatungen und Neuereraktivs sowie die Arbeiterkontrolleure werden in offener Abstimmung auf Mitgliedervollversammlungen bzw. Vertrauensleutevollversammlungen bestimmt. Die Wahlen der AGL, BGL, OGL und der Delegierten für die Kreisdelegiertenkonferenzen erfolgen in den Betrieben direkt und geheim auf der Grundlage einer einheitlichen Kandidatenliste mit verbindlicher Reihenfolge. Nach dem gleichen Verfahren wählt die Delegiertenkonferenz einer Organisationsstufe den entsprechenden Vorstand und die Delegierten für die nächsthöhere Stufe.

Zu den Wahlen erläßt der BV Wahldirektiven und Richtlinien; in ihnen werden die politischen Schwerpunkte für die Rechenschaftslegung durch die alten Vorstände, die Diskussionsthemen in den Mitgliederversammlungen und Delegiertenkonferenzen, das Wahlverfahren, die zahlenmäßige Größe der zu wählenden Körperschaften festgelegt und kaderpolitische Hinweise gegeben. Die amtierenden Leitungen arbeiten in Zusammenhang mit den übergeordneten Gewerkschaftsorganen und den zuständigen SED-Leitungen die Kandidatenlisten aus, die der Bestätigung durch die Wahlgremien bedürfen. Die Ablehnung von Kandidaten, die Streichung einzelner Namen und die Hinzufügung anderer ist prinzipiell möglich, das Bild der gesamten Liste wird damit jedoch kaum verändert. Konkurrierende, organisierte Gegenvorschläge können nicht gemacht werden. Die Bekleidung von Wahlfunktionen oberhalb der betrieblichen Ebene hat eine mehrjährige Mitgliedschaft im FDGB zur Voraussetzung (Kreis: 2 Jahre, Bezirk: 3 Jahre, BV: 6 Jahre).

Die gewählten Vorstände tagen in größeren Zeitabständen (Kreis und Bezirk: dreimonatlich; BV: viermonatlich; ZV: sechsmonatlich), so daß die eigentliche Führungstätigkeit bei den hauptamtlichen Sekretariaten liegt. Die Leitungen sind gehalten, den jeweiligen Wahlkörperschaften regelmäßig Rechenschaft zu legen.

Ein wichtiges Leitungsinstrument und Diskussionsforum sind Gewerkschaftsaktivtagungen. Die haupt- und ehrenamtlichen Gewerkschaftsfunktionäre werden auf der jeweiligen Leitungsebene zu einem Gewerkschaftsaktiv zusammengefaßt; dieses bildet gleichsam den aktiven Kern der Organisationseinheit. In der Regel einmal im Vierteljahr, aber auch aus besonderem Anlaß wird das Gewerkschaftsaktiv von der gewählten Leitung zu einer Tagung zusammengerufen. Je nach Themenstellung können an ihr auch Arbeiter, Angestellte und Angehörige der Intelligenz ohne Funktion, die sich durch besondere Produktionsleistungen hervorgetan haben, teilnehmen. Auf den Gewerkschaftsaktivtagungen werden unter kritischer Einschätzung der bisherigen Arbeit von der Gewerkschaftsleitung die aktuellen Schwerpunkte der Organisationsarbeit erläutert und die sich daraus ergebenden Aufgaben für die einzelnen Funktionäre an Beispielen verdeutlicht und festgelegt; sie dienen ferner dem Erfahrungsaustausch. Beschlüsse der Gewerkschaftsaktivtagungen bedürfen der Zustimmung durch die einberufende Leitung.

Die in der Satzung gegebene Möglichkeit der Abberufung von Leitungsmitgliedern durch die dazu befugten Gremien spielt in der Praxis keine Rolle. Die Ablösung bzw. Neuberufung von hauptamtlichen Funktionären erfolgt allgemein durch die übergeordnete Leitung und durch Kooptation; sie wird im nachhinein durch die gewählten Vorstände sanktioniert.

Die SED nimmt auf vielfache Weise Einfluß auf die Tätigkeit und die Zusammensetzung der Gewerkschaftsvorstände: 1. Entsprechend des Satzung des FDGB sind die Parteibeschlüsse verbindliche Grundlage der Gewerkschaftsarbeit; 2. die bei den jeweiligen Parteileitungen bestehenden Abteilungen Gewerkschaften und Sozialpolitik legen die gewerkschaftspolitische Linie für ihren Zuständigkeitsbereich fest und wirken bei der Auswahl der Kandidaten für die Gewerkschaftsleitungen, insbesondere für die hauptamtlichen Positionen, entsprechend den Kadernomenklaturen, mit; 3. die Vorsitzenden der FDGB-Vorstände sind Mitglieder der Sekretariate der SED-Leitungen, in den Betrieben gehören die BGL-Vorsitzenden der Betriebsparteileitung an; 4. die Parteimitglieder sind auch als Gewerkschaftsmitglieder der Parteidisziplin (Parteiaufträge) unterworfen.

Die im Prinzip des demokratischen Zentralismus enthaltene strikte Bindung der nachgeordneten Leitungen an die Beschlüsse der übergeordneten vervollständigt das Instrumentarium, das den FDGB als eine autoritär geführte und voll in die Strukturen des Herrschaftssystems integrierte Massenorganisation erscheinen läßt. Es darf jedoch nicht verkannt werden, daß die vielfältigen Diskussionsprozesse, der sich in den Kommissionen und Arbeitsgruppen äußernde Sachverstand und die Möglichkeiten — wenn auch ohne organisatorische Verfestigung —, Kritik zu üben, die Entscheidungen der Leitungen beeinflußt. Besonders in den Betrieben wirken Kritik am Arbeitsplatz, Unzufriedenheiten, die zu Leistungsminderungen führen, Fluktuation von Betriebsangehörigen usw. korrigierend auf die Gewerkschaftsarbeit.

Im Verlag des FDGB erscheint als Organ des BV die Tageszeitung „Tribüne" und als Funktionärsorgan die Monatszeitschrift „Die Arbeit". Daneben wird eine Reihe von speziellen Zeitschriften herausgegeben wie z. B. „Sozialversicherung und Arbeitsschutz", „Kulturelles Leben" u. a. Die IG/Gew. unterhalten eigene, auf die Spezialproblematik ihres Industriezweiges abgestellte Zeitschriften. Mit Broschüren, umfangreichen Handbüchern und Monographien unterstützt der Verlag Tribüne die Anleitung sowie die politische und fachliche Qualifizierung der Gewerkschaftskader. Der Vertrieb der Gewerkschaftsliteratur erfolgt weitgehend über die Kulturobleute in den Betrieben durch den Literatur- und Vordruckvertrieb des FDGB in Markranstädt. Die Mitgliedschaft im FDGB ist grundsätzlich freiwillig; sie ist jedoch Voraussetzung für beruflichen und sozialen Aufstieg. Ein Anreiz für den Beitritt

sind auch die Vergünstigungen, die mit der Mitgliedschaft im FDGB verbunden sind (Ferienreisen,
Fahrgeldermäßigungen, Unterstützungszahlungen
usw.). Mitglied kann jeder Arbeiter, Angestellte
oder Angehörige der Intelligenz werden, nicht jedoch freiberuflich Tätige sowie Mitglieder von LPG
und PGH. Während des Direktstudiums und der Zugehörigkeit zur NVA ruht die Mitgliedschaft. Rentner und längerfristig Kranke können die Mitgliedschaft aufrechterhalten. Für 1972 wird eine Mitgliederzahl von 7 346 Mill., davon 3,5 Mill. Frauen, angegeben. Im Juni 1974 wurden 7,8 Mill. Mitglieder
genannt; die Zunahme mag sich aus der besseren
Durchorganisation der ehemals privaten, halbstaatlichen und genossenschaftlichen Betriebe erklären,
die in Volkseigentum überführt wurden.

Die Finanzierung des FDGB erfolgt durch Mitgliedsbeiträge (1 bis 1,5 v. H. des Bruttoeinkom-
mens) und den Verkauf von Spendenmarken. Bei
den BGO verbleiben 40 bis 60 v. H. der Beitragseinnahmen. Ein Teil der gewerkschaftlichen Aufgaben
wird aus Mitteln der Betriebe mitgetragen (Kulturarbeit aus den Kultur- und Sozialfonds, Lohnfort-
zahlung bei Lehrgangsbesuch etc.). 1974 hat der
FDGB 785 Mill. Mark ausgegeben (darin sind an
Staatszuschüssen 119 Mill. Mark für Feriendienst
und 18,2 Mill. Mark für gewerkschaftlichen Arbeitsschutz enthalten). Die Ausgaben verteilen sich wie
folgt: Verwaltungsausgaben 36,1 Mill. (4,8 v. H.),
Vorstands- und Kommissionstätigkeit 137,6 Mill.
(18,1 v. H.), Schulung 39 Mill. (5,1 v. H.), Kulturarbeit 75 Mill. (9,9 v. H.), Jugend und Sport 41,7
Mill. (5,5 v. H.), Arbeitsschutz 18,2 Mill. (entspricht
dem Staatszuschuß: 2,4 v. H.), Feriendienst
234,3 Mill. (30,9 v. H.), gewerkschaftliche Unterstützungen und Ehrungen 176,3 Mill. (23,3 v. H.).

IV. Aufgaben

Die Aufgaben des FDGB ergeben sich aus dem gewerkschaftlichen Selbstverständnis (vgl. Abschnitt I) und werden als Wahrnehmung der Mitwirkungsrechte der Werktätigen (→ **Mitbestimmungs-,
Mitgestaltungs- und Mitwirkungsrechte**) gedeutet.
Das → **Gesetzbuch der Arbeit** sagt ausdrücklich,
daß das „Recht auf Mitwirkung vor allem durch die
betrieblichen Gewerkschaftsleitungen" verwirklicht
wird. Seit dem VIII. Parteitag der SED sind die
überbetrieblichen Anhörungs- und Mitwirkungsrechte des FDGB u. a. im Gesetz über den Ministerrat der DDR vom 16. 10. 1972 (vgl. Abschnitt II)
und im Gesetz über die örtlichen Volksvertretungen
und ihre Organe in der DDR vom 12. 6. 1973 erneut
unterstrichen und teilweise erweitert worden.

Im Mittelpunkt der Gewerkschaftsarbeit steht der
Arbeitsprozeß. Der zentrale Wert, der der ökonomischen Leistung allgemein zugemessen wird, erklärt
sich einmal aus der philosophisch-anthropologischen Deutung der Arbeit als Konstituenz menschli-

cher Existenz, zum anderen aus dem leninistischen
Axiom, daß die Höhe der Arbeitsproduktivität letztlich Ausweis der Überlegenheit eines Gesellschaftssystems sei. Allerdings wird der Arbeitsprozeß
durchaus nicht ausschließlich im engen Sinn als Produktionsprozeß, sondern als ein komplexer sozialer
Zusammenhang begriffen, zu dem soziologische und
sozialpolitische Elemente ebenso wie Arbeits- und
Gesundheitsschutz, leistungsgerechte Entlohnung,
Versorgung mit Konsumgütern, Bildung etc. gehören. Die behauptete Einheit dieser Teilaspekte kann
nicht darüber hinwegtäuschen, daß sie sich keineswegs zu einem konfliktlosen Ganzen fügen. Für den
FDGB, der die gesamtgesellschaftliche Zielsetzung
zugleich mit den unmittelbaren Interessen seiner
Mitglieder vertreten soll, ergeben sich daraus immer
erneut Zielkonflikte. Seine Aufgabe wird wesentlich
dadurch erschwert, daß die behauptete Position des
Werktätigen als Miteigentümer sich in einer gleichberechtigten Stellung im Herrschaftssystem und in
der Gewerkschaftsorganisation zeigen müßte; die
tatsächliche Machtverteilung und das Funktionieren
der Leitungs- und Entscheidungsstränge steht dazu
jedoch in deutlichem Gegensatz. Notwendig muß die
erzieherische und propagandistische Arbeit des
FDGB Elemente der ideologischen Verhüllung der
gegebenen Machtverhältnisse enthalten.

Immerhin hat die Anerkennung der Unvermeidlich-
keit sozialer Konflikte dazu geführt, Sozialpolitik
und Sozialplanung als ein zwar mit der ökonomischen Planung zusammenhängendes, aber doch eigenes Aufgabengebiet anzuerkennen und die Arti-
kulation und Vertretung unmittelbarer Interessen zu
rechtfertigen. Ausdruck einer sich wandelnden Beurteilung mag es sein, daß durch eine Satzungsänderung auf dem 8. FDGB-Kongreß 1972 in der Aufgabenstellung die „Erhöhung des materiellen und kulturellen Lebensniveaus" vor dem Wachstum der Arbeitsproduktivität genannt wird.

Schwerpunkt gewerkschaftlicher Arbeit ist der Betrieb; Grundlage für die Tätigkeit der BGO bzw. der
BGL bildet die ökonomische Aufgabenstellung, wie
sie der Betriebsplan festlegt. Der Planentwurf, den
die Werkleitung auf der Grundlage zentral vorgegebener Produktionsauflagen und Kennziffern
(→ **Planung**) anfertigt, wird in einer von der BGL in
Absprache mit der Betriebsparteileitung geleiteten
Plandiskussion sowohl allen Belegschaftsmitgliedern bekanntgemacht als auch durch das Aufdecken
von Reserven präzisiert und verbessert. In der Plandiskussion für den Plan 1975 sollen erstmals mit dem
Produktionsplan auch bereits die Gegenpläne, die
gegenwärtig im Vordergrund stehende Form des
→ **Sozialistischen Wettbewerbs**, mitentworfen werden. Mit der inhaltlichen Aufschlüsselung des Betriebsplanes auf den einzelnen Arbeitsplatz wird angestrebt, daß der Werktätige sich besser mit seiner
ihm unmittelbar vorgegebenen Arbeitsaufgabe

identifizieren kann und er, anknüpfend an die einzelnen Kennziffern, zu weiteren berechenbaren Verbesserungen seiner Arbeitsleistungen, insbesondere aber auch zu Materialeinsparungen, veranlaßt wird (→ **Haushaltsbuch**). Der endgültige Planvorschlag wird von dem Werkleiter ausgearbeitet und den übergeordneten Wirtschaftsleitungen zur Bestätigung vorgelegt. An der Planverteidigung wird der Vorsitzende der jeweiligen Gewerkschaftsleitung persönlich beteiligt; die BGL fertigen zu diesem Zweck eigene Stellungnahmen an. Diese Beteiligung des FDGB findet sich auf allen Stufen der Planungspyramide; zu den Ein- und Mehrjahrplänen im DDR-Maßstab faßt der BV des FDGB einen entsprechenden Beschluß.

Auf der Grundlage des bestätigten Betriebsplanes wird in einem erneuten Diskussionsprozeß der → **Betriebskollektivvertrag** (BKV) erarbeitet. Auch hier erfolgt die Vorlage des Entwurfs in aller Regel durch die Werkleitung. Neben einer erneuten Information über die Arbeitsaufgabe des Planjahres finden in ihm vor allem die sozialpolitischen Belange, die Qualifizierungs-, Kultur- und Bildungsvorhaben, die anzuwendenden → **Lohnformen** und besondere Förderungsmaßnahmen für Frauen und Jugendliche (Jugend- bzw. Frauenförderungspläne, die als eigene Anlagen zum BKV unter maßgeblicher Beteiligung der Jugend- bzw. → **Frauenausschüsse** erarbeitet werden) ihren Niederschlag. Die BKV, die, von den Werkleitern und den BGL unterschrieben, auf Mitglieder- bzw. Vertrauensleutevollversammlungen verabschiedet werden, sind eine gemeinsame Verpflichtung zur Erfüllung der betrieblichen Produktionsaufgaben und zugleich das soziale und kulturpolitische Programm für die jeweilige Planperiode. Die dafür benötigten Mittel sind in den → **Kultur- und Sozialfonds** vorgegeben, werden jedoch bei Übererfüllung des Betriebsplans durch Sonderzuführungen verstärkt und sind insoweit durch die Leistungen der Betriebskollektive zu beeinflussen. Ein Teil der der BGL verbleibenden Beitragsanteile der Gewerkschaftsmitglieder wird ebenfalls für kulturelle und soziale Leistungen verwendet. (1974: Fast 50 v. H. der Beitragseinnahmen verblieben bei den BGO bzw. OGO = 277 Mill. Mark.)

Die Pflicht der Werkleiter, über den Stand der Erfüllung der BKV und der Produktionspläne regelmäßig Rechenschaft zu legen, die Arbeit der **Ständigen** → **Produktionsberatungen** und der anderen gewerkschaftlichen Kommissionen bieten der Gewerkschaftsorganisation die Möglichkeit, im Verlauf des Planjahres auf die Werkleitungen kritisch einzuwirken und zur Behebung betrieblicher Engpässe die Belegschaften zu mobilisieren. Sozialistischer Wettbewerb, Neuererbewegung, → **Rationalisierung**, die Überleitung von Forschungs- und Entwicklungsergebnissen in die Produktion werden maßgeblich von den BGL und deren Organen propagandistisch-agi-

tatorisch unter den Belegschaftmitgliedern und durch Kontrolle und Kritik der Betriebsleitungen gefördert. Die Neuereraktivs sind an die Stelle der Neuererräte bei den Betriebsleitungen und der Kommission für Neuererwesen der BGL als unmittelbare Vertretung der Neuerer im Rahmen der BGO getreten; diese Neuregelung betont die gestärkte politische Verantwortung des FDGB für die Masseninitiativen und ist zugleich Ausdruck für das Bemühen der SED, Werkleitungen und Mitwirkungsorgane im Betrieb stärker voneinander abzusetzen. Trotzdem bleibt festzuhalten, daß die Kontroll-, Kritik- und Vorschlagsrechte, die als gewerkschaftliche Mitwirkung oder auch als sozialistische Demokratie im Betrieb bezeichnet werden, das Prinzip der → **Einzelleitung**, den → **demokratischen Zentralismus** und den politischen Primat der SED auf betrieblicher Ebene im Kern nicht antasten. Zwar wird durch Diskussion und Kritik Druck auf die Werkleitungen ausgeübt; wenn diese den Empfehlungen und Vorschlägen jedoch nicht Rechnung tragen, bleibt der BGL allenfalls der Weg der Beschwerde bei den jeweils übergeordneten Leitungsorganen. Andererseits ist nicht zu verkennen, daß das große Informationsangebot die Chance zu einer bewußten Identifikation mit der Arbeitsaufgabe dann schafft, wenn die Pläne sich als real erweisen und wenn die ungeplanten Störungen im Produktionsablauf gering gehalten werden können.

Die Tätigkeit der Gewerkschaften im Bereich der → **Lohnpolitik** und bei der Verteilung von Prämien dient der Durchsetzung des Prinzips der → **materiellen Interessiertheit.** Im Lohn sollen die individuelle Leistung, die volkswirtschaftlich-politische Bewertung der spezifischen Arbeitsaufgabe, die Qualifikation der Werktätigen zum Ausdruck kommen. Mit dem durch die Anwendung dieser Grundsätze entstehenden, stark gestuften Entlohnungssystem wird das Ziel verfolgt, sowohl einen ständigen Anreiz zur Steigerung der individuellen Arbeitsleistung zu bieten als auch die Arbeitskräfte entsprechend den ökonomischen Zielsetzungen zu lenken. Lohnhöhe, → **Lohnformen**, industriezweigspezifische Lohnzuschläge und die allgemeinen Arbeitsbedingungen werden in Tarifverträgen niedergelegt. Die Tarifverträge werden zwischen den jeweils zuständigen staatlichen Wirtschaftsleitungen, staatlichen Organen usw. und den Einzelgewerkschaften im Rahmen der in den Jahres- bzw. Mehrjahresplänen vorgegebenen Größen abgeschlossen und bei dem → **Staatssekretariat für Arbeit und Löhne** geprüft und registriert. Den BGL obliegt es wesentlich, die korrekte Anwendung dieser Bestimmungen im Betrieb durch die Werkleitung und Betriebsangehörigen zu überwachen. Die sehr detaillierten Regelungen haben nicht verhindert, daß entgegen den Intentionen die erreichte Qualifikationsstufe nur ungenügend im Entgelt zum Ausdruck kommt und die gewollte Abstufung zwischen den einzelnen Industrie- und Wirtschaftsbereichen nicht verwirklicht werden konnte. Auf dem 8. FDGB-Kongreß ist aus diesem Grund eine generelle Reform des Lohnsystems angekündigt worden, die, ohne daß es zu Lohnsenkungen kommt, den allgemeinen Zielen der Lohnpolitik besser gerecht werden soll. Die starke Betonung des individuellen materiellen Nutzens im Leistungslohnsystem hat sich zwar als produktivitätsfördernd bewährt, aber andererseits der Zielsetzung, ein Bewußtsein zu schaffen, das die persönliche Arbeitsleistung vor allem an der politisch-gesellschaftlichen Aufgabe mißt, vielfach entgegengewirkt. Durch immaterielle Anerkennung (Ehrentitel, lobende Erwähnung in den Betriebszeitungen und Massenmedien usw.) bei den Wettbewerben und verstärkte ideologische Schulung (Schulen der sozialistischen Arbeit) wird versucht, erzieherisch doch dem Ziel, ein „sozialistisches Eigentümerbewußtsein" zu schaffen, näher zu kommen.

Die Schutzfunktionen des FDGB im Bereich des Arbeitsrechts, der staatlichen und betrieblichen Sozialpolitik sind unter doppeltem Aspekt zu sehen: Die Einhaltung der gesetzlichen Bestimmungen sowohl durch die Wirtschaftsleitungen als auch durch die Belegschaften soll gleichermaßen erreicht, bestehende Rechte sollen nicht verkürzt, aber auch nicht „mißbräuchlich" zu Gunsten der Betroffenen ausgeweitet werden. Rechtsberatungsstellen bei den Rechtskommissionen der Kreisvorstände des FDGB gewähren unter Berücksichtigung dieser Aufgabenstellung den Gewerkschaftsmitgliedern Rechtsschutz bei den Gerichten. Ferner leitet der FDGB die Konfliktkommissionen (→ **Gesellschaftliche Gerichte**) an, schult deren Mitglieder, die auf Mitgliederversammlungen gewählt werden. Die BGL besitzt ein Mitwirkungsrecht bei der Begründung, Änderung und Kündigung von Arbeitsverhältnissen. Die betriebliche Sozialpolitik umfaßt das betriebliche Gesundheitswesen, Kindergärten und -horte, Betriebsferienlager, die Werkverpflegung, betriebliche Einkaufsmöglichkeiten usw. Im Rahmen der finanziellen Möglichkeiten der Betriebe nimmt die BGL auf die Ausgestaltung dieser Einrichtungen über seine Kommissionen, die Jugend- und Frauenausschüsse Einfluß. In jüngster Zeit sind Bemühungen zu erkennen, die verschiedenen sozialpolitischen Anstrengungen zu einer einheitlichen betrieblichen Konzeption unter Einschluß des Arbeitsschutzes, der Qualifizierungsmaßnahmen, der Kulturarbeit usw. zusammenzufassen. Der Planteil: Verbesserung der Arbeits- und Lebensbedingungen im BKV ist Teil dieses Versuchs, der sich offensichtlich an dem Vorbild der in der Sowjetunion bereits üblichen Sozialpläne der Betriebe orientiert.

Eine starke Stellung hat der FDGB nach wie vor durch die Vermittlung verbilligter Ferienreisen im Rahmen seines → **Feriendienstes** in organisationseigene oder Vertragsheime, wenn auch die zusätzlichen Reisemöglichkeiten im Rahmen des Ausbaus der → **Touristik** stark erweitert worden sind. Bedeutsam sind in jüngster Zeit die vom FDGB geförderten Naherholungsmöglichkeiten geworden. FDGB-Mitglieder, die sich nicht am Feriendienst beteiligen können, kommen mit ihren Familienangehörigen ebenfalls einmal jährlich in den Genuß einer um ein Drittel ermäßigten Fahrt mit der Reichsbahn.

Im Zeichen der → **Wissenschaftlich-technischen Revolution**, aus der sich ständig neue und erhöhte Anforderungen an die fachliche Ausbildung der Berufstätigen herleiten, wirbt die Gewerkschaft verstärkt für eine Beteiligung an der Qualifizierung (Betriebsakademie, → **Einheitliches sozialistisches Bildungssystem,** XII). Notwendige Umsetzungen von Arbeitskräften in oder zwischen Betrieben als Auswirkung von Rationalisierungsmaßnahmen oder bedingt durch den Ausbau bzw. die Einschränkung bestimmter Wirtschaftszweige unterstützt der FDGB durch aufklärende Propaganda und versucht, die sozialen Auswirkungen zu mildern. Die den langfristigen Arbeitskräftebedarf des Betriebes bzw. Wirtschaftszweiges berücksichtigenden Qualifizierungspläne werden unter Mitarbeit der zuständigen Gewerkschaftsleitungen ausgearbeitet, wobei die Jugend- und Frauenausschüsse die Interessen der von ihnen vertretenen Gruppen zu Gehör bringen.

Die → **Kulturarbeit des FDGB** wirbt um die rezeptive und eigenschöpferische Teilnahme der Gewerkschaftsmitglieder am kulturellen Leben. Neben der fachlichen Qualifikation geht es ihr um die Heranbildung des „allseitig gebildeten sozialistischen Menschen". Sie ist der Versuch, ausgehend vom Betrieb die Freizeitgestaltung (→ **Freizeit**) zu beeinflussen. Die gewerkschaftliche Kulturarbeit wirkt, besonders in territorial bestimmenden Großbetrieben, in erheblichem Maß auf die Ausgestaltung des kulturellen Lebens in den Wohngebieten ein.

Mit der Übergabe der Sozialversicherung in die Alleinverwaltung des FDGB auf der Grundlage der gesetzlichen Bestimmungen sind den Gewerkschaften staatliche Aufgaben zugewiesen worden, die sie ohne direkten Einsatz staatlicher Zwangsmittel lösen müssen (→ **Sozialversicherungs- und Versorgungswesen**). Mit der Übertragung der Kontrolle über den Arbeitsschutz und der Einrichtung der Arbeitsschutzinspektionen bei den Gewerkschaftsleitungen ist dieser Prozeß fortgesetzt worden. Die Verantwortung, die die Gewerkschaften für die Anleitung, Wahl und Schulung der Konfliktkommissionen haben, kann ebenfalls als eine Ablösung staatlichen Zwangs durch Organisationszwänge (gegenüber den eigenen Mitgliedern und den Wirtschaftsleitungen) verstanden werden. Gegenüber staatlichen Organen hat der FDGB auch außerhalb der

Plandiskussionen, besonders in arbeitsrechtlichen, sozial- und kulturpolitischen Fragen ein Beratungs- und Mitwirkungsrecht, das durch die gewerkschaftliche Beteiligung an Beiräten, Arbeitsgruppen, durch schriftliche Stellungnahmen usw. ausgeübt wird. Das Prinzip der Einzelleitung wird jedoch auch hier durch die Gewerkschaften nicht eingeschränkt. Die Kreis- und Bezirksvorstände des FDGB wirken an der Vorbereitung und Festlegung der regionalen Pläne mit. Mit den in den Betrieben gewählten Arbeiterkontrolleuren (1 Arbeiterkontrolleur auf 30–50 Gewerkschaftsmitglieder) beteiligt sich der FDGB an den Aufgaben der → **Arbeiter-und-Bauern-Inspektion**. Die Arbeiterkontrolleure werden vor allem für die innerbetriebliche Kontrolle und für die Inspektion in Handel, Versorgung und Wohnungswesen eingesetzt. (1973: 87 605 Arbeiterkontrolleure.)

Die Bedeutung, die dem FDGB im Herrschafts- und Gesellschaftssystem zugemessen wird, spiegelt sich u. a. darin, daß er die nach der SED größte Anzahl von Mitgliedern in die → **Volksvertretungen** entsendet. So wurden 1972 entsandt in die Volkskammer: 68 von 500; in die Bezirkstage: 393 von 2 840; in die Kreistage und Stadtverordnetenversammlungen: 2 029 von 17 204; in die Gemeindevertretungen: 23 601 von 180 890; in die Stadtbezirksversammlungen: 445 von 3 000.

V. Schulung

Nachdem in den voraufgegangenen Jahren die Massenschulung des FDGB in den Hintergrund getreten war, ist seit 1972 in den „Schulen der sozialistischen Arbeit" (SdsA.) eine neue Form der propagandistischen Breitenarbeit in Anlehnung an das sowjetische Vorbild der „Schulen der kommunistischen Arbeit" in Verantwortung der Gewerkschaften entwickelt worden. Die SdsA. sind kleine Gruppen (15–25 Teilnehmer), die in den jeweiligen Betriebsabschnitten (Brigade-, Meisterbereiche, Abteilungen usw.) gebildet werden und unter Leitung eines Gesprächsleiters (in der Regel ein der SED angehörender Wirtschaftsfunktionär) einmal monatlich die vom BV des FDGB vorgeschlagenen Themen (1974 z. B.: Die Politik der SED zur weiteren Verwirklichung der Hauptaufgabe im Jahre 1974; die Steigerung der Arbeitsproduktivität – das Entscheidende usw.) in möglichst großer Nähe zu den aktuellen Arbeitsaufgaben diskutieren sollen. Durch die geforderte Praxisnähe hofft man, abstrakte ideologische Vorträge zu vermeiden und Anschaulichkeit zu erreichen, zum anderen einen erlebbaren Zusammenhang zwischen der ideologischen bzw. politisch-programmatischen Ebene und dem Geschehen im Betrieb herstellen zu können. Die Gefahren, daß sich die SdsA. entgegen diesen Vorstellungen entweder bei zu starker Betonung aktueller Betriebsprobleme zu einer anderen Form von Mitgliederversammlungen oder Produktionsberatungen entwickeln oder aber erneut in rasch ermüdende Schulungsvorträge münden bzw. ein unkontrolliertes Kritikpotential freisetzen könnten, werden gesehen; die ständige Anleitung der Gesprächsleiter wird genutzt, um eine optimale Ausgestaltung der SdsA. zu erreichen. Ende 1973 gab es 51 220 SdsA. mit 1 041 949 Teilnehmern, darunter 75 v. H. Parteilose. Ende 1974 bestanden 76 782 SdsA.

Ein nicht minder wichtiger Bereich gewerkschaftlicher Schulungsarbeit ist die Aus- und Weiterbildung der eigenen Funktionäre. Die mannigfachen Funktionen des FDGB bieten die Möglichkeit, eine große Zahl von Mitgliedern tätig in die Gewerkschaftsarbeit einzubeziehen. 1974 wurden auf betrieblicher Ebene in die Leitungen, Kommissionen, Ausschüsse und Arbeitsgruppen über 2 Mill. Mitglieder in Funktionen gewählt. Bei der Beurteilung dieser Zahlen wird man an Doppelzählungen denken müssen; auch sagt die Tatsache der Übernahme einer Funktion noch nichts aus über die Intensität, mit der sie ausgeübt wird. Trotzdem demonstrieren diese Zahlenangaben die starke, integrierende Kraft einer Großorganisation. Die Funktionstüchtigkeit des FDGB, die Effektivität, mit der er seine Kontroll-, Mitwirkungs- und Beratungsrechte wahrnehmen kann, das Ansehen der Gewerkschaftsfunktionäre bei den Belegschaften und Werkleitungen und die darauf gegründete Chance, erzieherisch zu wirken und zu mobilisieren, hängt von den Fähigkeiten und Kenntnissen der → **Kader** ab. Die Mathematisierung der Planung, die Einführung der Datenverarbeitung, Kybernetik, operations research usw. haben die Anforderungen an die Gewerkschaftsfunktionäre ständig ansteigen lassen. Während des NÖS und des ÖSS ist die Ausbildung der Funktionäre reformiert und durch die Vermittlung positiven Fachwissens, insbesondere aus dem Bereich der → **Leitungswissenschaft**, der Volks- und Betriebswirtschaftslehre erweitert und verbessert worden. Die starke Differenzierung des Schulungssystems nach Aufgabengebieten (Arbeitsrecht, Arbeitsökonomie, Sozialversicherung, Arbeitsschutz, Kultur usw.) bietet gute Voraussetzungen zum Erwerb von Spezialkenntnissen. Zwar gehört es zu den Ergebnissen des VII. Parteitages der SED (1971), daß den ideologischen Inhalten stärkeres Gewicht beigemessen wird, doch die gleichfalls geforderte Praxisnähe und die Erweiterung des Aufgabenkatalogs der Gewerkschaften haben den aufgabenspezifischen Lehrinhalten ihre Bedeutung belassen.

Die Formen der gewerkschaftlichen Schulungsarbeit sind mannigfaltig: Einzelvorträge, Wochenendschulungen und 14tägige Kurzlehrgänge in den Betrieben und in den Kreisbildungsstätten der FDGB-Kreisleitungen, 4wöchige Kurse in (jahreszeitlich bedingt) nicht genutzten FDGB-Heimen, 3monatige Lehrgänge bei den Bezirksschulen des FDGB und in den industriezweigspezifischen Schulen der wichtigsten IG (1969: 6). Die Ausbildung hauptamtlicher Funktionäre und die Weiterbildung von Funktionären der mittleren Leitungsebene erfolgt in Einjahreslehrgängen an 2 Jahresschulen des FDGB, die zugleich auch auf ein langfristiges Studium vorbereiten.

Spezialschulen des FDGB (Lehrgangsdauer: 3 Monate bis 1 Jahr) vermitteln Spezialkenntnisse auf den Gebieten Kulturarbeit, Sozialversicherung, Arbeitsschutz, Arbeit und Löhne, Arbeitsrecht (z. B. Zentralschule für Kultur in Leipzig). Zentrale Bildungs- und Forschungseinrichtung des FDGB ist die Hochschule der Deutschen Gewerkschaften „Fritz Hekkert" in Bernau. Neben kürzeren Lehrgängen finden dort seit 1956 ein 3jähriges Direkt- bzw. ein 5jähriges Fernstudium statt, die mit der Prüfung zum Diplom-Gesellschaftswissenschaftler abgeschlossen werden. Von 1952 bis 1969 haben 2 633 Funktionäre an der Hochschule Ein- oder Mehrjahreslehrgänge absolviert. In immer stärkerem Maß dient die Hochschule der empirischen Erforschung der Ergebnisse bestimmter gewerkschaftlicher Tätigkeiten, der begleitenden Unterstützung bei Versuchen mit neuen Arbeitsmethoden und der Weiterentwicklung der Gewerkschaftstheorie. Daneben findet die ständige Weiterbildung leitender Gewerkschaftskader mit Hochschulabschluß in Bernau statt.

Ergebnisse der verbesserten Kaderaus- und weiterbildung zeigen sich in der Verjüngung der aktiven Funktionäre in Leitungspositionen und in der zunehmenden Zahl von hauptamtlichen Gewerkschaftsfunktionären mit Hochschulabschluß. 1974 wurden 39 Mill. Mark für die Aus- und Weiterbildung von Gewerkschaftsfunktionären aufgewendet, davon 20,1 Mill. Mark von den BGO bzw. OGO.

VI. Gewerkschaftliche Unterstützungseinrichtungen

Der FDGB verfügt über eine Anzahl von Unterstützungseinrichtungen für seine Mitglieder. Die Höhe der Leistungen variiert je nach Dauer der Mitgliedschaft und z. T. der Höhe der entrichteten Mitgliedsbeiträge. Ein Anspruch entsteht in der Regel nach einjähriger Mitgliedschaft. In Höhe eines Wochenbeitrages wird bei Erkrankung nach Wegfall des Lohnausgleichs aus der Sozialversicherung für 6 bis 9 Wochen eine tägliche Krankengeldunterstützung gewährt. Ferner zahlt der FDGB Geburtsbeihilfen (30 Mark) und Sterbegelder (100–370 Mark). Rentner mit langjähriger Mitgliedschaft in den Ge-

werkschaften (mindestens 35 Jahre) erhalten eine vierteljährliche Unterstützung von 30–50 Mark. 1973 wurden 29,6 Mill. Mark an Krankenunterstützung, 9 Mill. für Krankenbetreuung, 4 Mill. für Geburtenbeihilfe und 8,8 Mill. für soziale Unterstützung aus Gewerkschaftsmitteln für fast 2 Mill. Mitglieder ausgegeben. Für Darlehen in Notfällen und für größere Anschaffungen bestehen Kassen der gegenseitigen Hilfe, die durch Sonderbeiträge finanziert werden. Im Verkehrswesen tätige Gewerkschaftsmitglieder erhalten durch die „Fakulta" Rechtsschutz und Familienunterstützung bei Verkehrsunfällen.

VII. Politik gegenüber den Gewerkschaften der Bundesrepublik Deutschland und internationale Beziehungen

Der FDGB hat sich in seiner Politik gegenüber den Gewerkschaften in der Bundesrepublik Deutschland immer an die jeweilige Linie der → **Deutschlandpolitik der SED** gehalten. Lange Jahre hat er dementsprechend mit einer Fülle von Aktivitäten versucht, unmittelbar auf die Gewerkschaften des Deutschen Gewerkschaftsbundes (DGB) Einfluß zu nehmen (Deutsche Arbeiterkonferenz, Delegationen, Versenden von Propagandamaterial usw.), ohne daß er dabei größere Erfolge hätte erzielen können. Im Zuge der vom DGB unterstützten Vertragspolitik zwischen den beiden deutschen Staaten ist es zur Aufnahme offizieller Kontakte sowohl zwischen FDGB und DGB als auch zwischen den Einzelgewerkschaften gekommen. Der FDGB hat sich jedoch durch Satzungsänderung auf dem 8. FDGB-Kongreß von der Festlegung auf das Ziel der „Konföderation der beiden deutschen Staaten" losgesagt und unterstützt nunmehr die Abgrenzungspolitik der SED. Es entspricht dieser politischen Konzeption, wenn der FDGB Begegnungen mit dem DGB als „internationale Kontakte" einzustufen sucht.

Der FDGB ist Mitglied des → **Weltgewerkschaftsbundes** (WGB), die IG/Gew. gehören den jeweils zuständigen Berufsorganisationen des WGB, den „Internationalen Vereinigungen der Gewerkschaften", an. Seine internationalen Verbindungen nutzt der FDGB zur Unterstützung der → **Außenpolitik**. Die Kontakte zu den im Aufbau befindlichen Gewerkschaften in den Entwicklungsländern werden besonders gepflegt. Seit Mai 1959 werden an der Hochschule des FDGB laufend Gewerkschaftsfunktionäre aus afrikanischen und asiatischen Ländern in 18-Monats-Lehrgängen ausgebildet.

FDJ (Freie Deutsche Jugend)

Geschichte – Organisation – Arbeitsformen – Schulung – Internationale Verbindungen

Als einzige zugelassene Jugendorganisation nimmt

die FDJ einen wichtigen Platz im System der → **Massenorganisationen** ein. In ihrem Statut bekennt sie sich zur führenden Rolle der → **SED** und zum wissenschaftlichen Sozialismus, sieht in den jeweiligen Partei- und Regierungsbeschlüssen die Grundlage ihrer Arbeit und bezeichnet sich selbst als „sozialistische" Massenorganisation. Der ganzen Jugend gegenüber, auch soweit diese nicht in ihren Reihen organisiert ist, reklamiert sie einen Erziehungs- und Führungsanspruch. Die Kinderorganisation → **Pionierorganisation „Ernst Thälmann"** wird von ihr verantwortlich geleitet.

Die FDJ ist ein wesentliches Erziehungsinstrument zur Heranbildung einer das Gesellschafts- und Herrschaftssystem bejahenden jungen Generation. Sie hat 1. den Nachwuchs für die Partei heranzubilden (Kaderreserve der Partei), 2. in ihren eigenen Reihen den → **Marxismus-Leninismus** zu verbreiten, um auf dieser Grundlage zu einem staatsbürgerlichen Bewußtsein zu erziehen, das die Bereitschaft zur Verteidigung der politischen und gesellschaftlichen Ordnung in der DDR einschließt, 3. die Aneignung fachlicher Kenntnisse in der Schule, im Beruf und im Studium zu unterstützen, 4. für erwünschte Formen der Freizeitgestaltung (→ **Freizeit**) zu werben und selbst eine entsprechende kulturpolitische Arbeit zu leisten, 5. in ihrer Organisation bestimmte soziale Verhaltensweisen einzuüben, wie sie dem Leitbild des sozialistischen Menschen entsprechend, 6. über die eigenen Reihen hinaus alle Jugendlichen in diesen Erziehungsprozeß einzubeziehen, 7. auf die anderen Erziehungseinrichtungen und auf die Familien einzuwirken, damit diese gleichen Zielen folgen, 8. im Rahmen dieser Aufgabenstellungen die Interessen der Jugend in der Partei und gegenüber den Staats-, Wirtschafts- und Erziehungsinstitutionen zu vertreten.

Obwohl die FDJ ihren überwiegenden Rückhalt unter der Schuljugend und den Studenten hat, sieht sie in der Arbeiterjugend den „Kern" ihres Verbandes. Sie will damit an die Traditionen der revolutionären Arbeiterjugendbewegung, insbesondere des kommunistischen Jugendverbandes (KJVD), anknüpfen, um den emotionalen Impuls kämpferischer Auseinandersetzung für die Mobilisierung und Integration der Jugend zu nutzen. Der Begriff der Revolution wird in diesem Zusammenhang mit neuem Inhalt gefüllt, die Gestaltung der sozialistischen Gesellschaft gilt nun als „höchste Stufe revolutionärer Tätigkeit in der gesamten bisherigen Geschichte der Menschheit".

Kennzeichnend für das revolutionäre Denken und Handeln der Jugend im Sozialismus sei die Aneignung des Marxismus-Leninismus, die Steigerung der Arbeitsproduktivität, der Kampf gegen den Imperialismus und die Verteidigung der Heimat sowie der aktive Beitrag zur Festigung der sozialistischen Völkerfamilie.

I. Geschichte

Auf der 1. Funktionärskonferenz der KPD am 25. 6. 1945 stellte W. Ulbricht fest, daß es eine kommunistische Jugendorganisation nicht geben werde, sondern eine „einheitliche, freie Jugendbewegung". Zu deren Vorbereitung bildeten sich bei den kommunalen Verwaltungen antifaschistische Jugendausschüsse, die von der SMAD im Juli 1945 sanktioniert wurden. Sie standen von Anbeginn unter starkem Einfluß der KPD. Am 7. 3. 1946 wurde die FDJ unter Vorsitz von Erich Honecker gegründet.

Das I. Parlament der FDJ (8.–10. 6. 1946) in Brandenburg/Havel schloß den Gründungsvorgang mit der Verabschiedung der Verfassung, den Grundsätzen und Zielen der FDJ und der Proklamation der Grundrechte der jungen Generation ab. Dabei wurde jede Bezugnahme auf die SED und den Sozialismus vermieden; im Vordergrund standen vielmehr allgemeine demokratische Forderungen nach einer stärkeren Berücksichtigung der Jugend im politischen Leben, der Herabsetzung des Wahlalters auf 18 Jahre, der Verbesserung des Arbeitsschutzes, nach gleichem Lohn für gleiche Arbeit, dem Recht auf Bildung für alle usw.

Das II. Parlament der FDJ (23.–26. 5. 1947) in Meißen verstärkte die politische Akzentuierung des Verbandes und beschloß die Uniformierung (Blauhemd, blaue Fahne mit der aufgehenden Sonne). Die Organisationsstruktur wurde gestrafft, deren Schwergewicht von den Wohngebieten in die Betriebe und Schulen verlagert.

Das III. Parlament (27.–30. 5. 1949) in Leipzig verabschiedete eine neue Verfassung, in der sich die FDJ die Ziele der SED zu eigen machte, die geheimen Verbandswahlen abschaffte und die Voraussetzung für ein straffes Schulungssystem schuf.

Die auf dem IV. Parlament (27.–30. 5. 1952) in Leipzig verabschiedete Verfassung anerkennt die führende Rolle der SED, enthält das Bekenntnis zu den Lehren von Marx, Engels, Lenin und Stalin und übernimmt das Organisationsprinzip des → **demokratischen Zentralismus**. Bereits am 6. 7. 1950 war die FDJ in den Demokratischen Block aufgenommen worden. Damit war die Umformung der FDJ zur Massenorganisation abgeschlossen.

Nach dem V. Parlament (25.–27. 5. 1955; Erich Honecker wird von Karl Namokel als 1. Sekretär abgelöst) in Erfurt setzte noch einmal eine Diskussion über die Aufgaben des Verbandes ein, die mit der 16. ZR-Tagung am 25. 4. 1957 abgeschlossen wurde. Die FDJ erklärte sich zur „sozialistischen" Jugendorganisation mit Avantgarde-Charakter. So konnte sie am ehesten ihren Auftrag, „Reserve und zuverlässiger Helfer der SED" zu sein, erfüllen.

Das VI. Parlament (12.–15. 5. 1959. Karl Namokel wird durch Horst Schumann als 1. Sekretär abgelöst) nahm diese Beschlüsse in die Satzung auf, die in ihren Grundzügen auf dem VII. Parlament (28. 5.–1. 6. 1963) in Berlin (Ost) und auf dem VIII. Parlament (10.–13. 5. 1967; Horst Schumann wird durch Günther Jahn als 1. Sekretär abgelöst) in Leipzig bestätigt wurde.

Das IX. Parlament (25.–29. 5. 1971) in Berlin (Ost) bringt keine grundsätzlichen Veränderungen, doch wurden die Aufgaben des Verbandes in den folgenden Monaten mit den politischen und ökonomischen Zielsetzungen des VIII. Parteitages der SED abgestimmt. Diese Entwicklung ist mit der Verabschiedung des 3. Jugendgesetzes der DDR am 28. 1. 1974, in dem der FDJ eine zentrale Stellung in der gesamten Jugendpolitik eingeräumt wird und diese wiederum in die politische und ökonomische Gesamtzielsetzung eingebettet ist, abgeschlossen. Auf der 10. Tagung des ZR am 9. 1. 1974 wurde Günther Jahn durch Egon Krenz als 1. Sekretär abgelöst.

II. Organisation

Grundlage des Verbandsaufbaus sind die Grundorganisationen (GO), die nach dem Statut in allen Erziehungsstätten, Betrieben, Genossenschaften, Wohngebieten usw. gebildet werden, wenn mindestens drei Mitglieder vorhanden sind. Allerdings bestanden 1971 in den Wohngebieten der Städte keine (Neue Justiz, 25. Jg. 1971, Nr. 17, S. 505), 1973 auf den Dörfern nur 3 585 GO. Die GO untergliedern sich je nach Größe in FDJ-Gruppen. In Betrieben mit mehr als 100 FDJ-Mitgliedern werden als mittlere Leitungsebene der GO FDJ-Organisationen (FDJ-Org.) gebildet. An den Schulen bestehen grundsätzlich in allen Klassen (von der 8. an) FDJ-Org. mit je nach Mitgliederzahl umfangreichen Leitungen (3–15 Mitglieder). Die FDJ verfolgt damit das in den Statuten festgelegte Ziel, möglichst viele Mitglieder aktiv in die Verbandsarbeit einzubeziehen.

In Leitungen mit 15 Mitgliedern werden folgende Funktionen besetzt: Sekretär, Stellvertretender Sekretär, Funktionär für Agitation, Funktionär für Propaganda, Literaturobmann, Wandzeitungsredakteur, Funktionär für Kulturarbeit und Tätigkeit im Wohngebiet, Funktionär für Sport und Touristik, Funktionär für sozialistische Wehrerziehung, Funktionär für Pionierarbeit, Funktionär für sozialistischen Wettbewerb und sozialistische Gemeinschaftsarbeit (an Schulen, Universitäten, Hoch- und Fachschulen: für Zusammenarbeit mit sozialistischen Betrieben), Leiter des Kontrollpostenstabes (in Schulen: Funktionär für die Führung des Schülerwettstreites), Kassierer, Funktionär für wissenschaftliche Arbeit (nur an Universitäten, Hoch- und Fachschulen), Funktionär für spezielle Aufgaben in der Arbeit mit den 8. Klassen (nur an 10klassigen Oberschulen) sowie ein Singeleiter. (Bei den FDJ-Wahlen 1973/74 wurden 535 000 Funktionäre gewählt.) Die Fluktuation der Leitungsmitglieder ist hoch; von den 1973/74 gewählten hatten 40 v. H. keine Leitungserfahrung. Die Funktionäre der GO bilden (möglichst zusammen mit weiteren geeigneten Mitgliedern) das Agitatorenkollektiv mit der Aufgabe, regelmäßig aktuelle Probleme mit den Mitgliedern zu besprechen. Sie bilden ferner zusammen mit den FDJ-Abgeordneten der Volksvertretungen und Mitgliedern der betrieblichen FDJ-Organisationen, den Leitern der Jugendbrigaden und anderer Arbeitsgruppen sowie den Propagandisten und Agitatoren auf regionaler Ebene das Verbandsaktiv, das zur Vorbereitung oder Auswertung wichtiger Aktionen zusammentritt.

Die GO unterstehen, entsprechend der territorialen Gliederung, Stadt- bzw. Kreisleitungen, die wiederum Bezirksleitungen unterstehen. Führungsstäbe dieser Leitungen sind die Sekretariate, deren Zusammensetzung von der jeweils übergeordneten Leitung bestätigt werden muß. In kleineren Orten mit mehreren GO können auch Ortsleitungen (OL) gebildet werden. In den Universitäten und Großkombinaten bestehen FDJ-Kreisleitungen. Die GO in der NVA besitzen eine eigene organisatorische Anleitungsstruktur innerhalb der Streitkräfte. An der Spitze des Verbandes steht der Zentralrat (ZR) (140 Mitglieder, 59 Kandidaten), der seinerseits das Büro mit dem Sekretariat als eigentlichem Leitungsorgan der FDJ wählt (27 Mitglieder, davon 10 Sekretäre. 1. Sekretär: gegenwärtig Egon Krenz, 2. Sekretär: Wolfgang Herger). Die Vorsitzenden der Kreis- und Bezirksverbände sowie der Vorsitzende des Gesamtverbandes der Pionierorganisation sind Mitglieder des FDJ-Sekretariats der entsprechenden Leitungsebene.

Bei allen Organisationseinheiten, mit Ausnahme der Ortsleitungen, bestehen Revisionskommissionen, die die Einhaltung der Finanzrichtlinien, des Statuts und die Durchführung der Beschlüsse der übergeordneten Leitungen zu prüfen haben.

Als höchste Organe bezeichnet das Statut die Mitgliederversammlung und die Delegiertenkonferenzen sowie das Parlament der FDJ. Die Leitungen in den GO und OL werden jährlich, die Stadt-, Kreis- und Bezirksleitungen alle 2 Jahre, der ZR alle 4 Jahre gewählt. Die Kandidatenaufstellung wird mit den jeweiligen SED-Parteileitungen abgesprochen.

Das Statut sieht nur offene Wahlen vor. Das Bestätigungsrecht der übergeordneten Leitungen für die Sekretariate der nachgeordneten und das Prinzip des demokratischen Zentralismus schaffen die Sicherheit für ein kontrolliertes Arbeiten der FDJ-Organisation im Rahmen der jeweiligen Verbands- und Parteibeschlüsse. Die 1. Sekretäre der FDJ-Kreis- und Bezirksleitungen sind in der Regel Mitglieder des Sekretariats der entsprechenden SED-Leitung. Die FDJ verfügt über 2 Verlage. Im Verlag „Junge Welt" erscheinen als Tageszeitung die „Junge Welt" (Aufl. 1973: 677 000), als Monatszeitschrift das Funktionärsorgan „Junge Generation", 14täglich das „Forum" als Zeitschrift für die Studenten und die junge Intelligenz sowie eine Reihe anderer Jugendzeitschriften. Der Verlag „Neues Leben" veröffentlicht vor allem Jugendliteratur und Belletristik. Die Mitgliedschaft in der FDJ ist freiwillig und vom 14. Lebensjahr an möglich, wobei eine direkte Übernahme der Mitglieder der Pionierorganisation angestrebt wird. Eine obere Altersgrenze ist nicht mehr festgesetzt, sie lag früher bei 25 bzw. 26 Jahren. Die Funktionäre der FDJ sind jedoch vielfach älter.

Anfang 1973 hatte die FDJ 1 894 530 Mitglieder, davon waren 8 v. H. 25 Jahre und älter. (Zum Vergleich: am 31. 12. 1972 gab es ca. 2,74 Mill. Jugendliche im Alter zwischen 14 und 25 Jahren.) Im Mai 1974 wurde angegeben, daß 50 v. H. aller heutigen FDJler erst nach dem VIII. Parteitag der SED Mitglied wurden, also erst seit 3 Jahren dem Verband angehören. Damit dürfte die Hälfte der Mitglieder unter 18 Jahren sein. In der FDJ organisiert sind also ca. 64 v. H. aller 14- bis unter 25jährigen der DDR-Bevölkerung. Sehr hoch ist der Organisationsgrad an den Schulen. Im Jahre 1972 waren 96 v. H. der 616 000 Schüler zwischen 14 und 16 Jahren Mitglieder der FDJ. Ähnlich hoch dürfte der Anteil der FDJ-Mitglieder an den Schülern der EOS (1972: ca. 55 000), an den Direktstudenten der Universitäten und Hoch- und Fachschulen (1972: ca. 180 000) sowie an den Jugendlichen in der NVA sein. Wenn man die FDJ-Mitgliedschaft in der NVA mit etwa 100 000 annimmt, zeigt sich, daß nahezu 1 Mill. Mitglieder der FDJ nicht berufstätig sind. Berücksichtigt man, daß die in den staatlichen Organen Beschäftigten sich nur schwer einer Mitgliedschaft in der FDJ entziehen können, so bleibt für den „Kern" der FDJ, die junge Arbeiterschaft in Industrie und Landwirtschaft, nur ein verhältnismäßig kleiner Anteil.

Es ist der FDJ bisher nicht gelungen, in allen landwirtschaftlichen Betrieben GO zu bilden. Im Jahre 1972 zählte die FDJ ca. 25 000 Grundorganisationen. Von diesen waren 6 255 in der Land-, Forst- und Nahrungsgüterwirtschaft und in den Dörfern. Ca. 100 000 Mitglieder waren in ihnen organisiert. (Zum Vergleich: 1972 gab es 7 575 LPG, 500 VEG und 334 Gärtnerische PG, dazu hatten 7 689 Gemeinden weniger als 2 000 Einwohner und zählten als „Landgemeinden".) Der Organisationsgrad der jungen Genossenschaftsbauern wurde mit „fast 40 v. H." angegeben. 1973 wurde von einem Rückgang der Anzahl der GO und der Mitglieder auf dem Lande berichtet. Seitdem hat sich die FDJ erneut des flachen Landes angenommen. 1973 bestanden 3 585 FDJ-GO der Dörfer, in denen 46 603 Mitglieder organisiert waren. Weitere 60 000 FDJler, die in GO der Betriebe und Schulen organisiert sind, aber auf dem Dorfe wohnen, werden angehalten, in den GO der Dörfer mitzuwirken. Insgesamt dürften die Verhältnisse des Kreises Zeitz für die organisatorische Zusammensetzung der FDJ typisch sein: Die 136 GO gliederten sich im Jahre 1972 in: 4 Großbetriebe, 25 Klein- und Mittelbetriebe, 7 PGH, 6 LPG,

5 Betriebe der Nahrungsgüterwirtschaft, 28 Dorfgrundorganisationen und 61 (!) Lehrer-, Schul- und „andere" GO.

Vergleichsweise hat der FDGB, der Studenten, Angehörige der NVA und Mitglieder von Produktionsgenossenschaften nicht erfaßt, über 1 Mill. berufstätige Jugendliche organisiert. Die für SED und FDJ verhältnismäßig unbefriedigenden Ergebnisse der Arbeit unter der Jugend haben u. a. zu einer Forcierung der → **Jugendforschung** geführt.

Die FDJ erhebt Mitgliedsbeiträge, gestaffelt nach der Höhe des Einkommens bzw. des Stipendiums, zwischen 0,30 und 5 Mark. Überwiegend wird sie jedoch aus staatlichen und betrieblichen Mitteln finanziert.

III. Formen der FDJ-Arbeit

Die FDJ stellt ihre Jahresarbeit unter eine bestimmte Losung und leitet aus ihr die speziellen Aufgaben ab. 1972/73 stand die Vorbereitung der X. Weltfestspiele im Mittelpunkt, 1973/74 der 25. Jahrestag der Gründung der DDR. Die Wettbewerbe werden sowohl zeitlich wie inhaltlich und agitatorisch auf diesen Tag ausgerichtet.

In der Schule unterstützt die FDJ die Lehrtätigkeit der Erzieher, um möglichst gute Lernergebnisse zu erzielen. Sie organisiert schulische und außerschulische Arbeitsgemeinschaften, wobei der Vermittlung naturwissenschaftlicher, mathematischer und technischer Kenntnisse besondere Aufmerksamkeit geschenkt wird. Im Schuljahr 1971/72 soll mehr als jeder 3. Schüler der 1.–8. Klassen Mitglied einer solchen Arbeitsgemeinschaft gewesen sein, an den Arbeitsgemeinschaften der 9. und 10. Klassen nahmen 46,6 v. H. der Schüler teil. Staatsbürgerliche Erziehung und die Vorbereitung der Jugendweihe werden durch Veranstaltungen der FDJ unterstützt. In Zusammenarbeit mit der GST fördert sie die Wehrertüchtigung, seit 1967 werden wehrsportliche „Hans-Beimler-Wettkämpfe" ausgetragen, an denen sich im Schuljahr 1972/73 mehr als 650 000 Schüler der 8.–10. Klassen beteiligten. Die in jedem Kreis gebildeten „FDJ-Kollektive junger Offiziersbewerber" werben unter den FDJ-Mitgliedern für den Offiziersberuf (→ **Wehrerziehung**). Mit den Mitteln des inner- und zwischenschulischen Wettbewerbs (Mathematik-Olympiade) und durch mannigfache Auszeichnungen (Abzeichen, Urkunden, Wimpel) versucht die FDJ besondere Anreize zu schaffen. Die Verbindung von GO in den Schulen mit solchen aus Produktionsbetrieben dient der Vertiefung des bereits mit dem polytechnischen Unterricht angestrebten Kontaktes mit der Arbeitssphäre des Betriebes. Die Einschaltung der FDJ in die → **Feriengestaltung** in eigenen oder betrieblichen Lagern gibt ihr die Möglichkeit, auch in dieser Zeit auf die Kinder und Jugendlichen einzuwirken.

Die Arbeit der FDJ an den Universitäten und Hochschulen dient gleichfalls der Erziehung optimaler fachlicher Leistungen, zugleich soll sie Sorge tragen, daß diese in ein ideologisch-politisches Bekenntnis zur DDR und zum Marxismus-Leninismus eingebettet sind. Mit Seminargruppen, Arbeitsgruppen und Gemeinschaften versucht sie, den Lernprozeß unmittelbar zu beeinflussen. In wissenschaftlichen Studentenzirkeln wird versucht, bereits während des Studiums den Studenten Aufgaben aus der Praxis zu stellen, deren Lösungen in der Produktion Verwendung finden können. Der Wettbewerb um den Titel ,,Sozialistisches Studentenkollektiv'' entspricht in seinem Wesen dem um den Titel Kollektiv der sozialistischen Arbeit. Ensprechend den → **Messen der Meister von Morgen**, die wesentlich von den Klubs der Jungen Techniker bzw. Jungen Agronomen und von den Klubs der Jungen Neuerer beschickt werden, finden ,,Leistungsschauen der Studenten und jungen Wissenschaftler'' statt (1972: 213 mit ca. 22 000 Teilnehmern). Die FDJ ist in den Leitungsgremien der Schulen, Universitäten, Hochund Fachschulen mit ihren Sekretären vertreten und entscheidet über die Zulassung zum Studium mit.

In den Betrieben unterstützt die FDJ die Übertragung wichtiger und kontrollierbarer Aufgaben an Jugendkollektive und -brigaden als Jugendobjekte (→ **Jugend**), um die Jugendlichen bereits frühzeitig an der Verantwortung zu beteiligen und ihren Ehrgeiz zu wecken. Mit dem Appell an die Schrittmacherrolle der Jugend will sie beispielhafte Leistungen erzielen, die auch für ältere Beschäftigte Maßstäbe setzen. Die Beteiligung der Jugendlichen an den ,,Klubs Junger Neuerer'', den **sozialistischen** → **Arbeitsgemeinschaften**, der beruflichen Aus- und Weiterbildung soll fachliche Kenntnisse vertiefen und zugleich zu meßbaren ökonomischen Ergebnissen führen. Für besondere Leistungen verleiht die FDJ den Titel ,,Hervorragender Jungaktivist'' sowie Ehrenurkunden u. a. Mit den FDJ-Kontrollposten (1973: über 30 000) beteiligt sie sich an den Arbeiten der → **Arbeiter-und-Bauern-Inspektion**. Die eigentliche Interessenvertretung der Jugend im Betrieb liegt jedoch bei den gewerkschaftlichen Jugendausschüssen. Die FDJ ist also auf eine enge Zusammenarbeit mit dem → **FDGB** verwiesen.

Die Kulturarbeit der FDJ stützt sich auf die staatlichen, verbandseigenen und gewerkschaftlichen Kultur- und Klubhäuser. Indem sie dort Tanzveranstaltungen, Vorträge sowie Interessengemeinschaften organisiert, versucht sie auf die unorganisierten Jugendlichen in den Wohngebieten einzuwirken. Mit dem ,,Buchclub 65'' verfügt die FDJ auch über eine eigene Buchgemeinschaft. Als Teil der Volkskunstbewegung fördert die FDJ das Laienschaffen. Als spezielle Form haben sich dabei die Treffen junger Talente herausgebildet, die über Kreis- und Bezirksvergleiche die Möglichkeit bieten, an einem Zentralen Leistungsvergleich teilzunehmen. (1972: 7 220

Treffen Junger Talente mit 322 914 Teilnehmern.) Die von der FDJ organisierte ,,Singebewegung'' umfaßte 1972 3 155 Singeklubs mit 43 345 Mitgliedern. Daneben unterhielt die FDJ Anfang 1973 791 Blaskapellen, Fanfarenzüge und Spielmannszüge, darunter das Zentrale Musikkorps der FDJ und der Pionierorganisation mit 2 000 Mitgliedern und die 15 Bezirksmusikkorps mit ca. 10 000 Musikanten. In Zusammenarbeit mit dem → **DTSB** veranstaltet die FDJ Jugendsportfeste und ist als ihre Trägerorganisation des → **Komitees für Touristik und Wandern** am Jugendwandern beteiligt. Die Erich-Weinert-Medaille wird als Kunstpreis der FDJ jährlich an junge Künstler und Laienschaffende verliehen.

Die ,,FDJ-Ordnungsgruppen'' werden vorwiegend zur Aufrechterhaltung von Ordnung und Disziplin in den Jugendeinrichtungen und bei FDJ- und Jugendveranstaltungen eingesetzt. Darüber hinaus wirken sie im territorialen System der Kriminalitätsvorbeugung und -bekämpfung mit, in das auch die FDJ-Leitungen und FDJ-Ordnungsgruppenstäbe der Orte, Kreise und Bezirke einbezogen sind (Neue Justiz, 25. J. 1971, Nr. 17, S. 503 ff.) (→ **Jugendkriminalität**). Die Ordnungsgruppen, seit 1959 aus Freiwilligen aufgestellt, sind ,,Organe der Leitungen der FDJ'' und werden nur ,,von zuständigen Leitungen der FDJ ausgewählt und eingesetzt''. Sie entsprechen den ,,Trupps der öffentlichen Ordnung und Sicherheit'' des sowjet. Komsomol und haben hilfspolizeiliche und vormilitärische Aufgaben.

Die in Artikel 20,3 der Verfassung der Jugend zugesagten ,,Möglichkeiten, an der Entwicklung der sozialistischen Gesellschaftsordnung verantwortungsbewußt teilzunehmen'', nimmt die FDJ durch die Beteiligung an den Beratungsgremien des Staatsapparates, die sich mit jugendpolitischen Fragen beschäftigen, wahr (→ **Jugendforschung**). Außerdem ist sie in den Volksvertretungen mit Fraktionen vertreten (1972 – Volkskammer: 40 von 500; Bezirkstage: 254 von 2 840; Kreistage und Stadtverordnetenversammlungen: 1 499 von 17 214; Gemeindevertretungen; 14 740 von 180 890; Stadtbezirksversammlungen: 294 von 3 000).

IV. Schulung

In der Schulung der FDJ sind 2 Formen zu unterscheiden: die Funktionärsschulung und die Schulung der Mitglieder. Die große Zahl jährlich neugewählter Funktionäre in den GO, verbunden mit der hohen Fluktuation in den Leitungen, macht die Kaderschulung zu einem besonderen Problem. Bisher erfolgte die Schulung der Funktionäre durch die FDJ-Kreisleitungen u. a. in Wochenendkursen und 14tägigen Kurzlehrgängen. Seit 1972 werden in den Großbetrieben, Hoch- und Fachschulen ,,Schulen des FDJ-Gruppenleiters'' eingerichtet, in denen 20–25 FDJler in einem Jahreskurs einmal im Monat für einen Tag von Partei- und FDJ-Funktionären ausgebildet werden. Die Betriebe unterstützen die Schulung durch Bereitstellung von Räumen, finanziellen Mitteln und durch Arbeitsbefreiung der Teilnehmer. Für ihre leitenden Funktionäre verfügt die FDJ über 4 Sonderschulen und die Jugendhochschule „Wilhelm Pieck" in Bogensee.

Die Massenschulung beginnt mit einer Vorstufe, die die Schüler der 7. Klassen auf den Eintritt in die FDJ, insbesondere anhand des Statuts, vorbereitet. Auf ihr bauen die „Zirkel Junger Sozialisten" in 3 Stufen auf: 1. für die Schüler der 9. und 10. Klassen, 2. und 3. für die Schüler der EOS, Studenten und die Mitglieder der betrieblichen und örtlichen GO. Gegenstand sind vor allem das „Kommunistische Manifest", Lenins „Staat und Revolution", „Die große Initiative" und „Die Aufgaben der Jugendverbände", die Dokumente des XXIV. Parteitages der KPdSU und des VIII. Parteitages der SED. Die Schulung soll durch die Vorträge von Arbeiterveteranen, durch Besichtigung von Gedenkstätten und die Behandlung aktueller Themen aufgelockert werden. 1972 bestanden 63974 „Zirkel Junger Sozialisten" mit 1 398 018 Teilnehmern; es wird jedoch berichtet, daß ein Teil der Zirkel seine Arbeit nicht zu Ende führte. Zirkelleiter sind vielfach SED-Funktionäre, Lehrer, Studenten und nur zu einem geringen Teil FDJ-Funktionäre. Aufgrund einer Prüfung wird das Abzeichen „Für gutes Wissen" in 3 Stufen verliehen. Es wurde am Ende des FDJ-Studienjahres 1972/73 von 228 447 Teilnehmern erworben.

V. Internationale Verbindungen und Deutschlandpolitik

Die FDJ ist seit 1948 Mitglied des → **Weltbundes der Demokratischen Jugend** (WBDJ), seit 1949 des Internationalen Studentenbundes. Mit dem sowjetischen Jugendverband Komsomol hat die FDJ besonders enge Beziehungen; einzelne Funktionäre sind an der Hochschule des Komsomol in Moskau ausgebildet worden. In Unterstützung der → **Außenpolitik** bemüht sich die FDJ um Kontakte zu nichtkommunistischen Jugendverbänden (→ **Festival**).

Die deutschlandpolitischen Aktivitäten folgten der → **Deutschlandpolitik der SED**. Die von der FDJ veranstalteten „Deutschlandtreffen der Jugend" (Mai 1950, Juni 1954, Mai 1964 in Ost-Berlin) wurden nicht fortgesetzt, Treffen zwischen Jugenddelegationen der Bundesrepublik Deutschland und der DDR fanden nun vorwiegend im Rahmen der Festivals des WBDJ statt. Seit 1973 besteht eine „Arbeitsvereinbarung" zwischen der FDJ und der „Sozialistischen Deutschen Arbeiterjugend" (SDAJ) der Bundesrepublik Deutschland.

FDJ-Kontrollposten: → **Arbeiter-und-Bauern-Inspektion; FDJ.**

FDJ-Ordnungsgruppe: → **FDJ.**

FDJ-Schulung: → **FDJ.**

Feierabendarbeit: Freiwillige, bezahlte Arbeitsleistungen, die von vollbeschäftigten Arbeitern und Angestellten außerhalb ihres bestehenden Arbeitsverhältnisses unter Leitung und Kontrolle der Betriebe, oder von Arbeitern und Angestellten außerhalb ihres bestehenden Arbeitsverhältnisses oder von Bürgern aus der nichtberufstätigen Bevölkerung unter Leitung der staatlichen Organe und Einrichtungen geleistet werden. Die gesetzliche Grundlage ist die Anordnung über die Vergütung von F. in den Betrieben, staatlichen Organen und Einrichtungen vom 23. 10. 1967 (GBl. II, S. 746). Ihr zufolge sollen grundsätzlich die Werktätigen die geplanten Aufgaben in der gesetzlichen Arbeitszeit erfüllen. In volkswirtschaftlich begründeten Fällen kann aber F. a) bei Be- und Entladearbeiten und Transportleistungen, b) zur Durchführung von geplanten Rationalisierungsmaßnahmen, c) zur Erfüllung geplanter Fremdleistungen einschließlich Investitionsleistungen, wenn diese durch andere Betriebe nicht erbracht werden können und dadurch die Erfüllung der betrieblichen Planaufgaben gefährdet ist, d) zur Durchführung der von staatlichen Organen und Einrichtungen geplanten Maßnahmen geleistet werden. Bauarbeiten sollen in F. nur durchgeführt werden, wenn sie zur Erhaltung und erweiterten Reproduktion der Bausubstanzen dienen. Darunter fallen Instandhaltung und Instandsetzungsarbeiten, Arbeiten zur Erweiterung von Gebäuden und baulichen Anlagen durch kleine An- und Umbauten, kleinere Ausbauten zur Schaffung zusätzlicher Nutzflächen sowie Tiefbauarbeiten. Die F. ist also in weitem Umfange möglich. F. muß nicht im eigenen Betrieb geleistet werden. Werktätige aus anderen Betrieben sollen aber nur beschäftigt werden, wenn im eigenen Betrieb Arbeitskräfte zur F. nicht gewonnen werden können. Rechte und Pflichten bei der Leistung von F. sollen formlos vereinbart werden. Es muß also kein Arbeitsvertrag schriftlich abgeschlossen werden.

Die Vergütung soll nach den gesetzlichen und den vertraglichen Bestimmungen des Rahmenkollektivvertrages erfolgen, die für den Betrieb gelten, für den die F. geleistet wird. Es besteht kein Anspruch auf Zuschläge für Überstunden, Sonn-, Feiertags- und Nachtarbeit sowie auf Ausgleichszahlungen, Treueprämien, Zuschläge für ununterbrochene Beschäftigungsdauer und ähnliche Zahlungen. Die Vergütung von F., die unter Leitung und Kontrolle der Betriebe durchgeführt wird, unterliegt einer pauschalen Lohnsteuer von 15 v. H., die aber nicht vom Werktätigen, sondern vom Betrieb zu zahlen ist. Die Vergütung der F., die unter Leitung und Kontrolle der staatlichen Organe und Einrichtungen zur Werterhaltung an öffentlichen Gebäuden und Einrichtungen geleistet wird, ist dagegen lohnsteuerfrei. Die Vergütung unterliegt nicht der Beitragspflicht zur Sozialversicherung.

Für die „freiwillige Tätigkeit von Bürgern zur Erhaltung und Rekonstruktion von Wohn- und Gesellschaftsbauten sowie dazugehörigen baulichen Anlagen" gilt über deren Organisation und Vergütung die Anordnung vom 26. 6. 1968 (GBl. II, S. 669). Die Vergütung erfolgt nach besonderen, in Anlagen zur AO festgelegten Stundenverrechnungssätzen. Gegebenenfalls werden Erschwerniszuschläge gezahlt. Die Vergütung ist lohnsteuerfrei und unterliegt nicht der Beitragspflicht zur Sozialversicherung.

Nicht unter die Anordnung fällt die organisierte freiwillige Aufbauarbeit im Rahmen des → **Nationalen Aufbauwerkes.**

Feiern, Sozialistische: SF. sind in der DDR zur Ablösung entsprechender kirchlicher, bisher in der Volkssitte verankerter Feiern geschaffen worden. Bedeutsamste SF. ist die → **Jugendweihe** für die 14jährigen, die seit 1954 zunächst neben, später zunehmend an die Stelle der evangelischen Konfirmation getreten ist. Seit 1957 gibt es die Namensweihe, zunächst sozialistische Namensgebung genannt, die sozialistische Eheschließung (auch Eheweihe) und das sozialistische Begräbnis (Grabweihe).

Die Jugendweihe, seit 1954 stark propagiert, ist inzwischen zum festen Bestandteil des sozialistischen Erziehungssystems in der DDR geworden. 1975 wurde die Beteiligung von 279 000 Jugendlichen daran gemeldet, 96,7 v. H. des in Frage kommenden Jahrganges. Mit der Jugendweihe, die keine unmittelbar staatliche Einrichtung ist, jedoch in mehreren Gesetzen vorausgesetzt wird, werden die 14jährigen in das „aktive gesellschaftliche Leben" aufgenommen. Die Teilnehmer werden in Jugendstunden darauf vorbereitet. Sie geloben in der seit 1968 gültigen Fassung des Gelöbnisses, „für die große und edle Sache des Sozialismus zu kämpfen und das revolutionäre Erbe des Volkes in Ehren zu halten", nach hoher Bildung zu streben, den Kampf um persönliches Glück mit dem Kampf für das Glück des Volkes zu verbinden, die feste Freundschaft mit der Sowjetunion und den Bruderbund mit den sozialistischen Ländern zu stärken, „im Geiste des proletarischen Internationalismus zu kämpfen, den Frieden zu schützen und den Sozialismus gegen jeden imperialistischen Angriff zu verteidigen". Der Text des Gelöbnisses faßt die Grundinhalte der staatlichen Erziehung zusammen, der Inhalt entspricht dem in den Lehrplänen immanent fixierten Bildungs- und Erziehungsauftrag der sozialistischen Schule.

Beteiligung an der Jugendweihe gilt als gesellschaftliche Voraussetzung für weiterführende Bildung und Ausbildung. Der Inhalt des Jugendweihegelöbnisses ist mehrfach verändert worden. Das Gelöbnis hat dabei stärker die Ausrichtung auf Verpflichtung zum sozialistischen Staatsbürger entsprechend der Verfassung erhalten und seinen unmittelbar weltanschaulichen Charakter im Sinne des Marxismus-Leninismus mit atheistischem Akzent verloren. Aufgrund dieses Charakters haben die Kirchen die Unvereinbarkeit von Jugendweihe und Konfirmation bzw. Kommunion erklärt. An dieser Auf-

fassung halten sie prinzipiell weiter fest, insbesondere wegen des Inhalts der voraufgehenden Jugendstunden und wegen des pseudo-religiösen Charakters der Zeremonie. Nachdem die Jugendweihe Ende der 50er, Anfang der 60er Jahre mit Hilfe gesellschaftlichen Drucks fast allgemein durchgesetzt wurde, haben die Kirchen aus seelsorgerlichen Gründen auch Jugendgeweihten die Möglichkeit der Konfirmation eingeräumt, z. T. nach einem Jahr Wartezeit. Die Beteiligung an den kirchlichen Feiern ist dennoch kontinuierlich zurückgegangen. Weniger als 20 v. H. der 14jährigen werden heute in der DDR konfirmiert.

Statistische Angaben über Namensweihe, sozialistische Eheschließung und Begräbnis liegen nicht vor. Die christliche Säuglingstaufe, die ebenfalls nur noch an einer Minderheit vollzogen wird, ist nicht durch die Namensweihe verdrängt worden. Die meisten Neugeborenen werden heute weder getauft noch von den Eltern zur sozialistischen Namensweihe gebracht.

Die sozialistische Eheschließung ersetzt nicht die standesamtliche Trauung, sondern folgt ihr ähnlich wie die kirchliche Trauung. Kirchliche Trauungen sind selten geworden; die sozialistische Eheschließung, die oft vom Betrieb eines der Ehegatten ausgerichtet wird, ist verbreiteter. Am wenigsten verbreitet ist das sozialistische Begräbnis, obgleich auch hier eine Zunahme beobachtet wird.

Feiertage: Die Zahl der gesetzlichen, also arbeitsfreien F. ist anläßlich der Einführung der 5tägigen Arbeitswoche 1967 vermindert worden; geschützt sind 1. Januar, Karfreitag, Ostersonntag, 1. Mai, Pfingstsonntag und -montag, 7. Oktober („Tag der Republik"), 25. und 26. Dezember. Zu Werktagen wurden Ostermontag, Himmelfahrt und Bußtag, ferner der „Tag der Befreiung" (8. Mai). An den 3 genannten kirchlichen F. sowie an Fronleichnam und am Reformationstag soll den Werktätigen zum Besuch des Gottesdienstes auf Wunsch unbezahlte Freizeit gewährt werden. (In der Osterwoche und Pfingstwoche sind die Samstage zum Ausgleich für Karfreitag und Pfingstmontag volle Arbeitstage.) **Staatsfeiertage** sind der 1. Mai und der 7. Oktober. Im übrigen wurden 1974 offiziell, vor allem durch Schulfeiern, als Gedenktage, bzw. „Festtage" begangen, am:

1. 3. der „Tag der Nationalen Volksarmee",
8. 3. der „Internationale Frauentag",
21. 4. der „Vereinigungsparteitag" (Gründung der SED),
24. 4. der „Internationale Tag der Jugend gegen Kolonialismus und für friedliche Koexistenz",
8. 5. der „Tag der Befreiung",
10. 5. der „Tag des freien Buches",
1. 6. der „Internationale Tag des Kindes",
9. 6. der „Tag des Eisenbahners",
11. 6. der „Tag des Lehrers",
23. 6. der „Tag des Bauarbeiters",
1. 7. der „Tag der Volkspolizei",
2. 7. der „Tag des Bergmannes",

1. 9. der „Weltfriedenstag",
10. 9. der „Gedenktag für die Opfer des Faschismus",
13. 10. der „Tag der Seeverkehrswirtschaft",
 7. 11. der Jahrestag der Großen Sozialistischen
        Oktoberrevolution in Rußland von 1917,
 9. 11. der Jahrestag der Novemberrevolution
        von 1918 in Deutschland,
10. 11. der „Weltjugendtag" und der
        „Tag des Chemiearbeiters",
11. 12. der „Tag des Gesundheitswesens".

Die kirchlichen Namen der Sonntage wurden 1974 in der DDR nur noch im Jahreskalender der „Neuen Zeit", dem Zentralorgan der CDU (DDR), wiedergegeben.

Feinmechanische und Optische Industrie: Entsprechend der Industriezweigsystematik der DDR ein Zweig des Industriebereichs Elektrotechnik/Elektronik/Gerätebau. Bis Ende 1967 umfaßte die FOI. auch die Betriebe der Datenverarbeitungs- und Büromaschinenindustrie und die der Meß-, Steuer- und Regelungstechnik. Ab 1968 verblieben im Zweig FOI. Betriebe zur Herstellung von optisch-mechanischen Geräten, von Erzeugnissen des wissenschaftlichen Gerätebaus, von medizinisch-mechanischen Geräten etc. Der bekannteste feinmechanisch-optische Betrieb der DDR ist der VEB Carl Zeiss Jena, dem die VEB Rathenower Optische Werke, der VEB Werkzeugmaschinenfabrik Rathenow-Mögelin und der VEB Freiberger Präzisionsmechanik direkt unterstellt sind.

Die Fotoapparateindustrie hatte schon vor 1945 ihren traditionellen Sitz im Raume Dresden. 60 v. H. der Produktion waren hier konzentriert. Nach 1945 hat sich die Bedeutung Dresdens als Standort der Fotoapparateindustrie noch vergrößert. Hier produzieren die Betriebe der Marken Zeiss-Ikon, Altissa, Welta, Filmosto und Belca. Alle diese Betriebe sind organisatorisch zusammengefaßt in dem Großbetrieb VEB Pentacon.

Von 1960 bis 1973 hat sich die Bruttoproduktion der FOI. um das 2,93fache und damit im Vergleich zur gesamten Industrie überdurchschnittlich erhöht. Innerhalb des Industriebereichs Elektrotechnik/Elektronik/Gerätebau rangiert sie allerdings beim Vergleich der Wachstumsraten vor der Elektrotechnischen Industrie an vorletzter Stelle. Die FOI. ist vor allem für den DDR-Export von großer Bedeutung.

Feriendienst des FDGB: Einrichtung des → **FDGB** zur Vermittlung verbilligter Ferienreisen an Organisationsangehörige.

1947 gegründet (10 gewerkschaftliche Heime, 17500 Reisen), hat sich der F. unter Einsatz erheblicher gewerkschaftlicher, staatlicher und betrieblicher Mittel zu einer großen Urlaubsorganisation entwickelt. Zur Unterbringung und Betreuung stehen zu einem Drittel FDGB-Heime, zu zwei Dritteln vertraglich gebundene Betriebserholungsheime und Privatunterkünfte zur Verfügung. Im Dienst des F. steht auch das Schiff „Völkerfreundschaft". Seit 1972 sind außerdem 3 Interhotels (Dresden, Warnemünde und Oberhof) mit jährlich 45000 Urlaubsplätzen sowie weitere Hotels in den F.

einbezogen worden. Die 13tägigen Reisen werden Betriebsgewerkschaftsleitungen zugeteilt, deren Kommission für F. die Ferienschecks aufgeschlüsselt an die gewerkschaftlichen Untergliederungen weitergibt. Der Zuteilung an die einzelnen sollen die gewerkschaftliche Aktivität, die Arbeitsleistung, die soziale Lage und der Gesundheitszustand als Auswahlkriterien zugrundegelegt werden. Anspruchsberechtigt sind grundsätzlich nur FDGB-Mitglieder; Nichtorganisierte können nur als Familienangehörige am F. teilnehmen. Die Aufenthaltskosten sind nach Einkommen, Organisationszugehörigkeit, Qualität der Unterbringung und Jahreszeit gestaffelt. Sie betragen gegenwärtig (ohne Interhotel-, Schiffs- und Auslandsreisen) 30 bis 170 Mark für Mitglieder, 120 bis 250 Mark für Nichtorganisierte. Die Reichsbahn gewährt für diese Reisen einen Fahrpreisnachlaß von $33^1/_3$ v. H.

Der F. ist darüber hinaus an dem Ausbau der Wochenend- und Naherholungsmöglichkeiten, der Organisation der für Schüler und Lehrlinge bestimmten Betriebsferienlager und der Nutzung der betriebseigenen Erholungsheime beteiligt. In den letzten Jahren ist der Urlauberaustausch mit den Gewerkschaften der RGW-Staaten eingeleitet bzw. ausgebaut worden, um das Reiseangebot vielfältiger und attraktiver zu machen.

Die Vergrößerung der Reisemöglichkeiten durch das Reisebüro der DDR, die wachsende Zahl von Zelt- und Campingplätzen usw. hat die Bedeutung des F. gemindert. Kritik rufen, neben der unzureichenden Zahl von Ferienplätzen (nur etwa jedes 7. FDGB-Mitglied kann beteiligt werden), die fehlenden Auswahlmöglichkeiten, die den gewachsenen Ansprüchen häufig nicht entsprechende Ausstattung am Ferienort und die oft ungünstige jahreszeitliche Festlegung hervor.

1974 wurden 1,3 Mill. Reisen (darunter 33474 für Kinderreiche, 87328 in Hotels und Interhotels; 1973: 14652 Auslandsreisen, darunter 7081 zu Schiff) vom F. veranstaltet. Der Zuschuß des FDGB betrug 1974 durchschnittlich 85 Mark pro Reise. Insgesamt wendete der F. 234,3 Mill. Mark auf (einschl. Neubau, Rekonstruktion und lfd. Unterhalt von Ferienheimen; in dem Betrag sind 119 Mill. Mark an Staatszuschüssen enthalten). Der F. verfügte 1974 über 633 eigene Heime, 191 vertraglich gebundene Betriebsheime und 450 sonstige Vertragshäuser.

Feriengestaltung: In der DDR haben Partei und Staat mit Hilfe der Freien Deutschen Jugend (→ **FDJ**), der → **Pionierorganisation „Ernst Thälmann"**, der Betriebe, des Freien Deutschen Gewerkschaftsbundes (→ **FDGB**), sowie der örtlichen Verwaltungen eine organisierte F. aufgebaut. Im dritten → **Jugendgesetz** der DDR vom 28. 1. 1974 heißt es: „Die sozialistische Gesellschaft ermöglicht der Jugend die erlebnisreiche und sinnvolle Gestaltung der Ferien, des Urlaubs und der Touristik. Anliegen der Jugend ist es, sich bei vielfältiger kultureller, sportlicher und touristischer Betätigung zu erholen und zu bilden, ihrer Lebensfreude Ausdruck zu geben und ihre Leistungsfähigkeit zu erhöhen" (GBl. I, 1974, Nr. 5, § 45). Weiter wird darin eine Verstärkung der „kollektiven Formen" der F. gefordert; besonderer Wert wird hierbei auf Urlaubsreisen in die „Länder der sozialistischen Staatengemeinschaft" gelegt, vor allem in bezug auf den Austausch in „Freundschaftszügen" der FDJ.

Die organisierte F. wird zentral gelenkt und koordiniert. Auf staatlicher Seite besteht ein Zentraler Ausschuß für F. Er untersteht dem Amt für Jugendfragen beim Ministerrat. Dieser Ausschuß arbeitet eng mit den verschiedenen Abteilungen für Volksbildung der Räte der Bezirke, Kreise und Gemeinden zusammen. Auch die FDJ wirkt an der Organisation der F. mit. In einem Beschluß des Sekretariats des Zentralrats der FDJ vom 29. 10. 1970 heißt es über die Verantwortung und die Aufgaben der FDJ und der Pionierorganisation: „Die Feriengestaltung ist der politisch und pädagogisch gelenkte Prozeß zur Sicherung einer aktiven Erholung, der eine vernünftige Relation von Ruhe und Entspannung sowie Bewegung und Aktivität verlangt." Im 3. Jugendgesetz von 1974 wird das Engagement der FDJ in diesem Bereich noch verstärkt.

Für die Aufgaben der F. stellt die DDR jedes Jahr erhebliche finanzielle Mittel bereit. Insbesondere für die Einrichtung der Ferienlager wurden nach offiziellen Mitteilungen bereits im Jahr 1965 insgesamt 165 Mill. Mark aufgewendet. Auch der FDGB stellt Mittel für die Ferienlager zur Verfügung. 1970 betrug die gesamte Subventionierungssumme bereits 200 Mill. Mark, 1974 300 Mill., wobei die Beträge von Betrieben, Staatshaushalt und FDGB ca. im Verhältnis 3 : 2 : 1 stehen.

In den großen Sommerferien im Juli/August 1974 waren in der DDR von insgesamt 2,73 Mill. Schülern der Klassen 1–12 zwischen 1,5–2 Mill. ca. 3 Wochen unterwegs, davon in Ferienlagern allein ca. 1 Mill. Kinder.

Organisierte F. wird seit über 20 Jahren vor allem in Form der Ferienlager betrieben; sie sind der wichtigste Teil staatlicher F. In durch Ministerratsbeschluß geschaffenen 50 „zentralen Pionierlagern" verbringen in der Regel 100 000 Junge Pioniere und Schüler ihre Ferien. Hinzurechnen muß man ferner ca. 3 000 Betriebsferienlager in landschaftlich reizvollen Gegenden, für deren Unterhaltung die Großbetriebe aufkommen. Dadurch entstanden teilweise enge Patenschaftsbeziehungen zwischen den Ferienlagern und den Werktätigen aus den Trägerbetrieben. Viele Betriebe haben ihr eigenes Ferienlager. Betriebsangehörige kümmern sich in ihrer Freizeit um die Instandhaltung und den Ausbau ihres Lagers, sind als Betreuer tätig und leiten „Ferienexpeditionen" in benachbarte Betriebe. In der Nähe dieser Lager werden gelegentlich sogenannte Touristenstationen für Erwachsene unterhalten. Je nach Lagertyp stehen Spiel, Sport, Erholung, Unterricht oder Ferienarbeit im Vordergrund. Darüber hinaus existieren Schwerpunktlager bzw. „Spezialistenlager". Hier werden in 8- bis 10tägigen Kursen Grundkenntnisse und Fertigkeiten in verschiedenen Grundberufen, in Verkehrs- und Brandschutz, im Sanitätswesen vermittelt. Zu den Spezialistenlagern zählen auch „Sprachlager", in denen z. B. im Umgang mit Kindern aus den betreffenden Ländern russische und französische Sprachkenntnisse ver-

tieft werden können. Für 160 000 Jungen und Mädchen standen 1974 Plätze in Schwimmlagern bereit.

Seit 1966/67, mit Gründung der ersten Studenten- und Schülerbrigaden, gibt es als Sondertyp der F. sogenannte Lager der Erholung und Arbeit. 1974 belegten fast 60 000 Jugendliche die begehrten Plätze. In solchen, vor allem von der FDJ organisierten, Lagern wird an → **Jugendobjekten** gearbeitet, z. B. am Bau einer Ferngasleitung. Die Jugendlichen werden für ihre Arbeit bezahlt, die Vergütung entspricht der für diese Arbeit vorgesehenen Lohngruppe und ist grundsätzlich steuerfrei. Sozialversicherungsabgaben werden ebenfalls nicht erhoben. Vor Aufnahme der Arbeit ist eine ärztliche Eignungsuntersuchung obligatorisch. Ferner muß die Genehmigung der Eltern und des Schuldirektors vorliegen. In den Pionierlagern (z. B. „Pionierrepublik Wilhelm Pieck") wird das Lagerleben von paramilitärischen Übungen bestimmt. Sie sind Bestandteil der sozialistischen → **Wehrerziehung**. Neben sportlichem Zeitvertreib, wie Spartakiadewettkämpfen, werden Orientierungsläufe, Nachtmärsche, Schießübungen, Gelände- und Manöverspiele (z. B. Wintermanöver „Schneeflocke") durchgeführt. Die großen jährlichen Pioniermanöver finden in der Regel in Zusammenarbeit mit Pateneinheiten der → **Nationalen Volksarmee** (NVA) statt. Die Kinder haben außerdem Gelegenheit, in Arbeitsgemeinschaften (z. B. „Junge Brandschutzhelfer" oder „Junge Sanitäter") besondere Kenntnisse oder das Schwimmabzeichen zu erwerben und andere sportliche Medaillen zu erringen. Das „Fest des Tanzes und des Liedes" ist der Höhepunkt jedes Lageraufenthaltes.

Neben Arbeit, Spiel und Sport spielen die sogenannten Ferienexpeditionen eine große Rolle, in deren Verlauf Wanderungen, Märsche oder Fahrten zur Erforschung der näheren Umgebung und deren Geschichte unternommen werden. Die Durchführung einer Ferienexpedition orientiert sich am „Expeditionsauftrag", z. B. mit dem Thema: „Auf den Spuren der 2. Polnischen Armee" oder „Die Geschichte von Bad Saarow". 1971 wurde eine zentrale Ferienexpedition unter der Losung „Rote Fahne" durchgeführt. Fast immer ist mit dem Expeditionsprogramm der Besuch oder die Pflege von Mahn- und Gedenkstätten verbunden.

Neben den Ferienlagern bestehen weitere Einrichtungen der F. Mehrere 100 000 Kinder, vor allem die jüngeren, verbringen ihre Ferien in den Stadterholungsgebieten innerhalb oder am Rande der Gemeinden („Jugenderholungszentren"). Klub- und Kulturhäuser, Pionierhäuser und -stationen, Theater, Kinos, Naherholungszentren, Bibliotheken, Sportstätten und Museen sind in die örtliche F. einbezogen. Allein an den „Ferienspielen" für die Schüler der Klassen 1–4 beteiligten sich 1974 annähernd 900 000 Kinder. In den städtischen Ferienzentren werden für diese Altersgruppen vielfältige, ihren Interessen entsprechende Möglichkeiten angeboten. Das neue Jugendgesetz fördert diese Einrichtungen besonders.

Neu aufgenommen in die organisierte Form „kollektiver Urlaubsgestaltung" wurde mit dem 3. Jugendgesetz 1974 für die Lehrlinge und Berufsschüler die Einrichtung von Wanderquartieren mit täglich 1 240 Plätzen, sowie für ca. 100 000 Lehrlinge die bewährten Jugendtouristenreisen des FDGB. Auch für Studenten wurden 1974 erstmals geeignete Internate als „Studentenhotels" eingerichtet. Hier werden im Austauschverfahren vor allem internationale Kontakte gepflegt. Diesen Aufgaben dienen insbesondere auch die „Internationalen Sommerlager" oder „Freundschaftslager", in denen Kinder und Jugendliche aus der DDR gemeinsam mit westdeutschen und ausländischen Kindern ihre Ferien verbringen, wobei auch propagandistische Zwecke verfolgt werden.

1974 standen neben den Lagern 23 114 Plätze in Jugendherbergen zur Verfügung. Etwa 12 500 Schülergruppen mit 250 000 Teilnehmern nahmen 1974 an mehrtägigen Wanderungen teil. Wegen der knappen Kapazität an Jugendherbergsplätzen wurden zusätzlich Wanderquartiere eingerichtet. Eine beträchtliche Zahl von Schülern und Studenten hat auch im Sommer 1974 Camping außerhalb der F. und die private Urlaubsreise bevorzugt. → **Jugend.**

Ferienscheck: → **Feriendienst des FDGB.**

Fernsehen: Das „Fernsehen der DDR" (seit Januar 1972), früher „Deutscher Fernsehfunk", ist als wichtiges Massenkommunikationsmittel zentral organisiert. Lenkungs- und Leitungsorgan ist seit dem 15. 9. 1968 das Staatliche Komitee für Fernsehen beim Ministerrat in Ost-Berlin, dessen Vorsitzender und seine Stellvertreter auf Beschluß des Ministerrates vom Vorsitzenden des Ministerrates berufen werden. Dem Ministerrat (nach dem Prinzip der Einzelleitung) verantwortlicher Vorsitzender des Staatlichen Komitees für Fernsehen ist Heinz Adameck, Mitglied des ZK der SED, seit 1954 Intendant des Deutschen Fernsehfunks, der als besonderer Intendanzbereich bis 1968 dem Staatlichen Rundfunkkomitee beim Ministerrat zugeordnet war. Die weiteren Mitglieder des Komitees werden vom Komiteevorsitzenden berufen; sie vertreten gleichzeitig die Programmdirektionen, Hauptabteilungen und Chefredaktionen, in die das staatliche F. gegliedert ist. Die Hauptstudios befinden sich in Berlin-Adlershof und Berlin-Johannesthal, nennenswerte Außenstudios in Halle und Rostock.

Ausgestrahlt werden zwei Programme: Das *I. Programm* (Hauptprogramm), ganztägig im VHF-Bereich, bietet aktuelle Informationen, Bildung, Sport, sozialistische „Gegenwartsdramatik", Unterhaltung u. a. in Magazinsendungen, Schul- und Kinderfernsehen, Unterhaltungsserien, Kriminal- und Spielfilmen, Schlager- und Quizsendungen sowie eine 10-Minuten-Werbesendung. Das Vormittagsprogramm (ca. 7.45 bis ca. 12.00 Uhr) bringt Wiederholungen von Vortagssendungen. Das Nachmittags- und Abendprogramm beginnt mit einer Programmvorschau um ca. 15.00 Uhr und endet zwischen 22.00 und 23.00 Uhr. An Sonnabenden, Sonn- und Feiertagen wird ein durchgehendes Tagesprogramm gesendet.

Das *II. Programm* (1. Sendung am 3. 10. 1969) wird in der Regel täglich von 18.40 Uhr (sonntags ab 16.30

Uhr) bis ca. 23.00 Uhr ausgestrahlt. In seinen Dokumentarfilmen, populärwissenschaftlichen Beiträgen und Spielfilmen sowie Theater-, Opern- und Konzertaufführungen ist es kulturell anspruchsvoller, durch die Überhäufung mit parteilichen Tendenzfilmen aus der Sowjetunion und anderen Ostblockstaaten jedoch weniger abwechslungsreich als das 1. Programm. Ausgewählte Sendungen des I. Programms (politische Beiträge, Sprachkurse) werden im II. wiederholt. Programmvorschau: 18.40 Uhr.

Regelmäßige Sendungen: (1974) Hauptnachrichten mit aktuellen Bildreportagen (auch Farbbeiträge) in: „Aktuelle Kamera", täglich 19.30 – 20.00 Uhr in beiden Programmen, Spätausgabe im I. Programm (außer sonntags) gegen 22.00 Uhr; Spätnachrichten zum Sendeschluß in beiden Programmen; Wiederholung der „Aktuellen Kamera" vormittags im I. Programm, weitere Nachrichten nach 11.00 Uhr und 17.00 Uhr. Politische Informations- und Agitationssendungen (Magazine, Interviews) jeweils 30 Minuten im I. Programm zwischen 19.00 und 22.00 Uhr u. a.: „Antworten – eine Sendung zu Fragen der Zeit" (Interviews mit Staats- und Parteifunktionären), z. Z. mittwochs 19.00 Uhr abwechselnd mit „Treffpunkt Berlin". „Prisma - Probleme, Prozesse, Personen" donnerstags 20.00 Uhr, abwechselnd mit dem außenpolitischen Magazin „Objektiv" und unregelmäßig „Die Fernsehpressekonferenz". Jeden Montag nach dem Spielfilm ca. 21.30 Uhr (dienstags 19.00 Uhr im II. Programm): „Der schwarze Kanal", 25-Minuten-Polemik des Chefkommentators des DDR-Fernsehens, Karl-Eduard von Schnitzler, zu Sendungen bundesrepublikanischer Fernsehanstalten. „Aufgabe dieser im vierzehnten Jahr befindlichen Sendereihe ist es, am naheliegenden Beispiel des BRD-Fernsehens die Methoden kapitalistischer Massenmedien zu entlarven" (Schnitzler, November 1973).

Populärwissenschaftliche und Ratgeber-Sendereihen u. a.: „Fragen Sie Professor Kaul" (Rechtsfragen), „Sie und Er und 1000 Fragen" (Eheberatung) und „Verkehrsmagazin" im I. Programm, „Das Professoren-Kollegium tagt" (Wissenschaftler beantworten Zuschauerfragen) im II. Programm. Bildungsreihen: Sprachkurse „English for you" und „Wir sprechen russisch" im I. und II. Programm, Lehrgänge der „Fernsehakademie" im Winterprogramm (in früheren Jahren z. B.: „Sozialistische Wirtschaftsführung", Mathematik, elektronische Datenverarbeitung usw.). Sportsendungen: „Sport aktuell" im I., „Sportarena" im II. Programm. Beliebteste Unterhaltungssendung: „Ein Kessel Buntes", mit Gästen aus dem Westen. Neue Unterhaltungssendung zur Stärkung des sozialistischen Integrationsgedankens: „Gemeinsam macht's Spaß" mit Teilnehmern aus anderen kommunistischen Staaten. Auch im Dokumentar- und Spielfilmeinsatz ist, im Zuge der Integrationspolitik, der Anteil von Ostblockfilmen verstärkt worden. Werbesendung: „Tausend Tele-Tips".

Farbsendungen (System SECAM III b) gibt es zunehmend in beiden Programmen. Erste Farbsendungen erfolgten am 3. 10. 1969 im II., seit den Weltjugendfestspielen 1973 auch im I. Programm. 1973 wurden vom

DDR-Fernsehen von insgesamt 6 360 Sendestunden 1 601 in Farbe ausgestrahlt.

Sender und Frequenzen: I. Programm (VHF-Bereich):

Sender	Kanal	Frequenzen
Berlin	5	175,25/180,75 MHz
Brocken (Harz)	6	182,25/187,75 MHz
Cottbus	4	62,25/ 67,75 MHz
Dequede (südl. Witten-berge)	12	224,25/229,75 MHz
Dresden	10	210,25/215,75 MHz
Helpter-Berge (Bez. Neu-brandenburg)	3	55,25/ 60,75 MHz
Inselsberg (Thüringen)	5	175,25/180,75 MHz
Karl-Marx-Stadt	8	196,25/201,75 MHz
Leipzig	9	203,25/208,75 MHz
Löbau	27	519,25/524,75 MHz
Marlow (Bez. Rostock)	8	196,25/201,75 MHz
Schwerin	11	217,25/222,75 MHz

II. Programm (UHF-Bereich)

Berlin	27	519,25/524,75 MHz
Brocken (Harz)	34	575,25/580,75 MHz
Dequede (südl. Witten-berge)	31	551,25/556,75 MHz
Dresden	29	535,25/540,75 MHz
Inselsberg (Thüringen)	31	551,25/556,75 MHz
Karl-Marx-Stadt	32	559,25/564,75 MHz
Leipzig	22	479,25/484,75 MHz
Marlow (Bez. Rostock)	24	495,25/500,75 MHz
Schwerin	29	535,25/540,75 MHz
Sonneberg (Thüringen)	33	567,25/572,75 MHz

Als wöchentliche Programm-Illustrierte wird „FF Dabei" (Funk und Fernsehen), Auflage 1974: 1,4 Mill., publiziert. Die Monatsschrift „Film und Fernsehen" befaßt sich mit Theorie und Praxis des Film- und Fernsehschaffens. Ausbildungsstätte für künstlerischen Nachwuchs ist die „Hochschule für Film und Fernsehen der DDR" in Potsdam-Babelsberg.

Programm-Austausch und Übernahmen von Gemeinschaftssendungen erfolgen über die OIRT in Prag, seit 1960 über deren Sonderinstitution, der „Intervision", künftig auch über das im Aufbau befindliche Satelliten-Netz „Intersputnik" der Ostblockstaaten mit Sitz in Moskau. Für den gegenwärtigen Austausch besteht ein automatisiertes mehrgleisiges Richtfunknetz und eine Koaxialkabelverbindung mit Moskau über die Intervisionszentrale in Prag (Kattowitz – Kiew – Moskau). Offizielle Beziehungen (Austausch und Übernahmen, z. B. internationale Sportveranstaltungen) bestehen auch zur westlichen „Eurovision", daneben direkte Austauschvereinbarungen mit westlichen Staaten, z. B. Italien.

Programm-Grundsätze: Dem F., das in der Freizeitbeschäftigung der DDR-Bevölkerung den ersten Platz einnimmt – nach Angaben von Kurt Hager auf der 6. ZK-Tagung der SED, Juli 1972, verbringt im Durchschnitt jeder DDR-Bürger etwa 15 Stunden in der Woche vor dem Bildschirm – wird von der SED große Bedeutung beigemessen. Gefordert wird die „Einheit von Information, Unterhaltung, Bildung und Erziehung" im Sinne von „sozialistischer Parteilichkeit und Volksverbunden-

heit". Sozialistische Bewußtseinsbildung soll durch Bild und Ton erzielt werden: „Dabei muß der Zuschauer durch die parteiliche Auswahl der (Bild-)Motive und Details und durch die bewertende und deutende Art der Darstellung (Kameraführung) zum Verständnis des Wesentlichen geführt werden, wobei ihm die logische Verknüpfung der Einzelbilder (Montage) eine verallgemeinernde Schlußfolgerung ermöglichen soll" (Heinz Grote in „Journalistisches Handbuch der DDR"). Die Fernseh-Nachricht gibt, nach gleicher Quelle, „dem Zuschauer in einer Bildfolge (Film) eine Reihe von neuen, wesentlichen Tatsachen, deren Vermittlung der sozialistischen Bewußtseinsbildung und damit letztlich der Veränderung der Realität dient". In der Fernseh-Nachricht sei „die Kommentierung geradezu Bedingung". Sie dient jedoch nicht einfach nur der Erklärung des Bildes: „Sie erläutert und wertet gleichzeitig die im Bild gegebenen parteilich ausgewählten Tatsachen und Erscheinungen in ihrem gesellschaftlichen Zusammenhang. Ihr Wesen als informatorisches Genre bleibt auch im F. die ‚Agitation durch Tatsachen', die als Prinzip das Wesen jeder Nachricht kennzeichnet."

Problematik bei Spielfilmen: Der große Bedarf (500–600 Filme im Jahr) kann aus der Eigenproduktion der DDR nicht gedeckt werden, vor allem nicht bei Unterhaltungsfilmen (Kriminal-, Abenteuer- und Lustspielfilmen). Der Rückgriff auf alte UFA-Filme (Montag-Abend-Film im I. Programm unter der Rubrik „Für den Filmfreund") und der Einsatz westlicher Filme entsprechen zwar dem Unterhaltungsbedürfnis der Bevölkerung der DDR, widersprechen aber der Forderung der SED nach sozialistischer Parteilichkeit: „Der große Bedarf des Fernsehens an Fremdfilmen führt dazu, daß ein beträchtlicher Teil Filme eingesetzt wird, den beim Zuschauer unter Umständen kleinbürgerliche Auffassungen aktiviert oder produziert. Das beginnt beim vieldiskutierten Montag-Abend-Film, der häufig geradezu das Musterbeispiel kleinbürgerlicher Denk- und Verhaltensweisen bietet, der aber in der Regel hohe Zuschauerzahlen und relativ positive Wertungen erhält. Das reicht bis zu den zahlreichen neueren und neuen Filmen aus kapitalistischen Ländern." Und: „Bei dem großen Bedarf an Filmen für das Fernsehen und den zunehmend kulturellen Verbindungen zu Staaten mit unterschiedlicher Gesellschaftsordnung ist es unvermeidbar, wenn wir mit Filmen konfrontiert werden, die bürgerliche Denk- und Verhaltensweisen widerspiegeln, vom Einfluß des gegnerischen Fernsehens hier gar nicht zu sprechen. Um so notwendiger ist ein reiches Angebot an Filmen, die unsere Ideologie verbreiten" (M. Haiduk auf einer zentralen SED-Konferenz zum Thema „Das kulturelle Lebensniveau der Arbeiterklasse in der entwickelten sozialistischen Gesellschaft", April 1973).

Zuschauerforschung und Programmgestaltung: Bereits 1967 ergab eine vom Institut für Gesellschaftswissenschaften beim ZK der SED in zehn Städten der DDR durchgeführte Untersuchung über die kulturelle Betätigung der Bevölkerung (Lesen von Büchern, Theater- und Kino-Besuche etc., ohne Rundfunkhören) eine dominierende Stellung des F.: Von 100 Produktionsarbeitern nannten 91 (Angestellte 89, Techniker und Ingenieure 87 v. H.) den Empfang von Fernsehsendungen. Das Lesen von Büchern stand bei den Produktionsarbeitern und Angestellten mit 67 beziehungsweise 89 Nennungen erst an zweiter Stelle vor allen anderen kulturellen Betätigungen. Nur bei den Technikern und Ingenieuren wurde das Lesen von Büchern häufiger genannt (95 v. H.) als der Empfang von Fernsehsendungen. 1971 waren etwa 80 v. H. aller Haushalte mit einem Fernsehgerät ausgestattet, so daß gegenwärtig von einer Vollversorgung der Bevölkerung mit Fernsehgeräten für den VHF-Bereich (I. Programm) gesprochen werden kann. Geräte mit UHF-Teil (für II. Programm) bzw. UHF-Zusatzgeräte und Farbfernseher sind erst seit September 1969 im Handel. Auch der Ausbau des UHF-Sendernetzes deckte 1972 erst 48 v. H. des DDR-Gebietes ab, 1973 sollten 65 v. H. erreicht werden. (Im Juni 1974 konnten im Bezirk Karl-Marx-Stadt 60 v. H. der Bevölkerung das II. Programm empfangen).

Über die *Sehgewohnheiten* der Bevölkerung ermittelte die Abteilung Zuschauerforschung des DDR-F. 1971 nach einer Befragung von 10 000 Fernsehzuschauern, daß die größte Fernsehteilnahme zwischen 18.30 und 21.00 Uhr liegt. Um 18.30 Uhr sind 80 v. H. aller Zuschauer von der Arbeit zurück, um 21.00 Uhr aber fast ein Drittel schlafen gegangen, um 21.30 Uhr sind es schon knapp die Hälfte (ein Viertel muß um 4.30 Uhr wieder auf sein, um 6.00 Uhr früh sind es 80 v. H.). Um 22.00 Uhr sind nur noch 7 v. H. der Fernsehzuschauer zu erreichen. Eine zur gleichen Zeit gestartete Leserumfrage in den Zeitungen nach Programmwünschen ergab eine große Nachfrage nach mehr Unterhaltungs- und Sportsendungen, erwünscht war mehr Humor im Programm, mehr Kriminalfilme wurden gefordert. Zur Berichterstattung der „Aktuellen Kamera" wurde gewünscht: weniger Betriebs- und Ernteberichte, dafür mehr Bildberichte aus dem Ausland. Eine vom Zentralinstitut für Jugendforschung in Leipzig 1971 veröffentlichte Studie über „Massenkommunikation und Jugend" stellte fest: Jugendliche verbringen im Durchschnitt pro Tag eine Stunde vor dem Bildschirm. „Während beim Rundfunk ein starkes Interesse an Schlagersendungen und Tanzmusik zu verzeichnen ist, sind beim Fernsehen vor allem Kriminalfilme, Abenteuerfilme, Fernsehspiele, Fernsehfilme und Spielfilme gefragt. Sehr häufig werden auch Unterhaltungssendungen gesehen."

Die SED, der starken Konkurrenz des westdeutschen F. bewußt, reagierte: „Unser Fernsehen, das auf gute Leistungen zurückblicken kann, sollte verstärkt bemüht sein, die Programmgestaltung zu verbessern, eine bestimmte Langeweile zu überwinden, den Bedürfnissen nach guter Unterhaltung Rechnung zu tragen, die Fernsehpublizistik schlagkräftiger zu gestalten und den Erwartungen jener Teile der werktätigen Bevölkerung besser zu entsprechen, deren Arbeitstag sehr zeitig beginnt, und die deshalb schon in den frühen Abendstunden Zuschauer wertvoller Fernsehsendungen sein möchten" (E. Honecker auf dem VIII. Parteitag der SED, Juni 1971).

Zugeständnisse an den Publikumsgeschmack (mehr Kriminalfilme, auch westliche Serien, Sendungen wie „Schlager-Studio", nach Vorbild der ZDF-„Hitparade", andererseits aber auch die verstärkte Ausstrahlung von mehr sowjetischen, polnischen, tschechoslowakischen, ungarischen und bulgarischen Filmen, deuten auf den von Haiduk angesprochenen latenten Zielkonflikt. Das gilt aber auch für die politische Information, deren parteiliche Einseitigkeit ebenfalls viele DDR-Bürger, einschließlich SED-Funktionäre, veranlaßt, zur Schließung der Informationslücken auf *West-Empfang* zu schalten. Er ist in jenen Gebieten stark verbreitet, in denen westliche Sender, vor allem im VHF-Bereich, empfangen werden können: im gesamten Bereich der DDR vom Harz über den Berliner Raum bis zur Oder, in Thüringen und Teilen von Sachsen und im nordwestlichen und südlichen Teil Mecklenburgs. Da sich Ostblockstaaten und DDR nach der Sowjetunion für das französische SECAM-Farbsystem entschieden haben, sind dort Farbsendungen aus der Bundesrepublik nur in Schwarz-weiß zu empfangen (dasselbe gilt für den Empfang östlicher Sendungen in der Bundesrepublik). Die SED hat mehrfach erfolglos versucht, den West-Empfang z. B. durch Installation von Störsendern, FDJ-Abrißaktionen zur Entfernung von nach Westen ausgerichteten Antennen nach dem Mauerbau 1961, Vorschriften in Stadtordnungen über Gemeinschaftsantennen und andere Maßnahmen einzuschränken bzw. zu unterbinden. Auf der 9. Tagung des ZK der SED mußte Honecker indirekt ein Scheitern dieser Bemühungen eingestehen: „Die westlichen Massenmedien, vor allem der Rundfunk und das Fernsehen der Bundesrepublik Deutschland, die ja bei uns jeder nach Belieben ein- oder ausschalten kann . . ."

Geschichte: Im März 1950 wurde auf Beschluß der Regierung mit dem Aufbau des F. begonnen. Am 11. 6. 1951 erfolgte die Grundsteinlegung des Studiokomplexes Berlin-Adlershof. Am 20. 12. 1951 begannen erste Versuche, im August 1952 wurde der Fernsehfunk ein besonderer Instanzbereich des „Staatlichen Rundfunkkomitees beim Ministerrat". Die Chronik der folgenden raschen Entwicklung beweist, daß die SED sich zunehmend der Wirksamkeit des neuen Mediums bewußt wurde und es für ihre Zwecke zu nutzen verstand.

21. 12. 1952	20.00 Uhr – Beginn des täglichen offiziellen Versuchsprogramms aus dem Fernsehzentrum Adlershof, erste „Aktuelle Kamera".
22. 12. 1952	Erste Sportsendung und erste Wetterkarte.
1953	Es gibt 600 Besitzer von Fernsehgeräten in der DDR.
12. 9. 1954	Erster Fernsehfilm aus eigener Produktion: „Die Entscheidung des Tilman Riemenschneider".
4. 10. 1954	„Deutsche Hochschule für Filmkunst" in Potsdam-Babelsberg gegründet, heute „Hochschule für Film und Fernsehen der DDR".

1954	2 300 angemeldete Fernsehempfänger.
1955	13 600 angemeldete Fernsehempfänger.
3. 1. 1956	Beginn des offiziellen Fernsehprogramms (VHF-Bereich); 2,2 Stunden täglich unter dem Titel „Deutscher Fernsehfunk".
Ende 1956	sind 71 000 Fernsehgeräte angemeldet,
1959	594 000 Fernsehgeräte angemeldet.
30. 1. 1960	Gründung der „Intervision" bei der OIRT/Prag (ČSSR, DDR, Polen, Ungarn),
1961	Beitritt der Sowjetunion.
1960	über 1. Mill. Fernsehgenehmigungen,
1965	über 3 Mill. Fernsehgenehmigungen erteilt. Sendezeit täglich 10,3 Stunden.
Dez. 1965	Kritik an Film und F. auf der 11. ZK-Tagung.
15. 9. 1968	Bildung des Staatlichen Komitees für F. beim Ministerrat.
1968	4,17 Mill. Fernsehempfänger-Genehmigungen, 12,7 Sendestunden täglich.
Januar 1969	Erstsendung des fünfteiligen Fernsehfilms „Krupp und Krause/Krause und Krupp" (Beispiel für sozialistische Gegenwartsdramatik).
4. 2. 1969	Theoretische Konferenz des Staatlichen Komitees für F. über die Entwicklung sozialistischer Fernsehdramatik. Referat „Sozialistische Volksgestalten als Träger unserer Macht".
Sept. 1969	Beginn des Verkaufs von UHF-Geräten, Zusatz- und Farbfernsehgeräten.
3. 10. 1969	Die Sender Berlin, Dresden, Dequede und Schwerin beginnen mit der Ausstrahlung des II. Programms (UHF-Bereich), erste Farbsendungen, System SECAM.
Januar 1972	„Deutscher Fernsehfunk" wird in „Fernsehen der DDR" umbenannt. Ausbau des UHF-Sendenetzes (II. Programm),
Ende 1972	erreichen die Sender etwa die Hälfte des DDR-Gebietes,
1973	seit den Weltjugendspielen, Farbsendungen auch im I. Programm.
Ende 1973	gibt es in der DDR ca. 5 Mill. Genehmigungen für Fernsehgeräte.

Fernstudium: Das F.- und Abendstudium soll Berufstätigen mit Abitur oder Fachschulabschluß die Möglichkeit bieten, ohne Unterbrechung ihrer Berufstätigkeit in vier bis fünf Jahren einen Hoch- bzw. Fachschulabschluß zu erwerben. Das Abendstudium ist eine besondere Form des F. für Studenten, die am Hochschulort wohnen.

Das F. wurde 1950 zunächst an drei Hochschulen eingeführt. Es konnten mehrere technische Fachrichtungen und ein Verwaltungsstudium absolviert werden. 3 690 Berufstätige waren 1951 als Fernstudenten immatrikuliert. Ziel des F. war es vor allem, Inhabern gehobener Positionen des Staats-, Wirtschafts-und Justizapparates einen akademischen Abschluß erwerben zu lassen. Für die Aufnahme des F. waren die Hochschulreife, eine Begabtenprüfung oder ein „Nachweis der aktiven Beteiligung am demokratischen Aufbau" erforderlich. 1955 wurden F.-Gänge an allen Universitäten und Hochschulen der DDR eingerichtet. Seit 1956 war ein F. auch an den Ingenieur- und Fachschulen der DDR möglich, das in den folgenden Jahren keinen wesentlichen Veränderungen unterworfen war.

1962 wurde die Möglichkeit eines Teilstudiums im Rahmen des F. geschaffen, um Berufstätigen, die aus gesundheitlichen, arbeitsbedingten oder privaten Gründen kein volles F. absolvieren konnten, die Möglichkeit der Qualifizierung zu eröffnen. Im Rahmen der 3. Hochschulreform wurde 1969 eine Neugestaltung des F. vorgenommen und im Hochschulbereich auf die technischen Wissenschaften und die Ausbildung von Hochschulingenieuren begrenzt. Das Hochschul-F. entsprach jetzt der Ausbildung an den ebenfalls 1969 gegründeten → **Ingenieurhochschulen**. 1973 erfolgte eine erneute Reform des Hochschul-F., da sich die Beschränkung auf die Ausbildung von Hochschul-Ingenieuren nicht bewährt hatte. Ein F. ist jetzt in allen an den Universitäten und Hochschulen vertretenen Fachrichtungen möglich. Gleichzeitig wurden die Bestimmungen über das Hochschul- bzw. Fachschul-F. vereinheitlicht. Seine Planung erfolgt im Auftrag des → **Ministeriums für Hoch- und Fachschulwesen** für das Hochschul-F. durch die „Zentralstelle für das Hochschul-F.", für das Fachschul-F. durch das „Institut für Fachschulwesen".

Entsprechend den wissenschaftlichen Schwerpunkten der mit dem F. befaßten Bildungsinstitutionen übernehmen diese die Ausbildung der Fernstudenten in den an ihnen vertretenen Fächern. Die Betreuung der Fernstudenten erfolgt dezentralisiert durch die Universitäten, Hoch- und Fachschulen, denen die Aufgabe eines „Konsultationszentrums" übertragen wurde. Diesen obliegt die Betreuung der in ihrem territorialen Einzugsbereich wohnenden Fernstudenten aller Studienrichtungen. An ihnen werden „Konsultationen" durchgeführt; darunter wird ein spezifischer Unterrichtstyp verstanden, die Elemente des Direktstudiums wie Vorlesungen, Seminare und Übungen enthält. Konsultationen finden in der Regel in Form von obligatorischen Lehrgängen statt, für die die Fernstudenten von der Arbeit befreit werden. Ein F. kann jeder Berufstätige aufnehmen, der die Hochschulreife bzw. die Fachschulreife für ein Fachschul-F. und eine abgeschlossene, der gewählten Studienrichtung entsprechende Berufsausbildung besitzt sowie über eine mehrjährige berufliche Praxis verfügt. Die Mehrzahl der Fernstudenten wird von ihren Betrieben oder Dienststellen delegiert. Diese verpflichten sich im Rahmen eines „Qualifizierungsvertrages" mit dem Studenten, ihn während des Studiums zu unterstützen und nach Beendigung des Studiums seiner Ausbildung entsprechend zu beschäftigen.

Die Studentenzahlen im Hochschul-F. stiegen von 22 544 im Jahre 1960 auf 39 344 im Jahre 1971, stagnierten in den beiden folgenden Studienjahren und gingen im Studienjahr 1973/74 auf ca. 32 000 zurück. Die

Zahl der Abendstudenten stieg von 1 221 im Jahr 1960 auf 3 147 im Jahr 1969 und ging seither stetig zurück (1971 = 1 194; 1973 = 419).

Die Anzahl der Studenten im Fachschul-F. stieg von 30 500 im Jahr 1960 auf 68 700 im Jahr 1971 und ging im Jahr 1973 auf 64 739 zurück.

Die Zahl der Abendstudenten an den Fachschulen stieg von 25 600 im Jahr 1960 auf 42 100 im Jahr 1971 und ging 1973 auf 32 844 zurück. → **Universitäten und Hochschulen.**

Fertigungstechnik: → **Technologie.**

Festival: Bezeichnung für Festspiele und Festveranstaltungen, seit 1951 für die „Weltfestspiele der Jugend und Studenten", deren Träger der → **Weltbund der Demokratischen Jugend** (WBDJ) ist. Er veranstaltete

die 1. Weltfestspiele in Prag (25. 7.–17. 8. 1974);
die 2. in Budapest (14.–28. 8. 1949);
die 3. in Ost-Berlin (5.–19. 8. 1951);
die 4. in Bukarest (2.–16. 8. 1953);
die 5. in Warschau (31. 7.–14. 8. 1955);
die 6. in Moskau (28. 7.–11. 8. 1956);
die 7. in Wien (26. 7.–4. 8. 1959);
die 8. in Helsinki (28. 7.–6. 8. 1962);
die 9. in Sofia (28. 7.–6. 8. 1968);
die 10. in Ost-Berlin (28. 7.–6. 8. 1973).

An den 10. Weltfestspielen nahmen ca. 25 000 ausländische Gäste teil, die mehr als 1 700 Organisationen repräsentierten. Das Programm umfaßte 210 politische, 1 195 kulturelle und 137 Sportveranstaltungen, an denen ca. 8 Mill. Besucher teilnahmen. Daneben wurden in allen Bezirken der DDR 23 000 „Kleine Festivals" veranstaltet. Die Weltfestspiele wurden durch ein „Festivalaufgebot" der FDJ vorbereitet, einen schulischen, ökonomischen und politischen Wettbewerb der Jugend, wobei die Besten als Teilnehmer zu den Weltfestspielen delegiert wurden. Die Festspiele waren zugleich Anlaß, der Öffentlichkeit den Entwurf des (3.) Jugendgesetzes (vom 28. 1. 1974) zu unterbreiten. → **Jugend.**

Festlandsockel: Die Genfer Konvention über den F. vom 29. 4. 1958 bezeichnet damit „a) den Meeresgrund und den Meeresuntergrund der an die Küste grenzenden Unterwasserzonen außerhalb des Küstenmeeres bis zu einer Tiefe von 200 m und darüber hinaus, soweit die Tiefe des darüber hinaus befindlichen Wassers die Ausbeutung der Naturschätze dieser Zonen gestattet; b) den Meeresgrund und den Meeresuntergrund der entsprechenden an die Küste von Inseln grenzenden Unterwasserzonen". Das Genfer Abkommen ist zwar nicht in Kraft getreten, weil nicht die erforderliche Anzahl von 22 Staaten das Abkommen ratifiziert hat oder ihm beigetreten ist. Die Staatenpraxis verfährt jedoch weitgehend nach ihm. Änderungen sind als Ergebnis der III. Seerechtskonferenz der Vereinten Nationen, die 1974 in Caracas/Venezuela stattfand, zu erwarten.

Mit der Proklamation über den F. an der Ostseeküste der DDR vom 26. 5. 1964 (GBl. I, S. 99) erklärte die Regierung der DDR, daß für alle Maßnahmen zur Erforschung und Nutzung des F. der DDR eine ausdrückliche Zustimmung der zuständigen Organe der DDR notwendig sei. Sie behält sich vor, gegen Handlungen, die ohne diese Zustimmung vorgenommen werden, entsprechende Maßnahmen zu ergreifen. Gleichzeitig wurde die Bereitschaft zu zwischenstaatlichen Vereinbarungen über die Abgrenzung des F. der DDR gegenüber dem F. benachbarter Staaten an der Ostseeküste erklärt.

Durch Gesetz vom 20. 2. 1967 (GBl. I, Seite 5) wurden aus der Proklamation die Konsequenzen für den inneren Bereich gezogen. Die Naturreichtümer des F. wurden zu Volkseigentum erklärt. (Diese Erklärung wurde in Artikel 12 Absatz 1 der Verfassung aufgenommen.)

Am 28. 10. 1968 wurde mit Polen ein Vertrag über die Abgrenzung des F. in der Ostsee und den Verlauf der Grenzlinien unterzeichnet.

Feudalismus: In der Theorie des historischen Materialismus eine ökonomische Gesellschaftsformation, die in der historischen Entwicklung der Sklavenhaltergesellschaft folgt und ihrerseits durch den Kapitalismus abgelöst wird. Sie ist gekennzeichnet durch das Eigentum der Feudalherren am größten Teil des Bodens, des wichtigsten → **Produktionsmittels** im F., und durch das beschränkte Eigentum an leibeigenen und hörigen Bauern als Produzenten. Neben den Feudalherren und den Bauern als Grundklassen gibt es im F. weitere soziale Klassen und Schichten, wie die Handwerker und die Kaufleute der Städte, aus denen das Bürgertum hervorging. Das Stadtbürgertum wurde durch die Entwicklung der Produktivkräfte und die damit verbundene Entstehung der kapitalistischen → **Produktionsweise** im Schoß des F. zu der Kraft, die den F. stürzen sollte. Marx und Engels knüpften im wesentlichen am bürgerlich-liberalen F.-Verständnis an, das bei ihnen jedoch, indem der F. die Qualität einer Gesellschaftsformation erhielt, einen anderen Inhalt gewann. Die Arbeit der sowjetischen Geschichtswissenschaft an einem universalen Geschichtsbild hat zu Modifikationen der ursprünglich nur skizzenhaften Anschauungen geführt, die auch außerwirtschaftliche Faktoren stärker berücksichtigten. Die Geschichtswissenschaft der DDR betrieb F.-Forschung vor allem unter dem Aspekt des Übergangs vom F. zum Kapitalismus, um hieraus Erklärungsmöglichkeiten für die Analyse der Übergangsperiode Kapitalismus- Sozialismus gewinnen zu können.

Feuerschutzpolizei: → **Deutsche Volkspolizei.**

FGB: Abk. für Familiengesetzbuch. → **Familienrecht.**

Filmwesen: Das gesamte F. untersteht der einheitlichen Leitung durch die Hauptverwaltung Film des → **Ministeriums für Kultur**, deren Leiter den Rang eines der Stellvertreter des Ministers bekleidet. Beratende Funktion hat dabei ein 1973 gebildetes Komitee für Filmkunst, dem neben staatlichen Leitern Regisseure und Autoren, Studiodirektoren, der Rektor der Hochschule für Film und Fernsehen der DDR sowie Vertreter von FDGB und FDJ angehören.

Der Filmproduktionsapparat besteht aus folgenden DEFA-Studios: für Spielfilme in Potsdam-Babelsberg (auf einem Gelände von ca. 500 000 qm mit 9 Atelier-hallen) mit einer Jahresproduktion von 15 bis 20 Filmen für Kino (davon ca. 3 Kinder- und Jugendfilme) und ca. 25 Filmen für das Fernsehen; für Kurzfilme in Potsdam-Babelsberg und Ost-Berlin mit einer Jahresproduktion von ca. 100 Filmen für Kino und Fernsehen einschließ-lich Auftrags- und Werbefilme sowie 52 Wochenschau-en „Der Augenzeuge"; für Trickfilme in Dresden mit ei-ner Jahresproduktion von ca. 25 Zeichentrick-, Puppen-trick-, Handpuppen- und Silhouettenfilmen für Kino (überwiegend Kinderprogramme) sowie weiterer Fil-men für das Fernsehen; für Synchronisation in Ost-Ber-lin. Zur DEFA gehören außerdem Kopierwerke und die Zentralstelle für Filmtechnik sowie der DEFA-Außen-handel, der für den gesamten Filmexport und -import zuständig ist. Sämtliche in der DDR eingesetzten Filme werden über den VEB Progreß-Film-Verleih an 15 Be-zirksfilmdirektionen verliehen.

Der Film hat als wichtigstes Massenmedium neben dem Fernsehen eine besondere Funktion bei der Bewußt-seinsbildung des Publikums zu erfüllen. Nach einer De-finition des DDR-Filmwissenschaftlers Manfred Ger-bing soll er „auf den Intellekt und die Emotionen der Zuschauer Einfluß nehmen, die neue sozialistische Denk- und Lebensweise durchsetzen helfen, neue Be-dürfnisse (einschließlich ästhetische) im Menschen wek-ken . . . Er soll helfen, die ideologisch-moralische Psy-che des Menschen nach sozialistischen Kriterien zu bil-den, die schöpferischen Fähigkeiten des Menschen all-seitig zu entfalten, zur weiteren Humanisierung der zwi-schenmenschlichen Beziehungen beizutragen."

Die DEFA (Deutsche Film AG) wurde als erste deut-sche Filmgesellschaft nach dem Zweiten Weltkrieg ge-gründet und erhielt am 17. 5. 1946 eine sowjetische Li-zenz. Anfangs eine deutsch-sowjetische Aktiengesell-schaft, wurde sie 1952 Volkseigener Betrieb. Das Ge-sicht ihrer Produktion war stets von der jeweiligen poli-tischen Situation, vom Stand der gesellschaftlichen Ent-wicklung abhängig. Neben der Propaganda für den Wie-deraufbau leistete die DEFA in den ersten Jahren ihres Bestehens einen wichtigen Beitrag zur Aufklärung über die jüngste NS-Vergangenheit. Filme antifaschistischer Thematik bildeten vor allem bis Ende der sechziger Jah-re einen wesentlichen Bestandteil der Produktion und gehörten zu den auch künstlerisch gelungensten Arbei-ten. Filme nach historischen Stoffen, insbesondere mit Themen aus der Geschichte der deutschen Arbeiterbe-wegung, dienten der Förderung eines neuen Geschichts-bewußtseins sozialistischer Prägung.

Wichtige Marksteine der Filmentwicklung waren die Filmkonferenzen von 1952 und 1958, auf denen der Vorrang von Stoffen aus der Gegenwart betont und die Filmemacher auf die Methode des damals dogmatisch ausgelegten Sozialistischen Realismus festgelegt wur-den. Neben Filmen politischer Thematik wurden stets auch Unterhaltungsfilme produziert. Seit den sechziger Jahren hat die thematische und stilistische Vielfalt der Produktion zugenommen; Filme mit DDR-Gegen-wartsthematik reflektieren, besonders seit dem Über-gang zu der unter Honecker praktizierten offeneren

→ **Kulturpolitik** seit 1972, eine differenzierte Ausein-andersetzung mit individuellen und gesellschaftlichen Problemen und entsprechen vielfach auch formal an-spruchsvollem internationalen Standard. Vor allem den Bedürfnissen jugendlicher Kinobesucher dienen die seit 1966 produzierten Indianerfilme, deren Stoffe auf hi-storischen Fakten basieren, und heitere Musikfilme; Li-teraturverfilmungen nach Vorlagen aus vergangenen Epochen und von DDR-Autoren haben ebenfalls einen festen Platz in den Produktionsplänen. Als drittes Land nach den USA und der SU entwickelte die DDR die Aufnahme- und Produktionstechnik für den 70-mm-Film.

Zu den bedeutendsten, auch außerhalb der DDR be-kannten Spielfilmregisseuren zählen Konrad Wolf, Egon Günther, Lothar Warneke, Heiner Carow. Die Nachwuchsausbildung erfolgt an der 1954 gegründeten Hochschule für Film und Fernsehen der DDR (bis 1970: Deutsche Hochschule für Filmkunst) in Potsdam-Ba-belsberg. Eine Sektion Forschung an der Hochschule beschäftigt sich mit filmwissenschaftlichen Fragen und gibt dazu in unregelmäßiger Folge Publikationen her-aus.

Die auch in Abkommen festgelegte Zusammenarbeit mit anderen sozialistischen Ländern auf filmischem Ge-biet realisiert sich u. a. in der Mitwirkung von Schau-spielern aus diesen Ländern in DEFA-Filmen und um-gekehrt sowie in Coproduktionen (bisher mit der Sowjetunion, Polen, der ÖSSR und Bulgarien). Auf der Grundlage der Gegenseitigkeit stellt die DDR eigene Produktionen auf Filmwochen im Ausland vor; sie be-teiligt sich auch an zahlreichen internationalen Filmfe-stivals. Als einziges internationales Filmfestival in der DDR findet seit 1960 alljährlich im November die Leip-ziger Dokumentar- und Kurzfilmwoche für Kino und Fernsehen statt unter dem Motto „Filme der Welt – für den Frieden der Welt".

In den Kinospielplan werden pro Jahr ca. 135 Spielfilme neu aufgenommen; dazu kommen besonders zusam-mengestellte Kinderfilmprogramme. Im allgemeinen stammen jeweils etwa zwei Drittel der Importe aus so-zialistischen und ein Drittel aus kapitalistischen Län-dern. Manche anspruchsvollen Filme laufen vorwiegend oder ausschließlich in Filmkunsttheatern oder an Film-kunsttagen der Kinos. Zur Verbreitung des künstlerisch wertvollen Films tragen Filmclubs bei. Zur Anleitung und Koordinierung ihrer Arbeit wurde im November 1973 eine Zentrale Arbeitsgemeinschaft Filmklubs der DDR beim Ministerium für Kultur gegründet, der Ver-treter der Filmklubs, des → **Staatlichen Filmarchivs**, des Progreß-Film-Verleihs, der Bezirksfilmdirektionen, des → **Verbandes der Film- und Fernsehschaffenden** sowie der Massenorganisationen, bei denen Filmklubs beste-hen (→ **FDGB; FDJ; Kulturbund; NVA** u. a.), angehö-ren. 1973 gab es 850 stationäre Filmtheater und 281 Dorfkinos, die in 951 600 Vorstellungen 84,47 Mill. Be-sucher zählten. Damit wurde der durch die Zunahme des Fernsehens (1973: 4,966 Mill. Apparate) bedingte kontinuierliche Rückgang des Kinobesuchs (Höchst-stand: 1955 mit 309,91 Mill. in 1423 Filmtheatern) zum ersten Male aufgehalten. Gegenüber dem Vorjahr konnte sogar eine Steigerung um 2,92 Mill. erreicht werden.

Jeweils im Juli finden seit 1962 alljährlich „Sommerfilmtage der DDR" statt, bei denen auf Freilichtbühnen 8 neue Unterhaltungsfilme in- und ausländischer Produktion eingesetzt werden, die großen Publikumszuspruch haben.

Zeitschriften: „Filmspiegel" (vierzehntägig), „Film und Fernsehen" (monatlich), „Filmwissenschaftliche Beiträge" (jährlich).

Finalproduktion: 1. Bezeichnung für Enderzeugnisse (Investitionsgüter und technisch komplizierte Konsumgüter).
2. Bezeichnung für die in einem bestimmten Zeitraum gefertigte Menge an Investitions- und Konsumgütern. Wertmäßig entspricht die F. annähernd dem Nationaleinkommen. **Gesellschaftliches → Gesamtprodukt.**

Finanzamt: Finanzämter gibt es in der DDR nicht mehr, seit 1952 die Finanzverwaltung als selbständiger Verwaltungszweig abgeschafft wurde. Ihre Funktionen als unterste für die Festsetzung und Erhebung der Steuern verantwortliche Behörde werden durch das Referat Steuern in der Abteilung Finanzen beim Rat des Kreises wahrgenommen.

Finanzausgleich: → Haushaltsausgleich; Staatshaushalt.

Finanzbeirat: → Finanzorgane.

Finanzberichterstattung: → Finanzplanung und Finanzberichterstattung.

Finanzkontrolle und Finanzrevision: Unter dem Oberbegriff „staatliche Finanzkontrolle" werden in der DDR sämtliche Kontrollmaßnahmen zusammengefaßt, deren Zweck darin besteht, festzustellen, ob und wie die staatlichen Interessen und makroökonomischen Erfordernisse in der Finanzsphäre der Volkswirtschaft verwirklicht werden. Neben dieser Fremdkontrolle der Finanzwirtschaft soll außerdem jeder Leiter von Wirtschaftsbetrieben und Verwaltungsorganen eine Eigenkontrolle der Finanzen seines Verantwortungsbereiches organisieren. Diese Eigenkontrolle kann und wird hauptsächlich nach den individuellen Interessen der betreffenden mikroökonomischen Teilsysteme gestaltet. Ihre Wirksamkeit hängt weitgehend von der freiwilligen Mitwirkung der Leistungsträger an den Kontrollaktionen ab.

Die „staatliche Finanzkontrolle" (Fk.) befaßt sich a) mit der fortwährenden Überwachung der Finanzwirtschaft der produzierenden Wirtschaftseinheiten (→ **VEB; Kombinate; VVB; Produktionsgenossenschaften**) und b) mit der ständigen Überprüfung der Finanzgebarung und -disziplin der „Haushaltsorgane" und „Haushaltsorganisationen" (dazu gehören u. a. die Ministerien, Zentralen Ämter, die Örtlichen Räte samt Verwaltungsunterbau, die Einrichtungen der gesellschaftlichen Konsumtion im Bereich der Kultur, des Sozialwesens und des Sports, aber auch die gesellschaftlichen Großor-

ganisationen). Obwohl es meist nicht aufgeführt wird, erstreckt sich c) die zentrale staatliche Fk. auch auf die staatlichen Geschäftsbanken und Versicherungen.

In der Wirtschaftspolitik und Wirtschaftspraxis bezieht sich der Begriff „staatliche Finanzkontrolle" in der Hauptsache auf die „Vorkontrolle" bei der Aufstellung der Finanzpläne und auf die „kontinuierliche, mitlaufende Kontrolle" der operativen Durchführung der Haushalts-, Kredit-, Valuta- und Kassenpläne sowie der Planbilanzen über die Einnahmen und Ausgaben der Produktionseinheiten.

Die „nachträgliche Kontrolle" der Finanzgebarung und der Erfüllung der Finanzpläne der Produktionseinheiten, Verwaltungsorgane, staatlichen Banken und Versicherungen ist Aufgabe der Finanzrevision. Wichtigste Aktionsgebiete der Fk. in der DDR sind auf der einen Seite die kontinuierliche Durchleuchtung der Betriebsfinanzen (= „Wirtschaftskontrolle" durch Soll-Ist-Vergleiche, Kostenanalysen und die Beurteilung der Ertragsentwicklung) und auf der anderen Seite die „Staatshaushaltskontrolle" gegenüber einzelnen Etat-(titel)trägern und Zuwendungsempfängern.

Im Produktionsbereich hat die Fk. das Ziel, durch Stichproben, Einholung von Auskünften und periodisch angeforderte Zwischenberichte offenzulegen, welche Ergebnisse die vom Plan vorgeschriebene und die eigenverantwortlich vorgenommene Verwertung der Finanzmittel erbracht hat. Diese Verwendung wird dann daraufhin geprüft, ob sie zweckgemäß und sparsam erfolgt ist. Nach Auswertung der Kontrollergebnisse sind dann die Kontrollorgane verpflichtet, Maßnahmen vorzubereiten, mit denen die Effektivität der überprüften Wirtschaftsprozesse verbessert werden kann. Die bei der Finanzkontrolle angewandten Analyse- und Prüfungsmethoden sind jeweils darauf abzustellen, ob es sich bei den untersuchten Wirtschaftseinheiten auf der einen Seite um verselbständigte Produktionsbetriebe und überbetriebliche Zusammenschlüsse oder auf der anderen Seite um reine Verwaltungsinstanzen handelt. Beide Gruppen von Wirtschaftsinstitutionen verfolgen beträchtlich voneinander abweichende (Betriebs-)Zwecke. Diese sind einerseits für die Anwendung unterschiedlicher Kontrollmethoden verantwortlich, andererseits bedingen sie auch eine recht erhebliche Spezialisierung innerhalb des Instanzenapparates der staatlichen Kontrollorganisation für Finanzen.

In der volkseigenen Wirtschaft arbeiten die VEB, Kombinate und VVB nach dem „Rentabilitätsprinzip" (Prinzip der → **wirtschaftlichen Rechnungsführung**). Dieses für die Staatswirtschaft zur verpflichtenden Handlungsmaxime erhobene (Wirtschaftlichkeits-)Prinzip verlangt von den Produktionseinheiten, daß sie ihre eigenen Produktionskosten mindestens durch die Erlöse aus dem Verkauf ihrer Erzeugnisse decken. Der Normalfall soll jedoch sein, daß sie einen Gewinn erwirtschaften. Das „Rentabilitätsprinzip" verpflichtet somit die Produktionseinheiten zu einer möglichst effizienten, flexiblen Kombination der Produktionsfaktoren im Rahmen der übergebenen Betriebspläne. Realisierbar ist diese Anweisung natürlich nur innerhalb der plandeterminierten Begrenzungen des zugebilligten operativen Entscheidungs- und Handlungsfeldes der Produktionseinheiten.

Dagegen verfolgen bekanntlich die Maßnahmen der staatlichen Verwaltungsorgane nicht den Zweck, Gewinne zu erzielen. Ihre „ökonomischen Aktivitäten" beziehen sich auf die Schaffung der verwaltungstechnischen Voraussetzungen für die Erfüllung der staatlichen Wirtschaftsziele durch die Planträger. Ihr Handeln wird durch zweckgerichtete Anweisungen in Gesetzen, Anordnungen, Durchführungsbestimmungen und durch ständige operative Verfügungen vorgesetzter Lenkungsinstanzen bestimmt. Bei der Zuteilung der von ihnen verwalteten Haushaltmittel (Einzeletats) auf die ihnen vorgegebenen Verwendungszwecke haben die betreffenden Instanzen aufgabengemäß und gesetzestreu zu handeln. Sie müssen bei den Empfängern darauf hinwirken, daß mit den Mittelzuweisungen sparsam gewirtschaftet wird.

Je nachdem also, wie das im „Volks-" oder „Staatseigentum" befindliche Real- und Finanzvermögen genutzt werden soll, wandeln sich auch die Zielstellungen, Beurteilungen und Methoden der Fk.

Im Bereich der staatlich gelenkten Produktion, Zirkulation und Distribution lautet der Überwachungsauftrag, den erreichten Grad der Wirtschaftlichkeit und Rentabilität der Produktionseinheiten kritisch zu prüfen. Dagegen steht bei der Kontrolle des Verwaltungsbereiches die Einhaltung der Haushaltsdisziplin durch die einzelnen Haushaltsorganisationen im Mittelpunkt der Kontrolltätigkeit.

Seit 1966 befassen sich in der DDR vor allem vier → **Finanzorgane** mit der Fk. der Staatswirtschaft: 1. Das → **Ministerium der Finanzen**, 2. die Banken, 3. die staatliche Finanzrevision und 4. die Abteilungen Finanzen der örtlichen Räte. Ergänzende Kontrollanalysen werden von den → **Industrieministerien**, den Abteilungen Finanzen der VVB, den Versicherungen und den ständigen Ausschüssen der Volksvertretungen verlangt. Bei dieser Vielzahl der sich bereichsweise überschneidenden Kontrollen seitens verschiedener Instanzen ist es unumgänglich, daß diese ihre Tätigkeit in der Sache und im Termin aufeinander abstimmen. Aus diesem Grunde erfolgen vor allem die üblichen Kontrollen und Revisionen zum Abschluß des Wirtschaftsjahres häufig gemeinsam. Ebenso wird auch bei der Auswertung der Kontrollergebnisse verfahren, die gemeinsam durch alle beteiligten Kontrollinstanzen mit dem Führungspersonal der überprüften Wirtschaftseinheiten vorgenommen wird.

Der Begriff „Finanzrevision" (Fr.) umfaßt in der Wirtschaftswissenschaft und Wirtschaftspolitik der DDR zwei Inhalte: 1. eine Prüfungsmaßnahme und 2. eine staatliche Institution. Fr. bedeutet somit im ersten Fall die jährliche Prüfung der Vorschriftsmäßigkeit der Rechnungslegung und Bilanzierung durch die Staatsbetriebe (= nachträgliche Kontrolle). Dazu kommt dann die Beurteilung ihres im überprüften Wirtschaftsjahr erreichten Wirtschaftserfolges durch die staatlichen Revisionsorgane. Als Prüfungsunterlagen werden die gesam-

melten Belege, Dokumente, Buchungen, vorgelegten Bilanzen, Statistiken und Pläne (darunter insbesondere die Finanzpläne) ausgewertet.

Im zweiten Fall ist mit Staatlicher Fr. diejenige Hierarchie institutionell verselbständigter Kontroll- und Revisionsinstanzen gemeint, welche unter der direkten Anleitung des Ministeriums der Finanzen Revisionen durchführt.

Der Zuständigkeitsbereich der Staatlichen Fr. erstreckt sich a) auf die Produktionseinheiten aller Wirtschaftsbereiche (Industrie, Bauwesen, Handel, Verkehr, Landwirtschaft, sonstige Dienstleistungssektoren), sofern diese ihre „Unternehmenspolitik" nach dem Prinzip der wirtschaftlichen Rechnungsführung ausrichten; b) auf die staatlichen Kreditinstitute; c) auf alle staatlichen Verwaltungsorgane (= Haushaltsorgane/Haushaltsorganisationen) und d) auf sämtliche gesellschaftlichen Massenorganisationen.

Bei den erwerbswirtschaftlich aktiven Produktionseinheiten prüft sie die Ordnungsmäßigkeit der vorgelegten Jahresbilanz und der Gewinn- und Verlustrechnung. Dazu kommt die Prüfung der wirtschaftlichen „Tüchtigkeit" des Betriebskollektivs auf der Grundlage der Planabrechnungen für die vergangene Wirtschaftsperiode (Soll-Ist-Vergleiche).

Zweck der Revision ist die Beurkundung der Ordnungsmäßigkeit des Jahresabschlusses der Produktionseinheiten (Bilanz, Gewinn- und Verlustrechnung, Planabrechnung) durch Erteilung eines „Bestätigungsvermerkes". Erst mit diesem Vermerk und durch einen positiven Prüfungsbericht wird das vom Arbeitgeber Staat eingestellte Führungspersonal der VEB, Kombinate und VVB durch diesen selbst für ihre Tätigkeit in der vergangenen Wirtschaftsperiode entlastet.

Prüfungsobjekte bei den zentralen und örtlichen Staatsorganen sind die Jahresabrechnungen der Finanz-, Haushalts-, Kredit- und Valutapläne, die Gesetzestreue bei der Erfüllung der ihnen aufgetragenen Aufgaben und der sparsame und pflegliche Umgang mit Staatsvermögen.

Entdecken die Revisionsinstanzen bei ihren Prüfungen, daß einzelne Produktionseinheiten und Verwaltungen unwirtschaftlich gearbeitet haben, planwidrige Aktionen unternahmen oder gegen Gesetze verstießen, so können sie bei kleineren Beanstandungen selbst die Beseitigung der Fehlleistungen und der Plan- und Ordnungswidrigkeiten anordnen. Bei größeren Vergehen müssen sie den Fall an die übergeordneten Lenkungsinstanzen sowie Gerichte übergeben. Sofern es sich nicht um einen Fall handelt, bei dem die Gerichte aufgrund des Wirtschaftsstrafrechts unbedingt einzuschalten sind, wird in den meisten Fällen das Ministerium der Finanzen aktiv.

Während der Hauptphase der Wirtschaftsreform in der DDR (1963–1970) hat die primäre Verantwortlichkeit für die Fr. gegenüber der volkseigenen Wirtschaft zweimal gewechselt. Zunächst erhielten die „Konzern"-Spitzen der VVB 1963/1964 anstelle behördlicher Kontrollinstanzen den Auftrag, die Finanzwirtschaft der ihnen angegliederten VEB laufend zu überwachen und das betriebliche Rechnungswesen nach Abschluß jedes Wirtschaftsjahres nach Maßgabe staatlicher Prüfungsvorschriften zu revidieren. Die Fr. gegenüber den VVB übernahmen die 1963/1964 neu eingerichteten „Industrie-Bankfilialen" der damaligen Deutschen Notenbank (heute → **Staatsbank** der DDR).

Die VVB führten jedoch ihre Nachkontrolle nicht im Interesse der vorrangigen Durchsetzung der Staats- und Gesellschaftsinteressen vor denen der Individual- und Betriebsinteressen durch. Wegen Kumpanei mit den Kontrollierten wurden ihnen deshalb 1966 die primären Revisions- und Überwachungsbefugnisse wieder entzogen. Das Scheitern dieses Experimentes, die Verantwortlichkeit für Fk. und Fr. auf die VVB-Leitungen zu delegieren, rührte daher, daß durch die Umwandlung der VVB zu „Organen mit wirtschaftlicher Rechnungsführung" diese mit ihren Betrieben zu einer Gewinn- und Verlustgemeinschaft mit vielfach gleichen Interessen zusammenwuchsen. Daher deckten die Konzernleitungen finanzielle und wirtschaftliche Manipulationen ihrer VEB, sofern diese dem Konzern insgesamt zum Vorteil gereichten.

Aus diesen Gründen wurde Anfang 1966 das Revisionswesen in der DDR in der Weise umgestaltet, daß seit dieser Zeit eine eigene, von anderen wirtschaftsleitenden Organen unabhängige staatliche Instanz die Revisionen vornimmt. Die fachliche Anleitung dieser Sonderbehörde liegt beim MdF. (Vgl. den „Beschluß über die Aufgaben, die Arbeitsweise und den Aufbau der Staatlichen Finanzrevision" vom 12. 5. 1967, GBl. II, Nr. 49, S. 329 ff.). → **Finanzsystem; Banken; Sparkassen; Örtliche Organe der Staatsmacht; Bezirk; Kreis; Gemeinde; Wirtschaft; Staatsapparat.**

Finanzökonomik: → **Finanzwissenschaft und Finanzökonomik; Finanzkontrolle und Finanzrevision.**

Finanzorgane: Dazu gehören alle staatlichen Verwaltungen und Institutionen, welche speziell für die Planung, Regulierung und Kontrolle der Geldversorgung, Geldkapitalbildung und der Geldbewegungen geschaffen wurden. Ihre Lenkungsfunktionen sind auf der Grundlage und entsprechend den Zielen der lang- und kurzfristigen staatlichen Wirtschaftspläne auszuführen. Damit gesichert wird, daß die F. den Auftrag der zentral erteilten Wirtschaftsbefehle auch tatsächlich in die Tat umsetzen, wurden die Instanzen des finanzwirtschaftlichen Lenkungsapparates – ebenso wie die allgemeine Wirtschaftsverwaltung – zu einer hierarchisch formierten Kommando- und Kontrollorganisation zusammengefaßt. Die Befehlswege zwischen der zentralen finanzpolitischen Leitungsinstanz (→ **Ministerium der Finanzen**) und den einzelnen (Finanz-)Verwaltungsorganen und Geldbewirtschaftungsinstitutionen (z. B. den Banken) in den Gebietseinheiten der DDR (Bezirke, Kreise, Gemeinden) wurden nach dem „Liniensystem" miteinander verbunden. Maßgebendes Organisationsprinzip zur Gestaltung des finanzwirtschaftlichen Lenkungsapparates ist das → **Territorialprinzip.** Entsprechend diesem Prinzip lehnt sich der Aufbau des Instanzenzuges der F. an die territoriale Gliederung des Staatsgebie-

tes der DDR in Republik, Bezirke, Kreise und Gemeinden und die auf diesen Verwaltungsebenen bestehenden Leitungsorgane an.

Die in der DDR bestehenden F. werden nach „Haushaltsorganen", „Bankorganen" und „Versicherungsorganen" unterschieden. An der Spitze der Hierarchie der F. steht das Ministerium der Finanzen (MdF.). Neben dieser zentralen Leitungsinstanz gehören außerdem noch die Abteilungen Finanzen der Räte der Bezirke und Kreise und die Prüfungsorgane der Staatlichen Finanzrevision zu den „Haushaltsorganen". Die → **Staatsbank** der DDR, die staatlichen Geschäftsbanken, die → **Sparkassen** und die Genossenschaftsbanken bilden die „Bankorgane". Die „Versicherungsorgane" setzen sich aus zwei Versicherungszweigen zusammen, den Versicherungsgeschäfte betreibenden verselbständigten staatlichen „Versicherungsunternehmen" und der Sozialversicherung der Arbeiter und Angestellten, Genossenschaftsmitglieder, Komplementäre der halbstaatlichen Betriebe und der kleinen selbständigen Gewerbetreibenden.

Infolge der enormen Konzentrationsmaßnahmen der Staatsführung im Versicherungswesen gibt es in der DDR nur zwei nach Kundenkreisen spezialisierte verselbständigte „Versicherungsunternehmen": Die → **Staatliche Versicherung der DDR** für das Inlandsgeschäft und die → **Deutsche Auslands- und Rückversicherungs AG** für die Gewährung eines Versicherungsschutzes gegen drohende Schäden bei Auslandsgeschäften (Im- und Exportsendungen, Luft- und Wasserfahrzeuge im Auslandsdienst).

Seltsamerweise wird die „Staatliche Zollverwaltung" der DDR nicht zu den F. gerechnet.

Um a) die Haushalts- und Finanzpolitik, b) die Geld- und Kreditpolitik und c) den Versicherungsschutz für Wirtschaft und private Haushalte stets flexibel den sich ändernden Wirtschafts- und Lebensbedingungen sowie den gewandelten Aufgaben anzupassen und insgesamt zu verbessern, wurden zur Beratung des MdF., der Räte der Bezirke und Kreise, der Staatsbank und der Versicherungsunternehmen funktional spezialisierte Beiräte gebildet. Diese in Organisation und Zusammensetzung häufig wechselnden Beiräte haben, mit Ausnahme des 1972 geschaffenen „Rates für Geld- und Kreditwirtschaft", in der Regel sehr ähnliche Aufgaben.

Als die Geld- und Finanzpolitik durch die Wirtschaftsreform in der DDR (1963–1970) mit jedem Reformjahr größere Bedeutung für die Wirtschaftslenkung erlangte, beschloß die Staatsführung 1967, zur Vorbereitung der immer komplizierter gewordenen geld- und finanzpolitischen Lenkungsmaßnahmen einen „Finanzrat" beim MdF. zu bilden. Als „Organ des Ministerrates" sollte er diesen bei der zweckmäßigen Konstruktion komplizierter ökonomischer Hebel (Regelungsinstrumente) und bei der Durchführung kurzfristiger operativer Eingriffe in die Finanzwirtschaft der Planträger sachkundig beraten und wirkungsvoll unterstützen. Der Rat selbst sollte jedoch keine leitenden Funktionen ausüben. Das Betätigungsfeld des Finanzrates beschränkte die Staatsführung auf zwei Gebiete. Er soll alle wichtigen Maßnahmen a) auf dem Gebiete der Staatseinnahmen- und der Staatsausgabenpolitik (einschließlich der Finanzierung von Maßnahmen zur Verbesserung der sozialen Sicherheit der Bevölkerung, die aus dem Staatshaushalt und Sozialversicherungshaushalt bezahlt werden) und b) auf dem Gebiete der Währungspolitik (Außenwirtschaftliche Absicherung der Binnenwährung der DDR, Devisenpolitik, Regulierung des Außenwertes der Touristenmark und Abwicklung des zwischenstaatlichen Zahlungsverkehrs) sachkundig vorbereiten, miteinander koordinieren und ihre Durchführung überwachen. Mitglieder des „Finanzrates" sind der Minister der Finanzen als Vorsitzender, der Präsident der Staatsbank, die Präsidenten der 3 überregionalen Geschäftsbanken, der Leiter des Amtes für Preise sowie einige ausgewählte Finanzwissenschaftler und Wirtschaftspraktiker aus Großkombinaten und regionalen Staatsorganen.

Über den praktischen Einfluß dieses „Finanzrates" auf die Wirtschaftspolitik des → **Ministerrates** allgemein und auf die Währungs-, Geld- und Finanzpolitik speziell können keine Angaben gemacht werden, da über seine Tätigkeit in der Tages- und der Fachpresse kaum berichtet wird.

Ähnliche Aufgaben, wie diejenigen des zentralen „Finanzrates", wurden „Finanzbeiräten" der regionalen Räte der Bezirke und Kreise übertragen. Diese Gremien wurden verpflichtet, die F. auf örtlicher Ebene ständig durch Ratschläge zu unterstützen. Sie sollen deren Maßnahmen untereinander abzustimmen versuchen und analysieren, ob sie effizient arbeiten. Mitglieder der „Finanzbeiräte" sind die Leiter der Abteilungen Finanzen der Räte der → **Bezirke** und → **Kreise**, die Direktoren der örtlichen Filialen der Geschäftsbanken und Sparkassen und die der örtlichen Direktionen der staatlichen Versicherungseinrichtungen. Den Vorsitz in diesem Gremium führt stets der Leiter der Abteilung Finanzen der örtlichen Räte.

In den Finanzbeiräten werden die jährlichen Haushaltspläne der Gebietseinheiten vorberaten. Sie diskutieren die Berichte über die wirtschaftlichen und finanziellen Erfolge der im Territorium angesiedelten bezirksgeleiteten und örtlichen volkseigenen Wirtschaftsbetriebe, die der Genossenschaften, der restlichen halbstaatlichen und privaten Betriebe sowie die Geschäftsergebnisse der Sparkassen.

Alle wesentlichen gemeinsamen Aktivitäten der verschiedenen F. im Bezirk oder Kreis müssen seit der Verwaltungsreorganisation der Jahre 1963/1964 in Form von „Vereinbarungen" festgelegt, und dann nach einem untereinander abgestimmten Ablaufplan verwirklicht werden. Ausarbeitungs- und Beschlußinstanz für diese „konzertierten Aktionen" ist der Finanzbeirat. Die in diesen Angelegenheiten getroffenen Absprachen und eingeleiteten Aktionen werden den jeweils übergeordneten Staats- und Wirtschaftsorganen laufend mitgeteilt (z. B. der → **Staatlichen Plankommission**, den wirtschaftsleitenden Ministerien), damit diese in der Lage sind, die örtlichen mit den zentralen finanzpolitischen Maßnahmen abzustimmen.

Eine besondere Rolle unter den finanzwirtschaftlichen

Leitungsorganen kommt dem im Oktober 1972 gegründeten „Rat für Geld- und Kreditwirtschaft" zu. Während die Finanzwissenschaft der DDR dem „Finanzrat" beim Ministerrat und den „Finanzbeiräten" bei den örtlichen Räten nicht den Status eines echten F. zuerkennt, weil diese keine unmittelbar leitenden Funktionen ausüben und auch nicht über einen eigenen Verwaltungsunterbau verfügen, liegen – bezüglich der Kompetenzen – die Verhältnisse beim „Rat für Geld- und Kreditwirtschaft" ganz anders. Der Rat soll durch direkte Weisungen und selbst organisierte Kontrollen die „einheitliche Leitung der Geld- und Kreditpolitik der Banken" auf der Grundlage des geplanten güterwirtschaftlichen Wachstums gewährleisten, und damit eine straffere staatliche Lenkung der Geschäftspolitik der Kreditinstitute durchsetzen. Sein Hauptaugenmerk gilt dabei einer besseren, plantentsprechenden Regulierung der Kreditexpansion der Geschäftsbanken und einer verschärften dirigistischen Steuerung der Finanzwirtschaft des volkseigenen Sektors der Volkswirtschaft mit bankpolitischen Mitteln.

Die Leitung dieses neuen Beratungs-, Koordinierungs- und Führungsorgans liegt in den Händen des Präsidenten der Staatsbank. Dem Rat gehören nach der Wiedereingliederung der → **Industrie- und Handelsbank** in die Staatsbank am 1. 7. 1974 der Präsident der Bank für Landwirtschaft und Nahrungsgüterwirtschaft und die Leiter der beiden Außenhandelsspezialbanken an. Vertreter des Ministerrates in diesem Gremium sind der Finanzminister und seine Stellvertreter. In den Rat wurden außerdem einige Finanzwissenschaftler und Manager berufen, deren Kenntnisse zur Erarbeitung möglichst interessenunabhängiger sachgerechter Lösungen beitragen sollen. → **Finanzsystem; Finanzkontrolle und Finanzrevision; Staatshaushalt; Örtliche Organe der Staatsmacht; Staatsapparat; Wirtschaft; Bankwesen; Sozialversicherungs- und Versorgungswesen; Geld; Währung.**

Finanzplanung und Finanzberichterstattung: In einer vorrangig nach zentral aufgestellten Wirtschaftszielen gelenkten Volkswirtschaft ist es unumgänglich, Kreditgewährung, Bargeld- und Giralgeldumlauf, Zahlungs- und Verrechnungsverkehr, Einnahmen und Ausgaben der Staatswirtschaft und des Staatshaushalts sowie das Devisenaufkommen und seine Verwendung genauso sorgsam im voraus zu planen, wie dies bei der güterwirtschaftlichen (materiellen) Planung von Produktion, Investition, Import und Export versucht wird. Vor jeder Wirtschaftsperiode müssen Expansion und Struktur von Güter- und Geldkreislauf planerisch aufeinander abgestimmt werden, da andernfalls Störungen im Wirtschaftsablauf auftreten und Leistungsinitiative fehlgeleitet werden (= Prinzip der Einheit von materieller und wertmäßiger Planung in der sozialistischen Wirtschaft). Die Fp. ist daher ein Teilgebiet der umfassenden Volkswirtschaftsplanung. Ihre Bedeutung für den Erfolg der Wirtschaftspolitik steht praktisch hinter derjenigen der materiellen Volkswirtschaftsplanung nicht zurück.

Vereinfacht gesehen erfolgt die Fp. in der Zentralplanwirtschaft der DDR auf 3 Leitungsebenen: 1. der Ebene der Gesamtwirtschaft; 2. der Ebene der Territorien (→ **Bezirk**, → **Kreis**) und 3. der Ebene der Betriebe und Betriebszusammenschlüsse (VEB; Kombinate, VVB). Auf der Ebene der Volkswirtschaft werden zur Wahrung des gesamtwirtschaftlichen Gleichgewichts 4 umfassende Finanzpläne aufgestellt:

1. Der Staatshaushaltsplan (→ **Staatshaushalt**);
2. der Plan der lang- und der kurzfristigen Kreditgewährung (→ **Kredit**);
3. der Bewirtschaftungsplan für → **Devisen** und sonstige Devisenwerte (Valutaplan) und
4. der Plan der Versicherungsbeiträge und -leistungen (Sach- und Personenversicherung ohne Sozialversicherung).

Der für die Staatsführung wichtigste Finanzplan ist der Staatshaushaltsplan. Er wird jährlich zusammen mit dem Volkswirtschaftsplan von der → **Volkskammer** als Gesetz verabschiedet. Jeder VEB, jedes Kombinat und jede VVB stellt auf der Grundlage detaillierter Planungsvorschriften einen einheitlich gegliederten Finanzplan auf (Anordnung über die Finanzplanung in den volkseigenen Betrieben und Kombinaten vom 26. 1. 1973, GBl. I, Nr. 6, S. 70 ff.).

Zur Fp. auf Unternehmensebene gehören folgende Einzelplanungen, welche mit dem Blick auf die Maximierung der zentralen einzelwirtschaftlichen Erfolgsgrößen (d. s. die abgesetzte Warenproduktion, der Umsatzerlös bei bestimmten Erzeugnissen, der Gewinn, die Kapitaloder Fondsrentabilität) untereinander koordiniert werden müssen: a) Die Veranschlagung der künftigen Kosten bei vorgegebenen Betriebsleistungen und die Planung der Selbstkostensenkung; b) die Planung der Erlöse bei staatlich vorgegebenen Festpreisen; c) die Planung der Exporterlöse; d) die Planung der erreichbaren Gewinne und die Festlegung der Gewinnverwendung im kommenden Planjahr; e) die Planung der Ausstattung der betrieblichen Geldkapitalfonds mit Liquidität und die Festlegung der Verwendung dieser Finanzmittel; f) die Planung des Kreditbedarfes und der Kreditbeschaffung sowie der Tilgung der Kreditschulden und g) die Planung der Finanzierung der Bestände (Lagerhaltung) und der Forderungen (= Überbrückungsfinanzierung bis zum Eingang der Außenstände).

Ausgehend von den quantitativ nur groben zentralen Zielvorstellungen und Orientierungsziffern wird nun unter Verwertung der spezifizierten Fp. auf Unternehmensebene in einem iterativen Prozeß versucht, vor Beginn jedes neuen Wirtschaftsjahres ein untereinander ausgewogenes, bilanziertes und disproportionsfreies Geflecht von Finanzplänen auf allen Leitungsebenen herzustellen. Dieses System von Einzelplänen soll dann für die Wirtschaftsführung und alle sonstigen wirtschaftsleitenden Instanzen eine zweckmäßige Grundlage für die operative Wirtschaftssteuerung und die Verwirklichung der güterwirtschaftlichen Pläne abgeben. An dem Planungs- und Abstimmungsprozeß zwischen finanzieller, materieller und Preisplanung sind in der DDR vor allem der → **Ministerrat**, das → **Ministerium**

der **Finanzen**, die → **Staatsbank**, das Ministerium für Außenwirtschaft, die Staatliche Plankommission, die Industrieministerien und das Staatliche → **Amt für Preise** beteiligt.

Die Fb. ist der auf bestimmte Informationen spezialisierte Teil der periodischen Berichterstattung der staatlichen, genossenschaftlichen und halbstaatlichen Betriebe, in dem diese und auch die überbetrieblichen Zusammenschlüsse (→ **VVB**) regelmäßig über die Entwicklung ihrer Finanzen in der abgelaufenen Wirtschaftsperiode Mitteilung machen. Die Fb. ist ein Teil des „Informationssystems über Rechnungsführung und Statistik" in diesen Wirtschaftsbetrieben (siehe z. B. die Anordnung über das einheitliche System von Rechnungsführung und Statistik in der volkseigenen Industrie vom 12. 5. 1966, GBl. II, Nr. 79, S. 495 ff.).

Für die mit der Fp. befaßten Wirtschaftsbehörden ist die laufende Fb. die wichtigste Arbeits- und Entscheidungsgrundlage. Ohne diese Informationsquelle sind die Leitungsinstanzen blind. Die Fb. enthält vor allem eine aufgeschlüsselte finanzielle Abrechnung der erbrachten betrieblichen Leistungen im Vergleich zu den im Betriebsplan gestellten Leistungsanforderungen. Adressat der Finanzberichte sind die Staatliche Zentralverwaltung für → **Statistik** und die für die Währungs-, Geld- und Finanzpolitik verantwortlichen zentralen Lenkungsorgane. Die in die Fb. aufgenommenen Daten und Leistungskenngrößen entstammen unmittelbar den Ergebnissen des betrieblichen Rechnungswesens und der Finanzierungsrechnung der Produktionseinheiten. Das bei der Berichterstattung an die Wirtschaftsbehörden abzurechnende Kennziffernprogramm wird zentral durch die Zentralverwaltung für Statistik und durch andere einziehungsberechtigte Planbehörden festgelegt. Es ist seinem Umfang und seiner Struktur nach für Betriebe verschiedener Wirtschaftsbereiche unterschiedlich.

Die Berichtsnomenklatur unterliegt ständigen Veränderungen entsprechend den sich wandelnden Informationsbedürfnissen der Berichtsempfänger (z. B. des MdF, der Plankommission). Die Erkundungen der Planbehörden beziehen sich jeweils auf die Resultate, welche bei den wichtigsten Leistungskenngrößen in den Einzelbereichen der betrieblichen Finanzplanung erzielt wurden (Kostenentwicklung, Umsatzschwankungen, Erlössituation, Gewinnentwicklung, Kreditinanspruchnahme usw.). Darüber hinaus werden noch Angaben über die Verluste durch Ausschußproduktion, die Kosten für Nachbessern, die Aufwendungen für anfallende Garantieleistungen und die Abdeckung eingetretener technisch-wirtschaftlicher Risiken verlangt. Zur Fb. gehört letztlich noch der Nachweis über die Höhe der im Betrieb gehaltenen Umlaufmittel. Hierdurch will die Wirtschaftsführung Klarheit darüber erhalten, ob die Betriebe unzulässige Mengen an Material horten (= Überplanbestände), und wie sie ihre Bestandshaltung finanzieren.

Um gleichmäßig über den neuesten Stand der Entwicklung auf den genannten betrieblichen Leistungsgebieten informiert zu werden, werden die gewünschten Ergebnisse laufend in Monatsberichten, aber auch in Quartalsmitteilungen sowie in Jahresanalysen erfaßt.

Da die Wirtschaftsverwaltung der DDR auch nach der Revision der Wirtschaftsreform 1970 bemüht bleibt, in stärkerem Maße als vor 1963 üblich, finanzwirtschaftliche Steuerungsinstrumente einzusetzen, behalten die Fp. und Fb. auch im heutigen System der Wirtschaftslenkung, Rechnungsführung und Statistik eine große Bedeutung. → **Finanzsystem; Finanzkontrolle und Finanzrevision; Finanzschulden; Finanzorgane; Wirtschaft; Planung; Bauwesen; Sparkassen; Betriebsformen und Kooperation.**

Finanzrevision: → **Finanzkontrolle und Finanzrevision.**

Finanzschulden: Als F. werden in der DDR diejenigen Verpflichtungen der Staatsbetriebe (VEB), Kombinate und VVB bezeichnet, welche diese dem Staat gegenüber bei der → **Nettogewinnabführung** am Ende des Wirtschaftsjahres schuldig geblieben sind. Diese dritte große Abgabe unter den „Unternehmenssteuern" ergibt sich bei 100prozentiger Erfüllung des betrieblichen Gewinnplanes in folgender Höhe: Verbindliche Planauflage Bruttogewinn minus → **Produktionsfondsabgabe** = Beauflagte staatliche Plankennziffer Nettogewinn minus „Nettogewinnabführung", erhoben als fester Anteil in Mark vom geplanten Nettogewinn = verfügbarer „eigener" Gewinnanteil des Betriebes. In dem hier unterstellten Fall entspricht die geplante Nettogewinnabführung der tatsächlich an den Staat abgeführten Summe.

Anlässe für das Entstehen von F. sind fast immer unterplanmäßige Gewinne oder außerplanmäßige Verluste, welche selbst wiederum die verschiedensten Ursachen haben können (so z. B. Produktion am Bedarf vorbei; Fehlleistungen des Managements, witterungsbedingte Betriebsstörungen; Eingriffe übergeordneter Planbehörden im laufenden Produktionsprozeß).

Seit Ende der 50er Jahre haben das Feststellungsverfahren und die Eintreibungsmethoden der F. ständig gewechselt. Dabei kehren in einem bestimmten Turnus von einigen Jahren immer die gleichen Regelungen wieder, welche die Wirtschaftsführung noch ein paar Jahre zuvor zum Zeitpunkt ihrer damaligen Ablösung als wirtschaftspolitisch unzweckmäßig verworfen hatte.

Die neuesten gesetzlichen Bestimmungen über die Feststellung und Begleichung von F. enthalten folgende Regelung (Finanzierungsrichtlinie vom 3. 7. 1972, GBl. II, S. 469 ff.): Sie gilt für Betriebe, die z. B. nicht den vollen Gewinn erwirtschaftet haben, welcher ihnen als Auflage im staatlichen Betriebsplan vorgegeben wurde. Geraten sie infolge dieser Mindergewinne zeitweise in Liquiditätsschwierigkeiten und können ihren Zahlungsverpflichtungen nicht nachkommen, so wie sie sich auf-grund des effektiv erwirtschafteten Gewinnes und der hierdurch begründeten Abführungsverpflichtungen ergeben, so entsteht in Höhe der unbeglichen gebliebenen Abgabenforderungen eine F.

Entgegen dem Eintreibungsmodus, wie er von 1968 bis 1972 galt, hat die Forderung des Staates aus der Nettogewinnabführung ab 1. 1. 1973 keinen absoluten Vorrang mehr bei der Gewinnverteilung in den Betrieben, so daß diese nicht mehr gezwungen sind, stets zuerst den Anspruch des Staates auf Gewinnabführung vor allen anderen Gewinnverwendungszwecken zu berücksichtigen.

Allerdings hat man daran festgehalten, den Produktionseinheiten feste Abführungssummen vom Nettogewinn bereits im Jahresbetriebsplan vorzuschreiben, wobei die Abgabeschuld in Höhe desjenigen Betrages festgesetzt wird, welcher sich bei voller Verwirklichung des Gewinnplanes und der Einhaltung der Kostensenkungsauflage ergibt (s. Abschnitt IV, Ziff. 1, 2, 3 und 6 der Anordnung über die Finanzplanung in den volkseigenen Betrieben und Kombinaten vom 26. 1. 1973, GBl. I, Nr. 6, S. 73–75).

Mit der bis 1972 praktizierten Zwangseintreibung des staatlichen Anteils am Gewinn hoffte die Wirtschaftsführung seinerzeit zu verhindern, daß die Betriebe bei Liquiditätsengpässen ihren Steuerverpflichtungen nicht nachkamen und F. machten. Diese Regelung führte jedoch vor allem bei denjenigen Betrieben, deren Ertragslage bei gegebenen Preisen ungünstig war, dazu, daß dafür an anderen Stellen Finanzierungslücken entstanden, welche wiederum die Planerfüllung gefährdeten.

Sofern heute die staatlichen Produktionseinheiten mit ihren Zahlungen aus der Nettogewinnabführung im Rückstand sind, müssen sie diese unbeglichenen Steuerforderungen in der Jahresabschlußbilanz als F. ausweisen. Sie bleiben demnach auch über das jeweilige Planjahr, in dem sie entstanden sind, als Forderung des Staates gegen seine Betriebe bestehen. Die betrieblichen F. sind zugunsten des Gläubigers mit 5 v. H. im Jahr zu verzinsen.

Die Tilgung der F. soll in der Regel aus denjenigen Nettogewinnen vorgenommen werden, welche die Betriebe in den Folgejahren überplanmäßig erwirtschaften und über die sie eigenständig verfügen dürfen. Im Gegensatz zur Zeit bis 1972 ist es ihnen auch jetzt wieder erlaubt, ihre F. gegen diejenigen an den Staat abgeführten Nettogewinne aufzurechnen, welche von ihnen über den Plan hinaus erzielt wurden. In der DDR partizipiert der Staat an den Überplangewinnen seiner Betriebe zu 50 v. H. (vgl. Kapitel V, Ziff. 7, und Kapitel III, Ziff. 2, der „Finanzierungsrichtlinie" a. a. O.). → **Finanzplanung und Finanzberichterstattung; Finanzsystem; Staatshaushalt; Steuern; Planung; Wirtschaft; Betriebsformen und Kooperation.**

Finanzsystem
Gliederung – Organisation und Träger – Aufgaben – Finanzsystem und Wirtschaftsreformen

In der zentralgelenkten Wirtschaft mit staatlichem Eigentum an den Produktionsmitteln wird, im Unterschied zu einer Marktwirtschaft auf der Grundlage privater Verfügungs- und Nutzungsrechte über → **Produktionsmittel**, beim Geldwesen und in der Finanzsphäre keine Trennung zwischen einem privatwirtschaftlichen und einem öffentlichen Bereich vollzogen. Die Betriebsfinanzen der nahezu vollständig verstaatlichten Industrie, Bauwirtschaft, Verkehrsträger und des Handels sind genauso Teil des öffentlichen F. wie die Einnahmen und Ausgaben des → **Staatshaushalts**.

I. Bereiche des Finanzsystems

In der DDR umfaßt das sozialistische F. insgesamt 5 Bereiche: 1. Die Finanzen der staatlich-sozialistischen Betriebe (VEB), Kombinate und VVB sowie der genossenschaftlichen Betriebe im Produktions-, Handels- und Dienstleistungsbereich (außerhalb verbleibt lediglich die Finanzwirtschaft der restlichen halbstaatlichen Betriebe und Privatbetriebe kleiner und kleinster Größenordnung); 2. der Staatshaushalt (Einnahmen und Ausgaben der Republik, der Bezirke, Kreise und Gemeinden). Einbezogen in die Staatseinnahmen und -ausgabenwirtschaft sind außerdem brutto oder netto der Haushalt der Sozialversicherung und die Etats der „gesellschaftlichen Organisationen" (Parteien, Gewerkschaften, sonstige Massenorganisationen); 3. die Bargeldzirkulation und der Zahlungs- und Verrechnungsverkehr (innerhalb der DDR und gegenüber dem Ausland); 4. die Kreditwirtschaft und die Bankenorganisation und 5. das staatliche Versicherungswesen (obligatorische und freiwillige Sach- und Personenversicherung).

Das F. aller östlichen Zentralplanwirtschaften umfaßt somit nahezu die Gesamtheit der Geld(kapital)-bestände (= Geldfonds) und Geldbeziehungen (= Geldströme) der Volkswirtschaft.

Außerhalb des öffentlichen F. verbleiben lediglich a) die Finanzen der privaten und halbstaatlichen Betriebe und b) die Ersparnisse sowie die Geldeinnahmen und -ausgaben der privaten Haushalte. Diese nicht staatlich verwalteten Geldbestände und Geldbeziehungen werden jedoch teilweise kontrolliert und beeinflußt durch die Maßnahmen der für diese Wirtschaftseinheiten finanzwirtschaftlich zuständigen staatlichen Banken, Sparkassen und → **Finanzorgane**.

Um die vorrangige Erfüllung des staatlichen Zielprogramms in der Wirtschafts- und Gesellschaftspolitik durchzusetzen, müssen die einzelnen Bestandteile des F. zu einem zweckgemäß operierenden Mechanismus verkoppelt werden. Dieser hat in allen sowjet-sozialistischen Staaten die Bezeichnung „Einheitliches sozialistisches Finanzsystem" erhalten.

Art und Veränderungen der Geldfonds und Geldbeziehungen werden einerseits durch die Aufgaben bestimmt, welche bei der Erfüllung der Ziele der Jahresvolkswirtschaftspläne und der → **Perspektivpläne** gelöst werden müssen. Von ausschlaggebender Be-

deutung sind jedoch andererseits für das gesamte Währungs-, Geld- und Finanzwesen der Typ der verwirklichten Wirtschaftsordnung und die Art der Wirtschaftslenkung.

II. Aufgaben

Die Ordnungs- und Prozeßpolitik des Staates hat dem F. der DDR vor allem 4 Aufgaben übertragen:
1. eine Verteilungsfunktion,
2. eine Lenkungsfunktion,
3. eine Stimulierungsfunktion und
4. eine Kontrollfunktion.

Oft werden zusammenfassend die beiden an 2. und 3. Stelle genannten Funktionen auch als die „Hebelfunktion" der Finanzen charakterisiert. Hierin kommt zum Ausdruck, daß sämtliche Finanzkategorien und -größen vom Staat als Regulierungsinstrumente zur Steuerung des Leistungswillens und des Wirtschaftsverhaltens der Betriebe, örtlichen Verwaltungsorgane und privaten Haushalte genutzt werden.

Während der Periode von 1945 bis Anfang 1953, als die KPD/SED, der von der Einheitspartei gelenkte Staatsapparat und die sowjetische Besatzungsmacht die Umgestaltung der 1945 überkommenen Wirtschaftsordnung in eine Zentralplanwirtschaft sowjetischen Typs erzwangen, fiel dem F. 5. noch die wichtige Funktion der Transformationshilfe bei der Umwälzung der privatwirtschaftlichen in staatlich-sozialistische Produktionsverhältnisse zu. Vor allem die Steuer- und Kreditpolitik diente der SED-Führung in dieser Zeit – und bereichsweise auch noch während der 50er Jahre – als „Instrument des Klassenkampfes", um die wirtschaftlichen Existenzbedingungen der Privatunternehmen gezielt zu untergraben und diese zur Selbstaufgabe zu zwingen. In den 60er Jahren waren das private Handwerk und die PGH mehrfach Adressat einer derart ausgerichteten finanzpolitischen Sonderbehandlung. Restbestände dieser Klassenkampfmaßnahmen lassen sich auch heute noch im finanzpolitischen Instrumentarium der DDR in einigen Bereichen nachweisen.

In der Etappe der streng zentralistisch gehandhabten administrativen Wirtschaftslenkung 1948–1963 übte das F. in allen seinen Bestandteilen fast ausschließlich nur Verteilungs- und Kontrollaufgaben im Interesse der plangemäßen Umverteilung des Nationaleinkommens und der Sicherung der Plandisziplin aus. Die Fixierung auf diese zwei Funktionen entsprach völlig der bis 1963 praktizierten Lenkungsmethodik zur zentralen Steuerung der Wirtschaftsprozesse, welche den Staatsbetrieben nur einen sehr geringen operativen Entscheidungs- und Handlungsspielraum im Rahmen der detaillierten vollzugsverbindlichen Planziele zubilligte.

Durch die bei der Wirtschaftsreform in der DDR (1963–1970) vollzogenen Dezentralisierung wirtschaftspolitischer Entscheidungen zugunsten der

Betriebe und überbetrieblichen Zusammenschlüsse und die zugleich durchgeführte Aufwertung der monetären Wirtschaftslenkung wurden die Lenkungs- und Stimulierungsfunktion die wichtigsten Aufgaben des F.

III. Finanzsystem und Wirtschaftsreformen

Im Sinne dieser ab 1963/64 dominierenden Ziel- und Aufgabenstellung gestaltete die Wirtschaftsführung der DDR die Finanzgrößen und Finanzbeziehungen überwiegend zu „ökonomischen Hebeln" um (dazu gehören u. a. Kreditlimite, Kreditzinsen, sonstige Kreditaufnahmebedingungen, Verzugszinsen im Zahlungsverkehr, Abgaben, → **Steuern**, Abschreibungsnormative).

Der Einsatz dieser finanzwirtschaftlichen Regulatoren sollte auf indirektem Wege Leistungswillen und Leistungsinteressen der Belegschaften und Betriebsleitungen der VEB mit den Leistungsanforderungen der staatlichen Wirtschaftsführung in Einklang bringen. Bezugspunkt aller finanzwirtschaftlichen Lenkungsmaßnahmen und Instrument der Interessenkupplung zwischen den Nutzenzielen der dezentralen Produktionseinheiten auf der einen und denen des Staates auf der anderen Seite wurde der → **Gewinn.**

Daran anknüpfend wurden gleich zu Beginn der Wirtschaftsreform 1963/64 a) die individuellen Prämieneinkommen der Betriebskollektive und b) die Finanzierung der sozialen und kulturellen Maßnahmen für die Belegschaften direkt an die Gewinnerzielung geknüpft. Aufbauend auf dieser Reorganisation der Betriebslenkung versuchte die Wirtschaftsführung durch gezielte Einflußnahme auf die Bildung, Verteilung und Verwendung der Gewinne und Geldkapitalbestände der Produktionseinheiten durchzusetzen, daß diese sich wesentlich intensiver um einen effizienteren Einsatz der verfügbaren Ressourcen bemühten, als dies bis 1963 bei der damals praktizierten primär güterwirtschaftlich ausgerichteten Wirtschaftslenkung geschehen war.

Auch nach der Rücknahme vieler Maßnahmen der Wirtschaftsreform des Jahres 1963 (Ende 1970/Anfang 1971) und der erneuten Rezentralisierung der wirtschaftlichen Steuerungsentscheidungen beim staatlichen Wirtschaftsverwaltungsapparat wurde der größte Teil der in der Reformzeit neu eingeführten oder modifizierten alten finanzpolitischen Lenkungsinstrumente nicht kurzerhand wieder beseitigt. Sofern diese Instrumente nach gewissen Anpassungsmaßnahmen auch unter den neuen Produk-

tions- und Lenkungsbedingungen brauchbar blieben, behielt sie die Wirtschaftsführung bei. Allerdings muß ihr heutiger Lenkungs- und Stimulierungseffekt unter den seit 1971 stark eingeengten Wirkungsmöglichkeiten für alle monetären Führungsgrößen und -maßnahmen als gering eingeschätzt werden.

Entsprechend der finanzpolitisch herrschenden Konzeption, die ganze staatlich-sozialistische Finanzwirtschaft als einen Verbund verschiedener Subsysteme im Rahmen eines einheitlichen Gesamtsystems zu begreifen und dementsprechend zu gestalten, bemüht sich die Wirtschaftsführung der DDR darum, die Interdependenz der Geldquellen, Geldströme und Geldkapitalsammelbecken in der Volkswirtschaft in globalen Finanzbilanzen zu erfassen. Diese als Plan- und Ist-Bilanzen aufgestellten Einnahmen- und Ausgabenrechnungen für die wichtigsten Pole des Geldkreislaufs (d. s. durch Aggregierung gebildete Wirtschaftsgruppen) dienen der Wirtschaftsführung als Informationsbasis und Orientierung für ihre Entscheidungen zur Wachstums- und Stabilitätspolitik sowie für die Plangestaltung und Plandurchführung. Zu diesen Wirtschaftsgruppen (Polen) gehören: a) der staatliche und genossenschaftliche Produktionsbereich; b) der Staat einschließlich Einrichtungen für die gesellschaftliche Konsumtion; c) die Banken, Sparkassen und die staatlichen Versicherungen; d) die gesellschaftlichen Organisationen und e) die Bevölkerung.

Wichtigste globale Finanzbilanz der DDR-Wirtschaftslenkung ist die zusammengefaßte „Finanzbilanz des Staates". Ihr Kernstück ist der in diese Bilanz integrierte → **Staatshaushalt**. In der „Finanzbilanz des Staates" werden Aufkommen und Verwendung aller staatlichen Geldmittel gegenübergestellt, die a) über den Staatshaushalt, b) über die Kreditinstitute und c) über die Versicherungen umverteilt werden. Sie erfaßt ferner d) alle jene Gewinnanteile und → **Amortisationen**, die im Rahmen der Eigenerwirtschaftung der benötigten Finanzmittel durch die dezentralen Produktionseinheiten selbst erwirtschaftet und in eigener Verantwortung eingesetzt werden.

Die Einbeziehung der → **Finanzorgane** und ihrer internen Verwaltungsorganisation in den Begriff des F. ist vor einigen Jahren aufgegeben worden.

→ **Investitionen; Kredit; Planung; Währung; Staatliche Versicherung der DDR; Zahlungsverkehr; Betriebsformen und Kooperation; Bankwesen; Sparkassen; Verrechnungsverfahren.**

Finanzwissenschaft und Finanzökonomik: In der DDR ist ebenso wie in der Bundesrepublik Deutschland die Finanzwissenschaft (Fw.) ein Teilgebiet der Wirtschaftswissenschaft. Damit aber erschöpft sich bereits die Gemeinsamkeit. Schon der Begriff Fw. ist in Forschung, Lehre und Fachliteratur der DDR nicht derart

unbestritten eingebürgert und gebräuchlich, wie dies in der Bundesrepublik Deutschland der Fall ist. Als begrifflich gleichbedeutend werden daher häufig auch die Bezeichnungen „Finanzwirtschaftslehre" und „Finanzökonomik" (Fö) gebraucht.

Da die Finanzwirtschaft der DDR als Teil der umfassenden Staatswirtschaft a) die Finanzen der volkseigenen Wirtschaft und der Produktionsgenossenschaften, b) den → **Staatshaushalt**, c) das Kreditwesen und die Bankenorganisation, d) den Zahlungs- und Verrechnungsverkehr im Inland und mit dem Ausland und e) die Versicherungswirtschaft umfaßt, gehört zum Untersuchungsfeld die gesamte Währungs-, Geld- und Kreditsphäre (= Geldfonds, Geldbeziehungen und Geldkreislauf in der Volkswirtschaft der DDR).

Wegen dieses umfassenden und vielschichtigen Untersuchungsfeldes rechnet man in der Systematik der wirtschaftswissenschaftlichen Einzeldisziplinen die Fw. zu den „Querschnittswissenschaften".

Teilt man das Arbeitsfeld der Fw. in der Bundesrepublik – abseits von diesen Untergliederungen – nach erkenntnismethodischen Praktiken ein, so stehen dieser Wissenschaftsdisziplin zwei Bearbeitungsverfahren zur Verfügung: 1. die Finanzbeschreibung und 2. die Finanztheorie (= Anwendung des wirtschaftstheoretischen Instrumentariums auf die öffentliche Finanzwirtschaft). Zur Finanztheorie gehört ferner die Finanzsoziologie.

In der DDR umfaßt die Fw. folgende Gebiete: a) die Fö., b) das Finanzrecht, c) die Finanzmathematik, d) die Finanzstatistik und e) die Finanzgeschichte. Diese in der DDR entwickelte Aufgliederung vermengt die stoffliche Unterteilung dieses Untersuchungsgebietes (Finanzgeschichte, Finanzrecht, Fö.) mit fachbezogenen methodischen Erkenntnistechniken (Finanzmathematik, Finanzstatistik).

„Die Finanzwissenschaft baut auf der marxistischen politischen Ökonomie als Basiswissenschaft auf" (Ökonomisches Lexikon, Bd. I, Berlin-Ost 1969, S. 672).

Sie erfüllt eine erkenntnisbereichernde, eine ideologische und eine produktive Funktion. Ihre ideologische Funktion besteht vor allem darin, die Entwicklung der finanzwissenschaftlichen Forschungsergebnisse eng mit der marxistisch-leninistischen Weltanschauung zu verknüpfen, das ökonomische System des Sozialismus durch Erhöhung seiner Funktionsfähigkeit zu stärken, die Ausbildung der Finanzökonomen zu überzeugten Leninisten zu fördern und letztlich dazu beizutragen, erfolgreich das Eindringen bürgerlicher oder revisionistischer wirtschaftswissenschaftlicher Auffassungen in die Führungskader der sozialistischen Gesellschaft abzuwehren.

Kernstück der Fw. in der DDR ist die Fö. Nach der DDR-offiziellen Aufgabenbestimmung befaßt sich dieser Wissenschaftszweig vor allem mit zwei Aufgaben: 1. Mit den verschiedenen finanzwirtschaftlichen Vorgängen, welche den Ablauf des materiellen Reproduktionsprozesses der Volkswirtschaft begleiten oder erst ermöglichen; und 2. mit den in einzelnen Wirtschaftsbereichen und von den → **Finanzorganen**, Lenkungsbehörden und Produktionseinheiten ergriffenen finanzpolitischen Maßnahmen und eingesetzten Instrumenten zur Steuerung des Wirtschaftsprozesses. Erklärtes Ziel ihrer Untersuchungen ist, eine planmäßige, auf eine hohe Effektivität gerichtete Organisation des Wirtschaftsablaufs mit finanzpolitischen Mitteln zustandezu-

bringen (= produktive Funktion der Finanzwissenschaft; Fw. als Produktivkraft). Dabei bedient sie sich der eigens hierfür entwickelten, möglichst rationell gestalteten Formen zur Beschaffung, Bereitstellung, Verteilung und Verwendung von Geldmitteln.

Aus der den Wissenschaften in der DDR auferlegten Verpflichtung zur Wahrung der Einheit von Theorie und Praxis umfaßt demnach die Fö. als Kernstück der Fw. sowohl die Finanztheorie als auch die Finanzpolitik. Dabei dominiert unter den Fachwissenschaftlern eindeutig die Beschäftigung mit finanzpolitischen Problemen. Aufgrund der monopolisierten, zentralistischen Willensbildung in der Wirtschafts- und Finanzpolitik der DDR besteht demgegenüber in dieser Gesellschafts- und Wirtschaftsordnung vom Ansatz her eine bessere Chance als in der Bundesrepublik, zu einem zielprogrammgerechten und in sich abgestimmten Einnahmen- und Ausgabensystem des Staates zu gelangen. Dieses Optimierungsvorhaben scheitert jedoch vor allem daran, weil es der Wirtschaftsführung bisher nicht gelingt, die bei zentraler Volkswirtschaftsplanung notwendigerweise einzubeziehende Fülle von Zielsetzungen, leistungsfördernden und hemmenden Einflußfaktoren, finanzwirtschaftlichen Instrumenten, Finanzorganen und Produktionseinheiten zu einem voll funktionsfähigen Mechanismus zu verkoppeln.

Die Kompliziertheit dieser Konstruktions- und Gestaltungsaufgabe läßt sich besonders daran ermessen, daß eine effiziente Finanzpolitik gezwungen ist, im voraus alle sozial-ökonomischen Wirkungen zu berücksichtigen, welche aufgrund der vielfältigen Interdependenzen zwischen den aufgezählten finanzpolitisch relevanten Elementen bestehen. Diese Aufgabe wird noch komplizierter, sollten sich diejenigen Finanzwissenschaftler der DDR durchsetzen, welche fordern, daß auch noch die finanzpolitisch besonders bedeutsamen Probleme der staatlichen Preisplanung und Preispolitik dem Untersuchungsgebiet der Fö. zugeschlagen und vom Fachgebiet Preistheorie und -politik abgetrennt werden sollen.

Entsprechend der Auffassung dieser Gruppe von Finanzexperten findet sich bereits im „Ökonomischen Lexikon" der DDR folgende weitgefaßte Aufgabenbestimmung der Fö.:

„Die Finanzökonomik beschäftigt sich mit der Gestaltung und Ausnutzung der Finanzen (einschließlich der Preise) als Instrumente zur Durchsetzung der Ziele einer planmäßigen, hocheffektiven gesamtvolkswirtschaftlichen Redistributions-, Struktur- und Wachstumspolitik und mit der Steuerung und Regelung des Reproduktionsprozesses in der Volkswirtschaft ... durch die Staats- und Wirtschaftsorgane (einschließlich der Finanz-, Bank- und Preisorgane) sowie ... Betriebe" (a. a. O., S. 662). → **Finanzsystem; Ministerium der Finanzen; Staatliche Versicherung der DDR; Zahlungsverkehr; Bankwesen; Sparkassen; Finanzkontrolle und Finanzrevision.**

Fischerei: → **Fischwirtschaft.**

Fischereibeiräte: → **Fischwirtschaft.**

Fischereirecht: → **Fischwirtschaft.**

Fischwirtschaft: Die DDR hat nach 1945, und verstärkt nach 1960, eine umfangreiche Fischereiflotte aufgebaut, mit dem Ziel, das Fischaufkommen aus eigenen Fängen zu erhöhen und die Devisenausgaben für Fischimporte zu verringern.

		1960	1965	1970	1973
Fischfang insgesamt	in 1000 t	114,4	229,4	319,3	333,0
Importe von					
Frischfisch	in 1000 t	93,4	40,5	40,1	12,9
Salzfisch	in 1000 t	21,3	10,2	2,2	0,4
Konserven	in 1000 t	7,4	4,4	4,7	2,4
Pro-Kopf-Verbrauch in Kg/Kopf					
Fisch und Fischerzeugnisse		7,9	9,1	7,9	8,3

Quelle: Statistisches Jahrbuch der DDR 1974, S. 239 und 333.

Von dem Importrückgang war insbesondere der innerdeutsche Handel betroffen. Die Lieferungen der Bundesrepublik Deutschland in die DDR gingen von ca. 42 500 t (Höchststand 1955) Fische und fischwirtschaftliche Erzeugnisse auf 1 500 t im Jahr 1973 zurück. Seit 1971 nahm die fischwirtschaftliche Handelsbilanz der DDR zur Bundesrepublik eine positive Entwicklung (Bezüge aus der Bundesrepublik 1 487 t, Lieferungen in die Bundesrepublik 5 567 t im Jahr 1973).
Am Gesamtfischfang der DDR waren im Durchschnitt der Jahre 1969–1973 beteiligt: 1. die Hochseefischerei mit ca. 84 v. H.; 2. die Küstenfischerei mit ca. 12 v. H.; 3. die Binnenfischerei mit ca. 4 v. H.
1. Die *Hochseefischerei* der DDR wird von der VVB Hochseefischerei geleitet und untersteht dem → **Ministerium für Bezirksgeleitete Industrie und Lebensmittelindustrie**. Die VVB Hochseefischerei ist zugleich bilanzierendes Organ auch der Binnenfischerei.
Da der Aufbau der Hochseefischerei erst nach 1950 begann, bestehen in diesem Wirtschaftszweig ausschließlich sozialistische Produktionsverhältnisse. Insgesamt verfügte die Hochseefischereiflotte der DDR Ende 1973 über 144 Schiffe mit einer Gesamttonnage von 142 000 BRT und ca. 7 000 Besatzungsmitgliedern.
Diese Kapazitäten sind in zwei Fischfangbetrieben konzentriert. Der VEB Fischkombinat Rostock verfügt über:
  9 Logger,
23 Trawler der Typen I–III,
21 Zubringertrawler,
13 Fang- und Verarbeitungsschiffe der Typen I–II,
  3 Kühl- und Transportschiffe,
  2 Transport- und Verarbeitungsschiffe Typ II (Musterschiffe „Junge Welt" und „Junge Garde" mit je 10 192 BRT),
  1 Hilfsschiff („Robert Koch" mit 1 170 BRT).
Das VEB Fischkombinat Saßnitz auf Rügen verfügt über
49 Stahlkutter,
15 Frosttrawler,
  2 Kühl- und Transportschiffe.
Darüber hinaus arbeiten 1 weiteres Transport- und Verarbeitungsschiff, 5 Forschungsschiffe und 2 Fischereihilfsschiffe. Die Gesamttonnage beträgt

142 000 BRT. Während die relativ kleinen Einheiten des Kombinates Saßnitz (ca. 1 000 Besatzungsmitglieder, ca. 60 000 t Fangkapazität pro Jahr) die Fanggebiete vor der Norwegischen Küste sowie die Nord- und Ostsee aufsuchen, arbeiten die Rostocker Fischer vorwiegend bei Island, Labrador, auf der Georgsbank und im USA-Shelf. Fangversuche vor der afrikanischen Küste wurden wegen geringer Ergiebigkeit aufgegeben. Erfolgversprechende Fangexpeditionen in den Pazifik scheiterten bisher an Transportproblemen.
Von den Anlandungen des Jahres 1972 wurden 54 v. H. im Nordwestatlantik, 44 v. H. im Nordostatlantik und 2 v. H. im Ostzentralatlantik (afrikanische Küste) gefangen.
Die positive Entwicklung der Hochseefischerei in der DDR ist zurückzuführen auf die ausschließliche Ausrichtung auf hohe Fang- und Anlandungsergebnisse; dabei wird weder auf den ungünstigen Standort der Heimathäfen noch auf den hohen Ausbildungs-, Personal- und Ausrüstungsaufwand Rücksicht genommen. Die Arbeitsmethode der Hochseefischerei der DDR ist, wie in allen am Fischfang beteiligten RGW-Staaten, durch die Verbundfischerei zwischen Fangschiffen und Verarbeitungs-, Kühl- bzw. Transportschiffen gekennzeichnet. Die Unabhängigkeit der Fischfangflotten von ihren Heimathäfen wird erhöht durch die Treibstoffversorgung auf hoher See, die von sowjetischen Tankschiffen übernommen wird (z. Z. 50 000 t Öl jährlich). Außerdem werden die Fangflotten von ihren Heimatbasen über Datenfernsteuerung in die ergiebigsten Fangplätze eingewiesen. Auch auf diesem Gebiet arbeiten DDR und UdSSR durch mehrfachen täglichen Datenaustausch eng zusammen.
Internationale Zusammenarbeit innerhalb des RGW besteht vor allem auf dem Gebiet der Forschung und Entwicklung. (Eine IV. Internationale Fischerei-Konferenz begann am 26. 7. 1972 in Leningrad mit 500 Wissenschaftlern und Praktikern aus sieben Teilnehmerstaaten; schon 1962 wurde ein 5seitiges Abkommen über die Zusammenarbeit der Seefischerei zwischen der DDR, Polen, UdSSR, Bulgarien und Rumänien unterzeichnet, seitdem ist eine Kommission mit der Realisierung des Abkommens beauftragt. Insbesondere konzentriert sich die Zusammenarbeit auf die Fangplatzforschung, den Fischereifahrzeugbau, die Flottenorganisation, Fischereitechnik und -technologie, Übergabevarianten auf See und auf die Fischverarbeitung.)
Die *meereskundliche und fischereiwissenschaftliche Forschung* der DDR erfolgt vor allem in folgenden Institutionen:
Institut für Hochseefischerei und Fischverarbeitung der VVB Hochseefischerei in Rostock-Marienehe;
Institut für Meereskunde der AdL in Warnemünde;
Fachbereich Meeres- und Fischereibiologie der Sektion Biologie an der Universität Rostock.
Außerdem verfügt die DDR über zwei Forschungsschiffe (Forschungskutter „Prof. Albrecht Penck", Forschungsschiff „Ernst Haeckel" mit ca. 1 600 BRT). Für die Zusammenarbeit der Forschungseinrichtungen besteht seit 1968 bei der VVB Hochseefischerei ein wis-

senschaftlicher Beirat. Zur Ausbildung des Nachwuchses bestehen bei den Kombinaten Saßnitz und Rostock Betriebsberufsschulen (Berufszweige: Hochseefischerei, Motorenschlosser, Fischfacharbeiter). Weiterführende Fachschulen sind die Seefahrtsschule in Wustrow und die Ingenieurschule in Wismar (für Fischverarbeitungstechnik). Die Hochschulausbildung (zweijähriges Grundstudium, zweijähriges Fachstudium) erfolgt in der Fachrichtung F. an der Sektion Tierproduktion und Veterinärmedizin der Humboldt-Universität Berlin-Ost. Die Ausbildung zum Diplomfischerei-Ingenieur entspricht in Anlage und Dauer der landwirtschaftlichen Universitätsausbildung.

2. Die *See- und Küstenfischerei* umfaßt einerseits die Kutterfischerei in der Ostsee (z. T. auch Nordsee) und andererseits die Küstenfischerei, die hauptsächlich als Angelfischerei bzw. Treib-, Stellnetz- und Reusenfischerei betrieben wird. Nach der Küstenfischereiordnung (18. 5. 1960) ist die Küste der DDR in acht Fischereibezirke aufgeteilt (Kleines Haff, Peenestrom, Greifswalder Bodden, Strelasund, Hiddensee-Rügen, Jasmunder Bodden, Boddenkette Darß, Wismar). Die See- und Küstenfischerei untersteht dem Rat für bezirksgeleitete Industrie, Lebensmittel- und örtliche Versorgungswirtschaft des Bezirkes Rostock. Die derzeitige jährliche Anlandung liegt (bei ca. 2000 Beschäftigten) zwischen 30000–40000 t Fisch. Für die Kutterfischerei stehen ca. 160 Kutter zur Verfügung.

Die See- und Küstenfischerei stellt die traditionelle Form des Fischfanges an der mitteldeutschen Ostseeküste dar. Während die Hochseefischerei der DDR erst nach dem Zweiten Weltkrieg in Form staatseigener Betriebe aufgebaut werden mußte, befanden sich die Kutter und das sonstige Fanggerät im privaten Eigentum der Ostsee- und Küstenfischer. Die nach 1950 einsetzende Enteignung weist zahlreiche Parallelen zur Entwicklung in der Landwirtschaft auf. Zunächst wurden die schon in der Vorkriegszeit auf der Insel Rügen bestehenden Fanggenossenschaften der Küstenfischer (Kommünen) zu Produktionsgenossenschaften werktätiger See- und Küstenfischer (Kurzform Fischereiproduktionsgenossenschaften = FPG) umgebildet. Nach diesem Beispiel erfolgte der Aufbau bzw. die Gründung weiterer FPG, in die auch die Kutterfischerei einbezogen wurde. Wie in der Landwirtschaft standen mehrere Genossenschaftstypen zur Wahl, die sich durch den Vergesellschaftungsgrad der Produktionsmittel unterscheiden. In der Regel wurden die Fischer eines Ortes in einer Brigade und mehrere Brigaden zu einer FPG zusammengefaßt. Ähnlich den MTS in der Landwirtschaft wurden auf Ministerratsbeschluß vom 28. 4. 1955 staatliche Fischereifahrzeug- und Gerätestationen (FGS) in Warnemünde, Stralsund, Bergen, Wolgast und Wismar eingerichtet, deren Kutter den Genossenschaften zur Verfügung gestellt wurden. Der höhere Bedarf an Produktionsmitteln in der Seefischerei führte dazu, daß hier die vollgenossenschaftliche Produktionsweise weit früher erreicht wurde als in der Küstenfischerei, deren Produktionsmittel sich noch 1965 – von Großreusen und einigen Kuttern abgesehen – im Eigentum der Fischer befanden.

Wie in der Landwirtschaft wurden ab 1963 die Kutter und sonstigen Fangausrüstungen der FGS an die Fischereiproduktionsgenossenschaften verkauft und die FGS durch Beschluß des Ministerrates vom 11. 9. 1968 aufgelöst. Gleichzeitig wurden die zahlreichen kleinen FPG zum Zusammenschluß in Groß-FPG veranlaßt. Die auf die gesamte Küstenlänge verteilten Küstenfischer konnten in der Regel nur kleine, mitgliederschwache FPG gründen. Von den 51 FPG des Jahres 1965 befaßten sich 35 mit Küstenfischerei. Die Gesamtzahl der Genossenschaften nahm von 1960 (55 FPG) bis 1974 auf 28 FPG ab. In Zusammenhang mit der Auflösung der 5 Fischereigerätestationen wurden die FPG am 1. 11. 1968 gemeinsam mit 9 Fischverarbeitungsbetrieben (2 VEB-Fischverarbeitungsbetriebe, 4 Betriebe mit staatlicher Beteiligung, 1 PGH und 2 Privatbetriebe) zu einem Kooperationsverband der bezirksgeleiteten Fischindustrie zusammengeschlossen. Z. Z. gehören dem Kooperationsverband neben den 28 FPG 5 VEB Fischverarbeitungsbetriebe an, denen der VEB Fischwirtschaft in Warnemünde als Leitbetrieb vorsteht.

3. Produktionszweige der *Binnenfischerei* sind die Erzeugung von hochwertigen Speisefischen, Geflügelfleisch, Pelzen und Schilfrohr.

Erzeugungsleistung der Binnenfischerei (in 1000 t)

Jahr	Speisefische	Geflügelfleisch
1950	6,4	
1960	7,6	1,3
1970	13,2	13,3
1973	13,1	15,1

Von den Speisefischen entfallen ca. 70–80 v. H. auf Karpfen. Darüber hinaus wurde insbesondere in den Südbezirken die Züchtung von Forellen (1973 ca. 930 t oder 7,1 v. H.) forciert.

Besonderheiten der Binnenfischerei in der DDR sind die intensive Besatzwirtschaft (einschließlich Düngungs- und Schutzimpfung), die Käfighaltung (ein in der Bundesrepublik Deutschland entwickeltes Verfahren), die Verwendung von Kühlwasser der Kraftwerke (Wassertemperatur 22–28 °C = Temperaturoptimum für Karpfen) für die Aufzucht von Setzlingen und die Mast, die künstliche Befruchtung des Fischlaichs in Brutapparaten und die Einfuhr neuer Fischarten (Graskarpfen). Die Züchtung und Mästung von Enten wurde 1954 versuchsweise aufgenommen und findet gegenwärtig in großen Kombinaten in den F.-Betrieben Wermsdorf, Peitz, Wriezen, Sedelin und Kobande statt. Ebenfalls der Verwertung von Futterfischen dient die Haltung von Nerzen (z. Z. 5000–6000 Felle pro Jahr). An Schilfrohr wurden im Winter 1971/1972 ca. 213000 Bund geschnitten (1963 noch 1,3 Mill. Bund). Die Binnenfischerei wird in der DDR auf insgesamt 133600 ha Wasserfläche betrieben (davon ca. 120000 ha Fließgewässer und Seen, 13600 ha ablaßbare Teiche). Ca. 79 v. H. der teichwirtschaftlichen Flächen und 38 v. H. der Seen werden von 11 staatlichen

F.-Betrieben mit ca. 1 250 Beschäftigten bewirtschaftet. Daneben bestehen 42 Produktionsgenossenschaften werktätiger Fischer (PwF), mit ca. 760 Beschäftigten. Darüber hinaus waren Ende 1973 ca. 330 000 Mitglieder des „Deutschen Anglerverbandes der DDR" (DAV) Nutzer der Fischgewässer.

Am 1. 1. 1950 entstand der erste VEB Binnenfischerei in Peitz, Bezirk Cottbus. Diesem folgten zahlreiche weitere Betriebe, die 1964 zunächst in 15 VEB Binnenfischerei zusammengefaßt und der VVB Binnenfischerei (Sitz Cottbus) unterstellt wurden. Soweit in einem Bezirk mehrere VEB Binnenfischerei bestanden (Dresden, Magdeburg, Neubrandenburg) wurden diese 1969 organisatorisch zu einem Betrieb vereinigt. Bei diesen und bei der VVB Binnenfischerei arbeiten als Beratungsorgane „Technisch-ökonomische Räte" (früher Fischereiräte), die sich aus Vertretern der Wissenschaft, Verwaltung und der Fischwirtschaftsbetriebe zusammensetzen.

Zur Anleitung aller nichtstaatlichen Betriebe wurden in den Bezirken Leitbetriebe eingerichtet. Der Direktor des Leitbetriebes ist zugleich der Oberfischmeister des Bezirkes.

Die ersten Produktionsgenossenschaften werktätiger Fischer entstanden 1952 am Müritzsee (Bezirk Neubrandenburg). Ein spezielles Musterstatut für diese Genossenschaften wurde am 14. 1. 1954 erlassen (GBl. 1954, S. 117). 1962 bestanden bereits 39 PwF mit 578 Mitgliedern. Ihre Anzahl erhöhte sich bis 1969 (Stand 30. 9.) auf 42 PwF mit 738 Mitgliedern. Seitdem stagniert die Zahl der PwF und der Genossenschaftsmitglieder (s. o.). Wie in der Landwirtschaft werden Kooperationsgemeinschaften und Kooperationsverbände zwischen staatlichen und genossenschaftlichen Fischereibetrieben gegründet.

Über 90 v. H der in der F. Beschäftigten verfügen über eine abgeschlossene Berufsausbildung durch die Berufs-, Fach- oder Hochschulen. Die Ausbildung zum Facharbeiter der Binnenfischerei erfolgt nach Abschluß der 10klassigen Oberschule in zwei Ausbildungsjahren über die Berufsschule für Fischzüchter in Königswartha, Kreis Bautzen (Bezirk Dresden). Bei erfolgreichem Abschluß und entsprechendem Studienauftrag kann an der Ingenieurschule für Binnenfischerei, Hubertushöhe, Krs. Storkow (Bez. Frankfurt/Oder), in dreijährigem Direktstudium (bei einem Jahr Studienpraxis) die Ausbildung zum Ingenieur der Binnenfischerei (früher staatlich geprüfter Fischwirt) erfolgen. Die Möglichkeit zur Ausbildung von Diplomfischereiingenieuren (früher Diplomfischwirt) besteht für die Binnen- wie für die Hochseefischerei an der Sektion für Tierzucht und Veterinärmedizin der Humboldt-Universität Berlin (2 Jahre Grundstudium, 2 Jahre Fachstudium).

Die Forschung der Binnenfischerei ist im Institut für Binnenfischerei Berlin-Friedrichshagen, das mit seiner Zweigstelle für Mechanisierung, Jägershof bei Potsdam der AdL untersteht, konzentriert. In diesem Institut waren im Herbst 1969 insgesamt 82 Mitarbeiter, hiervon 26 Wissenschaftler, tätig.

Fischwirtschaftliches Organ sind die Zeitschrift für die Binnenfischerei der DDR sowie die Vereinszeitung Deutscher Angelsport.

4. *Fischvermarktung.* Als leichtverderbliche Ware stellen die angelandeten Fische hinsichtlich der schnellen Be- und Verarbeitung und des Handels an die zentral gelenkte Planwirtschaft der DDR hohe Anforderungen. Eine besondere Schwierigkeit bestand für die DDR darin, daß die Verarbeitungsindustrie der deutschen F. fast ausschließlich an den Nordseehäfen konzentriert war. Eine Ausnahme bildeten die relativ kleinen traditionellen Verarbeitungsbetriebe der See- und Küstenfischerei (Aalräuchereien, Sprottenherstellung etc.). Es wurden infolgedessen völlig neue Be- und Verarbeitungskapazitäten errichtet, die der VVB Hochseefischerei unterstehen. Die Fischbe- und -verarbeitung der DDR konzentriert sich nunmehr an der Ostseeküste in den VEB Fischverarbeitung Rostock-Marienehe, Saßnitz und Lauterbach auf Rügen, Barth bei Stralsund und Schwaan bei Rostock. Insgesamt sind in der Fischver- und -bearbeitung z. Z. ca. 8 000 Arbeitskräfte beschäftigt.

Insgesamt zeigt die Entwicklung der Fischverarbeitung folgenden Verlauf:

Fischverarbeitung der DDR (in 1000 t)

Jahr	Frostfilet	Konserven	Präserven
1950	–	1,3	11,5
1960	5,5	10,9	32,5
1970	43,4	18,4	30,9
1973	56,1	22,2	35,8

Die zukünftige Entwicklung der Fischindustrie ist vorgezeichnet durch die beabsichtigte Erweiterung der Rohwarenbasis um Magerfisch, Klein- und Süßwasserfische sowie neue Fischarten (vor allem Schildmakrelen und Grenadierfische).

Der Fischhandel der DDR genügt z. Z. nicht den Ansprüchen einer bedarfsgerechten Versorgung. Weder reichen die Kühlräume noch die Handelskapazität aus, um fangbedingte und saisonale Angebotsschwankungen auszugleichen bzw. die Versorgung der Bevölkerung vor allem im ländlichen Raum zu gewährleisten. Insgesamt bestanden Ende 1973 in der DDR 64 Fischauslieferungslager. 1971 gab es nur 967 Einzelhandelsverkaufsstellen für Fisch- und Fischwaren.

Flaggen: Nach der VO über Flaggen, Fahnen und Dienstwimpel der Deutschen Demokratischen Republik – Flaggenverordnung – vom 3. 1. 1973 (Sonderdruck des GBl. Nr. 751, S. 3) werden folgende F. und Fahnen geführt:

1. Staats-F. der DDR;
2. F. des Ersten Sekretärs des ZK der SED und Vorsitzenden des Nationalen Verteidigungsrates der DDR;
3. Standarte des Vorsitzenden des Staatsrates der DDR;
4. Dienst-F. der
   a) Nationalen Volksarmee,
   b) Schiffe und Boote der Volksmarine (Seestreitkräfte),

c) Boote der Grenztruppen der Nationalen Volksarmee,

d) Schiffe und Boote der Grenzbrigade Küste,

5. Truppenfahnen der Nationalen Volksarmee,

6. Fahnen der Dienststellen und Einheiten der Deutschen Volkspolizei und der Organe Feuerwehr und Strafvollzug des Ministeriums des Inneren.

Dienstwimpel können auf Schiffen und Booten geführt werden, wenn diese sich zur Durchführung staatlicher Aufgaben im Einsatz befinden.

Die Staats-F. der DDR besteht nach Art. 1. Verfassung und dem weiter geltenden Gesetz vom 26. 9. 1955 (GBl. I, S. 705) in der Fassung des Änderungsgesetzes vom 1. 10. 1959 (GBl. I, S. 691) aus den Farben Schwarz-Rot-Gold und trägt auf beiden Seiten in der Mitte das Staatswappen der DDR (Hammer und Zirkel, umgeben von einem Ährenkranz, der im unteren Teil von einem schwarz-rot-goldenen Band umschlungen ist). Die Farben Schwarz-Rot-Gold sind in der Staats-F. in drei gleich breiten Streifen angeordnet. Die F. wird in der Weise geführt, daß der schwarze Farbstreifen oben, der rote Farbstreifen in der Mitte und der goldene Farbstreifen unten erscheint.

Die F. des Ersten Sekretärs des ZK der SED und Vorsitzenden des Nationalen Verteidigungsrates der DDR ist rot. In der Mitte der Flagge befindet sich das Staatswappen der DDR, umgeben von einem einfachen gold-gelben Lorbeerkranz.

Die Standarte des Vorsitzenden des Staatsrates ist quadratisch, trägt in der Mitte auf rotem Grund das Staatswappen der DDR, wird von den Farben der DDR eingefaßt und durch goldene Fransen abgeschlossen.

Die Dienst-F. der Nationalen Volksarmee entspricht in Form und Größe der Staats-F. der DDR. In der Mitte der Dienst-F. befindet sich auf rotem Grund das Staatswappen der DDR, umgeben von einem einfachen gold-gelben Lorbeerkranz.

Die Dienst-F. für Kampfschiffe und -boote der Volksmarine trägt auf rotem Grund einen waagerechten schwarz-rot-goldenen Mittelstreifen. Die Breite des Mittelstreifens beträgt $\frac{1}{3}$ der Breite der F. In der Mitte befindet sich das Staatswappen der DDR, umgeben von einem einfachen gold-gelben Lorbeerkranz.

Die Dienst-F. für Hilfsschiffe der Volksmarine trägt auf blauem Grund einen waagerechten schwarz-rot-goldenen Mittelstreifen. In der Mitte befindet sich das Staatswappen der DDR, umgeben von einem einfachen gold-gelben Lorbeerkranz.

Die Dienst-F. der Boote der Grenztruppen der Nationalen Volksarmee entspricht in Form, Größe und Gestaltung der Dienst-F. der Nationalen Volksarmee. Am Liek befindet sich ein grüner Streifen.

Die Dienst-F. der Schiffe und Boote der Grenzbrigade Küste entspricht in Form, Größe und Gestaltung der Dienst-F. für Kampfschiffe und -boote der Volksmarine. Am Liek befindet sich ein grüner Streifen.

Die Truppenfahnen der Nationalen Volksarmee entsprechen in ihrer Form der Staats-F. der DDR. Um das Staatswappen der DDR stehen auf rotem Grund die Worte „FÜR DEN SCHUTZ DER ARBEITER-UND-BAUERN-MACHT". Staatswappen und Umschrift sind von einem goldenen Lorbeerkranz umgeben. Die obere linke Ecke im schwarzen Streifen der Fahne enthält die militärische Bezeichnung. Die Fahnen sind mit goldenen Fransen eingefaßt.

Die Fahnen der Dienststellen und Einheiten der Deutschen Volkspolizei und der Organe Feuerwehr und Strafvollzug des Ministeriums des Inneren entsprechen in Form und Größe der Staats-F. der DDR. In der Mitte der Fahne befindet sich der zwölfzackige Polizeistern mit dem Staatswappen der DDR in der Mitte. Um den Polizeistern stehen die Worte „FÜR DEN SCHUTZ DER ARBEITER-UND-BAUERN-MACHT". Die Polizeisterne und die Umschriftung sind von einem Eichenlaubkranz umgeben. Die obere linke Ecke im schwarzen Streifen der Fahne enthält die Bezeichnung der Dienststelle bzw. Einheit. Die Fahnen sind mit Fransen eingefaßt. Der Polizeistern, die Umschriftung, der Eichenlaubkranz, die Bezeichnung der Dienststelle bzw. Einheit sowie die Fransen sind in silber gehalten.

Die Dienstwimpel der Schiffe und Boote der Schiffahrtsaufsicht, der Zollverwaltung der DDR, des Gesundheitswesens, der Wasserwirtschaft-Gewässeraufsicht und der Fischereiaufsicht sind dreieckig. Sie tragen beiderseits auf weißem Grund das Staatswappen der DDR. Die Dienstwimpel tragen an beiden langen Seiten einen farbigen Streifen in einer Breite von $\frac{1}{10}$ der Breite der Dienstwimpel. Die Farben der Streifen sind bei der Schiffahrtsaufsicht blau, bei der Zollverwaltung der DDR grün, bei dem Gesundheitswesen gelb, bei der Wasserwirtschaft/Gewässeraufsicht hellblau und bei der Fischereiaufsicht silbergrau.

Nach der F.-Anordnung vom 9. 2. 1973 führt die Deutsche Post keine eigene Dienst-F. mehr. Vorher waren deren Farben schwarz-rot-gold. In der Mitte des roten Streifens befand sich ein goldgelbes Posthorn mit einer goldgelben Schnur, zwei goldgelben Quasten und 4 goldgelben Blitzen.

Welche F. und Fahnen jeweils in der Nationalen Volksarmee geführt werden müssen, regelt die F.-Anordnung vom 9. 2. 1973 (Sonderdruck des GBl., Nr. 751, S. 19).

Flüchtlinge: Bis 1949 sind F. aus der sowjetischen Besatzungszone (SBZ) und dem sowjetischen Sektor von Berlin nicht systematisch registriert worden. Später ist die Zahl der Bewohner der SBZ und von Ost-Berlin, die diese Gebiete im Zeitraum von 1945 bis 1949 verlassen haben oder aus kriegsbedingter Evakuierung nicht dorthin zurückgekehrt sind, mit ca. 438 700 errechnet worden. Die wirkliche Zahl dürfte erheblich höher sein.

Seit Januar 1949 sind die F. in Berlin (West) und seit September 1949 auch im Bundesgebiet registriert worden, seit dem Inkrafttreten des Notaufnahmegesetzes vom 22. 8. 1950 in den Notaufnahmelagern.

Die Zahl der Antragsteller im Notaufnahmeverfahren kann allerdings nicht gleichgesetzt werden mit der Zahl der F. aus der DDR. Einerseits haben auch nach dem Inkrafttreten des Notaufnahmegesetzes zahlreiche F. im Bundesgebiet Wohnsitz genommen, ohne die Aufnahmelager zu passieren (für 1954 wird die Zahl dieser „il-

Registrierte Flüchtlinge bzw. Antragsteller in Notaufnahmeverfahren

1949[1]	129 245
1950	197 788
1951	165 648
1952	182 393
1953	331 390
1954	184 198
1955	252 870
1956	279 189
1957	261 622
1958	204 092
1959	143 917
1960	199 188
1961[2]	155 402
	2 686 942

1 Berlin ab Januar, Gießen und Uelzen ab September.
2 1. 1.–13. 8.

legalen Zuwanderer" auf 51 000 geschätzt). Andererseits sind in der Statistik der Antragsteller im Notaufnahmeverfahren auch Personen erfaßt, die mit Genehmigung der DDR in die Bundesrepublik Deutschland übergesiedelt und somit nicht als F. anzusehen sind. Bis 1962 sind diese Übersiedler (→ **Familienzusammenführung**) statistisch nicht gesondert erfaßt worden. Zu berücksichtigen ist schließlich noch, daß ein nicht unerheblicher Teil der F. – etwa 10 v. H. – wieder in die DDR zurückgekehrt ist, und daß zahlreiche dieser Rückkehrer erneut, manche mehrmals, in die Bundesrepublik geflüchtet sind und deshalb in der Statistik der Antragsteller des Notaufnahmeverfahrens mehrfach erscheinen. Trotz dieser Mängel gibt die Statistik der Antragsteller im Notaufnahmeverfahren ein gutes Bild der Größenordnung der Fluchtbewegung und ihrer Höhepunkte. Die stärkste Fluchtwelle wurde durch den auf der 2. Parteikonferenz der SED im Juli 1952 gefaßten Beschluß, den Aufbau des Sozialismus beschleunigt durchzuführen, verursacht. Die Maßnahmen zur Verstaatlichung der Privatwirtschaft und Kollektivierung der Landwirtschaft trieben die F.-Zahlen in die Höhe. Diese Fluchtwelle, die im März 1953 mit 58 605 F. ihren absoluten Höhepunkt erreichte, endete erst im Juni 1953 mit der Verkündung des → **Neuen Kurses**.
Nachdem sich die Bevölkerung in der Hoffnung auf eine Liberalisierung der Verhältnisse in der DDR getäuscht sah, stiegen die F.-Zahlen bis 1956 erneut stark. Der dann eintretende Rückgang seit 1957 war wohl hauptsächlich auf die Einschränkung des Reiseverkehrs nach Westdeutschland, auf die verschärfte Kontrolle und strafrechtliche Maßnahmen gegen illegales Verlassen der DDR (→ **Republikflucht**) zurückzuführen.
Die Zwangskollektivierung der Landwirtschaft im Frühjahr 1960 und die erneut verstärkt betriebene Sozialisierung der privaten Industrie-, Handels- und Handwerksbetriebe ließen 1960 die F.-Zahlen wieder steigen. Diese Fluchtbewegung erreichte mit 47 433 F. im August 1961 ihren zweiten Höhepunkt, der weitgehend durch Gerüchte über die bevorstehenden Sperrmaßnahmen in Berlin verursacht war. Eine systemati-

sche Untersuchung über die Fluchtmotive der F. liegt bisher nicht vor. Es kann jedoch davon ausgegangen werden, daß ein Teil von ihnen nicht so sehr wegen akuter politischer Gefährdung geflohen ist, sondern vom höheren Lebensstandard in der Bundesrepublik Deutschland angezogen wurde.
Etwa 50 v. H. der F. waren jünger als 25 Jahre, weniger als 10 v. H. waren Rentenempfänger. Demgegenüber waren weit über 60 v. H. der F. erwerbstätig.
Seit dem Bau der Mauer in Berlin ist die Zahl der F. erheblich zurückgegangen:

Jahr	Flüchtlinge	davon sog. Sperrbrecher
1961 (14. 8.–31. 12.)	51 624	
1962	16 741	
1963	12 967	3 692
1964	11 864	3 155
1965	11 886	2 329
1966	8 456	1 736
1967	6 385	1 203
1968	4 902	1 135
1969	5 273	785
1970	5 047	901
1971	5 843	832
1972	5 537	1 245
1973	6 522	1 842
1974 (1. 1.–30. 9.)	3 675	730
	156 722	19 077

In dieser Statistik ist seit dem 2. Halbjahr 1962 die Zahl der mit Genehmigung der Behörden der DDR in die Bundesrepublik Deutschland übergesiedelten Personen, die sich ebenfalls im Notaufnahmelager gemeldet haben, nicht enthalten. Für das 1. Halbjahr 1962 wird die Zahl dieser Übersiedler auf etwa 600–700 geschätzt. Um diese Zahl etwa vermindert sich die Gesamtzahl der F. In der Zeit vom 14. 8.–31. 12. 1961 durften dagegen kaum Bewohner der DDR in die Bundesrepublik ausreisen. Die für diesen Zeitraum genannte Zahl der Antragsteller des Bundesnotaufnahmeverfahrens dürfte also mit der Zahl der F. gleichzusetzen sein.
Als Sperrbrecher werden die F. bezeichnet, die unter Gefahr für Leib und Leben unmittelbar die Grenzsperren überwunden haben. Die anderen F. sind also auf anderen Wegen, z. B. in Fahrzeugen versteckt oder über das sozialistische Ausland, in den Westen gelangt.
Von 1953 bis 31. 3. 1974 haben 19 905 Angehörige militärischer Verbände und der Volkspolizei die Notaufnahme beantragt.
F., die vor dem 1. 1. 1972 die DDR unter Verletzung der dafür gültigen gesetzlichen Bestimmungen verlassen und ihren Wohnsitz nicht wieder in der DDR genommen haben, sowie die Abkömmlinge dieser F. haben mit dem Inkrafttreten des Gesetzes zur Regelung von Fragen der → **Staatsbürgerschaft** vom 16. 10. 1972 (GBl. I, S. 265) die DDR-Staatsbürgerschaft verloren. Wegen des ungenehmigten Verlassens der DDR ist ihnen außerdem Straffreiheit zugesichert worden.
F., die nach diesem Zeitpunkt geflüchtet sind, sowie deren Abkömmlinge gelten nach den gesetzlichen Bestimmungen der DDR weiterhin als DDR-Bürger.

Flüchtlingsvermögen: Nach der VO zur Sicherung von Vermögenswerten vom 17. 7. 1952 (GBl., S. 615) und den dazu ergangenen Dienstanweisungen war das Vermögen von Personen, die die DDR verlassen haben, ohne die polizeilichen Meldevorschriften zu beachten, zu beschlagnahmen und in Volkseigentum zu überführen. Am 11. 6. 1953 (→ **Neuer Kurs**) wurde diese VO aufgehoben. Flüchtlingen, die in die DDR zurückkehrten, sollte das beschlagnahmte Vermögen zurückgegeben werden.

Durch die Anordnung Nr. 2 vom 20. 8. 1958 (GBl. I, S. 644) über die Behandlung des Vermögens von Personen, die die DDR nach dem 10. 6. 1953 verlassen haben, wird das Vermögen dieser → **Flüchtlinge** der Verwaltung eines staatlichen Treuhänders unterstellt. Der Treuhänder hat die beweglichen Vermögenswerte zu veräußern und den Erlös an die Staatskasse abzuführen. Den Abschluß der gegen F. gerichteten Enteignungsmaßnahmen bildete die VO über die Rechte und Pflichten des Verwalters des Vermögens von Eigentümern, die die DDR ungesetzlich verlassen haben gegenüber Gläubigern in der DDR vom 11. 12. 1968 (GBl. II, 1969, S. 1). Aufgrund dieser VO, die nur ihrem Namen nach der Befriedigung der Gläubiger dient, wurden die Reste des im wesentlichen nur noch aus Grundstücken bestehenden F. liquidiert, indem neue, überhöhte Steuerforderungen und sonstige öffentliche Abgaben gegen das niedriger als zuvor bewertete F. geltend gemacht wurden. Alle Flüchtlinge, unabhängig vom Zeitpunkt ihrer Flucht, wurden durch diese Maßnahmen nunmehr auch formalrechtlich enteignet, nachdem tatsächlich ihre Eigentümerposition bereits durch die Ausgestaltung der staatlichen Treuhandverwaltung bis zur Bedeutungslosigkeit ausgehöhlt worden war. Von praktischer Bedeutung jedoch ist die durch die VO vom 11. 12. 1968 geschaffene Rechtslage, wenn der Flüchtling in die DDR zurückkehrt, oder wenn er stirbt und sein Erbe in der DDR lebt. Da in diesen Fällen die staatliche Treuhandschaft endet, müßten dem Rückkehrer oder dem Erben die beschlagnahmten Vermögenswerte zurückgegeben werden. Nach der Liquidation der unter Treuhandschaft stehenden Vermögenswerte ist dies jedoch nicht mehr möglich.

Flugverkehr: → **Verkehrswesen.**

Fluktuation: Wirtschaftspolitisch unerwünschte Abwanderung von → **Arbeitskräften** aus dem Betrieb, der aus persönlichen oder disziplinarischen Gründen (Entlassung) erfolgt und volkswirtschaftlich oder betrieblich nicht notwendig wäre. Nicht zur F. rechnen planmäßige Umsetzungen z. B. auf Grund struktureller Veränderungen des Betriebes, Freistellung zum Studium, Einberufung zum → **Wehrdienst** usw. Der Arbeitsplatzwechsel ist Arbeitnehmern auf eigenen Wunsch nicht ohne weiteres möglich. Das → **Gesetzbuch der Arbeit** sieht zwar grundsätzlich eine Kündigung des Arbeitsverhältnisses auch auf Wunsch der Arbeitnehmer vor; es bestimmt aber, daß dabei auch die „gesellschaftlichen Interessen" zu berücksichtigen sind. Jede Kündigung muß schriftlich begründet werden. Auch das für volkseigene

Betriebe geltende Verbot der gegenseitigen Arbeitskräfteabwerbung soll unerwünschten Arbeitsplatzwechsel einschränken. Dennoch gelingt es sehr vielen Arbeitnehmern, ihren Arbeitsplatz auf eigenen Wunsch zu wechseln. Das gilt besonders für Frauen, von denen unschwer familiäre Gründe geltend gemacht werden können.

Die F.-Quote liegt in vielen Betrieben noch bei 10 v. H. Zwei Drittel aller Abgänge sind volkswirtschaftlich nicht notwendig. Jüngere Arbeitskräfte und solche mit geringerer Qualifikation wechseln ihren Arbeitsplatz viel häufiger als ältere und hochqualifizierte Beschäftigte. Wegen des Lohngefälles wandern viele Arbeitnehmer mit Dienstleistungsberufen in die produzierenden Bereiche ab.

Die volkswirtschaftlichen Verluste betragen nach Angaben aus der DDR bei jedem Betriebswechsel 10 000 bzw. 15 000 Mark. Aus diesem Grunde versucht die DDR-Führung, der F. u. a. durch Treueprämien für bestimmte Berufsgruppen (technische Intelligenz, Beschäftigte im Bergbau, Angehörige der Reichsbahn und der Post) entgegenzuwirken.

Der Arbeitsplatzwechsel auf Wunsch von Arbeitnehmern wird jedoch auch in der DDR nicht in jedem Fall als unerwünscht betrachtet. Der Zug zu neuen Arbeitsplätzen mit besseren Arbeitsbedingungen, die dem Qualifikationsniveau eher entsprechen, wirkt produktivitätssteigernd.

Folgeverträge: → **Beziehungen zwischen beiden deutschen Staaten.**

Fonds: Im → **Rechnungswesen** werden geplante und für bestimmte Zwecke vorgesehene finanzielle Mittel in F. erfaßt. Sie dürfen nur in einer den gesetzlichen Vorschriften entsprechenden Weise eingesetzt werden. Neben den F. auf Produktionsebene wie z. B. Grundmittel-F. (→ **Grundmittel**), Umlaufmittel-F. (→ **Umlaufmittel**), → **Lohnfonds** gibt es eine Reihe von F., die mehr der indirekten Steuerung des Betriebes durch zentrale Organe dienen. Diese F. haben seit der Periode des → **NÖS** große Bedeutung erlangt, sie sind allerdings mit der Rezentralisierung von 1970/71 modifiziert worden, an neuen F. kam der Leistungs-F. hinzu. Einige dieser F. erfassen betriebliche Gewinnteile, dann wird über sie die Gewinnverwendung des Betriebes geregelt, andere werden zu Lasten der Kosten gebildet, und begrenzen sie die Mittel für bestimmte betriebliche Aktivitäten.

Die wichtigsten F. der Betriebe bzw. Kombinatsbetriebe, deren Höhe meist von zentralen Organen festgelegt ist, sind (GBl. II, 1972, S. 469 ff.):

1. Der *Investitionsfonds,* der im wesentlichen aus Anteilen des Nettogewinns (→ **Gewinn**), aus → **Amortisationen** sowie aus bewilligten Investitionskrediten gebildet wird (→ **Investitionsplanung**, Investitionsfinanzierung). Er dient der Finanzierung sowohl der Vorbereitung als auch der Durchführung geplanter Investitionen.

2. Der *Fonds Wissenschaft und Technik,* in den zu Lasten der Kosten in bestimmter Höhe finanzielle Mittel fließen, um damit die Durchführung der im → **Plan Wis-**

senschaft und Technik** geplanten Forschungsleistungen zu realisieren.

3. Der *Risikofonds,* aus dem bestimmte betriebliche Risiken abzudecken sind. Er wird sowohl aus Gewinnanteilen als auch in bestimmter Weise zu Lasten der Kosten gebildet.

4. Der insbesondere zur Finanzierung von Maßnahmen zur Verbesserung der Arbeits- und Lebensbedingungen der Belegschaftsmitglieder dienende *Kultur- und Sozialfonds.*

5. Der *Prämienfonds* (→ **Jahresendprämie**), in dem bestimmte Gewinnanteile zur Stimulierung der Leistungen der Betriebsmitarbeiter erfaßt sind. Aus diesem F. werden sowohl besondere individuelle Leistungen prämiiert, als auch am Ende des Jahres an alle Belegschaftsmitglieder die Jahresendprämie gezahlt.

6. Der erst 1972 geschaffene *Leistungsfonds.* Mit ihm sollen Arbeitskollektive oder der ganze Betrieb zu zusätzlichen, über die normalen Planauflagen hinausgehende Leistungen – wie zusätzliche Arbeitsproduktivitätssteigerungen, Materialeinsparungen oder Qualitätsverbesserungen – angeregt werden.

Von den → **VVB** bzw. den Kombinatsspitzen (→ **Kombinat**) werden diese betrieblichen F. (mit Ausnahme des Leistungsfonds und bei der VVB auch des Risikofonds) ebenfalls gebildet, jedoch haben sie noch folgende 4 zusätzliche F.:

a) Der die → **Nettogewinnabführung** der Betriebe erfassende *Gewinnfonds.* Aus ihm werden Gewinnanteile an den → **Staatshaushalt** abgeführt, Gewinnumverteilungen innerhalb der VVB oder des Kombinates vorgenommen sowie Zuführungen zu den folgenden F. realisiert.

b) Der *Reservefonds,* dessen Höhe fixiert ist, dient neben der Durchsetzung neuer technologischer Erkenntnisse auch der Deckung von aus zentralen Planänderungen resultierenden Nachteilen der Betriebe.

c) Der maximal 500 000 Mark umfassende *Verfügungsfonds,* mit dem neben Leistungsprämien für Arbeitsgemeinschaften und Einzelpersonen allgemein hohe Leistungen (z. B. Kostenminderungen, Qualitätsverbesserungen, Steigerungen von Arbeitsproduktivität und Exportrentabilität) stimuliert werden sollen.

d) Der zur Finanzierung von Werbemaßnahmen dienende *Werbefonds.*

Fonds der Volksvertretungen: Hierbei handelt es sich um zusätzliche, am Jahresende über den planmäßigen Kassenbestand der örtlichen Volksvertretungen hinausgehende und in das nächste Haushaltsjahr übertragbare Haushaltsmittel. Der FdV. wird gebildet aus bestimmten Einsparungen bzw. aus Mehreinnahmen über die geplanten Einnahmen der örtlichen Haushalte. Für den FdV. sollen künftig nach Bezirken, Kreisen, Städten und Gemeinden unterschiedliche Höchstsätze (in v. H. bezogen auf das Haushaltsvolumen) festgelegt werden. Hiermit soll verhindert werden, daß sich die örtlichen Staatsorgane in zu starkem Maße außerplanmäßige Mittel verschaffen.

Der FdV. darf verwendet werden zur Durchführung von Aufgaben im Rahmen des Volkswirtschaftsplanes sowie zur Erschließung zusätzlicher Reserven. Außerhalb des Planes kann er für Maßnahmen (auch Investitionen) im Handel, in den örtlichen VEB, der Kommunalwirtschaft und den staatlichen Einrichtungen, soweit sie der besseren Versorgung der Bevölkerung dienen, eingesetzt werden.

Der FdV. wird getrennt von den Haushaltmitteln des laufenden Jahres (→ **Staatshaushalt**) auf besonderen Bankkonten geführt und in der Regel mit 3 v. H. verzinst.

Fonds Technik: Heute mit Fonds Wissenschaft und Technik bezeichnet. → **Betriebsformen und Kooperation; Fonds**.

Fondsbezogener Preis: Bei staatlicher Preisbildung ergibt sich das Problem, wie der Gewinnaufschlag zu kalkulieren ist, d. h. welcher Preistyp angewendet werden soll. Dabei sind grundsätzlich drei Formen zu unterscheiden:

a) Beim *lohnbezogenen Preistyp,* der weitgehend der Marxschen Arbeitswertlehre entspricht, wird die Gewinnrate ausschließlich auf die Lohnkosten bezogen. Dieses Verfahren würde die Betriebe zu möglichst arbeitsintensiven Produktionen anregen und damit praktisch die produktivitätssteigernde Substitution von Arbeit durch Kapital verhindern.

b) Beim *kostenbezogenen Preistyp* wird der Gewinnsatz auf die Lohn- und Materialkosten (einschließlich Abschreibungen) bezogen. Hierbei ergibt sich die Tendenz der Betriebe, bei der Preiskalkulation und Preisbestätigung möglichst hohe Kosten nachzuweisen. Dieser Typ wurde grundsätzlich der → **Industriepreisreform** zugrunde gelegt. Allerdings hat man dabei eine „gebrochene Preisbasis" angewendet, bei der als Bezugsbasis für eine einheitliche Gewinnzurechnung auf Zweigebene die Selbstkosten und auf Erzeugnisstufe bei differenzierten Gewinnsätzen die Verarbeitungskosten – d. h. die Selbstkosten abzüglich der Materialkosten – gewählt worden sind. Der entscheidende Mangel dieses Preistyps liegt in der ungenügenden Berücksichtigung des Kapitalaufwands, da die Kapitalzinsen nicht berücksichtigt werden. Dies bewirkt eine Benachteiligung der kapitalintensiven Betriebe, denn sie erzielen nur eine geringe Kapitalrentabilität (= Gewinn je 1 000 Mark Brutto-Anlagevermögen).

c) Diese Mängel werden beim *fondsbezogenen Preistyp* vermieden, da der Gewinnaufschlag ausschließlich auf das auf die Erzeugniseinheit entfallende „betriebsnotwendige Kapital" bezogen wird. Dabei handelt es sich um den Gesamtwert der Produktionsanlagen und des Umlaufvermögens. Allerdings wird dieser in der Regel bei der Preisfestsetzung nicht voll anerkannt, vielmehr berücksichtigt man davon unter Ausschaltung ungenutzter oder stillgelegter Anlagen nur den beinahe zu optimaler Nutzung erforderlichen Kapitalaufwand, bemessen am tatsächlichen Kapitaleinsatz der besten Betriebe einer Erzeugnisgruppe.

Den FP. hat man in der DDR in den Jahren 1969 und 1970 tatsächlich für eine Reihe von Erzeugnisgruppen eingeführt. Er stellt insofern eine logische Ergänzung zur → **Produktionsfondsabgabe** dar, als kapitalintensiven Betrieben erst bei Anwendung dieser Preisform für ihre Erzeugnisse die volle Zahlung der Produktionsfondsabgabe ermöglicht wurde.

Mit dem FP. wurde der von Marx zur Charakterisierung der Preisbildung im Kapitalismus dargestellte „Produktionspreis" ausdrücklich auch für die Preisbildung im Sozialismus akzeptiert. Dies kommt einer Anerkennung der Produktivität des Faktors Kapital gleich, die deutlich im Gegensatz zur Marxschen Arbeitswertlehre steht.

Der entscheidende Vorteil des FP. liegt nicht nur darin, daß den kapitalintensiven Betrieben die Erwirtschaftung von Investitionsmitteln erleichtert wird, sondern vor allem darin, daß er die ökonomischen Orientierungsmaßstäbe für gegenwärtige und künftige Investitionsentscheidungen verbessert. Denn bei Anwendung dieses Preistyps können die volkswirtschaftlichen Leistungen der verschiedenen Wirtschaftszweige über einen einheitlicheren Maßstab der Kapitalrentabilität miteinander verglichen werden. Als nachteilig erweist sich die Orientierung an den „besten" Betrieben einer Branche, denn damit werden zwar das erreichte Leistungsniveau, aber gleichzeitig auch die möglichen, wenn auch vergleichsweise geringeren, Fehler der Investitionspolitik dieser „Leitbetriebe" zum Vorbild für die übrigen Betriebe. Weiterhin wirkt sich die Benachteiligung der aus technischen Gründen arbeitsintensiven Zweige negativ aus, da sie auch bei hoher Leistungsfähigkeit kaum Gewinne erwirtschaften können.

Angesichts dieser Nachteile ist eine veränderte Form des FP. – auch unter dem Begriff *Ressourcenpreis* bekannt – diskutiert worden. Bei diesem „gemischten" Preistyp sollte der im Preis kalkulierte Gewinn zu je einem Teil am notwendigen Kapitalaufwand und am notwendigen Lohnaufwand bemessen werden (jeweils an den günstigsten Betrieben einer Erzeugnisgruppe orientiert). Dieser Berücksichtigung auch des notwendigen Arbeitseinsatzes bei der Gewinnkalkulation sollte eine Arbeitsfondsabgabe – ähnlich der Produktionsfondsabgabe – als staatliche Steuer auf den tatsächlichen Arbeitsaufwand gegenüberstehen. Mit dieser auf die Lohnsumme bezogenen Abgabe wollte man ohne stärkere Lohnanhebungen einen effizienteren Einsatz des Faktors Arbeit erreichen. Dieses Konzept wurde jedoch nach der Rezentralisierung von Ende 1970 nicht mehr in nennenswertem Umfang weiterverfolgt. → **Preissystem und Preispolitik**.

Forderungseinzugsverfahren: → **Verrechnungsverfahren**.

Formalismus: Ursprünglich eine Richtung der russischen Literaturtheorie und Literaturgeschichtsschreibung, die in der UdSSR bis etwa 1930 wirksam war. Hauptvertreter waren Jurij Tynjanow, Boris Eichenbaum, Wiktor Schklowskij, Roman Jakobson.

Seit den dreißiger Jahren ist der F.-Begriff in der offiziellen sowjetischen, später auch in der DDR-Ästhetik eine negativ wertende Bezeichnung für nichtrealistische Kunststile. Im Unterschied zum Realismus ist beim F. die Form gegenüber dem Inhalt primär. Die Form wird gegenüber dem Inhalt zum Selbstzweck. Der F.-Begriff wird in zwei Weisen angewandt, gegen Kunstströmungen des Westens und als Kritik gegenüber Werken, die den Kriterien des sozialistischen Realismus nicht ausreichend entsprechen.

Der F. in kapitalistischen Ländern sei eine typische Verfallserscheinung der bürgerlichen Kunst. Der reaktionäre bürgerliche Künstler zeige die Inhaltsleere der kapitalistischen Gesellschaft, ohne jedoch ihre Ursache kenntlich zu machen. Durch den fehlenden Realismus verschleiere die formalistische Kunst aber diesen Inhalt und werde damit unverständlich. Dadurch werde sie nicht nur die esoterische Beschäftigung einer kleinen volksfremden Schicht, sondern zerstöre die Kunst selbst, da sie den Erkenntniswert der Kunst ableugne. Allerdings sei der F. nicht notwendig Ausdruck der reaktionären Weltanschauung des Künstlers. Als Modeerscheinung könnten ihm auch fortschrittliche Künstler verfallen (Picasso). In dieser Weise werden als formalistisch fast alle neueren Kunstströmungen bezeichnet (Futurismus, Kubismus, Surrealismus, Expressionismus, Tachismus bis zur Pop Art).

Auf die Kunst sozialistischer Länder angewandt ist der Begriff F. meist Kritik an der Übernahme „westlicher" Stilelemente. Er wurde aber auch in der Reaktion auf die stalinistische Kulturpolitik gegen die Realismusinterpretation jener Zeit gebraucht. → **Ästhetik**.

Formgestaltung, Industrielle: Seit 1965 findet die IF. stärkere Beachtung. Sie ist in die Beurteilung der Erzeugnisse und die Qualitätsprüfung durch das Amt für Standardisierung, Meßwesen und Warenprüfung (ASMW) (→ **Qualität der Erzeugnisse**) einbezogen. Die Erteilung des Gütezeichens „Q" hat eine gelungene moderne IF. zur Voraussetzung. Beim ASMW besteht ein „Rat für Gestaltung".

Forschung

Forschungsarten und Forschungsphasen – Forschungsinstitutionen – Zentrale Planungs- und Leitungsinstanzen – Forschungspolitik seit 1967

I. Forschungsarten und Forschungsphasen

Die F. in der DDR gliedert sich entsprechend der in den Ostblockländern vorherrschenden Sichtweise, F.-Aktivitäten unter institutionellen und bürokratischen Aspekten zu klassifizieren, in: Akademie-F., Hochschul-F., Ressort- und Industrie-F. (F. und Entwicklung).

Als Oberbegriff bei der Planung und Leitung der F. fungiert das Begriffspaar „Wissenschaft und Technik", das neben der F. auch die Lehre bzw. die Ausbildung und Anwendung von F.-Ergebnissen der betroffenen Disziplinen mit einschließt. Es umfaßt alle naturwissenschaftlichen Disziplinen, nicht jedoch alle gesellschaftswissenschaftlichen Fächer. Während wirtschafts- und erziehungswissenschaftliche Disziplinen und einige Spezialgebiete in den Planungs- und Leitungsbereich von „Wissenschaft und Technik" mit einbezogen sind, wird die Entwicklung der wichtigsten gesellschaftswissenschaftlichen Disziplinen – dialektischer und historischen Materialismus, wissenschaftlicher Sozialismus und Kommunismus, Geschichte der deutschen Arbeiterbewegung – von den Parteihochschulen der SED geleitet und geplant.

A. Akademie- und Universitätsforschung

Die Aufgaben der Akademie- und Universitäts-F. sind in den letzten Jahren stärker einander angenähert worden. Dies äußert sich z. T. in gleichlautenden Festlegungen. So soll die F. der Akademie der Wissenschaften der DDR (AdW) und der Universitäten auf „der Grundlage des dialektischen und historischen Materialismus einen wirksamen Beitrag zur Erforschung gesellschaftlicher Entwicklungsprozesse und ihrer objektiven Gesetzmäßigkeiten leisten" (VO über die Leitung, Planung und Finanzierung an der Akademie der Wissenschaften und an Hochschulen, GBl. II, 1972, Nr. 53). Ebenso werden „komplexe" F.-Themen, denen längerfristige Bedeutung zukommt und deren Ergebnisse in verschiedenen Wirtschaftsbereichen und Industriezweigen genutzt werden sollen, bearbeitet. Die F. der AdW und der Universitäten ist vor allem darauf gerichtet, „strategische" Aufgaben von gesamtgesellschaftlicher Bedeutung zu lösen und die verschiedenen Wissenschaftsdisziplinen ausgewogen weiterzuentwickeln. Seitdem im Anschluß an Beschlüsse des VIII. Parteitages der SED (Juni 1971) die → **Intensivierung** und → **Rationalisierung** der Wirtschaftsprozesse in den Mittelpunkt der Wirtschaftspolitik gerückt wurden, soll die Akademie- und Hochschul-F. gegenwärtig jedoch – zumindest stärker als in der Vergangenheit – auch unmittelbar anwendungsorientiert und zur Neu- und Fortentwicklung von → **Technologien** und industriellen Erzeugnissen beitragen. Stärker als von den F.-Arbeiten der Hochschulen wird von der Akademie-F. erwartet, daß sie der Staatsführung systematisch Entscheidungsgrundlagen für die Wirtschafts-, Bildungs-, Sozial- und Gesundheits-, wie Wissenschafts- und Technologiepolitik bereitstellt. Daneben wird ihre generelle Verantwortung für die Vertiefung des Grundlagenwissens und die Pflege von ausgewählten Gebieten der Grundlagen-F., die nicht unmittelbar anwendungsorientiert sind, hervorgehoben. So sind die F.-Aufgaben der AdW seit 1971 noch stärker als bisher zwischen die Pole der Sicherung des Grundlagenwissens und der Weiterentwicklung der Wissenschaftsdisziplinen einerseits und der Anwendungs-F.

und unmittelbaren Produktionsunterstützung andererseits angesiedelt.

Die Akademie versucht den unterschiedlichen und z. T. widersprüchlichen, da nicht näher bestimmten Anforderungen mit einer F.-Politik des „sowohl als auch" zu entsprechen. Danach ist die AdW sowohl um langfristige Grundlagen-F. als auch um die Überführung von Teil- und Zwischenergebnissen in die laufende Produktion bemüht. Im Mittelpunkt ihrer F.-Leitung und -Planung steht die Frage nach der unter kurz- wie langfristigen Aspekten angemessenen Proportionierung des eingesetzten F.-Personals, der finanziellen Mittel und der apparativen Ausrüstungen. Angemessene Proportionen sind generell zu finden a) zwischen den verschiedenen F.-Phasen, vor allem zwischen Grundlagen-F., angewandter F., Entwicklungs- und Überleitungsarbeiten, b) hinsichtlich der Terminfestlegung, d. h. der Berücksichtigung kurz-, mittel-, oder langfristiger Anforderungen, c) zwischen den unterschiedlichen Tätigkeitsarten (F., Dokumentation, Lehre, Verwaltung), d) zwischen den verschiedenen Personalgruppen, vor allem zwischen der Gruppe der Forschenden und dem Hilfspersonal sowie e) zwischen den Anteilen der einzelnen F.-Richtungen bezogen auf einzelne Disziplinen wie auf das personelle und finanzielle Gesamtvolumen aller Wissenschaftszweige.

Als Problem zwar erkannt, aber im einzelnen noch ungelöst ist gegenwärtig die von der staatlichen F.-Politik der AdW aufgegebene, möglichst optimale Kombination der folgenden 4 Arbeitsschwerpunkte:

1. Langfristige Pflege von ausgewählten Gebieten der Grundlagen-F. sowie die „Sicherung der Rezeption der Ergebnisse der internationalen Wissenschaft auf breiter Basis",

2. angewandte F., Entwicklungs- und Überleitungsarbeiten auf wichtigen Gebieten der industriellen Produktion in enger Zusammenarbeit mit der Industrie unter Nutzung internationaler F.-Resultate und Erfahrungen,

3. Modernisierung und Rationalisierung der vorhandenen Produktionsverfahren, sowie

4. „Verwissenschaftlichung des Alltags" durch Beiträge vor allem in den Erziehungs- und Arbeitswissenschaften.

Die Auswahl der intensiv zu erforschenden Themenbereiche der Grundlagen-F. soll in erster Linie unter dem Gesichtspunkt dringender volkswirtschaftlicher Anforderungen, d. h. besonders der potentiellen Nützlichkeit des F.-Gebietes für die industrielle Fertigung vorgenommen werden. Weitere Auswahlkriterien beziehen sich auf das Vorliegen von fachlichen und methodischen Erfahrungen sowie auf die Möglichkeit internationaler Zusammenarbeit. Die internationale Kooperation wird seit 1971 als das wichtigste Mittel zur Überwindung der engen Grenzen des F.-Potentials der DDR angesehen. Die Zuständigkeit des AdW bei der Gestaltung der bilateralen und multilateralen Wissenschaftskontakte (Zusammenarbeit vor allem mit den Akademien der Sowjetunion und der übrigen RGW-Mitgliedsländer) wurde ausgeweitet.

Die Hochschul-F. ist dadurch gekennzeichnet, daß der Grundsatz der Einheit von Lehre und Forschung – Merkmal des deutschen Universitätstyps – auch nach mehreren Hochschulreformen nicht aufgegeben wurde. Folglich soll Hochschul-F. thematisch an den jeweils gegebenen Aufgaben der Wirtschaft und anderer Gesellschaftsbereiche orientiert sein, um somit zugleich für die Ausbildung der Studenten genutzt werden zu können. Eine engere Verflechtung der Universitäten mit Fertigungs- und Dienstleistungsbetrieben wurde seit 1967 mit institutionellen und finanziellen Mitteln, d. h. durch vertraglich geregelte Beziehungen zur thematischen Abstimmung und zum Personalaustausch sowie durch Auftrags-F. erreicht.

B. Industrie- und Ressortforschung

Industrie- und Ressort-F. bezeichnet demgegenüber die Gesamtheit aller F.-Aktivitäten von Einrichtungen, die entweder staatlichen Leitungsinstitutionen auf zentralen und mittleren Ebenen direkt unterstehen oder selbständige Betriebsteile darstellen. Gegenwärtig sind ca. 140 000 Beschäftigte in der F. und Entwicklung in Industrie, Bauwesen, Landwirtschaft und Verkehr tätig. Rund die Hälfte sind Hoch- und Fachschulabsolventen. Die F.-Aufwendungen der letzten Jahre betragen durchschnittlich 2,4 v. H. des Nationaleinkommens. Für wissenschaftlich-technische Aufgaben wurden 1971 und 1972 jeweils ca. 5 Mrd. Mark zur Verfügung gestellt. Die F.-Einrichtungen arbeiten in erster Linie an der Fortentwicklung der Produktionssortimente und -verfahren. Die Aufgaben sind jeweils auf der Grundlage der voraussehbaren Entwicklungsrichtungen von Wissenschaft und Technik und der geplanten wirtschaftlichen Struktur- und Wachstumspolitik zu formulieren. Zugleich sollen sie den internationalen Entwicklungsstand der Erzeugnisse und Verfahren in technischer und wirtschaftlicher Hinsicht berücksichtigen. Sie sind in „Plänen Wissenschaft und Technik" festgelegt und beziehen sich entweder auf bestimmte Fertigungs- und Dienstleistungsgebiete oder auf die Lösung einzelner praktischer Aufgaben. Das Potential der Industrie-F. konzentriert sich in den F.-Zentren der Großbetriebe und der zwischen 1967 und 1970 geschaffenen Industriekombinate sowie den Industriezweiginstituten der Ministerien und Vereinigungen volkseigener Betriebe. In den Fällen, in denen Akademie- und Hochschulinstitute Auftrags-F. für die Wirtschaft übernehmen, rechnet das dabei eingesetzte Potential ebenfalls zur Industrie- und Ressort-F. Seit 1967 wird die F. und Entwicklung in den Industriezweigen, die von erhöhter Bedeutung für das gesamtwirtschaftliche Wachstum sind (chemische, elektrotechnische und elektronische Industrien, Geräte- und Fahrzeugbau) besonders gefördert; seit 1971 ist die Industrie-F. auch in den Verbrauchsgüterindustrien und im Energiewesen intensiviert worden.

C. Forschungsphasen

F. ist ein arbeitsteiliger Vorgang, der in verschiedenen Phasen abläuft und an dem im Zeitverlauf unterschiedliche Forschergruppen und -institutionen beteiligt sind. Ihre Aktivitäten werden in der Bezeichnung „wissenschaftlich-technische Arbeit" zusammengefaßt; darunter wird im einzelnen verstanden: Prognosen, Grundlagen-F., angewandte F., Entwicklung von Erzeugnissen und Verfahren, Arbeiten zur Optimierung technologischer und wirtschaftlicher Abläufe, F. zum Einsatz der elektronischen Datenverarbeitung, Leistungen für den Aufbau „zentralisierter Fertigungen".

Abweichend von der international verbreiteten Klassifikation der F. in Grundlagen-F. und angewandte F. und Entwicklung wird in der DDR für die F.-Leitung und -Planung eine vierstufige Gliederung verwendet:

a) Erkundungs-F. bzw. reine Grundlagen-F., die sich ausschließlich auf die Vervollkommnung der natur- und gesellschaftswissenschaftlichen Grundkenntnisse sowie auf die Untersuchung neuer Erscheinungen und die Erforschung ihrer Regelmäßigkeiten richtet;

b) „gezielte Grundlagen-F.", die in einer umrissenen thematischen Richtung zur Erweiterung der Grundkenntnisse betrieben wird;

c) angewandte F., die demgegenüber auf ein festgelegtes wirtschaftlich-technisches Ziel gerichtet ist, und neue Verfahren und Erzeugnisse erforschen bzw. vorhandene auf den jeweils neuesten Stand der wissenschaftlichen Erkenntnisse bringen soll;

d) Entwicklung von Konstruktionen und Verfahren, die F.-Resultate für die industrielle Fertigung nutzbar machen soll.

Daneben werden mit den „Studienentwürfen" und der „Überleitung von Konstruktionen und Verfahren" noch weitere Anfangs- bzw. Abschlußphasen unterschieden. Die Studienentwürfe dienen der technischen, wirtschaftlichen oder wissenschaftlichen Vorklärung von Aufgabenstellungen und Vorhaben. In der Überleitungsphase werden je nach Industriezweig die Konstruktion bzw. technologischen Voraussetzungen für die Fertigung und Serienproduktion geschaffen. Die Arbeitsstufen werden in einer „Nomenklatur für Arbeitsstufen und Leistungen von Aufgaben des Planes Wissenschaft und Technik", die vom → **Ministerium für Wissenschaft und Technik** herausgegeben wird, differenziert festgelegt.

II. Forschungsinstitutionen

A. Akademieforschung

Sie wird von der → **Akademie der Wissenschaften**

der DDR und der → **Akademie der Pädagogischen Wissenschaften der DDR** durchgeführt.

B. Hochschulforschung

Von den 67 → **Universitäten und Hochschulen** (einschl. der 5 Hochschulen der SED und des FDGB) widmen sich den naturwissenschaftlichen und technischen Fächern vor allem 30 dem → **Ministerium für Hoch- und Fachschulwesen** unterstehende Universitäten, Fachhochschulen, Technische Hochschulen und Medizinische Akademien sowie 2 landwirtschaftliche Hochschulen, die dem → **Ministerium für Land-, Forst- und Nahrungsgüterwirtschaft** unterstellt sind. Der Anteil der Hochschul-F. am gesamten F.-Potential der DDR wurde 1969 auf ca. 40 v. H. geschätzt. Er dürfte sich seitdem verringert haben. Durch die Maßnahmen der Dritten Hochschulreform (1967–1971) wurde die Hochschul-F. inhaltlich und organisatorisch umgestaltet. Thematisch erfolgte eine stärkere Ausrichtung und Konzentration auf die Aufgaben der Wirtschaftsbereiche, insbesondere auf die wachstumsintensiven Industriezweige. Die Organisation, Planung und Finanzierung der Hochschulen wurden verändert, um das begrenzte und 1967 auf ca. 900 Universitätsinstitute verteilte Potential wirksamer für die Planaufgaben der Wirtschaftszweige einsetzen zu können. Die thematischen und organisatorischen Veränderungen wurden mit einer Neugliederung auch der Studiengänge verbunden. Durch die Bildung besonderer organisatorischer Formen der Zusammenarbeit („Forschungsverband" bzw. „Forschungskooperationsverband", „Forschungsgemeinschaft") ist eine engere Verflechtung der spezialisierten Hochschulen mit Industriebetrieben sowie deren übergeordneten Leitungsinstanzen (→ **Industrieministerien**, VVB) institutionalisiert worden. Zugleich eröffnete sich damit die Möglichkeit zu einem Verbund von Hochschul-F., Industrie-F. und Akademie-F. So konzentriert sich etwa die Technische Hochschule „Otto-von-Guericke", Magdeburg, seit 1968 auf die F. - und Lehre – für Schwermaschinen- und Anlagenbau (Kombinat VEB Schwermaschinenbau „Karl Liebknecht", Magdeburg). Das F.-Personal und die apparative Ausrüstung der wichtigsten Sektionen der Friedrich-Schiller-Universität Jena wird zur Lösung von Aufgaben des wissenschaftlichen Gerätebaus eingesetzt, der im Kombinat VEB Carl Zeiss, Jena, konzentriert ist. Ein weiteres Beispiel stellt die Technische Universität Dresden dar; sie ist die größte universitäre F.-Stätte der DDR auf naturwissenschaftlich-technischem Gebiet. Entsprechend ihrer besonderen Spezialisierung auf F.-Themen der Informationstechnik und -verarbeitung, Elektrotechnik, Feingerätetechnik und Mathematik bestehen enge Beziehungen zum Hauptproduzenten von Datenverarbeitungsanlagen, dem VEB Kombinat Robotron, Radeberg bei Dresden.

C. Ressort- und Industrie-F. (F. und Entwicklung)

Die Unterschiede zwischen den verschiedenen Institutstypen sind in der Industrie- und Ressort-F. größer als in der Akademie- und Hochschul-F., deren institutionelle Strukturen – auch aufgrund der Hochschul- und Akademiereform in den Jahren 1967–1971 – homogener sind. Die größere Nähe und die engere Verknüpfung der Institute mit den Anwendungsbereichen haben starke strukturelle Differenzierungen entsprechend den fachspezifischen und fertigungstechnischen Eigentümlichkeiten der Wirtschaftsbereiche zur Folge gehabt. Typische Formen der Ressort- und Industrie-F. sind:

1. Ressortakademien: Hierzu zählen die → **Bauakademie der DDR** und die → **Akademie der Landwirtschaftswissenschaften der DDR**. Sie unterstehen dem → **Ministerium für Bauwesen** bzw. dem → **Ministerium für Land-, Forst- und Nahrungsgüterwirtschaft** als zentrale fachwissenschaftliche Einrichtungen der DDR. Sie leiten die F. der angeschlossenen Institute, koordinieren die Zusammenarbeit mit Hochschulen, Akademien und ausländischen F.-Zentren.

Die Mehrzahl der naturwissenschaftlichen, technisch-technologischen F.-Themen der ressortbezogenen Fachgebiete wird in den Zentren und Instituten der Ressortakademien bearbeitet. Sie werden biswellen auch als F.-Akademien bezeichnet.

2. Ressortforschung des Ministeriums für Gesundheitswesen: Die Organisation der Ressort-F. im Bereich des → **Ministeriums für Gesundheitswesen** stellt eine Sonderform dar. Dieses Ministerium arbeitet den Gesamtplan der medizinischen F. aus. Es ist für die Formulierung der staatlichen Ziele, die Durchführung der F.- und Entwicklungsarbeiten sowie für die praktische Nutzung der F.-Resultate verantwortlich, ohne daß ihm die wichtigsten medizinischen F.-Einrichtungen, die medizinischen Bereiche der Universitäten und die Medizinischen Akademien in Dresden, Erfurt und Magdeburg unterstehen. Diese Organisationsbereiche gehören zum Ministerium für Hoch- und Fachschulwesen. Als beratendes Gremium des Ministers für Gesundheitswesen besteht seit 1962 ein „Rat für Planung und Koordinierung der medizinischen Wissenschaft beim Ministerium für Gesundheitswesen".

3. Industriezweiginstitute: Sie stellen wissenschaftliche Einrichtungen dar, die F.- und Entwicklungsarbeiten zu Querschnittsthemen leisten, die über den Rahmen einer Vereinigung Volkseigener Betriebe oder eines Kombinates hinausgehen und ganze Industriezweige betreffen. Industriezweiginstitute sind in der Regel einem Industrieministerium oder einem anderen Fachministerium unterstellt. Sie bestimmen durch ihre F.- und Entwicklungsaktivitäten weitgehend die Entwicklung der Verfahren, der Geräte und der Produktionssortimente und den Stand der Festigungstechnologien des jeweiligen Industriezweiges. Die Bereitstellung fachwissenschaftlicher Unterlagen zur Lenkung und Koordinierung aller grundlegenden F.- und Entwicklungsaufgaben auf die Schwerpunkte des betreffenden F.-Gebietes zählt zu ihren Hauptaufgaben. Die Industriezweiginstitute führen entsprechend neben angewandter F. und Entwicklung auch Grundlagen-F. durch. Sie arbeiten nach den Prinzipien der → **wirtschaftlichen Rechnungsführung**. Bekannte Industriezweiginstitute mit jeweils mehreren hundert Mitarbeitern sind: → **Zentralinstitut für Fertigungstechnik des Maschinenbaus der DDR**, Karl-Marx-Stadt; Zentralinstitut für Gießereitechnik, Leipzig; → **Zentralinstitut für Schweißtechnik**, Halle; Institut für Leichtbau und ökonomische Verwendung von Werkstoffen, Dresden; Zentrales Forschungsinstitut des Verkehrswesens, Berlin (Ost).

4. Wissenschaftlich-technische Institute: Zu den wissenschaftlich-technischen Einrichtungen, die F. und Entwicklungsarbeiten jeweils für bestimmte Branchen durchführen, zählen a) *F.-Zentren* und b) *Wissenschaftlich-technische Zentren (WTZ)*. Die WTZ wurden 1964 bei den VVB eingerichtet. Mit ihrer Hilfe sollte die VVB eine „allseitige Entwicklung und Einführung des wissenschaftlich-technischen Fortschritts" in dem betreffenden Industriezweig erreichen. Die F.-Zentren gingen aus den F.-Einrichtungen in wichtigen Industriezweigen hervor, die 1969/70 für den Ausbau zu *Großforschungszentren* vorgesehen waren. Der in diesen Jahren stark propagierte Aufbau einer industriellen Groß-F. scheiterte jedoch schon bald aufgrund von finanziellen und organisatorischen Schwierigkeiten. Von den 16 Großforschungszentren, deren Aufbau bei struktur- und wachstumspolitisch bedeutsamen Kombinaten für 1970 geplant war, bestand für längere Zeit lediglich das „Großforschungszentrum der Werkzeugmaschinenindustrie im VVB Werkzeugmaschinen-Kombinat ‚Fritz Heckert', Karl-Marx-Stadt". Andere Einrichtungen, wie z. B. die F.-Stätten des VEB Petrolchemisches Kombinat, Schwedt, und des VEB Kombinat Robotron, Dresden, führten nur kurzfristig die Bezeichnung Großforschungszentrum. Seit 1972 wird einheitlich die Bezeichnung F.-Zentrum verwendet.

WTZ und F-Zentren ähneln sich hinsichtlich ihrer Aufgaben und der zentralen Stellung als Lenkungsinstitutionen für die F. und Entwicklung im Rahmen einer VVB oder eines Kombinates. Sie arbeiten nach den Prinzipien der wirtschaftlichen Rechnungsführung und unterstehen der Leitung des Generaldirektors der VVB bzw. des Kombinats. Ihre wichtigsten Aufgaben sind die Analyse des technischen Standes der Erzeugnisse und Verfahren im Industriezweig sowie die Ermittlung von Entwicklungstendenzen im Ausland; ferner die Ausarbeitung von Grundkonzeptionen für die Entwicklung der Erzeugnisse. Arbeitsgebiete der wissenschaftlich-technischen Institute sind – bezogen auf den jeweiligen Industriezweig – Probleme der Modernisierung, Mechanisierung, Automatisierung; die Entwicklung neuer technologischer Verfahren, neuer Werkstoffe; die wissenschaftliche Wirtschaftsführung der VVB, Kombinate und VEB; die Erforschung der Arbeitsbedingungen; die Erarbeitung „wissenschaftlich begründeter" Arbeitsnormen. Die wissenschaftlich-technischen Institute differieren in der Größe, in den typischen Arbeitsschwerpunkten und im Organisationsaufbau. F.-Zentren stellen in der Regel größere organisatorische Einheiten von Industriekombinaten mit jeweils mehreren hundert Mitarbeitern dar. Wichtige F.-Zentren bestehen bei den Kombinaten: VEB Leuna-Werke „Walter Ulbricht", Leuna; VEB Petrolchemisches Kombinat, Schwedt; VEB Kombinat Robotron, Radeberg bei Dresden; VEB Kombinat Luft- und Kältetechnik, Dresden; VEB Werkzeugmaschinen-Kombinat „Fritz Heckert", Karl-Marx-Stadt; VEB Kombinat Umformtechnik, Erfurt; VEB Werkzeugmaschinen-Kombinat „7. Oktober", Berlin (Ost).

Bei den WTZ lassen sich verschiedene Organisationsformen unterscheiden, unter denen zwei Formen dominieren: a) als VEB im Rahmen einer VVB und b) als selbständiges Institut unter der Anleitung ebenfalls einer VVB. Zur ersten Form zählen z. B. die VEB WTZ für Bau-, Baustoff- und Keramikmaschinen Leipzig, ferner die VEB WTZ Getriebe und Kupplungen, Magdeburg, sowie die VEB WTZ Kraftwerksanlagenbau, Berlin (Ost); sie gehören jeweils zu den gleichnamigen und am selben Ort ansässigen VVB.

Bekannte WTZ in der Institutsform sind: Institut für Lacke und Farben, Berlin (Ost) (VVB Lacke und Farben, Berlin [Ost]); Institut für Kraftwerke, Vetschau (VVB Kraftwerke, Cottbus); Institut für Fördertechnik, Leipzig (VVB Tagebauausrüstungen, Krane und Förderanlagen, Leipzig); Institut für Regelungstechnik, Berlin (Ost) (VVB Automatisierungsgeräte, Berlin [Ost]).

5. Zentrale Entwicklungs- und Konstruktionsbüros (ZEK): Ähnlich den Industriezweiginstituten und den Wissenschaftlich-technischen Instituten übernehmen auch die ZEK als überbetriebliche Einrichtungen F.- und Entwicklungsarbeiten. Sie sind in der Regel als VEB organisiert, unterstehen der Leitung einer VVB und arbeiten nach den Prinzipien der wirtschaftlichen Rechnungsführung. Die Hauptaufgabe der ZEK ist die Entwicklung neuer Erzeugnisse bis zur Nullserienreife. Kleinere Betriebe, die keine eigenen Büros für Entwicklung und Konstruktion einrichten können, erhalten zudem die Möglichkeit, die Produktion durch die Anfertigung der Konstruktionszeichnungen und Materialstücklisten technisch vorbereiten zu lassen. Weiterhin sind die ZEK an der Aufstellung der Pläne Wissenschaft und Technik, den Standardisierungsarbeiten und der Lenkung und

Koordinierung aller F.- und Entwicklungsaktivitäten der VVB beteiligt.

6. Wissenschaftliche Industriebetriebe (WIB): Seit 1963 errichtete neue oder durch Ausbau bisheriger Industriebetriebe entstandene Einrichtungen, deren Aufgabe es ist, Ergebnisse der Grundlagen- und Anwendungs-F. in die Produktion überzuleiten. Die WIB sind Entwicklungs- und Produktionsbetriebe zugleich. Sie stellen Apparate, Spezialgeräte und Maschinen her, die in anderen Betrieben zur Organisierung der Fertigung nach dem neuesten technischen Stand eingesetzt werden. Da die Erzeugnisse der WIB kurzfristig produktionswirksam sein sollen, werden von jedem Erzeugnistyp nur geringe Stückzahlen gefertigt.

WIB unterliegen den Prinzipien der wirtschaftlichen Rechnungsführung nur eingeschränkt, da sie Produkte herzustellen haben, deren Ergebnisse oft nicht vorausberechenbar sind. WIB übernehmen auch Teilfunktionen der WTZ.

7. Projektierungsbetriebe: Spezialbetriebe in Form von VEB, deren Aufgaben entweder darin bestehen, bautechnische Unterlagen für Investitionsvorhaben auszuarbeiten oder technologische Dokumentationen und Unterlagen (Projekte) dafür anzufertigen. Sie sind damit beauftragt, die auf dem jeweiligen Spezialgebiet anfallenden Projektierungsaufgaben durchzuführen bzw. verantwortlich zu lenken und zu überwachen. Projektierungsbetriebe sind in der Regel einer VVB oder einem Kombinat angeschlossen. Für die meisten Industriezweige bestehen zentrale Projektierungsbetriebe, die Zweigstellen unterhalten. Projektierungsbetriebe arbeiten nach den Prinzipien der wirtschaftlichen Rechnungsführung.

8. Betriebliche F.- und Entwicklungsstellen (F/E-Stellen): Während die vorgenannten Institute und Betriebe überbetriebliche F., Entwicklung und Projektion durchführen, konzentrieren sich die F/E-Stellen auf die Entwicklung neuer und verbesserter Erzeugnisse und Verfahren der eigenen Betriebe. Häufig verfügen die betrieblichen F/E-Stellen nur über wenig Personal und unzureichende apparative Ausrüstungen. Typisch war – zumindest in der Vergangenheit – eine thematische Zersplitterung, was zu den immer wieder kritisierten langen Entwicklungszeiten beitrug. So beschäftigten über die Hälfte der 1966 in der DDR insgesamt bestehenden 1 800 F/E-Stellen (einschließlich überbetrieblicher Einrichtungen) nur bis zu 10 Personen, 43 v. H. nur bis zu 5 Personen. Inzwischen ist die personelle und thematische Zersplitterung vor allem durch die Kombinatsbildungen von 1967 bis 1970 (Zusammenschluß von Produktionsbetrieben und parallel dazu von F/E-Stellen) eingeschränkt worden.

9. Sozialistische Arbeits- und F.-Gemeinschaften: Unter dieser Bezeichnung werden die Brigaden der sozialistischen Arbeit sowie die Neuerer-, Rationalisierungs- und Erfindergruppen in den Betrieben zusammengefaßt. Die letztgenannte Gruppe soll sich vorrangig auf die Lösung von Aufgaben auf dem Gebiete der F. und Entwicklung, der Konstruktion, der Betriebsorganisation und der Technologie konzentrieren. Hierbei wird eine „selbstlose, dem gemeinsamen Ziel untergeordnete Mitarbeit" von Beschäftigten verschiedener Arbeitsbereiche und Berufe in den Betrieben erwartet. Den Themen der Grundlagen- und angewandten F. widmen sich besondere F.-Gemeinschaften, die in der Regel aus Wissenschaftlern und erfahrenen Neuerern und Rationalisatoren zur Lösung einer sachlich und zeitlich begrenzten F.-Aufgabe gebildet werden. Ausgehend von der jeweiligen Zielstellung erfassen sie Mitarbeiter wissenschaftlicher Institute und eines oder mehrerer Betriebe. Aufgabenstellung, Art der Durchführung, Termine und Finanzierung werden durch den Abschluß von F.-Verträgen festgelegt.

III. Zentrale Planungs- und Leitungsinstanzen

Im Parteiprogramm der SED von 1963 wird auf die Notwendigkeit hingewiesen, die F., besonders die technisch-naturwissenschaftliche und die wirtschaftswissenschaftliche F., einheitlich zu leiten, um die Zersplitterung und isolierte Behandlung wichtiger F.-Themen zu beseitigen. Die Grundlagen-F. sei so zu entwickeln, daß ein „Vorlauf für die Technik und Produktion von morgen gewonnen wird". Die Planungs- und Leitungsinstanzen arbeiten auf der „Grundlage des Programms der SED, der Beschlüsse des ZK der SED, der Gesetze und Beschlüsse der Volkskammer, der Erlasse und Beschlüsse des Staatsrates sowie der Verordnungen und Beschlüsse des Ministerrates". Sie umfassen parteigebundene, staatliche und wissenschaftliche Institutionen. Im einzelnen ist die Kompetenzverteilung zwischen diesen Institutionen und die Art und Weise ihrer Zusammenarbeit immer wieder verändert worden. Bislang ist eine auch nur mittelfristig geltende Regelung des Aufbaus und der Abläufe innerhalb der F.-Organisation trotz intensiverer wissenschaftsorganisatorischer Bemühungen seit 1967 nicht gefunden worden. Institutionell ausgebaut und gesichert ist lediglich der Führungsanspruch der SED. Grundlegende Fragen wie die generelle thematische Ausrichtung der F., die Verwendung der Investitionsmittel für den Auf- und Ausbau von F.-Stätten, die Verteilung der Planungs- und Leitungskompetenzen auf die verschiedenen Institutionen (Ministerien, Akademien, Hochschulen, Institute und wissenschaftliche Beiräte) und die organisatorische Regelung der Überführung von wissenschaftlichen Resultaten in die wirtschaftliche und gesellschaftspolitische Praxis werden in den Führungsgremien der → **SED**, dem → **Politbüro** und dem → **Sekretariat des Zentralkomitees** entschieden. Vorbereitet werden die Entscheidungen in den Abteilungen „Wissenschaften" und „Forschung und technische Entwicklung" des zentralen Parteiapparates; sie kontrollieren auch die Durchführung der zentralen SED-Beschlüsse. Auf der Ebene der F.-Institute haben die dort gebildeten SED-Organisationen „das Recht der Kontrolle über die Tätigkeit der Betriebsleitungen" (§63 des 4. Statuts der SED von 1963). Die dem Zentralkomitee der SED unterstellten Parteihochschulen und -institute fungieren zugleich als Leiteinrichtungen für die wichtigsten gesellschaftswissenschaftlichen Disziplinen. Dazu gehören:

→ **Parteihochschule „Karl Marx"** (PHKM), Berlin (Ost); → **Institut für Gesellschaftswissenschaften** (IfG), Berlin (Ost); → **Institut für Marxismus-Leninismus** (IML), Berlin (Ost); → **Zentralinstitut für sozialistische Wirtschaftsführung** (ZSW), Berlin (Ost).

Forschungspolitische Funktionen werden im staatlichen Bereich vom → **Ministerium für Hoch- und Fachschulwesen**, das für eine koordinierte und umfassende Bildungspolitik des Ministerrats verantwortlich ist und unmittelbares Weisungsrecht gegenüber den Hochschulrektoren besitzt, und vom → **Ministerium für Wissenschaft und Technik** übernommen. Dieses Ministerium koordiniert vor allem die naturwissenschaftlich-technische Hochschul-F. Im Vordergrund steht dabei die Festlegung der schwerpunktartig zu bearbeitenden Themenbereiche der Grundlagen- und angewandten F. entsprechend den langfristigen wissenschafts- und wirtschaftspolitischen Zielsetzungen. Das Ministerium wurde 1967 im Zuge der generellen Aufwertung der Wissenschafts- und Bildungspolitik in der DDR durch Umwandlung des seit 1961 bestehenden Staatssekretariats für Forschung und Technik geschaffen.

Zum gleichen Zeitpunkt entstand, ebenfalls durch Umwandlung eines Staatssekretariats, das Ministerium für Hoch- und Fachschulwesen. Zum Wissenschafts- und Technikressort gehört das → **Zentralinstitut für Information und Dokumentation** (ZIID), das anleitende, koordinierende und kontrollierende Zentrum für das gesamte Informations- und Dokumentationswesen auf dem Gebiet der Wissenschaft und Technik. Es ist vor allem für die Gestaltung und Fortentwicklung des „Informationssystems Wissenschaft und Technik" zuständig.

Daneben gibt es eine Reihe weiterer Ministerien und Ämter mit eigenem Geschäftsbereich, die für die F. in ihren Ressorts verantwortlich sind. So ist das → **Ministerium für Volksbildung** zuständig für die pädagogische Wissenschaft, das → **Ministerium für Kultur** für Kultur- und Kunstwissenschaft, das → **Ministerium für Gesundheitswesen** für die medizinische Wissenschaft. Ressort-F. betreiben – ebenfalls in unterschiedlicher Form und Intensität – die Industrieministerien.

Zur sachverständigen Beratung bestehen bei einigen Ministerien wissenschaftliche Beiräte: z. B. beim Ministerium für Hoch- und Fachschulwesen der „Hoch- und Fachschulrat"; beim Ministerium für Gesundheitswesen der „Rat für Planung und Koordinierung der medizinischen F.".

Eine besondere Stellung nahm bisher der → **Forschungsrat** ein. Er setzt sich aus Wissenschaftlern, Technikern und Vertretern der Staats- und Wirtschaftsverwaltung zusammen. Der F.-Rat wurde 1957 als höchstes beratendes Gremium für die Planung und Koordinierung der naturwissenschaftlichen und technischen Forschung geschaffen. Er ist wie die Ministerien ein Organ des Ministerrats. Der F.-Rat erarbeitet Analysen und Prognosen zum Entwicklungsstand und zu den Entfaltungsmöglichkeiten der einzelnen Disziplinen. Seit 1966 nimmt der F.-Rat auch die Aufgaben des „Wissenschaftlichen Rates für die friedliche Anwendung der Atomenergie" wahr.

Zur Durchführung der dem F.-Rat übertragenen Arbeiten bedient er sich einer Vielfalt von Gremien. Die wichtigsten Gremien sind: die Kommissionen des F.-Rates, die → **Zentralen Arbeitskreise für Forschung und Technik** (ZAK), die Forschungsbereiche und Zentralinstitute der Akademie der Wissenschaften, der Bauakademie und der Akademie der Landwirtschaftswissenschaften und die Hauptproblem- und Problemkommissionen des Rates für Planung und Koordinierung der medizinischen Wissenschaft beim Ministerium für Gesundheitswesen. In einer vom Ministerrat und Minister für Wissenschaft und Technik erlassenen VO vom 7. 8. 1967 wird auf die Bedeutung der ZAK hingewiesen, die für volkswirtschaftlich wichtige Fachgebiete und Problemkomplexe Analysen und Prognosen zu erarbeiten, zu vervollkommnen, zu präzisieren und aus den Einschätzungen Folgerungen für die weitere Entwicklung der Volkswirtschaft abzuleiten haben. Die ZAK sollen von den Mitgliederorganisationen der → **Kammer der Technik** weitgehende Unterstützung erhalten. Eine solche Regelung soll gewährleisten, daß alle Probleme der wissenschaftlich-technischen Entwicklung von der Grundlagen-F. bis zur Produktion erfolgreich behandelt werden können. Durch die VO über die Leitung, Planung und Finanzierung der F. an der Akademie der Wissenschaften und an Universitäten und Hochschulen (GBl. II, Nr. 53, vom 16. 9. 1972) wird der AdW die Aufgabe übertragen, die Entscheidungsgrundlagen für die Partei- und Staatsführung über die Hauptrichtungen und Schwerpunkte der naturwissenschaftlichen F. vorzubereiten. Mit dieser Aufgabenverlagerung verlor der F.-Rat eine entscheidende Funktion. Damit sinkt zugleich seine allgemeine Bedeutung.

Auf gesamtstaatlicher Ebene ist die → **Staatliche Plankommission** (SPK) das wichtigste Organ des Ministerrats für die zusammenfassende Planung der wirtschaftlichen, wissenschaftlichen und technischen Entwicklung. In der Wissenschaftsplanung ist seit

1972 die Verbindlichkeit der zentralen Pläne –
Staatsplan Wissenschaft und Technik, Zentraler
F.-Plan für die Gesellschaftswissenschaften – erhöht
worden. Der laufende „Zentrale F.-Plan der marxistisch-leninistischen Gesellschaftswissenschaften
der DDR bis 1975" bestimmt die Grundrichtungen
der F. auf den Gebieten der „marxistisch-leninistischen Philosophie", der „politischen Ökonomie"
und des „wissenschaftlichen Kommunismus". Er
enthält ferner die Arbeitsschwerpunkte der Staats-
und Rechtswissenschaft, der historischen und pädagogischen Wissenschaften, der Kultur- und Kunst-
wissenschaften und der soziologischen F.

Unter den wissenschaftlichen Institutionen besitzt
die → **Akademie der Wissenschaften der DDR**
(AdW), Berlin (Ost), überragende Bedeutung. Sie
wirkte mit ihren Sektionen und Instituten bereits bis
zur Herausgabe der VO über die Leitung, Planung
und Finanzierung der Akademie-F. (GBl. II, Nr. 53,
vom 16. 9. 1972) maßgeblich an der Vorbereitung
vor allem der langfristigen F.-Politik mit. Diese Vorbereitung erfolgte z. T. parallel zu den Arbeiten des
F.-Rates, z. T. im Rahmen dieser Arbeiten. Der tatsächliche Kompetenzzuwachs erstreckt sich darauf,
daß die AdW gegenwärtig a) für die Vorbereitung
der forschungspolitischen Entscheidungsgrundlagen
der Partei- und Staatsführung zuständig ist, und
b) die wissenschaftliche Zusammenarbeit aller naturwissenschaftlichen F.-Stätten (Grundlagen-F.) sowohl innerhalb der DDR als auch mit den F.-Stätten
der Akademien der RGW-Mitgliedsländer zu organisieren und koordinieren hat. Im Zuge dieser Entwicklung intensivierte sich 1972 die Zusammenarbeit zwischen der AdW, den Hochschulen, den Instituten der Ressort- und Industrie-F. und ausländischen F.-Einrichtungen. Die Zusammenarbeit umfaßt den Austausch von Personal und Information,
gemeinschaftliche Nutzung der F.-Geräte und -Ap-
paraturen, gemeinsame F.-Projekte und internationale Arbeitsgemeinschaften.

Als Gremien zur fachspezifischen Vorbereitung von
F.-Entscheidungen und zur Koordinierung und Leitung der F. einiger Disziplinen und Fachgebiete be-
stehen verschiedene → **Wissenschaftliche Räte**;
z. B.: *Wissenschaftlicher Rat für soziologische For-
schung* (Vorsitzender: Prof. Dr. Rudi Weidig) beim
IfG;
*Wissenschaftlicher Rat für marxistisch-leninistische
Philosophie* (Vorsitzender: Prof. Dr. Erich Hahn)
beim IfG;
*Wissenschaftlicher Rat für wirtschaftswissenschaftli-
che Forschung* (Vorsitzender: Prof. Dr. Helmut Ko-
ziolek) bei der AdW;
Rat für Geschichtswissenschaft (Vorsitzender: Prof.
Dr. Ernst Diehl) beim IML;
Rat für staats- und rechtswissenschaftliche Forschung
(Vorsitzender: Prof. Dr. Gerhard Schüßler) bei der
Akademie für Staats- und Rechtswissenschaft;

Wissenschaftlicher Rat für Imperialismusforschung
(Vorsitzender: Prof. Dr. Werner Paff) beim Institut
für Internationale Politik und Wirtschaft.

IV. Forschungspolitik seit 1967

Die auf dem VII. SED-Parteitag 1967 erneut und
besonders nachdrücklich erhobene Forderung, Wissenschaft „zur Wirkung zu bringen", eröffnete eine
Phase erhöhter forschungspolitischer Aktivität der
SED- und Staatsführung. 1966 bestanden in der
DDR 1 800 F.- und Entwicklungsstellen mit 87 000
Beschäftigten. Die Zahl der F.-Themen belief sich
1965 auf ca. 17 300. Dahinter verbarg sich eine thematische und personelle Zersplitterung, die von der
SED-Führung scharf kritisiert wurde. Auch die lange Bearbeitungsdauer der F.-Themen forderte immer wieder die Kritik der Parteiführung heraus. Sie
forderte daher die Ausarbeitung einer exakten Konzeption der Schwerpunkte der F. und Lehre. Der
Wirkungssteigerung vor allem der naturwissenschaftlichen und technischen F. wurde unter verschiedenen Aspekten besondere Bedeutung zugemessen: den begrenzten F.-Möglichkeiten eines
kleineren Industriestaats (finanzielle, personelle und
materielle Möglichkeiten); der Konkurrenzsituation
auf den internationalen Märkten und dem Innovationstempo westlicher Industrieländer; der politischen und wissenschaftlichen Position der DDR innerhalb des RGW; der im Vergleich zur Bundesrepublik erheblich geringeren → **Arbeitsproduktivität**
in der Wirtschaft und der politischen Auseinandersetzung mit der Bundesrepublik bzw. der Auseinandersetzung zwischen „Sozialismus" und „Kapitalismus".

Der Wissenschaft und F. wurde die Funktion einer
„Produktivkraft", eines „dritten Faktors" (neben
den Produktionsfaktoren Arbeit und Kapital) zugewiesen. Das forschungspolitische Programm von
1967 bis 1971 verfolgte das anspruchsvolle Ziel, unter dem Slogan „Überholen, ohne einzuholen" einen
sprunghaften Fortschritt in Naturwissenschaft und
Technik zu erreichen, der ausreichen sollte, um auf
breiter Linie den Anschluß an das internationale Niveau („Weltniveau") herzustellen. Zu diesem
Zweck wurden sowohl die F.-Budgets erhöht als
auch das wissenschaftliche Personal verstärkt. Damit
parallel gingen eine engere Verflechtung von Industrie-F. und -produktion sowie eine stärkere Konzentration des F.-Potentials in den neugebildeten Industriekombinaten einher. Das Ziel war der Aufbau
der „sozialistischen Groß-F.".

Die Akademie der Wissenschaften entwickelte sich
im Zuge der Akademiereform aus einer Gelehrten-
gesellschaft mit zugeordneten F.-Einrichtungen zu
einer „F.-Gemeinschaft", die eng mit den Erfordernissen des sozialistischen Gesellschaftssystems verbunden sein soll. Verändert wurde auch das forschungspolitische Leitungssystem. Nunmehr wurde

größerer Wert gelegt auf eine systematische Entscheidungsvorbereitung, auf die Kontrolle der F.-Durchführung sowie eine Angleichung der Planungs- und Leitungsstrukturen der F. mit denen der Produktion. Thematisch wurde die F. stärker auf die wissenschaftliche Durchdringung der Produktion und die Entwicklung kostensparender hochproduktiver Technologien und Verfahren eingestellt. Die Hauptrichtungen der Grundlagen-F. sind im Gesetz über den Perspektivplan zur Entwicklung der Volkswirtschaft der DDR bis 1970 festgelegt worden. Schwerpunkte waren u. a. die F. auf dem Gebiet der Festkörperphysik und die Entwicklung hochwertiger Plaste, Elaste und Synthesefasern. Von der wirtschaftswissenschaftlichen F. wurde erwartet, daß sie gemeinsam mit der naturwissenschaftlich-technischen F. dazu beiträgt, die wissenschaftlichen Grundlagen für eine vorausschauende Strukturpolitik und die einzelnen Strukturentscheidungen zu erarbeiten.

Das Jahr 1971 markiert eine Tendenzwende in der F.-Politik der SED. Der VIII. Parteitag der SED (1971) und die Verabschiedung eines langfristigen Entwicklungsprogramms für die Zusammenarbeit der Mitgliedsländer der RGW („Komplexprogramm") lösten forschungspolitische Veränderungen aus. Entscheidend war, daß das Ziel des schnellen wissenschaftlichen und technischen Fortschritts nicht mehr ausschließlich durch isolierte Anstrengungen der DDR erreicht werden sollte. Die Aktivitäten richten sich seit 1971 vielmehr stärker darauf, die internationale Zusammenarbeit mit den am stärksten industrialisierten Ländern des RGW zu vertiefen und im Rahmen dieser Zusammenarbeit zu einer Arbeitsteilung auch in Wissenschaft und Technik zu gelangen. Damit im Zusammenhang steht erneut die Forderung nach Verzicht auf „schematische" Übernahme „kapitalistischer" F.-Ansätze und Lösungen. Im Gegensatz zu den Jahren vor dem VIII. Parteitag werden Grundlagen-F. und angewandte F. (einschließlich Entwicklung) jetzt deutlicher als gleichwertige Arbeitsbereiche anerkannt. Inhaltlich soll sich die naturwissenschaftliche Grundlagen-F. im Zeitraum 1971–1975 auf folgende Bereiche konzentrieren: Energieerzeugung, Nutzung der vorhandenen Ressourcen, Entwicklung neuer Werkstoffe, Probleme der Stoffwandlung, mathematische und kybernetische Lösungsverfahren und die Nutzbarmachung von Erkenntnissen biologischer F. Die noch nicht abgeschlossenen Vorbereitungen für die Planung der naturwissenschaftlich-technischen Grundlagen-F. in der Phase des Fünfjahrplans 1976–1980 sehen vor, daß für folgende Disziplinen Schwerpunktprogramme entwickelt werden sollen: Mathematik, Mechanik, Kybernetik und Informationsverarbeitung, Physik (einschl. Kern- und Werkstoff-F.), Chemie, Biowissenschaften, „Geo- und Kosmoswissenschaften" und ingenieurwissenschaftliche Grundlagenbereiche. Übereinstimmend wird die Überführung von F.-Resultaten in die industrielle Fertigung als die traditionell schwächste Stelle in der Kette: Grundlagen-F. – angewandte F.-Entwicklung – Produktion, angesehen. In allen F.-Bereichen – auch in der Grundlagen-F. – wird deshalb starkes Gewicht auf eine wirksamere Organisation der Überleitungsprozesse gelegt, da hier erhebliche Produktivitätsreserven vermutet werden.

Forschungsgemeinschaft: → Forschung.

Forschungsrat der DDR: Nach der Auflösung des Zentralamtes für Forschung und Technik bei der Staatlichen Plankommission konstituierte er sich 1957 zunächst als Beirat für naturwiss.-technische Forschung und Entwicklung beim Ministerrat und erhielt am 7. 1. 1965 ein Statut. Der F. ist ein zentrales Organ des → **Ministerrates** für Fragen der naturwissenschaftlich-technischen Forschung, das seit dem 1. 9. 1966 auch die Aufgaben des Wissenschaftlichen Rates für die friedliche Anwendung der → **Atomenergie** wahrnimmt. Der F. besteht aus dem Präsidium (oberstes Leitungsgremium), dem Vorstand, den Gruppen mit den ihnen zugeordneten Zentralen Arbeitskreisen für Forschung und Technik (ZAK). Kennzeichnend ist eine enge Verflechtung mit dem → **Ministerium für Wissenschaft und Technik** (bis 1967 Staatssekretariat für Forschung und Technik). Bis 1972 war der F. höchstes Lenkungs- und Konsultationsgremium des Ministerrats für Naturwissenschaft und Technik. Gegenwärtig ist in erster Linie die → **Akademie der Wissenschaften der DDR** damit beauftragt, die notwendigen Entscheidungsgrundlagen für die Partei- und Staatsführung über die Hauptrichtungen und Schwerpunkte der naturwissenschaftlichen Forschung vorzubereiten. → **Forschung; Planung.**

Forschungsverband Seewirtschaft: Organ zur Forschung für Seeverkehr und Hafenwirtschaft innerhalb des → **Kombinats Seeverkehr und Hafenwirtschaft – Deutfracht / Seereederei.**
Hauptsächliche Aufgabenbereiche: → **Standardisierung** der Schiffstypen; Technische Entwicklung der Schiffe; Entwicklung des Instandhaltungsbedarfs der Schiffe, einer „planmäßig vorbeugenden Instandhaltung" unter Berücksichtigung der zunehmenden → **Automatisierung** und damit verbundener Besatzungsreduzierung; Errichtung eines einheitlichen Informationssystems Wissenschaft und Technik der Seewirtschaft der DDR mit dem Ziel: Sicherung der optimalen Einsatzbereitschaft der Flotte; optimale Nutzungsdauer der Schiffe sowie Hafen- und Werftanlagen; Rationalisierung der Arbeitsvorgänge, um Kosten- und Arbeitsaufwand zu senken.

Forschungszentren: → Forschung.

Forstwirtschaft: Die F. in der DDR umfaßt die Anlage, Unterhaltung, Pflege und Nutzung der Waldbestände. Künftig soll auch die vorausplanende Eingrünung neu zu errichtender Wohngebiete zu den Aufgaben der F. gehören. Mittelbarer Nutzen ergibt sich aus dem landeskulturellen Wert der F. (Wasserhaushalt, Klimaregulierung, Erholungsfunktion etc.).

1. Produktionsgrundlagen und -ziele. Die Forstwirtschaftliche Nutzfläche (FN) der DDR umfaßte 1973 ca. 2,95 Mill. ha bzw. 27,3 v. H. des Staatsgebietes. Die Verteilung über das Gebiet der DDR ist ungleichmäßig. Den geringsten Waldanteil weisen die Bezirke Leipzig (14 v. H.), Rostock (16 v. H.) und Halle (19 v. H.) auf. Die waldreichsten Bezirke mit mehr als 30 v. H. Waldanteil sind Karl-Marx-Stadt, Potsdam, Frankfurt/O., Gera, Cottbus (40 v. H.) und Suhl (49 v. H.).

1972 zeigte der Waldbestand der DDR folgende Zusammensetzung der Holzarten:

Kiefer	54 v. H.
Fichten	21 v. H.
Sonstiges Nadelholz	1 v. H.
Buchen	8 v. H.
Sonstiges Weich-Laubholz	5 v. H.
Eichen	5 v. H.
Sonstiges Hart-Laubholz	6 v. H.

Das Altersklassenverhältnis des Waldbestandes ist als Folge der Übernutzung während und nach dem II. Weltkrieg stark gestört. Die ungünstige Altersstruktur wird durch die hohen Zuwachsraten des umfangreichen Nadelwaldes zunehmend ausgeglichen. Holzeinschlag und Rohholzaufkommen der DDR entwickelten sich wie folgt:

Jahr	Gesamtholz-aufkommen	Einschlag	Einfuhr	Ausfuhr
		in Mill. Festmeter ohne Rinde		
1950	14,0	13,9	0,1	–
1960	10,5	8,4	2,4	0,3
1965	10,0	6,5	3,8	0,3
1970	8,3	7,4	1,0	0,1
1972	8,8	7.9	1,0	0,1

Quelle: Statistisches Jahrbuch der DDR 1974, S. 232.

Der Brennholzanteil am Gesamteinschlag schwankt seit 1960 zwischen 8,3 und 12,0 v. H.

Durch rigorose Senkung des Hiebsatzes, Importsteigerung und die Substitution von Holz durch Kunststoffe wurde zwischen 1960 und 1970 das Verhältnis von Holzzuwachs und Holzverbrauch wesentlich verbessert, so daß sich der Holzbestand zwischen 1966 und 1972 von 124 auf 150 Vorratsfestmeter (Vfm) je ha FN erhöhte. Nach den Zielen des Fünfjahrplanes 1971/1975 soll der Hiebsatz bis 1975 auf 8,3–8,4 Mill. fm angehoben werden. Dies entspricht einem Abnutzungssatz von ca. 2,85 fm/ha FN.

Weitere Produkte der F. sind Holzkohle (Stahlmeiler), Eichengerb- bzw. Fichtenschälrinde und Harze.

Hauptziele der F. sind die Steigerung der Holzproduktion und der Arbeitsproduktivität. Zur Erhöhung der Holzproduktion gehören neben der bereits erwähnten Holzartenwahl, deren Einseitigkeit vielfach zum Aufbau forstwirtschaftlicher Monokulturen geführt hat,

Jahr	Rinden-gewinnung	Harzgewinnung in 1 000 t
1950	24,6	4,1
1960	15,9	15,4
1970	2,4	12,8
1972	1,8	13,3

Quelle: Statistisches Jahrbuch der DDR 1974, S. 232.

Maßnahmen zur Verbesserung des ökologisch-standörtlichen Potentials, insbesondere durch Düngung und Melioration der Waldböden. Im einzelnen wurden zur Steigerung der Holzproduktion bzw. zur Bestandspflege folgende Maßnahmen ergriffen:

Kulturmaßnahmen	1969	1973
	auf ha FN	
Saat und Pflanzung,		
Aufforstung, Vorarbeiten	23 217	19 800
Unterbau	266	193
Kulturpflege	96 522	82 062
Jungwuchspflege	76 161	68 702
Düngung gesamt	21 992	42 075
Düngung durch Flugzeuge	20 100 '	35 138

Quelle: Statistisches Jahrbuch der DDR 1974, S. 233.

Die Düngung soll weiter ausgedehnt werden, mit dem Ziel, einen jährlichen Mehrzuwachs von 3 Mill. fm zu erreichen. Die Forstbaumschulen in der DDR nehmen ca. 1 000 ha. Fläche ein.

Zur Steigerung der Arbeitsproduktivität und zur besseren Auslastung der kostenaufwendigen Technik wird seit Anfang der 60er Jahre eine enge Zusammenarbeit benachbarter F.-Betriebe angestrebt.

2. Die Besitzstruktur. Bei Kriegsende befanden sich von 2,97 Mill ha FN 37,7 v. H. in Staatsbesitz, 13,8 v. H. waren Eigentum von Körperschaften (Gemeinden, Genossenschaften, Kirchen) und 48,5 v. H. befanden sich in Privatbesitz. Im Zuge der Bodenreform verfielen insbesondere die Waldflächen der land- und forstwirtschaftlichen Großbetriebe mit mehr als 100 ha Nutzfläche und ein Teil der Körperschaftsforsten dem Staatlichen Bodenfonds. Von ca. 1 Mill. ha FN dieses Fonds wurden 600 000 ha zusammen mit anderen Forstflächen in Staatseigentum überführt. 1972 umfaßten die Staatsforsten insgesamt 66 v. H., während sich 29 v. H. im Eigentum der Genossenschaftsbauern befanden. Etwa 4 v. H. der Waldfläche sind Eigentum von Privatpersonen. Der Anteil des Kirchenwaldes beträgt weniger als 1 v. H. Abgesehen vom Kirchenwald unterliegt die Nutzung sämtlicher Forstflächen, unabhängig von der Eigentumsform, der Leitung und Aufsicht der staatlichen Forstbehörden.

3. Die staatliche Forstorganisation. Aufgrund des hohen Anteils der Staatsforsten an der Gesamtwaldfläche sind die Forstdienststellen der DDR nicht nur staatliche Organe zur Leitung und Planung der forstwirtschaftlichen Produktion, sondern zugleich auch Produktionsbetriebe.

Das → **Staatliche Komitee für Forstwirtschaft** (SKF) ist

als Organ des → **Ministeriums für Land-, Forst- und Nahrungsgüterwirtschaft** (MfLFN) die zentrale Institution zur Leitung, Planung, Entwicklung und Finanzierung der F. und der forstwirtschaftlichen Produktion. Der Leiter des SKF trägt die Bezeichnung Generalforstmeister und ist Stellvertreter des Ministers (sein Stellvertreter im SKF hat den Rang eines Oberst-Landforstmeisters). Entsprechend seiner doppelten Aufgabe bestehen beim SKF – neben der Inspektion für → **Jagd** und → **Naturschutz** – die Abteilung Planung und Ökonomik und die Abteilung Produktion. Das SKF leitet die VVB F., koordiniert die forstwirtschaftliche Tätigkeit mit den angrenzenden Bereichen der Volkswirtschaft (Leichtindustrie, Landwirtschaft, Wasserwirtschaft) und legt die ökonomischen und technischen Plankennziffern fest.

Als nachgeordnete Organe des SKF bestehen z. Z. fünf VVB F., die durch je einen Oberlandforstmeister (Generaldirektor) geleitet werden. Ihre Aufgabe besteht in der Anleitung und Kontrolle der ihnen unterstellten staatlichen F.-Betriebe. Die Abgrenzung der Verwaltungseinheiten orientiert sich an der naturräumlichen Gliederung der DDR und ist unabhängig von den Bezirksgrenzen. Im Tiefland arbeitet im Norden die VVB F. Waren/Müritz, im Mittelbereich die VVB F. Potsdam und im Süden die VVB F. Cottbus. Die Waldgebiete der Mittelgebirge werden verwaltet durch die VVB F. Karl-Marx-Stadt (Erzgebirge, Elbsandsteingebirge mit angrenzendem Hügelland) und die VVB F. Suhl (Harz, Thüringer Wald mit angrenzendem Hügelland).

Im Jahr 1969 zeigten die VVB F. folgende Flächen- und Organisationsstruktur:

VVB	Holzbodenfläche (1 000 ha)		Forstwirtschaftsbetriebe	
	Staatsforst	Betreuungswald	Anzahl	mittlere Größe in 1000 ha
Waren/Müritz	424	224	19	34,1
Potsdam	392	313	20	35,2
Cottbus	274	235	14	36,4
Karl-Marx-Stadt	258	156	13	31,8
Suhl	369	113	20	24,1

Die Staatlichen F.-Betriebe (StFB.) sind juristisch selbständige Betriebe und werden nach dem Prinzip der Einzelleitung durch einen Oberforstmeister (Direktor) geleitet. Der StFB. gliedert sich in die Produktionsabteilung, die ökonomische Abteilung (Ein- und Verkauf) und die Abteilung Rechnungswesen. Als Folge der intensiven Zusammenarbeit benachbarter F.-Betriebe hat deren Anzahl von ursprünglich 108 (1953) auf 77 (1974) abgenommen. Die von den StFB. betreute Fläche schwankt entsprechend den Standortverhältnissen und den Baumbeständen zwischen 20 und 60000 ha Waldfläche.

Die Aufgaben der StFB. sind die planmäßige Nutzung der Staatsforsten bzw. – aufgrund von Betreuungsverträgen – des LPG- und Privatwaldes. Der Produktionsleiter des StFB. ist stellvertretender Direktor und leitet die operative Arbeit über die Oberförstereien und die

ihm angeschlossenen Revierförstereien. Das Territorium der StFB. gliedert sich in jeweils 4–8 Oberförstereien, die durch Oberförster (Diplomforstingenieure) geleitet werden und jeweils 6–10 Revierförstereien (Größe je 1 000 ha, Leitung durch Revierförster bzw. Forstingenieure) umfassen. Insgesamt waren 1973 in der Staatlichen F. 37987 ständig Berufstätige beschäftigt.

4. LPG- und Privatwald. Das Musterstatut für die LPG des Types III schreibt zwingend die Einbringung der Waldflächen in die Produktionsgenossenschaften vor. Die waldbesitzenden → **Genossenschaftsbauern** der LPG-Typen I/II konnten grundsätzlich ihre Waldflächen unter staatlicher Aufsicht selbst bewirtschaften (→ **Landwirtschaftliche Betriebsformen, LPG**). Die seit 1960 zu beobachtende Überführung der LPG-Typen I/II in den Typ III, die bis 1975 abgeschlossen werden sollte (→ **Agrarpolitik**), hat zur Folge, daß die ursprünglich im Eigentum von Privatbauern befindlichen Waldflächen (ca. 857 500 ha FN) vollständig in die Nutzung der LPG übergehen. (Der Kollektivierungsgrad betrug 1967 ca. 68 v. H., 1971 ca. 85 v. H.)

Unter Hinweis auf den Ertragsrückstand des Genossenschafts- und Privatwaldes gegenüber dem Staatsforsten soll den LPG und den privaten Waldbesitzern das Verfügungs- und Nutzungsrecht entzogen werden. Hierzu werden einerseits Zwischengenossenschaftliche Einrichtungen Waldwirtschaft (ZEW) gegründet und andererseits die Bewirtschaftung sämtlicher Waldflächen der Aufsicht und Kontrolle durch die StFB. unterworfen. Zur Gründung der ZEW erging am 6. 7. 1966 eine ,,Anordnung über die Bildung und das Musterstatut für Zwischengenossenschaftliche Einrichtungen Waldwirtschaft" (GBl. II, Nr. 78, S. 487). Arbeitsweise und Organe entsprechen den Spezialgenossenschaften mit Dienstleistungscharakter (→ **Landwirtschaftliche Betriebsformen**). Entsprechend dieser Anordnung können die LPG ihre Waldflächen in die ZEW zur gemeinsamen Bewirtschaftung einbringen oder die Bewirtschaftung der Flächen durch die ZEW gegen Kostenerstattung durchführen lassen. Grundsätzlich sollen sich auch LPG der Typen I/II an den ZEW beteiligen. Waldbesitzern, die nicht Mitglieder einer LPG sind, können über die Bewirtschaftung ihrer Flächen mit den ZEW Verträge abschließen, sofern diese Aufgabe nicht durch staatliche Organe (StFB) zu sichern ist. Diesen Waldbesitzern ist es zwar möglich, in den forstwirtschaftlichen Arbeitsbrigaden mitzuarbeiten, sie können jedoch nicht Mitglieder der ZEW werden. Die Anzahl der ZEW stieg von 25 im Jahre 1965 auf 494 im Jahre 1973, die Anzahl der ständig Berufstätigen im gleichen Zeitraum von 181 auf 4 041 an. Hierzu war bereits am 27. 1. 1966 eine AO über die Bewirtschaftung des Genossenschafts- und Privatwaldes ergangen (GBl., Nr. 30, S. 101; hierzu Anpassungsverordnung vom 13. 6. 1968, GBl. II, Nr. 62, S. 363; hierzu auch Neufassung von Regelungen über Rechtsmittel gegen Entscheidungen staatlicher Organe im Bereich der Landwirtschaft und Nahrungsgüterwirtschaft vom 13. 8. 1971, GBl. II, Nr. 66, S. 574).

Die Bewirtschaftung der genossenschaftlichen Forstflächen soll einer Richtlinie des MfLFN zufolge künftig über Kooperationsverträge zwischen LPG bzw. ZEW einerseits und StFB. andererseits noch enger an die StFB. gebunden werden (Richtlinie über Planung und Abrechnung der Waldwirtschaft in LPG vom 2. 8. 1972, VuM des Rates für landwirtschaftliche Produktion und Nahrungsgüterwirtschaft, Nr. 10, S. 124). Ähnlich wie in der Landwirtschaft führt die Entwicklung forstwirtschaftlicher Großmaschinen, mit denen die StFB. sowohl die Staatsforsten als auch die Wälder der LPG und ZEW bewirtschaften, und die damit verbundene Großflächenbewirtschaftung zu einer verstärkten Verflechtung des Genossenschaftswaldes mit den Staatsforsten.

5. *Kooperation Forstwirtschaft – Holzwirtschaft.* Die Trennung der Waldwirtschaft von der Landwirtschaft wird begleitet durch enge Beziehungen zwischen F. und Holzwirtschaft. Kennzeichen dieser Entwicklung sind der Zusammenschluß mehrerer StFB. und ihrer Einrichtungen (Holzausformungsplätze) zu Kooperationsgemeinschaften und die Einrichtung von Kooperationsverbänden zwischen F.-Betrieben und der Holzbearbeitungsindustrie. Ziel dieser Entwicklung ist die Senkung der Brennholzanteile durch Verarbeitung der Abfälle zu Holzspan- und Hartfaserplatten sowie die Senkung der Be- und Verarbeitungskosten durch verstärkte Mechanisierung. In Einzelfällen erstrecken sich die Produktionsketten bereits vom Holzeinschlag bis zum fertigen Möbelstück. Gleichzeitig zeichnet sich als Pendant zur Land- und Nahrungsgüterwirtschaft bzw. zum → **Agrar-Industrie-Komplex** die Herausbildung eines Forst-Industrie-Komplexes ab, in dem die Betriebe der Holzerzeugung (StFB. einschließlich der Betreuungsflächen) und die Betriebe der holzverarbeitenden Industrie zusammengeschlossen sind.

Unabhängig von der Holzerzeugung und -verarbeitung wurde der F. Ende 1973 auf dem 10. Plenum des ZK der SED die Aufgabe gestellt, künftig bei der Planung neuer Wohngebiete (durch frühzeitige Anpflanzungen von Bäumen und Sträuchern bzw. Einbeziehung bestehender Waldflächen) mitzuwirken. Erste Erfahrungen auf diesem Gebiet wurden bei der Errichtung von Halle-Neustadt gesammelt.

6. *Forstwirtschaftliche Ausbildung, Forschung und Entwicklung.* Die 37 987 ständig in der volkseigenen F. Berufstätigen wiesen 1973 folgenden Qualifikationsstand auf:

Hochschulabschluß	959 Berufstätige =	2,5 v. H.
Fachschulabschluß	3 858 Berufstätige =	10,2 v. H.
Meisterprüfung	533 Berufstätige =	1,4 v. H.
Facharbeiterprüfung	26 189 Berufstätige =	68,9 v. H.
ohne Qualifikation	6 448 Berufstätige =	17,0 v. H.

Quelle: Statistisches Jahrbuch der DDR 1974, S. 203.

Während die Ausbildung zum Facharbeiter weitgehend der **landwirtschaftlichen** → **Berufsausbildung** entspricht, weisen das Fach- und Hochschulstudium einige Besonderheiten auf.

Das Universitätsstudium muß – nach Schließung der forstwirtschaftlichen Fakultät in Eberswalde – aus-

schließlich an der Sektion F. der TU Dresden in Tharandt absolviert werden. Es umfaßt 9 Semester, von denen das erste und letzte Semester als Praktikum gestaltet sind. Die abgelegte Diplomprüfung berechtigt zum Tragen des Titels „Diplom-Forstingenieur".

Die Ausbildung von Forstingenieuren erfolgt an den Ingenieurschulen für F. Schwarzburg in Thüringen, Rabensteinfeld in Mecklenburg und Ballenstedt/Harz.

Die Ingenieurschulen unterstehen dem SFK und führen neben dem Ingenieurstudium auch Meister- und Facharbeiterkurse durch. Das Ingenieurstudium umfaßt die theoretische Ausbildung (1.–4. Semester) und die praktische Ausbildung (5.–6. Semester), in der die Abschlußarbeit zu erstellen ist.

Möglichkeiten zum Fernstudium und zum Frauensonderstudium bestehen an der Forstingenieurschule Ballenstedt. (Titel: „Ökonom der Forstwirtschaft", nur für den Innendienst.)

Die forstwirtschaftliche Forschung und Entwicklung werden in folgenden Einrichtungen betrieben: Institut für Forstwissenschaften der → **AdL** in Eberswalde. Forschungsbereich Forstpflanzenzüchtung der AdL in Graupa, Sektion der TU Dresden in Tharandt.

Darüber hinaus bestehen beim SFK die Zentralstelle für forsttechnische Prüfung, die Koordinierungsstelle für Rationalisierung und der VEB Forstprojektierung in Potsdam.

Wesentliche Ziele der Forschungstätigkeit sind: Züchtung von Laub- und Nadelholzarten mit maximalen Zuwachsleistungen und hoher Widerstandsfähigkeit gegen negative Umwelteinflüsse, Entwicklung chemischer und biologischer Pflanzenschutzmittel, Entwicklung von Düngemitteln, Mechanisierung der Produktionsprozesse, optimale Rohholzverwertung, Sicherung der landwirtschaftlichen Funktionen des Waldes.

Eine Lösung dieser Probleme wird auch im Rahmen des → **RGW-**Komplexprogrammes unter Beteiligung aller RGW-Staaten angestrebt.

Fotoindustrie: → **Feinmechanische und Optische Industrie.**

FPG: Abk. für Fischereiproduktionsgenossenschaften in der See- und Küstenfischerei. → **Fischwirtschaft.**

Fraktionsbildung: Im Gegensatz zum Sprachgebrauch in der Bundesrepublik Deutschland, wo als „Fraktion" alle dem Bundestag angehörenden Abgeordneten einer bestimmten Partei bezeichnet werden, steht F. im Marxismus-Leninismus für die Bildung von Meinungen und Gruppen innerhalb der jeweiligen Monopolpartei. Fraktionen sind Gruppierungen im Rahmen der herrschenden Partei, die die offizielle Linie nicht anerkennen und (vor allem in den Führungsgremien) Parteigänger für → **Abweichungen** umfassen. In der SED haben 1953 (Zaisser-Herrnstadt-Fraktion) und 1956/57 (Schirdewan-Wollweber-Oelßner-Fraktion) derartige F. eine wirkliche – oder, gemäß der Behauptung der erfolgreich gebliebenen Ulbricht-Gruppe, eine „gewisse" – Rolle gespielt. → **Opposition und Widerstand; demokratischer Zentralismus; Parteidisziplin.**

Frauen

Gleichberechtigung der Frau – Frauenpolitik – Frauenarbeit – Frau in Bevölkerung, Wirtschaft und öffentlichem Leben

Seit ihrer Gründung hat sich die SED die traditionelle marxistisch-leninistische Auffassung zu eigen gemacht, die Emanzipation der F. sei „ausschließlich das Werk der Emanzipation der Arbeit vom Kapital" und deshalb nur in der sozialistischen Gesellschaft möglich, wie umgekehrt der Aufbau einer sozialistischen Gesellschaftsordnung die Gleichberechtigung der F. als unerläßliche Voraussetzung bedinge.

I. Gleichberechtigung der Frau

Entsprechend der marxistisch-leninistischen Lehre vertritt die SED die Ansicht, die Grundlage einer „wahrhaften" Gleichberechtigung der F. sei ihre ökonomische Unabhängigkeit vom Mann, die sie sich durch ihre Teilnahme am gesellschaftlichen Produktionsprozeß sichere. Die Verwirklichung der gesellschaftlichen Gleichberechtigung der F. in der DDR basiert somit auf ihrer umfassenden Einbeziehung in das Wirtschaftsleben. Weibliche Berufstätigkeit ist allerdings nicht nur eine politisch-ideologisch zu motivierende Notwendigkeit, sondern aufgrund des permanenten Arbeitskräftemangels in der DDR zugleich von eminent ökonomischer Bedeutung (volkswirtschaftlich ungünstige Bevölkerungsstruktur mit erheblichem F.-Überschuß und hohem Rentneranteil). Doch auch dieser Aspekt wird von der SED auf den Emanzipationsgedanken zurückgeführt und ideologisch verankert; indem nämlich die berufstätigen F. um ökonomische Erfolge in der Produktion rängen, stärkten sie „ihren" sozialistischen Staat, der allein ihre wirkliche Gleichberechtigung garantieren könne.

Neben diesen politisch-ideologischen und wirtschaftlich-pragmatischen Elementen umfaßt der Emanzipationsgedanke der SED auch erzieherische Aspekte. Denn ihr Arbeitsbegriff enthält den Gedanken der Selbstverwirklichung des Menschen, seiner Entfaltung durch und im Prozeß der Arbeit. Diese Theorie wird auch auf die F., ihre Emanzipation und Persönlichkeitsentfaltung angewendet: Nur durch die Berufstätigkeit, insbesondere im sozialistischen Kollektiv arbeitender Menschen, könne sie zur maximalen Entwicklung ihrer Persönlichkeit, zu **sozialistischem** → **Bewußtsein** und zur vollen Gleichberechtigung gelangen.

In Übereinstimmung mit diesen ideologischen Grundmaximen ist die Gleichberechtigung der F. – was die formal-juristische Seite anbelangt – in der DDR umfassend verwirklicht. Durch die → **Verfassung** von 1949 wurde die volle rechtliche, ökonomische und politische Gleichstellung der F., ihre Gleichberechtigung auf allen Gebieten des öffentlichen und privaten Lebens – insbesondere im Arbeits- und Familienrecht – prinzipiell und ohne Einschränkungen gesichert, sowie alle der Gleichberechtigung der F. entgegenstehenden oder sie beeinträchtigenden gesetzlichen Bestimmungen aufgehoben. In allen nachfolgenden einschlägigen Gesetzeswerken wurde das Prinzip der Gleichberechtigung der F. verankert bzw. noch weiterentwickelt. So nimmt Art. 20 Abs. 2 der Verfassung von 1968 die bereits in Art. 7 Abs. 1 der 1. Verfassung der DDR enthaltene Bestimmung über die Gleichberechtigung der F. in erweiterter Form auf: „Mann und Frau sind gleichberechtigt und haben die gleiche Rechtsstellung in allen Bereichen des gesellschaftlichen, staatlichen und persönlichen Lebens. Die Förderung der Frau, besonders in der beruflichen Qualifizierung, ist eine gesellschaftliche und staatliche Aufgabe."

II. Frauenpolitik

Wurde die Verwirklichung der Gleichberechtigung der F. in der DDR in den Jahren des Aufbaus des Sozialismus vor allem unter dem Aspekt ihrer zahlenmäßigen Teilnahme am Produktionsprozeß gesehen und die Gewinnung möglichst vieler weiblicher Arbeitskräfte für die Volkswirtschaft angestrebt, so hat sich mit Beginn der 60er Jahre der Akzent auf die Probleme der beruflichen Qualifikation der F., ihrer Stellung im Produktionsprozeß und ihres beruflichen Aufstiegs verlagert. Nicht zuletzt aus gesellschaftspolitisch-pragmatischen und ökonomischen Notwendigkeiten sollen die F. befähigt werden, einen den Männern gleichwertigen Platz in der zunehmend technisierten Produktion einnehmen zu können, der allein – so die gegenüber der ursprünglichen marxistisch-leninistischen Gleichberechtigungsideologie modifizierte Auffassung der SED – ihre gleichberechtigte Stellung in der sozialistischen Gesellschaft garantiert. Danach bestimmt die von den F. eingenommene berufliche Stellung den Grad ihrer Befreiung und Gleichberechtigung, den Grad ihrer wirtschaftlichen und gesellschaftlichen Integration. Unter den Verlautbarungen und gesetzlichen Bestimmungen zur F.-Politik der SED, die diese Akzentverschiebung widerspiegeln, kommt dem Kommuniqué des Politbüros des ZK der SED vom 23. 12. 1961 „Die Frau – der Frieden und der Sozialismus" zentrale Bedeutung zu. Auf Veranlassung der F.-Kommission beim → **Politbüro** entstanden, kritisierte das sogenannte „F.-Kommuniqué" die unzureichende Durchsetzung der Forderungen der SED hinsichtlich der Rolle und Stellung der F. in der Gesellschaft. Die veränderten wirtschaftlichen und politischen Notwendigkeiten und Bedingungen berücksichtigend, präzisierte es die Verantwortung der Leitungen von Partei und Massenorganisationen, der Staats- und Wirtschaftsorgane für die Förderung der F., die gezielte Hebung ihres Qualifikationsniveaus, ihre verstärkte Gewinnung für naturwissen-schaftlich-technische Berufe und für Leitungsfunktionen.

Die normierende Wirkung des F.-Kommuniqués kommt vor allem in den Bereichen Familie, Arbeit und Bildung zum Ausdruck.

A. Familiengesetzbuch

Das Familiengesetzbuch vom 20. 12. 1965 (GBl. I,. 1966, S. 1) fixiert nicht nur die Gleichstellung der F. in Ehe und Familie, indem es alle Angelegenheiten des gemeinsamen Lebens – Erziehung und Pflege der Kinder, Führung des Haushalts, materielle Aufwendungen für Haushalt und Familie – zu Rechten und Pflichten beider Ehegatten erklärt, sondern auch das Recht der F. auf Ausübung bzw. Aufnahme einer beruflichen Tätigkeit. Es verpflichtet zudem die Ehegatten zu „kameradschaftlicher Rücksichtnahme und Hilfe", wenn sich der andere Ehegatte zur Teilnahme an weiterbildenden Maßnahmen oder zur Leistung gesellschaftlicher Arbeit entschließt (→ **Familienrecht**).

B. Gesetzbuch der Arbeit

Der bereits im Befehl Nr. 253 der → **SMAD** aufgestellte und im Gesetz der Arbeit vom 19. 4. 1950 (GBl., S. 349) wiederholte Grundsatz „gleicher Lohn für gleiche Arbeit" wurde mit weiteren Bestimmungen des Arbeitsgesetzes sowie des Gesetzes über den Mutter- und Kinderschutz und die Rechte der F. vom 27. 9. 1950 (GBl., S. 1037) im → **Gesetzbuch der Arbeit** (GBA) vom 12. 4. 1961 (GBl. I, S. 27) zusammengefaßt. Die Bestimmungen beziehen sich u. a. auf die Schaffung der äußeren Voraussetzungen für die Teilnahme der F. am Produktionsprozeß. Dazu zählen die Einrichtung von Kinderkrippen, -gärten und -horten, von betrieblichen Verkaufsstellen, Wäschereien und anderen Dienstleistungen. Sie betreffen weiterhin arbeitszeitliche Sonderregelungen und Kündigungsschutz für Schwangere und stillende Mütter (Verbot von Überstunden und Nachtarbeit, Schwangerschafts- und Wochenurlaub von 6 bzw. 8 – seit 1972 12 – Wochen, Stillpausen während der Arbeitszeit, Kündigungsverbot bis zum Ablauf des sechsten Monats nach der Entbindung; → **Mutterschutz**) und Gewährung von Hausarbeitstagen unter bestimmten Voraussetzungen für vollbeschäftigte F. Ferner sollen besondere Maßnahmen zum F.-Arbeitsschutz, wie Verbot von schweren und gesundheitsgefährdenden Arbeiten, sowie eine entsprechende technisch-organisatorische Gestaltung der Arbeitsplätze den Einsatz der F. in einem weiten, auch nichttypischen F.-Berufe umfassenden Tätigkeitsbereich ermöglichen. In von den Betriebsleitern in Zusammenarbeit mit den betrieblichen Gewerkschaftsleitungen (BGL) als Bestandteil der → **Betriebskollektivverträge** (BKV) aufzustellenden F.-Förderungsplänen sind außerdem detaillierte Weiterbil-

dungsmaßnahmen für die weiblichen Beschäftigten festzulegen.

Als Maßnahme zur praktischen Durchsetzung der Gleichberechtigung der F. auf betrieblicher Ebene wurden auf Beschluß des Politbüros des ZK der SED vom 8. 1. 1952 in den Betrieben der Industrie, den volkseigenen Betrieben der Land- und Forstwirtschaft, in staatlichen Verwaltungen, Hochschulen und Universitäten F.-Ausschüsse gebildet, die zunächst unter Anleitung der Betriebsparteiorganisationen (BPO) in den VEB arbeiteten und 1965 auf Empfehlung des Politbüros (Beschluß vom 15. 12. 1964) den BGL unterstellt wurden.

Um die spezifischen Probleme der F.-Arbeit in besonderem Maße berücksichtigen zu können, wurden in den industriellen und landwirtschaftlichen Betrieben der DDR zudem F.-Brigaden gebildet, Arbeitsgruppen, die ebenso wie die sonstigen Brigaden technologisch zusammenhängende Arbeitsaufträge bzw. -gänge arbeitsteilig im Kollektiv ausführen, jedoch ausschließlich aus weiblichen Arbeitskräften bestehen.

C. Bildungsgesetz

Das Gesetz über das einheitliche sozialistische Bildungssystem vom 25. 2. 1965 (GBl. I, S. 83) garantiert den F. und Mädchen gleiche Bildungsmöglichkeiten und den gleichberechtigten Zugang zu allen Bildungsinstitutionen. Es fordert die Hinlenkung der Mädchen auf eine Ausbildung in technischen und landwirtschaftlichen Berufen, die Qualifizierung der F. zu Facharbeitern und ihre Vorbereitung auf die Übernahme von Kaderfunktionen. Wichtige Durchführungsbestimmungen zum Bildungsgesetz, durch das die F. in das allgemeine System der abschnittsweisen Qualifizierung einbezogen werden, sind die Anordnung über die Aus- und Weiterbildung von F. für technische Berufe und ihre Vorbereitung für den Einsatz in leitenden Tätigkeiten vom 7. 7. 1966 (GBl., Sonderdruck 545, S. 25) und die Anordnung zur Ingenieurausbildung von F. in Sonderklassen an den Fachschulen der DDR vom 15. 7. 1967 (GBl. II, S. 506). Erstgenannte Anordnung enthält für alle Staats- und Wirtschaftsorgane verbindliche konkrete Anweisungen über Ausweitung und Forcierung der F.-Qualifizierung; letztere trifft eine spezifische organisatorische Regelung hinsichtlich der Weiterbildung von F., die sich in der Produktion bewährt haben und besonderen häuslichen Belastungen ausgesetzt sind, zu Ingenieuren und Ökonomen.

Wesentliche Gremien zur Erarbeitung und Durchführung der F.-Politik sind die Abteilung Frauen des ZK mit den ihr nachgeordneten F.-Kommissionen bei den Bezirks- und Kreisparteileitungen sowie die F.-Kommission beim Politbüro beraten und unter-hauptamtlichen Funktionärinnen zusammengesetzten ZK-F.-Abteilung obliegt die Anleitung der – auf die gesamte weibliche Bevölkerung gerichteten – F.-Arbeit der Partei wie auch des → **Demokratischen Frauenbundes Deutschlands** (DFD) und die Kontrolle über die Durchführung entsprechender Beschlüsse. Bei der Vorbereitung von frauenpolitischen Richtlinien und Maßnahmen wird sie von der F.-Kommission beim Politbüro beraten und unterstützt, in der weibliche Führungskräfte des Staatsapparates, der Wirtschaft, Wissenschaft und der Massenorganisationen vereint sind. Seit der im Jahre 1964 erfolgten Gründung des Wissenschaftlichen Beirats „Die Frau in der sozialistischen Gesellschaft" beim Präsidenten der → **Akademie der Wissenschaften der DDR** (AdW) stützen sich auch diese Parteigremien zunehmend auf wissenschaftliche Forschungsergebnisse.

III. Probleme der Frauenarbeit

Die Eingliederung der F. in den Produktionsprozeß ist der SED in beachtlichem Umfang gelungen. Der Anteil der weiblichen Beschäftigten ist seit 1949 kontinuierlich gestiegen, der F.-Beschäftigungsgrad ist einer der höchsten der Welt. Als Ursachen des Anstiegs sind die im Schnitt relativ niedrigen Einkommen der Männer und wachsendes Konsumbedürfnis der Bevölkerung ebenso zu nennen wie die zum Teil erfolgreiche Durchsetzung des von der SED propagierten Leitbildes der berufstätigen Frau und Mutter.

Der weiblichen Berufstätigkeit generell wie auch einer noch weiteren Erhöhung des Anteils der weiblichen Beschäftigten stehen aber vorläufig – trotz aller bisherigen Anstrengungen – erhebliche Probleme der F.-Arbeit entgegen. Weder sind genügend Plätze in den Einrichtungen der Kinderbetreuung vorhanden (Kinderkrippen, Kindergarten), noch steht ein qualitativ wie quantitativ ausreichendes Waren- und Dienstleistungsangebot zur Verfügung (→ **Dienstleistungsbetriebe**), um den F. die Hausarbeit spürbar zu erleichtern. (In der DDR wenden die F. jährlich 15 Mrd. Stunden für Hausarbeiten auf; bezogen auf die weibliche Bevölkerung im arbeitsfähigen und Rentenalter entspricht dies einer wöchentlichen Arbeitsleistung im Haushalt von ca. 40 Stunden.) Weitere Schwierigkeiten, die z. T. aus der mangelhaften Erfüllung staatlicher Förderungsauflagen durch die Betriebsleiter resultieren bzw. Ausdruck des der Gleichberechtigung der F. immer noch entgegengebrachten Widerstandes der Männer sind, bilden z. B. ungünstige betriebliche Arbeitsbedingungen und der dem Ausbildungsniveau nicht gemäße Einsatz der weiblichen Arbeitskräfte. Letzteres trifft vor allem auf F. mit Hoch- und Fachschulabschluß zu, die auf den höheren Leistungsebenen von Betrieben und Verwaltungen deutlich unterrepräsentiert sind. Die im Gesetzbuch der Arbeit ausdrücklich vorgesehene Möglichkeit der Teilbeschäftigung (Halbtagsarbeit) hat sich in zunehmendem

Maße als unbefriedigend – ca. 33 v. H. der F. arbeiten in der DDR verkürzt, in Haushalten mit drei und mehr Kindern ca. 57 v. H. – und von zweifelhaftem wirtschaftlichen Nutzen erwiesen, da sie der völligen Eingliederung der F. in die Arbeits-, besonders aber in den Qualifizierungsprozeß im Wege steht. Zumal bei weiblichen Führungskräften ergibt sich die Problematik, das eine Teilbeschäftigung sowohl die Kontinuität der Leitungstätigkeit wie die von Weiterbildungsmaßnahmen unterbricht. Sie soll daher auf jene Fälle begrenzt werden, in denen aus gesundheitlichen Gründen oder wegen zu versorgender Kleinkinder keine Ganztagsarbeit möglich ist.

Als ein besonderes Problem, das aus der Mehrfachbelastung der F. (berufliche und gesellschaftliche Tätigkeit, Haushalt und Kindererziehung) resultiert, erweist sich für die DDR der in allen hochentwickelten Industrieländern zu beobachtende Rückgang der Geburtenziffern und Anstieg der Scheidungsquoten. Um dieser Entwicklung zu begegnen, hat die SED im April 1972 weitere Maßnahmen zur Förderung der berufstätigen Mütter, der jungen Ehen und der Geburtenentwicklung beschlossen. (Gemeinsamer Beschluß des ZK der SED, des Bundesvorstandes des FDGB und des Ministerrates der DDR über sozialpolitische Maßnahmen in Durchführung der auf dem VIII. Parteitag beschlossenen Hauptaufgabe des Fünfjahrplanes vom 27. 4. 1972.) Dieser Beschluß sieht vor:

Einführung der 40-Stundenwoche und Erhöhung des Mindesturlaubs für vollbeschäftigte berufstätige Mütter mit mehreren Kindern;

Freistellung alleinstehender berufstätiger Mütter von der Arbeit zur Pflege erkrankter Kinder;

finanzielle Unterstützung alleinstehender berufstätiger Mütter, die wegen fehlender Kinderkrippenplätze ihre Berufstätigkeit vorübergehend unterbrechen müssen;

Maßnahmen zur Unterstützung und Förderung von Studentinnen mit Kind und werdenden Müttern, die sich im Studium befinden;

Verlängerung des Wochenurlaubs von acht auf zwölf Wochen (Schwangerschaftsurlaub weiterhin sechs Wochen);

Erhöhung der staatlichen Geburtenbeihilfen auf einheitlich 1000 Mark je Kind;

Gewährung zweckgebundener Kredite zu vergünstigten Bedingungen an junge Eheleute, die bei der Geburt von Kindern in Teilbeträgen erlassen werden;

monatliche Rentenzahlungen von 200 Mark an F., die fünf und mehr Kinder geboren haben (VO des Ministerrates vom 10. 5. 1972; GBl. II, S. 301).

IV. Die Frau in Bevölkerung, Wirtschaft und öffentlichem Leben

A. Die Frau in der Bevölkerung

Nach den Angaben des Statistischen Jahrbuches der

DDR waren 1973 von den insgesamt 16 951 251 Einwohnern 9 099 915 F., das entspricht einem Anteil von 53,7 v. H. Der Altersaufbau der weiblichen Bevölkerung zeigt nach wie vor eine ähnlich ungünstige Struktur wie der der Gesamtbevölkerung (Menschenverluste im Krieg, geburtenschwache Jahrgänge). Zusätzlich negative Auswirkungen auf die weibliche Bevölkerungsstruktur hat der hohe F.-Überschuß in den älteren Jahrgangsgruppen, der sich nur langsam in die höheren Altersgruppen verlagert und sich 1972 von der Gruppe der 42jährigen an bemerkbar machte. Während in den unteren Altersgruppen bis einschließlich der 41jährigen ein geringer Männerüberschuß bestand (5 189 923 Männer, 5 004 739 F.; 3,7 v. H. Männerüberschuß), war der F.-Überschuß ab der Gruppe der 42jährigen beträchtlich (2 676 656 Männer, 4 140 025 F.; 54,7 v. H. F.-Überschuß). Die Diskrepanz zwischen männlichen und weiblichen Bevölkerungsanteilen in den höheren Altersgruppen macht sich aus volkswirtschaftlicher Sicht besonders nachteilig bemerkbar, da die Zahl der weiblichen Rentner ungleich höher ist als die der männlichen, zumal die F. bereits mit 60 Jahren in das Rentenalter eintreten, die Männer hingegen erst mit 65 Jahren; so standen 1972 den 2 324 266 Rentnerinnen 1 022 430 Rentner gegenüber. Unter der Bevölkerung im arbeitsfähigen Alter (Männer: 15 bis unter 65 Jahre; F.: 15 bis unter 60 Jahre) sind hingegen die männlichen und weiblichen Anteile nahezu gleich: 4 911 368 Männern stehen 4 981 004 F. gegenüber (→ **Bevölkerung**).

B. Die Frau in der Wirtschaft (Berufs- und Qualifikationsstruktur)

Von den insgesamt ca. 7,85 Mill. (mit Lehrlingen ca. 8,3 Mill.) Beschäftigten waren 1973 ca. 3,85 Mill. (mit weiblichen Lehrlingen ca. 4 Mill.) F. Ihr Beschäftigtenanteil betrug demnach 49,1 v. H. (1967: 47,2 v. H.), der Beschäftigungsgrad der F. im arbeitsfähigen Alter 81,7 v. H. (1964: 66,5 v. H.; 1967: 76,3 v. H.). Dieser hohe weibliche Anteil an der Gesamtzahl der Berufstätigen läßt sich nur durch die Mitarbeit einer großen Anzahl von Müttern erreichen. 1970 waren in 80,7 v. H. aller Familienhaushalte von Arbeitern und Angestellten die Ehefrauen in den Altersgruppen von 18 bis 60 Jahre und älter auch berufstätig, in 52,2 v. H. der Fälle sogar vollbeschäftigt, wobei sich – bei Aufschlüsselung der Haushalte nach der Kinderzahl – folgende Verteilung ergibt:

Kinderzahl	Anteil der Haushalte mit berufstätiger Ehefrau in v. H.	davon mit vollbeschäftigter Ehefrau in v. H.
0	76,3	55,6
1	86,8	53,8
2	82,8	47,3
3 und mehr	76,3	43,2

Neben der Kinderzahl richtet sich der Teilnahmegrad der Ehe-F. an der Berufstätigkeit nach dem Einkommen des Ehemannes. In der niedrigsten Einkommensgruppe (Nettoeinkommen des Ehemannes unter 400 Mark) arbeiteten 1970 in 92,3 v. H. aller Familienhaushalte von Arbeitern und Angestellten die Ehefrauen mit, während in den höheren Einkommensgruppen in 76–84 v. H. aller Familienhaushalte die Ehefrauen berufstätig waren. Gliedert man die Haushalte mit berufstätiger Ehefrau nach dem Nettoeinkommen des Ehemannes und der Anzahl der Kinder auf, ist folgende Verteilung festzustellen:

Anteil der Familienhaushalte mit berufstätiger Ehefrau nach dem Nettoeinkommen des Ehemannes (Mark) in v. H.

Kinderzahl	unter 400	400 bis unter 600	600 bis unter 800	800 bis unter 1 000	1 000 und darüber
0	90,3	81,5	69,2	80,7	75,9
1	97,0	89,7	85,9	86,0	82,2
2	97,9	86,7	82,9	82,1	73,3
3 und mehr	93,2	82,3	76,7	71,8	66,8

Da die Anzahl der F. im arbeitsfähigen Alter seit Kriegsende eine rückläufige Tendenz aufweist, verstärkt sich angesichts eines permanenten Arbeitskräftemangels für die DDR der Zwang, die F. möglichst vollzählig in den Produktionsprozeß einzugliedern, um die volkswirtschaftlichen Planziele zu erfüllen.

Die Berufsstruktur der F. ist in den offiziellen Angaben nur grob nach Berufsgruppen aufgeschlüsselt. Für 1972 wie bereits für die vorhergehenden Jahre gilt, daß nur knapp ein Drittel der berufstätigen F. in der Industrie, fast die Hälfte aber in Bereichen arbeitet, in denen die Anzahl weiblicher Berufe traditionell am größten ist (Handel, nichtproduzierende Bereiche). An dieser Struktur werden sich auf absehbare Zeit keine gravierenden Veränderungen ergeben, da auch die weiblichen Lehrlinge – trotz der seit Jahren intensiven Bemühungen der SED, sie für Ausbildungsgänge in den naturwissenschaftlich-technischen Branchen zu gewinnen – nach wie vor überwiegend in die traditionellen Bereiche der F.-Arbeit streben.

Die Verteilung der weiblichen Berufstätigen (mit Lehrlingen) auf die einzelnen Wirtschaftsbereiche zeigt für 1972 die auf S. 332 folgende Tabelle.

Nach den Ergebnissen der Volkszählung vom 1. 1. 1971 waren unter den 8,2 Mill. wirtschaftlich Tätigen 1 708 508 F. und 2 803 224 Männer mit Facharbeiter- oder Meisterabschluß (= 44,9 v. H. bzw. 63,5 v. H. der weiblichen bzw. der männlichen Beschäftigten), 193 496 F. und 374 048 Männer mit Fachschulabschluß (= 5,1 v. H. bzw. 8,5 v. H.) und 83 507 F. und 243 847 Männer mit Hochschulabschluß (= 2,2 v. H. bzw. 5,5 v. H.). Lediglich

Wirtschaftsbereich	Weibl. Beschäft.		Weibl. Lehrlinge	
	in 1000	in v.H.	in 1000	in v.H.
Industrie	1276,8	43,3	86,8	41,1
Produzierendes Handwerk				
(ohne Bauhandwerk)	115,4	38,4	3,1	19,2
Bauwirtschaft	79,8	14,3	7,9	11,3
Land- und Forstwirtschaft	418,3	44,7	11,0	43,5
Verkehr, Post- und Fern-				
meldewesen	216,3	36,7	11,1	33,8
Handel	591,2	69,7	32,5	84,3
Sonstige produzierende				
Zweige	117,3	54,0	8,1	69,6
Nichtproduzierende				
Bereiche	1008,6	71,5	45,6	91,5

992007 Männer (= 22,5 v. H. der männlichen Beschäftigten), jedoch 1815614 F. (= 47,8 v. H. der weiblichen Beschäftigten) – insbesondere in den Altersgruppen ab 30 Jahre – wiesen keine derartige Berufsqualifikation auf. Die unzureichende Berufsausbildung der F., namentlich der älteren und vor allem der in der Industrie beschäftigten, Grund für den immer noch unverhältnismäßig hohen Anteil der F. an den niedrigen Lohngruppen, versucht die SED nach wie vor mit intensiven Qualifizierungsmaßnahmen zu beheben. So nahmen 1972 allein in der Industrie 162444 F. an Qualifizierungsmaßnahmen aller Art teil, 24496 F. legten die Facharbeiterprüfung ab; in der gesamten Wirtschaft bestanden 1972 im Rahmen der → **Erwachsenenqualifizierung** 39216 F. die Facharbeiterprüfung. Die 1967 an den Fachschulen der DDR gebildeten F.-Sonderklassen sollen den F. die berufliche Aus- und Weiterbildung erleichtern.

Trotz der permanent wachsenden Zahl von F. mit Hoch- bzw. Fachschulabschluß nehmen sie immer noch nicht einen entsprechenden Platz in den Leitungsfunktionen der Wirtschaft ein. So sollen 1972 nur 5 v. H. weibliche ökonomische oder kaufmännische Direktoren und lediglich 1 v. H. weibliche technische Direktoren tätig gewesen sein. In den Führungsfunktionen des Erziehungswesens und der Justiz sind die F. hingegen erheblich zahlreicher vertreten; nahezu jede vierte Schule in der DDR steht unter weiblicher Leitung, ein Drittel der Richter und ca. 45 v. H. der Schöffen an Kreis- und Bezirksgerichten sind F.

C. Die Frau im öffentlichen Leben

Die von der SED geforderte gleichberechtigte Teilnahme der F. am öffentlichen Leben ist besonders groß in jenen gesellschaftlichen und staatlichen Organisationen und Gremien, die primär einen repräsentativen Charakter haben oder lediglich eine beratende Funktion ausüben. In den politischen Entscheidungsorganen und -funktionen von Partei und Staat, in denen ein hoher weiblicher Anteil wirksame Gleichberechtigung bedeuten könnte, sind die F. weder ihrem Mitgliederanteil in den Parteien – na-

mentlich der SED – noch ihrer Bedeutung für die Volkswirtschaft entsprechend vertreten.

Die → **Massenorganisationen** weisen hohe weibliche Mitgliederzahlen auf. Im FDGB waren 1973 ca. 3,8 Mill. F. = 49,7 v. H., im DFD ca. 1,3 Mill. F. organisiert (seit Anfang der 60er Jahre stagnierende Mitgliederzahlen des DFD).

1971 befanden sich unter den 1,9 Mill. → **SED**-Mitgliedern ca. 548000 F. = 28,7 v. H. Den im Mai 1971 gewählten 15 Bezirksleitungen der SED gehörten insgesamt 24,9 v. H. weibliche stimmberechtigte Mitglieder und 42,7 v. H. weibliche Kandidaten (beratende Funktion) an, den entscheidungsbefugten Sekretariaten der Bezirksleitungen hingegen nur 9 weibliche Mitglieder (= 4,6 v. H.), darunter 4 weibliche Sekretäre (von insg. 90 Sekretären). Auf dem VIII. Parteitag 1971 wurden 18 F. = 13,3 v. H. zu Mitgliedern und 7 F. = 13,0 v. H. zu Kandidaten des ZK der SED gewählt. Seit seiner Bildung im Januar 1949 hat das Politbüro des ZK der SED noch keine F. als Vollmitglied angehört; seit Oktober 1973 (10. ZK-Plenum) befinden sich unter den 10 Kandidaten des Politbüros 2 F. (Inge Lange, Margarete Müller) und unter den 11 Sekretären des ZK-Sekretariats eine F. (Inge Lange, Sekretär für F.-Fragen). Eine größere weibliche Beteiligung in politisch bedeutenden Parteifunktionen ist schwerpunktmäßig in den Gremien und Institutionen der Parteikontrolle und Parteischulung gegeben.

Auch im Bereich der staatlichen Exekutive üben nur wenige F. politische Entscheidungsfunktionen aus: nur in einem der 14 Bezirke der DDR steht eine F. an der Spitze des Bezirksrates (Irma Uschkamp in Cottbus); dem 40köpfigen Ministerrat der DDR gehörten bis 1974 zwei weibliche Minister an (Margot Honecker, seit 1963 Minister für Volksbildung; Margarete Wittkowski, von 1967 bis 1974 Präsident der Staatsbank der DDR, Mitte 1974 durch Horst Kaminsky ersetzt), während sich unter den ca. 140 Staatssekretären und Ministerstellvertretern lediglich 4 F. befinden. Dem aus 25 Mitgliedern bestehenden Staatsrat gehören 5 F. an.

In den Volksvertretungen hingegen ist der Anteil der F. erheblich höher. Den 1970 gewählten Stadtverordnetenversammlungen und Gemeindevertretungen (kreisangehörige Städte und Gemeinden) gehören 29,8 v. H., den Kreistagen und Stadtverordnetenversammlungen (Land- und Stadtkreise) 36,1 v. H. F. an, und den 1971 gewählten Bezirkstagen 36,0 v. H. F., der Volkskammer 30,6 v. H. F. Die politische Tätigkeit der weiblichen Abgeordneten – wie auch die der Funktionärinnen im Staatsapparat – konzentriert sich auf sozial-, kultur- und handelspolitische Bereiche.

Die Gründe für die geringe Teilnahme von F. am gesellschaftlich-politischen Entscheidungsprozeß in der DDR sind vielschichtig und teilweise interdependent. Als wesentlichste seien genannt: nach wie vor bestehende tradierte Vorurteile gegen F.-Karrieren; erhebliche Gewichtung von Leitungsfunktionen aufgrund enger personeller Verbindung zwischen der Parteiführung und der Staats- und Wirtschaftsführung; unzureichendes weibliches Kaderreservoir in den mittleren Leitungsfunktionen; einseitige Konzentration der F. auf spezielle Sachgebiete in Politik und Wirtschaft; stärkere arbeitsmäßige Belastung der berufstätigen und/oder gesellschaftlich-politisch aktiven F. durch Haushalt und Familie; erheblicher Mehraufwand an Arbeitszeit und häufige Dienstreisen bei Ausübung leitender Funktionen; Fehlen geeigneter Organe zur Wahrnehmung der politischen Interessen der F.

Frauenausschüsse: Gewählte Gremien zur Vertretung der sozialen Interessen, zur vollen wirtschaftlichen und gesellschaftlichen Einbeziehung und zur ideologisch-politischen Erziehung der berufstätigen Frauen. F. bestehen in allen Betrieben der Industrie, des Handels, der Land- und Forstwirtschaft sowie im Staatsapparat und in den Bildungseinrichtungen.

Die F. wurden nach mancherlei Versuchen in den voraufgegangenen Jahren durch Beschluß des Politbüros des ZK der SED vom 8. 1. 1952 als selbständige Organe unter unmittelbarer politisch-organisatorischer Verantwortung der Partei in allen Betrieben und Institutionen gebildet. Der FDGB übernahm aufgrund eines erneuten Politbürobeschlusses (15. 12. 1964) am 15. 1. 1965 die F. als Teil seiner → **Betriebsgewerkschaftsorganisation.** Die F. haben seitdem den Status einer Kommission der Betriebsgewerkschaftsleitung (BGL). Im Unterschied zu anderen Kommissionen werden die Mitglieder der F. jedoch direkt in Frauenvollversammlungen (in Großbetrieben auf Delegiertenkonferenzen) durch die weiblichen FDGB-Mitglieder vor der Neuwahl der BGL gewählt. Die Kandidatenaufstellung erfolgt in Absprache mit der amtierenden BGL; die Vorsitzende des F. wird auf die Vorschlagsliste für die neuzuwählende BGL gesetzt. In Großbetrieben mit hohem Frauenanteil unter den Beschäftigten soll die Vorsitzende von ihren Arbeitsverpflichtungen freigestellt werden.

Schwerpunkte der Arbeit der F. sind:

1. Vertretung der speziellen Interessen der Frauen, die sich aus biologischen Besonderheiten und der vielfachen Belastung als Hausfrau und Mutter ergeben (Arbeitsschutz, Arbeitszeit, Versorgungseinrichtungen im Betrieb, Sch'affung und Nutzung von Kinderkrippen und -gärten usw.);

2. Förderung der Aus- und Weiterbildung der Frauen; Sicherung eines dem erreichten Ausbildungsstand entsprechenden Arbeitsplatzes mit dem Ziel, die Gleichberechtigung der Frau im Berufsleben durchzusetzen;

3. politische Schulung und Erziehung der Frauen, um sie zu sozialistischen Persönlichkeiten heranzubilden.

Wichtiges Instrument der F. sind, neben dem Recht, Kritik zu üben, Vorschläge zu machen und Empfehlungen auszusprechen, die jährliche Frauenförderungspläne als Bestandteil der Betriebskollektivverträge. Die Frauenförderungspläne, an deren Aufstellung die F. neben BGL und Werkleitung maßgeblich beteiligt sind, fassen die beruflichen Förderungsmaßnahmen des Betriebes von der Ausbildung zu Facharbeiterinnen bis zur Delegation zum Studium zusammen und enthalten zugleich Aussagen über den späteren beruflichen Einsatz derjenigen, die sich erfolgreich an der Ausbildung beteiligt haben. Die Werkleiter bzw. deren Beauftragte haben die Arbeit der F. durch Auskünfte zu unterstützen und müssen über getroffene oder unterlassene Maßnahmen aufgrund von Vorschlägen der F. diesen Rechenschaft ablegen.

1973 bestanden 13 162 gewerkschaftliche F. mit 104 311 Mitgliedern.

Bei den LPG, in denen es als Genossenschaften keine Gewerkschaftsorganisationen gibt, werden F. analog zum Wahlverfahren der gewerkschaftlichen F. als Kommissionen des LPG-Vorstandes gewählt und haben vergleichbare Rechte und Pflichten.

Frauenbrigaden: F. sind ausschließlich aus weiblichen Arbeitskräften bestehende Arbeitsgruppen, die ebenso wie die sonstigen → **Brigaden** technologisch zusammenhängende Arbeitsaufträge bzw. -gänge arbeitsteilig im Kollektiv ausführen, dabei aber in besonderem Maße den spezifischen Problemen der Frauenarbeit gerecht werden sollen.

Ihre Bildung erfolgt unter zwei Gesichtspunkten: a) Unter dem sozialpsychologischen bzw. gruppensoziologischen Aspekt sollen sie die Eingliederung der vorher nicht berufstätigen Frau in den Arbeitsprozeß und ihre Eingewöhnung in die Arbeitswelt fördern; b) unter dem ökonomischen Aspekt stellen sie eine Möglichkeit dar, die verbreitete Teilbeschäftigung der Frauen auch bei Schichtarbeit wirkungsvoll zu organisieren, indem sich z. B. 2 F. mit je 4stündiger Arbeitszeit pro Schicht ablösen.

Freie Berufe: Eine freiberufliche Tätigkeit ist einem Gesellschaftssystem, das die Vergesellschaftung des Menschen anstrebt, wesensfremd. Trotzdem war die DDR zeitweilig auf die Angehörigen dieser Berufsgruppe angewiesen, insbesondere solange deren berufliche Eingliederung noch nicht vollzogen war. So wurde z. B. den „Ärzten in freier Praxis" noch 1960 im „Perspektivplan" weitere freie Berufsausübung zugesichert und ihnen in einem „Kommuniqué des Politbüros zur Verbesserung der Lage der Ärzte" aus dem selben Jahr die Weiterführung der Praxis durch ihre Nachkommen zugestanden. Inzwischen werden derartige Zusagen – vor allem seit der Abriegelung der DDR gegenüber der Bundesrepublik Deutschland am 13. 8. 1961 – nicht mehr gemacht. Die freiberuflich Tätigen sind in der Ausübung ihres Berufs beschränkt und werden von staatlichen Einrichtungen kontrolliert: die freiberuflichen → **Ärzte,** Zahnärzte und Apotheker durch die staatliche Gesundheitsverwaltung und durch den

→ **FDGB** als Träger der Sozialversicherung, die wenigen freien Rechtsanwälte durch das → **Ministerium der Justiz**.

Die Angehörigen der freischaffenden Intelligenz (Maler, Bildhauer, Komponisten, Schriftsteller) müssen organisiert sein (z. B. im → **Verband bildender Künstler der DDR; Verband der Komponisten und Musikwissenschaftler der DDR; Schriftstellerverband der DDR**). Die Verbände regeln gemeinsam mit dem FDGB den Abschluß von Werkverträgen und „Freundschaftsabkommen" zwischen Künstlern und den Betrieben, die im wesentlichen die Existenzgrundlage der freischaffenden Künstler bilden. Die Verbände sind außerdem verantwortlich für Ausstellungen etc. Der Verband der Komponisten und Musikwissenschaftler der DDR berät die Künstler-Agentur der DDR, die monopolartig die Vermittlung aller Darbietungen der darstellenden Kunst besorgt.

Die Angehörigen der FB. erhalten – je nach Einschätzung der gesellschaftlichen Bedeutung ihrer Tätigkeit – durch den Staat Vergünstigungen oder Benachteiligungen. So werden z. B. freischaffende Ärzte, Schriftsteller und Architekten nach einem Vorzugstarif im Rahmen der Besteuerung des Arbeitseinkommens besteuert, während Rechtsanwälte, Steuerberater u. ä. Selbständige der Einkommensteuer unterliegen, deren Sätze wesentlich höher sind. In der Regel erhalten Angehörige der FB. – Ausnahme: freischaffende Künstler – kein → **Krankengeld** von der Sozialversicherung. Über eine Zwangsversicherung ist die → **Altersversorgung** freiberuflicher Ärzte und Zahnärzte geregelt. Sie erhalten bei Erreichung der Altersgrenze oder bei andauernder Invalidität eine einheitliche Rente von 600 Mark monatlich. In der Regel liegen Einkommen und Lebensstandard der FB. beträchtlich über dem Durchschnitt.

Die überwiegende Zahl der in früher klassischen FB. Tätigen, wie Ärzte, Rechtsanwälte und Künstler, arbeiten heute entweder in staatlichen Einrichtungen (Kliniken, staatlichen Praxen) oder sind in staatlichen Verbänden (Rechtsanwaltskollegien, staatlichen Notariaten, Künstlerverbänden) organisiert.

Freie Deutsche Jugend: → **FDJ.**

Freier Deutscher Gewerkschaftsbund: → **FDGB.**

Freiheit: → **Marxismus-Leninismus.**

Freiheitsstrafe: → **Strafensystem.**

Freilichtmuseen: Zu den beiden aus privater Initiative hervorgegangenen F. „Altmärkisches Bauernhaus" in Diesdorf, Krs. Salzwedel (seit 1911) und „Thüringische Bauernhäuser" in Rudolstadt (seit 1914) kamen nach 1945 ein Wohnstallhaus in Blockbautechnik in Lehde (Spreewald), ein Schulzenhaus in Bechelsdorf bei Schönberg, Mecklenburg, und ein Wohnstallhaus mit Durchfahrtscheune als Teil des Staatl. Museums Schwerin. → **Museen.**

Freiwillige Gerichtsbarkeit: Durch die „VO über die Übertragung der Angelegenheiten der FG." vom 15. 10. 1952 (GBl., S. 1057) wurde der größte Teil der

FG. aus der Zuständigkeit der Gerichte herausgelöst und auf verschiedene Bereiche der Verwaltung übertragen. Das gesamte *Grundbuchwesen* ging auf die Abteilungen Kataster bei den Räten der Kreise über. Seit 1965 sind die durch Beschluß des Ministerrates vom 8. 12. 1964 (GBl. II. 1965. S. 479) bei den Räten der Bezirke gebildeten Liegenschaftsdienste mit Außenstellen in den Kreisen für die Einrichtung, Fortführung und Erneuerung der Grundbücher und der übrigen Liegenschaftsdokumente zuständig. An die Stelle der früher in festen Bänden zusammengefaßten Grundbuchblätter sind Grundbuchhefte getreten, an die Stelle des bisherigen Bestandsverzeichnisses des Grundbuchs das Bestandsblatt der Liegenschaftskataster. Die alten Grundbücher sind, bis auf einen Teil der Grundbücher und Grundbuchunterlagen über Grundstücke, die durch die Bodenreform oder als Vermögen von „Kriegsverbrechern und Naziaktivisten" oder als „Konzerneigentum" enteignet worden sind, erhalten geblieben.

Die *Vormundschaftssachen* sind auf die Abteilung Volksbildung, Referat Jugendhilfe und Heimerziehung, bei den Räten der Kreise übertragen worden (→ **Jugendhilfe**). Die Führung des *Vereinsregisters* wurde zunächst den Volkspolizeikreisämtern übertragen und ging durch VO vom 9. 11. 1967 (GBl. II, S. 861) für Vereinigungen auf Kreisebene auf den Rat des Kreises, für Vereinigungen auf Bezirksebene auf den Rat des Bezirks und für Vereinigungen, deren Tätigkeit sich über mehrere Bezirke oder auf das gesamte Gebiet der DDR erstreckt, sowie für Vereinigungen von internationaler Bedeutung auf das Ministerium des Inneren über.

Das *Handelsregister* wird bei den Abt. Örtliche Wirtschaft der Räte der Kreise geführt. Bekanntmachungen aus ihm in öffentlichen Blättern finden nicht mehr statt.

Das *Genossenschaftsregister* wird, je nach der Art der Genossenschaft, bei den Abteilungen Handel und Versorgung, Land- und Forstwirtschaft oder Örtliche Wirtschaft der Räte der Kreise geführt. Das *Geschmacksmusterregister* wird beim Amt für Erfindungs- und Patentwesen, das *Binnenschiffsregister* bei den Wasserstraßendirektionen Berlin und Magdeburg und das *Seeschiffsregister* beim Wasserstraßenhauptamt in Rostock geführt. Andere Angelegenheiten der FG., wie die Beurkundungen und Beglaubigungen, die Nachlaß-, Testaments- und Hinterlegungssachen und die Abnahme von Offenbarungseiden sind durch VO über die Einrichtung und Tätigkeit des Staatlichen Notariats vom 15. 10. 1952 (GBl., S. 1055) dem Staatlichen → **Notariat** übertragen worden. Während gegen dessen Entscheidungen Beschwerde beim Kreisgericht zulässig ist, gibt es gegen Entscheidungen in denjenigen Angelegenheiten der FG., die in die Zuständigkeit von Verwaltungsbehörden übertragen worden sind, nur noch die einfache Verwaltungsbeschwerde. Eine richterliche Nachprüfung findet in diesen Fällen nicht mehr statt.

Freizeit: Der Begriff F. erfährt in der DDR eine besondere ideologische Einordnung. Das Kleine Politische Wörterbuch der DDR definiert F. als „von den Werktätigen nach eigenen Bedürfnissen und Ermessen gestalteter Teil der arbeitsfreien Zeit, die der Entwicklung der geistig-kulturellen Interessen und damit der Entwicklung der Persönlichkeit sowie der Reproduktion der Arbeitskraft dient. Bei der Bestimmung der F. wird von der Unterteilung der Gesamttageszeit in Arbeitszeit und Nichtarbeitszeit (auch arbeitsfreie Zeit) ausgegangen. Die F. ist der Teil der Nichtarbeitszeit, der dem einzelnen nach Verrichtung notwendiger Tätigkeiten im Alltag verbleibt."

Während im westlichen Verständnis F. und Arbeitszeit als weitgehend getrennte menschliche Lebensbereiche begriffen werden, sollen F. und Arbeit im Sozialismus keine Gegensätze mehr bedeuten. Die Steigerung der → **Arbeitsproduktivität** soll dabei nicht nur im Produktionsbereich verwirklicht, sondern auch durch sinnvolle Gestaltung der F. der Werktätigen gefördert werden. Die F. soll möglichst kollektiv verbracht werden und damit der Anpassung an eine sozialistische → **Lebensweise** dienen.

Zwischen den Forderungen des Staates und dem tatsächlichen F.-Verhalten besteht jedoch eine Diskrepanz. Während im Arbeitsbereich der individuelle Spielraum deutlich eingegrenzt und weitgehend kontrolliert wird, ist die arbeitsfreie Zeit nicht im gleichen Maße von der SED zu überwachen. Zwar gibt es die Erwartungshaltung des Staates, die Bürger sollten einen Teil ihrer F. als „gesellschaftspolitische Tätigkeit" in Organisationen, im „Nationalen Aufbauwerk" sowie zur beruflichen Qualifizierung verwenden. Doch zeigt sich bei Umfragen nach den bevorzugten F.-Aktivitäten in der DDR, daß tatsächlich nur für einen kleinen Teil der F. der Staat Eingriffmöglichkeiten besitzt: Den größten Teil der F. verbringen DDR-Bürger im Familienkreis; hier bestehen nach wie vor für den Staat nur geringe Einwirkungsmöglichkeiten.

Über wieviel freie Zeit der Einzelne verfügen kann, geht aus verschiedenen Erhebungen hervor, die bereits Ende der 60er Jahre durchgeführt wurden. Seit der Einführung der Fünf-Tage-Woche hat sich insbesondere bei der berufstätigen Bevölkerung die F. erheblich erweitert.

Freizeitumfang von 18–65jährigen in der DDR

Männer in Std. pro Woche	Rangfolge	Frauen in Std. pro Woche	Rangfolge	Haushalte von 18–65jährigen
35,9	1	23,9	1	Bauern
37,9	4	25,5	2	Handwerker
36,4	2	26,1	3	Angestellte
36,5	3	26,4	4	Arbeiter
40,0	5	29,5	5	Intelligenz

Quelle: Jürgen Micksch, Jugend und Freizeit in der DDR, Opladen 1972, S. 46.

In den meisten Untersuchungen schwankt der Umfang der F. zwischen 24 und 35 Stunden pro Woche, wobei Angehörige der Intelligenz über die meiste F., Bauern dagegen über die geringste freie Zeit verfügen. Obwohl in der DDR das Prinzip der Gleichberechtigung formal verwirklicht wurde, sind verheiratete, berufstätige Frau-

en hinsichtlich ihrer F. gegenüber Männern benachteiligt. Eine Zeitbudgeterhebung bei berufstätigen Erwachsenen zwischen 18 und 65 Jahren ergab, daß Frauen pro Woche im Durchschnitt über 10,5 Stunden weniger Zeit zur Verfügung steht als Männern.

Die F.-Gestaltung von Jugendlichen gehört in der DDR zum Aufgabenbereich der sozialistischen Jugendpolitik mit dem Ziel, die Jugendlichen zur „verantwortungsbewußten" und sinnvollen F.-Gestaltung zu erziehen. F.-Erziehung gilt als integrierter Bestandteil der klassenmäßigen Erziehung, deren Auftrag darin besteht, „sozialistische Persönlichkeiten" heranzubilden. Vor allem über die FDJ erfolgt die Einflußnahme des Staates auf die Jugendlichen. Mit einer Vielzahl von teilweise attraktiven F.-Angeboten versucht die FDJ, junge Menschen für eine gemeinschaftlich verbrachte F. zu interessieren. Dazu sollen Veranstaltungen verschiedensten Charakters beitragen, wie z. B. „Feste der deutschen und russischen Sprache", „Olympiaden des Wissens", Streitgespräche oder Diskussionsforen. Neben der FDJ sind auch die Schulen in zunehmendem Maß bestrebt, die F. der Schüler zu gestalten, und zwar hauptsächlich in Form von Sportunterricht und Arbeitsgemeinschaften am Nachmittag. Seit Beginn des Schuljahres 1973/74 gibt es eigene „Direktoren für außerunterrichtliche Tätigkeit".

Die FDJ verfügt über ca. 1 000 Jugendclubs mit 200 eigenen Clubhäusern, die über Musikräume, über Spielzimmer und Bastelstätten sowie Film- und Fotoausrüstungen verfügen und vielfältige Möglichkeiten der F.-Beschäftigung bieten. Daneben kommt der sportlichen Betätigung sowie der beruflichen Weiterbildung besondere Bedeutung zu.

Bei einer Erhebung in der DDR wurden 14–22jährige Jugendliche nach ihren F.-Wünschen gefragt, wobei die Jugendlichen bis zu vier F.-Wünsche angeben konnten (die Ergebnisse liegen daher auch über 100 v. H.).

Art der gewünschten Freizeit	insgesamt	Jungen	Mädchen
Lesen	64	55	73
Sport	48	60	36
Kino	27	23	31
Musik (hören, nicht selbst ausführen)	25	24	26
Basteln, Handarbeiten	21	22	20
Radfahren	22	31	14
Besuch von Theater, Oper, Operette	16	8	23
Kunst (selbst ausgeübte)	14	10	19
Clubveranstaltungen geseliger Art, u. a. mit Tanz	18	17	19
Spazierengehen	11	8	14
Baden, Schwimmen	12	12	12
Naturliebhaber	6	7	5
Zusammensein mit Freunden	6	8	4
Spezielles Sammeln	3	5	1
Häusliche Arbeiten	3	2	4
Gesellschaftliche Arbeit	2	3	1
Sonstiges	22	25	18

Quelle: Rudolf Maerker, Jugend im anderen Teil Deutschlands, München 1969, S. 83.

Die Ergebnisse der F.-Befragung zeigen einen auffällig hohen Anteil an individuellen F.-Aktivitäten und nur einen geringen Umfang von „gesellschaftlicher Arbeit". Das deutet darauf hin; daß die von der SED in der F. vorwiegend erwarteten Tätigkeiten (berufliche Qualifizierung, gesellschaftspolitische Tätigkeiten) von den befragten Jugendlichen nicht in erster Linie der F., sondern dem Arbeitsbereich zugeordnet werden. → **Jugend; Feriengestaltung.**

Freizeitarbeit: Die F. kann nach § 70 StGB einem Jugendlichen durch das Gericht als besondere Pflicht an Stelle einer Strafe auferlegt werden. Sie besteht in „Durchführung gesellschaftlich nützlicher Arbeiten von mindestens 5 bis höchstens 25 Stunden in der Freizeit". → **Jugendstrafrecht.**

Freizügigkeit: Innerhalb des Staatsgebietes der DDR und im Rahmen ihrer Gesetze geltendes Recht für alle Bürger (Art. 32 der Verfassung). Das in der Verfassung von 1949 enthaltene Auswanderungsrecht ist in die neue Verfassung von 1968 nicht aufgenommen worden. Wegen der räumlichen Beschränkungen der F. auf das Staatsgebiet der DDR erscheinen die paßrechtlichen Schranken der Ausreise, das Genehmigungserfordernis bei Reisen in „nichtsozialistische" Staaten, einschließlich der Bundesrepublik Deutschland, und die Beschränkung der Erteilung von Genehmigungen auf dringende Familienangelegenheiten und Rentnerreisen (Anordnung über Regelungen im Reiseverkehr von Bürgern der DDR vom 17. 10. 1972) sowie die Strafbarkeit des „ungesetzlichen Grenzübertritts" mit Freiheitsstrafe bis zu fünf Jahren (§ 213 StGB) schon begrifflich nicht als Einschränkungen der F.

Die wichtigsten Einschränkungen innerhalb der DDR ergeben sich aus

a) den Zutrittsverboten und -beschränkungen innerhalb des Grenzgebiets (Verordnung zum Schutze der Staatsgrenze vom 19. 3. 1964, Grenzordnung vom 19. 3. 1964) und der militärischen Sperrgebiete (Sperrgebietsordnung vom 21. 6. 1963),

b) den Aufenthaltsbeschränkungen, die von den Gerichten als Zusatzstrafe in einem → **Strafverfahren** (§ 51 StGB) oder als Sicherheitsmaßregel zum Schutze der öffentlichen Sicherheit und Ordnung (§ 3 Abs. 1 der Verordnung über Aufenthaltsbeschränkungen vom 24. 8. 1961) angeordnet werden können, sowie

c) Seuchenschutzmaßnahmen (Erste Durchführungsbestimmung zum Gesetz zur Verhütung und Bekämpfung übertragbarer Krankheiten beim Menschen vom 11. 1. 1966).

Fremdenverkehr: → **Touristik.**

Freundschaftsgesellschaften: F. sind ins Ausland wirkende Organisationen, die in enger Abstimmung mit der → **Außenpolitik** der DDR vor allem in nichtsozialistischen Ländern ein dem Selbstverständnis entsprechendes DDR-Bild fördern sollen. Neben den seit 1961 in der Dachorganisation Liga für Völkerfreundschaft zusammengeschlossenen F. bestehen als ähnliche Organe der Auslandspropaganda Freundschaftskomitees, die Gesellschaft für kulturelle Verbindungen mit dem Ausland, die Liga für die Vereinten Nationen in der

DDR, sowie die sich um Exildeutsche bemühende Gesellschaft Neue Heimat.

Es existierten Mitte 1964 folgende F.: Deutsch-Arabische Gesellschaft in der DDR (1958), Deutsch-Afrikanische Gesellschaft in der DDR (1961), Deutsch-Lateinamerikanische Gesellschaft in der DDR (1961), die als einer der Träger der jährlichen → **Ostseewoche** fungierende Deutsch-Nordische Gesellschaft in der DDR (1961), Deutsch-Südostasiatische Gesellschaft in der DDR (1961), Deutsch-Französische Gesellschaft in der DDR (1962), Deutsch-Italienische Gesellschaft in der DDR (1963), Deutsch-Britische Gesellschaft in der DDR (1963), Deutsch-Belgische Gesellschaft in der DDR (1964).

Die Bezeichnung der F. ist gegenwärtig nicht immer eindeutig. Nachdem bereits 1972 → **Massenorganisationen**, Berufsverbände und andere Institutionen in ihrem Namen auf die Bezeichnung „deutsch" verzichteten, tauchten seit 1973 zunehmend neue Namen für die F. auf. So wurde die bisherige Deutsch-Arabische Gesellschaft in Gesellschaft DDR-Arabische Länder umbenannt, die Deutsch-Französische Gesellschaft als Gesellschaft DDR-Frankreich etc. Zahlreiche Freundschaftskomitees arbeiten ausschließlich bilateral, so das Freundschaftskomitee DDR-Irak, das Freundschaftskomitee DDR-Arabische Republik Ägypten, das Freundschaftskomitee DDR-Algerien.

Die Aufgabe, bestimmte Länder der dritten Welt und nationale Befreiungsbewegungen materiell und moralisch zu unterstützen, obliegt speziellen Solidaritätsorganisationen, wie dem Solidaritätskomitee der DDR, das aus dem Afro-asiatischen Solidaritätskomitee der DDR hervorging, und dem Solidaritätszentrum für Chile. In ca. 50 nichtsozialistischen Ländern wirken F., die zwar von der jeweiligen nationalen kommunistischen Partei und anderen kommunistischen Organisationen unterstützt werden, aber keine ausschließlich kommunistische Vereinigungen sind, sondern zumeist überparteilich zusammengesetzt sind und von Persönlichkeiten des öffentlichen Lebens geleitet werden. Die entsprechenden F. der DDR arbeiten mit diesen Partnergesellschaften zusammen und schließen zu diesem Zweck u. a. jährliche oder mehrjährige Vereinbarungen ab. Als eine der aktivsten ausländischen F. ist die Echanges Franco-Allemands in Frankreich zu erwähnen, deren ca. 12 000 eingeschriebene Mitglieder in 21 Departements- und über 100 örtlichen Komitees tätig sind. In Indien besteht die besondere Situation, daß mehrere F. gleichzeitig vorhanden sind. Sie führen in bestimmten Abständen gemeinsame nationale Konferenzen zur Koordinierung ihrer Arbeit durch.

Eine Partnergesellschaft mit internationaler Zusammensetzung ist das Komitee „Freundschaft Afrika–DDR". In einigen sozialistischen, mehreren arabischen Ländern sowie in Finnland und Schweden unterhält die Liga für Völkerfreundschaft eigene Kultur- und Informationszentren, die in enger Verbindung zu den jeweiligen nationalen Partnergesellschaften stehen.

In mehreren Ländern setzten sich besondere Komitees für die Anerkennung der DDR ein, die seit dem

9. 6. 1968 ihr Vorgehen im Ständigen Internationalen Komitee für die Anerkennung der DDR in Helsinki koordinierten. Nachdem die Funktion der meisten Anerkennungskomitees inzwischen entfallen ist, lösten sie sich auf und stellten ihre Kräfte in den Dienst der F. bzw. Freundschaftskomitees ihrer Länder. Die internationale Anerkennung der DDR wirkte sich auf die Gründung neuer und die Aktivität bereits bestehender F. bzw. Freundschaftskomitees im Ausland günstig aus. So kam es allein 1973 zur Gründung weiterer F. bzw. Freundschaftskomitees in folgenden Ländern: Indien, Großbritannien, Japan, Italien, Ghana, Irak und Ägypten.

Freundschaftskomitees: → **Freundschaftsgesellschaften.**

Freundschaftsvertrag: → **Patenschaften.**

Frieden: Zwischenstaatlicher Zustand, der die Anwendung von Gewalt zur Durchsetzung politischer Ziele ausschließt. Nach marxistisch-leninistischer Auffassung ist der F. nur in einer Kombination von politischem, sozialem und „F.-Kampf" zu erreichen und zu erhalten, da die Fortexistenz des Kapitalismus in einem Teil der Welt eine fortdauernde, ständige Bedrohung des F. darstelle. Erfolge im F.-Kampf sind nur möglich, wenn alle friedliebenden Kräfte geschlossen und einheitlich handeln. Durch die stetig wachsende Stärke der sozialistischen Staatengemeinschaft und ihre F.-Politik hätten sich allerdings die Chancen für die Erhaltung des F. – vor allem in Mitteleuropa – verbessert. F. wird dabei in erster Linie als Abwesenheit von Krieg begriffen. Der Einsatz aller Mittel des im Prinzip der → **Friedlichen Koexistenz** angelegten ideologischen Klassenkampfes wird jedoch als für Erreichung und Sicherung des F. notwendig bezeichnet.

F. wird darüber hinaus nicht als ein an sich anzustrebender, von den Bedingungen der internationalen Auseinandersetzung zwischen Sozialismus/Kommunismus und Kapitalismus unabhängiger zwischenstaatlicher Zustand verstanden, sondern wird als Hauptziel sozialistisch/kommunistischer Außenpolitik propagiert, dessen Durchsetzung der weiteren Zurückdrängung des → **Imperialismus** dient. Da sich der Imperialismus auf Dauer nur durch kriegerische Aktionen zu behaupten vermag, ist antiimperialistische Politik in dieser Sicht Wesensmerkmal sozialistischen F.-Kampfes. Er schließt daher die politische Unterstützung nationaler Befreiungskriege sowie revolutionäre Bürgerkriege nicht aus, verbietet aber die offene Einmischung bzw. Teilnahme sozialistischer Staaten. Daher ist vor allem die F.-Propaganda ein wichtiges Instrument auch der → **Außenpolitik** der DDR.

Friedensfahrt: Die „Internationale Radfernfahrt für den Frieden" wurde erstmals vom 1.–9. 5. 1948 auf der 1 104 km langen Strecke Prag–Warschau und gleichzeitig vom 1.–5. 5. 1948 auf einem 872 km langen Gegenkurs Warschau–Prag durchgeführt. In den folgenden drei Jahren verlief das Rennen jeweils nur in einer Richtung, wobei Prag und Warschau als Start- bzw. Zielort wechselten. Die mit großem propagandistischem Aufwand „im Sinne der Weltfriedensbewegung" veranstaltete Fernfahrt steht seit 1952 unter der Schirmherrschaft der drei Parteizeitungen „Rudé pravo" (ČSSR), „Trybuna Ludu" (Polen) und „Neues Deutschland" (DDR). Start und Ziel wechseln seither jeweils zwischen Warschau, Berlin (Ost) und Prag (Streckenführung 1952).

Die als Akt der politischen Mobilisierung betriebene F. dient vorrangig der Demonstration der Bündnispolitik innerhalb des sozialistischen Blocks. Auf Protest des Tschechoslowakischen Radsportverbandes wegen der Okkupation der ČSSR durch Truppen des Warschauer Paktes fand die F. 1969 nur zwischen Warschau und Berlin (Ost) statt. Die für die Nichtbeteiligung der ČSSR verantwortlichen Funktionäre wurden nach dem Sturz Dubceks aller ihrer Ämter enthoben und aus dem ČSSR-Sport ausgeschlossen. Nach Ovationen der Bevölkerung der DDR für den zweimaligen Etappenzweiten Burkhard Ebert (RV Luisenstadt Berlin [West]) 1967 wurde der Bund Deutscher Radfahrer erst 1974 im Zuge der deutsch-deutschen Sportbeziehungen wieder zur Teilnahme eingeladen. Die nach dem derzeitigen Austragungsmodus über die Distanz von ca. 1 900 km führende Internationale F. gilt als das schwierigste Straßenrennen des Amateurradsports und wird trotz seiner starken politischen Akzente auch von zahlreichen Radsportverbänden des Westens beschickt.

Die meisten Siege in der Mannschaftswertung errangen seit 1952 die UdSSR (10), die DDR (6) und Polen (4).

Friedensgefährdung: Der Alliierte Kontrollrat hatte in Art. III A III der Direktive 38 vom 12. 10. 1946 einen Straftatbestand gegen denjenigen aufgestellt, der „nach dem 8. 5. 1945 durch Propaganda für den Nationalsozialismus oder Militarismus oder durch Erfindung oder Verbreitung tendenziöser Gerüchte den Frieden des deutschen Volkes oder den Frieden der Welt gefährdet hat oder möglicherweise noch gefährdet". In der strafrechtlichen Praxis der DDR-Justiz spielte diese Bestimmung bei der Verfolgung tatsächlicher oder angeblicher Gegner des politischen Systems eine große Rolle. Durch Beschluß des sowjetischen Ministerrates vom 19. 9. 1955 verlor die Direktive 38 neben allen anderen Gesetzen, Direktiven und Befehlen des Kontrollrates ihre Gültigkeit auf dem Territorium der DDR. Bis zum 1. 2. 1958 fand auf strafwürdig empfundene Sachverhalte Art. 6 der Verfassung von 1949 Anwendung. Danach traten die Vorschriften des Strafrechtsergänzungsgesetzes in Kraft (→ **Strafrecht**). Seit dem 1. 8. 1968 fallen friedensgefährdende Handlungen unter die → **Aggressionsverbrechen** im 1. Kapitel des Besonderen Teils des Strafgesetzbuches.

Neben diesen Strafbestimmungen gilt formell weiter das Gesetz zum Schutze des Friedens (Friedensschutzgesetz) vom 15. 12. 1950 (GBl., S. 1199), das jedoch gegenüber dem neuen StGB keine zusätzlichen Straftatbestände normiert. Zuständig für eine Aburteilung nach dem Gesetz ist grundsätzlich das Oberste Gericht der DDR; der Generalstaatsanwalt kann die Anklage auch vor einem anderen Gericht erheben. Die Zuständigkeit des OG. ist auch dann gegeben, wenn die Straftat von deutschen Staatsbürgern nicht im Gebiet der DDR begangen worden ist, selbst dann, wenn der Täter dort nicht einmal seinen Wohnsitz oder Aufenthaltsort hat. Das Gesetz wurde in der strafrechtlichen Praxis nur sehr selten angewendet. Es behielt neben dem Strafgesetzbuch seine Geltung, weil es „von historischer Bedeutung ist und eine wesentliche Aussage über die Grundhaltung des ersten deutschen Friedensstaates in sich birgt" (Neue Justiz, 1967, H. 6, S. 172).

Friedensgrenze: → Oder-Neiße-Grenze.

Friedensrat der DDR: Gesellschaftliche Organisation und leitendes Organ der Friedensbewegung in der DDR. Im Mai 1949 – nach der Bildung eines Ständigen Komitees des Weltfriedenskongresses im April 1949 in Paris und Prag – konstituierte sich in Berlin ein Deutsches Komitee der Kämpfer für den Frieden. Dieses Organ der Friedensbewegung in der DDR wurde im folgenden mehrfach umbenannt: im Dezember 1950 in Deutsches Friedenskomitee, im Januar 1953 in Deutscher Friedensrat, im Juni 1963 in F. der DDR. Die Mitglieder des F. sind Vertreter des öffentlichen Lebens sowie aller Parteien und Massenorganisationen in der DDR. Präsident ist Prof. Dr. Günther Drefahl.
Proklamierte Ziele des F. sind u. a. die friedliche Koexistenz zwischen Staaten unterschiedlicher gesellschaftlicher und staatlicher Ordnung; ein System der Sicherheit und Zusammenarbeit in Europa, das von der endgültigen Anerkennung der aufgrund des Zweiten Weltkrieges entstandenen territorialen Veränderungen auszugehen habe; der Verzicht auf Androhung und Anwendung von Gewalt zur Lösung von Konflikten; absolutes Verbot des Einsatzes von Massenvernichtungsmitteln; eine Weltabrüstungskonferenz unter Teilnahme aller Staaten zur Erreichung einer allgemeinen und vollständigen Abrüstung. Der F. unterstützt die nationalen Befreiungskämpfe in der sog. Dritten Welt. Er tritt ein für nationale Unabhängigkeit jener Staaten und für Solidarisierung mit allen Bewegungen und Aktionen, die dem Kampf gegen Kolonialismus und Rassismus gelten. Der F. ist Mitglied des → **Weltfriedensrates** und seiner ständigen Organe, er unterstützt dessen Programme und Aktivitäten.
Am Weltkongreß der Friedenskräfte in Moskau im Oktober 1973 nahm eine Delegation der DDR unter Leitung Albert Nordens teil.

Friedensschutzgesetz: → **Friedensgefährdung.**

Friedensvertrag: Im Rahmen der → **Deutschlandpolitik der SED** wurde die Forderung nach Abschluß eines F. mit Deutschland als ganzem, nach Chruschtschows → **Berlin**-Ultimatum als Separat-F. mit der DDR erhoben. Die Bundesregierung hat den Abschluß eines F. ohne vorhergehende freie und geheime Wahlen in ganz Deutschland stets abgelehnt.
Seit 1965 ist diese Forderung aus dem politischen Sprachgebrauch der SED fast völlig verschwunden. Stattdessen wurde die Errichtung eines kollektiven Sicherheitssystems in Europa unter Beteiligung beider

deutscher Staaten vorgeschlagen. Gegenwärtig bezeichnet die SED die Frage eines F. als „überholt".→ **Außenpolitik.**

Friedliche Koexistenz: Auf Lenin zurückgeführter, erstmals von Stalin verwendeter und von dessen Nachfolgern in der UdSSR zum außenpolitischen Prinzip erhobener Grundsatz des friedlichen Nebeneinanderbestehens von Staaten unterschiedlicher gesellschaftlicher und staatlicher Ordnung. Im Verständnis des Marxismus-Leninismus ist FK. eine „spezifische Form des Klassenkampfes zwischen Sozialismus und Kapitalismus" auf internationaler Ebene, bei der auf allen politischen, wirtschaftlichen und sozialen Gebieten ein Wettbewerb der beiden Systeme ausgetragen wird: „FK. bedeutet die Regelung der zwischenstaatlichen Beziehungen von sozialistischen und kapitalistischen Staaten auf der Grundlage der Gleichberechtigung der Staaten, der gegenseitigen Achtung ihrer Souveränität, der territorialen Integrität, der Nichteinmischung in ihre inneren Angelegenheiten. FK. bedeutet Entwicklung ökonomischer internationaler Zusammenarbeit auf der Grundlage des gegenseitigen Vorteils und die Lösung strittiger internationaler Fragen mit friedlichen Mitteln." (Kleines Politisches Wörterbuch, Berlin [Ost], 1973, S. 242.)
Die marxistisch-leninistische Theorie bestreitet entschieden die Möglichkeit ideologisch-politischer Koexistenz. „Die Sphäre der Weltanschauung, der Philosophie, der geistigen Kultur überhaupt" sei „zur Front der härtesten ideologischen Auseinandersetzungen" geworden, erklärte K. Hager am 29. 5. 1973 auf der 9. Tagung des ZK der SED: „Auch auf kulturellem Gebiet hat sich der ideologische Kampf zwischen Sozialismus und Imperialismus weiter verschärft."
Auf derselben ZK-Tagung betonte E. Honecker, daß FK. andererseits „mehr als Nichtkrieg" sei: „Sie ist der Weg, vernünftig zusammenzuarbeiten und alle Möglichkeiten auszunutzen, die normale Beziehungen zwischen Staaten mit unterschiedlicher Gesellschaftsordnung bieten", auch wenn dadurch die Gegensätzlichkeit der Sozialsysteme ebensowenig wie der Gegensatz der Weltanschauungen aufgehoben werden könnten.
FK. soll günstige Voraussetzungen für den Sieg der sozialistischen Revolution in nichtsozialistischen Ländern schaffen.
Nach Auffassung der marxistisch-leninistischen Völkerrechtslehre sind Prinzipien der FK. im Kommuniqué der Regierungschefs Indiens und der Volksrepublik China vom 28. 6. 1954, in der Deklaration der Bandung-Konferenz afro-asiatischer Staaten vom 24. 4. 1955 („Pancha shila") und in verschiedenen Resolutionen der UN-Vollversammlung festgelegt worden. Als Ausdruck einer auf FK. gerichteten Außenpolitik gelten auch die Verträge der Bundesrepublik Deutschland mit der Sowjetunion, Polen, der ČSSR und der DDR sowie der Abschluß der Konferenz über Sicherheit und Zusammenarbeit in Europa.
Auf die Beziehungen zwischen den sich sozialistisch nennenden Staaten kann der Begriff der FK. nach Auffassung der marxistisch-leninistischen Völkerrechtsleh-

re nicht angewandt werden. Zwischen diesen Staaten gleicher gesellschaftlicher Ordnung soll das Prinzip des sozialistischen Internationalismus Anwendung finden (**proletarischer** → **Internationalismus**). Der Begriff der FK. enthält damit sowohl einen Konfrontations- („spezifische Form des Klassenkampfes") als auch Kooperationsaspekt („friedlicher Wettbewerb der Systeme"); entsprechend der jeweiligen internationalen Situation und der für ihre Bewältigung notwendigen Strategie und Taktik kann der eine oder andere Aspekt in der politischen Auseinandersetzung von der SED stärker betont bzw. heruntergestuft werden. Der Begriff FK. ist inhaltlich vergleichsweise leer, jedoch für die außenpolitische Praxis wegen seiner Ausdeutbarkeit von beträchtlichem Nutzen. Gegenwärtig scheint im sozialistischen Lager gegen den Widerstand orthodoxer Kräfte der Kooperationsaspekt der FK. eine Aufwertung zu erfahren. → **Außenpolitik; Deutschlandpolitik der SED.**

Friedrich-Schiller-Universität Jena: Entstanden aus dem am 19. 3. 1548 gegründeten Gymnasium Academicum, am 15. 8. 1557 zur U. erhoben, führt sie ihre heutige Bezeichnung seit dem 10. 11. 1934. Sie wurde nach dem Zusammenbruch als erste der Universitäten in Mitteldeutschland wiedereröffnet (15. 10. 1945). → **Universitäten und Hochschulen.**

Fünfjahrplan: Verbindliches Programm der wirtschaftlichen und sozialen Gesamtentwicklung oder einzelner Teilbereiche (z. B. → **Chemische Industrie; Gesundheitswesen; Wissenschaft**) für 5 Jahre. → **Planung.**

Funktionalismus: Ein gegen den Historismus des späten 19. Jahrhunderts (Klassizismus, Neugotik u. a.) gerichtetes Gestaltungsprinzip der → **Architektur**, das die ausschließliche Berücksichtigung des Zwecks bei der Gestaltung von Gebäuden und den Verzicht auf jede zweckfremde Formung verlangt („form follows function", L. H. Sullivan). Die Schönheit eines Gegenstandes liegt danach in der Gestaltung seiner Zweckmäßigkeit.

In der DDR wird der F. einerseits als Fortschritt gegenüber der historisierenden Architektur angesehen, besonders was das Bemühen um die Anwendung neuer Bautechnologien, Baumaterialien und industriemäßiger Produktionsweisen anbetrifft. Kritisiert wird der F. wegen seiner Tendenz zum Technizismus und zur Reduzierung der gestalterischen Mittel auf bloße Nützlichkeit (Utilitarismus). Die Funktion eines Gebäudes werde überbetont, hierdurch die Form vom Gebrauchsprozeß getrennt, bzw. der Gebrauchswert von der gesellschaftlichen Lebensweise der Menschen.

Die Architektur der DDR bemüht sich um einen F., der zwar davon ausgeht, daß die Funktion der primäre Aspekt bei der Gestaltung sein muß, der neue Techniken und Materialien möglichst rationell einsetzt, der jedoch darüber hinaus die Funktion in einem umfassenderen (gesellschaftlichen) Sinn realisieren will: nicht mehr nur in der Organisation eines Bauwerkes auf seinen Zweck hin, sondern in der Integration des Zwecks in das Leben der Gesellschaft.

Die Einschätzung des F. war in der DDR einem Wandel unterworfen und ist auch heute nicht einheitlich. Die anfangs nahezu ausschließlich negative Bewertung des F. (unhistorisch, kosmopolitisch, mechanistisch, inhuman) hat sich im Verlauf der Zeit modifiziert. Die Neubesinnung der DDR-Architekten um die Mitte der 60er Jahre war selbst vom F. geprägt, wenngleich ständig vor einer Verabsolutierung funktionellen Bauens gewarnt wird. Das liegt nicht zuletzt daran, daß durch die Typenprojektierung des industriellen Bauens in der DDR der F. der → **Architekten** nicht selten in Monotonie abgleitet. Als Gegenbewegung hierzu gibt es in der Architektur-Praxis der DDR immer wieder Beispiele für nicht-funktionales Bauen (vom Zuckerbäcker-Stil bis zur Zeichen-Architektur). → **Städtebau.**

Funktionär: → **Staatsfunktionär.**

Funkwesen: Forschung, Entwicklung und Leitung des Betriebes und der Technik des Rundfunk- und Fernsehwesens ist Angelegenheit der Deutschen Post. Für die Sende-, Übertragungs- und Studiotechnik ist das 1956 im Ministerium für Post- und Fernmeldewesen gebildete Bereich Rundfunk und Fernsehen verantwortlich. Es wurde ein leistungsstarkes Rundfunk-Sendernetz, insbesondere im UKW-Bereich, entwickelt.

Für das Errichten und Betreiben von Rundfunkempfangsanlagen, worunter Anlagen sowohl für den Hör-Rundfunk als auch für den Fernseh-Rundfunk zu verstehen sind, gilt die Rundfunkordnung vom 3. 4. 1959 (GBl. I, S. 465). → **Post- und Fernmeldewesen.**

Futtermittelwirtschaft: → **Landwirtschaft.**

G

Ganztagsschule: → **Einheitliches sozialistisches Bildungssystem,** XIV.

Gartenbau: Der G. in der DDR ist ein Wirtschaftszweig der Land- und Nahrungsgüterwirtschaft mit den Produktionsrichtungen Gemüse- und Obstbau, Zierpflanzenbau, Anbau von Sonderkulturen, Gemüse- und Blumensamenbau, Baumschulen und Landschaftsgärtnerei. Die gegenwärtige Entwicklung des G. ist durch den schrittweisen Aufbau von Großproduktionsanlagen in sämtlichen Produktionsrichtungen gekennzeichnet. Infolgedessen bestehen z. Z. Betriebe bzw. Betriebsteile sehr unterschiedlicher Größe. Träger der Produktion sind die G.-Brigaden der LPG und VEG (→ **Landwirtschaftliche Betriebsformen**), die **Gärtnerischen Produktionsgenossenschaften** (GPG), die Volkseigenen Gartenbaubetriebe und der Verband der Kleingärtner, Siedler und Kleintierzüchter (VKSK). Vorrangige Aufgabe des G. ist die Versorgung der Bevölkerung mit Gemüse und Obst. 1973 wurden nach Angaben aus der DDR pro Kopf 68,8 kg Obst (einschließlich Zitrusfrüchten und Nüssen) sowie 99,5 kg Gemüse verzehrt. Das Marktaufkommen der DDR aus eigener Erzeugung betrug 1973 240000 t Obst (14,1 kg pro Kopf) und 1,1 Mill. t Gemüse (64,7 kg pro Kopf). Außerdem werden jährlich ca. 200000 t Obst, 200000 t Südfrüchte und ca. 110000 t Gemüse (ohne Konserven und Säfte) importiert. Die Obst- und Gemüseimporte stammen zu über 80 v. H. aus den RGW-Staaten. Auch in Zukunft wird die DDR auf umfangreiche Importe angewiesen sein.

Die Umwandlung der Produktion auf Großbetriebe hat zur Folge, daß der Anbau insbesondere der arbeitsaufwendigen Kulturen (Feingemüse, Beerenobst etc.) zurückgegangen ist. Seit 1970 werden infolgedessen die im VKSK zusammengeschlossenen Kleingärtner und Siedler (1973 ca. 834000 Mitglieder) zur Obst- und Gemüseerzeugung für den Markt herangezogen. Diese Marktlieferungen betrugen 1973 ca. 142500 t. Hiervon waren die Kleingärtner und Siedler am Marktaufkommen bei Obst mit mehr als 30 v. H. und bei Gemüse zu ca. 6 v. H. beteiligt. Da der Anbau von Beerenobst besonders arbeitsaufwendig ist, sollen Kleingärtner und Siedler besonders für die Ergänzung des Marktaufkommens an Früchten dieser Art gewonnen werden.
Obstbau: Die DDR verfügt z. Z. über 42 Mill. Obstbäume, ca. 25 Mill. Beerensträucher und 3000 ha Erdbeeranlagen. Über 50 v. H. der Obstbäume und ca. 75 v. H. der Sträucher stehen in Kleingärten. Die gesamte Obstbaufläche beträgt 159000 ha LN, von denen nur etwa 60000 ha LN durch GPG, LPG und VEG bewirtschaftet werden. Diese Obstanbaufläche ging von 1963 bis 1973 um 15000 ha oder 20 v. H. zurück. Der Umfang der Baumschulflächen (zentral geleitet von VEG Saatzucht-Baumschulen Dresden) beträgt z. Z. ca. 3500 ha.

Künftig soll der Obstbau in den traditionellen Obstanbaugebieten Potsdam, Leipzig und Dresden sowie in den Bezirken Erfurt und Halle in Großanlagen konzentriert werden. Bei Neuanpflanzungen werden etwa 100 ha als Bestandsgröße angestrebt. Zur Senkung des hohen Arbeitsaufwandes werden Baumpflanzmaschinen, Pflück- bzw. Erntemaschinen und Baumschnittgeräte entwickelt bzw. eingesetzt.

Der *Gemüsebau* findet in Form der Freilandproduktion (ca. 52100 ha 1973) und in den Haus- und Kleingärten statt (ca. 120000 ha), die jedoch gleichzeitig dem Zierpflanzenbau und dem Obstbau etc. dienen. In gleicher Weise werden 300 ha Gewächshauswirtschaften nur zu ca. 45 v. H. für die Produktion von Treibgemüse herangezogen, während der größere Anteil zur Anzucht von Pflanzen bzw. zur Blumenerzeugung dient. Die Saat- und Pflanzguterzeugung umfaßt z. Z. ein Produktionsprogramm von 216 Gemüse- und 1300 Blumensorten auf ca. 10800 ha und ist ein traditioneller Exportzweig der DDR.

Erzeugt werden vor allem Weißkohl, Möhren, Rotkohl und Pflückerbsen. Wie im Obstbau soll der bisher auf Selbstversorgung innerhalb der Bezirke ausgerichtete Gemüsebau künftig auf die Versorgungszentren oder – sofern spezielle Standortansprüche bestehen – auf die günstigsten natürlichen Standorte konzentriert werden. Die Neuerrichtung von Unterglasflächen (Anlagen mit mehreren ha Größe, die von Traktoren und Lkw befahren werden können) orientiert sich ausschließlich auf die Siedlungszentren. Die günstigsten Gebiete für den Freilandbau liegen um Halle, Dresden und Magdeburg sowie bei Potsdam, im Oderbruch, um Erfurt und Quedlinburg.

Die Konzentration des Obst- und Gemüseanbaus in Großbetrieben erfordert die horizontale Zusammenarbeit mehrerer Betriebe (GPG, LPG oder VEG) in kooperativen Abteilungen der Gemüse- und Obstproduktion, die in den ausgewiesenen Anbaugebieten gemeinsam mit den Kühl- und Lagereinrichtungen, den Verarbeitungs- und Handelsbetrieben zu vertikal organisierten Kooperationsverbänden zusammengeschlossen sind.

Die Vermarktung für Frischobst und Gemüse obliegt der Wirtschaftsvereinigung Obst, Gemüse und Speisekartoffeln, die seit dem 1. 4. 1973 nicht mehr dem Verband der Konsumgenossenschaften, sondern dem Ministerium für Handel und Versorgung (→ **Binnenhandel**) unterstellt ist. Die der Wirtschaftsvereinigung angeschlossenen Betriebe sind gehalten, mit den Erzeugerbetrieben feste Vertragsbeziehungen einzugehen, die im voraus das Sortiment, die Menge und den Zeitpunkt der Lieferungen festlegen. Die Handels- und Verarbeitungsbetriebe sind verpflichtet, Überproduktionen abzunehmen. Auf diese Weise soll versucht werden, die bisherigen Mängel der Vermarktung zu vermeiden.

Sonderkulturen werden in der DDR in beträchtlichem Umfang angebaut. Unter ihnen nimmt der Anbau der *Gewürz- und Heilpflanzen* mit 5 000 ha die erste Stelle ein. Der Anbau ist in 40 Hauptanbaubetrieben in den Bezirken Halle, Magdeburg, Erfurt und Potsdam konzentriert. Insgesamt werden jährlich von ca. 100 verschiedenen Pflanzenarten 8 000 t Kräuter und Drogen erzeugt. Für die Anbauplanung ist das Staatliche Drogenkontor in Leipzig verantwortlich.

Die *Tabakanbaufläche* der DDR ist von 1961–1971 um ca. 35 v. H. auf 3 500 ha zurückgegangen. An der Produktion sind 724 Betriebe beteiligt. Die Produktion deckt den Bedarf zu etwa 30 v. H. Durch Technisierung soll der hohe Handarbeitsaufwand gesenkt und der Tabakanbau erneut ausgedehnt werden. In gleicher Weise soll der erst 1950 in die DDR-Produktion aufgenommene *Hopfenbau* von z. Z. 2 100 ha auf ca. 4 000 ha bis 1980 ausgedehnt werden. Am Anbau sind ca. 140 Betriebe in den Bezirken Erfurt, Magdeburg, Halle, Leipzig und Dresden beteiligt, die in Anbau, Forschung und Beratung durch den VEB Hopfen und Malz in Leipzig betreut werden. Mit Durchschnittserträgen von 12 dz/ha LN können z. Z. 60 v. H. des Bedarfs gedeckt werden. Durch die Anbauausdehnung soll die Selbstversorgung ab 1980 gesichert werden. Flächenmäßig ist der *Weinbau* mit ca. 450 ha Rebfläche unerheblich. Bei einem durchschnittlichen Pro-Kopf-Verbrauch von 5,3 l (1969/1973) könnte mit einer Erzeugung von ca. 14 000 hl der Bedarf zu ca. 1,4 v. H. gedeckt werden. Annähernd 1 Mill. hl werden jährlich aus Bulgarien, Rumänien, Ungarn und der Sowjetunion, in kleinen Partien auch aus Jugoslawien, Frankreich, Algerien, Österreich und der Bundesrepublik Deutschland eingeführt. Der Anbau erfolgt in GPG bzw. LPG, die in Winzergenossenschaften zusammengeschlossen sind bzw. in VEG. Er ist aufgrund der hohen Standortansprüche auf die Räume Freyburg/Unstrut (Winzergenossenschaft Freyburg, 400 Mitglieder, 240 ha Rebfläche) und Naumburg/Saale (VEB Bad Kösen, 30 ha) sowie auf das Elbtal (Winzergenossenschaft Meißen, rd. 100 ha und VEB Radebeul, rd. 80 ha) zwischen Meißen und Dresden beschränkt. Die Anbaufläche soll bis 1985 um rd. 250 ha ausgedehnt werden.

An der Gartenbauforschung sind u. a. folgende Institute der → **AdL** beteiligt:

Institut für Gemüseproduktion in Großbeeren bei Berlin,

Institut für Obstforschung in Dresden-Pillnitz mit Außenstelle in Borthen,

Institut für Pflanzenschutzforschung in Kleinmachnow bei Berlin,

Institut für Züchtungsforschung in Quedlinburg (Abt. Naumburg).

Außerdem bestehen an der Humboldt-Universität Berlin (Ost) Forschungsbereiche für Zierpflanzenproduktion, Bodenfruchtbarkeit und Technik. An der Überführung der Forschungsergebnisse in die Praxis wirken mit:

die Zentralstelle für Sortenwesen in Nossen (Sachsen) und in Marquardt/Potsdam, der VEB Saatzucht Zier-

pflanzen mit vier Betriebsteilen (Barth bei Stralsund, Dresden, Quedlinburg und Weixdorf bei Dresden) und das VEG Staatzucht Baumschulen Dresden mit elf Betriebsteilen (Dresden-Tolkewitz, Ketzin, Berlin-Baumschulenweg, Magdeburg, Weimar, Leipzig, Gotha, Frankfurt, Leutersdorf, Blankenburg und Klein-Zetelvitz).

Die gärtnerische Berufsausbildung entspricht dem landwirtschaftlichen Ausbildungswesen. Lehr- und Versuchsgüter der AdL bestehen in Großbeeren und Tornau-Püsendorf, eine Ingenieurschule für Gartenbau besteht in Werder (Gartenbauingenieur). Die Hochschulausbildung findet an der Sektion Gartenbau der Humboldt-Universität Berlin (Ost) statt (Hochschulgartenbauingenieur).

Gärtnerische Produktionsgenossenschaft: → **Gartenbau.**

Gastarbeiter: Ausländische → **Arbeitskräfte.**

Gaststättengewerbe: → **Hotel- und Gaststättengewerbe.**

GDSF: Abk. für → **Gesellschaft für Deutsch-Sowjetische Freundschaft.**

Gebrauchsmuster: → **Patentwesen; Sozialistischer Wettbewerb.**

Geburtenbeihilfen: Frauen erhalten bei der Geburt jedes Kindes eine Beihilfe in Höhe von 1 000 Mark. Sie wird in Teilbeträgen von 150 (nach der 28. Schwangerschaftswoche), 750 (nach der Geburt) und viermal je 25 Mark in den ersten vier Monaten nach der Geburt dann gezahlt, wenn die Schwangere vor der Geburt in bestimmten Abständen die Schwangerenberatungsstelle und später die Wöchnerin mit dem Säugling die Mütterberatungsstelle aufsucht.

Der Erfolg dieser Maßnahme ist unter gesundheitspolitischem Aspekt beachtlich: 1972 lag die Säuglingssterblichkeit (im ersten Lebensjahr gestorbene) mit 1,8 v. H. noch unter der im internationalen Standard ebenfalls niedrigen Kennziffer der Bundesrepublik Deutschland (3,3 v. H.). → **Kinderbeihilfen.**

Gedenkstätten: Gedenkstätten der → **Arbeiterbewegung; Nationale Gedenkstätten.**

Gedenktage: → **Feiertage.**

Geflügelwirtschaftsverband: Bisher einziger Wirtschaftsverband, der nach Ziff. 69 des „Musterstatutes für kooperative Einrichtungen der LPG, VEG, GPG sowie der sozialistischen Betriebe der Nahrungsgüterwirtschaft und des Handels" vom 1. 11. 1972 gegründet wurde. (GBl. I, Nr. 30, vom 5. 7. 1973). Ein Verbandsstatut wurde am 26. 4. 1973 erarbeitet (vgl. VuM des Ministers für Land-, Forst und Nahrungsgüterwirtschaft Nr. 7/1973).

Der G. hat die Eier- und Geflügelfleischproduktion in Betrieben mit einer Mindestkapazität von 1 000 t Geflügelfleisch pro Jahr bzw. 100 000 Plätzen für Legehennen zu organisieren. Im einzelnen gehören zu den Aufgaben des G.: die Realisierung der Planziele bzw. Sicherung einer bedarfsgerechten Versorgung der Bevölkerung, die Leitung der Zusammenarbeit aller am Verband beteiligten Betriebe, Förderung des Überganges weiterer Betriebe zur industriemäßigen Produktion, die bei Erreichung der Mindestkapazität in den Verband aufgenommen werden sollen, die Koordination der Betriebspläne, die Sicherung der materiell-technischen Versorgung der Betriebe, die Verwaltung eigener Fonds, die Organisation des sozialistischen Wettbewerbes sowie die Verbesserung der Arbeits- und Lebensbedingungen der Beschäftigten.

Die Besonderheit des G. besteht darin, daß er Betriebe mit unterschiedlichen Eigentumsformen (→ **Landwirtschaftliche Betriebsformen**) umfaßt, für deren Leitung verschiedene staatliche Organe verantwortlich sind. Der G. hat das Recht, auf die Entwicklung von Betrieben, die nicht Mitglieder des Verbandes sind, einzuwirken und eigene Betriebe zu errichten.

Im Mai 1973 gehörten dem G. 54 Betriebe an. Hiervon waren:

18 VEB KIM (Kombinate für Industrielle Mast), Leitungsorgan: VVB Industrielle Tierproduktion des Staatlichen Komitees für Aufkauf und Verarbeitung (SKAV) beim Ministerium für Land-, Forst- und Nahrungsgüterwirtschaft (MfLFN);

1 VEB Binnenfischerei (Entenmast; → **Fischwirtschaft**, Binnenfischerei), Leitungsorgan: VVB Binnenfischerei beim SKAV des MfLFN;

7 VEG, Leitungsorgan: Ldw. Produktionsleitung beim Rat des jeweiligen Bezirkes;

17 KOE, (Kooperative Einrichtungen, ZGE/ZBE), Leitungsorgan: Ldw. Produktionsleitung beim Rat des jeweiligen Kreises;

8 LPG, Leitungsorgan: Ldw. Produktionsleitung beim Rat des jeweiligen Kreises.

Darüber hinaus gehörten ein technischer Ausrüstungs- und zwei Zuchtbetriebe zum G. Insgesamt erzeugten die Betriebe des Verbandes 1973 bei Eiern 45 v. H. und bei Geflügelfleisch 22 v. H. des gesamten Marktaufkommens.

Der Gründungsanordnung und dem Musterstatut zufolge bestehen beim G. folgende Gremien und Organe:

1. Verbandstag. Er wird als höchstes Organ bezeichnet, verfügt über Beschlußrechte bezüglich der Statutenänderung oder -ergänzung und soll mindestens zweimal jährlich tagen. Beratungsaufgaben liegen auf dem Gebiet der Planerstellung und -erfüllung; er soll Konzeptionen für den weiteren Aufbau der Geflügelwirtschaft entwickeln. Er hat die Jahresabschlußdokumente zu bestätigen und den Verbandsrat zu wählen.

2. Der Verbandsrat umfaßt 21 Vertreter, die in ständigen oder zeitweiligen Arbeitsgruppen als ständige Beratungsorgane des Vorsitzenden in Fragen der praktischen Arbeit der Mitgliedsbetriebe arbeiten (Zuchtfragen, Be- und Verarbeitung der Produkte, Aus- und Weiterbildung, Veterinärwesen).

3. Der Vorsitzende wird wie der Hauptbuchhalter vom Minister für Land-, Forst- und Nahrungsgüterwirtschaft berufen und ist diesem rechenschaftspflichtig. Der Vorsitzende verfügt jedoch grundsätzlich über kein Weisungsrecht gegenüber den Betrieben. Diese erhalten nach wie vor ihre Planauflagen von unterschiedlichen Organen (VVB Industrielle Tierproduktion bzw. Fischwirtschaft, Produktionsleitungen der verschiedenen Bezirke und Kreise). Aufgabe des Vorsitzenden bzw. des Verbandes ist es, „nach den bewährten Prinzipien der sozialistischen Demokratie" koordinierend auf die Planerfüllung Einfluß zu nehmen.

Die Bedeutung des G. liegt darin, daß regionale Ungleichgewichte in der Produktion ausgeglichen werden, daß – in Anbetracht des bereits erreichten Konzentrationsgrades und des beabsichtigten weiteren Aufbaus industriemäßig produzierender Betriebe – die gesamte Geflügelwirtschaft in einem Verband zusammengefaßt wird und einer Leitung untersteht.

Da der schrittweise Aufbau industriemäßig produzierender Betriebe für sämtliche Zweige der Landwirtschaft vorgesehen ist, trägt der G. Modellcharakter; gegebenenfalls kann diese Organisationsform auch auf andere Produktionszweige (Schweinemast, Gartenbau etc.) übertragen werden.

Gegenplan: → **Sozialistischer Wettbewerb; Planung.**

Gehaltsgruppenkatalog: → **Wirtschaftszweig-Lohngruppenkatalog.**

Geld: → **Währung.**

Geld im Sozialismus

Die Marxsche Geldlehre – Sozialistische Geldtheorie – Wesen und Funktionen des Geldes – Kritik der sozialistischen Geldtheorie – Geldschöpfung – Kaufkraft

I. Die Marxsche Geldlehre

Ausgangspunkt aller Interpretationen der Aufgaben des G. in sozialistischen Staaten ist die Marxsche Geldlehre. Die Kategorien Ware und Geld sind nach Marx Produkte bestimmter historischer → **Produktionsverhältnisse**, mit denen sie kommen und wieder verschwinden. Das G. bildet sich als charakteristische Kategorie im Kapitalismus aus dem diesem in-newohnenden Widerspruch. Denn eine Gesellschaftsordnung, die auf Privateigentum an → **Produktionsmitteln** und Markttausch der Güter beruht, ist nach Marx durch den Doppelcharakter der Arbeit als „individuelle" und „gesellschaftliche" Arbeit und die Doppelnatur der Ware als „Gebrauchswert" und „Tauschwert" gekennzeichnet. Dieser Grundwiderspruch wird durch die gesellschaftliche Anerkennung der in den Waren enthaltenen individuellen Arbeit aufgehoben.

Die entscheidende Rolle bei der Transformation der unmittelbar individuellen Arbeit in gesellschaftliche Arbeit spielt das G. in seiner Rolle als „allgemeines Äquivalent". „Indem das Geld die in den Waren enthaltene Arbeit indirekt mißt, ist es das stoffliche Maß der Arbeit." Das G. ist damit das Charakteristikum einer → **Gesellschaftsordnung**, in der die individuelle Arbeit noch Privatarbeit ist und nicht unmittelbar gesellschaftliche Arbeit darstellt. Die individuelle Arbeit muß erst durch die geldwirtschaftlichen Beziehungen über den Markt ihre gesellschaftliche Anerkennung finden.

Mit dem Übergang zur unmittelbaren gesellschaftlichen Produktion und Zirkulation, d. h. mit der Beseitigung des Warencharakters der Produkte wird daher auch die Kategorie G. verschwinden, denn das G. ist „ein notwendiges Produkt der Warenproduktion und unlösbar mit ihr verbunden".

Eine Ware wurde nach Marx im historischen Prozeß zu G., weil die Arbeitsprodukte zu Waren wurden. Der Marxismus betrachtet demnach das G. als Ware, die sowohl einen Gebrauchswert als auch einen Tauschwert, also „die in der Ware verkörperte gesellschaftliche Arbeit der Warenproduzenten" besitzt. G. wird zur allgemeinen Verkörperung dieses Wertes, da die zur Produktion der G.-Ware aufgewendete individuelle Arbeit als unmittelbar gesellschaftliche Arbeit anerkannt wird. Das G. hat damit im Gegensatz zu allen anderen Waren, die nur ihren besonderen Gebrauchswert besitzen, einen allgemeinen Gebrauchswert erhalten. „Mit Geld kann man alle anderen Waren kaufen, während alle anderen Waren erst ihren Wert in Geld ausdrücken, sich in den Preis verwandeln müssen", ehe sie verkauft, d. h. als gesellschaftliche Arbeit anerkannt werden. Das G. selbst benötigt diese Transformation nicht, da es unmittelbar gesellschaftliche Arbeit verkörpert. Das G. hat daher keinen Preis (→ **Wert- und Mehrwerttheorie**).

Die G.-Ware übernimmt damit die Rolle des „allgemeinen Äquivalents". Im Lauf des geschichtlichen Prozesses kam diese Funktion den verschiedensten Waren zu. Erst mit der Zeit übernahmen die Edelmetalle diese Rolle allein, wobei das Gold im Vordergrund stand. Daß die Edelmetalle die Funktion der G.-Ware übernommen haben, wird auf die besondere Eigenschaft dieser Produkte zurückgeführt: Die Qualität ihrer Teile ist gleichförmig, alle Teile sind damit unterschiedslos, sie lassen sich gut teilen, leicht transportieren und aufbewahren.

Die Gesamtheit der G.-Funktionen kann nach Marx aber nur vollwertiges G., also das Edelmetall selbst, ausüben, da nur in ihm die unmittelbar gesellschaftliche Arbeit verkörpert ist. Nur durch den damit anerkannten unmittelbaren gesellschaftlichen Wert wird jede Ware gegen diese spezielle G.-Ware getauscht. Da die Austauschverhältnisse der Waren ihrem Wert, d. h. der in ihnen verkörperten gesellschaftlichen Arbeit entsprechen, muß das G. vollwertig sein, d. h. ein bestimmtes Quantum gesellschaftlicher Arbeit enthalten. Nach Marx tritt demnach „Gold den anderen Waren nur als Geld gegenüber, weil es ih-

nen bereits vorher als Ware gegenüberstand". Unterwertiges Münz-G. und Papier-G. sind nach der Marxschen Theorie daher lediglich G.-Zeichen, die keinen eigenen Wert haben und die in der Zirkulation nur eine bestimmte Menge Edelmetalle vertreten. Sie können das G. aber nur beschränkt vertreten, und zwar in seiner Funktion als Zirkulations- und Zahlungsmittel. Die übrigen drei von Marx angegebenen Funktionen des G., als Wertmaßstab, als Schatzbildungsmittel und als Welt-G. zu dienen, können sie nicht übernehmen. Diese bleiben dem vollwertigen G. (reelles G.), also der G.-Ware (Gold) vorbehalten. Denn als wirkliches G. kann G. nur in der Einheit seiner Funktion als Maß der Werte und Zirkulationsmittel fungieren. Die Marxsche G.-Theorie trägt demnach stark metallistische Züge.

Die entscheidende Funktion, von der alle anderen Funktionen abhängen, ist die, als „Maß der Werte" zu dienen; mit dessen Hilfe werden die Warenwerte in Preise verwandelt. Dadurch wird Warentausch erst möglich. Der Preis ist demnach der G.-Ausdruck des Wertes der Ware.

In der Marxschen Lehre ist dennoch die Existenz des G. unmittelbar mit der Existenz von Warenproduktion und -zirkulation verbunden. Es wird verschwinden, wenn es keine Warenproduktion mehr gibt. Bei diesem von der Marxschen Theorie abgeleiteten Zusammenhang von G. und Produktionsverhältnissen ist die Frage nach dem Absterben des G. gleichzeitig die Frage nach der Wandlung der Eigentumsordnung.

Zahlreiche Anhänger des Sozialismus glaubten daher, daß mit der Beseitigung der kapitalistischen Produktionsverhältnisse der Zeitpunkt des Verschwindens der Kategorien Ware und G. gekommen sei. Der Mensch könne dann von der „Herrschaft des Geldes" befreit werden, was der sozialphilosophischen Forderung der sozialistischen Idee entgegenkommt.

II. Historische Entwicklung der sozialistischen Geldtheorie

Die historische Entwicklung der sozialistischen G.-Theorie ist von einem zunächst zögernden, dann jedoch radikalen Positionswechsel hinsichtlich der Existenz und Berechtigung der Kategorien G. und Ware in einer sozialistischen Wirtschaft gekennzeichnet.

Während der russischen Revolution herrschte aufgrund der Marxschen G.-Lehre die Ansicht vor, daß Ware-Geld-Beziehungen mit der sozialistischen Wirtschaft nicht vereinbar seien. Bucharin nahm sogar an, daß diese Kategorien bereits in der Übergangsperiode verschwinden würden. Mit der Vernichtung des Warensystems würde ein Prozeß der „Selbstverneinung des Geldes" einhergehen.

Die Demonetisierung der Wirtschaft und der Übergang zum direkten Tausch im Kriegskommunismus

wurde daher nicht als Übel, sondern als willkomme-
nes Zeichen des Anbruchs der sozialistischen Gesellschaft angesehen.

Erst aufgrund der auftretenden wirtschaftlichen
Schwierigkeiten leitete Lenin mit der NEP die Remonetisierung der Sowjetwirtschaft und damit auch
die Restaurierung der Kategorien Ware und G. ein.
Jedoch betrachtete er diese erzwungene Entwicklung als einen Rückschritt auf dem Wege zum Sozialismus. Die Ware-Geld-Beziehungen waren auch bei
ihm ihrem Wesen nach dem Sozialismus fremd.

Das Vorhandensein dieser an sich ,,kapitalistischen
Kategorien'' im Sozialismus hätte jedoch einer theoretischen Klärung bedurft, die unterblieb. Lenin
nannte als einzige Erklärung für das weitere Bestehen von Ware-G.-Beziehungen die noch bestehenden privatwirtschaftlichen Elemente der Wirtschaft
(Bauern, kleine Warenproduzenten, Händler usw.).
Eine sozialistische G.-Theorie wurde nicht entwik-
kelt.

Auch Stalin teilte zunächst diesen Standpunkt. Trotz
der zunehmenden Bedeutung des G. in der Sowjet-.
wirtschaft hielt man an der Überzeugung fest, daß
diese kapitalistischen Kategorien nur Übergangser-
scheinungen im Sozialismus seien.

Anfang der 30er Jahre nahm dann Stalin eine veränderte Position ein. Ware und G. wurden von ihm
zwar immer noch als ,,kapitalistische Kategorien''
betrachtet, gleichzeitig hätten sie aber auch einen sozialistischen Charakter. Der Sozialismus habe sich
dieser Kategorien bemächtigt, um den Sowjethandel
optimal zu entfalten. Sie würden genutzt, um den direkten Produktionsaustausch, also den echten Sozialismus vorzubereiten.

Jedoch unterblieb zu diesem Zeitpunkt und auch
nach 1936, als der ,,Sieg des Sozialismus'' erklärt
wurde, eine weitere Klärung der Stellung der Warenproduktion und des G. im Sozialismus, obwohl
nach der marxistischen Lehre bei dem gleichzeitig
proklamierten Verschwinden der antagonistischen,
feindlichen Klassen die Kategorien Ware und G.
hätten verschwinden müssen. Stalin behauptete nur,
daß ,,auch in der Periode des Sieges des Sozialismus
auf allen Gebieten der Wirtschaft die Warenproduktion und das Geld bestehen'' bleiben.

Nach dem Zweiten Weltkrieg wies Stalin erneut die
Auffassung von Engels zurück, im Sozialismus hätten die Warenproduktion und das G. keine Existenzberechtigung. Nach seiner Darlegung ging Engels
dabei von einer hochentwickelten Volkswirtschaft
aus, in der alle Sphären vom Kapitalismus durchdrungen seien. In der Sowjetunion sei dies aber noch
nicht der Fall, und deshalb könnten nicht alle Produktionsmittel in Volkseigentum überführt werden.
(Ähnlich wurde in den übrigen sozialistischen Ländern argumentiert.)

Den Eigentumsverhältnissen kam damit wieder die
zentrale Stellung bei der Klärung des Standes und

der Entwicklung der Ware-G.-Beziehungen im Sozialismus zu. Das Vorhandensein von Ware-G.-Be-
ziehungen wird von Stalin nun auf die Existenz von
zwei verschiedenen, wenn auch sozialistischen Ei-
gentumsbereichen (staatlicher und kollektivwirt-
schaftlicher) zurückgeführt. So entstand die ,,Zwei-
Bereichs-Lehre''. Danach haben die Produktionsmittel beim Umlauf im staatlichen Sektor innerhalb
des Landes keinen Warencharakter, da bei ihrem
Austausch kein Eigentumswechsel stattfindet. Sie
sind damit auch aus dem Wirkungsbereich des Wertgesetzes herausgetreten und behalten ,,nur die äußere Hülle von Waren''. Demgegenüber haben die Erzeugnisse der genossenschaftlichen Produktion Warencharakter, da sie beim Austausch gleichzeitig die
Eigentümer wechseln. ,,Der Warebegriff weicht
demnach von Marx ab, der vornehmlich die Entste-
hungsseite berücksichtigt – produktisolierter Produzenten –, während Stalin die Verwendungsseite, und
zwar den Eigentumswechsel als konstitutives Merkmal der Ware heranzieht.''

Stalin vollzog damit einen entscheidenden Schritt:
Ware und G. sind nicht mehr ausschließlich kapitalistische Kategorien, sondern werden in die Sowjet-
ökonomie aufgenommen. Jedoch glaubte auch Stalin, daß mit der Schaffung eines einheitlichen Eigentums, also der Überführung des genossenschaftlichen Eigentums in Staatseigentum, Ware und G. als
Kategorien des Sozialismus verschwinden werden.
Aber auch die ,,Zwei-Bereichs-Lehre'' brachte keine Klärung des Wesens und der Funktionen des G.
im Sozialismus. Vor allem war nicht klar, ob der Wirkungsbereich des G. auf den Warenbereich beschränkt bleibt, oder ob er darüber hinausgeht.

Aus der engen Verbindung von Ware und G. im
Marxismus wäre abzuleiten gewesen, daß der Funk-
tionsbereich des G. auf den Warenbereich beschränkt bleibt. Nach allgemeiner Ansicht ging der
Wirkungsbereich des G. jedoch über den Bereich
des Warentausches hinaus und umfaßte auch den
Nichtwarenbereich (den Bereich, bei dem die Produkte beim Besitzwechsel keinen Eigentumswechsel
vollziehen – vor allem der Produktionsmittel-
bereiche). Daraus ergaben sich Schwierigkeiten bei
der widerspruchsfreien Begründung der Existenz
des G. im Nichtwarenbereich.

Aus dieser Problematik entwickelte sich in Osteuropa eine Diskussion über das ,,Sowjetgeld''. Grundsätzliche Beiträge kamen u. a. von S. Atlas und J.
Kronrod in der Sowjetunion, sowie A. Lemmnitz in
der DDR.

S. Atlas, dessen Konzeption des ,,Sowjetgeldes'' die
Diskussion eröffnete, stellte die uneingeschränkte
Übertragung der Marxschen Kategorien auf die sozialistischen Wirtschaften in Frage. Er entwickelte
eine für die spezifischen Bedingungen des sozialistischen Übergangswirtschaft konzipierte G.-Theorie.
Wie die Warenproduktion im Sozialismus ihren In-

halt gegenüber dem Kapitalismus geändert hätte, so habe auch das G. im Sozialismus eine Änderung erfahren. „Das Sowjetgeld bringt die sozialistischen Produktionsverhältnisse . . . zum Ausdruck. Es ist eine alte Form mit neuem Inhalt." Es ist daher nicht mehr das Marxsche allgemeine Äquivalent, sondern ein „allgemeines Äquivalent besonderer Art". Das G. habe im sozialistischen Sektor nicht mehr die Funktion, die unmittelbar private Arbeit im Marktprozeß in gesellschaftliche Arbeit zu verwandeln, sondern soll „den Austausch der Arbeitsprodukte zwischen den beiden Produktionssektoren der sozialistischen Gesellschaft" vermitteln.

Atlas kommt somit in seiner Konzeption zu zwei Formen des G., erstens zu dem G. als „dem allgemeinen Äquivalent" des Warenbereichs (Konsumgütersektor) und dem besonderen G. des Nicht-Warenbereichs, wobei er diesem keine volle G.-Qualität zuerkennt. Sein Charakter bestehe darin, als Instrument der staatlichen Kontrolle über die Produktion und Verteilung der materiellen Güter zu dienen. Die Wertmaßfunktion existiere nur noch formal, praktisch sei sie aber aufgegeben. An ihre Stelle trete die aus der „bürgerlichen" Theorie bekannte Funktion der Recheneinheit, die mit der Marxschen Theorie nur schwer vereinbar sei. Atlas schreibt: „Es ist daher unzweckmäßig, in diesem Falle die Funktionsbezeichnungen zu gebrauchen (. . .), deren sich Marx im ‚Kapital' bediente. Unserer Auffassung nach sollte man in diesem Falle einfach von der Funktion des Sowjetgeldes als eines zwischenbetrieblichen Verrechnungsmittels der sozialistischen (staatlichen) Betriebe sprechen." Atlas bewegt sich damit in Richtung einer nominalistischen G.-Theorie; denn er will auch die übrigen Marxschen G.-Funktionen im Sinne reiner Recheneinheiten uminterpretieren. Diese Konzeption Atlas' wurde allgemein abgelehnt.

Kronrod bestritt die These, daß das G. des Warenbereichs sich in seinem Wesen grundsätzlich vom Nicht-Warenbereich unterscheide; Waren- und Nicht-Warenbereich sind nach ihm gleichwertige G.-Bereiche. In allen Bereichen im Sozialismus sei vollwertiges G. erforderlich, seine Funktion als allgemeines Äquivalent sei daher auch nicht eingeschränkt. Der Form nach bleiben bei ihm „die Geldfunktionen als Wertmaß, als Zirkulationsmittel, als Zahlungsmittel usw. erhalten", allerdings habe sich ihr gesellschaftlicher Inhalt grundlegend geändert. Nur die Funktion als Zirkulationsmittel sei auf den Wirkungsbereich der Warenproduktion beschränkt. Die Wertmaßfunktion übt das G. in beiden Bereichen aus, obwohl die von Marx genannten Bedingungen im Produktionsmittelbereich nicht mehr gegeben seien. Seine These, daß das G. in beiden Bereichen als „allgemeines Äquivalent" auftritt, wodurch er die nicht-marxistische Trennung des G. von der Ware und

dem Wert vornimmt, begründete er mit der Theorie Stalins, daß die Nicht-Waren noch eine „äußere Warenhülle" trügen. Indem er aber daraus die Existenz „wirklichen Geldes ableitet", stellte er die Nicht-Waren den Waren völlig gleich – eine wenig befriedigende Lösung.

Nach Stalins Tod setzte eine entscheidende Wende ein. Die „Zwei-Bereichs-Lehre" wurde verworfen und im Rahmen der Wertgesetzdebatte auch den Produktionsmitteln, obwohl bei ihrem Austausch kein Eigentumswechsel stattfindet, Warencharakter zuerkannt. Als entscheidende Ursache für ihren Warencharakter wird nun die „gesellschaftliche Arbeitsteilung" und die „relative ökonomische Selbständigkeit der volkseigenen Betriebe" angesehen. Da nun praktisch allen Produkten im Sozialismus Warencharakter zugestanden wurde, waren keine schwerfälligen Konstruktionen zur Rechtfertigung der Existenz und der Funktionen des G. im Nicht-Warenbereich mehr erforderlich. Allein aus dem Warencharakter der Produkte ließ sich nun das G. und seine Funktionen im Sozialismus begründen. Im Lehrbuch der politischen Ökonomie (1959) hieß es daher: „Die Notwendigkeit des Geldes in der sozialistischen Gesellschaft ist durch das Vorhandensein der Warenproduktion und des Wertgesetzes bedingt." Die strengen Marxschen Kategorien wurden damit verlassen. Für die Diskussion im Rahmen der Wirtschaftsreformen, in denen monetären Größen eine zunehmende Bedeutung eingeräumt wurde, war damit ein bedeutendes Hindernis beiseite geräumt.

Möglicherweise noch durch die alte Trennung von Waren- und Nicht-Warenbereich beeinflußt, unterscheidet man nun „zwei Sphären des Geldumlaufs", nämlich den Bargeld- und Buchgeldsektor.

Im Rahmen der sozialistischen G.-Theorie wird gegenwärtig das Verschwinden des G. im Sozialismus nicht mehr behauptet. Es wird vielmehr eine Festigung der sozialistischen G.-Beziehungen gefordert. Erst im Endzustand des Kommunismus soll nun die G.-Kategorie verschwinden. Der historische Zeitpunkt für das Verschwinden des G. wurde also erneut wesentlich hinausgeschoben.

III. Wesen und Funktionen des Geldes im Sozialismus

Das G. im Sozialismus ist nach heutiger Auffassung sozialistischer Theoretiker begrifflich zwar mit dem G. der vorsozialistischen Wirtschaftsordnung identisch, der Inhalt seiner Funktionen erfährt aber Wandlungen, und das ändert sein Wesen bei der Anpassung an die Entwicklung der sozialistischen Wirtschaft „von Grund aus". Nach sozialistischer Terminologie wurde es nicht mehr zu Kapital, in dessen Form es die Aneignung fremder, unbezahlter Arbeit vermittelt und damit der Ausbeutung der Werktätigen dient, sondern im Sozialismus ist das G. ein „Instrument zur bewußten Ausnutzung des Wertgesetzes in der Planung der Volkswirtschaft, der Berechnung, Kontrolle und Verteilung des gesellschaftlichen Gesamtproduktes sowie Maß der Arbeit und des Verbrauchs".

Die G.-Funktionen sind die konkreten Formen, in denen das Wesen des G. in Erscheinung tritt und durch die es seine Rolle als „allgemeines Äquivalent" verwirklicht. Nach sozialistischer Auffassung ähneln sich die G.-Funktionen oberflächlich zwar in den unterschiedlichen Gesellschaftsformationen, ihr sozialer Inhalt ist in den einzelnen Gesellschaftsordnungen jedoch wesentlichen Veränderungen unterworfen. Die Marxsche Aufzählung der G.-Funktionen des Kapitalismus und die begriffsbestimmenden Funktionen im Sozialismus zeigen diese formale Ähnlichkeit:

Geldfunktionen
im Kapitalismus

im Sozialismus

1. Maß der Werte
1. Wertmaß
2. Zirkulationsmittel
2. Zirkulationsmittel
3. Zahlungsmittel
3. Zahlungsmittel
4. Mittel der Schatzbildung
4. Mittel der sozialistischen Akkumulation sowie Sparmittel der Werktätigen
5. Weltgeld
5. Mittel für die internationalen Verrechnungen

Die Gegenüberstellung der G.-Funktionen im Sozialismus und Kapitalismus, so wie sie von den sozialistischen Theoretikern dargestellt werden, zeigt demnach nur bei der 4. Position (Schatzbildung bzw. soz. Akkumulations- und Sparmittel) eine wesentliche Abweichung. Gleichzeitig wird von der östlichen Theorie dem G. im Sozialismus aber eine entscheidende Globalfunktion zugewiesen: Es soll „der planmäßigen Organisierung und Entwicklung des gesamten sozialistischen Reproduktionsprozesses dienen, das Geld soll also Organisationsgrundlage der sozialistischen Wirtschaft, ein Mittel ihrer Planung und Kontrolle, ferner der planmäßigen Verteilung des Sozialproduktes bzw. der planmäßigen Umverteilung des Volkseinkommens sein". Es ist demnach vornehmlich Hilfsinstrument der Planung und Leitung der Volkswirtschaft mit weitgehend passivem Charakter.

„Das G. in der sozialistischen Wirtschaft ist (also) vor allem die Rechnungseinheit der volkswirtschaftlichen Bilanz." Das G. stellt gewissermaßen eine Anweisung auf die verschiedenen Posten dieser Bilanz dar.

Die einzelnen Funktionen des G. werden wie folgt beschrieben:

A. Geld als Maß der Werte und Maßstab der Preise

Da das G. das „allgemeine Äquivalent" der Warenproduktion darstellt, ergibt sich die grundlegende gesellschaftliche Funktion des G., „Maß der Werte" und „Maßstab der Preise" zu sein. Mit Hilfe des G. können sich „die Warenwerte als gleichnamige, qualitativ gleiche und quantitativ vergleichbare Größen darstellen". Zwar sind die Waren an sich schon kommensurabel, da sie alle Werte vergegenständlichter abstrakter Arbeit darstellen. Da aber die konkrete Arbeit der Warenproduzenten unterschiedliche Mengen gesellschaftlicher Arbeit darstellen, bei der isolierten Produktion in der Warenwirtschaft die in den Produkten enthaltenen Mengen gesellschaftlich notwendiger Arbeit jedoch nicht direkt gemessen werden können, kann der Wert der Ware nicht unmittelbar in Zeiteinheiten ausgedrückt werden. (Dasselbe gilt bei den Arbeitsteilungen in der sozialistischen Wirtschaft und der dadurch hervorgerufenen isolierten Produktion der Produktionseinheiten für die Produktionsmittel, deren Warencharakter daraus abgeleitet wird.) Es bedarf daher einer indirekten Messung, die mit Hilfe des G. erfolgt. Das G. kann diese Funktion nach sozialistischer Auffassung nur als vollwertiges G. (Gold) erfüllen. Denn nur in dieser Form ist es selbst Ware und besitzt damit einen Wert, der zudem unmittelbar gesellschaftliche Arbeit darstellt. Zwar übt das G. diese Funktion ideell, d. h. als vorgestelltes G. aus; dieses ist meist jedoch nur auf der Basis real existierenden G. (des Goldes) möglich.

Die Messung des Wertes der Ware erfolgt somit in einem bestimmten Quantum der G.-Ware Gold, d. h. in der G.-Einheit, die als Quantum der G.-Ware festgelegt wird (Münzfuß).

Der in G. ausgedrückte Wert der Waren ist der Preis. Unter dem Maßstab der Preise ist demnach eine Menge G.-Ware zu verstehen, die als Maßeinheit für die Preise gilt.

In dieser Funktion stellt das G. ein wichtiges Instrument der sozialistischen Wirtschaft dar. Das G. erlaubt dadurch, die verschiedenen Leistungen der sozialistischen Wirtschaft auf einen gemeinsamen Nenner zu bringen und schafft damit die Voraussetzung für die praktische Lösung der Wirtschaftsrechnung. Damit ist es auch wesentliches Element der wirtschaftlichen Rechnungsführung. Mit der neben der Naturalplanung erfolgenden Finanzplanung, die einen umfassenden Charakter besitzt, werden die Produktionsselbstkosten und der Wert der Produkte planmäßig erfaßt und die geplanten mit den faktischen Aufwendungen verglichen.

Das G. dient so der Planung der Selbstkosten der Produktionseinheiten und der Finanzströme (Lohnzahlungen, Abführungen an den Staatshaushalt u. a.).

Die so beschriebene Funktion des Wertmaßes entspricht aber der Funktion einer Recheneinheit. Lange Zeit beharrte aber die sozialistische Theorie auf der Anschauung, daß das G. seine Funktion im Rahmen der wirtschaftlichen Rechnungsführung nur als goldabhängiges Wertmaß und nicht als goldunabhängige Recheneinheit erfüllen könne. Erst in letzter Zeit wurde „die Uminterpretation der Wertmaßfunktion zur Recheneinheit ... offiziell sanktioniert; beide Funktionen rangieren gleichmäßig nebeneinander".

In der Realität erfüllt das G. im Sozialismus seine Funktion als Wertmaß und Tauschmittel allein aufgrund seiner allgemeinen Annahme, die entweder aufgrund seines Charakters als gesetzliches Zahlungsmittel oder wegen des relativ stabilen G.-Wertes erfolgt, und nicht durch die formal vorhandene Bindung der sozialistischen Währungen an einen fiktiven Goldgehalt. Die meisten sozialistischen Länder (mit Ausnahme der UdSSR) verfügen über wenig Goldvorräte. Zur Ausübung der Goldfunktion würden sie auf keinen Fall ausreichen.

Die Kaufkraft und Wertbeständigkeit der sozialistischen Währungen wird durch das Gleichgewicht der in G.-Einheiten ausgedrückten volkswirtschaftlichen Planung erreicht. Die Bestimmung des G.-Wertes erfolgt in der Praxis ohne Berücksichtigung des Goldes und seines Wertes. Dies gilt auch für die Sowjetunion, wo vielfach noch von einer 25prozentigen Golddeckung gesprochen wird. S. Varga meint daher, es sollte die an dem „für eine überholte Geschichtsperiode gültigen Unterbau" ausgerichtete Interpretation, daß die Wertmaß- und Rechenfunktion des G. durch die Bindung an die Goldware erfüllt würde, endlich aufgegeben werden.

B. Geld als Zirkulationsmittel

Der Sozialismus unterscheidet zwischen der Funktion des G. als Zirkulations- und Zahlungsmittel. Dabei wird die Zirkulationsfunktion nur von reellem G. wahrgenommen. Es kann aber, da es nur als Vermittler des Warentausches dient, durch Repräsentanten (Papier-G.) ersetzt werden. Als Zirkulationsmittel vermittelt das G. den Austauschprozeß der Waren. Nach sozialistischer Auffassung bleibt die Zirkulationsmittelfunktion des G. jedoch auf den direkten Austausch von Waren, im wesentlichen auf den Übergang von Konsumgütern in das persönliche Eigentum der Werktätigen, beschränkt. Da es sich um reelles G. (Banknoten, Münzen) handeln muß, das diese Funktion erfüllt, wird dem für die Verrechnung zwischen den Betrieben herangezogenen Buch-G. die Zirkulationsfunktion nicht zugestanden, auch wenn man den Produktionsmitteln Warencharakter zugesteht. Ähnlich erfüllt reelles G. keine Zirkulationsfunktion, wenn es zur Begleichung von Forderungen dient, denen kein Warentausch zugrunde liegt.

In den sozialistischen Ländern wird das G. in seiner Funktion als Zirkulationsmittel hauptsächlich in der Bilanz der G.-Einnahmen und -Ausgaben der Bevölkerung erfaßt. Gleichzeitig zeigt sich hier aber auch der Anweisungscharakter des sozialistischen G., der die Behauptung, daß in dieser Funktion nur reelles G. fungieren könne, widerlegt. Im Grunde erfüllt das G. hier die aus der westlichen Theorie bekannte Tauschmittelfunktion, die organisatorisch auch mit Buch-G. abgewickelt werden könnte.

C. Geld als Zahlungsmittel

Diese Funktion greift ihrem Umfang nach weit über die als Zirkulationsmittel hinaus. Sie ist auch ohne reelles G. durch Verrechnungs- oder Kredit-G. zu erfüllen, wird aber z. B. bei den Lohnzahlungen, Rentenzahlungen usw. auch von reellem G. wahrgenommen. Als Zahlungsmittel anstatt als Zirkulationsmittel tritt das G. bei der Begleichung von Verpflichtungen auf, bei denen der Zeitpunkt der Warenlieferung von dem der Zahlung abweicht.

Im Sozialismus dient das G. als Zahlungsmittel daher vornehmlich bei bargeldlosen Verrechnungen innerhalb des Produktionsbereiches, bei der Kreditvergabe und bei Zahlungen an und aus dem Staatshaushalt.

In dieser Funktion ist die wichtigste Rolle des G. im Plankontrollprozeß zu sehen, und zwar in der Form der „Kontrolle durch die Geldeinheit" (Mark, Rubel usw.). Durch den vorgeschriebenen bargeldlosen Zahlungsverkehr (Kontenführungspflicht, Verrechnungsverkehr) und den kontrollierten Bargeldverkehr der Betriebe (Lohnfondsauszahlungen) sowie das private Kreditverbot können die Betriebe genau überwacht werden. Fixierte Preise und die Kontenführungspflicht mit verschiedenen Konten für die einzelnen finanziellen Fonds der Betriebe erlauben den kontrollierenden Banken (fast ausschließlich der Staatsbank) eine sehr weitgehende Kontrolle der Planerfüllung der Betriebe durch den Vergleich der den Banken vorliegenden Produktions- und Absatzpläne der Betriebe mit den Zahlungsvorgängen auf den Konten.

Das G. ist damit das Mittel, das eine wirksame Kontrolle in der sozialistischen Planwirtschaft erlaubt. Aus dem Gesamtcharakter dieses Kontrollvorgangs ist zu schließen, daß das G. hier nicht in seiner Zahlungsmittelfunktion, sondern als Recheneinheit auftritt.

D. Geld als Akkumulations- und Sparmittel

Die Akkumulationsfunktion ist im Sozialismus von der Marxschen Funktion des G. als Schatzbildungsmittel, die eng mit der Zirkulationsfunktion zusammenhängt (Abfluß und Zufluß von G. in und aus dem Schatz je nach Bedarf), zu unterscheiden. In diesem Zusammenhang ist unter Akkumulation jedoch nicht an eine reale Akkumulation zu denken. Es sind die Steuern, die Produktionsfondsabgabe und die an den Staat abzuführenden Gewinne sowie der in den Betrieben verbleibende Gewinnrest darunter zu verstehen. Diese Summe geht damit weit über den Wert der Realakkumulation hinaus. Ein

Teil davon dient der Finanzierung des Staatsverbrauchs, den Transferzahlungen und der Prämienzahlung an die Belegschaft. Nur der Rest dient der Finanzierung der Realakkumulation. Dabei dient das G. als Mittel der Umverteilung über den Staatshaushalt. Bei der Akkumulationsfunktion handelt es „sich also einfach darum, daß die so verstandenen Akkumulationssummen der sozialistischen Betriebe ‚in Geld berechnet und fixiert' werden". Dabei fungiert das G. als Recheneinheit. Sofern diese Beträge aus dem zentralisierten Reineinkommen stammen, kann das G. dabei nie als reelles G., d. h. G.-Ware, auftreten, sondern immer nur in Form des ideellen Rechen-G. Einige Theoretiker halten es daher für falsch, hier von einer Funktion des G. als Akkumulationsmittel zu sprechen.

Auch als Sparmittel fungiert das G. hier nicht wie in der Marxschen Lehre als Goldhort; Währungsgold besitzt in den sozialistischen Ländern nur der Staat.

E. Geld als Mittel der internationalen Verrechnung (Welt-G.)

Die von Marx abweichende Formulierung dieser G.-Funktion bedeutet keine wesentliche Funktionsänderung. Nach sozialistischer Auffassung soll das G. hier ebenfalls nur in seiner Form als Geldware, also Gold, die Funktion wahrnehmen können. Die Festlegung von Feingoldgehalten für alle sozialistischen Währungen beruht auf dieser marxistischen Ansicht, daß wichtige Funktionen des G. nur durch das „reelle Geld" wahrgenommen werden könnten. Im Inland hat das jedoch ausschließlich deklaratorische Bedeutung. Eine Goldeinlösepflicht bzw. Golddeckung der Währungen gibt es nicht.

Im Außenhandel haben der nationale G.-Kreislauf und das Preisniveau keinen Einfluß auf die Kurse der sozialistischen Währungen. Diese werden administrativ in Anlehnung an den formalen Goldgehalt fixiert. Der Außenhandel wird vorwiegend bilateral aufgrund von Weltmarktpreisen im Rahmen des Außenhandelsmonopols abgewickelt. Der Preiszusammenhang ist durch Subventionen und Abschöpfungen der Monopolbehören durchbrochen. Innerhalb der sozialistischen Länder erfolgt die Abrechnung des Handels im Rahmen einer gemeinsamen Clearingstelle (→ **IBWZ**), die über eine gemeinsame Geldeinheit der sozialistischen Länder (transferable Rubel) verfügt. Zwar ist auch für diese internationale Währungseinheit, marxistischer Tradition folgend, eine Goldparität festgelegt, es besteht jedoch weder eine Einlösepflicht noch eine Konvertibilität gegenüber irgendeiner nationalen Währung. Dieses internationale G. fungiert demnach ausschließlich als Recheneinheit. Über mögliche Abtragungen von Verrechnungsspitzen bestehen Sonderregelungen.

Im Ausgleich der Zahlungsbilanzsalden mit den kapitalistischen Ländern fungiert die G.-Ware Gold allerdings tatsächlich als Welt-G. und übt als Reserve der staatlichen Notenbanken „schatzähnliche" Funktionen aus. Hier kann man also von einer Tauschmittelfunktion des Welt-G. Gold reden. Den nationalen sozialistischen Währungen kommt somit im Außenverkehr kaum eine Bedeutung zu, da sie nicht konvertibel sind. Nur in den wenigsten Fällen dienen sie als Recheneinheit bei der Fakturierung oder als Tauschmittel im Fremdenverkehr. In der DDR wird dies auf den effektiv nicht vorhandenen Goldgehalt zurückgeführt. „Da die ... Mark der Deutschen Notenbank weder in Gold geprägt noch als Geldzeichen in Gold konvertierbar ist, kann sie auch nicht die Funktion als Weltgeld ausüben."

Es zeigt sich, daß die noch stark an der marxistischen Begriffswelt ausgerichteten beschriebenen G.-Funktionen für die Stellung des G. und seine Rolle in den sozialistischen Ländern nicht ohne weiteres aussagekräftig sind. Die Funktion des G. ist eher an seinem Instrumentalcharakter in den sozialistischen Planwirtschaften abzulesen. Geht man davon aus, daß das G. im Sozialismus „der wirtschaftlichen Rechnungsführung, dem Sparsamkeitsregime und der sozialistischen Akkumulation" dient und „als Triebfeder zur Erhöhung der Arbeitsproduktivität, zur Senkung der Selbstkosten, zur Beschleunigung der Umlaufsgeschwindigkeit der Umlaufsmittel und zur Erfüllung und Überfüllung der Volkswirtschaftspläne" wirkt, wird klar, daß das G. „gewissermaßen das allgemeine Instrument zur Planung, Stimulierung, Organisation und Kontrolle ökonomischer Prozesse und Beziehungen" im Sozialismus ist. Demnach ist das G. in der sozialistischen Wirtschaft „vor allem die Rechnungseinheit der volkswirtschaftlichen Bilanz. Die G.-Zeichen sind Anweisungen auf aliquote Posten dieser Bilanz."

Das G. erfüllt somit die beiden Hauptfunktionen als Recheneinheit und als Tauschmittel. Dabei ist aber zu beachten, daß es diese Funktionen, anders als in der Marktwirtschaft, nur im technischen Sinne ausübt, da ein Tausch nicht über den Markt zustande kommt und die in G. ausgedrückten Preise in keinem ökonomischen Wirkungszusammenhang stehen.

Das G. hatte demnach in der sozialistischen Wirtschaft bisher fast ausschließlich eine passive Rolle bei der Planung und Leitung der Volkswirtschaft inne. Echte Lenkungswirkungen hatte das G. im sozialistischen Sektor bei fixierten Preisen nicht. Eventuell auftretende Kaufkraftüberhänge bzw. unabsetzbare Warenvorräte werden nicht durch automatische Anpassung der Preise, also Veränderungen der Wertrelationen, sondern durch bewußte Planakte beseitigt. Jedoch wird auch in den sozialistischen Ländern gesehen, daß Störungen aus dem monetären Bereich die materielle Planung ungünstig beeinflussen können. Zudem tritt immer mehr der Charakter des G. als „ökonomischer Hebel" in der geldtheoretischen Literatur Osteuropas in den Vordergrund.

Mit der Abkehr vom sowjetsozialistischen Planungssystem und beim Übergang zu einer weitgehend indikativen Planung mit einer bewußten Remonetisierung der Wirtschaft im Rahmen der Wirtschaftsreformen wird das G. seine vorwiegend passive Rolle verlieren, und die sozialistischen Wirtschaften werden zu einer aktiven G.-Politik übergehen müssen. Ansätze dafür sind bereits vorhanden.

IV. Geldschöpfung

In den sozialistischen Ländern erfolgt die G.-Schöpfung nicht aufgrund kommerzieller Vorgänge durch den Bankenapparat, sondern planmäßig entsprechend den im Volkswirtschaftsplan festgelegten Kennziffern. Auf Beschluß der Regierung werden die in den Positionen des Bargeldumsatzplanes der Notenbank fixierten Bargeldmengen emittiert. Die Regulierung der umlaufenden Bargeldmengen erfolgt in Übereinstimmung mit dem Gesamtplan über den Emissionsfonds, indem in den „Bargeld- oder Kassendispositionsplänen" die jeweils umlaufende G.-Menge fixiert wird. Damit ist eine strenge Bindung der G.-Bereitstellung an den Plan vorhanden. Selbständige, nicht im Plan vorgesehene G.-Schöpfung der Banken ist im allgemeinen nicht möglich. Lediglich in dem Falle, daß Stützungskredite für insolvente volkseigene Betriebe erforderlich werden und diese daraus Löhne bezahlen, dafür aber im Plan keine Reserven vorhanden sind, gelangt außerplanmäßig Bar-G. in den Bargeldumlauf. Diese Schöpfung außerhalb des Planes kann dann stabilitätsgefährdend wirken.

Da sich Giral-G. im sozialistischen G.-System grundsätzlich, ohne daß es geplant wäre, nicht in Bar-G. verwandeln kann, ist, von der oben erwähnten Ausnahme abgesehen, nur eine geplante Bargeldschöpfung möglich, wobei das Volumen von der Planbehörde festgelegt wird.

Auch die Giralgeldmenge, also das Kreditvolumen, wird grundsätzlich mit Hilfe der staatlich fixierten Kreditpläne bestimmt, deren Hauptaufgabe es ist, die Wirtschaft mit Giral-G. zu versorgen. Ein darüber hinausgehender Kreditspielraum des Bankensystems besteht nicht, sofern nicht außerplanmäßige Ereignisse eintreten.

Die G.-Schöpfung ist damit im Sozialismus ein planerischer Akt und wird nicht, wie in der Marktwirtschaft, spontan und laufend durch den Bankenapparat, bzw. in neuerer Zeit auch durch multinationale Unternehmen über die „graue Geldschöpfung" autonom durchgeführt.

V. Die Kaufkraft des Geldes im Sozialismus

Bei der Frage nach der Kaufkraft des G. im Sozialismus kann nicht von dem Anspruch ausgegangen werden, das sozialistische G. besäße einen bestimmten Goldgehalt und damit einen originären Wert. Bei diesem Goldgehalt handelt es sich um eine reine Gesetzesdeklaration, die durch das ideologische Festhalten an der Marxschen G.-Lehre bedingt ist, aber jeglicher wirtschaftlichen Realität entbehrt.

Bei der Untersuchung der Binnenkaufkraft des G. im Sozialismus muß man daher von jeder Bezugnahme auf das Gold und seinen Wert Abstand nehmen. Auch die sozialistische G.-Theorie tut dies weitgehend. „Die Stabilität des Sowjetgeldes wird nicht nur durch den Goldvorrat, sondern in erster Linie durch die riesige Warenmenge gesichert, die in den Händen des Staates konzentriert ist, und zu festen Planpreisen in Umlauf gebracht wird." Viele Autoren vermeiden überhaupt den Bezug auf das Gold, da sie darin lediglich ein Zugeständnis an ideologisch belastete Erörterungen früherer Zeiten sehen.

Solange die administrative Preisfestsetzung bestehen bleibt, sind im Sozialismus keine automatisch wirkenden, die Kaufkraft des G. bestimmenden Faktoren vorhanden, da diese ausschließlich von der Entscheidung der zuständigen Planbehörde abhängt. Es gibt nur einen „price adjuster" bzw. „price maker", den Staat; die Verbraucher sind alle „quantity adjuster" bzw. „price taker". Die Kaufkraft der G.-Einheit bleibt demnach so lange konstant, wie es zu keiner planmäßigen Preisänderung kommt.

Mit der Planung des Gleichgewichts der volkswirtschaftlichen Bilanzen wird im Sozialismus auch der G.-Wert der Währungseinheit bestimmt. Dabei ist von den beiden streng getrennten G.-Sphären, dem Bargeld- und dem Buchgeldsektor, auszugehen.

Für den Bargeldsektor folgt damit, daß die Preissumme des Angebotes der Konsumgüter und Dienstleistungen innerhalb einer Planperiode der Einkommenssumme entsprechen muß, die der Bevölkerung zum Ankauf von Waren und Dienstleistungen zur Verfügung steht. Unter Berücksichtigung aller wesentlicher Gesichtspunkte wird dieser Ausgleich in der „Bilanz der Geldeinnahmen und Geldausgaben der Bevölkerung" durchgeführt. „Diese Bilanz ist Ausdruck und Sicherung des G.-Wertes in der sozialistischen Wirtschaft."

Die Erfahrung zeigt nun, daß sich kleinere Unstimmigkeiten zwischen geplanter und realisierter Sortimentsstruktur ausgleichen können. Zudem wird die „Preissumme des Warenangebots" um einige Prozent höher festgelegt, als die zu dessen Ankauf bereitgestellte Einkommenssumme, wodurch Unstimmigkeiten vermieden werden sollen, indem eine Wareneinsatzreserve zur Verfügung steht.

Trotzdem immer noch auftretende Unstimmigkeiten werden vornehmlich durch Mengen- und Einkommensanpassungen (bei dem ein entsprechend geringer Zuwachs zugelassen wird) ausgeglichen, da man bemüht ist, ein möglichst stabiles Preis- und Lohngefüge zu halten.

Tritt durch irgendwelche Ereignisse trotzdem ein Kaufkraftüberhang auf, so kann er im staatlichen Sektor keine Preissteigerung bewirken. Dadurch wird die nominelle Kaufkraft für Güter des staatlichen Sektors nicht direkt, wohl aber die Verwertungsmöglichkeiten des G. berührt, wodurch dann die Realkaufkraft des Einkommens beeinträchtigt wird.

Diese Schwierigkeiten werden heute als Störungen angesehen. „Das Geld fungiert als allgemeines Äquivalent nicht mehr reibungslos. Die Beziehungen zwischen Produktion und Konsumtion sind gestört. Daher ist die Sicherung eines ökonomisch begründeten Kredit- und Geldvolumens, das die Stabilität der Währung und Finanzen gewährleistet, als wichtige Funktion bei dem materiellen und finanziellen Prozeß und der materiellen und finanziellen Planung anzusehen."

Zu echten Kaufkraftänderungen der Währungen kann ein Kaufkraftüberhang jedoch auch im Sozialismus führen, solange ein freier Sektor mit freier Preisbildung für Konsumgüter (Bauernmärkte) besteht. Hier werden dann entsprechende Preisreaktionen eintreten. Dies führt allerdings durch die Festpreis- und Kreditpolitik zu keiner Störung des Gleichgewichts und zu keiner Kaufkraftänderung innerhalb des sozialistischen Sektors, sondern zu ebenfalls unerwünschten Veränderungen der Einkommensverteilungsproportionen zwischen dem freien und dem staatlichen Sektor.

Das vom Bar-G. getrennte Giral-G. wird sowohl in seinem Umfang als auch in seinem G.-Wert gesondert geplant. Es dient in erster Linie den Abwicklungen der Zahlungen auf dem „Produktionsmittelmarkt". Die Kaufkraft der Giral-Geldeinheit wird durch die staatliche Festpreispolitik festgelegt und weicht z. T. erheblich von der des Bargeldes ab. Der Aufrechterhaltung dieser unterschiedlichen Kaufkraftwerte dient die sog. Politik der Preisebenen. Der Preiszusammenhang beider Sektoren wird durch die differenzierte Umsatzsteuer unterbrochen. Die verschiedenen Ziele der Preispolitik in den beiden Sektoren können so unabhängig voneinander verwirklicht werden.

Die G.-Wertprobleme des Sozialismus können somit nur auf der Grundlage einer Anweisungstheorie und dem System der volkswirtschaftlichen Bilanzen verstanden werden.

Sollten aber in einem sozialistischen Land die Preisplanung und Preisfestsetzung auch nur teilweise ohne zentrale Planung durchgeführt werden, oder die Preise als wichtige selbständige ökonomische Hebel dienen, so wird ein G.-Überhang notwendigerweise zu einer G.-Wertänderung führen müssen. Dann müßte das entsprechende sozialistische Land zu einer aktiven G.- und Kreditpolitik übergehen. Die passive Rolle des G. im Sozialismus wäre damit zu Ende. Mit den Wirtschaftsreformen wurde dieser Schritt teilweise bereits vollzogen.

Geldstrafen: → **Strafensystem.**

Gemeinde: Die G. sind als kreisangehörige Städte und Land-G. territoriale und politisch-administrative Grundeinheiten im Staatsaufbau der DDR.

Die Verfassung von 1949 gewährte den G. noch das Recht der → **Selbstverwaltung**. Mit dem Gesetz über die weitere Demokratisierung des Aufbaus und der Arbeitsweise der staatlichen Organe in den Ländern der DDR von 1952 und der damit eingeleiteten Verwaltungsreform wurde die kommunale Selbstverwaltung aufgegeben und die G. gemäß den Organisationsprinzipien des → **demokratischen Zentralismus** zu Grundeinheiten der einheitlichen Staatsmacht.

Die → **Verfassung** von 1968 bezeichnete die Städte und G. als eigenverantwortliche Gemeinschaften, in denen die Bürger arbeiten und ihre gesellschaftlichen Verhältnisse gestalten. Der Begriff der Bürgergemeinschaft wird mittlerweile (wie der der sozialistischen Menschengemeinschaft) als ein die Realität nicht angemessen erfassender Ausdruck gesellschaftspolitischer Harmonievorstellungen abgelehnt. Die Definition der G. als Bürgergemeinschaft wird vom Gesetz über die örtlichen Volksvertretungen und ihre Organe vom 12. 7. 1973 nicht mehr wiederholt.

Örtliche Volksvertretungen sind in der Land-G. die G.-Vertretung und in der kreisangehörigen Stadt die Stadtverordnetenversammlung; sie sind Organe der einheitlichen sozialistischen Staatsmacht; sie entscheiden eigenverantwortlich über alle grundlegenden Angelegenheiten, die ihr Territorium und seine Bürger betreffen. Bei der Wahrnehmung ihrer Aufgaben haben sie von den gesamtstaatlichen Interessen auszugehen. Die Beschlüsse übergeordneter Volksvertretungen sind für sie verbindlich. Die Volksvertretungen der Städte und G. wählen als ihre Organe den Rat und die Kommissionen. Als arbeitende Körperschaften sollen sie durch ihre Tagungen, ihren Rat, ihre Kommissionen und durch die Tätigkeit ihrer Abgeordneten in Betrieb und Wohngebiet die Einheit von Beschlußfassung, Durchführung und Kontrolle verwirklichen.

Die Räte der Städte und G. sind kollektiv arbeitende Organe; ihre Zusammensetzung richtet sich nach der Größe der Städte und G. Der Rat der Stadt mit einer Einwohnerzahl über 20 000 setzt sich zusammen aus: 1. Bürgermeister und Vorsitzender des Rates, 2. Stellvertreter des Bürgermeisters für Planung, 3. Stellvertreter des Bürgermeisters für Inneres, 4. Stellvertreter des Bürgermeisters für Handel und Versorgung, 5. Sekretär des Rates, 6. Mitglied des Stadtrates für Finanzen und Preise, 7. . . . für Wohnungspolitik und Wohnungswirtschaft, 8. . . . für örtliche Versorgungswirtschaft, 9. . . . für Verkehrswesen, Energie, Umweltschutz und Wasserwirtschaft, 10. . . . für Kultur, 11. . . . für Jugendfragen, Körperkultur und Sport, 12. . . . für Gesundheits- und Sozialwesen, 13. Stadtbaudirektor.

In Städten unter 20 000 Einwohnern und in G. setzen die Räte, ausgehend von den örtlichen Bedingungen, ihre Zusammensetzung fest; ihre Mitgliederzahl kann bis zu 13 Mitgliedern betragen.

Im Auftrage ihrer Volksvertretung leiten die Räte den staatlichen, wirtschaftlichen und kulturellen Aufbau in ihrem Verantwortungsbereich. Sie sind ihrer Volksvertretung und dem übergeordneten Rat des → **Kreises** verantwortlich und rechenschaftspflichtig. Die Beschlüsse der Räte können durch ihre Volksvertretung, die übergeordneten Räte und den → **Ministerrat** aufgehoben werden. Zur Erfüllung ihrer Aufgaben bilden die Räte der Städte Fachorgane; diese werden nach dem Prinzip der Einzelleitung bei kollektiver Beratung der Grundfragen des Aufgabengebietes geleitet. Die Fachorgane unterstehen dem Rat der Stadt und dem zuständigen Fachorgan des Rates des Kreises, sie sind „doppelt unterstellt" (→ **Anleitung und Kontrolle**).

Zur Durchführung ihrer Aufgaben wählen die Volksvertretungen der Städte und G. für die Dauer der Wahlperiode ständige Kommissionen und für zeitlich begrenzte Aufgabenstellungen zeitweilige Kommissionen. In Städten und G. kann der Anteil der von der Volksvertretung in die Kommissionen berufenen Bürger größer sein, als der der Abgeordneten und Nachfolgekandidaten. Die Kommissionen kontrollieren die Durchführung von Gesetzen und anderen Rechtsvorschriften sowie von Beschlüssen der Volksvertretung durch den Rat und seine Fachorgane. Sie haben das Recht, der Volksvertretung und dem Rat Vorlagen und Vorschläge zu unterbreiten. Eine wichtige Aufgabe der Kommissionen ist, die Mitwirkung der Bürger an der Vorbereitung, Durchführung und Kontrolle der Beschlüsse der Stadtverordnetenversammlung bzw. der G.-Vertretung zu organisieren. Zu diesem Zweck können Aktivs gebildet werden, die unter Leitung eines Kommissionsmitglieds arbeiten.

Folgende Aufgabenbereiche sind der Volksvertretung und ihren Organen in den Städten und G. zugeordnet: 1. Leitung und Planung des gesellschaftlichen Lebens in ihrem Territorium, 2. Haushalts- und Finanzwirtschaft, 3. Preisbildung und -kontrolle, 4. Bauwesen, Städtebau und Wohnungswesen, 5. Handel und Versorgung, 6. Dienstleistungen und Reparaturen, 7. Landwirtschaft, 8. Städtischer Verkehr und stadttechnische Versorgung, 9. Bildungswesen, 10. Jugendfragen, 11. Kultur, 12. Körperkultur, Sport und Erholungswesen, 13. Hygiene, medizinische und soziale Betreuung, 14. Sicherheit und Ordnung, Zivilverteidigung.

Zur gemeinsamen Lösung kommunaler Aufgaben können die Volksvertretungen der Städte und G. Zweckverbände und → **Gemeindeverbände** bilden.

Gemeindesteuern: → **Steuern.**

Gemeindeverband: Zusammenschluß von Städten und → **Gemeinden** zwecks kooperativer Lösung kommunaler Aufgaben. Der Bildung eines G. geht in der Regel eine langjährige Zusammenarbeit der beteiligten Städte und Gemeinden voraus – zumeist in Form von Interessengemeinschaften, die sich die Lösung von Einzelaufgaben (Straßenbau o. ä.) zum Ziel gesetzt haben. Nachdem bereits die → **Verfassung** von 1968 in Art. 84

den örtlichen Volksvertretungen die Möglichkeit zur Bildung von Verbänden gegeben hat, regelt erstmals das Gesetz über die örtlichen Volksvertretungen und ihre Organe vom 12. 7. 1973 die Bildung von Zweckverbänden und G.

Zweckverbände können von den Volksvertretungen der Städte und Gemeinden zur gemeinsamen Lösung von Aufgaben und bestimmten Gebieten der gesellschaftlichen, insbesondere der wirtschaftlichen Entwicklung gebildet werden. Vom Zweckverband gebildete Betriebe oder Einrichtungen unterstehen dem Rat einer der beteiligten Städte und Gemeinden. Der Zweckverband arbeitet auf der Grundlage eines von den Volksvertretungen beschlossenen Statuts und der Beschlüsse der Volksvertretungen; er hat keine eigenen Organe.

Die bisher am höchsten entwickelte Form gemeindlicher Zusammenarbeit ist der G. Seine Aufgabe ist die Lösung aller in den beteiligten Kommunen anfallenden Fragen. Die Volksvertretungen der Städte und Gemeinden können in Übereinstimmung mit der langfristigen staatlichen Siedlungspolitik und der Entwicklung der Industrie und Landwirtschaft G. bilden; dabei bedarf es der Bestätigung des Kreistages (→ **Kreis**) nach Zustimmung des Rates des → **Bezirkes**. Voraussetzungen sind ferner die Bereitschaft der Bürger und Erfahrungen in der Gemeinschaftsarbeit. Die im G. zusammengefaßten Städte und Gemeinden bleiben politisch selbständig. Die Stadtverordnetenversammlungen und Gemeindevertretungen der einzelnen Orte sind weiterhin – mit allen Rechten und Pflichten – die obersten staatlichen Organe in ihren jeweiligen Territorien. Der G. arbeitet auf der Grundlage eines von den Volksvertretungen beschlossenen Statuts; über die Bildung gemeinsamer Organe entscheiden die Volksvertretungen eigenverantwortlich. Gemeinsames Leitungsorgan ist der von den Volksvertretungen gewählte G.-Rat, in dem alle beteiligten Städte und Gemeinden gleichberechtigt vertreten sind. Auf den G.-Rat können schrittweise Aufgaben und Befugnisse und materielle und finanzielle → **Fonds** übertragen werden.

Die Bildung von G. trägt dem aktuellen Bedürfnis nach Anpassung der staatlichen Organisationsstruktur an die Entwicklung kooperativer Wirtschaftsformen vor allem in der Landwirtschaft Rechnung. Ferner soll sie eine als notwendig angesehene Rationalisierung der Verwaltung ermöglichen. Langfristiges Ziel sind leistungsfähige kommunale Einheiten, die zur allmählichen Annäherung der Lebensverhältnisse auf dem Lande an die der Stadt beitragen.

Gemeindevertretung: → **Gemeinde.**

Genehmigungsgebühren: Seit dem 1. 1. 1969 bedarf das Verbringen von Gegenständen, für die kein Ein- oder Ausfuhrverbot besteht, im grenzüberschreitenden Reiseverkehr (mit westlichen und kommunistischen Ländern) einer Genehmigung, soweit bestimmte Freigrenzen überschritten werden. Für die Genehmigung wird eine G. erhoben, die einer Verzollung entspricht. Reisegebrauchsgegenstände (z. B. Fotoapparate) und Reiseverbrauchsgegenstände (z. B. Nahrungs- und Genußmittel) dürfen genehmigungsfrei aus- und eingeführt werden.

Reisende aus der DDR dürfen Geschenke im Gesamtwert bis zu 100 Mark der DDR genehmigungsfrei ausführen (bei Kurzreisen bis zu 5 Tagen im Gesamtwert bis zu 20 Mark je Reisetag). Sie dürfen Geschenke oder gekaufte Gegenstände im Gesamtwert bis zu 500 Mark der DDR genehmigungsfrei einführen (bei Kurzreisen bis zu 5 Tagen im Gesamtwert bis zu 100 Mark je Reisetag).

Reisende, die ihren Wohnsitz nicht in der DDR haben (Deutsche aus der Bundesrepublik Deutschland und Ausländer), dürfen Geschenke im Gesamtwert bis zu 500 Mark der DDR genehmigungsfrei einführen (bei Kurzreisen bis zu 5 Tagen im Gesamtwert bis zu 100 Mark je Reisetag). Sie dürfen Geschenke oder gekaufte Gegenstände im Gesamtwert bis zu 100 Mark der DDR genehmigungsfrei ausführen (bei Kurzreisen bis zu 5 Tagen im Gesamtwert bis zu 20 Mark je Reisetag). Die Erhöhung der Genehmigungsfreigrenze bei der Einfuhr von ursprünglich 100 bzw. 20 Mark der DDR auf 500 bzw. 100 Mark der DDR war in Auswirkung des Verkehrsvertrages zwischen der Bundesrepublik Deutschland und der DDR vom 26. 5. 1972 eingeführt worden.

Bei Überschreitung der genannten Genehmigungsfreigrenzen dürfen Gegenstände nur mit Genehmigung der Zolldienststellen der DDR aus- oder eingeführt werden. Die Wertgrenzen für die genehmigungsfreie Aus- oder Einfuhr und die erhobenen G. richten sich nach den in der DDR gültigen Einzelhandelsverkaufspreisen der Gegenstände. Hierbei ist zu berücksichtigen, daß Waren des gehobenen Bedarfs, Luxusgegenstände und Genußmittel in der DDR in der Regel erheblich teurer sind als in der Bundesrepublik Deutschland. Die G.-Sätze bewegen sich zwischen 10 und 50 v. H. des Einzelhandelsverkaufspreises. Für gebrauchte Gegenstände werden Gebühren wie für neue erhoben.

Im Rahmen der genannten Genehmigungsfreigrenzen gelten für die Einfuhr von Genußmitteln als Geschenke oder als Reiseverbrauchsgegenstände folgende Höchstmengen:

Tabakwaren bis zu 250 g, bei Kurzreisen bis zu 100 g je Tag: Kaffee bis zu 1 000 g; Spirituosen insgesamt bis zu 1 l; Weine oder Sekt insgesamt bis zu 2 l.

Bei Überschreitung dieser Höchstmengen werden G. erhoben. Für Reisende unter 16 Jahren gilt diese Genehmigungsfreiheit nicht.

Die Einfuhrverbote im Reiseverkehr betreffen im wesentlichen folgende Gegenstände: Schußwaffen und Zubehör, Personaldokumente, Funk- und Sendeanlagen, Fernsehgeräte, Magnettonbänder, Arzneimittel (außer Reisebedarf), Umzugs- und Erbschaftsgut, Briefmarken und Kataloge, gebrauchte Gegenstände (außer Reisegebrauchsgegenstände sowie Textilien und Schuhe), Zahlungsmittel, Wertpapiere.

Die Liste der Ausfuhrverbote ist umfangreicher; sie umfaßt die meisten der aufgeführten Einfuhrverbote sowie eine Reihe weiterer Positionen, darunter: Patent-, Konstruktions-, Erfindungs- und Forschungsunterlagen, technische Zeichnungen, Dokumentationen, topographische Karten, Kunstgegenstände, Archivgut, Antiquitäten, Kraftfahrzeuge, Edelmetalle, Edelsteine sowie Qualitätsporzellan, Filme, Roh- oder Bettfedern, Haushaltswaschmaschinen, Gasherde, Maschendraht, Arbeits- und Berufsbekleidung, Kinder- und Babybekleidung, Gardinen, Strumpfhosen, Bettwäsche, Schuhwaren aller Art, Fernsehzubehör und Ersatzteile, Gänse, Puten, Dauerwurst, geräucherter Schinken und Speck. Im Reiseverkehr mit der Bundesrepublik Deutschland gilt außerdem ein Ausfuhrverbot für feuerfeste und hitzebeständige Glaswaren, Kelchglas, Bleikristall sowie Eier, Milchpulver, Zucker, Aal und Spargel.

Die meisten der ausfuhrverbotenen Konsumgüter sind jedoch zur Ausfuhr zugelassen, wenn sie mit westlichen Devisen oder mit offiziell eingetauschter Mark der DDR (einschließlich Mindestumtausch) gekauft worden sind, d. h. z. B. Meißner Porzellan kann zwar nicht als Geschenk, jedoch nach Kauf mit westlichen Devisen genehmigungsfrei ausgeführt werden.

Die Höhe der Einnahmen aus den G. ist nicht bekannt und läßt sich auch nicht mit verläßlicher Genauigkeit schätzen. → **Beziehungen zwischen beiden deutschen Staaten; Warenverkehr, nichtkommerzieller; Devisen; Deutschlandpolitik der SED; Berlin.**

Generalauftragnehmer (GAN): GAN sind Betriebe – in der Regel Bau- und Montagebetriebe (→ **Industriebau**), Spezialkombinate bzw. Betriebe oder VVB des Maschinen- und Anlagenbaus, denen die Durchführung eines gesamten Investitionsvorhabens vom Auftraggeber übertragen wurde. Ihre Aufgabe besteht darin, die Zulieferung aller beteiligten Betriebe zu organisieren und zu überwachen, sowie alle Teilleistungen zeitlich aufeinander abzustimmen. Zu diesem Zweck schließt der GAN Verträge mit den beteiligten Liefer- und Leistungsbetrieben ab, um diese zu einer termin- und qualitätsgerechten Übergabe kompletter und funktionsgerechter Teilanlagen zu verpflichten. Zu seiner Unterstützung kann er für bestimmte Lieferungen und Leistungen sowie für ein Bündel von Leistungen einen oder mehrere → **Hauptauftragnehmer** bestellen.

Mit der Übernahme einer weitgehenden Gesamtverantwortung über das durchzuführende Investitionsprojekt – also über die selbst durchzuführenden Leistungen hinaus – erwachsen dem GAN zusätzlich Risiken, für die ihm allerdings eine genau festgelegte Vergütung (GAN-Vergütung) zukommt.

Generaldirektor: → **Betriebsformen und Kooperation.**

Generallinie: → **Marxismus-Leninismus.**

Generalstaatsanwalt der DDR: → **Staatsanwaltschaft.**

Generalverkehrspläne: → **Verkehrswesen.**

Generalverkehrsschema: → **Verkehrswesen.**

GENEX: Geschenkdienst-GmbH., früher „Geschenkdienst- und Kleinexport-GmbH.". Im Jahre 1957 von der DDR-Regierung gegründet. Hinter der offiziellen

Aufgabe, die „Vermittlung von Aufträgen aus Staaten des westlichen Auslandes oder aus West-Berlin für zollfreie Geschenksendungen an Empfänger in der DDR" vorzunehmen, steht der wesentliche Zweck des Unternehmens, dem Staat eine zusätzliche Deviseneinnahmequelle zu erschließen: Qualitätswaren aus volkseigener Produktion sind vom westlichen Auftraggeber in konvertiblen Westwährungen zu begleichen.

Dem Beschenkten entstehen keine Kosten. Um den Geschäften der GENEX möglichst wenig Publizität in der DDR zukommen zu lassen, werden die meist deutsch-deutschen Transaktionen über die Vertragsfirmen Jauerfood in Kopenhagen und Palatinus-GmbH. in Zürich abgewickelt.

Ein wesentlicher Grund für die Zurückhaltung der GENEX dürfte in der Preispolitik des Unternehmens begründet sein. Während z. B. ein Pkw Typ „Wartburg" in der DDR 18 000,– Mark kostet und lange Wartezeiten für dessen Erwerb in Kauf genommen werden müssen, ist der gleiche Wagen für DDR-Bürger bei Zahlung in Westgeld ohne Lieferfristen und einschließlich einer Pauschale für Steuer und Haftpflicht für ca. 8 000,– DM zu erhalten. Neben dem Bezug von Produkten aus volkseigener Produktion besteht in begrenztem Umfange auch die Möglichkeit, Industrieprodukte aus westlichen Ländern für DDR-Bewohner zu beschaffen.

Genossenschaften: Formal sind G. unabhängig vom Wirtschaftssystem freiwillige Zusammenschlüsse zur Erreichung eines wirtschaftlichen Zweckes. Ihre ordnungsspezifische Funktion ist allerdings einer vollständigen Wandlung unterzogen worden. Von Marx wurden die traditionellen G. als Überwinder des Kapitalismus angezweifelt und aufgrund ihrer privatwirtschaftlichen Eigentumsform – auch als Gruppeneigentum – abgelehnt. Im Rahmen des „Leninschen Genossenschaftsplans" wurde den G. unter bestimmten Voraussetzungen eine positive Rolle zugedacht. Die „Verfügungsgewalt des Staates über alle großen Produktionsmittel" im Zusammenhang mit einem „genügend tiefen und breiten genossenschaftlichen Zusammenschluß" wurde als notwendig und hinreichend zur Errichtung der sozialistischen Gesellschaft erachtet. Über „niedere" Formen der G. auf den Gebieten des Absatzes, des Einkaufs, des Kredites soll allmählich die Bildung von Produktions-G. (PG) erreicht werden.

Die Lehre Lenins bildete die Basis für die G.-Politik in der DDR. In ihrer Durchführung orientierte sie sich dabei zunächst an der von Stalin auf dem XV. Parteitag 1927 proklamierten G.-Politik, in deren Verlauf das gesamte G.-Wesen umstrukturiert wurde und straffgelenkte Kollektivbetriebe in Landwirtschaft, Handel und Gewerbe entstanden, die sich nur noch durch den Grad der Vergesellschaftung von Staatsbetrieben unterschieden. Diese Kollektive sind Träger der zweiten Form des sozialistischen → **Eigentums**; in der DDR wird es lt. Art. 10 der Verfassung als „genossenschaftliches Gemeineigentum werktätiger Kollektive" definiert. Damit ist bestimmt, daß das genossenschaftlich sozialistische Eigentum kein isoliertes Gruppeneigentum ist.

1945/46 nahmen aufgrund von → **SMAD**-Befehlen die Handels- und Kredit-G. ihre Tätigkeit wieder auf. Sie übernahmen teilweise Kreditfunktionen der geschlossenen → **Banken**, Handelsfunktionen des privaten Großhandels (→ **Binnenhandel**) und Zuteilungsfunktionen, wie die ländlichen Genossenschaften und die Einkaufs- und Liefergenossenschaften (ELG) des → **Handwerks**. Im Rahmen der 1948 einsetzenden zentralen Planung erfüllten sie organisatorische Aufgaben, wie Planaufschlüsselung, Produktionsmittelversorgung und zentrale Auftragserteilung, wodurch eine Mitgliedschaft bei den G. weitgehend obligatorisch wurde. Seit 1952 hatten sie die sozialistische Umgestaltung, insbesondere in → **Landwirtschaft** und Handwerk, zu unterstützen, d. h. die Bildung von sozialistischen landwirtschaftlichen PG (LPG) und PG des Handwerks (PGH) als geeignetster Weg zum Sozialismus für Bauern, Kleingewerbetreibende und Handwerker zu propagieren. Obwohl die sozialistischen PG auf der Basis freiwilliger Zusammenschlüsse entstehen sollten, mußten die erheblichen Widerstände vor allem von Bauern und Handwerkern in den 50er Jahren sowohl mittels wirtschaftlicher Anreize wie steuerlicher Vergünstigungen, bevorzugter Materialzuteilung und billiger Kredite beseitigt, als auch durch politischen und psychologischen Druck (Zwangskollektivierung) gebrochen werden.

In den neuen sozialistischen PG gingen die Nachkriegs-G. weitgehend auf. Bedeutung haben bis in die Gegenwart nur noch die nichtsozialistischen ELG für das private Handwerk.

Im Unterschied zu den traditionellen Produktiv-G. dienen die sozialistischen PG der Beseitigung der Selbständigkeit des einzelnen. Die Dispositionsbefugnis bzw. das Eigentum an Produktionsmitteln gehen entsprechend dem Grad der Vergesellschaftung (3 Typen bei den LPG und 2 Stufen bei den PGH) auf das Kollektiv über. Durch die Einbeziehung in die Planung, die gemeinsame Arbeit und den Sozialstatus als gleichberechtigte Mitglieder (unabhängig von ihrer früheren Stellung) haben sich die kleinen Warenproduzenten von Privateigentümern zu sozialistischen Werktätigen zu entwickeln.

Im Gegensatz zu anderen europäischen kommunistischen Ländern, mit Ausnahme der UdSSR, gibt es in der DDR keine industriell produzierenden G. mehr. Sie wurden 1972 in VEB umgewandelt. Die anfänglichen Vergünstigungen zur Bildung von PG sind weitgehend beseitigt worden. Auch die Sonderstellung hinsichtlich der Vergütung, der kollektiven Leitung und der Fondswirtschaft wird zunehmend beseitigt. So dient das neue Musterstatut der PGH von 1973 ausdrücklich dem Zweck, die Arbeits- und Lebensbedingungen in den PG an diejenigen in den VEB anzugleichen. Neben den beiden wichtigsten sozialistischen PG in Landwirtschaft und Handwerk bestehen u. a. die Gärtnerischen PG (GPG) und die PG werktätiger Fischer (PwF).

Weitere sozialistische G. sind die → **Arbeiterwohnungsbau-G.** (AWG) und die Konsum-G. (KG), die aufgrund ihrer zusätzlichen Eigenschaft als politische Massenorganisationen eine Sonderstellung einnehmen. → **Genossenschaften, ländliche; Handwerk**.

Genossenschaften, Ländliche

VdgB – BHG – Molkereigenossenschaften – Meliorationsgenossenschaften – Sonstige

Die LG. der DDR sind örtliche Einrichtungen mit Produktions-, Versorgungs-, Verarbeitungs- oder sonstigen Dienstleistungsaufgaben, die in der Vereinigung der gegenseitigen Bauernhilfe (VdgB) zusammengeschlossen sind. Sie unterliegen in der Wahrnehmung ihrer Aufgaben der Weisung und Kontrolle durch die Exekutivorgane der DDR. Infolgedessen können sie nicht mit den Bäuerlichen G. bzw. Raiffeisengenossenschaften in der Bundesrepublik Deutschland verglichen werden.

I. Die Vereinigung der gegenseitigen Bauernhilfe (VdgB)

A. Entwicklung

Die VdgB entstand 1946 aus den während der Bodenreform gegründeten örtlichen Bauernkomitees und Ausschüssen der gegenseitigen Bauernhilfe, die zunächst in Kreisvereinigungen und Ländervereinigungen zusammengefaßt wurden. 1947 erfolgte der Zusammenschluß der Ländervereinigungen in der Zentralvereinigung der gegenseitigen Bauernhilfe (ZVdgB). In der Volkskammer unterhält die VdgB seit 1963 keine Fraktion mehr. Gegenwärtig steht an der Spitze der Organisation der Zentralvorstand, dessen Sekretariat die ständigen Arbeiten durchführt. Nachgeordnete Organe sind die Bezirks-, Kreis- und Ortsvorstände. Der Mitgliederstand stieg zunächst auf ca. 641 000 und sank bis 1964 auf 479 651 ab. Seitdem wurden keine Mitgliederzahlen mehr veröffentlicht. Mit einem weiteren Rückgang muß jedoch gerechnet werden, weil für die Neuaufnahme nicht geworben wird, während ältere Mitglieder durch Tod und jüngere Mitglieder durch Berufswechsel ausscheiden.

Weitere Gliederungen der VdgB sind bzw. waren die Bäuerlichen Handelsgenossenschaften (BHG) einschließlich der ländlichen Kreditgenossenschaften, die Molkereigenossenschaften und zahlreiche Spezialgenossenschaften mit Produktionsaufgaben, wie Meliorationen, Winzergenossenschaften und Weidegenossenschaften (s. u.). Diese Genossenschaften sind voll in die VdgB integriert und werden von den VdgB-Mitgliedern zum Zweck der Lösung spezieller ökonomischer Aufgaben gebildet.

B. Aufgaben

Während der Bodenreform stand die Versorgung der durch Kriegseinwirkung verwüsteten Bauernhöfe, insbesondere aber die Unterstützung der wirtschaftlich schwachen Neubauernstellen mit Betriebsmitteln im Vordergrund. Die VdgB sammelten das technische Inventar der enteigneten Großbetriebe in Maschinenausleihstationen (MAS), die sie zusammen mit der neu zugeführten Technik an diese Betriebe ausliehen (am 1. 9. 1947 bestanden 3 867 MAS). Zur gleichen Zeit errichtete die Regierung der DDR bei der VdgB einen Hilfsfonds für Bauern, die durch die Pflichtablieferung in Not gerieten. Die Tierzuchtverbände der DDR wurden 1949 der VdgB angegliedert und von dieser anschließend aufgelöst. Darüber hinaus veranstaltete die VdgB von 1947 bis 1960 die Deutschen Bauerntage sowie die Kongresse werktätiger Bauern (→ **Bauernkongreß der DDR**).

Als die Versuche, den genossenschaftlichen Charakter der Raiffeisenorganisation zu ändern, fehlschlugen, wurde am 20. 11. 1950 die Vereinigung mit den BHG zur VdgB (BHG) vollzogen.

In der Kollektivierungsphase (1952–1960) traten die wirtschaftlichen Aufgaben der VdgB immer stärker in den Hintergrund. Die VdgB unterstützten die Errichtung sozialistischer Landwirtschaftsbetriebe (LPG), denen sie das gesamte Vermögen aus der Bodenreform (Maschinen, Werkstätten, Gebäude, Grundstücke) übereigneten. Großbauern (mit mehr als 20 ha LN = Landwirtschaftliche Nutzfläche) wurden aus ihren Vorständen entfernt, Genossenschaftsmitglieder, die sich der Kollektivierung widersetzten, wurden ausgeschlossen. Sofort nach Vereinigung mit den Raiffeisenorganisationen begann die Auflösung und Eingliederung der noch bestehenden Spezialgenossenschaften, die offiziell auf dem V. Deutschen Bauerntag 1957 als beendet erklärt wurde. Andererseits erfolgte die Gründung neuer Spezialgenossenschaften (Meliorationsgenossenschaften, s. u.) bzw. der Aufbau spezieller Gemeinschaftseinrichtungen bei den BHG und den Molkereigenossenschaften mit dem Ziel, „Bäuerinnen und Bauern an die gemeinschaftliche und genossenschaftliche Produktion heranzuführen" (Musterstatut 1957). Von diesen Einrichtungen wurden 1958 ca. 1400 den LPG übergeben. Schließlich bildete die VdgB „Ständige Arbeitsgemeinschaften", die den „Übergang der Klein- und Mittelbauern von den niederen zu höheren Formen der genossenschaftlichen Arbeit" unterstützen sollten. Neben zahlreichen anderen Aktivitäten war es schließlich während dieser Zeit Aufgabe der VdgB, den sozialistischen Wettbewerb im Dorf einzuführen und die Arbeit der Dorfakademien und Dorfklubs zu organisieren.

Mit Beginn der Kooperationsphase (1960–1972) konzentrierte sich die Tätigkeit der VdgB darauf, die gesellschaftliche Weiterentwicklung der LPG und Gärtnerischen Produktionsgenossenschaften (GPG) zu fördern, was einerseits durch Übergang der LPG vom Typ I zur vollgenossenschaftlichen Produktion in Typ III und andererseits durch die Förderung der kooperativen Zusammenarbeit mehrerer LPG/GPG untereinander bzw. mit staatlichen Betrieben (vgl. Meliorationsgenossenschaften) erfolgte. Hierzu wurden neue Gemeinschaftseinrichtungen bei den BHG geschaffen. Zusammen mit anderen Organisationen gestaltet die VdgB die Aufklärungs- und Schulungsarbeit in den Dörfern. Für die Ausbildung landwirtschaftlicher Führungskader wird eine eigene Ausbildungsstätte unterhalten, an der auch Spezialisten aus den Entwicklungsländern geschult werden. Nach dem VIII. Parteitag der SED (1971) und dem XI. Bauernkongreß der DDR (1972) erteilte die VdgB den BHG Anweisung, die während der Kooperationsphase gebildeten Einrichtungen entweder zu unabhängigen Betrieben zu entwickeln oder an die kooperativen Einrichtungen der Landwirtschaftsbetriebe abzugeben (Beschluß des Zentralvorstandes der VdgB vom 20. 7. 1972).

II. Die Bäuerlichen Handelsgenossenschaften (BHG)

Die BHG sind Einrichtungen der VdgB und werden durch Mitglieder der VdgB gebildet. Sie führen die Versorgungs-, Handels- und Dienstleistungsaufgaben der früheren Raiffeisengenossenschaften teilweise fort. Darüber hinaus sind ihnen im Laufe der agrarpolitischen Entwicklung zahlreiche zusätzliche Spezialaufgaben übertragen worden. Im Jahre 1972 bestanden 434 BHG-Geschäftsstellen und 2 117 Genossenschaftskassen mit ca. 23 000 Beschäftigten.

A. Entwicklung

Nach Kriegsende nahmen die Raiffeisengenossenschaften ihre Tätigkeit zunächst in vollem Umfang und in der traditionellen genossenschaftlichen Form wieder auf. Bereits am 30. 4. 1946 waren im Gebiet der SBZ 6325 Genossenschaften mit ca. 793 000 Mitgliedern registriert, die in fünf Landesverbänden organisiert waren. Die Gründung eines Zentralverbandes für das Gebiet der SBZ wurde nicht gestattet. Mit dem fortschreitenden Aufbau der zentralen Planwirtschaft gerieten diese auf die Bedürfnisse selbständiger Bauern ausgerichteten Genossenschaften in wachsenden Widerspruch zu den wirtschaftlichen und gesellschaftspolitischen Zielen in der SBZ bzw. DDR. Mit Hilfe eines von der DWK eingesetzten Organisationsausschusses wurden die einzelnen Spezialgenossenschaften auf Dorf- oder Gemeindeebene zu Universalgenossenschaften umgebildet und die Kreisgenossenschaften wie die Landesverbände entsprechend organisiert. Auf dem Kongreß der LG. (16.–18. 3. 1949) wurde die Bezeichnung „Raiffeisengenossenschaft" durch „Landwirtschaftliche Dorfgenossenschaft"ersetzt, der Zentralverband gegründet und ein Zentralvorstand eingesetzt. Der Widerstand der Mitglieder und Vorstände der LG. gegen die Zentralisationsbestrebungen führte zur Beseitigung bzw. Amtsenthebung der Führungspersonen (Raiffeisenprozesse in Güstrow und Stralsund) und zur Eingliederung der Genossenschaften in die VdgB am 20. 11. 1950. Von den 1946 wiedererrichteten 6325 Genossenschaften

bestanden 1956 noch 2 430, 1972 nur noch 434. Bei Auflösung wurden in einigen Fällen die Genossenschaftsanteile an die Mitglieder zurückgezahlt, in vielen Fällen unter Abwertung umgewandelt und bei bestehenbleibenden Einrichtungen konzentriert. Nachdem bereits 1957 Überlegungen zur Übergabe der BGH-Einrichtungen an die LPG angestellt worden waren (1 414 Anlagen im Wert von ca. 14 Mill. Mark wurden übergeben), beschloß der XI. Bauernkongreß, die bei den BHG entstandenen Spezialbetriebe zu selbständigen Einrichtungen zu entwickeln oder aber den neu errichteten Kooperativen Einrichtungen zu übergeben.

B. Aufgaben

Im Laufe der aufgezeigten Entwicklung haben sich die Aufgaben der BHG mehrfach geändert. 1948 wurden die genossenschaftlichen Reparaturwerkstätten enteignet und den MAS übertragen. Den Aufkauf von Landprodukten mußten die Genossenschaften 1949 an die Vereinigung Volkseigener Erfassungs- und Aufkaufbetriebe (VVEAB) abgeben. Die Beschaffung und den Verkauf landwirtschaftlicher Produktionsmittel übernahmen ab 1951 die „Staatlichen Kreiskontore für landwirtschaftlichen Bedarf", die den sozialistischen Sektor der Landwirtschaft (VEG und LPG) direkt belieferten. Die BHG fungierte folglich als Zwischenhändler der Kreiskontore und der ständig abnehmenden Zahl landwirtschaftlicher Privatbetriebe.

Als zusätzliche Aufgabe wurde den BHG 1950–1952 die Unterhaltung der ländlichen Sparinstitute übertragen. (Die ländlichen Kreditgenossenschaften sind seit dieser Zeit in ihrer Tätigkeit auf das Spargeschäft und den privaten Zahlungsverkehr beschränkt; Kreditvergaben sind nicht gestattet.) Gleichzeitig wurden die regionalen Zentralkassen (Landesgenossenschaftsbanken) zur Landwirtschaftsbank zusammengeschlossen, auf die ihr gesamtes Vermögen überging (→ **Bank für Landwirtschaft und Nahrungsgüterwirtschaft**, BLN).

In Zusammenhang mit der Verringerung der ursprünglichen Aufgaben und der Konzentration der Geschäftsstellen wurden den BHG zahlreiche neue Aufgaben übertragen, die – den Satzungen der VdgB entsprechend – der sozialistischen Umgestaltung der Landwirtschaft dienten. Solche Aufgaben bestanden im Aufbau von Produktions- und Dienstleistungseinrichtungen wie Brutanstalten, Aufzuchtstationen, Trocknungsanlagen, Dämpfkolonnen, Transport- und Düngerstreuanlagen u. a. m. Diese Einrichtungen wurden 1958 teilweise den LPG übergeben, zum größeren Teil jedoch nach Abschluß der Kollektivierung zu Spezialbetrieben ausgebaut, wobei LPG, gärtnerische Produktionsgenossenschaften (GPG) und VEG an den erforderlichen Investitionen beteiligt wurden. Typisches Beispiel für diese Entwicklung ist der Aufbau Agrochemischer Zentren (ACZ) (→ **Landwirtschaftliche Betriebsformen**), der mit dem Einsatz BHG-eigener Düngerstreuer begann und den ACZ als „Basen industriemäßiger Agrarproduktion" endete. In einem Beschluß vom 20. 7. 1972 verpflichtete der Zentralvorstand der VdgB die Vorstände und Leiter der BHG, durch den Einsatz ihrer Gewinne den Aufbau der ACZ bis 1975 abzuschließen und diese zu selbständigen Betrieben zu entwickeln.

Die übrigen Spezialeinrichtungen werden ebenfalls zur erforderlichen Kapazität erweitert, aus den BHG herausgelöst und folgenden Betrieben übertragen: Kartoffelsortieranlagen, Kartoffellagerplätze und Trocknungsanlagen an die Kooperativen Abteilungen Pflanzenproduktion (KAP);
größere Mischfutteranlagen an die VEB Getreidewirtschaft;
größere Baubrigaden an die staatlichen Betriebe des Landbaus bzw. an kooperative Bauernorganisationen;
Transportbrigaden an die ACZ;
größere Brütereien an die Kombinate für industrielle Mast (KIM), kleinere Brütereien verbleiben bei den BHG zur Bedarfsdeckung des Verbandes der Kleingärtner, Siedler und Kleintierzüchter.
Bis zur Festlegung eines genauen Zeitpunktes sind die Spritbrennereien, Brotfabriken, Mühlen, Kartoffelflockenfabriken und ähnliche industrielle Anlagen bei den BHG belassen worden.
Als gegenwärtige und zukünftige Aufgaben sind den BHG übertragen:
Die zusätzliche Wohnraumbeschaffung und die Dorfverschönerung durch die Beschaffung von Bauelementen, Gebäudeausrüstungen und Baustoffen, Bedarfsdeckung an Farben, Ersatzteilen etc. für den Um-, Aus- und Neubau;
die Bereitstellung von Gartenlauben, Mehrzweckfertigbauten, Zäunen, Schnittholz etc. für die Dorfbevölkerung und die Stadtbevölkerung, sofern diese dem Verband der Kleingärtner, Siedler und Kleintierzüchter angehört;
die Sicherung und Unterhaltung eines ausreichenden Sparkassen- und Zahlstellennetzes auf dem Lande;
die Versorgung des ländlichen Raumes mit festen Brennstoffen;
die Versorgung der Dorfbevölkerung und der Mitglieder des Verbandes der Kleingärtner, Siedler und Kleintierzüchter mit Düngemitteln, Futtermitteln, Saat- und Pflanzgut, Pflanzenschutzmitteln, Forken, Kleinmaschinen, Geräten, Werkzeugen etc.;
die Versorgung privater und gewerbemäßiger Imker mit Imkereibedarfsartikeln;
die Versorgung der LPG, GPG, VEG und KOE mit Berufs- und Arbeitsschutzkleidung sowie mit Ölen, Fetten und schnell verschleißenden Hilfsmitteln.
In Anbetracht dessen, daß die Verbesserung der ländlichen Wohnverhältnisse und die Verschöne-

rung der Dörfer und Gemeinden auf dem VIII. Parteitag der SED 1971 zu einem Schwerpunkt des Fünfjahrplanes erklärt worden ist, zeigt der Auftrag der Materialbeschaffung für diese Zwecke, daß die seit langem erwartete Auflösung der BHG auch in Zukunft nicht zu erwarten ist. Andererseits zeigt der Aufgabenkatalog, daß die BHG in Zukunft für die landwirtschaftliche Produktion fast bedeutungslos geworden ist.

III. Die Molkereigenossenschaften

Die Molkereigenossenschaften sind Einrichtungen der VdgB. Die (ökonomische, betriebstechnische und wissenschaftliche) Anleitung und Kontrolle wird von den Wirtschaftsräten der Bezirke (dort: Vereinigungen für die Lenkung der milchverarbeitenden Industrie) wahrgenommen (→ **Ministerium für Bezirksgeleitete Industrie und Lebensmittelindustrie**).

A. Aufgaben

Primäre Aufgaben der Molkereigenossenschaft sind die Annahme und Behandlung von Frischmilch, die Butterherstellung und die Verwertung der Restmilch. Darüber hinaus haben die Molkereigenossenschaften – wie alle übrigen Molkereibetriebe – über den Milcherzeugerberatungsdienst auf die Milcherzeugung und Zulieferung seitens der Landwirtschaftsbetriebe Einfluß zu nehmen.

B. Entwicklung

Nach ihrer Überführung in die VdgB (1950) blieben die Molkereigenossenschaften ihrer Aufgabe entsprechend zwar als Spezialgenossenschaften bestehen, sie verloren jedoch wie die BHG ihren genossenschaftlichen Charakter. (Abwertung der Genossenschaftsanteile zu freiwilligen Anteilen ohne Stimmrecht seit 1956, Einbehaltung der Gewinne und deren Verwendung für außergenossenschaftliche Zwecke ab 1957, Übernahme der Produktionsleitung durch die Kreis- und Bezirksbehörden 1958, verbunden mit der Gewinnabführung an die Staatskasse etc., Betriebsstillegung oder -erweiterung ohne Befragung der Generalversammlungen, die nicht mehr einberufen werden. Bei Stillegung gingen Gebäude und Geräte in Staatseigentum über.)
Zwischen 1957 und 1964 nahm die Anzahl der Molkereigenossenschaften von 570 auf 406 ab, während die staatlichen Molkereibetriebe und solche, die mit staatlicher Beteiligung arbeiten, von 41 auf 105 Betriebe vermehrt wurden. Von den 1964 insgesamt vorhandenen 529 Molkereien der DDR (hiervon 18 Privatbetriebe) existierten im Jahr 1972 nur noch 211 Betriebe. Der Rückgang der Molkereibetriebe um ca. 60 v. H. ist ein Ergebnis der Rationalisierung und betraf insbesondere zahlreiche kleine Molkereigenossenschaften mit geringer Annahme- und Verarbeitungskapazität, die künftig nur noch als Milchsammelstellen Verwendung finden.

Die im Zuge der Rationalisierung entstandenen „Vereinigten Molkereigenossenschaften" zählen z. T. zu den modernsten Molkereibetrieben der DDR. So wurde den „Vereinigten Molkereigenossenschaften Zwickau" am 2. 3. 1973 die erste automatisierte Molkereianlage der DDR übergeben. Vor allem in den Nordbezirken wurden von der VdgB große Molkereien in Form von Molkereikombinaten errichtet.

IV. Die Meliorationsgenossenschaften

Die Meliorationsgenossenschaften nahmen unter den Gliederungen der VdgB von Anbeginn eine Sonderstellung ein. Ihre auf die Erhaltung und Verbesserung der Bodenfruchtbarkeit gerichtete Tätigkeit steht nicht nur im volkswirtschaftlichen Interesse, sondern setzt vor allem die Zusammenarbeit der Bodeneigentümer voraus. Die Meliorationsgenossenschaften waren infolgedessen ein vorzügliches Instrument zur Unterstützung der auf die Sozialisierung der → **Landwirtschaft** gerichteten → **Agrarpolitik** der DDR.

Zunächst wurden die seit Jahren bestehenden Bodenverbände mit der Begründung aufgelöst, daß sie gegenüber der Deutschen Bauernbank – die aus dem Zusammenschluß der ehemaligen Landesgenossenschaftsbanken entstanden war – nicht rechtsfähig seien. Am 6. 12. 1955 beschloß der Zentralvorstand der VdgB die Gründung von Meliorationsgenossenschaften, die ein eigenes Statut erhielten. Die Besonderheit dieses Statutes bestand darin, daß auch Nichtmitglieder der VdgB den Meliorationsgenossenschaften angehören konnten.

Nach Abschluß der Kollektivierung (1960) wurden die Meliorationsgenossenschaften nicht in die LPG eingegliedert, obwohl die Bewirtschaftung der betroffenen Flächen zu über 90 v. H. von den LPG wahrgenommen wurde. Statt dessen erfolgte die Weiterentwicklung der Meliorationsgenossenschaften zu „Zwischengenossenschaftlichen Einrichtungen" (ZGE), die bereits am 19. 12. 1962 ein eigenes Musterstatut erhielten (GBl. II, Nr. 1, S. 9).

Auf diese Weise behielten die Meliorationsgenossenschaften als überbetriebliche Einrichtung ihre integrierende Wirkung und förderten den horizontalen Zusammenschluß der LPG zu Kooperationsgemeinschaften bzw. kooperativen Einrichtungen. Der Zusammenschluß der Meliorationsgenossenschaften zu zwischengenossenschaftlichen Einrichtungen führte zwangsläufig zu ihrer Herauslösung aus der VdgB, die 1963 eingeleitet wurde.

V. Sonstige Spezialgenossenschaften

Daneben gründete oder übernahm die VdgB zahlreiche örtliche Spezialgenossenschaften und Gemeinschaften mit landwirtschaftlichen Produktionsaufgaben (Jungviehaufzucht-, Schafhaltungs- oder -hütegenossenschaften, Obstbau-, Baumschul- oder Winzergenossenschaften etc.). Diese Genossenschaften wurden bei Abschluß der Kollektivierung entweder zu selbständigen Produktionsgenossenschaften entwickelt (Gärtnerische Produktionsgenossenschaften [GPG] aus Obstbau-, Baumschulbzw. Winzergenossenschaften) oder in bestehende Landwirtschaftliche oder Gärtnerische Produktionsgenossenschaften eingegliedert.

Genossenschaftsbanken für Handwerk und Gewerbe (GB): Aus den Banken für Handwerk und Gewerbe hervorgegangene genossenschaftliche Geschäftsbanken, die im Rahmen des → **Bankwesens** für die Handwerks- und Gewerbebetriebe zuständig sind. Die Eigenmittel der GB werden durch Genossenschaftsanteile gebildet. Sie wickeln den Zahlungsverkehr ihrer Geschäftspartner ab, führen das Kreditgeschäft durch und nehmen Spargelder der Bevölkerung entgegen. Als örtliche Bankinstitute unterliegen sie der Aufsicht durch die Räte der → **Kreise** und sind an die Weisungen des → **Ministeriums der Finanzen** und der → **Staatsbank** gebunden. Organe der GB sind die Mitgliederversammlung, der Genossenschaftsrat und die Revisionskommission. Der Geschäftsbetrieb wird von einem Direktor geleitet. Sie arbeiten nach dem Prinzip der → **wirtschaftlichen Rechnungsführung**. Die GB gehören dem Genossenschaftsverband der Banken für Handwerk und Gewerbe der DDR an, der durch Richtlinien und Weisungen die notwendigen Grundsätze für die Arbeit der GB festlegt sowie deren Pläne bestätigt. Der Verbandsdirektor dieses gesetzlichen Prüfungsverbandes unterliegt der Dienstaufsicht des Präsidenten der Staatsbank. → **Handwerk.**

Genossenschaftsbauer: Bezeichnung für die Mitglieder einer Landwirtschaftlichen Produktionsgenossenschaft (LPG). Mitglied einer LPG kann jedermann werden, „der das 16. Lebensjahr vollendet hat, das Statut der LPG anerkennt und bereit ist, ehrlich und gewissenhaft seine Pflicht als Mitglied zu erfüllen". Voraussetzung für die Mitgliedschaft ist ein an den LPG-Vorstand gerichteter Aufnahmeantrag, dem die Mitgliederversammlung mit einfacher Mehrheit zustimmen muß. Infolgedessen sind die Genossenschaftsbauern nicht identisch mit der ursprünglichen bäuerlichen Bevölkerung in der DDR. Von den 918 147 landwirtschaftlich Beschäftigten des Jahres 1973 waren 675 129 oder 73,5 v. H. Genossenschaftsmitglieder. Im Jahr 1970 waren nur noch 56 v. H. der LPG-Mitglieder ehemalige Bauern bzw. Neubauern, während die übrigen 44 v. H. sich aus Teilen der landwirtschaftlichen Intelligenz, aus Landarbeitern, ehem. Industriearbeitern (ca. 140 000) und Handwerkern zusammensetzten. Seither hat der Anteil der Mitglieder mit bäuerlicher Herkunft weiter abgenommen und befindet sich unter der landwirtschaftlich tätigen Bevölkerung in der Minderheit.

Die Gesamtheit der Genossenschaftsmitglieder bildet als „Klasse der Genossenschaftsbauern" gemeinsam mit der Arbeiterklasse, die „Grundklassen der sozialistischen Gesellschaft". Sie steht unter der Führung und im „Bündnis" mit der Arbeiterklasse. Beide Klassen sollen mit fortschreitender Vergesellschaftung der landwirtschaftlichen Produktionsmittel im Laufe eines langen historischen Prozesses einander angenähert werden. → **Agrarpolitik; Klassen; Bündnispolitik; Landwirtschaftliche Betriebsformen.**

Gerichtskritik: → **Rechtswesen.**

Gerichtsverfassung

Oberstes Gericht – Bezirksgerichte – Kreisgerichte – Organisation der Gerichte – Zuständigkeiten

I. Grundsätzliche Bestimmungen

Nach Artikel 92 der Verfassung wird die Rechtsprechung in der DDR durch das Oberste Gericht, die Bezirksgerichte, die Kreisgerichte und die → **Gesellschaftlichen Gerichte** ausgeübt; in Militärstrafsachen besteht eine besondere Militärgerichtsbarkeit. Aufbau und Organisation der staatlichen Gerichte werden durch das Gerichtsverfassungsgesetz (GVG) vom 27. 9. 1974 (GBl. I, S. 457) geregelt, das mit Wirkung vom 1. 11. 1974 an die Stelle des GVG vom 17. 4. 1963 (GBl. I, S. 45) getreten ist, nachdem mit dem ersten GVG der DDR vom 2. 10. 1952 (GBl., S. 985) die alte, in Deutschland seit 1879 bestehende G. beseitigt worden war.

In den grundsätzlichen Bestimmungen betont das GVG die Unabhängigkeit der → **Richter**, hebt die der Rechtsprechung gestellten Aufgaben hervor (→ **Rechtswesen**, II.) und legt die Zulässigkeit des Rechtsweges für alle Straf-, Zivil-, Familien- und Arbeitsrechtssachen fest, soweit nicht die Zuständigkeit anderer Staatsorgane begründet ist. Die Arbeitsgerichtsbarkeit ist also Teil der ordentlichen Gerichtsbarkeit; selbständige Kreis- und Bezirksarbeitsgerichte bestanden nur bis zum 25. 4. 1963. Das GVG beinhaltet ferner den Grundsatz der Öffentlichkeit der Verhandlung (→ **Rechtswesen**, IV.), der Gleichheit der Bürger vor dem Gesetz, das Recht auf Verteidigung (→ **Verteidiger**), die Möglichkeit der → **Kassation** gerichtlicher Entscheidungen und die Zulässigkeit der Gerichtskritik. Ausnahmegerichte sind unstatthaft. Die Gerichtssprache ist deutsch (in der Lausitz kann in sorbischer Sprache verhandelt werden), und die Urteile werden „Im Namen des Volkes" verkündet.

II. Das Oberste Gericht (OG)

Das höchste Organ der Rechtsprechung ist das Oberste Gericht (§ 36 GVG) mit dem Sitz in Berlin (Ost), das von einem Präsidenten (Dr. Toeplitz) geleitet wird. Es leitet die Rechtsprechung aller Gerichte und hat die „einheitliche und richtige Gesetzesanwendung durch alle Gerichte" zu sichern. Mit der Bestimmung, daß das OG der Volkskammer und zwischen ihren Tagungen dem Staatsrat verantwortlich ist (§ 36, Abs. 2 GVG), wurde das Prinzip des → **demokratischen Zentralismus** auch in der Rechtsprechung durchgesetzt. In Verwirklichung dieses Prinzips wurde ein umfassendes „System der wissenschaftlichen Leitung der Rechtsprechung" entwickelt, das insbesondere die Anleitung der unteren durch die oberen Gerichte und durch das OG sowie die mit dem neuen GVG vom 27. 9. 1974 erneut eingeführte Anleitung und Kontrolle der Bezirks- und Kreisgerichte durch das → **Ministerium der Justiz** regelt. In Art. 74 der Verfassung ist dem Staatsrat die ständige Aufsicht über die Verfassungsmäßigkeit und Gesetzlichkeit der Tätigkeit des OG übertragen. Diese Aufsichtsbefugnis erstreckt sich nach der Stellung des OG auf die gesamte Rechtsprechung der DDR, dürfte jedoch in der Praxis angesichts der erheblich geminderten Rolle des Staatsrates kaum mehr Bedeutung erlangen.

Die Organe des OG sind das Plenum, das Präsidium, die Kollegien für Straf-, Militärstraf-, Zivil-, Familien- und Arbeitsrechtssachen und die bei den Kollegien gebildeten Senate. Dem Plenum gehören der Präsident, die Vizepräsidenten, die Oberrichter und die Richter des OG, die Direktoren der Bezirksgerichte und die Leiter der Militärobergerichte an. Mitglieder des Präsidiums sind der Präsident, die Vizepräsidenten und die Oberrichter des OG. Die Mitglieder des Präsidiums werden auf Vorschlag des Präsidenten vom Staatsrat berufen. Die Rechtsprechung liegt in Händen der Senate, die mit einem Oberrichter als Vorsitzenden und zwei beisitzenden Richtern besetzt sind. In Arbeitsrechtssachen entscheidet der zuständige Senat mit einem Oberrichter, einem weiteren Richter und drei Schöffen.

Seit 1967 sind bei den Senaten des OG, ohne daß es dafür eine gesetzliche Grundlage gibt, „Konsultativräte" gebildet worden, die mit beratender Funktion ausgestattet sind. Es bestehen – soweit erkennbar – Konsultativräte für Familienrecht und LPG-Recht (beide beim 1. Zivilsenat des OG), für Urheber- und Patentrecht sowie 2 Konsultativräte für Strafrecht beim 3. und 5. Strafsenat des OG. Betont wird, daß die Konsultationen vor Durchführung einer Verhandlung keine „vorweggenommene Beweisaufnahme" sein dürfen.

Plenum und Präsidium können zur Leitung der Rechtsprechung Richtlinien und Beschlüsse erlassen, die für alle Gerichte verbindlich sind. Seit 1953 bis 31. 8. 1974 hat das OG 30 Richtlinien beschlossen. Anträge auf Erlaß solcher Richtlinien und Beschlüsse können der OG-Präsident, der Generalstaatsanwalt, der Minister der Justiz und der Bundesvorstand des FDGB stellen. Das Plenum, an dessen Tagungen der Generalstaatsanwalt, der Minister der Justiz und ein Vertreter des Bundesvorstandes

des FDGB teilzunehmen berechtigt sind, tagt grundsätzlich einmal in 3 Monaten. Entgegen der bis zum 31. 10. 1974 geltenden Regelung ist der Staatsrat an Plenartagungen des OG nicht mehr beteiligt.

Das Präsidium bereitet die Tagungen des Plenums vor und beruft diese ein, ist zuständig für die Entscheidung, wenn ein Senat des OG in einer grundsätzlichen Rechtsfrage von der Entscheidung eines einem anderen Kollegium angehörenden Senats oder des Präsidiums abweichen will, wertet die Rechtsprechung der Gerichte und die Eingaben der Bürger aus, organisiert die Tätigkeit des OG und regelt die Geschäftsverteilung. Ferner ist das Präsidium Kassationsinstanz (s. u.). Es ist dem Plenum verantwortlich und rechenschaftspflichtig.

In der Rechtsprechung ist das OG zuständig:
1. in erster und letzter Instanz für Strafsachen, in denen der Generalstaatsanwalt wegen ihrer überragenden Bedeutung Anklage vor dem OG erhebt;
2. in zweiter Instanz für die mit einem Rechtsmittel angefochtenen erstinstanzlichen Entscheidungen der Bezirksgerichte und Militärobergerichte und für die Entscheidung über die Berufung in bestimmten Patentsachen;
3. als Kassationsgericht (→ **Kassation**) in Straf-, Militärstraf-, Zivil-, Familien- und Arbeitsrechtssachen. Auf Anforderung des Ministerrates hat das OG Rechtsgutachten zu Fragen des Straf-, Zivil-, Familien-, Arbeits- und Prozeßrechts zu erstatten.

III. Die Bezirksgerichte (BG)

In jedem → **Bezirk** besteht ein BG, das von einem Direktor geleitet wird. Das BG leitet im Bezirk die Tätigkeit der Kreisgerichte und der gesellschaftlichen Gerichte. Nachdem mit dem neuen GVG das Plenum des BG weggefallen ist, fungiert als beratendes Kollegialorgan für den Direktor das Präsidium, dem der Direktor des BG, seine Stellvertreter und die Oberrichter angehören. Das Präsidium ist Kassationsinstanz und entscheidet als solche in der Besetzung mit dem Direktor oder einem Stellvertreter als Vorsitzendem und vier vom Direktor zu bestimmenden Mitgliedern des Präsidiums.

Die Rechtsprechung des BG in Straf-, Zivil-, Familien- und Arbeitsrechtssachen liegt in den Händen der Senate, deren Zahl bei den einzelnen BG unterschiedlich ist. Diese sind in der ersten Instanz mit einem Oberrichter oder Richter als Vorsitzendem und zwei Schöffen, in der zweiten Instanz mit einem Oberrichter als Vorsitzendem und zwei weiteren Richtern besetzt. In Arbeitsrechtssachen entscheiden auch in zweiter Instanz ein Oberrichter und zwei Schöffen.

Das BG ist zuständig:
1. als Gericht erster Instanz a) in Strafsachen für die Entscheidung über Verbrechen gegen die Souveränität der DDR, den Frieden, die Menschlichkeit und die Menschenrechte, → **Staatsverbrechen**, über

vorsätzliche Tötungsverbrechen, schwerere Verbrechen gegen die Volkswirtschaft und in allen anderen Strafsachen, in denen die Anklage durch den Staatsanwalt vor dem BG erhoben wird, b) in Zivil-, Familien- und Arbeitsrechtssachen für die Entscheidung über Streitigkeiten, in denen wegen der Bedeutung, Folgen oder Zusammenhänge der Sache der Staatsanwalt des Bezirks die Verhandlung vor dem BG beantragt oder der BG-Direktor die Sache an das BG heranzieht (durch diese Zuständigkeitsregelung wird die Verfassungsgarantie des gesetzlichen Richters – Artikel 101 der Verfassung – eingeschränkt);
2. in zweiter Instanz für die mit einem Rechtsmittel angefochtenen Entscheidungen der Kreisgerichte in Straf-, Zivil-, Familien- und Arbeitsrechtssachen;
3. als Kassationsgericht für die Kassation rechtskräftiger Entscheidungen der Kreisgerichte.

IV. Die Kreisgerichte (KrG)

In jedem Kreis besteht ein KrG, das von einem Direktor geleitet wird und in Kammern für Straf-, Zivil-, Familien- und Arbeitsrechtssachen gegliedert ist. Die Kammern sind mit einem Richter als Vorsitzendem und zwei Schöffen besetzt.

Das KrG ist zuständig:
1. für alle Straf-, Zivil-, Familien- und Arbeitsrechtssachen, soweit nicht die Zuständigkeit des BG oder des OG begründet ist. Es gehören also grundsätzlich alle Zivilsachen in erster Instanz vor das KrG;
2. für Entscheidungen über den Einspruch gegen eine Entscheidung der Konfliktkommission oder Schiedskommission (→ **Gesellschaftliche Gerichte**);
3. für die Entscheidung über die Beschwerde gegen eine Entscheidung des Staatlichen → **Notariats** oder eines Einzelnotars;
4. für die Verhandlung über den Antrag auf gerichtliche Entscheidung gegen eine polizeiliche Strafverfügung wegen einer Verfehlung;
5. für Vollstreckbarkeitserklärungen von Entscheidungen der gesellschaftlichen Gerichte;
6. für Einsprüche gegen die Nichtaufnahme in die Wählerliste zur Wahl der Volksvertretungen.

Als Neuregelung im GVG ist vorgesehen, daß in bestimmten, vom Gesetz festgelegten Fällen ein Richter allein verhandeln und entscheiden kann. Insoweit ist auch in § 6 GVG der Grundsatz der „Kollektivität der Rechtsprechung" eingeschränkt.

Bei jedem KrG besteht eine *Rechtsauskunftsstelle* zur Beratung der Bevölkerung; es ist mindestens ein → **Gerichtsvollzieher** angestellt. An die Stelle des früheren Urkundsbeamten der Geschäftsstelle ist bei jedem Gericht der Sekretär des Gerichts getreten. Die Bezeichnung „Rechtspfleger" gibt es nicht. Der Sekretär des Gerichts leitet die Geschäftsstelle und übt im Rahmen der Zwangsvollstreckung einige richterliche Funktionen aus.

V. Gerichtsorganisation in Berlin (Ost)

In Berlin (Ost) besteht eine eigene Gerichtsorganisation seit der Auflösung des Kammergerichts im Herbst 1961 nicht mehr. In jedem der 8 Stadtbezirke gibt es ein Stadtbezirksgericht (Zuständigkeit wie Kreisgericht).

Mit der Zuständigkeit eines Bezirksgerichts ausgestattet ist das Stadtgericht. Über Rechtsmittel und Kassationsanträge gegen dessen Entscheidungen entscheidet seit der Auflösung des Kammergerichts das Oberste Gericht.

VI. Die Militärgerichtsbarkeit

Die Militärgerichtsbarkeit war durch die Militärgerichtsordnung vom 4. 4. 1963 (GBl. I, S. 71) eingerichtet worden. Sie wird von dem OG, bei dem ein Kollegium für Militärstrafsachen gebildet ist, von den Militärobergerichten und den Militärgerichten ausgeübt. Die Leitung der Rechtsprechung liegt beim OG. Die Militärgerichte sind nicht nur in Strafsachen gegen Militärpersonen zuständig, sondern für alle Personen, die durch Straftaten die militärische Sicherheit gefährden. Der Standort und die örtliche Zuständigkeit der Militärgerichte und Militärobergerichte werden vom Minister für Nationale Verteidigung unter Berücksichtigung der militärischen Notwendigkeit festgelegt (MilOG in Leipzig, Neubrandenburg, Ost-Berlin).

Die sachliche Zuständigkeit ist entsprechend der allgemeinen Zuständigkeit in Strafsachen geregelt. Darüber hinaus sind die Militärstrafsenate des OG zuständig für die Entscheidung über strafbare Handlungen, die von Militärpersonen ab Dienstgrad Generalmajor/Konteradmiral oder Dienststellung Divisionskommandeur begangen werden, die Militärobergerichte ab Dienstgrad Oberst/Kapitän zur See oder ab Dienststellung Regimentskommandeur. Für die Organisierung der Tätigkeit des MilOG und der MilG ist deren Leiter allein verantwortlich. Das MilOG entscheidet über Kassationsanträge (→ **Kassation**) gegen Entscheidungen des MilG. Kassationsinstanz sind ebenfalls (bei Entscheidungen der MilOG ausschließlich) die Militärstrafsenate des Kollegiums des OG.

Gerichtsvollzieher: Bei jedem Kreisgericht ist ein G. angestellt. Wenn es nach dem Geschäftsanfall erforderlich ist, können mehrere G. bei einem Kreisgericht angestellt werden. Die Tätigkeit der G. richtet sich noch immer nach der VO über das G.-Wesen vom 4. 10. 1952 (GBl., S. 993). Seit Auflösung der Justizverwaltungsstellen in den Bezirken im Jahre 1963 üben die Direktoren der Bezirksgerichte die Dienstaufsicht über die G. aus. Dem G. obliegt nach der VO zur Vereinfachung des gerichtlichen Verfahrens in Zivil-, Familien- und Arbeitsrechtssachen vom 31. 1. 1973 (GBl. I, S. 117) nur noch die Durchführung von → **Zwangsvollstreckungen**. Dabei soll vorrangig die Pfändung des Arbeitseinkommens vorgenommen werden. Eine Sachpfändung soll nur dann in Betracht kommen, wenn dadurch die Ansprüche des Gläubigers schneller erfüllt werden können oder eine Pfändung des Arbeitseinkommens keinen Erfolg verspricht (Neue Justiz, 1973, S. 110).

Dem G. kann vom Direktor des Bezirksgerichts die Vollstreckung in Geldforderungen sowie die Durchführung des Mahnverfahrens (→ **Zivilprozeß**) übertragen werden.

Durch Übertragung dieser bislang dem Sekretär des Gerichts vorbehaltenen Aufgaben soll die Tätigkeit des G. besser als bisher in die gesamte gerichtliche Tätigkeit einbezogen werden. Andererseits kann nunmehr die Durchführung der Sachpfändung dem Sekretär des Kreisgerichts übertragen werden.

Gesamtprodukt, Gesellschaftliches

Definition – Nationaleinkommen – Volkseinkommen – Systematik der Produktbegriffe

Wirtschaftliche Kennziffer zur Charakterisierung der Leistungsfähigkeit der DDR-Volkswirtschaft in einem bestimmten Zeitabschnitt (in der Regel ein Jahr) (GG).

In der DDR werden die gesamtwirtschaftlichen Leistungen in den Begriffen Bruttoprodukt (= GG), Nettoprodukt, produziertes und im Inland verwendetes Nationaleinkommen zusammengefaßt. Diese Indikatoren werden in der volkswirtschaftlichen Gesamtrechnung ermittelt, die in der DDR nach Prinzipien erstellt wird, die auf die Arbeitswertlehre von Karl Marx zurückgehen. Sie unterscheidet sich damit von den westlichen volkswirtschaftlichen Gesamtrechnungen, da die Marxsche Theorie nur solche Leistungen als wertschöpfend ansieht, die sich in materiellen Produkten realisieren. So werden in der volkswirtschaftlichen Gesamtrechnung der DDR die Dienste – mit Ausnahme der als „produktiv" angesehenen Dienstleistungen – als Leistungen der „nichtproduzierenden" Bereiche nicht ausgewiesen. Dazu gehören die meisten Leistungen des staatlichen Bereichs (Verwaltung, Einrichtungen des → **Gesundheitswesens**), die Leistungen des Geld- und Versicherungswesens, des Dienstleistungshandwerks usw. Die „nichtproduzierenden" Bereiche sind aber nicht identisch mit dem sogenannten tertiären Sektor in westlichen Ländern (es fehlen insbesondere der → **Binnenhandel** und das → **Verkehrs-**, → **Post- und Fernmeldewesen**), sondern umfassen lediglich einige seiner wesentlichen Teilstücke. Die DDR-Gesamtrechnung enthält vermutlich auch nicht die Produktion militärischer Ausrüstungen. Die Abgrenzung des „produzierenden" Bereichs vom „nichtproduzierenden" Bereich ist problematisch. Sie erfolgt durch Zuordnung der ökonomischen Grundeinheiten (Betriebe, Kombinate, Einrichtungen der Kultur und Volksbildung, des Gesundheits- und Sozialwesens usw.) entsprechend dem überwiegenden Schwerpunkt ihrer Produktion in ihrer Gesamtheit auf den „produzierenden" und den „nichtproduzierenden" Bereich. Die „produzierenden" Betriebseinheiten gehören folgenden Wirtschaftsbereichen an: Industrie und produzierendes Handwerk; Bauwirtschaft (einschließlich Bauhandwerk); Land- und Forstwirtschaft; Verkehr-, Post- und Fernmeldewesen; Binnenhandel (einschl. Gaststättengewerbe); sonstige produzierende Zweige (Projektierungsbetriebe, Verlage, Textilreinigungsbetriebe, Reparaturkombinate, Rechenbetriebe).

Das GG. ist die Gesamtheit der von der Gesellschaft in einem bestimmten Zeitabschnitt, in der Regel in einem Jahr, erzeugten materiellen Güter und produktiven Leistungen. Es ist damit die Summe der Bruttoproduktionswerte aller Betriebe des „produzierenden" Bereichs der Volkswirtschaft. Das produzierte Nationaleinkommen (bzw. Volkseinkommen) errechnet sich aus dem GG. abzüglich des Produktionsverbrauchs (Abschreibungen, Mieten, Pachten und Nutzungsentgelte; Verbrauch von Material und produktiven Leistungen) und abzüglich der Subventionen für Materialkäufe, sogenannte Verrechnungen. Es ist damit die Summe der Nettoproduktwerte der Wirtschaftsbereiche abzüglich der Verrechnungen.

Die Systematik der Produktbegriffe in der DDR

Bruttoprodukt (= GG.)
minus Produktionsverbrauch (= Abschreibungen, Mieten, Pachten, Nutzungsentgelte plus Verbrauch von Material und produktiven Leistungen)

Nettoprodukt
minus Verrechnungen (= spezielle Subventionsart der DDR)

produziertes Nationaleinkommen
plus/minus Außenhandelssaldo

im Inland verwendetes Nationaleinkommen

Bei der Entstehungsrechnung ergibt sich das GG. als Summe der Bruttoprodukte aller „produktiven" ökonomischen Grundeinheiten bzw. Wirtschaftsbereiche. Nach den Ergebnissen der volkswirtschaftlichen Gesamtrechnung waren die einzelnen Wirtschaftsbereiche am Aufkommen des GG. 1972 (in Klammern die Angaben für die Anteile am Nettoprodukt) mit folgenden Anteilen beteiligt: Industrie und produzierendes Handwerk (ohne Bauhandwerk) mit 67,2 v. H. (61,0 v. H.), Bauwirtschaft mit 8,8 v. H. (8,1 v. H.), Land- und Forstwirtschaft mit 10,1 v. H. (11,3 v. H.), Verkehr-, Post- und Fern-

meldewesen mit 5,0 v. H. (5,1 v. H.), der Binnenhandel mit 7,7 v. H. (12,9 v. H.) und die übrigen produzierenden Zweige mit 1,1 v. H. (1,5 v. H.).

Die Vergleichbarkeit östlicher und westlicher Sozialproduktskennziffern ist nur bedingt möglich. Der wesentliche Unterschied zur volkswirtschaftlichen Gesamtrechnung der DDR besteht in der Bundesrepublik Deutschland darin (wo als Zusammenfassung volkswirtschaftlicher Leistungen der Bruttoproduktionswert, das Bruttoinlandsprodukt, das Bruttosozialprodukt und das Nettosozialprodukt zu Marktpreisen bzw. zu Faktorkosten [= Volkseinkommen] benutzt wird), daß das als Produktion anerkannt wird, was zur Bedarfsdeckung auf den Märkten einen Preis erzielt. Damit gehen prinzipiell alle Dienstleistungen in die gesamtwirtschaftlichen Leistungsindikatoren ein, also auch die, die zwar in der DDR gesellschaftlich nützlich sind, aber zum „unproduktiven" Bereich gezählt werden. Dieses unterschiedliche methodische Konzept der Sozialproduktberechnung ließe sich bei einem Vergleich zwischen der Bundesrepublik und der DDR z. B. dadurch – zumindest theoretisch – lösen, daß entweder das gesellschaftliche Produkt der DDR um die Dienstleistungen, die es nicht enthält, erhöht wird, oder aber das Brutto- bzw. Nettosozialprodukt der Bundesrepublik um diese vermindert wird.

Die Systematik der Produktbegriffe in der Bundesrepublik Deutschland

Bruttoproduktionswert minus Vorleistungen	
Bruttosozialprodukt minus	(Saldo der Erwerbs- und Vermögenseinkommen zwischen Inländern und der übrigen Welt
	= Bruttoinlandsprodukt)
minus Abschreibungen	
Nettosozialprodukt zu Marktpreisen minus indirekte Steuern plus Subventionen	
Nettosozialprodukt zu Faktorkosten (= Volkseinkommen)	

Das Bruttosozialprodukt der Bundesrepublik Deutschland ist allerdings mit dem GG. (neben der schon erwähnten Nichteinbeziehung eines Teiles der Dienstleistungen) vor allem auch deshalb nicht vergleichbar, weil in ihm keine Vorleistungen enthalten sind. Aufgrund der in den östlichen Zentralplanwirtschaften praktizierten Bruttorechnung bei der Ermittlung des GG., wobei die Vorleistungen anderer Betriebe und Wirtschaftszweige bei der Feststellung der Bruttoproduktion jedes einzelnen Betriebes stets mitgerechnet werden, enthält die in den statistischen Veröffentlichungen ausgewiesene Gesamtproduktgröße viele Doppel- und Mehrfachzählungen. Das Ausmaß dieser Doppel- und Mehrfachzählungen dürfte sich darüber hinaus im Zuge der sich wandelnden Verflechtungsbeziehungen ständig ändern. Auch das Nettosozialprodukt (Bundesrepublik Deutschland) ist nur bedingt mit dem Nettoprodukt (DDR) vergleichbar, selbst wenn es gelingt, dem Nettoprodukt sämtliche Dienstleistungen hinzuzuzählen. Die statistischen Definitionsprobleme können aber gelöst werden, indem die Daten eines Landes gemäß den Konzeptionen des Vergleichslandes umgruppiert werden. Das größte Hemmnis für den Vergleich besteht aber im Fehlen realistischer Umrechnungskurse der jeweiligen Währungen, so daß das Paritätsproblem jeden gesamtwirtschaftlichen Niveauvergleich beeinträchtigen muß.

Die Verwendungsseite volkswirtschaftlicher Leistungsgrößen wird in der DDR anders abgerechnet als in der Bundesrepublik Deutschland. In der Bundesrepublik wird z. B. die Abgrenzung zwischen privatem und öffentlichem Verbrauch danach vorgenommen, wer Käufer der Güter ist, während in der DDR der Endverwender ausschlaggebend für die jeweilige Zuordnung ist. In der Statistik des National-

einkommens wird die Verwendung im Inland auf die Verwendungszwecke „Akkumulation" (Nettoinvestitionen im „produzierenden" Bereich, Investitionen im „nichtproduzierenden" Bereich, Zuwachs an Beständen und Reserven) und „individuelle und gesellschaftliche Konsumtion" verteilt. Zur gesellschaftlichen Konsumtion rechnet man den Verbrauch von Erzeugnissen und Leistungen aus dem „produktiven" Bereich in Einrichtungen zur kulturellen, sozialen und gesundheitlichen Betreuung der Bevölkerung (lebensstandardwirksame gesellschaftliche Konsumtion) sowie in Einrichtungen, die gesamtgesellschaftliche Bedürfnisse befriedigen. Angaben über die Höhe oder die Struktur des öffentlichen Verbrauchs in der DDR fehlen in den statistischen Unterlagen.

Nach vorläufigen Ergebnissen der volkswirtschaftlichen Gesamtrechnung in der DDR für 1973 verteilte sich das im Inland verwendete Nationaleinkommen zu 67,7 v. H. auf die individuelle Konsumtion, zu 10,2 v. H. auf die gesellschaftliche Konsumtion und zu 22,1 v. H. auf die Akkumulation.

Geschenkpaketversand: Nichtkommerzieller → Warenverkehr.

Geschichte der DDR

Am 7. 10. 1949 konstituierte sich der „Deutsche Volksrat" in Ost-Berlin als „Provisorische Volkskammer" und nahm eine Verfassung an. Auf dem Gebiet der Sowjetischen Besatzungszone war damit die Deutsche Demokratische Republik, die DDR, gegründet. Seither durchlief die DDR verschiedene Phasen (→ **Periodisierung**). Auf Weisung und mit Unterstützung der Besatzungsmacht entstand durch radikale Veränderung der ökonomischen, sozialen und politischen Strukturen ein neues System, das sich an der Sowjetunion orientierte.

I. 1945–1949

Bereits vor der Gründung der DDR waren die Voraussetzungen für die neue Gesellschaft gelegt worden. Die Grundlage dazu bildeten verschiedene Reformen: 1945 die Bodenreform (Aufteilung des Großgrundbesitzes), 1946 die Schulreform (Einheitsschule), 1945/46 die Justizreform („Volksrichter", Beherrschung durch die SED) und vor allem ab 1946 die Industriereform (Schaffung eines Staatssektors der Industrie). Auch das politische System änderte sich schrittweise: Die SPD wurde 1946 unter Zwanganwendung in die kommunistische → **SED** eingeschmolzen, die bürgerlichen Parteien → **CDU** und → **LDPD** nach und nach auf SED-Kurs gebracht und 1948 mit der → **NDPD** und der → **DBD** Satellitenparteien der SED geschaffen. Alle → **Massenorganisationen** (→ **FDGB**, → **FDJ** usw.) gerieten in völlige Abhängigkeit von der SED. Die SED

selbst war 1948 in eine stalinistische „Partei neuen Typus" umgewandelt und damit auf die allmähliche Übernahme der Macht durch die sowjetische Besatzung vorbereitet worden.

Die Provisorische → **Volkskammer** wählte zusammen mit der neugeschaffenen Länderkammer am 11. 10. 1949 Wilhelm Pieck (1876–1960) zum Präsidenten der DDR. Pieck gehörte zu den Mitbegründern der → **KPD** und hatte nach Thälmanns Verhaftung 1933 die Leitung der KPD in der Emigration übernommen. Seit 1946 war er zwar Vorsitzender der SED, doch hatte der jovial wirkende und der Sowjetunion voll ergebene „Landesvater" kaum noch politische Bedeutung.

Als Ministerpräsidenten bestätigte die Volkskammer am 12. 10. 1949 Otto Grotewohl (1894–1964). Er hatte sich 1912 der SPD angeschlossen und war für seine Partei in der Weimarer Republik u. a. Minister in Braunschweig gewesen. 1945 Mitbegründer der SPD in Berlin, beugte er sich dem Druck der sowjetischen Besatzung und überführte die Ost-SPD in die SED, deren Vorsitzender er neben Pieck wurde. Mit der Umbildung der SED in eine „Partei neuen Typus" wurden die Sozialdemokraten nach 1948 zurückgedrängt, und Grotewohl unterwarf sich immer mehr der kommunistischen Disziplin. Obwohl er seine Funktion bis zu seinem Tod behielt, sank sein Einfluß ständig.

Die wichtigsten Posten in der Regierung Grotewohl nahmen 1949 sofort SED-Führer ein. Als der eigentlich entscheidende Mann erwies sich rasch der damalige stellvertretende Ministerpräsident Walter

Ulbricht (1893–1973). Er hatte sich in den zwanziger Jahren als guter Organisator im Apparat der KPD hochgearbeitet und bestimmte bereits in der Emigration weitgehend die Linie der KPD, da er sich stets besonders geschickt an der Haltung der Sowjetunion und vor allem Stalins orientierte. Durch die Wahl zum Generalsekretär der SED im Juli 1950 (später: Erster Sekretär) und seit 1960 als Vorsitzender des Staatsrates wurde Ulbricht auch nach außen sichtbar die zentrale Figur, die sich zunächst uneingeschränkt den sowjetischen Weisungen unterwarf, in den 60er Jahren jedoch auch eigene Schritte gehen wollte. Mit Ulbrichts Person ist die Entwicklung der DDR weitgehend verknüpft, er hat Partei und Staat bis zu seiner Ablösung 1971 nachhaltig mitgeprägt.

II. 1949–1955

Unter der maßgeblichen Führung Ulbrichts wurde in der DDR in der Phase von 1949 bis 1955 das stalinistische System der Sowjetunion übernommen (abgesehen von einigen Varianten, wie z. B. das formal weiterbestehende Mehrparteiensystem). Die gesamte Macht wurde nun – zunächst im Auftrag und unter Kontrolle der sowjetischen Besatzungsmacht – von der SED-Führung mit diktatorisch-bürokratischen Methoden ausgeübt.

Die weitgehend noch bürgerlich-demokratische Verfassung von 1949 wurde in der Praxis ausgehöhlt. Die Realität der DDR war in dieser Periode gekennzeichnet durch das Anwachsen des staatlichen und genossenschaftlichen → **Eigentums**, eine zentralgeleitete Planwirtschaft, sowie durch die „führende Rolle" der SED, die nach dem Prinzip des → **demokratischen Zentralismus** Staat, → **Wirtschaft,** Kultur und Massenorganisationen befehligte und ein Meinungsmonopol errichtete, wobei der → **Marxismus-Leninismus** Stalinscher Prägung zur herrschenden Ideologie wurde.

Nach Beschlüssen des III. Parteitages der SED (Juli 1950) versuchte die DDR, mit einem Fünfjahrplan (1951–1955) den Wiederaufbau der zerstörten Wirtschaft zu bewältigen, aber auch die gewachsenen wirtschaftlichen Bindungen an Westdeutschland zu lösen. Bei der Überwindung der großen ökonomischen Schwierigkeiten (die Ausgangssituation war durch Reparationen, das Fehlen der Schwerindustrie usw. weit schlechter als in der Bundesrepublik) neigten einige Parteiführer zu einem flexibleren Kurs. Der damalige Planungschef Heinrich Rau (1899–1961) galt zeitweise als Gegenspieler zu Ulbricht; Fritz Selbmann (1899–1975), bis 1955 Minister für Industrie, wurde mehrmals wegen „Managertums" kritisiert. Mit der Aufnahme der DDR in den → **RGW** (September 1950) festigten sich die Bindungen an das Wirtschaftssystem des Ostblocks, und schon bis 1955 verdreifachte sich der → **Außenhandel** mit den kommunistischen Ländern.

Die ersten Volkskammerwahlen im Oktober 1950 waren ein Einschnitt in der Parteienentwicklung: Es gab nur noch Einheitslisten der → **Nationalen Front**. Die Wahlen, die vielerorts nicht mehr geheim, sondern offen durchgeführt wurden, zeigten das bei sowjetischen Abstimmungen übliche Bild: 98 v. H. Wahlbeteiligung, 99,72 v. H. Stimmen für die Kandidaten. Die Flüchtlingszahlen der kommenden Jahre offenbarten die Brüchigkeit solcher Wahlergebnisse. In der Volkskammer erhielten die SED 100 Sitze, CDU und LDPD je 60 Sitze, NDPD und DBD je 30, der FDGB 40 und die anderen Massenorganisationen zusammen 80 Sitze. Da fast alle Abgeordneten der Massenorganisationen auch der SED angehörten, besaß diese in der Volkskammer die absolute Mehrheit. Auch die neue Regierung unter Grotewohl spiegelte den verstärkten Einfluß der SED wider, von der sie abhängig war: SED-Führer dominierten im Kabinett, und die Beschlüsse des (1949 geschaffenen) → **Politbüros des ZK der SED** waren für die Regierung verbindlich.

Die DDR baute ihre militärische Streitmacht aus. Bereits 1948 war – im Rahmen der Spaltung Deutschlands und des beginnenden Kalten Krieges – eine Bereitschaftspolizei geschaffen worden, aus der im Sommer 1952 die „Kasernierte Volkspolizei" hervorging, eine militärische Kadertruppe mit etwa 100 000 Mann. Im Mai 1952 nahm die DDR die Unterzeichnung des EVG-Vertrags durch die Bundesrepublik zum Anlaß, um die → **Grenze** zwischen Ost- und Westdeutschland abzuriegeln. Am 26. 5. 1952 erließ die Grotewohl-Regierung eine Verordnung über eine 5 km breite Sperrzone entlang der → **Demarkationslinie.**

Eine Verwaltungsreform zentralisierte den Staatsaufbau. Durch Gesetz vom 23. 7. 1952 löste die Regierung die Länder (Sachsen, Thüringen, Sachsen-Anhalt, Brandenburg und Mecklenburg) auf und schuf an ihrer Stelle 14 Verwaltungsbezirke, womit die Anleitung des → **Staatsapparats** durch die SED vereinfacht wurde.

Höhepunkt der Übertragung des sowjetischen Systems auf die DDR war die offizielle Verkündung des → **Aufbaus des Sozialismus** durch Ulbricht auf der II. Parteikonferenz der SED im Juli 1952. Ulbricht erklärte, die Volkswirtschaft sei für den „Übergang zum Sozialismus reif" (der „sozialistische Sektor" der Industrie erwirtschaftete fast 80 v. H. des Bruttoprodukts gegenüber 73 v. H. im Jahre 1950). Typisch für die Atmosphäre war nun der Stalin-Kult, der sich bei Ulbrichts Schlußwort offenbarte: „Wir werden siegen, weil uns der große Stalin führt" (Protokoll II. Parteikonferenz, S. 464).

Im Rahmen ihrer ideologischen Offensive verhärtete sich 1952/1953 die Haltung der SED gegenüber der Kirche. Seit Ende 1952 verschärfte sich auch der staatliche Kampf gegen die Kirche: Von Januar bis April 1953 wurden etwa 50 Geistliche und Laienhel-

fer verhaftet, 300 Oberschüler als Angehörige der
→ **Jungen Gemeinde** relegiert.

Der überstürzte Aufbau der Schwerindustrie ging zu
Lasten der Lebenshaltung der Bevölkerung, deren
materielle Lage sich verschlechterte. Die neuen sozialen und politischen Strukturen wurden überdies
nicht selten mit Gewalt und Terror gegen den Widerstand der Bevölkerung durchgesetzt. Der im Februar
1950 gegründete Staatssicherheitsdienst spielte dabei eine schlimme Rolle (→ **Opposition und Widerstand**).

Nach dem Tod Stalins (5. 3. 1953) schwenkte die
verwirrte SED-Führung unter dem Druck der neuen
Sowjetführung zwar zu einem → **Neuen Kurs** um,
erhöhte aber gleichzeitig die Arbeitsnormen. Daraufhin entlud sich der langangestaute Unwille der
Arbeiterschaft in Arbeitsniederlegungen und im
Aufstand vom 17. 6. 1953. Der Aufstand zeigte die
Schwäche und Isolierung der DDR-Führung und des
Gesamtsystems, das damals nur mit Hilfe der sowjetischen Besatzungstruppen überleben konnte. Nach
der blutigen Niederschlagung der Erhebung versuchte die SED, mit dem „Neuen Kurs" eine flexiblere Haltung zu finden, wollte aber auch weiterhin
das System durch Säuberungen festigen (→ **Juni-
Aufstand**).

Ähnlich terroristische Exzesse, wie sie die KPdSU
mit ihren Säuberungen während der Ära J. W. Stalin erfahren hat, erlebte die SED nicht. Seit ihrer
Gründung ist sie dennoch von mehreren Säuberungen erfaßt worden.

1948/49 richtete sich eine erste Aktion dieser Art
gegen ehemalige Sozialdemokraten sowie gegen Anhänger einer „nationalkommunistischen", am „tito-
istischen" Beispiel Jugoslawiens orientierten Politik.
In Auswirkung der Affäre Noel H. Field sowie im
Zusammenhang mit den Schauprozessen gegen
Laszlo Rajk u. a. in Ungarn und gegen Traitscho Ko-
stoff u. a. in Bulgarien beschloß das ZK der SED am
24. 8. 1950 eine Säuberung, die sich gegen ehemalige Westemigranten unter führenden Parteifunktionären (Paul Merker, Bruno Goldhammer, Leo Bauer, Willi Kreikemeyer, Lex Ende und Maria Weiterer u. a.) richtete. Einige von ihnen (Merker, Goldhammer, Bauer) verbüßten mehrjährige Haftstrafen, andere starben in der Haft (Kreikemeyer) oder
als Verbannte (Ende).

Für die Zeit vom 15. 1. bis 30. 6. 1951 wurden auf
ZK-Beschluß sämtliche Mitglieder und Kandidaten
der SED durch Umtausch der → **Parteidokumente**
individuell einer politisch-ideologischen Überprüfung unterzogen. Erklärtes Ziel war die Säuberung
von „parteifremden und feindlichen oder moralisch
unsauberen Elementen". Insgesamt wurden 150 696
Mitglieder und → **Kandidaten** durch Streichung
ihrer Mitgliedschaft oder Kandidatenschaft oder
durch Ausschluß aus der SED entfernt.

Gezielte Säuberungen richteten sich in den Folge-

jahren gegen führende deutsche Kommunisten, die
zu Walter Ulbricht in Opposition getreten waren:
1953 wurde Franz Dahlem auf dem 13. Plenum des
ZK (13.–14. Mai) aller Funktionen entbunden; auf
dem 15. Plenum des ZK (Juli 1953) fielen Wilhelm
Zaisser und Rudolf Herrnstadt der Säuberung zum
Opfer; Anton Ackermann, Elli Schmidt und Hans
Jendretzky, die mit ihnen sympathisiert hatten, verloren ebenfalls ihre Parteifunktionen. Sie wurden jedoch später nicht wie Zaisser und Herrnstadt aus der
SED ausgeschlossen.

Eine wichtige Rolle spielte dabei die Zentrale
→ **Parteikontrollkommission** der SED. Sie wurde
von Hermann Matern (1893–1971) geleitet, der in
dieser Funktion eine der wichtigsten Stützen Ulbrichts war. Prominente Opfer von Säuberungen im
Staatsapparat wurden 1952/53 der damalige Han-
dels- und Versorgungsminister Dr. Karl Hamann
(LDPD), der damalige Außenminister Georg Der-
tinger (CDU) und der damalige Justizminister Max
Fechner (SED).

In den 50er Jahren hielten es SED und Staatssicherheitsdienst auch für notwendig, bestimmte Personen, die als Gegner der SED in der Bundesrepublik
oder in → **Berlin** (West) aktiv in Organisationen
oder als Journalisten tätig waren oder die aus besonders wichtigen Funktionen in den Westen geflüchtet
waren, mit Hilfe gedungener krimineller Elemente
gewaltsam oder mittels Täuschung bzw. List in die
DDR zu verschleppen. Die dabei angewandten Methoden reichten bis zur Giftbeibringung und zum
Überfall auf offener Straße. Die Polizei in Berlin
(West) hat seit Herbst 1949 295 Fälle von Entführungen aus Berlin (West) registriert, darunter 87 gewaltsam begangene Menschenraub-Verbrechen und
208 durch List inszenierte Entführungen; in weiteren 81 Fällen blieb es beim Versuch.

III. 1956–1961

Auch in der Phase von 1956 bis 1961 versuchte die
SED, die stalinistische Grundstruktur in der DDR zu
konservieren. Zwar hatte die Sowjetunion der DDR
im September 1955 die „völlige Souveränität" zuerkannt, doch blieb die Abhängigkeit weiter bestehen.
Die offene Entstalinisierung, die vom XX. Parteitag
der KPdSU 1956 eingeleitet wurde, mußte daher
von der SED nachvollzogen werden; sie blieb allerdings in der DDR formal: So distanzierte sich die
SED nur vom Personenkult und den terroristischen
Methoden der Stalin-Ära. Eine intellektuelle Opposition gegen die DDR-Praxis, die einen → **dritten
Weg**, einen „menschlichen Sozialismus", forderte
(Harich), konnte keinen Einfluß gewinnen. Doch die
Widersprüche der Entstalinisierung wirkten sich bis
in die Parteispitze aus. Eine Oppositionsgruppe im
Politbüro (Schirdewan, Wollweber, Ziller, Oelßner)
setzte sich für Reformen ein. Ulbricht gelang es je-

doch, sie auf dem 35. Plenum des ZK (Februar 1958) auszuschalten und zu entmachten.

Überhaupt zeigte der V. Parteitag im Juli 1958 Ulbrichts dominierende Stellung in Partei und Staat: Seine Spitzenposition war nun für über ein Jahrzehnt gefestigt. Dieser Parteitag proklamierte die „Vollendung" des sozialistischen Aufbaus in der DDR. Nach Ulbrichts Forderung bestand die „ökonomische Hauptaufgabe" der DDR darin, die Volkswirtschaft so zu entwickeln, daß „innerhalb weniger Jahre" der „Pro-Kopf-Verbrauch unserer werktätigen Bevölkerung mit allen wichtigen Lebensmitteln und Konsumgütern den Pro-Kopf-Verbrauch der Gesamtbevölkerung in Westdeutschland erreicht und übertrifft" (Protokoll V. Parteitag, Bd. 1, S. 68). Diese Zielsetzung war irreal und wurde nicht verwirklicht; jedoch glaubte die DDR-Führung, die Bevölkerung durch ideologische Indoktrination mobilisieren zu können. Ulbricht verkündete dazu „10 Gebote der **sozialistischen→ Moral**". Der Erziehung der jungen Generation wurde große Aufmerksamkeit gewidmet, im September 1958 der „polytechnische Unterricht" eingeführt, Ende 1959 die „sozialistische Entwicklung des Schulwesens" (10jährige Schulpflicht) beschlossen und ein modernes Bildungswesen geschaffen.

Die DDR zeigte 1958/59 eine gewisse wirtschaftliche Stabilität, die Flüchtlingszahlen sanken auf den niedrigsten Stand seit 1950, viele Menschen schienen sich mit den Verhältnissen abzufinden, die Beziehungen zwischen Partei und Bevölkerung versachlichten sich allmählich. Doch 1960 verhärtete sich die SED-Politik wieder. Die Kollektivierung der → **Landwirtschaft**, die vor allem im März/April 1960 forciert wurde, führte ebenso zu neuem Druck und zu neuer Massenflucht wie wirtschaftliche Schwierigkeiten durch zu hoch gesteckte Planziele (der 2. Fünfjahrplan wurde 1959 abgebrochen und durch den Siebenjahrplan 1959–1965 ersetzt). Dennoch konnte Ulbricht seine Position festigen: Anfang 1960 wurde er Vorsitzender des neugeschaffenen→ **Nationalen Verteidigungsrates** und nach dem Tode Wilhelm Piecks (7. 9. 1960) auch Vorsitzender des damals mächtigen → **Staatsrates.**

Der Massenflucht der Bevölkerung 1961 begegnete die DDR-Führung auf ihre Weise: Mit dem Bau der Mauer am 13. 8. 1961 riegelte sie die DDR ab und zwang die Bevölkerung, sich mit dem System zu arrangieren.

IV. 1961–1971

Die Periode von 1961 bis 1971 brachte die ökonomische Stabilisierung der DDR. Durch die Entstalinisierung einerseits und stärkere Anpassung an die Anforderungen der modernen Industriegesellschaft andererseits wandelten sich die Herrschaftsmethoden in der DDR beträchtlich; sie verlagerten sich immer mehr vom Terror auf die Manipulierung der arbeitenden Massen. Da die Wünsche und Forderungen der Bevölkerung stärker berücksichtigt werden mußten, rückte das neue Ziel der Modernisierung und Rationalisierung des ökonomischen Systems die Effizienz der Wirtschaft in den Mittelpunkt. Die DDR wurde zur „sozialistischen" Leistungs- und Konsumgesellschaft mit deutlich konservativen Zügen. Schließlich versuchte die Führung unter Ulbricht, sich von der unkritischen Übernahme des sowjetischen Modells zu lösen.

Einschneidend war der VI. Parteitag der SED im Januar 1963. Er gab das Signal für ein neues Wirtschaftssystem, das → **Neue Ökonomische System** der Planung und Leitung (NÖSPL). Damit war der Weg frei für wirtschaftliche Reformexperimente und die Verbesserung der Lebenslage der Bürger. Schwerpunkte waren die „wissenschaftlich begründete Führung" der Volkswirtschaft und der verstärkte materielle Anreiz für die Werktätigen, die Ausnutzung des Gewinnstrebens. Zwar zeigten das vom VI. Parteitag angenommene Programm und das neue Statut, daß sich die SED weiterhin als kommunistische Partei im Sinne des Sowjetkommunismus verstand; jedoch leitete der Parteitag auf verschiedenen Gebieten Reformen ein (z. B. die Lockerung der Parteifesseln im kulturellen Bereich). Um das Verhältnis des Staates zur → **Jugend** zu verbessern, gestanden das „Jugendgesetz" (Mai 1964) und die „10 Grundsätze der sozialistischen Jugendpolitik" (März 1967) der Jugend mehr Selbständigkeit zu, nachdem ihr bereits günstige berufliche Aufstiegsmöglichkeiten in allen Bereichen gewährt worden waren.

Auch die Gleichberechtigung der Frau wurde vorangetrieben. Ende 1961 war in einem Kommuniqué „Die Frau – der Frieden und der Sozialismus" die Forderung erhoben worden, die Frau müsse „beim Aufbau des Sozialismus mehr als bisher zur Geltung kommen". Da damals bereits 68 v. H. aller arbeitsfähigen Frauen im Berufsleben (1973: 84 v. H. standen, galt ihr die Hauptsorge der weiteren Qualifizierung der Frauen (von 1961 bis 1968 verdoppelte sich die Anzahl der Frauen mit Hoch- oder Fachschulabschluß). Allerdings zeigt sich, daß die Mitwirkung der Frauen von unten nach oben immer geringer wird; in der obersten politischen Führung waren und sind kaum Frauen vertreten.

Durch das „Gesetz über das → **einheitliche sozialistische Bildungssystem**" vom Februar 1965 und die folgende III. Hochschulreform wurde das Bildungswesen weiter reformiert. Allerdings gab es 1965 (vor allem auf dem 11. ZK-Plenum im Dezember 1965) auf dem Gebiet der → **Kulturpolitik** Rückschläge. Liberale Ansätze wurden als „schädliche Tendenzen" kritisiert und abgelehnt. Andererseits wurden soziale Fortschritte erzielt, so durch die Einführung der Fünf-Tage-Arbeitswoche 1966 bzw. April 1967. Das „Neue Ökonomische System" wurde mehrfach modifiziert; nach dem VII. Parteitag der SED im

April 1967 sollte im „entwickelten gesellschaftlichen System des Sozialismus" die „Wissenschaft als Produktivkraft" eine Hauptrolle spielen und die wirtschaftliche Leistungsfähigkeit der DDR steigern.

Eine Neuordnung des → **Strafrechts** zielte auf eine Konsolidierung des Staatswesens ab. Am 12. Januar 1968 beschloß die Volkskammer ein neues Strafgesetzbuch und eine neue Strafprozeßordnung. Allerdings wurde das politische Strafrecht verschärft und ausgeweitet.

Im Februar 1968 wurde der Entwurf einer neuen → **Verfassung** veröffentlicht und nach Diskussionen am 6. 4. 1968 der Bevölkerung zum Volksentscheid vorgelegt. Es war der erste Volksentscheid in der DDR, und die Zahl derjenigen, die sich nicht an der Abstimmung beteiligten oder gegen den Entwurf stimmten, war höher als bei den Volkskammerwahlen: 94,5 v. H. der Wahlberechtigten stimmten der Verfassung zu (in Ost-Berlin 90,9 v. H.). Anders als die Verfassung von 1949 war die Verfassung von 1968 der Realität der DDR stärker angepaßt; dies zeigte sich nicht zuletzt in der verfassungsmäßigen Verankerung der Führungsrolle der SED. Im Gegensatz zur ersten Verfassung – die sich an der Weimarer Verfassung orientiert hatte – war nun die Stalinsche Verfassung der UdSSR von 1936 Vorbild, teilweise auch die Verfassung der ČSSR von 1960. Als zweitstärkste Industriemacht des RGW war die DDR inzwischen zum „Juniorpartner" der Sowjetunion geworden. Damit wuchs das Selbstbewußtsein ihrer Führer, vor allem Ulbrichts, der den Anspruch erhob, dem DDR-Aufbau Modellcharakter für hochindustrialisierte sozialistische Staaten zuzuschreiben. Ebenso wurde erklärt, die SED habe den Marxismus-Leninismus selbständig weiterentwickelt. Mit solchen Thesen geriet Ulbricht in Gegensatz zur sowjetischen Führung.

Ulbricht unterstützte zunächst auch die sowjetische Entspannungspolitik in Mitteleuropa nur halbherzig. Die Gespräche zwischen dem damaligen Bundeskanzler Willy Brandt und dem damaligen Vorsitzenden des Ministerrates der DDR Willi Stoph in Erfurt und Kassel 1970 blieben zunächst ohne sichtbaren Erfolg. Schließlich gab es erneut wirtschaftliche Schwierigkeiten; zahlreiche Reformen des Neuen Ökonomischen Systems wurden 1970 zugunsten einer verstärkten zentralen Anleitung wieder rückgängig gemacht.

V. Nach 1971

Am 3. 5. 1971 wurde Ulbricht abgesetzt; damit begann 1971 eine neue Phase der DDR-Entwicklung. Die SED unter ihrem neuen Ersten Sekretär Erich Honecker erkannte die Führungsrolle der UdSSR und das sowjetische Vorbild wieder als absolut verbindlich an. Das bedeutete keine Wiederholung der Abhängigkeit der 50er Jahre, da die DDR ihre Ei-

geninteressen als Juniorpartner der Sowjetunion heute stärker ins Spiel bringen kann. Der Arbeitsstil unter Honecker ist sachlicher geworden, und in der DDR wird jetzt versucht, Ansätze einer Mitwirkung von unten zu entwickeln. Doch baut die SED ihre Führungsposition in Politik und Gesellschaft weiter aus und verstärkt ihre Herrschaft, wobei flexibler und effektiver regiert wird. Eine gewisse Berücksichtigung sozialer Interessen der Arbeiter und der unteren Einkommensschichten (→ **Einkommen**) ist nicht zu übersehen: Die neuen Sozialmaßnahmen, die mit einem Beschluß des ZK der SED und des Bundesvorstandes des FDGB vom April 1972 eingeleitet wurden, verbessern die materielle Lage der Bevölkerung beträchtlich.

Der VIII. Parteitag der SED (Juni 1971) hatte die Weichen für die neue Politik gestellt. Verschiedene Thesen Ulbrichts („sozialistische Menschengemeinschaft", „Sozialismus als sozialökonomische Formation") wurden nun verworfen. Honecker stellte der SED die „Hauptaufgabe", „alles zu tun für das Wohl des Menschen, für das Glück des Volkes, für die Interessen der Arbeiterklasse und aller Werktätigen. Das ist der Sinn des Sozialismus. Dafür kämpfen und arbeiten wir" (Protokoll VIII. Parteitag, Bd. 1, S. 34).

Die starke Betonung des „Wohls der Menschen" in der DDR (und die seitherige konkrete Verbesserung der Lebenslage) bedeutet ein deutliches Abheben von der Ulbricht-Ära. Die „entwickelte sozialistische Gesellschaft" der DDR (auch als „reifer Sozialismus" definiert) soll der Bevölkerung Erleichterungen bringen und die Staatsorgane flexibler auf die Vorstellungen der Massen reagieren lassen. Die Fristenregelung im Dezember 1971 oder das vom 10. ZK-Plenum (Oktober 1973) ausgearbeitete Wohnungsbauprogramm 1976–1990 waren Beispiele für diese Haltung.

Von Februar bis Mai 1972 wurde die Eigentumsstruktur nochmals verändert: Die „halbstaatlichen" Betriebe, die etwa 10 v. H. Anteil an der Bruttoproduktion hatten, wurden verstaatlicht und in „volkseigene Betriebe" umgewandelt. Damit war die wirtschaftliche Grundstruktur der DDR weiter an die Sowjetunion angepaßt. Gleichzeitig verstärkte die Führung die zentrale Anleitung der Wirtschaft, das Prinzip der „Leitung und Planung" ersetzte die frühere „Planung und Leitung".

Die gesamte Macht liegt trotz aller Flexibilität weiterhin allein bei der Parteiführung, wie die Wahlen zur Volkskammer (14. 11. 1971) mit den üblichen 99,85 v. H. Ja-Stimmen ebenso bewiesen wie die Regierungsbildung nach dem Tode Ulbrichts (1. 8. 1973), bei der Horst Sindermann im Oktober 1973 Regierungschef und Willi Stoph Staatsratsvorsitzender wurden.

Die „X. Weltfestspiele der Jugend und Studenten" (28. 7.–5. 8. 1973) in Ost-Berlin hatten ein verstärktes Selbstbewußtsein der jungen Generation der DDR signalisiert. Für die Führung der DDR bringt dies ebenso größere Komplikationen mit sich wie die „nationale Frage" (→ **Nation und nationale Frage**). Die Absage an die „einheitliche deutsche Nation" und die Deklarierung einer „sozialistischen Nation" der DDR hat zwei Seiten. Sie ist im Rahmen der → **Abgrenzung** gegen die Politik der Bundesrepublik Deutschland gerichtet, aber gleichzeitig soll sie auch die weitere Integration der DDR in das „sozialistische Lager" unter Führung der UdSSR ideologisch vorbereiten.

Zum 25. Jahrestag der DDR-Gründung im Oktober 1974 versuchte die DDR-Führung nicht nur, ihren Staat als modernen, sozialen und demokratischen Industriestaat darzustellen, der sich auf dem richtigen Weg in eine glänzende Zukunft befindet, sondern änderte auch die Verfassung von 1968 in wesentlichen Punkten: Die Begriffe „Deutschland" und „Deutsche Nation" wurden eliminiert und die „für immer und unwiderrufliche" Bindung an die UdSSR in Art. 6 aufgenommen. Entsprechend war auch die große Kampagne zum „30. Jahrestag der Befreiung" im Mai 1975 darauf ausgerichtet, einerseits die DDR als selbständigen Staat mit großen historischen Erfolgen zu zeigen, andererseits aber die immer engeren Bindungen an die UdSSR zu demonstrieren.

→ **Außenpolitik; Deutschlandpolitik der SED; Berlin.**

Geschichtsbetrachtung: → **Nationale Geschichtsbetrachtung.**

Geschlechtserziehung: Die menschlichen Beziehungen zwischen den Mitgliedern der sozialistischen Gesellschaft sollen nach den Prinzipien der **sozialistischen** → **Moral** gestaltet werden, die unter anderem eine „saubere und anständige" Lebensführung fordern; diese Forderung gilt besonders für die Beziehungen zwischen den Geschlechtern. Lange Zeit teils tabuisiert, teils auf sozialistisch-puritanische Verhaltensregeln und rein biologische „Aufklärung" reduziert, wird in jüngster Zeit der G. der Kinder und Jugendlichen größere Aufmerksamkeit geschenkt, wobei auch die anfänglich vermiedenen Begriffe „Sexualerziehung", „Sexualpädagogik", „Sexualverhalten", „Sexualität" usw. verwendet werden. „Sozialistische" G. soll die Heranwachsenden befähigen, durch die Beziehungen und in den Beziehungen zum anderen Geschlecht eine „sinnvolle und glückhafte Steigerung ihres Daseins" zu finden, wozu es der Anerziehung von Einstellungen und Verhaltensweisen bedarf, die durch Verantwortung für die Entwicklung des Partners und für die eigene Entwicklung gekennzeichnet sind. Sie sollen damit in die Lage versetzt werden, die eigenen Kinder auf die Begegnung mit dem anderen Geschlecht sinnvoll vorzubereiten und sie dazu mit dem notwendigen Wissen um die eigene Geschlechtlichkeit und die Eigenarten des anderen Geschlechts vertraut zu machen. Sozialistische G. bezieht sich also auf alle Verhaltens- und Erlebnisweisen des Menschen, welche die Beziehungen zur eigenen Geschlechtlichkeit und zum anderen Geschlecht betreffen, d. h. auf die erotischen und die sexuellen ebenso wie auf die allgemein-sozialen.

G. ist zwar die gemeinsame Aufgabe von Familie, Schule, Jugendorganisationen und anderen gesellschaftlichen Erziehungskräften, erfolgt jedoch weitgehend im Rahmen der Schule, auch als Koinstruktion und Koedukation; sie ist nicht nur die Aufgabe eines Unterrichtsfaches, besonders des Biologieunterrichts der Klasse 8, sondern soll auch die Möglichkeiten verschiedener anderer Fächer, und zwar von der Klasse 1 an, nutzen, besonders des Literatur- und des gesellschaftswissenschaftlichen Unterrichts. Eine wichtige Zielstellung der sozialistischen G. ist es ferner, die Heranwachsenden zu befähigen, sich „von überlebten spätbürgerlichen Moralauffassungen, schädlichen Umwelteinflüssen und unmoralischen Gewohnheiten und Verhaltensweisen abzugrenzen". Zwei besondere Schwerpunkte bilden die G. der älteren Schüler und Lehrlinge sowie die sexualpädagogische Befähigung der Eltern; zu letzterem werden die für Kinder altersdifferenzierten „Merkblätter für Eltern" (A: 4–10 J.; B. 10–14 J.; C: 14–18 J.) des Deutschen Hygiene-Museums Dresden verwendet.

Für die Vermittlung entsprechender Kenntnisse im Rahmen der G. der 3- bis 18jährigen besteht folgendes 23 Themen umfassende und in vier Themenkomplexe gegliederte sexualpädagogische (Maximal- bzw. Optimal-)Programm:

A. Gesellschaftlich-moralische Probleme: sozialistische Gesellschaft – Ehe und Familie, sozialistische Moral und Geschlechterbeziehungen;

B. Allgemeine Probleme der Geschlechterbeziehungen und des Geschlechtslebens: die Beziehungen zwischen Eltern und Kind in der Familie, Herkunft, Entstehung und Geburt des Kindes, die geschlechtliche Reifung im Kindes- und Jugendalter, die sexuelle Reifung, zur Frage der Enthaltsamkeit, die Beziehungen zwischen Jungen und Mädchen, Freundschaft und Liebe, die psychologische Einheit des Menschen im Geschlechtsbereich, männliche und weibliche Sexualität;

C. Anatomie und Physiologie des Geschlechtslebens: Bau und Funktion der Geschlechtsorgane, Menstruation und Menstruationshygiene (nur für Mädchen), Zeugung und Empfängnis, Empfängnisverhütung, Schwangerschaftsprobleme, Geburt und Fehlgeburt, Masturbationsprobleme (nur für Jungen);

D. Abwegigkeiten und Spezialprobleme: Sittlichkeitsvergehen an Kindern, Abwegigkeiten des Sexualverhaltens (Homosexualität, Päderastie, Sadismus, Masochismus), Geschlechtskrankheiten, Impotenz, Frigidität.

Bei der G. in der DDR ist man bemüht, sich von zwei extremen Auffassungen zu lösen, sowohl von der Auffassung, daß eine wirksame **politisch-ideologische bzw.**

staatsbürgerliche → **Erziehung** eine gezielte Vorbereitung der Kinder und Jugendlichen auf die Begegnung mit dem anderen Geschlecht und der eigenen Geschlechtlichkeit überflüssig mache, als auch von der Auffassung, daß eine spezifische Sexualaufklärung ausreiche, um auf diese Begegnungen vorzubereiten. Intention und Realisation klaffen auch auf diesem Erziehungsgebiet teilweise noch recht weit auseinander. → **Einheitliches sozialistisches Bildungssystem.**

Gesellschaft: → **Marxismus-Leninismus.**

Gesellschaft für Deutsch-Sowjetische Freundschaft (DSF): Unter den → **Freundschaftsgesellschaften** der DDR die bedeutendste und nach dem FDGB die zweitgrößte → **Massenorganisation** (1974 ca. 4 Mill. Mitglieder). Anknüpfend an die Traditionen der 1923 gegründeten „Gesellschaft der Freunde des neuen Rußland in Deutschland" und des „Bundes der Freunde der Sowjetunion" (1928) bildeten sich 1945 und 1946 in der damaligen sowjetischen Besatzungszone Zirkel, die sich mit dem Studium der sowjetischen Kultur befaßten. Aus ihnen gingen Ortsgruppen hervor, die zum Zeitpunkt der Gründung der zentralen „Gesellschaft zum Studium der Kultur der Sowjetunion" (30. 6. 1947) 2200 Mitglieder hatten. Die Losung des Gründungskongresses „Durch Studium zur Wahrheit – durch Wahrheit zur Freundschaft mit der Sowjetunion" spiegelte das Anliegen der Organisation in ihrer Anfangsphase wider, nämlich die in weiten Teilen der Bevölkerung verwurzelten, vor allem aus der Zeit des Nationalsozialismus stammenden anti-sowjetischen bzw. anti-russischen Ressentiments zu überwinden. Der 2. Kongreß beschloß am 2. 7. 1949 die Umbenennung in „Gesellschaft für Deutsch-Sowjetische Freundschaft" und leitete den Übergang von einer Studiengesellschaft zu einer politischen Massenorganisation ein, die sich verstärkt an breitere Kreise der Bevölkerung wenden sollte. Der 3. Kongreß (1951) stand unter der auch später von der DSF immer wieder propagierten Losung „Von der Sowjetunion lernen, heißt siegen lernen". Auf ihm wurde festgestellt, daß der Prozeß der bewußtseinsmäßigen Umerziehung der Bevölkerung weitgehend erfolgreich abgeschlossen sei. Fortan erfolgte die ideologische Tätigkeit in drei Hauptrichtungen: Nachweis des Aufstiegs der Sowjetunion zur führenden Weltmacht; Erläuterung der Bedeutung des engen Bündnisses zwischen DDR und der UdSSR; Nutzbarmachung der Erfahrungen der Sowjetunion beim Aufbau des Sozialismus/ Kommunismus.
Die seit dem VIII. Parteitag der SED (Juni 1971) erneute besonders enge Anlehnung der DDR an die Sowjetunion und die durch das Komplexprogramm (Juli 1971) forcierte Integration im → **RGW** haben der Arbeit der DSF neue Impulse verliehen. Bei der Lösung der mit der ökonomischen Integration verbundenen Aufgaben wird jenen Arbeitskollektiven eine wichtige Rolle zugewiesen, denen durch die Kreisvorstände und den Zentralvorstand der Gesellschaft der Ehrenname „Brigade ,Deutsch-Sowjetische Freundschaft'" zuteil wurde. Diese ca. 30000 Brigaden sollen sich dadurch auszeichnen, daß ihre Mitglieder als Agitatoren der deutsch-sowjetischen Freundschaft auftreten, Initiatoren der Auswertung und Nutzung sowjetischer Erfahrungen, Vorbild im rationellen Einsatz sowjetischer Maschinen und Rohstoffe sowie in der Erfüllung der Planaufgaben, vor allem der Exportverpflichtungen gegenüber der Sowjetunion, sind. Neben den Brigaden sind die „Zirkel zur Auswertung sowjetischer Erfahrungen" und die „Zirkel zum Erlernen der russischen Sprache" aktive Träger der DSF-Arbeit.
Der DSF gehört der Verlag „Kultur und Fortschritt"; sie gibt die Wochenillustrierte „Freie Welt" und die Monatsschriften „Sowjetwissenschaft, Gesellschaftswissenschaftliche Beiträge" sowie „Kunst und Literatur" heraus. Von Bedeutung für die propagandistische Arbeit ist die 14täglich erscheinende „Presse der Sowjetunion", die vom Presseamt beim Vorsitzenden des Ministerrates in Zusammenarbeit mit dem DSF-Zentralvorstand herausgegeben wird. 21 Häuser der deutsch-sowjetischen Freundschaft sind wichtige Zentren der politisch-ideologischen und kulturellen Arbeit. An verdienstvolle Russischlehrer und Schüler mit ausgezeichneten Leistungen im Fach Russisch wird jährlich die Johann-Gottfried-Herder-Medaille verliehen. In jedem Jahr organisiert die DSF sog. Freundschaftszüge und Studienreisen in die Sowjetunion.
Das vom 9. Kongreß (1970) beschlossene Statut bezeichnet die politisch-ideologische Tätigkeit als Hauptaufgabe der DSF. „Durch ihren Beitrag zur Vermittlung des Beispiels und der Erfahrungen des Sowjetvolkes ist die Gesellschaft für Deutsch-Sowjetische Freundschaft gemeinsam mit den anderen gesellschaftlichen Kräften unserer Republik vor allem bemüht, den Kampf der Werktätigen um wissenschaftlich-technische Pionier- und Spitzenleistungen zu fördern." Organisationsaufbau und Tätigkeit beruhen auf dem → **demokratischen Zentralismus.** Die DSF ist nach dem → **Territorial-** und → **Produktionsprinzip** aufgebaut und gliedert sich in Grundeinheiten, Kreis- und Bezirksorganisationen. Die Wahl des Zentralvorstandes, der Vorstände der Bezirks- und Kreisorganisationen sowie der Grundeinheiten erfolgt in offener Abstimmung en bloc. Das höchste Organ ist der in der Regel alle vier Jahre zusammentretende Kongreß; zwischen den Kongressen ist es der in der Regel jährlich mindestens zweimal zusammentretende Zentralvorstand. Dieser wählt zur Leitung der Gesellschaft zwischen seinen Tagungen das Präsidium und zur Leitung seiner laufenden Arbeit das Sekretariat des Zentralvorstandes. Das Fundament der Organisation bilden die Grundeinheiten, die überall dort eingerichtet werden, wo mindestens zehn Mitglieder vorhanden sind. Die Grundeinheiten wiederum gliedern sich in Zehnergruppen. Mitglied kann jeder Bürger ab 14 Jahre werden; die Mitgliedschaft in der DSF gilt als Mindestnachweis „gesellschaftlicher Aktivität". Präsident der DSF ist seit 1968 der ehemalige Außenminister der DDR, Dr. Lothar Bolz, Generalsekretär ist seit 1967 Kurt Thieme. Schwestergesellschaft in der UdSSR ist die am 7. 1. 1958 in Moskau gegründete „Gesellschaft für Sowjetisch-Deutsche Freundschaft und kulturelle

Verbindungen", die auf dem II. Unionskongreß (1965) in „Sowjetische Gesellschaft für Freundschaft mit der DDR" umbenannt wurde. Ihr Vorsitzender ist S. G. Lapin, Vorsitzender des Staatlichen Komitees des Ministerrates der UdSSR für Fernsehen und Rundfunk.

Gesellschaft für kulturelle Verbindungen mit dem Ausland: Bis zur Anerkennung der DDR durch mehr als 90 Staaten als Folge der Unterzeichnung des → **Grundlagenvertrages** mit der Bundesrepublik Deutschland war die G. wichtiges Instrument der → **Auslandspropaganda** der DDR vor allem gegenüber nichtsozialistischen Staaten. Seitdem werden Teile ihrer Aufgaben von den kulturpolitischen Abteilungen der diplomatischen Auslandsvertretungen der DDR wahrgenommen. → **Freundschaftsgesellschaften.**

Gesellschaft für Sport und Technik (GST): Massenorganisation zur vormilitärischen und wehrsportlichen Erziehung und Ausbildung der Jugendlichen in der DDR. Die GST wurde 1952 gegründet; als Vorbild gilt die „Freiwillige Unionsgesellschaft zur Förderung der Land-, Luft- und Seestreitkräfte" (DOSAAF) in der UdSSR. Im Rahmen der sozialistischen → **Wehrerziehung** bereitet die GST die Jugendlichen im vorwehrpflichtigen Alter auf den Wehrdienst vor. Sie ist gleichzeitig Träger der wehrsportlichen Arbeit. Ihre gesamte Tätigkeit soll sich auf die Anforderungen und Aufgaben konzentrieren, die der Landesverteidigung, insbesondere der → **Nationalen Volksarmee**, im Interesse der militärischen Sicherung der sozialistischen Gesellschaftsordnung in der DDR gestellt werden. Die GST arbeitet unter Führung der → **SED** eng mit den bewaffneten und anderen staatlichen Organen sowie mit Parteien und → **Massenorganisationen** zusammen. Sie untersteht dem → **Ministerium für Nationale Verteidigung**.

Die GST ist nach den Prinzipien des → **demokratischen Zentralismus** aufgebaut. Territorial gliedert sie sich unterhalb der zentralen Ebene in Bezirks- und Kreisorganisationen; im Organisationsbereich des Kreises werden in Betrieben, Verwaltungen, Schulen, Hochschulen und Wohngebieten Grundorganisationen gebildet. Höchstes Organ der GST ist der Kongreß. Er legt die grundsätzlichen Aufgaben fest, beschließt das Statut und wählt den Zentralvorstand. Zwischen den Kongressen ist der Zentralvorstand das höchste Gremium; er wählt aus seiner Mitte zur Leitung der Arbeit zwischen den Tagungen des Vorstands das Sekretariat. Diese Organisationsstruktur der Zentrale gilt im wesentlichen entsprechend für die Bezirks- und Kreisorganisationen.

Die Ausbildungsarbeit findet in den Grundorganisationen statt; deren Umfang richtet sich nach der jeweiligen Größe der Betriebe, Lehrstätten etc. Die Grundorganisationen gliedern sich wiederum nach einzelnen Wehrsportarten in sogenannte Sektionen wie Schieß- und Geländesport, Flugsport (Segelflug, Motorflug, Fallschirmspringen), Auto- und Motorradsport, Seesport (Navigation, Tauchen etc.), Nachrichtensport (Funk- und Fernsprechausbildung). Die Zuweisung von Verantwortungs- und Aufgabenbereichen an die GST ist abgestimmt mit den wehrerzieherischen Aufgaben der

→ **FDJ**, der Schulen und anderer Träger der sozialistischen Wehrerziehung.

Als einem Bestandteil der Landesverteidigung kommt der GST die Rolle einer Schule der unmittelbaren Vorbereitung der Jugendlichen auf den Wehrdienst zu, sie ist Hauptträger der vormilitärischen Ausbildung. Wesentlicher Teil ihrer vormilitärischen Ausbildungsarbeit sind die vormilitärische Grundausbildung und die vormilitärische Ausbildung für die Laufbahnen der Nationalen Volksarmee. Die vormilitärische Grundausbildung wird für die Jugendlichen ab 16 Jahren an Berufs- und Erweiterten Oberschulen durchgeführt; sie umfaßt im wesentlichen die wehrpolitische Erziehung, die Geländeausbildung, die Schießausbildung, die Erste Hilfe, Schutz- und pioniertechnischen Dienst und die Körperertüchtigung. Nach erfolgreicher Teilnahme an der vormilitärischen Grundausbildung wird das Abzeichen „Für gute vormilitärische und technische Kenntnisse" (VTK) Stufe I verliehen. Die vormilitärische Ausbildung für die Laufbahnen der Nationalen Volksarmee umfaßt die vormilitärische Grundausbildung und eine Ausbildung, die auf bestimmte Laufbahnrichtungen der NVA wie Kraftfahrer, Motorschützen, Fallschirmjäger, Flieger etc. vorbereitet. Nach erfolgreichem Abschluß der Laufbahnausbildung wird das Abzeichen „Für gute vormilitärische und technische Kenntnisse" Stufe II verliehen. Für die Ausbildungsprogramme der GST stehen zentrale und örtliche Ausbildungslager zur Verfügung. Neben Ausbildern aus den eigenen Gliederungen der GST sollen verstärkt Reservisten der NVA, der → **Deutschen Volkspolizei** und der → **Bereitschaftspolizei** gewonnen werden. Die Schulung der Ausbilder erfolgt in enger Zusammenarbeit mit der NVA. Der Vorbereitung der Jugendlichen auf den Wehrdienst dient desgleichen die wehrsportliche Arbeit; sie soll die Wehrbereitschaft und Wehrfähigkeit fördern. Der Wehrsport wird in den Bereichen militärischer Mehrkampf, Sportschießen, Motorsport, Nachrichtensport, Flug- und Seesport, Tauchsport und Modellbausport betrieben. Neben der Form der wehrsportlichen Massenarbeit ist die Pflege von Formen des Wettkampf- und Leistungssports von Bedeutung. Die GST organisiert zentrale, Bezirks- und Kreiswehrspartakiaden und nimmt an internationalen Wehrsportwettkämpfen teil. Vorsitzender ist (1974) Gen.-Major der NVA G. Teller.

Gesellschaft „Neue Heimat", „Vereinigung in der DDR für Verbindungen mit Bürgern deutscher Herkunft im Ausland": Die GNH. wurde im Dezember 1964 als Instrument der → **Auslandspropaganda** der SED gegründet; ihr schloß sich der zum gleichen Zweck 1960 in Berlin konstituierte Arbeitskreis zur Pflege der deutschen Sprache und Kultur an, der „allen Freunden deutscher Kultur und Sprache im Ausland helfen und ihnen das Kennenlernen der Schönheiten der deutschen Literatur und Kunst erleichtern" will. Die GNH. und der Arbeitskreis bedienen sich dazu aller Mittel der Öffentlichkeitsarbeit wie Veranstaltungen, Vorträge, Konzerte, Kurse, Bücher, Filme, Fotos und sonstigen Anschauungs- und Lehrmaterials. Die Bedeutung der

GNH. ist in den letzten Jahren stark zurückgegangen. Teile ihrer Aufgaben werden gegenwärtig von den Botschaften der DDR im Ausland wahrgenommen, die im Zuge der weltweiten völkerrechtlichen Anerkennung der DDR in den Jahren 1972/1973 in 109 (Stand 10. 9. 1974) Staaten bestehen.

Zeitschriften: „Neue Heimat, Journal aus der DDR" und „Fakten und Meinungen (Kurzinformationen aus Zeitungen der DDR)".

Präsident: Ludwig Renn.

Gesellschaft zur Verbreitung wissenschaftlicher Kenntnisse: → Urania.

Gesellschaftliche Ankläger und Verteidiger: → Strafverfahren.

Gesellschaftliche Erziehung: → Strafverfahren.

Gesellschaftliche Gerichte: 1. *Gesetzliche Grundlagen.* Neben den staatlichen Gerichten (→ **Gerichtsverfassung**) üben nach Art. 92 der Verfassung im Rahmen der ihnen durch Gesetz übertragenen Aufgaben die GG. die Rechtsprechung in der DDR aus. Ihre Stellung und Tätigkeit sind durch das Gesetz über die GG (GGG) vom 11. 6. 1968 (GBl. I, S. 229) geregelt. Als GG. bestehen in volkseigenen und ihnen gleichgestellten Betrieben, in Privatbetrieben, in Einrichtungen des Gesundheitswesens, der Kultur und Volksbildung, in staatlichen Organen und Einrichtungen sowie in gesellschaftlichen Organisationen die Konfliktkommissionen (§ 4 GGG), in den Wohngebieten der Städte und in Gemeinden, in landwirtschaftlichen Produktionsgenossenschaften und Produktionsgenossenschaften der Fischer, Gärtner und Handwerker die Schiedskommissionen (§ 5 GGG). Das Gesetz bezeichnet die GG. als „gewählte Organe der Erziehung und Selbsterziehung der Bürger". Damit wird zum Ausdruck gebracht, daß der Erziehungsgedanke im Vordergrund der gesellschaftlichen Gerichtsbarkeit steht. Neben dem GGG bestehen als gesetzliche Grundlagen vom Staatsrat erlassene „Konfliktkommissionsordnung" (KKO) und „Schiedskommissionsordnung" (SchKO) vom 4. 10. 1968 (GBl. I, S. 287 u. 299). Das am 1. 7. 1968 in Kraft getretene Strafgesetzbuch (GBl. I, S. 1) faßt die Konflikt- und Schiedskommissionen unter der Bezeichnung „gesellschaftliche Organe der Rechtspflege" zusammen und regelt in § 28 die Voraussetzungen für ihr Tätigwerden und in § 29 die Erziehungsmaßnahmen, die von ihnen im Einzelfall festgelegt werden können.

2. *Entstehung der GG.* Konfliktkommissionen waren 1953 in den volkseigenen Betrieben mit der Aufgabe gebildet worden, Arbeitsstreitigkeiten im Betrieb zu entscheiden. Auf dem 4. Plenum des ZK der SED (15.–17. 1. 1959) forderte Ulbricht, den Konfliktkommissionen größere Verantwortung und Befugnisse zu übertragen. Entsprechend diesem Vorschlag wurden strafwürdige Handlungen von geringer Gesellschaftsgefährlichkeit (→ **Strafrecht**) nicht mehr durch die staatlichen Gerichte verhandelt und abgeurteilt, sondern in den VEB den Konfliktkommissionen zur Behandlung zugewiesen. Diese Praxis wurde 1961 durch das Gesetz-

buch der Arbeit (§ 144 e) legalisiert, und in § 10 des Gerichtsverfassungsgesetzes vom 17. 4. 1963 (GBl. I, S. 45) fanden neben den Konfliktkommissionen auch die Schiedskommissionen ihre gesetzliche Verankerung. Bildung und Tätigkeit der Schiedskommissionen wurden am 21. 8. 1964 durch den Staatsrat festgelegt (GBl. I, S. 115). Am 31. 3. 1967 stellte der Staatsrat fest, daß die Bildung der Schiedskommissionen per 31. 12. 1966 abgeschlossen war (GBl. I, S. 47). 1973 bestanden in der DDR 23 055 Konfliktkommissionen mit 199 439 Mitgliedern und 5 267 Schiedskommissionen mit 55 502 Mitgliedern. Der Anteil der Frauen wird mit 37,1 v. H. angegeben (Neue Justiz, 1973, H. 8, S. 222–223).

3. *Bildung der GG.* Nach den Bestimmungen der KKO werden in den in Ziff. 1 genannten Betrieben und Organen Konfliktkommissionen (KK) bei einer Belegschaftsstärke von über 50 Betriebsangehörigen gebildet, in kleineren Betrieben usw. ist ihre Bildung zulässig, jedoch nicht zwingend vorgeschrieben. Auf Vorschlag der Betriebsgewerkschaftsleitung (BGL) werden 8–15 Betriebsangehörige nach den Grundsätzen der Gewerkschaftswahlen (→ **FDGB**) auf die Dauer von zwei Jahren gewählt. In Großbetrieben entstehen so viele KK, wie betriebliche Gewerkschaftsleitungen (BGL und AGL) bestehen. Der Tätigkeitsbereich einer KK soll in der Regel nicht mehr als 300 Betriebsangehörige umfassen. Die SchKO legt fest, daß für eine Schiedskommission (SchK) 8–15 Bürger zu wählen sind. Die Zahl kann ausnahmsweise auf 6 verringert oder auf 20 erhöht werden. Die Kandidaten werden in den Wohngebieten der Städte und Gemeinden auf Vorschlag der Ausschüsse der → **Nationalen Front** von den zuständigen örtlichen Volksvertretungen, in den Produktionsgenossenschaften auf Vorschlag ihrer Vorstände von den Mitgliederversammlungen auf die Dauer von vier Jahren gewählt. Nach der Wahl werden die Mitglieder der KK und SchK in feierlicher Form verpflichtet, „gerecht und unvoreingenommen zu entscheiden, ihre ganze Kraft für die Verwirklichung der sozialistischen Gesetzlichkeit und die sozialistische Erziehung der Bürger einzusetzen" (§ 4 KKO, § 4 SchKO). Die Mitglieder der KK und SchK wählen aus ihrer Mitte den Vorsitzenden und einen oder mehrere Stellvertreter. Ebenso wie die Richter an den staatlichen Gerichten können die Mitglieder der GG. von den wählenden Gremien vor Ablauf ihrer Amtszeit abberufen werden, wenn sie gegen die Verfassung oder die Gesetze verstoßen oder sonst ihre Pflichten gröblich verletzen.

4. *Zuständigkeit.* Die GG. sind zuständig für die Behandlung von a) Arbeitsrechtssachen in erster Instanz (ausschließliche Zuständigkeit der KK); b) Vergehen, wenn die Tat im Hinblick auf die eingetretenen Folgen und die Schuld des Täters nicht erheblich gesellschaftswidrig ist und eine wirksame erzieherische Einwirkung durch das GG. zu erwarten ist. Voraussetzung ist weiter, daß die staatlichen Organe der Rechtspflege (Untersuchungsorgane, Staatsanwaltschaft, Gericht) die Sache an das GG. durch eine schriftlich begründete Entscheidung übergeben haben, weil der Sachverhalt vollständig aufgeklärt ist und der Täter seine Rechtsverletzung zu-

gibt. Bei Fahrlässigkeitsdelikten darf Übergabe an die GG. auch bei Vorliegen eines erheblichen Schadens erfolgen, wenn die Schuld des Täters infolge außergewöhnlicher Umstände gering ist; c) Verfehlungen, nämlich Eigentumsverfehlungen, Beleidigung, Verleumdung und Hausfriedensbruch; d) → **Ordnungswidrigkeiten**, wenn die Beratung durch das GG. eine bessere erzieherische und vorbeugende Einwirkung erwarten läßt; e) Verletzungen der Schulpflicht; f) arbeitsscheuem Verhalten (ausschließliche Zuständigkeit der SchK). Zur Antragstellung sind die Vorsitzenden der Räte der Städte, Stadtbezirke und Gemeinden berechtigt; g) einfachen zivilrechtlichen und anderen Rechtsstreitigkeiten, wobei die Zuständigkeit der GG. bei Streitigkeiten wegen Geldforderungen „bis zur Höhe von etwa 500 Mark" begrenzt ist (§ 55 KKO, § 51 SchKO).

Im Vergleich zu dem früheren Rechtszustand (1963–1968) fehlen in dem für die GG. geschaffenen Katalog der Zuständigkeiten die Verstöße gegen die „sozialistische Moral" und die Streitigkeiten über die Gewährung von Leistungen der Sozialversicherung. Letztere werden von den Beschwerdekommissionen der Sozialversicherung bei den Kreisvorständen des FDGB entschieden, während die Behandlung von Moralverstößen in Wegfall gekommen ist, weil es sich bei diesen nicht um Verletzungen von Rechtsnormen handelt, die Tätigkeit der GG. sich aber ausschließlich an Rechtsnormen orientieren soll.

5. *Verfahren.* Die GG. werden nicht von sich aus tätig, sondern es bedarf dazu eines Antrages des Geschädigten oder sonst zur Antragstellung Berechtigten (in den Fällen Ziff. 4 a, c, e, f, g) oder einer Übergabeentscheidung durch staatliche Organe (in den Fällen Ziff. 4 b, c, d). Die Beratungen der GG. sind öffentlich, und die Beratungen der KK finden in der Regel außerhalb der Arbeitszeit statt (§ 13 KKO), damit möglichst alle Angehörigen des Betriebskollektivs daran teilnehmen und aktiv mitwirken können. Alle Anwesenden haben das Recht, ihre Auffassung zum Sachverhalt, zum Verhalten der Beteiligten und zur Überwindung des Konflikts darzulegen. Antragsteller, Antragsgegner oder der beschuldigte Bürger sind mindestens fünf Tage vor der Beratung einzuladen. Sie sind verpflichtet, zum festgesetzten Termin zu erscheinen; ihr Erscheinen kann jedoch nicht mit staatlichen Zwangsmitteln herbeigeführt werden. Bei Nichterscheinen der Genannten ist ein zweiter Beratungstermin festzusetzen. Mit Hilfe der Gewerkschaftsleitung und des Arbeitskollektivs bzw. gesellschaftlicher Kräfte soll darauf hingewirkt werden, daß der Beschuldigte, der Antragsteller oder Antragsgegner an dieser zweiten Beratung teilnehmen. Gegen einen vor der SchK ein zweites Mal ausbleibenden Beschuldigten kann Ordnungsstrafe bis zu 30 Mark verhängt werden. Im übrigen ist die (Straf-)Sache an das übergebende Staatsorgan zurückzugeben, wenn der Beschuldigte unbegründet auch der zweiten Beratung fernbleibt.

Eine förmliche Verfahrensordnung für die GG. besteht nicht. Gesetzlich festgelegt ist lediglich, daß die GG. in der Besetzung von mindestens vier Mitgliedern beraten

und entscheiden müssen (§ 11 KKO, § 11 SchKO). § 10 GGG bestimmt, daß der betroffene Bürger selbst vor den GG. auftreten muß. Er ist zwar berechtigt, sich u. a. auch durch Rechtsanwälte beraten zu lassen, von einer Prozeßvertretung vor den GG. durch einen Anwalt ist jedoch nicht die Rede. Großer Wert wird darauf gelegt, daß das Arbeits- oder Nachbarschaftskollektiv möglichst vollzählig in die Auseinandersetzung einbezogen wird, um vor allem in Beratungen wegen Vergehen keine „Atmosphäre der Unduldsamkeit" entstehen zu lassen. Die abschließende Beratung über den durch das GG. zu fassenden Beschluß ist ebenfalls öffentlich (§ 18 KKO, § 18 SchKO), und das Kollektiv wird auch in diese Beratung einbezogen. Der Beschluß wird dann aber ausschließlich von den Mitgliedern des GG. gefaßt, wobei das Gesetz die Fassung eines einstimmigen Beschlusses als erstrebenswert bezeichnet.

6. *Erziehungsmaßnahmen.* „Die GG. können im Ergebnis ihrer Beratungen vom Gesetz bestimmte Erziehungsmaßnahmen festlegen" (§ 11, Abs. 2 GGG). Als Erziehungsmaßnahmen sehen die KKO und die SchKO bei Vergehen, Verfehlungen, Ordnungswidrigkeiten, Schulpflichtverletzungen und arbeitsscheuem Verhalten vor: Entschuldigung des Rechtsverletzers beim Geschädigten oder vor dem Kollektiv (nicht bei Schulpflichtverletzungen); Bestätigung oder Auferlegung von Verpflichtungen, die der Durchsetzung des Erziehungsziels oder der Wiedergutmachung des angerichteten Schadens durch Arbeit oder durch Geld dienen; Bestätigung oder Auferlegung anderer Verpflichtungen des Bürgers, welche die Erfüllung seiner gesetzlichen Pflichten sichern helfen; Ausspruch einer Rüge; Verhängung einer Geldbuße von 5 bis 50 Mark. Bei Verletzungen der Arbeitsdisziplin (Zuständigkeit KK) entfällt die Geldbuße. Bei Eigentumsvergehen kann diese Geldbuße bis zum dreifachen Wert des verursachten Schadens, höchstens bis 150 Mark, erhöht werden. Bei Beleidigungen oder Verletzungen kann die öffentliche Rücknahme der Beleidigung angeordnet werden. Als Erziehungsmaßnahme gegenüber einem Bürger, dem arbeitsscheues Verhalten vorgeworfen wird, kann auch die Verpflichtung bestätigt oder ausgesprochen werden, daß der Betroffene unverzüglich einer geregelten Arbeit nachgeht. In allen Fällen kann von der Festlegung von Erziehungsmaßnahmen abgesehen werden, wenn KK oder SchK zu dem Ergebnis kommen, daß der Erziehungszweck bereits mit Durchführung der Beratung erreicht ist.

In arbeitsrechtlichen Streitigkeiten hat die KK eine den Grundsätzen des sozialistischen Rechts entsprechende Einigung der Parteien zu bestätigen. Wird einer Einigung die Bestätigung versagt, hat die KK über den geltend gemachten Anspruch zu entscheiden. Nicht ganz so stark sind die Befugnisse der GG. bei der Beratung über einfache zivilrechtliche und andere Rechtsstreitigkeiten. Hier sollen die GG. auf eine den Grundsätzen des sozialistischen Rechts entsprechende Einigung hinwirken und dann diese Einigung durch Beschluß bestätigen. Kommt es zu keiner Einigung, kann das GG. nur dann eine Sachentscheidung treffen, wenn ein entsprechender Antrag vom Antragsteller und Antragsgegner vorliegt; andernfalls stellt das GG. die Beratung durch Beschluß ein, und der Antragsteller müßte sich zur weiteren Rechtsverfolgung an das Kreisgericht wenden.

7. *Rechtsmittel.* Gegen die Entscheidungen der GG. ist innerhalb von zwei Wochen nach Erhalt des Beschlusses der Einspruch zulässig, über den die Kreisgerichte entscheiden. Der Staatsanwalt des Kreises, in dessen Bereich sich das GG. befindet, kann gegen jede Entscheidung des GG. innerhalb von drei Monaten nach Beschlußfassung Einspruch beim zuständigen Kreisgericht einlegen, „wenn die Entscheidung oder einzelne Verpflichtungen nicht dem Gesetz entsprechen" (§ 58 KKO, § 54 SchKO). Das Kreisgericht entscheidet über den Einspruch durch Beschluß. Vor Beschlußfassung kann eine mündliche Verhandlung durchgeführt werden. Das Kreisgericht kann den Einspruch als unbegründet zurückweisen, die Entscheidung des GG. aufheben und die Sache mit entsprechenden Empfehlungen an die KK oder SchK zur erneuten Beratung und Entscheidung zurückgeben oder endgültig in der Sache selbst zu entscheiden.

Nur in Arbeitsrechtssachen kann die Entscheidung des Kreisgerichts durch Berufung an das Bezirksgericht angefochten werden. In allen anderen Verfahren ist die Entscheidung des Kreisgerichts mit einem anderen Rechtsmittel nicht angreifbar, nur → **Kassation** ist immer möglich.

8. *Leitung der GG.* Die im Prinzip des demokratischen Zentralismus begründeten Grundsätze der Verantwortlichkeit und Rechenschaftspflicht sowie der Anleitung und Kontrolle gelten auch für die GG. und ihre Mitglieder. Das Oberste Gericht gewährleistet entsprechend seiner Verantwortung für die Leitung der Rechtsprechung der staatlichen Gerichte (→ **Gerichtsverfassung**) auch die einheitliche Rechtsanwendung durch die GG. Es stützt sich dabei auf die anleitende Tätigkeit der Bezirks- und Kreisgerichte und analysiert diese Tätigkeit in Plenartagungen. Für die Anleitung und Qualifizierung der SchK ist der Minister der Justiz, für die Anleitung und Qualifizierung der KK der Bundesvorstand des FDGB zuständig und verantwortlich (§ 15 GGG). Beide Organe haben das Recht, beim OG Anträge auf den Erlaß von Richtlinien und Beschlüssen für die Tätigkeit der GG zu stellen. Für die Anleitung und Schulung der Mitglieder der KK sind die BGL verantwortlich; ihnen ist aktive Unterstützung von den Betriebsleitern und den leitenden Mitarbeitern des Betriebes zu gewähren. Die BGL haben Berichte der KK über deren Tätigkeit entgegenzunehmen und zu analysieren (§ 64 KKO) und stehen in dieser Tätigkeit unter der Kontrolle der Kreis- und Bezirksvorstände des FDGB. Für die SchK erfolgen Anleitung und Kontrolle durch die Kreisgerichte, die mit anderen Rechtspflegeorganen, den örtlichen Volksvertretungen, den Ausschüssen der Nationalen Front und den Kreisvorständen des FDGB zusammenarbeiten sollen. Zur Unterstützung der Kreisgerichte ist beim Direktor des Kreisgerichts ein Beirat für Schiedskommissionen tätig, dessen Stellung und Aufgaben im einzelnen durch die „Beiratsordnung" vom 7. 5. 1973 (GBl. I, S.

288) geregelt sind. Sie legt fest, „wie die Beiräte für Schiedskommissionen unter Beachtung des demokratischen Zentralismus fest in den Leitungsprozeß der Gerichte einzuordnen sind" („Presseinformationen" vom 19. 7. 1973). Der Beirat soll die einheitliche Rechtsanwendung in der Tätigkeit der Schiedskommissionen gewährleisten und mithelfen, den gesellschaftlichen Nutzeffekt ihrer gesamten Arbeit zu erhöhen. Der Direktor des Kreisgerichts hat auf der Grundlage der Ergebnisse der Beiratssitzungen die erforderlichen Entscheidungen zur weiteren Qualifizierung der Leitung und Tätigkeit der SchK zu treffen.

9. *Praktische Bedeutung.* Obwohl zusammenfassende statistische Übersichten über die Tätigkeit der GG. und ihre Ergebnisse nicht veröffentlicht werden, kann doch aus dem verstreut zur Verfügung stehenden Zahlenmaterial festgestellt werden, daß den GG. eine erhebliche praktische Bedeutung zukommt. 1971 wurden von den KK 45 000 Beratungen durchgeführt, davon 60 v. H. Arbeitsrechtssachen. Etwa 40 v. H. aller Strafsachen werden den GG. zur Bearbeitung und Entscheidung übergeben („Tribüne" vom 16. 3. 1972 und 16. 3. 1973). Die SchK beraten jährlich über etwa 8 000 Strafsachen, 13 000 Verfehlungen, 7 000 einfache zivilrechtliche und andere Rechtsstreitigkeiten, 400 Ordnungswidrigkeiten, 550 Schuldpflichtverletzungen und 300 Fälle arbeitsscheuen Verhaltens (Winkler in „Presseinformationen" vom 23. 3. 1973). Einsprüche bei den Kreisgerichten gegen Entscheidungen der SchK werden als „selten" bezeichnet, nur etwa 1 v. H. müsse geändert oder aufgehoben werden (a. a. O.). Schwerpunkt in der Tätigkeit der KK sind die Arbeitsrechtssachen und die Beratungen wegen Vergehen und Verfehlungen, während bei den SchK Haus-, Miet- und Nachbarschaftsstreitigkeiten (einschließlich Beleidigungen) im Vordergrund ihrer Tätigkeit stehen.

Gesellschaftliche Tätigkeit: Betätigung in der → **SED**, den anderen → **Parteien** und den → **Massenorganisationen**. Aktive GT. ist Voraussetzung für jedes berufliche Fortkommen.

Gesellschaftsformation: → **Marxismus-Leninismus; Gesellschaftsordnung**.

Gesellschaftsgefährlichkeit: → **Strafrecht**.

Gesellschaftsordnung: Unter G. wird die Gesamtheit der sozialen Beziehungen zwischen den Menschen und deren Organisationen verstanden. Nach marxistisch-leninistischer Auffassung bildet die jeweilige Produktionsweise die Grundlage des gesellschaftlichen Lebens. Die → **Produktionsweise** ist die dialektische Einheit von → **Produktivkräften** und → **Produktionsverhältnissen**. Die Produktivkräfte bestimmen das Verhältnis der Menschen zu Natur und Gesellschaft; zu ihnen werden einerseits die Arbeitsmittel, andererseits die Menschen mit ihren Arbeitsfertigkeiten und Produktionserfahrungen sowie neuerdings auch die Wissenschaft mit der auf ihren Erkenntnissen beruhenden Technologie und Organisation der Produktion gezählt. Als Produktionsverhältnisse werden die wirtschaftlichen Beziehungen zwischen den Menschen bezeichnet, die im Prozeß der Güterproduktion und -verteilung entstehen. Hierbei wird dem Verhältnis der Menschen zu den Produktionsmitteln, also den Eigentumsverhältnissen, besondere Bedeutung beigemessen, die für die Klassenstruktur der Gesellschaft entscheidend sein sollen. Die Gesamtheit der Produktionsverhältnisse bildet die ökonomische Basis, die den politisch-rechtlichen und ideologischen Überbau der jeweiligen Gesellschaftsordnung bestimmt.

Der historische Materialismus behauptet, daß es objektive Gesetze der gesellschaftlichen Entwicklung gebe, denen zufolge eine historische Abfolge von verschiedenen ökonomischen Gesellschaftsformationen die Menschheitsgeschichte charakterisiere. Die marxistisch-leninistische Formationslehre unterscheidet fünf Gesellschaftsformationen:

1. *Urgesellschaft.* Sie ist eine klassenlose Gesellschaft, für die die Primitivität der Produktivkräfte, die wenig entwickelte Arbeitsteilung und das gesellschaftliche Eigentum an den → **Produktionsmitteln** kennzeichnend sind.

2. *Sklavenhaltergesellschaft.* Für sie ist der antagonistische Gegensatz von zwei Hauptklassen, der Sklavenhalter und der Sklaven, charakteristisch, dessen ökonomische Grundlage das Privateigentum der Sklavenhalter an den Produktionsmitteln sowie an den unmittelbaren Produzenten, den Sklaven, ist.

3. *Feudalismus.* Der antagonistische Grundwiderspruch besteht hier zwischen den Feudalherren und den Leibeigenen. Die Produktionsverhältnisse beruhen auf dem Privateigentum der Feudalherren an den Produktionsmitteln, insbesondere am Grund und Boden, und auf der persönlichen Abhängigkeit der Leibeigenen von den Feudalherren, die einem beschränkten Eigentumsverhältnis gleicht.

4. *Kapitalismus.* Der grundlegende Klassengegensatz zwischen den Kapitalisten (Bourgeoisie) und der → **Arbeiterklasse** (→ **Proletariat**) beruht auf dem Privateigentum der Kapitalisten an den Produktionsmitteln und der wirtschaftlichen Abhängigkeit der Arbeiter. Die Arbeiter sind zwar im Rechtssinn unabhängig, sie müssen aber ihre Arbeitskraft an den Kapitalisten verkaufen und geraten so in ein wirtschaftliches Abhängigkeitsverhältnis. Seit Lenin wird die Endphase des Kapitalismus als Imperialismus bezeichnet, für den insbesondere die beherrschende Rolle der Monopole charakteristisch ist, und der als „parasitärer, faulender und sterbender" Kapitalismus eine allgemeine Krise der kapitalistischen Produktionsweise offenbare.

5. *Sozialismus/Kommunismus.* Nach Marx folgt auf den Kapitalismus der Kommunismus, wobei er einmal beiläufig von zwei Entwicklungsphasen der kommunistischen Gesellschaftsordnung sprach. Lenin bezeichnete später die erste Phase als „Sozialismus", die zweite als „Kommunismus". Der wichtigste Unterschied zwischen den beiden Phasen besteht darin, daß im Sozialismus das Leistungsprinzip gilt und miteinander befreundete Klassen (insb. Arbeiterklasse und Genossenschaftsbauern) existieren, zwischen denen nichtantagonistische Gegen-

sätze bestehen können, während der Kommunismus eine klassenlose Gesellschaft auf der Basis des Bedürfnisprinzips darstellt.

Als treibende Kraft der gesellschaftlichen Entwicklung betrachtet der historische Materialismus den Widerspruch zwischen den Produktivkräften und den Produktionsverhältnissen sowie die darauf beruhenden Klassengegensätze. Wenn diese Widersprüche innerhalb einer Gesellschaftsformation ein Höchstmaß erreichen, schlägt die Quantität in Qualität um, und es findet eine Revolution statt, die die nächste Gesellschaftsformation herbeiführt. So vollzieht sich der Übergang vom Kapitalismus zum Sozialismus auf dem Wege der sozialistischen Revolution. Fortan kann allerdings nicht mehr der Widerspruch die treibende Kraft der gesellschaftlichen Entwicklung sein, da antagonistische Klassengegensätze nicht mehr bestehen und die nichtantagonistischen Gegensätze immer geringer werden. Allerdings hat das verstärkte Auftreten realer Widersprüche in allen gesellschaftspolitischen Bereichen zu einer Neubelebung der Widerspruchsdiskussion auch in der DDR in den Jahren 1973 und 1974 geführt. Als Haupttriebkraft wird nunmehr das Klassenbündnis bezeichnet.

Die Einordnung der DDR in das geschilderte Entwicklungsschema bereitet manche Schwierigkeiten. Die Periodisierung der eigenen Geschichte ist durch Unklarheiten und rückwirkende Uminterpretationen gekennzeichnet. Bis 1951/1952 soll eine „antifaschistisch demokratische Ordnung" bestanden haben, in der die „demokratisch-revolutionäre Umwälzung" der Gesellschaft erfolgt sei. Der nunmehr beginnende sozialistische Aufbau ist in der Folgezeit verschiedentlich unterteilt und benannt worden. Eine einschneidende Zäsur bilden die Jahre 1962/1963. Bis zu diesem Zeitpunkt sollen die sozialistischen Produktionsverhältnisse gesiegt haben. Der nächste Abschnitt der Entwicklung wurde zunächst als „umfassender Aufbau des Sozialismus" (1963) und dann als „Gestaltung des entwickelten gesellschaftlichen Systems des Sozialismus" (1967) bezeichnet; seit 1971 begreift sich die DDR als „entwickelte sozialistische Gesellschaft". Im Gegensatz zur Ulbricht-Ära, in der der Sozialismus als eine länger andauernde „relativ selbständige Gesellschaftsformation" aufgewertet wurde, wird heute davon ausgegangen, daß Sozialismus und Kommunismus zwei Phasen einer einheitlichen Gesellschaftsformation darstellen, die allmählich ineinander übergehen.

Gesellschaftswissenschaften: Sammelbezeichnung für Wissenschaften, deren Gegenstand die verschiedenen Formen und Aspekte des gesellschaftl. Lebens sind: → **Politische Ökonomie**, Philosophie, Recht, Kunst, → **Soziologie** u. a. Entsprechend dem Differenzierungsprozeß in den Wissenschaften wird der Begriff G. seltener verwandt. → **Marxismus-Leninismus.**

Gesetzbuch der Arbeit: Das am 1. 7. 1961 in Kraft getretene GBA. vom 12. 4. 1961 (GBl. I, S. 27) enthält die Grundsätze der kommun. Arbeitspolitik und eine Zusammenfassung von Einzelregelungen (arbeitsrechtliche Mantelbestimmungen → **Kündigungsrecht**, Urlaub,

Arbeitszeit, Lohnpolitik, Arbeitsschutz). Es wurde durch die Novellen vom 17. 4. 1963 (GBl. I, S. 63) und vom 23. 11. 1966 (GBl. I, S. 111) geändert und ergänzt. Es gilt zur Zeit in der Fassung vom 23. 11. 1966 (GBl. I, S. 121). In Anpassung an das Strafgesetzbuch vom 12. 1. 1968 wurde das GBA. durch § 17 des Einführungsgesetzes zum Strafgesetzbuch und zur Strafprozeßordnung der Deutschen Demokratischen Republik vom 12. 1. 1968 (GBl. I, S. 97) abermals, wenn auch nur geringfügig geändert. Die §§ 143–146 über die Konfliktkommissionen wurden dem Gesetz über die gesellschaftlichen Gerichte der Deutschen Demokratischen Republik – GGG – vom 11. 6. 1968 (GBl. I, S. 229) durch dessen § 21 angepaßt. Die letzte Änderung (Lehrlingsurlaub) beruht auf dem Jugendgesetz der DDR vom 18. 1. 1974 (GBl. I, S. 43). Ein neues GBA. wird vorbereitet. → **Arbeitsrecht.**

Gesetzgebung: Mit der Verfassung vom 7. 10. 1949 wurde der DDR das Recht der ausschließlichen G. auf allen wichtigen Gebieten übertragen. Auf allen übrigen Gebieten durfte sie einheitliche Gesetze erlassen. Nur soweit sie von ihrem Recht keinen Gebrauch machten, hatten die Länder die Befugnis zur G. Seit der → **Verwaltungsneugliederung** 1952 fiel mit den Ländern auch deren Kompetenz zur G. weg. Nach der → **Verfassung** vom 6. 4. 1968 ist die → **Volkskammer** das „einzige verfassungs- und gesetzgebende Organ in der DDR" (Art. 48). Das Wort „gesetzgebende" in dieser Verfassungsbestimmung ist aber lediglich auf die Kompetenz bezogen, Recht in Form von Gesetzen zu setzen. Außer der Volkskammer sind auch andere Organe befugt, Recht zu setzen. Der → **Ministerrat** darf Verordnungen erlassen und Beschlüsse fassen. Da nach dem Ministerratsgesetz vom 16. 10. 1972 (GBl. I, S. 253) das Präsidium des Ministerrates auf der Grundlage der Beschlüsse des Ministerrates zwischen den Tagungen des Ministerrates dessen Funktionen wahrnimmt, ist es auch befugt, die Kompetenzen des Ministerrates auf dem Gebiete der Rechtssetzung wahrzunehmen. Ferner erlassen die Mitglieder des Ministerrates Rechtsvorschriften in Form von Anordnungen und Durchführungsbestimmungen. Den Leitern zentraler Staatsorgane, die nicht Mitglied des Ministerrates sind, kann das Recht zum Erlaß von Anordnungen und Durchführungsbestimmungen übertragen werden. Das ist in einer Reihe von Fällen geschehen. Nach Art. 82 Verfassung in Verbindung mit dem Gesetz über die örtlichen Volksvertretungen und ihre Organe in der DDR vom 12. 7. 1973 (GBl. I, S. 313) fassen die örtlichen Volksvertretungen Beschlüsse, die für ihre Organe und Einrichtungen sowie für die Volksvertretungen, Gemeinschaften und Bürger ihres Gebietes verbindlich sind. Rechtsnormen enthalten insbesondere die von den Stadtverordnetenversammlungen und den Gemeindevertretungen auf der Grundlage der Rechtsvorschriften beschlossenen Stadtordnungen und Ortssatzungen. Ob auch die Betriebsleiter mit dem Erlaß der Arbeitsordnungen (→ **Arbeitsrecht**) eine normsetzende Kompetenz ausüben, ist bestritten. Die Grenzen der Rechtsauslegung überschreitend, übt auch das

Oberste Gericht zuweilen eine Quasi-G. in den zur Leitung der Rechtsprechung erlassenen Richtlinien und Beschlüssen seines Plenums und den Beschlüssen seines Präsidiums, die für alle Gerichte verbindlich sind, aus (→ **Gerichtsverfassung**).

Gesetze (in formellem Sinn) gehen in der Regel auf Beschlüsse der Spitzengremien der → **SED** zurück. Das fachlich zuständige Staatsorgan arbeitet den Entwurf aus. Der Apparat des ZK der SED und die zentralen Staatsorgane geben Anregungen und leisten Formulierungshilfe. Formulierte Entwürfe werden vom Ministerrat angenommen und der Volkskammer zugeleitet. Das Präsidium der Volkskammer leitet die Entwürfe den Ausschüssen der Volkskammer zu, wo sie beraten werden. Nach Abschluß dieser Beratungen beschließt über sie das Plenum der Volkskammer. In der Regel findet nur eine Lesung statt. Grundlegende Gesetze werden einer → **Volksaussprache** unterbreitet. In diesen Fällen findet eine zweite Lesung durch das Plenum der Volkskammer statt.

Wenn nach Art. 53 Verfassung die Volkskammer die Durchführung einer → **Volksabstimmung** beschließen kann, so ist damit auch die Möglichkeit eröffnet, die Bevölkerung über die Annahme von Gesetzen entscheiden zu lassen.

Nach Art. 65 werden die von der Volkskammer verabschiedeten Gesetze vom Vorsitzenden des Staatsrates innerhalb eines Monats im Gesetzblatt verkündet.

Nach Art. 89 sind Gesetze und andere allgemein verbindliche Rechtsvorschriften der DDR im Gesetzblatt und anderweitig zu veröffentlichen. Seit dem 1. 1. 1973 gilt die VO über das Gesetzblatt der DDR vom 16. 8. 1972 (GBl. II, S.571). Danach erscheint das Gesetzblatt der DDR mit dem Teil I, Teil II und dem Sonderdruck. Im Teil I des Gesetzblattes werden Gesetze und andere allgemeinverbindliche Rechtsvorschriften mit Ausnahme von völkerrechtlichen Verträgen veröffentlicht. Im Teil II des Gesetzblattes werden völkerrechtliche Verträge veröffentlicht. Allgemeinverbindliche Rechtsvorschriften, die nur einen begrenzten Kreis von staatlichen und wirtschaftsleitenden Organen, Betrieben, Kombinaten, Einrichtungen oder Bürger betreffen, können im Sonderdruck des Gestzblattes veröffentlicht werden. Erfahrungsgemäß werden nicht alle Sonderdrucke in Gebiete außerhalb der DDR ausgeliefert. Das Gesetzblatt der DDR wird vom Büro des Ministerrates herausgegeben.

Die Rechtsvorschriften der örtlichen Volksvertretungen und ihrer Organe werden in geeigneter Form veröffentlicht. Das geschieht in der Tagespresse oder in besonderen amtlichen Verkündungsblättern. Für Berlin (Ost) erscheint das „Verordnungsblatt für Groß-Berlin", in dem sowohl in globaler Form die Übernahme der gesetzlichen Bestimmungen der DDR für Berlin (Ost) verkündet wird, als auch nur für Berlin (Ost) geltende Rechtsvorschriften des Ost-Berliner Magistrates veröffentlicht werden.

Gesetzlichkeitsaufsicht: → **Staatsanwaltschaft.**

Geständniserpressung: → **Strafverfahren.**

Gesundheitswesen

Struktur- und Organisationsprinzipien – Besondere medizinische Dienste – Einrichtungen des Gesundheitswesens – Bereichsgliederung – Vor- und Nachsorge: das Dispensaire-Prinzip – Medizinisches Personal – Aufwand und Kosten – Regionale Unterschiede – Planprojektion und Korrekturen – Leistungen und Erträge – Medizinische Forschung und Forschungsorganisation

I. Struktur- und Organisationsprinzipien

Das G. ist staatlich organisiert. Struktur und Organisation gleichen weitgehend, sieht man von dem niedrigen Prozentsatz privat praktizierender Ärzte und Zahnärzte, der Existenz kirchlicher Krankenhäuser und Pflegeheime z. B. ab, denen des G. der UdSSR. Das System ist durchgängig gegliedert in → **Hygiene-Aufsicht,** → **Arzneimittelversorgung** und → **Apotheken**-wesen und die „Medizinische Betreuung der Bevölkerung", die ihrerseits aufgeteilt ist auf den „Sektor der stationären Betreuung", d. i. das Krankenhauswesen, und den „Sektor der ambulanten Betreuung", d. i. die medizinische Versorgung außerhalb des Krankenhauses. Diese wiederum ist gegliedert in die Einrichtungen des „Betriebsgesundheitsschutzes" und die „territoriale Organisation der ambulanten Betreuung". Auf der Kreisebene, also in jedem der 191 Land- und 26 Stadtkreise sowie in den 8 Stadtbezirken Ost-Berlins sind diese Einrichtungen der medizinischen Betreuung administrativ zusammengefaßt als „Medizinische Einrichtungen des Kreises" (z. T. auch noch unter den älteren Bezeichnungen „Vereinigte Gesundheitseinrichtungen" oder „Medizinisches Zentrum des kommunalen Gesundheitswesens") und werden medizinisch geleitet von einem „Ärztlichen Direktor", der dem Kreisarzt als Leiter der „Abteilung Gesundheits- und Sozialwesen des Rates des Kreises" (bzw. der Stadt) untersteht. Unter dieser gemeinsamen Leitung sind die Sektoren, voneinander gesondert und hierarchisch gegliedert, je einer „Leiteinrichtung" unterstellt. Das ist im ambulanten Sektor die Kreispoliklinik, der Ambulatorien und Staatliche Arzt- und Zahnarztpraxen nachgeordnet sind, daneben auch die wenigen noch „hauptberuflich in eigener Niederlassung tätigen Ärzte" (Zahnärzte). Im Betriebsgesundheitswesen stehen unter der Leitung des „Kreisbetriebsarztes" die Betriebspolikliniken, Betriebsambulatorien, Arztsanitäts- und Schwesternsanitätsstellen.

In den 14 Bezirken und in Ost-Berlin ist das G. unter der Leitung des Bezirksarztes in der „Abteilung Gesundheits- und Sozialwesen des Rates des Bezirks" (in Ost-Berlin unter dem Leiter der Abteilung Gesundheits- und Sozialwesen des Magistrats) zusammengefaßt. Übergeordnet ist als staatliche Leitung des Gesundheits- und Sozialwesens das → **Ministerium für Gesundheitswesen**: Die politische, auch die gesundheitspolitische Steuerung liegt indessen beim → **Politbüro** und beim → **Sekretariat des ZK der SED** mit dessen Abteilung Gesundheitswesen unter der Leitung der Mediziner Dr. Werner Hering und Dr. Rudolf Weber.

II. Besondere Medizinische Dienste

Neben dem Staatlichen G. im engeren Sinn gibt es „Medizinische Dienste" (MD) bei anderen Zweigen der staatlichen Organisation, nämlich je einen MD der → **Nationalen Volksarmee,** der → **Deutschen Volkspolizei** und des Verkehrswesens (→ **Ministerium für Verkehrswesen**) und schließlich den Sportmedizinischen Dienst des → **Staatlichen Komitees für Körpererziehung und Sport** beim → **Ministerrat.** Mit dem „Staatlichen G." des Ministeriums für G. sind diese MD nur lose koordiniert. Sie haben jedoch im wesentlichen gleiche Einrichtungen und die gleiche Arbeitsweise.

III. Einrichtungen des Gesundheitswesens

A. Das Krankenhauswesen

Das Krankenhauswesen unterscheidet sich nicht wesentlich von dem der Bundesrepublik Deutschland. Es gibt (Anfang 1974) 588 Anstalten mit ca. 185 000 Betten, d. s. 108 Betten auf 100 000 Einw. (Bundesrepublik: 108). Nur 98 Krankenhäuser mit 13 130 Betten sind noch in Händen der Religionsgemeinschaften oder „sonstiger privater Eigentümer". 1950 waren es 299 Anstalten mit 19 429 Betten. 7 davon sind Psychiatrische Anstalten. Die mittlere Anstaltsgröße liegt mit 315 Betten hoch (Bundesrepublik: 195). Knapp die Hälfte aller Krankenhäuser haben weniger als 200 Betten (Bundesrepublik: 70 v. H.), fast 20 v. H. mehr als 500 Betten (Bundesrepublik: 7,2 v. H.). Ein „Prozeß der Konzentration" der Betten auf größere Krankenhäuser wird planmäßig vollzogen. Gliederung in Fachabteilungen ist die Regel; Betten ohne Fachzuordnung machen nur 0,5 v. H. aus (Bundesrepublik: 3,4 v. H.); die Hauptfachrichtungen Innere Medizin, Chirurgie, Frauenheilkunde und Kinderheilkunde nehmen rd. 60 v. H. aller Betten in Anspruch (Bundesrepublik: 62 v. H.), die Psychiatrie 18,2 v. H. (Bundesrepublik: 16,4 v. H.).

In jedem Kreis und jedem Bezirk hat ein Krankenhaus als Kreis- bzw. Bezirkskrankenhaus, im Verhältnis zu den anderen Krankenhäusern des Bereichs die Aufgaben einer „Leiteinrichtung", im Rahmen der stationären Versorgung der Bevölkerung aber etwa die Funktion eines Krankenhauses der Regel- bzw. der Zentralversorgung in der Bundesrepublik. Rund 10 v. H. aller Betten befinden sich in Kliniken von Hochschulen und wissenschaftlichen Instituten (Bundesrepublik: 6 v. H.).

Die Ausrüstung der kleinen und mittleren Krankenhäuser nähert sich nur langsam dem Standard von Anstalten vergleichbarer Funktion in westlichen Industrieländern; Krankenhäuser der Zentralversorgung hingegen stehen in der medizin-technischen Ausrüstung hinter denen westlicher Länder wenig, Hochschulkliniken kaum zurück. Das gilt jetzt auch für die hochtechnisierten Zweige von Diagnostik und Therapie.

Die mittlere Verweildauer aller Patienten beträgt 22,0 Tage (Bundesrepublik: 24,3), ohne Psychischkranke und Tuberkulosekranke 17,2 (Bundesrepublik: 19,6).

In früherer Planung („Rahmenkrankenhausordnung" 1951) war den Krankenhäusern die Führung in der medizinischen Versorgung überhaupt zugedacht: jedes Krankenhaus sollte mit einer Poliklinik oder einem Ambulatorium verbunden sein und in dieser „Einheit Krankenhaus/Poliklinik" die Funktion des Gesundheitszentrums in einem fest umgrenzten „Versorgungsbereich" haben, sein Ärztlicher Direktor für die „medizinische Betreuung" darin verantwortlich sein. Diese „Einheit der ambulanten und stationären Betreuung" ist 1971 offiziell aufgegeben worden.

B. Polikliniken, Ambulatorien und staatliche Praxen

Im Zuge der Verstaatlichung des G. sind seit 1947 Polikliniken und Ambulatorien in allen Land- und Stadtkreisen errichtet worden. Staatliche Arzt- und Zahnarztpraxen kamen von 1956 an hinzu. Nach jetzigen Normen soll eine **Poliklinik** (P) mindestens 5 fachärztliche Abteilungen, eine zahnärztliche Abteilung, Einrichtungen für die physikalische Therapie und eine Apotheke umfassen, ein **Ambulatorium**, mindestens 2 fachärztliche Abteilungen (Allgemeinmedizin und Kinderheilkunde) und 1 zahnärztliche Abteilung; Fachärzte weiterer Fachrichtungen aus der übergeordneten Poliklinik halten hier regelmäßige Sprechstunden. Polikliniken wie Ambulatorien sollen nach dem „Dispensaire-Prinzip" arbeiten (vgl. Abschnitt VI). Als Kreis- bzw. Bezirkspoliklinik ist jeweils eine P „Leiteinrichtung" im Territorialsystem der ambulanten medizinischen Versorgung, der alle übrigen Einrichtungen dieses Sektors nachgeordnet und fachlich unterstellt sind. Für ihre personelle und apparative Ausrüstung sind Normen festgelegt, die ihr ermöglichen sollen, die Aufgaben der zentralen Einrichtung zu erfüllen. Diese Normen werden nur sehr langsam erreicht (vgl. Abschn. IX). Der Versorgungsbereich des Ambulatoriums im territorialen System wird je nach Wohndichte durch staatliche Arztpraxen und Zahnarztpraxen untergliedert. Die feste Aufteilung in „Arztbereiche" allerdings ist mit der Einführung der freien Arztwahl in der Grundversorgung Ende 1973 entfallen (vgl. Abschn. IX). Staatliche Praxen sind überwiegend frühere Einzelpraxen niedergelassener Ärzte und Zahnärzte in ländlichen Gebieten; vereinzelt sind Neubauten errichtet worden. Den Ambulatorien und staatlichen Arztpraxen sind regelmäßig Gemeinde-Schwesternstationen zugeordnet; nach Möglichkeit sind sie – ebenso wie die Hebammen – im gleichen Hause untergebracht.

Neben den Ambulatorien gibt es an kleineren Krankenhäusern ländlicher Gebiete Ambulanzen, die direkt von den Krankenhausärzten versorgt werden. Bestand Anfang 1974: 296 P. (ohne Betriebs-P. und ohne Universitäts-P.), davon 150 noch in organisatorischer Vereinigung mit einem Krankenhaus; 612 Stadt- und Landambulatorien, davon 55 bei einem Krankenhaus; 989 Ambulanzen, 1 536 Staatliche Arzt- und 859 Zahnarztpraxen. Zugeordnet 4 957 Gemeindeschwesternstationen (neben noch 223 Konfessionellen Stationen; 1950 war das Verhältnis 2 620 zu 944).

C. Das Betriebsgesundheitswesen

Schon 1947 ist von der sowjetischen Besatzungsmacht großen Betrieben aufgegeben worden, medizinische Untersuchungs- und Behandlungsstellen zu errichten und zu unterhalten. Ihre Aufgaben gingen also von Anfang an über die traditioneller deutscher Werkärzte hinaus. Seit 1954 gelten die folgenden Richtwerte nach Beschäftigtenzahlen für Betriebe der produzierenden Wirtschaft, des Verkehrs und der Landwirtschaft (in Klammern die Richtwerte für Betriebe der übrigen Wirtschaft, der Verwaltung und des Schul- und Hochschulwesens): von 50 bis zu 200 (150–500) die Gesundheitsstube mit nebenamtlicher Besetzung durch Kräfte des → **Deutschen Roten Kreuzes**; bei 200–500 (500–1 000) die Schwesternsanitätsstelle (a) mit medizinischem Arbeitsplatz für die Betriebsschwester und Sprechstunden des (nebenamtlich tätigen) Betriebsarztes; bei 500–1 000 (1 000–3 000) die Arztsanitätsstelle (b) mit Arbeitsplatz für den in Teilzeit tätigen Betriebsarzt, die Betriebsschwester und den Medizinischen Assistenten (Betriebshygieneinspektor); bei 2 000–4 000 (über 3 000) das **Betriebsambulatorium** (c) mit Arbeitsplätzen für mindestens 2 (vollbeschäftigte) Ärzte und 1 Zahnarzt neben den Betriebsschwestern und Betriebshygieneinspektoren; oberhalb 4 000 die **Betriebspoliklinik** (d) mit mindestens 5 fachärztlichen und zahnärztlichen Behandlungsabteilungen. Für manche Wirtschaftszweige sind die Richtwerte höher angesetzt. Das Personal gehört dem Staatlichen Gesundheitsdienst an; auf Auswahl und Arbeitsweise nehmen die Betriebe und die **betrieblichen → Gewerkschaftsleitungen** starken Einfluß.

Bestand Anfang 1974: (a) 1 251; (b) 2 086; (c) 267; (d) 102. Die Zahl der Ärzte, die im B. tätig sind, wird nicht gesondert ausgewiesen.

Aufgaben: Ambulante (Sprechstunden-)Beratung und Behandlung (auch betriebsfremder Personen, insbesondere der Familienangehörigen von Beschäftigten) und Kontrolle der → **Arbeitsbefreiung**, Erste Hilfe bei Unfällen, vor allem aber „prophylaktische" und „metaphylaktische" Versorgung der Beschäftigten im Sinne einer umfassenden Präventivmedizin nach dem Dispensaire-Prinzip (siehe Abschn. V) und arbeitshygienische Überwachung aller Beschäftigten, zumal derjenigen, die besonderen Risiken ausgesetzt sind, sowie der Frauen und der Jugendlichen; Unfallverhütung und Überwachung der Betriebsküchen.

In einem durchgängig zentral gesteuerten G. kann auf eine einheitliche Lenkung auch des B. nicht verzichtet werden. Diese bereitet jedoch Schwierigkeiten: Die Aufgaben der Untersuchung und Behandlung und der vor- und nachsorgenden Überwachung gehören ihrer Natur nach der allgemeinen ambulanten Versorgung der Bevölkerung an; sie sind aus organisatorischen Gründen bei den Betrieben angesiedelt und verlangen nach Koordination mit dem „territorialen" System der medizinischen Versorgung. Die arbeits- und industriehygienischen Aufgaben dagegen sind weitgehend spezifisch für die verschiedenen Wirtschaftszweige. Sie verlangen nach zentraler Lenkung für jeden Industriebereich u. ä. Dafür ist hier das Prinzip der „Leiteinrichtung" modifiziert worden: Innerhalb jedes Industriezweiges wird das B. von einer großen Betriebspoliklinik als Leiteinrichtung für die speziellen Erfordernisse der → **Arbeitshygiene** koordiniert: „Für die wichtigsten Industriezweige sind an der Stelle ihrer größten Konzentration Leiteinrichtungen aus Betriebspoliklinik, Betriebskrankenhaus und Arbeitshygienischer Abteilung einzurichten" (Perspektivplan zur Entwicklung . . . des Gesundheitswesens, Juli 1960). Dafür bestehen bei Betriebspolikliniken 40 Arbeitshygienische Abteilungen und 184 Arbeitshygienische Untersuchungsstellen. Zentrale Leitstelle ist das **Zentralinstitut für Arbeitsmedizin** in Ost-Berlin. Zugleich aber sind alle Einrichtungen des B. in jedem Kreis organisatorisch verbunden und der Aufsicht der größten Betriebspoliklinik im Kreis unterstellt, deren Leiter Kreisbetriebsarzt ist. In den großen Industriestädten sind „Zentrale Betriebspolikliniken" eingerichtet mit z. T. unterschiedlicher Zuständigkeit für die Industriebetriebe. Betriebsarztbereiche (vgl. dazu Abschn. IV) verschaffen auch kleineren Betrieben die Versorgung durch hauptamtliche Betriebsärzte und ermöglichen dort Dispensaire-Überwachung.

Im Vergleich zu den arbeitshygienischen Aufgaben ist die Tätigkeit in Diagnostik und Behandlung von Krankheiten gering: Im Betriebsgesundheitswesen finden weniger als 15 v. H. aller ärztlichen Behandlungen der staatlichen Einrichtungen statt (14,9 v. H. der Behandlungsfälle, 14,1 v. H. der Beratungen).

IV. Bereichsgliederung

Der zentralistische Aufbau des G. trägt eine natürliche Tendenz zur Reglementierung der Zuständigkeit jeder Einrichtung für örtliche bzw. regionale Bereiche in sich. In der Organisation der Einrichtungen in Kreisen und Bezirken hat sich das frühzeitig abgezeichnet (1951). Jedes Krankenhaus, jede Poliklinik und jede ihr nachgeordnete Einrichtung, auch jeder einzelne Arzt sollte einen fest umschriebenen Versorgungsbereich „betreuen". Dem Bereichsarzt sollten auch die Aufgaben der Hygieneaufsicht in seinem Bereich zukommen. Der Nutzen einer ständigen Steuerung der Behandlung und der Überwachung und Führung jedes Patienten scheint offensichtlich. Freie Arztwahl war damit nicht vereinbar. Sie wurde praktisch aufgehoben, formal darauf beschränkt, daß innerhalb einer „zuständigen" Einrichtung zwischen mehreren Ärzten der gleichen Fachrichtung, falls vorhanden, die Wahl frei blieb. Krankenhaus und Poliklinik jeder Gebietseinheit wurden organisatorisch zusammengefaßt. Jeder Facharzt sollte seine Patienten aus der Sprechstunde ggf. im Krankenhausbett weiterbehandeln. Damit sollte ein besonders rationeller Verlauf von Diagnostik und Behandlung erreicht werden. Für die knappen diagnostisch-technischen Einrichtungen schien damit eine optimale Nutzung ermöglicht. Diese Regelung hat sich jedoch organisatorisch nicht durchhalten lassen; sie ist 1971 aufgegeben worden. Von ihr zeugt in vielen Kreisen noch die Bezeichnung „Funktionseinheit Krankenhaus/Poliklinik". Die Einsparung vermeidbarer diagnostisch-technischer Wiederholungsuntersuchungen vor und nach Krankenhausaufnahme und die Kommunikation zwischen Ärzten beider Sektoren stellen nach deren Trennung schwierige organisatorische Aufgaben.

Der Aufhebung der freien Arztwahl hat der Großteil der Bevölkerung widerstrebt. Vorbereitung und Beschlüsse des VIII. Parteitags der SED (1971) sind darauf schließlich eingegangen. Im „Gemeinsamen Beschluß . . ." (vgl. Abschn. IX) vom 25. 9. 1973 ist das Recht aller Bürger ausdrücklich bestätigt worden, wenigstens in der Grundversorgung durch Allgemeinärzte und Kinderärzte „den Arzt ihres Vertrauens (Hausarzt) zu wählen und ohne Schwierigkeiten dessen Rat einzuholen und seine Hilfe in Anspruch zu nehmen". Das „Bereichsarztsystem" ist damit aufgegeben. Für die übrige fachärztliche Versorgung und für die Ambulatorien, Polikliniken und Krankenhäuser als Institutionen besteht das Prinzip des Versorgungsbereichs weiter.

Das **Betriebsgesundheitswesen** hat auch in dieser Hinsicht eine Sonderstellung frühzeitig erlangt und behalten. Die Beschäftigten können sich dem direkten Zugriff der Einrichtung ihres Betriebes nicht entziehen. Da diese Einrichtungen – anders als in den meisten westlichen Ländern – auch Krankheitsbehandlung wahrnehmen und diese auch die Familienangehörigen der Beschäftigten umfassen darf, entstehen hier Überschneidungen, aber auch Ausweichmöglichkeiten mindestens bei Krankheiten mit Bettlägerigkeit. Das bringt Schwierigkeiten des Übergangs und der Kommunikation zwischen Ärzten des Betriebsgesundheitswesens und des territorialen Systems mit sich, für die befriedigende Lösungen nicht gefunden worden sind.

V. Vor- und Nachsorge – Das Dispensaire-Prinzip

Frühzeitig ist im G. der DDR – dem Vorbild der UdSSR folgend – das Prinzip der Vorbeugung („Prophylaxe") in der Medizin (also Gesundheitserziehung, Vorsorge und Krankheitsfrüherkennung) betont die Mitwirkung an der Gesundheitserziehung zur Aufgabe aller Fachkräfte in der medizinischen Versorgung gemacht worden. Dem dienen die „Kabinette" und „Ecken" der Gesundheitserziehung in allen Krankenhäusern und Polikliniken. Es gehört zur Pflicht aller Ärzte, ein Achtel ihrer Arbeitszeit für Gesundheitserziehung zu verwenden. Zentrale Leiteinrichtungen sind das Nationale → **Komitee für Gesundheitserziehung** und das Deutsche Hygienemuseum (in Dresden seit 1911), dieses vor allem für die Entwicklung und Bereitstellung von Unterrichtsmaterial.

Für die präventivmedizinische Arbeit im weitesten Sinn ist (erstmals in der UdSSR) das **Dispensaire-Prinzip** entwickelt worden. „Dispensaire" ist die (aus dem Französischen übernommene) russische Bezeichnung medizinischer Beratungs- und Behandlungsstellen für bestimmte Krankheiten. Jetzt kennzeichnet das Wort die Zentralisierung von Verhütung („Prophylaxe"), Früherkennung (durch „Reihenuntersuchungen", neuerdings auch „Siebuntersuchungen" – vgl. in der Bundesrepublik „Filteruntersuchungen") und Behandlung einer bestimmten Krankheit mitsamt der Nachsorge („Metaphylaxe") für diese Kranken und deren Rehabilitation – also ein Arbeitsprinzip, nicht unbedingt eine besondere Einrichtung. In diesem Sinne wird das Dispensaire-Prinzip auf vielerlei verbreitete chronische Krankheiten angewandt, zumal solche, die das Leistungsvermögen nachhaltig beeinträchtigen: Tuberkulose, Krankheiten des Kreislaufs (Bluthochdruck) und seiner Organe, Diabetes, Magenkrankheiten, Rheumaleiden usf., aber auch für psychische Störungen bei Jugendlichen u. a. Die Zentralisierung bei bestimmten Einrichtungen wird am besten mit der Bezeichnung „. . .-Zentrum" verdeutlicht. Soll die medizinische Versorgung der Gefährdeten und Kranken auf bestimmten Gebieten möglichst vollzählig gelingen, so ist eine „Meldepflicht" (Anzeigepflicht) naturgemäß das meistversprechende Mittel der Erfassung. Demgemäß sind nach der Tuberkulose und den Geschlechtskrankheiten einer solchen Anzeigepflicht unterworfn worden, auch Geschwulstleiden (1951), Diabetes, Fehlbildungen und schließlich psychische Störungen bei Kindern und Jugendlichen (1954). Von diesen Krankheiten

abgesehen hat das Dispensaire-Prinzip Bedeutung vor allem im Betriebsgesundheitswesen, dessen Einrichtungen z. T. damit eine wirksame Früherfassung und -behandlung chronischer Krankheiten unter Erhaltung der Leistungsfähigkeit erzielen. Versucht wird, das Prinzip auch in den Polikliniken durchzusetzen, indem die Behandlung bestimmter Krankheiten bei Ärzten zusammengefaßt wird, die sich darauf spezialisieren.

Vorsorge und Früherkennung haben ihre Schwerpunkte in der Überwachung aller Schwangeren, in der Jugendgesundheitspflege und im Betriebsgesundheitsschutz. Ein dichtes Netz von Schwangerenberatungsstellen, seit der Freigabe der Schwangerschaftsunterbrechung verbunden mit einem Netz von Ehe- und Sexualberatungsstellen, dient dem ersten Schwerpunkt (→ **Mutterschutz; Schwangerschaftsverhütung und -unterbrechung**).

Jugendgesundheitspflege beginnt mit der Mütterberatung, deren Tätigkeit sich bis zum Ende des 3. Lebensjahres auf jedes Kindes erstrecken soll. Ihre Aufgabe umfaßt die Überwachung der körperlichen und geistigen Entwicklung und die Früherkennung von Fehlbildungen, Krankheiten und Entwicklungsstörungen, die Schutzimpfungen und die Rachitisprophylaxe, daneben auch die Beratung der Eltern in medizinischen und sozialen Fragen. Bestand Anfang 1974: 249 Hauptstellen mit 2 315 Neben- und 7 510 Außenstellen (in den Neben- und Außenstellen Sprechstunden nur in größeren Abständen). 95,4 v. H. aller Säuglinge werden dort ärztlich überwacht, davon 78 v. H. schon innerhalb der ersten vier Lebenswochen; nur 2,6 v. H. werden später als sieben Wochen nach der Geburt erstmals vorgestellt. Noch im 3. Lebensjahr liegt der Anteil der überwachten Kinder bei 62 v. H. 1972 sind 2 835 930 Beratungen geleistet worden, 90 v. H. davon durch Ärzte, und zwar fast ausschließlich Fachärzte und Ausbildungsassistenten der Kinderheilkunde. Fast 527 000 Hausbesuche haben stattgefunden, d. s. 2,6 pro Lebendgeborenen. 36 631 Kinder sind in Dispensaire-Überwachung genommen worden. Sie umfaßt in erster Linie Fehlbildungen und Stoffwechselstörungen, aber auch psychische und körperliche Entwicklungs- und neuerdings auch Ernährungsstörungen.

Vom Kindergartenalter bis zur Schulentlassung baut der Jugendgesundheitsschutz auf Reihenuntersuchungen auf: In 2 „Einschulungsuntersuchungen" – vor und nach der Einschulung – und je 1 Untersuchung in der Mittelstufe und zum Schulabschluß werden jeweils ca. 93 v. H. der Schüler erfaßt. Die Ausführung liegt vielfach noch bei Allgemeinärzten (mit Zuständigkeit nach dem Bereichsarzt-Prinzip), z. T. aber schon bei **Jugendärzten**, d. s. speziell fortgebildete Kinder- oder Allgemeinärzte. Ziel ist, Krankheiten und Schwächen früh zu erkennen und der Behandlung zuzuführen; folgenschwere Krankheitszustände werden in Dispensaire-Überwachung genommen. Fehlbildungen, Körperbehinderungen und psychische Störungen einschließlich Krampfleiden sowie Schädigungen des Seh- und des Hörvermögens bei Kindern und Jugendlichen unterliegen dafür schon seit 1954 der Anzeigepflicht. Angestrebt wird auf diesem Wege die rechtzeitige Vorbereitung einer eventuell erforderlichen Rehabilitation, jedenfalls aber die Sicherung voller Schulbildung und Berufsfähigkeit.

Mit dem Beginn der Berufsausbildung bzw. Berufstätigkeit geht der Jugendgesundheitsschutz auf das Betriebsgesundheitswesen über. Jugendliche unterliegen hier wie alle Beschäftigten, die besonderen Risiken in der Berufsarbeit ausgesetzt sind (Arbeit unter Hitze-, Chemikalien- u. ä. Belastung), und wie Schwangere besonderer prophylaktischer Überwachung. Auch dies geschieht durch Reihenuntersuchungen u. dgl. und bei Aufdeckung von Krankheitszeichen durch Dispensaire-Überwachung (→ **Arbeitshygiene**). 1972 sind im Betriebsgesundheitswesen 312 000 Einstellungsuntersuchungen, 901 000 gesetzlich vorgeschriebene Überwachungsuntersuchungen (d. s. 94 v. H. des Solls) und 618 000 sonstige Pflichtuntersuchungen vorgenommen worden, dazu aber 600 000 allgemeine Vorsorgeuntersuchungen.

VI. Medizinisches Personal

A. Ärzte und Zahnärzte

Ärzte (Ä) und Zahnärzte (ZÄ) sind in dem staatlichen G. der DDR grundsätzlich im Angestelltenverhältnis tätig. Freiberuflich „in eigener Praxis tätige Ä" (ZÄ) sind als Übergangserscheinung begrenzter Dauer zu verstehen.

Das medizinische wie das zahnmedizinische Studium dauert 5 Jahre. Ein neuer Studienplan sollte Ende 1974 zur Diskussion gestellt und 1975 eingeführt werden. Das Studium schließt mit dem Diplomexamen (an Stelle des früheren medizin. Staatsexamens) ab (Diplomordnung vom 21. 1. 1969 – GBl. II, S. 105). Es verlangt den Nachweis, daß der Kandidat „eine bestimmte wissenschaftliche Aufgabe unter Anleitung erfolgreich lösen kann". Der Doktortitel kann erst nach Erlangung des Diploms erworben werden, also nicht während des Studiums, sondern erst während der Facharztausbildung oder im Anschluß daran (in einer „Aspirantur" bei einer Forschungseinrichtung – Aspirantenordnung vom 22. 9. 1972 – GBl. II, S. 648). Die Promotion zum Dr. med. verlangt „Forschungsergebnisse, die dazu beitragen, das wissenschaftliche Niveau in Medizin und Stomatologie weiterzuentwickeln"; der Kandidat muß „nachweisen, daß er wissenschaftliche Aufgaben erfolgreich lösen und Wege für ihre praktische Nutzung weisen kann" (Promotionsordnung A vom 21. 1. 1969 – GBl. II, S. 105). Die nächste Stufe der akademischen Grade in der Medizin (und Stomato-

logie) ist der „Doktor der Medizinischen Wissenschaften" (Dr. sc. med.). Er entspricht der früheren Habilitation (Promotionsordnung B).

Aufgrund des Diploms wird dem Diplommediziner die ärztliche Approbation erteilt. Diese aber berechtigt für sich allein nur zur ärztlichen Tätigkeit als „Ausbildungsassistent" (oder als „Ausbildungskandidat" in einer Forschungseinrichtung). Verantwortliche ärztliche Arbeit im ambulanten wie im stationären Sektor des G. setzt die Anerkennung als Facharzt (FA) voraus, sei es die des „FA für Allgemeinmedizin – Praktischer Arzt", sei es die für ein Spezialgebiet („Fachrichtung"). Die Ausbildung hierfür (auch „Weiterbildung" genannt) dauert ausnahmslos 5 Jahre. Sie kann nur an eigens zugelassenen Krankenhäusern, Polikliniken usw. unter der Verantwortung eines zugelassenen Ausbildungsleiters durchlaufen werden. Die Stellen sind kontingentiert („Ausbildungsstellen"). Damit wird der Zugang zu den Fachrichtungen gelenkt. Die FA-Ausbildung steht unter der Aufsicht der → **Akademie für Ärztliche Fortbildung** bzw. der ihr nachgeordneten Bezirksakademien des Gesundheits- und Sozialwesens, an denen für die Ausbildung in jeder Fachrichtung bestimmte Lehrgänge durchlaufen werden müssen. Sie wird mit einer staatlichen Prüfung vor einer Bezirksfachkommission in der Zuständigkeit der Akademie abgeschlossen. Eine detaillierte Regelung von Ausbildungsgang, Anforderungen an die Ausbildungseinrichtungen und -leiter (sowie deren „Qualifizierung", also Ausbildung) und der Prüfungsvorschriften befindet sich in Vorbereitung.

Die FA-Ordnung von 1967 umfaßt 33 Fachrichtungen (in der Bundesrepublik 23 – beides einschl. FZÄ). Darunter befinden sich der FA für Allgemeinmedizin (Praktischer Arzt) und für Allgemeine Stomatologie (Prakt. ZA). Weitere FA-Ausbildungen können u. a. für die Fachgebiete Arbeitshygiene, Sozialhygiene, Hygiene, Physiotherapie, Kinderchirurgie, Kinderneurologie und Kinderstomatologie erwartet werden. Der Erwerb mehrerer FA-Qualifikationen ist nicht zulässig. Vielmehr kann nach dem Erwerb der FA-Anerkennung eine „weitere Spezialisierung" in spezieller Weiterbildung durchlaufen werden (z. B. zum Kardiologen, Jugendarzt, Sportarzt). Dafür finden Lehrgänge bei der Akademie für Ärztliche Fortbildung und bei den Bezirksakademien statt.

Bestand an Ä Anfang 1974: 29 275, d. i. 1 A auf 580 Einw. (Bundesrepublik: 592 Einw.). Ca. 65 v. H. der Ä besitzen die FA-Anerkennung (einschl. FA für Allgemeinmedizin); die Aufgliederung auf die Fachrichtungen wird nicht veröffentlicht. Im stationären Sektor waren Anfang 1973 10 100 Ä beschäftigt, im ambulanten Sektor 12 300. Indessen dürfen diese Zahlen nur unter Vorbehalt verwendet werden: „Teilbeschäftigung" ist sehr häufig; darum werden alle Zahlen beschäftigter Ä (und ZÄ) auf „Vollbeschäftigteneinheiten" umgerechnet angegeben, also die geleisteten Anteile der vollen Wochenarbeitszeit in der beschäftigenden Einrichtung aufgerechnet. Da sehr viele Ä bei verschiedenen Einrichtungen in Teilbeschäftigung stehen, wirkliche Teilzeitarbeit aber kaum vorkommt, ist die Zahl der Vollbeschäftigungseinheiten größer als die Zahl der tatsächlich tätigen Ä. Ein großer Teil der Ä arbeitet also mehr als die übliche Wochenarbeitszeit; eine besondere Rolle spielt dabei die Nebentätigkeit von „in eigener Niederlassung tätigen Ä" in staatlichen Einrichtungen. Tatsächlich dürften von allen berufstätigen Ä rd. 35 v. H. ihrer Hauptbeschäftigung in einer stationären Einrichtung, 43 v. H. in einer ambulanten Einrichtung nachgehen. Etwa 17 v. H. sind überwiegend von anderen Tätigkeiten absorbiert, vor allem von Verwaltungsaufgaben, von den oben genannten Medizinischen Diensten, von der nichtklinischen Forschung und schließlich – zu nicht bekanntgegebenen Anteilen – von Beratungsstellen und von der → **Hygiene-Aufsicht**. „In eigener Niederlassung" waren Anfang 1973 noch 1 633 Ä tätig, gegenüber ca. 3 200 im Jahr 1960; das sind nur 5,7 v. H. aller berufstätigen Ä. Immerhin ist das ein Siebentel der ambulant tätigen Ä, und ihr Leistungsanteil – der nicht veröffentlicht wird – dürfte noch erheblich höher liegen. Der Altersaufbau dieser Gruppe ist jedoch äußerst ungünstig; seit 1949 sind neue Niederlassungen auf seltene Ausnahmen beschränkt gewesen. Die Zahl der freiberuflich tätigen Ä wird also rasch weiter abnehmen.

Die Zahl der Zulassungen zum Medizinstudium (einschl. Zahnmedizin) liegt bei 1 900 im Jahr, die Zahl der Absolventen bei 1 500. Daraus resultiert – bei noch immer ungünstiger Altersgliederung der gegenwärtig berufstätigen Ä und ZÄ – ein jährlicher Nettozuwachs von 1 000 Ä (ZÄ s. u.) oder rd. 3,5 v. H. Mit rascher weiterer Zunahme der Zahl berufstätiger Ä. ist also zu rechnen, zumal Ärztinnen in der DDR nach Heirat die Berufstätigkeit gewöhnlich nicht aufgeben. Das angestrebte gesundheitspolitische Ziel für 1980 (1 A auf 520 Einw.) kann damit sehr wahrscheinlich erreicht werden. Das Sozialprestige der Ä dürfte jedoch von einer so hohen Arztdichte mit der Zeit ungünstig beeinflußt werden.

Die Situation der Zahnärzte ist stets parallel zu der der Ä verlaufen; dies gilt für ihre Hochschulbildung, Berufszulassung und Facharztausbildung wie auch für ihre Berufsausübung (die Dentisten sind schon 1949 in die Gruppe der ZÄ überführt, Dentisten neu nicht mehr ausgebildet worden). Für sie spielt aber Tätigkeit im stationären Sektor naturgemäß keine nennenswerte Rolle (ca. 550 Betten für Stomatologie, wohl alle an Hochschulkliniken). Auch für die ZÄ schließt ein 5jähriges Studium mit der Diplomprüfung ab. Nach der Approbation ist für jeden Diplomstomatologen die Fachausbildung in der Stomatologie obligatorisch (die Fachrichtung wird mit dem sowjetrussischen Fremdwort bezeichnet, heißt also nicht Zahnheilkunde). Sie führt zur staatlichen Anerkennung als FA für Allgemeine Stomatologie (Prakt. ZA), als FA für Kinderstomatologie oder als FA für Kieferorthopädie. Die Ausbildung wird an ambulanten Einrichtungen durchlaufen; dazu gehören Lehrgänge der → **Akademie für Ärztliche Fortbildung** oder der (regional zuständigen) Bezirksakademie.

Bestand Anfang 1974: 7558 ZÄ, d. i. 1 ZA auf 2 247 Einw. (Bundesrepublik: 1 958). Von ihnen waren immerhin 2 054 oder ca. 27 v. H. „in eigener Niederlassung", also freiberuflich tätig. Es bestehen gegenwärtig 859 Staatliche ZA-Praxen, d. s. fast durchweg verstaatlichte Einzelpraxen, die verwaist sind oder deren Inhaber in den staatlichen Dienst übergegangen ist. Fast 4 500 ZÄ arbeiten in Ambulatorien, Polikliniken und Einrichtungen des Betriebsgesundheitswesens.

B. Mittlere medizinische Fachkräfte

Die medizinischen Fachkräfte ohne Hochschulausbildung sind schon von 1950–1955 nach dem Muster der UdSSR in eine systematische Ordnung gebracht worden, die, trotz vieler Änderungen in dem anfangs sehr schematischen Aufbau, in den Grundzügen bestehen geblieben ist. Unterschieden werden Mittlere medizinische Berufe und Medizinische Hilfsberufe. Einheitlich gelten die „Grundsätze für die Gestaltung des einheitlichen sozialistischen Bildungssystems". Jede Stufe der Berufsausbildung soll auf zwei Wegen erreicht werden können: von der 10klassigen allgemeinbildenden polytechnischen Oberschule (bzw. von der erweiterten Oberschule mit dem Abitur als Abschluß) aus im „Direktstudium" mit rein schulischer Ausbildung in Fach- bzw. Hochschule mit eingeschobenen Praktika einerseits, andererseits aber von einer Lehr- oder Anlernausbildung im Anschluß an die (vorerst noch) 8klassige allgemeinbildende Schule her mit berufsbegleitenden Lehrgängen (Betriebsschulen und in Abend- oder Fernstudium bei Fach- und Hochschulen). Formal wie praktisch sollen beide Wege zu gleichen Ergebnissen führen, also zu gleichen Diplomen und gleichen Qualifikationen.

Die Medizinischen Hilfsberufe (MHB) sind Lehrberufe mit ausbildungsbegleitendem Unterricht; die Ausbildung schließt ab mit dem Facharbeiterbrief. Beispiele: Apothekenfacharbeiter (früher Apothekenhelfer), Kinderpflegerin, Laborgehilfe, Desinfektor, Sektionsgehilfe. Der Facharbeiterbrief eröffnet – nach Bewährung in der praktischen Berufstätigkeit – den Zugang zur Fachschule und damit zur Weiterbildung in einem entsprechenden Mittleren medizinischen Beruf.

Die Ausbildung der Mittleren medizinischen Berufe (MmB) erfolgt in → **Fachschulen**, die 1960 aus dem allgemeinen Fachschulsystem herausgelöst und als

„Medizinische Schulen" dem Gesundheitsressort zugeordnet worden sind. Sie galten seitdem als Betriebsschulen, und die Absolventen erlangten formal keine „Fachschulqualifikation", sondern einen Facharbeiterbrief. Seit dem 1. 9. 1974 sind sie Medizinische Fachschulen, bleiben aber den Einrichtungen des G. zugeordnet. Den bisher ausgebildeten Mittleren medizinischen Kräften (MmK) wird, soweit sie sich im Beruf bewährt haben, die „Fachschulqualifikation" zuerkannt.

Die Schulen bestehen in breiter Ausfächerung der Ausbildungsgänge bei allen Bezirkskrankenhäusern und Hochschulkliniken und – begrenzt auf die Krankenpflegeausbildung – bei fast allen großen Krankenhäusern. Für einige der Berufe ist die Ausbildung bei nur einer Schule zentralisiert (so: Apothekenassistent und Pharmazie-Ingenieur an der Pharmazieschule in Leipzig, Medizinische Assistenten an der Fachschule für MA in Ost-Berlin). Gesamtzahl der Schulen Anfang 1974: 60 mit ca. 31 000 Schülern.

Voraussetzung für die Zulassung ist Abschluß der 10klassigen allgemeinbildenden polytechnischen Oberschule. Die Ausbildung zu den Grundberufen dauert 3 Jahre; in den ersten 2 Jahren wechselt der Schulunterricht mit Perioden berufspraktischer Ausbildung. Das 3. Jahr wird in „überwiegend vertiefender praktischer Ausbildung" an einer Gesundheitseinrichtung absolviert. Sie schließt mit staatlicher Prüfung und staatlicher Anerkennung ab.

Mehrjährige Bewährung in der Berufsarbeit ist Voraussetzung für die Weiterbildung. Sie wird meist im → **Fernstudium** durchlaufen, also neben (reduzierter) Berufsarbeit mit nur periodischem Aufenthalt in der Schule. Die Dauer der Weiterbildung ist unterschiedlich; sie beträgt bis zu 3 Jahren. „Leiteinrichtung" für die Aus- und Weiterbildung der MmB ist das Institut für Weiterbildung Mittlerer medizinischer Fachkräfte in Potsdam, das unter Aufsicht und Anleitung der → **Akademie für Ärztliche Fortbildung** steht und vor allem Lehrpläne, Lehrmaterial u. ä. erarbeitet.

Das Weiterbildungsprinzip hat zu größerer Durchlässigkeit zwischen den Berufen in vertikaler Richtung beigetragen; von der Lehrausbildung her kostet der Weg jedoch viel Zeit. Die Grenzen zwischen den Berufen in horizontaler Richtung sind fast undurchlässig. Weitaus die meisten Weiterbildungsmöglichkeiten eröffnet die Krankenpflegeausbildung.

Die Schwierigkeiten der „Erwachsenenqualifizierung" im G. sind leicht erkennbar: Ein berufsbegleitendes Abendstudium können nur große Krankenhäuser bieten; Fernstudium zwingt in der medizinischen Ausbildung, die besonders viel praktische Übungen erfordert, zu ausgiebigen „Hospitationen", die periodisch bei der Fachschule abgeleistet werden müssen. Beides bewirkt eine sehr starke Fluktuation gerade der aktiven Kräfte und beeinträchtigt damit die Stetigkeit der Arbeit in den Einrichtungen der ambulanten wie der stationären Versorgung.

Die wichtigsten MmB sind in Grundstufe und Weiterbildungsstufen (diese in Klammern, höhere Weiterbildungsstufen durch / abgesetzt):

Krankenschwester, -pfleger (Operationsschw.; Schw. f. Intensivbehandlung; Fachkrankenschw. Psychiatrie; Stationsschw. / Abteilungsschw. / Ltd. Schw.; Betriebsschw.; Gemeindeschw. / Gesundheitsfürsorgerin; Hygiene-Inspektor / Ltd. Hygiene-Inspektor; Medizinischer Assistent – früher → **Arzthelfer**).

Sprechstundenschwester; Stomatologische Schw.; Kinderkrankenschw.; Hebamme; Diätassistent.

Medizinisch-technischer Laborassistent (MT Fachassistent f. Klin. Chemie; für Bakteriologie-Serologie; für Histologie / Ltd. MT Laborassistent).

Medizin. techn. Radiologie-Assistent (MT Fachassistent f. Strahlenbehandlung; f. Nuklearmedizin / Ltd. MT Radiologie-Assistent).

Physiotherapeut (Arbeitstherapeut / Ltd. Physiotherapeut).

Audiometrie-Phoniatrie-Assistent.

Apothekenassistent (Pharmazie-Ingenieur).

Zahntechniker (Zahntechnikermeister).

Krippenerzieher (Ltd. Krippenerzieher).

Von mehreren Grundberufen aus erreichbar: Medizinpädagoge, d. i. Lehrkraft für den berufsprakt. Unterricht; Ökonom im Ges.- und Sozialwesen.

VII. Aufwand und Kosten

Der Aufwand für das G. ist verhältnismäßig hoch. Die Zahl der Beschäftigten betrug 1973 300 000 Personen. Von ihnen hatten Hochschulabschluß 37 400, Fachschul- oder Facharbeiterabschluß 171 300. Das medizinische Fachpersonal einschl. angelernter Kräfte umfaßt 230 000 Beschäftigte, das sind ca. 3 v. H. aller Berufstätigen (Bundesrepublik: 3,3 v. H. unter Einschluß der mithelfenden Familienangehörigen in Arzt- und Zahnarztpraxen).

Fast 60 v. H. der Beschäftigten sind in den stationären Einrichtungen tätig. Die Besetzung der Krankenhäuser mit medizinischen Fachkräften ist hoch: auf 1 Beschäftigten dieser Gruppe (ohne Ärzte) kommen in Bezirks- und Kreiskrankenhäusern 2,7 Betten (Bundesrepublik: 3,1). In den Staatlichen Arztpraxen werden je Arzt ca. 5 000 Neuzugänge und 13 000 Konsultationen im Jahr geleistet; auf jeden Arzt kommen 1,1 nichtärztliche Fachkräfte. Die Kosten je ärztlichen Arbeitsplatz betragen 44 000 Mark. In den Polikliniken (Ambulatorien in Klammern) sind die entsprechenden Zahlen: 3 200 (3 500) Neuzugänge, 8 500 (10 500) Konsultationen und 63 000 (55 000) Mark. Die „Fallkosten" (ohne Arzneimittel) liegen also zwischen 9 und 20 Mark. Die Leistungen und Kosten der „Ärzte in eigener Niederlassung" werden nicht bekanntgegeben.

Die laufenden Ausgaben (Betriebsaufwendungen) des Staates einschließlich Leistungen der Sozialversicherung „für gesundheitliche Zwecke", also Abgeltung der ärztlichen und der Krankenhausleistungen sowie der Arzneimittel, aber ohne Barleistungen (Krankengeld u. dergl.), machten (1973) mit 9,3 Mrd. Mark 10 v. H. von den Ausgaben im Staatshaushalt aus, vom „Produzierten Nationaleinkommen" 7,4 v. H. (Bundesrepublik: ca. 5 v. H. des Bruttosozialproduktes). Über die Höhe der Investitionen fehlen verwertbare Angaben.

VIII. Regionale Unterschiede

Die insgesamt günstig erscheinende medizinische Versorgung weist Unterschiede zwischen den Bezirken auf, u. a. in der Dichte der Einrichtungen, in den Zahlen verfügbarer Ärzte und nichtärztlicher Fachkräfte und in den Zahlen der Krankenhausbetten, die erhebliche Verteilungsmängel erkennen lassen. Die Zahl der Einwohner je Arzt in ambulanten Einrichtungen ist in den Bezirken Neubrandenburg und Karl-Marx-Stadt um 54 bzw. 45 v. H. höher als im Bezirk Rostock. Die Unterschiede liegen im wesentlichen in der Facharztdichte mit Frauen- und Kinderärzten, weniger in der Besetzung mit Allgemeinärzten. Doch kommen auf jeden einzeln praktizierenden Arzt – Staatl. Praxen und niedergelassene Ärzte zusammen – in den ungünstigsten Bezirken (Suhl, Frankfurt [Oder]) doppelt soviel Einwohner wie in den günstigsten (Magdeburg, Gera). Die Zahl der Neuzugänge und der Konsultationen je Arzt und Jahr in Ambulatorien ist im Bezirk Suhl um 55 bzw. 48 v. H. höher als im Bezirk Rostock; ähnliche Belastungsunterschiede bestehen in den Polikliniken und staatlichen Arztpraxen. Die Zahl der Krankenhausbetten (ohne Psychiatrie und Tuberkulose) auf 10 000 Einw. ist in den bestgestellten Bezirken (Rostock, Potsdam, Gera) um mehr als 50 v. H. höher als in den schlechtestgestellten (Suhl, Frankfurt [Oder], Cottbus). In Ost-Berlin liegt die Arztdichte fast doppelt so hoch wie in den ungünstigsten Bezirken, die Krankenhaus-Bettendichte um 60 v. H. höher. Dem größeren Bettenangebot entspricht aber nicht etwa eine um so geringere Auslastungsquote; vielmehr ist auch die Zahl der Behandlungsfälle größer. Einige Bezirke sind – gemessen am mittleren Stand der DDR – durchgängig unterversorgt. Das sind Bezirke mit vorwiegend agrarischer Struktur (Cottbus, Neubrandenburg, Schwerin) und solche ohne stark geförderte industrielle Struktur (Dresden, Karl-Marx-Stadt), während umgekehrt einige Bezirke mit bevorzugten Wirtschaftszweigen (Rostock, Gera, Leipzig) auch mit medizinischen Einrichtungen stark besetzt sind. Ost-Berlin liegt an der Spitze aller Bezirke.

Noch stärker tritt die Unterversorgung hervor, wenn man industrielle Ballungszentren mit agrarischen Regionen vergleicht. Darüber wird statistisches Material nicht veröffentlicht. Die Verzerrungen in der Versorgungsstruktur sind im wesentlichen Folge der bevorzugten Ausstattung geförderter Gebiete mit hochwertiger medizinischer Ausrüstung und Wohnraum. Beides läßt die Aufnahme einer Tätigkeit für Ärzte in Krankenhäusern und Polikliniken attraktiv erscheinen. Es wirkt sich zum Nachteil der elementaren Versorgung aus.

IX. Planprojektion und Korrekturen

In der Folge des VIII. Parteitages der SED (1971) ist am 25. 9. 1973 in einem „Gemeinsamen Beschluß des ZK der SED, des Ministerrats und des Bundesvorstandes des FDGB" ein detailliertes Programm „zur Verbesserung der medizinischen Betreuung der Bevölkerung" festgelegt worden: Die „ambulante und stationäre Grundbetreuung" soll nachdrücklich gefördert werden, besonders in Allgemeinmedizin und Kinderheilkunde. In denjenigen „Gebieten, die ärztlich noch nicht ausreichend besetzt sind, ist die Zahl der Fachärzte zielgerichtet zu erhöhen". Die „ambulanten Betreuungskapazitäten" sollen in Neubauzentren durch leistungsfähige Polikliniken und Ambulatorien, „entsprechend den territorial unterschiedlichen Bedürfnissen", aber auch – besonders auf dem Lande – „durch Schaffung von kleineren Ambulatorien und Staatlichen Arztpraxen" erweitert werden. Die ambulante Betreuung soll auf den wichtigsten Fachgebieten verstärkt werden, „um die Diagnostik- und Wartezeiten zu verkürzen" und „dem Arzt mehr Zeit für individuelle Beratung und Behandlung seiner Patienten zur Verfügung" zu stellen.

Dafür soll nicht nur die Zahl der Ärzte insgesamt noch weiter gesteigert werden, so daß ein Arzt auf 520 Einw. kommt. Auch der „oft übertriebene Ausbau spezialisierter Betreuungssysteme" soll eingeschränkt und die Zahl der „Ärzte und Schwestern in Leitungsfunktionen vermindert" werden, zugunsten unmittelbarer Arbeit am Kranken. Der Bau neuer Krankenhäuser in Suhl, Neubrandenburg, Schwerin, Cottbus und Frankfurt/Oder ist im Rahmen des nächsten Fünfjahrplans (1976–1980) vorgesehen. Die Investitionsmittel für das G.- und Sozialwesen sollen in diesem Zeitraum mehr als verdoppelt werden.

Den Ärzten und den übrigen Fachkräften soll die Tätigkeit in der Grundversorgung (einschl. Frauenheilkunde und Innerer Medizin) attraktiv gemacht werden: „Neue und erprobte wissenschaftliche Erkenntnisse werden den in der medizinischen Praxis tätigen Ärzten rascher und übersichtlicher zugängig gemacht." Mitarbeiter im Gesundheits- und Sozialwesen können eine Zusatzvergütung bis zu 8 v. H. erhalten; ihre → **Altersversorgung** wird verbessert (auch die der Ärzte in eigener Niederlassung). Für sie wird zusätzlicher Wohnraum geschaffen, „um sie seßhaft zu machen".

Eine ungewöhnlich große Zahl von Kommentaren läßt erkennen, daß dieser gemeinsame Beschluß auf die lange erwartete Korrektur von Mängeln zielt, die in der medizinischen Versorgung entstanden sind. Ein besonders wichtiger Punkt ist das Ziel, das am Anfang des Beschlusses gesetzt ist, „die vertrauensvollen Beziehungen der Bürger zu den Gesundheitseinrichtungen zu vertiefen". In der Allgemeinmedizin und in der Kinderheilkunde sollen „die Bürger überall von ihrem Recht Gebrauch machen können, den Arzt ihres Vertrauens (Hausarzt) zu wählen und ohne Schwierigkeiten dessen Rat . . . und Hilfe in Anspruch zu nehmen". Das geht weit über bloße Verbesserung von Organisation und Ausstattung des G. hinaus. Es bedeutet begrenzte „freie Arztwahl" und ist eine klare Abkehr vom Bereichsarztsystem. Dieses ist von der Bevölkerung nicht angenommen worden. Die Forderung weiter Teile der Bevölkerung nach „individueller Beratung und Behandlung" hat sich vorerst durchgesetzt.

X. Leistungen und Erträge

Die Leistungen der Einrichtungen des G. unterscheiden sich in Diagnostik und Behandlung ihrer Zahl nach wohl nicht wesentlich von denen in der Bundesrepublik Deutschland, soweit das Fehlen von Angaben über die in eigener Niederlassung tätigen Ärzte ein Urteil zuläßt: In den staatlichen Einrichtungen kommen auf jeden Einwohner ca. 3 Behandlungsfälle pro Jahr, auf jede Behandlung 2,4 Beratungen; die Ärzte in eigener Niederlassung stellen ein Siebentel der ambulant tätigen Ärzte, ihr Leistungsanteil dürfte aber über dem der übrigen liegen. In den Krankenhäusern werden – ohne Fachabt. für Psychiatrie, Tuberkulose und andere Langlieger – 7,6 v. H. der Einw. pro Jahr stationär behandelt (Bundesrepublik: 7,3 v. H.).

Über die Behandlung hinaus sind Vergleiche direkt nicht möglich: Die Leistungen an Vorsorge, Früherkennung und Nachsorge sind nicht vergleichbar. Die Erträge medizinischer Leistungen sind schwer zu vergleichen. Der Krankenstand liegt ständig zwischen 5 und 6 v. H. der Beschäftigten, also in ähnlicher Höhe wie in der Bundesrepublik, wird aber anders berechnet. Die Zahl der Männer, die zwischen dem 55. und dem 65. Lebensjahr aus der Erwerbstätigkeit ausscheiden, oder umgekehrt die Erwerbsquoten der älteren Männer, lassen sich aufgrund veröffentlichten demographischen Materials nicht ermitteln, frühzeitige Berentung mag also häufiger sein als die Staatsorgane wünschen.

Indessen ist die Lebenserwartung in der DDR durchgängig höher als in der Bundesrepublik Deutschland, und zwar bei den Frauen vom 40. Lebensjahr an um ca. 0,5 Jahre, bei den Männern zwischen 50 und 70 Jahren um etwa 1,0 Jahre.

Ähnlich auffällig sind Unterschiede in der Sterblichkeit der Kinder vor und unmittelbar nach der Geburt (perinatale Sterblichkeit): Bereinigt man die Zahlen der DDR und der Bundesrepublik von den Wirkungen statistisch verschiedener Erfassung, so ergibt sich in der DDR (bei sonst gleicher Summe von Totgeburtlichkeit und Säuglingssterblichkeit) eine eindeutig geringere Frühsterblichkeit vom 2. bis zum 7. Tag nach der Geburt um 3,0 v. T. Sie hängt mit der geringeren Häufigkeit von Frühgeburten, und diese möglicherweise mit der umfassenden Vorsorge in der Schwangerschaft zusammen.

Man wird die Erträge des G. der DDR somit nicht gering schätzen dürfen.

XI. Forschung und Forschungsorganisation

Die medizinische Forschung (mF.) in der DDR ist bis in die 60er Jahre, wie in der Sowjetunion, von ideologisch begründeten Beschränkungen in ihrer Entwicklung gehemmt worden. Selbst als sich die sowjetische Medizin davon freimachte, ist die DDR nur zögernd gefolgt. Am deutlichsten ist dies an der relativ späten Aufnahme psychoanalytischen und psychosomatischen Gedankenguts zu erkennen. Die offizielle mF. hatte daher zunächst den Anschluß an die internationale Entwicklung verloren. Das ist heute überwunden.

Grundlagenforschung in der Medizin ist in erster Linie Aufgabe der → **Akademie der Wissenschaften**, die eine beträchtliche Zahl leistungsfähiger Institute für mF. unterhält, darunter die Institute für Krebsforschung (Berlin-Buch), für Ernährungsforschung (Bergholz-Rehbrücke bei Potsdam) und für Kreislaufregulationsforschung. Grundlagenforschung wird auch in einer Anzahl gut ausgestatteter Hochschulinstitute betrieben. MF. zur Förderung der Erkennung und Behandlung bestimmter Krankheiten ist Aufgabe zahlreicher Hochschulinstitute, die in ihrer Ausrüstung dafür vergleichbaren Instituten westlicher Länder technologisch kaum, in der Vielfalt verfügbarer Geräte hingegen zuweilen beträchtlich nachstehen. Der Koordinierung dienen die Wissenschaftlichen Gesellschaften (für nahezu jedes Spezialgebiet).

Anwendungsorientierte mF. dagegen ist überwiegend Aufgabe staatlicher Forschungs-Institute, die dem → **Ministerium für G.** unterstehen (so die Institute für Arbeitsmedizin, für Arzneimittelwesen, für Bäder- und Kurortwissenschaft, für Diabetes-F., für Hygiene des Kindes- und Jugendalters, für Lungenkrankheiten und Tuberkulose usf.).

1970 ist ein Rat für Planung und Koordinierung der medizinischen Wissenschaft beim Ministerium für G. errichtet worden (Statut vom 1. 10. 1970). Er soll Empfehlungen über Ziele und Methoden der mF. ausarbeiten. Dabei geht es besonders um Konzentration und „Profilierung" der F. und ihrer Institute und um die Festlegung von Forschungsschwerpunkten. Er soll ferner die Durchführung und Erfüllung der gesetzten Aufgaben überwachen. Wichtigste

Aufgabe dieses Rates ist es, die Kooperation und Koordinierung der F.-Einrichtungen; er soll das Zusammenwirken in komplexen wissenschaftlichen Arbeiten und einen optimalen Informationsfluß sichern. Der Rat ist aus führenden Vertretern der medizinischen Wissenschaft und Praxis sowie angrenzender F.-Gebiete zusammengesetzt. Er bildet „Problemkommissionen", diese ihrerseits Arbeits- und Expertengruppen. Präsident und Mitglieder werden vom Minister für G. berufen, und zwar für jeweils 4 Jahre. Derzeitiger Präsident (1974) ist Prof. Dr. Kraatz (Gynäkologe).

Im November 1970 hat der Staatsrat einen „Beschluß zur weiteren Entwicklung der mF. und der Wissenschaftsorganisation in der Medizin und über die Hauptaufgaben der mF. im Perspektivplanzeitraum" veröffentlicht: Darin wird ein Gesamtplan der mF. gefordert und dem Ministerium für G. aufgetragen, ein System der Planung, Leitung und Organisation der mF.-Vorhaben durchzusetzen. Als Hauptgegenstände werden genannt Herz- und Kreislaufkrankheiten, Geschwulstkrankheiten, Immunologie und Infektionsschutz sowie Arbeitsmedizin, ferner ein analytisch-diagnostisches System zur Verbesserung und Beschleunigung der medizinischen Diagnostik. Die mF. soll damit mehr als bisher auf die Zweckbezogenheit und Anwendbarkeit ihrer Ergebnisse orientiert werden.

Gewerbebanken: → Bankwesen; **Genossenschaftsbanken für Handwerk und Gewerbe** (GB).

Gewerkschaften: → FDGB.

Gewerkschaftsaktiv: → FDGB.

Gewerkschaftsgruppe: → FDGB.

Gewerkschaftskomitee: → FDGB; **Produktionsberatungen, Ständige.**

Gewerkschaftsleitungen, betriebliche: → **Betriebsgewerkschaftsorganisation.**

Gewinn: Da in einer Zentralplanwirtschaft Löhne, → **Steuern,** Gebühren, Zinsen, Preise und ebenfalls die Kosten – durch Kostennormative und staatliche Kalkulationsrichtlinien – zentral festgelegt werden, bestimmen diese Daten und das gesetzlich verankerte Verfahren der Reineinkommens- und G.-Verteilung in der Volkswirtschaft und in den VEB und VVB maßgeblich die Höhe des G. In den Jahren 1971 und 1972 wurde den Betrieben die Höhe des G. als feste Plankennziffer vorgegeben, seit 1973 ist er als „Berechnungskennziffer" der Planung zu behandeln, d. h. er wird nicht direkt geplant, sondern indirekt aus anderen verbindlichen Plankennziffern ermittelt. Der tatsächliche Ist-G. ergibt sich als Differenz zwischen der Preissumme der abgesetzten Erzeugnisse und Leistungen zu → **Industrieabgabepreisen** (Umsatzerlös) und den zu ihrer Herstellung nötigen Kosten sowie der als Durchlaufposten behandelten → **Produktions- und Dienstleistungsabgaben.**

Die im Gegensatz zur Marktwirtschaft zentral regulierte G.-Verteilung wird durch zwei Faktoren bestimmt, einerseits durch die der Preisbildung (→ **Preissystem und Preispolitik**) zugrundeliegenden Grundsätze und andererseits durch die über eine Differenzierung der Sätze der → **Nettogewinnabführung** verfolgte staatliche G.-Verteilungspolitik. Der Betrieb kann allerdings im Rahmen der ihm auferlegten Planaufgaben bei den zentral vorgegebenen Preisen durch Steigerung seiner → **Rentabilität** (z. B. Überplanerfüllung, verbesserte Kapitalnutzung – d. h. Einsparung von → **Produktionsfondsabgabe** –, verbesserte Betriebsorganisation, verminderte Ausschußproduktion, sinnvollere Materialnutzung) den Ist-G. erhöhen. Durch die Nettogewinnabführung und die Produktionsfondsabgabe wird ihm jedoch wieder ein Teil des G. entzogen.

Mit der Wirtschaftsreform von 1963 (→ **NÖS**) wurde dem G. eine zentrale Stellung im System eingeräumt, denn er wurde zum entscheidenden Maßstab der Leistung des Betriebes und zu einer wichtigen Antriebskraft aufgewertet. Zwar war in der wissenschaftlichen Diskussion bereits Ende der 50er Jahre (Behrens-Benary-Affäre) die Forderung nach stärkerer Berücksichtigung ökonomischer Kategorien erhoben worden; jedoch erst, nachdem der sowjetische Wirtschaftswissenschaftler E. Liberman mit seinem Artikel: „Plan, Gewinn, Prämie" in der „Prawda" eine grundlegende Reform des betrieblichen Planungssystems der Sowjetunion unter Nutzung des G. als ökonomischer Hebel im September 1962 vorgeschlagen hatte, setzte auch in der DDR eine hieran anknüpfende lebhafte Reformdiskussion ein. Die ab 1963 in der DDR und in der Folgezeit auch in anderen osteuropäischen kommunistischen Ländern durchgeführten Wirtschaftsreformen führten dann schließlich in einem gewissen Grad zur Auswechslung der bis dahin im Mittelpunkt der Planerfüllung stehenden Ziele des Produktionsplanes durch die Richtgröße G. Die Bestimmung des G. zum Hauptkriterium der wirtschaftlichen Leistungen von VEB und VVB bzw. Kombinat verlangte damals in der DDR – genauso wie in anderen Ostblockländern – die Beseitigung der gröbsten, diesen Leistungsmaßstab verfälschenden wirtschaftlichen Mißstände. Erst die Neubewertung des Brutto-Anlagevermögens (→ **Grundmittelumbewertung**), der Abschluß der → **Industriepreisreform** Ende 1967 und die Neufestsetzung der Abschreibungssätze (→ **Abschreibungen**) und Zinsen schufen bessere Voraussetzungen für eine aussagekräftigere Kostenrechnung und G.-Ermittlung. Entscheidend war, daß dem Betrieb die relativ freie Verfügbarkeit über einen Teil des von ihm erwirtschafteten Netto-G. (= G. minus Produktionsfondsabgabe) eingeräumt wurde, denn nur so war es überhaupt möglich, den Betrieb zur eigenen Ausgestaltung des ihm mit den Reformen geschaffenen Aktionsfeldes zu veranlassen. Damit der G. allerdings diese „incentive function" überhaupt wahrnehmen konnte, mußten das „Prinzip der Eigenerwirtschaftung der Mittel" sowie sinnvolle betriebswirtschaftliche Kostenrechnungsmethoden eingeführt, ein verbessertes Vertragssystem mit Sanktionen bei Schlecht- oder Nichterfüllung von Verpflichtungen geschaffen und das Bankensystem umgewandelt werden. Von einem Verteilungsapparat für zinslose Finanzierungsmittel für Investitionen aus dem Staatshaushalt avancierte das Bankensystem zu einem System mit „echten" Kreditinstituten, das Kredite nur gegen Zinszahlung gewährt.

In den Jahren 1969 und 1970 – als die mit dem NÖS geschaffenen ökonomischen Hebel weitgehend wirksam waren – konnte der Betrieb dann auch tatsächlich den ihm nach Abzug von Produktionsfondsabgabe und Nettogewinnabführung sowie der damals vorgeschriebenen Fondsbildung (→ **Fonds**) verbleibenden Rest-G. als finanzielle Basis seiner eigenverantwortlichen Investitionsentscheidungen nutzen.

Dieser Aktionsradius ist ihm jedoch mit der Rezentralisierung wieder genommen worden: 1971 wurde der vom Betrieb zu erwirtschaftende Netto-G. zur staatlichen Plankennziffer erhoben, die Nettogewinnabführung von Prozentanteilen in absolute, branchenweise unterschiedliche G.-Abführungsbeträge umgewandelt und die Investitionstätigkeit durch staatliche Planauflagen verbindlich vorgeschrieben. Damit wurde die Rolle des G. durch bewußte Minderung seiner Stimulierungsfunktion wieder erheblich geschwächt: Dem Betrieb werden heute vom Soll-G. gerade so viel Finanzierungsmittel belassen, wie er zur Durchführung der geplanten Aufgaben sowie zur Realisierung der geplanten Investitionen bei den von den Banken bewilligten planmäßigen Krediten benötigt.

Bei Übererfüllung des geplanten Netto-G. verbleibt dem Betrieb die Hälfte des Mehr-G., die Verwendungsmöglichkeiten für diese Mittel sind jedoch begrenzt auf: Verbesserungen der Arbeitsorganisation, Zuführungen zum Prämienfonds, Erhöhung der Eigenfinanzierung, vorfristige Kredittilgung, Kauf gebrauchter Anlagegüter, Finanzierung von Neuerervorschlägen bis zu je 10 000 Mark sowie die Herstellung von Rationalisierungsmitteln aus eigenen Reserven. Angesichts dieses eingeengten Katalogs dürften beim Betrieb kaum nennenswerte Antriebskräfte zur Übererfüllung der realen Planziele und damit auch des bestimmten Soll-G. ausgelöst werden. Zwar ist mit dem → **Gegenplan** ein Anreiz zu – bereits im voraus angekündigten – Übererfüllungen geschaffen worden, da im Falle ihrer Realisierung zusätzliche Zuführungen zum Prämienfonds (→ **Jahresendprämie**) sowie – bei Übererfüllung der geplanten Arbeitsproduktivität, bei bestimmten Materialeinsparungen und Qualitätsverbesserungen – zum Leistungsfonds durchgeführt werden. Jedoch ist dieser Anreiz zugunsten der Belegschaft begrenzt: Einerseits werden leistungsfähige Betriebe – in Übereinstimmung mit den Interessen ihrer Arbeiter und Angestellten – ihre Planangebote so abstimmen, daß sie gerade die Prämienhöchstgrenze erreichen und immer noch Leistungsreserven für den kommenden Gegenplan zurückhalten. Andererseits dürften die einseitigen Ver-

wendungsmöglichkeiten der Mittel des Leistungsfonds vorwiegend zugunsten der Gesamtbelegschaft bei den einzelnen Arbeitskollektiven nur ein bedingtes Interesse an zusätzlichen Arbeitsbelastungen induzieren. Ist damit der Anreiz für die Belegschaft schon gering, so ist er für die Betriebsleitung noch kleiner, weil sie mit den ihrer Disposition unterliegenden zusätzlich erwirtschafteten Gewinnteilen nur in beschränktem Umfang eigene Ziele verfolgen kann.

Bei einer Untererfüllung des Soll-G. – Folge von Kostenüberschreitungen oder Mindererfüllungen materieller Planaufgaben – sieht sich der Betrieb erheblichen Finanzierungsschwierigkeiten gegenüber: Er kann die Fondsbildung nicht im geplanten Umfang realisieren. Insbesondere können dabei die vorgesehenen Investitionen betroffen werden, von denen wiederum der G. künftiger Jahre abhängt. Auf Kredite kann der Betrieb nur in dem durch die Kennziffer „Veränderung des Kreditvolumens für Grundmittelkredite" abgesteckten, recht beschränkten Rahmen ausweichen. Angesichts dieser Schwierigkeiten werden seit einiger Zeit allerdings Erleichterungen bei der Nettogewinnabführung gewährt: Während diese bei Nichterreichen des Plangewinns 1971 noch voll zu zahlen war, durften 1972 30 v. H. und seit 1973 50 v. H. der Unterschreitung des geplanten Gewinns gekürzt werden. Bleibt der Ist-G. noch unter diesem geminderten Soll, so muß er voll abgeführt werden; die Differenz ist als → **Finanzschuld** mit 5 v. H. zu verzinsen und im nächsten Jahr aus überplanmäßigen G.-Teilen zu tilgen.

An diesen Maßnahmen wird deutlich, daß der G. von einer betriebliche Initiative stimulierenden Antriebskraft zum Sicherungsmittel staatlichen und betrieblichen Finanzierungsbedarfs abgewertet wurde. Mit seiner Planung sowie mit anderen ökonomischen Hebeln wird auch von seiten der finanziellen Planung her Druck auf die Betriebe zur plangerechten Aufgabendurchführung sowie zur Leistungsverbesserung ausgeübt. Diesem Druck kann der Betrieb grundsätzlich nur mit Kostensenkungen entgegenwirken. Deshalb werden von ihm seit 1974 auch neben einer detaillierten Planung der Kosten planmäßige Selbstkostensenkungen verlangt. Hierzu ist vom Betrieb bei exakter Einhaltung der Normen für den Einsatz von Materialien und Vorleistungen, der geplanten Lohnkosten sowie der geltenden Gemeinkostennormative eine genaue Voraus-Planung der Kosten nach Kostenarten, -stellen und -trägern durchzuführen. Dabei sind auch die infolge vorgesehener Rationalisierungsprojekte zu erwartenden Kosteneinsparungen – untergliedert nach Kostenarten und Rationalisierungsmaßnahmen – auszuweisen. Nicht planbar sind solche Kosten, die aus vom Betrieb verschuldeten Unregelmäßigkeiten resultieren. Mit dieser detaillierten Kostenplanung soll nicht nur über einen Vergleich von Betrieben einer Branche eine Aufdeckung betrieblicher Reserven erreicht werden, sondern den wirtschaftsleitenden Organen bereits zu einem Zeitpunkt Auskunft über von den Betrieben beabsichtigte oder mögliche – von zentralen Zielen abweichende – Eigenaktionen vermittelt werden, bevor diese überhaupt begonnen werden.

Die verstärkte Ausrichtung der gegenwärtigen monetären Steuerung auf Kosteneinsparungen ist als Versuch zu deuten, die betriebliche Effizienz künftig mehr und mehr am Umfang der Selbstkostensenkung denn am erzielten G. zu bemessen, zumal auch das bestehende Preissystem erhebliche Verzerrungen aufweist. Die Bedeutung des G. dürfte daher in Zukunft zugunsten der Richtgröße Kostensenkung noch weiter abnehmen.

GHG: Abk. für Großhandelsgesellschaften. → **Binnenhandel.**

Gleichberechtigung der Frauen: → **Frauen.**

Gnadenrecht: → **Amnestie.**

Gosplan: Abgekürzte Bezeichnung für das „Staatliche Plankomitee der Sowjetunion", die oberste Planungsinstanz der SU. G. beeinflußt direkt und über den → **Rat für Gegenseitige Wirtschaftshilfe** (RGW) die Wirtschaft auch der DDR.

Gost: → **Standardisierung.**

Goethe-Gesellschaft: Die G. wurde am 20. 6. 1885 gegründet, um Goethes Werk zu größerer Verbreitung zu verhelfen. Sitz der G. ist Weimar. Sie ist eine der wenigen gesamtdeutschen Gesellschaften. Seit 1954 finden alle zwei Jahre Hauptversammlungen in Weimar statt. Die G. hat eine schwierige Position, um sich als gesamtdeutsche Gesellschaft zu behaupten. Hager nannte sie auf dem 32. Plenum des ZK der SED im Juli 1957 „Agentur der westlichen Ideologie". 1958 drängte der → **Kulturbund** auf eine „strengere Anwendung des Prinzips der Parität" (Jahrbuch der G., 1958). Seit Ende der sechziger Jahre wurde eine Internationalisierung angestrebt. Auf der 61. Hauptversammlung 1969 wurde beschlossen, auch nichtdeutschsprachige Wissenschaftler in den Vorstand aufzunehmen. Im Juli 1973 hatte die G. 4000 Mitglieder in 24 Ländern (davon etwa 400 im Ausland). Die Tendenz zur Gründung von Ortsvereinigungen im Ausland ist steigend.
Präsident war von 1949 bis Juli 1971 der West-Berliner Prof. Dr. Andreas Wachsmuth, der aus Altersgründen zurücktrat. Sein Nachfolger wurde Helmut Holtzhauer (Direktor der Nationalen Forschungs- und Gedenkstätten in Weimar), der seit 1958 Vizepräsident der G. war. Sein Vizepräsident wurde der Essener Hans Tümmler. Holtzhauer verstarb Ende 1973. Präsident ist seit April 1974 Prof. Dr. Karl-Heinz Hahn, Weimar.
Publikationen: Goethe-Jahrbuch, Schriften der G. → **Kulturelle Zusammenarbeit; Kulturelles Erbe.**

GPG: Abk. für Gärtnerische Produktionsgenossenschaft. → **Gartenbau.**

Grabweihe: Sozialistische → **Feiern.**

Grenze: Der Verlauf der G. (Länge ca. 1 346 km) zwischen der Bundesrepublik Deutschland und der DDR bestimmt sich nach den Festlegungen des → **Londoner Protokolls** (Protokoll über die Besatzungszonen in Deutschland und die Verwaltung von Groß-Berlin vom 12. 9. 1944), soweit nicht hiervon später von den damaligen Besatzungsmächten örtliche Abweichungen vereinbart wurden.

Die im Londoner Protokoll festgelegte G. verläuft weitgehend entlang den bis 1945 bestehenden Landes- und Provinzgrenzen: Von der Lübecker Bucht nach Süden bis an die Elbe, entlang den Westgrenzen Mecklenburgs, Sachsen-Anhalts, der West- und Südgrenze Thüringens sowie der Südgrenze Sachsens bis zur deutsch-tschechoslowakischen G. ostwärts von Hof.
Auf der Seite der DDR sind an der G. umfangreiche Sperranlagen errichtet, die aus mehrfachem Stacheldraht, Minen, Gräben, Stolperdrähten, optischen und elektrischen Warnanlagen, Schußanlagen, Wachtürmen, Erdbunkern, Beobachtungsständen, Lichtsperren und Hunde-Laufanlagen bestehen. Zur Überwachung dieser Anlagen und zur Kontrolle der G. ist das „Kommando Grenze" der → **Nationalen Volksarmee** (NVA) eingesetzt. Es wird dabei unterstützt durch freiwillige Helfer (→ **Grenztruppenhelfer**), die Befugnisse wie Hilfspolizisten besitzen (Verordnung über die Zulassung und Tätigkeit freiwilliger Helfer zur Unterstützung der → **Deutschen Volkspolizei** und der Grenztruppen der NVA vom 16. 3. 1964, GBl. II, S. 241).
Jenseits der G. erstreckt sich das G.-Gebiet (früher: Sperrgebiet). Das G.-Gebiet unterliegt einer besonderen Ordnung, die im einzelnen in der Anordnung über die Ordnung in den Grenzgebieten und den Territorial-Gewässern der Deutschen Demokratischen Republik – Grenzordnung – vom 15. 6. 1972 (GBl. II, S. 493) niedergelegt ist. Das G.-Gebiet besteht aus einem Schutzstreifen und der Sperrzone, für die eine räumliche Tiefe nicht mehr vorgeschrieben ist. (Bisher war bestimmt, daß der Schutzstreifen etwa 500 Meter und die Sperrzone etwa 5 km tief ist; entlang der G. zu Berlin [West] war die Tiefe des Schutzstreifens bisher auf etwa 100 Meter und innerhalb des Bezirkes Potsdam auf etwa 500 Meter festgelegt.) Als Folge hiervon ist das G.-Gebiet in der Zwischenzeit räumlich eingeengt worden, so daß viele Ortschaften, die bisher im G.-Gebiet lagen, heute nicht mehr dazu gehören. Dadurch wurden Besuche von Westdeutschen, West-Berlinern und Bewohnern der DDR bei Verwandten möglich in Gebieten, die früher zum Sperrgebiet gehörten und nicht betreten werden konnten.
Personen, die in dem G.-Gebiet wohnen oder sich dort vorübergehend aufhalten, sind besonders einschränkenden Genehmigungs-, Registrier-, Einreise- und Aufenthaltsbestimmungen unterworfen. Angehörige der NVA sind befugt, unter bestimmten Voraussetzungen Personen und Sachen im G.-Gebiet zu durchsuchen, Grundstücke und Räume zu betreten, Personen in Gewahrsam zu nehmen, bei Widerstand „körperliche Einwirkungen" vorzunehmen und nach den entsprechenden militärischen Bestimmungen der NVA die Schußwaffe anzuwenden (bis Juli 1974 wurden im Bereich der G. 104 Todesfälle im Zusammenhang mit Gewaltakten von DDR-Grenzorganen registriert).
Der Verkehr zwischen der Bundesrepublik Deutschland und der DDR ist lediglich über die aus der folgenden Übersicht (auf Seite 387) ersichtlichen Übergänge möglich.
An der Ostseeküste der DDR ist die G. die Linie, die die

Grenzübergänge zur DDR

	Auf der Seite der Bundesrepublik	Auf der Seite der DDR
1. (Straße)	Lübeck-Schlutup	Selmsdorf (Bez. Rostock)
2. (Bahn)	Lübeck	Herrnburg (Bez. Rostock)
3. (Bahn)	Büchen, südl. Lübeck	Schwanheide (Bez. Schwerin)
4. (Straße)	Lauenburg/Elbe i. Holst.	Horst b. Boizenburg/Elbe
5. (Elbe)	Schnackenburg/Elbe	Cumlosen/Elbe (Kr. Perleberg)
6. (Straße)	Bergen (Dumme), östl. Uelzen	Salzwedel (Bez. Magdeburg)
7. (Mittellandkanal)	Rühen, nordwestl. Wolfsburg	Buchhorst b. Oebisfelde (Bez. Magdeburg)
8. (Bahn)	Wolfsburg/Vorsfelde	Oebisfelde (Bez. Magdeburg)
9. (Autobahn)	Helmstedt	Marienborn (Bez. Magdeburg)
10. (Bahn)	Helmstedt	Marienborn (Bez. Magdeburg)
11. (Bahn)	Walkenried (nur Güterverkehr)	Ellrich (Bez. Erfurt)
12. (Straße)	Duderstadt	Worbis (Bez. Erfurt)
13. (Autobahn)	Herleshausen/Werra	Wartha, westl. Eisenach
	Die Verbindung zwischen den beiden Autobahnstrecken wird über eine Landstraße 1. Ordnung hergestellt	
14. (Bahn)	Bebra	Gerstungen, westl. Eisenach
15. (Straße)	Eußenhausen, nördl. Mellrichstadt	Meiningen (Bez. Suhl)
16. (Straße)	Rottenbach, nördl. Coburg	Eisfeld (Bez. Suhl)
17. (Bahn)	Ludwigstadt	Probstzella, südl. Saalfeld
18. (Autobahn)	Rudolphstein, nordwestl. Hof	Hirschberg/Saale (Bez. Gera)
19. (Bahn)	Hof	Gutenfürst/Vogtland, südwestl. Plauen

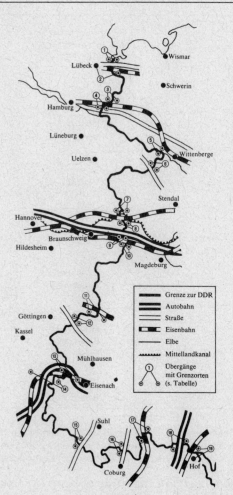

Territorial-Gewässer vom offenen Meer trennt (Seegrenze). In der Anlage 1 der G.-Ordnung vom 15. 7. 1972 ist die Grundlinie der Territorial-Gewässer der DDR beschrieben, die den Ausgangspunkt für die Bemessung der Dreimeilenzone und die seewärtige Begrenzung der inneren Gewässer der DDR darstellt. Die Grundlinie, von der aus die Breite der Territorial-Gewässer bestimmt wird, ist dort entsprechend den geographischen Besonderheiten der Küste nach dem Verlauf der Küstenlinie und dem Prinzip der begradigten Grundlinie festgelegt. Entlang der Küste der DDR besteht das G.-Gebiet aus dem Schutzstreifen und der G.-Zone einschließlich der inneren Seegewässer. Die G.-Zone umfaßt ein Gebiet von etwa 5 km Tiefe. Das Vermieten von Zimmern und Schlafstellen sowie das Zelten in der G.-Zone bedarf besonderer Genehmigungen.

Die Küstengewässer der DDR dürfen von Fahrzeugen der Küstenfischerei, des Rettungsdienstes sowie von Sportbooten nur mit besonderer Genehmigung befahren werden. Der Aufenthalt und das Ankern ausländischer Handelsschiffe, Fischerei- und Sportfahrzeuge in den Territorial-Gewässern, den inneren Seegewässern und den festgelegten Seewasserstraßen der DDR ist nur gestattet, wenn dies im Rahmen der normalen Schiffahrt üblich oder aus Gründen unabwendbarer Gewalt oder Not erforderlich ist. Das Einlaufen in die Häfen der DDR darf nur auf den Ansteuerungen und den festgelegten Schiffahrtswegen erfolgen. Die Schutz- und Sicherheitsorgane der DDR haben umfangreiche Befugnisse gegenüber ausländischen Schiffen zur Durchsetzung der Sicherheitsinteressen der DDR.

Im Zusatz-Protokoll zum Vertrag über die Grundlagen der Beziehungen zwischen der Bundesrepublik Deutschland und der Deutschen Demokratischen Republik sind die Regierungen beider Staaten übereingekommen, eine Kommission (→ **Grenzkommission**) zu bilden, die folgende zwei Aufgaben hat:

1. die Markierung der zwischen den beiden Staaten bestehenden G. zu überprüfen und, soweit erforderlich, zu erneuern oder zu ergänzen, sowie die erforderliche Dokumentation über den G.-Verlauf (G.-Karte und G.-Beschreibung) zu erarbeiten;

2. zur Regelung sonstiger mit dem G.-Verlauf in Zusammenhang stehender Probleme (z. B. der Wasserwirtschaft, der Energieversorgung und der Schadensbekämpfung) beizutragen.

Auf Vorschlag der Grenzkommission wurden am 20. 9. 1973 zwei Vereinbarungen zwischen den Regierungen beider Staaten unterzeichnet, und zwar die Vereinbarung über Grundsätze zur Schadenbekämpfung und die Vereinbarungen über Grundsätze zur Instandhaltung und zum Ausbau der G.-Gewässer sowie der dazu gehörenden wasserwirtschaftlichen Anlagen.

In einem Protokoll-Vermerk über den Verlauf der Grenze zwischen dem Küstenmeer der Bundesrepublik Deutschland und dem Küstenmeer der Deutschen Demokratischen Republik, der am 29. 6. 1974 unterschrieben wurde, wird der Verlauf der Grenze zwischen den Küstenmeeren in der Lübecker Bucht festgestellt (am süd-ostwärtigen Rand des Schiffahrtsweges 3; der Schiffahrtsweg 3 liegt außerhalb des Küstenmeeres der DDR. Die G.-Feststellung entspricht britischen Anweisungen bezüglich des Schiffahrtsweges.

Im Zusammenhang damit wurde eine Vereinbarung zwischen der Regierung der Bundesrepublik Deutschland und der Regierung der Deutschen Demokratischen Republik über den Fischfang in einem Teil der Territorial-Gewässer der Deutschen Demokratischen Republik in der Lübecker Bucht unterzeichnet, die die Ausübung des Fischfanges durch die Lübecker Stadtfischer in dem westlichsten Teil des Küstenmeeres der DDR rechtlich sichert, in dem die Stadtfischer den Fischfang seit alters her ausgeübt haben. → **Deutschlandpolitik der SED; Beziehungen zwischen beiden deutschen Staaten.**

Bundesland	Grenzkontrollstelle in der Bundesrepublik Deutschland	Grenzübergangsstelle in der DDR	Straßenübergang für den Verkehr mit	Eisenbahnübergang für den Verkehr mit
Schleswig-Holstein	Lübeck-Schlutup	Selmsdorf	DDR (P + G)*	—
	Lübeck	Herrnburg	—	DDR (P + G)*
	Büchen	Schwanheide	—	DDR (P + G)* Berlin (West) (P + G)*
	Lauenburg	Horst	DDR (P + G)* Berlin (West) (P + G)*	—
Niedersachsen	Bergen (Dumme)	Salzwedel	DDR (P)*	—
	Wolfsburg/Vorsfelde	Oebisfelde	—	DDR (P + G)* Berlin (West) (G)*
	Helmstedt	Marienborn	DDR (P + G)* Berlin (West) (P + G)*	—
	Helmstedt	Marienborn	—	DDR (P + G)* Berlin (West) (P + G)*
	Walkenried	Ellrich	—	DDR (G)*
	Duderstadt	Worbis	DDR (P)*	—
Hessen	Herleshausen	Wartha	DDR (P + G)* Berlin (West) (P + G)*	—
	Bebra	Gerstungen	—	DDR (P + G)* Berlin (West) (P + G)*
Bayern	Eußenhausen	Meiningen	DDR (P)*	—
	Rottenbach	Eisfeld	DDR (P)*	—
	Ludwigstadt	Probstzella	—	DDR (P + G)* Berlin (West) (P)*
	Rudolphstein	Hirschberg	DDR (P + G)* Berlin (West) (P + G)*	—
	Hof	Gutenfürst	—	DDR (P + G)* Berlin (West) (P + G)*

* P = Personenverkehr, G = Güterverkehr

Grenzgänger: → Berlin.

Grenzgebiet: → Grenze.

Grenzkommission: Im Zusatzprotokoll zum Vertrag über die Grundlagen der Beziehungen zwischen der Bundesrepublik Deutschland und der Deutschen Demokratischen Republik wurde festgelegt, eine Kommission aus Beauftragten der Regierungen beider Staaten zu bilden.

Sie soll die Markierung der zwischen den beiden Staaten

bestehenden → **Grenze** (→ **Londoner Protokoll**) über-prüfen und, soweit erforderlich, erneuern oder ergänzen, sowie die erforderlichen Dokumentationen über den Grenzverlauf erarbeiten. Gleichermaßen wird sie zur Regelung sonstiger mit dem Grenzverlauf im Zusammenhang stehenden Probleme, z. B. der Wasserwirtschaft, der Energieversorgung und der Schadenbekämpfung, beitragen.

Kann die G. in einer von ihr behandelten Frage eine Übereinstimmung nicht erzielen, so wird diese Frage von beiden Seiten ihren Regierungen unterbreitet, die sie auf dem Verhandlungswege beilegen.

Die G. hat ihre Arbeit im Januar 1973 aufgenommen und bis Juli 1975 20 Sitzungen abgehalten. Die Arbeiten gehen weiter. → **Beziehungen zwischen beiden deutschen Staaten.**

Grenzpolizei: → **Deutsche Grenzpolizei.**

Grenztruppenhelfer: In der Sperrzone entlang der → **Grenze** zur Bundesrepublik Deutschland und Berlin (West) eingesetzte Helfer der Grenztruppen der DDR (→ **Nationale Volksarmee**). Die erste VO des Ministerrates über die Aufstellung der seinerzeit Grenzhelfer genannten G. wurde am 5. 6. 1958 erlassen. Seit dem 15. 9. 1961 sind die G. den örtlichen Einheiten des Kommandos Grenze der NVA unterstellt. Gemäß der VO vom 16. 3. 1964, die auch die Volkspolizeihelfer betrifft, ist das vollendete 18. Lebensjahr Voraussetzung für die Aufnahme in die G., die auch auf Vorschlag einer Partei oder einer Massenorganisation erfolgen kann. Seit 1967 werden im Bereich eines Regiments der Grenztruppen der DDR G.-Konferenzen durchgeführt. Die durch grüne Armbinden gekennzeichneten G. werden an Infanteriewaffen ausgebildet und leisten monatlich mindestens 12 Stunden Dienst, der in Beobachtung, Ermittlung und Grenzsicherung besteht.

Grenzübergangsstellen: Diese Bezeichnung gilt aufgrund der AO über ... Verkehrswege im Durchgangsverkehr vom 16. 12. 1966 (GBl. II, Nr. 15), zuletzt geändert durch die AO Nr. 7 ... vom 18. 6. 1974 (GBl. I, Nr. 33), seit 19. 12. 1966. Vorher hießen sie Kontrollpassierpunkte.

G. an den Seeübergängen (für Bahn und Wagenfährschiffe) nach Dänemark und Schweden sind Warnemünde und Saßnitz (Rügen). Ein Straßenübergang für Güterfahrzeuge ist außerdem Rostock-Überseehafen.

G. zur VR Polen sind: 1. Pomellen, südwestlich Stettin (Autobahn); 2. Mescherin/Westoder, nordostwärts Angermünde (f. Binnenschiffe); 3. Gartz/Westoder, nordostwärts Angermünde (f. Binnenschiffe); 4. Hohensaaten (f. Binnenschiffe); 5. Frankfurt (Oder) (Bahn); 6. desgl. (Straße); 7. desgl. (f. Binnenschiffe); 8. Eisenhüttenstadt (f. Binnenschiffe); 9. Görlitz (Bahn); 10. desgl. (Straße).

G. zur ČSSR sind: 1. Schönberg (Krs. Ölsnitz) im Vogtland (Straße); 2. Bad Brambach (Krs. Ölsnitz) im Vogtland (Bahn); 3. Zinnwald-Georgenfeld (Krs. Dippoldiswalde) (Straße); 4. Bad Schandau/Elbe (Krs. Pirna) (Bahn); 5. Schmilka/Elbe (Krs. Pirna) (Straße); 6.

desgl. (Binnenschiffe); 7. Seifhennersdorf (Krs. Zittau) (Straße). → **Grenze; Berlin.**

Grenzübertritt, ungesetzlicher: → **Republikflucht.**

Großforschungszentren: → **Forschung.**

Großhandel: → **Binnenhandel.**

Großhandelsgenossenschaften: → **Binnenhandel.**

Großhandelskontore: → **Binnenhandel.**

Großhandelspreis: Die Preise für Großhandelswaren werden in der DDR auch mit dem Begriff Großhandelsabgabepreis bezeichnet. Der G. setzt sich zusammen aus dem → **Industrieabgabepreis** (→ **Betriebspreis** + Produktionsabgabe bzw. → **Verbrauchsabgabe**) zuzüglich der Großhandelsspanne.

Grundausbildung, berufliche: → **Einheitliches sozialistisches Bildungssystem.**

Grundbuch: → **Freiwillige Gerichtsbarkeit.**

Grundeigentum: Grundstücke, die lediglich „der Befriedigung eigener Lebensbedürfnisse des Eigentümers dienen", können persönliches → **Eigentum** sein. Daneben gibt es in der Übergangsperiode vom Kapitalismus zum Sozialismus noch Privateigentum an Grund und Boden. Auch die Verfassung vom 6. 4. 1968 verbietet nicht privates G. In Art. 15 heißt es lediglich, daß „der Boden der DDR zu ihren kostbarsten Naturreichtümern gehört. Er muß geschützt und rationell genutzt werden. Land- und forstwirtschaftlich genutzter Boden darf nur mit Zustimmung der verantwortlichen staatlichen Organe seiner Zweckbestimmung entzogen werden." Das private G. ist allerdings schon seit 1945 durch → **Enteignung** stark dezimiert worden (→ **Aufbaugesetz**). Der staatlichen Kontrolle des privaten Grundstücksverkehrs und der Sozialisierung unerwünschten privaten G. dient die Grundstücksverkehrsordnung vom 11. 1. 1963 (GBl. II, S. 159). Nach § 2 ist jede Übertragung des Eigentums an einem Grundstück oder Gebäude oder dessen Belastung oder Übertragung dieser Belastung durch Rechtsgeschäft genehmigungspflichtig. Dasselbe gilt für den Grunderwerb im Wege der Erbfolge, wenn eine juristische Person, also z. B. die Kirche, erben soll. Die Genehmigung erteilt der Rat des Kreises. Wenn „spekulative Gründe" vorliegen oder wenn „durch den Erwerb eine Konzentration von Grundbesitz entsteht" oder „in anderer Weise gesellschaftliche Interessen verletzt werden", ist die Genehmigung zu versagen. Das geschieht vor allem dann, wenn der Erwerber im Westen lebt oder er selbst oder ein naher Angehöriger bereits Eigentümer eines Hausgrundstückes ist. „Um den Grundstücksverkehr entsprechend den Erfordernissen des sozialistischen Aufbaus zu lenken und die staatlichen Interessen durch den Erwerb von Grundstücken wahrzunehmen", ist den Räten des Kreise durch die VO vom 11. 1. 1963 ein sogenanntes Vorerwerbsrecht eingeräumt worden, das allen sonstigen Verkaufsrechten vorgeht. Mit der Ausübung dieses Vorerwerbsrechts und der Eintragung der Rechtsänderung in das → **Grundbuch** entsteht Volkseigentum. Alle auf dem

Grundstück ruhenden Belastungen erlöschen. Für die Gläubiger, deren dingliche Rechte erloschen sind, tritt der Erlös an die Stelle des Grundstücks. Steht ein Grundstück teils in Privateigentum, teils in „Volkseigentum", so hat der private Miteigentümer kein Recht auf Beteiligung an der Verwaltung des Grundstücks. G. von Flüchtlingen wird unter staatliche Treuhandverwaltung gestellt (→ **Flüchtlingsvermögen**). Die Behandlung sonstiger westlichen G. richtet sich danach, ob der Eigentümer in der Bundesrepublik Deutschland oder in West-Berlin lebt. In der Bundesrepublik wohnende Eigentümer können für ihre Grundstücke einen Verwalter einsetzen. Nur wenn das nicht geschieht, wird das Grundstück in staatliche Treuhandverwaltung genommen (→ **Treuhandvermögen**). Demgegenüber werden Grundstücke, die West-Berlinern gehören, seit Errichtung der → **Mauer** generell in staatliche Treuhandverwaltung genommen. Die Verwaltungsvollmachten der Grundstückseigentümer gelten als erloschen.

Grundlagenforschung: → **Forschung; Akademie der Wissenschaften der DDR.**

Grundlagenvertrag: Im politischen Sprachgebrauch der Bundesrepublik Deutschland auch als Grundvertrag bezeichnet, ist der verkürzte Name des am 8. 11. 1972 in Bonn paraphierten, am 21. 12. 1972 in Ost-Berlin unterzeichneten und am 21. 6. 1973 in Kraft getretenen „Vertrages über die Grundlagen der Beziehungen zwischen der Bundesrepublik Deutschland und der Deutschen Demokratischen Republik".
Den Anstoß zu den Verhandlungen über den G. gab Bundeskanzler Brandt in seiner Regierungserklärung am 28. 10. 1969. Darin bot er „dem Ministerrat der DDR erneut Verhandlungen beiderseits ohne Diskriminierung auf der Ebene der Regierungen an, die zu vertraglich vereinbarter Zusammenarbeit führen" sollten, wobei die Bundesregierung sich von der Annahme leiten ließ, daß die beiden in Deutschland existierenden Staaten „füreinander nicht Ausland" seien und Beziehungen „nur von besonderer Art" aufnehmen könnten. Am 17. 12. 1969 übermittelte der Vorsitzende des Staatsrates der DDR, Ulbricht, Bundespräsident Heinemann einen Vertragsentwurf, der u. a. die Aufnahme diplomatischer Beziehungen und die Anerkennung einer „selbständigen politischen Einheit West-Berlin" vorschlug.
Nachdem beide Seiten am 19. 3. 1970 in Erfurt ihre grundsätzlichen Positionen beschrieben hatten, legte der damalige Bundeskanzler Brandt am 21. 5. 1970 bei der zweiten Begegnung der beiden deutschen Regierungschefs in Gestalt der „20 Kasseler Punkte" einen Umriß des anzustrebenden G. vor. Der Vertrag sollte nach Brandts Worten die Beziehungen zwischen den beiden Staaten in Deutschland regeln, die Verbindung zwischen der Bevölkerung der beiden Staaten verbessern und dazu beitragen, bestehende Benachteiligungen zu beseitigen.
Nach einer von der DDR geforderten „Denkpause" kamen beide Seiten am 29. 10. 1970 – elf Wochen nach der Unterzeichnung des Moskauer Vertrages – überein, einen Meinungsaustausch zu führen. Am 27. 11. 1970 trafen die von den Staatssekretären Egon Bahr und Dr. Michael Kohl geleiteten Delegationen zum ersten Mal zusammen. Ihr Meinungsaustausch führte im September 1971 zu formellen Verhandlungen über einen das Viermächte-Abkommen über Berlin ergänzenden Transitvertrag und über einen Verkehrsvertrag zwischen beiden Staaten. Nach dem Inkrafttreten des Viermächte-Abkommens über Berlin begannen am 15. 6. 1972 Gespräche über einen G., die Anfang November zu einem von beiden Regierungen gebilligten Ergebnis führten.
Das Vertragswerk besteht aus dem in Präambel und zehn Artikel gegliederten G., einem Zusatzprotokoll zu Art. 3 (Gründung und Zielsetzung einer gemeinsamen → **Grenzkommission**) und zu Art. 7 (Inhalt einzelner Folgeverträge) sowie mehreren Briefwechseln, Protokollvermerken, Erklärungen und Erläuterungen.
In der Präambel des G. bekunden beide Seiten ihre Bereitschaft zur Friedenssicherung und Entspannung (Art. 5 präzisiert diese Verpflichtung durch den Hinweis auf gemeinsame „Bemühungen um eine Verminderung der Streitkräfte und Rüstungen in Europa" eingedenk des Ziels einer „allgemeinen und vollständigen Abrüstung unter wirksamer internationaler Kontrolle"). Die Präambel des G. bekräftigt die „Unverletzlichkeit der Grenzen" und die „Achtung der territorialen Integrität und der Souveränität" sowie das – in Art. 3 noch einmal erläuterte – Prinzip des Gewaltverzichts. Sie erwähnt weiter „unterschiedliche Auffassungen . . . zu grundsätzlichen Fragen, darunter zur nationalen Frage" und betont schließlich den Wunsch, „zum Wohle der Menschen in den beiden deutschen Staaten die Voraussetzungen für die Zusammenarbeit" zwischen den Staaten zu schaffen.
In Art. 1 ist von „normalen gutnachbarlichen Beziehungen zueinander auf der Grundlage der Gleichberechtigung" die Rede. Art. 2 nimmt Bezug auf die UN-Charta und bekräftigt ihre Ziele und Prinzipien (insbesondere das der souveränen Gleichheit aller Staaten, der Achtung der Unabhängigkeit, Selbständigkeit und territorialen Integrität, das Selbstbestimmungsrecht, die Wahrung der Menschenrechte und Nichtdiskriminierung).
Die in Art. 4 getroffene Feststellung, daß „keiner der beiden Staaten den anderen international vertreten oder in seinem Namen handeln kann" (Verzicht auf den Alleinvertretungsanspruch und die Anwendung der Hallstein-Doktrin) wird im Art. 6 durch den Grundsatz ergänzt, daß „die Hoheitsgewalt jedes der beiden Staaten sich auf sein Staatsgebiet beschränkt", und daß beide Seiten „die Unabhängigkeit und Selbständigkeit jedes der beiden Staaten in seinen inneren und äußeren Angelegenheiten" respektieren. Art. 7 kündigt weitere Folgeverträge, Art. 8 den Austausch von Ständigen Vertretungen an, die „am Sitz der jeweiligen Regierung" zu errichten sind. Art. 9 stellt fest, daß der G. früher abgeschlossene oder die beiden deutschen Staaten betreffende zwei- und mehrseitige internationale Verträge und Vereinbarungen unberührt läßt. Art. 10 schreibt eine Ratifikation des G. vor.

Die den G. ergänzenden Dokumente regeln wichtige Einzelfragen.

Deutsche Einheit: In einem der DDR-Regierung am 21. 12. 1972 zugeleiteten Brief stellte die Bundesregierung fest, daß der G. „nicht im Widerspruch zu dem politischen Ziel der Bundesrepublik Deutschland steht, auf einen Zustand des Friedens in Europa hinzuwirken, in dem das deutsche Volk in freier Selbstbestimmung seine Einheit wiedererlangt".

Vier-Mächte-Verantwortung: Beide Seiten haben in einem Briefwechsel vom 21. 12. 1972 betont, daß „die Rechte und Verantwortlichkeiten der Vier Mächte" von dem Vertrag nicht berührt werden.

Berlin (West): In Übereinstimmung mit dem Viermächte-Abkommen über Berlin vom 3. 9. 1971 „kann" die Ausdehnung der Folgeverträge auf Berlin (West) „im jeweiligen Fall vereinbart" werden: „Die Ständige Vertretung der Bundesrepublik Deutschland . . . wird . . . die Interessen von Berlin (West) vertreten."

UN-Mitgliedschaft: Beide Seiten teilten in einem Briefwechsel vom 8. 11. 1972 mit, daß sie sich um die Mitgliedschaft in der Organisation der Vereinten Nationen bemühen und sich gegenseitig über den Zeitpunkt der Antragstellung informieren würden.

Staatsangehörigkeitsfragen wurden durch den G. nicht geregelt. Die DDR sprach die Erwartung aus, daß der G. die Regelung dieses Problems „erleichtern" werde.

Menschliche Erleichterungen: Die DDR erklärte in einem Briefwechsel vom 21. 12. 1972, sie sei zur Förderung der → **Familienzusammenführung**, zu Verbesserungen im grenzüberschreitenden Reise- und Besuchsverkehr (grenznaher Verkehr, → **Grenze**) und zu Verbesserungen des nicht kommerziellen Warenverkehrs bereit. Sie erklärte zu Protokoll, daß der Verwaltungsverkehr zwischen Organen und Behörden beider Staaten nicht geändert, sondern beibehalten und „im Rahmen der Möglichkeiten" beschleunigt werden sollte.

Presse: Schließlich regelte ein Briefwechsel vom 8. 11. 1972 Arbeitsmöglichkeiten für Journalisten der Bundesrepublik Deutschland in der DDR, eine Vereinbarung, die ebenfalls auf Berlin (West) ausgedehnt wurde. Ergänzend zum G. vereinbarten beide Seiten ständige Konsultationen über Fragen von beiderseitigem Interesse. → **Deutschlandpolitik der SED; Beziehungen zwischen beiden deutschen Staaten.**

Grundmittel: In der DDR gebräuchlicher Ausdruck für → **Anlagemittel** (Mindesthöhe: 500 Mark, künftig 1000 Mark). Zu den G. zählen nicht unbebaute Grundstücke und der Grund und Boden bebauter Grundstücke sowie Grünanlagen, Rasenflächen und Zug-, Zucht- und Nutzvieh.

Die Erstausstattung eines Betriebes mit Betriebsmitteln, die zur Inbetriebnahme neuer Kapazitäten erforderlich sind (z. B. Werkzeuge, Kleingeräte, Modelle, Mobilar) erfolgt ohne Beachtung der Wertgrenze von 500 Mark bzw. 1000 Mark aus dem Staatshaushalt. Die Wiederbeschaffung dieser Güter wird jedoch mit Teilen des → **Gewinns**, aus → **Amortisationen** bzw. durch G.-Kredite finanziert.

Voraussetzung sinnvollen Wirtschaftens sind ein rationeller Einsatz und eine möglichst gute Auslastung der G. Durch die Anwendung uneinheitlicher Bewertungsmaßstäbe für G. war jedoch bis Anfang der 60er Jahre eine objektive Messung der Effizienz des Kapitaleinsatzes nahezu unmöglich, denn 1948 waren alle vorhandenen Maschinen und sonstigen Ausrüstungen zu Festpreisen des Jahres 1944 sowie alle Gebäude zu den um 60 v. H. erhöhten Preisen des Jahres 1913 bewertet worden. Alle im Zeitraum von 1948 bis 1953 erworbenen G. sind zu den zum Anschaffungszeitpunkt geltenden Preisen verbucht sowie alle von den Betrieben selbst erstellten Investitionsgüter auf Basis der tatsächlichen Kosten verrechnet worden. Nach 1953 wurden die damals neugebildeten Festpreise zugrunde gelegt.

Angesichts dieser verzerrten Bewertung konnte trotz gestaffelter Sätze der → **Abschreibungen** der tatsächliche Anlagenverschleiß nicht voll gedeckt werden, zumal auch die Anschaffungskosten für G. gestiegen waren. Deshalb erschienen z. B. alte Anlagen rentabler als neue, weil die für sie anzusetzenden Abschreibungen erheblich niedriger waren als die neuer Anlagen. Gesamtwirtschaftlich waren die Folgen der Unterbewertung des Anlagevermögens noch schwerwiegender: Die Planungsinstanzen konnten kein brauchbares Bild über die Produktivität des Kapitaleinsatzes in den verschiedenen Zweigen und Branchen erlangen; sie blieben somit bei ihren Investitionsentscheidungen auf unzulängliche Kennziffern angewiesen.

Zur Behebung dieser Schwierigkeiten erfolgte 1963 eine weitreichende → **Grundmittelumbewertung; Anlagevermögen**.

Grundmittelumbewertung: Angesichts der uneinheitlichen Bewertung der → **Grundmittel** und deren Folgen wurde 1963 – noch vor der → **Industriepreisreform** – eine Neubewertung der Grundmittel zu Wiederbeschaffungspreisen von 1962 zunächst für die volkseigene Industrie, später für die halbstaatlichen und privaten Betriebe durchgeführt. In den folgenden Jahren wurde auch die Neubewertung des Vermögens der anderen Wirtschaftsbereiche realisiert.

Ziel dieser Maßnahme war sowohl eine Berichtigung der bis dahin zu niedrigen → **Abschreibungen** als auch die Erfassung des Brutto-Anlagevermögens zu vergleichbaren Preisen. Nur auf Basis einheitlich bewerteter → **Anlagemittel** waren ökonomisch sinnvolle Vergleiche der Vermögensstruktur und der Kapitalproduktivitäten zwischen Betrieben, Branchen und Zweigen möglich – Voraussetzung vernünftiger gesamtwirtschaftlicher Investitionsentscheidungen.

Nach umfangreichen und detaillierten Vorarbeiten erfolgte mit dem Stichtag des 30. 6. 1963 eine Generalinventur der Grundmittel; praktisch war dies eine Totalerhebung des industriellen Anlagevermögens. Gleichzeitig mit dieser Erfassung der Grundmittel wurden sie neu bewertet. Zu Preisen von 1962 ergab sich für die gesamte Industrie ein Brutto-Anlagevermögen von 105 Mrd. Mark, das entspricht einer durchschnittlichen Erhöhung der Neuwerte um 52 v. H. Da die Wertansätze der Bauten durchschnittlich um 74 v. H. und die der Ausrüstungen nur um 37 v. H. erhöht worden waren, vergrößerte sich der Bauanteil des Anlagevermögens durch die Umbewertung von 39 auf 45 v. H. Damit setzte sich das gesamte Industrievermögen von 105 Mrd. Mark zur Jahresmitte 1963 aus etwa 47 Mrd. Mark Bauten und 58 Mrd. Mark Ausrüstungen zusammen.

Im Zuge der G. stellte man in der zentralgeleiteten Industrie einen Bestand an ungenutzten Grundmitteln von ca. einer Mrd. Mark fest, die über das Staatliche Vermittlungskontor für Maschinen- und Materialreserven dem Produktionsprozeß wieder zugeführt werden sollten, sofern sie nicht verschrottet werden mußten.

Zu Höhe und Entwicklung des Grundmittelbestandes nach Wirtschaftsbereichen → **Anlagevermögen**.

Wegen der durch die Industriepreisreform und der seitdem eingetretenen Preisänderungen ist heute eine einheitliche Bewertung des Brutto-Anlagevermögens nicht mehr gewährleistet, weil die Preise von 1962 keinesfalls mehr den jetzigen Wiederbeschaffungspreisen entsprechen. → **Preissystem und Preispolitik.**

Grundorganisationen der SED: G. müssen gemäß Parteistatut der SED in volkseigenen Betrieben, LPG, PGH, in Armee und Polizei, in den Staatsorganen und wissenschaftlichen wie kulturellen Institutionen, in Dörfern und städtischen Wohngebieten gebildet werden, wenn mindestens drei SED-Mitglieder dort tätig sind. Nach dem Gründungsparteitag vom 30. 12. 1918 – 1. 1. 1919 hatte die KPD versucht, eine Verknüpfung von Wohnbezirks- und Betriebsorganisation herzustellen; in der Praxis setzte sich jedoch zunächst die Wohnbezirksorganisation – wie bisher in der deutschen Sozialdemokratie – durch. Im Mai 1923 nahm die Parteiführung eine von Ulbricht („Genosse Zelle") begründete Resolution an, die die Betriebszellenarbeit in den Vordergrund stellte. Mit der Bolschewisierung der Komintern wurde vom Exekutivkomitee der Kommunistischen Internationale (EKKI) für alle kommunistischen Parteien 1925 ein Modellstatut verabschiedet, das den Schwerpunkt der Parteiarbeit von der Wohnung zum Arbeitsplatz verlagerte. Die Parteigruppe im Betrieb wurde zu einem spezifischen Charakteristikum kommunistischer Parteien, obwohl gerade gegen die Parteigruppen auch in der KPD der Weimarer Republik große Vorbehalte bestanden haben. 1930 waren weniger als 15 v. H. der KPD-Mitglieder in Betriebszellen organisiert.

Die Verfechter der Betriebsgruppenarbeit erstrebten einen stärkeren politischen Einfluß in der materiellen Produktion und wollten damit gleichzeitig eine umfassendere Kontrolle der Parteimitglieder erreichen. Die Organisationsform der Betriebsparteiorganisation ist damit typisch für eine auf radikale gesellschaftspolitische Veränderungen ausgerichtete Partei wie die KPD, während die Wohnparteiorganisation als in der alten SPD typische Organisationsform eher einer Partei entspricht, die an Wahlkämpfen teilnimmt und sich dem Parlamentarismus verpflichtet fühlt.

Die SED hatte zur Zeit ihrer Gründung (21./22. 4. 1946) ca. 1,3 Mill. Mitglieder, die in 17 000 Grundeinheiten organisiert waren. Jede Grundeinheit wurde in Zehner- bzw. Betriebsuntergruppen gegliedert.

Entsprechend dem 1. Parteistatut gehörten SED-Mitglieder, die in einem Betrieb beschäftigt waren, sowohl der Betriebsgruppe als auch der Wohnbezirks- bzw. Ortsgruppe an. Sie hatten in beiden Gruppen aktiv mitzuwirken. Die ehemals sozialdemokratischen Parteimitglieder betrachteten die zunehmende Aufwertung der Betriebsgruppen-Arbeit mit Mißtrauen, während vor allem die Kommunisten diese aus ideologischen und machtpolitischen Gründen propagierten.

Nach dem Vereinigungsparteitag 1946 waren zunächst Wohngruppen- und Betriebsgruppenarbeit in der Praxis gleichberechtigt, wobei die Ortsgruppe statuarisch das Übergewicht hatte (Aufnahmerecht) und die einzig wirklich G.-Form darstellte. Dennoch stieg von April bis Dezember 1946 die Zahl der Betriebsgruppen von 6 316 auf 9 829. Im Mai 1947 war bereits ein Drittel aller Parteimitglieder in 12 631 Betriebsgruppen zusammengeschlossen. Dies ist auf Richtlinien der 5. und 8. PV-Tagung vom September 1946 und Januar 1947 zurückzuführen, die das Statut vom April 1946 bereits ergänzten. Eine wichtige Neuerung bestand ferner darin, Betriebsgruppen von Großbetrieben durch Beschluß des Landesvorstandes dem zuständigen Kreisvorstand direkt zu unterstellen und in Großbetrieben eigene Parteisekretariate zu schaffen. Nach der Zentralen Organisations-Schulungskonferenz (27. 1.–6. 2. 1948) wurden von der Organisationsabteilung des PV Richtlinien herausgegeben, die die Gewichte eindeutig zugunsten der Betriebsgruppenarbeit verlagerten. In den Richtlinien heißt es: „Der wirtschaftliche Neuaufbau in der sowjetischen Besatzungszone hängt weitgehend von der Aktivität der Betriebsgruppen . . . ab." Den Betriebsgruppen wurde erklärt, „daß sie die führende Kraft innerhalb des Betriebes in allen politischen, wirtschaftlichen, sozialen und kulturellen Fragen sein müssen". Mit dem Frühjahr 1948 setzte eine deutliche Funktionsstärkung dieser auch heute charakteristischen Organisationsform ein, deren Haupttätigkeitsfeld der Betrieb ist.

Gegenwärtig bilden die über 54 000 G. „das feste Fundament unserer Partei, das unmittelbare Bindeglied zwischen ihr und allen Werktätigen" (Honecker auf dem VIII. Parteitag der SED, 1971). Ihre Funktionsweise wird durch Abschnitt VI des 4. Parteistatuts von 1963 (ein überarbeitetes Statut dürfte auf dem IX. Parteitag verabschiedet werden) in den Punkten 56–63 geregelt. Jedes SED-Mitglied und jeder Kandidat, sofern er in einem Betrieb usf. beschäftigt ist, muß der G. dieses Betriebes, bzw. der jeweiligen Institution angehören. Er muß dort an der Arbeit der G. teilnehmen und seinen Mitgliedsbeitrag entrichten.

Formal höchstes Organ der G. ist die Mitgliederversammlung. Sie muß regelmäßig mindestens einmal im Monat einberufen werden. Sie ist beschlußfähig, wenn mehr als die Hälfte der in der G. organisierten Mitglieder anwesend sind. Die Mitgliederversammlungen sind nicht öffentlich. Die Themen der Mitgliederversammlungen werden zum Teil zentral festgelegt. Die G. hat sich in ihrer gesamten Arbeit vom Programm, dem Statut und den Beschlüssen des Zentralkomitees sowie den Instruktionen der zuständigen Kreisleitung leiten zu lassen. Zur Erledigung ihrer Aufgaben wählt die G. ihre Leitung für jeweils ein Jahr in geheimer Wahl. G., die in APO (Abtlgs.-Partei-Organisation) unterteilt sind, wählen ihre Leitung, die den gesamten Betrieb, Institutionen usf. umfaßt, für die Dauer von 2–3 Jahren. Die Anzahl der Leitungsmitglieder richtet sich nach der Größe der G. Bei G. mit mehr als 150 Mitgliedern beträgt sie 15–20 Personen. Die Sekretäre und Leitungsmitglieder arbeiten in der Regel ehrenamtlich. Sie sind für verschiedene Funktionsbereiche zuständig. In einigen Kombinaten koordiniert der Rat der Parteisekretäre die politisch-ideologischen und organisatorischen Aktivitäten der G.

Funktionen der Grundorganisation:

1. Die inneren Organisationsfunktionen umfassen:

a) Auswahl der zur Aufnahme in Frage kommenden Bürger als Kandidaten der Partei, ihre Beobachtung und Erziehung in der Kandidatenzeit sowie ihre Aufnahme als Mitglied der SED;

b) sorgfältige Erfüllung der von der Parteileitung beschlossenen Aufgaben;

c) Erteilung und Kontrolle von Parteiaufträgen;

d) Kritik und Selbstkritik;

e) Förderung und Erziehung der Kader, gegebenenfalls Verhängung von Parteistrafen;

f) Beitragskassierung.

Im Selbstverständnis der Partei heißt es: „Wo ein Genosse ist, wo eine Grundorganisation arbeitet – da ist die Partei. Vor allem in der Aktivität ihrer Grundorganisation liegt die Stärke der Partei" (Honecker auf dem VIII. Parteitag, 1971).

2. Die gesellschaftlichen und wirtschaftlichen Leitungsfunktionen umschließen:

a) die Anleitung der Parteimitglieder in den → **Massenorganisationen** (→ **FDGB; FDJ; GST** usw.), sowie die Massenorganisationen selbst;

b) die „Mobilisierung und Organisierung der Massen zur Erfüllung der staatlichen, wirtschaftlichen und kulturellen Aufgaben". Diese Mobilisierung gilt insbesondere der Erfüllung des Volkswirtschaftsplanes, der Diskussion von Gegenplänen, von Selbstverpflichtungen und des → **Sozialistischen Wettbewerbs**, der Erhöhung der → **Arbeitsproduktivität** und der → **Rentabilität** sowie strengster Sparsamkeit (bes. der eingesetzten Rohstoffe und der Energie) sowie der sozialistischen → **Rationalisierung**;

c) die ständige Sorge um die Verbesserung der Lebensverhältnisse („Ökonomische Hauptaufgabe").

3. Die Kontrollfunktionen:

a) Die G. in Produktions-, Handels-, Verkehrs- und Nachrichtenbetrieben, in LPG, VEG, PGH, GPG sowie in Projektierungs- und Konstruktionsbüros, den wissenschaftlichen Forschungsinstituten und – seit dem VIII. Parteitag – auch in Lehranstalten, Kultur- und Bildungseinrichtungen, medizinischen Institutionen sowie anderen Einrichtungen und Organisationen haben das Kontrollrecht über die Tätigkeiten der Betriebsleitungen.

b) Die G. in den Ministerien und staatlichen Organen sind verpflichtet, auf eine möglichst wirksame Arbeitsweise ihrer Apparate hinzuwirken, Unzulänglichkeiten und Fehler zu signalisieren und eigene Vorschläge den zuständigen Parteiorganen (ZK-Abteilungen u. a.) zu übermitteln. Sie unterstehen einmal den leitenden Parteiorganen direkt; in allen Fragen der propagandistischen Arbeit sowie in der parteiorganisatorischen Tätigkeit unterstehen sie der zuständigen Stadt- bzw. Kreisleitung.

c) Alle G. sind verpflichtet, monatlich der übergeordneten Leitung über alle wesentlichen Diskussionen und Vorgänge innerhalb des Bereiches der G. zu berichten.

4. Die ideologisch-erzieherischen Funktionen der G. erstrecken sich auf:

a) die Leitung von Betriebspresse und -funk;

b) die Organisierung des Parteilehrjahres und anderer Schulungsformen für Mitglieder und Nichtmitglieder;

c) Argumentations- und Agitationshilfen, sowie die Erarbeitung von Losungen zur Erläuterung von Beschlüssen der Partei-, Staats- und gesellschaftlichen Organe;

d) die Bekämpfung „kleinbürgerlicher Schwankungen" und aller Einflüsse der bürgerlichen Ideologie (insbesondere des „Nationalismus", „Einheit der → **Nation**"; **Sozialdemokratismus; Anarchismus** usw.);

e) die Einhaltung der **sozialistischen** → **Moral** sowie „Erziehung zu revolutionärer Wachsamkeit" gegen alle „Partei- und Volksfeinde".

Die gegenwärtig in der SED praktizierte Organisationsform ist aufgrund des Dualismus von Orts- und Betriebsparteiorganisation insofern problematisch, als die Bedeutung der Wohngebiete (durch Zunahme der Dienstleistungs- und unmittelbaren Leitungsaufgaben des Staatsapparates) für den direkten Kontakt zur Bevölkerung zunimmt. Vorübergehende Versuche der SED (1963), die Arbeit in den Wohngebieten und damit der Wohnparteiorganisationen zu stärken, blieben ohne Erfolg. Die laufenden Bemühungen, durch stärkere Kooperation zwischen den Parteiorganisationen im Betrieb und denen auf örtlicher Ebene den im Organisationsprinzip angelegten Konflikt abzubauen, müssen skeptisch beurteilt werden.

Grundrechte, Sozialistische: Die SG. werden aus den ideologischen Prämissen des → **Marxismus-Leninismus** abgeleitet. Nach ihnen stimmen die gesellschaftlichen und die persönlichen Interessen im Sozialismus grundsätzlich überein. Diese Interessenharmonie wird gegenwärtig allerdings nicht mehr als eine absolute in dem Sinn angesehen, daß gelegentliche Interessenkonflikte persönlicher Art völlig ausgeschlossen wären. Die SG. werden als weitgehend verwirklichte Aufgabe betrachtet; an ihrer Vervollkommnung wird unablässig gearbeitet. Der einzelne soll sich freiwillig in die sozialistische Gesellschaft einordnen; dabei soll die Freiwilligkeit durch erzieherische Einwirkung gefördert werden. Letztlich muß aber jeder Interessenkonflikt zugunsten der gesellschaftlichen Interessen gelöst werden, deren jeweiliger Inhalt von der SED-Führung kraft ihres Erkenntnismonopols verbindlich interpretiert wird. Vor diesem ideologischen Hintergrund wird die soziale Funktion der SG. sichtbar. Sie sollen der Vergesellschaftung des Menschen dienen, die Integration des Individuums in das Kollektiv bewirken und den einzelnen zum Einsatz für die von der SED festgelegten Aufgaben des sozialistischen Aufbaus mobilisieren.

Die Grundrechtsdogmatik hat die allgemeinen ideologischen Aussagen in bezug auf die Integrations- und Mobilisierungsfunktion der SG. präzisiert. Im einzelnen hat sie folgende Thesen entwickelt:

1. Die Grundrechte (G.) sind zwar subjektive Rechte, aber keine Rechte gegen den Staat. Sie sollen keine „Freiheit vom Staat", sondern eine „Freiheit zum Staat" gewähren, die inhaltlich auf der „Einsicht in die Notwendigkeiten der gesellschaftlichen Entwicklung" beruht.

2. G. und Grundpflichten bilden eine untrennbare Einheit. Dies bedeutet, daß eine allgemeine Verpflichtung besteht, von den SG. zum Wohle der sozialistischen Gesellschaft aktiv Gebrauch zu machen. Auf diese Weise werden die G. von Betätigungsmöglichkeiten in Betätigungszwänge umgedeutet.

3. Die SG. gewinnen ihren Inhalt aus ihrer gesellschaftlichen Zweckbestimmung. Somit bilden die von der SED verbindlich festgelegten gesellschaftlichen Interessen die immanente Schranke aller G. Dies bedeutet für die Freiheit der Meinungsäußerung etwa folgendes: „Für antisozialistische Hetze und Propaganda, im besonderen die vom imperialistischen Gegner betriebene ideologische Diversion, kann es in der sozialistischen Gesellschaft keine Freiheit geben, sind diese doch gegen die Freiheit gerichtet, die sich die Werktätigen im Sozialismus errungen haben" (Verf. Komm., Bd. II, S. 107).

Die einzelnen SG. sind in der → **Verfassung** von 1968 niedergelegt. An ihrer Spitze steht ein allgemeines Mitbestimmungs- und Mitgestaltungsrecht, zu dessen Gewährleistung in Art. 21 Abs. 2 verschiedene Formen der politischen Partizipation aufgeführt werden (→ **Wahlen**, Mitwirkung am staatlichen und gesellschaftlichen Leben, Rechenschaftspflicht der staatlichen und wirtschaftlichen Organe, Willensäußerung mittels der gesellschaftlichen Organisationen, → **Eingaben**, Volksabstimmungen). Alle übrigen G. können aus diesem grundlegenden Teilhaberecht abgeleitet werden und besitzen im Verhältnis zu ihm geringere Bedeutung.

Den zweiten Komplex bilden die sozialen G., zu denen die Rechte auf Arbeit (Art. 24), auf Bildung und Teilnahme am kulturellen Leben (Art. 25, 26), auf Freizeit und Erholung (Art. 34), auf Schutz der Gesundheit und Arbeitskraft (Art. 35), auf Fürsorge (Art. 36) und auf Wohnraum (Art. 37) gehören. An die Verkündung dieser G. schließt sich jeweils eine Aufzählung von materiellen Garantien an, deren Realitätsgehalt von der Leistungsfähigkeit und Leistungswilligkeit des Staates abhängt. Der rechtliche Gehalt dieser G. ergibt sich aus den Einzelregelungen des Arbeits-, Sozial-, Kultur- und Wohnungsrechts. Ein Streikrecht existiert nicht.

Von den Freiheitsrechten stehen die politischen Rechte an erster Stelle: die Freiheit der Meinungsäußerung, der Presse, des Rundfunks und des Fernsehens (Art. 27), die Versammlungsfreiheit (Art. 28) und die Vereinigungsfreiheit (Art. 29). Alle diese Rechte stehen unter einem Verfassungsvorbehalt, der sich praktisch in den allgemein gehaltenen Bestimmungen des politischen Strafrechts und in den durch Sondergesetze festgelegten Einschränkungen auswirkt.

Die persönlichen Freiheitsrechte umfassen die Freiheit der Persönlichkeit (Art. 30), das Post- und Fernmeldegeheimnis (Art. 31), die → **Freizügigkeit** innerhalb des Staatsgebiets der DDR (Art. 32), die Unverletzlichkeit der Wohnung (Art. 37 Abs. 3), die Gewissens- und Glaubensfreiheit (Art. 20 Abs. 1, Satz 2) sowie das Recht, sich zu einem religiösen Glauben zu bekennen und religiöse Handlungen auszuüben (Art. 39 Abs. 1). Eine Auswanderungsfreiheit ist nicht vorgesehen. Die meisten dieser G. stehen unter einem Gesetzesvorbehalt, so daß ihr aktueller Umfang hauptsächlich den einschlägigen Vorschriften des Straf-, Strafprozeß-, Polizei-, Unterbringungs- und Sicherheitsrechts zu entnehmen ist.

Die justiziellen G. sind außerhalb des G.-Katalogs geregelt. In diesen Zusammenhang gehören das Prinzip „nulla poena sine lege", das Schuldprinzip und das Verbot rückwirkender Strafgesetze (Art. 99), das „Habeascorpus-Prinzip" (Art. 100), der Grundsatz des gesetzlichen Richters und das Verbot von Ausnahmegerichten (Art. 101), der Anspruch auf rechtliches Gehör und das Recht auf Verteidigung (Art. 102). Die Einzelheiten ergeben sich aus dem Strafprozeß- und Gerichtsverfassungsrecht (→ **Strafrecht; Gerichtsverfassung**).

Schutzrechte persönlicher Natur sind der Anspruch der DDR-Bürger auf Rechtsschutz bei Aufenthalt außerhalb der DDR und das Auslieferungsverbot (Art. 33). Ausländern kann aus politischen Gründen Asyl gewährt werden (Art. 23 Abs. 3). Zu erwähnen sind auch das Eingaben- und Beschwerderecht (Art. 103–105) und die → **Staatshaftung** (Art. 106). Schutzcharakter haben auch verschiedene Einrichtungsgarantien. Zu ihnen zählen die Institute von Ehe, Familie und Mutterschaft, die zusammen mit dem Mutter- und Kinderschutz sowie dem Erziehungsrecht der Eltern gewährleistet werden (Art. 38). Außerhalb des G.-Teils werden das persönliche → **Eigentum**, das → **Erbrecht**, das Urheber- und Erfinderrecht garantiert (Art. 11). Freilich unterliegen diese Vermögensrechte starken Einschränkungen.

Der Gleichheitsgrundsatz ist für alle G. maßgebend. Als besondere Ausprägungen des allgemeinen Rechtsgleichheit wird ein Differenzierungsverbot hinsichtlich bestimmter Merkmale (Nationalität, Rasse, weltanschauliches und religiöses Bekenntnis, soziale Herkunft und Stellung) ausgesprochen und die Gleichberechtigung von Mann und Frau festgelegt (Art. 20).

Neben den G. statuiert die Verfassung Grundpflichten. Diese werden in der Regel als Korrelat zu bestimmten G. formuliert. Dies ist der Fall bei der Verwirklichung des allgemeinen Mitbestimmungs- und Mitgestaltungsrechts (Art. 21 Abs. 3), der Pflicht zum Dienst und zu Leistungen für die Verteidigung der DDR (Art. 23 Abs. 1), der Pflicht zur Arbeit (Art. 24 Abs. 2), der Schulpflicht und der Pflicht zum Erlernen eines Berufs (Art. 25 Abs. 4) sowie bei der Erziehungspflicht der Eltern (Art. 38 Abs. 4). Gelegentlich werden auch außerhalb des G.-Katalogs selbständige Grundpflichten festgelegt, wie z. B. die Pflicht, das sozialistische Eigentum zu schützen und zu mehren (Art. 10 Abs. 2).

Im Schrifttum der DDR wird zwischen politischen, ideologischen, ökonomischen und juristischen Garantien der G. unterschieden. Unter politischen Garantien versteht man das bestehende politische System, namentlich die führende Rolle der SED. Mit ideologischen Garantien bezeichnet man die Verbindlichkeit der marxistisch-leninistischen Weltanschauung. Die ökonomischen Garantien werden in der vorhandenen Wirtschaftsordnung erblickt, wobei das sozialistische Eigentum an den Produktionsmitteln und das System der Leitung und Planung der Volkswirtschaft besonders hervorgehoben werden. Den juristischen Garantien wird die geringste Aufmerksamkeit gewidmet. Ein spezifischer G.-Schutz ist nicht vorgesehen. Eine Verfassungs- und Verwaltungsgerichtsbarkeit besteht nicht. Die Möglichkeiten des Rechtsschutzes sind im wesentlichen auf Eingaben und Beschwerden innerhalb der aktiven Verwaltung beschränkt.

In Ermangelung eines effektiven Rechtsschutzes spielen die SG. in der Rechtspraxis keine große Rolle. Ihre Bedeutung liegt vornehmlich auf propagandistischem Gebiet. In der Rechtsprechung werden die G.-Artikel der Verfassung selten herangezogen und dann auch nur beiläufig erwähnt.

Grundrente: → **Agrarpolitik; Landwirtschaftliche Betriebsformen; Agrarsteuern.**

Grundstoffindustrie: Nach der bis 1967 gültigen Industriezweigsystematik wurden unter der G. die Zweige Energiebetriebe, Bergbau, Metallurgie, → **Chemische Industrie** und Baumaterialienindustrie zusammengefaßt. 1967 waren in der G. 745 000 Arbeiter und Angestellte tätig (→ **Industrie** insges. 2,7 Mill.); der Anteil an der industriellen Bruttoproduktion betrug knapp 30 v. H. Seit 1968 wird der Begriff G. nicht mehr zur Bezeichnung eines Industriebereichs verwendet. Die Zweige wurden z. T. eigenständige Bereiche (Chemische Industrie, Metallurgie, Baumaterialienindustrie) bzw. sind teilweise neuen Bereichen eingegliedert worden. → **Energiewirtschaft.**

Grundstücksverkehrsordnung: → **Grundeigentum.**

Grundstudium, Gesellschaftswissenschaftliches: → **Universitäten und Hochschulen.**

Gruppe sowjetischer Streitkräfte in Deutschland (GSSD): Offizielle Bezeichnung für die in der DDR stationierten Truppen (in der Presse der DDR wird dagegen von „zeitweilig auf dem Territorium der DDR stationierten sowjetischen Streitkräften" gesprochen).

Es handelt sich bei der GSSD um jene Teile der Roten Armee, die nach dem Ende des Zweiten Weltkrieges nicht aus der SBZ abgezogen wurden und denen im Rahmen der sowjetischen → **Besatzungspolitik** die Aufgabe zufiel, die systematische Umgestaltung des politi-

schen, wirtschaftlichen und gesellschaftlichen Lebens in der SBZ mit dem Ziel des Aufbaus einer sozialistischen Staats- und Gesellschaftsordnung zu sichern. Die genaue Stärke der GSSD ist nicht bekannt, westliche Schätzungen nennen ca. 400 000 Mann. Sie ist damit ungefähr doppelt so stark wie die → **Nationale Volksarmee.** Es handelt sich um eine vollmotorisierte, mit taktischen Atomwaffen ausgerüstete Truppe von starker taktischer und operativer Beweglichkeit. Sie gilt als einer der schlagkräftigsten Verbände der Roten Armee (Elite-Truppen, sogenannte Garde-Verbände). Ihre zahlenmäßige Stärke ist in den 50er Jahren im Zuge sowjetischer Truppenreduzierungen geringfügig zurückgegangen, ohne daß dadurch ihre Kampfkraft verringert worden ist.

Die GSSD gliedert sich in:

Landstreitkräfte: 10 Panzer- und 10 motorisierte Schützendivisionen, einschließlich logistischer Verbände, mit je einem Raketenbataillon, ausgerüstet mit Kurzstrecken-Raketen von 300 km Reichweite.

Luftstreitkräfte: Zusammengefaßt in der 24. Taktischen Luftflotte, die als die am besten ausgerüstete Teilstreitkraft der sowjetischen Luftstreitkräfte gilt und ca. 1 000 bis 1 200 fliegende Einheiten sowie Flugabwehr- und Raketenverbände umfaßt.

Seestreitkräfte: (Teile der Baltischen Rotbanner-Flotte) Sitz des Kommandostabes ist Wünsdorf bei Berlin, Oberbefehlshaber ist gegenwärtig (seit 1972) Armeegeneral Iwanowski, Chef des Stabes ist Generaloberst Jakuschin. Der Posten des Oberbefehlshabers gilt als einer der wichtigsten in der Militärhierarchie der Roten Armee.

Die GSSD bildet zusammen mit der Nationalen Volksarmee und polnischen Verbänden die sogenannte „1. Strategische Staffel" der Vereinten Streitkräfte des → **Warschauer Paktes,** die Anfang der 60er Jahre als voll mobiler Verband für operative Einsätze aufgestellt wurde und auch für Angriffszwecke ausgerüstet ist.

Seit 1957 wird die Anwesenheit der GSSD in einem Truppenstationierungsvertrag zwischen DDR und UdSSR geregelt (GBl. I, Nr. 28, S. 237–285). Im Gegensatz zu anderen von der UdSSR abgeschlossenen Stationierungsverträgen sieht dieser Vertrag über Manöverbewegungen, Standortveränderungen und Stärke der GSSD lediglich „Beratungen" und „Vereinbarungen" mit der Regierung der DDR vor. „Im Fall der Bedrohung der Sicherheit" der GSSD kann ihr Oberkommando alle geeigneten Maßnahmen ergreifen, die es für erforderlich hält. Diese Generalklausel stellt eine Notstandsregelung ohne Mitspracherecht der DDR dar und muß als wesentliche Einschränkung ihrer → **Souveränität** angesehen werden.

Einheiten der GSSD waren maßgeblich an der Niederschlagung des Volksaufstandes vom 17. 6. 1953 in der DDR, beim Bau der Mauer in Berlin am 13. 8. 1961 und am Einmarsch von Truppen des Warschauer Paktes am 21. 8. 1968 in die ČSSR beteiligt. → **Außenpolitik.**

Gruppe Ulbricht: Am 30. 4. 1945 kehrte die erste Gruppe deutscher KP-Emigranten unter der Führung

Ulbrichts von Moskau nach Berlin zurück. Ihr gehörten an: Gustav Gundelach (später führender KPD-Funktionär in Hamburg), Richard Gyptner, Fritz Erpenbeck, Walter Köppe, Wolfgang Leonhard (flüchtete 1949 nach Jugoslawien, danach in der Bundesrepublik Deutschland, seitdem in offiziellen Berichten über die GU. nicht mehr erwähnt), Hans Mahle, Karl Maron, Otto Winzer sowie ein namentlich nicht bekannter junger Sekretär. Die GU. unterstand der Sowjetischen Militäradministration Deutschland (SMAD) und arbeitete eng mit ihr zusammen. Hauptaufgabe: Wiederaufbau der deutschen Verwaltung, insbes. Einsetzung eines Magistrats in Berlin sowie der Berliner Bezirksverwaltungen. Wichtigstes Prinzip dabei sei, so erklärte Ulbricht seinen Mitarbeitern: ,,Es muß demokratisch aussehen, aber wir (die Kommunisten) müssen alles in der Hand haben." Die GU. löste sich mit Neugründung der → **KPD** am 11. 6. 1945 auf. → **Berlin; SED.**

Gruppen für wissenschaftlich-ökonomische Leitung: → **Sozialistische Wirtschaftsführung.**

Gruppenbildung, staatsfeindliche: → **Staatsverbrechen.**

GST: Abk. für → **Gesellschaft für Sport und Technik.**

Güterstand: → **Familienrecht.**

Gütesicherung: → **Qualität der Erzeugnisse.**

Gütezeichen: → **Qualität der Erzeugnisse.**

GVG: Abk. für Gerichtsverfassungsgesetz. → **Gerichtsverfassung.**

H

Hafen: → **Verkehrswesen.**

Haftarbeitslager: → **Strafvollzug.**

Häftlinge, Politische: Es gibt verschiedene Kategorien PH. Sie sind wie folgt zu unterscheiden.

1. *Internierte:* Nach dem Einmarsch der sowjetischen Truppen sind ca. 150 000 Deutsche mehr oder weniger willkürlich als „aktive Faschisten" oder „Kriegsverbrecher" in den früheren NS-Konzentrationslagern interniert worden. Etwa 70 000 dieser Häftlinge sind in diesen Lagern ums Leben gekommen. Bei der Auflösung der Konzentrationslager Anfang 1950 wurden die Überlebenden bis auf ca. 3 500, die der DDR-Justiz zur Aburteilung wegen Verbrechens gegen die Menschlichkeit übergeben wurden, aus der Haft entlassen.

2. *SMT-Verurteilte:* → **Sowjetische Militärtribunale** (SMT) haben in den Jahren 1945–1955 eine nicht bekannte Zahl Deutscher wegen wirklicher oder angeblicher NS- oder Kriegsverbrechen oder als politische Gegner der KPD/SED verurteilt. Die Strafe betrug in der Regel 25 Jahre Zwangsarbeit. 1950 wurden 10 513 SMT-Verurteilte den Strafvollzugsorganen der DDR übergeben. Ca. 6 300 dieser Häftlinge wurden Anfang 1954, die übrigen – bis auf wenige Ausnahmen – 1955/56 aus den Strafanstalten der DDR entlassen.

3. *In die Sowjetunion Deportierte:* Von 1945 bis 1955 sind ca. 40 000 Internierte und SMT-Verurteilte in die Sowjetunion deportiert worden, wo sie zusammen mit den Tausenden als „Kriegsverbrecher" verurteilten deutschen Kriegsgefangenen in sowjetischen Strafarbeitslagern untergebracht wurden. Mindestens 7 000 bis 10 000 Deportierte sind in der SU umgekommen. Bis auf 271 Häftlinge, die im Dezember 1955 den Strafvollzugsorganen der DDR übergeben wurden, sind die überlebenden Verurteilten, deren Zahl von der UdSSR im September 1955 mit 9 626 angegeben wurde, bis 1956 nach Deutschland entlassen worden.

4. *Verurteilte Kriegsverbrecher:* Von 1945 bis September 1971 sind nach Angaben des Generalstaatsanwalts der DDR 12 828 Personen wegen „Kriegsverbrechen" und „Verbrechen gegen die Menschlichkeit" verurteilt worden, die meisten von ihnen – 12 147 – bis 1950. Zu diesen Verurteilten gehören auch die 3 500 Internierten, die Anfang 1950 bei der Auflösung der Konzentrationslager der DDR-Justiz übergeben und in den Waldheim-Prozessen im Frühjahr 1950 durch eigens zu diesem Zweck beim Landgericht Chemnitz gebildete Sonder-Strafkammern abgeurteilt wurden (→ **Kriegsverbrecherprozesse**). Die meisten Waldheim-Verurteilten wurden aufgrund eines Ministerrats-Beschlusses vom 22. 12. 1955 aus der Haft entlassen.

5. Wegen → **Staatsverbrechen** und → **Republikflucht** verurteilte Häftlinge bilden seit 1956 den Hauptteil der PH. Ihre genaue Zahl ist nicht bekannt. In den Kriminalstatistiken der DDR fehlt darüber jeder Hinweis. Es

kann jedoch aufgrund der bei westlichen Stellen getroffenen Feststellungen angenommen werden, daß seit 1950 mehr als 120 000 Personen wegen dieser politischen Delikte verurteilt worden sind. Besonders hoch ist der Anteil der wegen Republikflucht Verurteilten, der seit 1961 ständig zugenommen hat und seit 1969 bei etwa 75 v. H. aller aus politischen Gründen Verurteilten liegt.

6. *Wirtschaftsverbrecher:* Auch ein großer Teil der wegen Wirtschaftsverbrechen verurteilten Häftlinge muß zu den PH. gerechnet werden. Ihre Zahl ist ebenfalls nicht bekannt. Seit 1962 haben Wirtschaftsstrafsachen erheblich abgenommen.

Die Gesamtzahl der aus politischen Gründen inhaftierten Personen ist unbekannt. Nach Auflösung der Konzentrationslager stieg die Zahl der PH. Anfang der 50er Jahre bald wieder auf 20 000. 1962/1963 gab es nach westlichen Schätzungen ca. 12 000 PH. Seit 1964 sind etwa 7 000 Häftlinge für materielle Gegenleistungen der Bundesregierung vorzeitig aus der Strafhaft entlassen worden, ein großer Teil von ihnen in die Bundesrepublik Deutschland. Dadurch hat sich die Zahl der PH. auf durchschnittlich etwa 3 000 vermindert. Auch durch die → **Amnestie** vom 6. 10. 1972 sind mehr als 1 000 PH. in die Bundesrepublik und nach Berlin (West) entlassen worden.

Im Strafvollzug werden die PH. wie die aus kriminellen Gründen verurteilten Gefangenen behandelt. Kriminelle und PH. sind gemeinsam in den Strafanstalten untergebracht; nur in der StVA Cottbus befinden sich seit einigen Jahren fast ausschließlich wegen politischer Straftaten verurteilte Häftlinge. Bis 1972 hat die DDR geleugnet, daß es PH. gibt. Der Begriff „politische Straftäter" taucht im Sprachgebrauch der DDR erstmals im Amnestiebeschluß des Staatsrates der DDR vom 6. 10. 1972 auf.

Haftstrafe: → **Strafvollzug.**

Halbstaatliche Betriebe: → **Betriebe mit staatlicher Beteiligung.**

Halbstaatliche Praxis: → **Gesundheitswesen.**

Handel: → **Binnenhandel; Außenwirtschaft und Außenhandel.**

Handelsabgabe (HA): Die HA wurde 1957 (GBl. I, Nr. 10) als Bestandteil der differenzierten Umsatzsteuer (→ **Produktions- und Dienstleistungsabgaben**) im Bereich des volkseigenen Handels und der volkseigenen Apotheken und Gaststätten eingeführt. Mit ihrer Erhebung entfielen die Körperschafts-, Umsatz-, Gewerbe- und Beförderungssteuern. Bemessungsgrundlage war der Umsatz. Durch die Einführung der → **Handelsfondsabgabe** wurde die HA 1968 (GBl. II, 1967, Nr. 93) aufgehoben. → **Steuern.**

Handelsabkommen: → **Außenwirtschaft und Außenhandel.**

Handelsfondsabgabe: Analog zur → **Produktionsfondsabgabe** in volkseigener Industrie und Bauwirtschaft wurde seit 1968 (GBl. II, 1967, Nr. 93) die H. im Bereich des volkseigenen Groß- und Einzelhandels eingeführt. Sie wird als Prozentsatz vom Bestand an Grund- und Umlaufmitteln erhoben. Die Rate der H. wird als staatliche Plankennziffer herausgegeben und beträgt gegenwärtig für den Konsumgüterhandel einheitlich 6 v. H. auf gemietete → **Grundmittel** und 3 v. H. auf die Bestände im Umlaufmittelbereich. Für das → **Hotel- und Gaststättengewerbe** beträgt die H. einheitlich 1 v. H. und für den Produktionsmittelhandel einheitlich 3 v. H. auf Grund- und Umlaufmittel (GBl. II, 1971, Nr. 31). Mit der Einführung der H. wurde die → **Handelsabgabe** aufgehoben.

Handelsgesetzbuch: → **Handelsrecht.**

Handelsrecht: Als Sonderrecht für die verbliebenen Reste der Privatwirtschaft findet das H. auf der Grundlage des HGB von 1897 noch Anwendung. Es soll auch in Zukunft erhalten bleiben, solange es noch Reste privater Wirtschaftsformen gibt. Die Rechtsbeziehungen der sozialistischen Betriebe sind in anderen Rechtsnormen geregelt (→ **Wirtschaftsrecht; Vertragsgesetz**).

Handelsregister: Durch die VO über die Übertragung der Angelegenheiten der → **freiwilligen Gerichtsbarkeit** vom 15. 10. 1952 (GBl., S. 1057) wurde bestimmt, daß das H. (Abt. A und B) nicht mehr bei den Gerichten, sondern bei den Räten der Kreise zu führen ist. Zuständig ist jetzt die Abt. Wirtschaft beim Rat des Kreises, die an die Stelle des Registergerichts getreten ist. Über Beschwerden gegen Maßnahmen der mit der Registerführung beauftragten Angestellten entscheidet der Rat des Bezirks endgültig. Einsichtnahme in das H. kann von der Glaubhaftmachung eines rechtlichen Interesses abhängig gemacht werden. Bekanntmachungen aus dem H. in öffentlichen Blättern finden nicht mehr statt.

Handelsschutzgesetz: Gesetz zum Schutze des Innerdeutschen Handels. → **Wirtschaftsstrafrecht.**

Handelsspanne: → **Einzelhandelsverkaufspreis; Preissystem und Preispolitik; Industrieabgabepreis.**

Handelszentralen: → **Binnenhandel.**

Handschellengesetz: Bezeichnung der SED-Propaganda für das im Hinblick auf den 1966 geplanten Redneraustausch zwischen SED und SPD in der Bundesrepublik Deutschland erlassene Gesetz über befristete Freistellung von der deutschen Gerichtsbarkeit von 29. 7. 1966 (BGBl. I, S. 453). Dieses Gesetz, nach dem die Bundesregierung „Deutsche, die ihren Wohnsitz oder gewöhnlichen Aufenthalt außerhalb des Geltungsbereiches des Grundgesetzes haben, von der deutschen Gerichtsbarkeit freistellen (kann), wenn sie es bei Abwägung aller Umstände zur Förderung weiterer öffentlicher Interessen für geboten hält", sollte die Einreise

führender SED-Funktionäre in die Bundesrepublik ermöglichen, bzw. ihre Strafverfolgung durch westdeutsche Justizbehörden aussetzen. Dieses Gesetz diente der SED zum Vorwand, den Redneraustausch abzusagen. → **Deutschlandpolitik der SED.**

Handwerk: Das H. umfaßt H.-und Kleinindustriebetriebe mit grundsätzlich nicht mehr als 10 Beschäftigten sowie die Produktionsgenossenschaften des H. (PGH). Das H. ist der einzige „Wirtschaftsbereich", in dem nicht nur das Eigentum an Produktionsmitteln, sondern auch die Verfügungsgewalt in erheblichem Umfang in privater Hand ist. Um zu vermeiden, daß das H. aufgrund dieser Eigenart ein zu großes Eigenleben entwickelte, und damit die Rolle eines Fremdkörpers in einem sozialistischen Wirtschaftssystem übernehmen konnte, war seit 1946 die H.-Politik darauf ausgerichtet, eine größtmögliche Anpassung zu erreichen. Dabei mußten Reibungsschwierigkeiten bei der Versorgung der Bevölkerung mit so differenzierten Leistungen, wie Reparaturen, Dienstleistungen und individueller Produktion, soweit wie möglich vermieden werden. Die seit 1958 in Angriff genommene Vollkollektivierung nach dem Vorbild der → **Landwirtschaft** wurde aufgrund dieses Versorgungsaspektes im Frühsommer 1960 plötzlich abgebrochen, und die ausführenden Organe getadelt und bestraft. Seit 1972 ist eine vollständige Umstrukturierung und einseitige Ausrichtung des H. auf Reparatur- und Dienstleistungen (Rückführung auf die ureigene Aufgabe des H.) im Gange. Mit Ausnahme des Bau-H. und des Kfz.-H. ist das H. Bestandteil des Bereiches Örtliche Versorgungswirtschaft. Ende 1973 erbrachte das H. 84 v. H. aller Reparaturen und 58 v. H. aller Dienstleistungen in diesem Bereich.

Die bisherige H.-Politik der DDR teilt sich in 3 Phasen: 1. Von 1946 bis 1960 wurde das H. den Bedingungen der zentralen Planwirtschaft angepaßt. Die Grundlage dafür bildet das Gesetz zur Förderung des H. vom August 1950 (GBl., Nr. 91). Danach dürfen private H.- und Kleinindustriebetriebe grundsätzlich nicht noch 10 Beschäftigte haben. Der Inhaber eines H.-Betriebes muß, wie in der Bundesrepublik Deutschland, die Meisterprüfung abgelegt haben und in die H.-Rolle eingetragen sein. Inhaber von Kleinindustriebetrieben werden in die Gewerberolle eingetragen. Bereits 1946 waren mit Befehl 161 vom 27. 5. der SMAD die fachlichen Selbstverwaltungsorgane (Innungen) aufgelöst worden, die regionalen Selbstverwaltungsorgane, die → **Handwerkskammern**, hatten bis zur Neuschaffung von Landeshandwerkskammern weiterzuarbeiten. Bestehen blieben die Einkaufs- und Liefergenossenschaften (ELG), die als Wegbereiter für die sozialistische → **Kooperation** gefördert wurden, obwohl sie nicht als sozialistische → **Genossenschaften** galten. Die ELG fungierten als zentrale Auftrags- und Materialverteiler, weshalb die meisten H.- Betriebe sich ihnen anzuschließen hatten. 1957 wurde das Verzeichnis der H.-Berufe (Positivliste) auf 157 Berufe verkürzt und damit weitere Betriebe ausgegliedert (GBl. I, 1957, Nr. 78). 1958 wurden alle diejenigen Betriebe, deren Handelsumsätze mehr als 50 v. H. des Gesamtumsatzes betrugen, aus der H.-Rolle ausgegliedert und an die → **Industrie- und Handelskammern** überwiesen (GBl. I, 1958, Nr. 20). Diese Maßnahmen, verbunden mit steuerlichen Eingriffen (→ **Handwerkssteuer**), dienten der Vorbereitung zur Sozialisierung des H. Bereits auf der II. Parteikonferenz der SED von 1952 hatte Ulbricht die Bildung von Produktionsgenossenschaften des H. (PGH) propagiert. Zu Beginn der intensiven Kollektivierungskampagne 1957 hatten die PGH jedoch erst einen Anteil von knapp 3 v. H. vom Umsatz erreichen können. Nach Abbruch der Kollektivierungskampagne 1960 war der Anteil auf 28 v. H. gestiegen. Die rechtliche Grundlage für die PGH bildete bis zur Novellierung 1973 das verbindliche Musterstatut von 1955 (GBl. I, 1955, Nr. 72). Danach sind die PGH wie die Landwirtschaftlichen Produktionsgenossenschaften sozialistische Genossenschaften, die durch Zusammenschluß ehemals Selbständiger aus H. und Kleinindustrie und deren Beschäftigten entstehen. Sie bilden ein Kollektiv nach dem Muster der sowjetischen Gewerbegenossenschaften, die ihren Betriebsplan seit 1966 an der Jahres- und Perspektivplanung zu orientieren haben. In der PGH haben alle Mitglieder unabhängig von ihrer ehemaligen Stellung als Selbständige, Gesellen, Angestellte und Arbeiter den gleichen sozialen Status.

Ähnlich den Typen der LPG werden die PGH entsprechend ihrem Vergesellschaftungsgrad nach Stufen unterschieden. In der Stufe I wird noch mit Produktionsmitteln in privaten Werkstätten produziert, genossenschaftliches Eigentum entsteht erst durch Investitionen, die aus dem genossenschaftlichen Fonds finanziert werden. In Stufe II geht das Eigentum an Maschinen, Werkzeugen, Produktions- und Lagerraum durch Verkauf an die PGH über. 1971 gehörten 70 v. H. aller PGH der Stufe II an. Als besonderer Anreiz zum Eintritt in die PGH diente bis 1967 die fast völlige Steuerfreiheit der Genossenschaft und ihrer Mitglieder und die bevorzugte Materialversorgung durch die zuständigen Organe.

2. Von 1960–1970 erfolgte ein stetiges Wachstum der PGH, aber auch das private H. steigerte trotz eines Rückganges der Betriebe und Beschäftigten seine Leistungen.

Beide Betriebsformen steigerten allerdings die Produktion in weit stärkerem Maße als die Reparatur- und Dienstleistungen, da die behördlich festgelegten Regelpreise für Reparaturen erheblich unter denen für andere H.-Leistungen lagen.

Seit 1965 wurde im H. im verstärkten Maße die Kooperation eingeführt. Dabei spielten anfangs die Arbeitsgemeinschaften der Produktionsgenossenschaften (AGP) eine wesentliche Rolle. Sie sind organisatorische Zusammenschlüsse mehrerer PGH und dienten der Koordinierung der Planung der Materialbeschaffung und des Absatzes. Private Betriebe betreuen sie mit, wenn keine ELG vorhanden sind. Inzwischen haben die AGP an Bedeutung verloren, da in immer stärkerem Maße die Erzeugnis- und Versorgungsgruppenarbeit zwischen allen Eigentumsformen des H. und der Industrie ausgebaut wurden.

3. Ende 1970 wurde die dritte Phase, die Umstrukturierung bzw. Rückführung des H. auf seine „ursprünglichen Aufgaben" sowie die fast völlige Einbeziehung in die staatliche Planung, eingeleitet. Trotz des Arbeitskräftemangels in der DDR hatte das H. seine Beschäftigtenzahl durch Abwerbung aus der volkseigenen Wirtschaft mit Hilfe höherer Vergütungen schneller steigern können. Die Einkommenssituation in PGH und privaten Betrieben war günstiger als in den VEB. Mit massiven steuerlichen Maßnahmen für beide Eigentumsformen und mit einem Einstellungsstopp für die PGH wurde 1971 dieser gesellschaftspolitisch unerwünschten Situation begegnet. Besonders die gegen die industriell produzierenden PGH gerichteten Maßnahmen ließen bereits eine Verstaatlichung entsprechend der 1956 eingeleiteten Verstaatlichung der sowjetischen produzierenden Gewerbegenossenschaften vermuten. Sie wurde im Frühjahr 1972 im Zuge der Umwandlung von privaten und halbstaatlichen Industriebetrieben in VEB (unveröffentlichter Politbüro- und Ministerratsbeschluß vom 8./9. 2. 1972) für ca. 1 600 industriell produzierende PGH überwiegend der Stufe II durchgeführt.

Die VO über die Förderung des H. bei Dienst- und Reparaturleistungen und die Regelung der privaten Gewerbetätigkeit vom Juli 1972 (GBl. II, Nr. 47) bildet nunmehr die rechtliche Grundlage für die Herauslösung der noch verbliebenen PGH und der privaten Betriebe aus der Produktion. Danach werden Dienst- und Reparaturleistungen steuerlich begünstigt. PGH und private Betriebe hatten die Auflage, ihre Mitarbeit in Erzeugnisgruppen bis Ende 1973 einzustellen und sich grundsätzlich auf die Mitarbeit in Versorgungsgruppen zu konzentrieren. Die Herauslösung aus den Erzeugnisgruppenbeziehungen führt zu einer Reihe von Schwierigkeiten mit Partnern in der Industrie, die von den Vertragsgerichten entschieden werden müssen. PGH erhalten nunmehr verbindliche Planaufgaben durch die örtlichen Organe; auch privaten Betrieben können diese Auflagen gemacht werden. Weiterhin mußten die PGH bis Ende 1973 alle Lohnarbeiter entlassen oder in Ausnahmefällen als Mitglieder aufnehmen. (Nach dem alten Statut durften sie noch mit behördlicher Genehmigung 10 v. H. der Mitglieder als Lohnarbeiter einstellen.) Weitere Präzisierungen finden sich im neuen Musterstatut der PGH vom Februar 1973 (GBl. I, 1973, Nr. 14). Dieses Statut dient dazu, die „Arbeits- und Lebensbedingungen" in den PGH denjenigen in den VEB anzugleichen. Das betrifft sowohl die Planung, das Fondssystem, die Vergütung als auch die Ausarbeitungen von Betriebsordnungen entsprechend der Arbeitsordnungen in den VEB. Mitglieder dürfen nur noch aus dem H. und Kleingewerbe aufgenommen werden, Lohnarbeiter dürfen, abgesehen von Einzelfällen (Rentner, Schwerbeschädigte usw.), überhaupt nicht mehr beschäftigt werden.

Die Genossenschaftsbildung wird im H. weiter mit unverminderter Stärke propagiert. Nur H.-Berufe wie Bäcker, Klempner, Uhrmacher, Dachdecker, Tischler, Friseur und Schneider dürfen im privaten Bereich besonders gefördert werden. Verstärkte Erteilung von Gewerbegenehmigungen auf der Basis der Verordnung vom Juli 1972 sind hier bereits zu verzeichnen. Aufgrund der in den letzten Jahren intensivierten Bemühungen um die Rekonstruktion historischer Stadtbilder und Bauten genießt seit Ende 1973 das vernachlässigte Kunst-H. (GBl. I, Nr. 55) besondere Förderung. Ab 1. 9. 1975 gilt die neue Ausbildungsanordnung für „Meister des Handwerks" (GBl. I, 1975, Nr. 9), nach der die Fachrichtungen auf 61 (in der Bundesrepublik Deutschland 125) verringert wurden.

Betriebe, Beschäftigte und Leistungen des privaten Handwerks – einschließlich Bauhandwerk

Stand Jahres- ende	Betriebe	Beschäftigte ohne Lehrlinge	Leistungen in Mill. Mark
1950	303 821	858 329	4 424,0
1955	248 212	851 840	7 558,6
1960	173 000	434 134	6 843,7
1965	146 764	368 463	7 325,9
1970	116 478	347 547	8 902,8
1971	111 723	340 637	8 973,6
1972	105 728	322 418	8 909,9
1973	99 418	303 047	8670,4

Produktionsgenossenschaften des Handwerks, Mitglieder, Leistungen (Umsätze) – einschließlich Bauhandwerk

Stand Jahres- ende	Anzahl	Mitglieder u. Kandidaten	Leistun- gen in Mill. Mark	Anteil an der Gesamt- leistung i. v. H.
1955	85	2 290	23,7	0,3
1960	3 878	143 958	2 730,1	29,4
1965	4 198	190 668	4 761,2	40,2
1970	4 458	245 378	8 860,4	49,9
1971	4 480	244 976	9 464,6	51,3
1972	2 779	130 962	4 623,7	34,2
1973	2 782	134 905	4790,0	35,6

Quellen: Statistische Jahrbücher der DDR.

Handwerkskammern der Bezirke: Bis 1946 bestanden die H. in der SBZ in ihrem traditionellen Aufbau weiter. Nach erhofener Auflösung der Innungen und H. auf der Basis des → SMAD-Befehls 161 vom 27. 5. 1946 durften die H. bis zur Neuschaffung der fünf Landes-H. weiterarbeiten. An die Stelle der Innungen traten unselbständige Fachabteilungen und Berufsgruppen bei den H. Die Organe der H. wurden mit SED-Mitgliedern besetzt. Im Zuge der Verwaltungsreform von 1952 wurden durch VO (GBl., 1953, Nr. 94) die fünf Landes-H. in 15 Bezirks-H. umgewandelt. Ein verbindliches Musterstatut löste das dem SMAD-Befehl 161 beigefügte Statut ab. Die Aufsicht über die H. führen die Räte der Bezirke. Ausführende Organe der H. in den Kreisen sind die Kreisgeschäftsstellen.
Neben der politischen Aufgabe, den Staat bei der Einbeziehung des → Handwerks in den sozialistischen Aufbau zu unterstützen, oblag den H. die wichtige Funktion der Auftrags- und Materialplanung, die ihnen 1958

durch Verordnung (GBl. I, Nr. 13) entzogen wurde. Mit der gleichen VO wurden die bis dahin nur den H. rechenschaftspflichtigen Kreisgeschäftsstellen auch den Räten der Kreise unterstellt. Die Lehrlingsausbildung und die Facharbeiterprüfung (Gesellenprüfung) liegen bereits seit Anfang der 50er Jahre in den Händen des → **Ministeriums für Volksbildung**. Die H. wirken lediglich bei der Ausarbeitung von Berufbildern und Ausbildungsunterlagen mit. Auf das Meisterstudium und die Meisterprüfung hatten die H. bisher weitgehend Einfluß. Ab 1. 9. 1975 gilt eine neue Ausbildungsanordnung für „Meister des Handwerks" (GBl. I, 1975, Nr. 9), nach der den H. nur noch beratende Funktionen zukommen. Durch die Novellierung des alten Musterstatuts von 1953 im Februar 1973 (GBl. I, Nr. 14) sind die H. völlig in die örtlichen Räte der Bezirke eingegliedert. Von den drei Organen der H. und Kreisgeschäftsstellen, Vorstand, Präsidium und Bezirksdelegiertenkonferenz, blieb nur noch der Vorstand als Leitungsorgan bestehen. Alle seine Mitglieder und der Vorsitzende werden nunmehr vom Rat des Bezirkes bzw. des Kreises berufen. Bis zur Novellierung wählte die Bezirksdelegiertenkonferenz nach einem festen Schlüssel die Mitglieder des Vorstandes. Neben der Hauptaufgabe, die Erfüllung der Pläne sowie die Einhaltung der Qualität und Preise zu kontrollieren, sind die H. nach dem neuen Statut verpflichtet, private Handwerker und Gewerbetreibende für die genossenschaftliche Arbeit zu gewinnen.
Mitglieder der H. sind PGH und deren Mitglieder, Inhaber von privaten Handwerks- und Gewerbebetrieben, soweit sie in der Handwerks- bzw. Gewerberolle eingetragen sind und die Einkaufs- und Liefergenossenschaften (ELG). Entsprechend führen die H. das Verzeichnis der PGH und ELG, die Kartei der PGH-Mitglieder, sowie die Handwerks- und Gewerberolle. Die H. sind Tarifpartner der Gewerkschaften des → **FDGB** für die Beschäftigten im privaten Handwerk.

Handwerkssteuer: Die H. begünstigte seit 1950 das private → **Handwerk** gegenüber den privaten Industriebetrieben. Ab 1958 wurde sie als Instrument zur beschleunigten Bildung von PGH eingesetzt. Seit 1966 und verstärkt seit 1970 dient die H. der „Rückführung des privaten Handwerks" auf Reparatur- und Dienstleistung.
Im September 1950 wurden durch das Gesetz über die Steuer des Handwerks (GBl., Nr. 104) die für die Privatwirtschaft üblichen Umsatz-, Einkommen-, Gewerbe- und Betriebsvermögenssteuern für das private Handwerk abgeschafft und durch eine Normativsteuer ersetzt. Da der normative Charakter der H. die kleineren Betriebe gegenüber den größeren benachteiligte, wurde 1958 die H. geteilt (GBl. I, Nr. 20). Die alte Normativsteuer, H. A genannt, entrichteten nur noch Betriebe mit 1–3 Beschäftigten, für Betriebe mit 4–10 Beschäftigten galt die H. B, die neben einer Umsatzsteuer von 3 v. H. eine progressive Gewinnsteuer vorsah. Die ungünstige H. B sollte die Bildung von PGH fördern, die einschließlich ihrer Mitglieder bis 1963 fast steuerfrei waren. 1966 wurde die H. A abgeschafft (GBl. II, Nr.

8). Alle Handwerksbetriebe zahlten seitdem Umsatzsteuer und die progressiv gestaffelten Tarife der Gewinn- und Lohnsummensteuer. Als Folge davon verringerte sich 1966 die Anzahl der privaten Handwerksbetriebe überdurchschnittlich um ca. 7 700. Für besonders wichtige Versorgungsleistungen konnten seitens der Räte der Kreise steuerliche Vergünstigungen gewährt werden. Aufgrund zu günstiger Einkommensentwicklung in privaten Handwerksbetrieben, die sogar Abwerbungen von Beschäftigten aus der volkseigenen Wirtschaft ermöglichten, wurde 1970 (GBl. II, Nr. 96) eine Gewinnzuschlagsteuer bei einem steuerpflichtigen Jahresgewinn von über 20 000 Mark als neuer Bestandteil der H. eingeführt. Außerdem wurde analog zur → **Produktionsfondsabgabe** der VEB eine Produktionsfondssteuer für industriell produzierende Handwerksbetriebe eingeführt. Reine Reparatur- und Dienstleistungsbetriebe sowie die Reparatur- und Dienstleistungsanteile produzierender Betriebe sind von diesen neuen → **Steuern** befreit.

Hauptauftragnehmer (HAN): Ein Betrieb, der für die Bauleistungen oder die Ausrüstungslieferungen bzw. für komplette Anlagen oder Teilaggregate eines Investitionsprojektes verantwortlich ist. Bezüglich der von ihm zu vertretenden Leistungen hat er für eine projektgetreue, termingerechte und qualitativ einwandfreie Arbeitsausführung Sorge zu tragen. Diese Verantwortung übernimmt er aufgrund von Verträgen, die er mit dem → **Generalauftragnehmer** oder, wenn ein solcher nicht bestellt wurde, direkt mit dem Auftraggeber abgeschlossen hat. Dem HAN steht das Recht zu, eigenverantwortlich Teile seines Auftrages an Nachauftragnehmer weiterzugeben. Für seine Koordinierungsfunktion steht ihm eine besondere Vergütung zu.

Hauptbuchhalter: Der H. hat eine doppelte Funktion: Er wird einerseits von den übergeordneten Staats- und Wirtschaftsbehörden zur Inspektion in den Betrieben und → **VVB** eingesetzt, um die Wirtschaftstätigkeit der VEB und „sozialistischen Konzerne" (VVB) ständig zu überprüfen, die Einhaltung der Betriebs- und VVB-Pläne zu überwachen, die Befolgung der Gesetze, Anordnungen und Anweisungen sicherzustellen und für die Erfüllung der Wirtschaftlichkeitsauflagen zu sorgen. Zum anderen ist der H. in den VVB und VEB ein dem Generaldirektor oder dem Werkleiter direkt unterstellter Kontrolleur, der seine innerbetriebliche Überwachungsfunktion mit Hilfe des Rechnungswesens ausübt.
Der H. ist im allgemeinen der verantwortliche Leiter für die Durchsetzung des „einheitlichen Systems von Rechnungsführung und Statistik" im Betrieb, wobei die Schwerpunkte seiner Tätigkeit auf dem Gebiet des Finanz- und Kreditwesens, der Kostenrechnung, der Information der Planbehörden und der Planabrechnung liegen. Er ist für die Aufstellung der Jahresabschlußbilanz und die der Gewinn- und Verlustrechnung verantwortlich. Der H. hat den gesamten betrieblichen Reproduktionsprozeß (bzw. den der VVB) rechnerisch und statistisch zu erfassen und aufzubereiten, um sowohl für operative als auch für prognostische Leitungsentscheidungen die erforderlichen Informationen zu liefern. Darüber hinaus hat der H. dafür Sorge zu tragen, daß die betrieblichen Mittel mit größter Sparsamkeit und möglichst hohem Nutzen eingesetzt werden.
Der H. ist dem Direktor des Betriebes direkt unterstellt, steht auf der gleichen Rangstufe wie die Fachdirektoren (z. B. Produktionsdirektor, ökonomischer Direktor, Direktor für Beschaffung und Absatz) und wird durch den Leiter des übergeordneten Organs – bei Abstimmung mit dem Betriebsdirektor – eingesetzt bzw. abberufen. Kraft Gesetzes (vgl. GBl. II, 1971, S. 137 ff.) hat der H. die Aufgabe, die zentralen Anordnungen im Betrieb durchzusetzen und „die staatlichen Interessen ohne Rücksicht auf Personen oder Funktionen zu wahren". Weiterhin ist er verpflichtet, den Betriebsleiter „rechtzeitig über Planabweichungen und deren Ursachen in Kenntnis zu setzen" sowie entsprechende Maßnahmen zur Überwindung der Mängel zu fordern.
Dem H. obliegt es nicht nur, bei der Feststellung von Ordnungswidrigkeiten den Direktor des Betriebes zu informieren, sondern bei schwerwiegenden Verstößen auch den Minister der Finanzen und den seinem Betrieb übergeordneten Minister in Kenntnis zu setzen. Der Minister der Finanzen hat zudem das Recht, ihm direkte Anweisungen über Kontrollaufgaben zu erteilen sowie über deren Durchführung Berichte zu verlangen.
Mit dem direkten Anordnungsrecht des Ministers der Finanzen ist der H. in eine doppelseitige Rolle gezwängt, einmal die Interessen des Betriebes vertreten zu wollen und zum anderen als verlängerter Arm zentraler Organe eine umfangreiche Kontrolle realisieren zu müssen. Mit dieser seit 1971 erheblich aufgewerteten Stellung als staatlicher Kontrolleur im Betrieb sind Konflikte zwischen betrieblichen und staatlichen Interessen auf die Person des H. konzentriert.

Hausarbeitstag für Frauen: → **Arbeitsrecht; Frauen.**

Hausbuch: An- und Abmeldebuch für Dauer- und Besuchsbewohner eines jeden Hauses in den Städten, das vom Hausbesitzer oder -verwalter zu führen ist. Dem zuständigen Polizeirevier sind die Eintragungen mitzuteilen. → **Meldewesen, polizeiliches.**

Hausfrauenbrigaden: → **Frauen; Arbeitskräfte.**

Hausgeld: Kranke Arbeiter, Angestellte und Mitglieder von Produktionsgenossenschaften erhalten bei Krankenhausaufenthalt ein H. in Höhe von 80 v. H. des → **Krankengeldes**; bei stationärem Aufenthalt infolge Arbeitsunfalls, Tbc, Berufserkrankung etc. sowie an Empfänger von Ehrenpensionen (→ **Wiedergutmachung**) wird, soweit kein Anspruch auf → **Lohnausgleich** besteht, Krankengeld gezahlt.

Hausgemeinschaften: Gelten als wichtige Form des Gemeinschaftslebens der Bürger im Wohngebiet (auch → **Wohnbezirk**). Mit ihrer Hilfe soll jener Prozeß der Herausbildung sozialistischer Denk- und Verhaltensweisen auch im Freizeitbereich gefördert werden, den die Partei vor allem im Arbeitsleben ständig zu initiieren sucht. Seit Mai 1953 erfolgte die Bildung von H. als

Stützpunkte der → **Nationalen Front** für die politisch-ideologische Arbeit mit den Bürgern. Sie sind heute die untersten Gremien der Nationalen Front, in denen staatliche und gesellschaftliche Aktivitäten unter Führung der SED zusammenfließen. Ihre Bildung erfolgt auf dem Wege einer Entscheidung der Hausversammlung mit Unterstützung des Wohngebietsausschusses der Nationalen Front. Sie wählen eine Hausgemeinschaftsleitung und beschließen in der Regel ein Arbeitsprogramm.

Ihre allgemeine Funktion besteht in der Gestaltung sozialistischer Beziehungen zwischen den Hausbewohnern, im gemeinsamen Lösen von Aufgaben im Hause, in der Vertretung der Interessen der H. gegenüber staatlichen Organen und Institutionen. Sie sollen wirtschaftliche Probleme lösen helfen und auch verstärkte ideologische Arbeit zur Bereicherung des geistig-kulturellen Lebens der Hausbewohner beitragen.

Zu den Aufgaben einer H. gehören im einzelnen: das regelmäßige persönliche politische Gespräch mit allen Hausbewohnern; die Anregung von Initiativen der Bürger zur Erhaltung der Bausubstanz, zur Verbesserung der Wohnverhältnisse und zur Verschönerung der Grundstücke im Rahmen des Wettbewerbs „Schöner unsere Städte und Gemeinden – Mach mit!"; die Beteiligung an Aufbaueinsätzen im Wohngebiet und in der Gemeinde; die Entwicklung der staatsbürgerlichen Aktivität aller Hausbewohner, insbesondere bei der Plandiskussion, der freiwilligen ehrenamtlichen Arbeit, der gesellschaftlichen Kontrolle; die Durchführung von Solidaritätsaktionen; die gemeinschaftliche Gestaltung des geistig-kulturellen und sportlichen Lebens; die Organisierung der Nachbarschaftshilfe; die Betreuung älterer Bürger; die gegenseitige Unterstützung bei Qualifizierung und Bildung; die Überwindung kleinerer Differenzen im Zusammenleben der Hausbewohner und die Durchsetzung der Hausordnung; die „Erschließung materieller Reserven" (Altstoffe, Abfälle); die rationelle Verwendung der Energie; enge Zusammenarbeit über die Ausschüsse der Nationalen Front mit der kommunalen Wohnungsverwaltung, dem VEB Gebäudewirtschaft bzw. den Leitungen der → **Arbeiterwohnungsbaugenossenschaften** oder der Gemeinnützigen Wohnungsbaugesellschaften.

Da es keine andere Form gibt, über die die Bürger derart umfassend zum gemeinsamen Handeln mobilisiert werden können, wird der Bildung von H. wachsende Bedeutung beigemessen. Sie existieren jedoch noch keineswegs überall, und besonders in kleineren Gemeinden sowie in privaten Häusern begegnet ihre Einrichtung immer wieder Schwierigkeiten. Um die Arbeit von H. zu stimulieren, organisieren Ausschüsse der Nationalen Front Wettbewerbe um den Titel „Vorbildliche Hausgemeinschaft". Seit einigen Jahren empfiehlt man den H., Chroniken anzufertigen (Hauschroniken), die als Nachweis über die Entwicklung einer H. dienen und zugleich eine gemeinschaftsbildende Funktion ausüben sollen.

Haushalt: → Staatshaushalt.

Haushaltsaufschläge: → Steuern.

Haushaltsausgleich: Der Begriff H. entspricht dem in der Bundesrepublik Deutschland gebräuchlichen „Finanzausgleich". Er bezeichnet die Gesamtheit aller finanziellen Maßnahmen, mit denen die Gebietskörperschaften verschiedener Ebenen in den Stand gesetzt werden, die Aufgaben zu erfüllen, die ihnen vorgegeben sind. In der DDR vollzieht sich der planmäßige H. in drei Formen:

1. Übertragung unmittelbar eigener Einnahmequellen, z. B. auf dem Gebiet der Gemeindesteuern, die von den Räten der Städte und Gemeinden zu erheben sind und dem Gemeindehaushalt zufließen. Typische, den Gemeinden zustehende Einnahmen sind in der DDR z. B. Grundsteuern, Vergnügungssteuer, Hundesteuer, auch Kurtaxen und Kulturabgaben.

2. Beteiligung an den Einnahmen übergeordneter Haushalte in Form fester oder prozentualer Anteile, z. B. der Bezirkshaushalte an den Gesamteinnahmen des Staatshaushalts.

3. Zuweisung von Mitteln aus den übergeordneten an nachgeordnete Haushalte, soweit deren eigene Einnahmen und Beteiligungen für die Deckung der von ihnen zu bestreitenden Aufgaben nicht ausreichen. In bestimmten Fällen kann der Haushaltsausgleich auch in der Abführung von Mitteln aus den Einnahmen eines örtlichen Haushalts an den übergeordneten örtlichen Haushalt (z. B. vom Budget eines Stadtbezirks an das Budget der Stadt) erfolgen.

Die genannten drei Grundformen des H. können miteinander kombiniert, sie können auch ausgebaut und ergänzt werden. So sieht ein Beschluß über Maßnahmen zur Erhöhung finanzieller Mittel in Gemeinden und kreisangehörigen Städten zur Verbesserung der Arbeits- und Lebensbedingungen der Bürger vom 30. 8. 1973 vor, ab 1974 den Anteil der Gemeinden und Städte an den Gesamteinnahmen des Staates für jeweils 2 Jahre in gleichbleibender Höhe festzusetzen, um den → **Örtlichen Organen** eine längerfristige Disponierung ihrer Aufgaben zu ermöglichen. Der gleiche Beschluß sieht vor, im zentralen Republikhaushalt über die gesetzlichen Zuweisungen an die Gebietseinheiten hinaus jedes Jahr – ab 1974 – einen zusätzlichen „Fonds zur Förderung der Initiative in den Gemeinden und Städten" zu bilden, der den Gemeinden – unter bestimmten Voraussetzungen – für die Durchführung von Infrastrukturarbeiten überwiesen wird.

Haushaltsbuch: → Sozialistischer Wettbewerb.

Haushaltsorganisationen: Sammelbegriff für staatliche Behörden, Organisationen (z. B. Ministerien, Wirtschaftsräte der Bezirke) und öffentliche Einrichtungen (z. B. Schulen, Theater, Museen, Kindergärten, Krankenhäuser, Forschungsinstitute), die institutionell verselbständigt sind und aus dem Staatshaushalt nach dem Bruttoprinzip finanziert werden. Soweit sie eigene Einnahmen haben, liegen diese in der Regel weit unter ihren Ausgaben. Die H. arbeiten deshalb nicht nach dem Prinzip der → **wirtschaftlichen Rechnungsführung**.

Hausvertrauensleute: → **Hausgemeinschaften.**

Hauswirtschaft, Persönliche: → **Agrarpolitik; Land-wirtschaft.**

Heilbehandlung, Freie: → **Sozialversicherungs- und Versorgungswesen; Arzneimittelversorgung.**

Heimatgeschichte: Wichtiges Arbeitsgebiet des → **Kulturbundes der DDR** und des Unterrichtes in der Schule. Die SED will die Arbeit der schon lange vor 1945 bestehenden Laienverbände der H. so umgestalten und lenken, daß die H. der Geschichtslehre des → **Historischen Materialismus** wie auch der → **nationalen Geschichtsbetrachtung** dient.
Es gibt über 200 Fachgruppen für H. und ferner die Interessengemeinschaften der Natur- und Heimatfreunde des Kulturbundes, die weitgehend H. treiben. In ihnen sollen Laienforscher und Fachhistoriker zusammenwirken, unterstützt von der zuständigen Gliederung der → **Historikergesellschaft der DDR.** Vertieft werden soll die Zusammenarbeit mit den Kommissionen zur Erforschung der Geschichte der örtlichen Arbeiterbewegung, die der Sektor Geschichte der örtlichen Arbeiterbewegung des → **Instituts für Marxismus-Leninismus beim ZK der SED** leitet, ferner mit der → **Gesellschaft zur Verbreitung wissenschaftlicher Kenntnisse (Urania).**

Hetze: → **Staatsverbrechen.**

Histomat: Abkürzung für Historischer Materialismus; → **Marxismus-Leninismus.**

Historikergesellschaft der DDR: Als Deutsche Historikergesellschaft am 18. 3. 1958 in Leipzig gegründet. Die H. ist die wissenschaftliche Vereinigung der in Forschung, Lehre, Unterricht, Archiven und Museen der DDR tätigen Historiker. Ihr Ziel ist die Förderung der Geschichtswissenschaft „auf der Grundlage der schöpferischen Anwendung des dialektischen und historischen Materialismus", insbesondere soll die „Entwicklung der sozialistischen Gemeinschaftsarbeit unter den Historikern" unterstützt werden. Die H. ist in wissenschaftliche Fachgruppen und Kommissionen und in territoriale Bezirksverbände und Stützpunkte gegliedert. Geleitet wird die H. von einem Präsidium mit einem Präsidenten an der Spitze. Der Gründungskongreß wählte Prof. Ernst Engelberg zum Präsidenten, der III. Kongreß (19.–22. 3. 1965 in Berlin) als Nachfolger Prof. Gerhard Schilfert. Der IV. Historikerkongreß (9.–11. 10. 1968 in Leipzig) bestimmte Prof. Joachim Streisand zum Präsidenten, er wurde auf dem V. Kongreß (12.–15. 12. 1972 in Dresden) wiedergewählt.

Historischer Materialismus: → **Marxismus-Leninismus.**

HO: Abk. für Handelsorganisation. → **Binnenhandel.**

Hochschule für Ökonomie (HfÖ): Die 1956 gegründete HfÖ Berlin-Karlshorst ist die einzige wirtschaftswissenschaftliche Hochschule der DDR. Sie ist Rechtsnachfolger der 1950 gegründeten Hochschule für Planökonomie, die mit der Hochschule für Finanzwirtschaft Potsdam zur HfÖ vereinigt wurde. 1958 wurde die Hochschule für Außenhandel Berlin-Staaken in die HfÖ eingegliedert.
Ihre besondere Bedeutung erlangte die HfÖ im → **Neuen Ökonomischen System** (NÖS). Sie sollte zur zentralen Institution für die Qualifizierung leitender Kader aus dem Partei-, Staats- und Wirtschaftsapparat auf wirtschaftswissenschaftlichem und -politischem Gebiet werden. Dafür wurden 4 Schwerpunktprogramme entwickelt:
Postgraduales Studium für Diplomwirtschaftler;
ökonomisches Zusatzstudium für technisch-naturwissenschaftlich ausgebildete Kader;
Sonderlehrgänge zu Fragen der Wirtschaftsleitung;
Übernahme von Leitfunktionen für die wirtschaftswissenschaftliche Qualifizierung durch andere Institutionen.
Im Zusammenhang mit der Einführung des → **einheitlichen sozialistischen Bildungssystems** und der Errichtung eines differenzierten Qualifizierungssystems gingen die Qualifizierungs-Funktionen der HfÖ im wesentlichen auf entsprechende Institutionen der Wirtschaft, vor allem das → **Zentralinstitut für sozialistische Wirtschaftsführung beim ZK der SED** über.
Im Rahmen der 3. Hochschulreform sollte die HfÖ Leitfunktionen im Bereich der wirtschaftswissenschaftlichen Forschung übernehmen. Ein Beschluß des Ministerrates aus dem Jahre 1968 weist ihr die Funktion eines „ökonomischen Forschungszentrums" für die gesamte DDR zu.
Im Ergebnis der Umstrukturierung der Wissenschaftsorganisation der DDR nach dem VIII. Parteitag der SED 1971 verlor die HfÖ auch auf dem Gebiet der Forschung ihre herausgehobene Bedeutung. Die Leitfunktionen gingen weitgehend an den der → **Akademie der Wissenschaften der DDR** zugeordneten Wissenschaftlichen Rat für die wirtschaftswissenschaftliche Forschung (→ **Wissenschaftliche Räte**) über. → **Wissenschaft.**

Hochschule für Verkehrswesen: → **Verkehrswesen.**

Hochschulen: → **Universitäten und Hochschulen.**

Hochschullehrer, Wissenschaftliche Mitarbeiter: Die Hochschullehrerberufungsverordnung von 1968 (GBl. II, Nr. 127, S. 997 ff.) unterscheidet zwischen hauptamtlichen H. (ordentliche Professoren, Hochschuldozenten, Professoren bzw. Dozenten mit künstlerischer Lehrtätigkeit), nebenamtlichen H. (Honorarprofessoren und -dozenten) und außerordentlichen Professoren (Dozenten und Wissenschaftliche Mitarbeiter, die in Anerkennung ihrer Leistungen berufen werden). Ordentliche Professoren sind Lehrstuhlinhaber, zu nebenamtlichen H. können Vertreter der Praxis oder Wissenschaftler aus anderen wissenschaftlichen Institutionen berufen werden. Sie sind nicht Angehörige der Hochschule. Die VO enthält einen umfassenden Aufgabenkatalog, vor allem Spitzenleistungen in Lehre und Erziehung, Qualifizierung und Forschung, Mitarbeit an der Planung des Lehr- und Forschungsprozesses, Förderung der engen wissenschaftlichen Zusammenarbeit mit den sozialistischen Ländern sowie den gesellschaftlichen Organisationen.

Voraussetzung für die Berufung zum H. ist – auf Antrag des Bewerbers – die Erteilung der „facultas docendi" (Lehrbefähigung) durch die für das jeweilige Fachgebiet verantwortliche Fakultät des Wissenschaftlichen Rates. Sie wird aufgrund fachlicher Leistungen in Lehre und Forschung, „der Fähigkeit des Bewerbers zur Festigung und Entwicklung des sozialistischen Staatsbewußtseins der Studenten", von Praxiserfahrung und einer in der Regel mindestens zweijährigen Lehrtätigkeit an einer Universität oder Hochschule erteilt.

Die Vorschläge zur Berufung zum H. – in der Regel eine Dreierliste – werden vom Rat der Sektion an den zuständigen Minister weitergeleitet, der bei der Berufung jedoch nicht an die Reihenfolge gebunden ist. Bei neu eingerichteten Lehrstühlen kann der Minister ohne dieses Verfahren berufen. Das Arbeitsrechtsverhältnis von H. kann durch Abberufung seitens des Ministers beendet werden.

Ebenfalls 1968 trat eine Mitarbeiterverordnung in Kraft (a. a. O.), die zwei Arten wissenschaftlicher Mitarbeiter unterscheidet:

1. wissenschaftliche Assistenten mit befristetem Arbeitsrechtsverhältnis und Assistenzärzte bzw. Zahnärzte in der Fachausbildung;

2. wissenschaftliche Assistenten- bzw. Assistenzärzte mit Facharztanerkennung, Lehrer im Hochschuldienst, Lektoren, wissenschaftliche Oberassistenten und Oberärzte und wissenschaftliche Sekretäre.

Zeitverträge werden auf vier Jahre – bei der Möglichkeit einer einmaligen Verlängerung um ein Jahr – in der Regel mit frisch diplomierten Studenten abgeschlossen. Die Aufgaben der Assistenten bzw. Assistenzärzte mit Zeitverträgen bestehen in der Durchführung von Übungen und Praktika sowie, in der Regel unter Verantwortung eines H., in der Betreuung von Seminar- und Diplomarbeiten. Assistenten bzw. Assistenzärzte mit unbefristeten Verträgen sind meistens promoviert und vorher in befristeten Verträgen beschäftigt gewesen. Sie können auch ohne den Besitz der „facultas docendi" mit der Durchführung von Vorlesungen beauftragt werden. Lehrer im Hochschuldienst werden vor allem im Rahmen des Grundstudiums eingesetzt. Assistenten und Lehrer im Hochschuldienst können bei besonderer Befähigung als Lektoren vor allem im Rahmen des Fachstudiums eingestellt werden. Sie können mit der Durchführung von Vorlesungen und der Anleitung von Lehrern im Hochschuldienst beauftragt werden.

Oberassistenten bzw. Oberärzte sind promovierte Wissenschaftler, die mehrere Jahre als Assistenten tätig waren und über Praxiserfahrung verfügen; sie werden neben ihrer Lehrtätigkeit vor allem mit Forschungsaufgaben betraut. Wissenschaftliche Sekretäre werden für wissenschaftsorganisatorische Tätigkeiten eingestellt. → **Akademische Grade.**

Hochverrat: → **Staatsverbrechen.**

Höherversicherung: → **Renten.**

Holzindustrie: Entsprechend der Industriezweigsystematik der DDR ab 1968 ein Teil des Zweiges Holzbearbeitende Industrie, die zum Bereich der Leichtindustrie

zählt. Folgende Wirtschaftsgruppen zählen zur H.: Schnittholzindustrie; Herstellung von Holzwaren und Verpackungsmitteln aus Holz; Furnier- und Plattenindustrie; Herstellung von Bauelementen und montagefähigen Bauelementen für Holzbauten einschließlich imprägnierter Erzeugnisse; Möbel- und Polsterwarenindustrie; Reparaturwerkstätten und sonstige Betriebe der H. Die H. gehört zu den exportwichtigen Industriezweigen, vor allem die → **Möbelindustrie.** Bis etwa 1960 war die Entwicklung wegen zu geringer Zuteilung von Investitionsmitteln erheblich gehemmt. Seitdem hat sich einiges verbessert. Jedoch fehlen die Voraussetzungen für eine rationelle Produktion auch heute noch. Die Betriebe der Bauteilefertigung (besonders Türen und Fenster) arbeiten noch weitgehend nach handwerklichen Methoden. Erzeugt wurden 1973 u. a. 37155 m³ Lagenholz, 572 200 m³ Spanplatten und 134201 m³ Faserplatten.

Horte und Internate: → **Einheitliches sozialistisches Bildungssystem,** XIV.

Hotel- und Gaststättengewerbe: Das HG. gehört zum → **Binnenhandel** und überwiegend in den Zuständigkeitsbereich des Ministers für Handel und Versorgung (z. Z. Minister Gerhard Briksa).

Die Unterteilung erfolgt nach den in der DDR existierenden Eigentumsverhältnissen in volkseigenes, genossenschaftliches, sonstiges sozialistisches und privates Hotel- und Gaststättenwesen.

Das volkseigene HG. umfaßt die Hotels und Gaststätten der HO, der Vereinigung Interhotel, des Wismut-Handels und der Vereinigung Volkseigener Waren- und Versandhäuser Centrum.

Zu ihren Aufgaben gehören vornehmlich die gastronomische Versorgung und Betreuung in den Stadtzentren und industriellen Ballungsgebieten, besonders in Großstädten und Arbeiterzentren, in den Gebieten der Naherholung und des Urlauberverkehrs.

Die Vereinigung Interhotel – gegründet durch eine VO des Ministerrats – nahm am 1. 1. 1965 mit einer Kapazität von 9 Hotels mit etwa 2500 Betten ihre Tätigkeit auf. In der Vereinigung wurden die repräsentativsten Hotels der DDR zusammengefaßt. Neben dem Ausbau vorhandener Kapazitäten wurde ein großes Neubauprogramm entwickelt, da mit einem ständig zunehmenden Reiseverkehr, besonders zwischen den sozialistischen Ländern, gerechnet und damit zusätzliche Deviseneinnahmen erwartet wurden. Mit der Eröffnung des neuesten Interhotels „Kongreß" im Februar 1974 in Karl-Marx-Stadt verfügt die Vereinigung über 27 Interhotels mit ca. 13000 Betten.

Das HG. der Konsumgenossenschaften konzentriert seine Leistungen auf Wohngebiete, besonders auf dem Lande, auf die Versorgung der Landbevölkerung während der Ernte und auf die Ausflugs- und Erholungsgebiete, die nicht von der HO betreut werden.

Unter den Einrichtungen, die als sonstiges sozialistisches Gaststättenwesen bezeichnet werden, nimmt die MITROPA eine besondere Stellung ein. Sie ist ein zentral geleitetes volkseigenes Unternehmen zur Betreuung der Reisenden mit gastronomischen Leistungen, Beherbergungsleistungen, spezifischen Dienstleistungen und Verkauf von Handelswaren an den Schwerpunkten des Inlands- und Auslandsreiseverkehrs. Ihre Tätigkeit erstreckt sich auf die Versorgung der Reisenden in Speise-, Schlaf- und Liegewagen, Bewirtschaftung von Bahnhofsgaststätten, den Verkauf von Handelswaren an Verkaufsständen auf dem Bahnhofsgelände, Bewirtschaftung von gastronomischen Einrichtungen auf Fährschiffen der Deutschen Reichsbahn, Binnen- und Küstenfahrgastschiffen, Bewirtschaftung von Raststätten, Autobahnhotels, Motels an Autobahnen sowie die Bewirtschaftung von gastronomischen Einrichtungen auf Zivilflughäfen der DDR. Die MITROPA ist eine nachgeordnete Institution des Ministeriums für Verkehrswesen.

Das Reisebüro der DDR bewirtschaftet Ferienhotels im Thüringer Wald, im Harz und an der Ostsee. Gästehäuser der Regierung, der Parteien und Gewerkschaften betreuen ausländische Gäste, die sich zu Verhandlungen, politischen Gesprächen, Sportveranstaltungen u. a. in der DDR aufhalten.

Der Anteil der privaten Betriebe am Gaststättennetz ist im Laufe der letzten 15 Jahre ständig zurückgegangen. Es handelt sich überwiegend um verhältnismäßig kleine Gaststätten, die in der Regel durch Familienmitglieder bzw. mit nur wenigen fremden Beschäftigten bewirtschaftet werden. Durch Überalterung und infolge der Schwierigkeit, eine staatliche Konzession zu erhalten, wird ihr Anteil weiter schrumpfen.

Etwa 70 v. H. der privaten Gastwirte haben seit 1960 mit Betrieben des volkseigenen oder genossenschaftlichen Gaststättenwesens einen Kommissionsvertrag abgeschlossen. Das bedeutet ihre Teilnahme an der Versorgungstätigkeit des sozialistischen Handels auf der Grundlage vertraglicher Vereinbarungen mit einem volkseigenen oder konsumgenossenschaftlichen Gaststättenbetrieb. Die Stellung des Gastwirtes mit Kommissionsvertrag wird dadurch bestimmt, daß er auf der Grundlage dieses Vertrages Waren verkauft, die sozialistisches Eigentum sind, und Aufgaben übernimmt, die im Rahmen der Versorgungsfunktion des sozialistischen Gaststättengewerbes liegen. Er erhält dafür eine Provision.

Die Grundsätze für die Sicherung stabiler Verbraucherpreise treffen auch auf das Gaststättenwesen zu. Die Gaststätten aller Eigentumsformen sind daher nach dem unterschiedlichen Aufwand nach Umfang, Struktur, Niveau und Ausstattungsgrad in 5 Kategorien eingestuft: Preisstufe I; II; III; IV; S. Auf die Preisstufen können noch Aufschläge erhoben werden, z. B. Konzertaufschläge.

Humboldt-Universität zu Berlin: So heißt die am 16. 8. 1809 gegründete, am 10. 10. 1810 eröffnete Friedrich-Wilhelms-U. seit dem 8. 2. 1949, die am 29. 1. 1946 ihren Lehrbetrieb wieder aufnahm. → **Universitäten und Hochschulen.**

Hygiene-Aufsicht: Die HA. ist ein gesonderter Zweig der Verwaltung des Gesundheitswesens, dessen Dienststellen auf allen Verwaltungsebenen die Bezeichnung Hygiene-Inspektion führen: Im Ministerium für Gesundheitswesen als zentrale Leitstelle für die Bekämpfung der übertragbaren Krankheiten und die Aufsicht über Umwelt- und Lebensmittelhygiene eine Hauptabteilung, untergliedert in mehrere „Hauptinspektionen" für Gesundheitsschutz, Seuchenschutz usf., bei den Räten der Bezirke als besonderes Referat der Abt. Gesundheits- und Sozialwesen und als Hygiene-Inspektion bei der entsprechenden Abteilung jedes Kreises. Den Bezirks-Hygiene-Inspektionen zugeordnet sind (insgesamt 22) Bezirks-Hygiene-Institute, die die technischen Untersuchungsaufgaben wahrnehmen. Unterste örtliche Organe sind die Hygiene-Kontrollpunkte. Die Fachkräfte der HA. im mittleren medizinischen Personal sind die Hygiene-Inspektoren (→ **Arzthelfer**), die auf medizinischen Fachschulen ausgebildet werden.

Jede Hygiene-Inspektion hat gegenüber den nachgeordneten Instanzen der HA. praktisch uneingeschränktes Weisungsrecht und in allen Instanzen Exekutiv- und Strafvollmacht.

Mit dem Ausbau des → **Umweltschutzes** erfährt die HA. eine Ausweitung des Aufgabenkatalogs: ihr sind die technisch-hygienischen Maßnahmen des Umweltschutzes übertragen.

Für den Bereich des Ministeriums für Verkehrswesen hat dessen Medizinischer Dienst (MDV) die Funktion der Hygiene-Inspektion für Eisenbahn, Luftverkehr und Schiffahrt unter Einschluß auch des hafenärztlichen Dienstes nach den Internationalen Gesundheitsvorschriften. → **Gesundheitswesen.**

Hypotheken: Im Grundbuch eingetragene Grundstückspfandrechte, bei denen im Gegensatz zur Grundschuld das Bestehen einer persönlichen Forderung Voraussetzung für das Entstehen ist. Die H. sind vor allem bei der Sicherung von Krediten volkseigener Kreditinstitute und beim Verkauf von Grundstücken von Bedeutung. Zwangskredite, z. B. im Rahmen von Maßnahmen nach dem → **Aufbaugesetz** werden im allgemeinen durch Grundschulden (→ **Aufbaugrundschuld**) gesichert. Rechtsgrundlage sind noch die Vorschriften des BGB. Regelungen über H. und Aufbau-H. sind auch im Zivilgesetzbuch vorgesehen; ihre Anwendung beschränkt sich jedoch auf den Bereich des persönlichen und privaten → **Eigentums.** → **Zivilrecht.**

I

IAP: Abk. für → **Industrieabgabepreis.**

IBWZ: Abk. für → **Internationale Bank für Wirtschaftliche Zusammenarbeit.** → **RGW.**

Idealismus: → **Marxismus-Leninismus.**

Ideologie: → **Marxismus-Leninismus.**

IDFF: Abk. für → **Internationale Demokratische Frauenföderation.**

IHK: Abk. für → **Industrie- und Handelskammer.**

Imperialismus: Der Begriff I. wird von der SED auch heute noch im Leninschen Sinne verwandt und damit von vornherein eingeengt. Lenin hatte den I. in seiner 1916 verfaßten Schrift „Der Imperialismus als höchstes Stadium des Kapitalismus" vor allem durch folgende Merkmale gekennzeichnet: 1. Konzentration der Produktion und des Kapitals, die eine so hohe Entwicklungsstufe erreicht hat, daß sie Monopole schafft, die im Wirtschaftsleben die entscheidende Rolle spielen; 2. Verschmelzung des Bankkapitals mit dem Industriekapital und Entstehung einer Finanzoligarchie auf der Basis dieses „Finanzkapitals"; 3. der Kapitalexport, zum Unterschied vom Warenexport, gewinnt besonders wichtige Bedeutung; 4. es bilden sich internationale monopolistische Kapitalistenverbände, die die Welt unter sich teilen; 5. die territoriale Aufteilung der Erde unter die kapitalistischen Großmächte ist beendet.
Da der I., dem Marxismus-Leninismus zufolge, durch die Herrschaft der Monopole gekennzeichnet ist, wird er auch häufig mit dem Monopolkapitalismus gleichgesetzt. In der politischen und wirtschaftlichen Einschätzung der SED ist der I., obwohl durch immer neue Krisen geschwächt und historisch zum Untergang verurteilt, besonders durch seine Aggressivität gekennzeichnet. Die Politik der → **friedlichen Koexistenz,** wie sie von den sozialistischen Staaten verfolgt wird, verhindere allerdings die weitere schrankenlose Ausdehnung des I., ja dränge diesen weltweit zurück. Trotzdem sei der I. durch die „Verschmelzung der Macht der Monopole mit der Staatsmacht" und durch die Schaffung internationaler staatsmonopolistischer Organisationen (zu denen die SED z. B. die Europäischen Gemeinschaften zählt) nach wie vor, besonders in der Bundesrepublik Deutschland, gefährlich. → **Marxismus-Leninismus; Sozialdemokratismus.**

Industrialisierung der Landwirtschaft: Kurzform für „Einführung industriemäßiger Produktionsmethoden in die → **Landwirtschaft".**
Agrarpolitisches Programm, das auf dem VII. Parteitag der SED 1967 entwickelt und auf dem VIII. Parteitag 1971 sowie den jeweils nachfolgenden → **Bauernkongressen** konkretisiert wurde. Das Programm geht von der Vorstellung aus, daß die beabsichtigte planmäßig

proportionale Entwicklung aller Volkswirtschaftszweige nur dann zu gewährleisten ist, wenn die maschinelle Großproduktion bzw. die rationelle Erzeugung großer Serien in die Landwirtschaft eingeführt wird. Infolgedessen werden seitdem Maschinen und Gebäude für Spezialbetriebe, die 5 000–6 000 ha LN oder Stallanlagen, die 2 000 Milchviehplätze, 24 000–100 000 Schweinemastplätze oder 100 000 Hennenplätze umfassen, entwickelt. Der Aufbau dieser Spezialbetriebe erfolgt durch die Konzentration der Produktionsfaktoren Arbeit, Kapital und Boden auf dem Wege der horizontalen → **Kooperation** zwischen den Landwirtschaftsbetrieben und wird durch die vertikale Kooperation zwischen Betrieben der Landwirtschaft und der Nahrungsgüterwirtschaft unterstützt. Folgende Merkmale sind in der DDR für die Einführung industriemäßiger Produktionsmethoden kennzeichnend:
1. Handarbeit wird durch die Arbeit mit Maschinensystemen abgelöst. Diese werden auf dem Wege der Kooperation zwischen mehreren Betrieben gebildet und in Schichtarbeit eingesetzt → **Landtechnik.**
2. Für die industriemäßige Agrarproduktion ist die Herausbildung großer spezialisierter Produktionseinheiten typisch.
3. Große und spezialisierte Betriebe erzeugen große und einheitliche Mengen landwirtschaftlicher Produkte, die den Anforderungen der Verarbeitungsindustrie entsprechen.
4. Die Spezialisierung führt zur Stufenproduktion und damit zur vertikalen Kooperation in Kooperationsverbänden.
5. Die industriemäßige Produktion ist verbunden mit der Anwendung der neuesten wissenschaftlichen Erkenntnisse. Hierbei wird auf folgende Disziplinen verwiesen: Gesellschaftswissenschaften, Ökonomie, Naturwissenschaften sowie Pädagogik, Psychologie und Soziologie.
Aufgabe insbesondere der Landwirtschaftswissenschaft ist es, die Agrarproduktion, soweit möglich, von den negativen Einflüssen der Naturgewalten freizuhalten.
6. Nebenleistungen (Düngung, Pflanzenschutz, Transport und Lagerung etc.) werden aus dem unmittelbaren Produktionsbereich in Spezialbetriebe verlagert.
7. Voraussetzung dieser Produktionsweise sind die Ausdehnung der wissenschaftlichen Forschung und die Aus- und Weiterbildung aller Berufstätigen.
8. Ziele der industriemäßigen Agrarproduktion müssen sein: die Verbesserung der Arbeits- und Lebensbedingungen; das Landleben modern zu gestalten, d. h. das Leben im Dorf dem in der Stadt weiter anzugleichen.
Die besonderen Schwierigkeiten der „industriemäßigen Agrarproduktion" ergeben sich daraus, daß die Agrarproduktion ein biologischer Prozeß ist, der zudem in der Pflanzenproduktion saisonabhängig ist. Die Spezialisie-

rung birgt insbesondere in der Pflanzenproduktion phyto-pathologische Risiken und erschwert einen ganzjährigen Arbeitsausgleich. Die mit der industriemäßigen Agrarproduktion verbundene „Konzentration" ist nur in Grenzen möglich und – von der flächenunabhängigen Veredelungsproduktion (Schweinemast, Geflügelhaltung) abgesehen – mit erheblichen zusätzlichen Kosten verbunden. Diese Kosten entstehen, weil die Agrarproduktion unabhängig von der Betriebsgröße an die Fläche gebunden ist und infolgedessen dezentral erfolgen muß. Insbesondere steigt die innerbetriebliche Transportleistung (Ausbringung von Saat- und Pflanzgut, Dünge- und Pflanzenschutzmitteln, Durchführung der Bestell- und Pflegearbeiten, Ernte- bzw. Futtertrans-

porte) entsprechend. In gleicher Weise steigt der Aufwand für die Beseitigung der in den Großställen anfallenden Fäkalien, die auf mehreren tausend ha LN verteilt bzw. verregnet werden müssen.

Infolgedessen müssen die Motive für den Aufbau industriemäßiger Anlagen in der Landwirtschaft der DDR weniger im Wunsch nach Steigerung der Kapital-Boden- und/oder Arbeitsproduktivität als vielmehr in der gesellschaftspolitischen Zielsetzung der SED gesucht werden. Hierbei stehen die Absicht, die Arbeits- und Lebensverhältnisse des ländlichen Raumes denen der Stadt anzugleichen, und die erstrebte Annäherung der „Klasse der Genossenschaftsbauern" an die „Arbeiterklasse" im Vordergrund (→ **Agrarpolitik**).

Industrie

Ausgangssituation: Branchenstruktur und Produktionsanteile vor dem II. Weltkrieg; Kapazitätsverluste durch Kriegs- und Demontageschäden – Schwerpunkte des Wiederaufbaus nach 1945 – Stellenwert der I. in der Volkswirtschaft der DDR – Strukturdaten: Branchenstruktur, Konzentrationsgrad, Hauptstandorte, I.-produktion, Eigentumsform

Das Gebiet der DDR war bereits vor der Spaltung Deutschlands in etwa gleichem Umfang industrialisiert wie das jetzige Bundesgebiet. Im letzten Jahr mit normaler Friedensproduktion vor dem Zweiten Weltkrieg, d. h. 1936, entfielen ca. 30 v. H. der I.-Produktion der heutigen Gebiete von Bundesrepublik Deutschland und DDR auf den DDR-Raum. (Zum Vergleich: Das Gebiet der heutigen DDR ist um weniger als halb so groß wie das der Bundesrepublik – 108 000 zu 248 000 qkm –; 1939 lebten auf dem Territorium der heutigen DDR 16,7 Mill. Einwohner, auf dem der Bundesrepublik 43,0 Mill.).

Während jedoch in der Bundesrepublik Deutschland die → **Grundstoffindustrie** und die Schwermaschinenbau konzentriert waren, hatten in Mitteldeutschland vor allem der Textilmaschinenbau, das Druckgewerbe, die → **Feinmechanische und Optische Industrie**, die → **Leichtindustrie** und die Lebensmittel-I. ihre Hauptstandorte. Die Grundstoff-I. und der materialintensive Schwermaschinenbau waren gering entwickelt, weil hier die erforderlichen Bodenschätze fehlten.

Der Anteil des jetzigen DDR-Raumes an der Förderung des Reichsgebietes betrug 1936 bei Eisenerz 5,0 v. H. und bei Steinkohle 2,3 v. H., so daß die Ausgangsstoffe zur Herstellung schwerer I.-Ausrüstungen fehlten. Dementsprechend war die Produktion von Kokereikoks, Roheisen, Rohstahl und Walzwerkserzeugnissen auf die Westgebiete konzentriert. Allein die Kali- und Braunkohlenförderung war auf dem heutigen Gebiet der DDR sehr stark entwickelt. Der sehr schmalen metallurgischen Basis stand eine stark spezialisierte arbeitsintensive metallverarbeitende I. gegenüber. Mit einem Bevöl-

kerungsanteil von ca. 25 v. H. hatte das Gebiet der heutigen DDR innerhalb des Reichsgebietes z. B. folgende Anteile an der I.-Produktion:

Anteile der jetzigen DDR an der Industrieproduktion im Reichsgebiet 1936 (Anteile in v. H.)

Eisenschaffende Industrie	7
Werkzeugmaschinenbau	50
Textilmaschinenbau	68
Büromaschinenbau	82
Feinmechanische- und optische Industrie	33
Textilindustrie	37
Bekleidungsindustrie	45

Vgl. u. a. Werner Bröll, Die Wirtschaft der DDR, Lage und Ansichten, München 1970, S. 11.

Die I. der jetzigen DDR war 1936 mit ca. 27 v. H. am Bruttosozialprodukt des Reichsgebietes beteiligt. Durch Kriegs- und Kriegsfolgeschäden verlor sie mehr als die Hälfte ihrer Produktionskapazitäten von 1936, wobei die Kriegsfolgebilanz nur geschätzt werden kann.

Demontageschäden der DDR-Industrie
(in v. H. der Kapazitäten von 1936)

Eisenschaffende Industrie	80
Kautschuk-Industrie	80
Feinmechanische- und optische Industrie	60
Maschinenbau	55
Fahrzeugbau	55
Zellstoff- und Papierindustrie	45
Energieerzeugung	35
Braunkohlenbergbau	20
Brikettfabriken	20

Vgl. u. a. Werner Bröll, Die Wirtschaft der DDR, Lage und Ansichten, München 1970, S. 13 f.; Karl C. Thalheim, Probleme des Wirtschaftswachstums in Mitteldeutschland, in: Wachstumsprobleme in den osteuropäischen Volkswirtschaften, Bd. 2, hrsg. von Karl C. Thalheim, Berlin 1970, S. 3.

Wegen des Fehlens von Nachkriegsstatistiken kann die genaue Höhe der Demontageschäden nicht exakt ermittelt werden. Verschiedene Schätzungen beziffern die Kapazitätsverluste der I. der SBZ/DDR mit bis zu 200 v. H. der westdeutschen I.

Der Auf- und Ausbau der I. nach 1945 geschah nach dem von der Sowjetunion bestimmten und von der SED-Führung durchgeführten Programm, in dem politische Gesichtspunkte den Vorrang hatten. Die Spaltung Deutschlands schnitt die Verarbeitungs-I. Mitteldeutschlands von ihren traditionellen Bezugsquellen für Rohstoffe und Halbfabrikate in Westdeutschland ab. Die dadurch verursachten Schwierigkeiten waren um so größer, als die einzelnen I.-Zweige durch den Krieg und die sowjetische Reparationspolitik unterschiedliche Kapazitätsverluste erlitten hatten. Die I. bedurfte daher – wie die I. der Bundesrepublik unter anderen Bedingungen – der Hilfe von außen. Die SED-Führung stützte sich dabei auf die Sowjetunion und übernahm weitgehend das sowjetische Wirtschaftssystem. Zu den wichtigsten Maßnahmen gehörten die Verstärkung der Grundstoffindustriebereiche (Braunkohlen-I., → **Energiewirtschaft**, eisenschaffende I., chemische Grundstoff-I.) und die Inangriffnahme des Aufbaus einer bis dahin in Mitteldeutschland nicht beheimateten Schwermaschinenbau-I. Die Komplettierung der mitteldeutschen I.-Struktur verschlang erhebliche Investitionsmittel, die die Bevölkerung teilweise durch erzwungenen Konsumverzicht aufzubringen hatte.

Die I. ist der weitaus bedeutendste Wirtschaftsbereich der DDR. Ihr Anteil an der Bildung des Sozialprodukts beträgt mehr als die Hälfte; der Beschäftigtenanteil (einschließlich Lehrlinge) der I. liegt mit ca. 38 v. H. weit über dem aller anderen Wirtschaftsbereiche. Die Bedeutung der I. wird auch dadurch unterstrichen, daß sie ca. 54 v. H. der Bruttoanlageinvestitionen der gesamten Wirtschaft auf sich vereinigt (1973).

Die nachfolgende Tabelle zeigt die Entwicklung der Branchenstruktur der DDR-I. Während 1950 die → **Leichtindustrie** einschließlich der → **Textilindustrie** mit knapp 25 v. H. an der Produktion der gesamten I. sehr stark vertreten war, zeigen die Metall-

urgie mit 6 v. H. sowie der Maschinen- und Fahrzeugbau mit 17 v. H. relativ geringe Anteile. Die Branchenstruktur der I. hat sich aber im Zuge des Aufbaus eines eigenen Schwermaschinenbaus, der Ausweitung der Metallurgie und der Chemie verbessert.

Parallel mit der Veränderung der Produktionsstruktur vollzog sich ein bedeutender Prozeß der Konzentration der Produktion. In den vergangenen zwanzig Jahren verringerte sich die Anzahl der I.-Betriebe von etwa 20 000 auf 10 000. Vor allem in der Grundstoff-I. ist – wie in anderen I.-Ländern auch – die Produktion in wenigen Großbetrieben konzentriert. Ca. ein Drittel aller Arbeiter und Angestellten (über 800 000 Beschäftigte) arbeiten gegenwärtig in den Betrieben von 40 I.-Kombinaten. Diese Kombinate sind den → **Industrieministerien** direkt unterstellt.

Anteil der Betriebe mit über 1 000 Beschäftigten an der Gesamtzahl der Betriebe des Industriebereichs insgesamt (in v. H.)

Industriebereich	1953	1960	1972
Energie- u. Brennstoffindustrie	22	44	65
Chemische Industrie	3	4	6
Metallurgie	36	43	42
Baumaterialienindustrie	1	1	5
Maschinen- u. Fahrzeugbau	5	7	8
Elektrotechnik/Elektronik/ Gerätebau	7	8	14
Leichtindustrie (ohne Textilindustrie)	1	1	2
Textilindustrie	4	5	4
Lebensmittelindustrie	0,4	1	3
Industrie insgesamt	3	4	5

Quelle: Statistische Praxis, H. 2, S. 2*.

Der Konzentrationsgrad der Produktion zeigt sich im Anteil der Produktion der Betriebe mit mehr als 1 000 Beschäftigten an der industriellen Produktion der jeweiligen Branche. Auf Betriebe mit mehr als 1 000 Beschäftigten entfallen bei der Energie- und

Anteile der Industriebereiche[1] an der industriellen Gesamtproduktion

Industriebereich	1936[2]	1950	1960	1970	1973
Energie- u. Brennstoffindustrie	9,0	11,7	6,8	5,6	5,3
Chemische Industrie	6,4	11,2	12,1	14,5	14,4
Metallurgie	10,5	6,2	8,4	7,8	7,8
Baumaterialienindustrie	2,6	2,3	2,0	2,1	2,0
Maschinen- u. Fahrzeugbau	16,1	17,4	22,1	24,9	24,5
Elektrotechnik/Elektronik/Gerätebau	2,7	4,4	6,8	9,5	10,5
Leichtindustrie (ohne Textilindustrie)	13,6	14,7	12,0	11,2	11,4
Textilindustrie	10,6	10,2	8,8	7,0	7,0
Lebensmittelindustrie	28,5	21,9	21,0	17,4	17,1
Gesamte Industrie	100,0	100,0	100,0	100,0	100,0

1 Nach der seit 1968 geltenden Industriezweigsystematik, jedoch ohne Wasserwirtschaft.
2 Die auf das heutige Gebiet der DDR entfallene Bruttoproduktion von 1936 auf die Preisbasis von 1967 umgerechnet.

Quelle: DIW (Hrsg.), DDR-Wirtschaft. Eine Bestandsaufnahme, Frankfurt/Main 1974, S. 362.

Brennstoff-I. 98 v. H. der Produktion, bei der chemischen I. 80, der Metallurgie 95, dem Maschinen- und Fahrzeugbau 64, dem Bereich Elektrotechnik, Elektronik und Gerätebau 80 und bei der Textil-I. 65 v. H.

Zu den größten I.-Betrieben gehören der VEB Leuna-Werke „Walter Ulbricht", Leuna, mit ca. 30 000 Beschäftigten, und der VEB Carl Zeiss, Jena, der VEB Filmfabrik Wolfen, Wolfen, der VEB Chemiekombinat Bitterfeld, Bitterfeld, der VEB Schwermaschinenbau-Kombinat „Ernst Thälmann", Magdeburg, mit Beschäftigungszahlen zwischen 13 000 und 18 000. Ein Vergleich der Struktur der I. nach der Zahl der Betriebe und dem Anteil an der I.-Produktion zeigt, daß gegenwärtig – wie in allen industrialisierten Ländern – zwischen den I.-Bereichen große Unterschiede im Konzentrationsgrad der Produktion bestehen.

Anteil der Industriebereiche an der Gesamtzahl der Betriebe und an der Produktion der Industrie 1973 (in v. H.)

Industriebereich	Betriebe	Industrie-produktion
Energie- und Brennstoffindustrie	0,5	5,4
Chemische Industrie	7,1	14,3
Metallurgie	0,4	7,8
Baumaterialienindustrie	4,3	1,9
Wasserwirtschaft	0,2	0,5
Maschinen- und Fahrzeugbau	25,6	24,4
Elektrotechnik/Elektronik/Gerätebau	6,9	10,7
Leichtindustrie (ohne Textilindustrie)	32,7	11,5
Textilindustrie	11,2	6,7
Lebensmittelindustrie	11,2	16,9
Industrie insgesamt	100	100

Quelle: Statistisches Jahrbuch der DDR 1974, S. 118.

Die Hauptstandorte der I. liegen in den südlichen Bezirken der DDR und im Berliner Raum, vor allem bedingt durch die Konzentration der Bodenschätze im Süden und die traditionell im Norden vorherrschende → **Landwirtschaft**. Durch Ausbau der Fischerei- und Werft-I. im Bezirk Rostock und die Ansiedlung von Produktionsstätten der Nahrungsgüter-I. sowie des Maschinen- und Fahrzeugbaus in

allen drei nördlichen Bezirken erhöhte sich ihre industrielle Bedeutung bei weiterhin dominierender Stellung des traditionellen I.-Zentrums Ost-Berlin und der Bezirke Dresden, Halle, Karl-Marx-Stadt und Leipzig. In den vier Ballungszentren der I. Karl-Marx-Stadt/Zwickau, Dresden, Halle/Leipzig und Ost-Berlin ist auf 1,5 v. H. der Fläche der DDR die Hälfte der I.-Produktion konzentriert.

Anteil der Bezirke an der Industrieproduktion der DDR (in v. H.)

Bezirk	1955	1973
Halle	17,8	14,4
Karl-Marx-Stadt	14,7	14,6
Dresden	13,6	12,3
Leipzig	10,6	8,6
Berlin	7,1	5,9
Magdeburg	7,0	6,4
Erfurt	5,8	7,3
Gera	5,6	4,7
Potsdam	4,0	6,1
Cottbus	4,0	5,1
Suhl	3,3	3,1
Rostock	2,4	3,1
Frankfurt	1,9	4,5
Schwerin	1,5	2,2
Neubrandenburg	0,9	1,6
DDR insgesamt	100	100

Quelle: Statistische Jahrbücher der DDR von 1956 und 1974.

Die I.-Produktion wurde seit 1950 bei einer Erhöhung der Beschäftigtenzahl um ca. 25 v. H. um das sechsfache gesteigert. In den 50er Jahren betrug das Wachstum der I.-Produktion jährlich ca. 14 v. H.; nach der Phase der extensiven Erweiterung der Produktionsquellen und dem Übergang zum intensiven Wachstum Mitte der 60er Jahre hat sich die durchschnittliche jährliche Zuwachsrate der I.-Produktion bis 1973 auf 6,0 v. H. verringert. Der Rückstand der industriellen Arbeitsproduktivität in der DDR gegenüber der Bundesrepublik Deutschland betrug nach Berechnungen westdeutscher Sachverständiger im Jahre 1968 31,6 v. H. Entsprechend besteht im mengenmäßigen Produktionsniveau je Kopf der Bevölkerung ein beträchtlicher Abstand zur I. der Bundesrepublik.

Regionale Produktionsschwerpunkte der Industriebranchen nach Bezirken

Industriebereiche	Berlin (Ost)	Cottbus	Dresden	Erfurt	Frankfurt	Halle	Karl-Marx-Stadt	Leipzig	Magdeburg	Potsdam
Energie- und Brennstoffind.		X	X			X		X		
Chem. Industrie					X	X		X		
Metallurgie			X		X	X				X
Baumaterialienind.			X			X			X	
Maschinen- u. Fahrzeugbau			X			X	X	X		
Elektrotechnik/Elektronik/Gerätebau	X		X	X			X			
Leicht- u. Textilind.			X	X			X	X		
Lebensmittelind.			X	X		X			X	

Quelle: Statistische Praxis, H. 2, 1974, S. 3*.

Pro-Kopf-Produktion wichtiger Industrieerzeugnisse je Einwohner in der DDR und der Bundesrepublik Deutschland im Jahre 1972

	DDR einschl. Berlin (Ost)	BRD einschl. Berlin (West)
Steinkohle	48,0 kg	1 661,6 kg
Rohbraunkohle	14 578,0 kg	1 790,4 kg
Roheisen	126,0 kg	518,9 kg
Rohstahl	333,0 kg	708,7 kg
Schwefelsäure	63,3 kg	76,7 kg
Kalzinierte Soda (Natriumkarbonat)	42,3 kg	22,6 kg
Ätznatron	24,6 kg	31,3 kg
Kalziumkarbid	78,1 kg	10,3 kg
Stickstoffdünger	25,1 kg	22,3 kg
Phosphordünger	24,0 kg	15,2 kg
Synth. Kautschuk	7,8 kg	5,4 kg
Kunststoffe	26,9 kg	89,4 kg
Synth. Fasern und Fäden	4,1 kg	10,3 kg
Zement	520,0 kg	699,6 kg
Zellstoff	23,3 kg	12,3 kg
Zellwolle	7,6 kg	1,4 kg
Papier und Pappe (einschl. Zeitungspapier)	64,9 kg	100,3 kg
Benzin	147.1 kg	263.2 kg
Lkw	1,8 a. T.	4,9 a. T.
Pkw	8,2 a. T.	56,9 a. T.
Haushaltswaschmaschinen	17,3 a. T.	25,8 a. T.
Haushaltsnähmaschinen	10,8 a. T.	7,3 a. T.
Rundfunkempfänger	61,1 a. T.	89,1 a. T.
Fernsehempfänger	25,2 a. T.	49,8 a. T.
Haushaltskühlschränke	26,0 a. T.	42,4 a. T.
Schreibmaschinen	18,9 a. T.	19,8 a. T.
Staubsauger	27,6 a. T.	45,5 a. T.

a. T. = auf Tausend Einwohner bezogen

Quelle: Statistisches Jahrbuch für die Bundesrepublik Deutschland 1973, Statistische Jahrbücher der DDR 1974.

Durch die Überführung halbstaatlicher und privater Betriebe in Volkseigentum (auch Produktionsgenossenschaften des Handwerks mit industrieller Produktion wurden in volkseigene I.-Betriebe umgewandelt) änderte sich die „sozialökonomische" Struktur der I. im Jahre 1972. Basis für die 1972 erfolgte Umwandlung der letzten noch bestehenden Privatbetriebe oder der privaten Anteile an Betrieben in Volkseigentum waren die auf der 4. Tagung des ZK der SED (16./17. 12. 1971) beschlossenen Aufgaben zur „Weiterentwicklung der sozialistischen Produktionsverhältnisse und zur Beseitigung von gewissen Erscheinungen der Rekapitalisierung".

Anteil der Eigentumsformen der Industriebetriebe an der industriellen Warenproduktion und an der Zahl der Arbeiter und Angestellten

Eigentumsform der Betriebe	Anteil der Eigentumsformen der Industriebetriebe			
	an der industriellen Warenproduktion (in v. H.)		an der Zahl der Arbeiter und Angestellten (in v. H.)	
	1971	1973	1971	1973
sozialistisch	88,8	99,9	85,7	99,9
darunter:				
volkseigen	83,1	94,9	82.4	98.5
genossenschaftlich	5,5	4,8	3,3	1.4
staatliche Beteiligung	9,9	0	12,0	0
privat	1,3	0,1	2,3	0,1

Quelle: Statistisches Jahrbuch der DDR 1974, S. 113.

Mit der eigentlichen Lenkung und Kontrolle der Entwicklung in den einzelnen I.-Bereichen sind folgende I.-Ministerien betraut:
die Ministerien für
– Kohle und Energie,
– Erzbergbau, Metallurgie und Kali,
– Chemische Industrie,
– Elektrotechnik und Elektronik,
– Schwermaschinen- und Anlagenbau,
– Werkzeug- und Verarbeitungsmaschinenbau,
– Allgemeinen Maschinen-, Landmaschinen- und Fahrzeugbau,
– Glas- und Keramikindustrie,
– Leichtindustrie,
– Bezirksgeleitete Industrie und Lebensmittelindustrie.

Industrieabgabepreis (IAP): Seit 1955 hat die Bezeichnung IAP den Namen Herstellerabgabepreis (Industrie) für die Abgabepreise der staatlichen Betriebe abgelöst. Der IAP ist der Preis für Waren der Industriebetriebe bei Abgabe an die abnehmenden Betriebe der Industrie, des Bauwesens, der volkseigenen und genossenschaftlichen Landwirtschaft, der Forstwirtschaft, des Verkehrs und des Handels. Die bei weitem größte Zahl der IAP wird durch die Dienststellen des → **Amtes für Preise** als Festpreise festgelegt. Die Kalkulation der Preisvorschläge durch die Betriebe und die Berechnung der für das Wirtschaftsgebiet der DDR gültigen einheitlichen Festpreise durch die Preisbehörden erfolgt nach zentral festgelegten Kalkulationsschemata und Berechnungsverfahren.
Dabei wird das auf Seite 411 dargestellte Grundschema angewandt (GBl. II, 1972, Nr. 67, S. 775).

„Technologische Einzelkosten" sind solche, die im Zusammenhang mit dem unmittelbaren Produktionsprozeß entstehen (z. B. Material- und Lohnkosten). Außerdem gehören dazu die Aufwendungen für die betriebliche Forschungs-, Entwicklungs- und Projektierungstätigkeit. Zu den technologischen Kosten rechnen auch jene, die unmittelbare Voraussetzung für die Aufnahme des Produktionsprozesses sind (z. B. bei den Baubetrieben die Kosten für die Baustelleneinrichtung).
„Technologische Gemeinkosten" sind z. B. der Energieverbrauch für Beleuchtungs- und Heizzwecke im Werk, also Gemeinkosten, die durch den technologischen Arbeitsablauf bedingt sind. „Beschaffungskosten" sind Kosten für die Organisation der Belieferung des Betriebes mit Material und Leistungen.
Bei der Ermittlung der Abgabepreise ist aber nicht nur das Kalkulationsverfahren verbindlich vorgeschrieben,

1		Technologische Einzelkosten
2	+	Technologische Gemeinkosten

3	=	Technologische Kosten
4	+	Beschaffungskosten[1] (soweit nicht in anderen Positionen enthalten)
5	+	Abteilungsleitungskosten

6	=	Abteilungskosten
7	+	Betriebsleitungskosten

8	=	Produktionsselbstkosten
9	+	Absatzkosten[1]

10	=	Selbstkosten
11	+	Gewinn in Prozent, bezogen auf Verarbeitungskosten (Ziff. 10 ./. Grundmaterial und Zwischenerzeugnisse, fremde Lohnarbeit und Kooperation aus Ziff. 1), soweit nicht eine andere Bemessungsgrundlage festgelegt ist

12	=	Betriebspreis
13	+	produktgebundene Abgaben
14	−	produktgebundene Subventionen

15	=	Industrieabgabepreis

1 Nicht für Bauindustrie.

sondern auch in mehr oder minder detaillierter Weise die als solche behördlich anerkannten zum Zwecke der Preisbildung kalkulationsfähigen Kostenelemente. Daher geht bei dem prinzipiell normativen Verfahren der Kostenrechnung und Preiskalkulation auch nicht der gesamte tatsächliche wertmäßige Güter- und Diensteverkehr zur Erstellung von Leistungen in die Planpreise ein. Für → **Produktionsmittel** fallen im Prinzip → **Betriebspreis** und IAP zusammen. Bei Konsumgütern bestehen hingegen erhebliche Unterschiede, denn mit deren Preisgestaltung sollen produktions- und verbrauchslenkende Wirkungen, eine Angleichung der Nachfrage an begrenzte Angebotssituationen bzw. eine Berücksichtigung unterschiedlicher Gebrauchswerte bei substituierbaren Erzeugnissen erreicht werden.

Die Industriepreise für Konsumgüter (→ **Einzelhandels-Verkaufspreise**) sind in der Regel keine originäre, vom Betriebspreis her entwickelte Größe; sie werden vielmehr vom festgelegten Einzelhandelsverkaufspreis durch Abzug des Gesamthandelsrabatts gebildet. Nur so konnte bei der → **Industriepreisreform** und der seitdem durchgeführten Preisbildung (→ **Preissystem und Preispolitik**) ein grundsätzlich konstantes Konsumgüterpreisniveau erzielt werden.

Industriebau: Erzeugnisgruppe der Bauwirtschaft, die den Bau von Gebäuden für die Industrie erfaßt. Im allgemeinen Sprachgebrauch werden mit I. auch die Bauwirtschaftsbetriebe bezeichnet, die Industriegebäude und Industrieanlagen – in der Regel als → **General-** bzw. → **Hauptauftragnehmer** – errichten.
Statistisch werden nur die von der Bauindustrie durchgeführten I.-Leistungen ausgewiesen. Dies ist zwar der bedeutendste Teil; es sollte aber nicht übersehen werden, daß auch vom Bauhandwerk eine Reihe – insbe-

Von der Bauindustrie errichtete Bauwerke für Industrie und Lagerwirtschaft (in Mill. Mark zu Preisen von 1967)

Jahr	Insgesamt	Universell zu nutzende Gebäude	Gebäude u. bauliche Anlagen für die Produktion	Lagergebäude
1965	1 673,4	388,3	1 096,4	188,8
1966	1 797,0	385,3	1 265,6	146,1
1967	2 464,1	788,9	1 397,7	277,5
1968	2 577,3	754,0	1 582,3	241,0
1969	3 151,5	1 062,8	1 813,9	274,8
1970	3 465,6	1 399,3	1 805,0	261,3
1971	3 851,1	1 417,3	2 116,4	317,3
1972	4 126,1	1 296,9	2 500,8	328,4
1973	4 248,6	1 188,6	2 727,8	332,2
1974	4 521,0			

Quelle: Statistische Jahrbücher der DDR und Statistisches Taschenbuch der DDR 1975.

sondere spezieller – Bauleistungen für Industriebauten durchgeführt wird.
Auffällig ist, daß der Anteil der in Montagebauweise errichteten Bauwerke, der bei Wohnbauten mit gegenwärtig über 80 v. H. besonders hoch ist, bei Industriebauten nur rund 20 v. H. erreicht. → **Bau- und Wohnungswesen.**

Industrieforschung: → **Forschung.**

Industrieinstitute: Institute an mehreren Hochschulen und Universitäten, in denen seit 1954 Wirtschafts-, Staats- und Parteifunktionäre sowie „bewährte Brigadiere und Facharbeiter, die Fähigkeiten zu einer leitenden Tätigkeit besitzen" (GBl. II, 1961, S. 383), fachlich ausgebildet werden. Inhalt der Ausbildung ist ein ingenieur-ökonomisches Studium, das aus einer Kombination von naturwissenschaftlichen, technischen und wirtschaftswissenschaftlichen Fächern besteht und mit dem akademischen Grad eines „Diplom-Ingenieurökonomen des I." abgeschlossen wird. Nach Beschlüssen des Sekretariats des ZK der SED und des Ministerrats im November 1969 bzw. Mai 1970 zur Veränderung des Studiums an den I. werden seit 1972 nur noch befähigte Produktionsarbeiter ausgebildet. Die Spezialisierung der I. auf diesen Personenkreis begann 1970 an zunächst zwei Instituten. Studienvoraussetzungen sind der Abschluß der 10. Klasse der polytechnischen Oberschule, eine Berufsausbildung bzw. eine mehrjährige Berufstätigkeit, eine mindestens 10jährige Beschäftigung in der Industrie und die besondere Bereitschaft zu gesellschaftspolitischen Aktivitäten. Die I. nehmen lediglich Personen auf, die durch zentrale staatliche Leitungsinstanzen zum Studium delegiert werden. Die Ausbildung soll zur unmittelbaren Übernahme von Leitungspositionen befähigen und ist entsprechend stark anwendungsorientiert. Das Studium besteht aus einem viermonatigen Vorbereitungsstudium und einem zweijährigen Direktstudium am I. → **Universitäten und Hochschulen.**

Industrieläden: → **Industrievertrieb.**

Industrieministerien: Ein I. ist das staatliche Organ für die zentrale Leitung eines oder mehrerer Industriebereiche bzw. -zweige. Es arbeitet nicht nach dem Prinzip der → **wirtschaftlichen Rechnungsführung** und verfügt über kein eigenes Grund- und Umlaufkapital. Einem I. sind in der Regel mehrere VVB (teilweise auch Kombinate) direkt unterstellt (dem → **Ministerium für Bezirksgeleitete Industrie und Lebensmittelindustrie** zusätzlich die Bezirkswirtschaftsräte). Die I. unterstehen auf dem Planungssektor der Staatlichen Plankommission (SPK).

Die Leitung der → **Industrie** war seit 1958 zunächst Aufgabe der SPK, von 1961 bis 1965 des Volkswirtschaftsrates. Ende 1965 wurde der Volkswirtschaftsrat aufgelöst; aus seinen Industrieabteilungen entstanden im Januar 1966 acht I. Gegenwärtig bestehen folgende I.: Ministerium für bezirksgeleitete Industrie und Lebensmittelindustrie (Minister: Erhard Krack), → **M. f. Chemische Industrie** (Minister: Günter Wyschowsky), → **M. f. Elektrotechnik und Elektronik** (Minister: Otfried Steger), → **M. f. Erzbergbau, Metallurgie und Kali** (Minister: Kurt Singhuber), → **M. f. Kohle und Energie** (Minister: Klaus Siebold; Bezeichnung vor dem 1. 1. 1972: → **M. f. Grundstoffindustrie**), → **M. f. Leichtindustrie** (Minister: Karl Bettin), → **M. f. Schwermaschinen- und Anlagenbau** (Minister: Gerhard Zimmermann), → **M. f. Werkzeug- und Verarbeitungsmaschinenbau** (Minister: Rudi Georgi), → **M. f. Allgemeinen Maschinen-, Landmaschinen- und Fahrzeugbau** (Minister: Günther Kleiber), → **M. f. Glas- und Keramikindustrie** (Minister: Werner Greiner-Pretter). Hinzu kommt das → **M. f. Materialwirtschaft** (Minister: Manfred Flegel) mit Querschnittsaufgaben, die die Materialversorgung der Industrie und der anderen Bereiche der Volkswirtschaft betreffen.

Die I. sind Organe des → **Ministerrates**, ihre Leiter, die Industrieminister, Mitglieder des Ministerrates. Ihre Aufgaben liegen in der Leitung, Koordinierung und Kontrolle der zum jeweiligen Industriebereich bzw. -zweig gehörenden VVB bzw. der den I. direkt unterstellten Kombinate. Zu den Aufgaben zählen:

1. Präzisierung der von der SPK erhaltenen „staatlichen Aufgaben" für die einzelnen Industriezweige und Übergabe an die VVB zur Ausarbeitung eigener Planentwürfe.

2. Anleitung und Kontrolle der VVB bei der Ausarbeitung ihrer Perspektiv- und Jahrespläne.

3. „Verteidigung" der zusammengefaßten Planvorschläge ihrer Bereiche vor dem Leiter der SPK.

4. Anleitung der VVB bei der Ausarbeitung langfristiger Prognosen der wissenschaftlich-technischen und wirtschaftlichen Entwicklung der Industriebereiche und Haupterzeugnisse. Gleichzeitig arbeitet das I. eigene Prognosen für den gesamten unterstellten Wirtschaftsbereich aus.

5. Koordinierung der Pläne der wissenschaftlichen Vorbereitung, der Produktions- und Absatzpläne sowie des Investitionsplanes mit anderen Ministerien, besonders mit dem → **Ministerium für Außenhandel** und dem → **Ministerium für Bauwesen.**

Der Industrieminister ist der unmittelbare Vorgesetzte der Generaldirektoren der VVB bzw. der den I. unmittelbar unterstellten Kombinate. Er hat diese direkt anzuleiten. Zwischen seinem Ressort und den VVB entstehen Beziehungen sehr unterschiedlicher Art. Es sind nicht nur die in den planmethodischen Bestimmungen geregelten Formen der Planausarbeitung und -bestätigung als wichtigster Leitungsform; es bestehen auch speziell geregelte Weisungsrechte in einer Vielzahl von Normativakten, z. B. der Investitionsordnung, der Bilanzordnung, die für den Minister Genehmigungsvorbehalte enthalten, daneben das Recht zum Erlaß von Normativakten bis hin zu Disziplinarbefugnis gegenüber den Generaldirektoren der unterstellten VVB.

Industriepreise: Im Gegensatz zu den bei Konsumgütern wirksamen → **Großhandelspreisen** oder → **Einzelhandels-Verkaufspreisen** gelten für Investitionsgüter, Rohstoffe, Materialien, Halbprodukte und Vorleistungen in den zwischenbetrieblichen Wirtschaftsbeziehungen sowie zwischen den Betrieben und dem Produktionsmittelhandel die sog. I. Hierzu zählt einmal der → **Betriebspreis**, der sich aus den kalkulierbaren Kosten zuzüglich des gemäß den Kalkulationsvorschriften (GBl. II, 1972, Nr. 67, S. 741 ff. u. a.) zulässigen Gewinns zusammensetzt, und zum anderen der → **Industrieabgabepreis** (= Betriebspreis + Produktionsabgabe).

Industriepreisreform: Zur Überwindung der erheblichen Preisverzerrungen wurde in den Jahren 1964 bis 1967 als eine wichtige Maßnahme der Reformen des → **NÖS** eine umfangreiche I. durchgeführt. Ihr war 1963 die → **Grundmittelumbewertung**, mit der das → **Anlagevermögen** zu einheitlichen Preisen bewertet wurde, sowie darauf aufbauend eine Abschreibungsreform (→ **Abschreibungen**) vorausgegangen, um bei der Preisneufestsetzung sinnvollere Abschreibungen berücksichtigen zu können.

Die I. erfolgte in drei Stufen: Von der ersten Etappe von 1964 wurden die Preise wichtiger Rohstoffe wie z. B. Kohle, Energie, Erze, Eisen, Stahl und chemische Grundstoffe mit einem Produktionsvolumen von 50 Mrd. Mark betroffen und um durchschnittlich 70 v. H. erhöht. In der zweiten Etappe von 1965 folgten für ein Produktionsvolumen von ebenfalls 50 Mrd. Mark Preisheraufsetzungen von durchschnittlich 40 v. H.; erfaßt wurden Erzeugnisse wie Holz, Papier, Pappe, Baustoffe, Kabel und Drähte, Chemieerzeugnisse. Anfang 1967 wurde schließlich die dritte Etappe abgeschlossen, die sich auf Fertigerzeugnisse – insbesondere Ausrüstungsgüter und Bauleistungen, aber auch Erzeugnisse der Leicht- sowie der Lebensmittelindustrie – bezog. Für ein Produktionsvolumen von rund 100 Mrd. Mark ergab sich eine durchschnittliche Verteuerung von 4 v. H. Entscheidend war bei der Preisreform eine Veränderung der betrieblichen Kalkulationsrichtlinien, nach der die zulässigen Gewinnsätze nur noch auf die Verarbeitungskosten (= betrieblicher Nettoproduktionswert) und nicht – wie vorher – auf die Summe aus Material- und Verarbeitungskosten bezogen werden durften. Da-

mit wurde die Höhe des erzielten Gewinns ausschließlich von der betrieblichen Eigenleistung abhängig.
Durch die Wahl dieser Bemessungsgrundlage wurde
vermieden, daß sich der Einsatz teurer Materialien sowie die Erzeugung übermäßig materialintensiver Produkte für den Betrieb gewinnbringend auswirkte.
Trotz der Verbesserungen zeigten die Preise jedoch
noch immer erhebliche Mängel: Neben der Vernachlässigung des Kapitalzinses als Kostenfaktor bei der Preiskalkulation, der unvollkommenen Berücksichtigung der
Knappheiten der Produktionsfaktoren wiesen die Preise
insbesondere eine zu geringe Flexibilität auf, um kurzfristigen Nachfrageeinflüssen wirksam begegnen zu
können. Zwar wurden Ende der sechziger Jahre Maßnahmen zur Preisdynamisierung entwickelt (→ **Preissystem und Preispolitik**) und mit der Einführung des
→ **fondsbezogenen Preises** auch der notwendige Kapitalaufwand im Preis berücksichtigt. Der Erfolg dieser
Verbesserungen blieb jedoch begrenzt, da mit der Rezentralisierung des Wirtschaftssystems zum Jahresende
1970 die ohnehin unvollkommenen Preisdynamisie-
rungsinstrumente wieder aufgehoben und die Weiterführung des Übergangs zu fondsbezogenen Preisen – bis
auf weiteres – abgebrochen worden ist. Damit gelten
noch heute für einen großen Teil der Erzeugnisse die mit
der I. geschaffenen Preise.

Industrierohstoffe: Nach eigenen Angaben kann die
→ **Industrie** der DDR ihren Rohstoffverbrauch nur zu
40 v. H. bis 50 v. H. aus einheimischen Quellen decken.
Der Importanteil ausgewählter Rohstoffe beträgt bei:
Erdöl knapp 100 v. H., Steinkohle 94 v. H., Eisenerz 90
v. H., Zink 90 v. H., Primäraluminium 60 v. H., Kupfer
50 v. H., Schnittholz 50 v. H.,Walzstahl 45 v. H.
Lediglich die Braunkohlen- sowie die Kali- und Stein-
salzvorkommen reichen aus, um den inländischen Bedarf befriedigen zu können (→ **Bergbau**).
Wichtigster Rohstofflieferant ist die Sowjetunion. Anfang der 70er Jahre lieferte sie vom Industrieverbrauch:
Erdöl 90 v. H., Eisenerz 90 v. H., Baumwolle 85 v. H.,
Zink 70 v. H., Blei 60 v. H., Primäraluminium 60 v. H.,
Walzstahl 40 v. H. und Schnittholz 40 v. H.
Aufgrund der relativ schmalen Rohstoffbasis werden erhebliche Anstrengungen unternommen, sog. Sekundär-
rohstoffe (Abfälle und Altmaterial) wieder dem Produktionsprozeß zuzuführen. Von den jährlich anfallenden Sekundärrohstoffen im Wert von über 2 Mrd. Mark
werden gegenwärtig etwa 70 v. H. genutzt. Aus ihnen
deckt die DDR-Volkswirtschaft 70 v. H. des Eisenbe-
darfs der Stahlindustrie, 60 v. H. des Behälterglasbe-
darfs der Lebensmittelindustrie, 40 v. H. des Bleiver-
brauchs, 40 v. H. des Rohstoffbedarfs der Papierindustrie, 35 v. H. des Kupferbedarfs, 20 v. H. des Alumini-
umverbrauchs, 10 v. H. des Faserbedarfs der Textilindustrie.
Da der spezifische Verbrauch von Rohstoffen bei einer
Reihe von Erzeugnissen noch etwa 15 v. H. bis 30 v. H.
über dem internationalen Niveau liegt, soll im Zeitraum
1971 – 1975 der Aufwand an volkswirtschaftlich wichtigen Roh- und Werkstoffen jährlich um durchschnittlich

1,8 v. H. bis 2 v. H. gesenkt werden. Erstmals wurden
im Volkswirtschaftsplan 1973 zur Durchsetzung dieses
Ziels 450 Normative für den spezifischen Verbrauch bestimmter Materialien vorgegeben. 1974 sollen bereits
800 Positionen zentral bestimmt werden, womit etwa 60
v. H. des Materialverbrauchs erfaßt sind.

Industriesoziologie: → **Soziologie und Empirische
Sozialforschung.**

Industrie- und Handelsbank (IHB): Mit Wirkung vom
1. 1. 1968 (GBl. II, S. 9) als Rechtsnachfolger der
Deutschen Investitionsbank (DIB) unter Einbeziehung
von Aufgaben der früheren → **Deutschen Notenbank**
gebildete Geschäftsbank für Industrie, Bauwesen, Handel und Verkehr. Für diese Wirtschaftsbereiche nimmt
dieses Spezialinstitut des → **Bankwesens** folgende
Funktionen wahr: Kontoführung sowie Abwicklung des
Zahlungs- und Verrechnungsverkehrs; Finanzierung
des Wohnungsbaus; Durchführung der Bankkontrolle;
Gewährung der Kredite sowie Mitarbeit bei der Vorbereitung und Durchführung der Investitionen; Ausreichung von Mitteln zur Finanzierung der Einlagen des
Staates sowie Wahrnehmung der Funktion des staatlichen Gesellschafters in den Betrieben mit staatlicher
Beteiligung (BSB); Durchführung des Staatshaushaltes,
Führung des Schuldbuchs der DDR, des Zahlungsverkehrs für den Reiseverkehr sowie die Führung der Devisenausländerkonten im Auftrage der → **Staatsbank**.
Als Organ des Ministerrates sitzt ihre Zentraldirektion
in Berlin (Ost), der die Bezirksdirektionen (→ **Berliner
Stadtkontor**) sowie Industriebankfilialen für die Geschäftsbeziehungen zu den → **Vereinigungen Volkseigener Betriebe (VVB)** und → **Kombinaten** unterstehen.
Die direkte Zusammenarbeit mit den Betrieben obliegt
den Kreisfilialen. Der Präsident (Hans Taut) der nach
dem Prinzip der wirtschaftlichen Rechnungsführung arbeitenden IHB wird vom Vorsitzenden des Ministerrates berufen. Vizepräsident und Direktoren sind ihm für
die Erfüllung ihrer Aufgaben persönlich verantwortlich,
ein Bankrat soll ihn in grundsätzlichen Fragen beraten.
Mit Wirkung vom 1. 7. 1974 ist die IHB wieder Bestandteil der Staatsbank.

Industrie- und Handelskammern der Bezirke (IHK):
Die IHK wurden unmittelbar nach Kriegsende als be-
rufsständische Organisation aufgelöst, aber im Herbst
1945 von den Länderverwaltungen als Interessenvertretung der privaten Wirtschaft wieder zugelassen. Zum
31. 3. 1953 wurden sie erneut aufgelöst (GBl., Nr. 32)
und am 1. 8. 1953 (GBl., Nr. 91) im Zuge des → **Neuen
Kurses** wieder errichtet. Mit der VO über die IHK der
Bezirke erfolgte 1958 (GBl. I, Nr. 61) eine erneute Umgestaltung. Das Präsidium und sein Apparat wurden
aufgelöst. Die bisherigen Bezirksdirektionen wurden
selbständige juristische Personen und den Räten der Bezirke, die Kreisgeschäftsstellen der IHK der Bezirke
gleichzeitig den Räten der Kreise unterstellt.
Der IHK gehören alle selbständig gewerblich tätigen
Bürger, juristische Personen und Personenvereinigungen an. Ausnahmen waren die halbstaatlichen Betriebe

und Treuhandbetriebe, soweit sie staatliche Produktionsaufgaben durchführten. Weitere Ausnahmen sind Betriebe der pflanzlichen und tierischen Produktion, Handwerksbetriebe, Kleinindustriebetriebe und Einkaufs- und Liefergenossenschaften (→ **Handwerkskammern der Bezirke**).

Die IHK, zur Teilnahme am Aufbau des Sozialismus verpflichtet, sollen private Händler zur Einbeziehung in den Kommissionshandel und bis 1972 private Betriebe zur Aufnahme staatlicher Beteiligungen gewinnen. Sie unterstützen örtliche Organe beim Organisieren von Kooperationsbeziehungen zwischen sozialistischen und privaten Betrieben und mobilisieren ihre Mitglieder zur Erfüllung der Aufgaben des Volkswirtschaftsplanes. Das Betätigungsfeld der IHK beschränkt sich seit der Verstaatlichung der privaten Betriebe in Industrie und Bau im Frühjahr 1972 vornehmlich auf die rund 20 000 Einzelhändler und Großhändler und die 30 000 Kommissionshändler.

Industrievertrieb: Der I. für Konsumgüter hat die 1955 eingeführten Industrieläden abgelöst. Er ist eine Vertriebsform für Fachsortimente geringer Breite bei den VEB und VVB. Im I. werden Waren, die spezieller Fachberatung, guter Ersatzteilversorgung und eines organisierten Kundendienstes bedürfen, verkauft. So etwa der IFA-Vertrieb für Kraftfahrzeuge oder der RFT-Vertrieb für Rundfunk und Fernsehen. Der I. ist juristisch selbständige Person im Rahmen der zuständigen VVB.

Industriezweiginstitute: → **Forschung.**

Infiltration: *Geschichte.* Die kommunistischen Parteien nutzten seit dem VII. Weltkongreß der → **Komintern** 1935 in Moskau jede Gelegenheit, um nichtkommunistische Einrichtungen für ihre Bündnispolitik zur Verbreiterung ihrer Basis zu gewinnen.

Der DDR kam es – besonders unter den Bedingungen der Hallstein-Doktrin – in erster Linie darauf an, mit den Mitteln der I. ihre außenpolitische Isolierung zu durchbrechen, möglichst viele nichtkommunistische Gruppen zu Aktionen für die diplomatische Anerkennung der DDR zu gewinnen und ihr gesellschaftliches Modell zu propagieren. → **SED**, → **KPD** und deren → **Massenorganisationen** (→ **FDJ; FDGB; DFD** u.a.m.) bedienten sich zu diesem Zweck unterschiedlicher Methoden; sie reichten von einer mannigfaltigen Komiteebewegung (→ **Freundschaftsgesellschaften** und Friedenskomitees) über die Bildung von Arbeitsgemeinschaften für verschiedene berufliche oder soziale Gruppen (z. B. → **Arbeitsgemeinschaften ehemaliger Offiziere**), Studiengesellschaften bzw. Vereinigungen für Intellektuelle (z. B. Komitee zum Studium der gesellschaftlichen Verhältnisse und ihrer Veränderung in Westdeutschland oder Vereinigung demokratischer Juristen), der Durchführung von periodischen Konferenzen und Aktionen (z. B. Aktion gegen Remilitarisierung, → **Deutsche Arbeiterkonferenzen**) bis zur Gründung sog. Sammlungsbewegungen (z. B. ADF, DFU), in denen die Kommunisten nach ihrem Volksfrontverständnis dominierten und erhebliche materielle Hilfe leisteten.

Die SED-Führung bestreitet heute nicht mehr, daß ihr erklärtes politisches Ziel nach 1945 darin bestand, „ihre Bemühungen auf die Bildung eines demokratischen deutschen Staates, der alle vier Besatzungszonen und nicht nur die sowjetische Besatzungszone umfaßte", zu richten. Dieser Staat, der „alle vier Besatzungszonen umfaßte", sollte auf derselben gesellschaftspolitischen Grundlage entstehen, die von der sowjetischen Besatzungsmacht in der damaligen SBZ geschaffen worden war.

Die SED-Führung bediente sich zu diesem Zweck eines umfangreichen Apparates, der unter Führung der Westabteilung beim → **ZK der SED** die gesamte kommunistische I. in der Bundesrepublik Deutschland leitete und kontrollierte. (Diese Abteilung hat im Laufe der Jahre mehrmals ihren Namen geändert: Westkommission, Westabteilung, Abteilung für gesamtdeutsche Arbeit, Arbeitsbüro, Abteilung 62 u. a. m.; zeitweilig war noch zwischen dem → **Politbüro der SED** und der Westabteilung eine Kommission für nationale Arbeit oder Westkommission geschaltet, die als Westsekretariat unter Leitung von Walter Ulbricht, Hermann Matern und Albert Norden die Arbeit der Westabteilung anleitete.) Die Westabteilung beim ZK der SED verwirklichte diese Anleitung vor allem durch den Einsatz zahlreicher Instrukteure, die in der Bundesrepublik in allen Fragen der I. gegenüber der KPD Weisungs- und Kontrollfunktionen ausübten.

Die Einrichtung des Freiheitssenders 904 – Standort bei Magdeburg / DDR – diente der I.-Propaganda und der Anleitung der KPD-Kader in der Bundesrepublik. Der Soldatensender 935 war auf die I. der Bundeswehr spezialisiert.

Infiltrationszentrale KPD. Den westdeutschen Kommunisten fiel sowohl in ihrer legalen (1946–1956) wie in ihrer illegalen Periode (1956–1968) die Aufgabe der Koordinierung, Anleitung und Kontrolle der gesamten I. in der Bundesrepublik zu. Die Westabteilung der SED leitete ihrerseits die KPD an, sicherte ihre Finanzen und hielt auch von sich aus direkt Kontakte zu einzelnen I.-Trägern.

Im Mittelpunkt der I.-Bemühungen der KPD stand der Versuch, durch aktive Arbeit in den Gewerkschaften sowie durch Aktionsangebote an den Arbeiternehmerflügel der SPD die „Aktionseinheit der Arbeiterklasse" zu schaffen, die nach der Strategiedoktrin der KPD die Voraussetzung zu gesellschaftspolitischen Veränderungen in der Bundesrepublik sein sollte. Durch halbjährlich durchgeführte Arbeiterkonferenzen in der DDR, die Herausgabe von zahlreichen Betriebszeitungen für Großbetriebe in der Bundesrepublik, Begegnungen von Gewerkschaftern aus beiden Teilen Deutschlands und vor allem durch aktive Mitarbeit in gewerkschaftlichen Organisationen und Betriebsräten sollte dieses Ziel erreicht werden. Aber auch die Jugendverbände, insbesondere der Arbeiterjugend und kooperationsbereite Gruppen des Bürgertums waren Ziele der I.

Das veränderte Konzept. Mit Abschluß der Verträge mit Moskau und Warschau, des Viermächte-Abkommens und des → **Grundlagenvertrages**, der damit in Zusammenhang stehenden ideologischen Abgrenzungspolitik der SED gegenüber Einflüssen aus der Bundesrepublik, mit der Verkündung der These von zwei deutschen Nationen sowie der internationalen Anerkennung der DDR und ihrer Aufnahme in die UNO, mußte die SED ihr I.-Konzept verändern:

a) Die Gründung einer legalen kommunistischen Partei, der DKP, ihrer Jugendorganisation, der SDAJ, und ihres Studentenverbandes, des MS Spartakus, ermöglichte die politische und ideologische Auseinandersetzung in aller Öffentlichkeit. Der Freiheitssender 904 und der Soldatensender 935 wurden stillgelegt; die Abhängigkeit der DKP von der SED blieb in finanzieller Hinsicht zwar bestehen, das Instrukteurwesen wurde jedoch durch offizielle Konsultationen zwischen beiden Parteispitzen zum Teil ersetzt. Die westdeutschen Kommunisten können heute im Gegensatz zu früher eigene Entscheidungen, jedenfalls in der Tagespolitik, treffen.

b) Die Komiteebewegungen, Vereinigungen und die periodischen Konferenzen, vor allem auf gewerkschaftlichem Sektor, konnten zugunsten einer Verstärkung der Öffentlichkeitsarbeit der DKP aufgelöst bzw. umfunktioniert werden (das betraf u. a. die DFU, ADF, die halbjährlich durchgeführten deutschen Arbeiterkonferenzen, die deutschen Gespräche, die Komitees zum Studium der gesellschaftlichen Verhältnisse und ihrer Veränderung in der Bundesrepublik, die Arbeitsgemeinschaft ehemaliger Offiziere u. a.). Die auf internationaler Ebene arbeitenden Freundschaftsgesellschaften, Friedenskomitees usw. blieben zwar zum Teil bestehen, änderten aber ihren Charakter: Die in ihnen tätigen Kräfte brauchten sich nicht mehr für die internationale Anerkennung der DDR einzusetzen; jetzt bestand ihre Aufgabe darin, – meist im Rahmen offizieller Institutionen – das DDR-System als Beispiel für eine „gerechte Gesellschaft" zu propagieren und die Krisenerscheinungen im Westen als systemtypisch darzustellen.

c) Die internationale Aufwertung des WGB, die Aufnahme des kommunistisch gelenkten italienischen Gewerkschaftsbundes CGIL in den Europäischen Gewerkschaftsverband, dem bisher nur Mitgliedsorganisationen des IBFG sowie der Christlichen Gewerkschaften angehörten, und die erweiterte Teilnahme von Gewerkschaftlern aus Finnland, Schweden, Norwegen und Dänemark an der 17. Arbeiterkonferenz anläßlich der Ostseewoche 1974 in Rostock, sowie die innerdeutschen Gewerkschaftskontakte seit 1970 haben die Beziehungen zwischen DGB und FDGB aus dem Bereich der I. herausgelöst, ohne allerdings die Bestrebungen der DKP auf stärkere Einwirkung auf die Gewerkschaften an der Basis zu verringern.

d) Zahlreiche Tarnzeitungen (Blinkfüer, Hamburg; Tatsachen, Ruhrgebiet; offen und frei, Baden-Württemberg; Die andere Zeitung, Frankfurt/Main u. a.) wurden zugunsten der aufwendigen UZ, die ab 1. 10. 1973 als Tageszeitung erscheint, eingestellt. Der Druck von KPD-Materialien in der DDR wurde aufgegeben und statt dessen zahlreiche Verlage in der Bundesrepublik Deutschland gegründet, die zwar von der DDR finanzielle Zuschüsse (durch Anzeigen) erhalten,

sich aber auch um Rentabilität bemühen müssen (Röderberg Verlag, Frankfurt/Main, Verlag Marxistische Blätter GmbH., Frankfurt/Main, Dr. Wenzel Verlag, Düsseldorf u. a.).

Die neuen Formen der Infiltration. Gegenwärtig kann davon ausgegangen werden, daß der Tatbestand der I. nur noch auf folgende Tätigkeitsbereiche anzuwenden ist:

a) Die Anleitung, Kontrolle und Finanzierung der DKP durch die Westabteilung beim ZK der SED als Garantie für die Sicherung des Einflusses der SED auf die DKP in der Bundesrepublik.

b) Durchführung von Einzelberatungen und -besprechungen in der DDR anstelle der bis dahin üblichen Großveranstaltungen: In der Gegenwart laden SED, FDGB und FDJ und andere Massenorganisationen Sozialdemokraten, mit den Kommunisten sympathisierende Gewerkschaftler und Angehörige sozialistisch orientierter nichtkommunistischer Jugend- und Studentengruppen zu Gesprächen in die DDR ein. Die Teilnehmer aus dem Bundesgebiet werden dabei nicht nur politisch und methodisch indoktriniert, sondern auch angehalten, Stimmungsberichte aus Gewerkschaften und Jugendorganisationen zur Verfügung zu stellen. Die FDJ schließt z. B. offiziell Freundschaftsverträge mit Jugendorganisationen in der Bundesrepublik.

c) Die Unterstützung der DKP und ihrer Hilfsorganisationen durch die SED vollzieht sich u. a. im Rahmen des Patenschaftssystems der SED, wonach jeweils SED-Bezirke DKP-Bezirke betreuen. Die DKP ist dafür verantwortlich, nach sorgfältig zwischen den Parteileitungen abgestimmten Programmen zahlreiche Delegationen in die DDR zu entsenden: Neben reinen Parteigruppen reisen Studentendelegationen mit DKP-Sympathisanten und Betriebsarbeiterdelegationen in die DDR. Ferner findet eine sog. Urlauberschulung in der DDR statt. 1973 empfingen einige SED-Bezirksleitungen in der Regel jede Woche eine von der DKP zusammengestellte Delegation.

d) Zahlreiche aus der DDR in die Bundesrepublik einreisende Funktionäre nennen als Auftraggeber Kultur- und Bildungseinrichtungen der DDR. Viele geben auch an, im Auftrage der → **Urania** zu reisen. Insgesamt traten z. B. 1973 rd. 1 000 Funktionäre aus der DDR auf rund 800 Veranstaltungen in der Bundesrepublik auf.

e) Viele von ihnen führten nebenher andere ausschließlich interne Gespräche mit Personen, die in der Bundesrepublik für die SED interessante Kontakte haben.

f) Die Aktivität der Nachrichtendienste der DDR scheint sich in dem Maße zu steigern, in dem die traditionelle I. unter den Bedingungen der Abgrenzungspolitik und nach Erfüllung des außenpolitischen Hauptzieles der DDR, der Erlangung der internationalen Anerkennung, abnimmt. So soll 1973 die Zahl der erkannten Spionageaufträge um 12 v. H. angestiegen sein, wobei die überwiegende Mehrheit der Personen (75 v. H.) im kommunistischen Bereich angesprochen wurden.

g) Auch die Anwerbung und Tätigkeit der sog. Einflußfunktionäre geht weiter. Hier handelt es sich um den Versuch, Personen des öffentlichen Lebens für die Propagierung des DDR-Systems und ihrer „Friedenspolitik" zu gewinnen. Die Aufgabenstellung dieser Einflußpersonen oder -gruppen hat sich jedoch ebenfalls verändert: Sie brauchen nicht mehr für die inzwischen erfolgte völkerrechtliche Anerkennung einzutreten. Gegenwärtig besteht ihre Aufgabe vielmehr darin, die DDR als Alternative zur Bundesrepublik zu propagieren, über die „imperialistische Bundesrepublik" aufzuklären und marxistisches Grundwissen zu vermitteln.

Die klassische I. wurde unter den neuen Bedingungen reduziert und in ihrem Charakter geändert. Ihr Ziel jedoch, neben der offiziellen Auseinandersetzung nichtkommunistische Hilfskräfte zur Durchsetzung der Politik der SED/KPD zu gewinnen, besteht weiter.

Information

Informationsbegriff – Informationstheorie – Informationswissenschaft – Informationssysteme

I. Informationsbegriff

Eine I. ist eine Abbildung objektiver Zusammenhänge der realen Welt zu einem bestimmten Zeitpunkt und unter bestimmten Bedingungen im Bewußtsein der Menschen. Sie bezeichnet mit anderen Worten eine Auskunft, Mitteilung, Belehrung, Benachrichtigung oder Unterrichtung über vergangene, gegenwärtige oder zukünftige Erscheinungen. Eine I. soll möglichst umfassend, jedoch frei von unwesentlichen Aussagen, sowie genau sein und zum richtigen Zeitpunkt vorliegen. Wissenschaftliche Präzisierung erlangt der Begriff der I. vor allem im Rahmen der Kybernetik (Informationstheorie), zu deren Grundbegriffen er gerechnet werden muß. Darüber hinaus ist er auch für die Informations- und Dokumentationswissenschaft von Bedeutung.

Im Leitungs- und Planungssystem der DDR nehmen insbesondere sogenannte ökonomische I. eine besondere Stellung ein. Man unterscheidet hier entsprechend ihrer Funktion: Plan-I., Berichts-I., unterrichtende I. sowie Direktiv- oder Weisungs-I. Plan-I. beziehen sich auf die Leitung und Planung zukünftiger Prozesse (Prognose-I., I. der Fünfjahr- und Jahresvolkswirtschaftsplanung, I. der eigenverantwortlichen kurz-, mittel- und langfristigen Planung). Berichts-I. beziehen sich auf vergangene bzw. sich gegenwärtig vollziehende Prozesse (z. B. statistische I., Analysen, operative Berichterstattungen usf.). Unterrichtende I. bilden die Grundlage für die Ausarbeitung von Plan-I. Für die Leitung stellen sie ein brauchbares Hilfsmittel bei der Entscheidungsfindung dar. Direktiv- oder Weisungs-I. tragen sowohl für einzelne Leitungsbereiche (Betriebe, Kombinate, Industriezweige usf.) als auch für einzelne konkrete Prozesse verbindlichen Charakter.

II. Informationstheorie (Nachrichtentheorie)

Die I.-Theorie ist eine mathematische Theorie, die sich mit den Gesetzen und Regelmäßigkeiten der Übermittlung und Verarbeitung von I. befaßt. I. sind vor allem unter vier Aspekten zu betrachten. Zu unterscheiden ist zwischen dem nachrichtentechnischen (syntaktischen), dem semantischen, dem pragmatischen und dem sigmatischen Aspekt.

Der nachrichtentechnische Aspekt der I. ist dadurch zu charakterisieren, daß Nachrichten durch eine Auswahl von einem Sender über einen Empfänger (Rezeptor) zu einem Regler bzw. einem Effektor (ausführendes Organ des Reglers) zuverlässig und schnell weitergegeben werden. Dabei wird jede einzelne I.-Einheit als ein „bit" bezeichnet. Ein „bit" (von engl. binary digit: Binärstelle, Binärentscheidung, Binärziffer) ist das quantifizierte Maß für den I.-Gehalt.

Der syntaktische Aspekt der I. bezieht sich lediglich auf einzelne Nachrichten, Signale, Zeichen bzw. Zeichenmengen (Semiotik). Das materielle System, durch das Nachrichten laufen, wird als Kommunikationskanal bezeichnet. Kommunikationskanäle können in verschiedenen Formen erscheinen. Der Weg der Nachrichten bzw. Signale wird auch „Signalflußweg" genannt. Dabei stehen die Übergangsfunktionen der einzelnen Nachrichten durch die einzelnen Abschnitte des Kommunikationskanals im Vordergrund der Betrachtung. Wenn in der I.-Übertragung eine Kürzung der Signalmenge möglich ist, ohne daß ein I.-Verlust eintritt, spricht man von „Redundanz".

Die verschiedenen „Bedeutungen" der Nachrichten, Signale oder Zeichen, ihr ihnen vom Sender und/oder Empfänger verliehener „Sinn" werden als der semantische Aspekt der I. aufgefaßt.

Der pragmatische Aspekt der I. bezeichnet die Beziehungen zwischen den Nachrichten, Signalen oder Zeichen und den Sendern bzw. Empfängern.

Der sigmatische Aspekt der I. schließlich bezieht sich auf die Relationen zwischen Zeichen und dem, was diese bezeichnen.

I. sind nur im Zusammenhang mit informationellen Kopplungen zwischen (kybernetischen) Systemen verständlich. Insofern kann die I. auch als ein Teilgebiet der Kybernetik angesehen werden, die als eine Theorie dynamischer selbstregulierender Systeme auch die mit solchen Systemen verbundenen informationellen Prozesse untersucht.

Sowohl die I. als auch der I.-Begriff haben für zahlreiche angewandte Wissenschaften erhebliche Bedeutung erlangt: so für Psychologie und Pädagogik, Biologie (Neurophysiologie), Wirtschaftswissenschaften (kybernetische Planungsmethoden), Technik (Steuerungs- und Regelungstechnik, elektronische Datenverarbeitung und Automation).

In der DDR begann man sich seit etwa Ende der 50er Jahre mit der I. auseinanderzusetzen (→ **Kybernetik**). Die I. hat seitdem auch hier für zahlreiche angewandte Wissenschaftsdisziplinen Bedeutung erlangt. Seit 1963 wurden aufgrund der durch den VI. Parteitag der SED eingeleiteten Reformen in zunehmendem Maße auch Erkenntnisse der I. berücksichtigt, um Leitungs- und Entscheidungsprobleme sowohl in Betrieben, Kombinaten und Industriezweigen als auch im Partei- und Staatsapparat zu lösen. Seit etwa 1967, nach dem VII. Parteitag der SED, werden Erkenntnisse der I. u. a. für die Entwicklung computergestützter I.-Systeme (**elektronische → Datenverarbeitung**) berücksichtigt. Im Rahmen der sozialistischen ökonomischen Integration wurden auf der Grundlage des Komplexprogramms der RGW-Länder – vornehmlich jedoch in Zusammenarbeit mit der UdSSR – die Arbeiten auf diesem Gebiet intensiviert.

III. Informations- und Dokumentationswissenschaft

Probleme des I.-Wesens und der → **Dokumentation** haben in den letzten Jahren aus folgenden Gründen an Bedeutung zugenommen:

1. Mit dem sprunghaften quantitativen Ansteigen von Forschung und Entwicklung nimmt die Zahl der in den Dokumentationen enthaltenen I. entsprechend schnell zu.

2. Sowohl die Spezialisierung von Wissenschaftsdisziplinen und die damit verbundene Interdependenz von Wissenschaften als auch die Etablierung neuer Wissenschaftsdisziplinen und -zweige erhöht nicht nur das I.-Bedürfnis, sondern führt zu einer steigenden Zuwachsrate der Veröffentlichungen.

3. Die Internationalisierung der Wissenschaften macht Maßnahmen erforderlich, die die Zugänglichkeit von Dokumentationen erleichtern und das I.-Bedürfnis befriedigen.

Die bisherigen traditionellen bibliothekarisch-bibliographischen Methoden und Mittel erwiesen sich als unzureichend, möglichst aktuelle, exakte, vollständige und gleichzeitig überschaubare I. zur Verfügung zu stellen. Die Entwicklung neuer Methoden für die Sammlung, Verarbeitung, Speicherung und Bereitstellung von I. wurde daher international als unbedingt notwendig erkannt, um die bestehenden Probleme zu lösen. In allen Industrieländern, gleich welcher Gesellschafts- und Wirtschaftsordnung, setzten daher umfangreiche Aktivitäten im Hinblick auf eine möglichst effektive Lösung des I.-Problems ein.

In der DDR wurde ab etwa 1966 zunächst die „Information und Dokumentation" (ID.) als eine selbständige Disziplin entwickelt. Ziel dieser neuen Wissenschaft sollte es sein, nach modernsten Methoden eine Auswahl der Dokumentationen vorzunehmen und diese inhaltlich zu analysieren und zu klassifizieren. Die wachsende Bedeutung einer solchen Disziplin und die Anforderungen, die an sie gestellt wurden, führten später zu umfangreichen Auseinandersetzungen um eine treffendere Begriffsbezeichnung und um einen genau abgegrenzten

Untersuchungsgegenstand dieser Wissenschaft. 1968 wurde in der DDR der Begriff „Informations- und Dokumentationswissenschaft" (IDw.) geprägt, der sich inzwischen gegenüber anderen Begriffsbezeichnungen durchgesetzt zu haben scheint. Die IDw. wird wie folgt definiert: Sie „ist eine Wissenschaftsdisziplin des Wissenschaftsgebietes Informationswissenschaft und damit eine klassengebundene Gesellschaftswissenschaft, deren Ziel in der Schaffung der wissenschaftlichen Grundlagen für die ständige Optimierung der Information und Dokumentation durch die kontinuierliche Bereitstellung von Erkenntnissen besteht:

Über das Wesen, die Erscheinungsformen, Beziehungen sowie Struktur- und Bewegungsgesetze dokumentatistischer Informationen und des Bedarfs an dokumentatistischen Informationen sowie seinen Analysemethoden;

über die Möglichkeiten der ständigen Verbesserung der Methodik, Technik, Organisation, Effektivität, Wirtschaftlichkeit und Propagierung der Information und Dokumentation;

des Inhalts, der Methodik und Organisationsformen der Erziehung sowie Aus- und Weiterbildung von Informations- und Dokumentationskräften;

der Zusammenarbeit der Informations- und Dokumentationseinrichtungen untereinander und mit Einrichtungen anderer Arbeitsgebiete der Fachinformation und

über die Geschichte der Information und Dokumentation".

Neben der IDw. wurde die Verwendung der Wissenschaftsbezeichnung „Informationswissenschaft" (Iw.) sowie „Informatik" diskutiert, die ebenfalls Eingang in den allgemeinen Sprachgebrauch gefunden haben. Der Untersuchungsgegenstand der Iw. ist die Fachinformation, d. h. alle mit der gesellschaftlichen Arbeit verbundenen I.-Prozesse sowie die Fach-I. im Sinne von Nachricht als Gegenstand dieses I.-Prozesses. Als Informatik kann dagegen eine Komplexwissenschaft bezeichnet werden, die u. a. die IDw. und auch die Iw. in sich vereint.

Die Aufgaben der IDw. und damit auch jeglicher I.- und Dokumentationstätigkeit in der DDR sind in den Grundlinien bereits in der Zielfunktion entsprechend der Definition der IDw. enthalten. Dazu gehören insbesondere: Untersuchungen zur Gegenstandsbestimmung der IDw., Probleme der I.-Bedarfsermittlung, der I.-Speicherung, der I.-Verarbeitung, der I.-Recherche, der Thesaurusforschung, Kompatibilitätsprobleme, weiterhin Aus- und Weiterbildung auf dem Gebiet der ID. sowie die Entwicklung und der Aufbau von I.-Systemen. Aktuelle Aufgaben auf dem Gebiet der ID. werden in den Plänen Wissenschaft und Technik als Bestandteile der Perspektiv- und Jahresplanung (→ **Planung**) berücksichtigt.

Eine zentrale Stellung bei der Durchführung dieser

Aufgaben nimmt das → **Zentralinstitut für Informa- tion und Dokumentation** (ZIID) ein. Das ZIID wur- de im Jahre 1963 – beeinflußt durch die mit dem VI. Parteitag eingeleitete Wirtschaftsreform – aufgrund eines Ministerratsbeschlusses sowie einer anschlie- ßenden Anordnung gegründet. Seine Vorgänger wa- ren die Ende 1950 gegründete Zentralstelle für wis- senschaftliche Literatur (ZwL), sowie, nach deren Auflösung im Jahre 1957, das bereits 1955 ins Leben gerufene Institut für Dokumentation (IfD). Dem ZIID sind ca. 30 Zentrale Leitstellen für I. und Do- kumentation (ZLID) bei zentralen Organen bzw. zentralen wissenschaftlichen Institutionen zugeord- net. Ihnen unterstehen wiederum ca. 150 Leitstellen für I. und Dokumentation (LID) in VVB, Kombina- ten, Betrieben usw. Die LID haben neben der Durch- führung eigenständiger Aufgaben anleitende und kontrollierende Funktionen gegenüber den in VEB- Instituten, Einrichtungen der Außenwirtschaft so- wie des Binnenhandels und anderen Einrichtungen organisierten rd. 1 000 I.-Stellen (IS).

Organ des ZIID ist die Zeitschrift Informatik, früher ZIID-Zeitschrift (sie erschien 1974 im 21. Jahr- gang).

Besondere Auswirkungen auf die gegenwärtige und zukünftige I.- und Dokumentationstätigkeit in der DDR hat insbesondere das im Juli 1971 von der XXV. Tagung des → **RGW** angenommene Kom- plexprogramm. Hauptziel soll es sein, im Bereich des RGW ein internationales System für wissenschaf- liche und technische I. bis 1975 zu schaffen. Dieses System soll auf der Kooperation der nationalen Sy- steme der noch zu entwickelnden internationalen I.- Teilsysteme (z. B. Zweige und spezielle I.-Arten) sowie auf der Tätigkeit des von den RGW-Ländern gegründeten „Internationalen Zentrums für wissen- schaftliche und technische Information", mit Sitz in Moskau, basieren. Im Zusammenhang mit diesen Entwicklungsarbeiten gewinnt insbesondere ein ge- plantes I.-System, welches die Komplexe „Wissen- schaft", „Technik" und „Ökonomie" umfaßt, an Bedeutung. Grundlage hierfür sollen die zu entwik- kelnden nationalen „Volkswirtschaftlichen Infor- mationssysteme" (VIS) der einzelnen RGW-Länder sein.

Die Organisation eines VIS in der DDR ist bereits theoretisch abgeschlossen. Gegenwärtig sind jedoch erst Teile dieses Systems im praktischen Einsatz. Nach den theoretischen Vorstellungen gliedert sich das VIS der DDR (verantwortlich: Staatliche Plan- kommission) in die Teilsysteme: I.-System Wissen- schaft und Technik (IWT) (verantwortlich: ZIID); I.-System Rechnungsführung und Statistik (IRS) (verantwortlich: Staatliche Zentralverwaltung für Statistik [SZS]) und I.-System Leitung und Planung (ILP) (verantwortlich: Staatliche Plankommission, [SPK]).

a) *Das IWT.* Mit einem Ministerratsbeschluß im Jahre 1963 wurde in der DDR der Aufbau eines IWT festgelegt. Inzwischen ist das IWT das am wei- testen entwickelte und durchorganisierte Teilsystem des VIS. Für das IWT sind weitere Subsysteme kon- zipiert worden, von denen einige bereits im Einsatz sind. Zu unterscheiden sind hierbei: IWT der Wirt- schaftsbereiche und Wirtschaftszweige, der Kombi- nate und Betriebe, sowie IWT ausgewählter Wissen- schaftszweige. Als oberster Grundsatz gilt, daß das IWT – entsprechend den im Komplexprogramm festgelegten Entwicklungsaufgaben – als ein Be- standteil des sich im Aufbau befindlichen „Interna- tionalen Systems für wissenschaftliche und techni- sche Information" (ISWTI) weiter zu entwickeln ist. Entsprechend der durchzusetzenden Rationalisie- rung der I.-Verarbeitungsprozesse ist der koordi- nierte Einsatz des „Einheitlichen Systems der elek- tronischen Rechentechnik ESER" (→ **EDV**)und des „Einheitlichen Mikrofilmsystems (EMS)" ge- plant. Die mit dem Einsatz der EDV verbundene zu- nehmende Konzentration und Zentralisation des IWT wird daher zur Herausbildung von sog. Infor- mationszentren führen. Zugleich soll das Netz der Informationsstellen weiter ausgebaut werden, so daß in allen Bereichen und Ebenen der Volkswirt- schaft eine effektive Versorgung der Nutzer mit I. unter Nutzung der zentral von den I.-Zentren her- ausgebrachten I.-Leistungen gewährleistet ist. Pa- rallel zu der geplanten Entwicklung des ISWTI wer- den auch in der DDR „Zweigorientierte Informa- tionszentren" (ZIZ) bzw. „Quellenorientierte Infor- mationszentren" (QIZ) mit weitgehend automati- sierten Recherche-Systemen aus- bzw. aufgebaut. Grundlage für den Aufbau der ZIZ sind Wirtschafts- und Wissenschaftszweige, wobei allgemein die ZIZ einen Wirtschaftszweig (Ministeriumsbereich) oder Wissenschaftszweig überdecken können. Dement- sprechend sollen in allen Wirtschaftsbereichen der DDR-Volkswirtschaft (Industrie, Bauwesen, Ver- kehrswesen usw.) und für strukturbestimmende Wirt- schaftszweige sowie für ausgewählte Wissenschafts- zweige (wie Mathematik, Medizin usw.) ZIZ organi- siert werden. Grundlage für den Aufbau der QIZ sind dagegen ausgewählte Arten von I.-Quellen. Als Kriterium wird hervorgehoben, daß der „Informa- tionsfonds" der QIZ außer der I.-Versorgungsfunk- tion noch weitere Funktionen zu erfüllen hat, die sich aus juristischen, wirtschaftspolitischen und weiteren Gesichtspunkten ergeben. QIZ werden gegenwärtig für die I.-Quellen „Forschungs- und Entwicklungs- berichte", „Patente", „Standardisierung" und „Me- trologie" (Maß- und Gewichtskunde) entwickelt. Aufgaben der ZIZ und QIZ innerhalb des IWT sind u. a.: Koordinierung und Organisation der ihnen zu- gewiesenen I.-Quellen, Speicherung der „Informa- tionsnachweise" und Komplettierung des „Informa- tionsfonds" über den Datenaustausch, Durchfüh- rung von retrospektiven Recherchen und der selekti-

ven I.-Verbreitung sowie die Durchsetzung der einheitlichen Entwicklung des IWT entsprechend der festgelegten Grundlinien. Einzelne Subsysteme des IWT sind – zumindestens in Teilen – bereits im Einsatz, und zwar u. a. für die Außenwirtschaft, die Bauwirtschaft, die Seewirtschaft, den Maschinenbau, den Schiffsbau, die Medizin sowie die Chemie.
b) *Die I.-Systeme (IS) Rechnungsführung und Statistik (IRS) sowie Leitung und Planung (ILP).* Mit der

Vereinfachtes Organisationsmodell des IWT im Bereich der DDR-Wirtschaft

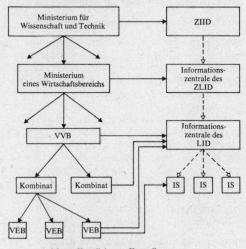

```
- - - = Anleitung, Koordinierung, Kontrolle
ZIID  = Zentralinstitut für Information und Dokumentation
ZLID  = Zentrale Leitstellen für Information und Dokumentation
LID   = Leitstellen für Information und Dokumentation
IS    = Informationsstellen
```

Entwicklung einer ersten Konzeption dieser IS begann man in der DDR 1967/68. Hinsichtlich ihres theoretischen Reifegrades und ihrer praktischen Einsatzfähigkeit weisen sie jedoch gegenüber dem IWT einen erheblichen Entwicklungsrückstand auf. Gegenüber dem IWT befassen sich diese beiden Teilinformationssysteme vornehmlich mit der automatisierten Organisation wirtschaftlich relevanter I.-Prozesse. Ihre Aufgabe besteht daher in der Beschaffung und Verarbeitung von Daten sowie der Bereitstellung von I. (Plan-I., Berichts-I., Direktiv- oder Weisungs-I. und unterrichtende I.) für Führungskader (in Betrieben, Kombinaten, VVB, Zweigen usf.) als Entscheidungsgrundlage bei der Leitung und Planung der Volkswirtschaft und deren Teilbereichen. Als Voraussetzung für einen reibungslosen Einsatz der beiden Teilinformationssysteme wurde bereits frühzeitig mit der Systematisierung volkswirtschaftlicher Kennziffern, mit der Primärdatenorganisation sowie mit einer einheitlichen EDV-gerechten Gestaltung von Vordrucken begonnen.

Dabei stellten sich insbesondere Schwierigkeiten bei der Kennziffernsystematisierung ein, da einige Kennziffern (z. B. Gewinn, Verlust, Nettogewinnabgabe) nicht eindeutig definiert waren. Schwierigkeiten ergaben sich ebenfalls, weil bereits für die Datenverarbeitung verschlüsselte Kennzahlen verändert wurden. Trotz dieser Einschränkungen sind nach offiziösen Verlautbarungen Systemteile sowohl des IRS als auch des ILP verschiedentlich zur Bewältigung verschiedener Aufgaben eingesetzt worden.
c) *Automatisierte Leitungssysteme.* Der Zusammenschluß des Leitungs- und Planungssystems (ILP) mit dem Teilsystem Rechnungsführung und Statistik (IRS) sowie dem I.-System Wissenschaft und Technik (IWT) führt zu einer besonderen Form eines I.-Systems. Charakteristisch sind seine weitgehende Automatisierung und ein hoher Integrationsgrad der EDV (z. B. Einsatz von Rechnern der ESER-Familie). Dazu gehört auch die Einbeziehung der Produktionssteuerung mit Hilfe von Prozeßrechnern, der Einsatz der Datenfernübertragung (DFÜ) usw. Darüber hinaus finden Erkenntnisse anderer Wissenschaftsdisziplinen wie der → **Kybernetik**, der I.-Theorie sowie auch der → **Operationsforschung** Berücksichtigung.
Der Aufbau eines derartigen I.-Systems wurde erstmals anläßlich des VII. Parteitages der SED 1967 gefordert. Ziel sollte es sein, „Integrierte Systeme der automatisierten Informationsverarbeitung" (ISAIV) in Industriebetrieben zu entwickeln. Im weiteren Verlauf tauchten jedoch neue Bezeichnungen, wie „Betriebliches Informationssystem" (BIS) sowie auch „Integriertes Leitungs- und Informationssystem" (ILIS) auf. Gegenwärtig wird in der DDR zunehmend die Bezeichnung „Automatisiertes Leitungssystem" (ALS) in Anpassung an die sowjetische Wortprägung (ASU = Abkürzung für awtomatisirowannaja sistema uprawlenija) verwendet (hierzu → **EDV**: Beispiel für die Anwendung der EDV).
Das ALS eines Betriebes wird definiert „als ein Leitungssystem, in dem für die regelmäßige Lösung algorithmierbarer Informationsprozesse der Wirtschafts- und Produktionstätigkeit eines Betriebes" die EDV und Erfahrungen anderer Wissenschaftsdisziplinen berücksichtigt werden. Noch sind die Entwicklungsarbeiten für einen praktischen Einsatz eines ALS in der DDR nicht abgeschlossen. Bisher wurden daher lediglich einige Systembausteine auf ihre praktische Eignung überprüft. Auf der Grundlage betrieblicher ALS sollen, nach einheitlichen Grundlagen und Prinzipien aufgebaut, ALS in VVB, Wirtschaftsbereichen und in der gesamten Volkswirtschaft entwickelt werden. Langfristiges Ziel ist es schließlich, ein internationales, RGW-bezogenes ALS zu schaffen. Alle diese Entwicklungsarbeiten stehen im Zeichen einer intensiven Kooperation mit der UdSSR.

Ingenieurbüros: Wissenschaftlich-technische Einrichtungen bei Vereinigungen Volkseigener Betriebe, Kombinaten und Bezirkswirtschaftsräten, deren Aufgabe es ist, Betriebe bei der Vorbereitung und Durchführung von Rationalisierungsmaßnahmen zu unterstützen. Als juristisch selbständige, mit eigener Rechnungsführung arbeitende Einrichtungen verkaufen I. auf der Grundlage von Wirtschaftsverträgen Projekte, technische Dokumentationen sowie Rationalisierungsmittel an Betriebe. Die Aufgaben werden auf deren Anforderung hin oder im Auftrag der Generaldirektoren der VVB und Kombinate bzw. der Vorsitzenden der Bezirkswirtschaftsräte übernommen; ihre Durchführung erfolgt häufig unmittelbar in den Betrieben und in enger Zusammenarbeit mit den dort vorhandenen Rationalisierungsgruppen. Die I. bestehen aus Mitarbeitern verschiedener Berufsrichtungen (Ingenieure, Techniker, Ökonomen, Arbeitswissenschaftler, Psychologen). Seit Anfang des Jahres 1967 wurden I. bei allen VVB gegründet. Gegenwärtig bestehen ca. 400 I. mit 33 000 Beschäftigten. → **Rationalisierung; Technologie.**

Ingenieurhochschulen (IHS): Die 1969 im Verlauf der 3. Hochschulreform durch die Umwandlung bisheriger Ingenieurschulen neugebildeten IHS bilden in einem dreieinhalbjährigen Studium „Hochschulingenieure" aus. Hochschulingenieure erhalten sowohl durch ihre Facharbeiterausbildung, die neben dem Abitur in der Regel Voraussetzung für die Aufnahme des Studiums ist, als auch durch das Studienprogramm eine produktionsbezogene Ausbildung. Sie unterscheiden sich von den Diplom-Ingenieuren, die an den Universitäten und Hochschulen in den gleichen Studienrichtungen in einem vierjährigen Studium ausgebildet werden. Während die Ausbildung als Hochschulingenieur vor allem für einen Einsatz als Technologe in produktionsvorbe-

reitenden und -durchführenden Abteilungen bestimmt ist, zielt die Ausbildung als Diplom-Ingenieur vor allem auf den Bereich von Forschung und Entwicklung.
IHS bilden aus in den Grundrichtungen: Maschineningenieurwesen / Elektroingenieurwesen / Werkstoffingenieurwesen / Verfahrensingenieurwesen / Bauingenieurwesen / Verkehrsingenieurwesen / Chemie (Verfahrenschemie) und Betriebswirtschaft.
Absolventen der IHS können während ihrer Tätigkeit im Betrieb den akademischen Grad eines Diplom-Ingenieurs erwerben.
In der DDR bestehen 10 IHS, die dem → **Ministerium für Hoch- und Fachschulwesen** unterstellt sind. → **Universitäten und Hochschulen; Fachschulen.**

Ingenieurschulen: → **Ingenieurhochschulen.**

Inhabersparen: 1954 eingeführtes anonymes → **Sparen**, bei dem der Sparer nicht verpflichtet war, sich zu legitimieren. Gegen die Vorlage des Inhabersparbuches und einer Sicherungskarte bzw. eines vereinbarten Kennwortes kann der Sparer von seinem numerierten Inhabersparbuch Geld abheben. Da diese Sparguthaben nicht der Vermögens- und der Erbschaftssteuer unterliegen und auch keine Abgabenverwaltung zu Auskünften über die Herkunft des Guthabens berechtigt ist, sollten die Sparer durch diese besondere Sparform veranlaßt werden, ihr Geld zur Bank zu bringen. Mit der VO vom 19. 4. 1962 (GBl. II, Nr. 30, S. 279) werden keine Inhabersparbücher mehr ausgegeben und Einzahlungen angenommen. Über die bestehenden Guthaben können jedoch die Inhaber weiterhin verfügen.

Innenministerium: → **Ministerium des Innern.**

Innerdeutsche Beziehungen: → **Beziehungen zwischen beiden deutschen Staaten.**

Innerdeutscher Handel (IDH)

Ausgangslage und Entwicklung – Berliner Abkommen – Struktur des Waren- und Dienstleistungsverkehrs – Politische Bedeutung – Perspektiven

I. Ausgangslage und Entwicklung
Nach der bedingungslosen Kapitulation des Deutschen Reiches am 8. 5. 1945 verwirklichten die Siegermächte ihre im II. Weltkrieg entwickelten Vorstellungen über die Zukunft Deutschlands. Das Deutsche Reich wurde entmilitarisiert und seiner zentralen Staatsmacht beraubt, die Ostgebiete wurden abgetrennt und Restdeutschland in Besatzungszonen aufgeteilt. Zwischen den vier Besatzungszonen entwickelte sich nach dem Wiedererwachen des Wirtschaftslebens, nach der Beseitigung der Verkehrsschwierigkeiten und administrativen Hemmnisse seit Frühjahr 1946 langsam ein Güteraustausch. Als dann die drei Westzonen politisch und wirtschaftlich zu einer Einheit zusammenwuchsen und sich die Ost-West-Spaltung im Zeichen des kalten Krieges vertiefte, wurde unter „Interzonenhan-

del" nicht mehr der Warenaustausch zwischen den vier Besatzungszonen verstanden. Der Begriff erhielt seinen heutigen Sinn: Als Interzonenhandel (I.) – seit Ende der 60er Jahre Innerdeutscher Handel (IDH) – wird der Güter- und Dienstleistungsverkehr zwischen der SBZ/DDR, einschließlich Berlin (Ost), und der heutigen Bundesrepublik Deutschland, einschließlich Berlin (West), bezeichnet.
Der Güteraustausch zwischen dem östlichen und westlichen Teil Deutschlands wurde von Anfang an durch zweiseitige Abkommen geregelt. In der Zusammenstellung auf Seite 421 sind die wichtigsten IDH-Abkommen aufgeführt.
Mit der Verschärfung des kalten Krieges zeigte sich immer deutlicher, daß sich die Verbündeten aus dem II. Weltkrieg nicht über die weitere politische Zukunft Gesamtdeutschlands einigen konnten. Als die Siegermächte in ihren Besatzungszonen jeweils Staats- und Gesellschaftssysteme nach ihrem Vorbild errichteten, ging auch die wirtschaftliche Einheit verloren, zu deren Erhaltung sich die Siegermächte nach Kriegsende im Potsdamer Abkommen

Vereinbarungen	Laufzeit	Vertragspartner
Dyson-Geschäft	1. 1. 1946–31. 8. 1946	Britische Zone/SBZ
Britengeschäft	1. 9. 1946–31. 3. 1947	Britische Zone/SBZ
Länderratsgeschäfte	1. 10. 1946–31. 3. 1947	US-Zone/SBZ
Sofra-Geschäfte	1946 und 1947	Französische Zone/SBZ
Mindener Abkommen	1. 1. 1947–31. 3. 1948	Vereinigtes Wirtschaftsgebiet/SBZ
Warenabkommen 48	1. 4. 1948–30. 9. 1948 (nicht verwirklicht)	Vereinigtes Wirtschaftsgebiet/SBZ
Frankfurter Abkommen	8. 10. 1949–31. 3. 1951	Währungsgebiete DM-West/DM-Ost
Kohleabkommen I u. II	1. 9. 1950–31. 12. 1951	Währungsgebiete DM-West/DM-Ost
Vorgriffsabkommen	3. 2. 1951–4. 5. 1952	Währungsgebiete DM-West/DM-Ost
Berliner Abkommen	ab 20. 9. 1951, Neufassung: 16. 8. 1960	Währungsgebiete DM-West/DM-Ost

(2. 8. 1945) verpflichtet hatten. Nach der Blockade der Westsektoren Berlins durch die UdSSR, der Währungsreform (→ **Währung**) und der Gründung der Bundesrepublik Deutschland und der Deutschen Demokratischen Republik berücksichtigten die Vertragspartner in den Interzonenhandelsabkommen die veränderte Lage in Deutschland und schlossen die Vereinbarungen zwischen den Währungsgebieten der DM-West und der DM-Ost ab.

II. Berliner Abkommen

Das „Berliner Abkommen" („Abkommen über den Handel zwischen den Währungsgebieten der Deutschen Mark [DM-West] und den Währungsgebieten der Deutschen Mark der Deutschen Notenbank [DM-Ost]") bildet in der Fassung vom 16. 8. 1960 bis heute mit seinen Anlagen, Verordnungen, Durchführungsverordnungen, allgemeinen Ausnahmegenehmigungen zur Interzonenhandelsverordnung, Interzonenrunderlassen, Bekanntmachungen (Ausschreibungen) und anderen Bestimmungen die Rechtsgrundlage des IDH. Nach den Bestimmungen des Berliner Abkommens wird der Warenaustausch auf der Grundlage der vereinbarten Warenlisten abgewickelt, die seit 1961 unbefristet gültig sind und den Bezugs- und Liefermöglichkeiten angepaßt werden. Grundsätzlich dürfen nur in der Bundesrepublik Deutschland oder in der DDR produzierte Waren ausgetauscht werden; der Handel mit ausländischen Produkten bedarf besonderer Vereinbarungen. Gegenseitigkeits- und Kompensationsgeschäfte sind nicht gestattet. Da die alliierten Devisenbewirt-

schaftungsgesetze aus dem Jahre 1949 für den IDH weiter fortgelten und zwischen den Währungen der beiden deutschen Staaten keine offizielle Kursrelation besteht, sind direkte Überweisungen von einem Währungsgebiet in das andere im Rahmen des IDH nicht möglich. Der Zahlungsverkehr erfolgt ausschließlich im Verrechnungswege über die Staatsbank der DDR und die Deutsche Bundesbank. Beide Notenbanken führen ein Verrechnungskonto der Zentralbank der anderen Seite. Die Zahlungen ostdeutscher Bezieher westdeutscher oder West-Berliner Leistungen sind bei der Staatsbank der DDR in Mark der DDR zu leisten, worauf dann ein von den Vertragspartnern vereinbarter entsprechender Betrag von der Staatsbank der DDR dem Konto der Deutschen Bundesbank in Verrechnungseinheiten (VE) gutgeschrieben wird. Befindet sich der Bezieher in der Bundesrepublik, gilt sinngemäß das gleiche. Durch den Verrechnungsverkehr verwandelt sich eine bei der Deutschen Bundesbank eingezahlte DM-West über eine Verrechnungseinheit in eine Mark der DDR für den östlichen Zahlungsempfänger und umgekehrt. Im Verrechnungswege wird eine DM-West einer Ostmark gleichgesetzt; das Verrechnungsverhältnis 1 : 1 ist nur ein Clearingwert, der nicht die DM-West der Mark der DDR währungsmäßig gleichsetzt. Die IDH-Geschäfte werden in der Regel auf der Basis der westdeutschen Marktpreise abgeschlossen.

Die Notenbanken der DDR und der Bundesrepublik haben für die finanzielle Abwicklung des IDH auf jeder Seite drei Unterkonten eingerichtet. Über das

in Mill. VE

Jahr	1968	1969	bis 9. 5. 1970	ab 10. 5. 1970	1971	1972	1973	1974
Swingbetrag	200	360	380	440	440	585	620	660
Durchschnitt d. Inanspruchnahme durch die DDR	135	270	387		413	539	592	559
Ost/West-Zahlungen über das Sonderkonto S	46	59	49		110,1	124,2	316	235

Unterkonto 1 werden alle Zahlungen verrechnet, die sich aus Lieferungen und Bezügen nach der Warenliste zum Unterkonto 1 ergeben. Diese Warenliste enthält die vereinbarten Kontingente für die „harten" Waren (Bergbau- und Mineralölerzeugnisse, forstwirtschaftliche Erzeugnisse, Maschinen und Rohstoffe bei Lieferungen der DDR; Eisen- und Stahlerzeugnisse, Nicht-Eisenmetalle, Bergbauerzeugnisse, elektrotechnische Erzeugnisse und Maschinen bei Lieferungen der Bundesrepublik). Über das Unterkonto 2 werden alle Zahlungen nach der Warenliste Unterkonto 2, auf der die „weichen" Waren (die übrigen Waren im IDH) verzeichnet sind, abgewickelt. Über das Unterkonto 3 werden alle Zahlungen abgewickelt, die für Dienstleistungen erfolgen. Die Konten können bis zu einem vereinbarten Betrag (Swing) überzogen werden. Wenn eine Seite diesen Überziehungskredit ausgeschöpft hat, kann die Notenbank der anderen Seite ihre Zahlungen zu Lasten des betreffenden Unterkontos einstellen. In diesem Falle können weitere Lieferungen nur noch gegen Barzahlung über das Sonderkonto S erfolgen.

III. Entwicklung und Struktur

Die Umsatzentwicklung des statistisch ausgewiesenen IDH zeigt, daß sich der Warenverkehr von 1950 bis 1974 verneunfacht hat. Allerdings war der Warenaustausch der ersten Nachkriegsjahre höher als in den veröffentlichten Zahlen angegeben. In den Statistiken ist nur der legale, vertragsmäßige IDH erfaßt. In den Anfangsjahren wurde jedoch ein großer Teil des Warenverkehrs außerhalb der Verträge als private Kompensationsgeschäfte, durch Dreiecksgeschäfte unter Einschaltung von ausländischen Zwischenhändlern und in Form des Schwarzhandels abgewickelt. Überdies sind in den Zahlen für die Jahre bis 1952 nicht die Angaben für Berlin enthalten. Der illegale IDH wurde 1953 auf 40 bis 200 v. H. des legalen Handels geschätzt.

Der IDH entwickelte sich ungleichmäßig. Die Jahre 1951 bis 1953, 1960 bis 1964 und 1967/68 brachten größere Rückschläge, dazwischen lagen Phasen relativ stabilen Wachstums. In den ersten beiden Zeitabschnitten ging der Warenaustausch aus politischen Gründen zurück, während 1967/68 die bestehenden Regelungen im IDH-Verfahren die Entwicklung hemmten. Zu Beginn der fünfziger Jahre behinderte die westliche Embargo-Politik die Entwicklung. Anfang der sechziger Jahre wirkten sich die Behinderungen des freien Zugangs nach Berlin und die daraufhin von der Bundesregierung ausgesprochene vorsorgliche Kündigung des Berliner Vertrags (30. 9. 1960), das Bestreben der DDR, von westdeutschen Lieferungen unabhängig zu werden („Störfreimachung"), die Vollkollektivierung der Landwirtschaft und der Mauerbau in Berlin handels-

hemmend aus. Die Entspannung des innerdeutschen Verhältnisses und die kooperationsbereitere Handelspolitik der Bundesregierung der Großen Koalition führten dann Ende der 60er Jahre zu einer Intensivierung des IDH. 1969 stiegen die Umsätze um 36,8 v. H., 1970 um 12,3 v. H., 1971 um 10,4 v. H., 1972 um 10,2 v. H. und erst 1973 schien sich mit einer Umsatzsteigerung von nur 6,6 v. H. – bei Berücksichtigung der Preissteigerung bedeutete das real eine Stagnation – eine Phase des Stillstands anzudeuten. In der nominellen Expansion des Jahres 1974 (+ 22,4 v. H.) sind ebenfall die erheblichen Preissteigerungen enthalten – real hat der IHD auch 1974 stagniert.

Entwicklung des Warenverkehrs 1950–1974

Jahr	Bezüge des Bundesgebietes[1]	Lieferungen des Bundesgebietes[1]	Umsätze	Veränderungen gegenüber dem Vorjahr		
				Bezüge	Lieferungen	Umsätze
	Mill. VE			in v. H		
1950	414,6	330,0	744,6	–	–	–
1951	145,3	141,4	286,7	– 65,0	– 57,2	– 61,5
1952	220,3	178,4	398,8	+ 18,4	+ 12,0	+ 36,9
1953	306,9	271,3	578,1	+ 39,3	+ 52,1	+ 45,0
1954	449,7	454,4	904,2	+ 46,5	+ 67,4	+ 56,4
1955	587,9	562,6	1150,5	+ 30,7	+ 23,8	+ 27,2
1956	653,4	699,2	1352,7	+ 11,1	+ 24,3	+ 17,6
1957	817,3	845,9	1663,3	+ 25,1	+ 21,0	+ 23,0
1958	858,2	800,4	1658,6	+ 7,2	– 5,4	– 0,3
1959	891,7	1078,6	1970,3	+ 3,9	+ 34,8	+ 18,8
1960	1122,4	959,5	2082,0	+ 25,9	– 11,0	+ 5,5
1961	940,9	872,9	1813,8	– 16,2	– 9,0	– 12,9
1962	914,4	852,7	1767,1	– 2,8	– 2,3	– 2,6
1963	1022,3	859,6	1881,9	+ 11,8	+ 0,8	+ 6,5
1964	1027,4	1151,0	2178,4	+ 0,5	+ 33,9	+ 15,8
1965	1260,4	1206,1	2466,5	+ 22,7	+ 4,8	+ 13,2
1966	1345,4	1625,3	2970,7	+ 6,7	+ 34,8	+ 20,4
1967	1263,9	1483,0	2746,9	– 6,1	– 8,8	– 7,5
1968	1439,5	1422,2	2861,7	+ 13,9	– 4,1	+ 4,5
1969	1656,3	2271,8	3928,1	+ 15,1	+ 59,7	+ 36,8
1970	1996,0	2415,5	4411,5	+ 20,5	+ 6,3	+ 12,3
1971	2318,7	2498,6	4817,3	+ 16,2	+ 3,4	+ 10,4
1972	2380,9	2927,4	5303,3	+ 2,7	+ 17,2	+ 10,2
1973	2659,5	2998,4	5657,9	+ 11,7	+ 2,4	+ 6,6
1974	3252,5	3670,9	6923,4	+ 22,3	+ 22,4	+ 22,4

1 Ab 1953 einschließlich Berlin (West); ab 1955 einschließlich Lohnveredelung; ab 1956 einschließlich Warenverkehr auf ausländische Rechnung.

Quellen: Statistisches Bundesamt: „Der Interzonenhandel des Bundesgebietes und West-Berlins mit dem Währungsgebiet der DM-Ost"; ab 1957: „Warenverkehr (bzw. Warenverkehr im Interzonenhandel) zwischen den Währungsgebieten der DM-West und der DM-Ost" und ab 1969: „Warenverkehr mit der Deutschen Demokratischen Republik und Berlin (Ost)", Fachserie F, Reihe 6.

Die Umsätze im Dienstleistungsverkehr haben sich seit 1964 nach Angaben des Bundesministeriums für Wirtschaft wie folgt entwickelt:

Umsatz in Mill. VE

1966	1967	1968	1969	1970	1971	1972	1973	1974
203,1	212,8	252,7	257,1	413,9	651,7	428,9	475,1	658,7

Dienstleistungen in diesem Sinne sind Kosten und Vergütungen, die im Zusammenhang mit der Beförderung und dem Verkauf von Gütern stehen, also vor allem Fracht-, Hafen-, Lager-, Montage-, Gerichts- und Messekosten sowie Provisionen, Lizenzgebühren, Bankspesen, Bankzinsen, Schadensersatzzahlungen sowie die Postausgleichszahlungen. Transportkosten und Nebenleistungen des Warenverkehrs, die über die einzelnen Warengruppen direkt abgerechnet werden, sind in den Umsätzen des Unterkontos 3 nicht enthalten.

Die Warenstruktur des IDH entspricht weder der Außenhandelsstruktur der beiden hochindustrialisierten Länder Bundesrepublik Deutschland und DDR, noch ist sie dem Entwicklungsstand beider Volkswirtschaften angemessen. Während der Anteil der verschiedenen Wirtschaftsgruppen bei den Lieferungen in den vergangenen Jahren bemerkenswert konstant blieb, änderte sich die Struktur der Bezüge erheblich.

Am stärksten änderten sich die Bezüge von Erzeugnissen der Produktionsgüterindustrien, deren Anteil sich seit der Mitte der 50er Jahre um die Hälfte verringerte. Dagegen stieg der Anteil der Verbrauchsgüter an den Gesamtbezügen von knapp 20 v. H. in der zweiten Hälfte der 50er Jahre auf knapp ein Drittel 1974. Diese Strukturveränderungen sind bei den Grund- und Produktionsgütern auf den verringerten Bezug von Bergbau- und Mineralölerzeugnissen zurückzuführen. Die Nachfrage nach Braunkohlebriketts sank rapide, als die Verbraucher in der zweiten Hälfte der 60er Jahre Heizöl bevorzugten; die Heizölbezüge sanken, als die DDR 1964 aufgrund administrativer Maßnahmen der Bundesrepublik Erlöseinbußen hinnehmen mußte und 1967/68 die Lieferungen – bis die Bundesrepublik 1969 Ausgleichszahlungen leistete – sogar ein-

Struktur des Warenverkehrs 1972 bis 1974 – Bezüge des Bundesgebietes

Warengruppe bzw. -zweig	1972	1973	1974	1972	1973	1974	Zu- bzw. Abnahme im Jahr 1974 gegenüber 1973 in v. H.
		in 1 000 VE			Struktur in v. H.		
Erzeugnisse d. Land-, Forst-, Jagdwirtsch. usw.	288 626	329 818	316 371	12,1	12,4	9,7	– 4,1
Erzeugnisse d. Nahrungs- u. Genußmittelindustrie	222 376	273 243	238 627	9,3	10,3	7,3	– 12,7
Bergbauliche Erzeugnisse	96 966	87 487	112 685	4,1	3,3	3,5	+ 28,8
darunter:							
Erzeugnisse des Kohlenbergbaus	89 348	79 714	105 710	3,8	3,0	3,3	+ 32,6
Erzeugn. d. Grundstoff- u. Produktionsgüterindustrie	665 575	895 490	1 282 266	28,0	33,7	39,4	+ 43,2
darunter:							
Steine und Erden	78 368	80 887	88 996	3,3	3,0	2,7	+ 10,0
Eisen und Stahl	143 336	133 486	248 598	6,0	5,0	7,6	+ 86,2
NE-Metalle und Metallhalbzeug	95 423	106 933	99 212	4,0	4,0	3,1	– 7,2
Mineralölerzeugnisse	121 916	272 035	444 760	5,1	10,2	13,7	+ 63,5
Chemische Erzeugnisse	153 095	205 788	266 169	6,4	7,7	8,2	+ 29,3
Erzeugn. d. Investitionsgüterindustrien	280 283	266 905	323 040	11,8	10,0	9,9	+ 21,0
darunter:							
Maschinenbau-Erzeugnisse	101 460	84 700	79 036	4,3	3,2	2,4	– 6,7
Elektrotechnische Erzeugnisse	75 518	93 164	116 421	3,2	3,5	3,6	+ 25,0
Feinmech. u. Opt. Erzeugnisse, Uhren	31 522	31 744	33 199	1,3	1,2	1,0	+ 4,6
Eisen-, Blech- u. Metallwaren	36 132	36 040	46 817	1,5	1,4	1,4	+ 29,9
Erzeugn. d. Verbrauchsgüterindustrien	808 134	789 679	960 845	33,9	29,7	29,5	+ 21,7
darunter:							
Feinkeramische Erzeugnisse	31 943	32 514	37 379	1,3	1,2	1,1	+ 15,0
Glas und Glaswaren	29 619	35 450	39 472	1,2	1,3	1,2	+ 11,3
Holzwaren	127 686	124 460	147 005	5,4	4,7	4,5	+ 18,1
Musikinstrum., Spiel-, Schmuckwaren usw.	40 428	37 807	39 232	1,7	1,4	1,2	+ 3,8
Kunststofferzeugnisse	24 734	26 178	29 375	1,0	1,0	0,9	+ 12,2
Textilien	268 282	273 822	333 153	11,3	10,3	10,2	+ 21,7
Bekleidung	218 580	196 787	265 227	9,2	7,4	8,2	+ 34,8
Sonstige Waren	18 919	16 974	18 631	0,8	0,6	0,6	+ 9,8
Insgesamt	2 380 879	2 659 596	3 252 465	100,0	100,0	100,0	+ 22,3

Quelle: Statistisches Bundesamt: „Warenverkehr mit der Deutschen Demokratischen Republik und Berlin (Ost)", Fachserie F, Reihe 6.

stellte. Die Verbrauchsgüter konnten ihren Anteil an den Gesamtbezügen der Bundesrepublik Deutschland verbessern, weil die DDR bestrebt war, hier Lieferüberschüsse zu erzielen, mit denen sie dann andere Bezugswünsche finanzieren konnte. Durch eine beharrliche Absatzpolitik gelang es der DDR trotz starker Konkurrenz, feste Marktpositionen zu erobern. Die Erzeugnisse der Verbrauchsgüterindustrien hatten 1974 nach den Erzeugnissen der Grundstoff- und Produktionsgüterindustrien den zweitgrößten Anteil an den Gesamtbezügen. Land- und ernährungswirtschaftliche Produkte machten nur ein Fünftel der Bezüge aus, lediglich ein Zehntel der bezogenen Waren bestanden aus Erzeugnissen der Investitionsgüterindustrien. Der Investitionsgüteranteil hatte 1970 17,1 v. H. betragen und war seitdem von Jahr zu Jahr gesunken.

Die Entwicklung der westdeutschen Bezüge ist 1973 und 1974 von den z. T. erheblichen Preissteigerungen beeinflußt worden. Zwei Drittel der nominalen Steigerung bei Grundstoffen und Produktionsgütern wurden 1973 durch die Erhöhung der Bezüge von Mineralölerzeugnissen bedingt, wo die Preise bei Motorenbenzin und Dieselkraftstoff sich verdoppelten und bei Heizöl um rund ein Fünftel stiegen. Die Preise für Roheisen wurden um 45 v. H., die von Eiern um 28 v. H., die Schweinefleischpreise um 18 v. H. angehoben. Mit den aus diesen Preiserhöhungen erzielten Mehrerlösen versuchte die DDR, die Preiserhöhungen der Gegenseite aufzufangen, die infolge der inflatorischen Entwicklung in der Bundesrepublik die meisten westdeutschen Produkte betraf. 1974 war der Zuwachs der Lieferungen und Bezüge bei einigen Waren wiederum überwiegend auf Preiserhöhungen zurückzuführen. Das zeigte sich bei den Bezügen von Mineralölerzeugnissen. Hier war die nominale Steigerung erheblich (+ 63,5 v. H.), die mengenmäßige Zunahme mit ca. 10 v. H. jedoch gering.

Bei den Lieferungen der Bundesrepublik hatten die Erzeugnisse der Grundstoff- und Produktionsgüterindustrien 1974 einen Anteil von 52,9 v. H., als zweitgrößte Warengruppe folgten die Produkte der Investitionsgüterindustrien mit 22,1 v. H. Diesen

Struktur des Warenverkehrs – Lieferungen des Bundesgebietes

Warengruppe bzw. -zweig	1972	1973	1974	1972	1973	1974	Zu- bzw. Abnahme im Jahr 1974 gegenüber 1973 in v. H.
		in 1 000 VE			Struktur in v. H.		
Erzeugnisse der Land-, Forst-, Jagdwirtsch. usw.	52 418	32 820	31 235	1,8	1,1	0,9	− 4,8
Erzeugnisse d. Nahrungs- u. Genußmittelindustrie	404 827	331 820	322 285	13,8	11,1	8,8	− 2,9
Bergbauliche Erzeugnisse	172 341	119 204	114 168	5,9	4,0	3,1	− 4,2
darunter:							
Erzeugnisse d. Kohlenbergbaus	74 137	72 982	104 241	2,5	2,4	2,8	+ 42,8
Erdöl, Erdgas u. Bituminöse Gesteine	89 196	34 783	−	3,0	1,2	0,0	−
Grundstoff- u. Produktionsgüterindustrie	1 256 098	1 235 603	1 943 624	42,9	41,2	52,9	+ 57,3
darunter:							
Steine und Erden	6 888	6 331	14 693	0,2	0,2	0,4	+132,1
Eisen und Stahl	184 811	255 782	441 918	6,3	8,5	12,0	+ 72,8
NE-Metalle und -Metallhalbzeug	248 906	129 757	357 399	8,5	4,3	9,7	+175,4
Mineralölerzeugnisse	6 409	5 178	10 521	0,2	0,2	0,3	+103,2
Chemische Erzeugnisse	588 622	546 960	788 914	20,1	18,2	21,5	+ 44,2
Erzeugnisse d. Investitionsgüterindustrien	616 615	878 124	810 807	21,1	29,3	22,1	− 7,7
darunter:							
Maschinenbauerzeugnisse	428 780	637 051	562 055	14,6	21,2	15,3	− 11,8
Elektrotechnische Erzeugnisse	70 276	113 135	99 866	2,4	3,8	2,7	− 11,7
Feinmech. u. opt. Erzeugnisse, Uhren	16 331	24 076	32 879	0,6	0,8	0,9	+ 36,6
Eisen, Blech- u. Metallwaren	38 435	47 077	49 301	1,3	1,6	1,3	+ 4,7
Erzeugnisse d. Verbrauchsgüterindustrien	390 172	368 866	415 642	13,3	12,3	11,3	+ 12,7
darunter:							
Feinkeramische Erzeugnisse	7 742	16 345	10 419	0,5	0,3	0,3	− 36,3
Glas und Glaswaren	9 702	11 522	13 843	0,3	0,4	0,4	+ 20,1
Holzwaren	6 996	7 728	10 219	0,2	0,3	0,3	+ 32,2
Musikinstrum., Spiel-, Schmuckwaren usw.	4 965	5 685	3 425	0,2	0,2	0,1	− 39,8
Kunststofferzeugnisse	38 833	53 542	67 057	1,3	1,8	1,8	+ 25,2
Textilien	195 527	146 288	150 434	6,7	4,9	4,1	+ 2,8
Bekleidung	33 698	44 979	48 738	1,2	1,5	1,3	+ 8,4
Sonstige Waren	34 977	32 035	33 091	1,2	1,1	0,9	+ 3,3
Insgesamt	2 927 448	2 998 472	3 670 852	100,0	100,0	100,9	+ 22,4

Quelle: Statistisches Bundesamt: „Warenverkehr mit der Deutschen Demokratischen Republik und Berlin (Ost)", Fachserie F, Reihe 6.

Warengruppen folgen die Produkte der Landwirtschaft und der Ernährungsindustrie sowie der industriellen Verbrauchsgüter. Wenn auch innerhalb dieser Warengruppen erhebliche Veränderungen zu beobachten waren, so bestand doch diese Struktur seit den fünfziger Jahren.

Der Anteil des IDH machte 1973 weniger als 2 v. H. des Außenhandelsumsatzes der Bundesrepublik aus – 1950 hatte dieser Anteil immerhin noch bei 3,8 v. H. gelegen. Für die DDR und den gesamten Ost-West-Handel hatte der IDH ein ungleich größeres Gewicht: Der Anteil am Außenhandel der DDR betrug 1973 9,2 v. H. (1950 waren es noch 16 v. H.). Die Bundesrepublik ist der zweitgrößte Handelspartner der DDR überhaupt, die ihrerseits mit der Bundesrepublik einen annähernd so großen Warenaustausch wie mit allen übrigen westlichen Industrieländern zusammen hat.

IV. Politische Bedeutung

Wenn die Bundesregierung den IDH selbst während des kalten Krieges und oftmals gegen den Widerstand ihrer Verbündeten, die in ihm eine Gefährdung der Embargo-Politik sahen, förderte, dann geschah das fast ausschließlich aus politischen Gründen. Die Interzonenhandelspolitik der Bundesregierung war immer ein Teil ihrer Deutschlandpolitik. Die wirtschaftliche Bedeutung dieses Handels wurde gering eingeschätzt.

In den 50er Jahren sollte der IDH eine doppelte Funktion erfüllen: Einerseits sollte er als eine der letzten Klammern zwischen beiden Teilen Deutschlands die Versorgung der mitteldeutschen Bevölkerung verbessern helfen, zur Erhaltung der Kontakte zwischen den Menschen beitragen und die Reste der Verflechtung beider Volkswirtschaften bewahren; andererseits sollte der IDH als ökonomischer Hebel die eigenen politischen Ziele durchsetzen helfen, d. h. in erster Linie den freien Zugang nach und in Berlin sichern. In den 50er Jahren schuf die Bundesregierung die institutionellen und rechtlichen Grundlagen, die dem IDH bis in die Gegenwart den Charakter einer von allen Seiten anerkannten Sonderbeziehung geben. Die wichtigsten Merkmale dieser Sonderbeziehung sind: Bilateralität, Einschaltung der Treuhandstelle für den Interzonenhandel, Zoll- und Abschöpfungsfreiheit.

Da die Bundesregierung die staatliche Anerkennung der DDR vermeiden wollte, gleichzeitig aber die bestehenden Wirtschaftskontakte auszubauen suchte, ließ sie durch Anordnung des Bundesministeriums für Wirtschaft beim Deutschen Industrie- und Handelstag bereits Anfang November 1949 in Frankfurt/Main die Treuhandstelle für den Interzonenhandel gründen, die seit April/Mai 1950 ihren Sitz in Berlin hat. 1963 wurde die Treuhandstelle der Aufsicht des Bundesministeriums für Wirtschaft unterstellt. Die Treuhandstelle handelte stets auf Weisung

der Bundesregierung. Die Treuhandstelle wurde ermächtigt, mit den obersten Wirtschaftsorganen der Währungsgebiete der DM-Ost in allen Fragen, die die geschäftlichen Beziehungen zwischen der Bundesrepublik Deutschland einschließlich Berlin (West) und den Währungsgebieten der DM-Ost betreffen, Verbindung zu halten, Verhandlungen zu führen und Vereinbarungen zu treffen. Das Bundesministerium für Wirtschaft übertrug der Treuhandstelle wiederholt die Wahrnehmung von Aufgaben, die nicht direkt mit der Abwicklung des IDH zusammenhingen.

1951 konnte die Bundesregierung in der Ergänzung zum Torquay-Protokoll zum Allgemeinen Zoll- und Handelsabkommen (GATT) durchsetzen, daß „der Beitritt der Bundesrepublik Deutschland keine Änderung der gegenwärtigen Regelungen oder des gegenwärtigen Zustandes für den innerdeutschen Handel mit Gütern deutschen Ursprungs erfordert". Im Protokoll über den IDH und die damit zusammenhängenden Fragen vom März 1957 ließ sich die Bundesregierung von ihren EWG-Partnerländern bestätigen, daß die DDR von der Errichtung einer Zollgrenze zur Bundesrepublik verschont bleibt. Die DDR gehört seitdem praktisch zum EWG-Innenmarkt. Auf Lieferungen von gewerblichen Gütern aus der DDR in die Bundesrepublik werden deswegen keine Zollabgaben erhoben und bei Agrarerzeugnissen keine Abschöpfungen vorgenommen.

Die Bundesregierung betonte in den 50er Jahren wiederholt, der IDH sei ein wichtiges Instrument zur Sicherung Berlins. Bereits vor der Gründung der Bundesrepublik Deutschland und der DDR sind West- und Ost-Berlin in die Vereinbarungen über den Interzonenhandel einbezogen worden. Der bestehende Zustand wurde dann zuerst im Frankfurter und später im Berliner Abkommen vertraglich geregelt. Beide Abkommen sind zwischen den Währungsgebieten geschlossen worden, diese Kompromißformel umging die staatliche Anerkennung der DDR, bestätigte aber die faktische Zugehörigkeit West-Berlins zur Bundesrepublik Deutschland und Ost-Berlins zur DDR. Zwei Anlagen zum Frankfurter Abkommen bestimmten, der Anteil West-Berlins an den Umsätzen des IDH solle ein Drittel betragen, während das Berliner Abkommen in Artikel I, Ziffer 3 von einem „angemessenen Teil" spricht, der auf die Lieferungen und Bezüge der Berliner Wirtschaft entfallen soll. Aufgrund der so bestätigten Zugehörigkeit Berlins zum Bund konnten die Unterhändler der Bundesrepublik behaupten, es bestehe ein Junktim zwischen dem Handel und dem freien Zugang nach Berlin.

Das Junktim zwischen ungehindertem Berlinverkehr und IDH ist dann im Januar 1961 durch die sogenannte Widerrufsklausel zum letzten Mal hergestellt worden. Sie besagte, daß Warenbegleitscheine für Lieferungen von Waren des Unterkonto 1 nur noch unter dem Vorbehalt des jederzeitigen Widerrufs im Falle einer schweren politischen Störung des Berlinverkehrs genehmigt werden. Tatsächlich ist diese Klausel niemals angewandt worden. Trotz mehrfacher Behinderungen des freien Zugangs nach Berlin verzichtete die Bundesregierung in den folgenden Jahren darauf, den IDH als politisches Druckmittel anzuwenden.

Mit der Kündigung des Berliner Abkommens zum Jahresende wollte die Bundesregierung 1960 die DDR dazu bewegen, die Kontrolle des Besucherverkehrs an der Sektorengrenze, die Nichtanerkennung der Bundespässe von West-Berlinern und die Behinderungen des Lastwagenverkehrs zwischen Berlin und dem Bundesgebiet aufzuheben und formell zu widerrufen. Die DDR beugte sich jedoch diesem Druck nicht. Nach vierwöchigen Verhandlungen mußte die westliche Seite einem für sie ungünstigen Kompromiß zustimmen. Daraufhin vereinbarten die Unterhändler am 29. 12. 1960, das Berliner Abkommen mit allen Zusatzvereinbarungen in seiner Neufassung vom 16. 8. 1960 am 1. 1. 1961 in Kraft treten zu lassen.

Die Kündigung des Abkommens hatte in der DDR die Aktion „Störfreimachung" ausgelöst, durch die die Abhängigkeit von Bezügen aus „kapitalistischen Ländern", vor allem aber von westdeutschen Lieferungen, verringert werden sollte. Während die Verhandlungen über die Fortsetzung des IDH noch liefen, erklärte Bruno Leuschner als Vorsitzender der Staatlichen Plankommission im Dezember 1960 vor dem ZK der SED, es sei die vordringlichste Aufgabe, alles so zu organisieren und umzustellen, daß es für die Betriebe von der Bundesrepublik Deutschland her keine Störungen mehr geben könne. Die DDR-Wirtschaft werde sich auf Lieferungen aus den sozialistischen Ländern orientieren und die Produktion umstellen. Die „Störfreimachung" wurde 1962 aufgegeben, denn die sowjetischen Lieferungen konnten die Bedürfnisse der DDR-Industrie nur unvollkommen ersetzen, und es war für die DDR günstiger, dringend benötigte hochwertige Industrieprodukte aus der Bundesrepublik zu beziehen, als sie in kleinen Serien und dementsprechend teuer selbst herzustellen. Die westdeutschen Versuche, die DDR durch die Kündigung des Berliner Abkommens unter Druck zu setzen, um sie zur Änderung ihrer Berlin-Politik zu veranlassen, trugen zum Rückgang des IDH bei und führten zu einer intensiveren Integration der DDR in den RGW sowie zur engeren Kooperation mit der UdSSR. Die IDH-Umsätze sanken 1961 gegenüber dem Vorjahr um 12,9 v. H. Der Anteil der RGW-Länder am gesamten Außenhandelsumsatz der DDR stieg von 74,9 v. H. im Jahre 1960 (UdSSR: 42,8 v. H.) auf 79,0 v. H. im Jahre 1962 (UdSSR: 48,9 v. H.), umgekehrt sank der Anteil des IDH am Außenhandel der DDR von 10,3 v. H. im Jahre 1960 auf 8,3 v. H. 1962. Die Kündigung des

Berliner Abkommens zeigte, daß der IDH nur in eng begrenztem Maße als Druckmittel taugt, und daß die DDR in Schwierigkeiten gerät, wenn sie sich wirtschaftlich von der Bundesrepublik abgrenzt.

Für die DDR war und ist der IDH in weit größerem Maße als für die Bundesrepublik Deutschland eine ökonomische Notwendigkeit. Deshalb sprachen sich die Politiker der SBZ und der DDR bis in die 60er Jahre immer wieder dafür aus, den IDH zu erleichtern und zu erweitern. Auf jede westdeutsche Maßnahme, die die wirtschaftliche Teilung Deutschlands vertiefte, reagierte die DDR mit propagandistischen Angriffen und ernstgemeinten Vorschlägen, die der Erschwerung des Handels entgegenwirken sollten. Die DDR kritisierte vor allem die westliche Embargo-Politik und die Einführung von Sperrlisten, die Kontingentierung von Einfuhr und Ausfuhr sowie das zentrale Ausschreibungs- und Genehmigungsverfahren. Die Ost-Berliner Regierung forderte mehrjährige Abkommen, die Erhöhung des Swings und das Zusammenlegen der Unterkonten. Diesen Forderungen ist die westdeutsche Seite bereits in den 50er Jahren weitgehend entgegengekommen: 1951 betrug der Swing 30 Mill. VE., bis 1958 ist er von der Bundesregierung schrittweise auf 200 Mill. ausgeweitet worden.

Mit der grundlegenden Veränderung der deutschlandpolitischen Konzeption der SED wandelte sich 1967/1968 auch die Einstellung gegenüber dem IDH. Im August 1967 wurde das für die innerdeutschen Wirtschaftsbeziehungen zuständige Ministerium für Außenhandel und innerdeutschen Handel in Ministerium für Außenwirtschaft umbenannt (seit 1. 1. 1974 Ministerium für Außenhandel). Die DDR leugnete nun immer häufiger den Sondercharakter der innerdeutschen Wirtschaftsbeziehungen.

Die Interzonenhandelspolitik der Bundesrepublik hatte sich bereits zu Beginn der 60er Jahre geändert. Im IDH wurde zunehmend ein Instrument zum Abbau der politischen Gegensätze zwischen beiden deutschen Staaten gesehen. Das Freund-Feind-Denken aus der Zeit des kalten Krieges wich langsam dem Willen, im Verhältnis zur DDR über ein „geregeltes Nebeneinander" zum „Miteinander" zu kommen. Im IDH sah man immer weniger ein Druckmittel und immer mehr eine Leistung, für die man etwas einhandeln kann. Statt von „Interzonenhandel" wurde nun auch von Regierungsseite immer häufiger vom „Innerdeutschen Handel" gesprochen. Dadurch fand der Funktionswandel seinen sprachlichen Ausdruck.

Die Bundesregierung der Großen Koalition gab den Forderungen der Wirtschaft und der DDR nach und befreite den IDH weitgehend von den aus politischem Kalkül entstandenen Hemmnissen. Im März 1967 wurde die Bundesgarantie für langfristige Investitionsgüterlieferungen auf den IDH ausgedehnt. Im Mai 1967 entstand die Gesellschaft zur Finanzie-

rung von Industrieanlagen (GEFI), durch die Lieferungen und Leistungen in die DDR durch mittelfristige Kredite finanziert werden können. Im August
desselben Jahres wurde die Widerrufsklausel aufgehoben, die Swing-Beträge für die einzelnen Unterkonten wurden zu einem Gesamtswing zusammengefaßt; seitdem kann die DDR den Swing für die
Waren beanspruchen, für die er benötigt wird; die
Aufteilung des Warenverkehrs in zwei Unterkonten
hat heute praktisch keine Bedeutung mehr. Die Ma-
schinenkontingente wurden im August 1967 aufgestockt. Im September 1967 ist eine Sonderregelung
zum neuen Mehrwertsteuergesetz erlassen worden.
Im Dezember 1967 wurde dann durch Briefaus-
tausch eine neue Grundlage bis 1975 geschaffen:
Die Bundesregierung erklärte sich dazu bereit, die
seit Jahren anhängende Mineralölfrage durch Ausgleichszahlungen zu bereinigen; beide Seiten verpflichteten sich zur kontinuierlichen Erhöhung ihrer
Lieferkontingente für Maschinen, Fahrzeuge und
elektrotechnische Erzeugnisse; zur Erleichterung
des Warenverkehrs sollte der Swing von bisher 200
Mill. DM in Zukunft elastisch sein, er sollte jeweils
25 v. H. der ostdeutschen Lieferungen des vergangenen Jahres entsprechen und jeweils im Januar für das
laufende Jahr neu festgesetzt werden. Im Mai 1969
wurde die Einrichtung von Kommissions- und Kon-
signationslägern vereinbart. Im April 1969 erfolgte
die Erweiterung der Bezugsmöglichkeiten durch
eine Erhöhung der wertbegrenzten Abschreibungen
bzw. Überführung wertbegrenzter Bezugspositionen
in die offene Ausschreibung. Für einen großen Teil
der Lieferungen wurde im Januar 1969 die Einzelge-
nehmigungspflicht durch die allgemeine Genehmigung ersetzt. Warenbegleitscheine für Lieferungen
in die DDR mußten nicht mehr beantragt und genehmigt werden – für diese Waren brauchte statt der
bisherigen Anträge auf Einzelgenehmigung künftig
nur noch eine Bezugserklärung gegenüber dem Bundesamt für gewerbliche Wirtschaft für statistische
Zwecke abgegeben zu werden. Durch die Allgemeine Genehmigung Nr. 3 (B) wurde im Dezember
1969 auch der Bezug von Waren von der Einzelge-
nehmigungspflicht freigestellt. Voraussetzungen für
den Geschäftsabschluß sind danach vor allem ein
schriftlicher Kaufvertrag, die Zahlung des Kaufpreises über die Unterkonten 1 und 2 und die Meldung
der Verträge an das Bundesamt für gewerbliche
Wirtschaft. Im gewerblichen Sektor waren 1970 von
den rund 5 200 Warenpositionen 191 für den Bezug
kontingentiert, 1971 waren nur noch 79, Ende 1972
103 und Ende 1973 67 Positionen kontingentiert. Im
landwirtschaftlichen Sektor bestanden bei den Bezügen 1973 bei 166 von 955 Warenpositionen Kontingente.
Diese Handelserleichterungen bewirkten nach 1968
die schnellste Umsatzausweitung in der Geschichte
des IDH.

Am 6. 12. 1974 wurde eine Vereinbarung paraphiert, nach der die Swing-Regelung vom 6. 12.
1968 bis zum 31. 12. 1981 mit der Maßgabe verlängert wird, daß die Beträge die Höchstgrenze von 850
Mill. VE nicht überschreiten.

V. Ausblick

Trotz Abgrenzungspolitik und Polemik gegen die
neue Ostpolitik und deren Anspruch, die bestehenden Sonderbeziehungen auszubauen, stimmte die
DDR im → **Grundlagenvertrag** der Erhaltung dieser
Sonderbeziehungen zu. Nach Artikel 7 des Grundlagenvertrages sollen Abkommen geschlossen werden, „um auf der Grundlage dieses Vertrages und
zum beiderseitigen Vorteil die Zusammenarbeit auf
dem Gebiet der Wirtschaft . . . zu entwickeln und zu
fördern". Im Zusatzprotokoll zu Artikel 7 heißt es in
Ziffer 1: „Der Handel zwischen der Bundesrepublik
Deutschland und der Deutschen Demokratischen
Republik wird auf der Grundlage der bestehenden
Abkommen abgewickelt." Das Berliner Abkommen
bleibt also weiterhin die Rechtsgrundlage des IDH
und die Besonderheiten in den innerdeutschen Wirtschaftsbeziehungen bleiben bestehen.
Die Haltung der DDR bleibt jedoch auch nach dem
Abschluß des Grundlagenvertrages ambivalent. Einerseits verleugnet sie weiterhin den Sonderstatus
des IDH, andererseits gab Honecker im November
1972 zu, daß es nach dem Grundlagenvertrag „keinen Grund zu Veränderungen" gebe und im Handel
„eine der wenigen Besonderheiten . . . in den Beziehungen weiterbestehen" (ND, 25. 11. 1972, S. 4).
Die Bundesregierung will ihre unter der Großen
Koalition begonnene Politik weiter verfolgen: Sie
will den IDH als Sonderbeziehung ausbauen und dadurch dazu beitragen, die Möglichkeit einer deutschen Wiedervereinigung offenzuhalten. Gegenüber
den Regierungen ihrer Partnerländer in der Europäischen Gemeinschaft vertritt Bonn weiterhin die Ansicht, daß der in den Beitrittsverträgen zum GATT,
zur Montanunion und zum EWG-Vertrag vereinbarte Sonderstatus für den IDH weiter gilt. Dieser
Standpunkt wurde im März und September 1973
dem Ministerrat der Europäischen Gemeinschaft
vorgetragen und von den Partnern erneut anerkannt.
Dieser Sonderstatus wird also gegenwärtig (1975)
von keiner Seite in Frage gestellt. Dadurch ist jedoch
keineswegs die Ausweitung des Warenaustauschs
gewährleistet. Eine weitere Steigerung des Handels-
volumens kann nur erreicht werden, wenn sich beide
Vertragspartner auf Absatz 2 der Nr. 1 des Zusatzprotokolls zu Artikel 7 des Grundlagenvertrages be-
sinnen, in dem „langfristige Vereinbarungen mit
dem Ziel . . ., eine kontinuierliche Entwicklung der
wirtschaftlichen Beziehungen zu fördern, überholte
Regelungen anzupassen und die Struktur des Handels zu verbessern", in Aussicht gestellt worden sind.
Der IDH wird langfristig nur dann kontinuierlich

wachsen können, wenn zwischen der Bundesrepublik Deutschland und der DDR qualitativ höherwertige Formen der Kooperation möglich werden. Ob

sich die beiden deutschen Staaten dazu bereitfinden werden, hängt von unwägbaren politischen Entwicklungen ab.

Innere Mission: Kurzformel für „Innere Mission und Hilfswerk der evangelischen Kirchen in der DDR". Die IM. ist die zentrale Arbeitsgemeinschaft aller freiwilligen, vereins- und anstaltsmäßig organisierten Kräfte, die innerhalb der evangelischen Kirchen auf diakonischem, bzw. sozialem Gebiet tätig sind.

Der Wiederaufbau der IM., die durch Nationalsozialismus und II. Weltkrieg erhebliche materielle Verluste erlitten hatte, erfolgte unmittelbar nach 1945. Nach zeitweisen Behinderungen ihrer Arbeit durch die SED kann die IM. gegenwärtig ungestört im sozialen Bereich wirken.

Die IM. unterhält u. a. 52 Krankenhäuser mit ca. 6000 Betten, 314 Kindertagesstätten mit ca. 17000 Plätzen, 14 Sondertagesstätten mit 278 Plätzen und 419 Gemeindepflegestationen, in denen 523 Diakonissen tätig sind. Insgesamt arbeiten für die IM. 5600 Diakonissen und 1300 Diakone (Stand: 1. 9. 1974). Betreut werden vor allem geistig und körperlich behinderte Kinder und Erwachsene sowie erholungsbedürftige Mütter kinderreicher Familien. Hauptsitz der IM. ist Berlin (Ost), Geschäftsführender Direktor ist Oberkirchenrat Dr. Gerhard Bosinski. → **Religionsgemeinschaften und Kirchenpolitik.**

Innere Truppen: → **VP-Bereitschaften.**

Inspektionsgruppe: → **Gerichtsverfassung.**

Institut für Datenverarbeitung: 1964 errichtet zur Durchführung der Aufgaben, die sich aus dem Programm des Ministerrats zur Einführung der **elektronischen** → **Datenverarbeitung** ergeben. Sitz ist Dresden.

Institut für Gesellschaftswissenschaften beim ZK der SED (IfG): Gegr. 21. 12. 1951; Sitz: Ost-Berlin; Direktor (seit 1963): Prof. Dr. Otto Reinhold, Mitglied des ZK der SED; Stellvertreter: H. Hümmler und K.-H. Stiemerling. Das IfG hat seit 1963 die Funktion einer Forschungs- und Ausbildungsschule des ZK der SED. Ihm gehören Hunderte von festen und zeitweiligen Mitarbeitern (Professoren, Assistenten, Aspiranten, freie Mitarbeiter) an.

Aufgaben: 1. Forschung, Lehre und Ausbildung in einem in der Regel 4jährigen Studium (Abschluß: Diplom) auf den folgenden Gebieten: Philosophie (mit Fachrichtungen: Dialektischer und Historischer Materialismus, Ethik, Ästhetik, Soziologie); Theorie der Literatur, Kunst und bildenden Kunst; Geschichte; Deutsche Geschichte; Geschichte der Arbeiterbewegung, Geschichte der KPdSU; Politische Ökonomie (mit Fachrichtungen: Imperialismustheorie, Kapitalismus, Sozialismus-Industrie, Sozialismus-Landwirtschaft).

2. Weiterbildung von leitenden Mitarbeitern der SED, insbesondere aus den Sekretariaten der Bezirks- und Kreisleitungen (vor allem aus dem Bereich der Agitation und Propaganda) sowie von leitenden Mitarbeitern des Staats- und Wirtschaftsapparates.

3. Abhaltung von Konferenzen und Kolloquien, meist in Zusammenarbeit mit anderen Hochschulinstituten der SED sowie der Humboldt-Universität und der → **Akademie der Wissenschaften der DDR**.

4. Aufbau und Ausbau internationaler wissenschaftlicher Kontakte insbesondere mit dem Institut für Gesellschaftswissenschaften beim ZK der KPdSU, jedoch auch mit den entsprechenden Instituten in den anderen Ostblockstaaten sowie mit dem Institut für Marxistische Studien und Forschungen (IMSF) in Frankfurt/Main.

Die Aus- und Weiterbildung am IfG besitzt das erklärte Ziel, „fundierte Kenntnisse auf dem Gebiet des Marxismus-Leninismus, hohe Allgemeinbildung und tiefgründiges Wissen auf einem Spezialgebiet zu erreichen, die Strategie und Taktik der Partei wissenschaftlich zu erfassen und die Bereitschaft zu festigen, die Politik der Partei mit ganzer persönlicher Kraft und Fähigkeit . . . zu verwirklichen". Sie geht von dem Prinzip der Einheit von Forschung, Lehre, Erziehung und Propaganda aus. Zur *Organisationsstruktur:* Jedes der angegebenen Fachgebiete ist durch mehrere, zumindest jedoch einen Lehrstuhl oder eine Dozentur vertreten. Zu jedem Lehrstuhl gehören Oberassistenten, Assistenten, Aspiranten und wissenschaftlichen Mitarbeiter. Jedem Lehrstuhl sind ferner Forschungs- und Arbeitsgruppen angegliedert. Neben dem Direktstudium ist auch das Fernstudium möglich. Das IfG besitzt seit 1953 Promotions- und Habilitationsrecht; die ersten Dissertationen wurden 1965 abgeschlossen. Seit 1963 ist das Diplom als Abschlußexamen eingeführt („Diplom-Gesellschaftswissenschaftler"). Die Aspirantur am IfG dauert 4 Jahre und schließt mit der Verteidigung der Dissertation ab. Das IfG besitzt eine umfangreiche Bibliothek. Anläßlich der Neuordnung des gesamten Informations- und Dokumentationswesens seit 1966 ist das IfG seit 1967 „Zentralstelle" für die Fächer Philosophie und Soziologie.

Gegenwärtig müssen folgende Voraussetzungen für die Aufnahme am IfG erfüllt werden: 5jährige (früher: 8jährige) SED-Mitgliedschaft, Erfahrung in verantwortlicher Parteiarbeit, in der Regel Absolvierung der → **Parteihochschule „Karl Marx"** oder anderer Parteischulen (→ **Parteischulung**) bzw. einer Universität oder Hochschule mit Abschlußexamen. Die Aufnahmebedingungen sind, entsprechend dem Ausbau des IfG zu einer eigenen Ausbildungsstätte mit regulären Studiengängen, im Lauf der Jahre zum Teil abgeändert worden. Die Auswahl der Studienbewerber erfolgt durch die Abteilungen des ZK-Apparates oder durch die Bezirksleitungen der SED. Die endgültige Entscheidung über die Delegierung liegt bei der ZK-Abteilung Wissenschaft in Abstimmung mit der Kaderabteilung im zentralen Parteiapparat. → **Institut für Marxismus-Leninismus beim ZK der SED.**

Institut für Internationale Politik und Wirtschaft (IPW): Das IPW wurde im Juli 1971 durch Zusammenlegung des Staatssekretariats für westdeutsche Fragen, des→ **Deutschen Instituts für Zeitgeschichte** (DIZ), des Deutschen Wirtschaftsinstituts (DWI) sowie der mit Westpropaganda befaßten Abteilungen des Nationalrates der Nationalen Front als „Leitinstitut" der marxistisch-leninistischen „Imperialismusforschung" gegründet. Damit sollten nicht nur diejenigen Institutionen unter einheitlicher Leitung zusammengefaßt werden, die sich bisher auf wissenschaftlicher Ebene insbesondere mit Themen der Bundesrepublik Deutschland befaßt hatten, sondern vor allem auch die gesamte Westpropaganda unter neuer Aufgabenstellung unmittelbar in den Dienst der Abgrenzungspolitik Honeckers gestellt und reorganisiert werden. (Seitdem werden die Propagandaschriften „Neue Bildzeitung", „Visite" und „Aus erster Hand" auch vom IPW herausgegeben.) Das IPW wurde dem Sekretär des ZK der SED, A. Norden, unterstellt, sein erster Direktor wurde der zum Professor ernannte H. Häber, der bis dahin stellvertretender Leiter des ehemaligen → **Staatssekretariats für westdeutsche Fragen** gewesen war. Stellvertretende Direktoren wurden die Professoren St. Doernberg (DIZ) und L. Meier (DWI). Direktor ist seit Anfang 1974 der ehemalige stellvertretende Leiter der Westabteilung des ZK, Dr. M. Schmidt; Häber wurde zum Leiter dieser ZK-Abteilung ernannt. Auch auf der Ebene der Abteilungsdirektoren wird die enge Bindung des IPW an den Parteiapparat deutlich. So war der Leiter der Hauptabteilung Ideologie, Dr. G. Grasnick, zuvor Parteisekretär im Staatssekretariat für westdeutsche Fragen, der Leiter der Unterabteilung Ideologieforschung, H. Pirsch, war Mitarbeiter der Westabteilung des ZK. Auch leitende Mitarbeiter der zwei übrigen Hauptabteilungen (für Ökonomie und Politik) kommen teilweise aus dem ZK-Apparat. Ferner gehört formal zum IPW eine etwa 10 Mitarbeiter umfassende Arbeitsgruppe unter Leitung von Professor H. Bertsch. Diese Arbeitsgruppe hat direkten Kontakt zum → **Ministerrat** der DDR sowie zur Hauptverwaltung „Aufkärung" des→ **Ministeriums für Staatssicherheit.** Den insgesamt etwa 500 Mitarbeitern des IPW obliegt die umfassende Beobachtung der Bundesrepublik Deutschland, die Analyse aller politischen Strömungen und der Reaktion der westdeutschen Bevölkerung auf politische Aktivitäten der DDR. Zugleich haben sie für die Westabteilung des ZK sorgfältig aufbereitetes Informationsmaterial zu erarbeiten, das auch den befreundeten „Bruderparteien" zugestellt wird. Zu diesem Zweck findet in der Unterabteilung „Feindbeobachtung" der Hauptabteilung Ideologie eine intensive Beobachtung der Massenmedien der Bundesrepublik statt, um Auf-

schluß darüber zu gewinnen, mit welchen Mitteln der „psychologischen Kriegsführung des Gegners" begegnet werden muß. Zu den Aufgaben der Hauptabteilung Ideologie gehört auch die Durchführung von propagandistischen Spezialaufträgen, wie die Verfassung des „Chile-Schwarz-Buches", deren Autoren vorübergehend in der Bundesrepublik vermutet wurden. Die starke Einbeziehung des IPW in die deutschlandpolitische Auseinandersetzung hat zu einer Überlagerung seiner wissenschaftlichen Tätigkeit durch vordergründig propagandistisch-ideologische Aktivitäten und zu einer Beeinträchtigung seines Rufes als ernstzunehmende Forschungsstätte geführt.

Institut für Literatur „J. R. Becher": Die Verordnung über die Bildung des IfL. vom 3. 2. 1955 erklärt: „Um die zeitgenössische deutsche Literatur im Geiste der progressiven Traditionen und Errungenschaften der deutschen und Weltliteratur zu entwickeln und die ideologische und künstlerische Ausbildung der Schriftsteller zu fördern, ist die Schaffung eines Instituts für Literatur notwendig." Das IfL. mit Hochschulcharakter wurde am 18. 9. 1955 in Leipzig eröffnet und untersteht dem → **Ministerium für Kultur.** Es arbeitet eng mit dem → **Schriftstellerverband** zusammen. Erster Direktor wurde Alfred Kurella (bis 1957, Nachfolger Max Zimmering). Kurella – der eigentliche Spiritus rector des Instituts – hatte die Gründung des IfL. gegen den Widerstand einflußreicher Persönlichkeiten, insbesondere J. R. Bechers, durchgesetzt. Nach dem Tode von Johannes R. Becher wurde das Institut 1959 nach ihm benannt. In mehrjährigen Lehrgängen sollen Schriftsteller eine Grundausbildung erhalten. 1969 wurde nach dem VI. Schriftstellerkongreß ein neues Ausbildungsprogramm am IfL. eingeführt: Ab 15. 9. 1969 ist ein dreijähriges → **Fernstudium** möglich „im Interesse einer Verstärkung und qualitativen Verbesserung der Bewegung schreibender Arbeiter, im Interesse vor allem der Herausbildung einer Literaturgesellschaft und der ästhetischen Erziehung der Werktätigen" (Anweisung des Ministeriums für Kultur vom 2. 3. 1970). Gleichzeitig wurden eine „künstlerische Aspirantur" (jährlich sollen 5 bis 6 junge Schriftsteller für zwei Jahre am Institut tätig sein) und Sonderkurse für junge Schriftsteller (9 Monate) eingeführt. Das dreijährige Studium wurde in ein zweijähriges Aufbaustudium umgewandelt. Direktor ist seit August 1964 Max Walter Schulz, der von 1957 bis 1959 am IfL. studiert hat. → **Literatur und Literaturpolitik.**

Institut für Marktforschung: → **Markt und Marktforschung.**

Institut für Marxismus-Leninismus beim ZK der SED (IML): Gegründet 1947 (Arbeitsaufnahme 1949), Sitz: Ost-Berlin, Direktor (seit 1969) Prof. Dr. Günter Heyden. Besonders wichtig für die Entwicklung des IML war der Beschluß des ZK der SED vom

20. 10. 1951 über „die wichtigsten ideologischen Aufgaben der Partei". Hier wurden die Aufgaben des Instituts erheblich erweitert, so daß es wesentlich dazu beitragen konnte, den Marxismus-Leninismus Schritt für Schritt als herrschende Ideologie in der DDR durchzusetzen. Das IML wurde bis 1953 Marx-Engels-Institut (MEL) genannt und zu Ehren Stalins im April 1953 in Marx-Engels-Lenin-Stalin-Institut (MELS) umbenannt. Seit dem XX. Parteitag der KPdSU 1956 trägt es seinen jetzigen Namen. Ursprünglich, in den Jahren 1949–1958, arbeiteten in dem Institut vor allem „erfahrene, im Klassenkampf erprobte, marxistisch-leninistisch geschulte Kader"; gegenwärtig sind es Hunderte von gut ausgebildeten wissenschaftlichen Mitarbeitern. *Aufgaben:* Als zentrales Forschungs- und Editionsinstitut der SED ist das IML die Institution, die die Pflege der Klassiker des Marxismus-Leninismus sowie der Geschichte der deutschen und internationalen Arbeiterbewegung übernommen hat. Im einzelnen gehören dazu folgende Aufgaben:

1. Koordinierung der Editionstätigkeit der wissenschaftlichen Institutionen der DDR auf diesen Gebieten.

2. Herausgabe der Werke der marxistischen Klassiker, insbesondere von Marx, Engels, Lenin und Stalin. Die 1953 begonnene Herausgabe der auf 40 Bände angelegten Marx-Engels-Werkausgabe (MEA) wurde 1968 abgeschlossen. Die Werke Lenins (aufgrund der 4. russischen Ausgabe herausgegeben) liegen in 40 vom IML herausgegebenen Bänden, von denen insgesamt ca. 2 700 000 Exemplare erschienen sind, vor; sie werden seit 1969 ergänzt durch die Reihe „Lenin, Briefe", von der bisher 9 Bände veröffentlicht sind (nach der 5. russischen Ausgabe herausgegeben). Die Herausgabe der Werke Stalins wurde 1956 mit dem 13. Band der auf 16 Bände angelegten Gesamtausgabe abgebrochen. Gegenwärtig wird geplant, zusammen mit dem IML beim ZK der KPdSU das Projekt einer historisch-kritischen Marx-Engels-Gesamtausgabe (MEGA) in ca. 100 Bänden wieder aufzunehmen. Darin sollen alle Manuskripte, Entwürfe, Konzepte, Randbemerkungen in Büchern etc., die von Marx und Engels erhalten sind, berücksichtigt werden.

3. Erforschung der Geschichte der deutschen und der internationalen Arbeiterbewegung aus der Sicht des Marxismus-Leninismus sowie Leitung und Organisation der Erforschung der Geschichte der „örtlichen Arbeiterbewegung". Bis zum gegenwärtigen Zeitpunkt sind auf diesen Gebieten über 20 Dokumentationsbände, darunter die achtbändigen „Dokumente und Materialien zur Geschichte der deutschen Arbeiterbewegung", herausgegeben worden.

4. Übernahme eines wesentlichen Teils der Propagandaarbeit der SED, insbesondere die Verbreitung des marxistisch-leninistischen Geschichtsbildes der Arbeiterklasse sowie die Auseinandersetzung mit den verschiedenen Richtungen der antimarxistischen Historiographie. In diesem Zusammenhang gehören die achtbändige „Geschichte der deutschen Arbeiterbewegung", die 1962 in Auftrag gegeben wurde und 1966 erschien,

sowie der zum 25. Jahrestag der DDR geplante Sammelband „Der ideologische Kampf der SED von 1946 bis 1972".

5. Ausbildung auf den genannten Gebieten. Seit 1970 besitzt das IML das Recht auf Verleihung akademischer Grade.

6. Organisation von wissenschaftlichen Konferenzen, Kolloquien und Arbeitstagungen in Verbindung vor allem mit dem → **Institut für Gesellschaftswissenschaften beim ZK der SED,** der → **Akademie der Wissenschaften der DDR** sowie verschiedenen Universitäten und Hochschulen. Diese Zusammenarbeit fand ihren Niederschlag in der Tätigkeit des „Rates für Geschichte" und des „Wissenschaftlichen Rates für Marx-Engels-Forschung", die beide ihren Sitz im IML haben. Im internationalen Rahmen bestehen Arbeitsgemeinschaften zur Verwirklichung gemeinsamer Projekte mit dem IML beim ZK der KPdSU, dem Institut für Parteigeschichte beim ZK der KP Bjelorusslands, ferner dem Institut für Geschichte der Bulgarischen Kommunistischen Partei.

Im Anschluß an den VIII. Parteitag der SED (Juni 1971) und aufgrund des „Zentralen Forschungsplans der Gesellschaftswissenschaften der DDR bis 1975" aus dem Jahre 1972 ist eine Schwerpunktverlagerung der Arbeit im IML vorgesehen. Bei der zukünftigen historischen Forschung soll es in erster Linie darum gehen, die Entwicklung der deutschen Arbeiterbewegung und die „Politik der revolutionären Partei der deutschen Arbeiterklasse" stärker als bisher als Teil der internationalen Arbeiterbewegung darzustellen. In diesem Zusammenhang nehmen Forschungen über die Beziehungen der KPD zur KPdSU einen zentralen Platz ein. Schließlich sollen künftig in verstärktem Umfang Biographien über „hervorragende Persönlichkeiten der deutschen und der internationalen Arbeiterbewegung" erscheinen.

Zur *Organisationsstruktur:* Das IML hat u. a. folgende Abteilungen: Marx-Engels-Abteilung; Lenin-Abteilung; Abteilung Geschichte der Arbeiterbewegung (einschließlich der örtlichen Arbeiterbewegungen); zentrales Parteiarchiv der SED (seit April 1963); Bibliothek (gegenwärtig über 300 000 Bände); Informations- und Dokumentationsstelle. Das zentrale Parteiarchiv enthält die bedeutendste Quellensammlung der deutschen Arbeiterbewegung von den Anfängen bis zur Gegenwart in der DDR. Die Informations- und Dokumentationsstelle veröffentlicht seit 1950 (z. T. internationale) Spezialbiographien; seit 1963 erscheint daneben der „Dokumentationsdienst zur Geschichte der Arbeiterbewegung und der Marx-Engels-Forschung".

Jede Abteilung des IML ist in Unterabteilungen (Sektoren) untergliedert. Außerdem sind Arbeitsleiter an größeren Projekten außerhalb der genannten Abteilungen tätig. Neben den Abteilungsleitern, die auch lehren und forschen, sind am IML Dozenten und wissenschaftliche Assistenten beschäftigt. Das IML gibt seit 1959 eine eigene, heute 6mal jährlich erscheinende Zeitschrift heraus: die „Beiträge zur Geschichte der Deutschen Arbeiterbewegung", die 1969 in „Beiträge zur Geschichte der Arbeiterbewegung" umbenannt wurde.

Institut für Meinungsforschung beim ZK der SED:
Gegr. 1965, Sitz Ost-Berlin, Direktor: Generaloberst
Karl Maron, Mitglied des ZK der SED. Hauptaufgaben:
1. Im Auftrag des Politbüros der SED regelmäßige repräsentative Umfragen über die Stimmung der Bevölkerung und das Ansehen einzelner Spitzenfunktionäre der
SED; 2. Beteiligung an „Soziologischen Massenforschungen", vor allem in Betrieben der 4 Schlüsselindustrien: der chemischen Industrie, der Maschinenbau-,
der Elektro- sowie der feinmechanischen und optischen
Industrie. Diese Untersuchungen werden vor allem in
Zusammenarbeit mit der Abteilung Industriesoziologie
des Instituts für Politische Ökonomie an der Humboldt-
Universität Berlin (Ost) und dem → **Institut für Gesellschaftswissenschaften beim ZK der SED** seit 1964
durchgeführt. → **Meinungsforschung.**

Institut für Sozialhygiene: → **Akademie für Ärztliche
Fortbildung.**

Integration, sozialistische ökonomische: → **Rat für
Gegenseitige Wirtschaftshilfe.**

Intelligenz: Die I. wird in der DDR als „Schicht" oder
auch als „Zwischenschicht" bezeichnet. Sie steht neben
den beiden Grundklassen: den Arbeitern und Angestellten einerseits, den Genossenschaftsbauern andererseits. Der Inhalt der I.-Schicht ist nicht fest umrissen. So
ist es z. B. strittig, ob höhere Funktionäre der SED zur I.
oder zu den „Arbeitern und Angestellten" zu zählen
sind. Auch weist das „Statistische Jahrbuch der DDR"
keine Bevölkerungsgruppe als I. aus. Kategoriale Unsicherheit war einer der Gründe dafür, daß bisher weder
eine differenziertere I.-Statistik aufgebaut noch einfache umfassendere Erhebungen durchgeführt wurden.
Generell werden zur I. Personen gerechnet, die beruflich vorwiegend geistige Arbeit leisten und meistens
eine höhere Schulausbildung besitzen: Wissenschaftler,
Ärzte, Lehrer, Ingenieure, Techniker, Künstler und
Schriftsteller. Entsprechend werden je nach den Tätigkeitsbereichen unterschieden: „wissenschaftliche I.",
„medizinische I.", „pädagogische I.", „technische I."
und „künstlerische I". Alle Personen mit Universitäts-
bzw. Hochschulabschluß und mit Fachschulabschluß
zählen zur I. In diesen Gruppen sind laut „Statistisches
Jahrbuch" diejenigen Fachkräfte eingeschlossen, denen
– ohne Absolvierung eines Studiums oder einer Fachschule aufgrund gesetzlicher Bestimmungen oder besonderer Leistungen – ein wissenschaftlicher Grad bzw.
Titel oder der Qualifikationsgrad „Ingenieur" bzw.
„Techniker" zuerkannt wurde. Insgesamt waren Ende
1973 ca. 335 000 Berufstätige mit Hochschul- sowie ca.
540 000 Berufstätige mit Fachschulabschluß in der
DDR-Wirtschaft tätig. Im gleichen Jahr studierten ca.
148 000 Studenten an den Universitäten und Hochschulen sowie ca. 162 000 an den Fachschulen. In den Einrichtungen der Volksbildung und Kultur sind für Ende
September 1973 517 000 Beschäftigte ausgewiesen. Die
wichtigsten Massenorganisationen der I., der Kulturbund der DDR sowie die Kammer der Technik, hatten
Ende 1973 ca. 197 000 bzw. 209 000 Mitglieder. Der

überwiegende Teil der gegenwärtig tätigen I. hat seine
Ausbildung bereits nach 1945 in der DDR erhalten.
Die in der Nachkriegszeit in der SBZ bzw. DDR verbliebene „bürgerliche" I. wurde materiell bevorzugt und
berufspolitisch gefördert, wenn deren Mitglieder zur
Mitarbeit in der Wirtschaft und in anderen Gesell-
schaftsbereichen und zu einer gewissen sozialen Integration bereit waren. Erheblich bevorzugt wurden besonders naturwissenschaftlich-technische Spezialisten und
Berufsgruppen, z. B. bei der Festlegung des Arbeitseinkommens und des Urlaubsanspruchs (über Einzelverträge), der Wohnungszuweisung und Versorgung. Die in
der Zwischenzeit ausgebildete „sozialistische" I. hat auf
die materiellen Vergünstigungen nicht verzichten müssen und stellt dementsprechend heute – allerdings ohne
Lehrer, Ingenieure und Techniker – eine Sozialgruppe
mit überdurchschnittlichem Lebensstandard dar. → **Sozialstruktur; Wissenschaftlich-technische Revolution;
Kulturbund; Kammer der Technik.**

Intensivierung: Bezeichnung für das wirtschaftspolitische Konzept und die Maßnahmen, wirtschaftliches
Wachstum durch die intensive Nutzung der vorhandenen Produktionsanlagen und des vorhandenen Arbeitskräftepotentials zu erzielen. Die Produktionsanlagen
sollen nicht mehr extensiv erweitert, sondern rationeller
genutzt und die → **Arbeitsproduktivität** erhöht werden.
Zum bestimmenden wirtschaftspolitischen Konzept
wurde I. durch Beschluß des VIII. Parteitages der SED
im Juni 1971. → **Phasen der Wirtschaftspolitik seit
1963.**

**Intercontrol GmbH, Warenkontrollgesellschaft der
DDR:** Dienstleistungsbetrieb für Qualitäts- und Waren-
kontrolle – mit Hauptsitz in Berlin (Ost).
Er unterhält Inspektionen und Zweiginspektionen innerhalb der DDR und entsendet Kontrolleure ins Ausland. Die Kontrolle erstreckt sich auf: Schadenfeststel-
lungen, Probenanalysen in eigenen Laboratorien, Überwachung, Verpackung.
Die I. wird vor allem im Rahmen der Vertragsabwick-
lung im Außenhandel tätig. → **Qualität der Erzeugnisse.**

Interflug: → **Verkehrswesen.**

Interhotel: → **Hotel- und Gaststättengewerbe.**

Intermetall: Am 15. 7. 1964 gegründete Organisation
für die Zusammenarbeit in der Schwarzmetallurgie, der
gegenwärtig – außer Rumänien – alle Länder des → **Rates für Gegenseitige Wirtschaftshilfe** angehören.

Internationale: Zusammenschlüsse der sozialistischen
Parteien und Gewerkschaften auf zwischenstaatlicher
Grundlage. Die unter entscheidendem Einfluß von
Marx und Engels gegründete I. I. (1864–1872) vereinigte kleine sozialistische Gruppen, die II. I. (1889–1914)
war ein loser Zusammenschluß sozialistischer Parteien,
sie zählte vor 1914 3,3 Mill. Mitglieder und 12 Mill.
Wähler, brach aber bei Kriegsausbruch auseinander.
1919 neugegründet, schloß sich die II. I. 1923 mit der
linkssozialistischen Internationalen Arbeitsgemeinschaft zur Sozialistischen Arbeiterinternationale (SAI)

zusammen. 1951 fanden sich die sozialistisch-demokratischen Parteien erneut zur „Sozialistischen Internationale" zusammen. Die Kommunisten gründeten 1919 die III. I., die → **Komintern.**

Internationale Bank für Wirtschaftliche Zusammenarbeit (IBWZ):
Die IBWZ nahm am 1. 4. 1964 ihre Tätigkeit auf. Sitz ist Moskau. Ihr gehören gegenwärtig alle Mitgliedstaaten des → **Rates für Gegenseitige Wirtschaftshilfe** (RGW) an. Sie verfügt über ein Stammkapital von 300 Mill. Rubel; die DDR hat 55 Mill. Rubel bei der Gründung eingebracht.

Ihre Hauptaufgaben bestehen vor allem im multilateralen Clearing des RGW-Handels und in der Kreditierung aller Arten von Außenhandelsgeschäften innerhalb des RGW.

In den letzten Jahren hat sich die IBWZ wiederholt in den internationalen Geld- und Kapitalverkehr eingeschaltet und in einzelnen nichtsozialistischen Ländern inzwischen Filialen errichtet.

Internationale Demokratische Frauenföderation (IDFF):
Internationale Organisation nationaler Frauenverbände, der überwiegend die Frauenorganisationen sozialistischer und kommunistischer Staaten und Parteien angehören. Gegr. am 1. 12. 1945 in Paris. Die Mitgliederzahlen für 1973 lauten: 110 Organisationen in 97 Ländern mit insgesamt ca. 200 Mill. weiblichen Mitgliedern über 15 Jahre (entspricht ungefähr einem Sechstel der weiblichen Weltbevölkerung).

Der Internationale Frauenkongreß (höchstes Organ) tagt alle drei Jahre; er wählt den Rat der IDFF, die Präsidentin und die Vizepräsidentinnen. Der Rat (höchstes leitendes Organ zwischen den Kongressen), in dem alle Mitgliedsorganisationen vertreten sind, tagt alljährlich; er wählt das Büro der IDFF (verantwortliches Organ zwischen den Tagungen des Rates), das sich aus den 10 Vizepräsidentinnen und weiteren 13 Mitgliedern zusammensetzt, sowie das Sekretariat (operatives Organ des Rates), das seinen Sitz seit 1951 in Ost-Berlin hat. Präsidentin war von 1945–16. 6. 1967 Eugénie Cotton (Frankreich); vom 18. 6. 1969–18. 3. 1974 war es Hertta Kuusinen (Finnland); eine neue Präsidentin wird auf dem nächsten Internationalen Frauenkongreß (s. u. „Weltkongreß der Frauen") im Herbst 1975 gewählt. Die gegenwärtige Generalsekretärin ist Fanny Edelmann (Argentinien). Die IDFF verfügt über das Publikationsorgan: „Frauen der ganzen Welt" (erscheint vierteljährlich).

Zu den Aufgaben gehören: Eroberung und Verteidigung der „politischen, wirtschaftlichen, bürgerlichen und sozialen Rechte der Frauen"; Schutz der Kinder; „Kampf für Frieden, nationale Unabhängigkeit und demokratische Freiheiten"; Herstellung von Freundschaft und Solidarität zwischen den Frauen aller Länder. Zu aktuellen Aufgaben der IDFF zählen: Vorbereitung und Durchführung eines „Weltkongresses der Frauen", der im Herbst 1975 im von der XXVII. UNO-Vollversammlung proklamierten „Internationalen Jahr der Frau" in Ost-Berlin stattfand.

Die IDFF besitzt Konsultativstatus (Mitglied mit beratender Stimme) bei der UNESCO und beim Wirtschafts- und Sozialrat der Vereinten Nationen (ECOSOC).

Der → **Demokratische Frauenbund Deutschlands** (DFD) gehört der IDFF seit dem 18. 5. 1948 an; DFD-Vors. Ilse Thiele ist seit 1964 Vizepräsidentin der IDFF.

Internationale Investitionsbank (IIB):
Die IIB wurde am 10. 7. 1970 durch ein Abkommen zwischen den Ländern des → **Rates für Gegenseitige Wirtschaftshilfe** (RGW) gegründet. Sitz ist Moskau.

Ihre Hauptaufgabe besteht in der Ausreichung langfristiger Kredite zum Zwecke vor allem der Spezialisierung und Zusammenarbeit zwischen den RGW-Staaten, der Finanzierung von Investitionsmaßnahmen auf dem Energiesektor und des Ausbaus und der Erweiterung der Rohstoffbasis durch Erschließung neuer Rohstoffquellen.

Die IIB verfügt über ein Grundkapital von ca. 1 Mrd. Rubel, an dem die DDR mit ca. 176 Mill . Rubel (dem zweithöchsten Beitrag nach der UdSSR) beteiligt ist. Jedes Mitgliedsland verfügt im Bankrat, dem höchsten Leitungsgremium, unabhängig von seinem eingebrachten Kapitalanteil über eine Stimme.

Internationalismus, Proletarischer:
Der PI. ist im kommunistischen Sprachgebrauch ein zentraler, wenngleich in seinem Bedeutungsgehalt schillernder und nicht genau festgelegter Begriff. Er hat a) ideologische, b) moralische und c) außenpolitisch-pragmatische Aspekte, die je nach Bedarf und Adressat in den Vordergrund treten.

1. Der Pl. sei „wissenschaftlicher und politischer Ausdruck des objektiven Prozesses der Internationalisierung des ökonomischen, politischen und kulturellen Lebens der Gesellschaft vom Standpunkt der Gemeinsamkeit und Einheit der grundlegenden Interessen und Ziele der Arbeiterklasse aller Nationen und Länder". Er wird als „Grundprinzip der Ideologie", „wichtigstes Prinzip des Aufbaus aller marxistisch-leninistischen Organisationen der Arbeiterklasse" bezeichnet und beinhaltet die „nationale Pflicht der Kommunisten" zur Verteidigung der UdSSR und der anderen sozialistischen Staaten „gegen alle Anschläge des Imperialismus".

Mit der Propagierung des PI. wird versucht, den traditionellen, in der **Geschichte der** → **Arbeiterbewegung** verwurzelten Gedanken des Internationalismus zu konkretisieren und ihn als Bestandteil der marxistisch-leninistischen Lehre zu integrieren.

2. Die Verwirklichung des Pl. setze die Herstellung „des vollen Vertrauens zwischen den Werktätigen unterschiedlicher Nationen und Länder" voraus; aus ihr ergebe sich eine Forderung nach „Solidarität", „gegenseitiger Hilfe und Unterstützung im Kampf"; soweit ist er ein „Prinzip der Moral und Ethik" und mit „sozialistischem Patriotismus und gesundem Nationalbewußtsein untrennbar verbunden".

Der darin zum Ausdruck kommende Appell an das „richtige", internationalistische Bewußtsein der Kommunisten, an ein Meinungsunterschiede und Interessen überbrückendes Verständnis, soll gemeinsames Verantwortungsbewußtsein und eine Glaubenshaltung erzeugen, die nationale Grenzen überwindet, und die Bereitschaft zu gemeinsamen Handeln im Interesse einer vermeintlich gemeinsamen Sache auslösen.

3. Mit der Errichtung eines → **sozialistischen Weltsystems**, d. h. mit dem Entstehen sozialistischer Staaten nach dem II. Weltkrieg, habe der PI. eine neue, höhere Entwicklungsstufe erreicht und sich zum sozialistischen I. gewandelt. Seitdem sei er gleichermaßen Bestandteil sozialistischer Völkerrechtslehre und entscheidendes Merkmal der außenpolitischen Beziehungen zwischen den sozialistischen Ländern geworden.

Neben den auch im Verhältnis der sozialistischen Staaten untereinander gültigen „Prinzipien der vollen Gleichberechtigung, der Respektierung der territorialen Integrität, der staatlichen Unabhängigkeit und → **Souveränität** und der Nichteinmischung in die inneren Angelegenheiten des anderen" tritt als neues Wesensmerkmal die „brüderliche gegenseitige Hilfe und Unterstützung", die die „gewaltige Effektivität" des PI. voll wirksam werden lasse. Ferner zeige sich in der Zusammenarbeit mit den nationalen Befreiungsbewegungen die Wirksamkeit des PI.

In dieser Sichtweise stellt das Verhalten einer sozialistischen oder kommunistischen Partei oder eines von ihr regierten Landes, das seine nationalen Interessen nicht den postulierten gemeinsamen der sozialistischen Staatengemeinschaft unterordnet, einen schweren Verstoß gegen jene Grundprinzipien des gegenseitigen Verhältnisses dar, die letztlich von der KPdSU-Führung autoritativ interpretiert werden.

Beispielsweise wird von orthodoxen Kräften im „sozialistischen Lager" die Entwicklung in der ČSSR im Frühjahr 1968 als → **Abweichung** von den internationalistischen Pflichten eines Mitgliedstaates der Gemeinschaft dargestellt und erforderte daher die volle Anwendung der Prinzipien des PI. Die „Hilfeleistung" an die ČSSR durch Truppen des → **Warschauer Paktes** (WP) war damit eine zwangsläufige Folge dieser im PI. angelegten und ideologisch verfestigten Vorstellung vom Charakter der Beziehungen zwischen sozialistischen Staaten. Sie war keineswegs Ausdruck einer von der UdSSR ad hoc geschaffenen, der Sicherung ihres Machtbereiches dienenden, neuen außenpolitischen Doktrin („Breschnjew-Doktrin").

Aus westlicher Sicht ist dagegen dem Begriff des PI. lediglich Instrumentalfunktion zur Verschleierung bestimmter machtpolitischer Konstellationen und Konzeptionen zugewiesen worden. Der PI. habe aus Mangel an tatsächlicher internationaler proletarischer Solidarität bisher keine neue „höhere" Einheit im Sozialismus/Kommunismus schaffen und als politische Integrations- bzw. neues völkerrechtliches Ordnungsprinzip keine über die traditionellen zwischenstaatlichen Beziehungen hinausgreifende Bedeutung erlangen können. Der PI. habe bis in die Gegenwart territoriale Streitigkeiten einschließlich blutiger Grenzverletzungen, Vertragsbrüche und diplomatische Verwicklungen, auch zwischen sozialistischen Ländern, nicht verhindern können. → **Außenpolitik.**

Intershop: Die Handelsorganisation I. ist gegründet worden, um ausländische, meist westliche, Produkte, seltener solche aus der DDR oder aus anderen sozialistischen Staaten, gegen Bezahlung in frei konvertierbarer Währung zu verkaufen. (Westliche Handelswaren – vor allem Zigaretten, Genußmittel und Kosmetika – können z. T. auch in Interhotels und anderen Einzelverkaufsstellen von HO und Konsum zu stark überhöhten Preisen in DDR-Währung erworben werden.)

Läden und Verkaufsstellen werden in größeren Städten der DDR sowie in den meisten Interhotels unterhalten. Es werden dort Nahrungs- und Genußmittel, Kosmetika, Bekleidung, Fernsehgeräte usw. angeboten.

Die Preise, zu denen die Waren verkauft werden, liegen teilweise unter den Preisen in der Bundesrepublik Deutschland. Dies ist insbesondere bei Genußmitteln (z. B. Zigaretten) der Fall, die in der Bundesrepublik mit hohen Zoll- und Verbrauchssteuerabgaben belastet sind.

Seit dem Inkrafttreten des Devisengesetzes der DDR vom 19. 12. 1973 am 1. 2. 1974 (→ **Devisen**) dürfen Bewohner der DDR im Besitz von Zahlungsmitteln westlicher Währungen sein, um damit im I. einzukaufen.

Intertank: → **Kraftstoffversorgung.**

Interwerbung: → **Werbung.**

Interzonenverkehr: → **Beziehungen zwischen beiden deutschen Staaten.**

Investitionen: I. sind Aufwendungen, die dem Ersatz bzw. der Erweiterung des Anlagevermögens (→ **Grundmittel**) in allen Bereichen der Wirtschaft dienen. Sie umfassen vor allem Bauten und Ausrüstungen (z. B. Maschinen, Fahrzeuge, Hebezeuge, Betriebs- und Büroausstattungen) sowie auch Projektierungsleistungen und Erschließungskosten.

Die I.-Tätigkeit wird grundsätzlich staatlich geplant und z. T. aus Mitteln des Staatshaushaltes finanziert (→ **Investitionsplanung; Investitionsrechnung**). In den ver-

Entwicklung der Brutto-Anlageinvestitionen

Jahr	Brutto-Anlage-investi-tionen[1]	davon		
		Bau-Investitionen	Ausrüstungs-Investitionen	Sonstige Investitionen[2]
		Mrd. Mark zu Preisen von 1967		
1950	4,21	2,37	1,56	0,28
1955	9,30	4,42	3,46	1,42
1960	18,12	7,73	8,91	1,48
1965	22,76	9,45	11,97	1,34
1970	35,22	14,34	18,68	2,20
1971	35,38	14,61	18,34	2,43
1972	36,68	15,35	18,76	2,57
1973	39,60	16,05	20,85	2,70

1 Einschließlich Generalreparaturen.
2 Projektierungsleistungen, geologische Arbeiten, Ausgaben für Grundstückserwerb. Aufwendungen für Gutachten, Aufschließungsarbeiten sowie Bodennutzungsgebühren.

Die Brutto-Anlageinvestitionen nach Wirtschaftsbereichen

Wirtschaftsbereich	1960	1965	1970	1973	1960	1965	1970	1973
	in Mill. Mark zu Preisen von 1967				Anteile an den ges. Inv. in v. H.			
Industrie	8 005	11 290	17 075	20 400	49,7	55,1	52,1	54,8
Bauwirtschaft	425	410	1 065	880	2,6	2,0	3,2	2,4
Land- u. Forstwirtschaft	1 930	2 770	4 345	4 420	12,0	13,5	13,2	11,9
Verkehr, Post- u. Fernmeldewesen	1 725	1 950	2 875	3 050	10,7	9,5	8,8	8,2
Handel	475	895	1 565	1 470	3,0	4,4	4,8	4,0
Sonstige produzierende Zweige[1]	65	85	490	320	0,4	0,4	1,5	0,9
Kulturelle u. soziale Einrichtungen	565	640	1 305	1 720	3,5	3,1	4,0	4,6
Erweiterung des Wohnungsbestandes	2 325	2 340	3 050	4 450	14,5	11,4	9,3	12,0
Übrige n. prod. Bereiche[2]	580	110	1 030	490	3,6	0,6	3,1	1,2
Insgesamt	16 095	20 490	32 800	37 200	100,0	100,0	100,0	100,0
Generalreparaturen	2 020	2 270	2 420	2 400				
Gesamte Brutto-Anlageninvestitionen	18 115	22 760	35 220	39 600				

1 Wirtschaftsleitende Organe und Institute aller produzierenden Bereiche, Projektierungs- und Rechenbetriebe, Verlage, Reparaturkombinate und textiles Reinigungswesen.
2 Dienstleistende Wirtschaft, staatliche Verwaltung und staatliche Organisationen.

gangenen zwei Jahrzehnten haben die I. (einschließlich Generalreparaturen) erheblich zugenommen; sie stiegen im Zeitraum von 1950 bis 1973 von 4,2 Mrd. auf 39,6 Mrd. Mark. Diese Entwicklung verlief allerdings nicht gleichmäßig: Sowohl 1961/1962 als auch 1971/1972 war eine Stagnation zu beobachten: einerseits als Folge der fehlerhaften Ansätze des Siebenjahrplanes, andererseits durch die Kürzung der I.-Tätigkeit zu Beginn der 70er Jahre als Reaktion auf die Unausgewogenheiten der 1968 entwickelten einseitigen strukturpolitischen Konzeption.

Charakteristisch für die DDR ist eine I.-Politik, die der Industrie seit Jahren mit über 50 % der gesamten I. deutlichen Vorrang einräumt (→ **Anlagevermögen**). Der I.-Anteil der Industrie ist fast doppelt so hoch wie in der Bundesrepublik, dafür erreichen wesentliche Infrastrukturbereiche, wie die Wohnungswirtschaft, nur knapp die Hälfte des westdeutschen Anteils. Der Bereich Verkehr, Post- und Fernmeldewesen zeigt hingegen einen gleichen und die Land- und Forstwirtschaft einen doppelt so hohen Anteil wie in der Bundesrepublik. Bei der Landwirtschaft dürfte für diese herausragende Stellung der hohe Selbstversorgungsgrad und der Übergang zu landwirtschaftlichen Großbetrieben mit „industriemäßigen Produktionsmethoden" verantwortlich sein.

Innerhalb der → **Industrie** galt bis 1965 folgende Verteilung der I. (ohne Generalreparaturen) auf die Industriebereiche:

Grundstofferzeugung	66 v. H.
Investitionsgüterindustrien	16 v. H.
Verbrauchsnahe Bereiche	12 v. H.
Wasserwirtschaft	6 v. H.

Bis 1970 änderte sich dieses Bild beträchtlich: In den I.-Güterbereichen sowie bei der Leicht- und auch der Lebensmittelindustrie stiegen die I. stark überdurchschnittlich, bei den Grundstoffindustrien fielen sie jedoch zurück, so daß deren Anteil auf 50 v. H. abnahm. Hier wirkte sich vor allem der I.-Rückgang bei der Ener-

gie- und Brennstoffindustrie aus. Dies war die Folge sowohl einer Überschätzung des Strukturwandels zugunsten von Erdöl und Erdgas als auch einer Unterschätzung des Elektroenergiebedarfs. Neben Engpässen bei der Elektrizitätserzeugung traten Störungen auch deshalb auf, weil die Zulieferbranchen nicht mit der Ausweitung der „strukturbestimmenden" Produktionskapazitäten (insbesondere der der I.-Güterindustrien) Schritt hielten.

Mit der Hauptaufgabe des → **Fünfjahrplans** (1971–1975) wurden die I. in ihrer Priorität zugunsten des Konsums zurückgestuft und innerhalb der I.-Tätigkeit Konsumgüterindustrie und Infrastruktur mehr Bedeutung gegeben. So wurden höhere Anteile für den Bau von Wohnungen, Kindergärten, Schulen und anderen Einrichtungen des Bildungswesens vorgesehen und in der Industrie als Schwerpunkte Energiewirtschaft, Erzeugung von Roh- und Grundstoffen sowie sonstige Zulieferindustrien, Wasserwirtschaft und bisher vernachlässigte Branchen des Verbrauchsgütersektors Vorrang eingeräumt. Damit hat sich der I.-Anteil des Wohnungswesens im Zuge des verstärkten → **Wohnungsbaus** seit 1970 von 9 auf 12 v. H. erhöht. Innerhalb der Industrie verteilen sich die I. nunmehr (1973) zu gut 56 v. H. auf die Grundstofferzeugung, zu 20 v. H. auf die I.-Güterindustrien, zu 19 v. H. auf die verbrauchsnahen Bereiche und zu knapp 5 v. H. auf die Wasserwirtschaft.

Die langfristigen Entwicklungsvorstellungen sehen bei einem jährlichen gesamtwirtschaftlichen Wirtschaftswachstum von 5 v. H. eine überdurchschnittliche Zunahme der Netto-I. (+ 7 v. H. pro Jahr) vor. Netto-I. sind Brutto-Anlage-I. abzüglich Ersatz-I., wobei Ersatz-I. jenen Teil der gesamten I. darstellen, der den Verschleiß der Anlagen im Zeitverlauf ersetzt und damit den bisherigen Anlagenbestand aufrechterhält. Dieses überproportionale Wachstum der Netto-I. ist zwar keine Abkehr, sondern eher Voraussetzung einer weiteren Konsumförderung; jedoch dürften Friktionen zwischen Produktions- und Verwendungsstruktur unvermeidlich sein. Überfordert ist gegenwärtig der – als Erzeuger von Exportgütern und Rationalisierungsmitteln gefragte – Maschinenbau. → **Planung.**

Investitionsplanung: Richtung, Proportionen und Ausmaß der → **Investitionen** werden entweder von den staatlichen Zentralplaninstanzen selbst festgelegt (strukturbestimmende Investitionen) oder unter deren Anweisung und Kontrolle von den mittleren und unteren Planungsstellen ausgearbeitet (übrige Investitionen). Ausgangspunkte der I., die in den staatlichen Planungs-Prozeß der Gesamtwirtschaft integriert ist (→ **Planung**), sind (sachlich) politisch bestimmte Entscheidungen über den Anteil der (Netto-)Investitionen am → **Nationaleinkommen** und (zeitlich) die mehrjährigen → **Perspektivpläne.**
Der für die Perspektiv- und Jahresplanung im Grundsatz gleiche Planungsablauf hat nach mehrfachen Änderungen seit 1970 folgende wichtige Stufen und Inhalte:
Festlegung der grundlegenden Investitionsziele durch Partei- und Regierungsspitzen und Herausgabe dieser Aufgaben in „Vorbilanzen" an die Branchen und Betriebe;
Ausarbeitung der „technisch-ökonomischen Zielstellung" für die angegebenen Investitionen durch die Betriebe und deren übergeordnete Planungsorgane (einschließlich der Mengenbilanzierung der wichtigsten benötigten Investitionsgüter);
Bestätigung einschließlich eventueller Veränderungen dieser „struktur-konkreten Planungsunterlagen" durch die Branchenminister oder den Ministerrat;
„Investitionsvorentscheidung" des Ministerrats für die volkswirtschaftlich günstigste Investitionsvariante und für deren Auftragsvergabe aufgrund dieser Unterlagen sowie Reservierung der notwendigen Investitionsgüter bei der Bilanzierung dieser Investitionen;
Erarbeitung detaillierter mengenmäßiger, finanzieller und zeitlicher Daten für die gewählte Investitionsvariante durch die auftraggebenden Betriebe bzw. deren General- und Hauptauftragnehmer unter bilanzmäßigem Nachweis und Reservierung der materiellen und finanziellen Mittel;
„Grundsatzentscheidung" der Branchenminister über die Investitionen in der vorgeschlagenen Form und Bestätigung der Grundsatzentscheidung durch den Ministerrat;
endgültige volkswirtschaftliche und regionale Bilanzierung der Investitionen durch die staatliche Plankommission und andere Bilanzorgane sowie Aufnahme der Investitionen in die Perspektiv- bzw. Volkswirtschaftspläne;
Übernahme der damit verbindlichen Kennziffern und staatlichen Anweisungen für die Investitionsdurchführung in die Betriebspläne der Investitionsauftraggeber und Generalauftragnehmer.
Die Entscheidungskompetenzen liegen damit für alle strukturbestimmenden Investitionen beim Ministerrat, sonst je nach Umfang bei den Branchenministern, den VVB und VEB. Die volkswirtschaftliche Planung, Bilanzierung und Entscheidungsvorbereitung werden je nach der Bedeutung der Investitionen von der → **Staatlichen Plankommission** und ihren Organen, wie dem „Büro zur Begutachtung von Investitionen", oder von untergeordneteren Bilanzierungsinstanzen vorgenommen. Für die Finanzierung, wirtschaftliche Kontrolle und zahlungsmäßige Abwicklung der Investitionen ist der staatliche Bankenapparat zuständig. Schließlich sind die auftraggebenden Betriebe bzw. deren mit der Investition beauftragte Partner (→ **General-** und → **Hauptauftragnehmer**) für die Detailvorbereitung der Investitionsentscheidungen (einschließlich der technischen Projektierung) und für die Investitionsdurchführung verantwortlich.
Ebenso wie bei der Steuerung der anderen Wirtschaftsbereiche werden die I. und -durchführung einerseits durch straffe zentralverwaltungswirtschaftliche Anweisungen und Kontrollen, andererseits durch „ökonomische Hebel", die die beteiligten unteren Instanzen materiell belohnen, effektiv zu machen versucht.

Investitionsrechnung: In der DDR kann man von einer I. im westlichen Verständnis nicht sprechen. „Nutzeffektsberechnungen" unter den Bedingungen politisch vorgeprägter und planwirtschaftlich durchgeführter Investitionsentscheidungen haben eine viel geringere Bedeutung als Rentabilitätskalküle unter marktwirtschaftlichen Bedingungen; denn in der DDR-Wirtschaft werden Knappheiten nicht durch Marktpreise, sondern durch Ungleichgewichte in Mengenbilanzen ausgewiesen, stehen nicht einzelwirtschaftliche, sondern volkswirtschaftliche Wirtschaftlichkeitsüberlegungen im Vordergrund und entscheiden nicht gewinnorientierte Betriebe, sondern in erster Linie politisch motivierte Zentralinstanzen.
Häufig wird bei Investitionsüberlegungen versucht, Kennziffern wie → **Arbeitsproduktivität** und Grundfondsquote (Kapitalproduktivität) heranzuziehen. Solche Verfahren können jedoch nicht als I. bezeichnet werden, denn die Veränderung dieser gesamtwirtschaftlich durchaus sinnvollen Kennziffern läßt sich nur in den wenigsten Fällen einzelnen Investitionen zurechnen. Tatsächlich werden investitionsrechnerische Methoden in der DDR-Wirtschaft praktisch nur bei der Entscheidung zwischen mehreren Investitionsvarianten angewendet.
Die Grundformel der sogenannten Rückflußfristenrechnung lautet:

$$R_N = \frac{I_1 - I_2}{S_2 - S_1}$$

I = Investitionsaufwendungen der Varianten 1 und 2; S = die (laufenden) Selbstkosten der Produktion nach Variante 1 und 2 und R_N = die normative Rückflußdauer, die in der DDR für alle Wirtschaftszweige 5 Jahre beträgt. Diese Formel besagt folglich, daß – gleiche Erträge vorausgesetzt – die höheren Investitionskosten einer Variante durch die niedrigeren laufenden Kosten dieser Variante innerhalb von 5 Jahren amortisiert sein müßten, wenn diese Variante mit den höheren Investitionskosten als vorteilhaft gelten soll. Anderenfalls ist die Variante mit den geringeren Investitionskosten vorzuziehen. Diese Grundformel läßt sich so abwandeln, daß mit unterschiedlichen Erträgen gerechnet wird und daß der Nutzkoeffizient aus dem Kehrwert von

$$R_N \ (N_K = \frac{1}{R_N} = 0{,}2 = 20 \text{ v. H. pro Jahr})$$

gebildet und zur Gewichtung der Investitionskosten benutzt wird. Diese formalen Umwandlungen und anderen Anwendungen der Formel verändern die genannte Frage nach der Einhaltung einer zentral gesetzten Amortisationsdauer oder Rückflußfrist nicht.

Solche „Amortisationsrechnungen" („Pay off"-Methoden), die auch in der I.-Praxis von marktwirtschaftlichen Betrieben angewendet werden, können bei der Abschätzung des Investitionsrisikos Hilfsdienste leisten.

Zur Messung der Rentabilität (Wirtschaftlichkeit) einer Investition sind sie nach einhelliger wirtschaftswissenschaftlicher Meinung im Westen nicht geeignet. Nach dieser Methode wird nämlich nicht über die gesamte Lebensdauer einer Investition gerechnet. Außer der Mißachtung dieser grundlegenden Anforderung an jedes Investitionskalkül sind jedoch bei der normativen Rückflußrechnung in der DDR noch andere wesentliche methodische Mängel nachzuweisen (z. B. Zinssatz von 20 v. H. zu hoch; Restbuchwerte fälschlich eingerechnet; Abschreibung nicht verzinst). Dennoch sind die Hauptmängel der Investitionspolitik der DDR kaum auf diese unzureichende I.-Methode zurückzuführen, denn die grundlegenden Investitionsentscheidungen sind politisch, strukturell und mengenwirtschaftlich bestimmt.
→ **Investitionen; Planung.**

J

Jagd: Das J.-Wesen der DDR wurde durch das J.-Gesetz vom 25. 11. 1953 völlig umgestaltet, wesentlich ergänzt und modifiziert durch die 8. DVO vom 14. 4. 1962.

Die J.-Gebietsfläche der DDR umfaßt 8,468 Mill. ha land- und forstwirtschaftliche Flächen (Bundesrepublik Deutschland 23,9 Mill. ha), die nach § 4 des J.-Gesetzes in J.-Gebiete zwischen 1 000 ha und max. 4 000 ha gegliedert sind. Unabhängig davon sind J.-Gebiete mit spezieller Widmung ausgewiesen für Zwecke der Staats-J., der Diplomaten-J., als Wildschon- und -schutzgebiete, Wildreservate und Wildforschungsgebiete. Die Abgrenzung der J.-Gebiete (vgl. Verfügung über die Bewirtschaftung der J.-Gebiete vom 19. 10. 1962) orientiert sich an den Wildeinstandsgebieten.

Der Wildbestand, und damit das Aufkommen an Wildbret, wurde und wird in der DDR kontinuierlich erweitert.

Wildart	Bestand in 1 000 Stck.			Abschuß in 1 000 Stck.		
	1960	1970	1973	1960	1970	1973
Rotwild	12,4	12,9	20,9	7,6	9,4	11,8
Damwild	3,5	5,8	9,0	1,7	2,5	2,7
Rehwild	140,5	234,9	267,1	146,8	108,8	130,8
Schwarzwild	18,9	23,7	29,2	27,2	33,2	54,1
Hasen	377,8	409,2	303,0	379,6	119,2	91,8

Quelle: Statistisches Jahrbuch der DDR 1974, S. 233–234.

Während das Rot- und Damwild in der DDR bisher qualitativ dem der Bundesrepublik entspricht, verfügt die DDR über bessere Bestände an Reh- und Schwarzwild. Ein Rückstand ist im Fasanenbesatz, bei Muffelwild und, naturgegeben, bei Gamswild festzustellen. Positiv wirken sich auf die Entwicklung der Bestände die geringere Bevölkerungsdichte, das weniger dichte Verkehrswegenetz, das geringere Verkehrsaufkommen etc. aus. Zur weiteren Entwicklung der Bestände und zur Verbesserung der Hege wird in der DDR intensive Wildforschung betrieben. Hieran beteiligen sich insbesondere: Die Arbeitsgruppe Wildforschung beim Institut für Forstwissenschaften der AdL in Eberswalde; die Vogelschutzwarte Neschwitz, Eberswalde; der Forschungsbereich Rohholzforschung, Eberswalde; der Fachbereich Waldbau und Forstschutz an der Sektion Forstwissenschaft der TU Dresden in Tharandt (Sachsen); der Fachbereich Zoologie der Sektion Biowissenschaften der MLU, Halle-Wittenberg; die Arbeitsgruppe Wildforschung der Landwirtschafts- und Jagdschule in Zollgrün (Thüringen).

Die Forschungstätigkeit wird durch die → **AdL** koordiniert, die dem → **Staatlichen Komitee für Forstwirtschaft** (Oberste J.-Behörde) jährlich einen entsprechenden Forschungsplan vorlegt und über die Durchführung der Arbeiten einen jährlichen Forschungsbericht erstat-

tet. Außerdem sind der Obersten J.-Behörde insgesamt 12 Wildforschungsgebiete unterstellt (vgl. Verfügung über die Ordnung der Wildforschungsgebiete vom 20. 12. 1962). Gegenstand der J.-Wissenschaft ist insbesondere auch die Erreichung der Wirtschaftlichkeit des J.-Wesens (vgl. Direktive über die Verbesserung der Qualität der Wildbestände, die weitere Erhöhung des Wildbretaufkommens und die Verarbeitung von Wildbret vom 1. 6. 1970).

Die J.-Bewirtschaftung wird durch die Staatlichen Forstwirtschaftsbetriebe geleitet und kontrolliert. Zu diesem Zweck werden jährliche J.-Bewirtschaftungspläne erstellt, die sich in Abschuß-, Ablieferungs-, Finanz- und Materialpläne gliedern. Die Abschuß- und Ablieferungspläne bedürfen der Bestätigung durch die Oberste J.-Behörde und gelten danach als staatliche Planauflage.

Zur J.-Ausübung werden von den Räten der Kreise J.-Gesellschaften gebildet, die nach einem Musterstatut arbeiten und überwacht werden (§ 11 der 8. DVO zum Jagdgesetz vom 14. 4. 1962). Zur Zeit bestehen in der DDR 960 J.-Gesellschaften mit ca. 38 000 Mitgliedern. Als Mitglieder gelten Jäger, J.-Hundeführer und -züchter, Falkner und Frettierer. Die Auswahl und Zulassung der Mitglieder erfolgen nach spezifischen Gesichtspunkten. Voraussetzung ist eine mit Erfolg abgelegte J.-Prüfung. Die Zulassung zur Prüfung erfolgt, sofern der Bewerber 18 Jahre alt ist und praktische Tätigkeit in einer J.-Gesellschaft nachweisen kann. Weitere Voraussetzung für die Erteilung einer J.-Erlaubnis ist eine „vorbildliche Teilnahme am Aufbau des Sozialismus in der DDR". Die J.-Erlaubnis wird jeweils für ein J.-Jahr erteilt. Als Strafmaßnahmen bei evtl. Verstößen und Vergehen sind ein zweitweiliges Verbot der J.-Ausübung oder der Ausschluß des Mitgliedes möglich.

Insbesondere sind die J.-Gesellschaften Träger der Wildabschuß- und Ablieferungspläne, über die sie mit den Staatlichen Forstwirtschaftsbetrieben Verträge abzuschließen haben. Durch kontinuierliche Bejagung (J.-Einsatzpläne) sollen nicht nur die Ablieferungspläne erfüllt werden, sondern Raubwild und Raubzeug bekämpft und Wildschäden aller Art verhindert werden. Weitere Aufgaben der J.-Gesellschaften sind die Wildfütterung und die Errichtung von J.-Hütten, Ansitzen, Futterraufen etc. in freiwilligen Arbeitseinsätzen.

Die J. sollte nach dem J.-Gesetz grundsätzlich im Kollektiv ausgeübt werden. Nur in Ausnahmefällen kann der Minister des Inneren bzw. der Chef der Deutschen Volkspolizei die Einzel-J. gestatten.

Für jedes J.-Gebiet ist ein J.-Leiter und ein ständiger Stellvertreter eingesetzt. Da die J.-Gesellschaften 3–5 J.-Gebiete bejagen, sind bei jeder J.-Gesellschaft 6–10 J.-Leiter und Stellvertreter tätig, deren Ernennung durch die J.-Behörden der Kreise und Bezirke unter Beteiligung der Staatlichen Forstwirtschaftsbetriebe, des

Volkspolizeikreisamtes und der Bezirksbehörden der Volkspolizei erfolgt.

Die Waffenbestimmungen der DDR sind von offensichtlichem Mißtrauen gegenüber den sorgfältig geprüften J.-Berechtigten geprägt. Kugelwaffen mit gezogenem Lauf dürfen nur ausnahmsweise von Jägern mit spezieller Genehmigung geführt werden, so daß selbst Hochwild grundsätzlich mit Schrotflinten erlegt wird. J.-Waffen sind Volkseigentum und werden von den J.-Leitern verwaltet. Persönliches Eigentum an J.-Waffen bleibt den J.-Leitern und „Inhabern einer Jagderlaubnis vorbehalten, die sich durch aktive gesellschaftliche Arbeit sowie durch hervorragende Leistungen in der Produktion, in wissenschaftlichen Institutionen oder in den Verwaltungen beim Aufbau des Sozialismus in der DDR ausgezeichnet haben". Die Genehmigung zum Waffenerwerb wird durch die Hauptverwaltung der Volkspolizei beim Innenministerium bzw. die Bezirksbehörden der VP erteilt.

Umfassende Bestimmungen gelten für die Beschaffung und Aufbewahrung von J.-Waffen und Munition.

Jahresendprämie: Zur Förderung der Leistung und des Interesses jedes Mitarbeiters werden aus dem Prämienfonds des Betriebes (→ **Fonds**), dessen Höhe durch staatliche Plankennziffern vorgeschrieben ist, Prämien gewährt. Die Prämiierung erfolgt sowohl für Sonderleistungen (z. B. Verbesserungsvorschläge, Rationalisierungen am Arbeitsplatz, Qualitätsverbesserungen bzw. erreichte Materialeinsparungen), als auch in Form der allen Betriebsangehörigen gewährten J. Diese Prämienform gewann bereits im → **NÖS** erhebliche Bedeutung. Durch sie sollen die Anstrengungen der Werktätigen zur Planerfüllung, insbesondere des Gewinnplanes, mit den gesellschaftlichen Interessen, z. B. die Erfüllung qualitativer Kennziffern, verbunden werden. Die Prämiierung erfolgt am Schluß eines jeden Jahres an alle Betriebsangehörige, sofern sie mindestens ein Jahr im Betrieb tätig sind.

In der NÖS-Periode war der Prämienfonds an Höhe und Entwicklung des tatsächlichen Nettogewinns des Betriebes gekoppelt. Und zwar schrieben die Regelungen der Jahre 1969 und 1970 (GBl. II, 1968, S. 490 ff.) vor, daß er aus einem bestimmten Anteil am Prämienfonds des Vorjahres (Basisnormativ = Grundzuführung + 15 v. H. des Prämienfondszuwachses des Vorjahres) sowie aus einem Prozentsatz des Nettogewinnzuwachses des betrachteten Jahres (Zuwachsnormativ) zu bilden war. Der VVB fiel dabei die Aufgabe zu, die Basis- und Zuwachsnormative nach strukturpolitischen Gesichtspunkten zu differenzieren. Weiterhin war festgelegt, daß bei unzureichender Erfüllung bestimmter Aufgaben (z. B. wissenschaftlich-technische Aufgaben oder vorrangige Investitionsprojekte) Minderungen sowie bei unzulässigen Überschreitungen des → **Lohnfonds** Abzüge beim Prämienfonds wirksam wurden.

1971 ist der Prämienfonds neben der Abhängigkeit vom Nettogewinn auch an die volle Erfüllung zweier vom Betrieb im voraus auszuwählender Aufgaben (z. B. geplanter Export, vorgesehene Kapitalproduktivität) ge-

koppelt worden. Beginnend mit dem Jahre 1972 trat neben die Bindung an den Nettogewinn auch der Grad der Erfüllung der staatlichen Kennziffer Warenproduktion; nur im Falle von Erhöhungen des Prämienfonds über das geplante Niveau hinaus ist nunmehr zusätzlich die Durchführung zweier – von folgenden Planaufgaben ausgewählter – Aufgaben Voraussetzung: Export nach Wirtschaftsgebieten, an die Bevölkerung abzusetzende Warenproduktion, Arbeitsproduktivität sowie die Produktion wichtiger Erzeugnisse (z. B. Ersatzteile, bestimmte Konsumgüter). (Vgl. GBl. II, 1972, S. 49 ff.)

Bei Nichterreichen der geplanten Höhe der Kennziffern Warenproduktion und Nettogewinn erfolgen in jeweils unterschiedlicher Höhe Kürzungen (maximal bis zu 20 v. H. des Prämienfonds) und bei Übererfüllungen Erhöhungen des Fonds. Werden die Übererfüllungen bereits im voraus in Gegenplänen vom Betrieb übernommen, so sind verstärkte Erhöhungen des Prämienfonds vorgesehen. Als zusätzliche Prämienfondszuführungen in v. H. gelten je 1 v. H. Übererfüllung der Plankennziffer

	Warenproduktion	Nettogewinn
allgemein	1,5 v. H.	0,5 v. H.
bei Festlegung im Gegenplan	2,5 v. H.	0,8 v. H.

Mit diesen höheren Zuführungen soll der Betrieb freiwillig und im voraus zur Übernahme von Verpflichtungen zur Planüberbietung veranlaßt werden. Deshalb wurde auch bestimmt, daß der Betrieb im Falle von höheren als in seinem Gegenplan festgelegten Überbietungen lediglich die normalen zusätzlichen Prämienfondszuführungen für die über den Gegenplan hinausgehenden Planüberschreitungen durchführen darf. All diese zusätzlichen Fondszuführungen sind aus Zusatzgewinnen zu finanzieren; der normale Prämienfonds wird hingegen aus Teilen des allgemeinen betrieblichen Nettogewinns (→ **Gewinn**) gebildet.

Wird die geplante Höhe des Nettogewinns oder der Warenproduktion nicht erreicht, so werden die Prämienzuführungen um 0,5 bzw. 1,5 v. H. je 1 v. H. Unterschreitung gemindert, für Unter- bzw. Überschreitung eines geplanten Verlustes gilt je Prozent eine Erhöhung bzw. Minderung des Prämienfonds um 0,5 v. H.

Der geplante Prämienfonds soll jeweils mindestens so hoch sein wie der geplante Fonds des Vorjahres; als Höchstzuführungen gelten je vollbeschäftigten Arbeiter und Angestellten (3 Lehrlinge rechnen dabei als 1 Arbeiter) 900 Mark; dieser Betrag darf allerdings um die aus der Überbietung von Planauflagen resultierenden Prämienfondszuführungen überschritten werden. Im Jahre 1972 erhielten 3,7 Mill. Beschäftigte eine J. von durchschnittlich 667 Mark, 1973 waren es 711 Mark.

Mit der Fixierung einer Höchstgrenze der Prämienführung von 900 Mark werden zweifellos bei leistungsfähigen Betrieben nur soviel Leistungsreserven aufgedeckt, um diese Grenze gerade zu erreichen. Die Überschreitung dieses Betrages bei der Arbeit mit Gegenplänen wird hier auch nur bedingt Abhilfe schaffen, da die Betriebe damit rechnen müssen, daß ihnen heute ge-

schaffte, über den normalen Plan hinausgehende Leistungssteigerungen morgen als Soll vorgeschrieben werden. Daraus dürfte eine Tendenz resultieren, bei der
Planaufstellung Reserven für den künftigen Gegenplan
zurückzuhalten.

Jazz: In der DDR unterscheidet man in der Entwicklung des J. drei wesentliche Strömungen: eine „volks-
tümlich-demokratische", die die Anfangsphase der J.-
Entwicklung kennzeichnet und bis heute wirksam geblieben ist, die Strömungen des „kommerzialisierten J."
und diejenigen des „snobistischen J.", dessen Aufkommen vor allem nach dem II. Weltkrieg angesetzt wird.
Nach anfänglicher Ablehnung des J. und zwischenzeitli-
chen Verboten (u. a. Verbot von J.-Sendungen im
Rundfunk) haben heute dessen „progressive, volkstüm-
lich-demokratische" Strömungen „im Rahmen der vielfältigen Musikpflege in der DDR . . . einen gleichberechtigten Platz neben den anderen Formen und Stilen
der Weltmusikkultur".
Die Abwehr von Einflüssen der „bürgerlichen Dekadenz" auf die Kunst und Lebensauffassung der SED
führte schon 1958 mit der AO über die Programmgestaltung bei Unterhaltungs- und Tanzmusik zu weitge-
hendem Verbot westlicher Tanzmusik. (Ein entsprechendes Verbot der Wiedergabe westlicher Tanz- und
Unterhaltungsmusik wurde 1973, nach dem Aufkommen einer Vielzahl von Diskotheken während der vorangegangenen zwei Jahre, mit der Anordnung über Dis-
kothekveranstaltungen – Diskothekordnung [GBl. I,
Nr. 4, S. 38 f.] erlassen). Diese Maßnahmen wirkten sich
auch auf den J. aus, mit dem man die Gefahr der Übertragung „amerikanischer Lebensweise" aufkommen
sah, und dessen Einflüsse deshalb im Hinblick auf die
Entwicklung einer eigenen kulturellen Massenarbeit,
besonders der Volksmusik, als negativ angesehen wurden.
Nach 1961 traten wieder Lockerungen ein. 1965 wurde
die heute noch bestehende Konzertreihe „Jazz in der
Kammer" begonnen. Diese vom Deutschen Theater
Berlin getragenen Veranstaltungen, die im Abstand von
6 Wochen stattfinden, sollen vor allem von unmittelba-
rem westlichen Einfluß freie zeitgenössische moderne
Strömungen des J. vorstellen. In Anlehnung an diese
Reihe und in Zusammenarbeit mit den Veranstaltern
der Berliner J.-Abende wurde 1973 vom Volkstheater
Rostock die Reihe „Jazz-Szene" begonnen. Auch hier
werden in- und ausländische Gruppen, vorwiegend aus
den sozialistischen Nachbarstaaten, vorgestellt.
Ungeachtet mancher Restriktionen, um direkte Einflüsse westlicher J.-Musik abzuwehren, sind in einigen sozialistischen Staaten (vor allem in Polen, der ČSSR und
in der DDR) in der Entwicklung des J. ähnliche Erscheinungen erkennbar wie in den nichtsozialistischen Ländern. Auch dort wird teilweise eine Synthese zwischen J.
und zeitgenössischer europäischer Avantgarde angestrebt, wobei es sich bei den Komponisten und Interpre-
ten sowohl um J.-Musiker als auch um Komponisten
und Kompositionsstudenten der sogenannten ernsten
Musik handelt.

Osteuropäisches Forum für den zeitgenössischen J. (free
jazz) sind in erster Linie das J.-Festival in Warschau
(„Jazz Jamboree") sowie das Prager J.-Festival. Seit
1971 findet in Dresden jährlich das Dixieland-Festival
statt, an dem Gruppen aus verschiedenen Ländern teilnehmen.
Zu den führenden J.-Musikern bzw. J.-Gruppen der
DDR gehören: der Posaunist Konrad Bauer, das Fried-
helm-Schönfeld-Trio, die Gollasch Big Band, die Gruppe Praxis II, die Gruppe SOK, die Grupppe Synopsis
und die Old Memory Jazz Band.

Journalismus: Berufliche Tätigkeit für Presse, Nachrichtenagentur, Rundfunk, Fernsehen; ursprünglich nur
für den Pressebereich gebraucht. Der Begriff „J." ist
nicht scharf vom Begriff „Publizistik" zu trennen. Dieser gilt im weiteren Sinne für alle gesellschaftspolitischen Veröffentlichungen, auch in Büchern, Broschüren, Flugblättern etc. Er wird vor allem verwandt für die
„gesellschaftspolitische Kampfliteratur" (literarische
Publizistik), ebenso spricht man von Dokumentarfilm-
und Bildpublizistik.
Die Berufsorganisation der DDR-Journalisten ist der
Verband der Journalisten der DDR (VDJ), der am
28. 1. 1946 als „Verband der Deutschen Presse" gegründet wurde. (I. Zentrale Delegiertenkonferenz 5. 7.
1947). Bis Juli 1953 (IV. Deleg.-Konf.) war der Verband dem → **FDGB** angeschlossen, wurde dann aber
selbständig und am 30. 5. 1959 auf der VI. Delegierten-
Konferenz zunächst in „Verband der Deutschen Presse" und später auf dem IX. Kongreß, am 22./23. 6.
1972, in „Verband der Journalisten der DDR" (VDJ)
umbenannt. Vorsitzender des Verbandes mit über 7000
Mitgliedern (1974) ist seit Dezember 1967 Harri Cze-
puck (SED), der 1971 von der Funktion des stellvertretenden Chefredakteurs des SED-Zentralorgans „Neues
Deutschland" abgelöst wurde, um sich ganz der Verbandsarbeit widmen zu können.
Der VDJ ist nach dem Prinzip des → **demokratischen
Zentralismus** organisiert: Organe sind der Kongreß, der
Zentralvorstand, das Präsidium und das Sekretariat; es
gibt 15 Bezirksverbände. Bis zum X. Kongreß sollen
zentrale Fachsektionen mit zentralen Sektionsleitungen
für Wirtschafts-, Agrar-, Militär- und außenpolitische
Journalisten gebildet werden. Der Zentralvorstand gibt
die „Neue Deutsche Presse" (NDP) – Zeitschrift für
Presse, Funk und Fernsehen der DDR heraus, die 14tä-
gig erscheint.
Hauptaufgabe des VDJ ist die politisch-ideologische Er-
ziehung und die fachliche Qualifizierung (Weiterbil-
dung) der Journalisten. Er versteht sich als „eine
Kampfabteilung an der ideologischen Front des Sozia-
lismus", als „ein zuverlässiger Mitstreiter der Partei der
Arbeiterklasse und unseres sozialistischen Staates"
(Entschließung des IX. Kongresses, Juni 1972, „Neue
Deutsche Presse", Nr. 14/1972). Der Verband ist seit
September 1949 Mitglied der (kommunistischen) „In-
ternationalen Organisation der Journalisten" (IOJ) mit
Sitz in Prag.
Als journalistische Auszeichnungen werden in der DDR

die „Franz-Mehring-Ehrennadel" und seit 1973 der „Journalistenpreis des FDGB" verliehen. Dem VDJ ist die 1956 gegründete „Fachschule für Journalistik" unterstellt; Absolventen führen nach dreijährigem Studium (in Internatskursen kombiniert mit → **Fernstudium**) die staatlich anerkannte Berufsbezeichnung „Journalist". Gleichzeitig unterhält der VDJ seit 1963 die „Schule der Solidarität" (Internationales Institut für Journalistik) in Berlin (Ost), an der „fortschrittliche" Journalisten aus Staaten der „Dritten Welt" ausgebildet werden (1963–1973 insgesamt 12 Halbjahreskurse für 230 junge Journalisten aus 26 Ländern Afrikas und Asiens; der Diplomabschluß wird von der IOJ anerkannt). Einzige wissenschaftliche Ausbildungsstätte für Journalisten („journalistische Kader") in der DDR ist die Sektion Journalistik an der Karl-Marx-Universität Leipzig, die im Januar 1951 als „Institut für Publizistik und Zeitungswissenschaft" an der Universität Leipzig gegründet wurde, ab September 1954 „Fakultät für Journalistik" der Karl-Marx-Universität hieß und seit der 3. Hochschulreform in Sektion umbenannt worden ist. Sie ist seit 1973 untergliedert in Wissenschaftsbereiche (z. B. „Journalistischer Arbeitsprozeß") und Fachgebiete (z. B. „Leitung und Planung sozialistischer Tageszeitungen").

Direktor dieser Sektion ist Prof. Dr. Emil Dusiska. Als Zweig der marxistisch-leninistischen Gesellschaftswissenschaften ist die „sozialistische Journalistik" eine gesellschaftswissenschaftliche Disziplin. Gegenstand von Lehre und Forschung sind die Geschichte, sowie Theorie und Praxis der Massenmedien. Untersucht werden u. a. aus marxistisch-leninistischer Sicht die „Gesetzmäßigkeiten innerhalb der Medien", „der Beitrag der Journalistik zur Veränderung der gesellschaftlichen Wirklichkeit" und „die Methoden der Menschenführung und der Leitungstätigkeit der Partei der Arbeiterklasse mittels der journalistischen Massenmedien". Als Begründer der sozialistischen Journalistik gelten Marx, Engels und Lenin.

Das vierjährige Studium gliedert sich in ein einjähriges Grundstudium, ein zweijähriges Fachstudium und ein einjähriges Spezialstudium (spezialisiert in Presse-J. einschließlich Bild-J., Rundfunk- oder Fernseh-J.). Nach Anfertigung einer Abschluß-Diplomarbeit wird der Titel „Diplom-Journalist" erworben. Statt des Spezialstudiums kann ein dreijähriges Forschungsstudium für die wissenschaftliche Laufbahn absolviert werden, das in der Regel mit der Promotion abschließt. Voraus-

setzung für die Zulassung zum Studium ist u. a. ein einjähriges Volontariat bei einer Zeitung, einer Pressestelle (→ **Presse**), bei → **Rundfunk** oder → **Fernsehen**. Das Studium anderer Fachrichtungen (Sektionen) kann bis zur Hälfte der vorgeschriebenen Studienzeit angerechnet werden. Mit dem Studienjahr 1974/75 sollen Praktika in jedem Studienjahr und im dritten Studienjahr u. a. ein neues Lehrfach „Mündliche Argumentation" absolviert werden. Als wissenschaftliche Zeitschrift gibt die Sektion „Theorie und Praxis des sozialistischen Journalismus" heraus. → **Medienpolitik; Agitation und Propaganda.**

Jüdische Gemeinden: Die Zahl der Mitglieder der JG. in der DDR hat kontinuierlich abgenommen. 1946 wurden in der damaligen SBZ und in Ost-Berlin 3 100 Mitglieder der jüdischen Religionsgemeinschaft gezählt, 1952 2 600, im Februar 1974 noch etwa 800. Ursachen sind die Abwanderung und die Überalterung der Gemeinden.

Die größte JG. besteht in Ost-Berlin mit 450 Mitgliedern. Nur hier finden noch regelmäßig freitags und samstags Gottesdienste statt. Zum Verband der JG. in der DDR gehören außerdem die Gemeinden in Dresden, Erfurt, Halle, Karl-Marx-Stadt, Leipzig, Magdeburg und Schwerin. Präsident des Verbandes ist der Vorsitzende der Dresdener Gemeinde, Helmut Aris. Seit 1969 sind die JG. in der DDR ohne einen Rabbiner. Eine Synagoge in Ost-Berlin sowie in Magdeburg und Leipzig sind mit staatlicher Hilfe wiederaufgebaut worden. Neue jüdische Gotteshäuser entstanden in Dresden und Erfurt. Die Berliner Gemeinde unterhält ein Altenheim und eine koschere Schlachterei. Mit staatlicher Unterstützung pflegen die Gemeinden im Gesamtgebiet der DDR 130 jüdische Friedhöfe. Der größte jüdische Friedhof Europas liegt im Ost-Berliner Bezirk Weißensee mit mehr als 114 000 Grabstätten.

Nach Angaben des Vorsitzenden der Ost-Berliner JG., Dr. Peter Kirchner, ist die Zahl der DDR-Bürger, die vor 1945 aus rassischen Gründen verfolgt wurden, etwa zehnmal so hoch wie die Mitgliederzahl der jüdischen Religionsgemeinschaft.

Die DDR hat politisch gegen den Zionismus und die Politik des Staates Israel Stellung genommen und hat mehrfach auch entsprechende Äußerungen von Repräsentanten der JG. publiziert. Es wird jedoch darauf geachtet, daß keine antisemitischen Tendenzen laut werden. → **Religionsgemeinschaften und Kirchenpolitik.**

Jugend

Jugendpolitik – Jugendförderungspläne – Jugend und Wettbewerb – Jugendkollektive – Jugendweihe – Jugendhilfe

I. Begriff, Umfang, Zusammensetzung

Der Begriff J. ist mehrdeutig. Sprachgebrauch und Recht unterscheiden zwischen den bis zu 14jährigen Kindern, den über 14jährigen Jugendlichen und

Heranwachsenden (der J. im engeren Sinne) und den volljährigen Erwachsenen. Das J.-Gesetz der DDR stellt dagegen ab auf die Gesamtheit der unter 25jährigen (bei Angaben für die Altersstruktur der Volksvertretungen werden in der DDR-Literatur deren bis zu 30 Jahre alte Abgeordnete als „Jugendliche" bezeichnet). Auch der J.-Verband der DDR, die → **FDJ**, hatte 1973 unter seinen Mitgliedern einen Anteil von 8 v. H., die 25 Jahre oder älter waren.

Der Anteil der J. i. S. des J.-Gesetzes an der Gesamtbevölkerung der DDR betrug am 31. 12. 1972 37,5 v. H. Von diesen ca. 6,37 Mill. junger DDR-Bürger waren noch nicht schulpflichtig: 1,38 Mill.; Schüler aller Schularten (POS, EOS, Sonderschulen): 2,73 Mill.; Lehrlinge: 0,46 Mill.; Berufstätige: 1,18 Mill.; Studenten (zum geringeren Teil auch über 25jährig): 0,18 Mill. Die restlichen ca. 0,4 Mill. Personen dürften überwiegend nicht berufstätige Ehefrauen und Angehörige der bewaffneten Kräfte sein.

II. Jugendpolitik, Ziele, Grundlagen

Die J. auf die künftigen Aufgaben vorzubereiten und sie in die Gesellschaft zu integrieren, ist das Ziel der weite Bereiche der Bildungs-, Wirtschafts-, Sozial-, Kultur-, Gesundheits-, Kriminal- u. a. Politik umfassenden J.-Politik. Nach DDR-Verständnis ist sie „die Politik, die den Platz und die Aufgaben der Jugend und des sozialistischen Jugendverbandes im Kampf für den Sozialismus analysiert und bestimmt" und hieraus Einzelmaßnahmen entwickelt. Die Ansprüche der J.-Politik der DDR beruhen auf der marxistisch-leninistischen Theorie einerseits und der von ihr geleiteten Analyse der konkreten gesellschaftlichen Situation andererseits. Danach wird die erzieherische Funktion des sozialistischen Staates als eine seiner wichtigsten bezeichnet; die Interessen der J. gelten als in denen von Staat und Gesellschaft aufgehoben bzw. als mit ihnen identisch. Jeglicher Generationenkonflikt sei „aufgrund der Übereinstimmung in den grundlegenden Lebensinteressen und der gemeinsamen sozialistischen Ideale" ausgeschlossen (Siegfried Lorenz in der Volkskammer, anl. der Beratung des 3. J.-Gesetzes. Junge Welt 18. Jg. 1974, Nr. 26 B, S. 4). Damit ist J. (in erster Linie) „allseitig zu beeinflussender" Erziehungsgegenstand, wobei sich die ihr gestellten Aufgaben, aus den gesamtgesellschaftlichen Zielen ergeben, der Beitrag der J. zur Lösung ihrer Aufgaben, jedoch in jugendspezifischer Weise, in eigenen Formen und mit eigenen Methoden geleistet werden kann und soll.

Die Grundsätze der J.-Politik der SED sind im J.-Gesetz zusammengefaßt. Das Gesetz über die Teilnahme der Jugend an der Gestaltung der entwickelten sozialistischen Gesellschaft und über ihre allseitige Förderung in der DDR (Jugendgesetz) vom 28. 1. 1974 löste das am 8. 5. 1964 in Kraft getretene Gesetz über die Teilnahme der Jugend der DDR am Kampf um den umfassenden Aufbau des Sozialismus und die allseitige Förderung ihrer Initiative bei der Leitung der Volkswirtschaft und des Staates, in Beruf und Schule, bei Kultur und Sport ab, dessen Vorgänger das Gesetz über die Teilnahme der Jugend am Aufbau der DDR und die Förderung der Jugend in Schule und Beruf, bei Sport und Erholung vom 8. 2. 1950 war.

Ziel des (3.) J.-Gesetzes ist die „Förderung der Jugend" und die „Gewährleistung ihrer Teilnahme an der Gestaltung der entwickelten sozialistischen Gesellschaft". Es weist in seinen 10 Abschnitten den Hauptgruppen der J.-Bevölkerung, den Berufstätigen, den Schülern, den Lehrlingen, den Studenten und den Soldaten, Reservisten und in der vormilitärischen Ausbildung Befindlichen sowie den verantwortlichen Leitern der Staats- und Wirtschaftsorgane und der → **FDJ** Rechte und Pflichten zu. Schwerpunkte des Gesetzes sind:

1. Die Erziehung der J. zu „sozialistischen Persönlichkeiten", gekennzeichnet durch Wissen und Können sowie durch eine Reihe näher angegebener staatsbürgerlicher, sozialer und Arbeitstugenden,

2. der Beitrag der J. zur Steigerung der Arbeitsproduktivität in speziellen „jugendgemäßen" Kooperationsformen. Diese Zielsetzungen sind gekoppelt

3. mit einer Reihe sozial-, gesundheits- und bildungspolitischer Maßnahmen, die der J. zugute kommen sollen, und

4. einer Erweiterung der Zuständigkeiten der FDJ als Vertretung der J. in Schule, Hochschule, Betrieb und Staat. Das Gesetz weist der J.-Organisation der SED eine zentrale Rolle in der J.-Politik zu.

Es spiegelt die Schwerpunkte der DDR-Politik nach dem VIII. Parteitag der SED wider (verstärkte Zusammenarbeit mit der UdSSR, verbesserte Versorgung der Bevölkerung, Verstärkung der politisch-ideologischen Erziehung) und setzt den Staatsratsbeschluß vom 31. 3. 1967 „Jugend und Sozialismus" sowie eine Reihe von Einzelregelungen außer Kraft, wahrt jedoch den Rahmen des Kommuniqués des Politbüros des ZK der SED zu Problemen der Jugend in der DDR: „Der Jugend Vertrauen und Verantwortung" (J.-Kommuniqué vom 21. 3. 1963). Die darin enthaltenen Vorstellungen zur Förderung des Leistungsstrebens, zur politisch-ideologischen Erziehung, zur Erhöhung der schulischen und beruflichen Anforderungen, zu den Aufgaben der staatlichen und Wirtschaftsleiter gegenüber der J., zu den Problemen der in der Landwirtschaft Tätigen, zur Freizeitgestaltung sowie zur J.-Forschung und zur wissenschaftlichen Begründung der jugendpolitischen Maßnahmen bilden Grundlage und Richtschnur auch des 3. J.-Gesetzes der DDR.

Die Leitung der staatlichen Aufgaben der J.-Politik liegt „in Durchführung der Beschlüsse der Partei der Arbeiterklasse im Auftrag der Volkskammer" beim Ministerrat und dessen Amt für J.-Fragen. Das AfJ. ist „dem vom Ministerrat beauftragten Stellv. des Vors. des Ministerrates unmittelbar unterstellt" und verantwortlich für die gesamte J.-Arbeit. Er ist federführend für den J.-Etat, hat wesentliches Mitspracherecht bei der J.-Gesetzgebung und ist wissenschaftsleitendes Organ für → **Jugendforschung** (Leiter des AfJ.: Hans Jagenow). Die J.-Politik ist mit dem ZR der FDJ abzustimmen, der auch berechtigt ist, Vorschläge für Beschlüsse und Verordnungen zur J.-Politik und zur Berufung des Leiters des AfJ. einzureichen.

Auf örtlicher und regionaler Ebene sind die Volksvertretungen bzw. die staatlichen und Wirtschaftsleitungen in Abstimmung mit den vorschlags- und kontrollberechtigten FDJ-Leitungen für die Planung, Durchführung und Kontrolle der jugendpolitischen Maßnahmen verantwortlich.

III. Beteiligung der Jugend am öffentlichen Leben

Als Erfolg der J.-Politik gilt die Teilnahme der Jugend am öffentlichen Leben auf der Grundlage des auf 18 bzw. 21 Jahren festgelegten Mündigkeits- und Wahlberechtigungsalters und des vorwiegend über die Mitarbeit in der FDJ angebotenen Kontroll-, Mitsprache- und Vertretungsrechts im politisch-staatlichen und wirtschaftlichen Bereich, dessen formale Voraussetzung die Bestimmung des Art. 20,3 der Verfassung von 1968 ist. Dort heißt es: „Die Jugend wird in ihrer gesellschaftlichen und beruflichen Entwicklung besonders gefördert. Sie hat alle Möglichkeiten, an der Entwicklung der sozialistischen Ordnung verantwortungsbewußt teilzunehmen." So waren 1970/71 im Alter von unter 26 Jahren: 31 von 500 Abgeordneten der Volkskammer, 374 von 2 840 Abgeordneten der Bezirkstage, 2 746 von 17 214 Mitgliedern der Kreistage und Stadtverordnetenversammlungen, 18 965 von 180 890 Mitgliedern der Gemeindevertretungen und 439 von 3 000 Mitgliedern der Stadtbezirksversammlungen.

1973 gab es ca. 400 Bürgermeister im Alter bis zu 30 Jahren. Im Bereich der Wirtschaft waren 1973 4 000 Jugendliche in der Industrie und 4 600 in der Landwirtschaft im Alter bis zu 30 Jahren mit leitenden Funktionen betraut. Unter 25 Jahren waren (1972) 13,8 v. H. aller Gewerkschaftsgruppenfunktionäre und 8,6 v. H. aller Mitglieder der ständigen Produktionsberatungen (→ **FDGB**). Im selben Jahr wirkten über 30 000 FDJ-Kontrollposten im Kontrollsystem der → **Arbeiter- und Bauern-Inspektion** mit.

IV. Bildungspolitik

Als Erfolge der J.-Politik gelten ferner:

1. Beseitigung von Bildungsbarrieren durch die Schaffung der Einheitsschulen und von Zentralschulen auf dem Lande und die Einführung der 10klassigen obligatorischen Oberschule (→ **Einheitliches sozialistisches Bildungssystem**).

2. Abbau der beruflichen Benachteiligung der Mädchen und Frauen.

V. Jugend in Ausbildung und Beruf

Zu den Gebieten der J.-Politik zählen auch: J.-Arbeitsschutz, J.-Förderungsplan und der Beitrag der J. zur Steigerung der → **Arbeitsproduktivität.** Auf arbeitsrechtlichem Gebiet konkretisierte sich die J.-Politik der SED zunächst in dem bereits im Arbeitsgesetz vom 19. 4. 1950 niedergelegten und in Art. 24 der Verfassung von 1968 ebenfalls enthalte-

nen Prinzip, daß Jugendliche das Recht auf gleichen Lohn für gleiche Arbeitsleistung haben. Ferner gelten für Jugendliche besondere Arbeitsschutzanordnungen und Arbeitszeitregelungen. Bedeutsamer sind die über diese Maßnahmen hinausgehenden Bestimmungen zur beruflichen Ausbildung und vor allem die spezifischen Förderungsmaßnahmen, die im J.-Gesetz und im → **Gesetzbuch der Arbeit** angeordnet werden. In jährlich zwischen Betriebsgewerkschaftsleitung (BGL) und Betriebsleiter unter aktiver Beteiligung der FDJ im Rahmen des → **Betriebskollektivvertrages** abzuschließenden J.-Förderungsplänen, die zugleich eine Reihe betrieblicher und staatlicher Maßnahmen zugunsten der J. enthalten (Weiterqualifizierung, J.- und Sporteinrichtungen usw.), soll die J. angehalten werden, ihren Beitrag zur Steigerung der Produktivität zu leisten.

VI. Jugendförderungspläne

Die J.-Förderungspläne wurden am 4. 2. 1954 durch die 5. AO zum (1.) J.-Gesetz von 1950 eingeführt. Sollten sie anfänglich der beruflichen und kulturellen Förderung der J. dienen, so bestimmte die AO des 1. Stellv. des Ministerrates für den J.-Förderungsplan im Jahre 1963, es sei die Arbeit in → **Jugendbrigaden**, J.-Abteilungen, J.-Schichten und anderen ständigen und zeitweiligen J.-Kollektiven die „beste, tausendfach bewährte Form für die Förderung der Initiative und für die sozialistische Entwicklung unserer Jugend".

Der J.-Förderungsplan beruht seit seiner Verkündung auf § 55 des J.-Gesetzes. Alljährlich wird die Rahmen-VO der Regierung, die auch die Finanzierung des J.-Förderungsplans ordnet, ergänzt durch örtliche J.-Förderungspläne in den Betrieben, LPG, Städten und Gemeinden. Daran wirken neben der FDJ die Volksvertretungen, Betriebsleitungen, die Leitungen des FDGB, des DTSB und der GST mit. Die J.-Förderungspläne sind Teil der Gesamtplanung der Betriebe, Kreise und Gemeinden. Allerdings werden sie z. T. immer noch als bloßes „Anhängsel" der Planung betrachtet. Der J.-Förderungsplan regelt insbesondere die Teilnahme der J. am → **sozialistischen Wettbewerb** in speziellen, „jugendgemäßen" Formen.

VII. Berufswettbewerb und Masseninitiativen

Bestandteil des sozialistischen Wettbewerbs ist der von der Betriebsleitung und der Berufsschule in Zusammenarbeit mit FDJ und FDGB organisierte Berufswettbewerb der Lehrlinge. Seine Ziele sind der nachweisbare Erwerb guter beruflicher Kenntnisse und Fertigkeiten, die abrechenbare Mitarbeit an der Erreichung der betrieblichen Planziele und „gesellschaftliches Verhalten und gesellschaftliche Tätigkeit" auf der Basis der schulischen Lehrpläne, der betrieblichen Planung und der Zielsetzungen und Vorgaben der FDJ. Hervorragende Leistungen werden durch staatliche → **Auszeichnungen** anerkannt. 96 v. H. der Lehrlinge nahmen 1972 am Berufswettbewerb teil. Bestandteil des sozialistischen Wettbewerbs sind auch die von der FDJ ausgelösten „Masseninitiativen der werktätigen Jugend zur Erfüllung und Übererfüllung der Fünfjahr- und Jahrespläne", so etwa die FDJ-Aktion „Zulieferindustrie" des Jahres 1971, die der Gewinnung zusätzlicher Arbeitskräfte für diesen Wirtschaftszweig diente, oder die FDJ-Aktion „Materialökonomie" 1973, die der Volkswirtschaft u. a. 42 967 t Stahlschrott zuführte.

VIII. Jugendkollektive, Jugendbrigaden und Jugendobjekte

Der nach Umfang und Bedeutung wichtigste Bestandteil des Beitrags der werktätigen J. zur Lösung der betrieblichen und der gesamtgesellschaftlichen Aufgaben ist die Arbeit in den J.-Kollektiven, die als J.-Brigaden, J.-Objekte, Klubs junger Neuerer, J.-Meisterbereiche, J.-Abteilungen, J.-Schichten usw. bezeichnet werden. J.-Brigaden (1972: 16 634 mit 211 428 Mitgliedern) sind Kollektive junger Werktätiger (in der Regel und im Durchschnitt 10–15 Mitglieder), deren Mehrheit nicht älter als 26 Jahre und deren Kern die FDJ-Gruppe sein soll. Die Altersabgrenzung des J.-Gesetzes gab einige Probleme auf, die der Zentralrat der FDJ mit dem Hinweis auf die Förderungsabsichten des Gesetzes (Unterstützung und Anleitung der jungen Werktätigen durch die älteren, erfahrenen) beantwortete. Die Brigaden arbeiten über längere Zeit an einer fest umrissenen betrieblichen Aufgabe; daneben haben sie eine (selbst-)erzieherische Funktion bis in die Freizeit ihrer Mitglieder hinein. 1972 bewarben sich 80 v. H. der J.-Brigaden um den Titel „Kollektiv der sozialistischen Arbeit". Daneben kann der Titel „Hervorragendes Jugendkollektiv der DDR" als staatliche Auszeichnung verliehen werden.

Auch die Leistungen einzelner im → **sozialistischen Wettbewerb**, bei der Entwicklung und Anwendung neuer Arbeitsmethoden und in der Neuererbewegung (s. u.), aber auch auf politischem und militärischem Gebiet, werden ausgezeichnet. Die FDJ verleiht in der Regel an ihrem Jahrestag (7. 3.), sonst anläßlich der MMM (s. u.) oder unmittelbar nach Vollbringung hervorragender Leistungen den Titel „Jugendaktivist" (erstmals 1949). Für besonders hohe Leistung wird die staatliche Auszeichnung „Hervorragender Jungaktivist" verliehen. J.-Meisterbereiche und J.-Abteilungen (1972: 1 808 mit 35 346 Mitgliedern) entsprechen im wesentlichen den J.-Brigaden.

J.-Objekte sind „exakt meß- und abrechenbare, zeitlich begrenzte Aufgaben, die einem Kollektiv junger Menschen zur Lösung übertragen werden". Sie unterscheiden sich von anderen vor allem dadurch, daß sie als Schwerpunkte der FDJ-Arbeit gelten und nur Jugendliche beteiligt sind. Hinsichtlich

Arbeitsorganisation und Stellung zu den wirtschaftsleitenden Organen gibt es keine Unterschiede zu anderen industriellen oder sonstigen Vorhaben. 1972 gab es 35 755 J.-Objekte, an denen 418 067 überwiegend jugendliche Werktätige, Lehrlinge und Schüler arbeiteten. Vorwiegend handelt es sich um Produktionsaufgaben (im weitesten Sinne), doch werden auch J.-Objekte in der NVA genannt. Mitarbeiterzahl, Anspruchsniveau, wirtschaftliche Bedeutung und organisatorische Einordnung der J.-Objekte sind recht unterschiedlich, doch zielen sie insgesamt auf die Bewältigung betrieblicher und volkswirtschaftlicher Schwerpunktaufgaben ab. So wurde 1967 auf Vorschlag des VIII. Parlaments der FDJ der Bau des Kernkraftwerks Nord zum zentralen J.-Objekt erklärt. Nach dem VIII. Parteitag der SED wurden 3 800 J.-Objekte zur „gezielten Erhöhung der Konsumgüterproduktion" ins Leben gerufen, darunter 70 auf Vorschlag des Ministerrates gebildete „Kreisjugendobjekte Konsumgüterindustrie". Der verbesserten Versorgung der Bevölkerung dienen auch (1972) über 8 000 neu eingerichtete J.-Objekte zum Um- und Ausbau von Wohnungen. Anfang 1973 trugen 2 786 „Jugendobjekte der Deutsch-Sowjetischen Freundschaft" zur Erfüllung der Exportverpflichtungen der DDR bei. Im Bereich der Landwirtschaft wurde das J.-Objekt „Zentrale Erntetechnik" mit 100 Mähdreschern und den zugehörigen Wartungseinrichtungen zum zentralen Einsatz in den Ernteschwerpunkten eingerichtet.

Wichtige Meliorationsvorhaben werden als Bezirksjugendobjekte durchgeführt. Dazu werden 40 000 Schüler und Studenten in Ferienlagern zusammengefaßt und ihnen die Bezirks-, Kreis- und wichtigen örtlichen Meliorationsvorhaben als J.-Objekte übergeben. In der Landwirtschaft selbst bestanden 1973 7 202 J.-Objekte, davon 119 in industriemäßigen Anlagen der Tierproduktion. Doch kann auch die bloße Wartung und Bedienung eines Traktors oder Mähdreschers durch eine Gruppe junger → **Genossenschaftsbauern** oder Landarbeiter als J.-Objekt gelten. Ziel ist es, in jeder ländlichen FDJ-Grundorganisation (→ **FDJ**) ein J.-Objekt zur Intensivierung der → **Landwirtschaft** und zur Einführung industriemäßiger Produktionsmethoden einzurichten. Zu den J.-Objekten zählen auch (1973) 3 603 Vorhaben der älteren Schüler im Rahmen der Bewegung „Mach mit – schöner unsere Schulen". Eine Vorstufe sind die (1973) 18 766 „Pionierobjekte" der Schüler unter 14 Jahren, die dem gleichen Zweck dienten.

IX. Jugendneuererbewegung und Messe der Meister von Morgen

Die J.-Neuererbewegung ist Teil der allgemeinen Neuererbewegung, in deren Rahmen auch die beteiligten Jugendlichen ihre Vorschläge, Verbesserungen und Erfindungen einreichen. Doch mit dem Unterschied, daß ihre Neuerungen alljährlich auf den

→ **Messen der Meister von Morgen** (MMM) ausgestellt werden, und zwar zunächst auf Betriebsebene, danach in einem Auswahlverfahren auf der Kreis- und Bezirksebene. Die jeweils besten Ergebnisse werden prämiiert. Höhepunkt der MMM-Bewegung ist die jährlich stattfindende Zentrale Messe der Meister von Morgen (erstmals im Oktober 1958 in Leipzig).

Der Leiter des Amtes für J.-Fragen und der Vorsitzende der staatlichen Plankommission geben zu Beginn jedes Jahres eine Richtlinie über die Weiterführung der MMM heraus. Veranstalter der Zentralen MMM ist eine Messeleitung mit dem Leiter des Amtes für J.-Fragen an der Spitze, Veranstalter der Bezirks- und Kreismessen sind die Räte der Bezirke und Kreise. Auch die MMM-Bewegung wird entscheidend von der FDJ (sowie vom FDGB, der → **Kammer der Technik**, der → **Gesellschaft für Deutsch-Sowjetische Freundschaft** als weiteren „gesellschaftlichen Trägerorganisationen") bestimmt.

Hatte die MMM-Bewegung anfangs eher den Charakter einer Hobby- und Bastelschau, so gelten die von den Beteiligten entwickelten Neuerungen heute als „planmäßige und planbare Beiträge zur Entwicklung von Wissenschaft und Technik". Neuerungen werden aufgrund von Neuerungsvereinbarungen im Rahmen der J.-Förderungspläne entwickelt, und zwar zu über 95 v. H. von → **Kollektiven**. 1972 gab es 10963 Messen der unteren Ebene (Betriebe und Schulen) mit 281796 Exponaten und 1023548 Teilnehmern, zur Hälfte Schüler. Die hohe Teilnehmerzahl läßt auf das unterschiedliche Anspruchsniveau der Exponate und auf unterschiedliche Grade der Mitwirkung der Teilnehmer an der Realisierung der Neuerung schließen. Vermutlich sind in der 1 Mill. Neuerer auch die nur mit Teilaufgaben Befaßten enthalten. Auf der Zentralen MMM 1972 wurde eine Auswahl von 1093 Exponaten präsentiert, erstellt von 20524 Teilnehmern. Kern der MMM-Bewegung sind Arbeitskollektive, die als „Klubs Junger Neuerer", „Klubs Junger Techniker" oder als „Forschungsgemeinschaften" bezeichnet werden. 1972 bestanden (ohne die Bereiche Hoch- und Fachschulwesen und Volksbildung) 10215 solcher Kollektive. Im gleichen Jahr beteiligten sich über 51000 Studenten und junge Wissenschaftler an der MMM-Bewegung. Ihre Neuerungen werden auf der „Zentralen Leistungsschau der Studenten und jungen Wissenschaftler" präsentiert.

Die Vorhaben der MMM-Bewegung gelten z. Z. vornehmlich der Rationalisierung, der Materialökonomie, der Verbesserung der Arbeitsbedingungen und des Arbeitsschutzes, der industriemäßigen Produktion in der Landwirtschaft und der Rationalisierung der Lehr- und Lernprozesse (z. B. auch in der Ausbildung der NVA).

Zwischen den verschiedenen Varianten von J.-Kollektiven gibt es keine starren Grenzen. Eine vereinbarte Neuerung kann als J.-Objekt realisiert werden, oder innerhalb einer J.-Brigade entsteht ein Neuererkollektiv, um ein anstehendes Problem zu lösen. Die genannten Zahlen zeigen daher nur die Größenordnungen an. Danach sind die „Klubs Junger Techniker" usw. eher Angelegenheit einer technisch-wissenschaftlichen Elite, während die Mitarbeit an J.-Objekten und in der Neuererbewegung zur Aufgabe immer größerer Teile der schulischen und berufstätigen J. wird: 1968 gab es 8400 J.-Brigaden und 12044 J.-Objekte; für 1972 lauten die Zahlen: 16634 bzw. 35755; Anfang 1974: 22600 bzw. 65000. Die MMM-Bewegung wuchs zwischen 1970 und 1972 um ca. 400000 Teilnehmer. Insgesamt dienen die J.-Kollektive vornehmlich der individuellen und vor allem gesellschaftlichen Leistungs- und Effektivitätssteigerung.

Sie wurden daher vom Amt für J.-Fragen als eine „durch die FDJ organisierte Aktivität junger Menschen", von der FDJ selbst als „neue Führungsmethode" bezeichnet. Andererseits bestätigen empirische Untersuchungen des Zentralinstituts für J.-Forschung und andere Erhebungen den tendenziell positiven Einfluß der J.-Kollektive auf Kenntnisse, Arbeitshaltung, Selbstvertrauen und Selbständigkeit der Mitglieder.

X. Sozialpolitische Maßnahmen

Als Erfolge der sozialistischen J.-Politik gelten ferner die sozialpolitischen Maßnahmen zur Förderung junger Ehen, für Studenten und Lehrlinge sowie für junge Mütter wie: → **Geburtenbeihilfe**, Arbeitszeit- und Urlaubsregelung, Gewährung von Krediten und der mit der Geburt von Kindern verbundene Krediterlaß, Schulspeisung (tägl. 1,5 Mill. Portionen zum Preise von 0,50 Mark), Stipendien für 90 v. H. der Studenten, Internatsplätze und finanzielle Förderung für Studentinnen mit Kind. Ferner die Maßnahmen und Erfolge auf dem Gebiete des → **Sports,** der → **Wehrerziehung** und der → **Kulturpolitik.**

XI. Jugendweihe und Arbeiterweihe

Alle Maßnahmen der J.-Politik im Bildungs- und Ausbildungssektor, in der Arbeitswelt, auf dem Gebiete der Sozial-, Sport-, Wehr- und Kulturpolitik sind eng verknüpft mit dem Grundziel der „Entwicklung und Festigung des sozialistischen Bewußtseins". Dieser Zielsetzung dienen auch zwei spezielle Formen politisch-moralischer Erziehung: die → **Jugendweihe** und die Arbeiterweihe.

J.-Weihen wurden erstmals im Frühjahr 1955 durchgeführt. Die Teilnahme ist freiwillig; 1968 nahmen bereits über 85 v. H. der Achtkläßler daran teil. Markiert die J.-Weihe die „Aufnahme in das aktive gesellschaftliche Leben", so wird seit kurzem auch die Aufnahme der Lehrlinge in das Betriebskollektiv in „würdiger Form gestaltet". Das Facharbeiterzeugnis, der erste Arbeitslohn, der Betriebsausweis, gelegentlich auch ein Satz Werkzeuge und eine Urkunde über die Zugehörigkeit zur Arbeiterklasse werden in einer Feierstunde, die teilweise nach sowjetischem Vorbild als Arbeiterweihe bezeichnet wird, von Aktivisten oder Arbeiterveteranen überreicht. Die jungen Facharbeiter geloben, „durch ihre Arbeitstaten den revolutionären Arbeitsruhm des Betriebes (Kombinates, der Brigade usw.) zu mehren".

Mit Hilfe dieser Weihen sucht die SED die Herausbildung sozialistischen Bewußtseins bei den Jugendlichen zu fördern und damit das Hauptziel ihrer politisch-ideologischen Erziehung in den Schulen und Universitäten sowie den Schulungsveranstaltungen von FDJ und JP zu unterstützen.

XII. Jugendhilfe

Derartige emotionalisierende Praktiken, die Betonung der Notwendigkeit, die politisch-moralische Erziehung weiterhin zu verstärken und die der J.-Forschung zugewiesenen Aufgaben lassen die Grenze der gegenwärtigen jugendpolitischen Konzeption erkennen. Diese werden deutlich angesichts der unbewältigten J.-Kriminalität und anhand der die allgemeine J.-Politik flankierenden Einrichtung der J.-Hilfe. „Jugendhilfe umfaßt die rechtzeitige korrigierende Einflußnahme bei Anzeichen der sozialen Fehlentwicklung und die Verhütung und Beseitigung der Vernachlässigung von Kindern und Jugendlichen, die vorbeugende Bekämpfung der Jugendkriminalität, die Umerziehung von schwererziehbaren und straffälligen Minderjährigen sowie die Sorge für elternlose und familiengelöste Kinder und Jugendliche" (Jugendhilfe-VO vom 3. 3. 1966, § 1, GBl. II, S. 215). Damit umfaßt die J.-Hilfe der DDR die nach westdeutschem Sprachgebrauch unter dem Begriff J.-Fürsorge zusammengefaßten Aufgaben, nicht aber die J.-Pflege und die J.-Sozialarbeit. Die Organe der J.-Hilfe werden tätig, „wenn trotz gesellschaftlicher Unterstützung der Erziehungsberechtigten die Gesundheit oder die Erziehung und Entwicklung Minderjähriger gefährdet sind, wenn für Minderjährige niemand die elterliche Sorge ausübt oder wenn sie in gesetzlich besonders bestimmten Fällen die Interessen Minderjähriger vertreten müssen".

Organe der J.-Hilfe sind a) die Abt. J.-Hilfe und Sonderschulwesen im Ministerium für Volksbildung, die Referate J.-Hilfe in den Abt. Volksbildung der Bezirke, Kreise, Stadtkreise und Stadtbezirke, die J.-Kommissionen bei den Räten der Städte, Stadtbezirke und Gemeinden, b) der Zentrale J.-Ausschuß beim Ministerium für Volksbildung, die J.-Ausschüsse bei den Räten der Bezirke, Kreise, Stadtkreise und Stadtbezirke, c) die Vormundschaftsräte bei den Räten der Kreise, Stadtkreise und Stadtbezirke. Die ehrenamtliche Arbeit hat auf dem Gebiet der J.-Hilfe große Bedeutung. Die J.-Helfer sowie

die Mitglieder der J.-Hilfeausschüsse und der Vormundschaftsräte werden durch die Organe der Verwaltung berufen. Die J.-Hilfekommissionen setzen sich aus den ehrenamtlich tätigen J.-Helfern zusammen. J.-Helfer und J.-Hilfekommissionen werden betreuend, helfend, kontrollierend, gutachtlich und sichernd tätig. Außerdem wirken sie mit bei der Auswahl von Vormündern und Pflegern, bei der Vorbereitung der Annahme an Kindes Statt, bei den Vorbereitungen zur Regelung der Unterhaltsansprüche Minderjähriger und ähnlichem. Die Vormundschaftsräte haben die Organe, Einrichtungen und Bürger, die für die Sicherung der sozialistischen Erziehung von elternlosen oder familiengelösten Minderjährigen verantwortlich sind, zu beraten, anzuleiten und zu kontrollieren. Die Organe der J.-Hilfe bei den Räten der Kreise (Stadtkreise, Stadtbezirke) entscheiden durch Beschluß über Maßnahmen zur Erziehungshilfe (z. B. Klage auf Entzug des Erziehungsrechts nach § 51 Abs. 1 des Familiengesetzbuches, Zuführung des Kindes zum Erziehungsberechtigten), des Vormundschaftswesens (z. B. Anordnung der Vormundschaft und Pflegschaft) und über den Rechtsschutz für Minderjährige (z. B. für die Beurkundung der Anerkennung der Vaterschaft). Die Zuständigkeit ist dabei zwischen dem J.-Hilfeausschuß und dem Referat J.-Hilfe geteilt.

1969 waren in der J.-Hilfe tätig: 1 200 hauptamtliche J.-Fürsorger (ohne Heimerzieher) und ca. 40 000 ehrenamtliche Helfer. Daten über den gegenwärtigen Umfang der J.-Hilfetätigkeit liegen nicht vor. 1965 wurden 85 000 Minderjährige betreut aus Gründen sozialer Fehlentwicklung und unzureichender häuslicher Verhältnisse, 20 500 Kinder standen unter vormundschaftsrechtlicher Sorge, und in mehr als 90 000 Fällen bestand eine „Beistandschaft" zur Wahrnehmung materieller Interessen der Kinder und Jugendlichen.

Der Leiter der Abt. J.-Hilfe und Sonderschulwesen im Ministerium für Volksbildung und Vorsitzende des Zentralen J.-Hilfeausschusses, Eberhard Mannschatz, wies 1968 darauf hin, daß „trotz allgemeiner Festigung des sozialistischen Bewußtseins" die „zahlenmäßige Ausdehnung der Jugendhilfefälle eine relative Konstanz" aufweise, ähnlich der Kriminalitätsentwicklung (→ **Jugendkriminalität**). Hierbei sei eine Zunahme debiler und neurotisch gestörter Kinder festzustellen. Die Anzahl der von der J.-Hilfe betreuten Familien lag nach Mannschatz (1967) nur wenig über 1 v. H. aller Familien mit Kindern, sog. Beratungsfälle eingeschlossen. Maßnahmen der J.-Hilfe (z. B. Auferlegung besonderer Pflichten, Anordnung der Heimerziehung) beträfen jährlich etwa 0,3 v. H. der Familien mit Kindern (Familien mit Kindern unter 17 J. 1971: 2 447 417). 1973 schrieb B. Bittighöfer, Dozent am Institut für Gesellschaftswissenschaften beim ZK der SED, in der Zeitschrift „Jugendhilfe" (11. Jg. 1973, Nr. 1, S. 6), man mache

„immer wieder die Erfahrung, daß nicht wenige Jugendliche, besonders wenn sie die Schule verlassen und in das Berufsleben eintreten, nicht genügend auf die praktische Konfrontation mit den Problemen und Widersprüchen vorbereitet sind, die bei der Gestaltung der sozialistischen Gesellschaft, insbesondere bei der Herausbildung der sozialistischen Lebensweise und Moral, auftreten".

Jugendarbeit: → **Jugendstrafrecht.**

Jugendarzt: → **Gesundheitswesen,** V, VI A.

Jugendbrigade: Kollektiv junger Werktätiger, deren Mehrheit nicht älter als 26 Jahre sein soll und das über längere Zeit im Rahmen des → **sozialistischen Wettbewerbs** an einer festumrissenen betrieblichen Aufgabe arbeitet. → **Jugend.**

Jugendforschung: Die J. in der DDR dient der Erarbeitung wissenschaftlicher Grundlagen für die Jugendpolitik der SED. Ihre Aufgaben sind 1. die Untersuchung der Bedingungen und Gesetzmäßigkeiten der Persönlichkeitsentwicklung der 14–25jährigen, 2. die Entwicklung geeigneter Erziehungsmethoden und 3. die Beratung der mit der Leitung der Jugendpolitik befaßten Instanzen, speziell der → **FDJ.** Probleme des Schulwesens und Fragen der Jugendlichen in der Nationalen Volksarmee fallen nicht in den Aufgabenbereich der J. J. wird interdisziplinär betrieben, in Zusammenarbeit von Psychologen, Soziologen, Pädagogen, Kriminologen, Medizinern und Vertretern anderer Fachrichtungen. Kennzeichen der J. sind der ihr vorgegebene marxistisch-leninistische theoretische Rahmen, ihre enge Praxisbezogenheit und ihr Auftragscharakter. Arbeitsschwerpunkte sind die Untersuchung 1. der politischen und moralischen Einstellungen und Verhaltensweisen, 2. des Verhaltens in der Gruppe (FDJ-Gruppe, Freizeitgruppe, Arbeits- und Lernkollektiv), 3. des Leistungsverhaltens und der Einstellung zu Arbeit, Beruf und Qualifizierung, 4. des Freizeitverhaltens und der Freizeiterziehung sowie 5. der Probleme der Leitung der Jugendpolitik und der Jugendgruppen. Für 1974 wurden als weitere Forschungsbereiche angekündigt: die „Gesundheitshaltung", das Partnerverhalten und die Entwicklung der jungen Ehen. Selten erwähnt, jedoch wichtig, sind weiterhin Untersuchungen zur → **Jugendkriminalität.** Insgesamt entsprechen die Arbeitsschwerpunkte der J. den Brennpunkten der Jugendpolitik. Untersuchungen wurden bisher vornehmlich in Betrieben, Bildungsstätten, Jugendeinrichtungen und FDJ-Grundorganisationen durchgeführt. Empirische Forschungsergebnisse unterliegen weitgehend den Vorschriften über den Geheimnisschutz.

Wesen, Aufgaben und Organisation der J. wurden erstmals im Ministerratsbeschluß vom 26. 2. 1968 (GBl. II, Nr. 23, S. 97) zusammenfassend festgelegt und in der AO über das Statut des Zentralinstituts für J. vom 4. 7. 1973 (GBl. I, Nr. 35, S. 372) weiter präzisiert. Wissenschaftliches Zentrum der J. ist das 1966 in Leipzig gegründete Zentralinstitut für J. (ZIJ), sein Direktor seit Gründung der Psychologe Prof. Dr. Walter Friedrich. Das ZIJ ist eine staatliche wissenschaftliche Einrichtung, dem Leiter des Amtes für Jugendfragen unterstellt und arbeitet nach dessen Weisungen sowie nach den Beschlüssen der SED und des Zentralrates der FDJ. Ministerratsbeschluß vom 26. 2. 1968, ZIJ-Statut und Jugendgesetz der DDR sichern den Einfluß von Staat, Partei und vor allem der FDJ auf Entwicklung und Schwerpunktbildung der J. Nach diesen thematischen Vorgaben entwickelt das ZIJ die Forschungspläne, stellt die Verbindung zwischen Auftraggebern, Forschern und Institutionen her, koordiniert und beeinflußt inhaltlich und methodisch die J. anderer wissenschaftlicher Einrichtungen und sichert die Zusammenarbeit mit der J. der übrigen sozialistischen Staaten. Weitere Aufgaben des ZIJ sind die theoretisch-methodische Grundlagenforschung, Dokumentation und Information auf dem Gebiete der J. sowie die Weiterbildung der mit der J. befaßten Wissenschaftler.

Die personelle und technische Ausstattung des ZIJ war von Anfang an großzügig und entsprach den Anforderungen moderner Sozialforschung. 1969 gliederte sich das ZIJ in 4 Abteilungen:

1. Jugendforschung: Arbeiterjugendforschung, Studentenforschung, Methodik;
2. Organisation: Vorbereitung der empirischen Erhebungen, Bereitstellung des Arbeitsmaterials, Einsatz der Interviewer, Übermittlung der Daten an die
3. Datenverarbeitung: Aufbereitung und statistische Auswertung, danach Rückmeldung an die Abt. Forschung, ferner theoretische Arbeit auf dem Gebiet der Datenverarbeitung und Statistik;
4. Koordination/Information: Verbreitung der Forschungsergebnisse (Publikationen, Referentenmaterial, interne Berichte), Arbeitstagungen, Archiv.

Die Arbeitsergebnisse wurden bis Ende 1970 in der hauseigenen Zeitschrift „Jugendforschung" publiziert, die ihr Erscheinen bald nach der Kontroverse zwischen Ernst-Heinrich Berwig und Walter Friedrich (Pädagogik 1970, Nr. 2; Jugendforschung 1970, Nr. 13) über die Tragfähigkeit des Friedrichs'schen Forschungsansatzes ohne Vorankündigung einstellte (letzte Ausgabe: Nr. 16/1970). Das ZIJ hatte 1969 ca. 30 hauptamtliche Mitarbeiter. Das ZIJ-Statut 1973 bedeutet eine Umverteilung der Aufgaben, u. a. wurden Zuständigkeiten an das Pädagogische Zentralinstitut abgegeben, andererseits kamen neue Forschungsbereiche und eine Erweiterung der Koordinierungsaufgaben hinzu. Welche Auswirkungen dies auf Struktur und personelle Besetzung des ZIJ hatte, kann nicht beantwortet werden.

Erhebungsmethoden und Auswertung der Ergebnisse mit Hilfe der elektronischen Datenverarbeitung entsprechen dem Standard heutiger Sozialforschung. Sie sichern die Anonymität der Befragten, erhöhen damit die Relevanz der Ergebnisse und ermöglichen dem ZIJ die Untersuchung auch großer Gruppen in Intervallstudien über mehrere Jahre.

Der Beratung der politisch-ideologischen und wissenschaftlichen Grundfragen dient der „Wissenschaftliche Rat für J." im ZIJ. Seine Mitglieder sind Wissenschaftler, Vertreter der FDJ und des Staates, die vom Leiter des Amtes für Jugendfragen in Absprache mit dem Zentralrat der FDJ berufen und abberufen werden. Daneben besteht beim Amt für Jugendfragen der bereits 1964 gebildete „Wissenschaftliche Beirat für J.", dem, neben den beim „Wissenschaftl. Rat" genannten, Vertreter weiterer gesellschaftlicher Organisationen und „erfahrene Praktiker" angehören. Der Beirat hat beratende, unterstützende und koordinierende Funktionen und soll die Verbindung zwischen Theorie und Praxis sichern. Welche Aufgaben dem Beirat nach den organisatorischen Veränderungen des Jahres 1973 (ZIJ-Statut) verbleiben, ist abzuwarten. → **Jugend; Einheitliches sozialistisches Bildungssystem.**

Jugendförderungspläne: → **Jugend.**

Jugendgericht: → **Jugendstrafrecht.**

Jugendgesetz: → **Jugend.**

Jugendgesundheitspflege: → **Gesundheitswesen,** V.

Jugendhaft: → **Jugendstrafrecht.**

Jugendhaus: → **Jugendstrafrecht.**

Jugendherbergen: J. sind staatliche Einrichtungen, geleitet vom Komitee für → **Touristik** und Wandern. Rechtsträger sind die Räte der Gemeinden und Städte. FDJ- und Pioniergruppen, Schüler- und Lehrlingskollektive werden (für max. 5 Tage) vorrangig aufgenommen. Den J. sind freizeit-pädagogische Aufgaben zugewiesen (Beschluß über die Entwicklung des Jugendbergswesens vom 1. 6. 1962, GBl. II, S. 389), die Herbergsleiter pädagogisch ausgebildet. Seit 1972 absolvieren sie ein vierjähriges Fachschulfernstudium beim Institut für Heimerzieherausbildung Hohenprießnitz. 1972 gab es 242 J. mit 28026 Plätzen und 34 „Ständige Wanderquartiere" mit 1006 Plätzen. Übernachtungen 1972: 3443600 bzw. 101800.

Jugendhilfe: Der Begriff der Jugendwohlfahrt ist durch den Begriff der J. ersetzt. Rechtsgrundlagen sind der § 20 des Gesetzes über das einheitliche sozialistische Bildungswesen vom 25. 2. 1965 (GBl. I, S. 83) und die VO über die Aufgaben und die Arbeitsweise der Organe der J. vom 3. 3. 1966 (GBl. II, S. 215). Die J. untersteht dem Ministerium für Volksbildung und soll den elternlosen und gefährdeten Kindern und Jugendlichen eine positive Entwicklung im Sinne des sozialistischen Erziehungsziels (→ **Einheitliches sozialistisches Bildungssystem**) sichern. → **Jugend.**

Jugendhochschule „Wilhelm Pieck" beim Zentralrat der FDJ: → **FDJ.**

Jugendkommuniqué: → **Jugend.**

Jugendkriminalität: → **Kriminalität; Jugendstrafrecht.**

Jugendliteratur: → **Kinder- und Jugendliteratur.**

Jugendobjekt: → **FDJ; Jugend.**

Jugendorganisationen in den Bildungseinrichtungen: Wesentlicher Wirkungsbereich der Freien Deutschen Jugend (→ **FDJ**) als „der einheitlichen sozialistischen Massenorganisation der Jugendlichen ab 14 Jahren" und der von ihr geleiteten → **Pionierorganisation „Ernst Thälmann"** als „der sozialistischen Massenorganisation der Kinder bzw. Schüler bis zum 14. Lebensjahr", sind – neben den Universitäten und Hochschulen – die schulischen (unterrichtlichen und außerunterrichtlichen) und außerschulischen Veranstaltungen der Bildungseinrichtungen (B.), vor allem der allgemeinbildenden und der Berufsschulen. Da ihre Hauptaufgabe als Unter- und Nachwuchsorganisationen der SED darin besteht, „mittels einer lebendigen ideologischen Arbeit alle Kinder und Jugendlichen zu überzeugten, klassenbewußten jungen Sozialisten zu erziehen", die Schule aber als das Hauptinstrument des sozialistischen Staates für die Bildung und Erziehung der Schuljugend gilt, sehen FDJ und Pionierorganisation die Schule bzw. die B. auch als ihr Hauptwirkungsfeld an und sind auf der untersten Ebene nach dem „Produktionsprinzip", auf den höheren Ebenen nach dem „Territorialprinzip" organisiert.

J. und B. sind zu engem Zusammenwirken nach gleichen Richtlinien und zur Erreichung gleicher Ziele verpflichtet; so werden wichtige Beschlüsse, Anordnungen usw. für die Bildung und Erziehung in der Schule gemeinsam bzw. in Übereinstimmung von → **Ministerium für Volksbildung** und Zentralrat der FDJ erlassen, z. B. die „Aufgabenstellung des Ministeriums für Volksbildung und des Zentralrates der FDJ zur weiteren Entwicklung der staatsbürgerlichen Erziehung der Schuljugend der DDR" vom 9. 4. 1969 (in: Bildung und Erziehung, Loseblattsammlung – 117. Nachtrag, C/Ic / 28, Blatt 3–10 c) (**Politisch-ideologische bzw. Staatsbürgerliche** → **Erziehung**).

Die jährlich vom Büro des Zentralrates der FDJ in Übereinstimmung mit dem Ministerium für Volksbildung beschlossenen Jungpionier-, Thälmann-Pionier- und FDJ-Aufträge für das jeweilige Schuljahr werden in einer ebenfalls jährlich erlassenen besonderen „Anweisung des Ministeriums für Volksbildung über die Aufgaben der Schulräte, Direktoren, Schulleiter, Lehrer und Erzieher bei der Verwirklichung der Dokumente des Zentralrates der FDJ für die Tätigkeit der FDJ-Grundorganisationen und Pionierfreundschaften" als verbindliche Arbeitsgrundlagen für alle Schulfunktionäre, Lehrer und Erzieher erklärt. Im Zusammenhang mit der in den Jahresaufträgen jeweils festgelegten Schulungs- und Agitationsarbeit sollen die FDJ-Grundorganisationen an den Schulen für eine gute Lernatmosphäre in jeder Klasse sowie dafür sorgen, daß alle Schüler produktive Arbeit leisten und Aufgaben zur „sozialistischen Gestaltung des Lebens an der Schule" übernehmen und gemeinsam mit den Lehrern und Erziehern die außerunterrichtlichen und außerschulischen Veranstaltungen als einen festen Bestandteil der FDJ-Tätigkeit gestalten. Den Gruppen und Freundschaften der Jungen Pioniere sind mit altersspezifischer Modifizierung die gleichen Aufgaben gestellt, wobei die Vorbereitung auf die feierliche Übernahme der Jungpioniere in die Gruppe der Thälmannpioniere und der Thälmannpioniere in die FDJ jeweils einen besonderen Schwerpunkt der Pionierarbeit in den 3. und 7. Klassen darstellt.

Die Mitwirkung der FDJ und der Pionierorganisation bei der Bildung und Erziehung der Schuljugend erfolgt in dreifacher Weise: 1. als Mitwirkung bei der Gestaltung des schulischen Unterrichts, vor allem als Beitrag zur Sicherung und Steigerung der Schulordnung, der Unterrichtsdisziplin und des Lerneifers der Schüler, 2. als Mitwirkung bei der Organisation und Durchführung der außerunterrichtlichen Bildung und Erziehung, z. B. im Rahmen der Arbeitsgemeinschaften und Zirkel, sowie 3. als Mitwirkung bei der außerschulischen Bildung und Erziehung, z. B. durch die Gestaltung von Ferienlagern, Schülerwettbewerben, aber auch in den Häusern der Jungen Pioniere, Stationen Junger Naturforscher und Techniker usw.

Die FDJ-Arbeit mit den Lehrlingen in den Einrichtungen der Berufsausbildung erfolgt in ähnlicher Weise nach den gleichen Grundsätzen und Zielstellungen wie an den allgemeinbildenden Schulen, jedoch nach den jährlich vom Zentralrat der FDJ und vom Bundesvorstand des FDGB erteilten Lehrjahraufträgen, deren Aufgabenstellung durch das Staatssekretariat für Berufsbildung auch für alle Kader der Berufsausbildung für verbindlich erklärt wird.

Einen besonderen Schwerpunkt bildet dabei die FDJ-Arbeit an den kommunalen Berufsschulen, die hauptsächlich von Lehrlingen besucht werden, die nicht in volkseigenen Großbetrieben oder entsprechenden staatlichen Einrichtungen ausgebildet werden. Dazu werden FDJ-Berufsschulaktive mit 10–15 bewährten FDJ-Funktionären aus den Reihen der Lehrlinge und Lehrkräfte der betreffenden FDJ-Grundorganisationen und FDJ-Klassenaktive mit 3–5 der besten FDJ-Funktionäre aus den Reihen der Lehrlinge der FDJ-Klassenkollektive gebildet. Zur Unterstützung ihrer Arbeit werden von der FDJ und der Pionierorganisation zahlreiche Wettbewerbe durchgeführt und Auszeichnungen verliehen. → **Schüler und Lehrlinge; Jugend**.

Jugendpsychologie: → **Jugendforschung.**

Jugendschutz: → **Jugendstrafrecht.**

Jugendsoziologie: → **Jugendforschung.**

Jugendstrafrecht: Bis 1952 galt das Reichsjugendgerichtsgetz von 1943. Ab 1. 6. 1952 trat an seine Stelle das Jugendgerichtsgesetz (JGG) vom 23. 5. 1952 (GBl., S. 411). Es sah Erziehungsmaßnahmen und Strafen, im Höchstfalle Freiheitsentziehung bis zu 10 Jahren, vor. ·Bei Mord, Vergewaltigung, Sabotage, Boykotthetze (→ **Strafrecht**) oder Verbrechen gegen das Friedensschutzgesetz (→ **Friedensgefährdung**) war jedoch gemäß § 24 JGG das allgemeine Strafrecht anzuwenden. In diesen Fällen konnten selbst lebenslängliche Zuchthausstrafen gegen Jugendliche verhängt werden. Nur die Todesstrafe war ausgeschlossen. Das gleiche galt

nach dem Erlaß des StEG (Strafrechtergänzungsgesetz) vom 11. 12. 1957 bei → **Staatsverbrechen**. Gemäß § 33 Abs. 2 JGG war in diesen Fällen nicht das Jugendgericht, sondern das Erwachsenengericht zuständig.

Durch das StGB vom 12. 1. 1968 ist das JGG von 1952 aufgehoben und das J. in das allgemeine Strafrecht einbezogen worden. Ein besonderes J. und ein besonderes Jugendstrafverfahrensrecht gibt es seitdem nicht mehr. StGB und StPO enthalten jeweils Bestimmungen, in denen die Besonderheiten der strafrechtlichen Verantwortlichkeit Jugendlicher und des Strafverfahrens gegen Jugendliche behandelt werden (§§ 65 ff. StGB., §§ 69 ff. StPO).

Jugendlicher im strafrechtlichen Sinne ist, wer über 14, aber noch nicht 18 Jahre alt ist. Den Begriff des Heranwachsenden (18–21 Jahre) kannte schon das JGG nicht. Die persönliche Voraussetzung für die strafrechtliche Verantwortlichkeit ist in jedem Fall ausdrücklich festzustellen. Diese Schuldfähigkeit liegt vor, wenn „der Jugendliche aufgrund des Entwicklungsstandes seiner Persönlichkeit fähig war, sich bei seiner Entscheidung zur Tat von den hierfür geltenden Regeln des gesellschaftlichen Zusammenlebens leiten zu lassen" (§ 66 StGB).

Von der Einleitung eines Strafverfahrens gegen den Jugendlichen kann abgesehen werden, wenn das Vergehen nicht erheblich gesellschaftswidrig ist und von den Organen der Jugendhilfe Erziehungsmaßnahmen eingeleitet werden.

Als Strafmaßnahmen gegen Jugendliche sieht das Gesetz vor: Beratung und Entscheidung durch ein gesellschaftliches Organ der Rechtspflege (→ **Gesellschaftliches Gericht**), Auferlegung besonderer Pflichten (Wiedergutmachung des Schadens durch eigene Leistung, Freizeitarbeit, Arbeitsplatzbindung für die Dauer bis zu 2 Jahren, Aufnahme eines Lehr- oder Ausbildungsverhältnisses), Strafen ohne Freiheitsentzug (Verurteilung auf → **Bewährung**, öffentlicher Tadel, Geldstrafe bis zu 500 Mark), Jugendhaft (§ 74) von einer Woche bis zu sechs Wochen, Einweisung in ein Jugendhaus (§ 75) für die Dauer von einem Jahr bis zu drei Jahren oder Freiheitsstrafe. Eine Verbindung der verschiedenen Strafmaßnahmen ist nicht zulässig.

Jugendhaft kann angeordnet werden, wenn sich die Straftat gegen die staatliche und öffentliche Ordnung richtet und ein solches soziales Fehlverhalten des Jugendlichen offenbart, daß eine kurzfristige disziplinierende Maßnahme erforderlich ist, um einer weiteren negativen Entwicklung nachhaltig entgegenzuwirken.

Einweisung in ein Jugendhaus soll ausgesprochen werden, wenn das verletzte Gesetz Freiheitsstrafe androht, die Schwere der Tat es erfordert, die Persönlichkeit des Jugendlichen eine erhebliche soziale Fehlentwicklung offenbart und bisherige Maßnahmen der staatlichen oder gesellschaftlichen Erziehung erfolglos waren.

Für die Freiheitsstrafen gelten die Bestimmungen des allgemeinen Strafrechts. Ihre Dauer beträgt also 6 Monate bis 15 Jahre. Auch lebenslängliche Freiheitsstrafe kann gegen Jugendliche verhängt werden. Nicht zulässig sind gegenüber Jugendlichen die → **Todesstrafe** und die Freiheitsstrafe der Arbeitserziehung. Von den bei Erwachsenen vorgesehenen Nebenstrafen dürfen gegen Jugendliche das Verbot bestimmter Tätigkeiten, die Vermögenseinziehung und die Aberkennung staatsbürgerlicher Rechte nicht verhängt werden (→ **Strafensystem**).

Im Strafverfahren gegen Jugendliche sind die Eltern und sonstigen Erziehungsberechtigten sowie die Organe der Jugendhilfe zu beteiligen. Die Erziehungsberechtigten haben grundsätzlich an der Hauptverhandlung teilzunehmen. Sie haben das Recht, gehört zu werden sowie Fragen und Anträge zu stellen.

Jugendstunden: → **Jugendweihe.**

Jugendweihe: Alle Maßnahmen der Jugendpolitik sind eng verknüpft mit dem Hauptziel der „Entwicklung und Festigung des sozialistischen Bewußtseins". Diesem Ziel dienen auch zwei spezielle Formen politisch-moralischer Erziehung: die J. und die Arbeiterweihe.

Die J. ist „eine gesellschaftliche Einrichtung zur Unterstützung der politisch-ideologischen Bildung im 8. Schuljahr". In ihrem Mittelpunkt steht das Gelöbnis, das die Jugendlichen in einer J.-Feier öffentlich ablegen. Es enthält ein Bekenntnis zur DDR, zur Freundschaft mit der UdSSR, zum Sozialismus und zum schulischen und beruflichen Fleiß. Zur Vorbereitung dienen die (10) **Jugendstunden.** Träger sind die „Ausschüsse für J.", die mit den Schulen, den Eltern, der FDJ und den örtlichen Betrieben zusammenarbeiten. Die Jugendstunden sind auf den Lehrplan der Schule und die Pionier- und FDJ-Schulung abgestimmt; SED-Funktionäre und Veteranen, Wissenschaftler, Künstler, Arbeiter aus den Patenbetrieben (→ **Patenschaften**) tragen den Unterricht, der gewöhnlich mit einer Klassenfahrt (z. B. Besuch der Gedenkstätte Buchenwald) verbunden ist. J. wurden erstmals im Frühjahr 1955 durchgeführt. Die Teilnahme gilt als freiwillig und soll mit den Kirchenpflichten (Konfirmation, Kommunion) vereinbar sein. Indessen bestimmt die atheistische „Weltanschauung der Arbeiterklasse" die J., wie sich etwa aus dem den „Weihlingen" alljährlich überreichten Buch „Weltall, Erde, Mensch" ablesen läßt. Die Abwehr der Kirchen und des christlichen Bevölkerungsteils gegen die J. war jedoch vergeblich. 1974 sollen ca. 95 v. H. der 14jährigen an der J. teilgenommen haben. → **Jugend.**

Jugendwerkhöfe: Schwererziehbare minderjährige Jugendliche werden in der DDR von der → **Jugendhilfe** erfaßt. Auf Gemeindeebene bestehen Jugendhilfekommissionen, in denen ausschließlich Eltern ehrenamtlich tätig sind, auf Kreis- und Bezirksebene Jugendhilfeausschüsse, in denen unter Vorsitz eines Vertreters des zuständigen staatlichen Organs ebenfalls Eltern ehrenamtlich mitwirken. Unter Aufsicht und Mitwirkung dieser Gremien haben sich schwererziehbare minderjährige Jugendliche sogenannten Erziehungsprogrammen zu unterwerfen, die von den zuständigen Referaten bei den Kreis- bzw. Bezirksräten ausgearbeitet werden. Zu diesen Programmen gehört auch die Unterbringung in Erziehungsheimen. J. sind Spezialheime, in die schwererziehbare Jugendliche eingewiesen werden können,

wenn sie nicht zu Freiheitsentzug in „Jugendhäusern" oder Jugendstrafanstalten verurteilt wurden.

In J. vom Typ I ist nur eine geringe Verweildauer vorgesehen; in J. vom Typ II können minderjährige Jugendliche ihre Schul- und Berufsausbildung abschließen. Häufigste Gründe für die Einweisung in J. sind Schulbummelei, vorsätzliche Körperverletzung, Eigentumsdelikte und unbefugte Benutzung von Kraftfahrzeugen.

Jugendwohlfahrt: → **Jugendhilfe.**

Junge Gemeinden: Lockere Organisationsform im Rahmen der evangelischen Kirche in der DDR, die nach 1945 einen Teil der Aufgaben der nicht wieder zugelassenen nichtkommunistischen Jugendverbände übernahm. Gegen die JG. wurde vor allem 1953 mit dem Vorwurf „staatsfeindlicher Tätigkeit" eine von der SED gesteuerte heftige Kampagne geführt und zahlreiche ihrer Mitglieder verhaftet. Seit 1964 wird die Arbeit der JG. in begrenztem Maße (Bibelrüstzeiten) wieder toleriert. → **Jugend; Familienrecht.**

Junge Pioniere: → **Pionierorganisation „Ernst Thälmann".**

Junker: Bezeichnung der marxistisch-leninistischen Geschichtswissenschaft sowie der Publizistik in der DDR für eine Gruppe von Großgrundbesitzern, die einen besonders retardierenden Einfluß auf die gesellschaftliche Entwicklung in Deutschland ausgeübt haben sollen. Ursprünglich wurde unter J. der junge Adelige im allgemeinen verstanden; seit der ersten Hälfte des 19. Jahrhunderts jedoch benutzten Politiker und Publizisten vor allem der Arbeiterbewegung die Bezeichnungen J. bzw. „Junkertum", um das konservative Denken und Handeln der Großagrarier, namentlich der ostelbischen („Kraut-J."), zu charakterisieren. Die Geschichtswissenschaft der DDR sieht es als eines der grundlegenden Verhängnisse der deutschen Geschichte an, daß die Revolution von 1848/1849 eine Enteignung der J. und eine demokratische Bodenreform versäumte, so daß ein Bündnis mit der Bourgeoisie gegen das aufstrebende → **Proletariat** dem Junkertum seine Macht erhielt. Ergebnis dieser Entwicklung sei jener spezifisch deutsche junkerlich-bourgeoise → **Imperialismus** gewesen, dessen Stütze, der junkerliche Großgrundbesitz, auf dem Territorium der DDR 1945 durch die Bodenreform beseitigt wurde.

Juni-Aufstand: Die vor allem von Industriearbeitern in Großstädten und industriellen Zentren getragene Erhebung vom 16. und 17. 6. 1953 wurde durch einen lohnpolitischen Konflikt ausgelöst und steigerte sich zu einem Massenprotest gegen die Politik der → **SED** und der DDR-Regierung in der vorhergehenden mehrjährigen Phase der Stalinisierung.

Vorgeschichte: Der im Sommer 1952 auf der II. Parteikonferenz der SED unter der Parole → **Aufbau des Sozialismus** proklamierte verschärfte Kurs mündete in eine schwere wirtschaftliche und gesellschaftliche Krise, die ihren Ausdruck in steigenden Fluchtziffern fand. Nach dem Tode Stalins am 5. 3. 1953 leitete die Sowjetregierung einen Kurswechsel ein, dem die SED-Führung jedoch erst verspätet und auf dringliche Weisung aus Moskau folgen wollte. Im Anschluß an eine Plenarsitzung des ZK der SED beschloß der DDR-Ministerrat noch am 28. 5. 1953, daß die Arbeitsnormen in den volkseigenen Industriebetrieben bis Ende Juni generell um 10 v. H. zu erhöhen seien. In der Praxis lief das auf Lohnminderung bei verschärften Arbeitsansprüchen hinaus. Der Beschluß löste alsbald unter Ost-Berliner Bauarbeitern Widerspruch und Unruhe aus.

Am 9. Juni faßte das Politbüro der SED Beschlüsse über den → **Neuen Kurs**, die zwei Tage später veröffentlicht wurden. Darin war zwar von einer „Reihe von Fehlern" die Rede, die in der Vergangenheit begangen worden seien. An die Adresse mittelständischer Bevölkerungsgruppen gewandt, erklärte die Parteiführung, die „Interessen . . . der Einzelbauern, der Einzelhändler, der Handwerker, der Intelligenz" seien „vernachlässigt" worden. Sie versprach Abhilfe und einen grundlegenden Kurswechsel, ohne jedoch auf die von der Industriearbeiterschaft als besonders bedrückend empfundene Normenfrage einzugehen.

Die Ereignisse in Ost-Berlin: Am Morgen des 16. 6. 1953 erschien das → **FDGB**-Organ „Tribüne" mit einem Artikel, dessen Kernsatz („Die Beschlüsse über die Erhöhung der Normen sind in vollem Umfang richtig") die Arbeiter auf der Baustelle Block 40 der Stalin-Allee veranlaßte, ihre Tätigkeit einzustellen und einen Demonstrationszug zu formieren, der zuerst zum FDGB-Haus in der Wallstraße (es war verschlossen) und dann zum „Haus der Ministerien" (ehemaliges Reichsluftfahrtministerium) in der Leipziger Straße zog. Unterwegs wurde das Verlangen nach Herabsetzung der Normen durch weiterreichende politische Forderungen ergänzt. Der Zug wuchs zuletzt auf etwa 10 000 Menschen an, die den Rücktritt der Regierung verlangten. Minister Selbmann und Prof. Havemann, die sich an die Streikenden und Demonstrierenden wandten, fanden kein Gehör – die Menge forderte vergeblich, daß Ulbricht oder Grotewohl zu den vor dem „Haus der Ministerien" Versammelten sprechen sollten. Zu spät beschloß das Politbüro der SED, den Beschluß über die Normenerhöhung rückgängig zu machen – längst waren andere Ziele politischer Art proklamiert und mit dem Hinweis auf einen Generalstreik verbunden worden. Demonstranten bemächtigten sich der von der Parteiführung ausgesandten Lautsprecherwagen und riefen dazu auf, am folgenden Morgen auf dem Strausberger Platz eine Massenkundgebung abzuhalten.

Die 12 000 Beschäftigte zählende Belegschaft des Stahl- und Walzwerkes Henningsdorf machte sich in den frühen Morgenstunden des 17. 6. 1953 auf den Weg – die Streikenden wollten vom Norden durch den französischen Sektor von Berlin ins Stadtzentrum gelangen. Die Ausweitung der Demonstrationen veranlaßte den Militärkommandanten des sowjetischen Sektors, Generalmajor Dibrowa, in den Mittagsstunden den Ausnahmezustand zu verhängen. In der Leipziger Straße, am Potsdamer Platz, am Brandenburger Tor, von dem Demonstranten die rote Fahne herunterholten, und an anderen Stellen kam es zu Zusammenstößen zwischen der Volkspolizei und den protestierenden Ost-Berlinern. Einige Gebäude, Aufklärungslokale, Zeitungskioske und Parteibüros wurden in Brand gesteckt oder demoliert.

Die Ereignisse in den DDR-Bezirken: Von Ost-Berlin griff der J. auf andere Großstädte und industrielle Zentren über (vor allem Bitterfeld, Halle, Leipzig, Merseburg, Magdeburg, Jena, Gera, Brandenburg und Görlitz). Die Kunde von den Ereignissen in Ost-Berlin wurde durch westliche Rundfunksender, aber auch durch Reisende und auf telefonischem Wege verbreitet. Die Streikenden stammten in erster Linie aus Betrieben des Bauwesens, des Bergbaus, der chemischen und eisenschaffenden Grundstoffindustrien und des Maschinenbaus. An verschiedenen Orten entstanden Streikleitungen, die jedoch untereinander keine Verbindung herzustellen vermochten. Die Demonstranten beseitigten Agitationsmittel der SED, besetzten an verschiedenen Orten Rathäuser und öffentliche Dienststellen und stürmten Gefängnisse, um Gefangene zu befreien. Im Mittelpunkt ihrer Forderungen standen neben dem Verlangen nach Herabsetzung der Normen und Senkung der allgemeinen Lebenshaltungskosten der Ruf nach Rücktritt der Regierung und Abhaltung freier und geheimer → **Wahlen**. Außerdem bestanden sie auf der Zusicherung, daß die Streikenden und ihre Sprecher keinen Sanktionen unterworfen würden. Zu Arbeitsniederlegungen und Demonstrationen kam es an mehr als 250 Orten der DDR. Überall führte schließlich das Eingreifen sowjetischer Truppen zur Niederlage der Streikenden, mit denen sich teilweise auch Volkspolizisten solidarisiert hatten. Über die Zahl der während des J. getöteten und verletzten Zivilpersonen liegen gesicherte Angaben nicht vor. Die DDR-Regierung bezifferte sie offiziell mit 21 Toten und 187 Verletzten. Die Zahl der nach dem J. zu teilweise langjährigen Freiheitsstrafen verurteilten Demonstranten wurde im Westen auf rund 1 200 geschätzt.

Charakter und Folgen des Juni-Aufstandes: Im Verständnis der DDR-Geschichtsschreibung gilt der J. als „konterrevolutionärer Putsch", in dessen Verlauf es „Agenten der westlichen Geheimdienste und anderen gekauften Subjekten" gelungen sei, „Teile der Werktätigen zur Arbeitsniederlegung und zu Demonstrationen zu verleiten" (Geschichte der deutschen Arbeiterbewegung, Band 7, Ost-Berlin 1966, S. 232 f.).

Diese – durch Tatsachen nicht zu belegende – Version steht im Widerspruch zu der Argumentation O. Grotewohls vor Parteiaktivisten am Abend des 16. 6. 1953. Der Ministerpräsident der DDR gab darin ernste Fehler zu, die durch „die Methode des Administrierens, der polizeilichen Eingriffe und der Schärfe der Justiz" nicht zu korrigieren gewesen seien: „Wenn sich Menschen von uns abwenden, . . . dann ist diese Politik falsch."

Die von Grotewohl bei dieser Gelegenheit versprochenen – „unerschrocken und entschieden" zu ziehenden – Schlußfolgerungen blieben aus: Unter dem Eindruck des J. setzte die sowjetische Führung erneut auf die Gruppe um W. Ulbricht, dessen Kritiker (Herrnstadt, Zaisser) aus der Parteiführung ausgeschlossen wurden. Die von der SED behauptete Einwirkung des Westens auf den J. bestand im wesentlichen darin, daß westliche Rundfunksender – vor allem der Berliner RIAS – Nachrichten über die Ereignisse des 16. und 17. Juni Hörern in den Bezirken der DDR vermittelten, die sonst nur verspätet über das Geschehen informiert worden wären. Der Westen reagierte zunächst verwirrt und zurückhaltend. Die Westalliierten hielten eine behutsame Berichterstattung für geboten – so wurde auf ihre Weisung das Stichwort „Generalstreik" in den RIAS - Nachrichten vermieden. Der Bundesminister für gesamtdeutsche Fragen, Jakob Kaiser, rief am Abend des 16. Juni über den Rundfunk dazu auf, „sich weder durch Not noch durch Provokationen zu unbedachten Handlungen hinreißen zu lassen". Kaiser empfahl, „im Vertrauen auf unsere Solidarität Besonnenheit zu wahren". Eine eher aktivierende Tendenz deutete sich in der Rundfunkrede des West-Berliner DGB-Vorsitzenden Scharnowski am frühen Morgen des 17. Juni an, der dazu aufrief, der „Bewegung der Ost-Berliner Bauarbeiter, BVGer und Eisenbahner" beizutreten und die „Strausberger Plätze überall" aufzusuchen.

Aus der von Arnulf Baring verfaßten, bisher gründlichsten Analyse des J. ist zu entnehmen, daß es sich um keinen „Aufstand des gesamten Volkes" gehandelt hat: „In seinen wesentlichen Abschnitten hat allein die Industriearbeiterschaft den Aufstand getragen." Die bäuerliche und mittelständische Bevölkerung und die Intelligenz waren kaum beteiligt (A. Baring, Der 17. Juni 1953, Köln und Berlin [West] 1965, S. 66 f.).

Doch gerade angesichts der Verwurzelung des J. in der sozialen Schicht derer, für die die SED stets zu sprechen vorgab, wurden die Ereignisse des 16. und 17. 6. 1953 als schwere politisch-moralische Niederlage der DDR und der mit ihr verbündeten Sowjetunion empfunden.

Justitiar: J. sind Juristen mit abgeschlossenem Hochschulstudium. Sie sind in volkseigenen Betrieben, vor allem in Kombinaten und VVB (Vereinigungen Volkseigener Betriebe) sowie in staatlichen Organen und anderen Einrichtungen dem Betriebsleiter (bzw. staatlichen Leiter) direkt unterstellt und als deren Beauftragte mit der „Einhaltung und Durchsetzung der sozialistischen Gesetzlichkeit" betraut. (Lexikon der Wirtschaft, Band Industrie, Berlin [Ost], 1970, S. 419–420.)

Der J. wirkt mit beim Abschluß von Absatz-, Liefer- und Lizenzverträgen, bei der Klärung von arbeitsrechtlichen Streitfragen sowie in Disziplinarverfahren, ferner bei Verträgen über wissenschaftlich-technische Leistungen, bei der Durchsetzung sonstiger vertragsrechtlicher Ansprüche des von ihm vertretenen Betriebes oder staatlichen Organs, bei Patent- und Warenzeichenstreitfällen etc.

Der J. ist berechtigt, seinen Betrieb vor dem Staatlichen Vertragsgericht zu vertreten (vgl. die VO über die Aufgaben und die Arbeitsweise des Staatlichen Vertragsgerichtes, GBl. II, 1963, Nr. 44, in der Fassung der ÄnderungsVO vom 9. 9. 1965, GBl. II, Nr. 1, und der 2. ÄnderungsVO vom 12. 5. 1970, GBl. II, Nr. 29).

Justizreform: → **Rechtswesen.**

Justizverwaltung: → **Ministerium der Justiz.**

K

Kabarett: Als politisches K. erfährt diese Kunstgattung, in der Formen der Literatur, der Musik und des Theaters vereint sind, in der DDR vor allem während der letzten Jahre verstärkte Förderung. Dies gilt in besonderer Weise für das Laien-K. Hauptmerkmale des K. sind die Satire, aber auch der Zynismus, die Ironie und die verschiedensten Ausdrucksmittel des Humors.
Aufgrund der Bedingungen der sozialistischen Produktionsverhältnisse wird dem K. eine neue Qualität zugesprochen. „Die gleichen Ziele wie die sozialistische Gesellschaft verfolgend, weiß es im Gegensatz zum westdeutschen K. und zum bürgerlichen K. der Vergangenheit nicht nur, wogegen, sondern auch wofür es auftritt."
In den „Hauptaufgaben für das Laienkabarett in den Jahren 1971–1975", erarbeitet vom wissenschaftlich-künstlerischen Beirat für Volkskunst beim Ministerium für Kultur, wird als das Hauptziel des K. die Mithilfe bei der Gestaltung des sozialistischen Menschenbildes angeführt. Der Beitrag des K. „. . . besteht hauptsächlich in der satirischen bzw. humoristischen Beleuchtung von subjektiver Nichterfüllung gesellschaftlicher Erfordernisse, beabsichtigt als produktive Kritik, die Denkanstöße und Handlungsimpulse zur weiteren Vervollkommnung des Menschen gibt". Zu diesem Zweck wird auf das notwendige Einverständnis zwischen Publikum und K. hingewiesen. „Bei beiden ist das Vergnügen an den Meisterungsmöglichkeiten des menschlichen Schicksals durch die Gesellschaft (Brecht) entwickelt, der Zuschauer findet seine Sache auf der Bühne behandelt, und beide genießen den Spaß an der Veränderung." Demgegenüber ist die Auseinandersetzung mit dem „Klassenfeind" so scharf wie möglich zu führen. Zu den bekanntesten Berufs-K. gehören in Berlin „Die Distel", in Leipzig die „Pfeffermühle" und in Dresden die „Herkuleskeule". Die Zahl der Laien-K. ist seit 1970 sprunghaft gestiegen (1974: geschätzt 2 000–4 000, 1970 etwa 600). Zu den führenden Laienensembles, die auch bei den 15. Arbeiterfestspielen 1974, dem Festival der Volkskunst in Erfurt, zu den 21 ausgewählten Gruppen gehörten, zählen: die „academixer" der Karl-Marx-Universität Leipzig, die „Taktlosen" am Haus der Gewerkschaften in Halle und die „Hinterwäldler", das K. am Haus des Lehrers in Suhl.
Die Zentrale Arbeitsgemeinschaft (ZAG) K. beim Zentralhaus für Kulturarbeit setzt sich mit den Entwicklungsproblemen im Bereich des K. auseinander und wirkt über die Bezirkskabinette für Kulturarbeit und die Bezirksarbeitsgemeinschaften auf die Arbeit der Laien-K. ein. Seine Hauptaufgaben bis 1975 sieht die ZAG in der Durchsetzung eines neuen Ensembletyps, in dem die K.-Mitglieder von der gleichen politisch-ideologischen Programmkonzeption ausgehen. Wichtige Einrichtungen der Qualifizierung sind: die Spezialschule (für K.-Leiter, incl. der Leiter von Pionier-K.), Weiterbildungsseminare, Meisterkurse (für besonders befä-

higte Absolventen bzw. Leiter von Spitzengruppen) sowie die Arbeit in Beispiel- und Förderergruppen. Der Information und dem Leistungsanreiz dienen weiterhin auf Kreis-, Bezirks- und zentraler Ebene durchgeführte Werkstattage und Leistungsvergleiche.
Fachorgan für das Laientheater und K. ist die Zeitschrift „szene" des Zentralhauses für Kulturarbeit (zweimonatlich bis Mitte 1973, seither vierteljährlich).

Kabinette: → **Unterrichtsmittel und programmierter Unterricht; Wehrerziehung.**

Kabinette Neue Technik: Institutionen bei den Räten der → **Bezirke**, deren Aufgabe es ist, den „wissenschaftlich-techn. Fortschritt umfassend zu propagieren". → **Forschung.**

Kader: Der Begriff K. hat verschiedene Bedeutungen. Er leitet sich vom Lateinischen „quadrum" = Viereck ab und wurde auch in das Italienische übernommen. Hier erhielt er später die Bedeutung „Rahmen". Mit diesem Inhalt drang er in den französischen Sprachraum ein, wo im 18. Jahrhundert aus dem „quadre" das heutige „cadre" wurde. In der französischen Revolution bekam „cadre" eine militärische Bedeutung. Durch das Gesetz L. Carnot's über die „levée en masse" vom 23. 8. 1793, das erstmalig die allgemeine Wehrpflicht einführte, wurde eine grundlegende Reform der Struktur der französischen Armee durchgeführt. Die nicht ständig aktiven Soldaten wurden von einem festen „Rahmen" aus Berufssoldaten, den Kadern, ausgebildet und geführt.
Seine heutige Bedeutung erhielt der Begriff K. durch die Leninsche Partei- und Staatstheorie sowie die sowjetische Verwaltungspraxis. Lenin hat das Wort „K." selbst nicht verwendet. Lenin war der Meinung, daß unter russischen Bedingungen die Partei des Proletariats den Charakter einer Kerntruppe („Kaderpartei") annehmen müßte. Auch Stalin beschrieb die SDAPR als eine „Kampfpartei von Führern". Er war es, der den Begriff zum Schlüsselwort einer elitären Leitungspraxis machte, als er nach der siegreichen Oktoberrevolution 1917 die „Heranbildung zahlreicher Kader von Leitern und Administratoren aus den Reihen der Arbeiter" forderte. Damit wurde der Begriff auf eine Elite von Personen ausgedehnt, die sich durch Ergebenheit gegenüber der Partei- und Staatsführung, Fachwissen, Leitungs- und Organisationstalent auszeichnen.
Autoren aus der DDR definieren K. als „. . . Stamm von Menschen, die aufgrund ihrer fachlichen Kenntnisse und Fähigkeiten geeignet und beauftragt sind, andere Menschen bei der Verwirklichung der gestellten Aufgaben zu führen bzw. in einem Leitungskollektiv zu wirken" (Herber/Jung „Kaderarbeit im System sozialistischer Führungstätigkeit", Berlin [Ost] 1968, S. 11).
Zu den K. sind alle Führungskräfte der verschiedensten gesellschaftspolitischen Bereiche (einschließlich Wirt-

schaft, Verwaltung, Wissenschaft, Bildung, Kultur, Massenmedien und Sicherheit), Funktionäre aller Parteien und Organisationen sowie Hoch- und Fachschulabsolventen, also die zum späteren Einsatz in Führungspositionen vorgesehenen Nachwuchskräfte (K.-Reservoir), zu rechnen. Soweit sie Führungspositionen noch nicht einnehmen, aber für ihre Übernahme von der Partei vorgesehen sind, bilden sie die K.-Reserve.

Durch K.-Politik und K.-Arbeit sichert die SED in Regierung, Verwaltung und gesellschaftlichen Organisationen ihre auch verfassungsrechtlich fixierte „führende Rolle". Die richtige Auswahl, Ausbildung, Erziehung und Verteilung der K. ist daher eine wichtige politische Aufgabe der Partei, des Staates und jedes Funktionärs: „Die Kader entscheiden alles." K.-Politik und K.-Arbeit sind deshalb für die SED stets mehr als reine Personalpolitik.

Bereits auf dem II. Parteitag (September 1947) der SED legte Ulbricht die kaderpolitische Linie der folgenden Jahre fest, die von der Ersten Staatspolitischen Konferenz in Werder/Havel (22./23. 7. 1948) für die gesamte Verwaltung und andere gesellschaftliche Bereiche verbindlich wurde. Mit den Beschlüssen dieser Konferenz wurde das System der K.-Akten und Personalstatistiken übernommen, wie es unter Stalins Verantwortung von der Abteilung „Leitende Parteiorgane" unter G. M. Malenkov (1934–1948) für die KPdSU (B) entwickelt wurde.

Für die K.-Politik war anfangs die „Personalpolitische Abteilung" im Zentralsekretariat unter der Leitung des Alt-Kommunisten Franz Dahlem verantwortlich. Später wurden die Grundsätze der K.-Politik von der Abteilung „Leitende Parteiorgane" festgelegt, die bis zu seinem Sturz (Februar 1958, 35. Plenum) von Karl Schirdewan geführt wurde. Ihm folgte bis zum Jahre 1971 E. Honecker, der sowohl für die K.-Politik als auch für die Sicherheitspolitik als ZK-Sekretär zuständig war.

Nach dem XXIV. Parteitag der KPdSU (März / April 1971) wurde die K.-Arbeit aller kommunistischen Parteien der Warschauer Vertragsstaaten vereinheitlicht. Wer gegenwärtig im Sekretariat des ZK der SED die Verantwortung für die Personalpolitik trägt, läßt sich nicht mit Sicherheit feststellen. Ausgehend vom sowjetischen Beispiel ist anzunehmen, daß der Sekretär für Parteiorgane, Horst Dohlus, für die Stellenbesetzung der Haupt- → **Nomenklatur**-Funktionäre und für die kaderpolitischen Richtlinien in Abstimmung mit dem gesamten ZK-Sekretariat verantwortlich ist. Bei strittigen Fragen und bei der Besetzung der obersten Führungsspitze liegt die Entscheidung ohnehin beim Politbüro.

Von dem Sekretär für Parteiorgane, H. Dohlus (weder Mitglied noch Kandidat des Politbüros) und der Abteilung K. – Abteilungsleiter Fritz Müller – gehen Initiativen im Falle personeller Veränderungen bei den Haupt-Nomenklatur-K. aus, sofern diese im Zuständigkeitsbereich anderer ZK-Abteilungen oder in zentralen staatlichen Institutionen tätig sind.

Sie bestätigen die Ernennungen der Nomenklatur-K. und haben die letzte Entscheidung bei der Überprüfung von Positionsbesetzungen des Parteiapparates auch auf allen unteren Ebenen.

Wie in der KPdSU dürfte innerhalb der Abteilung K. die Sektion „Parteimitgliedschaft" die Personalakten aller SED-Mitglieder führen und die Sektion K.-Schulung für die Parteischulen verantwortlich sein.

Der Sekretär für Parteiorgane bzw. die Abteilung K. sind entscheidende Schaltstellen im Machtapparat. Unterhalb dieser Ebene erfolgt die Mehrzahl der Ernennungen jedoch für die von der „Kontroll- oder Registratur-Nomenklatur" erfaßten Personenkreise durch die allgemeinen K.-Abteilungen der jeweiligen Leitungsebene. An der Spitze dieser K.-Abteilungen, die es in jeder Institution gibt, stehen ausgesuchte SED-Mitglieder, die auch dem Ministerium für Staatssicherheit und den vorgesetzten SED-Sekretariaten verantwortlich sind. Die K.-Abteilungen werden durch K.-Leiter geführt.

Die Grundsätze der K.-Politik (Auswahl, Ausbildung, Erziehung, Verteilung und Einsatz des Personalbestandes) werden von den Abteilungen des Zentralkomitees und – in deren Auftrag – von den zentralen staatlichen Institutionen für ihren Verantwortungsbereich festgelegt. Sie erstrecken sich auch auf Wahlgremien, wie Volkskammer, örtliche Volksvertretungen, Ausschüsse usw.

Diese Grundsätze beinhalten Auslese-, Ausbildungs- und Einsatzkriterien, in die wiederum Richtlinien über die Sozialstruktur verändernde Maßnahmen (Förderung von Arbeitern, Bauern, Frauen, jungen Menschen), die Berücksichtigung von Mitgliedern anderer → **Parteien** und der → **Massenorganisationen** und Ausschlußkriterien (Unzuverlässigkeit wegen Westverwandtschaft, Nichtzugehörigkeit zur SED, unmoralischer Lebenswandel) eingehen.

Die Grundsätze der K.-Politik werden von den K.-Abteilungen der staatlichen Organe (Ministerien, Komitees), den Massenmedien, Kultur- und Bildungseinrichtungen, sowie den volkseigenen Betrieben und Genossenschaften durchgeführt. Diese unterstehen sowohl ihrem vorgesetzten Leitungsorgan als auch der zuständigen SED-Parteileitung und der Parteikaderabteilung der jeweiligen Entscheidungsebene.

Den K.-Abteilungen obliegen Ausarbeitung, Koordinierung und Kontrolle der spezifischen K.-Arbeit; die Analyse der Zusammensetzung des Personalbestandes und Qualifizierungsmaßnahmen; Delegierungen zu Bildungseinrichtungen oder zu Sonderaufträgen („Die Besten zur Armee" oder „aufs Land" usw.). In die Arbeit der K.-Funktionäre finden gegenwärtig verstärkt wissenschaftlich erarbeitete Qualifizierungsrichtlinien Eingang.

Durch die jeweiligen K.-Abteilungen sammeln die Sekretariate der Parteileitungen alle wesentlichen Daten über die K. ihres Verantwortungsbereichs. Über alle Beschäftigten werden mit dem Eintritt in das Arbeitsleben bis zum endgültigen Ausscheiden aus dem Arbeitsprozeß K.-Akten geführt, die alle Daten, Beurteilungen, Wertungen von Mitarbeitern, Besuch von Schulen, Positionen in den Parteien und Massenorganisationen, private Lebensumstände, moralische und kriminelle Verfehlungen, Interessen-, Freizeit- und Urlaubsgewohnheiten, Verwandtschaftsbeziehungen, Verbindungen zum westlichen Ausland und besonders zur Bundesrepublik enthalten. Diese K.-Akte ist vom Betroffenen nicht einsehbar. Er kann aber Auskunft über ergangene Entscheidungen und deren Begründungen verlangen. Die Seiten der Akte sind durchnumeriert. Blätter können aus ihr praktisch nicht entfernt werden, so daß negative Wertungen (auch Strafen) zwar gelöscht werden können, aber dennoch faktisch den einzelnen weiter belasten. Bei Arbeitsplatzwechsel wird die K.-Akte des Beschäftigten an die K.-Abteilung des neuen Betriebes übersandt. Jede K.-Abteilung einer Institution hat die K.-Akten auszuwerten und in K.-Spiegeln sowie Berichtsbögen sowohl der Parteileitung der gleichen und vorgesetzten Ebene als auch der übergeordneten K.-Abteilung einen schnellen Überblick zu ermöglichen. Für Führungskräfte werden K.-Entwicklungsblätter und K.-Entwicklungskarteien angelegt.

Zur Planung der K.-Entwicklung werden K.-Entwicklungsprogramme und K.-Programme erarbeitet. Sie enthalten:

Angaben zur erreichten Qualifikation der Führungskräfte und den Vergleich mit den künftigen Anforderungen und Verteilungsrichtlinien;

Festlegung der ideologisch-politischen, fachlichen und leistungsbezogenen Qualifikationsmerkmale sowie Bestimmungen zur Ausbildung neuer Leitungskräfte;

Umfang, Entwicklungswege und Voraussetzungen zur weiteren Heranbildung von weiblichen Mitarbeitern für leitende Tätigkeiten;

Bedarfseinschätzungen und Positionsanalysen für Hoch- und Fachschulabsolventen sowie Delegierungen zum Studium an den Bildungseinrichtungen der DDR; kurz- und langfristig wirkende Maßnahmen für K. zur Übernahme einer neuen oder wichtigeren Funktion;

Umsetzungsmaßnahmen, die aus Alters-, Gesundheits- oder Qualifikationsgründen notwendig werden;

Einschätzungen des künftigen K.-Bedarfs.

Alle VVB, Betriebe und Einrichtungen haben ihren Bedarf an Facharbeitern, qualifizierten Angestellten, Fach- und Hochschulabsolventen in einem Arbeitskräfteplan langfristig festzulegen und zu begründen. Aus dem ermittelten K.-Bedarf ergeben sich wichtige Konsequenzen für das Bildungswesen der DDR.

Die K.-Politik der SED verlief in 3 Phasen:

1. In den Jahren bis 1963 sah sich die SED gezwungen, alle wichtigen Positionen mit loyalen Kommunisten zu besetzen, selbst dann, wenn diese nicht die nötigen Fachkenntnisse besaßen. Diese Gruppe entwickelte sich mit der Zeit zu einer Schicht von Bürokraten („Apparatschiki", die ihrerseits die neue Intelligenz mit Mißtrauen betrachtete.

2. Nach dem VI. Parteitag (Januar 1963) suchte die SED bei der Stellenbesetzung neben politischen auch fachliche Gesichtspunkte zur Geltung zu bringen. Der entsprechende Beschluß des Sekretariats des ZK der SED vom 17. 2. 1965 („Grundsätze über die planmäßige Entwicklung, Ausbildung, Erziehung und Verteilung

der K. in den Partei-, Staats- und Wirtschaftsorganen sowie den Massenorganisationen und auf dem Gebiet der Kultur und Volksbildung") war für die Personalpolitik in der Zeit bis zum VIII. Parteitag von großer Bedeutung, da er eine stärkere Beteiligung von Experten an den Entscheidungsprozessen zur Folge hatte.

3. In der Ära Honecker sollen folgende Eigenschaften einen K. auszeichnen: „Treue und Verbundenheit zur Arbeiterklasse, Kämpfertum, ein dem Aufgabengebiet entsprechendes politisches und fachliches Wissen, Verantwortungsbewußtsein, Schöpfertum, Mut zur Entscheidung, Sachlichkeit, Unduldsamkeit gegenüber Mängeln und Fehlern, ständiges Streben nach Vervollkommnung seiner marxistisch-leninistischen und fachlichen Kenntnisse sowie der Fähigkeiten zur Leitung und Entwicklung von Kollektiven" (Stichwort K. im „Wörterbuch der Ökonomie - Sozialismus", Berlin [Ost] 1973, S. 453).

Kaliindustrie: Entsprechend der Industriezweigsystematik der DDR ab 1968 ein Industriezweig der → **Chemischen Industrie**. Anleitendes Organ ist die Vereinigung Volkseigener Betriebe Kali, Erfurt, die ihrerseits dem → **Ministerium für Erzbergbau, Metallurgie und Kali** unterstellt ist. Die gesamte K. beschäftigt gegenwärtig rd. 31 000 Personen, wobei der VEB Kalikombinat Werra in Merkers (Rhön) mit annähernd 9 000 Beschäftigten einer der größten Betriebe Europas für die Gewinnung und Aufbereitung von Kali und Salz ist. 1974 soll die Jahresproduktion dieses Kombinats mehr als 1 Mill t Kaliumoxyd (K_2O) betragen.

Die wichtigsten Kalisalzlagerstätten liegen an der Werra, südlich des Harzes um Sondershausen-Bleicherode-Roßleben und im Staßfurt-Halberstädter Becken.

Kali gehört zu den wenigen → **Industrierohstoffen**, die in der DDR in ausreichenden Mengen vorkommen. Die noch abbaufähigen Kalisalze werden auf 13 Mrd. t geschätzt. Damit liegen etwa zwei Drittel der deutschen Kalivorkommen in der DDR. In der Weltproduktion von Kali steht die DDR hinter der UdSSR und Kanada noch vor der Bundesrepublik Deutschland an dritter Stelle (Anteil an der Weltproduktion ca. 14 v. H.). Die Jahresförderung von Kalisalzen, bezogen auf ihren wirksamen Gehalt an K_2O, betrug 1973 2 556 Mill. t gegenüber 1 666 Mill. t 1960. Bis 1975 soll die Kaliproduktion auf 2,9–3,1 Mill. t steigen. In diesen Wachstumsraten kommt die durch mehrere Regierungsbeschlüsse betonte Aufgabe zum Ausdruck, die Produktion maximal zu erhöhen. Etwa $2/3$ der Kalierzeugung werden exportiert. Vom Inlandsverbrauch gehen nahezu 90 v. H. als Düngemittel in die Landwirtschaft, der Rest wird in der → **Industrie** verbraucht. Anfang 1973 hat die DDR mit der UdSSR ein Abkommen über die Intensivierung der Zusammenarbeit in der K. geschlossen. Es sieht vor, daß sich die beiden Länder bei der Rationalisierung und Erweiterung der Kaliproduktion unterstützen.

Den Schwerpunkt des augenblicklichen Kaliprogramms bildet die Scholle von Calvörde am südwestlichen Rand der Altmark zur Magdeburger Börde. Der Abtransport der Kalisalze ist, bedingt durch die Nähe der Elbe-Wasserstraße und des Mittelland-Kanals mit dem Kaliumschlaghafen Haldensleben, außerordentlich günstig. Zur Nutzung der reichen Rohsalzvorkommen der Calvörder Scholle wurde 1963 nördlich von Magdeburg in Zielitz mit dem Bau des modernsten Kaliwerkes begonnen, das nach Fertigstellung des vierten Bauabschnittes 1976 über eine Kapazität von 700 000 Jahrestonnen K_2O verfügen soll. In Zielitz werden die Kali-Rohsalze durch Großbohrloch- und Sprenglochbohrwagen gewonnen. Dadurch erhöht sich die Arbeitsproduktivität gegenüber den älteren Betrieben auf mehr als das Doppelte. Im Rahmen des verstärkten Kaliprogramms wurde der Kalihafen in Wismar beträchtlich erweitert, so daß seit August 1968 jährlich 700 000 t (bis dahin 550 000 t) Kali umgeschlagen werden können.

Kammer der Technik (KdT): Gesellschaftliche Organisation der Ingenieure, Techniker und Ökonomen in der DDR, mit deren Hilfe diese Gruppen der Intelligenz in die durch die SED bestimmte politische, soziale und ökonomische Entwicklung einbezogen werden.

Unter bewußtem Bruch mit der Tradition des Vereins Deutsche Ingenieure und anderer traditioneller wissenschaftlich-technischer Vereinigungen wurde die KdT im Juli 1946 im Rahmen des → **FDGB** gegründet. Sie ist seitdem aus dieser organisatorischen Verbindung heraus zu einer eigenständigen Massenorganisation der technischen und teilweise auch der ökonomischen Intelligenz geworden. Aufgabenstellung und Organisationsstruktur verbinden die KdT fest mit den anderen → **Massenorganisationen** sowie den staatlichen, wissenschaftlichen und ökonomischen Institutionen und betten ihre Tätigkeit in die jeweiligen gesellschaftspolitischen Zielsetzungen ein.

Die KdT ist sowohl nach dem → **Produktions**- als auch nach dem → **Territorialprinzip** gegliedert. Die zentralen Leitungsorgane sind der alle vier Jahre tagende Kongreß, der von diesem gewählte Hauptausschuß, das Präsidium und das Sekretariat. Die größten fachgebundenen Organisationseinheiten bilden 14 Fachverbände (Bauwesen, Chemische Technik, Maschinenbau usw.), die sich ihrerseits in Anlehnung an die VVB-Struktur wieder in Industriezweigleitungen teilen. Bei dem Hauptausschuß bestehen mit Querschnittsaufgaben 14 zentrale Arbeitsgemeinschaften und Kommissionen (z. B. AG [Z] Organisation und Rechentechnik, AG [Z] → **Marktforschung**). Dem entspricht bei den Fachverbänden und den Industriezweigleitungen ein stark ausdifferenziertes, flexibles und der Konzeption nach aufeinander bezogenes, hierarchisiertes System von Arbeitsgruppen, Fachausschüssen, Fachunterausschüssen, Kommissionen und Arbeitsausschüssen. Diese Unterteilung soll einmal die Möglichkeit bieten, Sonderprobleme von zahlenmäßig kleinen Gruppen und Spezialisten behandeln zu lassen und andererseits doch ein kontrolliertes Organisationsgeflecht aufrecht zu erhalten. Der KdT gehören weiter vier wissenschaftlich-technische Gesellschaften (WTG) an: Gesellschaft für Meßtechnik und Automatisierung, Montanwissenschaftliche

Gesellschaft, Gesellschaft für Photogrammetrie, Gesellschaft für Standardisierung. Unterste Organisationseinheiten sind in den Betrieben, Verwaltungen, Instituten und an den Universitäten, Hoch- und Fachschulen die Sektionen der KdT. Die Bezirksverbände, als mittlere Leitungsebene, befassen sich einmal mit den Problemen der örtlich, insbesondere bezirksgeleiteten Industrie und sind zum anderen für die Weiterbildung der technischen Intelligenz in ihrem Organisationsbereich verantwortlich. Der demokratische Zentralismus gilt als grundsätzliches Organisationsprinzip auch für die KdT. Präsident der KdT ist seit dem 6. Kongreß der KdT 1974 Prof. Dr.-Ing. Manfred Schubert; Prof. Dr. Horst Peschel, sein Vorgänger, wurde zum Ehrenpräsidenten gewählt. Neben einer größeren Zahl von Fachzeitschriften erscheint für die Mitglieder der KdT monatlich die „Technische Gemeinschaft".

Die KdT ist (teilweise mittelbar durch einzelne AG [Z] und WTG) Mitglied internationaler wissenschaftlicher Organisationen. Zunehmend kommt es zwischen den Wissenschaftlich-Technischen Organisationen (WTO) der RGW-Staaten zur Kooperation und Arbeitsteilung; so liegt z. B. die Federführung für Grundprobleme der Aus- und Weiterbildung technischer Fachkräfte bei der KdT.

Neben der gesellschaftspolitischen Integration der technischen Intelligenz ist eine weitere Hauptaufgabe der KdT die Förderung des wissenschaftlich-technischen Fortschritts: beschleunigte Überleitung von Forschungsergebnissen in die Produktion; Entwicklung und Unterstützung von Rationalisierungsvorhaben; Mitarbeit in der Neuererbewegung, insbesondere in den sozialistischen Arbeitsgemeinschaften; Entwicklung und Einführung neuer Methoden der Betriebs- und Arbeitsorganisation; Ausarbeitung technischer Standards; Beratung der staatlichen Institutionen in wissenschaftlich-technischen Fragen.

Ein dritter wichtiger Aufgabenbereich der KdT, dessen Bedeutung ständig zunimmt, besteht im Aufbau eines umfassenden Weiterbildungssystems für die technische Intelligenz. Drei Aufgabenstellungen sollen dabei mit unterschiedlichen Methoden gelöst werden: 1. Weiterbildung mit vorwiegend praxisorientiertem, informativem Charakter (Vorträge, Vortragsreihen, Erfahrungsaustausch, Seminare usw.); 2. wissenschaftliche Veranstaltungen über Grundsatzprobleme (Kongresse, Fachtagungen, Symposien usw.); 3. Weiterbildungsmaßnahmen mit dem Charakter eines kurzfristigen Spezialstudiums (Lehrgänge, Fernkurse, standardisiertes Selbststudium mit Konsultationen). Die Mitglieder der KdT sind darüber hinaus mit Unterstützung ihrer Organisation zu einem nicht unerheblichen Teil an den Qualifizierungsvorhaben der Betriebe in den Betriebsakademien usw. beteiligt.

1973 zählte die KdT rund 210 000 Mitglieder, davon 30 000 Funktionäre. Davon waren 1973 70 000 in den etwa 3 000 Betriebssektionen erfaßt. Der Organisationsgrad wurde mit 55 v. H. der in der Industrie tätigen Hoch- und Fachschulkader angegeben. Die bis 1971 subventionierte KdT soll sich seitdem selbst finanzieren.

1973 beteiligten sich 33 262 KdT-Mitglieder an wissenschaftl. Veranstaltungen der Fachverbände bzw. WTG und 38 710 an solchen der Bezirksverbände; Lehrgänge bzw. Fernkurse besuchten 50 308. Bei Vorträgen, Weiterbildungsveranstaltungen der Betriebssektionen, Exkursionen usw. wurden darüber hinaus 589 497 Teilnehmer gezählt.

Kammer für Außenhandel (KfA): Die KfA ist eine „gesellschaftliche Organisation des Außenhandels" und somit keine dem staatlichen Außenwirtschaftsmonopol zurechenbare Einrichtung. Sie wurde 1952 gegründet. Mitglieder der KfA sind die → **AHB**, VVB, Exportbetriebe und andere am Außenhandel beteiligte Organe. Gegenwärtig sind 350 Betriebe Mitglieder bei der KfA. Dem → **Ministerium für Außenhandel** obliegt die allgemeine Dienstaufsicht über die KfA. Organe der KfA sind die Mitgliederversammlung, das Präsidium und die Revisionskommission.

Ursprünglich war die Hauptaufgabe der KfA in der Herstellung von Kontakten zu den Wirtschaftspartnern westlicher Länder und dem Abschluß von Handelsabkommen unterhalb der Regierungsebene (→ **Kammerabkommen**) mit diesen Ländern zu sehen. Für die Gestaltung der Beziehungen zu sozialistischen Ländern kam dagegen der KfA wenig Bedeutung zu. Mit Einsetzen der „Anerkennungswelle", die die Handelsvertretungen der KfA im Westen als quasi-diplomatische Vertretungen überflüssig machte, und dem Bestreben der DDR, sich intensiver in den → **RGW** zu integrieren, fand jedoch ein tendenzieller Wandel statt.

Eine der wesentlichen Aufgaben der KfA wird gegenwärtig darin gesehen, einen Beitrag zur „sozialistischen ökonomischen Integration" zu leisten. Dabei arbeitet sie bi- und multilateral mit den Handelskammern der anderen RGW-Länder zusammen. Auf bilateraler Ebene vollzieht sich die Arbeit in sog. Länder-Sektionen (bisher gebildet mit Polen, Ungarn, ČSSR und auch Jugoslawien) oder auf der Grundlage von „Vereinbarungen über die Zusammenarbeit zwischen den Präsidenten" der Kammern. Gewisse Bedeutung haben auch die „Technischen Tage der DDR" – eine Methode der Marktbearbeitung – erlangt, die auch in kapitalistischen Staaten veranstaltet werden. Zur Förderung der Wirtschaftsbeziehungen mit diesen Ländern werden darüber hinaus gemischte Institutionen, wie z. B. das „Komitee zur Förderung des Handels zwischen der DDR und Schweden" gebildet und KfA-Delegationen zwecks Markterschließung in ausgewählte Länder entsandt.

Die Öffentlichkeitsarbeit der KfA besteht vor allem in der Publikation zahlreicher Schriften, wie „DDR-Wirtschaftsumschau", „DDR-Export", „Handbuch der Außenwirtschaft" und „Handelspartner DDR" und der Einladung und Betreuung von Journalisten vor allem auf den → **Leipziger Messen.**

Weitere Aufgaben: handelspraktische, handelstechnische und außenwirtschaftsrechtliche Beratung der Exportbetriebe, Vortrags-, Schulungs- und Beratungstätigkeit, Gewährung von Dienstleistungen gegenüber der Seeschiffahrt durch das Dispatcherbüro bei der KfA.

Die KfA unterhält ein Handelsschiedsgericht zur Beilegung von Rechtsstreitigkeiten in der Außenhandelsabwicklung. In den Bezirken der DDR unterhält die KfA Bezirskdirektionen.

Präsident der KfA ist gegenwärtig Rudolf Murgott.

Kammerabkommen: Die K. bildeten wie die → **Bankenabkommen** eine Art Zwischenlösung im Außenhandel (→ **Außenwirtschaft und Außenhandel**) mit solchen Ländern, die keine Abkommen auf Regierungsebene schließen wollten, weil sie der DDR die damit verbundene Anerkennung versagten. Vertragspartner sind die → **Kammer für Außenhandel** und eine Industrie- und Handelskammer des jeweiligen Partnerlandes. K. bestanden im wesentlichen mit den europäischen Staaten außerhalb des RGW, wie Belgien, Dänemark, Frankreich, Großbritannien, Island, Italien, den Niederlanden, Norwegen, Österreich und Schweden.

In den K. wird wertmäßig das Gesamtvolumen des Warenaustausches festgelegt und in Warenlisten auf die einzelnen Warenpositionen aufgeteilt. Die vereinbarten Lieferungen und Bezüge aus den K. können von westlicher Seite nicht garantiert werden, obwohl die DDR an solchen Garantien stark interessiert ist.

Sowohl aus politischen Gründen – Anerkennung der DDR – als auch wegen der langfristigen Wirtschaftsplanung strebte die DDR, wann immer möglich, die Umwandlung der K. in Regierungsabkommen an. Dieser Umwandlungsprozeß ist mit den meisten westlichen Industrienationen abgeschlossen. → **Außenpolitik.**

Kampfgruppen: Die K. der → **Arbeiterklasse** – so die offizielle Bezeichnung seit 1959 – gelten im Selbstverständnis der SED als das „unmittelbare bewaffnete Organ der Arbeiterklasse" in den Betrieben, LPG, staatlichen Verwaltungen und Institutionen, das für die Gewährleistung der inneren Sicherheit und Verteidigung der DDR eine wichtige Rolle spielt.

Die K. sind die typische organisatorische Erscheinungsform der marxistisch-leninistischen Vorstellung der „Volksbewaffnung" und der „bewaffneten Arbeiterklasse". In der Traditionspflege werden als unmittelbare Vorbilder die proletarischen Hundertschaften aus den ersten Jahren der Weimarer Republik (1918–1923) und die im Juni 1924 gegründete Wehrorganisation der KPD, der Rote Frontkämpferbund (RFB), angesehen, außerdem die im spanischen Bürgerkrieg eingesetzten Internationalen Brigaden (1936–1938), sowie die tschechoslowakischen Arbeitermilizen, die im Februar 1948 wesentlich an der kommunistischen Machtübernahme beteiligt waren.

Die Vorläufer der K. bildeten die im zweiten Halbjahr 1952 aufgestellten Betriebs-K. Konsequent und in großem Maßstab wurde die Aufstellung weiterer Verbände „in einer Periode verschärften Klassenkampfes" (→ **Juni-Aufstand**) seit September 1953 betrieben. Während der Maiparade 1954 traten die „Kämpfer" – wie die K.-Angehörigen genannt werden – mit blauem Overall und roter Armbinde uniformiert zum ersten Mal in der Öffentlichkeit auf. Bis dahin nur aus SED-Mitgliedern und -Kandidaten bestehend, nahmen die K. ab April 1954 auch zuverlässig erscheinende Parteilose in ihre Reihen auf. Der Beschluß des Politbüros der SED „Über die Organisierung und Ausbildung der K." (31. 5. 1955) leitete die Entwicklung der K., die zunächst nur zum Schutz der Betriebe dienen sollten, „zu einem wirksamen Instrument der Heimatverteidigung" ein. Aus den Ereignissen in Ungarn folgerte das ZK der SED (14. 11. 1956), daß die K. ihre Aufgaben „gemeinsam mit der → **Deutschen Volkspolizei** und erforderlichenfalls mit den Einheiten der → **Nationalen Volksarmee**" lösen sollten. Ihre Bewährungsprobe hatten die K. bei der Durchführung der Sperrmaßnahmen am 13. 8. 1961; anläßlich der 10. Wiederkehr dieses Datums fand in Berlin eine Parade der K. statt. An dem Manöver „Waffenbrüderschaft" im Herbst 1970 nahmen erstmals auch Einheiten der K. im Rahmen ihrer Aufgaben in der Territorialverteidigung teil.

Im Herbst 1959 hatten die K. den heute noch gültigen Organisationsstand erreicht. Alle grundsätzlichen Entscheidungen und Anweisungen werden im ZK der SED getroffen. Die Kommission für Nationale Sicherheit des Politbüros, des ZK und die Abteilung Sicherheit beim ZK wirken auf zwei Wegen auf die K. ein: 1. über die Abteilung K. im Ministerium des Innern und die dem Ministerium nachgeordneten Volkspolizeibehörden – vorwiegend auf den Gebieten Ausbildung, Ausrüstung und Einsatz; 2. über die SED-Bezirks- und SED-Kreisleitungen – vorwiegend in personeller und politischer Hinsicht.

Die personelle Basis der K. ist der Betrieb. Grundeinheit ist die Hundertschaft, gegliedert in 3 Züge von je 3 Gruppen. 3 Hundertschaften bilden ein allgemeines (leichtes) Bataillon. Daneben bestehen schwere K.-Bataillone der Bezirksreserve, die in je 2 mot. Hundertschaften und 1 schwere Hundertschaft (Pak-Geschütze, mittlere Granatwerfer, schwere Maschinengewehre) gegliedert ist.

Den K. gehören ca. 400 000 Kämpfer an. Männer tun Dienst im Alter zwischen 25 und 60 Jahren, davon die letzten 5 Jahre in der Reserve. Frauen dürfen nur als Sanitäter und Funker eingegliedert werden. Die Uniform ist steingrau; auf dem linken Arm wird das Emblem der K. gezeigt: ein hochgehaltener Karabiner mit daran befestigter roter Fahne. Für Beschaffung und Lagerung der Waffen ist die Deutsche Volkspolizei zuständig. Die Grundausbildung (132 Stunden) erfolgt in 33 Wochen an 16 Wochenenden außerhalb der Arbeitszeit durch die DVP, die Ausbildung der Hundertschafts- und Zugführer an der Zentralen Kampfgruppenschule „Ernst Thälmann" in Schmerwitz, die Ausbildung der Offiziere an der Lehranstalt „Hans Baimler" in Watrin. Zu Einsatzaufgaben der K. zählen Unterdrückung von Aufständen; Erschließung von Hilfsgütern; Schutz der Bevölkerung; Schutz wichtiger Gebäude; Sicherung der Operationsfreiheit der Streitkräfte; Übernahme von logistischen Aufgaben; Bekämpfung von aus der Luft abgesetzten feindlichen Einheiten; direkte taktische Unterstützung der Streitkräfte.

Großer Wert wurde während der letzten Ausbildungsperioden auf Vereinheitlichung der Ausbildung, Ausrüstung und Bewaffnung gelegt, um die Einheiten der K. wie der einer aktiven militärischen Truppe untereinander austauschbar zu machen und ihren Einsatz über die jeweilige Kreis- oder Bezirksebene hinaus zu ermöglichen. Nach Einschätzung des Londoner Institute for Strategic Studies bilden die K. ein Instrument, dem auch die anderen → **Warschauer-Pakt**-Staaten mit ihren Milizen nichts Vergleichbares an die Seite stellen können. Der Wert der K. besteht für die Militärpolitik der DDR u. a. auch darin, daß die K. als Miliztruppe im Falle einer west-östlichen Vereinbarung über die Reduzierung der Stärke der regulären Streitkräfte nicht betroffen wären.

Kampflied: Das Lied, die einfachste, breitesten Bevölkerungsschichten zugängliche, Gemeinschaft erzeugende Form künstlerisch-reproduktiver Betätigung, hat als K. in den verschiedensten revolutionären Bewegungen in der Geschichte eine Rolle gespielt.

Das politische Lied der Arbeiterbewegung, entstanden mit Aufkommen des Proletariats, wird im Selbstverständnis der DDR als neue Stufe des Volksliedes verstanden. Als das Gemeinsame zwischen Volks- und Arbeiterlied wird dabei gesehen, daß beide – in einer antagonistischen Klassengesellschaft entstanden – Ausdruck des Lebens der werktätigen Klassen und Schichten sind. Das Arbeiterlied bildet jedoch eine neue Stufe des Volksliedes, da es in stärkerem Maße als das Volkslied früherer Epochen als politisches K. konzipiert und häufig – als Massenlied – für den Gesang großer Gruppen bestimmt ist.

Die Förderung des politischen Liedschaffens und Singens durch die Parteiführung der SED hat zum Ziel, die Solidarität mit anderen, in der politischen Auseinandersetzung stehenden Gruppen anderer Völker zu stärken, im eigenen Staatsbereich aber durch das Lied Prinzipien einer sozialistischen Ethik zu vermitteln und damit Wirkungen im Sinn der Politik von Partei und Regierung zu erzielen.

Während der Erfolg des Massenliedes relativ gering ist, hat die Singebewegung der FDJ in wenigen Jahren starke Verbreitung gefunden. So ist die Zahl der Singeklubs innerhalb von zwei Jahren bis zu den X. Weltfestspielen der Jugend und Studenten 1973 von 2 500 auf über 4 500 angestiegen. Singeklubs formieren sich vor allem in Betrieben, Schulen und in den Streitkräften.

Treffen auf nationaler und internationaler Ebene (wie die jährlich stattfindenden Festivals des politischen Liedes in Berlin, seit 1970), Liedkompositionswettbewerbe von FDJ und dem Staatlichen Komitee für Rundfunk, die vom Zentralrat der FDJ jedes Jahr durchgeführten Werkstattwochen der Singeklubs tragen zur allgemeinen Popularisierung des politischen Liedes bei und bilden Anreiz für die Gruppen, sich zu qualifizieren. Neben dem Rundfunk tragen Schallplatte und Verlage (Herausgabe von Liederbüchern der politischen Festivals) zur Verbreitung eines ausgewählten Liedgutes bei.

Kandidat: Auf Beschluß der 1. Parteikonferenz ist seit 1. 3. 1949 der Eintritt in die SED nur als K. möglich; Mindestalter für die Aufnahme: 18 Jahre. Die Mitgliedschaft allerdings wird von dem Tag gerechnet, an dem der K. von der Grundorganisation als Vollmitglied aufgenommen wurde. Das vom III. Parteitag (1950) angenommene Statut legte die K.-Zeit für Arbeiter mit 1 Jahr, für alle anderen mit 2 Jahren fest. Mit dem vom VI. Parteitag (1963) beschlossenen IV. Statut wurde eine einheitliche K.-Zeit von 1 Jahr eingeführt. K. haben die selben Pflichten wie Mitglieder; sie sollen sich darüber hinaus besonders in den → **Massenorganisationen** und am Arbeitsplatz bewähren. Sie haben dagegen nicht das Recht, abzustimmen und dürfen keine Wahlfunktionen ausüben. Die ursprünglich im Statut als Parteistrafe vorgesehene Möglichkeit, Mitglieder, die ihre Pflichten der Partei gegenüber vernachlässigen, in den K.-Stand zurückzuversetzen, ist durch Beschluß des VII. Parteitages (1967) aufgehoben worden. Die Bezeichnung K. wird auch für nicht stimmberechtigte Mitglieder aller SED-Leitungen gebraucht. → **SED.**

Kandidatengruppe: In Betrieben, Verwaltungsdienststellen, Institutionen usw., in denen weniger als 3 Parteimitglieder (→ **Grundorganisationen**), aber → **Kandidaten** vorhanden sind, werden mit Zustimmung der Kreisleitung K. der Partei gebildet. Zu ihrer Leitung wird ein Parteimitglied von der Kreisleitung bestimmt.

Karikatur: Die Aufgabe der K. wird in der DDR völlig anders gesehen als in der Bundesrepublik Deutschland oder anderen westlichen Staaten. Es gehört zum Wesen jeder K., das Charakteristische einer Erscheinung besonders hervorzuheben, die Zeichnung mit dem, was verdeutlicht werden soll, besonders zu überladen. Während die Karikaturisten in der westlichen Presse das hervorheben und verdeutlichen, was sich ihnen individuell nach Lage der Dinge als charakteristisch oder besonders bemerkenswert darbietet, ist jeder Karikaturist, der für die Presse der DDR arbeitet, verpflichtet, in seinen Darstellungen die Positionen der marxistisch-leninistischen Ideologie zu berücksichtigen. Er soll vor allem diese Denkpositionen mit seinen Mitteln verdeutlichen und Darstellungen vermeiden, die ihnen widersprechen könnten. Dadurch sind den Karikaturisten in der DDR wie in den übrigen Ostblockstaaten Ziele und Grenzen der K. weitgehend vorgegeben. Kurt Hager, Mitglied des Politbüros der SED, maßgebend für ideologische Grundsatzfragen und Probleme der Kulturpolitik in der DDR, sagte dazu am 6. 7. 1972: "Durch Lachen, Humor, Heiterkeit sollten die Künstler stärker sozialistisches Selbstbewußtsein, Überlegenheitsgefühl fördern helfen. Manchmal bedarf es nicht nur gutmütigen Humors, sondern auch spitzer Ironie und bissiger Satire, die vor allem den Gegner entlarvt, seine Hohlheit und Aufgeblasenheit, die sich aber auch gegen alles richten kann, was sich bei uns an unsozialistischen Verhaltensweisen breitmacht und nicht gutmütig geduldet werden kann. Wie wir niemandem erlauben, unsere sozialistischen Gesellschaftsgrundlagen anzutasten, werden wir auch zu wachen wissen, daß niemand unsere Bereitschaft zur Selbstkritik für das schmutzige Geschäft unserer Feinde ausnutzen kann."

In der DDR veröffentlichte K. lassen sich in nachstehende Themenbereiche ordnen:

1. Darstellung von Mißständen, deren Beseitigung sowohl von der Bevölkerung wie von der politischen Führung gewünscht wird. Beispiele: Versorgungsmängel, Versagen von Dienstleistungsbetrieben, organisatorische Pannen bei Ämtern, Planungsfehler im Bereich der Wirtschaft u. ä.

2. Erzieherische K.: Die Darstellung soll dem Betrachter eigenes Fehlverhalten oder das Fehlverhalten anderer in seinem unmittelbaren Einflußbereich bewußt machen und zur Änderung des kritisierten Verhaltens anregen. Beispiele: Unrat aus dem eigenen Garten wird auf öffentliche Wege geschüttet; knappe Materialien werden sinnlos vergeudet; öffentliches Eigentum verkommt oder wird beschädigt; Kritik an schlechtem Benehmen oder Umgangsformen im zwischenmenschlichen Bereich.

3. „Antiimperialistische" K.: Zeichnungen, in denen die Zustände in den nichtkommunistischen Ländern oder die Verhaltensweisen nichtkommunistischer Politiker aus der ideologisch fixierten Sicht des → **Marxismus-Leninismus** dargestellt werden. Diese K. wirken auf den Betrachter meist unglaubwürdig, weil hier in der Regel nicht ein vorhandener Wahrheitsgehalt übertrieben wird, sondern eine kommunistische Propagandabehauptung als wahr unterstellt wird. Beispiele: Bettelarme Arbeiter in den westlichen Ländern hausen in verfallenen Elendsquartieren, an denen „Kapitalisten" in Luxusautos vorbeifahren und hämische Bemerkungen machen. Darstellung von unbelasteten westlichen Politikern in Form eines Hakenkreuzes oder in Verbindung mit anderen nazistischen Symbolen; Bundesverteidigungsminister werden als raubgierige Landsknechte oder Schlächter gezeichnet.

Die K. dieser Art diffamieren ihren jeweiligen Gegenstand bewußt. Sie sind im Wesen und in der Funktion mit den mittelalterlichen Schandbildern vergleichbar. In der Presse des Westens gibt es kaum K. dieser Art.

4. „Positive" K.: Darunter fallen K., die durch Übertreibung positiver Eigenschaften oder Verhaltensweisen zu Tätigkeiten anregen sollen, die im Sinne des SED-Regimes liegen. Beispiele: Ein junger Mann zeigt stolz seine Muskeln, die beim freiwilligen Einsatz im Produktionsbetrieb gewachsen sind. Ein junges Mädchen drückt ihrem Verehrer eine Schaufel in die Hand. Sie arbeiten gemeinsam für die Allgemeinheit und gehen nicht spazieren. Ein klug aussehender junger Mann trägt einen großen Bücherpacken und ermuntert den Betrachter zum Lernen.

K. dieser Art sollen den Betrachter zu eifriger Arbeit oder zum Lernen anregen. Sie sind kennzeichnend für das Gesellschaftssystem in den Ostblockstaaten, weil sie vor allem die Erfüllung und Übererfüllung der Produktionspläne stimulieren sollen.

Neben K. aus den obengenannten 4 Kategorien gibt es auch in der Presse der DDR den an der Grenze zur K. stehenden „Schwarzen Humor" sowie Witzzeichnungen ohne satirische oder politische Absicht. K. von amtierenden Politikern aus den Ostblockstaaten oder von führenden Kommunisten aus der übrigen Welt gibt es in der Presse der DDR nicht. Außerdem erscheinen keine

K., die die marxistisch-leninistische Ideologie in Frage stellen.

Die „antiimperialistische" K. sowie die „positive" K. enthalten fast alle Presseorgane der DDR. Die meisten K. aus allen bisher genannten Kategorien enthält die wöchentlich erscheinende Zeitschrift „Eulenspiegel". Sie beschäftigt die namhaftesten Karikaturisten der DDR, u. a. Heinz Behling, Kurt Klamann, Karl Schrader, Louis Rauwolf. „Eulenspiegel" ist mit der Zeitschrift „Pardon", dem früheren „Simplicissimus" oder dem englischen „Punch" nicht vergleichbar. Die Zeitschrift hat Pendants in allen Ostblockstaaten. Weitgehendes Vorbild in Inhalt und Aufmachung ist die sowjetische Zeitschrift „Krokodil".

Karl-Marx-Universität Leipzig: Die am 2. 12. 1409 gegründete U. wurde nach dem II. Weltkrieg am 5. 2. 1946 wiedereröffnet. Ihre Namensgebung erfolgte am 5. 5. 1953. → **Universitäten und Hochschulen.**

Kartenwesen: → **Vermessungs- und Kartenwesen.**

Kasernierte Volkspolizei: Von Okt. 1952 bis Jan. 1956 Tarnbezeichnung für die Armee des SED-Regimes, die am 18. 1. 1956 in → **Nationale Volksarmee** umbenannt wurde.

Kassation: Nach § 16 GVG können gerichtliche Entscheidungen durch K. aufgehoben werden. Aus den das Nähere regelnden Bestimmungen der Strafprozeßordnung (§§ 311 ff.) und des Gesetzes zur Änderung und Ergänzung strafrechtlicher und verfahrensrechtlicher Bestimmungen vom 17. 4. 1963 (GBl. I, S. 65) geht deutlich hervor, daß es sich bei der K. um ein außerordentliches Rechtsmittel handelt, mit dem jede rechtskräftige gerichtliche Entscheidung binnen Jahresfrist nach Eintritt der Rechtskraft angefochten werden kann. Die K. kann erfolgen, wenn die Entscheidung auf einer Verletzung des Gesetzes beruht, im Strafausspruch gröblich unrichtig ist, der Gerechtigkeit gröblich widerspricht oder – dieser K.-Grund ist erst 1968 neu in die StPO aufgenommen worden – wenn die Begründung der Entscheidung unrichtig ist. In letzterem Fall würde ein bestehenbleibender Urteilstenor nachträglich im Wege der K. neue, diesen Tenor besser tragende Gründe erhalten.

Zur Stellung von K.-Anträgen berechtigt sind der Präsident des Obersten Gerichts und der Generalstaatsanwalt; bei Entscheidungen von Kreisgerichten auch die Direktoren der Bezirksgerichte und die Bezirksstaatsanwälte. Über die K.-Anträge entscheiden die Senate des OG oder (K. gegen Entscheidungen der Kreisgerichte) das Präsidium des Bezirksgerichts. Entscheidungen der Senate des OG und der Präsidien der Bezirksgerichte können durch das Präsidium des OG erneut binnen Jahresfrist im K.-Wege aufgehoben oder abgeändert werden. In Strafsachen kann das Präsidium des OG eine K. zugunsten des Verurteilten ausnahmsweise auch dann zulassen, wenn mehr als ein Jahr seit Rechtskraft des Urteils vergangen ist. Nach Eingang des K.-Antrages kann das für die K. zuständige Gericht Haftbefehl erlassen (§ 306 StPO).

In jedem Heft der amtlichen Zeitschrift „Neue Justiz" sind K.-Urteile des OG abgedruckt. Mit diesen Entscheidungen soll nicht nur eine „richtigere" Lösung im Einzelfall erreicht, sondern es soll die Rechtsprechung gelenkt werden. Die K. muß also auch als ein Instrument verstanden werden, mit dessen Hilfe das Oberste Gericht die ihm zukommende Leitung der Rechtsprechung vornimmt. Falsch wäre es, die K. „als eine Art zweites Rechtsmittel" anzusehen (Neue Justiz, 1974, H. 15, S. 491). → **Gerichtsverfassung.**

Kasse der gegenseitigen Hilfe: Seit dem 14. 8. 1951 bestehende betriebliche Unterstützungseinrichtung, der die Mitglieder des → **FDGB** beitreten können. In Notfällen und bei größeren Anschaffungen vergeben die K. zinslose, zweckgebundene Darlehen, deren Rückzahlung in begründeten Ausnahmefällen ganz oder teilweise erlassen werden kann. Finanziert werden die K. aus den Eintrittsgeldern, den Mitgliedsbeiträgen, aus Zinserträgen von Bankguthaben sowie aus Zuschüssen aus den → **Kultur- und Sozialfonds** der Betriebe. Organe der K. sind die Mitgliederversammlungen und die Kassenleitung.

Katastrophenkommission: Zur Leitung, Koordinierung und Kontrolle der Katastrophenverhütung und -bekämpfung sind durch VO vom 4. 2. 1954 (GBl., S. 129) K. gebildet worden (jetzt VO vom 28. 2. 1963 – GBl. II, S. 139). Es gibt die zentrale K., deren Vorsitzender der Innenminister ist, sowie die K. der Bezirke und Kreise. Die K. haben das Recht, in ihrem Bereich mit verbindlicher Wirkung gegenüber allen Staats- und Wirtschaftsorganen und Bürgern Maßnahmen anzuordnen.

Katastrophenschutz: Im Interesse der einheitlichen Vorbereitung und Durchführung wirkungsvoller Maßnahmen zur Verhütung und Bekämpfung von Katastrophen erging die VO vom 13. 1. 1971 (GBl. II, S. 117). Als Katastrophen im Sinn dieser VO sind folgenschwere Naturereignisse und andere Schadens- oder Unglücksfälle großen und in der Regel überörtlichen Ausmaßes zu verstehen, deren Bekämpfung den koordinierten Einsatz von Kräften, materiellen und technischen Mitteln sowie eine einheitliche, komplex-territoriale Führung erforderlich machen. Havarien sind keine Katastrophen im Sinne der VO. Die Hauptanstrengungen sollen auf die Verhütung von Katastrophen und auf die Vorbereitung wirksamer Bekämpfungsmaßnahmen gerichtet werden. Die Leitung, Koordinierung und Kontrolle des K. obliegt dem Leiter der Zivilverteidigung der DDR und den Vorsitzenden der örtlichen Räte als Leiter der Zivilverteidigung (→ **Notstandsgesetzgebung**). Sie sind für die komplex-territoriale Planung, Koordinierung und Durchsetzung der zur Verhütung und Bekämpfung von Katastrophen notwendigen Maßnahmen verantwortlich und haben im Rahmen der ihnen übertragenen Aufgaben und Befugnisse auf dem Gebiet des K. Weisungs- und Kontrollrecht. Sie planen, koordinieren und kontrollieren die Maßnahmen des vorbeugenden K. und gewährleisten die Leitung der Bekämpfung von Katastrophen mit Hilfe der Stäbe bzw. Komitees der Zivilverteidigung. Sie sind auch für die Führung der zur Bekämpfung von Katastrophen, zur Beseitigung der unmittelbaren Folgen von Katastrophen sowie zur schnellen Normalisierung des gesellschaftlichen Lebens eingesetzten Kräfte verantwortlich. Die Leiter der Staatsorgane und der Wirtschaftseinheiten sind verpflichtet, auf Anordnung des zuständigen Leiters der Zivilverteidigung Kräfte und Mittel zur Katastrophenbekämpfung zum Einsatz zu bringen bzw. erforderliche zweigspezifische Bekämpfungsmaßnahmen zu veranlassen. Die Leiter der Staatsorgane und die Wirtschaftseinheiten sind für die Maßnahmen des K. in ihrem Bereich verantwortlich. Zur Vorbereitung und Beratung grundsätzlicher Fragen der Katastrophenverhütung und -bekämpfung bestehen → **Katastrophenkommissionen** auf der Stufe der Republik, der Bezirke und der Kreise.

Alle Bürger sind verpflichtet, Wahrnehmungen und Feststellungen über vorhandene Gefahrenquellen und eingetretene Katastrophen den Staatsorganen zu melden und aktiv an der Abwehr und Bekämpfung von Katastrophen teilzunehmen. Die Staatsorgane sind verpflichtet, Mitteilungen der Bevölkerung sowie eigene Wahrnehmungen über Gefahrenquellen oder eingetretene Katastrophen dem zuständigen Leiter der Zivilverteidigung unverzüglich mitzuteilen. Zur Abwehr und Bekämpfung drohender oder eingetretener Katastrophen können die Leiter der Zivilverteidigung der Städte, Stadtbezirke und Gemeinden von den Leitern der Zivilverteidigung der Kreise bzw. Bezirke ermächtigt werden, arbeitsfähige Bürger zur Arbeitsleistung zu verpflichten und den Einsatz von technischen und materiellen Mitteln anzuordnen.

Kauffonds: Teil der Geldeinnahmen der Bevölkerung, der von ihr innerhalb eines bestimmten Zeitabschnitts für den Kauf von Konsumgütern und die Bezahlung von Leistungen verwendet wird. Die Bildung des K. erfolgt über Lohn- und Gehaltszahlungen, Prämien, Einkommensübertragungen (z. B. Renten) u. ä.

Kaufkraft: Mit Hilfe von Warenkorbvergleichen läßt sich die Relation der K. der Mark der DDR zur K. der DM für einen bestimmten Haushaltsverbrauch ermitteln. Unterschiede im Sortiment, in der Qualität und Verfügbarkeit der Waren können dabei allerdings nur unzureichend berücksichtigt werden.

Vom Deutschen Institut für Wirtschaftsforschung, Berlin (West), wurden wiederholt K.-Vergleiche für einen Arbeitnehmerhaushalt (4 Personen) mit durchschnittlicher Verbrauchsstruktur und einen Rentnerhaushalt (2 Personen) mit einem auf den lebensnotwendigen Bedarf abgestellten Verbrauch vorgenommen. Infolge von Einkommenserhöhungen und qualitativen sowie quantitativen Verbesserungen der Güterversorgung – sowohl in der DDR als auch in der Bundesrepublik Deutschland im letzten Jahrzehnt – hat sich die Zusammensetzung der Warenkörbe deutlich verändert.

Die nach den jeweiligen Verbrauchsverhältnissen in der DDR für Mitte 1960, Anfang 1966, Mitte 1969 und Anfang 1973 zusammengestellten Warenkörbe der Arbeitnehmerhaushalte erforderten – bewertet zu laufenden Preisen – Beträge in Höhe von 649, 879, 905 bzw. 979 Mark. Der Haushalt in der Bundesrepublik hätte 499, 740, 802 und 990 DM bezahlen müssen.

Für den gleichen Verbrauch mußten also 30 v. H., 19 bzw. 13 v. H. mehr und Anfang 1973 1 v. H. weniger Mark ausgegeben werden als DM. Die K. der Mark in der DDR betrug somit für den „DDR-Warenkorb": Mitte 1960 77 v. H., Anfang 1966 84 v. H., Mitte 1969 89 v. H., Anfang 1973 101 v. H. der K. der DM in der Bundesrepublik. Dabei differiert die relative K. bei den Ausgaben für die einzelnen Waren und Leistungsgruppen stark.

Wird ein „Bundesrepublik-Warenkorb" zugrunde gelegt, der dem in Warenauswahl und z. T. auch in Mengen sehr viel reichhaltigeren westdeutschen Verbrauch

Relative Kaufkraft der Mark[1] berechnet für einen 4-Personen-Arbeitnehmerhaushalt (in v. H.)

Bedarfsgruppe	nach Verbrauchsstruktur						
	DDR[2]				Bundesrepublik[2]		
	Mitte 1960	Anfang 1966	Mitte 1969	Anfang 1973	Mitte 1960	Mitte 1969	Anfang 1973
Ernährung	76	89	89	104	75	82	91
Genußmittel	49	49	50	55	47	49	50
Wohnung	133	189	227	303	133	227	303
Heizung und Beleuchtung	137	159	189	238	135	189	227
Hausrat	67	55	55	66	66	61	63
Bekleidung	52	64	67	81	51	65	70
Reinigung und Körperpflege	100	98	100	104	101	83	92
Bildung und Unterhaltung	105	102	115	128	96	79	82
Verkehr	105	91	95	103	103	66	74
Verbrauchsausgaben, gesamt	77	84	89	101	75	83	88

1 Die K. der Mark in der DDR im Verhältnis zur K. der DM in der Bundesrepublik.
2 Die in diesen Berechnungen verwendeten Warenkörbe wurden auf der Grundlage der Ergebnisse der laufenden Wirtschaftsrechnungen in beiden Vergleichsgebieten, der den amtlichen Preisindices zugrunde liegenden Warenkörbe und Verbrauchsstrukturen sowie der aus der Verbrauchsstatistik verfügbaren Informationen über die Versorgung in der DDR mit Gütern und Diensten aufgestellt.

entspricht, errechnen sich als durchschnittliche K. der Mark in der DDR: Mitte 1960 75 v. H., Mitte 1969 83 v. H., Anfang 1973 88 v. H. der K. der DM. Die relative K. der Mark ist also erheblich niedriger, wenn sie nach einem westdeutschen Warenkorb ermittelt wird, d. h. sie sinkt mit wachsenden Verbrauchsansprüchen.

Dieser grundsätzlichen K.-Tendenz entsprechend ist die relative K. der Mark der DDR bei dem in stärkerem Maße auf den lebensnotwendigen Bedarf begrenzten Verbrauch der 2-Personen-Rentnerhaushalte höher. Für sie betrug die K. der Mark in der DDR nach der Verbrauchsstruktur

	in der Bundesrepublik	in der DDR
Anfang 1966	88 v. H.	97 v. H.
Mitte 1969	99 v. H.	111 v. H.
Anfang 1973	105 v. H.	125 v. H.

der K. der DM im Bundesgebiet. Zu beachten bleibt allerdings, daß für diesen Vergleich für die Bundesrepublik nur ein Rentnerhaushalt herangezogen werden konnte, dessen Einkommen weit unter dem Durchschnitt liegt. Dagegen dürfte das für den DDR-Warenkorb unterstellte Rentnereinkommen nur durch zusätzliche Erwerbstätigkeit zu erzielen sein.

Relative Kaufkraft der Mark[1] berechnet für einen 2-Personen-Rentnerhaushalt (in v. H.)

Bedarfsgruppe	Anfang 1966	Mitte 1969	Anfang 1973
Nach Verbrauchsstruktur in der DDR[2]			
Nahrungsmittel	92	94	100
Genußmittel	65	63	53
Textilien und Schuhe	56	62	75
Sonstige Waren	91	98	116
Leistungen und Reparaturen	167	227	278
darunter: Mieten	208	333	400
Verbrauchsausgaben, gesamt	97	111	125
Nach Verbrauchsstruktur in der Bundesrepublik[2]			
Ernährung	89	92	98
Genußmittel	44	44	42
Wohnung	208	333	416
Heizung und Beleuchtung	159	204	238
Hausrat	57	61	71
Bekleidung	58	61	74
Reinigung und Körperpflege	104	106	118
Bildung und Unterhaltung	139	152	152
Verkehr	135	154	143
Verbrauchsausgaben, gesamt	88	99	105

1 Die K. der Mark in der DDR im Verhältnis zur K. der DM in der Bundesrepublik.
2 Die in diesen Berechnungen verwendeten Warenkörbe wurden auf der Grundlage der Ergebnisse der laufenden Wirtschaftsrechnungen in beiden Vergleichsgebieten, der den amtlichen Preisindices zugrunde liegenden Warenkörbe und Verbrauchsstrukturen sowie der aus der Verbrauchsstatistik verfügbaren Informationen über die Versorgung in der DDR mit Gütern und Diensten aufgestellt.

Im Mittel der nach Verbrauchsstrukturen der Bundesrepublik und der DDR berechneten Paritäten (gekreuzter Warenkorb) stieg die relative K. der Mark in Arbeitneh-

merhaushalten erheblich und erreichte Mitte 1960 76 v. H., Mitte 1969 86 v. H., Anfang 1973 94 v. H. Eine ähnliche Entwicklung vollzog sich bei den Rentnern. Hier betrug die K. der Mark – gemessen an der K. der DM – Anfang 1966 93 v. H., Mitte 1969 105 v. H., Anfang 1973 115 v. H.

Die K.-Verbesserungen der Mark gegenüber der DM reichten wegen der stärker gestiegenen nominalen → **Einkommen** in der Bundesrepublik jedoch nicht aus, um den Abstand der Realeinkommen (um K.-Unterschiede bereinigte Nettoeinkommen) in der DDR zu denen der Bundesrepublik zu verringern; der Rückstand ist sogar größer geworden.

KdT: Abk. für → **Kammer der Technik.**

Kennziffern: Qualitative und quantitative Angaben über wirtschaftliche Vorgänge. → **Planung.**

Kernforschung: → **Atomenergie.**

Kinder, uneheliche: → **Familienrecht.**

Kinder, Zusammenführung mit Eltern: → **Familienzusammenführung.**

Kinderbeihilfen: Aus Mitteln des Staatshaushalts gezahlte Unterstützungen an Familien mit Kindern in verschiedener Form:
1. Einmalige finanzielle Unterstützung bei der Geburt eines Kindes von 1 000 Mark (→ **Geburtenbeihilfen**).
2. Staatlicher Kinderzuschlag. Er wurde am 1. 6. 1958 zum Ausgleich der Preiserhöhungen nach Abschaffung der Lebensmittelkarten eingeführt. Er beträgt 20 Mark für jedes Kind von Arbeitern, Angestellten, Genossenschaftsmitgliedern, studierenden Unterstützungsempfängern, doch nur 15 Mark für die Kinder der sonstigen Berufstätigen mit einem Jahreseinkommen von unter 10 000 Mark, und wird bis zum 15. Lebensjahr, bei Schulbesuch bis zum 18. Lebensjahr gezahlt.
3. Laufende staatliche Unterstützung erhalten Mütter mit drei oder mehr Kindern. Statt des staatlichen Kinderzuschlags wird ihnen für diese Kinder, soweit sie dem Haushalt angehören und wirtschaftlich noch nicht selbständig sind, staatliches Kindergeld in Höhe von monatlich 50 Mark (für das 3.), 60 Mark (für das 4.) bzw. 70 Mark (für das 5. und jedes weitere Kind) gezahlt.

Kinderzuschläge werden auch von der Sozialversicherung zu den → **Renten** gezahlt. Anspruch auf Kinderzuschlag von 45 Mark monatlich zu den Alters-, Invaliden- und Kriegsbeschädigtenrenten (→ **Altersversorgung; Kriegsopferversorgung**) besteht grundsätzlich bis zum vollendeten 16. Lebensjahr, bei weiterführender (Hoch-) Schulausbildung bis zum 18. Lebensjahr, und wird in bestimmten Fällen bis zum Abschluß einer Lehrausbildung auch länger gezahlt.

Zu den Unfallrenten wird ein Kinderzuschlag bei einem Körperschaden von mindestens 50 v. H. für jedes Kind, das im Falle des Todes des Versicherten einen Anspruch auf Waisenrente haben wird, in Höhe von 10 v. H. der Versichertenrente gezahlt; bei Körperschäden von 66 2/3 v. H. und mehr erhöht sich dieser Zuschlag um 20 Mark und beträgt mindestens 40 Mark.

Die Sozialunterstützung (→ **Sozialfürsorge**) für minderjährige Kinder und Kinder, die noch die erweiterte allgemeinbildende polytechnische Oberschule besuchen, beträgt monatlich 45 Mark.

Kindergarten: → **Kinderkrippen, Kindergarten.**

Kindergeld, staatliches: → **Kinderbeihilfen.**

Kinderheime: → **Einheitliches sozialistisches Bildungssystem.**

Kinderhort: → **Einheitliches sozialistisches Bildungssystem.**

Kinderkrippen, Kindergarten: Kinder bis zu drei Jahren werden in der DDR nach Möglichkeit in Kk. untergebracht. Nach dem Gesetz über das → **einheitliche sozialistische Bildungssystem** werden in den Kk. „vorwiegend Kinder, deren Mütter berufstätig sind oder studieren, von den ersten Lebenswochen bis zur Vollendung des 3. Lebensjahres in engem Zusammenwirken mit der Familie gepflegt und erzogen. In den Kinderkrippen ist zu gewährleisten, daß sich die Kinder gesund und, vor allem durch das Spiel, körperlich und geistig harmonisch entwickeln." In den Kk., die der Aufsicht des → **Ministeriums für Gesundheitswesen** (MfG.) unterstehen, werden bisher (Anfang 1975) 42 v. H. der Kinder bis zu drei Jahren betreut. Für jeden Krippenplatz gewährt der Staat einen Zuschuß (1973: ca. 2 300 Mark). Das MfG. hat für die Arbeit in den Kk. einheitliche Grundsätze herausgegeben. Danach wird das Kind in der Krippe mit der „unmittelbaren Umwelt" bekanntgemacht, hier lernt es seinen Lebenskreis kennen und wird in der Gruppe an Ordnung und Regelmäßigkeit gewöhnt. Breiter Raum wird der Körperertüchtigung gewidmet. Empfindungs- und Erlebnisfähigkeit sowie Sprechen und Denken werden systematisch gefördert. Eine umfassende Gesundheitsfürsorge ist sichergestellt. Besondere Aufmerksamkeit gilt der Früherfassung von geschädigten Kindern.

Der Kg. ist nach Zielstellung und Bildungs- und Erziehungsinhalt grundlegender Bestandteil des „einheitlichen sozialistischen Bildungssystems". Anleitung und Aufsicht unterstehen deshalb dem → **Ministerium für Volksbildung**. Zur Zeit (Anfang 1975) werden fast 80 v. H. der Drei- bis Sechsjährigen in den Kg. betreut. Der Kg. soll „Stätte frohen Kinderlebens" sein. Begabungen werden systematisch gefördert; so werden z. B. musikbegabte Kinder vom 5. Lebensjahr an zum Besuch einer → **Musikschule** angehalten. Für jeden Kg.-Platz gewährt der Staat jährlich einen Zuschuß (1973: ca. 1 050 Mark). Im August 1974 waren annähernd 50 000 ausgebildete Erzieherinnen in den Kg. tätig. Danach hatte jede Kindergärtnerin im Durchschnitt 14 Kinder zu betreuen. Als Erziehungsschwerpunkte im Kg. gelten die Vorbereitung der Kinder auf das „Leben in der sozialistischen Gesellschaft der DDR" sowie die Heranbildung zu „harmonisch entwickelten sozialistischen Persönlichkeiten". Dazu gehört, daß sich die Kinder in die Gemeinschaft – das Kollektiv – einfügen lernen, um in ihr später „gesellschaftlich nützlich" tätig zu werden. Sie sollen Verhaltensweisen erlernen, die den „sozialistischen Normen" entsprechen. Systematisch sollen die Kinder auf den Schulbesuch vorbereitet, aber ihnen noch keine von der Schule vermittelte Fähigkeiten, wie zum Beispiel Lesen und Schreiben, beigebracht werden. Alle Erziehungs- und Lerninhalte sollen aber bereits von den Vorstellungen und Normen des Marxismus-Leninismus durchdrungen sein. Für Kinder, die nur im Elternhaus aufwachsen, weil für sie noch kein Kg.-Platz bereitsteht, werden alle 14 Tage „Spiel-Lernnachmittage" veranstaltet. Sie finden unter der Leitung von Kindergärtnerinnen und Lehrern oder Lehrerinnen statt und sollen jeweils 90 Minuten dauern. Betreut werden die Kinder in den Kk. und Kg. von Kindergärtnerinnen mit abgeschlossener Fachschulausbildung, Erziehungshelferinnen mit pädagogischer Kurz- oder Teilausbildung, Helferinnen ohne pädagogische Ausbildung. Kindergärtnerin kann jedes Mädchen werden, das den Abschluß der 10. Klasse hat (oder entsprechenden Bildungsstand). Nach einer Eignungsprüfung studiert sie im Direkt- oder Fernstudium 3 Jahre lang an einer „Pädagogischen Schule".

Trotz einer im Vergleich zur Bundesrepublik Deutschland großen Zahl an Kg.- und Kk.-Plätzen reichen sie immer noch nicht aus, um vor allem noch mehr Mütter kinderreicher Familien die Aufnahme einer Berufstätigkeit zu ermöglichen.

Kinder- und Jugendliteratur: Zuständig für die KuJ. ist der Kinderbuchverlag der DDR in Ost-Berlin. Er hat von 1949 bis zum Jahresende 1974 ca. 6 000 Titel mit einer Gesamtauflage von 125 Mill. Exemplaren herausgebracht. Für 1975 ist die Herausgabe von 400 Titeln mit einer Gesamtauflage von 10 Mill. Exemplaren vorgesehen. Für die Herstellung sozialistischer Kinderliteratur werden vier Quellen genannt: „das klassische deutsche Erbe und die humanistische Weltliteratur, die deutsche proletarische und die sowjetische Kinderliteratur". Für den Kinderbuchverlag arbeiten etwa 140 belletristische Autoren und Übersetzer, 80 populär-wissenschaftliche Autoren und 100 Grafiker. Seit Mitte 1958 untersteht der Kinderbuchverlag der → **Pionierorganisation „Ernst Thälmann"**, einer Unterorganisation der → **FDJ**.

Erstes Buch des Verlages war 1949 „Der verwundete Sokrates" von Bertolt Brecht. Spitzenreiter im Verlagsprogramm sind die Märchen der Gebrüder Grimm, die in verschiedenen Ausgaben in über 1 Mill. Exemplaren erschienen sind, und der sowjetische Bestseller „Timur und sein Trupp" (bisherige Auflage: fast 700 000 Exemplare). Auflagen von mehreren hunderttausend Exemplaren erzielten ferner: „Tinko" von Erwin Strittmatter, „Trini" von Ludwig Renn, „Mohr und die Raben von London" von Ilse und Vilmos Korn, „Den Wolken ein Stück näher" von Günter Görlich. Der Kinderbuchverlag stellt jährlich dem Buchklub der Schüler (fast 160 000 Mitglieder) etwa 800 000 Bücher zu herabgesetzten Preisen zur Verfügung, die nur in den Schulen vertrieben werden.

Den Auftrag des Kinderbuchverlages sieht ein Verlagssprecher darin, „den weltanschaulichen Standpunkt der

Leser mitzuformen. Wir wollen nicht junge Mathematiker, Physiker und Chemiker mit indifferenter Weltanschauung erziehen, sondern – mit den Mitteln der Literatur – junge charakterstarke Revolutionäre mit einem festen marxistisch-leninistischen Standpunkt, die eben deshalb zugleich gute Mathematiker, Physiker und Chemiker werden. Der ideelle Gehalt der Kinderliteratur muß sich über die Darstellung ethischer Verhaltensweisen in der sozialistischen Menschengemeinschaft mehr und mehr zu politisch-weltanschaulichen Fragestellungen ausweiten. Mit den sich in diesen Kämpfen und Auseinandersetzungen und bewährenden jungen und erwachsenen Menschengestalten unserer Zeit erfassen wir unser Ideal vom Menschen als Beherrscher und Veränderer unserer Welt." → **Verlagswesen.**

Kinderzeitschriften: → **Kinder- und Jugendliteratur.**

Kinderzuschlag, staatlicher: → **Kinderbeihilfen.**

Kirchenpolitik: → **Religionsgemeinschaften und Kirchenpolitik.**

Kirchensteuer: → **Steuern.**

Kirchenwald: → **Forstwirtschaft.**

Klassen: Im Gegensatz zu den westlichen Sozialwissenschaften wird in den Gesellschaftswissenschaften der DDR überwiegend noch der K.-Begriff verwandt. Als K. bezeichnet man, nach Lenin, „große Menschengruppen, die sich voneinander unterscheiden nach ihrem Platz in einem geschichtlich bestimmten System der gesellschaftlichen Produktion, nach ihrem (größtenteils in Gesetzen fixierten und formulierten) Verhältnis zu den Produktionsmitteln, nach ihrer Rolle in der gesellschaftlichen Organisation der Arbeit und folglich nach der Art der Erlangung und der Größe des Anteils am gesellschaftlichen Reichtum, über den sie verfügen. Klassen sind Gruppen von Menschen, von denen die eine sich die Arbeit der andern aneignen kann infolge der Verschiedenheit ihres Platzes in einem bestimmten System der gesellschaftlichen Wirtschaft." Neben dem K.-Begriff werden in der marxistischen → **Soziologie** jetzt auch häufiger Begriffe wie „soziale Gruppe" und „soziale Schicht" gebraucht. So ist etwa die → **Intelligenz** eine soziale Schicht bzw. eine „Zwischenschicht". In der soziologischen wie in der sozialstatistischen Literatur wird der Leninsche K.-Begriff zunehmend diskutiert und kritisiert.

K. sind im Verständnis des → **Marxismus-Leninismus** historische Erscheinungsformen. Als grundlegend für die Unterscheidung der K. gilt das Eigentumsverhältnis an den gesellschaftlichen Produktionsmitteln.

Nach marxistisch-leninistischer Auffassung begann der K.-Kampf in jener Periode der historischen Entwicklung, in der die Produktivkräfte einen Stand erreicht hatten, der Privateigentum an Produktionsmitteln und somit die Ausbeutung ermöglichte. Der K.-Kampf wird als die „entscheidende unmittelbare Triebkraft der gesellschaftlichen Entwicklung" in allen K.-Gesellschaften angesehen. Aus dem Antagonismus der K., der seinerseits auf die unterschiedlichen K.-Interessen zurück-

gehe, folge notwendig der K.-Kampf. Gegenwärtig werden drei „Grundformen" des K.-Kampfes unterschieden: die ideologische, die ökonomische und die politische. Diese drei Grundformen „ergänzen einander und bilden eine Einheit". → **Klassenbewußtsein.**

Klassenbewußtsein: Das K. setzt sich in der Auffassung des → **Marxismus-Leninismus** aus verschiedenen Bewußtseinsformen zusammen. Dabei stehen politische Elemente im Vordergrund. Jede → **Klasse** entwickelt, gemäß ihrer Stellung im gesellschaftlichen Produktionsprozeß, ein eigenes K. Insofern kann das K. als „besondere Seite" des gesellschaftlichen → **Bewußtseins,** in dem sich eine Klasse vor allem ihre Interessen und ihre Existenzbedingungen bewußt macht, aufgefaßt werden. Gemäß dem Marxismus-Leninismus besteht ein grundlegender Unterschied zwischen dem K. der → **Arbeiterklasse** und dem anderer Klassen: „Das Klassenbewußtsein der Arbeiterklasse besitzt eine neue Qualität. Sein theoretisch-wissenschaftlicher Ausdruck ist der Marxismus-Leninismus" (Kleines Pol. Wörterbuch, Berlin 1973, S. 406). Wie jedes K. durchläuft das K. der Arbeiterklasse verschiedene Entwicklungsstufen („Klasseninstinkt", „spontanes" K., voll entwickeltes K. in der Form des Marxismus-Leninismus). Mit der Eroberung der politischen und ideologischen Macht wird das K. der Arbeiterklasse zum herrschenden Bewußtsein in einer Gesellschaftsordnung. Träger des K. der Arbeiterklasse ist die marxistisch-leninistische Partei (→ **SED**).

Klassenkampf: → **Klassen.**

Klassenkampf auf dem Lande: → **Agrarpolitik.**

Kleinbürgertum: Im → **Marxismus-Leninismus** jene soziale → **Klasse** oder Schicht, die zwischen den Grundklassen der kapitalistischen Gesellschaft, Bourgeoisie und Proletariat, eine Zwischenstellung einnimmt. Danach handelt es sich um Bauern, Handwerker, Einzelhändler, Gewerbetreibende, die zwar wie die Kapitalisten über eigene Produktionsmittel verfügen, im Gegensatz zu ihnen aber gewöhnlich keine fremde Arbeit ausbeuten. Die Ablösung des → **Feudalismus** durch den Kapitalismus machte das K. zur zahlenmäßig stärksten Gesellschaftsschicht, das der bürgerlichen Ordnung zum Durchbruch verhalf, im Zug der für die kapitalistische Entwicklung charakteristischen Konzentration und Zentralisation von Kapital und Produktion jedoch zu einer Minderheit wird. Seine Vertreter sollen „ins Proletariat hinabgeschleudert" werden (Marx/Engels: Kommunistisches Manifest). Der sozialen Stellung des K. entspricht seine politische Zwischenstellung. Der Marxismus-Leninismus hält das K. für unfähig, einen selbständigen politischen Kampf gegen das es bedrohende Monopolkapital zu führen, und verweist es daher auf das Bündnis mit der Arbeiterklasse. Wird einerseits das durch krasse Verschlechterung der wirtschaftlichen Lage hervorgerufene Bestreben des K., sich der Arbeiterklasse anzuschließen, positiv bewertet, so wird andererseits auf die damit verbundene Gefahr hingewiesen, daß in die Arbeiterbewegung Elemente opportunistischer, kleinbürgerlicher Ideologie eindringen.

Die SED erhebt den Anspruch, durch ihre → **Bündnispolitik** dem K. eine „positive Perspektive" eröffnet zu haben, indem sich seine Mitglieder im Verlauf der sozialistischen Umgestaltung in sozialistische Klassen und Schichten verwandelt haben, die in der neuen Ordnung ihren gleichberechtigten Platz haben. Als Beispiel werden in diesem Zusammenhang u. a. die werktätigen Bauern angeführt, die sich durch Zusammenschluß in den auf genossenschaftlichem Eigentum und kollektiver Arbeit beruhenden LPG in die neue sozialistische Klasse der → **Genossenschaftsbauern** umgewandelt haben.

Klub der Intelligenz: Die K. sind Einrichtungen des → **Kulturbundes der DDR**, von dem sie auch seit 1957 angeleitet werden. Die K. bestehen heute vor allem in den Kreis- und Bezirksstädten als Treffpunkte der technischen, wissenschaftlichen und künstlerischen Intelligenz und dienen beruflichem Erfahrungsaustausch, fachlich-wissenschaftlicher Qualifizierung sowie als Ort künstlerischer und geselliger Veranstaltungen. 1972 bestanden 141 K. Mit der Unterstellung unter den Kulturbund sollte wohl auch gelegentlich in der Bevölkerung geäußerter Kritik an der elitären Rolle der K. Rechnung getragen und einer dort teilweisen Abkapselung der Intelligenz entgegengewirkt werden.

Klubhäuser, Betriebliche: Betriebliche → **Kulturstätten.**

Koexistenz: → **Friedliche Koexistenz.**

Kohlenindustrie: → **Energiewirtschaft.**

Kolchos: Abk. für kollektivnoje chosjaistvo = Kollektivwirtschaft. K. ist die Bezeichnung für die genossenschaftlichen Landwirtschaftsbetriebe der UdSSR. Von ursprünglich drei konzipierten K.-Modellen (Toz, Artel und Kommune) hat sich bisher nur die Form des Artels durchgesetzt, die im wesentlichen mit dem LPG-Typ III der DDR übereinstimmt. Auf dem III. Unionskongreß der K.-Bauern wurde 1969 ein neues Musterstatut für die K. beschlossen. Hiernach ist der K. „eine genossenschaftliche Organisation von Bauern, die sich freiwillig zusammengeschlossen haben, um den sozialistischen landwirtschaftlichen Großbetrieb auf der Grundlage der gesellschaftlichen Produktionsmittel und in kollektiver Arbeit gemeinsam zu führen". Die sowjetische K.-Ordnung war maßgebend für die Ausarbeitung der LPG-Statuten und die Errichtung ldw. Produktionsgenossenschaften in der DDR. → **Agrarpolitik; Landwirtschaftliche Betriebsformen.**

Kollegien: In einer VO vom 17. 7. 1952 wurde erstmals die Bildung von K. in den Ministerien und Staatssekretariaten festgelegt. Die K. waren beratende Organe beim Minister oder Staatssekretär. Mit Beschluß des Ministerrates vom 30. 6. 1966 wurde die VO zur Bildung von K. aufgehoben und diese mit Wirkung vom 31. 12. 1966 abgeschafft. Das Gesetz über den Ministerrat vom 16. 10. 1972 hat die K. wieder eingeführt. Die K. sind Beratungsorgane der Minister, aber keine selbständigen Leitungsorgane der Ministerien. Dem K. gehören der Minister, der Staatssekretär und die Stellv.

des Ministers sowie Leiter von Abteilungen und andere leitende Mitarbeiter des Ministeriums an. An seinen Sitzungen nehmen der Sekretär der Parteiorganisation des Ministeriums und zu bestimmten Tagesordnungspunkten gesondert geladene Mitarbeiter oder externe Experten teil.

Die Beratungstätigkeit der K. umfaßt grundlegende Probleme der langfristigen Planung, der Durchführung der Volkswirtschaftspläne, der Organisierung des wissenschaftlich-technischen Vorlaufs, der Verbesserung der Arbeits- und Lebensbedingungen etc. Sie beraten die Entwürfe wichtiger Anordnungen, Verordnungen und sonstiger Normativakte, nehmen zu Vorlagen des Ministers an den Ministerrat Stellung. Die Beratungsergebnisse werden dem Minister als Empfehlung unterbreitet. Bei grundsätzlichen Meinungsverschiedenheiten im K. wird der Vorsitzende des Ministerrats verständigt.

Zu K. der Rechtsanwälte→ **Rechtsanwaltschaft.** → **Ministerium für Auswärtige Angelegenheiten.**

Kollektiv, Sozialistisches: Unter SK. wird in der DDR eine soziale Gruppe von mehreren Personen verstanden, die auf der Grundlage sozialistischer → **Produktionsverhältnisse**, gemeinsamer Interessen, gleicher Rechte und Pflichten ein gemeinsames Ziel im Rahmen des Aufbaus einer sozialistischen Gesellschaftsordnung verfolgt. Der Arbeit in einem SK., der „Grundzelle der sozialistischen Gesellschaft", wird besondere Bedeutung bei der Formung sozialistischer Persönlichkeiten beigemessen. Demgegenüber stehe in einem „kapitalistischen Team" die Aufgabenstellung bzw. die Lösung von am „Monopolprofit" orientierten Problemen im Vordergrund. Durch neue Bewußtseinsinhalte, neue soziale Beziehungen und Aktivitäten habe im SK. das Verhältnis der Menschen zueinander und zu ihrer Arbeit eine „höhere Qualität" angenommen.

Als Voraussetzung für die Wirksamkeit von SK. gilt ihre „richtige" ideologisch-politische Leitung. Welche reale gesellschaftspolitische Bedeutung den SK. in der DDR zukommt, läßt sich vorläufig aus westlicher Sicht nicht beurteilen. Die → **Soziologie und empirische Sozialforschung** in der DDR hat zur wissenschaftlichen Klärung der Bindungen, Strukturen, Verhaltensweisen und der Konflikte im SK. bisher wenig beigetragen. → **Kollektiv- und Arbeitserziehung.**

Kollektiv- und Arbeitserziehung: Wesentlicher intentionaler und instrumentaler Bestandteil der „sozialistischen" Erziehung ist die KAE., die mit anderen Teilbereichen der „sozialistischen" Erziehung, so mit der **politisch-ideologischen bzw. staatsbürgerlichen** → **Erziehung**, der → **polytechnischen Bildung**, der → **Wehrerziehung** und der → **Erziehung zu bewußter Disziplin**, vor allem aber miteinander in enger Beziehung steht. Die *Kollektiverziehung*, d. h. die Erziehung „im Kollektiv durch das Kollektiv zum Kollektiv", ist eine wesentliche Zielstellung und Methode der gesamten sozialistischen Erziehung und zielt auf die „sozialistische" Gestaltung der zwischenmenschlichen Beziehungen und ihre Nutzung für die Erziehung „sozialistischer Persönlichkeiten". Als Kollektiv wird eine für den Menschen überschaubare und in ihren Wirkungen bedeutsame Lebensgruppe bezeichnet, „die in ihrem Beziehungsgefüge die Prinzipien des sozialistischen Zusammenlebens widerspiegelt". Als „Grundzelle der sozialistischen Gesellschaft" ist das so verstandene Kollektiv ein sozialer Organismus, ein System sozialer Beziehungen, die in gemeinsamer Tätigkeit und gemeinsamem Erfahrungs- und Erlebnisschatz der Mitglieder bestehen und deren Gemeinsamkeit eine elementare Voraussetzung für das Kollektiv darstellt. Vor allem aber muß eine gemeinsame Aufgabe, speziell für die gesellschaftlich nützliche, produktive Arbeit, vorhanden sein, an deren Lösung alle Mitglieder des Kollektivs zielstrebig und organisiert mitwirken. Ferner muß das Kollektiv eine innere Gliederung besitzen, eine bestimmte Konstellation von sozialen Rollen, die sich aus den Erfordernissen der gemeinsamen Aufgabenlösung ergibt. Es wird seine Aufgaben nur lösen können, wenn jedes Mitglied eine bestimmte Rolle übernimmt und diese Rolle voll ausfüllt. Schließlich ist das Kollektiv durch eine bestimmte Lebensordnung, durch Regeln für das Zusammenarbeiten und Zusammenleben gekennzeichnet, die zweckmäßig gestaltet sein und den jeweiligen Anforderungen entsprechen müssen. Das wichtigste Element des Kollektivgeschehens aber ist der gemeinsame Ideengehalt (ideologische Inhalt), der das inhaltliche Bindeglied zwischen Lebensgruppe und Gesellschaft bilden und die Gesamtheit der Elemente des Kollektivs und ihr Zusammenspiel beeinflussen soll.

Das Kollektiv kann seine erzieherische Funktion jedoch nur erfüllen, „wenn es zur Arena der Selbstbehauptung und -bestätigung der Persönlichkeit für jedes seiner Mitglieder wird, wenn jeder einzelne in ihm eine Bestätigung seiner individuellen Position findet". Der Erziehungs- und Bildungsprozeß im Kollektiv sei deshalb so wirksam, weil die Kollektivmitglieder sich gegenseitig helfen und unterstützen, und zwar sowohl bei der Aneignung der sozialistischen Ideologie als auch beim Erwerb entsprechender Verhaltensweisen und Gewohnheiten, im Kollektiv ihre Fähigkeiten und Begabungen voll in Funktion bringen, sozialistische Verhaltensweisen vervollkommnen, kollektive Urteile und Wertungen erfahren sowie Wege gezeigt bekommen, wie sie sich sozialistisch weiterentwickeln und selbst erziehen sollen. Die K. wird als eine universelle Methode anzuwenden versucht, die geeignet ist, nicht nur Kollektivität, sondern auch Individualität bei den Kollektivmitgliedern auszuprägen. Wenn nämlich das Kollektivgeschehen nach dem Modellbild des „sozialistischen" Zusammenlebens gestaltet werde, so müßten auch die Erziehung des Kollektivs zum Kollektiv und die Erziehung der Einzelpersönlichkeiten zu sozialistischen Persönlichkeiten in der gleichen Richtung und in einem einheitlichen Verfahren verlaufen: Jede Einwirkung auf das Kollektiv sei dann zugleich eine Einwirkung auf die Einzelpersönlichkeit und jede Einwirkung auf die Einzelpersönlichkeit gleichzeitig eine Einwirkung auf das Kollektiv. Als wesentliches Mittel der K. aber gilt die gemeinsame und auf eine bessere Zukunft orientierte Ziel- und Aufga-

benstellung, insbesondere in der Gestalt eines Systems (naher, mittlerer und weiterer) gesellschaftlicher bzw. pädagogischer Perspektiven. Die gemeinsame Aktivität des Kollektivs, um die als erstrebenswert erkannten oder gesetzten Perspektiven zu realisieren, erfordere höchste Anstrengung und Zusammenarbeit aller Mitglieder des Kollektivs. In dem Maße jedoch, in dem sie sich dem angestrebten Ziel nähern, verliert das Ziel bzw. die Perspektive an pädagogischer und individueller Bedeutung.

„Sozialistische Persönlichkeit" und „sozialistisches Kollektiv" in ihrem jeweiligen erzieherischen Wirkzusammenhang gründen auf Vorstellungen, deren Wirklichkeitsbezug nur gering ist, so daß die Erfüllung der damit verbundenen Erwartungen in bezug auf ihre Erziehungswirksamkeit sich in der gleichen Weise in die Zukunft verschiebt wie die im Rahmen der K. als Erziehungsmittel angewandten „pädagogischen Perspektiven". Daran hat bisher auch die zunehmende soziologische Fundierung der Auffassung vom Kollektiv nichts zu ändern vermocht.

Arbeitserziehung in spezieller Bedeutung bezeichnet das System strafrechtlich begründeter erzieherischer Maßnahmen vor allem gegenüber arbeitsscheuen Erwachsenen (als eine besondere Kategorie der Freiheitsstrafe), aber auch das System erzieherischer Maßnahmen in Einrichtungen der Jugendhilfe, insbesondere in den Jugendwerkhöfen, gegenüber schwer erziehbaren und straffälligen Minderjährigen (→ **Jugendhilfe** und Heimerziehung).

A. in genereller, hauptsächlich gebrauchter pädagogischer Bedeutung ist ein wesentlicher Bestandteil der gesamten Bildung und Erziehung der Kinder, Jugendlichen und Erwachsenen. „Sozialistische" A. zielt darauf, daß die heranwachsenden Staatsbürger eine „sozialistische" Arbeitshaltung erwerben, körperliche und geistige Arbeit lieben, hohe individuelle und kollektive Arbeitsergebnisse erzielen sowie ihre erworbenen Kenntnisse, Fähigkeiten und Fertigkeiten praktisch anwenden, so daß ihnen die berufliche und außerberufliche gesellschaftlich nützliche Arbeit zur Gewohnheit und schließlich zum ersten Lebensbedürfnis wird; daß sie ferner die Arbeiterklasse und alle werktätigen Menschen achten, in ihnen die Träger des gesellschaftlichen Fortschritts und die Schöpfer der materiellen und geistigen Werte sehen sowie das gesellschaftliche Eigentum als Grundlage der sozialistischen Produktionsverhältnisse pflegen und schützen.

Auch im pädagogischen Bereich wird der Begriff A. mehrdeutig gebraucht, nämlich einmal als Erziehung durch Arbeit, womit die A. auf eine Mittelfunktion eingeengt wird, und zum anderen in ihrer Zielfunktion, nämlich als Erziehung zur Arbeit. Hauptziel einer Ziel- und Mittelfunktion umfassenden A. ist die Herausbildung eines „sozialistischen Arbeitsbewußtseins und Arbeitsverhaltens", d. h., das „wissenschaftlich fundierte und auf eigene soziale Erfahrungen gestützte Bewußtwerden des Verhältnisses des sozialistischen Staatsbürgers zur Arbeit und Produktion als zentraler Sphäre des gesellschaftlichen Lebens sowie ein diesem Bewußtsein adäquates, auf entsprechende Fähigkeiten und Gewohnheiten beruhendes Verhalten in und gegenüber der Arbeit für die sozialistische Gesellschaft". Daraus resultiert als wichtigste Aufgabe für die A., den Schülern ihre Stellung als künftige Staatsbürger zur zentralen Sphäre des gesellschaftlichen Lebens, zur Arbeit und Produktion, bewußt zu machen, sowie ihre Fähigkeiten, Fertigkeiten und Gewohnheiten, sich gemäß den staatsbürgerlichen Rechten und Pflichten in Arbeit und Produktion zu verhalten, planmäßig herauszubilden und in ständiger Übung und Bewährung zu festigen.

Die Schüler und Lehrlinge sollen vor allem zur Bereitschaft erzogen werden, „auf sozialistische Weise" zu arbeiten und ihre Arbeitsleistungen und Arbeitsproduktivität ständig zu steigern, wobei die Erfolge der A. an der Quantität und Qualität der Ergebnisse der gesellschaftlich nützlichen, produktiven Arbeit der Schüler und Lehrlinge gemessen werden. Die Diskrepanz zwischen der Zielstellung und den tatsächlichen Ergebnissen der A. wie auch der politisch-ideologischen bzw. staatsbürgerlichen Erziehung beruht nicht zuletzt auf der Fehleinschätzung der Möglichkeiten für die Realisierung jenes Zieles, wonach die gesellschaftlich nützliche, uneigennützige Arbeit zum ersten Lebensbedürfnis eines jeden Menschen in der sozialistischen Gesellschaftsordnung werden soll. → **Kollektiv, Sozialistisches.**

Kollektive Führung: Unter KF. wird in der DDR seit W. I. Lenin das Führungsprinzip verstanden, das von den Zentralen Parteileitungen, vor allem dem Politbüro, praktiziert werden soll. Zwischen der Forderung nach KF. und der sich herausbildenden realen Machtposition des Ersten Sekretärs der SED hat es im Verlauf der Geschichte der → **SED** immer wieder Konflikte gegeben. Erscheinungen des → **Personenkultes**, insbesondere um den Vorgänger E. Honeckers in diesem Amt, W. Ulbricht, lassen den Schluß zu, daß eine Reihe von Entscheidungen der Parteiführung zwar gemeinsam getroffen und nach außen kollektiv verantwortet wird, der Person des Ersten Sekretärs jedoch eine überragende Bedeutung zukommt.

Kollektivierung: → **Agrarpolitik; Landwirtschaft.**

Kombinat: → **Betriebsformen und Kooperation.**

Kombinat Seeverkehr und Hafenwirtschaft – Deutfracht/Seereederei: Eine Organisationsform für die Wirtschaftsbereiche Seehäfen und Seeverkehr der DDR. Ab 1. 1. 1974 durch Beschluß des Präsidiums des Ministerrats aus den Betrieben und Einrichtungen der Seeverkehrswirtschaft der DDR gebildet, die zuvor der Direktion Seeverkehr und Hafenwirtschaft als wirtschaftsleitendem Organ unterstellt waren.

Das K. ist nach dem Stammhausprinzip aufgebaut; Stammbetrieb ist der VEB Deutfracht/Seereederei Rostock (DSR), der durch Zusammenschluß der Direktion Seeverkehr und Hafenwirtschaft mit dem VEB Deutsche Seereederei, dem VEB Deutfracht, Internationale Befrachtung und Reederei, dem Institut des Seeverkehrs und der Hafenwirtschaft sowie dem VEB Ingenieurbüro für Rationalisierung der Seeverkehrswirt-

schaft geschaffen wurde. Der Generaldirektor des K. ist gleichzeitig Betriebsdirektor des Stammbetriebes. Kombinatsbetriebe sind:

VEB Seehafen Rostock (SHR),
VEB Seehafen Wismar (SHW),
VEB Seehafen Stralsund (SHS),
VEB Schiffsmaklerei (SM),
VEB Bagger-, Bugsier- und Bergungsreederei (BBB),
VEB Schiffsversorgung (SVR).

Das K. ist dem Ministerium für Verkehrswesen der DDR direkt unterstellt. Es arbeitet nach dem Prinzip der → **wirtschaftlichen Rechnungsführung**, ebenso die Betriebe des K., die innerhalb des durch die Zentralisierung gesetzten Rahmens wirtschaftlich selbständig sind. Zu den Hauptaufgaben des K. zählen:

der Transport von Außenhandelsgütern der DDR über See,

der Gütertransport für ausländische Auftraggeber über See,

die Befrachtung von Seeschiffen und Akquisition ausländischer Ladung,

der Umschlag und die Lagerung von Außenhandelsgütern der DDR und von Transitgütern,

die Agenturtätigkeit, Klarierung von Schiffen,

Schlepp- und Bugsierleistungen,

die Planung des Seeverkehrs der DDR,

die Bilanzierung des Seetransports des Außenhandels der DDR,

die Forschung und Entwicklung für Seeverkehr und Hafenwirtschaft,

die Planung und Leitung der Berufsausbildung im Bereich Seeverkehr.

Zentral wahrgenommen werden innerhalb des K. die Grundsatzaufgaben, vor allem Investitionspolitik, Absatzpolitik, Leitung der Arbeitsbereiche Transport und Umschlag, Forschung, Arbeits- und Gesundheitsschutz der in der Seeverkehrswirtschaft Beschäftigten, Werbung und Preispolitik, Zusammenarbeit mit ausländischen Seeverkehrsorganen sowie Vorbereiten von staatlichen Verträgen und Vereinbarungen.

Als volkswirtschaftlich entscheidender Arbeitsbereich wird der Gütertransport angesehen; er ist leitungsmäßig in drei Flottenbereiche aufgeteilt:

Flottenbereich Asien/Amerika,

Flottenbereich Mittelmeer/Afrika,

Flottenbereich Spezialschiffahrt/Küstenschiffahrt.

Bei den zentral durchzuführenden Aufgaben handelt es sich im wesentlichen um das Arbeitsgebiet der „Direktion Seeverkehr und Hafenwirtschaft", die ihren Sitz in Rostock hat. Eine Nebenstelle existiert in Berlin (Ost). Sie verfügt über ein modernes Rechenzentrum. → **Verkehrswesen.**

Kominform: Abk. für Informationsbüro der Kommunistischen und Arbeiterparteien. Gegründet im September 1947. Mitglieder waren die KPdSU und die Kommun. Parteien Bulgariens, Polens, Rumäniens, Ungarns, der Tschechoslowakei, Frankreichs und Italiens sowie, bis 1948, Jugoslawiens. Die KP Albaniens und die → **SED** waren durch Beobachter vertreten. Das K.

war keine Fortsetzung der → **Komintern**, es sollte lediglich gegenseitige Information und Koordination ermöglichen, diente aber hauptsächlich der Kontrolle der übrigen Parteien durch die KPdSU. Das K. bekämpfte bis zu Stalins Tod vor allem die KP Jugoslawiens. Am 17. 4. 1956 wurde das K. im Zuge der Entstalinisierung aufgelöst.

Komintern: Abk. für Kommunistische (III.) Internationale. Durch Lenins Initiative erfolgte im März 1919 der Zusammenschluß der neugegründeten Kommun. Parteien (I. Weltkongreß der K. in Moskau). Die K. sollte im Gegensatz zur II. → **Internationale** eine straff organisierte „Weltpartei" mit zentralistischer Struktur und dem Exekutivkomitee (EKKI) an der Spitze sein. Ziel war die Weltrevolution zur Errichtung der Diktatur des Proletariats und der Sowjetmacht. Unter Stalin wurde die K. weitgehend den Interessen der sowjetischen Außenpolitik untergeordnet; sie unterwarf sich dem Führungsanspruch der KPdSU, systematisch wurden alle Stalingegner ausgeschaltet. Der letzte (VII.) Weltkongreß der K. fand 1935 statt. 1943 wurde die K. im Interesse des Kriegsbündnisses der Sowjetunion mit den Westmächten aufgelöst. → **Kominform.**

Komitee: Bezeichnung für eine meist durch Ernennung, seltener durch Wahl bestimmte Personenmehrheit (Ausschuß). Ein K. handelt im Namen einer Personenmehrheit.

Komitee der Antifaschistischen Widerstandskämpfer: Nachfolgeorganisation der am 21. 2. 1953 aufgelösten Vereinigung der Verfolgten des Naziregimes (VVN), die am 23. 2. 1947 zur Vertretung der Interessen der Verfolgten des Naziregimes, zur Durchsetzung einer gerechten Wiedergutmachung und zur Verhinderung neuer totalitärer Herrschaft gegründet worden war. Im Sommer 1950 schieden zahlreiche nichtkommun. Nazigegner aus der VVN aus. Im März 1958 erklärte der Vorstand des KdAW. offiziell: „Den Ehrentitel ,Widerstandskämpfer' verdient nur, wer auch heute die Führung der Partei der Arbeiterklasse (der SED) anerkennt, die Einheit der Partei schützt und leidenschaftlich verteidigt und alles tut für den Aufbau des Sozialismus."
Im Zuge einer seit 1974 in der DDR zu beobachtenden Aufwertung des antifaschistischen Widerstandes (Ulbricht hatte 1945 noch von „antifaschistischen Sekten" gesprochen) und des damit verbundenen Versuches, diesen Widerstand als Klassenkampf zu definieren, wuchsen auch dem KdAW. neue Aufgaben zu. Anfang 1974 trat an die Stelle des alten Präsidiums und Sekretariats eine Zentralleitung; im August 1974 hatten sich 15 Bezirks- und 111 Kreiskomitees gebildet. Nunmehr sollen diese Komitees verstärkt in die propagandistische Auseinandersetzung zwischen Sozialismus und Kapitalismus einbezogen und ihnen die „Weitergabe revolutionärer Traditionen" übertragen werden.
Zur „VVN – Bund der Antifaschisten" der Bundesrepublik Deutschland unterhält das KdAW. enge Beziehungen.

Komitee für Gesundheitserziehung: Koordinationsorgan beim → **Ministerium für Gesundheitswesen** für die Propagierung und Durchsetzung gesundheitserzieherischer Maßnahmen innerhalb und außerhalb der Einrichtungen des Gesundheitswesens. 1961 wurde das K. gemäß Ankündigung im „Perspektivplan zur Entwicklung ... des Gesundheitswesens" (1959) unter dem Namen „K. für gesunde Lebensführung und Gesundheitserziehung" gegründet. Seit 1971 trägt es den jetzigen Namen. Es ist zusammengesetzt aus Vertretern zentraler staatlicher und wirtschaftsleitender Organe (darunter das → **Staatliche Komitee für Körperkultur und Sport**), gesellschaftlicher Organisationen (→ **FDGB; DRK** u. a.) und wissenschaftlicher Institute und Einrichtungen. Aufgabe ist die „Förderung einer planmäßigen und koordinierten politisch-ideologischen und kulturell-erzieherischen Tätigkeit bei der Entwicklung der persönlichen und gesellschaftlichen Verantwortung für die Gesundheit und zur Unterstützung von entsprechenden gesundheitserzieherischen Zielstellungen und Maßnahmen" (Statut v. 3. 11. 1971). → **Gesundheitswesen**, V.

Komitee für Solidarität mit dem kubanischen Volk: → **Freundschaftsgesellschaften.**

Komitee für Touristik und Wandern: → **Touristik.**

Kommission: Bezeichnung für einen mit Sonderaufgaben betrauten Kreis von Mitgliedern oder Angehörigen gesellschaftlicher Organisationen, von Betrieben, staatlichen Organen oder Institutionen.
Die örtlichen Volksvertretungen (→ **Bezirk; Kreis; Gemeinde**) wählen nach Art. 83 der Verfassung zur Wahrnehmung ihrer Verantwortung außer dem Rat K., die „die sachkundige Mitwirkung der Bürger bei der Vorbereitung und Durchführung der Beschlüsse der Volksvertretung zu organisieren und die Durchführung der Gesetze, Erlasse, Verordnungen und der Beschlüsse der Volksvertretung durch den Rat und dessen Fachorgane zu kontrollieren haben". Die K. können ständige und zeitweilige K. sein. Sie bilden unter Einbeziehung von Bürgern für einzelne Gebiete ihres Verantwortungsbereiches → **Aktivs.**

Kommission für Arbeit und Löhne: → **Staatssekretariat für Arbeit und Löhne.**

Kommissionshandel: → **Kommissionsvertrag.**

Kommissionsvertrag: Vertragliche Regelung zwischen privaten Einzelhändlern (einschließlich Buchhändlern und Gastwirten) und Betrieben des sozialistischen Einzel- und Großhandels über den Handel von Waren für Rechnung der sozialistischen Handelsbetriebe. Der K. wird auch als Kommissionshandelsvertrag bezeichnet. Der Vorläufer des K. war der Agenturvertrag, mit dem schon 1949 einzelnen privaten Einzelhändlern und Gastwirten der Verkauf von HO-Waren gestattet wurde. K. wurden erstmals 1956 – im Anschluß an einen Beschluß der 3. Parteikonferenz der SED 1956 – abgeschlossen.
Durch den K. werden die rechtliche Selbständigkeit und

das Eigentum des Privathändlers an der Geschäftseinrichtung nicht verändert, jedoch verpflichtet er sich, keine Geschäfte mehr auf eigene Rechnung durchzuführen. Der K. bestimmt ferner, daß die Kommissionswaren sachgerecht zu lagern, zu pflegen und zu verkaufen und eine Kaution in Höhe von 50 v. H. (bzw. 33$^1/_3$ v. H. bei Sperrguthaben) des Warenwertes vom Einzelhändler zu stellen ist. Der sozialistische Handelsbetrieb vergütet die Handelstätigkeit des Einzelhändlers mit einer Provision und trägt einen Teil der Betriebskosten. Nach Abschluß eines K. wird der private Einzelhändler zum Kommissionshändler; arbeitsrechtlich ähnelt seine Stellung der eines Angestellten eines sozialistischen Handelsbetriebes. Generell gesehen wird durch den Abschluß von K. eine stärkere Integration von typischen Berufsgruppen der Mittelschicht in die sozialistische Umgestaltung der Wirtschaft bewirkt. → **Binnenhandel; Wirtschaft.**

Kommunismus: → **Marxismus-Leninismus.**

Komplexwettbewerb: → **Sozialistischer Wettbewerb.**

Konfessionen: → **Religionsgemeinschaften und Kirchenpolitik.**

Konfliktkommissionen: → **Gesellschaftliche Gerichte.**

Konföderation: K. bezeichnet in der Völkerrechtslehre ein Staatsgebilde, das auf der Grundlage eines völkerrechtlichen Vertrages durch Zusammenschluß zweier oder mehrerer Staaten entstanden ist. In der Regel sagt der Begriff der K. nichts über die innere politische und gesellschaftliche Struktur der beteiligten Vertragspartner aus. In der neueren Geschichte haben sich jedoch stets nur Staaten zu einer K. zusammengeschlossen, deren politische und gesellschaftliche Systeme einen weitgehend vergleichbaren Entwicklungsstand aufwiesen. Die Bildung einer K. aus Bundesrepublik Deutschland und DDR wurde von der SED in den Jahren 1956 bis 1965 zunächst als beste, später als einzige Methode zur Wiedervereinigung Deutschlands vorgeschlagen. Da in einer K. das Herrschafts- und Gesellschaftssystem in der DDR unverändert erhalten geblieben wäre, hat die Bundesregierung eine K. stets abgelehnt und an ihrer Stelle auf der Abhaltung freier Wahlen als erstem Schritt zur Wiedervereinigung bestanden. Gegenwärtig wird in der Bundesrepublik auch dieser Schritt als vorläufig nicht realisierbar angesehen und dafür ein „geregeltes Nebeneinander" beider deutscher Staaten ohne politische Vorbedingungen beider Seiten angestrebt. Aus dem deutschlandpolitischen Sprachgebrauch der SED ist der Begriff K. gegenwärtig völlig verschwunden. → **Deutschlandpolitik der SED.**

Konkurs: → **Zivilprozeß.**

Konsulate: → **Diplomatische Beziehungen.**

Konsumgenossenschaften: → **Binnenhandel.**

Konsumgüterversorgung: Privater → **Verbrauch; Kaufkraft; Lebensstandard.**

Konsumneigung: Die Wirtschaftspolitik der SBZ/DDR war zunächst – weitgehend den sowjetischen Wünschen folgend – auf den Auf- und Ausbau einer eigenen Grundstoffindustrie und die Erweiterung der Produktion von Investitionsgütern gerichtet. Der private Verbrauch wurde bewußt vernachlässigt. Den negativen Folgen – vor allem dem Zurückbleiben des Lebensstandards der Bevölkerung gegenüber dem der Bundesrepublik – sollte ab 1959 mit einem Siebenjahrplan, der die Steigerung der Verbrauchsgüterversorgung zur Hauptaufgabe erhob, entgegengewirkt werden. Dieses Vorhaben mißlang. Nach einer Wachstumskrise zu Beginn der 60er Jahre, die auch zur Stagnation im privaten Verbrauch führte, folgte erst seit 1964 eine Phase relativ kontinuierlichen Aufschwungs: Das Volumen des privaten Verbrauchs nahm seitdem von Jahr zu Jahr zu, wenn auch mit kleineren Zuwachsraten als das Sozialprodukt insgesamt. Auf dem VIII. Parteitag der SED 1971 wurde die Erhöhung des materiellen und kulturellen Lebensniveaus erneut zur ökonomischen Hauptaufgabe erklärt.

Dennoch läßt sich eine verstärkte Konsumorientierung in der DDR empirisch nicht nachweisen; im Gegenteil – nach westlichen Berechnungen sank die Konsumquote (Anteil des privaten Verbrauchs am Bruttoinlandsprodukt) seit 1960 kontinuierlich. Erfolge sind nur auf Teilgebieten zu verzeichnen, z. B. im Wohnungsbau und in der Bereitstellung von industriellen Konsumgütern in den letzten Jahren; andere Bereiche – z. B. der Dienstleistungssektor – werden nach wie vor vernachlässigt.

Konsumtion, gesellschaftliche: Unter GK. versteht man in der DDR – im Gegensatz zur produktiven Konsumtion (Verbrauch von Produktionsmitteln im materiellen Produktionsprozeß) – jenen Teil der nichtproduktiven K., in deren Verlauf Güter und Dienstleistungen für Zwecke verbraucht werden, die nicht direkt der materiellen Produktion dienen. Dazu gehören der „laufende Materialverbrauch und die Aufwendungen für die Erhaltung der Grundmittel in den Einrichtungen und Institutionen der Nichtproduktionssphäre" sowie die Verteidigungsausgaben (Kleines politisches Wörterbuch, Ost-Berlin 1973, S. 454).

GK. und individuelle K. zusammen ergeben den nichtproduktiven Konsumtionsfonds. Während die individuelle K. (Warenkäufe der Bevölkerung, Sozialversicherungsleistungen etc.) unmittelbar den gewachsenen → **Lebensstandard** der Bevölkerung der DDR bestimmt und in ihrem quantitativen Umfang relativ genau bestimmt werden kann, sind die vom Staat zur Verfügung gestellten Mittel für die GK. und der Grad ihrer Inanspruchnahme nicht exakt meßbar. Nach offiziellen Angaben aus der DDR sind die staatlichen Ausgaben für die GK. (im Westen oft ungenau: „Sozialkonsum") ständig gewachsen und müssen daher bei Lebensstandardvergleichen – wenigstens schätzungsweise – berücksichtigt werden.

Kontenführungspflicht: Seit 1950 besteht für alle juristischen Personen die Pflicht zur Haltung von Bank- und Postscheckkonten, über die alle Zahlungen, mit Ausnahme von Löhnen, Gehältern, Prämien, Stipendien, Renten etc., bargeldlos abzuwickeln sind. Entsprechend der Zahlungsverkehrs-VO vom 12. 5. 1969 (GBl. II, S. 261) sind alle Haushaltsorganisationen, wirtschaftsleitenden Organe, Betriebe und Handwerker, nicht aber Privatpersonen, zum Abschluß von Kontoverträgen verpflichtet. Die K. wird als eine der Voraussetzungen für die Planung der → **Kredite** und des → **Bargeldumlaufs** angesehen.

Kontrolle: → **Anleitung und Kontrolle.**

Kontrollkommission: → **Arbeiter-und-Bauern-Inspektion.**

Kontrollplätze: Stellen, an denen die Organe der Zollverwaltung der DDR Kontrollen durchführen. K. gibt es u. a. an allen Grenzübergangsstellen der DDR. → **Grenze; Grenzübergangsstellen; Zollwesen.**

Kontrollrat: Am 5. 6. 1945 von den Besatzungsmächten errichteter Ausschuß, der die oberste Regierungsgewalt in den Besatzungszonen ausübte. Der K. bestand aus den Oberbefehlshabern der vier Besatzungsarmeen. Alle Beschlüsse mußten einstimmig gefaßt werden. Der Vorsitzende, der auch die Einberufung des K. veranlaßte, wechselte von Monat zu Monat. Wegen der Obstruktionspolitik der sowjet. Vertreters war in vielen wichtigen Fragen Einstimmigkeit nicht zu erzielen und dadurch die Tätigkeit des K. von Anfang an stark behindert. Am 20. 3. 1948 verließ der sowjet. Vertreter die Sitzung des K. und machte ihn beschlußunfähig, so daß der K., ohne formell aufgelöst worden zu sein, damit praktisch aufgehört hat zu bestehen. Eine dem K. entsprechende Behörde für → **Berlin** wurde in Gestalt der Alliierten Kommandantur geschaffen.

Kontrollstreifen: → **Grenze.**

Konvergenztheorie: Im Verständnis des → **Marxismus-Leninismus** imperialistische Gesellschaftstheorie, die von der Annäherung (Konvergenz) der Industriegesellschaften in kapitalistischen und sozialistischen Staaten ausgeht. Vor allem in der Sowjetunion und in der DDR wird die K. in ihrer politisch-ideologischen Substanz als „wichtigstes theoretisches Instrument der imperialistischen Globalstrategie" seit Anfang der 60er Jahre bezeichnet, auch wenn sie den „neuen Kräfteverhältnissen zwischen Sozialismus und Kapitalismus" Rechnung trage. Gegen die K. wird außerdem eingewandt, daß sie gewisse strukturelle Ähnlichkeiten in West und Ost auf den Gebieten der Wirtschaft, der Wissenschaft und der Technik für sich genommen und unhistorisch-abstrakt miteinander vergleicht und die grundlegenden gesellschaftspolitischen Unterschiede übersieht. In der Sowjetunion wie in der DDR wird deshalb seit einiger Zeit der K. immer stärker eine Art Divergenztheorie entgegengesetzt.

Konzentrationslager: Politische → **Häftlinge.**

Konzert- und Gastspieldirektionen: → **Künstler-Agentur der DDR.**

Kooperation in der Industrie: K. bezeichnet verschiedene Formen der Zusammenarbeit von Beschäftigten bzw. von Betrieben im arbeitsteiligen Wirtschaftsprozeß zum Zwecke der Konzentration und Spezialisierung. Sie ist eine Reaktion auf die steigende betriebliche, volkswirtschaftliche und internationale Arbeitsteilung. Die Formen der K. sind:
1. Die innerbetriebliche K. zwischen Abteilungen, Bereichen, Arbeitsgruppen und einzelnen Arbeitskräften zum Zwecke der Fertigung eines bestimmten Produktes.
2. Die zwischenbetriebliche K. als Zusammenarbeit zwischen juristisch selbständigen, spezialisierten Betrieben zur Herstellung eines bestimmten Produktes. Eine rationelle Form der Zusammenarbeit hat in erster Linie der Endproduzent (Finalproduzent) zu organisieren. Die Zusammenarbeit erstreckt sich u. a. auf die Abstimmung der Betriebssortimente und der Entwicklungsprogramme, auf die Bilanzierung und die Festlegung von Sanktionen bei Abweichungen von den Lieferbedingungen. Die verbundenen Produktionsprozesse von Betrieben unterschiedlicher Fertigungsstufen werden als K.-Ketten bezeichnet. Langfristige Verträge mit den Beteiligten sind eine notwendige Voraussetzung dafür, daß die Materialversorgung der K.-Partner kontinuierlich erfolgt. Die gegenwärtig intensivste Form der Zusammenarbeit stellen die K.-Verbände dar, in denen vor allem sogenannte strukturbestimmende Endprodukte entwickelt und hergestellt werden. Seit etwa 1966 sind die K.-Beziehungen der Betriebe untereinander wesentlich erhöht worden.
3. Die internationale K. erfaßt vor allem sozialistische Länder. Sie ist ein Mittel zur Planabstimmung zwischen den Mitgliedsländern des Rates für Gegenseitige Wirtschaftshilfe und soll die Voraussetzungen für die rationelle Auslastung bestehender Produktionskapazitäten und den Ausbau einer Massen- und Großserienfertigung schaffen.
4. Die intersystemare industrielle K. (z. B. zwischen Firmen der Bundesrepublik Deutschland und Betrieben der DDR) ist bisher nur gering entwickelt. Es gibt allerdings Anzeichen dafür, daß die SED-Führung zu dieser Art wirtschaftlicher Zusammenarbeit eine etwas flexiblere Einstellung gewonnen hat und inzwischen durchaus zur Aufnahme konkreter K.-Gespräche bereit ist. → **Betriebsformen und Kooperation.**

Kooperation in der Landwirtschaft: Die landwirtschaftliche K. erfolgt auf der Grundlage von Verträgen und/oder Vereinbarungen sowohl durch die horizontale Verflechtung mehrerer Landwirtschafts- und Gartenbaubetriebe miteinander (→ **Landwirtschaftliche Betriebsformen**) als auch in vertikaler Form durch Bildung von → **Kooperationsverbänden.** An diesen sind, neben Landwirtschaftsbetrieben, auch Betriebe der Nahrungsgüterwirtschaft, der Produktionsmittelversorgung und des Handels beteiligt. Beide Formen dienen der Einführung industriemäßiger Produktionsmethoden in die Landwirtschaft und damit der Konzentration der Produktionsmittel in Großbetrieben. Gleichzeitig werden die Betriebe auf nur ein Erzeugnis bzw. Zwischenprodukt der tierischen Erzeugung oder auf einige wenige Produkte in der Pflanzenproduktion spezialisiert.

Der Übergang vom vielseitig orientierten zum spezialisierten Betrieb erfolgt in der Regel in mehreren K.-Phasen. Er beginnt mit dem Austausch von Anbauplänen und führt über die gemeinsame Planung, die Durchführung großflächiger Meliorationen, den gemeinsamen Ankauf von Maschinen zur gemeinsamen Durchführung der Produktion zunächst auf dem Gebiet des Pflanzenbaus. Durch die Bildung gemeinsamer Rücklagen wird darüber hinaus die Errichtung von Großställen finanziert.

Die Besonderheit der Kooperation in der sozialistischen Landwirtschaft der DDR besteht darin, daß die neu entstehenden Betriebe grundsätzlich selbständig sind, die eingebrachten Produktionsmittel Eigentum dieser K.-Betriebe werden, die an der Errichtung dieser K. beteiligten Betriebe ungeachtet der unterschiedlichen Höhe der Beteiligung in den Beratungs- und Leistungsgremien gleichberechtigt vertreten sind, und darin, daß der Leiter der K.-Betriebe von Kreisbehörden berufen und abberufen wird.

Der Aufbau der K.-Betriebe führt zur schrittweisen Ausgliederung der einzelnen Produktionszweige und damit zur Funktionsentleerung in den bisher bestehenden Landwirtschaftsbetrieben. Als Folge ergibt sich eine vollständige Veränderung der Agrarstruktur. Die Vorzüge der sozialistischen K. werden sowohl auf wirtschaftlichem Gebiet (Intensivierung der Produktion, Ertragssteigerung und Kostensenkung) als auch im gesellschaftspolitischen Bereich (Angleichung der ländlichen Arbeits- und Lebensbedingungen an die Bedingungen der Stadt, ,,Annäherung der Klasse der Genossenschaftsbauern an die Arbeiterklasse") gesehen. Da die Durchschnittsgröße der gegenwärtig bestehenden Betriebe (überwiegend LPG Typ III und VEG) mit 900–1000 ha LN eine rentable Produktion in jedem Betriebszweig gestattet, sind ökonomische Vorteile nur in geringem Ausmaß zu erwarten. Infolgedessen müssen die Vorteile der sozialistischen K. überwiegend im Zusammenhang mit der Durchsetzung gesellschaftspolitischer Ziele der SED gesehen werden. → **Agrarpolitik.**

Kooperationsverband (KOV): Vertikaler Zusammenschluß auf vertraglicher Grundlage zwischen Betrieben der Landwirtschaft (→ **Landwirtschaftliche Betriebsformen**), der Nahrungsgüterwirtschaft und/oder des Handels, die an der Erzeugung eines bestimmten Produktes bzw. einer Gruppe von Produkten beteiligt sind. Landwirtschaftliche Kooperative Einrichtungen (KOE) bestehen für die Erzeugung. Be- bzw. Verarbeitung und Vermarktung von Milch, Rindfleisch, Schweinefleisch, Geflügelfleisch, Eiern, Getreide, Zuckerrüben sowie für die Produkte des Obst-, Gemüse- und Kartoffelbaus.

Grundlage für die Zusammenarbeit der Betriebe in einem KOV sind das Vertragsgesetz vom 25. 2. 1965 (GBl. I, Nr. 7, S. 107) und das Musterstatut für Kooperative Einrichtungen der LPG, VEG, GPG sowie der sozialistischen Betriebe der Nahrungsgüterwirtschaft und des Handels vom 1. 11. 1972 (GBl. II, Nr. 68, S. 781 f.). Die KOV werden unter Verantwortung des für die jeweiligen Produkte zuständigen Endproduzenten bzw. Handelsbetriebes gebildet und haben bei diesem ihren Sitz. Sie sind grundsätzlich keine juristischen Personen (Ausnahmen sind möglich, sofern gemeinsame Produktions-, Lagerungs- oder Absatzaufgaben durchzuführen sind). Ebenso grundsätzlich behalten die beteiligten Betriebe ihre juristische Selbständigkeit. Der Beitritt soll freiwillig erfolgen. Hierüber entscheiden bei volkseigenen Betrieben (VEB bzw. VEG) der Direktor im Einvernehmen mit der BGL; bei LPG/GPG die Mitgliederversammlungen und bei KOV der Rat der kooperativen Einrichtungen. Bestimmungen über einen möglichen Austritt sind im Musterstatut nicht enthalten.

Die Zusammenarbeit innerhalb der KOV wird durch eine Kooperationsvereinbarung geregelt, die vom Rat des Bezirkes, in dem der Endproduzent seinen Sitz hat, zu bestätigen ist. Mitglieder können jedoch auch Betriebe verschiedener Bezirke werden. Als Vorsitzender des KOV fungiert in der Regel der Direktor des staatlichen Verarbeitungs- oder Handelsbetriebes. Weitere Organe des KOV sind die mindestens einmal jährlich tagende Bevollmächtigtenversammlung und der für die tägliche Arbeit verantwortliche Verbandsrat. Befugnisse und Arbeitsweise bleiben der Kooperationsvereinbarung überlassen. Es ist das Ziel eines KOV, die Spezialisierung und Arbeitsteilung der Produktionsbetriebe (Produktionsstufen) zu fördern und die Planerfüllung nach Menge, Sortiment, Qualität und Zeit durch koordinierte Vertragsabschlüsse sicherzustellen. Durch gemeinsame Investitionen können sich die im KOV zusammen arbeitenden Betriebe eigene Produktions-, Lager- oder Absatzkapazitäten schaffen. Diese Einrichtungen sind nicht rechtsfähig und werden durch die Bevollmächtigtenversammlung bzw. den Verbandsrat geleitet. Für die Beteiligung an diesen Einrichtungen, die Leitung und Planung, die Stellung der Beschäftigten sowie alle Fragen der Produktionstätigkeit gelten die Bestimmungen der KOE.

Kooperationsverbände: → **Betriebsformen und Kooperation.**

Koordinierung: Abstimmung verschiedener Vorgänge aufeinander; in der sozialistischen Planwirtschaft national wie übernational geltendes Prinzip zur Durchsetzung des → **Ökonomischen Grundgesetzes** des Sozialismus.

Körpererziehung / Kinder- und Jugendsport: K. oder – im weiteren Sinne – ,,*Körperkultur und Sport*" umfassen als ,,Elemente der sozialistischen Kultur" alle Maßnahmen und Veranstaltungen, die auf die Entwicklung, Vervollkommnung und Erhaltung der physischen Leistungsfähigkeit der Menschen während des ganzen Lebens gerichtet sind und die durch das → **Staatssekretariat für Körperkultur und Sport** (Statut 1970) gefördert und gesteuert werden. Als Hauptweg der körperlichen Vervollkommnung wird die umfassende sportliche Betätigung betrachtet, durch die nach dem Staatsratsbeschluß über die ,,Aufgaben der Körperkultur und des

Sports bei der Gestaltung des entwickelten Systems des Sozialismus in der DDR" (1968) Lebensfreude und Erholung, Gesundheit und Bildung, Wettbewerb und Leistungsstreben, Freundschaft und Charakterstärke, Liebe und Treue zur sozialistischen Heimat sowie Verteidigungsbereitschaft und Wehrbefähigung gefördert werden sollen, insbesondere im schulischen und außerschulischen KuJ. Daher sind obligatorischer Sportunterricht und freiwilliger Sport auch von der Vorschulerziehung bis hin zur Hochschule feste Bestandteile des → **einheitlichen sozialistischen Bildungssystems**. Die K. erfolgt in enger Wechselwirkung sowohl mit der **politisch-ideologischen bzw. staatsbürgerlichen** → **Erziehung** als auch vor allem mit der → **Kollektiv- und Arbeitserziehung**, der → **Wehrerziehung** und der → **Erziehung zu bewußter Disziplin**.

Hauptaufgabe des obligatorischen schulischen Sportunterrichts, der seit 1953/54 als schulisches Hauptfach gilt, das im Rahmen der Abschlußprüfung (10. Klasse), der Reifeprüfung und auch der Facharbeiterprüfung mit einer besonderen Sportprüfung abgeschlossen wird, ist die systematische Vermittlung der körperlichen Grundausbildung, d. h. die als einheitlicher Prozeß zu gestaltende Ausbildung und Vervollkommnung grundlegender Bewegungseigenschaften und sportlicher Fähigkeiten und Fertigkeiten, die Vermittlung sportpolitischer, -theoretischer und -hygienischer Kenntnisse sowie die damit verbundene Anerziehung der sozialistischen Normen entsprechender sittlich-charakterlicher Verhaltensweisen. Der Sportunterricht soll entscheidend dazu beitragen, daß das Streben nach körperlicher Vervollkommnung und die regelmäßige sportliche Betätigung zum Lebensprinzip aller Kinder und Jugendlichen werden, sowie deren Willensqualitäten, Mut, kollektives Handeln und bewußte Disziplin zu entwickeln und zu festigen.

Für den Sportunterricht stehen in den Klassen 1–10 insgesamt 23 Wochenstunden sowie in den Klassen 11 und 12 und in der Berufsausbildung pro Schul- bzw. Lehrjahr je 2 Wochenstunden zur Verfügung; die neugestalteten Lehrpläne sehen als Sportarten „Grundübungen", „Leichtathletik", „Geräteturnen", „Gymnastik", „Sportspiele", „Wintersport" und „Schwimmen" vor. Trotz häufig mangelnder Schwimmgelegenheiten muß jede Schule dafür sorgen, daß mit Beendigung der Klasse 5 der I. Abschnitt der Schwimmausbildung abgeschlossen ist; dazu werden auch im Sommer Schwimmlager durchgeführt. In einem speziellen Ausstattungsplan für Schulen ist das Minimum der an jeder Schule obligatorisch verfügbaren Sportgeräte und -materialien für den Sportunterricht und für den Sport außerhalb des Unterrichts festgelegt. Eine besonders intensive, auf Spitzenleistungen ausgerichtete Förderung der sportlichen Leistungsfähigkeit ausgewählter „besonders begabter" Kinder und Jugendlicher erfolgt in den KuJ.-Schulen (→ **Spezialschulen**).

Der außerunterrichtliche Sport wird vor allem in den Schulsportgemeinschaften (SSG) betrieben; sie bestehen an der Mehrzahl der Oberschulen, werden in der Regel von den Sportlehrern der betreffenden Schulen geleitet und ermöglichen das Betreiben einzelner Sportarten in entsprechenden Leistungsgruppen.

Der außerschulische Sport wird vor allem in den KuJ.-Abteilungen der Sportgemeinschaften, den Sportklubs und den Trainingsgruppen der Grundorganisationen des Deutschen Turn- und Sportbundes (DTSB), aber auch in den Sektionen der → **Gesellschaft für Sport und Technik** (GST) betrieben; die GST ermöglicht den Schülern und Lehrlingen die Teilnahme am Segel- und Motorflugsport, Flugmodell- und Fallschirmsport, Motor- und Wassersport sowie Schieß- und Geländesport, sieht ihre Hauptaufgabe jedoch in der Wehrerziehung, vor allem in der Vorbereitung der Kinder und Jugendlichen auf den Dienst in der NVA.

Im Rahmen des schulischen und außerschulischen KuJ. werden jährlich zahlreiche Sportwettkämpfe durchgeführt, so die Kinder- und Jugendspartakiaden (→ **Sport**) auf Kreis-, Bezirks- und DDR-Ebene, die den Olympischen Spielen nachgestaltet werden; ferner im Rahmen von Schulsportfesten die „Wettkämpfe um die Urkunde des Vorsitzenden des Staatsrates im leichtathletischen Dreikampf", bei denen die zehn besten Schüler und Lehrlinge sowie die beste Schule jedes Kreises ausgezeichnet werden; schließlich der „Schwimmwettbewerb der polytechnischen Oberschulen der DDR" des Deutschen Schwimmsport-Verbandes, bei dem die Schule mit dem jeweils höchsten Prozentsatz an Schwimmern (entsprechend den Bedingungen des Schwimmabzeichens der DDR) ermittelt und mit dem Wanderpokal ausgezeichnet wird. Beim „Internationalen Leichtathletik-Vierkampf der Freundschaft" messen sich die besten Schülermannschaften der sozialistischen Länder miteinander. Auch die jährlich in den Betrieben, Genossenschaften, Bildungseinrichtungen, Einheiten der → **NVA** sowie Gemeinden und Städten begangene „Woche der Jugend und Sportler" dient der Förderung der K. und des Sports.

Im Rahmen des KuJ. können zahlreiche Sport-Auszeichnungen und -Abzeichen erworben werden, so das „Olympia-Leistungsabzeichen der DDR" und das „Schwimmabzeichen des Deutschen Schwimmsport-Verbandes". Mit dem „Abzeichen der Sportklassifizierung" wird die Erfüllung der Normen in drei Leistungsklassen und drei Altersstufen differenziert verdeutlicht. Die Leistungen der Kinder und Jugendlichen im Sportunterricht und im außerunterrichtlichen Sport der Schulen und Berufsschulen werden nach der „Leichtathletik-Punktetabelle" bewertet.

Als staatliche Auszeichnungen werden das „Ehrenzeichen für Körperkultur und Sport der DDR" für Erfolge und Verdienste bei der Entwicklung von Körperkultur und Sport und der „Guts-Muths-Preis" für hervorragende wissenschaftliche, die Entwicklung der sozialistischen Körperkultur in der DDR in Theorie und Praxis fördernde Arbeiten verliehen.

Hauptzentren der sportwissenschaftlichen Lehre und Forschung sind die → **Deutsche Hochschule für Körperkultur** (DHfK) in Leipzig und die sportwissenschaftlichen Sektionen an anderen Hochschulen und Universitäten der DDR, an denen Lehr- und Leitungskader für die Schulen und für die Sportbewegung ausgebildet werden.

Ein weiterer Bestandteil im System der Körperkultur und des Sports ist der sportmedizinische Dienst, der die sportmedizinische Betreuung der sportlich aktiven Kinder und Jugendlichen sowie der Bevölkerung insgesamt gewährleisten soll.

Der schulische und außerschulische Sport der Kinder und Jugendlichen ist nicht nur auf die körperliche Ertüchtigung im Hinblick auf möglichst hohe Arbeits- und Wehrdienstleistungen, sondern auch darauf gerichtet, einen Breitensport auf möglichst hohem Niveau zu ermöglichen; aus diesem kann dann auch ein Spitzensport entwickelt werden, der solche sportlichen Weltspitzenleistungen erbringt, die die angebliche Überlegenheit des sozialistischen Systems dokumentieren und das internationale Prestigebedürfnis der DDR-Führung befriedigen sollen.

Korrespondenten: Für die Tätigkeit von K. anderer Staaten in der DDR ist seit dem 22. 2. 1973 eine neue VO in Kraft, die die vorhergehende vom 17. 11. 1969 ablöste. Die neue ausführliche VO über die Tätigkeit von Publikationsorganen anderer Staaten und deren Korrespondenten in der Deutschen Demokratischen Republik vom 21. 2. 1973 und die gleichzeitig veröffentlichte Erste Durchführungsbestimmung (GBl. I, 1973, Nr. 10) regeln sowohl die Akkreditierung als auch die den K. auferlegten Beschränkungen. Die Akkreditierung von Publikationsorganen, Presse-, Nachrichten- und Bildagenturen, Rundfunk- und Fernsehstationen und Wochenschauen anderer Staaten und deren ständige K. erfolgt durch das Ministerium für Auswärtige Angelegenheiten der DDR „in der Regel auf der Grundlage der Reziprozität". Anträge auf Eröffnung eines Büros und die Akkreditierung ständiger K. sind schriftlich an den „Leiter des Bereichs Presse und Information" des DDR-Außenministeriums zu richten. Auch die journalistische Tätigkeit von Reise-K. ist genehmigungspflichtig. Die „Arbeitsgenehmigung" wird erteilt von der „Abteilung Journalistische Beziehungen" des DDR-Außenministeriums.

Alle K. haben sich bei der Ausübung ihrer journalistischen Tätigkeit in der DDR an festgelegte „Grundsätze" zu halten, die im jeweiligen Interesse der DDR ausgelegt werden können: Sie haben „Verleumdungen oder Diffamierungen der DDR, ihrer staatlichen Organe und ihrer führenden Persönlichkeiten sowie der mit der DDR verbündeten Staaten zu unterlassen". Die K. sind verpflichtet, die Abteilung Journalistische Beziehungen des Außenministeriums über Reisen außerhalb Ost-Berlins vorher zu informieren und alle journalistischen Vorhaben (Reportagen, Interviews etc.) in staatlichen Organen und Einrichtungen, volkseigenen Kombinaten und Betrieben sowie in Genossenschaften und Interviews mit führenden Persönlichkeiten bei der gleichen Abteilung zu beantragen. Die Vorhaben können nur nach amtlicher Genehmigung verwirklicht werden. Bei Verletzung der Grundsätze und der Akkreditierungsbestimmungen kann dem Publikationsorgan oder

dem K. die Akkreditierung oder Arbeitsgenehmigung jederzeit entzogen werden. An (stufenweisen) Strafmaßnahmen sind vorgesehen: die Verwarnung des K.; der Entzug der Akkreditierung oder Arbeitsgenehmigung und die Ausweisung des K.; die Schließung des Büros des Publikationsorgans. Die Dienstfahrzeuge und die privaten Personenkraftwagen der in der DDR akkreditierten Korrespondenten erhalten ein besonderes Kennzeichen.

Infolge der Vereinbarungen zum → **Grundlagenvertrag** zwischen der Bundesrepublik Deutschland und der DDR hatten bis Anfang 1974 43 westdeutsche und West-Berliner Redaktionen, einschließlich Rundfunk und Fernsehen, Anträge auf Akkreditierung von ständigen K. gestellt. Vier K. westdeutscher Tageszeitungen („Westdeutsche Allgemeine Zeitung", „Westfälische Rundschau", „Süddeutsche Zeitung", „Neue Ruhr-Zeitung"), je ein K. der SPD-Wochenzeitung „Vorwärts" und des Nachrichten-Magazins „Der Spiegel" sowie der Deutschen Presseagentur (dpa) waren zu diesem Zeitpunkt bereits in Ost-Berlin akkreditiert. 21 weitere Redaktionen hatten eine verbindliche Akkreditierungszusage erhalten, 10 Antragsteller waren abgelehnt worden, fünf hatten keine Antwort erhalten. In Bonn waren zur gleichen Zeit bereits seit Jahren vier K. aus der DDR tätig: zwei für die staatliche Nachrichtenagentur ADN, einer für das SED-Zentralorgan „Neues Deutschland" und einer für das Staatliche Komitee für Rundfunk beim Ministerrat. Reise-K. aus der DDR und westdeutsche Mitarbeiter von DDR-Publikationsorganen waren schon immer in der Bundesrepublik tätig. 1973 erteilten die DDR-Behörden, nach eigenen Angaben, 1 121 Einreisegenehmigungen für Reise-K. aus der Bundesrepublik.

Die Informationsmöglichkeiten für K. anderer Staaten in der DDR sind, neben den Bestimmungen der zitierten Verordnung, zusätzlich beschränkt durch die parteiliche Informations- und → **Medienpolitik** und die strengen Geheimhaltungsvorschriften (Auskunftsverbote). Die Informationspolitik der SED wird als gezielte Informationszuteilung gehandhabt: Pressekonferenzen, „Pressebesprechungen", Partei-Informationen, → **ADN**-Hintergrundmaterial und Interview-Partner sind nicht allen K. in gleichem Umfang zugänglich, auch den K. aus kommunistisch-sozialistischen Ländern nicht. Es wird ferner unterschieden nach K. regierender und nichtregierender kommunistischer Parteien und nach politischer Zuverlässigkeit („Linientreue"). Ebenso unterschiedlich, und den aktuellen Interessen der DDR untergeordnet, wird Informationspolitik gegenüber allen anderen K. getrieben.

In der DDR selbst stellt die Tätigkeit der Volks-K. eine spezifische Form gesellschaftlicher Mitwirkung dar: „Werktätige aus Industrie und Landwirtschaft, Institutionen und Organisationen, die von einer Redaktion zu regelmäßiger, organisierter ehrenamtlicher Mitarbeit an einer Zeitung ausgewählt wurden und diese Tätigkeit als gesellschaftlichen Auftrag betrachten". Auch der DDR-Rundfunk zählt zu seinen Mitarbeitern Volks-K. Die „Volkskorrespondentenbewegung" entstand 1948 nach sowjetischem Vorbild und genießt gesetzlichen Schutz. Zur Zeit sind etwa 20 000 Volks-K., zumeist als Mitarbeiter von Kreisredaktionen, für die Lokalseiten tätig, z. B. 36 in den letzten Jahren für die Kreisausgabe Sondershausen des SED-Bezirksorgans Erfurt „Das Volk". Die Volks-K. werden von den Redaktionen angeleitet und regelmäßig politisch-ideologisch geschult. Sie berichten als Informanten ihren Redaktionen hauptsächlich aus dem eigenen Berufs- und Lebensbereich, wo sie zugleich als „Vertrauensleute der sozialistischen Presse" gelten. Sie sollen darüber hinaus „Schrittmacher und Organisatoren" bei der Lösung ökonomischer Probleme sein (→ **Sozialistischer Wettbewerb**).

Kostenrechnung: → **Rechnungswesen.**

KPD/DKP: Abk. für Kommunistische Partei Deutschlands bzw. Deutsche Kommunistische Partei. Unter Führung von Rosa Luxemburg und Karl Liebknecht auf dem Gründungsparteitag (30. 12. 1918–1. 1. 1919 in Berlin) entstanden, erstrebte die KPD das Rätesystem, die Diktatur des Proletariats. Sie wurde 1919 Mitglied der → **Komintern**, doch blieb sie anfangs in Programm und Politik unabhängig von Moskau. Nach mehreren Führungskrisen kam es unter Leitung Ernst Thälmanns (1925–1933) zur Stalinisierung der KPD; trotz Widerstand und Abspaltungen geriet die Partei in immer größere Abhängigkeit von der → **KPdSU**. In der NS-Zeit arbeitete die KPD illegal weiter; sie hatte im Widerstand große Blutopfer zu tragen.

Am 11. 6. 1945 trat die KPD mit einer neuen Programmatik an die Öffentlichkeit: Sie setzte sich für die parlamentarisch-demokratische Republik ein und erklärte, „daß der Weg, Deutschland das Sowjetsystem aufzuzwingen, falsch wäre". Am 19./20. 4. 1946 erfolgte (nicht zuletzt unter dem Druck der sowjetischen Besatzungsmacht) die Vereinigung von SPD und KPD zur → **SED**. In Westdeutschland scheiterten die Vereinigungsbestrebungen, die westdeutsche KPD blieb organisatorisch selbständig, wurde jedoch vom ZK der SED angeleitet. Im 1. Bundestag war sie durch 13 Abgeordnete vertreten, bei den Wahlen 1953 erhielt sie nur noch 2,2 v. H. der Stimmen. Nach dem Verbot der KPD durch das Bundesverfassungsgericht (17. 8. 1956) verstärkte sich die Abhängigkeit von der SED. Die KPD vertrat nicht nur bedingungslos die politische Linie der SED, verschiedene SED-Führer (z. B. Erich Glückauf) wurden direkt in das KPD- → **Politbüro** aufgenommen. Die KPD-Führung unter Max Reimann residierte in Ost-Berlin, sie lenkte die illegale Parteiorganisation einerseits durch in die Bundesrepublik reisende Instrukteure des ZK, andererseits durch westdeutsche Funktionäre, die ihre Direktiven in Ost-Berlin oder im benachbarten Ausland erhielten. Die Mitgliederzahl der KPD ging von ca. 70 000 beim Verbot auf 7 000 (1968) zurück. Auch die Finanzierung der illegalen Arbeit erfolgte daher weitgehend durch die SED. Zur Schulung ihrer Mitglieder unterhielt die KPD in der DDR 4 Parteischulen; ihre Agitation wurde durch den „Freiheitssender 904" aus der DDR unterstützt.

Die Führung der illegalen KPD verstärkte ab 1965 die Bemühungen um Aufhebung des Parteiverbots, sie ging zur „offenen Arbeit" über, brachte kommun. Wochenschriften heraus usw. Eine Neugründung wurde kategorisch verneint und die Wiederzulassung der KPD gefordert.

Nach Veränderung dieser Taktik 1968, wurde am 26. 9. 1968 auf einer Pressekonferenz die Gründung der Deutschen Kommunistischen Partei, der DKP, bekanntgegeben. Die DKP unterbreitete am 23. 1. 1969 eine „Grundsatzerklärung", in der sie eine „reale politische Demokratie für das Volk" forderte. Eine „schematische Nachahmung des in der DDR beschrittenen Weges" erklärte die DKP für nicht möglich. Der 1. Parteitag (12./13. 4. 1969 in Essen) bestätigte diese Linie, bekräftigte aber die politische Bindung an die SED und den Weltkommunismus Moskauer Prägung. Die Partei zählte 22 000 Mitglieder; es gelang ihr, über die Kader der alten KPD hinaus in neue Schichten, vor allem der Jugend, vorzustoßen. Unter Führung von Kurt Bachmann konnte die DKP zwar in Hochschulen und Betrieben einen gewissen Einfluß gewinnen, der Massendurchbruch gelang ihr jedoch nicht. Bei der Bundestagswahl 1972 erhielt die DKP nur 0,3 v. H. der Stimmen. Auf ihrem 3. Parteitag (2.–4. 11. 1973) besaß die DKP fast 40 000 Mitglieder. Parteivorsitzender wurde Herbert Mies. Zentralorgan ist „Unsere Zeit", seit Oktober 1973 Tageszeitung. Zunehmend hat sich die DKP der Politik der SED auch offen angepaßt und beruft sich auf die Tradition der KPD. Allerdings wird diese Traditionslinie auch von den links von der DKP stehenden kleinen kommunistischen („maoistischen") Gruppen beansprucht, so von der KPD-ML, der KPD, dem Kommunistischen Bund u. a.

KPdSU: Abk. für Kommunistische Partei der Sowjetunion. Entstand 1903 aus der Spaltung der Sozialdemokratischen Arbeiterpartei Rußlands (SDAPR), als sich unter Lenins Führung die radikalen Bolschewiki von den Menschewiki abspalteten. Der organisatorische Bruch erfolgte 1912. Bis zur Februarrevolution 1917 arbeitete die Partei illegal. Unter Führung Lenins und Trotzkis übernahmen die Bolschewiki durch die Oktoberrevolution 1917 die Macht in Rußland. Die KP Rußland (Bolschewiki), wie sie seit dem VII. Parteitag 1918 hieß, wurde zur führenden und alleinbestimmenden Partei im Sowjetstaat. Nach Lenins Tod (1924) gelangte Stalin an die Spitze der bolschewistischen Partei, die sich seit dem XIV. Parteitag 1925 KPdSU (B) nannte (seit dem XIX. Parteitag 1952: KPdSU).

Unter Stalins Führung beherrschte die KPdSU auch die → **Komintern** und damit die Kommunistischen Parteien aller Länder. Die KPdSU vollzog unter Stalins Regime (durch die Kollektivierung der Landwirtschaft und die Fünfjahrpläne der Industrie) in den 30er Jahren die Industrialisierung Rußlands, die die Sowjetunion zur Weltmacht werden ließ. Zugleich praktizierte der Stalinismus eine uneingeschränkte politische Diktatur. Während der Stalinschen Säuberungen 1936–1938 wurden die führenden Kommunisten der Lenin-Ära und ein Großteil des Funktionärskorps der KPdSU liquidiert.

Nach dem II. Weltkrieg bestimmte die KPdSU auch über die Kommunistischen Parteien der Ostblockstaaten, darunter die → **SED**. Der XX. Parteitag 1956 und der XXII. Parteitag 1961 verurteilten unter der Führung N. S. Chruschtschows die drastischen Auswirkungen der Stalin-Herrschaft. Die völlige Abhängigkeit der Kommunistischen Parteien, auch der SED, wurde durch eine Art „Juniorpartnerschaft" ersetzt. Im Oktober 1964 wurde Chruschtschow als Parteiführer abgelöst, sein Nachfolger ist L. I. Breshnew.

Die KPdSU hat sich aus einer Kaderpartei zu einer staatstragenden Massenpartei entwickelt (Mitglieder 1918: 300 000, 1939: 2,4 Mill., 1952: 6,8 Mill., 1972: 14,6 Mill.). Formal ist die Partei nach dem Territorialprinzip gegliedert, der → **demokratische Zentralismus** ist Organisationsprinzip. Danach ist der Parteitag oberstes Organ, er tagt alle 5 Jahre (XXIV. Parteitag 1971). Er ist ebenso wie das ZK (214 Mitgl. und 155 Kandidaten) mehr ein Akklamationsorgan. Entscheidende Führungsgremien sind Politbüro und Sekretariat, die mit Hilfe des Parteiapparats (etwa 250 000 hauptamtliche Funktionäre) die Politik bestimmen und kontrollieren. Die KPdSU hat auf allen Gebieten der Gesellschaft der UdSSR das Führungsmonopol. Auch in der kommunistischen Weltbewegung wird die „führende Rolle" der KPdSU nach wie vor von den meisten Parteien (auch der SED) anerkannt.

KPKK: Abk. für Kreis- → **Parteikontrollkommission.**

Kraftfahrzeug-Haftpflichtversicherung: Wie in den meisten europäischen Ländern sind auch in der DDR alle Besitzer von Kraftfahrzeugen einschließlich Mopeds zum Abschluß einer KH. verpflichtet. Gesetzliche Grundlage dieser Versicherung ist die VO über die KH. vom 16. 11. 1961 (GBl. II, S. 503) sowie die AO über die Allgemeinen Bedingungen für die KH. vom 13. 10. 1955 (GBl. I, S. 820). Der Beitrag ist jährlich, zusammen mit der Kfz-Steuer, vom Kfz-Halter zu entrichten. Die Höhe der Versicherungsprämie ist bei Pkw und Traktoren von der PS-Zahl, bei Krafträdern vom Hubraum, bei Omnibussen von der Zahl der Plätze und bei Lkw von der Ladekapazität abhängig.

Kraftfahrzeugindustrie: Entsprechend der DDR-Industriezweigsystematik zum Industriezweig des Straßenfahrzeug- und Traktorenbaus zu zählen. Zur K. zählen im einzelnen der Lkw-, der Pkw-, der Traktoren- und Anhängerbau. Ferner gehören zu dieser Wirtschaftsgruppe die Betriebe zum Bau von Krafträdern, Motorrollern und Mopeds. Insgesamt sind in der K. etwa 95 000 Arbeiter und Angestellte tätig. Die Bruttoproduktion des Zweiges Straßenfahrzeug- und Traktorenbau hat sich im Zeitraum 1960 bis 1973 um das 2,56fache und damit im Vergleich zur gesamten Industrie überdurchschnittlich erhöht (die industrielle Bruttoproduktion stieg im gleichen Zeitraum nur um das 2,17fache). Anleitendes Organ für die K. ist die Vereinigung Volkseigener Betriebe Automobilbau, Sitz Karl-Marx-Stadt.

Die Bedeutung der K. der DDR im Verhältnis zum entsprechenden Sektor der Bundesrepublik Deutschland ist nach dem Kriege u. a. durch Demontagen sehr gesunken. Die Bevorzugung der Produktionsgütererzeugung verhinderte einen umfassenden Neuaufbau. Die Betriebe wurden und werden bis heute völlig unzulänglich mit Investitionsmitteln ausgestattet. Vor dem Kriege entfiel auf das Gebiet der heutigen DDR ein Anteil von ca. 25 v. H., 1973 nur noch ca. 4 v. H. der deutschen K. Die Produktion (bezogen auf 1 000 Einwohner) hat sich wie folgt entwickelt:

Jahr	Pkw	Lkw
1955	1,2	0,8
1960	3,7	0,8
1965	6,0	0,9
1970	7,4	1,4
1971	7,9	1,5
1972	8,2	1,6
1973	8,7	1,8

Die SED-Führung erklärte die schwache Entwicklung der K. lange Zeit damit, daß der Motorisierungsgrad der Bevölkerung in einem „sozialistischen Lande" kein Indikator für ihren Lebensstandard sei. Überdies konnte die K. in der DDR auch deshalb nicht weiterentwickelt werden, weil ihre Haupthandelspartner in Osteuropa über nur wenig aufnahmefähige Märkte verfügen. Die bis heute möglichen kleinen Produktionsserien liegen weit unter der Rentabilitätsgrenze jeder K., so daß dieser Industriezweig hoch subventioniert werden muß. Ein Teil der Subventionen wird durch die privaten Käufer aufgebracht, die für Pkws im Vergleich zur Bundesrepublik Deutschland 2–3fach höhere Preise zahlen müssen.

Die größten Betriebe der K. sind der VEB Automobilwerk Eisenach mit annähernd 9000 Beschäftigten (Hauptproduktion: Personenkraftwagen Typ „Wartburg 353", Drei-Zylinder-Zweitakt-Motor, 1 000 ccm, 50 PS, Preis: etwa 18 000 Mark), VEB Sachsenring Zwickau mit ebenfalls ca. 9 000 Beschäftigten (Hauptproduktion: Personenkraftwagen Typ „Trabant", Zwei-Zylinder-Zweitakt-Motor, 600 ccm, 26 PS, Preis: 8 000 Mark), VEB Motorradwerk Zschopau (Hauptproduktion: Motorräder Typ „MZ") und der VEB Fahrzeug- und Jagdwaffenwerk „Ernst Thälmann" Suhl (Hauptproduktion: Mopeds und Fahrräder).

Bei Personenkraftwagen werden nur zwei Typen hergestellt, der Mittelklassewagen „Wartburg" und der Kleinwagen „Trabant". Die Aufgabe der eigenständigen Pkw-Produktion, von der jahrelang in der DDR gemunkelt wurde, scheint vorläufig nicht beabsichtigt zu sein. So kündigte Ende 1973 der Generaldirektor der VVB Automobilbau für die nächsten Jahre beträchtliche Steigerungen der einheimischen Pkw-Produktion an. Außerdem wurde zwischen den Skoda-Werken in der ČSSR und dem VEB Automobilwerk Eisenach ein Kooperationsvertrag abgeschlossen, der von 1975 an die Lieferung eines Vier-Zylinder-Motors für den Personenkraftwagen „Wartburg" vorsieht. Im Rahmen des

Komplexprogramms des RGW ist beabsichtigt, langfristig den gemeinsamen Bau eines Fahrzeug-Grundtyps durch die ČSSR, Ungarn und die DDR zu erreichen. Beträchtliche Nachteile bestehen nach wie vor in der sortiments- und termingerechten Bereitstellung mit Kraftfahrzeug-Ersatzteilen, wenn auch in den letzten Jahren die Produktion von Ersatzteilen – allerdings zu Lasten der Finalproduktion – beträchtlich erhöht werden konnte. So steigerte der VEB Sachsenring, der ca. ein Drittel der Ersatzteilpositionen für den „Trabant" selbst herstellt, die Ersatzteilproduktion von 1970–1973 um etwa 65 v. H.; die Ersatzteilproduktion aus der Zuliefererindustrie stieg in gleicher Höhe.

Aufgrund einer Absprache mit den übrigen Ländern des Rates für gegenseitige Wirtschaftshilfe (RGW) werden in der DDR im Lastkraftwagenbau nur drei Typen hergestellt, und zwar je ein Wagen mit 2 t, 4 t und 5 t Nutzlast. Ferner wird ein Kleintransporter mit $^3/_4$ t Tragkraft gebaut. Der Omnibusbau konzentriert sich unter Verwendung von Bauteilen der Lkw-Typen auf kleine Modelle. Schwere Lastkraftwagen und schwere Omnibusse werden nach einer Absprache der Länder des RGW in der DDR nicht entwickelt und auch nicht gefertigt. So beläuft sich z. Z. die Zahl der Ikarus-Busse (Ungarn) im Verkehrsnetz der DDR auf ca. 15 000.

Der Traktorenbau ist ebenfalls schwach entwickelt. Bis September 1967 wurden nur Radschlepper mit etwa 20 PS gefertigt, die zum größten Teil exportiert wurden, weil sie für die Großflächenbearbeitung in der DDR nicht geeignet waren. Seitdem werden auch Radtraktoren des Typs ZT 300 (90 PS) hergestellt.

Kraftfahrzeugkennzeichen, polizeiliche: Die PK. der DDR bestehen aus zwei Buchstaben und einer vierziffrigen Nummer in schwarzer Schrift auf weißem Schild. Der erste Buchstabe ist der Kennbuchstabe für den → **Bezirk**, und zwar nach folgender Einteilung:

A = Rostock
B = Schwerin
C = Neubrandenburg
D = Potsdam
E = Frankfurt/Oder
H, M = Magdeburg
I = Berlin (Ost)
K, V = Halle
L, F = Erfurt
N = Gera
O = Suhl
R, Y = Dresden
S, U = Leipzig
T, X = Karl-Marx-Stadt (Chemnitz)
Z = Cottbus

Der zweite Buchstabe bezeichnet – mit Ausnahme in Ost-Berlin – die Nummernserie, da mit den vierziffrigen Nummern nur jeweils 9 999 Fahrzeuge gekennzeichnet werden können. Die Nummern sind zur besseren Lesbarkeit durch einen Bindestrich in zweistellige Zifferngruppen getrennt, z. B. EF 59–69.

Bei den in Ost-Berlin zugelassenen Kraftfahrzeugen weist der zweite Buchstabe auf die Fahrzeugart hin:

Pkw = A, B oder U
Lkw = C, F oder H
Omnibusse = C oder F
Motorräder = D oder N
Anhänger = C, F oder K
Zugmaschinen = F, H oder L

Auf den Kennzeichentafeln für die Pkw und auf denen, die an der Vorderseite der Lkw angebracht sind, stehen Buchstaben und Nummern nebeneinander. Auf den Schildern an der Rückseite der Lkw ist die Nummer unter die Buchstaben gesetzt. Bei Lkw, die weniger als 30 km/h fahren dürfen, ist diese Einschränkung durch eine kreisförmige Ausbuchtung in der Mitte der rückwärtigen Kennzeichentafel ersichtlich. Bei Lkw ist das PK. auf der Rückwand neben der Kennzeichentafel zusätzlich in einer Zeile aufzumalen.

Die polizeiliche Zulassung wird durch eine Prägemarke mit dem DDR-Emblem und Rundumbeschriftung „Deutsche Demokratische Republik" kenntlich gemacht.

Seit dem 1. 1. 1974 müssen Kraftfahrzeuge, die in der DDR zugelassen sind, bei Fahrten außerhalb der DDR das Unterscheidungszeichen „DDR" (in schwarzen Buchstaben auf weißem Grund) führen; andere Unterscheidungszeichen dürfen nicht geführt werden. Mit dieser Anordnung hat die DDR ein Zeichen deutlicher Abgrenzung gegenüber der Bundesrepublik Deutschland gesetzt, da sie das zuvor gemeinsame Unterscheidungszeichen „D" für Kraftfahrzeughalter in der DDR nicht mehr erlaubt.

Die Kennzeichnung von Kraftfahrzeugen ausländischer Vertretungen und von Kraftfahrzeugen des Personals ausländischer Vertretungen ist neu geregelt worden und mit Wirkung vom 1. 1. 1974 in Kraft getreten. Kraftfahrzeuge diplomatischer und konsularischer Vertretungen, die in der DDR zugelassen sind, erhalten danach Kennzeichen in weißer Schrift auf rotem Grund mit den Kennbuchstaben:

CD für Kraftfahrzeuge der Vertretungen anderer Staaten und deren diplomatischen Personals;

CY für Dienst- und Privatfahrzeuge des technischen und administrativen Personals;

CC für Dienstfahrzeuge konsularischer Vertretungen und Kraftfahrzeuge konsularischer Amtspersonen.

Kennzeichen in weißer Schrift auf blauem Grund gelten für folgende ausländische Kraftfahrzeuge:

QA Dienstfahrzeuge und persönliche Fahrzeuge in der DDR akkreditierter ausländischer Korrespondenten;

QB Dienstfahrzeuge und persönliche Fahrzeuge der ausländischen Mitarbeiter von Außenhandelsniederlassungen, Industrievertretungen, kommerzielle Büros;

QC Dienstfahrzeuge und persönliche Fahrzeuge von ausländischen Mitarbeitern der Reisebüros, Fluggesellschaften, Kultur- und Informationszentren;

QD Dienstfahrzeuge und persönliche Fahrzeuge von ausländischen Mitarbeitern anderer Einrichtungen und Betriebe.

Kraftfahrzeugsteuer: → Steuern.

Kraftstoffversorgung: Bis Mitte der 60er Jahre erfolgte die K. noch überwiegend durch aus Braunkohle gewonnene Vergaser- und Dieselkraftstoffe. Seitdem ist eine ständige Substitution von carbochemischen Rohstoffen durch Erdöl erfolgt; dieser Prozeß soll 1976/1977 beendet sein. Zwischen 1960 und 1973 hat sich die Kraftstoffproduktion fast verdreifacht (Mengen in 1 000 t):

	1960	1965	1970	1973
Benzin	1 080	1 604	2 236	2 737
Dieselkraftstoff	1 289	2 258	3 619	4 004

Über den Produktionsumfang von Düsentreibstoff (Kerosin) werden entsprechende Zahlenangaben nicht veröffentlicht. Das Produktionsvolumen im VEB Petrolchemisches Kombinat Schwedt an „Turbinenkraftstoffen" betrug 1972 394 000 t. In diesem 1970 gebildeten Kombinat mit seinen Kombinatsbetrieben Schwedt, Böhlen und Zeitz waren 1972 60 v. H. der Benzin- und 70 v. H. der Dieselkraftstoffproduktion konzentriert. Ihren Kraftstoffbedarf kann die DDR aus der inländischen Produktion voll decken. Darüber hinaus wurden 1972 noch 0,6 Mill. t. Benzin und 0,9 Mill. t. Dieselkraftstoff exportiert. Verglichen mit der Bundesrepublik Deutschland ist jedoch das Verbrauchsniveau bei Benzin noch relativ niedrig, bei Diesel ist jedoch bereits eine weitgehende Angleichung erfolgt. Einem Pro-Kopf-Verbrauch von 0,11 t (Benzin) und 0,17 t (Diesel) in der DDR stehen entsprechende Werte für die Bundesrepublik von 0,29 t (Benzin) und 0,19 t (Diesel) gegenüber.
Die Preise (pro Liter) für Benzin betragen 1,65 Mark (96 Oktan; Superbenzin) bzw. 1,50 Mark (88 Oktan; Normalbenzin). Gewerbliche Abnehmer zahlen für Normalbenzin 0,80 Mark. Der Preis für Dieselkraftstoff beträgt 1,40 Mark. Darüber hinaus verkauft die DDR an ca. 125 Inter-Tankstellen Benzin und Dieselkraftstoff gegen frei konvertible Währung. Die Preise sind stets niedriger als in der Bundesrepublik. Sie betrugen Mitte 1974 für Superbenzin 0,69 DM, für Dieselkraftstoff 0,65 DM.

Kraftverkehr: → Verkehrswesen.

Krankengeld: Anspruch auf Geldleistungen der Sozialversicherung (→ **Sozialversicherungs- und Versorgungswesen**) wegen Arbeitsunfähigkeit (AU) infolge von Krankheit (Krankengeld) besteht grundsätzlich vom 1. Tag der AU an bis zunächst 26 Wochen und danach für weitere 52 Wochen, wenn bis dahin mit dem Wiedereintritt der Arbeitsfähigkeit nach gutachtlicher Stellungnahme der Ärzteberatungskommission gerechnet werden kann.
Die Höhe des Krankengeldes der Sozialversicherung für Arbeiter und Angestellte liegt für insgesamt 26 Wochen im Kalenderjahr bei 50 v. H. des beitragspflichtigen Durchschnittsverdienstes und erreicht somit höchstens 300 Mark monatlich. Es wird für insgesamt 6 Wochen

im Kalenderjahr ergänzt durch den → **Lohnausgleich** der Betriebe, der als Differenz zwischen dem Krankengeld und 90 v. H. des Nettoverdienstes gezahlt wird. Zeitlich unbegrenzter Lohnausgleich wird – bis zur Wiederaufnahme der Arbeit – bei Arbeitsunfähigkeit wegen Unfalls, Berufskrankheit oder Quarantäne gewährt. Aus anderen Gründen Arbeitsunfähige (einschließlich der freiberuflich Tätigen, der Genossenschaftsmitglieder und Selbständigen usw.) erhalten, soweit länger als insgesamt 6 Wochen im Kalenderjahr krank, ab 1. 2. 1971 bis zur Wiederherstellung der Arbeitsfähigkeit oder bis zur Berentung ein erhöhtes Krankengeld, soweit sie mehr als 600 Mark monatlich verdienen, aber nur dann, wenn sie 10 v. H. des 600 Mark übersteigenden Einkommens (bis zu einer Höchstgrenze von 1 200 Mark) als Beitrag an die **freiwillige** → **Zusatzrentenversicherung** (FZR) abführen. Dieses erhöhte Krankengeld beträgt für Versicherte ohne Kinder und solche mit einem Kind 70 v. H., mit zwei Kindern 75 v. H., mit drei Kindern 80 v. H., mit vier Kindern 85 v. H. und mit fünf und mehr Kindern 90 v. H. des täglichen Nettodurchschnittsverdienstes.
Versicherte mit einem lohnsteuerpflichtigen Arbeitsverdienst von mehr als 600 Mark monatlich, die nicht Mitglied der FZR sind, erhalten dennoch (seit 1967) für die 7. bis 13. Woche der Arbeitsunfähigkeit (AU) ein erhöhtes Krankengeld, wenn sie zwei Kinder und mehr haben; es beträgt für Versicherte mit zwei Kindern 65 v. H., mit drei Kindern 75 v. H., mit vier Kindern 80 v. H. und mit fünf Kindern 90 v. H. des Nettodurchschnittsverdienstes.

Krankenhaus: → Gesundheitswesen.

Krankenstand: Der K. ist der wegen Krankheit und Unfalls prozentual ausfallende Anteil an den planmäßig zu leistenden Arbeitszeiten der → **Wirtschaft**; er wird also anders berechnet als in der Bundesrepublik Deutschland. Der geplante K. ist Grundlage der Planung von Ausgaben für → **Krankengeld** und → **Lohnausgleich** und geht über den Arbeitskräfteplan in Betriebsplan und → **Volkswirtschaftsplan** ein. Der K. betrug im Durchschnitt 1961: 5,91 v. H.; 1965: 5,37 v. H.; 1967: 4,93 v. H.; 1970: 5,63 v. H.; 1971: 5,39 v. H. Infolge der starken Beanspruchung aller Ressourcen der DDR-Wirtschaft (hohe Planziele) im Jahre 1972 stieg auch der K. auf das seit 1961 nicht wieder erreichte Maß von 5,89 v. H. an (→ **Ausfallzeiten**). Für das Jahr 1973 meldete die DDR sogar einen weiteren Anstieg auf 6,29 v. H.

Krankenversicherung, Freiwillige: In der DDR hat die private Krankenversicherung, die allein von der → **Staatlichen Versicherung der DDR** durchgeführt wird, infolge der umfassenden Sozialversicherungspflicht nur geringe Bedeutung, vor allem die Krankheitskostenversicherung. Für die Krankentagegeldversicherung sind dagegen mehrere Formen bekannt, die z. T. mit einer Unfallversicherung kombiniert sind. Die Leistungen setzen im allgemeinen nach Wegfall des → **Lohnausgleichs** ein. → **Sozialversicherungs- und Versorgungswesen.**

Kredit: Grundsätzlich wird auch im sozialistischen Wirtschaftssystem die zeitweilige Überlassung von Kaufkraft gegen Zinszahlung als K. bezeichnet, der allerdings nur in der Form des Bank-K. auftritt. Vornehmlich während der Wirtschaftsreformen gewann dieses Instrument des Finanzsystems bei der Lenkung, Stimulierung und Kontrolle des Ablaufs der Wirtschaftsprozesse als „ökonomischer Hebel" zunehmend an Bedeutung, ohne daß allerdings trotz zahlreicher Veränderungen in den gesetzlichen Regelungen die Einordnung in das wirtschaftspolitische Instrumentarium bisher endgültig erfolgt sein dürfte. Verantwortlich für seine Ausreichung auf der Grundlage des staatlichen K.-Plans sind die Institutionen des → **Bankwesens**, die zur „aktiven K.-Politik" gegenüber der → **Wirtschaft** verpflichtet sind. Im einzelnen gelten folgende gesetzlichen Regelungen für → **Betriebe mit staatlicher Beteiligung** (BSB) vom 15. 12. 1970 (GBl. II, S. 699), Produktionsgenossenschaften des → **Handwerks** (PGH) vom 15. 12. 1970 (GBl. II, S. 715), → **Landwirtschaft** vom 24. 12. 1971 (GBl. II, S. 726) sowie für die sozialistischen Betriebe vom 22. 12. 1971 (GBl. II, 1972, S. 41).

Auf der Grundlage der K.-Pläne und der volkswirtschaftlichen Berechnungskennziffer „Veränderung des K.-Volumens" (→ **Planung**) werden den Betrieben unter bestimmten Voraussetzungen K. zu folgenden Zwecken ausgereicht:

1. im Rahmen der Investitionspläne (Titelliste) Grundmittel-K. mit einer Laufzeit bis zu 5 Jahren;
2. K. auf der Basis des Planes der Umlaufmittel (Umlaufmittel-K.);
3. außerhalb des Planes zusätzliche K. zur Behebung zeitweiliger Liquiditätsschwierigkeiten;
4. Devisen-K. auf der Grundlage der Valutapläne zur Finanzierung planmäßiger Importe.

Zwischen den Banken und Betrieben werden K.-Verträge abgeschlossen, für die als wichtigste ökonomische Stimulierungsform die differenzierte Höhe des Zinssatzes vereinbart wird: 1. Vorzugszinssatz bis 1,8 v. H., 2. Grundzinssatz 5 v. H., 3. Zinssatz für außerplanmäßige K. bis zu 8 v. H., 4. bei Verletzungen des K.-Vertrages können die Banken einen Sanktionszins bis zum Höchstbetrag des Gesamtzinssatzes von 10 v. H. festlegen.

Die K.-Verträge unterliegen der Abschlußpflicht sowie der Zweckbindung. Die besondere Rolle der Banken liegt nicht nur in der Finanzkontrolle der betrieblichen Tätigkeit, die unabhängig von der gewählten Finanzierungsform erfolgt, sondern auch in dem Recht, Betriebe für bedingt kreditwürdig oder kreditunwürdig erklären zu lassen und somit die Einleitung eines Stabilisierungsverfahrens zu beantragen.

Von der Bevölkerung können unter bestimmten Voraussetzungen folgende K.-Arten in Anspruch genommen werden:

1. Teilzahlungs-K. zum Kauf bestimmter langlebiger Gebrauchsgüter (K.-Kaufbrief) entsprechend der AO vom 22. 6. 1964 (GBl. II, S. 610) mit einer Laufzeit bis zu zwei Jahren und einem Volumen von maximal 2 000 Mark (Zinssatz: 6 v. H.).

2. Darlehen bis zu 4 000 Mark für in die DDR zuziehende Bürger (GBl. II, S. 676, AO vom 14. 9. 1966).
3. K. zum Bau von Eigenheimen (GBl. II, 1971, S. 709).
4. Zinslose K. an junge Eheleute (GBl. II, 1972, S. 316) zur Beschaffung von Wohnraum und zur Finanzierung von Einrichtungsgegenständen mit einem maximalen Volumen von jeweils 5 000 Mark. Von den K.-Beträgen werden bei der Geburt des 1. Kindes 1 000 Mark, des 2. Kindes 1 500 Mark und des 3. Kindes weitere 2 500 Mark erlassen bzw. zurückerstattet.

Im Rahmen der internationalen Finanzbeziehungen gewährt und empfängt die DDR K. Hervorgehoben seien die Waren-K. im Rahmen des → **Rates für Gegenseitige Wirtschaftshilfe** (RGW) (→ **Internationale Investitionsbank**), wofür im Volkswirtschaftsplan 1974 erstmals ein Betrag von 0,5 Mrd. Valuta-Mark zur Verfügung gestellt wurde. Im Rahmen des → **Außenhandels** mit den westlichen Industrieländern tritt die DDR vor allem als K.-Schuldner auf.

Kreis: Die K. sind territoriale und politisch-administrative Einheiten im Staatsaufbau der DDR. Die Neugliederung der K. erfolgte 1952 mit dem Gesetz über die weitere Demokratisierung des Aufbaus und der Arbeitsweise der staatlichen Organe in den Ländern der DDR. Bestimmend für die Festlegung der neuen K.-Grenzen waren politische, wirtschaftliche und administrative Gesichtspunkte. Die traditionelle Gliederung wurde als den Erfordernissen einer zu errichtenden sozialistischen Gesellschaftsordnung nicht entsprechend angesehen.

Gebildet wurden 194 Land-K., von denen heute noch 191 bestehen, und 22 Stadt-K. (sog. kreisfreie Städte), ihre Zahl hat sich mittlerweile auf 27 erhöht.

Die gegenwärtige Struktur, die Aufgaben und Arbeitsweise der staatlichen Organe im K. finden ihre Regelung vor allem in der Verfassung von 1968 (Art. 81 ff.) und im Gesetz über die örtlichen Volksvertretungen und ihre Organe vom Juli 1973.

Örtliche Volksvertretungen sind im Land-K. der Kreistag, im Stadt-K. die Stadtverordnetenversammlung. Große Stadt-K. wie Leipzig, Dresden, Magdeburg, Karl-Marx-Stadt, Erfurt, Halle untergliedern sich in Stadtbezirke, ihre Volksvertretungen heißen Stadtbezirksversammlungen.

Die Volksvertretung des K. entscheidet eigenverantwortlich über alle grundlegenden Angelegenheiten, die ihr Territorium und seine Bürger betreffen. In Wahrnehmung ihrer Aufgaben hat sie von den gesamtstaatlichen Interessen auszugehen. Ihre Beschlüsse sind für nachgeordnete Volksvertretungen (in der kreisangehörigen Stadt und der → **Gemeinde**) verbindlich; in gleicher Weise gelten für den Kreistag (bzw. die Stadtverordnetenversammlung) die Beschlüsse des Bezirkstags als bindend.

Die Volksvertretung des K. wählt als ihre Organe den Rat und die Kommissionen. Der Rat ist ein kollektiv arbeitendes Organ; er leitet im Auftrag des Kreistags bzw. der Stadtverordnetenversammlung den staatlichen, wirtschaftlichen, sozialen und kulturellen Aufbau im K.

auf der Grundlage der Beschlüsse seiner Volksvertretung und der übergeordneten Staatsorgane. Er ist der Volksvertretung des K. und dem ihm übergeordneten Rat des → **Bezirkes** verantwortlich und rechenschaftspflichtig. Der Rat des K. hat die nachgeordneten Räte in der kreisangehörigen Stadt und der Gemeinde bei der Durchführung ihrer Aufgaben zu unterstützen und zu kontrollieren. Er muß die nachgeordneten Räte in die Vorbereitung von Entscheidungen, die Auswirkungen auf deren Verantwortungsbereiche haben, einbeziehen. Zur Erfüllung seiner Aufgaben bildet der Rat des K. Fachorgane; diese werden nach dem Prinzip der Einzelleitung bei kollektiver Beratung von Grundfragen des Tätigkeitsbereiches geleitet. Die Fachorgane unterstehen ihrem Rat und dem zuständigen Fachorgan des Rates des Bezirkes, sie sind „doppelt unterstellt" (→ **Anleitung und Kontrolle**).

Die Räte der Land-K. sind wie folgt zusammengesetzt: 1. Vors. des Rates, 2. Erster Stellv. des Vors. des Rates, 3. Stellv. des Vors. des Rates, 4. Stellv. des Vors. des Rates und Vors. der K.-Plankommission, 5. Stellv. des Vors. des Rates und Produktionsleiter für Landwirtschaft und Nahrungsgüterwirtschaft, 6. Stellv. des Vors. des Rates für Inneres, 7. Sekretär des Rates, 8. Mitglied des Rates für Finanzen und Preise, 9. . . . für Wohnungspolitik, 10. . . . für Arbeit, 11. . . . für örtliche Versorgungswirtschaft, 12. . . . für Verkehrswesen, Energie, Umweltschutz und Wasserwirtschaft, 13. . . . für Kultur, 14. . . . für Jugendfragen, Körperkultur und Sport, 15. Kreisbaudirektor, 16. Kreisschulrat, 17. Kreisarzt. Die Räte der Stadt-K. setzen sich zusammen aus: 1. Oberbürgermeister und Vors. des Rates der Stadt, 2. Erster Stellv. des Oberbürgermeisters, 3. Stellv. des Oberbürgermeisters und Vors. der Stadtplankommission, 4. Stellv. des Oberbürgermeisters für Inneres, 5. Stellv. des Oberbürgermeisters für Handel und Versorgung, 6. Sekretär des Rates, 7. Mitglied des Rates für Finanzen und Preise, 8. Stadtbaudirektor, 9. Mitglied des Rates für Wohnungspolitik und Wohnungswirtschaft, 10. . . . für Arbeit, 11. . . . für örtliche Versorgungswirtschaft, 12. . . . für Verkehrs- und Nachrichtenwesen, 13. . . . für Umweltschutz und Wasserwirtschaft, 14. . . . für Kultur, 15. . . . für Jugendfragen, Körperkultur und Sport, 16. Stadtschulrat, 17. Kreisarzt.

In den Stadt-K. mit Stadtbezirken (in Städten über 200 000 Einwohnern) setzt sich der Rat des Stadtbezirks zusammen aus: 1. Stadtbezirksbürgermeister und Vors. des Rates des Stadtbezirkes, 2. Erster Stellv. des Stadtbezirksbürgermeisters, 3. Stellv. des Stadtbezirksbürgermeisters für Planung, 4. Stellv. des Stadtbezirksbürgermeisters für Inneres, 5. Stellv. des Stadtbezirksbürgermeisters für Handel und Versorgung, 6. Sekretär des Rates, 7. Stadtbezirksrat für Finanzen und Preise, 8. . . . für Wohnungspolitik und Wohnungswirtschaft, 9. . . . für örtliche Versorgungswirtschaft, 10. Stadtbezirksschulrat, 11. Stadtbezirksrat für Kultur, 12. . . . für Jugendfragen, Körperkultur und Sport, 13. Stadtbezirksbaudirektor, 14. Stadtbezirksarzt.

Abweichungen von der Zusammensetzung der Räte in Land-K., Stadt-K. und Stadtbezirken und der Zahl ihrer Mitglieder bedürfen der Zustimmung des Rates des Bezirkes.

Die Volksvertretung des K. bildet zur Durchführung ihrer Aufgaben für die Dauer der Wahlperiode ständige Kommissionen und für zeitlich begrenzte Aufgabenstellungen zeitweilige Kommissionen. Mitglieder der Kommissionen sind Abgeordnete und Nachfolgekandidaten sowie von der Volksvertretung des K. berufene Bürger; mindestens die Hälfte der Kommissionsmitglieder müssen Abgeordnete oder Nachfolgekandidaten sein. Zur Durchführung bestimmter Aufgaben können → **Aktivs** gebildet werden.

Die → **Kommissionen** kontrollieren die Durchführung von Gesetzen und anderen Rechtsvorschriften sowie von Beschlüssen der Volksvertretung durch den Rat und seine Fachorgane. Sie haben das Recht, der Volksvertretung und dem Rat Vorlagen und Vorschläge zu unterbreiten. Eine wichtige Aufgabe der Kommissionen ist, die Mitwirkung der Bürger an der Vorbereitung, Durchführung und Kontrolle der Beschlüsse der Volksvertretung zu organisieren.

Die Volksvertretung des K. und ihre Organe sollen als arbeitende Körperschaften die Einheit von Beschlußfassung, Durchführung und Kontrolle verwirklichen. Folgende Kompetenzbereiche sind ihnen im K. zugeordnet: 1. Leitung und Planung des gesellschaftlichen Lebens, 2. Arbeitskräftelenkung und -planung, 3. Haushalts- und Finanzwirtschaft, 4. Preisbildung und -kontrolle, 5. örtlich geleitete Industrie, Handel, Versorgung und Dienstleistungen, 6. Bauwesen, Städtebau und Wohnungswesen, 7. Landwirtschaft und Nahrungsgüterwirtschaft, 8. Verkehr, Energie, Umweltschutz und Wasserwirtschaft, 9. Bildungswesen, 10. Jugendfragen, 11. Kultur, 12. Körperkultur, Sport und Erholungswesen, 13. Hygiene, medizinische und soziale Betreuung, 14. Sicherheit, Ordnung, Zivilverteidigung.

Von besonderer Bedeutung für den K. ist die Leitung der Entwicklung der Landwirtschaft. Die Volksvertretung und der Rat des K. sind für die staatliche Leitung und Planung der Landwirtschaft und Nahrungsgüterwirtschaft im K. verantwortlich. Bei der Vorbereitung und Durchführung diesbezüglicher Entscheidungen wirkt der Rat für Landwirtschaft und Nahrungsgüterwirtschaft des K. als kollektives Beratungsorgan des Rates des K. unterstützend mit.

Die spezifische Rolle des K. im Staatsaufbau der DDR ergibt sich aus seiner Stellung zwischen den Bezirken einerseits und Städten und Gemeinden andererseits. Für den Bezirk ist der K. das Verbindungsglied, über das gesellschaftliche Prozesse in den Kommunen gesteuert werden können; Städte und Gemeinden können über den K. jene Interessen durchsetzen, die aus eigenen Mitteln nicht realisierbar sind, so z. B. Theater, Naherholungszentren etc.

Kreisgericht: → **Gerichtsverfassung.**

Kreisparteiorganisationen der SED: Die K. stellen die Verbindung zwischen den → **Bezirksparteiorganisationen** und den → **Grundorganisationen der SED** dar.

Nach dem 4. Statut der SED von 1963, Pkt. 49, organisieren die ländlichen, städtischen und betrieblichen K. ebenso wie die Stadt- und Bezirksparteiorganisationen in ihrem jeweiligen Zuständigkeitsbereich die Durchführung der Beschlüsse und Direktiven der übergeordneten Parteileitungen. 1974 bestanden 263 K. (die Stadtparteiorganisationen eingeschlossen).

Es werden regionale und funktionale K. mit ihren Gremien (Kreisleitung, Revisionskommissionen sowie weitere Parteiorgane der Kreisebene) unterschieden. Zur Zeit existieren 215 regionale Kreisleitungen, zu denen die Stadtleitungen, die Stadtbezirksleitungen und die Landkreisleitungen zu rechnen sind. Die Stadtbezirksleitungen haben erst seit Januar 1971 die Rechte und Pflichten einer Kreisleitung. Stadtbezirksleitungen in den Städten Leipzig (hier bestehen allein sieben), Dresden, Karl-Marx-Stadt, Halle, Magdeburg und Erfurt sind jedoch eindeutig den Stadtleitungen dieser Großstädte untergeordnet. Schon vorher nahmen Funktionäre der Stadtbezirksleitungen an den Beratungen der Bezirksleitung mit den Kreisleitungs-Sekretären teil. Die Sekretäre der Stadtleitungen führen regelmäßige Diskussionen mit den Sekretären der Stadtbezirksleitungen durch.

Funktionale Kreisleitungen bestehen bei den wichtigsten Großbetrieben in der Form der Industrie-Kreisleitungen, bei den Akademien und einigen Universitäten, bei einigen zentralen Organen des Staatsapparates, bei der Parteiorganisation des Zentralkomitees, beim FDJ-Zentralrat, bei den zentralen Gewerkschaftsorganen, der Militärakademie „Friedrich Engels" in Dresden, bei Einheiten der Nationalen Volksarmee, dem Polizeipräsidium in Berlin (Ost), der Interflug usw.

Industrie-Kreisleitungen existieren bei den Leuna-Werken „Walter Ulbricht", den Buna-Werken, dem Braunkohlenkombinat „Otto Grotewohl" in Böhlen, dem Kombinat „Schwarze Pumpe" in Hoyerswerda, dem Mansfelder Kombinat „Wilhelm Pieck" und dem VEB Carl Zeiss Jena sowie im Bauwesen Berlin und, seit dem 18. 1. 1974, für den Seeverkehr und die Hafenwirtschaft Rostock.

Universitäts-Kreisleitungen bestehen bei der Humboldt-Universität Berlin, der Karl-Marx-Universität Leipzig und der Technischen Universität Dresden. Von den Kreisleitungen der zentralen Organe sind zu nennen: die Kreisleitungen des Ministeriums für Staatssicherheit, des Ministeriums für Nationale Verteidigung, der Staatlichen Plankommission, der zentralen Bank- und Finanzorgane, der Außenhandelsorgane (Ministerium und Außenhandelsfirmen), der zentralen Organe des Verkehrs und der Land- und Nahrungsgüterwirtschaft. Diese Kreisleitungen unterstehen den territorialen Bezirksleitungen (Verbindung von Produktions- und Territorialprinzip) und nicht etwa den territorialen Leitungen des Kreises. Auch die Grundorganisationen der genannten Institutionen unterstehen nicht der jeweiligen territorialen Leitung, sondern nur ihrer eigenen Institutions- oder Industriekreisleitung.

Formal höchstes Organ der K. ist die Delegiertenkonferenz. Die ordentliche Delegiertenkonferenz des Krei-

ses, wie der Stadt und des Bezirkes, wird durch das jeweilige Leitungsorgan einberufen. Eine außerordentliche Delegiertenkonferenz kann einberufen werden durch Beschluß der zuständigen Parteileitung oder des Zentralkomitees sowie auf Verlangen von einem Drittel der Gesamtzahl der Parteimitglieder (nicht Kandidaten) der Parteiorganisation. Der Schlüssel für die Delegiertenwahl wird durch das jeweilig leitende Parteiorgan festgelegt.

Die Delegiertenkonferenz nimmt die Rechenschaftsberichte für die vergangene Periode entgegen und diskutiert Probleme der Arbeit der Partei, der Staats- und Wirtschaftsorgane und der Massenorganisationen. Nach den Statutenänderungen tritt die Delegiertenkonferenz mindestens zweimal in fünf Jahren zusammen. Die Hauptfunktion der Delegiertenkonferenz liegt in der Wahl der Kreisleitung, der Revisionskommission sowie der Delegierten für die Bezirksdelegiertenkonferenz.

Wie in den Gemeinden, den großen Betrieben, den Städten und Bezirken bestehen auch in K. zur Unterstützung der Parteiarbeit Parteiaktivs. Ihre Zusammensetzung erfolgt nicht durch Wahl, sondern durch die Sekretariate der Kreisleitung. Sie sorgen für eine schnellere Information der Mitglieder, für die Darlegung und Vermittlung der Auffassungen der leitenden Organe der Partei und übernehmen somit praktisch Aufgaben der Kreisdelegiertenkonferenz. Die Beschlüsse des Parteiaktivs bedürfen der Zustimmung der Kreisleitung.

Die Kreisleitungen sind entsprechend dem Schlüssel des Zentralkomitees zusammengesetzt. Die Größe, zwischen 50 und 80 Personen, und ihre soziale Zusammensetzung entspricht der Bedeutung der K. Die Kreisleitungen Neubrandenburg und Rostock-Stadt bestehen gegenwärtig z. B. aus 60 Mitgliedern und 15 Kandidaten (beide sind nicht in Stadtbezirksleitungen untergliedert); die Kreisleitung der Karl-Marx-Universität Leipzig besteht aus 40 Mitgliedern und 15 Kandidaten. Die Kreisleitungen müssen statuarisch mindestens einmal in drei Monaten zusammentreten.

Während als Mitglieder und Kandidaten der Bezirksleitung nur Parteimitglieder gewählt werden können, die mindestens drei Jahre Mitglied der SED sind, ist für die Mitgliedschaft in der Stadt- und Kreisleitung nur eine zweijährige Mitgliedschaft in der Partei vorgeschrieben.

Auf der 1. (konstituierenden) Sitzung der Kreisleitung wählt diese zur Leitung der operativen Arbeit entsprechend den Instruktionen des ZK die Sekretäre und bildet das Sekretariat. Sie bestätigt die Leiter der Abteilungen des Apparates des Sekretariats und die Redakteure der örtlichen Presseorgane.

Das Plenum der Kreisleitung scheint bisher ohne sichtbaren politischen Einfluß. Das schließt allerdings nicht aus, daß auch Kreisleitungsmitglieder aufgrund ihres persönlichen Ansehens oder ihrer gesellschaftlichen Stellung den Entscheidungsmechanismus mitbestimmen können und vom Sekretariat zur fachlichen Beratung herangezogen werden. In vielen Fällen leiten Kreisleitungsmitglieder Kommissionen oder ad hoc gebildete Arbeitsgruppen bei der Kreisleitung.

Das Zentrum der Entscheidungsmacht stellt jedoch auch hier das Sekretariat dar. Während die Bezirkssekretäre mindestens 5 Jahre Mitglied der Partei sein müssen, wird von den Kreisleitungssekretären lediglich eine dreijährige Mitgliedschaft in der SED vorausgesetzt. Die Kandidatenzeit wird nicht mitgerechnet. Die Sekretäre bedürfen nach ihrer Wahl der Bestätigung entsprechend der Nomenklatur durch das übergeordnete Parteiorgan, die Bezirksleitung.

Die Sekretariate der regionalen Kreisleitungen bestehen aus: 1. Sekretär, 2. Sekretär, Sekretär für Wirtschaft, Sekretär für Landwirtschaft (nicht bei allen Sekretariaten der Stadtleitungen existiert ein Sekretär für Landwirtschaft), Sekretär für Agitation, Sekretär für Schulen und Kultur, sowie als weiteren Sekretariatsmitgliedern: Vors. des Rates des Kreises, Stellv. des Vors. des Rates des Kreises und Vors. der Kreisplankommission, Stellv. des Vors. des Rates des Kreises und Produktionsleiter für Land- und Nahrungsgüterwirtschaft, Vors. des FDGB-Kreisvorstandes, 1. Sekretär der FDJ-Kreisleitung sowie gegebenenfalls dem Oberbürgermeister der Kreisstadt oder dem Bürgermeister.

Die Aufgabenverteilung der Sekretäre ähnelt der der Bezirkssekretäre. Doch gibt es z. B. naturgemäß bei den Stadtleitungen in der Regel keinen Sekretär für Landwirtschaft. Ferner existiert auf Kreisebene kein Wirtschaftsrat (analog dem Bezirkswirtschaftsrat auf Bezirksebene). Die im Sekretariat der Bezirksleitung vom Vorsitzenden des Bezirkswirtschaftsrates eingenommene Position hat daher auf Kreisebene keine Entsprechung.

Die Funktionen der heutigen Sekretariate nahmen bis 1963 die Büros der Kreisleitung wahr, die nach dem VI. Parteitag 1963 aufgelöst wurden. Danach bildeten die 1. und 2. Sekretäre, der Leiter des Büros für Industrie und Bauwesen, der Leiter des Büros für Landwirtschaft und der Sekretär und Leiter der Ideologischen Kommission die Entscheidungsspitze auf Kreisebene. Wie auch heute gab es in Kreisen mit überwiegend Industrie- oder landwirtschaftlicher Struktur nur einen Sekretär für ein Tätigkeitsfeld. Das Strukturschema veränderte sich 1966 nach der Auflösung der Büros und Kommissionen beim Politbüro, den Bezirksleitungen und den Kreisleitungen. Die heutige Struktur stammt aus den Jahren 1966/67. Anfang 1974 wurde auch der Vorsitzende der Kreisparteikontrollkommission in das Sekretariat aufgenommen. Die Größe der Kreisleitungen als regionale oder funktionale Diskussions-, Rechenschafts- und Konsultationsgremien wurde von diesen Veränderungen der Struktur nicht berührt.

Den Sekretären der Kreisleitungen untersteht der Apparat der Kreisleitungen. Jedem Sekretär sind in der Regel eine, selten zwei oder mehrere Abteilungen zugeordnet. Eine weitere Differenzierung in Sektoren scheint bei den Abteilungen der Kreisleitung gegenwärtig nicht mehr zu existieren. Bis 1957 war der Apparat des Sekretariats weiter aufgefächert. Es bestanden in der Regel fünf Abteilungen, die in weitere Sektoren untergliedert waren. Durch Beschluß des ZK vom 29. 11. 1957 wurden die fünf auf zwei Kreisleitungsabteilungen

(für Organisation/Kader und für Agitation/Propaganda) reduziert. Zugleich ging man dazu über, anstelle des sich aufblähenden hauptamtlichen Apparates mit ehrenamtlichen Kräften und mit ständigen Kommissionen zu arbeiten, die von einem hauptamtlichen Funktionär der SED geleitet wurden.

1960 existierte aber bereits wieder eine Abteilung Wirtschaftspolitik, zusätzlich wurde eine Abteilung für Schulen und Kultur eingerichtet. Nach 1964 wurde die Organisations-Kader-Abteilung in die Abteilung für Parteiorgane umgewandelt. Bis heute untersteht diese wichtige Abteilung (zuständig für Kaderpolitik) dem 2. Sekretär der Kreisleitung.

Der Apparat der Kreisleitung besteht aus 30 bis 50 hauptamtlichen Mitarbeitern. Ihre Auswahl erfolgt durch die einzelnen Sekretäre. Diese Struktur der Organe der regionalen Kreisleitungen gilt nicht für die funktionalen Kreisleitungen, Industrie-Kreisleitungen und Leitungen der Zentralen Organe.

Eine Universitätskreisleitung hat z. B. nur 40 Mitglieder und 15 Kandidaten. Ihr Sekretariat ist wie folgt besetzt: 1. Sekretär, 2. Sekretär, Sekretär für Wissenschaft, Sekretär für Propaganda (Universitätszeitung, Parteilehrjahr), Rektor, Vors. der Kreispartei-Kontrollkommission, Vors. der Universitätsgewerkschaftsleitung, 1. FDJ-Sekretär der Kreisleitung der Universität.

Bei den Kreisleitungen bestehen Ständige Kommissionen für Frauen, für Jugend und Sport usw., jedoch keine Westkommission (wie bei den Bezirksleitungen). Ferner werden ad-hoc-Arbeitsgruppen gebildet. Von besonderer Bedeutung sind die Arbeitsgruppen, die für ausgewählte Betriebe der sozialistischen Wirtschaft eingesetzt werden. Darüber hinaus werden gegenwärtig „Beauftragte der Kreisleitung" ernannt, die persönlich für bestimmte Betriebe und Einrichtungen verantwortlich sind. Beauftragte der Kreisleitung gab es z. B. anläßlich der Vorbereitung und Durchführung der letzten Parteiwahlen 1973/74.

Die Hauptaufgabe der Kreisleitungen liegt in der Anleitung der Grundorganisationen der Partei.

Hierbei konzentrieren sich die Sekretariate auf die unmittelbare Hilfe bei der Durchsetzung der zentralen Parteibeschlüsse. Um dies zu erleichtern, fanden Beratungen der Sekretäre der Kreisleitungen mit dem Ersten Sekretär der SED und weiteren Sekretariatsmitgliedern statt (z. B. am 26. 10. 1973 zur Vorbereitung der Parteiwahlen). Über die geleistete Arbeit legen die Kreisleitungen regelmäßig Rechenschaft bei den Bezirksleitungen ab und erhalten detaillierte Anweisungen. Regelmäßig müssen die Kreisleitungen über politische Konflikte und die Stimmung an der Basis in der Form der „Parteiinformation" an die Bezirksleitungen berichten. Nach dem VIII. Parteitag der SED (1971) ist die politisch-ideologische Arbeit wieder Kern und Hauptinhalt der Parteiarbeit. Die Mitglieder der Kreisleitungen sollen nun auch persönlichen Kontakt zu den Schwerpunktbetrieben ihres Kreises halten. Die Parteiorganisationen ausgewählter industrieller oder landwirtschaftlicher Kombinate müssen regelmäßig über die Situation in ihren Produktionsstätten berichten.

Kreisplankommissionen: → **Planung.**

Kreisstaatsanwalt: → **Staatsanwaltschaft.**

Kreistag: → **Kreis.**

Kreiszeitungen: → **Presse.**

Krieg: Der → **Marxismus-Leninismus** unterscheidet zwischen gerechten und ungerechten K. Danach kommt es darauf an, welche Klassen gegen wen K. führen. Befreiungs-K. in den ehemaligen Kolonien gegen die „imperialistischen Mutterländer" gelten als gerechte K. Da die Unterschiedsmerkmale vollkommen unbestimmt sind, wäre mit den Aussagen des historischen Materialismus aber auch die Rechtfertigung eines Bürger-K., bzw. eines Angriffs-K. möglich.
Seit dem XX. Parteitag der KPdSU (1956) gelten K. zwischen dem → **sozialistischen Weltsystem** und dem Imperialismus als vermeidbar. → **Pazifismus**.

Kriegshetze: → **Aggressionsverbrechen.**

Kriegsopferversorgung: Die K. obliegt nach der VO vom 21. 7. 1948 (Zentral-VOBl., S. 363) der Sozialversicherung nach deren Grundsätzen, d. h. Beschädigtenrente wird nur dem gezahlt, der einen Körperschaden von mindestens 66²/₃ v. H. erlitten hat und dieser auf eine während der Zugehörigkeit zur ehemaligen deutschen Wehrmacht oder einer ihr gleichgestellten Organisation bzw. während der Kriegsgefangenschaft eingetretene Krankheit oder äußere Einwirkung zurückzuführen ist. (Vgl. auch Rentenverordnung vom 4. 4. 1974, GBl. I, Nr. 22, S. 201). Die monatliche Kriegsbeschädigtenrente beträgt 240 Mark; sie wird ggf. durch einen → **Ehegattenzuschlag** und → **Kinderzuschlag** erhöht. Wird neben der Kriegsbeschädigtenrente ein Einkommen aus Arbeit, Vermögen oder sonstigen Einkommensquellen erzielt, und übersteigen Einkommen und Rente ohne Zuschläge zusammen 300 Mark monatlich, wird die Rente einschl. Zuschläge um die Hälfte des 300 Mark übersteigenden Betrages gekürzt, doch beträgt sie mindestens drei Zehntel der Kriegsbeschädigtenrente einschließlich der Zuschläge. Die Kürzung entfällt bei Bezug von Blinden- bzw. Sonderpflegegeld sowie mit Vollendung des 60. Lebenjahres bei Frauen bzw. des 65. Lebensjahres bei Männern, soweit kein Anspruch auf eine höhere gleichartige Rente (→ **Renten**) besteht.
Für die Berechnung der Hinterbliebenenrente (einschließlich Übergangs-Hinterbliebenenrente) und Unterhaltsrente an geschiedene Ehegatten gelten die gleichen Bestimmungen wie für Hinterbliebene von Ver-

storbenen, die zum Zeitpunkt ihres Todes die Voraussetzungen zum Bezug einer Alters- oder Invalidenrente erfüllt hatten. Dieses gilt auch für die Mindestrenten. Grundsätzlich bleibt in der DDR somit eine Erwerbsminderung zwischen 25 und 66²/₃ v. H., die in der Bundesrepublik Deutschland wenigstens zur Zahlung einer Kriegsbeschädigtengrundrente führt, als Leistungsgrund unberücksichtigt.

Kriegsverbrechen: → **Aggressionsverbrechen.**

Kriegsverbrecherprozesse: Im Jahr 1950 wurden mit der Auflösung der sowjetischen Konzentrationslager etwa 3 500 von den Sowjets inhaftierte Deutsche, denen von den sowjetischen Untersuchungsbehörden die Begehung von oder Teilnahme an Kriegs- oder Naziverbrechen vorgeworfen wurde, an die DDR-Justiz zur Aburteilung übergeben. Die Prozesse fanden in den Monaten April bis Juli 1950 in Waldheim/Sachsen vor 12 Großen und 8 Kleinen Strafkammern statt. Richter, Staatsanwälte und sonstiges Personal waren für diese Aktion besonders ausgesucht worden. Grundlage des Verfahrens bildete in der Regel die Übersetzung eines in russischer Sprache abgefaßten Protokolls, das die angeblich vom Beschuldigten begangenen Straftaten schilderte. Im Ermittlungsverfahren in Waldheim wurden die Beschuldigten noch einmal vernommen und mußten einen Lebenslauf und eine Vermögenserklärung abgeben. Diese Unterlagen bildeten die Grundlage für die Anklage der Staatsanwaltschaft. Zeugen wurden nicht gehört. Verteidiger waren nicht zugelassen. Am Schluß der Aktion, die unter Leitung von Dr. Hildegard Heinze stand, wurden etwa 10 öffentliche Prozesse gegen Angeklagte durchgeführt, denen berechtigt Straftaten vorgeworfen werden konnten. In allen anderen K. in Waldheim war die Öffentlichkeit ausgeschlossen. Es ergingen 36 Todesurteile, von denen 24 in der Nacht zum 4. 11. 1950 vollstreckt wurden. Im übrigen wurden Strafen zwischen 6 Jahren Gefängnis und lebenslänglichem Zuchthaus verhängt. Im Herbst 1952 wurde ein Teil der Verurteilten vor Ablauf der Strafzeit entlassen. Weitere Haftentlassungen erfolgten 1954, 1956 und in den folgenden Jahren. Jetzt befindet sich kein Waldheimverurteilter mehr in Strafhaft. Das Kammergericht in Berlin (West) hat in einem Überprüfungsverfahren am 15. 3. 1954 entschieden, daß die in den Waldheimer K. gefällten Urteile wegen der im Verfahren und bei der Urteilsfindung festzustellenden Rechtsverletzungen schlechthin als nichtig, also als Nicht-Urteile angesehen werden müssen (Neue Justiz, 1954, H. 50, S. 1901).

Kriminalität

Kriminalstatistik – Regionale Unterschiede – Jugend-kriminalität – Ursachen und Schwerpunkte

I. Kriminalstatistik

Nach marxistisch-leninistischer Auffassung geht die K. nicht aus der Natur des Menschen, sondern aus den gesellschaftlichen Verhältnissen hervor. Die K.

ist somit keine unausweichliche Gesetzmäßigkeit der menschlichen Existenz, sondern der gesellschaftlichen Entwicklung unterworfen; in der kommunistischen Gesellschaft werde sie überwunden sein. Eine günstige, d. h. rückläufige Entwicklung der K. könnte somit zugleich Beweis für den gesellschaftlichen Fortschritt sein. In Veröffentlichungen der DDR wird der Anschein eines kontinuierlichen Rückgangs der K. in der DDR seit 1946 erweckt. Aus der im Statistischen Jahrbuch der DDR veröffentlichten K.-Statistik ist eine solche kontinuierliche Entwicklung nicht festzustellen.

Jahr	Festgestellte Straftaten insgesamt	Straftaten je 100 000 der Bevölkerung (Kriminalitätsziffer)
1946	500 446	2 771
1950	230 263	1 252
1957	169 557	968
1958	186 138	1 073
1959	156 970	907
1960	139 021	806
1961	148 502	867
1962	162 280	949
1963	163 999	956
1964	138 350	814
1965	128 661	756
1966	124 524	730
1967	116 080	680
1968	100 126	586
1969	105 869	620
1970	109 101	640

Quelle: Statistisches Jahrbuch der DDR 1971, S. 480.

Mit dem Jahr 1970 enden – zumindest vorläufig – auch die bisher nur sparsamen Angaben über die K. in der DDR. Bis 1971 enthielt das Statistische Jahrbuch die K.-Statistik jeweils bis zum vorangegangenen Jahr. Nachdem das Statistische Jahrbuch 1972 mit der Begründung, die Erkenntnisse des Jahres 1971 hätten bei Redaktionsschluß noch nicht vorgelegen, nur die bereits 1971 veröffentlichten Zahlen wiederholt hatte, enthält das Statistische Jahrbuch seit 1973 überhaupt keine K.-Statistik mehr. Ohne Begründung fehlt im Abschnitt „Rechtspflege" jede Information über die K. und die Tätigkeit der Strafjustiz. Die darauf gestützte Vermutung über einen weiteren Anstieg der K. ist inzwischen durch ein Interview des Generalstaatsanwalts Streit in der NBJ 18/75 bestätigt worden. Aus den Angaben Streits, mit denen er wiederum den kontinuierlichen Rückgang der K. beweisen wollte, ist eine Zunahme auf durchschnittlich mehr als 141 000 Straftaten für 1971–1973 ersichtlich.

II. Regionale Unterschiede

Die – jetzt geheimgehaltenen – Informationen über den Stand der K. gaben schon in der Vergangenheit zu Zweifeln Anlaß. Auch gibt es einige Anzeichen dafür, daß die veröffentlichten Statistiken manipuliert worden sind.
1. Die K.-Ziffern der Bezirke zeigen erhebliche Unterschiede und z. T. mit der allgemeinen Entwicklung der K. im Widerspruch stehende Schwankungen auf (vgl. nebenstehende Tabelle).
Im Gegensatz zur Zunahme der K. in der gesamten DDR weist diese Statistik für Ost-Berlin für 1969 ei-

nen erheblichen Rückgang und für 1970 einen weit über dem DDR-Durchschnitt liegenden Anstieg auf. Die Ziffern für den Bezirk Frankfurt/Oder übertreffen im Jahr 1969 die K.-Ziffern von Ost-Berlin und weisen damit für diesen Bezirk 1969 die höchste K. in der DDR auf. 1970 liegt Ost-Berlin erneut an der Spitze. Bei Gera und Rostock fällt der der allgemeinen Tendenz widersprechende Rückgang der K.-Ziffern für 1970 auf, nachdem 1969 die K. im Bezirk Rostock höher gewesen war als in Ost-Berlin. Bemerkenswert ist schließlich der Vergleich der K.-Ziffern der Bezirke Karl-Marx-Stadt und Neubrandenburg. Während diese in dem Industrie-Bezirk Karl-Marx-Stadt fast unverändert gering blieben und damit weit unter dem DDR-Durchschnitt lagen, hat die ohnehin höhere K. in dem eher ländlichen Bezirk Neubrandenburg überdurchschnittlich zugenommen und 1970 einen mit fast 40 v. H. höheren Stand als im Bezirk Karl-Marx-Stadt erreicht.
2. Auffällig sind weiterhin die starken Schwankungen bei einzelnen Deliktgruppen. So soll die Zahl der Straftaten gegen das persönliche Eigentum von 68 869 im Jahr 1957 zunächst bis 1960 um etwa 37 v. H. auf 43 436 zurückgegangen, dann bis 1963 um mehr als 45 v. H. auf 63 163 gestiegen sein und seitdem erneut um mehr als 50 v. H. auf 30 747 im Jahr 1967 abgenommen haben. Der angegebene starke Rückgang in dieser zahlenmäßig größten Deliktsgruppe seit 1963 ist besonders hervorzuheben, weil zu jener Zeit die Behandlung geringfügiger Delikte, insbesondere kleinerer Vergehen gegen das persönliche Eigentum, den → **Gesellschaftlichen Gerichten** übertragen worden ist.
3. Mit dem Inkrafttreten des neuen StGB am 1. 7. 1968 werden Bagatelldiebstähle sowie einige andere Verstöße gegen Strafbestimmungen, wie Hausfriedensbruch, Beleidigung und Verleumdung, nicht mehr als Straftaten, sondern als Verfehlungen (→ **Strafrecht**) gewertet und damit nicht mehr von der K.-Statistik erfaßt. Der durch die K.-Statistik ausgewiesene Rückgang der Zahl dieser Straftaten beruht somit seit 1968 zum großen Teil nicht auf einer tatsächlichen Abnahme dieser Delikte, sondern nur auf einer anderen Wertung derartiger Gesetzesverletzungen.
4. Bei den Straftaten gegen die Verkehrssicherheit

Straftaten je 100 000 der Bevölkerung (Kriminalitätsziffer)

	1968	1969	1970
DDR	586	620	640
Berlin (Ost)	871	802	964
Frankfurt (Oder)	742	834	851
Gera	514	570	529
Karl-Marx-Stadt	493	509	510
Neubrandenburg	596	639	704
Rostock	695	809	778

Quelle: Statistisches Jahrbuch der DDR 1971, S. 482.

fällt auf, daß der mit der zunehmenden Verkehrsdichte allmählich steigenden Zahl der Verkehrsunfälle eine verhältnismäßig geringe Zahl an Verkehrsdelikten gegenübersteht. 1970 gab es in der DDR 52 207 Straßenverkehrsunfälle mit Personenschaden oder Sachschaden von über 300 Mark, bei denen 2 139 Personen getötet und 46 237 verletzt sowie 66 241 Fahrzeuge beschädigt wurden. Demgegenüber weist die K.-Statistik nur 2 611 Straftaten nach § 196 StGB (Herbeiführung eines schweren Verkehrsunfalls) auf.

III. Ursachen

Als Ursache der noch vorhandenen K. werden vor allem schädliche Einflüsse aus dem Westen, insbesondere durch Fernsehen und Rundfunk, Besuche und Briefe aus der Bundesrepublik Deutschland sowie Überreste noch vorhandener, aus dem Kapitalismus überkommener Bewußtseinselemente, so z. B. Reste „spießbürgerlicher Lebensgewohnheiten und bürgerlicher Eigentumsideologie und Egoismus", die vor allem als Ursache der auf kleinbürgerliches Besitzstreben gerichteten Eigentumsdelikte gelten, angesehen.

Zu diesen früher stets als alleinige Ursachen für die in der DDR noch vorhandene K. genannten Gründen wird seit einiger Zeit noch eine „Reihe innerer Erscheinungsformen" in der sozialistischen Gesellschaft angeführt, die „auf Widersprüchen und Konflikten beruhen, die mit der komplizierten Entwicklung und Herausbildung der sozialistischen Gesellschaft zusammenhängen". Der Prozeß des Abbaues dieser Konflikte vollziehe sich nicht im Selbstlauf. Man habe es gegenwärtig mit einer „ungleichmäßigen und widerspruchsvollen Entwicklung" zu tun.

IV. Jugendkriminalität

Die Jugend-K. ist relativ hoch. Informationen aus der DDR darüber sind allerdings besonders spärlich. Die Straftatenbelastung bei verschiedenen Altersgruppen läßt folgende Durchschnittswerte der Jahre bis 1969 erkennen:

Alter	Täter auf 100 000 Einwohner dieser Altersgruppe
14–16 Jahre	800
16–18 Jahre	1 900
18–21 Jahre	1 800
21–25 Jahre	1 500
25–35 Jahre	1 000
35–45 Jahre	500
45–60 Jahre	200
über 60 Jahre	50

Die K.-Ziffer erreicht also bereits bei den 16–18jährigen ihr Maximum und fällt bei den Erwachsenen schnell ab. Demgegenüber verläuft in der Bundesre-

publik Deutschland die Kurve der Verurteilten-Ziffer erheblich flacher.

Der verhältnismäßig hohe Anteil der Jugend an der Gesamt-K. hat, wie Veröffentlichungen aus der DDR erkennen lassen, weiterhin eine steigende Tendenz. Für diese Entwicklung werden folgende Ursachen genannt:

1. Einflüsse der ideologischen Diversion aus dem Westen (s. o.).
2. Mängel in den Beziehungen der Erwachsenen zu den Jugendlichen, die den Prozeß der Entwicklung des gesellschaftlichen Bewußtseins junger Menschen hemmen.
3. Vorhandensein spontaner Elemente unter der Jugend, die durch Kontakte der verschiedenen Altersgruppen „immer weitervererbt werden" und zum Entstehen eines fehlerhaften Weltbildes und spontan-anarchistischen Ausbrüchen aus den Regeln gesellschaftlichen Zusammenlebens führen.
4. Mangelhafte Entwicklung eines freien sozialistischen Jugendlebens mit der Folge spontaner Gruppenbildung und der Gefahr der Entwicklung gesellschaftswidriger Tendenzen (→ **Rowdytum**).
5. Gestörte Bildung und Erziehung sowie mangelhafte Einstellung zur Arbeit. Ca. 50 v. H. der jugendlichen Straftäter haben die Schule ohne abgeschlossene Ausbildung verlassen.
6. → **Alkoholmißbrauch.** 85 v. H. der Straftaten Jugendlicher entfallen seit Jahren fast gleichbleibend auf Straftaten gegen das sozialistische und persönliche Eigentum, die Verkehrssicherheit, die staatliche und öffentliche Ordnung sowie auf vorsätzliche Körperverletzungsdelikte. 1970 haben 52,5 v. H. aller jugendlichen Straftäter Eigentumsdelikte begangen. Obwohl ein echter Vergleich der K. in beiden Teilen Deutschlands wegen der unterschiedlichen Rechtsordnungen und wegen der geschilderten Bedenken gegen die Zuverlässigkeit der K.-Statistik der DDR nur teilweise möglich ist, kann dennoch davon ausgegangen werden, daß die K. in der DDR geringer ist als in der Bundesrepublik. Es besteht allerdings kaum Anlaß, dies auf ein verändertes „sozialistisches Bewußtsein" der Bevölkerung der DDR zurückzuführen. Eher bieten sich folgende Gründe an:
1. Kontrolle des Bürgers durch staatliche und gesellschaftliche Organe und durch Nachbarn und Arbeitskollegen. Dazu gehört auch die Pflicht zur gesellschaftlich nützlichen Arbeit (→ **Asoziales Verhalten**). Das verhindert weitgehend den im Westen bekannten Typ des „reisenden Verbrechers" und „Berufsverbrechers".
2. Verstärkte Bemühungen um Wiedereingliederung des Straffälligen (→ **Strafvollzug**).
3. Geringere Diebstahls- und Betrugs-K. infolge geringeren Warenangebotes und des Fehlens einer zum übersteigerten Konsum anreizenden Werbung.
4. Ausweisung nicht erziehbarer Asozialer und Krimineller in die Bundesrepublik Deutschland.

V. Schwerpunkte

Schwerpunkte der K. sind Diebstahl, Verkehrsdelikte, Rowdytum und Körperverletzung sowie Gefährdung der öffentlichen Ordnung durch asoziales Verhalten. Mit insgesamt 45 398 Straftaten bildet 1970 trotz des Wegfalls der Bagatelldiebstähle Diebstahl sozialistischen und persönlichen Eigentums die weitaus größte Deliktsgruppe. Bemerkenswert dabei ist, daß 1970 zum ersten Mal die Zahl der gegen sozialistisches Eigentum gerichteten Diebstahlsdelikte mit 23 240 größer ist als die Zahl der Diebstähle persönlichen und privaten Eigentums (22 158). 1957 war die Zahl der gegen das persönliche Eigentum gerichteten Straftaten mit 68 869 noch etwa doppelt so hoch wie die der Straftaten gegen das sozialistische Eigentum.

Verkehrsdelikte zeigen in der K.-Statistik erst seit 1970 eine steigende Tendenz mit 16 127 Straftaten gegen die Verkehrssicherheit, darunter zwar nur 2 611 Straftaten nach § 196 StGB (Herbeiführung eines schweren Verkehrsunfalls, s. o.), aber mit 8 955 Straftaten der Verkehrsgefährdung durch Trunkenheit und 3 981 Fällen der unbefugten Benutzung von Fahrzeugen.

Bei → **Rowdytum** (§ 215 StGB) und Körperverletzung ist der Anteil der Jugendlichen und der unter Alkoholeinfluß stehenden Straftäter besonders hoch. Die Statistik nennt für 1970 9 855 vorsätzliche Körperverletzungen. Die Zahl der als „Rowdytum" bezeichneten Straftaten wird nicht angegeben, jedoch ausdrücklich in den Veröffentlichungen als ein Schwerpunkt der K. genannt.

Das gleiche gilt für das Delikt „Gefährdung der öffentlichen Ordnung durch asoziales Verhalten" (§ 249 StGB), dessen Bedeutung in den letzten Jahren ständig zugenommen hat, wie Veröffentlichungen erkennen lassen.

Über die Zahl der politischen Straftaten (**Politische** → **Häftlinge**) gab die K.-Statistik zu keiner Zeit Auskunft.

Krise: → Politische Ökonomie.

Kritik und Selbstkritik: Auf dem sog. Gesetz von den Widersprüchen als der Triebkraft der Bewegung beruhende Methode zur Aufdeckung und Lösung „nicht-antagonistischer" gesellschaftlicher Widersprüche.

K. im Sozialismus meint nicht die vermeintlich von Positionen des Nihilismus, Skeptizismus etc. betriebene „destruktive" K., sondern ausschließlich jene, die sich die Beseitigung von den gesellschaftlichen Fortschritt beeinträchtigenden Faktoren (und zwar in der Form von Ideen, Verhaltens- und Arbeitsweisen, Organisationsformen) zum Ziel setzt. Die Legitimität der K. bemißt sich an deren positiven Beitrag zur Entwicklung der sozialistischen Gesellschaftsordnung.

K. und S. gehören zu den wichtigsten Verhaltensnormen der marxistisch-leninistischen Partei; sie sollen als Mittel der Parteierziehung und der Stärkung der Kampfkraft der Partei (Erhöhung der „revolutionären Wachsamkeit") dienen; sie gelten als Grundlage und wesentlicher Bestandteil der innerparteilichen Demokratie. Das Statut der → **SED** verpflichtet die Parteimitglieder zum Kampf gegen jede Unterdrückung von K. und zur Förderung der K. und S. von unten. Die Entfaltung der K. und S. und die Erziehung der Mitglieder zur „Unversöhnlichkeit" gegenüber Mängeln werden sogar ausdrücklich zu Pflichten der Parteimitglieder erklärt.

Feste Regeln über Formen der K. und S. sowie Abgrenzungen kritikfähiger Gegenstände von solchen, die der K. entzogen sind, existieren nicht; die bisherige Praxis gibt jedoch Hinweise auf die Existenz tabuisierter Bereiche ideologischer, institutioneller und personeller Art, zumindest soweit es sich um veröffentlichte K. handelt. Danach können Grundfragen der Lehre des Marxismus-Leninismus und der Staats- und Gesellschaftsordnung der DDR, das Bündnis mit den sozialistischen Staaten, insbesondere mit der UdSSR, die jeweils amtierende Partei- und Staatsführung nicht Gegenstand der K. sein.

Die S. erfolgt zumeist in der Weise, daß der Beschuldigte öffentlich die Berechtigung der K. anerkennt und mit der Analyse der sein Fehlverhalten begünstigenden Umstände bereits den ersten Schritt zur Beseitigung jener Mängel leistet, die als Hemmnisse der gesellschaftlichen Entwicklung als kritikbedürftig erachtet werden. Die Formen, in denen seit Anfang der 60er Jahre K. und S. geübt werden, haben sich entkrampft und den Charakter von Verurteilungen, bzw. Selbstanklagen – zur Vermeidung von beruflichen oder gesellschaftlichen Nachteilen – teilweise verloren. Dadurch konnten der in K. und S. liegende produktive Aspekt stärker genutzt und – vor allem auch im künstlerischen Bereich – ernsthafte Diskussionen und schöpferische Auseinandersetzungen gefördert werden.

Kulturarbeit des FDGB: Wichtiger Bereich der Gewerkschaftsarbeit, in dem die Gewerkschaftsmitglieder sich die nationalen und internationalen kulturellen Traditionen aneignen, ihre Fähigkeiten zu eigenem künstlerischen Ausdruck entwickeln, Elemente sozialistischer Allgemeinbildung und spezielle, im Berufsleben anwendbare Kenntnisse erwerben sollen. Der Inhalt der K. orientiert sich an den jeweiligen kulturpolitischen Zielsetzungen der SED.

Der → **FDGB** steht mit seiner K. in der Tradition der deutschen Arbeiterbewegung, deren eine Wurzel in den bürgerlich-demokratischen Bildungsvereinen des 19. Jahrhunderts zu suchen ist und die sich immer auch als Kultur- und Bildungsbewegung begriffen hat. Unter Kultur wurden die historischen Hervorbringungen in Wissenschaft und Kunst in ihrer ganzen Breite verstanden, soweit sie dauerhaft und zukunftsweisend schienen. Zugleich gab es Ansätze zu einem eigenen kulturellen Beitrag als „sozialistische" bzw. „proletarische Kultur".

Sich-Bilden, Lernen wurden als eine Voraussetzung und als ein Ausdruck des Abbaus von bürgerlicher Herrschaft sowie erfolgreicher gesellschaftlicher Emanzipation gesehen. Allgemeinbildung, kulturelle Eigenbetätigung und Erwerb beruflich verwertbarer Kenntnisse standen in engem Zusammenhang; sie waren gleichermaßen Mittel für individuellen Aufstieg und gesamtgesellschaftliche Emanzipationsbestrebungen. Wenn diese Traditionslinie auch durch die marxistisch-leninistische Parteilichkeit und die aktuellen kulturpolitischen Beschlüsse von SED und Staat über- und umgeformt worden ist, wirkt sie in Form und Inhalt der K. z. T. immer noch nach.

Der FDGB versteht seine K. als einen Beitrag zur „allseitigen Entwicklung sozialistischer Persönlichkeiten". Produktionsarbeit, politisch-soziale Aktivität, ständige fachliche und allgemeine Weiterbildung werden als einander bedingende Elemente eines einheitlichen Prozesses gedeutet. Entsprechend wollen die verschiedenen Bereiche der K. als Einheit im gesamtgesellschaftlichen Zusammenhang, in dessen Zentrum der Produktionsprozeß steht, gesehen werden.

Aufgaben der K. sind: 1. Förderung der „Arbeitskultur" (A.), d. h. das Herstellen optimaler Bedingungen für Wohlbefinden und Arbeitsfreude am Arbeitsplatz. A. umschließt Arbeits- und Gesundheitsschutz, arbeitsphysiologisch und arbeitspsychologisch richtige Gestaltung von Arbeitsmitteln, -räumen und -prozessen, kameradschaftliche Zusammenarbeit (gegenseitige Hilfe), gesellschaftlich nützliche und ästhetisch gestaltete Arbeitsprodukte; 2. Vermittlung fachlicher Kenntnisse als ein das gesamte Berufsleben begleitender Prozeß; 3. Erziehung im Rahmen der Weltanschauung des Marxismus-Leninismus; 4. Entwicklung und Organisation der kulturellen und künstlerischen Eigentätigkeit; 5. Vermittlung des kulturellen Erbes und Werbung für die Teilnahme am gegenwärtigen Kulturleben; 6. Förderung der Beziehungen zwischen Kunstinstitutionen und Berufskünstlern und den Werktätigen im Betrieb als eines gegenseitigen Lern- und Erziehungsprozesses; 7. Einwirken auf die Freizeitgestaltung und die kulturelle Entwicklung in den Wohngebieten.

Die K. vollzieht sich wesentlich im Betrieb; die BGL trägt für sie die Verantwortung und stützt sich dafür auf die bei ihr und den AGL gebildeten Kommissionen Kultur und Bildung sowie auf die Kulturobleute (1973: 220 428) in den Gewerkschaftsgruppen. Grundlage ihrer Arbeit ist der jährlich zu beschließende Kultur- und Bildungsplan; das weite Verständnis von K. berührt jedoch faktisch alle Bereiche gewerkschaftlicher Arbeit (→ **Betriebsgewerkschaftsorganisation**): Arbeits- und Gesundheitsschutz, Agitation und Propaganda, Sport usw. Die Vorhaben der K. sind Bestandteil des BKV; sie werden aus dem Kultur- und Sozialfonds des Betriebes und der Gewerkschaftskasse finanziert. Die betriebliche K. wird von den Abteilungen Kultur der übergeordneten Gewerkschafts- und FDGB-Leitungen angeleitet (Leiter der Abteilung Kultur d. BV des FDGB: Sekretär und Mitglied des Präsidiums des BV des FDGB, Dr. Harald Bühl). Die Funktionäre der K. werden in 3-Monats-

Lehrgängen in den Bezirksschulen des FDGB, in einem einjährigen Studium der Zentralen Kulturschule des FDGB in Leipzig und im Direkt- bzw. Fernstudium (3 bzw. 5 Jahre) an der Hochschule des FDGB in Bernau ausgebildet. Zur Unterstützung der K. erscheint neben Informationsmaterial und Buchpublikationen im Verlag des FDGB Tribüne die Monatszeitschrift „Kulturelles Leben".

Um zu einer möglichst wirkungsvollen K. zu kommen, arbeitet der FDGB eng mit den anderen im Betrieb vertretenen Massenorganisationen (besonders mit der → **FDJ**, der → **KdT**, dem → **Kulturbund**, der → **Gesellschaft für deutsch-sowjetische Freundschaft**), im Wohngebiet mit den örtlichen Staatsorganen und der → **Nationalen Front** und den Künstlerverbänden zusammen. Über Form und Inhalt der Zusammenarbeit sind mit allen Organisationen schriftliche Vereinbarungen getroffen worden. Ein nicht unwesentlicher Teil der K. ist die Volkskunstbewegung, deren Einrichtungen und staatlichen Unterstützungen auch für die K. genutzt werden. Die Teilnahme am kulturellen Leben (z. B. Theateranrechtsscheine, gemeinsamer Ausstellungsbesuch usw.) und die fachliche Weiterbildung sind Bestandteile des sozialistischen Wettbewerbs unter dem Motto: Sozialistisch arbeiten, lernen und leben um den Titel „Kollektiv der sozialistischen Arbeit". Für kulturelle Selbstverpflichtungen und Leistungen ist daneben als eigene Wettbewerbsform der ökonomisch-kulturelle Leistungsvergleich eingeführt worden. Ergebnisse dieser Bemühungen spiegeln sich sowohl in der hohen Beteiligung an den Maßnahmen zur beruflichen Aus- und Weiterbildung (1972: 1,13 Mill. Teilnehmer – ohne Lehrlinge –, davon 34,1 v. H. Frauen) als auch in den großen Besucherzahlen von Museen, Theatern, Kunstausstellungen usw. wieder. Nach Befragungsergebnissen sollen 30 v. H. der Arbeiter 4–12mal jährlich, 25 v. H. selten ein Theater besuchen. Die Verbreitung des Fernsehens läßt diese Zahlen zurückgehen.

Ein dichtes Netz von Gewerkschaftsbibliotheken in Ergänzung der staatlichen Allgemeinbibliotheken dient sowohl der fachlichen wie der allgemeinen Bildung; im Buchbestand sollen beide Bereiche mit gleichem Anteil vertreten sein. 1973 gab es 3 624 hauptberuflich und 1 667 nebenberuflich geleitete Gewerkschaftsbibliotheken mit 7,16 Mill. Bänden, 11,8 Mill. Entleihungen und 934 200 eingetragenen Benutzern.

Der Selbstbetätigung dienen vor allem die verschiedenen Zirkel und Interessengemeinschaften, die für alle denkbaren künstlerischen Interessen und Freizeitbeschäftigungen bestehen. Etwa 7 v. H. der Werktätigen sollen sich an dieser Form der K. beteiligt haben. Ansätze, durch eine forcierte Entwicklung der künstlerischen Selbsttätigkeit in absehbarer Zeit den Unterschied zwischen Laien- und Berufskunst zum Verschwinden zu bringen (Bitterfelder Weg: Greif zur Feder, Kumpel), sind inzwischen abgeklungen. Beide Bereiche werden in ihrer Eigenart anerkannt, sollen aber sehr eng verzahnt werden. Besondere Beachtung haben die Zirkel schreibender Arbeiter gefunden (1972: 250 Zirkel mit ca. 4 000 Mitgliedern); Ergebnisse ihrer Arbeit erscheinen außer in Betriebszeitungen, der Tagespresse usw. im Mitteldeutschen Verlag und im Verlag Tribüne.

Für die Zusammenarbeit mit den Berufskünstlern wurden mit deren gesellschaftlichen Organisationen Verträge abgeschlossen. Auch mit Theatern, Museen usw. bestehen Vereinbarungen. Berufskünstler sind als Zirkelleiter tätig, übernehmen Patenschaften, sind Ehrenmitglieder von Arbeitsbrigaden. Dichterlesungen und Ausstellungen finden in den Betrieben statt. Die Betriebe vergeben Aufträge an bildende Künstler; Vorhaben und Ausführung werden mit der Belegschaft diskutiert. Der Verleihung der Kunstpreise des FDGB (erstrecken sich auf alle Bereiche der Kunst einschließlich Fernsehen und Rundfunk) geht eine breitgefächerte Diskussion in den Betrieben, insbesondere in den Interessengemeinschaften, voraus, in der die besonders beachteten Werke sowohl popularisiert als auch zugleich einer kritischen Prüfung unterzogen werden. Aus den Betrieben werden Vorschläge und Stellungnahmen schriftlich an die Jury beim BV des FDGB eingereicht. Mittelpunkt für die K. im Betrieb und auch für das Wohngebiet sind die → **Kulturhäuser** und → **Klubhäuser**, auf deren materielle und personelle Ausstattung und Tätigkeit der FDGB entscheidenden Einfluß ausübt. Die Kultur- und Klubhäuser dienen sowohl dem kulturellen als auch dem geselligen Leben; 1973 gab es 946 dieser Einrichtungen mit 9 567 Interessengemeinschaften, die 185 800 Mitglieder in sich vereinigten. Insgesamt hatten die Kultur- und Klubhäuser 1973 über 43 Mill. Besucher, davon fast 15 Mill. zu geselligen und Tanzveranstaltungen. Das Zentrale Klubhaus der Gewerkschaften „Hermann Duncker" in Halle übt eine Leitfunktion für die Klubhausarbeit aus, entwickelt Musterprogramme und organisiert den Erfahrungsaustausch.

Höhepunkte der K. in den Großbetrieben sind die Betriebsfeste (1972 über 2 000), an denen sich aber auch Ensembles aus kleineren Betrieben beteiligen.

Die besten Darbietungen werden ausgewählt und – ergänzt um Ausstellungen und Veranstaltungen mit Berufskünstlern (ausgewählt von der Gewerkschaft Kunst) – zu den jedes Jahr einmal stattfindenden Arbeiterfestspielen zusammengefaßt. Die Arbeiterfestspiele dauern drei Tage und werden jeweils in einer anderen Bezirkshauptstadt abgehalten.

1974 gab der FDGB für die K. 75 Mill. Mark an Gewerkschaftsmitteln aus. 1972 wendeten die Betriebe im Durchschnitt 22 Mark pro Beschäftigten aus den Kultur- und Sozialfonds für diese Zwecke auf; allerdings schwanken die Ausgaben stark von Betrieb zu Betrieb und von Industriezweig zu Industriezweig. Diese sich seit Jahren wiederholenden Klagen sind ein Hinweis darauf, wie stark die K. von dem persönlichen Engagement der Funktionäre und Werkleiter abhängig ist, und wie leicht sie immer noch von ökonomischen und sozialen Aufgaben in den Hintergrund gedrängt werden kann.

Kulturbund der DDR: Auf allen Gebieten der → **Kulturpolitik** arbeitende Organisation, die in ihren Reihen kulturell interessierte Bürger aller Berufe und Schichten vereint, besonders aber die kulturell tätige Intelligenz. Im Juli 1945 auf Initiative der → **SMAD** unter dem Namen „Kulturbund zur demokratischen Erneuerung Deutschlands" gegründet, war der K. der DDR anfangs interzonal und überparteilich tätig. Die Tatsache, daß sich die sozialistische Umorientierung der ursprünglich allgemein humanistisch ausgerichteten Organisation nur unter Widerständen vollzog, und daß der K. jenen Schichten ein Betätigungsfeld bot, die parteipolitisches Engagement vermeiden wollten, rief häufige Kritik der SED hervor. Die Auseinandersetzungen über die kulturpolitische Linie wurden durch den V. Bundeskongreß 1958 vorläufig abgeschlossen, der die Annahme eines Programms, größere Veränderungen in den Führungsgremien und die Umbenennung in „Deutscher Kulturbund" beschloß. Seitdem bemüht sich die Organisation – der VIII. Bundeskongreß 1974 gab ihr den neuen Namen „Kulturbund der DDR" – als gesellschaftlicher Partner die staatliche sozialistische Kulturpolitik zu unterstützen sowie als → **Massenorganisation** im Rahmen der → **Bündnispolitik** zur Annäherung der Intelligenz an die → **Arbeiterklasse** beizutragen. Die 195 000 Verbandsmitglieder wirken in 1 200 Freundeskreisen, Interessen- und Arbeitsgemeinschaften für Natur und Heimat, Fotografie und Philatelie sowie in 1 500 Ortsgruppen.

Die → **Klubs der Intelligenz**, in denen vor allem Kulturschaffende organisiert sind, wurden 1957 dem K. eingegliedert, nachdem sie wegen politischer Unabhängigkeitstendenzen kritisiert worden waren. Bei der Lösung der sich aus dem VIII. Parteitag der SED 1971 ergebenden Aufgabe, zur Hebung des kulturellen Lebensniveaus der Werktätigen beizutragen, steht der K. vor der Schwierigkeit, den weitgehenden, oft durch soziale Exklusivität bedingten Zirkelcharakter seiner Grundeinheiten zugunsten einer verstärkten Öffentlichkeitsarbeit aufgeben zu müssen; in diesem Zusammenhang wird an den K. immer wieder die Forderung der „Öffnung" herangetragen. Als weitere Probleme stellen sich der Organisation geringe Popularität unter der Jugend und zu schwache Verankerung auf dem Lande. Der K. ist durch eine Fraktion in der Volkskammer und Abgeordnete in den örtlichen Volksvertretungen vertreten. Er gibt die Wochenzeitschrift „Sonntag" heraus.

Kulturelle Zusammenarbeit: Die KZ., die im Sprachgebrauch der DDR meist als „kultureller Austausch", als „Kulturaustausch" oder auch als „kulturelle Auslandsbeziehungen" (Kleines Politisches Wörterbuch, 2. Aufl. 1973) bezeichnet wird, hat im gegenwärtigen Stadium der internationalen Politik der Entspannung und der → **friedlichen Koexistenz** einen besonderen Stellenwert.

In den am 8. 7. 1973 in Helsinki verabschiedeten Schlußempfehlungen der Konferenz für Sicherheit und Zusammenarbeit in Europa (KSZE) haben die Teilnehmerstaaten, darunter auch die DDR, vereinbart, u. a. auch Vorschläge zur Erweiterung und Verbesserung der Zusammenarbeit und des Austausches auf den verschiedenen Gebieten der Kultur zu erarbeiten. In der zweiten

Phase der KSZE-Beratungen, die seit Sommer 1973 in Genf stattfanden, befaßte sich eine besondere Unterkommission mit entsprechenden Vorschlägen (im sog. „3. Korb"), die im letzten KSZE-Beratungsabschnitt vom 30. 7. bis 1. 8. 1975 in Helsinki angenommen wurden und in ihrer Verwirklichung zur Sicherung des Friedens und zur Verständigung zwischen den Völkern beitragen sollen.

Die DDR steht – wie auch andere Länder des sozialistischen Lagers – vor der Notwendigkeit, die in langfristiger Entwicklung unvermeidliche KZ. mit der bisher praktizierten Politik der kulturellen → **Abgrenzung** in Einklang zu bringen. Hierzu dienen „Prinzipien", die nach Auffassung der DDR für den Kulturaustausch gelten müssen. In erster Linie wird hier der Grundsatz der „Nichteinmischung in die inneren Angelegenheiten" beansprucht; dieser Grundsatz ist im Schlußbericht der UNESCO-Konferenz von Helsinki vom 20. 6. 1972 wie auch im → **Grundlagenvertrag** vom 21. 12. 1972 enthalten. Ein weiteres Prinzip ist die Forderung nach „Achtung der Gesetze und Sitten eines jeden Landes" im Zusammenhang mit dem Kulturaustausch. Diese Forderung ist, schon im Vorzeichen der gesamteuropäischen Konferenz von Helsinki, von Leonid I. Breshnew anläßlich des 50. Jahrestages der Gründung der UdSSR am 21. 12. 1972 besonders hervorgehoben worden. Eine DDR-spezifische Variante ist die Hinzufügung „Achtung der Gewohnheiten und Traditionen des anderen Staates" („Die sozialistischen Staaten sind für den breiten Austausch von geistigen Werten, jedoch unter strenger Beachtung der Gesetze, der Gewohnheiten und Traditionen eines jeden Landes", Kurt Hager in: „Neues Deutschland" vom 8. 2. 1974). Im Hinblick auf die künftige Entwicklung der KZ. hat das ideologische Prinzip, daß auch in der Politik der friedlichen Koexistenz der Grundwiderspruch zwischen Sozialismus und Kapitalismus nicht aufgehoben ist, besondere Bedeutung: „Die Politik der friedlichen Koexistenz ist ökonomischer, politischer und ideologischer Klassenkampf" (Kleines Politisches Wörterbuch, 2. Aufl. 1973, S. 243). Aus dieser Grundeinstellung ergibt sich eine Differenzierung in der auswärtigen Kulturpolitik der DDR. Die KZ. mit der UdSSR und den anderen Ländern der sozialistischen Staatengemeinschaft besitzt qualitativ und quantitativ den Vorrang. Diese Beziehungen werden als ein bewußter und planmäßig gesteuerter Prozeß der Kooperation und Annäherung der verschiedenen nationalen Kulturen verstanden. Die KZ. mit den „progressiven Ländern" Asiens, Afrikas und Lateinamerikas verfolgt das Ziel, die politische Entwicklung dieser Länder zu beeinflussen und zugleich das politische und kulturelle Ansehen der DDR dort zu steigern. Die kulturellen Beziehungen mit den Ländern der „Dritten Welt" und mit den „kapitalistischen Ländern" waren bis zur allgemeinen internationalen Anerkennung der DDR (1973) vor allem auf das Ziel der vollen Anerkennung ausgerichtet. Die KZ. mit „demokratischen und antiimperialistischen Kräften" in diesen Ländern wird besonders gepflegt. Häufig tritt die Kulturpolitik der DDR mit dem Anspruch auf, „Hüter des deutschen Kulturerbes

(→ **kulturelles Erbe**) zu sein; sie stellt sich dabei bewußt in Gegensatz zur auswärtigen Kulturpolitik der Bundesrepublik Deutschland.

In der KZ. mit der Bundesrepublik Deutschland bestreitet die DDR strikt den „innerdeutschen Charakter" dieser Beziehungen. Der Hinweis auf die Gemeinsamkeiten von Geschichte, Kultur und Sprache ist verpönt. Das Ausmaß dieser Beziehungen (Sommer 1974) ist unbeträchtlich: Es gibt einige Gastspiele von DDR-Bühnen und -Orchestern im Bundesgebiet. Gelegentlich stellen Museen und Sammlungen Leihgaben für Ausstellungen im anderen deutschen Staat zur Verfügung. Die gewerblichen Buchhandelsbeziehungen beruhen auf Vereinbarungen des → **innerdeutschen Handels**. Die Teilnahme von Wissenschaftlern und Künstlern aus der DDR an Veranstaltungen im Bundesgebiet (und in umgekehrter Richtung) ist zwar kein Ausnahmefall; diese Beziehungen sind jedoch im ganzen gesehen noch recht spärlich. Die Entwicklung der Zusammenarbeit auf dem Gebiet der Kultur ist im Art. 7 des Grundlagenvertrags vom 21. 12. 1972 vereinbart worden; die nach dem Zusatzprotokoll (Ziffer 7) vorgesehenen Verhandlungen über den Abschluß von Regierungsabkommen sind am 27. 11. 1973 aufgenommen worden. Im Art. 7 des Grundlagenvertrags haben die Vertragsparteien auch die Entwicklung der Zusammenarbeit auf den Gebieten der Wissenschaft und Technik vereinbart; die für den Abschluß von Regierungsabkommen erforderlichen Verhandlungen (nach Ziffer 2 des Zusatzprotokolls) haben am 30. 11. 1972 begonnen.

Die kulturellen Austauschbeziehungen der DDR beruhen weitgehend auf Kulturabkommen, die in der Regel mit Arbeitsplänen und Arbeitsprogrammen ausgefüllt werden. Seit November 1972 gehört die DDR der Organisation der Vereinten Nationen für Erziehung, Wissenschaft und Kultur (UNESCO) an. Die Mitgliedschaft zu Organisationen und Institutionen der UNESCO (z. B. zum Internationalen Musikrat, zum Internationalen Theater-Institut, zum Internationalen Rat der Museen usw.) hatte die DDR schon früher erworben.

Für die Praxis des kulturellen Austausches steht der DDR ein seit Jahren entwickeltes Instrumentarium zur Verfügung, das auch die Ausschaltung störender und unerwünschter Einflüsse garantiert. Die → **Künstler-Agentur der DDR** besitzt eine Monopolstellung bei der Vermittlung von Ensembles und Solisten, die außerhalb der DDR gastieren sollen; auch Gastspiele aus dem Bundesgebiet in der DDR und aus dem Ausland können nur von der genannten Künstler-Agentur vermittelt werden. Die in der Liga für Völkerfreundschaft zusammengeschlossenen → **Freundschaftsgesellschaften** und Freundschaftskomitees sind insbesondere in den Gastländern weitgehend die Träger und Veranstalter der kulturpolitischen Veranstaltungen der DDR. Seit der internationalen Anerkennung der DDR sind auch die diplomatischen Vertretungen am Kulturaustausch beteiligt. In verschiedenen Ländern gibt es Kulturzentren der DDR (in Europa in den Städten Rom, Helsinki, Stockholm und Kopenhagen). Als zentrale Vorstudienanstalt für ausländische Studierende und als Stätte zur

Förderung deutscher Sprachkenntnisse dient das Herder-Institut in Leipzig. Ein Auslandsschulwesen, das den von der Bundesrepublik Deutschland geförderten deutschen Auslandsschulen vergleichbar ist, unterhält die DDR dagegen nicht.

Neben der intensiven Förderung des deutschen Sprachunterrichts, vor allem in Ländern der „Dritten Welt", befaßt sich die auswärtige Kulturarbeit der DDR auch mit der Präsentation von Filmen; Sprachunterricht und Filmvorführung bieten besonders gute Möglichkeiten, ein vorteilhaftes „Image" des anderen deutschen Staates zu erzeugen. Auch die Entsendung künstlerischer Ensembles nimmt einen breiten Raum ein. Die DDR hat es dabei verstanden, das hohe Niveau ihrer Musik- und Bühnenkunst als kontinuierliche Weiterentwicklung des traditionell im Ausland geschätzten deutschen Kulturerbes zu präsentieren.

Aus den Beständen der Museen – es sind in erster Linie die Staatlichen Museen in Dresden und Berlin (Ost) zu nennen – veranstaltet die DDR vor allem im westlichen Ausland Ausstellungen alter Meister und Maler des 19. Jahrhunderts. Mit zahlreichen Buchausstellungen im Ausland will sie sich „als ein Land des Buches" darstellen.

Kulturelles Erbe: Unter KE. wird die Gesamtheit der aus vergangenen historischen Epochen überlieferten Kulturwerte verstanden, insbesondere jedoch in der Tendenz fortschrittliche und humanistische Kunstwerke aus der Zeit des aufsteigenden Bürgertums (Renaissance und Klassik) sowie vorrangig zu pflegende Werke der proletarisch-revolutionären und sozialistischen Kunst der Vergangenheit. Die sozialistische Kunst entsteht nach Auffassung der SED auf dem Wege der „Entwicklung der besten Vorbilder, Traditionen und Ergebnisse der bestehenden Kultur, ausgehend von der marxistischen Weltanschauung und den Lebens- und Kampfbedingungen des Proletariats in der Epoche seiner Diktatur" (Lenin). Auf der 6. Tagung des SED-Zentralkomitees am 6. 7. 1972 erklärte Kurt Hager: „Unser kulturelles Leben wird in breiter Weise mitgeprägt von Zeugnissen humanistischer und demokratischer Kultur aus aller Welt . . . Wir sorgen uns um die Gesamtheit humanistischer und progressiver Kulturtraditionen. Wir hüten – um es mit einem Wort Lenins zu sagen – das Erbe nicht, wie Archivare alte Akten hüten. Es geht um lebendige Vermittlung. Es ist unsere Pflicht, die Ideen der großen Denker der Vergangenheit, das literarische und künstlerische Erbe in seiner ganzen Vielfalt noch besser und nachhaltiger zu nutzen . . . Kritische Aneignung bedeutet vor allem, die großen Kunstleistungen früherer Gesellschaftsepochen aus ihren sozialen Bedingungen und damit auch in ihrer teilweisen Widersprüchlichkeit zu begreifen." → **Kulturpolitik; Literatur und Literaturpolitik.**

Kulturfonds: 1949 aufgrund der ersten Kulturverordnung geschaffener Finanzstock, der aus Eintrittskartenzuschlägen bei unterhaltenden und kulturellen Veranstaltungen, Preisaufschlägen beim Verkauf von Schallplatten (10 Pf je Platte) und einer monatlichen Abgabe von 5 Pf für jeden benutzten Rundfunk- und Fernsehempfänger gebildet wird. Nach einer AO vom April 1960 dienen die Mittel des K. der „Entwicklung und vollen Entfaltung des sozialistischen Kulturlebens". Der K. wird von einem Kuratorium, dem Staats- und Parteifunktionäre und Vertreter der → **Massenorganisationen** angehören, verwaltet. Die Mitgl. des Kuratoriums werden vom Minister für Kultur ernannt und abberufen. Seit 1964 verbleiben die örtlich aufkommenden Mittel den örtlichen „Staatsorganen". Dabei werden die landwirtschaftlichen Bezirke bewußt bevorzugt.

Kulturhaus: Gebäude, das in jeder Gemeinde der Förderung des kulturellen Lebens dienen soll. In der Regel enthalten K. Bibliotheks-, Film-, Lese- und Spielräume. K. werden von den Betrieben oder von den amtlichen Stellen der Bezirke finanziert. Ursprünglich nur für Angehörige von Betrieben, vorwiegend in Landgemeinden, gedacht, stehen sie seit längerem allen Bürgern zur Verfügung. → **Kulturstätten.**

Kulturkommissionen: → **Kulturarbeit des FDGB.**

Kulturobmann: → **Kulturarbeit des FDGB.**

Kulturpolitk

Ideologische Voraussetzungen – Etappen der Kulturpolitik – Kulturapparat, Institutionen und Organisationen – Finanzierung

I. Ideologische Voraussetzungen und allgemeine Tendenz

Die SED bezeichnet als allgemeines Ziel ihrer K. „die Verwirklichung der sozialistischen Revolution auf dem Gebiet der Ideologie und Kultur und die Herausbildung einer der Arbeiterklasse, dem schaffenden Volk und der Sache des Sozialismus ergebenen zahlreichen Intelligenz".

Diese Definition der K. findet sich bereits in der „Erklärung der Kommunistischen und Arbeiterparteien" von 1957 und wird gegenwärtig als „allgemeine Gesetzmäßigkeit des sozialistischen Aufbaus in allen Ländern" verstanden (Kleines Politisches Wörterbuch, Berlin [Ost] 1973, S. 478).

Die K. soll der Durchführung einer „sozialistischen Kulturrevolution" dienen, wobei gegenwärtig deren für alle sozialistischen Länder zutreffenden „allgemeingültigen Züge" wieder stärker betont werden. Die Berücksichtigung „nationaler Besonderheiten" ist damit – als Reflex der Absage an die Einheit der deutschen Nation – zugunsten einer Sichtweise zurückgetreten, die auch die K. unter dem „Aspekt des **proletarischen → Internationalismus**" betreibt. Sie soll sich in Etappen vollziehen und hat „alle Bereiche des gesellschaftlichen Lebens zu durchdringen". Eine derart umfangreiche Aufgabenstellung ordnet die K. in den Prozeß der allgemeinen sozialistischen

Umgestaltung der Gesellschaft ein. Objektive Grundlage der K. soll die Beachtung der Einheit von Politik, Ökonomie und Kultur bilden. Wie in den Bereichen Politik und Ökonomie beansprucht die SED auch in der Kultur die Planung und Leitung der allgemeinen Entwicklung, wobei sie sich in zunehmendem Maße auf die Mitwirkung der Kultur- und Kunstwissenschaftler und der Künstler stützt. Die Durchsetzung der K. erfolgt über die Parteiorganisationen auf den verschiedenen Ebenen, die staatlichen Organe, kulturelle Institutionen und gesellschaftliche Organisationen sowie die einzelnen Künstlerverbände.

Als „die verschiedenen Elemente der sozialistischen Kultur" nannte der zuständige Sekretär im ZK der SED, Kurt Hager, auf der 6. Tagung des ZK der SED am 6./7. 7. 1972 „die sozialistische Arbeitskultur, den Schutz und die Gestaltung der Umwelt, die Kultur in den menschlichen Beziehungen und im persönlichen Lebensstil, die Weiterentwicklung der wissenschaftlichen Weltanschauung und ihre Verbreitung im Volk, die Förderung von Wissenschaft und Bildung, die Pflege des humanistischen Kulturerbes und seine Aneignung durch die Werktätigen, den Aufschwung der Kunst und ihre gesellschaftliche Wirksamkeit, die Entwicklung aller schöpferischen Begabungen und Talente des Volkes".

Die sozialistische Kulturrevolution versteht sich nach Lenin als „Entwicklung der besten Vorbilder, Traditionen und Ergebnisse der bestehenden Kultur vom Standpunkt der marxistischen Weltanschauung"; sie zielt in der DDR auf die Herausbildung einer sozialistischen Nationalkultur, die sich als legitimer Erbe aller demokratischen und humanistischen Traditionen der deutschen Geschichte betrachtet. Seit 1961 wird der These von einer fortbestehenden „Einheit der deutschen Kultur" entgegengetreten und die Abgrenzung von der in der Bundesrepublik herrschenden „imperialistischen Kultur" auch historisch mit dem Hinweis begründet, daß es eine „außerhalb der Bestrebungen der Klassen stehende einheitliche deutsche Kultur nie gegeben" habe (Hager). Im Verhältnis zu den kulturellen Erscheinungen in der Bundesrepublik Deutschland soll genau unterschieden werden „zwischen den Produkten kapitalistischer Kulturindustrie, die dem Imperialismus unmittelbar dienen, und jenen künstlerischen Anstrengungen, die humanistische und demokratische Positionen, aber auch noch verschwommene Wünsche, Gedanken, Forderungen nach Frieden, Entspannung, sozialer Sicherheit zum Ausdruck bringen". Das Gleiche gilt auch für den kulturellen Kontakt und Austausch mit anderen kapitalistischen Staaten; so wird z. B. von entsprechenden Kriterien die Auswahl von dort übernommener literarischer, filmischer und anderer künstlerischer Werke bestimmt.

Die angestrebte verstärkte Integration der sozialistischen Staaten auf politischem und wirtschaftlichem Gebiet führt auch zu einer Intensivierung der kulturellen Beziehungen der DDR zu diesen Staaten, wie dies vor allem schon mit der Sowjetunion seit langem praktiziert wird. Ihren Ausdruck findet diese Entwicklung in regelmäßigen Beratungen der Kultur-, Hochschul- und Volksbildungsminister und zwischen den entsprechenden Künstlerverbänden sowie in zwischenstaatlichen Arbeitsvereinbarungen und Abkommen auf allen Gebieten der K. In Ost-Berlin bestehen Kulturhäuser der Sowjetunion, der ČSSR, Polens, Ungarns und Bulgariens, die durch Ausstellungen, Film-, Musik- und Vortragsveranstaltungen, Sprachkurse sowie den Verkauf einheimischer Kulturwaren Informationen über die Kultur ihrer Länder liefern und z. T. auch entsprechende Veranstaltungen in den Bezirken der DDR durchführen. Kulturellem Austausch dienen auch meist auf dem Prinzip der Gegenseitigkeit durchgeführte Kulturtage der einzelnen sozialistischen Länder. So wird z. B. in der DDR alljährlich ein „Festival des sowjetischen Kino- und Fernsehfilms" veranstaltet; 1974 gab es u. a. „Tage des polnischen Films", „Tage der Unterhaltungskunst der Volksrepublik Polen", „Tage der rumänischen Kultur", „Tage der bulgarischen Musik" und „Tage der ungarischen Theaterkunst".

II. Etappen der Kulturpolitik

Die „antifaschistisch-demokratische" Phase der K. von 1945 bis 1951 war vor allem gekennzeichnet durch 1. die Aufklärung über die NS-Vergangenheit, 2. die Anknüpfung an die humanistischen Traditionen des Bürgertums in der Kunst, 3. die durch soziale und materielle Vergünstigungen unterstützte Einbeziehung der bürgerlichen Intelligenz in den Aufbauprozeß bei gleichzeitiger Besetzung der Schlüsselpositionen des Kulturapparats mit Kommunisten und 4. die Anfänge einer Schul- und Hochschulreform, die einmal der Entnazifizierung des Bildungswesens und zum anderen seiner Öffnung für Arbeiter- und Bauernkinder diente. Zur schnellen Heranbildung einer neuen Intelligenz aus der Arbeiterklasse wurden insbesondere 1946 die später in → **Arbeiter- und-Bauern-Fakultäten** umbenannten Vorstudienanstalten eingerichtet, die jungen Arbeitern und Bauern den Zugang zum Universitäts- und Hochschulstudium ermöglichten.

Die eigentliche „sozialistische Kulturrevolution" wurde 1951 durch eine Zentralisierung der Lenkung der gesamten K. eingeleitet. So wurden in diesem Jahr das „Amt für Literatur und Verlagswesen" und die „Staatliche Kommission für Kunstangelegenheiten" eingerichtet; 1952 folgte die Gründung des „Staatlichen Komitees für Filmwesen" und des „Staatlichen Rundfunkkomitees". Die von diesen Institutionen betriebene Ausrichtung der K. auf die Aufgaben des Fünfjahrplanes und die durch den kalten Krieg verschärfte Auseinandersetzung mit dem

Westen erfolgte vorwiegend durch administrative Maßnahmen und wurde bestimmt durch den auf der 5. Tagung des ZK der SED vom 17. 3. 1951 gefaßten Beschluß „Der Kampf gegen den Formalismus in Kunst und Literatur, für eine fortschrittliche deutsche Kultur" und die Orientierung auf den „Sozialistischen Realismus". Die davon ausgehende kunstfremde Kritik traf selbst prominente Vertreter des Kulturlebens in der DDR und allgemein anerkannte Kunstwerke. Beispiele dafür sind: Die Oper „Das Verhör des Lukullus" von B. Brecht und P. Dessau, die nach ihrer Uraufführung 1951 von den Autoren umgearbeitet und in „Die Verurteilung des Lukullus" umbenannt werden mußte; der nach dem gleichnamigen Roman von A. Zweig gedrehte DEFA-Film „Das Beil von Wandsbek", der nach der Premiere zurückgezogen wurde; eine Barlach-Ausstellung, die 1952 nach vorausgegangener Kritik an dem „düsteren, bedrückenden, pessimistischen Charakter" der Kunst des Bildhauers vorzeitig geschlossen wurde.

Die dogmatische Auslegung der Begriffe „Formalismus" und „Sozialistischer Realismus" war beeinflußt durch die damalige stalinistische K. der Sowjetunion und stieß ebenso wie die zur Durchsetzung entsprechender kulturpolitischer Richtlinien angewandten Praktiken der staatlichen Organe (nach Proklamierung des „Neuen Kurses" am 9. 6. 1953) auf die Kritik der betroffenen Künstler, insbesondere der Deutschen Akademie der Künste in Ost-Berlin. Die Folgen waren eine Auflösung der 1951/1952 etablierten Institutionen (mit Ausnahme des „Staatlichen Rundfunkkomitees") und die Übernahme ihrer Funktionen durch ein am 7. 1. 1954 gebildetes Ministerium für Kultur. In der dazu erlassenen VO hieß es u. a.: „Verständnisloses Administrieren darf nicht an Stelle des Überzeugens und der Selbstverständigung der Künstler treten", und die DDR „wird alle Möglichkeiten einer gesamtdeutschen Zusammenarbeit zur Pflege und Erhaltung einer humanistischen deutschen Kultur wahrnehmen".

Nachdem die auf dem XX. Parteitag der KPdSU geübte Stalin-Kritik kulturpolitischen Liberalisierungstendenzen in der DDR und Kritik der Künstler an bürokratischen und schematischen Leitungsmethoden neuen Auftrieb gegeben hatte, wies eine vom ZK der SED zum 23./24. 10. 1957 einberufene Kulturkonferenz solche Erscheinungen auch unter dem Eindruck der Ereignisse in Ungarn zurück. Schon vorher hatten kulturpolitische Repressionen gegen antistalinistische Kräfte eingesetzt, wobei insbesondere die Inhaftierung und Verurteilung der Gruppe um den Ost-Berliner Philosophie-Dozenten W. Harich und Auseinandersetzungen um die revisionistische Ideologie beschuldigte Philosophie des von 1948 bis zur Zwangsemeritierung 1957 in Leipzig lehrenden E. Bloch eine Rolle spielten. Die SED orientierte jetzt wieder verstärkt auf die Erforder-

nisse der sozialistischen Kulturrevolution im Zusammenhang mit den politischen und ökonomischen Aufgaben des zweiten Fünfjahrplanes. In der Bildungspolitik bedeutete dies die Einführung des Systems der polytechnischen Bildung in den Unterricht, die 1959 mit der Errichtung der zehnklassigen allgemeinbildenden polytechnischen Oberschule für alle Schüler Gesetz wurde. In der Kunstpolitik hieß das die Herstellung engerer Verbindungen zwischen Kunstproduzenten und -konsumenten, was Schriftsteller und Künstler dadurch realisieren sollten, daß sie sich mit Leben und Arbeit an den Schwerpunkten industriellen und landwirtschaftlichen Aufbaus vertraut machen.

Besonders forciert wurde diese K. mit der Zielvorstellung einer Überwindung der „noch vorhandenen Trennung von Kunst und Leben, der → **Entfremdung** zwischen Künstler und Volk" durch die als 1. Bitterfelder Konferenz bekanntgewordene Autorenkonferenz des Mitteldeutschen Verlages Halle vom 24. 4. 1959 im Kulturpalast des VEB Elektrochemisches Kombinat Bitterfeld. Die hier von W. Ulbricht ausgegebenen kulturpolitischen Direktiven wurden in der Folgezeit als „Bitterfelder Weg" popularisiert. Sie beinhalteten u. a. Bestrebungen zur Erhöhung des Kulturniveaus der Arbeiter, wie die Einbeziehung von „Kultur- und Bildungsplänen" der Arbeitskollektive in den sozialistischen Wettbewerb und eine starke Förderung des künstlerischen Volksschaffens, z. B. durch die „Bewegung Schreibender Arbeiter" und „Junger Talente" sowie die Bildung von Arbeiter- und Bauerntheatern aus Laien.

Auf der 2. Bitterfelder Konferenz am 24./25. 4. 1964 wurde u. a. auf den Zusammenhang der Kulturrevolution mit der wissenschaftlich-technischen Revolution hingewiesen; die durch diese aufgeworfenen Probleme standen besonders Ende der sechziger, Anfang der siebziger Jahre auch im Mittelpunkt verschiedener literarischer Werke, Theaterstücke, Filme und Fernsehspiele. 1965 wurde das → **einheitliche sozialistische Bildungssystem** gesetzlich fixiert. Zu seinen Bestandteilen gehören die Einrichtungen der Vorschulerziehung (Kinderkrippen und Kindergärten), die zehnklassige allgemeinbildende polytechnische Oberschule, die Einrichtungen der → **Berufsausbildung,** die zur Hochschulreife führenden Bildungseinrichtungen, die Ingenieur- und → **Fachschulen,** die → **Universitäten und Hochschulen,** die Einrichtungen der Aus- und Weiterbildung der Berufstätigen sowie die Sonderschuleinrichtungen. In allen Bildungseinrichtungen wird auf der Grundlage staatlicher Lehrpläne gearbeitet, für die das Ministerium für Volksbildung bzw. für Hoch- und Fachschulwesen verantwortlich ist. Die 3. Hochschulreform, deren Inhalte und Ziele vom VII. Parteitag der SED 1967 präzisiert wurden, koordinierte Lehre und Forschung mit den Bedürfnissen und den planmäßigen Veränderungen in den Betrieben. Der „Bitterfelder Weg" führte in der Praxis zeitweise zu einer Nivellierung kunstästhetischer Maßstäbe. Kontroversen zwischen Vertretern der SED-K. und verschiedenen Künstlern entstanden auch aus unterschiedlichen Meinungen über die kritische Funktion der Kunst. Die nach der äußeren Abgrenzung durch die Maßnahmen des 13. 8. 1961 in Berlin erreichte innere Konsolidierung der DDR erlaubte nach Meinung dieser Künstler und einiger Kulturpolitiker eine offenere Auseinandersetzung mit Mängeln der eigenen Gesellschaft. Verschiedene Werke der Literatur, des Theaters und des Films, in denen diese Einstellung zum Ausdruck kam, wurden Mitte der 60er Jahre offizieller Kritik unterzogen, teilweise vom Spielplan abgesetzt, bzw. durften nicht erscheinen. Davon betroffen waren u. a. Schriftsteller wie V. Braun, P. Hacks, St. Heym und Ch. Wolf. Waren die entsprechenden Differenzen v. a. durch das 11. Plenum des ZK der SED im Dezember 1965 offenkundig und beeinflußt worden, so markierte der VIII. Parteitag der SED im Juni 1971 den Beginn eines positiveren Verhältnisses zwischen Künstlern und Partei, das seitdem mehrfach durch Begriffe wie „gegenseitiges Vertrauen" und „schöpferische Atmosphäre" gekennzeichnet wurde.

Auf dem VIII. Parteitag der SED 1971 wurden Schriftsteller und Künstler zum „offenen, sachlichen, schöpferischen Meinungsstreit" ermuntert und ihrer „schöpferischen Suche nach neuen Formen" volles Verständnis" zugesichert. E. Honecker ergänzte bald darauf diese Ankündigungen einer „offeneren" K. durch die Feststellung, daß, „wenn man von festen Positionen des Sozialismus ausgeht, . . . es . . . auf dem Gebiet von Kunst und Literatur keine Tabus geben" könne. Die für die durch den VIII. Parteitag der SED eingeleitete neue Phase der K. gültigen Richtlinien wurden auf der 6. Tagung des ZK der SED am 6./7. 7. 1972 präzisiert. K. Hager erklärte im Grundsatzreferat, daß es in der K. „um die Befriedigung sehr differenzierter kultureller und künstlerischer Bedürfnisse" gehe und „in der Kunst des sozialistischen Realismus . . . eine reiche Vielfalt der Themen, Inhalte, Stile, Formen und Gestaltungsweisen zu erschließen" sei.

Die in den letzten Jahren bei der Auslegung des Begriffs „Sozialistischer Realismus" gewonnene zunehmende Variationsbreite wurde noch einmal durch den ausdrücklichen Hinweis auf „Weite und Vielfalt aller Möglichkeiten des sozialistischen Realismus" unterstrichen, gleichzeitig aber betont, daß dies „jede Konzession an bürgerliche Ideologien und imperialistische Kunstauffassungen" ausschließe. („Von den Beschlüssen [der Partei] ausgehen" bedeute „im künstlerischen Schaffen nicht, sie zu illustrieren". „Künstler sein heißt Entdecker neuer Wirklichkeiten sein, heißt Vordringen zu neuen Stoffen, Lebenstatsachen und Lebensbereichen.")

Die Gestaltung von Widersprüchen und Konflikten in Kunstwerken wurde legitimiert, auch wenn dabei keine fertigen Lösungen geboten werden. „Das ‚Kritische Element' " erweise sich aber „nur produktiv in seinem dialektischen Verhältnis zur konstruktiven Funktion der Kunst in der sozialistischen Gesellschaft". Besonders hervorgehoben wurde auch die künstlerische und gesellschaftliche Bedeutung des Heiteren. Schließlich hieß es: „Der Arbeitsstil aller leitenden Organe der Partei, des Staates und der gesellschaftlichen Organisationen muß durch Sachlichkeit und Sachkenntnis, durch das verständnisvolle Verhalten zu den Künstlern und Künsten, durch das umsichtige Fördern aller Talente geprägt sein. In ihm verbinden sich Prinzipienfestigkeit mit Feinfühligkeit für die vielschichtigen und komplizierten kulturell-künstlerischen Prozesse, die das für das weitere Erblühen der Kunst und Kultur gedeihliche Klima gewährleisten." Daß sich der so umrissene neue „verwissenschaftlichte" und von den administrativ-dogmatischen Methoden der 50er und 60er Jahre unterscheidende Führungsstil der Partei auf dem Gebiet der K. allmählich durchsetzt, ist auch eine Folge der in den 60er Jahren begonnenen Ausbildung von „Kulturkadern" in speziell konzipierten Hochschulstudiengängen und Sonderlehrgängen.

Die sich in diesen theoretischen Äußerungen dokumentierenden Modifikationen in der K. seit dem VIII. Parteitag blieben auf dem Gebiet der Kunst nicht ohne Konsequenzen. Einige bislang unterdrückte Werke durften erscheinen; zeitweise repressiv behandelte Künstler erfuhren eine Aufwertung; bessere Möglichkeiten zur Entfaltung formaler und inhaltlicher Eigenarten führten zu höherer Qualität künstlerischer Produkte; die Rolle des Individuums in der sozialistischen Gesellschaft rückte stärker in den Mittelpunkt künstlerischer Gestaltung; bisher durch ideologische Bedenken eingeschränkte Möglichkeiten zum Kennenlernen und zur Auseinandersetzung mit künstlerischen Werken der Vergangenheit und Gegenwart aus dem sozialistischen und kapitalistischen Ausland wurden erweitert.

III. Kulturapparat, Institutionen und Organisationen

Die Anleitung und Kontrolle der K. erfolgt zentral über entsprechende Abteilungen im ZK der SED und die Ministerien für Kultur, für Volksbildung und für Hoch- und Fachschulwesen, das Staatssekretariat für Körperkultur und Sport, das Staatssekretariat für Berufsbildung, das Amt für Jugendfragen und die mit diesen Fragen befaßten Ausschüsse der Volkskammer. Bei den Räten der Bezirke, Kreise, Städte, Stadtbezirke und Gemeinden bestehen Abteilungen für Kultur, für Volksbildung, für Arbeit und Berufsausbildung und für Jugendfragen sowie ständige Kommissionen für Kultur, denen Abgeordnete der Volksvertretungen und kulturell interessierte Mitglieder gesellschaftlicher Organisationen angehören. Eine wichtige Rolle bei der Kulturvermittlung – entweder durch die Organisierung von Veranstaltungen in Klub- und Kulturhäusern oder als Anreger kultureller Bildung – spielen Kulturbund, FDGB (mit ca. 220 000 Kulturobleuten in den Betriebsgewerkschaftsgruppen), FDJ, DSF und Urania. Für die Durchführung der den Kulturschaffenden gestellten kulturpolitischen Aufgaben mitverantwortlich sind die Akademie der Künste der DDR, die Gewerkschaft Kunst im FDGB (mit ca. 65 000 Mitgliedern = etwa 94 v. H. aller im kulturellen Bereich Tätigen) und die verschiedenen Künstlerverbände: → **Schriftstellerverband der DDR,** → **Verband der Komponisten und Musikwissenschaftler der DDR,** → **Verband Bildender Künstler der DDR,** → **Verband der Theaterschaffenden der DDR,** → **Verband der Film- und Fernsehschaffenden der DDR** und → **Bund der Architekten der DDR.** Diese Institutionen und Organisationen üben auch beratende Funktionen bei der Konzipierung der K. aus.

Die überwiegend volks- bzw. organisationseigenen Verlage sowie die ganz wenigen kleinen privaten Verlage unterstehen mit ihrer Buch- und Zeitschriftenproduktion genauso wie das gesamte Filmwesen und die Staatstheater dem Ministerium für Kultur; städtische Bühnen und Kabaretts unterstehen den örtlichen Staatsorganen, ebenso die in jedem Bezirk bestehenden VEB Konzert- und Gastspieldirektionen, denen Organisierung und Durchführung aller übrigen künstlerischen Veranstaltungen ernster und unterhaltender Art obliegt. Das alleinige Recht zur Vermittlung von Künstlern und künstlerischen Ensembles aus der DDR ins Ausland und umgekehrt besitzt die Künstler-Agentur der DDR. 1973 gastierten Solisten und Ensembles aus der DDR in 40 Ländern: u. a. 168 Gesangs- und Instrumentalsolisten, Dirigenten und Kammermusikvereinigungen mit rund 800 Konzerten und führende Orchester und Theater während 36 Auslandsgastspielen mit 200 Vorstellungen. Verantwortlich für Rundfunk und Fernsehen sind ein Staatliches Komitee für Rundfunk und ein Staatliches Komitee für Fernsehen beim Ministerrat der DDR.

IV. Finanzierung kultureller Aufgaben und materielle Lage der Kulturschaffenden

Zum Teil durch Subventionierung aus dem Staatshaushalt sind die Kosten für Kulturgüter für den Konsumenten relativ niedrig; z. B. betragen die Preise für Bücher oft nur etwa ein Drittel vergleichbarer Ausgaben in der Bundesrepublik, Schallplatten kosten zwischen 4,10 Mark (Singles) und 16,10 Mark (LP), und die Eintrittspreise der Kinos bewegen sich zwischen 0,50 und 3 Mark. Durch einen Aufschlag von 0,05 bzw. 0,10 Mark auf Eintritts-

Gesamtbereich der Kulturpolitik im Staatshaushalt 1974
(vorläufig, in Mrd. Mark)

Bildungswesen	7,833
Volksbildung	5,548
darunter:	
Kindergärten	0,636
Allgemeinbildende Schulen	3,193
Schul- und Kinderspeisung	0,619
Berufsausbildung und Einrichtungen der Erwachsenenqualifizierung	0,638
Univertäten, Hoch- und Fachschulen	1,648
Kultur, Rundfunk und Fernsehen	1,856
Kunst und kulturelle Massenarbeit	0,691
Bibliotheken	0,099
Museen und Einrichtungen der bildenden Kunst	0,104
Sonstige kulturelle Maßnahmen	0,068
Rundfunk und Fernsehen	0,579
Sportstätten	0,185
Naherholung	0,349
Einrichtungen der Jugend	0,069

Quelle: Statistisches Jahrbuch der DDR 1975, S. 287

preise bei Kulturveranstaltungen, Rundfunkgebühren und Schallplattenpreise wird der Kulturfonds der DDR finanziert. Er untersteht dem Ministerium für Kultur und wird durch ein Kuratorium verwaltet, dem u. a. die Präsidenten der Künstlerverbände, der Akademie der Künste, der Vorsitzende der Gewerkschaft Kunst und der 1. Bundessekretär des Kulturbundes der DDR angehören. Es entscheidet aufgrund staatlicher Richtlinien über die Verwendung der Mittel zur Förderung sozialistischer Kunst, z. B. für Finanzierung bestimmter in Auftrag gegebener Kunstwerke und für die „Verbesserung der Lebens- und Schaffensbedingungen der Schriftsteller und Künstler".

Auftraggeber für Künstler, vor allem in den Bereichen der bildenden Kunst, der Dramatik, der Musik, des Films, aber auch in der Literatur, sind neben entsprechenden Kultureinrichtungen, wie Theater, Orchester, DEFA u. a., staatliche Institutionen, Betriebe und gesellschaftliche Organisationen. Zum Teil bestimmen die Aufträge als unmittelbare Partner der Künstler Arbeitskollektive aus den Betrieben, um auf diese Weise engere Beziehungen zwischen Kunstproduzenten und -konsumenten zu fördern. Erfahrungen mit aus unterschiedlichen Auffassungen von Künstlern und Auftraggebern resultierenden Konflikten führten in letzter Zeit zu Aufforderungen seitens kulturpolitischer Leitungsorgane, den individuellen künstlerischen Schaffensprozessen größeres Verständnis entgegenzubringen. Kulturminister Hans-Joachim Hoffmann und der Sekretär des Rates für Kultur beim Minister für Kultur, Dr. Werner Kühn, betonten im theoretischen Organ des ZK der SED „Einheit" (Nr. 6/1974), daß es bei der Auftragserteilung „nicht allein um Pläne und Beschlüsse" gehe. Der „gesellschaftliche Auftrag" sei nicht nur als „das Bestellen von Kunstwerken", sondern

> „als eine produktiv-geistige Anregung, als Formulierung gesellschaftlicher Erwartung, als Ausdruck von Bedürfnis nach Kunsterlebnis" zu verstehen. Man dürfe „unter keinen Umständen jenen Auftrag zurückstellen oder vergessen, den sich der Künstler selbst erteilt". Ein umfangreiches System in der Regel mit steuerfreien Geldzuwendungen verbundener Preise und Auszeichnungen auf dem Gebiete der Kultur, Wissenschaft und Pädagogik sowie Stipendien, bevorzugte Wohnraumbeschaffung und Reisemöglichkeiten bieten zusätzliche materielle Anreize für Leistungen im Sinne der K.

Kulturstätten: 1972 bestanden 924 Kultur- und Klubhäuser, von denen etwa zwei Drittel den staatlichen Organen (einschließlich der Jugend-Klubs und der Kulturhäuser auf dem Lande) und etwa ein Drittel dem → **FDGB**, einige auch der → **DSF** unterstehen. In ihnen fanden im gleichen Jahr 368 215 Veranstaltungen verschiedenster Art statt, die 40,5 Mill. Besucher zählten. In den K. waren 1972 9 355 Interessengemeinschaften mit über 180 000 Teilnehmern tätig, davon 6 327 Interessengemeinschaften der künstlerischen Volksschaffens (→ **Laienkunst**), 656 naturwissenschaftliche, technische und fachliche Interessengemeinschaften sowie 166 Freundeskreise der Kunst. Die Kulturhäuser sollen für die gesamte Bevölkerung Zentren kultureller Freizeitgestaltung und künstlerischer Selbstbestätigung sein. Sie wurden von staatlichen Organen oder Betrieben durch Neubauten oder Umbau vorhandener Gebäude geschaffen und verfügen in der Regel über einen Saal mit Bühne, Musik- und Spielzimmer, Zirkelräume mit Einrichtungen für die künstlerische Selbstbetätigung und technisch-wissenschaftliches Basteln, Klubräume, Bibliothek, Einrichtungen für die pädagogische Arbeit mit Kindern, technisches Gerät für Filmvorführungen usw. Meist sind den K. Gaststätten angegliedert.

Kultur- und Sozialfonds: Betrieblicher Fonds für betriebliche Sozialleistungen, dessen Höhe vom jeweils übergeordneten Organ zu Lasten der Selbstkosten festgelegt wird. Bei der Planung und der Bildung des KuS. ist das jeweils erreichte Niveau der kulturellen und sozialen Betreuung zu berücksichtigen. In letzter Zeit werden Betriebe mit einem hohen Anteil von Frauen und Schichtarbeitern bevorzugt.
Die Fondsmittel werden zur Förderung 1. verbesserter Arbeits- und Lebensbedingungen vor allem der Mehrschichtarbeiter, 2. berufstätiger Frauen, insbesondere Mütter und Jugendlicher durch kulturelle und soziale Maßnahmen, 3. von Bildung und künstlerischer Selbstbetätigung, 4. von Sport und gesundheitlicher Betreuung und 5. des betrieblichen Wohnungswesens verwandt. Auch Leistungen aus besonderen Anlässen (z. B. Zuwendungen für Arbeitsjubiläen) werden aus diesem Fonds finanziert.

Kündigungsrecht: Nach § 31 des → **Gesetzbuches der Arbeit** soll die Auflösung eines Arbeitsvertrages grundsätzlich zwischen dem Betrieb und den Werktätigen vereinbart werden. Nur wenn ein Aufhebungsvertrag nicht zustande kommt, soll gekündigt werden. Die Kündigung durch einen Betrieb setzt voraus, daß die Übernahme einer anderen Arbeit im Betrieb nicht vereinbart werden kann. Der Betrieb darf kündigen, wenn es infolge Änderung der Produktion, der Struktur oder des Stellen- bzw. Arbeitskräfteplans (→ **Arbeitskräfte**) notwendig ist oder der Beschäftigte für die vereinbarte Arbeit nicht geeignet ist oder Mängel eines Arbeitsvertrages nicht beseitigt werden können. Die Kündigungsfrist beträgt mindestens 14 Tage. Während früher diese Frist zwingend vorgeschrieben war, können im Arbeitsvertrag jetzt Kündigungsfristen bis zu 3 Monaten und besondere Kündigungstermine vereinbart werden. Die Kündigung bedarf der Schriftform. Die Gründe der Kündigung müssen angegeben werden. Das verhindert nicht, daß unter dem Vorwand einer Strukturänderung des Betriebes Kündigungen aus politischen Gründen ausgesprochen werden.
Jede Kündigung bedarf der Zustimmung der **betrieblichen** → **Gewerkschaftsleitung**. Diese Schutzbestimmung ist jedoch in ihrer Wirkung fraglich, soweit sich die betrieblichen Gewerkschaftsleitungen in Abhängigkeit von der → **SED** befinden (→ **FDGB**). Der Betrieb kann fristlos entlassen bei „schwerwiegender Verletzung der staatsbürgerlichen Pflichten oder der sozialistischen Arbeitsdisziplin" (§ 32). Eine fristlose Kündigung durch den Arbeitnehmer ist nicht vorgesehen. Zur Kündigung und fristlosen Entlassung von anerkannten Verfolgten des Naziregimes (→ **VVN**), Schwerbeschädigten, Tuberkulosekranken und Rekonvaleszenten ist die vorherige schriftliche Zustimmung des Rates des Kreises erforderlich. Die Kündigungsfrist beträgt mindestens einen Monat. Kündigungsschutz von werdenden Müttern und Müttern nach der Niederkunft: → **Mutterschutz**.

Künstler-Agentur der DDR: (Bis August 1968 Deutsche Künstler-Agentur.) Kulturell-künstlerischer Betrieb in der Rechtsform einer Gesellschaft mit beschränkter Haftung. Die KA. wurde am 1. 5. 1960 gegründet (bis 1952 unter der Bezeichnung Deutscher Veranstaltungsdienst, dann VEB Deutsche Konzert- und Gastspieldirektion).
Sie allein besitzt das Recht, Künstler und künstlerische Ensembles aus der DDR in das Ausland sowie von dort Künstler oder künstlerische Ensembles in die DDR zu vermitteln.
Zwischen den KA. der europäischen sozialistischen Staaten werden jährlich Protokollvereinbarungen über die Zusammenarbeit abgeschlossen. In der DDR bestehen zwischen der KA. und bestimmten Organisationen langfristige Rahmenverträge, so z. B. mit den Staatlichen Komitees für Radio und Fernsehen, dem VEB Deutsche Schallplatte, mit den großen Theatern und Orchestern sowie den Konzert- und Gastspieldirektio-

nen (bis November 1973 VEB Konzert- und Gastspiel-direktionen).

Generaldirektor gegenwärtig (1974): Hermann Falk.

Kunstpolitik: → **Architektur; Bildende Kunst, Literatur und Literaturpolitik; Musik; Theater; Laienkunst.**

Kupferbergbau: In der DDR werden die NE-Erzbergbaubetriebe entsprechend der ab 1968 gültigen Industriezweigsystematik zur Wirtschaftsgruppe NE-Metall-Erzbergbaubetriebe und NE-Metall-Gewinnungsbetriebe des Industriezweiges NE-Metallurgie gezählt. Da in den meisten Betrieben die Gewinnung der Erze mit der Kupferverhüttung gekoppelt ist, bestanden 1966 in der DDR nur drei reine Nichteisenerz-Bergbaubetriebe mit 1900 Arbeitern und Angestellten. Der K. wird zusammen mit der Kupferverhüttung im VEB Mansfeld-Kombinat „Wilhelm Pieck", Eisleben (Hauptproduktion: Kupfererz, Raffinade- und Elektrolytkupfer) und im VEB Vereinigte NE-Metall-Halbzeugwerke Hettstedt (Hauptproduktion: Kupfer- und Aluminiumwalzerzeugnisse) betrieben. In den Schächten und Hütten des Kombinats im Raume Eisleben-Sangerhausen sind etwa 26000 Arbeiter und Angestellte tätig.

Von den deutschen Kupfervorkommen liegen etwa vier Fünftel in der DDR. Gleichwohl deckt die Förderung nur etwa ein Viertel des Bedarfs der verarbeitenden Industrie dieses Gebietes. Drei Viertel des Bedarfs müssen importiert werden. Seit 1945 ist die Kupfererzförderung zwar angestiegen, jedoch nahm der Kupfergehalt der Erze stetig ab. 1952 hatte die Erzförderung den Vorkriegshöchststand erreicht; der Kupfergehalt betrug aber weniger als die Hälfte des Vorkriegsstandes. Gegenwärtig soll der Kupferanteil an einer Tonne Roherz nur noch 30 kg betragen. Man spricht von Vorräten, die einen Abbau mindestens bis zum Jahre 2000 sicherstellen. Bis 1967 konnte durch Mechanisierung des Abbaus die Kupfergewinnung aus Eigenerz auf ca. 25000 t gesteigert werden. Da aber mit steigender Industrieproduktion auch der Kupferbedarf wächst, bleibt auch in Zukunft eine sehr erhebliche Importabhängigkeit bestehen.

Kuren der Sozialversicherung: Auch die Sozialversicherung der DDR gewährt Heil-K., Genesungs-K. und prophylaktische K. (für Erwachsene und Kinder). Nach dem gemeinsamen Beschluß des Politbüros, des Ministerrats und des Bundesvorstandes des FDGB vom 7. März 1972 zur weiteren Entwicklung des → **Feriendienstes des FDGB** und zu Fragen der K. und nach den Festlegungen des 8. FDGB-Kongresses werden seit 1972 die K. vorrangig an Schichtarbeiter, werktätige Frauen mit Kindern sowie Werktätige, die unter schweren Bedingungen arbeiten, vergeben. Die K.-Vorschläge werden von den BGL, den Räten für SV und den Bevollmächtigten für SV gemeinsam mit den Ärzten erarbeitet und von den betrieblichen K.-Kommissionen entschieden. Im übrigen werden die K.-Plätze durch die Kreiskurkommissionen des FDGB und der Staatlichen Versicherung vergeben. 1973 wurden 194000 Heil-K. (darunter ca. 21000 für Kinder), 22000 Genesungs-K.

und 105000 prophylaktische K. (darunter 47000 für Kinder) abgeschlossen. → **Kurorte.**

Kurorte: Rechtliche Regelungen für die Ordnung der örtlichen und technischen Voraussetzungen des Kur- und Erholungswesens sind in der K.-VO (3. 8. 1967) getroffen worden. Darin sind systematisch die Abgrenzungen zwischen „Kuren" und „Erholungsaufenthalten" und zwischen den dafür geforderten Einrichtungen festgelegt. K. sind danach gekennzeichnet durch staatlich anerkannte natürliche Heilmittel und durch Kureinrichtungen sowie günstige bioklimatische Bedingungen. Ihre Zweckbestimmung ist medizinischer Art. Zu ihnen zählen auch „Seeheilbäder" im Gegensatz zu den Seebädern. Erholungsorte dienen der „zweckmäßigen Durchführung des Erholungsurlaubs aller Bürger". Sie sind gekennzeichnet durch günstige landschaftliche Lage und förderliche bioklimatische Bedingungen und müssen über die erforderlichen hygienischen und sonstigen Einrichtungen verfügen. Zwischen den beiden Gruppen stehen die Luft-K. Jeder K. und jeder Erholungsort muß ein Statut haben. Die grundsätzlichen Regelungen dafür und für die staatliche Anerkennung erläßt das → **Ministerium für Gesundheitswesen**. Eine wesentliche Absicherung der Umweltbedingungen für K. und Erholungsorte geben das → **Landeskulturgesetz** (§ 15) und die 2. Durchführungs-VO dazu (beides 14. 5. 1970).

Die Nutzung der Plätze in K. ist im wesentlichen der Sozialversicherung vorbehalten und nur aufgrund ärztlichen Attestes möglich. Für die „ärztliche Indikationsstellung" sind Rahmenrichtlinien (1971) vom Ministerium für Gesundheitswesen und dem → **FDGB** gemeinsam erlassen. Die Grundlagen für das Kurwesen erarbeitet das Forschungsinstitut für Balneologie und Kurortwissenschaft in Bad Elster, das ebenfalls dem Ministerium für Gesundheitswesen unterstellt ist.

In K. der DDR sind ca. 25000 Betten vorhanden. Im Rahmen der → **Kuren der Sozialversicherung** werden durchgeführt Heilkuren, Vorbeugungs-(„prophylaktische") und Genesungskuren, die erste Gruppe in (Anfang 1974) 73 Sanatorien mit 18000 Betten und 13 Kurheimen mit 650 B.; die Sanatorien werden zu zwei Dritteln von der Sozialversicherung selbst geführt, der Rest nur vertragsweise belegt. Für prophylaktische und Genesungskuren werden überwiegend Erholungsheime des FDGB und anderer Träger benutzt; sie stehen dafür jedoch nur von Oktober bis April zur Verfügung; sie werden in den 5 Monaten der günstigen Jahreszeit für Erholungszwecke beansprucht und dafür nicht unter medizinischen Gesichtspunkten vergeben.

Über die Plätze in Erholungsorten und Seebädern verfügen an erster Stelle die „Feriendienst- und Kurkommissionen" des FDGB. Sie sind bestrebt, die Plätze das ganze Jahr über zu nutzen. Für „Inlandstouristik" und für „Urlaubsreisende" sind nur die vom FDGB nicht benötigten Plätze zugängig. Deren Vergabe liegt bei den Reisebüros der DDR. → **Gesundheitswesen.**

KVP: Abk. für → **Kasernierte Volkspolizei; Nationale Volksarmee; Militärpolitik.**

Kybernetik: K. ist die Wissenschaft von den „möglichen Verhaltensweisen möglicher Strukturen", d. h. von dynamischen, sich selbst organisierenden und sich selbst erhaltenden Systemen. Unter „System" wird jedes in sich geschlossene Ganze verstanden, das miteinander in Wechselbeziehung stehende Teile umfaßt. Die kybernetischen Systeme sind dazu bestimmt, daß sie mit Hilfe von Rückkoppelungen immer wieder einen Gleichgewichtszustand anstreben. „Dynamisch" heißt im vorliegenden Zusammenhang stets „in Funktion befindlich". Mit Hilfe kybernetischer Modelle wird versucht, bestimmte wesentliche Eigenschaften der Wirklichkeit abzubilden und Gesetzmäßigkeiten der beobachteten Tatbestände festzustellen. Die K. hat eine eigene, von verschiedenen Wissenschaften beeinflußte Sprache geschaffen. Hauptbegriffe sind u. a.: „System", „Subsystem", „Umwelt", „kybernetische Maschine", „Regelkreis", „Regler", „Regelstrecke", „Rückkopplung" („feed back"), „Gleichgewicht", „Fließgleichgewicht", „Stabilität", „Ultrastabilität", „Information", „Kommunikation".

Allgemein werden drei Teilgebiete der K. unterschieden: das systemtheoretische (Informationstheorie), das spieltheoretische und das algorithmentheoretische.

Die kybernetische Regelungstheorie bezieht sich auf die Regelmäßigkeiten der automatischen Regelung bzw. Steuerung von Systemen. Dabei bedeutet „Regelung" stets die Erzielung von Veränderungen eines Systems (Handeln, Sich-Verhalten, Lenkung von Maschinen und Automaten). Mit Hilfe der Regelung soll jedoch auch die Aufrechterhaltung des stabilen Gleichgewichts eines dynamischen Systems durch den „Regelkreis" gewährleistet werden. Der Regelkreis ist gegenüber Einflüssen aus der Umwelt relativ stabil.

Regelkreise werden häufig nach dem Modell von Homöostaten konzipiert, d. h. von Regelmechanismen, in denen irgendeine Variable in den vorausbestimmbaren Grenzen gehalten wird. Der Regelungsaspekt gewinnt dabei für die Leitungswissenschaft der DDR und in diesem Zusammenhang auch unter dem organisationstheoretischen Aspekt besondere Bedeutung – gehören doch für die Wirtschafts- und Gesellschaftsplanung wichtige Begriffe, wie „Befehl" und „Kontrolle", in den Bereich der Regelungstheorie.

Die kybernetisch-mathematische Spieltheorie, auch Theorie der Spiele genannt, versucht, optimale Verhaltensweisen von Systemen oder der jeweiligen „Umwelt" eines Systems herauszufinden. Als „Spieler" können dabei z. B. Subsysteme fungieren. Die Spieltheorie ist prinzipiell auf alle Situationen anwendbar, die denen von Gesellschaftsspielen ähneln.

Die Algorithmustheorie schließlich befaßt sich – u. a. durch Erforschung der Steuerungsalgorythmen – mit dem Bau von Maschinen (Rechenmaschinen), die die Ausschaltung von Störungen ermöglichen. Algorithmen können als Verfahren, die Handlungen in ihrem Ablauf steuern, oder auch als System von Umformungsregeln, mit denen ein bestimmtes Verhalten sich beschreiben und steuern läßt, bezeichnet werden.

Die K. bedient sich verschiedener Methoden. Hier sind vor allem die „black-box-Methode" sowie die „trial-and-error-Methode" zu nennen. Die „black-box-Methode" (deutsch: Methode des „schwarzen Kastens") wird z. B. verwendet, wenn ein System zu analysieren ist, bei dem lediglich die Eingangs-(input) und Ausgangs-(output)größen bekannt sind.

Die Ausdehnung einer interdisziplinären Betrachtungsweise (Regelkreisgedanke, Rückkopplungsprozesse) auf volkswirtschaftliches Geschehen gelang 1933 R. Frisch. H. Schmidt entwarf auf bio-anthropologischer Grundlage das Programm einer allgemeinen Regelkreislehre. N. Wiener blieb es dagegen vorbehalten, mit seiner 1948 erschienenen Veröffentlichung („Cybernetics or control and communication in the animal or the machine") Begriff und Gedankenwelt der K. zu verbreiten. Weiterentwicklungen erfolgten u. a. durch J. v. Neumann, L. v. Bertalanffy, W. R. Ashby, C. E. Shannon und R. V. L. Hartley.

Bereits gegen Ende der 50er Jahre begann man sich in der DDR auf Institutsebene mit Fragen der K. und deren Nutzung auseinanderzusetzen. Diese Arbeiten bildeten u. a. die Grundlage für Forschungs- und Entwicklungsarbeiten auf dem Gebiet der elektronischen Rechentechnik und führten schließlich zum Bau des Digitalrechners ZRA 1 (Zeiss-Rechenautomat) des VEB Carl Zeiss Jena im Jahre 1960 (**Elektronische → Datenverarbeitung**).

Der völlige theoretische Durchbruch der K. als ein neues Forschungsgebiet muß seit 1961, mit der Gründung einer Kommission für K. bei der Deutschen Akademie der Wissenschaften zu Berlin als gesichert angesehen werden. 1962 wurde eine Arbeitsgruppe „K. und Pädagogik" beim Ministerium für Volksbildung geschaffen. 1963 wurde die Kommission bei der Deutschen Akademie der Wissenschaften zur „Sektion K." beim Präsidenten der Deutschen Akademie der Wissenschaften umgebildet. Im gleichen Jahre wurde die Forschungsgruppe „K. und Schule" beim Institut für Berufsbildung eingerichtet.

Eine offizielle Förderung erfuhr die K. jedoch erst im Zuge umfangreicher Reformvorschläge für Wirtschaftsplanung und -verwaltung anläßlich des VI. Parteitages der SED im Januar 1963. Ebenso wurde im Programmentwurf der SED nicht nur die K. in bedeutsamen Zusammenhängen erwähnt, sondern es wurde an vielen Stellen auf Probleme eingegangen, die mit der K. und ihrer Anwendung zusammenhingen. 1965 wurde eine Forschungsgemeinschaft „Anwendung mathematischer Methoden in der Territorialplanung" am Ökonomischen Institut bei der Staatlichen Plankommission, die die Anwendung kybernetischer Methoden übernahm, ins Leben gerufen. In der Folgezeit hat die Partei- und Wirtschaftsführung die möglichst vielseitige Anwendung der K. propagiert. Die K. fand daher nicht nur im technischen, sondern auch im wirtschaftlichen Bereich größere Beachtung. So wurde als Beispiel für die Ausnutzung der Erkenntnisse der K. die auf dem VII. Parteitag der SED 1967 herausgearbeitete Prognose für das entwickelte gesellschaftliche System des Sozialismus, in dem verschiedene gesellschaftliche Teilsysteme in ihren

Wechselbeziehungen erfaßt waren, herausgestellt. Kybernetische Methoden wurden ebenfalls in einigen Betrieben und Kombinaten berücksichtigt und gewannen im Zusammenhang mit der elektronischen Datenverarbeitung an Bedeutung. Die K. entwickelte sich so für andere Wissenschaftsdisziplinen zu einem unentbehrlichen Instrumentarium. Ihre enge Verbindung zur marxistisch-leninistischen Organisationswissenschaft (→ **Organisationswissenschaft**) wurde ebenso herausgestellt wie ihre Bedeutung im Rahmen der → **sozialistischen Betriebswirtschaftslehre**.

Die in der Folgezeit zu beobachtende teilweise Überbewertung der ökonomischen K. forderte jedoch auch zur offenen Kritik heraus. Im Zuge der auf dem VIII. Parteitag der SED im Juni 1971 festgelegten neuen politökonomischen Grundrichtung wurden neue ordnungspolitische Prioritäten gesetzt. Die Bedeutung der K. nahm sichtbar ab.

Die K. wird gegenwärtig auf die verschiedensten Wissenschaftsgebiete angewandt. Ihre Anwendung in der Ökonomie vollzieht sich auf der Grundlage der marxistisch-leninistischen Gesellschaftswissenschaften. Sie soll es ermöglichen, den gesellschaftlichen Reproduktionsprozeß als Ganzes und das Zusammenspiel seiner Teile für die wissenschaftliche Leitung überschaubarer zu gestalten sowie in Verbindung mit der Operationsforschung und der elektronischen Datenverarbeitung (EDV) die mathematische Berechnung optimaler Varianten für die Planung effektiver zu machen. Die K. ist demzufolge Instrument der Leitung. Ziel ihrer Anwendung in der Ökonomie ist die Nutzung kybernetischer Methoden bei der Erforschung und Entwicklung ökonomischer Prozesse und der kybernetischen Technik (insbesondere der EDV zur Informationsverarbeitung) für die Rationalisierung der Leitung und Planung. Hervorgehoben wird, daß bei der Anwendung der K. in der Ökonomie ein Abstrahieren vom materiellen, sozialen und klassenmäßigen Inhalt der zu untersuchenden Prozesse ausgeschlossen werden soll. Sowohl das Primat der Politik als auch die bestimmende Rolle des ökonomischen Inhalts schließen eine Überbewertung der K. aus.

L

Laienkunst: Die L. wird in der DDR als Künstlerisches Volksschaffen bezeichnet und als wesentlicher Bestandteil der „sozialistischen Nationalkultur" betrachtet. Von den staatlichen Organen, Betrieben und gesellschaftlichen Organisationen gefördert, bestehen zahlreiche Kollektive auf den Gebieten Literatur, Laientheater, Puppentheater, Kabarett, Amateurfilm, Bühnen- und Gesellschaftstanz, bildnerisches Volksschaffen (Malerei, Grafik, Plastik, Keramik, Holz-, Metall- und Textilgestaltung), Fotografie, Musik (Chor- und Sologesang, Orchestermusik), Artistik und Magie. Die als Autorenkonferenz des Mitteldeutschen Verlages Halle am 24. 4. 1959 im Kulturpalast des Elektrochemischen Kombinats Bitterfeld veranstaltete 1. Bitterfelder Konferenz rief unter der Losung „Greif zur Feder, Kumpel, die sozialistische deutsche Nationalkultur braucht dich!" die „Bewegung schreibender Arbeiter" ins Leben und stimulierte u. a. die Bildung von Arbeiter-Theatern.
1972 bestanden 90 Arbeiter- und Bauerntheater (Höchststand 1963: 135) mit 3 125 Ensemblemitgliedern, die insgesamt 2 430 Vorstellungen gaben. Die L. wird durch Berufskünstler unterstützt, wozu u. a. Patenschaftsverträge zwischen künstlerischen Institutionen und Einzelkünstlern und L.-Kollektiven bestehen. Individuelle künstlerische Betätigung von Laien kann auch in Klubs und Kulturhäusern erfolgen, wo ausgebildete Leiter entsprechende Beratung und Anleitung geben. Die Ausbildung von Zirkel- und Gruppenleitern für L. erfolgt in einem 3jährigen → **Fernstudium**, an dessen Ende ein staatlicher Befähigungsnachweis steht, durch Kreis- und Bezirkskabinette für Kulturarbeit sowie das → **Zentralhaus für Kulturarbeit** in enger Verbindung mit den künstlerischen Lehranstalten. Diese staatlichen Einrichtungen geben auch Material für die L. heraus, organisieren den Erfahrungsaustausch und führen Leistungsvergleiche durch. Seit 1956 werden die besten Kollektive und Einzelleistungen der L. durch einen Preis für Künstlerisches Volksschaffen ausgezeichnet.
Seit 1965 besteht beim → **Ministerium für Kultur** ein wissenschaftlich-künstlerischer Beirat für Volkskunst, dem die Vorsitzenden der Zentralen Arbeitsgemeinschaften des Künstlerischen Volksschaffens, Vertreter von FDGB, FDJ, Kulturbund, DFD und DSF sowie Wissenschaftler, Berufs- und Volkskünstler angehören. Er berät grundsätzliche Entwicklungsprobleme der L., fördert die Zusammenarbeit zwischen Berufs- und L. und fungiert als Auftraggeber für neue Kunstwerke. Für die unmittelbare Anleitung der L. sind die verschiedenen gesellschaftlichen und Massenorganisationen verantwortlich, insbesondere bildet die Förderung der L. einen wichtigen Teil der → **Kulturarbeit des FDGB**. Zur Förderung der L. unter der Jugend dienen besondere Jugend-Literatur-Wettbewerbe, die Bewegung zur Förderung „Junger Talente" und die Einrichtung von Singeklubs der FDJ, deren Mitglieder neue Lieder vielfach selbst dichten und komponieren. Die Singeklubs entstanden seit Mitte der 60er Jahre im Rahmen der Singebewegung, die mit jugendgemäßen Liedern ein „sozialistisches Lebensgefühl" und eine positive Einstellung zu Staat und Gesellschaft fördern soll. Seit 1967 werden alljährlich Werkstattwochen der Singeklubs, seit 1971 unter internationaler Beteiligung Festivals des politischen Liedes in Berlin durchgeführt. Wesentlich beteiligt ist die L. auch an den seit 1959 jährlich in einem anderen Bezirk veranstalteten Arbeiterfestspielen.
1968 bestanden ungefähr folgende L.-Kollektive: 2 000 Laientheater, 600 Kabarettgruppen, 250 Zirkel schreibender Arbeiter, 230 Zirkel schreibender Schüler, 3 000 Zirkel der bildenden und angewandten Kunst, 5 000 Amateurtanzorchester, 1 400 Blasorchester, 80 Sinfonieorchester, 150 Kammerorchester und Gruppen, 100 Orchester mit gemischter Besetzung, 5 000 Chöre, 500 Singeklubs der FDJ, 50 Ensembles Junger Talente und Arbeitervarietés, 350 Filmzirkel und -Studios (dazu 150 000 Einzelamateure), 75 gemischte Volkskunstensembles, 1 200 Bühnentanzgruppen, 100 Gesellschaftstanzkreise für jährlich 90 000 Teilnehmer, 500 Fotozirkel (ohne Betriebszirkel), 300 Puppenspielbühnen, 25 magische Zirkel, 9 Pantomimengruppen.
Bei der Anleitung der L. wird besonderer Wert darauf gelegt, daß sie der sozialistischen Bewußtseinsbildung dient.

Landambulatorium: → **Gesundheitswesen**, III.

Länder: Die L. Mecklenburg, Sachsen, Thüringen und die durch → **SMAD**-Befehl 180 vom 21. 7. 1947 in L. umgewandelten früheren Provinzen Brandenburg und Sachsen-Anhalt sind durch das die damalige Verfassung brechende Gesetz über die weitere Demokratisierung des Aufbaus und der Arbeitsweise der staatlichen Organe in den Ländern der DDR vom 23. 7. 1952 (GBl., S. 613) aufgelöst worden, weil – wie es in der Präambel heißt – dieses „alte noch vom kaiserlichen Deutschland stammende System der administrativen Gliederung zu einer Fessel der neuen Entwicklung geworden" sei. Das Gebiet Mitteldeutschlands wurde neu in → **Kreise** und → **Bezirke** gegliedert (→ **Verwaltungsneugliederung**). Mit den L. entfielen auch die bis dahin bestehenden Landtage und Landesregierungen. Die Länderkammer, die Vertretung der L. im Gesetzgebungsverfahren, blieb noch einige Jahre als staatsrechtliches Unikum bestehen. Ihre Abgeordneten wurden nach Wegfall der Landtage ohne verfassungsrechtliche Grundlage noch zweimal – 1954 und 1958 – durch die Bezirkstage gewählt. Den 1958 gewählten Abgeordneten blieb aber nur noch die Aufgabe, einmal zusammenzutreten und gegen das von der Volkskammer beschlossene Gesetz vom 8. 12. 1958 über die Auflösung der Länderkammer (GBl. I, S. 867) keinen Einspruch einzulegen.

Landeskultur: Als Staat mit hochentwickelter Industrie und intensiver Landwirtschaft, engmaschigem Siedlungsnetz – ca. drei Viertel der Bevölkerung lebt in Städten und Gemeinden mit mehr als 2 000 Einwohnern – sowie hoher Bevölkerungsdichte (158 Einwohner je qkm) ist die DDR genötigt, der L. und dem → **Umweltschutz** erhöhte Aufmerksamkeit zu schenken. Obwohl rund 60 v. H. des Bodens von der Landwirtschaft und 27 v. H. von der Forstwirtschaft beansprucht werden, beträgt die für landwirtschaftliche Produktionen zur Verfügung stehende Fläche nur 0,37 ha pro Einwohner. Hinzu kommt, daß durch den Braunkohlentagebau zwangsläufig landwirtschaftliche Nutzungsflächen – zumindest für einen längeren Zeitraum – entzogen werden müssen; in den vergangenen 20 Jahren waren es mehr als 250 000 ha. Weiterhin ist die ökologische Lage in der DDR durch einen angespannten Wasserhaushalt (→ **Wasserwirtschaft**) sowie in weiten Bereichen auch durch eine nachhaltige Wasser- und Luftverschmutzung gekennzeichnet.

Diese Situation zwingt zum Schutz der Natur – vor dem Menschen –, um die natürlichen Ressourcen für die Bevölkerung erhalten zu können. Aufgabe der L. ist es, für eine rationellere Nutzung und Erhaltung der Naturreichtümer, für die Reinhaltung von Wasser und Luft, für einen besseren Einsatz des Bodens, für die Verschönerung der Landschaft, für die Gestaltung von Erholungsgebieten sowie die Schaffung und Sicherung von Naturschutzgebieten und Landschaftsschutzgebieten (→ **Naturschutz**) Sorge zu tragen. Im Rahmen der „sozialistischen Landeskultur" ist jeder Bürger aufgerufen, sich für den Schutz und die Pflege der Natur einzusetzen. Dazu gehören auch die Beseitigung und Verwertung des Siedlungsmülls sowie der industriellen Abfallprodukte.

Landeskulturgesetz: Zu den wesentlichen gesetzlichen Regelungen über den → **Umweltschutz** gehört das L. vom Mai 1970 (Gesetz über die planmäßige Gestaltung der sozialistischen Landeskultur in der DDR, GBl. I, 1970, S. 67 ff.) sowie dazu erlassene Durchführungsbestimmungen (GBl. II, 1970, S. 595 ff.) und Durchführungsverordnungen (GBl. II, 1970, S. 331 ff. und I, 1973, S. 157 ff.).

Dem L., das das Naturschutzgesetz von 1954 ablöste, kommt besondere Bedeutung zu, da es die bisherigen Regelungen zusammenfaßt.

In den Abschnitten II bis IV dieses Gesetzes wird insbesondere der Landschaftsschutz geregelt; dabei geht es neben dem → **Naturschutz**, der Einrichtung und Erhaltung von Erholungsgebieten sowie dem Schutz der Küsten darum, neu zu errichtende Gebäude oder Verkehrsanlagen der Landschaft anzupassen sowie Eingriffe in die Natur abzuwenden oder daraus entstandene Schäden wieder zu beseitigen. Darüber hinaus wird in diesen Abschnitten die Nutzung von Boden und Wäldern angesprochen: Entsprechend den gegebenen Standortbedingungen sollen alle Bodenflächen optimal genutzt werden, vor allem die land- und forstwirtschaftlichen Nutzflächen sowie die dafür geeigneten, aber anderweitig genutzten, Bodenflächen. Dabei soll die Bodenfruchtbarkeit durch entsprechende Maßnahmen (z. B. durch → **Meliorationen**) verbessert sowie der Boden vor Schadwirkungen (z. B. Austrocknung, Wind- und Wassererosionen) geschützt werden. Die Wälder sollen bei Einsatz von Forstschutzmaßnahmen so entwickelt werden, daß ein möglichst großer Holzvorrat erreicht wird.

Der sowohl die Nutzung als auch den Schutz der Gewässer regelnde Abschnitt V des L. beschäftigt sich vor allem mit Maßnahmen zur Gewährleistung der Wasserversorgung für Bevölkerung, Industrie, Landwirtschaft, Binnenschiffahrt und Fischerei. Zur Deckung des Bedarfs der Bevölkerung werden Wasserschutzgebiete eingerichtet; Abwässer dürfen in die natürlichen Gewässer nur bei Einhaltung bestimmter Grenzwerte der Gewässerbelastung geleitet werden. Die Industrie ist zu sparsamer Wasserverwendung verpflichtet; sie hat bei neuen Betriebserrichtungen dem gesamten Wasserhaushalt des Gebietes Rechnung zu tragen und muß vorgeschriebene Abwasserbehandlungsanlagen betreiben bzw. neu errichten.

Der Abschnitt VI soll für die Reinhaltung der Luft Sorge tragen, indem die Betriebe zur Einhaltung der ihnen von den entsprechenden Staatsorganen vorgegebenen Grenzwerte für luftverunreinigende Stoffe verpflichtet wurden.

Mit dem Abschnitt VII wird die Nutzbarmachung von Abfallprodukten oder Schadstoffen zu verwertbaren Stoffen bzw. die schadlose Beseitigung nicht zu nutzender Abfallprodukte angesprochen.

Der Abschnitt VIII regelt den Schutz vor Lärm. Dabei gilt für neue Produktionsverfahren, Verkehrsbauten und bei der Errichtung neuer Wohngebiete die Pflicht zur Einhaltung vorgegebener Lärmgrenzwerte. Weiterhin ist für bestimmte Gebiete (z. B. Kurorte, Erholungsgebiete) vorgesehen, diese durch Erklärung zu Lärmschutzgebieten besonders zu schützen.

Da das L. nur allgemeinen Charakter trägt, ist ein Teil der Verantwortung hinsichtlich des Umweltschutzes auf die Bezirksleitungen und die örtlichen Organe übertragen. Diese stehen dem Problem gegenüber, inwieweit sie jeweils der absoluten Planerfüllung vor dem Umweltschutz Vorrang geben sollen. Allerdings gibt es auch einige generelle Sanktionen, um insbesondere die Betriebe zur Einhaltung der gesetzlich festgelegten Umweltschutzmaßnahmen zu zwingen: Für Wasserverschmutzungen wurde das Abwassergeld und für Luftverunreinigungen das Staub- und Abgasgeld festgelegt.

Landesverrat: → **Staatsverbrechen.**

Landkarten: → **Vermessungs- und Kartenwesen.**

Landklubs der Intelligenz: → **Klubs der Intelligenz.**

Landschaftspflege: → **Naturschutz.**

Landtechnik: Der L. (Maschinen, Geräte und Anlagen zur Mechanisierung der Agrarproduktion) kommt in der Landwirtschaft der DDR eine zweifache Bedeutung zu. Einerseits dient sie der Entlastung der Arbeitskräfte von körperlich schweren Arbeiten und der Steigerung der Arbeitsproduktivität. Andererseits werden über die

Entwicklung und Bereitstellung der landtechnischen Ausrüstungen agrarpolitische, insbesondere strukturpolitische Ziele verfolgt. Hierzu heißt es: „In der Bereitstellung der Landtechnik realisiert die Arbeiterklasse ihren Führungsanspruch gegenüber der Klasse der Genossenschaftsbauern." Es werden insbesondere Großmaschinen entwickelt bzw. importiert (Schnittbreite der neuen Mähdrescher 7,5 m, 6reihige Rübenerntemaschinen, Traktoren mit 100–300 PS, Agrarflugzeuge etc.), deren Ankauf und Einsatz für den einzelnen Betrieb unrentabel sind; oder es wird verfügt, daß mehrere Maschinen als Komplexe (z. B. 5 Mähdrescher, 3 Traktoren etc.) eingesetzt werden müssen. Diesen Komplexen wird die erforderliche Folgetechnik (Strohbergung, Transport, Traktoren und Schälpflüge etc.) zugeordnet, wodurch ganze Maschinensysteme entstehen. Die Anschaffung dieser Maschinensysteme kann ebenfalls nur von mehreren Betrieben gemeinsam vorgenommen werden. Häufig wird der Einsatz von Erntemaschinen bzw. -komplexen zentral von der Kreisbehörde gelenkt. Infolgedessen sind die Landwirtschaftsbetriebe

zur → **Kooperation** veranlaßt. Das kann jedoch nur dann realisiert werden, wenn die technische Ausstattung der Einzelbetriebe gering gehalten wird (→ **Agrarpolitik; Landwirtschaft; Landwirtschaftliche Betriebsformen**). 1973 verfügte die Landwirtschaft bei 6,3 Mill. ha Landwirtschaftliche Nutzfläche (LN) u. a. über folgende technische Ausrüstung:

Traktoren	143 293
hiervon über 2,0 Mp	29 618
Lkw	32 391
hierzu Anhänger	221 053
Stalldungstreuer	16 437
Mähdrescher	11 873
Kartoffelsammelroder	10 193
Rübenrodelader	4 896

Quelle: Statistisches Jahrbuch der DDR 1974, S. 204.

Spezielle Ausbildungsstätten für L. bestehen an der TU Dresden (Dipl.-Ing. für L.) und den Ingenieurschulen für L. in Friesack und Nordhausen (Ingenieur für L.).

Landwirtschaft

Ziele – Produktionsgrundlagen – Arbeitskräfte – Produktionsmittel – Pflanzenschutz und Düngemittel – Maschinen – Produktionsleistung – Zusammenfassung

I. Die Landwirtschaft in der volkswirtschaftlichen Zielsetzung

Die L. nimmt in der Volkswirtschaft der DDR einen hohen Stellenwert ein. Im Durchschnitt der Jahre 1969–1973 trug sie mit 11,7 v. H. aller Berufstätigen und 13,5 v. H. der Grundmittel (Produktionskapital ohne lebendes Inventar) zu 11,6 v. H. an der Erstellung des Nettoproduktes bei. Ihr Anteil an den Gesamtinvestitionen der Volkswirtschaft betrug in der selben Zeit ca. 13,0 v. H. Infolge der Rohstoffknappheit der DDR ist der Anteil der L. am Rohstoffaufkommen mit rd. 67 v. H. erheblich.
Die Agrarprodukte dienen zu 15 v. H. dem Direktverzehr, während 85 v. H. in ca. 50 Erzeugnisgruppen der Industrie, insbesondere der Lebensmittelindustrie, weiter be- oder verarbeitet werden. Der Selbstversorgungsgrad mit Nahrungsmitteln betrug 1973 nach Angaben der DDR 80 v. H.
Auf dem VIII. Parteitag der SED 1971 wurden die Landwirtschaftsbetriebe der DDR beauftragt, durch Intensivierung und veränderte Betriebsgestaltung (→ **Landwirtschaftliche Betriebsformen**) bis 1975 folgende Produktionssteigerungen zu realisieren:
1. Pflanzenproduktion um 22 v. H.
2. Fleischerzeugung um 15 v. H.
3. Milcherzeugung um 12 v. H.
Grundsätzlich hält sich die DDR auf dem Ernährungssektor – von Südfrüchten abgesehen – für autarkiebegabt. Die außenwirtschaftliche Verflechtung soll auf den zunehmenden Austausch wissen-

schaftlicher Erkenntnisse und auf den ebenfalls wachsenden Handel mit Produktionsmitteln beschränkt werden.
Die Realisierung der weitgehenden Selbstversorgung ist abhängig von der zur Verfügung stehenden Nahrungsfläche je Einwohner, der Nutzung der Flächen, dem Einsatz ertragssteigernder Produktionsmittel, dem Viehbestand und der Verfügbarkeit von Futtermitteln.

II. Produktionsgrundlagen

Vom Staatsgebiet der DDR sind ca. 58 v. H. landwirtschaftlich genutzt Fläche (LN) (Bundesrepublik Deutschland 54 v. H.). Da zugleich die Bevölkerungsdichte der DDR um ca. 37 v. H. unter der der Bundesrepublik liegt, steht in der DDR die 1,7fache Nahrungsfläche je Einwohner zur Verfügung.

Bevölkerungsdichte und Nahrungsfläche je Einwohner 1972

Wirtschafts- bzw. Gesamtfläche qkm	108 328
landwirtschaftl. Nutzfläche in 1 000 ha LN	6 291
Bevölkerung 1 000 Einwohner	17 043
Bevölkerungsdichte Einwohner/qkm	157
Nahrungsfläche je Einwohner in ha LN	0,37
Selbstversorgungsgrad bei Nahrungsmitteln	79 v. H.

Quellen: Statistisches Jahrbuch der DDR 1974, S. 3 und 187; Statistisches Jahrbuch über Ernährung, Landwirtschaft und Forsten 1973, S. 6.

Durch außerlandwirtschaftliche Inanspruchnahme hat die DDR zwischen 1950 und 1970 ca. 240 000 ha LN verloren. Zur Vermeidung unnötiger Bodenverluste wurde 1967 eine Bodennutzungsgebühr (bis zu 400 000 Mark/ha LN) eingeführt (→ **Bodennutzung**).
Gleichzeitig wurde ein umfangreiches Wiederurbarmachungs- und Rekultivierungsprogramm für Berg-

bauflächen entwickelt, das bis 1980 insgesamt 35 000 ha umfassen soll. Hiervon waren 1974 bereits 16 000 ha rekultiviert. Infolgedessen ist der Umfang der LN seit 1971 konstant geblieben.

Veränderung des Nutzflächenverhältnisses in der DDR von 1950–1973

Fläche LN gesamt		1960	1970	1973
in 1 000 ha	6 526,6	6 419,8	6 286,4	6 287,1
in v. H.	100,0	98,4	96,3	96,3
Ackerland				
1 000 ha	5 017,3	4 847,8	4 618,1	4 634,2
in v. H.	100,0	96,6	92,0	92,4
Grünland				
1 000 ha	1 291,1	1 362,0	1 469,2	1 429,0
v. H.	100,0	105,5	113,8	110,7
Sonstiges				
1 000 ha	218,2	210,0	199,1	223,9
v. H.	100,0	96,2	91,2	102,6
Acker-Grün-				
landverhältnis	3,9 : 1	3,6 : 1	3,1 : 1	3,2 : 1

Quelle: Statistisches Jahrbuch der DDR 1974, S. 187.

Von der landwirtschaftlichen Nutzfläche entfallen in der DDR ca. 74 v. H. auf Ackerflächen und 23 v. H. auf Grünland (Bundesrepublik 56 v. H. Acker, 40 v. H. Grünland). Die ständige zu Lasten des Acker-landes und vor allem in den Südbezirken feststellba-re Ausdehnung des Grünlandes wurde nach dem VIII. Parteitag der SED gestoppt. Seitdem werden Grünflächen für Getreide und Feldfutterbau umge-brochen.

In den Ackerflächen des Jahres 1973 sind neben ca. 52 100 ha Freilandgemüse und 10 800 ha Saatgutflä-chen zahlreiche Sonderkulturen enthalten. Weitere Sonderkulturen sind gemeinsam mit 40 000 ha Haus- und Kleingärten unter „Sonstige" zusammen-gefaßt (→ **Gartenbau**).

Ebenso wie im Nutzflächenverhältnis haben sich im Ackerflächenverhältnis Veränderungen ergeben.

Entwicklung der Ackerflächenverhältnisse

Hauptfruchtarten	Anteil an der Ackerfläche in v. H.				
	1935/38	1957/61	1962/66	1967/71	1973
Getreide	60,4	49,5	47,9	51,3	51,3
Hackfrüchte	23,6	25,1	24,4	22,2	21,3
Feldfutterbau	11,1	16,6	19,4	19,0	18,8
Handelsgewächse	0,7	3,8	3,3	3,1	2,7
Hülsenfrüchte	1,8	1,9	2,0	1,3	1,1
Gemüse, Garten-gewächse u. Sonstiges	2,4	3,1	3,1	3,1	4,2
	100,0	100,0	100,0	100,0	100,0

Quelle: K. Merkel, Agrarproduktion im zwischenvolkswirt-schaftlichen Vergleich, Berlin 1963, S. 19 f.; E. Tümmler, K. Merkel, G. Blohm, Agrarpolitik in Mitteldeutschland, Berlin 1969, S. 284; Statistisches Jahrbuch der DDR 1974, S. 208.

Der Getreideanbau wurde von ca. 3,2 Mill. ha in der Vorkriegszeit auf ca. 2,4 Mill. ha eingeschränkt. Von dem Rückgang waren vor allem Roggen (um 47

v. H.) und Hafer (um 67 v. H.) betroffen, während der Weizenanbau um 10 v. H. und der Anbau von Gerste um ca. 50 v. H. ausgedehnt wurden. Inner-halb der Hackfrüchte erfolgten Einschränkungen im Kartoffelbau und bei Futterhackfrüchten, während der Zuckerrübenanbau im Verhältnis zur Vorkriegs-zeit um mehr als 20 v. H. ausgedehnt wurde. Da die Selbstversorgung mit Zucker in der DDR seit lan-gem gesichert ist, erfolgt die Ausdehnung des Zuk-kerrübenanbaus als Ersatz für den rückläufigen An-bau von Futterhackfrüchten. Die relativ wie absolut stärkste Zunahme ist bei den Feldfutterpflanzen festzustellen, von deren Anbaufläche rd. 40 v. H. auf Grün- und Silomais entfallen (Kleearten 21 v. H., Luzerne 18 v. H.).

Zur Sicherung der in den Perspektivplänen voraus-gesetzten Steigerung der tierischen Produktion be-steht die Absicht, den einjährigen Ackerfutterbau und den Anbau von Futterhackfrüchten weiter ein-zuschränken sowie den Anbau eiweißreicher Getrei-desorten und Futterhülsenfrüchte auszudehnen. Al-lein bei Ackerbohnen soll die Anbaufläche von 10 000 auf ca. 200 000 ha erhöht werden, um Soja- und Fischmehlimporte zu verringern. Der Anteil der Ackerflächen soll künftig auf Kosten des Grünlan-des weiter ausgedehnt werden.

III. Die landwirtschaftlichen Arbeitskräfte (AK) und die Entwicklung der landwirtschaftlichen Pro-duktionsbetriebe

Die Anzahl der landwirtschaftlichen → **Arbeitskräf-te** hat ständig abgenommen. Je nach Betriebsform sind die landwirtschaftlichen Arbeitskräfte Mitglie-der der landwirtschaftlichen Produktionsgenossen-schaften (LPG) oder sie sind Arbeiter bzw. Ange-stellte, die sowohl in den LPG als auch in den staatli-chen Landwirtschaftsbetrieben (VEG, KIM) arbei-ten können (→ **Landwirtschaftliche Betriebsfor-men**).

Darüber hinaus bestehen noch einige wenige selb-ständige L.-Betriebe. Insgesamt hat sich die Anzahl der Berufstätigen von 1961–1973 um 28,6 v. H. ver-ringert.

Anzahl der ldw. Berufstätigen in der Landwirtschaft der DDR

soziale Stellung	1961 in 1 000	1973 in 1 000	Veränderungen 1961 = 100
Berufstätige insgesamt	1 285,5	918,1	71.4
davon			
Arbeiter und Angestellte	383,1	234,8	61,3
Genossenschaftsmitgl.	880,9	675,1	76,6
Selbständige u. Angeh.	21,4	8,2	38,2

Quelle: Statistische Jahrbücher der DDR 1967; S. 264, und 1974, S. 196.

Während die Arbeiter und Angestellten in der Regel vollbeschäftigt sind, gilt nur ein Teil der Genossen-schaftsmitglieder als ständig beschäftigt. Auch diese können nicht als Voll-AK mit durchschnittlich 2 100

Arbeitsstunden pro Jahr angesehen werden. Rechnet man die im Jahre 1972 beschäftigten 936 257 Berufstätigen, die insgesamt in der L. tätig waren, auf Vollbeschäftigte um, so ergibt sich, daß 890 000 Voll-AK in der L. tätig waren. Dies entspricht bei ca. 6,3 Mill. ha LN einem Arbeitskräftebesatz von 14,2 AK/100 ha LN.

Die Durchführung der Produktion erfolgte bisher fast ausschließlich in Volkseigenen Gütern (VEG) und Landwirtschaftlichen Produktionsgenossenschaften (LPG). Die Zahl dieser Betriebe hat seit 1960 stark abgenommen.

Jahr	VEG		LPG Typ I/II		LPG Typ III	
	Betriebe Anzahl	Nutzfläche 1 000 ha LN	Betriebe Anzahl	Nutzfläche 1 000 ha LN	Betriebe Anzahl	Nutzfläche 1 000 ha LN
1960	669	396	12 976	2 024	6 337	3 384
1970	511	443	3 485	866	5 524	4 526
1973	516	449	1 185	347	5 402	5 053
Abnahme 1960–1973 1960 = 100 v. H.						
	77,1	113,4	9,1	17,1	85,2	149,3

Quelle: Statistisches Jahrbuch der DDR 1974, S. 190.

Infolge der ab 1967 eingeführten horizontalen Kooperation werden seit 1970 zunehmend Spezialbetriebe entwickelt, die sich entweder ausschließlich mit der Pflanzenproduktion oder aber mit der Erzeugung eines bestimmten tierischen Produktes befassen.

Anfang 1974 bestanden: 1 173 Kooperative Abteilungen Pflanzenproduktion (KAP) mit 4,4 Mill. ha LN, 134 Kooperative Einrichtungen (KOE) mit über 1 000 Plätzen für Jungrinder, 55 KOE mit über 6 000 Plätzen für Mastschweine, 42 KOE mit über 1 000 Sauenplätzen und 27 KOE mit über 1 000 Kuhständen.

Bisher konnte durch die Vergrößerung der Betriebe weder die Flächenproduktivität noch die→ **Arbeitsproduktivität** der DDR an die der Bundesrepublik Deutschland angenähert werden. 1974 wurden in den 1 173 KAP der DDR mit einer Durchschnittsgröße von ca. 3 750 ha LN ca. 275 000 Arbeitskräfte beschäftigt. Dies entspricht einem AK-Besatz von 6,25 AK/100 ha LN, der in Anbetracht der fast vollständigen Mechanisierung der Feldwirtschaft unvertretbar hoch erscheint (in den L.-Betrieben der Bundesrepublik betrug 1971/72 der Arbeitsaufwand der Betriebe mit einer Größe von mehr als 50 ha 4,4 AK/100 ha LN einschließlich Viehhaltung).

IV. Die Bereitstellung von ertragssteigernden und arbeitssparenden Produktionsmitteln

Der Aufwand ertragssteigernder bzw. verlustmindernder Produktionsmittel ist in der DDR ständig erhöht worden. Während jedoch der Aufwand von Mineraldüngern quantitativ über dem der Bundesre-

publik liegt, besteht in der Anwendung von Pflanzenschutzmitteln ein erheblicher Rückstand.

Aufwand an Mineraldüngern in kg Reinnährstoffe je ha LN

Jahr	Stickstoff	Phosphorsäure	Kali
1957/61	36,2	31,6	76,6
1962/66	51,9	41,9	84,8
1966/71	76,5	59,8	97,0
1971/72	100,3	65,9	95,8

Quelle: Statistisches Jahrbuch der DDR 1974, S. 207.

Der Aufwand an Pflanzenschutzmitteln wurde in der DDR zwischen 1965 und 1973 von 8 219 kg Wirkstoff um 267 v. H. auf 21 957 kg erhöht. Der Anteil der Herbizide sank trotz verdoppelter Aufwandsmenge von 75 auf 55 v. H. ab. Damit konnten bei den wichtigsten Kulturarten folgende Anteile behandelt werden:

Jahr	Getreidefläche v. H.	Kartoffelfläche v. H.	Zucker- und Futterrüben v. H.
1965	43,3	13,4	3,2
1970	80,0	50,8	37,1
1971	82,3	50,4	44,1
1972	84,4	65,0	55,9
1973	89,3	72,0	81,4

Quelle: Statistisches Jahrbuch der DDR 1974, S. 207.

Produktionsmittelausstattung und Arbeitskräftebesatz in den sozialistischen Landwirtschaftsbetrieben der DDR

Produktionsmittel bzw. Arbeitskräfte	1960	1965	1970	1972	1965 =100 v. H. : 1972
Traktoren 1 000 Stück	70,6	124,3	148,9	146,4	117,8
Lkw 1 000 Stück	9,3	13,1	27,2	29,7	226,7
Motor PS/100 ha gesamt LN	38,7	73,3	109,5	113,6	155,0
Ackerfläche	50,2	96,4	145,5	150,3	155,9
Mähdrescher Stück	6 409	15 409	17 911	14 454	93,8
Mähdruschfläche 1 000 ha	879	1 549	2 208	2 253	145,4
Kartoffelsammelroder Stück	6 386	6 843	12 000	10 981	160,5
Erntefläche 1 000 ha	168	194	479	501	258,2
Rübenrode-Lader Stück	3 665	4 742	5 276	4 946	104,3
Erntefläche 1 000 ha	110	165	177	218	
Wert der Ausrüstungen Mrd. Mark (Gebäude, Maschinen, Anlagen etc.)	20,5	28,4	37,5	41,5	146,1
Berufstätige in 1 000	1 206	1 107	937	873	78,9
Berufstätige je 100 ha LN	20,2	18,8	16,0	14,9	79,3
Beschäftigte in VBE (= 2 100 Arbeitsstunden pro Jahr)	–	1 087	–	890	81,9
VBE/100 ha LN	–	18,4	–	14,1	82,6

Quelle: Statistisches Jahrbuch der DDR 1974, S. 204 ff.

Während die stalltechnischen Ausrüstungen relativ gering sind und in unterschiedlichem Ausmaß den heutigen Anforderungen entsprechen, erreichte die Mechanisierung der Feldarbeiten in der DDR 1973 bei den Bestellungsarbeiten 100, in der Ernte des Getreides 99,7 v. H., der Kartoffeln 89,3 v. H. und der Zuckerrüben 99,1 v. H. Die Arbeitskräfte erhalten für die Bedienung der Maschinen und Geräte eine intensive Berufsausbildung (**Landwirtschaftliche → Berufsausbildung**).

Die Übersicht auf S. 501 unten zeigt die Entwicklung der landwirtschaftlichen Ausrüstungen und der Arbeitskräfte in den sozialistischen L.-Betrieben der DDR.

Der seit 1970 zu beobachtende Rückgang des Maschinenbestandes erklärt sich aus der zunehmenden Leistungsfähigkeit der Maschinen und Geräte. Insgesamt genügt der Maschinenbestand quantitativ nicht den Anforderungen. Die Reparatur- und Instandsetzungskosten betrugen 1972 ca. 18 v. H. des gesamten Maschinenkapitals (ca. 1 800 Mark/ha LN).

V. Die landwirtschaftliche Produktionsleistung

Ungeachtet der erheblichen Zunahme des ertragssteigernden Aufwandes bleiben die Erträge der DDR bisher hinter denen der Bundesrepublik Deutschland zurück.

Entwicklung der Flächenproduktivität in der DDR
(nach Prof. K. Merkel, Berlin)

| Fruchtart | Flächenerträge in dz/ha LN | | | | |
	1935-38	1957–61	1962–66	1967–71	1973
Getreide	23,9	24,4	26,7	31,2	35,8
Zuckerrüben	301,2	261,6	263,5	298,6	291,9
Kartoffeln	194,3	161,2	177,3	175,6	175,4
Klee u. Luzerne	55,5	58,9	61,3	68,5	76,1
Wiesen	42,9	43,7	40,3	47,0	56,2
Brutto-bodenproduktion in dz GE je ha LN	30,5	28,3	29,4	33,0	37,4[1]

1 1972.

Von den Erzeugnissen des Pflanzenbaus (Brutto-Bodenproduktion) gelangen ca. 76 v. H. in der Tierproduktion zum Einsatz.

Im Verhältnis zur Vorkriegszeit wurden die Viehbestände der DDR kontinuierlich aufgestockt, wobei vor allem die flächenunabhängige Veredelungsproduktion (Schweine- und Geflügelhaltung) im Vordergrund stand. Die Ausdehnung der Viehhaltung hat zur Folge, daß der Viehbesatz der DDR – gemessen in GV (= 500 kg Lebendgewicht) je 100 ha LN – sich weitgehend dem der Bundesrepublik angenähert hat. Die Viehbestände der DDR entwickelten sich wie folgt (in 1 000):

Tierarten	1935/38	1957/61	1962/66	1967/71	1973	1935/38 = 100
Rinder	3 597	4 315	4 697	5 156	5 482	152,4
davon Kühe	1 947	2 150	2 138	2 171	2 165	111,2
Schweine	5 812	8 244	8 857	9 538	10 849	186,7
davon Sauen	409	734	815	929	1 111	271,6
Geflügel	21 690	35 188	37 695	41 144	45 667	210,5
davon Hennen	17 083	26 407	24 000	25 180	25 228	147,7
Schafe	1 628	2 038	1 911	1 703	1 742	107,0
Ziegen	681	550	344	169	78	11,5
GV Besatz (Großvieheinheiten je 100 ha LN)	69	79	79	80	84	121,7

Quelle: Statistisches Jahrbuch der DDR 1974, S. 222; Tümmler, Merkel, Blohm a. a. O., S. 324.

Berücksichtigt man, daß in der DDR pro Einwohner die 1,7fache Nutzfläche zur Verfügung steht, so ergibt sich, daß die Viehdichte (GV je Einwohner) mit 0,3 GV/E um ca. 50 v. H. höher ist als in der Bundesrepublik.

Leistung pro Tier in der DDR
(nach Prof. Dr. K. Merkel, Berlin)

Leistungsart	1935/38	1957/61	1962/66	1967/71	1972
kg Milch je Kuh	2 580	2 627	2 778	3 304	3 625
Fleischleistung (Lebendgewicht bezogen auf den Durchschnittsbestand) Rindfleisch kg/Tier	·	80	92	112	119
Schweinefleisch kg/Tier	·	104	101	113	117
Legeleistung Eier je Henne	·	132	137	164	182
Summe aller tierischen Leistungen in dz GE/GV	28,9	29,2	29,0	32,3	34,2

Hochkonzentrierte Eiweißfuttermittel stehen in der DDR nur in ungenügender Menge zur Verfügung; Fischmehl und Sojaschrot müssen z. T. auf dem Weltmarkt eingekauft werden. Darüber hinaus hat der Mangel an Futtereiweiß eine schlechtere Verwertung der übrigen Futtermittel zur Folge, so daß der Futteraufwand zur Erzeugung von 1 kg Fleisch, Milch oder Eier in der DDR noch immer verhältnismäßig hoch ist.

Addiert man die Summen aller pflanzlichen und der tierischen Produktionsleistungen, so ergibt sich – über die Getreideeinheit (GE-Schlüssel) berechnet – die gesamte Nahrungsmittelproduktion (gemessen in Mill. t GE). Bringt man hiervon die auf Importfuttermitteln basierende tierische Produktion in Abzug, so verbleibt als Ergebnis die Netto-Nahrungsmittelproduktion. Diese weist infolgedessen die Summe

aller in der DDR auf der dort zur Verfügung stehenden Nutzfläche erzeugten Agrarprodukte aus.

Die Produktionsleistung der Landwirtschaft in der DDR
(in Mill. t GE, nach Prof. Dr. K. Merkel, Berlin)

Leistung	1957/61	1962/66	1967/71	1972
Brutto-Bodenproduktion	18,23	18,74	20,80	23,51
Nahrungsmittelproduktion	16,37	16,53	18,93	20,53
davon pflanzlich	4,03	4,07	4,24	4,70
davon tierisch	12,34	12,46	14,69	15,83
hiervon Tierproduktion				
aus Importen	2,09	1,97	2,50	4,36
Netto-Nahrungsmittel-				
produktion				
tierisch	10,25	10,49	12,19	11,47
pflanzlich (s. o.)	4,03	4,07	4,24	4,70
Gesamt	14,28	14,56	16,43	16,17
Gesamt:	42,32	44,34	48,21	49,84
Netto-Nahrungsmittel-				
produktion in dz GE/ha LN	22,2	22,9	26,1	25,7

Aus der Tabelle ergibt sich, daß die DDR sowohl die
pflanzlichen als auch die tierischen Produktionsleistungen zu steigern vermochte, daß jedoch die Zunahme der tierischen Produktion überwiegend auf
die Futtermitteleinfuhr zurückzuführen ist. Die Flächenproduktivität der DDR hat insgesamt (gemessen an der Netto-Nahrungsmittelproduktion in dz

GE/ha LN) nur 70–75 v. H. der Flächenproduktivität in der Bundesrepublik erreicht.

VI. Zusammenfassung
Auf die Jahre 1965 und 1972 bezogen läßt sich die
Entwicklung der L. der DDR wie folgt darstellen:

Bezugsgröße	1965	1972[2]
Brutto-Bodenproduktion[1]	100	111,5
Nahrungsmittelproduktion[1]	100	112,8
Stickstoffaufwand[1]	100	164,2
Einsatz von Pflanzen-		
schutzmitteln	100	266,5
Motor-PS-Besatz	100	155,0
Kapitalbesatz	100	146,1
(ohne lebendes Inventar)		
Arbeitskräftebesatz	100	82,6
in VBE/100 ha LN		
Arbeitsproduktivität	100	136,6

1 1965 Durchschnitt der Jahre 1964–1966.
2 1972 Durchschnitt der Jahre 1971–1973.

Bei Senkung des Arbeitsaufwandes um 17,4 v. H.
wurde die landwirtschaftliche Produktion um 12
bzw. 13 v. H. gesteigert. Die Arbeitsproduktivität
nahm infolgedessen um ca. 36 v. H. zu. Voraussetzung dieses Erfolges war die Erhöhung des Kapitals
um 46 v. H. und die Steigerung des Düngeraufwan-
des um 64 v. H.

Landwirtschaftliche Betriebsformen

*Private Landwirtschaftsbetriebe – Neubauernbetrie-
be – Örtliche Landwirtschaftsbetriebe ÖLB, bzw.
„herrenlose Betriebe" – Volkseigene Güter VEG –
Landwirtschaftliche Produktionsgenossenschaften
LPG – Zwischenbetriebliche Bauorganisationen
ZBO – Meliorationsgenossenschaften – Gemeinschaftseinrichtungen der Zweige der tierischen Produktion – Kooperationsgemeinschaften KOG – Kooperative Einrichtungen KOE – Kooperative Abteilungen Pflanzenproduktion KAP – KOE der tierischen Produktion – Agrochemische Zentren ACZ –
Kooperative Einrichtung ZBO (Landbaugemeinschaften und Landbauverbände) – KOE Meliorationsgenossenschaften – Spezielle LPG und VEG –
Kombinate für Industrielle Mast KIM*

Die auf die Errichtung sozialistischer Großbetriebe
gerichtete → **Agrarpolitik** der DDR führte zur Prägung zahlreicher neuer LB. Jede der vier Entwicklungsphasen (Bodenreform, Kollektivierungs-,
Kooperations- und Fusionsphase) brachte neue LB.,
während gleichzeitig die typischen LB. der vorhergehenden Phasen ganz oder teilweise beseitigt wurden.
Im einzelnen unterscheiden sich die auf S. 504
aufgeführten LB. in der Betriebsgröße, in der Pro-
duktionsgestaltung (vielseitig oder spezialisiert), in
der Eigentumsform (privat, kollektiv, kooperativ,

staatlich), in der Betriebsleitung (privat, kollektiv,
Einzelleitung) und in der Aneignung der Produkte.

I. Die Bodenreform (1945–1952)

A. Der private Landwirtschaftsbetrieb
Der private Landwirtschaftsbetrieb war bis 1945 die
im Gebiet der DDR vorherrschende LB. Das Ziel
der Errichtung einer sozialistischen Agrarverfassung
mußte zur Beseitigung der Privatbetriebe führen.
Hierfür wurden während der Bodenreform im Verlauf zweier Etappen die Grundlagen geschaffen.
Schließlich führte die Kollektivierung (1952–1960)
zur vollständigen Beseitigung der privaten Landwirtschaftsbetriebe, wenn auch im Jahr 1973 noch
ca. 8300 „Selbständige und deren mithelfende Familienangehörige" in der → **Landwirtschaft** tätig
waren.

B. Neubauernbetriebe
Der Neubauernbetrieb ist die typische LB. der Bodenreform. Er ist gekennzeichnet durch beschränk-
tes Privateigentum an Boden und Besatzkapital, Fa-
milienarbeitsverfassung und private Aneignung des
Betriebsgewinnes.
Die Betriebe waren zwar offiziell Privatbetriebe,
ihre Eigentumsrechte waren jedoch durch das Verbot der Verpachtung, des Verkaufs, der Beleihung
und der Teilung eingeschränkt. Im Todesfall fiel der
Betrieb samt Inventar an den Staat zurück und kon-

Die Entwicklung landwirtschaftlicher Betriebsformen in der DDR nach 1945

Betriebsform	Entwicklungsphasen			
	Bodenreform Vorsozialistische Phase 1945–1952	Kollektivierungsphase 1952–1960	Kooperationsphase 1960–1972	Fusionsphase ab 1972
1. Privatbetriebe				
1.1 Altbauern				
1.1.1 Großgrundbesitz ab 100 ha LN	/	/	/	/
1.1.2 Großbauern ab 20 ha LN	–	–	/	/
1.1.3 Mittelbauern	o	–	/	/
1.1.4 Kleinbauern	+	–	/	/
1.2 Neubauern	+	–	/	/
2. Genossenschaftsbetriebe				
Typ I	·	+	–	/
Typ II	·	+	–	/
Typ III	·	+	+	–
Spezialis. LPG	·	·	·	+
3. Kooperationsbetriebe				
3.1 Koop. Gemeinschaft KOG	·	·	+	/
3.2 Koop. Einrichtung KOE	·	·	·	+
4. Staatlich verwaltete Betriebe				
OLB u. a.	+	–	/	/
5. Staatsbetriebe				
5.1 VEG	+	+	o	–
Spezialis, LPG	·	·	·	+
5.3 KIM	·	·	+	+

+ Aufbau
– Abbau
/ Auflösung
o keine Veränderung
· besteht noch nicht

te von diesem an einen Erben oder einen Dritten vergeben werden. Die rasche Durchführung der Bodenreform (Abschluß Ende 1947) ließ nur teilweise die Auswahl geeigneter Bewerber zu und erlaubte nur eine geringe Ausstattung der Betriebe mit Besatzkapital. Da außerdem die Betriebsgrößen häufig zu klein und nicht den natürlichen Gegebenheiten entsprechend festgelegt wurden, konnte sich – trotz der 1947 eingeleiteten Errichtung von ca. 300 000

Stall- und Wohngebäuden – nur ein geringer Teil dieser Betriebe rentabel entwickeln. Dies hatte zur Folge, daß bis 1950 mehr als 20 v. H. der Betriebe aufgegeben wurden. Die Rückgabe der Betriebe wurde durch die VO vom 21. 6. 1951 für unzulässig erklärt. Infolgedessen flohen viele Neubauern in die Bundesrepublik Deutschland oder aber beteiligten sich in der nachfolgenden Kollektivierungsphase in starkem Ausmaß an der LPG-Gründung.

C. Herrenlose Betriebe bzw. Örtliche Landwirtschaftsbetriebe (ÖLB)

Herrenlose Betriebe bzw. Örtliche Landwirtschaftsbetriebe sind Betriebe, die zwischen der Beendigung der Bodenreform und dem Beginn der Kollektivierungsphase (1948–1953) durch die Flucht zahlreicher Neu- und Altbauern entstanden (ca. 14 000 Betriebe mit 380 000 ha Fläche). Diese Betriebe wurden zunächst als herrenlose Betriebe den Gemeindeverwaltungen übertragen. In gleicher Weise wurde mit weiteren ca. 10 000 Betrieben (ca. 315 000 ha Betriebsfläche) verfahren, die wegen nicht erfüllter Ablieferungspläne beschlagnahmt wurden. Als die Betriebsinhaber im Jahre 1953 der Aufforderung zur Rückkehr in die DDR und erneuten Übernahme ihrer Betriebe (VO vom 11. 6. 1953, GBl. S. 805) nur in geringem Umfang folgten (4 460 Betriebe mit ca. 135 000 ha), andererseits aber die Fluchtbewegung auch nach dem 17. 6. 1953 anhielt, war der Umfang herrenloser Betriebe so groß geworden, daß sie nicht mehr von den Gemeindeverwaltungen geführt werden konnten. Aus diesem Grund wurden die Örtlichen Landwirtschaftsbetriebe (ÖLB) geschaffen (VO vom 3. 9. 1953, GBl. S. 983 und S. 1278; 1. DB vom 30. 9. 1953, GBl. S. 1013; 2. DB vom 5. 2. 1954, GBl. S. 225 und S. 296). Die ÖLB waren eine Übergangsform, in der die herrenlosen Betriebe aufgefangen und zur Gründung oder Vergrößerung der seit 1952 im Aufbau befindlichen LPG bereitgestellt wurden. Bis zum Jahr 1956 wurden ca. 805 000 ha LN an die LPG und mehr als 100 000 ha LN an die VEG übergeben. Betriebe, deren Besitzer sich außerhalb der DDR befanden, wurden den LPG kostenlos zur Nutzung übertragen (GBl. I, Nr. 10, S. 97, und GBl. Nr. 99, S. 983, berichtigt in Nr. 132, S. 1278).

Die Entwicklung privater Landwirtschaftsbetriebe mit mehr als 1 ha LN im Gebiet der DDR

Jahr	Gesamtzahl der Betriebe	Betriebsgrößenklasse/Anzahl der Betriebe in 1 000						
		1–5 ha	5–10 ha	10–20 ha	20–50 ha	20–100 ha	über 50 ha	über 100 ha
1939	454,1	209,1	93,9	95,2	–	56,8	–	6,3
1949	618,7	198,6	256,8	115,9	–	46,7	–	0,7
1951	602,7	189,9	247,5	118,8	42,4	–	4,1	–
1953	489,9	169,9	195,9	95,3	27,5	–	1,3	–
1955	475,6	167,5	188,9	91,7	26,2	–	1,3	–
1957	437,6	159,6	169,7	84,7	22,5	–	1,1	–
1959	336,4	130,7	119,7	68,5	16,8	–	0,7	–

Quelle: Statistische Jahrbücher der DDR 1955, S. 194–195, und 1959, S. 419.

D. Die Volkseigenen Güter (VEG)

Die VEG entstanden aus einem Teil der ehemaligen Staatsgüter und Domänen sowie aus privaten Großbetrieben, die zwar enteignet, jedoch als zukünftige Mustergüter bzw. als Betriebe mit besonderen Aufgaben nicht zur Aufteilung gelangten. Sie sind staatliches Eigentum (Volkseigentum) und waren infolgedessen die ersten sozialistischen Landwirtschaftsbetriebe der DDR. Sie unterliegen der staatlichen Leitung und werden nach dem Prinzip der Einzelleitung geführt. Die Gewinne (bzw. Verluste) werden an den Staat abgeführt. Die Entlohnung der Arbeiter und Angestellten erfolgt nach dem Rahmenkollektivvertrag. Träger dieser Güter waren die Landes- und Kommunalbehörden, Universitäten und sonstige wissenschaftliche Einrichtungen, Parteien, Organisationen, Industriebetriebe u. a. In den folgenden Jahren nahm die Zahl der VEG ständig ab, während die von ihnen bewirtschaftete Fläche erheblich anstieg.

Jahr	Zahl der VEG	bewirtschaftete Fläche (in ha)	Anteil an der LN der DDR
1949	736	197 000	3,1 v. H.
1960	669	395 663	6,2 v. H.
1970	511	442 638	7,0 v. H.
1973	516	449 379	7,1 v. H.

Quelle: Statistische Jahrbücher der DDR 1955, S. 194–195, und 1974 S. 190.

Je nach Aufgabenstellung sind die juristisch selbständigen VEG verschiedenen Leitungsorganen unterstellt. Aufgaben und Leitungsorgane sind:
Erzeugung von Saat- und Pflanzgut (1966 = 55 Betriebe), Leitung der Güter durch die VVB Saatzucht beim → **Staatlichen Komitee für Aufkauf und Verarbeitung landwirtschaftlicher Produkte;**
Erzeugung von Zucht- und Nutzvieh (1966 = 90 Betriebe), Leitung der Güter durch die VVB Tierzucht beim SKAV;
Versuchs- und Forschungsarbeit, Ausbildung landwirtschaftlicher Fachkader durch die Lehr- und Versuchsgüter (LVG) der Universitäten und der AdL (1972 = 32 Betriebe mit ca. 32 700 ha LN), Leitung der Betriebe durch die Güterdirektion der AdL;
Nahrungsgüterproduktion (z. T. auch Zierpflanzen) insbesondere für Großstädte und Industriezentren. Die Betriebe unterstehen den Güterdirektionen bei den Produktionsleitungen der Bezirke. Die VEG beschäftigten 1972 74 317 Arbeiter und Angestellte.

II. Die Kollektivierungsphase 1952–1960

Die Bildung landwirtschaftlicher Produktionsgenossenschaften (LPG) der Typen I–III ist typisch für diese Phase.
Die LPG sind juristisch selbständige Betriebe mit genossenschaftlich-sozialistischer Eigentumsverfassung. Die Gründung der LPG begann mit der 2. Parteikonferenz der SED im Juli 1952, auf der der planmäßige Aufbau des Sozialismus im allgemeinen und die „freiwillige Vorbereitung des Sozialismus auf dem Lande" im besonderen beschlossen wurde. Die damit eingeleitete Kollektivierungsphase endete erst mit der vollständigen Überführung der Privatbetriebe in genossenschaftlich-sozialistische Produktionsverhältnisse im Jahre 1960.
Die LPG-Gründungen hatten nach gesetzlich festgelegten Musterstatuten (1. Fassung vom 19. 12. 1952, Neufassung vom 9. 4. 1959, GBl. I, S. 333) zu erfolgen. Die Arbeitsorganisation in den LPG wurde 1959 durch eine Musterbetriebsordnung geregelt (GBl. I. S. 657).
Typische Kennzeichen der LPG waren bzw. sind
1. kollektives Nutzungs- und Verfügungsrecht am eingebrachten Grund und Boden,
2. kollektives Eigentumsrecht am gesamten in die LPG eingebrachten Besatzkapital,
3. kollektive Verwaltung und Verteilung der Natural- und Geldbeträge,
4. kollektive Durchführung der Arbeit in Brigaden,
5. die Leitung der LPG wie der Brigaden innerhalb der LPG erfolgt aufgrund der geltenden Gesetze, der Statuten und Betriebsordnung in enger Verbindung zwischen kollektiver Leitung und dem Prinzip der Einzelleitung.
Organe der LPG sind die Mitgliederversammlungen, der Vorstand und der Vorsitzende.
Die Mitgliederversammlung wird durch sämtliche Mitglieder gebildet und ist als höchstes Organ der LPG zuständig für die Wahl und Abberufung des Vorstandes und des Vorsitzenden, die auf zwei Jahre gewählt werden, die Bestätigung der Produktions- und Finanzpläne, die Bestätigung der Bewertungsprinzipien für die geleistete Arbeit (Arbeitsnormen), die Festlegung der Inventarbeiträge sowie die Verteilung der genossenschaftlichen Einnahmen und Fonds. Sie bildet Kommissionen für spezielle Aufgaben (Normenfestlegung, Sozialfragen, Arbeitsschutz, Wettbewerbsführung), von denen die Revisionskommission auch den Vorstand und den Vorsitzenden kontrollieren kann (Kollektives Leistungsprinzip).
Dem Vorstand obliegt unter der Führung des Vorsitzenden die operative Leitung des Betriebsprozesses, die Vorbereitung der Pläne und Beschlüsse der Mitgliederversammlung auf der Grundlage der geltenden Gesetze und Bestimmungen. Für die Produktionsdurchführung ist der Vorsitzende wie die ihm nachgeordneten Abteilungs- und Brigadeleiter mit vollem Weisungsrecht ausgestattet (Prinzip der Einzelleitung).
Die Höhe der Einkünfte der LPG-Mitglieder ergibt sich einerseits aus der Höhe der zur Verteilung zur Verfügung stehenden Beträge, zum anderen aus der Arbeitsleistung und dem Umfang der eingebrachten Bodenanteile. Die zur Verteilung gelangenden Beträge werden wie folgt ermittelt:

Bruttoeinnahmen der LPG
abzüglich Steuern, Versicherungen, Abgaben
abzüglich Sachkosten incl. Abschreibungen
abzüglich Zuführung zum Investitionsfond
abzüglich Ausgaben für Sozial-, Kultur- und
Prämienfonds
abzüglich Reservebildung
= Summe der Vergütungen

Die Verteilung der für Vergütungen verbleibenden Summe richtet sich einerseits nach dem LPG-Typ und zum anderen nach der Arbeitsleistung. Hierfür wird von der Normenkommission für jede Tätigkeit unter Berücksichtigung der angewendeten Arbeitstechnik wie der natürlichen Bedingungen eine Tagesarbeitsnorm (TAN) ermittelt, an der die effektive Leistung gemessen wird. Sämtliche Arbeiten sind sieben Bewertungsgruppen zugeordnet, wobei die einfachste Arbeit (Hof fegen) mit 0,8 Arbeitseinheiten (AE) und die schwerste Arbeit (Fahren einer Kombine) mit 2,0 AE bewertet wird. Die Leistung je Arbeitstag, gemessen in AE ergibt sich aus effektiver Leistung multipliziert mit AE und dividiert durch Tagesarbeitsnorm. Der Wert der AE ergibt sich aus der für Vergütungen innerhalb des Jahres zur Verfügung stehenden Summe dividiert durch die von allen Mitgliedern der LPG während des Jahres geleisteten AE.

Zur Vermeidung der umfangreichen Berechnungsarbeit gehen zahlreiche LPG dazu über, die Arbeit ihrer Mitglieder nach dem Rahmenkollektivvertrag der VEG zu vergüten. Die Höhe der Einkommen schwankt sehr weit, sie soll künftig der Höhe der Löhne in Volkseigenen Gütern angenähert werden. Hier betrug 1973 das durchschnittliche Arbeitseinkommen für vollbeschäftigte Arbeiter und Angestellte 777 Mark pro Monat.

Weitere Bestandteile der Einkünfte der LPG-Mitglieder sind oder waren die Vergütung für eingebrachte Bodenanteile, die Einkünfte aus der (noch) privaten Viehhaltung und die Einkünfte aus der persönlichen Hauswirtschaft.

Die DDR hat zur Erleichterung des Überganges von der privaten zur kollektiven Wirtschaftsweise insgesamt drei LPG-Typen entwickelt, die sich im Ausmaß der Vergesellschaftung der Produktionsmittel unterscheiden (siehe die untenstehende Tabelle).

Die Übersicht zeigt, daß in den LPG-Typen I und II die Viehhaltung noch privat erfolgen kann, so daß die Einkünfte aus der Viehhaltung der Familie zur Verfügung stehen. Darüber hinaus erhalten die LPG-Mitglieder in allen Betriebstypen Ackerflächen bis zu 0,5 ha je Familie, deren Erträge entweder über die Viehhaltung oder durch Direktverkauf zum Einkommen beitragen.

Die Bedeutung der genannten zusätzlichen Einkommensanteile hat im Laufe der Entwicklung stark abgenommen.

Die Entwicklung der LPG zwischen 1952 und 1960 zeigt, daß die kollektive Wirtschaftsweise unter der bäuerlichen Bevölkerung nur wenig Anhänger fand. Am 31. 12. 1956 bestanden 6 270 LPG (hiervon 5 195 Typ III) mit ca. 1,5 Mill. ha LN (23,2 v. H. der Gesamt-LN) und ca. 220 000 Mitgliedern. Von diesen Mitgliedern waren 61,5 v. H. Landarbeiter, Industriearbeiter und sonstige Nichtlandwirte mit ihren Angehörigen. 28,6. v. H. der Mitglieder waren Neubauern und 9,9 v. H. Altbauern nebst Angehörigen.

Von den ca. 20 500 Betrieben mit mehr als 20 ha LN, die zwischen 1952 und 1957 aufgegeben wurden, sind nur 2 345 Betriebsleiter (11,4 v. H.) mit ihren Angehörigen der LPG beigetreten. Von den ca.

Die Vergesellschaftung der Produktionsmittel und die Verteilung der Vergütungssumme in den einzelnen LPG-Typen

| | LPG Typ | | | |
| | I | II | II | III |
Musterstatut vom	9. 4. 1959	9. 4. 1959	2. 8. 1962	9. 4. 1959
Einbringung von				
Acker	+	+	+	+
Grünland	o	o	+	+
Wald	o	o	+	+
Gebäude	o	o	o	+
Maschinen	-	o	o	+
Vieh	-	-	o	+
Umfang der pers. Hauswirtschaft	0,5	0,5	0,25	0,5
Ackerland in ha	.	.	− 0,5	2 Kühe mit Kälbern
				2 Sauen mit Nachzucht
				5 Schafe mit Nachzucht
				Kleinvieh nach Belieben
Verteilung der Vergütungssumme				
nach Bodenanteilen	40	30	30	20
nach Arbeitsleistung	60	70	70	80

+ Einbringung ist Pflicht   o Einbringung ist nicht erforderlich oder nur teilweise Pflicht
− Einbringung ist nicht Pflicht

Entwicklung der LPG 1956 bis 1960

| Stichtag | Zahl der Betriebe | | | LN in | LN in v. H. |
	Gesamt	Typ I/II	Typ III	1 000 ha	der Gesamt LN
31. 12. 1956	6 281	1 021	5 260	1 900	23,2
31. 12. 1957	6 691	1 137	5 554	1 632	25,2
21. 12. 1958	9 637	3 268	6 369	2 386	37,0
31. 12. 1959	10 465	3 018	6 548	2 586	45,1
31. 5. 1960	19 261	13 022	6 323	5 384	84,2

Quelle: Statistisches Jahrbuch der DDR

87 500 Mitgliedsbetrieben, die zuvor 5–20 ha LN bewirtschafteten, wurden dagegen ca. 50 000 (bzw. 57,1 v. H.) Besitzer LPG-Mitglieder. Hiervon waren jedoch 37 200 (73,6 v. H.) Neubauern. Die von den LPG bewirtschaftete Fläche stammte zu ca. 54 v. H. aus „herrenlosen Betrieben" bzw. ÖLB.

Auf dem V. Parteitag der SED 1958 wurde die Vollkollektivierung beschlossen, in deren Verlauf sämtliche Privatbetriebe bis zum Frühjahr 1960 in LPG zusammengefaßt wurden (siehe die Tabelle oben). Damit war die Phase der Kollektivierung abgeschlossen.

Die Mehrzahl der zwangsweise der LPG beigetretenen Bauern hatte sich für den Genossenschaftstyp mit dem geringsten Vergesellschaftungsgrad (Typ I) entschieden. In der sich anschließenden Kooperationsphase richtete sich die Agrarpolitik der DDR darauf, die LPG der Typen I und II zum Übergang zur vollgenossenschaftlichen Produktionsweise im LPG-Typ III zu bewegen und diese durch Zusammenschlüsse zu vergrößern. Der LPG-Typ II ist der ihm zugedachten Aufgabe, als Übergangsform zwischen den Typen I und III zu wirken, nicht gerecht geworden und hat zu keiner Zeit Bedeutung erlangt.

| Stichtag | Anzahl der LPG | | |
	alle Typen	Typ I/II	Typ III
30. 9. 1960	19 313	12 976	6 337
30. 9. 1970	9 009	3 485	5 524
30. 9. 1973	6 587	1 185	5 402
30. 9. 1973 Anteil der Betriebe (v. H.)	100,0	18,0	82,0
Anteil an der LN (v. H.)	100,0	6,4	93,6
Durchschnittsgröße in ha	820,0	292,7	935,4

Die 1973 von den LPG bewirtschaftete Fläche umfaßte ca. 5,4 Mill. ha LN (= 85,9 v. H. der Gesamt-LN).

Quelle: Statistisches Jahrbuch der DDR 1974, S. 190–191.

III. Betriebsformen der Kooperationsphase 1960–1972

Nach Abschluß der Kollektivierung wurden in der DDR neue LB. entwickelt, deren Aufgabe es war, die Entwicklung der LPG durch überbetriebliche Zusammenarbeit zu beeinflussen bzw. nicht dem Selbstlauf zu überlassen. Zu diesem Zweck wurden Spezialgenossenschaften mit Dienstleistungsaufgaben bzw. mit speziellen landwirtschaftlichen Produktionsaufgaben gegründet.

A. Spezialgenossenschaften mit Dienstleistungscharakter

1. Zwischengenossenschaftliche Bauorganisationen (ZBO)

Der Aufbau landwirtschaftlicher Großbetriebe mußte zwecks Vermeidung wirtschaftlicher Nachteile zur Konzentrierung der Viehhaltung in Großställen führen. Entsprechende Stallanlagen fehlten in den LPG zunächst völlig. Durch Beschluß des Ministerrates vom 2. 8. 1962 (GBl. II, S. 531) wurden die LPG angewiesen, ZBO zu gründen, mit dem Ziel, den Baubedarf (die künftige Viehhaltung) gemeinschaftlich zu planen, die Anwendung moderner Bautechniken zu ermöglichen und kostengünstig zu nutzen. Die beteiligten LPG übergaben sowohl ihr Inventar, bzw. die am Inventar bestehenden Nutzungsrechte, und delegierten ihre Mitglieder zur Arbeitsleistung in den ZBO.

Organe der ZBO sind die Versammlung der Bevollmächtigten der beteiligten LPG, die ihrerseits für jeweils zwei Jahre einen Vorsitzenden und einen Bauleiter sowie deren Stellvertreter wählt. Die ZBO besaßen bis 1966 keine Rechtsfähigkeit; die Gewinne und Verluste wurden von den beteiligten LPG übernommen bzw. getragen. Der Aufbau der ZBO vollzog sich in kurzer Zeit, die Zahl ihrer Beschäftigten hat ständig zugenommen. Seit 1970 sind Konzentrationserscheinungen (Verringerung der Betriebe bei gleichzeitiger Zunahme der Beschäftigten) festzustellen.

Jahr	Betriebe Anzahl	Berufstätige Anzahl	Berufstätige je ZBO	Bauleistung Mill. Mark	Bauleistung je Berufstätiger
1965	332	11 241	34	266,2	23 700
1970	459	28 952	63	1 027,0	35 500
1973	400	36 778	92	1 227,9	33 400

Quelle: Statistisches Jahrbuch der DDR 1974, S. 200.

2. Meliorationsgenossenschaften als Zwischengenossenschaftliche Einrichtungen der LPG

Das Meliorationswesen ist zur Förderung von Betriebszusammenschlüssen besonders geeignet. Der integrierende Charakter der Meliorationen (Entwässerung, Bewässerung, Wegebau etc.) führte in der Kollektivierungsphase zur Gründung von Meliorationsgenossenschaften bei der VdgB. Nach Abschluß der Kollektivierung wurden die LPG angewiesen, als zwischengenossenschaftliche Einrichtungen (ZGE) Meliorationsgenossenschaften zu gründen (Beschluß des Ministerrates der DDR vom 19. 12. 1962; GBl. II, 1963, S. 9). Diesem Beschluß folgte die Richtlinie des VdgB-Zentralvorstandes zur Auflösung der dort bestehenden Meliorationsgenossenschaften vom 8. 7. 1963.

Der Umfang der ZGE Meliorationsgenossenschaften richtete sich nach den Grenzen der Wassereinzugsgebiete unter Beachtung der natürlichen Grenzen und bestimmte damit, welche LPG in diesen Genossenschaften zusammenzuarbeiten hatten. In den Zielen, der Organisation und in der Rechtsstellung entsprachen die ZGE-Meliorationsgenossenschaften den ZBO. Sie arbeiteten nach zentral bestätigten Plänen, die Mitgliedsbetriebe waren an den Gewinnen und Verlusten beteiligt. Beschlüsse der Bevollmächtigtenversammlungen konnten von den Kreisbehörden aufgehoben werden. Am 15. 4. 1962 wurde für die ZGE Meliorationsgenossenschaften vom Landwirtschaftsrat der DDR eine Musterarbeitsordnung erlassen (GBl. III, 1964, S. 135). Rechtsfähigkeit erlangten die ZGE Meliorationsgenossenschaften 1966.

B. Zwischengenossenschaftliche Einrichtungen im landwirtschaftlichen Produktionsbereich

1. Gemeinschaftseinrichtungen der Zweige der tierischen Produktion

War die überbetriebliche Zusammenarbeit der LPG bisher auf Dienstleistungsbereiche beschränkt, so wurde durch die AO über die Bildung und das Musterstatut für Gemeinschaftseinrichtungen der Zweige der tierischen Produktion vom 14. 5. 1964 (GBl. III, 1964, S. 324) die Kooperation auf die landwirtschaftliche Produktion ausgedehnt. Diese Gemeinschaftseinrichtungen erlangten mit der Gründung bzw. Registrierung durch die Kreisbehörden Rechtsfähigkeit. Gewinne und Verluste wurden mit den beteiligten Betrieben verrechnet. Die Gemeinschaftseinrichtung führte im Auftrag der Mitgliedsbetriebe die Produktion in einer bestimmten Erzeugungsrichtung durch. Die Mitgliedsbetriebe hatten anteilmäßig Produktionsmittel einzubringen, die – soweit sie zum Anlagevermögen gehörten – Eigentum der Einrichtung wurden. Sie verpflichteten sich darüber hinaus zur vollständigen Futterbereitstellung. Organe der Gemeinschaftseinrichtung waren die Bevollmächtigten-Versammlung (Vertreter der beteiligten Betriebe), die den Vorstand und den Vorsitzenden wählte. Der Vorstand bestellte den Betriebsleiter. Als → **Arbeitskräfte** wurden LPG-Mitglieder unbefristet delegiert. Sie konnten nur vom Vorstand ihrer LPG abberufen werden. Ihre Vergütung wurde nach Arbeitseinheiten entsprechend den Erträgen der Einrichtung errechnet. Darüber hinaus konnten Fachkräfte als Arbeiter und Angestellte beschäftigt werden.

Der Aufbau dieser Einrichtungen wurde mit dem Entwicklungsstand der Produktionstechnik und der (sozialistischen) Produktionsverhältnisse begründet, der eine Konzentration der Produktionsmittel erfordere, die weit über die Möglichkeiten einer LPG hinausgehe. Der besondere Wert der Gemeinschaftseinrichtungen lag darin, daß die LPG I/II zu einer kollektiven Viehhaltung übergehen konnten. Sie wurden damit automatisch Mitglieder der LPG Typ III. Außerdem wurde dadurch die Spezialisierung der Landwirtschaftsbetriebe gefördert. Insgesamt blieb die Zahl dieser Einrichtungen gering, weil ihre Errichtung mit hohem finanziellen und materiellen Aufwand verbunden war. Am 30. 11. 1972 wurden z. B. 2,8 v. H. der Rinder in Gemeinschaftseinrichtungen gehalten.

2. Die Kooperationsgemeinschaften (KOG)

Während die vorgenannten LB. aufgrund von Anordnungen und nach Musterstatuten errichtet wurden, erfolgte die Gründung der KOG nach einer an alle Landwirtschaftsbetriebe der DDR gerichteten Aufforderung, untereinander vielfältige Kooperationsbeziehungen einzugehen.

Die Besonderheit der KOG besteht darin, daß die LPG aller Typen untereinander und mit den VEG bzw. anderen genossenschaftlichen oder staatlichen Betrieben feste Vertragsbeziehungen unterhalten. Außerdem war die Gründung der KOG nicht auf ein spezielles Produkt, sondern auf sämtliche Zweige

Umfang und Leistungen der ZGE Meliorationsgenossenschaften

Jahr	Betriebe Anzahl	Berufstätige Anzahl	Bauleistung in Mrd. Mark	Bauleistung je Betrieb in 1 000 Mark	Bauleistung je Berufstätiger in Mark
1965	207	5 415	82,7	399,6	15 274
1970	198	12 403	430,1	2 172,3	34 678
1973	182	13 737	459,8	2 526,6	33 475

Quelle: Statistisches Jahrbuch der DDR 1974, S. 150.

der pflanzlichen und tierischen Produktion sowie auf die Hilfs- und Nebenproduktion und die Dienstleistungen gerichtet. Die vielseitige Produktion der LPG wurde durch eine spezialisierte Produktionsweise ersetzt, die den Einsatz von Maschinensystemen gestattet und durch Kostensenkung zur Intensivierung und zur allgemeinen Produktivitätssteigerung beitragen sollte.

Da verbindliche Richtlinien fehlten, vollzog sich der Aufbau der KOG sehr uneinheitlich. Ein Musterstatut wurde nicht entwickelt. Die KOG waren nicht rechtsfähig sondern wurden in der Regel von den beteiligten Betrieben kooperativ geleitet und waren von diesen abhängig. Die LPG, VEG etc. stellten Produktionsmittel und Arbeitskräfte zur Verfügung, die Erträge und Einnahmen wurden nach unterschiedlich gestalteten Schlüsseln aufgeteilt. Das Arbeitsverhältnis der Beschäftigten wurde teils durch Delegierungsvereinbarungen, teils durch Arbeitsvertrag geregelt. Die Arbeitsleistungen der delegierten Mitglieder wurden mit den LPG verrechnet und von diesen vergütet.

Gesteuert wurde der Aufbau der KOG durch den Zwang, Maschinen- und Gebäudekapazitäten zu erwerben, die über die Bedürfnisse der einzelnen Betriebe hinausgingen bzw. den Zusammenschluß zahlreicher LPG und VEG zur optimalen Ausnutzung dieser Kapazitäten erforderlich machten. Die Produktions- und Arbeitsweise der KOG war von überdurchschnittlichem Verrechnungs- und Verwaltungsaufwand begleitet und letztlich uneffektiv.

Die agrarpolitische Wirkung der KOG bestand darin, daß einerseits die Produktion über die Grenzen der LPG hinweg organisiert werden mußte und daß andererseits durch die Errichtung großer Spezialbetriebe industriemäßige Arbeits- und Lebensbedingungen in die Landwirtschaft eingeführt werden konnten (→ **Agrarpolitik**).

Die beim Aufbau der KOG gesammelten Erfahrungen wurden bei der Gründung der Kooperativen Einrichtungen zum gestaltenden Element.

IV. Die Fusionsphase (seit 1972)

A. Die Kooperativen Einrichtungen (KOE)

Aufgrund der mit den KOG gesammelten Erfahrungen wurde nach dem VIII. Parteitag der SED 1971 auf dem XI. Bauernkongreß der DDR (1972) die Gründung der KOE beschlossen. Nach dem hierzu ergangenen Musterstatut (Beschluß vom 1. 11. 1972; GBl. II, S. 781) werden KOE durch die kooperativen Landwirtschaftsbetriebe (LPG, VEG, GPG) oder durch die Kooperation zwischen Landwirtschaftsbetrieben und Betrieben der Nahrungsgüterwirtschaft und/oder des Handels gegründet. Sie sind selbständige Betriebe mit eigener Rechtsfähigkeit, eigenen Plänen und eigenen Fonds. Wesentliches Kennzeichen ihrer Produktionstätigkeit ist die strikte Spezialisierung auf eine einzige Produktions-

richtung in der tierischen Erzeugung bzw. auf möglichst wenige Produktionszweige im Pflanzenbau. Die KOE zeichnen sich nach dem o. g. Musterstatut durch folgende Besonderheiten aus:

a) Kooperatives Eigentum

Die in die KOE eingebrachten Produktionsmittel werden „sozialistisch kooperatives Eigentum". Dieses Eigentum zeichnet sich gegenüber dem genossenschaftlich-sozialistischen Eigentum der LPG durch den „höheren Vergesellschaftungsgrad" aus. Sämtliche Produktionsmittel der beteiligten Betriebe einschließlich der Nutzungsrechte an Grund und Boden gehen auf die KOE über. Nach dem Eigentumscharakter der beteiligten Betriebe wird innerhalb des kooperativ-sozialistischen Eigentums unterschieden zwischen:

Zwischengenossenschaftlichen   Einrichtungen (ZGE), sofern nur genossenschaftlich-sozialistische Betriebe kooperieren und

Zwischenbetrieblichen Einrichtungen (ZBE), sofern auch Betriebe mit staatlich-sozialistischem Eigentum an der Kooperation beteiligt sind.

Im letzteren Fall werden, obwohl das kooperativ-sozialistische Eigentum als einheitliche Größe anzusehen ist, die staatlichen und die genossenschaftlichen Anteile getrennt registriert.

b) Die Leitungsorgane sind der Leiter der Einrichtung und der Rat der kooperativen Einrichtung.

Im Gegensatz zu den LPG und den früheren Kooperationsformen besteht keine Mitgliederversammlung bzw. Bevollmächtigtenversammlung. Der Leiter wird nicht durch den Rat der KOE eingestellt, sondern von der zuständigen Kreisbehörde be- und abberufen. Er ist den zuständigen Staatsorganen rechenschaftspflichtig. Der Rat beschließt die Pläne, Statuten und Betriebsordnung, die Grundsätze der Arbeitsnormung und -vergütung, die Bildung und Verwendung der Fonds sowie die Grundsätze der Beziehungen zu den beteiligten Betrieben. Er berät Grundfragen der Leitung und Planung und hat den Leiter der KOE zu unterstützen. Der Rat besteht aus bevollmächtigten Vertretern der beteiligten Betriebe und aus Vertretern der Ausschüsse, der Belegschaftsversammlung bzw. der Betriebsgewerkschaftsorganisation.

c) Die Stellung der Genossenschaftsbauern in der KOE

Die → **Genossenschaftsbauern** werden in die KOE delegiert und schließen eine Delegierungsvereinbarung mit dem Leiter der KOE ab. Da in der KOE keine Mitgliederversammlung besteht (sie ist das höchste Organ der LPG), ist er grundsätzlich an der Leitung des Betriebes nicht beteiligt. Ansprüche und Rechte kann er nur über die Belegschaftsversammlungen und deren Ausschüsse wahrnehmen, die jedoch infolge der Betriebsgröße in Schicht-, Brigade- oder Bereichsversammlungen abgehalten werden. Gegenüber den Arbeitern und Angestellten der

KOE ist er insofern benachteiligt, weil er nicht Mitglied der Betriebsgewerkschaftsorganisation werden kann.

d) Einkommen und Sozialleistungen

Während das LPG-Mitglied in seiner Genossenschaft grundsätzlich entsprechend seiner Arbeitsleistung am Gewinn beteiligt war, zielen die Musterstatuten nach einer begrenzten Übergangsfrist auf die Entlohnung nach dem Rahmenkollektivvertrag für Arbeiter und Angestellte ab. In gleicher Weise sollen auch die sonstigen für Arbeiter und Angestellte geltenden arbeitsrechtlichen Regelungen (Urlaub, Krankenschutz etc.) Anwendung finden.

e) Da der Aufbau einer KOE nur einen Betriebszweig umfaßt, kann nur ein Teil der LPG-Mitglieder in diese Einrichtung delegiert werden. Die Delegierten bleiben jedoch trotz ihrer Tätigkeit im KOE Mitglieder der delegierenden LPG mit der Folge, daß die Mitglieder ein und derselben LPG nach unterschiedlichen Normen vergütet und mit differierenden Sozialleistungen ausgestattet sind. Hieraus ergeben sich unterschiedliche Interessenlagen, die um so stärker hervortreten, je mehr Kooperationsbeziehungen die delegierende LPG eingeht.

f) Der Aufbau der KOE führt in den beteiligten LPG, VEG, GPG zu einer ständig fortschreitenden Funktionsentleerung. Die Herauslösung einzelner Betriebszweige aus mehreren oder vielen Betrieben und deren Zusammenfassung in großen unabhängigen Spezialbetrieben entspricht partiellen Fusionen, die zur vollständigen Auflösung der bisherigen Landwirtschaftsbetriebe führen, wenn alle Betriebszweige an „Kooperationsbetriebe" abgegeben worden sind.

g) Die Staatlichen Leitungsorgane haben die Einhaltung der „sozialistischen Gesetzlichkeit" in den KOE zu gewährleisten und sind verpflichtet, Entscheidungen, die die Entwicklung der kooperativen Einrichtungen hemmen, aufzuheben bzw. Gegenmaßnahmen einzuleiten.

1. Kooperative Abteilungen der Pflanzenproduktion (KAP)

Im o. g. Musterstatut sind ursprünglich kooperative Einrichtungen für die Pflanzenproduktion vorgesehen. Tatsächlich wurden KAP eingerichtet, die als Wirtschaftssubjekte ohne eigene Rechtsfähigkeit bleiben und damit nicht KOE im Sinne des Musterstatuts sind. Bei Gründung der KAP wird die künftige Produktionsrichtung festgelegt (Getreide-Futterbau, Getreide-Kartoffel- oder Rübenbau, Ölfruchtbau, Sonderkulturen). Für die gewählte Produktionsrichtung werden die erforderlichen Maschinen und Geräte von den beteiligten Betrieben angeschafft bzw. übergeben, die notwendigen Anlagen errichtet bzw. gemeinsam mit anderen KAP als Dienstleistungsbetriebe gegründet (Kartoffelsortieranlagen und Lagerhallen, Trocknungswerke etc.).

Da die Einbringung von Maschinen und die gemeinsame Bewirtschaftung der Flächen zunächst keine zusätzlichen Kosten verursacht, ist die Fusion im Pflanzenbau relativ einfach und bereits sehr weit fortgeschritten. Im Sommer 1974 (knapp zwei Jahre nach Erlaß des Musterstatutes vom November 1972) bestanden in der DDR 1 173 KAP, die ca. 4,5 Mill. ha LN (ca. 72 v. H. der Gesamt-LN) bewirtschafteten (Durchschnittschnittsgröße ca. 3 850 ha LN). Die Durchschnittsgröße wird künftig zunehmen, weil weitere LPG sich den bestehenden KAP anschließen und weil auch bereits bestehende KAP miteinander fusionieren. Als Richtbetriebsgröße werden in der DDR 5 000–6 000 ha LN angegeben.

2. KOE der Tierproduktion

Die KOE-Tierproduktion sind in der Regel auf die Erzeugung eines Produktes gerichtet. Für die angestrebte industriemäßige Produktion der KOE gelten folgende Richtbetriebsgrößen:

Schweinezucht	5 600 Sauenplätze
Schweinemast	24 000–100 000 Mastplätze
Milcherzeugung	ab 1 930 Stallplätze
Rindermast	ab 16 000 Mastplätze
Jungrinderaufzucht	ab 4 480 Plätze
Eierproduktion	ab 100 000 Käfigplätze

Die Errichtung dieser Anlagen erfordert weit höhere finanzielle und materielle Aufwendungen als die Pflanzenproduktion. Der Aufbau vollzieht sich infolgedessen langsamer. Ende 1973 bestanden folgende Anlagen:

Schweinezucht	42 Anlagen mit mehr als	1 000 Plätzen
Schweinemast	55 Anlagen mit mehr als	6 000 Plätzen
Milcherzeugung	27 Anlagen mit mehr als	1 000 Plätzen
Jungrinderaufzucht	134 Anlagen mit mehr als	1 000 Plätzen
Geflügelhaltung	32 Anlagen mit mehr als	100 000 Plätzen

Insgesamt wurden am 30. 11. 1973 von den KOE gehalten:

Tierart	Anzahl	v. H. des Viehbestandes
Rinder insgesamt	275 861	5,0
Kühe	70 237	3,2
Schweine insgesamt	825 191	7,6
Sauen	88 184	7,9
Schafe	98 607	5,7
Legehennen	1 952 101	7,7

Quelle: Statistisches Jahrbuch der DDR 1974, S. 222/223.

3. Agrochemische Zentren (ACZ)

Agrochemische Zentren sind spezialisierte Dienstleistungsunternehmen, die in den beteiligten Betrieben (LPG, VEG, KAP und KOE Tierische Produktion) folgende Aufgaben zu lösen haben:

Lagerung, Transport und Ausbringung von Düngemitteln aller Art,

Lagerung und Ausbringung von Pflanzenschutz- und Unkrautbekämpfungsmitteln,

Einsatz von Agrarflugzeugen für Düngung und Pflanzenschutz (→ **Agrarflug**),

Mitwirkung bei Erstellung von EDV-Düngungsempfehlung durch Entnahme von Bodenproben,

Einsatz der Transportbrigaden,

Durchführung von stallhygienischen Maßnahmen (Desinfektion von Stall- und Speicheranlagen).

Die ACZ sind aus den Agrochemischen Brigaden, die seit 1964 bei den Bäuerlichen Handelsgenossenschaften (BHG) gebildet wurden, entstanden. Das Musterstatut vom 20. 11. 1972 für KOE bestimmte, daß die ACZ aus den BHG herauszulösen und zu juristisch selbständigen Betrieben zu entwickeln sind (**Ländliche** → **Genossenschaften**).

Die Arbeiten werden von zentralen Düngerlagern aus mit eigenen Spezialfahrzeugen durchgeführt. Bis 1975 sollen ca. 330 ACZ mit einem Versorgungsbereich von durchschnittliche 17200 ha LN errichtet werden. Ende 1973 bestanden bereits 310 ACZ und weitere 20 Agrochemische Brigaden mit insgesamt 16000 Beschäftigten. Von diesen wurden 1973 folgende agrochemische Leistungen erbracht:

Kalkdüngung auf	1,0 Mill. ha LN
Kali- und Phosphordüngung auf	3,2 Mill. ha LN
Stickstoffdüngung auf	2,2 Mill. ha LN
Pflanzenschutzmaßnahmen auf	3,6 Mill. ha LN
insgesamt bearbeitete Fläche	10,0 Mill. ha LN

4. Kooperative Einrichtung ZBO (Landbaugemeinschaften und Landbauverbände)

Im Musterstatut für die KOE vom 20. 11. 1972 wurde bestimmt, daß die seit 1962 bestehenden Zwischengenossenschaftlichen Bauorganisationen ZBO der LPG zu juristisch selbständigen Kooperativen Einrichtungen KOE zu entwickeln sind. Es bestehen damit auf dem landwirtschaftlichen Bausektor drei unterschiedliche Betriebsformen:

a) Die Baubrigaden der LPG mit genossenschaftlich-sozialistischem Eigentum, die noch nicht einer KOE angeschlossen wurden.

b) Die Kooperativen Einrichtungen ZBO mit kooperativ-sozialistischem Eigentum.

c) Die Volkseigenen Baukombinate mit staatlich-sozialistischem Eigentum, die in 14 Bezirken der DDR (Ausnahme Ost-Berlin) bestehen.

Die Kooperativen ZBO sind gehalten, zur Rationalisierung miteinander Fusionen einzugehen und Landbaugemeinschaften zu bilden. Zur weiteren Kapazitätserhöhung wird außerdem die Zusammenarbeit der kooperativen ZBO mit den staatlichen Landbaukombinaten in Landbauverbänden propagiert.

1973 waren im landwirtschaftlichen Baubereich insgesamt 64200 Arbeitskräfte tätig, von denen ca. 36100 in den ZBO arbeiteten. Der Anteil der Genossenschaftsmitglieder betrug ca. 10 v. H. Insgesamt wurden 1973 186400 Rinderstallplätze, 242300 Schweinemastplätze und 42600 Sauenplätze fertiggestellt.

5. Kooperative Meliorationsgenossenschaften

Die Meliorationsgenossenschaften waren 1962 aus der VdgB ausgegliedert und den Landwirtschaftlichen Produktionsgenossenschaften als „Zwischengenossenschaftliche Einrichtungen der LPG" übertragen worden. Aufgrund des Musterstatutes vom 20. 11. 1972 sollen die Meliorationsgenossenschaften zu juristisch selbständigen Kooperativen Einrichtungen (KOE) weiterentwickelt werden. 1973 bestanden 182 Meliorationsgenossenschaften, die 13737 Arbeitskräfte (davon im Durchschnitt ca. 100 Genossenschaftsmitglieder) beschäftigten. Da in der DDR vorwiegend großflächige Meliorationsarbeiten durchgeführt werden, arbeiten die Kooperativen Meliorationsgenossenschaften eng mit den 14 staatlichen Meliorationskombinaten zusammen. 1973 erbrachten beide Betriebsformen folgende Gesamtleistungen:

Entwässerung 107393 ha, hiervon 51797 ha (48,2 v. H.) Drainagen;

Bewässerung 67202 ha, hiervon 32344 (48,1 v. H.) Beregnung;

Wirtschaftswegebau 906 km.

B. Spezialisierte LPG und VEG

Spezialisierte LPG/VEG sind als die vorläufige Endform der Betriebs-Entwicklung in der DDR-Landwirtschaft anzusehen. Das Musterstatut für die KOE legt fest, daß diese sich mit fortschreitender Konzentration, Spezialisierung und Arbeitsteilung zu spezialisierten LPG und VEG entwickeln können. Der Zeitpunkt für diese Umwandlung ist dann gekommen, wenn die kooperierenden LPG/GPG/VEG sämtliche Betriebszweige einer spezialisierten KOE übertragen haben und damit als Einzelbetrieb funktionslos geworden sind.

Die unterschiedlichen Eigentumsformen, die in den KOE als kooperatives Eigentum miteinander verbunden sind, sollen durch Ausweisungen von spezialisierten VEG (staatlich sozialistisches Eigentum) und spezialisierten LPG (genossenschaftliches Eigentum) wieder getrennt werden.

Wenn diese Entwicklung auch praktisch durchführbar ist, erscheint sie u. a. deswegen unwahrscheinlich, weil a) eine Neuausweisung des genossenschaftlichen Eigentums als Folge der Kooperation und damit eine Rückstufung des „höheren" sozialistisch-kooperativen Eigentums eine Rückentwicklung darstellen würde und b) die Situation der Genossenschaftsbauern und der KOE bereits stark der Situation der Arbeiter angenähert worden ist, (wenn man davon absieht, daß sie bisher nicht Gewerkschaftsmitglieder werden können) und es das erklärte Ziel der Agrarpolitik der DDR ist, die Klasse der Genossenschaftsbauern an die Arbeiterklasse heranzuführen.

Daraus folgt, daß entweder der Begriff LPG bzw. Genossenschaftsbauer neu definiert werden muß, oder aber – was wahrscheinlicher ist –, daß die Genossenschaftsbauern infolge fehlender Unterscheidungskriterien zur Arbeiterklasse den Ehrentitel Arbeiter annehmen.

V. VEB Kombinate für Industrielle Mast (KIM)

Die Kombinate sind Volkseigene Betriebe (staatlich-sozialistisches Eigentum), die auf die Erzeugung eines bestimmten tierischen Produktes spezialisiert sind. Sie sind Bezirkseinrichtungen und werden durch die VVB Industrielle Tierproduktion beim → **Staatlichen Komitee für Aufkauf und Verarbeitung landwirtschaftlicher Produkte** geleitet.

Aufgrund ihres Produktionsumfanges haben KIM-Betriebe Beispielcharakter für die Entwicklung weiterer industriemäßiger Anlagen in der Landwirtschaft. Innerhalb eines Kombinates werden im Idealfall alle zur Erzeugung eines Endproduktes erforderlichen Produktionsstufen zusammengefaßt (z. B. Kükenlinien- und Vermehrungszucht, Broilermast). Teilweise werden auch Schlachtung und Vermarktung übernommen.

Im Jahr 1972 bestanden 20 KIM-Betriebe mit ca. 7300 Beschäftigten. Hiervon ist ein Betrieb auf die Erzeugung von Schweinefleisch ausgerichtet (Schweinezucht- und Mastkombinat in Eberswalde) und ein Betrieb auf die Erzeugung von Rindfleisch spezialisiert (VEB-Rindermast in Ferdinandshof).

Die übrigen 18 Kombinate erzeugen Eier und/oder Geflügelfleisch. Sie arbeiten mit ebenfalls industriemäßig produzierenden LPG, VEG und KOE im → **Geflügelwirtschaftsverband** zusammen.

Landwirtschaftsbank: Aus der 1950 gebildeten Deutschen Bauernbank 1965 hervorgegangenes Spezialinstitut des → **Bankwesens,** das 1968 mit der Erweiterung seines Geschäftsbereichs in die → **Bank für Landwirtschaft und Nahrungsgüterwirtschaft** (BLN) umbenannt worden ist.

Landwirtschaftsrat der DDR: → **Ministerium für Land-, Forst- und Nahrungsgüterwirtschaft; Rat für Landwirtschaft und Nahrungsgüterwirtschaft** (RLN).

Landwirtschaftssteuern: → **Agrarsteuern; Steuern.**

Landwirtschafts- und Gartenbauausstellung der DDR in Leipzig-Markkleeberg: → **Agrarwissenschaften.**

Lastschriftverfahren: Während bis 1964 das L. in Form des Rechnungs- bzw. Forderungseinzugsverfahrens die Regel war, ist es seit 1. 1. 1965 auf bestimmte Zahlungen beschränkt (AO vom 3. 9. 1964; GBl. II, S. 769). Das L. darf nur angewandt werden bei Lieferung von Gütern gleichbleibender Art und Qualität (Strom, Wasser, Gas, Wärme). Beim L. erfolgt die Begleichung einer Rechnung durch die Bank des Käufers aufgrund eines Lastschriftauftrages des Verkäufers bzw. dessen Bank. → **Verrechnungsverfahren.**

LDPD: Abk. für Liberal-Demokratische Partei Deutschlands. Gründungsaufruf am 5. 7. 1945: Bekenntnis zur „liberalen Weltanschauung" und „demokratischen Staatsgesinnung", zu Freiheitsrechten, Privateigentum, freier Wirtschaft und Berufsbeamtentum. Wie die anderen Parteien mußte sich die LDPD am 14. 7. 1945 in eine „feste Einheitsfront der antifaschistisch-demokratischen Parteien" einreihen. Ihr Vorsitzender, Dr. Wilhelm Külz, versuchte bis zu seinem Tode (10. 4. 1948), liberale und demokratische Politik beim Wiederaufbau in der sowjetischen Besatzungszone trotz aller Behinderungen seitens der SED und der Besatzungsmacht zur Geltung zu bringen. Im Frühjahr 1946 zählte die LDPD bereits 113000 Mitglieder, im Juni 1948 waren es sogar 183000. Obwohl die Partei wie auch die CDU im Wahlkampf zu den einzigen demokratischen Wahlen im Herbst 1946 in vieler Hinsicht benachteiligt oder unterdrückt wurde, erreichte sie bei den Gemeindewahlen (September 1946) 21,1 v. H., bei den Landtagswahlen (20. 10. 1946) 24,6 v. H. und war nach der SED die zweitstärkste Partei geworden. Auf ihrem III. Parteitag (27. 2. 1949 in Eisenach) beschloß sie ein liberales Grundsatzprogramm, in dem sie ihre wesentlichen Forderungen aufrechterhielt und sich zu einer einzigen deutschen parlamentarisch-demokratischen Republik bekannte. Ein halbes Jahr später war der Widerstand der LDPD gegen ihre Gleichschaltung und die Gründung der DDR ohne vorherige Wahlen zusammengebrochen. Ihre Führer Prof. Kastner, Dr. Hamann und Dr. Loch wurden Regierungsmitglieder der DDR, zahlreiche Liberaldemokraten wurden verhaftet und verurteilt, viele flüchteten und spielten später im politischen Leben der Bundesrepublik Deutschland eine wichtige Rolle. 1952 bekannte sich die LDPD-Führung vorbehaltlos zum „planmäßigen Aufbau des Sozialismus".

Aussagen und Gliederung der LDPD wurden der SED angepaßt und nachgebildet. Es gibt Zehnergruppen, Orts- und Wohnbezirksgruppen, darüber Stadtgruppen, Stadtbezirksgruppen, Kreisverbände und Bezirksverbände. Wichtigstes Führungsgremium ist der Politische Ausschuß des Zentralvorstandes (Vors. seit 1967 Dr. Manfred Gerlach). Die LDPD wendet sich an Handwerksmeister, Komplementäre (vor allem bis 1972), Kommissionseinzelhändler und an nicht aus der Arbeiterklasse stammende Angehörige der Intelligenz. Sie ist damit eine „ständische" Organisation geworden mit der fest umrissenen Aufgabe, den Mittelstand, noch Selbständige und Intelligenzler an die Politik der SED zu binden. Gerlach vor dem Zentralvorstand: „Die wichtigste Aufgabe unserer Partei bei der weiteren Stärkung und Festigung unseres sozialistischen Staates besteht darin, die Initiativen aller Mitglieder zu wecken und zu fördern, um den Volkswirtschaftsplan 1974 in allen seinen Teilen zu erfüllen und gezielt überzuerfüllen" („Der Morgen", 19. 1. 1974). Dabei führt die Partei einen „Zweifrontenkrieg": „Die staatsbürgerliche Verantwortung, sozialistische Moral und Lebensweise unserer Mitglieder zu fördern, verlangt gleichzeitig, die Auseinandersetzung mit rückständigen Auffassungen und Erscheinungen zu verstärken und einen konsequenten Kampf gegen die reaktionäre bürgerliche Ideologie zu führen" (Gerlach nach „Der Morgen", 30. 11. 1973). Der Mitgliederstand beträgt heute 70 000.

Zentralorgan ist „Der Morgen", außerdem existieren 4 Provinzzeitungen (Gesamtauflage: ca. 190 000).

Lebensstandard: Der L. einer Bevölkerung wird durch eine Vielzahl von Faktoren geprägt, deren Auswahl und Gewichtung subjektiv bleiben muß – eine allgemein anerkannte Definition des Begriffs L. gibt es nicht. Menge, Qualität und Verfügbarkeit von Waren und Leistungen beeinflussen den L. ebenso wie die Wohnraumsituation, die Reisemöglichkeiten und das System der sozialen Sicherung, um nur einige Indikatoren der Lebenshaltung zu nennen. Die quantitative Erfassung dieser Elemente muß sich infolge Datenmangels auf einige äußere Merkmale beschränken; eine Wertung der nicht quantifizierbaren Faktoren aber ist nahezu unmöglich.

1. Einzelhandelsumsatz. Der Einzelhandelsumsatz – wichtigster Indikator für den privaten Verbrauch – hat seit Mitte der 60er Jahre stark zugenommen. Die Erhöhung war begleitet von erheblichen Strukturveränderungen innerhalb der Warengruppen. So expandierte der Verkauf von Genußmitteln bedeutend schneller als der von Nahrungsmitteln. Auch der Umsatz von industriellen Konsumgütern stieg überdurchschnittlich, vor allem der von „sonstigen Industriewaren". In der Warengruppe „Elektroakustik, Foto-Kino-Optik, Schmuck, Straßenfahrzeuge" sind die höchsten Zuwachsraten zu verzeichnen. Gerade in der Strukturveränderung zugunsten dieser Gruppe kommt das mit steigendem Wohlstand sich verändernde Konsumverhalten der Bevölkerung zum Ausdruck. Ein stetig wachsender Anteil des Einzelhandelsumsatzes entfällt auf nichtlebensnotwendige Güter.

2. Pro-Kopf-Verbrauch. Im Nahrungsmittelverbrauch spielen Kohlehydrate und Fette immer noch eine große Rolle, wenn sich auch allmählich ein Wandel zugunsten eiweißreicher teurer Nahrung wie Fleisch, Milch und Eier abzeichnet. Der Pro-Kopf-Verbrauch an Frischobst und Gemüse ist verhältnismäßig gering; zudem schwankt er von Jahr zu Jahr stark in Abhängigkeit von der jeweiligen Inlandsernte. Der Import konzentriert sich auf Südfrüchte, deren Angebot immer noch nicht ausreicht. Trotz der durch gesundheits- und ernährungspolitische Aufklärung geförderten Veränderungen im Nahrungsmittelverbrauch ernährt sich die Bevölkerung noch bei weitem zu kalorienreich: Täglich werden bei einem durchschnittlichen Bedarf von 2 600 cal pro Kopf 3 200 cal (Bundesrepublik 2 925 cal) aufgenommen. Obwohl der Umsatz von Genußmitteln mit wachsendem L. ständig zugenommen hat, liegt der Konsum noch deutlich unter dem westdeutschen Niveau – in erster Linie eine Folge der hohen Preise, die in der DDR für Genußmittel zu zahlen sind.

3. Bestand an langlebigen Konsumgütern. Die Ausstattung der privaten Haushalte mit langlebigen Konsumgütern ist zufriedenstellend. Bei einigen Produkten (Rundfunk- und Fernsehgeräten) werden in den oberen Einkommensgruppen bereits Sättigungstendenzen erkennbar. Ein Nachholbedarf besteht noch bei Kühlschränken und Waschmaschinen. Die DDR hat bei den meisten dieser Konsumgüter heute den Stand der Bundesrepublik Deutschland zu Ende der 60er Jahre erreicht. Neuartige hochwertige Produkte wie Stereo-Anlagen, Farbfernsehgeräte und Geschirrspülmaschinen sind dagegen bisher noch wenig verbreitet.

Bei der Ausstattung der Haushalte mit Kraftfahrzeugen herrscht in der DDR immer noch das Kraftrad vor; jedoch wird die laufende Zunahme der Kraftfahrzeugdichte in den letzten Jahren schon überwiegend von der wachsenden Zahl der Pkw getragen. Bislang wurde der Pkw-Bestand allerdings aus Produktions- und verkehrstechnischen Gründen durch hohe Preise und lange Lieferzeiten gering gehalten.

4. Wohnverhältnisse. Die Lebensbedingungen werden nicht zuletzt auch durch die Wohnverhältnisse geprägt. Obwohl die Wohnraumbeschaffung in der DDR immer noch ein akutes Problem darstellt, standen 1973 je 1 000

Einzelhandelsumsatz nach Warenhauptgruppen

Jahr	Insgesamt	Warenhauptgruppen						
		Nahrungs- mittel	Genuß- mittel	Schuhe	Textilien und Bekleidung	Sonstige Industrie- waren	Nahrungs- u. Genuß- mittel	Industrie- waren
		Mrd. Mark					1965 = 100	
1960[1]	45,0	17,2	7,7	1,0	7,2	11,8	88	90
1965	51,1	19,8	9,1	1,5	7,2	13,5	100	100
1970	64,1	24,1	11,7	1,8	8,8	17,7	124	127
1972	70,5	25,5	12,8	2,0	9,9	20,2	133	145
1973	74,6	26,3	13,2	2,2	10,8	22,1	137	158

1 Am 1. Januar 1964 wurde die Zuordnung zu den Warenhauptgruppen verändert.

Quellen: Statistisches Jahrbuch der DDR 1974, S. 267.

Pro-Kopf-Verbrauch ausgewählter Nahrungs- und Genußmittel

Waren	Einheit	DDR				Bundesrepublik Deutschland
		1960	1965	1970	1973	1972/73
Nahrungsmittel						
Fleisch	kg	55,0	58,7	66,1	74,0	79,0
Nahrungsfette, Fettwert	kg	27,4	27,9	27,7	26,5	25,7
Eier und Eierzeugnisse	Stück	197	211	239	249	293
Trinkmilch, 2,5 % Fettgehalt	l	94,5	94,1	98,5	101,6	86,5
Brotgetreidemehl	kg	96,2	94,9	92,2	89,9	62,1
Speisekartoffeln	kg	173,9	156,5	153,5	143,4	93,8
Frischgemüse	kg	48,0	47,9	61,3	70,1	66,6
Frischobst und Südfrüchte	kg	68,2	36,1	46,2	58,1	110,3
Genußmittel						
Bohnenkaffee, geröstet	kg	1,1	1,8	2,2	2,3	4,2
Zigaretten	Stück	1069	1123	1257	1354	2041
Wein und Sekt	l	3,2	4,2	5,0	5,8	19,4
Bier	l	79,5	80,6	95,7	112,7	145,3

Quellen: Statistisches Jahrbuch der DDR; Statistisches Jahrbuch der Bundesrepublik Deutschland 1973; Bundesministerium für Ernährung, Landwirtschaft und Forsten; Statistischer Monatsbericht 12/1973.

Bestand an ausgewählten langlebigen Konsumgütern (Stück je 100 Haushalte)

	DDR					Bundesrepublik Deutschland
	1960	1965	1970	1972	1973	1972
Personenkraftwagen	3	8	16	19	21	66
Krafträder	–	33	42	48	46	6
Rundfunkempfänger	90	87	92	95	95	über 100
Fernsehempfänger	17	49	69	75	78	90
Elektrische Kühlschränke	6	26	56	70	75	88
Elektrische Waschmaschinen	6	28	54	63	66	79

Quellen: Statistisches Jahrbuch der DDR 1974, S. 334; Hauptberatungsstelle für Elektrizitätsanwendung e.V., Frankfurt/M.; Berechnungen des DIW.

Einwohner 369 Wohnungen zur Verfügung (Bundesrepublik 364). Dies günstige Verhältnis wird allerdings durch die durchschnittliche Wohnungsgröße relativiert, sie betrug 58 qm (Bundesrepublik 72 qm). Je Einwohner standen damit 21 qm zur Verfügung, gegenüber 26 qm in der Bundesrepublik (→ **Bau- und Wohnungswesen**). Für den Wohnwert sind neben der Größe das Ausstattungsniveau und der bauliche Zustand der Wohnungen entscheidend. Angesichts des hohen Altbestandes – über die Hälfte aller Wohnungen wurden vor 1919 gebaut – ist die Ausstattung wenig zufriedenstellend. Nur 11 v. H. aller Wohnungen waren 1971 mit Zentralheizung und 39 v. H. mit einem Bad ausgerüstet. Zudem befindet sich ein großer Teil der Wohngebäude in schlechtem baulichen Zustand, weil die Erhaltung von Altbauten lange Zeit vernachlässigt wurde. Durch eine seit Beginn der 70er Jahre zu beobachtende verstärkte Modernisierungs- und Neubautätigkeit soll das Wohnungsproblem bis 1990 gelöst werden.

5. *Tourismus.* Der steigende L. kommt auch in einer größeren Reisefreudigkeit zum Ausdruck. 1966 verreiste gut ein Drittel der Bevölkerung während des Urlaubs; in den letzten Jahren waren es wie in der Bundesrepublik Deutschland knapp die Hälfte. Allerdings fuhren nur 15 v. H. der DDR-Urlauber ins Ausland (ohne innerdeutschen Reiseverkehr); in der Bundesrepublik unternahm fast die Hälfte der Urlauber Auslandsreisen. Auffallend groß ist der Anteil der Personen, die einen Campingurlaub verbringen oder in den Ferien zu Verwandten und Freunden reisen – nicht zuletzt eine Folge der fehlenden Bettenkapazitäten.

Die Wertung relevanter nicht quantifizierbarer Faktoren für den L. würde einen Vergleich wohl stärker zugunsten der Bundesrepublik ausfallen lassen. Noch immer bestehen in der DDR in der Versorgung der Bevölkerung deutliche Mängel. Sortimentslücken und Lieferstörungen gehören auch heute noch zum Alltag der DDR. So hat z. B. das Sortiment an Textilien, Bekleidung und Schuhen – auch in seiner qualitativen Ausstattung – in fast allen Jahren nicht der Nachfrage entsprochen. Aber auch bei vielen alltäglich benötigten Dingen ist das Angebot immer noch unbefriedigend. Für Güter des gehobenen Bedarfs (z. B. Pkw) müssen vielfach längere, z. T. mehrjährige Wartezeiten hingenommen werden. Viele Erzeugnisse sind mit Qualitätsmängeln behaftet, die den Wert mindern oder gar den Gebrauch nach kurzer Zeit völlig unmöglich machen. Die Reparaturanfälligkeit zahlreicher Produkte wiegt besonders schwer, weil es seit Jahren an Ersatzteilen und Kapazitäten des Reparaturhandwerks fehlt. Die Bereitstellung von Dienstleistungen reicht bei weitem nicht aus. Die geringe Zahl z. B. von Reinigungen, Wäschereien und Tankstellen beeinträchtigt die Nutzung der Konsumgüter und verhindert die Entlastung der Bevölkerung. Da die verbesserte Ausstattung der Haushalte zu einem steigenden Bedarf an Reparaturen führt, entstehen ständig neue Engpässe.

Der Einfluß weiterer Faktoren auf den L. der Bevölkerung, die Bestandteil bzw. Auswirkungen der „sozialistischen Errungenschaften" sind (→ **Errungenschaften, sozialistische**), läßt sich nur schwer bewerten. Im marxistisch-leninistischen Verständnis ermöglichen die sozialistischen Errungenschaften eine hohe gesellschaftliche Konsumtion (→ **Konsumtion, gesellschaftliche**), deren Anteil am L. allerdings aus westlicher Sicht bisher nicht quantifizierbar ist.

Lebensversicherung: L.-Verträge können bei der Staatlichen Versicherung der DDR abgeschlossen werden als Ergänzung des durch die Sozialversicherung gewährten gesetzlichen Versicherungsschutzes. Der Versicherungsnehmer kann, je nach seinen Bedürfnissen, unter verschiedenen Formen der L. wählen. Die vereinbarte L.-Summe kann fällig werden: beim Tode des Versicherten, bei Erreichen eines bestimmten Alters, bei Beitragszahlung entweder für eine bestimmte Zahl von Jahren (mindestens 10) bzw. bis zum 85. Lebensjahr; oder an einem festen Auszahlungstag.

Diese Grundformen lassen sich zu weiteren Formen der L. ausbauen. So kann z. B. das Risiko der Invalidität in der Weise mit einbezogen werden, daß die Beitragszahlungspflicht bei Eintritt der Invalidität des Versicherungsnehmers ganz oder teilweise erlischt. Die L. mit festem Auszahlungstermin kann unter Berücksichtigung des voraussichtlichen Heirats- oder Berufsausbildungsalters der Kinder zu einer Aussteuer- oder Kinderversorgungs-Versicherung weiterentwickelt werden.

Die reine Erlebensfallversicherung wird in der Regel als Leibrentenversicherung abgeschlossen, wobei in der DDR zeitweilig die Form der Sparrentenversicherung eine gewisse Bedeutung erlangt hatte. Gegenwärtig dürfte die am weitesten verbreitete Zukunftssicherung für den Erlebensfall der Abschluß einer freiwilligen Versicherung auf Zusatzrente bei der Sozialversicherung sein. Diese Form der „Höherversicherung" wurde 1968 eingeführt, 1971 erweitert und ausgebaut. → **Sozialversicherungs- und Versorgungswesen.**

Lebensweise, sozialistische: Im Verständnis des → **Marxismus-Leninismus** bestimmte „Art und Form der Gestaltung des gemeinschaftlichen und individuellen Lebens". Die SL. wird generell bestimmt durch die sozialistische Produktionsweise und die sozialistische Gesellschaftsordnung. Im einzelnen werden vor allem folgende Charakteristika genannt: die „objektive Klassenzugehörigkeit" der Menschen, ihre Einstellung der Gesellschaft gegenüber sowie das allgemeine kulturelle Niveau und die geistigen und materiellen Bedürfnisse. Die SL. sei dadurch gekennzeichnet, daß die von der SED geführte Arbeiterklasse sowie alle übrigen Werktätigen in der DDR ihr Leben in „allen gesellschaftli-

chen Beziehungen bewußt als freie und gebildete sozialistische Staatsbürger gestalten". Die SL. ist, ähnlich wie die **sozialistische** → **Moral,** ihrem weltanschaulich-ideologischen Inhalt nach, ein gegenwärtig in der DDR stärker in den Vordergrund tretendes Konzept. Ausdruck der SL. ist es, die Gemeinschaft aller Menschen in der DDR anzuerkennen, stets auf Steigerung der psychischen und physischen Leistungsfähigkeit bedacht zu sein und die entwickelte sozialistische Gesellschaft in der DDR aktiv mitzugestalten.

Der Begriff SL. taucht in der Propaganda der SED erst in jüngerer Zeit auf. Er kann als Ausdruck des ideologischen Kampfes gegen die Propagierung von „Lebensstandard" und „Lebensqualität" in westlichen Industriegesellschaften angesehen werden. Nach Auffassung des Marxismus-Leninismus in der DDR herrscht in den kapitalistischen Industrieländern, besonders auch in der Bundesrepublik Deutschland, ein tiefer Gegensatz zwischen der herrschenden Klasse und der Masse des Volkes. Der höhere Lebensstandard, den die Arbeiterklasse sich im Kapitalismus allmählich erkämpft hat, habe nichts mit der SL. gemein: „Die imperialistische Lebensweise ist Ausdruck des Verfalls der kulturellen und sittlichen Werte der Gesellschaft." → **Bewußtsein, gesellschaftliches; Staatsbewußtsein, sozialistisches.**

Leder-, Schuh- und Rauchwarenindustrie: Zweig der → **Leichtindustrie** (ohne → **Textilindustrie**), der nach der ab 1967 in der DDR gültigen Betriebssystematik alle selbständigen Industriebetriebe zur Herstellung von Leder und Kunstleder, Leder-, Täschner- und Sattlerwaren, Schuhen (außer Gummischuhen), Pelz- und Lederkleidung umfaßt. In der LSR. sind ca. 25 000 Beschäftigte tätig, davon etwa die Hälfte in der Schuhindustrie. Von 1960 bis 1973 stieg die Bruttoproduktion der LSR. nur um das 2,01fache und damit im Vergleich zur gesamten Industrie unterdurchschnittlich.

Lehrer und Erzieher: *1. Pädagogische Kräfte und das Leitbild des sozialistischen Lehrers:* Die im Volksbildungswesen tätigen pädagogischen Kräfte untergliedern sich bezüglich ihrer Tätigkeit in Lehrer (L.), Erzieher (E.) und „leitende → **Kader**" der Volksbildung sowie hinsichtlich ihrer Ausbildung in Fachschul- und in Hochschulabsolventen eines entsprechenden (vollen oder teilweisen bzw. zusätzlichen) Direkt- und/oder → **Fernstudiums.** Auf Fachschulebene voll ausgebildete pädagogische Kräfte sind die Kindergärtnerinnen in kommunalen, betrieblichen und speziellen Kindergärten, die E.(innen) in Kinderwochenheimen, Kinderkureinrichtungen, Tagesschulen, Kinder- und Schulhorten (Tagesklassen, Tagesgruppen), Schulinternaten, Kinder- und Jugendsportschulen und Sonderschulen sowie in Jugendheimen (Lehrlingswohnheimen, → **Jugendherbergen**) und Heimen der → **Jugendhilfe**, die hauptamtlichen Freundschaftspionierleiter an schulischen Einrichtungen in den Klassenstufen 1–7 bzw. 8, die L. für die unteren Klassen der Oberschule (Unterstufen-L.), die in den Klassen 1–3 bzw. 4 unterrichten, sowie die Ingenieurpädagogen, Ökonompädagogen und

Medizinpädagogen im berufspraktischen Unterricht der Einrichtungen der Berufsausbildung; auf Hochschulebene voll ausgebildete pädagogische Kräfte sind die Diplom-Fach-L. in der Mittel- und Oberstufe der 10klassigen Oberschule, den Einrichtungen der Abiturstufe (Erweiterte Oberschule, Volkshochschule, Abiturklassen der Berufsausbildung) und den Sonderschulen sowie im allgemeinbildenden und berufstheoretischen Unterricht der Berufsschulen, die Diplom-Agrarpädagogen, Diplom-Ingenieurpädagogen, Diplom-Ökonompädagogen und Diplom-Medizinpädagogen im berufstheoretischen Unterricht der Berufsschulen und Medizinischen Berufsschulen sowie die Diplom-Pädagogen, die als leitende Kader der Volksbildung, der Berufsbildung sowie der Jugendhilfe und Heimerziehung als Direktoren von allgemeinbildenden Schulen, als Lehrkräfte an Pädagogischen Schulen und Instituten für L.-Bildung sowie als leitende Mitarbeiter der Vorschulerziehung und der FDJ (für die Arbeit mit der Schuljugend) tätig sind.

Ausbildung und Tätigkeit der pädagogischen Kräfte, insbesondere der L., sollen sich an dem normativen „Leitbild des sozialistischen L." orientieren, das durch „Zehn Gebote" umrissen wird; danach soll der „sozialistische L.":

1. sich das von der Partei der Arbeiterklasse in „prognostischer Sicht erarbeitete Menschenbild" aneignen, um es in seiner täglichen Arbeit zu verwirklichen,

2. seinen Beruf in erster Linie als politisch-ideologischen Beruf und wichtigsten persönlichen Beitrag zur Vollendung des Sozialismus in der DDR ausüben,

3. sich jene wissenschaftlichen Kenntnisse und marxistisch-leninistischen Überzeugungen aneignen, die für die Heranbildung allseitig entwickelter sozialistischer Persönlichkeiten erforderlich sind,

4. nach „pädagogischer Meisterschaft" streben, um alle Kinder zur „bewußten und selbständigen Aneignung der Grundlagen von Wissenschaft und Kultur" zu befähigen.

5. den Schülern helfen, die „sozialistische Lebenspraxis" in ihren Kollektiven und bei der bewußten Gestaltung ihrer gesellschaftlichen Beziehungen selbständig zu entwickeln,

6. danach streben, seinen pädagogischen Führungsstil als Ausdruck der sozialistischen Beziehungen zwischen L. und Schüler ständig zu vervollkommnen,

7. an der Schaffung des „einheitlich handelnden Pädagogenkollektivs" mitwirken und sich für die Arbeit der gesamten Schule verantwortlich fühlen,

8. danach streben, das Ansehen und die Wirksamkeit der Schule als eines staatlichen Instrumentes der sozialistischen Bildung und Erziehung ständig zu erhöhen,

9. danach streben, bei sich selbst und den mit ihm im Pädagogenkollektiv vereinten L. die Züge des sozialistischen Volks-L. zu verwirklichen sowie

10. bestrebt sein, die zehn Grundsätze der **sozialistischen**→ **Moral** in seinem gesamten beruflichen und persönlichen Leben vorbildlich zu erfüllen.

Daher sind die pädagogischen Kräfte, die L. ebenso wie die E. und leitenden Kader der Volksbildung, zu ständi-

ger, systematischer, politisch-ideologischer, pädagogisch-psychologischer und fachwissenschaftlicher Weiterbildung verpflichtet, und zwar sowohl während der Schulzeit als auch in der unterrichtsfreien Zeit während der Ferien.

Den L. stehen insgesamt nur 24 Arbeitstage Jahresurlaub in den Sommerferien zu. Ihre Bildungs- und Erziehungsarbeit bei den Kindern und Jugendlichen haben sie ausschließlich nach den Vorschriften der staatlichen Lehrpläne und anderen edukativ-präskriptiven Dokumenten zu leisten, deren besonders vorbildliche Erfüllung mit zahlreichen Auszeichnungen ideeller und materieller Art belohnt wird. Um einer Fluktuation bei den L. vorzubeugen, bestehen strenge Bestimmungen bezüglich der Möglichkeit eines Arbeitsplatz- bzw. Berufswechsels.

2. Arbeitsbedingungen, Vergütungen und Auszeichnungen: Die wöchentlichen Pflichtstunden (Gesamtpflichtstunden) für L. an allgemeinbildenden und berufsbildenden Schulen umfassen das Pflichtstundenminimum und den variablen Teil der Pflichtstunden, d. h. zwei weitere Unterrichtsstunden, für deren Erteilung der L. variabel eingesetzt werden kann; die Gesamtpflichtstundenzahl beträgt für L. der Klassen 1–8 der Oberschule 26, für L. der Klassen 9–12, des berufstheoretischen und allgemeinbildenden Unterrichts der Berufsschulen sowie der Spezial- und der Sonderschulen 25 und für L. an den Volkshochschulen 24 Unterrichtsstunden pro Woche, von denen jeweils 2 Unterrichtsstunden den variablen Teil der Gesamtpflichtstunden darstellen; von den Gesamtpflichtstunden werden für leitende und besondere Tätigkeiten, aber auch aus anderen Gründen Abminderungsstunden gewährt; so erhalten vollbeschäftigte Lehrerinnen mit drei oder mehr zu ihrem Haushalt gehörenden Kindern 2 Abminderungsstunden wöchentlich; die Abminderungsstunden für die Leitungstätigkeit der Direktoren, stellvertretenden Direktoren usw. werden im Rahmen sogenannter Gesamtzeitfonds und einer Mindestunterrichtsstundenzahl vom Direktor der Schule selbst geregelt; die Mindestpflichtstunden für Direktoren usw. sind je nach der Größe der Schule gestaffelt und betragen zwischen 3 und 10 und für stellvertretende Direktoren zwischen 12 und 16 Unterrichtsstunden.

Die Vergütung der L. und E. erfolgt sowohl ihrer Qualifikation als auch der Bewertung ihrer jeweils ausgeübten Tätigkeit entsprechend; sie liegt gegenwärtig (1974) zwischen 440 Mark (Vergütungsgruppe 1: E. ohne abgeschlossene pädagogische Ausbildung, Ortsklasse B) und 1 080 Mark monatlich (Vergütungsgruppe 4: Diplom-L., Diplom-Ingenieurpädagogen usw. sowie E. und Pionierleiter als Diplom-Pädagogen mit abgeschlossener Hochschulausbildung, Ortsklasse S, in der 11., d. h. der höchsten Steigerungsstufe, in der Regel nach 25 Dienstjahren). Dazu werden gegebenenfalls noch besondere Zulagen gezahlt, so Zulagen für leitende Tätigkeit, z. B. für Bezirksschulräte 300 Mark monatlich, für Kreisschulräte 250 Mark, für Direktoren 100, 150 oder 200 Mark, für Leiter Polytechnischer Zentren 60–100 Mark, Zulagen für besondere Anforderungen, z. B. L. an Erweiterten Oberschulen (Abitur-stufe) 50 Mark, Zulagen für eine Tätigkeit unter erschwerten Bedingungen, z. B. für Wander-L. 10–40 Mark, sowie die Beförderungszulagen für die Titel Oberstudienrat (150 Mark), Studienrat (100 Mark) und Oberlehrer (50 Mark); auch erhalten L. und E. mit abgeschlossener pädagogischer Ausbildung und mindestens 2jähriger Tätigkeit im Bildungswesen eine zusätzliche Altersversorgung in Höhe von 60 v. H., bei besonders anerkannten Leistungen bis 80 v. H. des im letzten Jahre vor Eintritt des Versorgungsfalles bezogenen durchschnittlichen monatlichen Bruttogehaltes, jedoch nur bis zu höchstens 800 Mark einschließlich der allgemeinen Rentenbezüge.

Da an die berufliche Tätigkeit der L. und E. einschließlich der Schulfunktionäre in der DDR hohe Ansprüche gestellt werden, soll auch mit der Auszeichnung besonderer Leistungen ein zusätzlicher Anreiz geschaffen werden. Eine generelle Würdigung der Tätigkeit der L. und E. erfolgt durch den „Tag des Lehrers", der jährlich am 12. Juni, dem Jahrestag der Schulreform von 1946, in feierlicher Form an allen Schulen usw. begangen wird. An diesem Tag werden auch die speziellen Auszeichnungen für L. und E. verliehen; außer den staatlichen Auszeichnungen gibt es Anerkennungsschreiben, Geldprämien und Sachgeschenke. Die beiden Hauptgruppen der Auszeichnungen bilden die Ehren- und die Beförderungstitel sowie die Medaillen. Staatliche Ehrentitel sind „Verdienter Lehrer des Volkes" mit Medaille und Geldprämie bis zu 5 000 Mark, „Aktivist der sozialistischen Arbeit" mit Medaille und Geldprämie sowie „Kollektiv der sozialistischen Arbeit" mit Medaille und Geldprämie; Beförderungstitel sind „Oberlehrer", „Studienrat" und „Oberstudienrat" mit Beförderungszulage zum Grundgehalt (50, 100 und 150 Mark) sowie – bei hohen wissenschaftlichen Leistungen – auch der Titel „Professor" mit Abschluß von Einzelverträgen, in denen Zulagen vorgesehen werden, die über den Zulagen für Oberstudienräte liegen. Als staatliche Auszeichnungs-Medaillen werden verliehen „Verdienstmedaille der Deutschen Demokratischen Republik" (Verleihung am Tag der Republik), „Dr.-Theodor-Neubauer-Medaille" in Bronze, Silber und Gold mit Prämie (500, 750 und 1 000 Mark), „Medaille für ausgezeichnete Leistungen" (für Schulfunktionäre), „Pestalozzi-Medaille für treue Dienste" (Treue-Medaille) in Bronze, Silber und Gold für 10-, 20- und 30jährige Dienstzeit. Ferner werden verliehen eine Urkunde an Betreuer für vorbildliche Leistungen bei der sozialistischen Bildung und Erziehung der Schüler am Unterrichtstag in der Produktion, der Diesterweg-Preis für hervorragende Absolventen des L.- und E.-Studiums mit Prämie (500 Mark) sowie die „Ehrennadel des Ministeriums für Volksbildung" für ehrenamtliche Helfer; außer den staatlichen Auszeichnungen verleiht die Pionierorganisation die „Medaille für hervorragende Leistungen bei der sozialistischen Erziehung in der Pionierorganisation Ernst-Thälmann" an L., E. sowie an Freundschafts- und Gruppenpionierleiter in Bronze, Silber und Gold (→ **Auszeichnungen**).

3. Die Ausbildung auf Fachschulebene: Die Ausbildung der L. und E. erfolgt auf Fach- und Hochschulebene, ist also qualitativ nicht einheitlich. Zu den pädagogischen Ausbildungsstätten auf Fachschulebene gehören die 17 Pädagogischen Schulen für Kindergärtnerinnen, die 28 Institute für L.-Bildung sowie das Sorbische Institut für L.-Bildung, die 4 Institute zur Ausbildung von Ingenieurpädagogen und das Institut zur Ausbildung von Ökonompädagogen sowie die Fachschule für Ökonomie des Gesundheits- und Sozialwesens (mit Ausbildung von Medizinpädagogen); pädagogische Ausbildungsstätten auf Hochschulebene sind ausschließlich die 7 Pädagogischen Hochschulen (→ **Universitäten und Hochschulen**) und die 2 (noch bestehenden) Pädagogischen Institute in Zwickau und Köthen, die jedoch bis 1975 ebenfalls in Pädagogische Hochschulen umgewandelt werden sollen, sowie partiell die Universitäten, Technischen Hochschulen und einige andere Hochschulen. Mit entsprechender fachspezifischer Modifizierung gelten für die Zulassung, das Studium und den Berufseinsatz im Prinzip die gleichen Bestimmungen wie für die übrigen Hoch- und Fachschulen. Die Ausbildung erfolgt vorwiegend im Direktstudium, zum Teil aber auch im Fernstudium bzw. in einer Kombination von Direkt- und Fernstudium; sie ist einphasig, d. h. die unterrichtspraktische Ausbildung ist in die Gesamtausbildung an den betreffenden Ausbildungsstätten integriert und wird zum Teil an Übungskindergärten, Übungsschulen usw. sowie in den verschiedenen Praktika an Kindergärten, Schulen usw. durchgeführt.

Die Ausbildung der Kindergärtnerinnen erfolgt an den Pädagogischen Schulen für Kindergärtnerinnen in einem 2jährigen Direktstudium oder einem 3 $^1/_2$jährigen Fernstudium. An den 28 Instituten für L.-Bildung (z. B. in Puttbus b. Rostock, Schwerin, Templin, Potsdam, Neuzelle, Cottbus, Staßfurt, Halle, Eisenach, Krossen, Meiningen, Großenhain, Leipzig, Rochlitz, Berlin-Köpenick) werden sowohl L. für die unteren Klassen (Unterstufenlehrer) als auch E. ausgebildet, und zwar in einem 4jährigen Direktstudium; die Ausbildung erfolgt für 3 Unterrichtsfächer, und zwar für Mathematik und Deutsch als die tragenden Fächer der Unterstufe sowie für eines der Fächer Werkunterricht, Körpererziehung, Kunsterziehung, Musik oder Schulgartenunterricht; sie umfaßt die Bereiche Ausbildung in Marxismus-Leninismus, Erweiterung der Allgemeinbildung, pädagogisch-psychologische Grundausbildung, fachwissenschaftliche und methodische sowie Ausbildung in der Schulpraxis. Auch die E. erwerben in ihrer 3jährigen Ausbildung zusätzlich zu ihrer Befähigung für die Erziehungs- und Betreuungsarbeit in den Schulhorten, Kinderheimen usw. die Lehrbefähigung für die Unterstufe in 2 Fächern, die für den außerunterrichtlichen Bereich von Bedeutung sind, nämlich in den Fächer-Kombinationen Kunsterziehung und Musik, Werkunterricht und Körpererziehung sowie Schulgartenunterricht und Naturwissenschaften. Das Fernstudium für E. dauert drei Jahre. Ingenieurpädagogen, Ökonompädagogen und Medizinpädagogen werden in einem 3jährigen Direktstudium oder einem 4jährigen Fernstudium an den Instituten zur

Ausbildung von Ingenieurpädagogen, an dem Institut zur Ausbildung von Ökonompädagogen und an der Fachschule für Ökonomie des Gesundheits- und Sozialwesens für ihren Einsatz als Lehrkräfte in der berufspraktischen Ausbildung für sehr verschiedene Fachrichtungen ausgebildet.

4. Die Ausbildung der Lehrer auf Hochschulebene: Nach dem Staatsratsbeschluß (GBl. I, 1969, S. 5) über die Weiterführung der 3. Hochschulreform (von 1967) und die Entwicklung des Hochschulwesens bis 1975 ist die Ausbildung von Fach-L. eine strukturbestimmende Aufgabe der Universitäten und Hochschulen. Die Diplom-Fach-L. für den allgemeinbildenden Unterricht ab Klasse 5 werden an den Pädagogischen Hochschulen und Pädagogischen Instituten, aber auch an den Universitäten, an den Technischen Hochschulen und an einigen Hochschulen anderer Fachrichtungen in einem 4jährigen Direktstudium in 2 Fächern ausgebildet, deren Kombination zwar vielfältig, aber festgelegt ist; es ist in ein 2jähriges Grundstudium und ein 2jähriges Fachstudium untergliedert. Die Fachlehrerausbildung, die den Charakter eines „wissenschaftlich-produktiven Studiums" tragen soll, umfaßt die Grundlagen des Marxismus-Leninismus, Fachwissenschaften (Haupt- und Nebenfach), Erziehungswissenschaften (Pädagogik, Psychologie und Methodik), Einführung in die Logik und Wissenschaftstheorie oder Einführung in die Kybernetik und Datenverarbeitung, Erweiterung der Allgemeinbildung (Mathematik, Naturwissenschaften, Technik, Fremdsprachen), Sport und militärische Ausbildung bzw. Ausbildung in Zivilverteidigung. Auch in die Fachlehrerausbildung an den Hochschulen ist die unterrichtspraktische Ausbildung integriert. Für die Fachlehrer an den Erweiterten Oberschulen und an den Spezialschulen erfolgt keine besondere Ausbildung; über den Einsatz an diesen Schulen entscheidet vielmehr „aufgrund der politischen Haltung und der fachlichen Leistungen des Lehrers" der Kreis-Schulrat, wobei der Einsatz in der Regel erst nach Bewährung in den Klassen 5–10 der Oberschule erfolgt.

Diplom-Fach-L. werden auch im Fernstudium, und zwar ausschließlich an den Pädagogischen Hochschulen und Pädagogischen Instituten, ausgebildet; zum Fernstudium werden nur L. zugelassen, die in einem Fach eine Hochschulausbildung erworben haben und in einem weiteren Fach, für das sie nicht ausgebildet sind, unterrichten bzw. unterrichten sollen, sowie L. mit Fachschulabschluß, die jedoch mindestens 4 Jahre Unterrichtserfahrung in dem betreffenden Fach nachweisen und auch künftig in diesem Fach unterrichten. Daher wird im Fachlehrerfernstudium die Qualifikation nur für ein Fach erworben; das Fachlehrerfernstudium endet mit dem Erwerb der Lehrbefähigung für das betreffende Fach und mit dem akademischen Grad „Diplom-Lehrer"; es dauert je nach den Vorkenntnissen der Bewerber und dem studierten Fach zwischen 2 $\frac{1}{2}$ und 4 Jahren; die Teilnahme am Fernstudium erfolgt als Delegierung durch den Kreis-Schulrat bzw. den entsprechenden Dienstvorgesetzten. Die Diplom-Agrarpädagogen, Diplom-Ingenieurpädagogen, Diplom-

Ökonompädagogen und Diplom-Medizinpädagogen, die im berufstheoretischen Unterricht der Berufsschulen bzw. der Medizinischen Berufsschulen tätig sind, werden an bestimmten Universitäten und Hochschulen in einem 3jährigen Fernstudium ausgebildet. Dieses können vor allem solche Lehrkräfte aufnehmen, die hauptamtlich an einer Einrichtung der Berufsausbildung oder Aus- und Weiterbildung der Werktätigen tätig sind und den Nachweis einer der Studienrichtung entsprechenden abgeschlossenen Fachschulausbildung erbringen sowie über eine abgeschlossene pädagogische Ausbildung verfügen. Die Ausbildung von Diplom-Pädagogen, die als Lehrkräfte an Pädagogischen Schulen für Kindergärtnerinnen sowie als Direktoren von allgemeinbildenden Schulen und als leitende Kader der Volksbildung tätig sind, erfolgt als Direkt-, als Fern- und als kombiniertes Direkt- und Fernstudium an der Sektion Pädagogik der Humboldt-Universität Berlin, an der Pädagogischen Hochschule Erfurt/Mühlhausen und am Institut für Leitung und Organisation des Volksbildungswesens der Akademie der Pädagogischen Wissenschaften.

Die L. für die Sonderschulen werden in einem 2jährigen Zusatzstudium an der Sektion „Rehabilitationspädagogik" der Humboldt-Universität Berlin und der Sektion „Erziehungswissenschaft" der Martin-Luther-Universität Halle-Wittenberg (vormals Institut für Sonderschulwesen) ausgebildet; Voraussetzung für die Aufnahme des Sonderschul-Zusatzstudiums ist die mit Erfolg abgelegte Prüfung als L. (für die unteren Klassen) oder als Fach-L. der allgemeinbildenden oder berufsbildenden Schulen sowie eine erfolgreiche Vorbereitungszeit als L. an einer Sonderschule der gewählten Art von wenigstens einem Jahr; das Zusatzstudium der L. für Sonderschulen wird mit dem Staatsexamen als Sonderschul-L. abgeschlossen. Die Zusatzausbildung der E. für Internate oder Horte an Sonderschulen oder für Kinderheime und Jugendwerkhöfe für Hilfsschüler sowie die zusätzliche Ausbildung der Kindergärtnerinnen für die Vorschulteile an Sonderschulen erfolgt in 2jährigen Ausbildungsgängen an der Sektion „Rehabilitationspädagogik" der Humboldt-Universität Berlin; Voraussetzungen für die Zulassung zu der Zusatzausbildung sind die abgeschlossene pädagogische Grundausbildung als E. in Heimen oder Horten bzw. die staatliche Abschlußprüfung als Kindergärtnerin sowie eine erfolgreiche Vorbereitungszeit als E. im Internat oder Hort einer Sonderschule der gewählten Art oder als E. in einem Kinderheim oder in einem Jugendwerkhof für Hilfsschüler bzw. in einem Vorschulteil einer Sonderschule von wenigstens einem Jahr.

Die Ausbildung der Freundschaftspionierleiter schließlich, also der an den Schulen hauptamtlich tätigen Funktionäre des Jugendverbandes, erfolgt fachschulmäßig im Direktstudium an einigen Instituten für Lehrerbildung sowie im Fernstudium an der Zentralschule der Pionierorganisation in Droyßig bei Zeitz (mit dem Erwerb der Lehrbefähigung für die Unterstufe in einem Hauptfach und einem wahlweise-obligatorischen Fach); die Weiterbildung der Freundschaftspionierleiter erfolgt entweder in der Weiterbildung der L. in Kursen oder an den Außenstellen der Zentralschule der Pionierorganisation.

Zur Verwirklichung des Grundsatzes der Einheit von Theorie und Praxis bzw. einer praxisbezogenen L.-Ausbildung ist auch die unterrichtspraktische Ausbildung in die Gesamtausbildung an den Einrichtungen für die Ausbildung der L. und E. integriert; so werden während des gesamten Studiums zusammenhängende Berufspraktika durchgeführt, die mit der theoretischen Ausbildung eine Einheit bilden sollen und zusammen mit den Übungsschulen als wichtige Mittel gelten, die Studenten auf ihre künftige praktische Tätigkeit als L. und E. im Bildungssystem vorzubereiten. Die Ausbildung in der pädagogischen Praxis wird durchgeführt:

für Studentinnen der Pädagogischen Schulen für Kindergärtnerinnen als praktische pädagogische Tätigkeit in Verbindung mit den theoretischen Lehrveranstaltungen, Hospitationen in der ersten Klasse der Unterstufe, Hospitationen in einer Kinderkrippe, erstes Praktikum im Kindergarten mit hauswirtschaftlichem Praktikum, Praktikum in der Sommerferiengestaltung und zweites Praktikum im Kindergarten,

für Studenten an Instituten für L.-Bildung als praktische pädagogische Tätigkeit in Verbindung mit den theoretischen Lehrveranstaltungen, Einführungspraktikum, erstes Schulpraktikum, Praktikum in der Sommerferiengestaltung, Hospitationspraktikum im Kindergarten und schulpraktisches Semester in der Unterstufe der Oberschule sowie

für Studenten an Universitäten, Hochschulen und Pädagogischen Instituten als praktische pädagogische Tätigkeit in Verbindung mit den theoretischen Lehrveranstaltungen, Einführungspraktikum, Praktikum in der Sommerferiengestaltung und schulpraktisches Semester in der Oberstufe der Oberschule bzw. in Berufsschulen.

5. *Die obligatorische Weiterbildung:* Nach der Arbeitsordnung für pädagogische Kräfte der Volksbildung (GBl. II, 1962, S. 675) haben die L. und E. insbesondere die Pflicht, „sich im Prozeß der Arbeit, durch Selbststudium und in Kursen systematisch und zielstrebig weiterzubilden". Besonders im Zusammenhang mit der Erarbeitung und Einführung der neuen Lehrpläne (→ **Lehrplanreform**) und der neuen Aufgabenstellung für die staatsbürgerliche Erziehung (**Politisch-ideologische bzw. staatsbürgerliche → Erziehung**) sowie den damit verbundenen Aufgaben und Problemen erwies es sich als notwendig, die Weiterbildung der L. und E. sowohl in Übereinstimmung mit der Neuorientierung ihrer Ausbildung zu bringen als sie auch zu intensivieren und zu systematisieren.

Hauptmethode der Weiterbildung ist das Selbststudium auf der Grundlage der Weiterbildungsprogramme und der darin enthaltenen thematischen Orientierungen und Literaturangaben, das durch Studienhinweise, Beiträge in den Fachzeitschriften, Rundfunk- und Fernsehsendungen sowie Konsultationen unterstützt wird.

Die Weiterbildung der L. in Kursen erfolgt in Grund-, Fach- und Spezialkursen, ebenfalls auf der Grundlage verbindlicher Programme. Im Grundkurs werden aus-

gewählte Themen des Marxismus-Leninismus, der Pädagogik und der Psychologie behandelt. Der Fachkurs für die L. der unteren Klassen umfaßt fachwissenschaftliche und methodische Probleme aus 2 Unterrichtsfächern bzw. den Disziplinen des Deutschunterrichts.

Die Fachkurse für L. der Klassen 5–12 enthalten ausgewählte fachwissenschaftliche und didaktisch-methodische Themen eines Unterrichtsfaches. In den für einzelne Fächer und Disziplinen durchgeführten Spezialkursen werden ausgewählte Probleme aus einem eingegrenzten Wissenschaftsgebiet behandelt. Hierher gehören auch die Kurse zur Weiterbildung der Fremdsprachen- und der Sonderschul-L. Jeder L. muß im Verlauf von 4 Jahren am Grundkurs und an einem oder 2 Fachkursen teilnehmen. Die Grund-, Fach- und Spezialkurse finden in den Winter- und Sommerferien statt.

Die L. der Berufsschulen, die allgemeinbildenden Unterricht erteilen, absolvieren anstelle des Grundkurses die Lehrgänge Marxismus-Leninismus und Pädagogik-Psychologie im Rahmen der „zyklischen Weiterbildung der Kader der Berufsbildung", nehmen aber auch an den Fach- und Spezialkursen der Weiterbildung für L. der Oberschulen teil. Die L. der Berufsschulen, die berufstheoretischen Unterricht erteilen, nehmen ausschließlich an der zyklischen Weiterbildung der Kader der Berufsbildung in Form von Lehrgängen nach einheitlichen Programmen teil, die in der Regel innerhalb von 12 Monaten absolviert werden, so daß in einem maximal 4jährigen Turnus alle Kader der Berufsbildung weitergebildet werden. Diese zyklische Weiterbildung wird von den 15 Bezirkskabinetten für Weiterbildung der Kader der Berufsbildung angeleitet und unterstützt. Für die Gruppe der E., d. h. der Kindergärtnerinnen, der Horterzieher usw., gelten die gleichen Grundsätze und Formen sinngemäß; auch hier ist die Weiterbildung Pflicht und die Teilnahme an bestimmten Kursen im Verlaufe von 4 Jahren obligatorisch.

Alle L. und E. sollen sich aber auch ständig „im Prozeß der Arbeit" weiterbilden und zu diesem Zweck an verschiedenen Fachzirkeln und Veranstaltungen zum Erfahrungsaustausch teilnehmen; dabei werden die besten Erfahrungen verallgemeinert und in der Form von „Pädagogischen Lesungen" verbreitet und prämiiert. Das Zentralinstitut für Weiterbildung der L. und E. in Ludwigsfelde bei Berlin (Dir. Dr. R. Slomma) ist für die Ausarbeitung und Herausgabe von Programmen und Studienmaterialien verantwortlich und bestätigt die Programme für die Spezialkurse; außerdem führt es für ausgewählte Kader spezielle Schulungen und Qualifizierungsmaßnahmen durch. An der Weiterbildung der L. und E. sind auch die Institute für L.-Bildung sowie die Universitäten, die Hochschulen, die Fachschulen, die wissenschaftlichen Institutionen und Gesellschaften sowie betriebliche und gesellschaftliche Einrichtungen beteiligt, deren Maßnahmen zur Weiterbildung der L. und E. im jeweiligen Volkswirtschafts- und Haushaltsplan der betreffenden Einrichtung festgelegt bzw. in die Arbeitsplanung der Sektionen oder anderen Leitungsbereiche der Universitäten, Hoch- und Fachschulen aufgenommen werden. Eine besondere Stätte der L.-Weiterbildung ist das Haus des L. in Ost-Berlin; es führt nicht nur die systematische Weiterbildung der L., E. und Schulfunktionäre sowie die schulpolitische und pädagogisch-methodische Qualifizierung der Lehrkräfte durch, sondern hat auch die Aufgabe, als „Zentrum des geistig-kulturellen Lebens der pädagogischen Intelligenz und aller an der Erziehung und Bildung der jungen Generation beteiligten Bürger einschließlich der Lehrer-Studenten" sowie als bildungspolitisches Propaganda-Zentrum für West-Besucher zu wirken, und arbeitet eng mit der Pädagogischen Zentralbibliothek zusammen; ihm sind das pädagogische Neuererzentrum, das pädagogische Besucherzentrum und der Kuppelsaal (Kongreßhalle) zugeordnet.

Lehrerbildung: → **Lehrer und Erzieher.**

Lehrlingsausbildung: → **Einheitliches sozialistisches Bildungssystem**, XI; **Schüler und Lehrlinge.**

Lehrmittel: → **Unterrichtsmittel und programmierter Unterricht.**

Lehrplanreform: Kernstück jeder Bildungs- bzw. Schulreform ist nicht nur die strukturelle, sondern vor allem die intentional-inhaltliche Reform, also die L.; dies gilt besonders für das gesamte Bildungssystem der DDR. 1970 hatte in der DDR mit dem VII. Pädagogischen Kongreß ein bestimmter, für das Bildungswesen wichtiger Entwicklungsabschnitt im wesentlichen seinen Abschluß gefunden. Mit dem neuesten, umfangreichen Lehrplanwerk für die Vorschulerziehung, für die allgemeinbildenden Schulen, für die Berufsausbildung und für die Aus- und Weiterbildung der Lehrer und Erzieher sowie mit der neuen Aufgabenstellung für die staatsbürgerliche Erziehung (**Politisch-ideologische bzw. staatsbürgerliche** → **Erziehung**) waren die Ziele und Inhalte einer DDR-spezifischen, sozialistischen Bildungs- und Erziehungspolitik einschließlich der Grundlinien ihrer unterrichtlichen Verwirklichung für die nächste Zukunft festgelegt worden.

Nach Abschluß noch einiger Ergänzungen und Korrekturen der Lehrplanneugestaltung in den Jahren 1971 bis 1975 sehen die Bildungspolitiker und Pädagogen der DDR ihre vordringliche Aufgabe nunmehr darin, diese Ziele und Inhalte nach Möglichkeit in die Praxis umzusetzen. In den ersten Jahren der Entwicklung der allgemeinbildenden Schule in der SBZ bzw. DDR wurden nur wenig miteinander verbundene Lehrpläne erstellt, die von Jahr zu Jahr revidiert werden mußten, auch wenn bei den im Jahre 1951 veröffentlichten Lehrplänen rückblickend zuweilen von einem „Lehrplanwerk" gesprochen wird. Tatsächlich wurde jedoch erst 1959 das erste geschlossene Lehrplanwerk für die allgemeinbildende Schule vorgelegt, das dazu beitragen sollte, entsprechend dem Gesetz über die sozialistische Entwicklung des Schulwesens in der DDR vom 2. 12. 1959, die „sozialistische" Schule in der DDR endgültig zu etablieren.

Im Zusammenhang mit der Ausarbeitung und Verkündigung des Gesetzes über das einheitliche sozialistische Bildungssystem vom 25. 2. 1965 erfolgten dann auf der Grundlage des Lehrplanwerkes von 1959 in den folgenden Jahren die Erarbeitung und Einführung eines neuen Lehrplanwerkes, von dem die Schulpolitiker und Pädagogen erwarten, daß es die Schule in den Stand setzt, die ihr übertragene gesellschaftliche „Schrittmacherfunktion" durch die Schaffung des erforderlichen Bildungsvorlaufes zu erfüllen. Die neuen Lehrpläne legen demnach sowohl ein neues, mit den prognostisch ermittelten Anforderungen von Gesellschaft und Volkswirtschaft übereinstimmendes Persönlichkeitsziel als auch den Inhalt einer dementsprechenden schulischen Allgemeinbildung fest; dies wird jedoch als eine wesentliche Umgestaltung angesehen. Was die Umsetzung der neuen Lehrpläne in die Unterrichtswirklichkeit als die wichtigste schulpolitische und schulpädagogische Aufgabe der 70er Jahre angeht, so wird gefordert, Stabilität und Flexibilität in der Arbeit mit den neuen Lehrplänen miteinander zu verbinden. Dabei werden gewisse Unterschiede in der Auffassung der Schulpädagogen und der Bildungspolitiker deutlich. Während die Pädagogen das Schwergewicht auf die Flexibilität, und zwar als permanente Lehrplanrevision legen, zumindest aber für ein Gleichgewicht von Flexibilität und Stabilität eintreten, betonen die Bildungspolitiker stärker die Stabilität, d. h. die langfristige Gültigkeit der Lehrpläne.

Die Erarbeitung und Einführung der neugestalteten Lehrpläne für die allgemeinbildenden Schulen erfolgte
1. schulstufenweise, d. h. getrennt für die Klassen 1–4, für die Klassen 5–10 sowie für die Vorbereitungsklassen 9 und 10 und die Klassen 11 und 12,
2. in 2 Etappen, d. h. zunächst als präzisierte Lehrpläne, dann als neue Lehrpläne,
3. jahrgangsweise, d. h. die Lehrpläne wurden jeweils für eine Klasse in einem Jahr, für die nächstfolgende Klasse im nächstfolgenden Jahr usw. erarbeitet und eingeführt und
4. blockweise, d. h. so daß die präzisierten bzw. die neuen Lehrpläne eines Faches für mehrere Klassen oder für mehrere Fächer einer Klasse erarbeitet und eingeführt wurden.

Eine Reihe von Lehrplänen wurde jedoch außerhalb dieser Konzeption erarbeitet und eingeführt, vor allem diejenigen, deren Neugestaltung aufgrund einer mehr oder minder rigorosen Änderung der Grundkonzeption für das betreffende Unterrichtsfach zu einem anderen Zeitpunkt erfolgen mußte, als es dem vorgesehenen Gang der 2etappigen block-, jahrgangs- und schulstufenweisen Erarbeitung und Einführung entsprochen hätte. Das gilt z. B. für die Lehrpläne für den polytechnischen Unterricht der Klassen 7–10, die 1963/1964 aufgrund des Beschlusses über die Grundsätze der weiteren Systematisierung des polytechnischen Unterrichts erheblich umgestellt werden mußten und dann erneut 1966/1967, aufgrund des Beschlusses zur weiteren Entwicklung der berufsvorbereitenden polytechnischen Bildung in den 9. und 10. Klassen und der beruflichen Bildung an den Erweiterten Oberschulen, eine prinzipielle Umgestaltung erfuhren (→ **Polytechnische Bildung und polytechnischer Unterricht**). Dies gilt in ähnlicher Weise auch für die Lehrpläne der Fächer Mathematik und Staatsbürgerkunde. Während für die Klassen 1–4 die konzipierte Neugestaltung der Lehrpläne in 2 Etappen, nämlich zuerst als präzisierte Lehrpläne und dann als neue Lehrpläne, verwirklicht wurde, beschränkten sich die Erarbeitung und Einführung der neugestalteten Lehrpläne für die Klassen 5–12 im wesentlichen auf eine Etappe, und zwar mit der Begründung, daß die Neugestaltung dieser Lehrpläne – als präzisierte Lehrpläne – bereits nach denjenigen Grundsätzen erfolgt sei, die für die Gestaltung der neuen Lehrpläne maßgeblich waren. Damit wurden die präzisierten Lehrpläne (der 1. Etappe) ab Klasse 5 – von einigen Ausnahmen abgesehen – rein formal zu „neuen Lehrplänen" erhoben.

Als besonderes Charakteristikum der neugestalteten Lehrpläne wird hervorgehoben, daß mit der Strukturierung der Inhalte der Fachlehrpläne nicht nur nach fachlichen, sondern auch nach den politisch-ideologischen Leitlinien „die Potenzen des Unterrichtsstoffes für die politisch-ideologische Erziehung deutlicher herausgearbeitet" wurden. Damit genüge das neue Lehrplanwerk besser den gesellschaftlichen Anforderungen und Möglichkeiten der Zeit. Auf dem VIII. Parteitag der SED (1971) wies E. Honecker jedoch darauf hin, „daß die volle inhaltliche Ausgestaltung der Oberschule eine Aufgabe ist, deren Lösung mit der vollen Einführung der neuen Lehrpläne im Grunde erst in Angriff genommen worden ist".

Unbeschadet einer Reihe von Schwächen der inhaltlichen und strukturellen Gestaltung der neuen Lehrpläne muß jedoch festgestellt werden, daß mit der Erarbeitung und Einführung des neuen Lehrplanwerkes für die allgemeinbildenden Schulen in der DDR eine umfangreiche lehrplanreformerische Arbeit geleistet wurde, die beachtenswert ist; denn mit den neuen Lehrplänen – allein für die allgemeinbildenden Schulen handelt es sich um rund 150 neu geschaffene Einzellehrpläne – wurden jeweils auch die entsprechenden curricularen Nachfolgematerialien wie Schul- und Lehrbücher, Unterrichtshilfen für die Lehrer (→ **Unterrichtsmittel**) erarbeitet. Die damit erbrachte Leistung wird noch größer, wenn man berücksichtigt, daß in der gleichen Zeit für die Vorschulerziehung der „Bildungs- und Erziehungsplan für den Kindergarten", für den Schulhort der „Plan für die Bildung und Erziehung im Schulhort", vor allem aber für 307 Ausbildungsberufe, darunter 28 Grundberufe, die entsprechenden Rahmenausbildungsunterlagen, für die Aus- und Weiterbildung der Lehrer die mit den neu gestalteten Lehrplänen entsprechend abgestimmten Studien- und Weiterbildungsprogramme sowie jeweils dazu die entsprechenden Nachfolgematerialien vorgelegt wurden. Diese Leistung war nur durch eine große, konzentrierte kooperative Anstrengung aller beteiligten Kräfte möglich. Ob die Ergebnisse der Arbeit nach den neuen Lehrplänen auch den unternommenen Anstrengung entsprechen werden, ist noch nicht abzusehen. → **Einheitliches sozialistisches Bildungssystem.**

Lehrproduktion: → **Einheitliches sozialistisches Bildungssystem,** XI.

Leichtindustrie: Entsprechend der Industriezweigsystematik der DDR ab 1968 ein eigenständiger Industriebereich, der folgende Industriezweige umfaßt: Holzbearbeitende Industrie, Zellstoff- und → **Papierindustrie,** Polygraphische Industrie, Kulturwarenindustrie, Konfektionsindustrie, → **Leder-, Schuh- und Rauchwarenindustrie,** Glas- und feinkeramische Industrie. Die Textilindustrie bildet ab 1968 einen eigenständigen Industriebereich und fällt nicht mehr unter die L. Zentrales Anleitungs- und Kontrollorgan zur Planung und Leitung der L. ist das → **Ministerium für Leichtindustrie.**

Im Vergleich zu den anderen Industriebereichen werden in der L. die meisten Konsumgüter erzeugt. Zur L. gehörten 1973 3336 Betriebe (32,7 v. H. aller Industriebetriebe) mit insgesamt 503 277 Arbeitern und Angestellten (16,6 v. H. aller Arbeiter und Angestellten in der Industrie). Die L. ist mit 11,5 v. H. an der industriellen Bruttoproduktion beteiligt.

Kleinere und mittlere Betriebe dominieren in der L. Etwa 26 v. H. aller Betriebe der L. haben nur maximal 25 Arbeiter und Angestellte, etwa 44 v. H. 26–100 (1972). Von 1960 bis 1973 hat die L. ihre Bruttoproduktion um das 1,94fache steigern können (zum Vergleich: Steigerung der gesamten industriellen Bruttoproduktion im gleichen Zeitraum um das 2,17fache).

Leipziger Messe: Die LM. ist mit ihrer über 800jährigen Tradition (Gründung 1165) die älteste Messe der Welt. Sie gehört heute nach der Zahl der Aussteller und Größe der Ausstellungsfläche zu den bedeutendsten internationalen Messen. Sie findet jährlich zweimal, im Frühjahr und im Herbst, statt. Schwerpunkte sind dabei zur Frühjahrsmesse: die Branchen Werkzeugmaschinen, Elektrotechnik, Elektronik, Informationstechnik und wissenschaftlicher Gerätebau, Metallurgie, Schwermaschinen- und Anlagenbau sowie Land- und Nahrungsgütertechnik. Zur Herbstmesse stehen im Vordergrund: Chemie und Chemieanlagen, Textilmaschinen, Straßenfahrzeuge, Freizeitgestaltung und Sportartikel sowie Unterrichtsmittel, Ausstattungen und Möbel für Bildungseinrichtungen. Auf beiden LM. werden in den Konsumgüterbranchen Textilien und Bekleidung, Nahrungs- und Genußmittel, Glas und Keramik sowie Leichtchemie und – zur Frühjahrsmesse – Bücher besonders gefördert. An der Veränderung der Ausstellungsfläche und der Zahl der Aussteller läßt sich die Entwicklung der LM. erkennen (Tabelle Seite 522).

Die 1970 zu beobachtende Verringerung der Ausstellungsfläche und die Abnahme der Ausstellerzahlen ab 1969/70 haben ihren Grund vor allem in der seit 1969 vorgenommenen schwerpunktmäßigen Aufteilung der Hauptbranchen auf Frühjahrs- und Herbstmessen mit einer Verschiebung zugunsten der Herbstmesse.

Von östlicher Seite wird die Bedeutung der LM. für die „Förderung des wissenschaftlich-technischen Leistungsvergleiches" sowie für den „völkerverbindenden Handel", insbesondere den Ost-West-Handel (→ **Außenwirtschaft und Außenhandel**), hervorgehoben. Seit 1963 werden die besten technischen Erzeugnisse und

Entwicklung der Frühjahrsmesse (z. T. gerundete Zahlen)

Jahr	1946	1955	1967	1970	1971	1973
Ausstellungsfläche (1000 qm)	26	258	355	350	350	350
Aussteller	2771	9767	10659	9814	ca. 9500	ca. 9250
darunter:						
DDR	2232	7009	4316	ca. 4300	ca. 4200	ca. 4000
Bundesrepublik Deutschland und Berlin (West)	538	1662	1290	980	860	830
Sozialist. Länder	1	99	2317	ca. 2000	ca. 2000	2198
Kapitalist. Länder (ohne Bundesrepublik)	–	997	2028	ca. 2800	ca. 2500	ca. 2200
Besucher (in 1000)	172	558	656	ca. 600	ca. 500	ca. 500

Konsumgüter mit Goldmedaillen und Diplomen ausgezeichnet. Andererseits ist nicht zu verkennen, daß die tatsächliche wirtschaftliche Bedeutung der LM. kaum an den gemeldeten Abschlußzahlen abgelesen werden kann, da es sich vielfach nicht um echte Vertragsabschlüsse handelt. Bereits ausgehandelte Verträge werden oft nur im Rahmen der Messe unterzeichnet. Die mit den sozialistischen Ländern getätigten Umsätze sind in der Regel ohnehin planmäßig gebunden. Zusätzliche echte Abschlüsse außerhalb der Planung lassen sich nicht abgrenzen, da nicht zu überprüfen ist, inwieweit die DDR die erforderlichen Reserven für zusätzliche Leistungen freimachen kann.

Ursprünglich lag die Bedeutung der LM. nicht allein auf wirtschaftlichem, sondern eher auf politischem Gebiet. So ging es dem Ministerrat der DDR darum, ihrer Bevölkerung und den Besuchern die Erfolge sozialistischen Wirtschaftens vor Augen zu führen. Vor allem aber sah die Partei- und Staatsführung die LM. ähnlich wie die zielstrebig von der DDR besuchten westlichen Messen und Ausstellungen (s. u.) als geeignete Plattform zur Propagierung ihrer außen- und deutschlandpolitischen Zielvorstellungen an.

Mit Beginn der vor allem von der Seite der Bundesrepublik Deutschland aus betriebenen Entspannungspolitik Anfang der 70er Jahre, besonders aber nach Abschluß des Grundlagenvertrages und dem Einsetzen der „Anerkennungswelle", nahm der politische Charakter der LM. ab. An seine Stelle trat eine mehr von wirtschaftlich-rationalen Gesichtspunkten geprägte Atmosphäre. So wurde z. B. die Leipziger Herbstmesse 1973 als betont unpolitische Veranstaltung bezeichnet, nicht zuletzt, weil auf ihrer Eröffnungsfeier erstmals Parteiprominenz fehlte.

Andererseits ist die weitgehende Ignorierung der Bundesrepublik Deutschland, die immerhin der größte westliche Aussteller ist, in der Messeberichterstattung beibehalten worden, obwohl auch hier Auflockerungstendenzen spürbar sind. Trotz der abnehmenden Beteiligung von Ausstellern aus der Bundesrepublik auf der Frühjahrsmesse 1974 (um ca. 30 auf 800 Aussteller) wurde von Messeamtsdirektor Wonsack die gute Beteiligung westdeutscher Firmen unter Nennung einiger repräsentativer Firmennamen angesprochen.

Einer Versachlichung der Messeatmosphäre dient die Maßnahme der Messeleitung, bestimmte Angebotsbereiche aus den Nationenständen herauszunehmen und sie Fachgruppen, für die eigene Serviceeinrichtungen geschaffen wurden, zuzuordnen.

Folgende Fachgruppen wurden bislang gebildet: Glasmaschinen, textile Flächenbildung, konfektionierte Oberkleidung, Sondermaschinen (innerhalb des Werkzeugmaschinenbaues), Verpackungsmaschinen.

Jedoch nicht nur im organisatorischen, sondern auch im Bereich des Handels sind Wandlungen eingetreten. Waren ursprünglich die Aussteller vor allem aus kapitalistischen Ländern auf den Markt der DDR orientiert, ist seit 1973 zu beobachten, daß die Messen zunehmend als Drehscheibe des Ost-West-Handels fungieren. Bei einer Umfrage 1973 erklärten 78 v. H. der Befragten (aus kapitalistischen Ländern), sie orientierten sich auf den DDR-Markt. Bei der Leipziger Frühjahrsmesse 1974 waren es nur noch 70 v. H. Demgemäß benutzten 30 v. H. die Messe, um Verbindungen mit anderen östlichen Volkswirtschaften aufzunehmen bzw. zu pflegen. Die organisatorische Leitung liegt in den Händen des LM.-Amtes. Es hat für die Konzipierung, Vorbereitung und Durchführung der LM. zu sorgen. Leitungsmäßig ist es an die Weisungen der → **Kammer für Außenhandel** bzw. des → **Ministeriums für Außenhandel** gebunden. Hauptaufgaben des Amtes: Gesamtgestaltung der LM.; Anwerbung und Auswahl der Aussteller → **Werbung** von Einkäufern; Organisation der Dienstleistungen für Aussteller und Besucher; Organisation des wissenschaftlich-technischen Programms; Herausgabe von Publikationen („Leipziger Messe-Journal", „Wer liefert was?", „MM-Informationen") und Presseinformationen. Das Amt hat seinen Sitz in Leipzig unterhält Zweigstellen in Berlin (Ost) und im Ausland.

Die Messeaktivitäten der DDR beschränken sich nicht nur auf die LM. Besonders seit Mitte der 60er Jahre zeigt die DDR im Zuge ihrer verstärkten Westhandelsorientierung ein wachsendes Interesse an Messe- und Ausstellungsbeteiligungen in westlichen Industrieländern. Wurden 1963 lediglich 24 Messen und Fachausstellungen – davon 8 Kollektivbeteiligungen von Außenhandelsbetrieben und 16 Einzelbeteiligungen – in kapitalistischen Ländern besucht, waren es 1964 schon 56 Beteiligungen (11 Kollektiv-, 45 Einzelbeteiligungen der AHB). Bis 1972 hat sich diese Zahl mit 103 Beteiligungen nahezu verdoppelt. Allerdings nahmen die Kollektivbeteiligungen (6) zugunsten der Einzelbeteiligungen (97) ab.

Mehr noch als die Zahl der Beteiligungen erhöhte sich der Umfang der belegten Ausstellungsfläche. Im Jahr 1963 wurden noch 7170 qm, 1972 jedoch schon ca. 32 500 qm Fläche in Anspruch genommen.

Regionale Schwerpunkte der Messe- und Ausstellungstätigkeit der DDR in den westlichen Industrieländern sind die Bundesrepublik Deutschland mit 31 (Zahlen 1972), Frankreich und Italien mit je 12, Schweden mit 11 und Österreich mit 8 Einzelbeteiligungen von Außenhandelsbetrieben. Diese Länder zählen gleichzeitig zu den größten westlichen Handelspartnern der DDR.

Leistungsfonds: Seit Juli 1972 bilden die Mehrzahl der Betriebe einen neuen finanziellen → **Fonds**. Dieser L. (GBl. II, 1972, S. 467 und GBl. I, 1974, S. 66), zu verstehen als Ersparnisfonds, dient im System der → **wirtschaftlichen Rechnungsführung** einerseits als zusätzliche Meßfunktion für die Betriebsleistung und übernimmt andererseits auch eine ergänzende kollektive Stimulierungsfunktion. Die Unzulänglichkeiten der Hauptkennziffer → **Gewinn** sind ein wichtiger Grund für seine Einführung. Der hohe Stellenwert des betrieblichen Gewinns als entscheidender Anreiz, Leistungsmaßstab und Bezugsbasis für die Bildung des → **Prämienfonds** war ein wichtiges Element der Wirtschaftsreform seit 1963. Praktische Erfahrungen zeigten jedoch bald, daß die betriebswirtschaftlichen Anreize des Gewinns keineswegs immer mit den gesamtwirtschaftlichen Zielen harmonierten und daher sowohl weitere Kriterien der betrieblichen Leistungsbeurteilung als auch spezifisch wirkende wirtschaftliche Anreize notwendig wurden.

Der Geltungsbereich des L. umfaßt „die volkseigenen Produktions- und Baubetriebe", einschließlich Betriebe der Kombinate im Bereich der → **Industrieministerien**, des → **Staatssekretariats für Geologie**, des → **Ministeriums für Bauwesen** und der Wirtschaftsräte der → **Bezirke** (soweit sie nach der wirtschaftlichen Rechnungsführung arbeiten); im Bereich der → **Ministerien für Land-, Forst- und Nahrungsgüterwirtschaft**, für **Verkehrswesen** und **Handel und Versorgung** wird jedoch der L. nur in dafür gesondert festgelegten Betrieben eingeführt. Er soll insbesondere das Interesse der Betriebsbelegschaft an einer Verbesserung der Arbeits- und Lebensbedingungen stimulieren und den → **Sozialistischen Wettbewerb** und insbesondere hohe Zielsetzungen im Gegenplan fördern.

Bezugsbasis des L. sind 3 wichtige, bereits seit Lenin immer wieder hervorgehobene Kriterien: 1. die Steigerung der → **Arbeitsproduktivität**, 2. die Senkung der → **Selbstkosten** und 3. die Erhöhung der → **Qualität der Erzeugnisse**. Generell wird ein zentral geregelter, prozentual festgelegter, finanzieller Anteil, der sich aus der Gesamtsumme an Überschreitung oder Unterbietung dieser Kriterien im Betrieb ergibt, dem Fonds aus dem betrieblichen Nettogewinn zugeführt. Dabei gilt der gleiche Grundsatz wie beim Prinzip der Eigenerwirt-

schaftung der Mittel: Freiwillige Überbietung der **staatlichen** → **Planauflage** durch den Betrieb (also bereits in der Phase der Planausarbeitung) wird höher belohnt als nachträgliche Planübererfüllung oder zusätzliche Einsparung.

Im Vergleich zu anderen Fonds wird der Zuführung zum L., neben dem Prämienfonds, ein hoher Prioritätsgrad zugebilligt. Voraussetzung ist jedoch eine volle Erfüllung der Nettogewinnabführung an den Staat. Die Abrechnung des L. erfolgt vierteljährlich. Prämien dürfen aus dem L. nicht gezahlt werden. Er ist auf das Folgejahr übertragbar.

Die Verwendung der Mittel für: 1. die „Verbesserung der Arbeits- und Lebensbedingungen der Werktätigen" (Versorgung und Betreuung der Schichtarbeiter, soziale und kulturelle Betreuung, Zuschüsse für den Bau von Arbeitereigenheimen usw.), 2. betriebliche Maßnahmen der → **Rationalisierung**, jedoch ohne im Plan bilanzierte Baukapazität zu beanspruchen, 3. „zentrale Maßnahmen" des → **FDGB**, „vor allem zur Schaffung von Urlaubsdörfern und Erholungsstätten" und 4. zusätzliche → **Investitionen**, aber ebenfalls nicht aus planmäßigen Mitteln, sondern nur „durch Mobilisierung von Reserven", hat im Einverständnis mit der Betriebsgewerkschaftsleitung zu erfolgen.

Durch den L. werden die Regelungen über die Bildung und Verwendung des Prämienfonds und speziell des → **Kultur- und Sozialfonds** im Betrieb nicht berührt, obwohl der letztere von der Verwendung her die gleichen Ziele verfolgt.

Von Bedeutung neben der → **materiellen Interessiertheit** im Sinne eines kollektiven ökonomischen Hebels ist der psychologische Anreiz, der die Planübererfüllung am Arbeitsplatz, nachweisbar in gesonderten Daten im Haushaltsbuch, mit bestimmten sozialen Projekten für die Belegschaft gezielt verbindet. Mit der Einführung des L. werden außerdem mehrere Nebenziele verfolgt, die durch andere Maßnahmen bisher nur unzulänglich erreicht werden konnten. Dazu zählt einerseits die generelle Verbesserung der vielfach vernachlässigten betrieblichen Kostenrechnung, vor allem für einen zeitlich raschen Soll-Ist-Vergleich, sowie andererseits der verstärkte Druck zur umfassenden Ausarbeitung und Verwendung von Kostennormativen. Ferner ist der überaus wichtige Kontrollaspekt sowohl für die betriebliche Leitungshierarchie als auch für Banken und andere außerbetriebliche Kontrollinstanzen von Bedeutung.

Darüber hinaus richtet sich die Einführung des L. auch gegen ein einseitiges Interesse an einer mengenmäßigen Planerfüllung und -übererfüllung der Betriebe. Ein wesentliches Ziel des L. ist fraglos die Überwindung der „weichen Pläne" (→ **Planung**). Die Analyse der vielfältigen Funktionen des L. zeigt ein breit angelegtes Spektrum unterschiedlicher Impulse, die zum Teil allerdings bereits mit der Hauptkennziffer Gewinn erreicht werden sollten.

In der DDR wurde aus der Wirtschaftspraxis eine Reihe kritischer Einwände gegen die Regelung des L. laut. Z. B. sind infolge der zentralen Festlegung von wenigen wichtigen Rohstoffen und Materialien, deren Einsparung für die Berechnung des L. relevant ist, solche Betriebe und Abteilungen benachteiligt, die damit wenig oder gar nichts zu tun haben. Auch die → **Qualität der Erzeugnisse** und ihre Kontrolle, vor allem die Frage der exakten Qualitätsbemessung, erweist sich für die Berechnung als problematisch. Die Einführung des Gegenplans läßt darauf schließen, daß das Ergebnis des L. nicht den Erwartungen der Wirtschaftsführung der DDR entspricht.

Mit Wirkung vom 1. 1. 1976 (sowie bereits für die Zeit der Ausarbeitung des Volkswirtschaftsplans 1976) tritt eine in einer Reihe von Punkten geänderte Regelung über die Planung, Bildung und Verwendung des L. in Kraft (GBl. I, 1975, S. 416).

Leistungslohn: → **Lohnformen und Lohnsystem.**

Leistungsprinzip: Nach dem L. soll die Entlohnung ausschließlich nach der Leistung erfolgen. § 39, Abs. 3 Satz 1 und 2 des → **Gesetzbuches der Arbeit** bestimmt: „Für die Arbeit und den Lohn der Werktätigen gilt das sozialistische Grundprinzip ‚jeder nach seinen Fähigkeiten, jedem nach seiner Leistung'. Der Arbeitslohn wird nach dem ökonomischen Gesetz der Verteilung nach der Arbeitsleistung festgesetzt." Das L. ist wichtigstes Instrument zur Steigerung der → **Arbeitsproduktivität.** → **Lohnformen und Lohnsystem.**

Leistungsvergleich: → **Sozialistischer Wettbewerb.**

Leistungsverordnung: Nach der VO über die Inanspruchnahme von Leistungen im Interesse der Verteidigung und des Schutzes der Deutschen Demokratischen Republik vom 16. 8. 1963 (GBl. II, S. 667) sind „zur Vorbereitung und Sicherstellung der Verteidigung der DDR" auf Anforderung der zuständigen staatlichen Organe Sach- und Dienstleistungen zu erbringen, Grundstücke zur Verfügung zu stellen oder den bewaffneten Organen Unterkunft zu gewähren. Eine Entschädigungsverordnung zum Verteidigungsgesetz vom 16. 8. 1963 (GBl. II, S. 674) sieht für Aufwendungen und Vermögensnachteile, die im Zusammenhang mit Dienst- oder Sachleistungen entstehen, bestimmte Entschädigungen vor, deren Höhe sich nach dem Zeitwert oder nach preisrechtlichen Bestimmungen richtet. Im Interesse der Verteidigung können Grundstücke aller Eigentumsformen (→ **Eigentum**) in Anspruch genommen werden. Nichtvolkseigene Grundstücke sind durch Kauf oder Tausch oder im Wege der → **Enteignung** in Volkseigentum zu überführen (→ **Notstandsgesetzgebung**).

Leitbetrieb: → **Betriebsformen und Kooperation.**

Leitungssystem: → **Wirtschaft.**

Leitungswissenschaft, sozialistische: Die SL. versteht „Leitung" als ein gesellschaftliches Verhältnis, das notwendig für die Verwirklichung von zweckbestimmtem Verhalten von Menschen ist. SL. heißt in der DDR: Führung von → **Kollektiven** und Erziehung von Menschen mit dem Ziel, die aus den „objektiven Gesetzmäßigkeiten" der gesellschaftlichen Entwicklung abgeleiteten Erfordernisse in bewußtes Handeln der Menschen

in den einzelnen Bereichen der gesamtgesellschaftlichen Reproduktion umzusetzen. Dieser Vorgang wird sowohl als Erziehungsprozeß zur Heranbildung sozialistischer Persönlichkeiten als auch als umfassender Prozeß aller gesellschaftlichen Aktivitäten auf ein bestimmtes jeweils zu erreichendes Ziel begriffen.

Die SL. hat in diesem Verständnis nicht den Charakter einer eigenständigen Wissenschaft, da sie auf dem → **Marxismus-Leninismus**, als der Wissenschaft von der sozialistisch organisierten Gesellschaft, beruht. Sie soll sowohl deren Erkenntnisse, wie die der → **Kybernetik**, Systemtheorie, der → **Soziologie**, der → **Sozialpsychologie**, der Pädagogik, der naturwissenschaftlichen Arbeits- und Wirtschafts- sowie der Staats- und Rechtswissenschaften nutzen, auf dort entwickelte Methoden und Instrumente zurückgreifen und entsprechend den spezifischen Leitungsbedingungen der einzelnen Bereiche Wirtschaft, Kultur, Militärwesen, staatliche Leitung – auf der Grundlage des → **demokratischen Zentralismus** – die Formen der Leitungsorganisation, der Informations- und Entscheidungsprozesse, den Arbeitsstil und die Einbeziehung der Bürger in die Leitungstätigkeit entsprechend ihrer gesellschaftlichen Stellung entwickeln und verbessern. Ihre wissenschaftliche Grundlage, die Unterschiedlichkeit der Ziele ihrer Anwendung und die politische Bestimmung werden als Maßstäbe der Abgrenzung zur Managementtheorie z. B. im Bereich der Wirtschaftsleitung verstanden, auch wenn Ähnlichkeiten oder Gleichheiten organisatorischer und formaler Art bestehen. Der politisch definierte Charakter der Leitungstätigkeit wird durch die Grundsätze sozialistischen Leitens betont. Diese Grundsätze verlangen vom sozialistischen Leiter einen „festen Klassenstandpunkt" in allen Fragen, Festigung des sozialistischen Staats- und Gesellschaftsordnung, effektive Nutzung, Vermehrung und Schutz des sozialistischen → **Eigentums.** → **Sozialistische Wirtschaftsführung; Organisationswissenschaft.**

Leninismus: → **Marxismus-Leninismus.**

Leopoldina: → **Deutsche Akademie der Naturforscher Leopoldina zu Halle/Saale.**

Lesezirkel: Ein Tauschleihverkehr mit Wochen- und Monatszeitschriften, teilweise auch mit Büchern und Musikalien, wird von der Deutschen Post betrieben (→ **Post- und Fernmeldewesen**). Die Abonnenten erhalten gegen Zahlung einer je nach dem Alter des Lesematerials gestaffelten Mietgebühr eine Auswahl von → **Zeitschriften**, die regelmäßig ausgewechselt werden.

Liberal-Demokratische Partei Deutschlands: → **LDPD.**

Liberman-Diskussion: Bezeichnung für die durch einen Aufsatz des sowjetischen Wirtschaftswissenschaftlers Liberman im September 1962 ausgelöste Diskussion über eine Reform des betrieblichen Planungssystems. Die Diskussion wurde bald darauf auch in der DDR aufgenommen. Liberman argumentierte, daß zur Steigerung der Produktivität der Wirtschaft eine größere Freiheit der Betriebe notwendig sei. Die zentrale Planung solle sich auf die Festsetzung weniger Daten beschränken, um die Dispositionsfähigkeit der Betriebe zu erhöhen. Als Maßstab für die Beurteilung der betrieblichen Leistung schlug er eine Gewinn- bzw. Rentabilitätskennziffer vor, deren Erfüllung als Grundlage für die Gewährung von Prämien an die Belegschaft dienen sollte. Diese Konzeption, die Liberman in den Schlagworten „Schluß mit der kleinlichen Bevormundung der Betriebe durch administrative Maßnahmen!" und „Was der Gesellschaft nützt, muß auch jedem Betrieb nützlich sein!" zusammenfaßte, berührt den Bereich der volkswirtschaftlichen Gesamtplanung nur indirekt. Sie konzentriert sich vielmehr auf die Beseitigung der Schwierigkeiten, die zwischen den Betrieben und den ihnen direkt übergeordneten wirtschaftsleitenden Organen existierten.

Die Reaktion in der DDR beschränkte sich zunächst auf die kommentarlose Wiedergabe der sowjetischen Diskussion. Nach dem 17. Plenum des ZK der SED im Oktober 1962, auf dem Ulbricht auf die Notwendigkeit einer Reform des Wirtschaftssystems hingewiesen hatte, erschienen in der Wirtschaftspresse der DDR die ersten relativ zurückhaltenden Stellungnahmen, in denen die Vorschläge Libermans im Prinzip anerkannt, der „Gewinn" als Hauptkennziffer aber abgelehnt wurde. Auf dem VI. Parteitag der SED (15.–21. 1. 1963) unterbreitete Ulbricht Vorschläge für eine Reform des Wirtschaftssystems, die u. a. Einflüsse des von Liberman entwickelten Konzeptes erkennen ließen. Nach ersten Reformexperimenten in 10 VEB und in 4 VVB wurde

Ende Juni 1963 auf einer gemeinsamen Wirtschaftskonferenz des ZK der SED und des Ministerrates deutlich, daß die DDR über die in der UdSSR durchgeführten Reformen hinauszugehen bereit war. Am 11. 7. 1963 wurde das Reformkonzept durch den Beschluß des Ministerrats über die Richtlinie für das Neue Ökonomische System der Planung und Leitung der Volkswirtschaft gesetzlich verankert. → **Phasen der Wirtschaftspolitik seit 1963.**

Liegenschaftsdienst: → **Freiwillige Gerichtsbarkeit.**

Liga für Völkerfreundschaft: → **Freundschaftsgesellschaften.**

Linie: Die von der Parteiführung festgelegte „Strategie und Taktik" zur Erreichung bestimmter Ziele. → **Abweichungen** von der jeweiligen L. werden als Verstöße gegen die → **Parteidisziplin** bestraft. Eine General-L. ist für alle kommunistischen Parteien des Ostblocks verbindlich (**Proletarischer** → **Internationalismus**). Den einzelnen nationalen Parteien wird jedoch von der Sowjetunion die Möglichkeit zugestanden, bei der Verwirklichung der General-L. die Gegebenheiten ihres Landes zu berücksichtigen und eine eigene L. auszuarbeiten. Diese L. wird zur Zeit in der DDR mit den Worten „Aufbau der entwickelten sozialistischen Gesellschaft" umrissen.

Literatur-Institut: → **Institut für Literatur „J. R. Becher".**

Literatur und Literaturpolitik

Gesellschaftliche Funktion der Schönen Literatur – Sozialistischer Realismus – Organisationsformen – Phasen der Literaturpolitik – Funktionswandel – Emanzipation der Literatur – Die Schöne Literatur in der DDR

I. Die gesellschaftliche Funktion der Schönen Literatur

Nach Marx und Engels sollte im Kommunismus zwar der gesamte ökonomische Produktions- und Distributionsprozeß gesellschaftlich geregelt werden, dem einzelnen aber überlassen bleiben, „heute dies, morgen jenes zu tun" („Deutsche Ideologie"). Die Künste wurden „nicht zur allgemeinen Produktion" gezählt. Marx schlug sie zur „freien geistigen Produktion" („Theorien über den Mehrwert"), für die in der Gesellschaft die „Freiheit der Sphäre" erforderlich sei („Debatten über die Pressefreiheit"). Er nannte die Künste „ontologische Wesensbejahungen" („Ökonomisch-philosophische Manuskripte"). Eine Indienstnahme der Künste für bestimmte gesellschaftliche Interessen war für Marx und Engels undenkbar, weil sie die L. nicht den Klassen, sondern den Nationen zuordneten („Kommunistisches Manifest"). Eine solche Funktionszuweisung strebten sie auch in der Praxis nicht an. Ihr Umgang mit zeit-

genössischen Belletristen zeigt: Im Fall Heine – Dichter müsse man ihre eigenen Wege gehen lassen; im Fall Freiligrath – Parteinahme solle allenfalls in großem historischen Sinn erfolgen; im Fall Lassalle – der Dramatiker habe Individuen, nicht Sprachröhren des Zeitgeistes zu schaffen, im Fall Harkness – lieber typische Charaktere unter typischen Umständen bilden, als sich von sozialen und politischen Anschauungen treiben zu lassen.

Wie Marx und Engels bei der Kunstproduktion strenge Maßstäbe anlegten (Engels an Lassalle), so forderten sie beim Kunstgenuß höchste Anstrengung („Ökonomisch-Philosophische Manuskripte"). Daß geistige Produktion als Teil des Überbaus der Basis folge (Vorwort „Zur Kritik der politischen Ökonomie"), ist in der gegenwärtigen marxistischen Diskussion umstritten, weil Marx und Engels die Vermittlungen selbst nicht nachgewiesen haben; außerdem ist es zweifelhaft, ob die Metapher für sie selbst heuristisch war. Unbestreitbar ist, daß sie für Marx und Engels ein Erklärungsversuch vielschichtiger Erscheinungen ex post war und kein administrativer Leitsatz, daß L., ist sie als Überbauelement auf eine Basis reduzierbar, auch bereits bei ihrer Entstehung den Prozessen der ökonomischen Basis folgen müsse. Würde L. so entstehen, könnte sie nur „Massenvorurteile der Zeit" ausdrücken, die Engels (zu Schlüter) der Revolutionspoesie anlastete. Dichter sollten sehen – wie Balzac: über die Zeit hinaus, ohne Rücksicht auf politisches Engagement (Engels an Harkness).

Nach dem Tod von Marx und Engels galt es im marxistischen Spektrum zwei wesentliche Probleme zwischen Kunst und Gesellschaft nach einer sozialistischen Revolution zu lösen: die Massen an die L. (wie an andere Künste) heranzuführen und Künstler und Schriftsteller materiell abzusichern. Das erste war eine pädagogische, das zweite eine distributive Frage. So wurden diese Probleme noch in der Sowjetunion zwischen 1917 und 1927 gesehen, obgleich der Begriff der gesellschaftlich zu regelnden Produktion weiter gefaßt wurde, als Marx und Engels es auch unter der Diktatur des → **Proletariats** recht gewesen wäre. Lenin fügte den pädagogischen und distributiven Aspekten noch einen etatistischen Aspekt bei, indem er (zu Zetkin) sagte, der Sowjetstaat müsse, im Gegensatz zum Zarismus, die Künstler auch schützen. Die Sowjet-L. konnte sich in dieser Periode in verschiedene ästhetisch und politisch-inhaltliche Richtungen entfalten.

Die gesellschaftliche Funktionsbestimmung der L. wurde erst bedeutsam, als, seit 1927 in der Periode der Herausbildung einer totalitären Diktatur, die gesamte Produktion gesellschaftlich geregelt werden sollte. Stalin nannte dies den großen „Umschwung"; dieser Begriff meinte von 1932 an, die führende Rolle der Partei, wie in allen anderen Bereichen, so auch in der L. uneingeschränkt durchzusetzen. 1934 gingen ihre verschiedenen literarischen Richtungen in einem einheitlichen Schriftstellerverband auf, der als Transmissionsriemen zwischen der Parteiführung und den Schriftstellern diente. Die Schriftsteller wurden angewiesen, für die politische Erziehung der Massen und für den Aufbau des Sozialismus zu wirken. Sie sollten Partei ergreifen, nicht, wie bei Marx, nur in großem historischem Sinn, sondern bei der Erfüllung einzelner konkreter Planziele und der Durchsetzung von Arbeitsdisziplin in einzelnen Betrieben. Die L. hatte jeder von der Partei als wesentlich erklärten Bewegung der Basis zu folgen. Schriftsteller, die sich widersetzten, wurden nicht mehr gedruckt, mehrere verschwanden in Arbeitslagern, wo sie umkamen oder als Spione erschossen wurden. Schriftsteller, die die gesellschaftlichen Aufträge ausführten, wurden großzügig gefördert.

Dieser Einbau der Literatur in die gesamtgesellschaftliche Planung versagte im Krieg. Die Schaffensbedingungen wurden gelockert, und es erschienen wieder Werke, die als schädlich gegolten hatten. 1946 wurde trotzdem der disqualifizierte Zustand wieder hergestellt. Er ist in dieser Form auf die DDR (wie auf jedes sozialistische Land im sowjetischen Einflußbereich) übertragen worden. Die Rekonstruktion verfiel seit 1950, als Stalin mit seiner Abhandlung über die Sprachwissenschaft eine neue Basis-Überbau-Diskussion eröffnete. Später be-

festigten nationale Emanzipationstendenzen den wiedergewonnenen Spielraum.

Die Literaturen gewannen wieder neue Vielfalt. Sie wurden aber offiziell aus ihrer gesellschaftlichen Funktion nicht entlassen. Es wurde ihnen jedoch das Recht zugestanden, daneben auch neue ästhetische Bedürfnisse zu befriedigen.

II. Der sozialistische Realismus als Konzept der führenden Rolle der Partei in der Literatur

Der sozialistische Realismus ist administrativen Ursprungs. Er ist im Frühjahr 1932 von I. Growskij, dem stellv. Chefredakteur der „Iwestija", als Begriff eingeführt, im Sommer 1932 von Stalin als Methode definiert und 1934 auf dem Gründungskongreß des Sowjetischen Schriftstellerverbandes von dem Leningrader Parteisekretär A. Shdanow kodifiziert worden. Seine Lehre bestand aus 5 Hauptaspekten. Der sozialistische Realismus:

1. trennt die Wahrheit von der objektiven Wirklichkeit und bindet sie zwecks politisch-pädagogischer Einwirkung an deren – jeweils von der Partei bestimmte – revolutionäre Veränderung;

2. reduziert die Sujetbreite vorwiegend auf die Arbeitswelt, um soziale, psychologische, erotische und mythologische Beziehungselemente auszuschalten, die das gewünschte Bild von der Wirklichkeit abweichend einfärben könnten;

3. verfügt über eine revolutionäre Romantik mit einem positiven Helden, um das kalkulierte Werk zu emotionalisieren;

4. separiert die sozialistische L. von der bürgerlichen „Verfallsliteratur";

5. läßt durch kritische Aneignung des klassischen Erbes von der Welt-L. nur ein Kompendium des Realismus gelten, in dem nur Werke zugelassen werden, die zugleich auch im Sinne der Partei als fortschrittlich gelten.

Diese zuletzt genannten beiden Abgrenzungen dienten dazu, politisch unerwünschte literarische Einflüße abzuschirmen, deren geschichtsphilosophische Etikette „Dekadenz", „Reaktion" und „Kosmopolitismus", deren literaturwissenschaftliche „Naturalismus" und „Formalismus" lauten.

So entstand eine L., die sich realistischen Kategorien entzog. Seit 1950 wurde ihr in der Sowjetunion auch offiziell Schematismus, Schwarz-Weiß-Malerei, Schönfärberei, Konfliktlosigkeit vorgeworfen. Stalins Nachfolger, G. Malenkow, brachte auf dem XIX. Parteitag der KPdSU 1952 die Engelssche Rede vom Typischen wieder zu Ansehen. Er forderte die Schriftsteller zur Kritik auf und versprach ihnen den Schutz des Sowjetstaates. Der Begriff des sozialistischen Realismus fand bei ihm keine Erwähnung mehr. Die gesellschaftliche Funktion der L. sollte nun eher in Gesellschaftskritik bestehen. Die Periode des „Tauwetters" setzte ein.

Unter Chruschtschow, der eine Erneuerung der

Führungsrolle der Partei in Staat und Gesellschaft und damit auch im literarischen Bereich durchzusetzen suchte, wurde verbal wieder auf den sozialistischen Realismus zurückgegriffen. Seine Wiederbelebung mißlang diesmal, weil zu viele Konzessionen gemacht werden mußten, um die L.-Doktrin der Partei zu retten. Die Annäherung an die Wirklichkeit, die Reproduktion des Privaten, und die weniger gefilterten Inspirationen aus der modernen und klassischen Welt-L. ließen in der Sowjet-L. wieder verschiedene Richtungen entstehen. Das Auf und Ab der Kulturpolitik Chruschtschows – von der Fortsetzung des Tauwetters durch Ermunterung zur Kritik bis zu seinem Ende – hatte seine Ursache in den Einbußen der Partei im Bereich der L. Auch Breshnews Rückgriffe auf konsequente Administration konnten Parteiraison nicht mehr erzwingen. Sie bewirkten im Gegenteil, daß sowjetische Schriftsteller begannen, vom Kommunismus abzufallen.

Das Schicksal des sozialistischen Realismus in der DDR verlief, mit Verzögerungen, ähnlich. Der Funktionswandel der L., den Malenkow inaugurierte, wurde integriert. B. Brecht versuchte seit 1954, mit der Adjektivkombination „sozialistisch-realistisch" der realistischen Komponente den Vorzug zu geben, indem er als Kriterium für sozialistischen Realismus die Frage vorschlug, ob ein Werk sozialistisch und realistisch sei („10 Thesen über sozialistischen Realismus").

Schließlich war die Doktrin des sozialistischen Realismus nur noch mit Eklektizismus zu retten („Zur Theorie des sozialistischen Realismus", hrsg. vom Institut für Gesellschaftswissenschaften beim ZK der SED, Berlin 1974). Es wurde alles subsumiert, wenn es nur „sozialistisch" ist. Bei zu krassen Gegensätzen zwischen Sozialismus und Realismus sind Werke „widersprüchlich", oder sie stehen – wie die Stücke von Peter Hacks – „der einheitlichen sozialistischen Kunstentwicklung in der DDR nicht entgegen" (ebenda S. 750). Im Fall Bobrowski zeigte sich, daß Werke, die nicht realistisch sind, auch nicht einmal unbedingt sozialistisch zu sein brauchen, um „vollends zu den Positionen des sozialistischen Realismus" vorzustoßen (ebenda S. 360). Vom sozialistischen Realismus als einer faßbaren L.-Theorie blieb allein die führende Rolle der Partei übrig.

III. Zur Organisierung der Schönen Literatur in der DDR

Zur Organisierung und Kontrolle der L. bedient sich die SED des → **Schriftstellerverbandes der DDR** als „Transmissionsriemen". Die literaturpolitischen Ziele der jeweiligen Etappen werden von den Schriftstellerkongressen in großen Zügen entworfen. Die Kongresse folgten damit aber den entsprechenden Weichenstellungen, die an anderen Orten vorgenommen wurden: anfangs auf Kulturbundkonferenzen, später zumeist auf Tagungen des ZK der SED. So wurden

der I. Schriftstellerkongreß vom 4.–8. 10. 1947 auf dem 1. Bundeskongreß des Kulturbundes vorbereitet,

der II. Schriftstellerkongreß vom 4.–6. 7. 1950 auf dem 2. Kongreß des Kulturbundes vom 25.–26. 11. 1949,

der III. Schriftstellerkongreß vom 22.–25. 5. 1952 auf dem 5. Plenum des ZK (nach dem III. Parteitag der SED) vom 15.–17. 3. 1951,

der IV. Schriftstellerkongreß vom 14.–18. 1. 1956 auf dem 24. Plenum des ZK vom 1. 6. 1955,

der V. Schriftstellerkongreß vom 25.–27. 5. 1961 auf der durch ZK-Mitglieder erweiterten Sitzung des Vorstandes des Schriftstellerverbandes am 25. 1. 1961,

der VI. Schriftstellerkongreß vom 28.–30. 5. 1969 auf dem 9. Plenum des ZK (nach dem VI. Parteitag der SED 1963) vom 22.–25. 10. 1968 und der VII. Schriftstellerkongreß vom 14.–16. 11. 1973 auf dem 9. Plenum des ZK (nach dem VIII. Parteitag der SED 1971) vom 28.–29. 5. 1973 vorbereitet.

Die Zeit zwischen den bestimmenden Konferenzen und den Schriftstellerkongressen, die durchschnittlich ein halbes Jahr betrug, diente der Einstimmung auf die neuen literaturpolitischen Ziele durch Diskussionen in der Presse und auf Sitzungen der Bezirksverbände. Aus den Debatten schälten sich die geeigneten Kandidaten für die Kongreßdebatten heraus. Die Vorbereitungen wurden so sorgfältig getroffen, daß sich auf den Kongressen bisher keine Überraschungen für die Partei ereigneten. Die Wirkungen der Kongresse waren begrenzt; es bedurfte oft flankierender Tagungen, um die führende Rolle der Partei zur Geltung zu bringen und durchzusetzen: 1957 der Kulturkonferenz des ZK der SED; 1959 der Bitterfelder Konferenz des Mitteldeutschen Verlages mit W. Ulbricht und Mitgliedern des ZK der SED; 1965 des 11. Plenums des ZK (nach dem V. Parteitag).

Die exekutiven Organe waren anfangs das Amt für L. und Verlagswesen, das vom 16. 8. 1951 bis zum 28. 6. 1956, und die Staatliche Kommission für Kunstangelegenheiten, die vom 31. 8. 1951 bis zum 7. 1. 1954 bestanden. Ihnen oblagen Zensur, Kontrolle und Korrektur der Entwicklung. Ihre Befugnisse wurden auf das Ministerium für Kultur übertragen (gegründet am 7. 1. 1954), das sukzessiv Entscheidungen in die Eigenverantwortlichkeit der Verlage delegierte. Dieser Prozeß bedeutete aber noch keine „Liberalisierung" der Kulturpolitik, weil die Verlagsleiter im Sinne der Selbstzensur der SED unerwünschte Veröffentlichungen verhindern sollten.

Allein die Verlagssäuberungen zeigten aber, daß sowohl das Ermessen wie die Zuverlässigkeit der Lektorate Grenzen haben. Von einer Aufhebung der

Zensur kann nur in formalem Sinn gesprochen werden. Die Verlage ziehen in exponierten Fällen die Kulturabteilung des ZK zu Rate. Die führende Rolle der Partei ist vielschichtiger geworden; sie kann indessen vom Strukturwandel der exekutiven Organe allein zwar nicht in Frage gestellt, möglicherweise aber modifiziert werden.

Die Zielvorstellungen der marxistisch-leninistischen Lp. werden durch ein „Auftragswesen" realisiert, das offiziell als „eine wichtige Methode der Leitung künstlerischer Prozesse" gilt („Kulturpolitisches Wörterbuch", 1970).

Als Auftraggeber fungieren Kultureinrichtungen (Theater, DEFA u. a.), gesellschaftliche Organisationen (→ **FDGB; FDJ; DFD; DSF; DTSB** u. a.), Investträger (Betriebe u. a.) und staatliche Organe (→ **Ministerium für Kultur; Ministerium für Nationale Verteidigung**, Bezirksräte u. a.). Ein Werkvertrag schließt oft Beratungen durch Kollektive von Werktätigen, Aktivs der Volksvertretungen sowie den Schriftstellerverband ein. Die Auftraggeber vertreten die gesellschaftlichen Interessen einer sozialistisch-realistischen L., die für die DDR repräsentativ sein soll; es wird dabei vorausgesetzt, daß sie mit den persönlichen Interessen der Schriftsteller übereinstimmen. Das Kulturpolitische Wörterbuch nennt als Beispiele für geförderte Vorhaben 3 Theaterstücke: C. Hammel – „Um neun an der Achterbahn", R. Kerndl – „Seine Kinder" und H. Salomon – „Katzengold". Sie stehen nicht nur für zahlreiche erfolgreiche Vorhaben, sondern auch für gescheiterte Projekte, deren tatsächliche Zahl unbekannt ist. Nur einige sind bekannt geworden, z. B. H. Pfeiffers Stück „Die Dritte Schicht", das während der Bitterfelder Phase in Zusammenarbeit mit der Jugendbrigade einer Mansfelder Kupferhütte entstand und nach der 2. Aufführung abgesetzt wurde. Andere sind gar nicht erst an die Öffentlichkeit gelangt. Die meisten Vorhaben wurden aufgegeben. Die Beispiele, die das Kulturpolitische Wörterbuch anführte, entsprangen keiner einseitigen Auswahl. Im Unterschied zu Künsten, die einen größeren Aufwand an Mitteln erfordern, sind in der L. Werke von höherem Rang meistens in eigener Verantwortung entstanden, indem die Schriftsteller vorzogen, den gesellschaftlichen Auftrag indirekt als gesellschaftliche Anregung zu verstehen.

Die materiellen Anreize oder Stimuli für Schriftsteller in der DDR können als beträchtlich gelten. Sie werden bewußt als Steuerungsinstrumente eingesetzt, entwickeln jedoch oft eine Eigengesetzlichkeit, die den literaturpolitischen Zielsetzungen teilweise entgegenwirkt. Es kann sich ein Publikumsbedürfnis durchsetzen oder sich immerhin gegen propagierte Werke artikulieren. Die hohen Einnahmen können Schriftstellern eine Selbständigkeit verschaffen, die ihnen einen eigenen Spielraum gegenüber den Aufträgen der Partei ermöglicht. So

brauchte Stefan Heym auf der Basis der früheren und laufenden Einkünfte aus seinen Publikationen bis 1965 keine Rücksichten zu nehmen, es sei denn, selbst auferlegte. Er konnte nach seinen Vorstellungen den „Lassalle"-Roman, die „Schmähschrift" und den „König David Bericht" schreiben, in westlichen Verlagen veröffentlichen und abwarten, bis diese Werke von der L.-Kritik in der DDR bewertet, bzw. als mit den literaturpolitischen Zielsetzungen der Partei vereinbar angesehen wurden.

Die wichtigsten Stimuli sind die hohen Auflagen, deren mittlere Ziffern bei der 1. Auflage sich zwischen 10 000 und 25 000 Exemplaren bewegen. Die durchschnittliche Kalkulation beruht auf gesichertem Absatz durch die zahlreichen Büchereien der Betriebe und gesellschaftlichen Organisationen, dem stark ausgebauten öffentlichen Bibliothekswesen und der Übung, Bücher als Prämien zu verschenken. Der unerreichte Bestseller ist der KZ-Roman „Nackt unter Wölfen" von Bruno Apitz, der von 1958 bis 1969 in der DDR in 32 Auflagen eine Gesamthöhe von 860 000 Exemplaren erzielte und bis 1969 in 26 Sprachen übersetzt wurde. Die Auflagenhöhe ist im allgemeinen noch kein Hinweis auf den literaturpolitischen Stellenwert, den literarischen Rang eines Werkes oder die Publikumsreaktion. In der Spitzengruppe befinden sich Bücher zwischen 10 bis 15 Auflagen, auf die die aufgeführten Maßstäbe durchaus unterschiedlich zutreffen. „Der geteilte Himmel" von Christa Wolf oder „Spur der Steine" von Erik Neutsch gehören zu den Romanen der Periode des NÖS (1963–1967), der einzigen, in der es bisher gelang, literaturpolitische Bedeutung und Publikumsinteresse zur Deckung zu bringen. Die Bücher von Wolfgang Schreyer, Werner Steinberg oder Karl Zuchardt sind ausschließlich Publikumsreißer. Entsprechende Titel von Otto Gotsche, Bernhard Seeger oder Max Walter Schulz beschränken sich auf die kulturpolitische Bedeutung, die ihnen zugeschrieben wird und sich von den Positionen der Verfasser, Gotsche als langjähriger Sekretär Ulbrichts, Seeger als langjähriges ZK-Mitglied und Schulz als Direktor des L.-Instituts, herleitet. Bei „Buridans Esel" von Günter de Bruyn wurde der literarische Rang von der Publikumsreaktion honoriert; das konnte bei dem „Nachdenken über Christa T." von Christa Wolf nicht erfolgen, weil die Auflagen künstlich niedrig gehalten wurden.

Den aus hohen Auflagen resultierenden Honoraren vergleichbar sind die hohen Tantiemen von Stücken, die im günstigsten Fall über 20–50 Bühnen gehen können. Hier bietet sich für umstrittene Dramatiker noch die Ausweichmöglichkeit von Bearbeitungen alter Stücke an, mit denen in Zeiten des Verrufs Peter Hacks und Heiner Müller ihren Lebensunterhalt bestritten. Zu den materiellen Anreizen gehören auch hohe Entgelte für Fernsehspiele, Hörspiele, Filmszenarien; sie sind z. T. auch noch bei Abbruch der Arbeiten finanziell attraktiv. Manche Schriftsteller wie Rolf Schneider fertigen sie „mit linker Hand" an, um sich für ihre eigentlichen Arbeiten Spielraum zu verschaffen. Andere materielle Anreize sind Anstellungen als Lektor oder als Dramaturg, bei denen der größte Teil der Arbeitszeit für eigene Produktionen aufgewendet werden kann. Zu den Privilegien gehören bezahlte Mitgliedschaften (z. B. in der Akademie der Künste) und Beiratsfunktionen, die, wie bei Stephan Hermlin, Unabhängigkeit von den Einkünften aus literarischen Arbeiten garantieren.

Die materiellen Anreize werden durch ein ausgedehntes System von Preisen ab- und aufgerundet. Die Regierung der DDR verleiht den Nationalpreis für Kunst, dessen 3 Klassen jeweils mit 100 000, 50 000 und 25 000 Mark dotiert sind. Die Akademie der Künste verleiht den Heinrich-Mann-Preis, den F.-C.-Weiskopf-Preis, den Alex-Wedding-Preis und den Hans-Marchwitza-Preis, das Ministerium für Kultur den Heinrich-Heine-Preis, den Lessing-Preis und den Johannes-R.-Becher-Preis. Es gibt einen L.-Preis des DFD, Kunstpreise des FDGB und der FDJ, die regelmäßig auch für L. vergeben werden. Die „Hauptstadt der DDR", Berlin (Ost), hat den Goethe-Preis ausgeschrieben, Potsdam den Theodor-Fontane-Preis, Dresden den Martin-Andersen-Nexö-Preis, Magdeburg den Erich-Weinert-Preis, Neubrandenburg den Fritz-Reuter-Preis, Rostock den John-Brinckmann-Preis, Cottbus den Carl-Blechen-Preis. Dazu kommen nicht an Namen gebundene Kunst- und Kulturpreise für L. von den Bezirken bzw. den Städten: Weimar, Leipzig, Karl-Marx-Stadt, Gera, Erfurt, Meißen, Frankfurt/Oder, Schwedt, Rostock. Für sorbische L. stehen der Ćisinski-Preis, den die Akademie der Künste, und der Kunst- und L.-Preis der Domowina bereit, den der Bund Lausitzer Sorben in 3 Klassen verleiht.

Die Gesichtspunkte für die Verleihung entspringen vorwiegend der literaturpolitischen Opportunität, die selbst gegen Brecht ins Spiel gebracht wurde; dieser weigerte sich allerdings mit Erfolg, den Nationalpreis II. Klasse anzunehmen (1951 erhielt er dann doch noch den Nationalpreis I. Klasse). (→ **Auszeichnungen**.)

Als Ausbildungsstätte des schriftstellerischen Nachwuchses ist gegen den Widerstand des Kulturministers J. R. Becher 1955 das → **Institut für Literatur** in Leipzig gegründet worden. Es erhielt nach Bechers Tod 1959 seinen Namen. Alfred Kurella leitete es bis 1957, Max Zimmering bis 1964, seitdem Max Walter Schulz. Die Ausbildung erfolgt in den verschiedenen literarischen Gattungen, in L.-Geschichte und umfaßt die Vermittlung des sozialistischen Realismus und des Marxismus-Leninismus. Die Lehrgänge schließen nach 3 (anfangs 2) Jahren mit einem Abschlußexamen, das mit einem Diplom verbunden ist. Daneben gab es kurzfristigere Sonderlehrgänge. Nach der Absolventen-Bibliographie zum 15. Jahrestag des Instituts („Neue Deutsche Literatur" 6/70) waren aus den regulären Lehrgängen bis 1969 113 Schriftsteller hervorgegangen, von denen allerdings ein Teil schon vorher mit literarischen Arbeiten an die Öffentlichkeit getreten war (Erich Loest, Rudolf Bartsch, Gotthold Gloger, Joachim Kupsch u. a.). Von den 113 Absolventen konnten sich in der L. jedoch nur 26 einigermaßen profilieren: und von diesen 26 können wohl nur 4 (Joachim Kupsch, Karl-Heinz Jakobs, Rainer Kirsch, Axel Schulze) beanspruchen, Werke von künstlerischer Bedeutung geschaffen zu haben. Die Bilanz der Sonderlehrgänge ist im Verhältnis günstiger. Sie weist, bis 1969, an hervorstechenden Talenten jedoch auch nur 2 (Volker Braun und Wulf Kirsten) auf. Die Wege, die Kirsch und Kirsten einschlugen, passierten überdies schnell den Erwartungshorizont ihrer Ausbildung.

IV. Die Phasen der Literaturpolitik

Die Phasen der Lp. verliefen, entsprechend ihren theoretischen und organisatorischen Voraussetzungen und Folgen in wechselhafter Dramatik. Die literaturpolitisch bestimmenden Entscheidungen fielen schon vor der Gründung der DDR: als auf dem I. Schriftstellerkongreß 1947 die Sowjet-L. zum Vorbild erhoben wurde, als 1948 der Kulturoffizier der SMA, Major A. Dymschiz, (am Beispiel der Malerei) den Formalismus in den deutschen Künsten angriff und als Alexander Abusch in seiner Rede „Der Schriftsteller und der Plan" 1948 der L. die Aufgabe zuwies, den Zweijahrplan zu propagieren, und die Schriftsteller aufforderte, in die Betriebe und auf die Dörfer zu gehen.

Die erste Phase der literaturpolitischen Entwicklung ging mit dem 17. 6. 1953 zu Ende. Sie wurde von der Erklärung Ministerpräsident Grotewohls 1950 bestimmt, der die Schriftsteller zu „Kampfgenossen der Regierung" (II. Schriftstellerkongreß) erklärt und die Kunst dem politischen Kampf untergeordnet hatte (Berufung der Kunstkommission). Auf dem II. Schriftstellerkongreß 1950 wurde der Schriftstellerverband gegründet. Bodo Uhse als Sekretär des neuen Verbandes forderte seine Kollegen auf, sich das „Rüstzeug" aus der Sowjet-L. anzueignen, das in der deutschen L. mit ihrem Mangel an gesellschaftsorientierten Werken traditionsgemäß fehlt. Die Ergebnisse des Kongresses wurden von der SED als unzureichend eingeschätzt. Auf dem III. Schriftstellerkongreß wurde 1952 Uhse durch den härteren Kuba abgelöst. Ähnlich steigerte sich der Kampf gegen den „Formalismus", der von 1951 an zu Veröffentlichungsverboten, Einstampfen von Büchern, Absetzung von Aufführungen und Übermalen von Wandbildern führte. Nach dem Ende der ersten Phase schrieb Wolfgang Harich 1953 in der „Berliner Zeitung" von „Schaffenskrisen psychotischen Charakters selbst bei Menschen, die als hervorragende

Künstler politisch ohne Schwankung auf dem Boden unserer Republik stehen."

Die zweite Phase der Entwicklung wurde vom Neuen Kurs geprägt. Sie ging mit der Verhaftung der Harich-Gruppe im November 1956 zu Ende. Die Formalismus-Kampagnen wurden in dieser Zeit zurückgenommen. Das Administrieren in der L. war von nun an verpönt; an seine Stelle sollte eine stärkere Eigenverantwortlichkeit der Schriftsteller treten. Die Kurskorrektur blieb indessen ambivalent. Das zeigte sich in der Tabuisierung des 17. Juni und in der Verschiebung des IV. Schriftstellerkongresses, auf dem der Neue Kurs auch literarisch institutionalisiert werden sollte. Er fand erst im Januar 1956 statt, nachdem der Neue Kurs selbst schon längst korrigiert worden war, und brachte einen Kompromiß zwischen der ideologischen Klarheit, die bisher dominierte, und der künstlerischen Meisterschaft, von der sich nur sagen ließ, daß sie von doktrinärer Schulmeisterei bisher verhindert worden war. Der Kompromiß hielt nicht einmal ein Jahr. Er ermunterte – vor dem Hintergrund des XX. Parteitags der KPdSU 1956 und der Bewegungen in Polen und Ungarn – zu einer antistalinistischen Kritik, die die Parteidisziplin zu sprengen begann; ihr Höhepunkt war der 2. Kongreß junger Künstler in Karl-Marx-Stadt im Juni 1956.

Die dritte Entwicklungsphase erstreckte sich bis Ende 1960. Sie ist mit dem Konzept des Bitterfelder Weges verbunden. Auf der Kulturkonferenz Ende 1957 übten Schriftsteller, die der politischen Abweichung beschuldigt waren, Selbstkritik (Becher, Uhse, Hermlin u. a.). Es häuften sich Selbstverpflichtungen, wieder aufs Land und in die Betriebe zu gehen. In der Kulturkommission des Politbüros der SED wurde unter Leitung Kurellas das Programm einer „Einschmelzung" der Künstler in den gesellschaftlichen Schaffensprozeß entworfen, das auf der Bitterfelder Konferenz im April 1959 von Ulbricht selbst verkündet worden war. Das Programm verfolgte ein literaturpolitisches Doppelziel, das auf der einen Seite die Schriftsteller stärker als bisher in die Planwirtschaft einbauen und andererseits mit der Bewegung der schreibenden Arbeiter („Greif zur Feder, Kumpel") die „zurückbleibenden" Schriftsteller anspornen sollte.

Die Ergebnisse der Konferenz waren im Sinne der SED jedoch zu dürftig, um sie auf dem nächsten Schriftstellerkongreß als Errungenschaften zu feiern.

Die vierte Phase reichte bis Ende 1965. Sie begann mit dem V. Schriftstellerkongreß, auf dem die professionelle L. einer ähnlichen Kritik wie auf dem letzten Kongreß unterzogen wurde. Über die L. der schreibenden Arbeiter bemerkte Erwin Strittmatter, daß man sie den lesenden Arbeitern nicht zumuten könnte. Der Kongreß endete mit der Formel: „Ideologische Klarheit und Künstlerische Meisterschaft".

Die SED ließ nun eine Reihe von dogmatischen und administrativen Fehlern offen kritisieren. Es bildete sich schnell ein literarisches Spektrum heraus, das zum ersten Mal die Interessen von Partei, Schriftstellern und Lesern zu befriedigen schien. Doch schon im Dezember 1962 zeigte sich auf dem Lyrikabend der Akademie der Künste, wo unter Hermlins Leitung Wolf Biermann vor einem größeren Publikum debütierte, daß das lange aufgestaute Kritikbedürfnis selbst vor den von der SED jetzt weiter gezogenen kulturpolitischen Schranken nicht haltmachen würde. 1965 sah sich die Partei daher gezwungen, die Entwicklung zu stoppen.

In der fünften Phase von 1966 bis 1971 wurde das Schicksal der führenden Rolle der Partei in der L. besiegelt. Die Auseinandersetzung wurde von der SED offensiv geführt, aber ohne sichtbaren Erfolg. Der Auftakt des 11. Plenums, Ende 1965, blieb so wirkungslos wie der VI. Schriftstellerkongreß 1969. Die Kampagnen gegen Formalismus und Dekadenz, die wieder aufflammten, konnten weder einschüchtern noch beeindrucken. Die L. begann sich zu emanzipieren. Sie machte sich die relative Selbständigkeit einzelner Bereiche zunutze, die das „entwickelte gesellschaftliche System des Sozialismus" vorsah, das 1967 zum Programm erhoben wurde.

Die sechste Phase der Lp. in der DDR reichte bis zum VII. Schriftstellerkongreß im Dezember 1973. Sie begann mit den Versuchen der SED, die politisch-literarische Emanzipation zurückzudrängen, und endete nach einigen kulturpolitischen Kursschwankungen mit ihrer Anerkennung. Nach dem VIII. Parteitag der SED (1971) schien sich zunächst eine neue „Bitterfelder Bewegung" anzukündigen. Kurt Hager klagte im Oktober 1971 auf der Tagung der Gesellschaftswissenschaftler darüber, daß die Formel vom sozialistischen Realismus in den letzten Jahren beinahe verschwunden sei. Honecker ließ sie dann schon im Dezember 1971 auf dem 4. Plenum wieder fallen und erklärte, von einer festen Position des Sozialismus aus dürfe es keine Tabus mehr geben. Er sprach fortan nur noch von „sozialistischer Literatur und Kunst". Es wurden nun Werke veröffentlicht, die noch unter Ulbricht nicht akzeptiert worden wären.

Auf dem 6. Plenum des ZK der SED im Juli 1972 führte Hager einen – jetzt freilich weniger engen – Begriff des „sozialistischen Realismus" wieder ein, da sich in der SED-Führung offenbar eine Fronde gegen die Öffnung der Schleusen gebildet hatte. Honecker stellte sich auf dem 9. Plenum im Mai 1973 an ihre Spitze und verurteilte jene literarischen Tendenzen, die er selbst zunächst begünstigt hatte. Dieses Plenum sollte die Weichen für den VII. Schriftstellerkongreß stellen, der im Dezember 1973 stattfand, jedoch einen ganz anderen Verlauf nahm. Noch während der Vorbereitungsdebatten wurde die offizielle Kritik zurückgenommen und die führende Rolle der Partei in der L. durch „Teilnahme" der Schriftsteller „an der Gestaltung der sozialistischen Gesellschaft" ersetzt. Hermann Kant hob in seinem Referat den Wandel von der Unterordnung der L. unter die Politik zu einem Partnerschaftsverhältnis hervor, als er feststellte, daß sich die Beziehungen Arbeiterklasse und Schriftsteller nicht mehr wie früher „in Äußerungen von Wohlwollen hin und Ergebenheit her" artikulieren könnten. Kant verband damit einen „Abschied vom Bitterfelder Weg", der einst Kurella als die Einheit von Politik, Wirtschaft und Kultur erschienen war.

V. Der Funktionswandel der Schönen Literatur

Dieser Wandel hatte sich seit langem angekündigt. Die SED trennte sich damit von einem Konzept, das bereits mehrfach gescheitert war. Kuba, der nach dem III. Kongreß die Linie der SED besser als Uhse nach dem II. Kongreß durchsetzen sollte, stürzte beim IV. Kongreß; Kurella wurde aus der Kulturkommission des Politbüros in die Akademie der Künste abgeschoben, weil es ihm nicht gelungen war, die Auseinandersetzungen mit den Künstlern erfolgreich für die Partei zu beenden. Die Partei hat mehrfach versucht, ihre literaturpolitischen Mißerfolge zu vertuschen: Zunächst wurde von neuen Etappen des Bitterfelder Weges gesprochen; danach wurde die L. der „NÖS-Periode" als Triumpf des Bitterfelder Konzeptes ausgegeben.

Aber das Konzept selbst war fehlerhaft und hat der Entwicklung der L. in der DDR beträchtlichen Schaden zugefügt. Indem die L. der Politik folgen mußte, konnten die Schriftsteller nur schlechte Kampfgenossen sein. Sie waren es auch, mindestens Anfang und Ende der 50er Jahre, als ihre Werke, wären sie weniger vordergründig den politischen Richtlinien gefolgt, die Partei hätten warnen und veranlassen können, den Neuen Kurs oder das Ökonomische System so rechtzeitig zu starten, daß es nicht zum 17. Juni oder zu der Massenflucht gekommen wäre. Becher hat die herrschende Kunstauffassung schon 1955 („Macht der Poesie", S. 262) und Eisler 1962 (H. Bunge „Gespräche mit Hanns Eisler", S. 319) als „sektiererisch" bezeichnet.

Georg Lukács hat 1951 auf die Balzac-Interpretation von Engels zurückgegriffen, um die Mesalliance zwischen politischer Taktik und künstlerischer Sicht aufzulösen (Vorwort zu „Balzac und der französische Realismus"), und daraus 1956 den Begriff der Perspektive entwickelt, der eine gesellschaftliche Tendenz umschreibt, die unter Umständen andere Ergebnisse hervorbringt, als es sich Zeitgenossen vorzustellen vermögen (IV. Schriftstellerkongreß). Auf dem Bitterfelder Weg hat die Parteiführung vergeblich gegen diese Konzeption gekämpft. Gegen Ende der Ära Ulbricht griff Jürgen Kuczynski in seinem Aufsatz „Der Wissenschaftler und die Schöne Literatur" erneut auf die Balzac-Interpretation zurück („Neue deutsche Literatur", 2/71). War Lukács 1951 und 1956 der L. vorausgewesen, so beschrieb Kuczynski 1971 nur nachträglich, was von den Literaten bereits praktiziert wurde.

VI. Die literarische Emanzipation

Die literarische Emanzipation setzte ziemlich früh, wenn auch zögernd ein. Becher erkannte schon 1950: „Eine Literatur kann sich nur entwickeln aufgrund einer Literaturbewegung. Solch eine Bewegung müssen wir schaffen." (II. Schriftstellerkongreß). Das Dilemma der L.-Bewegung bestand aber darin, daß sie mit der These von der führenden Rolle der Partei nicht vereinbar war, und daß die Erkenntnis dieser Situation sich nur langsam durchsetzte. Becher selbst hat die sich ankündigenden Differenzen bereits 1951 mit der Notiz ausgedrückt: „,Du liegst schief' kann mich nicht schrecken, denn ich bin ein Segler. (Und liebe jede Schräglage.)" („Tagebuch", 9. 7. 1951); und Stefan Heym hat 1955 in der Nachterstedter Diskussion gesagt: „Der Schriftsteller kann sich nicht die Augen vor dem verschließen, was ist." Aber solange der „Zensor im Herzen des Schriftstellers", von dem Heym auf dem IV. Schriftstellerkongreß sprach, das Geschehene nach Schaden und Nutzen für die Partei sonderte, nützte es wenig, wenn man sich die Augen nicht verschloß.

Praktisch-politische Konsequenzen kündigten sich jedoch erst 1961 an, als Paul Wiens erklärte, die künstlerische Auseinandersetzung mit der Wirklichkeit müsse nicht immer zum sozialistischen Realismus führen (V. Schriftstellerkongreß). Den nächsten Schritt ging Stefan Heym, als er auf dem Höhepunkt der NÖS-Belletristik die trügerische Einheit zwischen Schriftsteller, Partei und Leser zerstörte, indem er dieser L. vorwarf, nur Scheindebatten über Scheinkonflikte zu führen (Dezembercolloquium 1964). Der „Zensor im Herzen" wurde jedoch erst überwunden, als Heym 1965 in seinem Manifest „Die Langeweile von Minsk" für den Schriftsteller – gegenüber der SED – eine Rolle proklamierte, wie sie im Alten Testament die Propheten gegenüber der Priesterschaft ausübten. Ebenfalls 1965 rief Biermann aus: „Das Kollektiv liegt schief!" („Die Drahtharfe"), und Hasso Grabner stellte fest: „Die Literatur hat immer die Mächtigen angegriffen. Jetzt hat die Partei die Macht. Die Partei muß sich also gefallen lassen, daß sie in der Literatur angegriffen wird" (auf dem 11. ZK-Plenum von Paul Fröhlich abwehrend zitiert).

Als Christa Wolf auf dem 11. Plenum (Ende 1965) die Aufgabe der Kunst, neue Fragen aufzuwerfen, für ein typisches literarisches Problem erklärte, zeichnete sich bereits ab, daß die Versuche der Partei zur Eindämmung der literarischen Emanzipation scheitern würden. Für die Eigengesetzlichkeit der L. sprachen der Dramatiker Pfeiffer, der die Kunst als eine „zweite Wirklichkeit" umschrieb („Neue Deut-

sche Literatur", 10/66), der Lyriker Heinz Czechowski: „Das dichtende Subjekt sieht die Welt mit
anderen Augen" („Forum", 8/66). 1969 beanspruchte gar Wiens im literarischen Bereich die
„Machtbefugnis" des Autors als ein „Naturrecht"
(„Weimarer Beiträge" 3/69). 1971 erklärten Manfred Streubel und Wulf Kirsten ihre Gleichgültigkeit
gegenüber ihren Zeitgenossen („Sonntag", 32/71).
Was die SED von den Schriftstellern als „Mitgestal-
tern" zu erwarten hat, nachdem sie auf ihre führende
Rolle verzichtete, sagte Kant auf dem VII. Schriftstellerkongreß: „Literatur ist nicht für den Zustand
der Welt verantwortlich."

VII. Die Schöne Literatur in der DDR

Die Entwicklung der Schönen L. in der DDR fächer-
te sich zwischen den Polen von gesellschaftlicher
Funktionszuweisung und Selbstbestimmung im Lauf
ihrer Geschichte in 3 Hauptrichtungen auf:
1. in eine L., die die führende Rolle der Partei akzeptierte und von dieser entsprechend herausgestellt
wurde; (man kann sie als Partei-L. bezeichnen);
2. in eine L., die, wenn auch parteinehmend, in
„schiefer Lage" entstand und anfangs kritisiert, später gesellschaftspolitisch integriert wurde (man kann
sie Partisanen-L. nennen);
3. in eine L., die in traditionellem Sinn L. ist, bei der
Unterscheidungen wie „l'art pour l'art" oder „Litté-
rature engagée" nur situationsbedingt gültig sind.
Die Partei-L. entsprach mit ihren Gewinnen und
Verlusten an Wirklichkeit dem Auf und Ab der literaturpolitischen Zielsetzungen. Sie konnte von sich
aus keine literarische Bewegung einleiten. In den ersten beiden Phasen stand im Mittelpunkt der Epik
das Bemühen um den Betriebsroman. Die wichtigsten Titel im industriellen Bereich waren „Menschen
an unserer Seite" (1951) von Eduard Claudius und
„Helle Nächte" (1953) von Karl Mundstock – im
landwirtschaftlichen Bereich „Tiefe Furchen" von
Otto Gotsche (1949) und „Herren des Landes" von
Walter Pollatschek (1951). Während die Landwirtschaftsromane pauschal und schematisch blieben,
gingen die Industrieromane, allerdings nur im Milieu
und im Detail nuancierter vor. Die Folge war, daß
die Landwirtschaftsromane von der gesamten Kritik
als „unzureichend" bezeichnet wurden, gegen die
Industrieromane sich jedoch Bedenken der Partei-
kritik richteten. Nach dem 17. 6. 1953 wurde das
Bemühen um den Betriebsroman fortgesetzt, als
habe es keine aufrührerischen Ereignisse gegeben.
Da die Unruhen mehr in den Städten als auf dem
Lande ausgebrochen waren, kehrte sich das Verhältnis um. Die Landwirtschaftsromane – „Tinko" von
Erwin Strittmatter (1954), „Der Weg über den Ak-
ker" von Margarete Neumann (1955) – fielen in einzelnen Zügen interessanter aus, als die Industrieromane „Roheisen" von Marchwitza oder „Martin
Hoop IV" von Rudolf Fischer (1955).

Auf dem IV. Schriftstellerkongreß wurde der Bank-
rott des Betriebsromans öffentlich zugegeben. Das
Interesse wandte sich daraufhin privaten Konflikten
vor betrieblichem Hintergrund zu. Die ersten Versuche („Von der Liebe soll man nicht nur sprechen"
von Claudius in landwirtschaftlichem oder „Die Ehe
des Assistenten" von August Hild in industriellem
Milieu [1957]), die wegen ihrer attraktiven Titel viel
gekauft worden sind, blieben psychologisch unbe-
holfen. In der dritten Phase ist mit Hilfe des Bitterfelder Konzeptes versucht worden, den Betriebsroman zu rekonstruieren. Von diesen Projekten konnte nur „Die Entscheidung" von Anna Seghers
(1959) groß herausgestellt werden – ein Buch, das
lange vorher begonnen worden war und in dem die
Verfasserin einer Schwarzweißmalerei verfiel, die
sie selbst auf dem IV. Schriftstellerkongreß den bisherigen Betriebsromanen vorgeworfen hatte.
Die eigentliche Bitterfelder L. waren Erzählungen,
z. B. „In diesem Sommer" von Werner Bräunig
(1960) oder „Bitterfelder Geschichten" von Erik
Neutsch (1961) und Reportagen wie „Die Tage mit
Sepp Zach" von Regina Hastedt (1959); die „Kumpel"-Literatur wurde in den „Deubener Blättern"
gesammelt. Der Industrieroman „Ankunft im Alltag" von Brigitte Reimann (1961) war mehr ein Jugendbuch und der Landwirtschaftsroman „Herbst-
rauch" von Seeger (1961) die Geschichte einer me-
lodramatischen Freundschaft.
Die vierte Phase mit der NÖS-Literatur brachte den
größten Wirklichkeitsgewinn für die Partei-L. ein:
Karl-Heinz Jakobs „Beschreibung eines Sommers"
(1961), Brigitte Reimann „Die Geschwister"
(1962), Christa Wolf „Der geteilte Himmel" und
Erwin Strittmatter „Ole Bienkopp" (1963), „Spur
der Steine" von Neutsch (1964), „Haus unterm Regen" von Herbert Nachbar und „Die Aula" von
Hermann Kant (1965). Die Versuche mit dem Betriebsroman waren hier aufgegeben worden. Die
Verfasser knüpften bezeichnenderweise da an, wo
die L. schon 1957 bei Claudius und Hild gestanden
hatte, nur infolge der gesellschaftspolitischen Offen-
heit des NÖS gesellschaftlich und psychologisch differenzierter, weil das Individuum stärker in den Mittelpunkt des Interesses gerückt war. Dieser Standard
ist von der Partei-L. seitdem nicht wieder erreicht
worden. Anna Seghers wiederholte mit dem „Vertrauen" (1968) sogar das Fiasko der „Entscheidung".
Ende der 60er Jahre ist versucht worden, diesen erneuten Wirklichkeitsverlust durch eine lyrisch-
kunstgewerbliche Ausdrucksweise zu überspielen:
Beispiele dafür sind Alfred Wellms „Pause für
Wanzka", Werner Heiduczeks „Abschied von den
Engeln" und Martin Viertels „Sankt Urban" (1968),
Joachim Wohlgemuths „Verlobung in Hullerbusch"
(1969) und Joachim Knappes „Die Birke da oben"
(1970). Anfang der 70er Jahre versuchte man es mit

einem neuen, fast forschen Ton: Herbert Otto „Zum Beispiel Josef" (1970), Jakobs „Eine Pyramide für mich" und Jochen Laabs „Das Grashaus oder Die Aufteilung von 35 000 Frauen auf zwei Mann" (1971).

Aber diese Versuche konnten nicht darüber hinwegtäuschen, daß die wesentlichen literarischen Ereignisse in der Partisanen-L. und der emanzipierten L. stattfanden.

Wegen der individuellen Struktur der Lyrik hat die Gedichteproduktion der Partei-L. in allen literaturpolitischen Phasen selten die Grenzen der Agitationslyrik überschritten. Die Hauptvertreter dieser Richtung waren Kuba, Zimmering, Uwe Berger, Günther Deicke, Helmut Preissler und Jupp Müller. In ihren Anfängen zählten dazu auch Günter Kunert, Paul Wiens und Reiner Kunze. Eine moderne Variante schufen Volker Braun und Peter Gosse.

Die Dramatik der Partei-L. blieb – aus anderen Gründen – ebenfalls innerhalb der Grenzen der Agitation. Vorgänge, wie sie in den Romanen dieser Richtung geschildert werden konnten, wirkten durch die Darstellung auf der Bühne in radikalisierter Form. Deshalb sind solche Versuche alsbald in die Partisanen-L. hinübergeglitten. Die Hauptvertreter der dramatischen Partei-L. waren Gustav von Wangenheim, Harald Hauser, Paul Herbert Freyer, Helmut Baierl, Helmut Sakowski, Claus Hammel, Horst Salomon, Reiner Kerndl und Armin Stolper. Formal hat sich diese Gattung nicht entwickelt – im Gegensatz zu den Romanen, die doch mit der „Aula" und dem „Haus unterm Regen" Elemente moderner Erzähltechnik aufnahmen.

Die Entwicklung der Partisanen-L. wurde durch die Tabuisierung des 17. Juni lange verzögert. Nachdem Heyms Roman „Der Tag X", der die Ereignisse des Jahres 1953 behandelte, nicht veröffentlicht werden konnte, vergleichbare Vorhaben unterbunden wurden, konnte diese Richtung erst 1960 in der Epik hervortreten: mit den Erzählungsbänden „Schatten und Licht" von Heym und „Und sie liebten sich doch" von Boris Djacenko.

In der NÖS-Periode schien es zunächst nicht notwendig, solche Versuche fortzusetzen, weil das Entgegenkommen der SED den guten Willen vieler Schriftsteller remobilisieren konnte. Sie wurden jedoch wieder aufgenommen, als von der Eigengesetzlichkeit der Stoffe her einige Schriftsteller den zu engen Rahmen der Kritik durchbrachen: Manfred Bieler mit dem Roman „Das Kaninchen bin ich" und Werner Bräunig mit dem Roman „Rummelplatz" – beide Manuskripte, die nicht mehr veröffentlicht werden konnten, wurden Gegenstand der Kritik des 11. Plenums. Kant wurde mit seinem nächsten Roman „Das Impressum" unfreiwillig in eine Partisanenposition abgedrängt; der Roman konnte erst nach dem Ende der Ära Ulbricht, allerdings politisch überarbeitet, erscheinen. Stefan Heym ließ seinen

Lassalle-Roman, die „Schmähschrift" und den „König David Bericht", die nach dem VII. Schriftstellerkongreß in der DDR herauskamen, vorher in westlichen Verlagen erscheinen.

Die Partisanenlyrik begann 1956 nach den Erschütterungen des XX. Parteitages der KPdSU, als Kunert, Wiens und Streubel aus der Parteiraison ausbrachen. Später, nach 1962, folgten Lyriker, die sozusagen als ‚Partisanen' in die L. eintraten: Wolf Biermann, Reiner Kirsch, Sarah Kirsch, Karl Mikkel, Heinz Czechowski und – mit seinen frühen Gedichten – auch Volker Braun.

Wegen der radikalisierenden Wirkung der Bühne war die Partisanendramatik am meisten behindert. Heinar Kipphardts „Shakespeare dringend gesucht" (1953) hatte das Glück, schon zu Beginn des Neuen Kurses vorzuliegen, dessen frühes Ende (1954) sich so hemmend auswirkte, daß ein ähnliches Vorhaben, „Glatteis" von Hans Lucke, als es 1957 aufgeführt wurde, nach zahlreichen Bearbeitungen von einem Agitationsstück kaum noch zu unterscheiden war. Joachim Knauths „Kampagne" (1961) lag zu Beginn des NÖS vor, konnte aber, wie Kipphardts Stück, keine Schule machen. Auch Bielers Satire „Zaza" konnte schon vor dem 11. Plenum nicht mehr aufgeführt werden. Pfeiffers „Begegnung mit Herkules" wurde zwar 1966 noch inszeniert, aber vor der Premiere abgesetzt. Danach hatten Versuche in historischem Gewand ein unterschiedliches Schicksal. Mikkels „Nausikaa" wurde 1968 nur einmal gespielt, Pfeiffers „Leben und Tod Thomas Müntzers" 1970 nur im Fernsehen gezeigt, Knauths „Aretino oder Ein Abend in Mantua" blieb in der Schublade. Eine Übertragung des „Werther"-Themas in die Gegenwart durch Ulrich Plenzdorfs „Die neuen Leiden des jungen W." stieß lange auf Ablehnung, bis sie 1972 aufgeführt wurde und eine neue Theaterära einzuleiten schien. Ein in sich geschlossener, wiewohl in den Einzelstücken differenzierender Komplex der Partisanendramatik sind, in der Nachfolge Brechts, die Werke Heiner Müllers („Der Lohndrücker", 1957; „Die Korrektur", 1958; „Die Umsiedlerin", 1959; „Der Bau", 1965), Peter Hacks' („Die Sorgen und die Macht", 1959/1962; „Moritz Tassow", 1965), Hartmut Langes („Senftenberger Erzählungen", 1961; „Marski", 1965) und Volker Brauns („Kipper Paul Bauch", 1965; „Die Freunde", 1965; „Hans Faust", 1968). Langes Stücke und Müllers „Bau" sind nicht aufgeführt worden. „Die Umsiedlerin", „Die Sorgen und die Macht" und „Moritz Tassow" wurden Gegenstand herber Kritik auf dem 11. Plenum des ZK der SED. Brauns „Kipper"-Stück wurde wie Plenzdorfs „Werther"-Paraphrase 1972 aufgeführt, doch mit geringerem Effekt. Das lag nicht allein an der angepaßten Neufassung. Das schöpferische Potential dieser Brecht-Nachfolge hatte sich selbst erschöpft. Sie bestand aus einer Mischung pittoresker Elemente der frühen Stücke

Brechts und doktrinärer Elemente seiner Lehrstük-ke. Das hätte in der Aufbauphase mit den verschiedenen Roheiten der ursprünglichen sozialistischen Akkumulation seinen Platz gehabt, mußte aber bei der zunehmenden Differenzierung der sozialistischen Gesellschaft funktionslos werden.

Die Schöne L., die in der DDR nach traditionellen Anstößen geschrieben wird, gilt heute als die eigentlich repräsentative Literatur. Ihre ersten Anfänge in den 50er Jahren galten damals als letzte Ausläufer historisch überholter Positionen. Es begann in der Epik auf dem imponderablen Gebiet des Kriegs-L., deren archetypische Situationen schwerlich zwischen Basis und Überbau angesiedelt werden können. Hans Pfeiffers Erzählungsmanuskript „Die Höhle von Babie Doly" wurde 1953 noch als verschroben und unveröffentlichbar angesehen. Als die „Neue deutsche Literatur" es in Heft 12/57 abdruckte, präsentierte es sich bereits als Teil einer breiten literarischen Strömung nach, neben und vor: Franz Fühmanns „Kameraden" (1955), Egon Günthers „Dem Erdboden gleich", Joachim Kupschs „Die Bäume zeigen ihre Rinden", Karl Mundstocks „Bis zum letzten Mann" (1957) und „Die Stunde des Dietrich Conrady" (1958), Fühmanns „Das Gottesgericht" und Mundstocks „Sonne in der Mitternacht" (1959). Die Kriegsromane „Der kretische Krieg" von Günther, „Im Garten der Königin" von Horst Beseler, „Die Stunde der toten Augen" von Harry Thürk (1957) und „Geliebt bis zum bitteren Ende" von Rudolf Bartsch (1958) blieben formal unterhalb des Niveaus der Kriegserzählungen. Ihr Effekt war der gleiche. Die Kriegs-L. durchbrach den Kanon des sozialistischen Realismus. Ihre, mehr an westlichen Vorbildern orientierte, „harte Schreibweise" offenbarte einen Zugriff auf die Realität, dessen Konsequenzen für Gegenwartsstoffe die Kritik der Partei zu einer Kampagne veranlaßten, die bis zur Aufstellung eines detaillierten stilistischen Negativkatalogs ging. Die Kriegs-L. in der DDR erreichte danach, vielleicht mit der Ausnahme der Erzählung „König Oedipus" von Fühmann (1966), niemals wieder diesen produktiven Ansatz. Indessen entfaltete sich, angeregt von Ehm Welks „Mutafo" (1955), ein Nebenzweig der Kriegs-L. in Form von Schelmenromanen, der von Strittmatters „Wundertäter" (1957) über Bielers „Bonifaz oder der Matrose in der Flasche" (1963) bis zu Kunerts „Im Namen der Hüte" (1967) viel zur Wiedererwekkung der vom sozialistischen Realismus gehemmten Fabulierfreude beigetragen hat.

Der zweite Ausgangspunkt der emanzipierten Epik war die Aneignung fremder Welten außerhalb der sozialistischen Thematik. Ein früher Vorläufer, Christa Reinigs Erzählung „Das Fischerdorf" (1951) aus dem Mittelmeerraum, hatte noch keine Folgen. Diese Strömung formierte sich erst 1957 mit Uhses „Mexikanischen Erzählungen". Es folgten

Zug um Zug Hanns Cibulkas „Sizilianisches Tagebuch" (1960), die lettischen und französischen Erzählungen des Bandes „Und sie liebten sich doch" von Djacenko (1961), die vietnamesischen Erzählungen „Das Mädchen ‚Sanfte Wolke'" von Claudius (1962), die gelegentlichen mittelamerikanischen Abstecher von Anna Seghers, als bisherige Höhepunkte Johannes Bobrowskis Romane „Levins Mühle" (1964), „Litauische Claviere" (1966) und Erzählungen „Boehlendorff und Mäusefest" (1965) aus dem litauischen Raum und Djacenkos ins Kriegsmilieu hinüberspielender Roman „Nacht über Paris" (1965).

Ein dritter Ansatz bot sich in der Darstellung historischer Sujets, abseits der revolutionären Pathetik. Diese Richtung begann sich mit Joachim Kupschs „Sommerabenddreistigkeit" (1959) zu artikulieren. Es folgte von Kupsch „Die Winternachtsabenteuer" (1965). Stefan Heym entdeckte die historische Dimension mit den „Papieren des Andreas Lenz" (1963), ging aber, je mehr er sich ihre Vieldeutigkeit politisch zunutze machte, mit seinen nächsten Vorhaben auf die Partisanenposition über.

Ein vierter Ansatz war die Anwendung moderner Stilmittel auf phantastische Sujets. Er begann nahezu unvermittelt in der NÖS-Periode, um sich unbeirrt durch Kritik kontinuierlich zu entwickeln: Kunert „Tagträume" (1964) und „Die Beerdigung findet in aller Stille statt" (1968), Rolf Schneider „Brücken und Gitter" (1965), Bieler „Märchen und Zeitungen" (1966), Fritz Rudolf Fries „Der Weg nach Oobliadooh" (1966), „Fernsehkrieg" (1969) und „Seestücke" (1973), Irmtraud Morgner „Hochzeit in Konstantinopel" (1968) und „Die wundersamen Reisen Gustavs des Weltfahrers" (1972), Bernd Jentzsch „Jungfer im Grünen" (1973).

Der fünfte Ansatz schließlich zeigte sich in der Wiederentdeckung der Provinzen, bei der sich sukzessiv mit dem Urwüchsigen eine differenziertere Betrachtung der sozialistischen Gesellschaft verband. Der frühe Vorläufer, Ludwig Tureks Roman einer Berliner Trümmerfrau, „Anna Lubitzke" (1952), blieb ohne Folgen. Dieser Ansatz entfaltete sich erst, als der NÖS-Literatur ein Ende gesetzt wurde und Rigorosität zwei Hauptautoren des NÖS, Christian Wolf und Erwin Strittmatter, aus der Partei katapultierte. Der literarische Gewinn war beträchtlich. Mit dieser Richtung hat die erzählerische L. in der DDR ihre eigentliche Basis gefunden. Es erschienen bisher: Strittmatter „Schulzenhofer Kramkalender" (1966), „Ein Dienstag im September" (1969), „3/4 Hundert Kleingeschichten" (1971), Christa Wolf „Nachdenken über Christa T." (1968), Günter de Bruyn „Buridans Esel" (1969) und „Die Preisverleihung" (1972).

Die Lyrik emanzipierte sich an landschaftlichen und mythologischen Sujets. Wie an der Entwicklung der Partisanenlyrik abzulesen ist, die über epigonale Anknüpfungen bei Brecht, Majakowskij, Neruda nicht hinauskam, bot die kritische Position hier keinen literarisch originellen Ansatz. Durch die Resistenz Peter Huchels entfaltete sich die emanzipierte Lyrik, wenn anfangs auch langsam, vom Beginn der L. in der DDR an kontinuierlich. Ihm folgten bald Erich Arendt und Hanns Cibulka. Mit Johannes Bobrowski, Peter Jokostra und Wolfgang Hädecke traten von 1955 an neue Talente gleich als reine Lyriker hervor. Ein nächster Schub erfolgte nach dem Ende der Bitterfelder Periode, als Reiner Kunze und Paul Wiens ihre Partei- und Partisanenpositionen verließen und sich mit Bernd Jentzsch wiederum ein neues Talent gleich als reiner Lyriker profilierte. Auch andere Autoren profitierten vom Zerfall der NÖS-Belletristik: Namen wie Wulf Kirsten, Axel Schulze tauchten auf; Mickel, Czechowski und Gressmann legten ihre partisanenhaften Attitüden allmählich ab.

Die Dramatik emanzipierte sich am historischen Sujet und in einer schöpferischen Erneuerung des Naturalismus. Eine doppelbödige historische Dramatik begann ziemlich früh mit Pfeiffers „Nachtlogis", Kupschs „König für einen Tag" (1954), und Knauths „Heinrich der VIII. oder Der Ketzerkönig" (1955) und „Der Tambour und sein Herr König" (1956). Die folgenden Restriktionen und die politischen Implikationen drängten diese Richtung bald auf die Partisanenstellung ab. Sie erneuerte sich, als die Dramatiker der Brecht-Nachfolge ihre aktuellen Möglichkeiten erschöpft sahen und sich vorwiegend der Rezeption mythischer Stoffe zuwandten. So schrieben Heiner Müller „Philoktet" und „Herakles 5", Peter Hacks „Amphitryon" oder „Omphale". Die zweite Richtung, die naturalistische Elemente mit der szenischen Lakonik Brechts verband, entwickelte sich kontinuierlicher. Ihre Hauptvertreter sind Alfred Matusche und Boris Djacenko. Matusche schrieb „Die Dorfstraße" (1955), „Nacktes Gras" (1958), „Van Gogh" (1966), „Das Lied meines Weges" (1967), „Der Regenwettermann" (1968), „Kap der Unruhe" (1970), „An beiden Ufern" (1971). Von Djacenko ist 1967 „Doch unterm Rock der Teufel" bekannt geworden. Das frühere Stück „Bockums Pilgerfahrt zur Hölle" und das spätere „Lern Lachen, Lazarus" sind bisher weder gedruckt noch gespielt worden.

Die Auffächerung der Schönen L. in der DDR wäre wohl, im ganzen gesehen, noch früher, gründlicher und vielfältiger vonstatten gegangen, wenn die verschiedenen literaturpolitischen Phasen nicht eine Reihe von Schriftstellern vertrieben hätten. Es verließen die DDR u. a. Theodor Plivier, Günter Bruno Fuchs, Carl Guesmer, Horst Bienek, Gerhard Zwerenz, Peter Jokostra, Wolfgang Hädecke, Martin Gregor-Dellin, Ulf Miehe, Jochen Ziem, Uwe Johnson, Heinar Kipphardt, Werner Kilz, Christa Reinig, Helga M. Novak, Hartmut Lange, Manfred Bieler und Peter Huchel. → **Kinder- und Jugendliteratur.**

Lizenzen: Als L. wird eine vertraglich vereinbarte Erlaubnis zur Nutzung patentierter oder auch nicht geschützter Erfindungen und anderer wissenschaftlich-technischer Ergebnisse gegen Bezahlung oder Sachleistung angesehen.

Für die Übergabe bzw. Übernahme von L. im Außenwirtschaftsbereich ist der 1960 gegründete staatliche → **AHB** LIMEX verantwortlich. Vorübergehend war im Zuge der Reformen des ÖSS die Verantwortung für L.-Geschäfte mit dem Ausland im Sinne einer größeren Eigenverantwortlichkeit der Betriebe verstärkt den VEB bzw. VVB übertragen worden. Die Beschneidung der Funktionen der Produktionsbetriebe zugunsten der AHB (vgl. Lizenz-VO, GBl. II, 1969, Nr. 17) äußert sich darin, daß die Schwerpunkte der L.-Tätigkeit Bestandteil des Perspektivplanes seien und die VEB auf dieser Basis eng mit den AHB zusammenarbeiten müssen. Außerdem besteht für die Betriebe die Verpflichtung, die Beratung des 1968 als Organ des Ministerrates gegründeten Zentralbüros für den internationalen L.-Handel in Anspruch zu nehmen.

Der Handel mit L. war – vor allen Dingen aus ideologischen und juristischen Gründen – in der DDR lange Zeit unterentwickelt und bis Ende der 60er Jahre nur mit Nicht-RGW-Ländern möglich, da mit den → **RGW**-Mitgliedern seit der II. RGW-Tagung im August 1949 in Sofia das Prinzip der „gegenseitigen sozialistischen Hilfe" galt, das einen kostenlosen Austausch wissenschaftlicher, technischer und technologischer Dokumentationen zwischen den RGW-Partnern vorsah. Diese Regelung stieß jedoch gerade in der DDR als dem Land mit dem am höchsten entwickelten wissenschaftlich-technischen Niveau im RGW auf Kritik. Auf der 30. Tagung des Exekutiv-Komitees (EKO) des RGW im Juli 1967 wurde dann den RGW-Mitgliedern der entgeltliche Austausch von wissenschaftlich-technischen Ergebnissen, der auf bilateralem Wege vorgenommen werden sollte, vorgeschlagen. Die DDR schloß aufgrund dieser Empfehlung eine entsprechende Vereinbarung zuerst mit der UdSSR, dann mit den anderen RGW-Ländern ab. Jedoch ist in dem seit 1971 geltenden Komplexprogramm und in dem auf der 60. EKO-Tagung (1972) beschlossenen Dokument über „organisatorische, methodische, ökonomische und rechtliche Grundlagen der wissenschaftlich-technischen Zusammenarbeit der Mitgliedsländer des RGW und der Tätigkeit der RGW-Organe auf diesem Gebiet" neben der entgeltlichen Übergabe ausdrücklich auch die unentgeltliche Übergabe vorgesehen.

Der L.-Handel mit den Nicht-RGW-Ländern basiert ebenfalls auf der seit 1969 geltenden VO über L.-Nahme und L.-Vergabe, die die eigens für Nicht-RGW-Länder geschaffene VO von 1965 ablöste, da in deren Rahmen kein Aufschwung der L.-Geschäfte gegenüber dem vorherigen Stand stattgefunden haben soll. Zahlenangaben über den West-Lizenz-Handel sind für diesen

Zeitraum nicht verfügbar. In der Zeit von 1960 bis 1966 sollen jedoch 300 L.-Verträge mit dem Westen – Wertangaben wurden nicht gemacht – abgeschlossen worden sein.

Auch über den L.-Handel mit den RGW-Ländern ist kein geschlossener statistischer Überblick zu gewinnen. Im Zeitraum 1969–1971 soll sich der RGW-Handel der DDR mit L. – allerdings von niedrigem Niveau ausgehend – verzwölffacht haben. Aus der UdSSR sollen sich die DDR-Lizenznahmen 1971 gegenüber 1970 auf 450 v. H., die Vergaben in die UdSSR auf 550 v. H. erhöht haben. Sowjetischen Angaben zufolge nahm die DDR 1971 zwölf L. im Werte von 9 Mill. Rubel und vergab 16 im Werte von 5 Mill. Rubel. Nach wie vor der wichtigste L.-Partner der DDR dürfte die Bundesrepublik Deutschland sein.

Lizenzgeschäfte im Rahmen des innerdeutschen Handels 1968–1973 (in Mill. VE)

	1968	1969	1970	1971	1972	1973
Ausgaben der DDR für Lizenzen und Patente	5,1	10,1	12,9	7,7	7,1	5,5
Einnahmen der DDR aus Lizenzen und Urheberrechten	1,0	1,2	2,0	2,4	7,2	2,8

Ein 1968 gegründeter Arbeitskreis für L.-Ökonomie an der TU Dresden kam 1973 zu dem Ergebnis, daß der L.-Handel immer noch Hemmnissen unterliege. Von 123 untersuchten L.-Geschäften seien nur bei 23 Geschäften Daten über den eingetretenen bzw. geplanten Nutzeffekt ermittelt worden. Bei nur 5 Geschäften seien Gegenrechnungen zur Eigenentwicklung aufgestellt worden. Als Ursachen führte der Arbeitskreis an, daß die L. in der DDR immer noch nicht zur Erhöhung der Leistungsfähigkeit genutzt und nur selten als unmittelbarer Bestandteil von Entwicklungsaufgaben angesehen werden.

LKG: Abk. für Leipziger Kommissions- und Großbuchhandel. → **Buchhandel.**

Lohnausgleich: Bei Arbeitsunfähigkeit wird neben dem → **Krankengeld** durch die Betriebe für insgesamt 6 Wochen im Kalenderjahr L. als Differenz zwischen dem Krankengeld und 90 v. H. des Nettoverdienstes gezahlt. Zeitlich unbegrenzt L. wird bis zur Wiederaufnahme der Arbeit oder Berentung bei Arbeitsunfähigkeit wegen Unfalls bzw. Berufskrankheit oder Quarantäne gewährt.

Vollen L. (bis zu 100 v. H. des Nettodurchschnittsverdienstes) erhalten Lehrlinge (bis zu 12 Wochen im Kalenderjahr), Kämpfer gegen den Faschismus oder Verfolgte d. F. (für die gesamte Dauer des Krankengeldbezuges, → **Wiedergutmachung**) sowie Mitglieder von Kampfgruppen bei Dienstunfall.

Lohnfonds: Begriff in der Planung: die für einen bestimmten Zeitraum geplante Bruttolohn- und Gehältersumme (Summe der → **Arbeitseinkommen** ohne Prämien und Sozialeinkommen) der Arbeiter und Angestellten.

Der L. wird in den Plänen aller Ebenen festgelegt, seine planmäßige Inanspruchnahme und Verwendung werden kontrolliert. Die → **Planung** des L. ist eine wichtige Seite der zentralen staatlichen Einkommenspolitik. Etwa zwei Drittel der → **Einkommen** der Bevölkerung werden über den L. verteilt. → **Lohnformen und Lohnsystem.**

Lohnformen und Lohnsystem

Realeinkommen und Arbeitseinkommen – Arbeitslohn – Tariflohn – Mehrleistungslohn – Lohnformen – Prämien – Lohnpolitik

I. Realeinkommen und Arbeitseinkommen

Jedes Einkommen, das die Werktätigen in der DDR erhalten, wird statistisch unter dem Begriff *Realeinkommen* gefaßt.

Teile dieses Realeinkommens sind unabhängig von den individuellen Leistungen der Werktätigen und werden entsprechend den Bedürfnissen über den gesellschaftlichen Konsumtionsfonds verteilt. Hierzu gehören u. a. die Aufwendungen für Bildung, Kultur, Verwaltung, Sicherheit, Gesundheitswesen etc. In der kommunistischen Gesellschaftsformation soll die Verteilung nach den Bedürfnissen alleinige „Einkommensform" werden.

Entsprechend dem Entwicklungsstand der Produktivkräfte kann im Sozialismus die Verteilung nach den Bedürfnissen noch nicht die umfassende gesellschaftliche Verteilungsform werden: Der weitaus größte Teil des Realeinkommens ist in dieser Phase noch von der Arbeitsleistung abhängig. Dieses Einkommen wird als → **Arbeitseinkommen** bezeichnet, als dasjenige Einkommen, „welches entsprechend der Quantität und Qualität der geleisteten Arbeit vom sozialistischen Staat in Übereinstimmung mit den Erfordernissen der gesellschaftlichen Entwicklung planmäßig zur Verfügung gestellt wird".

Da das Niveau des Arbeitseinkommens immer abhängig ist von der Effektivität des gesellschaftlichen Gesamtarbeiters, der Leistung des Betriebes und der Leistung des Individuums, soll bei der Gestaltung des Arbeitseinkommens den Werktätigen dieser Zusammenhang sichtbar werden, um eine Harmonisierung dieser drei Ebenen sicherzustellen.

II. Arbeitseinkommen und Arbeitslohn

Das Arbeitseinkommen, als Einkommen aus eigener Arbeit, setzt sich zusammen aus dem Arbeitslohn und anderen Beträgen, die mit der Arbeitsleistung der Werktätigen unmittelbar zusammenhängen, aber nicht aus dem Lohnfonds finanziert werden, wie die Prämien und die Zuschläge zur Entlohnung. Als Zuschläge zur Entlohnung werden gefaßt:

Zuschläge für Arbeitserschwernisse wie Schmutz, Gefahr, Hitze. Zuschläge für planmäßige Schichtarbeit, Nacht-, Sonn- und Feiertagsarbeit. Zuschläge für Überstunden;

Zusatzlöhne als Entgelt für Zeiträume, in denen keine Arbeitsleistung für den Betrieb erfolgt, so beispielsweise für Erholungsurlaub, Haushaltstag und für die Wahrnehmung staatsbürgerlicher Rechte und Pflichten;

→ **Lohnausgleich**, ein Betrag, der vom Betrieb zu zahlen ist, zusätzlich zur Leistung der Sozialversicherung in Höhe der Differenz zwischen Krankengeld und 90 v. H. des Nettodurchschnittsverdienstes, u. a. bei Arbeitsunfall und Krankheit.

Zuschläge, Zusatzlohn und Lohnausgleich sind Bestandteile des Arbeitslohnes.

Zuwendungen, wie Kinder- und Ehegattenzuschläge sowie Weihnachtszuwendungen, die dem Arbeitseinkommen, nicht aber dem Arbeitslohn zugerechnet werden.

Bei qualitätsgeminderter Produktion und bei Ausschuß besteht die Möglichkeit von Lohnabzug.

Der Arbeitslohn als wichtigster Bestandteil des Arbeitseinkommens bildet die Hauptform der Verteilung nach der Arbeitsleistung. In der materiellen Produktion beträgt der Anteil des Arbeitslohnes am Arbeitseinkommen durchschnittlich 95 v. H. Dem Arbeitslohn werden im wesentlichen zwei sich wechselseitig bedingende Funktionen übertragen:

1. als Reproduktionsfaktor der Arbeitskraft,
2. als ökonomischer Hebel.

Zugleich ist der Arbeitslohn Kostenfaktor der sozialistischen Produktion.

Grundbedingung für den Arbeitslohn ist, daß er wenigstens die Reproduktion der Arbeitskraft sichert. Der Lohn, der bestimmt ist durch die Reproduktionskosten bei einfacher Arbeit, wird als Mindestlohn bezeichnet.

Der *Mindestlohn* soll gewährleisten, daß die Werktätigen als Träger der Arbeitskraft sich selbst reproduzieren können, die Ernährung einer Familie gesichert ist, die Arbeitskraft gebildet und erzogen werden kann.

Diese Bedingungen gelten als objektive Faktoren zur Bestimmung des Mindestlohnniveaus. Sie sichern, daß die Werktätigen in dem Umfang mit materiellen Lebensgütern versorgt werden, die die einfache Reproduktion – das Existenzminimum – gewährleistet. Dieses Existenzminimum verändert sich mit dem Wandel in den Lebensbedingungen der werktätigen Bevölkerung.

In der DDR herrscht die Meinung, daß unter sozialistischen → **Produktionsverhältnissen** nicht von der einfachen Reproduktion auszugehen ist, sondern von dem „sozialistischen Reproduktionsminimum". Hierunter wird die „unumgängliche erweiterte Re-

produktion" der Arbeitskraft verstanden, die allein die Herausbildung „allseitig entwickelter sozialistischer Persönlichkeiten" gewährleistet.

Damit sind die objektiven Faktoren der Reproduktionskosten nicht mehr allein ausschlaggebendes Moment für die Festsetzung des Mindestlohns. Dieser wird vielmehr von dem Niveau der → **Produktivkräfte** und der daraus resultierenden Größe des Konsumtionsfonds bestimmt. Hieraus wird gefolgert, daß mit der Entwicklung der Produktivkräfte der Mindestlohn, ausgehend vom Reproduktionsminimum, kontinuierlich steigt, bis die Verteilung nach den Bedürfnissen möglich sein wird.

Während das Existenzminimum von der Notwendigkeit der einfachen Reproduktion bestimmt wird, erfolgt die Festlegung des Mindestlohnes auf der Basis des Entwicklungsstandes der Produktivkräfte, des Niveaus der Arbeitsproduktivität und des Wachstums des Nationaleinkommens.

Der Lohn als ökonomischer Hebel zur Stimulierung der sozialistischen Produktion soll auf eine optimale Übereinstimmung zwischen den „gesellschaftlichen Erfordernissen" und den „persönlichen materiellen Interessen" hinwirken. In diesem Zusammenhang soll der Lohn die Werktätigen vor allem zur Steigerung der Arbeitsproduktivität, zur Senkung der Selbstkosten der Betriebe, zu einer optimalen Kapazitätsausnutzung und einer hohen Qualität der Arbeitsausführung stimulieren. Daneben spielt der Lohn als Qualifizierungsanreiz eine wesentliche Rolle, da der Grad der Qualifikation die Lohnhöhe beeinflußt. Von einem gegebenen Gesamtvolumen des Lohnes innerhalb eines bestimmten Zeitraumes ausgehend, ergibt sich allerdings ein gewisser Widerspruch zwischen der Forderung nach Erhöhung des Mindestlohnes und der Forderung nach Stimulierung durch den Lohn. Denn je höher der Mindestlohn ist, desto weniger Lohnmasse kann der Staat als Anreiz für die „materielle Interessiertheit" einsetzen. Das Verhältnis zwischen dem gesamten Lohnvolumen und dem Teil, der für die Mindestlöhne benötigt wird, ist also nicht beliebig variierbar, wenn die Rolle des Arbeitslohnes als ökonomischer Hebel aufrechterhalten werden soll.

III. Tariflohn und Mehrleistungslohn

Der Arbeitslohn setzt sich zusammen aus dem Tariflohn und dem Mehrleistungslohn. Im Mehrleistungslohn finden die Qualität der Arbeitsausführung und Quantität der Arbeitsleistung Berücksichtigung und werden durch ihn stimuliert. Die Höhe des Tariflohnes wird durch die Qualität der Arbeitsleistung bestimmt. Der Tariflohn ist jener Anteil am Arbeitslohn, der die Reproduktion der Arbeitskraft sichert und zugleich das Interesse an weiterer Qualifizierung anregen soll.

Ausgangspunkt des Tariflohnsystems ist der Mindesttariflohn, der für einfache Arbeit gezahlt wird.

Dies ergibt sich aus der bereits entwickelten Argumentation, daß bei jeder Entlohnung die Reproduktion und ein dem Entwicklungsstand der Produktivkräfte entsprechender Lebensstandard gesichert sein muß und der Mindestlohn diese Bedingungen gerade erfüllt. Daß der Mindesttariflohn also gleich dem Mindestlohn sei, ist zumindest theoretisch zutreffend, da nur der Tariflohn gesichertes Einkommen ist und der Mehrleistungslohn von der Arbeitsausführung abhängig, also unbestimmt ist.

Das Prinzip der Verteilung nach der Arbeitsleistung erfordert, daß der Tariflohn – aufbauend auf dem Mindesttariflohn – entsprechend den Anforderungen der verschiedenen Tätigkeiten, insbesondere an die Qualifikation und die Verantwortung der Werktätigen, differenziert wird.

Die qualitativ unterschiedlichen Arbeitsanforderungen werden durch die → **Arbeitsklassifizierung** berücksichtigt. Mit ihrer Hilfe wird die Anforderung an das Arbeitsvermögen ermittelt und jeweils einer Lohn- bzw. Gehaltsgruppe zugeordnet, denen wiederum unterschiedliche Tariflöhne entsprechen.

Im derzeit geltenden Tarifsystem gibt es folgende Lohn- bzw. Gehaltsgruppen:

8 Lohngruppen der Produktionsarbeiter,
4 Gehaltsgruppen der Meister und Lehrmeister,
8 Gehaltsgruppen der technischen und kaufmännischen Angestellten,
5 Gehaltsgruppen der Wirtschaftler,
5 Gehaltsgruppen des Ingenieur-technischen Personals,
6 Gehaltsgruppen der nicht in der Produktion Beschäftigten.

Die Tarifsätze jeder Beschäftigtengruppe sind in einer Tariftabelle zusammengefaßt. Die Tarifsätze aller Tariftabellen sollen entsprechend dem Grad der Arbeitsanforderung in richtigen Proportionen zueinander stehen, damit das Leistungsprinzip nicht verletzt wird. Gegenwärtig ist die Schaffung eines für alle Werktätigen einheitlichen Tarifsystems noch nicht erreicht. Es gibt in der DDR noch Lohndifferenzen, die nicht auf unterschiedlichen Arbeitsanforderungen beruhen:

Die noch bestehende Differenzierung des Arbeitslohnes nach der volkswirtschaftlichen Bedeutung der Wirtschaftszweige;

die noch bestehende Differenzierung innerhalb der Zweige durch die Anwendung von Betriebsklassen, d. h. Differenzierung in Abhängigkeit von der volkswirtschaftlichen Bedeutung des Betriebes;

Differenzierung der Tarifsätze nach Ortsklassen. Gegenwärtig gibt es noch 2 Ortsklassen, neben Sonderklassen für Schwerpunktobjekte und Großstädte.

Ein besonderes Problem sozialistischer Lohnpolitik ist die Bestimmung eines „ausgewogenen" Verhältnisses zwischen Tariflohn und Mehrleistungslohn. Einigkeit besteht darüber, daß der Tariflohn den Hauptteil des Lohnes ausmachen sollte, weil über ihn die Qualität der Arbeitsleistung abgegolten und die Werktätigen an der Qualifizierung materiell interessiert werden.

Zur Bewertung der Arbeitsleistung ist der Tariflohn allein nicht ausreichend, denn hiermit können quantitative Leistungsunterschiede – bei gleicher Arbeitsanforderung, also bei qualitativ gleichartiger Arbeit – nicht erfaßt und somit auch nicht materiell anerkannt werden. Der Mehrleistungslohn soll den Tariflohn also dort ergänzen, wo mit diesem die Arbeitsleistung nicht genügend bewertet werden kann, nämlich bei der Beurteilung der Quantität der Arbeitsleistung und der Qualität der Arbeitsausführung.

Während derzeit in der DDR der Anteil des Tariflohnes am Gesamtlohn etwa 50 v. H. (in einigen Wirtschaftszweigen sogar weniger als 50 v. H.) ausmacht, wird ein Tariflohnanteil von 85 bis 90 v. H. für wünschenswert gehalten. Wie hoch immer auch sein Prozentanteil ist, stellt der Mehrleistungslohn das Äquivalent für erbrachte unterschiedliche meßbare Leistungen dar. Er gilt als der variable Teil des Lohnes, der monatlich je nach Leistungserfüllung differiert. Damit fungiert der Mehrleistungslohn zugleich als ökonomischer Hebel, der die persönliche materielle Interessiertheit der Werktätigen auf die „Durchsetzung der gesellschaftlichen Erfordernisse zur Erhöhung des Nutzeffekts der Arbeit" orientieren soll.

Daher ergibt sich die Notwendigkeit, die unterschiedlichen konkreten Produktions- und Arbeitsbedingungen zu berücksichtigen. Nur so ist der Mehrleistungslohn über diejenige L. abzugelten, die dieser Forderung am ehesten gerecht wird. Durch die verschiedenen – auf dem Tariflohn aufbauenden – L. wird festgelegt, „in welchem Maße die auf der Grundlage von Arbeitsnormen und anderen Leistungskennziffern gemessene Arbeitsleistung im Einzelfall lohnmäßig berücksichtigt wird . . . Je nach den gegebenen Produktionsbedingungen sowie der aus ihnen resultierenden konkreten Art der Arbeitsleistung ergibt sich die entsprechende ökonomisch zweckmäßige Form der Entlohnung". Zur Bestimmung des Mehrleistungslohnes sind daher Arbeitsnormen erforderlich (→ **Arbeitsnormung**), die Maßstäbe für eine differenzierte Entlohnung nach der Quantität der Arbeitsleistung setzen.

IV. Lohnformen (L.)

Durch die L. wird festgelegt, wie die auf der Grundlage von Arbeitsnormen und Leistungskennziffern gemessene Arbeitsleistung im Lohn berücksichtigt und hierdurch der Mehrleistungslohn realisiert wird. Mit Hilfe der Arbeitsnormen und Kennziffern ist es möglich, auf dem Tariflohn aufbauend diejenige L. zu finden, die den gegebenen Verhältnissen, also den jeweiligen speziellen Betriebsbedingungen, am besten angepaßt ist. Infolgedessen können die Betriebe selbst über die Ausarbeitung und Festlegung ökonomisch zweckmäßiger L. entscheiden.

Die möglichen Varianten der Entlohnung lassen sich auf 2 Grund-L. zurückführen: den Zeitlohn und den Stücklohn.

Beim *Stücklohn* ist die Lohnhöhe abhängig vom Tarifsatz und vom Arbeitszeitaufwand für die Produktion eines bestimmten Erzeugnisses. Die Arbeitsleistung wird also direkt anhand der erzielten Arbeitsergebnisse berücksichtigt. Der Mehrleistungslohn, der sich in diesem Falle prozentual im selben Verhältnis entwickelt wie die Normerfüllung, ist einseitig an mengenmäßigen Arbeitsergebnissen orientiert. Seine Anwendung ist daher wirtschaftlich nur vertretbar, wenn der Zeitaufwand exakt meßbar und entscheidendes Kriterium ist, wenn für die Qualität des Erzeugnisses keine weitere Kennziffer benötigt wird und die Senkung des Arbeitszeitaufwandes pro Erzeugnis der wichtigste variable Faktor ist. Um bei dieser Form der Entlohnung ungerechtfertigte Lohnsteigerungen zu unterbinden, wird hierbei besonders auf die Einhaltung des Grundsatzes „Neue Technik – Neue Normen" geachtet.

Eine Weiterentwicklung des einfachen Stücklohnes ist der *Prämienstücklohn*. Da in diesem Fall der aufgrund des mengenmäßigen Arbeitsergebnisses erarbeitete Mehrleistungslohn durch den Erfüllungsgrad qualitativer Kennziffern ergänzt wird, ist eine rein mengenmäßige Leistungsorientierung nicht mehr möglich. Die bei dieser L. angewendeten qualitativen Kennziffern können u. a. die Qualität des Erzeugnisses, den Materialverbrauch oder die Kapazitätsausnutzung berücksichtigen.

Um jedoch diese L. nicht zu kompliziert zu gestalten und den Zusammenhang zwischen Lohn und Leistung für die Werktätigen transparent zu halten, sollten nur 2, höchstens 3 Kennziffern Anwendung finden.

Beim *Zeitlohn* ist die Lohnhöhe abhängig vom Tarifsatz und der geleisteten Arbeitszeit. Die Arbeitsergebnisse werden nicht direkt berücksichtigt, wobei allerdings vorausgesetzt wird, daß die mit der Arbeitsaufgabe verbundene Leistung quantitativ und qualitativ ständig erbracht wird. Dafür stellt der Tariflohn als Ausdruck der Arbeitsanforderung das entsprechende Äquivalent dar. Zwar sind auch hier Leistungsunterschiede möglich, die im Rahmen der „Von-Bis-Spannen" der Gehälter abgegolten werden können, aber grundsätzlich ist der materielle Anreiz zur Verbesserung der Arbeitsergebnisse unzureichend. Daher wird der Zeitlohn nur dort angewendet, wo keine meßbaren Leistungskennziffern eingesetzt werden können, bzw. ihre Anwendung zu aufwendig ist.

Der *Prämienzeitlohn*, bei dem der einfache Zeitlohn durch ein Prämiensystem ergänzt wird, findet dort seine zweckmäßige Anwendung, wo mengenmäßige

Ergebnisse nicht unmittelbar beeinflußt werden können bzw. nicht exakt meßbar sind, aber andere, das materielle Interesse stimulierende Bedingungen gegeben sind, d. h. wo der Arbeiter kaum Einfluß auf den Arbeitszeitaufwand, wohl aber auf die Qualität seiner Produkte und den Materialverbrauch nehmen kann. Mit fortschreitender Mechanisierung und Automatisierung gewinnt diese L. wachsende Bedeutung. Grundsätzlich gibt es in der Praxis keine starre Abgrenzung zwischen den einzelnen L.; besonders zwischen dem Prämienzeitlohn und dem Prämienstücklohn sind die Grenzen fließend.

Eine Unterscheidung der L. auf einer ganz anderen Ebene ergibt sich aus ihrer individuellen bzw. kollektiven Anwendung. Bei der individuellen Entlohnung ist die Arbeitsaufgabe eine individuell erfaßbare und abrechenbare Größe. Kollektive Entlohnung bedeutet, daß der Lohn für eine Gruppe von Arbeitskräften in Abhängigkeit von der kollektiven Leistung berechnet wird und die Lohnhöhe des einzelnen sich aus dem Tarifsatz entsprechend seiner Lohngruppe, aus seiner geleisteten Arbeitszeit und aus der Erfüllung der Normen und Kennziffern durch das Kollektiv ergibt. Seine Anwendung kann aus technologischen (Zusammenarbeit an einer Maschine) oder wirtschaftlichen Gründen (Schnellreparatur) notwendig sein. Der Anwendungsbereich dieser kollektiven L. wird sich mit der technischen Entwicklung vergrößern.

Ein Mangel dieser L. ist, daß individuelle Leistungsunterschiede von vornherein unberücksichtigt bleiben. So kann es zu ungerechtfertigter Gleichbezahlung kommen. Um dem vorzubeugen, sollte das Kollektiv nicht zu groß sein, und der kollektiv erarbeitete Mehrleistungslohn sollte den individuellen Leistungen entsprechend aufgeteilt werden.

Eine kollektive L., die zunehmend an Bedeutung gewinnt, ist der *Prämienlohn nach Plannormen*. Er verbindet unmittelbar zwei wesentliche Faktoren, die persönliche materielle Interessiertheit mit der Erfüllung der Planaufgaben. Seine Anwendung setzt die Aufschlüsselung des betrieblichen Produktionsplanes voraus.

Wichtigste Grundlage sind die TAN (Technischen Arbeitsnormen, → **Normung**), die für jeden Arbeitsgang unter Einbeziehung von gegebenen Leistungskennziffern (u. a. Kapazitätsausnutzung, Qualität) ermittelt werden müssen. Aus der Zusammenfassung der Einzelnormen aller Arbeitsgänge, die in einem Arbeitsbereich vorkommen, werden sogenannte Komplexnormen je Erzeugnis festgelegt, die sodann, multipliziert mit der nach Plan anzufertigenden Menge (Erzeugnismenge), die Plannorm ergeben. Diese Plannorm ist somit die in Arbeitsstunden und in Naturaleinheiten ausgedrückte Planaufgabe für ein → **Kollektiv**. Die Höhe des Mehrleistungslohnes des Kollektivs mißt sich an der Erfüllung der Plannormen und der anderen (qualitativen)

Kennziffern. Ausgehend von diesem kollektiv erarbeiteten Mehrleistungslohn wird der individuelle Anteil jedes Werktätigen entsprechend seiner Leistung festgelegt.

V. Prämie

Neben dem Arbeitslohn bilden die Prämien den zweiten wichtigen Teil des Arbeitseinkommens. Die Prämie soll die Funktion des Arbeitslohnes ergänzen und das persönliche materielle Interesse an der Durchsetzung der ökonomischen Gesetze und der Erfüllung wichtiger gesellschaftlicher Aufgaben verstärken. Dies soll geschehen, indem die Prämie – beweglicher und variabler als der Lohn – nicht nur auf die individuelle Leistung der Werktätigen bezogen ist, sondern auch von dem Arbeitsergebnis des gesamten Betriebskollektivs abhängig ist. Damit sind die unterschiedlichen Funktionen von Lohn und Prämie ein Ausdruck der individuellen und der kollektiven Verantwortung, die die Werktätigen im Betrieb tragen.

Die Prämie wird in ihrer absoluten betrieblichen Höhe direkt vom Gesamtergebnis des Betriebes, seinem Nettogewinn, bestimmt und im Prämienfonds zusammengefaßt. Seine Mittel dienen augenblicklich der Prämiierung.

Seit 1967 ist die → **Jahresendprämie** Hauptform der Prämiierung. Neben ihr werden aus dem Prämienfonds bezahlt:

Prämien für hervorragende Initiativleistungen im → **sozialistischen Wettbewerb**. Hierzu zählen die vorbildliche Erfüllung der Wettbewerbsziele, die Anwendung neuer Arbeitsmethoden, erfolgreiche Teilnahmen an der Neuererbewegung, aber auch Spitzenleistungen in Forschung und Entwicklung; auftragsgebundene Prämien, mit denen Kollektive an der Lösung bestimmter Aufgabenkomplexe materiell interessiert werden sollen. Diese Prämienform wird in der DDR erst seit 1969 angewandt.

Durch die Abhängigkeit der Jahresendprämie vom Betriebsergebnis und der Konzentration der Fondsmittel auf sie wird die Leistung des einzelnen Werktätigen unmittelbar mit der Leistung des Betriebskollektivs verbunden.

Um die Wirksamkeit der Jahresendprämie als ökonomischem Hebel zu gewährleisten, muß sie in einer bestimmten Mindesthöhe gezahlt werden, da zu kleine Prämien keine stimulierende Wirkung mehr ausüben. Aus diesem Grunde kann jeder Betrieb sie nur dann an seine Angehörigen auszahlen, wenn die Höhe des Prämienfonds die Zahlung von mindestens einem Drittel eines Monatsverdienstes für jeden ermöglicht und zudem eine leistungsgerechte Differenzierung der Prämie gewährleistet ist. Um diese Differenzierung zu erreichen, sind den Kollektiven und den einzelnen Werktätigen aus dem Jahresplan abgeleitete Leistungskriterien vorgegeben.

Auf dieser Grundlage erfolgt die Bestimmung der Jahresendprämie für jeden Werktätigen in drei Schritten:

Ausgangspunkt ist das Betriebsergebnis, das die Höhe des Prämienfonds bestimmt und von entscheidendem Einfluß auf die individuelle Prämienhöhe ist.

Den einzelnen Bereichen und Abteilungen des Betriebes werden ihre Prämienmittel entsprechend der erreichten Leistungen zugeteilt.

Innerhalb der Bereiche und Abteilungen werden die Prämien entsprechend der unterschiedlichen individuellen Leistungen differenziert.

Die Jahresendprämie findet ihre obere Begrenzung im zweifachen eines Monatsgehalts im Jahresdurchschnitt. Hiermit sollen Disproportionen und durch Leistung nicht gerechtfertigte Einkommensunterschiede vermieden werden.

VI. Lohnpolitik

Die heute in der DDR praktizierte Lohnpolitik unterscheidet sich beträchtlich von dem von der SED angestrebten Zustand. Wie in der Bundesrepublik Deutschland wirken auch die Gewerkschaften in der DDR aktiv an der Gestaltung des Tarifvertragssystems mit. Der Einfluß des Staates auf die Lohnpolitik ist dort aber ungleich größer: Grundsätzliche Fragen der Entwicklung und Gestaltung des Lohn- und Tarifvertragssystems werden vom Ministerrat in Übereinstimmung mit dem FDGB beschlossen. Auf dieser Grundlage wird die Gestaltung der Tariflöhne von den wirtschaftsleitenden Organen unter Mitwirkung der zuständigen Gewerkschaftsorgane in Rahmenkollektivverträgen geregelt.

Aufgabe der Lohnpolitik ist es, den → **Lohnfonds**, der in den Plänen für die gesamte Volkswirtschaft bis hin zu den einzelnen Betrieben und Institutionen festgelegt ist, so einzusetzen, daß er den wachstumspolitischen Zielen entspricht.

Im einzelnen sollen eine Erhöhung der Arbeitsleistung, Hebung des Qualifikationsniveaus, Lenkung der Arbeitskräfte mit Hilfe der Lohnpolitik erreicht werden. Dazu bedient man sich der → **materiellen Interessiertheit** der Arbeitnehmer. Das Streben nach einem höheren Lebensstandard soll durch die Differenzierung der Löhne und Gehälter nach Leistung, Anforderung und volkswirtschaftlicher Bedeutung der Wirtschaftszweige in die gewünschten Bahnen gelenkt werden.

Das derzeitige Ls. kann diese Aufgaben aber nur unvollkommen erfüllen: In vielen Betrieben haben sich nicht leistungsbedingte Unterschiede im Lohn herausgebildet, zudem wird qualifizierte Arbeit oft schlechter entlohnt als weniger qualifizierte.

Lohnerhöhungen haben sich vor allem bei den Arbeitern über den Mehr(leistungs)lohn bzw. der Mehrleistungsprämie (Teil des Lohns, der neben dem Tariflohn in Abhängigkeit von der Planerfüllung gezahlt wird) vollzogen. Der Anteil des Tariflohns am Effektivlohn liegt derzeit nur noch bei 50 v. H. Dadurch sind die Wirkungsmöglichkeiten des Tarifsystems als Steuerungsinstrument weitgehend aufgehoben. Weil der Mehrlohn schon bei der Erfüllung der vorgegebenen Norm gezahlt wird, widerspricht er einer leistungsgerechten Entlohnung, wenn – wie vielfach beobachtet – Arbeitsproduktivitätssteigerungen nicht durch Normkorrekturen berücksichtigt werden. Außerdem werden die vorwiegend an den Tarifen ausgerichteten Löhne in Bereichen, in denen eine Leistungsmessung schwer möglich ist, benachteiligt. Häufig werden davon höher Qualifizierte (z. B. Meister, Techniker) betroffen. Die Ausweitung des Mehrlohnanteils steht somit der Bereitschaft zu höherer Qualifizierung entgegen. Eine weitere unerwünschte Folge dieser Entwicklung ist die → **Fluktuation** aus Bereichen mit geringerem Mehrlohnanteil (z. B. Handel, Dienstleistungen) in solche mit hohem Mehrleistungsanteil. Der Ministerrat der DDR sah sich deshalb veranlaßt, seine Lohnpolitik zu überprüfen. Auf dem 8. Bundeskongreß des FDGB wurden 1972 Änderungen angekündigt: Ein neues Ls. wird vorbereitet. In Zukunft soll die Tarifpolitik wieder Kernstück der Lohnpolitik werden. Die neuen Tariflöhne sollen einen wesentlich höheren Anteil am Effektivlohn erhalten. Bisher sind allerdings nur Übergangslösungen aus einigen Betrieben bekannt geworden. Eine generelle Lösung ist in Kürze nicht zu erwarten, weil die tarifpolitischen Maßnahmen nicht zu Lohneinbußen führen sollen. → **Einkommen.**

Lohngruppen: → **Lohnformen und Lohnsystem.**

Lohngruppenkatalog: → **Wirtschaftszweig-Lohngruppenkatalog.**

Lohnpolitik: → **Lohnformen und Lohnsystem.**

Lohnsteuer: → **Steuern.**

Londoner Protokoll: Unter der Sammelbezeichnung LP. ist zu verstehen:
1. Das Protokoll über die Besatzungszonen in Deutschland und die Verwaltung von Groß-Berlin vom 12. 9. 1944,
2. das Abkommen über Ergänzungen zum Protokoll vom 12. 9. 1944 über die Besatzungszonen in Deutschland und die Verwaltung von Groß-Berlin vom 14. 11. 1944,
3. das Abkommen über Ergänzungen zum Protokoll vom 12. 9. 1944 über die Besatzungszonen in Deutschland und die Verwaltung von Groß-Berlin vom 26. 7. 1945 und
4. die Feststellung über die Besatzungszonen in Deutschland vom 5. 6. 1945.
Frankreich, Großbritannien, die UdSSR und die Vereinigten Staaten einigten sich über die Aufteilung von „Deutschland . . . innerhalb seiner Grenzen, wie sie am 31. 12. 1937 bestanden, für Besatzungszwecke in vier Zonen . . .'' Die Besatzungstruppen jeder Zone unterstanden einem von der verantwortlichen Macht bestimmten Oberbefehlshaber. Das Gebiet von Groß-Berlin wurde von Truppen einer jeden der Vier Mächte besetzt. „Zwecks gemeinsamer Leitung der Verwaltung dieses Gebietes'' wurde eine interalliierte Behörde (russisch: Komendatura) errichtet, die aus vier von den entsprechenden Oberbefehlshabern ernannten Kommandanten bestand.
Die Demarkationslinien zwischen den Besatzungszonen verlaufen nach dem LP weitgehend entlang den 1945 bestehenden Landes- bzw. Provinzgrenzen. Örtliche Abweichungen dieser Grenze erfolgten aufgrund späterer Vereinbarungen der damaligen Besatzungsmächte. Die Bundesrepublik Deutschland entstand in den Grenzen der ehemaligen amerikanischen, britischen und französischen Besatzungszone, die DDR innerhalb der Grenzen der sowjetisch besetzten Zone. Berlin war nicht Bestandteil der vier Besatzungszonen, insbesondere nicht der es umgebenden sowjetischen Besatzungszone; Deutschland wurde in die Zonen und das Sondergebiet → **Berlin** geteilt.
In einer Erklärung zu Protokoll beim Abschluß des Vertrages über die Grundlagen der Beziehungen zwischen der Bundesrepublik Deutschland und der Deutschen Demokratischen Republik (Grundlagenvertrag) über die Aufgaben der → **Grenzkommission** durch die beiden Delegationsleiter wurde Einvernehmen darüber erklärt, daß der Verlauf der Grenze zwischen der Bundesrepublik Deutschland und der Deutschen Demokratischen Republik sich nach den diesbezüglichen Festlegungen des LP. vom 12. 9. 1944 bestimmt. Soweit örtlich die Grenze von diesen Festlegungen aufgrund späterer Vereinbarungen der damaligen Besatzungsmächte abweicht, soll ihr genauer Verlauf durch die Grenzkommission an Ort und Stelle unter Beiziehung aller Unterlagen festgelegt und markiert werden.

Lotterie: Schon 1945 ist die „Sächsische Landeslotterie'' gegründet worden. 1953 und 1954 wurden Toto und Lotto eingeführt, obwohl bis dahin gleichartige Spielbetriebe in der Bundesrepublik Deutschland häufig angegriffen worden waren.
Durch AO vom 20. 4. 1968 (GBl. II, S. 253) wurde der VEB Vereinigte L.-Betriebe in Leipzig, in dem 1963 der VEB Zahlen-L., die Berliner Bären-L. und die Sächsische Landes-L. aufgegangen waren, und der VEB Sport-Toto Berlin zum VEB Vereinigte Wettspielbetriebe mit Sitz in Ost-Berlin zusammengeschlossen.
Dieser einheitliche Wettspielbetrieb führt neben der Sächsischen Landes-L. und Sonder-L. zu bestimmten Anlässen gegenwärtig folgende Wettspiele durch: Zahlenlotto „5 aus 90'', Lotto-Toto „5 aus 45'', das Sportfest-Toto „6 aus 49'', das Fußball-Toto, die Losbrief-L. „Fortuna Expreß'' sowie das Tele-Lotto „5 aus 35'' (seit Januar 1972).
Der Umsatz aus diesen Wettspielbetrieben betrug in

den zwanzig Jahren seit November 1953 11,1 Mrd.
Mark, davon wurden 6,7 Mrd. Mark als Gewinn ausge-
schüttet. Der Reinertrag von 3,7 Mrd. Mark ist vor allem für den Bau von Sportstätten und Naherholungszentren verwendet worden.

LPG: → **Landwirtschaftliche Betriebsformen.**

**LPG-Gemeinschaftseinrichtungen zur Beschaf-
fung landwirtschaftlicher Produktionsmittel:** Ländliche → Genossenschaften.

LPG-Gesetz: → **Landwirtschaftliche Betriebsformen;
Agrarpolitik.**

Luftschutz: → **Zivilverteidigung.**

Luftsicherheitszentrale: → **Berlin.**

Luftverkehr: → **Verkehrswesen.**

Luftwaffe: → **Nationale Volksarmee.**

M

Maifeier: Der 1. Mai wird in der DDR als „internationaler Kampftag der Arbeiterklasse" begangen.

Die überall stattfindenden Aufmärsche werden in Ost-Berlin in der Regel von demonstrativen militärischen Paraden der → **NVA** und der → **Kampfgruppen** begleitet. Damit verstößt die DDR gegen den entmilitarisierten Status → **Berlins**, der die Anwesenheit deutscher bewaffneter Verbände verbietet.

Die Propagandafunktion des 1. Mai (in den letzten Jahren gelegentlich bis zu 45 sogenannte „Mai-Losungen", Reden der Politbüromitglieder in allen Bezirken) wird von der Parteiführung gekoppelt mit einer meist kurz vorher erfolgten großzügigen Verleihung von Preisen, Titeln und Auszeichnungen, bzw. mit unmittelbar den Lebensstandard der Bevölkerung berührenden Maßnahmen zur Konsumgüterproduktion oder mit Preissenkungen für Güter des täglichen Bedarfs wie zum 1. 5. 1974. → **Auszeichnungen**.

Malerei: → **Bildende Kunst**.

Maoismus: Im Verständnis des → **Marxismus-Leninismus** die ideologische Konzeption Mao Tse-tungs. Als wesentliche Merkmale des M. werden „Großmachtchauvinismus" („Sinozentrismus"), „Antisowjetismus" und „Antikommunismus" hervorgehoben. Weiterhin wird der M. des politischen „Pragmatismus" und der „Prinzipienlosigkeit" geziehen. Seine theoretische Grundlage sei eklektisch und setze sich aus „vulgarisierten marxistisch-leninistischen Leitsätzen, kleinbürgerlichem Sozialismus, insbesondere Proudhonismus, kleinbürgerlich-bäuerlichen, halb volkstümlerischen und halb abenteuerlichen Auffassungen, anarchistischen und trotzkistischen Ansichten sowie Lehrsätzen der feudalen chinesischen Philosophie und Morallehre, vor allem des Konfuzianismus", zusammen. Der M. gilt als Linksabweichung vom Marxismus-Leninismus. → **Abweichungen; Anarchismus; Revisionismus**.

Mark der Deutschen Demokratischen Republik: → **Währung**.

Markt und Marktforschung

Markt – Marktproduktion der Landwirtschaft – Markt- und Bedarfsforschung – Träger der Markt- und Bedarfsforschung

I. Markt

Ein M. im Sinn der Verkehrswirtschaften westlicher Industrieländer existiert nicht. Teilmärkten ähnelnde Verhältnisse herrschen in begrenztem Umfang in den Bereichen der Konsumtion, der Arbeitsplatzwahl sowie des Ex- und Imports. An die Stelle des Wettbewerbs-M. als eines mehrstufigen Systems von weitgehend autonomen Entscheidungsträgern (Wirtschaftseinheiten, Verbände, Gebietskörperschaften) trat in der DDR die zentrale staatliche Wirtschaftsplanung, an der die wirtschaftsleitenden Organisationen und die Wirtschaftseinheiten nur vorbereitend und konkretisierend mitwirken. Ihre hauptsächliche Funktion ist die Realisierung der extern gefällten Planentscheidungen über Produktion, Investition und Konsumtion sowie Beschäftigung und Kapitalbildung.

Wenn dennoch in der DDR die Bezeichnung „Sozialistischer M." verwendet wird, so wird damit nur noch zum Ausdruck gebracht, daß auch in der „Sozialistischen Planwirtschaft" Rohstoffe, Zwischenprodukte, Fertigerzeugnisse und Dienstleistungen zwischen Produzenten, Verwendern und Konsumenten in einem institutionell abgegrenzten Bereich ausgetauscht werden. Der Austausch der Waren ist Teil der gesamt- und einzelwirtschaftlichen Planung und wird zu den staatlich festgesetzten Preisen abgerechnet. Die Austauschprozesse sind gesetzlich geregelte Kauf- und Verkaufsbeziehungen zwischen Betrieben und staatlichen Einrichtungen aller Wirtschaftsbereiche auf der Grundlage von Plänen und in der Form von Wirtschaftsverträgen. Institutionell umfaßt der sozialistische M. neben den Absatzorganisationen der Fertigungsbetriebe und den → **Außenhandelsbetrieben** vor allem den staatlichen und genossenschaftlichen Binnenhandel sowie den Kommissionshandel. Bezeichnungen wie „geplanter M." und „organisierter M." weisen darauf hin, daß das Koordinationsprinzip der zentralen Planung auch im Handel herrschen soll. Durch direkte staatliche → **Planung** und Leitung soll das Auftreten „spontaner M.-Kräfte" verhindert werden. Da jedoch die privaten Haushalte in der DDR über die Verwendung der Einkommen für Konsumtion und/oder Sparen im Rahmen der geplanten Angebote an Konsumgütern, Dienstleistungen und Sparmöglichkeiten selbständig entscheiden können und sich exakte Informationen über das zukünftige Konsumverhalten der privaten Haushalte nicht erheben lassen, stimmen geplantes Angebot und tatsächliche Nachfrage häufig nicht überein. Die Nichtübereinstimmung von Angebot und Nachfrage hatte allerdings bisher nur bedingt korrigierende Auswirkungen auf die Produktionsentscheidungen der folgenden Planperiode, da die Waren bei insgesamt noch knappem Warenangebot ohnehin abgesetzt werden konnten („Verkäufer-M.").

Erst bei der Anhebung des Versorgungsniveaus und einer weiteren Differenzierung des Angebots an Konsumgütern und Dienstleistungen, wie sie die Wirtschaftspolitik seit dem VIII. Parteitag der SED im Juni 1971 anstrebt, erhalten die Fragen der Absatzwirtschaft auf dem Binnen-M. generell mehr Bedeutung. Die Sortimente sollen nunmehr in qualitativer und quantitativer Hinsicht in einem höheren Maße dem tatsächlichen Bedarf entsprechen, als es in der Vergangenheit der Fall war. Von der zentralen Planung wird erwartet, daß sie mehr als bisher „gesellschaftliche Bedürfnisse" und auch den privaten Bedarf als Ausgangspunkt wählt und flexibel auf Bedarfsschwankungen reagiert, ohne das Prinzip langfristig stabiler, d. h. einheitlich und auf Dauer festgelegter Verbraucherpreise zu verlassen. Die Ergebnisse von Bedarfsuntersuchungen und -einschätzungen sollen zukünftig mehr Einfluß auf die Planentscheidungen gewinnen („Bedarfsforschung als untrennbarer Bestandteil der Planung und Bilanzierung"). Dies gilt besonders für die Positionen des „Zentralen Versorgungsplanes", der die wichtigsten Konsumgüter enthält. Um Anpassungen der Produktion an den sich ständig wandelnden Bedarf auch bei laufender Plandurchführung zu ermöglichen, wird die Planrealisierung mit Kennziffertoleranzen für einen Teil der Lieferungen experimentell erprobt. Seit 1974 ist es ferner der Industrie und dem Handel bei 20 v. H. der Positionen des Zentralen Versorgungsplanes gestattet, zu Beginn der Planperiode lediglich Liefergrundverträge abzuschließen, die erst während der Planrealisierung durch spezifizierte Wirtschaftsverträge ersetzt werden. Solche aktuelle Bedarfsschwankungen berücksichtigenden Wirtschaftsverträge müssen jeweils bis Ende Februar für das erste Planhalbjahr und bis Ende August für das zweite Planhalbjahr abgeschlossen werden.

Einer stärkeren Bedarfsorientierung des Angebots auf dem Binnen-M. steht bisher entgegen, daß neben einer Reihe praktischer Schwierigkeiten – wie z. B. dem Mangel an ausgebildeten M.- und Bedarfsforschern – die grundlegenden Kategorien wie „gesellschaftliche Bedürfnisse", „absolutes und perspektivisches Bedürfnis", „Bedarf", bisher wirtschaftswissenschaftlich nur vorläufig und noch unzureichend untersucht und geklärt wurden, so daß Industrie und Handel in der Wirtschaftspraxis von unterschiedlichen Begriffsinterpretationen ausgehen, oder sogar ihre praktische Bedeutung für Produktionsentscheidungen generell leugnen.

In der → **Außenwirtschaft** waren bereits Mitte der 60er Jahre die Instrumente, die eine bedarfsgerechte Produktion sichern, ausgebaut worden. Hierzu zählen eine intensivierte M.-Forschung und -Werbung, die Bildung eigener und zentralisierter Absatzorganisationen bei den Vereinigungen Volkseigener Betriebe und Kombinate sowie der Zusammenschluß von Warengruppen zu Handelsmarken.

II. Marktproduktion der Landwirtschaft

Als landwirtschaftliche M.-Produktion wird der über den „Sozialistischen M." laufende Teil der landwirtschaftlichen Produktion verstanden. Sie umfaßt alle pflanzlichen und tierischen Erzeugnisse, die zur Versorgung der Bevölkerung an staatliche Erfassungs- und Aufkaufsstellen oder an Betriebe der Verarbeitungsindustrie oder des Handels verkauft werden (staatliches Aufkommen der Landwirtschaft). Zur M.-Produktion zählen weiterhin die Verkäufe an Saat- und Pflanzgut, Futtermitteln, Zucht- und Nutzvieh sowie die Direktverkäufe an den Einzelhandel, nicht dagegen der Eigenverbrauch der Landwirtschaftsbetriebe und der Verkauf von pflanzlichen und tierischen Erzeugnissen an die Betriebsangehörigen. Die landwirtschaftliche M.-Produktion wird vorwiegend in Naturalkennziffern geplant und erfaßt. Der Plan enthält das staatliche Aufkommen und die Verkäufe an Saat- und Pflanzgut.

III. Markt- und Bedarfsforschung

Unter MBf. wird die systematische Untersuchung der inländischen Bedürfnis- und Bedarfsentwicklung und der Merkmale von Angebot und Nachfrage bei Gütern und Dienstleistungen des Binnen- und Außen-M. mit dem Ziel verstanden, die bisherige und gegenwärtige Lage zu analysieren, fortlaufend zu beobachten und zukünftige Bedarfs- und M.-Verhältnisse zu prognostizieren. Ihre Definition und die Aufgabenstellung im einzelnen erfolgten seit 1963, dem Beginn einer intensiveren Tätigkeit auf diesem Gebiet, nicht einheitlich. Kennzeichnend wurde, daß die MBf. in der DDR sich nicht auf Absatz-Mf. und Beschaffungs-Mf. beschränkt, sondern darüber hinaus auch die Erkundung aller grundlegenden wirtschaftlichen, soziologischen, psychologischen und naturwissenschaftlich-technischen Faktoren eines gesamten M.-Gebietes anstrebt. Seit der auf dem VIII. Parteitag der SED im Juni 1971 eingeleiteten besonderen Förderung der Konsumgüterproduktion wird der Bedarfsforschung größere Bedeutung zugemessen. Sie soll die notwendigen Informationen für kurz-, mittel- und langfristige Entscheidungen der Verbrauchsgüterfertigung bereitstellen.

Folgende Aufgabengebiete der MBf. sind zu unterscheiden:

A. Bedarfs- und Bedürfnisforschung

Sie widmet sich der Analyse und Prognose des Gesamtumfangs des Warenbedarfs, des Volumens und der Struktur des Bedarfs einzelner „Bedürfniskomplexe" und ausgewählter Konsumgüter oder Sortimente. Die Einteilung nach Bedürfniskomplexen folgt typischen menschlichen Lebensbereichen und -gepflogenheiten: Ernährung, Bekleidung, Freizeit, Wohnen, Hauswirtschaft, Körperpflege und Hygiene. Die derart umfassend konzipierte Bedarfs- und Bedürfnisforschung ist weitgehend identisch mit der in der Vergangenheit von den Arbeitskreisen „Lebensstandard" und „Bedarfsforschung" des Beirates für ökonomische Forschung der Staatlichen Plankommission vertretenen Lebensstandardforschung.

Ziel der Bedarfs- und Bedürfnisforschung sind quantifizierte, langfristige Verbrauchsvoraussagen für einzelne Erzeugnisse und Sortimentsgruppen, die zukünftig notwendige Angebotsstruktur und die anzustrebende Sortimentszusammensetzung. Sie dienen als Grundlagen für die Perspektivplanung. Die Voraussagen sollen sich zu „Verbrauchsnormativen" konkretisieren lassen. Als Verbrauchsnormative gelten Meßziffern für den Durchschnitt der Bedürfnisse im gesamten Untersuchungsgebiet nach wichtigen einzelnen Konsumgütern bzw. Konsumgütersortimenten zum Ende des Prognosezeitraumes. Gegenwärtig dominieren in der Bedarfs- und Bedürfnisforschung kurz- und mittelfristige Bedarfseinschätzungen für die Positionen des Zentralen Versorgungsplanes.

B. Marktforschung auf dem Binnenmarkt

Sie erhebt absatzspezifische Angaben zu Erzeugnissen und Sortimentsmerkmalen, z. B. Gebrauchseigenschaften, Formgestaltung, Farbe, Bedienungsmöglichkeiten und Reparaturanfälligkeit. Hierzu zählen auch Angaben über die allgemeine Einstellung der Konsumenten zu den Produkten sowie über die grundsätzlich an die Sortimentsgestaltung zu stellenden Anforderungen (z. B. Qualität, Neu- und Weiterentwicklung).

Die Untersuchung des Käuferverhaltens und der Kaufmotive ist eine weitere Aufgabe der Mf. auf dem Binnenmarkt. Sie spielt eine besondere Rolle in der → **Textil-** und → **Bekleidungsindustrie**. Die Analyse von Modetrends wurde bisher stark vernachlässigt. In diesem Zusammenhang soll zukünftig dem Markttest von Neuentwicklungen wie generell einer systematischen und mit der Fertigungsplanung abgestimmten Produktentwicklung größere Bedeutung zukommen (vgl. Schema „Entwicklung neuer Erzeugnisse"). Die wichtigsten Mf.-Untersuchungen werden von außerbetrieblichen Institutionen durchgeführt. Bereits in der Vergangenheit sind Industrie- und Handelsbetriebe über erste Ansätze und vereinzelte Maßnahmen der Mf. nicht hinausgekommen. Während die VO über die Aufgaben, Rechte und Pflichten der volkseigenen Produktionsbetriebe von 1967 noch bestimmte, daß jeder Betrieb „für die Werbung, Bedarfs- und Marktforschung und den Kundendienst sowie für die Ersatzteilversorgung seiner Erzeugnisse verantwortlich" ist, stellt die gegenwärtig geltende VO über die Aufgaben, Rechte und Pflichten der volkseigenen Betriebe, Kombinate und VVB nur noch fest, daß die Betriebe eine „bedarfsgerechte" Produktion zu organisieren und den Absatz auf den Außenmärkten „exakt vorzubereiten" haben (GBl. 1967, Nr. 21, S. 121 ff., GBl. I, 1973, Nr. 15, S. 129).

C. Marktforschung in der Außenwirtschaft

Die Mf. in der Außenwirtschaft ist in erster Linie Export-Mf., d. h. die Analyse von Markt- und Preistendenzen

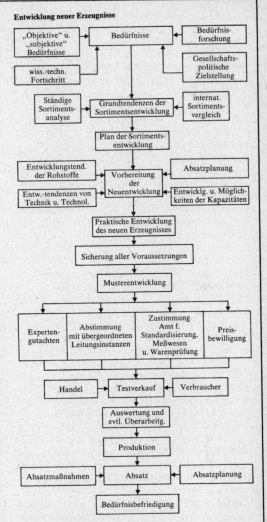

Entwicklung neuer Erzeugnisse

Quelle: Marktforschung, H. 2, 1974, S. 11.

sowie Handels- und Konsumgewohnheiten auf den Märkten der Mitgliedsländer des Rates für gegenseitige Wirtschaftshilfe, des nichtsozialistischen Auslandes und in besonderer Weise der Bundesrepublik Deutschland (Innerdeutscher Handel) mit dem Ziel, Absatzmöglichkeiten zu erkunden. Auch die Bezugs-Mf. ist vertreten, insbesondere in Zeiten der Engpässe in der einzel- und gesamtwirtschaftlichen Enwicklung.

Für die verschiedenen Richtungen und Aufgaben der MBf. wurde ein umfangreiches methodisches Instrumentarium entwickelt bzw. aus westlichen Volkswirtschaften übernommen. Es reicht von den Prognosemethoden der Rückrechnung und Extrapolation über spezielle soziologische, psychologische und mathematisch-statistische Erhebungsverfahren bis zu den herkömmlichen Methoden der Sammlung, Speicherung und Aufbereitung von Markt- und Bedarfsdaten.

IV. Träger der Markt- und Bedarfsforschung

Träger der M.- und Bedarfsforschung sind:

a) Institut für Mf., Leipzig (IM),

b) Deutsches Institut für Mf., Berlin-Ost (DIM). Ferner:

c) Institut für Internationale Politik und Wirtschaft, Berlin-Ost (IPW),

d) Deutsches Modeinstitut, Berlin-Ost (DMI),

e) Hochschulinstitute, insbesondere die Institute für Sozialistische Wirtschaftsführung,

f) Industriezweiginstitute, VVB-Institute (Wissenschaftlich-technische Zentren) und Einrichtungen der Bezirkswirtschaftsräte,

g) Einrichtungen der Kombinate und Außenhandelsbetriebe.

Der Großteil der Aktivitäten ist beim Institut für Mf. in Leipzig und dem Deutschen Institut für Mf. in Ost-Berlin konzentriert.

Das Institut für Mf. ist damit beauftragt, die Entwicklung auf dem Konsumgüterbinnenmarkt zu beobachten und zu analysieren. Am 1. 7. 1962 als Institut für Bedarfsforschung gegründet und 1967 umbenannt, erarbeitet es im Auftrag des Ministeriums für Handel und Versorgung und anderer zentraler Institutionen M.-Analysen und M.-Informationen, führt Einzelanalysen und Befragungen durch und untersucht methodische Probleme der MBf. Seit 1967 betreibt es in stärkerem Maße auch Auftragsforschung für wirtschaftsleitende Organisationen und Betriebe der Industrie und des Binnenhandels. Von diesem Zeitpunkt an gilt für die Arbeit des Instituts das Prinzip der → **wirtschaftlichen Rechnungsführung**. Durch Beschluß des Ministerrates wurde das Institut für Mf. 1973 zum Leitinstitut für die Koordinierung der Forschung sowie für die methodische Anleitung aller Forschungsstellen auf dem Gebiet der MBf.

Die Institutsaufgaben sind:

Erstellung von Bedarfsprognosen und -einschätzungen für die zentrale Versorgungsplanung des Ministeriums für Handel und Versorgung und der Staatlichen Plankommission.

Dies umfaßt: Bedarfsvorhersagen für den Zeitraum des nächsten Fünfjahrplanes, Untersuchungen über die Bedarfsentwicklung in ausgewählten Bezirken der DDR, regelmäßige Informationen über die aktuelle Versorgungslage und Untersuchungen über die private Haushaltwirtschaft (z. B. Zeitbudgeterhebungen, Verbrauchsanalysen in kinderreichen Familien);

Unterstützung der Räte der Bezirke (Abteilungen Handel und Versorgung) auf dem Gebiet der Bedarfsforschung durch methodische Anleitung, Organisation der Zusammenarbeit mit dem Groß- und Einzelhandel und die Bereitstellung von Informationen;

Unterstützung des Konsumgütergroßhandels durch Informationsbereitstellung, Anfertigung spezieller Studien zu ausgewählten Versorgungs- und Sortimentsproblemen und regelmäßige Durchführung von Beratungen;

Koordinierung der Forschung auf dem Gebiet der MBf. Dies bedeutet neben einem regelmäßigen Erfahrungsaustausch – unter Einschluß sowjetischer Erfahrungen – und der Regelung eines arbeitsteiligen Informationsaustausches zwischen Konsumgüterbinnenhandel und Konsumgüterindustrie auch die Mitwirkung an der thematischen Forschungsplanung. Die Arbeitsthematik soll nach Schwerpunkten so gesteuert werden, daß möglichst für alle wichtigen Planungsentscheidungen auf dem Konsumgüterbinnenmarkt wissenschaftlich erhobene Daten bereitgestellt werden können;

Ausarbeitung von Schulungsmaterial und methodische und organisatorische Anleitungen zu speziellen Problemen sowie Durchführung von Lehrgängen. Neben periodischen oder einmaligen Berichten, Studien und Gutachten wird seit 1964 die Fachzeitschrift „Marktforschung" herausgegeben.

Das Deutsche Institut für Mf. widmet sich demgegenüber neben den Mf.-Abteilungen der Außenhandelsbetriebe der Beobachtung ausländischer Warenmärkte.

Als Forschungsinstitut des Ministeriums für Außenhandel erarbeitet es in erster Linie wissenschaftliche Unterlagen für handelspolitische Grundsatzentscheidungen. Die Institutsaufgaben sind:

allgemeine Konjunktur- und Mf. nach Länder- und Warenmärkten, einschließlich von Analysen zur Struktur des Welthandels und der Weltwirtschaft;

spezielle Untersuchungen für einzelne Warengruppen und Länder;

politökonomische Untersuchungen zur Organisation und zum Ablauf des internationalen Handels;

Rentabilitätsuntersuchungen des DDR-Exports;

Unterstützung der Außenhandelsbetriebe durch die Bereitstellung spezifischer Informationen und Archivmaterialien.

Das Institut verfügt über ein Archiv und eine umfangreiche Fachbibliothek. Auf der Grundlage dieser Datensammlungen und den regelmäßigen oder einmaligen Untersuchungen werden Veröffentlichungsreihen publiziert, die Länder- und Warenberichte sowie statistische Übersichten enthalten.

Marktproduktion: → **Markt und Marktforschung; Landwirtschaft.**

Martin-Luther-Universität Halle-Wittenberg: Sie wurde am 12. 7. 1694 gegründet, am 26. 6. 1817 mit der U. Wittenberg (1502) vereinigt und erhielt ihren Namen am 10. 11. 1933. Ihre Neueröffnung erfolgte am 1. 2. 1946. → **Universitäten und Hochschulen.**

Marxismus-Leninismus

Grundlagen – Dialektischer Materialismus – Historischer Materialismus – Wissenschaftlicher Sozialismus und Kommunismus

I. Grundlagen

Der ML ist ein – dem Anspruch nach – geschlossenes und homogenes theoretisches System, das auf den Lehren von Marx, Engels und Lenin aufbaut. Er versteht sich bewußt als Ideologie der Arbeiterklasse. Da jene die historisch letzte und fortschrittlichste Klasse darstellt, ist ihre Ideologie – im Gegensatz zu früheren – wissenschaftlich und kann somit Allgemeingültigkeit und Verbindlichkeit beanspruchen. Gegenstand der marxistisch-leninistischen Ideologie ist das Verhältnis des Menschen zur Welt, von hier ausgehend das Verhältnis von Materiellem und Ideellem, die allgemeinen Gesetzmäßigkeiten der Natur, der Gesellschaft und des Denkens sowie der Strategie und Taktik der sozialen Revolution. Der ML dient nicht nur der Erklärung der Welt, sondern vor allem der Anleitung zu ihrer Veränderung: ,,Die ideenreiche, aktive, erfolgreiche Politik der Kommunistischen Partei der Sowjetunion, der Sozialistischen Einheitspartei Deutschlands und anderer marxistisch-leninistischer Parteien ist dialektischer Materialismus in Aktion.''

Als Weltanschauung der Arbeiterklasse ist der ML auf das Ziel des Sozialismus bzw. Kommunismus ausgerichtet und hat demnach ganz bestimmte Funktionen zu erfüllen: eine wissenschaftlich-theoretische Funktion, d. h. Analyse und Verallgemeinerung der wichtigsten Resultate der Wissenschaften und der gesellschaftlichen Praxis; eine politisch-ideologische Funktion, d. h. Umsetzung der theoretischen Erkenntnisse in politische Praxis; eine ethisch-erzieherische Funktion, d. h. Bildung bzw. Verstärkung des richtigen **gesellschaftlichen** → **Bewußtseins.**

Der ML gliedert sich in den Dialektischen (Diamat) und Historischen (Histomat) Materialismus (= Philosophie des ML), die → **Politische Ökonomie** sowie den wissenschaftlichen Sozialismus und Kommunismus. Diamat und Histomat sind Hauptbestandteile des ML und zugleich dessen Grundlage.

Als Grundwerke des ML gelten heute neben den ,,Klassikern'' die ,,Grundlagen des Marxismus-Leninismus'', Teil 1 u. 2, Dietz Verlag, Berlin (Ost) 1974; ,,Grundlagen der marxistisch-leninistischen Philosophie'', 2. durchges. Auflage, Übers. a. d. Russ., Dietz Verlag, Berlin (Ost) 1972; Philosophisches Wörterbuch, Teil 1 und 2, 10. Auflage, VEB Bibliographisches Institut, Leipzig 1974.

II. Philosophie des Marxismus-Leninismus
A. Der Dialektische Materialismus (DM)
1. Grundlagen des DM

Der DM gibt eine philosophische Deutung des Wesens der Welt, untersucht das Verhältnis des Bewußtseins zur objektiven Realität (= Grundfrage der Philosophie), die allgemeinen Gesetzmäßigkeiten der Natur, der Gesellschaft und des Denkens (Erkennens) sowie die Stellung des Menschen in der Welt. Er stützt sich vor allem auf die Ausführungen Engels' (,,Anti-Dühring'', 1878, und ,,Dialektik der Natur'', 1873 ff.) und Lenins (,,Materialismus und Empiriokritizismus'', 1909). Dagegen wird Stalins lange Jahre wichtiger Aufsatz ,,Über dialektischen und historischen Materialismus'' (1938) gegenwärtig nicht erwähnt.

Der DM hat aber in der jüngsten Zeit, insbesondere durch die Rezeption der Ergebnisse der Systemtheorie, der Informationstheorie sowie der allgemeinen Wissenschaftstheorie, wesentliche Erweiterungen erfahren. Nicht zuletzt durch diese Rezeption kann die generelle Methodologie des DM in den einzelwissenschaftlichen Methodologien genutzt werden, indem in verallgemeinerter Form wesentliche Erfahrungen aller Wissenschaften vermittelt werden.

Die grundlegende Unterscheidung der dialektisch-materialistischen von der traditionellen Philosophie liegt in ihrem Verhältnis zu Theorie und Praxis. Der DM gibt eine philosophische Deutung des ,,Wesens'' der Welt, versteht sich jedoch nicht nur als eine Erklärung der Welt, sondern, wie bereits angedeutet, vor allem als eine Anleitung zu deren Veränderung. In der 11. Feuerbachthese hat Marx diesen Unterschied auf die klassische Formel gebracht: ,,Die Philosophen haben die Welt nur verschieden interpretiert, es kommt darauf an, sie zu verändern.'' Theorie und Praxis bilden im ML eine ,,organische Einheit'', d. h. sie bedingen und beeinflussen sich gegenseitig; eine ,,parteilose'' Werthaltung ist demnach Ideologie im Sinne von falschem Bewußtsein, → **Parteilichkeit** erste Voraussetzung der marxistischen Philosophie.

2. Der Begriff der Materie und die Grundfrage der Philosophie

Die einzige Eigenschaft der Materie, sagt Lenin, an deren Anerkennung der philosophische Materialismus gebunden ist, ist die Eigenschaft, objektive Realität zu sein (Lenin, Werke, nach der 4. russ. Ausgabe, dt., Berlin (Ost), 1973, Bd. 14, S. 124); das bedeutet, daß die Materie außerhalb des Bewußtseins existiert. Der philosophische Materiebegriff würde damit nichts über die qualitative und quantitative Beschaffenheit der Bewegungs-, Struktur- und Entwicklungsformen der Materie aussagen; er enthielte lediglich eine weltanschauliche und erkenntnistheoretische Aussage über das Verhältnis von Materie und Bewußtsein, und zwar dergestalt, daß die Materie primär, das Bewußtsein sekundär ist. Bewußtsein ist demnach nur die höchste Bewegungsform der Materie; der DM also im Gegensatz zum Idealismus eine monistische Entwicklungslehre.

3. Ontologische Thesen

Die allgemeine Daseinsweise der Materie ist Bewegung, deren Wesen in der Veränderung überhaupt besteht. Nun wäre auch noch damit keine ontologische Qualifizierung der Materie bzw. der Bewegung verbunden; eine derartige „Wesens"- oder „Substanz"-Bestimmung lehnen die marxistischen Philosophen im Abwehrkampf gegen den Idealismus ausdrücklich ab. Andererseits wird behauptet, die Entwicklung der modernen Naturwissenschaft habe den „zutiefst dialektischen Charakter" der Materie bzw. die „innere Widersprüchlichkeit" der Bewegung erwiesen. Als Standardbeweise für das dialektische bzw. Widerspruchsprinzip gelten der Korpuskel- und Wellencharakter der Elementarteilchen sowie die Existenz von Anti-Teilchen.

Eine weitere (verschleierte) ontologische Bestimmung ist die These, daß sich die Materie von niedrigen zu höheren Formen bewege (Fortschrittsprinzip), modifiziert neuerdings durch die Hinzufügung, diese Höherentwicklung gelte nur innerhalb des Weltalls, nicht für das Weltall als solches. Damit soll jeder Eschatologiekritik vorgebeugt werden.

4. Die Hauptkategorien der Dialektik

Die marxistische Dialektik wird als „die philosophische Theorie vom Zusammenhang, von der Bewegung und Entwicklung in der Welt" definiert. Unter Dialektik in diesem Sinne wird ein Wirkungszusammenhang verstanden, bei dem Dinge, Systeme usw. nicht nur Einwirkungen der verschiedensten Art von anderen Dingen, Systemen usw. erleiden, sondern auch auf diese zurückwirken. Der DM betrachtet das Universum als ein Netz von Wechselwirkungen. Methodologisch ergäbe sich daraus die Forderung, bei der Analyse eines Sachverhaltes alle Wechselwirkungszusammenhänge zu berücksichtigen. Da dies die menschliche Erkenntnisfähigkeit übersteigt, ist es im besten Falle nur möglich, die wesentlichen Wechselwirkungen zu untersuchen. Neben den inneren dialektischen Widersprüchen, die innerhalb der Materie und ihrer Daseinsweisen wirken, stehen die äußeren dialektischen Widersprüche, die eine Wechselwirkung zwischen dem System des Denkens und der Umwelt zum Ausdruck bringen. Die Kausalbeziehung (Ursache und Wirkung) ist ein Spezialfall der Wechselwirkung. Hier wirkt x auf y ein, während die Rückwirkung von y auf x praktisch null ist und darum vernachlässigt werden kann. Umstritten in der gegenwärtigen Diskussion des DM ist die Frage, ob x y zeitlich vorangeht oder ob die Wirkung gleichzeitig mit dem Vergehen der Ursache entsteht. Das Kausalprinzip des DM besagt, daß jedes Geschehen in der Welt seine materielle Ursache hat; die Kausalität trägt also absoluten und universellen Charakter. Eine wichtige Unterscheidung ist die zwischen inneren und äußeren Ursachen; sie bilden eine dialektische Einheit, d. h. die inneren Ursachen werden nur

wirksam durch die Einwirkungen der äußeren Ursachen und umgekehrt. In den höheren Bewegungsformen der Materie kommt den inneren Ursachen eine immer größere Bedeutung zu. Organische wie gesellschaftliche Systeme verändern und entwickeln sich vor allem aufgrund ihrer inneren Bedingungen. Die Entwicklung der menschlichen Gesellschaft wird ausschließlich durch innergesellschaftliche Ursachen, nämlich durch die Entwicklung der Produktivkräfte, vorangetrieben.

Im Gegensatz zum mechanischen Materialismus, der Kausalität nur im Sinne von linearer Kausalität versteht, die materielle Welt also als eine einzige ununterbrochene Kette von Ursachen und Wirkungen begreift, verläuft beim DM die Entwicklung in einem dialektischen Prozeß von Notwendigkeit und Zufall. Das bestimmende Moment ist freilich die Notwendigkeit. Zufällig sind nur jene Ereignisse, die außerhalb des gesteckten Rahmens der Bedingungen auftreten. Notwendigkeit und Zufall sind insofern relativ, als ihr Gegensatz nur für ein gegebenes Feld von Bedingungen besteht. Entscheidend ist nun, daß z. B. im gesellschaftlichen Bereich die Absteckung dieses Bedingungsfeldes und damit dessen, was notwendig und was zufällig ist, mehr oder weniger von der Entscheidungselite der Partei abhängt. Insofern ist gerade dieses Kategorienpaar von großer politischer Bedeutung.

Mit diesem Problembereich hängt die Dialektik von Möglichkeit und Wirklichkeit eng zusammen. Möglich im Sinne des DM ist ein Ereignis dann, wenn es – bezogen auf einen bestimmten Rahmen von Bedingungen – sowohl eintreten als auch nicht eintreten kann. Was zufällig ist, muß möglich sein, während das Umgekehrte nicht gilt. Von besonderer Bedeutung ist die Art und Weise, wie sich in der geschichtlich gewordenen Gesellschaft Möglichkeiten in Wirklichkeiten umwandeln. Dies kann bewußt und spontan geschehen. Dem DM stellt sich das Problem so dar: Damit eine gesellschaftliche Möglichkeit Wirklichkeit wird, muß ein bestimmter Schwellenwert individueller spontaner Handlungen erreicht werden. Die Aufgabe der marxistisch-leninistischen Partei ist nicht, spontane Handlungen zu eliminieren, sondern bestimmte – und nicht beliebige – Schwellenwerte zu steuern. Damit ist die Dialektik von Bewußtsein und Spontaneität bestimmt.

Engels' Definition der Dialektik von Notwendigkeit und Freiheit ist für den DM noch immer unübertroffen: „Nicht in der erträumten Unabhängigkeit von den Naturgesetzen liegt die Freiheit, sondern in der Erkenntnis dieser Gesetze, und in der damit gegebenen Möglichkeit, sie planmäßig zu bestimmten Zwecken wirken zu lassen . . . Freiheit des Willens heißt daher nichts anderes als die Fähigkeit, mit Sachkenntnis entscheiden zu können" (Marx/Engels, Werke, Bd. 20, S. 106). Freiheit als Möglichkeit, zwischen verschiedenen Alternativen wählen zu können, ist für den DM zwar ebenfalls eine wesentliche Bestimmung der Freiheit, insofern aber nur eine negative, als sie von den objektiven Natur- bzw. Gesellschaftsgesetzen abstrahiert. Die Erkenntnis dieser „objektiven" Gesetze ist im wesentlichen der Parteiführung vorbehalten.

5. Dialektische Entwicklungsgesetze

Zur Erklärung der qualitativ verschiedenen Erscheinungsformen der Materie dient dem DM das „Gesetz" vom Umschlagen quantitativer Veränderungen in qualitative. Qualität ist die wesentliche bzw. invariante Eigenschaft von Dingen, Systemen usw.; Quantität erfaßt Mengen (Größe, Anzahl, Gewicht, Intensität) dieser Qualitäten. Das Maß gibt die Grenze an, bis zu der sich eine gegebene Qualität quantitativ ändern kann, ohne aufzuhören, eben diese Qualität zu sein. Das „Gesetz" besagt, daß Qualitätsänderungen sprunghaft (revolutionär) erfolgen, einmal durch stoffliche, quantitative Veränderungen, also z. B. durch kontinuierliche (evolutionäre) Zu- oder Abnahme der Anzahl der Elemente eines materiellen Systems, Qualitätsänderungen aber auch dann eintreten können, wenn die Zahl der Elemente des Systems gleich bleibt und sich nur deren Anordnung oder Kopplung ändert. Heute ist dieses „Gesetz" für den DM vor allem politisch bedeutsam im Kampf gegen → **Reformismus** und → **Revisionismus**, denen er die Notwendigkeit der revolutionären, qualitativen Veränderungen entgegensetzt, sowie im Kampf gegen → **Sektierertum** und linksradikale Strömungen, gegen die er die Notwendigkeit der allmählichen, quantitativen Vorbereitung jeder revolutionären Umwälzung hervorhebt.

Der Umschlag von einer Qualität in eine andere heißt „dialektischer Sprung". Eine für die Gesellschaft besonders wichtige Form des dialektischen Sprungs ist die soziale Revolution, d. h. der Umschlag von einer Gesellschaftsformation in eine andere. Neu in der Diskussion des DM ist die systemtheoretische Variante des dialektischen Sprungs. Obwohl die politische – und damit auch die philosophische – Bedeutung der Systemtheorie in der DDR seit 1971 stark zurückgegangen ist, spielen einige ihrer Elemente im philosophischen Denken immer noch eine Rolle. Der Vorteil der systemtheoretischen Variante liegt vor allem darin, daß der dialektische Sprung – infolge eines höheren Abstraktionsgrades – ohne Schwierigkeiten auf alle möglichen Erscheinungen übertragen werden kann. Die Aussage verliert dafür aber an Informationsgehalt. Die dialektisch-materialistische Systemtheorie unterscheidet systemzerstörende von systemerhaltenden Sprüngen. Beispielsweise ist die proletarische Revolution ein solcher systemzerstörender Qualitätsumschlag; da das kapitalistische System nur ein historisch bedingtes Teilsystem des Gesamtsystems „menschliche Gesellschaft" ist, die Diktatur des Proletariats aber eine höhere Entwicklungsstufe darstellt, ist der systemzerstörende Qualitätsumschlag bezüglich eines Teilsystems ein systemerhaltender für das Gesamtsystem. Daraus folgt, daß Entwicklung letztlich nur über solche Qualitätssprünge erfolgen kann, die systemerhaltenden Charakter tragen. Ein systemerhaltender Qualitätsumschlag ist identisch mit der dialektischen Negation. Im Gegensatz zur Negation der formalen Logik treten damit zwei positive Momente in der dialektischen Negation auf: 1. Das Negativum „Nicht-A" stellt in bezug zur Entwicklung des Gesamtsystems etwas Positives dar; 2. das Gesamtsystem wird nicht negiert, sondern nur eine wesentliche Eigenschaft davon, während andere wesentliche Eigenschaften „aufgehoben" bzw. bewahrt werden.

Das Gesetz der Negation der Negation besagt, daß die Entwicklung nicht auf dem Stand der Qualität „Nicht-A" stehen bleibt, sondern auf eine Rückkehr zur Qualität „A" drängt, freilich auf einer höheren Stufe. Lenin gebraucht dafür das Bild der Spirale. Mit der Negation der Negation ist der Entwicklungszyklus abgeschlossen, aber nur insofern, als die ihm entsprechende Qualität ihre Variationsmöglichkeiten im Stadium der Negation ausgeschöpft hat und im Stadium der Negation der Negation eine weitere Entwicklung nur noch hinsichtlich anderer Qualitäten möglich ist. So ist mit dem Übergang zum Sozialismus der Entwicklungszyklus der menschlichen Gesellschaft abgeschlossen, den Marx als die „Vorgeschichte der Menschheit" bezeichnete.

6. Marxistisch-leninistische Erkenntnistheorie

Den zweiten Aspekt der „großen Grundfrage" der marxistisch-leninistischen Philosophie stellt das Problem dar, inwieweit das Bewußtsein die Wirklichkeit richtig widerspiegelt; dies ist Gegenstand der marxistisch-leninistischen Erkenntnistheorie. Die Grundprinzipien sind:

a) Die allgemeinen Gesetze der Dialektik sind mit denen der Logik und Erkenntnistheorie identisch; insofern gibt es keine eigenständige marxistische Erkenntnistheorie.

b) Die Erkenntnistheorie ist nur insofern eine relativ selbständige Disziplin, als der Erkenntnisprozeß spezifische Besonderheiten zeigt.

c) Da Real- und Erkenntnisdialektik übereinstimmen, hält es der DM für unzulässig, bei der Analyse von Denkformen und Denkgesetzen von den Denkinhalten zu abstrahieren (im Gegensatz z. B. zu Kant).

d) Erkenntnissubjekt ist nicht das Individuum, sondern die Gesamtmenschheit, und zwar als Subjekt eines in der Geschichte sich entfaltenden Denkprozesses. Erkenntnisobjekt ist die vom Bewußtsein unabhängige objektiv-reale Existenz der Außenwelt, die aber keineswegs unabhängig vom Subjekt gedacht werden darf. Die materielle Welt wird erst dann zum Erkenntnisobjekt, wenn sie vom Subjekt verändert, beeinflußt, beobachtet wird, also dadurch, daß das Subjekt sie in die gesellschaftliche Lebenstätigkeit einbezieht und seine Wesenskräfte in ihr vergegenständlicht (Subjekt-Objekt-Dialektik).

e) Die gesellschaftliche Praxis ist ein konstitutives Element im Erkenntnisprozeß, d. h. nicht nur ein äußerliches Kontrollorgan der Erkenntnis, sondern sowohl Grundlage und Ziel der Erkenntnis als auch Kriterium der Wahrheit.

f) Erkenntnis ist Prozeß bzw. Resultat der sinnlichen und rationalen Widerspiegelung der objektiven Realität im Bewußtsein.

Mit der Rezeption der allgemeinen Informationstheorie hat die marxistisch-leninistische Erkenntnistheorie eine Bedeutung erreicht, die – schon am Umfang der Darstellung gemessen – der Bedeutung des Histomat bzw. Diamat gleichkommt. Damit verbunden ist aber auch ein Auflösungsprozeß des geschlossenen Gedankengebäudes, der vor allem im Bereich der Abbildtheorie sichtbar wird: An die Stelle des Begriffs „Widerspiegelung" tritt der Begriff „inneres Modell der Außenwelt". Dieses besteht aus einem dynamischen System von Informationen, dessen Struktur „bestimmte Übereinstimmungen mit der Struktur der Außenwelt aufweist". Isomorphie, also eindeutige Zuordnung der Elemente des inneren Modells an die der Außenwelt, ist ein anzustrebendes Ideal. Tatsächlich wird nur Homomorphie erreicht, d. h. eine „mehr-eindeutige Zuordnung" der Elemente. Insbesondere der semantische Aspekt der Information läßt subjektiven Deutungen größeren Spielraum, als es die traditionelle Abbildtheorie zugestehen wollte. Weiter ist umstritten, welchen Formen des kognitiven Abbildes Wahrheit zukommt. G. Klaus stand z. B. auf dem Standpunkt, daß nur den Aussagen Wahrheit zukommt, während andere Theoretiker allen Formen des kognitiven Abbildes, also auch sinnlichen Abbildern, Wahrheit zuschreiben wollen.

B. Der Historische Materialismus (HM)

Im Verständnis des ML gilt der HM als die „Vollendung" des marxistisch-philosophischen Materialismus. Der HM soll vom „wirklichen Lebensprozeß" der Menschen ausgehen; er versteht diesen vor allem als Praxis des „materiellen Produktions- und Reproduktionsprozesses sowie des Klassenkampfes und der sozialen Revolution . . ., d. h. er gibt eine materialistische Interpretation der praktisch-kritischen, revolutionären Tätigkeit der Menschen, in der diese ihre gesellschaftlichen Verhältnisse und damit sich selbst gestalten und verändern; er deckt die entscheidenden sozialen Triebkräfte des Geschichtsprozesses auf, die letztlich aus dem realen Lebensprozeß der Gesellschaft selbst hervorgehen, und untersucht die allgemeinen und grundlegenden Struktur- und Entwicklungsgesetze der menschlichen Gesellschaft

als Ganzes. Erst auf dieser Grundlage wird die marxistische Philosophie zu einer optimistischen und revolutionären Weltanschauung, welche die weltanschaulichen Probleme, die in bezug auf die Welt als Ganzes auftreten, mit den Entwicklungsproblemen der menschlichen Gesellschaft, mit der praktischen Lebenstätigkeit des historisch konkreten Menschen, mit den revolutionären Weltprozessen, die die gegenwärtige Geschichtsepoche kennzeichnen, zu einer einheitlichen philosophischen Fragestellung verbindet."

In allen Lehrbüchern des ML wird auf die untrennbare Einheit des DM und HM besonders großer Wert gelegt. Es wird behauptet, der HM sei die „Anwendung" des DM auf die Gesellschaft. Diese These ist sowohl wissenschaftsgeschichtlich wie sachlich schwer aufrechtzuerhalten. Der HM als Theorie der allgemeinen Bewegungs- und Entwicklungsgesetze der Gesellschaft wurde von Marx ohne Hinzuziehung bzw. Kenntnis der „Naturdialektik" begründet.

Die Verbindung von HM und DM hat freilich eine starke gesellschaftspolitische Bedeutung; sie soll die Kluft zwischen dem System der marxistischen Philosophie, insbesondere des HM, und dem realen gesellschaftlichen Prozeß überwinden. Dies geschieht allerdings, wie schon im Diamat gezeigt werden konnte, auf Kosten des Informationsgehalts. Das Kerndogma wird, um seine Allgemeingültigkeit und Verbindlichkeit zu bewahren, auf eine höhere Abstraktionsstufe gestellt, d. h. die dialektische Methode wird gegenüber dem Inhalt der dialektischen Bewegungsgesetze hervorgehoben. Dafür gewinnen die jeweiligen politischen Aktionsprogramme mehr Bewegungsfreiheit; sie werden offener und schichten-spezifisch variabel und damit für die Entwicklung der Ideologie bedeutungsvoller, da sie auf das Kerndogma zurückwirken.

1. Die dialektisch-materialistische Geschichtsauffassung

Im Vorwort „Zur Kritik der Politischen Ökonomie" hat Marx die wichtigsten Grundthesen des HM entwickelt: „In der gesellschaftlichen Produktion ihres Lebens gehen die Menschen bestimmte, notwendige, von ihrem Willen unabhängige Verhältnisse ein, Produktionsverhältnisse, die einer bestimmten Entwicklungsstufe ihrer materiellen Produktivkräfte entsprechen. Die Gesamtheit dieser Produktionsverhältnisse bildet die ökonomische Struktur der Gesellschaft, die reale Basis, worauf sich ein juristischer und politischer Überbau erhebt, und der bestimmte gesellschaftliche Bewußtseinsformen entsprechen. Die Produktionsweise des materiellen Lebens bedingt den sozialen, politischen und geistigen Lebensprozeß überhaupt. Es ist nicht das Bewußtsein der Menschen, das ihr Sein, sondern umgekehrt ihr gesellschaftliches Sein, das ihr Bewußtsein bestimmt" (Marx/Engels, Werke, Bd. 13, S. 8 f.). Marx gelangte zu diesem Schluß aufgrund einer spezifischen Beurteilung der Arbeit, die er nicht wie Hegel nur geistig, sondern auch materiell-gegenständlich begriff. Die Arbeit erzeugt jene Güter, die der Mensch für die Befriedigung seiner Bedürfnisse nötig hat. Der ursprüngliche Arbeitsvorgang vereint „Kopf- und Handarbeit". Im Produkt der Arbeit vergegenständlicht sich menschliche Energie, der Mensch entäußert bzw. entfremdet sich selbst (→ **Entfremdung**). Da diese Gegenstände nicht Selbstzweck sind, sondern Mittel der Lebenserhaltung sein sollen, erfüllen sie ihre Bestimmungen erst, wenn sie wieder „aufgehoben" bzw. vernichtet werden, indem sie dem Menschen zum Genuß bzw. zu seiner Reproduktion dienen. Arbeit befriedigt und erzeugt die Bedürfnisse in einem.

Durch die Arbeitsteilung wird aber der „natürliche" Kreislauf des Arbeitsprozesses durchbrochen. Geschichtlich gesehen ist die Arbeitsteilung unvermeidlich; sie ergibt sich aus der widersprüchlichen Eigenbewegung der → **Produktionsmittel**. Wenn jene soweit entwickelt sind, daß die Produktion über die unmittelbare Existenzsicherung hinausgeht, kann sich Privateigentum an Produktionsmitteln bilden, das die Teilung von Kopf- und Handarbeit ermöglicht, die zur natürlichen Arbeitsteilung als bestimmender Faktor hinzukommt. Dies hat aber zwei folgenschwere Konsequenzen: Die Trennung von Kopf- und Handarbeit bewirkt, daß das Bewußtsein sich ein eigenes Objekt schafft, eine Welt von geistigen Wesenheiten, von Ideen, die es für die bewegenden Kräfte und Ziele der Geschichte ausgibt; die Arbeitsteilung schafft mit dem Idealismus also eine Ideologie im Sinne von falschem Bewußtsein. Andererseits wird durch die Bildung von Privateigentum der Dreitakt Mensch – Entäußerung – Genuß bzw. Wiederaneignung gestört, die produzierten Gegenstände werden einem Großteil von Menschen vorenthalten, und/oder sie werden ihnen zu einer fremden Macht (Entfremdung vom Produkt bzw. Entfremdung der Produktion).

2. Die Dialektik von Produktivkräften und Produktionsverhältnissen und der Klassenkampf als Triebkräfte der Geschichte

Entscheidend für die gesellschaftliche Entwicklung ist also, wie die Menschen die zur Befriedigung ihrer Bedürfnisse notwendigen Güter produzieren. Produzieren bedeutet ein Zweifaches: ein bestimmtes Verhältnis der Menschen zur Natur und ein bestimmtes Verhältnis der Menschen zueinander. Das Verhältnis der Menschen zur Natur ist bedingt durch seine → **Produktivkräfte,** das gegenseitige Verhältnis der Menschen durch die → **Produktionsverhältnisse**. Die Produktion wird verstanden als dialektischer Prozeß, und zwar als eine dialektische Einheit von Produktivkräften und Produktionsverhältnissen, in der beide in Wechselwirkung stehen und einander gegenseitig bedingen, aber so, daß die Produktivkräfte die führende Rolle in der Entwicklung spielen. Wichtig ist, daß die Faktoren der Entwicklung nicht außerhalb der Produktion gesucht werden, etwa in geographischen und klimatischen Bedingungen oder etwa im Anwachsen der Bedürfnisse durch das Wachstum der Bevölkerung. Quelle der Entwicklung ist vielmehr die „Selbstbewegung", die dialektische Wechselwirkung der Elemente der Produktion, insbesondere der Elemente der Produktivkräfte, ihre inneren Widersprüche und hauptsächlich die Wechselwirkung zwischen den Produktivkräften und den Produktionsverhältnissen.

„Auf einer gewissen Stufe ihrer Entwicklung geraten die materiellen Produktivkräfte der Gesellschaft in Widerspruch mit den vorhandenen Produktionsverhältnissen oder, was nur ein juristischer Ausdruck dafür ist, mit den Eigentumsverhältnissen, innerhalb deren sie sich bisher bewegt hatten. Aus Entwicklungsformen der Produktivkräfte schlagen diese Verhältnisse in Fesseln derselben um. Es tritt dann eine Epoche sozialer Revolution ein" (Marx/Engels, Werke, Bd. 13, S. 9). So bewirkt z. B. die Entwicklung der Technik, die zunehmende Mechanisierung der Produktion im Kapitalismus, daß die Weise der Gütererzeugung sich immer mehr vergesellschaftet. Dies wird in Großbetrieben, Großorganisationen und in der Massenproduktion deutlich sichtbar. Aber die Aneigung des Ertrages, und daher die Bestimmung des Produktionszwecks, bleibt eine private. Zur Überwindung dieses Widerspruchs muß das Privateigentum an Produktionsmitteln überhaupt abgeschafft werden. Dies geschieht durch die sozialistische Revolution.

Die sozialistische Revolution ist die höchste und damit letzte Form der sozialen Revolution. Als soziale Revolution werden solche gesellschaftlichen Umwälzungen verstanden, bei denen die eine herrschende Klasse durch eine neue herrschende Klasse abgelöst wird. Das wesentliche Unterscheidungsmerkmal einer → **Klasse** ist ihr Verhältnis zu den Produktionsmitteln, das wiederum im wesentlichen ein Eigentumsverhältnis ist. Alle anderen Verhältnisse, etwa schichtenspezifische, lassen sich daraus ableiten. So gesehen stellt sich für den ML die Geschichte als eine „Geschichte von Klassenkämpfen" dar, die identisch ist mit der Entwicklung der Formen des Privateigentums an Produktionsmitteln.

3. Die Gesellschaftsformationen

Die Entwicklung erfolgt im Rahmen der dialektischen Bewegungsgesetze (s. o.) in fünf Stufen: Urgesellschaft: kein Privateigentum an Produktionsmitteln, da noch keine nennenswerten vorhanden; Sklavenhaltergesellschaft: Privateigentum an Werkzeugen sowie den unmittelbaren Produzenten, den Sklaven; Feudalismus: Privateigentum vor allem an Boden, Rohstoffen sowie den Leibeigenen; Kapitalismus: Privateigentum an Kapital in Form von Geld, Maschinen und menschlicher Arbeitskraft, äußerste Zuspitzung des Klassenantagonismus in Gestalt der Bourgeoisie (Ausbeuterklasse, den Mehrwert der Lohnarbeiter zurückhaltend) und des → **Proletariats**, der „Klasse mit radikalen Ketten", an der das „Unrecht schlechthin" verübt wird; Kommunismus (Vorstufe: Sozialismus): Aufhebung des Privateigentums an Produktionsmitteln durch deren Vergesellschaftung und damit Negation der Negation, d. h. Rückkehr zum Urzustand auf höherer Ebene, auf welcher der Kreislauf des Arbeitsprozesses wieder geschlossen und damit auch der Abschluß der „Vorgeschichte der Menschheit" erreicht ist.

C. Wissenschaftlicher Sozialismus und Kommunismus

1. Sozialismus oder die Diktatur des Proletariats

Hauptfrage des wissenschaftlichen Sozialismus und Kommunismus ist die Frage nach der „Gesetzmäßigkeit" des Übergangs vom Kapitalismus zum Kommunismus. In dieser Frage vor allem unterscheiden sich Marxismus und Leninismus. Der verbindende Grundgedanke ist aber folgender: Aus den antagonistischen Klassengegensätzen zwischen Bourgeoisie und Proletariat ergibt sich, daß die sozialistische Revolution nur gewaltsam sein kann. Denn die herrschenden Klassen setzen der Veränderung der → **Produktionsverhältnisse** Widerstand entgegen und benutzen dazu vor allem den Zwangsapparat des Staates. In der Übergangsphase muß daher das → **Proletariat** den → **Staatsapparat** erobern und gegen die noch vorhandenen Reste der Bourgeoisie, und zwar sowohl gegen deren ökonomische, politische als auch ideologische Erscheinungsformen (→ **Revisionismus**), als Instrument der Macht einsetzen. Diese Diktatur des Proletariats unterscheidet sich dem Anspruch nach insofern von bisherigen Diktaturen, als sie eine Herrschaft der Mehrheit über eine Minderheit bedeutet.

Marx selbst wollte über taktische Einzelheiten dieser Diktatur keine verbindlichen Aussagen für die Zukunft machen. Er glaubte, daß diese Übergangsphase ohnehin sehr kurz sei. In der Schrift „Klassenkämpfe in Frankreich" empfahl er das Modell der Pariser Kommune: Die Länder sollten sich föderativ auf freiwilliger Basis organisieren; abgestufte Organe der direkten Demokratie nehmen zugleich legislative wie exekutive Aufgaben wahr; die Beamten sind abhängige Organe des organisierten Volkes und sollen nicht besser als Facharbeiter bezahlt werden; wie auch die Vertreter der Polizei unterliegen sie der ständigen Kontrolle der Kommunen und sind jederzeit absetzbar; die Delegierten der Kommunen werden in Urwählerversammlungen gewählt und sind ebenfalls jederzeit abwählbar. Das zeigt, daß Marx – wie übrigens auch Engels (vgl. „Kritik des Erfurter

Programms", 1891) – Diktatur gegenüber der Bourgeoisie und Demokratie innerhalb der proletarischen Organisationen für vereinbar hielt.

Anders Lenin: Unter den Bedingungen des zaristischen Rußlands, in dem soziologisch von einer Mehrheit des Proletariats nicht die Rede sein konnte, entwickelte er vor allem in der Schrift „Staat und Revolution" (1917) die Diktatur des Proletariats im Rahmen einer geschlossenen Revolutionstheorie. Darin wird der Diktaturbegriff in seiner traditionellen machttechnischen Bedeutung verstanden, d. h. in Praxis Diktatur einer Minderheit über eine Mehrheit, wobei die Minderheit sich als potentielle Mehrheit versteht. Mit dieser inhaltlichen Änderung des Diktaturbegriffs hängt eng zusammen die ebenfalls von Lenin entwickelte Theorie der „Partei neuen Typs" („Was tun?", 1902). Deren Hauptmerkmale sind: 1. Die Partei ist der „bewußte Vortrupp der Arbeiterklasse". Sie rekrutiert sich infolgedessen historisch gesehen zunächst aus der sozialen Schicht der → **Intelligenz**, die einerseits das richtige proletarische Bewußtsein entwickeln, bewahren und verbreiten soll, andererseits die Organisation der proletarischen Bewegung zu übernehmen hat. 2. Die Partei ist der „organisierte Vortrupp der Arbeiterklasse", d. h. sie ist einheitlich bis in die kleinsten sozialen Grundeinheiten („Zellen") organisiert. 3. Das organisatorische Grundprinzip ist der → **demokratische Zentralismus**.

Auf Grund der spezifischen historischen und nationalen Bedingungen unterscheidet der ML heute zwei Typen der Diktatur des Proletariats: die Sowjetmacht und die Volksdemokratie.

2. Die Entwicklungsphasen des Sozialismus

Angesichts der relativ ungebrochenen Kraft des „imperialistischen Monopolkapitalismus" nach dem Ersten Weltkrieg sah sich der ML zu einer weiteren Modifizierung der Marxschen Lehre gezwungen: Im Unterschied zu der Annahme von Marx und Engels, daß die entwickelten Länder zur gleichen Zeit zum Sozialismus übergehen würden, wurde die These vom sozialistischen Sieg in einem Staat entwickelt; das imperialistische Weltsystem soll nach und nach an seinen schwächsten Gliedern durchbrochen werden. Diese These wird zwar Lenin zugesprochen, tatsächlich wurde sie aber besonders von Stalin propagiert. Bis zur Ablösung W. Ulbrichts 1971 wurde aus dem noch immer währenden „erbitterten Kampf gegen den staatsmonopolistischen Kapitalismus" der Schluß gezogen, daß der Sozialismus nicht eine kurzfristige Übergangsphase in der Entwicklung der Gesellschaft sei, sondern eine relativ selbständige sozialökonomische Formation, die sich auf ihren „eigenen Grundlagen" und dann direkt hin zum Kommunismus entwickle. Diese Auffassung wurde seit Oktober 1971 von der SED auf mehreren Konferenzen und ZK-Tagungen als falsch bezeichnet und zurückgewiesen. Der Sozialismus gilt jetzt wieder als Vorphase und Teil des Kommunismus, der keine „relative Selbständigkeit" beanspruchen kann. Die führende Rolle der marxistisch-leninistischen Partei beschränke sich darum nicht auf die Negation des Kapitalismus, vielmehr sei infolge ihrer wachsenden „sozialpolitischen Funktion" im gesamtgesellschaftlichen Erkenntnis-, Planungs- und Leitungsprozeß ihre Verstärkung erforderlich. Dasselbe gelte für den Staat: „Die Gestaltung der entwickelten sozialistischen Gesellschaft ist nicht durch ‚Entstaatlichung' oder ‚Absterben des Staates' zu verwirklichen. Der sozialistische Staat wird vielmehr neue Aufgaben übernehmen und durchführen müssen, um alle Teilbereiche und damit das Gesamtsystem so zu gestalten, daß die materielle und geistige Überlegenheit des Sozialismus nachgewiesen wird" (DZfPh, 16. Jg., H. 6, 1968, S. 57).

Die erste Aufbauphase ist gekennzeichnet durch das Klassenbündnis zwischen Industriearbeiterschaft und Bauern. Der Existenz von mehreren Klassen entsprechend gibt es hier noch mehrere Formen des gesellschaftlichen Eigentums: das gesamtgesellschaftliche, das genossenschaftliche sowie Reste privatwirtschaftlichen Eigentums. Da das Entwicklungsniveau der Produktivkräfte noch relativ gering ist, überwiegt die materielle Interessiertheit als Anreiz vor dem gesellschaftlich-moralischen Bewußtsein, und die Verteilung der Güter erfolgt nach dem Prinzip: „Jeder nach seinen Fähigkeiten, jedem nach seinen Leistungen." Ebenso findet in dieser Phase das Wertgesetz seine volle Anwendung. Die erste Aufbauphase vollzieht sich in zwei Etappen: 1. Aufbau und Behauptung des Sozialismus in der Sowjetunion im Kampfe gegen den Imperialismus (etwa 1917–1945); 2. Herausbildung des sozialistischen Weltsystems und Umschlag des Kräfteverhältnisses zugunsten des Sozialismus (1945–1956).

Die zweite Aufbauphase, der „umfassende Aufbau des Sozialismus" wird 1962/1963 – nach einer Zeit des Übergangs – mit dem „Sieg der sozialistischen Produktionsverhältnisse" eingeleitet. Sie wird darüber hinaus durch folgende Faktoren bestimmt: militärische Überlegenheit des sozialistischen Lagers, wissenschaftlich-technische Revolution. Daraus ergeben sich für die marxistisch-leninistische Partei die Aufgaben:

1. International: Politik der → **friedlichen Koexistenz** bei Verschärfung des internationalen Klassenkampfes auf den Gebieten der Ökonomie, der Ideologie und der Kultur. Weiter erfordert der internationale Charakter der technischen Revolution eine qualitativ höhere Form der internationalen Arbeitsteilung.

2. Im Innern: Schutz des sozialistischen Eigentums und Entwicklung der Verteidigungsbereitschaft gegen mögliche imperialistische Überfälle. Volle Entfaltung der Wissenschaft als Produktivkraft; Einho-

len bzw. Überflügeln des wissenschaftlich-technischen Vorlaufs des Imperialismus; allseitige Entwicklung der sozialistischen Gesellschaft, insbesondere die Entwicklung des gesellschaftlichen → **Bewußtseins**.

Der „Sieg der sozialistischen Produktionsverhältnisse" und damit der Beginn der zweiten Phase wurde in der DDR auf dem VI. Parteitag der SED im Januar 1963 in Verbindung mit dem „neuen ökonomischen System der Planung und Leitung" verkündet. Auf dem VII. Parteitag (1967) wurde diese Formel abgelöst durch die von der „Gestaltung des entwickelten gesellschaftlichen Systems des Sozialismus". Seit dem VIII. Parteitag (1971) wird die gegenwärtige Entwicklungsphase als „entwickelte sozialistische Gesellschaft" bezeichnet.

3. Der wissenschaftliche Kommunismus

Nach der Vollendung des Aufbaus des Sozialismus beginnt, nach der Lehre des ML, erst die eigentliche Geschichte der Menschheit, der Kommunismus.

Während Marx diese Epoche noch eher philosophisch charakterisierte als eine Vernichtung der „Fremdheit", mit der sich die Menschen zu ihrem eigenen Produkt gegenseitig verhalten, sind es heute eher pragmatische Kriterien, die zu ihrer Bestimmung genannt werden. Das Verteilungsprinzip lautet jetzt: „Jeder nach seinen Fähigkeiten, jedem nach seinen Bedürfnissen". Es gibt zwar noch Klassen; die Produktionsmittel sind jedoch ausschließlich einheitliches Volkseigentum; die Unterschiede zwischen Stadt und Land sind mehr und mehr aufgehoben; körperliche und geistige Arbeit sollen immer mehr verschmolzen werden; die Intelligenz ist zwar noch eine besondere soziale Schicht, sie ist aber mit den beiden „Hauptklassen", den Arbeitern und Bauern, eine enge Verbindung eingegangen; der Charakter der Arbeit ist ein ganz anderer geworden: Der Mensch tritt mit der Vollendung der Automation aus dem naturwüchsigen Produktionsprozeß heraus und leitet diesen nach seinen Zielvorstellungen. Damit wird, dem ML zufolge, die Arbeit zum „hauptsächlichsten Lebensbedürfnis der Menschen".

Nach dem Selbstverständnis des ML hat der Aufbau des Kommunismus in der UdSSR seit dem XXII. Parteitag der KPdSU begonnen. Freilich ist auch in dem dort entwickelten Programm für die Jahre 1961–1980 von einem „Absterben des Staates", wie es sich Marx und Engels vorstellten, nicht die Rede. (Zitate im Vorangehenden, soweit ohne Angabe, aus Art. „Materialismus, dialektischer und historischer", in: Phil. Wörterbuch, Hrsg. M. Buhr, G. Klaus, 7., berichtigte Aufl., 2 Bde., Berlin 1970, hier Bd. 2).

→ **Agnostizismus; Moral, sozialistische; Objektivismus; Positivismus, Relativismus; Subjektivismus.**

Maschinenbau: Nach der alten Industriezweigsystematik bis Ende 1967 die zusammenfassende Bezeichnung für zwei Industriezweige der → **Metallverarbeitenden Industrie:** den → **Schwermaschinenbau** und den Allgemeinen M. Entsprechend der neuen Industriezweigsystematik sind die Industriezweige des M. im Industriebereich M. und Fahrzeugbau zusammengefaßt. Der M. umfaßt folgende Industriezweige: Energie-M., Bau von Bergbauausrüstungen; Metallurgieausrüstungsbau; Chemieausrüstungsbau; Bau-, Baustoff- und Keramik-M.; Werkzeug-M.; Werkzeug- und Vorrichtungsbau; Plast- und Elastverarbeitungs-M.; Papierindustrie-M.; Polygraphie-M.; Textil-, Konfektions- und Lederverarbeitungs-M. usw. Oberste Anleitungsorgane für den M. sind die Ministerien für Schwermaschinen- und Anlagenbau und für Allgemeinen Maschinen-, Landmaschinen- und Fahrzeugbau. Der Industriebereich M. und Fahrzeugbau umfaßte 1973 2 612 Betriebe mit knapp 860000 Beschäftigten. Damit arbeiteten 28,4 v. H. aller in der → **Industrie** Beschäftigten in diesem Industriebereich, der 24,4 v. H. der industriellen Bruttoproduktion erzeugt.

In Mitteldeutschland war der M. bereits vor 1945 stark entwickelt (Textilmaschinen, Lebensmittelmaschinen, Werkzeugmaschinen, leichte Elektromaschinen usw.). Die Kriegsschäden und Demontageverluste des M. waren sehr erheblich. Sie betrugen mehr als die Hälfte der Kapazitäten von 1936. Der Wiederaufbau führte zu Strukturveränderungen, da die SED-Führung gleichzeitig einen eigenen Schwer-M. entwickelte. Der Kunststoffverarbeitungs-M., die Produktion von ganzen Anlagensystemen, von numerisch gesteuerten Werkzeugmaschinen sowie von Präzisionsmaschinen hat in den letzten Jahren stark an Bedeutung gewonnen.

Maschinen-Traktoren-Stationen: → **Agrarpolitik; Landwirtschaft; Landtechnik; Staatliches Komitee für Landtechnik und materiell-technische Versorgung.**

Masseninitiative: → **Sozialistischer Wettbewerb.**

Massenkontrolle: → **Arbeiter-und-Bauern-Inspektion.**

Massenorganisationen: M. sind Verbände, mit deren Hilfe die → **SED** versucht, alle sozialen Gruppen und Schichten der Gesellschaft, anknüpfend an deren spezifische soziale Situationen, Interessen und Aktivitäten zu organisieren. Die M. sollen ihre Mitglieder sowohl für das Erreichen der von der Partei in deren Beschlüssen und in den Volkswirtschaftsplänen gesetzten Ziele mobilisieren, als auch diesen die Möglichkeit bieten, ihre spezifischen Interessen organisiert und kontrolliert vertreten zu können.

Kommunistische Parteien beanspruchen in ihrem Herrschaftsbereich grundsätzlich ein Organisationsmonopol, d. h. sie lassen nur die Bildung solcher Verbände zu, deren Gründung ihnen erwünscht, deren Programmatiken und Satzungen den Führungsanspruch der Partei ausdrücklich anerkennen und in denen die entscheidenden Führungspositionen von Parteimitgliedern besetzt sind. Die M. sind sowohl als Interessenorganisationen der

Mitglieder als auch zugleich als Herrschaftsinstrumente der Partei konzipiert. Dieser „Widerspruch" wird aufgrund des Machtübergewichts der Partei vielfach zuungunsten der Interessenvertretung gelöst, ohne daß dieser Aspekt der M. völlig vernachlässigt werden kann.

Neben dem Begriff „M.", der vor allem den Großorganisationen vorbehalten ist, wird auch die Bezeichnung „gesellschaftliche Organisation" verwendet.

Mit Hilfe der M. versucht die SED

1. ihre jeweiligen Aktionsziele zu propagieren und die in den M. organisierten Mitglieder zu deren Erreichung zu mobilisieren (M. als „Transmissionsriemen"),

2. einen organisierten und kontrollierten Raum zu schaffen, in dem die Interessen der verschiedenen gesellschaftlichen Gruppen vertreten, soziale Bedürfnisse und Aktivitäten (z. B. kulturelle und sportliche) erfüllt und soziale Konflikte ausgetragen und gelöst werden können, ohne die Herrschaftsposition der Partei in Frage zu stellen (M. als Interessenvertretung),

3. die Einstellungen und Verhaltensweisen der Mitglieder der M. im Sinne der Parteidoktrin zu verändern (M. als „Schulen des Sozialismus"),

4. Nachwuchs für leitende Positionen in Partei, Staat und Wirtschaft heranzubilden und zu erproben (kaderbildende Funktion der M.),

5. die verschiedenen Gruppen und Schichten in der Gesellschaft in ihren Aktivitäten zu kontrollieren (M. als Mittel zur → **Kontrolle** der Gesellschaft),

6. bürokratische Strukturen in Staat und Gesellschaft zu kontrollieren, um Machtmißbrauch, Verselbständigungstendenzen, Unterschleife und Nichteinhaltung gesetzlicher Normen zu verhindern (M. als Mittel „gesellschaftlicher Kontrolle"),

7. sich zusätzliche Informationen über Einstellungen, Wünsche und Unzufriedenheiten in der Gesellschaft zu verschaffen, um möglicherweise die eigene Politik zu korrigieren oder → **Agitation und Propaganda** gezielter einsetzen zu können (M. als Informationsquellen mit korrigierender Funktion),

8. sich auf Spezialgebieten des Sachverstandes bestimmter Gruppen zu bedienen, um sachgerechtere Entscheidungen zu ermöglichen (konsultative oder beratende Funktion der M.),

9. Medien für eine kontrollierte und auf Einzelfragen bezogene Kritik zu schaffen (M. als Foren für → **Kritik und Selbstkritik**).

Ihren Führungsanspruch verwirklicht die SED durch ihre Mitglieder, die laut Statut der Partei gehalten sind, sich in den M. zu organisieren und dort die Parteibeschlüsse durchzuführen. Die ausschlaggebende Repräsentanz der SED im Funktionärskörper der M. wird durch eine systematische Kaderpolitik von den jeweils zuständigen Abteilungen des SED-Apparats gesichert. Die Vorsitzenden bzw. Sekretäre der wichtigsten M. (insbesondere von → **FDGB** und → **FDJ**) auf den verschiedenen Organisationsebenen sind zugleich Mitglieder der entsprechenden SED-Leitung.

Alle M. erkennen in ihren Satzungen und programmatischen Erklärungen die Führungsrolle der Partei ausdrücklich an; ihr Organisationsprinzip ist der → **demo-kratische Zentralismus**. Sie verfügen über eigene Schulungseinrichtungen zur Heranbildung des Funktionärsnachwuchses und eine eigene Verbandspresse. Die Mitgliedschaft in den M. ist grundsätzlich freiwillig, sie ist jedoch eine Voraussetzung für sozialen und beruflichen Aufstieg. Zusätzlicher Anreiz zum Eintritt in die M. sind Vergünstigungen, wie z. B. Ferienreisen. Auch gibt es vielfach keine andere Möglichkeit, bestimmten sozialen Interessen (Sport, Briefmarkensammeln, Heimatforschung, Laienspiel usw.) nachzugehen, als sich der zu diesem Zweck in den M. organisatorisch vorgegebenen Formen zu bedienen.

Die 1945 erfolgte Auflösung aller bestehenden Verbände ermöglichte es der KPD/SED, mit Unterstützung der Besatzungsmacht unter der Losung der „antifaschistischen Einheit" nur die Gründung solcher Organisationen zuzulassen, an deren Führung sie von Anbeginn maßgeblich beteiligt war. In der anfänglich überparteilichen M., wie z. B. FDGB, KB, DFD, FDJ, gelang es der SED, durch eine geschickte Kaderpolitik, die Ausnutzung von Satzungsbestimmungen und das geschlossene fraktionsmäßige Auftreten ihrer Mitglieder sowie durch den Einsatz von Zwangsmitteln die alleinige Führung an sich zu ziehen. Die Gründungstechniken variierten je nach historischer Situation und der Art des Verbandes: → **FDGB** und → **Kulturbund** (KB) wurden als zentrale Organisationen gegründet; → **FDJ**, → **DFD** und → **VdgB** entstanden aus kommunalen Ausschüssen; andere Verbände wurden aus bestehenden M. ausgegliedert, wie z. B. der → **VDJ** aus dem FDGB, der → **DTSB** über kommunale Sportausschüsse aus der FDJ und dem FDGB, → **Schriftstellerverband der DDR** und → **DSF** aus dem KB. Neben den jeweils aktuellen politischen Überlegungen spielte die begrenzte Zahl verfügbarer fähiger und zuverlässiger Parteimitglieder für bestimmte Aufgaben in den M. eine Rolle bei der Entscheidung, wann und in welcher Form Organisationen ins Leben gerufen wurden.

Das System der M. hat in seinen Grundstrukturen seit der Bildung des DTSB 1957 keine Veränderungen erfahren. Lediglich im Bereich der Fachverbände der Intelligenz hat sich der Differenzierungsprozeß fortgesetzt. So wurden 1966 der Verband der Theaterschaffenden, 1967 der Verband der Film- und Fernsehschaffenden gegründet. Das entfaltete und aufeinander bezogene Organisationensystem der M. wird mit den Blockparteien in der von der SED geleiteten Nationalen Front zusammengefaßt. In der → **Nationalen Front** (NF) stellt sich die Gesellschaft der DDR gleichsam in organisierter Form dar. Außer der SED selbst, den Blockparteien (die in vieler Hinsicht als spezielle M. für die bürgerlichen Restschichten begriffen werden können) entsenden der FDGB, die FDJ, der DFD, der KB und in den → **Kreisen** und → **Gemeinden** auch die VdgB/BHG und die Konsumgenossenschaften Abgeordnete in die Volksvertretungen. Die in den Volksvertretungen repräsentierten Organisationen sind als Kern der NF im Demokratischen Block der Parteien und M. zusammengeschlossen.

Die Notwendigkeit, in wachsendem Maß vor allem im ökonomischen, technischen und wissenschaftspolitischen Bereich Sachverstand und Fachwissen zur Optimierung der anstehenden Entscheidungen heranzuziehen, hat die Beratungs-, Kritik- und Informationsfunktion der M. gestärkt. Veränderungen in der gesellschaftspolitischen Zielsetzung als Folge des VIII. Parteitages der SED haben die Verantwortung des FDGB für die Sozialpolitik, der FDJ in der Jugendpolitik deutlicher hervortreten lassen. Ausdehnung der Freizeit, Verbesserung der materiellen Lage, Hebung des Bildungsniveaus verlangen nach einer Verbesserung der Arbeit der M., wenn sich nicht ein größer werdender Teil der sozialen und kulturellen Aktivitäten der Gesellschaftsmitglieder neben den M. entfalten soll.

In der ideologischen und staatsrechtlichen Diskussion ist immer wieder die Tendenz hervorgetreten, in der Übernahme staatlicher Funktionen durch die M. (z. B. der Sozialversicherung durch den FDGB) einen notwendigen Prozeß in der weiteren Entwicklung des sozialistischen Gesellschaftsordnung zu sehen. Ohne ganz verschwunden zu sein, sind Äußerungen dieser Art in der DDR selten geworden. Die M. gelten bereits in ihrer gegenwärtigen Form als Ausdruck und Teil der „sozialistischen Demokratie".

Materialistische Geschichtsauffassung: → **Marxismus-Leninismus.**

Materialwirtschaft: Bezeichnung für die Gesamtheit der Liefer- und Absatzbeziehungen für Produktionsmittel zwischen den Wirtschaftsbereichen, -zweigen und -gebieten. Die M. wird zentral geplant. Die → **Planung** der M. ist das wichtigste Teilgebiet der güterwirtschaftlichen Planung.

Oberste Instanz für die M. ist seit Anfang 1966 das neu gebildete → **Ministerium für M.** Die VVB bzw. die Kombinate, die ihnen gleichgestellt sind, und die Räte der Bezirke müssen entsprechend den ihnen erteilten Produktionsauflagen für die ihnen unterstellten Betriebe zusammengefaßte Materialforderungen bei den Staatlichen Kontoren einreichen, die ihrerseits die geprüften und bestätigten Anforderungen an die „Abteilung Bilanzierung und Verteilung der Grundmittel" im Ministerium für M. weitergeben. Das Material wird nach Dringlichkeitsstufen den anfordernden Stellen in Form von Kontingenten zugeteilt.

Allgemein gültige Materialvorratsnormen sollen die Lagerhaltung auf das nur unbedingt Notwendige beschränken. Die Lenkung des Materialeinsatzes in den Betrieben erfolgt über Materialverbrauchsnormen. Für Einsparungen werden Prämien gezahlt. Der Anteil des Materialverbrauchs am „gesellschaftlichen Gesamtprodukt" betrug 1972 knapp 55 v. H., wobei der Materialverbrauch von 1960 bis 1971 schneller gestiegen ist als das „gesellschaftliche Gesamtprodukt". Das gerade auf dem Gebiet der M. wenig funktionierende System der zentralen Planung und das Verbot einer ausreichenden Lagerhaltung in den Betrieben sind Anlaß für fortwährende Stockungen im Produktionsablauf. Obwohl mengenmäßig vielfach Überplanbestände vorhanden sind, fehlen ständig bestimmte Sorten und Abmessungen an Material. Die sparsame Verwendung von Materialien wird zunehmend propagiert. Die Spannweite der Initiativen reicht von mobilisierten Beständen über verminderte Abfälle und gesenkten Ausschuß bis zum rückgeführten Verpackungsmaterial. Der VIII. Parteitag 1971 beschloß, die Materialintensität, d. h. den Materialaufwand bezogen auf die Warenproduktion, erheblich zu reduzieren. Bei wichtigen Roh- und Werkstoffen sind jahresdurchschnittliche Senkungen von 1,8 bis 2 v. H. und bei Elektroenergie, Gas und Wärme von 4 v. H. das Ziel.

Materielle Interessiertheit: Mit MI. wird in der DDR das Streben der Werktätigen nach größerem → **Einkommen** und höherem → **Lebensstandard** umschrieben. Durch eine diesem Umstand Rechnung tragende Gestaltung des Lohnsystems (vor allem über einen vielfach differenzierten Leistungslohn; → **Lohnformen und Lohnsystem**) versucht die SED eine Steigerung der → **Arbeitsproduktivität** zu erreichen.

Materielle Verantwortlichkeit: Im → **Arbeitsrecht** der DDR geltendes Prinzip, das den Werktätigen gegenüber seinem Betrieb in bestimmten Fällen zur Schadensersatzleistung für verursachte oder verschuldete Schäden verpflichtet.

Mathematik: Mit den seit dem VI. Parteitag der SED 1963 eingeleiteten Reformmaßnahmen setzte eine zunehmende Verwendung mathematischer Mittel und Methoden bei der Formulierung und Lösung verschiedenartiger Probleme ein. Diese Entwicklung erfaßte fast alle Zweige der Naturwissenschaften, der Technik, der Wirtschaft und selbst einiger Geisteswissenschaften. Dabei gewannen insbesondere die → **Kybernetik**, die Verfahren der Operationsforschung sowie die mathematische Logik an Bedeutung. Ihre möglichst vielseitige Anwendung wurde von Partei- und Wirtschaftsführung stark gefördert. Ziel dieser verstärkten Berücksichtigung der M. sollte es sein, zur Erhöhung der Effektivität in Wissenschaft und Technik beizutragen. Mathematische Methoden wurden in der Folgezeit besonders in der Wirtschaft eingesetzt. Die Anwendung der M. sollte es ermöglichen, tiefer in die quantitativen Zusammenhänge und Wechselbeziehungen einzudringen und die ökonomischen Prozesse exakter zu beherrschen. Operationsforschung, Kybernetik, Netzplantechnik und ma-

thematische Logik entwickelten sich daher zunehmend zu Instrumenten der Leitung (→ **Sozialistische Betriebswirtschaftslehre; Leitungswissenschaft, sozialistische; Organisationswissenschaft**). Sie gewannen ebenfalls im Zusammenhang mit dem Einsatz der elektronischen Rechentechnik an Bedeutung.

Mit den Möglichkeiten des Einsatzes mathematischer Mittel und Methoden befassen sich auf der Grundlage der vereinbarten wirtschaftlichen sowie wissenschaftlich-technischen Zusammenarbeit der RGW-Länder besondere Expertengruppen. Gegenstand der Zusammenarbeit sind z. B. auf ökonomischem Gebiet u. a. die Vervollkommnung der Methoden für die Ausarbeitung und die Auswahl von Planvarianten, die Entwicklung von Prinzipien, Kriterien und Methoden der wissenschaftlichen Entscheidungsfindung sowie die Ausarbeitung und Anwendung ökonomisch-mathematischer Methoden in der Volkswirtschaftsplanung.

Mathematik-Olympiade: Sie ist eine Einrichtung, die sowohl der Förderung und Verbesserung des Mathematikunterrichts als auch der Entdeckung mathematisch begabter Schüler dienen soll. „Internationale" M. werden seit 1959 jährlich veranstaltet. Mathematische Schülerwettbewerbe der DDR wurden erstmalig 1960 und 1961 in kleinerem Rahmen in Berlin und Leipzig veranstaltet; sie erhielten im Schuljahr 1961/62 die Bezeichnung „Olympiade Junger Mathematiker" (OJM). Ihr Ziel ist es, „Schüler für das Fach Mathematik zu begeistern, sie zum mathematischen Denken zu erziehen und zur Lösung mathematischer Probleme zu befähigen". Im Auftrage der „Mathematischen Gesellschaft der DDR" und des → **Ministeriums für Volksbildung** erfolgt die Leitung der OJM. durch das Zentrale Komitee für die OJM. Der Wettbewerb wird in 4 Stufen durchgeführt. 1. Stufe: Schulolympiade (O.-Klassen 5–12); 2. Stufe: Kreisolympiade (O.-Klassen 5–12); 3. Stufe: Bezirksolympiade (O.-Klassen 7–12); 4. Stufe: DDR-Olympiade (O.-Klassen 10–12). Die Besten aus der DDR-Olympiade nehmen an der Internationalen M. teil. → **Einheitliches sozialistisches Bildungssystem,** IX; **Schüler und Lehrlinge.**

Mauer: → **Deutschlandpolitik der SED; Berlin; Schießbefehl; Passierscheinabkommen; Republikflucht; Grenze.**

MDN: → **Währung.**

Medaillen: → **Auszeichnungen.**

Medienpolitik

Grundsätze – Lenkung und Kontrolle – Entwicklung nach 1971 – Wertung

I. Grundsätze

M. ist ein wesentlicher Bestandteil der → **Agitation und Propaganda** und der staatlichen Machtpolitik der → **SED** zur planmäßigen Beeinflussung des Bewußtseins der Bevölkerung, des „subjektiven Faktors", zur Erzielung von sozialistischen (kommuni-

stischen) Denk- und Verhaltensweisen. Ihr Ziel ist nicht breiteste Information über alle gesellschaftlich relevanten Vorgänge und Meinungen im In- und Ausland und die generelle Befriedigung des allgemeinen Bildungs- und Unterhaltungsbedürfnisses, sondern vorrangig Indoktrinierung und Meinungsmanipulation („sozialistische Bewußtseinslenkung") durch „parteiliche" Information, Darstellung und Kommentierung von Ereignissen und Sachverhalten unter zusätzlicher Nutzung von Bild und

Ton. Die sich aus dieser Zielsetzung ergebenden Beschränkungen im Informations- und Unterhaltungsangebot sind gewollt, wenn auch versucht wird, den allgemeinen Bedürfnissen zunehmend mehr Rechnung zu tragen. Dabei spielt die Konkurrenzsituation zu westlichen Massenmedien (Rundfunk und Fernsehen) eine erhebliche Rolle. Angestrebt wird größere „Massenwirksamkeit" der eigenen Medien durch ein differenzierteres Angebot ohne Aufgabe der ideologischen Grundsätze: Auch im Zeichen der → **friedlichen Koexistenz** sollen „Feindbild, Abgrenzung und Normalisierung" eine „dialektische Einheit" bilden.

Die Konzeption dieser M. geht aus von Lenins Thesen über die Parteipresse als „kollektiver Agitator, Propagandist und Organisator". Sie wurden übertragen auf alle Massenkommunikationsmittel (Massenmedien), zu denen, neben SED-eigener Darstellung, nicht nur die im engeren Sinne journalistischen Massenmedien → **Presse**, → **Rundfunk**, → **Fernsehen** gehören, sondern auch Filme (→ **Filmwesen**), Bücher und andere nichtperiodische Druckerzeugnisse (u. a. Mitteilungsblätter, Plakate, Flugschriften) sowie Schallplatten und Tonbänder. Besonders die journalistischen Massenmedien werden als „scharfe Waffen", als „Instrumente der marxistisch-leninistischen Partei und des sozialistischen Staates" bezeichnet, die auf der Grundlage der Prinzipien der → **Parteilichkeit** gesellschaftliche Informationen verbreiten, die für die „bewußte Gestaltung sozialistischer Beziehungen erforderlich und geeignet sind" und die dafür „notwendigen Argumentationen" vermitteln, u. a. auch in „künstlerischen Formen". „Unsere Partei hat frühzeitig die Wirkungsmöglichkeiten der modernen Massenmedien richtig eingeschätzt. Bei uns sind sie Teil des Machtapparates der herrschenden Arbeiterklasse und ihrer Verbündeten. Sie sind – wie Lenin sagte – eine Abteilung der Partei" (Rudi [Rudolf] Singer, 9. ZK-Tagung Oktober 1968). Siehe auch Rede Honeckers auf dem VIII. Parteitag der SED, Juni 1971, und Beschluß des Politbüros des ZK der SED vom 7. 11. 1972 über „Die Aufgaben der Agitation und Propaganda bei der weiteren Verwirklichung der Beschlüsse des VIII. Parteitages der SED".

II. Lenkung und Kontrolle

Die Lenkung und Leitung der Massenmedien erfolgt zentral: Die politisch-ideologische Richtlinienkompetenz liegt beim Politbüro der SED, verantwortlicher Sekretär (und Mitglied des Politbüros) ist Werner Lamberz, dem die Abteilung „Agitation" des ZK-Apparates mit den Sektoren „Presse" etc. zugeordnet ist, u. a. auch zur direkten Anleitung der SED-eigenen Presse. Staatliche Lenkungs- und Leitungsorgane sind – unter der politisch-organisatorischen Richtlinienkompetenz des Ministerrates der DDR – das weisungsberechtigte → **Presseamt** beim

Vorsitzenden des Ministerrates, das Staatliche Komitee für Rundfunk beim Ministerrat, das Staatliche Komitee für Fernsehen beim Ministerrat und die staatliche Nachrichten- und Fotoagentur → **ADN**, deren Generaldirektor vom Vorsitzenden des Ministerrates berufen wird. Für örtliche M. (z. B. Lokal- und Betriebszeitungen) sind die SED-Bezirksleitungen und die Vorsitzenden der Räte der Bezirke zuständig.

Zentrale Lenkung und Kontrolle zur „Durchsetzung der Linie der Partei" (indirekte Zensur) werden ausgeübt – institutionell und inhaltlich – durch:

Personalpolitik (→ **Kader**) der SED und der staatlichen Organe (auch der übrigen Parteien und Massenorganisationen). „Wir haben von jeher an die Mitarbeiter die politischen und moralischen Anforderungen gestellt, die man stellen muß, wenn Genossen in einem Teil des Machtapparates arbeiten dürfen" (Singer, a. a. O.).

Generelle staatliche Lizenzpflicht (zuständig: Presseamt) für alle Massenmedien, soweit sie nicht sowieso zentrale staatliche Einrichtungen sind, wie ADN, Rundfunk und Fernsehen. → **Lizenzen** können, müssen nicht erteilt und können jederzeit widerrufen werden. (VO über die Herausgabe und Herstellung periodisch erscheinender Presseerzeugnisse vom 12. 4. 1962.)

Staatliche Zuteilung und Mengenbegrenzung (Kontingentierung) aller wichtigen Materialien (Papier etc.) aus dem Volkswirtschaftsplan.

Staatliches Vertriebsmonopol, z. B. für alle Presseerzeugnisse des In- und Auslandes durch den → **Postzeitungsvertrieb**. „Periodisch erscheinende Presseerzeugnisse dürfen im Gebiet der DDR nur vertrieben und verkauft werden, wenn sie in der Postzeitungsliste enthalten sind" (VO vom 9. 6. 1955). Der Bezug von West-Zeitungen ist genehmigungspflichtig (→ **Zeitungsaustausch**).

Strafandrohung der politisch-ideologisch interpretierten §§ des Strafgesetzbuches der DDR vom 12. 1. 1968, u. a. § 106 „Staatsfeindliche Hetze". Speziell für die journalistischen Massenmedien durch:

Einheitliche Ausbildungsrichtlinien für Journalisten und deren Weiterbildung (Schulung) auch von „Volkskorrespondenten" durch den „Verband der Journalisten der DDR" (→ **Journalismus**). (Zur Kontrolle von Journalisten anderer Staaten in der DDR → **Korrespondenten**.)

Sprachregelung in den verbindlichen Argumentationsrichtlinien der Agitationsabteilung des ZK, in den Kommuniqués und „Presse-Informationen" des Presseamtes und in der „parteilichen" Nachrichtenpolitik von → **ADN**. Nachrichtengebung wird verstanden als „Agitation durch Tatsachen".

Innerhalb der Medien durch Plandirektiven „auf der Grundlage der Beschlüsse von Partei und Regierung" für Quartals- oder Perspektivpläne, Monats-

und Dekadenpläne (z. B. monatlicher Leitartikel-plan) mit Agitationsschwerpunkten für die einzelnen Fachbereiche und durch die Funktion von → **Kritik und Selbstkritik**.

Die Feststellung im Art. 27 der DDR-Verfassung von 1968 (auch in der Neufassung vom 7. 10. 1974): „Die Freiheit der Presse, des Rundfunks und des Fernsehens ist gewährleistet", bedeutet nach dem Selbstverständnis der Verfasser keinen Widerspruch. Sie wird im offiziellen Kommentar zur DDR-Verfassung u. a. so interpretiert: „Die Freiheit der Presse, des Rundfunks und des Fernsehens zu sichern heißt deshalb vor allem, keinerlei Mißbrauch der Massenmedien für die Verbreitung bürgerlicher Ideologien zu dulden und ihre Tätigkeit bei der Verbreitung der marxistisch-leninistischen Ideologie, als Foren des schöpferischen Meinungsaustausches der Werktätigen bei der Organisierung des gemeinsamen Handelns der Bürger für die gemeinsamen sozialistischen Ziele voll zu entfalten."

III. Medienpolitik nach dem VIII. Parteitag der SED 1971

Die inhaltlichen Schwerpunkte der M. ergeben sich jeweils aus den verbindlichen Beschlüssen des letzten SED-Parteitages, den folgenden Tagungen des SED-Zentralkomitees und den Beschlüssen des Ministerrates. Seit dem VIII. Parteitag der SED (Juni 1971) stehen im Vordergrund: Die allseitige Integration der DDR in die sozialistische Staatengemeinschaft, die Vorbildrolle der Sowjetunion, die Abgrenzung zur Bundesrepublik Deutschland (Auslandsverhältnis), die politisch-ideologische Immunisierung der Bevölkerung gegen alle Formen des „Antikommunismus und Antisowjetismus" (gegen „bürgerliche Ideologie, Nationalismus, Sozialdemokratismus, Revisionismus, Maoismus") sowie die aktuelle ökonomische Agitation zur Erfüllung und Übererfüllung der wirtschaftlichen Planziele (sozialistischer Wettbewerb, Steigerung der Arbeitsproduktivität, Senkung des Materialverbrauchs, Einführung moderner wissenschaftlich-technischer Erkenntnisse in die Produktion als Voraussetzung zur Realisierung der ökonomischen Hauptaufgabe).

Vor allem im Rundfunk und im Fernsehen ist das Informations- und Unterhaltungsangebot verbessert worden. „Antworten"-Sendungen wurden informativer, Interpretationen der Wirtschafts- und Versorgungslage realistischer. In der politischen Information dominiert jedoch weiterhin der ermüdende Kommuniqué-, Protokoll- und Agitationsstil. Zugeständnisse an den Publikumsgeschmack sind mehr Musik- und Unterhaltungssendungen (auch mit westlichen Schlagerstars), mehr Lustspiele, die Übernahme englischer und französischer Kriminalfilme, eine durch Magazinsendungen aufgelockerte Programmgestaltung vor allem für die Jugend mit starker Anpassung an westliche Musik. Dem Unter-

haltungsbedürfnis soll auch künftig mehr Rechnung getragen und damit gleichzeitig die Abwanderung zu westlichen Medien gestoppt werden. Vorherrschend bleiben jedoch weiterhin Eigenproduktionen und Übernahmen aus der Sowjetunion und anderen Ostblockstaaten.

Die Berichterstattung über den Westen wurde im Zeichen der „Normalisierung" im Nachrichtenstil formaler (ohne früher übliche aggressive Denunzierungen), zugunsten der Ostblockberichterstattung oft noch dürftiger. Sie beschränkt sich darüber hinaus im wesentlichen auf das Krisen-Geschehen im „Kapitalismus" (Vermittlung eines negativen Bildes durch eigene Korrespondenten oder durch entsprechend zusammengestellte Zitate aus westlichen Zeitungen), auf die Wiedergabe von Stellungnahmen der dortigen kommunistischen Parteien sowie positiver westlicher Stimmen zu östlichen Ereignissen und Vorschlägen. Generell gilt das auch für die Berichterstattung über die Bundesrepublik Deutschland und West-Berlin, wenn auch hier die Kommentierung aus SED-Sicht ausgeprägter ist („Die Unterstützung des Klassenkampfes in der BRD ist oberstes Anliegen"). Nur die direkten Appelle an die westdeutsche Bevölkerung sind im Zuge der Abkehr von der gesamtdeutschen Konzeption Ulbrichts aufgegeben worden.

In Anpassung an die neue Politik der Abgrenzung (Leugnung der Einheit der Nation) wurde der Deutschlandsender in „Stimme der DDR" umbenannt; der „Deutsche Freiheitssender 904", der „Deutsche Soldatensender 935" und die speziell für West-Berlin sendende „Berliner Welle" stellten ihre Sendungen ein (→ **Rundfunk**). Auf der Mittelwelle 908 kHz werden dafür jetzt kommunistische Programme für Gastarbeiter in der Bundesrepublik ausgestrahlt, und zwar in griechisch, italienisch und türkisch. Sendungen für spanische Gastarbeiter wurden nach der Aufnahme diplomatischer Beziehungen zu Spanien (im Januar 1973) wieder eingestellt. Die Nationalhymne der DDR wird seit dem 1. 8. 1971 ohne Gesang („Deutschland, einig Vaterland") gespielt (Radio DDR und Berliner Rundfunk 23.58 Uhr).

Ein nach eigenem Eingeständnis journalistisch vielfach noch nicht bewältigtes Problem der M. gegenüber der Bundesrepublik ist die aus der „sozialistischen Friedensoffensive" (sowjetische Entspannungspolitik) abgeleitete Aufgabenstellung: „bei gleichzeitiger ideologischer Offensive die ökonomische und politische Zusammenarbeit (zu) fördern".

IV. Wertung

Die Wirkung der M. der SED ist in der DDR selbst umstritten. (Kritisches zu Agitation und Wirkung: Georg Klaus: „Sprache der Politik", Berlin [Ost] 1971, u. a.). Die vermeintlichen Vorteile einer derart administrativen „sozialistischen Bewußtseinslenkung" wirken sich in der Praxis auch nachteilig aus: Der Zwang zur Herstellung einer „einheitlichen" Meinung, die einseitige, lückenhafte Information und der auf die Dauer ermüdende Agitationsstil mit vorgegebenem Sprachschatz, die Monotonie vor allem der Tagespresse stumpfen ab, mindern das Interesse, „übersättigen" und bauen emotionale Barrieren der Ablehnung auf. Die Befriedigung des Informations- und Unterhaltungsbedürfnisses wird anderswo gesucht, z. B. bei westlichen Medien. Ein Empfangsverbot für Rundfunk- und Fernsehsendungen aus dem Westen hat sich als nicht durchsetzbar erwiesen – auch für Partei- und Staatsfunktionäre sind die westlichen Medien eine geschätzte Informationsquelle. Das parteiliche und staatliche Informations- und Meinungsmonopol wird zudem durch steigenden Reise- und Besuchsverkehr (auch zwischen den östlichen Nachbarstaaten) immer mehr durchbrochen.

Die parteilichen Darstellungen der sozialistischen Gegenwart gleichen mehr dogmatischen Wunschinterpretationen („verändernde Widerspiegelung") statt Widerspiegelungen der gesellschaftlichen Wirklichkeit und ihrer Problematik: Während das Alltagsleben das Bewußtsein der Bevölkerung primär bestimmt, wird versucht, ein Bewußtsein des Seinsollenden zu vermitteln. Die Kluft zwischen Agitation und Wirklichkeit stellt daher die Glaubwürdigkeit der eigenen Massenmedien ständig in Frage.

Die administrative Tendenz zur einheitlichen Interpretation gesellschaftlicher Vorgänge verhindert, daß Alternativen auch zur Lösung von Einzelproblemen öffentlich diskutiert werden können. Die andere Meinung, das persönliche Engagement, wird allzu häufig hinwegagitiert. Statt einer öffentlichen Meinung wird ein Zwitter hervorgebracht: eine offizielle Meinung für die Öffentlichkeit und eine andere, die eigene Meinung, die sich unterschwellig summiert. Ein daraus resultierendes Mißtrauen zwischen Herrschenden und Beherrschten, aber auch untereinander, trägt permanent zur Aufrechterhaltung eines instabilen Innenverhältnisses bei.

Die (dogmatisierten) Grundsätze der M. sind indessen unverändert geblieben, Anpassungen an die jeweilige Generallinie der SED, Wandlungen in der Kulturpolitik und die Nutzung erster Ergebnisse soziologischer und psychologischer Forschung, z. B. für die Programmgestaltung von Rundfunk und Fernsehen, haben zwar ihre Auswirkungen gehabt, die agitatorische Aufgabenstellung, die „Parteilichkeit" und die zentrale Lenkung und Kontrolle wurden aber nie in Frage gestellt. Auch das Bestreben, Agitation mit mehr Information zu verbinden, soll nur die eigene Politik verständlicher machen, läßt daher nicht auf einen grundsätzlichen Wandel in der Informations- und M. schließen.

Medizinische Akademie: → **Gesundheitswesen,** XI; **Akademie für ärztliche Fortbildung.**

Medizinische Ausbildung: → **Gesundheitswesen,** VI, B.

Medizinische Berufe: → **Gesundheitswesen,** VI, B.

Medizinische Forschung: → **Gesundheitswesen,** XI.

Medizinische Kräfte, Mittlere: → **Gesundheitswesen,** VI, B.

Medizinische Schulen; → **Gesundheitswesen,** VI, B.

Mehrleistungslohn: M. erhält der Werktätige, der mehr als das festgesetzte Arbeitsmaß leistet (§ 46,3 → **Gesetzbuch der Arbeit);** → **Lohnformen und Lohnsystem.**

Mehrwerttheorie: → **Wert- und Mehrwerttheorie.**

Meinungsforschung: Mit M. werden die regelmäßigen repräsentativen Umfragen bezeichnet, die vom → **Institut für Meinungsforschung beim ZK der SED** im Auftrag des Politbüros, des ZK-Sekretariats oder einzelner Abteilungen des zentralen ZK-Apparates u. a. über die Stimmung der Bevölkerung durchgeführt werden.

Meister: Berufsbezeichnung nach erfolgreich abgelegter Meisterprüfung. M. sind tätig in Industriebetrieben und im Handwerk. Die M.-Prüfung können ablegen Absolventen eines Abend- oder Fernstudiums an Ingenieurschulen oder Betriebsakademien. In Industriebetrieben ist der Werk-M. nicht lediglich der Leiter der Produktion und die Aufsichtsperson in seinem M.-Bereich, sondern er soll auch im Sinne der Produktionspropaganda tätig sein. Eine Regierungsverordnung bestimmt, daß der M. „große Verantwortung für die Erfüllung der Volkswirtschaftspläne, für die Steigerung der → **Arbeitsproduktivität** und die Entwicklung des Wettbewerbs" habe. Der M. ist auch für die Ausarbeitung der Technischen Arbeitsnormen in seinem Bereich verantwortlich und soll die Normenbearbeiter bei der Neufestsetzung von Arbeitsnormen unterstützen. Der M. soll schließlich auch das Vorschlagswesen in seinem Bereich organisieren. Nicht zuletzt soll der M. Vorbild und Erzieher zu „sozialistischer Arbeitsmoral und Arbeitsdisziplin" sein.

Meldewesen, polizeiliches: Nach der Meldeordnung vom 15. 7. 1965 (GBl. II, S. 661) ist jede Wohnungsveränderung binnen sieben Tagen der zuständigen Meldestelle der → **Deutschen Volkspolizei** zu melden. Personen, die in die DDR einreisen, müssen sich an jedem Aufenthaltsort binnen zwanzig Stunden beim Volkspolizei-Kreisamt melden und vor ihrer Abreise wieder abmelden (→ **Paßwesen**). Bei kurzfristigen Aufenthalten können Anmeldung und Abmeldung gleichzeitig vorgenommen werden. Außerdem ist eine Eintragung in das in jedem Hause vom Eigentümer oder Verwalter zu führende → **Hausbuch** vorgeschrieben. Keine Meldepflicht besteht für Deutsche mit Wohnsitz in der Bundesrepublik Deutschland und Berlin (West) sowie Ausländer, die sich mit einer Tagesaufenthaltsgenehmigung in Ost-Berlin aufhalten, und für Touristen aus Staaten, mit denen die DDR Befreiung von der Einhaltung dieser Pflicht vereinbart hat (→ **Touristik**) bei einem Aufenthalt bis zu 2 Tagen (AO vom 21. 6. 1968; GBl. II, S. 431).

Meliorationen: M. sind Maßnahmen zur Verbesserung der biologischen, chemischen und physikalischen Bodeneigenschaften mit dem Ziel, die Bodenfruchtbarkeit zu erhöhen. Hierzu gehören Maßnahmen zur
Regulierung des Bodenwasserhaushaltes (Ent- und Bewässerung),
Verbesserung der Bodenstruktur durch melioratives Pflügen, Tiefenlockerung, Entsteinung, Kalkung, Urbarmachung und Kultivierung von Mooren, Ödland und Spülflächen,
Wiederurbarmachung und Rekultivierung von Abraumflächen (→ **Bodennutzung**),
Schutzmaßnahmen gegen Wind- und Wassererosionen, Reliefmeliorationen (Beseitigung von Wegen, Gräben, Hecken etc.) und
der Wirtschaftswegebau.
Den M. kommt in der DDR doppelte Bedeutung zu. Einerseits ermöglichen sie eine nachhaltige Verbesserung der Flächenproduktivität und tragen damit zur Realisierung des Zieles bei, den Selbstversorgungsgrad in der Agrarproduktion zu erhöhen. Andererseits orientiert sich der Umfang großflächiger M.-Maßnahmen an natürlichen Gegebenheiten und führt damit zur → **Kooperation in der Landwirtschaft**, die vor allem aus gesellschaftspolitischen Gründen erwünscht ist. Unter den aufgeführten Maßnahmen genießen die wasserwirtschaftlichen Maßnahmen absoluten Vorrang.
Bei einer Gesamtfläche von rund 6,3 Mill. ha LN waren 1973 ca. 1 Mill. ha (16 v. H.) entwässerungsbedürftig, 1,4 Mill. ha (22 v. H.) stark und weitere 3 Mill. ha (48 v. H.) mäßig bewässerungsbedürftig. Zur gleichen Zeit konnten ca. 1,2 Mill. ha bereits entwässert und ca. 460 000 ha bewässert werden. Die Bewässerung erfolgte auf 223 000 ha (48 v. H.) in Form der Beregnung. Die M.-Vorhaben erfordern erhebliche Kosten, die im Durchschnitt der Jahre 1966–1970 ca. 0,7 Mrd. Mark und während des Fünfjahrplanes 1971–1975 mit durchschnittlich 0,8 Mrd. Mark pro Jahr veranschlagt wurden. 1973 betrug der Aufwand für die Entwässerung von 107 333 ha LN (davon ca. 52 000 ha Drainage), für die Errichtung von Bewässerungsanlagen auf 67 202 ha LN (davon 32 350 ha Beregnung) und für die Anlage von 906 km Wirtschaftswegen ca. 720 Mill. Mark.
An der Durchführung der M.-Arbeiten sind sowohl M.-Genossenschaften (vgl. **ländliche → Genossenschaften**) als auch staatliche M.-Kombinate beteiligt. Die zentrale Leitung des M.-Wesens wird – nachdem das Staatliche Komitee für M. durch Ministerratsbeschluß am 1. 4. 1972 aufgelöst wurde – direkt vom → **Ministerium**
für Land-, Forst- und Nahrungsgüterwirtschaft wahrgenommen.
Ein Spezialstudium für Leitungsaufgaben vermitteln die Universität Rostock (Dipl.-Ing.) und die Ingenieurschule in Fürstenwalde.

Menschenhandel: → **Staatsverbrechen.**

Menschenrechte: → **Verfassung;** sozialistische → **Grundrechte.**

Menschlichkeit, Verbrechen gegen: → **Aggressionsverbrechen.**

Messen: → **Außenwirtschaft und Außenhandel; Leipziger Messe.**

Messen der Meister von Morgen (MMM): Spezieller Beitrag der bis zu 25jährigen zur Neuererbewegung. Die von den Jugendkollektiven entwickelten Neuerungen (vornehmlich auf dem Gebiete der Rationalisierung, der Materialökonomie, der Verbesserung der Arbeitsbedingungen und des Arbeitsschutzes, der Industrialisierung der landwirtschaftlichen Produktion und der Rationalisierung der Lehr- und Lernprozesse) werden alljährlich auf den Betriebs-, Schul-, Fachschul- und Hochschul-MMM, sodann nach einem Auswahlverfahren auf den MMM der Kreise, der Bezirke und schließlich auf der Zentralen MMM präsentiert. → **Jugend.**

Metallverarbeitende Industrie: Entsprechend der bis 1967 gültigen Industriezweigsystematik der wichtigste Bereich der → **Industrie**, dessen Anteil 1967 an der industriellen Bruttoproduktion 38 v. H. betrug. Von den in der Industrie Beschäftigten arbeiteten fast 40 v. H. in der MI. Folgende Industriezweige zählten zur MI.: Schwermaschinenbau, Allgemeiner Maschinenbau, Fahrzeugbau, → **Schiffbau**, Gießereien und Schmieden, Metallwarenindustrie, Elektrotechnische Industrie, → **Feinmechanische und Optische Industrie**. Ab 1968 fällt die MI. unter die Industriebereiche Maschinen- und Fahrzeugbau sowie Elektrotechnik / Elektronik / Gerätebau. Unter sämtlichen zehn Industriebereichen der DDR haben sich die beiden genannten gemäß ihrer volkswirtschaftlichen Bedeutung seit Mitte der 50er Jahre am schnellsten entwickelt. Von 1960–1973 stieg die Bruttoproduktion des Maschinen- und Fahrzeugbaus um fast das 2,36fache, die der Elektrotechnik / Elektronik / Gerätebau sogar um das 3,28fache. Beide Bereiche zusammen haben einen Anteil von 35,1 v. H. an der industriellen Bruttoproduktion; 42,3 v. H. aller in der Industrie Beschäftigten sind hier tätig (1973). In der MI. werden die meisten Exporterzeugnisse hergestellt. Ihr Anteil am Gesamtexport der DDR betrug 1973 über 56 v. H.

MfNV: Abk. für → **Ministerium für Nationale Verteidigung.**

MfS: Abk. für → **Ministerium für Staatssicherheit.**

Mieten: → **Bau- und Wohnungswesen.**

Mietermitverwaltung: Hiermit werden die von der → **Nationalen Front** ins Leben gerufenen verschiedenen Formen der Einbeziehung der Mieter in die Haus- und

Wohnungsverwaltung des volkseigenen und genossen- schaftlichen Wohnungswesens (→ **Bau- und Woh- nungswesen**) bezeichnet. Die ausgeprägteste Form ist die Mietervollverwaltung, bei der eine oder mehrere Hausgemeinschaften weitgehende Verwaltungsaufga- ben durchführen, wie z. B. Mietinkasso, Führen von Mietslisten, Kontrolle von Rechnungen, Rechnungs- zahlung, Durchführung einer Einnahmen- und Ausga- benrechnung für das gesamte Haus. Häufiger ist die Mieterselbstverwaltung, bei der Hausgemeinschaften das von ihnen bewohnte Haus selbst pflegen – z. T. durch Selbsthilfeaktionen bezüglich notwendiger Repa- raturarbeiten – und teilweise verwalten. Ein Teil der Mieteinnahmen fließt der Hausgemeinschaft zur Durch- führung von Instandhaltungsarbeiten zu, die sie nach ei- nem unter Beratung aller Mieter aufgestellten Plan aus- führen bzw. ausführen lassen. Die Hausgemeinschaft übt überdies Einfluß auf vom Vermieter vorgesehene größere Instandsetzungsvorhaben aus.

Die M. dient als Funktion der → **Hausgemeinschaften** nicht nur der pfleglichen Behandlung und Instandset- zung der Einrichtungen des Hauses sowie der besseren Einhaltung der Hausordnung, vielmehr sollen damit „sozialistische Lebensverhältnisse" im Wohnbereich geschaffen werden, indem über eine gewisse gegenseiti- ge Kontrolle der Mieter Auseinandersetzungen mit den- jenigen Hausbewohnern herbeigeführt werden, die im Sinne der Vorstellungen der SED das Allgemeinwohl schädigen (z. B. durch ungerechtfertigtes Fernbleiben von der Arbeit, durch größere Hamsterkäufe).

Militärakademie „Friedrich Engels": → **Nationale Volksarmee.**

Militärbezirk: → **Nationale Volksarmee.**

Militärgerichtsbarkeit: → **Gerichtsverfassung; Mili- tärpolitik.**

Militarismus: → **Militärpolitik; Wehrerziehung.**

Militärmissionen, Alliierte: Im April 1947 wurde eine Erleichterung der Beziehungen zwischen den Oberbe- fehlshabern der vier Besatzungsmächte vereinbart. Des- halb wurden nahe dem Sitz der Oberkommandos der betr. Besatzungsmacht sowjetische bzw. westliche M. errichtet: Je 1 M. der USA, Großbritanniens und Frank- reichs in Potsdam-Nedlitz; je eine der SU in Frankfurt/ Main-Niederrad; in Bad Salzuflen, nördl. Detmold, (seit August 1957 in Bünde nahe Herford); in Baden-Baden. Die Mitglieder der M. dürfen sich in den jeweiligen Be- satzungszonen frei bewegen, außer in milit. Sperrgebie- ten. Die auf Gegenseitigkeit eingerichteten M. stammen ebenso wie das Besatzungsrecht der Vier Mächte in → **Berlin** (bzw. der drei Westmächte in West-Berlin) aus der Zeit vor dem 20. 3. 1948, vor der Lahmlegung des Alliierten → **Kontrollrates** durch die UdSSR.

Auf Anerkennung durch den Kontrollrat gehen die noch bestehenden M. Polens und der Tschechoslowakei in West-Berlin zurück; desgl. die dortigen M. Australi- ens, Kanadas, Griechenlands, Jugoslawiens, der Nieder- lande und Norwegens. (Die M. Belgiens, Dänemarks, Indiens, Luxemburgs und Südafrikas wurden nach 1954 aufgelöst.)

Militärpolitik

Ideologische Grundlagen – Politische Grundlagen – Geschichte – Gegenwärtige Gestaltung der Militärpo- litik

Im Selbstverständnis der DDR ist M. die Politik, die der Sicherung und Verwirklichung der Interessen der → **Arbeiterklasse** und ihrer Partei sowie des Staates mit militärischen Mitteln dient. Darin unter- scheidet sie sich von der → **Sicherheitspolitik**, soweit diese die äußere Sicherheit betrifft.

I. Ideologische Grundlagen

Als sozialistische M. beruht sie auf dem → **Marxis- mus-Leninismus,** insbesondere auf der Lehre vom → **Klassenkampf,** der Lehre vom sozialistischen Staat, der Lehre von der sozialistischen Revolution, der Lehre vom Krieg und den Streitkräften und vor allem auf der Lehre von der Verteidigung des sozia- listischen Vaterlandes. Der Klassenkampf als Folge des Antagonismus der Klassen hat für die M. auch nach dem Verschwinden des Klassenkampfes in den sozialistischen Staaten Bedeutung, weil er sich durch das Gegenüberstehen von sozialistischen und kapi- talistischen Staaten im Weltmaßstab entwickelt. Sein wichtigstes Ziel ist, u. a. durch die militärische Stär-

kung der sozialistischen Staaten, einen Beitrag zur Veränderung des internationalen Kräfteverhältnis- ses zugunsten des Sozialismus zu schaffen. Die ge- genwärtige Hauptform des Klassenkampfes ist der ideologische; erst in einer durch die „Politik des Im- perialismus" provozierten militärischen Aggression nimmt der Klassenkampf militärische Formen an. Gemäß der Lehre vom → **Krieg**, wie sie von Lenin entwickelt wurde, wäre dieser für die sozialistischen Staaten ein „gerechter" Krieg, da sein Ziel, die Ver- nichtung des Imperialismus, mit den Zielen der revo- lutionären Arbeiterbewegung übereinstimmen wür- de. Als ungerechte Kriege werden in diesem Ver- ständnis solche betrachtet, die diesen Zielen zuwi- derlaufen. In seiner Charakterisierung des Krieges und seiner politischen Dimension griff Lenin auch auf die Thesen von Clausewitz zurück. Die Ansich- ten der vorleninistischen Klassiker des Marxismus- Leninismus über die Streitkräfte bzw. die Rolle des bewaffneten Volksheeres wurden relativiert: Heute sei ein stehendes Heer nach dem Prinzip der Kader- armee notwendig, d. h. ein ständig vorhandener Be- stand an Angehörigen der Streitkräfte, die politisch und militärisch zur Ausübung von Führungsfunktio- nen geeignet sind, während das Gros der Streitkräfte aus Wehrpflichtigen besteht.

Unter den „gerechten" Kriegen nimmt der Krieg zur

Verteidigung des sozialistischen Vaterlandes eine besondere Stellung ein; denn diese Lehre, die als ein allgemeingültiges Gesetz des Aufbaus von Sozialismus und Kommunismus bezeichnet wird, begründet die Verteidigung als internationale und kollektive Angelegenheit aller sozialistischer Staaten. Diese Auffassung hat u. a. zur ideologischen Begründung von kollektiven und bilateralen Beistandsverträgen gedient.

Die Lehre von der Verteidigung beinhaltet auch die durch die M. zu verwirklichende moralische Komponente, da es nach ihr notwendig ist, einen Soldaten mit hohen kommunistischen Idealen, Treue zur Partei und zum ganzen Volk sowie der Bereitschaft, alle Kräfte und Fähigkeiten für den Schutz der Interessen jedes einzelnen sozialistischen Staates einzusetzen, zu erziehen. Dieses Ziel, das auch für die Gestaltung der Wehrmoral als Aufgabe der sozialistischen → **Wehrerziehung** gilt, ist im Fahneneid der → **Nationalen Volksarmee** verankert.

II. Politische Grundlagen

Die ideologische Basis der M. spiegelt sich in der jeweiligen politischen Begründung ihrer Ziele und Maßnahmen wider. Diese sind im Militärprogramm der SED, in der Militärdoktrin und in aktuellen Beschlüssen zur M. der Partei- und Staatsführung zu finden. Das Militärprogramm der SED enthält die von der Partei formulierten militärpolitischen Grundsätze und Ziele. Seine einzelnen Bestandteile bilden bestimmte Schlußfolgerungen, die aus der Einschätzung der internationalen Lage, dem Charakter der möglichen Kriege und der Erkenntnisse der Militärwissenschaften gezogen werden. Es enthält ferner Aussagen zu Problemen der Herstellung der Verteidigungsbereitschaft, zu Bündnisverpflichtungen und über die Einstellung zum angenommenen Gegner und seine militärischen Kräfte sowie die allgemeinen Festlegungen der militärpolitischen Aufgaben und Ziele und die grundlegenden Prinzipien der Wehrerziehung.

Ein Teil des Militärprogramms greift auf die jeweils formulierte Militärdoktrin zurück. In ihr wird einmal der politische Charakter des möglichen Krieges, seine politischen Zielsetzungen und die politische Funktion der Streitkräfte festgelegt; zum anderen werden in der Militärdoktrin im Unterschied zu ihrer politisch-sozialen Komponente in der militärisch-technischen Komponente die grundlegenden Richtlinien für die Vorbereitung der Streitkräfte, der Bevölkerung und des Landes auf den Krieg und die im Kriegsfall zu erfüllenden Aufgaben in den einzelnen Bereichen von Staat und Gesellschaft festgelegt. Diese Festlegungen finden ihren Ausdruck in gesetzlichen Vorschriften, militärischen Befehlen und den Führungsprinzipien der Streitkräfte. Für die DDR ist die einheitliche Militärdoktrin der Warschauer Vertragsstaaten, die auf der sowjetischen Militär-

doktrin beruht, gültig. Die Besonderheit einer militärischen Konfrontation der beiden deutschen Staaten fand 1968 ihren Ausdruck in der These, daß dieser Krieg ein Krieg des Imperialismus gegen den Sozialismus sei; daß der Kampf Deutscher gegen Deutsche also kein wesentliches politisches Merkmal eines möglichen Krieges sein kann, und daß dieser zudem für die Bevölkerung der Bundesrepublik Merkmale eines nationalen Befreiungskrieges annehme.

III. Geschichte der Militärpolitik

Eine eigenständige und durch manche Besonderheiten gekennzeichnete M. der DDR im engeren Sinne ist erst seit 1952 bzw. 1955 zu verzeichnen. Zwar gab es seit 1948 den Aufbau von Einheiten der Kasernierten Volkspolizei (KVP); auch die Verbände der → **Deutschen Grenzpolizei** und der → **Transportpolizei** wurden frühzeitig aufgestellt. Zweifellos wurden damit erste militärpolitische Überlegungen der SED-Führung realisiert. Aber ihre Entstehung war das Ergebnis sowjetischer Politik, ihre Bewaffnung, Stärke und Führungsgrundsätze ließen sie als vornehmlich für Polizeiaufgaben geeignet erscheinen. Erst mit dem Aufbau der nationalen Streitkräfte wurde 1952 versucht, den Grundstock für eine nach militärischen Prinzipien organisierte Streitkraft zu schaffen. Die Rolle der nationalen Streitkräfte, mit denen die Einheiten der KVP gemeint waren, wurde auf der II. Parteikonferenz der SED 1952 definiert. Sie sollten sowohl die Grundlagen des Staates stärken als auch den Willen zur Wiederherstellung der Einheit Deutschlands verkörpern.

Die Erfahrungen der folgenden Jahre, insbesondere des Jahres 1953, veranlaßte die SED, ihre M. nicht nur auf die KVP auszurichten, sondern die Bereitschaft zur Verteidigung der DDR unter den Bürgern durch gezielte militärpropagandistische Arbeit zu verstärken, die militärische Basis durch die Gründung der → **Kampfgruppen** zu verbreitern und die Arbeit der → **GST** auf die Propagierung des Wehrdienstes zu konzentrieren. Die politisch-ideologische Arbeit in der KVP sollte sie als Machtsicherungsinstrument im Sinne der SED stabilisieren. Es gelang, wenn auch unter Schwierigkeiten, mit der Entwicklung der KVP den Grundstock für die NVA zu schaffen; ein relativ heterogenes Offizierskorps und ein klassenmäßig einheitliches Personal, dessen fachliche Qualität gelegentlich als unzureichend angesehen wurde, bedeuteten einen Teil der Schwierigkeiten. Durch die Einführung der Wehrpflicht 1962 sollte einem Teil dieser Schwierigkeiten begegnet werden.

Neben dem Aufbau der NVA galt die M. der SED in gleichem Maße den anderen bewaffneten Kräften. Dazu zählen sowohl die NVA, als auch die VP Bereitschaften, die Transportpolizei, die bewaffneten Einheiten des Ministeriums für Staatssicherheit, die 1961 in die NVA eingegliederte Deutsche Grenzpolizei und die Kampfgruppen. Ziel der M. der SED neben der beabsichtigten personellen und materiellen Verstärkung der Streitkräfte war es, durch Aufbau eines an den politischen Zielen der Partei orientierten militärisch organisierten Bereichs die Voraussetzung für die Sicherung des Herrschaftssystems mit eigenen staatlichen Mitteln zu schaffen.

Die Eingliederung der NVA in die Vereinigten Streitkräfte des Warschauer Vertrages wurde seit 1961 durch eine Reihe von Manövern mit sowjetischen Truppen und Stäben, aber auch Verbänden anderer Vertragsstaaten, forciert. Nur unzureichend gelang es jedoch, die Wehrbereitschaft in der Bevölkerung zu fördern. Das Verteidigungsgesetz vom September 1961 brachte die staatsrechtliche Grundlage für den Aufbau einer Landesverteidigung, nachdem bereits im Februar 1960 zur einheitlichen Leitung dieser Politik auf der zentralen staatlichen Ebene der → **Nationale Verteidigungsrat** gegründet worden war.

Das Verteidigungsgesetz bezeichnete den Dienst in der NVA, den anderen bewaffneten Organen und im Luftschutz als Dienst zum Schutze der DDR. Es enthielt alle Bestimmungen zur Durchführung der Verteidigungsmaßnahmen und der Erfüllung der Bündnisverpflichtungen in Friedens- wie in Kriegszeiten. Das im Januar 1962 erlassene Wehrpflichtgesetz wurde von einer Reihe weiterer Maßnahmen zum Ausbau der Streitkräfte begleitet: Anordnungen des Nationalen Verteidigungsrates regelten die Erfassung und Musterung von Wehrpflichtigen, den Reservistenstatus und die Förderungsmaßnahmen für aus dem aktiven Wehrdienst entlassene Soldaten; eine Dienstlaufbahnordnung wurde erlassen und ein „Militärstrafgesetz" verkündet. Mit diesem Gesetz und der im April 1963 folgenden „Militärgerichtsordnung" wurden die Voraussetzungen für die Militärgerichtsbarkeit geschaffen. Eine im März 1963 erlassene „Lieferordnung" bildete die gesetzliche Grundlage für die Sicherung des militärischen Bedarfs der Streitkräfte durch die Volkswirtschaft der DDR, soweit dies nicht durch Rüstungslieferungen aus der Sowjetunion geschah. 1964 war die Ausrüstung der NVA mit der Erstausstattung abgeschlossen; die M. der SED hatte ihr Ziel, eine kampfkräftige Armee aufzubauen, erreicht.

Seit dem 3. Kongreß der GST im August 1964 wurde auch eine verstärkte wehrpolitische Agitation unter der Jugend durch die GST eingeleitet, um für die Führungsstellen ausreichenden Nachwuchs an Freiwilligen zu erhalten und durch die Mitarbeit in der GST die vormilitärische Ausbildung zu fördern. Die Eingliederung der Streitkräfte der NVA in die 1. Strategische Staffel des Warschauer Vertrages 1965 bedeutete auch militärische Anerkennung durch die Sowjetunion.

Festigung und Entwicklung der sozialistischen Wehrmoral, Förderung der politischen Arbeit in der NVA und Vorbereitungen zur Schaffung eines Systems der Landesverteidigung bestimmten die M. der SED bis 1968. Die Beteiligung an der militärischen Intervention in der ČSSR war aus ihrer Sicht konsequent, denn sie bedeutete die Abwehr einer für ihre Politik gefährlichen Entwicklung. Die Aktion im August 1968 wurde auch als Bestätigung der M. der SED gewertet.

1968/69 wurde mit dem Aufbau eines Zivilverteidigungssystems begonnen. Die gesetzliche Grundlage dazu bildet das „Gesetz über die Zivilverteidigung" vom September 1970. Damit war die Voraussetzung für den umfassenden Aufbau eines Landesverteidigungssystems in der DDR als Aufgabe der M. der SED gegeben.

IV. Die gegenwärtige Gestaltung der Militärpolitik

Im Ostblock ist die M. der SED auf die Sicherung und Stärkung der militärischen Zusammenarbeit im Warschauer Vertrag bedacht; sie ist bemüht, die nationalen Voraussetzungen für die Erfüllung der Bündnisverpflichtungen zu schaffen. Dies scheint im Moment stärker in der Rüstungswirtschaft als auf rein militärischem Gebiet zu geschehen; seit Herbst 1972 hat kein großes Manöver der Vereinigten Streitkräfte mit Ausnahme von Stabsübungen mehr stattgefunden.

Der Aufbau der Landesverteidigung auf nationaler Ebene ist der wichtigste Gegenstand und Inhalt der gegenwärtigen M. der SED. Die Landesverteidigung umfaßt mehrere Bereiche. Ihr Kern ist die Nationale Volksarmee mit dem Auftrag, die Grenzen und das Territorium der DDR und der anderen sozialistischen Staaten gemeinsam mit der Sowjetarmee zu schützen. Ein zweiter Bereich neben den mobilen Truppen und Verbänden, die in die Vereinigten Streitkräfte integriert sind, sowie den Grenztruppen, wird von den anderen bewaffneten Kräften gebildet. Dazu zählen die VP-Bereitschaften, die Kampfgruppen und die Transportpolizei, die Deutsche Volkspolizei und die bewaffneten Angehörigen der Zollverwaltung, soweit sie Aufgaben der inneren Sicherheit und der Sicherung der Vorbereitung und Durchführung von Kampfhandlungen im Falle eines militärischen Konfliktes erfüllen. Dies gilt auch für die Organe des Ministeriums für Staatssicherheit. Die Bezeichnung „Zivilkräfte" für die Zivilbeschäftigten der NVA und „Weibliche Streitkräfte" für die auf freiwilliger Basis diensttuenden weiblichen Armeeangehörigen soll ihre Zugehörigkeit zu den Streitkräften betonen, ohne sie bereits zu Angehörigen bewaffneter Kräfte zu machen.

Ein anderer Bereich der Landesverteidigung umfaßt die Institutionen und Einrichtungen, die sowohl der Aus- und Weiterbildung als auch der militärwissenschaftlichen Forschung dienen. Dazu gehören z. B. die Militärakademie der NVA, die Offiziershochschulen und die Hochschule der Deutschen Volkspolizei, aber auch andere Institutionen, wie das Militärgeschichtliche Institut der DDR, das einen Beitrag zur Traditionspflege der NVA leisten, Militärpropaganda treiben und im Bereich der Westarbeit Informationen über die M. der Bundesrepublik sammeln und aufbereiten soll. Ferner hat dieses Institut ständig Informationen über den Gegner und dessen politisch-militärische Maßnahmen zur Verfügung zu stellen.

Einen weiteren Bereich stellt die Zivilverteidigung dar, die den Luftschutz (gegründet 1958) und den Katastrophenschutz einschließt. Auch die Organisationen, die mit der sozialistischen Wehrerziehung befaßt sind, gehören zum System der Landesverteidigung, ebenso wie das Rote Kreuz. Zur ökonomischen Sicherung der Landesverteidigung wird bereits in Friedenszeiten auf internationalem wie nationalem Gebiet eine Reihe von Maßnahmen getroffen, unter anderem Planung des Bedarfs der NVA und der anderen Bereiche der Landesverteidigung; Entwicklung der militärökonomischen Integration; Rüstungsforschung und -entwicklung; Ausbau des militärischen Transport- und Sicherungswesens.

In der gegenwärtigen Interpretation der internationalen Lage durch die SED wird die Entspannung ständig durch vermeintliche Aggressivität des Monopolkapitalismus bedroht, bzw. kann nur durch weitere Stärkung der sozialistischen Staatengemeinschaft erreicht werden. Die Partei sieht daher keinen Anlaß, ihre militärpolitischen Maßnahmen abzuschwächen oder den weiteren Ausbau der Landesverteidigung zu vernachlässigen. Die behauptete Permanenz der Bedrohung durch den Imperialismus dient der SED als Grund, von den Streitkräften wie von der Bevölkerung weiterhin alle Anstrengungen zur Erfüllung der militärpolitischen Aufgaben zu verlangen.

Dabei muß sie Tendenzen, die ihrer Propaganda von der Gefährlichkeit des Gegners widersprechen, ebenso bekämpfen wie Auffassungen, die angesichts der erklärten Stärke und der ständig behaupteten außenpolitischen Erfolge der sozialistischen Staaten meinen, diese könnten als Zeichen guten Willens als erste einen Beitrag zur → **Abrüstung** leisten.

→ **Außenpolitik; Deutschlandpolitik der SED.**

Militärstaatsanwaltschaft: → **Staatsanwaltschaft.**

Militärstrafrecht: → **Strafrecht; Militärpolitik.**

Mindestlohn: Im Unterschied zur Bundesrepublik Deutschland wird der Lohn für Arbeitnehmer in der DDR nach unten durch M. begrenzt. Die Mindestbruttolöhne für vollbeschäftigte Arbeiter und Angestellte wurden 1958 auf 220 Mark pro Monat festgesetzt, 1967 auf 300 Mark und 1971 auf 350 Mark erhöht. Teilzeitbeschäftigte Personen erhalten den M. entsprechend der geleisteten Arbeitszeit anteilmäßig. → **Lohnformen und Lohnsystem.**

Mindestrente: → **Renten.**

Mindesturlaub: → **Arbeitsrecht.**

Minister für Anleitung und Kontrolle der Bezirks- und Kreisräte: Dieses Amt wurde im November 1971 wieder abgeschafft, es bestand seit 1964. Die Aufgaben des Ministers wurden auf der Ebene der Räte dem → **Ministerrat**, auf der Ebene der → **Volksvertretungen** dem → **Staatsrat** übertragen. → **Verfassung.**

Ministerium der Finanzen: Der Aufgabenbereich des MdF. ist in der DDR weiter gefaßt als in westlichen Ländern. Neben den traditionellen Funktionen, wie Ausarbeitung und Durchführung des Staatshaushaltsplanes, Vorbereitung der Finanzgesetzgebung und Durchführung der einschlägigen gesetzlichen Anordnungen hat es durch seine enge Verbindung zur Planungszentrale der Volkswirtschaft auch unmittelbare Lenkungs- und Kontrollfunktionen im Wirtschaftsablauf. So obliegt es dem Minister der Finanzen, die staatliche Finanzrevision gegenüber den volkseigenen Betrieben, Kombinaten und den Vereinigungen volkseigener Betriebe, den zentralen und örtlichen Staatsorganen und staatlichen Einrich-

tungen zu organisieren und Richtlinien für die Eigenerwirtschaftung der Mittel in der volkseigenen Wirtschaft auszuarbeiten. Das MdF. ist mitbeteiligt bei der Preisgestaltung z. B. durch Analysen über die Auswirkungen der Preise auf Staatshaushalt und Valuten, auf die Gewinnsituation der volkseigenen Wirtschaft, der Genossenschaften und der privaten Betriebe. Es wirkt mit bei der Aufstellung und Kontrolle des Investitionsfinanzierungsplanes, erarbeitet die Grundsätze zur Finanzierung des Wohnungsbaus, kontrolliert die staatliche Sach- und Personenversicherung, das Aufkommen und die Verwendung von Edelmetallen.

Die Vielfältigkeit der Aufgaben des MdF. bedingt eine enge Zusammenarbeit mit der Staatlichen Plankommission, dem Amt für Preise, der → **Staatsbank** der DDR und anderen Finanzorganen. Das MdF. ist juristische Person und → **Haushaltsorganisation**. Es hat seinen Sitz in Berlin. Minister der Finanzen ist gegenwärtig Siegfried Böhm.

Ministerium der Justiz: Nach dem Statut vom 18. 1. 1968 (GBl. II, S. 75) ist das MdJ. ein Organ des Ministerrates, juristische Person und → **Haushaltsorganisation**. Es wird vom Minister der Justiz nach dem Prinzip der Einzelleitung geleitet. Justizminister der DDR: 1949–1953 Max Fechner (SED), 1953–1967 Dr. Hilde Benjamin (SED), 1967–1972: Dr. Kurt Wünsche (LDPD), seit Oktober 1972: Hans-Joachim Heusinger (LDPD). Neben den beiden Staatssekretären Hans Ranke (SED) und Herbert Kern (SED) gibt es noch zwei stellvertretende Minister: Hans Breitbarth (NDPD) und Stephan Supranowitz (SED).

Im Rechtsverkehr wird das MdJ. durch den Minister vertreten, der für seine Tätigkeit gegenüber der → **Volkskammer** und dem → **Ministerrat** verantwortlich ist. Gemäß § 14 des Ministerratsgesetzes vom 16. 10. 1972 (GBl. I, S. 253) ist er verpflichtet, „die Durchführung der Beschlüsse der Partei der Arbeiterklasse, der Gesetze und anderen Rechtsvorschriften in eigener Verantwortung zu sichern und die hierzu erforderlichen Entscheidungen zu treffen". Das Statut des MdJ. verpflichtet den Minister, die Beschlüsse der SED in seinem Aufgabenbereich auszuwerten.

Das MdJ. ist in Hauptabteilungen, Abteilungen und Sektoren gegliedert. Die Hauptabteilungen und wichtigen selbständigen Abteilungen sind: Hauptabt. Gesetzgebung, Hauptabt. Rechtsprechung, Hauptabt. Militärgerichte, Kaderabteilung, Abt. Internationale Beziehungen, Abt. Allgemeine Verwaltung und Haushaltsabteilung. Als beratendes Organ des Ministers fungiert das → **Kollegium** des MdJ., dem nicht nur leitende Mitarbeiter des MdJ. angehören, sondern auch Vertreter aus Wissenschaft und Praxis. Die Mitglieder des Kollegiums werden vom Minister berufen. Für bestimmte Aufgabenbereiche und zur Lösung spezieller Probleme kann der Minister Beiräte bilden, deren Zusammensetzung, Dauer der Tätigkeit und Arbeitsweise von ihm bestimmt werden.

Das MdJ. hat die sachlichen, personellen und organisatorischen Voraussetzungen für die Rechtspflege zu schaffen. Dabei stehen folgende Aufgaben im Vordergrund: Ausarbeitung gesetzlicher Bestimmungen und Unterbreitung von Vorschlägen zur Weiterentwicklung des sozialistischen Rechts, die Kaderpolitik für die Bezirks- und Kreisgerichte sowie die Vorbereitung und Durchführung der Wahlen der → **Richter** und Schöffen, Ausarbeitung von Grundsätzen und Lehrprogrammen für die juristische Ausbildung in Zusammenarbeit mit dem → **Ministerium für Hoch- und Fachschulwesen** und den Universitäten, Anleitung der Schöffen und Schiedskommissionen, Aufsicht über die → **Rechtsanwaltschaft** und die Notare, Vorbereitung von → **Rechtshilfeabkommen** in Zusammenhang mit dem → **Ministerium für Auswärtige Angelegenheiten**.

Eine für die Rechtsprechung wichtige Aufgabe, die dem MdJ. bereits bis 1963 übertragen war, hat es mit dem Gerichtsverfassungsgesetz vom 27. 9. 1974 (GBl. I, S. 457) wieder erhalten. Nach § 21 GVG übt das MdJ. die Anleitung der Bezirks- und Kreisgerichte aus, kontrolliert die Erfüllung der diesen Gerichten übertragenen Aufgaben und unterstützt sie bei der Verwirklichung der Ziele der Rechtsprechung. Damit ist das MdJ. wieder „Zentrales Leitungsorgan" geworden. Zur Erfüllung seiner Leitungsaufgaben führt es Revisionen bei den Kreis- und Bezirksgerichten und den Staatlichen Notariaten durch. In die Revisionsgruppen des MdJ. können Richter des OG und anderer Gerichte, Vertreter anderer staatlicher Organe, wissenschaftlicher Institutionen und gesellschaftlicher Organisationen einbezogen werden. Der Minister ist schließlich befugt, beim OG den Erlaß von Richtlinien und Beschlüssen zu beantragen.

Ministerium des Innern: Als zentrales staatliches Organ des → **Ministerrates** ist das MdI. in Zusammenarbeit mit anderen staatlichen Stellen, besonders dem → **Ministerium für Staatssicherheit** und den Organen der Rechtspflege für die Gewährleistung der öffentlichen Sicherheit und Ordnung zuständig. Es arbeitet auf der Grundlage der Beschlüsse und Direktiven des ZK der → **SED**, die in der Kommission für Nationale Sicherheit beim Politbüro entschieden und von der Abteilung Sicherheit beim ZK der SED durchgeführt werden. Der Minister ist Generaloberst der → **Deutschen Volkspolizei.**

Das MdI. war bis zur Gründung der → **NVA** oberstes staatliches Führungsorgan der bewaffneten Kräfte der DDR. Der Hauptstab des MdI. führt jetzt noch die dem MdI. unterstehenden bewaffneten Kräfte, die Bereitschaften der VP, die → **Transportpolizei** und die → **Kampfgruppen.** Das MdI. ist Führungsorgan der Deutschen Volkspolizei, ihm unterstehen der Stab der Zivilverteidigung, der Zentrale Einsatzstab der Kampfgruppen und die Zentrale Katastrophenkommission. Es übt ferner die politische und fachliche Aufsicht über das → **Staatssekretariat für Kirchenfragen** aus und leitet die Stellvertretenden Vorsitzenden der örtlichen Räte für Inneres an.

Ministerium für Allgemeinen Maschinen-, Landmaschinen- und Fahrzeugbau: Zentrales Anleitungs- und Kontrollorgan zur Planung und Leitung des Maschinen-, Landmaschinen- und Fahrzeugbaus. Minister ist gegenwärtig Günther Kleiber; als Staatssekretär und 1. Stellv. Minister fungiert Erich Reim.

Ministerium für Außenhandel: Von 1950–1967 Ministerium für Außenhandel und Innerdeutschen Handel, danach bis Ende 1973 Ministerium für Außenwirtschaft. Das MfA. ist das zentrale Organ des → **Ministerrats** der DDR zur Wahrung des staatlichen Außenhandelsmonopols. Es ist verantwortlich für die einheitliche Leitung, Planung, Durchführung und Kontrolle des Außenhandels. Seine Aufgaben bestehen im einzelnen vor allem in der Leitung der wirtschaftlichen und wissenschaftlich-technischen Zusammenarbeit mit den sozialistischen, kapitalistischen und Entwicklungsländern, in der Vorbereitung und auch im Abschluß von multi- und bilateralen Handels- und Kooperationsabkommen auf Regierungsebene mit diesen Ländern, in der Erarbeitung der staatlichen Aufgaben und Planauflagen der dem MfA. direkt unterstehenden Außenhandels- und Dienstleistungsbetriebe, in der Gestaltung der Währungs- und Kreditpolitik und der Grundrichtung der Marktarbeit und in der Anleitung und Kontrolle der Handelsvertretungen und handelspolitischen Abteilungen. Dem MfA. unterstehen die → **AHB** und die anderen operativen Organe des Außenhandels (→ **Außenwirtschaft und Außenhandel**), gegenüber denen der Minister für Außenhandel weisungsberechtigt ist. Das MfA. wird vom Minister für Außenhandel nach dem Prinzip der Einzelleitung geführt. Der Minister ist für die gesamte Tätigkeit in seinem Amtsgebiet rechenschaftspflichtig. Er wird in seiner Tätigkeit durch Staatssekretäre und Stellvertreter unterstützt. Das Amt des Ministers für Außenhandel hat Horst Sölle (SED) inne.

Staatssekretär und 1. Stellvertretender Minister ist Dieter Albrecht, Staatssekretär ist Gerhard Beil, Stellvertretende Minister sind Heinz Behrendt, Kurt Enkelmann, Kurt Fenske, Eugen Kattner, Gerd Monkemeyer, Gerhard Nitzschke, Eduard Schwierz, Friedmar Clausznitzer. Alle gehören der SED an.

Ministerium für Auswärtige Angelegenheiten: Das MfAA. ist ein Organ des → **Ministerrates**, der als ganzer für die „Durchführung der Außenpolitik" (§ 5 des Statuts des Ministerrates) verantwortlich ist. Im Zuge der internationalen Anerkennung der DDR, die nach dem Abschluß des Grundlagenvertrages zwischen der DDR und der Bundesrepublik Deutschland zur Aufnahme diplomatischer Beziehungen zu mehr als 90 Staaten (insgesamt 109, Stand 10. 9. 1974) führte, hat die politische Bedeutung des MfAA. noch zugenommen.
Das geltende 2. Statut des MfAA. von 1970 (GBl. II, Nr. 23), welches das erste von 1950 ablöste, bindet das MfAA an die grundlegenden Beschlüsse von SED, Volkskammer, Staats- und Ministerrat (§ 1);
überträgt dem MfAA. die Planung, Leitung und Koordinierung der „Forschung auf dem Gebiet der Außenpolitik, des Völkerrechts und der Regionalwissenschaften" (§ 2);
weist dem MfAA eine Koordinierungsfunktion gegenüber allen anderen Ministerien zu, die ebenfalls in bestimmten außenpolitischen Bereichen tätig werden (§ 3). Dies gilt vor allem für das → **Ministerium für Nationale Verteidigung** und das → **Ministerium für Außenhandel.**
Zu den Aufgaben des MfAA. gehören ferner u. a.:
die Planung (Vorbereitung von Entscheidungen) auf außenpolitischem Gebiet;
die Analyse und Prognose der Entwicklung der internationalen Beziehungen;
die Durchführung der von Partei- und Staatsführung beschlossenen Aktivitäten auf außenpolitischem Gebiet;
die Organisierung des diplomatischen Dienstes;
die Vorbereitung völkerrechtlicher Verträge (das MfAA. ist in der Regel verhandlungsführendes Organ);
die Durchführung und Kontrolle internationaler Verträge, Vereinbarungen und Absprachen;
die Zusammenarbeit mit den diplomatischen Vertretungen anderer Staaten in der DDR;
die Koordination und Pflege der Beziehungen zu ausländischen Staaten auf kulturellem und wissenschaftlichem Gebiet;
die Durchführung des diplomatischen Protokolls (auf der Grundlage der auch von der DDR angewandten Wiener Konventionen von 1961);
die Erteilung von Konsularpatent und Exequatur.
Dem MfAA. zugeordnet ist das Institut für Internationale Beziehungen (IIB), das formal zur „Akademie für Staats- und Rechtswissenschaft der DDR" (bis 1972 „Deutsche Akademie für Staats- und Rechtswissenschaft Walter Ulbricht") in Potsdam- Babelsberg gehört (gegenwärtiger Dir. Prof. Dr. G. Hahn). Das IIB ist „Leitinstitut" für die gesamte außenpolitische Forschung in der DDR und zugleich Ausbildungsstätte für

angehende Diplomaten. (Bisher haben nach westlichen Schätzungen zwischen 500–700 Studenten ein 5jähriges Studium, bzw. mehrmonatige Fortbildungskurse des IIB absolviert; ihr Ausbildungsstand gilt vor allem hinsichtlich Kenntnissen der Sprache und der politischen wie sozio-kulturellen Verhältnissen des Landes, in das sie später entsandt werden, als hoch.)
Die Länderforschung ist in der DDR konzentriert auf die Universität Rostock (Lateinamerika), Ernst-Moritz-Arndt-Universität Greifswald (Nordeuropa), Karl-Marx-Universität Leipzig (Afrika und Nah-Ost), Humboldt-Universität in Berlin (Ost) (Asien).
Minister für AA. ist gegenwärtig (seit 20. 1. 1975) Oskar Fischer. Er löste den in den Ruhestand getretenen, seit 1965 amtierenden Otto Winzer ab (gestorben 3. 3. 1975). 1. Stellvertreter des Ministers ist Herbert Krolikowski, Stellvertretende Minister sind Peter Florin, Horst Grunert, Ewald Moldt, Kurt Nier und Klaus Willerding, Generalsekretär des MfAA. ist Alfred Bruno Neumann (alle SED). Soweit bekannt, unterstehen ihnen folgende Abteilungen:
a) Funktionale Abteilungen für Grundsatzfragen, Planung, Analyse und Prognose, Auslandsinformation, Internationale Organisationen, Kader und Schulung, Konsularische Angelegenheiten, Presse, Journalistische Beziehungen, Kulturelle Auslandsbeziehungen, Koordination und Kontrolle, Parlamentarische und kommunale Auslandsbeziehungen, Protokollfragen, Recht und Vertragswesen, Finanzen, Wirtschaftspolitik, Verwaltung; ferner gibt es ein Dienstleistungsamt für die ausländischen diplomatischen Vertretungen und ein Zentrum für Information und Dokumentation;
b) regionale Abteilungen für UdSSR (Europa I), benachbarte Länder (Europa II, ČSSR, Polen), Südosteuropa (Europa III, Balkan), Nordeuropa (Europa IV), Westeuropa (Europa V), Bundesrepublik Deutschland (Europa VI),
sowie 6 außereuropäische Abteilungen für: Fernost (ohne Japan), Südostasien, Nah- und Mittelost (arabische Staaten), Afrika, Nordamerika (USA, Kanada, Japan), Südamerika;
ferner gibt es eine besondere Abteilung für „Westberlin".
Eine Besonderheit des MfAA. stellt die Einrichtung eines sogenannten Kollegiums dar, dessen Mitglieder (mit beratender Funktion) der Minister beruft. Es setzt sich aus Vertretern wissenschaftlicher Institutionen und gesellschaftlicher Organisationen zusammen und soll grundsätzliche Probleme der internationalen Politik beraten. (Ähnliche → **Kollegien** gibt es z. B. noch beim Ministerium für Gesundheitswesen und dem Ministerium der Justiz). Ferner gibt es beim MfAA. eine Kommission für die kulturellen Beziehungen (mit dem Ausland) und einen wissenschaftlichen Beirat.

Ministerium für Bauwesen: Nach Auflösung des Volkswirtschaftsrats (Ende 1965) reorganisiertes zentrales Anleitungs- und Kontrollorgan zur Planung und Leitung des gesamten Bauwesens. Gliederung des MfB.: je ein Bereich für Industriebau, Landwirtschaftsbau, Wohnungsbau und Baumaterialindustrie. Direkt unterstellt sind die→ **Bau- und Montagekombinate**, die Bauämter bei den Räten der Bezirke, die Baumaterialindustrie, die Vereinigung Volkseigener Betriebe Baumechanik, die VEB Industriebauprojektierung, die → **Bauakademie der DDR** mit ihren Instituten und das zentrale Lenkungsorgan für den Baustoffgroßhandel (VVH Baumaterialien). Minister (Mitte 1968): Bauingenieur Wolfgang Junker. Das MfB. übt weisungsberechtigt Funktionen der → **Staatlichen Bauaufsicht** aus. → **Bau- und Wohnungswesen; Architektur.**

Ministerium für Bezirksgeleitete Industrie und Lebensmittelindustrie: Das M. ist als Organ des→ **Ministerrates** verantwortlich für die bedarfsgerechte Be- und Verarbeitung von Agrarprodukten zu Nahrungs-, Genuß- und Futtermitteln. Die Be- und Verarbeitung erfolgt weitgehend dezentralisiert in 1 166 Betrieben mit 230 597 Beschäftigten (Stand 31. 12. 1972) der Industriezweige Fischindustrie, Fleischindustrie, Milch- und Eiverarbeitende Industrie, Mühlen-Nährmittel- und Backwarenindustrie, Pflanzenöl- und Fettindustrie, Zucker- und Stärkeindustrie, Süßwaren-, Kaffee-, Tee- und Kakaowarenindustrie, Obst- und Gemüseverarbeitende Industrie, Gärungs- und Getränkeindustrie, Tabakwarenindustrie, Gewürz- und übrige Lebensmittelindustrie und Futtermittelindustrie.
Zur Ausübung seiner Leitungsfunktionen sind dem M. unterstellt: die VVB Öl- und Margarineindustrie, die VVB Süß- und Dauerbackwaren, die VVB Tabakindustrie, die VVB Hochseefischerei und die staatlichen Kontore für Backwaren und Nährmittel und für nichtmetallische Rohstoffreserven sowie das Staatliche Getränke-Kontor. Darüber hinaus bestehen Koordinations- und Weisungsbefugnisse gegenüber den Abteilungen für Bezirksgeleitete Industrie, Lebensmittelindustrie und örtliche Versorgungswirtschaft bei den Räten der Bezirke.
Zur Erarbeitung des wissenschaftlichen Vorlaufes verfügt das M. über ein VEB zentrales Projektierungsbüro Lebensmittel, das Zentralinstitut für Bezirksgeleitete Industrie und Lebensmittelindustrie, ein Institut für sozialistische Wirtschaftsführung. Zur Ausbildung von Fachschulingenieuren für Obst- und Gemüseverarbeitung besteht in Gerwisch eine Ingenieurschule.
Aus der Hauptaufgabe des M., für eine bessere Versorgung der Bevölkerung mit Nahrungsmitteln und für die Versorgung der Landwirtschaft mit Futtermitteln zu sorgen, ergeben sich enge Verbindungen zwischen der Lebensmittelindustrie und der Landwirtschaft. So wurden 1968 die VVB Zucker und Stärke und die VVB Kühl- und Lagerwirtschaft aus dem M. ausgegliedert und dem Ministerium für Land-, Forst- und Nahrungsgüterwirtschaft (MfLFN.) unterstellt. Die enge Verflechtung zwischen Landwirtschaft und Lebensmittelindustrie (→ **Kooperationsverband**) hat zur Herausbildung der → **Nahrungsgüterwirtschaft** geführt, die der Leitung der MfLFN. untersteht. Als weitere Entwicklung zeichnet sich die Zusammenfassung der gesamten Lebensmittelindustrie mit der Landwirtschaft und den landwirtschaftlichen Vor- und Dienstleistungsbereichen im → **Agrar-Industrie-Komplex** ab.

Ministerium für Chemische Industrie: Nach Auflösung des Volkswirtschaftsrates (Ende 1965) gebildetes zentrales Anleitungs- und Kontrollorgan zur Planung und Leitung der gesamten chemischen Industrie. Minister ist seit 1966 Günter Wyschowsky; Staatssekretär und 1. Stellv. Minister ist seit 1969 Karl Kaiser.

Ministerium für Elektrotechnik und Elektronik: Nach Auflösung des Volkswirtschaftsrates (Ende 1965) gebildetes zentrales Anleitungs- und Kontrollorgan zur Planung und Leitung der gesamten elektrotechnischen und elektronischen Industrie. Minister ist seit 1966 Otfried Steger; Staatssekretär und 1. Stellv. Minister ist seit 1967 Karl Nendel.

Ministerium für Erzbergbau, Metallurgie und Kali: Nach Auflösung des Volkswirtschaftsrates (Ende 1965) gebildetes zentrales Anleitungs- und Kontrollorgan für die Wirtschaftsgruppe Erzbergbau, den Industriebereich Metallurgie und die Wirtschaftsgruppe Kaliindustrie. Minister ist seit 1967 Kurt Singhuber; Staatssekretär und 1. Stellv. Minister ist seit 1970 Klaus Oppermann.

Ministerium für Gesundheitswesen: Aus der „Zentralverwaltung für Gesundheitswesen" (seit 1945) ist, nach kurzer Übergangsphase 1949 einer „Hauptverwaltung Gesundheitswesen" (→ **DWK**), das Min. f. Arbeit und Gesundheitswesen 1950 hervorgegangen. Im Zuge weiterer Umgruppierungen wurde die Sozialfürsorge ihm zugeordnet. In der „kommunalen Selbstverwaltung" war schon seit 1956 das „Gesundheits- und Sozialwesen" in einer Abteilung zusammengefaßt.
Das MfG. hat neben den zentralen Abteilungen für Kader, Planung, Haushalt und Wirtschaft die Hauptabteilungen Heilwesen, Mutter und Kind, Wissenschaft und Forschung sowie Hygiene-Inspektion, Pharmazie und Medizin-Technik und schließlich Sozialfürsorge. Außerhalb seiner Kompetenz und damit seiner Einwirkung selbst in gesundheitlichen Grundfragen im wesentlichen entzogen sind die Medizinischen Dienste (MD) der → **Nationalen Volksarmee**, des → **Ministeriums für Staatssicherheit**, des → **Ministeriums für Verkehrswesen** und seit 1963 auch der Sportärztliche Dienst des → **Staatlichen Komitees für Körperkultur und Sport.** Im Bereich des Sports steht dem MfG. ein „Mitwirkungsrecht" zu.
Nach dem Statut (vom 27. 10. 1960) ist verantwortlicher Leiter der Minister für Gesundheitswesen. Ständiger Vertreter ist der Staatssekretär als Erster Stellvertreter des Ministers. Dieser und drei weitere Stellvertreter des Ministers sind jeder für den ihm unterstellten Aufgabenbereich dem Minister verantwortlich. Beratendes Organ ist das Kollegium des Ministeriums. Dem MfG. „direkt unterstellt" sind die → **Akademie für Ärztliche Fortbildung** und eine Anzahl zentraler Institute (für Apothekenwesen, Arzneimittelwesen, Arbeitsmedizin, Balneologie und Kurortwissenschaft, Diabetesforschung u. a.).

Das MfG. ist zentrales Verwaltungsorgan des Gesundheitswesens. Gesundheitspolitische Grundentscheidungen fallen im → **Politbüro** und → **Sekretariat des ZK der SED**. Leiter der Abteilung Gesundheitspolitik des ZK ist gegenwärtig Dr. med. Werner Hering, sein Stellvertreter Dr. med. Rudolf Weber.

Minister für Gesundheitswesen ist seit Ende 1971 Dr. sc. med. Ludwig Mecklinger, Staatssekretär Hermann Tschersich, Stellvertreter des Ministers sind Dr. med. Herbert Erler, Prof. Dr. med. Konstantin Spieß, Dr. med. Anneliese Toedtmann (alle SED). → **Gesundheitswesen.**

Ministerium für Glas- und Keramikindustrie: Ein am 1. 1. 1972 gegründetes zentrales Anleitungs- und Kontrollorgan zur Planung und Leitung der Glas- und Keramikindustrie. Das Ministerium übernahm ab 1. 1. 1972 für die benannten Industriebereiche Aufgaben, die bisher von dem Ministerium für Leichtindustrie, M. f. Bauwesen, M. f. Erzbergbau, Metallurgie und Kali, M. f. Elektrotechnik und Elektronik, M. f. Schwermaschinen- und Anlagenbau mit wahrgenommen worden waren. Minister ist seit November 1972 Werner Greiner-Pretter; Staatssekretär und 1. Stellv. Minister ist seit 1972 Heinz Müller.

Ministerium für Grundstoffindustrie: Nach Auflösung des Volkswirtschaftsrates (Ende 1965) gebildetes zentrales Anleitungs- und Kontrollorgan für die Industriezweige bzw. -gruppen Energiebetriebe, Steinkohlen- und Braunkohlenwerke. Mit Wirkung vom 1. 1. 1972 umbenannt in → **Ministerium für Kohle und Energie**.

Ministerium für Handel und Versorgung: Das MfHV. ist aus der 1947 gegründeten Deutschen Verwaltung für Handel und Versorgung hervorgegangen. Diese wurde im Mai 1948 in eine Hauptverwaltung der → **Deutschen Wirtschaftskommission** umgewandelt, die mit Regierungsbildung im Oktober 1949 in MfHV. umbenannt wurde.

In der von der SED betriebenen Wirtschaftspolitik wurden die Fragen der Versorgung der Bevölkerung und des gesamten → **Binnenhandels** lange Jahre weitgehend vernachlässigt. Um jedoch von den eigentlichen Ursachen der zwangsläufig auftretenden Versorgungsmängel abzulenken, wurden die verantwortlichen Funktionäre des MfHV. sowie die operativen Organe und Betriebe des Binnenhandels vielfach zu Sündenböcken gestempelt. In dem häufigen Wechsel der Leitung des MfHV. bzw. der vorherigen Verwaltungsdienststellen findet diese Politik ihren sichtbaren Ausdruck: Deutsche Verwaltung für Handel und Versorgung, bis Mai 1948, Georg Handke, SED; DWK Handel und Versorgung, Mai 1948 bis Oktober 1949, Ganter-Gilmans, CDU; MfHV. Oktober 1949 bis Dezember 1952, Dr. Karl Hamann, LDP; Februar 1953 bis Juli 1959, Kurt Wach, SED; Juli 1959 bis September 1963, Kurt Merkel, SED; Oktober 1963 bis März 1965, Gerhard Lucht, SED; März 1965 bis November 1972, Günter Sieber, SED; ab November 1972, Gerhard Briksa, SED.

Das MfHV. ist als zentrales Organ des → **Ministerrates** der DDR verantwortlich für die Verwirklichung der staatlichen Wirtschaftspolitik im Binnenhandel. Im Rahmen des Aufgabengebietes Handel hat es uneingeschränkte Leitungsbefugnis für den zentralgeleiteten Handelsbereich und weitgehende Eingriffsmöglichkeiten in den bezirksgeleiteten Handel. Instrument für die Durchsetzung der Aufgaben ist der Volkswirtschaftsplan für den Handel.

Im Rahmen des Aufgabengebietes Versorgung ist das MfHV. oberstes Koordinierungsorgan für alle beteiligten Ministerien und Versorgungseinrichtungen. Die Grundlage dafür ist der zentrale Versorgungsplan, dessen Hauptaufgaben seit 1973 Bestandteil des einheitlichen Volkswirtschaftsplanes sind (GBl. Sonderdruck, Nr. 726, S. 184). Dem MfHV. sind im Großhandel direkt unterstellt die 5 Zentralen Warenkontore: Waren täglicher Bedarf; Haushaltswaren; Technik; Schuhe und Lederwaren; Möbel-Kulturwaren-Sportartikel und die Großhandelsdirektion Textil und Kurzwaren.

Im Einzelhandel die Hauptdirektion des Volkseigenen Einzelhandels mit der Volkseigenen Versand- und Warenhausvereinigung CENTRUM, der Hauptdirektion Wismuthandel und der Hauptdirektion Spezialhandel. Weiterhin sind die Konsumgüterhandelsgesellschaft Import-Export (Ko-Impex), die Generaldirektion Interhotel und, seit 1. 1. 1974, die bisher dem Verband der Konsumgenossenschaften angehörende zentrale Wirtschaftsvereinigung Obst, Gemüse, Speisekartoffeln (OGS) dem MfHV. unterstellt. 1973 wurde im MfHV. eine neue Abteilung örtliche Organe eingerichtet. Staatssekretär und 1. Stellv. Minister ist Helmut Danz, Staatssekretär für Versorgung Kurt Lemke.

Ministerium für Hoch- und Fachschulwesen: Das MHF. wurde im August 1967 als Nachfolger des 1951 eingerichteten „Staatssekretariats für Hoch- und Fachschulwesen" geschaffen.

Das Statut (GBl. II, 1969, S. 517) bezeichnet das MHF, als „Organ des Ministerrats zur Verwirklichung der einheitlichen Hoch- und Fachschulpolitik" in der DDR. In dieser Funktion ist das MHF. verantwortlich für Prognose und Entwicklungsplanung im gesamten Hoch- und Fachschulbereich, die Erarbeitung von Grundsätzen und Direktiven für die Ausarbeitung der Perspektiv- und Jahrespläne auf der Grundlage der Vorgaben der Staatlichen Plankommission und des Ministeriums der Finanzen; ferner für die Planung der Studentenzahlen, der Investitionen, der Haushaltsmittel und der Arbeitskräfte und Lohnfonds.

Das MHF. ist ferner verantwortlich für die Erarbeitung einer Systematik der Grund- und Fachstudienrichtungen, die Erarbeitung von Rahmenstudienprogrammen und anderen Maßnahmen zur Verbesserung der Ausbildung sowie Qualifizierung von Hoch- und Fachschulkadern an Universitäten, Hoch- und Fachschulen.

Schließlich übernimmt das MHF. die Verantwortung für die Planung und Leitung der Forschung zu Problemen des Hochschulwesens, wie Hoch- und Fachschulpädagogik oder bildungsökonomische Fragen.

Es ist zu enger Zusammenarbeit mit Ministerien, staatlichen Organen und gesellschaftlichen Organisationen verpflichtet, denen Hoch- oder Fachschulen unterstehen.

Das MHF. fungiert darüber hinaus als staatliches Leitungsorgan für die ihm unterstellten Universitäten, Hoch- und Fachschulen und ist in dieser Funktion verantwortlich für den gesamten Prozeß der Ausbildung, Qualifizierung und Forschung sowie die Personalpolitik. Das Ministerium wird nach dem Prinzip der Einzelleitung und der kollektiven Beratung vom Minister (gegenwärtig Prof. Dr. Hans-Joachim Böhme) bzw. dessen 1. Stellvertreter im Range eines Staatssekretärs geleitet. Weitere Stellvertreter werden für Erziehung und Ausbildung, Weiterbildung, internationale Beziehungen, Strukturpolitik und für Gesellschaftswissenschaften und Forschung eingesetzt. Beim MHF. besteht eine Vielzahl von Beratungsorganen.

Der Hoch- und Fachschulrat wurde im Januar 1966 gegründet und soll Empfehlungen zu grundsätzlichen Problemen der Prognose und Perspektivplanung des gesamten Hochschulwesens und zur Festlegung einheitlicher Grundsätze für den Inhalt und die Organisation von Aus- und Weiterbildung erarbeiten. Dem Rat gehören 110 Mitglieder aus allen gesellschaftlichen Bereichen an. Vorsitzender ist der Minister für Hoch- und Fachschulwesen.

Wissenschaftliche Beiräte bestehen seit 1952 als beratende Organe für einzelne Wissenschaftsbereiche (z. B. WB für staats- und rechtswissenschaftliche Forschung, WB für Wirtschaftswissenschaften, WB für Fremdsprachen). Insgesamt bestehen ca. 10 WB. Ihre Mitglieder werden vom Minister berufen.

Ein weiteres Beratungsorgan sind die Rektoren-Konferenzen. Zur sachkundigen Entscheidungsvorbereitung werden für Daueraufgaben Institute beim MHF. gebildet (z. B. u. a. Institute für Weiterbildung, für Fachschulwesen, für Hochschulbildung und -ökonomie).

Die Pflege internationaler Beziehungen erfolgt in Abstimmung mit dem → **Ministerium für Auswärtige Angelegenheiten** auf der Grundlage bilateraler Verträge, im Rahmen des RGW vor allem durch die Konferenz der Hochschulminister der sozialistischen Staaten. → **Universitäten und Hochschulen; Fachschulen.**

Ministerium für Kohle und Energie: Mit Wirkung vom 1. 1. 1972 durch Umbenennung des → **Ministeriums für Grundstoffindustrie** entstanden. Ihm sind u. a. folgende VVB und Betriebe direkt unterstellt: VVB Kraftwerke, Cottbus; VVB Energieversorgung, Berlin; VEB Gaskombinat „Schwarze Pumpe" (→ **Schwarze Pumpe**); VVB Steinkohle, Zwickau; VVB Braunkohle, Senftenberg; Institut für Energetik, Leipzig. Minister: Klaus Siebold (Mitte 1974).

Ministerium für Kultur: Das MfK. ist für die Planung und Leitung der einheitlichen → **Kulturpolitik** verantwortlich. Es wurde durch VO des Ministerrates der DDR vom 7. 1. 1954 gebildet und übernahm die Aufgaben der vorher bestehenden Staatlichen Kommission für Kunstangelegenheiten, des Staatlichen Komitees für Filmwesen und des Amtes für Literatur und Verlagswesen. In seinen Verantwortungsbereich fallen Literatur, Verlagswesen und Buchhandel, Film und Lichtspielwesen, Theater, Musik, bildende und angewandte Kunst, Unterhaltungskunst, künstlerisches Volksschaffen, Veranstaltungswesen und künstlerische Hoch- und Fachschulen. Für diese Bereiche sind jeweils entsprechende Hauptverwaltungen und Abteilungen zuständig. Dem MfK. unterstehen die volkseigenen Betriebe des Verlags-, Film- und Lichtspielwesens, des Buchhandels und der Schallplattenproduktion; zentrale Institute (Institut für Denkmalpflege, Institut für Bibliothekswesen, Institut für Technologie kultureller Einrichtungen, → **Zentralhaus für Kulturarbeit;** → **Staatliches Filmarchiv** u. a.); die Staatlichen → **Museen** in Ost-Berlin.

Das MfK. erarbeitet auf der Grundlage der Perspektiv- und Volkswirtschaftspläne konkrete Aufgabenstellungen für die einzelnen kulturellen Bereiche und deren Institutionen, legt die für die Lösung anzuwendenden Methoden fest und sichert den Einsatz der erforderlichen finanziellen Mittel sowie die Kontrolle der Durchführung. Es ist auch für die Erarbeitung der Grundsätze zur Regelung der Gagen, Honorare und Urhebervergütungen aller kulturellen Berufe zuständig und spielt eine wesentliche Rolle bei der Auftragserteilung an Künstler, die durch staatliche Institutionen, gesellschaftliche Organisationen und Betriebe erfolgt. Das MfK. verwaltet über ein Kuratorium den Kulturfonds der DDR und verfügt über den Einsatz seiner Mittel. Das MfK. pflegt enge Kontakte mit den entsprechenden staatlichen Organen anderer sozialistischer Länder und sorgt für die kulturelle Selbstdarstellung der DDR im gesamten Ausland (Veranstaltung von Filmwochen, Theatergastspielen, Ausstellungen usw.).

Beim MfK. bestehen für die einzelnen Bereiche folgende Beiräte: für Kultur, für Kunst- und Kulturwissenschaften, für Bibliothekswesen, für künstlerisches Volksschaffen, für Museen, für Theater, für Musik sowie seit 1973 Komitees für Filmkunst und für Unterhaltungskunst. Die Beiräte bzw. Komitees, die sich aus Künstlern und anderen Fachleuten sowie Vertretern gesellschaftlicher Organisationen zusammensetzen, üben eine beratende Funktion aus. Eine enge Zusammenarbeit wird auch mit den einzelnen Künstlerverbänden und der → **Akademie der Künste der DDR** gepflegt.

Minister für Kultur: Johannes R. Becher (1954–1958), Alexander Abusch (1958–1961), Hans Bentzien (1961–1966), Klaus Gysi (1966–1973), Hans-Joachim Hoffmann (seit 1973).

Ministerium für Land-, Forst- und Nahrungsgüterwirtschaft: Das MfLFN. ist das zentrale Leitungsorgan des → **Ministerrates** der DDR für die Bereiche → **Landwirtschaft,** → **Forstwirtschaft** und → **Nahrungsgüterwirtschaft.** In seiner gegenwärtigen Form besteht das MfLFN. seit dem 1. 1. 1973. Es wurde aus der Produktionsleitung des Rates für Landwirtschaftliche Produktion und Nahrungsgüterwirtschaft RLN (Z) gebildet. *Entwicklung:* Nach Abschluß der Kollektivierung (1960) wurde das bis zum 7. 2. 1963 bestehende Ministerium für Landwirtschaft, Erfassung und Forstwirtschaft aufgelöst und im Zusammenhang mit der Einführung des „Neuen Ökonomischen Systems" zum Landwirtschaftsrat umgebildet. Die Auflösung wurde mit der administrativen Arbeitsweise begründet, die auf die Leitung einer privat geführten Landwirtschaft ausgerichtet gewesen sei. Die Aufgabe des 1963 gegründeten Landwirtschaftsrates wurde auf die Entwicklung der Produktionsbedingungen und der Produktionsverhältnisse beschränkt, während für die Erfassung bzw. den Aufkauf landwirtschaftlicher Produkte beim Ministerrat ein spezielles Staatliches Komitee eingerichtet wurde. Die Besonderheit des Landwirtschaftsrates bestand darin, daß Praktiker und Wissenschaftler zu Mitgliedern des Landwirtschaftsrates berufen bzw. auf den Bauernkongressen nach einer Vorschlagsliste der Parteien, Massenorganisationen und Regierungsorgane im Blocksystem gewählt wurden. Die administrativen Aufgaben des Landwirtschaftsrates wurden von seiner Produktionsleitung wahrgenommen, der die Räte und Produktionsleitungen der Bezirke und Kreise unterstellt waren. Die jeweiligen Produktionsleiter waren zugleich die Vorsitzenden der Landwirtschaftsräte.

Mit dem Übergang zum Ökonomischen System des Sozialismus (ÖSS) wurden nach dem VII. Parteitag der SED 1967 bzw. dem X. Deutschen Bauernkongreß die Landwirtschaftsräte auf allen Verwaltungsebenen (Ministerrat, Bezirk, Kreis) zu Räten für Land-, Forst- und Nahrungsgüterwirtschaft weiterentwickelt und vor allem auf Regierungs- wie Bezirksebene reorganisiert. Diese Neuorganisation war gekennzeichnet durch die Wiedereingliederung des Staatlichen Komitees für Aufkauf und Verarbeitung (s. u.) und stand in engem Zusammenhang a) mit der Entwicklung vertikaler Kooperationsbeziehungen zwischen Landwirtschafts- und Verarbeitungsbetrieben und b) mit der Ablösung des doppelten Preissystems (→ **Agrarpolitik**). Auf Bezirksebene wurden die Volkseigenen Erfassungs- und Aufkaufbetriebe und die Betriebe der Nahrungsgüterwirtschaft (→ **Agrar-Industrie-Komplex**) zu Kombinaten (für Fleisch, Getreide, Geflügel) vereinigt und den RLN der Bezirke unterstellt.

Im Zeichen der allgemeinen Rezentralisation nach dem VIII. Parteitag der SED (1971) bzw. dem XI. Bauernkongreß der DDR (1972) erfolgte die bisher letzte Umstellung der landwirtschaftlichen Leitungsorgane, in deren Folge der Rat für Landwirtschaftliche Produktion und Nahrungsgüterwirtschaft von der Produktionsleitung getrennt und zu einem Beratungsgremium des Ministerrates deformiert wurde. Aus der bisherigen Produktionsleitung wurde das MfLFN. entwickelt. Die Trennung zwischen RLN und Produktionsleitung wurde auch auf Bezirks- und Kreisebene vollzogen.

Aufgaben: Auf der Grundlage der Beschlüsse der SED, der Gesetze der DDR und sonstiger Bestimmungen hat das MfLFN. für die Verwirklichung der gesellschaftspolitischen und wirtschaftlichen Ziele der Agrarpolitik Sorge zu tragen. Hierzu gehören Aufgaben der Forschung, Lehre und Fachausbildung, die Sicherung der Bereitstellung von Produktionsmitteln, die Leitung und

Kontrolle der Agrarproduktion sowie die Lenkung der Vermarktung und Verarbeitung landwirtschaftlicher Erzeugnisse. Zur Vorbereitung dieser Aufgaben gehört die Ausarbeitung der Perspektiv- und Jahrespläne in Abstimmung mit der Staatlichen Plankommission. Die Durchsetzung der Pläne erfolgt mit Hilfe ökonomischer Regelungen, durch zentrale Planvorgaben, durch Ausbildung und Einsatz von Fachkadern sowie durch die Gestaltung des sozialistischen Wettbewerbes. Eine Besonderheit des MfLFN. besteht darin, daß ihm auch die Leitung und Planung der Außenwirtschaftsbeziehungen sowie die Gewährleistung der internationalen Zusammenarbeit im Rahmen des RGW und auf bilateraler Ebene, insbesondere mit der UdSSR, obliegen.

Organe: Zur Erfüllung seiner Aufgaben unterstehen dem MfLFN. zahlreiche Organe und Einrichtungen.

1. Forschung, Lehre und Ausbildung: a) Akademie der Landwirtschaftswissenschaften (AdL) der DDR mit eigenen Versuchsgütern sowie mit engen Verbindungen zur→ **Akademie der Wissenschaften** (AdW) und zu den Universitäten; b) Spezialforschungseinrichtungen beim Staatlichen Komitee für Ankauf und Verarbeitung; c) Hochschulen für LPG in Meißen sowie für Landwirtschaft und Nahrungsgüterwirtschaft in Bernburg; d) die Agra – jährliche Lehr- und Leistungsausstellung für Land-, Forst- und Nahrungsgüterwirtschaft in Leipzig; e) die Iga – jährliche Lehr- und Leistungsausstellung für den Garten- und Zierpflanzenbau in Erfurt.

2. Produktionsmittelversorgung: a) → **Staatliches Komitee für Landtechnik und materiell-technische Versorgung**; b) **Ländliche** → **Genossenschaften** (Koordinationsbeziehungen).

3. Aufkauf und Verarbeitung: → **Staatliches Komitee für Aufkauf und Verarbeitung landwirtschaftlicher Produkte** mit acht VVB bzw. Zentralen Wirtschaftsvereinigungen der Nahrungsgüterwirtschaft.

4. Land- und Forstwirtschaftliche Produktion: a) → **Staatliches Komitee für Forstwirtschaft** mit fünf nachgeordneten VVB; b) Landwirtschaftliche Produktionsleitungen der Bezirke mit Weisungsbefugnissen an die VEG mit Versorgungsaufgaben und an die VEB KJM sowie an die Kombinate für Landtechnik, Landbau bzw. Meliorationsbau sowie die VdgB der Bezirke; c) Landwirtschaftliche Produktionsleitungen der Kreise mit Weisungsbefugnissen gegenüber den genossenschaftlichen und kooperativen Landwirtschaftsbetrieben.

Nach der Abkehr vom System der Landwirtschaftsräte bzw. RLN im Jahr 1972 wurde das Prinzip der eigenverantwortlichen Leitung und Planung der Betriebe und Territorien durch das Prinzip strikter Einzelleitung stark eingeschränkt.

→ **Agrarwissenschaften.**

Ministerium für Leichtindustrie: Nach Auflösung des Volkswirtschaftsrates (Ende 1965) gebildetes zentrales Anleitungs- und Kontrollorgan zur Planung und Leitung des Industriebereichs → **Leichtindustrie**. Minister ist seit 1972 Karl Bettin; als Staatssekretär und 1. Stellv. Minister fungiert seit 1972 Horst Werner.

Ministerium für Materialwirtschaft: Nach Auflösung des Volkswirtschaftsrates (Ende 1965) gebildetes zentrales Anleitungs- und Kontrollorgan für die → **Materialwirtschaft**. Seine Hauptaufgabe besteht in der materiell-technischen Versorgung der Industrie und in der Einflußnahme auf eine rationelle Materialverwendung in allen Bereichen der Volkswirtschaft. Daneben bestimmt es die Grundrichtung der Weiterentwicklung des Produktionsmittelhandels und der Anwendung elektronischer Datenverarbeitung bei der Planung und Abrechnung der materialwirtschaftlichen Beziehungen. Minister ist gegenwärtig Wolfgang Rauchfuß, Staatssekretär und 1. Stellv. Minister seit 1972 Erich Haase.

Ministerium für Nationale Verteidigung: Das MfNV. wurde im Januar 1956 im Zuge der Gründung der → **Nationalen Volksarmee** geschaffen. Es fungiert als zentrales staatliches Organ des → **Ministerrates**, obwohl dieser auf dem Gebiet des Militärwesens nur beschränkte Aufgaben besitzt. Dem MfNV. obliegt die Führung der NVA, sowie die Planung, Koordinierung, Organisation und Durchführung der Aufgaben der Landesverteidigung im militärischen Bereich.

Das MfNV., dessen Minister den Rang eines Armeegenerals besitzt, gliedert sich in einen Hauptstab sowie in Verwaltungen und Abteilungen; zum Bereich des MfNV. gehört ebenfalls die Politische Hauptverwaltung der NVA, die gleichzeitig dem Politbüro der SED bzw. dessen Sekretariat untersteht.

Dem Minister sowie seinen neun (Anfang 1974) Stellvertretern – zu ihnen zählt der Leiter der PHV – unterstehen die sowohl nach funktionalen Maßstäben, Ausbildungswesen, Planungs- und Koordinierungswesen u. a. wie nach Waffengattungen untergliederten Abteilungen. Zum Hauptstab, der die Landstreitkräfte der NVA führt, gehören als Untergliederungen Verwaltung, wie z. B. die Verwaltung Operativ (Einsatzpläne), Aufklärung (Informationsbeschaffung über ausländische Streitkräfte), Wehrersatzwesen (zuständig für die 15 Wehrbezirks- und 219 Wehrkreiskommandos) und Abteilungen. Dem Minister unterstehen direkt die Waffengattungsfachabteilungen, die als Verwaltungen von einem Chef der Verwaltung geleitet werden und für die Ausbildung und Bewaffnung der einzelnen Waffengattungen (Panzer, Artillerie etc.) zuständig sind (der militärische Einsatz der Verbände wird von den dem Minister direkt unterstellten Chefs der Militärbezirke befohlen), die Verwaltung der Militärstaatsanwaltschaft und Abteilungen, wie z. B. die Abteilung → **Gesellschaft für Sport und Technik** (GST). Die Militärakademie „Friedrich Engels" der NVA ist dem MfNV. unterstellt.

Ministerium für Post- und Fernmeldewesen: Das MPF., mit seinem Sitz in Ost-Berlin, arbeitet eng mit der Staatlichen Plankommission und anderen Organen des → **Ministerrates** sowie den örtlichen Organen der Staatsmacht zusammen, legt auf der Grundlage der Direktiven der Staatlichen Plankommission Entwürfe von Perspektivplänen und Jahresplänen für den Wirtschaftszweig → **Post- und Fernmeldewesen** vor und ist für die Durchführung dieser Pläne verantwortlich.

Das MPF. wird vom Minister für Post- und Fernmeldewesen, z. Z. Rudolph Schulze, nach dem Prinzip der → **Einzelleitung** geleitet. Der Minister ist für die Erfüllung der staatlichen Aufgaben des MPF. und der „Deutschen Post" (DP) dem Ministerrat gegenüber verantwortlich und der Volkskammer und dem Staatsrat rechenschaftspflichtig. Er erläßt auf der Grundlage und in Durchführung der Gesetze und Beschlüsse der Volkskammer, der Erlasse und Beschlüsse des Staatsrates, der Beschlüsse und Verordnungen des Ministerrates Durchführungsbestimmungen und Anordnungen. Außerdem erläßt er die für die Abwicklung des Dienstes notwendigen Dienstanweisungen und Ordnungsvorschriften. Gegenüber den Leitern der Bezirksdirektionen (BDP) sowie gegenüber den unmittelbar unterstellten Leitern der zentralen Ämter und Schulen der DP hat er Weisungsrecht.

Zur Unterstützung seiner staatlichen Führungstätigkeit stehen dem Minister der Staatssekretär und weitere Stellv. zur Seite. Der Staatssekretär ist der Erste Stellv. des Ministers. Er vertritt ihn bei Abwesenheit und hat für die Zeit der Vertretung die Pflichten und Befugnisse des Ministers. Als beratendes Organ – vorwiegend in politischen Fragen – steht dem Minister ein → **Kollegium** zur Verfügung, das den Minister in allen wichtigen Fragen, insbesondere über die Durchführung von Beschlüssen der SED, aber auch bei der Vorbereitung gesetzlicher Bestimmungen berät.

Die Aufgaben der Abteilungen und selbständigen Sektoren des MPF. werden im Strukturplan und durch Weisungen des Ministers geregelt.

Dem Ministerium ist eine Anzahl von Sonderämtern und anderen Einrichtungen direkt unterstellt, die zentrale Aufgaben für die gesamte DP zu erfüllen haben. Hierzu gehören: Institut für Post- und Fernmeldewesen, Zentralamt für Fernleitungsanlagen, Zentralamt für Materialwirtschaft, Zentralamt für Berufsbildung, Organisations- und Rechenzentrum, Zentrales Postverkehrsamt, Zeitungsvertriebsamt, Institut für sozialistische Wirtschaftsführung, Rundfunk- und Fernsehtechnisches Zentralamt, Beschaffungsamt für Rundfunk und Fernsehen, Funkdirektion, Fernmeldeamt der Regierung, Funkkontroll- und Meßdienst (Radiocon), Studiotechnik Fernsehen, Studiotechnik Rundfunk.

Ministerium für Schwermaschinen- und Anlagenbau: Nach Auflösung des Volkswirtschaftsrates (Ende 1965) gebildetes zentrales Anleitungs- und Kontrollorgan zur Planung und Leitung der Industriezweige Energiemaschinenbau, Bau von Bergbauausrüstungen, Metallurgieausrüstungsbau, Werkzeugmaschinenbau, Plast- und Elastverarbeitungsmaschinenbau und Bau von Metallkonstruktionen. Minister ist seit 1965 Gerhard Zimmermann; als Staatssekretär und 1. Stellv. Minister fungiert seit 1971 Wolfgang Gress.

Ministerium für Staatssicherheit: Durch Gesetz vom 8. 2. 1950 (GBl., S. 95) wurde die nach Gründung der DDR im → **Ministerium des Innern** gebildete „Hauptverwaltung Schutz der Volkswirtschaft" verselbständigt zum MfS. Dieses Ministerium war nach dem → **Juni-**

Aufstand im Jahre 1953 in ein dem Min. des Innern unterstehendes Staatssekretariat umgewandelt worden, bis es am 24. 11. 1955 unter Ernst Wollweber (SED) wieder zum Ministerium gemacht wurde. Seit 1. 11. 1957 ist Erich Mielke, Kandidat des Politbüros der SED, Minister, seit 1959 im militärischen Rang eines Generalobersten. Erster Stellv. Minister ist Generalleutnant Bruno Beater (SED). Weitere stellv. Minister sind die Generalleutnante Fritz Schröder (SED) und Markus Wolf (SED). Letzterer leitet außerdem die wichtige Hauptverwaltung Aufklärung des MfS.

Unter der zusammenfassenden Bezeichnung Staatssicherheitsdienst wird die Zentrale des MfS. mit den in den Bezirken und Kreisen bestehenden Bezirksverwaltungen und Kreisdienststellen, den Beauftragten in den Großbetrieben und Strafanstalten sowie den Offizieren, Unteroffizieren und Soldaten des 4000 Mann starken Wachregiments verstanden, das seit dem 15. 12. 1967 den Namen des Begründers der sowjetischen Geheimpolizei Tscheka, Feliks Dzierzynski, trägt. Die Zentrale befindet sich in Berlin-Lichtenberg. Offizielle Angaben über Aufbau und Gliederung des MfS. werden nicht gemacht. Mit einigem Vorbehalt kann über die Gliederung gesagt werden:

In der Hauptverwaltung „Sicherung" (Abwehr) sind diejenigen Aufgaben zusammengefaßt, die „zur allseitigen Stärkung des Sozialismus, zur rechtzeitigen Aufklärung und konsequenten Verhinderung aller gegen den Sozialismus gerichteten feindlichen Pläne und Absichten" („Neues Deutschland" vom 16. 2. 1974) erfüllt werden müssen. Es bestehen dort die Hauptabt. bzw. Abt. „Sicherung der Streitkräfte", „Abwehr westlicher Nachrichtendienste" (Nachrichtendienste sozialistischer Staaten sind nicht abzuwehren, denn von dort kann der Natur der Sache nach Spionage nicht begangen werden; → **Staatsverbrechen,** Ziff. 2a), „Sicherung der Wirtschaft", „Bekämpfung von Untergrundorganisationen und verdächtigen Vereinigungen", „Sicherung der Forschung", „Sicherung der Deutschen Volkspolizei", „Verkehrssicherung" und „Personenschutz" (PS): Schutz hoher Staats- und Parteifunktionäre. Technisch und unterstützend wirken die Abteilungen „Ermittlung und Festnahme", „Untersuchung", „Chiffrierwesen", „Archiv und Statistik", „Haftanstalten", „Kriminaltechnik", „Postüberwachung", „Telefonüberwachung", „Entwicklung technischer Mittel". Schließlich gibt es die Abteilungen „Kader und Schulung", „Information und Agitation".

Das Haupttätigkeitsfeld dieser Hauptverwaltung mit ihren acht operativen Hauptabteilungen ist die DDR selbst. Die Dienststellen des MfS. unterhalten ein weit verzweigtes und alle Lebensbereiche umspannendes Spitzelsystem, das ideologisch mit der notwendigen „politischen Wachsamkeit gegenüber den Feinden der Arbeiterklasse" begründet wird. Die Spitzel heißen Geheime Informanten (GI) oder Geheime Mitarbeiter (GM). Über ihre Beobachtungen haben sie regelmäßig Berichte zu erstatten, die sie mit ihren Decknamen unterzeichnen müssen. Nach den Arbeitsrichtlinien des SSD sollen nach Möglichkeit nur solche Personen als GI

verwendet werden, denen die Bevölkerung wegen ihrer dienstlichen oder parteipolitischen Tätigkeit nicht mit besonderer Zurückhaltung begegnet. Spitzel werden entweder durch Überzeugung oder unter Druck angeworben und verpflichtet.

Seit 1955 verfügen auch die → **Abschnittsbevollmächtigten** (ABV) der Volkspolizei über ein eigenes „System von Vertrauenspersonen". „Vertrauenspersonen" sind Bürger, die das besondere Vertrauen des ABV verdienen und ihm vertrauliche Mitteilungen geben, die für die Volkspolizei von Interesse sind. Der Spitzelapparat des ABV setzt sich ausschließlich aus Freiwilligen zusammen. Eine besondere Gruppe bilden die Volkspolizeihelfer, → **Grenztruppenhelfer** und ehrenamtliche Mitarbeiter der → **Arbeiter-und-Bauern-Inspektion,** deren Informationen zwar nicht unmittelbar als Spitzelberichte für den SSD bestimmt sind, die aber durch ihre Tätigkeit dem MfS. wesentliche Erkenntnisse vermitteln. Die Postüberwachung wird durch die in den größeren Postämtern eingerichteten Kontrollstellen („Stelle 12") durchgeführt. Wenn auch die im Ermittlungsverfahren bis 1954 festgestellten Vernehmungsmethoden des MfS. (Licht-, Wasser- und Kältezellen, Verpflegungsentzug, schwere Mißhandlungen) selten geworden sind, werden doch immer wieder Einzelheiten über mit rechtsstaatlichen Grundsätzen nicht zu vereinbarende Vernehmungspraktiken der Untersuchungsorgane des MfS. bekannt (→ **Strafverfahren**).

Der unter Leitung von Generalleutnant Markus Wolf – Sohn des Dichters F. Wolf und Bruder des langjährigen Präsidenten der AdK. Konrad Wolf – stehenden Hauptverwaltung „Aufklärung" (HVA) obliegt die offensive Tätigkeit des MfS. Sie stützt sich bei ihrer Tätigkeit, die im Schwerpunkt gegen die Bundesrepublik Deutschland gerichtet ist, auf sog. Residenturen (Spionageköpfe innerhalb und außerhalb der DDR). In der Ost-Berliner Zentrale bestehen 12 Abteilungen mit den Tätigkeitsbereichen: 1. Spionage in Regierungsstellen und Behörden der Bundesrepublik, 2. Politische Parteien und Vereinigungen der Bundesrepublik, 3. Auslandsspionage und westalliierte Botschaften in der Bundesrepublik, 4. NATO-Streitkräfte, 5. Wirtschaftsspionage, 6. Einschleusung von Agenten in den Westen, 7. Auswertung, 8. Diversion (Sabotagevorbereitungen in der Bundesrepublik), 9. Verbindungen im Agentennetz (Funk- und Chiffrierwesen), 10. Dokumentation und Ausweise (Abt. K.), 11. Kartei, Registratur, Archiv (Abt. R.), 12. Kader und Schulung (Abt. K/S.).

Eine selbständige spezielle Abteilung ist die in Berlin-Johannisthal, Großberliner Damm 101, befindliche Abt. 21 mit dem Aufgabengebiet „Sicherheitsüberprüfung und Rückführungen". Sie war 1960 als Folge der sich häufenden Übertritte hauptamtlichen MfS-Personals in den Westen gebildet worden. Sie soll vorbeugende Sicherheitsmaßnahmen für alle hauptamtlichen MfS.-Mitarbeiter ergreifen und etwaige Flüchtlinge aus den Reihen des MfS. im Westen aufspüren und notfalls unter Gewaltanwendung in die DDR zurückholen.

In den 50er Jahren hielten es SED und Staatssicherheitsdienst offenbar für notwendig, bestimmte Personen, die als Gegner der SED in der Bundesrepublik Deutschland oder in Berlin (West) aktiv in Organisationen oder als Journalisten tätig waren, oder die aus besonders wichtigen Funktionen in den Westen geflüchtet waren, mit Hilfe gedungener krimineller Elemente gewaltsam oder mittels Täuschung oder durch List in die DDR zu verschleppen. Die dabei angewandten Methoden reichten bis zur Giftbeibringung und zum Überfall auf offener Straße. Die Polizei in Berlin (West) hat seit Herbst 1949 295 Fälle von Entführungen aus Berlin (West) registriert, darunter 87 gewaltsam begangene Menschenraub-Verbrechen und 208 durch List inszenierte Entführungen; in weiteren 81 Fällen blieb es beim Versuch.

Besonders krasse Fälle waren: Dr. Walter Linse, Leiter der Abt. Wirtschaftsrecht im Untersuchungsausschuß Freiheitlicher Juristen, 1952 auf der Straße überfallen, vom Staatssicherheitsdienst an die sowjetischen Behörden übergeben und in die Sowjetunion transportiert, inzwischen für tot erklärt; Journalist Alfred Weiland, 1950 auf der Straße überfallen, inzwischen nach Berlin (West) zurückgekehrt; Journalist Karl-Wilhelm Fricke, 1955 durch Giftbeibringung in einer fremden Wohnung, inzwischen in die Bundesrepublik zurückgekehrt; der ehemalige SSD-Kommissar Silvester Murau, 1955 mit Hilfe der eigenen Tochter durch Betäubung aus der Bundesrepublik Deutschland verschleppt, vermutlich zum Tode verurteilt und hingerichtet; der ehemalige Inspekteur (General) der Volkspolizei Robert Bialek, 1956 unter Giftbeibringung in einer fremden Wohnung, tot (in der Haft verstorben oder hingerichtet); Dr. Erwin Neumann, Leiter der Abt. Wirtschaft im Untersuchungsausschuß Freiheitlicher Juristen, 1958 beim Segeln auf dem Wannsee in Berlin (West) überfallen und verschleppt. Einige der im Auftrag des SSD tätigen Verbrecher wurden gefaßt und vom Landgericht in Berlin (West) zu z. T. langjährigen Freiheitsstrafen verurteilt. In der HVB (Hauptabt. Verwaltung / Bewirtschaftung) sind alle Wirtschafts- und Verwaltungsabteilungen des MfS. zusammengefaßt. Die Personalstärke des MfS. in Berlin-Lichtenberg wird auf 1 500 Offiziere und Unteroffiziere und ca. 1 600 Zivilangestellte geschätzt.

Ministerium für Umweltschutz und Wasserwirtschaft: Mit seiner Gründung am 1. 1. 1972 übernahm das MfUW. Aufgaben des früheren Amtes für Wasserwirtschaft. Darüber hinaus hat es anleitende, koordinierende und kontrollierende Funktionen gegenüber den für die → **Landeskultur** und den → **Naturschutz** verantwortlichen Institutionen (Volksvertretungen und deren Räte in den Territorien) auszuüben. Der Minister ist zugleich Leiter der „Ständigen Arbeitsgruppe sozialistische Landeskultur", in der Vertreter aller zentralen staatlichen Organe, die auf die Entwicklung und Gestaltung der Landeskultur Einfluß nehmen können, vertreten sind. Zu den Aufgaben des MfUW. gehören vor allem:

Die Förderung der Umweltforschung (Wissenschaftlicher Rat f. Umweltforschung der → **AdW**, die Klasse für Umweltschutz und Umweltgestaltung der AdW mit

Arbeitsgruppen für medizinisch-toxologische Belange, territoriale Strukturforschung etc., das Institut für Kommunalforschung Dresden u. a. m.);

die Wahrnehmung der internationalen Vertretung auf dem Gebiet des → **Umweltschutzes** und der → **Wasserwirtschaft**, insbesondere im RGW-Bereich (zur Zeit bearbeiten im Bereich Umweltschutz und Wasserwirtschaft 15 Ständige Kommissionen 52 Forschungsthemen);

die Aufnahme von entsprechenden Lehrveranstaltungen in das Studienprogramm der Technischen Universitäten, Hoch- und Fachschulen sowie die Einführung spezieller Ausbildungsgänge für Fachingenieure;

der Aufbau spezieller Meßsysteme und Karteien für die Verunreinigung von Luft und Gewässern;

der Aufbau einer Umweltstatistik in Zusammenarbeit mit der SZS und anderen Institutionen;

die Ausweisung von Natur-, Landschafts- und/oder Wasserschutzgebieten in Zusammenarbeit mit den entsprechenden örtlichen Organen;

der Ausbau wasserwirtschaftlicher Einrichtungen (Talsperren, Rückhaltebecken und sonstige Speicheranlagen, Wasserversorgungs- und Aufbereitungsanlagen für Trink- und Brauchwasser für Industrie und Landwirtschaft, Entsorgungs- und Kläranlagen für kommunale Abwasser etc.);

Ausübung der staatlichen Gewässeraufsicht.

Zur Erfüllung der wasserwirtschaftlichen Aufgaben sind dem MfUW. 7 Wasserwirtschaftsdirektionen für die Wassereinzugsgebiete Küste-Warnow-Peene; Havel; Spree-Oder-Neiße; Obere Elbe-Mulde; Saale-Weiße Elster; Werra-Gera-Unstrut und Mittlere Elbe-Sude-Elde unterstellt.

Die ca. 3 300 östlichen Wasserversorgungsbetriebe wurden 1964 in 15 an den Bezirksgrenzen orientierten VEB WAB (Wasserversorgung und Abwasserbehandlung) sowie in der VEB Fernwasserversorgung Elbaue-Ostharz zusammengefaßt. Außerdem besteht beim Ministerium ein wissenschaftlich technisches Zentrum für Wasserwirtschaft. Die dem MfUW. unterstehenden technischen Kapazitäten gestatteten 1974 einen Anschlußgrad an die Trinkwasserversorgung von 82,8 v. H., an die Kanalisation von 62,5 v. H. Die Tageskapazität betrug bei Trink- und Brauchwasser 5,335 Mill. cbm/d, die Klärkapazität 172 600 cbm/h. Die Kapazität der Speicheranlagen wird mit ca. 1,1 Mrd. cbm angegeben, hiervon sind 37 Mill. cbm ausschließlich für landwirtschaftliche Zwecke vorgesehen.

Die relativ spät einsetzenden Bemühungen, durch intensive und zentral gelenkte Umweltschutzmaßnahmen die Wasserqualität zu verbessern, zeigen erste Erfolge. Von der insgesamt vorhandenen 13 500 km langen Gewässerstrecke waren:

	1970	1973
unzulässig verunreinigt	44,1 v. H.	39,6 v. H.
verunreinigt	23,6 v. H.	22,3 v. H.
mäßig verunreinigt	26,6 v. H.	31,3 v. H.
sauber	5,7 v. H.	6,3 v. H.

Minister ist seit März 1972 H. Reichelt; als Staatssekretär und 1. Stellv. Minister fungiert J. Rochlitzer.

Ministerium für Verkehrswesen: Zentrales Organ des → **Ministerrats** für die einheitliche Leitung, Koordinierung und Entwicklung des gesamten → **Verkehrswesens**. Gebildet 1949, seitdem verschiedentlich reorganisiert. Jetzt zuständig für die → **Deutsche Reichsbahn**, den Kraftverkehr, das Straßenwesen, die Binnen- und Seeschiffahrt und den Luftverkehr. Der Minister ist Generaldirektor der Deutschen Reichsbahn, Vorsitzender des Zentralen Transportausschusses der DDR und Generalbevollmächtigter für die Bahnaufsicht. Er hat Weisungsrecht gegenüber den Abteilungen Verkehr bei den Räten der Bezirke. Für die einzelnen Verkehrsbereiche sind 7 stellv. Minister verantwortlich, denen Hauptverwaltungen und zentrale Abteilungen unterstehen. Minister ist gegenwärtig Otto Arndt.
Eine Besonderheit des MfV. ist die „Politische Verwaltung" mit einem Stellv. des Ministers f. V. an der Spitze, der seine Weisungen von der Abteilung Verkehr- und Verbindungswesen des → **ZK der SED** erhält. Über das „Büro des Ministers f. V." bestehen direkte Kontakte zum → **Ministerium für Staatssicherheit** und zum → **Ministerium für Nationale Verteidigung**.

Ministerium für Volksbildung: Das MfV. wurde am 1. 1. 1950 als zentrale Instanz der Schulverwaltung und Jugendarbeit errichtet und löste damit die „Deutsche Zentralverwaltung für Volksbildung" ab.
Dem MfV. ist die Verantwortung für die einheitliche Planung und Leitung der sozialistischen Bildung und Erziehung in den ihm unterstellten Einrichtungen und die Sicherung der einheitlichen Schulpolitik übertragen. Es hat für die proportionale Entwicklung der ihm unterstehenden Einrichtungen auf der Grundlage des Perspektivplans zur Entwicklung der Volkswirtschaft zu sorgen, erläßt Grundsätze der Schulorganisation und sichert die effektive Nutzung der zur Verfügung stehenden materiellen und finanziellen Mittel. In den Einrichtungen der Berufsbildung kontrolliert das MfV. die Durchsetzung der staatlichen Schulpolitik.
Die Pädagogischen Hochschulen sind dem MfV. unterstellt (→ **Universitäten und Hochschulen**). Minister: Margot Honecker; Staatssekretär und 1. Stellv.: Werner Lorenz.

Ministerium für Werkzeug- und Verarbeitungsmaschinenbau: Ein 1973 gegründetes zentrales Anleitungs- und Kontrollorgan zur Planung und Leitung des Werkzeug- und Verarbeitungsmaschinenbaus. Minister ist gegenwärtig Rudi Georgi, Staatssekretär und 1. Stellv. Minister Manfred Schubert.

Ministerium für Wissenschaft und Technik: Wurde am 11. 8. 1967 gebildet, um die einheitliche Leitung und Koordinierung der naturwissenschaftlich-technischen Forschung sowie die schnelle Einführung ihrer Ergebnisse in die Wirtschaftspraxis zu gewährleisten. Es übernahm die Aufgaben des seit 1961 bestehenden Staatssekretariats für Forschung und Technik, das für die Sicherung einer engen, auf die Lösung der volkswirtschaftlichen Schwerpunktaufgaben gerichteten Zusammenarbeit des Forschungsrates mit der Staatlichen Plankommission und für die Durchführung, Koordinierung und Kontrolle der Arbeit des Forschungsrates verantwortlich war. Minister ist Dr. Herbert Weiz. Staatssekretäre und 1. Stellv. Minister sind W. Leupold und K. Stubenrauch. → **Forschung.**

Ministerrat: Der M. bildet die Regierung der DDR und stellt damit die Spitze des → **Staatsapparates** dar. Seine Stellung im Regierungssystem der DDR und seine Funktionen und Aufgaben wurden in der im Oktober 1974 durch Gesetz ergänzten und geänderten Verfassung (Art. 76–80) sowie dem Gesetz über den Ministerrat der Deutschen Demokratischen Republik (GBl. I, S. 253) vom Oktober 1972 festgelegt. Diese Bestimmungen waren das staatsrechtliche Resultat der vom M. im Regierungssystem der DDR seit Anfang 1971 tatsächlich wahrgenommenen Funktionen einer „Regierung". 1949 wurde die „Provisorische Regierung der DDR" von der Provisorischen → **Volkskammer** gewählt. Diese Regierung wurzelte organisatorisch in der auf dem Gebiet der SBZ bis zur Gründung der DDR bestehenden → **Deutschen Wirtschaftskommission**, in der Deutschen Verwaltung des Inneren, der Deutschen Verwaltung für Volksbildung und dem Zentralen Komitee für Staatliche Kontrolle, die im Auftrage der sowjetischen Besatzungsmacht Verwaltungsaufgaben wahrnahmen. Die Bezeichnung „Regierung" wurde nur kurze Zeit beibehalten; bereits im ersten Gesetz über die Regierung vom November 1950 wurde die Bezeichnung M. geprägt. 1952 wurde die Bezeichnung „Regierung" durch M. ersetzt; ein Wandel der Stellung als zentrales staatliches Organ ist damit jedoch nicht verbunden. Mit der Gründung des → **Staatsrates** der DDR im September 1960 gingen in zunehmendem Maße die Regierungsfunktionen auf diesen über; dies schlug sich auch in der Bezeichnung des M. als „Exekutivorgan der Volkskammer und des Staatsrates" im Gesetz über den M. von 1963 nieder. Regierungsfunktionen hat der M. jedoch seit 1970/1971 wieder übernommen, während der Staatsrat gleichzeitig an Bedeutung verlor.
Der M. setzt sich zusammen aus dem Vorsitzenden, dem Regierungschef, und den Mitgliedern, die den Titel „Minister" tragen, auch wenn sie kein Ministerium leiten. Die Mitglieder des M. werden auf Vorschlag des Vorsitzenden des M., den die stärkste Fraktion zur Wahl vorschlägt, nach der Neuwahl der Volkskammer von ihr auf die Dauer von fünf Jahren gewählt und vom Vorsitzenden des Staatsrates auf die Verfassung vereidigt. Zwischen den Tagungen der → **Volkskammer** kann der Vorsitzende des M. den Auftrag zur Wahrnehmung einer Funktion als Stellvertreter oder als Minister erteilen, muß dies aber von der Volkskammer bestätigen lassen.
Der M. ist ein Gremium mit 42 Mitgliedern (15. 8. 1975). Er tagt einmal in der Woche. Die Mehrzahl der Minister (37) stellt die → **SED**, die anderen → **Parteien** verfügen über je einen Stellv. des Vorsitzenden, die auch Ressortleiter sind.

Die Aufgaben des M. ergeben sich aus seiner Funktion als zentralem staatlichen Exekutivorgan. Der § 1 des Gesetzes legt im einzelnen fest, daß der M. als Organ der Volkskammer unter Führung der SED im Auftrag der Volkskammer die Grundsätze der staatlichen Innen- und Außenpolitik ausarbeitet, die einheitliche Durchführung der Staatspolitik leitet und die Erfüllung der politischen, ökonomischen, kulturellen und sozialen sowie der ihm übertragenen Verteidigungsaufgaben organisiert.

Seine Tätigkeit soll das materielle und kulturelle Lebensniveau der Bevölkerung erhöhen und dem Wohl der → **Arbeiterklasse** und allen Bürger dienen. Er soll: die Volkswirtschaft leiten und planen, die kulturelle und geistige Entwicklung fördern, wissenschaftliche Leitungsmethoden verwirklichen, die Initiative der Werktätigen fördern, Aufgaben der sozialistischen ökonomischenIntegration im Rahmen des → **RGW** lösen, die sozialistische → **Demokratie** durch Zusammenarbeit mit den Gewerkschaften entwickeln, mit diesen zusammen Maßnahmen zur Entwicklung der Arbeits- und Lebensbedingungen, des Gesundheits- und Arbeitsschutzes, der Arbeitskultur und der kulturellen und sportlichen Betätigung festlegen und die Grundlinie der Sozial-, Lohn- und Einkommenspolitik mit dem Bundesvorstand des → **FDGB** erarbeiten, die Grundsätze der → **Außenpolitik** verwirklichen, die Tätigkeit des Staatsapparates auf der Grundlage des → **demokratischen Zentralismus** verbessern, die Räte der Bezirke anleiten und kontrollieren und sie in die Ausarbeitung von Beschlüssen einbeziehen, wenn diese materielle, soziale und kulturelle Erfordernisse der Bezirke berühren, grundsätzliche Entscheidungen zur Abstimmung und Harmonisierung der politischen, ökonomischen, kulturellen und sozialen Entwicklung der Territorien treffen, womit Standortentscheidungen über Industrieansiedlungen sowie Entscheidungen über Verkehrssysteme, Arbeitskräfteverteilung und -einsatz, Entwicklung der Arbeits- und Lebensbedingungen und Umweltschutz gemeint sind.

Schließlich soll er die Rechtsordnung planmäßig ausbauen, die sozialistische Gesetzlichkeit festigen und Rechte und Freiheit der Bürger schützen.

Alle Aufgaben sollen der Verwirklichung der Beschlüsse der SED dienen sowie auf der Grundlage der Beschlüsse und Gesetze der Volkskammer gelöst werden. Diese Entwürfe zu Gesetzen und Beschlüssen werden der Volkskammer vom M. unterbreitet; sie stimmt auch der Regierungserklärung zu Beginn jeder Wahlperiode zu. Die Wahrnehmung faktisch aller Leitungs- und Planungsaufgaben – mit Ausnahme von Aufgaben im militärischen Bereich durch die Bindungen im Warschauer Pakt und die Funktionen des Nationalen Verteidigungsrates – gewährleistet der M. durch die Ministerien und die anderen zentralen Organe, die ihm unterstellt sind, wie z. B. die → **Staatssekretariate mit eigenem Geschäftsbereich**, die Staatliche Plankommission u. a. m. Für die eigene Geschäftstätigkeit, d. h. die Erfüllung

nicht delegierbarer Aufgaben und seine Entscheidungstätigkeit stehen ihm im Büro des M. Arbeitsgruppen und Kommissionen sowie durch die Zusammenarbeit mit wissenschaftlichen Räten interne wie externe Institutionen zur Verfügung.

Das Büro des M. ist die Koordinationsstelle für die Arbeiten des M.; es dient jedoch vor allem dem Vorsitzenden. Zu seinen Aufgaben gehören u. a. die Vorbereitung der Sitzungen des M., die Begutachtung der Vorlagen, die Abfassung von Gesetzestexten, die Kontrolle der Tätigkeit der Ministerien und anderer zentraler Organe, die Anleitung von staatlichen Institutionen wie der → **Akademie für Staats- und Rechtswissenschaften**, des Presseamtes und anderer Ämter. Es verfügt über Abteilungen, die mit bestimmten Komplexen der Innen- wie der Außenpolitik befaßt sind, und die den zur Wahrnehmung besonderer Aufgaben betrauten Stellv. des Vorsitzenden oder Staatssekretären unterstehen, z. B. in Fragen des RGW, der → **Anleitung und Kontrolle** des Staatsapparates und anderer Institutionen.

Der M. wird als kollektiv arbeitendes Gremium bezeichnet. In seinen Sitzungen werden Vorlagen der Ministerien diskutiert, Koordinationsentscheidungen getroffen, Berichte entgegengenommen und Entscheidungen des Präsidiums des M. bestätigt. Das Präsidium ist das für das Funktionieren des M. als zentraler Entscheidungsinstanz wichtigste Gremium. Es umfaßt den Vorsitzenden des MR und seine Stellv. sowie den Finanzminister, den Leiter des → **Amtes für Preise** und den Minister für Land-, Forst- und Nahrungsgüterwirtschaft. Das Präsidium nimmt die Funktionen des M. zwischen dessen Tagungen wahr, kann also auch Beschlüsse fassen, die als solche des gesamten M. gelten, bereitet grundlegende Entscheidungen des M. vor, konzentriert die Arbeit des M. auf die zu lösenden Aufgaben.

Die Kompetenzen des M. werden damit stark vom Präsidium des M., vor allem aber dem Vorsitzenden wahrgenommen. Die Rolle des gesamten M. wird u. a. dadurch gekennzeichnet, daß manche seiner Entscheidungen zwar der Zustimmung der Volkskammer bedürfen (Perspektiv- und Jahres- sowie Haushaltspläne), die Vorarbeiten dazu aber von ihm geleistet und die zur Durchführung notwendigen Entscheidungen in eigener Verantwortlichkeit getroffen werden, womit er die zentrale staatliche Instanz im Willensbildungs- und Entscheidungsprozeß darstellt; im Selbstverständnis der SED impliziert dies jedoch nicht eine Trennung von oberstem staatlichen Machtorgan (Volkskammer) und Regierung.

Zusammensetzung des M. (15. 8. 1975):

Vorsitzender des M.	Sindermann, Horst (SED)
Erste Stellv. Vors. d. M.	Mittag, Günter (SED)
	Neumann, Alfred (SED)
Stellv. Vors. u. Vors. d. Staatl. Vertragsgerichts	Flegel, Manfred (NDPD)
Stellv. Vors. u. Min. der Justiz	Heusinger, Hans-Joachim (LDPD)
Stellv. Vors. u. Min. f. Allg. Masch.-. Landm.- u. Fahrzeugbau	Kleiber, Günther (SED)

Stellv. Vors. u. Min. f. Materialwirtschaft	Rauchfuß, Wolfgang (SED)
Stellv. Vors. u. Min. f. Umweltschutz u. Wasserwirtschaft	Reichelt, Hans (DBD)
Stellv. Vors. u. Vors. d. Staatl. Plankomm.	Schürer, Gerhard (SED)
Stellv. Vors. u. Min. f. Post- u. Fernmeldewesen	Schulze, Rudolph (CDU)
Stellv. Vors.	Weiß, Gerhard (SED)
Stellv. Vors. u. Min. f. Wissenschaft u. Technik	Weiz, Herbert (SED)
Mitglieder:	
Min. f. Verkehrswesen	Arndt, Otto (SED)
Min. f. Leichtindustrie	Bettin, Karl (SED)
Min. d. Finanzen	Böhm, Siegfried (SED)
Min. f. Geologie	Bochmann, Manfred (SED)
Min. f. Hoch- u. Fachschulwesen	Böhme, Hans-Joachim (SED)
Min. f. Handel u. Versorgung	Briksa, Gerhard (SED)
Min. des Inneren	Dickel, Friedrich (SED)
Stellv. Vors. d. Staatl. Plankommission	Fichtner, Kurt (SED)
Min. f. Auswärtige Angelegenheiten	Fischer, Oskar (SED)
Min. f. Werkzeug- u. Verarbeitungsmaschinenbau	Georgi, Rudi (SED)
Min. f. Glas- u. Keramikindustrie	Greiner-Petter, Werner (SED)
Leiter d. Amtes f. Preise	Halbritter, Walter (SED)
Min. f. Kultur	Hoffmann, Hans-Joachim (SED)
Min. f. Nationale Verteidig.	Hoffmann, Heinz (SED)
Min. f. Volksbildung	Honecker, Margot (SED)
Min. f. Bauwesen	Junker, Wolfgang (SED)
Staatssekretär in der Staatl. Plankommission	Klopfer, Heinz (SED)
Oberbürgermeister von Ost-Berlin	Krack, Erhard (SED)
Min. f. Land-, Forst- u. Nahrungsgüterwirtschaft	Kuhrig, Heinz (SED)
Vors. des Komitees d. Arbeiter-u.-Bauern-Inspektion	Matthes, Heinz (SED)
Min. f. Gesundheitswesen	Mecklinger, Ludwig (SED)
Min. f. Staatssicherheit	Mielke, Erich (SED)
Min. f. Kohle u. Energie	Siebold, Klaus (SED)
Min. f. Erzbergbau, Metallurgie u. Kali	Singhuber, Kurt (SED)
Min. f. Außenhandel	Sölle, Horst (SED)
Min. f. Elektrotechnik u. Elektronik	Steger, Otfried (SED)
Min. f. Bezirksgeleitete u. Lebensmittelindustrie	Wange, Udo-Dieter (SED)
Min. f. Chemische Ind.	Wyschofsky, Günther (SED)
Min. f. Schwermaschinen- u. Anlagenbau	Zimmermann, Gerhard (SED)
Präsident der Staatsbank	Kaminsky, Horst (SED)

Mitbestimmungs-, Mitgestaltungs-, Mitwirkungsrechte: Die Verfassung der DDR von 1968 spricht in ihrem Artikel 21 jedem Bürger ein umfassendes Mitbestimmungsrecht zu. Die Begriffe Mitbestimmung, Mitgestaltung und Mitwirkung werden dabei ohne inhaltliche Abstufung in wesentlich gleicher Bedeutung verwendet. Die Ende der 50er Jahre geprägte Agitationslosung: „Arbeite mit, plane mit, regiere mit", ist an der gleichen Stelle in den Rang eines verfassungsbestimmenden Grundsatzes erhoben worden.

Zum Verständnis dieser an vielen Stellen der Verfassung und in wesentlichen Gesetzeswerken (z. B. Gesetzbuch der Arbeit) wiederkehrenden Begriffe ist auf die Selbstdeutung der SED zu verweisen. Nach dieser Auffassung ist durch die Abschaffung des Privateigentums an Produktionsmitteln die gleichberechtigte Mitwirkung aller Bürger möglich und zugleich zu einer staatsbürgerlichen Pflicht geworden. Nur „fehlende Einsicht" in die gegebenen neuen Strukturen und „moralisch verwerflicher Eigennutz" können den einzelnen daran hindern, seine eigene Initiative in die Diskussion und Entscheidung einzubringen sowie sich an der Ausführung getroffener Beschlüsse nach besten Kräften zu beteiligen. Recht auf Mitwirkung, Bindung an getroffene Entscheidungen und deren Durchführung werden demnach als eine (konfliktreiche) Einheit gesehen.

Die prinzipiell als gleich angenommene Stellung aller Gesellschaftsmitglieder und die daraus hergeleitete Übereinstimmung ihrer grundsätzlichen Interessen, läßt in diesem Verständnis keinen Raum für Gewaltenteilung (an ihre Stelle tritt das Postulat von der Gewalteneinheit) und den Kampf konkurrierender Parteien; diese werden vielmehr als eine willkürliche Aufspaltung der nunmehr einheitlichen Gesellschaft als feindlich (bürgerlich) abgelehnt. Trotzdem stellt sich diese Einheit nicht „spontan" her, sondern zu ihrer Realisation bedarf es des „bewußten" Handelns der kommunistischen Partei (Art. 1,1), als des entscheidenden Leitungsorgans, das die Gesellschaft zusammenfaßt und mit Hilfe des → **Staatsapparats**, der Gesetze, der → **Massenorganisationen**, die letztlich von ihr formulierten und konkretisierten gesellschaftlichen Interessen in politisch-soziales Handeln umsetzt. Da die SED entsprechend den Interpretationen des → **Marxismus-Leninismus** die gegenwärtig existierende Herrschafts- und Gesellschaftsordnung als eine Gesellschaft im Wandel zu einer „entwickelten sozialistischen" und weiter zu einer „kommunistischen" Gesellschaft versteht und das Vorhandensein verschiedener Gesellschaftsklassen und Schichten nichtantagonistischer Art anerkennt, ergibt sich daraus ein weiterer Rechtfertigungsgrund für ihren politischen und sozialen Primat, da dieser Umwandlungsprozeß der straffen, einheitlichen Leitung und der nur in der SED gegebenen theoretisch-ideologischen Einsicht bedarf.

Die Form, in der die SED ihre Herrschaft ausübt und der Mitwirkung die Grenzen setzt, ist der → **demokratische Zentralismus** (Art. 47,2). Mit diesem Organisationsgrundsatz steht das Prinzip der Einzelleitung, das bei kollektiver Beratung dem einzelnen Funktionär in

seinem Entscheidungsbereich die alle Nachgeordneten
bindende Entscheidungskompetenz gibt, in unmittelba-
rem Zusammenhang.

Der sich aus diesen Grundsätzen ergebende Spielraum
für Mitwirkung ist an die Beschlüsse der Partei und des
Staatsapparats auf allen Ebenen des Herrschafts- und
Gesellschaftsaufbaus gebunden; er ist darüber hinaus
organisatorisch vorgegeben in den bestehenden Institutionen (z. B. → **Volksvertretungen; FDGB; Massenorganisationen; Produktionsberatungen, Ständige; Nationale Front**). Mitwirkung erstreckt sich einmal auf die
Phase der Entscheidungsvorbereitung, ohne in die Lei-
tungsverantwortlichkeit einzugreifen, zum anderen auf
die Entscheidungsausführung mit dem Ziel, optimale
Lösungen zu finden. Sie kann als ein Instrument der
Entscheidungsoptimierung begriffen werden, wobei die
prinzipiellen Inhalte durch Parteibeschlüsse, Planvorgaben, gesetzliche Bestimmungen usw. festgelegt sind.
Mitwirkung vermag Initiativen zur Behebung von
Schwierigkeiten bei der Verwirklichung getroffener Beschlüsse auszulösen, willkürliche Maßnahmen und Gesetzesverletzungen kontrollierend anzuzeigen, die Berücksichtigung vernachlässigter, partikularer Interessen
nahezulegen. Die Vielfältigkeit der Mitwirkungsorgane,
die große Zahl der in ihnen wirkenden Bürger und die
sich in ihnen ständig vollziehenden Diskussionsprozesse
führen zu einem ausgedehnten Informationsangebot sowohl für diejenigen, die Entscheidungen ausführen, als
auch für die, die sie letztlich treffen. Damit ist eine nicht
zu unterschätzende Möglichkeit der Identifikation mit
den jeweiligen Aufgaben geschaffen, deren Auswirkung
allerdings von der Qualität der Informationen und der
Berücksichtigung kritischer Beiträge in den Entscheidungen abhängt. Die Bedeutung der Mitwirkung liegt
vor allem auf der unteren Ebene in den Gemeinden und
Betrieben, da dort von ihrem Funktionieren oder Versagen Klima und Effektivität staatlicher und wirtschaftlicher Leitungstätigkeit sichtbar und unmittelbar bestimmt werden.

Mitropa: → **Hotel- und Gaststättengewerbe.**

Mitteldeutschland: Ursprünglich geographisch bestimmte Bezeichnung für den gesamten Streifen der
deutschen Mittelgebirgslandschaften, im engeren Sinne
aber für deren Mittelteile: Erzgebirge, Thüringer Wald,
Harz, Thür. Becken, Leipziger Tieflandbuch und Magdeburger Börde. Infolge der Spaltung Deutschlands
nach 1945 wurde M. auch als politischer Begriff gebräuchlich für die Sowjetzone, weil sie räumlich zwischen den als Westdeutschland bezeichneten Besatzungszonen der USA, Großbritanniens und Frankreichs
einerseits und den heute zur Volksrepublik Polen und
der UdSSR gehörenden ehemaligen deutschen Ostgebieten andererseits als „Mittelzone" liegt. Ethnologisch
bezeichnet man als Mitteldeutsche die Bewohner Sachsens, Thüringens, der Mark Brandenburg und Sachsen-
Anhalts.

Mittlere Medizinische Fachkräfte: → **Gesundheitswesen,** VI, B.

MMM: → **Messen der Meister von Morgen.**

Möbelindustrie: Entsprechend der Industriezweigsy-
stematik der DDR ab 1968 eine Wirtschaftsgruppe des
Zweiges Holzbearbeitende Industrie. Die M. umfaßt
alle Industriebetriebe zur Herstellung von Möbeln und
Polsterwaren, Innenausbauten von Läden, Schiffen,
Theatern etc.

Anleitende Organe sind die Vereinigung Volkseigener
Betriebe Möbel und die Bezirkswirtschaftsräte, die beide dem → **Ministerium für Bezirksgeleitete Industrie
und Lebensmittelindustrie** unterstehen.

Der Wert der Möbelproduktion betrug 1972 2,34 Mrd.
Mark, das sind 1,4 v. H. der industriellen Bruttoproduktion. Nahezu ein Viertel der Möbelproduktion ist für
den Export bestimmt, vor allem nach der UdSSR. Die
Hauptstandorte der M. befinden sich in den Bezirken
Gera und Dresden. Ein Großteil der Produktion sind
an- und ausbaufähige Typenmöbel, die zur Einsparung
von Transportraum und Verpackungsmaterial und zur
Vermeidung von Transportschäden nach dem Prinzip
der Zerlegbarkeit konstruiert sind.

Monopolkapitalismus: → **Politische Ökonomie.**

Moral, Sozialistische: Im Verständnis des Marxismus-
Leninismus eine Form des **gesellschaftlichen** → **Bewußtseins**, häufig auch als die Gesamtheit der sittlichen
Normen und Werte bezeichnet, von denen sich Menschen in ihrem praktischen Verhalten zueinander leiten
lassen. Die Normen und Werte sind von den real-histo-
rischen gesellschaftlichen Verhältnissen abhängig und
spiegeln diese wider. Es gibt deshalb nach dieser Auffassung keine ewig geltenden Sittengesetze. Entsprechend
den antagonistischen Widersprüchen zwischen kapitalistischen und sozialistischen Gesellschaftssystemen habe
auch die SM. Klassencharakter. Lenin setzte der bürger-
lich-kapitalistischen Moral die SM. entgegen und behauptete: „Alles, was notwendig ist, um die alte Gesellschaftsordnung der Ausbeuter zu vernichten und die
Vereinigung des Proletariats herbeizuführen, ist moralisch." Dem entspricht die Erklärung der SED: „Nur der
handelt sittlich und wahrhaft menschlich, der sich aktiv
für den Sieg des Sozialismus einsetzt." Die Arbeiterklasse entwickle bereits in der kapitalistischen Gesellschaft die proletarische Moral (im Gegensatz zur bürgerlichen Moral); diese werde später – nach dem Sieg
der sozialistischen Revolution – zur Grundlage der SM.,
die ihrerseits eine qualitativ neue Moral darstelle.

Nach Auffassung der SED müssen die grundlegenden
Normen der SM. „tief" im Denken und Handeln der
Menschen in der DDR „verankert" werden. Im Prozeß
der Herausbildung der politisch-moralischen Einheit
des Volkes werde die Moral der Arbeiterklasse nach
und nach zur Moral aller Mitglieder der sozialistischen
Gesellschaft der DDR.

Bereits seit den 50er Jahren bemüht sich die SED um die
Kodifizierung der Prinzipien für die Erziehung des
„neuen sozialistischen Menschen". So konnte Ulbricht
auf dem V. Parteitag 1958 die folgenden „Zehn Gebote
der sozialistischen Moral" verkünden:
1. Du sollst dich stets für die internationale Solidarität

der Arbeiterklasse und aller Werktätigen sowie für die unverbrüchliche Verbundenheit aller sozialistischen Länder einsetzen.

2. Du sollst dein Vaterland lieben und stets bereit sein, deine ganze Kraft und Fähigkeit für die Verteidigung der Arbeiter-und-Bauern-Macht einzusetzen.

3. Du sollst helfen, die Ausbeutung des Menschen durch den Menschen zu beseitigen.

4. Du sollst gute Taten für den Sozialismus vollbringen, denn der Sozialismus führt zu einem besseren Leben für alle Werktätigen.

5. Du sollst beim Aufbau des Sozialismus im Geiste der gegenseitigen Hilfe und der kameradschaftlichen Zusammenarbeit handeln, das Kollektiv achten und seine Kritik beherzigen.

6. Du sollst das Volkseigentum schützen und mehren.

7. Du sollst nach Verbesserung deiner Leistungen streben, sparsam sein und die sozialistische Arbeitsdisziplin festigen.

8. Du sollst deine Kinder im Geiste des Friedens und des Sozialismus zu allseitig gebildeten, charakterfesten und körperlich gestählten Menschen erziehen.

9. Du sollst sauber und anständig leben und deine Familie achten.

10. Du sollst Solidarität mit den um ihre nationale Befreiung kämpfenden und den ihre nationale Unabhängigkeit verteidigenden Völkern üben.

Die inhaltlichen Akzente der SM. haben sich im Lauf der Jahre immer wieder verschoben. Nachdem Chruschtschow die neue Generallinie im Sinn des wirtschaftlichen Konkurrenzkampfes mit dem Westen festgelegt hatte (→ **Friedliche Koexistenz**), wurde die Einstellung zur Arbeit das Hauptkriterium der SM. Diese Vorstellung wurde jedoch bald erweitert; heute ist Gradmesser für den Stand der SM. die Beteiligung an der Gestaltung der entwickelten sozialistischen Gesellschaft. Dies schließt auch die Entwicklung eines **sozialistischen → Staatsbewußtseins** ein. **Sozialistische → Feiern; Hausgemeinschaften; Jugendweihe; Marxismus-Leninismus; Wohnbezirk.**

Museen: Die M. unterstehen in ihrer Mehrzahl den örtlichen Staatsorganen. 1972 gab es 591 M. und Gedenkstätten, davon 78 Kunst- und 307 Heimat-M. Sie zählten im gleichen Jahr fast 25 Mill. Besucher, davon 10 Mill. in Kunst- und 3,4 Mill. in Heimat-M. Zu den M. werden auch Mahn- und Gedenkstätten der Arbeiterbewegung gerechnet; zu den wissenschaftlichen M. gehören Geschichts-, Völkerkunde- und Naturkunde-M., technische und wirtschaftskundliche Sammlungen sowie Hygiene- und Heimat-M.; zu den Kunst-M. Gemäldegalerien, Schlösser und Gärten, Kupferstichkabinette und Kunstgewerbe-M.

Die bedeutendsten Kunst-M. sind die dem → **Ministerium für Kultur** unterstehenden Staatlichen M. zu Berlin: Pergamon-M. (Vorderasiatisches M., Antiken-Sammlung mit dem Altar von Pergamon, Islamisches M., Ostasiatische Sammlung, M. für Volkskunde), Altes M. (Kupferstichkabinett und Zeichnungen), Bode-M. (Ägyptisches M., Skulpturen-Sammlung, Frühchrist-

lich-byzantinische Sammlung, Gemäldegalerie, Münzkabinett), National-Galerie (Gemälde und Bildwerke des 19. und 20. Jahrhunderts), Kunstgewerbe-M. im Schloß Köpenick, die Staatlichen Kunstsammlungen in Dresden (Gemäldegalerie Alte und Neue Meister, Grünes Gewölbe, Historisches M., Kupferstichkabinett, M. für Kunsthandwerk, Münzkabinett, Porzellansammlung, Skulpturen-Sammlung).

Weitere wichtige M. sind das ein marxistisches Geschichtsbild vermittelnde M. für Deutsche Geschichte in Berlin, das Deutsche Hygiene-M. in Dresden, das Deutsche Armee-M. in Potsdam, die Nationalen Forschungs- und Gedenkstätten der klassischen deutschen Literatur in Weimar; in Schwerin gibt es ein Agrarhistorisches Freilicht-M., in Rudolstadt ein Freilicht-M. Thüringer Bauernhäuser.

Seit 1964 besteht der Nationale M.-Rat der DDR mit Sitz in Berlin, der seit 1968 Mitglied des Internationalen M.-Rates (ICOM) ist. Seine Aufgabe besteht in der Verbesserung und Popularisierung der wissenschaftlichen, populärwissenschaftlichen und kulturellen Arbeit der M. sowie der Förderung ihrer Zusammenarbeit mit den M. anderer Länder. Der höheren Fachausbildung von Mitarbeitern des gesamten M.-Wesens (drei Jahre; Abschluß: „Staatlich geprüfter Museologe") dient die Fachschule für Museologen in Leipzig.

Museum für Deutsche Geschichte: Das 7. Plenum des ZK der SED forderte am 20. 10. 1951 „die Schaffung des Museums für Deutsche Geschichte zu beschleunigen", um „die Aufklärung der Bevölkerung und besonders der Jugend" verbessern zu können. Das M. wurde am 18. 1. 1952 in Berlin gegründet und am 5. 7. 1952 eröffnet. Ein „wissenschaftl. Rat des M." soll die Arbeit des M. auf der Grundlage des Marxismus-Leninismus gewährleisten. Es siedelte 1952 in das wiederaufgebaute Zeughaus über, Direktor war 1963–1967 Prof. Walter Nimtz (SED), seit 1967 Wolfgang Herbst (SED). Die dem M. seit 1957 angegliederte Sammlung „Waffen und Uniformen . . ." ging Anfang 1961 an das neue Deutsche Armeemuseum über (→ **Nationale Geschichtsbetrachtung**). → **Museen.**

Musik: Die Heranbildung „allseitig harmonisch entwickelter sozialistischer Persönlichkeiten" ist eines der Hauptziele der Politik der SED (Bildungsgesetz 1965). Die sozialistisch-realistische Kunst ist dazu berufen, alles auszudrücken, alles Künstlerische zu erschließen, was sozialistische Persönlichkeiten zu ihrer Entfaltung brauchen (Kurt Hager, 6. ZK-Tagung 1972). Nach den Worten Honeckers vermögen die Werke des sozialistischen Gegenwartsschaffens in der M. als eine Ausdrucksform der Kunst „die sozialistischen Ideale zu vermitteln, Stolz und Freude über das Errungene zu fördern, aber auch den Kampf um neue Fortschritte beim Aufbau der entwickelten sozialistischen Gesellschaft zu gestalten. Die bedeutenden Schöpfungen des M.-Erbes tragen dazu bei, Humanismus und Ethik im Leben sozialistischer Menschen tiefer auszuprägen" (II. Musikkongreß 1972).

Als das Kernstück des M.-Lebens wird das kompositorische Schaffen angesehen. Der Differenziertheit der Bedürfnisse wird Rechnung getragen, indem die Bedeutung aller Genres gleichermaßen anerkannt und gepflegt werden: neben den verschiedenen Formen der klassischen, sogenannten ernsten M. diejenige des Lied- und Chorschaffens wie die Tanz- und Unterhaltungs-M. Wichtigstes Kriterium bei der Beurteilung neuer Werke (der musikalischen Ausdrucksmittel wie auch der Textwahl) ist die sozialistische Einstellung des Komponisten. Neben der Pflege des kulturellen Erbes (Aufführungen, Herausgabe von Biographien und Werkbesprechungen aus sozialistischer Sicht) dient die Förderung der zeitgenössischen Kompositionen der Schaffung einer DDR-Nationalkultur. Durch M.-Tage, Festspiele, Treffen von Vertretern der Verbände, der Komponisten und M.-Wissenschaftler und verschiedenster anderer gesellschaftlicher Organisationen und Gruppen wird das Ziel der Integration der sozialistischen Staaten angestrebt. In geringem Maße gelangen fortschrittliche Komponisten kapitalistischer Länder zur Aufführung (Henze, Egk, Fortner, Hindemith, Orff, Nono, Britten u. a.).

Hauptrepräsentanten des M.-Lebens sind die Orchester und M.-Theater. Von 95 Theatern in der DDR existierten 1970 41 ausschließlich oder teilweise als Opern- bzw. Operettenbühnen.

Zu den führenden Orchestern der insgesamt 80 staatlichen Berufsorchester zählen die Dresdener Staatskapelle, das Leipziger Gewandhausorchester, das Orchester der Staatsoper Berlin. Daneben gibt es eine Vielzahl von Arbeiter- und Laienorchestern, die z. T. von Berufsmusikern angeleitet werden.

Zu den Komponisten, die das zeitgenössische M.-Schaffen der DDR repräsentieren, gehören von der älteren Generation Paul Dessau, Hanns Eisler, E. H. Meyer, Günter Kochan, Fritz Geißler, Ottmar Gerster; von der jüngeren Generation Siegfried Matthus, Udo Zimmermann, Tilo Medek, Paul-Heinz Dittrich. Die Forderung nach Verständlichkeit der Werke wird weiterhin aufrechterhalten, jedoch etwa seit dem VIII. Parteitag im Juni 1971 in differenzierterer Weise verstanden. So wird dem Komponisten allgemein größere Freiheit hinsichtlich der Kompositionsmittel zugebilligt. Durch Partnerschaft mit Betrieben und Arbeiterzirkeln sollen der Kontakt zur Bevölkerung und, als Folge, das Auftragswesen gefördert werden.

Die Vermittlung von Konzerten obliegt im Inland den VEB-Konzert- und Gastspieldirektionen, für den Austausch mit dem Ausland ist allein die Künstleragentur der DDR zuständig.

Der berufliche Nachwuchs wird vorwiegend an den 87 M.-Schulen und vier M.-Hochschulen herangebildet. Daneben kommt den M.-Schulen die Aufgabe zu, die vielfältigen Interessen der musikalisch interessierten Laien zu fördern, insbesondere auch die Leiter der Laiengruppen auszubilden. Die rege Aktivität im Bereich der musikalischen Laienarbeit veranschaulichen die Zahl der verschiedenartigsten Ensembles. So gab es bis Ende 1972 über 80 Laien-Sinfonieorchester, 150 Kammerorchester und kammermusikalische Gruppen, 1 400 Blasorchester, 100 Orchester mit gemischten Be-

setzungen und etwa 5 000 Amateurtanzkapellen. Hinzu kamen etwa 2 800 Schulchöre sowie ca. 4 500 Singeklubs, etwa 60 Pionier-Sinfonieorchester, 40 Pionier-Blasorchester, Instrumentalgruppen und Solistenensembles der M.-Schulen. Neben zahlreichen zentralen und regionalen M.-Festen und Wettbewerben im Bereich der Laienmusikpflege bilden die bisher jährlich, in Zukunft alle zwei Jahre stattfindenden Arbeiterfestspiele den Höhepunkt. Sie gelten als Leistungsschau, als Volksfest der sozialistischen Nationalkultur. Bei der Anregung und Durchführung der Konzertwinter auf dem Lande und den Betriebsfestspielen (1973: 2 000) kommt dem Kulturbund der DDR und dem FDGB eine entscheidende Rolle zu.

Innerhalb der Singebewegung der FDJ, die in den letzten Jahren starke Verbreitung fand, wird dem politischen Lied besondere Aufmerksamkeit gewidmet. Werkstattage, nationale und internationale Festivals des politischen Liedes sollen informieren und Solidarität hinsichtlich der politischen Ziele und des politischen Engagements stärken.

Im Bereich der Tanz- und Unterhaltungs-M. stehen die Bemühungen um eine dem Sozialismus gemäße Tanz-M. im Vordergrund. Auf der Grundlage der Konzeption der Zentralen Kommission Tanz-M. beim → **Ministerium für Kultur** wird eine quantitative und qualitative Verbesserung des Angebots angestrebt. Diesem Ziele dienen sog. Entwicklungsgruppen in Bezirken, Werkstattwochen, Verbreitung und Profilierung der Aus- und Weiterbildungsmöglichkeiten, insbesondere an den M.-Schulen und M.-Hochschulen, Wettbewerbe, Leistungsvergleiche u. a. m. Durch gesetzliche Anordnungen (zuletzt 1965 und 1973) soll die Übernahme westlicher Unterhaltungs-M. weitestgehend verhindert werden, da man aufgrund der Texte negative Einflüsse auf die Jugend befürchtet.

Die gesamte Schallplattenproduktion in der DDR ist in dem VEB Deutsche Schallplatte zusammengefaßt. In der Reihe ETERNA werden klassische Kompositionen, Volks-M., Arbeiter- und Massenlieder hergestellt (etwa 50 v. H. der Produktion insgesamt), in AMIGA Tanz- und Unterhaltungs-M., in AURORA Lieder, Balladen und Kantaten aus der ersten Hälfte des 20. Jahrhunderts, in SCHOLA Produktionen für den Schulunterricht, in LITERA Sprachplatten und schließlich in NOVA charakteristische, zeitgeschichtliche Werke der DDR und des Sozialismus. → **Kulturpolitik.**

Musikschulen: Vorläufer der heutigen M. sind die nach 1945 zunächst spontan entstandenen und gewachsenen, seit 1954/55 der zentralen staatlichen Planung unterstellten Volks-M. Ihre Aufgabe war es, das Bildungsprivileg der bürgerlichen Gesellschaft zu brechen. 1959 gab es 6 Hauptstellen mit 248 Außenstellen und 237 Stützpunkten.

Nach einer Entschließung der Kulturkonferenz des Zentralkomitees der SED 1960 sollte „ . . . die für das Jahr 1960 vorgesehene Erweiterung der Volksmusikschulen zu Volkskunstschulen beschleunigt werden . . .". Dieses Vorhaben wurde kurz darauf als zu umfangreich erkannt. Man beschränkte sich deshalb zunächst auf den weiteren Ausbau der nunmehr in M. umbenannten Volks-M. Die M. erhielten „ . . . die gesellschaftlich bedeutsame Aufgabe, musikalisch besonders interessierte und begabte Schüler . . . in einer langfristigen, systematischen Ausbildung zu hohen musikalischen Leistungen zu führen, sie im Geiste des Sozialismus zu erziehen und zur aktiven schöpferischen Teilnahme am kulturellen Leben der sozialistischen Gesellschaft zu befähigen".

Die kulturelle Bildung in Verbindung mit einer Erziehung „im Geist des Sozialismus" sind also die vorrangigen Zielsetzungen dieser Anordnung. Demgegenüber läßt sich gut 10 Jahre später eine Aufgabenverschiebung erkennen, die u. a. durch einen Mangel an Berufsmusikern erklärt wird. Die AO Nr. 2 über die M., im Mai 1972 erlassen, bestimmt Ziele und Aufgaben sowie das Profil in der M.-Ausbildung für die Jahre 1970–1980. Danach geht es in erster Linie um die Intensivierung des Unterrichts auf hohem Niveau, um optimale Ergebnisse bei der Gewinnung von begabten Schülern für das Musikstudium und das künstlerische Volksschaffen sowie um die verstärkte Mitwirkung der Musikschüler bei der Gestaltung des geistig-kulturellen Lebens. Die M. wurden in das umfassende Bildungssystem mit eingegliedert. Durch die Anordnung wurde ferner festgelegt, daß mindestens 50 v. H. der Schüler sinfonische Instrumente erlernen müssen. Damit fand eine entscheidende Umorientierung zugunsten der Förderung des zukünftigen Berufsmusikernachwuchses statt. Außerdem wurden Instrumente der Tanzmusik in die Ausbildung mit einbezogen.

An 87 M., denen etwa 100 Außenstellen zugeordnet sind, wurden 1973 35 000 Kinder und 3 000 Erwachsene unterrichtet. Über die Hälfte der Schüler erlernte ein Orchesterinstrument; damit entspricht das Verhältnis der in der AO 2 für die M. geforderten Instrumentalproportionen.

Der Schüleranteil der Kinder von Arbeitern und Genossenschaftsbauern betrug im gleichen Jahr 56 v. H. Der Unterricht erfolgt nach dem seit dem 1. 9. 1972 verbindlichen „Allgemeinen Lehrprogramm für den Unterricht in den M.". Es handelt sich dabei um „die verbindliche wissenschaftliche Vorgabe, die inhaltliche Prioritäten setzt und methodologische Grundlage ist für zu erarbeitende Lehrpläne auf allen Gebieten des Unterrichts".

Die Ausbildung an den M. ist unterteilt in:

1. Vorbereitungsklassen für Kinder im Vorschulalter (allgemein-musikalische Vorunterweisung und vorbereitender Instrumentalunterricht).

2. Grundstufe (u. a. für die Vorbereitung auf den Übergang zu Spezialoberschulen). Untergliederung der Grundstufe in Unter- und Mittelstufe. Die gesamte Grundstufenausbildung soll 7 Jahre nicht überschreiten.

3. Oberstufe (Sie ist gedacht für die Vorbereitung auf ein Studium an einer Hochschule für Musik, für das Lehrerstudium im Fach Musik, für Studenten der Musikwissenschaft, Bewerber in Orchestern der Nationalen Volksarmee, für Amateurtanzmusiker, Musikerzieher im Nebenfach und für die musikalische Tätigkeit im Bereich des künstlerischen Volksschaffens als Instrumental- und Gesangssolist, Chor- oder Singegruppenleiter, Leiter von Instrumentalgruppen und Orchestern).

Spezielle Aufgaben kommen den Bezirks-M. zu, die bis 1975 in allen Bezirken der DDR eingerichtet sein sollen. Diese sind Leitungseinrichtungen des Bezirkes, a) für die M. des Bezirkes, b) für die Instrumental- und Gesangsunterweisung an Klub- und Kulturhäusern, in Betrieben, Kooperationsgemeinschaften und gesellschaftlichen Einrichtungen, c) für die Qualifizierung und Weiterbildung der auf diesem Gebiet tätigen Lehrkräfte.

Sie sind insbesondere zuständig für die Lehrerweiterbildung, Lehrgänge für Chor- und Singegruppenleiter, die Ausbildung auf dem Gebiet der Tanz- und Unterhaltungsmusik und (seit 1967) für die Ausbildung von Instrumentallehrern im Nebenberuf sowie der Sänger für die Berufschöre.

Viele der ehemals freischaffenden hauptamtlichen Musikerzieher sind durch Verträge an die M. verpflichtet worden: Eine in den letzten Jahren geförderte Ausbildung freischaffender Musiker im Nebenberuf ist vor allem auf mangelnde Kapazitäten der M. zurückzuführen. Die Ausbildung für Instumentallehrer im Nebenberuf dauert 2 Jahre. Zu den Fächern gehören Musikgeschichte, Kulturpolitik, Methodik und Lehrproben, Psychologie und Pädagogik. Im instrumentalen Hauptfach ist der Oberstufenabschluß der M. erforderlich.

Das Verhältnis hauptamtlicher und nebenamtlicher Lehrkräfte an den M. betrug im Jahre 1970 60:40 v. H.
→ **Einheitliches sozialistisches Bildungssystem,** II, D.

Mutterschutz: Die Bestimmungen zum Schutz der Frauen in der Erwerbstätigkeit, während einer Schwangerschaft und in den ersten Wochen nach Entbindung (mittelbar auch zum Schutz des Kindes in den ersten Lebenswochen) sind teils im → **Gesetzbuch der Arbeit** (1960), teils schon im Gesetz über den Mutter- und Kinderschutz und die Rechte der Frau (27. 9. 1950)festgelegt, diese letzten allerdings seitdem vielfältig geändert und erweitert worden. Der M. in der DDR ist bestimmt von dem Bestreben, verfügbare Arbeitskraft zu nutzen, dabei aber eine unter bevölkerungspolitischen Gesichtspunkten genügende Zahl von Schwangerschaften zu erreichen und Schwangerschaft wie schwangere Frau und Kind vor Schäden und Gefahren zu schützen.

Schwangere und stillende Frauen dürfen vom 4. Schwangerschaftsmonat an zu Nachtarbeit und Überstunden nicht herangezogen werden (während sonst Frauen beides nur ablehnen dürfen, wenn sie im Haushalt Kinder bis zu 6 Jahren oder pflegebedürftige Haushaltsangehörige zu versorgen und dafür keine ausreichende Hilfe haben). Schwangere und stillende Frauen dürfen (wie Frauen und Jugendliche überhaupt: Arbeitsschutz-AO Nr. 5 vom 9. 8. 1973) mit bestimmten, allgemein als gesundheitlich bedenklich bewerteten Arbeiten nicht beschäftigt werden, außerdem nicht mit Arbeiten, die nach dem Gutachten des Betriebsarztes oder des Arztes der Schwangerenberatungsstelle das Leben oder die Gesundheit der Frau oder des Kindes gefährden könnten. Der Schwangerschafts- und Wochenurlaub mit Weiterzahlung des Nettoverdienstes umfaßt die Zeit von 6 Wochen vor bis 12 Wochen nach der Entbindung (seit 1972). Daran anschließend hat die Mutter Anspruch auf unbezahlten Urlaub bis zur Vollendung des ersten Lebensjahres des Kindes.

Kündigungsschutz besteht bis zum Ablauf des 6. Monats nach der Niederkunft. Die Entbindung verschafft jeder Frau Anspruch auf eine „Geburtsbeihilfe" von (seit 1972 einheitlich bei jedem Kind) 1 000 Mark.

Für die medizinische Vorsorge gegen Schwangerschaftsstörungen und für deren Früherkennung bestehen Schwangerenberatungsstellen (Anfang 1974: 244 Hauptstellen mit 498 Neben- und 209 Außenstellen; die beiden letzten sind seit einigen Jahren stark vermindert worden). Darin fanden sich 1972 mehr als 81 v. H. vor Ablauf des 4. Schwangerschaftsmonats, mehr als 91 v. H. viermal oder öfter ein. Alle Schwangerschafts- und Mutterschaftsleistungen sind davon abhängig, daß die Beratungsstellen in Anspruch genommen werden. 88 v. H. der Beratenen standen in Erwerbstätigkeit. Die Beratungsstellen arbeiten nach dem Dispensaire-Prinzip, behandeln also bei Schwangerschaftsstörungen und gehen schwierigen Fällen durch Hausbesuche nach; 12 Schwangerenerholungsheime mit 512 Betten ermöglichen gesundheitliche Stützung. Die Zahl der Entbindungsbetten in Krankenhäusern beträgt (Anfang 1974) ca. 7 200; Hausentbindungen sind die Ausnahme.

Angesichts der – im Vergleich mit westlichen Gesellschaften – extrem hohen Erwerbsquote der Frauen (zwischen 25 und 50 Jahren sind ca. 80 v. H. aller Frauen erwerbstätig) kommt den Möglichkeiten der Versorgung von Säugling und Kleinkind große Bedeutung zu.

In (Anfang 1974) 5 165 Krippen stehen 213 000 Plätze zur Verfügung, 871 mit 44 000 Plätzen als betriebliche Einrichtungen, dazu noch 371 mit 4 100 Plätzen in Saisoneinrichtungen vor allem für die Kinder landwirtschaftlicher Arbeitskräfte. Auf je 1 000 Kinder bis zu 3 Jahren ergibt das 352 Krippenplätze. Für alle anderen Kinder erwerbstätiger Frauen müssen Behelfslösungen mit Verwandten usw. gesucht werden. Eine Vermehrung der Krippenplätze ist vorgesehen; in den letzten Jahren hat die Zunahme jährlich etwa 10 v. H. betragen. Die Zahl der Mütter, die von dem Anspruch auf unbezahlten Urlaub im ersten Lebensjahr des Kindes Gebrauch machen, ist nicht bekannt. → **Gesundheitswesen**, V.

Mütterunterstützung: Seit Juli 1972 (5. VO über die Verbesserung der Leistungen der Sozialversicherung vom 10. 5. 1972, GBl. II, S. 307) erhalten alleinstehende erwerbstätige Mütter, die ihre Arbeit unterbrechen müssen, weil ihnen kein Krippenplatz zur Verfügung steht, eine monatliche Unterstützung durch die Sozialversicherung („Unterstützung für alleinstehende Mütter, die vorübergehend die Berufstätigkeit bis zur Bereitstellung eines Kinderkrippenplatzes unterbrechen").

Die Unterstützung wird in Höhe des Krankengeldes gezahlt, auf das die Mutter bei eigener Arbeitsunfähigkeit von der 7. Woche der Arbeitsunfähigkeit an Anspruch hat, beträgt jedoch für Vollbeschäftigte mit einem Kind mindestens 250 Mark, mit zwei Kindern mindestens 300 und mit drei oder mehr Kindern mindestens 350 Mark monatlich. Für alleinstehende teilbeschäftigte Mütter gelten diese Mindestbeträge anteilig. → **Sozialversicherungs- und Versorgungswesen**.

N

Nachrichtenpolitik: → **Medienpolitik.**

Nachtsanatorium: → **Gesundheitswesen.**

Nahrungsgüterwirtschaft: Die N. ist ein Teil des vom → **Ministerium für Land-, Forst- und N.** einheitlich geleiteten Wirtschaftszweiges, der aus der jeweils 1. Be- und Verarbeitungsstufe der Lebensmittelindustrie gebildet wurde. Die N. umfaßte Mitte 1972 folgende Betriebe:

Industriezweig	Zahl der Betriebe	Zahl der Beschäftigten
VEB Zucker und Stärke	26	16 000
VEB Kühl- und Lagerwirtschaft	12	3 100
VEB Tierische Rohstoffe	10	1 300
Betriebe der		
Fleischwirtschaft	153	39 000
Milchwirtschaft	211	26 500
Getreidewirtschaft	78	23 300
Eier- und Geflügelwirtschaft	26	4 900

Die N. wirkt als Bindeglied zwischen den landwirtschaftlichen Produktionsbetrieben und den übrigen Betrieben der Lebensmittelindustrie. Die Beziehungen zwischen Landwirtschaft und N. werden durch Verträge geregelt und zunehmend enger gestaltet (→ **Kooperationsverband; Geflügelwirtschaftsverband**).
In der weiteren Entwicklung zeichnet sich die Zusammenfassung der Landwirtschaft einschließlich ihrer Vor- und Dienstleistungsbetriebe mit der gesamten Lebensmittelindustrie im → **Agrar-Industrie-Komplex** ab.

Namensweihe: Sozialistische → **Feiern.**

Nation und nationale Frage: Seit ihrem VIII. Parteitag im Juni 1971 vertritt die SED die Ansicht, daß die NF. auf deutschem Boden endgültig von der Geschichte „entschieden" sei. Honecker erklärte vor dem Parteitag, man müsse bei der Einschätzung der NF. „von ihrem Klasseninhalt ausgehen": Während in der Bundesrepublik Deutschland die „bürgerliche Nation" fortbestehe, deren Wesen durch den „unversöhnlichen Klassenwiderspruch zwischen der Bourgeoisie und den werktätigen Massen" bestimmt werde, entwickele sich in der DDR die „sozialistische Nation".
Im → **Grundlagenvertrag** zwischen der Bundesrepublik Deutschland und der DDR 1972 konnte eine gemeinsame Deutung der NF. nicht mehr gefunden werden. Die Bundesregierung hielt an ihrer Überzeugung fest, daß die Einheit der N. ein verbindendes Element zwischen den Deutschen in beiden Staaten sei. Dem widersprach die DDR. Beide Seiten kamen schließlich überein, den Vertrag unbeschadet ihrer unterschiedlichen Auffassungen „zu grundsätzlichen Fragen, darunter zur nationalen Frage" abzuschließen.

Wenn Repräsentanten der SED schließlich betonten, es gäbe „nicht zwei Staaten einer Nation, sondern zwei Nationen in Staaten verschiedener Gesellschaftsordnung" (A. Norden, Fragen des Kampfes gegen den Imperialismus, Berlin [Ost] 1972, S. 22), so stand diese Interpretation der NF. in klarem Gegensatz zu der von der SED bis 1969 eingenommenen Position.
Während der ersten zwei Jahrzehnte der Geschichte der DDR versicherte die SED stets, daß die Wiederherstellung des einheitlichen deutschen Nationalstaates ein wichtiges Ziel ihrer Politik sei: „Wir sind für die Einheit Deutschlands, weil die Deutschen im Westen unserer Heimat unsere Brüder sind, weil wir unser Vaterland lieben, weil wir wissen, daß die Wiederherstellung der Einheit Deutschlands eine unumstößliche historische Gesetzmäßigkeit ist und jeder zugrunde gehen wird, der sich diesem Gesetz entgegenzustellen wagt" (W. Ulbricht in seinem Schlußwort auf dem IV. SED-Parteitag 1954).
Im Dezember 1960 bezeichnete Ulbricht vor dem Zentralkomitee der SED die Ansicht, daß zwei deutsche Nationen entstehen könnten, als „falsche Perspektive". Im Mittelalter habe es geschehen können, daß sich vom Körper der deutschen N. einzelne Glieder lösten und zu selbständigen N. wurden. Sobald sich jedoch erst einmal eine moderne N. herausgebildet habe, sei „trotz vorübergehender Spaltung die Wiederherstellung der Einheit der Nation historisch unvermeidlich".
In den 50er Jahren bediente sich die DDR des Attributs „national" häufig zur Charakterisierung wesentlicher Elemente und Institutionen ihrer Politik (→ **Nationale Geschichtsbetrachtung** seit 1952; **Nationale Front; Nationales Aufbauwerk; Nationale Volksarmee**). Bei der Definition des Begriffes N. folgte sie zunächst der Begriffsbestimmung Stalins aus dem Jahre 1913: „Eine Nation ist eine historisch entstandene stabile Gemeinschaft von Menschen, entstanden auf der Grundlage der Gemeinschaft der Sprache, des Territoriums, des Wirtschaftslebens und der sich in der Gemeinschaft der Kultur offenbarenden psychischen Wesensart" (Stalin in „Marxismus und nationale Frage").
Seit 1962 ist die Definition Stalins mehrfach als formal und abstrakt kritisiert worden, ohne daß es der SED gelang, eine neue verbindliche Kurzformel zu finden. In der „Einheit" (Heft 5, 1962) bezweifelte A. Kosing die Verwendbarkeit der zuvor stets als verbindlich anerkannten Begriffsbestimmung Stalins mit dem Hinweis darauf, daß N. auf bestimmten sozialökonomischen Grundlagen gewachsen seien, und daß im Osten und Westen unterschiedliche Entwicklungsstufen existierten. Die Schlußfolgerung, in Deutschland entstünden mithin zwei N., lehnte Kosing indessen ab.
Nachdem Ulbricht 1962 – nach der amerikanisch-sowjetischen Konfrontation in der Kuba-Frage – einen „nationalen Kompromiß" zur Lösung der NF. der Deut-

schen auf der Grundlage → **friedlicher Koexistenz** zwischen beiden Staaten empfohlen hatte, ohne den Inhalt eines solchen Kompromisses näher zu erläutern, versicherte die SED in ihrem auf dem VI. Parteitag im Januar 1963 verabschiedeten Programm, sie halte „unverrückbar an ihrem Ziel, der Wiederherstellung der nationalen Einheit Deutschlands", fest. Historische Mission der Partei sei es, durch die „umfassende Verwirklichung des Sozialismus" in der DDR eine feste Grundlage dafür zu schaffen, daß „in ganz Deutschland die Arbeiterklasse die Führung übernimmt, die Monopolbourgeoisie auch in Westdeutschland entmachtet und die nationale Frage im Sinne des Friedens und des gesellschaftlichen Fortschritts gelöst wird".

Auch die Verfassung der DDR von 1968 ging in ihrer Präambel und vor allem in den Artikeln 1 und 8 von der Existenz einer deutschen N. in zwei Staaten aus.

Nachdem in den 60er Jahren insbesondere sowjetische Ideologen versucht hatten, die von Stalin erwähnten Kriterien einer N. zu verfeinern und durch weitere Begriffsmerkmale zu ergänzen, ohne daß ihnen eine neue verbindliche Definition gelang, bemühte sich die SED um eine genauere Unterscheidung verschiedener Typen von N.: 1. „Bürgerliche N.", die – wie die britische und die französische – bereits in einer „vorkapitalistischen" Periode entstanden seien, 2. „sozialistische N." in der Sowjetunion und in den nach 1945 entstandenen Volksdemokratien, 3. aus kolonialer Abhängigkeit befreite N. in Asien und Afrika, 4. die durch „imperialistische Mächte im Bund mit der einheimischen Reaktion" gespaltenen N. in Deutschland, Korea und Vietnam (E. Hühns, Heimat – Vaterland – Nation, Berlin [Ost] 1969).

In der zweiten Hälfte der 60er Jahre legte die SED zunehmend Wert auf eine Unterscheidung der Begriffe „N.", „Staatsvolk" und „Bevölkerung". Die letztere Bezeichnung wurde im Hinblick auf die mehr als 2 Mill. West-Berliner Bürger verwendet, um nicht der Entscheidung darüber vorzugreifen, ob West-Berlin als eigener Staat mit voller Völkerrechtssubjektivität anzusehen sei. Die Bewohner der Bundesrepublik Deutschland einerseits, die der DDR andererseits wurden dagegen jeweils als von einander völlig unabhängige „Staatsvölker" bezeichnet – 1967 kodifizierte die DDR ein spezifisches Staatsangehörigkeitsrecht aller DDR-Bürger (einschließlich derer, die nach 1949 ohne Genehmigung das Territorium der DDR und Ost-Berlins verlassen hatten). Dennoch hielt die Partei noch bis 1969 an ihrer Konzeption fest, daß die Deutschen in beiden Staaten zu einer N. gehörten.

Anfang 1970 vollzog die SED in der NF. einen abrupten Kurswechsel. Er stellte eine Reaktion auf die Deutschlandpolitik der Bundesregierung dar, die sich in der Regierungserklärung des Kabinetts Brandt-Scheel die Formel „zwei Staaten – eine Nation" zu eigen gemacht hatte, sie aber zugleich gegen das Begehren der DDR nach ausdrücklicher Anerkennung ihrer Völkerrechtssubjektivität ins Feld führte und zudem aus der These vom Fortbestand der N. sowie der fortbestehenden Vier-Mächte-Verantwortung für Deutschland als ganzes ihre Forderung nach besonderen innerdeutschen Beziehungen ableitete.

Die im Art. 1 der Verfassung vom April 1968 enthaltene Charakterisierung der DDR als „sozialistischer Staat deutscher Nation" wurde seitdem im politischen Sprachgebrauch durch die Bezeichnung „sozialistischer deutscher Nationalstaat" ersetzt. Die im Widerspruch zur neuen Interpretation der NF. stehenden Verfassungsnormen wurden schließlich von der Volkskammer mit Wirkung vom 7. 10. 1974 abgeschafft: Als „ein sozialistischer Staat der Arbeiter und Bauern" (Art. 1) will die DDR nunmehr verstanden werden. Aus der Präambel der Verfassung wurde der Hinweis auf die Verantwortung für den zukünftigen Weg der „ganzen deutschen Nation" gestrichen. Der 2. Absatz des Art. 8, der die „schrittweise Annäherung der beiden deutschen Staaten bis zu ihrer Vereinigung auf der Grundlage der Demokratie und des Sozialismus" postulierte, wurde ersatzlos gestrichen.

Für die Führung der DDR stellte die 1969/70 eingeleitete neue Ostpolitik der sozialliberalen Bundesregierung insofern eine ernste Herausforderung dar, als sie ihr eigenes Bemühen um die Herausbildung eines spezifischen DDR-Staatsbewußtseins durch intensivere Kontakte und Kommunikationsmöglichkeiten zwischen den Deutschen in beiden Staaten behindert und gefährdet sah. Zudem meinte die SED, in dem Rückgriff der Bundesregierung auf die ursprünglich auch von ihr gebrauchte Formel „Zwei Staaten – eine Nation" ein Instrument zur fortgesetzten Einwirkung auf die innere Entwicklung der DDR sehen zu müssen, obwohl ein solcher Anspruch von der Bundesrepublik nicht geltend gemacht wurde. Im Grundlagenvertrag (Art. 6) war festgelegt worden, daß sich die Hoheitsgewalt jedes der beiden Staaten auf sein Staatsgebiet beschränkt und die Unabhängigkeit und Selbständigkeit beider in inneren und äußeren Angelegenheiten zu respektieren ist. Trotzdem fühlte sich die SED durch die Ost- und Deutschlandpolitik der Bundesregierung in die Defensive gedrängt, die ihren deutlichsten Ausdruck in der Politik der → **Abgrenzung** findet.

Nach Auffassung der SED-Führung läßt derzeit kein Kriterium den Schluß zu, daß eine einheitliche deutsche N. bestünde – weder existiere ein gemeinsames Territorium beider Staaten, noch eine gemeinsame Wirtschaft. Auch ein drittes Kriterium – die Gemeinsamkeit bestimmender psychischer und moralischer Eigenschaften – verweise auf diametrale Unterschiede in den Lebensgewohnheiten und Denkweisen der Bürger beider Staaten. Eine gemeinsame Kultur existiere nicht mehr („Denn die herrschende Kultur ist stets die Kultur der herrschenden Klasse", so A. Norden a. a. O., S. 23), von geschichtlicher Gemeinsamkeit könne angesichts des abweichenden Geschichtsverständnisses ebenfalls nicht mehr gesprochen werden. Schließlich lasse auch die gemeinsame deutsche Sprache keinen Schluß auf den Fortbestand einer N. zu: Deutsch werde in Österreich sowie in Teilen der Schweiz, Luxemburgs und Ostfrankreichs gesprochen, ohne daß daraus die Zugehörigkeit zur deutschen N. abzuleiten sei.

Zwar dürfen nach Meinung der SED ethnische Besonderheiten nicht übersehen werden; sie könnten jedoch nicht das Wesen einer N. bestimmen – als das Bestimmende gilt vielmehr die Klassenstruktur, die sozialökonomische Gestalt einer Gesellschaft: „Nationen sind in erster Linie das Resultat grundlegender ökonomischer und sozialer Entwicklungsprozesse und geschichtlicher Klassenkämpfe" (H. Axen, Zur Entwicklung der sozialistischen Nation in der DDR, Berlin [Ost] 1973, S. 16).

Diese Anfang der 70er Jahre vollzogene Umdeutung der NF. ist in breiten Schichten der Bevölkerung der DDR auf Unverständnis und Widerspruch gestoßen – teilweise sogar bei Mitgliedern der SED, die viele Jahre lang in einer ganz anderen Konzeption geschult und erzogen worden waren.

Eine neue Deutung der NF. soll auch das revidierte Parteiprogramm enthalten, das möglicherweise auf dem IX. SED-Parteitag 1976 beschlossen werden wird. Es ist allerdings nicht auszuschließen, daß die SED dabei eine Formulierung wählt, die ihr in einer veränderten und für sie günstigeren Situation den Rückgriff auf die „nationale" Argumentation der 50er und 60er Jahre erlaubt. Bereits auf dem 13. Plenum des ZK der SED im Dezember 1974 erfolgte durch den Ersten Sekretär des ZK eine Modifikation des bisherigen Standpunktes der SED in der NF. Während wie bisher an der These von der Spaltung der deutschen N. in eine bürgerlich-kapitalistische in der Bundesrepublik – die wieder in sich gespalten sei – und eine sich ständig entwickelnde sozialistische in der DDR festgehalten wird, erklärte Honecker den Begriff der (deutschen) „Nationalität" zum auch für Bürger der DDR fortbestehenden Charakteristikum: „Unser sozialistischer Staat heißt Deutsche Demokratische Republik, weil ihre Staatsbürger der Nationalität nach in der übergroßen Mehrheit Deutsche sind." Und: „... ohne jede Zweideutigkeit: Staatsbürgerschaft – DDR, Nationalität – deutsch. So liegen die Dinge". Daß auch der Begriff „Deutschland" im Sinne einer offensiveren Deutschlandpolitik der SED wieder Bedeutung erhalten könne, gab Honecker ebenfalls zu erkennen: „Wir (die DDR) repräsentieren ... das sozialistische Deutschland" (Neues Deutschland vom 13. 12. 1974). Zu Merkmalen der Nationalität rechnet die SED jetzt Herkunft, Sprache, Lebensgewohnheiten und Traditionen, also die sog. ethnischen Eigenschaften, aufgrund deren die Bürger der DDR „ihrer Nationalität nach Deutsche" sind: „Die sozialistische Nation in der DDR ist deutscher Nationalität" (Neues Deutschland vom 15./16. 2. 1975). Allerdings wird konstatiert, daß sich auch die ethnischen Eigenschaften in der Realität der sozialistischen Gesellschaft, der sich entwickelnden sozialistischen N. „allmählich" verändern, sich der „sozialistischen Lebensweise" anpassen und einen „reicheren und modifizierten Inhalt" gewinnen. Die These der SED, daß zur noch gemeinsamen deutschen Nationalität keine N. gehören soll, wird neue Diskussionen in der DDR auslösen und die Parteiideologen zu neuen Erklärungsversuchen zwingen.   → **Staatsbürgerschaft; Deutschlandpolitik der SED; Außenpolitik.**

Nationaldemokratische   Partei   Deutschlands: → **NDPD.**

Nationale Bauernpolitik: → **Agrarpolitik.**

Nationale Demokratie: Heute in der DDR nur noch selten gebrauchter Begriff für einen Typus von Entwicklungsländern, die nach der erstmals auf der kommunistischen Weltkonferenz von 1960 entwickelten These den „Weg des sozialen Fortschritts rascher ... beschreiten", „konsequent gegen den Imperialismus und seine Militärblöcke" und die „neuen Formen des Kolonialismus" kämpfen, „der Bevölkerung breiteste demokratische Rechte und Freiheiten" gewähren und deren Führer sich gegen „den demagogischen Mißbrauch der sozialistischen Losungen durch die bürgerlichen Politiker" wenden und enge Beziehungen zum sozialistischen Lager unterhalten.

Der Gruppe von Staaten der ND. wurden zunächst Indonesien, Ceylon, Irak, die VAR (Ägypten), Ghana, Guinea zugerechnet. Nach den innenpolitischen Änderungen in einigen dieser Staaten und der folgenden Verschlechterung der Beziehungen zur Sowjetunion wird seit 1965 auf die Konkretisierung weitgehend verzichtet. Stattdessen werden gegenwärtig die Entwicklungsländer (E.) in die folgenden Kategorien eingeteilt:

E., die einen „nichtkapitalistischen Entwicklungsweg" gehen und sich außenpolitisch an das „sozialistische Lager" anlehnen,

E., die sich (noch) auf dem kapitalistischen Entwicklungsweg befinden, aber eine „antiimperialistische Außenpolitik" treiben.

E., die den kapitalistischen Entwicklungsweg eingeschlagen haben und sich auch außenpolitisch an die „imperialistischen Länder" anlehnen,

E., die noch einen „halbkolonialen Status" besitzen, deren „nationale Befreiungsbewegungen" aber die Loslösung von den Mutterländern erkämpfen. → **Außenpolitik; Entwicklungshilfe; Neokolonialismus.**

Nationale Forschungs- und Gedenkstätten der klassischen deutschen Literatur: Die NFG. wurden durch Beschluß des Ministerrates am 6. 8. 1953 gegründet, um alle im Gebiet von Weimar vorhandenen literarischen Bestände und Kunstsammlungen der klassischen Epoche zu einem einheitlichen Ganzen zu vereinigen. Sie bestehen aus den Abteilungen des Goethe-Nationalmuseums (mit 30 angeschlossenen Museen und Gedenkstätten), dem Goethe- und Schiller-Archiv, dem (Forschungs-)Institut für deutsche Literatur und der Zentralbibliothek der deutschen Klassik. Zu den Aufgaben gehören, neben der Pflege der übernommenen Sammlungen und deren Vervollständigung durch Beschaffung weiterer Dokumente insbesondere über die gesellschaftlichen und kulturellen Verhältnisse im 18. und 19. Jahrhundert, die Edition der Neuen Weimarer Ausgabe der Werke Goethes, der Schiller-Nationalausgabe, der Heine-Säkularausgabe, der Herder-Briefausgabe, der „Beiträge zur deutschen Klassik", der Reihen „Bibliographien, Kataloge und Bestandsverzeichnisse" und „Goethes Sammlungen zur Kunst, Literatur und

Naturwissenschaft" sowie der „Bibliothek deutscher Klassiker". Die NFG. leisten darüber hinaus Bildungsarbeit durch Besucherbetreuung, Vorträge, Konzerte und Theateraufführungen sowie die Veranstaltung von Seminaren, Kursen und Ausstellungen. → **Kulturpolitik; Museen.**

Nationale Front der DDR: Die NF. des Demokratischen Deutschland ging aus der Volkskongreßbewegung (→ **Deutscher Volkskongreß**) hervor, die 1947 von der SED im Hinblick auf die Staatsgründung als eine Art Vorparlament initiiert wurde. Nachdem bereits seit Mitte 1948 der Demokratische Block als Zusammenschluß der → **Parteien** (→ **SED; CDU; LDPD; NDPD; DBD**) sowie später auch der → **Massenorganisationen** (→ **FDGB; FDJ; DFD; Kulturbund**) unter Führung der SED wirkte, wurde die NF. am 7. 10. 1949 als zusätzliche Form der → **Bündnispolitik** auf der programmatischen Grundlage der vom SED-Parteivorstand am 4. 10. 1949 angenommenen Entschließung „Die Nationale Front des Demokratischen Deutschland und die Sozialistische Einheitspartei Deutschlands" gegründet. Sie war als gesamtdeutsche Bewegung zur „Rettung der deutschen Nation" konzipiert, der jede Partei, Organisation, Persönlichkeit in West und Ost unbeschadet ihrer politischen, ökonomischen oder weltanschaulichen Prinzipien beitreten konnte. Der gesamtdeutschen Funktion wurde von Anfang an die Aufgabe der wirtschaftlichen Stärkung der SBZ/DDR zugeordnet, deren Partei- und Staatsführung sich noch für Gesamtdeutschland verantwortlich fühlte. Unter Überwindung von Widerständen gegen die Bündnispolitik in den eigenen Reihen entwickelte die SED die NF. von einer allgemein antifaschistisch-demokratisch orientierten zu einer sozialistischen Volksbewegung. Ähnlich wie die Volksfronten in einigen anderen sozialistischen Ländern gilt die NF. als das breiteste und umfassendste „Bündnis aller politischen und sozialen Kräfte des werktätigen Volkes unter Führung der Arbeiterklasse und ihrer Partei".

Innerhalb des politischen Systems der DDR wird der NF. die Rolle eines wichtigen Bindegliedes zwischen Staat und Gesellschaft beigemessen, dessen Wirksamkeit an der erwünschten Annäherung der Klassen und Schichten an die Arbeiterklasse und der damit verbundenen wachsenden sozialen Homogenität sowie der politisch-moralischen Einheit der Bevölkerung gemessen wird. Charakteristisch für die Nationale Front der DDR – so die neue Bezeichnung seit 1973 – ist, daß sie keine Massenorganisation mit eingetragenen Mitgliedern und Grundorganisationen darstellt, sondern bei einem geringen Anteil von hauptamtlichen Kräften auf der breiten ehrenamtlichen Tätigkeit von 335 000 Bürgern in 17 000 Orts-, Wohnbezirks-, Stadtbezirks-, Kreis- und Bezirksausschüssen beruht, die von den Wahlberechtigten des jeweiligen Bereiches gewählt werden.

In den Ausschüssen, die als wichtige Organisationsform nicht nur Repräsentativorgane der Parteien und Massenorganisationen der NF., sondern operative Arbeitsorgane im jeweiligen Territorium bilden, arbeiten Vertreter der Parteien, Massenorganisationen und auch nichtorganisierte Einzelpersonen ohne bestimmten Proporz zusammen. Den Ausschüssen gehören die Vorsitzenden der jeweiligen Räte der Bezirke, Kreise, Städte und Gemeinden an.

Höchstes Organ ist der direkt von der Bevölkerung gewählte Kongreß, der den Nationalrat und seinen Präsidenten wählt. Der Nationalrat leitet die Arbeit zwischen den Kongressen durch sein Präsidium und Sekretariat. Beim Nationalrat sowie Bezirks- und Kreisausschüssen bestehen Arbeitsgruppen, die als Konsultativgremien fungieren (z. B. Arbeitsgruppe Mittelstand seit 1956, 1963 in Arbeitsgruppe Komplementäre, Handwerker und Gewerbetreibende umbenannt). Den Kern und den Träger der zahlreiche Vereinigungen, Gesellschaften und Verbände umfassenden NF. bildet der „Demokratische Block", dessen Ausschüsse ähnlich staatlich-territorial wie die der NF. aus der jeweils gleichen Zahl von Vertretern der fünf Parteien (SED, DBD, CDU, LDPD, NDPD) und vier Massenorganisationen (FDGB, FDJ, DFD, KB der DDR) zusammengesetzt sind. Während in den Ausschüssen der NF. das Gemeinsame im Vordergrund der Arbeit steht, dienen die Blockausschüsse durchaus als Foren, in denen parteipolitische Vorstellungen und auch kontroverse Meinungen diskutiert werden. Es ist die allgemeine Tendenz festzustellen, daß die NF. nicht nur umfangreichere Aufgaben und eine breitere Basis hat, sondern in der politischen Praxis mehr und mehr den Block auf allen Ebenen ersetzt.

Zu den vielfältigen Aufgaben der NF gehören u. a.: Mobilisierung staatsbürgerlicher Aktivität und Verantwortung der Bürger bei der Vorbereitung und Durchführung der Gesetze der Volkskammer und der Beschlüsse der örtlichen Volksvertretungen; Propaganda und Agitationsarbeit auf breitester Basis; rechtzeitiges Erkennen von neuen Problemen; Benennung der Kandidaten für → **Wahlen** auf alle Ebenen; Unterbreitung der vom Demokratischen Block beratenen und beschlossenen Kandidatenliste sowie des Wahlprogramms; Bestätigung der Richterkandidaten und Unterstützung der Wahl und Tätigkeit der → **gesellschaftlichen Gerichte** im Wohnbezirk; Antragsrecht zur Abberufung von Abgeordneten; Zusammenarbeit mit den Volksvertretungen, vor allem durch enge Verbindung der Ausschüsse mit den Abgeordneten; Mithilfe bei der Lösung der Aufgaben des Volkswirtschaftsplanes u. a. durch den Wettbewerb „Schöner unsere Städte und Gemeinden – Mach mit!"; Unterstützung der Bemühungen, die sich vor allem im Produktionsbereich angestrebte Herausbildung sozialistischer Denk- und Verhaltensweisen im Wohnbereich fortzuführen (→ **Hausgemeinschaften**).

Nationale Gedenkstätten: → **Nationale Mahn- und Gedenkstätten.**

Nationale Geschichtsbetrachtung: Entsprechend ihrer Tradition und in Abwehr zum Nationalismus der Vergangenheit stellte die SED zunächst vor allem die internationalistischen Züge der Geschichte heraus. Seit

1949 wurden jedoch schrittweise nationale Kulturleistungen hervorgehoben – so als der Parteivorstand der SED am 10. 3. 1949 in einem Beschluß „Unsere Aufgaben im Goethe-Jahr" die Förderung der „großen kulturellen Traditionen des eigenen Volkes" forderte.

Die NG. wurde besonders seit 1952 forciert. Auf der 2. Parteikonferenz der SED erklärte Ulbricht am 9. 7. 1952: „Das patriotische Bewußtsein, der Stolz auf die großen Traditionen unseres Volkes beginnen sich zu entwickeln. Jeder versteht, welch große Bedeutung das wissenschaftliche Studium der deutschen Geschichte für den Kampf um die nationale Einheit Deutschlands und die Pflege aller großen Traditionen des deutschen Volkes hat, besonders gegenüber dem Bestreben der amerikanischen Okkupanten, die großen Leistungen unseres Volkes vergessen zu machen" (Protokoll der 2. Parteikonferenz der SED, Berlin [Ost] 1952, S. 120). Die NG. wurde nun verbindlich für alle staatlichen, politischen und wissenschaftlichen Bereiche, die frühere Kritik an der „deutschen Misere" trat dahinter zurück.

Sehr scharf und parteilich herausgearbeitet wurde die NG. 1962 im Nationalen Dokument. Allerdings wurde die Berufung auf die deutsche Tradition vor allem in den 60er Jahren immer stärker auf die „fortschrittlichen" Züge der deutschen Geschichte verlegt, um die Abgrenzung gegenüber der Bundesrepublik zu betonen. Die DDR versuchte, ihren Staat als Fortsetzung aller progressiven Traditionen (Bauernkrieg, Arbeiterbewegung) darzustellen, die Bundesrepublik Deutschland als Ergebnis der reaktionären Strömungen. Im Zusammenhang mit der Herausbildung einer „sozialistischen Nation der DDR" erklärte E. Honecker 1973: „Die Deutsche Demokratische Republik ist heute die staatliche Verkörperung der besten Traditionen der deutschen Geschichte – der Bauernerhebung des Mittelalters, des Kampfes der revolutionären Demokraten von 1848, der von Marx und Engels, Bebel und Liebknecht begründeten deutschen Arbeiterbewegung, der Heldentaten im antifaschistischen Widerstandskampf. In der Deutschen Demokratischen Republik entwickelt sich die sozialistische Nation unter Führung der Arbeiterklasse. In der sozialistischen Nationalkultur unserer Republik lebt all das fort und erfährt eine neue Blüte, was in früherer Zeit an kulturellen Schätzen geschaffen wurde. Von der Geschichte, der Kultur und der Sprache werden wir nichts preisgeben, was es an Positivem zu erhalten und zu pflegen gibt, was den humanistischen und den revolutionären Traditionen entspricht" (E. Honecker, Aus dem Bericht des Politbüros an das ZK der SED, Berlin [Ost] 1973, S. 21).

Die NG. macht deutlich, daß sie der Traditionspflege, dem Geschichtsbewußtsein verpflichtet ist. Die DDR definiert Geschichtsbewußtsein, „in dem sich die historische Gesellschaft als Ganzes oder in ihren wesentlichen Teilen (Volk, Staat, Nation) in Gestalt eines konkreten Geschichtsbildes widerspiegelt" (Sachwörterbuch „Geschichte der Arbeiterbewegung", Berlin [Ost] 1969, Bd. 2, S. 676). Die Geschichtswissenschaft soll durch Schaffung des Geschichtsbewußtseins ihren Beitrag zur Legitimierung und Stabilisierung der DDR beitragen. Daher werden ihre Ergebnisse verbreitet, um in der Bevölkerung, besonders der Jugend, das Verständnis für die Rolle der Geschichte bei der Bewältigung der politischen Aufgaben zu wecken.

Durch die Popularisierung der Geschichte, gerade der NG. (und der **Geschichte der deutschen → Arbeiterbewegung**) ist das Interesse an historischen Problemen gewachsen. Damit konnte die SED ihre Auslegung des historischen Materialismus propagieren: die Geschichte wird als „gesetzmäßiger Prozeß" vom Niederen zum Höheren betrachtet, fortschrittliche Gesellschaftsformationen überwinden die überholten. Da die DDR als die sozialistische (also höhere) Gesellschaftsformation betrachtet wird, ist die politische Funktion des Geschichtsbewußtseins eindeutig: Stärkung und Festigung des Gesellschaftssystems der DDR. → **Nation und nationale Frage; Deutschlandpolitik der SED.**

Nationale Mahn- und Gedenkstätten: Die NMG. wurden unter maßgeblicher Mitwirkung des Komitees der antifaschistischen Widerstandskämpfer und eines am 1. 4. 1955 gegründeten „Kuratoriums für den Aufbau NMG." errichtet. Laut Statut vom 28. 1. 1961 unterstehen sie dem → **Ministerium für Kultur** und haben gemäß § 2 „a) den Kampf der deutschen Arbeiterklasse und aller demokratischen Kräfte gegen die drohende faschistische Gefahr, b) die Rolle der KPD als der stärksten und führenden Kraft im Kampf gegen das verbrecherische Naziregime, . . . g) die historische Rolle der DDR darzustellen und zu erläutern" (GBl. II, S. 381). Unter den NMG. werden unterschieden die der Erinnerung dienen an: 1. historische Ereignisse der deutschen Arbeiterbewegung bis 1917 (u. a. Gedenkstätten der SPD-Parteitage in Eisenach 1869, Gotha 1875 und Erfurt 1891); 2. historische Ereignisse der deutschen Arbeiterbewegung (sprich KPD) 1918–1933 (u. a. Gedenkstätten revolutionärer Kämpfe 1918–1923 in Halle, Hettstedt und Leuna); 3. den antifaschistischen Widerstand von 1933–1945 (u. a. Konzentrationslager Buchenwald, Ravensbrück, Sachsenhausen, Zuchthaus Brandenburg); 4. bedeutende Arbeiterführer (u. a. in Berlin an Karl Marx, Friedrich Engels, Karl Liebknecht, Rosa Luxemburg; in Schloß Hubertusburg, Festung Königstein und Borsdorf an August Bebel und Wilhelm Liebknecht; in Wiederau und Birkenwerder an Clara Zetkin; in Eichwalde, Ziegenhals, Bautzen und Buchenwald an Ernst Thälmann). In Ost-Berlin existieren u. a. folgende NMG.: Friedhof der Sozialisten in Friedrichsfelde, Sowjetisches Ehrenmal in Treptow, Mahnmal für die Opfer des Faschismus und Militarismus „Neue Wache" Unter den Linden, Friedhof der Märzgefallenen von 1848 und Gräber der Revolutionskämpfer von 1918 im Friedrichshain sowie Museum für deutsche Geschichte (ehemals Zeughaus) Unter den Linden. **Gedenkstätten der → Arbeiterbewegung; Nationale Forschungs- und Gedenkstätten der klassischen deutschen Literatur.**

Nationale Streitkräfte: Im offiziellen Sprachgebrauch der DDR Synonym für → **Nationale Volksarmee.**

Nationale Volksarmee (NVA)

Gründung – Geschichte – NVA und Warschauer Pakt – Ausbildung der Offiziers-Kader – Teilstreitkräfte und Regionale Verteilung – SED und NVA

Die NVA ist die Armee der DDR und wichtigster Teil der von der → **Militärpolitik** der SED konzipierten Landesverteidigung.

Die Kennzeichnung als „sozialistische Armee" wird im Selbstverständnis mit mehreren Kriterien begründet: Sie ist das Klassen- und Machtinstrument der Arbeiter-und-Bauern-Macht, die das sozialistische Vaterland gegen alle Feinde des Sozialismus schützt; sie ist Teil des kollektiven Verteidigungsbündnisses der sozialistischen Staaten im → **Warschauer Pakt**; sie arbeitet vor allem eng mit der Sowjetarmee zusammen; sie erfüllt ihren revolutionären Klassenauftrag unter Führung der → **SED** und ist innerlich gefestigt und stets bereit, nach deren Beschlüssen zu handeln; schließlich liegt ihrer Aufgabenstellung und ihrem Selbstverständnis eine einheitliche Militärdoktrin zugrunde.

I. Gründung und Entwicklung der NVA

Die Gründung der NVA begann mit dem Beitritt der DDR zum Warschauer Pakt im Mai 1955 und endete mit der offziellen Aufnahme der Tätigkeit des→ **Ministeriums für Nationale Verteidigung** und der Aufstellung der ersten Einheiten der NVA aus den Bereitschaften der Kasernierten Volkspolizei (KVP) am 1. 3. 1956 (Tag der NVA). Die gesetzliche Grundlage schuf die → **Volkskammer** mit dem Gesetz über die Schaffung der Nationalen Volksarmee und des Ministeriums für Nationale Verteidigung am 18. 1. 1956, das u. a. zur Umbenennung der KVP-Einheiten führte.

Die Gründung der NVA war der vorläufige Schlußpunkt einer Entwicklung, die 1952 mit der Proklamation der nationalen Streitkräfte begonnen und in deren Verlauf vor allem die KVP sowie die Grundstrukturen der künftigen Militärorganisation auf- und ausgebaut worden waren. Der Aufbau der NVA ist nur bedingt als Fortsetzung dieser Politik zu verstehen; neu war vor allem, daß der Aufbau sich im Rahmen des Warschauer Vertrages unter wesentlicher Anleitung der Sowjetunion vollzog.

II. NVA und Warschauer Pakt

Am 28. 1. 1956 beschloß der Politische Beratende Ausschuß (PBA) des Warschauer Vertrages, die Kontingente der NVA in die Vereinten Streitkräfte einzubeziehen und dem Vereinigten Oberkommando zu unterstellen; der Minister für Nationale Verteidigung der DDR wurde einer der Stellvertreter des Oberkommandierenden. Im Mai 1958 bestätigte dann der PBA den Beschluß zur Einbeziehung der Truppen der NVA in die Warschauer Vertragsstreitkräfte.

Aufbau, Ausrüstung (ab 1957 mit sowjetischen Waffen und sonstigem militärischem Gerät) und Führung der Truppen der NVA geschahen nach den Richtlinien des Oberkommandos, was u. a. zur raschen Überwindung bestimmter Anlaufschwierigkeiten in strukturellen Fragen führte. Die Angleichung an die sowjetischen Prinzipien wurde durch bereits 1957 durchgeführte Kommandostabs- und Truppenübungen mit sowjetischen Stäben und Einheiten beschleunigt; in den Stäben und Einheiten der NVA waren sowjetische Militärspezialisten als Berater tätig.

Seit 1961 wurden auch mit anderen Vertragsstaaten gemeinsame Manöver durchgeführt, z. B. 1961 mit polnischen Verbänden, 1962 auf dem Gebiet der ČSSR mit Verbänden der Sowjetarmee und der Tschechoslowakischen Volksarmee, 1963 das Manöver „Quartett" in Thüringen mit Verbänden der NVA, der polnischen, tschechoslowakischen und Sowjetarmee, 1965 die Manöver „Berlin" und „Oktobersturm" ebenfalls in der DDR mit den gleichen Beteiligten, 1966 das Manöver „Moldau" in der ČSSR, an dem zusätzlich ungarische Verbände beteiligt waren, 1967 das Manöver „Dnjepr", das in der Sowjetunion unter Beteiligung von Kommandostäben der NVA stattfand, 1969 das Manöver „Oder-Neiße" (Sowjetarmee, NVA, poln. Armee), 1970 das Manöver „Waffenbrüderschaft", das auch → **Kampfgruppen** und → **VP-Bereitschaften** einbezog und an dem erstmalig rumänische Verbände beteiligt waren, sowie das Manöver „Schild", das im Herbst 1972 auf den Territorien der DDR, der VRP und der UdSSR stattfand und an dem ca. 80 000 Mann beteiligt waren. Unabhängig von diesen gemeinsamen Manövern führte die NVA Manöver, Truppenübungen und Stabsübungen auf verschiedenen Ebenen mit Einheiten der sowjetischen Armee in der DDR durch. Die Luftstreitkräfte sind im Rahmen des Diensthabenden Systems an Luftverteidigungsmanövern und die Volksmarine an Flottenmanövern mit sowjetischen und polnischen Einheiten und Verbänden beteiligt.

Die im März 1969 vom PBA getroffene Entscheidung zum Aufbau gemeinsamer Verbände der Land-, Luft- und Seestreitkräfte hat zur Integration der mobilen Verbände und Truppenteile der NVA in eine neue Kommandostruktur geführt.

Die Entwicklung der NVA ist nicht nur von der Tatsache ihrer Unterstellung unter das Oberkommando des Warschauer Vertrages und ihrer Einbindung in das östliche Militärbündnis geprägt. Wesentlichen Einfluß hatten innenpolitische Voraussetzungen, unter denen sich ihr Aufbau vollzog.

Im Unterschied zu den anderen Vertragsarmeen war die NVA bis 1962 eine Freiwilligenarmee. Die Schwierigkeit, den Aufbau einer Armee vor dem Hintergrund der historischen Erfahrungen des deutschen Volkes zu begründen, wurde durch die Aufstellung der Bundeswehr kaum erleichtert. Das Freiwilligenprinzip, als Ausweg aus dem Dilemma gewählt, bedingte das Risiko, den personellen Ausbau der NVA nicht planmäßig gestalten zu können. Von der SED, den Gewerkschaften und vor﹒allem der → **FDJ** betriebene Kampagnen zum Eintritt in die NVA führten nicht zum gewünschten Ergebnis, da es weder genug Freiwillige gab, noch ihre militärische Vorbildung einen schnellen und effektiven Einsatz gestattete. In den Augen der SED war daran jedoch positiv zu werten, daß auf diese Weise die „klassenmäßige Basis" der NVA gestärkt wurde, was als Kompensation mancher Nachteile des Freiwilligenprinzips angesehen wurde. Mit der Einführung der Wehrpflicht im Januar 1962 wurde, nachdem das Verteidigungsgesetz im September 1961 die Voraussetzungen für die Neuregelung des → **Wehrdienstes** geschaffen hatte, das Personalproblem der NVA beseitigt, da nun genügend Soldaten rekrutiert werden konnten.

III. Ausbildung

Die Notwendigkeit, genügend politisch, militärisch und fachlich geschultes Personal zur Aufrechterhaltung der Funktionsfähigkeit der Streitkräfte und zur Führungstätigkeit zu benötigen, bestimmte seit 1958 die Ausbildungspolitik in der NVA. 1958/1959 wurde in der NVA mit der Durchführung von Aus- und Weiterbildungsmaßnahmen begonnen. Die 1956 gegründeten und in Offiziersschulen umgewandelten Bildungseinrichtungen der NVA wurden zu Fachschulen erklärt. Auf ihnen wurden vor allem Offiziere bis zur Führungsebene Regiment ausgebildet. Der Umwandlungsbeschluß des Präsidiums des → **Ministerrates** von November 1958 führte nur zur Gleichstellung mit Fachschulen; die neuen Lehrprogramme wurden auf einer Schulkonferenz 1959 beraten. Als Aufgabe wurde den Offiziersschulen die Heranbildung von Offizieren mit Kommandeureigenschaften, ausreichenden politischen, taktischen, technischen und methodischen sowie allgemeinen Kenntnissen gestellt. Diese Aufgabenstellung wurde 1963 auf einer Kaderkonferenz verändert. Nunmehr wurde ein noch höheres Niveau an politischer, militärischer, militärtechnischer, naturwissenschaftlicher und pädagogischer Ausbildung für die Offiziere der NVA gefordert. Im Herbst 1963 wurde für die 3 Teilstreitkräfte sowie für die Grenztruppen eine Offiziersschule durch Zusammenlegung der bisherigen gegründet.

Am 1. 12. 1963 trat für die NVA ein einheitliches Bildungssystem in Kraft, das u. a. eine wesentliche Verbesserung der gesellschaftswissenschaftlichen Ausbildung vorsah. Die im September 1965 erlassene AO des Ministers für Nationale Verteidigung „Über die Grundlagen für die Organisation der Ausbildung an den Offiziersschulen der NVA" bestimmte, daß die 4jährige Ausbildung auf 3 Jahre reduziert und die technischen Ausbildungszweige mit der Ingenieurqualifikation abgeschlossen werden sollten. Auf der 1. Bildungskonferenz der NVA im Dezember 1968 wurden die neuen Ausbildungsforderungen an die Offiziersschulen begründet, die im Februar 1971 zu Offiziershochschulen aufgewertet wurden.

Die Aufgabe, Offiziere für Führungsfunktionen in hohen Kommandopositionen und für Spezialbereiche auszubilden, wird seit Gründung der NVA auch von sowjetischen Schulen und Militärakademien erfüllt.

Die 1959 gegründete Militärakademie „Friedrich Engels" in Dresden, an der Offiziere für Führungsaufgaben von der Regimentsebene (Truppenteil) aufwärts ausgebildet werden, erhielt bereits 1962 den Status einer Hochschule. Sie verleiht die Grade Dipl.-Militärwissenschaftler, Dipl.-Gesellschaftswissenschaftler, Dipl.-Ingenieur; seit 1965 besitzt sie das Promotionsrecht. An ihr werden Offiziere aller Teilstreitkräfte je nach Fachrichtung – in drei bis vierjährigen Kursen – ausgebildet; jährlich etwa 240 Offiziere, die für einen Generals- bzw. Admiralsrang vorgesehen sind, erhalten eine Ausbildung in der Sowjetunion. Spezialausbildungen für Offiziere finden zusätzlich statt u. a. an der Militärpolitischen Hochschule „Wilhelm Pieck" (Ausbildung von Polit-Offizieren), an der Militärärztlichen Akademie der NVA in Greifswald, an der Sektion militärisches Transport- und Nachrichtenwesen an der Hochschule für Verkehrswesen in Dresden und dem Militärgeschichtlichen Institut der DDR. Unteroffiziere werden an einer Technischen und drei anderen Unteroffiziersschulen sowie an zwei Flottenschulen aus- und weitergebildet. Die Aufwendungen für Aus- und Weiterbildung werden begründet mit den steigenden Bildungsanforderungen an die militärischen Führungskader, der komplizierten Militärtechnik und -wissenschaft, den gestiegenen Qualifikationen der Wehrpflichtigen, aber auch mit den erhöhten Anforderungen an die politisch-ideologische Arbeit, die sich aus der politischen Lage und der Auseinandersetzung zwischen Sozialismus und Imperialismus nach Ansicht der SED ergeben.

Die Entwicklung der NVA zu einer auch nach westlichen Maßstäben modern ausgerüsteten und kampfkräftigen Armee ist nicht ohne Schwierigkeiten und Komplikationen verlaufen. Die Militärpolitik der SED und die Gestaltung des Verhältnisses von Partei und NVA hat unter Überwindung mancher Schwierigkeiten stets die politische Führung der NVA durch die Partei aufrechterhalten können. Dies und die enge Anbindung an die Sowjetarmee im Rahmen des Warschauer Vertrages werden von der SED als Voraussetzungen der erfolgreichen Entwicklung der NVA zu einer sozialistischen Armee genannt.

IV. Gliederung

Die NVA gliedert sich in Landstreitkräfte, Luftstreitkräfte/Luftverteidigung und die Volksmarine als Teilstreitkräfte sowie die Grenztruppen der DDR, die dem Minister für Nationale Verteidigung unterstellt sind.

Oberste Führungsinstanz ist das → **Ministerium für Nationale Verteidigung**. Es bildet den Militärbezirk I. Der Hauptstab des Ministeriums führt die Landstreitkräfte. Diese sind in die Militärbezirke III (Leipzig) und V (Neubrandenburg) untergliedert. Jeder Militärbezirk hat ein eigenes Kommando und besteht aus 2 Mot. Schützen- und einer Panzer-Division, dazu kommen noch unmittelbar unterstellte Verbände. Die Aus- und Weiterbildung der Offiziere erfolgt im Bereich der Landstreitkräfte an der Offiziershochschule „Ernst Thälmann" in Löbau/Zittau. Die Landstreitkräfte zählten (1973) 90000 Mann. Die Luftstreitkräfte/Luftverteidigung bilden den Militärbezirk II; dem Kommando unterstehen 2 Jagdfliegerdivisionen, 1 Jagdfliegerausbildungsdivision, 1 Transport- und 1 Hubschraubergeschwader sowie Funktechnische Regimenter und Fliegertechnische Bataillone und Versorgungseinheiten. Die Offiziere werden an der Offiziershochschule „Franz Mehring" in Kamenz ausgebildet; es existieren 3 Flugzeugführerschulen. Die Luftverteidigung besteht aus 1 Luftverteidigungsdivision und ist u. a. mit Boden-Luft-Fla-Raketen ausgerüstet. Die LSK/LV umfaßten 1973 ca. 25000 Mann. Sie ist in das Diensthabende System, einem ständiger Bereitschaft unterliegendem Luftverteidigungssystem des Warschauer Vertrages, integriert.

Die Volksmarine bildet den Militärbezirk IV. Als Seestreitkräfte der NVA besteht ihre Aufgabe im Schutz der Seegrenzen der DDR, Polens und der Sowjetunion. Die Bezeichnung „Volksmarine" wurde am 3. 11. 1960 (Tag des Matrosenaufstandes von Kiel 1918) verliehen. Sie gliedert sich in 3 Flottillen, 1 Torpedoschnellbootbrigade und sonstige Einheiten und Abteilungen. Die Personalstärke betrug 1973 ca. 17000 Mann; unter den Schiffen befinden sich Flugkörperschnellboote mit Seeziel-Raketen. Ausbildungsstätten sind die Offiziershochschule „Karl Liebknecht" in Stralsund und 2 Flottenschulen.

Als Grenztruppen der DDR, wie sie seit Januar 1974 genannt werden, gelten die durch Eingliederung (1961) der Deutschen Grenzpolizei in die NVA, dem NVA-Kommando Grenze unterstehenden Verbände. Sie gliedern sich in 4 Kommandos (Nord, Mitte, Süd und Küste), 2 Regimenter an der Grenze zur ČSSR und zur VR Polen, sowie andere Verbände, zu denen ferner 3 Ausbildungsregimenter gehören. Ihre Offiziere werden an der Offiziershochschule „Rosa Luxemburg" in Plauen ausgebildet. Die Stärke der Grenztruppen soll 1973 40000 Mann betragen haben.

Die Angehörigen der NVA unterscheiden sich nach dem Dienstverhältnis in: Soldaten im Grundwehrdienst, Soldaten auf Zeit, Unteroffiziere auf Zeit, Offiziere auf Zeit, Berufsunteroffiziere, Fähnriche, Berufsoffiziere;
nach dem Dienstgrad in: Soldaten, Unteroffiziersschüler, Offiziersschüler, Unteroffiziere, Fähnriche, Offiziere,
nach der Dienststellung in: Vorgesetzte, Unterstellte. Sie führen folgende Dienstgradbezeichnungen:

Dienstgradgruppe	Land- bzw. LSK/LV	Volksmarine
a) Soldaten	Soldat	Matrose
	Gefreiter	Obermatrose
	Stabsgefreiter	Stabsmatrose
b) Uffz.-Schüler	Uffz.-Schüler	Uffz.-Schüler
	(Gefreiten bzw. Obermatrosen gleichgestellt)	
c) Offz.-Schüler	Offz.-Schüler	Offz.-Schüler
	(die Gleichstellung zu anderen Dienstgraden ist vom Stadium d. Ausbildung abhängig u. reicht v. Matrosen bzw. Soldaten bis zum Stabsfeldwebel im 4. Ausbildg.-Jahr	
d) Unteroffiziere	Unteroffizier	Maat
	Unterfeldwebel	Obermaat
	Feldwebel	Meister
	Oberfeldwebel	Obermeister
	Stabsfeldwebel	Stabsobermstr.
e) Fähnriche	Fähnrich	Fähnrich
	(müssen Uffz.-Ausbildg. haben, 3 Jahre gedient haben und mindestens 25 Jahre freiwillig dienen wollen)	
f) Offiziere		
Leutnante	Unterleutnant	Unterleutnant
	Leutnant	Leutnant
	Oberleutnant	Oberleutnant
Hauptleute	Hauptmann	Kapitänleutnant
Stabsoffiziere	Major	Korvettenkapitän
	Oberstleutnant	Fregattenkapitän
	Oberst	Kapitän z. See
Generale	Generalmajor	Konteradmiral
	Generalleutnant	Vizeadmiral
	Generaloberst	Admiral
	Armeegeneral	

Die Armeeangehörigen leisten folgenden Fahneneid:

„Ich schwöre: Der Deutschen Demokratischen Republik, meinem Vaterland, allzeit treu zu dienen und sie auf Befehl der Arbeiter-und-Bauern-Regierung gegen jeden Feind zu schützen.

Ich schwöre: An der Seite der Sowjetarmee und der Armeen der mit uns verbündeten sozialistischen Länder als Soldat der Nationalen Volksarmee jederzeit bereit zu sein, den Sozialismus gegen alle Feinde zu verteidigen und mein Leben zur Erringung des Sieges einzusetzen.

Ich schwöre: Ein ehrlicher, tapferer, disziplinierter und wachsamer Soldat zu sein, den militärischen Vorgesetzten unbedingten Gehorsam zu leisten, die Befehle mit aller Entschlossenheit zu erfüllen und die militärischen und staatlichen Geheimnisse immer streng zu wahren.

Ich schwöre: Die militärischen Kenntnisse gewissenhaft zu erwerben, die militärischen Vorschriften zu erfüllen und immer und überall die Ehre unserer Republik und ihrer Nationalen Volksarmee zu wahren. Sollte ich jemals diesen meinen feierlichen Fahneneid verletzen, so möge mich die harte Strafe der Gesetze unserer Republik und die Verachtung des werktätigen Volkes treffen."
(Quelle: Anlage zur AO des Nationalen Verteidigungsrates der DDR über den aktiven Wehrdienst in der NVA vom 10. 12. 1973; GBl. I, S. 561.)

V. SED und NVA

Die führende Rolle der SED in der NVA wird als das ausschlaggebende Kriterium für ihren Klassencharakter bezeichnet. Die Verwirklichung geschieht durch verschiedene Mechanismen und Organisationen.

Die in der NVA tätigen Parteimitglieder sind verpflichtet, die Beschlüsse der SED zu verwirklichen. Diese Beschlüsse sind die Grundlage der gesamten Tätigkeit der NVA, d. h. sie bestimmen nicht nur die politisch-ideologische, sondern auch die militärfachliche Seite. Die Verwirklichung der Beschlüsse wird unmittelbar von der Parteiführung – dem Politbüro mit der Kommission für Nationale Sicherheit – angeleitet. Im zentralen Parteiapparat ist die Abteilung Sicherheit für die NVA zuständig. Als leitende Organe gelten in den Streitkräften die Politorgane; Grundlage ihrer Tätigkeit sind die vom Politbüro des ZK erlassenen Instruktionen für die Arbeit der Parteiorganisationen und Politorgane in der NVA, Beschlüsse der Parteitage und des ZK sowie Anweisungen der Politischen Hauptverwaltung der NVA. Sie erstreckt sich auf die Bereiche: ideologische und politische Arbeit, Organisationspolitik und Personalpolitik.

Wichtigstes Arbeitsgebiet ist die politische Arbeit in der NVA, die als Komplex vielfältiger politischer Maßnahmen und Handlungen der Kommandeure, Politorgane, Funktionäre der Partei- und Massenorganisationen mit dem Ziel der Durchführung der Politik der SED in der NVA betrieben wird. Zu ihr gehören die politische Massenarbeit, die politische Schulung, die gesellschaftswissenschaftliche Ausbildung, die militärische Traditionspflege und die kulturelle Arbeit. Die Leiter und Mitarbeiter der Politorgane sind wie hauptamtliche Sekretäre der SED-und → **FDJ**-Organisationen und der gesellschaftswissenschaftlichen Lehrkräfte als Politarbeiter Parteifunktionäre und, entsprechend ihren Aufgaben und Tätigkeitsmerkmalen, auch militärische Vorgesetzte. Der Leiter eines Politorgans untersteht als leitender Parteifunktionär dem Leiter des nächsthöheren Politorgans. Gleichzeitig ist er als Stellvertreter des Kommandeurs für politische Arbeit dem Kommandeur unmittelbar unterstellt.

Oberstes Organ ist die Politische Hauptverwaltung der NVA. Sie hat den Status einer SED-Bezirksleitung und ist den Abteilungen des ZK der SED gleichgestellt. Ihr unterstehen die Politorgane auf der Ebene der Militärbezirke, im Kommando der LSK/LV, im Kommando Volksmarine und im Kommando der Grenztruppen der DDR (politische Verwaltung); die Politischen Abteilungen in den Divisionen, deren Leiter zugleich erste Sekretäre der Parteiorganisation der Division sind; die vom Polit-Stellvertreter geleiteten Polit-Gruppen in den Regimentern; die Stellvertreter des Bataillonskommandeurs für politische Arbeit; die Stellvertreter des Kompaniechefs für politische Arbeit. Die Politarbeiter, die als Offiziere tätig sind, erhalten eine Sonderausbildung an der Militärpolitischen Hochschule „Wilhelm Pieck". Diese Schule, 1956 als Politoffiziersschule von der KVP übernommen und 1962 aufgelöst, wurde im Februar 1968 als „Schule des Ministeriums für Nationale Verteidigung zur Heran- und Weiterbildung von Polit- und Parteikadern" neu gegründet und im März 1970 als Hochschule konstituiert. Im Oktober 1972 erhielt sie ihren jetzigen Namen.

Der Politischen Hauptverwaltung der NVA obliegt die Leitung der Parteiorganisation der SED in der NVA. Diese wird von allen Offizieren, Unteroffizieren und Soldaten, die Mitglieder der SED sind, gebildet. Sie hat den Rang einer Bezirksparteiorganisation, die Politische Hauptverwaltung den einer Bezirksleitung. Der Leiter der PHV ist somit Stellvertreter des Ministers für Nationale Verteidigung sowie 1. Sekretär der PO der SED in der NVA. Auf der Ebene der Militärbezirke und Divisionen existieren Parteikreise mit dem Status einer SED-Kreisleitung; sie werden von einem Sekretariat unter Leitung des 1. Sekretärs und Leiters der Politischen Verwaltung angeleitet. Ihnen unterstehen die Regimentsparteiorganisationen, in denen Bataillone mit Parteigrundorganisationen vorhanden sind. Die kleinste Einheit ist die von einem ehrenamtlich tätigen Sekretär geleitete Parteigruppe in den Kompanien.

Die Arbeit der Parteiorganisationen erstreckt sich vorwiegend auf den Bereich der politisch-ideologischen Schulung, auf die Durchsetzung der Parteibeschlüsse in der militärischen Praxis und auf die Initiierung und Führung des Wettbewerbs, den es seit 1959 als „Bestenbewegung" und seit 1961, begründet durch den Wettbewerbsbefehl des Ministers für Nationale Verteidigung, als ständige Mobilisierung, als Kampagne zur Ausnützung aller persönlichen und materiellen Reserven zwecks Erfüllung der Aufgaben im Militärbereich gibt.

Besonderes Augenmerk richtete die SED auf die klassenmäßige Zusammensetzung des Offizierskorps, die ihr als Garantie der Zuverlässigkeit der NVA gilt. Während 1956 bereits 79,5 v. H. der Offiziere Mitglieder der SED waren, wird ihr Anteil seit 1969/1970 konstant mit 98 v. H. angegeben. Als Grundpfeiler sozialistischer Staatsordnung sichert die SED mit dieser Kaderpolitik ihre führende Rolle auch in der Armee, die damit einer strikten politischen Kontrolle unterworfen ist.

Nationaler Kompromiß: → **Nation und nationale Frage.**

Nationaler Verteidigungsrat der DDR: Durch Gesetz vom 10. 2. 1960 (GBl. I, S. 89) errichtete die → **Volkskammer** den NVR. Im Falle des inneren oder äußeren Notstandes erhält er alle legislativen und exekutiven Vollmachten. Nach Art. 73 der Verfassung der DDR (unverändert in der Fassung vom 7. 10. 1974) organisiert der Staatsrat „die Landesverteidigung mit Hilfe" des NVR. Weitere Aufgaben können dem NVR. „die Volkskammer oder ihr Präsidium übertragen". Sein Vorsitzender, im Verteidigungsfall Oberbefehlshaber aller → **bewaffneten Kräfte** der DDR, wird von der Volkskammer (Art. 50, unverändert in der Fassung vom 7. 10. 1974) gewählt, seine (12) Mitglieder aber werden seit seiner Gründung (12. 9. 1960) vom Staatsrat (Art. 73, Abs. 2) berufen. Ihm (wie der Volkskammer) gegenüber sind sie auch für ihre Tätigkeit verantwortlich. Die Namen der 1963 berufenen Mitglieder des NVR. wurden nicht bekanntgegeben.

Vorsitzender des NVR. war seit seiner Gründung bis Juni 1971 der Vorsitzende des Staatsrates, W. Ulbricht, Sekretär war E. Honecker. Am 24. 6. 1971 wurde, nach Ablösung Ulbrichts, der Erste Sekretär des ZK der SED, E. Honecker, von der Volkskammer zum Vorsitzenden des NVR. gewählt. Sekretär ist gegenwärtig Gen.-Leutnant F. Streletz. Zu den Mitgliedern des NVR. dürften ferner u. a. der Vorsitzende des Staatsrates, W. Stoph, der Vorsitzende des Ministerrates, H. Sindermann, die Minister für Auswärtige Angelegenheiten, des Inneren, für Nationale Verteidigung und für Staatssicherheit, Fischer, Dickel, Hoffmann und Mielke, sowie möglicherweise die Chefs der Truppengattungen gehören.

Dem NVR. unterstehen eine zentrale Einsatzleitung sowie die operativen Einsatzleitungen auf Bezirks- und Kreisebene, deren Vorsitzende stets die 1. Sekretäre der SED-Bezirks- bzw. Kreisleitungen sind. → **Notstandsgesetzgebung; Militärpolitik.**

Nationales Aufbauwerk (NAW): Im Nov. 1951 gegr.; durch die → **Nationale Front** gelenkte „Bewegung für den Aufbau der Hauptstadt → **Berlin**", die später auf das ganze Gebiet der DDR ausgedehnt wurde. Ziel war die „Förderung der Initiative aller Werktätigen Berlins und der DDR für die finanzielle und praktische Unterstützung des Aufbaus". Die Bevölkerung wurde unablässig aufgerufen, sich an Bauarbeiten und bei Enttrümmerungsaktionen freiwillig und ohne Entgelt zu beteiligen. Durch das NAW sollen öffentliche Einrichtungen wie Schulen, Kinderheime, Sportstätten, Neubauernhäuser und Wohnungen wiederhergestellt oder neu gebaut werden. Aber auch beim Bau neuer Betriebe wurden die „Aufbauhelfer" herangezogen. Arbeiter in Industriebetrieben wurden z.B. veranlaßt, im Jahr 20 oder 30 „Aufbaustunden" zu leisten. Erfüllte jemand eine solche Verpflichtung nicht, so mußte er je Stunde 1,90 Mark in bar an das NAW zahlen. In den 16 Jahren von 1951 bis 1967 seit der Gründung des NAW sollen durch die unbezahlte Arbeit von Bürgern Werte im Betrage von 6,5 Mrd. Mark geschaffen worden sein.

Seit 1960 sind die dem NAW zugewiesenen Auflagen zum Teil in die Volkswirtschaftspläne mit aufgenommen worden, d. h. die Leistung nach Feierabend wurde zum Planbestandteil. Amtlich wurde mitgeteilt, daß etwa die Hälfte der Leistungen des NAW direkt oder indirekt die reguläre Bauproduktion entlastet.

1967 wurde das NAW durch die sogenannte Torgauer Initiative fortgeführt, in deren Verlauf die Bürger durch Beteiligung am Aus- und Umbau von Wohnungen, dem Bau von Naherholungszentren, der Errichtung von Kinderkrippen und -gärten, der Schaffung von Einrichtungen im kulturellen und sportlichen Bereich sowie im staatlichen Gesundheitswesen Werte im Betrag von 2,4 Mrd. Mark geschaffen haben sollen. Ende der 60er Jahre wurde das NAW als weitgehend nicht mehr den gesellschaftlichen Erfordernissen entsprechend angesehen. An seine Stelle trat der ebenfalls von der Nationalen Front initiierte Wettbewerb „Schöner unsere Städte und Gemeinden – Mach mit!"

Nationales Dokument: → **Deutschlandpolitik der SED.**

Nationales Olympisches Komitee (NOK) der DDR: Gegründet am 22. 4. 1951 in Ost-Berlin. Sein erster Präsident war Kurt Edel. Am 8. 5. 1951 erfolgte die Ablehnung des Aufnahmeantrages des NOK der DDR durch die 45. Session des Internationalen Olympischen Komitees (IOC) in Wien. (1955 neuer NOK-Präsident [später: Dr. h. c.] Heinz Schöbel, vorher Präsident der Sektion Fußball der DDR, ab 1966 IOC-Mitglied.) Bei der 50. Session des IOC vom 13. bis 18. 6. 1955 in Paris mit 27:7 Stimmen vorläufige Anerkennung des NOK der DDR und Auflage zur Bildung gesamtdeutscher Olympiamannschaften.

Nach Ausscheidungskämpfen und von Olympiade zu Olympiade politisch immer stärker belasteten Verhandlungen zwischen den beiden deutschen NOK gab es gesamtdeutsche Mannschaften 1956 für die Winterspiele in Cortina (58 Aktive NOK für Deutschland : 18 Aktive NOK der DDR), Sommerspiele in Melbourne (138:37); 1960 Winterspiele in Squaw Valley (50:35), Reiterspiele in Stockholm (9:0), Sommerspiele in Rom (189:130); 1964 – nach insgesamt 14 NOK- und 96 Verbandsverhandlungen – Winterspiele in Innsbruck (68:49), Sommerspiele in Tokio (182:194).

Am 8. 10. 1965 bei der 63. Session des IOC in Madrid erging auf Antrag des NOK der DDR der Beschluß über die künftige Zulassung selbständiger DDR-Olympia-mannschaften, für 1968 jedoch unter gesamtdeutschen Protokollvorschriften. Am 12. 10. 1968 erfolgte bei der 67. IOC-Session in Mexiko Stadt volle protokollarische Anerkennung des NOK der DDR (ab 1972 eigene Fahne, eigenes Emblem, eigene Hymne).

Dem NOK der DDR obliegen vorwiegend außenpolitische Funktionen. Im Gegensatz zu der vom IOC geforderten „Unabhängigkeit" ist es bei allen Entscheidungen an die Weisungen der Partei- und Staatsführung gebunden. Innerhalb des → **Sports** in der DDR ist das NOK vom → **DTSB** abhängig; sportorganisatorisch, weil die Sportfachverbände nur Organe des DTSB sind und nicht selbständige und unabhängige Organisationen, sportpolitisch wegen der Führungsrolle des DTSB als „sozialistische Massenorganisation der Turner und Sportler der DDR". Die enge Verflechtung wurde durch die Präsidiumsumbildung am 16. 3. 1973 weiter personalisiert: Nachfolger Schöbels (Ehrenmitglied auf Lebenszeit) als NOK-Präsident wurde DTSB-Präsident Manfred Ewald, NOK-Vizepräsident Rudolf Hellmann (Leiter der Abteilung Sport im ZK der SED).

Nationaleinkommen: Gesellschaftliches → **Gesamtprodukt.**

Nationalhymne: Der Text der N. der DDR wurde 1949 von Johannes R. Becher geschaffen und von Hanns Eisler vertont. Ihr erster Vers lautet: „Auferstanden aus Ruinen und der Zukunft zugewandt, laß uns dir zum Guten dienen, Deutschland, einig Vaterland. Alte Not gilt es zu zwingen, und wir zwingen sie vereint, denn es wird uns doch gelingen, daß die Sonne schön wie nie über Deutschland scheint."

Da der in diesem Vers zum Ausdruck kommende Bezug zur fortbestehenden Einheit der deutschen Nation seit Anfang der 70er Jahre der Politik der SED in der nationalen Frage widerspricht, ist gegenwärtig die DDR der einzige Staat in der Welt, in dem bei offiziellen Anlässen der Text der N. nicht mehr gesungen, sondern nur noch die Musik gespielt wird. → **Nation und nationale Frage.**

Nationalismus: → **Nationalkommunismus.**

Nationalitätenpolitik: → **Sorben.**

Nationalkomitee Freies Deutschland (NKFD): Gegründet am 12./13. 7. 1943 mit sowj. Planung und Unterstützung in Krasnogorsk bei Moskau. Führende kommun. Emigranten aus Deutschland (Ackermann, Becher, Herrnstadt, Hoernle, Matern, Pieck, Ulbricht, die Schriftsteller Bredel und Weinert) bewogen – Monate nach Stalingrad – kriegsgefangene deutsche Offiziere und Soldaten dazu, ein Manifest an die Wehrmacht und das deutsche Volk zu unterzeichnen, in dem zum Widerstand gegen Hitler, zur sofortigen Beendigung des Krieges und für ein freies und unabhängiges Deutschland aufgerufen wurde. Als führendes Organ der Bewegung „Freies Deutschland" wählte die Konferenz ein Nationalkomitee aus 38 Personen, Präsident wurde Erich Weinert. Das NKFD sollte einerseits den Widerstand gegen Hitler koordinieren, andererseits setzte die so-

wjetische Führung das NKFD bei der Kriegführung gegen Deutschland ein. Das Komitee gab die Zeitung „Freies Deutschland" heraus und leitete den Sender „Freies Deutschland". Neben der Arbeit in Kriegsgefangenenlagern schickte das NKFD an einige Abschnitte auch „Frontbevollmächtigte". Es wurde im November 1945 aufgelöst. Zahlreiche Mitglieder wurden damals auf „Antifaschulen" ausgebildet, sie übernahmen später Funktionen in der DDR.

Am 13. 9. 1943 wurde als Nebenorgan des NKFD der **Bund Deutscher Offiziere** gegründet, dessen Mitglieder später ebenfalls in der DDR (bei der Organisierung der NDPD, beim Aufbau der Kasernierten Volkspolizei) eine Rolle spielten. → **Arbeitsgemeinschaft ehemaliger Offiziere.**

Nationalkommunismus: Der N. gilt im „sozialistischen Lager" als „rechte" Abweichung von den Grundprinzipien des **„proletarischen"** bzw. „sozialistischen → Internationalismus",** dem bei der Gestaltung der Beziehungen zwischen den sozialistischen Ländern der absolute Vorrang eingeräumt wird.

Dem N. wird vorgeworfen, er stelle die Interessen des eigenen Landes (oder einer kommunistischen bzw. sozialistischen Partei) über die des „sozialistischen Lagers", überbewerte die „nationalen Besonderheiten" und unterschätze die für alle Länder in gleicher Weise geltenden „allgemeinen Gesetzmäßigkeiten" beim Aufbau des Sozialismus.

N., im Sprachgebrauch der DDR häufig mit „Nationalismus" umschrieben, wird als systemgefährdend angesehen, wenn seine Vertreter eine teilweise oder gar völlige politische Unabhängigkeit von der UdSSR anstreben, bzw. die Führung der KPdSU Anzeichen dafür zu erkennen glaubt. Der Vorwurf des N. wird auch indirekt erhoben, wenn die Partei- und Staatsführung einer kommunistischen Partei bzw. eines sozialistischen Landes die Prinzipien der Souveränität und Nichteinmischung überbetont oder die führende Rolle der KPdSU im → **sozialistischen Weltsystem** nicht uneingeschränkt akzeptiert.

Dem Vorwurf des N. kann sich die Parteiführung eines sozialistischen Landes aussetzen, wenn sie z. B.: bestimmte Integrationsmaßnahmen im Rahmen des → **Rates für Gegenseitige Wirtschaftshilfe** ablehnt, weil sie davon Nachteile für die Entwicklung der eigenen Wirtschaft erwartet,

eine stärkere Beteiligung an den militärischen Entscheidungen im Rahmen des Warschauer Paktes fordert,

im sowjetisch-chinesischen Konflikt nicht eindeutig für Moskau Partei ergreift, bzw. einer Verurteilung der chinesischen kommunistischen Partei nicht zustimmt und eine vermittelnde Position anstrebt,

auf gesellschaftspolitischem Gebiet vom sowjetischen Grundmodell, bzw. von den „sowjetischen Erfahrungen" beim Aufbau des Sozialismus zugunsten stärkerer Berücksichtigung nationaler Besonderheiten so weit abweicht, daß davon Rückwirkungen auf andere sozialistische Länder befürchtet werden, die die „Einheit" und Geschlossenheit des Blocks gefährden könnten.

Vor, während und nach allen bisherigen größeren Krisen im sowjetischen Einflußbereich, d. h.:

beim „Abfall" d. h. Ausschluß Jugoslawiens aus dem Ostblock 1948,

bei den stalinistischen „Titoisten"-Prozessen 1948–1954 in allen Volksdemokratien,

bei den Volksaufständen 1956 in Polen und Ungarn, gegenüber Rumänien seit etwa 1962 bis in die Gegenwart,

zur Rechtfertigung der militärischen Aggression gegenüber der ČSSR durch Truppen des Warschauer Paktes 1968

wurde von orthodoxen Kräften innerhalb der kommunistischen bzw. sozialistischen Parteien im „sozialistischen Lager" gegen die „Schuldigen" u. a. der Vorwurf erhoben, sie hätten nationalkommunistische Vorstellungen zu verwirklichen gesucht. Der Vorwurf des N. dient damit der Sicherung der Vormachtstellung der UdSSR innerhalb ihres Hegemonialbereiches.

Die zunächst mit Duldung der KPdSU in den Volksdemokratien nach 1945 geführte Diskussion um einen „besonderen Weg zum Sozialismus" wurde nach dem Ausschluß Jugoslawiens aus dem Block offiziell abgebrochen, ohne daß die damit verbundenen ideologischen und praktisch-politischen Nachwirkungen verhindert werden konnten.

Angesichts der ungelösten nationalen Frage in Deutschland erhielt das Problem des N. für die SED besondere Bedeutung, da es stets die Frage einschloß, ob Tempo und Umfang einer sozialistisch-kommunistischen Umgestaltung in einem nationalen Teilstaat, der DDR, ohne Rücksicht auf die Entwicklung im anderen deutschen Staat, der Bundesrepublik Deutschland, bestimmt und durchgeführt werden kann.

Überlegungen dieser Art – ob nicht die „sozialistische Revolution" in der DDR zugunsten des Offenhaltens gesamtdeutscher (sozialistischer) Ambitionen verlangsamt werden solle – wurden durch die SED-Führung unter W. Ulbricht mit der Ausschaltung der Gruppe um den Philosophie-Dozenten W. Harich (1957) und das Mitglied des Politbüros K. Schirdewan (1958) endgültig eine Absage erteilt. Sie haben seitdem innerhalb der Parteiführung der SED keine Rolle mehr gespielt. Gegenwärtig gehört die SED zu den Parteien, die bei der Verurteilung des N. ohne Einschränkung den sowjetischen Standpunkt unterstützen.

Nationalpreis: → **Auszeichnungen.**

Nationalrat: → **Nationale Front.**

Naturschutz: Mit dem N. soll die natürliche Umwelt des Menschen erhalten und nach Möglichkeit verbessert werden. Die Gestaltung und Pflege der Landschaft erfordert – neben der bloßen Schaffung von Erholungsgebieten, Park- und Grünanlagen in dichtbesiedelten Gebieten – den systematischen Schutz der heimatlichen Natur durch Reservate in Form von N.- und Landschaftsschutzgebieten. Den N.-Gebieten kommt neben der Aufgabe der Erhaltung bedrohter Tier- und Pflanzenarten die Funktion zu, ökologische Vergleichsanalysen und Tests über Veränderungen der Biosphäre in in-

Naturschutzgebiete der DDR

Typ	Anzahl	Fläche (ha)	(in v. H.)
Waldschutzgebiete	316	20 262	25,2
Gewässer- und Moorschutzgebiete	81	4 250	5,3
Geologische Schutzgebiete	15	784	0,9
Zoologische Schutzgebiete	76	13 474	16,7
Botanische Schutzgebiete	60	1 829	2,3
Komplexe Schutzgebiete	107	40 001	49,6
	65,5	80 600	100,0

Quelle: „Mensch und Umwelt", Sonderheft der Urania, Berlin (Ost) 1972, S. 96.

tensiv genutzten Landschaften zu ermöglichen. Die Landschaftsschutzgebiete dienen weitgehend der Erhaltung der Volksgesundheit, es handelt sich dabei auch um Landschaftsteile von hervorragender Schönheit, die gegen verunstaltende Eingriffe geschützt werden sollen. Anfang 1972 bestanden in der DDR 655 N.-Gebiete mit einer Gesamtfläche von 80 600 ha, das entspricht 0,74 v. H. des Gesamtgebietes der DDR. Davon sind 6 600 ha Totalreservate ohne jegliche menschliche Beeinflussung. Der überwiegende Teil unterliegt dagegen

Landschaftsschutzgebiete und Naturschutzgebiete in der DDR

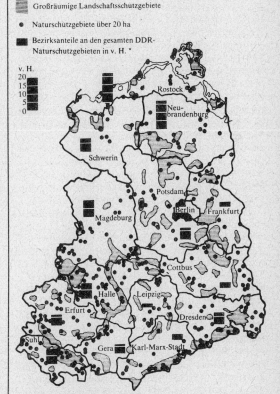

Großräumige Landschaftsschutzgebiete

● Naturschutzgebiete über 20 ha

■ Bezirksanteile an den gesamten DDR-Naturschutzgebieten in v. H. *

* Gesamtnaturschutzgebiete der DDR = 100

Quelle: Mensch und Umwelt, Sonderheft der Urania, Berlin (Ost) 1972.

einer zweckdienlichen Pflege. Eine Aufteilung der N.-Gebiete nach Kategorien läßt erkennen, daß fast die Hälfte auf komplexe Schutzgebiete, d. h. solche mit einer vielfältigen Naturausstattung, entfällt. Ein Viertel der Gebiete sind Waldschutzgebiete und ca. 17 v. H. Zoologische Schutzgebiete. Das größte der N.-Gebiete ist das „Ostufer der Müritz" (über 5000 ha). Relativ große Reservate liegen in den Mittelgebirgen (so der „Brocken-Oberharz", das „Vessertal") sowie in den Nordbezirken. An Waldflächen umfassen die N.-Gebiete ca. 1,5 v. H. der Gesamtwaldfläche der DDR.

Zu den Landschaftsschutzgebieten rechnen knapp 18 v. H. des Gebietes der DDR. In der Regel handelt es sich dabei um landschaftlich reizvolle und schöne Erholungsgebiete. Hierzu rechnen Teile der Ostseeküste, die Insel Rügen, Teile der mecklenburgisch-brandenburgischen Binnenseen, Gebiete des Erzgebirges, des Thüringer Waldes und des Harzes (vgl. Schaubild). In diesen Gebieten dürfen Betriebe der Industrie und des Bauwesens zwar tätig werden, jedoch sind sie verpflichtet, bei allen Produktions- und Investitionsmaßnahmen für entsprechende Maßnahmen zur Sicherung des Erholungswertes der Gebiete Sorge zu tragen.

NAW: Abk. für → **Nationales Aufbauwerk.**

NDPD: Abk. für National-Demokratische Partei Deutschlands. Bildung des Gründungsausschusses am 21. 4. 1948. Zulassung durch die → **SMAD** am 16. 6. 1948. Trat am 19. 6. 1948 mit „Grundthesen und Forderungen" an die Öffentlichkeit, zu denen u. a. gehörte: Einheit Deutschlands, Sicherung der Existenz des Mittelstandes, Förderung von Handel und Gewerbe, Wiedereingliederung des ehemaligen Berufsbeamtentums, Beendigung der Diskriminierung aller kleinen Nazi-Parteigenossen, Bodenreform und Enteignung der Konzerne und Trusts. Im Rahmen der → **Bündnispolitik** der SED hatte die NDPD die Aufgabe, ehemalige NSDAP-Mitglieder und Offiziere in die neue Ordnung einzugliedern und das ihr zuströmende Potential nicht der → **CDU** und → **LDPD** zukommen zu lassen. Die NDPD konzentrierte sich auf die gleichen sozialen Schichten wie die beiden anderen bürgerlichen Parteien und unterschied sich auch programmatisch nur wenig von diesen. Ihre Spezifik lag in der Funktion, durch Umerziehung ehemals nationalistischer Kräfte und die Integration des Bürgertums und Kleinbürgertums die Basis des Bündnissystems zu erweitern. Nach außen, speziell gegenüber der Bundesrepublik Deutschland, hatte die NDPD zu demonstrieren, daß soziale Gruppen und Schichten außerhalb der Arbeiterklasse auch im Sozialismus eine gesicherte Existenz haben.

Auf ihrem X. Parteitag im April 1972 schloß sich die NDPD, der viele Komplementäre, private Unternehmer und Handwerker angehören, der bereits vom XI. LDPD-Parteitag im Februar 1972 erhobenen Forderung an, private und halbstaatliche Betriebe in VEB umzuwandeln. Der gegenwärtige Mitgliederstand beträgt 80000 (1975). Die NDPD stellt über 9000 Abgeordnete und Nachfolgekandidaten in den Volksvertretungen; ihrer Volkskammerfraktion gehören 52 Abgeordnete

an. Aufbau und Tätigkeit der Partei beruhen auf dem demokratischen Zentralismus, ihre Gliederung auf dem Territorialprinzip. Höchstes Organ ist der Parteitag, der den Hauptausschuß wählt. Dieser wählt den Parteivorstand zur politischen Leitung der Partei zwischen seinen Tagungen und das Sekretariat zur Durchführung der laufenden Arbeit. Gegenwärtiger Vorsitzender (1975): Prof. Dr. Heinrich Homann. Zentralorgan: „National-Zeitung". Außerdem gibt die Partei 5 Bezirkszeitungen und die Monatsschrift „Der nationale Demokrat" heraus.

Neokolonialismus: Im Sprachgebrauch der SED spezifische Methode „imperialistischer" Politik, mit der die „kapitalistischen Staaten" die Unabhängigkeit der ehemaligen Kolonien vor allem „durch ihre selbstsüchtige ökonomische Politik" wieder aufheben, bei der die Wirtschaft der Entwicklungsländer erneut in Abhängigkeit gebracht werden soll (→ **Entwicklungshilfe**). N. betreibt nach Auffassung der SED auch die Bundesrepublik Deutschland.

Nettogewinnabführung: Vom Nettogewinn (= Gewinn minus Produktionsfondsabgabe), den VEB, Kombinate oder VVB in einer Periode erwirtschaftet haben, müssen sie einen bestimmten Teil – meist über die → **VVB** – an den Staatshaushalt abführen. Diese N. (→ **Steuern**) ist eine der wichtigen Einnahmequellen des → **Staatshaushaltes**.

Im Gegensatz zum Zeitraum von 1963 bis 1967, als nur der nach Abzug der planmäßigen Gewinn-Verwendung durch VEB und VVB verbleibende Gewinn als Nettogewinnabführung an den Staatshaushalt überwiesen wurde, mußten die VVB-Zentralen und Betriebe ab 1968 normativ festgelegte N. an den Staat leisten. Diese bestanden in den für die einzelnen VVB und deren Betriebe stark differenzierten und in den Jahren 1969 und 1970 gleichbleibenden Prozentanteilen des Nettogewinns – bei Berücksichtigung jährlicher Mindestbeträge. Ab 1971 sollten neue, für fünf Jahre geltende Abführungssätze gebildet werden, ohne daß es jedoch wegen der Rezentralisierungsmaßnahmen von Ende 1970 dazu kam. Mit dieser Differenzierung der Sätze der N. versuchte der Staat eine Steuerung der Entwicklung der Industriezweige in Richtung der von ihm aufgestellte Strukturziele zu erreichen. Dabei sollte die Höhe des → **Gewinns** Leistungsmaßstab sein und die Höhe der N. dort starke Minderungen des Aktionsradius der dezentralen Produktionseinheiten bewirken, wo deren Entwicklungsrichtungen nicht der staatlich angestrebten Struktur entsprachen.

Für den Betrieb war in der NÖS-Periode entscheidend, daß von dem um die N. verminderten Nettogewinn nach der planmäßigen Tilgung und Finanzierung von Krediten sowie der Bildung seiner → **Fonds** noch ein möglichst großer Restgewinn verblieb, mit dem er – bei Ausnahme einiger staatlich festgelegter Projekte – seine Investitionstätigkeit weitgehend frei bestimmen konnte. Je größer (kleiner) die N. war, desto geringer (höher) wurde dieser Restgewinn und damit der betriebliche Aktionsspielraum. Die N. ist grundsätzlich im Gewinnverwendungsfonds der VVB-Zentrale erfaßt worden. Daraus flossen dann bestimmte Gewinnanteile an den Staatshaushalt. Mit dem bei der VVB-Zentrale verbleibenden Teil sind Gewinnumverteilungen innerhalb der VVB zur Förderung wichtiger Strukturziele durchgeführt worden: Einerseits wurden solchen Betrieben des VVB-Verbandes Mittel gewährt, deren Gewinnerzielung zur planmäßigen Finanzierung der Betriebsausgaben nicht ausreichte; andererseits finanzierte die VVB-Leitung in eigener Regie durchgeführte Investitionsprogramme sowie sonstige Konzernaufgaben, soweit sie nicht durch Mittel aus der VVB-Umlage bezahlt wurden.

Ab 1971 wurden mit der Rezentralisierung sowohl die Investitionsentscheidungen wieder in die Hand staatlicher Instanzen gelegt, als auch der zu erwirtschaftende Nettogewinn zur staatlichen Plankennziffer erhoben. Damit konnte die Gewinnabführung auf die Vorgabe absoluter, branchenweise unterschiedlicher N.-Beträge geändert werden, die 1971 auch bei Nichterreichen des Plangewinns voll zu zahlen waren. Da die Betriebe bei Unterschreitung des Soll-Gewinns erheblichen Finanzierungsschwierigkeiten gegenüberstanden, wurde 1972 eine Erleichterung bei der N. gewährt: 30 v. H. der Unterschreitung des Plangewinns durften gekürzt werden. Seit 1973 traten noch weitere Lockerungen ein: Sowohl die N. als auch die Plankennziffer für den Nettogewinn dürfen bei der Planausarbeitung als Berechnungskennziffer behandelt werden, die sich indirekt aus anderen verbindlichen Plankennziffern ergibt. Bei Unterschreiten des Soll-Gewinns dürfen nunmehr 50 v. H. des Gewinnunterschreitung von der N. gekürzt werden. Bleibt der Ist-Gewinn allerdings noch unter diesem verminderten Gewinnabführungssoll, so ist er voll abzuführen und die Differenz als → **Finanzschuld** im darauf folgenden Jahr zu tilgen und bis dahin mit 5 v. H. zu verzinsen.

Bei Übererfüllung des Soll-Gewinns müssen die Betriebe und Kombinate einen einheitlichen Abführungssatz von 50 v. H. des Mehrgewinns zahlen.

Der VVB kommt nach wie vor die Funktion zu, aus ihrem – aus betrieblichen N.-Beträgen gespeisten – Gewinnfonds, neben der Abführung an den Staatshaushalt, Gewinnumverteilungen innerhalb der VVB durchzuführen und über den Reservefonds bestimmte Rationalisierungsmaßnahmen durchzusetzen. Dasselbe gilt auch für die Kombinatsspitze und deren Gewinnfonds im Verhältnis zu den ihr unterstehenden Kombinatsbetrieben.

Der Charakter der N. hat sich seit der Rezentralisierung gewandelt. Denn nunmehr ist die Erfüllung der geplanten mengenmäßigen und wertmäßigen Produktionsziele stark mit der finanziellen Planung verknüpft: Bei Nichterreichen der Produktionsziele treten wegen der Unterschreitung des Soll-Gewinns deutliche Schwierigkeiten in der Finanzierung der betrieblichen Aufgaben ein, die zwar durch die dann vorgesehenen Minderungen der N. abgeschwächt wurden, aber dennoch immer weiter bestehen. Als strukturpolitisches Instrument ist die N. zwar noch immer wirksam, ihre Bedeutung ist aber geschwächt, denn die Strukturpolitik vollzieht sich nunmehr wieder durch reale Planvorgaben. Die N. soll allerdings die staatlichen Strukturziele auf der Seite der finanziellen Planung unterstützen – eine Zielsetzung, die wiederum nicht unterschätzt werden sollte.

Netzplantechnik: Die N. (NPT, auch Netzwerkplanung), eine spezielle Methode der → **Operationsforschung**, ist ein Instrument der Ablauf-, Zeit-, Kosten- und Kapazitätsplanung komplexer Vorhaben bzw. Arbeitsprogramme sowie deren Steuerung und Kontrolle. Dabei wird das Gesamtvorhaben in verschiedene Teilvorgänge („Aktivitäten") aufgegliedert.

Als N. wurden die 1958 in den USA entwickelten Systeme PERT („Program Evaluation and Review Technique", deutsch: „Technik der Programmbewertung und kritische Programmprüfung") und CPM („Critical Path Method", deutsch: „Methode des kritischen Weges") bekannt. Von diesen beiden wurden in der Folgezeit einige verfeinerte Systeme abgeleitet.

In der DDR beschäftigt man sich seit etwa 1965 mit der N. Die Diskussionen vor und nach dem VII. Parteitag der SED 1967 bewirkten, daß sich die Anwendung der N. erweiterte. Zur Anwendung der N. in der Praxis kamen wesentliche Impulse von der TU Dresden, der Hochschule für Bauwesen in Leipzig und der Hochschule für Architektur und Bauwesen Weimar. Nicht zuletzt machte sich auch die → **Kammer der Technik** (KdT) um die Anwendung der N. verdient. Als Beispiele hierfür seien z. B. die Erarbeitung eines genormten DDR-Standards „Begriffe der Netzplantechnik" sowie die „Anwendungsrichtlinien der Netzplantechnik" angeführt. Die N. wird als ein wirksames Instrument der Leitung zur Qualifizierung von Leitungs- und Planungstätigkeiten angesehen. Sie ist daher nicht nur für die Wirtschaftspraxis, sondern ebenso für andere Bereiche von Bedeutung.

Neubauer: → **Genossenschaftsbauer.**

Neue Technik: → **Plan Neue Technik; Technologie; Rationalisierung; Forschung; Automatisierung.**

Neuer Kurs: Der Beschluß des 2. Parteikonferenz der SED (Juli 1952), den beschleunigten → **Aufbau des Sozialismus** durchzuführen, mußte durch den vom Politbüro der SED am 9. 6. 1953 verkündeten NK. taktisch gemildert werden. Das Politbüro sah sich zu diesem Schritt veranlaßt, als das Parteipräsidium der → **KPdSU** am 3. 6. 1953 seine (schon am 15. April geäußerte) Aufforderung zur Änderung der Taktik wiederholte. Es war keine grundsätzliche Abkehr von der bisherigen → **Generallinie**, sondern nur eine Verlangsamung des Tempos der Kollektivierung beabsichtigt. Eine Wirtschaftskatastrophe, die durch Verschärfung des Klassenkampfes, Fehlplanung und Bürokratie bevorzustehen schien, sollte vermieden, einem Verzweiflungsausbruch der Bevölkerung (→ **Juni-Aufstand**) sollte vorgebeugt werden. Der NK. fiel zeitlich mit ähnlichen Maßnahmen in der SU und in anderen → **Ostblock**-Staaten zusammen. Das Politbüro der SED empfahl am 9. 6. 1953 der Regierung: 1. Im → **Fünfjahrplan** Verminderung der Aufwendungen für die Schwerindustrie; 2. den (angeblich nicht nur vorläufigen) Verzicht auf die Ausschaltung der noch vorhandenen privatwirtschaftlichen Unternehmen, Anregung der Privatinitiative des bisher „vernachlässigten" Mittelstandes durch Steuernachlässe, kurzfristige Kredite und vermehrte Rohstoffzuteilung; 3. Milderung des Klassenkampfes gegen die Bauern, der mit Zwangseintreibung von Ablieferungsrückständen und Steuern geführt wurde; Aussetzung der Rückstände und Herabsetzung des landwirtschaftlichen Ablieferungssolls, um private Erzeugung zu steigern; 4. Verzicht auf Ausschließung des gewerblichen Mittelstandes von den Lebensmittelkarten; 5. Milderung der Arbeitsnormen und Lohnverschlechterungen, 6. Erleichterung der Rückkehr republikflüchtiger Personen, Rückgabe ihres beschlagnahmten Eigentums; 7. Erleichterung des Interzonen-Reiseverkehrs; 8. Aufhebung einiger Maßnahmen gegen die Kirchen (→ **Religionsgemeinschaften und Kirchenpolitik**).

Außerdem wurden weitere Erhöhung der Rechtssicherheit, beschränkte Amnestie, Zulassung offener Kritik und wahrheitsgemäßer Presseberichterstattung angekündigt. Entsprechende Maßnahmen blieben jedoch großenteils aus oder wurden nur unvollständig verwirklicht. Der NK. war ein vorübergehender Aufschub der verschärften Kollektivierungspolitik, der durch die kritische Lage erzwungen worden war. Am 1. 6. 1955 ließ Ulbricht auf dem 24. ZK-Plenum die taktische Lösung vom NK. fallen. Er sagte: „Wir hatten niemals die Absicht, einen solchen falschen Kurs einzuschlagen, und wir werden ihn niemals einschlagen."

Auch in der Justiz ließ eine gewisse Milderung, die ihren Niederschlag in einigen Richtlinien des Obersten Gerichts gefunden hatte, bald wieder nach. Insbesondere in der politischen Strafjustiz, in der Behandlung der → **Rechtsanwaltschaft** und in der Handhabung der Strafprozeßordnung (→ **Strafverfahren**) verschärfte sich der Kurs schnell. So mußten SED und Regierung schon auf der 3. Parteikonferenz der SED im März 1956 wieder erhebliche Verletzungen der → **sozialistischen Gesetzlichkeit** zugeben.

Neuererbewegung: → Sozialistischer Wettbewerb.

Neues Ökonomisches System (NÖS): Wirtschaftspolitische Reformkonzeption in den Jahren 1963–1967 zur Modernisierung und Rationalisierung des Wirtschaftssystems, die in wichtigen Teilaspekten auch im → **Ökonomischen System des Sozialismus** (ÖSS 1967–1970) Gültigkeit behielt. An die Stelle eines verbreiteten Praktizismus sollte ein stärker wissenschaftlich fundiertes System der Steuerung und Lenkung der Wirtschaft treten, das die zentrale Planfestlegung durch einen indirekten Steuerungsmechanismus mittels einer Reihe monetärer Leitungsinstrumente (z. B. Zins, Prämien, dynamische Preisbildung) ergänzt. Ziel war „eine gewisse Selbstregulierung" der Wirtschaft auf der Grundlage des Plans. Während die Rahmenelemente des indirekten Steuerungssystems – wie das Vertragssystem, das Prinzip der Eigenerwirtschaftung der Mittel, die Form der Kreditvergabe und die Kostenrechnung –

weiterhin wirksam sind, haben monetäre Plankennziffern als Steuerungsinstrumente seit 1970/71 beträchtlich an Bedeutung verloren. → **Phasen der Wirtschaftspolitik seit 1963**.

Neutralismus: → Neutralität.

Neutralität: Dem Begriff der N. kommen gegenwärtig im außenpolitischen Sprachgebrauch der DDR drei verschiedene Bedeutungen zu.

1. Unter N. im Kriegsfall wird – ähnlich wie in der westlichen Völkerrechtslehre – vor allem die Nichtteilnahme an einem → **Krieg** zwischen anderen Staaten, die Aufrechterhaltung friedlicher Beziehungen zu den kriegführenden Parteien und die bewaffnete Verteidigung dieser N. verstanden. Rechte und Pflichten neutraler Staaten wurden im V. und XIII. Haager Abkommen von 1907 niedergelegt.

2. Ständige N. eines Staates gilt als zeitlich unbegrenzte N. auch in Friedenszeiten und wird freiwillig oder durch einen völkerrechtlichen Vertrag festgelegt. Staaten mit ständiger N. dürfen keinen Militärbündnissen angehören, keine ausländischen Militärstützpunkte auf ihrem Gebiet dulden und müssen eine Politik treiben, die ihre Verwicklung in eine kriegerische Auseinandersetzung möglichst ausschließt. (Das Haager Abkommen gilt analog.)

In Europa haben die Schweiz (seit 1815) und Österreich (seit 1955), in Asien Kambodscha (seit 1957) und Laos (seit 1962) den Status ständiger N.

3. Von besonderer Bedeutung für die Entwicklung der internationalen Beziehungen erachtet die außenpolitische Theorie der DDR jedoch die sogenannte „aktive" oder „positive" N.

Sie soll die Außenpolitik jener jungen Nationalstaaten kennzeichnen, die beim Zusammenbruch des „imperialistischen Kolonialsystems" nach dem II. Weltkrieg und besonders nach 1960 (3. „Entkolonialisierungsphase") entstanden sind.

Nach Chruschtschows Proklamation der Prinzipien der friedlichen Koexistenz (1956) gewann der Begriff der „positiven" N. für die Einschätzung der Stellung der Staaten der Dritten Welt durch das „sozialistische Lager" zusätzliche Bedeutung.

Die Begriffsmerkmale der ständigen N. wurden um die „aktive Teilnahme am Friedenskampf", den Kampf um die „Erhaltung und Festigung der Unabhängigkeit" (antiimperialistische und antikolonialistische Außenpolitik) und die „Durchsetzung der Prinzipien der → **friedlichen Koexistenz**" erweitert. Den jungen Nationalstaaten, deren Außenpolitik diesen Grundsätzen folgt, wird der Status „positiver" N. zugesprochen. Sie werden damit in der internationalen „Auseinandersetzung der Systeme" dem „sozialistischen", bzw. von den sozialistischen Ländern geführten „Friedenslager" zugerechnet. (Eine N.-Politik, die sich demgegenüber bemüht, nicht in die Ost-West-Auseinandersetzung verwickelt zu werden und zu allen, auch den ehemaligen Kolonialstaaten, gute Beziehungen zu unterhalten, wird dagegen abgelehnt.)

„Positive" N. wird als wirksames Mittel der Veränderung der internationalen Kräfteverhältnisse angesehen, das der „Stärkung der Friedenskräfte" dient.

Für „positive" N. werden auch die Bezeichnungen „Politik der Bündnisfreiheit" oder „Nichtpaktgebundenheit" („non-alignment") gebraucht.

Der Begriff der N. darf nicht mit dem des **Neutralismus** verwechselt werden, der sprachsynonym auch für eine „prinzipienlose" politische Haltung von Individuen benutzt wird, bzw. in der internationalen Politik zur Charakterisierung von „Schaukelpolitik", von „ständigem Wechseln der Fronten" dient; Neutralismus in dieser Sicht vermeidet die eindeutige Stellungnahme zugunsten „des Fortschritts", also des „sozialistischen Lagers" und hat daher eine abwertende Färbung.

In der Deutschlandfrage wurde von der SED stets ausgeschlossen, daß ein wiedervereinigtes Deutschland politisch neutral sein könne, bzw. daß beide deutsche Staaten in der Ost-West-Auseinandersetzung (der Auseinandersetzung zwischen „Kapitalismus und Sozialismus") N. bewahren können. Dem widerspricht nicht, daß sowohl in den sowjetischen Friedensvertragsentwürfen von 1952, 1954 und 1959 als auch in den zahlreichen deutschlandpolitischen Initiativen der DDR ein militärisch neutrales, wiedervereinigtes Deutschland, bzw. nach 1955 der Status militärischer N. für beide deutsche Staaten – durch Austritt aus NATO und Warschauer Pakt – vorgeschlagen wurde. → **Außenpolitik; Abrüstung.**

NF: → **Nationale Front.**

NKFD: Abk. für → **Nationalkomitee Freies Deutschland.**

Nomenklatur: Die SED versteht unter N. ein „Verzeichnis" von Führungspositionen in Partei, Staat, Wirtschaft und anderen gesellschaftlichen Bereichen. Über diese Positionen und deren Inhaber kann nur durch die zuständige N.-Stelle entschieden werden. Die N. erfaßt alle wichtigen Funktionen und Personen der DDR-Gesellschaft und ordnet sie hierarchisch nach bestimmten Entscheidungsebenen. Sie erlaubt zugleich eine Arbeitsteilung in der Kaderpolitik (→ **Kader**), da es verschiedene N. gibt. Gegenwärtig existieren eine Haupt-N. und eine Kontroll- und Registratur-N.

1. Bei der Haupt-N. ist zwischen der N. des ZK und der nachgeordneten Parteiorgane zu unterscheiden. Zur N. des Zentralkomitees (Haupt-N.) gehören alle Minister, ihre Stellvertreter, alle Staatssekretäre, Hauptabteilungsleiter, Mitarbeiter des Zentralkomitees, die Vorsitzenden der Bezirks- und Kreisräte, die Direktoren der VVB und der Großbetriebe mit eigener SED-Kreisleitung, alle wichtigen Auslandspositionen, die hauptamtlichen Kaderleiter und die Spitzenfunktionäre in den Massenorganisationen sowie Wahlfunktionen wie Mitgliedschaft im Staatsrat, der Volkskammer und den Bezirkstagen. Ferner gehören hierzu auch die leitenden Redakteure von Zeitungen, die Fernsehens und des Rundfunks. Auch die führenden Funktionäre der Blockparteien, der sogenannten bürgerlichen Parteien, werden von der N. der Parteiführung erfaßt.

Für diesen Personenkreis liegt die letzte kaderpolitische Entscheidung beim Politbüro, dessen Beratung vom Sekretär für Parteiorgane und der Kaderabteilung des ZK vorbereitet wird.

Für wichtige Funktionen und Positionsinhaber der bezirklichen Ebene gelten die Regelungen der Haupt-N. der Parteiführung analog.

2. Die Kontroll- und Registrations-N. erfaßt alle staatlichen und gesellschaftlichen Kader, die nicht bei der Haupt-N. Berücksichtigung finden. So werden Sektionsdirektoren von Universitäten von der Kontroll-N. des zuständigen Ministeriums, Technische Direktoren eines VEB von der N. der VVB (Kaderabteilung) geführt.

Die Kaderakten dieser N.-Kader werden nicht von der Kaderabteilung ihrer Dienststelle, sondern der übergeordneten N.-Stelle betreut. Versetzungen und Entlassungen in diesem Personenkreis dürfen nur mit Zustimmung dieser, der beschäftigenden Institution in Personalfragen vorgesetzten Kaderabteilung erfolgen. Die Kaderabteilungen der Dienststellen von N.-Funktionären sind verpflichtet, alle wichtigen Vorkommnisse der zuständigen N.-Abteilung mitzuteilen und ihr regelmäßig über die Entwicklung der N.-Kader zu berichten. Grundlage der personalpolitischen Entscheidungen sind die Kaderakten der N.-Stelle entsprechend den kaderpolitischen Grundsätzen sowie dem Kaderprogramm.

Norm: → **Normung.**

Normarbeit: → **Normung.**

Normung: Bezeichnung für die verbindliche Festlegung von Vereinheitlichungen in Wirtschaft und Gesellschaft. In der Wirtschaft sind als Ergebnisse der N. zu unterscheiden: a) Standards (bzw. technische Normen), die die Vereinheitlichung von Erzeugnis und Verfahrensmerkmalen festlegen (→ **Standardisierung**); b) Aufwandsnormen, die den Arbeitsaufwand (Arbeitsnormen einschließlich der Verkaufsnormen) und den Materialverbrauch normieren (Materialverbrauchsnormen, Abschreibungsnormen); c) Bestandsnormen, die die Vorratshöhe bei Erzeugnissen bestimmen (Vorratsnormen); d) Kapazitätsausnutzungsnormen.

Im Recht werden durch N. Rechtsnormen u. -vorschriften schriftlich fixiert und bekannt gemacht. Standards und Normen sind wichtige Hilfsinstrumente der → **Planung.** → **Arbeitsnormung.**

NÖS: Abk. für → **Neues Ökonomisches System** der Planung und Leitung der Volkswirtschaft.

Notariat: Seit Inkrafttreten der VO über die Errichtung und Tätigkeit des Staatlichen N. vom 15. 10. 1952 (GBl. I, S. 1055) besteht in jedem Stadt- oder Landkreis der DDR beim Kreisgericht ein Staatliches N. In zahlenmäßig kleinerem Umfang existieren auch noch Einzelnotare, die gleichzeitig als nicht den Kollegien angehörende Rechtsanwälte tätig sind (→ **Rechtsanwaltschaft**). Neuzulassungen von Einzelnotaren erfolgen seit 1952 nicht mehr. Ein dem Anwaltskollegium beitretender Rechtsanwalt, der auch Notar ist, verliert sein N. und muß alle N.-Akten an das Staatliche N. abgeben.

Die Staatlichen Notare (keine Rechtsanwälte!), deren Mindestalter 23 Jahre beträgt, werden vom Minister der Justiz berufen und abberufen. Kontroll- und Anleitungsorgan des Staatlichen N. ist das Bezirksgericht, das sich bei dieser Tätigkeit auf ein vom N.-Instrukteur des BezG. geleitetes „Notar-Aktiv" stützt. Die Entscheidungen des Staatlichen N. wie der Einzelnotare unterliegen dem Rechtsmittel der Beschwerde, über die das Kreisgericht entscheidet. Der Justizminister kann jede Entscheidung der Notare aufheben.

Das Staatliche N., das als ein Organ der sozialistischen Rechtspflege bezeichnet wird, welches durch seine Tätigkeit im Bereich des zivilen Rechtsverkehrs zur Festigung der → **sozialistischen Gesetzlichkeit** und zur Entwicklung des sozialistischen Staats- und Rechtsbewußtseins der Bürger beitragen soll, ist zuständig für alle Testaments- und Nachlaßangelegenheiten (hier liegt in der Praxis der Schwerpunkt des Staatlichen N.), für das Beurkundungs- und Beglaubigungswesen, Hinterlegungen und Verwahrungen, Vormundschafts- und Pflegschaftssachen für Volljährige, die Abnahme von (praktisch nicht mehr vorkommenden) Offenbarungseiden sowie für die Ersetzung zerstörter oder abhanden gekommener Urkunden. Die N.-Verfahrensordnung vom 16. 11. 1956 regelt das vom Staatlichen N. zu beachtende Verfahren. Sie erlegt ihm auf, sein Amt unparteiisch auszuüben und „besonders darüber zu wachen, daß die zu seiner Kenntnis gelangenden Rechtsgeschäfte nicht gegen die Ziele der Politik der Regierung gerichtet sind, daß die Rechtsgeschäfte nicht gegen die Gesetze der DDR verstoßen" (§ 1 NotVerfO).

Notstandsgesetzgebung: Die N. umfaßt die normativen Grundlagen für Maßnahmen auf dem zivilen Sektor zur Vorbereitung einer Auseinandersetzung unter Einsatz militärischer Gewalt und regelt den Verteidigungszustand. Das Verteidigungsgesetz vom 20. 9. 1961 (GBl. I, S. 175) enthält auch die grundlegenden Bestimmungen für Maßnahmen auf dem zivilen Sektor. Die staatlichen Organe werden verpflichtet, die Bevölkerung und das gesellschaftliche, persönliche und private → **Eigentum** unter Mitwirkung der Bürger vor den Auswirkungen feindlicher Angriffe zu schützen und den geschädigten Bürgern allseitig zu helfen. Die Bürger werden verpflichtet, die staatlichen Organe bei der Erfüllung dieser Aufgaben zu unterstützen. Die Volkswirtschaft muß so geplant und geleitet werden, daß die materiellen Voraussetzungen für eine erfolgreiche Verteidigung jederzeit gesichert sind.

Die Bevollmächtigten der Dienststellen und Einheiten der → **Nationalen Volksarmee** und der anderen Bedarfsträger dürfen notwendige Erhebungen über Sachen, Grundstücke, Betriebe und Werkstätten aller Eigentumsformen durchführen, die für Zwecke der Verteidigung oder den Schutz der Bevölkerung in Anspruch genommen werden sollen. Sie können den Leistungspflichtigen Auflagen erteilen, die sichern, daß die Sachen oder Grundstücke sich im Falle der Anforderung in dem verlangten Zustand befinden. Bei Grundstücken kann die Auflage erteilt werden, daß Veränderungen

der Oberfläche unterlassen oder in einer bestimmten Weise vorgenommen werden. Im Interesse der Verteidigung können Grundstücke, wenn sie nicht durch Kauf zu erwerben sind, gegen Entschädigung in Volkseigentum überführt werden. Damit erlöschen alle Rechte an den Grundstücken. Sofern die eigenen Objekte für die Unterbringung der bewaffneten Kräfte nicht ausreichen, sind die Besitzer von geeigneten Räumlichkeiten verpflichtet, in der ihnen möglichen Weise Unterkunft zu gewähren. Festzulegen, wer Unterkunft zu gewähren hat, ist Sache der örtlichen Räte auf Ersuchen der Leiter der Dienststellen und Einheiten der Nationalen Volksarmee und der anderen bewaffneten Organe.

Für die Vorbereitung zu persönlichen Dienstleistungen sind die arbeitsfähigen Bürger durch die Räte der Kreise zu erfassen. Sie können zur Vorbereitung auf persönliche Dienstleistungen, die Spezialkenntnisse erfordern, entsprechend ausgebildet werden. Grundstücke, motorisierte Transportmittel und Straßenbaumaschinen sind auf Ersuchen des Ministers für Nationale Verteidigung für die Dauer von Übungen der bewaffneten Kräfte aus dem Volkseigentum zur Verfügung zu stellen. Nach Vereinbarung mit den örtlichen Räten können auch Grundstücke anderer Eigentumsformen für militärische Übungen benutzt werden, wenn die vorhandenen Übungsplätze nicht ausreichen. Auf Antrag der Leiter der Dienststellen und Einheiten der Nationalen Volksarmee darf im Interesse der Verteidigung der Zutritt zu bestimmten Gebieten für ständig oder für die Dauer von Übungen und Transporten von den Dienststellen der → **Deutschen Volkspolizei** verboten oder von einer Sondergenehmigung abhängig gemacht werden. Der Aufenthalt in diesen Gebieten kann ganz oder teilweise untersagt werden.

Die nach dem Verteidigungsgesetz der Nationalen Volksarmee zustehenden Leistungen können auch zugunsten der Streitkräfte der verbündeten Staaten in Anspruch genommen werden. Einzelheiten dazu regelt die VO über die Inanspruchnahme von Leistungen im Interesse der Verteidigung und des Schutzes der Deutschen Demokratischen Republik vom 16. 8. 1963 (GBl. II, S. 667). Eine Entschädigungsverordnung zum Verteidigungsgesetz vom 16. 8. 1963 (GBl. II, S. 674) sieht für Aufwendungen und Vermögensnachteile, die im Zusammenhang mit Dienst- oder Sachleistungen entstehen, bestimmte Entschädigungen vor, deren Höhe sich nach dem Zeitwert oder nach preisrechtlichen Bestimmungen richtet.

Für die Zivilverteidigung gilt das Gesetz vom 16. 9. 1970 (GBl. I, S. 289), das das Luftschutzgesetz vom 11. 2. 1958 (GBl. I, S. 121) ablöste. Danach ist die Zivilverteidigung, die als untrennbarer Bestandteil der Landesverteidigung bezeichnet wird, ein System staatlicher und gesellschaftlicher Maßnahmen, deren Organisierung die Durchführung komplexer Aufgaben auf allen Gebieten des staatlichen, wirtschaftlichen und gesellschaftlichen Lebens erfordert. Als Aufgabe der Zivilverteidigung wird bezeichnet, den Schutz der Bevölkerung, der Volkswirtschaft, der lebensnotwendigen Einrichtungen und der kulturellen Werte vor den Folgen von militärischen Aggressionshandlungen, insbesondere vor den Wirkungen von Massenvernichtungsmitteln, zu organisieren. Sie hat Maßnahmen durchzuführen, die der Aufrechterhaltung des staatlichen, wirtschaftlichen und gesellschaftlichen Lebens dienen, sowie die durch militärische Aggressionshandlungen hervorgerufenen Schäden und Störungen des friedlichen Lebens der Bürger und der sozialistischen Gesellschaft zu beheben oder zu mildern. Die Zivilverteidigung hat gleichzeitig den → **Katastrophenschutz** zu gewährleisten.

Das Zivilverteidigungsgesetz stellt sich als ein Ermächtigungsgesetz für den Staatsapparat dar. Die zentrale staatliche Führung der Zivilverteidigung obliegt dem Vorsitzenden des Ministerrates. In seinem Auftrage wird die unmittelbare Vorbereitung und Durchführung aller Maßnahmen der Zivilverteidigung durch den Leiter der Zivilverteidigung der DDR geleitet. Auf Vorschlag des Vorsitzenden des Ministerrates wurde der Minister des Inneren, der gleichzeitig Chef der Deutschen Volkspolizei ist (→ **Ministerium des Innern**), als Leiter der Zivilverteidigung durch den Ministerrat bestätigt und von dessen Vorsitzenden berufen. In den Bezirken, Kreisen, Städten, Stadtbezirken und Gemeinden sind die Vorsitzenden der örtlichen Räte (→ **Bezirk; Kreis; Gemeinde**) Leiter der Zivilverteidigung. Die Leiter der Zivilverteidigung haben die Generalvollmacht, alle erforderlichen Maßnahmen zur Verwirklichung der Aufgaben der Zivilverteidigung und des Katastrophenschutzes anzuordnen und ihre Durchführung zu sichern. Sie sind insbesondere befugt, allen Staats- und Wirtschaftsorganen, Betrieben, Einrichtungen und Genossenschaften, unabhängig von deren Unterstellungsverhältnis, sowie Bürgern Weisungen und Auflagen zu erteilen, die im Interesse der einheitlichen komplexen Vorbereitung und Durchführung der Zivilverteidigung und des Katastrophenschutzes im jeweiligen Territorium sowie zur Beseitigung oder Milderung der Folgen von Aggressionshandlungen bzw. Katastrophen erforderlich sind.

Weisungen, die in den Produktions- bzw. Arbeitsprozeß eingreifen, ergehen nach vorheriger Abstimmung mit dem zuständigen Leiter. Weisungen gegenüber Dienststellen, Betrieben und Einrichtungen des zentral geleiteten **Verkehrswesens**, der Deutschen Post (→ **Post- und Fernmeldewesen**), der → **Wasserwirtschaft**, des Bauwesens (→ **Bauwirtschaft**) und der → **Energiewirtschaft** können grundsätzlich nur mit Zustimmung der Leiter der zuständigen übergeordneten Organe erteilt werden. Gegenüber den bewaffneten Organen besteht ein Weisungsrecht nicht. Die örtlichen Volksvertretungen haben grundsätzliche Beschlüsse zur Gewährleistung der Maßnahmen der Zivilverteidigung in ihrem Territorium zu fassen. Sie organisieren im Zusammenwirken mit den in der → **Nationalen Front** vereinten gesellschaftlichen Organisationen die aktive Mitwirkung der Bürger bei der Gewährleistung ihres Schutzes sowie die Durchführung von Maßnahmen, die der Aufrechterhaltung des staatlichen, wirtschaftlichen und gesellschaftlichen Lebens bei Katastrophen und im Verteidigungszustand dienen. Die Leiter von Staatsorganen und

Wirtschaftseinheiten sind für Organisierung der Zivilverteidigung in ihren Zuständigkeitsbereichen verantwortlich.

Die Bevölkerung ist verpflichtet, aktiv an der Vorbereitung und Durchführung der Maßnahmen der Zivilverteidigung mitzuwirken. Das schließt die Teilnahme an der Ausbildung und den Übungen der Zivilverteidigung, an der Organisierung von Schutzmaßnahmen sowie an der Durchführung von Rettungs- und Hilfeleistungsmaßnahmen ein. Zur Lösung von Aufgaben der Zivilverteidigung kann eine Dienstpflicht eingeführt werden, die die im Verteidigungsgesetz vorgesehene Luftschutzdienstpflicht obsolet gemacht hat, da sie diese einschließt. Zum Dienst im Rahmen der Zivilverteidigung können Bürger vom vollendeten 16. bis zum vollendeten 65. Lebensjahr, bei Frauen bis zum vollendeten 60. Lebensjahr herangezogen werden.

Über den Verteidigungszustand hat nach Art. 52 der Verfassung grundsätzlich die → **Volkskammer** zu beschließen. Im Dringlichkeitsfall ist der → **Staatsrat** berechtigt, einen entsprechenden Beschluß zu fassen. Der Vorsitzende des Staatsrates verkündet den Verteidigungszustand. Die Verkündung ist an keine Form gebunden. Wann über den Verteidigungszustand beschlossen werden soll, hatte bereits vor Erlaß der Verfassung Art. 4 des Verteidigungsgesetzes festgelegt. Danach kann der Staatsrat – die Volkskammer wird in diesem Zusammenhang nicht erwähnt – den Verteidigungszustand erklären a) im Falle der Gefahr, b) bei Auslösung eines Angriffes gegen die DDR und c) in Erfüllung internationaler Bündnisverpflichtungen (→ **Warschauer Pakt**).

Das Verteidigungsgesetz legt auch die weitreichenden Folgen der Verkündung des Verteidigungszustandes fest. Danach kann der Staatsrat für die Dauer des Verteidigungszustandes die Rechte der Bürger und die Rechtspflege in Übereinstimmung mit den Erfordernissen der Verteidigung abweichend von der Verfassung regeln. Während des Verteidigungszustandes können von den Werktätigen auf allen Gebieten erhöhte Arbeitsleistungen gefordert werden. Jeder arbeitsfähige Bürger kann außerdem während des Verteidigungszustandes zu persönlichen Dienstleistungen auch außerhalb seines Wohnsitzes herangezogen werden, wenn es für die Verteidigung oder zum Schutz der Bevölkerung notwendig ist. Für die Dauer des Verteidigungszustandes kann der Ministerrat die Ausgestaltung der Arbeitsrechtsverhältnisse und die Arbeitsbedingungen abweichend vom GBA (→ **Arbeitsrecht**) regeln oder andere staatliche Organe damit beauftragen. Abweichend von den bestätigten Volkswirtschafts- und Staatshaushaltsplänen dürfen im Interesse der Verteidigung notwendige Umstellungen in der Produktion der gesamten Volkswirtschaft und der Verwendung der staatlichen Mittel vorgenommen sowie besondere Maßnahmen zur Leitung der Betriebe und für die Verteilung und für den Verbrauch von Rohstoffen und Erzeugnissen ergriffen werden.

Von gesellschaftlichen Organisationen, Genossenschaften, Personenvereinigungen und Bürgern können hinsichtlich der in ihrem Eigentum oder Besitz befindlichen beweglichen Sachen und Grundstücke folgende Leistungen angefordert werden: a) Ausführung, Unterlassung oder Duldung von Veränderungen; b) Unterlassung des Gebrauchs; c) Überlassung zur teilweisen oder vollständigen Nutzung oder zu Eigentum des Volkes. Von Betrieben und Werkstätten, die nicht Volkseigentum sind, können ebenfalls Dienstleistungen angefordert werden. Während des Verteidigungszustandes können die Leiter der Dienststellen und Einheiten der Nationalen Volksarmee und der anderen bewaffneten Organe in dringenden Fällen den Besitzern geeigneter Objekte die Unterkunftspflicht unmittelbar auferlegen.

Das Recht des Verteidigungszustandes zeichnet sich dadurch aus, daß 1. eine Unterscheidung zwischen einem inneren und einem äußeren Notstand nicht gemacht wird. Die Gefahr, welche den Beschluß über den Verteidigungszustand rechtfertigt, braucht nicht „drohend" zu sein und kann auch aus dem Inneren kommen, 2. das Organ, welches das Vorliegen der Voraussetzungen feststellt, im „Dringlichkeitsfalle" identisch ist mit dem Organ, dem die erhöhten Befugnisse während des Verteidigungszustandes zuwachsen, und 3. diesem Organ, dem Staatsrat, die Kompetenz zur Verfassungsänderung oder -durchbrechung ausdrücklich erteilt ist. Ob in Anbetracht seines seit dem VIII. Parteitage zu beobachtenden Funktionsverlustes der Staatsrat diese Befugnisse allerdings wirklich ausüben kann, ist schlüssig nicht zu beantworten.

Art. 73 der Verfassung der DDR (unverändert in der Fassung vom 7. 10. 1974) schreibt vor, daß der Staatsrat „die Landesverteidigung mit Hilfe des → **Nationalen Verteidigungsrates** organisiert", dessen Vorsitzender seit dem 24. 6. 1971 der Erste Sekretär des ZK der SED, E. Honecker, ist. (Von 1960 bis zu seiner Ablösung im Juni 1971 wurde diese Funktion auch von W. Ulbricht, dem damaligen Vorsitzenden des Staatsrates, wahrgenommen.)

Dem NVR. sind im Falle des Notstandes alle bewaffneten und Sicherheitsorgane, die gesamte Zivilverteidigung und das Rote Kreuz unterstellt. Ihm unterstehen sogenannte operative „Einsatzleitungen", die in allen 14 Bezirken sowie Ost-Berlin und in allen 263 Stadt- und Landkreisen der DDR existieren.

Der Art. 18 des Stationierungsvertrages vom 12. 3. 1973 zwischen der DDR und der UdSSR enthält besondere Notstandsregelungen im Zusammenhang mit den in der DDR stationierten sowjetischen Truppen.

Novemberrevolution: Der politische Umsturz in Deutschland im November 1918, der das Kaiserreich und die Dynastien der Länder beseitigte und zur parlamentarisch-demokratischen „Weimarer" Republik führte. Die N. war das Ergebnis des militärischen Zusammenbruchs und der allgemeinen Kriegsmüdigkeit. Sie wurde im wesentlichen von Soldaten (Marine und Heimattruppen) und Arbeitern durchgeführt. Die Besiegten waren Träger des Feudalsystems, doch auch die Großindustrie sah sich gefährdet und war anfangs zu Konzessionen bereit, um ihren Besitz zu erhalten. Auf-

takt bildete der Matrosenaufstand in Kiel (28.–31. 10. 1918), der auf die Großstädte übergriff. Am 7. 11. wurde in München die Republik ausgerufen, am 9. 11. in Berlin. Eine Regierung (Rat der Volksbeauftragten) von SPD und USPD übernahm die Macht. Ende 1918 wurde die radikalere USPD aus der Regierung verdrängt. Wahlen zur Nationalversammlung (19. 1. 1919) brachten die „Weimarer Koalition" (SPD, DDP, Zentrum) an die Macht, welche eine bürgerlich-parlamentarische Republik gründete. Versuche der Revolutionierung durch die äußerste Linke (Räterepubliken in München, Bremen usw.) scheiterten. Die Stabilisierung vollzog sich in restaurative Bahnen.

Die Geschichtsschreibung der DDR sieht heute in der N. eine „bürgerlich-demokratische Revolution, die in gewissem Umfang mit proletarischen Mitteln und Methoden durchgeführt wurde". Dieser Einschätzung ging eine längere Diskussion voran. Bis 1957 wurde die N. von der kommun. Geschichtsschreibung (entsprechend der These in der Stalinschen „Geschichte der KPdSU [B]") als „bürgerliche Revolution" bezeichnet. Anfang 1957 nannte Robert Leibbrand diese Charakterisierung falsch und meinte, die N. sei eine „sozialistische Revolution" gewesen, die „ihr Ziel nicht erreicht" habe. 1958 erklärten auch Albert Schreiner, Roland Bauer und andere Historiker, unter Berufung auf Lenin, Liebknecht, Luxemburg u. a., die N. sei eine „Proletarische Revolution, die eine Niederlage erlitten hat", gewesen. Doch im Juni 1958 beendete Ulbricht selbst durch einen Schiedsspruch den Meinungsstreit; seither gilt in der DDR-Geschichtsschreibung seine These, die N. sei eine bürgerliche Revolution, teilweise mit proletarischen Mitteln und Methoden durchgeführt. Hauptargument war: es habe eine „Partei neuen Typus" gefehlt, daher könne die N. keine proletarische Revolution gewesen sein. **Geschichte der deutschen → Arbeiterbewegung.**

Nuklearer Umweltschutz: Der NU. liegt vornehmlich in den Händen des → **Staatlichen Amtes für Atomsicherheit und Strahlenschutz der DDR** (StAAS.), das eng mit dem → **Ministerium für Gesundheitswesen** sowie den für die Kernforschung zuständigen Forschungsinstituten zusammenarbeitet. Hier sind vor allem das „Zentralinstitut für Kernforschung" sowie das → **Zentralinstitut für Hochenergiephysik** zu nennen. Da der Komplex Kernforschung und Schutz vor nuklearen Strahlen für den gesamten → RGW von Bedeutung ist, hat die DDR wichtigen Anteil sowohl an der → **Ständigen Kommission für die friedliche Nutzung der Atomenergie** als auch an dem als Koordinierungsinstanz für die Kernforschung der RGW-Länder fungierenden „Vereinigten Institut für Kernforschung der sozialistischen Länder" in Dubna/UdSSR.

Zu den entscheidenden Aufgaben des StAAS. gehört die Erarbeitung von Grundsätzen zum Schutz sowohl der Bevölkerung als auch der Strahlenbelastungen ausgesetzten Beschäftigten vor ionisierender Strahlung. Dazu sind bereits Mitte der 50er Jahre Verordnungen über den Umgang mit radioaktiven Stoffen (GBl. I, 1956, S. 496 f.) sowie seit den 60er Jahren „Strahlenschutzverordnungen" (GBl. II, 1964, S. 655 ff.) erlassen worden. Gegenwärtig gilt die Strahlenschutzverordnung von 1969 (GBl. II, 1969, S. 627 ff.) mit einer umfangreichen Durchführungsbestimmung (GBl. II, 1969, S. 635 ff.) und mehreren Anlagen. In diesen sind die maximal zulässigen Werte der Strahlenbelastung festgelegt: Z. B. die maximal zulässigen Dosisäquivalente für die individuelle Strahlenbelastung, die genehmigten Freigrenzen, die erlaubte Strahlenbelastung in Arbeitsräumen, in denen mit offenen radioaktiven Stoffen umgegangen wird, sowie für das Gesundheitswesen die zulässigen Werte der inneren Strahlenbelastung menschlicher Organe getrennt nach unterschiedlichen Radionukliden.

Unter *Strahlenschutz* ist die Einheit von Forschung, Überwachung, Aus- und Weiterbildung auf dem Gebiet des Strahlenschutzes sowie die Durchführung von wissenschaftlichen Untersuchungen zum Schutz des Menschen und der Biosphäre zur Erkennung von Strahlenschäden zu verstehen. Einbezogen sind aber auch die Erarbeitung und Durchführung von Maßnahmen zur Gewährleistung der Sicherheit nuklearer Anlagen einschließlich der Gegenmaßnahmen bei Eintritt außergewöhnlicher Strahleneinwirkungen.

Für die individuelle Strahlenbelastung werden 3 Personengruppen unterschieden: a) beruflich strahlenexponierte Personen, b) mit Überwachungsfunktionen beauftragte Personen und c) Personengruppen der Bevölkerung. Für jede dieser Gruppen gelten unterschiedliche Dosislimite, wobei insbesondere bei Personen, an denen strahlenmedizinische Maßnahmen durchgeführt werden, die in detaillierten Wertetabellen festgelegten Limite eingehalten werden müssen. Insbesondere soll gewährleistet werden, daß Personen im fortpflanzungsfähigen Alter, Schwangere, Kinder und Jugendliche bei strahlenmedizinischen Maßnahmen nur den niedrigsten Strahlenbelastungen ausgesetzt sind. Daneben wurden maximal zulässige Werte für die Strahlenbelastung durch Radionuklide infolge von Ingestion (Aufnahme radioaktiver Stoffe mit Nahrungsmitteln) sowie von Inhalation (Aufnahme radioaktiver Stoffe in der Atemluft) für bestimmte Zeitintervalle erarbeitet. Schließlich ist festgelegt worden, daß Rohstoffen, Halbfabrikaten und Endprodukten – wenn dies unvermeidlich ist – jeweils nur Radionuklide mit der geringsten Radiotoxität zugesetzt werden dürfen, wobei die jeweilige Konzentration vorgegebene Werte nicht überschreiten darf.

Zur Lösung des Problems radioaktiver Abfälle dient ihre zentrale Erfassung. Darüber hinaus sind je nach Höhe der Aktivitätskonzentration, Oberflächenkontamination und des Dosisleistungsäquivalents bestimmte Formen der Abfallbeseitigung vorgeschrieben. Das gleiche gilt für die Ableitung radioaktiver Abwässer. Bei der Abgabe radioaktiver Stoffe in die Atmosphäre dürfen in der Abluft bestimmte Konzentrationen nicht überschritten werden.

Vornehmlich zum Zwecke des Strahlenschutzes sind sowohl der Betrieb von Kernanlagen als auch der Verkehr mit radioaktiven Stoffen genehmigungspflichtig, wobei dem StAAS. die Strahlenschutzbauartprüfung und die Strahlenschutzbauartzulassung obliegen. Die Leiter der Institutionen, in denen radioaktive Stoffe Verwendung finden oder in denen Kernanlagen betrieben werden, sind für die Einhaltung der Strahlenschutzbestimmungen verantwortlich; sie haben entsprechende Mitarbeiter als Strahlenschutzbeauftragte zu berufen und durch das StAAS. ausbilden und prüfen zu lassen. Während der innerbetriebliche Strahlenschutz vom StAAS. durch seine „Strahlenschutzinspektion" bzw. seinen „medizinischen Dienst" kontrolliert wird, ist die Überwachung der Biosphäre drei weiteren Instituten übertragen.

Der „Meteorologische Dienst der DDR" ist mit der Überwachung der bodennahen Atmosphäre, das „Amt für Wasserwirtschaft der DDR" mit der Gewässerüberwachung betraut, und dem „Rat für Landwirtschaft und Nahrungsgüterwirtschaft der DDR" obliegt die Überwachung tierischer und pflanzlicher Produkte. Sie haben darüber allerdings dem StAAS. Bericht zu erstatten.

Alle beteiligten Institutionen sind zu laufender Strahlenschutzmessung und zur Einhaltung der Schutzbestimmungen verpflichtet und müssen im Falle des Auftretens außerordentlicher Strahlenbelastungen eine sofortige Benachrichtigung der „Strahlenschutzbereitschaft" durchführen. Solange jedoch noch keine nachhaltigen Sanktionen bei Überschreitungen der maximal zulässigen Strahlenbelastung festgelegt sind, könnten Betriebe im Falle einer dann günstigeren Kostensituation für kurze Perioden unzulässige Strahleneinflüsse zulassen. Aus diesem Grunde dürfte der Erlaß entsprechender Sanktionen für die nächste Zukunft zu erwarten sein. → **Umweltschutz.**

NVA: Abk. für → **Nationale Volksarmee.**

O

Oberbürgermeister: → **Kreis.**

Oberschulen: → **Einheitliches sozialistisches Bildungssystem,** V.

Oberste Bergbehörde der DDR: Zentrales Organ des → **Ministerrats.** Zuständig für die sicherheitstechnische Beaufsichtigung des Bergbaus sowie für die Regelung bestimmter grundsätzlicher Fragen des Bergbaus und der öffentlichen Sicherheit. Ihr obliegt u. a. die Durchführung von Maßnahmen zur Verhütung von Unfällen, Bränden, Katastrophen und sonstigen Betriebsstörungen sowie die Wiederurbarmachung der vom Bergbau beanspruchten Flächen. So wurden zwischen 1960 und 1970 von den neu aufgeschlossenen 26 000 ha ca. 16 000 ha wieder urbar gemacht. Angestrebt wird eine vorwiegend wasserwirtschaftliche Nutzung von Tagebaurestlöchern (Speicherbecken, Naherholung, Binnenfischerei). Die OB. wurde mit Wirkung vom 1. 9. 1959 aus der Technischen Bergbauinspektion gebildet. Ihr Sitz ist Leipzig. Unterstellt sind ihr 8 regionale Bergbehörden mit Sitz in Stassfurt, Senftenberg, Halle, Erfurt, Freiberg, Borna, Zwickau und Karl-Marx-Stadt. Leiter der OB. ist Heinz Dörfelt (Mitte 1974).

Oberstes Gericht: → **Gerichtsverfassung.**

Objekt: Nach sowjetischem Vorbild vielfach angewandter Ausdruck für Teile staatlicher Wirtschaftsunternehmen; z. B. sind der → **Uranbergbau** und die → **HO** nach O. gegliedert. Der Leiter eines HO-Restaurants z. B. wird als „Objektleiter" bezeichnet.

Objektivismus: Im Verständnis des → **Marxismus-Leninismus** ein von der „bürgerlichen Philosophie" vertretenes methodisches Prinzip, nach dem die entscheidende Voraussetzung jeder wissenschaftlichen Theorie Unparteilichkeit und politisch-ideologische Neutralität ist. Wissenschaftlichkeit und Parteilichkeit schließen sich, dem O. zufolge, aus. Der Marxismus-Leninismus hält dem entgegen, daß in Klassengesellschaften die Analyse und Theorie der Gesellschaft notwendig stets klassenbedingt sei. Demzufolge diene der O. vor allem der „Verschleierung des Klasseninhalts" der bürgerlichen Ideologie. → **Subjektivismus.**

Obligationen: → **Wertpapiere.**

Oder-Neiße-Grenze: Bezeichnung für die geographische Linie, die von der tschechoslowakischen Grenze dem Lauf der westlichen Neiße folgt und von deren Odermündung entlang der Oder bis südlich Stettin verläuft. Sie markiert die gegenwärtige Grenze zwischen der DDR und der Volksrepublik Polen. (Die ONG. stellt nur einen Teil der Grenze zwischen beiden sozialistischen Ländern dar; im Norden verläuft die Grenze entlang einer Linie, die südlich Stettin die Oder verläßt, westlich an der Stadt vorbei nach Norden verläuft und westlich Swinemünde die Ostsee trifft. Durch diese willkürliche Grenzziehung am Ende des II. Weltkrieges fielen auch die Städte Stettin und Swinemünde und ihr Hinterland unter polnische Verwaltung.)

Im Febr. 1945 wurde auf der Krim-Konferenz von Roosevelt, Churchill und Stalin eine Entschädigung Polens für die von der UdSSR annektierten polnischen Ostgebiete auf Kosten Deutschlands anerkannt, ohne daß Vereinbarungen über den Umfang des Gebietes getroffen worden wären. Nach Abschnitt IX des → **Potsdamer Abkommens** wurde die diesbezügliche Meinung der Provisorischen polnischen Regierung lediglich „geprüft", doch „bekräftigten die Häupter der drei Regierungen die Auffassung, daß die endgültige Festlegung der Westgrenze Polens bis zur Friedenskonferenz zurückgestellt werden solle". Ferner ergab die Potsdamer Konferenz darin Übereinstimmung, daß die in Frage stehenden deutschen Gebiete „unter die Verwaltung des polnischen Staates kommen und in dieser Hinsicht nicht als Teil der sowjetischen Besatzungszone in Deutschland betrachtet werden sollen". In der Folgezeit wurde von seiten der Westmächte bei jedem diplomatischen Anlaß der vorläufige Charakter der ONG. betont, während Polen und die UdSSR die Vereinbarungen des Potsdamer Abkommens als endgültige Regelung betrachteten. Polen paßte den Verwaltungs- und Wirtschaftsaufbau den polnischen Verhältnissen an und begann mit einer polnischen Besiedlung der ehemals deutschen Gebiete. Bemerkenswert ist u. a. die Tatsache, daß die ONG. in erster Linie ein Produkt der Diskussion zwischen den Kriegsalliierten um die polnische Westgrenze war, die ihrerseits wegen der sowjetischen Ansprüche auf ostpolnisches Gebiet nach Westen verschoben werden mußte („Westverschiebung Polens").

Die Haltung der SED zur ONG. hat sich in den letzten 25 Jahren gewandelt.

Am 16. 10. 1946 erklärte z. B. einer der beiden Vorsitzenden der SED, W. Pieck: „Wir werden alles tun, damit bei den Alliierten die Grenzfrage nachgeprüft und eine ernste Korrektur an der jetzt bestehenden Ostgrenze vorgenommen wird" (Berliner Zeitung, Nr. 243 vom 17. 10. 1946). Dagegen heißt es in der Regierungserklärung Grotewohls vom 12. 10. 1949: „Die Oder-Neiße-Linie ist für uns eine Friedensgrenze . . ." Im Abkommen der DDR mit der Republik Polen vom 6. 7. 1950 (Görlitzer Abkommen) wird die ONG. als „unantastbare Friedens- und Freundschaftsgrenze" bezeichnet und damit der Versuch unternommen, die ONG. völkerrechtlich festzulegen. Im Jahre 1970 behauptete der Erste Sekretär der SED, W. Ulbricht, mit dem Abschluß des Görlitzer Abkommens habe die SED „für alle Deutschen gehandelt".

Aus westlicher Sicht waren und sind zum Problem der ehemaligen deutschen Ostgebiete zwei Auffassungen geäußert worden:

1. Die Abmachungen der Kriegsalliierten sähen eine

endgültige Grenzregelung erst bei Abschluß eines Friedensvertrages mit Deutschland als ganzem vor. Die Entscheidung über territoriale Fragen, insbesondere über die Abtretung deutschen Gebietes, muß einem aus freien Wahlen hervorgegangenen gesamtdeutschen Souverän vorbehalten bleiben. Daher sei der Görlitzer Grenzvertrag zwischen DDR und Polen völkerrechtlich ungültig und für keine deutsche Regierung bindend. Faktische und rechtliche Gründe für eine Gebietsabtretung diesen Ausmaßes seien nicht gegeben. Diesen formalen, wenn auch völkerrechtlich schwer angreifbaren Standpunkt vertraten alle Bundesregierungen der Bundesrepublik Deutschland bis 1969, dem Jahr des Regierungsantritts der Kleinen Koalition aus SPD und FDP.

2. Die nationalen Interessen der Bundesrepublik Deutschland erforderten eine Normalisierung ihrer Beziehungen auch zu den osteuropäischen Ländern. Daher sei es aus politischen und moralischen Gründen notwendig und möglich, mit der Volksrepublik Polen – ohne Aufgabe prinzipieller Rechtsauffassungen – über eine Anerkennung der bestehenden Grenze zur DDR zu verhandeln. Das Beharren auf Rechtspositionen müsse auf Dauer die Bundesrepublik vom europäischen Entspannungsprozeß abkoppeln, sie auch im Westen isolieren

und eine Verständigung mit der DDR auf unabsehbare Zeit vertagen. Zudem erfordere die Situation um Berlin (West) einen auszuhandelnden modus vivendi mit der UdSSR, der ohne eine Verständigung mit der Regierung Polens nicht zu erreichen sei.

Die Bundesregierung unter Bundeskanzler W. Brandt und Außenminister W. Scheel unterzeichnete am 7. 12. 1970 in Warschau einen „Vertrag zwischen der Bundesrepublik Deutschland und der Volksrepublik Polen über die Grundlagen der Normalisierung ihrer gegenseitigen Beziehungen". In diesem Vertrag, als Gewaltverzichtsvertrag apostrophiert, anerkennt die Bundesrepublik (für sich), daß die bestehende Grenze, die ONG., die westliche „Staatsgrenze der Volksrepublik Polen" bildet, „unverletzlich" („jetzt und in der Zukunft") sei und beide Staaten gegeneinander keine Gebietsansprüche haben.

Damit hat die Bundesrepublik Deutschland einen Schritt getan, den die DDR schon 1950 – allerdings unter sowjetischem Druck – vollzogen hatte. Ihre prinzipielle Auffassung – daß eine gesamtdeutsche Regierung vor einem Friedensvertrag nicht durch Gebietsabtretungen gebunden werden kann – wurde davon nicht berührt. → **Deutschlandpolitik der SED.**

Öffentliche Sozialleistungen

Definition – Entwicklung – Sozialeinkommen – Leistungsgruppen

I. Definition und Abgrenzung

ÖS. sind Geldleistungen (auch Einkommensübertragungen, Sozialeinkommen) oder Sachleistungen, die von (halb-)öffentlichen Versicherungs- oder Versorgungseinrichtungen bzw. Körperschaften in gesetzlich bezeichnetem bzw. begrenztem Umfang gewährt werden, und deren Ziel darin besteht, heilende oder verhütende ärztliche Behandlung zu gewähren oder bei – auch teilweisem – Verlust des Arbeitseinkommens bzw. im Alter oder nach Tod des Ernährers den Lebensunterhalt zu garantieren oder Personen mit Familienangehörigen Zusatzeinkommen zu verschaffen. ÖS. sind in der DDR vor allem die Leistungen der Sozialversicherung (SV) des → **FDGB**, der SV bei der → **Staatlichen Versicherung der DDR**, der Versorgungseinrichtungen für Bedienstete von Bahn und Post sowie der Nationalen Volksarmee, der Volkspolizei und des Zolls, die Zusatzversorgung für Angehörige der Intelligenz, die Ehrenpensionen an Verfolgte des Faschismus und Kämpfer gegen den Faschismus sowie an besonders verdiente Staatsbürger (→ **Altersversorgung; Renten; Sozialversicherungs- und Versorgungwesen**). Weitere ÖS. sind die Unterstützungen für Mutter und Kind, die staatlichen Kinder- und Ehegattenzuschläge, Stipendien und Erziehungsbeihilfen, die Kriegsinvalidenrenten, die Leistungen der Sozialfürsorge, auch an Tuberkulosekranke, Rückkehrer und Angehörige von Wehrpflichtigen. Leistungen der

Volkssolidarität und die Leistungen aus den Kultur- und Sozialfonds (Arbeiterversorgung) der Betriebe (z. B. Werkküchenessen) sind nicht ÖS. Die Zuordnung der Zusatzversorgung für Angehörige der technischen Intelligenz ist strittig; da sie aus Betriebsmitteln finanziert wird, bleibt sie in der statistischen Betrachtung im allgemeinen unberücksichtigt. Die Verwaltungskosten gelten als ÖS.

II. Entwicklung

Die ÖS. (auch Sozialaufwand bezeichnet) haben sich von 1950 bis 1970 vervierfacht. Infolge zunehmender Rentnerzahl, erhöhter Leistungen und Erweiterung der Leistungsarten hat sich der Anteil der Einkommensübertragungen (Sozialeinkommen, d. h. Renten und Unterstützungen, Krankengeld, Barleistungen der Wochenhilfe usw.) an den ÖS. von 67 v. H. (1955) auf 74 v. H. (1960) erhöht; 1970 lag er mit 72 v. H. nur geringfügig darunter.

Die Trägerschaft der Leistungen hat sich seit 1950 nur unerheblich verändert. 1950 entfielen 73,5 v. H. der Einkommensübertragungen auf die Sozialversicherung der DDR, 1970: 80 v. H. Die Sachleistungen (Kosten der ärztlichen Behandlung, der Krankenhausbehandlung, Arzneien, Heil- und Hilfsmittel usw.) werden in noch größerem Umfang von der Sozialversicherung finanziert: nur ca. 9 v. H. (1950 3,3 v. H.) gehen unmittelbar zu Lasten des Staatshaushaltes. Insgesamt bringt die Sozialversicherung 83 v. H. der ÖS. auf, während sie in der Bundesrepublik Deutschland nur mit etwa zwei Dritteln am Sozialaufwand beteiligt ist.

Das gegenüber der Bundesrepublik Deutschland geringere Gewicht der Leistungen aus dem → **Staats-**

haushalt beruht vor allem darauf, daß die Versorgung der Beamten und Kriegsopfer durch die Sozialversicherung erfolgt.

An Sachleistungen werden durch den Staatshaushalt nur ein Teil der Sozialfürsorge (einschließlich der Einrichtungen wie Altersheime, Pflegeheime usw.) sowie die Erholungskuren der von der Sozialversicherung beim FDGB Betreuten finanziert.

III. Öffentliche Einkommensübertragungen an private Haushalte (Sozialeinkommen)

In der Entwicklung der Sozialeinkommen, die mehr als zwei Drittel der ÖS. ausmachen, werden die gleichen bestimmenden Faktoren sichtbar wie in der Bundesrepublik Deutschland: Der Anteil der eigentlichen Kriegsfolgeleistungen geht ständig zurück, doch wird dieser Rückgang durch die Zunahme der Einkommensübertragungen an Erwerbsunfähige und Alte, deren Zahl steigt, mehr als ausgeglichen. Das Leistungsniveau zeigt jedoch erhebliche Unterschiede.

Bei den Barleistungen der Krankenversicherung werden erhebliche Differenzen erkennbar, wenn man die Besonderheiten im Leistungsrecht, den unterschiedlichen Umfang der Versicherungspflicht und die geringere westdeutsche Erwerbsquote berücksichtigt. In der → **Kriegsopferversorgung** führen die wesentlich härteren Leistungsvoraussetzungen zu dem Ergebnis, daß der Aufwand für diese Gruppe nur ein Zehntel des westdeutschen Aufwands je Einwohner beträgt. Doch vor allem die Alters-, Invaliden-, Unfall- und Hinterbliebenenversorgung zeigt erhebliche Unterschiede.

Hierfür wurde – gerechnet je Einwohner im Rentenalter – ausgegeben (in Mark):

1950	830	1965	2 122
1955	1 100	1970	2 610
1960	1 751	1972	3 046

Ursache der trotz der jüngsten Rentenerhöhungen dennoch vergleichsweise niedrigen Renten ist nicht mangelnde Sorge des Staates. Sie ist Ausdruck einer Sozialpolitik, die für ÖS. nur begrenzt verfügbaren Mittel so einzusetzen, daß sie der Planerfüllung opti-

mal dienen, d. h. der (Wieder-)Aufnahme einer Arbeit förderlich und ihrer Aufgabe hinderlich sind. Da die Zahl der Rentner und ihr Anteil an der Gesamtbevölkerung auch in den nächsten Jahren wächst, werden zwar die ÖS. insgesamt weiter steigen, die Einkommen der Rentner jedoch deshalb wieder hinter der Entwicklung der Arbeitseinkommen zurückbleiben, weil auch das neue Rentenrecht keine „Rentendynamisierung" gebracht hat. Entscheidend für die künftige Entwicklung der ÖS. wird das Wirtschaftswachstum sein.

Die öffentlichen Sozialleistungen seit 1950
(in Mill. Mark) – Schätzung –

	1950	1955	1960	1965	1970
Einkommensübertragungen (Geldleistungen)					
SV beim FDGB	2 500	3 880	5 580	6 680	8 500
SV bei der DVA			785	1 115	1 570
Staatshaushalt	900	880	2 140	2 205	2 550
zusammen	3 400	4 760	8 505	10 000	12 620
Sachleistungen (einschließlich Verwaltungskosten)					
SV beim FDGB	1 450	2 115	2 470	2 915	3 770
SV bei der DVA			265	625	750
Staatshaushalt	50	240	260	340	460
zusammen	1 500	2 355	2 995	3 880	4 980
Öffentliche Sozialleistungen insgesamt	4 900	7 115	11 500	13 880	17 600

Sozialeinkommen nach Leistungsgruppen
(in Mark je Einwohner)

	1960	1970	1972
Alters-, Invaliden-, Unfall- u. Hinterbliebenenversorgung	306	503	598
Barleistungen der Krankenversicherung	71	93	111
Kriegsopferversorgung	14	20	19
Sonstige Übertragungen	103	117	117
insgesamt	494	733	845
(1960 = 100)	(100)	(150)	(171)

Öffentlicher Dienst: → **Staatsfunktionäre.**

Öffentlicher Tadel: → **Strafensystem.**

Öffentlichkeit der Gerichtsverhandlung: → **Rechtswesen, IV; Strafverfahren.**

Offiziersschulen: → **Nationale Volksarmee.**

OG: Abk. für Oberstes Gericht. → **Gerichtsverfassung.**

Ökonomik: 1. Synonym für die ökonomische Struktur einer Gesellschaftsordnung.
2. Bezeichnung für die wissenschaftliche Analyse der Entwicklung einzelner Wirtschaftszweige.

3. Bezeichnung für Teildisziplinen der sozialistischen → **Wirtschaftswissenschaft.** → **Arbeitsökonomik.**

Ökonomische Aktivs: → **Aktiv.**

Ökonomische Gesetze: → **Politische Ökonomie.**

Ökonomisches Forschungsinstitut bei der Staatlichen Plankommission (ÖFI): Wichtiges wirtschaftswissenschaftliches Forschungsinstitut. Es wurde 1960 gegründet und ist der Staatlichen Plankommission unterstellt. → **Planung; Forschung.**

Ökonomisches Grundgesetz: Nach der → **Politischen Ökonomie** ist für die Produktionsweise jeder Gesellschaftsordnung ein spezifisches, durch die jeweils herrschenden Eigentumsverhältnisse bestimmtes System von ökonomischen Gesetzmäßigkeiten kennzeichnend. Im ÖG. sollen die grundlegenden „objektiven " Entwicklungstendenzen der betreffenden Produktionsweise sowie die ihr zugrundeliegenden gesellschaftlichen Ziele und die Mittel ihrer Durchsetzung ausgedrückt sein. Demnach postuliert das ÖG. des Kapitalismus, das von Marx entdeckte Ziel der kapitalistischen Produktion sei die Erzeugung des Mehrwerts, das durch ständige Ausdehnung der Produktion, verbunden mit wachsender Ausbeutung der arbeitenden Klassen realisiert werde.

Demgegenüber konstatiert das ÖG. des Sozialismus, das Charakteristikum sozialistischen Wirtschaftens bestehe in der gesetzmäßigen „ununterbrochenen Erweiterung und Vervollkommnung der Produktion auf der Basis der führenden Technik, der sozialistischen Zusammenarbeit zur möglichst vollständigen Befriedigung der ständig wachsenden Bedürfnisse und der allseitigen Entwicklung aller Mitglieder der Gesellschaft" (Polit. Ökonomie, Berlin [Ost] 1964, S. 472). Die ökonomische Überlegenheit des Sozialismus gegenüber dem Kapitalismus wird aus der für den Sozialismus als gegeben erachteten Bewußtheit des ökonomischen Handelns geschlossen, die sich einerseits in der allmählichen Bildung kollektiven Verantwortungsbewußtseins, andererseits in einer durch den Plan „wissenschaftlich" begründeten → **sozialistischen Wirtschaftsführung** dokumentiere. Das ÖG. des Sozialismus gilt offiziell als oberste wirtschaftspolitische Richtlinie. Allerdings weisen auch führende Wirtschaftswissenschaftler der SED darauf hin, daß sich aus den allgemein gehaltenen Formulierungen des ÖG. kaum konkrete Handlungsweisungen für die gegenwärtige praktische Wirtschaftspolitik herleiten lassen (Kalweit).

Ökonomisches System des Sozialismus (ÖSS): Wirtschaftspolitische Konzeption in den Jahren 1967–1970, nach der die Weiterentwicklung des im NÖS konzipierten und partiell verwirklichten indirekten volkswirtschaftlichen Steuerungssystems mit der zentralen Planung der Wirtschaftsstruktur verbunden wurde. Die zentralen Planungsinstitutionen gewannen durch die gesonderte Planung strukturpolitischer Schwerpunktvorhaben in Industrie und Forschung Einflußmöglichkeiten gegenüber den Industriezweigen, Betrieben und Territorien. Zugleich legte das ÖSS wieder mehr Gewicht auf politisch-ideologische Fragen und die Führungsrolle der SED. → **Phasen der Wirtschaftspolitik seit 1963.**

Operationsforschung: Bei der O. handelt es sich um verschiedene Planungs- und Optimierungsmethoden, die in den USA speziell im militärischen Bereich während des II. Weltkrieges entwickelt und unter der Bezeichnung „Operations Research" bekannt wurden. Im Laufe der Zeit hat sich hieraus eine interdisziplinäre Forschungsrichtung entwickelt, die im deutschsprachigen Raum auch als Entscheidungsforschung, Unternehmensforschung oder Optimierungskunde bezeichnet

wird. Sie bedient sich der Entwicklung und Anwendung mathematischer, mathematisch-statistischer und logistischer Verfahren, um quantifizierte Entscheidungsunterlagen für diejenigen Fälle zu liefern, in denen bei einer Mehrzahl von Handlungsmöglichkeiten die optimale ausgewählt werden soll.

In der DDR befaßte man sich mit einzelnen Verfahren der O. seit Anfang der 60er Jahre. Nach dem VII. Parteitag der SED im Jahre 1967 erfuhr die O. eine starke staatliche Förderung und gewann als eine Methode der → **sozialistischen Wirtschaftsführung** vor allem in Verbindung mit der → **sozialistischen Betriebswirtschaftslehre** und der (bis zum VIII. Parteitag der SED im Jahre 1971 noch existierenden) marxistisch-leninistischen → **Organisationswissenschaft** an Bedeutung. Sie ist neben der wissenschaftlichen → **Arbeitsorganisation** (WAO), der → **Kybernetik** und der elektronischen → **Datenverarbeitung** (EDV) ein Instrument der sozialistischen Leitungswissenschaft. O., nach Honecker anläßlich des VIII. Parteitages der SED 1971, bedeutet „Anwendung wissenschaftlicher Methoden und Verfahren zur Untersuchung ökonomischer, technologischer und auch gewisser gesellschaftlicher Prozesse, ihrer Organisation und Verhaltensweise, mit dem Ziel, optimale Lösungen zu erreichen".

Eine Vielzahl von Standardmodellen der O. ist bereits theoretisch ausgearbeitet und sowohl für die Qualifizierung verschiedener Planentscheidungen in zentralen staatlichen Organen als auch in VVB, Kombinaten und Betrieben eingesetzt worden. Ihre praktische Wirksamkeit wurde bisher jedoch als „zu gering" erachtet. Daher wurde in der Direktive zum Fünfjahrplan 1971–1975 für die Grundlagenforschung die Entwicklung anwendungsreifer Lösungsverfahren gefordert. Die besondere Zielstellung für die gesamtwirtschaftliche Anwendung der O. auf der Grundlage der Forschungs- und Entwicklungsergebnisse besteht darin, einen optimalen Beitrag zur Verwirklichung der Hauptaufgaben des Fünfjahrplanes zu leisten. Darüber hinaus enthält das Komplexprogramm Festlegungen, die dazu beitragen sollen, die Effektivität von Leitungsfunktionen in den → **RGW**-Ländern durch gemeinsame Forschungen und Entwicklungen auf dem Gebiet der O. zu erhöhen.

Opportunismus: Im Verständnis des → **Marxismus-Leninismus** „bürgerlich-ideologische Strömung in der Arbeiterbewegung", die der Bourgeoisie dazu dient, die Arbeiter in das „staatsmonopolistische Herrschaftssystem" politisch und sozial zu integrieren. Der O. leugnet, wie auch der → **Revisionismus** und → **Reformismus**, die Notwendigkeit des → **Klassenkampfes** und einer revolutionären Umwälzung der kapitalistischen Gesellschaft. Schon Lenin vertrat die Ansicht, daß der O. objektiv die Arbeiterbewegung spalte. Nach dem II. Weltkrieg ist, in der Auffassung der SED, der „rechte" O. zu einer Hauptwaffe des → **Sozialdemokratismus** (in der Form antisowjetischer und antikommunistischer Aktionen) geworden. Der „linke", politisch ebenfalls gefährliche O. verabsolutiere dagegen die bewaffneten Formen des Kampfes um die politische Macht und negiere die Notwendigkeit eines „breiten demokratischen Programms". → **Maoismus.**

Opposition und Widerstand: O. bezeichnet politische Gegnerschaft, für deren legale Existenz in der DDR nach parteioffizieller Auffassung keine Basis vorhanden ist. „In sozialistischen Staaten existiert für eine O. keine objektive politische oder soziale Grundlage" (Kleines Politisches Wörterbuch, Berlin [Ost] 1973, S. 617). Der Staat soll in der DDR die Herrschaft des Volkes verkörpern und seinen Willen verwirklichen, so daß sich aus dieser Sicht jede O. gegen die Staats- und Gesellschaftsordnung der DDR prinzipiell gegen das Volk selbst richtet. O. ist daher in der DDR systemwidrig. Dieses Verständnis von O. schließt nicht aus, daß verschiedene historisch bedingte oppositionelle Bestrebungen bis in die Gegenwart hinein aufgetreten sind.

Unter den gegebenen politisch-ideologischen Voraussetzungen ist den → **Volksvertretungen** der DDR, obwohl sie sich in verschiedene Fraktionen gliedern, eine parlamentarische O. fremd. „Es darf keine verantwortungslose Opposition im Parlament der neuen deutschen Demokratie geben, die ihre ganze Funktion nur darin sieht, Obstruktion zu treiben. Es darf sich keine Partei oder Organisation, wenn sie ihre Listen zur Parlamentswahl einreicht, vor der Mitarbeit und Mitverantwortung in der Regierung drücken" (Die Verfassung der Deutschen Demokratischen Republik, mit einer Einführung von Otto Grotewohl, Berlin [Ost] 1949, S. 6). In der Geschichte der → **Volkskammer** hat sich bisher nur einmal eine parlamentarische O. formiert: am 9. 3. 1972, als bei der Abstimmung über das Gesetz über die Unterbrechung der Schwangerschaft bei 8 Stimmenthaltungen 14 Gegenstimmen gezählt wurden.

Eine außerparlamentarische O. trat am 6. 4. 1968 beim Volksentscheid über die zweite DDR-Verfassung in Erscheinung. Dem amtlichen Ergebnis zufolge verweigerten 5,51 v. H. der am Volksentscheid beteiligten Bevölkerung ihre Zustimmung. In den Industriebezirken Cottbus, Karl-Marx-Stadt und Leipzig sowie in Ost-Berlin lag der Anteil der Nein-Stimmen zwischen 7 und 9 v. H.

Oppositionelle Impulse sind wiederholt von kirchlicher Seite ausgegangen (Bischof D. Hans-Joachim Fränkel, Studenten-Pfarrer Siegfried Schmutzler). Kirchlicher O. ist auch zuzuschreiben, daß die DDR durch AO vom 7. 9. 1964 die Möglichkeit zum Wehrersatzdienst „ohne Waffe" zugestand, obwohl sie die Wehrdienstverweigerung aus Gewissensgründen nicht duldet; Kriegsdienstverweigerer können seither in besonderen Baueinheiten der → **NVA** ihren → **Wehrdienst** ableisten.

In den 60er Jahren artikulierten sich oppositionelle Stimmen im lyrischen und epischen Schaffen einzelner Literaten (Wolf Biermann, Stefan Heym, Reiner Kunze). Die Führung der SED hat sie selber zur O. stilisiert. „Das Charakteristische all dieser Erscheinungen besteht darin, daß sie objektiv mit der Linie des Gegners übereinstimmen, durch die Verbreitung von Unmoral und Skeptizismus besonders die Intelligenz und die Ju-

gend zu erreichen und im Zuge einer sogenannten Liberalisierung die DDR von innen her aufzuweichen" (E. Honecker 1965 vor dem 11. Plenum des ZK). Auch der Ost-Berliner Prof. Robert Havemann ist seit 1964 wiederholt offen in O. zur Politik und Ideologie der SED getreten, indem er bis zum Verbot in Vorlesungen an der Humboldt-Universität, später in Zeitungsartikeln und Interviews, Kritik an der stalinistischen Deformation des DDR-Sozialismus formulierte.

Oppositionelle Tendenzen innerhalb der SED sind zu verschiedenen Zeiten mit z. T. erheblicher Intensität spürbar gewesen. 1948–1950 wurde die innerparteiliche O. vornehmlich von ehemaligen Sozialdemokraten getragen, die sich der Umformung der SED zu einer stalinistischen Partei widersetzten. 1956/1957 ging O. sowohl allgemein als auch parteiintern von intellektuellen und studentischen Kreisen aus, die sich aus „revisionistischer" Motivation gegen den Kurs der SED wandten. Seine weiterstreichende Ausprägung fand der so verstandene → **Revisionismus** in der O. einer von Wolfgang Harich geführten „staatsfeindlichen Verschwörergruppe".

Das Beispiel Harich illustriert zugleich die Kriminalisierung der O. in der DDR: 1957 wurde der oppositionelle Philosophie-Dozent vom Obersten Gericht der DDR zu 10 Jahren Freiheitsstrafe verurteilt. Bis hinein in die Gegenwart haftet der O. in der DDR das „Odium des Ungesetzlichen" an. Der Oppositionelle riskiert den Konflikt mit dem Strafgesetz. O. aber schlägt in Widerstand um, wo ihr die Chance zu legaler Entfaltung genommen ist. Die Grenzen sind fließend. Spontanes Aufbegehren gegen behördliche Willkür, „illegale" Information westlicher Massenmedien über DDR-interne Vorgänge, „illegale" Verbreitung oppositioneller Flugschriften, „staatsgefährdende Gruppenbildung" und organisierte Fluchthilfe aus ideellen Motiven – das alles sind geschichtsnotorische Erscheinungen des politischen W.

Einen historischen Höhepunkt erreichten O. und W. in der DDR am 17. 6. 1953, als es zu Streiks, Demonstrationen und Aufruhr in 272 Städten und Gemeinden kam (O. Grotewohl 1953 vor dem 15. Plenum des ZK). Für die SED gilt der → **Juni-Aufstand** als „konterrevolutionärer Putsch": „Am 17. Juni 1953 gelang es Agenten der westlichen Geheimdienste und anderen gekauften Subjekten, die vor allem von West-Berlin aus massenhaft in die Hauptstadt und in einige Bezirke der DDR eingeschleust wurden, in Berlin und in einer Reihe von Orten der Republik Teile der Werktätigen zur Arbeitsniederlegung und zu Demonstrationen zu verleiten. In allen Fällen versuchten die Gruppen von Provokateuren, die Führung der Demonstrationen zu übernehmen, banditenhafte Ausschreitungen zu organisieren und Schießereien zu provozieren" (Geschichte der Deutschen Arbeiterbewegung, Bd. 7, Berlin [Ost] 1967, S. 232 f.). Die Losungen der Aufständischen lauteten durchweg „Nieder mit der Regierung", „Freie Wahlen", „Freiheit für alle politischen Gefangenen". Der im wesentlichen von der Arbeiterschaft getragene Aufstand wurde mit bewaffneter Gewalt und mit Hilfe der in der DDR stationierten sowjetischen Truppen niedergeschlagen.

Massen-W. wie am 17. 6. 1953 ist in der DDR später nicht mehr aufgetreten, obschon es punktuell zu Streiks und (in der Endphase der Kollektivierung der → **Landwirtschaft**) zu oppositionellen und regimefeindlichen Aktionen kam. „In der Zeit vom Januar 1960 bis Juni 1961 wurden von den Sicherheitsorganen der DDR über 4000 konterrevolutionäre Elemente unschädlich gemacht" (Neuer Weg, Nr. 15/1971, S. 695).

Nach dem Einmarsch von Truppen aus fünf → **Warschauer Pakt**-Staaten in die ČSSR am 21. 8. 1968 waren in Ost-Berlin und einer Reihe von Städten der DDR Protestaktionen zu beobachten.

Zusammenfassend können als Träger von O. und W. in der DDR folgende soziale Gruppen und Schichten bestimmt werden: 1. Intellektuelle, vornehmlich Philosophen, Gesellschaftswissenschaftler und Literaten; 2. aktivistische Minderheiten der jungen Generation (meist Studenten), unter ihnen sowohl Sozialisten, die auf der Suche nach einem „dritten Weg" zwischen Ost und West zur Systemkritik gelangen, als auch junge Christen; 3. Teile der politisch bewußten Arbeiterschaft, deren Denken seit Jahrzehnten in sozialdemokratischen Traditionen wurzelt oder die die herrschende Schicht als „neue Klasse" empfinden; 4. vereinzelt Entscheidungsträger des Partei- und Staatsapparates, die der sich ständig erneuernde Widerspruch zwischen Theorie und Praxis des DDR-Sozialismus zu O. und W. treibt.

Die neben der SED existierenden Block-Parteien stellen gegenwärtig ein oppositionelles Potential dar. Sie wurden in den Jahren 1949–1952 ideologisch entmündigt und politisch gleichgeschaltet. Unter der Voraussetzung einer inneren Liberalisierung der DDR können sie vielleicht einen politischen Regenerationsprozeß erfahren, aber zu einer ernsthaften Alternative zur SED fehlt ihnen die soziale Basis.

Orden: → **Auszeichnungen.**

Ordnungswidrigkeiten: Während das Strafgesetzbuch die Straftaten in Verbrechen und Vergehen unterteilt und diesen beiden Kategorien die nicht mehr zu den Straftaten zählenden „Verfehlungen" anfügt (→ **Strafrecht**), sind weitere weniger schwerwiegende Rechtsverletzungen durch das Gesetz (OWG) vom 12. 1. 1968 (GBl. I, S. 101) als O. bezeichnet. Das Gesetz definiert sie als „schuldhaft begangene Rechtsverletzungen, die eine Disziplinlosigkeit zum Ausdruck bringen und die staatliche Leitungstätigkeit erschweren oder die Entwicklung des sozialistischen Gemeinschaftslebens stören, jedoch die Interessen der sozialistischen Gesellschaft oder einzelner ihrer Bürger nicht erheblich verletzen und deshalb keine Straftaten sind". Ausdrücklich ist also klargestellt, daß es sich bei O. nicht um unter das Strafrecht fallende Straftaten handelt. Um in einem Ordnungsstrafverfahren geahndet werden zu können, müssen die Rechtsverletzungen in einer gesetzlichen Bestimmung ausdrücklich als O. bezeichnet sein.

Im O.-Gesetz sind keine O.-Tatbestände enthalten. Ordnungsstrafbestimmungen können in Gesetzen der Volkskammer, in Erlassen des Staatsrates und Anordnungen des → **Nationalen Verteidigungsrates**, in Verordnungen und Beschlüssen des → **Ministerrates** sowie (unter Beteiligung des Ministers der Justiz) in Anordnungen einzelner Minister und von Leitern zentraler Organe festgelegt werden. Alle geltenden Ordnungsstrafbestimmungen sind von Zeit zu Zeit durch den Minister der Justiz bekanntzumachen. Letztmalig ist dies mit der Bekanntmachung vom 31. 1. 1972 (GBl. II, S. 65) geschehen.

Als Ordnungsstrafmaßnahmen können angedroht werden: Verweis und Ordnungsstrafe von 10 Mark bis 300 Mark, in Ausnahmefällen bis zu 1000 Mark. Bei geringfügigen O. kann eine „Verwarnung mit Ordnungsgeld" ausgesprochen werden, wobei das Ordnungsgeld 1, 3, 5 oder 10 Mark betragen kann. Außerdem sind zusätzliche Ordnungsstrafmaßnahmen möglich, u. a. Entzug von Erlaubnissen, Einziehung von Gegenständen, Heranziehung zur gemeinnützigen Arbeit in der Freizeit. Gegen Jugendliche unter 16 Jahren darf nur eine mit Ordnungsgeld bis zu 5 Mark verbundene Verwarnung ausgesprochen werden, daneben aber auch die zusätzlichen Ordnungsstrafmaßnahmen. Für Zoll- und Devisenverstöße können durch die Dienststellen der Zollverwaltung Strafverfügungen bis zur fünffachen Höhe des Wertes der mitgeführten Gegenstände verhängt werden, höchstens jedoch bis zu 5000 Mark. Durch die Anwendung von Ordnungsstrafmaßnahmen soll der Rechtsverletzer zur künftigen disziplinierten Wahrnehmung seiner gesetzlichen Pflichten angehalten, auf ihn und andere Bürger erzieherisch eingewirkt und weiteren O. und anderen Rechtsverletzungen vorgebeugt werden (§ 13 OWG).

Die für die Verfolgung von O. zuständigen Organe werden in den einzelnen Ordnungsstrafbestimmungen jeweils genannt. Es sind dies nicht nur die Volkspolizeibehörden, sondern auch eine Reihe andere, z. B. die Gesundheitsbehörden der Bezirke und Kreise, die Leiter der Abt. und Referate „Preise" bei den örtlichen Räten, die Vorsitzenden und hauptamtlichen Mitglieder der Räte der Bezirke, Kreise, Städte und Gemeinden. Sie sollen ein Ordnungsstrafverfahren dort durchführen, wo die größte gesellschaftliche Wirksamkeit erzielt wird, vorrangig am Ort der Begehung der O. oder am Wohnsitz oder Aufenthaltsort des Rechtsverletzers. Ein Ordnungsstrafverfahren ist durch schriftliche Verfügung formell einzuleiten, dem betroffenen Bürger ist Gelegenheit zu mündlicher oder schriftlicher Stellungnahme zu geben. Der Ausspruch einer Ordnungsstrafmaßnahme erfolgt durch schriftliche Verfügung, die neben einer Begründung der Entscheidung eine Rechtsmittelbelehrung enthalten muß. Der Betroffene hat das Recht zur Beschwerde innerhalb von zwei Wochen nach Empfang oder Zustellung der Entscheidung. Die Beschwerde, die schriftlich einzulegen oder mündlich zu Protokoll zu erklären ist, hat aufschiebende Wirkung, sofern nicht die Durchsetzung der festgelegten Maßnahmen keinen Aufschub duldet. Entscheidungen von Mitgliedern des Ministerrates und von Leitern zentraler Organe unterliegen nicht der Beschwerdemöglichkeit.

O. können zur Beratung und Entscheidung an die → **gesellschaftlichen Gerichte** übergeben werden, wenn der Sachverhalt aufgeklärt und mit Rücksicht auf den Charakter und die Umstände der O. sowie die Persönlichkeit des Rechtsverletzers eine bessere erzieherische und vorbeugende Einwirkung durch das gesellschaftliche Gericht zu erwarten ist (§ 31 OWG). Insbesondere sollen solche O. übergeben werden, die in der Verletzung betrieblicher Pflichten bestehen (Konfliktkommission) oder das sozialistische Gemeinschaftsleben im Wohngebiet beeinträchtigen (Schiedskommission).

Organ: 1. Begriff, der aus der Biologie stammt und im politischen Sprachgebrauch Ausdruck eines Denkens ist, das Staat und Gesellschaft als ein nach einheitlichen Gesetzen konstituierbares und mit bestimmten Strukturen und Funktionen ausgestattetes politisch-soziales System betrachtet. Als O. werden somit alle letztlich auf eine Grundkategorie zurückführbaren Teile der verschiedenen Einheiten eines größeren Ganzen gesehen. **2.** Bezeichnung für ein publizistisches Produkt, das die offiziellen Ansichten einer Partei, einer Institution oder Organisation wiedergibt und bestimmte Funktionen im gesamtgesellschaftlichen wie innerorganisatorischen Informationssystem hat. So ist z. B. das „Neue Deutschland" Organ des ZK der SED.
In der DDR wird der Gebrauch des Begriffs nicht hinterfragt. Als O. gelten z. B. alle staatlichen Institutionen, die ihre Tätigkeit auf verliehene Verantwortung durch eine übergeordnete Dienststelle zurückführen, z. B. der Rat auf die → **Volksvertretung**. Die Hierarchisierung der O. geschieht entsprechend dem Prinzip des → **demokratischen Zentralismus** im Staatsaufbau.

Organisationswissenschaft: *1. Geschichte.* Die Wirtschaftswissenschaftliche Forschung und Praxis in der DDR wurde bis zum heutigen Zeitpunkt entscheidend von der jeweiligen Gesellschafts- und Wirtschaftspolitik geprägt. Demzufolge lassen sich für den Komplex „Organisation" und dessen wissenschaftliche Durchdringung im Rahmen einer betrieblichen Organisationslehre bzw. O. verschiedene Entwicklungskonzeptionen und Ausprägungsformen feststellen.
Ende der 40er Jahre vollzog sich in der DDR zunächst eine Distanzierung von den Konzepten der „bürgerlichen" Organisationslehre. Bei der Lösung betrieblicher Organisationsprobleme begann man sich hauptsächlich an dem in der Sowjetunion zu Fragen der Organisation entwickelten Gedankengut zu orientieren, ohne jedoch auf die bestehenden Organisationsprinzipien der abgelehnten bürgerlichen Organisationslehre zu verzichten.
Auf der Grundlage der sowjetischen Leitbilder sowie der Marxschen Analysen über die Organisation der kapitalistischen → **Produktionsweise** formte sich in der DDR nach und nach ein erstes Konzept der Betriebsorganisation. Hinsichtlich der praktischen und theoretischen Auseinandersetzung mit Fragen der Organisation gingen ohne Zweifel entscheidende Impulse von der → **Kammer der Technik** aus. Unter ihrer Leitung wurde schließlich 1959 eine der ersten bedeutenden Organisa-

tionslehren, „Grundfragen der Betriebsorganisation", veröffentlicht.
Im Mittelpunkt dieser Organisationslehre standen Grundsätze und Prinzipien, die auch heute noch bestimmend sind. Als oberster Grundsatz und Grundlage zugleich wurde das gesellschaftliche Eigentum an den Produktionsmitteln hervorgehoben. Herausgestellt wurden u. a. fernerhin das Prinzip der Einheit von politischer und wirtschaftlicher Leitung, das Prinzip des → **demokratischen Zentralismus** sowie das Prinzip der Einzelleitung und der persönlichen Verantwortung.
Auf der Grundlage dieser ersten Konzeption vollzog sich die weitere Entwicklung mit Blick auf die Herausbildung einer O. Insbesondere setzten die mit der Einführung des „Neuen ökonomischen Systems der Planung und Leitung" ausgelösten Veränderungen und Neuorientierungen der Ausbildung einer O. neue Maßstäbe. Im Rahmen der geforderten Realisierung einer wissenschaftlich begründeten Führungstätigkeit wurde insbesondere die Anwendung „moderner" Methoden und Techniken als Instrumente einer effektiveren Leitung und Organisation propagiert. Man hatte die Notwendigkeit erkannt, über den Rahmen der herkömmlichen betrieblichen Organisationslehre hinaus, neue Fragestellungen zu lösen. Diese neuen Fragestellungen ergaben sich einerseits aus unmittelbar praktischen Bedürfnissen einer umfassend geplanten Rationalisierung der Produktionsprozesse und Leitungsarbeiten auf der Grundlage der Datenverarbeitungstechnik und andererseits aus dem erkannten Zwang zu einer mehr interdisziplinären Lösung von Organisationsproblemen durch Berücksichtigung anderer Wissenschaftsdisziplinen wie der → **Kybernetik** oder der → **Operationsforschung**.
Mit der Verkündung des „Neuen Ökonomischen Systems des Sozialismus" auf dem VII. Parteitag der SED im April 1967 vollzog sich auf dem Gebiet der Wirtschaftswissenschaften eine bedeutsame Wende. Neben der geforderten Entwicklung einer sozialistischen Betriebswirtschaftslehre erfuhr auch die O. neue Anregungen. Von Ulbricht wurde zunächst zur Bezeichnung des Wissenschaftskomplexes „Organisation" die marxistisch-leninistische O. (MLO) proklamiert. Der Ausdruck „marxistisch-leninistisch" war nicht als Attribut schlechthin anzusehen, sondern sollte Zielsetzung, Wesen, ideologische Position, historische Wurzeln und methodologische Grundlagen einer mit der sozialistischen Gesellschaft verbundenen Organisation bestimmen. Als Schwerpunkte bei der praktischen Anwendung dieser marxistisch-leninistischen O. wurden unter anderem angesehen:
a) Optimale Gestaltung des Zusammenwirkens aller integrierten Teilbereiche des entwickelten gesellschaftlichen Systems des Sozialismus sowie Bestimmung von Stellung und Aufgaben der Teilsysteme bzw. Wirtschaftseinheiten (z. B. Betriebe, Kombinate).
b) Straffung der organischen Verbindung zwischen der zentralen Leitung einerseits und der eigenverantwortlichen Planung und Leitung in den einzelnen Wirtschaftseinheiten und territorialen Organen andererseits.

c) Optimale Organisation im Führungs- und Leitungsbereich.

d) Vorbereitung und Durchsetzung einer komplexen Automatisierung der Produktion, der Verwaltungsarbeit und damit auch der Aufbau von Informationssystemen und

e) Modellierung der Planung und Leitung in gesamt- und einzelwirtschaftlicher Sicht.

Um die verschiedenen gestellten Aufgaben lösen zu können, bediente sich die MLO der Modelle der Operationsforschung, der ökonomischen Kybernetik, der System- und Informationstheorie, der systematischen Heuristik, der → **Psychologie**, der → **Soziologie**, der Pädagogik sowie schließlich der **elektronischen → Datenverarbeitung** und Bürotechnik.

Die MLO gewann zunehmend an Bedeutung und wurde in den Jahren zwischen dem VII. und VIII. Parteitag der SED stark gefördert. Für sie errichtete man eigens eine „Akademie für marxistisch-leninistische Organisationswissenschaft". Betriebliche Organisationsmaßnahmen, die Ausbildung betrieblicher Organisatoren sowie die breite literarische Behandlung praktischer und theoretischer Organisationsfragen wurden ausnahmslos unter dem Leitbegriff „marxistisch-leninistische O." geführt.

2. Zur gegenwärtigen Wissenschaftskonzeption. Mit der vom VIII. Parteitag im Juni 1971 gebilligten modifizierten ökonomischen Grundrichtung wurden neue Prioritäten gesetzt. Es setzte ein verstärkter Prozeß der Rezeption und Adaption sowjetischer Erfahrungen und Erkenntnisse ein. Im Zuge dieser Veränderungen nahm die Bedeutung einzelner Wissenschaften wie z. B. die ökonomische Kybernetik, die Systemtheorie und die MLO ab. Demgegenüber gewannen Leitungsprobleme und deren Behandlung im Rahmen einer Leitungswissenschaft zunehmend an Bedeutung.

So verwundert es nicht, daß nach dem VIII. Parteitag jedwede Erwähnungen der MLO fehlten. Spätere Hinweise zum Schicksal der MLO machten dann deutlich, daß diese Wissenschaftsdisziplin im Zuge der beschlossenen Realisierung der neuen Grundrichtung der Wirtschaftswissenschaften praktisch aufgelöst worden war. Statt der MLO wurde die Wissenschaft der sozialistischen Leitung propagiert, weil „die eigentliche Aufgabe in der Leitung besteht, die die Organisation der Arbeit mit einschließt, die sämtliche Seiten der Führungstätigkeit umfaßt". Damit sollte auch die bisherige Praxis einer Höherbewertung von Organisationsproblemen gegenüber Leitungsproblemen ausgeschaltet werden.

Infolge dieser Veränderungen erhielt der Komplex „Organisation" einen völlig neuen Stellenwert innerhalb des neuen wirtschaftswissenschaftlichen Konzeptes der DDR. Sämtliche Organisationsprobleme werden nicht mehr im Rahmen einer speziellen O. behandelt. Die theoretische und praktische Auseinandersetzung mit Fragen der Organisation ist nunmehr Gegenstand der **sozialistischen → Leitungswissenschaft** (→ **Sozialistische Wirtschaftsführung**).

Innerhalb der Leitungswissenschaft werden Organisationsprobleme unter der Sammelbezeichnung „wissenschaftliche Organisation gesellschaftlicher Prozesse im

Sozialismus" (synonyme Bezeichnungen: „Nutzung der Produktivkraft Organisation im gesellschaftlichen Maßstab" sowie auch „Organisation gesellschaftlicher Arbeit") behandelt. Als besondere Teilbereiche dieses Organisationskomplexes gewinnen Wirtschaftsorganisation, Wissenschaftsorganisation und Leitungsorganisation besondere Bedeutung (vgl. hierzu auch nachfolgende Darstellung).

Wissenschaftliche Organisation gesellschaftlicher Prozesse im Rahmen der sozialistischen Leitungswissenschaft

a) *Zur Wirtschaftsorganisation.* Die Wirtschaftsorganisation stellt die rationelle und effektive Organisation der Tätigkeit des „produktiven gesellschaftlichen Gesamtarbeiters" dar. Sie ist gerichtet auf eine rationale Spezialisierung der Betriebe und Kombinate, auf die Erhöhung der Produktionsmaßstäbe gleicher bzw. gleichartiger Erzeugnisse, auf die Ausweitung der Kombinationen von Produktionsstufen sowie auf die quantitative und qualitative Höherentwicklung zwischenbetrieblicher Kooperation. Die Möglichkeiten für eine effektive Gestaltung der Wirtschaftsorganisation werden insbesondere durch die sozialistische ökonomische Integration der Mitgliederländer des → **RGW** erweitert. Im Rahmen der durch die Wirtschaftsorganisation induzierten Prozesse entwickeln sich spezifische Organisationsformen weiter, wie z. B. Betriebe, Kombinate, VVB, Kooperationsgemeinschaften u. a.

b) *Zur Wissenschaftsorganisation.* Wissenschaftsorganisation bezeichnet die Organisation des planmäßigen kollektiven Zusammenwirkens wissenschaftlich-schöpferischer Menschen mit dem Ziel, hohe wissenschaftlich-technische Leistungen zu erbringen und deren möglichst schnelle Nutzung im Produktionsprozeß zu realisieren. Als Schwerpunkt einer sozialistischen Wissenschaftsorganisation wird die enge Verbindung von Wissenschaft und Produktion herausgestellt. Ziel ist es, durch die Anwendung von Leitungs- und Planungsmethoden die Organisation der wissenschaftlich-technischen Arbeit und deren wirksame Verbindung mit der materiellen Produktion, den wissenschaftlich-technischen Vorlauf effektiv zu gestalten. Die Wissenschaftsorganisation begründet sich auf den vom „Plan Wissenschaft und Technik" vorgegebenen technisch-ökonomischen und wissenschaftlich-technischen Zielen, Aufgaben und Maßnahmen. Sie berücksichtigt darüber hinaus das „Programm der Neuerer", die „Vorgaben der Messe der Meister von Morgen" und die Arbeitsergebnisse der Kammer der Technik. Daneben erwachsen der Wissenschaftsorganisation im Rahmen der wissenschaftlich-technischen Zusammenarbeit der Mitgliederländer des RGW umfangreiche Aufgaben.

c) *Zur Leitungsorganisation.* Ein wichtiges Element der Leitungswissenschaft und Mittelpunkt der wissenschaftlichen Organisation gesellschaftlicher Prozesse ist die Leitungsorganisation. Sie stellt im weitesten Sinne die rationelle und effektive Organisation der Leitung gesellschaftlicher Arbeitsprozesse, insbesondere die Leitung des Reproduktionsprozesses und seiner Teilprozesse, dar. Die Leitungsorganisation verfolgt die zweckmäßigste Gestaltung sowohl der Leitungsprozesse als auch der Struktur des Leitungssystems und schließt dabei auch die Organisation der Verwaltungsarbeiten ein. Die Leitungsorganisation steht in enger Verbindung mit der Wirtschafts- und Wissenschaftsorganisation. So beeinflußt z. B. die Weiterentwicklung der Leitungsorganisation eine Vervollkommnung der Wirtschafts- und Wissenschaftsorganisation. Ebenso verändern wirtschafts- und wissenschaftsorganisatorische Maßnahmen die zu leitenden gesellschaftlichen Prozesse und erfordern entsprechende Veränderungen der Leitungsorganisation. Schließlich müssen gesellschaftliche Organisation und wissenschaftliche Tätigkeit als Aufgaben der Leitung angesehen werden; sie stellen bestimmte Anforderungen an die Leitungsorganisation.

Gemeinsamer Inhalt der Wirtschafts-, Wissenschafts- und Leitungsorganisation ist die rationelle Gestaltung der Vergesellschaftung der Arbeit und der Leitung des vergesellschafteten Arbeitsprozesses. Bei der Nutzung der Produktivkraft „Organisation" auf betrieblicher Ebene erlangen Wissenschafts-, Wirtschafts- und Leitungsorganisation eine besondere Bedeutung. Sie beeinflussen einerseits Maßnahmen der Betriebsorganisation und sind andererseits spezifische Ausprägungsformen der organisatorischen Tätigkeit im Betrieb.

3. *Betriebsorganisation.* Als Betriebsorganisation wird in der DDR die Organisierung des kooperativen und kollektiven Zusammenwirkens der Arbeitskräfte im Betrieb bezeichnet. Ziel soll es sein, ein reibungsloses und rationelles Zusammenwirken aller Elemente des betrieblichen Reproduktionsprozesses (Arbeitskräfte, Arbeitsmittel, Arbeitsgegenstände) zu gewährleisten sowie Reserven für die sozialistische Rationalisierung der Produktion zu erschließen und volkswirtschaftlich nutzbar zu machen.

Betriebsorganisation umfaßt den Aufbau und den Ablauf des Betriebsprozesses. Im einzelnen handelt es sich hierbei um die Gestaltung der

a) Einsatzfaktoren (Sach-, Arbeits- und Kapitalstruktur), um die Leistungsbereitschaft des Betriebes zu gewährleisten;

b) des Fertigungsablaufes (Beschaffung, Produktionsvorbereitung einschließlich der Forschung und Entwicklung, Fertigung, Absatz) und

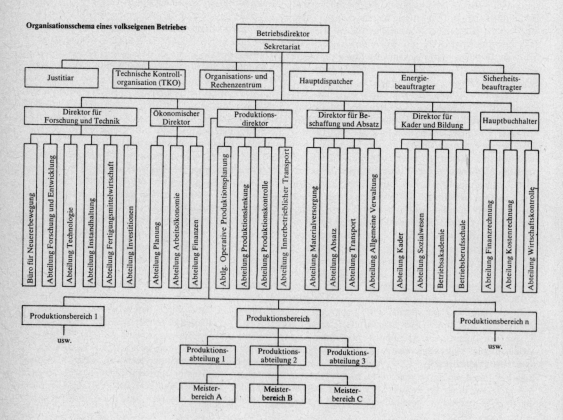

Organisationsschema eines volkseigenen Betriebes

c) der formalen Prozesse (Leitung und Planung, Information und Kommunikation, Organisation und Kontrolle).

Im Mittelpunkt der Betriebsorganisation steht die Leitungsorganisation. Sie umfaßt

a) die organisatorische Sicherung der Teilnahme der Werktätigen an der Leitung;

b) die Organisation der Entscheidungen sowie der Informationsbeziehungen und

c) die Struktur der Leitungsorgane.

Im Rahmen der Organisation der Entscheidungen und der Informationsbeziehungen ist es insbesondere Aufgabe der Leitungsorganisation, auf der Grundlage der elektronischen Datenverarbeitung (EDV) und unter Berücksichtigung der Operationsforschung sowie der ökonomischen Kybernetik automatisierte Leitungssysteme zu entwickeln. Die gegenwärtig verbindliche Leitungsstruktur eines Industriebetriebes weist verschiedene Ebenen auf. Der Betriebsleitung liegt das „Linie-Stab-System" zugrunde. Dieser Begriff deutet darauf hin, daß für jeden Verantwortungs- und Arbeitsbereich ein Leiter mit voller Verantwortung und mit Weisungsrecht („Prinzip der Einzelleitung") gegenüber den direkt unterstellten Leitern eingesetzt ist (vgl. hierzu nebenstehende Leitungsstruktur des Industriebetriebes).

Als Instrumente jeglicher betrieblicher Organisationsarbeit gelten insbesondere die elektronische Datenverarbeitung (EDV), die **wissenschaftliche → Arbeitsorganisation** (WAO), die Operationsforschung und die ökonomische Kybernetik.

Zur Durchführung aller Aufgaben einer Betriebsorganisation bestehen in größeren Betrieben und Kombinaten besondere Abteilungen für Betriebsorganisation, die ggf. dem Organisations- und Rechenzentrum (ORZ) angeschlossen sind.

4. *Zum Organisationsbegriff.* Der Begriff „Organisation" bezeichnet im weitesten Sinne eine zielgerichtete Ordnung des Ablaufes von Prozessen sowie den Aufbau von Systemen in Abhängigkeit von den Produktionsverhältnissen und dem Entwicklungsstand der Produktivkräfte. Organisation als Ausdruck einer organisierenden Tätigkeit entwickelt und stellt (als Ergebnis einer Organisationstätigkeit) eine Ordnung dar, welche Stellung, Funktion und Beziehungen der Teileelemente eines Systems sowie die Art und Weise ihres rationellen Zusammenwirkens mit dem Ziel optimaler Ergebnisse fixiert.

Örtliche Landwirtschaftsbetriebe (ÖLB): → Landwirtschaft; Agrarpolitik.

Örtliche Organe der Staatsmacht: Bezeichnung für die örtlichen Volksvertretungen und deren Organe auf der Ebene der → **Bezirke**, → **Kreise**, Städte, Stadtbezirke und → **Gemeinden**. Die Organe der Volksvertretungen sind deren Kommissionen und die örtlichen Räte, die mit ihrem Apparat den → **Staatsapparat** auf der örtlichen Ebene bilden.

Örtliche Volksvertretungen sind:

in Berlin (Ost) die Stadtverordnetenversammlung; im Bezirk der Bezirkstag; im Stadtkreis die Stadtverordnetenversammlung; im Stadtbezirk die Stadtbezirksversammlung; in der kreisangehörigen Stadt die Stadtverordnetenversammlung; in der Gemeinde die Gemeindevertretung.

Stellung, Funktion und Aufgaben der ÖO. wurden 1973 durch ein Gesetz über die örtlichen Volksvertretungen und ihre Organe in der DDR (GBl. I, S. 313) neu bestimmt.

Ostblock: → Sozialistisches Weltsystem.

Ostseeküste: → Grenze.

Ostseewoche: In Rostock seit 1958 alljährlich im Sommer von der DDR veranstaltete Festwoche, in deren Verlauf auf zahlreichen Veranstaltungen („Arbeiterkonferenzen", Parlamentariertreffen, Jugendmeetings, Frauentagungen und Sportwettkämpfen) eine angebliche Interessengemeinschaft aller Ostseeanliegerstaaten dokumentiert werden soll. Insofern hat die O. stets auch „Schaufenster"-Funktion.

Die O. diente bis 1972 der SED in erster Linie dazu, ihre Ostseepolitik zu verdeutlichen und um diplomatische Anerkennung durch die skandinavischen Länder zu werben.

Die Propagandafunktion der O. („Ostsee – ein Meer des Friedens") bestand vor allem darin, das NATO-Mitglied Bundesrepublik Deutschland als Störenfried in dieser Region anzuprangern, die DDR dagegen als „friedliebenden Staat" darzustellen.

Auf den O. der Jahre 1973 und 1974 ist dagegen von Seiten der SED insbesondere für das von der UdSSR vertretene Konzept eines europäischen Sicherheitssystems geworben, bzw. die östliche Position in den Verhandlungen der Konferenz für Sicherheit und Zusammenarbeit in Europa vertreten worden.

Ost-West-Handel: → Außenwirtschaft und Außenhandel.

P

Pädagogik: → Pädagogische Wissenschaft und Forschung; Einheitliches sozialistisches Bildungssystem.

Pädagogische Buchhandlungen: → Buchhandel.

Pädagogische Fakultäten: → Lehrer und Erzieher.

Pädagogische Hochschulen: → Lehrer und Erzieher; Universitäten und Hochschulen.

Pädagogische Institute: → Lehrer und Erzieher.

Pädagogische Wissenschaft und Forschung: Angesichts der weitgesteckten bildungspolitischen Aufgaben wird der PW. (Erziehungswissenschaft) als Gesellschafts- und Leitungswissenschaft in der DDR zentrale Bedeutung beigemessen. Sie soll rechtzeitig neu auftretende Entwicklungsprobleme des Bildungswesens aufgreifen und die Voraussetzung dafür schaffen helfen, die Bildungseinrichtungen, insbesondere die Schule, ständig so zu vervollkommnen, daß sie den stetig wechselnden und wachsenden Aufgaben der Bildung und Erziehung gerecht werden können. Die PWuF. soll sich darauf konzentrieren, sowohl die theoretischen Grundprobleme der Bildung und Erziehung zu bearbeiten als auch die pädagogische Praxis gründlich zu analysieren; vor allem soll sie wissenschaftlich begründete Hilfen für die praktische pädagogische Arbeit geben und wissenschaftliche Grundlagen für künftige bildungs- bzw. schulpolitische Entscheidungen schaffen. Die PF. (Bildungsforschung) soll also sowohl als Vorlaufsforschung wie auch als Realisierungsforschung, und zwar in enger Wechselwirkung miteinander, sowie als bildungspolitisch-praktisch ausgerichtete, interdisziplinäre, schwerpunktmäßig orientierte Projektforschung, deren geplante Ergebnisse sich unmittelbar aus den Bedürfnissen der gesellschafts- und bildungspolitischen Zielsetzung ergeben, betrieben werden.

Wichtigste Aufgabe der PWuF. ist es, ausgehend von den gesellschaftlichen Erfordernissen, Entwicklungsprobleme rechtzeitig aufzugreifen und effektive Lösungswege vor- bzw. einzuschlagen, um die erforderlichen Erkenntnisse zum „gesellschaftlich notwendigen Zeitpunkt" in die Praxis zu überführen. Dies gilt derzeit insbesondere für die Realisierung des Maßnahmeplans für Volksbildung für die Zeit von 1970 bis 1980. Zu den wichtigsten mittelfristigen Aufgaben gehören Untersuchungen zu den Hauptproblemen der Theorie und Praxis der Erziehung sozialistischer Persönlichkeiten, zur unterrichtlichen Realisierung des Lehrplanwerkes (→ **Lehrplanreform**) und der Aufgabenstellung für die staatsbürgerliche Erziehung (**Politisch-ideologische bzw. staatsbürgerliche → Erziehung**), zur mittel- und langfristigen Prognose und Planung und effektiven Leitung des Bildungswesens sowie zur inhaltlichen und organisatorischen Gestaltung der Aus- und Weiterbildung der Lehrer. In diesem Zusammenhang sollen Grundmaterialien erarbeitet werden, die es den Bildungs- und

Schulpolitikern in der DDR ermöglichen, notwendige Entscheidungen über eine eventuell zu modifizierende Gesamtkonzeption des Bildungs- bzw. Schulsystems der DDR für die 80er Jahre zu treffen.

Die PWuF. in der DDR geht davon aus, daß Theorie und Praxis der Bildung und Erziehung durch die jeweiligen sozio-ökonomischen Verhältnisse bedingt und in diesem Zusammenhang zu erforschen und zu gestalten sind, und daß der pädagogische Prozeß ein gesetzmäßig determiniertes Geschehen ist, dessen Wesen und Bedingungen erkennbar und daher auch zu beherrschen sind. . Empirische Forschung, Bildungsprognose, Bildungsplanung, Bildungsökonomie und Bildungssoziologie sind relativ junge Disziplinen, die neben den traditionellen zunehmend an Umfang und an theoretischer wie praktischer Bedeutung gewinnen. So hat die Bildungsökonomie die Grundlagen für eine solche Planung und Leitung des Bildungswesens zu schaffen, die es ermöglichen, daß die von der Gesellschaft aufgewendeten Bildungsfonds (Finanzmittel) in einem volkswirtschaftlich vertretbaren Zeitraum an die Gesellschaft wieder zurückfließen können. Daraus resultieren zwei grundlegende Aufgabenkomplexe, nämlich den Zusammenhang von Bildungswesen und volkswirtschaftlichem Reproduktionsprozeß zu klären und das Wirtschaftlichkeitsprinzip auch im Bildungswesen zur Geltung zu bringen.

Als (Leit-)Zentrum der pädagogischen Wissenschaft und Forschung wurde 1970 in Ost-Berlin die Akademie der Pädagogischen Wissenschaften der DDR (APW) gegründet. Dies bedeutete zunächst nichts weiter als die Umbenennung des vormaligen Deutschen Pädagogischen Zentralinstituts (DPZI), zumal damit auch keine wesentlichen personellen Veränderungen verbunden waren. Schon bei der Gründung des DPZI im Jahre 1949 hatte die Akademie der Pädagogischen Wissenschaften der RSFSR (jetzt: der UdSSR) als organisatorisches Vorbild gedient. Mit der Änderung des Namens der zentralen Institution wurde auch formal die Anpassung an das sowjetische Modell vollzogen.

Zu den wesentlichen Aufgaben der APW gehören:
1. Die aktive Mitwirkung an der Ausarbeitung und Realisierung der bildungspolitischen Aufgabenstellung von SED und Regierung der DDR,
2. die Weiterentwicklung der Pädagogik der DDR als einer Disziplin der marxistisch-leninistischen Gesellschaftswissenschaften und die prinzipielle Auseinandersetzung mit den pädagogischen Theorien des Westens,
3. die Mitwirkung an der Ausarbeitung der Prognose für das gesamte Bildungssystem und die Sicherung des wissenschaftlichen „Vorlaufes" für die heranreifenden bildungs- und vor allem schulpolitischen Entscheidungen,
4. die Entwicklung der Gemeinschaftsarbeit auf dem Gebiete der pädagogischen Wissenschaft,
5. die Förderung bildungspolitischer und erziehungswissenschaftlicher Problemdiskussionen im Rahmen

der vorgegebenen politisch-ideologischen Normen,
6. die aktive Mitwirkung an der Aus- und Weiterbildung der Lehrer, Erzieher und Schulfunktionäre sowie
7. die Organisierung der Zusammenarbeit mit den erziehungswissenschaftlichen Einrichtungen der anderen sozialistischen Länder, insbesondere der Sowjetunion. Damit sind zugleich die wesentlichen Aufgaben der PWuF. in der DDR umschrieben.

Die APW ist als zentrale Leiteinrichtung für die pädagogische Forschung in der DDR dem Minister für Volksbildung unterstellt und wird von einem Präsidenten – gegenwärtig (1974) von Prof. Dr. Gerhart Neuner – geleitet, den der Generalsekretär, die Vizepräsidenten und das Präsidium unterstützen. Ihr gehören ordentliche und korrespondierende Mitglieder an, die das Plenum als das höchste wissenschaftliche Organ der APW bilden. Die APW ist in Institute und Arbeitsstellen gegliedert. So bestehen beispielsweise Institute für pädagogische Theorie, für Theorie und Methodik der sozialistischen Erziehung, für pädagogische Psychologie, für Ökonomie und Planung des Volksbildungswesens, für Didaktik, für gesellschaftswissenschaftlichen Unterricht, für mathematischen, naturwissenschaftlichen und polytechnischen Unterricht, für Fremdsprachenunterricht, für Unterrichtsmittel, für Leitung und Organisation des Volksbildungswesens. Arbeitsstellen bestehen z. B. für deutsche Erziehungs- und Schulgeschichte, für Bauten der Volksbildung, für Sonderpädagogik, für sorbische Schulen und für Theorie und Methodik der Lehrerbildung.

Zur Entwicklung eines planmäßigen und kontinuierlichen Zusammenwirkens von PW. und Praxis zwecks Lösung von Aufgaben der pädagogischen Forschung stehen der APW Forschungskindergärten, Forschungsschulen, Stützpunktschulen und Basis-Kreise zur Verfügung.

Die Forschungskindergärten und Forschungsschulen sind Einrichtungen der Volksbildung, an denen Bedingungen und Möglichkeiten für systematische und langfristige empirisch-experimentelle, theoretisch-analytische und andere Arbeiten geschaffen werden, die auf die Realisierung übergreifender theoretischer und schulpolitischer Fragestellungen und bedeutsamer Einzelfragestellungen des Perspektivplans der PF. gerichtet sind. Sie arbeiten auf der Grundlage bestimmter Untersuchungsprogramme und haben das Recht, die verbindlichen staatlichen Dokumente, also Lehrpläne, Schulordnung usw., zeitweilig zu modifizieren oder ganz auszusetzen. In der Regel werden reguläre Kindergärten und Oberschulen als Forschungskindergärten bzw. -schulen ausgewählt und personell und materiell-technisch, entsprechend den (perspektivischen) Bedarfsplänen für Unterrichtsmittel, besonders ausgestattet.

Demgegenüber dienen die Stützpunktschulen empirischen Untersuchungen zu speziellen Fragen und zu Einzelaufgaben des Perspektivplans der PF. sowie zur Erprobung der in den Forschungsschulen und aus theoretisch-konzeptionellen Arbeiten gewonnenen Erkenntnisse. Die in den Stützpunktschulen durchzuführenden Forschungsvorhaben werden nach speziellen Untersuchungsprogrammen durchgeführt. Um die in diesen Sondereinrichtungen der APW erzielten Ergebnisse in größerem Umfang zu erproben und die Überleitung der Forschungsergebnisse unter Leitung und unmittelbarer Beteiligung der Wissenschaftler in die gesamte Schulpraxis vorzubereiten, wurden einzelne Basis-Kreise ausgewählt, so z. B. der Kreis Merseburg, aber auch einige Ost-Berliner Stadtbezirke.

Zur Gewährleistung einer einheitlichen und zentralen Führung der Lehrerbildungsforschung, d. h. der Forschungsaufgaben zur intentional-inhaltlichen und organisatorischen Weiterentwicklung der Aus- und Weiterbildung der Lehrer, Erzieher und anderer Pädagogen, wurde die Leitstelle für Lehrerbildungsforschung der Pädagogischen Hochschule Potsdam als Arbeitsstelle für Theorie und Methodik der Lehrerbildung in die APW eingegliedert.

Wurde in der DDR lange Zeit als „ein Paradoxon" beklagt, „daß in Westdeutschland die Betriebspädagogik den ‚Betrieb als Erziehungsfaktor' schon längst erkannt hat und untersucht, während in der DDR, wo doch der volkseigene Betrieb seit langem ein wichtiges Bildungszentrum und einen bedeutenden Erziehungsfaktor darstellt, vergleichbare Arbeiten weitgehend fehlen", so hat sich in jüngster Zeit auch in der DDR die Betriebspädagogik als eine spezielle pädagogische Disziplin entwickelt, die vor allem zwei Aufgabenkomplexe zu bewältigen hat: 1. die Mithilfe sowohl bei der Erhöhung der pädagogischen Wirksamkeit des gesamten Bildungs- und Erziehungsgeschehens als auch 2. bei der Realisierung der Aufgaben der Berufsbildung im volkseigenen Betrieb. Die Betriebspädagogik, die sich mit ihren Aussagen vor allem an Leiter der Arbeitskollektive und an Leiter auf höheren Ebenen im Betrieb richtet, untersucht die sich zunehmend differenzierenden betrieblichen Bildungs- und Erziehungsvorgänge. Die Skala reicht von in den Arbeits- und Leistungsprozessen integrierten pädagogischen Prozessen bis zu pädagogisch institutionalisierten Vorgängen im Produktionsunterricht der Schüler der Oberschulen, in der Berufsausbildung der Lehrlinge und in der Unterweisung von Erwachsenen in Lehrgängen und am Arbeitsplatz. Kennzeichnend für die Betriebspädagogik sind „die erwachsenenpädagogische Dominante", d. h. das Vorherrschen von Untersuchungen zu den Bildungs- und Erziehungsvorgängen in den Arbeits- und Lernkollektiven berufstätiger Erwachsener, und „das leitungswissenschaftliche Denkprinzip", das auf die Integration betriebspädagogischer und leitungswissenschaftlicher Fragestellungen, Denkansätze und Untersuchungen zielt.

Die Berufsbildungsforschung in der DDR erfolgt nach dem vom Staatssekretariat für Berufsbildung im Zusammenwirken mit dem Ministerium für Hoch- und Fachschulwesen bestätigten Zentralen Forschungsplan zur Weiterentwicklung der Berufsausbildung. Auftraggeber für Forschungsleistungen des Hochschulwesens auf dem Gebiete der Berufsbildung sind das Zentralinstitut für Berufsbildung in Ost-Berlin (Leiter: Prof. Dr. A. Knauer) sowie Staats- und Wirtschaftsorgane, letztere für

Forschungsaufgaben, für die sie auch verantwortlich sind. Das Zentralinstitut für Berufsbildung übergibt dazu auch den Einrichtungen zur Ausbildung von Lehrkräften für den berufstheoretischen Unterricht und von leitenden Kadern der Berufsausbildung auf dem Zentralen Forschungsplan beruhende Themenzusammenstellungen für Dissertationen und Diplomarbeiten.

Alle das Bildungswesen betreffenden Forschungsarbeiten sind plangebunden sowie genehmigungs-, melde- und abrechnungspflichtig. Die Durchführung der Forschungsaufgaben erfolgt nach den Prinzipien der auftragsgebundenen Forschung und der aufgabenbezogenen Finanzierung. Verbindliche Grundlage für die Planung, Leitung, Organisation, Finanzierung und Kontrolle der PF. sind die Perspektivpläne der PF., derzeitig der Perspektivplan der PF. für die Jahre 1971–1975, der wiederum in engem Zusammenhang mit den Aufgaben des Zentralen Forschungsplans der marxistisch-leninistischen Gesellschaftswissenschaften der DDR bis 1975 steht.

Nach Auffassung der Pädagogik in der DDR sind ihre Grundpositionen unmittelbare Bestandteile des Marxismus-Leninismus und ihr Denken und Handeln fest darin verankert; sie sieht ihre wichtigste Aufgabe daher auch darin, die PW. – wie auch das gesamte Bildungssystem – als ein „Instrument der Herrschaft der Arbeiterklasse zur Verwirklichung ihrer historischen Mission" zu gestalten. Als eine besonders wichtige Aufgabe soll gegenwärtig „die marxistisch-leninistische Pädagogik als eine streitbare Waffe im Kampf gegen den Antikommunismus" gestaltet und eingesetzt werden; denn „Bildungssystem und PWuF. sind Gegenstand und Mittel des weltweiten Klassenkampfes". Die PWuF. in der DDR zielt auf die Erkenntnis von „Gesetzmäßigkeiten" im Erziehungs- und Bildungsprozeß der Kinder, Jugendlichen und Erwachsenen, leistet jedoch vor allem einen Beitrag zur Bestimmung der Normen und Steuerungsinstrumente der pädagogischen Prozesse.

Es muß die Frage gestellt werden, ob die Grundposition der Pädagogik in der DDR tatsächlich marxistisch-leninistisch bzw. dialektisch-materialistisch ist oder ob sie nicht eher eine dogmatisch verschleierte neo-idealistische Theorie darstellt, deren Theoreme in ihrer Mehrzahl ebensowenig empirisch gesichert sind, wie die der traditionellen normativen Pädagogik.

Pädagogischer Rat: → **Einheitliches sozialistisches Bildungssystem**, V.

Pädagogisches Kabinett: → **Unterrichtsmittel und programmierter Unterricht.**

Paketversand: Nichtkommerzieller → **Warenverkehr.**

Papierindustrie: Zusammenfassende Bezeichnung des Industriezweiges Zellstoff- und P. im Industriebereich → **Leichtindustrie.** Zur P. gehören Betriebe zur Herstellung von Zellstoff, Papier, Karton und Pappe sowie zur Erzeugung von Papier-, Karton- und Pappwaren. Die P. beschäftigt ca. 60000 Arbeiter und Angestellte. Erzeugt wurden 1973 u. a. 397000 t absolut trockener Zellstoff, 760100 t Papier (alle Sorten), 384600 t Verpackungskarton und Pappe und 25137 t Tapeten.

Die Rohstoffversorgung der P. ist schwierig, da Faserholz aus eigenem Aufkommen nicht ausreicht. Deshalb müssen Faserholz und Zellstoff in beträchtlicher Menge importiert werden. Von 1960 bis 1973 stieg die Bruttoproduktion der Zellstoff- und P. nur um das 1,82fache und damit im Vergleich zur → **Industrie** insgesamt (2,17fache Erhöhung) unterdurchschnittlich.

Partei, marxistisch-leninistische: → **Marxismus-Leninismus.**

Parteiaktiv: Die Bildung der P. im Herbst 1953 stellte eine Reaktion auf den → **Juni-Aufstand** von 1953 dar, als große Teile der Mitgliedschaft und ganze Grundorganisationen der → **SED** nach Auffassung der Partei versagt hatten. Ulbricht forderte damals zur Stärkung der SED 150000 bis 200000 Parteiaktivisten. Bevorzugt sollten solche Personen in P. aufgenommen werden, die sich während der Juni-Ereignisse der Partei gegenüber loyal verhalten und ihre Zuverlässigkeit durch Bekämpfung und Denunziation von Aufständischen bewiesen hatten.

Ein zweites Mal wurden die P. nach dem 13. 8. 1961 in den Vordergrund gerückt. In seiner Rede auf der 14. ZK-Tagung im November 1961 stellte Ulbricht den P. die Aufgabe, die psychologischen Folgen des 13. Augusts zu überwinden und die Isolierung der Partei von der Bevölkerung abzubauen.

Mit der Bildung der P. verfolgte die SED-Führung das Ziel, in jeder Parteiorganisation zuverlässige Kader für die Einhaltung der Parteilinie und zur Durchführung gegebener → **Parteiaufträge** zu besitzen. Die geringe Zahl der Parteiaktivisten bot die Gewähr der besseren Anleitung und Kontrolle. Gleichzeitig hoffte man, mit den P. eine Kaderreserve für die Parteileitungen zu schaffen. Heute spielen die P. nicht mehr die Rolle, die sie in den 50er und 60er Jahren hatten.

Parteiarbeiter: In dem vom VI. Parteitag der SED 1963 angenommenen Statut der → **SED** wurde der bis dahin verwendete Ausdruck → **Kader** durch P. ersetzt.

Parteiauftrag: Auftrag mit Befehlscharakter an Mitglieder der Partei; besonders wichtiges Mittel zur Durchsetzung von Parteibeschlüssen in Verwaltung, Wirtschaft, → **Massenorganisationen** usw. Daneben bestehen P., die lediglich der ideologischen Festigung der Mitglieder dienen und sie zu aktiver Parteiarbeit heranziehen sollen. P. werden von den Leitungen mit festen Terminen an die Mitglieder vergeben. Ablehnung des P. oder Nichterfüllung bedeuten Verletzung der → **Parteidisziplin.** Dem P. entspricht der Verbandsauftrag der FDJ. → **SED.**

Parteidisziplin: Die Wahrung der P. ist eine der wichtigsten, den Mitgliedern und Kandidaten nach dem Statut der → **SED** obliegenden Pflichten. Die P. verlangt Unterordnung unter die Beschlüsse der vorgesetzten Parteileitungen. Beschlüsse müssen auch von denen eingehalten werden, die mit ihnen nicht einverstanden sind und vor der Beschlußfassung widersprochen haben (→ **Demokratischer Zentralismus**). Bei Verletzung der P. haben die Mitglieder strenge Parteistrafen (bis zum

Ausschluß) zu gewärtigen. Überwacht wird die Einhaltung der P. von der Zentralen Parteikontrollkommission und ihren Unterorganisationen.

Parteidokument: Bezeichnung für das Parteimitgliedsbuch der → **SED**, dessen Verlust Parteistrafen nach sich zieht.

Parteien: Nachdem der SMAD-Befehl Nr. 2 vom 10. 6. 1945 die Bildung antifaschistischer, demokratischer P. und Gewerkschaften zuließ, kam es zur Gründung folgender P. auf dem Territorium der heutigen DDR: → **KPD** (11. 6. 1945), → **SPD** (15. 6. 1945) – beide P. vereinigten sich am 21./22. 4. 1946 zur → **SED** –, → **CDU** (26. 6. 1945) und → **LDPD** (5. 7. 1945). Zusammenschluß dieser P. am 14. 7. 1945 im antifaschistisch-demokratischen Block, der am 5. 8. 1948 die neugegründete → **DBD** (29. 4. 1948) und am 7. 9. 1948 die neugegründete → **NDPD** (25. 5. 1948) aufnahm. Am 17. 6. 1949 erfolgte die Umbenennung in Demokratischer Block, dessen P. und → **Massenorganisationen** (→ **FDGB; FDJ; DFD; Kulturbund**) den Kern und die Träger der → **Nationalen Front** der DDR bilden.

Die SED nahm von Anfang an eine Führungsrolle gegenüber den bürgerlichen P. ein, deren anfängliche Selbständigkeit sie politisch und administrativ bekämpfte, indem prominente Gegner in deren Reihen neutralisiert oder ausgeschlossen, bzw. der SED aufgeschlossene Kräfte unterstützt wurden. Nachdem diese Umwandlung bis zum Anfang der 50er Jahre abgeschlossen war, wurde den nichtsozialistischen P. als wichtigste Funktion die „Transmission" zugewiesen. In diesem Sinn vermitteln und interpretieren diese P. nicht nur die Entscheidungen der SED gegenüber solchen gesellschaftlichen Gruppen, die sich dem direkten Zugang der SED entziehen, sondern politisieren ihre Mitglieder und Anhänger, so daß von ihnen Ziele und Argumente der SED akzeptiert werden.

Nachdem das Mehrparteiensystem in der DDR zu einer bleibenden, auch staatsrechtlich verankerten Einrichtung geworden war und die ursprünglich bürgerlichen P. sich in ihrem politischen Charakter gewandelt hatten, wird den Erfahrungen dieser P., ihrer Mitarbeit am sozialistischen Aufbau immer noch Bedeutung beigemessen. Insbesondere während der 60er Jahre, als die DDR im Zuge ihrer Politik gegenüber der Bundesrepublik Deutschland ihre eigene Entwicklung als modellhaft darstellte, sollte die Existenz der Block-P. beweisen, daß auch bei einer sozialistischen Umgestaltung eines entwickelten Industriestaates unter Führung einer marxistisch-leninistischen Partei nichtproletarischen Schichten eine gesicherte wirtschaftliche, politische und soziale Perspektive eröffnet werden kann. Ist diese Funktion inzwischen auch in ihrer gesamtdeutschen Dimension abgeschwächt, so spielt sie doch weiterhin eine Rolle im Rahmen der Auslandsaktivitäten der DDR. In neutralen oder Entwicklungsländern wird besonders auf die Existenz eines Mehrparteiensystems hingewiesen und durch Delegationen unter Führung von Spitzenfunktionären der Block-P. demonstriert. Dem An-

spruch der DDR nach bildet ihr Mehrparteiensystem einen historisch höheren Typ der Zusammenarbeit von P., der nicht mit den in westlichen Parteisystemen auftretenden Koalitionen verglichen werden könne.

Das Zusammenwirken der P. mit der SED, deren Führungsrolle uneingeschränkt anerkannt wird, scheint sich aus Sicht der DDR befriedigend zu gestalten. Dennoch ist die weitere Existenz der Block-P. keineswegs gesichert, da ihre Legitimationsgrundlage in dem Maße schwindet, wie die von der SED verfolgte, auf politische und soziale Homogenisierung der Gesellschaft abzielende Politik Realität wird. Nachdem jedoch der VIII. Parteitag der SED 1971 die Ulbrichtsche Konzeption der „sozialistischen Menschengemeinschaft" als unzulässige Antizipation noch nicht erreichter harmonischer Gesellschaftsverhältnisse kritisiert und demgegenüber den Charakter einer noch relativ stark differenzierten Klassengesellschaft in der DDR betont hat, ergibt sich weiterhin die Notwendigkeit des Bündnisses der Arbeiterklasse mit anderen sozialen Klassen und Schichten und demzufolge auch der Existenz der Block-P. als Medien dieser → **Bündnispolitik.** Folgende Faktoren komplizieren die Situation der Block-P.: Mitgliederschwund; fehlende Motive für jüngere Menschen, diesen P. beizutreten; Einschränkung der politischen Wirkungsmöglichkeiten (durch Verbot der betrieblichen Organisationen, der Organisierung der Mitglieder etwa in der NVA, in Hochschulen usw., von eigenen Unter- bzw. Nebengliederungen wie Jugend- oder Frauenorganisationen).

Parteigruppen: → **Grundorganisationen der SED.**

Parteihochschule „Karl Marx" beim ZK der SED: Gegr. 1946; Sitz: zunächst Liebenwalde, später (1948–1955) Kleinmachnow bei Berlin, danach Ost-Berlin; Direktor (seit 1950): Professor Hanna Wolf; Stellv.: W. Schneider, M. Herold, O. Raus, H. Neef. Der Lehrkörper umfaßt gegenwärtig mehr als 100 Professoren, Dozenten, Assistenten und wissenschaftliche Mitarbeiter.

Aufgaben: 1. Ausbildung und Weiterbildung von Führungskadern der SED, die häufig bereits wichtige Funktionen in den Sekretariaten der Kreis- und Bezirksleitungen wahrgenommen und in der Regel eine Kreis- und Bezirksparteischule (→ **Parteischulung**) erfolgreich absolviert haben. 2. Veranstaltung von Kongressen, Kolloquien und Seminaren unter Beteiligung der Lehrstuhlinhaber und Dozenten. 3. Forschung, die sich allerdings in engen Grenzen hält. 4. Im Rahmen des Parteilehrjahrs Veranstaltung von Vortragszyklen für Spitzenkader, zu denen häufig Politbüro-Mitglieder der SED, jedoch auch leitende Funktionäre der KPdSU und der kommunistischen Parteien der anderen Volksdemokratien eingeladen werden.

Zur Organisation: An der P. bestehen (z. Z. doppelt besetzte) Lehrstühle auf folgenden Gebieten: Marxistisch-leninistische Philosophie; Allgemeine Geschichte; Geschichte der deutschen Arbeiterbewegung; Geschichte der KPdSU; Geschichte der internationalen Arbeiterbewegung; Politische Ökonomie des Kapitalismus; Politische Ökonomie des Sozialismus; Wirtschaftspolitik

der DDR-Industrie; Wirtschaftspolitik der DDR-Landwirtschaft; Grundfragen der staatlichen Leitung und des
sozialistischen Rechts in der DDR; Partei/Parteileben;
Literatur und Kulturpolitik; Deutsche und Russische
Sprache. Jedem Lehrstuhl ist eine Reihe von Dozenten,
Assistenten und wissenschaftlichen Mitarbeitern zugeordnet.

Für das Direktstudium gab es 1950–1954 Ein- und
Zweijahrlehrgänge, ab 1954/55, in Anlehnung an die
Struktur der Parteihochschule beim ZK der KPdSU in
Moskau, Dreijahrlehrgänge und seit Mitte der 60er Jahre Vierjahrlehrgänge. Stärke der Jahrgänge: etwa 150
bis 200 Studenten. Die Abteilung Fernstudium ist 1950
eingerichtet worden; hier können gegenwärtig Fünf-
jahrlehrgänge absolviert werden. Das Studium schließt
mit dem Staatsexamen („Diplom-Gesellschaftswissenschaftler") aufgrund der Staatsexamensordnung (Beschluß des ZK der SED vom 8. 10. 1953) ab. Seit 1953
besitzt die P. außerdem Promotions- und Habilitationsrecht für die Grade des Dr. phil. (habil.) und des Dr. rer.
oec. (habil.). Die erste Promotion wurde 1955 abgeschlossen. Die P. gibt seit 1952 eigene Zeitschriften
(u. a. „Theorie und Praxis") heraus; sie veröffentlicht
ferner regelmäßig Studien- und Anschauungsmaterial
für das Parteilehrjahr.

Studienbewerber unterliegen besonderen Aufnahmebedingungen. Vorausgesetzt werden in der Regel der
Besuch einer Bezirksparteischule (bzw. ein diesem Niveau entsprechender Wissensstand), langjährige Parteimitgliedschaft und Erfahrung in leitenden Positionen
des Partei- und Staatsapparates. Das Vorschlagsrecht
haben die Bezirksleitungen. Die Bewerbungen laufen
über die Abteilung Kader (Sektion Parteischulen) und
werden vom ZK-Sekretariat bestätigt.

Parteiinformation: Die P. soll von unten nach oben
eine tunlichst lückenlose und realistische Unterrichtung
der oberen Parteileitungen und der zentralen Parteiführung bewirken, von oben nach unten dagegen die nachgeordneten Parteileitungen und die Grundeinheiten
schnellstmöglich über die Beschlüsse des ZK und die
Art und Weise ihrer Ausführung instruieren und gegebenenfalls die erforderliche Argumentation liefern.
Diesem Zweck dient ein geschlossenes, von den untersten Parteieinheiten bis zum ZK der SED reichendes
Berichts- und Informationssystem. Die P. ist heute ein
besonderer Sektor im Apparat des ZK sowie der Be-
zirks-, Stadt- und Kreisleitungen, und zwar in der Abt.
Parteiorgane. Die in der P. tätigen Funktionäre arbeiten
eng mit dem Staatssicherheitsdienst zusammen; auch
die → **Volkskorrespondenten**-Kollektive und die
→ **Arbeiter-und-Bauern-Inspektionen** werden als
wichtige Quelle für die P. bezeichnet.

Parteijargon: Abwertende westdeutsche Bezeichnung
für einen Komplex von lexikalischen und stilistischen
Besonderheiten im öffentlichen Sprachgebrauch der
DDR, die teils sprachästhetischer Art (substantivischer
Stil, Formelhaftigkeit, Abstraktheit, Neigung zu Fremd-
wortgebrauch, zu Superlativismus u. ä.), teils inhaltlicher Art (Schwarz-Weiß-Wertung, Eigenlob, Partei-

lichkeit, Neigung zu Pathos und zu Polemik usw.) sind,
und als deren Urheber und Verbreiter die SED angesehen wird. Gelegentlich dient die Bezeichnung auch nur
zur negativen Kennzeichnung einer als kommunistisch
abgelehnten Meinung oder Definition.

Von seiten der Sprachpflege in der DDR selbst sind bestimmte Verstöße gegen sprachästhetische Normen immer wieder, wenn auch vergeblich, als „Funktionär-
deutsch" kritisiert worden (vgl. z. B. die Leipziger Zeitschrift „Sprachpflege", Jg. 1958 und 1967). Ein Teil der
kritisierten Eigenheiten hat aber weder mit „Funktionären" noch mit „Partei" etwas zu tun, sondern es sind allgemeine negative Erscheinungen des funktionalen
Sprachstils im Bereich der Bürokratie generell („Amts-
deutsch"). Ebenfalls unzutreffend ist die Bezeichnung
P. für Wörter, die in der Bundesrepublik Deutschland
ungeläufig sind, als Sachbezeichnungen für alltägliche
Einrichtungen und Dinge in der DDR aber längst zum
allgemeinen Sprachgebrauch der Bürger in der DDR
gehören.

Abgesehen davon, daß die fehlende Präzision des Begriffs P. leicht zu falschem Gebrauch verführt, trifft er
insofern etwas zu Recht Kritisierbares, als viele der genannten Erscheinungen als Ausdruck einer in der Parteihierarchie verbreiteten Selbstgefälligkeit und Überheblichkeit gegenüber der breiten Bevölkerung be-
trächtet werden können, ein Phänomen, das in den 50er
Jahren als „Mangel an Massenverbundenheit" selbst
Gegenstand inner- und außerparteilicher Kritik war.
→ **Sprache.**

Parteikabinett: → **Parteischulung.**

Parteikonferenzen der SED: → **Parteitag/Parteikon-
ferenz.**

**Parteikontrolle in den Betrieben, Kommissionen
für:** → **Arbeiter-und-Bauern-Inspektion.**

Parteikontrollkommissionen der SED: Zentrale Parteikontrollkommission (ZPKK) sowie Kontrollkommissionen im Bezirksmaßstab und im Kreisbereich (BPKK
und KPKK), gegr. auf Beschluß des SED-Parteivorst.
vom 16. 9. 1948 im Zuge der Umformung der SED in
eine Partei leninistisch-bolschewistischen Typs. Aufgaben: Kampf gegen „Parteifeinde", Korruptionserschei-
nungen, Mißbrauch von Funktionen, gegen Karrieri-
sten, und „Verleumdungen führender Genossen"; Untersuchung aller Vergehen von Parteimitgliedern
(→ **Parteidisziplin**). Die ZPKK wird durch das → **Zentralkomitee**, die BPKK und KPKK werden durch die
Bezirks- bzw. Kreisleitungen gewählt.

Die P. können die im Statut vorgesehenen Parteistrafen:
Rüge, strenge Rüge und Ausschluß aus der Partei beschließen. Sie sind auch für die Aufhebung oder Revision von Parteistrafen zuständig. Beschlüsse der P. bedürfen der Bestätigung durch die zuständige Parteileitung; die → **Grundorganisationen** dagegen haben die
Beschlüsse der P. nur zur Kenntnis zu nehmen; „Rechtsmittel" dagegen stehen ihnen nicht zu.

Parteilehrjahr der SED: → **Parteischulung der SED.**

Parteilichkeit: Begriff der marxistisch-leninistischen Philosophie aus dem Bereich der Ethik. Die Forderung nach P., nach Parteinahme für die Interessen der Arbeiterklasse (und der herrschenden sozialistisch-kommunistischen Partei), richtet sich an jeden einzelnen, am Arbeitsplatz, im Wohngebiet, in der Familie. Sie erstreckt sich auf alle Bereiche des gesellschaftlichen Lebens, einschließlich der Wissenschaft und Kunst. → **Objektivismus; Marxismus-Leninismus; Moral, sozialistische.**

Parteilichkeit der Rechtsprechung: → Sozialistische Gesetzlichkeit.

Parteipresse der SED: → Presse.

Parteischulen der SED: → **Parteischulung der SED.**

Parteischulung der SED: *1. Funktion und Geschichte.* Die P. ist als System der Qualifizierung und Bewußtseinsbildung gleichermaßen Element der Propaganda wie auch der Kaderpolitik der Partei (→ **Kader**). Sie schließt Indoktrination (Herrschaftslegitimierung, ideologische Abgrenzung, Abwehr von reform-kommunistischen, maoistischen und westlich-sozialistischen Ideen), Herrschaftswissen, Training von Denk- und Verhaltensweisen durch ständige Wiederholungen, Kontrolle der Meinungen und Emotionen der Betroffenen (Meldung durch das System der → **Parteiinformationen** an übergeordnete Parteidienststellen), fachliche Informationen und Vermittlung exakt anwendbarer Kenntnisse ein. Je höher die Ebene der Parteischulung (an der Spitze steht die → **Parteihochschule ,,Karl Marx" beim ZK der SED**) ist, um so wichtiger wird sie für die berufliche Laufbahn des Betroffenen und um so differenzierter ist das Lehrangebot.

Auf den unteren Stufen der P. (Kreis- und Betriebsschulen des Marxismus-Leninismus, Parteilehrjahr und in Anlehnung daran FDJ-Lehrjahr) überwiegt ihre Propaganda- und Agitationsfunktion sowohl quantitativ wie qualitativ.

Die höchste Form der Kaderschulung der → **SED** erfolgt außerhalb der DDR durch sowjetische Schulen und Institute. Die wichtigsten, gegenwärtig geltenden Beschlüsse zum System der P. sind: ,,Die Hauptaufgaben des Parteilehrjahres der SED und seine weitere Entwicklung in den Jahren 1971–1975" (14. 9. 1971); ,,Die Aufgaben der Agitation und Propaganda bei der weiteren Verwirklichung der Beschlüsse des VIII. Parteitages" (7. 11. 1972); ,,Die Aufgaben der Bildungsstätten im System der marxistisch-leninistischen Schulungsarbeit der Partei" (24. 4. 1968); ,,Über den Literaturvertrieb in den Grundorganisationen und die Aufgaben des Literaturobmanns" (7. 7. 1965); ,,Maßnahmen zur Erhöhung der Wirksamkeit der politisch-ideologischen Arbeit der Partei durch die Anwendung moderner Anschauungsmittel".

Die wichtigsten Schulungseinrichtungen der SED sind die Parteischulen, das Parteilehrjahr und die Bildungsstätten.

Bereits die 2. Tagung des PV (14./15. 5. 1946) beschloß Maßnahmen, um ein einheitliches Schulungssystem aufzubauen, das jedoch erst seit Herbst 1946 auf allen Ebe-

nen durchgesetzt werden konnte. Das Schulungssystem umfaßte laut Beschluß vom Mai 1946 politische Bildungsabende, Wochenendkurse sowie den Bereich von Kreisschulen, Landes-(Provinzial-)schulen und der Parteihochschule ,,Karl Marx". Die unterste Stufe der Schulungspyramide stellten die Bildungsabende dar. Sie fanden 14tägig in allen Betriebs- und Wohnbezirksgruppen sowie den ländlichen Ortsgruppen statt. Von der Abteilung Werbung und Schulung des Zentralsekretariats wurden zu diesem Zweck die ,,Sozialistischen Bildungshefte" herausgegeben.

In dieser Phase umfaßte die P. neben den politischen Bildungsabenden die Internatsschulen in den Kreisen, Ländern und auf zentraler Ebene. Hier wurden Kader für den Partei-, Verwaltungs- und Wirtschaftsapparat ausgebildet. Vom Oktober 1946 bis Mai 1947 wurden 105 Kreisschulen der SED eröffnet, die in Zweiwochenkursen fast 20 000 SED-Mitglieder ausbildeten. Auf 6 Landesparteischulen und 2 Landesparteispezialschulen wurden Funktionäre in 3monatigen Kursen ausgebildet, in denen das Selbststudium bereits eine große Rolle spielte. Insgesamt wurden auf den Landesparteischulen bis zum Juni 1947 ca. 2 200 Parteifunktionäre ausgebildet.

Ranghöchste Bildungseinrichtung der SED ist die Parteihochschule ,,Karl Marx". Der erste Lehrgang an dieser Institution begann am 15. 6. 1946 und dauerte 6 Monate. Daneben fanden ein 3monatiger Lehrgang zur Schulung von Journalisten und kürzere Kurse für Lehrer der Kreis-Parteischulen, für Wirtschaftsfunktionäre, Mitarbeiter der Personalpolitischen Abteilung (im Zentralsekretariat) und Kommunalpolitiker statt.

Bis Juli 1947 wurden vom parteieigenen Dietz-Verlag in Ost-Berlin bereits 46 Titel der Klassiker des Marxismus-Leninismus und andere Schriften in einer Gesamtauflage von 6 055 000 Exemplaren herausgegeben. Zu tagespolitischen Themen erschienen Broschüren in einer Auflage von knapp 9 Mill. Exemplaren.

Die Umwandlung der SED in eine ,,Partei neuen Typus" führte auf der 11. PV-Tagung (Juni 1948) zum Beschluß über die ,,Verstärkung und Verbesserung der P.-Arbeit", der eine grundlegende Veränderung im gesamten Schulungssystem der SED zur Folge hatte. Bis Ende 1948 wurden in allen Großbetrieben Betriebsparteischulen eingerichtet, die in erster Linie den Betriebsplan des betreffenden Werkes propagierten. Für die übrigen Parteischulen wurde der Lehrplan völlig umgearbeitet und die Kurse verlängert. Ein weiterer Schritt zur Anpassung der P. an die P. in der UdSSR war der Beschluß des Zentralsekretariats ,,Über die Verstärkung des Studiums der Geschichte der KPdSU (Bolschewiki) – kurzer Lehrgang" (20. 9. 1948). Im Mittelpunkt der P. stand bis nach Stalins Tod (1953) dessen Partei- und Staatstheorie. Dabei ging es u. a. um die Überwindung der Auffassung vom ,,besonderen deutschen Weg zum Sozialismus" und um die Begründung der Einbeziehung der DDR in den östlichen Block im Rahmen der ,,Zwei-Lager-Theorie".

2. Das Parteilehrjahr. Seit Juni 1950 wurde statt der bisherigen Bildungsabende das Parteilehrjahr als Hauptform der externen P. eingeführt. Ursprünglich fand es wie die Bildungsabende 14täglich, später 4wöchentlich in den Monaten Oktober bis Juni statt.

In den nächsten Jahren haben sich Inhalt und Form der P. nicht geändert. Seit 1955 und nach dem XX. Parteitag der KPdSU gewannen die inneren Probleme der DDR, militärische und wirtschaftliche Fragen und die Schulung in „Politischer Ökonomie des Sozialismus (Lehrbuch)" zunehmend an Bedeutung. In den 60er Jahren standen Fragen eines neuen Selbstverständnisses der SED und Bemühungen um größere Praxisnähe der P. im Vordergrund. Mit dem Beschluß vom 24. 4. 1968 wurde das Schulungsprogramm des Parteilehrjahres für mehrere Jahre konzipiert. Hauptthemen waren: a) die DDR – der „sozialistische Staat deutscher Nation", b) die Gestaltung des „entwickelten gesellschaftlichen Systems des Sozialismus" und c) die Vermittlung einer wissenschaftlichen Denkweise durch die Behandlung von Themen aus dem Bereich der Kybernetik, Organisationswissenschaften sowie der Planungs- und Wirtschaftstheorie.

Der Beschluß des Politbüros vom 14. 9. 1971 „Die Hauptaufgaben des Parteilehrjahres der SED und seine weitere Entwicklung in den Jahren 1971–1975" nennt als Hauptaufgabe des Parteilehrjahres „ . . . den Teilnehmern auf hohem theoretischem Niveau immer umfassendere Kenntnisse der marxistisch-leninistischen Theorie zu vermitteln, ihnen zu helfen, die vom VIII. Parteitag der SED beschlossene Strategie und Taktik unseres Kampfes für die weitere Stärkung der DDR gründlich zu verstehen".

Hauptkomplexe des 1972 neuorganisierten Parteilehrjahres sind gegenwärtig: a) Integration der DDR in die Gemeinschaft sozialistischer Staaten; b) die ideologische Absicherung der führenden Rolle der SED; c) die Propaganda für die Hauptaufgabe und die Ziele der Wirtschaftspolitik bis 1975; d) Grundfragen der Staatstheorie; e) die Abgrenzungspolitik der SED und ihre Haltung zu den Fragen der europäischen Sicherheitspolitik.

Gegenwärtig existieren folgende Formen der P.:

1. Die marxistisch-leninistische Schulung der Kandidaten (durchgeführt seit 1965 in Großbetrieben oder bei den Kreisleitungen – ca. 50 000 Teilnehmer im Jahr);

2. Zirkel für die Aneignung marxistisch-leninistischen Grundwissens (seit 1965 – ca. 500 000 Teilnehmer);

3. Seminare a) zum Studium der Geschichte der KPdSU nach 1971 (wieder neu aufgenommen), b) zum Studium der Politischen Ökonomie des Sozialismus und der Wirtschaftspolitik der SED (Dauer 2 Jahre), c) zum Studium der Geschichte der SED (Dauer 2 Jahre);

4. Vortragszyklen für die Weiterbildung der Nomenklaturkader der Bezirks- und Kreisleitungen, der Propagandisten der SED und FDJ (jährlich ca. 22 000 Teilnehmer) sowie der Kader aus Wissenschaft, Volksbildung und Kultur. Für diese Kader werden 2jährige Vortragszyklen von den Bezirks- und Kreisleitungen durchgeführt.

Ein weiterer Vortragszyklus für leitende Kader der Zentralen Staatsorgane und Leitungen von Massenorgani-

sationen sowie anderen Institutionen findet an der Parteihochschule „Karl Marx" statt. Hier referieren im Rahmen des Themenplans der Abteilung Propaganda des ZK führende Parteimitglieder zu Grundfragen der kommunistischen Weltbewegung.

5. Schulungsabende der Wohnparteiorganisationen.

Zur systematischen Aus- und Weiterbildung der Lehrgangsleiter (Propagandisten) werden bei den Bildungsstätten 3- bzw. 1jährige Kurse entsprechend dem Lehrplan der Bezirksleitungen und dem Rahmenplan der Abteilung Propaganda durchgeführt.

Die Inhalte der Bildungsarbeit der SED wurden durch die Agitationskonferenz vom 7. 11. 1972 und den Beschluß über „die Aufgaben der Agitation und Propaganda bei der weiteren Verwirklichung der Beschlüsse des VIII. Parteitages der SED" weiter konkretisiert. Zu zentralen Themen der P. wurden erneut die Abgrenzungspolitik, der „Sozialdemokratismus" und Maoismus erklärt.

Im Parteilehrjahr 1973/74 studierten in 85 000 verschiedenen Kursen 1,3 Mill. Parteimitglieder und Kandidaten sowie 226 000 parteilose Hörer.

3. Parteischulen. Zu Hauptaufgaben der Parteischulen zählt die SED: „Ausrüstung der Kader der Partei mit einer gründlichen marxistisch-leninistischen Bildung; Festigung ihres Klassenstandpunktes und ihrer sozialistischen Denk- und Verhaltensweise; Befähigung der Kader der Partei, gesellschaftliche Prozesse zu leiten und sich auf das Neue zu orientieren" (Kleines Politisches Wörterbuch, Berlin [Ost] 1973, Stichwort Parteischulung, S. 641).

a) Die Parteischulen entsprechen in ihrem Aufbau der hierarchischen Struktur der SED. Im System der Parteischulen und Forschungsinstitute kommt dem am 21. 12. 1951 gegründeten → **Institut für Gesellschaftswissenschaften beim ZK der SED** (IfG) besondere Bedeutung zu. (Dir. O. Reinhold).

b) An der Spitze der Parteischulen, deren vorwiegende Aufgabe die Ausbildung von Kadern der Partei ist, steht die Parteihochschule (PHS) „Karl Marx" in Berlin (Ost) (Dir. H. Wolf).

c) → **Zentralinstitut für sozialistische Wirtschaftsführung** (ZSW) in Berlin-Rahnsdorf (Dir. H. Koziolek). Spezialschulen im Rahmen der P.

d) Sonderschule des ZK für die Ausbildung hauptamtlicher Kader der Partei in Brandenburg. Leiter: Elisabeth Meurer.

e) Sonderschule des ZK Kleinmachnow. Dieser Schule ist angeschlossen ein Seminar zur Weiterbildung von Lehrern der Bezirks-Parteischulen sowie Dozenten des gesellschaftswissenschaftlichen Studiums an Universitäten, Hoch- und Fachschulen. Leiter der Schule: A. Pietschmann (früher Sektorenleiter in der Propaganda-Abteilung des ZK). Diese Schule wurde Anfang 1973 eröffnet.

f) Sonderschule des ZK für Kulturkader in Woltersdorf. Leiter ist Gerd Rossow.

Die Sonderschulen unterstehen den fachlich zuständigen Abteilungen des ZK.

g) Drei Institute für sozialistische Wirtschaftsführung

zur Ausbildung von Partei-Funktionären in der Landwirtschaft in Schwerin (Leiter: O. Kirchner), in Liebenwalde und in Pillnitz/Dresden (Leiter: H. Gratz). Hier
werden in Zweijahres-Lehrgängen Kader für die VE
Güter und die LPG ausgebildet. Nach Studienabschluß
wird von diesen Schulen der Titel eines „Staatlich geprüften Landwirts" verliehen. Der Einsatz erfolgt überwiegend in Parteifunktionen der Landwirtschaft.

h) Bezirkspartei- und Sonderschulen der Bezirksleitungen der SED. Die Bezirksparteischulen lösten nach der
Verwaltungsreform von 1952 die Landesschulen der
SED ab. Die Lehrgangsdauer betrug anfangs ein Jahr;
seit 1965 gibt es zur Weiterbildung externe Klassen der
normalen Internatslehrgänge. Das Pensum der Einjah-
reskurse kann auch in einem zwei Jahre dauernden
Fernstudium erarbeitet werden.

Neben den Bezirksparteischulen bestehen Sonderschu-
len der Bezirksparteiorganisation zur Weiterbildung der
Nomenklaturkader der Bezirks- und Kreisleitungen der
SED. Die Weiterbildungskurse dauern in der Regel drei
Monate; jedoch gibt es bei aktuellen Anlässen auch
kurzfristige Lehrgänge.

An beiden Schulformen studieren: Mitglieder und Mit-
arbeiter der Bezirks- und Kreisleitungen, Sekretäre von
Grundorganisationen, Leitungskader von Staats- und
Wirtschaftsinstitutionen sowie Funktionäre der
Massenorganisationen, der Bereiche Volksbildung und
Kultur.

i) Die Kreis- und Betriebsschulen des Marxismus-Leninismus bilden die Hauptform der Aus- und Weiterbildung der Kader der Betriebsparteiorganisation (BPO).
Ihre Einrichtung geht auf einen Politbüro-Beschluß des
Jahres 1965 zurück. Das Themenprogramm wird vom
ZK erarbeitet. Die Sekretariate der Kreisleitungen sind
für die Auswahl des Lehrpersonals und der Teilnehmer
verantwortlich. Die Hauptform der P. ist der Einjahres-
Lehrgang, der neben der beruflichen Tätigkeit besucht
wird.

k) Neben den Parteischulen gibt es Bildungsstätten der
SED. Bildungsstätten sind Einrichtungen der Kreisleitungen der SED und der Großbetriebe zur Aus- und
Weiterbildung der Propagandisten der Partei. Sie bilden
vor allem Dingen Zirkel- und Seminarleiter des Partei-
und FDJ-Lehrjahres aus, bzw. machen sie mit aktuellen
ideologischen und politischen Entwicklungen vertraut.
Den Bezirksleitungen obliegt es, mit Hilfe der Bildungsstätten die Aus- und Weiterbildung der Propagandisten
in geeigneten Formen, darunter auch der Einrichtung
von langfristigen Kursen, zu sichern.

Die Wirkung der P. ist umstritten. Nicht zu unterschät-
zen ist jedoch die Vermittlung einer gewissen Zukunfts-
gewißheit (auf der Seite der „Sieger der Geschichte" zustehen) sowie einer vermeintlichen Denksicherheit (für
nahezu alles eine Erklärung).

Parteitag/Parteikonferenz: Der Pt. der → **SED** ist
gemäß Statut das höchste Organ der Partei. Nach der
letzten Statutenänderung (Juni 1971) tritt er turnusmä-
ßig alle fünf Jahre zusammen. Seit 1950 haben,
mit Ausnahme der Zeitspanne vom V. zum VI. Pt.,

1958–1963, alle 4 Jahre ordentliche SED-Pt. stattgefunden. Außerordentliche Pt. können vom Zentralkomitee auf dessen Initiative oder auf Verlangen von mehr
als einem Drittel der Parteimitglieder innerhalb einer
Frist von 2 Monaten einberufen werden. Sollte sich das
Zentralkomitee diesem Verlangen entgegenstellen, so
hätten die Parteiorganisationen, die einen außerordentlichen Pt. fordern, das Recht, ein Organisationskomitee
zu bilden, an das die Vorbereitungsrechte und -pflich-
ten, die sonst dem ZK obliegen, übergehen. (Bisher hat
es noch keinen außerordentlichen Pt. gegeben.)

Angesichts der Prinzipien des → **demokratischen Zentralismus**, des Fraktionsverbots und des Prinzips der
„Einheit und Reinheit der Partei" dürfte es unmöglich
sein, einen Pt. gegen den Willen der Parteiführung einzuberufen oder durchzuführen. Pt. haben eine Tagesordnung, die mit der Einberufung des Pt. mindestens
acht Wochen vor dem Tagungstermin bekanntgegeben
werden muß.

Der Schlüssel für die Wahlen der Parteitags-Delegierten
durch die Bezirksdelegiertenkonferenzen wird vorher
vom ZK festgelegt. Die Delegierten werden vom ZK-
Apparat sorgfältig ausgesucht (dabei spielt der ZK-
Sekretär für Parteiorgane eine entscheidende Rolle)
und in geheimer Abstimmung auf den Delegiertenkonferenzen gewählt. Pt. sind formal nur beschlußfähig,
wenn die Hälfte aller Parteimitglieder durch Delegierte
vertreten ist.

Um den Pt. durchzuführen, wählen die Delegierten zu
Beginn: a) das Präsidium des Pt. (dies ist eine reine For-
malität und dient der Ehrung verdienstvoller Funktionäre; die Wahl erfolgt en bloc und dauert wenige Minuten); b) das Pt.-Sekretariat zur tatsächlichen Leitung des
organisatorischen und technischen Pt.-Ablaufs; c) die
Mandatsprüfungskommission, deren Aufgabe es ist, die
Anwesenheit der Delegierten, die Beschlußfähigkeit
des Pt. und die Gültigkeit der Mandate zu prüfen; d) die
Wahlkommission, die die Wahlakte leitet; e) weitere
Kommissionen (wie Redaktionskommission, Antragskommission, die von Fall zu Fall eingesetzt werden).

Die Funktionen des Pt. sind:

a) Entgegennahme und Diskussion des Rechenschafts-
berichtes des ZK, der Revisionskommission u. a. Führungsgremien;

b) Beschlußfassung über programmatische und statuari-
sche Grundfragen (Generallinie);

c) Diskussion der Strategie und Taktik der Partei in der
Innen- und Außenpolitik für die Periode bis zum nächsten Pt., Billigung der Linie der Führung;

d) Festlegung der Wirtschaftspolitik für die nächsten
Jahre (Beschluß über die Direktive des Fünfjahrplans
1971–1975);

e) Erklärungen zu aktuellen internationalen Problemen
(Chile, Nahost, usw.);

f) informelles Gipfeltreffen führender Vertreter der
kommunistischen Weltbewegung;

g) Wahl des Zentralkomitees (nicht aber des Politbüros
oder des Sekretariats) und der Zentralen Revisionskommission. Die Wahlen sind geheim.

Von besonderer Bedeutung ist die Teilnahme der Spitzenfunktionäre der Warschauer Pakt-Staaten, insbesondere des Generalsekretärs der KPdSU. Pt. sollen gesellschaftspolitische „Höhepunkte" im Leben der Menschen der DDR darstellen. Sie dienen der Selbstdarstellung der Partei und ihrer Führung („Heerschau des Sozialismus"), sind Anlaß von Mobilisierungs- und Selbstverpflichtungskampagnen, die der politischen Bewußtseinsbildung und der Steigerung der Arbeitsproduktivität, also den Planübererfüllungen auch der Nicht-Parteimitglieder, dienen sollen.

Oftmals erfüllten Pt. nur den Zweck der nachträglichen Legitimation bereits getroffener Entscheidungen des → **Zentralkomitees** oder des → **Politbüros**. Jedoch hat die Verkündung der jeweiligen „Generallinie" der Partei auf den Pt. insofern gesamtgesellschaftliche Bedeutung, als hiervon nicht nur der Parteiapparat sondern – in den sozialistischen Ländern – die Entwicklung in allen gesellschaftspolitischen Bereichen unmittelbar beeinflußt wird. Auf die vorherige Festlegung der auf den Pt. vertretenen „Generallinie" im Politbüro bzw. ZK hat in den letzten Jahren vielfach der im Staatsapparat (z. B. der Staatlichen Plankommission) vertretene Sachverstand Einfluß gewonnen. Darüber hinaus dienen die Pt. der Parteiführung auch dazu, die Anpassung der „Generallinie" an die jeweilige Politik der KPdSU vor einer breiteren Öffentlichkeit darzustellen und zu erläutern.

Zwischen den Pt. können auch Pk. einberufen werden: Auf den bisher veranstalteten 3 Pk. erfolgten stets Änderungen der Generallinie bzw. der Führungsstruktur der SED. Pk. können vom ZK zwischen den Pt. einberufen werden, wenn wichtige Fragen der Strategie und Taktik der Partei eine Antwort erfordern, wie das in den Jahren 1949, 1952 und 1956 der Fall war.

Die Funktionen der Pk. sind:

a) Abberufung von Funktionsträgern;

b) Berufung neuer ZK-Mitglieder aus den Reihen der Kandidaten;

c) Beschlußfassung zu wichtigen Fragen der Politik der Partei.

Das 4. Statut der SED von 1963 schreibt vor:

Beschlüsse der Pk. „sind vom Zentralkomitee zu bestätigen" und sind für alle Mitglieder bindend. Die Auswechslung von Mitgliedern des ZK bzw. der Zentralen Revisionskommission bedürfen keiner Bestätigung durch das ZK. Auswahlmodus und Delegiertenschlüssel der Pk. werden vom ZK gesondert festgelegt.

Die Pt. und Pk. werden vom Apparat des ZK gründlich vorbereitet. Die Delegierten und die zu wählenden Funktionsträger des Pt. werden vorher von den Abteilungen des ZK ausgesucht und vom Sekretär für Parteiorgane bestätigt. Da es keine Gruppenbildungen in der SED geben darf, sind oppositionelle Äußerungen von öffentlichen Sitzungen nicht bekannt geworden. Die dort verlesenen Reden und Diskussionsbeiträge enthalten aber gelegentlich Nuancen, die es einem aufmerksamen Beobachter erlauben, auf die Existenz unterschiedlicher Meinungen innerhalb der Partei zu schließen. Die Wahlen und Beschlußfassungen erfolgen stets einstimmig.

I. Parteitag (21.–22. 4. 1946):

Vereinigung von SPD und KPD (Vereinigungsparteitag); Verabschiedung der „Grundsätze und Ziele" der SED und des 1. Statuts; Verkündung eines Manifestes an das deutsche Volk; Wahl der paritätisch besetzten Führungsgremien.

II. Parteitag (20.–24. 9. 1947):

Manifest des II. Parteitages an das deutsche Volk (Forderung nach Volksentscheid für Deutschland als demokratischen Einheitsstaat; schnelle Vorbereitungen für die Bildung einer gesamtdeutschen Regierung); Entschließungen zur politischen Lage, zur Frauen- und zur Jugendfrage; Festhalten an paritätischer Besetzung der Leitungsorgane, Wiederwahl der gemeinsam amtierenden Vorsitzenden Pieck und Grotewohl.

1. Parteikonferenz (25.–28. 1. 1949):

Entschließung über die nächsten Aufgaben der SED (westdt. Staatsgründung verhindern, eigene Ordnung stärken, Planwirtschaft und Wirtschaftsleitung ausbauen, sowjetische Erfahrung überall anwenden; politische Erziehung im Geiste des Marxismus-Leninismus verstärken, straffe Parteidisziplin einhalten); Manifest an das gesamte schaffende deutsche Volk (Zusammenschluß aller deutschen Patrioten, schnelle Bildung einer gesamtdeutschen Regierung aus allen Parteien und Massenorganisationen, Friedensvertrag, Abzug aller Besatzungsmächte); Bestätigung des Beschlusses der 13. (27. 7.) Parteivorstands-(PV-)Tagung (15./16. 9. 1948) über die Bildung der Zentralen Parteikontrollkommissionen (ZPKK) und PKK sowie des Beschlusses der 16. (30.) PV-Tagung (24. 1. 1949) über die Bildung des Politbüros, über die Abschaffung der Parität und die Einführung der Kandidatenzeit für neu eingetretene Genossen.

III. Parteitag (20.–24. 7. 1950):

Billigung des Fünfjahrplan-Entwurfs; Annahme des 2. SED-Statuts; Beschluß über die gegenwärtige Lage und die Aufgaben der SED; weitere Ausprägung der Prinzipien einer „Partei neuen Typs"; Umwandlung des Parteivorstands in das ZK.

2. Parteikonferenz (9.–12. 7. 1952):

Beschluß des planmäßigen Aufbaus der Grundlagen des Sozialismus durch verschärften Klassenkampf; Vorschlag, neue Gesetze über die Umgestaltung des Staats- und Verwaltungsaufbaus verabschieden zu lassen; Beschluß, bewaffnete Streitkräfte zu schaffen; Beginn der Landwirtschafts-Kollektivierung; Angriffe gegen Tito, Slansky, Gomulka.

IV. Parteitag (30. 3.–6. 4. 1954):

Verabschiedung des 3. Statuts der SED; BPO (Betriebsparteiorganisationen) erhalten das Recht der Kontrolle über die Betriebsleitung in allen Volkseigenen Betrieben; Bildung von kollektiven Büros in Bezirks- und Kreisleitungen; Dokument „Der Weg zur Lösung der Lebensfragen der deutschen Nation" (Aktionseinheit von Arbeiterklasse und Bürgertum, um in Westdeutschland EWG- und Generalvertrag zu verhindern, stattdessen militärisch-neutrales und abgerüstetes Deutschland ohne „Macht des Großkapitals"); Ankurbelung eines Programmes der Massenbedarfsgüterproduktion, beschleunigte Entwicklung der Brennstoff- sowie chemischen Industrie und des Maschinenbaus.

3. Parteikonferenz (24.–30. 3. 1956):
Wird als Zeitpunkt des „Eintritts in die Etappe des Kampfes um den Sieg der sozialistischen Produktionsverhältnisse" bezeichnet. Ablenkung von der Entstalinisierung in der UdSSR durch Konzentration auf wirtschaftliche Probleme (Direktive des 2. Fünfjahrplanes) und Diskussion von Maßnahmen zur „breiteren Entfaltung der Demokratie".

V. Parteitag (10.–16. 7. 1958):
Bestätigung der deutschlandpolitischen Grundlinie des 30. Plenums (30. 1.–1. 2. 1957), Forderung nach Abschluß eines Friedensvertrages mit Deutschland; Ausarbeitung einer grundlegenden wirtschaftspolitischen Konzeption (Hauptaufgabe: Bundesrepublik im Pro-Kopf-Verbrauch bis 1961 zu übertreffen); Veränderung von Produktionsprofil und -struktur der Volkswirtschaft (chemische Industrie, Petrochemie „störfrei machen" durch Beseitigung von Abhängigkeiten von Westdeutschland); Beschleunigung der Kollektivierung der Landwirtschaft; Forcierung der PHG-Gründungen und von Betrieben mit staatlicher Beteiligung; Verkündung der zehn Grundsätze der sozialistischen Moral und Ethik.

VI. Parteitag (15.–21. 1. 1963):
Verabschiedung eines „Programms der SED" und des 4. Statuts (einheitliche Kandidatenzeit, Betonung der Kollektivität der Leitung und der innerparteilichen Rechte und Pflichten); Erläuterung der Grundsätze des neuen ökonomischen Systems der Planung und Leitung der Volkswirtschaft (NÖSPL); Auftrag an Staatsorgane, ein einheitliches Bildungssystem auszuarbeiten; weitere Gesetzgebungsanregungen (z. B. Familiengesetz); Konstatierung des „Sieges der sozialistischen Produktionsverhältnisse"; Sieben-Punkte-Vorschlag eines „Abkommens des guten Willens" zwischen beiden deutschen Staaten.

VII. Parteitag (17.–22. 4. 1967):
Begründung des „Ökonomischen Systems des Sozialismus" und des „entwickelten gesellschaftlichen Systems des Sozialismus" (Kurs auf die Vollendung des Sozialismus in der DDR); Forderung nach „normalen Beziehungen zwischen beiden deutschen Staaten"; Berlin (West) soll einen vertraglich gesicherten Status als „besondere politische Einheit" erhalten.

VIII. Parteitag (15.–19. 6. 1971):
Korrekturen an dem bisher gültigen Gesellschaftsbild der Ulbricht-Ära (Rücktritt Ulbrichts am 3. 5. 1971) durch die Honecker-Führung bei stärkerer Einordnung der SED in die außenpolitische Strategie der UdSSR und Betonung des ideologischen Führungsanspruchs der KPdSU-Führung (Folge: Berlin-Abkommen vom 3. 9. 1971 usw.); Betonung der „ökonomischen Hauptaufgabe" (der Erhöhung des materiellen und kulturellen Lebensniveaus der Bevölkerung durch kontinuierliche Entwicklung der Produktivkräfte); Proklamierung eines außenpolitischen Fünf-Punkte-Programms; Bestätigung der Fünfjahrplan-Direktive; Änderungen des Parteistatuts (Kontrollrecht der BPO über Lehranstal-

ten, Bildungseinrichtungen usw., Pt. statt alle 4 Jahre jetzt nur noch alle 5 Jahre mit Folgerungen für Delegiertenkonferenzen und untere Parteiorgane).

Parteiveteranen: Bezeichnung für ältere Parteimitglieder, die nicht mehr aktiv am Parteileben teilnehmen können. Sie kommen zumeist aus der Kommunistischen Partei Deutschlands oder aus der Sozialdemokratischen Partei und hatten sich z. T. noch vor dem I. Weltkrieg der Arbeiterbewegung angeschlossen. Sie sollen ihre „Erfahrungen im Klassenkampf" jüngeren Parteimitgliedern, Mitgliedern der FDJ und der jungen Pioniere weitergeben, um auf diese Weise die Kontinuität und die revolutionäre Tradition der SED zu dokumentieren. 95 000 Mitglieder der SED zur Zeit des VIII. Parteitages 1971 waren bereits vor 1933 Mitglied der SPD oder KPD (→ **SED**).

Parteiwahlen der SED: Die P. in der SED erfolgen entsprechend dem Prinzip des → **demokratischen Zentralismus** von unten nach oben. Zugleich ist durch Kaderpolitik und Nomenklatur gesichert, daß nur die von den jeweils übergeordneten Parteiorganen bestimmten Kandidaten gewählt werden. Die P. erfolgen geheim. „Gegenkandidaten" (im Sinne westlicher Wahlsysteme) zu den aufgestellten und geprüften Kandidaten gibt es nicht. Verschiedene politische Plattformen sind innerhalb der Partei verboten (Verbot der → **Fraktionsbildung**). Die Berichtswahlversammlungen und Delegiertenkonferenzen sind stets mit Rechenschaftsberichten der alten Leitungsorgane verbunden.

Formal höchstes Organ der Grundorganisation ist die Mitgliederversammlung, das der Parteiorganisationen der Großbetriebe und großen Verwaltungen (mit APO) sowie der Orte, Kreise, Städte und Bezirke ist die Delegiertenkonferenz und für die Gesamtpartei der Parteitag.

Die Partei-Mitgliederversammlungen und Delegiertenkonferenzen der Großbetriebe, Verwaltungen, Akademien, Hochschulen, Schulen usw. wählen ihre Leitungen alljährlich. Die Leitungen der Kreise, Städte und Bezirke werden im Turnus von zweieinhalb Jahren durch die Delegiertenkonferenzen gewählt. Die Delegierten- und Bezirksdelegiertenkonferenzen wählen die Delegierten des Parteitages.

Der Parteitag wählt das → **Zentralkomitee** (ZK) für fünf Jahre. Als Mitglieder und Kandidaten des ZK können nur Parteimitglieder gewählt werden, die mindestens 6 Jahre Mitglied der Partei sind (Ausnahmen bedürfen der Bestätigung des Parteitages). Neben dem ZK wählt der Parteitag die Zentrale Revisionskommission (ZRK) entsprechend der von ihm festgelegten Zahl.

Das ZK wählt zur politischen Leitung das Politbüro und zur Durchführung der operativen Arbeit und zur Auswahl der → **Kader** das Sekretariat und bestätigt die Abteilungsleiter des Apparates des ZK. Die Mehrheit der hauptamtlichen Funktionäre wird nicht gewählt und erhält ihre Ämter allein durch eine Entscheidung der übergeordneten Leitungsfunktionäre. Das ZK wählt weiterhin die Zentrale Parteikontrollkommission (ZPKK).

Die Bezirks-, Stadt- und Kreisleitungen wählen entsprechend den Instruktionen des ZK die Sekretäre und bilden Sekretariate. Sie bestätigen die Leitungen der Abteilungen der Parteiapparate und die Redakteure der örtlichen Parteipresse.

Sekretäre der Bezirksleitungen müssen mindestens 5 Jahre, Sekretäre der Kreisleitungen mindestens 3 Jahre Mitglied der Partei sein. Die Bestätigung der Sekretäre erfolgt entsprechend der Nomenklatur. Die Bezirks-, Stadt- und Kreisleitungen wählen die Parteikontrollkommissionen (PKK) und beschließen ihre Zusammensetzung. Der Vorsitzende der Bezirksparteikontrollkommission wird vom ZK, der der Stadt- bzw. der Kreiskontrollkommission von der Bezirksleitung bestätigt. Seit 1974 gehört er dem jeweiligen Sekretariat an. Der Parteitag findet alle 5 Jahre statt. Das Plenum des ZK tagt mindestens einmal in 6 Monaten, das der Bezirks-, Stadt- und Kreisleitungen ist vom jeweiligen Sekretariat einmal in 3 Monaten einzuberufen.

P. finden auf der Grundlage des Statuts, der Wahlordnung des Zentralkomitees und jeweils neuerlassener Direktiven des Zentralkomitees statt.

Die P. auf allen Ebenen werden durch Interviews, Reden von Politbüromitgliedern, Artikeln des Leiters der Abteilung Parteiorgane beim ZK und anderer hoher Funktionäre, durch Konferenzen mit dem Sekretariat des ZK usw. vorbereitet. Sie sollen stets Höhepunkte im Leben der gesamten Partei sowie der ganzen Bevölkerung sein.

Sie sollen der Stärkung der „Kampfkraft der Partei", der Erläuterung der Grundprobleme der Strategie und Taktik und der schnellen Erfüllung bestimmter Aufgaben (Produktionswettbewerbe) dienen.

Durch eine Direktive des ZK wird die Durchführung der P. in der Regel unter eine aktuelle Losung gestellt. In der Direktive des Jahres 1971 wurden z. B. den Organisationen der Partei spezifische, in besonderem Maß auf Effizienzsteigerung im wirtschaftlichen Bereich gerichtete Aufgaben erteilt. In den Direktiven zu den P. 1973 fehlt diese differenzierte Aufgabenstellung.

Aufgaben der letzten P. waren:

1. Eine Bilanz der Verwirklichung der Beschlüsse des VII. Parteitages zu ziehen;

2. die Wirksamkeit der ideologischen Arbeit weiter zu erhöhen;

3. die Qualität der Parteiarbeit in den staatlichen Organen sowie in den Bereichen der Wirtschaft, Wissenschaft, Bildung und Kultur zu erhöhen;

4. die Führungsrolle der Partei in der Gesellschaft weiter zu verstärken;

5. alle Bürger zur Erfüllung der volkswirtschaftlichen Aufgaben zu mobilisieren.

Bei der Vorbereitung der P. werden auf allen Ebenen die bisherigen Probleme, Leistungen und Erfolge eingeschätzt und die zur Wahl stehenden Kader überprüft.

In den Wahlversammlungen werden von den bisher amtierenden Gremien Rechenschaftsberichte gegeben. Es finden Diskussionen, die Kandidatenernennung und -befragung sowie die geheime Wahl statt. In den Rechenschaftsberichten wird in der Regel der Stand der Durchführung der Parteibeschlüsse dargelegt und die weitere Entwicklung behandelt.

Zugleich wird beraten, wie die Arbeit in den Massenorganisationen aktiviert werden kann. Neben dem Rechenschaftsbericht wird kein gesonderter schriftlicher Bericht mehr vorgelegt. Den Teilnehmern der Berichtswahlversammlung und Delegiertenkonferenz wird eine relativ kurze Entschließung zur Diskussion und Beschlußfassung vorgetragen.

Die übergeordneten Parteiorgane organisieren verantwortlich die im Sinne der Parteiführung erfolgreiche politisch-ideologische und personalpolitische Abwicklung der P. Die zentrale Verantwortung liegt bei der Abteilung Parteiorgane in Verbindung mit der Kaderkommission des ZK.

Alle Mitglieder des ZK-Sekretariats, des Politbüros, der Bezirks- und Kreisleitungen müssen persönlichen Einfluß auf die Wahlen der nachgeordneten Ebene nehmen. Über den Verlauf der Rechenschaftslegungen und der Neuwahlen ist eine einheitliche und straffe Parteiinformation zu gewährleisten. Berichte über Ergebnisse und Probleme der P. sowie die Zusammensetzung der neuen Leitungen sind stets nach einem festgelegten Terminplan den vorgesetzten Parteiorganen zu melden.

Bei den P. 1973/74 wurden 500 000 Parteifunktionäre gewählt. Ungefähr jedes vierte SED-Mitglied ist zugleich Funktionär der Partei. Ca. 70 v. H. der bisherigen Leitungsmitglieder wurden wiedergewählt. 16 000 Sekretäre von Grundorganisationen sind neu gewählt worden. Bei den Wahlen zu den Sekretariaten der Kreis-, Stadt- und Stadtbezirksleitungen wurde etwa ein Drittel der Funktionäre ausgewechselt. Von den insgesamt 263 1. Sekretären verloren nur 16 ihre Posten. Damit sind mehr als 30 v. H. der 1. Kreissekretäre länger als 10 Jahre – im Durchschnitt 8 Jahre – im Amt. Nur 9 Frauen hatten (1974) die Position des 1. Kreissekretärs inne.

Bei den Wahlen zu den 16 Bezirkssekretariaten (einschließlich der Gebietsleitung Wismut), denen insgesamt 219 Mitglieder angehörten, wurden gegenüber den Wahlen von 1971 55 Sekretariatsmitglieder bis Februar 1974 ausgewechselt. Von 95 Sekretären sind lediglich 4 Frauen. 1. oder 2. weibliche Bezirkssekretäre gibt es nicht.

P. sollen einerseits ein Bild der Geschlossenheit der SED bieten, in ihrem Verlauf wird daher besonders auf die Kontinuität der Politik der Parteiführung verwiesen. Andererseits bieten sie aber auch Gelegenheit, durch personelle Veränderungen die notwendige Anpassung an erfolgten gesellschaftlichen Wandel vorzunehmen, bzw. durch Auswechselung von Leitungspersonal diesen Wandel selbst in Gang zu setzen.

Kampfabstimmungen bei P. in der SED sind bisher nicht bekannt geworden. Obwohl die P. in der SED formal von unten nach oben stattfinden, kann bisher durch derartige personelle Veränderungen von der Basis aus ein Einfluß auf die Parteilinie nicht festgestellt werden. Die Regelung der Nachfolge an der Parteispitze, vor allem die Berufung des Ersten Sekretärs des ZK der SED, erfolgt formal durch eine Wahl (des ZK). Jedoch ist anzunehmen, daß vorher eine diese Wahlentscheidung fak-

tisch vorwegnehmende personelle Festlegung im Politbüro getroffen wird. → **Kreisparteiorganisationen der
SED; Bezirksparteiorganisationen der SED.**

Paß/Personalausweis: Jede Person, die in der DDR
ihren ständigen Wohnsitz hat, muß nach der Personal-
ausweisordnung vom 23. 9. 1963 (GBl. II, S. 700) mit
vollendetem 14. Lebensjahr im Besitz eines gültigen Pa.
sein. Pa. sind: a) der Pa. für Bürger der DDR, b) die
Aufenthaltserlaubnis. Den Pa. erhalten Bürger der
DDR, die das 14. Lebensjahr vollendet haben. Sie sind
mit einer Gültigkeit von 10 Jahren auszustellen und
können nach Ablauf der Gültigkeit verlängert werden.
Aufenthaltserlaubnisse erhalten Ausländer und Staatenlose, die das 14. Lebensjahr vollendet haben und deren Aufenthalt in der DDR die Dauer von 6 Monaten
übersteigt. Kinder, die das 14. Lebensjahr noch nicht
vollendet haben, sind in den Pa. der Eltern einzutragen.
Jede Person darf nur einen auf ihren Namen ausgestell-
ten Pa. im Besitz haben. Bürger der DDR dürfen nicht
im Besitz von Personaldokumenten der Bundesrepublik
Deutschland und von Berlin (West) sein. Pa. werden
durch die → **Deutsche Volkspolizei** ausgestellt. Jede
Person ist verpflichtet, den Pa. ständig bei sich zu tragen.
Personen, die in der DDR ihren Wohnsitz haben und
das Gebiet der DDR für ständig verlassen, haben ihren
Pa. vor der Abreise bei der zuständigen Dienststelle der
Deutschen Volkspolizei abzugeben.
Bürger der DDR, die das Gebiet der DDR nach dem
Ausland verlassen oder aus dem Ausland betreten, sind
nach dem Paß-Gesetz der Deutschen Demokratischen
Republik vom 15. 9. 1954 (GBl., S. 786) i. d. F. der Än-
derungsgesetze vom 30. 8. 1956 (GBl. I, S. 733) und
vom 11. 12. 1957 (GBl. I, S. 650) verpflichtet, sich
durch einen P. auszuweisen. Als P. sind für Bürger der
DDR anzusehen: Diplomaten-P., Dienst-P., Reise-P.,
Aufenthalts-P. der DDR. Bürger der DDR im ausweispflichtigen Alter können unabhängig von ihrem Wohnsitz einen P. der DDR erhalten. Fremden-P. können alle
Personen ausweispflichtigen Alters erhalten, die keine
„deutsche Staatsangehörigkeit" – gemeint ist damit
jetzt die Staatsangehörigkeit der DDR – besitzen und
denen die Beschaffung eines P. ihres Heimatstaates
nicht oder nicht innerhalb einer angemessenen Frist
möglich ist oder aus besonderen Gründen nicht zumutbar ist. Für die Ausstellung von P. sind im Inland das
→ **Ministerium für Auswärtige Angelegenheiten** sowie
die von diesen ermächtigten Dienststellen, im Ausland
die hierzu ermächtigten Vertretungen der DDR zuständig. Die genannten Stellen und das → **Ministerium des
Innern** sind zur Entziehung und Ungültigkeitserklärung
von P. berechtigt.
Für jeden Grenzübertritt ist ein im P. eingetragenes Visum erforderlich, soweit nicht Befreiung davon erteilt
ist. Visafreiheit ist vereinbart mit Polen, Rumänien, der
Tschechoslowakei, Ungarn, der UdSSR und Bulgarien.
Personen, die nicht Bürger der DDR sind, müssen sich
sowohl beim Betreten oder Verlassen des Gebietes der
DDR als auch beim Aufenthalt in diesem Gebiet durch
einen P. ausweisen. Als P. für Ausländer werden ange-

sehen: anerkannte P. des Heimat- oder Aufenthalts-
staates und Fremden-P. der DDR.
Für jedes Betreten oder Verlassen des Gebietes der
DDR ist ein im P. eingetragenes Visum erforderlich, soweit nicht Befreiung davon erteilt ist. Die Visafreiheit
mit den oben genannten Ländern gilt wechselseitig.
Auch für Deutsche mit Wohnsitz in der Bundesrepublik
Deutschland setzt eine Reise in die DDR voraus, daß
der Einreisende einen Reise-P. besitzt. Das gilt auch für
Jugendliche ab 16 Jahren. Kinder unter 16 Jahren müssen sich entweder durch einen Kinderausweis als P.-
Ersatz ausweisen oder im Familien-P. der Eltern oder
eines Elternteils eingetragen sein. Die Einreise von Kindern ist grundsätzlich nur in Begleitung Erziehungsbe-
rechtigter oder anderer erwachsener Personen möglich.
Nur in begründeten Ausnahmefällen wird Kindern bis
zum 16. Lebensjahr die Einreise ohne Begleitung Erwachsener gestattet.
Deutsche mit Wohnsitz in Berlin (West) haben den behelfsmäßigen Pa., der vom „Polizeipräsident in Berlin"
ausgestellt ist, vorzulegen.
Auch für Deutsche mit Wohnsitz in der Bundesrepublik
Deutschland und Berlin (West) besteht für die Einreise
in die DDR Visumzwang. Das Visum wird an den
Grenzübergangsstellen gegen Vorlage des Berechtigungsscheines erteilt. Das Einreisevisum kann auch gegen Vorlage eines Berechtigungsscheines von den in
dritten Staaten bestehenden Auslandsvertretungen der
DDR ausgestellt werden. Beim Besuch auf Einladung
ist der Berechtigungsschein von den in der DDR wohn-
haften Verwandten oder Bekannten oder den einladen-
den Stellen bei den dafür zuständigen Behörden
(Dienststellen des P.- und Meldewesens oder Räte der
Städte und Gemeinden) zu beantragen und dem Besucher aus dem Bundesgebiet zu übersenden. Telegramme
mit Todesnachrichten oder Mitteilungen über akute Lebensgefahr von Angehörigen oder Bekannten in der
DDR berechtigen zum Empfang eines Visums, wenn sie
von dem zuständigen Volkspolizei-Kreisamt bestätigt
und mit einem Genehmigungsvermerk versehen sind.
Der amtliche Genehmigungsvermerk sowie Siegel und
Unterschrift des Volkspolizei-Kreisamtes müssen
mittelegrafiert werden. Bei Reisen zum Besuch der
Leipziger Messe ersetzt der Messeausweis den Berechtigungsschein. Bei Touristenreisen ist der Berechtigungsschein bei der Generaldirektion des Reisebüros der
DDR über Reisebüros im Bundesgebiet zu beantragen.
Für Tagesbesuche in den grenznahen Kreisen der DDR
gelten Besonderheiten (→ **Beziehungen zwischen bei-
den deutschen Staaten**).
Bei Tagesbesuchen von Deutschen mit Wohnsitz in der
Bundesrepublik Deutschland und Staatsangehörigen
dritter Staaten in Berlin (Ost) wird das Visum an den
Sektorenübergangsstellen unmittelbar von den DDR-
Behörden erteilt. Ein Berechtigungsschein ist hier nicht
erforderlich. Für Besuche von West-Berlinern in der
DDR, bzw. im Ostteil von Berlin, werden Besuchsge-
nehmigungen in 5 dafür eingerichteten Büros ausgegeben.
Die Erteilung des Visums ist gebührenpflichtig. Die Ge-

bühr beträgt bei mehrtägigen Reisen in die DDR 15,–
DM, bei Tagesbesuchen in den grenznahen Kreisen und
in Berlin (Ost) sowie bei sonstigen eintägigen Reisen in
die DDR 5,– DM. Für Kinder unter 16 Jahren ist das Visum gebührenfrei. Die Visagebühren werden Reisenden
aus der Bundesrepublik Deutschland, die 60 Jahre und
älter sind, aus Bundesmitteln erstattet.

Für Reisen zwischen dem Bundesgebiet und Berlin
(West) gilt ebenfalls P.- und Visapflicht. Deutsche mit
Wohnsitz in der Bundesrepublik Deutschland müssen
sich durch einen Reise-P. der Bundesrepublik Deutschland ausweisen, Deutsche mit Wohnsitz in Berlin (West)
benötigen den behelfsmäßigen Pa.

Auch hier besteht Visumpflicht. Das Transitvisum wird
an den Grenzübergangsstellen von den DDR-Behörden
am Fahrzeug, im Autobus oder im Zug erteilt. Die notwendigen Angaben werden von den Kontrollorganen
der DDR aufgenommen. Der Reisende braucht lediglich seinen P. oder behelfsmäßigen Pa. vorzulegen.
Visagebühren brauchen von Deutschen nicht entrichtet
zu werden. Sie werden pauschal von der Bundesregierung an die Regierung der DDR überwiesen.

Auch ausländische Staatsangehörige und Staatenlose
bedürfen für eine Reise zwischen dem Bundesgebiet
und Berlin (West) einen Reise-P. Das Transitvisum wird
ihnen gegen Vorlage des Reise-P. erteilt. Sie brauchen
ebenfalls keine Visagebühren zu entrichten, sofern sie
mit der Eisenbahn oder in durchgehenden Autobussen
fahren. Benutzen sie ein Kraftfahrzeug (Pkw, Motorrad,
Motorroller), so sind Visagebühren zu zahlen, es sei
denn, daß sie im Besitz einer Aufenthaltserlaubnis für
die Bundesrepublik Deutschland und Berlin (West) für
länger als 3 Monate sind und sich darüber legitimieren
können.

Passierscheinabkommen: Am 17. 12. 1963 wurde
das erste P. von DDR-Staatssekretär Erich Wendt und
dem West-Berliner Senatsrat Horst Korber unterzeichnet. Damit öffneten sich den West-Berlinern 28 Monate
nach dem Bau der → **Mauer** wieder, wenn auch personell und zeitlich begrenzt, die Übergänge zum Ostteil ihrer Stadt.

Am 22. 8. 1961 hatte die Regierung der DDR für West-
Berliner eine Anordnung erlassen, die den Besuch Ost-
Berlins von Aufenthaltsgenehmigungen abhängig
machte, wie sie seit dem Herbst 1960 für Bürger der
Bundesrepublik Deutschland vorgeschrieben waren.
Die DDR verlangte die Einrichtung von Passierscheinstellen in den Westsektoren von Berlin. Ihr Versuch,
derartige Büros am 26. 8. 1961 auf 2 S-Bahnhöfen zu
eröffnen, wurde von der West-Berliner Polizei auf Weisung der Alliierten unterbunden.

Das P. wurde in 6tägigen, mehr als 30 Stunden dauernden, abwechselnd in Ost- und West-Berlin stattfindenden Gesprächen zwischen Korber und Wendt ausgehandelt. Die DDR war bemüht, der Übereinkunft den Charakter eines völkerrechtlichen Vertrages zu verleihen,
während der Senat von Berlin darin nur eine Verwal-
tungsvereinbarung sah.

Das P. wurde „ungeachtet der unterschiedlichen politischen und rechtlichen Standpunkte" von Staatssekretär

Wendt „auf Weisung des Stellvertreters des Vorsitzenden des Ministerrates der DDR" und von Senatsrat
Korber „auf Weisung des Chefs der Senatskanzlei, die
im Auftrag des Regierenden Bürgermeisters von Berlin
gegeben wurde", unterzeichnet. Beide Seiten stellten
ausdrücklich fest, daß „eine Einigung über gemeinsame
Orts-, Behörden- und Amtsbezeichnungen nicht erzielt
werden konnte".

Bundesregierung und Senat betonten in einer gemeinsamen Stellungnahme zum P., daß „der Rechtsstatus von
Berlin durch diese Vereinbarung nicht geändert wird
und daß damit ebenfalls keinerlei Änderung der bisherigen Politik der Nichtanerkennung gegenüber dem Zo-
nenregime verbunden ist".

Das erste P. gestattete „Einwohnern von Berlin (West)"
den Besuch bei ihren „Verwandten in Berlin (Ost), in
der Hauptstadt der Deutschen Demokratischen Republik" mit Passierscheinen in der Zeit vom 19. 12. 1963
bis 5. 1. 1964. Als Verwandtenbesuch galt „der Besuch
von Eltern, Kindern, Großeltern, Enkeln, Geschwistern, Tanten und Onkeln, Nichten und Neffen sowie
der Ehepartner dieses Personenkreises und der Besuch
von Ehegatten untereinander".

Zur Ausgabe der Passierscheine wurden in den West-
Berliner Bezirken 12 Büros eingerichtet, in denen Angestellte der Ost-Berliner Post Anträge entgegennah-
men und Passierscheine ausgaben. Die Bearbeitung der
Anträge erfolgte in Berlin (Ost). Der Senat behielt sich
in den Passierscheinstellen das Hausrecht vor.

Die Durchführung des P. erwies sich in den Tagen vor
dem Weihnachtsfest 1963 zunächst als schwierig: Tau-
sende von Antragstellern warteten in eisiger Kälte stun-
denlang vor den Passierscheinstellen. Neue Gespräche
zwischen Korber und Wendt hatten zur Folge, daß die
Zahl der in den Büros tätigen Ost-Berliner Postange-
stellten von 83 auf 260 erhöht wurde.

Nach offiziellen Angaben der DDR wurden insgesamt
1 318 519 Passierscheine für Besuche im Ostteil der
Stadt ausgegeben, von denen 1 242 810 tatsächlich benutzt wurden. Zahlreiche West-Berliner passierten die
Grenzen zwei- oder mehrmals, bevor die Übergänge in
der Nacht vom 5. zum 6. 1. für sie erneut geschlossen
wurden.

Das P. war in der öffentlichen Meinung des Westens um-
stritten. Während der Berliner Senat und die ihn tragen-
den Parteien, SPD und FDP, in den auf eindrucksvolle
Weise erneuerten menschlichen Kontakten einen positiven Faktor und einen neuen Impuls für die westliche
Deutschlandpolitik sahen, mehrten sich in den Reihen
der CDU/CSU Stimmen, die in dem P. einen Schritt zur
Aufwertung der DDR und zur Bestätigung einer Drei-
Staaten-Konzeption sahen. Die DDR bemühte sich, das
P. als „ein Stück Selbstbestimmungsrecht für Berlin
(West)" und einen Beweis für „die nicht zu bezweifeln-
de völkerrechtliche wie faktische Existenz" der DDR zu
bewerten (W. Ulbricht am 3. 1. 1964).

Korber und Wendt setzten ihre Gespräche im Januar
1964 fort. Nach schwierigen Verhandlungen gelang es
ihnen, am 24. 9. 1964 ein zweites P. auf der Basis ihrer
ersten Übereinkunft abzuschließen, durch das einige

praktische Regelungen für die Ausgabe von Passierscheinen verbessert werden konnten. Noch zweimal – am 25. 11. 1965 und am 7. 3. 1966 – konnten diese Abmachungen erneuert werden. Dieses 3. und 4. P. wurden von der Seite der DDR nicht mehr von Staatssekretär Wendt, sondern von Staatssekretär Dr. Michael Kohl unterzeichnet.

Während der verschiedenen Besuchszeiträume, die in den P. festgelegt wurden, registrierte die DDR folgende Besucherzahlen:

30. 10. bis 12. 11. 1964: 571 000 Besucher in 14 Tagen (durchschnittlich 40 785 pro Tag),

19. 12. 1964 bis 3. 1. 1965: 823 500 Besucher in 16 Tagen (51 469 pro Tag),

12. 4. bis 25. 4. 1965: 581 500 Besucher in 14 Tagen (41 535 pro Tag),

31. 5. bis 13. 6. 1965: 498 500 Besucher in 14 Tagen (35 607 pro Tag),

18. 12. 1965 bis 2. 1. 1966: 824 000 Besucher in 16 Tagen (51 500 pro Tag),

7. bis 20. 4. 1966: 510 400 Besucher in 19 Tagen (26 863 pro Tag),

23. 5. bis 5. 6. 1966: 468 000 Besucher in 14 Tagen (33 428 pro Tag).

Im Oktober 1964 konnte auf der Grundlage des 2. P. eine Passierscheinstelle für dringende Familienangelegenheiten (als solche galten Geburten, Eheschließungen, lebensgefährliche Erkrankungen und Sterbefälle) eröffnet werden, die auch nach dem Auslaufen des 4. P. bestehen blieb (vom April 1967 an arbeitete diese Härtestelle ohne Vereinbarung weiter); ihre Dienste nahmen mehrere hunderttausend West-Berliner bis 1971 in Anspruch.

Im Dezember 1964 verlangte die DDR einen verbindlichen Mindestumtausch von 3 DM je Person und Tag. Die Umtauschsumme wurde im Juli 1968 auf 5 DM erhöht. Kinder und Rentner wurden von der Verpflichtung, diesen Geldbetrag im Verhältnis 1:1 umzuwechseln, befreit.

Nachdem in den laufenden Verhandlungen der Passierscheinunterhändler immer wieder grundlegende politische Meinungsverschiedenheiten sichtbar geworden waren, scheiterten 1966 schließlich die Bemühungen des Senats von Berlin, ein neues, 5., P. für den Herbst und Winter jenes Jahres auszuhandeln. Abgesehen von jenen, die in dringenden Familienangelegenheiten nach Berlin (Ost) fahren konnten, blieb für die Masse der West-Berliner die Grenze für die folgenden 6 Jahre versperrt.

Ein Schreiben des Regierenden Bürgermeisters Schütz an den Vorsitzenden des Ministerrates, Stoph, vom 28. 2. 1968 blieb unbeantwortet. Im Frühjahr 1969 versuchte die DDR vergeblich, die Einberufung der Bundesversammlung nach Berlin (West) zu verhindern, indem sie Zugeständnisse in der Passierscheinfrage von einer Absage der Bundesversammlung abhängig machte. Gespräche zwischen Senatsdirektor Horst Grabert und Staatssekretär Dr. Kohl am 26. 2. 1969 blieben ergebnislos.

Erst die im Viermächte-Abkommen über → **Berlin** vom

3. 9. 1971 getroffenen Verfügungen über den Zutritt der West-Berliner zum Ostteil ihrer Stadt und zu den 14 DDR-Bezirken ermöglichten die Wiederaufnahme des Besuchs- und Reiseverkehrs, und zwar ab Ostern 1972 in weit größerem Umfang, als das aufgrund der personellen, zeitlichen und sachlichen Einschränkungen der P. möglich gewesen war.

Paßwesen: → **Paß/Personalausweis.**

Patenschaften: P. sind Abkommen zwischen (vornehmlich) Betrieben bzw. Genossenschaften und (vornehmlich) Bildungseinrichtungen (Kindergärten, Schulen, Heimen, Fach- und Hochschulen) über wirtschaftliche, kulturelle und politische Unterstützung und Zusammenarbeit, geregelt in → **Patenschaftsverträgen.** Diese sollen nach § 7 des Bildungsgesetzes vom 25. 2. 1965 (GBl. I, S. 83) die Teilnahme der Kinder und Jugendlichen am Leben des Betriebes sichern, sie an die moderne Wissenschaft und Technik heranführen und sie in die Arbeit der Kollektive einbeziehen. Auf der betrieblichen Seite sind die P. Bestandteil der Jugendförderungspläne (→ **Jugend**), nach denen die Betriebe soziale, kulturelle, politische und Verpflichtungen auf sportlichem und wehrsportlichem Gebiet gegenüber der Jugend im Kreis oder in der Gemeinde übernehmen. Meist verpflichtet der P.-Vertrag den Betrieb: 1. einen ständigen Vertreter in den Elternbeirat und in den Pädagogischen Rat der Schule zu entsenden; 2. der Schule Ausbilder für den Werkunterricht, die → **GST,** ggf. auch Pionierleiter zu stellen; 3. politische Vorträge halten zu lassen; 4. Geld- und Sachleistungen zu erbringen; 5. zur Verbesserung des polytechnischen Unterrichts beizutragen. Dagegen verpflichtet der P.-Vertrag die Schule: 1. zur Rechenschaftslegung über die Schulleistungen vor der Belegschaft des Betriebes; 2. zur Abhaltung von Elternseminaren; 3. zur Heranziehung der Betriebsleitung und der BGL bei → **Jugendweihe,** → **Berufsberatung** und für → **sozialistische Wettbewerbe.** Die P. mit einer LPG setzt andere Aufgaben; vor allem sollen die Schüler auf dem Lande Arbeitseinsätze leisten, und die Schule soll für Landwirtschaftsberufe werben.

Neben diesen auf den Unterricht und die Tätigkeit des Jugendverbandes abgestimmten, auf die „klassenmäßige Erziehung der Schuljugend" und die Verbindung von Schule und Arbeitswelt abzielenden P. bestehen P. zwischen Schulen, FDJ-Gruppen sowie Betrieben und Einheiten der NVA, die der Nachwuchswerbung der Armee dienen, P. zwischen Hochschulen bzw. Fakultäten oder Instituten und Betrieben, deren Zweck die wissenschaftlich-technische Zusammenarbeit ist, sowie P. zwischen Betrieben sowie Ausbildungs- und anderen Einrichtungen, die der „Festigung des Bündnisses der Arbeiter-und-Bauernklasse", vor allem aber der Deckung des Arbeitskräftebedarfs in Spitzenzeiten (Ernte) dienen.

Ferner bestehen innerhalb der Betriebe zwei Formen von P.-Beziehungen: kollektive P. von Brigaden und Jugendbrigaden zu Lehrlingsklassen und persönliche P. zwischen erfahrenen Facharbeitern und Lehrlingen bzw. jungen Facharbeitern. P. in dieser Form dienen vor allem der fachlich-beruflichen Anleitung und Beratung.

Patenschaftsverträge: Verträge über politische, wirtschaftliche, fachliche und kulturelle Zusammenarbeit zwischen Brigaden, Betrieben, Schulen, Universitäten und anderen gesellschaftlichen Einrichtungen und Organisationen. → **Patenschaften** gelten als Ausdruck der neuen sozialistischen Beziehungen, als deren Merkmale die kameradschaftliche Zusammenarbeit und die gegenseitige Hilfe gesehen werden.

Besondere Bedeutung kommt den P. zwischen den Betrieben und Schulen bzw. zwischen Brigaden und Schulklassen bei der Erziehung und Ausbildung der Schuljugend zu. Die P. sollen die Beziehungen zwischen Schule und Betrieb zum festen Bestandteil der ideologischen Arbeit in den Produktions- und Lehrerkollektiven werden lassen. Mit derartigen Patenschaftsbeziehungen soll vor allem bei den Pädagogen Klarheit über die führende Rolle der Arbeiterklasse erzielt werden. Dies wird als wichtige Voraussetzung für eine wirksame „klassenmäßige Erziehung" der Schüler gesehen. Gleichzeitig haben P. das Verständnis der Werktätigen in den Betrieben für die Aufgaben und Probleme des sozialistischen Bildungswesens zu fördern.

Die durch P. gestalteten Beziehungen zwischen Betrieben und Schulen sollen für die Jugendlichen berufsorientierend wirken. → **Polytechnische Bildung und polytechnischer Unterricht.**

Patentanwälte: → **Patentwesen.**

Patentrecht: → **Patentwesen.**

Patentwesen: Grundlage des P. ist das Patentgesetz vom 6. 9. 1950 (GBl., S. 989, geändert durch Gesetz vom 31. 7. 1963, GBl. I, S. 121). Die Verfassung vom 6. 4. 1968 stellt in Art. 11 Abs. 2 die Rechte von Erfindern ausdrücklich unter den Schutz des sozialistischen Staates. Das Patentgesetz will die schutzwürdigen Interessen des Erfinders gewährleisten, zugleich jedoch die Realisierung der gesellschaftlichen Interessen an der Auswertung von Erfindungen ermöglichen. Es unterscheidet daher zwischen dem Ausschließungspatent, das dem Patentinhaber das alleinige Benutzungsrecht einräumt, und dem als Regelfall ausgestalteten Wirtschaftspatent, bei dem die Benutzungsbefugnis dem Inhaber und demjenigen zusteht, dem sie durch das Amt für Erfindungs- und Patentwesen (Patentamt) erteilt wird.

Das Wirtschaftspatent ist die in der Praxis vorherrschende Erscheinungsform des Patents. Dies ergibt sich schon daraus, daß für Erfindungen, die im Zusammenhang mit der Tätigkeit des Erfinders in einem VEB oder mit staatlicher Unterstützung gemacht worden sind, nur Wirtschaftspatente erteilt werden dürfen. Darüber hinaus kann bei Vorliegen einer wirtschaftlichen, sozialen oder kulturellen Notwendigkeit der Ministerrat auf Antrag des Patentamtes die Wirksamkeit eines Ausschließungspatents gegen Zahlung einer Entschädigung einschränken oder aufheben. Ein Rechtsmittel gegen eine solche Maßnahme ist nicht vorgesehen, lediglich wegen der Höhe der Entschädigung kann das Patentgericht angerufen werden.

Auch durch andere Bestimmungen wird das Wirtschaftspatent gegenüber dem Ausschließungspatent bevorzugt. So betragen die Gebühren für seine Anmeldung nur 20 Mark gegenüber 250 Mark bei einem Ausschließungspatent, während die Jahresgebühren eines Ausschließungspatents bis zu dreißigmal höher sind als die für ein Wirtschaftspatent, wobei nur die letzteren erlassen oder gestundet werden dürfen. Wirtschaftspatente können vom Patentamt auch dann aufrechterhalten werden, wenn der Patentinhaber auf das Patent verzichtet oder dieses aus anderen in der Person des Inhabers liegenden Gründen erlöschen würde. Zum Zweck der schnelleren Information über Erfindungen und ihrer schnelleren Nutzung wurde durch die Novelle zum Patentgesetz vom 31. 7. 1963 das Erteilungsverfahren vereinfacht. Das Patentamt kann ein Patent ohne sachliche Prüfung der Schutzvoraussetzungen erteilen. Gegen ein solches Patent kann jeder Bürger und jeder Betrieb Einwendungen erheben. Auf Antrag findet eine nachträgliche Prüfung der Schutzvoraussetzungen statt. Vergütungen dürfen in diesem Fall erst nach Prüfung der Erfindung und Bestätigung des Patents gezahlt werden.

Dem Erfinder steht beim Wirtschaftspatent das Recht auf Anerkennung als Erfinder, auf Nennung seines Namens sowie auf eine Erfindervergütung im Falle der Benutzung zu, deren Höhe vom Umfang des erzielten Nutzens abhängt, die jedoch nach der Novelle von 1963 nur noch in einer einmaligen Abfindung besteht und die Summe von 30 000 Mark nicht übersteigen darf. Der das Wirtschaftspatent nutzende Betrieb hat das Recht und die Pflicht, die Erfindung unverzüglich für sich außerhalb der DDR schützen zu lassen, sofern ein volkswirtschaftliches Interesse hieran besteht. In diesem Fall hat der Betrieb dem Erfinder eine Vergütung bis zu 500 Mark entsprechend der Bedeutung der Erfindung zu zahlen. Der Erfinder selbst darf ein Patent außerhalb der DDR grundsätzlich erst nach vorheriger Anmeldung der Schutzrechte beim Amt für Erfindungs- und Patentwesen und nur mit staatlicher Genehmigung anmelden.

Der das Wirtschaftspatent nutzende Betrieb ist berechtigt, auch mit anderen volkseigenen Betrieben Nutzungsverträge abzuschließen. Die Vergabe und der Austausch von Lizenzen mit Partnern außerhalb der DDR richtet sich nach der VO vom 20. 11. 1964 (GBl. II, 1965, S. 45) (→ **Lizenzen**). Die staatlichen → **Außenhandelsbetriebe** haben die Aufgabe, ständig den Markt für den Abschluß von Lizenzgeschäften zu erforschen und den Betrieben zu helfen, geeignete Vertragspartner ausfindig zu machen.

Zuständig für das Patent-, Muster- und Zeichenwesen ist das Amt für Erfindungs- und Patentwesen (Patentamt) in Ost-Berlin (Präsident 1974: Prof. Dr. J. Hemmerling). Es ist Organ des Ministerrates (VO über das Statut des Amtes für Erfindungs- und P. vom 31. 7. 1963, GBl. II, S. 547). Das Patentamt soll auch die Neuererbewegung (→ **sozialistischer Wettbewerb**) fördern und lenken. Auch die aufgrund des Gebrauchsmustergesetzes vom 8. 1. 1956 (GBl., S. 105), das durch das Änderungsgesetz zum Patentgesetz vom 31. 7. 1963 ersatzlos aufgehoben wurde, eingetragenen und angemeldeten Gebrauchsmuster werden vom Patentamt betreut. Eine Verlängerung ihrer Schutzfristen ist jedoch nicht mehr zulässig. Das Patentamt führt auch das Warenzeichenregister (→ **Warenzeichen**).

Für alle Klagen, durch die ein Anspruch aus einem Patent geltend gemacht wird, ist ein durch VO vom 21. 5. 1951 (GBl., S. 483) zum Patentgericht bestimmter Zivilsenat des Bezirksgerichts Leipzig zuständig. Zur Vertretung von Patentsachen sind gemäß § 81 Abs. 3 des Patentgesetzes Patentanwälte zugelassen. Die ausschließliche Vertretungsbefugnis für Rechtssuchende, die in der DDR weder Wohnsitz noch Niederlassung haben, ist durch VO vom 26. 8. 1965 (GBl. II, S. 695) jedoch dem Büro für die Vertretung in Patent-, Muster- und Zeichenangelegenheiten übertragen worden, wodurch die Patentanwälte auf die Vertretung solcher Personen beschränkt worden sind, die ihren Wohnsitz oder ihre Niederlassung in der DDR haben. Im Rechtsverkehr führt das Büro die Bezeichnung „Internationales Patentbüro Berlin". Mit VO vom 15. 3. 1956 (GBl. I, S. 271) hat die DDR die Wiederanwendung der Pariser Verbandseinkunft zum Schutze des gewerblichen Eigentums und ihrer Nebenabkommen erklärt.

Patriotismus: Die Verfassung der DDR spricht in ihrem Artikel 25, Abs. 2 vom „Geist des sozialistischen P. und Internationalismus" als einem Wesensmerkmal des Menschen im Sozialismus. Auch das 1963 verabschiedete Programm der → **SED** verknüpfte beide Begriffe. In dem Abschnitt über die „Vertiefung des sozialistischen P. und des sozialistischen Internationalismus" hieß es: „Das sozialistische Nationalbewußtsein, die Liebe zur Deutschen Demokratischen Republik und der Stolz auf die Errungenschaften des Sozialismus erwachsen aus dem tiefen Verständnis für die geschichtliche Rolle des ersten deutschen Arbeiter-und-Bauern-Staates und dem unbeugsamen Glauben an den Sieg des Sozialismus und des Friedens in ganz Deutschland. Sie sind untrennbar mit der Ideologie der Völkerfreundschaft verbunden."

Die SED will P. als Liebe zum Vaterland verstanden wissen. Allerdings hat sich ihre Haltung in dieser Frage, im Zeichen ihrer revidierten Einstellung zur nationalen Frage, geändert. Bis in die zweite Hälfte der 60er Jahre hinein sprach die SED von Deutschland als dem Vaterland, für dessen künftiges Geschick die Nation der Deutschen – und damit auch die Bevölkerung der DDR – Verantwortung trügen. Seit Ende der 60er Jahre wurde der „sozialistische deutsche Nationalstaat" DDR als Vaterland bezeichnet, der keinerlei Gemeinsamkeit mit dem westlichen Deutschland besitze.

Das Mitglied des Politbüros der SED, H. Axen, erklärte 1973, die Herausbildung der sozialistischen Nation in der DDR sei vom Prozeß der Herausbildung des → **sozialistischen Bewußtseins** als herrschender Ideologie begleitet, wobei der sozialistische P. und der **proletarische**

→ **Internationalismus** den „entscheidenden Inhalt des sozialistischen Bewußtseins" bildeten. Nach Axen ist der P. die „stärkste nationale Empfindung", deren Inhalt durch die jeweilige Gesellschaftsordnung bestimmt wird: „Liebe zur Arbeiterklasse, Liebe zum sozialistischen Vaterland, Liebe zur Arbeit für die sozialistische Sache, gegenseitige Hilfe und Unterstützung, Bereitschaft zur Verteidigung der Heimat sind ebenso Züge des sozialistischen P. wie die erst im Sozialismus möglichen neuen Verhaltensweisen gegenüber der Frau, der Familie und der Jugend" (H. Axen, Zur Entwicklung der sozialistischen Nation in der DDR, Ost-Berlin 1973, S. 32 f.).

Die SED beruft sich auf Clara Zetkins Unterscheidung von bürgerlichem und proletarischem P. – der erstere gilt als konservativ und reaktionär, der letztere als revolutionär. Als „einzige konsequent-revolutionäre Klasse" sei die Arbeiterklasse „auch die am meisten patriotische Klasse der Gesellschaft" (Kleines Politisches Wörterbuch, Ost-Berlin 1973, S. 645). Von dem als Ausdruck einer reaktionären Ideologie verworfenen Nationalismus will die SED ihr Verständnis des P. abheben, indem sie P. und sozialistischen oder proletarischen Internationalismus als eine untrennbare dialektische Einheit bezeichnet. → **Nation und nationale Frage.**

Pazifismus: Im politischen Sprachgebrauch der DDR wird der P. als „bürgerliche politische Strömung und Ideologie" bezeichnet, deren Vertreter als partielle Verbündete der sozialistischen Staatengemeinschaft gesehen werden, da sie gegen alle Arten von → **Krieg**, also auch gegen „imperialistische Kriege" kämpfen. Ihnen wird jedoch von der Propaganda der SED vorgeworfen, daß sie nicht zwischen gerechten und ungerechten Kriegen unterschieden und damit revolutionäre Kriege bzw. nationale Befreiungskriege ablehnten.

Mit Beginn der sowjetischen Entspannungsoffensive Anfang der 70er Jahre ist allerdings der Bedeutungsinhalt des Begriffs P. ausgeweitet worden. Mit P. im weiteren Sinne wird seitdem auch die Haltung großer Teile der Bevölkerung westlicher Industrieländer charakterisiert, die sich unter dem Eindruck der „Friedenspolitik der sozialistischen Staaten" zunehmend vom Antikommunismus und Antisowjetismus abgewandt hätten.

PDA: Abk. für Produktions- und Dienstleistungsabgabe. → **Steuern.**

PEN-Zentrum der DDR: Vereinigung von Schriftstellern und Dichtern der DDR, die Mitglied des internationalen, 1921 von C. A. D. Scott gegründeten PEN-Clubs ist.

Ein deutsches PZ. (wiedergegründet 1947 von J. R. Becher, u. a.) spaltete sich 1951 in zwei Teilgliederungen, in der Bundesrepublik Deutschland und der DDR. Das PZ. der DDR, so der Name seit 1967, will die „antifaschistische, antiimperialistische Tradition" des deutschen PZ. fortsetzen. Über Stellung und Aufgabe des Schriftstellers wie der Literatur in der Gesellschaft vertritt das PZ. der DDR die offiziellen Positionen der → **Kulturpolitik** der SED.

Seit 1965 finden gemeinsame Tagungen und Veranstaltungen der PZ. in beiden deutschen Staaten statt. Gegenwärtig ist der Schriftsteller H. Kamnitzer (Nachfolger von A. Zweig) Präsident des PZ. der DDR.

Periodisierung: Nach der Lehre des → **Marxismus-Leninismus** entwickelt sich die Gesellschaft in einer Kette von Klassenkämpfen zum Sozialismus und Kommunismus. Dieser Prozeß verläuft in bestimmten Perioden. Die großen Gesellschaftsformationen (Urgesellschaft, Sklaverei, Feudalismus, Kapitalismus, Sozialismus/Kommunismus) sind nicht strittig; jedoch ergeben sich bei genauerer P. zwischen Marx, Engels, Lenin und der heute gültigen Lehrmeinung zahlreiche Widersprüche. Die Kriterien und Zeiträume einzelner Perioden, vor allem der Etappen des Eintritts in das Stadium des Kommunismus, sind wiederholt verändert worden. Die Probleme der politischen Praxis haben die Einschiebung immer neuer Etappen und ihre Fristverlängerung erzwungen, das gilt besonders für den Sozialismus, der nach der heute in der DDR gültigen Auffassung in verschiedene Entwicklungsstufen zerfällt. Bei der P. der Entwicklung der DDR selbst werden inzwischen (so bei Doernberg, Kurze Geschichte der DDR) folgende Perioden unterschieden:

1. Die → **antifaschistisch-demokratische Ordnung** von 1945 bis 1949. Durch die Bodenreform und die Enteignung der Großindustrie trug „die antifaschistisch-demokratische Umwälzung bereits in sich die Tendenz des Hinüberwachsens der demokratischen Revolution in die sozialistische".
2. Einen wichtigen Einschnitt bildet die 2. Parteikonferenz der SED 1952, auf der der Aufbau des Sozialismus verkündet wurde. Seit etwa 1973 rechnet diese Periode jedoch von 1949 bis 1958 und schließt an die antifaschistisch-demokratische Ordnung an. Der Aufbau des Sozialismus führt in der marxistisch-leninistischen Theorie über den vollendeten Sozialismus zum Kommunismus. Bei Marx und Engels war das Ziel ein genossenschaftliches System mit „Selbstregierung der Produzenten", in der DDR wird darunter die Herrschaft der Partei verstanden.
3. Die Periode von 1958 bis 1961/62 wird als Vollendung der sozialistischen Produktionsverhältnisse bezeichnet. Der VI. Parteitag 1963 verkündete den „Sieg der sozialistischen Produktionsverhältnisse".
4. Unter Ulbricht war es üblich, die Zeit ab 1963 als „umfassenden Aufbau des Sozialismus" zu charakterisieren, wobei in der Bezeichnung der Periode unterschiedliche Begriffe verwendet wurden. 1967 verkündete der VII. Parteitag als Zielsetzung das „entwickelte gesellschaftliche System des Sozialismus", wobei der Sozialismus als relativ selbständige sozialökonomische Formation verstanden wurde.
5. In der Ära nach Ulbricht wird ein deutlicher Einschnitt mit dem VIII. Parteitag der SED 1971 gesetzt. Der Sozialismus wird nun nicht mehr als selbständige sozialökonomische Formation begriffen, sondern als Unterstufe des Kommunismus. Die neue Etappe in der DDR wird als „entwickelte sozialistische Gesellschaft"

bezeichnet, der nächste Schritt soll darin bestehen, den „entwickelten reifen Sozialismus umfassend zu gestalten", wobei man sich am Vorbild der Sowjetunion orientiert. Dort wird nach offizieller Lesart bereits seit 1936 der Übergang vom Sozialismus zum Kommunismus vollzogen. Die politische Bedeutung der P. ist damit klar: Die Sowjetunion wird als „das" Modell der DDR herausgestellt. Die P., nach der die Sowjetunion eine Etappe weiter voran ist, sichert ihren Vorbildstatus ideologisch ab.

Personal, Ingenieurtechnisches: Beschäftigte, deren Funktion eine abgeschlossene Hoch- oder Fachschulausbildung voraussetzt (Dipl.-Ing., Dipl.-Chemiker, Ingenieure, Techniker). Auch Meister zählen zum IP., ferner solche Arbeitskräfte, die für die Organisierung und Leitung, Aufsicht und Kontrolle in einem Meisterbereich der Industrie tätig sind. Hoch- und Fachschulabsolventen sind in der → **Kammer der Technik** organisiert.

Personalausweis: → **Paß/Personalausweis.**

Personenkult: P. ist die abwertende Bezeichnung für die Hervorhebung einer Person entgegen dem Leninschen Prinzip der → **kollektiven Führung.** Der Begriff P. gehörte seit dem XX. Parteitag der KPdSU (Februar 1956), auf dem die Abkehr vom stalinistischen P. erstmals öffentlich dokumentiert wurde, lange Jahre auch zum Sprachschatz der SED. W. Ulbricht, bis Mai 1971 Erster Sekretär des ZK der SED, folgte zwar formal der Verdammung des P. (vgl. vor allem seine Rede auf der SED-Bezirksdelegiertenkonferenz in Ost-Berlin am 17. 3. 1956), jedoch hat sich gerade um seine Person in den 60er Jahren ein beispielloser P. entwickelt. Der P. ist, wenn auch in vermindertem Maß, auch in der UdSSR unter Breschnew wieder aufgelebt. Das gilt auch für die DDR unter Honecker.

Personenstandswesen: Nach dem Gesetz über das P. vom 16. 11. 1956 (GBl. I., S. 1283) in der Fassung des Änderungsgesetzes vom 13. 10. 1966 (GBl. I, S. 87) sind Organe des P. das → **Ministerium des Innern**, die Räte der → **Bezirke**, → **Kreise** und → **Städte** oder → **Gemeinden**. Die zuständigen Fachorgane werden im Gesetz nicht genauer bezeichnet. Indessen führen sie auf der untersten Stufe die Bezeichnung Standesamt weiter. Jeder Standesamtsbezirk umfaßt in der Regel mehrere Gemeinden. Über die Abgrenzung der Standesamtsbezirke und den Sitz der Standesämter entscheiden die Räte des Kreises. In Städten mit Stadtbezirken besteht für jeden Stadtbezirk ein Standesamt.
Bei den Standesämtern werden die Geburts-, Sterbe-, und Ehebücher geführt. In die Ehebücher ist der von den Ehegatten bei der Eheschließung gewählte gemeinsame → **Familienname** einzutragen. Die genannten Personenstandsbücher sind jeweils nach Jahresende von den Standesämtern und bei den zuständigen Fachorganen der Räte der Kreise errichteten Urkundenstellen zu übergeben. Diese Urkundenstellen haben die Bücher weiterzuführen und die Personenstandsurkunden auszustellen.

Nach internen Weisungen erhalten Bewohner der Bundesrepublik Deutschland einschließlich Berlin (West) keine Personenstandsurkunden, wenn erkennbar ist, daß diese zum Zwecke des Lastenausgleiches oder der Wiedergutmachung benötigt werden. Es ist deshalb zweckmäßig, bei der Anforderung von Personenstandsurkunden den Zweck darzulegen. Das Standesamt I in x 104 Berlin, Rückerstraße 8, besitzt Standesamt-Zweitbücher aus den Gebieten östlich der Oder und Neiße.

Persönliche Konten: → **Sozialistischer Wettbewerb.**

Persönliches Eigentum: → **Eigentum.**

Persönlichkeitsrechte, Sozialistische: Sozialistische → **Grundrechte.**

Perspektivplan: Bis 1971 übliche Bezeichnung für das verbindliche wirtschaftspolitische Programm der Gesamtwirtschaft oder einzelner Teilbereiche für 5–7 Jahre. Seitdem werden die Bezeichnungen Fünfjahrplan und langfristiger Plan benutzt. → **Planung.**

Petrochemie: → **Energiewirtschaft.**

PFA: → **Produktionsfondsabgabe.**

Pfandbriefe: → **Wertpapiere.**

Pfändung: → **Zivilprozeß.**

Pflanzenzucht: → **Landwirtschaft; Gartenbau.**

Pflegegeld: Anspruch auf ein P. haben Empfänger einer Rente der Sozialversicherung oder einer an deren Stelle gezahlten Versorgung sowie Empfänger einer Ehrenpension für Kämpfer gegen den Faschismus oder für Verfolgte des Faschismus sowie deren Hinterbliebene, die wegen solcher Leiden oder Körperschäden, die durch Heilbehandlung in absehbarer Zeit nicht mehr behoben, gebessert oder gelindert werden können, der Pflege einer anderen Person bedürfen und nicht berufstätig sind. Für Kinder besteht der Anspruch auf P. frühestens ab Vollendung des 3. Lebensjahres, für pflegebedürftige Ehegatten dann, wenn für sie ein Ehegattenzu-

schlag gezahlt wird und Pflegebedürftigkeit zumindest tagsüber besteht. Für die Dauer stationärer Unterbringung ruht der Anspruch auf P. Die Höhe des P. liegt entsprechend dem Grad der Pflegebedürftigkeit zwischen 20 und 80 Mark monatlich. P. bei ganztägiger (60 Mark) oder Tag und Nacht bestehender Pflegebedürftigkeit (80 Mark) wird auch gezahlt, wenn der pflegebedürftige Rentner eine Berufstätigkeit ausübt oder wenn infolge der Höhe des Verdienstes kein Anspruch auf Rente oder Versorgung besteht.
Für Blinde oder Schwerstbeschädigte (mehrfach Amputierte) wird ein Sonder-P., gestaffelt nach dem Grad des Körperschadens, in Höhe von 30 Mark bis 240 Mark gezahlt. → **Sozialversicherungs- und Versorgungswesen; Wiedergutmachung.**

Pflichtversicherung: In der Sozialversicherung sind pflichtversichert alle Beschäftigten mit Ausnahme a) beschäftigter Ehegatten mit geringeren Jahreseinkünften als 900 Mark, b) gelegentlich Tätiger und solcher mit geringfügigem → **Einkommen** sowie c) bestimmter Geistlicher und Kirchenangestellter (seit 1971 sind auch die Selbständigen, die mehr als fünf Personen beschäftigen, pflichtversichert).
Zur P. zählen: Formen der Invalidenversicherung, für die das Bestehen eines Versicherungsverhältnisses zwingend vorgeschrieben ist. In der DDR besteht P. der Gebäude und Betriebseinrichtungen gegen Brand, Blitzschlag und Explosion. Ihr unterliegen alle Gebäude mit einem Grundwert von mehr als 1 000 Mark sowie Einrichtungen der industriellen und der landwirtschaftlichen Betriebe mit einem Wert von 5 000 Mark und darüber. P. besteht auch gegen Hagelschäden für landwirtschaftliche Betriebe und Berufsgärtnereien, gegen Haftpflicht für Kraftfahrzeuge. → **Kraftfahrzeug-Haftpflichtversicherung; Sozialversicherungs- und Versorgungswesen.**

PGH: Abk. für Produktionsgenossenschaften des → **Handwerks.**

PGH-Steuer: → **Steuern; Handwerkssteuer.**

Phasen der Wirtschaftspolitik seit 1963

Allgemeine Merkmale – Neues Ökonomisches System (NÖS) – Ökonomisches System des Sozialismus (ÖSS) – Wirtschaftswachstum durch Intensivierung und Rezentralisierung der Wirtschaftssteuerung

Die Wirtschaftspolitik steht neben der Deutschland- und Außenpolitik im Mittelpunkt der politischen Aktivitäten der Partei- und Staatsführung der DDR. Stellung und Aufgaben der → **Wirtschaft** im politischen Gesamtsystem unterlagen seit 1963 unterschiedlichen Einschätzungen, die sich in generellen Schwankungen des wirtschaftspolitischen Kurses niederschlugen. Markiert durch die Parteitage der SED in den Jahren 1963 (VI. Parteitag), 1967 (VII. Parteitag) und 1971 (VIII. Parteitag) sind bestimmte PdW. zu unterscheiden. Während 1963/1964 zu Be-

ginn des → **Neuen Ökonomischen Systems** (NÖS) den wirtschaftlichen Problemen politische Priorität eingeräumt wurde, so daß der SED intern der Vorwurf gemacht wurde, sie würde sich zu einer reinen „Wirtschaftspartei" wandeln, wurde seit 1965, verstärkt seit 1967, der Akzent erneut mehr auf ideologisch-politische Fragen und die besondere Führungsrolle der SED gelegt.
Die seit 1963 in den Phasen des NÖS und des Ökonomischen Systems des Sozialismus initiierten und durchgeführten Veränderungen im Aufbau und Ablauf des Wirtschaftssystems sind untrennbar mit dem Wirken des früheren Ersten Sekretärs des ZK der SED, W. Ulbricht, verbunden. Dabei kam es zu Ausprägungen einer DDR-typischen Wirtschaftsordnung, deren staatlich-nationale Elemente darauf zurückgeführt wurden, daß mit der DDR erstmals

ein hochindustialisiertes Land „sozialistische Planwirtschaft" praktisch verwirklichte. So bezeichnete
Ulbricht das NÖS als die konkrete Anwendung und
Weiterentwicklung der Leninistischen Prinzipien
der sozialistischen Wirtschaftsführung in einem
hochentwickelten Industrieland: „Wir sind uns bewußt, daß wir in der Deutschen Demokratischen Republik den Übergang vom Kapitalismus zum Sozialismus entsprechend unserer nationalen Bedingungen durchgeführt haben und durchführen. Diese Bedingungen unterscheiden sich von denen, die die Sowjetmacht hatte, als sie den Übergang vom Kapitalismus zum Sozialismus vollzog" (5. Tagung des
Zentralkomitees der SED, Februar 1964). Seit dem
VIII. Parteitag der SED wird die Originalität der
DDR-Wirtschaftspolitik nicht mehr hervorgehoben.
Der neue wirtschaftspolitische Kurs betont stattdessen die enge Verbindung zur Entwicklung der Sowjetunion und zu anderen → **RGW**-Ländern.
Die gesamte DDR-Wirtschaftspolitik seit 1963 verfolgte das umfassende Ziel, die real möglichen materiellen Nutzeffekte des technischen Fortschrittes unter Aufrechterhaltung der staatlichen Verfügung
über das Produktionsmitteleigentum und der zentralen → **Planung** und Leitung – als den beiden konstitutiven Merkmalen des Wirtschaftssystems – zu erreichen. Die wirtschafts- und technologiepolitischen
Formeln änderten sich wiederholt: „Erreichen
des wissenschaftlich-technischen Höchststandes",
„Meisterung der wissenschaftlich-technischen Revolution" „Überholen ohne Einzuholen". Die ihnen
zugrundeliegende Aufgabe besteht auch gegenwärtig vor allem darin, ein höheres Innovationstempo
und eine größere Fähigkeit in der Anpassung der
Produktion an die wissenschaftlich-technische Entwicklung zu erzielen (→ **Forschung**). Bei der in
polit-ökonomischer Sicht entscheidenden Meßziffer, der Arbeitsproduktivität, erreichte die Wirtschaft der DDR ebensowenig das Niveau westlicher
Industrieländer, wie generell im Bereich der Technologien, der Fertigungs- und Verteilungsorganisa-
tion und der Qualität der industriellen Güter und
Leistungen.
Die konkreten wirtschaftspolitischen Maßnahmen
wurden entscheidend durch den Übergang der Wirtschaft von der extensiven zur intensiven Produktion
bestimmt. Die gestiegene Bedeutung einer effizienten Wirtschaftsstruktur, des technischen Wissens,
des Ausbildungsniveaus und der Innovationsbereit-
schaft der Wirtschaftsleiter für die Leistungsfähigkeit der Wirtschaft wurde schon frühzeitig erkannt
und führte zu einer gezielteren Strukturpolitik, die
mit der Förderung der industriellen Forschung und
Entwicklung und der Aus- und Weiterbildung verbunden wurde. In diesem Zusammenhang wird seit
Mitte der 60er Jahre besonderes Gewicht auf langfristige Pläne gelegt, um für die Arbeit der Betriebe
stabilere Bedingungen zu schaffen. Kennzeichnend

ist zudem die verstärkte Konzentration von Beschäftigten und Fertigungsstätten in fast allen Branchen
(→ **Betriebsformen und Kooperation**).
Die Wirtschaftspolitik seit 1963 verlief nicht kontinuierlich. Die anfängliche wirtschaftswissenschaftliche Reformdiskussion (→ **Liberman-Diskussion**)
hatte zunächst nur die Richtungen der Veränderungen geklärt, ohne schon erprobte Instrumente anbie-
ten zu können. Die Mehrzahl der Steuerungsinstrumente und Regelmechanismen mußten in „Ökonomischen Experimenten" erst entwickelt und erprobt
werden. Das auch gegenwärtig noch verbreitete Ex-
perimentieren mit einzelnen wirtschaftspolitischen
Maßnahmen erleichtert bestimmte Kursschwankungen und fördert insofern einen gewissen Voluntarismus in der Wirtschaftspolitik.
Das schrittweise Vorgehen ist mit Schwerpunktbil-
dungen sowohl bei der Gestaltung des Planungssystems, den wirtschaftsorganisatorischen Maßnahmen wie auch bei der Investitionspolitik verknüpft.
Bei der Investitionsentwicklung zeichnete sich eine
Wellenbewegung ab, nach der zunächst der Schwer-
industrie- und Energiesektor, dann in der zweiten
Hälfte der 60er Jahre der Bereich der Wachstumsin-
dustrien (Chemie, elektrotechnische und elektronische Industrie, wissenschaftlicher Gerätebau, Ma-
schinen- und Fahrzeugbau) und seit 1971 der Bereich der Zuliefer- und Konsumgüterindustrie (sowie erneut und verstärkt, der Energiesektor) gefördert wurden.
Entsprechend verlief auch die Wirtschaftsentwicklung in dem Zeitraum seit 1963 nicht stetig, wenngleich im gesamten Zeitraum ein deutlicher Aufwärtstrend zu verzeichnen ist.

I. Neues Ökonomisches System (NÖS)

Bezeichnung für die Konzeption und die Maßnahmen der auf dem VI. Parteitag der SED
(15. 1.–21. 1. 1963) beschlossenen Wirtschaftsreform. Bis Ende 1965 (11. Tagung des ZK der SED)
galt die Bezeichnung Neues ökonomisches System
der Planung und Leitung der Volkswirtschaft
(NÖSPL). Nach praktischen Erprobungen und
mehrfachen Beratungen (z. B. auf der gemeinsamen
Wirtschaftskonferenz des ZK der SED und des Ministerrats am 24. und 25. 6. 1963) wurde durch Beschluß des Ministerrats die Richtlinie für das neue
ökonomische System der Planung und Leitung der
Volkswirtschaft vom 11. 7. 1963 zum verbindlichen
Programm der Modernisierung und Rationalisierung des Wirtschaftssystems. Mit ihm begann 1963
eine Phase des Ausbaus des wirtschaftlichen und politischen Systems der DDR. Das Programm ging von
einer realistischen Einschätzung der Lage und der
Möglichkeiten der Wirtschaft aus. Die Ziele der vergangenen wirtschaftspolitischen Kampagnen des
„Einholens und Überholens der Bundesrepublik"
und der „Störfreimachung" der Wirtschaft hatten

sich ebenso wie die des Siebenjahrplanes von 1959 als nicht erreichbar erwiesen. Die Gründe waren neben unrealistischen Planansätzen auch im Fehlen wirtschaftlicher Lenkungskategorien, in der unsachgemäßen Leitung und – volkswirtschaftlich gesehen – im ökonomischen Verhalten der Wirtschaftenden und Planenden (kritisch gekennzeichnet als „Tonnenideologie” und „weiche Planung”) zu suchen.

Durch das NÖS sollten die bestehenden Mängel beseitigt und ein dem entwickelten industriellen Niveau angepasstes Planungs- und Leitungssystem aufgebaut werden. Auch wenn die Einführung und Durchsetzung der Reform nicht in scharf voneinander zu trennenden Phasen abliefen, lassen sich dennoch Teilabschnitte aufzeigen:

a) Teilphase 1963–1965. Kennzeichnend für das NÖS wurde die weitgehende Anerkennung einer technisch-ökonomischen Rationalität als eines allen Entscheidungen und wirtschaftlichen Handlungen zugrunde liegenden Prinzips und die Orientierung auf die Funktionstüchtigkeit des Systems. Die Richtlinien beschrieb das NÖS als „die organische Verbindung der wissenschaftlich fundierten Führungstätigkeit in der Wirtschaft und der wissenschaftlich begründeten, auf die Perspektive orientierten, zentralen staatlichen Planung mit der umfassenden Anwendung der materiellen Interessiertheit in Gestalt des in sich geschlossenen Systems ökonomischer Hebel”. Es sollte „eine gewisse Selbstregulierung auf der Grundlage des Plans” erreicht werden. Das Reformprogramm enthielt personelle, institutionelle und funktionelle Aspekte. Seine Grundzüge sind die Anwendung eines „in sich geschlossenen Systems ökonomischer Hebel” anstelle administrativer Einzelanweisungen, die Umstrukturierung der Wirtschaftsorganisation und die Forderung nach einer „wissenschaftlich fundierten”, fachgerechten Leitung und einer verbesserten Planungsmethodik.

Die ökonomischen Hebel wurden als Beziehungen zwischen „objektiven gesellschaftlichen Erfordernissen und den materiellen Interessen der Menschen” verstanden. Dies waren für den betrieblichen Bereich wichtige Größen wie Gewinn, Kosten, Preise, Umsatz und Rentabilität. Sie wurden insgesamt zu Kriterien der Beurteilung wirtschaftlicher Leistung, ohne daß eine einzelne Lenkungskategorie zur allein entscheidenden Kennziffer erhoben wurde. Im individuellen Bereich waren es leistungsabhängige Lohnarten sowie Prämien, aber auch zusätzliche Ferien, die das „materielle Interesse” der Arbeitnehmer stimulieren und lenken sollten. Daneben ließ das indirekt wirkende System der ökonomischen Hebel eine Vereinfachung der Planung zu. Schrittweise ging man deshalb dazu über, Leistungsanforderungen der Pläne an die Betriebe statt in Mengenangaben in Finanzkennziffern auszudrücken.

Der Versuch, monetäre Kennziffern zur Lenkung der Wirtschaft zu verwenden, erforderte zunächst eine Neufixierung des Preis- und Bewertungssystems, um eine wirklichkeitsnähere, den tatsächlichen Aufwand der Betriebe erfassende Kostenrechnung zu ermöglichen. Am 30. 1. 1964 beschloß der Ministerrat die Neubewertung der Produktionsanlagen (Umbewertung der → **Grundmittel**) und die Korrektur der Abschreibungssätze. Am 1. 4. 1964 begann auf Grund eines Ministerratsbeschlusses vom 1. 2. 1964 eine Industriepreisreform. Über die neuen Industriepreise sollte für die Betriebe ein wirtschaftlicher Anreiz zu rationellerer Fertigung und zu günstigen Sortimenten geschafft werden. Die Preisreform wurde in drei Etappen durchgeführt und 1967 abgeschlossen. Sie führte zu einer Anhebung des Preisniveaus für Industriegüter. Am Prinzip der staatlichen Preisfestsetzung änderte sich jedoch nichts (→ **Preissystem und Preispolitik**).

Kernstück der durch das NÖS hervorgerufenen Umstrukturierung der Wirtschaftsorganisation war die Umbildung der Vereinigungen Volkseigener Betriebe (VVB) (→ **Betriebsformen und Kooperation**), die bisher lediglich administrative Hilfsorgane des Volkswirtschaftsrates und der Ministerien waren, zu „ökonomischen Führungsorganen” der einzelnen Industriezweige. Die VVB wurden damit zu finanziell relativ selbständigen, nach dem Produktionsprinzip organisierten „sozialistischen Konzernen” mit voller Verantwortung für die technische und kaufmännische Entwicklung der ihnen unterstellten volkseigenen Betriebe. Neben der Stärkung der Rolle der VVB, was einer Kompetenzverlagerung von der zentralen auf die mittlere Ebene gleichkam, führten die wirtschaftsorganisatorischen Änderungen auch zu zusätzlichen Kompetenzen des VEB (z. B. beim Abschluß von Wirtschaftsverträgen) und der Bezirkswirtschaftsräte.

Das Ziel einer fachlichen Leitung erforderte in erster Linie von den führenden Wirtschaftspolitikern und -fachleuten und der staatlichen Verwaltung ein Umdenken und die Beachtung von Kriterien der technisch-ökonomischen Effizienz sowie die Bereitschaft, neue Leitungsmethoden (z. B. Operationsforschung, Netzwerkplanung) anzuwenden bzw. zu entwickeln. Parallel dazu stieg der Bedarf an qualifizierten Ökonomen, Technikern und Wissenschaftlern. Die Aus- und Weiterbildung der Wirtschaftsleiter und der staatlichen Funktionäre mußte vor allem in methodischer Hinsicht verbessert werden. In Verbindung und als Folge davon erhielt die wirtschaftswissenschaftliche Lehre und Forschung starke Impulse.

b) Teilphase 1965–1967. Nachdem sich das Politbüro der SED kritisch mit der Arbeit zentraler Organe der Wirtschaftsleitung befaßt hatte, wurde auf der 11. Tagung der ZK der SED im Dezember 1965 der Beginn einer „zweiten Etappe” des NÖS angekündigt. Merkmale der zweiten Phase waren organisatorische und planungsmethodische Veränderungen und neue Maßnahmen hinsichtlich der Art und des Umfangs der Lenkungsgrößen. So trat z. B. an die Stelle verschiedener, im Laufe des Jahres in den Betrieben gezahlter Prämien eine „Jahresendprämie". In einigen VVB wurde 1966 die → **Produktionsfondsabgabe** als Form eines Zinses auf das eingesetzte Kapital erprobt und 1967 eingeführt. Die Veränderungen auf der Ebene der zentralen Wirtschaftsleitung, wie die Gründung von acht → **Industrieministerien** anstelle des aufgelösten Volkswirtschaftsrats, und die Konzentration der Aufgaben der Staatlichen Plankommission auf die Ausarbeitung zukünftiger Entwicklungsziele, stärkte die Entscheidungs- und Kontrollbefugnisse des Ministerrats gegenüber den VVB, VEB und sonstigen Einrichtungen.

c) Wirkungen und Korrektur des NÖS. Auf dem VII. Parteitag der SED vom 17. bis 22. 4. 1967 kam es zu einer zunächst noch vage formulierten konzeptionellen Wende. Die Gestaltung des „Entwickelten gesellschaftlichen Systems des Sozialismus" (ESS) mit dem „Ökonomischen System des Sozialismus" (ÖSS) als „Kernstück" wurde zur wirtschafts- und gesellschaftspolitischen Aufgabe der nächsten Jahre bestimmt. Wenngleich diese allgemeine Zielsetzung explizit nicht zugleich eine grundlegende Änderung des NÖS bedeutete, war damit zumindest programmatisch der Übergang zu einer veränderten Wirtschaftskonzeption eingeleitet. Wichtige monetäre Steuerungsinstrumente, die im NÖS eingeführt worden waren, gelangten in den Jahren 1968 bis 1970 erst zur vollen Wirksamkeit; der auch nach 1967 noch weiterentwickelte Rahmen eines die zentralen Planfestlegungen ergänzenden wirtschaftspolitischen Steuerungssystems blieb ebenfalls bestehen. Wichtige Änderungen erfolgten jedoch bei der Strukturpolitik.

Die wirtschaftliche Entwicklung der DDR hatte in den Jahren des NÖS – nach einer Phase der Stagnation zu Anfang der 60er Jahre – einen relativ konstanten Aufwärtstrend erlebt, so daß die neue Wendung überraschte. Allerdings war ein funktionierendes System der langfristigen Wirtschaftsplanung noch nicht gefunden worden. Ungelöst blieb vor allem das Problem, die unterschiedlichen ökonomischen Hebel und Steuerungsgrößen so zu kombinieren, daß eine annähernde Übereinstimmung zwischen volkswirtschaftlichen, gesamtstaatlichen, betrieblichen und individuellen Interessen bei Vorrang staatlicher Zielvorstellungen erreicht werden konnte. Damit blieb vorläufig auch das Problem einer „optimalen" Verteilung der Entscheidungskompetenzen auf den verschiedenen Ebenen der Wirtschaftsorganisation ungelöst.

Zu den bis heute zu beobachtenden Auswirkungen des NÖS, die über den engeren Wirtschaftsbereich

weit hinausgehen, zählt vor allem die stärkere Berücksichtigung, die moderne sozialwissenschaftliche und mathematisch-statistische Disziplinen und Methoden in Lehre, Forschung und gesellschafts- wie wirtschaftspolitischer Praxis fanden.

Ferner wurde das Ausbildungssystem im Hinblick auf eine stärkere Berufsdifferenzierung reformiert; neue Wissenschaftszweige (z. B. → **sozialistische Wirtschaftsführung; sozialistische → Leitungswissenschaft**) entfalteten sich, und der Sachverstand gewann auf allen Produktions- und Leitungsebenen an Bedeutung. Das Gesamtsystem der DDR wurde von dieser Entwicklung betroffen, die in gewissem Maße dadurch charakterisiert ist, daß die Verwirklichung des NÖS auch von einem Wandel der SED begleitet war. Dieser Wandel fand vor allem in führungsstruktureller, parteiorganisatorischer (zeitweilige Umstrukturierung der Parteiorganisation nach dem Branchenprinzip) und ideologischer Hinsicht statt.

II. Ökonomisches System des Sozialismus (ÖSS)

Bezeichnung für die in den Jahren 1967–1970 vorherrschende Konzeption und die Maßnahmen zur Gestaltung des Wirtschaftssystems. Diese neue Bezeichnung spiegelte das Bestreben wider, die in der Formulierung Neues Ökonomisches System der Planung und Leitung der Volkswirtschaft zum Ausdruck kommende Betonung der Funktionstüchtigkeit und ökonomischen Effizienz so zu ergänzen, daß die ideologischen Aspekte der Wirtschaftsreform und damit die Führungsrolle der Partei deutlicher hervorgehoben wurden. Die SED-Führung suchte damit zu verhindern, daß ihre Zuständigkeit auf Teilfunktionen (z. B. der generellen wirtschaftspolitischen Zielauswahl) reduziert wurde und sich mehr oder weniger rein ökonomische Orientierungen ausbreiteten.

Andererseits wurde an der durch das NÖS eingeführten Dezentralisierung von Entscheidungen in Form der – entsprechend unterschiedlicher Leitungsebenen – abgestuften Konkretisierungen einer zentral formulierten volkswirtschaftlichen Wachstumspolitik festgehalten. Die Grundidee des ÖSS wurde 1968 in Art. 9 der neuen DDR-Verfassung fixiert: „Das ökonomische System des Sozialismus verbindet die zentrale staatliche Planung und Leitung der Grundfrage der gesellschaftlichen Entwicklung mit der Eigenverantwortung der sozialistischen Warenproduzenten und der örtlichen Staatsorgane."

a) Maßnahmen: Die seit 1963 in der Industrie gesammelten Erfahrungen und neuere wirtschaftswissenschaftliche Erkenntnisse wurden jetzt auf andere Wirtschaftsbereiche (Landwirtschaft, Banken, Handel) und partiell auch auf den staatlichen Bereich (z. B. durch Einführung des „Prinzips der Eigenverantwortlichkeit von Städten, Gemeinden, örtlichen Vertretungen und Betrieben") übertragen. Mit der

Einführung eines an den Staatshaushalt abzuführenden Kapitalzinses (als Produktionsfondsabgabe, Handelsfondsabgabe) der Bodennutzungsgebühr insbesondere für den Entzug landwirtschaftlicher Bodenflächen für andere Nutzungen, des „fondsbezogenen" Preistyps und einer Reihe von Maßnahmen zur Preisdynamisierung (→ **Preissystem und Preispolitik**) standen Instrumente bereit, die eine höhere Kapitalproduktivität und Kostensenkungen ermöglichten. Die Betriebe konnten über einen Teil des erwirtschafteten Nettoertrages relativ frei verfügen (Anwendung des „Prinzips der Eigenerwirtschaftung der Mittel"), was in Verbindung mit einer verbesserten betriebswirtschaftlichen Kostenrechnung (→ **wirtschaftliche Rechnungsführung**) und der Herstellung von Geschäftsbeziehungen zwischen Betrieben und Banken zu Leistungssteigerungen führte. Damit waren wichtige monetäre Steuerungsinstrumente in das Planungssystem eingefügt worden. Zu diesen zählte auch die Berücksichtigung des Exporterlöses der staatlichen Außenhandelsunternehmen im „einheitlichen Betriebsergebnis".

Die Aktionsmöglichkeiten gerade der Betriebe, die volkswirtschaftlich wichtige Sortimente fertigten, verringerten sich allerdings wieder, als der Staatsrat am 22. 4. 1968 die Durchführung einer staatlichen Strukturpolitik beschloß. Darunter wurde die volkswirtschaftlich effiziente Gestaltung des Produktionsaufbaus, der Struktur der Sortimente, des Arbeitskräftepotentials, der Investitionsstruktur, der Kooperations- und Außenhandelsbeziehungen verstanden. Besonders nachteilig hatte sich bisher das immer noch sehr breite Erzeugnissortiment (kleine Produktionsserien, Zersplitterung der Forschung und Entwicklung, geringe Anpassungsfähigkeit an internationale Produktionsentwicklungen) ausgewirkt. Die vom Ministerrat am 16. 6. 1968 verabschiedete „Grundsatzregelung" für die Jahre 1969 und 1970 rückte die weitere Qualifizierung der Wirtschaftsleitung (→ **sozialistische Wirtschaftsführung**) sowie vor allem die Konzentration der zentralen Planung auf „volkswirtschaftlich strukturenbestimmende Erzeugnisse, Erzeugnisgruppen, Verfahren und Technologien" in den wirtschaftspolitischen Mittelpunkt. Erzeugnisse und Verfahren mit hoher wachstumspolitischer Bedeutung, in erster Linie chemische, elektrotechnische und elektronische Produkte sowie Erzeugnisse des Werkzeugmaschinenbaus und des Bauwesens, wurden mit Vorrang geplant. Da sie nach Art und Menge staatlich fixiert wurden, war die Produktion nunmehr vom Reformkonzept ausgeklammert. Auch die zwischenbetriebliche Kooperation sowie Forschung und Entwicklung wurden im Bereich strukturbestimmender Erzeugnisse besonders gefördert. Der Ministerrat gewann dabei an Planungskompetenz (zurück), insofern er das langfristige strukturpolitische Förderungsprogramm in einer „strukturpolitischen Konzeption" festlegte. Für die-

se Aufgabe erwiesen sich makroökonomische Prognosen als ebenso wichtig wie die Einschätzung des wissenschaftlich-technischen Fortschritts (→ **wissenschaftlich-technische Revolution**). Strukturpolitische Festlegungen fanden in den Jahresplänen 1969 und 1970 ihren Niederschlag. Der Perspektivplan wurde nun als das wichtigste wirtschaftspolitische Instrument angesehen. Er sollte nicht nur die Volkswirtschaft steuern und lenken, sondern umfassend das „Modell der Deutschen Demokratischen Republik als entwickeltes gesellschaftliches System eines sozialistischen Industriestaates gestalten" (W. Ulbricht am 26. 9. 1968).

b) Abbruch und Auswirkung: Störungen der wirtschaftlichen Entwicklung in den Jahren 1969, insbesondere 1970, zeigten, daß die Kenntnisse über eine effiziente Wirtschaftsstruktur und die verfügbaren bzw. erforderlichen strukturpolitischen Planungsinstrumente noch zu gering waren. Als Folge der einseitigen Förderung der Produktion und Forschung in ausgewählten Wachstumsbranchen kam es zu Engpässen in den vorgelagerten Produktionsstufen und einigen Zweigen der Infrastruktur (z. B. Energiewirtschaft, Verkehrswesen, Bauwirtschaft), die sich im Herbst 1970 zu einer allgemeinen Wachstumskrise ausweiteten. Die Fortentwicklung des ÖSS, wie sie in dem vom Ministerrat am 15. 4. 1970 bestätigten Entwurf einer „Grundsatzregelung für die Gestaltung des ökonomischen Systems des Sozialismus in der Deutschen Demokratischen Republik im Zeitraum 1971–1975", in umfangreichen Rechtsvorschriften und in Schulungsmaterialien der Arbeitsgruppe für die Gestaltung des ökonomischen Systems beim Präsidium des Ministerrates konzipiert worden war, wurde daher gestoppt. Nicht nur die Plansätze des Jahresplanes 1970, sondern auch die auf den ursprünglich erhofften Ergebnissen von 1970 basierende Konzeption des Perspektivplanes 1971–1975 mußten reduziert werden.

Damit war aus der Wachstumskrise und den Versorgungsschwierigkeiten eine Krise der Wirtschafts- und Planungspolitik geworden, die schließlich auch den Wechsel in der Position des 1. Sekretärs des Zentralkomitees der SED auf dem VIII. Parteitag der SED im Juni 1971 beeinflußte.

Nach den Korrekturen der Plankennziffern folgten Ende Dezember 1970 mit dem „Beschluß über die Durchführung des ökonomischen Systems des Sozialismus im Jahre 1971" bedeutsame Änderungen der Planungsmethoden, der indirekten Steuerungsinstrumente und des Leitungssystems in Richtung einer stärkeren Rezentralisierung, die eine neue Phase der Wirtschaftspolitik einleiteten.

Trotz dieses wirtschaftspolitischen Kurswechsels behielt die Erkenntnis ihre Gültigkeit, daß ein rascherer technischer Fortschritt und ein größeres Wirtschaftswachstum Änderungen der Wirtschaftsstruktur im Rahmen einer langfristigen Wirtschafts- und

Strukturplanung notwendig machen. Waren die 50er Jahre durch den Aufbau eines Wirtschaftssystems gekennzeichnet, das sich am sowjetischen Modell orientierte, so brachten die 60er Jahre insofern einen Wechsel, als nunmehr eine längerfristige Wachstums- und Strukturpolitik betrieben wurde, die sich stark an DDR-spezifischen wirtschaftlichen und wissenschaftlich-technischen Ressourcen ausrichtete. Grundsätzlich unberührt von dem erneuten wirtschaftspolitischen Kurswechsel blieben auch die im NÖS bzw. ÖSS konzipierten und realisierten Rahmenelemente des indirekten volkswirtschaftlichen Steuerungsmechanismus: das Prinzip der Eigenerwirtschaftung der finanziellen Mittel durch Betriebe und VVB; ein verbessertes Vertragssystem mit Sanktionen bei Vertragsverletzungen; betriebswirtschaftliche Methoden der betrieblichen Kostenrechnung; ein zur Kreditvergabe gegen Zinszahlung befähigtes Bankensystem.

III. Wirtschaftswachstum durch Intensivierung und Rezentralisierung der Wirtschaftssteuerung

Der 1970 beginnende umfassende Kurswechsel in der Wirtschaftspolitik bedeutete aber in entscheidenden Fragen der Planung und Leitung der Wirtschaft eine Rückkehr zur zentralen administrativen Wirtschaftssteuerung. Er bedeutete zudem eine Umformulierung der wirtschaftspolitischen Konzeption insofern, als
a) Wirtschaftswachstum zukünftig in erster Linie durch die Intensivierung der Produktions- und Leistungsprozesse erzielt und
b) der Konsum durch quantitativ und qualitativ erhöhte Warenbereitstellung und zusätzliche Einkommensübertragungen im Rahmen einer aktivierten Sozialpolitik gefördert werden soll.
Diese Neuausrichtung der Wirtschaftspolitik fand ihren für den Zeitraum des laufenden Fünfjahrplans 1971–1975 verbindlichen Ausdruck in der auf dem VIII. Parteitag der SED formulierten „Hauptaufgabe": „Die Hauptaufgabe des Fünfjahrplans besteht in der weiteren Erhöhung des materiellen und kulturellen Lebensniveaus des Volkes auf der Grundlage eines hohen Entwicklungstempos der sozialistischen Produktion, der Erhöhung der Effektivität, des wissenschaftlich-technischen Fortschritts und des Wachstums der Arbeitsproduktivität" (Direktive des VIII. Parteitags der SED zum Fünfjahrplan für die Entwicklung der Volkswirtschaft der DDR 1971–1975).
Die Rezentralisierungsmaßnahmen wurden ergriffen, da das bisherige, noch im Ausbau befindliche System die Übereinstimmung von gesamtstaatlich-volkswirtschaftlichen Zielsetzungen und betrieblichen Interessen nicht in erforderlichem Maße herbeiführen konnte und darüber hinaus die volle Übereinstimmung von materieller und finanzieller Planung nicht gewährleistete. Ausmaß und Art der Re-

zentralisierung bestimmten der „Beschluß über die Durchführung des ökonomischen Systems des Sozialismus im Jahre 1971" sowie die planmethodischen Regelungen für die Volkswirtschaftspläne 1972, 1973 und 1974. Die Zahl der den Betrieben vorgegebenen Plankennziffern wurde wieder erhöht. Darunter sind nunmehr für alle „wichtigen" Erzeugnisse Mengenkennziffern, die es in den Jahren 1969/1970 nur noch für „strukturbestimmende" Erzeugnisse und für besondere Investitions- und Exportaufgaben gegeben hatte. Die zuvor weithin eigenständige Investitionsplanung der Betriebe wurde rezentralisiert. Alle Investitionen werden jetzt in Mengen- und Werteinheiten und in technisch-ökonomischen Kennziffern fixiert, womit zugleich eine aktive Kreditpolitik der Banken wieder unterbunden worden ist. Für die Aufnahme von betrieblichen Investitionsprojekten in den Plan wurde ein abgestuftes Genehmigungsverfahren, an dessen Spitze die Staatliche Plankommission für Neuinvestitionen ab 50 Mill. Mark Gesamtwert je Projekt zuständig ist, eingerichtet. Produktionseinstellungen und -verlagerungen bedürfen ebenfalls der zentralen Zustimmung. Eine Vielzahl von Kennziffern regelt außerdem den Einsatz von Energie und Roh-, Hilfs- und Betriebsstoffen und bestimmt die Fertigungsorganisation und die Beschäftigungsstruktur. Mit der Bilanzierungsverordnung vom 20. 5. 1971 wurde die Bilanzierung zur wichtigsten Planungsmethode. Gegenüberstellungen von Aufkommen und Bedarf für „alle volkswirtschaftlich entscheidenden Aufgaben, Verflechtungen und Proportionen" werden zentral, d. h. von der Staatlichen Plankommission, dem Ministerrat und den Ministerien, durchgeführt. Von dem vor 1970 entwickelten „ökonomischen Hebel" gelten unverändert lediglich die Produktionsfondsabgabe sowie ein Teil der Mittelbereitstellungen (Fondsbildung) von Betrieben und VVB weiter. Die Gewinnbildung und -verwendung sowie die Kreditaufnahme unterliegt nun wieder der finanziellen Planung, die verstärkt auf betriebliche Kosteneinsparungen ausgerichtet wurde. Auch die Entwicklung des Preissystems zu einem aktiven Planungsinstrument wurde gestoppt. Die bestehenden, zum Teil verzerrten Preisrelationen wurden 1971 durch einen Preisstopp für fünf Jahre fixiert. Preisfestsetzungen für neue Erzeugnisse müssen von zentralen Institutionen (z. B. Amt für Preise) genehmigt werden.
Wirtschaftliches Wachstum soll seit dem VIII. Parteitag der SED im Jahre 1971 (15. 6.–19. 6.) vorrangig durch die intensive Nutzung der vorhandenen Produktionsanlagen und des vorhandenen Arbeitskräftepotentials erzielt werden: „Der Hauptweg, um den Umfang und die Qualität der gesellschaftlichen Produktion zu steigern, ist ihre → **Intensivierung** und die Erhöhung der Effektivität" (Direktive zum Fünfjahrplan 1971–1975). Die Produktionsanlagen

sollen in erster Linie nicht mehr extensiv erweitert, sondern rationeller genutzt und die Arbeitsproduktivität erhöht werden. Mit dieser Konzeption wurden die Zielsetzungen der Technologiepolitik der ÖSS-Phase, die auf einen sprunghaften Fortschritt durch den Entwurf völlig neuer Technologien gerichtet waren, weitgehend zurückgenommen. Die Intensivierung des Wirtschaftsprozesses erfordert vor allem die Anwendung neuerer wissenschaftlicher Ergebnisse der → **Organisationswissenschaft**, Betriebswirtschaftslehre, wirtschaftlichen Rechnungsführung, des Arbeitsstudiums sowie der Informationswissenschaft und der Industriesoziologie. Intensivierung heißt zudem, daß aufgrund einer größeren Mechanisierung und → **Automatisierung** die Fertigungsvorbereitung gegenüber der Produktionsdurchführung an Bedeutung gewinnt. Die Maßnahmen der Intensivierung sind häufig mit denen der → **Rationalisierung** identisch. Sie sind darauf gerichtet, Ergebnisse des wissenschaftlich-technischen Fortschritts schneller und umfangreicher zu nutzen. Schon Ende der 60er Jahre konnten in den immer wieder auftretenden Engpässen der technisch-wirtschaftlichen Entwicklung, wie der Überleitung wissenschaftlicher Resultate in die Praxis und ihre mehrfache Nutzung, gewisse Fortschritte erreicht werden. Ziel der Maßnahmen ist ferner die rationellere Verwendung und Nutzung der Rohstoffe und Energiearten, des Anlagevermögens sowie eine effizientere Arbeitskräftelenkung. Aufgrund der gegebenen Produktionsbedingungen, die durch Rohstoffarmut und den Mangel an zusätzlichen Arbeits-

kräften bestimmt werden, wurden folgende Aufgaben in den Vordergrund gerückt:
die Weiterentwicklung bestehender Technologien und Verfahren sowie die Entwicklung neuer Materialarbeiten;
die erhöhte und effizientere Nutzung einheimischer Rohstoffe (z. B. Braunkohle im Energiesektor);
die Mechanisierung und Rationalisierung arbeitsintensiver Fertigungsabläufe;
die Erneuerung und umfassende Rationalisierung (Rekonstruktion) von Fertigungsstätten mit veralteten technischen Ausrüstungen.
Auf investitionspolitischem Gebiet bedeutet dies, daß das Anlagevermögen (Grundfonds) nur wenig erweitert werden kann, die → **Investitionen** für den Ersatz und die Modernisierung dagegen erheblich erhöht und der bisher noch sehr hohe Anteil der Aufwendungen für die Instandhaltung und die Reparaturen gesenkt werden muß.
Die Veränderungen in der Planung und Leitung der VEB, Kombinate und VVB in der Zeit von 1970 bis 1974 sollen dazu beitragen, in den Mittelpunkt der betrieblichen Planung und Plandurchführung anstelle eines verbreiteten Expansionsstrebens stärker Kostensenkungen und die Aufdeckung von Produktivitäts- und Kapazitätsreserven zu stellen. Damit traten Probleme der Messung und Bewertung der betrieblichen Leistung stärker hervor, deren Lösung dadurch erschwert wurde, daß wirtschaftliche Kriterien in der Form der „ökonomischen Hebel" – vor allem der dynamischen fondsbezogenen Preise – nach 1970 abgeschafft oder modifiziert wurden.

Philatelie: Wird als „Hauptarbeitsgebiet" von einer Zentralen Kommission des → **Kulturbundes der DDR** gesteuert und soll „entgegen den Auffassungen vieler Individualisten von einem Nur-Hobby zu einer echten politischen Aufgabe werden". Der Handel mit Marken „antidemokratischen" Charakters ist verboten. Markentausch mit dem Ausland und der Bundesrepublik Deutschland ist nur mit Genehmigung des Kulturbundes erlaubt. Er darf ausschließlich über eine Tauschkontrollstelle nur bis zu einem Markenwert von 600 Mark erfolgen. Zuwiderhandlungen werden als Verstöße gegen das Devisengesetz mit Zuchthausstrafen und Einziehung der Briefmarkensammlung geahndet. Die Deutsche Post zieht aus der Ph. jährlich etwa 10 Mill. Mark. Devisen, indem sie einzelne Werte von Briefmarkenserien als sog. Sperrmarken oder „gebundene Werte" in verminderter Auflage herausbringt und größtenteils im Briefmarkenhandel des Auslands absetzt. Mehr als 250 000 Briefmarkenabonnenten sind an den Postschaltern registriert. Die Sammelwerte sind im ‚Lipsia'-Katalog festgelegt. Zeitschrift: ‚Sammler-Expreß'.

Philosophie: → **Marxismus-Leninismus**.

Pionierhaus: → Pionierorganisation „Ernst Thälmann".

Pionierleiter: → Pionierorganisation „Ernst Thälmann".

Pionierorganisation „Ernst Thälmann": Die P. ist die sozialistische → **Massenorganisation** der Kinder. Unter Leitung der → **FDJ** soll sie helfen, unter Verwendung altersspezifischer Methoden die Kinder vom 6. Lebensjahr an zu jungen Sozialisten zu erziehen.
Geschichte: Bei den kommunalen Jugendausschüssen wurden bereits 1945 erste Kindergruppen gebildet, die 1946 den Namen „Kinderland" annahmen. Das II. Parlament der FDJ (23.–26. 5. 1947) in Meißen gründete eine „Kindervereinigung der FDJ", die sowohl in den Wohngebieten als auch in den Schulen tätig werden sollte. Auf der 17. Tagung des Zentralrats (ZR) der FDJ am 13. 12. 1948 wurde unter Anlehnung an das Vorbild der sowjetischen Pioniere die Bildung der „Organisation der Jungen Pioniere" beschlossen. Anläßlich des ersten Pioniertreffens in Dresden (19. 8. 1952) erhielt die P. vom ZK der SED das Recht, den Namen „Ernst Thälmann" zu tragen. In den Jahren 1957–1966 war die P. organisatorisch eigenständig unter Beibehaltung der Anleitung durch die FDJ. Das geänderte Statut der P. vom 9. 4. 1968 bezog sie wieder in die FDJ-Arbeit ein und betonte ihren politischen Charakter.

Organisation: Grundeinheit der P. ist die Pionierfreundschaft (Pf.), die an jeder Schule gebildet wird. Sie faßt die in allen 1.–7. Klassen bestehenden Pioniergruppen (Pg.) zusammen. In den Klassen 1–3 werden die Pg. als Gruppen der Jungpioniere, in den Klassen 4–7 als Gruppen der Thälmann-Pioniere bezeichnet. Die Pg. wählen in den Klassen 4–7 einen Gruppenrat, bestehend aus dem Gruppenvorsitzenden, seinem Stellvertreter, der zugleich für den Wimpel verantwortlich ist, dem Kassierer und dem Schriftführer; in den 3. Klassen können Jungpionierräte in gleicher Zusammensetzung gebildet werden, die Pg. der Klassen 1 und 2 wählen ihren Wimpelträger. Die Pf. wählen einen Freundschaftsrat mit bis zu 15 Mitgliedern: Freundschaftsvorsitzender, dessen Stellvertreter (zugleich verantwortlich für die Pionierfahne), Schriftführer, Wandzeitungsredakteur, „Trommel"-Reporter (Mitarbeiter der Zeitschrift der Thälmann-Pioniere), Hauptkassierer, verantwortliche Pioniere für die verschiedenen Arbeitsgebiete der Pf. Die Mitglieder der Gruppenräte und des Freundschaftsrates bilden mit anderen tätigen Mitgliedern der P. das Pionieraktiv. Der Freundschaftsrat hat gegenüber den Pg. gewisse Anleitungsbefugnisse, z. B. kann er ihnen Aufträge im Rahmen der Beschlüsse des ZR der FDJ erteilen. Die Wahlen für die Pionierräte finden jährlich statt.

Für die eigentliche Leitung der Arbeit der Pf. wird von dem übergeordneten Sekretariat der FDJ ein hauptamtlicher Pionierleiter eingesetzt. (Am 31. 10. 1973 gab es 4400 hauptamtliche Pionierleiter gegenüber [1972] 5025 10klassigen allgemeinbildenden polytechnischen Oberschulen.) Der Pionierleiter ist ausgebildeter Pädagoge und kann nach einigen Dienstjahren in den Lehrerberuf überwechseln. Er ist gleichberechtigtes Mitglied des Kollegiums und verpflichtet, zu hospitieren. Die Pionierleiter werden durch ebenfalls berufene, ehrenamtliche Gruppenpionierleiter unterstützt (FDJ-Mitglieder höherer Klassen, jüngere Lehrer, nach Möglichkeit auch Mitglieder der FDJ-Grundorganisation des Patenbetriebes; 1972 gab es 72125 Gruppenpionierleiter, Anfang 1973 waren 46600 ältere Schüler Gruppenpionierleiter). Bei jeder Pf. wird ein Rat der Freunde der P. (RdF) gebildet, dem Eltern, Vertreter des Patenbetriebes, FDJ-Mitglieder der oberen Klassen, Vertreter der SED und der Massenorganisationen aus dem Wohngebiet angehören; den Vorsitz im RdF führt der Pionierleiter. Der RdF soll den einzelnen Arbeitsgemeinschaften der Pioniere helfen und seine Kontakte zum Elternbeirat, zum Patenbetrieb und zu den Organisationen im Wohngebiet für die Pionierarbeit fruchtbar machen. Die Pf. und die FDJ-Grundorganisation der Schule sind zu enger Zusammenarbeit, gegenseitiger Hilfe und gemeinsamem Auftreten verpflichtet. In der Leitung der FDJ-Grundorganisation des Patenbetriebes ist der Funktionär für Pionierarbeit, der zugleich Mitglied des RdF ist, für die Verbindung zur Pf. verantwortlich.

Die Pf. der Kreise werden zu Kreisorganisationen, die Kreisorganisationen zu Bezirksorganisationen der P., die Bezirksorganisationen zum Gesamtverband der P.

zusammengefaßt. Die Vorsitzende der P. (Helga Labs) ist Mitglied des Büros und des Sekretariats des ZR der FDJ. Der ZR leitet die P., beschließt ihr Statut, erteilt Verbandsaufträge usw. Auf den verschiedenen Stufen des Organisationsaufbaus der P. werden von den FDJ-Leitungen RdF als beratende und helfende Organe berufen. Ihnen gehören Vertreter der SED, der Bildungseinrichtungen, der staatlichen Organe, der Betriebe, der Elternbeiräte an. Mitglied der P. kann jedes Kind vom 6. bis zum 14. Lebensjahr werden (1.–3. Klasse: Jungpioniere, 4.–7. Klasse: Thälmann-Pioniere). In den 8. Klassen werden die Pg. aufgelöst, die 14jährigen bilden eine FDJ-Organisation, in der die jüngeren Schüler, die noch Pioniere bleiben, mitarbeiten. Diese Regelung wurde eingeführt, um die Pioniere möglichst vollzählig in die FDJ zu übernehmen. Die Thälmann-Pioniere entrichten einen monatlichen Beitrag von 0,10 Mark.

1972 zählte die P. 1957980 Mitglieder, davon 831398 Jungpioniere und 1126582 Thälmann-Pioniere. Zu diesem Zeitpunkt gab es 2245100 6- bis unter 14jährige. Berücksichtigt man, daß die 13- bis 14jährigen (ca. 276000) zumeist Schüler der 8. Klasse sind und als solche aus der Pg. ausscheiden, so liegt der Organisationsgrad bei nahezu 100 v. H.

Im Verlag der FDJ „Junge Welt" werden neben einer Reihe von Kinderzeitschriften für die Jungpioniere die „ABC-Zeitung", für die Thälmann-Pioniere „Die Trommel", für die Gruppenpionierleiter und Pionierleiter der „Pionierleiter" herausgegeben.

Formen der Arbeit der P.: Eine wichtige Rolle in der Erziehungsarbeit der P. spielen die Formen der Teilnahme am Organisationsleben. Die Uniform, das Emblem, der Wimpel und die Fahne, der Pioniergruß werden zu Symbolen aufgewertet. Die 10 Gebote der Jungpioniere haben verpflichtenden programmatischen Charakter. Sie enthalten u. a. ein Bekenntnis zur DDR und zur Freundschaft mit der UdSSR, Verpflichtungen zu Fleiß, Disziplin, Ordnung, Sauberkeit, gegenseitiger Hilfe, zur Liebe zu den Eltern und Beteiligung am Sport. Für die älteren Kinder werden sie zu „Gesetzen der Thälmann-Pioniere" erweitert und enthalten eine Parteinahme für den Sozialismus, ein Bekenntnis zum Haß „gegen die Kriegstreiber", daneben Verpflichtungen zur Arbeit für die Allgemeinheit, zum Schutz des Volkseigentums usw. Die Jungpioniere legen beim Eintritt in die P. ein Versprechen ab, nach den „Geboten" zu handeln, das bei der Übernahme in die Thälmann-Pioniere erneuert wird. Durch die Übertragung kleinerer und größerer Verantwortung im überschaubaren Raum der Schule, die durch Auszeichnungen und Rangabzeichen (Mitglieder des Gruppenrates haben einen, Vorsitzende des Gruppenrates und Mitglieder des Freundschaftsrates zwei, der Vorsitzende des Freundschaftsrates drei rote Armstreifen) gesellschaftlich anerkannt wird, sollen frühzeitig die Bereitschaft zum gesellschaftlichen Engagement und das Gefühl für die Notwendigkeit von Ein-, Unter- und Überordnung geweckt werden.

Alljährlich wird vom ZR für die FDJ und P. als Arbeitsgrundlage eine Losung ausgegeben, die für die verschiedenen Aufgaben der einzelnen Organisationsbereiche als „Auftrag" für ein Schuljahr präzisiert wird. Der Pionierauftrag für das Schuljahr 1973/74 lautet z. B.: „Lernt und handelt nach dem Vorbild Ernst Thälmanns – stärkt unsere DDR!". In 5 Etappen (2 bis 3 Monate umfassende Abschnitte) wird die Tätigkeit der P. auf bestimmte Gedenktage, die → **Messen der Meister von Morgen**, das Deutsche Turn- und Sportfest u. a. ausgerichtet und damit die Voraussetzung geschaffen, Selbstverpflichtungen, Pionieraufträge, Wettbewerbe an bestimmte Termine zu binden. Intensiv wird für die Beteiligung an verschiedenen schulischen und außerschulischen Arbeits- und Interessengemeinschaften geworben, in denen besonders die technisch-naturwissenschaftlichen Kenntnisse vertieft werden sollen. Die Arbeitsgemeinschaften bestehen teils bei den Schulen, teils bei den häufig gut ausgerüsteten Stationen der Jungen Naturforscher und Jungen Techniker sowie bei den Pionierhäusern. Pionierhäuser gibt es vorwiegend in großen Städten. Es sind Klubhäuser, die z. B. Kindertheater, Vortragssäle, Werkräume, Räume für Arbeitsgemeinschaften, Büchereien, Lesezimmer, Fernseh-, Spiel-, Filmräume u. a. m. enthalten und nur für Kinder bis zu 14 Jahren bestimmt sind. Das Pionierhaus Dresden wird als „Pionierpalast" bezeichnet. Im „Zentralhaus der Jungen Pioniere" in Berlin-Lichtenberg, das den Namen des sowjetischen Raumfahrers German Titow trägt, arbeitet der Lenkungsstab für alle anderen Pionierhäuser. Das Jugendwandern fördern die „Stationen Junger Touristen". Sportliche Wettkämpfe, regionale und überregionale Spartakiaden sollen zu außerschulischer, sportlicher Betätigung anregen. Musische Arbeitsgemeinschaften führen die Kinder an die Volkskunstbewegung heran. Die Beteiligung an den „Messen der Meister von Morgen" soll ebenso wie die Mitarbeit von Angehörigen der Patenbetriebe in den Arbeitsgemeinschaften den Praxisbezug des Schulstoffes herstellen oder verdeutlichen. In den zentralen Pionierferienlagern werden die außerschulischen Arbeitsgemeinschaften, das Geländespiel usw. besonders gepflegt. Pioniervorhaben zur Verschönerung und Instandhaltung von Klassenräumen, Schulen und örtlichen Gemeinschaftseinrichtungen werden als „gesellschaftlich nützliche Taten" gefordert und anerkannt.

Am 31. 10. 1973 bestanden: 111 Pionierhäuser, 197 Stationen junger Techniker und Naturforscher, 35 Stationen junger Touristen, 48 zentrale Pionierlager, das Zentralhaus der Jungen Pioniere „German Titow" in Ost-Berlin, der Ost-Berliner Pionierpark „Ernst Thälmann", die Pionierrepublik „Wilhelm Pieck" am Werbellinsee und das Pionierhaus „Bruno Kühn" in Oberhof (Thüringen).

Im Schuljahr 1972/73 arbeiteten „nahezu eine Million" Jung- und Thälmannpioniere in 18 766 Pionierobjekten an der Verschönerung ihrer Schulen und Wohngebiete. „Mehr als eine Million Pioniere" nahm im Februar 1973 am wehrsportlichen „Pioniermanöver Freundschaft" teil. Über 800 000 Schüler der 1.–8. Klassen beteiligten sich im Schuljahr 1971/72 an den Arbeitsgemeinschaften (ohne Sportgemeinschaften). Am außerschulischen Sport nahmen regelmäßig ca. 50 v. H. der Schüler teil.

1972 verbrachten 110 000 Thälmann-Pioniere ihre Ferien in den zentralen Pionierlagern.

Schulung: Die Ausbildung der Pionierleiter erfolgt grundsätzlich als 3jähriges Studium am Pädagogischen Institut in Halle/S. Bisher ist es nicht gelungen, alle Planstellen für hauptamtliche Pionierleiter mit ausgebildeten Pädagogen zu besetzen. Gruppenpionierleiter und Mitglieder der Freundschaftsräte werden in den Pionierhäusern geschult und durch Arbeitsanleitungen, organisierten Erfahrungsaustausch usw. unterstützt. Die Vorbereitung der Schüler der 7. Klassen auf den Eintritt in die FDJ in den Zirkeln „Unter der blauen Fahne", die Vorbereitung auf die Jugendweihe (→ **Jugend**) und die Veranstaltungen zur Unterstützung des Staatsbürgerkundeunterrichts werden als Vorstufe der Massenschulung in der FDJ angesehen.

Plan Neue Technik: Vorläufer des „Plan Wissenschaft und Technik". → **Planung**.

Planaufgaben: → **Planung**.

Plan Wissenschaft und Technik: → **Planung**.

Planauflagen, Staatliche: Bezeichnung für verbindliche Aufträge an die Verwaltungsinstanzen und wirtschaftenden Einheiten, die aufgrund der Planpositionen des als Gesetz beschlossenen Volkswirtschaftsplans und in Übereinstimmung mit dem → **Staatshaushalt** vom jeweils übergeordneten Leitungsorgan erteilt werden. → **Planung**.

Plandiskussion: Teilvorgang im Planungsablauf, bei dem die Werktätigen der Betriebe über die politischen und volkswirtschaftlichen Zusammenhänge der gestellten staatlichen Planaufgaben informiert werden und, geleitet durch die Betriebsorganisationen der Gewerkschaften und der SED, nach betrieblichen Lösungsmöglichkeiten suchen. Die P. bereitet ferner Vereinbarungen über Wettbewerbe und „sozialistische Gemeinschaftsarbeit" vor. → **Planung**.

Planentwurf: 1. Der im Rahmen der Planausarbeitung von einem Betrieb, einer staatlichen Einrichtung oder einer Verwaltungsinstanz dem jeweils übergeordneten Leitungsorgan zu unterbreitende Vorschlag zur Einhaltung oder Überbietung gestellter staatlicher Aufgaben. **2.** Der von der Staatlichen Plankommission aufgrund der staatlichen Aufgaben, des allgemeinen wirtschaftspolitischen Programms und der eingereichten Einzelentwürfe zusammengefaßte und in den Positionen aufeinander abgestimmte Entwurf des Jahresvolkswirtschafts- bzw. Fünfjahrplans. → **Planung**.

Planinformation: Angaben der wirtschaftenden Einheiten und Verwaltungsinstanzen an die zentralen Planungsinstitutionen (Staatliche Plankommission, Ministerien) über Produktionsvorhaben, die für kommende Planungszeiträume vorgesehen sind. P. sind keine Bestandteile der → **Planentwürfe**. → **Planung**.

Planträger: Veraltete Bezeichnung für Investitionsauftraggeber. Sie sind für die Planung, Vorbereitung und Durchführung von Investitionsvorhaben verantwortlich. → **Investitionsplanung**.

Planung

*Aufgaben und Probleme – Planarten und Planinhalte
– Historische Entwicklung – Planungsorganisation –
Planungsablauf – Planungsinstrumente*

I. Aufgaben und Probleme

P. ist der Prozeß der Überlegungen und Entscheidungen im Hinblick auf die Ausarbeitung von Plänen bzw. Programmen und die Organisierung und Kontrolle ihrer Durchführung. Sie ist Hauptbestandteil der Wirtschaftspolitik und eines der konstitutiven Merkmale des Wirtschaftssystems der DDR (→ **Wirtschaft**). Rationalität und Zukunftsbezogenheit sind ihre typischen Merkmale. Die zentrale P. grundsätzlich aller Produktionen und Leistungen sowie der Beschäftigung und der Kapitalbildung ist parteiprogrammatisch und verfassungsrechtlich fixiert. Art. 9 der DDR-Verfassung von 1968 bestimmt: „Die Volkswirtschaft der Deutschen Demokratischen Republik ist sozialistische Planwirtschaft".

Die allgemeinen Aufgaben der P. sind: a) die Analyse der Gegenwart und die rationale Durchdringung der Zukunft, b) die Festlegung von untereinander abgestimmten volkswirtschaftlichen Wachstumszielen und von branchenmäßigen, territorialen und betrieblichen Entwicklungs- und Produktionsaufgaben, c) die Auswahl der Strategien und Mittel, d) die Vorbereitung der Kontrollen durch die Fixierung von Sollgrößen als Maßstab für Soll-Ist-Vergleiche, e) das Zusammenwirken der Wirtschaftseinheiten untereinander und mit staatlichen Verwaltungsstellen.

Die P. wird inhaltlich bestimmt durch die politischen Ziele der SED, die ökonomischen und sozialen Entwicklungsbedingungen der Volkswirtschaft (z. B. Arbeitskräftepotential, Mechanisierungsgrad der Produktion, Forschungslage), den Stand der innerdeutschen und internationalen Wirtschaftsbeziehungen, wobei im Vordergrund die Verflechtung mit der Wirtschaft der UdSSR und der RGW-Mitgliedsländer steht, und schließlich die allgemeine innen-, außen- und militärpolitische Lage.

Die Hauptprobleme der P. entstehen durch die Ungewißheit der zukünftigen Entwicklung und durch ein wandelndes Gestaltungsoptimum, das in erster Linie die Beziehungen zwischen P.-Zentrale und Wirtschaftseinheiten betrifft. Durch eine Verbesserung des Verhältnisses von notwendigen zu vorhandenen Informationen und eine Anhebung der Informationsqualität wird versucht, diese Ungewißheit zu verringern. Im Zuge der 1968 einsetzenden Struktur-P. wurde der Aufbau eines Systems „ökonomischer Planinformation" (ÖP) notwendig, um den zentralen P.-Institutionen einen frühzeitigen Überblick über die zu erwartende Produktionsentwicklung zu verschaffen. Im Mittelpunkt der Gestaltungsproblematik steht die Frage nach dem mengen-

mäßig adäquaten Umfang der P. mit den Aspekten: a) Intensität der P. hinsichtlich der Ausführlichkeit und Genauigkeit, b) Kontinuität und Zeitraum (kurz-, mittel- und langfristige P.) und c) Verbindlichkeitsgrad. Des weiteren ist die P.-Organisation zu bestimmen, d. h. die Hierarchie der Institutionen und die Form des P.-Ablaufs.

Für das Funktionieren der Wirtschaft ist die Lösung bzw. Regelung existierender Widersprüche zwischen volkswirtschaftlichen, betrieblichen und individuellen Interessen von besonderer Bedeutung. Unabhängig von der diese Widersprüche einfach leugnenden dogmatischen Behauptung der Interessenidentität wird versucht, die Beschäftigten bei der Konkretisierung der zentral vorgegebenen Planziele mitwirken zu lassen, um zu erreichen, daß der Plan dem einzelnen nicht als ein ihn manipulierendes Instrument erscheint, sondern als schöpferisches Dokument. „Egoistisches" Verhalten der Betriebe und Industriezweige bei der Aufteilung der Produktionsfaktoren, vor allem der Investitionsmittel, sowie die Schwerfälligkeit und die häufigen organisatorischen Änderungen des P.-Ablaufs führen zu Zielkonflikten und zu wirtschaftlicher Ineffizienz.

Probleme entstehen ferner bei der Verflechtung von güterwirtschaftlicher und finanzieller P. sowie aus der Abstimmung der grundsätzlich ein- oder fünfjährigen P.-Fristen mit den davon abweichenden Produktions- und Investitionszeiträumen.

II. Planarten und Planinhalte

Planentscheidungen werden in einem Plan, dem wichtigsten wirtschaftspolitischen Instrument, zusammengefaßt. Der Plan enthält Ziele und Mittel zu ihrer Durchsetzung. Er ist ein System von Aufforderungen (Direktiven, Normen oder Empfehlungen), und soll eine Folge von Handlungen hervorrufen und koordinierend leiten. Die Verhaltensforderungen der Pläne erhalten eine für alle verbindliche juristische Ausdrucksform. Planentscheidungen erhalten ihre Rechtsverbindlichkeit in Form von Plangesetzen (Jahresvolkswirtschaftsplan, Fünfjahrplan) oder in Form einzelner Vorschriften, z. B. über die Abgaben der Betriebe an den Staatshaushalt, und Einzelentscheidungen, z. B. zur Abwendung volkswirtschaftlicher Störungen. Rechtsverbindlich sind auf betrieblicher Ebene neben den Plänen auch einzelne betriebliche Normen und spezielle Entscheidungen, die nur für Teilbereiche der Betriebe gelten. Gegenwärtig sind außer der „langfristigen P." Fünfjahr- und Jahrespläne der Volkswirtschaft, der Ministerien, VVB, Kombinate, Bezirke, Kreise, Städte, Gemeinden und der Betriebe zu unterscheiden.

1. Langfristige Planung

Unter langfristiger P. wird die vorausschauende Analyse (Prognose) und Festlegung der Hauptrichtungen und grundlegenden Proportionen der wirtschaftlichen und sozialen Entwicklung über einen Zeitraum von 15 bis 20 Jahren verstanden. Sie ist auch ein Instrument zur Angleichung der Entwicklungskonzeptionen innerhalb des RGW. Gegenwärtig wird die P. des Zeitraumes 1976–1990, unterteilt in Fünfjahresabschnitte, vorbereitet.

2. Fünfjahrplan

Der Fünfjahrplan der Volkswirtschaft enthält Wachstumsziele für 5 Jahre und Strategien und Mittel zu ihrer Erreichung. Er bestimmt als Gesetz: a) die einzuschlagende Richtung von Wissenschaft und Technik, b) die grundlegende Zusammensetzung des Produktionssortiments, e) einzelne bedeutsame Entwicklungs- und Produktionsziele sowie -vorhaben, d) die Entwicklungsziele anderer sozialer Bereiche: der Aus- und Weiterbildung, des Gesundheits- und Sozialwesens und der Kultur. Der Fünfjahrplan soll – wie bereits in den Jahren 1968–1970 – zusätzliche Bedeutung als wirtschaftspolitisches Steuerungsinstrument erhalten. Vorgesehen ist, daß die P. von Wissenschaft und Technik künftig, anstelle der kurzen Jahresfrist, generell in Fünfjahreszeiträumen erfolgt. In die Ausarbeitung des Planes gehen ein: Programme zur Entwicklung einzelner Branchen, „wissenschaftlich-technische Konzeptionen" von Erzeugnissen und Erzeugnisgruppen und Prognosen der erkennbaren sozialen und ökonomischen Prozesse und der Trends von Wissenschaft und Technik in den nächsten 15–20 Jahren.

3. Jahresvolkswirtschaftsplan

Der Jahresplan der Volkswirtschaft stellt das verbindliche wirtschaftspolitische, in den Güter- und Finanzströmen abgestimmte Programm für ein Jahr dar. Er ist die Präzisierung der im Fünfjahrplan erfaßten Grundrichtung der Wirtschaftsentfaltung. Zu den im Jahresplan festgelegten Aufgaben gehören: a) industrielle und landwirtschaftliche Produktion, darunter die Produktion wichtiger Positionen in Mengenangaben, b) Nationaleinkommen, Kapitalbildung und -rentabilität, c) Investitionen, hierbei auch Einzelvorhaben der Entwicklung und Rationalisierung, d) Export und Import, e) Arbeitsproduktivität, Lohnaufwendungen und Anzahl der Beschäftigten.

Seit 1973/74 werden durch die Kennziffern zudem folgende P.-Inhalte detaillierter vorgegeben: 1. die Konsumgüterproduktion in quantitativer und qualitativer Hinsicht, 2. die Intensivierung und Rationalisierung der Produktionsabläufe, 3. die Vorbereitung und Durchführung von Investitionen, die P. von Wissenschaft und Technik sowie die Durchführung der betrieblichen Arbeitsorganisation, 4. die P. im Gesundheits- und Sozialwesen und im Kultursektor. Im Zusammenhang mit einer erneuten Rezentralisierung der Wirtschaftssteuerung wurde für die zentrale P. der Konsumgüter seit 1971 ein „zentraler Versorgungsplan" als Bestandteil des Volkswirtschaftsplanes unter Leitung des Ministeriums für

Übersicht über die Teilpläne des Jahresvolkswirtschaftsplans 1972

Territoriale Planung
1. Koordinierung der zweiglichen und territorialen Entwicklung der Volkswirtschaft
2. Planung in den öffentlichen Staatsorganen

Planung der volkswirtschaftlichen Querschnittsaufgaben
3. Strukturaufgaben
4. Wissenschaft und Technik
5. Grundfonds- und Investitionsplanung sowie Baubilanzierung
6. Materielle Bilanzierung und Materialökonomie
7. Material-, Ausrüstungs- und Konsumgüterbilanzierung
8. Materialökonomie
9. Aufkommen an Sekundärrohstoffen
10. Energieplanung
11. Verflechtungsbilanzierung und Planberechnungsmodell
12. Bildungswesen
13. Gewässer- und Luftreinhaltung
14. Planung der produkt- und leistungsgebundenen Preisstützungen und der Produktions-, Dienstleistungs- und Verbrauchsabgaben

Planung der Produktion und Leistungen
15. Industrieproduktion, einschließlich spezieller Regelungen für die bezirksgeleitete Industrie
16. Außenwirtschaftsaufgaben
17. Land- und Nahrungsgüterwirtschaft
18. Versorgung der Bevölkerung und Produktionsmittelhandel
19. Verkehrs- und Verbindungswesen
20. Wasserwirtschaft
21. Kulturell-soziale Bereiche

Handel und Versorgung erstellt. Er enthält auch die „versorgungswichtigen" Einzelergebnisse, die nicht von der zentralen Bilanzierung erfaßt werden.

4. Betriebsplan

Der Betriebsplan umfaßt die aufeinander abgestimmten Plankennziffern der VEB für ein Jahr oder ein Quartal. Er gliedert sich in Teilpläne, die sich jeweils beziehen auf den mengen- und wertmäßigen Produktionsumfang, die Modernisierung der Fertigungsverfahren, die Fortentwicklung des Sortiments, das Investitions- und Finanzierungsprogramm einschließlich des Gewinnzieles sowie die Beschäftigtenmobilität und die sozialen Einrichtungen. Neben den Betriebszielen enthält der Betriebsplan auch Regelungen zur Organisation der materiellen (Produktion) und formalen Prozesse (Leitung, Kontrolle, Kommunikation) innerhalb eines Betriebes. Unter Leitung der SPK wird seit 1972 – vor allem im „Arbeitskreis Betriebsplanung" der SPK – an der Ausweitung der Betriebsplanung gearbeitet. Nachdem die Aufstellung der Betriebspläne 1974 bereits eine detaillierte Kosten-P. einschloß, ist für 1975 vorgesehen, den Betriebsplan durch eine neu eingeführte Kapazitäts-P. und die intensivierte P. des Beschäftigteneinsatzes zu erweitern.

5. Plan Wissenschaft und Technik

Entsprechend dem industriell-technischen Niveau der DDR-Wirtschaft zählt der Plan Wissenschaft und Technik (PWT) (früher Plan Neue Technik) zu den wichtigen Teilplänen. Als Instrument zur

„schnellen Erreichung des Höchststandes der Technik" wurde der Plan in der Vergangenheit vernachlässigt und stand allgemein etwas „neben" den übrigen Teilplänen. Der PWT soll nunmehr in den Mittelpunkt der P. gerückt werden. Er wird jährlich auf allen Leitungsebenen aufgestellt und ist in allen Betrieben durchzuführen. Der vom Ministerium für Wissenschaft und Technik und der SPK ausgearbeitete PWT enthält alle struktur- und wachstumspolitisch wichtigen Aufgaben der naturwissenschaftlichen Forschung und Entwicklung und steuert den Einsatz des Forschungspersonals und der materiellen und finanziellen Mittel.

Der betriebliche PWT-Plan muß Einzelpläne enthalten für Forschung und Entwicklung, Standardisierung, Einführung von Forschungs- und Entwicklungsergebnissen in die Produktion, Aufnahme neuer Konstruktionen und Verbesserungen in die Produktion, Beendigung der Produktion technisch veralteter Erzeugnisse, Automatisierung von Produktionsabschnitten, Wissenschaftsorganisation und wissenschaftlich-technische Zusammenarbeit sowie technisch-organisatorische Maßnahmen. Die technisch-organisatorischen Maßnahmen sind im Teil II des PWT, auch als TOM-Plan bezeichnet, zusammengefaßt. Unter Anleitung des FDGB bestehen in größeren Betrieben „Betriebskomitees Neue Technik", die die Durchführung der geplanten Maßnahmen unterstützen.

6. Territorialplanung

Die Territorial-P. (synonym benutzte Bezeichnung für Gebiets- oder Regional-P.) ist die P. auf regionaler Ebene für die einzelnen Verwaltungseinheiten, die als Folge-P. aufgrund anderer Pläne vorgenommen wird. Ihre Grundlage sind volkswirtschaftliche Fünfjahr- und Jahrespläne, Fünfjahrpläne der Bezirke, die Generalverkehrspläne und Generalbebauungspläne sowie wissenschaftlich-technische Konzeptionen für die Standortverteilung industrieller Vorhaben und Standortstudien.

Ziel der T. ist es, eine rationelle und ausgewogene regionale Organisation und Struktur der Wirtschaft in den einzelnen Bezirken und Wirtschaftsgebieten zu erreichen. Durch sie sind die Standorte der Wohnstätten, der Versorgungseinrichtungen, der Schulen u. a. m. festzulegen und die erforderlichen Arbeitskräfte bereitzustellen. Ihre Hauptaufgabe liegt jedoch in der Steuerung der Standortverteilung für die Industrie. Für strukturpolitisch bedeutsame Investitionen ist neben der Standortgenehmigung durch die zuständigen örtlichen Räte eine Standortbestätigung erforderlich. Sie kann als die wirtschaftlich günstigste Lokalisierung eines Vorhabens bezeichnet werden und setzt einen entsprechenden Beschluß des Rates des Bezirks (RdB) voraus, sofern sich nicht der Ministerrat diese Bestätigung vorbehält. Die Standortbestätigung verpflichtet den RdB, für die bestätigten Investitionen in seinem Verant-

wortungsbereich Unterstützungsmaßnahmen zu treffen. Die Standortgenehmigung dagegen ist die Zustimmung des zuständigen Rates der Stadt oder Gemeinde zur Durchführung einer Investition auf ihrem Verwaltungsgebiet; sie ist die Voraussetzung für die weitere Vorbereitung und Ausführung dieses Vorhabens.

Für die T. sind spezielle Organe zuständig: die Abteilung Territoriale P. der SPK, die Bezirksplankommissionen mit Büros für Territorial-P. und die Kreisplankommissionen.

III. Historische Entwicklung

Seit 1948 gab es folgende längerfristigen, gesamtwirtschaftlichen Pläne:

1. Halbjahresplan 1948 (Juli–Dezember). Dieser Übergangsplan der „Deutschen Wirtschaftskommission" betraf nur die Grundstoffindustrie. Prozentuale Steigerungen wurden bereits als Planziele benutzt.

2. Zweijahrplan 1949–1950. Unterteilt in zwei Volkswirtschaftspläne 1949 und 1950, war der Zweijahrplan der Deutschen Wirtschaftskommission und der Staatlichen Plankommission der erste umfassendere Wirtschaftsplan. Er wurde aufgestellt ohne ausreichende Kenntnis der Produktionskapazitäten.

3. Erster Fünfjahrplan 1951–1955. Ausgearbeitet von der Staatlichen Plankommission und vorbereitet durch den Zweijahrplan, zielte dieser langfristige Plan auf eine Verdoppelung der Industrieproduktion gegenüber 1950 sowie eine Beseitigung der durch die Teilung Deutschlands hervorgerufenen und durch Kriegszerstörungen und Reparationsleistungen verstärkten Disproportionen in der volkswirtschaftlichen Grundstruktur. Im Vordergrund standen der Auf- und Ausbau der Energieerzeugung (Braunkohlenindustrie), der Schwerindustrie (Erzbergbau, Hütten- und Walzwerke), der chemischen Industrie und des Schwermaschinenbaus. Bei den wichtigen Positionen der Grundstoffindustrie konnten die Planziele nicht erreicht und der Bedarf der Verarbeitungsindustrien nicht gedeckt werden. Der Plan wurde während der Planperiode viermal geändert, u. a. als Folge der Abmachungen innerhalb des 1949 gegründeten Rates für gegenseitige Wirtschaftshilfe.

4. Zweiter Fünfjahrplan 1956 (–1960). Dieser Plan wurde 1955 und 1956 vorbereitet, jedoch als Gesetz erst 1958 beschlossen. Er galt von 1956 bis 1958 und wurde dann abgebrochen. Die restlichen 2 Jahre zählten als die ersten Jahre des neuen Siebenjahrplans. Ziel des Zweiten Fünfjahrplans war die stärkere Förderung des Schwermaschinenbaus wie des allgemeinen Maschinenbaus zuungunsten der Grundstoffindustrie. Rohstoffe sollten in größerem Umfang importiert werden.

5. Siebenjahrplan 1959 (–1965). In Anlehnung an

die Periodisierung des sowjetischen Siebenjahrplans 1959–1965 wurden die 2 Restjahre des laufenden Fünfjahrplans mit dem schon vorbereiteten dritten Fünfjahrplan zusammengefaßt. Eine stärkere Verflechtung mit der sowjetischen Wirtschaft sollte dadurch erleichtert werden. Der Plan wurde 1961/62 abgebrochen. Seine wichtigen Planziele waren die Steigerung der Grundstofferzeugung um 90 v. H., des Maschinenbaus um mindestens 110 v. H., der Konsumgüterproduktion um 84 v. H. und der Arbeitsproduktivität um 85 v. H. Die beabsichtigte außergewöhnliche Erhöhung der Arbeitsproduktivität sollte in entscheidendem Maße helfen, das Niveau westlicher Volkswirtschaften zu erreichen, und gleichzeitig die überlegenen Möglichkeiten eines sozialistischen Systems demonstrieren. In der Realität der Planjahre bis 1962 zeigte sich, wie fehlerhaft der Plan vorbereitet worden war (z. B. falsche Einschätzung der Kapazitäten und der Kostenstrukturen). Mitte 1962 ergaben sich u. a. folgende Planrückstände: Investitionen 25 v. H., Industrieproduktion 35 v. H., Industriebau 30 v. H.

6. *Perspektivplan bis 1970.* Nach dem Scheitern des Siebenjahrplans wurden auf dem VI. Parteitag der SED im Januar 1963 ein „Perspektivplan 1964–1970" angekündigt und einige Planziele genannt. Erst im Mai 1967 konnte der Plan als Gesetz vorgelegt und verabschiedet werden, so daß die Volkswirtschaftspläne 1964, 1965 und 1966 ohne Bezug zu einer verbindlichen wirtschaftspolitischen Strategie entstanden. Die im Vergleich zum Siebenjahrplan kleineren Zuwachsquoten spiegelten das Bemühen der SED und der staatlichen Verwaltung um eine realistischere Wirtschaftspolitik im Zeichen des NÖS bzw. ÖSS. Des weiteren fixierte der Plan die Zweige, die aus struktur- und außenhandelspolitischen Gründen besonders gefördert wurden: Elektronik und Elektrotechnik, wissenschaftlicher Gerätebau, chemische Industrie, einzelne Branchen der Metallverarbeitung und des Maschinenbaus. Im Bereich von Forschung und Entwicklung wurden umfangreiche Investitionen durchgeführt. Planziel war eine Steigerung der finanziellen Mittel um mindestens 180 v. H. (1965 = 100). Im Zusammenhang damit wurden die Ausbildungskapazitäten in den naturwissenschaftlich-technischen Disziplinen erhöht. Absolventen dieser Fächer wurden vorzugsweise im Bereich der industriellen Forschung und Entwicklung eingesetzt.

Die im Juni 1968 im Rahmen der Reorganisation des P.-Systems für 1969/70 beschlossene P. „volkswirtschaftlich strukturbestimmender Aufgaben" bedeutete, daß Schwerpunktaufgaben erneut gesondert geplant und durchgeführt wurden. Das System der Schwerpunkt-P. verstärkte zentralistische Tendenzen. Sie sollte sichern, daß die strukturpolitische Entwicklung der Volkswirtschaft den Anschluß an die technischen, ökonomischen und wissenschaftlichen Veränderungen in den führenden Industrieländern erreichte bzw. behielte. Die strukturpolitischen Aufgaben wurden vom → **Ministerrat** nach Vorschlägen der SPK in einer Nomenklatur einzeln festgelegt: Der Ministerrat bestimmte für jedes Vorhaben einen federführenden, mit zusätzlichen Vollmachten ausgestatteten Minister, der seinerseits verantwortliche VVB, Kombinate, Betriebe und besonders „Auftragsleiter" benannte. Strukturbestimmende Aufgaben wurden mit Vorrang geplant und realisiert. Davon wurden durch die wirtschaftliche Verflechtung (Zuliefer- und Exportbetriebe) erheblich mehr Betriebe berührt, als die Auftragsleitung unmittelbar erfaßte. Die zentral gesetzten Planprioritäten beeinträchtigten die auf die Eigenerwirtschaftung der Mittel zielenden Dispositionen der Betriebe sowie die angestrebte verbesserte Abstimmung der Interessen zwischen unterer und mittlerer Ebene (VVB, Bezirkswirtschaftsrat). Die starke Konzentration auf „Wachstumsbranchen" führte zur Vernachlässigung der Zulieferindustrie, der vorgelagerten Produktionsstufen und der ohnehin schwachen Infrastruktur. Die Folge war eine breite Wachstumskrise im Herbst 1970, die z. T. auch auf außerordentlich ungünstige Witterungsbedingungen zurückging. Die Planziele des Volkswirtschaftsplans 1970 mußten reduziert werden, was die Ausgangsbasis für den Perspektivplan 1971–1975 – ab 1971 hieß dieser Plan in Anlehnung an die sowjetische Terminologie wieder „Fünfjahrplan" – veränderte.

7. *Fünfjahrplan 1971–1975.* Die Vorbereitung des Plans setzte 1967 ein und verlief in 2 Phasen. Ausgehend von einer „strukturpolitischen Konzeption" der SPK und des Ministerrats wurden Orientierungsgrößen an die Wirtschaftseinheiten und die örtlichen Räte übergeben, die Planangebote zu erarbeiten hatten, die wiederum von der jeweils übergeordneten Leitungsinstanz in eine umfassendere Konzeption einzufügen waren. Verzögert durch die Entwicklungsstörungen, vor allem im Jahr 1970, wurde die erste Phase erst mit der „Direktive des VIII. Parteitages der SED zum Fünfjahrplan für die Entwicklung der Volkswirtschaft der DDR 1971 bis 1975" vom Juni 1971 abgeschlossen. In einem zweiten Durchlauf wurden bis zum Jahresende 1971 die Plangebote erarbeitet, stufenweise zusammengefaßt, bilanziert und als Plangesetz verabschiedet. Die Ziele des Fünfjahrplans und die bisher zur Planrealisierung getroffenen Maßnahmen der Finanz- und Investitionspolitik und der güterwirtschaftlichen Steuerung sind in erster Linie darauf gerichtet: 1. die entstandenen Disproportionen zu beseitigen, 2. den Übergang zu einer ausgewogenen Expansion zu finden, 3. alle Rationalisierungsmöglichkeiten zu nutzen.

Das angestrebte Wirtschaftswachstum wird nicht über der Steigerungsrate im Planjahrfünft 1966–1970 liegen.

Die Steigerung der industriellen Leistung soll angesichts des Arbeitskräftemangels über eine spürbare Erhöhung der Arbeitsproduktivität (über 6 v. H. im Jahresdurchschnitt) erreicht werden. Ein verringerter Zuwachs der Investitionen sowie eine stärkere Förderung des Exports und der Bereitstellung von Konsumgütern sind weitere wichtige Ziele des Fünfjahrplans 1971–1975.

IV. Planorganisation: Zentrale und territoriale Planungskommissionen

An der konkreten Bestimmung der Planreihe wirken auf der zentralen Ebene alle wichtigen politischen und administrativen Organe mit: in erster Linie das Politbüro der SED, der Ministerrat und die Staatliche Plankommission, die die Hauptlast der Planausarbeitung trägt. Im Zentrum der zentralen Planbestimmung stehen die Grundfragen der wirtschaftlichen Entwicklung, d. h.

das Verhältnis des Nationaleinkommens, des Geldeinkommens bzw. des Konsums der Bevölkerung und der Investitionsquote zueinander, insbesondere auch das Verhältnis von Einkommensentwicklung der Haushalte und Warenbereitstellung;

das wirtschaftliche Wachstumstempo und die Gestaltung der Wirtschaftsstruktur (Anteil der „Wachstumsbranchen");

das Niveau der Produktionskonzentration und -verflechtung (Kooperation);

die Förderung von Wissenschaft, Technik und Technologie;

das Ausmaß und die Struktur des Außenhandels und der internationalen Arbeitsteilung (Zusammenarbeit im RGW);

die regionale Entwicklung und Standortverteilung. Die Mitwirkung der wirtschaftsleitenden Institutionen und der großen Wirtschaftseinheiten auf der mittleren Ebene der gesamtwirtschaftlichen Organisation, der Bezirksplankommissionen und -wirtschaftsräte, der VVB und Kombinate, konzentriert sich auf die nähere Ausarbeitung und Konkretisierung der Planziele unter dem Gesichtspunkt der Ressourcen der Branchen und Bezirke. Die P. schließlich in den Betrieben, Kreisen und Gemeinden beschränkt sich inhaltlich vor allem darauf, übertragene Planaufgaben entsprechend den gegebenen personellen und materiellen Kapazitäten und den Möglichkeiten zur Mobilisierung der Betriebsbelegschaften erneut zu konkretisieren.

Die P.-Organisation wurde seit Bestehen der DDR im Rahmen wirtschaftspolitischer Kurswechsel wiederholt verändert. Nachdem das „Neue Ökonomische System" ab 1963 den VVB und Betrieben erhöhte P.-Kompetenzen eingeräumt und damit eine begrenzte Dezentralisierung wirtschaftlicher Entscheidungen bewirkt hatte, wurde die P.-Organisation ab 1971 nach ernsthaften wirtschaftlichen Wachstumsstörungen in den vorhergehenden beiden Jahren erneut drastisch umstrukturiert. Die direkte zentrale P. und Leitung wurde an Stelle der indirekten Lenkung mittels monetärer Lenkungsinstrumente (Preise, Zinsen, Kredite) ausgebaut. Die Zahl der den Betrieben zentral vorgegebenen Plankennziffern erhöhte sich wieder; die Entscheidungskompetenzen verlagerten sich erneut von der mittleren auf die zentrale Ebene.

An der Spitze der P.-Organisation steht die Staatliche Plankommission. Ihr nachgeordnet sind Bezirks- und Kreisplankommissionen.

A. Staatliche Plankommission (SPK)

Die SPK ist das zentrale Organ des → **Ministerrates** für die P. der Volkswirtschaft und die Kontrolle der Plandurchführung. Grundlegende Fragen der zukünftigen wirtschaftlichen und sozialen Entwicklung legt sie dem Ministerrat zur Entscheidung vor. Sie wird vom Ministerrat gebildet und bedarf in ihrer Organisationsgestaltung der Bestätigung durch ihn. Sie ist ein dem Ministerrat nachgeordnetes Organ und hat im Prinzip die gleiche Rechtstellung wie ein Ministerium oder andere dem Ministerrat unmittelbar unterstellte zentrale Institutionen.

Nachdem die SPK bis Mitte 1961 oberstes weisungsberechtigtes Organ für die P., Leitung und Kontrolle der Wirtschaft war, wurden im Juli 1961 die mit der Anleitung der Industrie befaßten Hauptabteilungen aus der SPK ausgegliedert und unter der Bezeichnung → **Volkswirtschaftsrat** zu einem neuen Industrie-Leitungsorgan zusammengefaßt. Die Entwicklung nach dessen Auflösung Ende 1965 führte dazu, daß die SPK wieder – wie bis 1961 – zur allein federführenden P.-Instanz wurde. Allerdings stützt sie sich in ihren Planarbeiten einerseits auf die von den Industrieministerien, VVB, Kombinaten und Betrieben auf der Grundlage der staatlichen Aufgaben ausgearbeiteten Planentwürfe, andererseits auf die Mitwirkung der Bezirks- und Kreisplankommissionen.

Die Aufgaben der SPK sind:

1. Generell hat sie die langfristigen Pläne, Fünfjahrpläne und Jahresvolkswirtschaftspläne – ausgehend von den vorhandenen Ressourcen, den Realisierungsmöglichkeiten und politischen Notwendigkeiten sowie den Bedürfnissen der Bevölkerung – systematisch vorzubereiten und dem Ministerrat gegenüber zu begründen.

2. Die Ausarbeitung von Prognosen über grundlegende wirtschaftliche Prozesse und die thematische Beeinflussung der prognostischen Untersuchungen anderer staatlicher und wissenschaftlicher Institutionen.

3. Der Entwurf der langfristigen Pläne der volkswirtschaftlichen Entwicklung, verbunden mit der Herausgabe von „volkswirtschaftlichen Orientierungen" für die langfristige P. der Ministerien und der RdB.

4. Der Entwurf der Fünfjahrpläne und der Jahresvolkswirtschaftspläne. Dabei sollen die Konsistenz der verschiedenen Pläne und die „Einheit von Analyse und Kontrolle" sowie von branchenmäßiger und regionaler Entwicklung gesichert werden.

5. Die Anleitung der übrigen an der P. beteiligten Institutionen bei der Planausarbeitung und -bilanzierung.

6. Die ständige Kontrolle und Analyse der Wirtschaftsentwicklung hinsichtlich der geplanten Wachstums- und Strukturziele. Sie ist die Grundlage für interventionistische Maßnahmen und Plankorrekturen des Ministerrats während der Plandurchführung.

7. Der Vorsitzende der SPK ist nach dem neuen Statut der SPK vom 9. 8. 1973 (GBl. I, 1973, S. 418) zur Sicherung einer stabilen und kontinuierlichen Planerfüllung und eines gleichmäßigen Wirtschaftsablaufs verpflichtet und berechtigt, während der Planausarbeitung und -durchführung Weisungen an Minister und andere Leiter staatlicher Organe zu erteilen.

8. Die wirtschaftliche Absicherung von militärischen Aufgaben.

9. Die Ausarbeitung von Schwerpunkten der wirtschaftlichen und wissenschaftlich-technischen Zusammenarbeit im → **RGW**. Die SPK ist in diesem Zusammenhang auch für die bisher noch bilateral verlaufende Abstimmung und Koordinierung der Pläne mit denen der RGW-Mitgliedsländer verantwortlich.

10. In Zusammenarbeit mit der Bezirksplankommission plant und leitet die SPK die regionale Verteilung der Produktionsfaktoren („Standortverteilung der Produktivkräfte").

11. Die Erprobung und Verbesserung der P.-Verfahren und P.-Instrumente, was die Teilnahme an den planungstheoretischen Arbeiten der Wirtschaftswissenschaften einschließt.

Für die Lösung ihrer Aufgaben weist die SPK folgende Struktur auf:

1. Der Vorsitzende (gegenwärtig: Gerhard Schürer) ist für die gesamte Tätigkeit der SPK und der ihr nachgeordneten Organe und Einrichtungen gegenüber der Volkskammer, dem Staatsrat, dem Ministerrat sowie dem ZK der SED verantwortlich und rechenschaftspflichtig und leitet die SPK nach dem Prinzip der Einzelleitung. Die innerhalb der SPK als beratendes Gremium fungierende Plankommission, die neben dem Leitungspersonal der SPK auch Vertreter anderer Ministerien und Ämter umfaßte, wurde 1973 nicht wieder neu konstituiert. Zu diesem Zeitpunkt wurde allerdings die interne und externe Weisungsbefugnis des Vorsitzenden deutlich erhöht.

2. Stellvertretende Vorsitzende (z. B. für Fünfjahr-P., für Jahres-P.).

3. Hauptabteilungen, Abteilungen und selbständige Sektoren (z. B. Abt. Territoriale P., Abt. Investitio-

nen, Abt. Information und Dokumentation). Sie werden von Stellvertretern des Vorsitzenden, Abteilungs- und Sektorenleitern geführt. Diese haben auf ihren Gebieten für eine Zusammenarbeit mit den anderen zentralen Organen des Staatsapparates, den wirtschaftsleitenden Organen, den wissenschaftlichen Gremien und Institutionen, den örtlichen Staatsorganen und Betrieben zu sorgen.

4. Das staatliche Büro für die Begutachtung der Investitionen (SBBI). Es ist das Organ der SPK für die Vorbereitung und Koordinierung der→ **Investitionen**. Es begutachtet die vom Ministerrat gelenkten Investitionen und leitet andere Gutachterstellen an. Es faßt die Erfahrungen der Gutachterstellen zusammen, informiert die SPK und unterbreitet gleichzeitig Vorschläge zur Verbesserung der Investitionstätigkeit.

5. Das Ökonomische Forschungsinstitut (ÖFI) wurde als Organ der SPK 1960 gegründet. Seine Forschungsarbeit dient der Verbesserung der Volkswirtschafts-P. und der Erforschung grundlegender volks- und gebietswirtschaftlicher Strukturprobleme. Ein wesentlicher Tätigkeitsbereich ist die Einführung der **elektronischen** → **Datenverarbeitung** in die P.-Arbeit der SPK. Daneben nimmt es maßgeblichen Einfluß auf die Wirtschaftsforschung (Einbeziehung von Universitäten, Forschungseinrichtungen usw.) auf Gebieten wie z. B. Bilanzierung, (territoriale) P., Strukturforschung und Datenverarbeitung.

6. Als beratende Organe werden häufig für bestimmte Probleme Arbeitsgruppen bzw. Kommissionen (z. B. Prognosegruppen) gebildet.

7. Die Bezirks- und Kreisplankommissionen (BPK, KPK) sind der SPK unterstellt und bilden auf der territorialen Ebene die Verbindung zwischen SPK und der bezirksgeleiteten Industrie sowie der örtlichen Versorgungswirtschaft.

Auf die Mitwirkung folgender Staatsorgane ist die SPK besonders angewiesen:

das → **Ministerium für Wissenschaft und Technik** und den → **Forschungsrat** beim Ministerrat. Ihre Arbeitsergebnisse bilden die naturwissenschaftlich-technische Grundlage der Arbeit der SPK;

das → **Ministerium der Finanzen** ist verantwortlich für die Ausarbeitung des Staatshaushaltsplans, des Kreditplans und des Valutaplans, auf denen die materielle P. der SPK basiert;

die Staatliche Zentralverwaltung für → **Statistik** (SZS). In Zusammenarbeit mit ihr gewinnt die SPK statistische Informationen und Materialien, die ihr die Abrechnung und Kontrolle der Planaufgaben ermöglichen (z. B. Bilanzabrechnungen).

B. Bezirksplankommission (BPK)

Die Anfang November 1961 errichteten BPK sind die für die Territorial-P. zuständigen Fachorgane der Räte der → **Bezirke** (RdB). Gleichzeitig sind sie der

SPK nachgeordnet und somit „doppelt unterstellt". Im Unterschied zum Bezirkswirtschaftsrat sind der BPK hauptsächlich plan-koordinierende Tätigkeiten übertragen. Daneben ist sie zuständig für das Konzipieren von Vorschlägen zur wirtschaftlichen Entwicklungsperspektive des Bezirks.

Im einzelnen sind der BPK folgende Aufgabenbereiche zugewiesen: 1. Differenzierung der Planaufgaben auf die dem RdB unterstellten Bereiche; 2. Planabstimmungen mit den im Bezirk liegenden, dem RdB nicht unterstellten Einrichtungen; 3. Analyse der ökonomischen Entwicklung des Bezirks, auf Grund deren die SPK Vorschläge unterbreitet werden; 4. Die BPK veranlaßt, daß die Arbeiten zu den Fünfjahr- und Jahresplänen in den Fachorganen des RdB nach einheitlichen Methoden und Terminen durchgeführt werden (z. B. durch Ausarbeitung von Netzwerkplänen); 5. Territoriale Koordinierung der Investitionstätigkeit im Bezirk (Voraussetzung: eigene Gebietskonzeption und Kenntnis von Investitionsabsichten der Zweige); 6. Berechnung der Entwicklung der Bevölkerungsstruktur, der Arbeitskräfte und des Berufsnachwuchses im Bezirk und Festlegung von Arbeitskräftezahlen und Beschäftigungslimiten für Betriebe; 7. Aufteilung der Flächenarten (z. B. Wohnungsbau-, Verkehrs-, Produktionsfläche und landwirtschaftliche Nutzfläche); 8. Bilanz zur Entwicklung der Geldeinlagen und -ausgaben der Bevölkerung des Bezirks (zur P. des Warenumsatzes und der Versorgung der Bevölkerung sowie der Entwicklung der Zweige mit Dienstleistungscharakter); 9. Durchführung von Standortgenehmigungsverfahren und Erteilung von Standortgenehmigungen, z. B. für Investitionen und Maßnahmen der Industrie, der Bauwirtschaft, des Post- und Fernmeldewesens, des Produktionsmittel- und Konsumgütergroßhandels, des Hoch- u. Fachschulwesens, der Berufsbildung, des Verkehrswesens, mit Ausnahme des kommunalen Verkehrs.

Die Aufgaben der BPK berühren stets die Belange mehrerer Zweige und Bereiche, deren Betriebe bzw. Einrichtungen im Wirtschaftsgebiet des Bezirks angesiedelt sind oder neu in dieses Gebiet aufgenommen werden sollen. Deshalb ist die BPK ständig auf die Zusammenarbeit mit VVB, Kombinaten, Wirtschafts- und Landwirtschaftsräten der Bezirke, mit den Fachabteilungen der RdB und anderen Fachorganen (z. B. Wasserwirtschafts- und Reichsbahndirektionen, Bezirksstellen der Staatlichen Zentralverwaltung für Statistik) angewiesen. Diese Organe arbeiten mit der BPK so zusammen, daß sie die für die P. notwendigen Unterlagen und Angaben aus ihren Entwicklungskonzeptionen der BPK übergeben und sich zusätzlich an Untersuchungen bestimmter Probleme durch Arbeitsgruppen beteiligen.

Die BPK hat folgende Organisationsstruktur:
Den Vorsitzenden: Er ist zugleich stellvertretender Vorsitzender des RdB;

Abteilungen: Sie sind nach Querschnittsgebieten aufgegliedert und werden von Abteilungsleitern geleitet (z. B. Amt für Arbeit und Berufsberatung als Abt. der BPK);

Büro für Territorial-P. Diese Einrichtung wurde am 1. 1. 1965 gegründet und den BPK zugeordnet. Mit umfangreichen Untersuchungen werden dort Unterlagen über die territorialen Auswirkungen der Entwicklung gebietsbestimmender Betriebe, über die Senkung des bezirkswirtschaftlichen Aufwandes bei wichtigen Investitionsvorhaben, über die Entwicklung des Siedlungsnetzes ausgewählter Städte und ländlicher Gemeinden u. a. m. erarbeitet und Entscheidungen vorbereitet. Außerdem führt das Büro für Territorial-P. den P.-Kataster – die maßgebende Unterlage für den Generalbebauungs- und den Generalverkehrsplan eines Bezirkes – und bereitet Standortgenehmigungen vor.

C. Kreisplankommission (KPK)
Die KPK ist das für die örtliche Territorial-P. zuständige Fachorgan des Rates des → **Kreises** (RdK). Gleichzeitig ist sie ein der Bezirksplankommission (BPK) sachlich nachgeordnetes Organ und somit „doppelt unterstellt".

Insbesondere sind für ihre Tätigkeit Kenntnisse über die Entwicklung der örtlichen Industriezweige und der Landwirtschaft notwendig. Durch ständige Zusammenarbeit mit der BPK, durch eigene Analysen (z. B. Anfertigung von Standortstudien) sowie mit Hilfe von Untersuchungsergebnissen des Büros für Territorial-P. bei der BPK (z. B. aus Analysen über Pendler) verschafft sich die KPK Unterlagen über die Möglichkeiten ihres P.-Gebietes.

Zu den Aufgaben der KPK gehören: 1. Ausarbeitung von wirtschaftlichen Entwicklungskonzeptionen für die Städte; 2. Aufschlüsselung der Verteilung der Arbeitskräfte; 3. Bilanzierung des Baureparaturbedarfs und der bereitzustellenden Baureparaturkapazitäten; 4. Standortverteilung für die Industrie. Einerseits macht die KPK der BPK Vorschläge für die Zuordnung von Standorten, andererseits kann sie in eigener Verantwortung das Verfahren zur Standortfestlegung durchführen (z. B. für die Landwirtschaft, den Wohnungsbau, das kommunale Verkehrswesen, die örtliche Versorgungswirtschaft, Volksbildung und Kultur). Darüber hinaus kann der KPK von Fall zu Fall die Festlegung von Standorten auch für andere Zweige und Bereiche übertragen werden; 5. Erarbeitung von Hinweisen über territoriale Erfordernisse für die P.-Arbeit der Fachorgane des RdK (z. B. Fertigstellungstermine für den Wohnungsbau, Standorte von Versorgungseinrichtungen); 6. Koordinierung der Arbeit der einzelnen Ressorts am Kreisplan nach den von SPK und BPK vorgegebenen methodischen Richtlinien und Terminen.

V. Planungsablauf

Die Aufstellung der Wirtschaftspläne verläuft als – z. T. wiederholter – Informationsaustausch und Korrekturprozeß zwischen P.-Institutionen und Produktionseinheiten. Zentral gesetzte Wachstums- und Strukturziele sind mit den Produktionsmöglichkeiten und Bedarfsermittlungen der Wirtschaftseinheiten und dem Stand der Infrastruktur in Übereinstimmung zu bringen. Die Abstimmung und schrittweise Annäherung vollzieht sich in horizontaler (zwischen den Institutionen einer Leitungsebene) und vertikaler Richtung (zwischen Institutionen und Wirtschaftseinheiten verschiedener Ebenen). Mit dem Jahresvolkswirtschaftsplan 1969 wurde die seit dem Planjahr 1967 geltende Regelung verlassen, den Volkswirtschaftsplan in 2 Etappen aufzustellen (die „staatlichen Vorgaben" entfielen). Seitdem verläuft die Jahres-P. nur noch in einer Phase (vgl. Schema). Dagegen wurde der Fünfjahrplan 1971–1975 in 2 Phasen im Zeitraum 1968 bis Ende 1971 geplant.

Der Ablauf für den Jahresplan der Volkswirtschaft beginnt regelmäßig im April mit der Herausgabe der staatl. Aufgaben und endet im Dezember des gleichen Jahres mit der Übergabe der staatl. Planauflagen. Dazwischen sollen im August und September die Planentwürfe auf der VVB- und Kombinatsebene zusammengestellt werden. Im Oktober folgen dann Beratungen beim Ministerrat und im November soll der Enwurf der SPK dem Ministerrat zugestellt werden.

1. Planprojekt und staatliche Aufgaben

Die Ausarbeitung des Volkswirtschaftsplans wird durch prognostische Untersuchungen zur wissenschaftlich-technischen, wirtschaftlichen und sozialen Entwicklung und durch Analysen der internationalen Politik und Wirtschaft vorbereitet. Auf ihrer Grundlage, den längerfristigen Plänen und den bestehenden internationalen Abkommen (vor allem den RGW-Abkommen) erarbeitet die SPK das Planprojekt, den Grobentwurf des Jahresplans.

Mit der Übergabe der von der SPK aus dem Planprojekt abgeleiteten und vom Ministerrat bestätigten staatlichen Aufgaben an die Ministerien, VVB, Kombinate, Räte der Bezirke und Betriebe beginnt die Planausarbeitung. Die staatlichen Aufgaben sind Kennziffern, die den Rahmen für den gesamtwirtschaftlichen Fortgang der kommenden Planperiode kennzeichnen. Sie beziehen sich u. a. auf die Produktion „strukturbestimmender" Erzeugnisse und Rohstoffe, wichtige Lieferverpflichtungen der Außenwirtschaft, auf Vorhaben der Mechanisierung und Automatisierung sowie der Spezialisierung und Konzentration, die Entwicklung der Effektivität der Einsatzfaktoren (Kapital und Arbeit), der Rentabilität und der Bildung von Reserven. Die staatlichen Aufgaben werden in 2 Stufen – von den Ministerien und den VVB und Kombinaten – aufgeschlüsselt und für die Betriebe spezifiziert (Planaufschlüsselung).

2. Planentwürfe und Plandiskussionen

Ausgehend von den staatlichen Aufgaben und auf der Basis eigener Konzeption arbeiten die wirtschaftenden Einheiten und die Räte der Städte, Gemeinden, Kreise und Bezirke Planentwürfe aus. Sie müssen grundsätzlich alle Kennziffern und Bilanzen ent-

Planungsablauf (Jahresvolkswirtschaftsplan) 1973/74

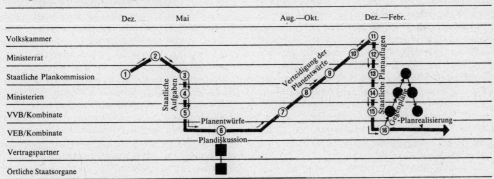

- ■ = Abstimmung mit Vertragspartnern und Kommunaler Verwaltung
- ● = Koordinierung und Bilanzierung der Gegenpläne
- 1— 2: Planprojekt wird von der SPK entworfen und vom Ministerrat bestätigt.
- 3 : Auf der Grundlage des Planprojekts erarbeitet die SPK staatliche Aufgaben (Planaufgaben).
- 4— 5: Aufschlüsselung und Konkretisierung dieser Aufgaben.
- 6 : Ausarbeitung des Planentwurfs und Plandiskussion mit den Belegschaften; Abstimmung und Koordinierung mit den Vertragspartnern und der Kommunalen Verwaltung.
- 7—10: Verteidigung der Planentwürfe und ihre zusammenfassende Koordinierung.
- 11 : Der vom Ministerrat bestätigte Planentwurf wird von der Volkskammer als Gesetz beschlossen.
- 12—13: Herausgabe der verbindlichen staatlichen Planauflagen.
- 14—15: Aufschlüsselung und Konkretisierung der Planauflagen.
- 16 : Der Betrieb stellt den Betriebsplan zusammen und beginnt mit der Planrealisierung. Verpflichtungen zur Übererfüllung der Planauflagen werden zu Gegenplänen zusammengefaßt.

halten, die in den staatlichen Aufgaben aufgeführt wurden, und sind jeweils im Vergleich zur voraussichtlichen Erfüllung des noch laufenden Plans (Basisjahr) zu erstellen. Die Ausarbeitung des Entwurfs des betrieblichen Jahresplans schließt die vertragliche Abstimmung und Koordinierung mit den Zulieferanten und Käufern sowie den Kommunalorganen (z. B. über Arbeitskräfte-, Wohnungs- und Energiebedarf) mit ein. Die staatlichen Aufgaben und Planentwürfe werden in den Betrieben und den Ausschüssen der örtlichen Volksvertretung diskutiert. Die Plandiskussionen werden gewöhnlich von den Betriebsorganisationen der Gewerkschaften und der SED geleitet. Durch sie sollen die Werktätigen über die Planziele informiert und die Erfüllung und Übererfüllung des Betriebsplans durch Vereinbarungen über Wettbewerbe und sozialistische Gemeinschaftsarbeit gesichert werden. Die Veränderung der staatl. Aufgaben ist nicht das Ziel der Plandiskussion. Im Rücklauf werden die Entwürfe vor der jeweils übergeordneten Leitungsinstanz „verteidigt", wobei der Darstellung abweichender Vorstellungen und nicht gelöster Aufgaben besondere Bedeutung zukommt. Ferner sind jeweils bestimmte Problemkomplexe generell vorgegeben. Bei den Planverteidigungen der letzten Jahre waren dies: die Errichtung und Überbietung der ökonomischen Kennziffern, die Erzielung überragender Ergebnisse in Forschung und Technik und deren kurzfristige Überleitung in die Praxis, die Intensivierung der Zusammenarbeit mit den RGW-Mitgliedsländern sowie die Verbesserung des Konsumangebots. Die betrieblichen Planentwürfe werden von den VVB und Kombinaten koordiniert, bilanziert und in die Gesamtkonzeption der Branche eingefügt. Auf der nächsthöheren Ebene fassen die Ministerien die Entwürfe der VVB und Kombinate zusammen. Einen ähnlichen Weg laufen die Planentwürfe der Kreis- und Bezirksgeleiteten Betriebe (über die Räte der Gemeinden, Städte, Kreise und Bezirke) zurück. Nachdem die Ministerien die Entwürfe untereinander und mit anderen zentralen Institutionen abgestimmt haben, entwirft die SPK einen zusammenfassenden Jahresplan. Zusätzlich schlägt sie volkswirtschaftlich bedeutsame Problembereiche zur Beratung in Arbeitsgruppen des Ministerrats vor. Danach wird dem Ministerrat der Entwurf des Volkswirtschaftsplans zusammen mit dem Entwurf des Staatshaushaltsplans des Ministeriums der Finanzen und der Kreditbilanz der Staatsbank übergeben. Sind der Volkswirtschaftsplan und der Staatshaushaltsplan vom Ministerrat beraten und beschlossen worden, folgt die Verabschiedung als Gesetz durch die Volkskammer.

3. Staatliche Planauflagen

Aufgrund der Positionen des beschlossenen Jahresplans der Volkswirtschaft und des Staatshaushalts erhalten die Ministerien, örtlichen Räte, staatlichen Einrichtungen und wirtschaftenden Einheiten staatliche Planauflagen von dem jeweils übergeordneten Leitungsorgan. Das sind verbindliche Aufträge, die in Art und Umfang den staatl. Aufgaben gleichen und sich u. a. auf Produktions- und Exportaufgaben, Investitionen, Rationalisierungen, Entwicklung der Rentabilität und Bestimmungen über die Gewinnverwendung beziehen. Aus den stufenweise aufgeschlüsselten Planauflagen setzt sich der endgültige Betriebsplan zusammen, der wiederum in Quartals-, Monats- und Dekadenpläne untergliedert wird. Die Leiter der Wirtschaftseinheiten und Behörden sind berichts- und rechenschaftspflichtig hinsichtlich der Erfüllung der staatl. Planauflagen.

4. Plandurchführung und -kontrolle

Die Realisierung der Pläne wird operativ geleitet, d. h. die staatlichen Planauflagen sind nach Tagen und Arbeitsgruppen (Brigaden) zu präzisieren und zu konkretisieren. Die operative Leitung soll die Mittel der materiellen und nichtmateriellen Leistungsanreize zur Erreichung der Planziele einsetzen und Wettbewerbe zur Leistungsmessung und -steigerung initiieren und propagieren.

Im Rahmen des → **sozialistischen Wettbewerbes** werden hierfür seit 1973 – nach ersten Experimenten im Planjahr 1972 – *Gegenpläne* eingesetzt. Sie stellen ein auf der Grundlage der staatlichen Planauflage zusätzlich zu erstellendes Programm der Mobilisierung von betrieblichen Produktivitätsreserven dar. Sie sind auf die Übererfüllung der Betriebsplanziele gerichtet, insbesondere in den Engpaßbereichen und bei der Steigerung der Arbeitsproduktivität. Mit ihnen soll zugleich der in den Betrieben nachweisbar gegebenen Tendenz zu „weichen", d. h. leicht erfüllbaren Plänen entgegengewirkt werden. Die Verpflichtungen zur Mehrleistung müssen jeweils im Februar und März des laufenden Planjahrs in Form von Kennziffern bei den übergeordneten Leitungsinstanzen eingereicht und von diesen bilanziert und im Hinblick auf die erforderliche Bereitstellung von zusätzlichen Roh-, Hilfs- und Betriebsstoffen geprüft werden. Zusätzliche Zuführungen zum Betriebsprämienfonds – zu Lasten der Nettogewinnabführung an den Staatshaushalt – dienen der materiellen Stimulierung der Gegenpläne.

Zur Plandurchführung zählen ferner die regelmäßige Kontrolle und Abrechnung des Erfüllungsstandes der Pläne. Hieran sind neben der übergeordneten Leitungsinstanz auch die Gewerkschaften, die Volksvertretungen sowie die Arbeiter-und-Bauern-Inspektion beteiligt.

VI. Planungsinstrumente

Da zwischen dem Erfolg einer P. und den dabei benutzten Instrumenten ein enger Zusammenhang besteht, wird fortwährend eine Verbesserung dieser Verfahren und Mittel angestrebt. In den letzten Jahren wurde vor allem versucht, neuere mathematische

Verfahren (z. B. der Optimierungsrechnung, der kybernetischen Modelltheorie, der Netzplantechnik) auf ihre Anwendbarkeit hin zu überprüfen. Ebenso wird an der Konstruktion von komplexen Kennziffern wie von relevanten Kriterien für Effektivitätsberechnungen (z. B. bei Investitionsentscheidungen) und zur Leistungsmessung (z. B. Messung der Arbeitsproduktivität) gearbeitet. Die wichtigsten P.-Instrumente sind gegenwärtig:

a) Volkswirtschaftliche Bilanz. Sie ist eine zahlenförmige Gegenüberstellung, die die Zusammenhänge des volkswirtschaftlichen Güter- und Geldkreislaufs beschreibt. Verbreitet sind 2seitige Bilanzen, die Aufkommen und Verwendung ökonomischer Größen enthalten. Daneben werden Bilanzen aufgestellt, die als input-output-Tabellen gleichzeitig mehrere ökonomische Größen aufnehmen. Volkswirtschaftliche Bilanzen werden von der Staatlichen Plankommission zur Vorbereitung von P.-Entscheidungen erstellt. Ihre Aussagefähigkeit ist abhängig von der Qualität der Wirtschaftsstatistik und der den Bilanzen vorgelagerten Bilanzebene (z. B. VVB, Bezirk, VEB). Maßgebende volkswirtschaftliche Bilanzen sind Bilanzen 1. des „gesellschaftlichen Gesamtprodukts", des Nationaleinkommens und des Volksvermögens, 2. der Produktionsfaktoren (Kapital und Arbeitskräfte), 3. der Konsumtion, 4. der Geldströme und 5. des Außenhandels.

b) Verflechtungsbilanz. Sie ist eine Methode, mit der die materiellen Beziehungen zwischen den Produktionszweigen einerseits und zwischen Produktion und Komsumtion, Investition, Außenhandel andererseits in input-output-Tabellen dargestellt werden. Sie ist zur Rationalisierung der Planausarbeitung geeignet, indem sie durch die Anwendung mathematischer Verfahren und der elektronischen Rechentechnik das Berechnen von Entscheidungsalternativen erlaubt. Verflechtungsbilanzen ermöglichen es, die Auswirkungen des technischen Fortschritts, der Spezialisierung und Konzentration und anderer Faktoren auf die Produktion zu erfassen. Die insgesamt angebotsmäßig orientierte P. kann auf diese Weise mit einer verbesserten Bedarfsermittlung ergänzt werden.

Verflechtungsbilanzen werden verstärkt seit 1966 aufgestellt. Die verbreitetste Form sind Teilverflechtungsbilanzen, mit denen die technisch-ökonomischen Verbindungen zwischen den Erzeugnissen eines wirtschaftlichen Teilsystems (z. B. VVB, VEB) über mehrere Fertigungsstufen hinweg analysiert werden.

c) Material-, Ausrüstungs- und Konsumgüterbilanzen. Im Mittelpunkt des volkswirtschaftlichen Bilanzsystems, das seit 1970 stärker ausgebaut und zum Hauptinstrument der P. entwickelt wurde, stehen die Erzeugnisbilanzen: „Material-, Ausrüstungs- und Konsumgüterbilanzen" (MAK-Bilanzen). Sie erfassen als Gegenüberstellungen von Auf-

kommen und Bedarf den Großteil der Produktion sowie die importierten Erzeugnisse in Menge und Wert zu Industrieabgabepreisen. Mit der Bilanzierungsverordnung vom 20. 5. 1971 wurde die Zahl der zentral bilanzierten Positionen und zentral kontigentierten Erzeugnisse wieder erhöht. Die nach 1963 eingeführte Verlagerung von Bilanzierungsfunktionen auf die mittlere Leitungsebene (VVB) wurde wieder abgebaut. Seit 1972 sind die in den Jahresvolkswirtschaftsplänen vorgesehenen nahezu 5 000 Einzelbilanzen einem Bilanzverzeichnis entsprechend verschiedenen „bilanzierenden Organen" zugeordnet (vgl. Schema).

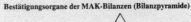

Bestätigungsorgane der MAK-Bilanzen (Bilanzpyramide)

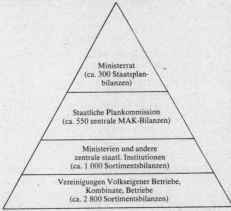

Ministerrat
(ca. 300 Staatsplanbilanzen)

Staatliche Plankommission
(ca. 550 zentrale MAK-Bilanzen)

Ministerien und andere
zentrale staatl. Institutionen
(ca. 1 000 Sortimentsbilanzen)

Vereinigungen Volkseigener Betriebe,
Kombinate, Betriebe
(ca. 2 800 Sortimentsbilanzen)

Bei den 300 Staatsplanpositionen handelt es sich zumeist um volkswirtschaftlich wichtige Rohstoffe, Zuliefererzeugnisse, Konsum- und Exportgüter, bei denen Engpässe und Sortimentsprobleme bestehen. Der in den allgemeinen P.-Ablauf eingebettete Bilanzierungsprozeß verläuft stufenweise: Die am Aufkommen und der Verwendung des bilanzierten Erzeugnisses beteiligten Produktions- und Handelsbetriebe übergeben Bilanzinformationen an das übergeordnete zuständige Bilanzorgan, das auf der Grundlage dieser Informationen, Markt- und Bedarfsforschung, eigener Berechnungen sowie verschiedener Koordinierungen Bilanzentwürfe erstellt und vor dem übergeordneten Bilanzorgan „verteidigt".

Dort werden die Entwürfe in das Gesamtkonzept eingefügt und bestätigt. Bei den Bilanzentscheidungen sollen die volkswirtschaftlichen Interessen im Vordergrund stehen. Bei auftretenden Disproportionen zwischen Aufkommen und Bedarf entscheidet das übergeordnete Bilanzorgan, wie die Lücke geschlossen wird.

d) Erzeugnis- und Leistungsnomenklatur; Staatsplannomenklatur; Bilanzverzeichnis. Die Erzeugnis- und Leistungsnomenklatur ist eine zahlenförmige Systematisierung aller produzierten und importierten Erzeugnisse bzw. Leistungen der Industrie, Bauwirtschaft, Land- und Forstwirtschaft nach Einzelerzeugnissen oder Gruppen ähnlicher Erzeugnisse (→ **Erzeugnisgruppen**) bzw. Leistungen. Sie ist verbindlich für die P. und Abrechnung der Produktion, der Materialwirtschaft und des Außenhandels. Sie wurde seit 1967 schrittweise eingeführt und löste das zuvor bestehende „Allgemeine Warenverzeichnis" und die frühere „Schlüsselliste für Produktion, Materialwirtschaft und Außenhandel" ab. Sie enthält 8stellige Schlüsselzahlen für rd. 80 000 Erzeugnisse bzw. Leistungen. Die Zahlenposition, die ein Erzeugnis bzw. eine Gruppe von Erzeugnissen kennzeichnet, wird auch Planposition genannt. Planpositionen im weiteren Sinne sind dagegen die im Volkswirtschaftsplan aufgeführten volkswirtschaftlich wichtigen Erzeugnisse der Staatsplannomenklatur. Diese umfaßt außerdem einzeln aufgeführte Investitionsvorhaben von gesamtwirtschaftlicher Bedeutung (Staatsplanvorhaben). In die Staatsplannomenklatur aufgenommene Erzeugnisse und Leistungen heißen Staatsplanpositionen.

Das Bilanzverzeichnis (Bilanzkatalog) führt die von den „bilanzierenden Organen" aufzustellenden Material-, Ausrüstungs- und Konsumgüterbilanzen und legt die Zuständigkeiten nach Bilanzpositionen und -organen fest.

e) Plankennziffern und Normen. Kennziffern sind zahlenförmige Angaben über eindeutig definierte Merkmale wirtschaftlicher Vorgänge. Sie dienen der P., Leitung und Abrechnung. Die Angabe kann in Mengeneinheiten (Natural- oder Mengenkennziffern, z. B. Stahlproduktion in Tonnen), in Werteinheiten (Wertkennziffern, z. B. Warenproduktion in Mark), in Zeiteinheiten (Zeitkennziffern, z. B. Produktionsarbeiterstunden) oder mit Hilfe von Bezugsgrößen (relative Kennziffern) erfolgen. In relativen Kennziffern werden 2 ökonomisch verbundene Größen gegenübergestellt und eine Verhältniszahl gebildet (z. B. „Technische Kennziffern" und „Technisch-ökonomische Kennziffern [TÖK] für Arbeitsproduktivität, Investitionsnutzen u. a.).

Kennziffern können in einem Bestätigungsverfahren „Normativcharakter" erhalten und für verbindlich erklärt werden. Sie sind jeweils maximal ein Jahr gültig. Im Rahmen des Fünfjahrplans 1976–1980 sollen auch längerfristig verbindliche Plankennziffern eingeführt werden. Während im NÖS bzw. ÖSS häufiger relative Kennziffern verwendet wurden, um der einseitig quantitativen Produktionsorientierung der Betriebe („Tonnenideologie") besser begegnen zu können, wurde seit 1971 erneut eine größere Anzahl von Mengen- oder Wertkennziffern zentral vorgegeben. Auch die Gesamtzahl der zentralen Plankennziffern hat sich erhöht.

Die Planmethodik für das Planjahr 1971 sah insgesamt 22 „Staatliche Plankennziffern", 10 „Staatliche Normative" und 15 „Volkswirtschaftliche Berechnungskennziffern" vor. In den Folgejahren wurden einige der zentralen Kennziffern wieder gestrichen und andere hinzugenommen – ab 1975 soll auch die Unterscheidung in Plankennziffern und Berechnungskennziffern wieder aufgehoben werden –, ihre Gesamtzahl veränderte sich jedoch nur geringfügig. Bedeutung haben vor allem die Kennziffern „Industrielle Warenproduktion", die das gesamte Produktionssoll wertmäßig festlegt, „Abgesetzte Produktion an Fertigerzeugnissen für die Bevölkerung", „Entwicklung der Arbeitsproduktivität", „Nettogewinnabführungsbetrag an den Staat" in Mark, „Produktionsauflage für wichtige Erzeugnisse in Menge bzw. in Menge und Wert je Erzeugnis". Alle Investitionen sowie der gesamte Export sind durch Kennziffern vorgegeben. Für alle „wichtigen" Erzeugnisse gelten wieder Mengenkennziffern; ebenso ist der Verbrauch der Roh-, Hilfs- und Betriebsstoffe und der Energie an eine Vielzahl von Kennziffern gebunden.

Von Bedeutung sind auch die Vorratsnormen der Materialwirtschaft. Sie legen die durchschnittliche Höhe an Materialien und Fertigerzeugnissen fest und sollen den kontinuierlichen Fertigungsprozeß sichern sowie das Entstehen von Überplanbeständen verhindern. Die Ausgestaltung eines konsistenten Kennziffernprogramms gehört zu den Grundproblemen der Planwirtschaft der DDR. Sie war in der Vergangenheit häufig Inhalt und Ausdruck wirtschaftspolitischer Veränderungen. Während in der Zeit von 1963 bis 1970 die zentrale P. durch ein indirektes monetäres Lenkungsinstrumentarium ergänzt wurde, legt die P.-Politik seit 1971 das Gewicht wieder auf die zentrale güterwirtschaftliche P.

f) Planinformation. Indem die für 1969 und 1970 gültige Regelung bei Konzentration der P. auf struktur- und wachstumspolitisch wichtige Entwicklung der Gesamtwirtschaft die Anzahl der Kennziffern beschränkte, entfiel für die zentralen Institutionen ein Teil der Informationen aus den früheren umfassenderen Planentwürfen. Um trotzdem den Informationsbedarf (z. B. der SPK und der Ministerien der Finanzen, für Wissenschaft und Technik, für Außenwirtschaft) decken zu können, wurde mit der Jahres-P. 1969 ein System von → **Planinformationen** bzw. ökonomischen Planinformationen aufgebaut. Mit der 1971 einsetzenden Rezentralisierung wurden die Planinformationen zu einer der Voraussetzungen des nunmehr auch die Produktionsdetails festlegenden zentralen P.-Systems. Die Planinformationen sollen Angaben enthalten über a) die Fertigungs-, Absatz- und Finanzsituation und b) die technischen und kaufmännischen Dispositionen und Vorhaben für das folgende Planjahr. Der volkseigenen Industrie sind bei der Ausarbeitung des Volkswirtschaftsplans 1969 167 Kennziffern für die Planinformation vorgegeben worden. Planinformationen von privaten Betrieben sollen von den Räten der Bezirke bzw. den Bezirkswirtschaftsräten berücksichtigt werden. Wenn Planentwürfe eingereicht werden, müssen auch die Planinformationen übergeben werden. Sie sind jedoch kein Gegenstand der Planverteidigung. Planinformationen sind eine der Grundlagen für die Bestimmung der staatlichen Aufgaben des folgenden Planjahres.

g) Konstante Planpreise. Sie sind Meßwerte, mit denen wirtschaftliche Kennziffern (z. B. „Industrielle Produktion", „Fondsintensivität") unbeeinflußt von der Preisentwicklung langfristig beobachtet werden sollen. Im Zusammenhang mit der Industriepreisreform lösten sie ab 1968 die „Unveränderlichen Planpreise" ab. Sie werden für alle industriellen Erzeug-

nisse gebildet. Bisher spiegelten sie unter der Bezeichnung konstante Preise den Kostenaufwand nach dem Stand vom 1. 1. 1967 wider. Beginnend mit der Ausarbeitung des Fünfjahrplans 1976–1980 und des Jahresvolkswirtschaftsplans 1976 erfolgt die P. und statistische Abrechnung der industriellen Fertigung auf der Grundlage der am 1. 1. 1975 gültigen Betriebspreise. Im Jahr 1975 soll die Produktion sowohl zu den bisherigen konstanten Preisen als auch zu den zukünftigen konstanten Planpreisen bewertet werden.

→ **Phasen der Wirtschaftspolitik seit 1963; Preise; RGW.**

Planung, Langfristige: Bezeichnung für die vorausschauende Analyse und Festlegung der Hauptrichtungen und grundlegenden Proportionen der wirtschaftlichen und sozialen Entwicklung über einen Zeitraum von 15 bis 20 Jahren. → **Planung.**

Planverteidigung: Teilvorgang im Planungsablauf, bei dem → **Planentwürfe** vor dem Leiter des jeweils übergeordneten Leitungsorgans vertreten werden. → **Planung.**

Plastindustrie: Entsprechend der DDR-Industriezweigsystematik ein Zweig der → **Chemischen Industrie**, der die Gesamtheit der Betriebe zur Herstellung von Plasten, Plasthalbzeugen und Plastfertigungserzeugnissen umfaßt. Zur P. wird auch die Herstellung von Elasten (synthetischer Kautschuk usw.), nicht jedoch die Herstellung von Chemiefasern gerechnet. Zu den Erzeugnissen der P. gehören insbesondere Polymerisationsprodukte (zum Beispiel Polyvenylchlorid) und Kondensationsprodukte (Pheno- und Amino-Plaste). Die P. wurde auf der Verwendung von Inhaltsstoffen der Braunkohle aufgebaut, da eigene Erdölvorkommen fehlen. Ausgangsstoff ist das aus Braunkohle gewonnene Kalciumkarbid. In den letzten Jahren ist aber ein bedeutender Strukturwandel im Rohstoffeinsatz von der Braunkohlen- zur Mineralölverarbeitung festzustellen.

Während die Bruttoproduktion der Chemischen Industrie von 1960 bis 1973 um nahezu das 2,64fache stieg, nahm die P. mit einer nahezu 3,7fachen Erhöhung ihrer Bruttoproduktion einen weitaus stärkeren Aufschwung. Der Anteil der P. an der Warenproduktion der Chemischen Industrie erhöhte sich von 12 v. H. 1965 auf 16 v. H. 1972. Seit 1965 hat sich die Produktion von Plasten um jährlich ca. 11 v. H. erhöht. In diesen Zahlen dokumentiert sich der bedeutende Strukturwandel innerhalb der Chemischen Industrie zugunsten der P. in den letzten Jahren.

Zwar ist die Produktion von Plasten und synthetischen Harzen von 115000 t 1960 auf 489000 t 1973 gestiegen; jedoch reicht diese Erhöhung nicht aus, um den Bedarf zu decken.

In der Erzeugung von Plasten hat die DDR gegenüber den hochentwickelten westlichen Ländern einen erheblichen Nachholbedarf. So betrug die Produktion von Plasten und synthetischen Harzen 1972 pro Kopf der Bevölkerung in der DDR 26,9 kg, in der Bundesrepublik Deutschland 89,4 kg. Um die Kunststoffproduktion zu erhöhen, bemüht sich die DDR zunehmend um Gemeinschaftsprojekte mit anderen sozialistischen Staaten. Mit der ČSSR leitete sie das größte bilaterale Integrationsvorhaben ein, das bisher im RGW-Bereich in Angriff genommen wurde. Bis 1975 soll die Kunststoffproduktion 700 000 bis 750 000 t im Jahr, d. h. eine Pro-Kopf-Produktion von etwa 42 kg, erreichen.

Plenum: Das P. umfaßt die Mitglieder von Gremien, denen kollektive Leitungsaufgaben zustehen und die ihre Kompetenzen in Versammlungen, den Plenartagungen oder -sitzungen wahrnehmen. Sie wählen zur Durchführung ihrer Aufgaben zwischen ihren Tagungen ständige Gremien als Leitungsorgane, die in der Regel für die gesamte Wahlperiode des Organs amtieren. In der → **SED** ist das wichtigste P. das ZK, das mindestens einmal in 6 Monaten zusammentreten soll und auf seinen Plenartagungen den Bericht des Politbüros entgegennimmt, Beratungen durchführt und Beschlüsse faßt. Das P. der Volkskammer umfaßt die Abgeordneten, die auf den Plenartagungen der Volkskammer Gesetze und Beschlüsse verabschieden.

Das P. des Obersten Gerichts verabschiedet dessen Beschlüsse und die für alle Gerichte verbindlichen Richtlinien.

Poliklinik: → **Gesundheitswesen**, III, 2.

Politbüro des ZK der SED: Das geltende 4. Statut der → **SED** von 1963 erwähnt das höchste Entscheidungsgremium der SED nur mit wenigen Worten. „Das Zentralkomitee wählt zur politischen Leitung der Arbeit des Zentralkomitees zwischen den Plenartagungen das Politbüro, zur Leitung der laufenden Arbeit, hauptsächlich zur Organisierung der Kontrolle der Parteibeschlüsse und zur Auswahl der Parteiarbeiter, das Sekretariat und bestätigt die Leiter der Abteilungen des Zentralkomitees." Aus diesen Bestimmungen allein ist jedoch die tatsächliche Macht- und Aufgabenfülle des P. nicht abzulesen.

Die 16. (30.) Sitzung des Parteivorstandes vom 24. 1. 1949, auf der die Einführung des Kandidatenstatus, die

Die Mitglieder des Politbüros der SED
Zusammengestellt von Fred Oldenburg

Mitglieder		Geb.-Jahr	Eintritt in Partei	Politbüro ZK		ZK-Sekretariat Funktion seit	Sonstige wichtige SED-Funktion z. Z.
				Kandidat	Mitglied		
1. Honecker, Erich	KPD	1912	1929	1950	1958 PV/ZK 1946	Erster Sekr. 1971 (Sekretär 1958)	
2. Axen, Hermann	KPD	1916	1942	1963	1970 ZK 1950	Internat. Verbind. 1966 Agitprop 50–53	
3. Ebert, Friedrich	SPD	1894	1913		1949 PV/ZK/ZS 1946		
4. Grüneberg, Gerhard	KPD	1921	1946	1959 ZK 1958[2]	1966 ZK 1958	Landwirtschaft 1958	
5. Hager, Prof. Kurt	KPD	1912	1930	1958 ZK 1950[2]	1963 ZK 1954	Ideologie, Wissenschaft, Volksbildung, Kultur 1955[1]	
6. Hoffmann, Heinz Armeegen.	KPD	1910	1930	ZK 1950[2]	Okt. 1973 ZK 1952		
7. Krolikowski, Werner	SED	1928	1946		1971 ZK 1963	Wirtschaft Okt. 1973	
8. Lamberz, Werner	SED	1929	1947	1970 ZK 1963	1971 ZK 1967	Agitation 1967	
9. Mittag, Dr. Günter	SED	1926	1946	1963 ZK 1958[2]	1966 ZK 1962		
10. Mückenberger, Erich	SPD	1910	1927	1950	1958[3] ZK 1950		Vorsitz der ZPKK 1971
11. Neumann, Alfred	KPD	1909	1929	1954	1958 ZK 1954		
12. Norden, Prof. Albert	KPD	1904	1920		1958 ZK 1955	Propaganda und Blockparteien[1] 1955	
13. Sindermann, Horst	KPD	1915	1945	1963 ZK 1958[4]	1967 ZK 1963		

Stand: Juli 1974

Ministerrat	Nat. Vert.-rat	Staatsrat	Volkskammer	Massen-organis. (FDGB/DSF)	FDJ-Hintergrund Zentralrat	Bildung
	Vorsitz 1971 (Sekr. 1960–71)	Mitglied 1971	Abg.		FDJ-Vorsitz 1946–55	Dachdecker 1955/56 PHS KPdSU
			Abg. Vors. d. Ausschusses f. Ausw. Angelegenh.		ZR-Sekretär 1946–49	Realgymn. Journalist
		Stellv. Vors. 71 Mitglied 1960	Vors. d. SED-Fraktion Stellv. d. VK.-Präsid.			Buch-drucker
			Abg.			Maurer
			Abg. Vors. d. Ausschusses f. Volksbildung			Abitur Journalist ord. Prof.
Nationale Verteidigung 1960	Mitglied		Abg.			Schlosser 1955–57 SU-Gen.stabs AK Dipl.Mil.Wi.
			Abg. Mitgl. d. Ausschusses f. Nat. Verteidigung Vors. d. Ausschusses f. Ind., Bauwesen u. Verkehr			kfm. Lehre Ange-stellter
			Abg.		ZR-Sekretär 1953–63 Vertr. d. FDJ u. Sekr. WBDJ 1955–59	Heizungs-bauer 1952/53 Koms. HS
1. Stell-vertr. d. Vors. des Ministerr. Okt. 1973			Abg.			Eisenbahner Dipl. Wirtsch. Dr. rer. oec. 1958
			Mitglied des VK.-Präsidiums	Mitgl. Präs. ZV der DSF		Schlosser
1. Stell-vertr. d. Vors. des Ministerr. 1968			Abg.			Tischler
			Abg. Mitgl. d. Ausschusses f. Ausw. Angelegenh.			Abitur Holzarb. Journalist Prof.
Vorsitz. des Mini-sterrats Okt. 1973			Abg.			Realgymn. Journalist

Mitglieder		Geb.-Jahr	Eintritt in Partei	Politbüro ZK		ZK-Sekretariat Funktion seit	Sonstige wichtige SED-Funktion z. Z.
				Kandidat	Mitglied		
14. Stoph, Willi	KPD	1914	1931		1953 ZK 1950		
15. Tisch, Harry	KPD	1927	1945	1971	1975 ZK 1963		1. Vors. des FDGB-Bundesvorst.
16. Verner, Paul	KPD	1911	1929	1958	1963 ZK 1950	Sicherheit 1971 1950–53 Westarbeit 1958	

1 Funktionen nicht mit Sicherheit zu bestimmen
2 Im Handbuch der Volkskammer 1972 nicht erwähnt
3 Handbuch der Volkskammer 1972 fälschlich: 1954
4 Handbuch der Volkskammer 1972 fälschlich: 1959; vgl. ND 17. 7. 1958, S. 3

Die Kandidaten des Politbüros der SED

Kandidaten		Geb.-Jahr	Eintritt in Partei	Politbüro ZK		ZK-Sekretariat Funktion seit	Sonstige wichtige SED-Funktion z. Z.
				Kandidat	Mitglied		
1. Felfe, Werner	KPD	1928	1945	Okt. 1973 ZK 1954	ZK 1963		1. Sekretär Bez-Ltg. Halle 1971
2. Herrmann, Joachim	SED	1928	1946	Okt. 1973 ZK 1967	ZK 1971		Chefredakteur Neues Deutschland 1971
3. Jarowinsky, Dr. Werner	KPD	1927	1945	1967	ZK 1967	Handel und Versorgung 1963	
4. Kleiber, Günther	SED	1931	1949	1967	ZK 1967		
5. Lange, Ingeborg	KPD	1927	1945	Okt. 1973 ZK 1963	ZK 1964[1]	Frauenfragen Okt. 1973	

Ministerrat	Nat. Vert.-rat	Staatsrat	Volkskammer	Massen-organis. (FDGB/DSF)	FDJ-Hintergrund Zentralrat	Bildung
		Vorsitz des SR 1973 M. 63, St. V. 64	Abg.			Maurer Bautechn.
	Mitglied		Abg. Mitgl. d. Ausschusses f. Ausw. Angelegenh.			Bauschl. 1953–55 PHS d. SED Dipl.-Ges.-wiss.
	Mitglied	Mitglied 1971	Abg. Vors. d. Ausschusses f. Nat. Verteidigung		ZR-Sekr. 1946–49	Metallarb. Journalist

Stand: Anfang 1974

Ministerrat	Nat. Vert.-rat	Staatsrat	Volkskammer	Massen-organis. (FDGB/DSF)	FDJ-Hintergrund Zentralrat	Bildung
			Abg.		2. Zentralratssekr. d. FDJ von 1954–57	Ind.-Kaufm. 1953 PHS SED 1963–65 TH Dipl.-Ing. oec.
					Mitgl. des ZR 1952–59 Sekretär d. ZR 1958/59 Chefred. d. Jungen Welt 1952–60	Mittel-schule Journalist 1955 Redakteur-Diplom
			Abg. Vors. d. Ausschusses f. Handel u. Versorg.			Ind.-Kaufm. ABF 48–51 Uni Dipl. Wirtsch. Dr. rer. oec.
Stellvertr. d. Vors. 71 Min. f. Allg. M.-Bau, Landm., Fahrzeug-bau 73			Abg.			Elektriker 50–52 ABF 1953–58 Uni., TH 1958–62 wiss. Ass. Dipl.-Ing.
			Abg. Stellv. Vors. d. Aussch. f. Arbeit u. Sozialpol.		Sekretärin des ZR d. FDJ 1952–61	Schnei-derin 1954–61 Fernstud. PHS d. SED Dipl.-Ges.-wiss.

Kandidaten	Geb.-Jahr	Eintritt in Partei	Politbüro ZK Kandidat	Politbüro ZK Mitglied	ZK-Sekretariat Funktion seit	Sonstige wichtige SED-Funktion z. Z.
6. Mielke, Erich Generaloberst	1907	KPD 1925	1971	ZK 1950		
7. Müller, Margarete	1931	SED 1951	1963	ZK 1963		
8. Naumann, Konrad	1928	KPD 1945	Okt. 1973 ZK 1963	ZK 1966		1. Sekretär der Bez.-Ltg. Berlin 1971
9. Schürer, Gerhard	1921	SED 1948	Okt. 1973	ZK 1963		
10. Dohlus, Horst (Nicht im Politbüro)	1925	KPD 1946	– ZK 1950	– ZK 1963	Parteiorgane	

1 Handbuch der Volkskammer 1972 fälschlich: 1965; vgl. Kommuniqué der 7. ZK-Tagung, ND, 16. 12. 1964

Quelle: Deutschland Archiv, 1974, Nr. 1, unter Berücksichtigung der Änderungen des 1. Halbjahrs 1975.

Wahl der Zentralen Parteikontrollkommission und eines Kleinen Sekretariats beschlossen wurde, glich durch Wahl eines P. die Führungsstruktur der SED jener der KPdSU weiter an.

Dem ersten P. gehörten an: Pieck, Grotewohl, Ulbricht, Dahlem, Lehmann, Merker, Ebert (als Mitglieder) sowie Ackermann und Steinhoff (als Kandidaten). Eine größere Bedeutung als dem P. kam wahrscheinlich damals dem Kleinen Sekretariat (Ulbricht, Dahlem, Oelßner, E. Baumann, Wessel) zu. Heute liegt die letzte Entscheidungskompetenz in allen Personal-, Organisations-, politisch-ideologischen wie Grundsatzfragen bei den Mitgliedern des P.

Das P. des VII. Parteitages von 1967 bestand aus 15 Mitgliedern und 6 Kandidaten. Zwischen dem VII. und VIII. Parteitag 1971 verstarben die Mitglieder P. Fröhlich (Leipzig) und H. Matern (ZPKK). Die Position des ZPKK-Vorsitzenden blieb zunächst unbesetzt (Besetzung erst auf dem VIII. Parteitag: E. Mückenberger). Für Fröhlich wurde Axen vom Kandidaten zum Mitglied befördert. W. Lamberz, der zur Zeit des VII. Parteitages nur einer der 10 Sekretäre war, rückte 1970 zum Kandidaten des P. auf. Damit bestand dieses Gremium vor dem letzten Parteikongreß aus 14 Mitgliedern und 6 Kandidaten. Auf seiner 1. Tagung nach dem VIII. Parteitag wählte das ZK ein neues P. Alle bisherigen Mitglieder wurden wiedergewählt. Lamberz wurde zum Vollmitglied des P. gewählt. Krolikowski (Dresden) wurde Mitglied, ohne zuvor Kandidat des P. gewesen zu sein. Zu neuen Kandidaten wurden H. Tisch (Rostock) und der Staatssicherheitsminister E. Mielke gewählt. Mit Ausnahme von H. Dohlus waren alle Sekretäre auch im P. vertreten. Durch Tod verlor das P. am 1. 8. 1973 den langjährigen Ersten Sekretär, W. Ulbricht. Seine Parteifunktionen waren bereits im Mai 1971 an E. Honecker übergegangen.

Die einschneidendsten Veränderungen nahm das 10. Plenum (Oktober 1973) vor. W. Halbritter (Mitschöpfer des NÖSPL) gab seinen Kandidatensitz auf. Zum neuen Vollmitglied wurde Verteidigungsminister H. Hoffmann, zu neuen Kandidaten wurden mit Honecker seit langem verbundene Funktionäre gewählt: W. Felfe (SED-Bezirksleitung Halle), J. Herrmann (Neues Deutschland), I. Lange (neue Sekretärin für Frauenfragen), K. Naumann (SED-Bezirksleitung Berlin [Ost] sowie G. Schürer (Staatl. Plankommission). P.-Mitglied Stoph trat an die Stelle Ulbrichts als Vorsitzender des Staatsrates. Dafür wurde der 1. Stellvertreter des bisherigen Ministerratsvorsitzenden, P.-Mitglied Sindermann, Vorsitzender des Ministerrates. Der bisherige Wirtschaftssekretär des ZK. G. Mittag wurde 1. Stellvertretender Vorsitzender des Ministerrates. Sein Amt als Sekretär des ZK übernahm nach dem 10. Plenum W. Krolikowski. I. Lange wurde Sekretär des ZK, Dohlus stieg vom Sekretariatsmitglied zum Sekretär auf.

Ministerrat	Nat. Vert.-rat	Staatsrat	Volkskammer	Massen-organis. (FDGB/ DSF)	FDJ-Hintergrund Zentralrat	Bildung
Staats-sicherheit 1957	Mitglied		Abg.			Arbeiter Expedient
		Mitglied 1971	Abg.			Traktorist 1953–58 St. in Leningr. Dipl. Agr.
			Berliner Vertr. i. d. Volksk. seit 1967		Mitgl. d. ZR 1952–67 Sekretär 1957–64 (2. Sekr.)	Landarb. 1951/52 Koms. HS Dipl.-Lehr. f. ML
Stellvertr. des Vors. 1967 Vors. der Staatl. Plank. 1965	Mitglied		Abg.			Masch.-Schlosser 1955–58 PHS KPdSU Dipl.-Ges.-wiss.
			Abg.			Friseur 1954/55 PHS KPdSU

Seit dem VIII. Parteitag und den folgenden personal-politischen Veränderungen (10. und 14. Plenum) hat das P. gegenwärtig 16 Mitglieder (Mitte 1975): Honek-ker, Axen, Ebert, Grüneberg, Hager, Hoffmann, Kroli-kowski, Lamberz, Mittag, Mückenberger, Neumann, Norden, Sindermann, Stoph, Tisch, Verner. Nichtstimmberechtigt sind im P. 9 Kandidaten: Felfe, Herrmann, Jarowinsky, Kleiber, Lange, Mielke, Müller, Naumann, Schürer.

Das Durchschnittsalter der Mitglieder des Politbüros

	1967	1971	1974
Mitglieder	57	59	61
Kandidaten	40	45	49

Das Durchschnittsalter aller ZK-Mitglieder lag 1974 bei 56 Jahren.

Vor dem 10. Plenum war eine einzige Frau, die LPG-Vorsitzende M. Müller, Kandidatin des ZK. Mit der ein-flußreicheren Abteilungsleiterin im ZK-Apparat Inge-borg Lange sind es nunmehr 2, die (allerdings als Kandi-daten nicht stimmberechtigt) dem P. angehören.

Dem P. gehören sowohl Mitglieder mit umfassender Zu-ständigkeit als auch Spezialisten für verschiedene Fach-gebiete und (als Kandidaten) Funktionäre an, deren Zu-ständigkeit nur schwer festzustellen ist. Die einzelnen P.-Mitglieder sind in der Regel für bestimmte Sachge-biete, d. h. z. B. für einzelne geographische Regionen

(Westeuropa, Afrika etc.), für den Kontakt zu ausländi-schen kommunistischen Parteien oder für besondere au-ßenpolitische Aktivitäten zuständig.

Von den Mitgliedern haben 3 eine Hochschulbildung (Dr. rer. oec. G. Mittag, der Verteidigungsminister, Diplom-Militärwissenschaftler H. Hoffmann und der Dipl. Ges. Wiss. Tisch). Alle Kandidaten (mit Ausnah-me des Staatssicherheitsministers E. Mielke) haben eine Hoch- oder Fachschule besucht oder anderweitig einen Diplomabschluß erworben. Die einflußreichsten Partei-funktionäre und damit die obersten Machtträger sind jene, die sowohl stimmberechtigt im P. sitzen als auch als ZK-Sekretäre die tägliche Organisations- und Kaderar-beit der Partei leiten: Honecker, Axen, Hager, Lam-berz, Verner, Norden, Krolikowski und Grüneberg. Zu dieser Gruppe wird man auch den Vorsitzenden des DDR-Ministerrates, Sindermann, rechnen müssen.

Honecker nimmt zwar weder im Partei- und Staatsappa-rat die herausgehobene Stellung des früheren Ersten Se-kretärs (W. Ulbricht) ein, noch besitzt er möglicherweise dessen Autorität und vor allem die in den letzten Jahren vor seiner Ablösung 1971 gewonnene Machtfülle, doch hat er durch behutsame Personalpolitik seine Position im P. konsequent ausgebaut.

Das P. der SED tagt in der Regel einmal in der Woche (Dienstag). Alle grundsätzlichen politischen und wichti-ge personelle Entscheidungen werden auf diesen Sitzun-gen getroffen, nachdem sie von den Apparaten vorbereitet wurden. Die Leitung der Sitzung liegt bei E. Honecker. Die Tagesordnung ist stets umfangreich. Die Sitzungen des P. werden vom Büro des P. (Leiter: Gisela Glende) vorbereitet, das vor allem mit technischen Aufgaben betraut ist. Das Wort ergreifen können nur der Erste Sekretär, die Mitglieder und Kandidaten des P., die ZK-Sekretäre, der Vorsitzende des Ministerrates, die Leiter der vom P. eingesetzten Arbeitsgruppen sowie gelegentlich geladene Experten. Die Sitzungen sind nicht öffentlich.

Beim P. existieren mehrere Kommissionen, z. B.: Kommission für nationale Sicherheit, Ltr.: P. Verner; Kommission für Agitation, Ltr.: W. Lamberz, Sekr.: E. Heinrich.

Das P. informiert die Mitglieder und Kandidaten des ZK über wichtige Probleme seiner Leitungtätigkeit, wobei es Umfang und Zeitpunkt dieser Information, soweit erkennbar, selbst bestimmt. Auf den Tagungen des ZK, die mindestens einmal alle sechs Monate stattfinden sollen, erstattet ein Mitglied oder Kandidat des P. einen Rechenschaftsbericht über die geleistete Arbeit, die Auslandskontakte, über die verabschiedeten Beschlüsse, über die Haltung des P. zu Fragen der Innen- und Außenpolitik, zur Strategie und Taktik der Partei, zu theoretischen Fragen, zu Problemen von Agitation und Propaganda usw. Dieser Bericht wird diskutiert und vom ZK bestätigt.

Polithauptverwaltung der NVA: → **Nationale Volksarmee.**

Politische Ökonomie

Funktion und Stellung im Marxismus-Leninismus – Geschichte – Verhältnis zur klassischen PÖ. – PÖ. des Kapitalismus – PÖ. des Sozialismus

Die PÖ. im weiteren Sinne ist die „Wissenschaft von den Bedingungen und Formen, unter denen die verschiedenen menschlichen Gesellschaften produziert und ausgetauscht und unter denen sich demgemäß jedesmal die Produkte verteilt haben" (Marx/Engels Werke, Bd. 20, Berlin [Ost] 1962, S. 139), sie untersucht also die → **Produktionsverhältnisse** und wirtschaftlichen Gesetzmäßigkeiten aller ökonomischen Gesellschaftsformationen von der Urgemeinschaft bis zum Kommunismus, sie bezeichnet in ihrem engeren Sinne die Wissenschaft von den Gesetzmäßigkeiten in einer bestimmten Gesellschaftsformation.

I. Funktion und Stellung im Marxismus-Leninismus

Die PÖ. als „wissenschaftliche Theorie der Arbeiterklasse" wurde von Marx und Engels auf der Grundlage der Kritik der klassischen bürgerlichen PÖ. entwickelt und von Lenin im historischen Entwicklungsprozeß ausgeformt und weiterentwickelt. Sie gilt heute in ihrer engen Verflechtung und Durchdringung mit dem dialektischen und historischen Materialismus und zusammen mit dem wissenschaftlichen Kommunismus als einer der drei Bestandteile des → **Marxismus-Leninismus,** die die ideologische Basis der Politik der kommunistischen und Arbeiterparteien bilden. Sie versteht sich als historische wie als Gesellschaftswissenschaft und untersucht so die Produktionsverhältnisse in ihrer geschichtlichen Entwicklung und will die Entstehung, Entwicklung und Ablösung der gesellschaftlichen Produktionsformen durch neue, fortschrittlichere zeigen. Die innere Struktur und Bewegungsgesetze einer Gesellschaftsformation erforschend, betrachtet sie den Zusammenhang von Produktivkräften und Produktionsverhältnissen, von Produktionsweise und gesellschaftlichem Überbau sowie deren jeweilige Durchdringung und Wechselwirkung. Am Ende der Untersuchung werden allgemeine, für alle oder mehrere bzw. für bestimmte Gesellschaftsformationen geltende Gesetzmäßigkeiten formuliert, um aus ihnen dann Erfordernisse und Konsequenzen für das Handeln der Arbeiterklasse und der mit ihr verbündeten Klassen und Schichten zur Erfüllung ihrer historischen Aufgabe abzuleiten. In diesem Sinne ist sie parteilich und trägt, da sie ihre Analysen vom Standpunkt der Arbeiterklasse aus formuliert, Klassencharakter.

„Alle Wissenschaft wäre überflüssig, wenn die Erscheinungsform und das Wesen der Dinge unmittelbar zusammenfielen" (Marx/Engels Werke, Bd. 25, S. 825). Ausgehend von den äußeren Erscheinungsformen sucht die marxistische PÖ. das „Wesen" der Verhältnisse und die Gesetzmäßigkeiten der gesellschaftlichen Beziehungen zu erkennen. Ihre Methode ist die des dialektischen und des historischen Materialismus, der dialektisch-logischen Analyse, der Abstraktion und Konkretion, des Aufsteigens vom Einfachen zum Komplizierten, der Verallgemeinerung und ihrer Gegenüberstellung mit dem historischen Entwicklungsprozeß. Damit soll die Verallgemeinerung die reale Bewegung der inneren Widersprüchlichkeit gesellschaftlicher Prozesse abbilden; die verwendeten polit-ökonomischen Kategorien haben die quantitativen und qualitativen Änderungen und den treibenden Grund der realen Bewegung zu erfassen; als theoretische Ausdrücke der historisch bestimmten Produktionsverhältnisse sind sie in ihrem Gehalt ebenfalls historische und damit vergängliche Produkte.

Die marxistische PÖ. bedient sich dabei nahezu aller Gesellschaftswissenschaften als Hilfswissenschaften, besonders spezieller Disziplinen der Ökonomie wie Industrieökonomik, Arbeitsökonomik, Agrarökonomik u. a. m., sowie aber auch der Mathematik und Kybernetik (mathematische Methoden der Bilanzrechnung – Einsatz-Ausstoß-Analyse – von W. Leontiew).

II. Geschichte

Sie ist zu unterscheiden von der Geschichte des ökonomischen Denkens ohne systematische Form, beginnt mit dem Zerfall der Urgemeinschaft und erlebte in der Sklavenhaltergesellschaft ihren ersten Aufschwung (Aristoteles). Die eigentliche Geschichte der PÖ. beginnt mit der systematischen Analyse des Kapitalismus. Sie hat zum Gegenstand das ökonomische theoretische Denken und seine Entwicklung seither. Sie vollzieht sich im marxistisch-leninistischen Selbstverständnis in Abhängigkeit von der Entwicklung der jeweiligen Produktionsweise, ist Ausdruck der materiellen Interessen bestimmter Gesellschaftsklassen und somit auch Bestandteil des ideologischen Klassenkampfes. Im Gegensatz zur bürgerlichen Geschichtsschreibung, die die Entwicklung der PÖ. als ständige Weiterentwicklung ökonomischer Ideen darstellt, behandelt die marxistische Theoriengeschichtsschreibung die Geschichte der PÖ. als Teil der materiellen und ideologischen Entwicklung der Gesellschaft.

Der Aufschwung der Waren- und Geldwirtschaft, die Ausdehnung des Handels und später die Anfänge der kapitalistischen Industrieproduktion weckten das Interesse an der Untersuchung und Formulierung aller in der Volkswirtschaft wirkenden Gesetzmäßigkeiten. Als eigentlicher Beginn der Nationalökonomie gilt die klassische PÖ., die sich hauptsächlich in England zugleich mit der Entwicklung der kapitalistischen Produktion entfaltete und ihre wichtigsten Vertreter in Adam Smith und David Ricardo hatte. Ihre Theorien waren eng mit dem Kampf des industriellen Bürgertums gegen die feudalen Verhältnisse und die Einschränkung der wirtschaftlichen Freiheit verbunden. Da mit seinem politischen Sieg das Bürgertum an einer Stabilisierung der sozialen Verhältnisse interessiert war und sich einer allmählich erstarkenden Arbeiterbewegung gegenüber fand (Chartisten in England), es die kapitalistischen Produktionsverhältnisse als „ewige Naturform gesellschaftlicher Produktion" (Marx) ansah, geriet seine Theorie zur Rechtfertigungsideologie („Vulgärökonomie"). Auf der Grundlage des Forschungsstandes der klassischen PÖ., in der Tradition der bürgerlichen Philosophie, unter dem moralisch-politischen Anspruch utopischer Sozialisten in England und Frankreich und der sich entwickelnden Arbeiterbewegung schrieben Marx und Engels ihre Kritik der PÖ., die im „Kapital" (1. Bd. 1867) ihre systematische Darstellung fand.

Seit Marx und Engels entwickelte sich die PÖ. in zwei gesonderten Strömungen, der (marxistischen) PÖ. der Arbeiterbewegung und der bürgerlichen Ökonomie.

Der Eintritt des Kapitalismus in die „monopolistisch-imperialistische" Entwicklungsphase um die Jahrhundertwende brachte neue Erscheinungen hervor (Monopolbildung, Aufgabe der freien Konkurrenz, Konflikte der Kolonialpolitik, Strukturkrisen, Ansteigen der Reallöhne u. a. m.), die die innermarxistische Diskussion belebten: Eindringen revisionistischer Strömungen in die Arbeiterbewegung, die die Marxsche These von der Verschärfung der inneren Widersprüche des Kapitalismus in Frage stellte (Bernstein, David, Tugan-Baranowski); Diskussion über die Frage des Einflusses des Kapitalismus auf Rußland; Diskussion über Entwicklungstendenzen der Landwirtschaft im Kapitalismus. Ein zentrales Problem in der theoretischen Diskussion war die politische und wissenschaftliche Erklärung des → **Imperialismus** (Hilferdings „Finanzkapital" 1910; R. Luxemburgs „Die Akkumulation des Kapitals" 1913; Lenins „Imperialismus als höchstes Stadium des Kapitalismus" 1916). Vor allem die Schriften Lenins über den Imperialismus wurden in der Sicht der Marxisten-Leninisten zum Fundament einer neuen Strategie der Arbeiterbewegung, da nach ihm die Ungleichmäßigkeit der Entwicklung der kapitalistischen Länder zur Instabilität führe und die Möglichkeit des revolutionären Umsturzes in nur einem Land geschaffen werde. Zugleich ziehe der Imperialismus den Aufschwung nationaler Befreiungsbewegungen nach sich, die zum Bundesgenossen der internationalen Arbeiterbewegung würden. Die bürgerliche Theorie nahm eine andere Entwicklung. Sie spaltete sich in eine „subjektivistische" und eine historische Richtung. Die Subjektivisten entwickelten zum einen die Lehre von der Verfügung der Güter nach ihrem Grenznutzen, den das einzelne Gut für den jeweiligen Konsumenten habe und der somit auf dem Markt den Wert bestimme (Wieser, Böhm-Bawerk), zum andern entwickelte sie die Theorie von der Grenzproduktivität der Produktionsfaktoren, nach der die Eigentümer verschiedener Produktionsfaktoren so viel erhalten, wie die von ihnen gestellten Faktoren zum Wert des Sozialprodukts beigetragen haben (J. B. Clark). Beide Theorien berücksichtigen nach marxistisch-leninistischer Sicht den geschichtlich-gesellschaftlichen Charakter der kapitalistischen Produktion nicht; sie dienten lediglich zur Rechtfertigung der kapitalistischen Distributionsverhältnisse.

Die historische Schule entstand als Kritik der klassischen bürgerlichen Ökonomie und grenzte sich gegen die historisch-materialistische Theorie ab; sie bestritt die Existenz ökonomischer Gesetze überhaupt (Roscher) und beschränkte sich immer mehr auf die Wirtschaftsgeschichtsschreibung (Schmoller). Aus dieser Schule gingen die Werke von W. Sombart („Der moderne Kapitalismus" 1902) und Max Weber („Die protestantische Ethik und der Geist des Kapitalismus" 1904/05) über die Entstehung und Entwicklung des Kapitalismus hervor. Sie gingen in Auseinandersetzung mit Marxschen Vorstellungen ebenfalls von der historischen Bedingtheit des Kapitalismus aus, fanden aber die Erklärung für die Entstehung und Entwicklung des Kapitalismus im „kapitalistischen Geist" (Sombart) und in der calvinistisch geprägten protestantischen Ethik (Weber). Unter dem Einfluß von Marx stand auch J. A. Schumpeter, der den Ursprung der Dynamik der kapitalistischen Wirtschaft im Streben der Unternehmer nach technischem Fortschritt im Produktionsprozeß sah, diese Ursache aber im Unterschied zu Marx nicht als objektive Notwendigkeit des kapitalistischen Produktionsprozesses erklärte, sondern der schöpferischen und risikofreudigen Einstellung der Unternehmer zuschrieb.

Die Errichtung des sowjetischen Staates als Ergebnis der Oktoberrevolution 1917 und die Entwicklung des Kapitalismus nach dem I. Weltkrieg schufen neue Bedingungen für die Weiterentwicklung der PÖ. Die entstehenden sozialistischen Produktionsverhältnisse verlangten nach einer PÖ. des Sozialismus, die allerdings ihre eigene „konkret-materielle Grundlage" erst schaffen mußte. Da sich die Erfahrungen und die Gesetze des sozialistischen Wirtschaftens erst allmählich herausbildeten, kam es auch erst langsam zu theoretischen Schlußfolgerungen. Zentrale Probleme der Diskussion waren der sozialistische Umbau der Landwirtschaft, die Bedeutung des Ware-Geld-Verhältnisses und die Wirtschaftsrechnung im Sozialismus. Im Zuge der Vorbereitungen für den ersten Fünfjahrplan in der UdSSR (1928–1932) wurden die Grundlagen der Prinzipien der Wirtschaftsplanung herausgearbeitet. Das von Stalin in den 30er Jahren geschaffene System der wirtschaftlichen und politischen Leitung ließ kaum Untersuchungen über das Wirken objektiver ökonomischer Gesetze zu. Als Beleg dafür kann die 1952 veröffentlichte Arbeit Stalins „Ökonomische Probleme des Sozialismus in der UdSSR" gelten. Sie eröffnete allerdings zugleich mit dem Hinweis auf das Wirken ökonomischer Gesetze sowie auf die Existenz von Widersprüchen zwischen den Produktionsverhältnissen und den Produktivkräften im Sozialismus den Weg zu wissenschaftlichen Analysen, wie die Belebung in der PÖ. des Sozialismus nach 1956 zeigt. Bei ihrer Ausarbeitung befaßte man sich zunächst vor allem mit Problemen der Herausbildung sozialistischer Eigentumsverhältnisse.

Die Errichtung einer sozialistischen Wirtschaft seit 1917 und vor allem eines ganzen Systems von Staaten mit sozialistischer Gesellschaftsordnung als Ergebnis des II. Weltkrieges schuf eine neue Lage für die Staaten mit kapitalistischer Wirtschaftsordnung und auch für die Entwicklung der bürgerlichen Ökonomie. Es war nun nicht mehr das einzige System der Weltwirtschaft und zur Koexistenz mit einem rivalisierenden sozialistischen System und somit zu einer kritischen Analyse des eigenen Systems gezwungen, die über Rechtfertigungstheorie hinausgehen mußte. Unmittelbarer Anlaß waren die Weltwirtschaftskrise 1929–1933 und die darauf folgende Depression bis zum Ausbruch des II. Weltkrieges. In dieser Situation entwarf J. M. Keynes seine „Neue Ökonomie". Ausgehend von der Feststellung, daß die reife kapitalistische Wirtschaft nicht imstande ist, die gesamte vorhandene Arbeitskraft zu beschäftigen, forderte er die aktive Intervention des Staates, um private Investitionen anzuregen, eine Hebung des Beschäftigungsgrades zu erreichen und die Konsumtätigkeit durch gesellschaftliche Umverteilung der Einkommen zugunsten der unteren Schichten zu steigern. Gleichzeitig intensivierte sich auch die sozialistische Kritik an der kapitalistischen Gesellschaftsordnung sowohl aus der UdSSR (Eugen Varga) wie auch in kapitalistischen Ländern (Bauer, Sweezy, Dobb, Kalecki, Lange). Auch die bürgerliche Ökonomie selbst wandte sich nun im Zusammenhang mit Problemen der Planung der Wirtschaft, die sich konsequenterweise aus den Keynesschen Forderungen ergaben, nach dem II. Weltkrieg die relativ enge Analyse der Markterscheinungen verlassend, den grundlegenden Konzepten der klassischen bürgerlichen PÖ. zu und begann, die Prozesse der Akkumulation und Reproduktion zu untersuchen (Joan Robinson und P. Sraffa). Die marxistische Analyse des „Monopolkapitalismus" wurde ebenfalls nach dem II. Weltkrieg fortgesetzt, wobei sie sich einerseits mit der vermeintlichen Unfähigkeit des Kapitalismus zur Industrialisierung schwach entwickelter Länder befaßte (Baran), andererseits die Wandlungen in der wirtschaftlichen und sozialen Struktur der kapitalistischen Länder untersuchte. Aus dem Versuch, eine systematische Theorie der grundlegenden ökonomischen Gesetze des Monopolkapitalismus zu formulieren, ist die Doktrin vom staatsmonopolistischen Kapitalismus entwickelt worden.

Neue Probleme ergeben sich für die PÖ. beider Gesellschaftssysteme aus der Koexistenz von Sozialismus und Kapitalismus, wobei sich sowohl für die wirtschaftspolitische Ebene als auch für die inhaltlich-methodische Ebene der Theorien wechselseitige Einwirkungen konstatieren lassen. Die marxistische PÖ. wendet sich in diesem Zusammenhang entschieden gegen konvergenztheoretische Vorstellungen.

III. Verhältnis zur klassischen bürgerlichen Politischen Ökonomie

Die klassische bürgerliche PÖ. entstand in der Zeit von etwa 1650 bis zum Anfang des 19. Jahrhunderts in den damals am weitesten industrialisierten Ländern England und Frankreich und hatte in A. Smith und D. Ricardo ihre bekanntesten Vertreter. Ihr historisches Verdienst war es, wesentliche Zusammenhänge der bürgerlichen Produktion aufgedeckt und somit dazu beigetragen zu haben, die entwickelten Produktivkräfte aus den Fesseln der feudalen Eigentums- oder Produktionsverhältnisse befreit zu haben. Von besonderer Bedeutung war die Entwicklung der Arbeitswerttheorie durch die klassische bürgerliche PÖ., wodurch sie den Mehrwert in Form von Profit, Zins und Grundrente als Abzug vom Produkt der Arbeit erklären konnte und damit faktisch die kapitalistische Ausbeutung aufdeckte. Allerdings fand sie – nach Marx – nicht den „Springpunkt, um den sich das Verständnis der Politischen Ökonomie dreht" (Marx/Engels Werke, Band 23, S. 56), und den er als erster nachgewiesen zu haben glaubt, nämlich den Doppelcharakter der Arbeit, konkretnützlich und abstrakt-gesellschaftlich zu sein (→ **Wert- und Mehrwerttheorie**). Aus diesem Mangel würden sich auch letztlich alle anderen Unzulänglichkeiten ihrer Theorie erklären. Trotzdem brachten die Klassiker des Marxismus-Leninismus der klassischen bürgerlichen PÖ. große Wertschätzung entgegen und hoben sie positiv von der ihr folgenden „Vulgärökonomie" ab.

IV. Politische Ökonomie des Kapitalismus (Kritik der Politischen Ökonomie)

PÖ. des Kapitalismus ist die Bezeichnung für den Teil der marxistischen ökonomischen Theorie, der die kapitalistische Produktionsweise zum Untersuchungsgegenstand hat. Sie will die Bewegungsgesetze der kapitalistischen → **Produktionsweise** in ihrer Widersprüchlichkeit aufzeigen, ihre historische Begrenztheit nachweisen und die → **Arbeiterklasse** als die gesellschaftliche Kraft hervorheben, die berufen ist, die Ablösung des Kapitals zu vollziehen.
Das dreibändige Hauptwerk von K. Marx, „Das Kapital", ist als Kritik der bürgerlichen PÖ. konzipiert. Es will, vom inneren Zusammenhang der kapitalistischen Produktion ausgehend, über den Zirkulationsprozeß dem Verhältnis von Lohnarbeit und Kapital bis an die Oberfläche der bürgerlichen Gesellschaft folgen, um zum einen das innere Band dieses Verhältnisses aufzudecken und um zum andern die Formen aufzuzeigen, in denen es an der Oberfläche erscheint. Es will zeigen, wie die ökonomischen Kategorien die dahinterstehenden gesellschaftlichen Beziehungen verschleiern und wie der Produktionsprozeß des Kapitals diese gesellschaftlichen Beziehungen der Abhängigkeit, der Ausbeutung, des Zwangs ständig produziert und reproduziert, zugleich aber auch, da er widersprüchlich und krisenhaft sei, die Bedingungen seiner Aufhebung schaffe. Da Marx den Kapitalismus der freien Konkurrenz analysierte und versuchte, seine Bewegungsgesetze darzustellen, mußte mit der Weiterentwicklung des Kapitalismus auch die Wissenschaft über ihn weiterentwickelt werden.
Auf der Grundlage des Marxschen Gesetzes von der Konzentration und Zentralisation des Kapitals konstatierte Lenin das Umschlagen der Konkurrenz in das Monopol. Der Monopolkapitalismus ist nach Lenin vor allem gekennzeichnet durch die Verschrän-

kung von Banken und industriellem Kapital zum Finanzkapital und soll das letzte und höchste Stadium des Kapitalismus vor dem Übergang in den Kommunismus sein. Als seine letzte, heute erreichte Stufe gilt der staatsmonopolistische Kapitalismus (Stamokap) (ein Begriff, den Lenin schon 1917 verwendet, der dann aus der marxistischen Diskussion verschwindet und erst wieder seit 1955 gebraucht wird). Er ist dadurch gekennzeichnet, daß der Staat die Verwertungsbedingungen des Kapitals und den gesamten Reproduktionsprozeß der Gesellschaft sichern muß. Eine unter Marxisten allgemein akzeptierte Theorie des staatsmonopolistischen Kapitalismus konnte bisher nicht entwickelt werden; eine Erklärung für den Rückgriff auf diese Kategorie und ihren zentralen Stellenwert in der theoretischen Auseinandersetzung seit Mitte der 50er Jahre ist nicht geführt worden. Nach wie vor wird gleichzeitig an der Zusammenbruchstheorie festgehalten.

V. Politische Ökonomie des Sozialismus

Unter PÖ. des Sozialismus wird die Wissenschaft von den ökonomischen Gesetzen und der Planung, rationellen Organisation und Leitung der Produktion und des Austausches in der auf dem sozialistischen → **Eigentum** an → **Produktionsmitteln** und der politischen Herrschaft der Arbeiterklasse beruhenden sozialistischen Gesellschaft verstanden. Sie befaßt sich mit der Entstehung und Entwicklung der sozialistischen Produktionsweise und gilt als theoretische Grundlage, auf der die gesellschaftliche Reproduktion planmäßig, rationell und effektiv durchgeführt werden soll. Zu diesem Zweck erforscht sie die Wirkungsweise der „objektiven ökonomischen Gesetze" der sozialistischen Produktionsweise und die Grundformen der gesellschaftlichen Organisation der Produktion und der erweiterten sozialistischen Reproduktion sowie die gesellschaftlichen und persönlichen Interessen der sozialistischen Produzenten. Als einer der Hauptbestandteile des Marxismus-Leninismus hat sie politische und ideologische Funktionen (handlungsanleitend und bewußtseinsbildend). Als ökonomische Theorie hat sie die Wechselbeziehungen zwischen Produktivkräften, Produktionsverhältnissen und politisch-ideologischem Überbau zu erforschen (z. B. Rückwirkung der staatlichen Wirtschaftspolitik auf die Dynamik der Produktivkräfte), und in diesem Sinne hat sie perspektivischen Charakter.
Mit der Entstehung des sozialistischen Staatensystems gehört die Analyse der ökonomischen Beziehungen zwischen den sozialistischen Ländern und den dabei wirkenden ökonomischen Gesetzen zu ihrem Untersuchungsbereich. Mit der Entwicklung der sozialistischen Gesellschaft wachsen die Anforderungen an die PÖ. des Sozialismus als Theorie der Vervollkommnung der sozialistischen Produktionsweise. So wurde sie im Zuge der Wirtschaftsrefor-

men bei der Ausarbeitung und Gestaltung des NÖS und ÖSS mit neuen Problemen der Prognostik, der Perspektivplanung, der wirtschaftlichen Rechnungsführung und der Wissenschaftlich-technischen Revolution konfrontiert.

Mit der Entwicklung der PÖ. des Sozialismus eng verbunden entstanden neue → **Wirtschaftswissenschaften** wie die Industrieökonomik, → **Agrarökonomie,** → **Arbeitsökonomik** u. a. m. Diese Zweigwissenschaften und die Einbeziehung von → **Mathematik** und → **Kybernetik** sollen eine wirkungsvollere perspektivische Planung und Leitung der sozialistischen Wirtschaft ermöglichen und unter Ausnutzung der vermeintlichen Vorzüge der sozialistischen Ordnung (demokratischer Zentralismus) eine allseitige Überlegenheit gegenüber dem Kapitalismus sichern.

Nach der Oktoberrevolution 1917 wurde einer PÖ. des Sozialismus die Existenzberechtigung überhaupt bestritten, die Möglichkeit einer ökonomischen Wissenschaft im Sozialismus verneint (Bucharin). Die sozialistische Revolution sollte das Ende der PÖ. als Wissenschaft bedeuten (R. Luxemburg), da im Sozialismus nur noch technische und praxisbedingte Probleme auftauchen würden, die durch planmäßige Gestaltung der Produktion zu lösen seien. Doch da – so wurde dem entgegengehalten – die Ablösung des Kapitalismus nicht gleichbedeutend sei mit der Beseitigung aller Widersprüche und solange noch Entscheidungen über verschiedene Ziele und Mittel (Ressourcen, Programme) zu fällen seien, könnten politische Komponenten nicht ausgeschlossen werden. So bedürfe der Sozialismus einer eigenen PÖ., welche die Bewegungsgesetze der Gesellschaft erfaßt, ihre Widersprüche aufdeckt und ein Konzept der Überwindung dieser Widersprüche formuliert.

Die PÖ. des Sozialismus stand damit vor einem Dilemma: Sie konnte sich nicht, ähnlich wie die klassische bürgerliche PÖ., allmählich entwickeln, sondern sollte vom Zeitpunkt der Gründung der UdSSR parallel zur Schaffung ihrer materiellen Grundlagen zugleich erste wissenschaftliche Ergebnisse vorweisen; sie war damit zunächst eine Wissenschaft ohne Geschichte; es fehlte an entfalteten Analysen des Funktionsmechanismus und an systematisierenden Erkenntnissen. Auch die Äußerungen von Marx und Engels zu Funktionsprinzipien einer sozialistischen Wirtschaft waren zurückhaltend, weil sie sich über den Mangel an Prämissen für eine wissenschaftliche Begründung konkreter Formen klar waren. Daher sind diese Äußerungen immer allgemeiner Natur und unter zweierlei Umständen entstanden: 1. im Zusammenhang mit der Analyse der Bewegungsgesetze des Kapitalismus und mit dem Zweck, dessen historischen Charakter hervorzuheben; 2. im Zusammenhang mit den praktischen Bedürfnissen des ideologischen Klassenkampfes, vor allem um ihrer

Meinung nach falschen Programmthesen entgegenzutreten (Kritik des Gothaer Programms und III. Teil des Anti-Dühring).

Dennoch lassen sich mit aller Vorsicht aus ihren Formulierungen der allgemeine Rahmen der Funktionsprinzipien der sozialistischen Wirtschaft herauslesen und die wichtigsten Merkmale benennen: direkte, ex ante Regulierung der gesellschaftlichen Arbeitsteilung; direkte Bestimmung der individuell aufgewendeten lebendigen und vergegenständlichten Arbeit; notwendige Bilanzierung des Reproduktionsprozesses in stofflichen Größen; Verteilung des erzeugten Sozialproduktes unter dem Gesichtspunkt der Befriedigung der allgemeinen Bedürfnisse, wobei der Arbeitsaufwand das Kriterium für die Zuteilung des individuellen Konsumfonds ergibt; Konzentration des Akkumulationsfonds und der Entscheidung der Verwendung in den Händen der ganzen Gesellschaft.

Die Anwendung der Naturalrechnung in stofflichen Einheiten galt von Beginn an als einzig adäquate Form der Verteilung im Sozialismus, und die Bemühungen der Theoretiker liefen durchweg darauf hinaus, zu begründen, warum es noch nicht möglich sei, das System der Naturalverteilungswirtschaft zu verwirklichen.

Nach der Oktoberrevolution hatte Lenin sich für die Notwendigkeit und für die Erhaltung der Ware-Geld-Beziehungen in der ersten Periode der Machtübernahme ausgesprochen. Doch der Ausbruch des Bürgerkrieges und die Einführung des Kriegskommunismus vereitelten die Verwirklichung der Reform der Geldzirkulation. Die Periode des Kriegskommunismus (1919–1921) begann mit der Einführung der entschädigungslosen Ablieferungspflicht von Getreide- und Futtermitteln an den Staat. Sie stellte der PÖ. die Aufgabe, eine Methode der volkswirtschaftlichen Erfassung für die Ökonomik der geldlosen sozialistischen Wirtschaft auszuarbeiten. Obgleich Lenin erkannte, daß der Kriegskommunismus keine normale Entwicklungsetappe war, sah er in ihm die Möglichkeit zu einem direkten Übergang zum Naturalverteilungssystem. Die reale geschichtliche Entwicklung hatte die Unhaltbarkeit des Vorgehens gezeigt, man mußte zu Ware-Geld-Formen zurückkehren (→ **Geld im Sozialismus**).

Die Neue Ökonomische Politik (seit März 1921) stellt eine Konzeption dar, die die Nutzung der Ware-Geld-Beziehungen durch den sozialistischen Staat in der Übergangsperiode zeigte. Sie beruhte auf der Einsicht, daß die Ware-Geld-Formen sich nicht auf die Beziehungen zwischen Stadt und Land beschränken dürfen, sondern auch auf den staatlichen Sektor ausgedehnt werden müssen, um die Rentabilität zum Kriterium des Nutzeffekts der staatlichen Industrie zu machen. Dies verlieh dieser zwar größere Selbständigkeit, bedeutete aber nicht eine Ablehnung des zentralen Planes, insbesondere dann nicht, wenn die grundsätzlichen Entscheidungen bei den staatlichen Organen lagen und die Möglichkeit fortbestand, in die Tätigkeit der Betriebe in gesamtgesellschaftlich begründeten Fällen einzugreifen. Auf eine Formel gebracht, hieß das, „daß die Neue Ökonomische Politik den einheitlichen staatlichen Wirtschaftsplan nicht ändert und seinen Rahmen nicht überschreitet, sondern die Art und Weise ändert, wie seine Verwirklichung in Angriff genommen werden muß" (Lenin Werke, 4. Aufl., dt., Bd. 35, S. 510). Auch die weitere Diskussion der 20er Jahre in der UdSSR ergab, daß die sozialistische Wirtschaft in allen ihren Bestandteilen eine zentralgeleitete Wirtschaft ist, daß der Marktmechanismus im sozialistischen System ein widersprüchliches Moment darstellt, das man zwar eine Zeitlang wegen der Existenz unterschiedlicher Eigentumsformen und nichtsozialistischer Sektoren und zur Ankurbelung der Industrialisierung tolerieren muß, aber auch so rasch wie möglich überwinden sollte. Mit dem Übergang zur Neuen Ökonomischen Politik ist ein Wandel der Einstellung der sozialistischen Nationalökonomen zu verzeichnen: Man mußte aus der Wiederherstellung der Ware-Geld-Wirtschaft die Konsequenzen, die sich für das Funktionieren des sozialistischen Sektors ergaben, theoretisch aufarbeiten. Die Auffassung, daß Ware-Geld-Formen dem Plan widersprechen, wurde relativiert, man erblickte mehr und mehr im Markt einen zum Plan gehörenden Mechanismus. Das bedeutete, das Prinzip der → **wirtschaftlichen Rechnungsführung** auszubauen (Erzielung maximalen Ausstoßes bei minimalen Kosten) und dem Wertgesetz unter Einschränkungen wieder Wirkung zukommen zu lassen. Die Bedenken gegen den Markt, die sich vor allem zur Zeit des ersten Fünfjahrplanes 1928–1932 nochmals lautstark artikulierten, hatten ihre Ursache in den Erfahrungen der ersten Jahre der Neuen Ökonomischen Politik: Es hatte sich ein enger Zusammenhang zwischen dem Markt und dem sich entwickelnden privaten, also auch kapitalistischen, Sektor herausgebildet, welcher sich einerseits besser als die vergesellschafteten Betriebe an die Marktsituation anzupassen vermocht hatte, andererseits der Planungstätigkeit des Staates und der sozialistischen Entwicklung ständig entgegenwirkte.

Die theoretischen Auseinandersetzungen über den Funktionsmechanismus der sozialistischen Wirtschaft kreisten um den Problemkreis: Plan und Markt, Zentralisierung und Dezentralisierung der ökonomischen Entscheidungen, was nicht hieß, Plan und Markt, Zentralisierung und Dezentralisierung seien als sich gegenseitig ausschließende Alternative zu begreifen, sondern es ging um die Art der Verbindung von Plan und Markt, um die optimale Abgrenzung der Bereiche zentralisierter und dezentralisierter Entscheidungen.

Die zu fällenden wirtschaftlichen Entscheidungen in einer sozialistischen Gesellschaft werden in 3 Gruppen geteilt: 1. die grundlegenden makro-ökonomischen Entscheidungen mit dem Charakter von direkten Entscheidungen auf zentraler Ebene; 2. Entscheidungen über die Struktur des individuellen Konsums bei gegebenem Einkommen sowie über Berufswahl und Arbeitsplatz; 3. die laufenden Wirtschaftsentscheidungen (Umfang und Struktur der Produktion in Betrieben und Branchen, Volumen und Struktur der Aufwendungen, Absatzstrategie, Rohstoffversorgung, kleinere Investitionen, konkrete Form der Entlohnung usw.), wobei für die Problemstellung Plan und/oder Markt die dritte Gruppe von Entscheidungen bedeutsam ist.

Die PÖ. des Sozialismus konnte die o.g. Problemstellung nur lösen, wenn sie sich über das Wirken des Wertgesetzes im Sozialismus klar wurde. Das Wirken des Wertgesetzes bedeutet, daß die Wertrelationen die Preisrelationen bestimmen, nicht in dem Sinne, daß sie sich in jedem Fall decken, sondern daß eine kontinuierliche Rückführung der Preisrelationen auf die Wertrelationen stattfindet. Dabei muß zugleich beachtet werden, daß die Existenz von Ware-Geld-Formen nicht zugleich der Beweis ist für das Wirken des Wertgesetzes; denn überall dort, wo ein Disponent über hochgradig konzentrierte Vorräte einen wirksamen Einfluß auf die Gesamtstruktur der ökonomischen Größe hat – im Gegensatz zu Bedingungen der freien Konkurrenz – ist das Auftreten der Ware-Geld-Formen nicht mehr identisch mit dem Wirken des Wertgesetzes: Auf der Basis gesellschaftlichen Eigentums findet Kontrolle über den Großteil der wirtschaftlichen Ressourcen statt, und bei Planung der Proportionen der gesellschaftlichen Produktion und der Preise kann in der Theorie das Abweichen der Preisrelationen von den Wertrelationen nur als Ergebnis einer bewußten Politik verstanden werden. Die Schwierigkeit besteht darin, die These vom Wirken des Wertgesetzes mit der These in Einklang zu bringen, nach der die Proportionen der sozialistischen Produktion sich nach anderen ökonomischen Gesetzen (ökonomisches Grundgesetz des Sozialismus und das Gesetz der geplanten proportionalen Entwicklung) herausbilden. Das Wirken des Wertgesetzes ist nicht loszulösen von der Regulierung der Produktionsproportionen, die das Gleichgewicht von Angebot und Nachfrage herstellen sollen bei Annäherung von Preis- und Wertrelationen. Es ist kein absoluter, allgemeiner Regulator der Produktions- und Tauschproportionen mehr; es behält aber seine regulierende Rolle in den von den zentralen Entscheidungen gezogenen Grenzen. In diesem Fall kommt es sogar um so direkter zur Anwendung, je näher die Produktions- und Tauschproportionen dem Gleichgewicht von Angebot und Nachfrage kommen. Das heißt, daß das Wertgesetz im Sozialismus begrenzt wirksam ist.

Wie für die Wirtschaftspolitik eine optimale Verbindung von Plan und Markt zu erreichen ist, hängt davon ab, welche theoretische Einschätzung Zentralisierung und Dezentralisierung durch die PÖ. des Sozialismus erfahren, welche historischen Erfahrungen berücksichtigt werden und auf welchem Entwicklungsstand sich die jeweiligen Volkswirtschaften befinden. Als negative Merkmale des zentralisierten Systems gelten: mangelnde Elastizität der Produktion, exzessive Kosten bei der Realisierung der Planziele sowie falsche Aufgliederung des Produktionsprogramms, mangelhafte Ausschöpfung des vorhandenen Produktionsapparates, ungleichmäßige Entwicklung der Branchen, geringe Entfaltung der ökonomischen Hebel, wodurch die Verbindung von individuellen und gesellschaftlichen Interessen geschwächt ist, Bürokratisierung und Schwerfälligkeit des Staats- und Wirtschaftsapparates. Die Vorteile der Zentralisierung werden vor allem in ihrer Leistungsfähigkeit für die Aufbau- und Industrialisierungsphase gesehen, in der es für notwendig erachtet wird, durch rücksichtslose Beschleunigung des Wachstumstempos und durch den Zwang zu raschen und einschneidenden Veränderungen in der ökonomischen Struktur einen hohen Konzentrationsgrad der Investitionsmittel zu sichern, die Wirtschaft dynamisch zu entwickeln, was in einer komplexen Wirtschaft faktisch nicht ohne Disproportionalitäten realisierbar ist.

Zur Rechtfertigung des Marktmechanismus in den Grenzen der vom Plan festgesetzten Bedingungen wird die Elastizität der Anpassung der Angebots- an die Nachfragestruktur angesehen; die angestrebte Maximierung des Gewinns löse eine stetige Tendenz zur Senkung der Produktionskosten aus, die Gleichmäßigkeit im Prozeß der erweiterten Reproduktion werde gefördert, ein höheres Maß von Autonomie für die unteren Stufen führe zur Entlastung der zentralen Ebene und gebe ihr Spielraum für die langfristige Planerstellung; als gesellschaftlicher Aspekt ergebe sich die Heranführung breiter Massen an Probleme der Wirtschaftstätigkeit, die Verbindung der Individual- und Gruppeninteressen mit den Interessen der gesamten Volkswirtschaft, was bedeute, zugleich die Grundvoraussetzungen für die Überwindung von Entfremdung zu schaffen.

Als Einwände gegen die Dezentralisierung wurden genannt: Der Marktmechanismus erlaube keine präzise Bestimmung der Entwicklungsproportionen; die Lenkung der Produktion mit Hilfe des Marktmechanismus sei uneffektiv, da der Markt eine Regulierung ex post sei und nur die Regulierung ex ante Gleichgewichtsstörungen vermeiden könne, der Marktmechanismus fordere eine größere Elastizität der Preisstruktur, die die Betriebe zur Gewinnmaximierung verleiten könne.

Mitte der 60er Jahre gingen fast alle sozialistischen Länder dazu über, entscheidende Reformen ihrer Wirtschaftssysteme vorzunehmen, die sowohl zeitlich als auch in ihrer grundsätzlichen Orientierung weitgehende Parallelitäten aufwiesen. Diese Orientierung kann als Übergang von einem überzentralisierten System zu einer Planwirtschaft mit Elementen eines Marktmechanismus verstanden werden. Die Reformen sollten für die Anpassung der Angebots- an die Nachfragestruktur und für die Reduktionen der Aufwendungen und zur Stimulierung von Innovationen im Produktionsbereich günstigere Bedingungen schaffen.

Die Notwendigkeit der Reformen wie auch ihre langsame Verwirklichung werden als Ausdruck des bewußten Übergangs von der extensiven zur intensiven Entwicklungsphase erklärt. Dieser Übergang wurde durch eine Verlangsamung der Entwicklungsdynamik und durch eine geringe Effizienz der Aufwendungen, die sich in der Nichterfüllung der Planziele und damit als mangelnde Bedürfnisbefriedigung manifestierte, hervorgerufen. Da die sozialistische Volkswirtschaft erklärtermaßen die möglichst umfassende Befriedigung der gesamtgesellschaftlichen Bedürfnisse zum Zweck hat, müssen die Formen der Planwirtschaft diesem Ziel untergeordnet werden. Unter den momentanen historischen Bedingungen scheint ein planwirtschaftlich regulierter Marktmechanismus als adäquate Form der Planwirtschaft zu gelten. Da der wirtschaftliche Prozeß immer komplizierter und sein Ergebnis in ständig größerem Maße von der Verbesserung der Produktion, vom technischen Fortschritt, von der Ausweitung des Außenhandels usw. abhängt, erfordere diese Situation geradezu den Einsatz des Marktmechanismus, zur Sicherung des Charakters der Planwirtschaft.

Um die Zentrale nicht zu überfordern, sei es wichtig, Elemente der Selbstregulierung – hier in Form eines regulierten Marktmechanismus – einzubauen. Es wird zugleich mit Nachdruck darauf verwiesen, daß die Reformen nicht nur ökonomische Aspekte, sondern auch weittragende soziale und politische Bedeutung haben und somit in den Gesamtzusammenhang der Gesellschaftspolitik gehören und nur von da aus zu beurteilen seien.

Das müßte konsequenterweise bedeuten, die Lösung konkreter Probleme des Wirtschaftens in sozialistischen Gesellschaften stärker als bisher an den individuellen Interessen des einzelnen zu orientieren.

Politoffizier: → Nationale Volksarmee.

Politschulung: → Nationale Volksarmee.

Polizei: → Deutsche Volkspolizei.

Polizeistunde: Nach der VO über die P. im Gebiet der DDR vom 8. 12. 1965 (GBl. I, S. 929) dauert die P. grundsätzlich von 24 bis 6 Uhr. An Sonnabenden und Tagen vor gesetzlichen Feiertagen sowie an Sonn- und Feiertagen beginnt die P. um 1 Uhr des darauffolgenden Tages. Auch an Feiertagen vor arbeitsfreien Sonnabenden ist durch AO vom 25. 4. 1966 (GBl. II, S. 305) der Beginn der P. auf 1 Uhr festgesetzt worden. Die → **Deutsche Volkspolizei** kann die P. verkürzen, aufheben und zum Schutz der öffentlichen Sicherheit und Ordnung einen früheren Beginn der P. festsetzen. Territorial gelten andere Regelungen. In Berlin (Ost) dauert die P. von 1 Uhr bis 6 Uhr, an Sonnabenden und Tagen vor gesetzlichen Feiertagen beginnt sie hier erst um 5 Uhr. In der 500-Meter-Zone des Sperrgebietes ist die P. auf 22 Uhr festgesetzt (→ **Grenze**).

Polytechnische Bildung und polytechnischer Unterricht: Die PB. ist ein charakteristischer Bestandteil der gesamten sozialistischen Bildung und Erziehung speziell der schulischen Allgemeinbildung, die ausdrücklich als „polytechnisch" charakterisiert wird; dies wird auch in der Bezeichnung „allgemeinbildende polytechnische Oberschule" zum Ausdruck gebracht.

Generelle Aufgabe der PB. und Erziehung ist es, den Schülern die wissenschaftlich-technischen, technologischen und politisch-ökonomischen Grundlagen der Produktionsprozesse und vielseitige Fähigkeiten, Fertigkeiten und Erfahrungen der Produktionsarbeit zu vermitteln sowie sie zu befähigen, dieses polytechnische Wissen und Können in den gesellschaftlichen Zusammenhang und ihr sozialistisches Weltbild einzuordnen und ihrer Erziehung (im engeren Sinne) nutzbar zu machen. Die PB. steht daher auch in engem wechselseitigen Bezug zur politisch-ideologischen, zur → **Kollektiv- und Arbeitserziehung**, zur → **Körpererziehung** und zur → **Erziehung zu bewußter Disziplin**.

Zur Begründung der Konzeption der PB. wird vor allem auf Karl Marx verwiesen, der einer umfassenden (polytechnischen) Bildung eine ökonomische oder im engeren Sinn berufsvorbereitende Funktion (mit dem Ziel einer möglichst großen Verfügbarkeit der Arbeiter) und eine humanistische oder emanzipatorische Funktion (mit dem Ziel der Umwälzung der Gesellschaft und der tendenziellen Aufhebung der Entfremdung) zuschrieb und für alle Kinder vom 9. Lebensjahr an die Verbindung des Unterrichts mit produktiver Arbeit forderte. Das im Sinn von Marx aufgestellte Ziel einer allseitig entwickelten sozialistischen Persönlichkeit wird in der DDR jedoch erheblich eingeschränkt; im Vordergrund steht vielmehr der vielseitig gebildete Fachmann, der jedoch zuerst Spezialist am Arbeitsplatz sein soll. Zur Erreichung dieses Zieles, nämlich zur Vermittlung eines „polytechnischen Gesichtskreises", wurden in der Konzeption der PB. in der DDR – stark beeinflußt von entsprechenden Entwicklungen in der UdSSR – zeitweilig sehr unterschiedliche Schwerpunkte – von einer polytechnischen Akzentuierung des mathematisch-naturwissenschaftlichen Unterrichts bis hin zu einer „Professionalisierung" als einer speziellen Berufs(grund)ausbildung bereits in der allgemeinbildenden Schule – gesetzt.

Seit 1966 hat die PB. (im Sinn einer allgemeinen Grundlagenbildung) eindeutig den Charakter der Berufsvorbereitung (im Sinn der vorberuflichen Bildung) im Rahmen der Allgemeinbildung. Die Bestimmung ihres Ge-

genstandes orientiert sich an den Grundlagen der Technik und ihrer allgemeinen, den Bereich der Produktion überschreitenden Bedeutung; ihre Inhalte versucht man als zu entwickelnde „technisch-ökonomische Querschnittswissenschaft" zu systematisieren. Die Realisierung der Ziele der PB. (Einführung in die „geistigen Grundlagen der Produktion", Befähigung zur technischen Tätigkeit, Berufsvorbereitung und „sozialistische Erziehung der Schülerpersönlichkeit") soll in 2 Formen erreicht werden: einmal als fachübergreifendes Unterrichtsprinzip in allen Fächern der Oberschule und in der außerunterrichtlichen Betätigung, zum anderen in einem speziellen Fach (bzw. Fächergruppe), dem PU., d. h. im Werkunterricht (Klassen 1–3: je 1 Wochenstunde; Klassen 4–6: je 2 Wochenstunden), im Schulgartenunterricht (2. Halbjahr der Klasse 1 bis Klasse 4: je 1 Wochenstunde) und im berufsvorbereitenden PU. mit den Disziplinen (Fächern) „Einführung in die sozialistische Produktion" (Klassen 7 und 8: je 1 Wochenstunde; Klassen 9 und 10: je 2 Wochenstunden), „Technisches Zeichnen" (Klassen 7 und 8: je 1 Wochenstunde) und „Produktive Arbeit der Schüler in sozialistischen Betrieben" (Klassen 7 und 8: je 2 Wochenstunden; Klassen 9 und 10: je 3 Wochenstunden). In der Erweiterten Oberschule wird der PU. (seit 1969) im Rahmen der wissenschaftlich-praktischen Arbeit mit jeweils 4 Wochenstunden in Klasse 11 und im ersten Halbjahr der Klasse 12 fortgesetzt.

Innerhalb des berufsvorbereitenden PU. lassen sich zwei Elemente unterscheiden: 1. die systematische Vermittlung von handwerklich-technischen Kenntnissen und Fertigkeiten und die Heranführung an „gesellschaftlich nützliche, produktive Arbeit" und an die Grundelemente sozialistischer Arbeitsmoral sowie 2. die Vermittlung technisch-ökonomischer Grundkenntnisse in den wichtigsten Produktionszweigen sowie die Vorbereitung auf die Berufswahl und -arbeit. Besonders betont wird die angestrebte Verallgemeinerung der von den Schülern bei praktischer Betätigung gewonnenen Erfahrungen und die Erziehung zu schöpferischer Initiative, Aktivität und Selbständigkeit; demzufolge wird auch das Forschen (vom Basteln und Knobeln bis zur Lösung von Aufgaben des „wissenschaftlich-technischen Fortschritts") neben dem unterrichtlichen Lernen und dem produktiven bzw. praktischen Arbeiten in den Vordergrund gestellt.

Bereits in der Vorschulerziehung der Kindergärten werden PB. und Arbeitserziehung miteinander verbunden, besonders in der Beschäftigungsform „Arbeit" sowie beim „Basteln und Bauen"; dabei werden Gegenstände für das Spiel und den täglichen Gebrauch hergestellt und den Vorschulkindern elementare Kenntnisse und Fertigkeiten in bezug auf Arbeitsmaterialien, Werkzeuge und Bearbeitungs- bzw. Herstellungsverfahren vermittelt; die älteren Vorschulkinder sollen dabei lernen, das jeweils geeignete Material auszusuchen, die notwendigen Werkzeuge auszuwählen, die Arbeit untereinander aufzuteilen sowie mit dem Material sparsam umzugehen.

Im Werk- und Schulgartenunterricht der Klassen 1–6

der Oberschulen sollen hauptsächlich die Einübung von Arbeitsfertigkeiten, die Orientierung auf „gesellschaftlich nützliche Arbeit" und die Gewöhnung an eine sozialistische Arbeitshaltung, vor allem an Fleiß, Ordnungsliebe, Disziplin und Sparsamkeit erfolgen; außerdem sollen bereits Kontakte zu Betrieben geknüpft und durch Betriebsbesichtigungen, Kooperationsarbeiten und Patenschaftsverträge systematisiert und intensiviert werden. Ab Klasse 7 wird der berufsvorbereitende PU. in Form eines differenzierten Lehrgangssystems fortgeführt. Im Fach „Einführung in die sozialistische Produktion" (EsP) werden die Schüler in den Lehrgängen „Mechanische Technologie und Maschinenkunde" (einheitlich in den Klassen 7 und 8, in Klasse 9 aufgeteilt nach Industrie und Landwirtschaft), „Grundlagen der Produktion des sozialistischen Betriebes" (nur in Klasse 9 mit den auch für die produktive Arbeit vorgesehenen Varianten) und „Elektrotechnik" (nur in Klasse 10) durch die Vermittlung von Kenntnissen auf die produktive Arbeit in einem (bestimmten) Betrieb vorbereitet und die Produktionserfahrungen der Schüler in den technischen, technologischen und ökonomischen Zusammenhang gestellt. In dem Fach „Technisches Zeichnen" werden den Schülern der Klassen 7 und 8 die Grundlagen des Anfertigens und Lesens von technischen Zeichnungen vermittelt; dieser Unterricht wird in den Klassen 9 und 10 im Rahmen des Faches EsP fortgesetzt.

Für die produktive Arbeit der Schüler in sozialistischen Betrieben ist für die Klassen 7 und 8 nur eine Differenzierung nach den Richtungen Industrie und Landwirtschaft vorgesehen (bei Betonung des weitgehend einheitlichen Charakters); dagegen erfolgt in den Klassen 9 und 10 eine Differenzierung nach nunmehr 10 (mit den entsprechenden Lehrplänen nacheinander) eingeführten Varianten, und zwar seit 1967/68 „Metallverarbeitende Industrie", „Elektroindustrie", „Bauwesen", „Landwirtschaft", „Textilindustrie" und „Chemische Industrie" sowie seit 1974/75 auch nach den Varianten „Bekleidungsindustrie", „Lederverarbeitende Industrie", „Holzverarbeitende Industrie" und „Instandhaltung der Landtechnik". Mit dieser (erweiterten) Differenzierung wird insbesondere den regional und betrieblich unterschiedlichen Möglichkeiten der produktiven Arbeit stärker Rechnung getragen, wobei jedoch eine weitgehende Einheitlichkeit des PU. gesichert werden bzw. bleiben soll.

Der PU. für die Schüler der Klassen 7–10 wird sowohl in den Oberschulen als auch – und dies vor allem – in den Polytechnischen Kabinetten und Produktionsabteilungen der Betriebe, die zu diesem Zweck auch Ausbildungsgemeinschaften bilden, sowie in (über)betrieblichen Polytechnischen Zentren durchgeführt, und zwar in enger arbeitsteiliger Kooperation von Oberschule und Trägerbetrieb. Je nach den Gegebenheiten in den verschiedene Regionen bzw. Wirtschaftszweigen ist auch die organisatorische Durchführung des PU. – jedoch nach den einheitlichen Bestimmungen des Lehrplans – unterschiedlich. Daher wurden auch für die verschiedenen Wirtschaftszweige von den zuständigen Mi-

nisterien besondere Bestimmungen für die Durchführung des PU. in ihrem Zuständigkeitsbereich erlassen. Die Trägerbetriebe (früher Patenbetriebe) haben insbesondere dafür Sorge zu tragen, daß der PU. lehrplangemäß erfolgen kann, den Schülern der Übergang in die Produktion erleichtert wird und die Berufsvorbereitung und Berufsorientierung (→ **Berufsberatung und Berufslenkung**) nach den geltenden Richtlinien erfolgt; vor allem aber haben die Betriebe die erforderlichen polytechnischen Fachkabinette, z. B. für Maschinenkunde, für Elektrotechnik usw., ferner Lehrfelder, Reparaturkapazitäten usw. sowie die benötigten und entsprechend vorgebildeten Lehrmeister und Betreuer zur Verfügung zu stellen, zum Teil auch Lehrkräfte, z. B. Ingenieurpädagogen. Der theoretische polytechnische Unterricht wird jedoch hauptsächlich von Lehrern für Polytechnik der Oberschulen erteilt.

Während der (theoretische) PU. hauptsächlich in den entsprechenden Unterrichtsräumen und Fachkabinetten der Oberschulen und der Betriebe erteilt wird, soll die produktive Arbeit der Schüler, vor allem der Klassen 9 und 10, möglichst in den Produktionsabteilungen der Betriebe, zumindest aber in Schülerproduktionsabteilungen, geleistet werden. Durch die Schwierigkeiten, die bei der Durchführung der produktiven Arbeit der Schüler, insbesondere in technisch-technologisch fortgeschrittenen bzw. hochspezialisierten Betrieben auftreten, werden Bestrebungen zur Zentralisierung und Auslagerung der produktiven Arbeit der Schüler unterstützt; davor wird andererseits jedoch deshalb gewarnt, weil die Zusammenarbeit zwischen Schule und Betrieb zu kompliziert zu werden und vor allem der unmittelbare Bezug zur sozialistischen Produktion verloren zu gehen droht.

Die wissenschaftlich-praktische Arbeit in der Erweiterten Oberschule wird nach Rahmenprogrammen für die (wahlweise-obligatorischen) Gebiete Elektrotechnik, Elektronik, Datenverarbeitung, BMSR-Technik, Chemotechnik, Technologie, Ökonomie, mathematisch-statistische Methoden in der Ökonomie sowie Agrotechnik durchgeführt; sie soll PU. auf höherer Stufe sein und die Schüler an produktive Tätigkeiten beim Lösen wissenschaftlich-praktischer Aufgaben heranführen.

Die notwendige enge Verbindung zwischen Schule und Betrieb wird durch den Abschluß schriftlicher Vereinbarungen (Patenschaftsverträge) hergestellt. An dem „Tag der Bereitschaft von Schule und Betrieb" sollen die getroffenen Vereinbarungen über die konkrete Durchführung des berufsvorbereitenden polytechnischen Unterrichts und besonders der produktiven Arbeit, z. B. in der Form des „Unterrichtstages in der sozialistischen Produktion" (UTP), der Öffentlichkeit dargestellt werden. Wichtige Koordinierungsgremien sind die aus Vertretern der Betriebsleitungen, der gesellschaftlichen Organisationen, Lehrern, Eltern und Werktätigen bestehenden „Polytechnischen Beiräte", die eng mit den Schulen zusammenarbeiten und bei der Planung und Durchführung des PU. mitwirken. Die Finanzierung des PU. erfolgt hauptsächlich durch die Betriebe; für die produktive Arbeit erhalten die Schüler keine Vergütung, gelegentlich jedoch – bei besonderen Leistungen – Sachprämien u. ä. Der PU. wird ergänzt durch die – vor allem von der Pionierorganisation und der FDJ organisierte und von den Betrieben unterstützte – außerunterrichtliche und außerschulische Betätigung der Schüler in Arbeitsgemeinschaften, Kursen usw., deren Themen stark an den Produktionsbereichen der Betriebe orientiert sind. Ferner werden diese Kurse usw. durch die freiwillige produktive Arbeit der Schüler der 9. bis 12. Klassen während der Ferien in den „Lagern der Erholung und produktiven Arbeit" und in den Betrieben, für die eine Vergütung gezahlt wird, ergänzt. Die Entwicklung der Konzeption der PB. und auch der Vorstellungen über ihre Realisierung kann keineswegs als abgeschlossen betrachtet werden; vor allem ist die Systematisierung der Inhalte im Sinne einer „technisch-ökonomischen Querschnittswissenschaft" und unter Berücksichtigung der zunehmenden Automation noch unzureichend. Auch die Notwendigkeit eines speziellen Faches PU. wird wieder stärker diskutiert.

Es ist möglich, daß diese Diskussion – in Verbindung mit der bereits erfolgten und fortgesetzten Differenzierung nach unterschiedlichen Varianten im PU. und bei verstärkter Berücksichtigung volkswirtschaftlicher und betrieblicher Erfordernisse – zu einer weiteren Einschränkung der angestrebten breiten Grundlagenbildung und damit zu einer neuen Phase der Spezialisierung und Professionalisierung des PU. führt. Auch die Organisation des PU. und die Berufsorientierung der Schüler ist bisher noch nicht optimal gelöst; so wirft die Integration der Schüler in den Produktionsprozeß ständig neue Probleme auf und führt, vor allem infolge notwendiger Zentralisierungsmaßnahmen, zu einer (tendenziellen) Beeinträchtigung der Verbindung des Unterrichts mit produktiver Arbeit. Besonders die – nach den jeweils am Ort vorhandenen Betrieben durchgeführte – Auswahl der Richtungen bzw. Varianten der produktiven Arbeit wirkt sich einengend auf die Berufswahl der Schüler aus, was andererseits jedoch – im Hinblick auf eine bessere Steuerung des Facharbeiternachwuchses – auch als durchaus wünschenswert angesehen wird. Schließlich wird auch der wichtige und stark expansive Bereich der Dienstleistungen (einschließlich des medizinisch-sozialen Sektors) mit den heute vorgesehenen Varianten des PU. (im Unterschied zur UdSSR, in der zumindest eine hauswirtschaftliche Variante vorgesehen ist) überhaupt noch nicht oder erst ganz am Rande erfaßt. → **Einheitliches sozialistisches Bildungssystem.**

Positivismus: Auf A. Comte (1798–1857) zurückgehende philosophische Strömung, die vom „Positiven", also von den Tatsachen, der Wirklichkeit, auszugehen fordert und die Frage nach dem „Wesen" der Erscheinungen als sinnlos bezeichnet. Weitere Vertreter der älteren Spielart des P. sind J. St. Mill und H. Spencer. Die zweite historische Stufe des P. wird u. a. durch E. Mach und R. Avenarius repräsentiert. Sie gelten als Vertreter des Empiriokritizismus, dessen Hauptthese ist, daß die objektive Realität nicht unabhängig und außerhalb des Bewußtseins existiert, sondern vielmehr aus Empfindungen besteht. Lenin hat sich in seinem Werk „Materialismus und Empiriokritizismus" (1909) kritisch mit dem Empiriokritizismus auseinandergesetzt.

Der neuere oder Neo-P., auch logischer Empirismus genannt, entstand in den 20er und Anfang der 30er Jahre. Sein geistiges Zentrum war für lange Jahre der „Wiener Kreis", dem u. a. die Philosophen M. Schlick, R. Carnap und H. Feigl angehörten. Ein weiteres Zentrum, das maßgeblich von H. Reichenbach beeinflußt war, bestand in Berlin. Unter den Neo-Positivisten war vor allem Carnap der Auffassung, daß die Philosophie keine Wissenschaft mit eigenem Gegenstandsbereich sei, sondern vielmehr eine logische Analyse der Sprache vorzunehmen habe.

Postleitzahlen: Nachdem in der Bundesrepublik Deutschland bereits 1961 P. eingeführt worden waren, folgte die DDR seit dem 1. 10. 1964 ohne vorherige Abstimmung mit der Deutschen Bundespost. So kam es zu Überschneidungen zwischen beiden Leitzahlsystemen. In vielen Fällen stimmten die P. mit denen in der Bundesrepublik überein. Bonn hatte z. B. die gleiche P. 53 wie Weimar. Die DP verfügte deshalb, daß nach Bestimmungsorten im Bereich anderer Postverwaltungen, in deren Anschrift eine P. verwendet wird, vor der betreffenden P. die Ziffer „0" anzugeben ist; die DBP empfahl ihren Absendern, zur Vermeidung von Verwechslungen bei Sendungen in die DDR ein „X" vor die P. zu setzen.

Die P. in der DDR besteht allgemein aus vier Ziffern. Nullen, die in der dritten und vierten Stelle stehen, können entfallen. Das P.-System läßt es somit zu, bedeutenden Städten und Orten zwei- und dreistellige P. zuzuordnen. In Großstädten setzt sich die P. aus der zweistelligen Grundleitzahl und der Unterscheidungsziffer des jeweiligen Postamts zusammen.

Die zweiteiligen Grundleitzahlen im Bereich der einzelnen Bezirksdirektionen sind:

Berlin	10–11
Frankfurt	12–13
Potsdam	14–19
Neubrandenburg	20–21
Rostock	22–25
Schwerin	26–29
Magdeburg	30–39
Halle	40–49
Erfurt	50–59
Suhl	60–64
Gera	65–69
Leipzig	70–74
Cottbus	75–79
Dresden	80–89
Karl-Marx-Stadt	90–99

Postscheckdienst: Für die Abwicklung des P. und Postspargirodienstes bestehen in der DDR die Postscheckämter Berlin, Leipzig, Dresden, Magdeburg und Erfurt. Nach der Postscheckordnung vom 17. 5. 1968 (GBl. II, S. 343) können a) am P. juristische Personen oder andere Vereinigungen mit Sitz in der DDR sowie Bürger mit Personalausweis der DDR teilnehmen, b) am Postspargirodienst ebenfalls Bürger mit Personalausweis der DDR sowie registrierte Vereine und andere Vereinigungen mit Sitz in der DDR, soweit sie keine wirtschaftliche Tätigkeit ausüben.

Im Postspargirodienst werden alle Guthaben auf Konten jährlich mit $3\frac{1}{4}$ v. H. verzinst, im P. nur die Guthaben für Bürger mit Personalausweis der DDR.

Nachdem der Postscheckverkehr in der DDR fast zum Erliegen gekommen war, wurde er erst Ende 1963 neu belebt. Nach der 5. Durchführungsbestimmung zum Gesetz über die Regelung des Zahlungsverkehrs vom 10. 12. 1963 (GBl. II, S. 862) wurden die zum bargeldlosen Zahlungsverkehr Verpflichteten gesetzlich veranlaßt, neben dem Bankkonto ein Postscheckkonto zu führen, über das unbare Zahlungen bis 200 Mark, also Beträge, die für die staatliche Finanzkontrolle geringere Bedeutung haben, abzuwickeln sind. Auch zeitweilig erforderliche Konten für genehmigte Spendenaktionen sind bei den Postscheckämtern zu führen.

Die DP beteiligt sich an der freizügigen Bareinlösung von Schecks bis zu einem Höchstbetrag von 500 Mark. Ende 1972 bestanden in der DDR 184 800 Postscheckkonten, d. h. bei der DP hatte jeder 92. Einwohner ein Postscheckkonto.

Ende 1972 befanden sich bei der DP auf einem Postscheckkonto durchschnittlich 4 591 Mark.

Postsparkassendienst: Die Eröffnung des P. in der DDR erfolgte am 1. 9. 1946. Es gilt die Postsparkassenordnung vom 17. 5. 1968 (GBl. II, S. 348). Die Aufgaben des P. werden beim Postsparkassenamt in Berlin wahrgenommen.

Auch wenn sich die Postsparkasse in der DDR den Vorschriften der anderen Sparinstitute weitgehend anpassen mußte und in das einheitliche Finanz- und Bankystem eingegliedert worden ist, so hat sie ihre Bedeutung als „Sparkasse des kleinen Mannes" nicht verloren. Die Zahl der Postsparer und die Höhe der Einlagen auf den Postsparbüchern sind ständig gewachsen.

Die Postsparkasse ist nicht nur zur Führung von Sparkonten, sondern auch zum Freizügigkeitsverkehr zugelassen, d. h. Spareinlagen können ohne vereinbarte Kündigungsfrist bei jedem Geldinstitut in beliebiger Höhe eingezahlt und abgehoben werden, gleichgültig, von wem das Sparbuch ausgestellt worden ist.

Am P. können nur Bürger der DDR teilnehmen. Das Guthaben des Sparers wird ebenso wie das der Sparer anderer Sparinstitute einheitlich mit $3\frac{1}{4}$ v. H. verzinst. Wenn die Zinsen den Betrag von 50 Mark übersteigen oder der Sparer es wünscht, wird ihm über die mit Ablauf jedes Kalenderjahres aufgekommenen Zinsen eine Zinsenanweisung übersandt.

Ende 1972 bestanden bei der DP 2 501 800 Postsparkonten, d. h. in der DDR hat etwa jeder 7. Einwohner ein Postsparbuch. Das Guthaben auf allen Konten betrug Ende 1972 bei der DP 2 107 600 000 Mark, das durchschnittliche Guthaben auf einem Postsparkonto 842 Mark.

Post- und Fernmeldewesen

Entwicklung – Organisation – Leistungen – Beschäftigte – Zusammenarbeit im RGW

I. Entwicklung

Die Gründung und der Aufbau der Postverwaltung begann mit der am 18. 8. 1945 erfolgten Bildung der „Zentralverwaltung für das Post- und Fernmeldewesen in der Sowjetischen Besatzungszone Deutschlands" (ZVPF), die ihre Arbeit am 8. 9. 1945 aufnahm. Zum Präsidenten wurde Dr. Wilhelm Schröder ernannt. Am 8. 4. 1948 wurde die Zentralverwaltung in „Deutsche Wirtschaftskommission für die SBZ, Hauptverwaltung Post- und Fernmeldewesen" (HVPF) umbenannt. Bei Gründung der DDR am 7. 10. 1949 hörte die → **Deutsche Wirtschaftskommission** auf zu bestehen. Die HVPF wurde in → **Ministerium für Post- und Fernmeldewesen** (MPF) umgebildet und Friedrich Burmeister zum Minister berufen. Die offizielle Bezeichnung für das PF. ist seitdem „Deutsche Post" (DP). Die DP ist eine einheitliche zentrale Einrichtung des Staates, juristische Person, Rechtsträger von Volkseigentum und arbeitet nach den Prinzipien der wirtschaftlichen Rechnungsführung. Zum Wirtschaftszweig PF. gehören: das Post- und Zeitungswesen, das Fernsprech- und Fernschreibwesen und das Funkwesen. Die wichtigsten Aufgaben der DP sind:

a) Post- und Fernmeldeanlagen einzusetzen, zu errichten, zu betreiben und instandzuhalten;

b) Nachrichten zu befördern und zu übermitteln;

c) die Programme des Rundfunks und Fernsehens zu übertragen;

d) fortlaufend erscheinende Presseerzeugnisse zu befördern und zu vertreiben;

e) den Postkleingutdienst sowie den Postscheck-, Postsparkassen- und Geldübermittlungsdienst wahrzunehmen.

II. Organisation

Die bezirklichen Organe zur Leitung der DP sind in ihrem Aufgabenbereich die am 1. 1. 1953 gebildeten 15 Bezirksdirektionen (BDP):

Berlin	Leipzig
Cottbus	Magdeburg
Dresden	Neubrandenburg
Erfurt	Potsdam
Frankfurt	Rostock
Gera	Schwerin
Halle	Suhl
Karl-Marx-Stadt	

Die Leiter der BDP sind dem Minister unterstellt und ihm gegenüber verantwortlich und rechenschaftspflichtig. Die BDP haben mit den Gewerkschaften, den politischen Organisationen sowie mit den örtlichen Volksvertretungen, ihren Kommissionen und Räten eng zusammenzuarbeiten. Ebenso stimmen sie ihre Planvorschläge und Planaufgaben mit den örtlichen Organen der Bezirke und Kreise ab. Zur Erfüllung der Perspektiv- und Jahrespläne haben sie die dem PF. im Bezirk gestellten Aufgaben in enger Verantwortung zu lösen und die ihnen zur Verfügung stehenden Fonds so einzusetzen, daß damit die planmäßige Erhaltung, Rekonstruktion und Erweiterung von Post- und Fernmeldeanlagen im Bezirk gewährleistet sind. Sie leiten die ihnen unterstellten Ämter an und beaufsichtigen sie.

Als beratendes Organ steht den BDP ein technisch-ökonomischer Rat zur Verfügung, der sich aus Arbeitern, Neuerern, Technikern, Ingenieuren, Ökonomen und Wissenschaftlern zusammensetzt.

Den BDP sind 35 Hauptpostämter, 5 Bahnpostämter, 5 Postscheckämter einschließlich des Postsparkassenamts beim PSchA Berlin, 16 Fernmeldeämter und die Bezirkswerkstätten für Postkraftwagen unterstellt. Für ihren Zuständigkeitsbereich gelten sie als örtliche Organe. Die den Ämtern als örtliche Organe zur Verfügung gestellten Fonds haben sie wirtschaftlich einzusetzen. Die Ämter wirken bei der Planvorbereitung mit, stellen unter Hinzuziehung der Mitarbeiter Betriebspläne auf und sichern deren Erfüllung. Die nachgeordneten Dienststellen haben sie anzuleiten und zu überwachen, mit den örtlichen Organen, den Gewerkschaften und den politischen Organisationen ebenfalls eng zusammenzuarbeiten. Je nach Aufgabenstellung der Ämter kann es noch weitere Untergliederungen auf der Ämterebene geben. Beispielsweise unterstehen den Hauptpostämtern ca. 1830 Postämter, 9960 Poststellen und 50 Posthilfsstellen.

Die Struktur- und Stellenpläne der BDP und der dem MPF unterstellten Ämter werden vom Minister oder einem seiner Stellvertreter, die Stellenpläne der den BDP unterstellten Ämter nach festgelegten Grundsätzen vom Leiter der BDP bestätigt.

III. Leistungen

Auf je 100 Einwohner bezogen wurden im Jahre 1972 bei der DP 7598 Briefsendungen einschließlich Päckchen eingeliefert; bei den Paketen waren es 235 Stück und bei den eingezahlten Postanweisungen und Zahlkarten 217 Stück.

Die Zahl der aufgegebenen Telegramme – bezogen auf 100 Einwohner – betrug im gleichen Zeitraum bei der DP 62,2. Der Unterschied zwischen DP und DBP erklärt sich aus dem weit größeren Fernsprech- und Fernschreibnetz in der Bundesrepublik Deutschland. Es entfallen auf 100 Einwohner in der DDR nur 6 Fernsprechhauptanschlüsse einschließlich öffentlicher Sprechstellen. Im Fernsprechverkehr wurden 1972 in der DDR – auf 100 Einwohner umgerechnet – im Ortsverkehr 5779 und im Fernverkehr 2547 Gespräche abgewickelt, wobei der Anteil am Selbstwählferndienst 87,5 v. H. betrug.

Im Bereich der DP entfielen auf 100 Einwohner 35,5 Hörrundfunkempfangsgenehmigungen und 28,3 Fernsehrundfunkgenehmigungen.

In der DDR besaßen 1974 ca. 75 v. H. aller Haushalte ein Fernsehgerät (Schwarz-weiß und Farbe).

IV. Beschäftigte

Bei der DP waren nach dem Stand von Ende 1972 insgesamt 145448 Kräfte beschäftigt. Darunter 100516 (69,1 v. H.) weibliches Personal. Ergänzend zu den Bestimmungen des → **Gesetzbuches der Arbeit** gilt für alle Mitarbeiter arbeitsrechtlich auch die VO über die Pflichten und Rechte der Mitarbeiter der DP – Post-Dienst-Verordnung (PDVO) vom 19. 11. 1970 (GBl. II, 1970, Nr. 94). Hierin werden nicht nur Rechte und Pflichten geregelt, sondern auch Dienstränge, Attestierung, Uniform und disziplinarische Verantwortung.

Die Dienstränge (z. B. Gehilfe, Assistent, Sekretär, Inspektor, Amtmann, Rat, Hauptdirektor usw.), die das gleiche Qualifikationsmerkmal erfordern, sind in 4 Ranggruppen zusammengefaßt und werden an der Uniform durch Rangabzeichen kenntlich gemacht. Hierfür gibt es eine besondere Uniformtrageordnung mit Grußvorschriften. Zu den Dienstrangabzeichen gehören Kragenspiegel, Ärmelabzeichen und Mützenkordel.

Als allgemeine Arbeitszeit gilt die durchgängige 5-Tage-Arbeitswoche mit 43 $^3/_4$ bzw. 42 Stunden. Die Alters- und Invalidenversorgung der ab 1. 7. 1956 bei der DP Beschäftigten ist besonders geregelt. Wenn die Voraussetzungen zum Bezug einer Alters- oder Invalidenrente der Sozialversicherung erfüllt sind, erhalten Mitarbeiter der DP bei mindestens 10jähriger ununterbrochener Dienstzeit, die frühestens mit Vollendung des 20. Lebensjahres beginnt, an Stelle der allgemeinen Invalidenrente der Sozialversicherung die besondere Versorgung. Sie beträgt nach 10jähriger ununterbrochener Dienstzeit ohne Zuschläge 20 v. H. des durchschnittlichen Monatsgrundlohnes und erhöht sich mit jedem weiteren vollendeten Dienstjahr bis zu einer Dienstzeit von 25 Jahren um 2 v. H., danach um 1 v. H. bis zum Höchstsatz von 65 v. H. – wenn Kinderzuschläge gezahlt werden, 80 v. H. – des durchschnittlichen Monatsgrundlohnes. Der Höchstsatz einschließlich Kinderzuschlag beträgt monatlich 800 Mark. Für die Versorgung der ehemaligen Postbeamten ist die DP nicht zuständig. Diese Versorgung liegt in Händen der Sozialversicherung.

V. Zusammenarbeit im RGW

Die DDR ist Mitglied der im Dezember 1957 in Moskau für die Ostblockstaaten gegründeten „Organisation für die Zusammenarbeit der sozialistischen Länder auf dem Gebiet des Post- und Fernmeldewesens (OSS)". Diese Organisation kann als Spezialorganisation des RGW (→ **Rat für Gegensei-**

tige **Wirtschaftshilfe**) gelten. Sie richtet ihr Hauptaugenmerk auf die Organisierung der wissenschaftlich-technischen Zusammenarbeit zwischen den Mitgliedsländern und auf die Vereinheitlichung der Benutzungs- und Gebührenvorschriften. Hierbei gilt jedoch der Grundsatz, nach Möglichkeit Übereinstimmung mit den Vorschriften des Weltpostvereins zu erzielen. In Zeiträumen von etwa 2 Jahren finden abwechselnd in den einzelnen Mitgliedsländern Ministerkonferenzen statt. Zwischen diesen Konferenzen tagen die Kommissionen, die sich auch mit dem Ergebnis der Expertenberatungen zu beschäftigen haben und auf die praktisch die Hauptarbeit verteilt ist. Die Kommissionen beschäftigen sich mit dem Fernmeldewesen, dem Funkwesen, der technisch-wissenschaftlichen Zusammenarbeit, dem Post- und Zeitungswesen, der Ökonomik des Nachrichtenwesens und mit Problemen zur Verbesserung der Tätigkeit der OSS. Ihre Beratungsergebnisse werden in Form von Beschluß- und Empfehlungsentwürfen fixiert und den Plenarsitzungen zur Annahme vorgelegt.

An der Entwicklung und dem Aufbau eines einheitlichen internationalen Fernsprechnetzes im Ostblock unter Benutzung des technischen Systems „Tesla MN 60" hat die DP wesentlichen Anteil. Dieses System arbeitet technisch ohne Schwierigkeiten mit dem westeuropäischen Netz zusammen und läßt die Einführung des vollautomatischen internationalen Fernsprechverkehrs zu. Auch beim Aufbau des einheitlichen internationalen Telegrafennetzes des Ostblocks soll die technische Möglichkeit für eine spätere Verbindung mit dem westeuropäischen Netz geschaffen werden.

Postzeitungsvertrieb (PZV): Durch die Befehle der Sowjetischen Militäradministration (→ **SMAD**) Nr. 105 vom 9. 6. 1948 und Nr. 199 vom 9. 12. 1948 sowie durch die als Ergänzung dazu herausgegebenen Verordnungen der DP hat sich auf dem Gebiet des Pressewesens eine völlige Neuordnung vollzogen. Aus dem Postzeitungsdienst ist ein im Gesetz über das → **Post- und Fernmeldewesen** (GBl. I, 1959, Nr. 27) verankertes Monopol für die Beförderung und für den Vertrieb von Presseerzeugnissen einschließlich des Freiverkaufs geworden. Die Post tritt dem Verlag gegenüber als Käufer seiner Erzeugnisse auf und dem Leser gegenüber als Verkäufer. Die DP hat somit eindeutig Handelsfunktionen übernommen.

In der DDR dürfen mit Ausnahme von ca. 650 Betriebszeitungen mit einer Auflage von über 1,6 Mill. Exemplaren nur die in der Postzeitungsliste enthaltenen fortlaufend erscheinenden Presseerzeugnisse im Abonnement oder im Einzelverkauf vertrieben werden. Gegenwärtig sind es etwa 5859 Titel und Untertitel von etwa 1074 inländischen (18,3 v. H.) und etwa 4785 ausländischen (81,7 v. H.) Zeitungen und Zeitschriften. Zu den inländischen Presseerzeugnissen gehören ca. 42 Tageszeitungen mit Untertiteln für Bezirks- und Nebenausgaben. Die Höhe der Auflagen beträgt etwa 6,5 Mill. Exemplare. Hiervon entfallen 60 v. H. auf die Parteipresse der SED, 20 v. H. auf die übrigen Parteien und der Rest auf andere Zeitungen (FDGB, FDJ usw.). Bei den ausländischen Presseerzeugnissen überwiegen die aus dem Ostblock (ohne DDR) mit 4591, also mit 78,3 v. H. aller in der Postzeitungsliste enthaltenen in- und ausländischen Presseerzeugnisse. Hieran ist die Sowjetunion mit 38,7 v. H. bzw. mit 1782 Titeln aller Zeitungen und Zeitschriften aus dem Ostblock beteiligt. Auf das übrige Ausland entfallen nur 40 Zeitungen und Zeitschriften (0,6 v. H.).

Aus der Bundesrepublik einschl. Berlin (West) werden in der DDR nur 2,8 v. H. der Zeitschriften (keine Zeitungen!) vertrieben, verteilt auf die Bundesrepublik mit 68 und auf Berlin (West) mit 86 Zeitschriften.

Potsdamer Abkommen: Vereinbarung, die die USA, UdSSR und Großbritannien am Schluß ihrer vom 17. 7. bis 2. 8. 1945 dauernden Konferenz schlossen. Die drei Mächte vereinbarten im PA. eine Zusammenarbeit in der Weltpolitik und fixierten „die politischen und wirtschaftlichen Grundsätze der gleichgeschalteten Politik der Verbündeten in bezug auf das besiegte Deutschland für die Zeit der alliierten Kontrolle" (§ III, 1. Abs.). Frankreich billigte am 4. August das PA. allgemein und bestätigte dies in 6 Noten am 7. August. Es stimmte dabei aber vor allem folgendem nicht zu: Wiederherstellung zentraler deutscher Verwaltungen oder gar einer deutschen Zentralregierung, Gebietsregelung ohne „gemeinsame Prüfung durch alle interessierten Mächte", Bildung gesamtdeutscher Parteien.

Über Deutschlands politische Gestaltung nach seiner Entnazifizierung und Entmilitarisierung sah das PA. vor, daß ein künftiger → **Friedensvertrag** mit Deutschland „durch die für diesen Zweck geeignete Regierung Deutschlands angenommen werden kann, nachdem eine solche Regierung gebildet sein wird" (§ II, 3).

Die Erklärung, daß es um Deutschland „innerhalb seiner Grenzen ... am 31. 12. 1937" gehe, die die Vier Mächte am 5. 6. 1945 bei ihrer Feststellung über die Besatzungszonen in Deutschland abgaben, wird im PA. weder erwähnt noch aufgehoben. Die Behandlung der Gebiete östlich der Oder-Neiße-Linie wird im PA. ebenfalls festgelegt.

Bis zum Friedensvertrag „wird die höchste Regierungsgewalt in Deutschland durch die Oberbefehlshaber der Streitkräfte der Vereinigten Staaten von Amerika, des Vereinigten Königreichs, der Union der Sozialistischen Sowjetrepubliken und der Französischen Republik nach den Weisungen ihrer entsprechenden Regierungen ausgeübt, und zwar von jedem in seiner Besatzungszone, sowie gemeinsam in ihrer Eigenschaft als Mitglieder des Kontrollrates in den Deutschland als Ganzes betreffenden Fragen. Soweit dieses praktisch durchführbar ist, muß die Behandlung der deutschen Bevölkerung in ganz Deutschland gleich sein" (§ III, A. 1, 2).

Weiter wird bestimmt: „Die endgültige Umgestaltung des deutschen politischen Lebens auf demokratischer Grundlage und eine eventuell friedliche Mitarbeit Deutschlands am internationalen Leben sind vorzubereiten" (§ III. A, 3, IV).

Über die Schaffung einer rechtsstaatlichen und parlamentarischen Demokratie heißt es: „Das Gerichtswesen wird entsprechend den Grundsätzen der Demokratie und der Gerechtigkeit auf der Grundlage der Gesetzlichkeit und der Gleichheit aller Bürger vor dem Gesetz ohne Unterschied der Rasse, der Nationalität und der Religion reorganisiert werden.

Die Verwaltung Deutschlands muß in Richtung auf eine Dezentralisation der politischen Struktur und der Entwicklung einer örtlichen Selbstverantwortung durchgeführt werden. Zu diesem Zweck (wird bestimmt): I. Die lokale Selbstverwaltung wird in ganz Deutschland nach demokratischen Grundsätzen, und zwar durch Wahlausschüsse (Räte) so schnell, wie es mit der Wahrung der militärischen Sicherheit und den Zielen der militärischen Besatzung vereinbar ist, wiederhergestellt. – II. In ganz Deutschland sind alle demokratischen politischen Parteien zu erlauben und zu fördern mit der Einräumung des Rechts, Versammlungen einzuberufen und öffentliche Diskussionen durchzuführen" (§§ III, A, 8, 9, I, II).

Die Vorbereitung einer künftigen Zentralregierung wird vorgesehen: „Bis auf weiteres wird keine zentrale deutsche Regierung errichtet werden. Jedoch werden einige wichtige zentrale deutsche Verwaltungsabteilungen errichtet werden, an deren Spitze Staatssekretäre stehen, und zwar auf den Gebieten des Finanzwesens, des Außenhandels und der Industrie. Diese Abteilungen werden unter der Leitung des Kontrollrates tätig sein" (§ III, A. 9, IV).

Die Demokratisierung ganz Deutschlands wird näher umschrieben: „Unter Berücksichtigung der Notwendigkeit zur Erhaltung der militärischen Sicherheit wird die Freiheit der Rede, der Presse und der Religion gewährt. Die religiösen Einrichtungen sollen respektiert werden. Die Schaffung Freier Gewerkschaften wird . . . gestattet werden" (§ III, A, 10).

Laut § III, A, 12–14 soll das deutsche Wirtschaftsleben dezentralisiert werden, dabei „ist das Hauptgewicht auf die Entwicklung der Landwirtschaft und der Friedensindustrie für den inneren Bedarf (Verbrauch) zu legen. Während der Besatzungszeit ist Deutschland als eine wirtschaftliche Einheit zu betrachten. Mit diesem Ziel sind gemeinsame Richtlinien aufzustellen." In der Einschätzung des PA. bestehen zwischen DDR und Bundesrepublik Deutschland erhebliche Differenzen.

Im westlichen Verständnis handelt es sich um Vereinbarungen zwischen den Siegermächten, die einen deutschen Souverän nicht binden können, zumal selbst zwischen den Alliierten von Anfang an keine einheitliche Interpretation erreicht werden konnte. Dieser Tatbestand habe wesentlich zur unterschiedlichen Entwicklung in den Besatzungszonen und schließlich zur, von der UdSSR verursachten, Spaltung Deutschlands geführt.

Für die SED handelt es sich um ein sowohl die Unterzeichner als auch die „Nachfolgestaaten des 1945 untergegangenen Deutschen Reiches, die DDR und die Bundesrepublik Deutschland" und, nach Art. 107 der UN-Charta, auch alle Mitgliedstaaten der UNO verpflichtendes Abkommen.

Die „Grundsätze des PA." seien jedoch nur in der DDR verwirklicht worden, auf deren Gebiet der deutsche „Militarismus und Nazismus ausgerottet" worden sei. In den westlichen Besatzungszonen habe dagegen die „deutsche Reaktion die Macht der Imperialisten und Militaristen restauriert". Die Spaltung Deutschlands sei auf „diese Kräfte" zurückzuführen, die im Interesse ihrer Klassenherrschaft den „westdeutschen Separatstaat" geschaffen hätten.

Mit dem Hinweis auf die angebliche „Verwirklichung" des PA. in der DDR weist die SED auch alle Wiedergutmachungsansprüche (z. B. seitens Israels) zurück. → **Oder-Neiße-Grenze.**

Prager Christliche Friedenskonferenz: → **Christliche Friedenskonferenz.**

Praktikantenzeit: → **Universitäten und Hochschulen.**

Praktischer Arzt: → **Gesundheitswesen.**

Prämien: → **Jahresendprämie; Prämienfonds.**

Prämienfonds: P. ist einer der für die Steigerung der Arbeitsmotivation der Arbeitnehmer wichtigen betrieblichen → **Fonds.** Die Höhe des P. wird in Form einer staatlichen → **Plankennziffer** vorgegeben. Der P. ist seit 1972 an die Höhe des geplanten Nettogewinns und der geplanten Warenproduktion gebunden. Der P. kann je nach Planübererfüllung oder -untererfüllung um 1 v. H. nach oben bzw. 1,5 v. H. oder 0,5 v. H. nach unten verändert werden. 1974 wurden die Zuführungen zum P. für den Fall erhöht (bis zu 2,5 v. H.), daß sich die Betriebe bereits in der Phase der Planausarbeitung zur Planübererfüllung (betriebliche Gegenpläne) verpflichten. Die → **Jahresendprämie** (J.) stellt die wichtigste Form der Zuwendung an Arbeitnehmer aus dem P. dar. Sie soll mindestens ein Drittel und bei besonderen Leistungen höchstens das Doppelte des Monatsdurchschnittsverdienstes ausmachen. 1972 erhielten 3,7 Mill. Arbeiter und Angestellte (von mehr als 8 Mill. Beschäftigten) durchschnittlich 650 Mark als J. zugeteilt, d. h. ca. 10 v. H. mehr als 1971.

Prämiengehalt: Gehaltsform, die durch Prämienzuschläge für Mehrleistungen entsteht. → **Lohnformen und Lohnsystem.**

Prämienlohn: Lohnform, die durch Prämienzuschläge für Mehrleistungen entsteht. → **Lohnformen und Lohnsystem.**

Präsidium des Ministerrates: → **Ministerrat.**

Präsidium des Obersten Gerichts: → **Gerichtsverfassung.**

Preissystem und Preispolitik

Grundlagen – Industriepreisreform – Ungelöste Probleme – Aktuelle Preispolitik

I. Grundsätze des Preissystems

Die Preisbildung folgt in der DDR anderen Prinzipien als in marktwirtschaftlichen Wirtschaftssystemen. In diesen führt prinzipiell der Preismechanismus unter der Voraussetzung, daß wirksamer Wettbewerb vorliegt, eine Angleichung der Angebots- und Nachfragebeziehungen herbei und signalisiert den weitgehend autonomen Marktparteien (Wirtschafteinheiten), was zu produzieren ertragreich ist bzw. welche Güter von Nutzen sind. Das bedeutet, die Koordination der Entscheidungen der Wirtschaftseinheiten erfolgt weitgehend über die Preise auf den Märkten.

Im Gegensatz dazu ist das Ps. in der DDR – genauso wie in anderen Wirtschaftssystemen des Ostblocks – Instrument der zentralen staatlichen Wirtschaftsführung und dient der Durchsetzung zentraler Ziele. Es ist Bestandteil des Gesamtsystems „ökonomischer Hebel", zu dem u. a. die → **Steuern,** → **Kredite,** → **Zinsen,** → **Fonds** und Prämien (→ **Jahresendprämie**) gehören. Die Preise sind sowohl Gegenstand der Planung – deshalb erfolgt ihre Festsetzung generell auch durch staatliche Instanzen – als auch Instrumente zur Durchsetzung der Planziele. Die Wirksamkeit des Ps. zur Unterstützung der Planerfüllung hängt von seiner Übereinstimmung mit den jeweiligen Planzielen und den angewendeten Methoden des Planungssystems ab (→ **Planung**). Unter den Bedingungen einer Zentralplanwirtschaft würden dann ökonomisch optimale Planpreise innerhalb einer Planperiode vorliegen, wenn diese in Abhängigkeit von den für diese Periode aufgestellten Planzielen die relative Knappheit der betreffenden Güter zum Ausdruck brächten. Auch unter Zuhilfenahme komplizierter mathematisch-statistischer Verfahren (z. B. Input-Output-Rechnung) ist es jedoch bisher weder in der DDR noch in anderen Ostblockstaaten gelungen, auch nur annähernd derartige optimale Preise zu bestimmen.

Entscheidendes Problem der realen Preisfestsetzung ist, daß sich Grundsätze der Preisbildung widersprechen können. Zudem können die Preise, die zwangsläufig bei zentraler Preisfestsetzung für längere Zeit terminiert sind, durch Änderungen der Planziele laufend in Gegensatz zu ihrer Funktion als Instrument der Plandurchsetzung gelangen. So hatte man nach dem Krieg die Preise wichtiger Grundstoffe mit Hilfe von Subventionen weit unter den Selbstkosten festgelegt, um den Investitionsgüterbereich durch Unterbewertung der Vorprodukte zu begünstigen. Für Konsumgüter galten hingegen meist überhöhte Preise, um dadurch die Entwicklung des Konsums zugunsten der Investitionen zu hemmen. Damit standen die Preise jedoch bis zum Beginn der Industriepreisreform bewußt im Gegensatz zu dem auch in östlichen Wirtschaftssystemen grundsätzlich angestrebten Prinzip der Kostendeckung, das wiederum für Wahlentscheidungen im Rahmen des Planungsprozesses, insbesondere für die Messung der Wirtschaftlichkeit alternativer Produktionen von entscheidender Bedeutung ist.

Als besondere Schwierigkeit erweist sich zudem, daß bei unterbewerteten Produkten im Zeitverlauf die erforderlichen Preissubventionen in der Regel zunehmen. Ihr Abbau in besonders krassen Fällen würde aber wiederum kurzfristige Substitutionsprozesse auslösen, denen die dann bevorzugten Erzeugnisgruppen mangels zureichender Kapazitäten möglicherweise nicht gewachsen wären. Um solche Störungen sowie generell aus Preisänderungen resultierende Einflüsse zu vermeiden, tendieren Zentralplanwirtschaften zur einer Preisstarrheit, die über einen längeren Zeitraum hinweg wiederum nicht einmal die Übereinstimmung einiger wichtiger Preise mit bestimmten zentralen Zielvorstellungen gewährleisten kann. Solange aber die Preise der einzelnen Güter weder als Maßstab des erforderlichen volkswirtschaftlichen Aufwands noch der Dringlichkeit des im Plan festgelegten Bedarfs angesehen werden können, ist eine auf annähernd optimale Leistungsfähigkeit ausgerichtete Planung unmöglich, weil ihr der Orientierungsmaßstab für den Grad der ökonomischen Effizienz der verschiedenartigen Leistungen fehlt. Deshalb versuchte man auch im Rahmen des → **NÖS** und → **ÖSS** mit einer Reihe von aufeinanderfolgenden Schritten Verbesserungen des damaligen Ps. durchzusetzen.

II. Die Industriepreisreform

In mehreren Stufen wurden in den Jahren 1964 bis 1967 in der DDR sämtliche Industriepreise auf der Basis der vorausgeschätzten Selbstkosten des Jahres 1967 neu festgelegt. Das Ziel dieser umfangreichen Preisreform war es, einen bedeutenden Teil der vordem erheblichen Preisverzerrungen zu beseitigen. Da das bis 1964 geltende Ps. – besonders für Vorleistungen und Materialien – zum großen Teil auf Preisen des Jahres 1944 basierte, spiegelte es die in der DDR bestehenden volkswirtschaftlichen Kosten- und Knappheitsverhältnisse nur ungenau und erheblich verzerrt wider, Vor 1964 lagen die Preise wichtiger Grundstoffe beträchtlich unter den Herstellungskosten. Dies erforderte umfangreiche staatliche Subventionen. So wiesen beispielsweise die Preise für Rohstoffe wie Kohle, Gas, Elektroenergie, Holz, Eisen, Mauersteine und Dachziegel ein Niveau von nur 45–60 v. H. der effektiven Erzeugungskosten auf. Demgegenüber galten für Konsumgüter z. T. überhöhte Preise, weil die konsumnahen Bereiche hohe Steuern in Form der Produktionsabgaben (→ **Produktions- und Dienstleistungsabgabe**) zu tragen hatten.

Die Etappen der Industriepreisreform in der DDR

Termin	Wichtige erfaßte Erzeugnisgruppen	Anzahl der betroffenen Betriebe	Erfaßtes Produktionsvolumen	Durchschn. Gesamterhöhungen der Erzeugnispreise
1. Etappe 1. Stufe 1. 4. 1964	Kohle, Energie, Kali und Salze, Erze, NE-Metalle, Roheisen, Stahl- und Walzwerkerzeugnisse. Gießereierzeugnisse und Schrott, einschl. der dazugehörigen Güterverkehrstarife	290	rd. 50 Mrd. Mark	+ 70 v. H.
2. Stufe 1. 7. 1964	Rohstoffe und Erzeugnisse der Grundchemie (insbesondere Mineralölerzeugnisse, organische und anorganische Chemikalien, Kunststoffe, Chemiefasern, Zellstoffe, Düngemittel), einschl. der Güterverkehrstarife für diese Waren			
2. Etappe 1. 1. 1965	Rohholz, Schnittholz, Furniere, Pappe und Papier, Häute, Felle, Leder, Baustoffe, Wasser, weitere Chemieerzeugnisse (insbesondere Kautschuk, Kunststoffe, Chemiefasern, chemisch-technische Waren, Filme, Pharmazeutika), Erzeugnisse der NE-Metallverarbeitung (z. B. Kabel, Drähte, Leitungen), einschl. der dazugehörigen Güterverkehrstarife	3 350		+ 40 v. H.
3. Etappe 1. 1. 1967	Maschinenbau, Elektrotechnik, Elektronik, Halb- und Fertigfabrikate der chemischen Industrie, Erzeugnisse der Leicht- und Lebensmittelindustrie, Bauleistungen sowie Leistungen des Verkehrswesens und der Post (bei Konsumgütern wurden nur die Betriebspreise geregelt)	über 15 000	rd. 100 Mrd. Mark	+ 4 v. H.

Diese Preisverzerrungen bewirkten volkswirtschaftliche Fehlentwicklungen: Es traten Rohstoffverschwendungen auf, sowohl als Folge zu niedrig bewerteter Rohstoffe als auch wegen zu seltener Nutzung technisch günstigerer, aber häufig überbewerteter substitutiver Einsatzgüter. Die Sortimentsstruktur der von den Betrieben erzeugten Fertigprodukte konzentrierte sich bei der vom Mengendenken beherrschten Planung z. T. auf Güter, deren volkswirtschaftlicher Aufwand die betrieblichen Kosten weit überstieg, weil der je Produkt ausgewiesene Gewinn kein echter Maßstab der betrieblichen Leistung sein konnte. Schließlich wurde der technische Fortschritt behindert, weil infolge der verzerrten Preise bei neuen Produktionsverfahren und Investitionsprojekten nicht die tatsächlich zu erwartende Wirtschaftlichkeit bestimmbar war; realisiert wurden daher z. T. Projekte mit vermeintlich hohem Nutzen, der sich bei kostengerechten Preisen als nur gering erwiesen hätte.

Der Industriepreisreform war eine Neuberechnung der viel zu niedrigen → **Abschreibungen** vorausgegangen; sie entsprachen infolge einer uneinheitlichen Unterbewertung der Anlagegüter nicht dem Wert des tatsächlichen Verschleißes. Zu ihrer Neufestsetzung war deshalb eine Neubewertung des Brutto-Anlagevermögens (→ **Grundmittelumbewertung**) notwendig, die 1963 nach umfangreichen Vorarbeiten durchgeführt worden ist.

Die Industriepreisreform wurde in den folgenden – in der Tabelle oben dargestellten – 3 Etappen durchgeführt.

Da ein wichtiges Merkmal der Industriepreisreform darin bestand, die Konsumgüterpreise unverändert

zu lassen, mußten die Betriebe der verbrauchsnahen Branchen Kostensteigerungen ihrer Vorprodukte durch vermehrte Rationalisierungen bzw. Gewinneinbußen ausgleichen. Allerdings wurden vereinzelt auch Minderungen der Produktionsabgaben vorgenommen bzw. Subventionen eingeführt, wenn die eingetretenen Kostenerhöhungen die Betriebe zu stark belastet hätten. Somit wirkte sich die letzte Etappe der Industriepreisreform vor allem auf die Preise der Investitionsgüter aus, die sich durchschnittlich um 16 v. H. erhöhten. Bei den Ausrüstungen stiegen die Preise im Durchschnitt um 8 v. H., bei den Bauinvestitionen um 33 v. H. Allgemein nahmen die Baupreise um 26 v. H. zu.

Als positives Ergebnis der Preisreform läßt sich vermerken, daß die staatlichen Preissubventionen in verschiedenen Bereichen von vorher etwa 13,5 Mrd. Mark auf 7,5 Mrd. Mark reduziert werden konnten. Damit wurden auch wesentliche Preisdisproportionen zwischen den Erzeugnissen verschiedener Wirtschaftszweige z. T. bereinigt.

III. Ungelöste Probleme der Preisreform

Obwohl die Industriepreisreform merklich bessere Preisverhältnisse geschaffen hatte, wiesen auch die neuen Preise Mängel auf. Sie entsprachen dem volkswirtschaftlich notwendigen Aufwand noch immer nicht und berücksichtigten die in der DDR gegebenen Knappheitsverhältnisse nur unzureichend. Insbesondere zeigten sich folgende Mängel:

1. Der Preisreform hatte man die voraussichtlichen Kosten von 1967 zugrundegelegt, die wiederum aufgrund vorausgeschätzter Durchschnittswerte für die Verarbeitungskosten sowie anhand globaler Um-

rechnungskoeffizienten für Rohstoffgruppen ermittelt worden waren. Dabei mußten zwangsläufig Schätzfehler auftreten.

2. In den Industriepreisen waren zwar die Abschreibungen, nicht jedoch der Kapitalzins für Eigen- und Fremdmittel enthalten, so daß die Erzeugnisse kapitalintensiver Zweige generell unterbewertet waren. Ursache der Vernachlässigung des Kapitalzinses war die vor den Reformen praktizierte kostenfreie Zuweisung von Staatshaushaltsmitteln für Investitionen.

3. Demgegenüber führte das Festhalten an den zu einem Teil überhöhten Konsumgüterpreisen – trotz starker staatlicher Abschöpfungen – zu einer überhöhten Rentabilität entsprechender Konsumgüterproduktionen.

4. Da das Ps. grundsätzlich nur starre Preisrelationen kennt, erbrachten die im Zeitverlauf auftretenden Veränderungen der Kostenrelationen erneute Verzerrungen der Preisstruktur. So entsprachen beispielsweise die bei der Grundmittelumbewertung benutzten Wertmaßstäbe von 1962 schon 1968 – nach der Preisreform – nicht mehr den damaligen Wiederbeschaffungspreisen, so daß die → **Produktionsfondsabgabe** auf eine nicht mehr einheitliche Bemessungsgrundlage bezogen und die Abschreibungen falsch ausgewiesen wurden.

5. Auch die neuen Preise stimulierten Neuentwicklungen nur unzureichend, da deren Produzenten nur den durchschnittlichen Kalkulationsgewinn erzielten, während sie bei älteren Erzeugnissen infolge von Kosteneinsparungen höhere Gewinne erreichen konnten.

6. Die mit der Industriepreisreform geschaffenen Preise berücksichtigten weder die in der DDR gegebenen Knappheitsrelationen der Produktionsfaktoren noch die Dringlichkeit der Nachfrage.

IV. Preispolitik in den Jahren 1968–1970

In den letzten Jahren der NÖS-Periode wurde zur Beseitigung einiger der bereits erwähnten Preismängel eine Reihe von interessanten preispolitischen Maßnahmen realisiert:

a) Die Einführung des → **fondsbezogenen Preises** (GBl. II, 1968, Nr. 67, S. 497): Mit diesem Preistyp sollte im Gegensatz zur bisherigen Preisbildung (sog. kostenbezogener Preistyp) auch der volkswirtschaftlich erforderliche Kapitalaufwand im Preis berücksichtigt werden, um damit die Zahlung der Produktionsfondsabgabe für kapitalintensive Betriebe zu ermöglichen. Bei diesem Preistyp wurde der Gewinnanteil ausschließlich als Prozentsatz (höchstens 18 v. H.) des notwendigen – und nicht des tatsächlichen – Kapitalaufwandes kalkuliert, der wiederum am Kapitaleinsatz der günstigsten Betriebe einer Erzeugnisgruppe bemessen war. Da der Preis somit nur den „optimalen" Kapitaleinsatz sowie die „günstig-

ste" Höhe der Umlaufmittelbestände berücksichtigte, die Produktionsfondsabgabe aber auf den effektiven Kapitalaufwand bezogen war, konnte der Betrieb seinen Nettogewinn (Bruttogewinn minus Produktionsfondsabgabe) bei gegebenen Verarbeitungskosten nur durch Entscheidungen zur Verbesserung seiner Kapitalnutzung maximieren.

b) Die Schaffung von Preisdynamisierungsmaßnahmen (GBl. II, 1968, Nr. 67, S. 497): Ausgelöst durch im Zeitverlauf auftretende Kostenminderungen sollte beim Industriepreisregelsystem eine Überschreitung der festgelegten Obergrenze des fondsbezogenen Gewinns automatisch Preissenkungen auslösen, bis die vorbestimmte Gewinnuntergrenze erreicht war.

Wirkungsweise des Industriepreisregelsystems für eine Erzeugnisgruppe
Schematische Darstellung

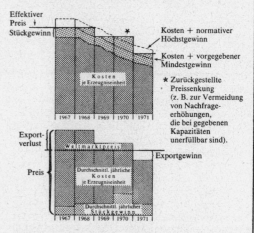

Quelle:
Manfred Melzer, Preispolitik und Preisbildungsprobleme in der DDR, in: Vierteljahreshefte zur Wirtschaftsforschung, H. 3/1969, S. 340.

Den Generaldirektoren der VVB oblag die Beobachtung, inwieweit sich die Rentabilität der jeweiligen Erzeugnisgruppe an den Höchstgewinn annäherte; bei Überschreiten desselben sollten sie Preisherabsetzungen für Einzelerzeugnisse bzw. Erzeugnisgruppen vorschlagen oder selbst durchführen. Preissenkungen sollten jedoch ausgeschlossen sein, wenn die dann eintretenden Nachfrageerhöhungen bei bestehenden Kapazitäten nicht hätten befriedigt werden können, oder wenn verfälschte Preisrelationen für Substitutionsgüter entstanden wären.

Um zu erreichen, daß die Betriebe auch tatsächlich an Kosten- und Preisminderungen interessiert waren, durften sie – gemäß den für 1969 und 1970 geltenden Bestimmungen – die aufgrund von Preisreduktionen eintretenden Gewinneinbußen voll von der an den Staat zu zahlenden Nettogewinnabführung abziehen.

Zur Förderung der Entwicklung neuer sowie der Ausschaltung veralteter Güter wurde weiterhin eine Preisdegression für neu- und weiterentwickelte Erzeugnisse eingeführt, die bei zunächst erhöhtem Gewinn und danach folgenden kontinuierlichen Preis- und Gewinnminderungen dem Hersteller eines Gutes schließlich dann Verluste bringen sollte, wenn das Produkt nicht mehr dem allgemeinen technischen Niveau entsprach.

Preisdegression bei neuentwickelten Industrieprodukten
Schematische Darstellung

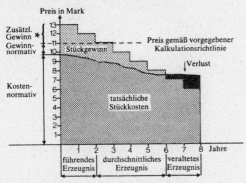

★ Betrieblicher Anteil an der durch die Neuentwicklung ermöglichten volkswirtschaftlichen Nutzensteigerung.

Quelle:
Manfred Melzer, Preispolitik und Preisbildungsprobleme in der DDR, in: Vierteljahrshefte zur Wirtschaftsforschung, H. 3/1969, S. 344.

An der Festlegung sowohl des Ausgangspreises als auch an der Preisdegression waren neben dem Hersteller und den Abnehmern vor allem die zuständigen Preiskontrollorgane beteiligt (z. B. Amt für Preise, Industrieministerium, VVB). Die Preisdegression sollte sich nach der voraussichtlichen „ökonomischen Lebensdauer" des Erzeugnisses, also der Periode richten, in der das Produkt dem in der DDR erreichten durchschnittlichen technischen Niveau entsprach. Dabei war vorgesehen, eine stärkere Preisdegression im Zeitverlauf festzulegen, als Kosteneinsparungen zu erwarten waren, um beim Produzenten einen wirksamen Druck auf die Kosten auszulösen. Nach Ablauf der „ökonomischen Lebensdauer" des Erzeugnisses sollte sein Hersteller durch Verluste zur Produktionseinstellung des nunmehr „veralteten" Produktes veranlaßt werden.
c) Die Einführung differenzierter Preisformen: Um eine größere Beweglichkeit der Preisbildung zu erreichen, wurden neben den bis dahin fast ausschließlich geltenden Festpreisen auch Preisformen wie Höchstpreise und Vereinbarungspreise eingeführt (GBl. II, 1967, Nr. 25, S. 153 sowie 1968, Nr. 122, S. 971). Während Festpreise, die weder über- noch unterschritten werden durften und nur durch planmäßige Preisänderungen (z. B. Industriepreisregelsystem) verändert werden konnten, vor allem bei Erzeugnissen Anwendung fanden, die als Vorleistungen Niveau und Struktur der Kosten weiter Abnehmerkreise beeinflußten, wurden Höchstpreise für verschiedenartige Güter festgelegt. Diese Preisform war für alle Konsumgüter sowie für Erzeugnisse, die einer raschen technischen Entwicklung unterliegen, vorgesehen. Mit den Höchstpreisen, die unter- aber nicht überschritten werden durften, wurde den Betrieben ein gewisser eigenverantwortlicher Entscheidungsspielraum hinsichtlich Preissenkungen zur Erzielung von Absatzsteigerungen eingeräumt.
Unter Vereinbarungspreisen sind solche Preise zu verstehen, die ohne Bestätigung der Preisorgane auf Grundlage der geltenden Kalkulationsrichtlinien, jedoch mit höheren bzw. niedrigeren als dem vorgesehenen kalkulatorischen Gewinnsatz frei zwischen Herstellern und Abnehmern (insbesondere für Einzelanfertigungen, Spezialmaschinen usw.) vereinbart werden durften.
d) Preisprognose und Preisplanung (GBl. III, 1968, Nr. 9, S. 29): Ein wichtiges Problem der Planung zu konstanten Preisen besteht darin, daß bei auftretenden Preisänderungen die im Plan festgelegten Strukturentscheidungen überprüft und der neuen Preissituation angepaßt werden müssen. Zur Überwindung dieser Schwierigkeiten sollten Preisprognosen auf betrieblicher Ebene sowie eine gesamtwirtschaftliche Preisplanung dienen. Zu diesem Zweck wurden für den Fünfjahrplanzeitraum 1971–1975 probeweise unter Leitung des → **Amtes für Preise** in einigen zentralgeleiteten Betrieben entsprechende Planinformationen erarbeitet. Es war dabei die 1969 bestehende Kostenstruktur zu ermitteln, sowie die für den Zeitraum 1971–1975 zu erwartende Entwicklung der Selbstkosten, des Brutto-Anlagevermögens und der Umlaufmittel einzuschätzen. Die ermittelten Daten wurden in ein zentrales, 1 150 Erzeugnisgruppen umfassendes Preisverflechtungsmodell übertragen. Unter Berücksichtigung zentraler Entscheidungen (z. B. über Außenhandel, Strukturänderungen, Lohnerhöhungen) sollten dann aus dem dynamisierten Preisverflechtungsmodell Preisänderungskoeffizienten für die einzelnen Erzeugnisgruppen erarbeitet werden, die dann eine der Grundlagen für die Fünfjahrplanentwürfe bilden sollten.
Während bis 1970 tatsächlich für ca. ein Drittel der industriellen Warenproduktion fondsbezogene Preise eingeführt worden sind, zeigte sich bei den Preisdynamisierungsinstrumenten als deutliche Schwäche, daß statt der angestrebten Preisminderungen faktisch Preiserhöhungen eintraten. Auch die Preisplanung verlief nicht erwartungsgemäß: Offensichtlich scheinen bei der praktischen Anwendung des Preisverflechtungsmodells so erhebliche Schwierigkeiten aufgetreten zu sein, daß sein weiterer Einsatz aufgegeben bzw. eingeschränkt wurde.

V. Tendenzen der gegenwärtigen Preisbildung

Die Rezentralisierung von Ende 1970 wirkte sich besonders ungünstig auf das Ps. aus. Gerade als es begann, aktives Instrument der Planung zu werden, indem es stimulierend auf Kostensenkungen und eine bessere Nutzung des technischen Fortschritts hinwirkte, wurde das NÖS- bzw. ÖSS-Modell abgebrochen. Das Industriepreisregelsystem sowie die Preisdegression bei neuen und weiterentwickelten Erzeugnissen wurden aufgehoben, und die weitere Einführung fondsbezogener Preise ausgesetzt (GBl. II, 1972, Nr. 67, S. 761). Noch ungünstiger wirkte jedoch der generelle Preisstop für alle 1971 produzierten Güter bis zum Jahre 1975 (GBl. II, 1971, Nr. 77, S. 669 ff. und S. 674 ff.). Er ist nunmehr praktisch bis 1980 verlängert worden, mit Ausnahme einiger weniger Erzeugnisse, für die planmäßig Preiskorrekturen vorgesehen sind. Damit sind die Preise wieder passives Systemelement geworden, das kaum effizienzsteigernde Impulse auszulösen vermag.

Ökonomisch unrichtige Preisrelationen bleiben nun auch in Zukunft aufrechterhalten. So ergeben sich für kapitalintensive Produktionen, für die bis 1970 noch keine fondsbezogenen Preise eingeführt worden waren, durch die Produktionsfondsabgabe z. T. erhebliche Schwierigkeiten bei ihrer Fondsbildung. Da bei einem Preisstopp die Preisfestsetzung für neue oder weiterentwickelte Produkte zum Problem wurde, hat man ein umständliches und äußerst bürokratisches Preisantrags- und Preisbestätigungsverfahren entwickelt (GBl. II, 1972, Nr. 24, S. 257 ff.):

a) Preise für neue oder verbesserte Konsumgüter müssen nach eingehender Kontrolle der Preis- und Kostenkalkulation von zentralen Organen (z. B. durch das Amt für Preise, dem ein Zentraler Preisbeirat beigeordnet ist) bestätigt werden. Ausgangspunkt des komplizierten Preisbestätigungsverfahrens ist ein vom Betrieb zu stellender Preisantrag, der neben Angaben über Produktionsvolumen und dem zu erwartenden Bedarf sowohl die nach den geltenden Kalkulationsvorschriften ermittelten Kosten als auch einen mit den Hauptabnehmern abgestimmten Preisvorschlag enthalten soll. Dieser geht nacheinander den wirtschaftsleitenden Organen der Industrie, des Handels, die ihrerseits durch einzelne Preisbeiräte unterstützt werden, und dann dem Ministerium für Handel und Versorgung sowie schließlich – bei wichtigen Erzeugnissen – dem Amt für Preise bzw. dem Ministerrat zu. Alle Instanzen haben eine eingehende Prüfung und Stellungnahme sowie dem jeweils übergeordneten Organ einen Preisvorschlag zu unterbreiten, bis schließlich bei der letzten Instanz die endgültige Preisentscheidung getroffen wird. Lediglich bei der Preiseinstufung endet der Prozeß bereits beim wirtschaftsleitenden Organ des Handels (z. B. Zentrales Warenkontor), soweit der Betrieb anhand von Preisberechnungsvorschriften nicht selbst einstufen darf.

b) Bei den → **Industriepreisen** verläuft das Verfahren der Preisbestätigung im Prinzip genauso, nur stehen in der Mitte der Kette der zentralen Prüfungsinstanzen statt der Organe des Handels und des Ministeriums für Handel und Versorgung die jeweils zuständigen Fachministerien, die durch Arbeitskreise bzw. zeitweilige Expertenkommissionen unterstützt werden. Die Preiseinstufung erfolgt auch hier durch das Preiskoordinierungsorgan der Industrie bzw. die Betriebe selbst. Bei neuen Produkten wird grundsätzlich für 3 Jahre ein höherer Gewinnzuschlag zugestanden, jedoch dürfen sie nur um weniger verteuert werden als ihrer Qualitätsverbesserung zum bisherigen Erzeugnis entspricht. Zur Stimulierung besserer Qualitäten werden bei Produkten mit dem amtlichen Gütezeichen „Q" oder „1" Preiszuschläge gewährt. Um aber grundsätzlich auf möglichst niedrige Preise hinzuwirken, werden für Neuentwicklungen bereits im Entwicklungsstadium unter Mitwirkung der Hauptabnehmer und Zulieferer Preislimite festgelegt. Bei ganzen Investitionsprojekten dürfen Auftraggeber sowie General- und Hauptauftragnehmer entsprechend der geltenden Kalkulations- und Kostenregelungen im Rahmen verbindlicher Angebote Vereinbarungspreise bilden. Dabei darf der Auftraggeber Einsicht in die Berechnungsunterlagen der Anbieter nehmen.

Die heute gebräuchlichen Preisarten, die sich sowohl nach der Anzahl der Preiselemente als auch nach unterschiedlichen Funktionen unterscheiden, lassen sich durch das folgende Schaubild charakterisieren.

Preisaufbau bei Kapitalgütern und bei Konsumgütern

	Preiselemente	Preisarten	Produktionsmittel	Konsumgüter
Selbstkosten	◉			
+ kalkulierter Gewinn	◉			
= Betriebspreis (BP)		◉		
+ Produktionsabgabe (PA)	◉			
= Industrieabgabepreis (IAP)		◉		
+ Großhandelsspanne	◉			
= Großhandelsabgabepreis		◉		
+ Einzelhandelsspanne	◉			
= Einzelhandelsverkaufspreis (EVP)		◉		

Quelle: Lexikon der Wirtschaft-Preise, Berlin (Ost), 1972, S. 162.

Im Gegensatz zu den bei Konsumgütern wirksamen Großhandels- oder → **Einzelhandels-Verkaufspreisen** gelten für Investitionsgüter, Rohstoffe, Materialien, Halbprodukte und Vorleistungen in den zwischenbetrieblichen Wirtschaftsbeziehungen sowie zwischen den Betrieben und dem Produktionsmittelhandel die sog. Industriepreise. Hierzu rechnen einmal der → **Betriebspreis**, der sich aus den kalkulierbaren Kosten zuzüglich des gemäß den Kalkulationsvorschriften zulässigen Gewinns zusammensetzt, und zum anderen der → **Industrieabgabepreis** (Betriebspreis und Produktionsabgabe). Da für Investitionsgüter in der Regel keine Produktionsabgabe zu zahlen ist, fallen bei diesen Betriebspreis und Industrieabgabepreis zusammen.

VI. Gegenwärtige Preisprobleme

Mit dem Wegfall wichtiger Preisbildungskonzeptionen des NÖS und dem 1971 verhängten Preisstopp haben sich die Preisverzerrungen verschlechtert. Denn gegenwärtig gelten 3 Gruppen von Preisen nebeneinander: Für einen großen Teil der Erzeugnisse werden noch die mit der Industriepreisreform geschaffenen Preise angewandt; bei einer Gruppe von Produkten bestehen fondsbezogene Preise und für eine weitere Gruppe neuer oder weiterentwickelter Güter werden neue – in der Regel allerdings nicht fondsbezogene – Preise angewandt.

Mit dieser Uneinheitlichkeit der Preise haben die einst mit der Industriepreisreform verminderten Preismängel wieder deutlich zugenommen: Bei formal konstanten Preisen bleiben die infolge laufend auftretender Kosten- und Aufwandsveränderungen entstehenden Verschiebungen der Wert-Relationen zwischen den Gütern verborgen. Auch inflationäre Erscheinungen sind verdeckt, da Preiserhöhungen vermittels Produktwandel auftreten, indem billige Erzeugnisse aufgegeben und durch neue – im Preis überhöhte – Produkte ersetzt werden. Eine wirtschaftlich sinnvolle – d. h. wenigstens annähernd kostengerechte – Leistungsbewertung ist gegenwärtig kaum noch möglich. Dies wiederum erweist sich als Störfaktor der Planung, da die bestehenden Preise volkswirtschaftliche Verlustproduktionen induzieren und notwendige Innovationsprozesse behindern oder in falsche Richtungen lenken können.

Das Ps. ist auch nicht in der Lage – mit Gewährung eines zunächst höheren Gewinns für neue bzw. weiterentwickelte Produkte sowie über den mit den Kalkulations- und Kostenvorschriften (→ **Gewinn**) ausgeübten Druck auf die Kosten – etwa einen „Wettbewerb" zu laufenden Kosten- und Preisminderungen auszulösen. Leistungsfähige Betriebe haben kein Interesse zur Aufdeckung ihrer Reserven, denn angesichts des komplizierten Verfahrens der Preisbestätigung für neue oder verbesserte Produkte gelingt ihnen vielfach die Durchsetzung überhöhter Preise. Das Amt für Preise ist trotz seiner umfangreichen Kompetenzen schon wegen der übermäßigen Verwaltungsarbeit überfordert, die Prinzipien der Preisfestsetzung konsequent durchzusetzen.

Verbesserungen der Preisbildungsmethoden dürften auch in den nächsten Jahren nicht zu erwarten sein, da die Planabrechnung im Fünfjahrplanzeitraum 1976–1980 auf Basis der Preise vom 1. 1. 1975 (GBl. I, 1974, Nr. 23, S. 240 f.) – d. h. unter Beibehaltung der gegenwärtig verzerrten Preisrelationen – erfolgt.

Presse: Gesamtheit der nach marxistisch-leninistischen Prinzipien gestalteten Zeitungen und Zeitschriften, Massenkommunikationsmittel; die politische Funktion der P. und ihre Kontrolle zeigt sich in einer differenzierten → **Medienpolitik** der SED. Die P. der DDR ist Lizenz-P.: Alle P.-Erzeugnisse (Tages- und Wochenzeitungen, Kreis- und Betriebszeitungen, Zeitschriften, Nachrichten- und P.-Dienste) dürfen nur mit staatlicher Erlaubnis (Lizenzpflicht) hergestellt und herausgegeben werden. Die Lizenzen erteilt das → **Presseamt** beim Vorsitzenden des Ministerrates der DDR; für Kreis- und Betriebszeitungen, örtliche Mitteilungsblätter und Kulturspiegel erteilen sie die Vorsitzenden der Räte der Bezirke.

Eine Lizenz „kann" befristet oder unbefristet erteilt werden, „wenn der Charakter des Presseerzeugnisses den Gesetzen der DDR entspricht" und „im Rahmen des Volkswirtschaftsplanes die erforderlichen Materialkontingente zur Herstellung zur Verfügung stehen". Die Linzenz kann wieder eingeschränkt oder entzogen werden, wenn „festgestellt" wird, daß die genannten Voraussetzungen nicht mehr gegeben sind (VO über die Herausgabe und Herstellung aller periodisch erscheinenden P.-Erzeugnisse vom 12. 4. 1962). In den ersten Nachkriegsjahren erfolgten die Lizenzverteilung und

→ **Zensur** durch die → **SMAD**. Damalige Tageszeitung der Besatzungsmacht: „Tägliche Rundschau".

Für alle periodisch erscheinenden P.-Erzeugnisse besteht ein staatliches Vertriebsmonopol, ausgeübt durch den „Postzeitungsvertrieb". In- und ausländische P.-Erzeugnisse dürfen im Gebiet der DDR nur vertrieben und verkauft werden, wenn sie in die „Postzeitungsliste" aufgenommen sind. (Postzeitungsliste Teil 1: DDR-P., Teil 2, Band 1: sowjetische P., Teil 2, Band 2: übrige P.-Erzeugnisse [auch westl.].)

Tageszeitungen (1974 insgesamt 40 Zeitungen, Gesamtauflage 7,8 Mill.) sind, nach der marxistisch-leninistischen Lehre von der Identität von Partei- und Massenpresse, Organe der → **Parteien** oder der → **Massenorganisationen**, indirekt auch die „Berliner Zeitung" – ehemaliges Magistratsblatt – mit „BZ am Abend" und die „Azet", Abendzeitungen in Leizig und Halle (alle im Besitz der SED). An Zahl und Auflagenhöhe, auch im Umfang ist die SED-P. vorherrschend. Die SED ist Eigentümerin des größten P.- und Verlagskonzerns → **Zentrag**. Zur SED-P. gehören die Tageszeitungen: „Neues Deutschland", Zentralorgan des ZK der SED, Ost-Berliner und Republikausgabe; tägl. Auflage: über 1 Million (1974);

14 Bezirkszeitungen in insgesamt 219 Kreisausgaben

als Organe der SED-Bezirksleitungen; tägliche Auflage: 4,1 Millionen (1974) und „Berliner Zeitung" mit „BZ am Abend" Auflage 500 000 / 250 000;

„Azet"-Abendzeitung: Bezirk Leipzig und Halle (ab 30. 9. 1975 eingestellt);

„Neue Deutsche Bauernzeitung", Organ des ZK der SED; tägliche Auflage: 185 000 (1973);

alle Betriebszeitungen (ca. 600) in der DDR als Organe der SED-Betriebsparteiorganisationen von Großbetrieben; 14tägig; Auflage gegenwärtig ca. 2,5 Mill. (1974); als wichtigste Parteizeitschriften:

„Einheit", monatliche ‚Zeitschrift für Theorie und Praxis des wissenschaftlichen Sozialismus' des ZK der SED; Auflage: 210 000 (1973);

„Neuer Weg", Organ des ZK der SED für Fragen des Parteilebens; 14tägig; Auflage: 195 000 (1973).

Die übrigen Parteien geben als Tageszeitungen heraus die Zentralorgane:
Berliner- und Republikausgabe: „Neue Zeit", CDUD; „Der Morgen", LDPD; „National-Zeitung", NDPD, Auflage etwa je 50 000; „Bauern-Echo", DBD, über 100 000.

CDUD, LDPD und NDPD besitzen zusätzlich regionale Tageszeitungen für die ehemaligen Länderbereiche Mecklenburg, Brandenburg, Sachsen-Anhalt, Sachsen und Thüringen, z. B. in Thüringen die CDUD 6, die LDPD 7, die NDPD 5, die SED zum Vergleich 36. Monatliche Funktionärszeitschriften: „Union teilt mit", CDUD; „LDPD-Informationen"; „Der nationale Demokrat", NDPD; „Der Pflüger", DBD.

Da sämtliche Parteien und SED-geführten Massenorganisationen und Verbände in ihren Statuten die führende Rolle der SED anerkennen und sich ihrer gesellschaftlichen und staatlichen Politik unterordnen, stimmen Aufmachung und Inhalt des allgemeinen Nachrichtenteils aller Tageszeitungen im wesentlichen überein (zentrale Lenkung nach den Auswahlprinzipien: „Um dem Leser ein richtiges Bild von der objektiven Wirklichkeit in ihren Zusammenhängen zu vermitteln, wird die Auswahl der zu veröffentlichenden Nachrichten, ihre Placierung, die Zusammenstellung der einzelnen Fakten innerhalb einer Nachricht sowie die Wortwahl und Überschriftengestaltung parteilich vorgenommen", und: „Wir drucken nicht prinzipienlos alles mögliche ab. Unsere Presse bringt, was der Masse des Volkes dient. Der Gegner kommt nur zu Wort, falls uns das dient" (Journalistisches Handbuch der DDR, S. 193; Sozialistische Journalistik, S. 132). Die weitere Thematik ist in Auswahl und Ansprache, doch mit gleicher Zielsetzung („sozialistische Bewußtseinslenkung") dem zugedachten Bezieherkreis angepaßt. Die Zeitschriften der Parteien, Massenorganisationen und Verbände dienen der ideologischen Vertiefung der jeweiligen Sach- oder Verbandsarbeit. Sie spiegeln daher oft aufschlußreicher als die Tageszeitungen das Spannungsverhältnis von Ideologie und Wirklichkeit wider. Zeitungen und Zeitschriften der Massenorganisationen sind:
FDGB: „Tribüne", Tageszeitung, Organ des Bundesvorstandes; Auflage: 400 000;

„Die Arbeit", Monats-Zeitschrift für Theorie und Praxis der Gewerkschaften;

FDJ: „Junge Welt", Tageszeitung, Organ des Zentralrates; Auflage: 800 000 (1974); „Junge Generation", Funktionärszeitschrift; „Trommel", Wochenzeitung für Pioniere; Auflage über 400 000 (1968); „Pionierleiter", Funktionärszeitschrift; „Forum", Organ des Zentralrates der FDJ „für geistige Probleme der Jugend" (Studentenzeitschrift); „Neues Leben", monatliches Jugendmagazin. Kulturbund: „Sonntag", Wochenzeitung. DSF: „Freie Welt", Wochenillustrierte; „Presse der Sowjetunion" (zusammen mit Presseamt).

Sportbund (DTSB der DDR): „Deutsches Sportecho", Tageszeitung; Monatszeitschrift: „Theorie und Praxis der Körperkultur", Organ des→ **Staatssekretariates für Körperkultur und Sport** (Sporttheorie und Wehrertüchtigungsideologie).

Militärische und paramilitärische Verbände: „Volksarmee", Wochenzeitung; „Armeerundschau", monatl. Soldatenmagazin; „Der Kämpfer", Organ der Kampfgruppen der SED; „Sport und Technik", Monatszeitschrift des Zentralvorstandes der GST.

Weitere Verbandszeitschriften: „Neue Deutsche Presse" (NDP), Organ des Zentralvorstandes des Verbandes der Journalisten der DDR; „Neue Deutsche Literatur" (NDL), Organ des Schriftstellerverbandes; „Bildende Kunst", Organ des Verbandes Bildender Künstler der DDR.

Wichtige Wochenzeitungen: „Horizont", Sozialistische Wochenzeitung für internationale Politik und Wirtschaft (seit November 1968), parteiliches Informationsblatt über Ausland, Außenpolitik und internationalen Kommunismus (Dokumentationsteil), übernahm mit die Funktion des eingestellten Bulletins „Aus der internationalen Arbeiterbewegung".

„Die Wirtschaft", Zeitung für Politik, Wirtschaft und Technik, praxisbezogene Abhandlungen zur Wirtschaftspolitik der SED mit RGW-Berichterstattung.

„Wochenpost", Massenblatt für die Familie mit 32 Seiten, gegliedert in: politische DDR-Umschau, Kultur-Umschau mit Filmpremieren, Außenpolitik (Ost/West), Kaleidoskop, Portrait der Woche, Anzeigen, DDR-Fernsehprogramm, Briefwechsel- und Heiratsanzeigen, Rätselseiten und Ratgeber (Garten, Hausarzt etc.); wöchentliche Auflage: 1,1 Mill. (1974).

„Für Dich", Illustrierte Zeitschrift für die Frau, 48 Seiten mit politischen Kommentaren, Frauenthemen, Erziehungsproblemen, Roman, Mode und Ratgeber; wöchentliche Auflage 850 000 (1969).

„Wochenpost" und „Für Dich" werden von der SED als „bedeutende politische Wochenzeitungen" gewertet.

„FF – Dabei", Funk/Fernseh-Programmillustrierte; Auflage: 1,4 Mill. (1974). Weitere politische, parteilich-wissenschaftliche, Wirtschafts- und kulturelle → **Zeitschriften** sowie Unterhaltungsblätter. Ferner gibt es je eine evangelische und katholische Kirchenzeitung. Die Gesamtauflage der Wochenzeitungen einschließlich Illustrierten betrug 1974 8,5 Millionen.

Westliche Zeitungen und Zeitschriften, sofern sie nicht in einem genehmigungspflichtigen Abonnement bezogen werden (ausgewählte Funktionäre und leitende Mitarbeiter und Wissenschaftler staatlicher Institutionen) sind für die Allgemeinheit nicht erhältlich. In der Postzeitungsliste Teil 2, Band 2 (1972) sind politische Tages- und Wochenzeitungen aus der Bundesrepublik Deutschland und aus Berlin (West) (getrennte Rubriken) überhaupt nicht aufgeführt, auch keine kommunistischen. Ebenso keine Zeitungen und Zeitschriften aus den Gebieten Gesellschaftswissenschaften, Wirtschaft, Pädagogik, Literatur, Kunst, Film, Jugend und Mode, auch keine Illustrierten. Enthalten sind nur eine Musikforschungszeitschrift, 3 Zeitschriften von Religionsgemeinschaften und eine Reihe von speziellen Fachzeitschriften, z. B. aus der Bundesrepublik: eine naturwissenschaftliche, 24 medizinische, 20 technische, 3 handwerkliche sowie je eine aus den Bereichen Verkehr, Landwirtschaft/Forsten und Lebensmittelkunde.

An nur wenigen zentralgelegenen Zeitungskiosken der Post (Verkaufsmonopol) in Großstädten wie Berlin (Ost) und Leipzig werden einige Auslandszeitungen angeboten, zumeist kommunistische, wie die französische „L'Humanité" oder die italienische „Unità" (auch in der Postzeitungsliste); von westdeutschen Zeitungen das DKP-Organ „UZ" und „Die Wahrheit" der West-Berliner → **SEW**, die wegen der Wiedergabe des westdeutschen Fernsehprogramms begehrt ist.

Presseamt: Das P. beim Vorsitzenden des Ministerrates der DDR ist das zentrale weisungsberechtigte staatliche Organ zur Informierung der Öffentlichkeit. Es übt die politisch-administrative Kontrolle über alle periodisch erscheinenden Presseerzeugnisse der DDR, die nur mit Erlaubnis des P. (Lizenz) erscheinen dürfen, und das Weisungsrecht des Vorsitzenden des → **Ministerrates** gegenüber der staatlichen Nachrichten- und Fotoagentur → **ADN** aus. Es veröffentlicht die Kommuniqués und Erklärungen des Ministerrates (die die Bevölkerung auf die Durchführung der vom Ministerrat gefaßten Beschlüsse orientieren sollen), veranstaltet Pressekonferenzen und Pressebesprechungen zu „wichtigen staatlichen Ereignissen und Veranstaltungen" sowie zur „Erläuterung richtungweisender Beschlüsse", leitet an und koordiniert die publizistische Tätigkeit der zentralen Staatsorgane und organisiert Exkursionen für Journalisten zu Schwerpunkten politisch-wirtschaftlicher Vorhaben in der DDR.

Mehrmals wöchentlich gibt das P. die (gedruckten) „Presse-Informationen" heraus, die von allen Redaktionen, Staatsorganen und Großbetrieben bezogen werden. Wesentliche Aufgabe der Presse-Informationen ist es, „in Kurzkommentaren Fragen zu aktuellen wirtschaftlichen und politischen Problemen zu beantworten und damit zugleich den Redaktionen Hinweise zu geben" (Kurt Blecha, SED, Leiter des P. seit April 1958). Außerdem versorgt das P. die Redaktionen mit graphisch-statistischem Material und gibt seit Februar 1950 gemeinsam mit der Gesellschaft für Deutsch-Sowjetische Freundschaft das Bulletin „Presse der Sowjetunion" heraus, eine (auch richtungweisende) Auswahl von Kommentaren und Beiträgen aus sowjetischen Zeitungen und Zeitschriften, die ebenso in den Spalten der DDR-Presse erscheinen wie die Kurzkommentare und Beiträge der Presse-Informationen.

Nach Einstellung der offiziellen sowjetischen Zensur im August 1949 wurde im September die „Hauptverwaltung für Information" als deutsche Zentralbehörde in der sowjetischen Besatzungszone errichtet. Nach Gründung der DDR erfolgte im Oktober 1949 die Umbenennung in „Amt für Information"; vom Dezember 1952 bis 1963 lautete die offizielle Bezeichnung „P. beim Ministerpräsidenten der DDR".

Privateigentum: → **Eigentum; Grundeigentum.**

Privatwirtschaft: → **Wirtschaft.**

Produktgebundene Abgaben: → **Steuern.**

Produktionsabgabe: → **Produktions- und Dienstleistungsabgabe.**

Produktionsberatungen, Ständige (StPB): Organe der → **Betriebsgewerkschaftsorganisationen** (BGO) in Industrie, Bauwesen, volkseigener Landwirtschaft, Handel, Transport- und Nachrichtenwesen sowie in Forschungseinrichtungen auf Betriebs- und Abteilungsebene, mit deren Hilfe die Werktätigen ihre Mitwirkungsrechte bei der Leitung der Produktion, insbesondere bei der Verbesserung des Produktionsablaufs (→ **Rationalisierung**), und ihre Kontrollrechte gegenüber den Betriebs- und Abteilungsleitern bei der Planaufstellung und Plandurchführung unter Leitung der Betriebs- bzw. Abteilungsgewerkschaftsleitungen (BGL bzw. AGL) ausüben sollen.

1955/56 wurden vom → **FDGB** erstmals Produktionsberatungen (PB) in den VEB in größerem Umfang systematisch durchgeführt, in denen am Arbeitsplatz mit den Funktionären der Werkleitungen über Planerfüllung, Verbesserung des Planablaufs, Senkung der Selbstkosten, Verpflichtungen im → **Sozialistischen Wettbewerb** usw. diskutiert wurde. Unter dem Eindruck der sich während und nach den Unruhen in Ungarn und insbesondere in Polen bildenden Arbeiterräte gestand auch die SED-Parteiführung die probeweise Bildung von zumindest formal von den Gewerkschaften unabhängigen → **Arbeiterkomitees** in 20 Betrieben zu. Nach Festigung der politischen und wirtschaftlichen Lage wurden diese offiziell auf der 35. Tagung des ZK der SED (3.–6. 2. 1958) und durch die Direktive des Präsidiums des BV des FDGB vom 29. 4. 1958 zugunsten von gewählten Ausschüssen der PB als gewerkschaftliche Organe aufgelöst. Mit dem Beschluß der 35. Tagung des BV des FDGB (11.–13. 3. 1959), der vom Ministerrat der DDR am 9. 4. 1959 bestätigt wurde, entstanden aus diesem die StPB auf Abteilungsebene und Zentrale StPB (ZStPB) für den Gesamtbetrieb.

Im Zuge des NÖS, als die SED sich selbst stärker in den unmittelbaren Betriebsablauf einschaltete und der Versuch gemacht wurde, die Qualität der Mitwirkungsorgane durch die Einbeziehung einer größeren Zahl von Angehörigen der technischen und ökonomischen Intelligenz zu heben, wurden durch Beschluß des Politbüros des ZK der SED vom 29. 10. 1963 die ZStPB in den

Großbetrieben aufgelöst und an ihrer Stelle Produktionskomitees (PK) gebildet. Die PK fanden ihre gesetzliche Anerkennung durch den Beschluß des Ministerrats vom 27. 4. 1967 und wurden in der Verfassung von 1968 (Art. 44, 3) sowie im Gesetzbuch der Arbeit (§ 10 a) erwähnt. Unter unmittelbarer Leitung des Betriebsparteisekretärs waren in ihm der Vorsitzende der BGL, die Leiter der anderen → **Massenorganisationen** sowie die „qualifiziertesten Arbeiter, Ingenieure, Ökonomen, Wissenschaftler und leitende Kader" vertreten. Die PK sollten als herausgehobene und durch ihre Besetzung mit besonders befähigten Belegschaftsmitgliedern geeignete Beratungsgremien sowohl auf die Planaufstellung, die Ausarbeitung der betrieblichen Entwicklungsperspektive, die Einführung und Ausarbeitung neuer Fertigungsverfahren, die Betriebsorganisation, die Einhaltung der Koordinierungs- und → **Kooperationsverträge**, die Qualifizierung und Entwicklung der → **Kader** als auch auf die Verbesserung der betrieblichen Arbeits- und Lebensbedingungen Einfluß nehmen. Das PK wurde zwar auf den gewerkschaftlichen Vertrauensleutevollversammlungen gewählt, war aber der Betriebsparteileitung zugeordnet.

Die teilweise Zurücknahme der Wirtschaftsreformen durch den VIII. Parteitag der SED 1971, verbunden mit der Stärkung des FDGB als dem maßgeblichen Träger der Mitwirkungsorgane im ökonomischen Bereich, hat, ohne daß eine Änderung der genannten gesetzlichen Regelungen über Einrichtung und Funktion der PK bekannt geworden wäre, zu deren Auflösung geführt. An ihre Stelle sind durch Beschluß des BV des FDGB vom 18. 11. 1971 erneut ZStPB getreten. In der am 7. 10. 1974 geänderten Verfassung werden die PK nicht mehr erwähnt.

StPB (7–21 Mitglieder) werden in allen Betrieben mit über 50 beschäftigten Gewerkschaftsmitgliedern, in Betrieben mit AGL auch auf Abteilungsebene in offener Abstimmung auf Mitglieder- bzw. Vertrauensleutevollversammlungen gewählt. Die Wahl zu den StPB findet vor der Wahl zu den Gewerkschaftsleitungen statt, da der Vorsitzende der StPB – ähnlich wie die Vorsitzenden der anderen Ausschüsse, Kommissionen und Aktivs der BGL/AGL – Leitungsmitglied sein soll. Die StPB bestimmen einen Sekretär, der für die technisch-organisatorische Arbeit (Führung des Beschlußprotokolls, Erledigung des Schriftverkehrs) verantwortlich ist. Sitzungen sollen einmal monatlich stattfinden; vierteljährlich sind die StPB aufgefordert, über ihre Arbeit in Mitglieder- bzw. Vertrauensleutevollversammlungen zu berichten. Die Werk- bzw. Abteilungsleiter oder von ihnen bevollmächtigte Vertreter haben auf Verlangen an den Sitzungen der StPB teilzunehmen. Beschlüsse der StPB haben gegenüber den Wirtschaftsleitungen keine bindenden – das würde dem Prinzip der → **Einzelleitung** widersprechen –, sondern lediglich empfehlenden Charakter. Die rechtliche Qualität der Empfehlung ist jedoch dahingehend gestärkt worden, daß die betroffenen Leiter über die Verwirklichung von StPB-Beschlüssen berichten bzw. begründen müssen, warum sie nicht realisiert worden sind.

Die Hauptaufgabe der StPB besteht in der Anregung und Förderung von Rationalisierungsvorhaben: Einsparung von Arbeitsplätzen und Senkung der Kosten durch neue oder Verbesserung bereits installierter Produktionsverfahren, Hebung der Qualität der Produkte; Durchsetzung der **wissenschaftlichen** → **Arbeitsorganisation**, Sicherung eines kontinuierlichen Produktionsprozesses, Verbesserung der Arbeitsbedingungen, insbesondere des Arbeitsschutzes. Kritik und Anregung richten sich sowohl an die Werkleitungen als auch an die Belegschaftsmitglieder, die für die jeweiligen Vorhaben gewonnen werden sollen. Arbeitsgrundlage der StPB sind vom Betriebsplan abgeleitete und von der BGL/AGL bestätigte Arbeitspläne. Die ZStPB konzentrieren sich auf Schwerpunkte, die den Gesamtbetrieb betreffen, sie helfen ferner den BGL bei der Erarbeitung von Stellungnahmen zu den Betriebsplänen und den Betriebskollektivverträgen. Da sie vielfach sich mit anderen Gremien überschneidende Themen behandeln, sind sie auf Zusammenarbeit mit den gewerkschaftlichen Kommissionen und den im Betrieb wirkenden Massenorganisationen angewiesen. Ein Anleitungsrecht gegenüber den StPB auf Abteilungsebene besitzen sie nicht. Letztere sollen, bei gleicher Aufgabenstellung, aber praxisnäher, unmittelbar auf die Verbesserung der Produktionsorganisation in ihrem jeweiligen Bereich hinwirken.

Sonderformen können als objekt- oder erzeugnisgebundene StPB und auf Großbaustellen mit Zustimmung der übergeordneten FDGB-Leitung eingerichtet werden.

PB ohne feste organisatorische Form gibt es auf Brigade-, Meisterbereichsebene und in Kleinbetrieben aus aktuellem Anlaß, vor allem in Zusammenhang mit Schwierigkeiten in der Planerfüllung und im Rahmen von Wettbewerbsverpflichtungen. 1973 gab es 15 507 StPB mit 176 584 Mitgliedern.

Produktionsfaktoren: P. sind die persönlichen (Arbeitskraft, Gesamtheit der geistigen und physischen Fähigkeiten des Menschen) und sachlichen (Menge und Qualität von verfügbaren → **Produktionsmitteln** und Naturreichtümern) Mittel, die aus technischen oder wirtschaftlichen Gründen für den → **Produktionsprozeß** unentbehrlich sind.

Die Theorie der P. geht auf den französischen Ökonomen J. B. Say (1767–1832) zurück. Nach dieser Theorie sind die P. „Kapital", „Boden" und „Arbeit" gleichermaßen Quellen des Werts, und somit sind Profit, Grundrente und Lohn gleichberechtigte Leistungseinkommen. Die marxistische → **Politische Ökonomie** weist diese Theorie als vulgär-ökonomische Lehre zurück, da sie die marxistische Auffassung leugne, daß nur die Arbeitskraft Wert und Mehrwert schaffe; so verschleiere sie die Ausbeutung der Arbeiterklasse. Da sie die Faktoren nur in ihren technischen und wirtschaftlichen Bezügen sehe, würden sie ihres gesellschaftlichen Gehaltes entkleidet. Zudem sei diese Theorie von K. Marx im 3. Band des „Kapital" wissenschaftlich widerlegt worden.

Was die „bürgerliche Ökonomie" unter dem Begriff P. faßt, wird in der marxistischen Politischen Ökonomie als persönliche und sachliche Produktionsbedingungen begriffen.

Produktionsfondsabgabe: Im Rahmen des → **NÖS** wurde der Verbesserung des Kapitaleinsatzes größeres Gewicht gegeben; anstelle der zinslosen Finanzierung der Anlagen aus dem → **Staatshaushalt** trat die betriebliche Eigenwirtschaftung der Mittel und Kreditfinanzierung bei Zinszahlung (→ **Investitionsplanung**, Investitionsfinanzierung). Zur besseren Ausnutzung des vorhandenen Brutto-Anlagevermögens wurde mit Wirkung vom 1. 1. 1967 – nach experimenteller Erprobung – die P. für die volkseigene Industrie eingeführt (GBl. II, 1967, S. 115 ff.). Mit dieser zinsähnlichen Abgabe auf das gesamte Brutto-Anlagevermögen und das Umlaufkapital von grundsätzlich 6 v. H. sollen die Betriebe veranlaßt werden, ihre Anlagen möglichst rationell einzusetzen: Stillgelegte Anlagen und unverwertete Materialien kosten nunmehr Zinsen. Ziel der Maßnahme ist es, die Betriebe zu bewegen, sowohl ungenutzte oder schlecht genutzte → **Grundmittel** an Betriebe mit besseren Einsatzmöglichkeiten zu verkaufen und übermäßige Bestände an Rohstoffen, Halb- und Fertigerzeugnissen abzubauen, als auch eine höhere Auslastung ihrer bestehenden Kapazitäten durch mehrschichtigen Einsatz zu erreichen.

Bemessungsgrundlagen der P. sind das Anlagevermögen zu den mit der → **Grundmittelumbewertung** von 1963 festgesetzten Werten sowie das vorhandene Umlaufkapital, bewertet zu Anschaffungspreisen.

Die P. wird nicht als Kostenfaktor verrechnet, sondern ist aus dem → **Gewinn** zu finanzieren. Die aus dem Zins resultierenden Kapitalkosten rechnen somit nicht zu den Verarbeitungskosten und sind damit auch nicht Bestandteil der Bezugsbasis des im Preis kalkulierten Gewinns (→ **Preissystem und Preispolitik**). D. h., mit der Industriepreisreform sind zwar kostengerechtere Preise, als sie vor 1964 bestanden haben, geschaffen worden, bei ihnen ist aber als wesentlichster Mangel noch immer der volkswirtschaftlich erforderliche Kapitalaufwand unberücksichtigt geblieben. Deshalb ergab sich vor Einführung des → **fondsbezogenen Preises** ein wesentlicher Nachteil: Solange mit dem damaligen Preistyp der → **Industriepreisreform** der volkswirtschaftlich notwendige Kapitalaufwand im Gewinnanteil des Preises noch nicht berücksichtigt war, mußten deutliche Differenzen der rechnerischen Fondsrentabilität (Gewinn je Einheit Grund- und Umlaufmittel) zwischen den Industriezweigen auftreten, je nachdem wie kapitalintensiv sie waren. Diese Rentabilitätsunterschiede lagen nach offiziellen Angaben aus der DDR bei 88 untersuchten → **VVB** zwischen weniger als 5 und mehr als 50 v. H., so daß 1967 15 VVB nicht in der Lage waren, eine P. in der grundsätzlich vorgesehenen Höhe von 6 v. H. zu bezahlen: 22 VVB hätten über 60 v. H. ihres Bruttogewinns dafür ausgeben müssen. Die Einführung eines einheitlichen Satzes von 6 v. H. erschien in dieser Situation unangebracht. Als Übergangslösung bis zur Einführung des fondsbezogenen Preises hat man deshalb zunächst zwischen 1,4 und 6 v. H. differenzierte Raten festgesetzt, wobei vor allem die kapitalintensiveren Zweige Ermäßigungen erhielten und für arbeitsintensivere Branchen – z. B. der Leichtindustrie – die volle Rate von 6 v. H. angesetzt wurde.

Nach der schrittweisen Einführung fondsbezogener Preise für eine Reihe von Erzeugnissen wurde 1971 (GBl. II, 1971, S. 33 ff.) die P. einheitlich auf 6 v. H. festgelegt (Ausnahme: Landwirtschaft). Davon sind auch die industriemäßig produzierenden privaten, genossenschaftlich oder mit staatlicher Beteiligung geführten Handwerksbetriebe erfaßt worden, allerdings hat man bei diesen die P. zur Vereinfachung der Erhebungsmethode als Produktionsfondssteuer in Relation zum Umsatz festgelegt (Neues Deutschland vom 17. 12. 1970, S. 4). Das Problem starker Unterschiede der Fondsrentabilitäten ist jedoch auch heute noch nicht überwunden, denn wegen des 1971 zunächst bis auf weiteres abgebrochenen Übergangs zu fondsbezogenen Preisen ist bei einer Reihe von Erzeugnisgruppen der Kapitalaufwand im Preis noch immer unberücksichtigt. Die Betriebe der betroffenen Branchen können die volle P. nur unter Beeinträchtigung ihrer Fondsbildung (→ **Fonds**) zahlen. Deshalb ist 1972 auch die Einführung differenzierter – für kapitalintensive Betriebe niedrigerer – P.-Koeffizienten diskutiert worden. Dieser Vorschlag wurde jedoch nicht akzeptiert; vielmehr scheint man bei bestimmten Betrieben mit verminderten Nettogewinnabführungsbeträgen bzw. Subventionen zu operieren.

Generell kann die P. durchaus als ein Instrument zur Förderung der gesamtwirtschaftlichen Produktivität, wie es in der Marktwirtschaft Zins und Dividende sind, anerkannt werden. Jedoch ist ihre Funktion bisher noch durch bestehende Unvollkommenheiten der Preisbildung beeinträchtigt.

Produktionsgenossenschaften des Handwerks: → **Handwerk**.

Produktionsgenossenschaften werktätiger Fischer (PwF): Ländliche → **Genossenschaften**; Genossenschaften; Fischwirtschaft.

Produktionskomitees: Ständige → **Produktionsberatungen**.

Produktionskosten: → **Selbstkosten; Rechnungswesen; Industrieabgabepreis**.

Produktionsmittel: Gesamtheit der Arbeitsmittel und Arbeitsgegenstände, die der Mensch im Produktionsprozeß verwendet, um materielle Güter und Leistungen zu erzeugen. Arbeitsgegenstand ist all das, was im Produktionsprozeß der Bearbeitung unterliegt (z. B. Erze, Rohstoffe); Arbeitsmittel sind Instrumente (Werkzeug, Maschinen, Automaten), mit denen der Arbeitsgegenstand bearbeitet wird.

Mit der Entwicklung des gesellschaftlichen → **Produktionsprozesses** (Arbeitsteilung, Kooperation) und mit dem Fortschritt von Wissenschaft und Technik vervollkommnen sich die Arbeitsmittel, nehmen Menge und Verwendungsmöglichkeiten der Arbeitsgegenstände zu und wächst die Zahl der erzeugten unterschiedlichen

Produkte. Der technologische und gesellschaftliche Entwicklungsstand der Arbeitsmittel gilt als Gradmesser für die Herrschaft des Menschen über die Natur. Die Zurechnung der Erzeugnisse zu den P. erfolgt nach ihrem überwiegenden Verwendungszweck: Entweder gehen sie wieder in den Produktionsprozeß ein oder werden individuell bzw. gesellschaftlich konsumiert (Konsumtionsmittel). Die Entwicklung der P. vollzieht sich gegenwärtig vor allem im Rahmen der wissenschaftlich-technischen Revolution, die die Zeitspanne zwischen neuen Entdeckungen und ihrer technischen Realisierung verkürzt.

Im Kapitalismus befinden sich die entscheidenden P. in Privateigentum, d. h. in Besitz-, Nutzungs- und Verfügungsbefugnis einzelner Kapitalbesitzer bzw. monopolistischer Vereinigungen.

Da der marxistische Eigentumsbegriff nicht nur die Beziehung zwischen Kapitalbesitzer und seinen P. erfaßt, sondern auch die Beziehungen der Menschen im Produktionsprozeß umgreift, drückt das Privateigentum an P. auch die gesellschaftliche Beziehung zwischen Eigentümer und Nichteigentümer an P. aus. Insofern werden auch die P. als Kapital betrachtet, als sie einen Wert darstellen, der mittels fremder Arbeit einen Mehrwert produziert, den sich der P.-Besitzer aneignet (→ **Wert- und Mehrwerttheorie**). Privateigentum an P. wird als Schranke für ihre Weiterentwicklung angesehen, da der hohe Grad der Vergesellschaftung der Produktion die Verfügung der ganzen Gesellschaft über die P. und über die mit ihrer Hilfe erzeugten Güter erfordere.

Mit dem erklärten Ziel, einerseits diese Schranke aufzuheben und andererseits die modernen P. im Interesse der ganzen Gesellschaft einzusetzen, seien im Sozialismus die entscheidenden P. in gesellschaftliches → **Eigentum** übergeführt worden. Sie sollen nicht mehr Kapital sein, sondern den stofflichen Inhalt der Produktionsfonds bilden. Ihre Weiterentwicklung vollziehe sich im entwickelten Sozialismus über die sozialistische → **Automatisierung** und → **Rationalisierung**.

Produktionsmittelhandel: → **Binnenhandel.**

Produktionsprinzip: Allgemeines Organisations- und Leitungsprinzip in der Wirtschaft und in anderen Bereichen der Gesellschaft.

1. Dem P. folgt die vertikale Gliederung und Anleitung der → **Wirtschaft**, indem sie die Leitungs- und Planungsbereiche der zentralen Institutionen der durch Arbeitsteilung entstehenden Produktionsstruktur – z. B. Bereiche der Volkswirtschaft und Zweige der Industrie anpaßt. Das P. beruht auf dem → **demokratischen Zentralismus**. Wichtige Ausdrucksformen des P. sind auf der zentralen Ebene die Industrieministerien und die branchenbezogenen Hauptabteilungen der Staatlichen Plankommission. Auch innerhalb der Branchen, Kombinate und Betriebe wird das P. angewendet. Ausdruck dafür ist z. B. die Zusammenfassung und Anleitung von technisch verwandten Betrieben in Erzeugnisgruppen. Die volkswirtschaftliche Konzeption der SED- und Staatsführung sieht eine optimale Verbindung von P. und → **Territorialprinzip** vor, d. h. eine möglichst wirksame Verbindung von zentraler und territorialer Anleitung. Die Art der Verbindung änderte sich in der Vergangenheit mehrfach.

2. Der Organisationsaufbau der SED beruhte zwischen 1963 und 1966 sowohl auf dem P. wie auf dem Territorialprinzip. Auf Beschluß des VI. Parteitages der SED (Januar 1963) wurde das P. eingeführt, um die Anleitung und Kontrolle des Wirtschaftsablaufes durch die Partei effektiver zu gestalten. Das P. gliederte den Parteiapparat nach den Produktionsbereichen Industrie, Bauwesen und Landwirtschaft; daneben gab es den Bereich der Ideologie. (Da die → **Grundorganisationen der SED** innerhalb der Betriebe immer in den Betriebsparteiorganisationen zusammengefaßt waren, war das Territorialprinzip auch schon vor 1963 durchbrochen.) Ende Februar 1963 wurden beim Politbüro der SED das Büro für Industrie und Bauwesen und das Büro für Landwirtschaft neu eingerichtet und die schon bestehende Ideologische Kommission sowie die Kommission für Agitation reorganisiert. Diese Büros bzw. Kommissionen des zentralen Parteiapparates, denen weitgehende organisatorische Selbständigkeit eingeräumt wurde, hatten die Aufgabe, für die Durchführung der Parteibeschlüsse in ihren jeweiligen Produktionsbereichen zu sorgen und die Grundorganisationen der ihnen unterstellten Betriebe anzuleiten.

Auf dem 7. Plenum des ZK der SED (Dezember 1964) übte Ulbricht Kritik an der einseitig auf fachliche Lösung wirtschaftlicher Fragen gerichteten Tätigkeit der Büros für Industrie und Bauwesen bzw. für Landwirtschaft und forderte eine verstärkte politisch-ideologische „Massenarbeit" und die „richtige Kombination" von Territorial- und P. In der Folgezeit wurde der Aufgabenbereich der Büros ständig eingeschränkt, bis sie während des Jahres 1966 stillschweigend aufgelöst und ihre Funktionen den Sekretariaten übertragen wurden. Auf dem VI. Parteitag der SED (April 1967) wurde der das P. betreffende Absatz des Parteistatuts im Sinne einer Stärkung des Territorialprinzips geändert. → **Phasen der Wirtschaftspolitik seit 1963; Planung; Staatsapparat.**

Produktionspropaganda: → **Sozialistischer Wettbewerb.**

Produktionsprozeß: Prozeß der Herstellung materieller Güter und Leistungen innerhalb historisch bestimmter gesellschaftlicher Verhältnisse (→ **Produktionsverhältnisse**). Der P. bilde die Grundlage des Lebens jeder Gesellschaft; seine Produkte gingen entweder als Konsumtionsmittel in den individuellen bzw. gesellschaftlichen Verbrauch ein oder fänden als → **Produktionsmittel** in einem neuerlichen P. Verwendung. Jeder P. habe zwei eng miteinander verbundene Seiten: eine materiell-technische (Entwicklungsstand der → **Produktivkräfte**, Naturbedingungen) und eine gesellschaftliche Seite (Produktionsverhältnisse), d. h., der P. sei seinem Wesen nach Aneignung der Natur durch den Menschen, Veränderung der Natur für seine Zwecke, zugleich aber auch Herstellung seiner Lebensverhältnisse.

Durch das Zusammenwirken von Arbeitskraft und Produktionsmitteln im P. entstehe das Produkt, das, wenn es (wie im Kapitalismus und Sozialismus) für den Austausch (Kauf und Verkauf) bestimmt ist, Warenform habe. Da unter den Bedingungen der Warenproduktion nicht nur Gebrauchswerte, sondern auch Werte produziert würden, müsse sich der P. gliedern lassen in den konkret-nützliche Arbeit, gebrauchswertschaffenden Arbeitsprozeß und in den abstrakte Arbeit verausgabenden, wertschaffenden Wertbildungsprozeß. Der P. sei damit eine Einheit von Arbeitsprozeß und Wertbildungsprozeß (→ **Wert- und Mehrwerttheorie**).

Im Arbeitsprozeß würden durch zweckbestimmte, konkrete Arbeit Gebrauchswerte hergestellt. Er ist als Prozeß zwischen Mensch und Natur in seiner technologisch-naturwissenschaftlichen Struktur zunächst unabhängig von jeder bestimmten gesellschaftlichen Form. Entscheidend für die gesellschaftlichen Bedingungen, unter denen er durchgeführt wird, sei, in wessen Eigentum sich die Elemente (Arbeitsmittel, Arbeitsgegenstände, Arbeitskraft) befänden und wem seine Resultate gehörten. Im Kapitalismus seien die Elemente und das hergestellte Produkt → **Eigentum** des Kapitaleigners und nicht der unmittelbaren Produzenten. Deshalb, so wird erwartet, seien sie auch nicht unmittelbar daran interessiert, den Arbeitsprozeß zu vervollkommnen und die → **Arbeitsproduktivität** zu erhöhen. Diese vollziehe sich nur entsprechend den Verwertungsmöglichkeiten des Kapitals, denen damit auch der Arbeitsprozeß unterworfen sei.

Im Sozialismus seien die Elemente und die Resultate des Arbeitsprozesses gesellschaftliches Eigentum und sollen die Bedürfnisse der Produzenten allseitig befriedigen. Dadurch werde größtes Interesse an der Verbesserung der Arbeitsbedingungen, an der Steigerung der Produktivität und an der Entfaltung der schöpferischen Tätigkeit eines jeden geweckt.

Nach der marxistischen → **Politischen Ökonomie** wird im Wertbildungsprozeß der in den Produktionsmitteln vergegenständlichte Wert übertragen und neuer Wert geschaffen. Im Wertbildungsprozeß trete die Arbeit einmal als vergegenständlichte in Form von Produktionsmitteln und als lebendige Arbeit der Produzenten in Erscheinung. Die lebendige konkrete Arbeit verarbeite die → **Produktionsmittel** zu neuen Produkten, indem die in ihnen vergegenständlichte Arbeit auf das neue Produkt übertragen wird und somit zu einem Bestandteil des Wertes der neuen Waren würde. Zugleich setze die lebendige abstrakte Arbeit dem Produkt neuen Wert zu. Der Wert der neuen Ware komme also zustande, indem die lebendige Arbeit einerseits als konkrete den Wert der verbrauchten Produktionsmittel übertrage, andererseits zugleich als abstrakte Arbeit neuen Wert bilde. Als Wert der Ware zähle jedoch nur die zur Produktion gesellschaftlich notwendige Arbeitszeit, sowohl lebendige als auch bereits vergegenständlichte. Der Neuwert einer Ware bestehe in der sozialistischen Warenproduktion aus der bezahlten lebendigen Arbeit und dem Wert des Mehrprodukts (Teil des Gesamtprodukts, der die notwendige Eigenkonsumtion der Produzenten und den Ersatzbedarf der verbrauchten Produktionsmittel übersteigt).

Unter kapitalistischen Bedingungen gilt der P. als Einheit von Arbeits- und Verwertungsprozeß, wobei der Verwertungsprozeß die Eigentümlichkeit der kapitalistischen Wertbildung ausdrücke, nämlich einerseits die Produktion von Mehrwert samt privater Aneignung und seine Rückverwandlung in Kapital zu sein, andererseits zugleich das gesellschaftliche Verhältnis von Lohnarbeit und Kapital hervorzubringen und ständig neu zu reproduzieren.

Unter sozialistischen Bedingungen gilt der P. als Einheit von Arbeits- und Wertbildungsprozeß, wobei das Mehrprodukt nicht die verwandelte Form des Mehrwerts annehme – also statt privater gesellschaftlicher Aneignung –, sondern als notwendige Voraussetzung und materielle Bedingung zur planmäßigen Befriedigung gesamtgesellschaftlicher Bedürfnisse und zur planmäßig erweiterten → **Reproduktion** verwendet werde. Um die ständige planmäßige Erweiterung des P. zu sichern, erscheine es notwendig, den Nutzeffekt der Investitionen und die Effektivität der gesellschaftlichen Arbeit kontinuierlich und maximal zu steigern. Damit wachse der Wirtschaftspolitik die Aufgabe zu, im Rahmen der → **WTR** unter Nutzung von → **Forschung**, Entwicklung und → **Technologie** durch → **Rationalisierung** und → **Automatisierung** des P. höchste Arbeitsproduktivität zu erreichen und mit Hilfe wissenschaftlicher Leitungs- und Organisationsmethoden die proportionale Entwicklung der Volkswirtschaft zu sichern.

Produktions- und Dienstleistungsabgaben: → **Steuern; Produktionsfondsabgabe.**

Produktionsverhältnisse: Bezeichnung für die Gesamtheit der Beziehungen, die die Menschen notwendigerweise in den Bereichen der Produktion, des Austausches und der Verteilung des gesellschaftlichen Produkts eingehen. Sie sollen die grundlegenden gesellschaftlichen Verhältnisse und die gesellschaftliche Form der Produktion und → **Reproduktion** widerspiegeln. Ihr Wesen werde bestimmt durch die Eigentumsverhältnisse, d. h., in wessen → **Eigentum** sich die → **Produktionsmittel** befinden und auf welche Weise die Produzenten mit den Produktionsmitteln zusammenwirken. Der Begriff P. wird nicht nur als formaljuristische Kategorie verstanden, sondern auch als soziologische, wie die folgende Aufzählung der wichtigsten Merkmale zeigt:

1. Die Beziehungen zwischen den Menschen in Bezug auf das Eigentum an den Produktionsmitteln und der damit verbundene Charakter der Arbeit; daraus ergebe sich die Stellung der Klassen und sozialen Gruppen zueinander;

2. die Beziehungen der gesellschaftlichen Arbeitsteilung, der Verteilung der Produktionsmittel und der gesellschaftlichen Arbeit auf die verschiedenen Bereiche der Volkswirtschaft sowie der Organisation der Produktion;

3. die Leitungsbeziehungen in der gesellschaftlichen Produktion, in denen die Einheit des arbeitsteiligen → **Produktionsprozesses** verwirklicht wird;

4. die verschiedenen Formen des Austausches der Arbeit oder der Produkte zwischen den Produzenten;

5. die gesellschaftlichen Formen der Verteilung und der materiellen Interessiertheit an der Entwicklung und Nutzung der → **Produktivkräfte**.

Es werden zwei Haupttypen von P. genannt; der eine beruhe auf dem Privateigentum an Produktionsmitteln. Er sei durch Ausbeutung und Unterdrückung der unmittelbaren Produzenten und durch die daraus resultierenden unversöhnlichen Klassengegensätze und Klassenkämpfe gekennzeichnet; er soll sich von der Sklaverei über den Feudalismus bis zum Kapitalismus, wo die antagonistischen Klassengegensätze ihre höchste Zuspitzung erfahren hätten, entwickelt haben. Im revolutionären Prozeß der Beseitigung des kapitalistischen Privateigentums an den Produktionsmitteln entstehe der andere Typ von P., der auf gesellschaftlichem Eigentum beruhe und den feindlichen Gegensatz der Klassen beseitige, da in ihm die gesellschaftliche Produktion nicht den Gesetzen der Ausbeutung folge, sondern den Regeln der gegenseitigen Hilfe und Zusammenarbeit tendenziell unterworfen werde.

Die P. sollen sich in wechselseitigem Zusammenhang mit und in Abhängigkeit von den Produktivkräften entwickeln. Die historisch-konkrete Form der P. werde durch das jeweilige Niveau der Produktivkräfte bestimmt, auf das sie hemmend oder fördernd einwirken. Produktivkräfte und P. bilden in ihrer Einheit die → **Produktionsweise**. Die sozialistischen P. werden von der Politischen Ökonomie als die adäquaten Entwicklungsformen der modernen Produktivkräfte angesehen, da sie auf der Identität von Produzent und Eigentümer im gesellschaftlichen Maßstab beruhen und somit dem ständig steigenden Grad der Vergesellschaftung der Produktion gerecht würden. Daher seien die durch die Dynamik der Produktivkräfte auftretenden gesellschaftlichen Widersprüche nichtantagonistischer Natur und könnten durch Vervollkommnung der P. innerhalb der sozialistischen Produktionsweise gelöst werden.

Produktionsweise: Die P. ist die dialektisch-widerspruchsvolle Einheit der gesellschaftlichen → **Produktivkräfte** und → **Produktionsverhältnisse**; sie ist die grundlegende und spezifische Existenzbedingung der Gesellschaft und bestimmt den gesamten Charakter einer ökonomischen Gesellschaftsformation, die sowohl die P. als auch den politisch-ideologischen Überbau umfaßt.

Die marxistisch-leninistische Geschichtsschreibung kennt die einander ablösenden P. der Urgemeinschaft, der Sklaverei, des Feudalismus, des Kapitalismus und des Kommunismus. Die Entstehung und Ablösung der verschiedenen P. seien ein gesetzmäßiger historischer Prozeß, wobei die Entwicklung vom Niederen zum Höheren verläuft. Dieser Prozeß unterliege einem Entwicklungsgesetz, das in allen Gesellschaftsformationen wirke und deren Ablösung durch die nächsthöhere zur Folge hat. Das Gesetz fordert die Übereinstimmung des Charakters der Produktivkräfte mit den Produktionsverhältnissen. Die Ablösung einer alten P. durch eine

neue sei das zwangsläufige Ergebnis der Entwicklung der Widersprüche zwischen den wachsenden Produktivkräften und den veralteten, sie ehemals fördernden, nun aber hemmenden Produktionsverhältnissen. Dieser Widerspruch werde durch soziale Revolution gelöst, d. h., das Gesetz setze sich nicht im Selbstlauf durch, sondern bedürfe der bewußten politischen Unterstützung durch die zu diesem Zeitpunkt fortschrittlichste Klasse, z. B. des liberalen Bürgertums gegen den Feudaladel.

Auch der Übergang vom Kapitalismus zum Sozialismus ist Ausdruck des Wirkens dieses Gesetzes. Der gesellschaftliche Charakter der modernen Produktivkräfte dränge auf Beseitigung der überlebten kapitalistischen Produktionsverhältnisse (Privatbesitz an Produktionsmitteln) und auf Schaffung sozialistischer Produktionsverhältnisse (gesellschaftlicher Besitz an Produktionsmitteln). Dieser Übergang könne nur im konsequenten Kampf der Arbeiterklasse (historisch fortschrittlichste Klasse) und ihrer Verbündeten um die politische Macht vollzogen werden.

Einer jeden P. liege ein ökonomisches Gesetz zugrunde, das die grundlegende Entwicklungsrichtung der spezifischen P. ausdrücke und ihr Wesen charakterisiere, indem es das soziale Ziel der Produktion und die Mittel zur Erreichung dieses Ziels formuliere. Dieses → **ökonomische Grundgesetz** der P. gelte als ihr allgemeinstes Bewegungsgesetz, das in allen Phasen entsprechend den jeweiligen konkreten Bedingungen wirke.

Als das ökonomische Grundgesetz des Kapitalismus gelte das Mehrwertgesetz, das, untrennbar an die kapitalistische P. gebunden, sich heute im monopolistischen Kapitalismus in der Form des Monopolprofits durchsetze. Es postuliert, daß die Produktion von Mehrwert oder „Plusmacherei" das absolute Gesetz dieser P. sei und deren Charakter durch das Verhältnis von Lohnarbeit und Kapital bestimmt würde.

Mit dem Übergang zur kommunistischen P. werde dieses Gesetz durch das ökonomische Grundgesetz des Kommunismus abgelöst, das für die planmäßige, wissenschaftlich begründete Wirtschaftsführung auf allen Ebenen der Volkswirtschaft oberstes Gebot sei und dessen Wirkung die prinzipielle Überlegenheit des Kommunismus über den Kapitalismus ausdrücken soll. Es besagt, daß in der kommunistischen P. die gesellschaftliche Produktion planmäßig der ständig besseren Befriedigung der materiellen und kulturellen Bedürfnisse aller Mitglieder der Gesellschaft und der freien allseitigen Entfaltung ihrer Persönlichkeit sowie ihrer gesellschaftlichen Beziehungen untergeordnet sei, was nur auf Basis der ständigen Erweiterung, Vervollkommnung und Intensivierung der Produktion und → **Reproduktion** entsprechend dem wissenschaftlich-technischen Höchststand möglich sei.

Dieses Gesetz drückt die wesentlichsten Beziehungen der kommunistischen P. aus, deren wichtigste genannt werden: direkte juristische und ökonomische Verbindung der Werktätigen mit den → **Produktionsmitteln**; planmäßige, proportionale Verteilung der gesellschaftlichen Arbeitskraft und den im gesellschaftlichen Besitz befindlichen Produktionsmitteln auf die Produktionsbereiche; Einhaltung der Proportionen des **gesellschaftlichen** → **Gesamtprodukts** zwischen der Menge der verschiedenen Gebrauchswertarten, die in der Gesellschaft beispielsweise innerhalb eines Jahres erzeugt werden; Übereinstimmung von Produktion und Konsumtion einschließlich der Bildung der notwendigen Vorräte zur Sicherung eines reibungslosen Reproduktionsprozesses; planmäßige proportionale Entwicklung der gesamten Volkswirtschaft. Dabei werden tatsächlich auftretende Disproportionen (z. B. zwischen Industrie und Landwirtschaft, zwischen den Geldeinnahmen der Bevölkerung und dem Warenangebot) nicht geleugnet, sondern theoretisch mit objektiven Ursachen (Bestehen von Ware-Geld-Beziehungen) und subjektiven (Mängel in der Produktionsleitung) erklärt.

Die kommunistische Gesellschaftsformation durchlaufe bestimmte Entwicklungsstufen, deren niedere der Sozialismus sei und deren höhere Phase als Kommunismus bezeichnet wird. Der Sozialismus als besondere Entwicklungsstufe könne nicht übersprungen werden. Der Aufbau des Sozialismus vollziehe sich in den verschiedenen Ländern unter historisch unterschiedlichen Bedingungen; dennoch werden gleiche Wesensmerkmale herausgearbeitet: In einer Übergangsperiode vom Kapitalismus zum Sozialismus würden die Grundlagen des Sozialismus aufgebaut; in der 1. Etappe des Sozialismus beginne die Periode der Vollendung des Aufbaus der sozialistischen Gesellschaft, die mit dem Sieg der sozialistischen Produktionsverhältnisse ende; daran schlösse sich als 2. Etappe des Sozialismus die Schaffung der entwickelten sozialistischen Gesellschaft, auf deren Grundlage und nach deren Vollendung der Übergang zum Kommunismus erfolgt.

Der VI. Parteitag der SED 1963 konstatierte den Sieg der sozialistischen Produktionsverhältnisse in der DDR; dies bedeutete, daß die SED glaubte, über einen solchen Stand der Produktivkräfte, der Produktionsverhältnisse und des staatlichen Überbaus sowie über genügend Erfahrung in der Leitung von Wirtschaft und Gesellschaft zu verfügen, daß die Grundbedingungen für die Schaffung der entwickelten sozialistischen Gesellschaft gegeben seien. Mit dem Fünfjahrplan des VIII. Parteitages wurde die „Gestaltung der entwickelten sozialistischen Gesellschaft" fortgesetzt; zu deren Wesensmerkmalen zählen u. a.:

Sozialistisches → **Eigentum** an den Produktionsmitteln; Realisierung des Gesetzes der Verteilung nach der Arbeitsleistung;

starke materiell-technische Basis, moderne Strukturen der Produktivkräfte, hohes und beständiges Wachstum der Arbeitsproduktivität;

bewußte Anwendung aller ökonomischen Gesetze des Sozialismus;

planmäßige Durchsetzung der sozialistischen ökonomischen Integration der Mitgliedsländer des RGW;

hohes Niveau der Bildung und Entwicklung der Massen, Entfaltung der sozialistischen Beziehungen der Werktätigen, Annäherung der Klassen und Schichten;

Weiterentwicklung des sozialistischen Staates bei wachsender Führungsrolle der Arbeiterklasse und ihrer marxistisch-leninistischen Partei (s. Politisches Grundwissen, Berlin [Ost] 1972, S. 41 f.).

Die genannten Merkmale seien Ausdruck einer Wandlung der Sozialstruktur in der DDR. Diese sei ablesbar an einer verstärkten individuellen wie auch gesellschaftlichen Leistungs- und Bedarfsorientierung, die zu einer beachtlichen horizontalen und vertikalen Mobilität führe. Zugleich sei aber auch eine Verfestigung der Strukturen des Staates zu konstatieren. Dabei ginge es nicht um die für frühere Jahre (Mitte bis Ende der 60er Jahre) festzustellende partielle Verselbständigung des Staatsapparates gegenüber der SED im Sinne von Formulierung auch eigener Zielsetzungen, die eine Konkurrenzsituation aufscheinen ließ.

Vielmehr ginge es um eine tendenzielle Loslösung des Staates im instrumentellen Bereich seiner ökonomischen Funktionen bei Akzeptierung der von der SED vorgegebenen Zielstellungen. Seine wachsende Rolle ordne ihn mehr und mehr der ökonomischen Basis zu. Auf diesem Weg werde ihm die Partei, deren Funktionen wesentlich dem Überbau zuzuordnen sind, nicht folgen können und wollen. Dieses sich neu herausbildende Verhältnis von Partei und Staat bedürfe einerseits noch der theoretischen Klärung, andererseits seien von ihm Konsequenzen für die gesamtgesellschaftliche Entwicklung zu erwarten.

Produktivität: → **Arbeitsproduktivität.**

Produktivkräfte: Die → **Politische Ökonomie** als Teil des → **Marxismus-Leninismus** faßt die P. einer Gesellschaft als die Gesamtheit der subjektiven (Menschen) und der gegenständlichen (→ **Produktionsmittel**) Faktoren und Bedingungen auf, die durch ihr zielgerichtetes Zusammenwirken im Arbeitsprozeß eine historisch bestimmte Form der Produktion materieller Güter und Leistungen realisieren und den Produktivitätsgrad der Arbeit bestimmen. Sie sollen die Fähigkeit einer Gesellschaft repräsentieren, die notwendigen Mittel zur Befriedigung ihrer wachsenden Bedürfnisse mit immer geringerem relativen Aufwand an gesellschaftlicher Arbeit zu produzieren.

Die lebendige Arbeitskraft des Menschen gilt als Haupt-P. Neben ihr zählen dazu die Produktionsmittel, die → **Wissenschaft**, die → **Technologie**, die gesellschaftliche Arbeitsteilung, die Kooperation der Arbeit, die Organisation der Produktion, die wissenschaftliche Planung und Leitung des gesellschaftlichen → **Produktionsprozesses**, die Naturreichtümer und Naturkräfte. Jede Gesellschaftsformation muß von einem bestimmten, vorgefundenen Entwicklungsstand der P. ausgehen und entwickelt diese im Zuge des gesellschaftlichen Produktionsprozesses weiter. Ihre ständige Höherentwicklung ist zugleich die materielle Grundlage für die Entwicklung der Gesellschaft. In Verbindung mit den → **Produktionsverhältnissen** sollen sie Triebkraft und Gradmesser des gesellschaftlichen Fortschritts sein. Durch die enge wechselseitige Beeinflussung von P. und Produktionsverhältnissen (letztere können hemmend oder fördernd auf die P. wirken) verändere sich die → **Produktionsweise** und damit auch die gesamte ökonomische und politische Struktur der Gesellschaft. Der Widerspruch zwischen den sich entwickelnden Produktivkräften und den überlebten Produktionsverhältnissen sprenge den Rahmen der alten Produktionsweise und sei letztlich grundlegende Ursache für soziale Revolutionen.

Die P. werden als das revolutionärste Element der gesellschaftlichen Entwicklung angesehen, von deren Entwicklungsstand abhänge, welche Produktionsverhältnisse auf einer bestimmten historischen Entwicklungsstufe möglich und notwendig seien.

Aus marxistisch-leninistischer Sicht hat in den entwickelten kapitalistischen Ländern die Entwicklung der P. einen Stand erreicht, der objektiv den Übergang zum Sozialismus erforderte, um den in der kapitalistischen Produktionsweise mittlerweile herausgebildeten antagonistischen (unaufhebbaren) Widerspruch zwischen den P. und veralteten Produktionsverhältnissen zu beseitigen. Dem heutigen Niveau der P. und ihrem gesellschaftlichen Charakter entsprächen allein die sozialistischen Produktionsverhältnisse, da nur sie eine kontinuierliche und planmäßige Entwicklung der P. gewährleisteten. Gegenwärtig vollziehe sich ihre Entwicklung im Rahmen der → **wissenschaftlich-technischen Revolution** auf der Grundlage einer umfassenden Nutzung wissenschaftlicher Erkenntnisse (Revolutionierung der energetischen Basis, direkte Stoffumwandlung auf der Basis chemischer Prozesse, → **Automatisierung** usw.) zur Sicherung und Erweiterung der gesamtgesellschaftlichen Produktionsprozesses. Die auch im Sozialismus zugegebenermaßen auftretenden Widersprüche zwischen der Entwicklung der P. und den Produktionsverhältnissen seien nichtantagonistisch, und damit aufhebbar. So könne sich die Haupt-P. Mensch zum ersten Mal in der Geschichte der Menschheit frei, bewußt und schöpferisch zum eigenen Nutzen entfalten.

Seit ca. 5 Jahren ist in der DDR eine intensive wissenschaftliche Beschäftigung mit der Geschichte der P. zu verzeichnen (Forschungsgemeinschaft Geschichte der Produktivkräfte). Ziel ist es, das Wissen von den Gesetzmäßigkeiten der Entwicklung der P., von der "Dialektik" zwischen P. und Produktionsverhältnissen, von der Dialektik zwischen P. und dem aktiven Einwirken des Überbaus zu erweitern, wobei vermieden werden soll, eine allgemeine Wirtschaftsgeschichte oder reine Technikgeschichte zu schreiben. Zur Disposition steht eine Geschichte der P. in Deutschland im 19. Jahrhundert, die zum Hauptthema die industrielle Revolution des Kapitalismus hat und zugleich zum Verständnis der gegenwärtigen wissenschaftlich-technischen Revolution beitragen soll.

Prognose: Im Verständnis des → **Marxismus-Leninismus** "wissenschaftlich begründete Aussage über Inhalt, Richtung, Umfang und Beziehungen von bisher nicht bekannten, aber real möglichen oder wirklichen Sachverhalten, die auf der Grundlage einer wissenschaftlichen Theorie aus bekannten Gesetzesaussagen und Aussagen über gewisse Anfangs- und Randbedingungen des zu prognostizierenden Prozesses mit Hilfe wis-

senschaftlicher Methoden abgeleitet werden mit dem Ziel, Erkenntnisvorlauf für die aktive Gestaltung der Zukunft zu schaffen" (Kleines Politisches Wörterbuch, Berlin [Ost] 1973, S. 679). In der wissenschaftstheoretischen und methodologischen Diskussion in der DDR wird in erster Linie die Gesellschafts-P. behandelt. Aufgrund bereits erkannter "gesellschaftlicher Gesetze" sollen Gesellschafts-P. Ziele der gesellschaftlichen Entwicklung, mit deren Hilfe die Menschen mobilisiert werden können, bewußt planen. Vor allem die Gestaltung der "Entwickelten sozialistischen Gesellschaft" in der DDR sei erst durch die wissenschaftliche, d. h. die marxistisch-leninistische, Gesellschafts-P. möglich geworden.

Progress-Film-Vertrieb: Sitz Berlin (Ost). Am 1. 8. 1950 aus dem → **DEFA**-Film-Vertrieb für den Verleih sowjetischer, deutscher und anderer Filme entstanden, zunächst GmbH, seit dem 1. 7. 1955 VEB. Beliefert als Monopolbetrieb alle Filmtheater über volkseigene Lichtspielbetriebe und Kreisfilmstellen, die 1962 an Stelle seiner Bezirksdirektionen traten. → **Filmwesen.**

Projektierungsbetriebe: Volkseigene Spezialbetriebe zur Planung, Vorbereitung und Durchführung von Investitionsvorhaben. Die P. liefern in erster Linie bautechnische Unterlagen. Sie sind meistens einer Vereinigung Volkseigener Betriebe angeschlossen. Für fast jeden Industriezweig gibt es einen zentralen P., der Zweigstellen unterhält. Der Mangel an Projektierungsingenieuren war Anlaß für die Bildung von ehrenamtlichen Projektierungs- und Konstruktionsbüros in den Industriebetrieben. In den letzten Jahren wurden in zunehmendem Maße Aufgaben der P. vom → **General-** bzw. → **Hauptauftragnehmer** wahrgenommen. → **Forschung.**

Pro-Kopf-Verbrauch: → **Lebensstandard; Verbrauch, privater.**

Proletariat: Ursprünglich vor allem von Marx gebrauchter Begriff zur Kennzeichnung der abhängigen Lohnarbeiter in der Maschinenfabrik des 19. Jh.; später, bis weit ins 20. Jh. hinein, als idealisierter Kampfbegriff innerhalb der sozialistischen und kommunistischen Bewegung verwendet. Nach Auffassung des → **Marxismus-Leninismus** ist das P. die fortschrittlichste und revolutionärste Klasse in der Epoche des Übergangs vom Kapitalismus zum Sozialismus und Kommunismus. Der Ausdruck P. wird heute nur noch selten verwendet (vornehmlich in der Zusammensetzung "Diktatur des P.", sowie Partei als "Avantgarde des P."); an seine Stelle ist der Begriff "Arbeiterklasse" getreten, der eine stärkere sozial integrierende wie egalisierende Funktion besitzt. → **Arbeiterklasse; Sozialstruktur; Werktätiger.**

Propaganda: → **Agitation und Propaganda.**

Protest: → **Staatsanwaltschaft; Strafverfahren.**

Psychologie: Die P. ist in der DDR erst in den 60er Jahren entwickelt worden. Ulbricht forderte auf dem

VI. Parteitag (1963) eine „intensive Förderung der Entwicklung" der P. Kurz zuvor, im Herbst 1962, war eine „Gesellschaft für P." in Ost-Berlin gegründet worden; 1964 erfolgte die Errichtung der „Forschungsgemeinschaft Sozialpsychologie" in Jena (→ **Sozialpsychologie**). Inzwischen ist die P. in der DDR in enger Anlehnung an Grundaxiome des Dialektischen und Historischen Materialismus sowie an die in der Sowjetunion gelehrte P. (S. L. Rubinstein, A. N. Leontjew, A. R. Lurija) als eigenständige Wissenschaft definiert worden: P. ist eine „auf Erfahrung und vor allem auf Experiment gegründete Wissenschaft, die diejenigen Gesetzmäßigkeiten untersucht, denen zufolge das Verhalten (Tätigkeit, Handeln) von lebenden Systemen ... reguliert wird" (Phil. Wörterbuch, Hrsg. G. Klaus und M. Buhr, 7. Aufl., Berlin 1970, Bd. II, S. 891).

Ähnlich wie in der Sozial-P. wurde auch in der P. bis 1970/1971 die Systemtheorie verwandt. Herrschende Lehre war, daß das Verhalten lebender „hochkomplexer Systeme" durch innere Mechanismen bestimmt wird. Die „subjektive Erscheinungsform" dieser inneren Regulierungsmechanismen sind die sog. psychischen Erscheinungen (Wahrnehmungen, Erinnerungen, Stimmungen, Denkprozesse). Von „bewußten psychischen Erscheinungen" wird in der marxistisch-leninistischen P. dann gesprochen, wenn die psychischen Erscheinungen in die Sprache überführt und damit in die soziale Kommunikation einbezogen werden. Nach dem VIII. Parteitag der SED 1971 sind der Systemtheorie entlehnte Denk- und Erklärungsmodelle abgelehnt, bisher jedoch nicht durch neue, mit dem Marxismus-Leninismus zu vereinbarende ersetzt worden.

Die marxistische P. soll folgende Relationen der psychischen Erscheinungen berücksichtigen: a) zu den äußeren Bedingungen (deren Ursache und Abbild sie sind), b) zum Subjekt, c) zum Zentralnervensystem (das als „Substrat der psychischen Erscheinungen und Prozesse" aufgefaßt wird), d) zu den jeweiligen Tätigkeiten des Organismus.

Die P. in der DDR gliedert sich in die „allgemeine" P., die die Wahrnehmungs-, die Gedächtnis- und Lern-, die Gefühls-, die Denk-P. umfaßt sowie die Entscheidungs- und Willens-P., welche auch als P. der Tätigkeit bzw. des Handelns bezeichnet wird. Neben der allgemeinen P. steht die „differentielle" P., die auf der Persönlichkeit aufbaut. Sie wird unterteilt in: Begabungs- und Intelligenz-P., Charakterologie und Psychopathologie. Innerhalb der allgemeinen wie der differentiellen P. spielen genetische Gesichtspunkte eine entscheidende Rolle, wobei das „dialektische Prinzip der Entwicklung" zugrundegelegt wird. Für diesen Forschungszweig ist in den letzten Jahren das Fach „Entwicklungs-P." aufgebaut worden. Unter „angewandter" P. werden schließlich die Sprach-, Kunst-, Musik- und Sexual-P. subsumiert.

Daneben gibt es die schon seit etwa 1960 bestehenden angewandten Disziplinen der → **Arbeitspsychologie**, Ingenieur-P., pädagogischen P. sowie klinischen P. Schwerpunkte der Forschung und Lehre auf dem Gebiet der P. sind heute die Universitäten: Berlin, Dresden, Jena, Leipzig. An den an diesen Universitäten bestehenden Instituten für P. werden Diplompsychologen ausgebildet.

Psychotherapie: Unter der Herrschaft der Pawlowschen Doktrin war P. offiziell nicht anerkannt und als eigene medizinische Disziplin allenfalls geduldet. Die Neurosenbehandlung ist Sache der Psychiater und der Internisten geworden. In den letzten Jahren hat sich die praktische Anwendung psychotherapeutischer Verfahren wieder durchgesetzt. Die theoretische Arbeit aber ist durch doktrinäre Schranken des Dialektischen Materialismus weiter stark behindert. Theoretische Grundlagen der P. zu schaffen, die diesem entsprächen, ist bisher nirgends gelungen. → **Gesundheitswesen.**

PwF: Abk. für → **Produktionsgenossenschaft werktätiger Fischer.** → **Fischwirtschaft.**

Q

Qualifizierung: → **Einheitliches sozialistisches Bildungssystem**, XII.

Qualität der Erzeugnisse

Grundsätze der Qualitätssicherung – Organisation und Gütesicherung – Qualitätssicherung im Betrieb

I. Grundsätze der Qualitätssicherung

Im amtlichen Sprachgebrauch der DDR ist unter der QdE. die „Gesamtheit der Eigenschaften eines Erzeugnisses (Leistungsfähigkeit, Funktionssicherheit einschließlich Schutzgüte, Formgestaltung, Lebensdauer u. a.), die den Grad der Eignung für den vorgesehenen Verwendungszweck bestimmt", zu verstehen. Aus der Sicht der → **politischen Ökonomie** spielt dabei in der Diskussion die Marxsche Kategorie des Gebrauchswertes, als Eignungsgrad oder Nützlichkeit eines Erzeugnisses für die Befriedigung von Bedürfnissen, eine wichtige Rolle. Eine unter bestimmten Voraussetzungen erreichte Erhöhung der QdE. entspricht einer Erhöhung der gesellschaftlichen → **Arbeitsproduktivität**, da gesamtwirtschaftlich die längere Lebensdauer der Erzeugnisse eine Arbeitsersparnis bewirkt.

Hinter dem Begriff der QdE. verbirgt sich ein komplexer Tatbestand, der sowohl die objektiven Eigenschaften eines Gutes wie seine subjektive Wertung umfaßt. Die „objektiv bestehende Kompliziertheit, die Qualität ökonomisch zu bewerten", bildet ein wesentliches Problem der Gütesicherung und Qualitätsplanung in einem System zentraler Planung und Lenkung. Die Qualitätsbewertung läßt sich nicht in einer einzigen Kennziffer zusammenfassen, vielmehr ist eine Messung nur durch Vergleiche von Qualitätsparametern, Nutzeffekt usw. möglich.

Hohe Ansprüche an die QdE. unter dem Aspekt einer Steigerung der volkswirtschaftlichen wie betrieblichen Effizienz durch geringere Ausschußkosten und Senkung der Folgekosten aus Fehlleistungen (Nacharbeit, Mehrverbrauch an Material, zusätzliche Maschinenkapazität usw.) waren von jeher ein Generalanliegen der Wirtschaftsführung. Wissenschaftler der DDR begründen die Ursache des Zurückbleibens des Nationaleinkommens der DDR hinter der Zunahme der gesellschaftlichen Ersatzfonds (**Gesellschaftliches** → **Gesamtprodukt**) im Zeitraum der letzten 20 Jahre vorwiegend als eine Folge von Qualitätsmängeln. (Die Kosten für Ausschuß, Nacharbeit und Garantie betrugen 1973 ca. 2 Mrd. Mark, ohne Verluste infolge von Qualitätsmängeln bei Zulieferungen, Maschinen und Anlagen.) Neben ökonomischen Überlegungen spielten

ebenso politische Aspekte wie Ansehen und Stellung der DDR als führendes sozialistisches Industrieland eine Rolle. Ein qualitativ mangelhaftes Erzeugnis wird als politischer und kultureller Schaden betrachtet.

In der Vergangenheit wurde dem Problem der QdE. in den Betrieben aus verschiedenen Gründen (Mangelsituation und Verteilerideologie, Bruttoproduktion als schlechte betriebliche Zielfunktion, fehlendes oder unzureichendes absatzpolitisches Instrumentarium usw.) oftmals nur eine geringe oder überhaupt keine Bedeutung beigemessen. Seit Beginn der 60er Jahre und besonders seit der Wirtschaftsreform 1963, stehen die Probleme der QdE. durch Ausbau des Systems der Qualitäts- oder Gütesicherung (beide termini werden synonym verwendet) und vor allem der staatlichen und betrieblichen Qualitätskontrolle stärker im Vordergrund. Trotz wachsendem Volumen von Erzeugnissen mit hoher Qualität ist nach selbstkritischer Darstellung führender Wirtschaftswissenschaftler der DDR die Entwicklung der Standardqualität wie auch die Erfüllung der durch den Plan gesetzten Qualitätsziele nach wie vor unzureichend. Gemäß der Leitlinie, als Qualitätsmaßstab den wissenschaftlich-technischen Höchststand (Weltniveau) zugrunde zu legen, bedingt durch gestiegene Ansprüche der Verbraucher und des Außenhandels, fanden seit Mitte der 60er Jahre gleichermaßen Fragen der Industrieformgestaltung durch Einbeziehung in die Güteklassifizierung verstärkte Beachtung. In der DDR stehen vielfach die termini Formgestaltung, industrielle Formgestaltung und Industrieformgestaltung anstelle von industrieller Formgebung (Design).

II. Organisation und Gütesicherung

Die Organisation der Gütesicherung und Qualitätskontrolle sowie der Planung und Entwicklung der QdE. stützt sich auf inner- und überbetriebliche Instanzen. Oberstes staatliches Fachorgan ist das → **Amt für Standardisierung, Meßwesen und Warenprüfung** (ASMW). Nach 1946 hatte das staatliche Warenprüfungsamt Thüringen entsprechende Funktionen übernommen; 1950 wurde das Deutsche Amt für Material- und Warenprüfung gegründet (GBl., 1950, S. 136) und 1960 in Deutsches Amt für Warenprüfung und Meßwesen (DAMW) umbenannt. (1. Statut 1965, 2. Statut 1969.) Ohne veröffentlichte Rechtsgrundlage erfolgte Anfang 1974 eine Zusammenlegung des Amtes für Standardisierung (→ **Standardisierung**) und des DAMW in ein Amt für Standardisierung, Meßwesen und Warenprüfung (ASMW).

Ein Rat für Industrieform wurde 1962 geschaffen und 1963 das Institut für angewandte Kunst in das Zentralinstitut für Formgestaltung umgewandelt. Beide waren dem → **Ministerium für Kultur** unterstellt. Eine Zuordnung des Rates und des zwischenzeitlich in seinem Namen veränderten Zentralinstitutes für Gestaltung zum DAMW erfolgte 1965. Eine erneute Verselbständigung durch Auflösung des Bereiches „Gestaltung" beim DAMW und Schaffung eines Amtes für industrielle Formgestaltung als zentrales Organ des Ministerrates geschah mit Wirkung vom 1. 2. 1972. Mitte 1973 wurde beim Amt unter Aufhebung einschlägiger früherer Bestimmungen eine Anzahl bisher vorwiegend betrieblicher Funktionen der Formgestaltung konzentriert. Danach sind die Betriebe in der Regel künftig verpflichtet, Aufträge über Formgestaltung dem Amt zu übergeben, das allgemein die Auftragslenkung übernommen hat.

Das ASMW gliedert sich in Fachbereiche (z. B. Meßwesen, Qualitätssicherung, Standardisierung), Fachabteilungen und diesen unterstellte Prüfdienststellen (meist mit eigenen Fachlabors). Die Beurteilung von Standards und damit auch von Qualitätsmerkmalen, obliegt besonderen Prüfungsausschüssen. Dem Präsidenten des ASMW sind mehrere Vizepräsidenten als Leiter der Fachbereiche unterstellt.

Neben dem ASMW hat eine Reihe weiterer staatlicher Instanzen besondere Funktionen der Gütekontrolle wahrzunehmen: Staatliche Güte-Inspektion des Handels, Testlaboratorien in VVB (→ **Binnenhandel**), Technische Überwachung, Deutsche Schiffsrevision und -klassifikation, Kraftfahrzeugtechnische Anstalt, Staatliche Bauaufsicht, Reichsbahn u. a. Als einziges nichtstaatliches Warenkontrollunternehmen beschäftigt sich die → **Intercontroll GmbH** mit der Gütesicherung von ex- und importierten Erzeugnissen und verleiht Prüfungszertifikate. Im Bereich Meßwesen bewahrt das ASMW die Etalons der DDR und ist für den Zeitdienst verantwortlich.

Gemeinsam mit Industrieministerien und anderen zentralen Organen sowie vor allem den VVB hat das ASMW die Ergebnisse der Qualitätsentwicklung zu analysieren, entsprechende staatliche Planvorgaben für die Staatliche Plankommission zu erarbeiten und das gesamte Kontrollsystem zu leiten. Zwei seiner wichtigsten Funktionen sind die Erteilung von Standards als bestimmendes Instrument zur Qualitätssicherung und -steigerung, besonders in Zusammenarbeit mit entsprechenden Stellen des → **RGW**, sowie die Einstufung der Erzeugnisse in Güteklassen und die Zuerkennung staatlicher Gütezeichen. Ihre Verleihung erfolgt nur in der Kategorie der „anmel-

de- und prüfpflichtigen Erzeugnisse", deren Nomenklatur (GBl., 1973, SDr., S. 766) das ASMW festsetzt. Dabei wird differenziert nach klassifizierungspflichtigen Erzeugnissen mit → **Gütezeichen** „Q" (Erzeugnisse, die in ihren Gebrauchseigenschaften und unter Berücksichtigung der Kosten Spitzenerzeugnisse auf dem Weltmarkt darstellen) und solche mit dem Gütezeichen „1" (Erzeugnisse, die in ihren Gebrauchseigenschaften mit anderen auf dem Weltmarkt angebotenen Erzeugnissen vergleichbar sind), sowie nach nichtklassifizierungspflichtigen Erzeugnissen, die nur ein Attestierungszeichen erhalten, wonach sie den Anforderungen der Standards und Qualitätsvorschriften genügen (GBl. I, 1973, S. 426).

Importerzeugnisse erhalten besondere Approbationszeichen. Entfallen sind seit 1970: Gütezeichen „2" sowie Überwachungs- und Klimaschutzzeichen. Die Einstufung eines Erzeugnisses nach Qualitätsmerkmalen ist eine der wichtigsten Kontrollpflichten des ASMW und begründet damit seine erhebliche – in der Praxis einer Leitungsfunktion gleichkommende – Machtstellung gegenüber den Betrieben, da jede Qualitätseinstufung und die Verleihung von Gütezeichen mit finanziellen Konsequenzen für die Hersteller, z. B. in Form von staatlich fixierten Preiszuschlägen für „Q"-Erzeugnisse oder Preisabschlägen für Erzeugnisse niederer Qualität, verbunden ist. Gegebenenfalls kann die Produktion auf Weisung des ASMW eingestellt werden. Desgleichen bestimmt das ASMW die Qualitätsmaßstäbe für neue Erzeugnisse; letztlich wird durch diese Funktion des ASMW der technische Fortschritt forciert.

Verantwortlich für die Planung, Sicherung und Kontrolle der Qualität im betrieblichen Bereich sind die Betriebsleiter. Sie erhalten mit dem Jahresplan → **Kennziffern** der Qualität und damit auch für Erzeugnisse sowohl eine prozentuale Aufgliederung nach Güteklassen wie auch Angaben über den jeweils höchstzulässigen Ausschußanteil. Einzelne Ministerien erarbeiten Richtlinien für Qualitätssicherungsprogramme. Große Aufmerksamkeit gilt der Phase der Forschung und Entwicklung und den qualitätsbestimmenden Standards und Richtlinien der industriellen Gestaltung bei neuen Erzeugnissen.

III. Qualitätssicherung im Betrieb

Zur Sicherung und Erhöhung der Qualität im Fertigungsbereich sind im Betrieb eine Reihe innerbetrieblicher Kontrollsysteme installiert und Kontrollmaßnahmen erlassen; sie sind eng verflochten mit dem → **sozialistischen Wettbewerb**. Die ständige fachgerechte Überwachung der QdE. (d. h. die Gütekontrolle) zur Sicherung der qualitativen Kontinuität der Produktion untersteht in den Betrieben der volkseigenen Wirtschaft seit 1949 der Technischen Kontrollorganisation (TKO). Sie besitzt umfangreiche Vollmachten. Ihr Leiter ist dem Betriebsdirektor unmittelbar unterstellt, jedoch ist fachlich eine Prüfdienststelle des ASMW zuständig. Eine Lösung oder Veränderung seines Arbeitsverhältnisses bedarf sowohl der Zustimmung der dem Betrieb übergeordneten Instanz als auch der zuständigen Prüfdienststelle. Leiter der TKO können auch direkt vom ASMW als staatliche Leiter und staatliche Kontrolleure eingesetzt werden. Sie bleiben dabei Mitarbeiter des ASMW. Den Vorschriften entgegenstehende Weisungen des Betriebsdirektors hat der TKO-Leiter abzulehnen. Die TKO steuert durch Kontrollen und Qualitätsanalysen die Qualitätsentwicklung (Einhaltung der Standards und vertraglichen Gütevorschriften). Sie soll Fehlleistungen und Ausschuß verhindern. Zunehmend werden dabei modernere Kontrollmethoden verwendet.

Das Prinzip einer möglichst lückenlosen Kontrolle der Vergangenheit führte allerdings mit wachsender Massenproduktion zu einer überproportionalen Kostensteigerung der Arbeit der Gütekontrolle. Im verstärkten Maße sollen daher weniger kostenintensive Methoden der statistischen Qualitätskontrolle eingesetzt und eine betriebliche „Schwachstellenforschung" organisiert werden. Auch die verstärkte Einbeziehung von Formen und Methoden des sozialistischen Wettbewerbs gewinnt unter diesem Aspekt an Bedeutung als kostensparende Rationalisierungsmethode. Die TKO ist für Qualitätsnormen der zum Absatz gelangenden Erzeugnisse verantwortlich. Entscheidendes Dokument für die Qualitätssicherung und die Verteilung von Gütezeichen ist der **Erzeugnispaß**, in dem technische, technologische und ökonomische Kennziffern sowie wissenschaftlich-technische Vergleichswerte zum Weltniveau als auch ökonomische Berechnungen über Einsatzmöglichkeiten eines Produkts festgehalten sind. Er verbleibt im Betrieb. Die laufende Kontrolle seiner Daten im Produktionsprozeß ist durch die betriebliche Gütekontrolle zu bestätigen.

Daneben sind alle Betriebe zu verschiedenen qualitätsfördernden Maßnahmen verpflichtet. Im Zusammenhang mit den Organisationen des sozialistischen Wettbewerbs und speziell der Führung eines Haushaltsbuches in den Brigaden und der Verwendung der Gebrauchswert-Kostenanalyse stehen dabei das „System der fehlerfreien Arbeit" oder das „Saratower System" im Vordergrund. Die 1955 in der UdSSR in Saratow entwickelten Prinzipien wurden später unter der noch heute geltenden Losung „Meine Hand für mein Produkt" als „Methode des Vertrauens" und als Selbstverpflichtung zur Einhaltung aller Qualitätsnormen in den Betrieben der DDR übernommen. Darunter ist ein Komplex miteinander verbundener erzieherischer, organisatorischer und technischer Maßnahmen zu verstehen, bei denen die Beschäftigten freiwillig die volle Verantwortung für die Qualität der von ihnen gefertigten Erzeugnisse übernehmen. Die Prinzipien der fehlerfreien Arbeit werden durch ein System von Maßnahmen des materiellen und moralischen Anreizes stimuliert; jedoch wird nach früheren schlechten Erfahrungen auf die TKO heute nicht mehr verzichtet. Eine Reihe von Betrieben trägt die Wettbewerbsauszeichnung „Betrieb der ausgezeichneten Qualitätsarbeit", verliehen durch das ASMW. Die Verleihung des Titels „Brigade der ausgezeichneten Qualität" soll als moralischer Anreiz intensiver genutzt werden.

Entscheidende Voraussetzung für eine hohe QdE. ist ein möglichst reibungsloser Ablauf des Betriebsprozesses in der Wirtschaftspraxis, in der jedoch die Auswirkungen von Störungen und Disproportionen infolge des Zwangs zur Planerfüllung vielfach zuerst zu Lasten der QdE. gehen. Diese Konflikte und ihre Konsequenzen sind für die Masse der Erzeugnisse bis heute nur ungenügend gelöst.

R

Rahmenkollektivvertrag (RKV): Bezeichnung für die vertragliche Regelung der Arbeitsverhältnisse der verschiedenen Beschäftigten-Gruppen zwischen staatlichen und gewerkschaftlichen Organisationen. Der RKV ermöglicht auf der Grundlage der allgemeinen gesetzlichen Bestimmungen spezifische Vereinbarungen, die die Erfordernisse der einzelnen Branchen und Betriebe berücksichtigen. Gemäß § 7 des → **Gesetzbuches der Arbeit** regelt der RKV die „besonderen Arbeits- und Lohnbedingungen für Bereiche der Volkswirtschaft, für Personengruppen oder für bestimmte Gebiete" der DDR. Die Bestimmungen des RKV sind für die Betriebe und Beschäftigten verbindlich. RKV können zwischen den zentralen staatlichen Institutionen bzw. den Räten der Bezirke, den Vereinigungen Volkseigener Betriebe oder den zentralen genossenschaftlichen Leitungsinstanzen und dem Bundesvorstand bzw. den Bezirksvorständen des Freien Deutschen Gewerkschaftsbundes oder den Zentralvorständen der Einzelgewerkschaften abgeschlossen werden. Der RKV muß vor Inkrafttreten vom Staatssekretariat für Arbeit und Löhne bestätigt und registriert werden.
Gegenwärtig bestehen ca. 150 RKV mit unterschiedlicher Laufzeit.

Rat der Gemeinde: → **Gemeinde.**

Rat der Stadt: → **Kreis; Gemeinde.**

Rat des Bezirkes: → **Bezirk.**

Rat des Kreises: → **Kreis.**

Rat des Stadtbezirks: → **Kreis.**

Rat für Gegenseitige Wirtschaftshilfe (RGW)

Historische Entwicklung – Niveau- und Strukturunterschiede – Ziele und Methoden – Organisation – Bereiche der Zusammenarbeit – Weiterentwicklung

I. Entstehung und Entwicklung des RGW

Der RGW (im Westen auch als COMECON bekannt) wurde im Januar 1949 in Moskau gegründet. Gründungsmitglieder waren: Bulgarien, ČSSR, Polen, Rumänien, UdSSR und Ungarn. Albanien ist dem Rat einen Monat später beigetreten, im September 1950 folgte die DDR als Vollmitglied. 1962 hat der RGW mit dem Beitritt der Mongolei seinen auf Europa bezogenen Regionalcharakter verloren. Im gleichen Jahr verzichtete Albanien aus politischen Gründen (Auseinandersetzungen zwischen der Sowjetunion und der VR China) auf die aktive Mitgliedschaft, blieb aber de jure Mitglied des Rates. Im Juli 1972 wurde schließlich Kuba als Vollmitglied aufgenommen – die ökonomischen Auswirkungen der Erweiterung der Gemeinschaft auf die westliche Hemisphäre sind jedoch, ebenso wie im Falle der Mongolei, relativ gering.
Die übrigen sozialistischen Länder (VR Korea, VR Vietnam, Jugoslawien und – bis 1966 – die VR China) nehmen seit Mitte der 50er Jahre an Beratungen der Ratsorgane teil. Jugoslawien erhielt 1964 den Status eines teilassoziierten Mitglieds und ist an bestimmten Aktivitäten der Gemeinschaft („von gemeinsamem Interesse") beteiligt.
Die Gründung des RGW war überwiegend politisch motiviert (Gegenstück zum Marshall-Plan). Den beteiligten Regierungen fehlte seinerzeit der Wille zu gemeinschaftlichem Handeln. Erst nach und nach kam es zu einer Belebung der Tätigkeiten des RGW. Ende 1959 wurde die erste Satzung der Gemeinschaft angenommen, die drei Jahre später korrigiert wurde und in dieser Fassung Ziele, Prinzipien, Funktionen und Vollmachten der Organisation definiert. 1962 scheiterte der Versuch von Chruschtschow, im RGW eine überstaatliche Wirtschaftsplanung einzuführen, am offenen Widerstand Rumäniens. Stattdessen wird in den „Grundprinzipien der internationalen sozialistischen Arbeitsteilung" – im selben Jahr einstimmig angenommen – die Koordinierung der staatlichen Wirtschaftspläne zur Hauptmethode der Zusammenarbeit erklärt.
Das Jahr 1969 markiert den Beginn einer neuen Entwicklungsetappe. Seither wird im RGW-Raum eine Debatte über die „sozialistische ökonomische Integration" geführt; dieser Begriff ist in einem offiziellen RGW-Dokument erstmals Mitte 1970 erwähnt worden. Bisheriger Höhepunkt dieser Integrations-Diskussion ist das „Komplexprogramm für die weitere Vertiefung und Vervollkommnung der Zusammenarbeit und Entwicklung der sozialistischen ökonomischen Integration der Mitgliedsländer des RGW" (im folgenden „Komplexprogramm"), das im Juli 1971 von den Mitgliedsstaaten einstimmig angenommen wurde. Es sieht für den RGW eine Übergangsperiode von 15 bis 20 Jahren vor, in welcher der Zusammenschluß der osteuropäischen Volkswirtschaften mit dem Ziel der Integration gestärkt und vertieft werden soll.

II. Integrationspolitische Bedeutung der Niveau- und Strukturunterschiede im RGW

Die Grundprobleme der „sozialistischen ökonomischen Integration" im RGW und der „Wirtschafts- und Währungsunion" der EG sind – trotz aller systembedingten Unterschiede im Detail – nahezu identisch: In beiden Fällen geht es um eine Abstimmung der nationalen Wirtschaftspolitiken unter der notwendigen Bedingung einer gleichmäßigen Verteilung der daraus resultierenden Vor- und Nachteile. Daraus leitet sich die Frage ab, ob eine solche wirtschaftspolitische Abstimmung („Harmonisierung") unter Wahrung nationalstaatlicher Autonomie zu erreichen ist oder der Übertragung eines Mindestmaßes nationalstaatlicher Kompetenzen auf gemeinschaftliche („supranationale") Organe bedarf. Eng verknüpft damit ist das Problem, ob und wie weit eine Angleichung des wirtschaftspolitischen Instrumentariums, d. h. eine gewisse Übereinstimmung im ordnungspolitisch-institutionellen Bereich der beteiligten Volkswirtschaften, herbeigeführt werden muß; dieses Problem ist im RGW-Raum gerade im Zusammenhang mit den Wirtschaftsreformen in den einzelnen Mitgliedsstaaten von großer aktueller Bedeutung.

Die für die Integration unerläßliche wirtschaftspolitische Abstimmung hat die allmähliche Angleichung der wirtschaftlichen Interessen der einzelnen Mitgliedsstaaten zur Voraussetzung. Eine solche Interessenangleichung ist im RGW bislang – trotz gemeinsamer Parteiideologie und prinzipieller Übereinstimmung der Gesellschaftsordnungen – ausgeblieben. Die wichtigste Ursache sind die gravierenden Niveau- und Strukturunterschiede. Das ökonomische Leistungspotential ist im RGW sehr ungleichmäßig verteilt. Allein die UdSSR produziert 65 bis 70 v. H. des (geschätzten) Sozialprodukts der Gemeinschaft. Das ist nicht nur die Grundlage der gegenwärtigen ökonomischen und politischen Vormachtstellung der Sowjetunion, es ist gleichzeitig unveränderliches Merkmal für die Zukunft des RGW: Fortschritte in der Zusammenarbeit werden zur Stärkung der sowjetischen Vorherrschaft beitragen, und zwar unabhängig vom politischen Willen der jeweiligen sowjetischen Führung.

Nach der absoluten Höhe des Sozialprodukts ist die DDR hinter der UdSSR und Polen die drittgrößte Volkswirtschaft im RGW. Gemessen am Produkt je Einwohner bzw. je Erwerbstätigen steht sie an der Spitze der Rangfolge der RGW-Länder, sie dürfte den Durchschnitt – ebenso wie beim Lebensstandard – um rd. 50 v. H. übertreffen. Die UdSSR, die führende politische Macht der Gemeinschaft, gehört dagegen zu den schwächer entwickelten Volkswirtschaften. Innerhalb des RGW gibt es gravierende Unterschiede hinsichtlich fast aller ökonomischen Kennziffern: Produktivität und Lebensstandard, Wirtschaftsstruktur und Außenhandelsintensität. Aus diesen Differenzen resultieren vor allem stark divergierende nationalstaatliche Wachstumsziele. Hinzu kommen Unterschiede in den Produktions- und Konsumgewohnheiten der Menschen sowie ihrer psychologischen Einstellung zu wirtschaftlichen Problemen, ein Tatbestand, dessen integrationspolitische Bedeutung auch in der EG im Zusammenhang

mit der angestrebten Wirtschafts- und Währungsunion erkannt worden ist.

Ein bedeutsames Strukturproblem des RGW ist ferner die unterschiedliche Außenhandelsverflechtung der Mitglieder. Die kleineren Volkswirtschaften weisen eine – relativ hohe – Verflechtungsquote auf (Exporte in v. H. des Nationalprodukts), die gegenwärtig zwischen 40 (Ungarn) und 24 (DDR) schwankt; diese Länder müssen der Außenwirtschaft im Rahmen ihrer Wirtschaftspolitik eine entsprechend große Beachtung schenken. Im Falle der UdSSR beträgt diese Quote nur rund 6 v. H., und die Sowjetunion ist – ebenso wie die USA – aufgrund dieser geringen Verflechtung mit dem Ausland eher in der Lage, wirtschaftspolitische Maßnahmen unter Mißachtung ihrer außenwirtschaftlichen Konsequenzen durchzuführen.

III. Ziele und Methoden der Integration

Die strukturellen Unterschiede und die damit zusammenhängenden Interessengegensätze zwischen den RGW-Ländern tragen einen langfristigen Charakter. Um die ökonomische Kooperation im RGW unter diesen Voraussetzungen überhaupt voranbringen zu können, mußten die Integrationsziele so formuliert werden, daß sie von allen Mitgliedern akzeptiert werden konnten.

Das strategische Endziel der „sozialistischen Integration" ist im Komplexprogramm aus diesem Grunde nicht definiert worden. Die Integration selbst wird nur sehr vage als ein von den kommunistischen Parteien und Regierungen der Mitgliedsstaaten „bewußt und planmäßig gestalteter Prozeß der internationalen sozialistischen Arbeitsteilung" beschrieben. Im Zuge dieses Prozesses soll zwar eine Reihe von ökonomischen, politischen und ideologischen Einzelzielen verwirklicht werden (u. a. beschleunigtes Wirtschaftswachstum, höherer Lebensstandard, erhöhte Verteidigungskraft, höherer und stabilerer Intrablockhandel). Ihre zeitliche und sachliche Priorität ist aber interpretationsbedürftig. Zum Hauptziel der Gemeinschaft für die kommenden 15 bis 20 Jahre ist die schrittweise Annäherung und Angleichung des sozioökonomischen Leistungsniveaus der beteiligten Staaten erklärt worden (= Abbau der für die Integration negativen Struktureinflüsse).

Darüber, welche der im RGW zusammengeschlossenen Volkswirtschaften unterentwickelt sind und demzufolge Entwicklungshilfe von ihren Partnern beanspruchen dürfen, wird – die Mongolei ausgenommen – ebensowenig gesagt, wie darüber, wer für diese Hilfe aufzukommen hat, in welcher Höhe und in welcher Form.

Das Komplexprogramm ist keine Richtschnur für konkretes wirtschaftspolitisches Handeln; es ist vielmehr eine Absichtserklärung über die Marschrichtung, in der eine Interessenangleichung herbeigeführt werden soll.

Als „Hauptmethode der Organisation der Zusammenarbeit und Vertiefung der internationalen Arbeitsteilung" wird im Komplexprogramm die Koordinierung der Pläne bestätigt. Sie beeinträchtigt nicht die nationalstaatliche Souveränität. Die Mitgliedsländer sollen die mittel- und vor allem langfristig wichtigsten wirtschaftspolitischen Maßnahmen untereinander abstimmen, einmal im Bereich der Strukturpolitik sowie der Entwicklung von Wissenschaft und Technik, zum anderen auf dem Gebiet der Spezialisierung und Kooperation der Industrieproduktion. Die Unabhängigkeit der nationalen Regierungen ist dadurch ausreichend gewahrt, daß sich an der Koordinierung bestimmter Sachbereiche nur die jeweils „interessierten" Mitglieder zu beteiligen brauchen, d. h. die wirtschaftspolitische Abstimmung kann sowohl zwei- als auch mehrseitiger Natur sein.

Eine neue, im Komplexprogramm genannte Form der wirtschaftlichen Verflechtung ist die gemeinsame Planung einzelner Industriezweige und Produktionsarten. Im Sinne einer maximalen Sicherung nationalstaatlicher Kompetenzen wird diese Form der zukünftigen Zusammenarbeit in dreifacher Weise eingeschränkt: a) Es sollen sich daran nur die jeweils „interessierten" Länder beteiligen, b) der selbständige Charakter der „inneren Planung" muß erhalten bleiben und c) die entsprechenden Produktionsanlagen und -ressourcen bleiben im nationalen Eigentum.

In kleineren Bereichen ist es schon zu gemeinsamem Handeln gekommen. So hat die DDR mit der UdSSR Ende 1973 eine sog. Internationale Wirtschaftsorganisation „Assofoto" gegründet (s. Übersicht). Geschäftsbereich dieses Konzerns: Gemeinsame Planung der Forschung und Entwicklung, der Produktion und des Handels fototechnischer und magnetischer Materialien für Informationsaufzeichnung. Auch an weiteren Organisationen hat sich die DDR beteiligt (Interatominstrument, Interatomenergo, Intertextilmasch). Es hat den Anschein, daß man mit diesen Experimenten demonstrieren will, daß es heute im RGW gemeinsam zu planende Integrationsprojekte gibt und daß das gemeinschaftliche Vorgehen zum Vorteil für alle wird („Politik der kleinen Schritte").

Darüber hinaus verpflichteten sich die RGW-Länder zu gegenseitigen Konsultationen – der am wenigsten intensiven Integrationsmethode – in allen Grundfragen der Wirtschaftspolitik sowie der nationalstaatlichen Wirtschaftsreformen.

IV. Organisation und Willensbildung

Die Hauptprinzipien des RGW, wie sie in der Ratssatzung aus dem Jahre 1962 niedergelegt sind, wurden im Komplexprogramm bestätigt: „Die sozialistische ökonomische Integration erfolgt auf der Grundlage der völligen Freiwilligkeit und ist nicht mit der Schaffung übernationaler Organe verbunden . . ."

Die gegenwärtige Organisationsstruktur der Gemeinschaft unterscheidet die folgenden Hauptorgane (s. Schaubild auf Seite 692):

Ratstagung: Sie setzt sich aus Vertretern der Mitgliedsländer zusammen, die von den nationalen Regierungen entsandt werden. Sie ist das oberste Organ des RGW.

Exekutivkomitee: Die stellvertretenden Regierungschefs bilden das wichtigste Vollzugsorgan, das die Aufsicht über alle nachgeordneten Organe ausübt.

Ständige Kommissionen: Es gibt gegenwärtig 20 Kommissionen, entweder als Branchenkommissionen (z. B. für chemische Industrie) oder mit allgemeinem Aufgabenbereich (z. B. für Außenhandel). Sie werden aus Vertretern der Mitgliedsländer, angeführt vom zuständigen Ressortminister, gebildet. Ihre Funktion: Weiterentwicklung der Zusammenarbeit in ihrem Bereich.

In Moskau haben – neben allen anderen Hauptorganen – insgesamt 7 Kommissionen ihren ständigen Sitz: Elektroenergie, Schwarzmetallurgie, Außenhandel, Ökonomische Fragen, Ausnutzung der Atomenergie zu friedlichen Zwecken, Statistik sowie Valuta- und Finanzfragen; alle Ständigen Kommissionen allgemeineren Charakters befinden sich somit in der sowjetischen Hauptstadt.

Von den übrigen Kommissionen haben 3 ihren Amtssitz in Berlin (Chemische Industrie, Bauwesen, Standardisierung), jeweils 2 in Warschau (Kohleindustrie, Transportwesen), Prag (Maschinenbau, Leichtindustrie), Sofia (Nahrungsmittelindustrie, Landwirtschaft), Budapest (Buntmetallurgie, Radiotechnische und elektronische Industrie) sowie je 1 in Bukarest (Öl- und Gasindustrie) und Ulan-Bator (Geologie).

Komitee für Zusammenarbeit auf dem Gebiet der Planungstätigkeit: In diesem Komitee beraten die Planungschefs der Mitgliedsländer über Bereiche und Maßnahmen der Plankoordinierung.

Komitee für wissenschaftlich-technische Zusammenarbeit: Organ der Länder-Ressortchefs für Wissenschaft und Technik zur Beratung und Abstimmung von Maßnahmen zur Koordinierung der Forschung.

Komitee für die Zusammenarbeit auf dem Gebiet der materiell-technischen Versorgung: gegründet auf der 28. Ratstagung (18.–21. 6. 1974).

Sekretariat: Ständiges Organ des RGW (1 Generalsekretär und etwa 650 Mitarbeiter), führt die Verwaltungsarbeiten für alle Haupt- und Nebenorgane durch.

Die Hauptorgane – das Sekretariat ausgenommen – besitzen im Rahmen ihres Geschäftsbereichs lediglich das Recht, Empfehlungen in Sachen der wirtschaftlichen Zusammenarbeit auszusprechen. Diese Empfehlungen müssen, um in der Praxis wirksam zu werden, von den souveränen Mitgliedsländern ange-

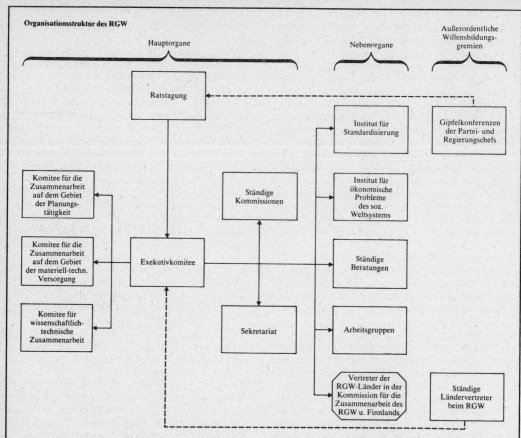

Organisationsstruktur des RGW

nommen werden. Als einziges Hauptorgan ist das Sekretariat, das unter allen Ratsorganen am ehesten in der Lage wäre, Gemeinschaftsinteressen zu verfolgen, nicht zu Empfehlungen berechtigt; es erfüllt im Rahmen der Willensbildung innerhalb des RGW die Funktion eines Initiators.

Die gleiche Rolle spielen die Neben- oder Hilfsorgane des Rates, wie z. B. die Ständige Beratung der Minister für Binnenhandel (insgesamt gibt es 7 solcher Beratungen) oder der Arbeitsgruppe für nationale und internationale Preisbildung.

Diese Organisationsstruktur sichert den Mitgliedsländern ein Höchstmaß an Einflußnahme auf Gemeinschaftsebene zu. Noch wichtiger für die Dominanz der nationalen über die Gemeinschaftsinteressen ist allerdings die bestehende Form der Willensbildung: Alle Empfehlungen müssen einstimmig verabschiedet werden. Das Prinzip der Einstimmigkeit, die entscheidende Garantie der staatlichen Souveränität der Mitgliedsländer, ist ein Grundsatz der RGW-Verfassung. Seit 1967 gilt das Einstimmigkeitsprinzip nur für die jeweils „interessierten" Mitglieder: Jedes Land, das in bezug auf eine geplante Maßnahme sein „Nicht-Interesse" erklärt, kann seine Mitarbeit in diesem Falle zwar einstellen (Ru-

mänien ist z. B. kein Mitglied von Interatominstrument), es kann aber nicht mehr, wie zuvor, das Zustandekommen einer mit dem Einverständnis der interessierten Länder empfohlenen Maßnahme verhindern.

Dieses Prinzip gilt auch für die Sonderorganisationen der RGW-Länder (s. Übersicht), die im Rahmen ihrer Zuständigkeiten sowohl Empfehlungen annehmen als auch Entscheidungen fällen können. Das Statut der Internationalen Investitionsbank der RGW-Länder sieht allerdings erstmalig die Möglichkeit vor, das Einstimmigkeitsprinzip wenigstens in einem Randbereich zu durchbrechen.

Eine entsprechende Regelung findet sich auch in der Satzung von Interatominstrument (Geschäftsbereich: Entwicklung, Produktion, Handel und Betreuung von Geräten für die Kerntechnik; Geschäftsbeginn: 1. 3. 1972; Sitz: Warschau). Es ist kein RGW-Organ, sondern eine juristisch selbständige Sonderorganisation, getragen von 11 staatlichen Produktions- und Handelsunternehmungen aus 5 RGW-Mitgliedsländern (ohne Rumänien, die Mongolei und Kuba). Diese Unternehmungen behalten hinsichtlich ihres Vermögens sowie ihrer organisatorischen und rechtlichen Stellung die volle

Selbständigkeit. Das Besondere an Interatominstrument ist, daß es sich aus eigenen Einnahmen finanzieren soll – allerdings erst nach einer 3jährigen Anlaufzeit. 1973 sind neben der bereits erwähnten Vereinigung „Assofoto" 3 weitere „sozialistische multinationale" Konzerne gegründet worden.

V. Bereiche der Zusammenarbeit

A. Intrablockhandel (IBH)

Für den gegenseitigen Warenaustausch der RGW-Länder (Intrablockhandel), den wichtigsten Bereich der Zusammenarbeit in der Gemeinschaft, gelten die bisherigen handelspolitischen Grundsätze unverändert fort: bilateraler, zum großen Teil streng kontingentierter Tausch; zweiseitig ausgehandelte, in der Regel über 5 Jahre unveränderte Vertragspreise und bilaterale Verrechnung. Die Hauptursache für diesen strikten Bilateralismus sind die im IBH geltenden Preise – das vielleicht umstrittenste Problem im Rahmen des RGW. Auch das Komplexprogramm bietet keine Problemlösung; denn die Preise sollen, wie bisher, „auf der Basis der Weltmarktpreise, die vom schädlichen Einfluß konjunktureller Faktoren des kapitalistischen Marktes bereinigt" sind, zwischen den jeweiligen Partnern ausgehandelt werden. Unter diesen Voraussetzungen wird die DDR aufgrund ihrer überragenden handelspolitischen Stellung auch in Zukunft die Bedingungen des Warenaustausches mit ihren Partnern zu ihren Gunsten weitgehend bestimmen können. Mit einem Anteil von 16 v. H. am gesamten IBH (1973) ist die DDR hinter der UdSSR (36 v. H.) die zweitgrößte Handelsmacht der Gemeinschaft, wenn auch ihr Anteil leicht rückläufig ist. Die Wirtschaft der DDR ist aber – vor der Sowjetunion – der absolut größte Investitionsgüterlieferant: jede vierte im RGW-Handel exportierte Maschine stammt aus der DDR (1960 war es sogar jede dritte). Aus ihrer Rolle als Investitionsgüterlieferant resultiert auch die überdurchschnittliche Handelsverflechtung der DDR-Wirtschaft im RGW. Hierin zeigt sich allerdings – neben einer gewissen Abhängigkeit von der Wirtschaftslage der UdSSR – ein wichtiger Nachteil für die DDR: Ihre Partner befinden sich – die ČSSR ausgenommen – auf einer Entwicklungsstufe, die der technologisch in vielen Fällen überlegenen DDR kaum ausreichend Möglichkeiten bietet, die Vorteile der internationalen Arbeitsteilung verstärkt zu nutzen.

Eine nachhaltige Intensivierung des IBH, zu erreichen über eine Konzentration der Exportindustrie in allen Partnerländern einschl. der DDR, ist die notwendige Voraussetzung für die Nutzung aller Vorteile aus der Integration. Dazu müßte die Plankoordinierung, wie ursprünglich beabsichtigt, zu einer weitreichenden Abstimmung der nationalstaatlichen Wirtschaftspolitik, insbesondere der Investitionspolitik, führen. Wichtigstes Instrument einer solchen Abstimmung wären ökonomisch begründete Wechselkurse, die bis heute im RGW fehlen – alle RGW-Währungen sind reine Binnenwährungen. Die Einführung einheitlicher Wechselkurse ist im Komplexprogramm – wenn überhaupt – erst für die 80er Jahre vorgesehen. Aus diesem Grunde wird die Koordinierung der Pläne ihren bilateralen Charakter beibehalten und sich hauptsächlich auf den gegenseitigen Handelsverkehr beschränken. Zwischen der DDR und Polen ist z. B. die erste Koordinierungsphase für das kommende Planjahrfünft 1976–1980 bereits abgeschlossen: beide Länder wollen Waren im Wert von 8 Mrd. Rubel austauschen, d. h. fast 100 v. H. über dem für 1971–1975 erwarteten Umsatz. Auf der Grundlage der bilateralen Plankoordinierung sollen spätestens in der ersten Hälfte des kommenden Jahres die Handelsabkommen für 1976–1980 zwischen den RGW-Volkswirtschaften abgeschlossen werden.

B. Produktionsspezialisierung und -kooperation

Eine Intensivierung des Handels zwischen der DDR und den übrigen RGW-Ländern setzt steigende Exporte dieser Handelspartner voraus. Dies könnte u. a. durch Kooperationsbeziehungen erreicht werden. Die bisher im RGW abgeschlossenen Kooperationsvereinbarungen erstrecken sich in erster Linie auf Spezialisierungsabkommen. Bisher wurde zwar die Produktion einer Vielzahl von Maschinen- und Anlagetypen spezialisiert (bis 1973: 2 300). Hierbei handelt es sich jedoch überwiegend um bilaterale Abkommen, in denen die überlieferten Produktionsschwerpunkte zementiert werden. Ihre ökonomische Bedeutung ist außerdem nicht abzuschätzen. In den Jahren 1968–1973 hatten diese Kooperations-Exporte einen Anteil an den gesamten Lieferungen der DDR in die übrigen RGW-Länder (einschl. Jugoslawien) von 15 v. H. Bei Exporten in die UdSSR waren es sogar 24 v. H.; für die Importe ergab sich dagegen nur ein Anteil von knapp 7 v. H. Auf die DDR entfiel der Hauptteil des auf Spezialisierungsvereinbarungen beruhenden Maschinen- und Anlagenexportes (ca. 25 v. H. der Ausfuhren in die RGW-Länder). Die Industrie der DDR konzentrierte sich in erster Linie auf die Produktion von Präzisionsgeräten der Feinmechanik/Optik, elektrotechnische Ausrüstungen, Ausrüstungen für chemische, zement- und metallverarbeitende Fabriken, Hebe- und Transportausrüstungen sowie Schiffe und Schienenfahrzeuge.

Zwei der bisher größten bilateralen Kooperationsprojekte hat die DDR mit der ČSSR vereinbart: Auf dem Sektor der Petrochemie soll im 1. Abschnitt eine Äthylenfabrik in Böhlen errichtet werden. Sie soll über eine Rohrleitung Chemiebetriebe in der ČSSR (Zaluzi und Nerotovice) mit Äthylen (jährlich 150 000 t) und Propylen beliefern. Etwa die Hälfte des verarbeiteten Rohstoffs soll in die DDR reexportiert und hier zu Kunststoffen verarbeitet werden. Nach Errichtung einer Äthylenfabrik in der ČSSR soll in der 2. Etappe der Vereinbarung die Lohnveredelung von der DDR übernommen werden. Das 2. Projekt sieht den Entwurf und Bau eines neuen Pkw-Modells vor, jährlich 600 000 Stück, davon je die Hälfte in beiden Ländern. Es ist vorgesehen, daß sich Ungarn an dieser Gemeinschaftsproduktion beteiligt.

Der bisher im RGW erreichte Stand der Kooperation und Spezialisierung muß von der DDR als unbefriedigend empfunden werden; denn für sie sind die Möglichkeiten, über die internationale Spezialisierung Produktivitätsfortschritte zu erzielen, noch längst nicht ausgeschöpft. 2 Faktoren erschweren im RGW eine Intensivierung der Kooperation: 1. Da die Währungen der RGW-Länder reine Binnenwährungen sind, d. h. also keine für den Außenhandel relevanten Wechselkurse existieren, sind Aufwand und Nutzen von Kooperationsvereinbarungen schwer meßbar. 2. Die Interessenlage der Länder ist unterschiedlich. Die UdSSR verfügt über einen großen Binnenmarkt; sie kann in vielen Bereichen die Großserienproduktion allein schon für den Inlandsverbrauch aufnehmen. Außerdem sind die weniger entwickelten RGW-Länder – vor allem aber Rumänien – zunächst noch an einem breiten Ausbau ihrer Industrie interessiert und möchten sich daher erst in einem späteren Entwicklungsstadium spezialisieren. Aus diesen Gründen werden echte Kooperationsvereinbarungen allenfalls für den Intrablockhandel der 80er Jahre eine bedeutende Basis bilden.

C. Kapitalmarkt

Angesichts der fehlenden Währungskonvertibilität gibt es im RGW keinen funktionsfähigen übernationalen Kapitalmarkt. Die Internationale Investitionsbank (Grundkapital: 1,05 Mrd. → **Transfer-Rubel**, darunter 30 v. H. in frei konvertierbarer Währung oder Gold) kann diese Funktion nur in beschränktem Umfange übernehmen. Die Bank hat in den Jahren 1971 und 1972 Kredite über eine Summe von 279 Mill. Transfer-Rubel (darunter 40 v. H. in konvertibler Währung) gewährt. 9 v. H. dieser Kredite sind der DDR zur Verfügung gestellt worden; sie ist andererseits mit 17 v. H. am Grundkapital der Bank beteiligt – die DDR ist bisher ein Netto-Kreditgeber. Ende 1973 erhöhte sich die Kreditsumme der Investitionsbank auf 588 Mill. Transfer-Rubel (= 2,5 v. H. aller Exporte im IBH).

Im RGW überwiegen bisher güterwirtschaftliche Formen der Investitionsfinanzierung. Z. B. beteiligten sich die meisten Mitgliedsländer durch Investitionsgüterlieferungen an der Errichtung von Betrieben und an der Erschließung von Rohstoffquellen auf dem Territorium der Sowjetunion. So hat sich die DDR u. a. an der Erschließung von Erdöl- und Erdgaslagerstätten, am Bau eines Zellstoffwerkes (Ust-Ilim), eines Asbestkombinats (Kijembai) und eines

elektrotechnischen Betriebes in der UdSSR beteiligt. Im Volkswirtschaftsplan der DDR sind für 1974 500 Mill. Mark für Investitionsbeteiligungen in anderen RGW-Ländern vorgesehen. Das sind, gemessen an den Exporten in die RGW-Länder, nahezu 2 v. H. Die Bezahlung der Lieferungen und der Zinsen für die gewährten Kredite (im allgemeinen gilt ein Zinssatz von 2 v. H.) soll aus der Produktion der neuen Betriebe erfolgen.

Im Komplexprogramm ist für den RGW eine neue Form des Kapitaltransfers vorgesehen: Interessierte Länder können „. . . gemeinsame Betriebe bilden, die über eigenes Vermögen verfügen, Subjekte des Zivilrechts sind, auf der Grundlage der wirtschaftlichen Rechnungsführung arbeiten und für die übernommenen Verpflichtungen mit ihrem Vermögen voll haftbar sind".

Als unmittelbare und bisher im RGW-Bereich einzige Realisierung dieser Bestimmung wird in Polen (in der Nähe von Kattowitz) von der DDR und Polen ein gemeinsamer Betrieb errichtet. Es handelt sich um eine Baumwollspinnerei, die Ende 1974 in Betrieb genommen werden soll, mit einer Kapazität von 12 500 t Baumwollgarn und 2 100 Beschäftigten. Die Kapitalanteile sind entsprechend den erbrachten Leistungen zu je 50 v. H. auf die beiden Länder aufgeteilt, und der Betrieb stellt ein „gemeinsames" Eigentum dar, d. h. die Kapitalanteile sind nicht veräußerlich an Drittländer. Oberstes Betriebsorgan ist der Verwaltungsrat, bestehend aus 4 Vertretern beider Länder, die vom jeweiligen Ministerium für Leichtindustrie entsandt und abberufen werden. Seine Beschlüsse müssen einstimmig getroffen werden.

Diese Organisationsform (Direktinvestition) kann als geeignetes Instrument zur Überwindung von Disproportionen im Arbeits- und Kapitalbedarf bei gleichzeitiger Wahrung des Mitspracherechts der Beteiligten angesehen werden. Es bleibt abzuwarten, ob sich dieses Modell bewährt und damit als Beispiel für die Gründung weiterer Unternehmen dieser Art fungieren kann. Immerhin haben die DDR und Polen bereits die Errichtung zweier weiterer Gemeinschaftsunternehmen in Erwägung gezogen.

VI. Weiterentwicklung des RGW

Die gegenwärtigen Wachstumsbedingungen drängen die RGW-Länder – mehr oder weniger intensiv –, die Zusammenarbeit in der osteuropäischen Wirtschaftsgemeinschaft voranzutreiben. Das wichtigste Hindernis für eine stärkere wirtschaftliche Verflechtung im RGW sind die bestehenden schwerwiegenden Strukturdisparitäten (= Produktivitäts- und Wohlstandsgefälle). Sie bewirken vor allem, daß die Plankoordinierung, die Hauptmethode der Zusammenarbeit, auf den bilateralen Warenaustausch beschränkt bleibt; daß es kein einheitliches Interesse der Mitgliedsländer gibt, neuartige Mechanismen der Zusammenarbeit (z. B. Konvertibilität der Währungen) zu entwickeln;

daß von Land zu Land zum Teil weitreichende Unterschiede im Lenkungssystem der Außenwirtschaft bestehen.

Unter diesen Voraussetzungen ist die Zukunft des RGW ungewiß. Eine der möglichen Entwicklungsrichtungen ist die sektorale Teilintegration: Auf ausgewählten Gebieten könnte die gemeinsame Planung in Angriff genommen werden; als Organisationsform bieten sich die internationalen Wirtschaftsvereinigungen an. Allerdings ist die gemeinsame Wirtschaftsplanung für die Regierungen aller RGW-Länder Neuland. Ihr Nutzen für die eigene Wirtschaft ist unter den gegebenen Verhältnissen ebenso ungewiß wie das Ausmaß der unvermeidlichen Aufgabe nationalstaatlicher wirtschaftspolitischer Kompetenzen. Diese Unsicherheit erklärt das vorsichtige Vorangehen der RGW-Länder in diesem Zusammenhang, denn die Regierungen sind im Rahmen der sozialistischen Wirtschaftssysteme für die Wirtschaftsentwicklung in ihren Ländern voll verantwortlich.

Ein anderer Weg in die Zukunft wäre die regionale Teilintegration: Alle ökonomischen Voraussetzungen (Wirtschaftsstruktur, Größe des Binnenmarktes, Arbeitsmarktlage usw.) prädestinieren die DDR, ČSSR, Polen und Ungarn zu einem wirtschaftspolitischen Zusammenschluß, um die Integrationsvorteile nutzen zu können. Die vier Länder könnten innerhalb des RGW ein Integrationsgebilde entwickeln, das ein Modell für die Weiterentwicklung der gesamten Gemeinschaft – ähnlich wie die Benelux-Union in der EWG – bilden würde. Abgesehen von allen politischen Implikationen würde das für die betroffenen Länder ein schwieriger, dornenreicher Weg sein. Ein Beispiel für diese Schwierigkeiten ist das (vorerst) gescheiterte Abkommen zwischen der DDR und Polen über den freien Reiseverkehr. Welcher der beiden Wege auch immer beschritten wird, sie führen unvermeidlich zum Souveränitätsverlust: auch im RGW ist die Integration ohne supranationale Elemente nicht zu erreichen.

Fortschritte in der Weiterentwicklung des RGW werden davon abhängen, wie schnell es gelingt, die integrationshemmenden Struktureinflüsse abzubauen. Dieses Ziel ist nur über eine entsprechende Wachstumsdifferenzierung innerhalb des RGW zu erreichen. Das Ausmaß dieser Wachstumsabstufung wird – ausgehend von den bestehenden Unterschieden des Pro-Kopf-Einkommens – durch den Bevölkerungszuwachs bestimmt: Behält die DDR ihre gegenwärtige gesamtwirtschaftliche Wachstumsrate von 5 v. H. bei, dann müßten Ungarn ein um 0,4 v. H., Bulgarien und die ČSSR jeweils um 0,6 v. H., Rumänien und Polen um je 0,9 v. H. und die UdSSR sogar um 1,1 v. H. höheres jährliches

Wachstum erreichen, um den relativen Einkommensabstand zur DDR nicht größer werden zu lassen.

Sollen die Einkommensunterschiede abgebaut, d. h. nach oben angepaßt werden, dann ist eine noch stärkere Differenzierung des wirtschaftlichen Wachstums erforderlich. Die schwächer entwickelten RGW-Länder mit einer ungünstigen Wirtschaftsstruktur und relativ hohem Bevölkerungswachstum müßten dafür nicht nur entsprechend hohe Erweiterungsinvestitionen vornehmen (Vollbeschäftigungspolitik). Sie müßten darüber hinaus gleichzeitig auch einen hohen Anteil ihrer Kapitalressourcen für Rationalisierungsinvestitionen zur nachhaltigen Strukturverbesserung und damit zur Produktivitätssteigerung einsetzen. Die Regierungen der meisten RGW-Länder verfolgen gegenwärtig aber eine Wachstumsstrategie, die, im Gegensatz zur Vergangenheit, die Erhöhung des Lebensstandards der Bevölkerung stärker betont; der Spielraum für das Zwangssparen, in vergangenen Perioden eine der wichtigsten Finanzierungsquellen der Investitionen, ist demzufolge gering. Diese verwendungspolitische Priorität beschränkt auch die Fähigkeit der reichsten RGW-Länder (der DDR und ČSSR), blockinterne Kapitalhilfe zu leisten. Eine Erweiterung der Finanzierungsmöglichkeiten aller RGW-Länder könnte kurzfristig durch die Bereitstellung von Ressourcen aus dem Ausland außerhalb des RGW, in erster Linie durch die westlichen Industrieländer, erfolgen. Eine vorerst hauptsächlich kreditfinanzierte Steigerung der Importe der RGW-Länder aus dem Westen könnte einen wichtigen Beitrag zur Milderung der Strukturunterschiede im RGW leisten.

Vor diesem Hintergrund sind die Anfänge einer gemeinschaftlichen Politik des RGW gegenüber Drittländern zu sehen. Der erste bescheidene Schritt in dieser Richtung ist das Abkommen über die Zusammenarbeit zwischen dem RGW und Finnland (Mai 1973). In diesem Abkommen steht zwar noch nichts über die Substanz der angestrebten Zusammenarbeit. Es wurde aber eine gemischte Kommission gegründet, deren Aufgabe darin besteht, Bereiche der Zusammenarbeit „von gegenseitigem Interesse" zu bestimmen. Es bleibt abzuwarten, wieweit in diesem Falle das Verhandlungsmandat der RGW-Vertreter reichen wird.

Ebenso unsicher sind mögliche Beziehungen zwischen dem RGW und der EG. Seit Herbst 1973 bemüht sich der RGW um offizielle Kontakte zur EG. Inzwischen haben die osteuropäischen Länder, allen voran die UdSSR, Beziehungen zwischen RGW und EG zu einem Verhandlungsgegenstand auf der Konferenz über Sicherheit und Zusammenarbeit in Europa erhoben. Im Februar 1975 begannen auf der Ebene hoher Beamter die Gespräche zwischen beiden Wirtschaftsgemeinschaften Europas. Es läßt sich gegenwärtig noch nicht absehen, wieweit die Verhandlungsmandate auf beiden Seiten reichen, d. h. auf welche Bereiche sich die gegenseitigen Beziehungen erstrecken und wie sie institutionell geregelt werden sollen.

In letzter Zeit haben mehrere Entwicklungsländer (Irak, Pakistan, Indien, Mexiko) ihr Interesse an besonderen Beziehungen zum RGW erklärt. Diese Entwicklung wird sich durch den Beobachterstatus verstärkt fortsetzen, den die vorjährige UN-Vollversammlung dem RGW gewährt hat. In diesem Zusammenhang ist zu beachten, daß im Rahmen der Internationalen Investitionsbank ein spezieller Entwicklungsfonds in Höhe von 1 Mrd. Transfer-Rubel eingerichtet wurde. Daneben wollen die RGW-Länder einen Spezialfonds zur Finanzierung von Bildungsprojekten in Entwicklungsländern bilden (die Höhe ist unbekannt); bereits im Schuljahr 1974/75 sollten die ersten Kredite aus diesem Fonds erteilt werden. Beide Fonds würden, wenn sie sich in der Praxis erfolgreich bewähren, ein wichtiger Beitrag zur Multilateralisierung der Entwicklungshilfe im RGW-Raum sein.

Internationale Organisationen der RGW-Länder

Organisation	Gründung Sitz	Tätigkeitsbereich, Aufgaben	Teilnehmer[1] (Stand 1973)
A. Zwischenstaatliche Organisationen			
Ständige Konferenz der Befrachtungs- und Reedereiorganisationen	1952 Moskau	Koordinierung der Befrachtung von Seeschiffen Rationalisierung des Seeverkehrs	B, C, D, P, R, S, U
Vereinigtes Institut für Kernforschung	1956 Dubna (UdSSR)	Forschung im Bereich der Kernphysik für friedliche Nutzung der Kernenergie	A, B, C, Ch, D, M, NK, NV, P, R, S, U
Organisation der Zusammenarbeit der sozialistischen Länder auf dem Gebiet des Eisenbahnwesens	1956 Warschau	Verbesserung des Personen- und Gütertransports auf der Schiene, Zusammenarbeit mit internationalen Verkehrsorganisationen	A, B, C, Ch, D, M, NK, NV, P, R, S, U
Organisation der Zusammenarbeit der sozialistischen Länder auf dem Gebiet des Post- und Fernmeldewesens	1957	Verbesserung der Kapazitätsausnutzung und Erweiterung des internationalen Nachrichtenwesens	A, B, C, Ch, D, K, M, NK, NV, P, R, S, U
Zentrale Dispatcherverwaltung (ZDV) des Vereinigten Energiesystems „Frieden"	1962 Prag	Koordinierung der Planungs- und Betriebstätigkeit der nationalstaatlichen Energiesysteme im Hinblick auf den Stromaustausch	B, C, D P, R, S, U
Internationale Bank für Wirtschaftliche Zusammenarbeit	1963 Moskau	Multilaterale Verrechnung und kurzfristige Kreditierung des Intrablockhandels	B, C, D, M, P, R, S, U
Gemeinsamer Güterwagenpark	1963 Prag	Erhöhung der ökonomischen Effektivität der Wagennutzung, bessere Auslastung der Eisenbahnlinien	B, C, D , P, R, S, U
Interpodschypnik	1964 Warschau	Ausarbeitung von Maßnahmen zur besseren Bedarfsdeckung und rationelleren Kapazitätsausnutzung auf dem Gebiet der Wälzlager	B, C, D, P, R, S, U
Intermetall	1964 Budapest	Ausarbeitung von Maßnahmen zur besseren Nutzung und zum Ausbau der Produktionskapazitäten auf dem Gebiet der Eisen- und Stahlindustrie zur besseren Bedarfsdeckung und Hebung des technisch-ökonomischen Niveaus der Erzeugung	B, C, D, P, S, U, (J, R)
Internationale Investitionsbank	1970 Moskau	Langfristige und mittelfristige Kreditfinanzierung gemeinsamer Investitionen	B, C, D, M, P, R, S, U
Interchim	1970 Halle	Beiträge zur Entwicklung der Produktionsspezialisierung und -kooperation sowie zur Koordinierung der Produktions- und Versorgungspläne	B, C, D, J, P, R, S, U
Interkosmos	1970 Moskau	Durchführung gemeinsamer Kosmos-Forschung	B, C, D, K, M, P, R, S, U

Organisation	Gründung Sitz	Tätigkeitsbereich, Aufgaben	Teilnehmer[1] (Stand 1973)
Intersputnik	1971	Ausbau der Zusammenarbeit auf dem Gebiet der kosmischen Nachrichtenverbindung	B, C, D, K, M, P, R, S, U
Intertalonpribor	1972 Moskau	Gemeinsame Forschung, Entwicklung und Produktion von Meßmitteln	B, C, D, M, P, R, S, U
Interelektro	1973 Moskau	Plankoordinierung und gemeinsame Planung, Produktionsspezialisierung und -kooperation auf ausgewählten Teilgebieten der Elektrotechnik	B, C, D, P, S, U
B. Internat. Wirtschaftsorganisationen			
Ständige Konferenz der Direktoren der Donau-Schiffahrts-Gesellschaften der RGW-Länder	1953	Maßnahmen zur stärkeren Zusammenarbeit, besseren Nutzung des Frachtraumes und der Donau	Staatliche Reedereien aus B, C, S, U
Kubalko	1962 Gdynia (Polen)	Zusammenarbeit auf dem Gebiet der Frachtschiffahrt zwischen Kuba und den Ostseehäfen	Staatl. Reedereien aus C, D, K, P
Internationale Reedereiassoziation	1970 Gdynia	Kooperation im Seeverkehr. Organisation von Gemeinschaftsdiensten	10 Staatl. Reedereien sozialistischer Länder
Interatominstrument	1972 Warschau	Zusammenarbeit in Forschung, Produktion und Absatz auf dem Gebiet des kerntechnischen Gerätebaus	Industrievereinigungen und Außenhandelsbetriebe aus B, C, D, P, S, U
Assofoto	1973 Moskau	Gemeinsame Planung auf dem Gebiet der fotochemischen Industrie	Industrievereinigung und -kombinat aus D, S
Interatomenergo	1973 Moskau	Koordinierung der Forschung, Entwicklung und Produktion auf dem Gebiet des Atomkraftwerks-Anlagenbaus	Industrievereinigungen aus B, C, D, J, P, R, S, U
Intertextilmasch	1973 Moskau	Zusammenarbeit in Forschung, Entwicklung, Produktion. Absatz und Service auf Teilgebieten des Textilmaschinenbaus	Industrievereinigungen aus B, C, D, P, R, S, U
Interkomponent	1973 Warschau	Koordinierung der Investitions-, Produktions- und Absatzpläne der elektronischen Industrie	Industrievereinigungen aus P, U
Interport	1973 Stettin	Koordinierung der Nutzung der Hafenkapazitäten	Seehäfen aus D, P

1 Abkürzungen der Teilnehmer: A = Albanien, B = Bulgarien, C = ČSSR, Ch = VR China, D = DDR, J = Jugoslawien, K = Kuba, M = Mongolei, NK = Nord-Korea, NV = Nord-Vietnam, P = Polen, R = Rumänien, S =Sowjetunion, U = Ungarn. ( ) vertragliche Zusammenarbeit.

Rat für Landwirtschaft und Nahrungsgüterwirtschaft (RLN): Die RLN sind ehrenamtliche, kollektive Beratungsorgane des Ministerrates (RLN-Z) bzw. der Räte der Bezirke (RLN-B) und Kreise (RLN-K).
Ihnen gehören Vertreter des Staatsapparates, der politischen Organisationen, Genossenschaftsmitglieder sowie Arbeiter, Angestellte, Ingenieure und Wissenschaftler aus der → **Land-** und → **Forstwirtschaft**, den industriellen Vorleistungsbereichen und der → **Nahrungsgüterwirtschaft** an. Die Mitglieder des RLN-Z werden seit 1966 auf den→ **Bauernkongressen** gewählt. Mit der Ausgliederung der Produktionsleitungen aus den Räten für landwirtschaftliche Produktion und Nahrungsgüterwirtschaft 1972 (→ **Ministerium für Land-, Forst- und Nahrungsgüterwirtschaft**) wurden den RLN

Aufgaben beratender und empfehlender Art zugewiesen. Außerdem haben sie Stellungnahmen zu erarbeiten.
1. Beratungsaufgaben:
a) Maßnahmen zur Produktionserhöhung durch: Chemisierung, Melioration und komplexe Mechanisierung; Förderung des wissenschaftlich-technischen Fortschrittes und die rasche Umsetzung der Forschungsergebnisse in die Praxis; Organisation des sozialistischen Wettbewerbs in der Landwirtschaft mit dem Ziel, die „Erfahrungen der Besten'', insbesondere der industriemäßigen Agrarproduktion, zu verallgemeinern.
b) Maßnahmen zur Aus- und Weiterbildung der Werktätigen.
c) Maßnahmen zur weiteren gesellschaftlichen Ent-

wicklung der Land-, Forst- und Nahrungsgüterwirtschaft.

2. Den RLN steht das Recht zu, den jeweiligen Produktionsleitern (beim RLN-Z dem Minister) Vorschläge zu unterbreiten und – nach entsprechender Beschlußfassung des Ministerrates bzw. der Räte der Bezirke und Kreise – die Durchführung der Vorschläge zu organisieren.

Weiter haben die RLN das Recht, den LPG, GPG, VEG, KOE und KIM (→ **Landwirtschaftliche Betriebsformen**) Empfehlungen zu erteilen. Die RLN der Kreise und Bezirke sind dem RLN-Z rechenschaftspflichtig.

3. Die RLN haben zur Erfüllung der Perspektiv- und Jahrespläne Stellung zu nehmen.

Die Arbeit der RLN wird in „Aktivs" geleistet, die nach Bedarf ständige oder zeitweilige Arbeitsgruppen bilden. In die Aktivs können auch Fachleute, die nicht Mitglied der RLN sind, berufen werden. (Aktivs bestehen für Planungsaufgaben, für sozialistische Betriebswirtschaft, Kooperationswesen, Bodenfruchtbarkeit und Melioration, Bauwesen, Aus- und Weiterbildung, Entwicklung des kulturellen Lebens, für Gesundheits-, Arbeits- und Brandschutz, Frauen- und Jugendfragen. Bei den RLN-B und RLN-Z arbeiten zusätzlich auch Kommissionen für die Erzeugung und Verarbeitung spezieller Produkte wie Fleisch, Milch, Getreide, Eier, Obst, Gemüse, Speisekartoffeln oder Zucker. Ausschließlich beim RLN-Z besteht ein Aktiv für Wissenschaft und Forschung sowie ein Beirat für Außenwirtschaft.)

Die RLN-K und RLN-B sollen im 2monatigen Turnus und der RLN-Z einmal im Quartal tagen.

Die RLN sind Nachfolgeorganisationen der am 7. 2. 1963 gegründeten Landwirtschaftsräte, die in der Agrarproduktion sowohl beratende als auch durch ihre Produktionsleitungen administrative Aufgaben wahrzunehmen hatten. Ihr Aufgabenbereich wurde auf dem X. Deutschen Bauernkongreß 1968 mit der Einführung des Systems der komplexen und zweiggebundenen Planung und Leitung auf die Vermarktung und Verarbeitung von landwirtschaftlichen Produkten ausgedehnt (→ **Agrarpolitik**). Die Aufgaben blieben grundsätzlich auch nach dem XI. Bauernkongreß der DDR bestehen, jedoch wurde die direkte Verbindung zwischen RLN und landwirtschaftlicher Produktionsleitung unterbrochen. Die Produktionsleitung wurde zum Ministerium für Land-, Forst- und Nahrungsgüterwirtschaft entwickelt. Der Rat für landwirtschaftliche Produktion und Nahrungsgüterwirtschaft besteht seitdem als ELN und ist Beratungsorgan nicht beim MfLFN, sondern beim Ministerrat der DDR. Während Mitglieder des Landwirtschaftsrates (1963) noch berufen wurden, erfolgte die Bestellung der RLN-Z-Mitglieder 1966, 1968 und 1972 durch Wahl auf den Bauernkongressen. Die Wahlen wurden im üblichen Blockwahlsystem aufgrund von Vorschlagslisten durchgeführt, die in der Regel einstimmig gebilligt wurden. Eine Ausnahme stellte die Wahl des RLN auf dem X. Deutschen Bauernkongreß 1968 dar, die geheim durchgeführt wurde. Es erhielten jedoch nur zwei Kanidaten je eine Gegenstimme.

Die Zahl der RLN-Mitglieder wechselte ebenso wie das Verfahren der Kandidatenaufstellung von Bauernkongreß zu Bauernkongreß: 1963 = 85, 1966 = 99, 1968 = 169 und 1972 = 114 Mitglieder des RLN-Z. Die Mitgliederzahl der nachgeordneten RLN wurde je nach Größe der Territorien für die Bezirke mit 70–80 und für die Kreise mit 30–50 festgelegt.

Rat für Sozialversicherung: In den VEB und Verwaltungen tätiges Organ innerhalb des → **Sozialversicherungs- und Versorgungswesens.**

Rat für westdeutsche Fragen: → **Staatssekretariat für westdeutsche Fragen.**

Rationalisierung

Allgemeine Merkmale – Formen der Rationalisierung – Rationalisierungsmittel

I. Allgemeine Merkmale

Maßnahmen in den Wirtschaftsbetrieben und -einrichtungen sowie in der Verwaltung zur Erzielung eines höheren Nutzeffektes. Im engeren Sinne wird unter R. die Verbesserung der vorhandenen Fertigungseinrichtungen und -organisation verstanden. Mit relativ geringem finanziellen Aufwand (R.-Investition) soll ein möglichst hoher wirtschaftlicher Nutzen erreicht werden. Der Begriff R. wurde in der DDR zunächst gemieden; ab 1963 setzte sich dann die Bezeichnung „sozialistische R." durch. Auf der gemeinsamen Konferenz des ZK der SED und des Ministerrats „Sozialistische Rationalisierung und Standardisierung" im Juni 1966 wurde die R. erstmals als wichtiges Instrument zur → **Intensivierung** der Wirtschaftsabläufe herausgestellt. Ausgehend von den vorhandenen Arbeitskräften, den Fertigungseinrichtungen und Rohstoffen sowie den Aufgaben des Volkswirtschaftsplanes soll R. bewirken, „den Reproduktionsprozeß als ganzes intensiver zu gestalten und dadurch den ökonomischen Nutzeffekt zu erhöhen" (Thesen, in: Konferenzprotokoll, Berlin [Ost] 1966, S. 155). Anstelle breit durchgeführter R.-Investitionen und „massenhafter" kleinerer Einsparungen in den Betrieben dominierten jedoch in den Jahren 1967–1971, zwischen dem VII. und VIII. Parteitag der SED, im Rahmen einer forcierten Struktur- und Wachstumspolitik erneut extensive, auf die Schaffung neuer Arbeitsplätze gerichtete → **Investitionen.**

Die gegenwärtige wirtschaftspolitische Linie bezeichnet die Intensivierung als den Hauptweg zur quantitativen und qualitativen Leistungssteigerung der Wirtschaft. Der VIII. Parteitag der SED im Juni 1971 bestimmte R. zur erstrangigen politischen Aufgabe von „gesamtgesellschaftlicher Bedeutung", die für den Zeitraum des Fünfjahrplans 1971–1975 bestimmt, „die Erzeugung zu steigern, indem wir die

vorhandenen Produktionsanlagen und Gebäude besser nutzen und modernisieren, indem wir mit der gleichen Zahl von Arbeitskräften mehr produzieren" (Protokoll des VIII. Parteitages der SED, Berlin [Ost] 1971, Bd. 1, S. 68).
Inzwischen wird R. zunehmend auch als wirtschaftspolitisches Instrument zur Einsparung von Arbeitskräften gesehen.
Gegenstand der R. sind die Arbeitsabläufe in der Industrie und Verwaltung, ferner im Dienstleistungsbereich und in der Landwirtschaft. In der Vergangenheit bezog sich die R. vornehmlich auf isolierte Arbeitsprozesse. Daneben wurden Betriebsteile und vereinzelt auch Gesamtbetriebe als ganzes modernisiert. Für die Reorganisation und technische Erneuerung ganzer Produktions- und Verwaltungskomplexe wurden auch die Bezeichnungen → **Rekonstruktion** und Komplexe sozialistischer R. verwendet. Aufgrund der eingetretenen Differenzierung der Sortimente und Fertigungsverfahren, der Transport- und Organisationsmittel ist die übergreifende, ganze Produktions- und Distributionslinien erfassende R. von besonderer Bedeutung.

II. Formen der Rationalisierung

Zu den Formen der R. werden alle Möglichkeiten der rationelleren Gestaltung der Wirtschaftsabläufe gezählt. Zu ihnen gehört insbesondere eine Vielzahl kleinerer Verbesserungsvorschläge von Beschäftigten, die ohne größere Investitionen verwirklicht werden können.
a) *Konzentration, Spezialisierung und* → **Standardisierung** *der Produktion und der Verteilung.* Durch den Zusammenschluß mehrerer Betriebe zu Kombinaten, durch überbetriebliche Produktionsverlagerungen innerhalb von Kooperationsverbänden und Erzeugnisgruppen konnten die für die DDR ursprünglich typische Zersplitterung der Produktion auf mittlere und kleinere Betriebe verringert und kostengünstigere Serienfertigungen ermöglicht werden. So sank in der Industrie die Zahl der Betriebe zwischen 1963 und 1973 von 14861 auf 10200, während die Beschäftigtenzahl im gleichen Zeitraum von 2 752 000 auf 3 005 000 stieg. Auch in der Landwirtschaft stieg die Konzentration von Beschäftigten und Betrieben. In der industriellen Forschung und Entwicklung wurden größere Forschungszentren mit rationelleren Formen der Arbeitsorganisation geschaffen. Eine besondere Rolle spielte und spielt der inner- und überbetriebliche Aufbau zentraler Fertigungen, in denen die spezialisierte Produktion von gleichartigen Einzelteilen und Baugruppen konzentriert wird. So haben die in der metallverarbeitenden Industrie seit 1960 eingerichteten 185 zentralen Fertigungen gegenwärtig ein jährliches Produktionsvolumen von ca. 1,2 Mrd. Mark.
b) *Anwendung moderner Fertigungsarten und -prinzipien.* Die Effizienz und Rentabilität der Fertigung

wird maßgeblich durch das Niveau der Fertigungsorganisation, d. h. der Kombination von Fertigungsarten und Fertigungsprinzipien bestimmt. Von den drei herkömmlichen Fertigungsarten, der Einzel-, Serien- und Massenfertigung, sind in der DDR nach wie vor die Einzel- und die Serienfertigung stark vertreten (s. Tabelle auf Seite 700).
Bei den Fertigungsprinzipien wird die auf bestimmte Verfahren spezialisierte Fertigung von der erzeugnisspezialisierten Fertigung unterschieden. Während die betrieblichen Arbeitsbereiche bei der ersteren auf Verfahren spezialisiert sind (→ **Werkstattprinzip**), sind sie bei der letzteren auf die Herstellung bestimmter Teile gerichtet (→ **Erzeugnisprinzip** bzw. Gegenstandsprinzip). Das Niveau der Fertigungsorganisation in der DDR nach Fertigungsprinzipien wird durch die weite Verbreitung des Werkstattprinzips, vor allem in den Betrieben mit Serien- und Einzelfertigung, gekennzeichnet.
In Betrieben mit Großserien- und Massenfertigung ist dagegen auch die moderne Reihen- und Fließfertigung zu finden. Der Anteil der erzeugnisspezialisierten Fließfertigung an der Gesamtfertigungszeit in der metallverarbeitenden Industrie betrug 1971 allerdings nur 6 v. H. Die Verbreitung fortschrittlicher Fertigungsarten und -prinzipien schwankt zudem erheblich zwischen den einzelnen Bereichen der metallverarbeitenden Industrie. Während in der wichtigen Investitionsgüterindustrie bei einem hohen Anteil an Einzel- und Kleinserienfertigung die verfahrensspezialisierte Fertigung vorherrscht, ist die Zulieferindustrie durch Serien- und Massenproduktion in erzeugnisspezialisierter Fertigung gekennzeichnet. Die Massenfließfertigung dominiert bisher lediglich in der Konsumgüterindustrie.
Die kontinuierliche Anhebung des wirtschaftlichen Leistungsniveaus der Betriebe und Industriezweige, insbesondere die Steigerung der Arbeitsproduktivität, durch den verstärkten Übergang zur Serien- und Massenproduktion mit kontinuierlichem Fertigungsfluß gehört seit 1971 zu den vorrangigen wirtschaftspolitischen Zielen. Ihre Verwirklichung setzt die erheblich stärkere Spezialisierung der Produktion, ihre Standardisierung sowie die Anwendung moderner Fertigungsverfahren (→ **Technologie**) voraus. Dabei erweist sich der Wirtschaftsraum der DDR für eine rein binnenwirtschaftlich ausgerichtete Spezialisierung zunehmend als zu klein, so daß die internationale Produktionsabsprache und Arbeitsteilung innerhalb des → **RGW** starke Impulse erhalten.
Zu den Methoden, die zu einer Erhöhung der Arbeitsproduktivität führen, ist das Verfahren der Mehrmaschinenbedienung zu zählen. Nach dieser, in den letzten Jahren verschiedentlich eingeführten, Methode bedient ein Beschäftigter mehrere Maschinen, indem die während des selbständigen Laufs einer Maschine auftretenden Wartezeiten zur Bedie-

Fertigungsarten und -prinzipien in der metallverarbeitenden Industrie (1972)
Anteil am gesamten Fertigungszeitaufwand (in v. H.)

Fertigungsart	Insgesamt	Fertigungsprinzipien					Montage
		Mechanische Fertigung					
		Insgesamt	Werkstattfertigung	davon			
				Erzeugnisspezialisierte Fertigung			
				Insgesamt	davon		
					Reihenfertigung	Maschinenfließfertigung	
Einzelfertigung	14,7	8,3	5,6	2,7	0,6	0,1	6,4
Serienfertigung	68,6	43,0	19.7	23,3	11,3	2,6	25,6
Massenfertigung	16,7	11,5	2,0	9,5	4,1	3,1	5,2
Zusammen	100	62,8	27,3	35,5	16,0	5,8	37,2
Elektrotechnik/Elektronik/Gerätebau							
Einzelfertigung	8,8	4,2	3,1	1,1	0,3	0	4,5
Serienfertigung	70,7	40,7	20,6	20,1	11,7	2,2	30,0
Massenfertigung	20,5	12.9	2,1	10.8	5,6	3,4	7,6
Zusammen	100	57,8	25,8	32,0	17,6	5,6	42,2

Quelle: Statistisches Jahrbuch der DDR 1973, S. 138.

nung weiterer Maschinen genutzt werden. (Die Anwendung derartiger Verfahren in westlichen Unternehmen wird von der SED als Potenzierung der Ausbeutung bezeichnet.)
c) *Mechanisierung und* → **Automatisierung.** Da knapp die Hälfte der Produktionsarbeiter der Industrie der DDR nicht an Maschinen arbeitet, könnten durch die Mechanisierung dieser Arbeiten erhebliche Produktivitätsreserven erschlossen werden. Ein weiterer Schritt stellt der Übergang von der Mechanisierung zur Automatisierung der Maschinen und Anlagen sowie der Produktionsvorbereitung (Entwicklung und Konstruktion) dar.
d) *Technische Erneuerung.* Sie umfaßt die rationellere Gestaltung der Arbeitsabläufe und/oder die technische Neuausstattung der Betriebe und Einrichtungen. Auf die Vervollkommnung und Leistungssteigerung der Fertigungsverfahren und der Fertigungsorganisation richtet sich vor allem das stark ausgebaute innerbetriebliche Vorschlagswesen (→ **Neuererbewegung**).
e) *Schichtarbeit.* Um die häufig nicht voll ausgelasteten Produktionsanlagen länger zu nutzen, wird seit 1967 (Einführung der 5-Tage-Arbeitswoche) die Umstellung der betrieblichen Arbeitszeitregelungen auf das Zweischicht- und Dreischichtsystem propagiert (s. Tabelle).
Im Jahre 1972 arbeiteten 59 v. H. der Produktionsarbeiter 1schichtig, 15 v. H. 2schichtig und 26 v. H. 3schichtig.

Schichtarbeit in der Industrie[1] der DDR (in v. H.)

Jahr	Anteil der Produktionsarbeiter in der 1., 2. und 3. Schicht an den Produktionsarbeitern insgesamt		
	1. Schicht	2. Schicht	3. Schicht
1967	67,6	15,8	7,6
1969	76,7	15,5	7,8
1971	75,6	15,7	8,7
1973	75,5	15,8	8,6

1 Mit Ausnahme der halbstaatlichen und privaten Betriebe.

Quelle: Statistische Jahrbücher der DDR 1968, S. 194; 1972, S. 140; 1974, S. 137.

Durch die mehrschichtige Nutzung der Anlagen erhöht sich der Produktionsausstoß, ohne daß die Beschäftigtenzahl proportional ansteigt. Vor allem hochproduktive Anlagen, wie z. B. automatisierte und mittels der elektronischen Datenverarbeitung gesteuerte Maschinen und Fertigungsanlagen, sollen zukünftig grundsätzlich im Dreischichtsystem betrieben werden.
f) *Anwendung moderner Planungs- und Leitungsmethoden.* Mathematische Verfahren der → **Netzplantechnik** dienen der R. der Planung, Leitung und Verwaltung; erreicht werden soll damit Kostenminimierung, höhere Kapazitätsauslastung und bessere Abstimmung von Terminen und Kooperationen. Auf die rationellere Gestaltung der Entscheidungssysteme in den Ministerien, Großbetrieben und territorialen wirtschaftsleitenden Organen richtet sich

vor allem der seit 1962 betriebene Aufbau von Informations- und Dokumentationssystemen. Vorgesehen ist die Verknüpfung der Informations- und Dokumentationssysteme der Wirtschaftsbereiche mit den entsprechenden Einrichtungen der Planungsinstitutionen, dem → **einheitlichen System von Rechnungsführung und Statistik** sowie dem naturwissenschaftlich und gesellschaftswissenschaftlichen und technischen Informations- und Dokumentationssystem (→ **Information; Dokumentation**).

g) *Territoriale Rationalisierung*. Da der Übergang zur vollen Mehrschichtarbeit zusätzliche Arbeitskräfte erfordern würde – die Einführung der zweiten Schicht bei hochproduktiven Anlagen in den industriellen Ballungsgebieten würde allein mehrere hunderttausend Arbeitskräfte fordern –, wird gegenwärtig dem koordinierten R. der Hilfs- und Nebenprozesse innerhalb territorialer Einheiten (Städte, Gemeinden, Bezirke) besonderes Gewicht zugemessen. Darunter fallen u. a. die Konzentration der

Fuhrparks, Lager- und Reparaturwerkstätten mehrerer Betriebe, die gemeinsame Nutzung sozialer, technischer und administrativer Einrichtungen sowie die Abstimmung der Investitionen.

III. Rationalisierungsmittel

Materielle und finanzielle Mittel zur Analyse und rationelleren Gestaltung der Fertigungs- und Arbeitsabläufe. In erster Linie fallen darunter die zur Mechanisierung und Automatisierung notwendigen Maschinen, Datenverarbeitungsanlagen, automatischen Regler, Meß- und Kontrollgeräte. Die unzureichende Bereitstellung eines vielfältigen Sortiments an R.-Mitteln gehörte bisher zu den hemmenden Faktoren der Wirtschaftsentwicklung in der DDR. Gegenwärtig wird versucht, diesen Engpaß durch Eigenproduktion in den Betrieben und Kombinaten sowie durch den Aufbau spezialisierter Betriebe für R.-Mittel zu überwinden.

Rationalisierungskredite: → **Kredite.**

Raumplanung: → **Territorialplanung.**

Rechenschaftslegung: Eine Form der Kontrolle über die Arbeit staatlicher (einschließlich wirtschaftsleitender) und gesellschaftlicher Organe und ihrer leitenden Mitarbeiter in allen Bereichen der sozialistischen Gesellschaft. Die Pflicht zur R. gilt als Prinzip des → **demokratischen Zentralismus** und Ausdruck der sozialistischen → **Demokratie.**

Das Statut der → **SED** verpflichtet alle gewählten Parteiorgane zur regelmäßigen R. über ihre Tätigkeit vor den Organisationen, durch die sie gewählt wurden. Die Verfassung der DDR und andere Rechtsnormen legen die Pflicht der Staats- und Wirtschaftsorgane, der leitenden Mitarbeiter in Staat, Wirtschaft und gesellschaftlichen Organisationen und der Abgeordneten der Volksvertretungen zur regelmäßigen R. über ihre Tätigkeit fest. Die R. untergeordneter Organe gegenüber den ihnen jeweils übergeordneten wird als Mittel zur Qualifizierung der sozialistischen Leitungstätigkeit durch eine effektive → **Anleitung und Kontrolle** gesehen. Von Bedeutung ist hier die Auskunftspflicht des rechenschaftsgebenden Organs über alle seine Arbeit betreffenden Fragen.

Die Rechenschaftspflicht der leitenden Mitarbeiter in Staat, Wirtschaft und gesellschaftlichen Organisationen und der Abgeordneten der Volksvertretungen vor der Öffentlichkeit (das sind Wähler, Volksvertretungen, Mitglieder gesellschaftlicher Organisationen, Betriebsangehörige usw.) soll der Verantwortlichkeit gegenüber den Bürgern Ausdruck geben und die Kontrolle von „unten" nach „oben" ermöglichen; sie wird als wichtige Form der Realisierung des verfassungsmäßig verbürgten Rechts der Bürger auf Mitbestimmung und Mitgestaltung der sozialistischen Gesellschaftsordnung gesehen.

Rechentechnik: Elektronische → **Datenverarbeitung.**

Rechnungswesen: Aus der Sicht der sozialistischen Betriebswirtschaftslehre soll das R. ein nach einheitlichen Grundsätzen aufgebautes, mit der Methodik der Volkswirtschaftsplanung abgestimmtes System zur Erfassung und Verarbeitung rechnerisch verwertbarer Informationen über den Ablauf des Reproduktionsprozesses in Betrieben, Kombinaten, VVB und sonstigen Institutionen einerseits und der Volkswirtschaft im ganzen andererseits sein. Danach steht das R. seit Errichtung der SBZ/DDR im Zeichen wiederholter Reformen und vielfältiger, sich oft widersprechender bzw. aufhebender Experimente. Dies wird mit der These begründet, daß sich die Veränderung der gesellschaftlichen Produktionsverhältnisse auch auf Gegenstand und Aufgaben des R. revolutionierend auswirken und in ihm widerspiegeln müssen. Dementsprechend gibt es ein umfangreiches Bündel von gesetzlichen Vorschriften, die oft lehrbuchartig das R. in materieller wie formeller Hinsicht bis in letzte Details regeln.

Die bisher letzte Rahmenregelung für diesen vielschichtigen Komplex ergibt sich aus der VO über das → **einheitliche System von Rechnungsführung und Statistik** vom 12. 5. 1966 (GBl. II, S. 445–451). Ihrem Vollzug dient eine lange Reihe von Branchenanordnungen und Spezialrichtlinien (so z. B. AO über das einheitliche System von Rechnungsführung und Statistik in der volkseigenen Industrie; GBl. II, 1966, S. 495–524, oder die ab 1973 gültige AO über die zentrale staatliche Kalkulationsrichtlinie, GBl. II, 1972, Seite 741–778). Als Grundsätze und Merkmale der einschlägigen Bestimmungen werden in neuerer Version (vgl. u. a. das Lehrbuch „Sozialistische Betriebswirtschaft", 2. Auflage, Berlin [Ost] 1974) genannt: Einheitliche Klassifizierung der ökonomischen Vorgänge auf volks- wie betriebswirtschaftlicher Ebene; Wahrung der Einheit von Mengen-, Wert- und Zeitrechnung; Verknüpfung der betriebs-, erzeugnis- und territorialbezogenen Abrechnung; Ausnutzung der **elektronischen → Datenverarbeitung**; durchgehende Erfassung und Widerspiegelung aller ökonomischen Vorgänge auf der Basis von Primärbelegen; Analyse der auf das Betriebsergebnis einwirkenden Faktoren durch Orientierung der betrieblichen Wirtschaftsrechnung auf Erzeugnisse, Leistungen, Aufgaben und Kostenstellen; Erarbeitung von Grundlagen für die Planung.

In diesem Sinn soll in erster Linie das einheitliche System von Rechnungsführung und Statistik den wechselseitigen Informationsfluß zwischen den Betrieben und den ihnen übergeordneten Organen zum Zwecke der Planaufstellung, Plandurchführung und Plankontrolle garantieren. Es soll den Lenkungsinstanzen des Staates, den Betriebsleitungen sowie den Belegschaften dokumentieren, ob und wie die in den Einzelplänen gestellten Aufgaben mit den den Wirtschaftseinheiten zur Verfügung stehenden materiellen und finanziellen Mitteln, die oft nur nach Maßgabe staatlicher Normative (z. B. aufgrund von Materialverbrauchsnormen) gewährt werden, erreicht worden sind. Mit Hilfe der Analysenergebnisse des R. wird fener der → **sozialistische Wettbewerb** unterstützt, insbesondere soweit es sich um die Messung bestimmter überdurchschnittlicher Leistungen einzelner Arbeitnehmer und von Arbeitnehmergruppen handelt, die prämiiert werden sollen.

Das derart strukturierte R. bildet damit einen wesentlichen Bestandteil des Systems der → **wirtschaftlichen Rechnungsführung**, mit dem es allerdings nicht verwechselt oder gleichgesetzt werden darf. Während das R. in Gestalt des einheitlichen Systems von Rechnungsführung und Statistik als ein umfassendes Informationsinstrumentarium im Dienste der Leitung und Planung fungiert, gilt das System der wirtschaftlichen Rechnungsführung im Selbstverständnis der DDR – weit über die genannte Funktionsbestimmung des R. hinausgehend – als zentrale objektive Kategorie der sozialistischen Produktionsverhältnisse und als Maxime operativer Betriebsführung auf den verschiedensten Ebenen.

Die wichtigsten Elemente des betrieblichen R. sind a) die „Fondsrechnung", b) die normative Kosten- und Ergebnisrechnung, c) die einheitliche Anwendung staatlich vorgeschriebener Bewertungsverfahren für Wirtschaftsgüter, d) zentral festgesetzte Abschreibungssätze und Abschreibungsverfahren und e) die staatlich fixierte Ertragsverteilung (Gewinnverwendung) (→ **Fonds; Grundmittel; Abschreibungen; Amortisationen; Gewinn**).

Im Rahmen dieser Rechnungsvorgänge ist die betriebliche „Fondsrechnung" ein Grundelement des R. in einem sozialistischen Wirtschaftssystem sowjetischer Prägung. Als „Fonds" bezeichnet man einmal Bestände, also Vorräte an materiellen und finanziellen Mitteln. Zum anderen versteht man darunter die Gesamtheit der den Betrieben während eines bestimmten Zeitraums (z. B. eines Jahres) zur Verfügung stehenden Mittel zur Finanzierung ökonomischer und sozialer Aufgaben. Die „Fondsrechnung" als spezifische Form der Rech-

nungslegung im Wirtschaftssystem der DDR ist ideologisch begründet, weil das dortige R. den im Rahmen der buchhalterischen Bilanz sonst rechnerisch zwangsläufig erscheinenden Posten „Kapital" nicht kennt. Als Äquivalent dient die Kategorie der „Fonds". Hierbei wird unterschieden zwischen „eigenen Fonds" und „fremden Fonds". Die „eigenen und ihnen gleichgestellten Fonds" entsprechen als Bilanzposten auf der Passiv-Seite dem Grund-, Stamm- oder Eigenkapital eines Unternehmens, während die „fremden Fonds" das aufgenommene oder zugewiesene Fremdkapital (Kredite) ausweisen.

Die „Fonds" der Betriebe, Kombinate und VVB sind also praktisch deren zweckgebundenes Betriebskapital, dessen Verwertung durch Plananweisungen gelenkt wird. Sowohl bei den „eigenen" als auch bei den „fremden Fonds" handelt es sich um staatliche Mittel (Staatskapital). Der Unterschied zwischen den beiden Kategorien besteht darin, daß die selbständig bilanzierenden Wirtschaftseinheiten die ihnen überlassenen „fremden Fonds" verzinsen und an die staatlichen Banken zurückzahlen müssen, während sie über die ihnen bei der Betriebsgründung zur Verfügung gestellten oder über die erwirtschafteten „eigenen Fonds" im Rahmen ihrer operativen Befugnisse selbständig bestimmen können. Alle nicht durch Haushaltszuführungen (z. B. bei Betriebsgründung) finanzierten „eigenen Fonds" werden aus den Gewinnen der VEB, Kombinate und VVB gebildet.

Zu den „eigenen Fonds" des Betriebes gehören der Grundmittelfonds (Anlagevermögen), Teil des Umlaufmittelfonds (Umlaufvermögen) und bestimmte Sonderfonds. Sonderfonds sind solche Finanz- oder Geldfonds, die aus Gewinnen und Amortisationen akkumuliert werden und im Rahmen der geltenden, eng umgrenzten Bestimmungen über „Eigenfinanzierung" zur Verbesserung des Betriebsablaufs, zur Erweiterung der Produktionskapazität oder für materielle Anreize eingesetzt werden. Beispiele für solche Fonds sind der Amortisationsfonds, Investitionsfonds, Reparaturfonds, Rationalisierungsfonds, der Fonds für Forschung und Entwicklung (Fonds Wissenschaft und Technik), der → **Prämienfonds** sowie der → **Kultur- und Sozialfonds**. Zu den „fremden Fonds" rechnen der Kreditfonds und sonstige Verbindlichkeiten.

Ein besonderes Kennzeichen dieser Fonds ist eine in den verschiedenen Entwicklungsphasen des R. in der DDR teils strenger, teils flexibler gehandhabte Aufteilung in eine Vielzahl zweckgebundener und gegenseitig nicht übertragbarer Titel. Diese Zersplitterung des „Betriebskapitals" in zweckgebundene Fonds ohne gegenseitige Deckungsmöglichkeit entspringt dem Bestreben, durch Überwachung des Einsatzes der Fonds eine totale Kontrolle über die Betriebe zu erreichen, um so möglichst schnell planwidrige Vorgänge bei den Planträgern aufdecken zu können. Dies erschwert allerdings andererseits die notwendige Messung des Gesamtnutzens beim kombinierten Einsatz der verschiedenen betrieblichen Fonds (Erfolgsermittlung). Abgesehen vom Problem verzerrter Planpreise kommt zu dieser

Form der Fondsrechnung noch die Einengung der betrieblichen Erfassungs- und Aufbereitungsmöglichkeiten auf allen einschlägigen Gebieten (Belegwesen, Rechnungsausstellung, Kontierung, Bewertung, Gliederung der Kostenrechnung, inner- und überbetriebliche Berichterstattung usw.) hinzu. Von bestimmendem Einfluß auf das praktizierte R. und Ursache vieler Undurchsichtigkeiten ist ferner eine in ihrer Anlage zwar bedachte, in der Praxis jedoch häufig übertriebene normative Kostenrechnung und Abschreibungstechnik, durch die der tatsächliche Werteverzehr an Gütern und Dienstleistungen (Input, Einsatzfaktoren) und der sonstige Aufwand nur sehr ungenau ermittelt und die Überalterung der Produktionsmittel in der Kostenrechnung nicht ausreichend berücksichtigt werden können. Dazu kommt, daß staatlicherseits bis heute nur bestimmte → **Selbstkosten** als verrechnungsfähig anerkannt werden (Aspekt des „gesellschaftlich notwendigen Aufwands").

Im ganzen umfaßt das einheitliche System von Rechnungsführung und Statistik 10 sog. Grundrechnungen (stellenweise auch Struktureinheiten genannt): Grundmittelrechnung (mengen- und wertmäßige Erfassung, Abschreibung und Nachweis des Bestandes der Anlagen), → **Investitionsrechnung** (Nachweis und Analyse der Vorbereitung und Durchführung von Neuinvestitionen), Materialrechnung, Arbeitskräfterechnung, Leistungsrechnung, Warenrechnung, Kostenrechnung, Finanzrechnung (Zahlungsverkehr, Kontokorrent und Bilanz nebst Gewinn- und Verlustrechnung), Nutzensabrechnung (planbezogener Nachweis der Effektivität der Betriebsprozesse unter besonderer Berücksichtigung der Erfüllung des wissenschaftlich-technischen Fortschritts) sowie Gesamtübersichten und -analysen.

Die im Dienste des einheitlichen Systems von Rechnungsführung und Statistik vorgeschriebenen Verfahrenstechniken für die rechnerische Darstellung der Betriebsprozesse decken sich auf Teilgebieten weitgehend mit den bekannten Vollzugspraktiken des R. westlicher Prägung.

Dies gilt, angefangen vom allgemein praktizierten System der doppelten Buchführung, über die Dezimal-Klassifikation (in der DDR verbindlich), Kontenpläne, die Trennung von Betriebs- und Finanzbuchhaltung, die (früher verworfene) Gliederung der Kostenrechnung in Kostenarten-, Kostenstellen- und Kostenträgerrechnung, bis hin zur intensiven Förderung der EDV und (bedingten) Anwendung kybernetischer Modelle. Dieser Sachverhalt schließt allerdings nicht aus, daß gegenüber dem marktwirtschaftlichen Verständnis der betrieblichen Wirtschaftsrechnung beträchtliche Abweichungen in der Gestaltung der rechnerischen Formelemente bestehen.

Verglichen mit früheren Stadien ist die Entwicklung des R. in der DDR nach der dort gegenwärtig geltenden Einschätzung durch 2 gegenläufige Tatbestände gekennzeichnet: Während auf dem Gebiet der Verfahrenstechnik eine weitgehende Angleichung an moderne, allgemein übliche Formen zu beobachten ist, wird die inhaltliche und funktionelle Bestimmung der rechnerischen

Elemente in zunehmendem Maß von für die DDR spezifischen Vorstellungen geprägt. Unverändertes Hauptziel des R. ist es, die „organische Verbindung der zentralen Planung und Leitung der Grundfragen des gesellschaftlichen Gesamtprozesses mit der eigenverantwortlichen Planungs- und Leitungstätigkeit der sozialistischen Warenproduzenten" sichtbar zu machen und zu gewährleisten. Bisher konnte allerdings eine befriedigende Lösung dieses Problems nicht gefunden werden. Die in der DDR besonders seit Anfang des Jahres 1974 geführten Diskussionen über die Neuordnung der volkswirtschaftlichen und betrieblichen Planung haben zu Veränderungen im System des R. für den Fünfjahrplanzeitraum 1976–1980 geführt.

Eine umfassende und modernisierte VO über Rechnungsführung und Statistik (u. a. Einbeziehung des Berichtswesens, Anpassung an EDV-Einsatz) löst mit Wirkung vom 1. 1. 1976 (GBl. I, 1975, S. 585–592) die VO von 1966 und eine Reihe weiterer gesetzlicher Bestimmungen ab.

Rechtsanwaltschaft: *1. Entwicklung.* Nachdem noch im Jahre 1951 in der R. „die langsamste Vorwärtsentwicklung und die unterentwickeltsten Formen einer neuen Gestaltung" festgestellt wurden (Neue Justiz, H. 2, 1951, S. 51) und der Versuch, Anwaltskollektive nach sowjetischem Vorbild auf freiwilliger Basis entstehen zu lassen, gescheitert war, erging am 15. 5. 1953 die VO über die Bildung von Kollegien der Rechtsanwälte (GBl., S. 725), der ein „Musterstatut für die Kollegien der Rechtsanwälte" als Anlage beigefügt war. Damit war die Spaltung der R. vollzogen, die im Staatsratserlaß über die grundsätzlichen Aufgaben und die Arbeitsweise der Organe der Rechtspflege (GBl. I, 1963, S. 21) beschrieben wird: „Sie (die R.) umfaßt die Kollegien der Rechtsanwälte, in denen sich die Mehrzahl der Rechtsanwälte freiwillig zusammengeschlossen haben, und die Einzelanwälte." Von den in der DDR nach westlichen Schätzungen praktizierenden 624 Rechtsanwälten (das ist weniger als die Hälfte der in Berlin [West] zugelassenen Rechtsanwälte) gehören 476 den Kollegien an, während 148 ihren Beruf noch frei als „Einzelanwälte" ausüben. Diesen Einzelanwälten soll in planmäßiger Aufklärungsarbeit klargemacht werden, daß „die Perspektiven ihrer Entwicklung im Anwaltskollegium liegen" (Neue Justiz, 1958, H. 19, S. 665). Justizminister Heusinger bezeichnet die Zahl der gegenwärtig tätigen Rechtsanwälte als nicht ausreichend, um die vielfältigen Aufgaben, vor allem bei der Beratung und Vertretung der Bürger, optimal zu bewältigen (Neue Justiz, 1973, H. 12, S. 340).

2. Die Kollegien. In jedem Bezirk der DDR und in Berlin (Ost) wurde ein Rechtsanwaltskollegium gebildet, das von einer zentralen Verwaltungsstelle am Sitz des Bezirksgerichts geleitet wird. Leitendes Organ ist der von den Mitgliedern des Kollegiums auf zwei Jahre gewählte Vorstand, der aus seiner Mitte einen Vorsitzenden, dessen Stellvertreter und einen Schriftführer wählt. Die Leitungstätigkeit durch den Vorstand soll kollektiv ausgeübt werden. Durch die Vorsitzenden sind Arbeitspläne aufzustellen, die die Schwerpunkte der auf das Kollegium zukommenden Aufgaben herausstellen sollen. In einigen Kollegien wird versucht, Erscheinungen „falscher Kollegialität in der kollektiven Leitungstätigkeit dadurch zu begegnen, daß der Vorsitzende hauptamtlich ausschließlich Leitungstätigkeit ausübt und von der praktischen anwaltlichen Tätigkeit freigestellt bleibt. Neben dem Vorstand, der auch die Disziplinargewalt über die Mitglieder ausübt, gibt es in jedem Kollegium eine Revisionskommission. Diese kontrolliert alle Mitglieder auf Einhaltung ihrer Pflichten und führt Revisionen in den Zweigstellen des Kollegiums durch. Derartige Zweigstellen bestehen neben der Zentralen Verwaltungsstelle in unterschiedlicher Anzahl in den Bezirken. Sie sind mit einem oder mehreren Anwälten besetzt. Dabei geht die Tendenz auf die Entwicklung und den Ausbau „kollektiver Zweigstellen" hin, denn „die Einzelzweigstellen verhindern die sozialistische Entwicklung, konservieren überholte Arbeitsweisen und erschweren die Sicherung des Rechts der Bürger auf freie Wahl eines Rechtsanwalts" (Neue Justiz 1973, H. 12, S. 343). Mit Berechnung und Einziehung der Gebühren haben die Zweigstellen nichts zu tun; dies erfolgt durch die Zentrale Verwaltungsstelle. Nach Abzug der Verwaltungskosten (bis zu 40 v. H.), Steuern, Sozialabgaben und FDGB-Beiträge, werden die Gebühren dem Anwalt, der die Sache bearbeitet hat, überwiesen.

3. Aufsichts- und Kontrollinstanzen. Seit 1957 besteht im → **Ministerium der Justiz** ein „Beirat für Fragen der R." und eine „Zentrale Revisionskommission". § 14 des Statuts gibt der Zentralen Revisionskommission das Recht, „von den Vorsitzenden der Rechtsanwaltskollegien Berichte anzufordern. Die Vorstände und Zweigstellenleiter der Rechtsanwaltskollegien sind verpflichtet, den Revisionsgruppen über alle Fragen Auskunft zu geben, ihnen alle Unterlagen vorzulegen und sie in jeder Weise bei ihrer Arbeit zu unterstützen". Damit ist in den Kollegien das Anwaltsgeheimnis praktisch beseitigt. Die Revisionskommission ist eng an das die Aufsicht über die R. führende Ministerium der Justiz gebunden. Sie hat seine Anregungen entgegenzunehmen und ihm über die Arbeit der Zentralen Revisionskommission zu berichten (§ 8 a des Statuts). Das Ministerium der Justiz ist auch Leitungs-, Kontroll- und Aufsichtsorgan über die Einzelanwälte. Es gibt also für diese keine Selbstverwaltung, Ehrengerichtsbarkeit oder dergleichen. Für alle Disziplinarmaßnahmen bis zum Ausschluß aus der R. ist das MdJ zuständig und zugleich erste und letzte Instanz.

4. Zulassung. Neuzulassungen als Einzelanwalt sind schon seit 1953 nicht mehr möglich. Das bedeutet, daß in nicht ferner Zukunft dieser Teil der R. völlig verschwunden sein wird. Wer zur R. zugelassen werden will, muß die Aufnahme in ein Kollegium beantragen, denn gemäß § 4 Abs. 1 des Musterstatuts ist mit der Aufnahme die Zulassung als Rechtsanwalt verbunden. Mitglied kann werden, wer eine abgeschlossene juristische Ausbildung hat, ausnahmsweise auch Personen ohne eine solche Ausbildung, soweit sie Erfahrungen aus praktischer juristischer Tätigkeit besitzen.

Gegenüber den Einzelanwälten genießen die Mitglieder der Anwaltskollegien erhebliche Vorrechte. Als Offizialverteidiger und als beigeordneter Rechtsanwalt in Zivilprozessen kann nur ein Rechtsanwalt bestellt werden, der Mitglied des Kollegiums der Rechtsanwälte ist (§ 3 der VO). Vor staatlichen Vertragsgerichten sind Einzelanwälte nicht vertretungsberechtigt. Alle Dienststellen, volkseigene Betriebe (VEB) und staatlichen Institutionen sind angewiesen, in allen Rechtsangelegenheiten, die eine Mitwirkung eines Rechtsanwalts erfordern, nur Mitglieder der Kollegien der Rechtsanwälte zu beauftragen (§ 4 Abs. 1 der VO). Das sind außer anwaltlichen Beratungen alle zivilrechtlichen Rechtsmittelverfahren vor den Bezirksgerichten bzw. dem Obersten Gericht. Gegenüber dem Einzelanwalt genießt der Kollegiumsanwalt steuerliche Vorteile sowie bessere Sozialleistungen.

5. Aufgaben. Der Rechtspflege-Erlaß des Staatsrates vom 4. 4. 1963 ist zwar durch das Gesetz über die örtlichen Volksvertretungen und ihre Organe vom 12. 7. 1973 (GBl. I, S. 313) formell aufgehoben worden, aber seine Einordnung der R. als „gesellschaftliche Einrichtung der sozialistischen Rechtspflege" gilt ebenso fort wie die den Rechtsanwälten gestellte Aufgabe, „durch ihre Tätigkeit zur Festigung der → **sozialistischen Gesetzlichkeit** und zur Entwicklung des sozialistischen Staats- und Rechtsbewußtseins der Bürger" beizutragen. Hierin wird die der R. obliegende Erziehungsfunktion deutlich. So erklärt es sich auch, daß vor den Gerichten in der DDR nur die dort zugelassenen Rechtsanwälte auftreten dürfen. Ein in der Bundesrepublik Deutschland oder in Berlin (West) zugelassener Rechtsanwalt darf in der DDR nicht auftreten.

Seit dem 1. 9. 1967 besteht in Berlin (Ost) das „Rechtsanwaltsbüro für internationale zivilrechtliche Vertretungen". Es ist den in verschiedenen Ostblockstaaten bestehenden Rechtsanwaltsbüros für ausländische Rechtsangelegenheiten nachgebildet. Es soll auf zivil-, handels-, arbeits- und familienrechtlichem Gebiet tätig werden, in der Vertretung von natürlichen und juristischen Personen aus der DDR in anderen Staaten und in der Vertretung von ausländischen Bürgern und juristischen Personen vor Gerichten und Schiedsgerichten der DDR.

Rechtsauskunftsstelle: → **Gerichtsverfassung.**

Rechtsgutachten: → **Gerichtsverfassung.**

Rechtshilfe: Die im August 1973 begonnenen Verhandlungen über ein Rechts- und Amtshilfeabkommen haben bisher noch nicht zum Abschluß dieser im → **Grundlagenvertrag** vom 21. 12. 1972 vorgesehenen innerdeutschen Folgevereinbarungen geführt. Inzwischen wird der R.-Verkehr zwischen der DDR und der Bundesrepublik Deutschland, der einige Jahre wegen der unterschiedlichen staatsrechtlichen Auffassungen praktisch zum Erliegen gekommen war, ohne besondere Vertragsgrundlage abgewickelt.

R.-Ersuchen westdeutscher Gerichte werden über die Landesjustizverwaltungen dem Ministerium der Justiz der DDR übersandt. Dieses sorgt für die Erledigung der Ersuchen, wenn „keine Bedenken bestehen". Nicht erledigt werden Ersuchen, wenn in ihnen der Begriff „innerdeutsche R." verwendet wird. Nach Erledigung des Antrages auf R. sendet das → **Ministerium der Justiz** der DDR den Vorgang an das Bundesjustizministerium zurück, von wo er dann der zuständigen Landesjustizverwaltung zugeleitet wird. Entsprechend wird in Sachen der → **freiwilligen Gerichtsbarkeit** verfahren. Die Landesjustizverwaltungen leiten hier den Vorgang an das zentrale Staatsorgan der DDR, in dessen Geschäftsbereich die Erledigung der Angelegenheit gehört.

Die DDR leitet ihrerseits R.-Ersuchen über das Justizministerium dem Bundesjustizministerium zu, wie das in dem zwischenstaatlichen Verkehr bei fehlendem R.-Abkommen üblich ist.

Die Ersuchen der Staatsanwaltschaften der Bundesrepublik Deutschland werden erledigt, wenn sie an den Generalstaatsanwalt der DDR gerichtet sind.

Rechtshilfeabkommen: Mit folgenden Staaten bestehen R.: ČSSR (GBl. I, 1956, S. 1187), Polen (GBl. I, 1957, S. 413), Bulgarien (GBl. I, 1958, S. 713), Rumänien (GBl. I, 1958, S. 741), Ungarn (GBl. I, 1958, S.

277), UdSSR (GBl. I, 1958, S. 241), Albanien (GBl. I, 1959, S. 259), Jugoslawien (GBl. I, 1966, S. 95), Mongolei (GBl. I, 1969, S. 119), VAR (GBl. I, 1969, S. 215), Syrien (GBl. I, 1970, S. 299), Irak (GBl. I, 1971, S. 101), Jemen (GBl. I, 1971, S. 57), Nordkorea (GBl. I, 1972, S. 17), Algerien (GBl. II, 1973, S. 85).

Mit der Sowjetunion besteht außer dem allgemeinen R., dessen Inhalt sich nicht von dem R. mit den anderen sozialistischen Staaten unterscheidet, noch ein Abkommen über „Fragen, die mit der zeitweiligen Stationierung sowjetischer Streitkräfte auf dem Territorium der DDR zusammenhängen" vom 12. 7. 1957 (GBl. I, S. 238). Durch dieses Abkommen ist die Verfolgung der auf dem Gebiet der DDR von Angehörigen der → **sowjetischen Streitkräfte** und deren Familienangehörigen begangenen sowie die gegen die sowjetischen Streitkräfte gerichteten Straftaten grundsätzlich der Strafjustiz der DDR übertragen worden.

Auch nach den R. mit den zum Ostblock gehörenden Staaten ist der „ungesetzliche Grenzübertritt" allein keine zur Auslieferung verpflichtende und berechtigende Straftat. → **Republikflucht**.

Rechtspfleger: Die Aufgaben des R. obliegen dem Sekretär des Gerichts (→ **Gerichtsverfassung**).

Rechtswesen

Sozialistische Rechtsauffassung – Rechtsquellen – Grundsätze der Rechtsprechung – Rechtswege – Schöffen – Gerichtskritik – Organe der Rechtsprechung

I. Sozialistische Rechtsauffassung und sozialistische Gerechtigkeit

Die Rechtsauffassung in der DDR leitet sich aus dem → **Marxismus-Leninismus**, und damit besonders aus dem dialektischen und historischen Materialismus bzw. seiner Auffassung vom Wesen des Rechts ab. Danach kann das Recht nur als eine von verschiedenen gesellschaftlichen Erscheinungen im Bereich des über der ökonomischen Basis liegenden Überbaus verstanden werden; es wurzelt in den materiellen Lebensverhältnissen und kann nicht aus sich selbst abgeleitet werden: „Recht und Gesetz besitzen keinen Ewigkeitswert. Auf jeder ihrer Entwicklungsstufen bringt die menschliche Gesellschaft das ihr eigene Recht und die ihr eigenen Rechtsanschauungen hervor, die von den Interessen der jeweils herrschenden Klasse bestimmt sind" („Recht und Gesetz in der DDR" in Schriftenreihe „Aus erster Hand", Berlin [Ost] 1972, S. 7). Damit wird das Recht definierbar als der „zum Gesetz erhobene Wille der herrschenden Klasse" (so schon Wyschinski im Jahre 1938); daraus folgte für Ulbricht 1959: „der zum Gesetz erhobene Wille der Arbeiterklasse, die im Bündnis mit den werktätigen Bauern und den anderen werktätigen Schichten der Bevölkerung die Macht ausübt". Mit dieser Erkenntnis sei eine klare

Abgrenzung von der der bürgerlichen Rechtswissenschaft eigenen Vorstellung von einem über den Klassen und Staaten stehenden Recht gewonnen worden. Durch Art. 1 der DDR-**Verfassung** von 1968 wird klargestellt, daß der sozialistische Staat instrumentalen Charakter in den Händen der Arbeiterklasse unter Führung der SED besitzt. In konsequenter Weiterentwicklung des Gedankens vom Recht als zum Gesetz erhobenen Willen der herrschenden Klasse wird das sozialistische Recht der DDR zum „Ausdruck der Macht der herrschenden Arbeiterklasse und ihrer Verbündeten, die sie durch ihr Hauptinstrument, den Staat, verwirklicht. . . Das sozialistische Recht stellt ein Instrument des sozialistischen Staates dar, mit dessen Hilfe die Gesellschaft durch die Arbeiterklasse und ihre marxistisch-leninistische Partei geführt wird" (Arlt/Stiller, „Entwicklung der sozialistischen Rechtsordnung in der DDR", Staatsverlag, Berlin [Ost] 1973). Schon im Rechtspflege-Erlaß des Staatsrats vom 4. 4. 1963 (GBl. I, S. 21) war in der darin gesetzlich gegebenen Rechtsdefinition der Instrumentalcharakter des sozialistischen Rechts herausgestellt worden. Hier wurde das Recht bezeichnet als „ein wichtiges Instrument unseres Staates, um die gesellschaftliche Entwicklung zu organisieren und das sozialistische Zusammenleben der Menschen, die Beziehungen der Bürger zueinander und zu ihrem Staat zu regeln". Der Unterschied zwischen anderen Mitteln staatlicher Machtausübung und dem Instrument „Recht" wird in der Normativität des Rechts gesehen, also seinem für alle Bürger verpflichtenden Inhalt. In diese Normativität einbegriffen seien das Setzen von Zielen und

Bewertungskriterien für das Verhalten. Dafür seien jedoch in erster Linie die von der Arbeiterklasse und ihrer Partei artikulierten Ziele, Bedürfnisse und Werte maßgebend, die das in der jeweiligen Entwicklungsetappe Notwendige ausdrückten, um der kommunistischen Gesellschaftsphase näherzukommen.

Wenn zufolge dieser Betrachtung nur das Recht ist sein kann, was dem Willen der Arbeiterklasse und ihrer Partei entspricht, und wenn der Wille dieser Partei auf die Erreichung des sozialistisch-kommunistischen Endzustandes gerichtet ist, kann im Bereich der Rechtsordnung auch nur das Bestand und Gültigkeit haben, also „gerecht" sein, was zu diesem Endziel hinzuleiten in der Lage ist. Als Ausgangspunkt und Maßstab für die Bestimmung der „wahren" Gerechtigkeit wird stets nur das Interesse der Arbeiterklasse und der diese Klasse führenden marxistisch-leninistischen Partei gesehen. Damit wird die sozialistische Gerechtigkeit als ein Mittel zur Erreichung bestimmter gesellschaftlicher Zustände verstanden. Wesentliches Mittel, um die in diesen Gerechtigkeitsforderungen zum Ausdruck kommenden Ziele zu erfüllen, sei das sozialistische Recht. Damit wird die Gerechtigkeit einerseits zum Zweck im Hinblick auf das Recht, das Mittel zur Erreichung der gesetzten Ziele ist; sie wird andererseits auch Mittel zur Bewertung des Rechts, und zwar insofern, als das bestehende Recht danach als gerecht oder ungerecht beurteilt wird, ob es bestimmten Zielsetzungen noch entspricht oder nicht.

Es besteht bei dieser Betrachtung von Recht und Gerechtigkeit also sowohl eine Einheit wie eine Verschiedenheit zwischen beiden Kategorien, und Widersprüche zwischen ihnen werden nicht für unmöglich gehalten (vgl. Gollnick/Haney in Staat und Recht, 1968, H. 4, S. 580 ff.). Wenn in der Rechtswissenschaft auch darauf hingewiesen wird, daß das Recht nicht mehr nur als Instrument zur Beherrschung der Gesellschaft durch die Partei der Arbeiterklasse verstanden werden dürfe, sondern daß es einem allgemeinen Konsens der großen Mehrheit der Bevölkerung der entwickelten sozialistischen Gesellschaft entsprechen solle (so P. E. Nedbailo, „Einführung in die allgemeine Theorie des Staates und des Rechts", Berlin [Ost] 1972, S. 13), so erscheint doch diese Auffassung mehr als eine Zukunftsvision denn als eine Darstellung der realen Situation. Zum anderen muß bedacht werden, daß das Recht Instrument der „Führung" der Gesellschaft bleiben kann, auch wenn es nicht mehr nur Instrument zur „Beherrschung" der Gesellschaft ist, sondern einen gewissen Konsens der Bevölkerung genießt.

II. Die Funktion der Rechtsprechung

Der Auffassung vom Wesen des sozialistischen Rechts und vom Verhältnis zwischen sozialistischem Recht und Gerechtigkeit entspricht die der Rechtsprechung, also der Anwendung des sozialistischen Rechts, in § 3 des Gerichtsverfassungsgesetzes gestellte Aufgabe: „Die Rechtsprechung und die damit verbundene Tätigkeit der Gerichte haben zur Lösung der Aufgaben der sozialistischen Staatsmacht bei der Gestaltung der entwickelten sozialistischen Gesellschaft beizutragen." Da als Grundlage der sozialistischen → **Demokratie** die Ausübung der ungeteilten Staatsgewalt durch die → **Volksvertretungen** unter Führung der SED verstanden und demzufolge die „bürgerliche" Lehre von der Gewaltenteilung abgelehnt wird, ist die Rechtspflege Teil der einheitlichen Staatsgewalt, ist Rechtsprechungstätigkeit eine besondere Form staatlicher Tätigkeit. Dabei wird Rechtsprechung als „die von den Gerichten unter den gesetzlich vorgeschriebenen Voraussetzungen vorgenommene Prüfung und Entscheidung von Rechtsverletzungen und Konflikten auf dem Gebiete des Arbeits-, Zivil-, Familien- und Strafrechts" verstanden (Verf. Kommentar, II, S. 441). Schwerpunkt in der Rechtsprechungstätigkeit ist nicht unbedingt die Konfliktentscheidung, sondern vielmehr die Erforschung der Konfliktursachen und das Hinwirken auf deren Beseitigung. Im Rechtspflege-Erlaß des Staatsrats vom 4. 4. 1963 wurde ebenso wie in den daran anschließenden neuen Gesetzen (z. B. → **Gerichtsverfassung; Strafrecht; Strafverfahren**) die Erziehungsfunktion der Rechtsprechung besonders deutlich herausgestellt. Es obliegt der Rechtsprechung, „das sozialistische Staats- und Rechtsbewußtsein der Bürger zu festigen und ihre gesellschaftliche Aktivität, Wachsamkeit und Unduldsamkeit gegen jegliche Rechtsverletzungen zu erhöhen" (§ 3 GVG).

Neben der Erziehungsfunktion der Rechtsprechung kommen in dem mit „Aufgaben der Rechtsprechung" überschriebenen § 3 GVG auch die anderen beiden dem Recht schon von Lenin zuerkannten Funktionen zum Ausdruck: die Zwangs- oder Unterdrückungsfunktion (Schutzfunktion für die sozialistische Staats- und Gesellschaftsordnung) und die wirtschaftlich-organisatorische Funktion. (Ähnlich auch Art. 90 der Verfassung, in der Fassung vom 7. 10. 1974.)

In diesem Sinne wird das sozialistische Recht bezeichnet als „ein wichtiger Hebel zur Erfüllung der auf dem VIII. Parteitag (der SED) gestellten Hauptaufgabe", dessen Durchsetzung „der weiteren Festigung des Staats- und Rechtsbewußtseins der Bürger und der Erhöhung ihrer gesellschaftlichen Aktivität, Wachsamkeit und Unduldsamkeit gegen Rechtsverletzungen" und dessen Anwendung „dem Schutz unserer sozialistischen Gesellschaft vor Angriffen imperialistischer Kräfte" dient. In diesen Ausführungen des Justizministers Heusinger (Neue Justiz, 1974, H. 7, S. 191) kommen die der Rechtsprechung immanenten drei Funktionen zum Ausdruck.

III. Rechtsquellen

In der Verfassung vom 6. 4. 1968 in der Fassung vom 7. 10. 1974, trägt der Abschnitt IV die Überschrift „Sozialistische Gesetzlichkeit und Rechtspflege". Nach dem einleitenden Art. 86 sind „die sozialistische Gesellschaft, die politische Macht des werktätigen Volkes, ihre Staats- und Rechtsordnung die grundlegende Garantie für die Einhaltung und die Verwirklichung der Gerechtigkeit, Gleichheit, Brüderlichkeit und Menschlichkeit". Da „politische Macht des werktätigen Volkes" nach Art. 1 und 2 der Verfassung den Führungsanspruch der SED impliziert, gehört damit auch die Suprematie der SED zu diesen Garantien für die Einhaltung und Verwirklichung der Verfassung. Dokumente und grundlegende Beschlüsse der SED bilden nicht nur die wichtigste Grundlage für das Verständnis und die Auslegung der Verfassung; sie stellen darüber hinaus „verbindliche Grundlagen jeder Rechtsanwendung" dar (Heusinger, a. a. O.). Damit wird die bereits seit langem gültige Feststellung bestätigt, daß das sozialistische Recht nicht von der marxistisch-leninistischen Partei zu trennen ist (Petzold in Staat und Recht, 1961, H. 4, S. 658); die Beschlüsse der SED gewinnen in der Praxis vor allem in der Forderung nach Wahrung der → **sozialistischen Gesetzlichkeit** an Bedeutung.

In den weiteren Verfassungsbestimmungen des IV. Abschnitts werden behandelt: die Gerichtsorganisation (→ **Gerichtsverfassung**), die Stellung des Obersten Gerichts, die an einen Richter zu stellenden Voraussetzungen, die Wahl der Richter, Schöffen und Mitglieder der → **gesellschaftlichen Gerichte**, die Stellung der → **Staatsanwaltschaft**. Für das Strafrecht gelten nach Art. 99 die Grundsätze „nulla poena sine lege" und „nullum crimen sine lege"; Art. 100 regelt die Zulässigkeit der Untersuchungshaft. Die Grundsätze, daß niemand seinem gesetzlichen Richter entzogen werden darf und daß Ausnahmegerichte unstatthaft sind, sind ebenso Verfassungsinhalt wie die Gewährung des rechtlichen Gehörs vor Gericht und des Rechts auf Verteidigung (→ **Strafverfahren; Verteidiger**). Neu gegenüber der alten Verfassung ist die in Art. 106 (seit 7. 10. 1974 in Art. 104) vorgesehene Möglichkeit der Haftung des Staates für Schäden, die einem Bürger durch ungesetzliche Maßnahmen von Mitarbeitern der Staatsorgane zugefügt werden. Das in Ausführung hierzu ergangene Staatshaftungsgesetz vom 12. 5. 1969 (GBl. I, S. 34) läßt allerdings die Verwaltung in eigener Sache entscheiden; es ist dem Geschädigten nicht möglich, den ihm vom Staat zugefügten Schaden gerichtlich geltend zu machen (→ **Staatshaftung**).

Bereits 1952 war der größte Teil der freiwilligen Gerichtsbarkeit aus der Justiz herausgelöst und auf verschiedene Verwaltungsbehörden übertragen worden. So ging das gesamte Grundbuchwesen auf die Abt. Kataster bei den Räten der Kreise über, die Vormundschaftssachen sind den Abt. Volksbildung, Referat Jugendhilfe und Heimerziehung, bei den Räten der Kreise zugewiesen worden. Die Führung des Vereinsregisters war zunächst den Volkspolizeikreisämtern übertragen worden und ging durch VO vom 9. 11. 1967 (GBl. II, S. 861) für Vereinigungen auf Kreisebene auf den Rat des Kreises, für Vereinigungen auf Bezirksebene auf den Rat des Bezirks und für Vereinigungen, deren Tätigkeit sich über mehrere Bezirke oder über das Gebiet der gesamten DDR erstreckt, sowie für Vereinigungen von internationaler Bedeutung auf das Ministerium des Innern über. Das Handelsregister wird bei den Abt. Örtliche Wirtschaft der Räte der Kreise, das Genossenschaftsregister bei den Abt. Handel und Versorgung, Land- und Forstwirtschaft und Örtliche Wirtschaft, das Geschmacksmusterregister beim Amt für Erfindungs- und Patentwesen, das Binnenschiffsregister bei den Wasserstraßendirektionen Berlin (Ost) und Magdeburg und das Seeschiffsregister beim Wasserstraßenhauptamt Rostock geführt. Die Nachlaßsachen und andere Angelegenheiten der freiwilligen Gerichtsbarkeit sind dem Staatlichen → **Notariat** übertragen worden.

Der ersten Justizreform im Jahre 1952 waren eine zweite (1958) und eine dritte Reform (1963) gefolgt. Letztere hatte als Schwerpunkte zunächst die Durchsetzung des Prinzips des demokratischen Zentralismus im Bereich der Rechtspflege (s. Ziffer IV. A) und die Einführung der gesellschaftlichen Gerichtsbarkeit, sowie die Schaffung neuer Gesetze: Familiengesetzbuch (→ **Familienrecht**) vom 20. 12. 1956 (GBl. I, 1966, S. 1), Strafgesetzbuch (→ **Strafrecht**) vom 12. 1. 1968 (GBl. I, S. 1), Strafprozeßordnung (→ **Strafverfahren**) vom 12. 1. 1968 (GBl. I, S. 49), Gesetz über den → **Strafvollzug** vom 12. 1. 1968 (GBl. I, S. 109), Gesetz zur Bekämpfung von → **Ordnungswidrigkeiten** vom 12. 1. 1968 (GBl. I, S. 101), VO über die Verfolgung von Verfehlungen vom 1. 2. 1968 (GBl. II, S. 89), Gesetz über die gesellschaftlichen Gerichte vom 11. 6. 1968 (GBl. I, S. 229), Gesetz über Eintragung und Tilgung im → **Strafregister** vom 11. 6. 1968 (GBl. I, S. 237). Die Arbeiten zur Schaffung eines sozialistischen Zivilgesetzbuchs und einer Zivilprozeßordnung (→ **Zivilrecht**) wurden mit der Verabschiedung dieser Gesetze durch die Volkskammer am 19. 6. 1975 abgeschlossen (GBl. I, S. 465 und 533). Bis zum Inkrafttreten des ZGB und der ZPO am 1. 1. 1976 gelten – mit Einschränkungen – das BGB und die ZPO (in der Fassung der AngleichungsVO vom 4. 10. 1952; GBl., S. 988) weiter.

IV. Grundsätze für die Rechtsprechung

A. Der demokratische Zentralismus

Art. 47 Verf. erklärt die auf der Grundlage des → **demokratischen Zentralismus** verwirklichte Souveränität des werktätigen Volkes zum tragenden

Prinzip des Staatsaufbaus. Dieses von Lenin zunächst nur für die kommunistische Partei entwickelte Prinzip wurde später auf den Staat übertragen und gilt heute auch für die Rechtspflegetätigkeit der Gerichte. Es bedeutet zunächst einmal die Wählbarkeit aller Richter (Art. 95 Verf. § 5 GVG) sowie die Verantwortlichkeit der Gewählten gegenüber den sie wählenden Volksvertretungen, die dann zu Maßnahmen bis zur Abberufung führen kann (→ **Richter**). Neben dieser „horizontalen" Verantwortlichkeit besteht auch eine „vertikale". Hier hat es mit der Änderung und Ergänzung der Verfassung vom 7. 10. 1974 und dem neuen Gesetz über die → **Gerichtsverfassung** Schwerpunktverschiebungen gegeben. Neben dem Obersten Gericht als dem höchsten Organ der Rechtsprechung (§ 36 GVG) ist, wie schon vor 1963, das → **Ministerium der Justiz** wieder „Zentrales Leitungsorgan" für die Anleitung und Kontrolle der Bezirks- und Kreisgerichte geworden. Der Staatsrat ist zwar nach Art. 74 Verf. Aufsichtsorgan über die Verfassungsmäßigkeit und Gesetzlichkeit der Tätigkeit des Obersten Gerichts geblieben, hat jedoch die Befugnis, Erlasse und Beschlüsse mit rechtsverbindlicher Wirkung herauszugeben und die Verfassung wie die Gesetze verbindlich auszulegen, verloren. Trotz der horizontalen und vertikalen Bindungen und Verantwortlichkeiten beinhalten Art. 96 Verf. und § 5 Abs. 2 GVG den Grundsatz der richterlichen Unabhängigkeit. Die Unabhängigkeit wird darin gesehen, daß andere Staatsorgane nicht berechtigt sein sollen, auf einen Richter mit dem Ziel einzuwirken, ihn im Einzelfall zu einer bestimmten Entscheidung zu veranlassen. Schon diese Garantie erscheint angesichts der Stellung und Anleitungsbefugnis durch Justizministerium und Oberstes Gericht (§§ 20, 21 GVG) fragwürdig. Eine persönliche Unabhängigkeit des Richters wird überhaupt nicht angestrebt; es wird vielmehr eine unverzichtbare Bindung des Richters an den Willen des werktätigen Volkes und der SED postuliert.

B. Zulässigkeit des Rechtsweges
Die Gerichte verhandeln und entscheiden alle Straf-, Zivil-, Familien- und Arbeitsrechtssachen, soweit nicht durch Gesetz oder andere Rechtsvorschriften die Zuständigkeit anderer Organe begründet ist. Andere Angelegenheiten verhandeln und entscheiden die Gerichte, wenn es durch Gesetz oder andere Rechtsvorschriften bestimmt wird (§ 4 GVG). Zu solchen „anderen Angelegenheiten" gehören die Streichung von der oder die Nichtaufnahme in die Wählerliste. Dem davon betroffenen Bürger steht gegen die Entscheidung des Rates der Stadt oder der Gemeinde der Einspruch an das Kreisgericht zu. Praktische Bedeutung hat die Eröffnung dieses Rechtsweges nicht. Der Rechtsweg zu den staatlichen Gerichten ist außer in Straf-, Zivil-, Familien- und Arbeitsrechtssachen eröffnet für bestimmte ver-

mögensrechtliche Streitigkeiten zwischen landwirtschaftlichen Produktionsgenossenschaften oder Wohnungsbaugenossenschaften und deren Mitgliedern, ferner in Warenzeichen- und Patentrechtsstreitigkeiten. Es besteht nur das System der ordentlichen Gerichte, in das die Arbeitsgerichtsbarkeit eingefügt ist. Sondergerichtsbarkeiten (Verfassungs-, Verwaltungs-, Sozial-, Finanzgerichte) gibt es nicht. Der Rechtsweg zu den ordentlichen Gerichten ist in Fällen dieser Art nicht zulässig. Für Streitfälle aus Wirtschaftsverträgen zwischen oder mit sozialistischen Betrieben besteht eine spezielle Zuständigkeit vor den staatlichen Vertragsgerichten, die jedoch auch im Rechtsverständnis der DDR nicht ausschließlich als Organe der Rechtsprechung, sondern ebenso als solche mit wirtschaftsleitenden und wirtschaftspolitischen Funktionen gesehen werden. Gegenüber dem Staat besteht auch bei Staatshaftungsansprüchen aus Art. 104 Verf. kein Rechtsweg zu den Gerichten; der rechtsuchende Bürger bleibt auf den innerbehördlichen Verwaltungsweg angewiesen, evtl. auf den Versuch, die Staatsanwaltschaft im Wege der Gesetzlichkeitsaufsicht (→ **Staatsanwaltschaft**) für seinen Fall zu interessieren.

C. Teilnahme der Bürger an der Rechtspflege
Nach Art 87 Verf. wird die Gesetzlichkeit durch die Einbeziehung der Bürger und ihrer Gemeinschaften in die Rechtspflege und in die gesellschaftliche und staatliche Kontrolle über die Einhaltung des sozialistischen Rechts gewährleistet. In allen erstinstanzlichen zivil-, straf-, familien- (ehe-) und arbeitsrechtlichen Streitigkeiten, die vor den staatlichen Gerichten der DDR zur Austragung kommen, wirken neben den Berufsrichtern Schöffen mit. Nur in erstinstanzlichen Strafverfahren vor dem Obersten Gericht ist das nicht der Fall. Die Kammern für Straf-, Zivil-, Familien- und Arbeitsrechtssachen bei den Kreisgerichten, die für die erstinstanzlichen Sachen zuständigen Senate der Bezirksgerichte und der Senat für Arbeitsrechtssachen beim Bezirksgericht sind mit 1 Richter als Vorsitzendem und 2 Schöffen besetzt. Der Senat für Arbeitsrechtssachen des OG entscheidet mit 1 Oberrichter, 1 weiteren Richter und 3 Schöffen. Den Berufungssenaten der Bezirksgerichte und den sonstigen Senaten des Obersten Gerichts gehören keine Schöffen an. In der Militärgerichtsbarkeit sind Militär-Schöffen tätig. Schöffen sind auch in den Rechtsauskunftsstellen der Kreisgerichte tätig. Die Schöffen sollen an zwei Wochen im Jahr an der Rechtsprechung des Gerichts teilnehmen. Berufliche oder materielle Nachteile dürfen einem Schöffen durch Ausübung des Amtes nicht entstehen; Verdienstausfall wird entschädigt.
Die Schöffen werden für die Dauer der Wahlperiode der jeweiligen Volksvertretung gewählt; die Wahlen wurden letztmalig im Zusammenhang mit den Wah-

len zu den Kreistagen, Stadtverordnetenversammlungen, Stadtbezirksversammlungen und Gemeindevertretungen am 19. 5. 1974 durchgeführt (Beschluß des Staatsrats vom 25. 2. 1974, GBl. I, S. 101), und zwar in Versammlungen der Werktätigen, die in Vorbereitung dieser Wahlen stattfanden. Gewählt wurden 46 000 Schöffen – davon 45 v. H. Frauen –, für die dieselben gesetzlichen Voraussetzungen wie für das Richteramt gelten: „Schöffe kann nur sein, wer dem Volk und seinem sozialistischen Staat treu ergeben ist und über ein hohes Maß an Wissen und Lebenserfahrung, an menschlicher Reife und Charakterfestigkeit verfügt."

Gewählt werden kann jeder Bürger, der das Wahlrecht besitzt, mit Ausnahme von Richtern, Staatsanwälten, Mitarbeitern der Untersuchungsorgane und Rechtsanwälten. Die Anzahl der für jedes Kreis- und Bezirksgericht zu wählenden Schöffen wird vom Minister der Justiz bestimmt, die Zahl der Arbeitsrechts-Schöffen beim OG setzt der Präsident des OG fest. So wie die Richter können auch die Schöffen aus verschiedenen Gründen (vgl. § 53 GVG) vorzeitig aus ihrem Amt abberufen werden, und zwar die Schöffen am Obersten Gericht auf Vorschlag des Staatsrates durch die Volkskammer, die Schöffen an den Bezirks- und Kreisgerichten auf Vorschlag des Direktors des Gerichts von der zuständigen Volksvertretung. Für die Schöffen gelten dieselben Grundpflichten wie für die Richter (§ 45 GVG). Eine Schöffen-Kartei soll Aufschluß über ihre Beteiligung an der Rechtsprechung, der Schulung und der politischen Massenarbeit geben.

In Betrieben und Einrichtungen sowie in Gemeinden, Städten und Stadtteilen werden die bei den Kreis- und Bezirksgerichten tätigen Schöffen, die in einem Betrieb arbeiten bzw. in einer Gemeinde wohnen, zu Schöffenkollektiven zusammengefaßt. Diese stehen unter Leitung eines Vorsitzenden, sie werden durch das Kreisgericht angeleitet. Sie haben folgende Aufgaben: Mitwirkung an der Planung des Einsatzes der Schöffen bei den Gerichten; erzieherische Einwirkung auf alle Schöffen, daß diese ihre Aufgaben erfüllen; Berichterstattung gegenüber den Wählern über die Schöffentätigkeit.

Beim Direktor eines jeden Kreisgerichts wird ein Schöffenaktiv gebildet. Es setzt sich aus Vorsitzenden von Schöffenkollektiven und einzelnen befähigten Schöffen zusammen und wird von einem Schöffen geleitet. Der Kreisgerichtsdirektor oder dessen Stellvertreter bereitet mit dem Vorsitzenden die Beratungen des Aktivs vor. Das Schöffenaktiv ist ein den Kreisgerichtsdirektor beratendes und unterstützendes Organ bei der Leitung der Schöffentätigkeit. Es soll sich u. a. mit der Rechtsprechung und ihrer Wirksamkeit befassen und den Direktor des Kreisgerichts bei Analysen der Rechtsprechung unterstützen, Erfahrungsberichte der Schöffenkollektive auswerten, Vorschläge für die inhaltliche und organisa-

torische Durchführung von Schulungen der Schöffen unterbreiten und Schöffenkonferenzen vorbereiten (so die „Gemeinsame Anweisung des Ministers der Justiz und des Präsidenten des Obersten Gerichts zur Leitung der Schöffentätigkeit" vom 1. 12. 1970 – Beilage 1/71 zur Neuen Justiz, 1971, H. 2).

Weitere Formen der Mitwirkung der Bürger an der Rechtspflege gibt es in den „Vertretern der Kollektive", gesellschaftlichen Anklägern und Verteidigern ausschließlich im Strafverfahren, ebenso in der Übernahme einer gesellschaftlichen → **Bürgschaft**. Nicht mehr nur Mitwirkung an der Rechtsprechung der staatlichen Gerichte, sondern ausschließlich eigene Verantwortlichkeit ist den Bürgern in der Tätigkeit der gesellschaftlichen Gerichte übertragen.

D. Öffentlichkeit der Verhandlung

§ 10 GVG bringt den Grundsatz der Öffentlichkeit der Gerichtsverhandlung zum Ausdruck; dadurch soll eine Erziehungswirkung auf alle Bürger ausgeübt und die Kontrolle der Rechtsprechung durch die Werktätigen ermöglicht werden. Gleichwohl wird der Grundsatz der Öffentlichkeit häufig durchbrochen, und sogar in den großen → **Schauprozessen** war nur ein bestimmter und ausgesuchter Kreis von Zuhörern zugelassen. Das OG rechtfertigte diese Praxis. Wenn an Prozessen „vor allem Werktätige teilnehmen, die aufgrund ihrer beruflichen oder gesellschaftlichen Stellung mit dem Gegenstand des Verfahrens besonders verbunden sind, dann ist die Öffentlichkeit des Verfahrens gewahrt, selbst wenn durch die Teilnahme ausschließlich solcher Zuhörer andere Interessenten nicht mehr zugelassen werden können" (Neue Justiz, H. 22/1955, S. 686). Bestimmte Strafsachen werden grundsätzlich nicht öffentlich verhandelt (→ **Strafverfahren**), während der Grundsatz der Öffentlichkeit – trotz der Möglichkeit, sie auszuschließen –, uneingeschränkt in ehe- und familienrechtlichen Verfahren praktiziert wird.

E. Gerichtskritik

Nach § 19 GVG hat ein Gericht durch begründeten Beschluß Kritik zu üben, wenn es bei der Durchführung eines Verfahrens Rechtsverletzungen in der Tätigkeit anderer Staatsorgane, wirtschaftsleitender Organe, von Kombinaten, Betrieben, Einrichtungen, Genossenschaften oder gesellschaftlichen Organisationen feststellt. Die Gerichtskritik kann sich sowohl auf Rechtsverletzungen wie auf solche Umstände erstrecken, die Rechtsverletzungen begünstigen. Der Leiter des kritisierten Organs oder die Leitung der von der Kritik betroffenen gesellschaftlichen Organisation sind verpflichtet, gegenüber dem Gericht binnen zwei Wochen zur Gerichtskritik Stellung zu nehmen. Das dem kritisierten Staatsorgan übergeordnete Organ ist vom Gericht über die Gerichtskritik schriftlich zu informieren (§ 19 StPO). Durch die verstärkte und richtige Anwendung der Gerichtskritik sollen die gesellschaftlichen Kräfte im

Kampf gegen Gesetzesverletzungen und zur Beseitigung von Mängeln mobilisiert werden (Rechtspflege-Erlaß des Staatsrates vom 4. 4. 1963). Mit der Gerichtskritik soll dazu beigetragen werden, daß alle Staats- und Wirtschaftsorgane und die gesellschaftlichen Organisationen ihre Verantwortung für die konsequente Durchsetzung von Disziplin und Ordnung, für die Überwindung von Gleichgültigkeit gegenüber den Verletzungen der Gesetzlichkeit und der Normen des gesellschaftlichen Zusammenlebens wahrnehmen (Neue Justiz, 1964, H. 10, S. 292). Ein eine Gerichtskritik enthaltender Beschluß kann weder mit einem ordentlichen Rechtsmittel noch mit der Kassation angefochten werden.

Beklagt wird, daß „das Mittel der Gerichtskritik noch zu wenig benutzt wird, um die Gesetzlichkeit zu festigen und Ursachen und Bedingungen von Straftaten und anderen Rechtsverletzungen zu beseitigen" (Neue Justiz, 1974, H. 4, S. 115). Es wird jedoch aus anderen Veröffentlichungen deutlich, daß die Gerichte ihre zunächst festzustellende Scheu vor der Gerichtskritik mehr und mehr überwunden haben und zunehmend von dieser Möglichkeit der Einwirkung auf das Verantwortungsbewußtsein der Funktionäre und Bürger Gebrauch machen.

F. Weitere Grundsätze

Weitere Grundsätze, die für die DDR-Justiz von Bedeutung und zum Teil durch die Verfassung garantiert werden, sind:

Keine Strafe ohne Gesetz, Verbot rückwirkender Strafgesetze (Art. 99 Verf.), Anordnung der Untersuchungshaft durch den Richter (Art. 100 Verf.) → **Strafverfahren**, Garantie des gesetzlichen Richters (Art. 101 Verf.) → **Gerichtsverfassung**, Recht auf Verteidigung (Art. 102 Verf., § 13 GVG) → **Verteidiger**, Zulässigkeit der → **Kassation** gerichtlicher Entscheidungen (§ 16 GVG) und das Tätigwerden der → **gesellschaftlichen Gerichte** (Art. 92 Verf., §§ 1, 2 GVG).

V. Die Organe der Rechtsprechung und ihr Tätigkeitsfeld

Über die Organisation der staatlichen Gerichtsbarkeit in der DDR, den Instanzenzug und die im Sinne des demokratischen Zentralismus eingebauten Leitungsmaßnahmen gibt das nebenstehende Organisationsschema Aufschluß (→ **Gerichtsverfassung; Richter**). Herausgelöst aus dem Justizapparat und in eine selbständige, unmittelbar der Volkskammer und dem Staatsrat unterstehende Behörde umgewandelt wurde die → **Staatsanwaltschaft**, die im Hinblick auf die von ihr auszuübende Gesetzlichkeitsaufsicht in Anlehnung an das sowjetische Vorbild als „Hüter der sozialistischen Gesetzlichkeit" bezeichnet wird. Justizverwaltung, Kaderpolitik und Vorbereitung der Gesetzgebung liegen in Händen des → **Ministeriums der Justiz**, das auch die Aufsicht

über die → **Rechtsanwaltschaft** und das → **Notariat** wahrnimmt. Eine Standesorganisation oder eigene Ehrengerichtsbarkeit gibt es für die Rechtsanwaltschaft nicht. Für alle Justizfunktionäre, die der SED angehören – das sind, soweit erkennbar, über 90 v. H. aller Richter und alle amtierenden Staatsanwälte –, gilt wie für jedes andere Parteimitglied das Statut der SED (Abschn. I, Ziff. 2 g des Statuts). Damit ist es der SED immer möglich, unmittelbar auf die Rechtsprechung einzuwirken und vor allem die Schwerpunkte der Rechtsprechung zu bestimmen.

Die größte Bedeutung in der gesamten Rechtsprechung kommt dem → **Strafrecht** zu, das durch das Strafgesetzbuch vom 12. 1. 1968 (GBl. I, S. 1) eine neue materielle Grundlage erhielt. Auf dem Gebiet des politischen Strafrechts war, nachdem durch Beschluß der Sowjetregierung vom 20. 9. 1955 alle „Gesetze, Direktiven und Befehle des Alliierten Kontrollrats als überflüssig erachtet werden und auf dem Gebiet der DDR ihre Gültigkeit verlieren", bis zum 1. 2. 1958 fast ausschließlich Art. 6 der alten Verfassung angewandt worden, der die sog. Boykott-, Kriegs- und Mordhetze für strafbar erklärte. Das neue Strafgesetzbuch faßt die politischen Straftatbestände in den ersten beiden Kapiteln des Besonderen Teils zusammen (→ **Aggressionsverbrechen; Staatsverbrechen**).

Mit Inkrafttreten des neuen Strafrechts trat eine Differenzierung der Rechtsverletzungen in Straftaten, → **Verfehlungen** und → **Ordnungswidrigkeiten** ein. Verfehlungen und Ordnungswidrigkeiten zählen nicht zu den Straftaten. Einheitlich werden allen Straftaten folgende Merkmale zuerkannt: 1. Gesellschaftswidrigkeit (bei Vergehen) und Gesellschaftsgefährlichkeit (bei Verbrechen), 2. die moralisch-politische Verwerflichkeit, 3. die Strafrechtswidrigkeit und 4. die Strafbarkeit oder strafrechtliche Verantwortlichkeit vor einem gesellschaftlichen Organ der Rechtspflege. Das neue StGB weist ein differenziertes → **Strafensystem** auf. Es behielt die → **Todesstrafe** bei. Außerhalb des StGB geregelte Straftatbestände wurden durch das Anpassungsgesetz vom 11. 6. 1968 (GBl. I, S. 242) an das Strafensystem des StGB angepaßt. Der in § 1 Abs. 4 EGStGB enthaltenen Verpflichtung, eine Zusammenstellung aller geltenden Straftatbestände außerhalb des StGB im Gesetzblatt zu veröffentlichen, ist der Minister der Justiz mit einer kurzen Bekanntmachung vom 21. 6. 1968 (GBl. II, S. 405) nachgekommen. Er weist auf die im Anpassungsgesetz enthaltenen Bestimmungen hin. Das bedeutet, daß es außerhalb des StGB und des Anpassungsgesetzes keine Straftatbestände mehr gibt.

Von besonderer Bedeutung für die Strafpolitik waren zunächst die Beschlüsse des Staatsrates vom 30. 1. 1961 (GBl. I, S. 3) und vom 24. 5. 1962 (GBl. I, S. 53) „über die weitere Entwicklung der Rechtspflege", nach denen die richtig differenzierte

Organisationsschema der Gerichtsbarkeit (ohne Berücksichtigung der Militärgerichtsbarkeit)

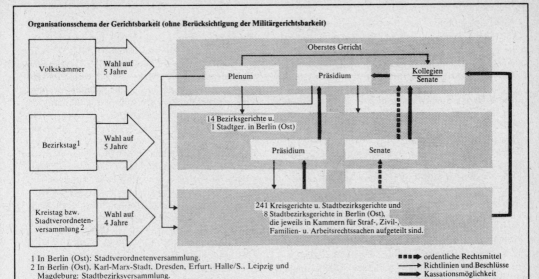

1 In Berlin (Ost): Stadtverordnetenversammlung.
2 In Berlin (Ost), Karl-Marx-Stadt, Dresden, Erfurt, Halle/S., Leipzig und
  Magdeburg: Stadtbezirksversammlung.

■■■▶ ordentliche Rechtsmittel
──▶ Richtlinien und Beschlüsse
━━▶ Kassationsmöglichkeit

Strafe vom Grad der Gesellschaftsgefährlichkeit und von der persönlichen Einstellung des Täters zur „Arbeiter-und-Bauern-Macht" abhängig sein sollte. In dem Bemühen, den verbindlichen Weisungen des Staatsrates zu folgen, stellten die Gerichte bei der Beurteilung krimineller Delikte häufig fest, daß es sich bei den Angeklagten nicht um „Feinde der Arbeiter-und-Bauern-Macht" handele, und verhängten milde Strafen. Da dies in unverständlichem Ausmaß auch bei der Bestrafung von Gewalt- und Sexualverbrechen erfolgte, mußte das Plenum des OG in einem Beschluß vom 30. 6. 1963 anordnen, daß die **Strafpolitik** gegenüber derartigen Verbrechen wieder erheblich härter werden müsse, und daß im Regelfall die Freiheitsstrafe als härteste staatliche Zwangsmaßnahme zu verhängen sei. Eine gleichartige Anleitung wurde hinsichtlich der Bestrafung von Rückfalltätern erlassen. Die Folge dieser Beschlüsse und Anleitungen war, daß im zweiten Halbjahr 1963 die Strafen ohne Freiheitsentziehung und die Übergabe von Strafsachen an die Konfliktkommissionen zurückgingen, während die Verurteilungen zu Freiheitsstrafen wieder zunahmen. Der Präsident des OG, Toeplitz, bezeichnete diese Entwicklung als negativ (Neue Justiz, 1964, H. 11, S. 321), rügte „einige überspitzte Bestrafungen bei Sexualdelikten" und orientierte damit wieder mehr auf die Verhängung von Strafen ohne Freiheitsentziehung, vor allem aber auf eine noch stärkere Einschaltung der gesellschaftlichen Gerichte. Aus diesen verschiedenen, sich z. T. widersprechenden, Anordnungen wird deutlich, welchen Schwankungen die Strafpolitik in der DDR unterworfen ist.

Für die Durchführung des → **Strafverfahrens** war bis zum 30. 6. 1968 die im Zuge der 1. Justizreform erlassene Strafprozeßordnung vom 2. 10. 1952 gesetzliche Grundlage, seit 1. 7. 1968 ist es die Strafpro-

zeßordnung vom 12. 1. 1968 (GBl. I, S. 49). Nach der Richtlinie Nr. 22 des Plenums des OG vom 14. 12. 1966 (GBl. II, 1967, S. 17) muß das Strafverfahren so gestaltet werden, „daß das Verständnis der gesellschaftlichen Kräfte für die Entscheidung des Gerichts erhöht und ihre Initiative zur bewußten Umgestaltung der gesellschaftlichen Entwicklung gefördert werden". Darum soll die Bevölkerung zur bewußten und aktiven Mitwirkung im Strafverfahren herangezogen werden.

Auf zivilrechtlichem Gebiet (→ **Zivilrecht**) galten bis zum 1. 1. 1976 noch das Bürgerliche Gesetzbuch und die Zivilprozeßordnung, beide allerdings mit erheblichen Ausnahmen und Einschränkungen. Ein neues, sozialistisches Zivilgesetzbuch (ZGB) und eine neue Zivilprozeßordnung (ZPO) wurden von der Volkskammer am 19. 6. 1975 verabschiedet (GBl. II, S. 465 und 533). Die Vorschriften der alten Zivilprozeßordnung waren der Gerichtsverfassung durch die VO zur Angleichung von Verfahrensvorschriften auf dem Gebiet des Zivilrechts an das Gerichtsverfassungsgesetz vom 4. 10. 1952 angepaßt worden. In familienrechtlichen Streitigkeiten sind die Kreisgerichte zuständig, die das Verfahren nach der „Familienverfahrensordnung" vom 17. 2. 1966 (GBl. II, S. 171) durchzuführen haben. Nachdem auf dem Gebiet des → **Familienrechts** zunächst lediglich das Kontrollratsgesetz Nr. 16 (Ehegesetz) vom 20. 2. 1946) durch die VO über Eheschließung und Eheauflösung vom 24. 11. 1955 ersetzt worden war, wurde das gesamte Familienrecht mit Wirkung vom 1. 4. 1966 durch das Familiengesetzbuch der DDR (FGB) vom 20. 12. 1965 (GBl. I, 1966, S. 1) neu geregelt und damit neben zahlreichen anderen gesetzlichen Bestimmungen auch das 4. Buch des BGB aufgehoben.

Das → **Arbeitsrecht** soll in erster Linie der Weiterentwicklung der „sozialistischen Arbeitsverhältnisse" dienen. Seine neue gesetzliche Grundlage hat es im Gesetzbuch der Arbeit vom 12. 4. 1961 gefunden. Für die Behandlung arbeitsrechtlicher Streitigkeiten sind in Betrieben und Verwaltungen, in denen → **Konfliktkommissionen** bestehen, zunächst diese zuständig. Erst gegen einen Beschluß der Konfliktkommission ist Einspruch beim zuständigen Kreisgericht möglich.

Das → **Wirtschaftsrecht** wird als ein „wichtiges Instrument zur Gestaltung des ökonomischen Systems des Sozialismus und der wissenschaftlichen sozialistischen Wirtschaftsführung" bezeichnet (Staat und Recht, H. 4, 1968, S. 595). Ebenso wie das gesamte sozialistische Recht soll gerade das Wirtschaftsrecht eine aktive Funktion ausüben und Instrument zur Beherrschung ökonomischer und anderer gesellschaftlicher Prozesse sein. Es soll als „hocheffektives Instrument der Steuerung und Regelung ökonomischer Prozesse" erkannt und angewendet werden. Das bislang für die Praxis geschaffene System wirtschaftsrechtlicher Regelungen wird als entwicklungsbedürftig und noch keineswegs vollendet angesehen. Begonnen wurde mit der Schaffung von Grundsatzregelungen über die Rechtsstellung von Wirtschaftsorganen. Gefordert wird, daß ein lückenloses wirtschaftsrechtliches Gesamtregelungssystem geschaffen und ständig der weiteren ökonomischen Entwicklung angepaßt wird. Dabei wird eine Koordinierung mit der Ausarbeitung des Zivilgesetzbuchs erfolgen. Am Ende all dieser Bemühungen auf wirtschaftsrechtlichem Gebiet wird neben der dann geschaffenen Grundsatzregelung die Aufhebung der wirtschaftsrechtlichen Bestimmungen stehen, die vor dem neuen ökonomischen System erlassen wurden, sowie der heute noch (formell) geltenden Bestimmungen aus der Zeit vor 1945 (z. B. Scheck- und Wechselgesetz).

Bei ihrer Rechtsprechungstätigkeit haben die Gerichte ihr besonderes Augenmerk darauf zu richten, daß einmal im Straf- oder Zivilprozeß die entstandenen Konflikte in der Gesellschaft aufgedeckt werden, und daß zum anderen in allen geeigneten Fällen im Anschluß an ein gerichtliches Verfahren eine ge-sellschaftliche Erziehung einsetzt, die gegebenenfalls vom Gericht organisiert werden muß. Um die Wirksamkeit der Rechtsprechung auf das Bewußtsein der Bürger zu erhöhen, sollen die Gerichte bei allen geeigneten Verfahren den Gewerkschaftsleitungen, Leitungen der FDJ, Betriebsleitungen, Ausschüssen der Nationalen Front und anderen Organen, Einrichtungen und Kollektiven, die von der Angelegenheit berührt werden, Nachricht über die stattfindende Verhandlung geben und solche Verhandlungen unmittelbar in den Betrieben, Genossenschaften und Einrichtungen durchführen. Vertreter von sozialistischen Betrieben, Hausgemeinschaften und anderen Kollektiven der Werktätigen sollen im Strafprozeß zur Teilnahme an der Hauptverhandlung geladen werden.

Im Gesetz über die örtlichen → **Volksvertretungen** und ihre Organe vom 12. 7. 1973 (GBl. I, S. 313) wird festgestellt, daß die örtlichen Volksvertretungen – die Bezirks- und Kreistage, Stadtverordneten- und Stadtbezirksversammlungen und Gemeindevertretungen – eine hohe Verantwortung für den Schutz der sozialistischen Staats- und Gesellschaftsordnung, des sozialistischen Eigentums sowie der Rechte der Bürger tragen. Sie haben für die strikte Einhaltung der sozialistischen Gesetzlichkeit, für die Festigung der Sicherheit und Ordnung im Territorium zu sorgen und hierzu die Kontrolle auszuüben. Um dieser Aufgabe nachkommen zu können, sind die Bezirks- und Kreistage ebenso wie die Räte der Bezirke und Kreise berechtigt, von den Gerichten und der Staatsanwaltschaft Auskünfte und Informationen zu verlangen. Die Richter sind zur Berichterstattung vor den örtlichen Volksvertretungen über die Erfüllung ihrer Pflichten zur Durchsetzung der sozialistischen Gesetzlichkeit und zur gesellschaftlichen Wirksamkeit der Rechtsprechung verpflichtet. In dieser gesetzlichen Regelung zeigt sich eine Konkretisierung des im Art. 87 der Verfassung enthaltenen Grundsatzes, daß die Gesetzlichkeit durch die Einbeziehung der Bürger und ihrer Gemeinschaften in die Rechtspflege und in die gesellschaftliche und-staatliche Kontrolle über die Einhaltung des sozialistischen Rechts gewährleistet wird.

Redneraustausch: → **Deutschlandpolitik der SED.**

Reformismus: Im Verständnis des → **Marxismus-Leninismus** eine „Erscheinungsform bürgerlicher Ideologie und Politik in der Arbeiterbewegung". Der R. vertrete, wie alle anderen Reformideologien auch, das Konzept, daß die Arbeiterklasse ohne Revolution auf dem Weg über Reformen den Sozialismus erreichen könne. Der Marxismus-Leninismus kritisiert am R., daß jede nur evolutionäre Veränderung gesellschaftlicher Lebensbereiche deren „Klasseninhalt" und „Klassenfunktion" nicht berührt. Der R. verzichte auf die „Verwirklichung der historischen Mission der Arbeiterklas-se", die Ausbeutung und Klassenherrschaft durch eine gesamtgesellschaftliche Revolution zu überwinden und den Sozialismus-Kommunismus zu errichten. Der R. ist in seinen verschiedenen Erscheinungsformen als „Trade-Unionismus", als „Ökonomismus" oder als „Parlamentarismus" vom Marxismus-Leninismus stets bekämpft worden. → **Sozialdemokratismus; Abweichungen; Revisionismus; Syndikalismus.**

Regierung: → **Ministerrat; Staatsrat; Verfassung.**

Regionalplanung: → **Territorialplanung.**

Rehabilitation: International übliche Bezeichnung für

die Gesamtheit der Bemühungen um medizinische Wiederherstellung und berufliche und soziale Wiedereingliederung bei körperlichen oder geistigen Behinderungen, die durch äußere Einwirkungen (Unfälle u. a.) oder Krankheit entstanden sind oder auch von Geburt an bestehen. In der DDR offiziell erst seit 1958. Hierfür vor allem: R.-Zentren für Folgezustände bestimmter Krankheiten (z. B. Polio) und für behinderte Kinder und Jugendliche, Umwandlung des Krankenhauses Erlabrunn (Wismut AG) in eine „zentrale R.-Stätte für die Hauptgebiete der Medizin", schließlich für die R. psychiatrisch Kranker die Einrichtungen von Spezialabteilungen für ambulante Arbeitstherapie bei → **Polikliniken**. Relativ zahlreiche Modelleinrichtungen dienen der Propagierung des Prinzips der Wiedereingliederung derjenigen in die Arbeit, die durch Unfallfolgen oder Krankheit behindert sind, und auch der Nutzung der Arbeitskraft im Rentenalter. Die R. stößt auf den entschiedenen Widerstand der Betriebe, die die vermeintlich „halben" Kräfte wegen der Anrechnung auf die Stellenpläne nicht akzeptieren wollen (→ **Gesundheitswesen**).

Rehabilitierungen: SED-Funktionäre und -Mitglieder, die seit Umschmelzung der → **SED** zu einer „Partei neuen Typus" (1948) aus der Partei ausgeschlossen und aus dem öffentlichen Leben entfernt worden waren, sind in den Jahren nach Stalins Tod (1953) und insbesondere nach dem XX. Parteitag der → **KPdSU** (1956) z. T. rehabilitiert, d. h. wieder in die SED aufgenommen und mit neuen Ämtern betraut worden. Einige von ihnen erhielten Orden und andere Auszeichnungen. Die R. betrafen sowohl ganze Gruppen (z. B. Westemigranten und ehemalige Mitkämpfer in der jugoslawischen Partisanenarmee) als auch ehemalige Spitzenfunktionäre der SED, die im Verfolg der Rajk-, Kostoff- und Slansky-Prozesse in den Ostblockstaaten auch in der DDR abgesetzt und z. T. verhaftet worden waren (Dahlem, Merker). Auch ein Teil der SED-Führer, die 1953 mit Wilhelm Zaisser und Rudolf Herrnstadt sympathisiert hatten, wurde rehabilitiert. Das gilt jedoch nicht für Zaisser und Herrnstadt. Nur zum Teil rehabilitiert wurden die Anhänger Karl Schirdewans und andere Funktionäre, die 1956/1957 revisionistische Anschauungen vertreten hatten und deshalb gemaßregelt wurden (→ **Revisionismus**). Keiner von ihnen erhielt politisch einflußreiche Funktionen zurück. Im Gegensatz zur UdSSR und anderen Volksdemokratien erfolgten die R. in der DDR stillschweigend und inoffiziell. Auch ist keiner der früheren Spitzenfunktionäre, die gemaßregelt und z. T. verhaftet worden waren, wieder in eine entscheidende Funktion aufgerückt. Von den Sowjets ausgesprochene R. deutscher Kommunisten, die Opfer der großen Säuberungen in der UdSSR wurden, sind in der DDR nicht bekanntgegeben worden.

Reichsbahn: → **Deutsche Reichsbahn.**

Reisebüro der DDR: → **Touristik.**

Reiseverkehr: → **Touristik; Beziehungen zwischen beiden deutschen Staaten; Genehmigungsgebühren.**

Rekonstruktion: Bezeichnung für die → **Rationalisierung** ganzer Betriebsteile und vollständiger Betriebe.

Relativismus: Der R. ist eine Richtung des Philosophierens, die sich auf das „Relative" konzentriert, das aus seinem Zusammenhang mit dem „Absoluten" gelöst wird. Ihm zufolge können nur Beziehungen (Relationen), durch die die Gegenstände, Erscheinungen und Prozesse miteinander verbunden sind, erkannt werden. Hieraus folgt für den philosophischen R., daß es keine vom erkennenden Subjekt unabhängige oder „objektive" Wahrheit gibt. Die Erkenntnis ist stets nur relativ, da sie vom erkennenden Subjekt abhängig ist. Nach Auffassung des Dialektischen Materialismus führt der philosophische R. zum → **Agnostizismus.**
Der Historische und Dialektische Materialismus enthält insofern selbst Elemente des philosophischen R., als er stets von der „Einheit des Relativen und des Absoluten" ausgeht. Bei der angenommenen allmählichen Annäherung der menschlichen Erkenntnis an die absolute Wahrheit wird deren Relativität vom → **Marxismus-Leninismus** anerkannt.

Religionsgemeinschaften und Kirchenpolitik

Evangelische Kirche – Katholische Kirche – Freikirche – Staat und Kirche – Kirche und Gesellschaft – Finanzierung der Kirchen

Von den 17 Mill. DDR-Bürgern gehörten nach kirchlichen Schätzungen 1973 etwa 9 869 000 einer christlichen Kirche an. 8,48 Mill. zählen zu einer der 8 evangelischen Landeskirchen, 1,3 Mill. zur römisch-katholischen Kirche, 89 000 zu einer der 7 Freikirchen. Alle arbeiten in der „Arbeitsgemeinschaft Christlicher Kirchen in der DDR" zusammen (die römisch-katholische Kirche mit Beobachter-Status). Nennenswerte religiöse Gruppen sind außerdem die Siebenten-Tages-Adventisten, die 330 kleine Gemeinden registrieren, und die → **Jüdischen Gemeinden** mit 800 Mitgliedern. Die Mitgliederzahl der evangelischen Landeskirchen und der römisch-katholischen Kirche geht seit den 50er Jahren ständig zurück. Hauptursache dafür ist weniger Kirchenaustritte als die Tatsache, daß die Mehrzahl der Eltern, auch wenn sie selbst noch der Kirche angehören, ihre Kinder nicht mehr taufen bzw. an kirchlichem Unterricht und Konfirmation teilnehmen läßt. Eine amtliche Religionsstatistik wird in der DDR seit dem 31. 12. 1964 nicht mehr geführt.

I. Bund der Evangelischen Kirchen in der DDR

Die 8 evangelischen Landeskirchen sind seit 1969 im „Bund der Evangelischen Kirchen in der Deutschen Demokratischen Republik" zusammengeschlossen. Mit Sonderstatus angeschlossen ist dem Kirchenbund die traditionsreiche Freikirche Evangelische

Brüderunität (Distrikt Herrnhut) mit 3 200 Mitgliedern, 10 Gemeinden und 20 Pfarrern. Leitender Geistlicher ist Unitätsdirektor Helmut Hickel. Organe des Kirchenbundes sind die aus den Mitgliedskirchen beschickte Synode und die zu einem Drittel von der Synode gewählte, zu zwei Dritteln von den Landeskirchenleitungen beschickte 24köpfige Konferenz der Kirchenleitungen. Vorsitzender ist seit der Gründung Bischof D. Albrecht Schönherr (Ost-Berlin).

Mitglieder des Kirchenbundes sind:

die Evangelische Kirche in Berlin-Brandenburg (ohne die West-Berliner Region, siehe unten) mit ca. 1,5 Mill. Mitgliedern und 860 Pfarrern, Bischof: D. Albrecht Schönherr;

die Evangelische Kirche der Kirchenprovinz Sachsen mit ca. 1,6 Mill. Mitgliedern und 930 Pfarrern, Bischof: Dr. Werner Krusche;

die Evangelische Landeskirche Greifswald mit ca. 400 000 Mitgliedern und 190 Pfarrern, Bischof: Horst Gienke;

die Evangelische Landeskirche Anhalt mit ca. 270 000 Mitgliedern und 100 Pfarrern, Kirchenpräsident: Eberhard Natho;

die Evangelische Kirche des Görlitzer Kirchengebietes mit ca. 150 000 Mitgliedern und 80 Pfarrern, Bischof: D. Hans-Joachim Fränkel;

die Evangelisch-Lutherische Landeskirche Sachsen mit ca. 2,65 Mill. Mitgliedern und 1 100 Pfarrern, Landesbischof: Dr. Johannes Hempel;

die Evangelisch-Lutherische Kirche in Thüringen mit ca. 1,1 Mill. Mitgliedern und 620 Pfarrern, Landesbischof: D. Ingo Braecklein;

die Evangelisch-Lutherische Landeskirche Mecklenburg mit ca. 800 000 Mitgliedern und 340 Pfarrern, Landesbischof: Dr. Heinrich Rathke.

Die 5 erstgenannten Landeskirchen gehören gleichzeitig der Evangelischen Kirche der Union (EKU) an, deren Bereich DDR sie bilden, die 3 letztgenannten sind gleichzeitig in der Vereinigten Evangelisch-Lutherischen Kirche (VELK) in der DDR zusammengeschlossen. Der Kirchenbund versteht sich laut Ordnung als ein Zusammenschluß von bekenntnisbestimmten und rechtlich selbständigen Gliedkirchen, die anstreben, stärker zusammenzuwachsen. Theologische Gespräche mit diesem Ziel sind im Gange. Starke Kräfte streben die Bildung einer Evangelischen Kirche in der DDR an, in die die konfessionell bestimmten Sonderzusammenschlüsse EKU und VELK integriert werden sollen. Die gegenwärtigen Zuständigkeiten des Kirchenbundes sind begrenzt. Er vertritt seine Mitgliedskirchen im Ökumenischen Rat der Kirchen und in der Konferenz Europäischer Kirchen und nimmt die sich daraus ergebenden ökumenischen Aufgaben und Kontakte wahr. Der Kirchenbund vertritt seine Mitgliedskirchen gegenüber Staat und Gesellschaft. Er will sie zu „Zeugnis und Dienst in der sozialistischen Gesellschaft der DDR" zusammenführen. Auf zahlreichen Sachgebieten ist der Kirchenbund durch Kommissions- und Ausschußarbeit bemüht, die kirchliche Arbeit zu koordinieren und auf gemeinsame Grundlagen zu stellen. Genannt seien das Ausbildungswesen, das Pfarrerdienstrecht, liturgische Angelegenheiten, Konfirmation und Christenlehre und vieles andere.

Die Mitgliedskirchen des Kirchenbundes gehörten bis 1969 zusammen mit den Landeskirchen in der Bundesrepublik Deutschland und Berlin (West) zur Evangelischen Kirche in Deutschland (EKD). Sie lösten ihre Mitgliedschaft zugunsten des eigenen neuen Zusammenschlusses (siehe weiter unten), legten jedoch gleichzeitig in Artikel 4 (4) der Bundesordnung fest: „Der Bund bekennt sich zu der besonderen Gemeinschaft der ganzen evangelischen Christenheit in Deutschland. In der Mitverantwortung für diese Gemeinschaft nimmt der Bund Aufgaben, die alle evangelischen Kirchen in der Deutschen Demokratischen Republik und in der Bundesrepublik Deutschland gemeinsam betreffen, in partnerschaftlicher Freiheit durch seine Organe wahr."

Einen anderen Weg zur Verselbständigung wählte der lutherische Zusammenschluß. Ende 1968 bildete sich die VELK in der DDR durch Abtrennung von der bis dahin Ost und West umfassenden Vereinigten Evangelisch-Lutherischen Kirche Deutschlands (VELKD), indem auf der Basis der bestehenden Verfassung der VELKD eigene DDR-Leitungsorgane gebildet wurden. Demgegenüber zögerte die Evangelische Kirche der Union (EKU), zu der im Westen neben Berlin (West) die rheinische und die westfälische Landeskirche gehören, ihre Aufgliederung bis 1972 hinaus. Sie besteht auf der Basis der Ordnung der EKU als eine Kirche weiter, die jedoch in Leitung und Verwaltung in zwei vollkommen selbständig handlungsfähige Bereiche aufgegliedert wurde. Dabei wurde festgelegt, daß die EKU-Räte (Leitungen) für die Bereiche DDR einerseits und Bundesrepublik Deutschland und Berlin (West) andererseits regelmäßig zu gemeinsamen Beratungen zusammentreten, was auch geschieht.

Ebenfalls in Leitung, Verwaltung und Rechtsetzung in zwei Regionen geteilt, ohne daß das Prinzip der Einheit der Landeskirche aufgegeben wurde, ist auch die Evangelische Kirche in Berlin-Brandenburg. Ihre Ostregion gehört zum DDR-Kirchenbund, ihre Westregion (West-Berlin) zur EKD. Die Grundordnung (Verfassung) gilt in beiden Regionen weiter, darf jedoch unterschiedlich abgeändert werden, soweit davon die beiden Präambeln der Grundordnung nicht berührt werden. Der 1966 von beiden Regionalsynoden zum Bischof der gesamten Landeskirche gewählte D. Kurt Scharf übt sein Amt seit 1973 auch de jure nur in Berlin (West) aus. Mit dem Bischof im Ostteil, Schönherr, hält er laut kirchlicher Festlegung „brüderliche Verbindung".

II. Die römisch-katholische Kirche

Der katholischen Kirche gehören 1,283 Mill. der 17 Mill. Bewohner der DDR an. In den 7 Jurisdiktionsbezirken sind Bischöfe tätig, von denen 4 den Titel Apostolische Administratoren tragen. Insgesamt gibt es 9 katholische Bischöfe, die in der seit 1954 existierenden „Berliner Ordinarienkonferenz" zusammengeschlossen sind. Den Vorsitz in diesem Gremium, dem bislang nicht der Rang einer selbständigen nationalen Bischofskonferenz zukommt, hat seit 1961 der in Berlin (Ost) residierende Bischof von Berlin, Erzbischof Alfred Kardinal Bengsch, inne. Das einzige Bistum, das geschlossen innerhalb des Territoriums der DDR liegt, ist das Bistum Meißen mit ca. 308 000 Katholiken (Bischof Gerhard Schaffran). Das Bistum Berlin (ca. 480 000 Katholiken) erstreckt sich zwischen Rügen und Jüterbog, Frankfurt/Oder und Brandenburg. Der West-Berliner Teil (ca. 260 000 Katholiken) wird selbständig verwaltet. Die kirchenrechtliche Einheit des Bistums ist in der Person des Bischofs garantiert, dem von den DDR-Behörden zugestanden wird, den West-Berliner Teil seiner Diözese an 30 Tagen im Vierteljahr zu besuchen.

Die Jurisdiktionsbezirke Schwerin, Magdeburg, Erfurt und Meiningen gehören kirchenrechtlich nach wie vor zu Diözesen in der Bundesrepublik Deutschland, und zwar Schwerin (105 000 Katholiken) zu Osnabrück, Magdeburg (316 000 Katholiken) zur Erzdiözese Paderborn, Erfurt (256 000 Katholiken) und der diesem Jurisdiktionsbezirk enger angegliederte kleine Verwaltungsbezirk Meiningen (ca. 24 000 Katholiken) zu den Diözesen Fulda bzw. Würzburg. 6 zum Bistum Hildesheim gehörende, aber auf DDR-Gebiet liegende Gemeinden wurden schon vor Jahren Schwerin, Erfurt und Magdeburg zugeordnet. Die Leiter der Bischöflichen Ämter Magdeburg, Erfurt und Schwerin, die Titularbischöfe Johannes Braun, Hugo Aufderbeck und Heinrich Thessing, wurden im Juli 1973 von Papst Paul VI. zu Apostolischen Administratoren ernannt und damit unabhängig von den bis dahin für sie zuständigen Ordinarien der westdeutschen Diözesen. Das ehemalige Erzbischöfliche Amt Görlitz (ca. 75 000 Katholiken), ein Restteil der durch die Festlegung der Oder-Neiße-Grenze an Polen gefallenen Erzdiözese Breslau, war bereits 1972 Apostolische Administratur unter Leitung von Bischof Bernhard Huhn geworden. Die Bischöfe von Berlin und Meißen haben je einen Weihbischof zur Seite; in Meiningen ist der Bischofsvikar Dieter Hömer tätig.

Auf 1 038 Seelsorgestellen sind 1 342 Welt- und Ordensgeistliche tätig. In 282 Klöstern und klösterlichen Niederlassungen (Stand März 1975) leben 2 577 Ordensschwestern, die vorwiegend in den von der katholischen Kirche unterhaltenen 34 Krankenhäusern, 107 Altersheimen, 44 Kinderheimen und 310 Schwesternstationen tätig sind. In 18 weiteren Ordensniederlassungen leben noch 129 männliche Ordensangehörige.

Die Politik der SED gegenüber der katholischen Kirche hat sich in Ausdruck und Intensität stets von derjenigen unterschieden, die sie gegenüber der evangelischen Kirche anwandte. Die Katholiken in der DDR bilden eine Minderheit; sie sind eng mit der Weltkirche, besonders mit dem Heiligen Stuhl, verbunden; sie haben sich von Anfang an unter Verzicht auf gesellschaftliche Aktivität auf Kultus und Caritas beschränkt. An der Begegnung vom 9. 2. 1961 zwischen Ulbricht und Kirchenvertretern hat nur ein später nicht mehr im Amt befindlicher katholischer Geistlicher teilgenommen. Diese politische Abstinenz ist – von wenigen Ausnahmen in jüngster Zeit abgesehen – bis heute durchgehalten worden. Seit Anfang der 60er Jahre durften die mitteldeutschen Bischöfe nicht mehr an kirchlichen Veranstaltungen in der Bundesrepublik Deutschland teilnehmen, während es den westdeutschen Bischöfen versagt war, die zu ihren Diözesen gehörenden in der DDR liegenden Jurisdiktionsbezirke zu besuchen. Eine gewisse Auflockerung des strikten Ausreiseverbots ergab sich nach dem Besuch des Chruschtschow-Schwiegersohns Adshubej im Vatikan. Zum Beginn des II. Vatikanischen Konzils im Oktober 1963 erhielten 7 Bischöfe eine Ausreise-Genehmigung. Zu einer heftigen Kontroverse mit dem SED-Regime kam es, nachdem die Bischöfe der DDR zusammen mit den westdeutschen Bischöfen im Dezember 1965 eine Antwort auf die Versöhnungsbotschaft des polnischen Episkopats unterzeichnet hatten. Mit ihrem Schritt hätten sie „gegen die Friedenspolitik unserer Regierung verstoßen", schrieb „Neues Deutschland". Wenige Tage später warf das SED-Zentralorgan den Bischöfen vor, bei der Konzilsdiskussion über die Ächtung des totalen Krieges geschwiegen zu haben.

Erstmals deutete Ulbricht während einer Kundgebung im Ost-Berliner Friedrichstadtpalast am 15. 2. 1968 auf dem Höhepunkt der Verfassungsdiskussion seine Bereitschaft zu Vereinbarungen mit dem Vatikan an. Es folgte jedoch keine erkennbare entsprechende kirchenpolitische Aktivität. Schon in der zweiten Hälfte der 60er Jahre hatte sich zwischen Partei und Staat einerseits und katholischer Kirche andererseits eine leichte Entspannung abgezeichnet. Zwar verurteilten die Bischöfe im November 1965 in einem Hirtenwort die weitgehende Freigabe des Schwangerschaftsabbruchs und im September 1967 in einem weiteren Hirtenbrief den Zwang zur Jugendweihe, aber es folgte auf beide Äußerungen keinerlei öffentliche staatliche Reaktion.

Zugleich wuchs das Selbstvertrauen auch der katholischen Laien, wie besonders deutlich auf dem ersten Erfurter Laienkongreß im Juni 1970 zu erkennen war. Zum ersten Mal hörte man auf einem von der Kirche offiziell genehmigten Kongreß positive Bewertungen des zweiten deutschen Staates und vereinzelt auch Bekenntnisse zu ihm. Anläßlich des 20. Jahrestages der Gründung der DDR erklärte Kardinal Bengsch vor Teilnehmern an der traditionellen Wallfahrt nach Bernau, die katholische Kirche erkenne an, was in diesem Staat „zum wirklichen Wohl des Menschen" getan werde. Sie habe in den vergangenen Jahren seelsorgerlich arbeiten können und „mehr Chancen (gehabt), als sie oft ausgenutzt hat". Bengsch und andere Bischöfe und Prälaten zeigten sich nun erstmals bei offiziellen Empfängen zum DDR-Jubiläum.

Bei der Weihe der neuerbauten Rostocker Christus-Kirche im Juni 1971 äußerte sich der Kardinal ähnlich positiv über die politischen Behörden. Sie hätten „in dieser Sache bei aller Verschiedenheit der Auffassung einen Weg des friedlichen Auskommens gefunden".

Schon am 25. 9. 1969 hatte SED-Politbüro-Mitglied Hermann Matern eine Rede in Berlin (Ost) vor führenden Funktionären der Ost-CDU gehalten, in der er u. a. das Interesse der SED hinsichtlich einer Annäherung an den Vatikan signalisierte. Die von Papst Paul VI. weiterentwickelte katholische Soziallehre, der aktuelle Standpunkt des Vatikans im Vietnam-Konflikt und die vermeintliche langsame Überwindung des traditionellen kirchlichen Antikommunismus wurde bei dieser Gelegenheit ebenfalls positiv bewertet.

Mit der Diskussion der Ost-Verträge, und erst recht nach ihrer Unterzeichnung, verstärkte sich der politische Druck auf die Bischöfe, die Lösung der Jurisdiktionsbezirke von den westdeutschen Diözesen zu betreiben und die Kirche damit an den sozialistischen Staat heranzuführen. Die von einer kleinen, politisch der Ost-CDU nahestehenden Personengruppe um die Herausgeber der Zeitschrift „Begegnung" betriebene Kampagne erreichte im August 1972 mit der Veröffentlichung eines „Offenen Wortes" ihren Höhepunkt. Das Papier, in dem u. a. vom Vatikan verlangt wurde, daß „die Kirchengrenzen den staatlichen Grenzen angeglichen werden", ist von mehreren tausend Katholiken unterzeichnet worden. Die Kirchenführung distanzierte sich jedoch nachdrücklich von der Publikation und ihren Verfassern.

Am 24. 8. 1972 drängte Ministerpräsident Stoph Kardinal Bengsch, in Rom darauf hinzuwirken, daß es zur Errichtung selbständiger Bistümer in der DDR kommt. Ende September 1972 verfügte dann Rom in einem Dekret die jurisdiktionelle Ausgliederung des Bistums Berlin aus dem Metropolitanverband Breslaus, nachdem Schlesien schon vorher auch kirchenrechtlich als Teil Polens anerkannt worden war. Die Berliner Diözese wurde dem Heiligen Stuhl unmittelbar unterstellt. Bereits mit Dekret vom 28. 6. 1972 war die Apostolische Administratur Görlitz errichtet worden. Am 24. 1. 1973 fand

dann schließlich in Rom eine Begegnung zwischen SED-Politbüro-Mitglied W. Lamberz und dem „Außenminister" des Vatikans, Erzbischof Casaroli, statt. Vorausgegangen waren Ende 1972 Gerüchte über Kontakte zwischen Vatikan-Vertretern und DDR-Abgesandten in Belgrad. Dort soll auch die Frage nach Entsendung eines Nuntius für die DDR erörtert worden sein. Anfang März 1973 warnten die westdeutschen Bischöfe den Vatikan vor einer Neuordnung der kirchlichen Verwaltung in der DDR, die das Reichskonkordat tangieren würde. Während Bengsch sich in Rom aufhielt, empfingen die Vorsitzenden der Räte der Bezirke die jeweils in ihrem Bereich tätigen Bischöfe, um ihnen den Standpunkt der SED-Regierung in der Frage der Bistumsgrenzen zu erläutern und sie zu drängen, sich diesen Standpunkt zu eigen zu machen.

Am 27. 7. 1973 ernannte Papst Paul VI. die Bischöflichen Kommissare in Erfurt, Schwerin und Magdeburg zu Apostolischen Administratoren und den damaligen Bischöflichen Kommissar in Meiningen zum Weihbischof des Erfurter Apostolischen Administrators. Im Mai 1974 wurde Kardinal Bengsch erneut vom Papst empfangen. Eines der besprochenen Themen mag die weitere Verselbständigung der „Berliner Ordinarienkonferenz" gewesen sein, die vor allem auf weitere Lösung von der „deutschen Bischofskonferenz" der Bundesrepublik Deutschland unter Vorsitz von Kardinal Döpfner abzielte.

Seit März 1973 tagt zweimal jährlich in der Dresdener Hofkirche die Synode der Jurisdiktionsbezirke in der DDR unter dem Aspekt der vom II. Vatikanischen Konzil geforderten Reformen. An dieser Veranstaltung, die noch bis Ende 1975 dauerte, nahmen ca. 150 Priester und Laien, darunter die Bischöfe, teil.

Die Katholische Kirche unterhält an Instituten und Einrichtungen neben den oben erwähnten Krankenhäusern, Kinder- und Altenheimen Priesterseminare in Erfurt („Albertus-Magnus-Akademie" für „Philosophisch-theologisches Studium") und Neuzelle („Bernardinum" bei Frankfurt/Oder), das Pastoralseminar Huysburg bei Halberstadt, sowie als Vorbildungsanstalten, das bischöfliche Vorseminar in Schöneiche bei Berlin, das Norbertuswerk Magdeburg und den Sprachenkurs Halle, ferner Fürsorgerinnen-, Katecheten- und Kindergärtnerinnenseminare sowie ein Seminar für die Ausbildung von Kirchenmusikern. (An der Erfurter Akademie studierten 1973 ca. 160 Studenten.)

Herausragende Ereignisse im Leben der Kirche der DDR waren in jüngster Zeit die Fertigstellung und Wiederindienstnahme der im Krieg zerstörten St.-Hedwig-Kathedrale in Berlin (Ost) im November 1963 sowie das 200jährige Jubiläum der Kathedrale im November 1973, an dem zahlreiche Bischöfe aus dem Ausland teilnahmen. Im Dezember 1972 wurde außerdem das der Kathedrale benachbarte Bernhard-Lichtenberg-Haus, in dem der Bischof residiert und die kirchliche Verwaltung ihren Sitz hat, seiner Bestimmung übergeben.

III. Freikirchen und andere Gemeinschaften

Die beiden größten sogenannten Freikirchen sind die Evangelisch-Methodistische Kirche in der DDR (37 000 Mitglieder, 143 Pastoren, Bischof: Armin Härtel, Dresden) und der Bund Evangelisch-Freikirchlicher Gemeinden (Baptisten) in der DDR (30 000 Mitglieder, 125 Pastoren, Präsident: Herbert Morét, Ost-Berlin). Der Größe nach folgen die altlutherische Kirche (11 000 Mitglieder), der Bund evangelisch-reformierter Gemeinden (8 100 Mitglieder), der Bund Freier Evangelischer Gemeinden (1 350 Mitglieder), der Verband der Altkatholischen Kirche in der DDR (1 200 Mitglieder), die Mennoniten und die Quäker. Über die Zahl der Adventisten ist Genaueres nicht bekannt. Alle diese Kirchen und R. sind staatlich anerkannt. Sie haben sämtlich ihre früher zum Teil gesamtdeutsche Organisation aufgegeben.

Anders ist das bei der Russisch-Orthodoxen Kirche. Sie zählt relativ wenige Mitglieder in der DDR, spielt öffentlich jedoch eine größere Rolle. 1960 errichtete das Moskauer Patriarchat der ROK in Berlin (Ost) ein Exarchat für „Berlin und Mitteleuropa". Der jeweilige Exarch ist Erzbischof der entsprechenden Diözese, die auch Berlin (West) und die Bundesrepublik Deutschland umfaßt. Seit 1973 amtiert Erzbischof Philaret als Exarch.

Staatlich nicht anerkannte Sekten spielen in der DDR kaum eine Rolle, mit gewisser Ausnahme der Zeugen Jehovas, die bemüht sind, ihre Missionstätigkeit auch hier in beschränktem Umfang fortzuführen. Aus ihren Reihen kommen immer wieder Wehrdienstverweigerer.

IV. Staat und Kirchen

Die staatliche K. der DDR ist vornehmlich an der evangelischen Kirche ausgerichtet. Zum Protestantismus zählten sich noch 1950 laut Volkszählung 14,8 Mill. DDR-Bürger. Das gesamte DDR-Gebiet war ursprünglich fast durchweg evangelisch. Die SED hat es stets vermieden, eine auf Abschaffung oder vollständige Privatisierung der Kirchen gerichtete Politik zu betreiben. Stattdessen bemühte sie sich, ohne die Kirchen grundsätzlich in Frage zu stellen, deren öffentlichen Einfluß zurückzudrängen bzw. auf den Status quo zu beschränken, das gesellschaftliche Leben vollständig zu säkularisieren sowie christliche Sitte durch Lebensäußerungen der sozialistischen Gesellschaft zu ersetzen. Das führte, zumal in den 50er Jahren, zu zahlreichen Konflikten, die den Beteiligten zuweilen als „Kirchenkampf" erschienen, ohne daß jedoch wirksame Versuche unternommen wurden, die Kirchen von innen her, entsprechend dem nationalsozialistischen Versuch mit den „Deutschen Christen", aufzurollen und gleichzuschalten. Wenn man von der katholischen Kirche Polens absieht, genießen im Ostblock die großen Kirchen in der DDR die vergleichsweise größte Freiheit und innere Autonomie. Die Kirchen sind die einzigen großen Organisationen in der DDR, die Personal- und Organisationsentscheidungen unabhängig von staatlichen oder gesellschaftlichen Organen treffen können, de jure wie de facto. Nach langen Kämpfen setzte die DDR-Führung jedoch eine Einschränkung dieses Prinzips für die kirchlichen Außenbeziehungen durch: Der 1968 von Bischof Mitzenheim gesprochene Satz: „Die Grenzen der DDR bilden auch die Grenzen der kirchlichen Organisationsmöglichkeiten" wurde Bestandteil des offiziellen Kommentars der DDR-Verfassung. Die DDR läßt die Mitgliedschaft der Kirchen in ökumenischen Organisationen, insbesondere im Weltkirchenrat, der Konferenz Europäischer Kirchen, dem Lutherischen und dem Reformierten Weltbund sowie die Beziehung der römisch-katholischen Kirche zum Vatikan zu und fördert sie teilweise aus außenpolitischen Gründen; sie hat jedoch erreicht, daß die besonderen kirchlichen Bindungen innerhalb ganz Deutschlands aufgegeben oder eingefroren werden mußten. Während der staatliche Einfluß auf kirchliche Entscheidungen in den Außenbeziehungen (wie auch z. T. bezüglich der kirchlichen Aktivität innerhalb der DDR) negativ effektiv ist, wirkt er sich positiv nur selten aus. So sind die evangelischen Kirchen in der DDR, anders als die im übrigen Ostblock, nicht korporative Mitglieder der in den sozialistischen Staaten geförderten Christlichen Friedenskonferenz (CFK).

Seit Gründung der DDR lassen sich 3 Hauptphasen der staatlichen K. unterscheiden:

1. Von 1949 bis 1958 stand im Vordergrund das Ziel, die Position der Kirchen in der Gesellschaft, wo immer möglich, zu beschneiden;
2. daran schloß sich bis 1969/71 ein politischer Kampf gegen die gesamtdeutsche Kirchenorganisation, insbesondere der evangelischen Kirchen, an;
3. gegenwärtig ist eine formale Anpassung der Kirchen an die sozialistische Gesellschaft der DDR zu beobachten.

Die Tendenzen der 1. Phase sind, z. T. in abgemilderter Form, auch in den folgenden Phasen wirksam geblieben. In der 1. Phase vor allem dominierte die atheistische und antiklerikale Propaganda. Die Kirchenaustrittsbewegung wurde massiv gefördert, insbesondere die gesellschaftlichen Führungs- und Schlüsselberufe wurden, mit wenigen Ausnahmen, nur Nichtchristen zugänglich gemacht. Mit der Jugendweihe begann man, die Konfirmationssitte zu entwerten (**Sozialistische → Feiern**). Der kirchlich erteilte Religionsunterricht (Christenlehre) wurde entgegen der DDR-Verfassung von 1949 aus den Schulräumen und aus dem zeitlichen Zusammenhang mit dem Schulunterricht verbannt. Die Kirchensteuer wurde zu einem privaten, rechtlich nicht einklagbaren freiwilligen Kirchenbeitrag. Alle kirchlichen Aktivitäten außerhalb kircheneigener Räume wurden erschwert und z. T. unmöglich gemacht. Junge Gemeinde, die nach dem Krieg gefundene Form evangelischer Jugendarbeit, und Studentengemeinden wurden bekämpft. Es kam auch zu Verhaftungen und Schauprozessen.

Gleichzeitig jedoch behielten die Kirchen in vieler Hinsicht ihren aus der Vergangenheit überkommenen Sonderstatus. Ihr Grund- und Waldbesitz wurde z. B. nicht der Bodenreform unterworfen und blieb z. T. später auch von der Kollektivierung ausgenommen. Das eigene kirchliche Arbeitsrecht (Beamte!) blieb bestehen.

In der 2. Phase wurde der Zusammenhang der staatlichen K. mit der → **Deutschlandpolitik der SED** besonders deutlich. Die Regierung der DDR nahm den Abschluß des Militärseelsorgevertrages der EKD mit der Bundesregierung zum Anlaß, ihre Beziehungen zur EKD abzubrechen und propagandistisch sowie durch administrative Maßnahmen (jedoch nicht durch gesetzliche oder sonst rechtswirksame Maßnahmen!) für die Verselbständigung der Kirchen in der DDR einzutreten. Die DDR-Regierung lehnte es 1957/58 ab, über verschiedene Konflikte, insbesondere im Erziehungsbereich, mit der EKD zu verhandeln. Stattdessen kam es zu Verhandlungen mit „Vertretern der evangelischen Kirchen in der DDR", an deren Ende ein sogenanntes Kommuniqué vom 21. 7. 1958 stand, dem zufolge die Kirchenvertreter u. a. erklärten: „Ihrem Glauben entsprechend erfüllen die Christen ihre staatsbürgerlichen Pflichten auf der Grundlage der Gesetzlichkeit. Sie respektieren die Entwicklung zum Sozialismus und tragen zum friedlichen Aufbau des Volkslebens bei." Zur gleichen Zeit förderte die SED die Gründung eines „Bundes evangelischer Pfarrer in der DDR" (der sich Ende 1974 überraschend selbst aufgelöst hat), der sich programmatisch verpflichtete, an der „inneren und äußeren Stärkung der sozialistischen Gesellschaft der DDR" mitzuwirken (Satzung von 1967). Dieser Pfarrerbund, dessen Mitgliederzahl stets unbedeutend blieb (Schätzung einschließlich Pensionären und Pfarrfrauen 250), wurde, ähnlich wie die Arbeitsgruppen „Christliche Kreise" der Nationalen Front, die DDR-Regionalkonferenz der Christlichen Friedenskonferenz und die CDU, in der Presse zum eigentlichen Repräsentanten des politischen und kirchlichen Willens der evangelischen Kirchen in der DDR gemacht; er gewann jedoch innerkirchlich ebenso wie die anderen Gruppen nicht einmal die Bedeutung einer Minderheitenfraktion. Am 4. 10. 1960 griff W. Ulbricht in einer Erklärung vor der Volkskammer das Kommuniqué von 1958

auf und beendete die Phase der atheistischen und antiklerikalen Propaganda in der DDR mit der Feststellung: „Das Christentum und die humanistischen Ziele des Sozialismus sind keine Gegensätze." Ulbricht warb damit um kirchliche Zustimmung (nicht nur Respektierung) zur sozialistischen Entwicklung in der DDR, die mit einer Absage an die „westdeutschen NATO-Kirchen" verbunden sein sollte. Die evangelischen Landeskirchen, die – nun ohne zentralen Kontakt zu staatlichen Stellen – eine lose, offiziell nicht anerkannte „Konferenz der evangelischen Kirchenleitungen in der DDR" unter Vorsitz von Bischof D. Friedrich-Wilhelm Krummacher (Greifswald) gebildet hatten, stellten sich dagegen auf den Rechtsstandpunkt, daß der Staat nicht über kirchliche Organisationsformen zu entscheiden habe, und hielten an der EKD-Zugehörigkeit fest. Ulbricht fand infolgedessen keine legitimierten Partner für seine K. Lediglich aus den Reihen der CDU, des Pfarrerbundes usw. konnte er damals mit Zustimmung zur K. der SED rechnen. Dennoch wurde die antikirchliche Polemik in der Presse fast vollständig auf westdeutsche Adressaten umgestellt. Nur im Ausnahmefall kam es noch zu öffentlichen Angriffen auf die Kirchen oder einzelne prominente Kirchenvertreter in der DDR. Ein Ende 1963 unternommener Versuch, die eingeschlafene atheistische Agitation auf wissenschaftlichem Atheismus an der Universität Jena zu begründen (Inhaber Prof. Olof Klohr) führte zwar zur zeitweisen Belebung der marxistischen Religionssoziologie, wurde einige Jahre später jedoch wieder aufgegeben. Erst nach dem VIII. Parteitag der SED 1971 erschienen in der DDR-Presse wieder häufiger atheistische Beiträge, jedoch ohne ausgesprochen kirchenpolitische Stoßrichtung.

Im Zuge der erwähnten K. mit selbstgewählten Partnern führte Ulbricht am 9. 2. 1961 ein in der gesamten DDR-Presse abgedrucktes Gespräch mit einer „Delegation christlicher Persönlichkeiten" unter Leitung des Leipziger Theologieprofessors Emil Fuchs, in dessen Verlauf Ulbricht für Zusammenarbeit von Marxisten und Christen warb. Er erklärte, die humanistischen und sozialen Ziele des ursprünglichen Christentums und die humanistischen und sozialen Ziele des Sozialismus stimmten so weitgehend überein, „daß sich ein Zusammengehen geradezu aufdrängt". Im sogenannten Wartburg-Gespräch vom 18. 8.1964 mit dem thüringischen Landesbischof D. Moritz Mitzenheim, der als einziger der evangelischen Kirchenführer auf diese Linie eingeschwenkt war, ergänzte Ulbricht seine kirchenpolitischen Ausführungen mit der Feststellung einer „gemeinsamen humanistischen Verantwortung", die Marxisten und Christen verbinde. Er räumte dem Verhältnis von Marxisten und Christen, immer unter der Voraussetzung der selbstverständlichen Anerkennung der Führungsrolle der marxistisch-leninistischen Partei, einen wichtigen Platz in seiner Konzeption einer „sozialistischen Menschengemeinschaft" ein.

Vor allem wegen der EKD-Frage gingen die Kirchen jedoch praktisch nicht auf das kirchenpolitische Werben Ulbrichts ein. Obgleich die EKD-Mitgliedschaft der DDR-Kirchen fast nur noch formal praktiziert werden konnte, erklärten die EKD-Synodalen in der sogenannten Fürstenwalder Erklärung vom 5. 4. 1967, sie wollten an der Gemeinschaft in der EKD festhalten. Erst als die neue DDR-Verfassung im April 1968 in Kraft trat, änderten die evangelischen Landeskirchen ihre Haltung in dieser Frage. Bisher sahen sie die gesamtdeutsche Kirchengemeinschaft nur politisch in Frage gestellt. Mit der neuen Verfassung war zu befürchten, daß sie auch staatsrechtlich unmöglich gemacht würde. Die gesellschaftlichen Verhältnisse in der DDR machten nun in dieser neuen Situation nach kirchlicher Auffassung ein gemeinsames Handeln aus seelsorgerlichen Gründen immer zwingender notwendig; die EKD-Struktur konnte, wenn sie offiziell für illegal erklärt wurde, die Voraussetzungen dafür nicht mehr bieten. In der Verfassung wurde die staatliche Absicht deutlich, keinen Zusammenhalt der evangelischen Landeskirchen in Deutschland mehr zuzulassen und stattdessen Einzelverträge mit den Landeskirchen abzuschließen. Daraufhin leitete man die Gründung des Kirchenbundes ein, dessen Ordnung am 10. 6. 1969 in Kraft trat.

Damit hat die 3. Phase der staatlichen K. begonnen. An ihrem Anfang steht der Art. 39 der DDR-Verfassung von 1968: „Jeder Bürger der DDR hat das Recht, sich zu einem religiösen Glauben zu bekennen und religiöse Handlungen auszuüben. Die Kirchen und anderen Religionsgemeinschaften ordnen ihre Angelegenheiten und üben ihre Tätigkeit aus in Übereinstimmung mit der Verfassung und den gesetzlichen Bestimmungen der DDR. Näheres kann durch Vereinbarungen geregelt werden." In Art. 20 wird außerdem Gewissens- und Glaubensfreiheit verkündet. Alle übrigen Festlegungen der Verfassung von 1949 entfielen.

Ziel der DDR-K. war es, den Protestantismus als gesamtdeutschen Faktor auszuschalten. Praktisch wirkte sich die Gründung des Kirchenbundes als organisatorische und sachliche Stärkung aus, obwohl die SED keine Stärkung des evangelischen Kirchentums in der DDR herbeiführen wollte. Die SED reagierte erst nach 20 Monaten positiv auf diese neue Situation. Am 24. 2. 1971 kam es zu einem offiziellen Besuch des Kirchenbundesvorstandes bei Staatssekretär Seigewasser mit Austausch von Erklärungen und damit zur staatlichen Anerkennung des Kirchenbundes als Repräsentation der 8 evangelischen Landeskirchen in der DDR. Voraufgegangen war eine kirchenpolitische Grundsatzrede des Politbüro-Mitgliedes Paul Verner vom 11. Februar. Da-

mit war die K. mit falschen Partnern beendet. Die CDU verlor – auch im Zusammenhang mit der auf dem VIII. SED-Parteitag vom Juni gleichen Jahres vollzogenen Preisgabe des Leitbildes von der „sozialistischen Menschengemeinschaft" zugunsten einer neuen Aufwertung der Arbeiterklasse – zunächst an Bedeutung, ebenso Pfarrerbund, CFK usw.

Mit der Rede Verners, die seither nicht durch eine neue kirchenpolitische Grundsatzäußerung der SED ersetzt worden ist, stellte sich die SED-Führung auch in bezug auf den Protestantismus auf die real vorhandene Kirche und die von ihr herausgestellten Repräsentanten ein. Gleichzeitig damit wurde jedoch nun an den Kirchenbund die Erwartung gerichtet, ein „eigenständiges Profil" in der sozialistischen Gesellschaft der DDR zu entwickeln. Verner legte die Zielsetzung des Kirchenbundes, sich als Zeugnis- und Dienstgemeinschaft von Kirchen in der sozialistischen Gesellschaft der DDR zu bewähren, so aus: „Wir verstehen das so, daß kirchliche Amtsträger und Laien aufgerufen sind, in Dienst und Zeugnis die Deutsche Demokratische Republik allseitig weiter zu stärken, den Frieden zu erhalten und zum Nutzen aller und jedes einzelnen Menschen zu wirken." Es gehe damit um eine Neuorientierung in inhaltlichen Fragen der gesellschaftlichen Existenz der Kirchen, um eine „positive Standortbestimmung der Kirche in unserer sozialistischen Gesellschaftsordnung".

Der Kirchenbund sah in diesen Feststellungen eine Bestätigung der evangelischen Auffassung, daß die Kirche sich nicht auf religiöse Angelegenheiten im engeren Sinn beschränken und sich nicht privatisieren oder in ein kultisches Getto drängen lassen darf. Bischof Schönherr formulierte das in seiner namens des Kirchenbundes gegenüber Seigewasser abgegebenen Erklärung: „Der einzelne Christ und die christliche Gemeinde können ihren Gottesdienst nur als Gottesdienst des ganzen Lebens . . . verstehen." Eine der grundlegenden, oft wiederholten Feststellungen des Kirchenbundes bei dem in der Folgezeit unternommenen Versuch, die gesellschaftliche Standort- und Aufgabenbestimmung der evangelischen Kirche in der sozialistischen Gesellschaft der DDR vorzunehmen, umreißt der Satz: „Wir wollen nicht Kirche gegen, nicht Kirche neben, sondern Kirche im Sozialismus sein." Das führte zunächst zu der Konsequenz, daß die in der EKD-Periode, vor allem seit dem Mauerbau von 1961, von der offiziellen Kirche gewahrte politische Abstinenz aufgegeben wurde. Man bekannte sich zur politischen und gesellschaftlichen Mitarbeit auf der Basis der sozialistischen Gegebenheit in der DDR, jedoch, wie z. B. Bischof Krusche es formulierte, in „kritischer Solidarität". Diese Haltung führte bald zu neuen Konflikten. Der VIII. SED-Parteitag brachte zwar keine Rücknahme der Verner-Rede vom Februar 1971, jedoch mit der erneuten Aufwertung der Arbeiterklasse auch eine veränderte Einschätzung der Bedeutung der eigenen K., deren politischer Stellenwert nun geringer geworden war. Zu beobachten war nun die Tendenz, die Kirchen inhaltlich auf den engeren religiösen Bereich zu beschränken und die gesellschaftliche Positionsbestimmung vor allem in nicht weiter reflektierter Hinnahme der sozialistischen Entwicklung und in kirchlichen Zustimmungen zur Außen- und Friedenspolitik der DDR zu sehen.

Sichtbar wurde das in der Anwendung der Veranstaltungsverordnung, die 1971 in Kraft getreten war. Sie sieht Anmeldefreiheit kirchlicher Veranstaltungen nur für kultische Zusammenkünfte vor, während die evangelische Kirche auch z. B. Konfirmandenfreizeiten und sogenannte Bibelrüstzeiten mit Jugendlichen, Gemeindeseminare, Kirchentage und verschiedenste Veranstaltungen gesellschaftlicher Thematik zur freien Religionsausübung rechnet, die polizeilicher Kontrolle oder Genehmigung nicht unterliegen dürfe. Erst im Sommer 1973 führten interne Verhandlungen zu einer liberalisierten Anwendung der Verordnung. Voraufgegangen war eine Synode des Kirchenbundes im Sommer 1972, in der die politische Mitarbeit der Christen in der Form kritischer Solidarität bejaht worden und der Wille zum Ausdruck gekommen war, den Sozialismus an seinen eigenen Maßstäben, insbesondere der Humanisierung, zu messen und zu diesem Ziel beizutragen. In diesem Zusammenhang benutzte der Hauptreferent der Synodaltagung, Heino Falcke, die Formulierung von einem „verbesserlichen Sozialismus".

Diese kirchlichen Tendenzen haben dazu beigetragen, daß die SED vorübergehend der CDU und den ihr verbundenen Gruppen (Pfarrerbund, CFK) wieder ein stärkeres kirchenpolitisches Gewicht gab. Albert Norden bezeichnete in einem Grußwort vor dem Erfurter CDU-Parteitag die Versammelten als „sozialistische Staatsbürger christlichen Glaubens". Diese Formel, deren Inhalt nie scharf definiert wurde, spielte 1973/74 eine große Rolle. Sie wurde, vor allem von CDU-Sprechern, so ausgelegt, daß sich die gesellschaftliche Aufgabe der Kirchen darauf zu beschränken hat, für die Christen die Motivation zum gesellschaftlichen Handeln als sozialistische Staatsbürger zu liefern, inhaltlich jedoch hätten sie keine eigenständige Funktion. Im Sommer 1974 wurde die Formel ersatzlos außer Kurs gesetzt.

Tatsächlich ist die Linie, die Kirchen vollständig ins gesellschaftliche Abseits zu verweisen, nicht konsequent durchgehalten worden. Die DDR-Führung zeigte sich verschiedentlich daran interessiert, in gesellschaftlichen Angelegenheiten, in denen sie Christen repräsentiert wissen will, den Bund der Evangelischen Kirchen in der DDR selber, und nicht christlich firmierende gesellschaftliche oder politische Organisationen zum Zuge kommen zu lassen. So wurden z. B. offizielle Delegierte des Kirchenbundes in die Nationale Delegation der DDR zum Moskauer

Weltkongreß der Friedenskräfte im Oktober 1973 aufgenommen, und Erich Honecker bezog sie ausdrücklich in das der Delegation erteilte gesellschaftliche Mandat mit ein.

V. Kirchliche Wirksamkeit in der DDR-Gesellschaft

Die DDR-K. hat eine klare Definition der gesellschaftlichen Funktion der Kirchen im Sozialismus vermieden. Eine solche Funktion, welchen Inhalts im einzelnen auch immer, wird jedoch vorausgesetzt. Das ist u. a. daran zu erkennen, daß das Prinzip der Trennung von Staat und Kirche nicht konsequent bis zum Ende durchgeführt ist. Auffälligster Hinweis darauf sind die evangelisch-theologischen Sektionen an allen 6 traditionellen Universitäten, wo künftige Pfarrer im Rahmen der sozialistischen Universität auf ihren Beruf wissenschaftlich vorbereitet werden. Auch in ihrem Rechtsstatus sind die Kirchen nicht privatisiert worden. Der Erwerb der Kirchenmitgliedschaft durch die Taufe wird nicht in Frage gestellt, der Kirchenaustritt wird nicht gegenüber der Kirche, sondern gegenüber dem staatlichen → **Notariat** erklärt. Andererseits unterliegt die Wirksamkeit der Kirchen, auch da, wo sie garantiert ist, z. T. erheblichen Einschränkungen.

Eines dieser Gebiete ist der kirchliche Unterricht, die Christenlehre. Die Politik der DDR-Führung verfolgt das Ziel, neben der sozialistischen Schule und damit zusammenhängenden Einrichtungen möglichst keine erzieherische Beeinflussung von Kindern und Jugendlichen zur Wirkung kommen zu lassen. Kirchlich erteilter Religionsunterricht (Christenlehre) ist erlaubt, jedoch gehen die Beteiligungszahlen ständig zurück.

Eine Ursache dafür ist, offiziellen Darstellungen von Kirchenleitungen zufolge, daß in den Schulen eine Atmosphäre gefördert wird, die es den Eltern nicht opportun erscheinen läßt, die Kinder kirchlich unterrichten zu lassen. In den letzten Jahren haben sich die Kirchen verschiedentlich öffentlich darüber beschwert, daß das verfassungsmäßig garantierte Recht auf gleichen Zugang zu Bildungseinrichtungen für Christen eingeschränkt werde. Ein Nachweis, daß durchgängig Kinder mit christlicher Bindung nicht zu Abitur und Studium zugelassen werden, konnte jedoch nicht geführt werden.

Andererseits haben die Kirchen in der DDR mehr als 100 eigene Ausbildungsstätten. Die evangelischen Kirchen verfügen über 3 wissenschaftlich-theologische Einrichtungen für das Vollstudium der Theologie, die die staatlichen Sektionen ergänzen. Es gibt auf das Studium vorbereitende Seminare, und die Ausbildung von Kindergärtnerinnen, Krankenschwestern und anderen, die im kirchlichen Rahmen berufstätig werden, ist in eigenen Einrichtungen möglich.

Noch geringer als die Beteiligung am kirchlichen

Unterricht ist naturgemäß die Beteiligung von Jugendlichen an den Jungen Gemeinden. Jedoch ist die kirchliche Jugendarbeit nicht zum Erliegen gekommen, sondern übt auf bestimmte Kreise erhebliche Anziehungskraft aus. Sichtbar wird das bei größeren Wochenendzusammenkünften, zu denen meist mehrere tausend Teilnehmer kommen, und in zahlreichen Bibelrüstzeiten während der Ferien.

Für Erwachsene spielen u. a. die Kirchentage in der DDR eine Rolle, die in jedem Sommer für bestimmte Regionen veranstaltet werden und Fragen des christlichen Lebens in der sozialistischen Gesellschaft behandeln. Aufgaben kirchlicher Erwachsenenbildung übernehmen weiter die Evangelischen Akademien z. B. in Berlin (Ost) und Meißen und die vom Kirchenbund zentral vorbereiteten Gemeindeseminare.

Eine begrenzte Öffentlichkeit wird durch die konfessionelle Presse hergestellt. Es gibt neben einem Evangelischen Nachrichtendienst in der DDR 5 evangelische Wochenblätter. Im Bereich der katholischen Kirche erscheinen 2 solcher Blätter, mehrere Freikirchen haben Monatsblätter. Wichtigste evangelische Monatsschrift ist „Die Zeichen der Zeit". Die der CDU nahestehende evangelische Monatsschrift „Standpunkt", die die früheren Zeitschriften „Evangelisches Pfarrerblatt" und „Glaube und Gewissen" abgelöst hat, erscheint mit deutlich politischer Ausrichtung. Katholisches Pendant zum „Standpunkt" ist die „Begegnung". Die konfessionellen Buchverlage (vor allem die Evangelische Verlagsanstalt Berlin und der katholische St.-Benno-Verlag Leipzig) legen jährlich ein umfangreiches Titelangebot vor. Der staatliche Rundfunk der DDR sendet sonntäglich eine kirchliche Morgenfeier, der in der Regel ein kirchenpolitischer Kommentar folgt.

Hauptfeld gesellschaftlich sichtbarer Wirksamkeit der Kirchen sind die evangelische Diakonie und die katholische Caritas. Zum diakonischen Werk „Innere Mission und Hilfswerk der Evangelischen Kirchen in der DDR" gehörten 1974 52 Krankenhäuser mit über 7000 Betten, 87 Heime und Anstalten für geistig und körperlich Behinderte mit 6000 Betten und 280 Alters- und Pflegeheime mit 11000 Plätzen sowie 112 Erholungsheime für Erwachsene und Kinder (ca. 3600 Betten). Hinzu kommen 23 Kinderheime und 314 Kindertagesstätten mit ca. 17200 Plätzen und eine umfangreiche Arbeit für Alte, Suchtgefährdete, psychisch Kranke und hirngeschädigte Kinder. Diese Arbeit geschieht größtenteils mit staatlicher Förderung.

Von bewußtseinsbildender Bedeutung ist auch die ökumenische Wirksamkeit der Kirchen in der DDR. Es bestehen zahlreiche evangelisch-katholische Arbeitskreise bis hin zu gemeinsamen Pfarrkonferenzen. Mit staatlicher Förderung konnte der evangelische Kirchenbund seine internationalen Beziehungen ausweiten. Er nimmt die Mitgliedschaftrechte der Landeskirchen u. a. im Ökumenischen Rat der Kirchen wahr und ist bemüht, die Themen der Weltchristenheit in das Bewußtsein der Gemeinden in der DDR zu tragen, und umgekehrt. Gleichzeitig konnten die bilateralen Beziehungen zu Kirchen im östlichen wie im westlichen Europa ausgebaut werden. Zu einer begrenzten Normalisierung ist es auch im Verhältnis zu den in der EKD zusammengeschlossenen Kirchen in der Bundesrepublik Deutschland gekommen, mit denen anläßlich von Synoden Besuche ausgetauscht werden. Die ökumenische Beteiligung ermöglicht es den DDR-Kirchen, sich zum Beispiel mit Fragen der Menschenrechte auf breiterer Grundlage zu beschäftigen, als es allein innerstaatlich möglich wäre. Weil er das Anti-Rassismus-Programm des Weltkirchenrates als beispielhaftes Eintreten für Menschenrechte ansieht, hat sich der DDR-Kirchenbund hinter diese Aktivität gestellt. Freiwillige Spenden von mehr als 1,5 Mill. Mark wurden dafür aufgebracht. Große Summen werden außerdem über die Sammlung „Brot für die Welt" und die entsprechende katholische Sammlungsaktion „Not in der Welt" für Hilfsmaßnahmen in der Dritten Welt aufgebracht. Solche Sammlungen werden, wo es irgend möglich ist, mit Informationsprogrammen und Gemeindeseminaren gekoppelt.

VI. Finanzierung der Kirchen

Die evangelischen Landeskirchen und die katholische Kirche in der DDR erheben von ihren Mitgliedern Kirchensteuern. Staatliche Unterlagen für die Besteuerung stehen nicht zur Verfügung, die Zahlung ist freiwillig. Die → **Steuern** werden nach dem Einkommen berechnet. Veröffentlichte Statistiken über das Gesamtaufkommen gibt es nicht. Das Kirchensteueraufkommen dürfte, bezogen auf die Mitgliederzahl, weniger als 10 v. H. des Aufkommens in der Bundesrepublik Deutschland erreichen. Weitere Einnahmequellen sind gottesdienstliche Kollekten sowie zweimal jährlich stattfindende Straßensammlungen, eine für den kirchlichen Wiederaufbau, die andere für die Diakonie. Die Leistungen der Krankenhäuser und Heime werden großenteils über die staatlich allgemein festgesetzten Pflegesätze finanziert. Die Investitionen müssen jedoch kirchlich aufgebracht werden. Den Kirchen in der DDR kommt dafür und für andere Aufgaben beträchtliche Hilfe aus den Kirchen in der Bundesrepublik zu, deren Höhe jedoch nie öffentlich beziffert worden ist. Die DDR zahlt den Kirchen in Fortsetzung früherer Staatsleistungen jährlich bestimmte Zuschüsse zur Pfarrerbesoldung, jedoch ohne Anerkennung eines Rechtsanspruches. Die Gehälter der Pfarrer, Katecheten und anderen kirchlichen Mitarbeiter in der DDR liegen erheblich unter denen in der Bundesrepublik Deutschland.

Religionssoziologie: → **Soziologie und empirische Sozialforschung.**

Religionsunterricht: → **Religionsgemeinschaften und Kirchenpolitik.**

Rentabilität: Der Begriff der R. hat in der Wirtschaftsgeschichte der DDR verschiedene Deutungen erfahren. Bis Mitte der 50er Jahre wurde im Zeichen des wirtschaftlichen Lenkungssystems stalinscher Prägung der Begriff R. in dreifacher Weise gedeutet. Ein Betrieb ist „rentabel", wenn er: 1. den → **Betriebsplan** in allen seinen Teilen erfüllt, auch wenn das Werk planmäßig mit Verlust arbeitet (Planverlust); 2. den Betriebsplan in allen seinen Teilen einhält und den vorgesehenen Plangewinn erreicht; 3. unabhängig von der Erfüllung aller Planteile des Betriebsplanes einen Gewinn erwirtschaftet. Dementsprechend wurde bis zu Beginn der sogenannten → **Liberman-Diskussion** in der UdSSR und der ab 1963 in der DDR einsetzenden Wirtschaftsreform die R.-Rate im Gegensatz zu der in den westlichen Wirtschaften üblichen, kapitalbezogenen Definition als das Verhältnis von Gewinn zu den → **Selbstkosten** bezeichnet.

Die „selbstkostenbezogene R.-Rate"

$$Rk = \frac{Gewinn}{Selbstkosten} \cdot 100$$

wird als Kennziffer für den „Nutzeffekt der aufgewendeten gesellschaftlichen Arbeit" angesehen. Seit Beginn der Reformdiskussionen und -maßnahmen auf wirtschaftlichem Gebiet in der UdSSR und DDR 1962/63 hat im Zuge der Aufwertung des → **Gewinns** zu einer

der wichtigsten Kennziffern des Betriebsplanes und der betrieblichen Leistungen die „fondsbezogene R.-Rate" (Fonds-R.)

$$Rf = \frac{Gewinn}{Produktionsfonds} \cdot 100$$

(Produktionsfonds = Brutto-Anlagevermögen + Umlaufvermögen)

die „selbstkostenbezogene R.-Rate" von ihrem ersten Platz als Maßstab der Effizienz der wirtschaftlichen Tätigkeit der Betriebe verdrängt (→ **Produktionsfondsabgabe**). Diese Entwicklung hängt mit den laufenden Bemühungen der sozialistischen Länder zur Entwicklung von Berechnungsverfahren und Lenkungsinstrumenten zusammen, durch die eine bessere ökonomische Verwertung der den Betrieben zur Verfügung gestellten Mittel („Fonds" als Korrelat zum betriebsnotwendigen Kapital; → **Rechnungswesen**) garantiert werden soll. Außer der betrieblichen „Fonds-R." werden auch die R.-Raten für einzelne Wirtschaftszweige (Zweig-R.) ermittelt, um Vergleiche in einzelnen Branchen während verschiedener Wirtschaftsperioden anstellen zu können. In Veröffentlichungen der DDR (vgl. z. B. W. Nachtigall „Betriebswirtschaftliche Formeln und Darstellungen", Berlin [Ost], 1972), ist R. als das Verhältnis des bei der wirtschaftlichen Tätigkeit innerhalb einer Abrechnungsperiode erzielten Ertrages gegenüber der eingesetzten oder aufgewendeten vergegenständlichten und lebendigen Arbeit definiert; d. h. („Sozialistische Betriebswirtschaft", 2. Auflage, Berlin [Ost], 1974), R. ist das Verhältnis zwischen dem erwirtschafteten Ge-

Schema Fondsbegriffe

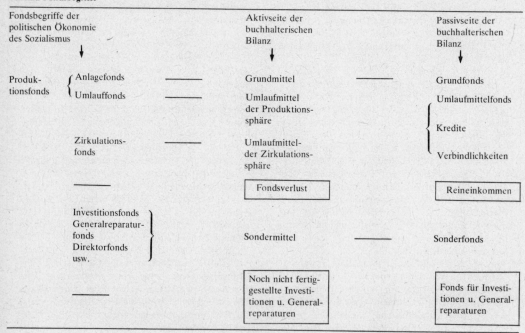

Fondsbegriffe der politischen Ökonomie des Sozialismus	Aktivseite der buchhalterischen Bilanz	Passivseite der buchhalterischen Bilanz
Produktionsfonds { Anlagefonds	Grundmittel	Grundfonds
Umlauffonds	Umlaufmittel der Produktionssphäre	Umlaufmittelfonds
		Kredite
Zirkulationsfonds	Umlaufmittel der Zirkulationssphäre	Verbindlichkeiten
	Fondsverlust	Reineinkommen
Investitionsfonds Generalreparaturfonds Direktorfonds usw.	Sondermittel	Sonderfonds
	Noch nicht fertiggestellte Investitionen u. Generalreparaturen	Fonds für Investitionen u. Generalreparaturen

Quelle: W. Förster, Rechnungswesen und Wirtschaftsordnung, Berlin – München 1967, S. 106.

winn und dem einmaligen bzw. laufenden Aufwand. Das bedeutet, daß je nach der geforderten Aussage die R. nebeneinander sowohl als fonds-, (d. h. quasi-kapital-) als auch als selbstkostenbezogene R.-Rate gemessen werden kann.

Im Rahmen des Systems der → **Wirtschaftlichen Rechnungsführung** gelten R. und Gewinn als wesentliche Zielfunktionen sozialistischer Betriebsführung.

Renten: Jeder Sozialversicherte der DDR hat Anspruch auf R. im Alter und bei Invalidität, für die Folgen von Arbeitsunfällen oder von anerkannten Berufskrankheiten. Anspruch auf R. haben außerdem Hinterbliebene eines Sozialversicherten. Ein höherer R.-Anspruch kann durch eine **freiwillige** → **Zusatzrentenversicherung** bei der Sozialversicherung (SV) erworben werden. In besonderen Fällen besteht zusätzlich ein Anspruch auf → **Pflegegeld** (→ **Sozialversicherungs- und Versorgungswesen**).

Das bis in die zweite Hälfte der 60er Jahre hinein geltende neue R.-Recht gestattete den Rentnern in der DDR nur eine bescheidene Lebensführung. Ende 1967 lag die durchschnittliche Alters- und Invaliden-R. bei nur ca. 165 Mark monatlich. Zum 1. 7. 1968 wurde ein neues R.-Recht mit neuen Berechnungsgrundlagen eingeführt, das allen nach dem 1. 7. 1968 zugehenden Neurentnern eine mehr als ein Drittel höhere R. festsetzte. Der große Bestand der Altrentner mußte sich bis August 1972 mit einigen geringfügigen Erhöhungen begnügen. Aufgrund der sozialpolitischen Beschlüsse vom 28. 4. 1972 wurden am 10. 5. 1972 zahlreiche neue Bestimmungen erlassen, u. a. die VO über die Umrechnung und Erhöhung der vor dem 1. 7. 1968 festgesetzten R. der Sozialversicherung (GBl. II, 1972, S. 301). Seit dem 1. 9. 1972 ist die unterschiedliche Höhe von Alt- und Neu-R. grundsätzlich beseitigt. Weitere Änderungen traten zum 1. 7. 1973 in Kraft (u. a. im Bereich der Hinterbliebenen-R.). Als Folge aller Maßnahmen ist deshalb das R.-Recht mit Wirkung vom 1. 7. 1974 neu gefaßt worden: Seitdem gilt die VO über die Gewährung und Berechnung von Renten der Sozialversicherung – Rentenverordnung – vom 4. 4. 1974 mit ihrer 1. Durchführungsbestimmung (GBl. I, 1974, S. 201 bis 223).

Danach werden *Altersrenten* grundsätzlich nach 15jähriger versicherungspflichtiger Tätigkeit (einschließlich der Zeiten einer freiw. R.-Versicherung bei der SV) und Erreichen der Altersgrenze (Männer 65, Frauen 60 Jahre) gewährt. Allerdings erhalten Frauen, a) die mehr als 2 Kinder geboren oder erzogen haben, für das 3. und jedes weitere Kind, und jene, b) die wegen Betreuung eines ständig pflegebedürftigen Angehörigen nicht arbeiten konnten, für je 4 Pflegejahre jeweils 1 Jahr auf die geforderte Vorversicherungszeit angerechnet; für Frauen, die 5 und mehr Kinder geboren haben, besteht seit dem 1. 7. 1973 Anspruch auf Alters- (oder Invaliden-) R. von 200 Mark, wenn die geforderte Vorversicherungszeit nicht erreicht wird.

Eine ähnliche Regelung, die auf Ausgleich der durch Mutterschaft und Kindererziehung bedingten Nachteile

gerichtet ist, findet sich bei der Ermittlung der für die R.-Berechnung wichtigen Versicherungszeiten: Frauen erhalten für jedes vor R.-Beginn geborene oder vor Vollendung des 8. Lebensjahres a) an Kindes Statt angenommene Kind, b) aufgenommene Stiefkind und jedes Enkelkind (nach dem Tod der Mutter) und jedes c) aufgenommene Pflegekind, wenn später die Annahme an Kindes Statt erfolgte, eine Zurechnungszeit von einem Jahr. Frauen werden als weitere Zurechnungszeiten angerechnet nach einer versicherungspflichtigen Tätigkeit von mindestens 20 Jahren 1 Jahr, 25 Jahren 2 Jahre, 30 Jahren 3 Jahre, 35 Jahren 4 Jahre und 40 und mehr Jahren 5 Jahre.

Einschließlich der Zurechnungszeiten, zu denen auch Jahre der Arbeitslosigkeit vor 1946 und sieben Zehntel der Bezugszeit der wegen Invalidität oder eines Körperschadens von wenigstens zwei Dritteln gewährten R. zählen, darf die anrechenbare Versicherungszeit 50 Jahre nicht übersteigen.

Die monatliche Alters-R. errechnet sich aus 1. einem Festbetrag von 110 Mark, 2. einem Steigerungsbetrag in Höhe von 0,7 v. H. des Durchschnittsverdienstes für die Jahre vor 1946 und für jedes Jahr der Zurechnungszeit, von 1 v. H. für versicherungspflichtige Zeiten seit 1946 und 0,85 v. H. der insgesamt zur freiwilligen R.-Versicherung der SV gezahlten Beiträge.

Als Durchschnittsverdienst gilt grundsätzlich der in den letzten 20 Kalenderjahren vor Beendigung der letzten versicherungspflichtigen Tätigkeit – frühestens ab 1946 – erzielte beitragspflichtige monatliche Durchschnittsverdienst (mindestens 150 Mark).

Die Alters-R. werden nach unten durch *Mindestrenten* begrenzt. Sie betragen für Anspruchsberechtigte mit weniger als 15 Arbeitsjahren (versicherungspflichtige Zeiten und Zurechnungszeiten) 200 Mark, mit wenigstens 15 Arbeitsjahren 210 Mark, 25 Arbeitsjahren 220 Mark, 35 Arbeitsjahren 230 Mark und 45 und mehr Arbeitsjahren 240 Mark monatlich.

Invalidenrenten werden bei Invalidität gewährt. Sie liegt vor, wenn durch Krankheit, Unfall oder sonstige geistige oder körperliche Schädigung das Leistungsvermögen und der Verdienst um mindestens zwei Drittel gemindert sind und die Minderung des Leistungsvermögens in absehbarer Zeit nicht durch Heilbehandlung behoben werden kann. Empfänger eines Blinden- oder Sonderpflegegeldes gelten als invalide. R.-Anspruch besteht grundsätzlich nur dann, wenn die Invalidität während einer – mindestens 5jährigen ununterbrochenen – versicherungspflichtigen Tätigkeit oder sich ihr anschließenden 2jährigen Schutzfrist eintritt und in der vorher bis zum 16. Lebensjahr zurückreichenden Zeit mindestens zur Hälfte Versicherungspflicht bestand sowie auch die für die Alters-R. geforderten Vorversicherungszeiten erfüllt sind; die (Hoch-)Schulausbildung muß beendet sein. Seit dem 1. 7. 1973 erhalten auch solche DDR-Bürger, die wegen Invalidität keine Berufstätigkeit aufnehmen und sich keinen R.-Anspruch erwerben konnten, vom vollendeten 18. Lebensjahr an für die Dauer der Invalidität eine R. von 200 Mark.

Die Invaliden-R. werden grundsätzlich wie Alters-R.

berechnet. Dies gilt auch für die wegen Arbeitslosigkeit, Mutterschaft und Invaliditäts-, Unfall- und Kriegsbeschädigtenrentenbezuges gewährten Zurechnungszeiten, wobei die Obergrenze von dem zwischen der Vollendung des 16. Lebensjahres und dem Eintritt der Invalidität liegenden Zeitraum gesetzt wird. Darüber hinaus werden 70 v. H. der zwischen dem R.-Beginn und der Vollendung des 65. Lebensjahres als Zurechnungszeit berücksichtigt. Seit September 1972 können Invalidenrentner einen Arbeitsverdienst mindestens bis zur Höhe des jeweiligen Mindestbruttolohnes (z. Z. 350 Mark) erzielen, ohne daß ihnen die Invaliden-R. entzogen wird.

Für einen auf Kriegsbeschädigung beruhenden Körperschaden von mindestens zwei Dritteln wird eine *Kriegsbeschädigtenrente* von monatlich 240 Mark gezahlt (→ **Kriegsopferversorgung**).

Zu den Alters-, Invaliden- und Kriegsbeschädigten-R. wird ggf. ein Ehegattenzuschlag von 75 Mark und ein Kinderzuschlag von 45 Mark gezahlt (→ **Kinderbeihilfen**).

Anspruch auf Ehegattenzuschlag besteht grundsätzlich für Ehegatten ohne eigene R., die älter als 60 bzw. 65 oder invalide sind oder als Ehefrauen ein Kind unter 3 oder 2 Kinder unter 8 Jahren haben.

Anspruch auf Kinderzuschlag besteht für leibliche oder an Kindes Statt angenommene Kinder sowie grundsätzlich für alle unterhaltenen Stief-, Enkel- und Pflegekinder mindestens bis zum vollendeten 16. Lebensjahr; bei weiterführender (Fach-)Hochschulausbildung oder bei Ausbildungsunfähigkeit wird Kinderzuschlag bis zum 18. Lebensjahr und bis zur Beendigung der Lehrausbildung dann gezahlt, wenn das Lehrverhältnis unmittelbar im Anschluß an die Schulentlassung oder vor Vollendung des 18. Lebensjahres beginnt.

Anspruch auf *Unfall-Rente* besteht für den Versicherten, der durch Arbeitsunfall oder Berufskrankheit einen Körperschaden von mindestens 20 v. H. erlitten hat. Die Unfall-R. erreicht bei einem Körperschaden von 100 v. H. zwei Drittel des letzten beitragspflichtigen Verdienstes (mindestens von 250 Mark), bei geringerem Invaliditätsgrad werden entsprechende Teil-R. gezahlt. Hinzu treten monatliche Festbeträge von 80 Mark sowie ggf. Ehegattenzuschlag (s. Alters-R.) bei einem Körperschaden von zwei Dritteln und mehr (Mindest-R.: 240 Mark) und von 20 Mark bei einem Körperschaden zwischen 50 und 66 $^2/_3$ v. H.; ggf. wird Kinderzuschlag in Höhe von 10 v. H. der Unfall-R. (ohne Festbeträge) – mindestens 45 Mark – bei einem Körperschaden von wenigstens 50 v. H. gewährt; er erhöht sich um einen weiteren Festbetrag von 20 Mark bei einem Körperschaden von zwei Dritteln und mehr.

Hinterbliebenenrenten werden gezahlt, wenn der Verstorbene die finanziellen Aufwendungen für die Familie überwiegend erbracht und zum Zeitpunkt seines Todes die Voraussetzungen zum Bezug einer Alters-, Invaliden- oder Kriegsbeschädigten-R. erfüllt hatte bzw. der Versicherte an den Folgen eines Arbeitsunfalls oder einer Berufskrankheit verstorben ist. Anspruch auf Witwen- (Witwer-)R. entsteht grundsätzlich jedoch erst bei Erreichen der Altersgrenze, bei Invalidität der Witwe oder dann, wenn sie 1 Kind unter 3 Jahren oder 2 Kinder unter 8 Jahren hat. Seit Juli 1973 erhalten auch Witwen bzw. Witwer, die noch nicht 60 bzw. 65 Jahre alt, Invalide oder Mütter kleiner Kinder sind, eine monatliche R. von 200 Mark für die Dauer von 2 Jahren („Übergangsrente"); Unfallwitwen-(witwer-)Rentner im Erwerbsalter erhalten mindestens 20 v. H. des beitragspflichtigen monatlichen Durchschnittsverdienstes des Verstorbenen.

Die Witwen-R. wird von den Ansprüchen des Versicherten abgeleitet und beträgt grundsätzlich für Witwen 60 v. H. der R. des Verstorbenen (ohne Zuschläge), mindestens aber 200 Mark monatlich. Die R. für Halbwaisen (leibliche oder an Kindes Statt angenommene Kinder) liegen bei 30 v. H. (mindestens 100 Mark) und für Vollwaisen bei 40 v. H. (mindestens 150 Mark) der R. des Verstorbenen (ohne Zuschläge); die Bezugsdauer entspricht der für Kinderzuschläge. Insgesamt wird Hinterbliebenen-R. allenfalls in Höhe der Verstorbenen-R. gezahlt.

Abweichend hiervon betragen die R. an die Hinterbliebenen eines durch Unfall Verstorbenen bei Witwen 40 v. H. des Durchschnittsverdienstes des Verstorbenen, zuzüglich eines monatlichen Zuschlages von 70 Mark, mindestens 200 Mark, bei Halbwaisen 20 v. H. des Durchschnittsverdienstes zuzüglich 25 Mark, bei Vollwaisen 30 v. H. zuzüglich 35 Mark, mindestens 100 bzw. 150 Mark monatlich.

Eine „*Unterhaltsrente*" erhalten unterhaltsberechtigte geschiedene Ehegatten beim Tode des zur Unterhaltszahlung verurteilten geschiedenen Ehegatten in Höhe des gerichtlich festgesetzten Unterhaltsbetrages (höchstens 200 Mark), wenn sie die für den Witwenrentenbezug grundsätzlich erforderlichen Voraussetzungen erfüllen und keine eigene R. beziehen.

Neue Regelungen gehen auf den gemeinsamen Beschluß des Politbüros der SED, der Regierung und des Vorstandes des FDGB vom 25. 9. 1973 (vgl. Neues Deutschland vom 27. 9. 1973) zur besseren gesundheitlichen Versorgung zurück. Danach erhalten Mitarbeiter des Gesundheits- und Sozialwesens, die ununterbrochen mindestens 10 Jahre in Einrichtungen des Gesundheits- und Sozialwesens eine versicherungspflichtige Tätigkeit ausgeübt haben, (für jedes Jahr ihrer dortigen Tätigkeit) einen Steigerungsbetrag bei der Berechnung der Alters- bzw. Invaliden-R. von 1,5 v. H. (statt 1 v. H.).

Weitere Sonderregelungen gelten für die Alters- und Invaliden-R. der *Bergleute*. Außer einer Bergmannsalters-R. und einer Bergmannsinvaliden-R., die mit einem höheren Prozentsatz des Durchschnittsverdienstes als Steigerungsbetrag berechnet wird, gibt es eine Bergmanns-Voll-R. für Bergleute, die das 50. Lebensjahr vollendet haben, mindestens 25 Jahre bergbaulich versichert und während dieser Zeit mindestens 15 Jahre unter Tage tätig waren, sowie eine Bergmanns-R. für Bergleute, die mindestens 5 Jahre bergbaulich versichert waren, und ihre bisherige bergmännische Tätigkeit wegen der Berufsunfähigkeit nicht mehr ausüben können

(→ **Bergmanns-R.**). Eine besondere Versorgung im Rahmen der SV gibt es für Eisenbahner und Beschäftigte der Deutschen Post, die sich nach der Beschäftigungszeit richtet. Grundlage ist der Monatsgrundlohn der letzten 5 Jahre vor Eintritt des Versorgungsfalles (→ **Altersversorgung**).

Anerkannte „Kämpfer gegen den Faschismus" bzw. „Verfolgte des Faschismus" erhalten vom Erreichen der jeweils um 5 Jahre vorgezogenen Altersgrenze oder bei Invalidität eine Alters- oder Invaliden-R. von 350 Mark bzw. von 240 Mark, wenn noch Altersversorgung der Intelligenz gezahlt wird. Diese SV-Renten werden neben den Ehrenpensionen gewährt (→ **Wiedergutmachung**).

Schließlich werden „Zusatz-R." der *Altersversorgung der Intelligenz* an Führungskräfte und, in geringem Umfang, an Arbeitnehmer in Schwerpunktbetrieben (in Höhe von 5 v. H. des monatlichen Nettoverdienstes der letzten 5 Jahre, wenigstens 10 Mark) gezahlt. Eine eigene, überwiegend aus Beiträgen finanzierte Zusatzversorgung besteht außerdem für freipraktizierende Ärzte und Zahnärzte.

Die Höhe der R.-Einkommen in der DDR ist deshalb vergleichsweise niedrig (→ **öffentliche Sozialleistungen**), weil die Möglichkeit des Bezuges mehrerer SV-R. sehr begrenzt ist. So erhält eine Witwe mit eigenem R.-Anspruch nur die höhere R. voll, die andere lediglich zu 25 v. H. (ohne Zuschläge). Bei gleichzeitigem Anspruch auf Alters-R., Invaliden-R. und Kriegsbeschädigten-R. wird nur die höhere, bei Zusammentreffen mit einer Unfall-R. die niedrigere nur zu 50 v. H., gezahlt. Die niedrige SV-R. beträgt mindestens 40 Mark. Dies gilt nicht für Unfall-R. bei einem Körperschaden von weniger als zwei Dritteln, Bergmanns-R. und Unfallwitwen-R. in Höhe von 20 v. H. des beitragspflichtigen Durchschnittsverdienstes des Verstorbenen.

Zuschläge für Kinder und den Ehegatten werden nur einmal gezahlt.

Rentensparen: → **Sparrentenversicherung.**

Rentenversicherung, Freiwillige: Versicherungszweig der → **Staatlichen Versicherung der DDR** (Lebensversicherung). Ehemalige Sozialversicherte, die bereits vor dem 30. 6. 1968 bei der Sozialversicherung nach einer Pflichtversicherungzeit freiwillig weiterversichert waren, konnten dies nach dem 1. 7. 1968 fortsetzen. Neue freiwillige Versicherungsverhältnisse auf Alters- und Invalidenrente werden seitdem nicht mehr abgeschlossen. An die Stelle der freiwilligen Weiterversicherung trat 1968 eine freiwillige Versicherung auf Zusatzrente bei der Sozialversicherung. Die Beiträge lagen wahlweise zwischen 10 Mark und 200 Mark monatlich, wobei die Leistungsbemessung ausschließlich versicherungsmathematischen Grundsätzen folgte. Diese Zusatzversicherung entsprach damit weitgehend der Höherversicherung in der gesetzlichen Rentenversicherung der Bundesrepublik Deutschland.

Mit Wirkung vom 1. 3. 1971 ist die **freiwillige → Zusatzrentenversicherung** völlig umgestaltet worden. Die alte freiwillige Versicherung auf Zusatzrente kann den noch zu den gleichen Bedingungen wie vorher fortgesetzt werden.

Rentnerreisen: → **Beziehungen zwischen beiden deutschen Staaten.**

Reparationen: Obwohl der Umfang der von Deutschland zu leistenden R. praktisch erst mit dem Industriebeschränkungsplan vom März 1946 von den vier Alliierten festgelegt wurde, führte die UdSSR bereits vor diesem Zeitpunkt in ihrer Zone umfangreiche Demontagen durch, von denen nicht bekannt ist, ob die Gegenwerte dem R.-Konto gutgeschrieben wurden. Eine Abrechnung über die Entnahmen wird kaum jemals erfolgen, da die Sowjets im Widerspruch zum Potsdamer Abkommen ohne Zustimmung der Westalliierten umfangreiche Entnahmen aus der laufenden Produktion vornahmen.

Nach Unterlagen aus dem sowjetzonalen Amt für R. und nach Schätzungen westlicher Experten wurden von den Sowjets von 1945 bis 1953, d. h. bis zur offiziellen Beendigung von R.-Leistungen an die UdSSR, Werte in folgender Form und Höhe entnommen:

a) *Beuteaktionen.* Nach der Besetzung Ost- und Mitteldeutschlands durch die Rote Armee wurden ohne Registrierung Sach- und Kunstwerte aus öffentlichem und Privatbesitz beschlagnahmt und Mrd.-Beträge Reichsmark erbeutet. Der Wert der bei den Beuteaktionen entnommenen Gegenstände wird auf ca. 2 Mrd. Mark geschätzt; die Menge der erbeuteten Banknoten kann mit 6 Mrd. Mark angenommen werden.

b) *Demontagen.* Die UdSSR ließ nicht nur kriegswichtige Industrien, sondern auch für die Friedenswirtschaft unentbehrliche industrielle Kapazitäten demontieren. Folgende Phasen der Demontage sind erkennbar:

1. Mai bis Anfang Juni 1945. Bis zum Beginn der Besetzung Berlins durch alle vier Alliierten wurden von den Sowjets ca. 460 Berliner Betriebe vollständig demontiert und abtransportiert, davon 149 Betriebe des Maschinen- und Apparatebaues, 51 Metallurgiebetriebe, 46 Betriebe der Feinmechanik und Optik und 44 Betriebe der Elektroindustrie. Ca. 75 v. H. der bei der Kapitulation noch vorhandenen Kapazitäten waren betroffen.

2. Anfang Juli bis Herbst 1945. Hiervon wurden industrielle Großbetriebe der Braunkohlenindustrie, aber auch mittlere und kleinere Werke wie Ziegeleien, Textil-, Papier- und Zuckerfabriken betroffen. Zu dieser Zeit begann auch der Abbau der zweiten Gleise auf sämtlichen Eisenbahnstrecken der sowjetischen Besatzungszone.

3. Frühjahr bis Spätsommer 1946. Nach einer vorbereiteten Liste wurden weit mehr als 200 große Industriebetriebe der chemischen Industrie, der Papierindustrie, Schuhfabriken, Textilwerke usw. demontiert.

4. Oktober 1946 bis Frühjahr 1947. Obwohl Marschall Sokolowski bereits am 21. 5. 1946 die Demontagen für abgeschlossen erklärt hatte, setzte einige Monate später eine vierte Welle ein, von der z. B. die Zeiss-Werke Jena, Kraftwerke, Druckereien und einige Rüstungsbetriebe, die bis dahin für die Sowjets weitergearbeitet hatten, betroffen waren.

5. Herbst 1947. Nach einem weiteren halben Jahr wurden nochmals wichtige Betriebe abgebaut: Braunkohlenwerke, Brikettfabriken, Kraftwerke und weitere 1 100 km Eisenbahngleise.

6. Frühjahr 1948. Drei Betriebe, die vorher zu SAG-Betrieben erklärt worden waren, wurden voll oder zum Teil demontiert, darunter Anlagen des Buna-Werkes in Schkopau. Von den Demontagen wurden auch solche Betriebe betroffen, die inzwischen wieder instand gesetzt worden waren. Der „Bremer Ausschuß für Wirtschaftsforschung" gibt in seiner 1951 veröffentlichten Schrift „Am Abend der Demontagen" u. a. folgende Demontageverluste der SBZ/DDR im Vergleich zum Jahre 1936 an: Walzwerke 82 v. H., eisenschaffende Industrie 80 v. H., Papiererzeugung 75 v. H., Zementindustrie 45 v. H., Papiererzeugung 45 v. H., Energieerzeugung 35 v. H., Schuhindustrie 30 v. H., Textilindustrie 25 v. H., Zuckererzeugung 25 v. H., Braunkohlenbergbau 20 v. H., Brikettfabriken 19 v. H. Der Gesamtwert der Demontagen wird auf 5 Mrd. Mark geschätzt.

c) *Ausgabe von Besatzungsgeld.* Die Summe des von den Sowjets ausgegebenen Besatzungsgeldes wird auf 9 Mrd. Mark geschätzt. Mit diesem Geld wurden die zahlreichen in Mitteldeutschland tätigen sowjetischen Handelsgesellschaften und anfangs auch der Milliardenbeträge verschlingende → **Uranbergbau** für die Sowjets finanziert. Von 1947 bis 1953 sind allein für den Uranbergbau 7,75 Mrd. Mark aufgewendet worden.

d) *Beschlagnahme von Betrieben als SAG-Betriebe.* 213 Betriebe wurden 1946 von der UdSSR beschlagnahmt und als SAG-Betriebe fortgeführt. Ihr Wert wird auf 2,5 Mrd. Mark geschätzt. Der Preis, den die Regierung der DDR 1953 für den Rückkauf zu zahlen hatte, betrug mindestens 2,55 Mrd. Mark.

Vor der Übergabe in sowjetisches Eigentum mußten die Betriebe mit Finanzmitteln aus öffentlichen Haushalten ausgestattet werden. Vor dem Rückverkauf an die DDR wurden die Betriebe zum Teil von Vorräten und Ausrüstungsteilen entblößt. Beide Formen der Entnahmen werden von Experten auf ca. 1 Mrd. Mark geschätzt.

e) *Lieferungen aus der laufenden Produktion.* Seit Produktionsbeginn der Betriebe mußten an die Sowjets erhebliche Teile der laufenden Produktion abgeliefert werden, und zwar in Form direkter R.-Lieferungen nach der UdSSR, Zulieferungen deutscher Betriebe an SAG-Betriebe, Lieferungen an die Rote Armee, Lieferungen an sowjetische Handelsgesellschaften und Exporte, deren Erlöse an die UdSSR abgeführt werden mußten. Nur die direkten R.-Lieferungen nach der UdSSR wurden von den Sowjets als R. anerkannt. Alle anderen hier erwähnten Lieferungsformen sind jedoch ebenfalls als R. anzusehen. Da die Sowjets dafür nur die unzureichenden Preise des Jahres 1944 bezahlten, mußten den deutschen Lieferwerken umfangreiche Subventionen aus Haushaltsmitteln geleistet werden. Nach Unterlagen aus dem Amt für R. haben die Sowjets von 1945 bis 1953 Waren im Werte von 34,7 Mrd. Mark zu Preisen von 1944 aus der laufenden Produktion entnommen.

f) *Subventionen.* Die an deutsche Betriebe und SAG-Betriebe 1946–1953 gezahlten Preissubventionen für direkte und indirekte R.-Lieferungen und für R.-Nebenkosten, d. h. die Kosten für Verpackung, den Versand frei Verwendungsort in der UdSSR und für Versicherungen werden mit 6,15 Mrd. Mark geschätzt. Eine Addition aller geschätzten Beträge der R. seit Kriegsende bis 1953 ergibt nach kritischer Auswertung aller verfügbaren Unterlagen (in Mrd. Mark):

Verlust an Sach- und Kunstwerten durch Beuteaktionen	2,00
Verluste durch Demontagen	5,00
Leistungen, die mit erbeuteten Banknoten bezahlt wurden	6,00
Leistungen, die mit Besatzungsgeld bezahlt wurden	9,00
Warenlieferungen aus der laufenden Produktion, soweit sie über R.-Konto verrechnet wurden	34,70
Nebenkosten der R.-Lieferungen	2,85
Stopp-Preissubventionen an deutsche und SAG-Betriebe für R.-Lieferungen	3,30
Ausstattung der SAG-Betriebe mit Umlaufmitteln (vor 1950) und Kapitalentzug 1952/53	1,00
Rückkauf der SAG-Betriebe	2,55
Zusammen	66,40

In dieser Zusammenstellung sind ca. 16 Mrd. Mark Besatzungskosten für die Zeit bis Ende 1953 enthalten. Nicht enthalten sind sonstige R.-Leistungen, z. B. der Nutzen der UdSSR aus der Arbeitsleistung der nach der UdSSR verbrachten deutschen Spezialisten und der Kriegsgefangenen in der UdSSR, der Nutzen aus dem Uranbergbau, aus der Tätigkeit der sowjetischen Handelsgesellschaften in der SBZ/DDR und aus der Auswertung deutscher Patente. Bei einem Dollarkurs von 4,20 DM betrug die Gesamtentnahme aus ihrer Besatzungszone, bzw. der DDR bis 1953 15,80 Mrd. Dollar. Auf der Konferenz von Jalta hatte die UdSSR ursprünglich 10 Mrd. Dollar an Entnahmen und jährlichen Lieferungen als R. von Deutschland gefordert.

Reparaturstützpunkte: Einrichtungen im Wohnungswesen, den Kommunalen Wohnungsverwaltungen der Städte und Gemeinden unterstellt. In den R. werden für die freiwilligen Selbsthilfearbeiten der Hausbewohner zur Reparatur von Wohngebäuden und Wohnungen Werkzeug und Baumaterial – ersteres leihweise – bereitgestellt. Ein Teil der R. ist mit Werkräumen ausgestattet, in denen von den Selbsthilfewilligen Metall- und Holzteile zugearbeitet werden können.
Die für Kleinreparaturen gewonnenen freiwilligen Feierabendhandwerker werden nach Berufsgruppen in Brigaden zusammengefaßt und erhalten bei den R. ihre Aufträge. → **Bau- und Wohnungswesen.**

Reproduktion: R. ist die ständige Wiederholung und Erneuerung des → **Produktionsprozesses**, wobei die → **Produktionsmittel**, die → **Arbeitskräfte**, die → **Produktionsverhältnisse** und die Produkte auf Basis der jeweiligen Gesellschaftsformation neugeschaffen und zugleich weiterentwickelt werden.

„In einem stetigen Zusammenhang und dem beständigen Fluß seiner Erneuerung betrachtet, ist jeder gesellschaftliche Produktionsprozeß daher zugleich Reproduktionsprozeß" (Marx/Engels, Werke, Bd. 23, S. 591, Berlin 1969). Notwendige Voraussetzung dafür ist, daß im Prozeß des Verbrauchs der Produktionsmittel und der Arbeitskraft zugleich die Bedingungen dafür geschaffen werden, daß Ersatz und Wiederherstellung der verbrauchten Produktionsmittel und Arbeitskraft gewährleistet sind. Zu diesem Zwecke müsse das gesellschaftliche Gesamtprodukt in einer der Fortführung der Produktion angemessenen gebrauchswertmäßigen Zusammensetzung produziert werden und die Reproduktion der Arbeitskräfte strukturell und qualitativ dem Niveau des Gesamtreproduktionsprozesses entsprechen. Wie unter den Bedingungen der Warenproduktion (Kapitalismus/Sozialismus) der Produktionsprozeß Einheit von Gebrauchswert- und Wertproduktion ist (→ **Wert- und Mehrwerttheorie**), so ist es auch der R.-Prozeß. Die gebrauchswertmäßige R. erfolge in der arbeitsteiligen Produktion gesamtgesellschaftlich nur bei Ausgewogenheit der Abteilungen I (Produktionsmittel) und II (Konsumtionsmittel). Die R. des gesellschaftlichen Gesamtproduktes gliedere sich wertmäßig in einen Wertteil zum Ersatz der verbrauchten Produktionsmittel (Ersatzfonds) und einen individuell angeeigneten Wertteil zur individuellen Konsumtion und in das Mehrprodukt. Lebensgrundlage einer jeden Gesellschaft sei die Gesamtheit an Beständen gesellschaftlich verfügbaren materiellen Reichtums (materielle → **Fonds**), dessen verbrauchte Elemente durch das jährlich geschaffene Gesamtprodukt ersetzt würden.

Man unterscheidet einfache und erweiterte R. Einfache R. bedeute Fortführung des Produktionsprozesses auf einfacher Stufenleiter, d. h., bei gleichbleibend angewandter Produktivkraft wird ein gleichbleibendes Produktvolumen geschaffen, wobei die verbrauchten Produktions- und Konsumtionsmittel durch neue ersetzt werden, ohne die Produktion auszudehnen. Ein eventuell entstandenes Mehrprodukt werde nur unproduktiv verausgabt. Da auf Grundlage der einfachen R. keine Entwicklung der → **Produktivkräfte** und somit auch keine gesellschaftliche Weiterentwicklung möglich sei, sei sie über einen längeren Zeitraum hinweg undenkbar. Sie sei Moment der erweiterten R. Diese bedeute Fortführung des Produktionsprozesses auf erweiterter Stufenleiter, d. h. ständig effektivere Verwendung der Kombination von Arbeitskraft und Produktionsmitteln, deren Ergebnis eine wachsende Menge und Qualität an erzeugten Produkten sei. Bei der erweiterten R. würden Teile des Mehrprodukts akkumuliert, d. h. für die Ausdehnung und qualitative Vervollkommnung der Produktion bereitgestellt. Da sie zugleich die wachsende Zahl der Arbeitskräfte, die Erhöhung ihres Qualifikationsniveaus, die Verbesserung ihrer Verteilungsstruktur im gesellschaftlichen Produktionsprozeß sowie ihrer gesamten Arbeits- und Lebensbedingungen umfasse, sei die erweiterte R. Grundlage für die Entwicklung der

Produktivkräfte und damit des gesellschaftlichen Fortschritts überhaupt.

Die Erweiterung der Stufenleiter erfolge auf 2 Wegen: 1. extensiv durch Ausdehnung des Produktionsfeldes, des quantitativen Umfanges der eingesetzten sachlichen und persönlichen Produktionsbedingungen; 2. intensiv durch die Zunahme an Wirksamkeit der eingesetzten Produktionsmittel und ihre optimale Kombinierung mit gesellschaftlicher Arbeitskraft.

Höchster Effekt werde durch die gegenseitige Kombinierung und Durchführung von extensiver und intensiver erweiterter R. erzielt, im Kapitalismus entsprechend den Verwertungsbedingungen unter dem Konkurrenzdruck, im Sozialismus über den gesamtgesellschaftlichen Plan und ein System ökonomischer Hebel.

Die R. umfasse 4 Phasen: 1. Produktion; 2. Verteilung entsprechend den gesellschaftlichen Bedingungen (Distribution); 3. Austausch (Zirkulation); 4. Konsumtion, die die Befriedigung der individuellen und gesellschaftlichen Bedürfnisse umfaßt. Produktion und Konsumtion seien die beiden Pole des R.-Prozesses, zwischen denen sich als vermittelnde Glieder die Distribution und die Zirkulation bewegten. Das kontinuierliche, reibungslose Ineinandergreifen der sich überlagernden Phasen sichere die Proportionalität des Gesamtprozesses und sei unabdingbare Voraussetzung der Volkswirtschaft. Der R.-Prozeß reproduziere nicht nur die materiellen Grundbedingungen (Produktionsmittel und Arbeitskraft) seiner Fortführung, sondern auch die jeweils herrschenden Produktionsverhältnisse, unter denen er ablaufe. „Der kapitalistische Produktionsprozeß, im Zusammenhang betrachtet, oder als Reproduktionsprozeß, produziert also nicht nur Ware, nicht nur Mehrwert, er produziert und reproduziert das Kapitalverhältnis selbst, auf der einen Seite den Kapitalisten, auf der anderen den Lohnarbeiter" (Marx/Engels, Werke, Bd. 23, S. 604, Berlin 1969).

Da die kapitalistische R. der Natur nach erweiterte R. sei, heiße das, daß auch das gesellschaftliche Verhältnis in erweitertem Umfang reproduziert wird, was aus marxistischer Sicht zu einer Vertiefung des Gegensatzes von Kapital und Arbeit führen soll. Die sozialistische R. sei planmäßige, auf ständige Verbesserung der materiellen und kulturellen Lebensbedingungen und die Stärkung der sozialistischen Produktionsverhältnisse gerichtete Wiederholung und Erneuerung der Produktion auf erweiterter Stufenleiter. Um die Akkumulationsmittel zielgerichtet so einzusetzen, daß ein optimaler Zuwachs des Nationaleinkommens pro Kopf erreicht wird, gelte es, auf Basis der bewußten Nutzung der ökonomischen Gesetze des Sozialismus eine organische Verbindung von Arbeitsprozeß, wissenschaftlicher Planung und Leitung und proportionaler Volkswirtschaftsstruktur zu schaffen. Dabei sei die R. so zu gestalten, daß bereits mit Hilfe des Ersatzfonds eine Erweiterung der Produktion erreicht werden kann. Die gleichzeitige, erweiterte R. der Arbeitskräfte, ihre ständige Qualifizierung und die kontinuierliche Hebung ihres materiellen und kulturellen Wohlstandes sollen dazu beitragen, daß sich der Sozialismus auf seiner eigenen Grundlage weiterentwickele und die Bedingungen für ein Hinüberwachsen in den Kommunismus geschaffen würden.

Republikflucht: Bezeichnung für das ohne behördliche Genehmigung erfolgende Verlassen der DDR, die seit 1953 auch in amtlichen Verlautbarungen, Gesetzen und Verordnungen verwendet wurde, seit Juni 1961 aber mehr und mehr aus dem amtlichen und parteiamtlichen Sprachgebrauch verschwand.

Mit der R. befaßte sich bereits die gemeinsame Rundverfügung Nr. 126/50 des Ministers der Justiz und des Generalstaatsanwalts vom 26. 9. 1950. In ihr wurde festgelegt, daß die Paßstrafverordnung vom 27. 5. 1942 nur in den Fällen zur Anwendung kommen könne, in denen es sich um ein Überschreiten der Staatsgrenze handele. Beim ungesetzlichen Überschreiten der Demarkationslinie (zwischen der DDR und der Bundesrepublik Deutschland) scheide die Anwendung der Paßstrafverordnung aus, da es sich hier nicht um eine Grenze handele. Die Rundverfügung gab Hinweise, wie trotz Fehlens einer konkreten strafrechtlichen Norm eine Bestrafung erfolgen konnte, z. B. nach wirtschaftsstrafrechtlichen Bestimmungen, dem Befehl Nr. 160 der→ **SMAD** (Sabotage, → **Diversion**) und der Preisstrafrechtsverordnung. Erste Strafandrohungen enthielten die VO über die Rückgabe deutscher Personalausweise bei Übersiedlung nach Westdeutschland oder West-Berlin vom 25. 1. 1951 (GBl., S. 53) und die VO über die Personalausweise vom 29. 10. 1953 (GBl., S. 1090).

Mit dem Gesetz zur Änderung des Paßgesetzes vom 11. 12. 1957 (GBl., S. 650) war in § 8 ein selbständiger Straftatbestand der R. geschaffen, der Gefängnisstrafe bis zu 3 Jahren oder Geldstrafe androhte. Neu war, daß auch Versuch und Vorbereitung der R. für strafbar erklärt wurden. In der Anwendung dieser Strafbestimmung entsprach die Argumentation der Gerichte den Ausführungen Ulbrichts auf dem 33. Plenum des ZK der SED, wonach die R. als „Verrat an den friedlichen Interessen des Volkes" gewertet werden mußte. Häufig wurden Personen, deren Fluchtvorhaben gescheitert war, noch härter angefaßt und wegen Spionage nach Art. 6 der Verfassung bestraft. Nach dem 13. 8. 1961 war in der Rechtsprechung von R. kaum noch die Rede. Mißglückte Fluchtunternehmen wurden strafrechtlich als versuchter Grenzdurchbruch unter das Staatsverbrechen „Terrorismus" subsumiert. Nur eine solche rechtliche Wertung und eine Qualifizierung des Flüchtlings als „Feind und Verräter" ermöglicht es, den Grenzsoldaten der NVA die Notwendigkeit wie Angemessenheit des → **Schießbefehls** darzulegen.

Das Strafgesetzbuch vom 12. 1. 1968 (GBl. I, S. 1) regelt die Bestrafung der R. in dem mit „ungesetzlicher Grenzübertritt" überschriebenen § 213. Gegenüber § 8 des Paßgesetzes erfolgt eine differenzierte Regelung in einen Normalfall und einen schweren Fall. Die Begehungsformen wurden um die Nichtrückkehr in das Gebiet der DDR erweitert. Die Strafandrohung wurde für den Normalfall in der Obergrenze auf 2 Jahre Freiheitsstrafe zurückgeführt, dagegen in den in Abs. 2 beschriebenen schweren Fällen auf Freiheitsstrafe von 1 bis zu 5

Jahren erhöht. Ein schwerer Fall liegt u. a. vor, wenn die R. „durch Beschädigung von Grenzsicherungsanlagen oder durch Mitführen dazu geeigneter Werkzeuge" durchgeführt wurde oder „unter Ausnutzung eines Verstecks erfolgt". Auch der Gebrauch falscher Ausweise oder die Tatbegehung in einer Gruppe (das sind bereits 2 Personen) machen die Tat zu einem „schweren Fall". Der gewaltsame Grenzdurchbruch wird weiterhin nicht aus § 213, sondern als „Terror" nach § 101 StGB bestraft (→ **Staatsverbrechen**, Ziff. 3).

Ein Bewohner der DDR, der eine R. mit Hilfe eines westlichen Fluchthelfers versucht, wird wegen versuchter R. aus § 213 und zusätzlich wegen Aufnahme staatsfeindlicher Verbindungen aus § 100 StGB bestraft (→ **Staatsverbrechen**, Ziff. 2). Die durchschnittliche Strafhöhe liegt bei 3 Jahren Freiheitsstrafe, kann aber in Einzelfällen auch erheblich darüber hinausgehen.

Durch das Gesetz zur Regelung von Fragen der Staatsbürgerschaft vom 16. 10. 1972 (GBl. I, S. 265) wird denjenigen, die die DDR ohne behördliche Genehmigung vor dem 1. 1. 1972 verlassen haben und in der Zwischenzeit nicht in die DDR zurückgekehrt sind, unter gleichzeitiger Aberkennung der DDR-Staatsbürgerschaft Straffreiheit wegen des ungenehmigten Verlassens der DDR gewährt. Dieser Strafverzicht bezieht sich lediglich auf das Delikt der R. Taten, die nach anderen gesetzlichen Bestimmungen mit Strafe bedroht sind, und die vor, während oder nach der Flucht begangen wurden, werden von dem Strafverzicht nicht betroffen, fallen jedoch u. U. unter die → **Amnestie**.

Die zivilrechtlichen Folgen der R. gipfeln darin, daß der Flüchtling sein in der DDR zurückgelassenes Vermögen sowie alle vermögensrechtlichen Ansprüche verliert (→ **Flüchtlinge**).

Reserveoffiziere: → **Arbeitsgemeinschaft ehemaliger Offiziere; Nationale Volksarmee; Gesellschaft für Sport und Technik; Studentenausbildung, militärische.**

Reservistenkollektive: Alle gedienten Reservisten der NVA werden unabhängig von dem Dienstgrad und der Waffengattung in R. zusammengefaßt. R. werden in Betrieben und Dienststellen des Staatsapparates mit mindestens 10 Reservisten gebildet; größere R. unterteilen sich in Reservistengruppen. Die R. werden von den→ **Wehrkreiskommandos** der NVA organisiert und von dem im Bereich der WKK. aus 5–8 Reservisten gebildeten Reservistenaktiv angeleitet. Vorläufer der R. waren von 1956 bis 1958 die Reservistengruppen bzw. -zirkel. Die wichtigsten Aufgaben der R., die in kleineren Gemeinden als Orts-R. gebildet werden, sind neben der Durchführung von Übungen und Wettkämpfen die Zusammenarbeit mit Einheiten der NVA und Nachwuchswerbung. Angehörige der R. arbeiten als Ausbilder in der → **GST** und den → **Kampfgruppen** sowie in der Zivilverteidigung (→ **Wehrdienst**).

Resozialisierung: → **Strafvollzug.**

Rettungsdienst: Innerhalb der „operativen Organisation" des→ **Deutschen Roten Kreuzes** der DDR gibt es zwei Arten von R., den Wasser-R. und Berg-R. Beide unterstehen als besondere Abteilungen dem Sekretariat des DRK-Kreiskomitees und untergliedern sich in „Züge" und „Einsatzgruppen".

Der „Berg-R. des DRK" wurde bisher vor allem in der Sächsischen Schweiz und im Bezirk Suhl tätig. Er arbeitet eng mit dem → **Feriendienst des FDGB** zusammen, klärt die Urlauber über die Gefahren der Bergwelt auf, informiert über Verhalten bei Unfällen, legt Schutzhütten an, stellt Warntafeln auf und unterhält Unfallhilfsstellen. Der „Wasser-R. des DRK", der für die Abwendung drohender Gefahren auf allen Gewässern zuständig ist, führt an den Küsten die spezielle Bezeichnung → **Seenot-R.**

Revanchismus: Im propagandistischen Sprachgebrauch der DDR wird der R. als ein wesentliches Merkmal des → **Imperialismus** bezeichnet. Im Rahmen der → **Deutschlandpolitik der SED** wurde die Bundesrepublik Deutschland lange Zeit als „revanchistisch" bezeichnet, weil sie auf ihrem Rechtsstandpunkt in der Frage der → **Oder-Neiße-Grenze** beharre, gegenüber der DDR eine Politik der „Einverleibung", d. h. der Beseitigung der DDR betreibe und generell die Ergebnisse des II. Weltkrieges zu revidieren wünsche.

Seit der Unterzeichnung des → **Grundlagenvertrages** mit der Bundesrepublik Deutschland 1972 (und dem Gewaltverzichtsvertrag zwischen der Bundesrepublik und der Volksrepublik Polen 1970) wird der Vorwurf des R. in der Propaganda der DDR seltener erhoben.

Revisionismus: Die Revision des etablierten Marxismus, wie er Ende des 19. Jahrhunderts vor allem von Karl Kautsky und Franz Mehring in der deutschen Sozialdemokratie vertreten wurde, fand in Eduard Bernstein (1850–1932), und vor allem in seinem erstmals 1899 erschienenen Buch „Die Voraussetzungen des Sozialismus und die Aufgaben der Sozialdemokratie", ihren schärfsten Verfechter. Bernstein ging – im Unterschied zu Kautsky und Mehring – von einer Evolution der historischen Entwicklung aus; für ihn war der Klassenkampf nicht die allein bewegende Kraft in der Geschichte. Folgerichtig lehnte er den historischen Determinismus ab und betonte eine unabhängige Entwicklung von „Basis" und „Überbau". Für ihn zählten allein die empirisch nachweisbaren Fakten in Wirtschaft und Gesellschaft und nicht die mit Hilfe der Dialektik zu findende „Totalität" der Gesellschaft. Bernstein sah einen engen Zusammenhang zwischen den Zielen der historischen Entwicklung und den Mitteln, diese Ziele zu erreichen. Er stellte mit diesem Konzept die philosophischen (Dialektik), die ökonomischen (Akkumulations-, Krisen- und Werttheorie) und die historischen (Klassenkampf, Revolution) Elemente der Lehren des späten Marx (und Engels) in Frage.

In der politischen Praxis besonders der Gewerkschaften schlug sich der R. als „Reformismus" nieder. Der → **Reformismus** durchdrang weitgehend die Parteien der II. und III. (sozialistischen) → **Internationale** und bestimmte den von diesen Gruppen einzuschlagenden Weg allmählicher Reformen der kapitalistischen Industriegesellschaften.

Die neueren Revisionen des Marxismus-Leninismus entstanden auf dem Hintergrund der politisch-ideologischen Entwicklung in der Sowjetunion. Bereits Lenin hatte sich in seinem Kampf gegen die Menschewiki (1903) von den humanistischen Elementen in der Lehre von Marx und Engels entfernt. Später behauptete auch Stalin, auf dem Boden eines „schöpferischen Marxismus" zu stehen. Lenin und Stalin und in ihrem Gefolge politische Führer der Sowjetunion wie auch der Ostblockstaaten bezeichneten als R. jene systematische Kritik am Marxismus-Leninismus, die die „opportunistische Reaktion bestimmter kleinbürgerlich bzw. bürgerlich beeinflußter Schichten in der Arbeiterbewegung" in der Phase des Übergangs vom Konkurrenzkapitalismus zum Monopolkapitalismus darstelle. „Objektiv" sei der marxistische R. deshalb heute als „Antisowjetismus" und generell als „Antikommunismus" zu begreifen. Seine klassenindifferente, lediglich auf Marx und nicht auf Lenin zurückgreifende Humanismuskonzeption begünstige die antikommunistische Konvergenzthese, also die Annahme einer gegenseitigen Annäherung von kapitalistischen und sozialistischen Industriegesellschaften. Aus dieser Konzeption leite der R. den sog. demokratischen Sozialismus ab, der im Widerspruch zum wissenschaftlichen Sozialismus von Marx, Engels und Lenin stehe.

Eine wissenschaftliche Definition des R. ist vor allem deshalb schwierig, weil in der Geschichte des Marxismus stets ein Marxist den „Revisionisten" eines anderen darstellt. So bezichtigte etwa Georg Lukács (1885–1971) sowohl Bernstein wie Kautsky des R., und er selbst wurde von den Vertretern eines dogmatischen Marxismus-Leninismus wiederholt als „Revisionist" kritisiert.

Nach dem XX. Parteitag der KPdSU (Februar 1956), der eine scharfe Kritik am Stalinismus (→ **Personenkult**) einleitete, nimmt die Kritik am Marxismus-Leninismus und der nach den Grundsätzen des → **demokratischen Zentralismus** aufgebauten Partei in den osteuropäischen Staaten, einschließlich der DDR, zu. Wie in Polen vor allem Leszek Kolakowski, in der ČSSR Ivan Dubsky, Milan Prucha, Ota Šik, Antonin Liehm, Ivan Švitak, Karel Košik und Eduard Goldstücker, so traten in der DDR u. a. Ernst Bloch, Wolfgang Harich und Robert Havemann für einen „humaneren Sozialismus" ein. Bloch verlor daraufhin 1957 seinen Lehrstuhl in Leipzig und floh 1961 in die Bundesrepublik Deutschland, Harich forderte im Juli 1956 in 16 Thesen die Demokratisierung von Partei und Staat sowie eine Weiterentwicklung der marxistischen Theorie in der DDR. Im März 1957 wurde er zu 10 Jahren Haft verurteilt. Die Wirtschaftswissenschaftler Fritz Behrens und Arne Benary kritisierten den bürokratischen Zentralismus in der Wirtschaftspolitik. Sie verfochten u. a. die in Jugoslawien versuchte Produzentenselbstverwaltung. Beide wurden von der SED gemaßregelt. Havemann wurde in den Jahren 1964–1966 aller seiner Ämter enthoben.

In allen seit 1956 – und nach dem XXII. Parteitag der KPdSU (1961) – auftretenden revisionistischen Strömungen lassen sich einige Konstanten feststellen. Es sind dies: die Kritik am etablierten marxistisch-leninistischen Dogma und dem bestehenden Parteiapparat mit dem Monopol der Machtausübung; damit verbunden eine kritisch-utopische Vision einer besseren, menschlicheren Gesellschaft und der Rückgriff auf die europäische philosophische Tradition; die Aufnahme neuerer, im Westen entwickelter, besonders sozialphilosophischer und soziologischer Denkrichtungen; schließlich der Versuch, eine umfassende historisch-kritische Theorie von Mensch und Gesellschaft zu entwerfen.

Diese Strukturelemente des modernen R. treten, in der einen oder anderen Form, sowohl in der Philosophie, der Wirtschaftswissenschaft als auch in der Literatur zutage. In diesem Sinn sind auch Schriftsteller wie Peter Huchel und Hans Mayer sowie die in der DDR Anfang der 60er Jahre bisweilen noch gedruckten Jean-Paul Sartre, Louis Aragon und Ernst Fischer als Revisionisten anzusehen. Ihre Arbeiten sind in der DDR seit Mitte der 60er Jahre nicht mehr erhältlich.

Nach der Unterdrückung des R. wandte sich die SED-Führung seit Ende der 60er Jahre der Kritik des → **Sozialdemokratismus** wie des → **Maoismus** zu. Nach wie vor gilt jedoch der R., wie die Moskauer „Internationale Beratung der kommunistischen und Arbeiterparteien" im Jahre 1969 erklärte, als der ideologische Hauptfeind. → **Abweichungen.**

Revisionskommissionen: Nach dem Statut der SED von 1963 bestehen RK. beim Zentralkomitee (ZRK) sowie bei den Bezirks- und Kreisparteiorganisationen (BRK und KRK). Die bei den Grundorganisationen der SED bestehenden RK. wurden inzwischen aufgelöst.

Die RK. werden vom Parteitag bzw. den Delegiertenkonferenzen der nachgeordneten Ebenen gewählt. Die ZRK hat gegenwärtig (1974) 23 Mitglieder und 5 Kandidaten. Vorsitzender ist K. Seibt.

Die Aufgaben der RK. erstrecken sich auf die Kontrolle der organisatorisch-technischen Arbeitsweise der Parteiorgane sowie ihre Finanzwirtschaft. → **Parteitag/ Parteikonferenz.**

Revolution: → **Wissenschaftlich-technische Revolution.**

RGW: Abk. für → **Rat für Gegenseitige Wirtschaftshilfe.**

Richter: *1. Richterwahl.* Die R. des Obersten Gerichts (→ **Gerichtsverfassung**) werden auf Vorschlag des → **Staatsrats** durch die Volkskammer, die R. der Kreis- und Bezirksgerichte auf Vorschlag des Justizministers durch die örtlichen Volksvertretungen gewählt, und zwar jeweils innerhalb von drei Monaten nach der Neuwahl und für die Dauer der Wahlperiode der entsprechenden Volksvertretung. Zuletzt wurden ca. 900 Direktoren und R. an den Kreisgerichten im Anschluß an die Kreis- und Gemeindewahlen vom 19. 5. 1974 gewählt. Einen grundsätzlichen Unterschied zwischen dem Dienstverhältnis der R. und dem der übrigen Staatsfunktionäre gibt es nicht. Der Direktor des Bezirksgerichts ernennt aus dem Kreis der gewählten R. die stellvertretenden Direktoren der Kreisgerichte, der Präsident des Obersten Gerichts beruft die Ober-R. des

OG. Wie ein R. Ober-R. oder stellvertretender Direktor am Bezirksgericht wird, ist im neuen GVG (vom 27. 9. 1974) nicht mehr bestimmt.

2. Voraussetzungen für das Richteramt. Nach Art. 94 der Verf. kann R. nur sein, „wer dem Volk und seinem sozialistischen Staat treu ergeben ist und über ein hohes Maß an Wissen und Lebenserfahrung, an menschlicher Reife und Charakterfestigkeit verfügt". Denselben Wortlaut hat nunmehr auch § 44 GVG. Weitere Voraussetzungen, um zur R.-Wahl vorgeschlagen zu werden, sind der Erwerb einer juristischen Ausbildung auf einer dazu bestimmten Ausbildungsstätte und der Besitz des Wahlrechts. Ein Mindestalter ist nicht mehr vorgeschrieben. Nach ihrer Wahl werden die R. auf Einhaltung ihrer Pflichten durch die sie wählende Volksvertretung verpflichtet. Die Verpflichtung der Militär-R. der Militärgerichte und Militärobergerichte erfolgt durch den Nationalen Verteidigungsrat.

Zu den Grundpflichten des R. gehört es, die → **sozialistische Gesetzlichkeit** zu verwirklichen, eng mit den Werktätigen zusammenzuarbeiten, aktiv am gesellschaftlichen Leben teilzunehmen und die Staatsdisziplin zu wahren (§ 45 GVG). Weil die Aufgabe des R. als politische Funktion verstanden wird, müssen alle R. sich mit den grundlegenden Beschlüssen der SED beschäftigen und diese für ihre richterliche Tätigkeit auswerten. Sie sind verpflichtet, sich ausreichendes Grundwissen in Fragen des → **Marxismus-Leninismus** und der politischen Ökonomie anzueignen und müssen einen festen Klassenstandpunkt haben (Neue Justiz, H. 8, 1974, S. 223). Die politische Integration der R. erfolgt über die SED, in der mehr als 90 v. H. aller R. Mitglieder sind und damit über die Grundorganisationen der Partei in den Justizorganen erfaßt werden.

3. Verantwortlichkeit und Abberufung. Alle R. sind gegenüber den sie wählenden Volksvertretungen verantwortlich, rechenschafts- und berichtspflichtig (Art. 95 Verf., § 17 GVG). Sie sind zu Stellungnahmen und Auskünften gegenüber den Volksvertretungen verpflichtet und unterliegen ggf. deren Kritikbeschlüssen. In dieser „Kontrolle der Wähler gegenüber den gewählten R. und der Rechenschaftspflicht der Gewählten gegenüber den Wählern" werden „wichtige Formen sozialistischer Demokratie und Machtverwirklichung" gesehen (Neue Justiz, 1974, H. 8, S. 222).

Ein R. kann vor Ablauf seiner Amtsperiode aus verschiedenen Gründen vorzeitig abberufen werden, u. a. wegen Verstoßes gegen die Verfassung oder Gesetze, wegen gröblicher Verletzung der Grundpflichten oder anderer Disziplinarvergehen (Art. 95 Verf., § 53 GVG). Das Abberufungsverfahren wird von der Volksvertretung durchgeführt, die den R. gewählt hat; ihm muß ein auf Abberufung lautender Vorschlag des Ministers der Justiz vorausgehen. Die R. am Obersten Gericht können auf Vorschlag des Staatsrats von der Volkskammer abberufen werden. Pflichtverletzungen, die ein Abberufungsverfahren nicht rechtfertigen, sollen zu einem Disziplinarverfahren führen, das nach den Vorschriften der Disziplinarordnung für R. vom 9. 11. 1963 (GBl. II, S. 777) vor einem richterlichen Disziplinarausschuß durchgeführt wird. Abberufungen sind in den letzten Jahren nicht bekannt geworden.

Richtsatzplan: Bestandteil des Betriebsplanes der volkseigenen Betriebe und der zusammengefaßten Pläne ihrer übergeordneten Leitungsorgane. Im R. werden die Höhe der erforderlichen Roh-, Hilfs- und Betriebsstoffe, Halb- und Fertigfabrikate (Umlaufmittel), soweit diese genormt und richtsatzgebunden sind, und der Finanzbedarf zur Deckung der Bestände an Materialien, Halb- und Fertigfabrikaten sowie die Finanzierungsquellen dieses Bedarfs (angesammelte Eigenmittel und R.-Kredite) festgelegt. Da im R. sowohl die Höhe als auch die Veränderung der materiellen Bestände ausgewiesen wird, ist dieser Plan die Grundlage zur Planung und Durchführung der Umlaufmittelfinanzierung durch den Betrieb und die zuständige Bank. Im R. spiegelt sich die Bestandsbewegung finanziell wider und ermöglicht daher den Betrieben, Leitungsinstanzen und Finanzorganen, den Umschlag der Umlaufmittel ständig zu kontrollieren, Überplanbestände aufzudecken und durch verschiedene Sanktionen oder finanzielle Vergünstigungen die Bestandshaltung zu beeinflussen.

Im R. werden der durchschnittliche Jahresbedarf an Umlaufmitteln sowie der durchschnittliche Bedarf in den einzelnen Quartalen aufgeführt. In den Betrieben, in denen die Material-, Halb- und Fertigwarenbestände während eines Jahres oder auch innerhalb der Quartale stark schwanken (z. B. bei Saisonprodukten), muß der R. durch operative Finanzierungspläne der Umlaufmittel ergänzt werden.

Voraussetzung für die Aufstellung von R. ist die Bestandsnormierung, d. h. die Planung der unbedingt notwendigen Höhe der Umlaufmittel auf der Grundlage technisch-wirtschaftlicher Kennziffern der Materialwirtschaft, des Fertigungsablaufs und der Absatztätigkeit. Die Festlegung eines R.-Bestandes für eine bestimmte Materialart erfolgt durch die Multiplikation der Tageskosten (täglicher Verbrauch oder Werteverzehr), T dieses Materials laut Kostenplan mit der Zahl der „Richttage" R, woraus sich als Produkt der Normativbestand N dieser Materialart in Mark ergibt: $N = R \times T$.

Richttage bezeichnen die Anzahl von Tagen, für die aus fertigungstechnischen und versorgungsmäßigen Gründen stets Umlaufmittel der betreffenden Materialart vorrätig sein müssen, wenn eine kontinuierliche Produktion gesichert sein soll. Die Richttage werden von den Bestandsnormen abgeleitet. Darunter sind Vorratsnormen für Materialien, Bestandsnormen für die unvollendete Produktion und Lagernormen für Fertigerzeugnisse. Die Festlegung der Richttage bedeutet in erster Linie, die Zeitdauer zu bestimmen, während der die einzelnen Umlaufmittel in einem Zustand (als z. B. Rohstoffe, Halbfabrikate, Fertigerzeugnisse) verharren. Bei den Materialvorräten wird diese Zeitdauer durch den Lieferzyklus und die Durchlaufzeit (vom Entladen über die Wareneingangskontrolle bis zum Verbrauch) unter Berücksichtigung einer bestimmten Sicherheitszeit bestimmt.

Außerdem sind die Art und die Häufung der mengen-mäßigen, zeitlichen und wertmäßigen Abweichungen von der üblichen notwendigen Materialversorgung durch die Festlegung zeitlich variabler Durchschnittsbestandsnormen in etwa zu berücksichtigen. Die durch die Multiplikation der Tagesselbstkosten der einzelnen Materialarten, Halb- und Fertigfabrikate mit der Zahl der Richttage errechneten Planbestände in allen Umlaufpositionen ergeben den Umlaufmittelplanbestand des Gesamtbetriebes.

Ein solcher Planbestand oder die Planbestände für einzelne Gruppen von Umlaufmitteln bilden die Grundlagen für die Ermittlung des Finanzbedarfs an Eigenmitteln und R.-Krediten entsprechend der gesetzlich fixierten Anteilsfinanzierung. → **Binnenhandel; Planung; Betriebsformen und Kooperation.**

Richttage: → **Richtsatzplan.**

RLN: Abk. für → **Rat für Landwirtschaft und Nahrungsgüterwirtschaft.**

Rowdytum: „Wer sich an einer Gruppe beteiligt, die aus Mißachtung der öffentlichen Ordnung oder der Regeln des sozialistischen Gemeinschaftslebens gewalttätige Drohungen oder grobe Belästigungen gegenüber Personen oder böswillige Beschädigungen von Sachen oder Einrichtungen begeht", wird nach § 215 StGB wegen R. mit Freiheitsstrafe bis zu 5 Jahren oder mit Haft bestraft. Ist die Tatbeteiligung von untergeordneter Bedeutung oder die Tat ohne Beteiligung in einer Gruppe begangen worden, kann nach § 215 Abs. 2 StGB Freiheitsstrafe bis zu 2 Jahren Verurteilung auf → **Bewährung**, Haftstrafe oder Geldstrafe ausgesprochen werden. Für den schweren Fall des R. wird nach § 216 StGB Freiheitsstrafe bis zu 8 Jahren angedroht. § 215 ist eine neue, durch das StGB. vom 12. 1. 1968 (→ **Strafrecht**) eingeführte Strafbestimmung zum Schutz der „staatlichen und öffentlichen Ordnung". Die mit ihr als R. unter Strafe gestellten Handlungen waren früher schon als Landfriedensbruch, Körperverletzung, Sachbeschädigung usw. strafbar. Der neue Straftatbestand des § 215 sollte also nicht zu einer Erweiterung der Strafbarkeit führen, sondern ermöglichen, „das Spezifische aller Erscheinungsformen rowdyhafter Handlungen auch rechtlich zu erfassen" (Lehrkommentar zum StGB, Bd. II, § 215, 1). Typisch für Rowdystraftaten ist, daß diese fast ausschließlich von Tätern im Alter bis zu 25 Jahren und in Gruppen begangen werden.

R. gehört wegen der großen Zahl derartiger Delikte, wegen des Täterkreises und wegen der dadurch verursachten schweren Störungen der Ordnung und Sicherheit zu den Schwerpunkten der → **Kriminalität** in der DDR.

Rückführungsbetrag: → **Agrarsteuern.**

Rückkehrer: → **Übersiedler.**

Rücklagenfonds der Volksvertretungen: → **Fonds der Volksvertretungen.**

Rückversicherung: Eine R. der in Inlandswährung versicherten Risiken ist in der DDR – wie in anderen sozialistischen Ländern – nicht üblich und nicht erforderlich, da für die staatlichen Versicherungen durch ihre enge Verbindung zum Staatshaushalt ohnehin der notwendige Risikoausgleich gewährleistet ist. Dagegen besteht eine R. für alle diejenigen Risiken, bei denen große Schäden in ausländischer Währung auftreten können. Träger der R. ist in der DDR die DARAG (Deutsche Auslands- und Rückversicherungs-AG). Sie übernimmt z. B. die R. der Hochseeflotte der DDR, der Luftfahrtversicherung und der Transportversicherung für internationale Transporte. Die DARAG betreibt sowohl die passive R. durch Abgabe eigener Risiken an andere Rückversicherer als auch die aktive Übernahme fremder Risiken in eigene R. Ihre Aufgabe im passiven Geschäft ist es, den Valutahaushalt der DDR vor Schäden zu bewahren, im aktiven Geschäft Valutaeinnahmen zu erzielen.

Rundfunk: Politische Funktion und Kontrolle: → **Medienpolitik**. Der R. in der DDR gehört zu den zentralen staatlichen Institutionen. Lenkungs- und Leitungsorgan ist seit 15. 9. 1968 das „Staatliche Komitee für Rundfunk beim Ministerrat", dessen Vorsitzender und seine Stellvertreter auf Beschluß des Ministerrates vom Vorsitzenden des Ministerrates berufen werden. Vorsitzender des Staatlichen Komitees für R. ist seit Juli 1971 Rudolf Singer, zuvor Chefredakteur des SED-Zentralorgans „Neues Deutschland", Mitglied des ZK der SED. Er ist für die gesamte politische, ökonomische und administrative Tätigkeit des Komitees dem Ministerrat verantwortlich (Prinzip der → **Einzelleitung**). Dem Komitee obliegen unter anderem die Aufgaben der zentralen Programmplanung und Programmgestaltung, die ständige Auswertung der Erfahrungen des R. in der Sowjetunion und in den anderen sozialistischen Staaten, die Aufstellung und Kontrolle der Jahrespläne und die Festlegung der sich daraus ergebenden Aufgaben für die unterstellten Sender, die eigene Intendanzen haben. Die zentrale Programmabteilung, die Kontrollstelle, die Kaderabteilung und die Abteilung internationale Verbindungen sind dem Komitee-Vorsitzenden direkt unterstellt, der auch die Statuten für alle Sender und Einrichtungen erläßt. Das Staatliche Komitee für R. wie das zur gleichen Zeit geschaffene Staatliche Komitee für → **Fernsehen** sind Organe des Ministerrates. Beide Komitees sind als Rechtsnachfolger hervorgegangen aus dem „Staatlichen Rundfunkkomitee beim Ministerrat", das von 1952 bis 1968 zentrales Leitungsorgan für R. und Fernsehen war. Aufschlußreich ist die Funktions-Begründung in der VO über die Bildung des Staatlichen Rundfunkkomitees vom 14. 8. 1952. 1956 erhielt das Staatliche R.-Komitee ein Statut (VO vom 18. 10. 1956). Dem jetzigen staatlichen Komitee für R. unterstehen die Sender:

Radio DDR mit den Programmen: *Radio DDR I/IUP =* Informations- und Unterhaltungsprogramm auf Mittelwelle und UKW, durchlaufendes 24-Stunden-Programm seit 1969, Nachrichten zur vollen Stunde, außer 18.00 Uhr. Politische Magazinsendungen: Montag-Freitag 3.45–8.00 und 16.00–18.00 Uhr sowie „Stunde der Politik" 22.00–23.00 Uhr und Sonnabend früh von

3.45–8.00 Uhr. Sonntags 13.00 Uhr: „Die Radiosprechstunde", der Vorsitzende des Staatlichen Komitees für R. beantwortet Hörerfragen. Frequenzen: MW: Berlin 881 kHz, Burg, 1570 kHz, Cottbus 746 kHz, Dresden 1043 kHz, Greifswald 629 kHz, Leipzig 575 kHz, Putbus 1052 kHz, Rostock 557 kHz, Schwerin 529 kHz, Seelow 1546 kHz, Suhl 629 und 1052 kHz. UKW: Berlin III 95,8 MHz (29), Brocken III 88,95 MHz (6), Dequede III 89,4 MHz (8), Dresden III 95,4 MHz (28), Helpterberg III 95,95 MHz (30), Inselsberg III 87,85 MHz (3), Leipzig III 88,45 MHz (5), Marlow III 88,25 MHz (4), Schwerin III 89,2 MHz (7). Stereo-Sendungen: UKW: Berlin III 95,8 MHz, Brocken III 88,95 MHz, Dequede III 89,4 MHz, Dresden III 95,4 MHz, Inselsberg III 87,85 MHz, Leipzig III 88,45 MHz, Marlow III 88,25 MHz, Schwerin III 89,2 MHz.

Radio DDR II, „Probleme und Meinungen", bildungs- und gesellschaftspolitisches Programm und gehobene Unterhaltung (Schulfunk, „Weltpolitik aus unserer Sicht", Kultur- und Wissenschaftsmagazine, Ratgeber, Ideologie-Sendereihe „Studio 70", Hörspiele, Konzerte). Radio DDR II ist ausschließlich für DDR-Hörer gedacht und wird deshalb nur über UKW-Sender (seit 1964) ausgestrahlt. Sendezeit: 10.00–24.00 Uhr, Nachtprogramm von Radio DDR I. Frequenzen: UKW: Berlin IV 99,7 MHz (42), Brocken IV 94,6 MHz (25), Cottbus IV 98,6 MHz (39), Dequede IV 94,9 MHz (26), Dresden IV 92,25 MHz (17), Frankfurt (Oder) IV 96,8 MHz (33), Inselsberg IV 92,55 MHz (18), Karl-Marx-Stadt IV 92,85 MHz (19), Leipzig IV 93,85 MHz (23), Löbau IV 98,2 MHz (37), Marlon IV 91,05 MHZ (14), Rheinsberg IV 90,5 MHz (12), Schwerin IV 92,75 MHz (19). Stereo-Sendungen: UKW: Berlin IV 99,7 MHz, Brocken IV 94,6 MHz, Dequede IV 94,9 MHz, Dresden IV 92,25 MHz, Inselsberg IV 92,55 MHz, Karl-Marx-Stadt IV 92,85 MHz, Leipzig IV 93,85 MHz, Marlow IV 91,05 MHz, Schwerin IV 92,75 MHz.

Regionalprogramme von Radio DDR werden ausgestrahlt aus: Leipzig / Halle / Magdeburg, Dresden, Karl-Marx-Stadt, Weimar / Gera / Suhl, Schwerin / Neubrandenburg, Rostock, Cottbus (auch in Sorbisch), Frankfurt (Oder) und Potsdam. Sendezeiten: 5.10–10.00 Uhr, sonntags 6.05–10.00 Uhr. Frequenzen: Leipzig: UKW Brocken IV 94,6 MHz, Dequede IV 94,9 MHz, Leipzig IV 93,85 MHz; Dresden: UKW Dresden IV 92,25 MHz, Karl-Marx-Stadt IV 92,85 MHz, Löbau IV 98,2 MHz; Weimar: UKW Inselsberg IV 92,55 MHz; Schwerin: UKW Schwerin IV 92,75 MHz; Studio Neubrandenburg: UKW Rheinsberg IV 90,5 MHz; Rostock: UKW Marlow IV 91,05 MHz; Cottbus: UKW Cottbus IV 98,6 MHz; Studio Frankfurt (Oder): UKW Berlin IV 99,7 MHz, Frankfurt (Oder) IV 96,8 MHz; Potsdam: MW 656 kHz.

Die *Radio-DDR-Ferienwelle:* „Programm für Urlauber und Gastgeber an der DDR-Ostseeküste" sendet vom 1. Mai bis 31. Oktober. Sendezeiten: 5.00–20.00 Uhr, sonntags 6.00–17.00 Uhr. Frequenzen: Mittelwelle Rostock 557 kHz und Putbus 1052 kHz.

Stimme der DDR, vormals Deutschlandsender, „richtet sich an deutschsprachige Hörer außerhalb der Grenzen der DDR", erhielt eine neue Programmstruktur unter neuem Namen ab 15. 11. 1971; gleichzeitig erfolgte die Übernahme der vorher speziell auf Berlin (West) ausgerichteten „Berliner Welle" des Berliner R. und des deutschsprachigen Europadienstes von „Radio Berlin International".

Das 24-Stunden-Programm auf allen Wellenbereichen ist weitgehend westlichen Programmstrukturen angepaßt, soll über die DDR, ihre Außenpolitik und, mehr als bisher, über die Außenpolitik der Sowjetunion, über die Sowjetunion selbst, die anderen sozialistischen Länder und die Aktionen der kommunistischen und Arbeiterparteien in der ganzen Welt informieren sowie die deutschsprachigen Hörer in Europa in ihrem „schweren Kampf um soziale Gerechtigkeit" unterstützen.

Sendezeit ist täglich 24 Stunden auf Lang-, Mittel-, Kurz- und Ultrakurzwelle. Nachrichten zur vollen Stunde, Magazinsendungen montags bis freitags 4.00–8.00 Uhr, 9.00–11.00 Uhr und 17.00–19.00 Uhr, sonnabends 4.00–7.00 Uhr. Zusätzlich Jugendmagazinsendungen 19.10–20.30 Uhr, sonnabends 14.00–16.00, sonntags 9.00–11.00 Uhr. Marxistisch-leninistische Sendereihe „Zeitprobleme", montags bis freitags 20.30–21.00 Uhr. Politische Hörerbriefsendung „Auskunft International", Beantwortung auch westdeutscher Höreranfragen, sonnabends 13.05 Uhr. Frequenzen: LW: Berlin 185 kHz. MW: Berlin 1358 kHz, Burg 782 kHz, Schwerin 611 kHz, Suhl 692 kHz. KW: 6115 kHz, 7185 kHz. UKW: Berlin I 97,65 MHz (35), Brocken I 97,4 MHz (35), Dequede I 96,9 MHz (33), Dresden I 97,25 MHz (34), Inselsberg I 97,15 MHz (34), Karl-Marx-Stadt I 97,05 MHz (34), Leipzig I 96,6 MHz (32), Marlow I 96,65 MHz (32), Schwerin I 95,25 MHz (27), Sonneberg I 94,2 MHz (24).

Berliner Rundfunk: „Repräsentant der Hauptstadt", strahlt ein Programm mit Berliner Lokalkolorit, die Magazinsendungen „Guten Morgen, Berlin!" und mittags „Treffpunkt Alexanderplatz" und Nachrichten zur halben Stunde aus. Sendezeit 3.45–24.00 Uhr. (Über Berliner Mittelwelle Nachtprogramm von Radio DDR.) Erstes Jugendmagazin „Jugendstudio DT 64" montags bis freitags 16.00–19.00 Uhr, sonntags 15.35–16.30 Uhr Pioniermagazin „Wir". Hörerbriefsendung sonnabends 14.15 Uhr. Frequenzen: MW: Berlin 728 kHz, Bernburg 1385 kHz (Di. bis Fr. nur bis 20.00 Uhr), Karl-Marx-Stadt 602 kHz, Plauen 1079 kHz, Potsdam 656 kHz, Reichenbach 917 kHz. UKW: Berlin II 91,4 MHz (15), Berlin V 95,05 MHz (27), Brocken II 91,55 MHz (15), Dequede II 98,9 MHz (40), Dresden II 90,1 MHz (10), Inselsberg II 90,2 MHz (11), Karl-Marx-Stadt II 89,8 MHz (9), Leipzig II 90,4 MHz (11), Marlow II 93,5 MHz (22), Schwerin II 98,55 MHz (38), Sonneberg II 91,7 MHz (16). Stereo-Sendungen: UKW: Berlin II 91,4 MHz.

Radio Berlin International: „Die Stimme der Deutschen Demokratischen Republik für das Ausland" (seit 1955) sendet in Deutsch und Fremdsprachen über 19 Kurz- und einen Mittelwellensender. Ein deutschsprachiger Kurzwellendienst richtet sich täglich an Südostasien, den Nahen und Mittleren Osten, West- und Ost-Afrika sowie nach Nord- und Südamerika. Fremdsprachendienste für Europa über Mittel- und Kurzwelle täglich in Dänisch, Englisch, Französisch, Italienisch, Schwedisch. Über Kurzwelle täglich für: Nahost und Südarabien in Arabisch, Nordwestafrika in Arabisch und Französisch, Ost-, West- und Zentralafrika in Englisch, Französisch und Suaheli, Südostasien in Englisch und Hindi, Nordamerika in Englisch, Lateinamerika in Portugiesisch und Spanisch. Die Fremdsprachendienste werden in Abstimmung mit den anderen Ostblockstaaten ausgebaut (neuer 500 kW-Sender für RBI). Schwerpunkte anderer Ostblockstaaten sind z. B. Bulgarien für Griechenland und Türkei, ČSSR und Polen für Frankreich und USA. Programmzeitschrift für das Ausland: „RBI-Journal".

Sondersender für Gastarbeiter in der Bundesrepublik: Mittelwelle 908 kHz, Burg bei Magdeburg (ehemaliger „Freiheitssender 904" bis 30. 9. 1971). Ausgestrahlt werden kommunistische Programme in Griechisch, Italienisch und Türkisch. Sendezeiten: dienstags bis freitags 21.30–22.00 Uhr. Sendungen für spanische Gastarbeiter wurden nach Aufnahme diplomatischer Beziehungen zu Spanien (Januar 1973) wieder eingestellt. Der für die Bundeswehr bestimmte „Soldatensender 935" stellte seine Sendungen am 1. 7. 1972 ein.

Allgemeine Programmgestaltung: Die sich aus der medienpolitischen Aufgabenstellung („sozialistische Bewußtseinslenkung") ergebenden parteilichen Richtlinien sind maßgebend für die gesamte Programmgestaltung. Die Programmredaktionen sind in Ost-Berlin zentralisiert. Für alle Sender zentral geleitet und gestaltet werden die Nachrichtensendungen; insgesamt werktags 80, sonnabends 70, sonntags 50, ohne RBI-Dienste. „Die Reihenfolge der Nachrichten und auch die Kontrastierung bestimmter Tatsachen entgegengesetzter Tendenz macht den Nachrichtendienst zu einem Faktor der politischen Agitation, der seine besondere Wirksamkeit eben dadurch erhält, daß der R. seine Hörer unmittelbar, direkt, zu jeder Stunde informieren kann" (Journalistisches Handbuch der DDR). Ebenfalls für alle Sender zentral geleitet und gestaltet werden die Sendungen zur Außenpolitik, die Hörspiele und die Musikproduktion von 17 Großen R.-Orchestern und Chören. In den 60er Jahren wurde beim Staatlichen R.-Komitee ein Bereich „Soziologische Forschung" geschaffen, dessen Meinungs- und Wirkungsforschungsergebnisse zu einer differenzierten Programmgestaltung der einzelnen Sender beitrugen. Angestrebt wird, die Vermittlung der eigenen politisch-ideologischen Absichten besser den Hörergewohnheiten und -wünschen anzupassen und gleichzeitig die hohe Zahl der zu westlichen Sendern abgewanderten Hörer zu verringern. Die starke Konkurrenzsituation zu den westlichen Sendern wird als „ideologischer Klassenkampf" verstanden, der auch die Musikprogramme einschließt. Neben der Übernahme westlicher Magazinprogrammstrukturen wurden beispielsweise die Frühprogramme (etwa 85 v. H. der über 14 Jahre alten Bevölkerung beginnen den Tag mit dem Einschalten des Radios) und Sendungen, die den großen jugendlichen Hörerkreis erreichen sollen (etwa 55 v. H.

hören nachmittags mindestens eine Stunde; R.-Hören steht an der Spitze der Hobbyliste), ausgeweitet und aufeinander abgestimmt. So sendet der Berliner R. ein mehr unterhaltendes Frühprogramm mit Berliner Lokalkolorit, die Stimme der DDR „heiße Musik" mit kurzen Informationen, während Radio DDR politische Beiträge in eine musikalische Palette „für jeden etwas" einbettet. Für den jugendlichen Hörerkreis (wegen der „heißen Musik" stark auf westliche Sender eingestellt), wird seit 1972 ein auf die Sender verteiltes Jugendmagazinprogramm von 15.00–20.30 Uhr ausgestrahlt: 15.00–16.00 Uhr von Radio DDR, 16.00–19.00 Uhr vom Berliner R. und von 19.10–20.30 Uhr von der Stimme der DDR, mittwochs zusätzlich von 20.30–21.30 Uhr vom Berliner R. ein Soldatenmagazin vom Jugendstudio DT 64.

Alle Programme haben etwa eine Proportion von einem Drittel Wort zu zwei Dritteln Musik. Der Wortanteil war Ende der 60er Jahre beim Deutschlandsender mit fast 40 v. H. am höchsten. Zusammenarbeit und Programmaustausch erfolgen über die OIRT, die internationale R.- und Fernsehorganisation der Ostblockstaaten mit Sitz in Prag.

Wöchentliche Programmillustrierte „FF-Dabei"; 1974 Auflage 1,4 Mill.

Hörbeteiligung: In der DDR gibt es seit den 70er Jahren nahezu in jedem Haushalt (99,96 v. H.) mindestens ein R.-Gerät, in mehr als der Hälfte aller Haushalte zwei oder mehr aufgrund der starken Zunahme von Transistorgeräten. Eine Testbefragung ergab 1968, daß sich bei bedeutenden Ereignissen unter jeweils 100 Radiohörern 53 durch den R., 18 durch das Fernsehen und 14 durch die Presse informieren. 92 v. H. hören gerne Musik, 52 v. H. verfolgen konzentriert bestimmte Wortsendungen. An der Spitze stehen Nachrichtensendungen, die 73 v. H. täglich hören. Musiksendungen hören täglich 56 v. H. Die größte Hörerdichte wird in den Morgenstunden erreicht.

Der Empfang von Westsendern: (Deutschlandfunk, RIAS-Berlin, SFB, BBC, NDR/WDR, Hess. R., BR, Radio-Luxemburg) ist je nach Empfangsmöglichkeiten stark verbreitet. Nachrichten und Informationen aller Art werden von allen sozialen Gruppen und Schichten, einschließlich von SED-Funktionären, zur Schließung der Informations- und Meinungslücken, die das „parteiliche" Angebot der DDR-Medien im großen Maße aufweist, von westlichen Sendern empfangen. Rechnet man das Informationsangebot des Westfernsehens mit ein, werden Nachrichten überwiegend aus den westlichen Kanälen bezogen. Über den Empfang westlicher Nachrichtenmedien durch DDR-Jugendliche ermittelten DDR-Soziologen: „Eine positive staatsbürgerliche Einstellung der Jugendlichen führt zwar häufiger als eine negative zum Empfang von DDR-Sendern, aber sie schließt den Empfang von Westsendern nicht automatisch aus" („Massenkommunikation und Jugend", Zentralinstitut für Jugendforschung, Leipzig, 1971). Vorwiegend Jugendliche, aber auch Angehörige anderer Altersgruppen bevorzugen ebenfalls westliche (Tanz-, Schlager-, Beat-, Pop-, Jazz-)Musik- und Unterhal-

tungssendungen. Befragungen in der DDR ergaben Ende der 60er Jahre, daß von den jugendlichen R.-Hörern 56 v. H. täglich ab 13 Uhr westliche Stationen einstellen, wobei besonders beliebte Jugendmagazinsendungen wie „RIAS-Treffpunkt" nachmittags Einschaltquoten bis 98 v. H. erzielten.

Ein früher angestrebtes Empfangsverbot von Westsendern hat sich als nicht durchführbar erwiesen. Der Empfang westlicher Sender wurde generell nicht unter Strafe gestellt; jedoch sind die Verbreitung von westlichen Informationen und Gemeinschaftsempfang bestraft worden; bei anderen Verfahren wurde das regelmäßige Hören von Westsendern als strafverschärfend gewertet. Gelegentliche Verpflichtungskampagnen, u. a. in den Schulen, sowie einschlägige Bestimmungen in der VO zum Schutz der Kinder und Jugendlichen vom 26. 3. 1969 hatten keinen durchgreifenden Erfolg. Auch die früher starke Störung westlicher Sender durch örtliche DDR-Störsender wurde in den 60er Jahren weitgehend eingestellt. 1974 wurde nur noch das Mittelwellenprogramm von RIAS Berlin gestört (UKW- und Langwellenprogramme sind aus technischen Gründen nie gestört worden). Honecker 1973 zum Empfang westlicher Sender: „Die westlichen Massenmedien, vor allem der Rundfunk und das Fernsehen der BRD, die ja bei uns jeder nach Belieben ein- oder ausschalten kann . . ." (Politbürobericht 9. ZK-Tagung). Und 1974: „In der DDR sind – das ergibt sich schon aus unserer geographischen Lage – Dutzende westliche Sender, darunter auch solche, die von der USA-Regierung finanziert werden, empfangbar" (Interview für die amerikanische Nachrichtenagentur AP im Neuen Deutschland vom 4. 6. 1974).

Geschichte: Erste Sendungen des Berliner R. erfolgten nach dem II. Weltkrieg bereits am 13. 5. 1945 aus dem alten Berliner R.-Gebäude in der Masurenallee (ab Juli britischer Sektor, heute Sitz des SFB). Verantwortlich war der zur → **Gruppe Ulbricht** gestoßene KP-Funktionär Hans Mahle unter Kontrolle der SMAD. Im September wurde der Sendebetrieb von Radio Leipzig und im Dezember Dresden aufgenommen, im Januar 1946 folgten die Sender Schwerin, Erfurt, Potsdam, Halle und Weimar. Am 21. 12. 1945 übergab die SMAD unter Aufrechterhaltung ihrer Kontroll- und Zensurrechte die Leitung des R.-Wesens an die bereits für die gesamte sowjetische Besatzungszone existierende „Deutsche Verwaltung für Volksbildung". Aus dem R.-Referat dieser Zentralverwaltung entstand 1947 die „Generalintendanz des deutschen demokratischen Rundfunks". 1949 begann die Umsiedlung des Berliner R. in den Ostsektor der Stadt; der Deutschlandsender nahm seine Sendungen auf.

Nachdem im Juli 1952 die II. SED-Parteikonferenz den planmäßigen Aufbau des Sozialismus beschlossen hatte, wurde mit der Verordnung vom 14. 8. 1952 das **Staatliche Rundfunkkomitee** (mit einem besonderen Intendanzbereich Deutscher Fernsehfunk) als oberstes zentrales Leitungsorgan aller Sender gebildet. Seine Aufgaben hießen: Schaffung von drei verschiedenen, sorgfältig aufeinander abgestimmten ganztägigen Programmen für die Bevölkerung in der DDR und in „Westdeutschland": „Es kommt darauf an, das sozialistische Bewußtsein der Werktätigen zu entwickeln, die Bevölkerung tief mit der Idee der Verteidigung des Friedens, der Verteidigung unserer Heimat und des Hasses gegen die imperialistischen Kriegsbrandstifter, Militaristen und Vaterlandsverräter zu erfüllen und den Kampf um die Einheit Deutschlands und den baldigen Abschluß eines Friedensvertrages verstärkt zu entfalten." Die Programmprofilierung ergab zunächst: Der Deutschlandsender richtete sich in erster Linie an die Bevölkerung in der Bundesrepublik, Radio DDR sendete differenziert für DDR-Hörer, Berliner R. „repräsentiert die Hauptstadt" und wandte sich (seit 1958 mit einer gesonderten „Berliner Welle") an die West-Berliner. 1955 begann „Radio Berlin International" mit den Sendungen für das Ausland. Nach dem Verbotsurteil gegen die westdeutsche KPD nahm im August 1956 der „Freiheitssender 904" (aus Burg bei Magdeburg) seine Sendungen für Westdeutschland auf (mit Kode-Durchsagen für Kuriere etc.). Der „Deutsche Soldatensender 935" wandte sich ab Herbst 1960 mit einem gesonderten Agitationsprogramm an die Soldaten der Bundeswehr. Der Aufbau der UKW-Senderkette (seit 1952/53) für Regionalprogramme führte schließlich 1964 zur Einrichtung des II. Programms von Radio DDR, ausschließlich über UKW. Ab September 1964 erfolgten erste Stereofoniesendungen über UKW-Sender Berlin, Leipzig und Dresden.

1968 wurde das Staatliche R.-Komitee aufgegliedert in das „Staatliche Komitee für R." und das „Staatliche Komitee für Fernsehen" beim Ministerrat. Das Staatliche Komitee für R. verfügte 1969 über insgesamt 8 Funkhäuser, 7 Studios, 1 Langwellensender, 20 Mittelwellensender, 8 Kurzwellensender und 40 Ultrakurzwellensender. Nach dem VIII. Parteitag wurde Rudolf Singer im Juli 1971 Vorsitzender des Staatlichen Komitees für R. Mit dem 1. 10. 1971 stellte der Freiheitssender 904 sein Programm ein, am 14. November der Deutschlandsender und die Berliner Welle. Mit neuem Programm begann am 15. 11. 1971 der Sender „Stimme der DDR" als Nachfolger des Deutschlandsenders sein Programm. Der Sender 935 schweigt seit 1. 7. 1972.

Rüstungsproduktion: Die → **bewaffneten Kräfte** der DDR sind vorwiegend mit Waffen und Gerät sowjetischer Herkunft ausgestattet. Eigenproduktionen sind nur auf dem Gebiet der Elektronik, des Kraftfahrzeugbaus und des Schiffsbaus bekannt. Die 1949 einsetzende R. (d. h. Produktion von Waffen und Ausrüstung) wurde vom Büro für Wirtschaftsfragen gelenkt, das 1952 in Amt für Auftragsangelegenheiten und im Januar 1956 bei Gründung der → **Nationalen Volksarmee** in Amt für Rüstungstechnik umbenannt wurde. Nach Auflösung dieses Amtes im März 1958 wurden die Aufgaben direkt vom Ministerium für Nationale Verteidigung übernommen, dessen Ingenieurtechnische Verwaltung eng mit der Abteilung Sonderbedarf der Staatlichen Plankommission, der Staatlichen Verwaltung der Staatsreserve und dem für den Import von Rüstungsgütern zuständigen Ingenieurtechnischen Außenhandel zusammenarbeitet. Wichtige Teilbereiche der R. wurden durch die Verordnungen über Lieferungen und Leistungen der Bewaffneten Organe vom 28. 6. 1968 und 6. 6. 1972 geregelt. Alle Volkseigenen Betriebe, die ausschließlich R. betreiben, sind in der Vereinigung Volkseigener Betriebe (VVB) Unimag zusammengefaßt. Alle Betriebe mit teilweiser R. sind seit dem 26. 11. 1966 Kontrollbeauftragten des → **Ministeriums für Nationale Verteidigung** unterstellt, die ihren Sitz in den Betrieben haben.

S

Saalebrücke: Die Hirschberger S. auf der Autobahnstrecke Berlin-München nordwestlich von Hof wurde in den letzten Tagen des II. Weltkrieges teilweise zerstört. Über ihren Wiederaufbau wurde mehr als 10 Jahre verhandelt. In einem lange Zeit geheimgehaltenen Protokoll hatte sich die DDR anläßlich der Wiederaufnahme des Interzonenhandels Ende 1960 zu dem Wiederaufbau bereit erklärt. Verhandlungen darüber zögerte sie jedoch hinaus mit dem Argument, der Wiederaufbau der Brücke gehöre nicht in den Bereich des Interzonenhandels. Am 14. 8. 1964 wurde von den „Vertretern der zuständigen Behörden der beteiligten Währungsgebiete" eine „Vereinbarung über den Wiederaufbau und die Unterhaltung der Autobahnbrücke bei Hirschberg" unterzeichnet. Danach führte die DDR die Bauarbeiten aus und sorgt für die Unterhaltung der Brücke, während die Bundesrepublik Deutschland die auf 5,5 Mill. DM geschätzten Kosten übernahm. Die Bezahlung dieser Kosten erfolgt im Rahmen des Interzonenhandelsabkommens. Nach 2jährigem Aufbau konnte die S. am 19. 12. 1966 dem Verkehr übergeben werden. Der neue Übergang heißt auf bundesrepublikanischer Seite Rudolphstein, in der DDR Hirschberg.

Saatgut: → **Staatliches Komitee für Aufkauf und Verarbeitung landwirtschaftlicher Produkte** (SKAV).

Sabotage: → **Staatsverbrechen.**

Sächsische Akademie der Wissenschaften zu Leipzig (SAW): In ihrem neuen Statut von 1971 wird die SAW als wissenschaftliche Institution bezeichnet, die als „Gesellschaft hervorragender Gelehrter" einen wichtigen Beitrag zur Förderung des wissenschaftlichen und geistig-kulturellen Lebens leistet. Sie wurde am 1. 7. 1846 als Königlich Sächsische Gesellschaft der Wissenschaften gegründet und trägt seit dem 1. 7. 1919 ihren heutigen Namen. Seit 1956 untersteht sie dem Ministerrat der DDR.

Ihre Aufgaben erfüllt die SAW in enger Zusammenarbeit mit der → **Akademie der Wissenschaften** der DDR auf der Grundlage eines langfristigen, abgestimmten Arbeitsprogramms. Die Zuordnung zur AdW erfolgte aufgrund eines Beschlusses des Ministerrates mit dem Ziel, die Arbeit der SAW stärker auf die Schwerpunkte der Wissenschaftspolitik zu orientieren.

Die Leitung der SAW liegt bei einem Präsidium, dem der Präsident (gegenwärtig Prof. Dr. Kurt Schwabe), der Vizepräsident, die Leiter der Klassen und der Sekretär der Parteigruppe der SED angehören.

Zu ordentlichen Mitgliedern der SAW können bis zu 65 Wissenschaftler der DDR gewählt werden, die ihren Wohnsitz in den Bezirken Leipzig, Dresden, Karl-Marx-Stadt, Halle, Erfurt, Gera oder Suhl haben. Als Ausdruck besonderer Ehrung können Wissenschaftler außerhalb der DDR zu auswärtigen bzw. korrespondie-

renden Mitgliedern der SAW gewählt werden. Die ordentlichen Mitglieder bilden das Plenum der SAW. Bei der SAW bestehen eine mathematisch-naturwissenschaftliche und eine philologisch-historische Klasse, zu deren Aufgaben die Vorbereitung der Sitzungen des Plenums gehört. Plenarsitzungen finden monatlich – mit Ausnahme der Sommermonate – statt. Im Mittelpunkt stehen Referate zu Forschungsschwerpunkten der beiden Klassen, die danach in den Sitzungsberichten der SAW veröffentlicht werden.

Forschungsschwerpunkte der mathematisch-naturwissenschaftlichen Klasse sind u. a. Probleme der Gerontologie, der Wirkungsmechanismen von Neurohormonen oder die Entwicklung einer mathematischen Theorie spezieller analytischer Funktionen.

Die philologisch-historische Klasse befaßt sich u. a. mit der Herausgabe eines althochdeutschen Wörterbuches, der Erforschung der Sprache der frühen deutschen Lyrik und historischen Studien.

Die naturwissenschaftlich-mathematische Klasse hatte 1970 30 ordentliche, 18 „früher ordentliche, gegenwärtig auswärtige Mitglieder" (vor allem aus der Bundesrepublik Deutschland) und 17 korrespondierende Mitglieder; die philologisch-historische Klasse hatte 20 ordentliche, 18 gegenwärtig auswärtige und 18 korrespondierende Mitglieder.

Sachversicherung: Die S. ist ein Teil der Schadensversicherung, d. h. im Gegensatz zur Summenversicherung ist die Höhe der Versicherungsleistung von der Höhe des exakt nachzuweisenden Schadens abhängig. Die S. ist eine freiwillige Versicherung; sie umfaßt vor allem folgende Zweige: Feuer, Einbruch-Diebstahl, Hausrat und Glas, Leitungswasser- und Sturmschäden, Maschinen, Reisegepäck, Hagel, Waldbrand, lebende und Schlachttiere, Kraftfahrzeugkasko- und allgemeine Haftpflicht.

In der „Haushaltsversicherung" können alle zu einem privaten Haushalt gehörenden Personen und Sachen gegen verschiedene Risiken (Einbruch-Diebstahl, Überschwemmung u. a.) versichert werden. Die Höhe des Beitrages richtet sich nach der Versicherungssumme und der Zahl der versicherten Personen. Alleiniger Träger ist die → **Staatliche Versicherung der DDR.**

SBZ: Abk. für die Sowjetische Besatzungszone, den Teil Deutschlands, der aufgrund von Vereinbarungen zwischen den Alliierten nach der Kapitulation 1945 von sowjetischen Truppen besetzt wurde. Das Gebiet der SBZ war nicht identisch mit dem durch die Sowjets militärisch eroberten Gebiet. Ein großer Teil des von Engländern und Amerikanern eroberten Raumes (vor allem große Teile Thüringens, Sachsens und Sachsen-Anhalts) wurde im Sommer 1945 entsprechend alliierter Abmachungen gegen Ende des II. Weltkrieges an die UdSSR abgetreten (s. Grafik). Dafür willigte die

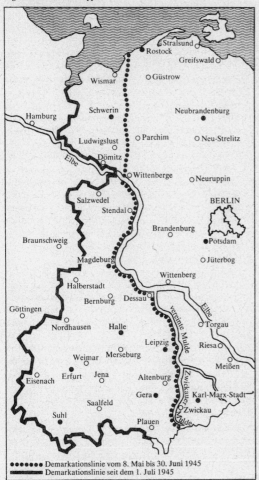

Demarkationslinie zwischen den sowjetischen und
angloamerikanischen Truppen

●●●●●● Demarkationslinie vom 8. Mai bis 30. Juni 1945
━━━━━ Demarkationslinie seit dem 1. Juli 1945

UdSSR in eine Teilnahme der Westalliierten an der Besetzung des von ihr eroberten Berlin ein. Der sowjetische Sektor von → **Berlin** gehörte aufgrund völkerrechtlicher Vereinbarungen zwischen den drei Alliierten (USA, Großbritannien und UdSSR) nicht rechtlich,
wohl aber verwaltungsmäßig zur SBZ. Seit 1949 ist er
Sitz nahezu aller Regierungs- und Verwaltungsbehörden der DDR. Seit Abschluß des Viermächte-Abkommens über Berlin 1971, dessen Wirksamkeit die SED
aber – im Gegensatz zu seinem Text – als auf die drei
westlichen Sektoren Berlins begrenzt interpretiert, wird
im östlichen Sprachgebrauch für den Ostsektor die Bezeichnung „Berlin – Hauptstadt der DDR" verwandt,
um so seine tatsächliche, seit langem bestehende Hauptstadtfunktion zu unterstreichen. → **Deutschlandpolitik
der SED; Londoner Protokoll.**

Schallplatten: → **Musik.**

Schauprozesse: Anfang und Mitte der 50er Jahre
wurden „Prozesse vor erweiterter Öffentlichkeit"

durchgeführt, um eine abschreckende Wirkung zu erzielen (Generalprävention) oder die gegen den Aufbau des
Sozialismus gerichteten „Machenschaften des Klassen-
feindes" besonders deutlich herauszustellen. Später
wurde die Taktik in der Organisation der Sch. verändert.
An Stelle einer möglichst großen Zuhörerschaft wurden
bestimmte Personengruppen zu einem Prozeß besonders eingeladen. Der Zutritt zu diesen Sch. ist meist nur
gegen vorher ausgegebene Eintrittskarten möglich. In
der Regel ist der Verlauf eines Sch. vorher zwischen Gericht und Anklagebehörde abgesprochen. Wiederholt
konnte beobachtet werden, daß sich Angeklagte und
Zeugen wie in einer gewissenhaft einstudierten Rolle
verhielten. Von für die Bewußtseinsbildung der Bevölkerung und die nach außen gerichtete propagandistische
Wirkung besonders geeignet erscheinenden Prozeß-Si-
tuationen und Aussagen werden Rundfunk- und Fern-
sehübertragungen gesendet und Wochenschauberichte
hergestellt. Für den letzten Prozeß dieser Art, das im
November 1973 vor dem Ost-Berliner Stadtgericht
durchgeführte Strafverfahren gegen drei „Menschenhändler", waren erstmalig sogar westliche Journalisten
zugelassen. Mit diesem Prozeß sollte der Nachweis erbracht werden, daß die Bundesregierung und der Senat
von Berlin (West) nicht nur nicht gegen ständige Miß-
bräuche auf den Transitwegen einschreiten, sondern in
völkerrechtswidriger Weise diese Vertragsverletzungen
dulden oder gar fördern (→ **Staatsverbrechen**).

Scheckverfahren: Diesem → **Verrechnungsverfahren**
kommt seit 1965 besondere Bedeutung zu. Es soll vorzugsweise in den Fällen vereinbart werden, bei denen
die Gegenleistung unmittelbar erfolgt und ihre sofortige
Prüfung möglich ist (Verrechnungsverordnung vom
12. 6. 1968; GBl. II, S. 423). Innerhalb von 8 Tagen ist
der Scheck der Bank zur Verrechnung vorzulegen. Im
Falle des ungedeckten Schecks wird der Aussteller
durch seine Bank zeitweilig vom Sch. ausgeschlossen
(Scheck-Anordnung vom 3. 9. 1964; GBl. II, S. 768).

Schiedskommissionen: → **Gesellschaftliche Gerichte.**

Schießbefehl: Die Anwendung der Schußwaffe durch
Angehörige der Grenztruppen richtet sich gemäß § 62
der Grenzordnung vom 15. 6. 1972 (GBl. II, S. 483)
nach den „Schußwaffengebrauchsbestimmungen für die
Wachen, Posten und Streifen der Nationalen Volksar-
mee" von 1963 (DV-10/4), die aber „unter Berücksich-
tigung der Besonderheiten der Grenzsicherung anzu-
wenden" sind. In Erweiterung der Bestimmungen der
DV-10/4 beruht der Schußwaffengebrauch der an der
Grenze zur Bundesrepublik Deutschland und zu West-
Berlin eingesetzten Grenzposten auf der DV-30/10 von
1965. Nach diesen Vorschriften darf nur entlang der
→ **Grenze** oder ins Hinterland geschossen werden. Dem
Schußwaffengebrauch muß grundsätzlich der Anruf:
„Halt, Grenzposten, Hände hoch!" vorangehen. Da-
nach kann ohne vorherigen Warnschuß gezielt geschos-
sen werden.
Diese Dienstvorschriften sind durch einige Geheimbe-

fehle, die nur den Kompanieführern zugänglich sind, verschärft worden. Auch bei der Vergatterung erhalten die Grenzposten den Befehl, Grenzdurchbrüche nicht zuzulassen, Grenzverletzer festzunehmen oder zu „vernichten" und Provokationen in das Gebiet der DDR gegebenenfalls mit der Schußwaffe zu verhindern.

Seit der Errichtung der Mauer in Berlin am 13. 8. 1961 bis Anfang 1974 sind nach Ermittlungen der Zentralen Erfassungsstelle der Landesjustizverwaltungen in Salzgitter, die sich mit der Verfolgung dieser Gewaltverbrechen befaßt, an der Grenze zur Bundesrepublik Deutschland 94 und nach den Feststellungen der West-Berliner Polizei an der Grenze um West-Berlin 70 Personen bei „Grenzverletzungen" ums Leben gekommen. Die meisten von ihnen sind durch Grenzposten erschossen worden. Die tatsächliche Zahl der Opfer des Sch. und der Minensperren und der seit 1971 gebauten Selbstschußanlagen dürfte jedoch höher liegen.

Bei der Zentralen Erfassungsstelle in Salzgitter sind ca. 3 500 Fälle von Schußwaffengebrauch durch DDR-Grenzposten sowie von Explosionen von Minen und Selbstschußanlagen allein an der Grenze zum Bundesgebiet registriert.

Das Verhältnis von beobachtetem Schußwaffengebrauch und sogenannten Sperrbrechern unter den → **Flüchtlingen** läßt aus westlicher Sicht die Vermutung zu, daß der Sch. durch die Grenzposten nicht einheitlich strikt befolgt wird.

Schiffahrt: → **Verkehrswesen.**

Schiffbau: Vor der Spaltung Deutschlands war im Gebiet der heutigen DDR nur eine Werft für Seeschiffe, die Neptun-Werft in Rostock, vorhanden, auf der Schiffe bis zu 8 000 BRT gebaut werden konnten. Nach beträchtlichen Kriegs- und Demontageschäden wurde sie wieder aufgebaut und erheblich vergrößert. Außerdem wurden an der Küste der DDR seit 1949 weitere 4 Seeschiff-Werften errichtet, so daß dort gegenwärtig für Bau und Reparatur von Seeschiffen folgende Werften zur Verfügung stehen:

1. VEB Mathias-Thesen-Werft, Wismar. Hauptproduktion: Mehrzweckfrachtschiffe, Fischfang- und Verarbeitungsschiffe (Kühl- und Gefrierschiffe).

Als bisher größtes Schiff der DDR-Schiffbauproduktion wurde 1973 ein Universalfrachtschiff (für Erz, Schüttgut, Stückgut, Langgut, Container) mit 23 400 t Tragfähigkeit fertiggestellt.

2. VEB Warnowwerft, Warnemünde. Hauptproduktion: Mehrzweckfrachtschiffe, Containerschiffe.

3. VEB Schiffswerft „Neptun", Rostock. Hauptproduktion: Mehrzweckfrachtschiffe, Stückgutfrachtschiffe.

4. VEB Volkswerft Stralsund. Hauptproduktion: Fischfang- und Verarbeitungsschiffe (im Dezember 1973 ist das 17. Schiff der Serie vom Typ „Atlantik-Supertrawler" auf Kiel gelegt worden). In den 25 Jahren ihres Bestehens hat die Werft 1 145 Schiffsneubauten fertiggestellt.

5. VEB Peene-Werft, Wolgast. Hauptproduktion: Küstenmotorschiffe, Militär- und Polizeischiffe, Schwimmbagger.

Seeschiffe für den Fischfang in kleineren und mittleren

Größenordnungen werden auch in einigen Binnenwerften gebaut, hauptsächlich im *VEB Elbewerften Boizenburg/Roßlau,* wo z. B. 1972/73 in Auslandsauftrag eine Serie von Fischkuttern für den Einsatz im Mittelmeer hergestellt wurde. Zum Hauptproduktionsprogramm dieses VEB Elbewerften gehören Binnenfahrgastschiffe. (Ende Dezember 1973 erfolgte der Stapellauf des ersten 125 m langen Binnenfahrgastschiffes aus einer Serie für die UdSSR, das als schwimmendes komfortables Hotel für 360 Personen gebaut ist.)

Weitere Binnenwerften bauen insbesondere Schubboote und Schubprahme für die Binnenschiffahrt sowie Schlepper, Schwimmkräne und -bagger.

Die Spezialisierung der Werften auf den Bau bestimmter Schiffsarten sowie die Festlegung auf bestimmte Schiffstypen beruht auf Vereinbarungen innerhalb des → **Rates für Gegenseitige Wirtschaftshilfe** (RGW). Die Anzahl der Schiffstypen, die in den RGW-Ländern gefertigt werden, ist seit Anfang der 60er Jahre beachtlich verringert worden. Hierdurch werden eine größere Serienproduktion und damit eine bessere Ausnutzung der Werftkapazitäten angestrebt.

Die Leitung des gesamten Industriezweiges Sch. liegt bei der VVB Sch., Sitz Rostock. Ihr sind die See- und Binnenwerften sowie die Hauptzulieferbetriebe des Sch. zugeordnet. Innerhalb der VVB Sch. besteht ein volkseigener Außenhandelsbetrieb: → **Schiffscommerz.**

Zu den Hauptzulieferbetrieben zählen hauptsächlich Betriebe des Schiffsmaschinen- und Schiffsanlagenbaus (z. B. Bau von Schaltanlagen, Schiffselektronik, Tanks, Hydrophoren, Fischmehl- und Fischölanlagen). Eine Sch.- und Versuchsanstalt befindet sich in Potsdam-Marquardt.

Neubauproduktion der Werften der DDR (seegehende Schiffe)

Jahr	BRT	Jahr	BRT
1950	50 734	1971	309 433
1960	212 387	1972	311 845
1970	331 243	1973	325 010

Die Neubauproduktion der Jahre 1972 und 1973 bestand im einzelnen aus:

Schiffstyp	1972		1973	
	Anzahl	BRT	Anzahl	BRT
Mehrzweckfracht- bzw. Stückgut- und Containerfrachtschiffe	41	176 018	31	226 455
Fischfang-, Fischkühl- und Verarbeitungsschiffe	30	54 728	31	79 820
Spezialschiffe, Sonstige	16	81 099	16	18 735
Insgesamt	87	311 845	78	325 010

Der überwiegende Teil dieser Schiffsneubauten war für den Export bestimmt, in den vergangenen Jahren sogar im Durchschnitt zu über 90 v. H. (bezogen auf Vermessung in BRT). Mehr als die Hälfte der Schiffe erhielt die UdSSR, der Hauptauftraggeber des DDR-Sch. (1972 46 und 1973 43 Schiffe). Weitere Empfangsländer der

Schiffsproduktion des Jahres 1973 waren Tschechoslowakei, China, Rumänien, Indien, Algerien, Norwegen,
Frankreich, Bundesrepublik Deutschland und Schweden.

Schiffscommerz: Volkseigener Außenhandelsbetrieb
der VVB Schiffbau der DDR mit Sitz in Rostock. Seine
Aufgaben bestehen in Ex- und Import von Schiffen und
Schiffsausrüstungen. Der Export soll durch diesen Außenhandelsbetrieb besonders gefördert werden, da der
Schiffbau einer der bedeutenden, devisenbringenden
Industriezweige der DDR ist.
Der VEB Sch. ist Exporteur für die Werften der DDR
sowie für die Schiffsausrüstungsbetriebe wie z. B. Moto-
renwerke, Anlagenbau. Über 90 v. H. der Neubauproduktion des Industriezweiges → **Schiffbau** (bezogen auf
Vermessung in BRT) sind durchschnittlich in den vergangenen Jahren durch den VEB Sch. exportiert worden.

Schöffen: → **Rechtswesen**, IV.

Schriftstellerverband der DDR: (Bis November 1973
Deutscher Schriftstellerverband.) Er wurde am 22. 5.
1952 auf dem III. Deutschen Schriftstellerkongreß gegründet und ging als Vereinigung der Schriftsteller der
DDR aus dem Kulturbund hervor. Schriftsteller im Sinne des Statuts sind die Verfasser, Übersetzer und Herausgeber schöngeistiger Werke sowie Literaturkritiker
und Essayisten; Literaturwissenschaftler und Lektoren
können ebenfalls Mitglieder werden.
Der Verband gliedert sich in Bezirksverbände. Für die
einzelnen Literaturgattungen bestehen Sektionen und
Aktivs. Fachsektionen: Dramatik, Film und Funk, Kin-
der- und Jugendbuch, Prosa, Lyrik, Übersetzungen,
Kulturpolitik.
Höchstes Organ ist der Kongreß. Er wird vom Vorstand
einberufen. Der Vorstand besteht aus den vom Kongreß
gewählten Mitgliedern sowie den Vorsitzenden der Bezirksverbände und den Verbandssekretären. Der Vorstand wählt aus seiner Mitte den Präsidenten und die Vizepräsidenten. Präsidentin ist seit 1952 Anna Seghers
(Vizepräsidenten 1973: Jurij Brezan, Hermann Kant,
Fritz Selbmann, Max Walter Schulz, Erwin Strittmatter).
1969 gehörten dem Verband 699 Mitglieder und 177
Mitglieder der Arbeitsgemeinschaft Junger Autoren an,
die der Verband anleitet.
Das Publikationsorgan ist die monatlich erscheinende
Zeitschrift „Neue Deutsche Literatur".
Mit dem → **Institut für Literatur „Johannes R. Becher"**
zusammen werden die Materialien für die Arbeitsge-
meinschaften Junger Autoren und die Zirkel Schreiben-
der Arbeiter herausgegeben.
Schriftstellerkongresse (stets Ausdruck der jeweiligen
→ **Kulturpolitik**): I: 1947, II: 1950, III: 1952, IV: 1956,
V: 1961, VI: 1969, VII: 1973.

Schrittmacher: → **Sozialistischer Wettbewerb.**

Schuldverschreibungen: → **Wertpapiere.**

Schule: → **Einheitliches sozialistisches Bildungssy-**
stem; IV, V, VII, VIII, XIV; **Elternhaus und Schule;
Schüler und Lehrlinge.**

Schüler und Lehrlinge: Während der Besuch der Einrichtungen und Veranstaltungen der Vorschulerziehung
für die Kinder der entsprechenden Altersgruppen nicht
verpflichtend ist, beginnt jeweils am 1. September für
alle schulfähigen Kinder, die bis zum 31. Mai des betreffenden Jahres das 6. Lebensjahr vollendet haben, die
Schulpflicht, die ausschließlich in den staatlichen Schulen der DDR, und zwar am Wohnsitz oder ständigen
Aufenthalt der Erziehungspflichtigen, zu erfüllen ist. Da
bis zu diesem Zeitpunkt alle normal entwickelten Kinder als schulfähig angesehen werden, erfolgen in der Regel auch keine besonderen Prüfungen zur Feststellung
der Schulfähigkeit. Stattdessen werden die zukünftigen
Sch. vor Schuleintritt über eine längere Entwicklungs-
zeit beobachtet, um nötigenfalls vorbeugende bzw. ent-
wicklungsfördernde Maßnahmen ergreifen zu können.
Diesem Zweck dienen einmal die beiden vorgeschriebenen ärztlichen Einschulungsuntersuchungen jeweils
$1^{1}/_{2}$ Jahr und $^{1}/_{2}$ Jahr vor Schuleintritt und zum anderen
die längerfristigen Beobachtungen der Kinder in den
Kindergärten und während der Spiel- und Lernnachmittage im Rahmen der Schulvorbereitung sowie in Zusammenarbeit mit den aufnehmenden Schulen. Die Schulpflicht für Kinder und Jugendliche mit wesentlichen
physischen und psychischen Schädigungen sowie die
Förderung nicht schulfähiger Kinder sind besonders geregelt; nur völlig bildungsunfähige Kinder sind von der
Schulpflicht befreit. Alle Kindergärten und Schulen sind
angewiesen, den Eltern der künftigen Schulanfänger
Hinweise für die zweckmäßige Vorbereitung der Kinder
auf die Schule zu geben.
Die Schulpflicht erstreckt sich auf den Besuch der
10klassigen Oberschule und der Berufsschule bis zur
Beendigung des Lehrvertrages; für Jugendliche, die
weiterführende Bildungseinrichtungen besuchen, gelten
die Schulpflichtbestimmungen entsprechend. Jugendliche, die keinen Lehrvertrag abschließen und das Ziel
der 8. Klasse der Oberschule erreicht haben, unterliegen zur Weiterführung oder zum Abschluß der Ausbildung in den allgemeinbildenden Fächern einer 2jähri-
gen Berufsschulpflicht. Nicht berufsschulpflichtig sind
Absolventen der 10. Klasse sowie Jugendliche, die das
Ziel der 8. Klasse nicht erreichen bzw. aus niederen
Klassen entlassen wurden und keinen Lehrvertrag abschließen; mit diesen Jugendlichen müssen die aufnehmenden Betriebe jedoch „Qualifizierungsverträge" abschließen. Innerhalb dieses Rahmens erstreckt sich die
Schulpflicht nicht nur auf den regelmäßigen Besuch
der Unterrichts- und Ausbildungsveranstaltungen der
Schulen usw., sondern auf volle von den Volksbildungsorganen für den betreffenden Personenkreis für obligatorisch erklärten Veranstaltungen.
Laut Schulordnung bzw. Lehrvertrag haben alle SchuL.
„zwecks Wahrnehmung ihres Rechtes auf sozialistische
Bildung und Erziehung" u. a. die Pflicht, fleißig und gewissenhaft zu lernen, die Forderungen und Aufträge der
Lehrer, Erzieher, Ausbilder usw. unverzüglich und ge-

nau zu erfüllen, sich innerhalb und außerhalb der Bildungseinrichtungen diszipliniert zu verhalten (→ **Erziehung zu bewußter Disziplin**), an den Veranstaltungen der sozialistischen → **Wehrerziehung**, der außerunterrichtlichen und der außerschulischen sozialistischen Bildung und Erziehung sowie an den verschiedenen Leistungswettbewerben aktiv teilzunehmen. Für besonders gute Pflichterfüllung und für hervorragende Leistungen können SchuL. ausgezeichnet werden; dafür besteht ein umfangreiches, abgestuftes Auszeichnungssystem, das durch ein differenziertes System von Schulstrafen und anderen Sanktionen ergänzt wird. Schulstrafen sind Verwarnung vor der Klasse durch den unterrichtenden Lehrer, Tadel vor der Klasse durch den Klassenlehrer mit Eintragung in das Klassenbuch und Benachrichtigung der Erziehungsberechtigten, Verweis vor dem Schulkollektiv durch den Direktor mit Eintragung in die entsprechenden Schuldokumente, Androhung der Umschulung, Umschulung in eine andere Bildungseinrichtung durch den Schulrat und Ausschluß aus der Abiturstufe (begrenzt auf Schüler der 11. und 12. Klassen) auf Antrag des Schulrates durch den Minister für Volksbildung.

Für die allgemeinbildenden und die Berufs-Schulen bestehen Schulgeldfreiheit sowie eine finanziell und bereichsmäßig eng begrenzte Lernmittelfreiheit (→ **Unterrichtsmittel**); darüber hinaus können unter Anlegung strenger sozialer Maßstäbe Unterhaltsbeihilfen für Sch. ab Klasse 9 und Ausbildungsbeihilfen für L. gewährt werden, auf die also kein Rechtsanspruch besteht; die Unterhaltsbeihilfen liegen zwischen 50 und 100, die Ausbildungsbeihilfen zwischen 20 und 60 Mark monatlich. L. erhalten bis zur Beendigung des Lehrvertrages ein monatliches L.-Entgelt, dessen Höhe und Steigerung sich entsprechend der VO vom 31. 1. 1974 (GBl. I, S. 85, 86) nach dem Abschluß der allgemeinbildenden Schule (8. oder 10. Klasse) richten und für L. mit Abschluß der 8. Klasse von 90 auf 120 und für L. mit Abschluß der 10. Klasse von 100 auf 150 Mark steigt. Sch. der allgemeinbildenden Schulen erhalten für besondere produktive Leistungen im polytechnischen Unterricht, und vor allem in der wissenschaftlich-praktischen Arbeit auf der Abiturstufe, u. a. auch Geldprämien, und Sch. der 9.–12. Klassen, die an der „freiwilligen produktiven Tätigkeit" während der Ferien in den „Lagern der Erholung und produktiven Arbeit" bzw. in den VEB teilnehmen, erhalten eine Vergütung entsprechend den tariflichen Regelungen für vergleichbare Arbeiten bzw. für die betreffenden Betriebe.

Entsprechend den Grundsätzen der ganztägigen gesellschaftlichen Bildung und Erziehung werden die SchuL. auch in ihrer Freizeit und Ferien- bzw. Urlaubszeit – das Schuljahr umfaßt in der Regel 36 Wochen und das Lehrjahr 38 Wochen – in das engmaschige System der außerunterrichtlichen und außerschulischen Veranstaltungen zum Zwecke der **politisch-ideologischen bzw. staatsbürgerlichen** → **Erziehung** sowie der → **Kollektiv- und Arbeitserziehung** einschließlich der gesellschaftlich nützlichen Tätigkeit einbezogen. Dabei verringert sich zwar der Erfolg dieser Bemühungen erkennbar mit zuneh-

mendem Alter und abnehmenden Bildungs- und Aufstiegschancen. Jedoch wird den vielfältigen Anforderungen zumindest formal genügt. Daher erlaubt auch das Ausmaß der Teilnahme der SchuL. an den verschiedenen Veranstaltungen, an der „die durch Taten zu beweisende unbedingte und unerschütterliche Ergebenheit gegenüber dem Sozialismus, der sozialistischen DDR und Staatengemeinschaft, der Arbeiterklasse und ihrer Partei" gemessen wird, noch keine Rückschlüsse auf die tatsächliche politisch-ideologische Einstellung. Wenn sich die Mehrzahl der SchuL. allem Anschein nach staatsbürgerlich loyal sowie lern- und leistungsbereit verhält, wobei sie sich anscheinend – wo immer möglich – eigene Freiräume schaffen, so geschieht dies vor allem zur Sicherung individueller Bildungs- und Aufstiegschancen.

Aus der marxistisch-leninistischen Auffassung von der Funktion der Schule als „eines Werkzeugs der Diktatur der Arbeiterklasse" (Lenin) werden auch Notwendigkeit und Berechtigung der besonderen Förderung der Arbeiter- und Bauernkinder im Bildungssystem der DDR hergeleitet.

Nach 25jährigem Bestehen eines → **einheitlichen sozialistischen** Schul- bzw. **Bildungssystems** sehen jedoch viele Lehrer und Schulfunktionäre in der DDR heute eine spezielle Förderung der Arbeiter- und Bauernkinder als überholt und im Widerspruch zu dem durch Verfassung und Bildungsgesetz allen Kindern und Jugendlichen garantierten Recht auf hohe Bildung stehend an, ganz abgesehen davon, „daß das Fehlen exakter Definitionen über die Klassenzugehörigkeit keine systematische Entwicklung der Arbeiter- und Bauernkinder ermöglicht". Demgegenüber betonen SED-Führung und Bildungspolitiker – besonders nach dem VIII. Parteitag der SED (1971) – auch für die Gegenwart und Zukunft die Notwendigkeit besonderer Förderung, „um immer wieder vorwiegend aus der Arbeiterklasse und der Klasse der Genossenschaftsbauern junge Kader zu erziehen, die die zur Machtausübung und Entwicklung des sozialistischen Staates erforderliche Bildung und Erziehung in hervorragendem Maße besitzen". Diese Förderung – praktiziert vor allem als bewußte Bevorzugung der als Arbeiter- und Bauernkinder deklarierten Kinder und Jugendlichen – bezieht sich sowohl auf die vollständige Erfüllung der 10jährigen Oberschulpflicht als auch auf die Zulassung zu den weiterführenden Bildungseinrichtungen. Dies wird durch die in allen einschlägigen Bestimmungen enthaltene Formel „unter Berücksichtigung der sozialen Struktur der Bevölkerung der DDR" zum Ausdruck gebracht. Daß die Zahl der Arbeiter-und-Bauern-Fakultäten inzwischen auf nur 2 – an der Bergakademie Freiburg und an der Universität Halle-Wittenberg – verringert wurde, ist lediglich ein Zeichen für die Umorganisation der Abiturstufe, nicht jedoch für eine Verminderung der Förderung der Arbeiter- und Bauernkinder.

In den → **sozialistischen Wettbewerb** werden auch schon die Sch. und besonders die L. einbezogen. Während jedoch im Unterricht seine Anwendungsmöglichkeiten als relativ begrenzt angesehen werden, weil hier die Ergebnisse nicht nur von den Lernenden, sondern – wegen der führenden Rolle des Lehrers – in entscheidendem Maße auch von den Lehrenden abhängen, werden in der außerunterrichtlichen und außerschulischen Bildung und Erziehung zahlreiche materiell und erzieherisch angelegte Wettbewerbe veranstaltet und für die besten bzw. besonderen Leistungen entsprechende Auszeichnungen verliehen. Zu den Wettbewerben für Sch. bzw. Junge Pioniere und FDJ-Mitglieder gehören u. a. der Schülerwettstreit „Wer weiß es besser, wer kann es besser?", die Russisch-Olympiaden, die Olympiaden Junger Mathematiker und die Treffen der Jungen Talente. Beispielsweise werden die Russisch-Olympiaden – ähnliches gilt für die Olympiaden Junger Mathematiker – zur Förderung der aktiven Beherrschung der russischen Sprache jährlich auf 4 Ebenen, nämlich als Schul-, Kreis-, Bezirks- und DDR-Olympiade durchgeführt und dienen auch der Auslese geeigneter Sch. für die weiterführenden Bildungseinrichtungen.

Für L. werden der Berufswettbewerb und die Messe der Meister von morgen organisiert. Ziel des Berufswettbewerbs ist es, Aktivität, Initiative und Kreativität im Lernen und Arbeiten bei den L. zu entwickeln und sie auf ihre spätere Teilnahme am sozialistischen Wettbewerb als hochqualifizierte Facharbeiter vorzubereiten. Er wird während der gesamten Berufsausbildung über die Dauer jeweils eines Lehrjahres anhand bestimmter Einzel- und Kollektivverpflichtungen sowie mit entsprechenden Leistungsvergleichen durchgeführt, die anläßlich der Messen der Meister von Morgen stattfinden. Die Bewegung → **Messen der Meister von Morgen** (MMM), auf denen die Wettbewerbsergebnisse der Kinder und Jugendlichen aller Altersgruppen auf wissenschaftlichtechnischem und wirtschaftlichem Gebiet ausgestellt werden, dient – wie auch der Berufswettbewerb – sowohl der Erfüllung vordringlicher volkswirtschaftlicher Aufgaben als auch der Heranbildung eines zu Spitzenleistungen fähigen Nachwuchses. Sie soll aber auch den gesunden Ehrgeiz der Kinder und Jugendlichen fördern, sich bei der Lösung schwieriger Aufgaben zu bewähren, und darüber hinaus bestimmte Prestigebedürfnisse befriedigen.

Als Anreiz zur Teilnahme an den verschiedenen Wettbewerben sowie für besondere Lern- und Arbeitsleistungen werden an SchuL. bzw. an Junge Pioniere und FDJ-Mitglieder zahlreiche → **Auszeichnungen** verliehen, so z. B. die Artur-Becker-Medaille (als höchste Auszeichnung der FDJ), die Lessing-Medaille, Johann-Gottfried-Herder-Medaille, Karl-Liebknecht-Medaille, Hans-Beimler-Medaille und -Ehrenabzeichen (→ **Wehrerziehung**), die Medaillen „Für ausgezeichnete Leistungen bei der Gewährleistung der Ordnung und Sicherheit", „Vorbildliches Lehrlingskollektiv im sozialistischen Wettbewerb" und „Für sehr gute Leistungen im sozialistischen Berufswettbewerb", die Abzeichen „Für gute Arbeit in der Schule", „Für gutes Wissen", „Für vorbildliche Leistungen zu Ehren der DDR" und das „Thälmann-Abzeichen", das Diplom für ein ausgezeichnetes Gesamtprädikat bei der Abschluß- und der Reifeprüfung, die Urkunde „Für gutes Lernen in der so-

zialistischen Schule" und die Ehrenurkunde der FDJ, der Preis der FDJ für hervorragende wissenschaftliche Leistungen sowie die Titel „Vorbildliches Pionierkollektiv", „Vorbildliches FDJ-Kollektiv", „Hervorragender Jungaktivist" und „Hervorragendes Jugendkollektiv der DDR", außerdem zahlreiche Auszeichnungen im Rahmen des Kinder- und Jugendsports (→ **Körpererziehung / Kinder- und Jugendsport**).

Als Belobigungen für Sch. sieht die Schulordnung die Anerkennung vor der Klasse durch den unterrichtenden Lehrer, das Lob vor der Klasse durch den Klassenleiter mit Eintragung in das Klassenbuch und Mitteilung an die Erziehungsberechtigten, das Lob vor dem Pädagogischen Rat durch den Direktor mit Eintragung in die entsprechenden Schuldokumente sowie das Lob beim Fahnenappell durch den Direktor mit Eintragung in die entsprechenden Schuldokumente vor; dazu wird ein „Ehrenbuch der Schule" geführt, in das alle Sch. eingetragen werden, denen Belobigungen und Auszeichnungen zuteil geworden sind.

Schülerzeitungen: → **Presse.**

Schulung: → **Parteischulung der SED.**

Schund- und Schmutzliteratur: § 146 (3) des Strafgesetzbuches der DDR von 1968 definiert: „Schund- und Schmutzerzeugnisse sind Druck- oder ähnliche Erzeugnisse, die geeignet sind, bei Kindern und Jugendlichen Neigungen zu Rassen- und Völkerhaß, Grausamkeit, Menschenverachtung, Gewalttätigkeit oder Mord oder anderen Straftaten sowie geschlechtliche Verirrungen hervorzurufen."

§ 1 (2) der VO zum Schutz der Kinder und Jugendlichen vom 26. 3. 1969 bestimmt außerdem: „. . . Die für die Bildung und Erziehung der Kinder und Jugendlichen Verantwortlichen haben geeignete Maßnahmen zur Verhinderung der Einflüsse der imperialistischen Ideologie, zur Überwindung negativer sozialer Lebens- und Verhaltensweisen sowie zur Bekämpfung deren Ursachen und Bedingungen zu treffen."

Unter Bezug auf diese Bestimmungen haben die Behörden der DDR in Vergangenheit und Gegenwart häufig die Einfuhr westlicher Druckerzeugnisse, insbesondere aus der Bundesrepublik Deutschland, behindert oder ganz unterbunden. Dies hat jedoch u. a. zum Entstehen eines „Schwarzen Marktes" für westliche Trivial- bzw. die sog. Kiosk-Literatur in der DDR beigetragen.

Schutzstreifen: → **Grenze.**

Schwangerenberatung: → **Mutterschutz.**

Schwangerschafts- und Wochenhilfe: → **Mutterschutz.**

Schwangerschaftsverhütung und -unterbrechung: Seit 1972 ist die Schwangerschaftsunterbrechung (SchU.) den Frauen innerhalb der ersten 12 Wochen der Schwangerschaft (Sch) freigestellt, jedoch gebunden an einen Antrag, an eine ärztliche Aufklärung über die medizinische Bedeutung des Eingriffs und Beratung über künftige Schwangerschaftsverhütung (SchV.) der Frau sowie an die „stationäre" Ausführung des Eingriffs in einer geburtshilflich-gynäkologischen Krankenhausabteilung. Bei medizinischen Bedenken aus dem Gesundheitszustand der Schwangeren muß der Eingriff abgelehnt werden, desgleichen, wenn seit einer letzten Unterbrechung weniger als 6 Monate vergangen sind (Gesetz über die Unterbrechung der Sch. und Durchführungsbestimmung dazu, beides vom 9. 3. 1972; GBl. I, S. 89 und 149). Das Ziel der „Aufklärung" wird von den Ärzten vielfach darin gesehen, die Schwangere von ihrem Unterbrechungswunsch abzubringen. Mit der Beratung beginnt in jedem Fall eine „Betreuung" nach dem Dispensaire-Prinzip (→ **Gesundheitswesen,** V.), d. h. eine Überwachung unabhängig davon, ob die Schwangere unter der Beratung den Antrag zurücknimmt, ob der Eingriff medizinischer Bedenken wegen verweigert oder ob die SchU. ausgeführt wird.

Mit dieser Regelung ist die DDR – nach langem Zögern, aus bevölkerungspolitischen Bedenken – auf die Linie der UdSSR (seit 1954) eingeschwenkt. Dem liegt die Erwägung zugrunde, daß die Einführung der Ovulationshemmer („Pille"), die unter dem Druck der öffentlichen Meinung nicht verhindert werden konnte, der SchV. Möglichkeiten eröffnet hat, die den Versuch, den Geburtenrückgang mit bloßen Verboten aufhalten zu wollen, aussichtslos erscheinen lassen. Die Geburtenzahlen sind von ihrem höchsten Stand (1963) bis 1973 um mehr als 40 v. H. gesunken. Dabei spielt allerdings auch der Altersaufbau der Bevölkerung – extrem schwache Jahrgänge der Nachkriegszeit, beträchtlicher Männerüberschuß in den Altersgruppen zwischen 20 und 35 Jahren – eine deutliche, jedoch nicht sicher abgrenzbare Rolle.

In der neuen Situation schienen Familienplanung (Ehe- und Sexualberatungsstellen: **Sexuelle** → **Aufklärung**) und finanzielle Förderung der Familien mit Kindern bessere Aussichten zu geben. So wurde (1972) die Geburtsbeihilfe einheitlich auf 1 000 Mark erhöht und ein staatliches Kindergeld (monatlich 50 Mark, steigend auf 70 Mark vom 5. Kinde an) bei 3 und mehr Kindern eingeführt; der Kinderzuschlag zu Lohn und Gehalt (mtl. 20 Mark) gilt nur noch für das 1. und 2. Kind. Besondere Förderung erfahren weibliche Studierende an Hoch- und Fachschulen bei Sch. (→ **Mutterschutz**).

Den Schwangerenberatungsstellen ist mit der gesetzlichen Regelung zusätzlich zur Schwangerenvorsorge die Aufklärung über die Möglichkeiten der SchV. übertragen worden. Verhütungsmittel (die „Pille") stellt die Pharmaindustrie in genügender Menge her. Bei ärztlicher Verordnung werden sie an sozialversicherte Frauen unentgeltlich abgegeben. Der anfängliche Optimismus hinsichtlich ihrer Unschädlichkeit und Bekömmlichkeit ist auch in der DDR der Skepsis gewichen. Doch wird über nachteilige Beobachtungen wenig bekannt: sie würden allzu leicht der einheimischen Pharmaindustrie angelastet (→ **Arzneimittelversorgung**).

Schwarze Pumpe: Name des größten, in der Nähe von Hoyerswerda (Kreis Spremberg) gelegenen Braunkohlenkombinats der DDR (der Name ist von einem früher auf dem Gelände befindlichen Gasthaus übernommen worden). Zu seinen Hauptaufgaben gehören die Förderung und Verarbeitung von Braunkohle. Dazu zählt u. a. neben der Elektrizitätserzeugung die Produktion von Braunkohlenbriketts, Braunkohlen-Hochtemperaturkoks (BHT) und Stadtgas. Rohstoffgrundlage ist das Niederlausitzer Revier (→ **Bergbau**), insbesondere die Vorkommen von Stradow, Welzow-Süd und Nochten. Insgesamt ist die Verarbeitung von jährlich 37 Mill. t Braunkohle vorgesehen.

Mit dem Bau des Werkes wurde 1956 begonnen. Die 1. Ausbaustufe war 1961 fertiggestellt; sie umfaßt eine Brikettfabrik mit einer Jahresproduktion von ca. 3 Mill. t und ein Kraftwerk mit einer Kapazität von 250 Megawatt.

Die Inbetriebnahme der 2. Ausbaustufe erfolgte 1964; zu ihr gehören neben einer Brikettfabrik und einem Kraftwerk ein Druckgaswerk mit 16 Generatoren (von insgesamt 40 geplanten Generatoren).

Die 3. Ausbaustufe wurde 1964/65 in Angriff genommen. Nach dem Vorbild der bereits im VEB Braunkohlenkombinat Lauchhammer arbeitenden Großkokerei wurde u. a. eine BHT-Kokerei errichtet. Der BHT-Koks ist für den Einsatz in der Metallurgie und in einigen Bereichen der chemischen Industrie geeignet. Damit wird vor allem die Abhängigkeit von der Einfuhr von Hüttenkoks gemindert (Einfuhr von Steinkohlenkoks 1965: 3,2 Mill. t, 1972: 3,1 Mill. t). Da die Braunkohle, im Gegensatz zur Steinkohle, nicht die Eigenschaft hat, beim Entgasungsprozeß zusammenzubakken, muß die zur BHT-Verkokung verwendete Kohle zunächst brikettiert werden. Nebenprodukte des Verkokungsprozesses sind Teer, Öle und Gas. Eine Aufbereitung des Gases ist erforderlich, da sein Heizwert von ca. 2 800 Kcal/m³ nicht der Stadtgasqualität entspricht (4 300 Kcal/m³). U. a. wird Erdgas aus der DDR und aus der UdSSR (seit 1973) zur Stadtgasmischung verwendet. Insgesamt stammt knapp die Hälfte der Stadtgaserzeugung der DDR aus dem Kombinat SchP. Davon werden etwa 0,5 Mrd. m³ durch BHT-Verkokung und ca. 1,5 Mrd. m³ durch Kohlendruckvergasung gewonnen. Die Jahresproduktion an BHT-Koks dürfte gegenwärtig knapp 1 Mill. t betragen, geplant waren 1,8 Mill. t. Vergleichsweise unbedeutend ist die Elektrizitätsabgabe an das öffentliche Netz, da entsprechend der Planung etwa 80 v. H. der Erzeugung zur Deckung des Eigenbedarfs benötigt werden.

1970 wurde das VEB Braunkohlenkombinat SchP. umbenannt in VEB Gaskombinat SchP. Gleichzeitig wurden dem Kombinat folgende Betriebe angeschlossen: VEB Projektierungs-, Konstruktions- und Montagebüro (PKM) Kohleverarbeitung Leipzig, VEB PKM Berlin, VEB Verbundnetz Gas Berlin, VEB Ferngasleitungsbau Zossen sowie das Brennstoffinstitut Freiberg. Insgesamt dürften zum Kombinat ca. 20 000 Beschäftigte gehören.

Schwerindustrie: Im allgemeinen Sprachgebrauch eine zusammenfassende Bezeichnung der Industriebereiche und -zweige, die überwiegend Produktionsmittel herstellen. Dazu gehören die → **Grundstoffindustrie**

(mit Energie- und Brennstoffindustrie, → **chemische Industrie** und Baumaterialienindustrie), ferner ein großer Teil der metallverarbeitenden Industrie (z. B. → **Werkzeugmaschinenbau**).

Schwermaschinen- und Anlagenbau: Entsprechend der bis 1967 gültigen Industriezweigsystematik ein Industriezweig des Industriebereichs Metallverarbeitende Industrie, der alle Industriebetriebe zum Bau sowie zur Montage und Reparatur von Energiemaschinen, Werk-

zeugmaschinen, Bagger- und Förderanlagen umfaßte. Zum Schwermaschinenbau zählten Mitte der 60er Jahre 460 Betriebe mit ca. 182 000 Beschäftigten.
Nach der neuen Industriezweigsystematik werden die Betriebe des SchuA. entsprechend dem Schwerpunkt ihrer Produktion den Industriezweigen Energiemaschinenbau, Bau von Bergbauausrüstungen, Metallurgieausrüstungsbau, Werkzeugmaschinenbau, Plast- und Elastverarbeitungsmaschinenbau und Bau von Metallkonstruktionen zugeordnet.

SED

SED in der antifaschistisch-demokratischen Ordnung – Entwicklung zur Kaderpartei – Konsolidierung und Aufbau des Sozialismus – Entwicklung zur Volkspartei – SED und entwickelte sozialistische Gesellschaft – Selbstverständnis – Organisation und Parteiaufbau – Mitgliederbewegung – SED als Zentrum politischer Willensbildung

Die Sozialistische Einheitspartei Deutschlands (SED) entstand am 21./22. 4. 1946 aus dem weitgehend erzwungenen Zusammenschluß der Sozialdemokratischen Partei Deutschlands (→ **SPD**) mit der Kommunistischen Partei Deutschlands (→ **KPD**) in der SBZ und in Berlin.

I. Geschichte der SED und ihrer Herrschaft

A. Vorgeschichte
Im Gegensatz zu anderen in Deutschland von 1933 bis 1945 verbotenen und verfolgten Parteien besaß die KPD im Moskauer Exil am Ende des II. Weltkrieges eine intakte Führung. Unter Kontrolle der Sowjets hatte dort die Parteiführung in den Jahren nach 1933 weiterarbeiten, unter den kriegsgefangenen Offizieren und Soldaten agitieren (→ **Nationalkomitee Freies Deutschland**) und sich auf die politische Arbeit im Nachkriegsdeutschland vorbereiten können.
In enger Zusammenarbeit mit der Politverwaltung der sowjetischen Streitkräfte wurde unter der Leitung des damaligen Mitgliedes des Politbüros und Sekretärs des Zentralkomitees der KPD, W. Ulbricht, Anfang Februar 1945 eine Kommission ins Leben gerufen, die Einzelheiten der politischen Arbeit im Nachkriegsdeutschland festlegte. Die von dieser Kommission ausgearbeiteten Thesen, die sich auf Vorarbeiten aus den Jahren 1943/44, so das „Aktionsprogramm des Blocks der Kämpferischen Demokratie" (1. Fassung Oktober 1944), stützten, wurden einer ausgewählten Gruppe von kommunistischen Emigranten in Schulungskursen vorgetragen. Sie können als Leitlinien der frühen sowjetischen Deutschlandpolitik angesehen werden:
1. Das deutsche Volk ist kollektiv verantwortlich für die Entfesselung des II. Weltkrieges und die Kriegsgreuel (Kollektivschuld).
2. Nach dem Krieg ist die „bürgerlich-demokrati-

sche Umgestaltung" zu vollenden; die Losung vom unmittelbaren revolutionären Übergang zum Sozialismus liegt nicht im Interesse der kommunistischen Bewegung (antifaschistisch-demokratische Ordnung).
3. Nach Kriegsende sind alle antifaschistischen Kräfte in einem „Block" zu sammeln; linkssektiererische Gruppen sind aufzulösen (Konzept eines antifaschistisch-demokratischen Blocks).
4. Die Einheit der Arbeiterklasse ist herbeizuführen. (Das Ziel der „Einheitsfront" bezog sich zu dieser Zeit – da die Gründung politischer Parteien in Deutschland zunächst nicht vorgesehen war – auf die „Zusammenarbeit im Block". Erst nach der Zulassung von Parteien durch die sowjetische Besatzungsmacht richtete sich diese Forderung speziell an SPD und KPD.)
Ein unmittelbar danach verabschiedetes 14-Punkte-Programm legte Einzelmaßnahmen fest und sollte die bürgerlichen Freiheitsrechte garantieren. Ziel war die „Vollendung der bürgerlichen Revolution" und nicht die „sozialistische Revolution".
Im Gegensatz zu solchen Vorstellungen der Moskauer Exil-KP waren unter den in Deutschland verbliebenen inhaftierten und illegal lebenden Mitgliedern der SPD (z. T. in Kontakt und Übereinstimmung mit ehemaligen KP-Mitgliedern, die ihr Schicksal teilten) andere Auffassungen für die Neuordnung nach dem Kriege entwickelt worden. Die sog. „Buchenwalder Plattform" vom 1. 5. 1944 und das „Buchenwalder Manifest" vom 13. 4. 1945 optierten klar für die „Verwirklichung des Sozialismus".

B. Eroberung einer Mitgliederbasis in der Phase der antifaschistisch-demokratischen Ordnung (1945–1947)
Ende April 1945 kehrte die erste Gruppe kommunistischer Emigranten, die sog. → **Gruppe Ulbricht**, aus der Sowjetunion nach Berlin zurück. Am 10. 6. 1945 erließ die Sowjetische Militäradministration in Deutschland (→ **SMAD**) den Befehl Nr. 2, der die Gründung antifaschistischer Parteien und Gewerkschaften gestattete. Bereits am nächsten Tag trat die KPD mit einem Aufruf, der überwiegend von den aus Moskau zurückgekehrten Kommunisten unterzeichnet war, an die Öffentlichkeit. Der Aufruf zielte

auf eine flexible Machtübernahme entweder in Gesamtdeutschland oder in dessen Teilen. Der zentrale Gedanke war die Errichtung einer einheitlichen, friedliebenden, antifaschistisch-demokratischen deutschen Republik. Es wurde hervorgehoben, daß es nicht sinnvoll sei, Deutschland das Sowjetsystem aufzuzwingen. Die Bildung einer Einheitspartei der Arbeiterklasse wurde zunächst nicht ins Auge gefaßt. Die Parteiführung wollte vermutlich erst einmal die eigenen Kader sammeln und schulen.

Besonders unter den in Deutschland aktiv gebliebenen KPD-Mitgliedern, und vor allem bei den Überlebenden der Konzentrationslager, regte sich gegen den Aufruf vom 11. Juni Widerstand. In ihren Augen bedeuteten die Konzeptionen der von der SMAD gesteuerten KPD-Führung eine Absage an die revolutionären Traditionen der deutschen Kommunisten.

Ferner riefen die SPD (15. 6.), die → **CDU** (26. 6.) und die → **LDPD** (5. 7.) zur Neugründung auf. Alle 3 Parteien erhielten von der SMAD die Genehmigung zur Aufnahme ihrer Tätigkeit, hatten aber durch ihre Zusammenfassung mit der von den Sowjets gestützten KPD im „antifaschistisch-demokratischen Block" (→ **Bündnispolitik**) diese als politisch willensbildende Kraft anzuerkennen. Die KPD in der SBZ und in Berlin ihrerseits sah sich in der Lage, zwar die von der sowjetischen Besatzungsmacht favorisierte Partei zu sein, gleichzeitig jedoch war sie zunächst nur eine politische Kraft unter mehreren. Der Weg zur Alleinherrschaft lag noch vor ihr. Ehemalige Mitglieder der SPD, die in der Zeit 1933–1945 in Deutschland geblieben waren, im Untergrund gekämpft hatten und sich nach Kriegsende in Berlin zusammenfanden, hatten als Führungsgremium der wieder aufzubauenden Partei den Zentralausschuß (ZA) unter O. Grotewohl gebildet. Der Gründungsaufruf des ZA forderte Demokratie in Staat und Gemeinde sowie Sozialismus in Wirtschaft und Gesellschaft. Aus den Erfahrungen des mit den Kommunisten z. T. gemeinsam gefochtenen Untergrundkampfes gegen das NS-Regime traten die Sozialdemokraten für die organisatorische Einheit der beiden Arbeiterparteien ein. Die aus Moskau heimgekehrten Kommunisten jedoch lehnten die Einheit nachdrücklich ab. Der Haltung der SPD in dieser Frage lag auch die Vorstellung zahlreicher ihrer Führer und Mitglieder zugrunde, daß der Zusammenbruch der Weimarer Republik hätte verhindert werden können, wenn es rechtzeitig zu einer Aktionseinheit von SPD und KPD gekommen wäre. Hinzu kam, daß die SPD-Führung annehmen konnte, aufgrund der Stärke ihrer Partei sei den Kommunisten der Weg zur alleinigen Machtausübung versperrt. Diese Einschätzung mag sich noch verstärkt haben, nachdem am 15. 6. 1945 (Gründungsaufruf) erstmals in der Geschichte der deutschen Arbeiterbewegung die Gründung einer überparteilichen Ein-

heitsgewerkschaft (→ **FDGB**) möglich zu werden schien.

Als die SPD – aufgrund der Aufnahme ihrer Tätigkeit auch in den Westzonen unter K. Schumacher, der von der Londoner Exil-SPD Unterstützung erhielt, sowie aufgrund ihrer starken gesamtdeutschen Ambitionen – politisch zu mächtig zu werden drohte, und als zudem die Kommunisten im Herbst bei den Wahlen in Österreich und Ungarn in der Minderheit blieben, nahm die KPD in der SBZ nunmehr ihrerseits konsequenten Kurs auf eine Vereinigung mit der SPD. Der Berliner ZA unter O. Grotewohls Vorsitz stellte nun Vorbedingungen an das formal von W. Pieck und de facto von W. Ulbricht im Einvernehmen mit der SMAD geführte ZK der KPD. Zu echten Verhandlungen zwischen beiden Spitzengremien ist es jedoch nicht gekommen. Vielmehr ließen der zunehmende Druck der sowjetischen Besatzungsmacht, einzelne Verhaftungen von SPD-Funktionären, jedoch auch Spannungen in der Partei selbst (insbesondere mit Schumacher in Hannover) Grotewohl Ende des Jahres 1945 nachgeben. Hinzu kam, daß in den SPD- und KPD-Landesverbänden von Sachsen, Thüringen und Mecklenburg zahlreiche Stimmen für eine Vereinigung beider Parteien laut wurden. Schon im Februar 1946 war es dann auf der Kreisebene zu Vereinigungen gekommen, wobei eventueller Widerstand von der Besatzungsmacht durch Überredung und Gewalt gebrochen wurde.

Die SMAD erlaubte weder gesamtdeutsche Parteitage beider Parteien noch eine Urabstimmung ihrer Mitglieder. Die einzige freie Urabstimmung fand in der SPD in den Westsektoren von → **Berlin** am 31. 3. 1946 statt. Hier entschieden sich bei einer Wahlbeteiligung von ca. 73 v. H. mehr als 80 v. H. der Sozialdemokraten gegen eine Einheitspartei. Allerdings sprachen sich die SPD-Mitglieder in den Westsektoren von Berlin deutlich für eine Zusammenarbeit von SPD und KPD aus.

In der SBZ wurden die Vereinigungsbeschlüsse auf dem 40. Parteitag der SPD und dem 15. der KPD gefaßt (19./20. 4. 1946). Der *I. Parteitag der SED (Vereinigungsparteitag, 21./22. 4. 1946)* fand dann im Admiralspalast in Berlin statt. Die Mehrheit der (1055) Delegierten kam entsprechend dem Mitgliederstand aus der SPD, 230 Delegierte waren aus den Westzonen angereist.

Die Partei gab sich ein (Organisations-)Statut. Gemäß diesem *(1.) Statut* wählte der Parteitag einen 80köpfigen Parteivorstand (PV), aus dem ein 14 Personen umfassendes Zentralsekretariat (ZS) hervorging. Die Bildung von Landes- und Kreisvorständen (später, nach Auflösung der Länder im Jahre 1952, Bezirksleitungen [BZL] und Kreisleitungen [KL] genannt, s. u.) war ebenfalls in dem Statut festgelegt. Für den Organisationsaufbau wurde zwischen der früheren Organisationsform der SPD (Wohnbezirksgruppen) und der KPD (Betriebsgruppen) ein Kompromiß insofern gefunden, als neue Mitglieder zwar von den „Ortsgruppen" aufgenommen, aber berufstätige Mitglieder gleichzeitig der „Betriebsgruppe" der SED angehören mußten. Territorial- und Produktionsprinzip bestanden nebeneinander (s. u. III, B). Alle Leitungsfunktionen – von Betriebs- und Ortsgruppen bis zum ZS – wurden paritätisch aus ehemaligen KPD- und SPD-Mitgliedern besetzt. Pieck und Grotewohl wurden zu Vorsitzenden der Partei, Ulbricht und P. Fechner zu stellvertretenden Vorsitzenden gewählt. Das ZS, das auf dem II. Parteitag um je einen Vertreter von KPD und SPD erweitert wurde, faßte selbständig Beschlüsse. In besonders wichtigen Fällen wurden sie dem PV zur Entscheidung unterbreitet.

Die SED hatte sich in den vom I. Parteitag verabschiedeten *„Grundsätzen und Zielen"* programmatisch auf einen „demokratischen" deutschen Weg zum Sozialismus festgelegt. Das lag auf der Linie der vom späteren ZS-Mitglied Anton Ackermann im Auftrag der sowjetischen Führung erarbeiteten und im Februar 1946 in der Zeitschrift „Einheit" vertretenen These vom besonderen deutschen Weg zum Sozialismus. Das Ziel, der Sozialismus, sollte auf demokratischem Wege „erstrebt" werden, wenn nicht „die kapitalistische Klasse den Boden der Demokratie verläßt". Obwohl sich die SED als „sozialistische" Partei verstand – wenn auch bis 1948 nicht offen – und auf den Marxismus als grundlegende Theorie berief, wurden in die für ganz Deutschland konzipierten „Gegenwartsforderungen" der „Grundsätze" Programmpunkte (z. B. Bestrafung aller Kriegsverbrecher, Pkt. 1) aufgenommen, die zeigten, daß die Partei eine breite Basis suchte. Bekenntnisse zur Meinungs- und Koalitionsfreiheit und zum Streikrecht standen allerdings erst an 8. und 9., die „Einheit Deutschlands" an 12. Stelle des Programms, und Forderungen wie: Beseitigung der kapitalistischen Monopole (Punkt 2), Entmachtung der Großgrundbesitzer und Durchführung der demokratischen Bodenreform (Punkt 3), wirtschaftlicher Aufbau auf der Grundlage von Wirtschaftsplänen (Punkt 6), gaben dem Gegenwartsprogramm sozialistisch-kommunistische Züge. Solche Ambivalenz in den „Grundsätzen" war nicht zufällig, denn die von der Parteiführung in ihrem Streben nach Erweiterung der Herrschaftsbasis zu berücksichtigenden Interessenlagen waren sehr unterschiedlich.

Die Verbreitung eines „demokratischen Images" bei der Mitgliedschaft und der Bevölkerung lag im Interesse der Parteiführung. Sie versprach sich davon Erleichterungen in der Verfolgung gesamtdeutscher Ziele. Damals wie auch in den folgenden Jahren war die SED vorbereitet, in den Westzonen in Übereinstimmung mit der sowjetischen Deutschlandpolitik aktiv Einfluß durch Ausdehnung ihrer Organisation auszuüben bzw. direkte politische Verantwortung zu übernehmen. Das starke gesamtdeutsche Engagement wurde deutlich, als der PV am 7. 5. 1946 in einem offenen Brief alle SPD- und KPD-Mitglieder in den drei westlichen Besatzungszonen aufforderte, auch in ihrem Gebiet eine Sozialistische Einheitspartei zu schaffen (→ **Deutschlandpolitik der SED**).

Im Herbst 1946 fanden in der SBZ die ersten Wahlen statt. Die SED erhielt in den Gemeindewahlen im Durchschnitt 58,5 v. H., in den Kreistagswahlen 50,3 v. H. und in den Wahlen zu den Landtagen 47,5 v. H. aller Stimmen, obwohl CDU und LDPD starken Behinderungen unterlagen. In den meisten größeren Städten konnte die SED nicht die absolute Mehrheit erlangen. Damit war sie – trotz Hilfestellung von seiten der Besatzungsmacht – hinter ihrem selbstgesteckten Ziel zurückgeblieben. Andererseits war sie stärker und besser organisiert als die bürgerlichen Parteien. Ihr Mitgliederstand wuchs (s. u. III, D), und die Zahl der → **Grundorganisationen** stieg von ca. 13 000 (I. Parteitag) auf 24 000 (II. Parteitag). Den Aufbau ihres hauptamtlichen Apparates hatte die SED der sowjetzonalen Verwaltungsstruktur angeglichen und sich durch die Gründung Personalpolitischer Abteilungen (PPA) bei den verschiedenen Parteiorganisationen wirksame Instrumente geschaffen, um die Personalpolitik in allen Bereichen des öffentlichen Lebens mitbestimmen zu können. Noch war allerdings innerhalb der SED die Moskau-orientierte ehemalige KPD, die vor allem für solche Maßnahmen verantwortlich zeichnete, auf die SPD und andere Gruppierungen angewiesen. Die einheitliche Ausrichtung und Umwandlung der neuen Partei im Sinne einer „Partei neuen Typus" sollte die Aufgabe der kommenden Jahre sein.

C. Umorganisationen im Sinne der Kaderpartei und der volksdemokratischen Ordnung (1947–1955)

Der *II. Parteitag (20.–24. 9. 1947)* beschloß die weitere Geltung der „Grundsätze und Ziele" bis zur Verabschiedung eines neuen Parteiprogramms, zu der es allerdings erst 1963 kam. Der Marxismus – nicht ausdrücklich seine Verbindung mit dem Leninismus – sollte der „sichere Kompaß" auf dem Weg zur demokratischen Neugestaltung und zur Einheit Deutschlands sein. Der Kampf um diese Einheit wurde zur „Hauptaufgabe" der Arbeiterklasse erklärt; dabei verstand die SED sich als politisch führende Kraft in ganz Deutschland.

Gleichzeitig wurde gefordert, in den Volkseigenen Betrieben die Überlegenheit der neuen demokratischen Wirtschaftsordnung über die „kapitalistische Wirtschaftsanarchie" zu beweisen. Besondere Bedeutung kam dabei der politischen Aktivität der ca. 13 000 Betriebsgruppen der SED zu, auf die sich nun immer mehr das Schwergewicht der politischen Arbeit verlagerte. Dies zeigte sich auf der zentralen Organisations- und Schulungskonferenz, die vom 27. 1. bis 6. 2. 1948 im Gebäude der Karl-Marx-Parteihochschule (→ **Parteihochschule „Karl Marx" beim**

ZK der SED) stattfand. Auf ihr waren folgende Richtlinien zur Verbesserung der Arbeitsmethoden der Parteileitungen und der Arbeit der Grundeinheiten erlassen worden: Die Betriebsgruppen sollten die „führende Kraft" in allen politischen, wirtschaftlichen, sozialen und kulturellen Fragen des Betriebes sein. Die Betriebsgruppen der staatlichen Industrieverwaltungen erhielten die Aufgabe, diese Institutionen von „reaktionären Elementen" zu säubern und bürokratische Hemmnisse zu beseitigen. Die Richtlinien legten ferner fest: Jede Betriebsgruppe hatte einen Arbeitsplan aufzustellen; in jedem Betrieb mit über 1 000 Parteimitgliedern waren hauptamtliche Parteisekretäre zu wählen und zu beschäftigen. Betriebsgruppen mit mehreren Tausend Mitgliedern, wie die Buna- und Leunawerke, erhielten die Pflichten und Rechte einer eigenen Kreisleitung der SED und neben dem 1. Sekretär auch weitere hauptamtliche Parteisekretäre für festgelegte Arbeitsgebiete. Seit Ende Januar 1948 sollten sich Betriebsgruppen der Partei in verschiedenen Betrieben in verstärktem Maß der Kontrolle und Propagierung eines kontinuierlichen Produktionsablaufs annehmen. Gleichzeitig wurden von der SED erste Formen der späteren Aktivistenbewegung, der Vorläuferin des → **sozialistischen Wettbewerbs**, in einzelnen Betrieben eingeführt.

Die SED der Jahre 1946 und 1947 kann weder als eine Fortsetzung der alten KPD noch als eine Kaderpartei leninistischen Typs angesehen werden. Erst der sich verschärfende Ost-West-Gegensatz, die auf der Gründungskonferenz des → **Kominform** im Herbst 1947 von Stalins Vertrautem, dem Ersten Sekretär der Leningrader Parteiorganisation Shdanow, erstmalig nach dem Ende des II. Weltkrieges wieder erneuerte orthodoxe Einteilung der Welt in zwei feindliche Lager (Zwei-Lager-Theorie) und der Konflikt mit Jugoslawien führten zu eindeutigeren Strukturen. Innenpolitisch wurde diese Entwicklung gestützt durch die von der SMAD befohlenen gesellschaftlichen Umwandlungen (→ **Besatzungspolitik; Agrarpolitik; Enteignung**), die zunehmende Anpassung an das sowjetische Wirtschaftsmodell (→ **Planung**), die Aufwertung der → **Deutschen Wirtschaftskommission**, die Auflösung der → **Betriebsräte** und die Stärkung der Betriebsgruppen sowie schließlich die generelle Einführung der Aktivistenbewegung. Zwar sollte die SED eine Massenpartei bleiben, jedoch wurde nun die Übernahme von Organisations- und Befehlsstrukturen, wie sie für eine leninistische Kaderpartei typisch sind (→ **Demokratischer Zentralismus**), angezielt.

Die außen- und innenpolitisch motivierte Ausrichtung der SED an der KPdSU und der SBZ/DDR an der UdSSR wurde seit 1948 konsequent verfolgt. So forderte der PV im Juni 1948, die SED zu einer „Partei neuen Typus" (s. u.) zu entwickeln. Grotewohl erklärte außerdem auf der 11. Tagung des PV

am 29./30. 6. 1948 die Spaltung Deutschlands für vollzogen und lehnte für Deutschland jegliche Brückenfunktion im Ost-West-Konflikt ab. Von ihm wie von Ulbricht wurde betont, daß die SBZ sich eindeutig am volksdemokratischen Vorbild (→ **Staatslehre**) zu orientieren und von der UdSSR zu lernen habe.

Nachdem sich das ZS in einer Resolution vom 3. 7. 1948 auf die Seite Stalins und des Kominform-Büros gegen die jugoslawischen Kommunisten gestellt hatte, begann in allen Parteiorganisationen der SED eine Kampagne, die eine positive Haltung zur Politik der KPdSU-Führung und zum gesellschaftspolitischen Modell der Sowjetunion erzwingen sollte. Den Funktionären des Verwaltungsapparates wurde die angezielte Einordnung in den Sowjetblock und deren Konsequenzen für die Funktionsweise des Staatsapparates (Beseitigung der Selbstverwaltung, Durchsetzung des Prinzips des Demokratischen Zentralismus) auf der 1. Staatspolitischen Konferenz in Werder (23./24. 7. 1948) erläutert.

Gegen die neue Linie der Partei erhob sich besonders in den Reihen ehemaliger SPD-Mitglieder Widerstand. Nach der Zwei-Lager-Rede Shdanows hatten außerdem die sowjetischen Organe ehemalige Sozialdemokraten verschärft überwacht. Reden führender Funktionäre, die jetzt der SED angehörten, wurden zensiert bzw. durften in der Parteipresse nicht publiziert werden. In der Sicht derjenigen Sozialdemokraten, die den Zusammenschluß mit der KPD als ein Experiment, das in ganz Deutschland einen demokratisch-sozialistischen Neubeginn vorbereiten sollte, betrieben hatten, war die Einheitspolitik gescheitert. Sie konnten nicht verhindern, daß der von den Sowjets gestützte Ulbricht immer mächtiger wurde. Im Gegenteil: Ulbricht forderte nun die Beseitigung des Prinzips der paritätischen Besetzung der Führungspositionen der SED, und auf der 12. und 13. PV-Tagung gelang es ihm, Beschlüsse durchzusetzen, die eindeutig gegen nicht anpassungswillige ehemalige SPD-Mitglieder gerichtet waren.

Die 12. PV-Tagung (28./29. 7. 1948) beschloß die „Organisatorische Festigung der Partei und die Säuberung von feindlichen und entarteten Elementen" sowie, zur Unterstützung der jetzt nach dem Prinzip des Demokratischen Zentralismus arbeitenden Leitungen, die Bildung von → **Parteiaktivs**, die als Kern die zuverlässigsten Mitglieder umfassen sollten. Die 13. PV-Tagung (15./16. 9. 1948) beschloß die Errichtung der Zentralen Parteikontrollkommission (→ **Parteikontrollkommissionen**) und den sofortigen Aufbau von Parteikontrollkommissionen bei den Landes- und Kreisvorständen (s. u. III, C). Ihre Bedeutung bestand zunächst darin, oppositionelle Sozialdemokraten zu entfernen. In mehreren Fällen wurden auch oppositionelle Alt-Kommunisten bzw. Angehörige ehemaliger kommunistischer Splittergruppen ausgeschlossen. Gleichzeitig wurde die Aufnahme von neuen Mitgliedern in die Partei erschwert.

Im Vordergrund der 12. und 13. PV-Tagungen stand ferner die Eliminierung der von Ackermann entwickelten These vom besonderen deutschen Weg zum Sozialismus. Gleichzeitig suchte die SED die verstärkte Übernahme sowjetischer Herrschaftsmethoden und die Anpassung der Verhältnisse in der SBZ an das sowjetische Gesellschaftsmodell zu rechtfertigen, indem sie auf die größeren „Erfahrungen" der KPdSU beim Aufbau des Sozialismus verwies und die Propagierung der Lehren Stalins in allen gesellschaftlichen Bereichen verstärkte. Im September 1948 wurden alle Parteimitglieder zum Studium von Stalins Schrift „Kurzer Lehrgang der Geschichte der KPdSU (B)" verpflichtet.

Durch Beschluß der 14. PV-Tagung (21. 10. 1948) „Zur Verbesserung der Arbeit der Betriebsgruppen in den Großbetrieben" wurden diese Gruppen Parteiorganisationen mit eigener Verantwortung (Betriebsparteiorganisationen, BPO). Sie unterstanden aber weiterhin der Anleitung der Orts-, Kreis- und Landesvorstände.

Unmittelbar vor der 1. Parteikonferenz wurde auf der 16. PV-Tagung (24. 1. 1949) das Prinzip der paritätischen Besetzung von Leitungsfunktionen aufgehoben; nur in der Einrichtung zweier Parteivorsitzender blieb es weiter bestehen. Auf dieser Tagung wurden auch erstmals in der Geschichte der SED ein Politisches Büro (→ **Politbüro** [PB]) von 7 Mitgliedern und 2 Kandidaten unter der Leitung von Pieck und Grotewohl) sowie ein sog. kleines Sekretariat (5 Mitglieder unter der Leitung von Ulbricht) eingerichtet. Entsprechende Änderungen wurden für die SED-Landes- und Kreisvorstände beschlossen. Schließlich wurde die Kandidatenzeit als Bedingung für die Aufnahme in die Partei eingeführt.

Für eine kurze Zeit der Geschichte der SED bestanden ZS, PB und das kleine Sekretariat des PB nebeneinander, denn das ZS wurde erst im Laufe des Jahres 1949 aufgelöst. Im PB fielen, unter Berücksichtigung entsprechender sowjetischer Weisungen, alle wichtigen Entscheidungen; dem kleinen Sekretariat des PB (ab 1950: Sekretariat des Zentralkomitees) oblag die Durchführung der Beschlüsse des PB und damit zugleich die Anleitung und Kontrolle der einzelnen Abteilungen des Parteiapparates.

Die *1. Parteikonferenz (25.–28. 1. 1949)* bestätigte den vorangegangenen organisatorisch-politischen Wandel, in dessen Verlauf die Massenpartei SED typische Elemente einer Kaderpartei übernommen hatte. Danach war → **Fraktionsbildung** in der Partei strikt verboten. Die führende Rolle der Sowjetunion und der KPdSU (B) wurde jetzt als für alle Mitglieder verbindlicher politischer Grundsatz noch stärker betont. Das bereits auf dem II. Parteitag 1947 in Frage gestellte Prinzip der paritätischen Besetzung aller

Leitungsgremien der Partei mit ehemaligen KPD- und SPD-Mitgliedern wurde endgültig aufgegeben; die neue Führungsspitze (PB) bildeten 5 Kommunisten und 4 frühere Mitglieder der SPD. Im Februar 1949 wurde die Kandidatenzeit nach sozialer Herkunft differenziert. Für Arbeiter war nun eine 1jährige, für andere Gruppen eine 2jährige Kandidatenzeit vorgeschrieben. Die 1. Organisationskonferenz der SED (7./8. 6. 1949) verpflichtete erneut alle Mitglieder in den Betrieben, sich in BPO zu organisieren. Sämtliche SED-Mitglieder wurden zu verstärktem Selbststudium der Werke Stalins angehalten. Im Oktober des gleichen Jahres wurden die PPA entsprechend dem sowjetischen Vorbild in Kaderabteilungen umbenannt und ein → **Nomenklatursystem** für leitende Funktionäre eingeführt.

Nach der Gründung der DDR (7. 10. 1949) entwickelte sich die SED zur dominierenden Partei auch im Staatsapparat. Alle wichtigen Leitungspositionen in Regierung, Verwaltung und Gesellschaft wurden in zunehmendem Maße mit als politisch zuverlässig geltenden SED-Mitgliedern besetzt. Die Vorsitzenden der SED traten an die Spitze des Staates: Pieck als Präsident, Grotewohl als Ministerpräsident.

Trotz des damit bereits erkennbaren Vormarsches der SED zur herrschenden Partei war ihre „Suprematie" (S. Mampel) nocht nicht verfassungsmäßig verankert. Die → **Verfassung** von 1949 sieht für die DDR vielmehr ein Mehrparteiensystem vor. Zu den bestehenden drei Parteien waren 1948 noch die → **DBD** und die → **NDPD** hinzugekommen. Der „antifaschistisch-demokratische Block", dem sie und die wichtigsten → **Massenorganisationen** angehörten, ging mit der Gründung der DDR in der → **Nationalen Front** auf.

Spätestens bei den ersten Wahlen zur Volkskammer (15. 10. 1950) wurde jedoch klar, daß ein Mehrparteiensystem im westlich-demokratischen Verständnis von der sowjetischen Besatzungsmacht und der SED nicht geduldet wurde. Über die Nationale Front und die entsprechenden Bestimmungen im Wahlgesetz vom 9. 8. 1950 war es der SED möglich, alle zu wählenden Kandidaten selbst zu ernennen oder zu billigen und mit Hilfe der Einheitslisten auch wählen zu lassen (→ **Wahlen**). Die von der SED besetzte → **Volkskammer** wählte ferner die Regierung der DDR. Unersetzlich für die Erreichung dieser Stufe ihrer Herrschaft war für die SED der Staatssicherheitsdienst, dessen organisatorischer Aufbau im Februar 1950 mit der Schaffung des → **Ministeriums für Staatssicherheit** abgeschlossen worden war.

Der *III. Parteitag (20.–24. 7. 1950)* verabschiedete das *(2.) Statut.* Hier definierte sich die SED als „die Partei der deutschen Arbeiterklasse, ihr bewußter und organisierter Vortrupp, die höchste Form ihrer Klassenorganisation", die „den fortschrittlichsten Teil der Werktätigen in ihren Reihen" vereinigt. In ihrem Selbstverständnis war die SED eine auf eine

Massenbasis gestützte Kaderpartei, die die führende Rolle der KPdSU bedingungslos anerkannte, oder – wie es in der Entschließung des Parteitages hieß – eine „Partei neuen Typus". Gleichzeitig rief der Parteitag zum „Kampf gegen die Überreste des Sozialdemokratismus in der SED" auf. Die „Grundsätze und Ziele" von 1946 wurden für überholt erklärt, die Vorbildrolle der KPdSU (B) sowie die Einbindung der DDR in das System der Volksdemokratien bestätigt. Gesamtdeutsche Ambitionen wurden allerdings nicht aufgegeben: Der III. Parteitag verabschiedete (wie seinerzeit der Vereinigungsparteitag) ein „Manifest an das deutsche Volk". Auch als „Partei neuen Typus" spiegelte die SED damit eine Ambivalenz der Zielsetzungen: Moskau-Gebundenheit bzw. -Hörigkeit einerseits, Deutschland-Orientierung andererseits, wider. Der Verzicht auf die Bezeichnung „revolutionär" deutete diese Ambivalenz ebenfalls an. Das Verhältnis der Partei zu den anderen gesellschaftlichen Organisationen in der DDR wurde mit den Worten, daß die SED auf diese „Einfluß ausübe", umschrieben; eine normative Setzung der „Suprematie" war also noch nicht erfolgt.

Die vorher eingeleiteten innerparteilichen Umstrukturierungen erfuhren im Statut ihre Sanktionierung. Der PV wurde durch ein→ **Zentralkomitee** (ZK: 51 Mitglieder und 30 Kandidaten) mit 2 Vorsitzenden (Pieck und Grotewohl) ersetzt. Das ZK seinerseits wählte anstelle des ZS das PB (9 Mitglieder und 6 Kandidaten, unter ihnen nur noch 3 ehemalige Sozialdemokraten) und das → **Sekretariat des ZK** (11 Mitglieder) mit Ulbricht als Generalsekretär des Zentralkomitees an der Spitze. In dieser Funktion hatte Ulbricht im politischen Entscheidungsprozeß größere Macht als die Parteivorsitzenden. Über die – inzwischen aufgegebene – Praxis der paritätischen Zusammensetzung der Leitungsorgane wurde im Statut nichts gesagt. Pieck und Grotewohl blieben jedoch gleichgestellte Vorsitzende der Partei. In der Absicht, die Masse der passiven Mitglieder zu aktiven „Parteiarbeitern" und zuverlässigen politischen Kadern zu erziehen, wurden die statutenmäßigen Ansprüche an die Mitglieder erhöht und der Parteiausschluß (der zu dieser Zeit überwiegend den Verlust der beruflichen Stellung nach sich zog) denen angedroht, die die Forderungen der Partei (→ **Parteiauftrag**) nicht erfüllten. Die BPO wurden zur wichtigsten Grundeinheit.

Am 1. 11. 1950 begann das 1. Parteilehrjahr, in dessen Verlauf 1 Mill. Mitglieder und Kandidaten systematisch mit Grundfragen des Marxismus-Leninismus, der Geschichte der deutschen und sowjetischen Arbeiterbewegung sowie der Strategie und Taktik der SED vertraut gemacht werden sollten (→ **Parteischulung**). Gleichzeitig ist im 1. Halbjahr 1951 der Umtausch der Parteimitgliedsbücher und Kandidatenkarten durchgeführt worden.

Die in den osteuropäischen Nachbarländern stattfindenden Schauprozesse („Titoisten"-Prozesse) wurden von der SED-Führung zwar mit Beifall kommentiert, jedoch vermied sie es, ähnliche Prozesse in der DDR zu veranstalten. Bereits die 2. ZK-Tagung (24. 8. 1950) beschloß jedoch Säuberungen in der Partei- und Staatsspitze. Ehemalige KPD-Mitglieder, die während der NS-Zeit in den Westen emigriert waren und nach ihrer Rückkehr führende Positionen in der DDR bekleideten, wurden unter Spionagebeschuldigungen (sog. Affäre Noel H. Field) aus der Partei ausgeschlossen. Das prominenteste unter ihnen war P. Merker, seit Juli 1946 ununterbrochen Mitglied des ZS bzw. des PB der SED, seit Oktober 1949 außerdem Staatssekretär im Ministerium für Land- und Forstwirtschaft. Er wurde im August 1950 seiner Ämter enthoben, allerdings erst im Dezember 1952 verhaftet.

Insgesamt waren die Jahre 1950–1952 durch permanente Säuberungen der Partei vor allem von Altkommunisten mit „Westvergangenheit", oppositionellen Sozialdemokraten, sog. Zionisten und Angehörigen linker Splittergruppen der Arbeiterbewegung gekennzeichnet. Allein im Jahre 1951 wurden 150696 Mitglieder ausgeschlossen. Von November 1950 bis Juni 1951 wurden keine neuen Parteimitglieder aufgenommen. Eine zentrale Kaderkonferenz (25. 1. 1952) forderte, in der Nomenklatur auf Westemigranten weitgehend zu verzichten und eine neue → **Intelligenz** heranzuziehen.

Im Mai 1953 schließlich gelang es Ulbricht, seinen damals stärksten Opponenten in der SED-Spitze, F. Dahlem (Altkommunist, Westemigrant und Mitglied der KPD- bzw. SED-Führung seit 1945), seiner Funktionen zu entheben und ihn aus dem PB und dem ZK-Sekretariat auszuschließen. (Dahlem wurde allerdings schrittweise rehabilitiert und 1957 wieder in das ZK aufgenommen.)

Zugleich verstärkte die Parteiführung die Propagierung der Sowjetideologie und begründete die administrative Übernahme zahlreicher Merkmale des sowjetischen Wirtschaftsmodells (→ **Vertragssystem; wirtschaftliche Rechnungsführung; Kollektivierung**). Der Kult um Stalin und das sowjetische Gesellschaftsmodell nahm groteske Züge an.

Nachdem die innerparteilichen Umorganisationen im Sinne der „Partei neuen Typus" besiegelt und alle parteipolitischen Kräfte prinzipiell unter Kontrolle gebracht worden waren, präsentierte sich die SED mit eindeutig sozialistisch-kommunistischen gesellschaftspolitischen Vorstellungen auf der 2. *Parteikonferenz (9.–12. 7. 1952)*. Hier wurde das Ende der „antifaschistisch-demokratischen Phase" verkündet und der „planmäßige Aufbau des Sozialismus" im Sinne des „Klassenkampfes nach innen" beschlossen. Mit dieser → **Periodisierung** der eigenen Geschichte rechtfertigte die SED die vorangegangenen Umorganisationen in → **Wirtschaft** und Gesellschaft (→ **Religionsgemeinschaften und Kir-**

chenpolitik; Jugend; Frauen; Polytechnische Bildung; Universitäten und Hochschulen; Rechtswesen; Kulturpolitik) und leitete die Kollektivierung in der → **Landwirtschaft**, verschärfte Maßnahmen in der Arbeitspolitik sowie eine umfassende → **Verwaltungsneugliederung** (→ **Länder; Bezirke**) ein.

Der Tod Stalins (5. 3. 1953) führte zu einer der schwersten politischen Krisen der SED, denn die von den Sowjets noch immer eindeutig abhängige SED-Führung wurde durch die aus der Stalin-Nachfolge erwachsende Unsicherheit im Ostblock besonders stark erfaßt. Hinzu kam, daß sich in der DDR selbst als Folge der Kollektivierungsmaßnahmen auf dem Lande und der Steigerung der Arbeitsnormen (ohne entsprechende Erhöhung der Löhne) in der Industrie eine explosive Stimmung entwickelt hatte. In dieser Situation wurde Ulbricht gezwungen, das Tempo des gerade erst begonnenen Aufbaus des Sozialismus zu verlangsamen. Mit PB-Beschluß vom 9. 6. 1953 wurde der → **Neue Kurs** verkündet. Diese Maßnahme ist ein Versuch gewesen, nicht nur die Unzufriedenheit in der Bevölkerung abzubauen, sondern auch innerparteiliche Kritik abzufangen.

In der Hoffnung auf einen Sieg der Malenkow-Berija-Gruppe im PB der KPdSU hatte sich im SED-Politbüro eine gegen Ulbrichts Politik gerichtete Fronde gebildet, die in den Personen des damaligen Ministers für Staatssicherheit, W. Zaisser (zugleich Mitglied des PB), und des damaligen Chefredakteurs von „Neues Deutschland", R. Herrnstadt (zugleich Kandidat des PB), eine personelle und sachliche Alternative darstellte. Es scheint heute sicher, daß Ulbricht mehrere Wochen keine Mehrheit in den SED-Führungsgremien, vor allem im PB, fand. Nach dem 17. Juni (→ **Juni-Aufstand**) jedoch konnte sich die Sowjetunion offenbar keine Experimente am Rande ihres Machtbereichs leisten, und Berija war inzwischen (Ende Juni 1953) ausgeschaltet worden. Daher erreichte Ulbricht auf der 15. ZK-Tagung (24.–26. 7. 1953) den Ausschluß Zaissers und Herrnstadts aus dem ZK (und damit automatisch auch aus dem PB) sowie ihre Amtsenthebung. Wegen ihrer Unterstützung der Zaisser-Herrnstadt-Opposition wurden ferner A. Ackermann, H. Jendretzky und E. Schmidt nicht wieder in das PB gewählt, blieben jedoch zunächst Mitglieder des ZK. Im Gegensatz zu der relativ milden Behandlung, die diese Moskau-orientierte Gruppe altgedienter hoher KPD- bzw. SED-Funktionäre erfuhr, wurde im direkten Zusammenhang mit dem 17. Juni der aus der SPD kommende damalige Justizminister und ehemalige stellvertretende Parteivorsitzende, M. Fechner, bedeutend härter gestraft. Er verlor seine Mitgliedschaft in der SED und wurde verhaftet. Ihm wurde zum Vorwurf gemacht, er hätte den Arbeitern nicht entschieden genug widersprochen, als sie am 17. Juni die Anerkennung ihres verfassungsmäßig garantierten Streikrechts forderten. Auf der

17. ZK-Tagung (22./23. 1. 1954) wurden Zaisser und Herrnstadt dann aus der SED ausgeschlossen, blieben aber auf freiem Fuß; ihre Sympathisanten sowie andere als oppositionell eingeschätzte Parteimitglieder erhielten schwere Parteistrafen.

Die anschließende Parteisäuberung erfaßte auch den Apparat und die einfachen Mitglieder. Von den 1952 gewählten Mitgliedern der 15 Bezirksleitungen schieden 62 v. H. bis zum IV. Parteitag im Jahre 1954 aus. Von den im Juni 1953 amtierenden 1. und 2. Kreissekretären wurden sogar 71 v. H. ausgewechselt. Unter den in den Monaten Juli bis Oktober 1952 ausgeschlossenen einfachen Mitgliedern der Partei hatten fast ein Drittel mehr als 20 Jahre einer der vor 1933 bestehenden Arbeiterparteien angehört.

Obwohl die Parteiführung keine Fehler-Diskussion zuließ, machte sie der Bevölkerung doch politische wie soziale Zugeständnisse. Der Neue Kurs brachte einen vorübergehenden Halt in der Kollektivierung auf dem Lande und eine Reihe sozialer, vor allem lohnpolitischer Erleichterungen für die Arbeitnehmerschaft. Auch der *IV. Parteitag (30. 3.–6. 4. 1954)* fand noch unter den Zeichen des Neuen Kurses statt. Im Mittelpunkt der Diskussionen standen ferner die notwendige Modernisierung der Industrieproduktion und die Schaffung eines breiteren Konsumgüterangebots. Verschiedene Eigentumsformen sollten zwar noch längere Zeit nebeneinander bestehen können, doch wurde zugleich betont, daß die Partei zur „Schaffung der Grundlagen des Sozialismus" übergegangen sei.

Der IV. Parteitag verabschiedete das *(3.) Statut*. In ihm wurde, entsprechend dem Bericht der ZPKK (durch H. Matern), erstmals der Charakter der Partei als „revolutionärer" Avant-garde betont sowie ihre Führungsrolle („Suprematie") gegenüber allen gesellschaftlichen Organisationen (s. u. III, E) festgelegt. Die Vorsitzenden des ZK wurden abgeschafft (die Spitze der Partei nunmehr vom Ersten Sekretär des ZK gebildet). Im neuen Statut ist das Prinzip der kollektiven Führung wieder stärker betont worden. (Das zeigte sich u. a. darin, daß bei den BZL und KL Büros als kollektive Leitungsorgane gebildet wurden.) § 70 des Statuts legte fest, daß die Grundorganisationen das Recht der Kontrolle über die Tätigkeit der Betriebsleitungen in allen volkseigenen Betrieben, einschließlich der verstärkt zu fördernden LPG, haben.

Ulbricht wurde zum Ersten Sekretär des ZK (bisher Generalsekretär) der SED gewählt, das Sekretariat auf 6 Mitglieder verkleinert. In das neue PB wurden 9 Mitglieder und 5 Kandidaten aufgenommen.

Im November 1954 wurde zugegeben, daß die Verfolgungen von Westemigranten auf erpreßten und verfälschten Geständnissen beruhten. Die erst 1956 zögernd eingeleitete Rehabilitierung (28. ZK-Tagung, 27.-29. 7. 1956) führte die seinerzeit gemaßregelten Funktionäre jedoch nicht in ihre alten Parteiämter zurück.

Ab 1954 unternahm die SED neue Anstrengungen, um die Effektivität der Wirtschaft zu erhöhen. Ulbricht forderte auf einer Konferenz mit 600 Wissenschaftlern und Ingenieuren (16. 6. 1954), sich an internationalen Spitzenleistungen zu orientieren und den Weltruf deutscher Erzeugnisse zu erhalten. Die BPO wurden nun verpflichtet, sich für die Qualitätssteigerung der produzierten Waren und ein strenges Sparsamkeitsregime einzusetzen sowie stärker als bisher Kosten- und Preisprobleme zu studieren. Die 21. ZK-Tagung (12.–14. 11. 1954) beschloß eine Vereinfachung der → **Planung**. Die 1. Baukonferenz des ZK und des Ministeriums für Bauwesen (3.–6. 4. 1955: Beginn der Industrialisierung in der Bauwirtschaft) und die 2. Wissenschaftlich-technische Konferenz (6.–7. 8. 1955) rückten die Probleme der technologischen Modernisierung noch eindeutiger in den Vordergrund. Im Beschluß der 24. ZK-Tagung (1./2. 6. 1955) über die Förderung des technisch-wissenschaftlichen Fortschritts zeichnete sich die gleiche Tendenz ab. Auf der 25. ZK-Tagung (24.–27. 10. 1955) wurde dann neben der ideologisch-politischen Erziehungsarbeit die Propagierung des wissenschaftlich-technischen Fortschritts zur wichtigsten Aufgabe der leitenden Parteiorgane erklärt.

Auf dieser Tagung wurden außerdem neue Vorstellungen für eine deutsche Wiedervereinigung formuliert (→ **Deutschlandpolitik der SED**).

Vorausgegangen waren von seiten der UdSSR der Verzicht auf noch ausstehende Reparationsleistungen sowie die Streichung aller Nachkriegsschulden und die Gewährung eines beträchtlichen Kredits (→ **Wirtschaft**). Mit diesen Maßnahmen wurden von den Sowjets nicht nur wirtschaftliche Ziele verfolgt, sondern u. a. auch die politische Stärkung der SED angezielt. Die SED wurde ferner gestützt durch die Auflösung der Sowjetischen Kontrollkommission (→ **Besatzungspolitik**) und die Unterzeichnung des „Vertrages über die Beziehungen zwischen der Deutschen Demokratischen Republik und der Union der Sozialistischen Sowjetrepubliken" am 20. 9. 1955 (→ **Außenpolitik**).

Am Ende der Besatzungspolitik war die DDR in das System der Volksdemokratien, in das → **sozialistische Weltsystem**, eingegliedert (→ **Rat für Gegenseitige Wirtschaftshilfe; Warschauer Pakt**). Die Umwandlung der SED zu einer Moskau-hörigen Kaderpartei mit Massenbasis kann zu diesem Zeitpunkt als abgeschlossen gelten.

D. Innerparteiliche Konsolidierung und Aufbau des Sozialismus in der DDR (1955–1961/62)

Chruschtschows Geheimrede und seine Enthüllungen über die Stalinschen Herrschaftsmethoden auf dem XX. Parteitag der KPdSU (14.–25. 2. 1956)

stürzten die Führung der SED in eine neue Krise. Diesmal ging es – stärker als im Jahr 1953 – auch um den seit Kriegsende praktizierten Herrschaftsstil der Partei, um ihr Selbstverständnis als „führende Kraft der Arbeiterklasse". Zwar konnte die SED-Führung auf erhebliche Aufbauleistungen verweisen, mußte sich jedoch gerade angesichts der sowjetischen Entwicklungen den Fragen der Parteimitglieder und der Bevölkerung nach ihrem Verhältnis zu Stalin und nach der „innerparteilichen Demokratie" stellen.

In dieser Situation tagte die *3. Parteikonferenz (24.–30. 3. 1956)*. Entgegen den Erwartungen vieler Delegierter und Parteimitglieder erfolgte auf ihr keine deutliche Distanzierung von den stalinistischen Terrormethoden. Wie schon 1955 geplant, beschäftigte sich die Konferenz vielmehr überwiegend mit struktur- und wirtschaftspolitischen Fragen. Ihr Beschluß „Zur breiteren Entfaltung der Demokratie in der DDR" stellte der SED die Aufgabe, den Staatsapparat für die Organisation des „endgültigen Sieges der sozialistischen Produktionsverhältnisse" vorzubereiten (vgl. Gesetz über die örtlichen Organe der Staatsmacht vom 17. 1. 1957; Gesetz über die Vervollkommnung und Vereinfachung der Arbeit des Staatsapparates vom 11. 2. 1958; → **Staatsapparat**). Er zeigte aber gleichzeitig, daß die SED-Führung einen neuen Führungsstil suchte, wenn auch – angesichts der Erfahrungen von 1953 – in sehr vorsichtiger Weise. Die Ereignisse in Polen und Ungarn bestärkten die Parteiführung dann fernerhin in ihrer vorsichtig-abwartenden Haltung zur „Entstalinisierung".

Die Betonung wirtschaftspolitischer Fragen auf der 3. Parteikonferenz wurde von zahlreichen Mitgliedern und Unterorganisationen der Partei als ein Manöver, das von den Fehlern der eigenen Vergangenheit ablenken sollte, empfunden. Die Kritik an der von Ulbricht geführten Partei und ihrer Politik wurde immer lauter. Die stärkste Opposition war in der Parteiführung selbst anzutreffen, wo die PB-Mitglieder K. Schirdewan (ZK-Sekretär für Organisation und Information) und F. Oelßner (Leiter der Kommission für Fragen der Konsumgüterproduktion und der Versorgung der Bevölkerung) sowie die Mitglieder des ZK G. Ziller (ZK-Sekretär für Wirtschaft), F. Selbmann (Stellvertretender Ministerpräsident) und E. Wollweber (Minister für Staatssicherheit) eine Reform der Parteispitze und der Parteiarbeit sowie eine Verlangsamung der gesellschaftlichen Umwälzungen forderten. Opposition regte sich ferner in verschiedenen Verlagen und Universitäten. W. Harich (Chefredakteur der „Deutschen Zeitschrift für Philosophie", Dozent an der Humboldt-Universität) u. a. entwickelten Konzepte des Reformkommunismus (→ **Dritter Weg**) und der Parteireform, die ebenfalls die Parteispitze betroffen hätten. An mehreren Universitäten wandten sich Parteiorganisationen gegen die bisherige Anwendung des Prinzips des Demokratischen Zentralismus. Marxistische Wirtschaftstheoretiker und -praktiker, angeführt von F. Behrens (zu jener Zeit Dekan der Wirtschaftswissenschaftlichen Fakultät der Karl-Marx-Universität Leipzig und Direktor des Staatlichen Zentralamtes für Statistik), A. Benary (damals Oberassistent am Institut für Wirtschaftswissenschaften der Deutsche Akademie der Wissenschaften [DAW] und dort Leiter der Abteilung „Sozialistische Wirtschaft") und G. Kohlmey (seinerzeit Direktor des Instituts für Wirtschaftswissenschaften der DAW), forderten stärkere Dezentralisierungen der wirtschaftspolitischen Entscheidungen, Orientierung an realistischen wirtschaftlichen Daten, materielle Stimuli und echte Kostenpreise; andere, wie K. Vieweg (zu jener Zeit Leiter des Instituts für Agrarökonomik bei der Akademie für Landwirtschaftswissenschaften, 1950–1953 ZK-Sekretär für Landwirtschaft), verlangten die Auflösung unrentabler LPGs. Kritisiert wurde ferner die Deutschlandpolitik der Parteiführung.

Trotz einiger Teilerfolge der Opposition (vgl. z. B. die Stellungnahme des PB vom 8. 7. 1956 gegen Dogmatismus und Personenkult und den Beschluß der 28. ZK-Tagung über „Die nächsten ideologischen Aufgaben der Partei" vom 29. 7. 1956) setzte sich Ulbricht – unterstützt von den Ereignissen in Polen und Ungarn sowie der sowjetischen Reaktion im Oktober/November 1956 – gegen seine Gegner in der SED durch. Zunächst traf allerdings nur die intellektuelle Opposition die volle Reaktion der Parteiführung. Harich und einige seiner Anhänger wurden am 29. 11. 1956 verhaftet und am 9. 3. 1957 zu Zuchthausstrafen verurteilt.

Ulbricht entwickelte auf der 30. ZK-Tagung (30. 1.–1. 2. 1957) sein „Konföderationskonzept" (→ **Deutschlandpolitik der SED**) und forderte zugleich den verstärkten Ausbau der „sozialistischen Produktionsverhältnisse" innerhalb der DDR. Damit sollte die gegensätzliche gesellschaftspolitische Entwicklung in beiden deutschen Staaten beschleunigt werden. Gegen die zur Durchsetzung dieser neuen Konzeption erforderliche Verstärkung administrativer Unterdrückungsmethoden wandten sich in der Parteiführung vor allem Schirdewan und Wollweber. Diese für Sicherheitsfragen und Kaderpolitik verantwortlichen Spitzenfunktionäre hatten aus den Ereignissen in Polen und Ungarn die Lehre gezogen, daß zu starker Druck von oben die Gefahr einer politischen Explosion auch in der DDR heraufbeschwören könnte. Auch an der Parteibasis (Halle, Jena, Dresden) wurde gegen die neue Linie opponiert. Um die entsprechenden Parteileitungen zu disziplinieren, entsandte der ZK-Apparat Agitationsbrigaden. In allen Fällen versteckte sich hinter dem Eingreifen des ZK-Apparates auch der Versuch Ulbrichts, seine damaligen Gegenspieler zu isolieren und aus der SED-Führung zu entfernen. Dies gelang

ihm schließlich auf der 35. ZK-Tagung (3.–6. 2. 1958), auf der Schirdewan und Oelßner ihre Sitze im PB verloren, Schirdewan darüber hinaus zusammen mit Wollweber aus dem ZK ausgeschlossen und mit einer „strengen Rüge " bestraft wurde. Ziller hatte zuvor Selbstmord begangen.

Auf dieser (35.) ZK-Tagung wurde außerdem im Vorgriff auf den V. Parteitag gefordert, die Volkswirtschaft der DDR so zu entwickeln, daß eine höhere Pro-Kopf-Produktion als in der Bundesrepublik Deutschland erzielt wird. Einige Monate später sind dann auf Beschluß der Volkskammer die Lebensmittelkarten für die Bevölkerung abgeschafft worden (→ **Verbrauch, privater; Lebensstandard**). Ferner wurde die Bildung der Wirtschaftskommission beim PB (Leitung: E. Apel) beschlossen; sie sollte Anfang der 60er Jahre eine qualitative Änderung der Parteiarbeit im Wirtschaftsbereich vorbereiten.

Der *V. Parteitag (10.–16. 7. 1958)* war – mehr als jeder andere Parteitag zuvor – der Parteitag Ulbrichts, der von da an mehr als ein Jahrzehnt keine offene Opposition in der Parteiführung zu fürchten hatte. Anknüpfend an die 2. Parteikonferenz des Jahres 1952 wurde eine wirtschaftliche Konzeption für den „Aufbau der materiell-technischen Basis des Sozialismus" vorgelegt. Das bedeutete die vorrangige Entwicklung bestimmter Zweige der Volkswirtschaft und eine Veränderung des Produktionsprofils. Noch bestehende wirtschaftliche Abhängigkeiten von der Bundesrepublik sollten schrittweise beseitigt werden. Besonderes Gewicht wurde auf die vorrangige Förderung der chemischen Industrie (vgl. auch die Zentrale Chemiekonferenz des ZK und der Staatlichen Plankommission vom 3./4. 11. 1958) sowie auf die Produktion hochwertiger Maschinen und Industrieausrüstungen gelegt. Die Umgestaltung der Landwirtschaft sollte beschleunigt und die noch existierenden privaten Unternehmer in den sozialistischen Wirtschaftssektor eingeordnet werden. Der Parteitag verkündete die wirtschaftliche Hauptaufgabe: „Die Volkswirtschaft der DDR ist innerhalb weniger Jahre so zu entwickeln, daß die Überlegenheit . . . der DDR gegenüber dem Bonner Staat eindeutig bewiesen wird und infolgedessen (bis 1961) der Pro-Kopf-Verbrauch unserer werktätigen Bevölkerung mit wichtigen Lebensmitteln und Konsumgütern den Pro-Kopf-Verbrauch in Westdeutschland erreicht und übertrifft."

Den Beschlüssen des Parteitages folgten Veränderungen in der volkswirtschaftlichen → **Planung** (Siebenjahrplan) sowie eine Reorganisation des Staats- und Wirtschaftsapparates, deren wichtigste Merkmale die Gründung der VVB, der Staatlichen Plankommission und der Wirtschaftsräte bei den Bezirken (→ **Bezirkswirtschaftsräte**) waren (→ **Wirtschaft**). Ferner wurde in den Jahren 1958–1960 die sozialistische Umgestaltung in der Landwirtschaft schließlich auf dem Wege der Zwangskollektivierung der noch verbliebenen selbständigen Bauern zum Abschluß gebracht (→ **Agrarpolitik**).

Eine verstärkte ideologische Kampagne („Kulturrevolution") signalisierte der Parteitag mit der Verkündung der 10 Grundsätze der **sozialistischen** → **Moral** und Ethik. Der Parteitag setzte ferner eine Kommission ein, die das erste Programm der Partei bis zur nächsten Zusammenkunft (1963) ausarbeiten sollte. Weiter waren Bemühungen zu erkennen, die Geschichte der deutschen Arbeiterbewegung neu zu interpretieren. Auf der 2. ZK-Tagung (18./19. 9. 1958) wurde vom ZK eine Kommission damit beauftragt, Thesen zur Geschichte der deutschen Arbeiterbewegung auszuarbeiten (vgl. hierzu auch die Beratung der Abteilung Wissenschaft beim ZK mit Historikern am 17. 12. 1958). Am 19. 1. 1960 wurde unter Leitung des PB-Mitgliedes K. Hager eine Ideologische Kommission beim PB geschaffen, die die Tätigkeit der gesellschaftswissenschaftlichen Institute der Partei sowie die gesamte gesellschaftswissenschaftliche Forschung koordinieren sollte. Bedeutung erlangte die Theoretische Konferenz des ZK in der Parteihochschule „Karl Marx" (29./30. 1. 1960), die den Auftakt zum Massenstudium des sowjetischen Lehrbuches „Grundlagen des Marxismus-Leninismus" darstellte.

Das (3.) Parteistatut wurde in einigen Punkten geändert; vor allem ist dabei der Gründung der → **NVA** Rechnung getragen worden. Auf der Bezirks- und Kreisebene der Partei erfolgten im Anschluß an die Ausschaltung Schirdewans umfangreiche Säuberungen. Der Einfluß, den Schirdewan als Kaderchef hatte, mußte rückgängig gemacht werden; die Ideen, von denen die Opposition weitgehend getragen wurde, waren auch an der Basis auszurotten. Das ideologisch-dogmatische Training der Parteikader wurde verschärft. Im November 1960 schließlich führte die SED eine neue Aktion zum Umtausch der Mitgliedsbücher durch. Der innerparteiliche Kampf gegen die Schirdewan-Opposition war allerdings verknüpft mit den von Ulbricht getragenen Bestrebungen, in der SED jüngeren, gut geschulten und fachlich ausgebildeten Kräften eine größere Chance zu geben. Mit der 7. ZK-Tagung (10.–13. 12. 1959) deutete sich eine Tendenz an, das ZK von einem Akklamationsorgan zu einem Konsultations- und Transformationsgremium umzugestalten. Die Tendenz, Wissenschaftler und Fachleute zu den Beratungen der ZK-Plenen hinzuzuziehen, wurde auch in den meisten der folgenden ZK-Tagungen unmittelbar vor und nach dem VI. Parteitag deutlich. Eine gewisse Versachlichung der Entscheidungsprozesse wie der gesamten Parteiarbeit wurde angestrebt. Gleichzeitig hatte die Parteiführung eine Elite heranzuziehen bzw. zu fördern, die das ehrgeizige wirtschaftspolitische Programm in die Praxis umsetzen konnte.

Im übrigen waren die Jahre ab 1957 durch das Bemühen der SED gekennzeichnet, den Staatsapparat auch aufgrund formaljuristischer Kodifikationen unter ihre Kontrolle zu bekommen. Seit dem Gesetz vom 17. 1. 1957 (s. o.) konnte, nach S. Mampel, die „Suprematie" der SED zum materiellen Verfassungsrecht gerechnet werden. Suprematie der SED bedeutete in den Jahren 1960–1971 auch Suprematie ihres Ersten Sekretärs Ulbricht, der am 10. 2. 1960 zusätzlich Vorsitzender des → **Nationalen Verteidigungsrates** und außerdem Vorsitzender des nach dem Tode W. Piecks am 12. 9. 1960 geschaffenen → **Staatsrates** der DDR wurde. Die aus dieser Ämterkumulation folgende Machtfülle war allerdings dadurch eingeschränkt, daß Ulbricht, vielleicht mehr als früher, Rücksichten im PB zu nehmen hatte.

Die Zwangsmaßnahmen zur Vollkollektivierung in der Landwirtschaft und das noch bestehende Berlin-Ultimatum der UdSSR ließen 1961 die Zahl der → **Flüchtlinge** anschwellen. Um dem Exodus ein Ende zu bereiten, hat die SED schließlich – aufgrund des Beschlusses des Ministerrates vom 12. 8. 1961 – am 13. 8. 1961 die Mauer in Berlin zu errichten begonnen und die Bewachung der Grenze zur Bundesrepublik Deutschland weiter verschärft.

Die seit 1961 bestehenden und ständig vervollkommneten Grenzbefestigungen der DDR, in der offiziellen Sprache als „antifaschistischer Schutzwall" bezeichnet, sind im Selbstverständnis der SED die Voraussetzung für die volle Etablierung der sozialistischen Herrschaft gewesen. Das Jahr 1962 gilt demgemäß in der Parteigeschichtsschreibung als das Jahr des „endgültigen Sieges der sozialistischen Produktionsverhältnisse". Vor allem auf wirtschaftlichem, außenpolitischem und kulturpolitisch-ideologischem Gebiet hat die SED in den folgenden Jahren versucht, sich zu profilieren und aus ihrer Isolierung gegenüber der Bevölkerung der DDR, in die sie sich hineinmanövriert hatte, herauszutreten.

E. Profilierung als Volkspartei und gesellschaftlich führende Kraft nach dem Sieg der sozialistischen Produktionsverhältnisse (1961/62–1971)

In den Jahren 1958–1962 waren die Grundlagen gelegt worden, die es der SED erlaubten, sich auf dem *VI. Parteitag (15.–21. 1. 1963)* in einem veränderten Licht zu präsentieren. Hier wird auch deutlich, daß es der Partei gelungen war, die nach Stalins Tod und Chruschtschows Entstalinisierung im gesamten Ostblock lebendigen Tendenzen einer „Liberalisierung" ihrerseits aufzufangen und mit einer Dynamik in der eigenen Gesellschaft, die vor allem von der jüngeren, nach vorne drängenden Generation von Funktionären und Experten ausging, zu verbinden. Der VI. Parteitag verabschiedete erstmals in der Geschichte der SED ein *Parteiprogramm* (die „Grundsätze und Ziele" von 1946 sind niemals offiziell als Programm bezeichnet worden, obwohl sie zunächst diese Funktion hatten). Das Programm enthielt:

im Teil I („Weg und Ziel") eine zusammenfassende Darstellung der Entstehung der SED und ihrer Entwicklung;

im Teil II („Der umfassende Aufbau des Sozialismus") die ausführliche Erläuterung der Aufgaben, die die Partei in der DDR in Angriff zu nehmen hat;

im Teil III („Der Kommunismus – die Zukunft der Menschheit") Hinweise auf das gegenwärtige und zukünftige Verhältnis der beiden deutschen Staaten zueinander unter der Parole „Der Sozialismus ist die Zukunft des ganzen deutschen Volkes".

Außer dem Programm wurde das *(4.) Statut* beschlossen.

In Anlehnung an sowjetische Vorbilder aus dem Jahre 1961 definierten Statut und Programm die SED und ihre Aufgaben. Die SED verstand sich nach wie vor sowohl als Kader- wie als Massenpartei. Das Kaderprinzip wurde noch eindeutiger betont als in den vorangegangenen Statuten: Die SED ist „der bewußte und organisierte Vortrupp der deutschen Arbeiterklasse", lautete jetzt der Kernsatz. Gleichzeitig wurde das Selbstverständnis über die „Arbeiterklasse" hinaus ausgedehnt („. . . die Partei der Arbeiterklasse *und* des ganzen werktätigen Volkes"), die Partei mehr in Richtung auf eine Volkspartei bestimmt. In diesem Sinne sind auch die Aufnahmebedingungen für ehemalige Mitglieder anderer, in der DDR zugelassener, Parteien erleichtert worden. Ferner traten Züge der Staatspartei stärker hervor. Die leitende Rolle der Partei gegenüber Staat und Wirtschaft wurde konkreter formuliert, die Förderung von Wissenschaft und Technik besonders betont. Schließlich fanden sich neben bekannten Behauptungen und Ansprüchen hinsichtlich der Bundesrepublik und Gesamtdeutschlands (→ **Nationales Dokument**) neue Ansätze eines nationalen Selbstbewußtseins im Rahmen des → **Marxismus-Leninismus** bzw. des **proletarischen** → **Internationalismus**.

Programm und Statut stellten darüber hinaus fest, daß die DDR sich in der Entwicklungsetappe des „umfassenden Aufbaus des Sozialismus" befindet und dabei ist, ein „sozialistischer Staat" zu werden. Die bei aller Betonung der Kontinuität und Tradition dennoch erkennbare Neuorientierung der SED zeigte sich besonders in der Zusammensetzung des ZK auf dem VI. Parteitag und in der Gruppe der von ihm gewählten Kandidaten des PB. Für das ZK können eine Verjüngung und Verfachlichung der Mitglieder und vor allem der Kandidaten nachgewiesen werden (vgl. die Arbeiten von P. C. Ludz). Zu den neuen Kandidaten des PB zählten die Wirtschaftsexperten E. Apel, W. Jarowinsky und G. Mittag sowie die Landwirtschaftsfachleute G. Ewald und G. Grüneberg. Sie repräsentierten eine neue Generation von in der DDR aufgewachsenen und im Sinne der SED ausgebildeten Funktionären und Spezialisten, auf die die ältere Führungsgruppe der Partei offen-

bar nicht mehr verzichten konnte. Auf der Bezirks- und Kreisebene sind diese Gruppen im Zuge der Einführung des NÖS (s. u.) ebenfalls stärker herangezogen worden.

Auf dem VI. Parteitag erläuterte Ulbricht die Grundsätze des „Neuen Ökonomischen Systems der Planung und Leitung der Volkswirtschaft" (→ **NÖS; Liberman-Diskussion**), das auf einer gemeinsamen Wirtschaftskonferenz des ZK der SED und des Ministerrates der DDR am 24./25. 6. 1963 konkretisiert und durch Beschluß des Ministerrates vom 11. 7. 1963 zu Umorganisationen und einer prinzipiellen Umorientierung im wirtschaftlichen Bereich führte.

Parallel dazu und entsprechend dem Vorbild der KPdSU wurde im (4.) Statut der SED das → **Produktionsprinzip** besonders betont und aufgrund des PB-Beschlusses vom 26. 2. 1963 („Über die Leitung der Parteiarbeit nach dem Produktionsprinzip") in die parteiorganisatorische Praxis umgesetzt. Der Beschluß legte fest, daß beim PB ein Büro für Industrie und Bauwesen (BfI), ein weiteres Büro für Landwirtschaft (BfL) und – um gleichzeitig die ideologische Arbeit zu verstärken und die gesamte gesellschaftspolitische Forschung besser koordinieren und anleiten zu können – eine Ideologische Kommission (IK) sowie eine Kommission für Agitation (KfA) eingerichtet wurden. Die Leitung dieser neuen Büros bzw. Kommissionen übernahmen Politbüromitglieder bzw. -kandidaten. Analog zur Entwicklung auf der zentralen Ebene wurden BfI und/oder BfL sowie die IK auch auf der Bezirks- und Kreisebene des SED-Apparates gebildet. Die Spitze der BZL bestand nunmehr prinzipiell aus einem Sekretariat von 5 Mitgliedern: dem Ersten Sekretär, dem Sekretär für Parteiorganisation, den Leitern des BfI, des BfL und der IK. Die Gesamtleitungen der Bezirke und Kreise blieben zahlenmäßig weitgehend unverändert.

Bei diesen organisatorischen Veränderungen wurde das im Parteiaufbau vorherrschende Territorialprinzip zwar zurückgedrängt, aber nicht aufgegeben; die neuen Büros und Kommissionen waren eine Zeitlang de facto, jedoch niemals formal voll selbständig. In der Praxis haben sich vor allem die BfI, die überwiegend von dynamischen, kenntnisreichen und karrierebewußten jüngeren Funktionären geleitet wurden, besonders im Rahmen der BZL zu mächtigen Institutionen entwickelt. Die Parteiorganisationen in den Staatsorganen, die für die Leitung und Planung der Industrie, des Bauwesens, des Verkehrswesens und des Handels verantwortlich sind, sowie die Grundorganisationen in den Betrieben und Instituten unterstanden ihnen direkt. Damit waren die Einflußmöglichkeiten der BfI auf Produktionsentscheidungen de facto größer als die der Sekretariate. Das NÖS und die es begleitenden innerparteilichen Umorganisationen bargen für die Suprematie der

SED erhebliche Gefahren. Die Partei mußte befürchten, von der Dynamik der im wirtschaftlichen Bereich in Bewegung gesetzten Kräfte überrollt zu werden. Solche Befürchtungen kamen etwa in den Warnungen, die SED dürfe sich nicht zu einer „Wirtschaftspartei" entwickeln, zum Ausdruck (vgl. die Verhandlungen des 7. ZK-Plenums vom 2. bis 5. 12. 1964). Schon bald sind daher, vor allem um den Einfluß der BfI einzuschränken, folgende organisatorische Maßnahmen in Gang gesetzt worden: Verstärkte Anstrengungen beim Aufbau der im Mai 1963 gegründeten → **Arbeiter-und-Bauern-Inspektion** als Kontrollorgan der SED und des Ministerrates auf allen Ebenen des Wirtschaftssystems; die Einführung von Produktionskomitees in den Betrieben; die Schaffung einer Kommission für Partei- und Organisationsfragen beim PB (vgl. Erich Honecker in seinem Referat „Die Vorbereitung der Parteiwahlen von 1964" auf der 5. ZK-Tagung 3.–7. 2. 1964); die Einrichtung von Abteilungen für Parteiorganisation und Ideologie in allen BfI und BfL (ebenda).

Die zuletzt genannten Abteilungen hatten ihre Arbeit mit der IK, deren Macht seit der 7. ZK-Tagung ständig zunahm, zu koordinieren. Wie stark die SED mit den von ihr initiierten Wirtschaftsreformen bzw. mit deren Auswirkungen befaßt war, zeigen die Diskussionen der 11. Tagung des ZK der SED vom 15. bis 18. 12. 1965, auf der die Durchführung einer 2. Etappe des NÖS beschlossen und die bis dahin bereits erfolgten Modifikationen der Reformen bestätigt wurden. Als unmittelbares Ergebnis dieser Tagung wurde u. a. der Volkswirtschaftsrat aufgelöst; an seine Stelle traten 9 Industrieministerien zur operativen Leitung der einzelnen Industriezweige.

Im Jahre 1966 wurden dann die Büros für Industrie- und Bauwesen sowie für Landwirtschaft stillschweigend wieder aufgelöst und ihre Leiter auf Bezirks- und Kreisebene als Sekretäre für Wirtschaft bzw. Landwirtschaft in die Sekretariate der Bezirke bzw. Kreise eingegliedert. Ein ähnliches Schicksal haben auch die 1963 gebildeten Kommissionen erfahren. Die Väter des NÖS, G. Mittag und E. Apel (gestorben durch Selbstmord am 3. 12. 1965), verloren ihren Einfluß. Die innerparteilichen organisatorischen Veränderungen, die unter der Herrschaft des Produktionsprinzips eingeleitet worden waren, hatten damit keinen Bestand. Das Statut der SED (Art. 25,1) wurde auf dem VII. Parteitag entsprechend geändert (s. u.).

Trotzdem waren einige Grundideen des NÖS lebendig geblieben, und die ersten Erfolge stellten sich ein (→ **Wirtschaft**). Die Parteiführung versuchte in den folgenden Jahren, die Rationalisierung und Modernisierung des Wirtschaftssystems der DDR weiter zu betreiben (vgl. z. B. die sog. Rationalisierungskonferenz vom 23./24. 6. 1966). Ein wesentliches Problem bestand dabei darin, die Kader mit den Grund-

zügen und Problemen der Wirtschaftsreform vertraut zu machen und sie zu einer an wirtschaftlich-rationalen Maßstäben orientierten Denkweise zu erziehen. Die VVB und die Partei- und Staatsgremien arbeiteten zu diesem Zweck Programme aus, die der weiteren ökonomischen Fachausbildung dienen sollten (Kaderentwicklungsprogramme). Parteiseminare bei den BZL und KL, Sonderklassen der Fachschulen, Vorlesungszyklen an den Hochschulen und Industrieinstituten sowie spezielle Lehrgänge an den Sonderschulen der SED dienten der wirtschaftspolitischen Weiterbildung von Partei- und Staatsfunktionären. Am 24. 3. 1966 wurde von G. Mittag der 1. Lehrgang für Führungskader der Wirtschaft am → **Zentralinstitut für Sozialistische Wirtschaftsführung** eröffnet.

Das NÖS hatte für die SED und die DDR-Gesellschaft eine größere Bedeutung als lediglich die von Wirtschaftsreformen und (wieder rückgängig gemachten) innerparteilichen Veränderungen. Mit der – auch formellen – Einführung des → **Leistungsprinzips** erreichte eine Maxime des NÖS jeden im Arbeitsprozeß und in der Ausbildung Stehenden (→ **Gesetzbuch der Arbeit** vom 17. 4. 1963 und Jugendgesetz vom 4. 5. 1964). Liberalisierungstendenzen in der → **Kulturpolitik**, die allerdings schnell wieder zurückgenommen wurden, liefen parallel (vgl. hierzu vor allem die von Honecker und Hager auf der 11. Tagung des ZK vom 15. bis 18. 12. 1965 gehaltenen Referate).

Insgesamt war der SED ein entscheidender psychologischer Schritt gelungen. Die nach den Maßnahmen des 13. 8. 1961 und mit nicht sofort einsetzenden wirtschaftlichen Verbesserungen überwiegend verbitterte Bevölkerung in der DDR schöpfte erneut Hoffnung und fand sich unter den Bedingungen des NÖS zu einem Teilarrangement mit der Partei bereit. Als die wirtschaftspolitischen Umorganisationen dann auch tatsächliche Erfolge („Wirtschaftswunder DDR") brachten, hat die SED-Führung geschickt den Stolz des DDR-Bürgers auf die eigene Leistung propagiert. So konnte sich seit den 60er Jahren ein gewisses Selbst- und Staatsbewußtsein in der DDR entwickeln, von dem die SED profitierte. Dies führte, besonders bei Ulbricht, zur stärkeren Betonung der Besonderheit der Bedingungen in der DDR gegenüber denen in der UdSSR und den anderen Ostblockstaaten. Es half ferner der SED, ihre Anstrengungen auf internationale Anerkennung der DDR mit größerem Selbstbewußtsein zu verfolgen (→ **Außenpolitik**). Die veränderte Lage hat die SED schließlich im Frühjahr 1966 der SPD im Westen Deutschlands einen Redneraustausch (→ **Deutschlandpolitik der SED**) vorschlagen lassen.

Der *VII. Parteitag (17.–22. 4. 1967)* befaßte sich mit der gesellschaftspolitischen Entwicklung in der DDR bis zur „Vollendung" des Sozialismus. Im Vordergrund stand weiter die Diskussion wirtschaft-

licher Probleme. Der Parteitag setzte die Linie des 9.
ZK-Plenums (26.–28. 4. 1965) fort, auf dem die
Entwicklung einer Wissenschaft von der Führung
der Gesellschaft gefordert worden war. Das neue
Ziel einer „Verwissenschaftlichung" aller gesellschaftlichen Bereiche und Tätigkeiten drückte sich
in starkem Interesse an der → **Kybernetik**, den
→ **Organisationswissenschaften** und der **elektronischen** → **Datenverarbeitung** aus. Die → **wissenschaftlich-technische Revolution** wurde von der
SED als „objektiver Prozeß" verstanden, der alle
gesellschaftlichen Bereiche durchdringen müsse. Als
Aufgabe wurde proklamiert, die DDR als „entwik-
keltes gesellschaftliches System des Sozialismus" zu
gestalten. Das „Ökonomische System des Sozialismus" (ÖSS) sollte das NÖS ablösen. Mit der Formel
von der „sozialistischen Menschengemeinschaft" in
der DDR, in der es keine antagonistischen Klassengegensätze mehr gäbe, umriß Ulbricht einerseits die
psychologischen Erfolge, die die SED nach 1963 erzielt hatte. Andererseits diente ihm diese Behauptung dazu, ein Zusammengehörigkeitsgefühl der
Menschen in der DDR als Element des neuen
→ **Staatsbewußtseins** weiter zu fördern.

Das (4.) Statut von 1963 wurde revidiert. Das Territorialprinzip erhielt wieder Priorität. Die Rückversetzung in den Kandidatenstand für die Dauer eines
Jahres wurde als Parteistrafe gestrichen; Parteiausschlüsse bedurften nun nur noch der Zustimmung
der KL und nicht mehr der BZL.

Die BZL erhielten gleichzeitig den Auftrag, die Entwicklung ihres Bezirks zu prognostizieren. Die gesamte Parteiarbeit sollte sich am volkswirtschaftlichen Nutzeffekt orientieren.

Nach dem VII. Parteitag suchte die SED-Führung,
die Leitungstätigkeit der verschiedenen Parteiorgane zu verbessern. Beim PB wurde ein „Strategischer
Arbeitskreis" unter Leitung des Ersten Sekretärs gebildet. Dieses Gremium konzentrierte sich auf
Grundfragen der Innen- und Außenpolitik, der
„wissenschaftlich-technischen Revolution" und der
Wirtschaftspolitik. Für die wirtschaftliche Leitungs-
und Prognosetätigkeit wurde der Ministerrat als zuständig erklärt. Der Durchsetzung des Prinzips, daß
dort entschieden werden soll, „wo das am sachkundigsten möglich ist", diente z. B. ein Seminar des ZK
und des Ministerrates für Partei-, Staats- und Wirtschaftskader vom 25. bis 29. 9. 1967.

Die Jahre ab 1967 waren beherrscht von außen-,
block- und deutschlandpolitischen Anstrengungen
der SED, wobei zum Teil die Initiativen der Ostpolitik der Bundesregierung abgefangen werden mußten
(→ **Außenpolitik; Deutschlandpolitik der SED**).
Angesichts der mehr oder minder gescheiterten
Wirtschaftsreformen in anderen Ostblockstaaten
(UdSSR, ČSSR) und einer wirtschaftlichen Aufwärtsbewegung in der DDR (die DDR besitzt sicherlich seit 1963 den höchsten Lebensstandard un

ter den Staaten des RGW) wuchs das Selbstbewußtsein der SED. Ulbricht fand seine Politik der kontrollierten Öffnung der Partei gegenüber neuen
Kräften und den Erfordernissen des technologischen
Fortschritts bestätigt und empfahl die Entwicklung
der DDR den Bündnispartnern als beispielhaft.

Auf der internationalen Session „100 Jahre Kapital"
im September 1967 begründete Ulbricht diese Sonderentwicklung ideologisch: Der Sozialismus sei
eine „relativ selbständige sozialökonomische Formation" und nicht eine nur „kurzfristige Übergangsphase" zum Kommunismus. Anläßlich der Feiern
zur 150. Wiederkehr des Geburtstages von Karl
Marx, Anfang 1968, behauptete er schließlich vor
internationalem Publikum, daß der Sozialismus eine
qualitativ neue Gesellschaftsform mit eigener Produktionsweise sei. Solche Äußerungen dürften allerdings als solche nicht zu ernst genommen worden
sein. Erst auf dem Hintergrund einer vorsichtigen
Betonung nationaler Komponenten, die für das
Ende der Ulbricht-Ära typisch war und etwa in die
→ **Verfassung** der DDR von 1968 Eingang fand, erhielten sie gleichzeitig politische Bedeutung.

Obwohl die SED-Führung unter Ulbricht – zum Teil
im Widerspruch zu sowjetischen Theoretikern – einen relativ eigenständigen Sozialismus in der DDR
befürwortete, hat sie nach außen die führende Rolle
der UdSSR weiterhin stark betont. In manchen Fällen war die Interessenidentität evident: Wie die sowjetischen Führer erblickte die SED-Spitze beispielsweise in der tschechoslowakischen Entwicklung des Jahres 1968 eine ernste Gefahr für ihr Herrschaftssystem und ihr Selbstverständnis vom Sozialismus. In anderen Fällen, vor allem hinsichtlich der
Deutschland- und Berlinproblematik, waren dagegen die Interessen nicht völlig gleich gelagert. So
scheint es ab 1969 zu Differenzen zwischen der
KPdSU-Führung und Ulbricht über die Entspannungspolitik, die Einschätzung der Sozialdemokratie (Ulbricht-Suslow, KI-Gedenkkongreß) und über
die Theorie der entwickelten sozialistischen Gesellschaft gekommen zu sein. Ulbrichts Konzept der begrenzten Abweichung vom Sowjet-Modell und seine
Entspannungsskepsis stießen wahrscheinlich bei der
Breshnew-Gruppe in der KPdSU zunehmend auf
Ablehnung.

Auf dem 16. Plenum des ZK (3. 5. 1971) trat Ulbricht das Amt des Ersten Sekretärs des ZK an Erich
Honecker ab, wurde aber auf den seit dem Tode
Piecks abgeschafften Posten des Parteivorsitzenden
gewählt. Nach außen vollzog sich damit der Abgang Ulbrichts damit verhältnismäßig reibungslos.

II. Die Gegenwart: Die SED und die entwickelte sozialistische Gesellschaft

Der *VIII. Parteitag (15.–19. 6. 1971)* war der erste
Parteitag in der Geschichte der SED, an dem Ulbricht nicht mehr teilnahm. Während dieser Veran

staltung zeichnete sich das Ende der Ära Ulbricht in mehrfacher Weise ab. Nicht nur waren erste Abwandlungen der ideologisch-politischen Generallinie sowie Ansätze einer „realistischeren" wirtschaftspolitischen Planung (für die Jahre 1971–1975) zu erkennen. Indem der Parteitag das Kollektiv des PB als entscheidendes Leitungsgremium herausstellte, sollten vielmehr auch ein anderer Führungsstil demonstriert und die alte Forderung nach Kollektivität der Leitung durchgesetzt werden. Das neu gewählte ZK bestand aus 135 Mitgliedern und 34 Kandidaten. Das Wahlergebnis läßt einen verstärkten Einfluß des zentralen und regionalen Partei- wie des Staatsapparates erkennen. Alle amtierenden PB-Mitglieder wurden wiedergewählt. Zusätzlich rückte W. Lamberz vom Kandidaten zum Vollmitglied auf. W. Krolikowski (1. Sekretär der BZL Dresden) wurde gleichfalls Vollmitglied. Zu den Kandidaten wurden H. Tisch (1. Sekretär der BZL Rostock) und der Minister für Staatssicherheit, E. Mielke, hinzugewählt. Zum ersten Mal seit 1953 saß wieder ein Minister für Staatssicherheit im PB. Alle Sekretäre des ZK, mit Ausnahme Ulbrichts, wurden wiedergewählt. Wenige Tage nach dem Parteitag gab Ulbricht auch den Vorsitz im → **Nationalen Verteidigungsrat** an Honecker ab. H. Dohlus, Abteilungsleiter für Parteiorgane, wurde Sekretariatsmitglied, nicht aber Sekretär oder PB-Mitglied. Als Nachfolger für den verstorbenen H. Matern wurde E. Mückenberger zum Vorsitzenden der ZPKK gewählt.

Der VIII. Parteitag bestätigte ferner eine Reihe von Änderungen des seit 1963 gültigen und bereits auf dem VII. Parteitag 1967 geänderten Statuts der Partei: Die Wiederaufnahme aus der Partei Ausgeschlossener bedarf nur noch der Bestätigung der zuständigen Kreisleitung. Ordentliche Parteitage finden nur noch in 5jährigem Turnus statt. Die Stadtbezirksleitungen der SED haben jetzt den Rang von Kreisleitungen (s. u.). Darüber hinaus wurde u. a. auch den Parteiorganisationen in Kultur- und Bildungseinrichtungen, Lehranstalten, medizinischen Institutionen usw. ein Kontrollrecht über die Betriebs- bzw. Institutsleitungen eingeräumt und neue Regelungen für die Erhebung der Mitgliedsbeiträge getroffen.

Nach der Konferenz über die „Aufgaben der Gesellschaftswissenschaften" (14. 10. 1971) sowie einigen dem Parteitag folgenden ZK-Tagungen hatte sich die neue Parteilinie deutlicher herauskristallisiert. Sie soll im folgenden kurz zusammengefaßt werden:

1. Die DDR befindet sich in der Periode der „entwickelten sozialistischen Gesellschaft". Diese wird als 1. Phase des Kommunismus beschrieben und ohne starre Grenzlinie der einheitlich kommunistischen Gesellschaftsformation zugeordnet.

2. Für die DDR spezifische Entwicklungsbedingungen werden nicht mehr besonders betont, Parallelen zu den übrigen sozialistischen Staaten Osteuropas dagegen herausgestellt.

Die einschneidendsten Maßnahmen der SED-Führung in diesem Zusammenhang sind die Verfassungsänderungen vom 27. 9. 1974. Aufgrund der entsprechenden Beschlüsse der Volkskammer ist die SED nicht mehr ein „sozialistischer Staat deutscher Nation", sondern, nach dem Vorbild der Sowjetverfassung, ein „sozialistischer Staat der Arbeiter und Bauern".

3. Die Politik der Unterordnung der DDR unter die führende UdSSR ist nach wie vor gültig und verstärkt zu verfolgen. Sie wird erneut mit der Feststellung begründet, daß die Sowjetunion bereits einen höheren Entwicklungsstand auf dem Wege zum Kommunismus erreicht habe und deshalb als Vorbild anzusehen sei.

4. Die mit dem Begriff der „sozialistischen Menschengemeinschaft" intendierten Harmonievorstellungen werden als der Wirklichkeit widersprechend verworfen. Stattdessen werden wieder der Klassencharakter der DDR-Gesellschaft unterstrichen und die Diktatur des Proletariats als notwendig bezeichnet.

Klassenkampftendenzen sind auf dem 4. ZK-Plenum (16./17. 12. 1971) im Beschluß über die Aufgaben zur „Weiterentwicklung der sozialistischen Produktionsverhältnisse und zur Beseitigung von gewissen Erscheinungen der Rekapitalisierung" sichtbar geworden. In diesem Sinne sind bis zur 8. ZK-Tagung (6./7. 12. 1972) ca. 11000 Betriebe mit staatlicher Beteiligung und private Betriebe sowie industriell produzierende PGH mit insgesamt 585000 Beschäftigten in VEB umgewandelt worden.

5. Die grundsätzliche politische Bedeutung des Marxismus-Leninismus – als Wissenschaft und Weltanschauung – ist erneut zu unterstreichen. (Dabei muß die Partei auch ihren ideologischen Totalitätsanspruch neu artikulieren, ohne die Wissenschaftsentwicklung zu bremsen.) Durch eine Statutenänderung räumte der Parteitag deshalb den Grundorganisationen ein zusätzliches Kontrollrecht über die wissenschaftlichen Institutionen ein (s. o.).

In den Jahren 1963–1970 waren die angewandten Gesellschafts- und Wirtschaftswissenschaften stark gefördert worden, wobei ihre Integration in das Theoriegebäude des Marxismus-Leninismus nicht oder wenig überzeugend gelang und orthodoxe Postulate z. T. in Frage gestellt wurden. Gegen Ende der 60er Jahre war dann im Parteiapparat zunehmend Kritik an dieser Politik unter Hinweis vor allem auf den mit dem Marxismus-Leninismus nicht zu vereinbarenden Gebrauch von aus der Systemtheorie stammenden Begriffen und Konzepten geäußert worden. Darin kam teilweise das Unbehagen untergeordneter Funktionäre über die wachsende Rolle der technischen und wissenschaftlichen Experten zum Ausdruck. Die Kritik war aber auch ein Anzeichen dafür, daß vor allem Wirtschaftsfachleute die aus der westlichen Diskussion stammenden systemtheoretischen Überlegungen als wenig geeignet ansahen, um die konkreten Schwierigkeiten zu bewältigen. Dies zeigte sich dann besonders deutlich bei der vom VIII. Parteitag 1971 geforderten Umstellung der Wirtschaft (Ausweitung der Konsumgüterproduktion).

6. Wissenschaft gilt zwar weiterhin als „Produktivkraft", wird jedoch in ihrer Bedeutung hinter die Hauptproduktivkräfte der sozialistischen Gesellschaftsordnung zurückgestuft. Damit wird auch die soziale und gesellschaftspolitische Stellung ihrer Träger, der „werktätigen Intelligenz", relativiert. Für diese gewandelte Auffassung spricht die Neufassung der Formel von der → **wissenschaftlich-technischen Revolution**. Nun wird die „organische Verbindung der Errungenschaften der wissenschaftlich-technischen Revolution mit den Vorzügen des Sozialismus" gefordert. Es soll dem „Verbürgerlichungsprozeß" der Intelligenz, ihren Sonderansprüchen und allgemeinen „positivistischen" bzw. „technokratischen" Tendenzen entgegengetreten werden. Die neue Politik betrifft damit in erster Linie die naturwissenschaftlich-technischen Disziplinen. Die Einschätzung der Bedeutung der Gesellschaftswissenschaften, für die auf dem 12. ZK-Plenum (3./4. 7. 1974) die Grundzüge ihrer Entwicklung in den Jahren 1976–1980 festgelegt wurden, hat sich demgegenüber nicht verändert.

Andererseits versucht die SED, die Angehörigen der Intelligenz, die aufgrund des Kurswechsels und der erneuten Betonung der führenden Rolle der Arbeiterklasse und des Marxismus-Leninismus um ihren Einfluß fürchten, zu beruhigen. Dem diente ein Beitrag von PB-Mitglied K. Hager auf der 6. ZK-Tagung (6./7. 7. 1972), der eine weniger dogmatische Kulturpolitik und auch personelle Veränderungen im Bereich der staatlichen Kulturpolitik nicht ausschloß.

7. Das Primat der Partei vor allem gegenüber dem Staat soll wieder stärker betont und erneut ideologisch begründet werden. Gleichzeitig findet eine Konzentrierung der Entscheidungsfindung auf das Politbüro und das ZK-Sekretariat statt, während das Zentralkomitee gegenüber den 60er Jahren an Bedeutung verliert.

Unter Ulbricht waren Tendenzen zu beobachten, den Staat – insbesondere durch die starke Stellung des Staatsrates und seines Vorsitzenden – ständig aufzuwerten und ihm neben der Partei eine etwa gleichwertige Rolle einzuräumen. Solche Tendenzen sind gegenwärtig nicht mehr zu erkennen. Im staatlichen Bereich liegt zudem heute das Schwergewicht auf dem Ministerrat, der als das wichtigste Exekutivorgan im wirtschaftlichen Bereich fungiert.

8. Als ökonomische Hauptaufgabe wird die weitere Erhöhung des materiellen und kulturellen Lebensniveaus des Volkes bezeichnet. Die Energieerzeugung, die Zuliefer- und Bauindustrie sowie die Konsumgüterindustrie erhalten Vorrang.

Die Durchführung neuer sozialpolitischer Maßnahmen (Erhöhung der Renten, Förderung berufstätiger Mütter, Verbesserung der Wohnverhältnisse für Arbeiter und Angestellte) stand im Mittelpunkt der gemeinsamen Beratungen und Beschlüsse des PB, des Bundesvorstandes des FDGB und des Ministerrates (Neues Deutschland vom 28. 4. 1972). Bereits im November 1971 waren weitere Preiserhöhungen bis 1975 ausgeschlossen und zugleich ein verbessertes Warenangebot in unteren und mittleren Preisgruppen versprochen worden. Auf dem 10. ZK-Plenum (2. 10. 1973) legte die SED ein Wohnungsbauprogramm für die Jahre 1976–1990 vor.

9. Die Planziele werden neu und realistischer festgesetzt, die Aufwendungen für strukturbestimmte Industriezweige reduziert. Anstelle der hohe Investitionen erfordernden → **Automatisierung** und → **Rationalisierung** wird nun die eine Nutzung vorhandener Ressourcen anzielende „sozialistische → **Intensivierung"** zum zentralen Begriff.

10. In der Außen- und Deutschlandpolitik ist dem sowjetischen Kurs zu folgen (→ **Außenpolitik; Deutschlandpolitik der SED**).

In mehreren Beratungen mit den Sekretären der BZL und KL ist diese Linie der Parteibasis verdeutlicht worden. Nach dem VIII. Parteitag wurden darüber hinaus neue Maßnahmen zur Auswahl, Ausbildung und Erziehung der Kader getroffen. Die Zusammenarbeit von Parteispitze und -apparat wurde überprüft und der Einfluß der Grundorganisationen in den Betrieben und Institutionen vermutlich gestärkt. Der Eintritt in die SED ist erschwert worden. Um die Zahl der Mitglieder nicht weiter steigen zu lassen, sollen nunmehr vorzugsweise Arbeiter, junge Menschen (Schüler und Studenten) und Angehörige der → **Intelligenz** (soweit sie der → **Arbeiterklasse** entstammen) aufgenommen werden.

Für die Agitations- und Propagandatätigkeit wurde die Agitationskonferenz des ZK (16./17. 11. 1972) entscheidend, die auf den PB-Beschluß „Die Aufgaben der Agitation und Propaganda bei der weiteren Verwirklichung der Beschlüsse des VIII. Parteitages" (vom 7. 11. 1972; Neues Deutschland vom 11. 11. 1972) zurückging. Auch die → **Parteischulung** erfuhr (durch PB-Beschluß vom 14. 9. 1971) eine inhaltliche Wandlung. Lag bis dahin im Parteilehrjahr das Schwergewicht auf der Behandlung der beim Aufbau des Sozialismus in der DDR auftretenden wirtschaftlichen Probleme, so rückt jetzt wieder das Pflichtstudium der Klassiker des Marxismus-Leninismus und der Beschlüsse der SED in den Vordergrund.

Die 6. ZK-Tagung (6./7. 7. 1972) setzte 2 Kommissionen ein: zur Überprüfung des Parteiprogramms von 1963 (Vorsitzender Honecker, Sekretär Hager) und des Statuts (Vorsitzender Verner, Sekretär Dohlus).

Durch den Tod Ulbrichts (1. 8. 1973) wurden Nachfolgeregelungen an der Spitze auch des Staatsapparates notwendig. Sie haben weder das Prinzip der kollektiven Leitung und die formale Funktionsgliederung berührt noch die Vorrangstellung Honeckers gefährdet. Eine Verlagerung der Kompetenzen ist allerdings nicht zu verkennen. W. Stoph, seit 1964 Nachfolger Grotewohls als Vorsitzender des Ministerrates, wurde auf Vorschlag des 10. ZK-Plenums (2. 10. 1973) von der Volkskammer zum Vorsitzenden des Staatsrates gewählt. Mit der Ablösung Ulbrichts im Parteiapparat und der Machtübernahme durch Honecker hatte der Staatsrat, obwohl nach wie vor von Ulbricht geleitet, ständig an politischer Bedeutung verloren; sein Verantwortungsbereich war auf Repräsentativfunktionen eingegrenzt worden. Ein neues Gesetz über den Ministerrat aus dem Jahre 1972 (seitdem wieder „Regierung" der DDR) und die Verfassung der DDR – in der Fassung vom 7. 10. 1974 – haben diese Entwicklung auch rechtlich festgeschrieben. Die tatsächliche Regierungsverantwortung (im Rahmen der Direktiven des PB) liegt seit der Wahl H. Sindermanns zum Vorsitzenden des → **Ministerrates** (Volkskammersitzung vom 3. 10. 1973) wieder bei diesem Staatsorgan.

Das 10. ZK-Plenum brachte weitere einschneidende personelle Veränderungen seit dem VIII. Parteitag. Der Minister für Nationale Verteidigung, K.-H. Hoffmann, Mitglied des ZK, wurde (ohne vorher Kandidat gewesen zu sein) als Vollmitglied ins PB aufgenommen. G. Schürer, der Vorsitzende der Staatlichen Plankommission, erhielt einen Kandidatensitz; W. Halbritter, verantwortlich für die unvollendete Preisreform, schied als Kandidat aus. Das gegenwärtig amtierende, 16 Mitglieder und 10 Kandidaten umfassende → **Politbüro** zeigt vor allem bei den Kandidaten Veränderungen hinsichtlich der Ulbricht-Ära. Mindestens 4 Kandidaten (F. Felfe, J. Herrmann, I. Lange, K. Naumann) sind mit Honecker persönlich eng verbunden und stehen für die Ablösung möglicherweise an Einfluß verlierender PB-Mitglieder bereit. Die bedeutendste Veränderung im gegenwärtig 10 Mitglieder umfassenden → **Sekretariat des ZK** war die Ablösung des Wirtschaftssekretärs G. Mittag, der Erster Stellvertreter des Vorsitzenden des Ministerrates wurde, durch W. Krolikowski. H. Dohlus wurde Sekretär des ZK (vorher nur Mitglied des Sekretariats) und I. Lange ZK-Sekretärin für Frauenfragen.

III. Die SED unter ausgewählten partei- und organisationssoziologischen Gesichtspunkten

A. Selbstverständnis

Die SED versteht sich als „marxistisch-leninistische Partei". Das in diese Aussage tatsächlich eingehende Selbstverständnis ist diffus und kann – da weder in Ost noch in West eine politologische Theorie der marxistisch-leninistischen Partei erarbeitet worden ist – kaum zureichend analysiert werden. Gegenwärtig erscheinen lediglich eine Beschreibung und Problematisierung möglich.

Das Selbstverständnis der SED gründet auf der Anerkennung der Weltanschauung des → **Marxismus-Leninismus**. Aus ihr sind alle wesentlichen Elemente der ideologischen wie organisatorischen Zielsetzungen der Partei abzuleiten. Gemäß der marxistisch-leninistischen Geschichtsphilosophie agiert die SED in einer nach-bürgerlichen Epoche und vertritt die herrschende(n) politisch-soziale(n) Gruppe(n) und Schicht(en) dieser geschichtlichen Phase. Sie ist in erster Linie Repräsentant der von Bourgeoisie und Adel unterdrückten → **Klassen**, d. h. der Arbeiter und Bauern. Sie hat ferner „fortschrittliche" Elemente anderer Klassen bzw. Schichten in ihre Reihen aufgenommen, ohne ihren Anspruch, „die höchste Form der Klassenorganisation der Arbeiterklasse" zu sein, aufgegeben zu haben. Im Selbstverständnis der SED ist damit nach wie vor das Spannungsverhältnis: hier Arbeiterpartei, dort Volkspartei, ungelöst.

Alle marxistisch-leninistischen Parteien sind aus Minderheiten- bzw. Eliteorganisationen oder – entsprechend der Leninschen Formulierung – Kaderparteien hervorgegangen. Dieses Stadium einer marxistisch-leninistischen Partei hat die SED nur als KPD und hier wiederum überwiegend als der Moskau-orientierte Teil der deutschen Kommunistischen Partei unter den Bedingungen des Exils durchlaufen. Nach ihrer Gründung in der SBZ fand sich die SED sogleich in der Rolle einer Einheits- und damit einer Massenpartei, die zudem unter dem sowjetischen Besatzungsregime nicht selbständig handeln konnte. Die Prinzipien der Kader- wie der Massenpartei sind, ohne daß das eine zugunsten des anderen aufgegeben worden wäre, für die Partei- und Gesellschaftspolitik der SED maßgebend geblieben.

Die SED ist heute eine Staatspartei: Sie versteht sich, in den Worten des „Kleinen Politischen Wörterbuchs" (Berlin [Ost] 1973, S. 773), als „die von allen gesellschaftlichen Organisationen anerkannte führende Kraft bei der Verwirklichung des Sozialismus in der DDR". Gleichzeitig sieht sie sich als kommunistische Partei, d. h. als „festen und untrennbaren Bestandteil der kommunistischen Weltbewegung". Als kommunistische Partei hat sie einmal die führende Rolle der KPdSU anzuerkennen und Verbindungen zu den „Bruderparteien", vor allem den anderen kommunistischen Parteien des Ostblocks, zu pflegen. Zum anderen hat sie – „in enger Kampfgemeinschaft mit der KPdSU" – die Ziele der kommunistischen Weltbewegung zu verfolgen. Für die Staatspartei SED ist die Wirkung auf das Gebiet der DDR beschränkt, die Ansprüche der kommunistischen Partei gehen darüber hinaus und erstrecken sich einerseits in den internationalen Raum, andererseits vor allem auf die Bundesrepublik Deutschland. Das für alle marxistisch-leninistischen Parteien bestehende Problem von Nationalität und Internationalität erweitert sich damit für die SED insofern, als „Staat" und „Nation" in ihrem Falle nicht deckungsgleich sind.

Die genannten, im Selbstverständnis niemals eindeutig zugunsten eines Prinzips aufgelösten Widersprüche ermöglichen der SED, ebenso wie anderen marxistisch-leninistischen Parteien, prinzipiell eine erhebliche ideologische und gesellschaftlich-politische Flexibilität. Diese Flexibilität wird allerdings stark eingeschränkt durch die im 20. Jahrhundert entwickelten Organisationsprinzipien der marxistisch-leninistischen Parteien.

B. Organisationsprinzipien

Folgende marxistisch-leninistische Organisationsprinzipien sind – entsprechend dem (4.) Statut der SED – für die Partei verbindlich: der → **Demokratische Zentralismus**, das → **Territorialprinzip** und das → **Produktionsprinzip** (vgl. dazu auch oben I, E) sowie ferner die Kollektivität der Leitung und die innerparteiliche Demokratie.

Zur Kollektivität der Leitung heißt es wörtlich (Art. 24): „Der Grundsatz der Kollektivität hebt die persönliche Verantwortung nicht auf. Personenkult und die damit verbundene Verletzung der innerparteilichen Demokratie sind unvereinbar mit den Leninschen Prinzipien des Parteilebens und können in der Partei nicht geduldet werden." Eine neuere Publikation definiert: „Kollektivität der Leitung . . . heißt vor allem, sich eng mit der Arbeiterklasse und den Massen zu verbinden, konsequent die persönliche Verantwortung für das Ganze wahrzunehmen und die Aktivität der Parteimitglieder und ihre schöpferische Teilnahme an der Vorbereitung und Durchführung der Parteibeschlüsse zu sichern" (Das Prinzip des demokratischen Zentralismus im Aufbau und in der Tätigkeit der kommunistischen Partei, Berlin [Ost] 1974, S. 27).

Die innerparteiliche Demokratie umschließt das Recht der freien Stellungnahme durch die Mitglieder zu allen Fragen (Art. 30), die Einrichtung der → **Kritik und Selbstkritik** (Art. 31), die → **Parteidisziplin**, Unterordnung der Minderheit unter die Mehrheit und das Verbot der → **Fraktionsbildung** (Art. 32) sowie die freie und sachliche Erörterung der Probleme der Parteipolitik (Art. 33). Das in diesen Regelungen bereits erkennbare marxistisch-leninistische Verständnis von Demokratie wird in der Bestimmung der Rolle des Parteimitgliedes noch deutlicher. Im Vergleich zu den „Rechten" des Mitgliedes (Art. 3) werden die „Pflichten" (Art. 2) sehr viel ausführlicher und inhaltlich konkreter kodifiziert. Da Mitgliedschaft in der SED als „eine große

Ehre" gilt, sind die Pflichten der Mitglieder umfassend, und die Möglichkeit, aufgrund eines freien Entschlusses aus der Partei auszutreten, ist seit 1954 nicht mehr gegeben. Das Statut legt Wert darauf festzustellen, daß Parteimitgliedschaft nicht nur Anerkennung der Beschlüsse und der Politik der Partei bedeutet, sondern daß sie ständigen und aktiven Einsatz für die Partei erfordert. Das Mitglied verpflichtet sich, die Einheit und Reinheit der Partei zu schützen (Art. 2 a), aktiv für die Verwirklichung der Parteibeschlüsse zu kämpfen (Art. 2 b), die Verbundenheit mit den Massen unaufhörlich zu festigen (Art. 2 c), ständig an der Hebung seines politischen Bewußtseins zu arbeiten (Art. 2 d), in seiner politischen und beruflichen Tätigkeit und im persönlichen Leben Vorbild zu sein (Art. 2 e), die sozialistische Ordnung zu schützen und zu festigen (Art. 2 f), die Partei- und Staatsdisziplin zu wahren (Art. 2 g), furchtlos Mängel in der Arbeit aufzudecken und sich für ihre Beseitigung einzusetzen (Art. 2 h), aufrichtig und ehrlich gegenüber der Partei zu sein (Art. 2 i), Partei- und Staatsgeheimnisse zu wahren (Art. 2 j), überall, in jeder Stellung, die Weisungen der Partei über die richtige Auswahl und Förderung der Parteiarbeiter (= Kader) nach ihrer politischen und fachlichen Eignung unbeirrbar zu befolgen (Art. 2 k).

Charakteristisch für die SED wie für andere kommunistische Parteien ist darüber hinaus, daß ihr Statut strenge Bestimmungen für die Aufnahme von Mitgliedern sowie Parteistrafen bei Nicht-Erfüllung der Mitgliedspflichten enthält. Die Aufnahme neuer Mitglieder ist ein wesentliches Mittel der Politik der SED (s. auch unten III, D). Die entsprechenden Bestimmungen in den Statuten sind mehrfach geändert und die von der Parteiführung ausgehenden Anweisungen den jeweiligen politischen Bedürfnissen angepaßt worden. Parteistrafen werden – gemäß dem (4.) Statut (Art. 7) – gegen dasjenige Mitglied verhängt, das „gegen die Einheit und Reinheit der Partei verstößt, ihre Beschlüsse nicht erfüllt, die innerparteiliche Demokratie nicht achtet, die Parteidisziplin verletzt oder seine Mitgliedschaft und ihm übertragene Funktionen mißbraucht, im öffentlichen und persönlichen Leben sich eines Parteimitgliedes nicht würdig zeigt". Folgende Parteistrafen können, nach Abänderung des Statuts auf dem VII. Parteitag 1967, verhängt werden: die Rüge, die strenge Rüge, der Ausschluß aus der Partei. Jede Parteistrafe wird in der Kaderakte vermerkt und hat in der Regel auch heute noch Diskriminierungen des Mitgliedes (und unter Umständen seiner Angehörigen) im beruflichen und öffentlichen Leben zur Folge.

Vergleichbare Grundprinzipien gelten für alle Parteien der kommunistischen Weltbewegung. Das Fraktionsverbot, die immer wieder erhobene Forderung nach Einhaltung strikter Parteidisziplin und die entsprechenden Kontroll- und Sanktionsmöglichkeiten, die unter dem Prinzip des Demokratischen

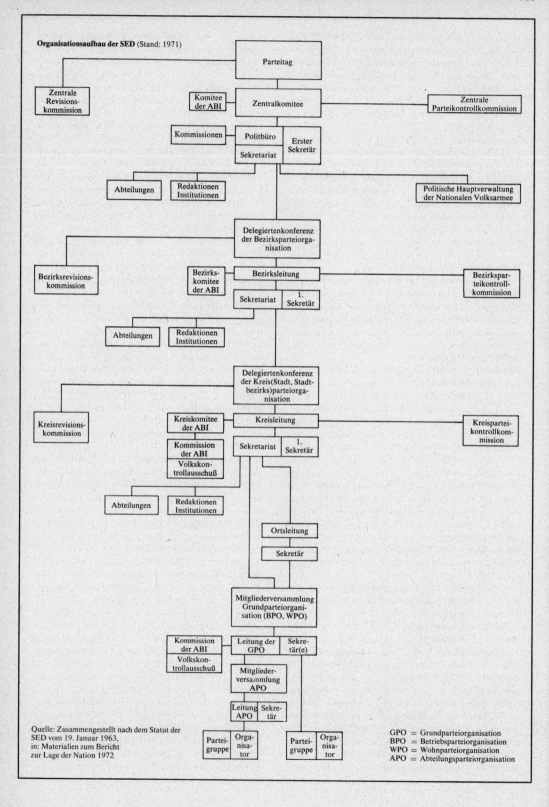

Organisationsaufbau der SED (Stand: 1971)

Parteitag

Zentrale Revisionskommission

Komitee der ABI — Zentralkomitee — Zentrale Parteikontrollkommission

Kommissionen — Politbüro — Erster Sekretär

Sekretariat

Abteilungen — Redaktionen Institutionen — Politische Hauptverwaltung der Nationalen Volksarmee

Delegiertenkonferenz der Bezirksparteiorganisation

Bezirksrevisionskommission

Bezirkskomitee der ABI — Bezirksleitung — Bezirksparteikontrollkommission

Sekretariat — 1. Sekretär

Abteilungen — Redaktionen Institutionen

Delegiertenkonferenz der Kreis(Stadt, Stadtbezirks)parteiorganisation

Kreisrevisionskommission

Kreiskomitee der ABI — Kreisleitung — Kreisparteikontrollkommission

Kommission der ABI — Volkskontrollausschuß — Sekretariat — 1. Sekretär

Abteilungen — Redaktionen Institutionen

Ortsleitung

Sekretär

Mitgliederversammlung Grundparteiorganisation (BPO, WPO)

Kommission der ABI — Volkskontrollausschuß — Leitung der GPO — Sekretär(e)

Mitgliederversammlung APO

Leitung APO — Sekretär

Parteigruppe — Organisator — Parteigruppe — Organisator

Quelle: Zusammengestellt nach dem Statut der SED vom 19. Januar 1963, in: Materialien zum Bericht zur Lage der Nation 1972

GPO = Grundparteiorganisation
BPO = Betriebsparteiorganisation
WPO = Wohnparteiorganisation
APO = Abteilungsparteiorganisation

Zentralismus festgelegte Verbindlichkeit der Beschlüsse der höheren Parteiorgane: all dies sichert jeder Parteiführung ihre herausgehobene Machtposition. Besonders der Anspruch, für die Reinhaltung der marxistisch-leninistischen Lehre verantwortlich zu sein und sie gegen Reformkommunismus, linken Sozialismus, rechten → **Sozialdemokratismus,** → **Maoismus** etc. (→ **Abweichungen**) zu verteidigen, ermöglicht es der Parteiführung, die „freie und sachliche Erörterung der Fragen der Parteipolitik" zu kontrollieren, die „freie Stellungnahme" zu unterbinden und innerparteiliche Kritiker gegebenenfalls als Anhänger jener „feindlichen" Ideologien abzustempeln und auszuschalten. Da die Parteiführung neben der ideologischen Verkündungs-, die politische Richtlinien- und die exekutive Durchsetzungskompetenz besitzt, erscheint ihre Macht absolut. Wie absolut sie tatsächlich ist, ist eine in der westlichen Kommunismusforschung noch nicht eindeutig beantwortete Frage. Die Grundprinzipien der SED-Organisation sind vorläufig – trotz des häufigen Gebrauchs des Wortes „Demokratie" – als die eines auf einer Massenbasis operierenden autoritären Systems zu kennzeichnen.

C. Parteiaufbau (vgl. Schaubild)
An der Basis der Parteihierarchie stehen die → **Grundorganisationen**. Sie werden, wenn 3 Mitglieder vorhanden sind, sowohl in Betrieben, LPG, VEG, PGH, ferner in Einheiten der DVP und der NVA, in staatlichen und wirtschaftlichen Verwaltungen, wissenschaftlichen Instituten, Lehranstalten (→ **Abteilungsparteiorganisationen**) eingerichtet wie in Dörfern und Wohngebieten (→ **Wohnbezirk**). Das Statut von 1963 legt ferner fest, daß jedes Parteimitglied der Grundorganisation des Betriebes, in dem es tätig ist, „angehören, an der Arbeit dieser Parteiorganisation teilnehmen und dort seine Beiträge bezahlen" muß (Art. 58). Die Parteimitglieder, die nicht berufstätig sind oder in deren Betrieb keine Grundorganisation bzw. Kandidatengruppe besteht, „werden in einer anderen Parteiorganisation erfaßt". Damit hat das Prinzip der Organisation auf Betriebsebene bzw. am Arbeitsplatz eindeutigen Vorrang vor dem der Organisation im Wohngebiet. Die Grundorganisationen der Partei können sehr unterschiedliche Mitgliederzahlen haben. Zur Zeit des VIII. Parteitages (1971) bestanden ca. 53 000 Grundorganisationen mit insgesamt ca. 1 900 000 Mitgliedern. Für Juli 1974 wurde die Zahl der Grundorganisationen und der APO mit insgesamt 73 462 angegeben.

An der Spitze der Grundorganisation steht die von der Mitgliederversammlung bzw. der Delegiertenkonferenz gewählte Leitung der Grundorganisation mit dem 1. Sekretär, der in allen größeren Betrieben und Institutionen ein hauptamtlicher Funktionär ist. Die Grundorganisationen werden in → **Kreispartei-**

organisationen und diese in → **Bezirksparteiorganisationen** zusammengefaßt. Die NVA, die DVP und Einrichtungen des Verkehrswesens (z. B. die Deutsche Reichsbahn) haben eigene Parteiorganisationen, an deren Spitze Partei(haupt-)verwaltungen stehen, die praktisch den Rang einer ZK-Abteilung besitzen.

Auf der Kreis- und Bezirksebene bilden die von den Delegiertenkonferenzen gewählten Kreis- bzw. Bezirksleitungen (KL bzw. BZL) Sekretariate mit einem 1. Sekretär der KL bzw. BZL. Nach den Statutenänderungen des VIII. Parteitages bestehen 263 Kreisleitungen. 215 ergeben sich aufgrund des Territorialprinzips, die übrigen aufgrund des Produktionsprinzips (in größeren Betrieben, z. B. den Leuna-Werken, in Hochschulen usw.). Auf dem VIII. Parteitag erhielten auch die Stadtbezirksleitungen von Leipzig, Halle, Dresden, Erfurt, Karl-Marx-Stadt und Magdeburg die Rechte und Pflichten einer KL. Eine BZL besteht in jedem der 15 Bezirke der DDR. Wegen der besonderen Bedeutung des Uranbergbaus hat die Gebietsleitung der SDAG Wismut den Status einer (16.) BZL.

Die 1. Sekretäre der KL und BZL sind hauptamtliche Funktionäre, die ihre Ämter überwiegend über einen Zeitraum, der länger ist als die im Statut vorgeschriebenen 2 Jahre zwischen den Delegiertenkonferenzen, ausüben. Ende 1973 z. B. waren 31 v. H. der 1. Sekretäre der KL über 10 Jahre im Amt; die durchschnittliche Amtsdauer betrug 8 Jahre. Auch bei den 1. Sekretären der BZL kann grundsätzlich davon ausgegangen werden, daß sie ihre Posten relativ lange innehaben.

Entsprechend dem Statut ist das höchste Organ der Partei der → **Parteitag**. Er tritt neuerdings alle 5 Jahre zusammen und wählt das Zentralkomitee (ZK). Aus letzterem gehen durch Wahl auf der konstituierenden Sitzung die zentralen Führungsgremien der Partei, das Politbüro (PB) und das Sekretariat, mit dem Ersten Sekretär des ZK an der Spitze hervor. Personalpolitische Änderungen sind auch zwischen den Parteitagen möglich. → **Parteikonferenzen** (die letzte fand 1956 statt) können die Zusammensetzung des ZK und ZK-Tagungen die des PB, des Sekretariats und der ZPKK verändern.

Nach dem 12. ZK-Plenum (4.–5. 7. 1974) hat das → **Zentralkomitee** 135 Mitglieder und 46 Kandidaten; das → **Politbüro** besteht aus 16 Mitgliedern und 10 Kandidaten, das → **Sekretariat** aus 11 Sekretären.

Weitere Organe der Partei sind die vom Parteitag gewählte Zentrale Revisionskommission (ZRK) sowie die vom ZK gewählte Zentrale Parteikontrollkommission (ZPKK). Der ZRK und ZPKK entsprechende Einrichtungen finden sich sowohl auf der Bezirks- wie auf der Kreisebene (→ **Revisionskommissionen; Parteikontrollkommissionen**). Dem ZK unterstehen unmittelbar 5 wissenschaftliche Institute.

D. Mitgliederbewegung und sozialstrukturelle Daten

Offizielle Angaben zur Mitgliederbewegung und Sozialstruktur der SED werden in wechselnder Ausführlichkeit auf den jeweiligen Parteitagen und -konferenzen (vgl. die entsprechenden Protokolle) veröffentlicht. Aus diesen spärlichen Quellen sind die folgenden Zahlen zusammengestellt.

Mitte 1974 zählte die SED 1 907 719 Mitglieder und 46 411 Kandidaten. Der Mitgliederstand hat sich wie folgt entwickelt (bis Januar 1949 nur Mitglieder, ab Juli 1950 Mitglieder und Kandidaten):

April	1946	1 298 415
Mai	1947	1 786 138
Juni	1948	ca. 2 000 000
Januar	1949	1 773 689
Juli	1950	ca. 1 750 000
Juni	1951	ca. 1 221 300
September	1953	ca. 1 230 000
April	1954	1 413 313
Dezember	1957	1 472 932
Dezember	1961	1 610 769
Dezember	1963	1 680 446
Dezember	1966	1 769 912
Juni	1971	1 909 859
Dezember	1973	1 951 924
Juli	1974	1 954 130

Zum Zeitpunkt der Gründung der Einheitspartei kamen 53 v. H. der Mitglieder aus der SPD und 47 v. H. aus der KPD. Um das zahlenmäßige Übergewicht der Sozialdemokraten zu neutralisieren, wurde anfangs in allen Schichten der Bevölkerung um Mitglieder geworben. Das (1.) Statut von 1947 kannte – im Gegensatz zu den folgenden – keine sozialen Voraussetzungen für den Eintritt in die SED. Daher sind zunächst so gut wie alle Bewerber aufgenommen worden, so daß die Partei im Juni 1948 ca. 2 Mill. Mitglieder zählte. Diese Aufnahmepraxis änderte sich schnell. Nach 1948 wurden die Neuaufnahmen auf Arbeiter beschränkt oder für andere soziale Gruppen erschwert. Trotzdem ist die Mitgliederzahl der SED – bis auf die Jahre 1948–1951 – ständig gestiegen.

Auf der 1. Parteikonferenz (1949) wurde der Kandidatenstatus (→ **Kandidat**) eingeführt und im 2., 3. und 4. Statut beibehalten. Seit dieser Zeit muß damit jeder Bewerber eine Kandidatenzeit durchlaufen, bevor er Mitglied der Partei werden kann.

Das Eintrittsalter war 1950 (2. Statut) auf 16 Jahre festgelegt, 1954 (3. Statut) auf 18 Jahre heraufgesetzt worden.

Ihrer sozialen Herkunft nach sollen im Jahre 1974 76 v. H. aus der Arbeiterklasse kommen, 64,4 v. H. seien bei ihrem Eintritt in die Partei Arbeiter gewesen. Gesicherte Daten über den sozialen Hintergrund der Mitglieder und Kandidaten gibt es nicht.

Die *Sozialstruktur* der Partei veränderte sich wie folgt (Angaben in v. H. der jeweiligen Gesamtmitgliederzahl):

	1947	1957	1961	1966	1973
Arbeiter	48,1	33,8	33,8	45,6	56,6
Bauern	9,4	5,0	6,2	6,4	5,7
Angestellte u. Intelligenz	22,0	42,3	41,3	28,4	30,7
Sonstige	20,5	18,9	18,7	19,6	7,0

Zwischen dem VII. und VIII. Parteitag wurden 296 720 Kandidaten in die Partei aufgenommen. Darunter befanden sich 211 899 Arbeiter (= 71,4 v. H.). Nach dem VIII. Parteitag wurde noch stärker betont, daß die SED eine junge, dynamische Partei der Arbeiterklasse sein müsse. Dies zeigte sich auch in der Mitgliederwerbung, die sich jetzt stark an die Schicht der hochqualifizierten Facharbeiter richtete. Der Anteil der als Kandidaten zwischen Juni 1971 und Dezember 1973 aufgenommenen Arbeiter betrug 78,6 v. H.; im ersten Halbjahr 1974 waren von den geworbenen Kandidaten 75,7 v. H. Arbeiter. Der Anteil der Schüler und Studenten an der gesamten Mitgliederzahl stieg von 1970 bis 1973 von 4,9 v. H. auf 13,1 v. H.

Alle Angaben zur Sozialstruktur sind allerdings mit großer Vorsicht zu behandeln, da nicht bekannt ist, welche Kriterien von den Statistikern der Partei für die Zuordnung zu bestimmten Gruppen verwandt werden und ob die verwandten Kriterien über die Jahre die gleichen geblieben sind.

Die *Altersstruktur* zeigt folgende Entwicklung:

	1947	1950	1966
bis 25 Jahre	6,8	8,8	8,2
26 bis 30 Jahre	13,6	11,0	12,1
31 bis 40 Jahre	23,7	18,7	25,1
41 bis 50 Jahre	27,3	27,6	17,2
über 50 Jahre	29,2	33,9	37,4

Ca. 55 v. H. der Mitglieder der SED waren 1966 älter als 40 Jahre, d. h. vor 1926 geboren. Die restlichen SED-Mitglieder, also fast die Hälfte, waren 40 Jahre alt und jünger, d. h. hatten bei Kriegsende bestenfalls ihr 19. Lebensjahr erreicht. Aus den spärlichen Angaben, die für die Jahre 1971 und 1974 vorliegen, ist zu ersehen, daß die Gruppen der bis 40jährigen bzw. über 40jährigen kaum prozentuale Veränderungen erfahren haben.

Trotz eines in diesem Sinne relativ unveränderten Altersaufbaus hat sich die SED jedoch unter generationssoziologischem Aspekt seit den 50er Jahren verändert. Mehr und mehr starb die Gruppe der Altfunktionäre, d. h. der Mitglieder, die vor 1933 einer der Arbeiterparteien angehört hatten, aus. Im Jahre 1966 betrug ihre Zahl noch ca. 120 000 Personen; 1971 war sie auf 95 000 gesunken. Damit wird die SED nunmehr von einer Generation beherrscht, die ihre politischen Erfahrungen im wesentlichen nach 1945 und vermutlich überwiegend in der SED gemacht hat.

Der *Anteil der Frauen* an der Parteimitgliedschaft betrug 1973 knapp 30 v. H. Die Gruppe der → **Frauen** (Anteil an der Gesamtbevölkerung der DDR im gleichen Jahr: 53,7 v. H.) ist damit in der SED nicht angemessen repräsentiert. Dies gilt in noch stärkerem Maße für die Führungsgremien: Dem Politbüro (26 Mitglieder und Kandidaten) gehören lediglich 2 Frauen als Kandidaten an; zum ZK-Sekretariat (11 Sekretäre) zählt 1 Frau, und unter den 16 1. Sekretären der BZL befindet sich überhaupt keine Frau.

Ende 1973 hatten 22,5 v. H. aller Mitglieder und Kandidaten der SED, aber 99,6 v. H. der 1. Sekretäre der KL einen Hoch- bzw. Fachschulabschluß, wobei offenbar der Besuch von Parteischulen mit eingerechnet ist. An Parteischulen und Weiterbildungsinstituten studierten im Jahre 1973 ca. 100 000 Genossen. Eine Parteischule mit einer Lehrgangsdauer ab 3 Monaten – einschließlich der Kreis- und Betriebsschulen des Marxismus-Leninismus – hatten 18,4 v. H. aller Mitglieder, 35,4 v. H. aller Leitungsfunktionäre, 51,6 v. H. aller Parteisekretäre und 90,0 v. H. aller Parteisekretäre der Großbetriebe besucht.

E. Die SED als Zentrum der politischen Willensbildung

Die SED versteht sich als „führende Kraft aller Organisationen der Arbeiterklasse und der Werktätigen, der staatlichen und gesellschaftlichen Organisationen" in der DDR (4. Statut, Präambel). Und die Verfassung der DDR von 1968 legt fest (Art. 1, Abs. 1, Satz 2): Die DDR „ist die politische Organisation der Werktätigen in Stadt und Land, die gemeinsam unter Führung der Arbeiterklasse und ihrer marxistisch-leninistischen Partei den Sozialismus verwirklichen".

Die SED legitimiert ihre führende Rolle mit Hilfe des → **Marxismus-Leninismus**. Die entsprechenden Argumentationslinien können wie folgt zusammengefaßt werden:

1. Politische Parteien sind gesetzmäßige Erscheinungen des gesellschaftlichen Lebens. Sie sind Ausdruck der Interessen von Klassen oder der Interessen bestimmter Gruppen einer Klasse.

2. Politische Parteien stellen die Vereinigung der aktivsten Vertreter einer Klasse zur Durchsetzung bestimmter Klassenziele dar. Im Vergleich zur Klasse sind Parteien als eine höhere Stufe des Bewußtseins anzusehen. Sie sind stets zur Führung der Klassen berufen.

3. Der Partei der Arbeiterklasse (Proletariat) kommt gegenüber anderen Parteien eine besondere Bedeutung zu, da – aufgrund der marxistisch-lenini-

stischen Lehre von der historischen Mission der Arbeiterklasse – allein diese „als Schöpfer des Sozialismus die Interessen der ganzen Gesellschaft vertritt und die Zukunft der Menschheit verkörpert" (Kleines Politisches Wörterbuch, Berlin [Ost] 1973, S. 775).

4. Die SED ist Repräsentant der Arbeiterklasse in der DDR und damit auf der Grundlage des Marxismus-Leninismus zur Führung der Gesellschaft berufen.

5. Sie übt ihre Führungsrolle (oder Herrschaft) in der Form der Diktatur des Proletariats mit dem Ziel der „Schaffung der materiellen, sozialökonomischen und geistig-kulturellen Grundlagen einer ausbeutungsfreien Gesellschaft" aus. Hauptinstrument zur Verwirklichung dieser Aufgabe ist gegenwärtig der „sozialistische Staat".

Dem Selbstverständnis der SED und dem Verfassungssatz von der führenden Rolle der Partei entspricht es, daß die politische Willensbildung in der DDR weitgehend auf die Führungsgremien der SED beschränkt bleibt. Ihre Führungstätigkeit sieht die SED als „wissenschaftlich geplant und mit wissenschaftlichen Methoden verwirklicht" an. Wissenschaftlichkeit der politischen Führung in diesem Sinne meint in erster Linie die Ausrichtung der politischen Entscheidung an den jeweils geltenden wissenschaftlichen Gesetzen des Marxismus-Leninismus. Die SED hat im Laufe der Jahre eine Reihe wissenschaftlicher Parteiinstitutionen geschaffen (z. B. das → **Institut für Gesellschaftswissenschaften** und das → **Zentralinstitut für Sozialistische Wirtschaftsführung**), die die wissenschaftliche Führungstätigkeit garantieren sollen.

Das entscheidende Gremium im politischen Willensbildungsprozeß in der DDR ist das → **Politbüro** der SED, das lt. 4. Statut vom ZK „zur politischen Leitung der Arbeit des Zentralkomitees zwischen den Plenartagungen" gewählt wird. Es beschäftigt sich „mit allen Grundsatzfragen der Politik der Partei, der Staatsführung, der Volkswirtschaft und der Kultur" (Kleines Politisches Wörterbuch, a. a. O., S. 653). Hier werden, in anderen Worten, die eigentlich politischen, d. h. vor allem auch die außenpolitischen, die militär- und sicherheitspolitischen und die gesellschaftspolitischen Entscheidungen gefällt.

PB und ZK werden in ihrer Arbeit unterstützt vom → **Sekretariat des ZK**, das lt. 4. Statut „zur Leitung der laufenden Arbeit, hauptsächlich zur Organisierung und Kontrolle der Parteibeschlüsse und zur Auswahl der Parteiarbeiter" ebenfalls vom ZK gewählt wird. Das Sekretariat bildet die organisatorische Spitze des umfangreichen zentralen Apparates der SED (→ **Zentralkomitee der SED**), der in seiner ressortmäßigen Gliederung einem Regierungsapparat vergleichbar ist. Die Mitglieder des Sekretariats, d. s. die ZK-Sekretäre, sind in der Regel gleichzeitig Mitglieder des PB.

Die jeweils zuständigen Sektoren und Abteilungen des zentralen SED-Apparates bereiten in Zusammenarbeit mit den wissenschaftlichen Institutionen des ZK in der Regel Beschlußvorlagen für die Sitzungen des PB (1mal wöchentlich), die Plenartagungen des ZK (mindestens 2mal jährlich) und die Parteitage (alle 5 Jahre) vor. Beratend können dabei alle staatlichen und gesellschaftlichen Einrichtungen in der DDR herangezogen werden. (Die Frage, wie im einzelnen politische Entscheidungen im DDR-System zustandekommen, ist bisher wissenschaftlich nicht erforscht [bzw. erforschbar]. Vor allem ist auch unklar, welche Macht konkret dem Ersten Sekretär des ZK zukommt und wie die KPdSU-Führung, insbesondere seit der Ablösung N. S. Chruschtschows durch L. I. Breshnew, ihren Einfluß auf die Politik in der DDR geltend macht.)

Die Transformation des politischen Willens von der SED in die Gesellschaft ist durch die verschiedensten Einrichtungen des politischen Systems der DDR gesichert:

1. durch die allgemein verfassungsmäßig und speziell in der Form von Gesetzen, Verordnungen und Satzungen (z. B. Ministerratsgesetz, Satzung der CDU) festgelegte Verbindlichkeit der Beschlüsse von PB, ZK und Parteitagen für alle Organisationen, einschließlich aller Parteien und Massenorganisationen;

2. durch die Entsendung von Mitgliedern der SED-Entscheidungsgremien ("Vertreter der Partei") in die „höchsten leitenden Organe des Staatsapparates und der Wirtschaft", wie es im Statut der Partei (Art. 39) heißt; so sind z. B. die Vorsitzenden des Staatsrates, des Ministerrates, der Staatlichen Plankommission sowie – seit 1973 – der Minister für Verteidigung Vollmitglieder des Politbüros;

3. durch die Tatsache, daß in allen gesellschaftlichen Bereichen die Spitzenpositionen der Kontrolle der SED unterliegen (Nomenklatursystem);

4. durch die Strukturierung des SED-Apparates entsprechend dem Staatsapparat und die tatsächliche horizontale, d. h. über die Ressorts, gegebene Kontrolle und Anleitung des Staats- und Wirtschaftsapparates durch den SED-Apparat auf allen Ebenen;

5. durch die in allen gesellschaftlichen Institutionen, einschließlich der gewählten Organe des Staates und der Massenorganisationen, bestehenden Parteiorganisationen (Grundorganisationen, BPO, Parteigruppen) und Kontrollorgane (z. B. ABI);

6. schließlich durch die Einrichtungen der Agitation und Propaganda, die der Partei (und keiner anderen gesellschaftlichen Kraft) zur Verfügung stehen.

Seebäder: → Kurorte.

Seefahrtsamt der DDR: Staatliches Organ für Schiffahrtsaufsicht auf den Seewasserstraßen, in den Seehäfen, inneren Seegewässern und auf den Territorialgewässern der DDR, mit Sitz in Rostock. Gegründet am 1. 10. 1953, dem→ **Ministerium für Verkehrswesen** unterstellt. Das S. ist juristische Person und Haushaltsorganisation. Ihm unterstehen die Hafenämter in den Seehäfen der DDR.

Hauptaufgaben des S.: Überprüfen von Seeschiffen auf Einhalten nationaler und internationaler Sicherheitsvorschriften; Zulassen von Schiffen einschließlich Sportbooten durch Ausstellen der Fahrterlaubnisscheine; Führen des Seeschiffsregisters und Ausstellen von Schiffszertifikaten und Flaggenzeugnissen; An- und Abmustern von Seeleuten; Ausfertigen von Seefahrtsbüchern und Musterrollen (Besatzungslisten); Führen der zentralen Seemannskartei; Organisieren und Durchführen des → **Seenotrettungsdienstes**; Maßnahmen bei Notaufenthalt von Fahrzeugen in den Gewässern der DDR; Verfügungsgewalt über Strandgut, soweit es sich nicht um Zollgut handelt; Wrackbeseitigung; Leitung der Eiskommission; Untersuchung von Havarien auf See, den Seewasserstraßen und in den Seehäfen durch die Seekammer und Große Seekammer beim Seefahrtsamt.

Der Leiter des S. der DDR kann Ordnungsstrafbescheide erlassen gemäß der Anordnung über An- und Abmusterung von Seeleuten sowie in Zusammenhang mit Havarieverfahren. Gegen Entscheidungen des S., auch im Rahmen seiner Aufgaben gemäß der Strandungsordnung, kann Beschwerde eingelegt werden, über die letztlich der Hauptabteilungsleiter für den Bereich Seeverkehr des Ministeriums für Verkehrswesen entscheidet.

Dem S. obliegt es seit Jahresbeginn 1974, das Herstellen von Ausrüstungsgegenständen, die der Schiffssicherheit und dem Schutz des menschlichen Lebens auf See dienen, nur nach bestimmten Richtlinien zuzulassen und zu kontrollieren.

Seenotrettungsdienst: Der S. wird als staatliche Aufgabe wahrgenommen von der Seenotrettungs- und Verkehrsleitstelle des → **Seefahrtsamtes der DDR** (Sitz: Rostock – Warnemünde), die die Einsätze der Kräfte und Mittel des S. zu leiten und zu koordinieren hat, sowie von den Rettungsmannschaften der Seenotrettungsfahrzeuge und den Küstenrettungsstationen in Timmendorf, Kühlungsborn, Warnemünde, Wustrow, Prerow, Zingst, Barhöft, Kloster, Lohme, Saßnitz, Ruden und Zinnowitz.

Dem Seefahrtsamt obliegt es, den S. zu organisieren, und zwar die Zuständigkeitsbereiche der Küstenrettungsstationen, der Seenotrettungsfahrzeuge und der Rettungsmannschaften sowie deren Zusammensetzung und die Arbeitsweise des S. einschließlich der Rechte und Pflichten der freiwilligen Helfer festzulegen.

Rechtsgrundlage ist die Anfang November 1972 in Kraft getretene VO über die Rettung von Menschenleben und Fahrzeugen aus Seenot und die Behandlung von Strandgut – Strandungsordnung. Mit dieser VO, die im Bereich der Territorialgewässer, inneren Seegewässer und an den Küsten der DDR sowie ggf. auf hoher See gilt, hat die DDR erstmals Rechtsvorschriften für den S., über Bergung (und Hilfeleistung bei der Bergung) von Fahrzeugen und Gegenständen aus Seenot, über Behandlung von Strandgut sowie über das Beseitigen von Wracks erlassen. Zuvor waren die Rechtsvorschriften angewandt worden, die vor dem 8. 5. 1945 bestanden hatten.

Dem S. gehören hauptamtliche Mitarbeiter und freiwillige Helfer an, die Bürger der DDR und mindestens 18 Jahre alt sein müssen.

Der S. wendet für die Verständigung zwischen seinen Rettungsstationen und Rettungsfahrzeugen sowie mit Personen und Fahrzeugen, die sich in Seenot befinden, die im Internationalen Signalbuch (ISB) 1965 festgelegten und von der IMCO 1967 angenommenen Signale an.
→ **Seerecht.**

Seerecht: Gesamtheit der Rechtsnormen für die Seeschiffahrt und andere Bereiche der Meeresnutzung. Unterschieden wird internationales S., das auf völkerrechtlichen, zumeist multilateralen Verträgen beruht oder als Gewohnheitsrecht anerkannt wird, und nationales (innerstaatliches) S.

In der DDR erlangte *internationales S.* Geltung dadurch, daß

Abkommen, denen das ehemalige Deutsche Reich vor dem Ende des II. Weltkrieges angeschlossen war, für wiederanwendbar erklärt wurden;

die DDR internationalen Abkommen beigetreten ist;

S.-Regeln, die nicht in völkerrechtlichen Abkommen festgelegt sind, aber als Vertragsrecht Bedeutung gewonnen haben, beim Abschluß von Verträgen im Seeverkehr mit zugrunde gelegt werden;

die DDR bilaterale Verträge abschließt, und zwar Schiffahrtsverträge zur Förderung des Seeschiffsverkehrs beider Länder, meist gekoppelt mit Handelsverträgen über Inanspruchnahme der Häfen, Umschlageinrichtungen, Versorgungsbetriebe sowie über Gebühren, Schiffspapiere u. a.; die DDR hat mit den meisten sozialistischen Ländern Handels- und Schiffahrtsverträge abgeschlossen;

die DDR gewohnheitsrechtliche Normen des internationalen S. anwendet, die allgemein als rechtlich verbindlich betrachtet werden.

Dem internationalen S. zuzurechnen sind auch die Vereinbarungen, die die Mitgliedsländer des RGW für ihre gemeinsamen seewirtschaftlichen Interessen getroffen haben und an denen die DDR beteiligt ist.

Das *nationale (innerstaatliche) S.* der DDR hat bisher gleichfalls noch zwei „Wurzeln": Es gelten:Bestimmungen aus der Zeit vor dem Ende des II. Weltkrieges weiter (sogenannte sanktionierte Normen);

Bestimmungen, die die DDR erlassen hat; sie sind mit internationalen S.-Normen abgestimmt, soweit die DDR diese anerkannt hat, wie betont wird.

In der DDR ist im Juni 1972 eine „Gesellschaft für S." gegründet worden, die bereits in das internationale Schiffahrtskomitee (CMI = Comité Maritime International), dem seit mehr als 75 Jahren bestehenden nichtstaatlichen internationalen Verband der Vereinigungen

für S., aufgenommen worden ist. Außerdem ist die DDR-Seeschiffahrt in weiteren nichtstaatlichen internationalen Organisationen vertreten, und zwar:

BIMCO (Baltic and International Maritime Conference) = Vereinigung von Reedern, Schiffsmaklern und Fachverbänden für deren Zusammenwirken in Fragen des internationalen Seeverkehrs;

ICHCA (International Cargo Handling Coordination Association) = Internationale Organisation für die Koordinierung der Transport- und Umschlagtechnik mit der Aufgabe, den Güterumschlag im Seeverkehr durch Zusammenwirken aller Beteiligten zu verbessern;

PIANC (Permanent International Association of Navigation Congresses) = Internationale ständige Vereinigung der Schiffahrtskongresse;

FIATA (Fédération Internationale des Associations des Transitaires et Assimilés) = Internationale Föderation der Spediteur-Organisationen;

UNIDROIT = Internationales Institut zur Vereinheitlichung des Privatrechts, insbesondere des Handelsrechts und des internationalen Transportrechts.

Nach der Aufnahme der DDR in die UN gehört sie auch deren zwischenstaatlichen Institutionen an, so für die Schiffahrt der

IMCO (Inter-Governmental Maritime Consultative Organization) = Beratende Seeschiffahrtsorganisation der UN;

UNCTAD (United Nations Conference on Trade and Development) = Konferenz für Handel und Entwicklung der Vereinten Nationen;

UNCITRAL (United Nations Commission of International Trade Law) = UN-Kommission für internationales Handelsrecht.

Seeschiffahrt: → **Verkehrswesen.**

Seestraßenordnung: Regeln zur Verhütung von Schiffszusammenstößen auf See. Sie sind Bestandteil des Internationalen Schiffssicherheitsvertrages, werden aber in allen an diesem Vertrag beteiligten Staaten jeweils als innerstaatliches Seerecht mit übereinstimmendem Inhalt erlassen.

In der DDR ist die S. durch Beschluß des Ministerrates vom 22. 12. 1965 mit Wirkung vom 1. 1. 1966 (GBl. II, 1966, S. 9) in Kraft getreten.

Die S. (SSO) enthält Bestimmungen über Licht- und Schallsignale, Lichter- und Signalkörperführung, Fahrregeln, Verhalten bei verminderter Sicht sowie Notsignale.

Sekretär des Gerichts: → **Gerichtsverfassung.**

Sekretariat des Zentralkomitees (ZK) der SED: Nach dem noch gültigen Parteistatut von 1963, Punkt 41, wählt das → **ZK** zur politischen Leitung seiner Arbeit das → **Politbüro**, „. . . zur Leitung der laufenden Arbeit, hauptsächlich zur Organisierung der Kontrolle (im ursprünglichen Entwurf von 1962 hatte es noch geheißen „der Durchführung") der Parteibeschlüsse und zur Auswahl der Parteiarbeiter, das Sekretariat . . ." Dem Politbüro untergeordnet, bildet das S. das operative, d. h. faktische Führungszentrum der SED. Im S. des

ZK sind politische Macht, ideologische und politische Richtlinienkompetenz und Sachverstand vereinigt.

Das heutige S. des ZK kann kaum mit dem vom April 1946 bis Sommer 1949 amtierenden Zentralsekretariat (ZS) verglichen werden, das sowohl die Funktionen des späteren Politbüros als auch die eines S. wahrnahm. Gemäß dem ersten Statut der SED von 1946 war das Zentralsekretariat dem Parteivorstand für die „Durchführung der Politik der Partei verantwortlich". Es setzte sich aus den beiden Parteivorsitzenden und weiteren 12 Mitgliedern zusammen und wurde aus der Mitte des Parteivorstandes gewählt. Dem ersten ZS, das von April 1946 bis zum September 1947 bestand, gehörten 7 ehemalige KPD- und 7 frühere SPD-Mitglieder (paritätische Besetzung) an. Auf dem II. Parteitag wurde die Zahl der ZS-Mitglieder auf 16 erhöht. Die Parität blieb erhalten.

Bereits unmittelbar vor der 1. Parteikonferenz im Januar 1949 wurde das Prinzip der Parität durchbrochen. Nach der Flucht des früheren SPD-Mitgliedes Gniffke wurden ein ehemaliges SPD-Mitglied (Buchwitz) und zusätzlich ein früheres KPD-Mitglied (W. Koenen) in das ZS berufen.

Durch die Gründung des Politbüros und des „Kleinen S." auf der 1. Parteikonferenz verlor das ZS seine bis dahin zentrale Funktion und wurde daher im Frühsommer 1949 aufgelöst. Im Juli 1949 erfolgte auf Beschluß des Parteivorstandes die Auflösung der „Großen S." auf Landesebene.

Unmittelbar vor der 1. Parteikonferenz, am 24. 1. 1949, beschloß der Parteivorstand neben der Gründung des Politbüros die Schaffung des „Kleinen S.". Seine ursprüngliche Aufgabe bestand in der „Unterstützung der ganzen Arbeit des Politbüros, zur Kontrolle der Durchführungen seiner Beschlüsse, zur Vorbereitung der Vorlagen und zur Erledigung der laufenden Arbeit". Das neugeschaffene erste „Kleine S." setzte sich ursprünglich aus 5 Mitgliedern (Ulbricht, Dahlem, Oelßner, E. Baumann und Wessels) zusammen, von denen nur 2 (Ulbricht und Dahlem) dem Politbüro angehörten. Noch im Verlauf des Jahres 1949 wurde das „Kleine S." in das „S. des ZK" umgewandelt und seine Eigenständigkeit erhöht.

Das zweite Parteistatut, vom III. Parteitag 1950 beschlossen, übertrug dem S. „die allgemeine Leitung der Organisationsarbeit und die tägliche operative Führung der Tätigkeit der Partei".

Die Zahl der S.-Mitglieder erhöhte sich von 5 auf 11, Ende 1952 durch Kooptation auf 13. Im Juli 1953, auf der 15. ZK-Tagung (dem zweiten ZK-Plenum unmittelbar nach dem Juni-Aufstand) wurde beschlossen, „aus Gründen der Verbesserung der leitenden Organe des ZK, das S. des ZK in seiner bisherigen Form aufzuheben" und es auf 6 Sekretäre zu verkleinern. Bereits 1954 wurde es aber wieder auf 9 Sekretäre vergrößert.

Nach dem VI. Parteitag der SED (beginnend mit Februar 1963) wurden beim Politbüro 2 Büros (Industrie und Bauwesen, Landwirtschaft) und 2 Kommissionen (Ideologie, Agitation) eingerichtet. Mit Ausnahme der Agitations-Kommission wurden diese Büros bzw. Kommis-

sionen auf allen Ebenen der Parteiorganisation installiert. Die Büros und Kommissionen beim Politbüro wurden von Mitgliedern bzw. Kandidaten des Politbüros geleitet. Diese organisatorische Reform innerhalb der SED orientierte sich an den von Chruschtschow auf dem November-Plenum des ZK der KPdSU von 1962 angekündigten Veränderungen innerhalb der sowjetischen Partei. Nach Chruschtschows Sturz und dem XXIII. Parteitag der KPdSU wurden diese Reformen (noch vor dem VII. Parteitag der SED 1967) wieder rückgängig gemacht. Das S. erhielt wieder seine alten Rechte und Funktionen.

An der Spitze des S. steht der „Erste Sekretär" der Sozialistischen Einheitspartei Deutschlands. Erich Honekker (geb. 1912) übernahm am 3. 5. 1971 diese Funktion von Walter Ulbricht, den er zuvor schon auf S.- und Politbürositzungen vertreten hatte. Die Funktion des „Ersten Sekretärs" (niemals: „1." Sekretär, da diese Bezeichnung den Spitzenfunktionären auf Bezirks- und Kreisebene vorbehalten ist) wird im gültigen Parteistatut von 1963 (VI. Parteitag) überhaupt nicht erwähnt. Nach dem VIII. Parteitag von 1971 erhielt der „Erste Sekretär", erstmals in der Geschichte der SED, auch einen eigenen „Stander" (Dienstflagge).

Außer dem „Ersten Sekretär" gibt es gegenwärtig (1974) 10 weitere Sekretäre:

Hermann Axen (geb. 1916) für Internationale Verbindungen,

Horst Dohlus (geb. 1925) für Parteiorgane,

Gerhard Grüneberg (geb. 1921) für Landwirtschaft,

Kurt Hager (geb. 1912) für Wissenschaft, Volksbildung, Kultur,

Dr. Werner Jarowinski (geb. 1927) für Außenhandel, Handel und Versorgung.

Werner Krolikowski (geb. 1928) für Wirtschaft,

Werner Lamberz (geb. 1929) für Agitation und Propaganda,

Ingeborg Lange (geb. 1927) für Frauenfragen,

Albert Norden (geb. 1904) für befreundete Parteien und Massenorganisationen, Weltfriedensrat, „West"-Fragen,

Paul Verner (geb. 1911) für Sicherheit.

Im 11köpfigen S. ist seit Oktober 1973 (10. ZK-Plenum) wieder eine Frau (I. Lange) vertreten. Das Durchschnittsalter der Sekretäre beträgt 55 Jahre (Stand 1974). 2 Sekretäre leiten zugleich auch Abteilungen im ZK-Apparat: Horst Dohlus die Abteilung Parteiorgane und Ingeborg Lange die Abteilung Frauen. Insgesamt unterstehen den Sekretären ca. 40 Abteilungen und die Parteiinstitute. Personell besonders stark besetzte Abteilungen sind die Abteilung Sozialistische Wirtschaftsführung (Janson), Internationale Verbindungen (Markowski) und Wissenschaft (Hörnig).

Die Abteilungen leisten die tägliche Arbeit. Sie erarbeiten für staatliche und andere Institutionen und Organisationen „Vorschläge zur Klärung herangereifter Probleme und zur Neufassung gesetzlicher Bestimmungen". Durch ihr Expertenwissen sind die Sektoren- und Abteilungsleiter in der Lage, auch eigene Vorschläge zu unterbreiten und damit den Entscheidungsmechanismus sowohl im Politbüro wie z. B. im Ministerrat zu beeinflussen. Die ZK-Abteilungen sammeln Informationen, entwerfen Beschlüsse, Direktiven und Richtlinien und halten den Kontakt zu entsprechenden Abteilungen des sowjetischen ZK und der anderen „Bruderparteien". Der ZK-Apparat hat eine eigene Partei-Grundorganisation, 1. Sekretär ist W. Homuth.

Neben ZK-Abteilungen mit eindeutig politischen Aufgaben gibt es solche mit überwiegend organisatorisch-technischen Funktionen. Z. B. existiert ein ZK-eigenes Fernmeldewesen, Abteilungsleiter ist Heinz Zumpe. Vor allem mit Verwaltungsaufgaben betraut ist die Abteilung Zentrag (Parteiverlage), Leiter ist P. Kubach; die Verwaltung der parteieigenen Wirtschaftsbetriebe (Leiter: Günther Glende) und der Parteifinanzen und -betriebe (Karl Raab) obliegt gleichfalls selbständigen ZK-Abteilungen.

Den Status eines ZK-Abteilungsleiters haben auch die Bürochefs der Sekretäre, die Stellvertreter des Leiters des Büros des Politbüros und einzelne Direktoren von wichtigen Parteibetrieben (z. B. der Direktor des Dietz-Verlages u. a.).

Die Abteilungen des ZK sind in einzelne Sektoren unterteilt, an deren Spitze ein Sektorenleiter steht. Ihm unterstehen die Mitarbeiter.

Der ZK-Apparat verfügt über eine hervorragende Datenbank, ein modern ausgerüstetes Rechenzentrum und eine auf dem neuesten Stand gehaltene Personenkartei (Nomenklatur).

Das S. des ZK (d. h. alle 11 Sekretäre) tagt – soweit bekannt – wöchentlich (jeden Donnerstag) unter Vorsitz seines „Ersten Sekretärs" E. Honecker. Beschlüsse des Politbüros und des ZK heben entgegenstehende Direktiven und Beschlüsse des S. oder einzelner Sekretäre auf, bzw. können sie abändern. Die gesamte Parteiarbeit sowie die Tätigkeit der leitenden Organe wird durch das ZK-S. vorgeplant und koordiniert. Gegenwärtig sind (mit Ausnahme des Sekretärs und Leiters der Abteilung Parteiorgane Horst Dohlus) alle Sekretäre Mitglieder oder Kandidaten des Politbüros, so daß diese Spitzenfunktionäre sowohl innerhalb der SED wie im gesamten politischen System der DDR über die umfassendste Entscheidungskompetenz verfügen. Diese gründet aber auch auf dem im ZK-Apparat vorhandenen Sachwissen, wodurch die Sekretäre des ZK auch fachlich eine Konkurrenz zur Bürokratie des Staats- und Wirtschaftsapparates darstellen. Ohne Zweifel führte die Existenz zweier politisch über- bzw. untergeordneter, aber fachlich konkurrierender Bürokratien in der DDR in Vergangenheit und Gegenwart zu Spannungen.

Die tatsächliche Arbeitsteilung zwischen S. und Politbüro ist von außen nicht eindeutig abgrenzbar. Es lassen sich nur Schwerpunkte der Tätigkeit beider Leitungsorgane feststellen. Das S. beschäftigt sich vor allem mit Parteiangelegenheiten (Parteiwahlen, Kaderpolitik, Parteischulung, Direktiven und Stellungnahmen an die Bezirks- und Kreisleitungen, Kontrolle der unterstellten Apparate durch Arbeitsgruppen und Kommissionen). Das Politbüro entscheidet über politische Grundsatzfragen, die Staat und Gesellschaft als ganzes betreffen. Als

organisatorische Schaltstelle zwischen S. und Politbüro fungiert das Büro des Politbüros, an dessen Spitze ein ZK-Abteilungsleiter steht. (Bis zu seinem Tode O. Schön, danach G. Glende-Trautzsch; Stellvertreter sind Rudolf Thuning und Christel Schulz). Es bereitet technisch-organisatorisch die Tagungen des PB vor. Zu seinen Aufgaben gehören auch die Organisation von Konferenzen auf höchster Ebene (Thuning), die Abwicklung des parteieigenen Kurierdienstes (Chr. Schulz) und die Anleitung der technischen bzw. Verwaltungsabteilungen des ZK.

Obwohl das S. in erster Linie für die unmittelbare Arbeit der Parteiorgane zuständig ist, umfaßt in der Praxis sein Wirkungsbereich auch den Staats- und Wirtschaftsapparat sowie gesellschaftliche Institutionen. Formal und im Verständnis von der „führenden Rolle" der Partei kann ein Sekretär oder ein Abteilungsleiter des ZK-Apparates einem Staatsfunktionär (Minister, Staatssekretär usw.) zwar keine Weisungen erteilen, doch kann eine nichtfixierte „informelle" Befehlsstruktur angenommen werden, die es z. B. einem Staatsfunktionär unmöglich macht, „Wünsche", „Empfehlungen" oder „Anregungen" eines Leitungsorganes der Partei auf gleicher oder übergeordneter Ebene zu ignorieren.

Die faktisch dominierende Stellung des S. gründet aber vor allem in der Zuständigkeit der Kader-Kommission für die Nomenklatur-Kader des ZK, auf deren Vorschläge vom Sekretariat alle Spitzenfunktionen in Partei und Staat ernannt oder „gewählt" werden. Für die Kontrollkader ist dagegen ausschließlich die Kaderkommission des ZK (Leiter: Fritz Müller [geb. 1920], Abteilungsleiter im ZK-Apparat) zuständig (→ **Kader; Nomenklatur**).

Alle Sekretäre haben ein persönliches Büro, dem ein Leiter vorsteht. In der Regel haben diese Büros 3–5 Mitarbeiter. Die Bürochefs haben den Status eines ZK-Abteilungsleiters und nehmen an den Besprechungen der Abteilungsleiter des ZK gleichberechtigt teil.

Diejenigen Politbüro-Mitglieder und -Kandidaten, die keine Sekretäre des ZK bzw. nicht Mitglieder des Sekretariats sind, verfügen ebenfalls über eigene Mitarbeiter im ZK-Apparat bzw. kleinere Stäbe für besondere Aufgaben.

Die Vermittlung von Beschlüssen der Parteiführung an die nachgeordneten Parteiorganisationen der Bezirke und Kreise geschieht durch:

1. Konferenzen und Tagungen der Sekretäre des ZK mit den 1. Bezirks- oder Kreissekretären in der Sonderschule des ZK in Brandenburg sowie das Auftreten zentraler Funktionäre in ausgewählten Bezirks- oder Kreisorganisationen (z. B. in Spannungssituationen, bei Parteiwahlen usw.);

2. schriftliche Information von oben nach unten und umgekehrt. Eine besondere Rolle spielen hierbei die „Parteiinformationen", die Direktiven und Beschlußerläuterungen und die Stellungnahmen des S. zu bestimmten Entwicklungen in den territorialen Parteiorganisationen;

3. Einsatz von Arbeitsgruppen oder Instrukteurbrigaden des ZK in jenen Bezirks- oder Kreisparteiorganisa-

tionen, in denen Mängel in der politischen Arbeit auftreten. Bis Mitte der 50er Jahre, und wieder nach 1964, wurden Parteiorganisatoren des ZK in ausgewählten Großbetrieben und Kombinaten eingesetzt.

Sekretariate der Bezirks- und Kreisleitungen: → **Bezirksparteiorganisationen der SED; Kreisparteiorganisationen der SED.**

Sektierertum: S. ist eine – vor allem – „linke" → **Abweichung** und wird meist im Zusammenhang mit → **Dogmatismus** kritisiert. „Sektierer" trennen die Kommunisten von der Bevölkerung, leugnen oft die → **Bündnispolitik** und neigen zu „abenteuerlichen" Aktionen. Der Begriff S. wird oft zur ideologischen Verbrämung politischer Entscheidungen in der Partei verwandt. Er ist Waffe im innerparteilichen Kampf. W. M. Molotow z. B. wird im Juli 1957 als „Sektierer" aller Partei- und Staatsämter enthoben. In der DDR wurden Mitglieder der → **SED**, die sich weigerten, mit ehemaligen Nazis zusammenzuarbeiten, als „Sektierer" bezeichnet. Heute sind es hauptsächlich die Anhänger des → **Maoismus**, die als „Spalter und Sektierer" charakterisiert werden. Mit S. wird ferner gelegentlich das Verhalten einiger linksstehender Gruppen in der Bundesrepublik Deutschland bezeichnet, die eine Zusammenarbeit mit der KPD/DKP ablehnen und der Partei- und Staatsführung der DDR → **Revisionismus** vorwerfen.

Sektionen: → **Universitäten und Hochschulen.**

Selbstbestimmung: Das Recht auf S. der Völker wird von der marxistisch-leninistischen Lehre anerkannt, aber anders als in der westlichen Völkerrechtslehre interpretiert und propagiert. Es wird parteilich aufgefaßt (→**Parteilichkeit**). Es dürfe danach nicht gegen die Interessen des Proletariats und damit gegen die objektive Gesetzmäßigkeit der Geschichte geltend gemacht werden. Positiv gewendet bedeutet diese Ansicht, daß es das Bekenntnis zum Fortschritt im Sinne der gesetzmäßigen Entwicklung zum Kommunismus (→ **Marxismus-Leninismus**) und die Ablehnung jedes Herrschaftssystems, das diesen Fortschritt hemme, beinhalten müsse, um respektiert zu werden. Wenn der Kommunismus für die afro-asiatischen Völker S. fordert, so befinde er sich in Übereinstimmung mit dem wirklichen Willen dieser Völker, weil deren Forderung auf S. sich gegen den Kolonialismus richtet. In Europa dürfe sich das Recht auf S. nur gegen den „Imperialismus als höchste Stufe des Kapitalismus" richten. Mit dem so verstandenen Recht auf S. wird der Herrschaftsanspruch der SED begründet. Auf den wirklichen Willen der Völker kommt es in dieser Sicht nur an, wenn er den Interessen der Arbeiterklasse, das bedeutet in der Praxis der herrschenden Partei eines sozialistischen oder kommunistischen Landes, nicht entgegensteht.
Am 12. 6. 1964 äußerte Chruschtschow auf einer Moskauer Kundgebung, das Prinzip der S. sei auf die deutsche Frage nicht anwendbar und habe mit der Wiedervereinigung Deutschlands nichts zu tun.
In der DDR wurde, vor allem von dem inzwischen verstorbenen Völkerrechtler R. Arzinger, Mitte der 60er

Jahre behauptet, das S.-Recht beinhalte nicht nur die nationale, sondern auch die soziale Befreiung. Die → **Arbeiterklasse** werde daher zu einem Träger des S.-Rechts. Weil in der DDR die Arbeiterklasse unter Führung der SED die Macht ausübe, sei dort das S.-Recht verwirklicht, in der Bundesrepublik Deutschland dagegen nicht, weil dort ihre Ausbeutung durch das Monopolkapital noch nicht beseitigt sei.
Diese Auffassung ging zwar noch von einer deutschen Nation aus, behauptete jedoch bereits die Existenz zweier Subjekte des S.-Rechts in Deutschland.
Die DDR konnte sich mit dieser theoretischen Begründung des S.-Rechtes zunächst nicht durchsetzen, weil noch Stalins Nation-Begriff galt, demzufolge nur Nationen Träger des S.-Rechtes sein können. Allerdings hatte im Rahmen der → **Deutschlandpolitik der SED** die Erweiterung der Bestimmungsmerkmale des S.-Rechts um eine soziale, gesellschaftspolitische Komponente die Funktion, die „Zwei-Staaten-Theorie" durch Konstruktion von „Zwei Staatsvölkern" ideologisch-theoretisch abzusichern. Die veränderte Haltung der SED in der Nationalen Frage Ende der 60er Jahre zwingt zur Neubewertung der Arbeiten Arzingers. → **Nation und nationale Frage.**

Selbstkosten: Der Begriff S. wird weder synonym für den Begriff Kosten noch als Ausdruck für jene Kosten verwendet, die den Leistungen des Betriebes als Hauptzweck seiner Tätigkeit zugerechnet werden können (Sozialistische Betriebswirtschaftslehre, 2. Auflage, (Ost-Berlin) 1973). Abweichend von der Begriffsbestimmung der westlichen Betriebswirtschaftslehre, wonach Kosten unabhängig von Geldausgaben aufgefaßt werden, sind die S. der Betriebe in der DDR der Geldausdruck des laufenden Aufwandes von vergegenständlichter und in Lohn ausgedrückter lebendiger Arbeit sowie sonstiger Geldaufwendungen zur Vorbereitung und Durchführung der Produktion und Realisierung der Erzeugnisse und Leistungen. Eine Unterscheidung von Geldausgaben und Kosten gibt es praktisch nicht. Als ein besonderer Maßstab des in der DDR geltenden Kostenverständnisses wird hervorgehoben, daß die S. keinen Kapitalaufwand ausdrücken.
Die so definierten S. werden nach Arten der betrieblichen Tätigkeit (technologische Kosten, Beschaffungskosten, Leitungs- und Betreuungskosten, Absatzkosten), nach ihrer Zurechenbarkeit auf die Erzeugnisse und Leistungen (Einzel- und Gemeinkosten) sowie nach ihrer Kalkulierbarkeit (kalkulierbare und nicht kalkulierbare Kosten) gruppiert. Ihre Verrechnung erfolgt auf dem Wege der betriebswirtschaftlich üblichen Kostenarten-, Kostenstellen- und Kostenträgerrechnung. (Früher, insbesondere nach den Grundsätzen des „Neuen Rechnungswesens" von 1952, in der DDR entwickelte anderweitige Gruppierungen und Verrechnungsformen stehen in neuerer Zeit nicht mehr zur Diskussion.)
Das in der DDR gegebene Verständnis vom → **Rechnungswesen** als Instrument der staatlichen Wirtschaftslenkung läßt nicht den gesamten tatsächlichen Güter-

und Dienstleistungsverkehr zur Erstellung von Leistungen als S. gelten, sondern nur denjenigen Teil, der betriebsextern durch die zuständige Wirtschaftsbehörde dazu ausersehen und normativ als Kosten anerkannt worden ist.

Der Ausgangspunkt für die S.-Erfassung sind die „gesellschaftlich notwendigen Produktionskosten" für die Erstellung von Leistungen. Die „gesellschaftlich notwendigen S." erscheinen als durchschnittliche S. für eine in der Volkswirtschaft hergestellte Einheit einer Erzeugnis- oder Leistungsart. Sie werden häufig als eine Durchschnittsgröße im Bereich der Betriebe einer VVB ermittelt. Die von den Wirtschaftsbehörden (hierfür insbesondere zuständig: → **Ministerium der Finanzen** und Staatliche Zentralverwaltung für Statistik) anerkannten und bestätigten durchschnittlichen S. sind die Ausgangsgröße für die Bestimmung der Fest- oder Planpreise (Wertpreisbildung, → **Preissystem und Preispolitik**). Von den „gesellschaftlich notwendigen S." sind die „betriebsnotwendigen S.", die individuellen S. und die Plan- und/oder Istkosten zu unterscheiden. Die „betrieblich notwendigen S." sind ebenfalls eine normative Kostengröße. Sie berücksichtigen die spezifischen Produktionsbedingungen eines bestimmten Betriebes, wobei ein reibungsloser Produktions- und Zirkulationsprozeß vorausgesetzt wird. In der Regel werden daher die „betrieblich notwendigen S." durch die geplanten betrieblich notwendigen S. ausgedrückt. Die „betrieblich notwendigen S." werden ebenfalls zur Grundlage der Festsetzung von Betriebs- und → **Industrieabgabepreisen** gemacht, und zwar dienen sie der Bestimmung der betriebsindividuellen Kalkulationspreise.

Die individuellen S. sind die in einem Betrieb für eine Periode geplanten und/oder effektiv angefallenen Kosten. Diese Kostenerfassung spiegelt nicht die unter idealen Produktions- und Zirkulationsbedingungen angenommenen Normkosten wider, sondern sie gibt die S. an, die bei gegebenen Standortbedingungen, technischem Ausrüstungsstand, Qualifikation der Betriebsorganisation und der Belegschaft o. ä. entstehen. Dennoch bleiben auch die individuellen S., z. B. bei einer Ist-Kostenermittlung, „normative" Kosten, da die gültige S.-Definition von vornherein bestimmte Kostenelemente aus der Betrachtung ausschließt. Allerdings werden gegenwärtig im Gegensatz zur früheren Entwicklung des Rechnungswesens auch Aufwendungen in die S. einbezogen, die im Sinn der prinzipiell technologisch orientierten Kostendefinition eigentlich bereits eine „Verwendung von Reineinkommensbestandteilen" darstellen, wie z. B. Bankzinsen, bestimmte Sozialausgaben und Vertragsstrafen. Ein erheblicher Unterschied besteht zwischen der Ist-Kostenrechnung und der Rechnung mit gesellschaftlich notwendigen Kosten bei der Bildung der Industrieabgabepreise. In besonderer Weise offenbarte sich dies in dem in der S.-Verordnung vom 12. 7. 1962 (GBl. II, S. 445) festgelegten Verfahren der Plankostenermittlung und Preiskalkulation.

In der VO wurden bei der Verrechnung der Kosten unterschieden: a) planbare und für die Zwecke der Preisbildung nicht kalkulierbare Kosten, b) planbare, jedoch für die Preisplanung nicht kalkulierbare Kosten und c) nicht planbare und nicht kalkulierbare Kosten. Aufgrund dieser vorgeschriebenen Aussonderung von Kostenelementen bei der Preiskalkulation ist es möglich, daß durch den Verkauf von Erzeugnissen zu den aufgrund dieses Kalkulationsverfahrens zustandegekommenen Preisen unter Umständen ein Teil der den Betrieben bei der Produktion effektiv entstandenen Kosten durch die erzielten Erlöse nicht gedeckt wird.

Die S.-VO von 1962 wurde am 9. 11. 1967 (GBl. II, S. 757) aufgehoben. Ihre Vorschriften wurden sinngemäß von anderen VO übernommen. Die derzeit maßgebliche Regelung ergibt sich aus der seit 1973 gültigen AO über die zentrale staatliche Kalkulationsrichtlinie zur Bildung von Industriepreisen vom 1. 11. 1972 (GBl. II, S. 741–788) in Verbindung mit einem Anordnungsbündel von speziellen Kalkulationsrichtlinien für einzelne Wirtschaftszweige (u. a. GBl. I, 1973, S. 360–367 und 384). Auch hiernach dürfen die Betriebe, soweit ihnen keine überbetrieblichen Kostennormative vorgegeben sind, in der Kosten- und Industriepreiskalkulation ausdrücklich nur solche Kosten ansetzen, die kalkulationsfähigen Charakter haben (§ 13 der AO vom 1. 11. 1972). Für die Kalkulierbarkeit der Kosten nach Art und Höhe erhält die VO ausführliche verbindliche Verzeichnisse der kalkulationsfähigen und der nicht kalkulationsfähigen Kosten nach Kostenarten und Kostenkomplexen. Abgesehen von den zahlreichen Sondervorschriften und Katalogen bezüglich der → **Abschreibungen** umfaßt allein die Auflistung der genannten Kostengruppierungen in der einschlägigen VO ca. 12 Gesetzblatt-Textseiten.

Eines der Hauptziele der beschriebenen kostenrechnerischen Verfahren ist die ständige Senkung der S., da sie unter den gegebenen betriebswirtschaftlichen Bedingungen als die Hauptquelle der Erhöhung des → **Gewinns** und der → **Rentabilität** erachtet wird.

Selbstkritik: → **Kritik und Selbstkritik.**

Selbstverpflichtung: → **Sozialistischer Wettbewerb.**

Selbstverwaltung: In der DDR nicht mehr gebräuchliche Bezeichnung für die eigenverantwortliche Tätigkeit staatlicher Organe der Städte, Gemeinden und Gemeindeverbände, seitdem mit dem Aufbau einer sozialistischen Staatsordnung der S. die politische Basis entzogen worden ist. Der Begriff der S. wird stets abwertend benutzt, um die Unvereinbarkeit mit dem Prinzip des → **demokratischen Zentralismus** zu betonen.

Nach den Landtags- und Kommunalwahlen 1946 war in den folgenden Kreis- und Gemeindeordnungen sowie Landesverfassungen den Gemeinden die S. zugestanden und auch 1949 nach Verabschiedung der ersten Verfassung der DDR nicht aufgehoben worden. Durch die Eingliederung der Haushalte der Gemeinden in den Staatshaushalt 1950, die → **Verwaltungsneugliederung** der territorialen Struktur der DDR 1952 mit der Bildung der → **Bezirke** und neuen → **Kreise** wurde der S. faktisch der Boden entzogen, auch wenn die die S. garantierenden Gemeindeverfassungen erst durch das Gesetz über die örtlichen Organe der Staatsmacht (GBl. I, 1957, S. 65) endgültig aufgehoben wurden.

Separatfrieden: → **Friedensvertrag.**

Sequesterbefehl: Befehl der SMAD Nr. 124 vom 30. 10. 1945 zur Beschlagnahme von Privateigentum. → **Wirtschaft.**

SEW: Abk. für Sozialistische Einheitspartei West-Berlins. Hervorgegangen aus den West-Berliner Kreisorganisationen der → **SED**, die sich am 26. 4. 1959 eine eigene Leitung gaben. Eine Delegiertenkonferenz nahm am 24. 11. 1962 ein eigenes Statut an und bezeichnete die organisatorisch selbständige Partei als SED West-Berlin. Der I. Parteitag (21./22. 5. 1966) beschloß als programmatisches Dokument „Vorschläge für eine friedvolle und glückliche Zukunft unserer Stadt" und ein neues Statut. Ein außerordentlicher Parteitag änderte am 15. 2. 1969 den Namen von SED-W in SEW und nahm ein Programm und Statut an. Die Leitung übernahmen auf dem I. Parteitag ein Parteivorstand, sein Büro und Sekretariat. Vorsitzender der Partei wurde Gerhard Danelius, den auch der II. Parteitag (22.–24. 5. 1970) bestätigte und den der III. Parteitag (21.–22. 10. 1972) wiederwählte. Die SEW zählt über 7000 Mitglieder, bei den Wahlen im März 1971 erhielt sie 34000 Stimmen (2,3 v. H.). Organ des PV ist die „Wahrheit".

Sicherheitspolitik: S. bedeutete für die DDR bis zum Beginn der allgemeinen Entspannungsbemühungen in Europa, signalisiert durch die Aufnahme von Verhandlungen zwischen der SU und der Bundesrepublik Deutschland, grundsätzlich nur die Beteiligung an Verträgen und Maßnahmen, die zur Schaffung eines Systems der kollektiven Sicherheit dienten. Mit der Beteiligung an der Konferenz für Sicherheit und Zusammenarbeit in Europa sind die Aktivitäten der DDR über diese bisherige S., die vor allem durch den Beitritt zum → **Warschauer Pakt** und den Abschluß bilateraler Freundschafts- und Beistandspakte gekennzeichnet war, hinausgegangen. Auch die Beteiligung an internationalen Konferenzen zu Fragen der → **Abrüstung** werden gegenwärtig entsprechend dem westlichen Sprachgebrauch als S. bezeichnet, die im Rahmen der → **Außenpolitik** der DDR ausschließlich mit friedlichen Mitteln betrieben werden soll. Mit dem Abschluß des Vertrages über die Grundlagen der Beziehungen zwischen der Bundesrepublik Deutschland und der DDR wurde ein spezifisches Ziel der S. der DDR erreicht: die Anerkennung der territorialen Integrität der DDR. Dieses Ziel verfolgte auch die → **Militärpolitik** der DDR. → **Europapolitik der SED.**

Sichtwerbung: → **Agitation und Propaganda.**

Siebenjahrplan: → **Planung**

Signierliste: Liste derjenigen im Jahresplan gesondert aufgeführten Erzeugnisse und Erzeugnisgruppen, für die monatlich ein Bericht über den Erfüllungsstand von den Betrieben an die Staatliche Zentralverwaltung für Statistik zu geben ist. → **Planung.**

SKF: → **Staatliches Komitee für Forstwirtschaft.**

SKK: Abk. für Sowjetische Kontrollkommission. → **Besatzungspolitik.**

SMAD: Abk. für Sowjetische Militäradministration in Deutschland. → **Besatzungspolitik.**

SMT: Abk. für → **Sowjetisches Militärtribunal.**

Solidaritätskomitees: → **Freundschaftsgesellschaften.**

Sonderschulen: → **Einheitliches sozialistisches Bildungssystem,** VII.

Sorben (Minderheitenpolitik): In der DDR existiert als nationale Minderheit lediglich die kleine Volksgruppe der S. („Serbja", Wenden) im Gebiet um Bautzen, Hoyerswerda und im Spreewald.
Art. 40 der Verfassung der DDR (unverändert in der Fassung vom 7. 10. 1974) garantiert „Bürgern der Deutschen Demokratischen Republik sorbischer Nationalität . . . das Recht zur Pflege ihrer Muttersprache und Kultur" und verspricht bei der Ausübung dieses Rechtes die Förderung des Staates.
Die Gewährung weitgehender kultureller Autonomie bei Verweigerung politischer Sonderrechte war kennzeichnend für die Nationalitätenpolitik der SED, die in der Vergangenheit sowohl von der ČSSR wie Jugoslawien aufmerksam beobachtet worden ist (die S. gelten als verwandt mit den Westslawen und den Serben).
Bereits am 23. 3. 1948 wurde vom sächsischen Landtag ein S.-Gesetz und am 12. 9. 1950 das Gesetz zum Schutze der niederlausitzischen Bevölkerung und ihrer Kultur beschlossen. Beim Ministerium für Kultur gibt es einen Beirat für S.-Fragen; 4 S. gehören der Volkskammer an. Die S. haben eine von der SED kontrollierte Heimatbewegung (eine Art Minderheitenparlament), die Domowina; sie verfügen über den VEB Domowina-Verlag, eine Tageszeitung „Nowa Doba" („Neue Zeit") und eine Wochenzeitung „Nowy Casnik". Der Sender Cottbus strahlt nur wenige Sendungen in sorbischer Sprache aus. Ein „Institut für sorbische Volksforschung" wird von der Akademie der Wissenschaften der DDR betreut; an der Leipziger Karl-Marx-Universität besteht ein Sorbisches Institut, und neben einigen weiteren Instituten gibt es in Bautzen und Cottbus sorbische Oberschulen, in Drosta (Krs. Bautzen) eine Sorbische Heimvolkshochschule, in Bautzen ein zweisprachiges Deutsch-Sorbisches Volkstheater. Die Zweisprachigkeit in amtlichen Veröffentlichungen und Beschilderungen wird durchgehend praktiziert. Im Schriftstellerverband der DDR gibt es einen Arbeitskreis sorbischer Schriftsteller, und die Zeitschrift „Neue Deutsche Literatur" bringt gelegentlich eine Auswahl sorbischer Literatur in deutscher Übersetzung. In Abständen von mehreren Jahren findet ein „Festival der sorbischen Kultur" statt.
Durch Errichtung größerer Industriebetriebe im Gebiet der S. dürften langfristig ihre homogenen Siedlungsräume aufgelöst werden und fortschreitende Assimilation

mit der deutschen Bevölkerung unvermeidlich sein. Statistische Angaben über die zahlenmäßige Größe dieser Volksgruppe werden von der DDR nicht mehr gemacht; westliche Schätzungen schwanken zwischen 35 000 und 70 000 Personen, die sich zum wendischen Volkstum bekennen bzw. sorbischer Nationalität sind. → **Einheitliches sozialistisches Bildungssystem,** VIII.

Sorgerecht: → **Familienrecht.**

Souveränität: Unter S. verstehen Völkerrechtler der DDR ein Grundprinzip des allgemeinen Völkerrechts. S. wird – im Unterschied zu den neuen, seit der sowjetischen Oktoberrevolution gültigen Völkerrechtsprinzipien des **proletarischen** und sozialistischen → **Internationalismus** – als Merkmal aller Staaten in allen historischen Epochen angesehen. „Realer Inhalt und ideologische Motivierung" der S. hängen jedoch vom Klassencharakter des konkreten Staates ab.
S. wird definiert als „Unabhängigkeit eines Staates, die ihren Ausdruck in dem Recht des Staates findet, frei, nach eigenem Ermessen über seine inneren und auswärtigen Angelegenheiten zu entscheiden, ohne die Rechte anderer Staaten und die Grundsätze und Normen des Völkerrechts zu verletzen" („Meyers Neues Lexikon", Bd. 7, Leipzig 1964, S. 591). Diese Definition ist im wesentlichen identisch mit der der sowjetischen Völkerrechtslehre (Koshewnikow, Tunkin).
S. wird als Ausdruck des Rechtes auf nationale → **Selbstbestimmung** angesehen. Demzufolge wird auch zwischen staatlicher und nationaler S. unterschieden. Da die Völkerrechtler der DDR ihren Staat als vollwertiges Völkerrechtssubjekt ansehen und S. als „wichtigste Eigenschaft" eines Völkerrechtssubjektes bezeichnet wird, war die Außenpolitik Ost-Berlins seit dem 25. 3. 1954, dem Tag, an dem die UdSSR der DDR in einer offiziellen Erklärung volle S. gewährte, unablässig darauf gerichtet, der Anerkennung ihrer S. internationale Geltung zu verschaffen.
Der dritte Aspekt der S., die Volks-S., kann nach sozialistischer Völkerrechtslehre nur im „Arbeiter-und-Bauern-Staat" mit seiner „umfassenden Beteiligung der Volksmassen am gesamten politischen und gesellschaftlichen Leben unter Führung der Partei der Arbeiterklasse" zur Geltung kommen. „Monopolkapital und Großgrundbesitz" haben, so wird behauptet, im bürgerlichen Staat jede Form der Volks-S. zur Farce gemacht.
Obwohl die DDR die „Einheit des sozialistischen Lagers" als wirkungsvollste Garantie ihrer so verstandenen S. ansieht, hat sie bei der Gestaltung ihrer Beziehungen zu anderen kommunistischen Ländern vielfach auf die Ausübung bestimmter S.-Rechte „freiwillig verzichtet". Da die Forderung nach S. andererseits, insbesondere in der weltweiten Auseinandersetzung der Systeme und in ihrem Wettbewerb um Einfluß in den Staaten der „Dritten Welt", als wirksame propagandistische Waffe gegen die vermeintliche und/oder tatsächliche Hegemonie „imperialistischer Mächte" eingesetzt werden kann, hat die DDR wiederholt gegen jede Einschränkung nationalstaatlicher S. protestiert. Soweit eine solche Einschränkung der S. aufgrund supranatio-

naler Integrationsbestrebungen von westlichen Völkerrechtlern diskutiert oder für notwendig erklärt wird, ist sie als „Manipulation imperialistischer Mächte" zwecks Ausdehnung ihres Einflußbereiches gewertet worden. Da S. eines Staates gleichfalls absolute Entscheidungsfreiheit über die Art und Weise seiner gesellschaftspolitischen Entwicklung bedeutet, sah die DDR in der Weigerung westlicher und neutraler Staaten, sie als „souveräner deutscher Staat" anzuerkennen, eine indirekte, permanente Einmischung in ihre inneren Angelegenheiten. Dieser Herausforderung glaubte und glaubt sie durch starke außenpolitische Anlehnung an die UdSSR begegnen zu können. Während DDR-Völkerrechtler die Völkerrechtssubjektivität ihres Staates aufgrund formaler Kriterien (Territorium, Staatsmacht, Fähigkeit zur Einhaltung internationaler Verpflichtungen) als gegeben annehmen und in außenpolitischer Hinsicht die Notwendigkeit einer demokratischen Legitimation der Staatsmacht – als Definitionsmerkmal für diese Völkerrechtssubjektivität – ablehnen, machten sie die völkerrechtliche Anerkennung der S. der DDR als Merkmal ihrer völkerrechtlichen Existenz gegenüber der Bundesrepublik Deutschland (und anderen nichtsozialistischen Staaten) bis 1972 zur Vorbedingung einer politischen Normalisierung der Verhältnisse in Mitteleuropa.
Gegenüber den sozialistischen Staaten und bei der Gestaltung der Beziehungen zu ihnen spielt die S. nicht die gleiche hervorragende Rolle. „Volle Gleichberechtigung, territoriale Integrität, staatliche Unabhängigkeit und Souveränität und Nichteinmischung in die inneren Angelegenheiten des anderen" gelten zwar als „wichtige Prinzipien", jedoch wird darüber hinaus als „unabdingbarer Bestandteil ihrer Beziehungen . . . die brüderliche gegenseitige Hilfe" angesehen (M. A. Kaplan, N. d. B. Katzenbach, G. I. Tunkin, Modernes Völkerrecht, Form oder Mittel der Außenpolitik, Berlin 1965, S. 366).
Von westlichen Kommentatoren wird dies als Einschränkung der als universal postulierten Geltung des S.-Prinzips und als verschleierte Rechtfertigung interventionistischer Absichten erachtet, falls Intervention zum Zwecke der Erhaltung der „Einheit des sozialistischen Lagers" notwendig wird. Damit erscheint S. als formale Norm des Völkerrechts, deren Erfüllung die DDR je nach den konkreten politischen Erfordernissen entweder fordert oder – wie im Falle ČSSR im August 1968 – durch vorrangige blockpolitische Rücksichten faktisch in den Hintergrund treten läßt.

Sowjetische Aktiengesellschaften (SAG): → **Reparationen.**

Sowjetische Handelsgesellschaften: → **Reparationen.**

Sowjetische Kontrollkommission: → **Besatzungspolitik.**

Sowjetische Streitkräfte: → **Gruppe Sowjetischer Streitkräfte in Deutschland.**

Sowjetisches Militärtribunal (SMT): Vor den SMT wurden bis zum 27. 4. 1957 nicht nur sowjet. Soldaten, sondern auch deutsche Staatsbürger angeklagt und nach sowjet. Recht verurteilt. Das Verfahren war der Justiz der DDR entzogen. Mit allen Mitteln versuchten die Sowjets, ein Geständnis herbeizuführen. Die Protokolle wurden in russischer Sprache abgefaßt. Die Akten der Voruntersuchung hatten in der Gerichtsverhandlung absolute Beweiskraft. Dem Angeklagten konnte das Recht auf mündliche Selbstverteidigung genommen werden. Das Gericht durfte auch Beweisstücke verwenden, die dem Angeklagten unbekannt blieben, ohne daß der Angeklagte etwas dagegen vorbringen konnte. Die Verfahren wurden oft in 5 bis 10 Minuten abgewickelt. Die Anklage stützte sich fast ausschließlich auf eines der „gegenrevolutionären Verbrechen" (§ 58 StGB der RSFSR, gelegentlich auch § 59). Die Strafe lautete im Regelfall auf 25 Jahre Zwangsarbeit. Anfechtung des Urteils war bei den wichtigsten „gegenrevolutionären Verbrechen" ausgeschlossen, in den übrigen Fällen war sie praktisch aussichtslos, weil sie nur Formfehler und „offensichtliche Ungerechtigkeit" angreifen durfte. Die Verurteilten blieben bis Anfang 1950 zum größten Teil in Konzentrationslagern. Mit Auflösung dieser Lager wurden nach sowjetamtlichen Angaben 5504 Verurteilte vorzeitig auf freien Fuß gesetzt, während der größte Teil der Verurteilten in die UdSSR deportiert wurde; der Rest wurde in Strafanstalten der DDR eingeliefert. (Über das weitere Schicksal dieser Verurteilten: **politische → Häftlinge**.) Seit dem Inkrafttreten des Abkommens über Fragen, die mit der zeitweiligen Stationierung sowjet. Streitkräfte auf dem Territorium der DDR zusammenhängen am 24. 4. 1957 (GBl., S. 237 und S. 285) sind die SMT nur noch für die Aburteilung strafbarer Handlungen von Angehörigen der sowjet. Streitkräfte oder deren Familienangehörigen zuständig, die gegen die UdSSR, gegen Armeeangehörige oder bei Ausübung dienstlicher Obliegenheiten begangen worden sind (→ **Rechtshilfeabkommen**).

Sozialdemokratische Partei Deutschlands (SPD): → SPD.

Sozialdemokratismus: Ursprüngliche (1950–1952) Bezeichnung für die Haltung jener aus der SPD kommenden SED-Mitglieder, die der Umwandlung der SED in eine „Partei neuen Typus" ablehnend gegenüber standen (→ **SED**). Später sind mit diesem Schlagwort vor allem Politik und Ideologie der seit der Bildung der Großen Koalition (1966) in der Bundesrepublik Deutschland in der Regierungsverantwortung stehenden Sozialdemokraten abgewertet worden. In der Propaganda der SED wird der S. u. a. bezeichnet als „spezifische Spielart bürgerlich-imperialistischer Ideologie und Politik, die von den rechten sozialdemokratischen Führern praktiziert wird"; der S. sei nur möglich unter den historischen Bedingungen von → **Imperialismus** und → **Opportunismus** in der Arbeiterklasse.

In der SED wird klar erkannt, daß der S. und der → **Marxismus-Leninismus** unversöhnliche Gegensätze darstellen. Der S. wird von der SED als die gegenwärtig gefährlichste ideologische Strömung des Westens bewertet. Sein Hauptkennzeichen sei, daß er den → **Werk-**

tätigen in den westlichen Industriegesellschaften die Wandlungsfähigkeit dieser Systeme vortäusche, daß er die Entwicklung eines Klassenbewußtseins in der → **Arbeiterklasse** zu verhindern suche und ihre Interessen denen des Monopolkapitals unterordne.

Der S. benutze sowohl → **Revisionismus** wie → **Reformismus** und propagiere den angeblich „demokratischen" Sozialismus, der politisch jedoch lediglich eine Funktion des Antikommunismus darstelle. Deshalb sei die wesentliche außenpolitische Funktion des S. die „Diversion der sozialistischen Staatengemeinschaft", die ideologisch-politische „Aufweichung" der sozialistischen Systeme und die Befürwortung nationaler Strömungen.

Seit 1973 wird der Begriff S. immer seltener benutzt; an seine Stelle ist der des Sozialreformismus getreten. → **SPD.**

Soziale Revolution: → Marxismus-Leninismus.

Sozialfürsorge: Rechtsgrundlage ist seit dem 1. 7. 1974 die VO über Leistungen der Sozialfürsorge – Sozialfürsorgeverordnung – vom 4. 4. 1974 (GBl. I, S. 224). (Bis 31. 3. 1956 galten die VO vom 22. 4. 1947, erlassen aufgrund des Befehls Nr. 92 der → **SMAD**, bis zum 30. 6. 1968 die VO über die Allgemeine S. vom 23. 2. 1956 [GBl. I, S. 233] und bis zum 30. 6. 1974 die VO über die Allgemeine S. vom 15. 3. 1968 [GBl. II, S. 167]; Leistungsverbesserungen wurden im Februar 1971, zum 1. 9. 1972 und zum 1. 7. 1973 vorgenommen.)

Anspruch auf S.-Unterstützung (SU) haben Personen, die nicht in der Lage sind, ihren Lebensunterhalt durch Arbeitseinkommen zu bestreiten, die über kein sonstiges ausreichendes Einkommen oder Vermögen verfügen und auch keinen ausreichenden Unterhalt von unterhaltspflichtigen Angehörigen erlangen können. Als ausreichend wird ein Nettoeinkommen angesehen, das die Höhe der SU erreicht oder übersteigt.

Der Gewährung von SU geht die Geltendmachung anderer Ansprüche vor. SU-Empfänger, die noch nicht das Rentenalter erreicht haben, sind verpflichtet, sich intensiv darum zu bemühen, daß die Notwendigkeit der SU so bald als möglich entfällt. Durch die örtlichen Behörden sind diese Bemühungen durch Bereitstellung eines geeigneten Arbeitsplatzes, eines Kinderkrippen- oder -gartenplatzes zu unterstützen.

SU werden gewährt als a) Unterstützung für Alleinstehende, Ehepaare und unterhaltsberechtigte Kinder, b) Mietbeihilfe, c) Pflegegeld, Blindengeld und Sonderpflegegeld, d) Beihilfen für Tuberkulose-, Geschwulst- und Zuckerkranke, e) Taschengeld bei Krankenhausaufenthalt, f) Versicherungsschutz für Sachleistungen der Sozialversicherung, g) einmalige Beihilfen.

Die monatlichen SU betragen seit dem 1. 9. 1972 für a) Alleinstehende 175 Mark (vorher 120), b) Ehepaare 250 Mark (vorher 175), c) minderjährige Kinder und volljährige Kinder, die noch die erweiterte allgemeinbildende polytechnische Oberschule besuchen – wie vorher – 45 Mark.

Zur SU wird eine monatliche Mietbeihilfe für 1 bis

2 Personen von grundsätzlich bis zu 25, für 3 bis 4 Personen von bis zu 35 und für mehr als 4 Personen von bis zu 40 Mark in Höhe der vom Empfänger zu zahlenden Miete gewährt. SU und Mietbeihilfe dürfen einen Höchstbetrag von 315 Mark monatlich (ohne → **Kinderbeihilfen**, → **Pflegegeld** usw.) pro Familie nicht überschreiten. SU-Empfänger erhalten ggf. zusätzlich monatliche Beihilfen für Tuberkulose- (22 Mark), Geschwulst- (22 Mark) und Zuckerkranke (31 Mark).

Als Krankenhausbehandlung wird SU bis zu 6 Monaten, danach Taschengeld von 30 Mark gezahlt, während der Ehegatte Hauptunterstützung und die Miete bezahlt erhält. Unbemittelte Bewohner von Feierabend- und Pflegeheimen bekommen neben Unterkunft, Bekleidung und Verpflegung ein Taschengeld von 60 Mark. Weitere Leistungen bestehen in einmaligen Beihilfen verschiedener Art (z. B. für Heizmaterial), in Pflegegeld, Blindengeld und Sonderpflegegeld (wie für SV-Rentner) und in der Übernahme der Kosten für Hauswirtschaftspflege dann, wenn das monatliche Einkommen bei Alleinstehenden 250 und bei Ehepaaren 500 Mark nicht übersteigt.

Seit dem 1. 7. 1973 werden Unterhaltspflichtige mit einem Nettoeinkommen von unter 750 Mark monatlich nicht mehr zur Erstattung der SU herangezogen; dieser Freibetrag erhöht sich um 100 Mark für den Ehegatten und jedes unterhaltsberechtigte Kind; bezieht der andere Elternteil Einkünfte, wird nur ein Kinderfreibetrag von 50 Mark gewährt.

Anträge auf Leistungen werden bei den örtlichen Behörden (Räte der Gemeinden, Städte, Stadtbezirke) z. T. auch bei den Kreisbehörden gestellt, die auch über die Leistungsgewährung entscheiden.

Sozialismus, wissenschaftlicher: → **Marxismus-Leninismus.**

Sozialistische Arbeits- und Forschungsgemeinschaften: → **Forschung; sozialistische** → **Arbeitsgemeinschaften.**

Sozialistische Betriebe: → **Wirtschaft.**

Sozialistische Betriebswirtschaftslehre (SBWL):
I. Wesen und Grundlagen der Sozialistischen Betriebswirtschaft (SBW) werden nach der in der DDR gegenwärtig herrschenden Lehre durch die Wirtschafts- und Eigentumsordnung, sowie insbesondere durch die Stellung und Funktion der Volkseigenen Betriebe bestimmt, die als juristisch selbständige, arbeitsteilige Glieder der Volkswirtschaft in Gestalt sozialistischer Warenproduzenten und als „politisch-soziale Einheiten der Gesellschaft" verstanden werden. Daher ist die SBW als primär praxisbezogene Unterweisung zum wirtschaftlichen, sozialen und betrieblichen Geschehen durch zwei Grundfunktionen gekennzeichnet: eine „produktive" einerseits und eine „ideologische" oder „gesellschaftsgestaltende" Funktion andererseits.

In ihrer „produktiven Funktion" wird die SBW definiert „als gesellschaftlich bewußt organisierte, durch die Ziele des Staatsplans bestimmte Arbeit sozialistischer Produzentenkollektive zur effektiven Nutzung und Vermehrung des im betrieblichen Reproduktionsprozeß organisierten gesellschaftlichen Eigentums auf der Grundlage der objektiven ökonomischen Gesetze des Sozialismus" (Lehrbuch „Sozialistische Betriebswirtschaft", 1974).

Zur Verwirklichung des gesamtgesellschaftlichen Rationalitätsprinzips werden als Hauptziele u. a. eine planmäßige Bedarfsdeckung und Erhöhung des → **Lebensstandards** der Bevölkerung, eine ständige Wachstums- und Effektivitätssteigerung insbesondere durch technischen Fortschritt und sozialistische ökonomische Integration (→ **RGW**) sowie eine höchstmögliche Gewinnerzielung proklamiert. Wichtigste Methoden zur Realisierung dieser ökonomischen Funktion der SBW sind das System der operativen Betriebsführung (Leitung und → **Planung**), die → **wirtschaftliche Rechnungsführung**, der → **sozialistische Wettbewerb**, das → **Rechnungswesen** sowie die Methoden und das Instrumentarium zur → **Rationalisierung** und → **Intensivierung** (→ **Sozialistische Wirtschaftsführung; Netzplantechnik; Information; EDV**).

Demgegenüber umfaßt die „gesellschaftsgestaltende Funktion" der SBW wichtige ideologisch-pädagogische Aspekte wie die Erziehung zur sozialistischen Persönlichkeit, Steigerung des sozialistischen Bewußtseins und die Gestaltung des kulturellen und gesellschaftlichen Lebens im Betrieb (**gesellschaftliches** → **Bewußtsein**). Gleichermaßen gehören hierzu die „Weiterentwicklung des Einheitlichen sozialistischen Bildungswesens" und die „Sicherung der sozialistischen Landesverteidigung". In dieser ist den Betrieben die Funktion eines Organisators der zivilen Landesverteidigung im Betriebsbereich durch Betriebskampfgruppen zugewiesen (→ **Kampfgruppen**). Über den Betriebsbereich hinaus soll sich der betriebliche Einfluß auch regional auf den Wohnbereich der Belegschaft und die wechselseitige Zusammenarbeit mit der für den Betrieb zuständigen staatlichen Administration erstrecken (→ **Örtliche Organe der Staatsmacht**). Hauptfunktionsträger für die gesellschaftsgestaltenden Aufgaben sind die Vertretungen gesellschaftlicher Organisationen im Betrieb (→ **SED; FDGB; FDJ**). Hierzu gehören weiterhin die betrieblichen Kommissionen der → **Arbeiter-und-Bauern-Inspektion.**

Der wissenschaftlichen Durchdringung dieses breit gefächerten Aufgabenkataloges dient die SBWL, die als spezielle Disziplin der marxistisch-leninistischen → **Wirtschaftswissenschaft** und „als Lehre vom effektiven Wirtschaften sozialistischer Betriebe" verstanden wird.

Sie wird definiert als die wissenschaftliche Verallgemeinerung der Prinzipien und Erfordernisse der SBW. Untersuchungsgegenstand sind, unter dem Aspekt der Interdependenz zwischen Betrieb und Volkswirtschaft, die inner- wie zwischenbetrieblichen, politischen, ökonomischen, ideologischen und sozialen Beziehungen des Wirtschaftsprozesses. Dabei wird der betriebliche Reproduktionsprozeß „vorwiegend als konkreter Wirkungsbereich der ökonomischen Gesetze des Sozialismus" (→ **Reproduktion; Politische Ökonomie**) verstanden. Die Forschungsbereiche der SBWL betreffen danach sowohl die Erforschung dieses Wirkungsmechanismus und seine wissenschaftliche Interpretation als auch die Analyse und Bestimmung der Bedingungen und Erfordernisse des Ausnutzungsmechanismus dieser Gesetze im Sinne einer optimalen Gestaltung betrieblicher Leitung, Planung, Organisation und ökonomischer Stimulierung. Der Zusammenhang von SBWL und politischer Ökonomie wird als Relation des Besonderen zum Allgemeinen erklärt.

In der gegenwärtigen Diskussion wird zwischen allgemeiner und spezieller (insbesondere wirtschaftszweigbezogener) SBWL unterschieden.

Die *allgemeine SBWL* soll auf der Basis der Lehre von der politischen Ökonomie und in enger Wechselwirkung mit der sozialistischen Volkswirtschaftslehre, der sozialistischen Wirtschaftsführung und Erkenntnissen anderer Wissenschaftsdisziplinen (z. B. Recht, Soziologie, Naturwissenschaften) allgemeine theoretische Prinzipien für rationelles Verhalten der Beschäftigten, rationelle Verfahren und ein den betrieblichen wie den gesellschaftlichen Interessen gleichermaßen dienendes ökonomisches Instrumentarium für den Betrieb entwickeln. Dabei sind bestimmte Elemente, wie z. B. die Preisbildung, für die SBWL weitgehend überbetrieblich vorgegeben, die in der westlichen BWL eindeutig dem Kompetenzbereich Betrieb zuzuordnen sind.

Für die *spezielle SBWL* wird eine Differenzierung nach 1. → **Industrie** und Bauwesen, 2. → **Landwirtschaft**, 3. → **Verkehrswesen** und 4. → **Binnenhandel** für ausreichend erachtet. Historisch bedingt gibt es daneben noch sogenannte „Ökonomiken" der Wirtschaftszweige oder -bereiche. Gegenwärtig umfassen diese meist auch (mehr oder weniger eingehend) betriebswirtschaftliche Probleme (Landwirtschaftliche Betriebslehre, → **Agrarökonomie**). Diese Zweigökonomiken sollen zukünftig auf der Basis der SBWL nur noch die Darstellung spezieller Branchenprobleme übernehmen.

Anders als in der westlichen Betriebswirtschaftslehre (BWL) gelten grundsätzlich alle betriebswirtschaftlichen Sachverhalte als ideologisch determiniert. Daher wird die Möglichkeit systemindifferenter betriebswirtschaftlicher Tatbestände und Methoden (so selbst auf dem Gebiete des Rechnungswesens) ausgeschlossen und die SBWL nachdrücklich von der angeblich „technizistischen Betrachtungsweise" der „bürgerlichen" BWL abgegrenzt. Unbeschadet dessen läßt sich die systemgerechte Transformation und Adaption mancher Ergebnisse der westlichen BWL kaum von der Hand weisen. Andererseits unterscheidet sich – unabhängig von ideologischen Vorzeichen – die SBWL grundsätzlich von der westlichen BWL, da vor allem ein autonom wirtschaftendes Unternehmen als Erkenntnisobjekt nicht existiert. Daher erscheint eine generelle Unterscheidung zwischen westlicher und sozialistischer BWL auch sachlich begründet. Dies gilt um so mehr, als gleichlautende Termini in Ost und West vielfach ein anderes betriebswirtschaftliches Begriffsverständnis beinhalten.

II. Historisch gesehen, steht die *Entwicklung der SBWL*

in der DDR im Zeichen einer ambivalenten Einschätzung. Die lange Tradition deutscher betriebswirtschaftlicher Forschung und ihre wissenschaftliche Selbständigkeit wurden nach 1945 mit der Rezeption des sowjetischen Wirtschaftsmodells im sowjetisch besetzten Teil Deutschlands unterbrochen. Ein besonders deutlicher Ausdruck hierfür war eine Auseinandersetzung um die Jahreswende 1949/1950 über das Verhältnis der politischen Ökonomie zur BWL und ihrer wissenschaftlichen Eigenständigkeit zwischen Wirtschaftstheoretikern des → **Marxismus-Leninismus** (Winternitz, Behrens, Berger) auf der einen und einem maßgeblichen Vertreter der „klassischen" BWL auf der anderen Seite (Mellerowicz).

Mit der Negierung der modernen westlichen Nationalökonomie als Wissenschaft wurde auch die BWL als unwissenschaftlich und falsch abgelehnt. Ihr wurde vorgeworfen, sie stelle nicht mehr als eine technische Disziplin dar; eigenständige Lehrstühle für BWL an den Hochschulen der DDR wurden aufgelöst.

Eine Reihe betriebswirtschaftlicher Methoden und Erkenntnisse fand ihre Entwicklung in der Folgezeit im Rahmen von Untersuchungen der in der UdSSR entstandenen Lehre der „Ökonomik der sozialistischen Industrie" wie auch der Ökonomiken anderer Wirtschaftsbereiche und -zweige. Infolge ihrer relativ engen fachlichen Begrenzung (Verwaltungsstruktur, Betriebsorganisation, Planmethodik) konnten sie jedoch nur bedingt als Weiterführung einer BWL angesehen werden. Hatte in der Sowjetunion das betriebswirtschaftliche Interesse im Zeitraum der „Neuen ökonomischen Politik" der 20er Jahre einen großen Aufschwung erlebt, kam es nach 1930 mit zunehmender Zentralisierung der staatlichen Lenkung und Planung rasch zum Erliegen. Eine eigentliche betriebswirtschaftliche Betrachtung und Forschung erstreckte sich nur noch auf Teilbereiche (z. B. Rechnungswesen, Arbeitswissenschaft). Trotz Einführung des Systems der wirtschaftlichen Rechnungsführung (einer der wichtigsten betriebswirtschaftlichen Kategorien) nach sowjetischem Muster (Chosrastschot) im Jahre 1951 blieb die BWL als Wissenschaft in der DDR verpönt. Dagegen brachten die Jahre 1952/53 in der UdSSR eine umfangreiche Diskussion über Gegenstand und Inhalt einer sozialistischen BWL und ihr Verhältnis zu den „Ökonomiken der Zweige". Gleichwohl wurden auch in der DDR in den 50er Jahren gewisse betriebswirtschaftliche Entwicklungen, insbesondere im Bereich des Rechnungswesens (Goll), gefördert.

Wachsende Arbeitsteiligkeit und zunehmende Komplikationen der wirtschaftlichen Zusammenhänge einerseits sowie die mangelnde Flexibilität des Wirtschaftssystems der DDR andererseits führten im Jahre 1963 zum → **Neuen Ökonomischen System** der Planung und Leitung der Volkswirtschaft (NÖS). Stationen auf diesem Weg waren vor allem die Kritik der sogenannten Revisionisten in den Jahren 1956/57 (Behrens, Benary, Oelssner) und die → **Liberman-Diskussion** in der UdSSR 1962.

Wenn auch vielfach unausgesprochen, waren an dieser Entwicklung die Erkenntnis über ein unzureichendes oder fehlendes betriebswirtschaftliches Instrumentarium und das Eingeständnis offenkundiger Lücken in der entsprechenden wissenschaftlichen Forschung wesentlich beteiligt. Bedeutsame Funktionsschwächen des Wirtschaftssystems, wie das Verhältnis von betrieblicher zu gesamtwirtschaftlicher Planung, mangelndes Interesse der Betriebe im Absatzbereich und fehlender Zwang zur Übernahme des technischen Fortschritts und die geplante Steuerung betrieblicher Motivationen zur Erfüllung gesamtgesellschaftlicher Ziele waren vorwiegend betriebswirtschaftlicher Natur. Unter der Bezeichnung eines in sich geschlossenen Systems ökonomischer Hebel als einem Kernstück des NÖS rückten wichtige betriebswirtschaftliche Kategorien (Kosten, Preis, Umsatz, → **Rentabilität** oder → **Gewinn**) in den Mittelpunkt.

Entscheidendes Datum für die Proklamation einer komplexen wissenschaftlichen SBW war der VII. Parteitag der SED im April 1967. Sie wurde im Gesetz über den Volkswirtschaftsplan 1968 verankert. Wenn auch damit die frühere Negierung dieser Disziplin aufgehoben wurde, blieben die Auffassungen der Wissenschaftler über Gliederung und Einordnung in den wirtschaftswissenschaftlichen Bereich zunächst noch uneinheitlich. Als erster Versuch einer Gesamtdarstellung ist ein im Jahre 1968 vorgelegter Beitrag über „Die Rolle der sozialistischen Betriebswirtschaft bei der Gestaltung des ökonomischen Systems des Sozialismus" (Schmidt) zu werten (1969 veröffentlicht). Die Abkehr von den Ulbrichtschen Prinzipien der Wirtschaftsreform Ende 1970 führte auf dem VIII. Parteitag der SED 1971 zu einer Reihe von Korrekturen an diesem Programm. Statt relativ ausgeprägter Akzentuierung von sozialistischen Management-Methoden und mathematisch-kybernetischen Verfahrenstechniken rückte bei der SBWL nach 1971 eine verstärkte Betonung der Wechselwirkungen zwischen SBWL, → **Wirtschaftswissenschaften** und politischer Ökonomie in den Vordergrund. Hierzu gehören der Fortfall des 1968 als ein Hauptanliegen deklarierten Prinzips der sozialistischen Geschäftätigkeit und der marxistisch-leninistischen → **Organisationswissenschaft**; auch die Bedeutung der Methoden der → **Operationsforschung** (operations research) wurde stark reduziert. Für die heute in der DDR vertretene Auffassung war die Interdependenz des Gesamtprozesses betriebswirtschaftlicher Belange in der Konzeption von 1968 nur unzureichend berücksichtigt worden.

Die Forschung im Bereich SBWL wird gegenwärtig besonders forciert. Die Gründung eines Wissenschaftlichen Rates für Fragen der SBWL am 30. 10. 1973 beim Wissenschaftlichen Rat für wirtschaftswissenschaftliche Forschung bei der → **Akademie der Wissenschaften der DDR** unterstreicht diesen Tatbestand. An verschiedenen Hochschulen der DDR wurden betriebswirtschaftliche Lehrstühle eingerichtet. Ende 1973 erschien erstmalig ein umfassendes Lehrbuch „Sozialistische Betriebswirtschaft". Eine Reihe von aktuellen Problemen, insbesondere die neuen betriebswirtschaftlichen Fragen der RGW-Integration, erfordert jedoch noch eine befriedigende betriebswirtschaftliche Analyse.

Der gegenwärtige Stand der SBWL in der DDR erfüllt noch nicht die Bedingungen, die an ein geschlossenes System methodisch gewonnener und systematisch geordneter Erkenntnisse über das wirtschaftliche, soziale und politische Geschehen in den Betrieben der DDR gestellt werden müssen.

Sozialistische Einheitspartei Deutschlands (SED): → SED.

Sozialistische Feiern: Sozialistische → Feiern.

Sozialistische Gesetzlichkeit: In Art. 19 Abs. 1 Satz 2 ihrer Verfassung garantiert die DDR ihren Bürgern die SG. und gewährt Rechtssicherheit. Art. 87 der Verf. bestimmt, auf welche Weise der Staat die Gesetzlichkeit gewährleistet: „durch die Einbeziehung der Bürger und ihrer Gemeinschaften in die Rechtspflege und in die gesellschaftliche und staatliche Kontrolle über die Einhaltung des sozialistischen Rechts". Art. 90 weist schließlich die richterliche Rechtsanwendung an, der Durchführung der SG. zu dienen.

Um Begriff und Inhalt der SG. hat es Ende der 50er Jahre Auseinandersetzungen und Meinungsverschiedenheiten gegeben, die schließlich mit der Feststellung im Staatsratsbeschluß vom 20. 1. 1961 (GBl. I, S. 3) beendet wurden: „Die SG. verlangt die allseitige genaue Beachtung des gesetzlichen Tatbestandes." SG. erfordert jedoch mehr als ausschließlich Bindung des Richters an das Gesetz. Sie beinhaltet auch die marxistisch-leninistische Erkenntnis, daß jedes Recht seiner Natur nach parteilich sei und daß daher auch dem sozialistischen Recht Parteilichkeit immanent sei, und zwar Parteilichkeit für die Verwirklichung des Sozialismus. So wird mit der Forderung nach strikter Einhaltung der SG. vom Richter erwartet, daß er die geltenden Rechtsnormen genau beachtet, sich gleichzeitig bei seiner Urteilsbildung an der Politik der Partei- und Staatsführung orientiert und mit seiner Rechtsprechung zur Gestaltung der sozialistischen Ordnung beiträgt. Folgerichtig haben die Beschlüsse der SED am Anfang des Erkenntnisprozesses zu stehen, in dessen Ergebnis der Arbeitsplan für die gesamte richterliche Tätigkeit festgelegt wird (Neue Justiz, 1967, H. 15, S. 478). Mit dem zunehmenden Ausbau des sozialistischen Rechtssystems wurde es möglich, bei der Forderung nach Wahrung der SG. das Schwergewicht mehr auf die Bindung an das bestehende Gesetz zu legen, da die in der Periode des Aufbaues und der Verwirklichung des Sozialismus geschaffenen Gesetze von ausreichender Parteilichkeit sind. Es wird damit zunehmend entbehrlich, unter Berufung auf die SG. und die Parteilichkeit der Rechtsprechung eine Umdeutung von Rechtsnormen vorzunehmen, die aus der nichtsozialistischen Vorzeit stammen. Unverändert gilt der Grundsatz, daß mit der Forderung nach SG. den Gerichten die Aufgabe gestellt wird, in jedem Verfahren und in jeder Entscheidung einen Beitrag zur Festigung der Arbeiter-und-Bauern-Macht zu leisten. → **Rechtswesen.**

Sozialistische Stadt: → **Architektur.**

Sozialistische Wirtschaft: Zusammenfassender Begriff für die volkseigenen und die genossenschaftlichen

Wirtschaftsbereiche (→ **Wirtschaft; Genossenschaften**). Auch die Betriebe und Einrichtungen der Parteien und Massenorganisationen, die Treuhandbetriebe, die sowjetisch-deutsche → **Wismut-AG** und die Export-Handelsgesellschaften zählen zur SW.

Sozialistische Wirtschaftsführung: 1. Bezeichnung für das Führen und Leiten gesamt- und einzelwirtschaftlicher Abläufe.

2. Teildisziplin der → **Wirtschaftswissenschaften**. Sie behandelt als Lehre die „zweckmäßigste Art und Weise" der Leitung der Volkswirtschaft, der VVB, der Kombinate und Betriebe. Der Gegenstand dieser spezifischen → **Leitungswissenschaft** ist der Gesamtbereich wirtschaftlichen Handelns: die Organisation des volkswirtschaftlichen Leitungssystems, Leitungsaufgaben wie Prognose, Planung und Kontrolle, die Finanzierung und das Wirtschaftsrecht als Leitungsinstrumente, die Rolle des Leiters, Methoden der Personalführung und die Entscheidungsfällung mittels moderner Verfahren. Die Lehre soll auf Erkenntnissen des → **Marxismus-Leninismus**, der → **Kybernetik** und → **Mathematik**, der → **Soziologie** und der Rechtswissenschaft aufbauen. Ziel der SW. ist es, die Produktions- und Leitungsprozesse der Gesamtwirtschaft wie der einzelnen Wirtschaftsbereiche, Betriebe und Genossenschaften mit höchster Effizienz zu steuern und zu lenken. Erforderlich wurden Einführung und Entfaltung der SW., als aufgrund der bis dahin praktizierten unzureichenden Leitungsformen und -kenntnisse das → **Neue Ökonomische System** die Verbesserung der Ausbildung der Wirtschaftsleiter und die Änderung der Lehrprogramme und Lehrmethoden zu wirtschaftspolitischen Zielen erklärte. Inzwischen wird sie an mehreren Universitäten, Technischen Hochschulen, außeruniversitären Instituten für sozialistische Wirtschaftsführung, die Ministeri-

Die Weiterbildung von Wirtschaftsleitern auf dem Gebiet der Sozialistischen Wirtschaftsführung

Weiterbildungs-einrichtungen	Lehrgangstypen	Führungs- und Leitungspersonal	Lehrmethoden	Inhaltliche Komplexe der Lehrgänge
Zentralinstitut für sozialistische Wirtschaftsführung beim ZK der SED	Halbjahreslehrgänge, kurzfristige Lehrgänge (4 Wochen), Sonderlehrgänge, Arbeitstagungen zu Spezialproblemen der Leitungstätigkeit, Informationsveranstaltungen	Minister, Stellvertretende Minister, Stellv. Vorsitzende der SPK, Leiter und Stellvertreter zentraler Staatsorgane, Generaldirektoren von VVB, Vorsitzende der BWR, Werkdirektoren, Abteilungsleiter d. ZK, Wirtschaftssekretäre der Bezirksleitung, Parteiorganisatoren der VVB u. a.	Vortrag Kolloquium Seminar Fallmethode Exkursion	1. Grundfragen d. soz. Wirtschaftsführung 2. Die grundlegenden Aufgaben soz. Wirtschaftsführung und Betriebsleitung 3. Soz. Organisationswissenschaft 4. Soz. Menschenführung
Institute für sozialistische Wirtschaftsführung der Ministerien an den Hochschulen und Universitäten	Lehrgänge (etwa 5 Monate), kurzfristige Lehrgänge (4–8 Wochen), Sonderlehrgänge, Arbeitstagungen zu Spezialproblemen, Erfahrungsaustausch mit Akademien der Industriezweige und Betriebe	Abteilungsleiter und Sektorenleiter zentraler Staatsorgane, Fachdirektoren der VVB, Fachdirektoren von Großbetrieben, Werkdirektoren, Stellv. Vorsitzende und Abteilungsleiter von BWR, Hauptbuchhalter, Direktoren der Banken, Wirtschaftssekretäre von Kreisleitungen u. a.	Vortrag Kolloquium Seminar Fallmethode Exkursion	1. Grundfragen der soz. Wirtschaftsführung und Betriebsleitung 2. Soz. Organisationswissenschaft (Grundlagen, Methoden, Instrumentarien) 3. Soz. Menschenführung 4. Industrie- und zweigspezifische Leitungsprobleme u. a.
Industriezweig-akademien, Bildungszentren, Betriebsakademien	kurzfristige Lehrgänge (4 Wochen), Wochenlehrgänge zu Leitungsproblemen, Spzieallehrgänge zu modernen Leitungsmethoden, Arbeitstagungen zu Spezialproblemen	Werkdirektoren, Kreisbaudirektoren, Abteilungsleiter u. Meister der Betriebe, Leiter der Funktionsabteilungen in Industrie- u. Baubetrieben, Leiter der Abteilung Industrie u. Handwerk beim Rat des Kreises u. a.	Vortrag Seminar Fallmethode Übungen Exkursion	1. Ausgewählte Probleme d. soz. Wirtschaftsführung u. Betriebsleitung 2. Probleme d. soz. Menschenführung 3. Soz. Organisationswissenschaft (Meth. u. Instrumentarien) 4. Probl. soz. Arbeitswissenschaft u. a.

Quelle: effekt, Berlin (Ost), 1969, H. 4, S. 16.

en direkt unterstellt wurden, sowie an Akademien der Industriezweige und Betriebe gelehrt (vgl. Schema).
Als zentrales Organ wurde Ende 1965 das → **Zentralinstitut für sozialistische Wirtschaftsführung beim ZK der SED** gegründet. Zusammen mit dem Arbeitskreis „Sozialistische Wirtschaftsführung" gibt das Zentralinstitut eine „Schriftenreihe zur sozialistischen Wirtschaftsführung" heraus. Neben dem Zentralinstitut widmen sich die übrigen Institute und Akademien den Lehraufgaben und Forschungszielen der SW. Im Mittelpunkt der Arbeit aller Einrichtungen stehen die Aus- und Weiterbildung des Führungs- und Leitungspersonals der Wirtschaft. Während Spitzenkräfte im Zentralinstitut ausgebildet werden, erfassen die universitären Institute und Sektionen und die Ausbildungsstätten der Ministerien vor allem Abteilungsleiter der staatlichen Verwaltung, Direktoren der Betriebe und Banken sowie Wirtschaftssekretäre der Kreisleitungen der SED (Personal der Nomenklaturgruppen II und III). Dabei konzentriert sich jedes Institut auf die Aus- und Weiterbildung von Personal möglichst begrenzter Wirtschaftsbereiche oder Industriezweige. So sind etwa die Institute für SW. der Handelshochschule Leipzig und die Hochschule für Verkehrswesen „Friedrich List", Dresden, für die Weiterbildung im Handels- bzw. Verkehrsbereich, das Institut für SW. der Technischen Hochschule für Chemie „Carl Schorlemma", Leuna-Merseburg, für die Zweige der chemischen Industrie zuständig. Die untere Ebene des Aus- und Weiterbildungssystems setzt sich aus den Akademien der Industriezweige, Kombinate und Betriebe sowie den Betriebsschulen zusammen. Hier werden vor allem Direktoren von Betrieben und Kreisbauämtern, Abteilungsleiter von Betrieben und Räten der Kreise, Meister sowie Sekretäre der betrieblichen Parteiorganisationen der SED aus- und weitergebildet (Personal der Nomenklaturgruppe III).

Auf der Ebene der Industriezweige wurden zwischen 1964 und 1967 mehrere neue Schulungszentren eingerichtet: die Akademie für sozialistische Wirtschaftsführung der VVB Zellstoff, Papier, Pappe, VVB Polygraphische Industrie, VVB Verpackung und VOB Zentrag; die Wirtschaftszweigakademie des Außenhandels; die Industriezweigakademien der VVB Gummi und Asbest sowie der VVB NE-Metallindustrie.

Mit der Etablierung und Entfaltung der SW. gelang es, das Ausbildungsniveau des Führungs- und Leitungspersonals anzuheben, indem die Aus- und Weiterbildung stärker auf wissenschaftliche Methoden und Erkenntnisse gegründet wurde. Mängel der SW. bestehen nach wie vor bei der Programmgestaltung, der Zusammenarbeit der Institute mit den Wirtschaftsbetrieben und Verwaltungsstellen sowie bei der Schulung des Führungsnachwuchses. Hinderlich ist häufig auch die geringe Bereitschaft der Wirtschaftsleiter zur eigenen Weiterbildung.

Sozialistischer Internationalismus: Proletarischer → **Internationalismus.**

Sozialistischer Realismus: → **Ästhetik; Bildende Kunst; Literatur und Literaturpolitik.**

Sozialistischer Wettbewerb

Ideologische Grundlagen – Geschichte – Funktion und Ziele – Formen und Organisationsprinzipien – Wettbewerbspraxis – betrieblicher und überbetrieblicher Wettbewerb – Wettbewerb und Leistungslohn.

I. Ideologische Grundlagen

Der SW. gilt als objektive Gesetzmäßigkeit der sozialistischen Produktionsweise und des sozialistisch-kommunistischen Aufbaus. Er wird begründet mit dem prinzipiellen Wandel des Charakters der Arbeit im Sozialismus, einem veränderten **gesellschaftlichen** → **Bewußtsein** der arbeitenden Menschen und einer hieraus resultierenden Dialektik von zentralem Plan und schöpferischer Masseninitiative infolge der Übereinstimmung von gesellschaftlichen Erfordernissen mit den individuellen und kollektiven Interessen. Gemäß dem Prinzip des → **demokratischen Zentralismus** gründet die Masseninitiative auf dem Führungsmonopol der SED.
Der Oberbegriff Masseninitiative umfaßt im Betrieb sowohl eine Reihe von Institutionen des Wettbewerbs als auch Formen der Mitwirkung der Beschäftigten, wie die Aktivisten-, Neuerer- und Rationalisatorenbewegung, die sozialistische Gemeinschaftsarbeit, die → **Plandiskussion**, den Gegenplan, den sozialistischen Berufswettbewerb, den → **Betriebs-**

kollektivvertrag (BKV) und die ständige → **Produktionsberatung** sowie auch auf kommunaler Ebene den „Mach-mit-Wettbewerb".
Wenngleich zum Wesen des SW. noch keine allgemeinverbindliche wissenschaftliche Definition vor-

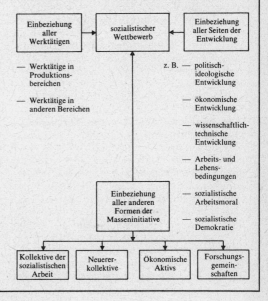

liegt, steht der SW. in der Regel für die umfassendste Form der Masseninitiative der Werktätigen in allen wirtschaftlichen und gesellschaftlichen Bereichen. Das engmaschig geknüpfte Netz des inner- und überbetrieblichen SW. in Form eines komplizierten Lenkungs-, Anreiz- und Kontrollsystems dient als wesentlicher Motor der Leistungsmotivation im System zentraler Planung und Lenkung der DDR und als Ersatz für das Wettbewerbsprinzip in einer Marktwirtschaft. In der alltäglichen Praxis besteht eine moralische Beteiligungspflicht für jeden.

Verstanden wird unter SW. im wirtschaftlichen Bereich gemeinhin das Wetteifern Aller („schöpferische Initiative" = „Kampf des Neuen gegen das Überholte") um höhere Leistungen zur Erfüllung und Übererfüllung des Wirtschaftsplans (in „kameradschaftlicher Rivalität und Solidarität") und im besonderen der Wettstreit um die Erhöhung der → **Arbeitsproduktivität**, die Senkung der → **Selbstkosten** und Erhöhung der → **Qualität der Erzeugnisse**.

In der → **Sozialistischen Betriebswirtschaftslehre** zählt der SW. zu einer der Hauptformen der Mitwirkung der Werktätigen an der Leitung und Planung der Betriebe und bildet ein wesentliches Element des Betriebsprozesses im Sinne der so deklarierten dialektischen Einheit von → **Einzelleitung** und Mitwirkung (§ 16 GBA). In der Wirtschaftspraxis bleibt die Beteiligung am SW. grundsätzlich auf die Planexekution beschränkt; alle Institutionen der Masseninitiative sowie die Mitwirkungsfunktionen der Beschäftigten sind faktisch den Wettbewerbsaufgaben untergeordnet.

Seine Bezeichnung geht auf einen Hinweis von Marx (MEW, Bd. 23, S. 345) zurück. Der dort für das Wesen des SW. zutreffendere Terminus „Wetteifer" wurde über die russische Rückübersetzung (socialističeskoe sorevnovanie) zum „Wettbewerb". In der Lehre von der → **politischen Ökonomie** gilt er generell als das positive Gegenstück zum Wesen der Konkurrenz unter marktwirtschaftlichen Bedingungen. „Der Sozialismus erstickt keineswegs den Wettbewerb, im Gegenteil, er schafft erstmalig die Möglichkeit, ihn auf breiter Grundlage, wirklich im Massenumfang, anzuwenden" (Lenin, Sämtliche Werke, Bd. 26, Berlin [Ost], 1961, S. 401).

Dem Prinzip des Leistungswettbewerbs in einer Marktwirtschaft werden mit dem SW. die kameradschaftliche gegenseitige Hilfe und solidarische Verbundenheit aller „Miteigentümer der Produktionsmittel" als wichtigstes Verhaltensprinzip für eine allgemeine gleichmäßige und somit planmäßige Mehrleistungsverpflichtung gegenübergestellt. Als entscheidendes Kriterium wird nicht der Leistungsvorsprung einzelner Kollektive, sondern der koordinierte, gesamtgesellschaftliche Erfolg in Form der höchstmöglichen Planübererfüllung angesehen. In jüngster Zeit soll das besonders durch den Gegenplan, als neue Form des SW., demonstriert werden.

Neben der Leistungssteigerung besitzt das Element der gesellschaftspolitischen Erziehung und der Erhöhung des sozialistischen Bewußtseins durch den SW. besonderen Stellenwert. Der vor allem vom FDGB getragenen Bewegung „sozialistisch arbeiten, lernen und leben" ist diese Erziehungsfunktion übertragen.

II. Geschichte

Historischer Ausgangspunkt des SW. in der Sowjetunion war die Bewegung der Subbotniki im Jahre 1919, bezeichnet nach freiwilligen Arbeitseinsätzen einzelner Arbeitergruppen an einem Sonnabend (Subbota); sie gilt als Vorbild der organisierten Wettbewerbsbewegung in den weiteren Entwicklungsphasen der sowjetischen Wirtschaft. „Jetzt, da eine sozialistische Regierung an der Macht ist, besteht unsere Aufgabe darin, den Wettbewerb zu organisieren" (Lenin, Sämtliche Werke, Bd. 26, Berlin [Ost] 1961, S. 405).

Mit dem Aufbau eines Wirtschaftssystems zentraler Planung und Lenkung nach 1945 gestaltete auch die DDR die Wettbewerbsbewegung nach sowjetischem Muster. Den Beginn einer organisierten, rechtlich normierten und umfassenden Konzeption bildete das Gesetz der Arbeit . . . vom 19. 4. 1950, das besonders den → **FDGB** im Bereich der sozialistischen Wirtschaft zur Förderung und Lenkung der Aktivisten- und Wettbewerbsbewegung und zur Erzielung von „Pionier- und Spitzenleistungen" (IV, § 18) verpflichtete.

Gemäß § 16 des → **Gesetzbuches der Arbeit** (GBA) in der Fassung vom November 1966 (GBl. I, S. 125) organisieren Betriebsleiter und Gewerkschaft den SW. In der in Ausarbeitung befindlichen Neufassung des GBA sollen verbesserte oder neue Formen und Methoden des SW. größere Berücksichtigung finden. Die VO über die Aufgaben, Rechte und Pflichten der VEB, Kombinate und VVB vom 25. 3. 1973 (→ **Betriebsverfassung**) enthält wie das GBA entsprechende Normen (§ 6, 4) für den SW.

Die Entwicklung des SW. wird als gesetzmäßiger Prozeß verstanden, in dessen einzelnen historischen Phasen immer kompliziertere Wettbewerbsformen entwickelt werden.

Den Auftakt der Aktivisten- und Wettbewerbsbewegung in der DDR nach 1945 gab die arbeitstechnisch besonders vorbereitete mehrfache Schichtnorm-Übererfüllung (387 v. H.) des Hauers Adolf Hennecke am 13. 10. 1948, der dem Vorbild des bekannten sowjetischen Hauers A. G. Stachanow im Jahre 1935 folgte. In der Mehrzahl der Fälle wurden seitdem die Mehrleistungsverpflichtungen von Aktivisten oder Schrittmachern durch sowjetische Vorbilder bestimmt. Neben die Spitzenleistungen Einzelner (Überbietung einer Arbeitsnorm) sind heute Wettbewerbsverpflichtungen zur Lösung komplexer betriebswirtschaftlicher Aufgaben getreten.

Nach eigener Einschätzung hat die UdSSR zu Beginn der 70er Jahre mit dem „Wettbewerb für eine kommunistische Einstellung zur Arbeit" eine Übergangsphase erreicht, an deren Ende der Wettbewerb den Charakter eines „kommunistischen Wettbewerbs" (Smolkow) annehme. Neue Formen des SW. in der DDR nach sowjetischem Vorbild haben somit nicht nur praktisch-wirtschaftliche, sondern gewinnen gleichermaßen eine erhebliche politisch-ideologische Bedeutung. Sie gelten als offizieller Gradmesser für die Entwicklung des „sozialistischen Bewußtseins" der Werktätigen.

Prinzipien und Organisation des SW. sind zentral festgelegt. Betont wird die einheitliche und straffe Leitung. Die planmäßig und sich kontinuierlich ablösenden Wettbewerbskampagnen gelten im allgemeinen für eine Planperiode; dabei bestimmt primär der Jahresplan die Wettbewerbsziele. Die Auslösung und Mobilisierung weitgehend von „oben" (Partei und Gewerkschaft) gesteuerter, zentral initiierter und kanalisierter Wettbewerbsaktionen von „unten" wird in der Regel mit einem Wettbewerbsaufruf einer Einzelperson, einer Brigade oder eines Betriebes auf DDR-Ebene eingeleitet. Der Aufruf erfolgt häufig im Zusammenhang mit konkreten Bestleistungen, die auf besonders propagierten **neuen → Arbeitsmethoden** beruhen. Diese zur allgemeinen Nachahmung bestimmten Methoden tragen meist den Namen des Initiators (Hennecke-Bewegung, Frieda-Hockauf-Bewegung). Gewöhnlich bilden besondere politische Ereignisse (Parteitag, Tagung des ZK der SED) und Ehren- oder Gedenktage (Jahrestag der Gründung der DDR, Lenins Geburtstag) den aktuellen Anlaß für Mehrleistungsverpflichtungen und auch für die Stiftung besonderer Auszeichnungen (Ehrenbanner zum 25. Jahrestag der DDR). Gewerkschafts- und Betriebsleitung sowie eine spezielle Wettbewerbskommission sind die maßgebenden Träger der zu erarbeitenden betrieblichen Wettbewerbskonzeption (früher: W.-bedingungen oder W.-richtlinien), wodurch Ziele, Verpflichtungen und Maßnahmen wie auch Formen der Anerkennung fixiert werden. In der Regel ist die Wettbewerbskonzeption integraler Bestandteil des **→ Betriebskollektivvertrages** (BVK), dessen Ausarbeitung mit der Plan- und Wettbewerbsdiskussion zeitlich wie sachlich eine Einheit bilden soll.

Als eine der wesentlichen Voraussetzungen des SW. gilt die Aufschlüsselung aller Planaufgaben, möglichst bis zur kleinsten betrieblichen Produktionseinheit und seine exakte Koordination mit dem Prinzip der **→ Wirtschaftlichen Rechnungsführung**.

III. Organisationsprinzipien und Formen

Zur Leitung und Organisation des SW. unterscheidet die Sozialistische Betriebswirtschaft fünf auf Lenin zurückzuführende „Grundprinzipien":

1. Öffentlichkeit des SW.; 2. Vergleich der Ergebnisse; 3. Erfahrungsaustausch und Wiederholung der besten Leistungen im Massenumfang; 4. Übernahme abrechenbarer Verpflichtungen im Zusammenhang mit der Intensivierung der **Wissenschaftlichen → Arbeitsorganisation** (WAO); 5. Richtige Verbindungen von moralischer und materieller Anerkennung der Erfolge.

Generell lassen sich die Formen des SW. nach 2 Aspekten differenzieren. Gemäß dem Umfang der Teilnahme ist einerseits der individuelle Wettbewerb zwischen jedem einzelnen Beschäftigten als Grundform des SW. und andererseits der kollektive Wettbewerb zwischen Arbeitsgruppen, Brigaden, Meisterbereichen usw. (aber auch Betrieben) als anzustrebende und heute vorherrschende Form zu unterscheiden. Nach dem räumlichen Wirkungsbereich ist zu differenzieren zwischen inner- und zwischenbetrieblichen SW., die beide sowohl individuell als auch kollektiv geführt werden können. Daneben erlangt im Zeichen der sozialistischen ökonomischen Integration (→ **RGW**) die Form des allgemein kollektiv geführten internationalen SW. zunehmende Bedeutung.

IV. Wettbewerbspraxis

Die Wettbewerbspraxis ist durch eine Reihe meist wechselseitig eng verflochtener Verfahrensformen und Methoden charakterisiert, denen differenzierte Systeme von Maßnahmen und Regelungen der moralischen Anerkennung (Auszeichnungen) und der Kritik, der finanziellen Stimulierung (Einkommensgestaltung über → **Leistungslohn** und Prämie), der Kontrolle (Haushaltsbuch, persönliche- und kollektiv-schöpferische Pläne) und der Produktionspropaganda (Wettbewerbslosungen, Tafel der Besten usw.) zur Förderung und Intensivierung des SW. zugeordnet sind.

A. Aktivistenbewegung

Durch die Aktivistenbewegung soll eine bessere, intensivere oder neue Arbeitsmethode und eine dadurch erbrachte höhere Arbeitsleistung eines Beschäftigten oder eines Kollektivs propagiert werden. Gefordert wird Initiative nicht nur im Produktionsprozeß, sondern, zur besseren Nutzung verfügbarer Ressourcen, bereits in der Planvorbereitung. Quantitative Spitzenleistungen wurden vielfach unter besonders günstigen oder sogar künstlich geschaffenen optimalen Arbeitsbedingungen erreicht, um bis dahin geltende Normen zu überbieten und diese danach allgemein zu erhöhen. Die betriebliche Einrichtung von Aktivistenschulen dient der Übertragung der Arbeitsmethoden und Erfahrungen. Auszeichnungen 1973: 20 Personen wurde der Ehrentitel Held der Arbeit verliehen, Verdienter Aktivist wurden 2268 Berufstätige, Aktivist der sozialistischen Arbeit 203666 Berufstätige.

B. Sozialistische Gemeinschaftsarbeit

Die Sozialistische Gemeinschaftsarbeit (SG.) entstand 1959 aus der Aktivistenbewegung und gilt als „höhere Qualität" der schöpferischen Masseninitiative und integraler Bestandteil des SW. sowie als Form einer besseren Organisation der kollektiven Zusammenarbeit und kameradschaftlicher Hilfe. Eine zunehmende Kompliziertheit der zu lösenden technischen und wirtschaftlichen Probleme setzt Gemeinschaftsarbeit statt Lösungen „im Alleingang" voraus. Sie gilt als wirksamste Form gesellschaftlicher Arbeit im Sozialismus, in der durch gegenseitige Erziehung zur „sozialistischen Persönlichkeit" bereits „Keime für eine kommunistische Einstellung zur Arbeit" gelegt würden. Damit wird der Gegensatz zum marktwirtschaftlichen „team-work" herausgestellt.

Die Funktionen der SG. sind im GBA (§§ 16 und 17) näher bestimmt. Kern ist die Steigerung der → **Arbeitsproduktivität**, die vor allem durch Erhöhung des wissenschaftlich-technischen Fortschritts und einer verstärkten Zusammenarbeit zwischen Arbeitern und wissenschaftlich-technischer Intelligenz („Bündnis zwischen Arbeiterklasse und Intelligenz") zugunsten einer → **Intensivierung** der Produktion bewirkt werden soll. Eine besondere Form der SG. sind die „sozialistischen Arbeits- und Forschungsgemeinschaften", die als Wettbewerbskooperation der Bereiche Forschung, Konstruktion und Produktion zu verstehen sind. (1973: 47 088 Gemeinschaften mit 364 344 Mitgliedern.)

Der Wettbewerb in Produktion, Verwaltung und wissenschaftlichen Institutionen um den Staatstitel „Kollektiv der sozialistischen Arbeit" (1963 erstmalig verliehen, vgl. auch die 3. VO im GBl. II, 1972, S. 597) hat die noch weiterhin geführten Titel „Brigade der . . ." und „Gemeinschaft der sozialistischen Arbeit" der Jahre 1960–1962 abgelöst. 1973 standen 200 537 Kollektive mit ca. 3,4 Mill. Mitgliedern im Wettbewerb um diesen Titel; darunter war die sozialistische Industrie mit ca. 95 795 Kollektiven und ca. 1,9 Mill. Mitgliedern beteiligt. Insgesamt 58 477 Kollektive wurden 1973 neu ausgezeichnet oder konnten ihren Titel verteidigen.

C. Neuererbewegung

Inhalt und Funktion der Neuererbewegung (N.) werden durch das GBA (§ 19) und durch die Neuererverordnung (NVO) von 1972 (GBl. II, S. 1) bestimmt, die die gleichnamige VO von 1963 und eine Zahl einschlägiger Bestimmungen zur N. ablösten. Sie gilt als eine Kernform des SW. und der Masseninitiative, die sowohl auf eine qualitative Leistungssteigerung des einzelnen als auch – in besonderem Maße – auf eine planmäßige Kooperation zwischen Arbeitern und Intelligenz in Form der sozialistischen Gemeinschaftsarbeit gerichtet ist. Die Tätigkeit eines Neuerers oder eines N.-Kollektivs umfaßt den Bereich des betrieblichen Erfindungs- und Vorschlagswesens, unter organisatorischen, technischen und wissenschaftlichen Aspekten. In der Regel geht es um die „schöpferische Lösung" eines Problems, die außerhalb der normalen Arbeitsleistung erbracht werden muß. „Hauptinhalt der Neuerertätigkeit ist die weitere Intensivierung der Produktion durch sozialistische Rationalisierung" (§ 2 NVO).

Im Unterschied zum betrieblichen Vorschlagswesen in einer Marktwirtschaft ist ein großer Teil der Aufgabenstellung der N. plangebunden und wird weitgehend staatlich gelenkt und gefördert. In der N. der DDR steht nicht der allgemeine Aspekt der schöpferischen Arbeit überhaupt im Vordergrund, sondern es geht in erster Linie um meist zeitlich fixierte und thematisch präzise umrissene Aufgaben, die als vereinbarte und geplante Lösungen einer Neuereraufgabe eines oder mehrerer Beschäftigter der Erfüllung der Volkswirtschaftspläne und der Steigerung der Arbeitsproduktivität dienen. Vor allem der Planteil Wissenschaft und Technik des Betriebsplans (Entwurf zur Rahmenrichtlinie für die betriebliche Planung 1974) fixiert im Abschnitt: „Neuererarbeit" wichtige Aufgaben und Maßnahmen der N. Auch in andere Planteile, z. B. „Arbeits- und Lebensbedingungen", können entsprechende Aufgaben einbezogen werden.

Mit der NVO erhält der FDGB größere Einflußmöglichkeiten für die Entwicklung der N. Die Rechte der Neuerer wurden stärker abgesichert und der finanzielle Anreiz erhöht.

Die besondere Bedeutung der N. wird durch eine Vielzahl betrieblicher und überbetrieblicher Instanzen betont. Wichtige Funktion des Büros für die Neuererbewegung (BfN), eines Beratungs- und Koordinierungsorgans des Betriebsleiters, sind Planung, Registrierung und rasche Nutzbarmachung von Neuerungen. Es organisiert betriebliche Neuererkonferenzen und sorgt für die Weiterleitung schutz- und patentfähig erscheinender Lösungen an das Amt für Erfindungs- und Patentrecht (→ **Patentwesen**).

Neuereraktivs der Gewerkschaften (Beschluß des FDGB, Tribüne vom 19. 1. 1972) lösten seit Jahresbeginn 1972 bestehende Neuererräte ab. Die Funktionen der Neuereraktivs umfassen alle Fragen der N. und des SW. (→ **BKV; Plandiskussion**, Bildung von speziellen Arbeitsgruppen, Produktionspropaganda, Ausarbeitung von Empfehlungen u. a.). Sie sind zur engen Zusammenarbeit mit den Kontrollposten der → **FDJ**, der Bewegung der **Messen der Meister von Morgen** (MMM), den Räten junger Rationalisatoren, den Sektionen der → **Kammer der Technik** und den → **DSF**-Gruppen (deutsch-sowjetische Freundschaft) im Betrieb verpflichtet. Speziell gebildete Neuererbrigaden fungieren als untergeordnete Leitstellen für die N. auf Meister- oder Abteilungsebene, daneben bestehen vielfach betriebliche Neuererzirkel. Eingesetzte Neuererinstrukteure sollen eine rasche Einführung betrieblicher Neuererlösungen erreichen. In den LPG ist eine besondere Neuererkommission mit ähnlichen Funktionen wie das BfN in der Industrie betraut.

Als besondere überbetriebliche Stelle und nachgeordnete Einrichtung der Wirtschaftsräte der Bezirke wurden seit 1972 Bezirksneuerungszentren (BNZ) gegründet (GBl. II, S. 422). Ihre Aufgaben auf regionaler Ebene ähneln denen der BfN (Beratung, Erfahrungsaustausch, besonders mit sowjetischen Neuerern, allgemeine Verbreitung der Neuerermethoden, Produktionspropaganda, Organisation von Schulungsveranstaltungen usw.). Sie sind territoriale Koordinationszentren für die N. auf Bezirksebene.

Der Abschluß einer Neuerervereinbarung für die geplante Lösung einer Neuereraufgabe erfolgt schriftlich zwischen dem Betrieb und dem Neuerer oder Neuererkollektiv in Form eines detaillierten Vertrages über Aufgabenstellung, Lösung, Termine usw. der zu erbringenden Neuererleistung.

Direkte Neuerervorschläge sind beim BfN (oder Betriebsleiter) einzureichen und werden dort überprüft und registriert. Sie können abgelehnt oder als vergütungspflichtige Vorschläge anerkannt werden. Die Höhe der in der NVO geregelten Vergütung beträgt: Bei Neuererlösungen mindestens 30 Mark, jedoch höchstens 30 000 Mark, bei Erfindungen mindestens 75 Mark, jedoch höchstens 200 000 Mark. Streitigkeiten werden durch die zuständige Konfliktkommission oder in gerichtlicher Auseinandersetzung geregelt. Früher bestehende spezielle Schlichtungsstellen wurden 1972 abgeschafft.

Statistische Daten zur N. in der volkseigenen Wirtschaft für 1973: Teilnahme: 1 274 000 Berufstätige; Anteil an der Gesamtzahl der Berufstätigen: 26,4 v. H.; durchschnittlicher Nutzen: aus vereinbarter Neuererleistung: 30 900 Mark, aus Neuerervorschlägen: 5 800 Mark; volkswirtschaftlicher Gesamtnutzen (einschließlich Nachnutzung für 1973): 3,6 Mrd. Mark, oder 1,1 v. H. des gesellschaftlichen Gesamtproduktes der DDR.

Auszeichnungen: Der staatliche Titel „Verdienter Erfinder" wurde 1973 an 60 Personen verliehen. Erfolgreiche Neuerer im Betrieb erhalten bei bedeutsamen Neuerervorschlägen oder wichtigen patentierten Erfindungen einen Neuererpaß als moralische Anerkennung, worin weitere N.-Leistungen des Inhabers eingetragen werden. Weitere Auszeichnungen: „Hervorragender Neuerer" oder „hervorragendes Neuererkollektiv".

Eine besondere Form der N. für Jugendliche (Jugendbrigaden, -kollektive und -objekte) bildet die Bewegung der Messe der Meister von morgen (MMM). Ihre spezifischen Rationalisierungsaufgaben werden, zumeist schriftlich fixiert im BKV, weitgehend durch den Betriebsdirektor und ein betriebliches MMM-Initiativkomitee bestimmt. Die MMM

gilt als Lehr- und Leistungsschau der Jugend und wird auf Kreis-, Bezirks- und DDR-Ebene, hier in Koordination mit dem Amt für Jugendfragen (→ **Jugend**) beim → **Ministerrat** veranstaltet. Es werden Auszeichnungen vergeben, besondere Leistungen vergütet und Förderungsverträge mit Jugendlichen abgeschlossen. Im Jahre 1973 beteiligten sich auf 21 200 Messen in Betrieben, LPG, Schulen und anderen Einrichtungen 1,7 Mill. oder ca. ein Drittel aller Jugendlichen bis zu 20 Jahren.

Trotz verstärkten Anreizes und einer intensiveren Produktionspropaganda lassen selbstkritische Stimmen in der DDR erkennen, daß sich die mit der N. verbundenen Erwartungen in der Wirtschaftspraxis nicht erfüllt haben. Vor allem wird der Nachteil der Nachnutzung von Neuererlösungen mit ca. 2 v. H. als zu niedrig angesehen. Schleppende Bearbeitungszeiten wirken sich hemmend auf die N. aus.

D. Persönlich-schöpferische Pläne, kollektiv-schöpferische Pläne

Persönlich- und kollektiv-schöpferische Pläne zur Steigerung der Arbeitsproduktivität werden erst seit 1972/73 als besonderes Verfahren des SW. propagiert. PSP. umfassen die konkret abrechenbaren Mehrleistungsverpflichtungen auf der Basis des aufgeschlüsselten Betriebsplanes und des Haushaltsbuches. Die Aufstellung PSP. u. KSP. soll grundsätzlich allein an Arbeitsplätzen im Produktionsbereich erfolgen, an denen a) eine meß- und kontrollierbare Erhöhung der Produktivität der Arbeitsleistungen möglich ist und die b) auch durch die Leistung des Beschäftigten direkt beeinflußt werden kann. Experimente in der Verwaltung werden abgelehnt. KSP. können bei ungenügender Aufschlüsselung der Mehrleistungsverpflichtungen oder als Summe der PSP. eines Kollektivs gebildet werden. Sie sind im besonderem Maße gegen weit verbreitete Methoden des SW. gerichtet, nur formale und ungenügend meßbare Wettbewerbsverpflichtungen einzugehen. Eine der wesentlichen Funktionen dieser Wettbewerbsformen besteht in der Aufdeckung von Reserven, z. B. durch Einsparung von Arbeitszeit (→ **Arbeitsrecht**) und daraus resultierenden Veränderungen von Arbeitsnormen (→ **Arbeitsnormung**) sowie dem Zwang zur Anwendung der → **WAO**. PSP. und KSP. sind schriftlich auszuarbeiten und müssen vor der Gewerkschaftsgruppe und den Kollektiven verteidigt sowie vom Leiter bestätigt werden.

Regelmäßige Rechenschaftslegungen und kritische Auswertungen erfolgen in Gruppenversammlungen der Partei und Gewerkschaft. 1974 arbeiteten ca. 1 Mill. Beschäftigte nach dieser Methode. Aus der Summe der PSP. und KSP. entwickelt sich der Gegenplan des Betriebes.

E. Der Gegenplan

Der Gegenplan (G.) gilt als die zur Zeit fortschrittlichste Form der Verbindung der Masseninitiative im

SW. mit den Aufgaben des Plans. Mit der AO zu den Regelungen für die Arbeit mit Gegenplänen in den Betrieben und Kombinaten zur Erfüllung und Überbietung des Volkswirtschaftsplans 1974 (GBl. I, S. 1) und entsprechenden Ausführungsbestimmungen wurde seit Jahresbeginn 1974 seine Ausarbeitung für die Mehrzahl der Betriebe gesetzliche Pflicht. Von der Bezeichnung (Übersetzung aus dem Russischen) her nur scheinbar im Gegensatz zum Staatsplan befindlich, stehen seine Ziele voll mit diesem im Einklang. Grundsätzlich ist der G. als das gegenwärtig wichtigste Element im SW. anzusehen; er ist als ein auf der Basis zentral vorgegebener Leitlinien aufbauendes, zusätzlich zum Plan zu erstellendes und mit diesem zu koordinierendes Programm zu verstehen. Hauptziel ist die Mobilisierung betrieblicher Produktivitätsreserven zwecks gezielter und organisierter Überbietung des Jahresplans. Es handelt sich um die Übernahme einer sowjetischen Methode, wobei mit ersten Experimenten bereits seit 1972 in der DDR begonnen worden war.

Anfang 1974 war der G. noch eine zusätzliche, nach Planbeginn organisierte Wettbewerbsaktion. Jedoch erhielten Mitte des Jahres 1974 die Betriebe zusammen mit der Übergabe der staatlichen Plankennziffer für 1975 erstmalig auch zugleich Orientierungsziele zur Ausarbeitung des G. für 1975 mit der Verpflichtung, diese direkt in den Entwurf des Jahresplans einzuarbeiten.

Der G. besitzt die gleiche rechtliche Verbindlichkeit wie der Jahresplan. Er wird zusammen mit dem Jahresplan bilanziert und für seine zusätzliche Produktion besteht Vertragsabschlußpflicht.

Der jeweilige persönlich-schöpferische Plan wird als eigener Gegenplan der Beschäftigten gewertet. Aus der Summe aller Verpflichtungen entsteht der G. des Betriebes. Im Gegensatz zu früheren, meist unzureichend koordinierten und nicht bilanzierten Wettbewerbsverpflichtungen soll mit dem G. ein auf den Planzielen basierendes, in sich ausgewogenes, innerwie überbetrieblich abgestimmtes, bilanziertes Programm zusätzlicher Leistungsverpflichtungen erstellt werden.

Bei Überbietung der Plankennziffer Warenproduktion um 1 v. H. erhöht sich die Kennziffer Prämienfonds um 2,5 v. H., während eine entsprechende Überbietung des geplanten Nettogewinns nur mit 0,8 v. H. belohnt wird. Wie beim Leistungsfonds wird die Planübererfüllung mit vorhergehender Verpflichtung höher bewertet.

Im Gegensatz zum Leistungsfonds strebt der G. eine Stärkung der individuellen Stimulierung an. Hauptziel ist die Unterbindung „weicher" Pläne der Betriebe. Seine Aufstellung und Erfüllung gilt als Nachweis eines höheren ideologischen Bewußtseins. Die bisherige Form des Komplexwettbewerbes (K.) wurde im wesentlichen durch den G. abgelöst. Seine Aufgabe als ein auf Erhöhung der wirtschaftlichen Leistung durch Rationalisierung begründeter, umfassend geführter inner- und zwischenbetrieblicher Wettbewerb wird weitgehend durch die Zielsetzungen des Gegenplans verfolgt.

F. Das Haushaltsbuch

Die Führung eines Haushaltsbuches (H.), als wichtiges innerbetriebliches Anreiz- und Kontrollsystem, wurde erstmals 1963 vorgeschlagen und seitdem in vielen Betrieben eingeführt. Im Rahmen der innerbetrieblichen → **Wirtschaftlichen Rechnungsführung** gilt das H. als ein „wissenschaftliches" Instrument der Planung, Abrechnung und Analyse des einheitlichen Systems von Rechnungsführung und Statistik (→ **Rechnungswesen**). Daneben soll es im Rahmen des SW. Stimulierungs- und Kontrollaufgaben erfüllen, indem es über die mit einem ständigen Soll-Ist-Vergleich der Planerfüllung gekoppelten Prämienerwartungen Auskunft gibt. Gemäß staatlicher Richtlinie von 1971 (GBl. II, S. 237) sind im H. vor allem solche, den spezifischen Arbeitsbedingungen eines Kollektivs entsprechende Leistungskennziffern (in der Regel Wertkennziffern) vorzugeben und abzurechnen, die von den Beschäftigten des Produktionsbereichs möglichst direkt beeinflußt werden können. Wichtiger Ansatz für Wettbewerbsinitiativen ist eine für jeden Beschäftigten verständliche Darstellung des Zusammenhangs zwischen persönlicher Leistung und Prämie. Dabei geht es um eine ausreichende Transparenz des funktionalen Zusammenhangs zwischen der Leistung des Produktionsbereichs und dem Betriebsergebnis (Kosten-Nutzen-Denken) und um ein hieraus resultierendes Wettbewerbsverhalten (höhere Leistung und größere Sparsamkeit). Unter dem Aspekt der individuellen Stimulierung sollen wichtige Leistungskennziffern mit Berechnungskoeffizienten der Prämienordnung in möglichst überschaubarer Weise gekoppelt werden. Schließlich soll mit dem H. die auch für den SW. wichtige Methode des inner- und zwischenbetrieblichen Leistungsvergleichs verbessert werden. Es wird zwischen einem kostenstellenbezogenen (aufgabenbezogenen) H., überwiegend verwendet im Produktionsbereich, themenbezogenen H. in der Produktionsvorbereitung und einem persönlichen H. unterschieden.

Der möglichst in kurzen zeitlichen Abständen aufzuschlüsselnde Leistungsnachweis und Wettbewerbsstand, von einigen Betrieben bereits täglich durch Einsatz von EDV ermittelt (elektronisches H.), informiert gleichzeitig über den damit verbundenen Prämienanteil. Aufgrund von Schwierigkeiten z. B. bei der Aufschlüsselung von Kennziffern und ihrer Abrechnung im H., nicht zuletzt bedingt durch Probleme der Kostenrechnung und Preiskalkulation, hat sich trotz staatlicher Richtlinie in einer größeren Zahl von Betrieben bisher die Einführung eines H. nicht durchgesetzt.

Zur Förderung des Verständnisses von Kostenproblemen und Kostenkontrolle, speziell bei der Auswertung des H., werden seit einigen Jahren in den Brigaden einer Reihe von Betrieben in zunehmendem Maße ehrenamtliche, besonders fachlich und ideologisch geschulte Brigadeökonomen als Berater („ökonomisches Gewissen") des Leiters der Brigade eingesetzt. Neben anderen Funktionen hat der B. vor allem die Selbstkostensenkung und die Qualitätserhöhung durch das „System der fehlerfreien Arbeit" (→ **Qualität der Erzeugnisse**) zu fördern, aktuelle Wettbewerbsprobleme zu erläutern und monat-

liche Rentabilitätsberatungen im Brigadebereich zu führen.

Die seit 1950 nach sowjetischem Vorbild eingeführte Methode des persönlichen Kontos (PK.) in Form einer exakten Buchführung eines Beschäftigten oder einer Brigade (Brigadekonto) über Einsparung an Material und geringerwertigen Arbeitsmitteln wie über nachweisbar finanziell nutzbare Verbesserungsvorschläge war mit entsprechenden Prämien verbunden. Gegenwärtig kann die Methode des PK. durch Neuererbewegung und Haushaltsbuch als überholt angesehen werden.

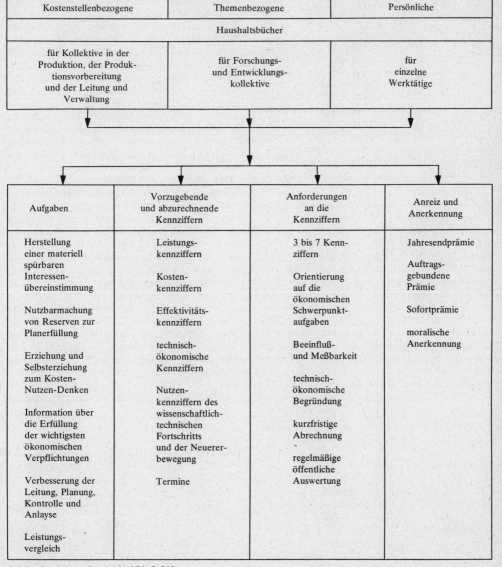

Quelle: Statistische Praxis, 5/1974, S. 219.

G. Der Mach-Mit-Wettbewerb

Mit dem Mach-Mit-Wettbewerb (MMW.) werden die Prinzipien des SW. über die Wirtschaft hinaus auf den Wohn- und Lebensbereich der Bevölkerung ausgedehnt. Sein Programm wird seit 1972 vom Nationalrat der → **Nationalen Front** unter der Wettbewerbslosung: „Schöner unsere Städte und Gemeinden – Mach mit" propagiert (auch: „Schöner unser Betrieb – Mach mit"). Hauptziel des Wettbewerbs zwischen Städten, Dörfern, Wohnbereichen, Betrieben und kommunalen Volksvertretungen ist die „kulturelle Gestaltung" und damit der Versuch, die bisherige ehrenamtliche Beteiligung der Bevölkerung an ähnlichen Aktionen weiter zu intensivieren. Hierzu zählt in erster Linie die Verbesserung der Wohnbedingungen durch „freiwillige" Leistungen beim Um-, Ausbau und der Renovierung von Wohnungen, Gaststätten und Gebäuden des öffentlichen Lebens sowie die Verschönerung von Grünanlagen. Daneben wird ein breiter Fächer vielfältiger weiterer Wettbewerbsaufgaben angestrebt, so z. B. Sammlung und Erfassung von Altmaterialien. Der MMW. gilt als eine Form der sozialistischen Gemeinschaftsarbeit in den Wohngebieten und wird als moralische Pflicht im Sinne der ideologischen Erziehung der Bevölkerung zu „sozialistischen Persönlichkeiten" und zur Festigung des „sozialistischen Patriotismus" verstanden.

H. Die Aktion, bzw. der Betrieb der vorbildlichen Ordnung und Sicherheit

Dies ist eine relativ neue Erscheinungsform des über den Bereich der Wirtschaft hinausreichenden SW., die seit 1972 vom Rat des Bezirks Halle proklamiert wird (z. T. auch zusätzlich „Sauberkeit"). Ein Beschluß über die „Verbesserung der Rechtsarbeit" in der Volkswirtschaft (GBl. I, 1974, S. 32) unterstreicht ihre Bedeutung. Im Mittelpunkt steht eine „Verbesserung der Rechtserziehung und Rechtspropaganda" in Betrieben und Gemeinden. Sie ist u. a. gegen „alle Erscheinungen einer liberalen Einstellung gegenüber rechtlichen Pflichten", wie mangelnde Plan- und Vertragsdisziplin, aber auch gegen kriminelle Delikte, wie Diebstahl oder Bereicherung auf Kosten der Gesellschaft, gerichtet. Eine Reihe von Kollektiven und Gemeinden wurden mit diesem Titel ausgezeichnet.

I. Die Produktionspropaganda

Die Möglichkeit, Bestleistungen im DDR-Maßstab wiederholen zu können, setzt die Veröffentlichung und Vergleichbarkeit ihrer Ergebnisse und die Propagierung der Verfahren zur Leistungssteigerung voraus. Die Produktionspropaganda (P.) fungiert in diesem Sinne als Instrument einer „systematischen, zweckbestimmten Aufklärungs-, Überzeugungs- und Erziehungsarbeit" unter ideologischen und wirtschaftlichen Vorzeichen. Von ihr sollen alle Möglichkeiten der Information und Förderung des Wettbewerbs gemäß der Leninschen Wettbewerbsprinzipien durch öffentliches Lob oder Tadel in Wort (periodische Rechenschaftslegung, Beratungen zur Wettbewerbsauswertung, Betriebszeitung, Betriebsfunk, Wettbewerbslosungen usw.) und Bild (zentrale Wettbewerbstafel, Straße der Besten, Tafeln der sozialistischen Kollektive, – der Aktivisten, – der besten Neuerer usw.) genutzt werden. Für die moralische Anerkennung von Wettbewerbsleistungen steht ein vielseitiges Register von staatlichen und betrieblichen Einzel- und Kollektivauszeichnungen, Anerkennungen und Belobigungen (→ **Auszeichnungen**) sowie Orden, Medaillen, Ehrenzeichen, -titel und -banner, Wanderfahnen und -wimpel bereit. Die Formen der moralischen Anerkennung sind in der Regel mit bestimmten Prämien verbunden.

Im Zeitraum 1974/75 haben sich als weitere wichtige Wettbewerbsformen sogenannte Initiativschichten (auch -transporte) und die Bewegung „Notizen zum Plan" (Aufzeichnung von Störfaktoren am Arbeitsplatz) herausgebildet.

Dieser umfassende Katalog zentral organisierter und kanalisierter Verfahrensformen und Methoden des SW. verdeutlicht, daß die DDR in der Etappe der entwickelten sozialistischen Gesellschaft im verstärkten Maß auf die nachhaltige Stimulierung der Leistungsbereitschaft der Beschäftigten angewiesen ist.

Sozialistisches Bewußtsein: → Bewußtsein, gesellschaftliches; Staatsbewußtsein, sozialistisches.

Sozialistisches Weltsystem: Seit Mitte der 50er Jahre in der DDR verwandte Formel für die Gesamtheit kommunistisch oder sozialistisch regierter Staaten, für deren Beziehungen die Prinzipien des **proletarischen** bzw. sozialistischen → **Internationalismus** gelten. Als „objektive Grundlagen" des SW. werden u. a. bezeichnet: die „gleichartige sozialökonomische und politische Ordnung", die „Übereinstimmung der Grundinteressen und -ziele der Völker" der sozialistischen Länder, die „gleiche Ideologie, d. h. der Marxismus-Leninismus", die „Gemeinsamkeit der Aufgaben beim Aufbau des Sozialismus und Kommunismus".

Während bis zum Ausbruch des sowjetisch-chinesischen Konflikts (1960) der UdSSR die „führende Rolle" im SW. zugesprochen wurde, wird sie gegenwärtig als „Hauptkraft" charakterisiert, das Verhältnis zu ihr als „entscheidender Prüfstein für die Treue zum Marxismus-Leninismus" beschrieben.

Die SED rechnet gegenwärtig 14 Staaten zum SW., ohne diese allerdings genau zu bezeichnen.

Zweifellos dürften die UdSSR, DDR, Polen, ČSSR, Ungarn, Rumänien, Bulgarien, Nordkorea, Nordvietnam und die Mongolische Volksrepublik zum SW. gehören.

Ferner müssen hier Jugoslawien, VR China, Kuba und Albanien als Mitglieder des SW. gemeint sein, obwohl es mit drei dieser Staaten (ohne Kuba) erhebliche ideologisch-politische Differenzen gibt.

In letzter Zeit wird statt des Begriffs SW. häufiger die Bezeichnung „Sozialistische Staatengemeinschaft" gebraucht, womit die 7 Staaten des Warschauer Vertrages gemeint sind. Die früher häufig benutzte Formel vom „Sozialistischen Lager" ist dagegen im politischen Sprachgebrauch der DDR kaum noch anzutreffen, hat sich dagegen in der westlichen Presse als Kurzformel für „Staaten des Warschauer Vertrages" eingebürgert.

Die im Begriff SW. angelegte Vorstellung von monolithischer Einheit hatte sich als unrealistisch erwiesen; sowohl die Auseinandersetzung mit dem chinesischen Kommunismus als auch das Aufbrechen reform- wie nationalkommunistischer Strömungen im osteuropäischen Raum (in Polen und Ungarn 1956, in Rumänien seit 1962, in der ČSSR 1968) und die Existenz eines unabhängigen Jugoslawiens machten eine neue Umschreibung der sich zum Sozialismus/Kommunismus bekennenden Staatengruppe notwendig. Dieses nur scheinbar unbedeutende Wortspiel kennzeichnet gleichermaßen die gegenwärtig bestehenden Spannungen im Weltkommunismus, den neuen Pluralismus im ideologisch-politischen Bereich und die Unsicherheit der SED in der Analyse dieser historischen Prozesse. → **Nationalkommunismus; Warschauer Pakt; Außenpolitik.**

Sozialleistungen: → **Öffentliche Sozialleistungen.**

Sozialplanung: Mit dem Begriff S. wird die Einbeziehung sozialer Beziehungen in die Leitungs- und Planungstätigkeit bezeichnet. Mit dieser Planung sollen Ziele und Aufgaben für die bewußte Steuerung sozialer Prozesse festgelegt und die dafür erforderlichen Mittel bestimmt werden. Als ein Komplex sich wechselseitig beeinflussender derartiger Prozesse sollen vor allem die allgemeine Entwicklung der Betriebe einerseits und die sozialen Verhältnisse der Betriebsangehörigen andererseits beeinflußt werden. Dabei handelt es sich um die planmäßige Veränderung der sozialen wie der Berufs- und Qualifikationsstruktur der Arbeitskollektive, um die Verbesserung der Arbeitsorganisation und der allgemeinen Arbeitsbedingungen, um die Erhöhung der „Lebensqualität" für die Werktätigen, um die „kommunistische Erziehung und Hebung der gesellschaftlichen Aktivität" und um eine effektive Gestaltung der sozialen Beziehungen im Betriebskollektiv.

Auch in der Vergangenheit gab es schon Planteile, die einzelne Bereiche des betrieblichen (und damit gesellschaftlichen) Lebens sozialer Planung unterwarfen. S. will nun diese zum Teil separat nebeneinander verlaufenden Planungsversuche koordinieren und alle gesellschaftlichen Bereiche damit einer systematischeren Planung als bisher unterwerfen.

Die Ziele der S. auf betrieblicher Ebene lassen sich aus der Doppelfunktion des sozialistischen Betriebes als zugleich Produktionseinheit und sozialer „Organimus" ableiten. S. soll daher sowohl zur Steigerung der Arbeitsproduktivität beitragen als auch Bedingungen zur

Herausbildung sozialistischer Persönlichkeiten schaffen. Insbesondere soll mit S. im Betrieb erreicht werden, daß eine systematische Berücksichtigung sozialer Voraussetzungen und Folgen technisch-ökonomischer Veränderungen erfolgt und entsprechende Maßnahmen möglichst frühzeitig Eingang in die betriebliche Planung finden. Der Versuch, die sozialen Dimensionen insbesondere technologischer, organisatorischer und wirtschaftlicher Entwicklungen systematisch zu erfassen und ihre Auswirkungen planmäßig zu steuern, führte zu einer wachsenden Anerkennung der Bedeutung des → **subjektiven Faktors** auch unter den Bedingungen der wissenschaftlich-technischen Revolution. S. will diese Faktoren in ihren komplexen sozialen Zusammenhängen so beeinflussen, daß sie einer weiteren effektiven Ausgestaltung des Produktionsprozesses nicht hemmend entgegenwirken.

Aber die Aufgaben der S. erstrecken sich nicht nur auf das Betriebskollektiv; S. soll nicht nur Instrument zur Steigerung der Produktion sein. Sie zielt darüber hinaus auf die bewußte Schaffung von Bedingungen für das „qualitative Wachstum der Arbeiterklasse" als der politisch führenden und Hauptproduktivkraft der sozialistischen Gesellschaft. Dies gilt zugleich als „Hauptinhalt" der S. Sie soll strukturelle Veränderungen in der Gesellschaft bewirken: Erstrebt wird eine größere soziale Homogenität der Arbeiterklasse und eine Erhöhung ihres Bildungs- und beruflichen Qualifikationsniveaus; die Entwicklung sozialistischer Persönlichkeiten soll ermöglicht und die ihnen angemessenen sozialen Beziehungen entwickelt sowie insgesamt eine schöpferische gesellschaftliche Aktivität der Werktätigen ausgelöst werden.

In vieler Hinsicht hängt die planmäßige Gestaltung sozialer Entwicklungen vor allem im Betrieb von „flankierenden" Maßnahmen seitens der Territorien ab. Sowohl von den zentralen Organen wie den Bezirken, Kreisen und Gemeinden müssen konkrete Leistungen erbracht, bzw. infrastrukturelle Einrichtungen zur Verfügung gestellt und mit der betrieblichen S. koordiniert werden, wenn S. die Gesamtheit sozialer Verhältnisse erfassen soll. Damit werden künftig an die Territorialplanung, soweit sie Aufgaben der S. übernimmt, neue Anforderungen gestellt werden.

Sozialprodukt: Gesellschaftliches → **Gesamtprodukt.**

Sozialpsychologie: Die marxistische S. beschäftigt sich mit den „Gesetzmäßigkeiten der Regulierung des menschlichen Verhaltens". Dabei geht sie von der marxistischen Vorstellung aus, daß aus der Kooperation mehrerer Individuen im Arbeitsprozeß eine Erhöhung der Gesamtleistung gegenüber der Summe der Einzelleistungen entsteht. Dementsprechend beschäftigt sich die marxistische S. in der DDR vor allem mit der psychologischen Untersuchung von Kooperationsmechanismen in Industrie und Betrieb. Als Untersuchungsziel steht die Steigerung der Arbeitsproduktivität entsprechend dem Programm des weiteren Aufbaus der „entwickelten sozialistischen Gesellschaft" im Vordergrund. Gemäß dieser Grundauffassung werden in erster Linie

Einstellungen und Motivationen der Menschen im Arbeitsprozeß untersucht. Die Erforschung von Motivationen und Einstellungen wird sowohl im Rahmen der Persönlichkeitsforschung (→ **Psychologie**) wie der Gruppenforschung (→ **Soziologie und Empirische Sozialforschung**) vorgenommen. Dabei sollen die „sozialen Prozesse in kleineren Gruppen sowohl hinsichtlich der Leistung wie der Bewußtseinsbildung" optimiert werden. In diesem Zusammenhang geht man bisweilen noch immer von system-theoretischen Vorstellungen aus, obwohl diese im politisch-ideologischen und philosophischen Bereich in der DDR weitgehend abgelöst worden sind: „Zweckmäßigerweise betrachtet man ‚Wechselwirkungs- und Kooperationsprozesse in Gruppen' als ‚Verhalten' hochkomplexer, dynamischer, selbstregelnder und selbstprogrammierender Systeme (im Sinne der Kybernetik). Zu den Variablen eines solchen Systems gehören u. a.: a) Eigenart und Komplexitätsgrad der Aufgabe (u. a. der zu fällenden Entscheidung), b) Größe der Gruppe, c) das gruppeneigene Wert- und Normgefüge (dessen inhaltliche Ausprägung im Sinne der Werte und Normen der sozialistischen Gesellschaft eine Gruppe zu einem ‚Kollektiv' im eigentlichen Sinne macht), d) Organisation und Ausübung der Führungsfunktion (als Koordinationsinstanz), e) Funktionsaufteilung, f) Kommunikations- und Informationsstruktur, g) Prestige- und Ansehensstruktur usw." (Phil. Wörterbuch, Hrsg. G. Klaus und M. Buhr, 7. Aufl., Berlin [Ost] 1970, Bd. II, S. 1 023).

Hinsichtlich der allgemeinen methodologischen Ausrichtung wird versucht, die S. in den Rahmen des Dialektischen und Historischen Materialismus einzubeziehen. Enge Beziehungen zur marxistisch-leninistischen Soziologie werden behauptet, sind aber bisher kaum überzeugend nachgewiesen worden. Als Methoden werden von der marxistischen S. u. a. verwandt: teilnehmende Beobachtung, Experiment, mündliche und schriftliche Interviews, Einstellungsskalen (Skalierungsverfahren). → **Arbeitspsychologie; Marxismus-Leninismus.**

Sozialstruktur

Ideologische Grundlagen – Sozialstatistik – Berufsstruktur – Qualifikationsstruktur

I. Grundzüge

Als S. kann die Gesamtheit der Einzelstrukturen einer Gesellschaft bezeichnet werden. Dazu gehören, bezogen auf die DDR-Gesellschaft, die soziale Struktur der Partei und der Massenorganisationen sowie die Klassen- und Schichtenstrukturen mit verschiedenen Substrukturen: Beschäftigten- und Berufsstruktur, Einkommensstruktur, Religions-, Familien-, Bildungs- und Ausbildungsstruktur u. a.

Die S. der DDR-Gesellschaft ist seit 1961 vor allem durch Erscheinungen des sozialen Wandels gekennzeichnet. Diese liegen einmal in der hohen vertikalen (Aufstiegs-/Abstiegs-)Mobilität und der hohen horizontalen (besonders Berufs-)Mobilität. Der soziale Wandel wird darüber hinaus in einem Wandel der Gesellschaftspolitik der SED-Führung und der Reaktion der Bevölkerung sichtbar: Eine Teilanpassung zahlreicher Gruppen der Bevölkerung an das Regime, besonders in der beruflichen Sphäre, ist seit den frühen 60er Jahren nicht zu übersehen (→ **SED**). Ferner sind Erscheinungen des Generationenwechsels, vor allem in ihren Auswirkungen auf den Partei- und Staatsapparat, hervorzuheben. Die neuen Eliten, jüngere Fachleute in so gut wie allen Bereichen der Gesellschaft, prägen dieser immer stärker Züge einer Leistungs- und Laufbahngesellschaft auf. Weitere Erscheinungen des sozialen Wandels sind die zunehmende Überalterung, der Rückgang der selbständig Berufstätigen, der im Abbau befindliche Frauenüberschuß und der zunehmende Anteil von weiblichen Berufstätigen (1973: ca. 50 v. H.). Schließlich sind die hohe Erwerbsquote (ca. 85 v. H. aller im arbeitsfähigen Alter stehenden Personen waren 1973 tatsächlich in den Arbeitsprozess eingegliedert) sowie ein hohes Maß der gesellschaftlich-staatlichen Inanspruchnahme des einzelnen charakteristisch für die S. der DDR.

II. Die Sozialstruktur im Spiegel der DDR-Literatur

In der Literatur der DDR bleibt die Analyse der S. der eigenen Gesellschaft noch immer weitgehend auf die Klassen- und Schichtenstruktur im engeren Sinne beschränkt. Herrschafts- und Machtstrukturen werden ausgeklammert. Man geht, der marxistisch-leninistischen Tradition folgend, noch immer davon aus, daß die sozialen Klassen (und Schichten) einer Gesellschaft durch ihre Stellung zu den Produktionsmitteln bestimmt werden. Mit der Eigentumsverfassung müßten sich auch die Strukturen der Klassen und Schichten verändern. Die Unterscheidung in Besitzer und Nichtbesitzer von Produktionsmitteln gelte für die DDR-Gesellschaft, als sozialistische Gesellschaft, nicht. Es gäbe hier keine aus der S. erwachsenden Herrschaftsstrukturen im Sinne der eigentlichen (bourgeoisen) Klassengesellschaften. Die DDR-Gesellschaft würde vielmehr durch eine „soziale Annäherung der Klassen und Schichten" gekennzeichnet. Gleichzeitig wird die Herausbildung einer „sozial gleichartigen" Gesellschaft als Ziel der Politik der Partei der Arbeiterklasse bestimmt.

Die soziologische Forschung in der DDR, die sich mit Problemen der S. befaßt, hat sich in diesem durch die Ideologie des → **Marxismus-Leninismus** vorgegebenen Rahmen zu bewegen. Aus der im Marxismus-Leninismus begründeten Feststellung, daß die → **Arbeiterklasse** und die ihr verbundene Klasse der → **Genossenschaftsbauern** die beiden Grundpfeiler der sozialen Struktur der sozialistischen Gesellschaft der DDR sind, werden ihre Hauptfragestellungen abgeleitet: 1. Entwicklung der Arbeiterklasse;

2. Entwicklung der Klasse der Genossenschaftsbauern unter dem Aspekt ihrer Annäherung an die Arbeiterklasse; 3. Entwicklung anderer gesellschaftlicher Gruppen und Schichten (besonders der → **Intelligenz**), ebenfalls unter dem Aspekt ihrer Annäherung an die Arbeiterklasse; 4. Sozialplanung.
Die S.-Forschung in der DDR hat sich damit vor allem auf die Arbeiterklasse zu konzentrieren. Dabei wird davon ausgegangen, daß „die Arbeiterklasse die objektiv führende Klasse der Gesellschaft" ist. Der somit in Anspruch genommene konzeptionelle Horizont ist breit: „Die Sozialstrukturforschung darf nicht den Kern der Arbeiterklasse in eine Berufs- und Beschäftigtenstruktur auflösen" (Zur Sozialstruktur der sozialistischen Gesellschaft, Berlin [Ost] 1974, S. 75). Gegenstand der Forschung ist vielmehr die „klasseninterne Struktur" der Arbeiterklasse, d. h. im weitesten Sinne die Arbeits- und Lebensbedingungen und die ihnen entsprechende gesellschaftliche Verhalten spezifischer sozialer Gruppen. Die zu untersuchenden Gruppen können nach den verschiedensten Kriterien (etwa Beschäftigungsbereich, Beruf, Stellung im Beruf, Ausbildungsgrad) definiert werden. Eine über solche Einzelaspekte hinausgehende Abgrenzung und Klassifizierung bleibt jedoch nach wie vor ebenso ein theoretisches wie ein empirisches Problem. Die Frage beispielsweise, wer tatsächlich der Arbeiterklasse zuzurechnen ist, konnte bisher nicht eindeutig beantwortet werden. Die angedeutete Problematik wird durch die Setzung des Marxismus-Leninismus, daß die Stellung der Menschen in und zum Produktionsprozeß entscheidendes Kennzeichen der Sozial- und Klassenstruktur ist, zusätzlich beschwert. Denn auch, wenn das antagonistische Klassenverhältnis (d. i. der in der Arbeitsteilung erwachsende Gegensatz von Unterdrückern und Unterdrückten) beseitigt ist, bleiben auf die Produktionsprozesse zurückführbare Unterschiede („soziale Differenzierungen") in der Gesellschaft bestehen: die Unterschiede von Stadt und Land, von körperlicher und geistiger Arbeit, von ausübenden und leitenden Tätigkeiten etc. Die in diesen Beobachtungen liegenden theoretischen Probleme werden heute von der S.-Forschung in der DDR durchaus gesehen. In ihrer Aufarbeitung beschränkt man sich jedoch weiterhin auf den (geschichtsphilosophischen) Hinweis, daß solche Unterschiede im Fortgang der sozialistischen zur kommunistischen Gesellschaft immer mehr eingeebnet werden.
Unter teilweiser Umgehung der grundsätzlichen theoretischen Probleme sind in jüngster Zeit in der DDR umfangreiche empirische S.-Forschungen angelaufen, bei denen – wie den Referaten und Diskussionsbeiträgen des Kolloquiums „Zur Sozialstruktur der sozialistischen Gesellschaft" (a. a. O.) zu entnehmen ist – eine Reihe beschreibender Aspekte (Stellung im Reproduktionsprozeß, Arbeitsplatz-

merkmale, erfordertes und tatsächlich ausgewiesenes Qualifikationsniveau, Qualifikationsmerkmale, Erwartungshaltungen, Interessenorientierungen) herangezogen werden sollen, um den Entwicklungsgrad der Arbeiterklasse in der sozialistischen Industrie genauer zu bestimmen. Empirische Ergebnisse dieser Untersuchungen, die überwiegend 1973 durchgeführt wurden, sind bisher nicht veröffentlicht worden. In diesem Zusammenhang ist auch der Begriff der S. neu formuliert worden:
„Die ‚Sozialstruktur' . . . ist eine Teilklasse der materiellen Lebensbedingungen. Sie faßt die materiellen Lebensbedingungen spezifisch auf, indem sie ihren die Bevölkerung in wesentliche soziale Gruppen differenzierenden Aspekt – von den Klassen bis zu spezifischen Schichten – herausarbeitet. Die bestehenden gesellschaftlichen Verhältnisse entsprechen der Existenz dieser sozialen Gruppen; ihr Inhalt, ihre jeweilige Bedeutung für die gesellschaftliche Entwicklung kann daher nur verstanden werden, wenn die einzelnen sozialen Gruppen hinreichend wissenschaftlich charakterisiert werden. Es geht also nicht primär um das in der ‚Struktur' sich ausdrückende Klassifikationsprinzip, nicht primär um Zuordnungskriterien, sondern um das Studium der Arbeits- und Lebensbedingungen und um das ihnen entsprechende gesellschaftliche Verhalten dieser Gruppen" (Zur Sozialstruktur . . ., S. 70). Für den Zweck empirischer Untersuchungen ist vorgeschlagen worden (a. a. O., S. 77), die Arbeiter (einschließlich der Angestellten und der Intelligenz), soweit sie als → **Werktätige** in der sozialistischen Industrie tätig sind, nach folgenden Gruppen aufzugliedern:
1. Produktionsarbeiter
1.1 Produktionsarbeiter in Grundprozessen
1.2. Produktionsarbeiter in produktionsvorbereitenden Prozessen und im Reparaturwesen
1.3. Produktionsarbeiter in anderen Hilfsprozessen
2. Angestellte ohne Leitungsfunktion
2.1 Technische Angestellte
2.2. Verwaltungs-, Hilfs- und Abrechnungspersonal
2.3 Ingenieurtechnische Angestellte
2.4 Wirtschaftler (mit einer dem Ingenieur entsprechenden Ausbildungsstufe)
3. Leitungskader
3.1 Leitungskader im Produktionsbereich (untergliedert nach Ebenen)
3.2 Leitungskader im technischen und produktionsvorbereitenden Bereich (untergliedert nach Ebenen)
3.3 Leitungskader im ökonomischen, Kader- und sozialen Bereich (untergliedert nach Ebenen).

III. Sozialstatistische Differenzierungen

In der empirischen sozialstatistischen Literatur, die stets nur den wirtschaftlich tätigen Teil der Bevölkerung, die Beschäftigten, berücksichtigt, werden folgende Gruppen unterschieden: 1. Arbeiter und Angestellte; 2. Mitglieder von Produktionsgenossenschaften bzw. Rechtsanwaltskollegien; 3. übrige Berufstätige (d. s. selbständig Erwerbstätige, mithelfende Familienangehörige). Unter Arbeiter und Angestellten, die zusammen die „Arbeiterklasse" bilden und einen Teil dessen, was früher üblicherweise als „Intelligenz" klassifiziert wurde, einschließen, sind – gemäß dem Statistischen Jahrbuch 1974 der DDR (S. 51) – zu verstehen: „Arbeitskräfte, die in einem Arbeitsrechtsverhältnis zu einem Betrieb, einer Einrichtung, einem Verwaltungsorgan, einer Produktionsgenossenschaft, einem Rechtsanwaltskollegium, einer ein Gewerbe oder eine freiberufliche Tätigkeit ausübenden Person stehen, das durch einen unbefristeten oder befristeten Arbeitsvertrag begründet wurde. Heimarbeiter sowie Hausangestellte in privaten Haushalten zählen ebenfalls hierzu."

IV. Die wirtschaftlich Tätigen

A. Soziale Struktur

Für 1973 enthält das Statistische Jahrbuch 1974 die in Tabelle I wiedergegebene Verteilung der oben genannten Gruppen.
Nur etwa 12,5 v. H. der wirtschaftlich Tätigen gehören damit nicht zur Gruppe der Arbeiter und Angestellten. Von den Arbeitern und Angestellten ist darüber hinaus der überwiegende Teil in der sozialistischen Industrie und Bauwirtschaft beschäftigt, während weniger als 5 v. H. in einem Privatbetrieb tätig sind (vgl. Tabelle II).

B. Berufsstruktur

In bezug auf die Berufsstruktur der Beschäftigten wird in der DDR nach Berufsgruppen und -abteilungen (Berufe nach Wirtschaftsbereichen) unterschieden. Für zahlreiche Berufe (1967: ca. 1 000) sind

Tabelle I

Die soziale Struktur der wirtschaftlich Tätigen 1973

Beschäftigtengruppe	Berufstätige	
	in 1 000	in v. H.
Beschäftigte (einschließlich Lehrlinge)	8 307,1	100
Arbeiter und Angestellte (einschließlich Lehrlinge)	7 269,7	87,5
Mitglieder von Produktionsgenossenschaften[1]	815,6	9,9
darunter: LPG	(650,9)	(7,8)
darunter: PGH	(136,6)	(1,6)
Komplementäre und Kommissionshändler[2]	29,4	0,4
Übrige Berufstätige[2][3]	192,4	2,3

1 Einschließlich Mitglieder von Rechtsanwaltskollegien.
2 Einschließlich mithelfende Familienangehörige.
3 Darunter: Einzelbauern und private Gärtner (0,1 v. H.), Private Handwerker (1,6 v. H.), Private Groß- und Einzelhändler (0,2 v. H.), Freiberuflich Tätige (0,1 v. H.).

Quelle: Statistisches Jahrbuch der DDR 1974, S. 52.

vom Ministerium für Volksbildung in Zusammenarbeit mit dem damaligen Deutschen Pädagogischen Zentralinstitut (DPZI) und der Staatlichen Plankommission „Berufsbilder" ausgearbeitet worden, d. h. genaue Beschreibungen der Anforderungen, der Ausbildungswege und des Ausbildungszeitraumes für die einzelnen Berufe. Im übrigen lassen sich in der Entwicklung der Berufsstruktur drei Tendenzen feststellen, die auch in der Bundesrepublik Deutschland zu beobachten sind: Aus universalen Berufen (Maschinenschlosser) werden Spezialberufe (Maschinenmontierer); aus traditionellen Berufen (Dreher) werden durch Umschulungen neue Berufe (Chemiefacharbeiter); neue Berufe entstehen durch den technischen Fortschritt (Programmierer)

Tabelle II

Arbeiter und Angestellte (ohne Lehrlinge) nach Eigentumsformen der Betriebe und Wirtschaftsbereiche 1973

Wirtschaftsbereiche	Arbeiter und Angestellte (in 1 000)			
	insgesamt	Betriebsformen		
		Sozialistisch	Staatliche Beteiligung	Privat
Industrie	3 004,0	3 000,1	0,1	3,7
Produzierendes Handwerk (ohne Bauhandwerk)	1 29,7	2,5	–,–	127,2
Bauwirtschaft	471,6	446,6	–,–	25,0
Land- und Forstwirtschaft	234,8	225,0	0,1	9,7
Verkehr, Post- und Fernmeldewesen	584,9	575,4	0,4	9,1
Handel	787,8	717,4	31,5	38,9
Sonstige produzierende Zweige	211,2	207,6	0,1	3,6
Nichtproduzierende Bereiche	1 382,7	1 300,1	–,–	82,6
insgesamt	6 806,7	6 474,7	32,2	299,8

Quelle: Zusammengestellt aus Statistisches Jahrbuch der DDR 1974, S. 53.

Tabelle III

Die wirtschaftlich Tätigen (ohne Lehrlinge) nach Berufsabteilungen am 31. 12. 1964[1]

Berufsabteilung	Wirtschaftlich Tätige			
	Insgesamt		darunter: weiblich	
	1 000	v. H.	1 000	v. H.
1. Berufe der Grundstoffindustrie	213,1	2,7	57,9	27,2
2. Berufe der stoffbe- und verarbeitenden Industrie	2 495,5	31,3	685,7	27,5
3. Technische Berufe	377,6	4,7	80,5	21,3
4. Berufe der Land- und Forstwirtschaft	1 000,7	12,5	472,2	47,2
5. Berufe des Verkehrs, Nachrichtenverkehrs und des Handels	1 496,2	18,7	748,9	50,1
6. Berufe der Bildung, Kultur, Wissenschaft und des Gesundheits- und Sozialwesens	560,6	7,0	361,2	64,4
7. Dienstleistungsberufe und sonstige Berufe	514,7	6,4	369,1	71,7
8. Berufe der Wirtschaftsleitung, der Verwaltung und des Rechtswesens	1 170,9	14,6	644,2	55,0
Insgesamt	7 994,6	100,0	3 530,2	44,2

1 Die bei der Hochrechnung der Stichprobenergebnisse aufgetretenen geringfügigen Rundungsdifferenzen wurden nicht ausgeglichen, da sie zu keinen sachlichen Entstellungen führen.

Quelle: Statistische Praxis, 22. Jg., Heft 4 (April 1967), S. 216.

und den Aufbau neuer Industrie (in der DDR: u. a. Werftarbeiter).

Die vollständigste, allgemein zugängliche Quelle für Daten zur Berufsstruktur sind nach wie vor die Ergebnisse der Volks- und Berufszählung vom 31. 12. 1964. Für diesen Zweck war eine spezielle „Systematik der Berufe und Tätigkeiten" mit insgesamt 487 Berufen, die zu 170 „Berufsordnungen", 39 „Berufsgruppen" und schließlich 8 „Berufsabteilungen" zusammengefaßt wurden, ausgearbeitet worden (vgl. Tabelle III).

Die Aufgliederung der wirtschaftlich Tätigen nach 8 Berufsabteilungen zeigt, daß zum Erhebungszeitpunkt nur ca. 34 v. H. der wirtschaftlich Tätigen in Berufen der Grundstoffindustrie und der stoffbe- und -verarbeitenden Industrie (einschließlich des Bauwesens) tätig waren, während ca. 28 v. H. Berufe der Abteilungen Bildung usw., Wirtschaftsleitung usw. sowie Dienstleistungen u. a. innehatten. Land- und forstwirtschaftliche Berufe wurden von 12,5 v. H. aller wirtschaftlich Tätigen ausgeübt, und die Berufsabteilung Verkehr usw. war mit 18,7 v. H. vertreten. Der Anteil der Frauen war in den Abteilungen 7, 6, 8 und 5 überproportional hoch.

Diese Berufsstruktur der DDR wich – wie vergleichende Untersuchungen ergeben haben (s. Materialien zum Bericht zur Lage der Nation 1971, Tz 152) – nur hinsichtlich der Berufsabteilungen 6 und 8 von der Berufsstruktur der Bundesrepublik Deutschland zu diesem Zeitpunkt ab: Berufe im Bereich der Bildung etc. sind in der Bundesrepublik vergleichsweise weniger, Berufe der Wirtschaftsleitung vergleichsweise mehr vertreten.

C. Qualifikationsstruktur

Die Qualifikationsstruktur der wirtschaftlich Täti-

gen hat sich laufend verbessert. Für das Jahr 1971 weist das Statistische Jahrbuch der DDR 1974 die in Tabelle IV zusammengestellten Zahlen aus.

Tabelle IV

Wirtschaftlich Tätige nach dem höchsten Bildungsabschluß 1971

Bildungsabschluß	Wirtschaftlich Tätige
Abgeschlossene Berufsbildung darunter:	5 406 630
Facharbeiterabschluß	4 109 491
Meisterabschluß	402 241
Fachschulabschluß	567 544
Hochschulabschluß	327 354
Ohne abgeschlossene Berufsbildung darunter:	2 807 621
10. Klasse oder Abitur	146 483
Abschluß niedriger als 10. Klasse	2 661 138
Insgesamt	8 214 251

Quelle: Statistisches Jahrbuch der DDR 1974, S. 429.

Im Jahre 1956 war der Anteil von Facharbeitern an den wirtschaftlich Tätigen nur etwa halb so hoch wie 1971, und der Anteil der Un- und Angelernten (1956: 70 v. H.) sank bis zum Jahre 1971 beträchtlich. Zwischen 1961 und 1971 hat sich der Anteil der Hoch- und Fachschulabsolventen an den wirtschaftlich Tätigen insgesamt verdoppelt.

Unter den ca. 4,5 Mill. Berufstätigen des Jahres 1971 mit Facharbeiter- und Meisterabschluß befinden sich 1,7 Mill. Frauen; bei den ca. 0,57 Mill. Fachschulabsolventen beträgt der Frauenanteil ca. 0,19 Mill., während von den wirtschaftlich Tätigen mit Hochschulabschluß (insgesamt 0,33 Mill.) nur 0,08 Mill. Frauen sind.

Ein nach Wirtschaftsbereichen gegliederter Vergleich mit dem Jahr 1965 zeigt, daß sich der Anteil der Hoch- und Fachschulabsolventen in allen wirtschaftlichen Bereichen, vor allem in der Bauindustrie, im Handel und im Verkehr, erhöht hat (vgl. Tabelle V).

Die rapide Erhöhung des Anteils der Hoch- und Fachschulabsolventen an den wirtschaftlich Tätigen in der DDR hat dazu geführt, daß die Bundesrepublik Deutschland ihren auf diesem Gebiet gegebenen statistischen Vorsprung vermutlich verloren hat. Im Jahre 1964 hatte der Anteil der Hochqualifizierten an den Erwerbstätigen in der Bundesrepublik noch 0,7 Prozent (7,4 im Vergleich zu 6,7) über dem der DDR gelegen.

V. Schlußbemerkungen

Die soziologische Forschung in der DDR ebenso wie die DDR- und vergleichende Deutschland-Forschung im Westen haben bisher kein auch nur annähernd vollständiges und wirklichkeitsnahes Bild der S. der DDR und ihrer Entwicklung entworfen. Die oben angeführten Einzeldaten können lediglich als Mosaiksteine angesehen werden. Weitere Einzelaspekte der S. sind in diesem Lexikon u. a. in den Artikeln → **Bau- und Wohnungswesen; Bevölkerung; Einheitliches sozialistisches Bildungssystem; Einkommen; FDJ; FDGB; Frauen; Jugend; Lebensstandard; Massenorganisationen; Religionsgemeinschaften und Kirchenpolitik; Sozialversicherungs- und Versorgungswesen; Verbrauch, privater** zu finden. Die grundsätzliche Frage, ob und wie sich die

Tabelle V

Hoch- und Fachschulabsolventen 1965 und 1972 nach Wirtschaftsbereichen (in v. H.)[1]

Wirtschaftsbereich	Zunahme 1965 bis 1971 Jahresdurchschnitt	Anteil der Hoch- und Fachschulabsolventen an den Berufstätigen	
		1965	1972[2]
Industrie	8,8	5,3	9,1
Bauindustrie	14,4	5,2	9,6
Land- und Forstwirtschaft	6,2	3,1	5,8
Verkehr, Post- und Fernmeldewesen	10,2	3,1	5,7
Handel	13,7	1,5	3,8
Sonstige[3]	5,0	28,4	32,7
Gesamte Wirtschaft	6,7	8,6	12,9

1 Ohne PGH und Rechtsanwaltskollegien. Für Konsumgenossenschaften und VdgB nur Handels- und Produktionsbetriebe.
2 Vorläufige Zahlen.
3 Einschließlich Dienstleistungsbereiche.

Quelle: Materialien zum Bericht zur Lage der Nation 1974, Tabelle 140.

sozialistische (Industrie-)Gesellschaft der DDR im sozialstrukturellen Bereich etwa von der deutschen Gesellschaft der Vorkriegszeit oder von der Gesellschaft der Bundesrepublik unterscheidet, ist gegenwärtig noch ungeklärt.
→ **Intelligenz; Soziologie und Empirische Sozialforschung.**

Sozialversicherungs- und Versorgungswesen

Grundlagen – Geschichte – Organisation – Sozialversicherung beim FDGB – Staatliche Versicherung der DDR – Leistungsempfänger – Leistungsumfang – Zusatzversicherung

I. Grundlagen

Art. 35 Abs. 3 der Verfassung der DDR legt fest: „Auf der Grundlage eines sozialen Versicherungswesens werden bei Krankheit und Unfällen materielle Sicherheit, unentgeltliche ärztliche Hilfe, Arzneimittel und andere medizinische Sachleistungen gewährt."
Die Art. 36 und 38 garantieren die Fürsorge der Gesellschaft im Alter und bei Invalidität sowie die spezielle medizinische Betreuung, materielle und finanzielle Unterstützung bei Geburten und die Gewährung von Kindergeld.
Infolge der in der DDR umfassenden Versicherungspflicht werden diese Postulate im Rahmen der Sozialversicherung (S.), die heute praktisch je zu einem Drittel von den Versicherten, den Betrieben

und aus dem Staatshaushalt finanziert wird, zu verwirklichen versucht.
Ihre Leistungen, die auch Arbeitslosenunterstützung (→ **Arbeitslosenversicherung**) einschließen, werden durch Zusatz- und Sonderleistungen – vor allem → **Renten** (→ **Altersversorgung**) sowie Beihilfen und Unterstützungen aus allgemeinen Haushaltsmitteln (→ **Sozialfürsorge; Geburtenbeihilfen; Kinderbeihilfen**) – oder aus Betriebsmitteln (→ **Lohnausgleich**) ergänzt. Die S. erfüllt eine Reihe von Aufgaben im Auftrag des Staates; so hat sie u. a. die Betreuung der früheren Beamten, der Kriegsopfer, der Verfolgten und ihrer Hinterbliebenen übernommen (→ **Beamtenversorgung; Kriegsopferversorgung; Wiedergutmachung**).

II. Entwicklung

Beim Wiederaufbau eines Sozialleistungssystems spielte der → **FDGB** vom Beginn an eine wichtige Rolle. Schon auf seinem Gründungskongreß (Februar 1946) wurde beschlossen, eine Einheitsversicherung anzustreben, die alle Versicherungszweige grundsätzlich in einem Versicherungsträger vereinen und einen einheitlichen und alle Risiken abdeckenden Beitrag erheben sollte. Noch im gleichen Jahr wurden nach diesen Grundsätzen in den 5 Ländern der SBZ S.-Anstalten errichtet. Am 28. 1. 1947 erließ die SMAD den Befehl Nr. 28 über die „Einführung eines einheitlichen Systems und von Maßnahmen zur Verbesserung der S. in der SBZ" (Arbeit und Sozialfürsorge, 1947, S. 92), der als Anlage u. a. die grundlegende Versorgung über S. (VSV) enthielt; die Aufgaben der Träger waren nunmehr ebenso vereinheitlicht wie das Leistungsrecht.

Durch die VO über S. vom 26. 4. 1951 (GBl., S. 325) wurde die Verantwortung für die Leitung und die Kontrolle der S. dem FDGB übergeben. Die 5 S.-Anstalten der Länder wurden zu einer einheitlichen „Sozialversicherung, Anstalt des öffentlichen Rechts" (mit einer Zentralverwaltung, Landes- und Kreisgeschäftsstellen) vereinigt, die vom Zentralrat der S. geleitet wurde; er wurde gesetzlicher Vertreter der S. und ihr oberstes Organ. Räte der S. entstanden in den Ländern bzw. später in den Bezirken und den Kreisen. Sie waren nun ausschließliche Organe des FDGB, deren Mitglieder von der Gewerkschaft eingesetzt wurden, die ihrerseits bei ihren Vorständen „Abteilungen für S." einrichtete.

Die Dreiteilung (Räte, FDGB-Abteilungen, Verwaltungen) erwies sich bald als hinderlich. Um sie abzuschaffen und den FDGB zum alleinigen Träger der S. zu erheben, mußten die nicht dem FDGB unterstehenden Versichertengruppen (Selbständige, Handwerker etc.) ausgegliedert werden. Dies geschah durch VO vom 2. 3. 1956. Ihre Versicherung ging – bei Beitragserhöhung – auf die → **Deutsche Versicherungs-Anstalt** (DVA) über. Unmittelbar darauf wurde die Zentralverwaltung der S. mit der Abt. S. des FDGB-Vorstandes zur „Verwaltung der Sozialversicherung des Bundesvorstandes des FDGB" vereinigt. Die S.-Verwaltungsstellen wurden FDGB-Abteilungen, die Räte für S. beibehalten. Die Entwicklung zu einer auf zwei Trägern ruhenden Einheitsversicherung fand ihren vorläufigen Abschluß 1959: Die Mitglieder der Produktionsgenossenschaften wurden der DVA zugeordnet.

Das Leistungsrecht der Arbeiter und Angestellten wurde nach den Grundsätzen des Gesetzbuches der Arbeit vom 12. 4. 1961 (GBl. I, S. 27) weiter entwickelt.

Am 21. 12. 1961 faßte die VO über die S. der Arbeiter und Angestellten u. a. das bis dahin geltende komplizierte Beitrags- und Leistungsrecht (mit Ausnahme des Rentenrechts) in übersichtlicher Form zusammen. Dagegen galten die rechtlichen Grundlagen für die Versicherten der DVA, die zum 1. 1. 1969 in → **Staatliche Versicherung der DDR** umbenannt wurde, grundsätzlich weiter. Durch VO vom 15. 3. 1968 wurde schließlich das Rentenrecht umgestaltet und durch die Rentenverordnung vom

4. 4. 1974 (→ **Renten**) (GBl. I, S. 201) erneut novelliert. Auch die 1968 eingeführte **Freiwillige** → **Zusatzrentenversicherung** bei der S. wurde zum 1. 3. 1971 erneut umgestellt und ergänzt heute wesentlich das System der Altersversorgung.

III. Organisation

Die S. in der DDR besteht aus den Trägern (juristische Personen): Verwaltung der S. beim Bundesvorstand des FDGB und S. bei der Staatlichen Versicherung der DDR.

Die S. der Arbeiter und Angestellten ist nach Art. 45 Abs. 3 der Verfassung durch die Gewerkschaften „auf der Grundlage der Selbstverwaltung der Versicherten" zu leiten. Die Gewerkschaften „nehmen an der umfassenden materiellen und finanziellen Versorgung und Betreuung der Bürger bei Krankheit, Arbeitsunfall, Invalidität und im Alter teil".

Die S. der Arbeiter und Angestellten gliedert sich in Verwaltung der S. beim Bundesvorstand des FDGB, den Bezirksvorständen und Kreisvorständen. Ihnen obliegt die Durchführung der Planung, Bewirtschaftung und Verwaltung der S. Die unmittelbare Betreuung der Versicherten und die Leistungsgewährung (Ausnahme: [Zusatz-]Renten) erfolgt grundsätzlich (auch für die Familienangehörigen) durch die Betriebe.

Von den Gewerkschaftsleitungen werden als Leitungsorgane der S. auf der jeweiligen Ebene (Zentrale, Bezirk, Kreis, Betrieb bzw. Verwaltung) ein Rat für S. gebildet, der im Betrieb von einem BGL-Mitglied geleitet wird. Der Rat, der von Kommissionen (Arbeitsgruppen) für Kuren-, Renten-, Rehabilitations- und Finanzfragen unterstützt wird, leitet und kontrolliert die Bevollmächtigten für S., die auf Vorschlag der BGL in den einzelnen betrieblichen Gewerkschaftsgruppen gewählt werden: In Zusammenarbeit mit den Bevollmächtigten und ihrer Hilfe wird die Einhaltung der Krankenordnung überwacht, dem Mißbrauch sozialer Leistungen entgegengetreten und die unmittelbare „soziale Betreuung (im ständigen Kontakt mit den Ärzteberatungskommissionen, den betrieblichen Gesundheitseinrichtungen, der Kommission für Gesundheits- und Arbeitsschutz) der in den VEB und Verwaltungen Beschäftigten und ihren Familienangehörigen" organisiert und durchgeführt. So werden die kurzfristigen Barleistungen (Kranken- und Hausgeld, Schwangerschafts- und Wochenhilfe, Sterbegeld) zumeist durch die Lohnbüros der Betriebe ausgezahlt.

Die übrigen Versicherten der S. beim FDGB (z. B. alle Ärzte, Studierende) und die Rentner u. ä. werden von den Verwaltungen bei den FDGB-Kreisvorständen betreut, die auch zur Prüfung der betrieblichen S.-Einrichtungen berechtigt sind. Die Beschäftigten von Reichsbahn und Post erhalten ebenfalls grundsätzlich Leistungen durch die S. beim FDGB, doch wird ihre Altersversorgung durch eigene Versorgungskassen durchgeführt.

Die Verwaltung der S. bei der Staatlichen Versicherung, deren Versichertenkreis aus den Genossenschaftsmitgliedern, Selbständigen etc. besteht, gliedert sich in die Hauptverwaltung und in die Verwaltungen bei den Bezirks- und Kreisdirektionen.

Analog zu den Räten der S. wird hier durch Beiräte für S., die auf zentraler, Bezirks- und Kreisebene getrennt für die einzelnen Versichertengruppen geschaffen wurden, Einfluß auf Gestaltung und Durchführung der Aufgaben genommen. Die Leistungsgewährung erfolgt zumeist durch die Kreisstellen; die Auszahlung kurzfristiger Barleistungen unmittelbar durch die Betriebe ist bisher nur einer größeren Anzahl landwirtschaftlicher Produktionsgenossenschaften ermöglicht worden.

Eine der in der Bundesrepublik Deutschland ähnliche Form der Selbstverwaltung existiert nicht. Die S.-Organe werden in den Betrieben nur von den FDGB-Mitgliedern bestimmt, während die Beiräte bei der Staatlichen Versicherung zwar auch aus Versicherten bestehen, aber nicht gewählt werden. Bei Streitfällen werden die betrieblichen Konfliktkommissionen bzw. sonstige S.-Kommissionen tätig; gegebenenfalls entscheiden die bei den Versicherungsträgern gebildeten → **Beschwerdekommissionen.**

IV. Finanzierung

Soweit die sozialen Leistungen nicht unmittelbar aus dem Staatshaushalt finanziert werden, gehen sie auf Mittel der S. zurück. Zwar ist auch der Haushalt der S. Bestandteil des Staatshaushalts, doch bilden die beiden S.-Träger S.-Fonds, die nur zweckgebunden verwendet werden dürfen. Allerdings hat dies lediglich fiskalische Bedeutung, weil auch die S. zunehmend aus allgemeinen Haushaltsmitteln mitfinanziert werden muß. Ursache hierfür ist u. a., daß die einer Versicherung entsprechende Orientierung der Beiträge am Ausgabevolumen in der S. fehlt: Sie hat von Beginn an Beiträge erhoben, deren Berechnungsmodus und Höhe trotz zunehmender Ausgaben nie geändert wurden.

So beträgt noch immer der einheitliche Beitrag von Arbeitern und Angestellten für alle S.-Leistungen – mit Ausnahme der auf Betriebsunfällen und Berufskrankheiten beruhenden – 20 v. H. (Bergleute 30 v. H.) des lohnsteuerpflichtigen Arbeitsverdienstes bis zu 600 Mark monatlich, wovon die Hälfte – bei Bergleuten zwei Drittel – von den Betrieben getragen wird. Ärzte zahlen seit 1971 ebenfalls 20 v. H. (bis Ende 1970 14 v. H.) ihres beitragspflichtigen Einkommens.

Für die bei der Staatlichen Versicherung Versicherten gelten seit 1971 Beiträge in grundsätzlich gleicher Höhe. So zahlen freiberuflich Tätige, selbständige Land- und Forstwirte, selbständige Handwerker und sonstige Selbständige, die tätigen Gesell-

schafter noch bestehender Betriebe mit staatlicher Beteiligung (BSB) und die Mitglieder der Produktionsgenossenschaften des Handwerks ebenso 20 v. H. des beitragspflichtigen Einkommens wie die Mitglieder der Landwirtschaftlichen Produktionsgenossenschaften (LPG) und der übrigen Produktionsgenossenschaften (z. B. Fischer, Gärtner), bei denen allerdings grundsätzlich die Hälfte des Beitrages von der Genossenschaft übernommen wird; die Mitgliederversammlungen der LPG können allerdings beschließen, daß der Gesamtbeitrag voll von den Mitgliedern zu zahlen ist.

Die Feststellung der Beiträge und ihr Einzug erfolgen über die Räte der Kreise (Abt. Finanzen) für alle Versicherten der SV; für Studenten der Hoch- und Fachschulen, Empfänger von Sozialunterstützung und Insassen von Alters- und Pflegeheimen werden Pauschalbeiträge aus dem Staatshaushalt entrichtet. Neben den eigentlichen S.-Beiträgen wird von den Betrieben eine besondere Unfallumlage erhoben, deren Höhe sich nach der Lohnsumme und nach den Unfallgefahren des jeweiligen Betriebes richtet. Schließlich gehen in die S.-Fonds zunehmend Beiträge aus der **Freiwilligen → Zusatzrentenversicherung** (FZR) ein: Ende 1973 waren bereits vier Fünftel aller pflichtversicherten Arbeiter und Angestellten gleichzeitig Mitglieder der FZR. 7 v. H. der Beitragseinnahmen der S. beim FDGB beruhten 1973 auf freiwilligen Beiträgen (1970: 0,5 v. H.) – vgl. Ziff. VIII.

Dennoch müssen die Ausgaben der S. 1974 zu 45 v. H. aus dem Staatszuschuß finanziert werden. Er wird vor Beginn des Planjahres festgelegt und den Kreisverwaltungen als Normativ vorgegeben. Nichtverbrauchte Haushaltsmittel werden dem Reservefonds zugeführt, aus dessen Mitteln die innerhalb eines Fünfjahrplans eintretenden Schwankungen ausgeglichen werden sollen.

V. Umfang der Versicherungspflicht

Die dominierende Rolle der S. im System der sozialen Sicherung der DDR erklärt sich aus der umfassenden Versicherungspflicht. Von ihr sind – im wesentlichen – lediglich befreit 1. gelegentlich Tätige und solche (ausschl. Lehrlinge) mit geringfügigem Einkommen (unter 75 Mark monatlich), mitarbeitende Ehefrauen von Handwerksmeistern, Geistliche und Mitglieder religiöser Orden sowie Ausländer, die zur Aus- und Weiterbildung beschäftigt sind und nur eine Beihilfe zum Lebensunterhalt beziehen. Seit 1971 sind auch die Selbständigen, die mehr als 5 Personen beschäftigen, pflichtversichert.

VI. Leistungen

Die Leistungen der S. bestehen a) im Krankheitsfalle aus freier ärztlicher und zahnärztlicher – auch stationärer – Behandlung, → **Krankengeld,** → **Hausgeld** für die Zeit der Behandlung in einem Krankenhaus oder Sanatorium; b) aus → **Schwangerschafts- und Wochenhilfe;** c) aus Bestattungsbeihilfe (→ **Sterbegeld**); d) aus → **Renten** bei Invalidität, im Alter, für die Folgen von Arbeitsunfällen und anerkannten Berufskrankheiten und für Hinterbliebene und → **Pflegegeld;** e) aus Unterstützung für alleinstehende Werktätige mit kranken Kindern; f) aus kostenloser Versorgung mit Arzneien, Heil- und Hilfsmitteln (einschließlich Zahnersatz); g) aus der Gewährung von → **Kuren** und h) – bei unverschuldeter Arbeitslosigkeit – aus einer geringen Arbeitslosenunterstützung (→ **Arbeitslosenversicherung**).

Die ehemaligen Beamten und Berufsoldaten sowie deren Witwen und Hinterbliebene werden von der S. und nach deren Grundsätzen versorgt (→ **Kriegsopferversorgung**), Bergleute erhalten entsprechend den höheren Beiträgen erhöhte Leistungen (→ **Bergmannsrenten**), desgleichen Eisenbahner und Angehörige der Post, soweit sie sich bei Inkrafttreten der entsprechenden Bestimmungen (1. 1. 1956 und 1. 7. 1956) im Dienst befanden, ohne daß sie höhere Beiträge zu zahlen haben.

Streitfälle über S.-Leistungen werden von den → **Beschwerdekommissionen der S.** behandelt und entschieden.

Neben den Leistungen der S. besteht im Falle einer Arbeitsunfähigkeit Anspruch auf → **Lohnausgleich** durch die Betriebe. Aus betrieblichen oder Staatshaushaltsmitteln werden weitere Leistungen finanziert. So ist für die technische Intelligenz in den volkseigenen und ihnen gleichgestellten Betrieben eine zusätzliche → **Altersversorgung** geschaffen worden; eine entsprechende Regelung gilt für die Intelligenz an wissenschaftlichen, künstlerischen, pädagogischen und medizinischen Einrichtungen.

Für Verfolgte (Kämpfer gegen den Faschismus, Verfolgte des F.) werden Ehrenpensionen (→ **Wiedergutmachung**) gezahlt. Schließlich gibt es eine Anzahl besonderer Familienleistungen (Ehegattenzuschläge, → **Kinderbeihilfen**, → **Geburtenbeihilfen** sowie Leistungen der Sozialfürsorge für Bedürftige.

Unter den Leistungen dominieren somit die Sach- und Barleistungen der S. Sachleistungen werden gewährt zur Erhaltung und Wiederherstellung der Gesundheit und Leistungsfähigkeit sowie bei Mutterschaft, Geldleistungen bei vorübergehender, verminderter oder fehlender Arbeits- bzw. Erwerbsfähigkeit und fehlender Erwerbsmöglichkeit, sei es durch Krankheit (auch der Kinder), bei Quarantäne, wegen Unfalls, bei Mutterschaft oder bei Erreichen der Altersgrenze sowie infolge unverschuldeter Arbeitslosigkeit.

Die Gestaltung der S.-Leistungen läßt deutliche Grundzüge erkennen: Voraussetzungen und Umfang der Leistungen sind so geformt, daß sie der (Wieder-)Aufnahme einer Arbeit förderlich und ihrer Aufgabe hinderlich sind. Ihr Ausmaß erstreckt sich bei den Sachleistungen – die grundsätzlich auch

den Familienangehörigen der Versicherten zustehen – auf alles Notwendige, bei der Gewährung von Renten auf das – angesichts der hohen Rentnerzahl – verteilungspolitisch für vertretbar Gehaltene.

Die sonstigen Sozialleistungen begünstigen entweder besonders qualifizierte oder privilegierte Gruppen oder folgen bevölkerungs- und gesundheitspolitischen Intentionen, wie die Familienleistungen. Hinzu treten die minimalen Fürsorgeleistungen.

Unübersehbar ist jedoch, daß mit der wirtschaftlichen Konsolidierung seit 1971 die ehedem vorwiegend „produktionsorientierte" Sozialpolitik der DDR neue Züge anzunehmen beginnt. So sind in den letzten Jahren neben die bisher im wesentlichen vom Leistungsprinzip bestimmten Leistungen allmählich solche getreten, die leistungsunabhängigen, d. h. eher sozialen und humanitären Charakter tragen, vor allem im Gefolge der Beschlüsse des VIII. Parteitages der SED über neue sozialpolitische Maßnahmen. Damit ist auch eine spürbare Verbesserung der Lage der bisher im Schatten der Wohlstandsmehrung stehenden Rentenempfänger einhergegangen, mag auch ihr Lebensniveau, gemessen an dem der Berufstätigen, noch deutlich – und künftig wegen fehlender Rentendynamisierung wieder stärker – zurückbleiben.

VII. Freiwillige Zusatzrentenversicherung

Die gegenwärtig erreichbare höchste Altersrente der Sozialversicherung von 370 Mark monatlich erklärt sich u. a. aus der in der DDR niedrigen Beitragsbemessungsgrenze von 600 Mark. Mit zunehmendem Einkommen mußte eine Kluft zu den Geldleistungen der S. bei den Beschäftigten entstehen, deren Verdienst 600 Mark überstieg.

Die mit Wirkung vom 1. 3. 1971 eingeführte freiwillige Zusatzrentenversicherung (FZR) trägt dazu bei, die Relation zwischen dem Arbeitseinkommen und bestimmten Geldleistungen der S. (Renten, Krankengeld) günstiger zu gestalten. Seitdem sind etwa vier Fünftel aller pflichtversicherten Arbeiter und Angestellten der FZR beigetreten, zu der ein Beitrag von jeweils 10 v. H. von den Versicherten und Betrieben – bezogen auf die zwischen 600 und 1 200 Mark liegenden Arbeitseinkünfte – abzuführen ist. Freiberuflich Tätige, Selbständige und Genossenschaftsmitglieder zahlen einen Beitrag von 20 v. H. ihrer zwischen 7 200 und 14 400 Mark liegenden Jahreseinkünfte zur FZR.

Gleichartige Beitragsregelung und hohe Mitgliederzahl unterstreichen die Charakterisierung der FZR als einer quasi-Pflichtversicherung ebenso wie die Abhängigkeit der Gewährung bestimmter Krankengeldzahlungen von einer Mitgliedschaft zur FZR. Deshalb werden Pflichtversicherung zur S. und FZR auch offiziell als Einheit betrachtet. Die Wahl einer derartigen Form der verstärkten Beteiligung – anstelle einer Anhebung der Beitragsbemessungsgrenze – erklärt sich u. a. aus der sich erst allmählich bildenden Belastung durch steigende Ansprüche, denen zunächst Beitragsmehreinnahmen von mehr als 500 Mill. Mark gegenüberstehen.

Die Leistungen aus der FZR an Zusatzrente werden nach der Beitragshöhe bemessen. Die monatliche Zusatzrente beträgt für jedes Jahr der Versicherung ein Viertel des vom Versicherten gezahlten Monatsbeitrages. Bei einem Monatseinkommen von z. B. 800 Mark, für das 20 Jahre Beiträge gezahlt wurden (Beitrag: 10 v. H. von 200 Mark = 20 Mark), errechnet sich somit eine Zusatzrente von 5 Mark x 20 Jahre = 100 Mark monatlich. Die abgeleitete Witwenrente liegt bei 60 v. H., die Vollwaisenrente bei 40 v. H. und die Halbwaisenrente bei 30 v. H. Zweifellos wird die FZR langfristig zu einer verbesserten → **Altersversorgung** in der DDR führen. Dennoch wird ein Berufstätiger in der DDR, der bei vollem Arbeitsleben seit 1960 einen Arbeitsver-

dienst von 1 200 Mark hatte und Mitglied der FZR war, nach offiziösen Angaben aus der DDR (Handbuch des Bevollmächtigten für Sozialversicherung, Berlin [Ost] 1973, S. 247) 1980 nur eine Altersversorgung aus S.-Rente und FZR von maximal 566 Mark erreichen können. An weitergehende Regelungen ist nicht gedacht, wie der Leiter der Abt. Sozialpolitik im Staatssekretariat für Arbeit und Löhne, Dr. Hans Rühl, erklärte (vgl. Arbeit und Arbeitsrecht, S. 167 ff.): „In den nächsten Jahrzehnten wird die Rentenversorgung für Verdienste über 600 Mark monatlich (und damit über den Rahmen der Versorgung aus der Pflichtversicherung) nur noch über die freiwillige Zusatzrentenversicherung erfolgen." Dieser Weg sei „ . . . eine prinzipielle Entscheidung von Partei, Regierung und Gewerkschaften. Sie gibt für die Entwicklung der Renten der Werktätigen mit einem Einkommen von mehr als 600 Mark in den nächsten Jahrzehnten eine klare Orientierung."

Soziologie und Empirische Sozialforschung

Begriff und Funktionen – Geschichte – Organisation – Spezialsoziologien – Methoden der empirischen Sozialforschung

I. Begriff und Funktionen

Mit erheblicher Verspätung gegenüber der UdSSR und anderen Ländern des Ostblocks ist die S. in der DDR erstmals auf dem VI. Parteitag der SED im Januar 1963 parteioffiziell positiv erwähnt und im Programm der SED als „Lehre von der Leitung und Entwicklung der Gesellschaft" bestimmt worden. Damit setzte die SED auch die Institutionalisierung der S. in Gang. Während in der UdSSR seit 1958 eine Gesellschaft für S. besteht und in Polen seit 1956 empirisch-soziologische Forschungen durchgeführt werden, waren in der DDR größere ideologische und politische Schwierigkeiten zu überwinden, ehe sich S. und ES. neben dem historischen und dialektischen Materialismus etablieren konnten – war doch in der DDR die S. jahrelang besonders heftig als Werkzeug des „staatsmonopolistischen Kapitalismus und Imperialismus" angegriffen worden. Jedoch auch nach ihrer Institutionalisierung als marxistisch-leninistische S. blieb die S. unter scharfer Kontrolle der Kulturfunktionäre der SED. Sie hat in erster Linie Informationen über die differenzierte Entwicklung der DDR-Gesellschaft für die SED-Führung bereitzustellen.

Diese Entwicklung wurde auf dem VI. Parteitag eingeleitet. Damals hatte Kurt Hager, Mitglied des Politbüros und Leiter der Ideologischen Kommission beim Politbüro, darauf hingewiesen, daß „durch soziologische Massenforschungen zu grundlegenden und umfassenden Problemen unserer gesellschaftlichen Entwicklung . . . ein wichtiger Beitrag zur poli-

tischen Führungs- und Leitungstätigkeit der Partei und des Staates geleistet" wird. Und Horst Taubert, gegenwärtig Sekretär des Wissenschaftlichen Rates für Soziologische Forschung am Institut für Gesellschaftswissenschaften (IfG) beim ZK der SED, formulierte im Jahre 1967 deutlich: „Die Aufgabenund Zielstellung jeglicher soziologischer Forschung besteht darin, durch die komplexe Analyse komplexe soziale Erscheinungen, Prozesse und Bereiche, Triebkräfte und Gesetzmäßigkeiten des gesellschaftlichen Handelns und Verhaltens bestimmter sozialer Gruppen, Klassen und Schichten aufzudekken und die hierbei gewonnenen Erkenntnisse für die wissenschaftliche Führungstätigkeit nutzbar zu machen." Auch die offiziellen Thesen zu „Charakter und Aufgaben der marxistisch-leninistischen Soziologie in der DDR" von 1970 bestätigen diese Grundausrichtung der S. in der DDR.

Bis in die Gegenwart hinein ist umstritten, ob S. und historischer Materialismus identisch sind bzw. wie die marxistisch-leninistische S. vom historischen und dialektischen Materialismus abzugrenzen ist. Die vorherrschende Auffassung nicht nur in der DDR, sondern auch in der UdSSR, ist, daß der historische Materialismus eine „allgemein-soziologische Theorie" sei, neben der freilich eine Reihe von Spezialsoziologien und empirischen Forschungsmethoden und -techniken besteht. Der historische Materialismus wird nach wie vor als „Wissenschaft von den allgemeinen Gesetzen der Gesellschaft" begriffen. Als solche ist er sowohl Gesellschaftsphilosophie wie S. Durch diese identifizierende Einbettung in den historischen Materialismus wird die marxistisch-leninistische S. zu einer Art Universalwissenschaft. Als solche fußt sie auf der im historischen Materialismus enthaltenen theoretischen „Reproduktion des Ganzen der Gesellschaft". Dabei spielt der in Anlehnung an das Marxsche Begriffsgerüst gewonnene Begriff der „sozioökonomischen Formation" eine zentrale Rolle. Von ihm werden auch die marxistischen Kategorien der „Produktivkräfte", „Produktionsverhältnisse" usw. abgeleitet. Andererseits hat die marxistisch-leninistische S. in den letzten Jahren zahlreiche Begriffe aus der westlichen S. (u. a. die Begriffe „Gruppe", „Rolle", „Sozialstruktur", „soziale Schicht", „Mobilität", „soziales Handeln", „Interaktion", „System", „Subsystem" usw.) übernommen. Daraus resultieren zahlreiche, bis heute nicht gelöste methodologische Probleme.

In der Reflexion dieser grundsätzlichen Problematik haben sich in der DDR genuine Ansätze einer allgemeinen soziologischen Theorie, verstanden als philosophische Theorie der Gesellschaft, herausgebildet. In dieser marxistischen S. tritt die erkenntnistheoretische Dimension stärker hervor als in jener Spielart, die sich mehr oder minder mit dem historischen Materialismus identifiziert. Den Grundgedanken jeder materialistischen Erkenntnistheorie kennzeichnet etwa Erich Hahn, der führende soziologische Theoretiker in der DDR, zunächst durch seine Voraussetzungsgebundenheit und durch die spezifischen Verbindungen zwischen Subjekt und Objekt der Erkenntnis. Das Subjekt der Erkenntnis gehört stets auch der Gesellschaft, die es erkennen will, an. Das Subjekt der soziologischen Erkenntnis ist damit stets soziales Subjekt und für Hahn – eindeutig festgelegt – die „Arbeiterklasse". Das Objekt der Erkenntnis ist, in allgemein gehaltener Formulierung, die „materielle Außenwelt", genauer: die je geschichtlich gewordene Gesellschaft. Eine derart konzipierte Gesellschaft ist in ihrer Materialität der „übergreifende Bestimmungsgrund" soziologischer Erkenntnis.

Diese Grundannahmen implizieren die von Lenin im Rückgriff auf Marx behauptete Abbildfunktion der Erkenntnis. Die objektive Realität wird im erkennenden Bewußtsein abgebildet. Die Abbildtheorie ist von zentraler Bedeutung für die marxistisch-leninistische S., kennzeichnet sie doch die spezifische Verbindung von Subjekt und Objekt. Das Subjekt ist – gerade durch die bewußte Abbildung der in der objektiven Realität, d. h. unabhängig von ihm, sich abpielenden Prozesse – in diese Realität und dadurch in den sozialen Gesamtzusammenhang, in die „Praxis" eingebunden.

Allerdings bestehen zwischen Subjekt und Objekt, dem komplexen Charakter der gesellschaftlichen Wirklichkeit gemäß, noch weitere Beziehungen. Hier ist u. a. die Stellung des Menschen im Produktionsprozeß zu erwähnen, die nach marxistischer Auffassung vor allem durch die Produktionsweise oder, etwas weiter gefaßt, die „materiellen gesellschaftlichen Verhältnisse" bestimmt wird. Die Produktionsweise ist, schon bei Marx, charakterisiert durch die menschliche Arbeit. Der Mensch ist in der und durch die Arbeit gleichermaßen Subjekt und Objekt in der Gesellschaft. Das Bewußtsein seiner Arbeit gibt ihm als *homo creator* immer stärker die Möglichkeit, den Objektcharakter seiner Existenz zu überwinden. Die erkenntnistheoretische Beziehung zwischen Subjekt und Objekt weist damit auf ontologische, philosophisch-weltanschauliche, soziologische, historische und psychologische Fragestellungen zurück. Diese umfassende Konzeption impliziert die Ablehnung jeder Trennung von Subjekt und Objekt.

Objektive Realität erscheint für den marxistischen Soziologen vor allem als „gesellschaftliche Praxis". Sie schließt durchaus die Gewinnung von Erfahrung mit Hilfe von Beobachtung und Experiment in sich ein. Soziologische Erkenntnis und Forschung müssen jedoch stets als „Glied und Mittel der sozialen Erfahrung der Gesellschaft insgesamt" begriffen werden. Sie können sich nicht auf eine partikulare Erfahrung, die von dem historisch-gesellschaftlichen Gesamtzusammenhang abstrahiert, berufen.

Für diese marxistisch-leninistische S. ergeben sich die soziologischen Kategorien sowohl aus ihrer Genesis, ihrem historischen Entwicklungszusammenhang, wie aus der geschichtsphilosophisch eindeutig einzuordnenden Wirklichkeit der DDR-Gesellschaft und aus Verallgemeinerungen von Ergebnissen der ES. in dieser Gesellschaft. Hahn verweist hinsichtlich der ES. einerseits auf Begriffe wie etwa „Sozialprestige" und „soziale Kontrolle", deren Anwendung in der DDR kaum möglich sei, da die gesellschaftlichen Grundlagen dafür weitgehend fehlen. Andererseits habe die ES. Begriffe wie „sozialistische Gemeinschaftsarbeit", die in der sozioökonomischen Wirklichkeit aufgrund bestimmter realer Prozesse und Erfahrungen in der DDR nachweisbar sind, auf den historischen Materialismus beziehen und damit – auch unter Verwendung von Erkenntnissen aus den westlichen Sozialwissenschaften – konkretisieren können.

Die Grundfunktionen der marxistisch-leninistischen S. im theoretischen Bereich können wie folgt zusammengefaßt werden: 1. hat die marxistisch-leninistische S., indem sie sich auf die Grundaxiome des historischen und dialektischen Materialismus stützt, ein eigenes Kategoriensystem (in das durchaus Begriffe der westlichen S. eingehen können) zu entwikkeln; 2. hat sie das „Wesen" des sozialen Ganzen zu erfassen. Die Gesellschaft soll als System wechselseitig aufeinander wirkender Elemente begriffen werden; 3. hat die marxistisch-leninistische S. alle Spezialsoziologien in einem einheitlichen Wissenschaftssystem zu integrieren; 4. hat sie die methodologischen Grundlagen für empirisch-soziologische Untersuchungen bereitzustellen.

Diesen theoretischen Funktionen entsprechen bestimmte praktische Aufgaben. Allgemein können diese Aufgaben dahingehend definiert werden, daß die S. zusammen mit anderen Gesellschaftswissenschaften die wissenschaftlichen Grundlagen für die Planung und Leitung der politischen und gesellschaftlichen Entwicklung der DDR zu schaffen hat. Im einzelnen soll sich die marxistisch-leninistische S. gegenwärtig wie auch schon in den späten 60er Jahren dementsprechend folgenden Untersuchungsgebieten zuwenden: den „sozialen und ideologischen Bedingungen und Triebkräften der Qualifizierung der Werktätigen in der wissenschaftlich-technischen Revolution"; den „sozialen Problemen der Entwicklung und Leitung der sozialistischen Gemeinschaftsarbeit in der wissenschaftlich-technischen Revolution"; der „Entwicklung der Einstellung der Werktätigen zur Arbeit"; der „Entwicklung des Verhältnisses von geistiger und körperlicher Arbeit in der wissenschaftlich-technischen Revolution"; der „Veränderung der Sozialstruktur der DDR als Ergebnis des umfassenden Aufbaus des Sozialismus". Die Begriffsbestimmung der marxistisch-leninistischen S. sowie die Festlegung ihrer Funktionen und Aufgabenbereiche zeigen deutlich, daß auch die SED sich bestimmter neuer sozialwissenschaftlicher Denkformen und Methoden bedienen muß, um das komplizierter gewordene Gesellschaftssystem, vor allem die zahlreichen durch die hohe soziale Mobilität verursachten Konflikte, noch überschauen und analysieren zu können. Politisch-soziale Planung und Kontrolle, Informationen über Einzelbereiche der Gesellschaft, Rationalisierung und Integration der auseinanderfallenden Teile des ideologischen Dogmas des → **Marxismus-Leninismus**: alle diese Probleme sollen mit Hilfe der S. und ES. effektiver gelöst werden.

II. Entwicklungsgeschichte

Obwohl die marxistisch-leninistische S. als eigenständige Disziplin noch jung ist, sind bereits vor dem Jahr 1963 soziologische, sozialpsychologische und sozialgeschichtliche Arbeiten in Gang gesetzt worden. Etwa seit 1954 sind Überlegungen zu einer eigenständigen marxistisch-leninistischen S., die sich vom historischen Materialismus zu unterscheiden hat, angestellt worden. Die zunächst besonders von Jürgen Kuczynski vertretene Konzeption spezieller soziologisch-historischer „Gesetze", die von den allgemeinen Gesetzmäßigkeiten des historischen Materialismus abzuheben sind, ist nach 1963 Allgemeingut der marxistisch-leninistischen S. in der DDR geworden. Seit 1958 sind zahlreiche empirische sozialpsychologische und sozialpädagogische Arbeiten auf dem Gebiet der Jugendforschung durchgeführt worden. Seit 1961 wurde die Kritik an der westlichen („bürgerlichen") S. erheblich intensiviert. Sie erfüllt im Prozeß der Herausbildung einer marxistisch-leninistischen S. in der DDR verschiedene Aufgaben: Einmal wird die westliche S. als

„Apologetik des Kapitalismus" abgewertet. Im Zuge dieser abwertenden Kritik werden jedoch wesentliche Begriffe, Fragestellungen und Methoden der westlichen S. übernommen. Die Kritik hat also nicht nur Abwehr-, sondern auch Orientierungs- und Selbstverständigungsfunktion für die Soziologen in der DDR. Schließlich soll die Kritik an der westlichen S. dazu dienen, das ideologische Dogma des Marxismus-Leninismus vor „revisionistischen" Interpretationen zu schützen (Machtsicherungsfunktion). Seit 1963/64, dem eigentlichen Beginn soziologischer Forschungen in der DDR, hat sich die S. auf zahlreichen Gebieten schnell entwickelt. Studien zu Grundproblemen der marxistisch-leninistischen S. wurden ebenso vorangetrieben wie der Ausbau einiger Spezialsoziologien: der S. der sozialen Gruppen und Schichtung, der Industrie- und Betriebs-S., der Organisations-S., der Medizin-S., der Jugend-S., der Religions-S., sowie der S. der Kultur, Kunst und Literatur. Ferner haben sich die Soziologen in der DDR im Bereich der ES. methodologischen und methodischen Problemen zugewandt.

III. Zur Organisation

Seit den Jahren 1963/64 sind z. T. mehrere Lehrstühle bzw. Lektorate für S. an den Universitäten und Technischen Hochschulen der DDR geschaffen worden. So wurden z. B. am Institut für Philosophie wie am Institut für Politische Ökonomie an der → **Humboldt-Universität** zu Berlin (Ost) Lehrstühle eingerichtet bzw. Lehraufträge für S. erteilt. Jedoch auch an den direkt von der SED kontrollierten Institutionen (dem → **Institut für Gesellschaftswissenschaften beim ZK der SED**, der → **Parteihochschule „Karl Marx" beim ZK der SED**, dem → **Zentralinstitut für Sozialistische Wirtschaftsführung beim ZK der SED**, der → **Hochschule für Ökonomie** und der → **Akademie für Staats- und Rechtswissenschaft der DDR**) ist die S. in dieser oder jener Form vertreten. Dasselbe gilt u. a. für die → **Akademie der Wissenschaften der DDR** (AdW). Neben diesen Formen der Institutionalisierung sind „soziologische Labors" in einigen Großbetrieben eingerichtet worden. Hier arbeiten Wissenschaftler, Wirtschaftsfunktionäre und „Arbeiterforscher" z. T. in Kooperation mit soziologischen Instituten in nahegelegenen wissenschaftlichen Einrichtungen an industrie- und betriebssoziologischen Fragestellungen.

Im Jahre 1961 wurde unter Vorsitz von Prof. Dr. H. Scheler eine „Sektion Soziologie bei der Vereinigung Philosophischer Institutionen der DDR" gegründet. Der 1965 geschaffene „Wissenschaftliche Rat und Nationalkomitee für Soziologische Forschung am Institut für Gesellschaftswissenschaften beim ZK der SED" (Vorsitzender seit 1971: Prof. Dr. R. Weidig) nimmt vor allem folgende Aufgaben wahr: Förderung und Ausbau des S.-Studiums an Universitäten, Hochschulen, Fachhoch- und Fachschulen; Ausarbeitung eines Programms zur Ausbildung des wissenschaftlichen Nachwuchses; Abstimmung der Forschungsprogramme der einzelnen Institutionen; Organisation und Vorbereitung von Konferenzen; Organisierung der internationalen Zusammenarbeit und des Erfahrungsaustausches mit Soziologen in Ost und West. Die Sektion S. wurde im Jahre 1963 als „nationale Vertretung der Soziologen in der DDR" in die International Sociological Association (ISA) aufgenommen. Schon am IV. ISA-Weltkongreß in Mailand und Stresa (1959) nahmen Soziologen aus der DDR teil, seit dem VI. Weltkongreß (Evian, 1967) besuchten sie diese ISA-Großveranstaltung regelmäßig. Die ca. 20 Beiträge, die anläßlich des VI. Weltkongresses in dem Sammelband „Soziologie und Wirklichkeit" veröffentlicht wurden, spiegeln die Vielfalt der soziologischen Diskussion in der DDR wider. Neben dem Verhältnis von Sozialismus und S. sowie von Philosophie bzw. Ökonomie und S. werden die sozialen Konsequenzen des technischen Fortschritts und der „wissenschaftlich-technischen Revolution" thematisiert; neben rechts- und militär-soziologischen Studien stehen jugend- und familien-soziologische, schul-, arbeits- und betriebssoziologische Untersuchungen. Einige recht interessante medizin-soziologische Analysen runden das Bild ab. Noch stärker traten Soziologen aus der DDR auf dem VII. Weltkongreß für S. in Varna (Bulgarien, 1970) hervor. Auch diesmal beeindruckte die Breite der in der DDR geführten Diskussion und der dort in Angriff genommenen Forschungen. An dem VIII. ISA-Weltkongreß (Toronto, 1974) nahm eine zwölfköpfige Soziologendelegation aus der DDR teil.

Eine eigene soziologische Fachzeitschrift existiert in der DDR bisher nicht. Soziologische Abhandlungen erscheinen vor allem in der „Einheit", der „Deutschen Zeitschrift für Philosophie" und der „Wirtschaftswissenschaft". Seit Mitte der 60er Jahre gibt es eine Schriftenreihe „Soziologie", die vom Wissenschaftlichen Rat für Soziologische Forschung am IfG betreut wird. Bis Mitte 1974 sind in dieser Schriftenreihe ca. 15 Bände, überwiegend zu Fragen der Arbeits-, Industrie- und Betriebssoziologie, erschienen. Gelegentlich sind soziologische Studien in der Taschenbuchreihe „Unser Weltbild" sowie u. a. in der „Wissenschaftlichen Zeitschrift der Humboldt-Universität zu Berlin" (Ost) zu finden.

IV. Spezialsoziologien

A. Soziologie der Gruppen und der sozialen Schichtung

In enger Verbindung mit der Sozialpsychologie sowie der Arbeits- und Berufspsychologie versucht die Gruppen-S., Gesetzmäßigkeiten des Zusammenhanges zwischen der sozialökonomischen Klassen- und Schichtstruktur der Gesellschaft sowie der Be-

schäftigten-, Berufs- und Bildungsstruktur herauszuarbeiten. Die soziale Gruppe wird dabei als Grundelement der einzelnen Strukturen und Organisationen angesehen. Auch die marxistisch-leninistischen Soziologen gehen davon aus, daß Gruppen durch bestimmte Verhaltensweisen zu charakterisieren sind. Im einzelnen werden formelle und informelle Gruppen unterschieden (vgl. unten Industrie- und Betriebs-S.). Die marxistisch-leninistische Gruppen- in Verbindung mit der Schichtungsanalyse betrachtet allerdings soziale Gruppen unter dem Gesichtspunkt ihrer gesamtgesellschaftlichen Wirksamkeit, nicht so sehr als Einheiten in Einzelbereichen von Wirtschaft und Gesellschaft.

Besonders zwei Spezialaspekte stehen im Vordergrund des Interesses: einmal das Gesamtsystem der Leitbilder und Normen von Gruppen in der Gesellschaft; zum anderen die Fluktuation von Arbeitskräften. Letztere wird nicht nur unter dem Aspekt eines Industriebetriebes oder -zweiges gesehen, sondern vor allem hinsichtlich der durch sie bedingten Probleme der sozialen Mobilität. Diese Probleme betreffen die Gesellschaft als Ganzes und weisen weit über Einzelprobleme der „industriezweigbestimmten" Produktion hinaus.

B. Industrie- und Betriebssoziologie (IBS)

In enger Verbindung mit der S. der Gruppe und der sozialen Schichtung steht die IBS. Ihr Arbeitsfeld sind die einzelnen Industriebetriebe, Produktionszweige sowie die Gesamtindustrie als Teilsystem der Gesellschaft. Wie alle Spezialsoziologien in der DDR ist auch die IBS von bestimmten Axiomen des historischen Materialismus abhängig. Vor allem ist ihr „Praxis"-Bezug, ihre „produktive Funktion", hervorzuheben. Auch die IBS arbeitet mit dem Konzept der formellen und informellen Gruppen im Betrieb. Formelle Gruppen sind, nach K. Braunreuther, einem lange Jahre führenden Industrie- und Betriebssoziologen, Gruppen, „die dem Betriebszweck dienen", und zwar als „rechtlich oder traditionell legitimierte und dann gesellschaftlich anerkannte Einheiten". Als Beispiele werden Neuerergruppen, jedoch auch Gruppen der SED, des FDGB, der FDJ sowie anderer Massenorganisationen im Betrieb herangezogen. Von den formellen werden informelle Gruppen unterschieden, deren Einfluß auf das Produktionsziel des Betriebes positiv, negativ oder ambivalent sein kann und von der IBS zu erfassen gesucht wird.

Die marxistisch-leninistische IBS wendet den Gruppen im Betrieb besonders deshalb Aufmerksamkeit zu, weil sie die Grundeinheiten des Kommunikationsnetzes eines Betriebes darstellen, und weil sich in ihnen Entscheidungen vollziehen. Die IBS untersucht ferner: soziale Verhaltensweisen sowie soziale Rollen und Positionen einzelner und von Gruppen; das Betriebsklima; die Fluktuation und Disponibilität von Arbeitskräften; das Verhältnis zwischen älteren und jüngeren Arbeitern und Funktionären; die Autoritätsstruktur im Betrieb; die Motive menschlichen Handelns; die „Arbeitsfreude"; Rationalisierungsprobleme. Der Aufgabenbereich der IBS geht allerdings über diese Forschungsbereiche noch hinaus: Die Auswirkungen der sozialen Verhältnisse und der Beziehungen der Menschen im Betrieb auf das Zusammenleben in den Wohngebieten, auf die Freizeitgestaltung usw., werden z. T. mitberücksichtigt.

Es ist nicht zu übersehen, daß die IBS zur wichtigsten Einzeldisziplin unter den Spezialsoziologien geworden ist. Dies gilt um so mehr, als arbeitspsychologische und soziologische Fragestellungen in die IBS eingegangen sind und als ein legitimer Bestandteil dieses Forschungszweiges angesehen werden. Der arbeitspsychologische und sozialpolitische Einschlag ist besonders deutlich an folgenden Themen, die im Rahmen empirischer Untersuchungen auf dem Gebiet der IBS gegenwärtig eine große Rolle spielen, zu erkennen: Arbeitsplatzmerkmale, Erleichterung der Arbeit, Arbeitszufriedenheit, Arbeitsfreude, Arbeitszeitprobleme, Bedingungen des Arbeitsschutzes u. a. m. (→**Industrie**).

C. Organisationssoziologie

In den letzten Jahren hat sich neben der Gruppen-S. und der IBS und von beiden stark beeinflußt eine neue spezielle S. herausgebildet, der von Soziologen, Ökonomen, Rechtswissenschaftlern und Psychologen starke Beachtung gezollt wird: die „soziologische Organisationsanalyse". Die Organisations-S. steht in enger Verbindung mit der kybernetischen Systemtheorie und der Organisationswissenschaft, wie sie im Westen bereits wesentlich früher entwickelt worden sind. Darauf weisen bereits die Begriffe „System", „Entscheidung", „Information", „Kommunikation" usw. hin, die in der marxistisch-leninistischen Organisations-S. eine immer größere Rolle spielen.

Obwohl der Begriff „Organisation" bisher nicht klar definiert worden ist, wird er doch in theoretischen und empirischen Untersuchungen vielfach verwendet. Besonders in Industriebetrieben sind Organisationsformen der verschiedensten Art untersucht worden: Arbeitsgruppen, Werkabteilungen, ganze Betriebe. Die Organisations-S. beschäftigt sich im einzelnen vor allem mit folgenden Fragen: wie sich die Ziele der Organisation in den Vorstellungen der Mitglieder einer formellen oder informellen Gruppe darstellen; wie Information und Kommunikation in Organisationen tatsächlich funktionieren; wie sich die offizielle Leitungspyramide in einem Organisationssystem von der „Autoritätspyramide" unterscheidet; wie schließlich die sozialen Positionen der einzelnen Mitglieder einer Gruppe bestimmt werden.

D. Jugendsoziologie

Die Jugend-S. (auch pädagogisch-psychologische →**Jugendforschung** oder marxistische Jugendforschung genannt) soll in erster Linie der heranwachsenden Generation helfen, „in dem Ringen zwischen der neuen und der alten Welt die Fronten zu erkennen". Auch in der Jugend-S. ist damit der praktisch-politische Bezug stark ausgeprägt. Sie soll – nach Aussage der führenden Jugendpsychologen Walter Friedrich und Adolf Kossakowski – Wege aufzeigen, die zur Veränderung der Lebenslage und des Bewußtseins der Jugendlichen im Sinne der gesellschaftspolitischen Ziele der SED beitragen.

Die marxistisch-leninistische Jugend-S. geht von drei Voraussetzungen aus: Sie betrachtet einmal den Jugendlichen als „Produkt seiner Wechselwirkung mit der Umwelt"; sie bezieht sich auf „jugendspezifische Verhaltensweisen", wie sie sich aus der „Zwischenlage" der Jugendlichen ergeben; sie analysiert die komplexen Umweltbedingungen, denen der Jugendliche ausgesetzt ist.

Entsprechend dieser Aufgabenstellung und diesen Voraussetzungen sind die zahlreichen empirischen jugendsoziologischen und -psychologischen Untersuchungen ausgerichtet. Im einzelnen werden vor allem folgende Themen behandelt: Jugend und Elternhaus (Einflüsse des Elternhauses, Verhältnis der Jugendlichen zu ihren Eltern, Sexualerziehung, Verhältnis zum anderen Geschlecht); Jugend und (Berufs-)Schule/Universität (Lernhaltung, Lernmotivation, Leistungsverhalten, Leistungsversagen, die Lehrerpersönlichkeit im Sicht des Schülers, Einstellung der Schüler zum Unterrichtstag in der Produktion [UTP], Einflüsse des UTP, sozialistische Arbeitsmoral, Kollektiverziehung); Jugend und Beruf (Probleme der Berufswahl, Einstellung zu verschiedenen Berufen, Berufswünsche, Qualifizierungsprobleme); gesellschaftliche (ideologische) Orientierung der Jugendlichen (Interessen, Zukunftspläne, Vorbilder, Perspektiv- und Idealerleben, Lebensideologie); Jugend und Freizeit (Freizeitgestaltung, Freizeitwünsche, Jugend und FDJ/Pioniere, Kollektiverziehung im Rahmen der Jugendorganisation) (→ **Jugend**).

E. Religionssoziologie

Die marxistisch-leninistische Religions-S. hat sich zusammen mit den Versuchen, eine allgemeine marxistische Kultur-S. zu begründen, entwickelt. Sie hat nicht nur den sozialen Ursachen der Religion in sozialistischen Gesellschaftssystemen nachzugehen, sondern auch speziellere Fragen zu analysieren: Kann die Religion als isolierte Erscheinung oder muß sie im Zusammenhang mit dem politischen Denken und Handeln im allgemeinen, mit anderen Bewußtseinsformen im besonderen, begriffen werden? Auch die „religiöse Intensität" verschiedener sozialer Gruppen und Schichten (der Jugend, der Intelligenz, der Bauern, der Invaliden und Rentner) soll von der Religions-S. empirisch analysiert werden. Schließlich ist die These, daß die Religion ein Produkt der „Entfremdung" des Menschen ist und sich erst in der Reflexion der sozialen Differenzierung bei Verschwinden der Urgemeinschaft aus der Mythologie gebildet hat, ein häufig diskutiertes Thema: „Dadurch, daß sie die Zusammenhänge von Religion und Gesellschaft in ihrer Totalität, auch in ihren allgemeinsten und wesentlichsten Aspekten, erfaßt, wird Religionssoziologie in der vollen Bedeutung des Wortes möglich. Sie studiert die religiösen Phänomene im gesetzmäßigen, materiellen Bedingungen entspringenden Prozeß ihres Entstehens, Wandels und Vergehens. Die allgemeinste Bedingung dieses Prozesses ist die unter bestimmten geschichtlichen Bedingungen auftretende Entfremdung des Menschen gegenüber den Gesetzmäßigkeiten und Resultaten seines Tuns. Die religiöse Verhaltens- und Bewußtseinsform reproduziert ideell und institutionalisiert die wirkliche Entfremdung, der sie entspringt. Sie stützt dadurch in der Klassengesellschaft die Macht der Herrschenden; ihre Verankerung in den Volksmassen schließt jedoch auch die Möglichkeit ein, religiöse Ideale im Sinne progressiver Veränderungen zu aktualisieren. Dieser Doppelaspekt religiöser Ideologie verlangt die exakte Analyse der sozialen Motive religiöser Ideen, Bewegungen und Auseinandersetzungen, die Berücksichtigung ihrer Verquickung mit der Sozial-, politischen und Geistesgeschichte." Neben den so skizzierten Aufgaben obliegt es der marxistisch-leninistischen Religions-S., vor allem die „theologisierenden Tendenzen der bürgerlichen Religionssoziologie" zurückzuweisen und ihre Funktion im System des staatsmonopolistischen Kapitalismus zu enthüllen.

F. Kultur-, Literatur- und Kunstsoziologie

Nach bedeutenden frühen Ansätzen besonders der marxistischen Literatur-S. (Georg Lukács) ist eine intensive Diskussion um Gegenstand, Fragestellungen, Begriffe und Methoden einer marxistisch-leninistischen Kultur-, Literatur- und Kunst-S. in der DDR erst in den Jahren 1966/67 in Gang gekommen. Die Auseinandersetzungen sind noch dadurch erschwert worden, daß zum Gegenstand einer marxistischen Kultur-S. stets auch Kulturgeschichte und Ästhetik gezählt werden. Die „kritische Aneignung des kulturgeschichtlich bedeutsamen Erbes", die Diskussionen um den Begriff des Realismus, der abstrakte, konzeptionslose Universalismus der marxistisch-leninistischen Kulturdeutung haben die Herausbildung einer eigenen Kultur-S. eher belastet als befruchtet.

Die Kultur-S. in der DDR geht davon aus, daß sich mit der fortschreitenden sozialen Integration der Künste in die Gesellschaft die Position des Künstlers ebenso verändert hat wie die Stellung von Kultur und Kunst. Kultur und Kunst sind heute einer Masse von Konsumenten ausgeliefert. Sie werden deshalb als allgemeine ideologie- und persönlichkeitsbildende Faktoren angesehen. Eine nur immanente Analyse des Kunstwerkes wird aus diesem Grund als esoterisch abgelehnt. Es wird vielmehr davon ausgegangen, daß die Massen im Kunstwerk unbefangen den Ausdruck ihrer eigenen Lebenssituation suchen. Allerdings soll damit die ästhetische Wertung der Kunst nicht aufgehoben werden. Auch in der DDR müssen Kunstwerke als „schön", „häßlich", „tragisch" usw. bezeichnet werden können. Die soziologische Analyse im engeren Sinne soll die Ursachen für das Abweichen des Urteils bestimmter sozialer Gruppen von der ästhetischen Norm herausarbeiten. Die ästhetische Analyse des Kunstwerks soll deshalb mit der soziologischen zusammengehen. Unter der Voraussetzung, daß die ästhetischen Grundprobleme aus der „Dialektik der materiellen Arbeitsprozesse" zu erklären sind, und daß deshalb die Produktionsweise einer Gesellschaft als übergreifender Bezugspunkt für kultur- und kunstsoziologische Untersuchungen zu gelten hat, werden folgende soziologische Komponenten am Kunstwerk untersucht: Kunstwerke fördern ein bestimmtes National-, Klassen- und Gruppenbewußtsein ebenso wie sie die Anschauungen und Interessen sozialer Gruppen und Schichten widerspiegeln. Sie formen Leitbilder, die die Verhaltensstruktur des einzelnen und von Gruppen beeinflussen. Sie fördern schöpferische Antriebe. Sie sind Mittel der Sozialisation, d. h. sie vermitteln die Möglichkeit, neue „Rollenerfahrungen" zu übernehmen. Schließlich werden Kultur, Kunst und Literatur als „Freizeitfaktoren" untersucht.

Neben der kultur- und kunstsoziologischen Analyse steht, besonders im literarischen Bereich, die soziologische „Wirkungsforschung". Sie hat folgende Komponenten der „literarischen Wirkung" zum Gegenstand: die konkrete Situation, in der ein sprachliches Kunstwerk zur Wirkung gelangt; die Gruppen, die ein Buch vorzugsweise lesen, und jene Gruppen, die es eindeutig ablehnen; die Reaktionen der öffentlichen Literaturkritik; Motive, Gestalten, Bilder, Symbole u. a. dieses Werkes, die häufig zitiert und verwendet werden; den Einfluß, den das Buch auf die zeitgenössische Literatur hat, erkennbare Nachahmungen und Nachfolgen; das soziale Ansehen und den Ruf, den das Buch erlangt, differenziert nach verschiedenen Lesergruppen; die Rückwirkungen, die die Publikation eines Werkes auf das literarische Prestige seines Autors hat (→ **Ästhetik; Kulturpolitik; Literatur und Literaturpolitik**).

V. Methoden und Techniken der Empirischen Sozialforschung

Das Methodenverständnis der marxistisch-leninistischen ES. in der DDR ist durch zwei Tendenzen zu charakterisieren. Einmal wird die Aufgabe der ES. dahingehend verstanden, die „Einheit von qualitativer und quantitativer Analyse" herzustellen. Zum anderen werden, trotz der nach wie vor scharfen Kritik am „bloßen Empirismus der bürgerlichen Soziologie", in zunehmendem Maße Methoden und Techniken der ES., wie sie im Westen üblich sind, verwendet.

Grundlegend ist die Auffassung, daß die ES. – im Gegensatz zur theoretischen S., die das „Wesen", die innere Struktur der Gesellschaft, abbildet – von den „Erscheinungen" ausgeht: Sie „erfaßt, ordnet und systematisiert die Fakten, indem sie die einzelnen Elemente einer Erscheinung voneinander isoliert und einer stufenweisen Analyse unterwirft. Diese Analyse dient der Entflechtung der mannigfachen Verbindungen und Beziehungen der einzelnen Elemente. Das Ergebnis empirischer Forschung sind Aussagen über allgemeine Eigenschaften und Merkmale, die einer Klasse von Elementen oder allen untersuchten Elementen gemeinsam sind. In dieser Phase der Forschung wird das empirisch Allgemeine fixiert." Dieses Zitat aus dem Artikel „Empirische Sozialforschung" im „Wörterbuch der marxistisch-leninistischen Soziologie" (Berlin [Ost] 1969) verdeutlicht, daß sich theoretische und empirische Analyse marxistischer Auffassung vor allem darin unterscheiden, daß die ES. nicht in das „Wesen" der Gesellschaft eindringen, dieses nicht erklären kann, sondern die Vielfalt der Erscheinungsformen der Wirklichkeit beschreibt. Die ES. ist deshalb als eine Art Hilfswissenschaft anzusehen. Bei der Hypothesenbildung, der Auswahl des Untersuchungsfeldes und der Interpretation der Daten wird auf die Grundannahmen der soziologischen Theorie zurückgegriffen, genauer: Bei der Prüfung von Hypothesen spielt die „Dialektik" eine wesentliche Rolle. In diesem Sinne ist auch die Rolle des empirischen Forschers festgelegt. Er soll nicht „bloßer Registrator" sozialer Erscheinungen sein. Seine Erkenntnisse hat der Soziologe vielmehr stets auch durch „aktive Teilnahme an der revolutionären gesellschaftlichen Praxis" zu gewinnen. Dieses Postulat weist unverkennbar den Einfluß des marxistischen Theorie-Praxis-Axioms auf.

Die programmatisch-normativen Forderungen nach engagierter Teilnahme des Forschers am gesellschaftlichen Prozeß wie nach Berücksichtigung des umfassenden Zusammenhangs sozialer Erscheinungen in jeder Einzelstudie, die dieser Konzeption von ES. zugrunde liegen, stehen der Ausarbeitung empirischer Methoden im Wege. Trotzdem sind, besonders im Rahmen der Industrie- und Betriebs-S. und der Jugendforschung, in der DDR empirische Methoden und Techniken gebräuchlich. Dies gilt für Beobachtung, Inhaltsanalyse, Experiment, primär- und sekundärstatistische Analysen, die verschiedenen Formen des Interviews, die Faktorenanalyse, die Korrelations- und Skalierungsverfahren. Auch bewährte qualitative Methoden, so z. B. die Dokumentenanalyse, werden benutzt. Bestimmte Methoden jedoch, die vor allem im Rahmen der betriebssoziologischen Mikroanalyse im Westen verwendet werden (soziometrische Tests, Rollen- und Interaktionsanalysen), sind nach wie vor nur vereinzelt anzutreffen. → **Sozialstruktur.**

SP: → **SPD.**

Sparen: Die Sparformen reduzieren sich durch die Aufhebung des Bau-S., Prämien-S. und das auslaufende. → **Inhabersparen** auf das Führen von → **Sparkonten,** den Erwerb von → **Wertpapieren** und das S. bei der → **Staatlichen Versicherung.** Zur Förderung des S. wurden 1955 der → **Sparkaufbrief** und 1965 der Spargiroverkehr eingeführt. Die Spareinlagen werden zur Finanzierung der gesellschaftlichen Aufgaben herangezogen. Die Sparguthaben, für die mit Wirkung vom 1. 1. 1971 (GBl. II, 1970, S. 723) ein einheitlicher Zinssatz von $3^{1}/_{4}$ v. H. gilt, werden überwiegend bei den → **Sparkassen** – denen auch die Sparwerbung unterliegt – gehalten. Ihre Entwicklung seit 1950 zeigt die nebenstehende Tabelle.

Wenngleich auch die Sparmotive im einzelnen nicht empirisch zu ermitteln sind, so dürften sie doch im wesentlichen zurückzuführen sein auf die relativ hohen Preise für langlebige Konsumgüter, Unregelmäßigkeiten in der Belieferung mit hochwertigen Konsumgütern sowie die noch unzureichende Reagibilität des Warenangebots auf verändertes und nicht vorhergesehenes Konsumverhalten, die zu einem latenten Kaufkraftüberhang führt.

Jahresende	Mill. Mark	pro Kopf
1950	1 275	69
1955	4 936	277
1960	17 498	1 018
1965	31 275	1 835
1970	52 149	3 057
1971	55 721	3 266
1972	59 970	3 519
1973	65 123	3 835

Quelle: Statistisches Jahrbuch der DDR 1974, Berlin (Ost), S. 314.

Im Vergleich zur Bundesrepublik Deutschland sind folgende Entwicklungstendenzen bemerkenswert:
1. Die Spareinlagen je Kopf der Bevölkerung erreichen etwa die Hälfte des Betrages in der Bundesrepublik.
2. Der Anteil der Ersparnis an den Nettogeldausgaben des DDR-Durchschnittshaushaltes (Sparquote) dürfte bis 1975 auf 5 v. H. und somit unter das Niveau des Jahres 1960 (7 v. H.) sinken, während er in der Bundesrepublik ansteigt (1960: 8,5 v. H.; 1969: 13,3 v. H.; 1973: 14,5 v. H.).
3. Deutlich unterscheiden sich die Sparformen, unter denen in der DDR das Konten-S. (88 v. H.) vor dem

Versicherungs-S. (10 v. H.) und Wertpapier-S. (2 v. H.) deutlich hervorragt (1969).

Sparkassen: Die volkseigenen S. wurden wie alle anderen Einrichtungen des → **Bankwesens** im Juli 1945 wiedereröffnet, ohne allerdings Rechtsnachfolger der geschlossenen Institute zu sein. Sie arbeiten nach dem Prinzip der → **wirtschaftlichen Rechnungsführung**, sind den Räten der → **Kreise** unterstellt und unterstehen der Aufsicht sowie Weisung des → **Ministeriums der Finanzen**. Die 200 Kreis- und Stadt-S., in denen die Abteilungen Sparwesen, Zahlungsverkehr/Rechnungswesen, Kredite/Wohnungsbaufinanzierung fungieren, unterhalten 4 000 Zweigstellen (z. B. → **Betriebssparkassen**) und Agenturen. Außerdem bestehen Reichsbahnspar- und Darlehenskassen und der → **Postsparkassendienst**. Zu ihren Aufgaben zählen die Führung von Spar-, Gehalts- und Spargirokonten für die Bürger sowie laufende Konten für Betriebe des Handwerks und des Handels; die Verwaltung und Ausgabe der Kommunalobligationen (→ **Wertpapiere**), die Gewährung von → **Krediten** an die Bevölkerung und die örtliche Versorgungswirtschaft; die Verwaltung und Verwahrung von Wertpapieren sowie Schuldbuchforderungen und die Durchführung des Zahlungsverkehrs auf der Grundlage der Beschlüsse der Partei- und Staatsorgane im Rahmen der staatlichen Pläne. Ihre wichtigste Tätigkeit liegt in der Förderung des → **Sparens**.

Sparkaufbrief: Zur Förderung des bargeldlosen → **Zahlungsverkehrs** am 31. 3. 1955 eingeführtes Spar- und Kaufsystem (GBl. I, S. 280). Der S. wird an natürliche Personen von zum Sparverkehr zugelassenen Geldinstituten gegen Abbuchung des Gegenwertes vom Spar- oder Kontokorrentkonto oder gegen Bareinzahlung ausgegeben und berechtigt zum Einkauf im Einzelhandel. Er besteht aus dem Deckblatt, auf dem die festgelegte Geldsumme eingetragen wird, und 6 Quittungsabschnitten. Er ist nicht übertragbar. Bei Einkäufen mit dem S. ist der Personalausweis vorzulegen. Der S. stellt somit eine Art Scheckheft dar, in dem der Zahlungsempfänger für die empfangenen Schecks quittiert. Seine Gültigkeitsdauer beträgt höchstens 1 Jahr. Danach ist der S., wenn er nicht in Anspruch genommen worden ist, zurückzugeben. Der nicht verbrauchte Betrag wird mit 3 v. H. verzinst und dem Konto gutgeschrieben oder bar ausgezahlt. Alle Einzelhandelsgeschäfte sind verpflichtet, den S. als Zahlungsmittel anzunehmen.

Sparkonten: Von allen Instituten des → **Bankwesens** werden Konten geführt, auf denen Einzahlungen, Zinsgutschriften und Verfügungen von Spareinlagen der Bevölkerung gebucht werden. Seit dem 1. 1. 1971 (GBl. II, 1970, S. 723) beläuft sich der → **Zins** für alle Spareinlagen unabhängig von ihrer Anlagedauer einheitlich auf $3^1/_4$ v. H. pro Jahr. S. sind zur Teilnahme am Überweisungsverkehr berechtigt (→ **Zahlungsverkehr**). Über sie kann bei jedem zum Sparverkehr zugelassenen Geldinstitut verfügt werden (Freizügigkeitsverkehr). Sie erlöschen mit der vollständigen Abhebung des Sparguthabens.

Sparrentenversicherung: Durch diese Form der zusätzlichen Altersvorsorge können Bürger der DDR ihre spätere Altersrente aus der Sozialversicherung ergänzen. Zum Abschluß einer S. ist jede Person berechtigt, die noch nicht das Rentenalter erreicht hat. Die Beitragsleistung kann – nach Wunsch des Versicherungsnehmers – in einer einmaligen Zahlung oder auch in beliebigen Teilzahlungen erfolgen, wobei die eingezahlten Beträge jedoch durch 10 teilbar sein müssen. Die Auszahlung der Rente beginnt bei Erreichen des gesetzlich festgelegten Rentenalters (60 Jahre bei Frauen, 65 bei Männern) und währt bis zum Lebensende. Die Höhe der monatlichen Rentenzahlung richtet sich nach der Sparsumme und dem Alter des Versicherten bei Abschluß des Sparrentenvertrages. Die S. kann mit oder ohne Anspruch auf Rückgewähr (= Rückerstattung) abgeschlossen werden. Wenn Rückgewähr vereinbart

Jahres- ende	Sparguthaben bei Kreditinstituten						Pro Kopf der Bevölkerung
	Insgesamt	darunter bei					
		Sparkassen	Bank für Handwerk u. Gewerbe	BLN[1] sowie Bäuerlichen Handelsgen.	Post- und Reichsbahn- sparkassen	übrigen Kredit- instituten	
		Millionen Mark					Mark
1950	1 275	1 062	58	116	36	3	69
1955	4 936	3 697	365	707	164	3	277
1960	17 498	13 120	1 217	2 349	805	7	1 018
1965	31 275	23 578	2 244	3 974	1 466	13	1 835
1970	52 149	39 737	3 869	6 050	2 304	189	3 057
1971	55 721	42 708	4 104	6 271	2 515	123	3 266
1972	59 970	46 254	4 391	6 499	2 756	70	3 519
1973	65 123	50 490	4 666	6 918	3 038	11	3 835

1 Bank für Landwirtschaft und Nahrungsgüterwirtschaft.

Quelle: Statistisches Jahrbuch der DDR 1974, S. 314.

wurde, werden beim Tode des Versicherten 95 v. H. der geleisteten Einzahlungen an dessen Hinterbliebene ausgezahlt. Bei Unfalltod des Versicherten erhalten seine Hinterbliebenen 190 v. H. der geleisteten Beiträge.

Seit der Einführung der freiwilligen Zusatzrentenversicherung bei der Sozialversicherung im Jahre 1968 und vor allem seit deren Erweiterung und Umgestaltung von 1971 hat die S. an Bedeutung verloren.

Spartakiaden: Nach Spartacus, dem Führer des römischen Sklavenaufstandes (74 bis 71 v. Chr.), benannte Sportfeste der kommunistischen Arbeiterbewegung (1921 in Prag, 1928 in Moskau, 1931 in Berlin). In der UdSSR gibt es regelmäßig „Spartakiaden der Völker der Sowjetunion". Seit der Gründung des „Sportkomitees der befreundeten Armeen" 1958 in Moskau finden im Zwei-Jahres-Rhythmus „Armee-S." der sozialistischen Länder statt.

In der DDR werden seit 1965 Kinder- und Jugend-S. veranstaltet, aufgeteilt in Sommer- und Winter-S. mit einem weitgehend den Olympischen Spielen angeglichenen Zeremoniell und Wettkampfprogramm. Charakteristisch sind ausgeprägte politisch-ideologische Bezüge („Gelöbnis", Eröffnung durch hohe Partei- und Staatsfunktionäre, Flaggenparade). Die S. umfassen jährliche Vorwettkämpfe und Entscheidungen bis auf Kreisebene (Kreis-S.). Anschließend werden die Wettkämpfe bis zur Bezirksentscheidung (Bezirks-S.), im jeweils folgenden Jahr bis zum Sommerfinale in Ost-Berlin und zum Winterfinale in wechselnden Veranstaltungsorten (Zentrale Wettkämpfe der Kinder- und Jugend-S. der DDR) durchgeführt. 1966, 1968, 1970, 1972 und 1975 starteten in Ost-Berlin jeweils 11000 bei den Bezirks-S. siegreiche Mädchen und Jungen. Die Teilnehmerzahlen an den Zentralen Wettkämpfen der Winter-S. lagen witterungsbedingt jeweils zwischen 900 und 1300 Aktiven. Die Beteiligung an den Vorwettkämpfen der Sommer-S. ist seit 1965 mehr als verdoppelt worden: 1965 1,7 Mill. Teilnehmer, 1975 3,9 Mill. Teilnehmer. Die höchste Teilnahme an den Vorwettkämpfen der Winter-S. gab es 1970 mit 230000 beteiligten Mädchen und Jungen.

SPD: Abk. für Sozialdemokratische Partei Deutschlands.

Arbeiterpartei, die als Vereinigung der Sozialdemokratischen Arbeiterpartei (den Eisenachern) und dem Allgemeinen Deutschen Arbeiterverein (Lassalleanern) 1875 gegründet wurde; heute mitgliedsstärkste politische Partei in der Bundesrepublik Deutschland und West-Berlin. Nach Auffassung der SED verteidigt die Führung der SPD den „Monopolkapitalismus" und „Imperialismus" in der Bundesrepublik Deutschland; die SPD sei wesentlich durch politischen „Opportunismus" gekennzeichnet und vertrete eine aktiv „pro-imperialistische" Politik. Dies sei bereits aus dem Godesberger Programm von 1959 klar abzulesen (→ **Sozialdemokratismus**).

Nach Eintritt der SPD in das Kabinett der Großen Koalition in der Bundesrepublik 1966 wurde die Partei eine Zeitlang von der Propaganda der SED als „SP" bezeichnet. Gleichzeitig benutzte die SED diese Polemik, um ihre Politik der Isolierung West-Berlins von der Bundesrepublik propagandistisch zu unterstützen: Von der „SP" wurde die „Westberliner SP" bzw. „Sozialdemokratische Partei Westberlins" unterschieden. Nach Bildung des ersten Kabinetts der Kleinen Koalition in der Bundesrepublik 1969 wandelte sich die Haltung der SED-Propagandisten gegenüber der SPD. Einerseits wurde der Ost- und Deutschlandpolitik der SPD ein „gewisser Realismus" bescheinigt und ihre Leistungen im kommunalen und gesellschaftspolitischen Bereich teilweise als den Interessen der „werktätigen Bevölkerung" entsprechend anerkannt. Andererseits wird den „rechten Führern" der SPD im Zuge der Abgrenzungspolitik der SED vorgeworfen, daß sie ihre Machtpositionen zur Aufrechterhaltung des kapitalistischen Systems mißbrauchen.

Spedition: Arbeitsgebiet des → **Verkehrswesens**, das die Vermittlung und Vorbereitung von Gütertransporten, die An- und Abfuhr sowie das Lagern von Gütern umfaßt; die S.-Betriebe sind auch berechtigt, Güterbeförderungen selbst durchzuführen.

In der DDR sind die S.-Aufgaben in Binnen-S. und Internationale S. aufgeteilt:

1. Besondere Betriebe für *Binnenspedition* gibt es in der DDR nicht mehr. Als Binnen-S. tätig sind kombinierte S.- und Transportbetriebe, die Kraftverkehrsbetriebe und S.-Abteilungen von Produktionsbetrieben; sie sind eng mit den bezirklich geleiteten Kraftverkehrskombinaten verbunden. Zu den besonderen Arbeitsbereichen gehören Möbel-S., die Organisation von Schwer- und Spezialtransporten sowie der Behälterverkehr. Den Binnen-S. obliegt nicht das Auswählen der günstigsten Verkehrsmittel und -wege; dies ist Aufgabe der Transportausschüsse.

2. *Internationale Speditionen* sind:

a) VEB Deutrans, Internationale Spedition, alleiniger S.-Betrieb der DDR für Außenhandelsgüter und Transitgüter; für Seetransporte seit Juli 1965 eingeschränkt auf die Anmeldung zur Buchung von Schiffsraum.

Der VEB Deutrans mit Sitz in Ost-Berlin (Generaldirektion) ist juristische Person und dem Ministerium für Verkehrswesen unterstellt. Mit Zustimmung des MfV. kann er innerhalb und außerhalb der DDR Filialen, Zweigstellen und Vertretungen errichten. Bis Ende 1973 bestanden 13 Filialen und über 40 Zweigstellen, und zwar im Binnenland, wo sie nach Industriegebieten gegliedert und spezialisiert sind, an den Grenzübergängen, in den Häfen und in einigen anderen Ländern. Außerdem besteht Zusammenarbeit mit Spediteuren im Ausland, mit den staatlichen S.-Unternehmen in den anderen Ostblockländern entsprechend einer 1956 in Warschau getroffenen Vereinbarung und bilateraler Regelungen sowie mit Vertrags- und Vertrauensspediteuren im übrigen Ausland auf der Grundlage von Verträgen. Der VEB Deutrans ist in mehreren Kommissionen des → **RGW** vertreten und seit 1968 Mitglied der Internationalen Föderation der S.-Organisationen FIATA.

VEB Deutrans handelt im eigenen Namen für Rechnung der Exporteure, Importeure und Auftraggeber im Transitverkehr durch das Gebiet der DDR. Er organisiert Sammelverkehr mit Lkw und Eisenbahn, steuert den Zulauf von Lkw zu den bisher überwiegend auf Eisenbahnanschluß eingerichteten Seehäfen der DDR, ist Generalagent der Interflug GmbH (als Luftfracht-S.) und somit für das Zuführen von Gütern zu den Flughäfen verantwortlich, sowie offizieller Spediteur der Leipziger Messen. Als Interessenvertreter der Verlader ist er am Aufstellen von Tarifen und Verkehrsvorschriften beteiligt. Ferner gehören Tarifauskunft, Beratung in Transportfragen und Frachtenkontrolle zu seinen Aufgaben.

Der VEB Deutrans besteht seit dem 1. 1. 1954 als Rechtsnachfolger der nach dem II. Weltkrieg gegründeten Derutra (Deutsch-Russische-Transport AG); sein derzeit gültiges Statut ist seit 1. 6. 1968 in Kraft.

b) VEB Deutfracht/Seereederei Rostock (DSR), Stammbetrieb des seit 1. 1. 1974 bestehenden „VEB Kombinat Seeverkehr und Hafenwirtschaft – Deutfracht/Seereederei". In diesen Stammbetrieb ist der früher der → **Direktion Seeverkehr und Hafenwirtschaft** unterstellte VEB Deutfracht, Internationale Befrachtung und Reederei eingegliedert worden, der als S.-Betrieb VEB Deutfracht, Internationale Befrachtung Mitte 1965 zur Befrachtung von Seeschiffen, Beschaffung von Ladung für Schiffe der Handelsflotte der DDR und Vermittlung von Seefrachtverträgen zwischen Partnern außerhalb der DDR gegründet wurde. Mit dem Herauslösen dieser Aufgaben aus dem VEB Deutrans wurde der Seegüterverkehr, durch den Devisen zu erwirtschaften sind, besonders gefördert. Das gilt auch für das Ausweiten der Aufgaben des VEB Deutfracht zur Reederei für Spezial- und Massenguttransporte ab Januar 1970: Die Spezial-, Kühl- und Massengutschiffe des VEB Deutsche Seereederei waren auf den VEB Deutfracht übertragen worden, an dessen Namen die Bezeichnung „Reederei" angefügt wurde und der

seitdem aus 2 Betriebsteilen besteht, dem Bereich Spezial- und Massengutschiffahrt mit Sitz in Rostock und dem Bereich Befrachtung mit Sitz in Berlin (Ost).

Dem VEB Deutfracht/Seereederei Rostock obliegt die gesamte S. der über See gehenden Export- und Importgüter der DDR im Linien- und Charterverkehr sowie für ausländische Auftraggeber. Er unterhält Zweigstellen in- und außerhalb der DDR. Er ist Mitglied der „Baltic and Maritime Conference (BIMCO)" sowie seit Oktober 1973 auch der „Far Eastern Freight Conference (FEFC)" und der „Japan-Europe and Europe-Japan Conference".

Sperrgebiet: → **Grenze; Demarkationslinie.**

Sperrkonten: Konten westdeutscher, West-Berliner oder ausländischer natürlicher oder juristischer Personen werden als sog. S. („Devisenausländerkonten B") bei den Filialen der Staatsbank der DDR (auch Ost-Berliner Stadtkontor) geführt. Die Verfügung darüber ist auf bestimmte Zwecke beschränkt, wie Unterhaltsverpflichtungen, Zahlung von Steuern, unentgeltliche Zuwendungen an Angehörige; bei Guthaben aus Grundstückserträgnissen auf Anwendungen für die Erhaltung und ordnungsgemäße Bewirtschaftung der Grundstücke (laufende Kosten, Instandsetzung, Ausbesserung). Bei vorübergehendem Aufenthalt in der DDR kann über S. bis zu 15 Mark je Tag und je Person (Kontoinhaber, Ehegatte, Kinder und Enkel vor Vollendung des 16. Lebensjahres) verfügt werden. (Dienst- oder Geschäftsreisen sind ausgenommen; bei Grundstückskonten ist vorherige Zustimmung des zuständigen Rates der Stadt oder der Gemeinde erforderlich.) → **Devisen.**

Spezialschulen: → **Einheitliches Sozialistisches Bildungssystem,** IX.

Spionage: → **Staatsverbrechen.**

Spitzelwesen: → **Ministerium für Staatssicherheit.**

Sport

Entwicklung und Organisation – Sport und Gesellschaftspolitik – Sport und Wissenschaft – Leistungssport – Massensport – Schulsport – Sport und Außenpolitik – Innerdeutsche Sportbeziehungen

I. Entwicklung und Organisation

Im Zuge der juristischen Liquidation des Nationalsozialistischen Reichsbundes für Leibesübungen und seiner Untergliederungen verfügte die Kontrollrats-Direktive Nummer 23 vom 17. 12. 1945 die Auflösung aller Turn- und S.-Vereine in Deutschland. Der zweite Teil dieser Direktive bestimmte die Zulassung „nicht-militärischer Sportorganisationen lokalen Charakters". In der von der → **SMAD** in der SBZ verbreiteten deutschsprachigen Fassung der Anordnung hieß es unter Fortlassung der Bestim-

mung „nicht-militärischer" nur noch „Sportorganisationen lokalen Charakters".

Unter der Regie eines der sowjetischen Militärverwaltung zugeordneten politisch zuverlässigen Experten begann der Aufbau einer sozialistischen S.-Organisation nach sowjetischem Vorbild. Zunächst wurde das Vermögen der aufgelösten Traditionsvereine durch die Volksbildungsämter der Kreise und Gemeinden verwaltet; sportliche Betätigung war nur auf kommunaler Grundlage zulässig (Kommunal-S.). Im Juni 1948 begann eine breit angelegte Kampagne zur Neuorganisation des S., die vorher in allen ihren Einzelheiten zwischen der SMAD, der SED, der FDJ, dem FDGB und den Verwaltungsstellen des Kommunal-S. vereinbart und vorbereitet worden war. Nach offizieller Zustimmung der SMAD kündigten am 1. 8. 1948 FDJ und FDGB übereinstimmend die Gründung des Deutschen S.-

Ausschusses (DSA) an. Die Gründungsfeier des DSA erfolgte am 1. 10. 1948 in Berlin (Ost). Erster Leiter des DSA wurde Waldemar Bordes. In der Gründungsproklamation hieß es u. a.: „Unsere Sportlerinnen und Sportler beteiligen sich an der Aktivistenbewegung für den Zweijahrplan und helfen beim Aufbau der Neubauernhäuser. Es müssen unverzüglich fortschrittliche Sportfunktionäre herangebildet werden. Darum sind in allen Ländern sofort Sportschulen einzurichten."

Die bisherigen kommunalen S.-Gemeinschaften wurden durch Betriebssportgemeinschaften (BSG) ersetzt. Am 17. 3. 1951 verkündete das ZK der SED die Durchführung von „Aufgaben auf dem Gebiet der Körperkultur und des Sports" und forderte darin die planmäßige Ausweitung und Propagierung der vom DSA geleiteten „Demokratischen Sportbewegung". Sie sollte nicht mehr der Oberleitung durch FDJ und FDGB unterstehen, doch „um so mehr bedarf sie der Unterstützung aller demokratischen Massenorganisationen". In der Folgezeit galt der DSA als höchstes Leitungsorgan des S. in der DDR. Entsprechend der Organisationsstruktur des FDGB wurden die Betriebssportgemeinschaften in S.-Vereinigungen (SV) zusammengefaßt; folgerichtig wurden „die Leiter der Abteilung Sport bei den Industriegewerkschaften die Leiter der Sportvereinigungen". Auf „Produktionsbasis" entstanden 18 S.-Vereinigungen:

SV Aktivist (Bergbau)
SV Aufbau (Bau-Industrie)
SV Chemie (Chemische Industrie)
SV Dynamo (Staatssicherheitsdienst, Volkspolizei)
SV Einheit (staatl. und kommunale Verwaltungen)
SV Empor (Handel und Versorgung)
SV Fortschritt (Textil- und Lederindustrie)
SV Lokomotive (Reichsbahn)
SV Medizin (Gesundheitswesen)
SV Motor (Metallverarbeitende Industrie)
SV Post (Postwesen)
SV Rotation (Presse, graphische Betriebe, Bühne, Film und Funk)
SV Stahl (Hütten-Industrie und Maschinenbau)
SV Traktor (Land- und Forstwirtschaft)
SV Turbine (Energiebetriebe)
SV Vorwärts (Kasernierte Volkspolizei, später Nationale Volksarmee)
SV Wismut (Wismut-Erzbergbau)
SV Wissenschaft (Universitäten und Hochschulen).
1952 wurde der FDJ-Funktionär Rudi Reichert Vorsitzender des DSA. „Zur Verbesserung der Tätigkeit und Struktur der Demokratischen Sportbewegung" erfolgte unter Reicherts Vorsitz am 27./28. 4. 1957 die Umwandlung des DSA in den Deutschen Turn- und Sportbund (DTSB). In einer Statusänderung vom 28. 5. 1961 wurden einige politische Aussagen verfeinert, doch blieb die politisch-ideologische Stoßrichtung unverändert.

Als „einheitliche, in sich geschlossene und der territorialen Struktur des Staates angepaßte sozialistische Sportorganisation" wurde der DTSB ohne Aufgabe seiner zentralistischen Organisationsstruktur in 15 Regionalorganisationen (DTSB-Bezirke) und diese in 214 Kreisorganisationen gegliedert. 14 der oben genannten S.-Vereinigungen gingen in den DTSB-Regionalorganisationen auf; ihre Betriebssportgemeinschaften wurden zu Grundorganisationen des DTSB. Lediglich die SV Vorwärts, Dynamo, Lokomotive und Wismut blieben wegen der besonderen Struktur und Bedeutung ihrer Träger bestehen und erhielten den gleichen Status wie Bezirksorganisationen. 1958 wurde die Organisationsänderung durch die Umbildung der Zentralen S.-Sektionen in Sportverbände des DTSB abgeschlossen. Nur die S.-Schützen sind nicht in einem Fachverband des DTSB, sondern bei der→ **Gesellschaft für Sport und Technik** (GST) organisiert.

Im Mai 1961 wurde Manfred Ewald Nachfolger von Rudi Reichert als DTSB-Präsident. Unter seiner Führung erlebte der DTSB dank eigener Organisationsleistungen und vielfältiger staatlicher Hilfen einen starken Aufschwung (1961: 1 534 105 Mitglieder, 29. 4. 1975: 2 543 016 Mitglieder). Weitgehend gelang die Synchronisation von Leistungs-, Wettkampf und Massen-S., sportorganisatorisch hauptsächlich durch die systematische Heranbildung von Übungsleitern, Schieds- und Kampfrichtern (29. 4. 1975: 184 000 Übungsleiter, 86 000 Schieds- und Kampfrichter).

Wichtigste Grundlage der Tätigkeit des DTSB sind der Beschluß des Staatsrates der DDR vom 20. 9. 1968 über „Die Aufgaben der Körperkultur und des Sportes bei der Gestaltung des entwickelten gesellschaftlichen Systems des Sozialismus in der Deutschen Demokratischen Republik" und das dritte Gesetz über die Teilnahme der Jugend an der Gestaltung der entwickelten sozialistischen Gesellschaft und über ihre allseitige Förderung in der DDR vom 28. 1. 1974. Im Abschnitt VI dieses Gesetzes heißt es in § 34: „Körperkultur und Sport gehören zum Leben der Jugend in der sozialistischen Gesellschaft. Die regelmäßige sportliche Betätigung ist Anliegen und Aufgabe jedes jungen Menschen für seine Persönlichkeitsentwicklung. Der sozialistische Staat gewährleistet Körperkultur und Sport in allen Bereichen des Lebens der Jugend und fördert die Tätigkeit des Deutschen Turn- und Sportbundes als Initiator und Organisator des Sports."

II. Politische und gesellschaftspolitische Verflechtung

Die außergewöhnlich große Förderung des S. durch gesetzgeberische Maßnahmen ist durch die konkreten innen- und außenpolitischen Zielsetzungen des DDR-S. motiviert. Vorrangige innenpolitische Aufgaben des S. sind seine Beiträge zur Erhöhung der

Produktivität und der Wehrkraft, zur Ausrichtung der Jugend am Leistungsprinzip und zur Mobilisierung der Bevölkerung. Im Mittelpunkt steht hier die Erziehung zu patriotisch-klassenbewußtem Denken und Handeln (Leistungs-S.).

Der außenpolitische Auftrag des S. zielt innerhalb des Ostblocks auf die emotionale Vertiefung der Bündnispolitik (→ **Friedensfahrt** u. a.) und weltweit auf die Demonstration der Überlegenheit des sozialistischen Systems (W. Ulbricht: „Sportler der DDR auf Siegespodesten bei Welt- und Europameisterschaften – das ist die beste Antwort an die Adresse der Bonner Alleinvertreter und Revanchisten").

Die Wertschätzung des S. als Phänomen von großer gesellschaftspolitischer Bedeutung ist zum großen Teil auf Eigenerfahrungen W. Ulbrichts in einem Arbeiter-Turn- und Sportverein in der Weimarer Republik zurückzuführen. Ulbricht, „dessen Name untrennbar mit dem steilen Aufstieg unseres Sports verbunden ist" (Deutsches Sportecho, Berlin [Ost], 18. 9. 1964), verkündete 1958 im Ost-Berliner Friedrich-Ludwig-Jahn-Sportpark den Massensport-Slogan: „Für jedermann an jedem Ort – jede Woche einmal Sport", der später von ihm selbst in „jede Woche mehrmals Sport" erweitert wurde. Ulbricht gab auch am 8. 11. 1964 vor Studenten der → **Deutschen Hochschule für Körperkultur** (DHfK) in Leipzig das Kommando für die Mobilisierung der jüngeren Jahrgänge: „Die planmäßige und systematische Ausbildung der Schüler in bestimmten Sportarten – und zwar sowohl im Unterricht als auch außerhalb des Unterrichts – ist die unerläßliche Voraussetzung für die Herausbildung des Lebensbedürfnisses, sich regelmäßig sportlich zu betätigen."

Der Wichtigkeit der ihm übertragenen Aufgaben entsprechend eng ist die Verflechtung des DTSB mit Staatsorganen, Kontrollinstanzen der SED und mit den → **Massenorganisationen**. „Oberste Instanz auf allen Gebieten der Körperkultur und des Sports in der DDR" (§ 2 der Verordnung) ist das am 1. 7. 1970 geschaffene → **Staatssekretariat für Körperkultur und Sport** beim Ministerrat der DDR, Nachfolger des am 16. 7. 1952 eingesetzten Staatlichen Komitees für Körperkultur und S. Durch die Verordnung des Ministerrates vom 17. 6. 1970 wurde das vorherige Staatliche Komitee geteilt in a) das Staatssekretariat und b) das Komitee. Das Staatssekretariat hat die Tätigkeit des Komitees für Körperkultur und S. der DDR als gesellschaftliches Organ aktiv und allseitig zu unterstützen und die Bestrebungen des DTSB zu fördern. Es ist u. a. für die Perspektiv- und Jahrespläne der Körperkultur und des S., für die weitere Entwicklung der S.-Wissenschaften und der Forschung, für die Aus- und Weiterbildung der Kader und für den S.-Stättenbau verantwortlich.

Als direkte Schaltstelle zwischen der Staatspartei und dem DTSB wirkt die Abteilung S. des Zentral-

komitees der SED. Ihr gegenwärtiger (1975) Leiter (Rudolf Hellmann) ist Mitglied des DTSB-Bundesvorstandes und Vizepräsident des → **Nationalen Olympischen Komitees (NOK) der DDR**. Die „Aufgaben auf dem Gebiete der Körperkultur und des Sports" wurden schon am 17. 3. 1951 in einer Grundsatzentschließung des ZK der SED festgelegt. Die Zusammenarbeit zwischen DTSB und dem Freien Deutschen Gewerkschaftsbund und der Freien Deutschen Jugend dient vorrangig der Intensivierung des Massen-S. Im März 1970 faßten DTSB und FDGB ihre schon früher geübte Kooperation im ersten gemeinsamen S.-Programm zusammen, das im November 1972 erweitert wurde.

Im DDR-Gesetzblatt vom 30. 11. 1972 wurde die AO über die Wahrnehmung der Verantwortung der Betriebe und staatlichen Einrichtungen auf dem Gebiet von Körperkultur und Sport im Einvernehmen mit allen entsprechenden staatlichen und Massenorganisationen veröffentlicht. Den Leitern der Volkseigenen Betriebe und staatlichen Einrichtungen wurde die volle Verantwortung für eine regelmäßige und intensive sportliche Betätigung der Arbeitnehmer übertragen. Zur zielstrebigen Verwirklichung der angeordneten Förderungsmaßnahmen wurden S.-Kommissionen gebildet, denen neben DTSB-Funktionären u. a. auch Vertreter der Betriebsgewerkschaftsleitung und der Betriebsbereiche Produktion, Gesundheitswesen, Kader und Bildung angehören müssen. Analog zur Kooperation zwischen DTSB und FDGB beschlossen DTSB und FDJ auf der Grundlage früherer Vereinbarungen im Januar 1973 die Weiterführung der Wettbewerbe um die Wanderpokale der Freien Deutschen Jugend und der Pionierorganisation „Ernst Thälmann".

Im Gegensatz zu den ständig erweiterten S.-Aktivitäten des FDGB und der FDJ dienen sportliche Förderungsmaßnahmen der Nationalen Volksarmee und der Volkspolizei bzw. des Staatssicherheitsdienstes vorwiegend dem Leistungs-S.

Bis Ende 1956 war „auf der Grundlage der militärischen Struktur" die Organisation der Armeesportklubs (ASK), der Bezirksorganisationen und der Armeesportgemeinschaften (ASG) abgeschlossen. Leitfunktion bekam der Zentrale Armeesportklub „Vorwärts" (ZASK).

Die ASV „Vorwärts" zählte im April 1974 über 180 000 Mitglieder. Seit 1956 errangen ASK-Sportlerinnen und -Sportler bei Olympischen Spielen, Welt- und Europameisterschaften 122 Gold-, 110 Silber- und 114 Bronzemedaillen (Stand 1. 5. 1974). Allein bei den Olympischen Spielen 1972 in München stellte der ASK 54 Mitglieder der insgesamt 330köpfigen DDR-Mannschaft. Synchron mit der systematischen Leistungssportförderung mit Hilfe armee-eigener S.-Internate und Trainingszentren verläuft die gesellschaftspolitische Erziehung. ASV-Vorsitzender ist gegenwärtig (1975)

Admiral Waldemar Verner, Mitglied des ZK der SED und Chef der Politischen Hauptverwaltung der NVA.

Die am 27. 5. 1953 gegründete S.-Vereinigung „Dynamo" (Vorsitzender Erich Mielke, Kandidat des Politbüros der SED, Minister für Staatssicherheit) ist die S.-Organisation der Volkspolizei und des Staatssicherheitsdienstes und verfügt als solche über ein eigenes zentrales S.-Forum in Berlin-Hohenschönhausen. Fast jeder zehnte DDR-Sportler ist in der SV „Dynamo" organisiert: Sie zählte am 1. 5. 1974 über 230 000 Mitglieder, davon mehr als 90 000 Kinder und Jugendliche. Organisationsstruktur und Aufgabeninhalte entsprechen der ASV „Vorwärts". Mitglieder der S.-Clubs (SC) der SV „Dynamo" erzielten bei Olympischen Spielen, Welt- und Europameisterschaften 42 Gold-, 72 Silber- und 66 Bronzemedaillen. Von „Dynamo"-Sportlerinnen und -Sportlern wurden 50 Welt- und 85 Europarekorde aufgestellt. 24 590 „Dynamo"-Spartakiadeteilnehmer errangen über 13 000 Medaillen (Stand 1. 5. 1974). Besondere Erfolge verzeichnete SC „Dynamo" im Frauen-Leistungs-S. Zu den prominentesten „Dynamo"-Sportlerinnen gehören Christa Stubnick, Gisela Birkemeyer, Karin Janz, Christine Errath und Monika Zehrt.

In welchem Maße sich die politische und gesellschaftspolitische Verflechtung des DTSB in staatlichen Finanzzuschüssen niederschlägt, ist konkret nicht belegbar. Weder der Staatshaushalt noch das Statistische Jahrbuch oder die Präsidiumsberichte bei den DTSB-Bundestagen geben Aufschluß über die Höhe der dem DTSB zur Verfügung stehenden Finanzen. Zudem kommen zu den Mitteln aus dem Staatshaushalt noch Zuweisungen aus den Fonds der örtlichen Volksvertretungen, die Zuschüsse aus den Kultur- und Sozialfonds der Volkseigenen Betriebe, Zuwendungen der Trägerbetriebe, der für massensportliche Aktionen zur Verfügung gestellte Anteil an den FDGB-Einnahmen, Mittel aus den Etats der NVA und des Ministeriums für Staatssicherheit, die dem Sport anzurechnenden Personalkosten der Verbindungsstellen in den verschiedenen Ministerien und Regionalbehörden sowie die Überschüsse des VEB-Sporttotos. Im Vergleich zu diesen öffentlichen Aufwendungen verfügt der DTSB bei niedrigen Mitgliedsbeiträgen und Eintrittspreisen für S.-Veranstaltungen nur über geringe Eigeneinnahmen. Hochrechnungen über die durch Subvention zu deckenden Gesamtkosten des DDR-S. bewegen sich zwischen 2 und 3 Mrd. Mark jährlich.

III. Wissenschaftlichkeit

Das Erfolgsrezept des S. in der DDR basiert auf der Langfristigkeit seiner Planungen. Das in der DDR praktizierte System der Körperkultur und speziell seiner verschiedenen Formen der Leistungsschulung berücksichtigt Perspektivräume von 10 bis 15 Jah-

ren. Perspektivpläne wie kurz- oder mittelfristige Maßnahmen werden auf der Grundlage wissenschaftlicher Erkenntnisse formuliert, die insbesondere Methodik und Didaktik, sportmedizinische Forschung und technische Weiterentwicklungen ausloten und zusammenfassen. Die gesamte wissenschaftliche Behandlung des Phänomens S. geschieht unter dem Gesetz der Einheit von Theorie und Praxis.

Als „Zentrales Beratungs- und Koordinierungsorgan für alle staatlichen und gesellschaftlichen Organe der Körperkultur" wurde am 28. 4. 1961 der Wissenschaftliche Rat des Staatssekretariats für Körperkultur und S. konstituiert, der seit März 1952 bereits als Organ des Deutschen S.-Ausschusses bestanden hatte. Der Wissenschaftliche Rat umfaßt die Sektionen 1. Leistungs-S., 2. Kinder- und Jugend-S., 3. Volks-S., 4. Theorie, Geschichte und Organisation der Körperkultur, 5. Kader-Aus- und -Weiterbildung, 6. S.-Medizin und 7. die Forschungskommission. Seinem Statut gemäß ist der Wissenschaftliche Rat für den Aufbau der sozialistischen Körperkultur verantwortlich. Er hat die Jahres- und Perspektivpläne der Forschung und Kaderausbildung zu erarbeiten, die Ergebnisse der wissenschaftlichen Arbeit der Institute zu kontrollieren, Lehr- und Fachbücher zu begutachten, die schnelle Umsetzung wissenschaftlicher Erkenntnisse, insbesondere für die Praxis des Leistungssports, zu fördern und die Zusammenarbeit der zuständigen sportlichen Stellen und Gremien, wie beispielsweise der Gesellschaft für S.-Medizin der DDR mit sämtlichen Zweigen der übrigen Wissenschaft zu koordinieren.

Die Deutsche Hochschule für Körperkultur entwickelte sich nach diesem Motto in wenigen Jahren zur zentralen Lehr- und Forschungsstätte der DDR. An ihr werden nicht nur, wie auch an anderen Universitäten und Hochschulen, S.-Lehrer, sondern vor allem hochqualifizierte S.-Wissenschaftler, Hochschullehrer und Spitzenfunktionäre ausgebildet. Auch an anderen Universitäten und Hochschulen der DDR bestehen eigene Sektionen „S.-Wissenschaft", so an der Humboldt-Universität Berlin (Ost), der Ernst-Moritz-Arndt-Universität Greifswald, der Martin-Luther-Universität Halle/Wittenberg, der Friedrich-Schiller-Universität Jena, der Universität Rostock sowie den Pädagogischen Hochschulen Potsdam, Karl-Marx-Stadt, Halle-Kröllwitz und Zwickau. Doch nirgends wird S.-Wissenschaft so intensiv und aufwendig betrieben wie an der DHfK in Leipzig.

Kernstück des der DHfK angegliederten Forschungsinstituts für Körperkultur und S. ist neben dem 1965 vervollständigten sportmedizinischen Zentrum das Institut für technische Weiterentwicklungen. In enger Zusammenarbeit mit Industrie-Instituten wird hier wissenschaftliche Forschung zur

Verbesserung von S.-Geräten betrieben. So kooperierten das Forschungsinstitut der DHfK und das Flugzeugwerk Dresden bereits 1960 bei Experimenten im Hypoxyd- und Polyesterharzverfahren zur Entwicklung von Kunststoff-Ruderbooten, die nur einen Bruchteil des Gewichts konventioneller Holz-Ruderboote und eine bessere Stromlinienform besaßen. Andere wissenschaftliche Programme dienen speziell dem Massen-S., so u. a. ein gemeinsames Forschungsunternehmen mit der Sowjetisch-Deutschen Aktiengesellschaft (SDAG) Wismut für „die weitere Gestaltung des Sports der Werktätigen". Die finanziellen Aufwendungen im Wissenschaftsbereich des S. sind beträchtlich.

IV. Leistungssport

Die DDR zählt 17 Mill. Einwohner; die für Wettkampf-S. geeignete junge Bevölkerung ist also viel kleiner als das Potential der USA, der UdSSR oder der meisten sporttraditionsreichen Länder. Die Talentsuche ist deshalb für den DTSB von elementarer Wichtigkeit. Das durchgängige System der leistungssportlichen Förderung beginnt mit der Suche nach Talenten im Vorschulalter, von der gelegentlich ganze Schulanfängerklassen erfaßt werden. Schulneulinge werden während der ersten Unterrichtsstunden in Turnen, S. und Spiel durch Trainer und Übungsleiter der S.-Clubs und Betriebssportgemeinschaften beobachtet. Die Grund- und Regionalorganisationen des DTSB veranstalten permanent Prüfungskämpfe in Gestalt von Erstlingsrennen oder Anfängerwettbewerben. Die durch die verschiedenen Sichtungen erkannten wettkampfwilligen und -fähigen Talente unterliegen sportmedizinischen Eignungstests. Sie dienen nicht allein der medizinischen Fürsorge, sondern vor allem dem Erkennen besonderer körperlicher Vorzüge für bestimmte Disziplinen (Biomechanische Messungen).

Diese Eignungstests werden über längere Zeiträume fortgesetzt; wo es zweckmäßig erscheint, erfolgt die „Umschulung" auf eine andere S.-Art auch noch im Alter bis zu 20 Jahren. In enger Zusammenarbeit zwischen Schule und dem DTSB gipfeln die nachwuchssportlichen Aktivitäten in der Spartakiadebewegung: Kein anderes S.-System dient in ähnlicher Weise gleichzeitig breiten sportlichen Entwicklungen und der Spitzenleistung wie die Kinder- und Jugendspartakiaden.

Die Systematisierung der Leistungssportförderung in der DDR begann 1954 (Durchbruch zur Weltspitze 1966). Damals bildeten die S.-Vereinigungen – zur Konzentration ihrer besten Sportlerinnen und Sportler in Schwerpunkten – S.-Clubs (SC). Die SC verfügen jeweils für eine oder mehrere S.-Arten über Trainings- und Wettkampfzentren. Die meisten der unverheirateten SC-Angehörigen sind in Internaten untergebracht. Aus wirtschaftlichen Gründen befaßt sich nicht jeder SC mit allen S.-Arten; viel-

mehr erfolgte im Laufe der Zeit eine sinnvolle Verteilung der verschiedenen S.-Arten auf die S.-Clubs der verschiedenen S.-Vereinigungen. Die Zugehörigkeit zu einem SC erwirbt man nicht durch Beitritt, sondern durch „Delegation": Aussichtsreiche Mitglieder von Betriebs- oder Hochschulsportgemeinschaften werden auf Anforderung der Zentralen Leitung zum SC der betreffenden S.-Vereinigung delegiert. Bei Nichterfüllung der Normen des individuellen Leistungsplans wird die Rückdelegierung zur Grundorganisation angeordnet. Die gesamtgesellschaftliche Situation in der DDR und zahlreiche den Spitzensportlern zugestandenen Privilegien (z. B. Reisen, bevorzugte Belieferung mit hochwertigen Verbrauchsgütern, Befreiung von gesellschaftlichen Verpflichtungen) veranlassen zu großen Kraftanstrengungen, um die geforderten Normen zu erreichen. Insgesamt gibt es knapp 30 SC mit zusammen etwa 12 000 Mitgliedern.

SC-Mitglieder besitzen bei den den S.-Clubs zugeordneten Trägerbetrieben Kader-Stellen (K-Stellen). Inhaber einer K 3 werden auf Anforderung der Trainer von Fall zu Fall von der Arbeit freigestellt. Sportler der Kategorie K 2 müssen vom Trägerbetrieb für wöchentlich 16 Stunden Training freigegeben werden. Spitzensportler der Klasse K 1 sind praktisch von jeder Berufsausübung befreit oder erhalten als Studenten Freisemester. Unabhängig vom Umfang ihrer Freistellung beziehen K-Stellen-Inhaber den vollen Arbeitslohn entsprechend ihrer beruflichen Einstufung, die wiederum mit der sportlichen Leistungssteigerung parallel läuft. Der DTSB erstattet den Trägerbetrieben den an K-Stellen-Inhaber gezahlten Arbeitslohn.

V. Auszeichnungen

Die Erfüllung der Leistungsnormen der verschiedenen S.-Arten bildet die Grundlage der ebenfalls 1954 eingeführten S.-Klassifizierung. Sie soll „zu höheren sportlichen Leistungen anspornen, zu besserer Planung und Arbeit im Leistungs-S. beitragen und die allseitige Entwicklung der Sportler fördern". Die Klassifizierung umfaßt für die Jugend (14 bis 17 Jahre), für Erwachsene (ab 18 Jahre) und für Kampfrichter jeweils die Leistungsklassen III, II und I, für Erwachsene außerdem noch eine Meisterklasse. Für Erfüllung der Meisternorm wird an Sportler, Trainer und Verbandsfunktionäre der Ehrentitel „Meister des Sports", für darüber noch hinausragende Leistungen, und speziell internationale Erfolge, der Ehrentitel „Verdienter Meister des Sports" verliehen. Voraussetzung für die Verleihung dieser Titel ist neben dem sportlichen Leistungsniveau die aktive Teilnahme am gesellschaftlichen und politischen Leben. Bis zum 31. 12. 1973 erhielten die Auszeichnung Meister des Sports 1581 Männer und 658 Frauen, die Auszeichnung Verdienter Meister des Sports 1187 Männer und 223 Frauen.

Auf im internationalen Wettkampf oder bei der Weiterentwicklung des S. und seiner Organisation besonders verdiente Aktive, Funktionäre, Wissenschaftler und Trainer wartet eine Fülle von Orden und Ehrenzeichen, so das „Ehrenzeichen für Körperkultur und Sport", die „Verdienstmedaille der DDR", die „Friedrich-Ludwig-Jahn-Medaille", die „Artur-Becker-Medaille", der Orden „Banner der Arbeit", der „Vaterländische Verdienstorden" in Bronze, Silber und Gold und mit Ehrenspange (erster Träger im DTSB: Manfred Ewald) sowie der Nationalpreis für Wissenschaft und Technik. Die Verleihungslisten tragen den Zusatz: „Die Auszeichnungen an die aktiven Sportler werden als Ehrungen ohne irgendwelche materiellen Vergünstigungen verliehen"; tatsächlich jedoch erfolgt die Zahlung der mit einer Ordensverleihung verbundenen Prämie oder lebenslangen Rente auf ein Sperrkonto, das dem betreffenden Sportler nach Beendigung der aktiven Laufbahn zur freien Verfügung steht. Noch während der Wettkampfkarriere erzielte Rekordverbesserungen und besondere internationale Erfolge werden mit Bargeldprämien honoriert.

Seit Beginn der systematischen leistungssportlichen Aufrüstung 1954 gelang dem S. in der DDR ein beispielloser Aufstieg. Bei den Olympischen Spielen 1956 bis 1972 errangen DDR-Teilnehmer 46 Gold-, 65 Silber- und 52 Bronzemedaillen. Bis Ende 1974 siegten Sportlerinnen und Sportler der DDR bei 293 Welt- und 235 Europameisterschaften und erreichten dabei außerdem 1111 weitere Medaillenränge. Bei den Olympischen Spielen 1968 in Mexiko Stadt und 1972 in München belegte die DDR in der inoffiziellen Länderwertung hinter den USA und der UdSSR jeweils den dritten Platz. Im Schwimmen, in der Leichtathletik, im Rudern, Kanuslalom, Turnen, Handball, Volleyball und in allen Wintersportarten mit Ausnahme von alpinem Skilauf, Bobrennsport und Eishockey zählt der DTSB zur leistungssportlichen Weltspitze. 1974 gelang dem bis dahin stagnierenden Deutschen Fußballverband der DDR erstmals die Qualifikation für das Endrundenturnier der Fußballweltmeisterschaft in der Bundesrepublik Deutschland.

Spitzenfunktionäre sehen in dieser triumphalen Bilanz weder ein „Wunder" noch allein das Ergebnis von Organisation, Methodik und Wissenschaft, sondern begründen den steilen Aufstieg auch ideologisch: Nur die gesellschaftlichen Verhältnisse in der DDR, d. h. der Sozialismus, hätten die erfolgreiche Entwicklung des S. möglich gemacht.

VI. Massensport

Je erfolgreicher der DSTB in zahlreichen S.-Arten bei Olympischen Spielen und internationalen Meisterschaften operierte, um so nachhaltiger propagierte er in seinem inneren Organisationsbereich den Breiten-S. für jedermann. Mit der Förderung des Massen-S. verfolgt der DTSB verschiedene, fast gleichwertige Ziele: Neben dem gesundheitspolitischen Aspekt das Angebot sinnvoller Freizeitgestaltung im Rahmen der Fünf-Tage-Woche, vor allem aber die Nutzung des Wechselspiels zwischen Breite und Spitze und das Ausräumen des lange Zeit erhobenen Vorwurfs, der DTSB würde einseitig den Leistungs-S. bevorteilen.

Zu der seit 1959 jährlich im Juni veranstalteten „Woche der Jugend und Sportler" zur „Mobilisierung einer bewußten schöpferischen Mitarbeit im Kampf für den Sieg des Sozialismus und die Sicherung des Friedens" kam eine Fülle massensportlicher Veranstaltungen, vornehmlich im Zusammenwirken des DTSB mit FDGB und FDJ. „Körperkultur, Sport und Touristik auf neue, sozialistische Art zur Sache aller Werktätigen zu machen und somit das neue Ziel ‚Jedermann an jedem Ort – jede Woche mehrmals Sport' verwirklichen zu helfen, das gehört zu den gewerkschaftlichen Aufgaben" (Herbert Warnke, Mitglied des Politbüros des ZK der SED und Vorsitzender des Bundesvorstandes des FDGB, verstorben im März 1975).

Auch die breitensportlichen Aktivitäten besitzen größtenteils Wettbewerbscharakter. Zu den mit besonderem Nachdruck propagierten Aktionen zählen: die „Mach mit – bleib fit!"-Wettkämpfe; der „Cross der Jugend"; die „Lauf-dich-gesund"-Veranstaltungen, 1973 aus Anlaß des Jugend-Festivals als „Festivalmeile" propagiert, 1974 zum 25jährigen Bestehen der DDR unter dem Motto „Eile mit Meile" als Jubiläumsmeile über die Distanz von 1974 Meter arrangiert; die Urlauber-Olympiade „Mein Urlaub – kein Urlaub vom Sport"; das Fußballturnier der FDJ-Grundeinheiten (1974: 1502 teilnehmende Mannschaften); die Kraftsportwettbewerbe „Stärkster Mann der NVA" und „Stärkster Lehrling der DDR" (1973: 373617 teilnehmende Mädchen und Jungen); der Schießwettbewerb um die „Goldene Fahrkarte" (1973: Schießsportabzeichen für 440953 Erwachsene und Jugendliche) und der Fernwettkampf der Familien. „Bei diesen Veranstaltungen wurden 1973 mehr als 5 Mill. Beteiligte gezählt. Gleichzeitig wurde registriert, daß sich nunmehr fast 2,5 Mill. Werktätige regelmäßig sportlich betätigen. Damit sind 33,3 v. H. der etwa 7 Mill. Gewerkschaftsmitglieder regelmäßig sportlich tätig" (DTSB-Vizepräsident Prof. Dr. Edelfried Buggel am 30. 3. 1974 vor dem DTSB-Bundesvorstand). Auch die steigende Zahl derer, die das S.-Abzeichen „Bereit zur Arbeit und zur Verteidigung der Heimat" erwerben, belegt die Ausweitung des Breiten-S. Am 31. 12. 1972 gab es insgesamt 1129542 S.-Abzeichenträger. 1974 wurden die S.-Abzeichen-Bedingungen von 470000 DDR-Bürgern (1972: 313819) erstmals oder in Wiederholung erfüllt. „Für hervorragende Leistungen bei der Erfüllung des Sportplans des DTSB" speziell auf dem Gebiet des Massen-S. wird jährlich an die beste Bezirksorganisation das „Werner-Seelenbinder-Banner" verliehen (1973: Bezirk Frankfurt/Oder). Außerdem erfolgen Würdigungen durch die Verleihung der „Ehrenurkunde des Präsidiums des DTSB" an erfolgreiche Bezirksorganisationen und des Titels „Vorbildliche Sportgemeinschaft des DTSB" an die besten Grundorganisationen.

Der Demonstration der Breitenarbeit des DTSB dienen die Deutschen Turn- und S.-Feste in Leipzig, der Stadt des I. Deutschen Arbeiter-Turn- und S.-Festes (1922). Das I. Deutsche Turn- und S.-Fest der DDR fand 1954 statt, das bisher letzte (V.) 1969 in Anwesenheit des damaligen Präsidenten des Internationalen Olympischen Komitees, Avery Brundage, und zahlreicher weiterer Ehrengäste des internationalen S. Von der Entzündung des Festfeuers am Völkerschlachtdenkmal über das „Gelöbnis der Hunderttausend" bis zu den lebenden Bildern uniformierter Teilnehmer (1969: „Es lebe unsere DDR") tragen die Deutschen Turn- und S.-Feste alle Merkmale einer hervorragend organisierten Propagandaschau. Das VI. Turn- und Sportfest findet Ende Juli 1977 gemeinsam mit der VI. Kinder- und Jugenspartakiade in Leipzig statt.

VII. Kinder-, Jugend-, Schul- und Studentensport

Seit Beginn des Schuljahres 1953/54 gilt der S.-Unterricht an allen Schultypen der DDR als Hauptfach und ist den wissenschaftlichen Fächern gleichgestellt. Nach wöchentlich 2 Übungsstunden in der Vorschulerziehung beträgt der Unterrichtsumfang der obligatorischen S.-Stunden im Schullehrplan durchschnittlich nicht mehr als 2–3 Stunden pro Woche, doch sorgen außerunterrichtlicher und außerschulischer S. für eine quantitative und qualitative Ergänzung. Dabei spielen die Schulsportgemeinschaften (SSG) die wichtigste Rolle.

Die Synchronisierung der schulischen Körpererziehung mit den außerschulischen S.-Aktivitäten obliegt der staatlichen Förderung und Lenkung. 1956 wurden die Stellen der Kreisturnräte geschaffen. Ihre Aufgabe ist es, Schulsportunterricht und außerunterrichtlichen S. zu verbessern. Sie überprüfen die Zyklenpläne, Stunden- und wöchentlichen Stundenverteilungspläne und kontrollieren die ordnungsgemäße Durchführung des Unterrichts. Im Pädagogischen Kreiskabinett, einem Gremium der Abteilung Volksbildung beim Rat des jeweiligen Kreises, verantworten die Kreisturnräte in Zusammenarbeit mit den sportlichen Fachkommissionen die pädagogisch-methodische Arbeit der Turn- und S.-Lehrer. Jeder Schulsportlehrer muß mindestens alle 2 Jahre an einem Weiterbildungslehrgang teilnehmen, der Vorlesungen und Seminare zu fachlichen Themen, S.-Praxis und Kurse in Marxismus-Leninismus umfaßt.

Höhepunkte des Zusammenwirkens von DTSB und Schule sind die erstmals 1965 in der gesamten DDR veranstalteten Kinder- und Jugendspartakiaden. Im Stadium der Vorwettkämpfe hauptsächlich auf breitensportlichen Effekt ausgerichtet, sind die Endkämpfe der Kinder- und Jugendspartakiaden wichtiger Bestandteil des Leistungssportsystems (1972: 90 DDR-Rekorde in den verschiedenen Altersklassen). Die Spartakiade-Bewegung stellt ein Muster für die sportliche Aktivierung der Jugend dar. Nahezu alle später im internationalen Maßstab erfolgreichen DDR-Sportler standen vorher in den Siegerlisten der Kinder- und Jugendspartakiaden (→ **Spartakiaden**).

Spezielle Ausbildungsstätten für die nachwachsende Sportelite sind die Kinder- und Jugendsportschulen (KJS). Die ersten 4 KJS nahmen nach dem Erlaß des Ministeriums für Volksbildung vom 29. 8. 1952 in Berlin (Ost), Leipzig, Brandenburg und Halberstadt den Unterricht auf. Derzeit gibt es 20 Kinder- und Jugendsportschulen, gegliedert als Erweiterte Oberschulen. Es werden nur Schüler aufgenommen, die im Turnen die Note 1, mindestens 2, haben und deren Durchschnitt in den wissenschaftlichen Fächern die Note 2,5 nicht unterschreitet. Sie müssen Mitglieder der Thälmann-Pioniere oder der FDJ sein. Die Schüler der KJS sind in Internaten untergebracht. Die S.-Kleidung, vom Trainingsanzug bis zu Skischuhen, und sämtliche S.-Geräte werden von der Schule kostenlos zur Verfügung gestellt. Jeder Schüler ist zur Führung eines Leistungsbuches verpflichtet. In der Unterstufe werden 5, in der Oberstufe 7 Stunden S.-Unterricht wöchentlich gegeben, zuzüglich eines obligatorischen Spiel- und S.-Nachmittags und eines wöchentlich zwei- bis dreimaligen Trainings beim Patenschafts-S.-Club in der gewählten Spezialdisziplin. Ein Teil des S.-Unterrichts dient konkret der Erhöhung der Wehrkraft: Zum Leichtathletiktraining gehören Selbstverteidigung, Hindernislauf, Kampfübungen, Marschübungen und Kleinkaliberschießen. Die Tätigkeit in der Pionierorganisation oder der FDJ hinzugerechnet, ist jeder KJS-Schüler wöchentlich mit 60 Ausbildungsstunden belastet; hinzu kommt die Teilnahme an zentralen S.-Festen und Meisterschaften. Die an einer Kinder- und Jugendsportschule erfolgreich bestandene Reifeprüfung bildet die beste Basis für eine Karriere in der S.-Organisation, dem Staatsapparat, der NVA oder der Volkspolizei.

Wie an allen Schultypen nimmt der S. auch an den Universitäten und Hochschulen einen obligatorischen Platz im Lehrprogramm ein: „In Verbindung mit dem Sportunterricht der Studenten sind im Trainings- und Wettkampfbetrieb der Hochschulsportgemeinschaften (HSG) die Prinzipien des modernen Trainings und Wettkampfes durchzusetzen, damit ein maximaler Nutzen zur Formung allseitig gebildeter sozialistischer Persönlichkeiten erreicht wird" (Entschließung des IV. Turn- und S.-Tages des

DTSB, Mai 1970). Die Universitäten und Hochschulen zwingen die Immatrikulierten im Rahmen der obligatorischen „Studentischen Körpererziehung" zu sportlicher Aktivität. 4 Semester lang werden wöchentlich 2 Stunden Turn- und S.-Unterricht erteilt. Am Ende des 2. Studienjahres finden Leistungsprüfungen im leichtathletischen Vierkampf, Geräteturnen, Gymnastik, Schwimmen und Spielen statt. Wer die Leistungsprüfung nicht besteht, muß auch im 3. Studienjahr am S.-Unterricht teilnehmen. Zum Staatsexamen wird nur zugelassen, wer den Nachweis erbringt, 4 Semester erfolgreich oder 6 Semester regelmäßig an der „Studentischen Körpererziehung" teilgenommen zu haben.

VIII. Internationale Anerkennung und Beziehungen

Obwohl von der UdSSR und den anderen sozialistischen Verbündeten nachhaltig unterstützt, mußte der S. der DDR lange auf seine internationale Anerkennung und seine Zulassung zu internationalen Wettkämpfen warten. Weil beispielsweise die Welt-Fußball-Föderation FIFA die Anerkennung versagte, trat die Fußballnationalmannschaft Ungarns am 9. 10. 1949 im Ost-Berliner Stadion Mitte als „Ungarische Gewerkschaftsauswahl" zu einem Vergleichsspiel gegen die „Auswahl Sachsen" an. Der ungarische 2:1-Sieg wird heute als das erste Fußball-Länderspiel-Ergebnis der DDR registriert. Die ersten Fachverbände der DDR (Sektionen) wurden zwar bereits 1950 und Anfang 1951 in die internationalen Föderationen aufgenommen (Schachverband 12. 7. 1950, Tischtennis-Verband 8. 3. 1951, Skiläufer-Verband 10. 4. 1951); die Hauptlast des Ringens um internationale Anerkennung trug jedoch das Nationale Olympische Komitee (NOK) der DDR. Am 8. 5. 1951 wurde ein Anerkennungsersuchen des NOK der DDR von der in Wien tagenden 45. IOC-Session abgelehnt. In der Begründung hieß es, daß nach den IOC-Statuten in einem Land nur ein Nationales Olympisches Komitee anerkannt werden kann. Weil das IOC am 7. 5. 1951 bereits das am 24. 9. 1949 gegründete Nationale Olympische Komitee für Deutschland anerkannt hatte, empfahl das IOC den beiden deutschen Komitees, sich miteinander über die Bildung eines gesamtdeutschen Komitees zu einigen, bevor das IOC die zwei deutschen Vertretungen am 21. und 22. 5. 1951 in Lausanne noch einmal hören wollte. Am Ende dieser Konferenz unterschrieben die beiden NOK-Präsidenten Karl Ritter von Halt und Kurt Edel einen Kontrakt, der die Bildung einer gesamtdeutschen Olympiamannschaft vorsah, „bestehend aus den besten deutschen Amateursportlern ohne Berücksichtigung ihres Wohnsitzes". Auf persönlichen Einspruch Ulbrichts hin erklärte die außerordentliche Mitgliederversammlung des NOK der DDR am 2. 9. 1951 die Lausanner Abmachung für ungültig

und forderte vom IOC ultimativ die Anerkennung des Nationalen Olympischen Komitees der DDR als unabdingbare Voraussetzung für die Teilnahme von DDR-Sportlern an den Olympischen Spielen 1952. Nachdem ein weiterer Vermittlungsversuch des finnischen IOC-Mitglieds Baron Erik von Frenckell im Februar 1952 wegen Nichterscheines der Delegation der DDR fehlschlug, nahm an den Olympischen Spielen 1952 nur die Mannschaft des Nationalen Olympischen Komitees für Deutschland teil. Die provisorische Anerkennung des NOK der DDR erfolgte erst bei der 50. IOC-Session vom 13. bis 18. 6. 1955 in Paris. Der dort gefaßte Beschluß besagte: „Es wird mit 27 zu 7 Stimmen entschieden, daß das Olympische Komitee der Demokratischen Republik von Deutschland (Ost) vorläufig und mit der Maßgabe anerkannt wird, daß diese Anerkennung automatisch erlischt, wenn es sich als unmöglich herausstellen sollte, eine gesamtdeutsche Olympiamannschaft zu bilden und diese nach Melbourne zu entsenden. Es versteht sich von selbst, daß das IOC nach der Wiedervereinigung nur ein Deutsches Olympisches Komitee für das ganze Land anerkennen wird." Parallel zur Teilnahme gesamtdeutscher Mannschaften an den Olympischen Spielen 1956, 1960 und 1964 fanden alle Fachverbände der DDR Aufnahme in die entsprechenden internationalen Verbände, zuletzt am 9. 12. 1965 der Deutsche Pferdesport-Verband. Die selbständige Mitgliedschaft der DDR-Verbände in den internationalen Föderationen und die von der DDR-S.-Führung ständig verstärkten Schwierigkeiten bei der Bildung gesamtdeutscher Olympiamannschaften veranlaßten das IOC am 8. 10. 1965 anläßlich der 63. Session in Madrid zur Modifizierung seiner Entscheidung von 1955, was zur Anerkennung des „ostdeutschen olympischen Komitees mit allen Rechten für das geographische Gebiet von Ostdeutschland" führte. Bei den Olympischen Winterspielen 1968 und den Olympischen Spielen von Mexiko sollte es dieser Entscheidung zufolge 2 getrennte Mannschaften unter einer Fahne und Hymne geben. Letztmals bei den Olympischen Spielen in Mexiko Stadt trugen alle deutschen Olympiateilnehmer das gleiche Emblem – fünf weiße Ringe auf schwarz-rot-goldenem Untergrund – und erklang für die deutschen Olympiasieger Beethovens Hymne an die Freude. Unter Beibehaltung seiner übrigen Beschlüsse von 1965 entschied das IOC am 12. 10. 1968 bei der 67. Session in Mexiko Stadt, daß von den Olympischen Spielen 1972 an das NOK der DDR eigene Flagge, eigenes Emblem und eigene Hymne zu verwenden berechtigt sei. Hauptsächlich dank seiner leistungssportlichen Weltgeltung verfügt der DDR-S. inzwischen über internationales Ansehen. Funktionäre der DDR sind in nahezu allen internationalen Verbänden Mitglieder von Führungsgremien oder technischen Kommissionen. August 1974: 114 DDR-Vertreter in 162 Funktionen des internationalen S. Vertraglich vereinbarte S.-Beziehungen bestehen nicht nur mit sozialistischen Staaten und Ländern der afro-asiatischen Welt, sondern auch mit Finnland, Schweden, Italien und Japan.

IX. Deutsch-deutsche Sportbeziehungen

Die Beziehungen zwischen den beiden deutschen S.-Organisationen, DSA bzw. DTSB und DSB, waren von Beginn an mit erheblichen politischen Spannungen belastet. In seiner Entschließung vom 17. 3. 1951 erteilte das ZK der SED dem DSA den Auftrag zu „politischer Westarbeit" im Rahmen des gesamtdeutschen Sportverkehrs. Zur Abwehr dieser Agitation und Propaganda beschlossen der DSB und das NOK für Deutschland auf einer außerordentlichen Mitgliederversammlung am 27. 5. 1951 in Stuttgart für Ost-West-Veranstaltungen einheitliche Richtlinien, die vor allem bei gesamtdeutschen S.-Veranstaltungen „jede Art von politischer Beeinflussung oder Anspielung" verhindern sollten. Die S.-Führung der DDR begann jedoch am 25. 1. 1952 mit „Offenen Briefen" an Vereine und Einzelmitglieder des DSB ganz offiziell die Politisierung der gesamtdeutschen S.-Beziehungen. Anlässe für Briefaktionen waren u. a. der „Generalkriegsvertrag" (25. 1. 1952), die Bildung der Europäischen Verteidigungsgemeinschaft (26. 5. 1954), die Pariser Verträge (5. 3. 1955), die Einführung der Wehrpflicht in der Bundesrepublik Deutschland (22. 2. 1957), der Vorschlag zur Bildung einer Konföderation beider deutschen Staaten (1. 4. 1958), der Beschluß der DDR-Volkskammer zum Abschluß eines Friedensvertrages (17. 10. 1958), der sowjetische Friedensvertragsentwurf und der Plan für eine Freie Stadt Berlin (23. 1. 1959) und die Kampagne gegen die Bunjeswehr (9. 12. 1960). Wegen des „unerträglichen Mißbrauchs des gesamtdeutschen Sportverkehrs und der Sonderbehandlung der West-Berliner Sportler" verfügte das DSB-Präsidium bei seiner Tagung am 21./22. 9. 1952 in Oberwesel den Abbruch des S.-Verkehrs, widerrief diesen Beschluß aber wieder am 12. 12. 1952, nachdem in einem neuen Übereinkommen Vertreter des DSA und des DSB in Berlin (West) die „Vermeidung jeden Mißbrauchs der olympischen Idee und des Sports zu politischen Zwecken" vereinbart hatten und insbesondere auch jede Diskriminierung West-Berliner Sportler durch die DDR künftig ausgeschlossen sein sollte.

Trotz dieser Vereinbarungen setzte die S.-Führung der DDR den politischen Mißbrauch des gesamtdeutschen S.-Verkehrs fort. Verhandlungen zwischen den beiden deutschen S.-Organisationen am 25. 4. 1957 (Dortmund) und 8. 7. 1959 (Delecke/Möhnesee) endeten erfolglos. Die Anordnung des Sekretariats des DTSB vom 25. 4. 1960, daß „jetzt

alle Mitglieder des DTSB an hervorragender Stelle auf ihrer Sportkleidung das Staatswappen unserer Republik" zu tragen haben, beantwortete der DSB am 15. 10. 1960 mit der Drohung eines erneuten Abbruchs der Beziehungen. Daraufhin erklärte der DTSB am 22. 10. 1960: Im gesamtdeutschen S.-Verkehr werden nur Clubabzeichen getragen.

Nach einer weiteren ergebnislosen Aufforderung durch den DSB vom 10. 5. 1961 zur Entpolitisierung des gesamtdeutschen S.-Verkehrs beschlossen der Geschäftsführende Vorstand des DSB und das Präsidium des NOK für Deutschland in einer gemeinsamen Sitzung am 16. 8. 1961 in Düsseldorf aufgrund der seit 1959 anhaltenden Blockade des West-Berliner S. durch die S.-Organisationen der DDR, der Errichtung der Berliner Mauer und weiterer Abschnürungsmaßnahmen die Einstellung der S.-Beziehungen. Seitdem verweigerte auch das Allied Travel Board in Berlin (West) Sportlern aus der DDR grundsätzlich die Visaerteilung für die Mitgliedstaaten der NATO. Daher war die DDR bei vielen internationalen Wettkämpfen im westlichen Ausland nicht vertreten. Im April 1964 wurden diese Reisebeschränkungen weitgehend, 1965 völlig aufgehoben.

Die Revision des „Düsseldorfer Beschlusses" geschah am 30. 10. 1965 in Köln durch den DSB-Hauptausschuß unter Hinweis auf die Madrider Entscheidung des IOC. (In einer Bevölkerungsumfrage des Instituts für angewandte Sozialwissenschaft Bad Godesberg votierten 65 v. H. der Befragten für die Wiederaufnahme des S.-Verkehrs, 31 v. H. enthielten sich einer Meinungsäußerung und 4 v. H. stimmten gegen Ost-West-S.-Beziehungen.)

DTSB-Vizepräsident Rudi Reichert teilte dem DSB am 7. 12. 1965 seine Einwilligung zur Wiederaufnahme des deutsch-deutschen S.-Verkehrs mit. Diese Zusage wurde nicht eingelöst. Zwischen dem 19. 10. 1966 und dem 10. 2. 1970 richtete der DSB insgesamt 6 Verhandlungsangebote an den DTSB, ehe am 2. 10. 1970 in Halle (Saale) erstmals seit 1959 wieder ein Treffen zwischen Präsidiumsdelegationen der beiden deutschen S.-Bünde stattfand. Weder hier noch bei einer zweiten Begegnung am 20. 11. 1970 in München konnte jedoch eine Einigung erzielt werden, hauptsächlich wegen der Forderung des DTSB, der DSB solle seinen Zuständigkeitsbereich auf die Bundesrepublik Deutschland beschränken – was die Separierung des Landessportbundes Berlin vom DSB bedeutet hätte. Die Haltung der DDR in dieser Frage belastete auch die nach der Unterzeichung des Grundvertrages zwischen der Bundesrepublik Deutschland und der DDR erneut aufgenommenen S.-Gespräche am 14. 3. 1973 in Dresden, 10. 5. 1973 in Frankfurt (Main) und 2. 7. 1973 in Magdeburg. Die dort völlig erfolglos unterbrochenen Verhandlungen wurden nach 8 Monaten aufgrund von Bemühungen der Bundesrepublik auf

Regierungsebene fortgesetzt. Am 20. 3. 1974 präsentierte DTSB-Präsident Manfred Ewald in Frankfurt (Main) einen Vertragsentwurf, in dem die volle Zugehörigkeit des Landessportbundes Berlin zum DSB anerkannt wurde. Im „Protokoll über die Regelung der Sportbeziehungen zwischen dem DTSB und dem DSB" lautete der Punkt 2: „Beide Seiten werden ihre politischen Beziehungen entsprechend den Bestimmungen und Gepflogenheiten des Internationalen Olympischen Komitees und der Internationalen Sportorganisationen und, was Berlin (West) betrifft, auch in Übereinstimmung mit den Bestimmungn des Viermächte-Abkommens vom 3. 9. 1971 regeln." Eine gemeinsame Technische Kommission aus DSB- und DTSB-Vertretern erörterte in 3 Sitzungen Einzelheiten eines geplanten, jährlich aufzustellenden Wettkampfkalenders.

Die formale Beendigung des jahrzehntelangen Spannungszustandes in den deutsch-deutschen S.-Beziehungen erfolgte am 8. 5. 1974. Im Ost-Berliner „Hotel Stadt Berlin" unterzeichneten der amtierende Präsident Hans Gmelin für den DSB und Präsident Manfred Ewald für den DTSB das Protokoll über die S.-Beziehungen, den Jahressportplan 1974 (der jährlich erneuert wird) und ein die sportpolitischen Grundsätze erläuterndes Kommuniqué.

Sportarzt: → **Gesundheitswesen,** VI, A.

Sporttoto: → **Lotterie.**

Sprache: *I. Differenzierung.* Zuverlässige Aussagen über Art und Grad der sprachlichen Differenzierung zwischen Bundesrepublik Deutschland und DDR sind schwierig, weil der wissenschaftlichen Beobachtung nur der (schriftliche) veröffentlichte Sprachgebrauch zugänglich ist; der (mündliche) private Sprachgebrauch dagegen in der Bundesrepublik Deutschland nur schwer und in der DDR für westliche Wissenschaftler überhaupt nicht. Trotzdem kann als gesichert gelten, daß die in der Bundesrepublik Deutschland früher häufig (heute seltener) geäußerte Befürchtung, der deutschen S. drohe eine „Sprachspaltung", ebenso unberechtigt ist wie die Behauptung W. Ulbrichts (1970), sogar die einstige Gemeinsamkeit der S. sei „in Auflösung begriffen", denn zwischen der vom Imperialismus verseuchten, manipulierten S. in der Bundesrepublik und der vom Humanismus geprägten S. der friedliebenden DDR-Bürger gebe es „eine große Differenz". Auch die von westdeutscher Seite befürchtete „Zersetzung" oder „Verhunzung" der deutschen S. in der DDR durch bestimmte Besonderheiten eines alles durchdringenden → **Parteijargons** ist nicht eingetreten: schon die anspruchsvollere DDR-Literatur und – soweit feststellbar – die Umgangs-S. lassen solche Urteile nicht zu. Am ehesten vergleichbar ist der durch die Massenmedien verbreitete öffentliche Sprachgebrauch. Die folgenden Feststellungen beziehen sich vor allem auf diesen.

II. Grammatik. Das grammatische System erweist sich erwartungsgemäß als stabil. Satzbau, Flexion, die Regeln der Wortbildung und -ableitung sind in Ost und West nahezu unverändert bzw. unterliegen den gleichen langfristigen Wandlungstendenzen. Die vereinzelten grammatischen Differenzen bleiben im Vergleich zu dem, was sich an regionalen Differenzen im deutschen Sprachraum ohnehin findet, ohne Belang.

III. Stil. Im jeweils speziellen Gebrauch der sprachlichen Mittel (Stil) zeigen sich sowohl Gemeinsamkeiten wie auch Unterschiede. Sprachkritiker und Sprachpfleger in beiden Staaten beklagen Formelhaftigkeit, Abstraktheit, Verblassen des Verbs, „Substantivitis", Neigung zu Abkürzungen und „Fremdwörterei"; der westdeutsche Sprachgebrauch zeigt zudem eine besonders hohe Zahl englisch-amerikanischer Wörter und Wendungen und eine hohe Neuerungsrate auf diesem Gebiet. Von der letzteren, eher für die Bundesrepublik typischen Erscheinung abgesehen, zeigen sich die meisten übrigen, zumindest für westdeutsche Leser, im öffentlichen Sprachgebrauch der DDR stärker ausgeprägt als in dem der Bundesrepublik: man findet Formeln und feste Wendungen häufiger und stereotyper, den Satzbau substantivischer und abstrakter als in vergleichbaren westdeutschen Texten; vor allem fällt, vom Inhaltlichen her gesehen, ein hohes Maß an massivem Eigenlob für den eigenen Bereich und massiver Polemik (Invektiven) für den politischen Gegner, ein relativ hoher Anteil an sprachlich-rhetorischen Elementen des Appellierens und Beeinflussens auf, wie er in westdeutschen Texten beispielsweise in Wahlkampfzeiten sowie – in anderer Form und ohne Polemik – in der kommerziellen Werbung zu beobachten ist. Dieses gleichzeitige Hervortreten von Elementen der Verwaltungs-S. und der Propaganda im öffentlichen Sprachgebrauch der DDR, das in der Literatur und in der Umgangs-S. in der DDR oft kritisiert oder ironisiert wird, ist nicht auf Veränderungen in der S., sondern in erster Linie auf die besondere Funktion der Massenmedien als Distributoren des Meinungs- und Formulierungsmonopols von Partei- und Staatsapparat zurückzuführen.

IV. Der Wortschatz. Der Wortschatz ist, da Veränderungen in Leben und Umwelt der Menschen zwangsläufig in Wörtern ausgedrückt werden müssen, in West und Ost Wandlungen am stärksten unterworfen. Auch hier ist der bei weitem größere Teil nicht nur des Grund- und Alltagswortschatzes, sondern auch des Bildungswortschatzes und der Fachlexiken weiterhin gemeinsam; immer noch werden auch neue Wörter in der überwiegenden Mehrzahl der Fälle in beiden Staaten gemeinsam akzeptiert. Nach vorläufigen Schätzungen liegt der differente Anteil des allgemeinen Wortschatzes (ohne fachsprachlichen Wortschatz) unter 3 v. H.

Die Wortschatzdifferenzen verteilen sich allerdings sehr ungleichmäßig. Schwerpunkte der Differenzierung liegen in folgenden Sachgebieten:

a) Ideologie und Politik. Neben dem international verbreiteten Grundvokabular des Marxismus-Leninismus handelt es sich vor allem um systemspezifische Definitionen von Kernbegriffen wie *Demokratie, Sozialismus, Freiheit, Frieden, Eigentum, Aggression.* Daß die Definition dieser Begriffe in der DDR eine entschieden andere ist als die in der Bundesrepublik vorherrschende (die marxistische ist in der Bundesrepublik nur eine von mehreren), wird in der DDR mit Nachdruck betont und sollte allgemein bekannt sein. Irreführungsabsicht bei ideologischen Definitionen kann ausgeschlossen werden; die Definitionen finden sich in parteiamtlichen Äußerungen ebenso wie in Wörterbüchern und werden in der Tagespublizistik laufend kommentiert und interpretiert. Auch in der Bundesrepublik versuchen konkurrierende politische Gruppen legitimerweise ihrer jeweiligen Definition zentraler Begriffe allgemeine Geltung zu verschaffen. Charakteristisch für den Sprachgebrauch der DDR sind also nicht die einseitigen parteilichen Begriffsdefinitionen, sondern deren Monopolisierung. Dabei ist zu beachten, daß diese Monopolisierung nur im öffentlichen Bereich durchsetzbar ist. Ein Mittel dazu (unter anderen) sind Wörterbücher. DDR-Wörterbücher geben im Bereich politisch-ideologischer Bedeutungserklärungen nicht unbedingt Auskunft über deren tatsächliche Geltung im allgemeinen Sprachgebrauch, sondern zunächst nur über den erwünschten Gebrauch. Zwischen beidem klafft wahrscheinlich eine (unterschiedlich große) Lücke.

Neben diesen Bedeutungsdifferenzen finden sich unterschiedliche Prägungen, davon viele mit propagandistischem Einschlag (DDR: *Arbeiter-und-Bauern-Staat, soz. Staatsbürger, soz. Staatengemeinschaft;* Bundesrepublik: *freiheitlich-demokratische Grundordnung, mündiger Bürger, atlantische Partnerschaft).* Einige solcher Prägungen waren, obwohl durch amtliche Sprachregelungen gestützt, nicht voll durchsetzbar (Bundesrepublik: *Mitteldeutschland – Ostdeutschland*) oder wurden aus anderen Gründen fallengelassen (DDR:zeitweise *SP* statt *SPD*). Hinzuweisen ist schließlich auf das (teils nur kurzlebige) Kampf- und Schimpfvokabular beider Seiten, das jedoch zweifellos auf östlicher Seite reichhaltiger ist (DDR: *Bonner Ultras, Revanchisten, imperialistische Bundesrepublik, Menschenhändler, Diversanten;* Bundesrepublik: *kommunistische Bedrohung, Pankower Regime, Linksradikalismus, Anarchisten, Schießbefehl, Schandmauer).*

b) *Partei, Staat, Verwaltung.* Der Aufbau und Ausbau ganz unterschiedlicher Staats- und Verwaltungsapparate der verschiedensten Stufen sowie der Massenorganisationen und Verbände hat in Ost und West eine Fülle unterschiedlicher Bezeichnungen und Organisationstermini hervorgebracht, die unabhängig von einer etwaigen ideologischen Indoktrinationsabsicht als „Namen" fungieren (DDR: *Staatsrat, Volkskammer, Politbüro, ZK, Rat des Bezirks* [*Kreises*], *FDGB, FDJ, Wohnbezirk;* Bundesrepublik: *Bundestag, Landtag, Parteivorstand, DGB, Jungdemokraten, Listenmandat*); hier sind auch Abkürzungen besonders häufig.

c) *Wirtschaft.* Die zahlenmäßig umfangreichsten Wortschatzänderungen und auch -differenzen sind dem Sachgebiet Wirtschaft in allen seinen Bereichen zuzuordnen.

Dies betrifft sowohl das Wirtschaftssystem als ganzes (DDR: *Neues Ökonomisches System der Planung und Leitung der Volkswirtschaft;* Bundesrepublik: *soziale* oder *freie Marktwirtschaft*) wie auch die Wirtschaftsorganisation (DDR: *VVB, VEB, PGH, LPG, Kooperative;* Bundesrepublik: *Holding, Konzern(tochter), Unternehmensführung, Einzelhandelskette, Bankenaufsicht*), die Produktion, die Entlohnung und die innerbetriebliche Struktur (DDR: *Betriebsparteiorganisation* [*BPO*], *Kaderleiter, Prämienfonds;* Bundesrepublik: *Gastarbeiter, Betriebsrat, Mitbestimmung, Personalchef, Auszubildender, Kurzarbeiter*). Firmennamen sind ebenso wie Produktnamen jeweils nur in *einem* Teil geläufig.

Ganze Wortschatzbereiche sind generell ohne Äquivalent auf der jeweils anderen Seite : der in der Bundesrepublik sprachlich ungemein produktive Wortschatz der kommerziellen Werbung und des Stellenmarktes, ferner auch das Vokabular des Finanz- und Steuerwesens (Bundesrepublik: *Konjunkturzuschlag, Steuerreform, Splittingtabelle, Sparprämie*) fehlen im öffentlichen Sprachgebrauch der DDR fast völlig. Dafür findet das vergleichbar phantasievolle und wandlungsreiche Vokabular der Produktionspropaganda der DDR (*soz. Wettbewerb,* div. *Bewegungen, Schrittmacher, Aktivist, Weltniveau, Brigade der soz. Arbeit*) in der Bundesrepublik keine Entsprechung.

Wichtige Ursachen für die erheblichen Wortschatzdifferenzen auf diesem Gebiet sind – neben der grundsätzlich anderen Struktur des Wirtschaftssystems – die beiderseitige starke internationale Verflechtung und die Anlehnung an die jeweils führende Wirtschaftsmacht, die in der Bundesrepublik zu einer sehr starken Aufnahme angelsächsischer Bezeichnungen (z. T. ganzer Terminologien), in der DDR zur (allerdings fast immer eingedeutschten) Übernahme russischer Bezeichnungen (Lehnprägungen, Lehnbedeutungen) geführt haben. Der *direkte* Einfluß des Russischen auf den Sprachgebrauch in der DDR ist im übrigen häufig überschätzt worden; echte Fremdwörter finden sich selten. Indirekter Einfluß (Lehnprägungen, Lehnbedeutungen, Lehnübersetzungen) ist dagegen weit häufiger, nicht nur im Wortschatz der Wirtschaft.

d) *Erziehungswesen.* Unter verschiedenen, ebenfalls teilweise differenten, Wortschatzbereichen sei der des Erziehungswesens hervorgehoben: *Klassenpflegschaft, Gesamtschule, Sekundarstufe, Realschule, Numerus clausus, AStA* sind ebenso bundesrepublikanisch-spezifische Bezeichnungen, wie für die DDR *Elternaktiv, polytechnische Oberschule, Unterrichtstag in der Produktion, Patenbetrieb, Fernstudent* spezifisch sind.

V. *Arten der Wortschatzdifferenzen.* Eine oft unterschätzte Zahl der Wortschatzdifferenzen sind *Bestandsdifferenzen.* Sie treten dann ein, wenn ältere Wörter auf einer Seite verschwinden, auf der anderen Seite aber bestehen bleiben (DDR: *Reichsbahn, Generalmajor;* Bundesrepublik: *Beamter, Gymnasium*) oder nur auf einer Seite neu eingeführt werden (DDR: *Ministerrat, Kombine, Plast, Intershop;* Bundesrepublik: *Lastenausgleich, Fließheck, ARD, floaten*).

Unauffälliger, aber nicht weniger relevant sind die *Häu-*

*figkeits*differenzen, deren Ursachen sehr unterschiedlicher Art sind (z. B. unterschiedliche Wichtigkeit der bezeichneten Sache, aber auch Bedeutungsverschiebungen oder aktuelle Anlässe). In beiden Staaten geläufig, aber in jeweils einem deutlich häufiger gebraucht, sind z. B. folgende Wörter: DDR: *friedliebend, sozialistisch, sich qualifizieren, umfassend, allseitig, Produktion, Massen, wir, unser, Volk (*mit Zusammensetzungen); Bundesrepublik: *freiheitlich, Demokratisierung, dynamisch, Markt, Preis (*mit Zusammensetzungen).

Auffällige Gebrauchsdifferenzen können auch durch Einführung fester Wendungen entstehen, deren einzelne Teile nicht unbedingt different sein müssen: (DDR: *friedliche Koexistenz, umfassender Aufbau, wissenschaftlich-technische Revolution;* Bundesrepublik: *demokratischer Sozialismus, europäische Integration, konzertierte Aktion*).

Neben *Bedeutungsdifferenzen,* wie sie im Abschnitt Ideologie und Politik dargestellt werden, sind noch die mit jenen verwandten *Wertungsdifferenzen* zu beachten: während etwa das Adjektiv *demokratisch* überall gleich positiv bewertet, aber unterschiedlich definiert wird, ist z. B. bei *revolutionär* (im politischen Sinne) die Bedeutung zumindest meist ähnlich, die Bewertung aber extrem unterschiedlich.

VI. Differenzierung und Ausgleich. Die komprimierte Darstellung der Wortschatzdifferenzen kann den Eindruck erwecken, als sei die sprachliche Einheit – und damit die Verständigung – ernsthaft gefährdet. Diesen Schluß lassen die genannten Fakten jedoch (nach gegenwärtigem Wissensstand) nicht zu. Im Vergleich zum Gesamtsystem der deutschen S. und ihres Wortschatzes sind die Differenzen nach wie vor gering; sie unterscheiden sich, für sich betrachtet, nicht grundsätzlich von den innerhalb der deutschen Sprachgemeinschaft ohnehin wirksamen Differenzen, wenn sie auch politisch-gesellschaftlich höchst relevante Bereiche betreffen und stärker kumuliert sind. Einer fortschreitenden Differenzierung wirken zudem gewisse Ausgleichstendenzen entgegen:

1. Nach wie vor werden Bezeichnungen für neue, gemeinsame Dinge, Entwicklungen, Einrichtungen gemäß den geltenden Wortbildungs- und -ableitungsregeln weitgehend gemeinsam gebildet.

2. Die hohe Beteiligung der DDR-Bevölkerung an westdeutschen Rundfunk- und Fernsehprogrammen sichert einen ständigen Informationsfluß nicht nur über bundesrepublikanisch-spezifischen Wortschatz, sondern auch über alternative Denk- und Bewertungsweisen, und damit einen gewissen Stand passiver Teilhabe an westdeutschem Sprachgebrauch. Die Bevölkerung in der DDR ist nach vielfacher Erfahrung weit besser über westdeutschen Sprachgebrauch – soweit über Rundfunk und Fernsehen verbreitet ⊤ informiert als die Bevölkerung in der Bundesrepublik über die Spezifika des ostdeutschen Sprachgebrauchs.

3. Die nach 20jähriger Pause in den 60er Jahren in der Bundesrepublik wiederaufgelebte aktive Auseinandersetzung mit marxistischen Gruppen und ihren Äußerungen hat ebenfalls zu einem gewissen Ausgleich geführt:

marxistische Terminologie kann nicht mehr als nur DDR-spezifisch betrachtet werden.

4. Die in der DDR Ende der 60er Jahre eingetretene vorsichtige Liberalisierung im Bereich Mode und Unterhaltung hat zu einem erheblichen Zufluß westdeutscher Bezeichnungen und Wendungen (oft angelsächsischen Ursprungs) geführt.

5. Der innerdeutsche Handel schafft und erhält auch sprachlich Gemeinsamkeiten (technisch-industrielle Normung) oder sorgt für Austausch (z. B. wird *Exponat* [= Ausstellungsstück] auch in der Bundesrepublik geläufiger).

VII. Verständigungsprobleme. S. ist ebensosehr Mittel der Auseinandersetzung wie auch wichtigstes Mittel der Verständigung. Ob die deutsche S. in der gegebenen Situation als solches Mittel dienen kann, hängt nicht allein von ihr ab. Zwar sind die festgestellten Wortschatzdifferenzen in den hauptsächlich betroffenen Sachgebieten sicherlich eine Belastung im Gebrauch der S. als Verständigungsmittel: es ist (auf bestimmten Gebieten) schwieriger geworden, Verständnis und Verständigung zu erzielen, man muß ggf. einen höheren metakommunikativen Aufwand treiben (Wieso . . .-, Was heißt . . .-, Wie-meinen-Sie-Fragen). In der S. stehen auch dafür die benötigten Mittel zur Verfügung. Ob Verständigung möglich ist oder gelingt, hängt aber nur zum Teil von sprachlichen Faktoren ab. Mindestens ebenso wichtig sind konkrete Kenntnisse und Erfahrungen über die allgemeinen Lebensbedingungen der jeweils anderen Seite (Informations- und Besucher-Austausch), psychologische Faktoren wie Vorurteile aus Überheblichkeit oder Angst, schließlich auch die Einbettung der beiden Kommunikationsgemeinschaften in langfristige internationale Prozesse politischer oder wirtschaftlicher Art. Unter bestimmten Umständen und bei bestimmten Gruppen genügen schon geringere sprachliche Differenzen als die jetzt gegebenen, um Verständigung unmöglich zu machen. Für andere stellen die gleichen Differenzen eine Chance der sprachlichen Bereicherung und einen Anreiz zur Intensivierung der Verständigungsbemühungen dar. Wo die tatsächlichen Grenzen der Belastbarkeit der S. als Kommunikationsmittel zwischen Großgruppen liegen und welche Faktoren dabei welche Rolle spielen, ist ganz unerforscht und – bei der gegenwärtigen Forschungskapazität – auch kaum erforschbar.

VIII. Forschung. Nach journalistischen und philologischen Anfängen in Ost und West, die zumeist den Aspekt „Sprachspaltung" hervorhoben, erschienen seit Anfang der 60er Jahre einige größere sprachwissenschaftliche Arbeiten in der Bundesrepublik. Neben soliden Einzeluntersuchungen und Gesamtdarstellungen zum „sprachlichen Ost-West-Problem" standen andere Arbeiten, die methodische Mängel (fehlende Materialbasis, fehlende Vergleichskriterien, Behandlung des DDR-Sprachgebrauchs als „Abweichung" von einer nicht definierten Norm), aber auch deutlich politischpolemische Intentionen („Verhunzung" und „Verdrehung" der „wahren" deutschen S. durch die Kommunisten) aufwiesen. Ab Mitte der 60er Jahre überwogen in der westdeutschen Forschung dann Methodenkritik einerseits und eng materialbezogene Forschung andererseits. Gleichzeitig wuchs der Einfluß von Nachbardisziplinen wie Kommunikationswissenschaft, Soziologie, Politikwissenschaft.

In der Forschung der DDR überwog bis weit in die 60er Jahre, von Ausnahmen abgesehen, eine gereizte Verteidigungshaltung; man wies die westdeutschen Unterstellungen entrüstet zurück und konterte mit Gegenvorwürfen. In den letzten Jahren sind in der DDR jedoch einige wichtige Arbeiten zum Thema S. und Gesellschaft, S. und Politik unter Berücksichtigung des sprachlichen Ost-West-Problems erschienen. Linguistische Gesamtdarstellungen aufgrund repräsentativer Materialbasis fehlen allerdings auch dort.

Die DDR-Führung hat seit Ende der 60er Jahre Fragen der Wechselbeziehung von S. und Gesellschaft, S. und Ideologie sowie Sprachwirkung Priorität innerhalb der linguistischen Forschung verliehen. An den Hochschulen der DDR gehören entsprechende Themen zum Ausbildungsplan der germanistisch-sprachwissenschaftlichen Institute. In der Bundesrepublik befassen sich allenfalls 20–30 Hochschullehrer in unterschiedlicher Intensität mit vergleichbaren Fragenkomplexen.

Im Bereich der hochschulfreien Forschung hat die DDR dem 1968 errichteten Zentralinstitut für Sprachwissenschaft (ZISW) den ausdrücklichen Auftrag zur „Erforschung der pragmatischen Aspekte der Sprache, das heißt der gesellschaftlichen Wirkung und Bedingtheit der Sprache" gegeben, worin die Rolle der S. in der ideologisch-politischen und gesellschaftlichen Ost-West-Auseinandersetzung einbegriffen wird. In diesem Institut sind mindestens 120 Wissenschaftler ständig beschäftigt, davon mehr als die Hälfte mit Problemen der deutschen Gegenwarts-S.; gesellschaftsrelevante Aspekte des öffentlichen Sprachgebrauchs dürften dabei im Sinne des staatlichen Auftrags dominieren.

Im Mannheimer Institut für deutsche S., das als hochschulfreies Zentralinstitut zur Erforschung der Gegenwarts-S. dem Ost-Berliner ZISW etwa vergleichbar wäre, arbeiteten 1974 65 Wissenschaftler, davon nur 16 ständig (die übrigen nur vorübergehend an befristeten Projekten), von diesen arbeiteten 3 an Fragen des öffentlichen Sprachgebrauchs.

SSD: Gebräuchliche Abk. für Staatssicherheitsdienst. → **Ministerium für Staatssicherheit.**

Staat: → **Marxismus-Leninismus.**

Staatliche Bauaufsicht: Verschiedenen Institutionen übertragene Aufgabe zur Überwachung der Einhaltung baurechtlicher, bautechnischer und bauwirtschaftlicher Bestimmungen. Im Sinne der StB. sind tätig das → **Ministerium für Bauwesen** und die Bauämter der Räte der Bezirke, Kreise, Städte und Stadtbezirke. Eigene Zuständigkeiten auf diesem Gebiete haben das Ministerium für Nationale Verteidigung, das Ministerium des Innern, das Ministerium für Staatssicherheit, das Ministerium für Verkehr, das Ministerium für Post- und Fernmeldewesen, das Amt für Wasserwirtschaft und das Amt für Kernforschung und Kerntechnik.

Staatliche Handelsinspektion: → **Arbeiter-und-Bauern-Inspektion.**

Staatliche Kontore: → **Binnenhandel.**

Staatliche Plankommission: → **Planung.**

Staatliche Praxis: → **Gesundheitswesen,** III, B.

Staatliche Versicherung der DDR: Alleiniger Träger der → **Sachversicherung,** Haftpflicht- und individuellen (privaten) Personenversicherung (Lebens-, Unfall- und Krankenversicherung) in der DDR. Die StV. ist ferner Träger der zusätzlichen → **Altersversorgung** der Intelligenz (seit 1950), der Sozialversicherung der Mitglieder der Produktionsgenossenschaften (LPG, PGH) und Rechtsanwaltskollegien, der in den (nur noch wenigen) halbstaatlichen Betrieben tätigen Komplementäre, der Handwerker und übrigen Selbständigen sowie der freiberuflich Tätigen (seit 1. 1. 1956); für den gleichen Personenkreis führt die StV. die **Freiwillige** → **Zusatzrentenversicherung** durch.

Die StV. wurde im November 1952 unter dem Namen „Deutsche Versicherungs-Anstalt" (DVA) durch Zusammenschluß Rechtsnachfolgerin der 5 Landesversicherungsanstalten; am 1. 1. 1969 wurde die DVA in StV. umbenannt.

Die StV. ist juristische Person. Sie unterliegt der Anleitung, Aufsicht und Kontrolle durch den Minister der Finanzen und wird durch einen Hauptdirektor geleitet. Sitz der Hauptverwaltung ist Berlin (Ost), Bezirksdirektionen bestehen in allen 15 Bezirken, die dezentrale unmittelbare Betreuung der Versicherungsnehmer und Sozialversicherten erfolgt durch die 124 Kreisdirektionen.

Die Versicherungsbeziehungen entstehen aufgrund 1. freiwillig abgeschlossener Verträge (vorwiegend der Personenversicherung), 2. einer → **Pflichtversicherung** (vorw. Sach- und Haftpflichtversicherung), 3. einer Sozial- bzw. Zusatzversicherung (Pflichtversicherung oder freiwillige Zusatzrentenversicherung; Altersversorgung der Intelligenz). Während in Durchführung der StV. zu 1) und 2) Sparguthaben und nichtverbrauchte Beitragsteile in zweckgebundenen Rücklagefonds gebildet werden, reicht für die Erfüllung der Aufgaben zu 3) das Beitragsaufkommen von Beginn an (1956) nicht aus. Das (Plan-)Ausgabevolumen der Sozialpflichtversicherung der StV. von gegenwärtig (1974) 2,8 Mrd. Mark wird nur zu 1,3 Mrd. Mark durch Beiträge finanziert, so daß Zuschüsse aus dem Staatshaushalt von 1,5 Mrd. Mark zur Deckung des Defizits erforderlich sind (→ **Sozialversicherungs- und Versorgungswesen**).

Staatliche Zentralverwaltung für Statistik: → **Einheitliches System von Rechnungsführung und Statistik.**

Staatliches Amt für Arbeit und Löhne: → **Staatssekretariat für Arbeit und Löhne.**

Staatliches Amt für Atomsicherheit und Strahlenschutz der DDR: Dieses Amt ist das für Atomsicherheit und Strahlenschutz zuständige Organ des → **Ministerrates;** es hat seinen Sitz in Berlin (Ost) und wird gegenwärtig (1975) von Prof. Dr. Sitzlack geleitet. Zu den Aufgaben des Amtes gehören:

1. Erarbeitung von Grundsätzen zur Erreichung eines einheitlichen Schutzes der Bevölkerung vor ionisierender Strahlung sowie des Schutzes von Arbeitern und Angestellten, die Strahlenbelastungen ausgesetzt sind.

2. Schutz sowohl der Umwelt als auch von Sachgütern vor radioaktiven Verunreinigungen sowie die sichere Lagerung radioaktiver Abfälle.

3. Analyse internationaler Erkenntnisse auf dem Gebiet der Atomsicherheit, Durchführung eigener diesbezüglicher Forschungen sowie wissenschaftliche Zusammenarbeit auf diesem Gebiet mit anderen RGW-Staaten.

4. Gewährleistung der Atomsicherheit sowie Realisierung der auf Grund internationaler Kontrollverpflichtungen (vgl. Abkommen zwischen der Regierung der DDR und der internationalen Atomenergieorganisation über die Anwendung von Sicherheitskontrollen im Zusammenhang mit dem Vertrag über die Nichtverbreitung von Kernwaffen, GBl. II, 1972, Nr. 17, S. 181 ff.) notwendigen Maßnahmen zur Gewährleistung der Sicherheit hinsichtlich spaltbarer Materialien.

5. Festlegung der in der DDR auf dem Gebiet der Atomsicherheit und des Strahlenschutzes verbindlichen Grenzwerte, Richtwerte und Normative sowie der normalerweise und in Katastrophenfällen anzuwendenden Maßnahmen.

6. Erteilung von Strahlenschutzgenehmigungen für den Verkehr mit radioaktiven Stoffen und den Betrieb von Kernanlagen sowie die Durchführung von Strahlenschutzbauartprüfungen und die Erteilung von Zulassungen für entsprechende Anlagen.

7. Kontrolle der Herstellung sowie des Importes radioaktiver Stoffe – wie Uran mit natürlicher Isotopenzusammensetzung, U-235, U-233, an U-235 oder U-233 angereichertes Uran, Thorium, Pu-239.

8. Begutachtung von Strahlenschäden, die Durchführung von strahlenschutzmedizinischen Untersuchungen an beruflich strahlenexponierten Personen sowie an Gruppen aus der Bevölkerung und die Durchführung von Analysen über die zivilisationsbedingte und natürliche Strahlenbelastung der Bevölkerung.

9. Ermittlung der Grundstrahlung sowie Kontrolle der Umwelt und der Nahrungsmittelketten auf natürliche und zivilisationsbedingte Radioaktivität.

Vorgänger des StAAS. sind das 1957 errichtete Institut für Staubforschung und radioaktive Schwebstoffe sowie die 1959 gegründete Zentrale für radioaktive Rückstände und Abfälle. Aus diesen Instituten ging Anfang der 60er Jahre die Staatliche Zentrale für Strahlenschutz der DDR hervor, die dann ihrerseits wiederum – nachdem die DDR den Vertrag über die Nichtweiterverbreitung von Kernwaffen unterzeichnet und damit im Zusammenhang mit der Internationalen Atomenergieorganisation einen Vertrag über nukleare Sicherheitskontrollen geschlossen hatte – im Jahre 1973 zum StAAS. umgewandelt wurde. In den Händen dieses Amtes liegt neben dem → **nuklearen Umweltschutz** auch die Kontrolle von Kernmaterial. Bei dieser geht es sowohl um die Überwachung des Kernmaterialeinsatzes als auch um den Nachweis, daß Kernmaterial nicht für Kernwaffen oder andere Sprengvorrichtungen abgezweigt werden kann. (GBl. II, 1973, Nr. 43, S. 451 ff.).

Staatliches Amt für Berufsbildung: Vorgänger des Staatssekretariats für Berufsbildung. → **Einheitliches sozialistisches Bildungssystem, XI.**

Staatliches Filmarchiv: Errichtet am 1. 10. 1955, nachdem 1954 die Übergabe der 1945 von der Sowjetunion beschlagnahmten Bestände des ehemaligen Reichsfilmarchivs eingeleitet worden war. Das StF. sollte nach seinem Statut „die bedeutendsten Filme der westdeutschen und internationalen Produktion erwerben und konservieren", erhält aber außerdem eine Kopie jedes in der DDR hergestellten Films. Mit etwa 8 000 Spiel- und über 30 000 Dokumentar- und Kurzfilmen ist das StF. heute eines der größten Filmarchive der Welt. Es kauft jährlich bis zu 500 Filme an, konserviert alte Nitrofilme unter erheblichem Aufwand durch Umkopierung, sammelt aber auch Fachliteratur, Drehbücher, Dekorationsentwürfe, Plakate, Filmprogramme, ältere Filmgeräte und sonstiges filmgeschichtliches Material. Verwertet wird das Filmmaterial u. a. in Dokumentarfilmen der DEFA (u. a. „Du und mancher Kamerad", „Das russische Wunder") und Fernsehsendungen. Alte Filme aus den Beständen des Archivs werden verliehen an das Fernsehen und die Filmklubs sowie an Interessenten im Ausland im Austausch mit dortigen Filmarchiven, u.a. für die Veranstaltung von Retrospektiven auf Filmfestivals. Regelmäßige Vorführungen von Archivfilmen finden statt im Ost-Berliner Filmtheater Studio Camara, im Leipziger Filmkunsttheater Casino, im Dresdener Filmtheater Prager Straße und im Rostocker Kino-Café Camera. Das StF. gibt dazu vierteljährlich Programmhefte heraus und stellt den Filmklubs Einführungsmaterial zur Verfügung. Es bringt auch filmwissenschaftliche Publikationen heraus. Das StF. ist seit 1956 Mitglied der Internationalen Föderation der Filmarchive (FIAF).

Staatliches Komitee für Aufkauf und Verarbeitung landwirtschaftlicher Produkte: Das SKAV. ist als Organ des → **Ministeriums für Land-, Forst und Nahrungsgüterwirtschaft** verantwortlich für:

1. die Ausarbeitung des einheitlichen staatlichen Planes für die landwirtschaftliche Marktproduktion;

2. die Vertragsgestaltung zwischen Landwirtschaftsbetrieben und den Betrieben des Handels bzw. der Nahrungsgüterwirtschaft über Lieferung und Bezahlung nach Menge, Termin, Sortiment und Qualität;

3. den Aufkauf der landwirtschaftlichen Produkte;

4. die Verteilung der landwirtschaftlichen Marktproduktion zur Wiederverwendung in der Landwirtschaft und zur Versorgung der Bevölkerung;

5. die Be- und Verarbeitung landwirtschaftlicher Produkte in der Nahrungsgüterwirtschaft;

6. die Produktionsleitung in zahlreichen VEB der Landwirtschaft;

7. die Erarbeitung von Import- und Exportplänen für den Agrarsektor.

Zur Durchführung dieser Aufgaben ist das SKAV. mit umfangreichen Kompetenzen ausgestattet. Außerdem stehen ihm zur Wahrnehmung seiner Pflichten folgende Einrichtungen zur Verfügung:

1. Die VVB industrielle Tierproduktion (bisher VVB industrielle Tierproduktion und Tierzucht) leitet die Produktion in den Kombinaten für industrielle Mast (→ **Landwirtschaftliche Betriebsformen** VEB-KIM).

2. Die VVB Binnenfischerei leitet und bilanziert nicht nur die staatlichen VEB Binnenfischerei sondern führt auch die Planung und Leitung aller übrigen Fischereibetriebe durch (→ **Fischwirtschaft**).

3. Die VVB Tierzucht leitet als zentrales Fachorgan die gesamte Herdbuchzucht sowie den Handel mit Zucht- und Nutzvieh und den Außenhandel mit Zuchttieren. Hierzu gehören ca. 60 VEG der Tierzucht, 14 volkseigene Besamungsbetriebe in den Bezirken, 3 volkseigene Hengstdepots. Weiter bestehen bei der VVB 4 Institute sowie die Tierzuchthauptinspektion mit 14 nachgeordneten Bezirkstierzuchtinspektionen.

4. Die VVB Saat- und Pflanzgut ist als zentrales wirtschaftsleitendes Organ für die Erzeugung und die standorts-, sortiments- und termingerechte Versorgung der Landwirtschaft mit Saat- und Pflanzgut verantwortlich. Die Erzeugung dieser Produkte erfolgt – nach Prüfung und Zulassung der Neuzüchtungen durch die Zentralstelle für das Sortenwesen in Nossen Krs. Meißen – durch zahlreiche VEG, häufig auch in Zusammenarbeit mit LPG in den Kooperativen Einrichtungen.

Die Handelsaufgaben werden von VEB Saat- und Pflanzgut (früher DSG-Handelsbetriebe) wahrgenommen. Die VEB Saat- und Pflanzgut sind grundsätzlich territorial organisiert und haben ihren Sitz in der Regel in den Bezirkshauptstädten – (Ausnahme Suhl – Sitz Meiningen und Magdeburg – Sitz Haldensleben). Die früheren DSG-Außenstellen sind ihnen bezirksweise zugeordnet. Daneben bestehen Spezial-VEB für gartenbauliche Kulturpflanzen in Quedlinburg, für Zuckerrüben in Klein-Wanzleben und für den Ex- und Import von Saat- und Pflanzgut in Ost-Berlin. Sämtliche VEB Saat- und Pflanzgut sind juristisch selbständige Betriebe und unterstehen der VVB Saat- und Pflanzgut in Quedlinburg. (Enge Zusammenarbeit mit den VVB Zucker und Stärke, dem Zentralen Getreidekontor und anderen Verarbeitungseinrichtungen.)

5. Das Zentrale Kontor für die Getreidewirtschaft hat die 1968 bei den Bezirken gebildeten Kombinate für Getreidewirtschaft anzuleiten und deren Tätigkeit zu koordinieren. Neben der einheitlichen Leitung der Getreidewirtschaft (Vertragsbeziehungen zu den Landwirtschaftsbetrieben, Einsatz der Erntetechnik, Lager- und Vorratswirtschaft einschließlich der Transporte) erstreckt sich die Tätigkeit auf die Mühlen- und Mischfutterindustrie.

Institut für Getreidewirtschaft in Potsdam, Ingenieurschule für Getreidewirtschaft in Greiz, Ingenieurschule für Getreideverarbeitung und Zentralprüfstelle für Futtermittel in Halle-Lettin.

6. Fleischwirtschaft – VVB tierische Rohstoffe. Während das SKAV. gegenüber den Bezirkskombinaten für Fleischwirtschaft nur Bilanzfunktionen wahrnimmt und nur auf die Entwicklung industriemäßiger Anlagen einwirkt, erfolgen Erfassung und Aufbereitung der tierischen Rohstoffe zentral durch die VVB tierische Rohstoffe. Zur Förderung der Fleischwirtschaft werden in Dahlen eine Ingenieurschule und in Magdeburg das Institut für Fleischwirtschaft unterhalten.

7. VVB Zucker und Stärke. Koordination der 47 Zuckerfabriken (18 000 Beschäftigte) und der 14 zu Trockenwerken umgebauten Fabriken und Anleitung dieser Betriebe, Qualifikation der Mitarbeiter, Anwerbung von Saisonarbeitskräften, Transportmittelorganisation, Bereitstellung von Monogermsaatgut usw. In ähnlichem Umfang nimmt die VVB auf die Stärkeindustrie Einfluß.

8. VVB Kühllag leitet und organisiert die Kühl- und Lagerwirtschaft für sämtliche Bereiche der Landwirtschaft einschließlich der Molkereiprodukte und der dem M. f. Handel und Versorgung unterstehenden Wirtschaftsvereinigung Obst, Gemüse und Speisekartoffeln. Bilanzfunktionen werden außerdem vom SKAV. ausgeübt gegenüber den Bezirkskombinaten der Milchwirtschaft (Ingenieurschule für Milchverarbeitung in Halberstadt) sowie den Kombinaten der Eier- und Geflügelwirtschaft. Diese sind seit 1973 im → **Geflügelwirtschaftsverband** unter dem Vorsitz des Leiters der VVB Industrielle Tierproduktion zusammengefaßt.

Für die Entwicklung der ihm unterstellten Betriebe und Einrichtungen unterhält das SKAV ein Zentrales Projektierungsbüro und einen VEB für materiell-technische Versorgung.

Staatliches Komitee für Forstwirtschaft: Das SKF. ist als Organ des → **Ministeriums für Land-, Forst- und Nahrungsgüterwirtschaft** verantwortlich für

1. die einheitliche und komplexe Leitung und Planung der Forstwirtschaft;

2. die Ausarbeitung der Prognose-, Perspektiv- und Jahrespläne einschließlich der Abstimmung der Pläne mit den anderen Volkswirtschaftszweigen sowie die Bilanzierung der Perspektiv- und Jahrespläne;

3. die Planerfüllung in der Gewinnung von Rohholz, Rinde und Harz;

4. die Organisation der Verarbeitung von Holzabfällen zu Holzbetonprodukten und die Erzeugung zusätzlicher Konsumgüter durch die Forstwirtschaftsbetriebe;

5. die Sicherung der landeskulturellen und Erholungsfunktionen des Waldes als zentrale Naturschutzverwaltung;

6. die Wahrnehmung der Aufgaben als Oberste Jagdbehörde, die Entwicklung und Leitung des Jagdwesens (→ **Jagd**);

7. die Entwicklung der Forstwissenschaften (Zusammenarbeit mit forstwissenschaftlichen Instituten) und der Forsttechnik;

8. die Anleitung der großflächigen Bewirtschaftung der privaten und LPG-eigenen Forstflächen (→ **Forstwirtschaft**);

9. die Anleitung der 77 Staatlichen Forstwirtschaftsbetriebe über 5 VVB Forstwirtschaft (Cottbus, Karl-

Marx-Stadt, Potsdam, Suhl und Waren) und die Koordinierung der Arbeit dieser VVB.

Zur Wahrnehmung seiner Aufgaben unterstehen dem SKF neben den 5 VVB das Institut für Forstwirtschaft der AdL in Eberswalde einschließlich des Bereiches Forstpflanzenzüchtung in Graupa, die Zentralstelle für forsttechnische Prüfung und die Koordinierungsstelle für Rationalisierung in der Forstwirtschaft. Darüber hinaus unterhält das SKF Fachschulen für Forstwirtschaft.

Staatliches Komitee für Körperkultur und Sport: → **Staatssekretariat für Körperkultur und Sport.**

Staatliches Komitee für Landtechnik und materiell-technische Versorgung: Das SKL. ist als zentrales Organ des → **Ministeriums für Land-, Forst- und Nahrungsgüterwirtschaft** für die Versorgung der Land-, Forst- und Gartenbauwirtschaft mit technischen und agrochemischen Produktionsmitteln zuständig. Seine Aufgaben sind:
1. Erarbeitung der Perspektiv- und Jahrespläne für die landtechnische Versorgung;
2. Entwicklung und Vervollkommnung der Maschinensysteme, Stallausrüstungen und Agrochemikalien;
3. Vermittlung der agrartechnischen Ansprüche an die Industrie zur Entwicklung neuer Techniken;
4. Prüfung neu entwickelter Techniken auf ihre Tauglichkeit unter praktischen Einsatzbedingungen; die Gestaltung der Warenbeziehungen zwischen Industrie und Außenhandel einerseits sowie Land- und Forstwirtschaft andererseits;
5. Organisation der einheitlichen Leitung und Planung der materiell-technischen Versorgung der Betriebe;
6. Durchsetzung der Agrarpolitik der DDR zur Einführung industriemäßiger Produktionsmethoden in die Landwirtschaft durch Produktionsmittellenkung;
7. Organisation des Instandsetzungswesens und Kontrolle der ordnungsgemäßen Wartung und Pflege;
8. Ausbildung des Fachpersonals.

Zur Durchführung dieser Aufgaben stehen dem SKL. zahl- und umfangreiche Einrichtungen zur Verfügung:
1. Zentrale Einrichtungen zur Entwicklung, Prüfung, Organisation und Ausbildung: das wissenschaftlich-technische Zentrum in Schlieben, ein Institut für landtechnisches Instandhaltungswesen, die Zentrale Prüfstelle in Potsdam-Bornim mit 14 Außenstellen, das Organisations- und Rechenzentrum in Neuenhagen (außerdem enge Zusammenarbeit mit dem Komplexinstitut für Technologie, Technik und Bau der AdL), Ingenieur- und Spezialschulen für Landtechnik, Agrochemie und Pflanzenschutz (Halle).
2. VEB Meliorationsmechanisierung.
3. VVB Landtechnische Instandsetzung. Diesen sind 25 Landtechnische Instandsetzungswerke (LIW) mit 3 630 Beschäftigten angeschlossen (Stand 1974). Die Aufgabe dieser Werke besteht in der Reparatur von bestimmten Baugruppen der Landmaschinen bzw. -technik (Motoren, Getriebe, Hydraulik etc).
4. VEB Ausrüstungskombinate für Stalltechnik, eingerichtet zur Versorgung der VEB Landtechnischer Anla-

genbau bei den Bezirken; gegenwärtig bestehen ein Ausrüstungskombinat für Rinderanlagen in Nauen und ein Ausrüstungskombinat für Geflügelanlagen in Perleberg mit eigenen Forschungs- und Entwicklungseinrichtungen.
5. Bezirkskomitees für Landtechnik und materiell-technische Versorgung mit folgenden Einrichtungen: VEB Handelskombinate mit angeschlossenen Handels- und Versorgungsbetrieben, VEB Landtechnischer Anlagenbau zur Ausrüstung von Stallgebäuden, Kreisbetriebe für Landtechnik (KfL). Die KfL sind aus den MAS bzw. MTS/RTS entwickelt worden. 1974 bestanden 153 Betriebe mit ca. 17 720 Schlossern. Die KfL spezialisieren sich zunehmend auf die Reparatur einer einzelnen Maschinenart (Traktoren, Mähdrescher, Futter- oder Kartoffelerntemaschinen, Anhänger etc.). Häufig ist die Reparatur auf nur einen Maschinentyp spezialisiert (Traktoren vom Typ Z T 300 in Zerbst, Lkw Typ W 50 in Schwerin, Mähdrescher E 512 in Strasburg oder Oschersleben).

Die Produktionsleistung der dem SKL unterstellten Betriebe betrug 1973 im Anlagenbau ca. 1,05 Mrd. Mark und im Instandhaltungsdienst ca. 1,4 Mrd. Mark.

Staatliches Komitee für Meliorationen: Das SKM. wurde 1972 aufgelöst. → **Meliorationen.**

Staatliches Komitee für Touristik und Wandern: → **Touristik.**

Staatliches Rundfunkkomitee: → **Rundfunk.**

Staatliches Vertragsgericht: → **Vertragssystem.**

Staatsangehörigkeit: → **Staatsbürgerschaft.**

Staatsanwaltschaft: *1. Entwicklung.* Durch Gesetz vom 8. 12. 1949 (GBl. S. 111) war außer dem Obersten Gericht auch eine Oberste St. geschaffen worden, deren durch die Volkskammer zu wählender Leiter als Generalstaatsanwalt der DDR Weisungsbefugnis gegenüber den Staatsanwälten der Länder erhielt. Durch die VO über Maßnahmen zur Vereinfachung der Justiz vom 27. 9. 1951 (GBl. S. 877) wurde die St. unter Leitung des Generalstaatsanwalts der DDR „ein in seiner Organisation und Tätigkeit selbständiges Organ der Justiz" (§ 1). Ihren Abschluß fand die Verselbständigung der St. mit dem Gesetz über die St. der DDR vom 23. 5. 1952 (GBl. S. 408). Seither entsprechen Organisation und Aufgaben der St. im wesentlichen dem sowjetischen Vorbild. Am 17. 4. 1963 erließ die Volkskammer ein neues Gesetz über die St. der DDR (GBl. I, S. 57). Danach hat die St. für die einheitliche Verwirklichung des sozialistischen Rechts zu sorgen und einen entschiedenen Kampf gegen alle Verbrechen und Vergehen zu führen.
2. Aufbau. Die St. wird vom Generalstaatsanwalt geleitet, der auf Vorschlag des Staatsrates von der Volkskammer für die Dauer von 5 Jahren gewählt wird und dem in den Bezirken der Staatsanwalt des Bezirks (Bezirksstaatsanwalt) und in den Kreisen der Staatsanwalt des Kreises (Kreisstaatsanwalt) unterstehen. Der Ost-Berliner „Generalstaatsanwalt von Groß-Berlin" hat

die Stellung eines Bezirksstaatsanwalts. Ihm sind die Staatsanwälte der 8 Stadtbezirke unterstellt.

Der GenStA ist der Volkskammer und zwischen ihren Tagungen dem Staatsrat verantwortlich und hat dem Staatsrat über die Erfüllung der ihm obliegenden Aufgaben zu berichten. Alle Staatsanwälte werden vom GenStA berufen und abberufen. Sie sind ihm verantwortlich und an seine Weisungen gebunden (§ 9 StA.-Ges.). In derselben Weise werden Stellung und Organisation der St. in der Verfassung (Art. 97, 98) beschrieben. Die Stellvertreter des GenStA sind vom Staatsrat zu bestätigen; einer der Stellvertreter ist der Militäroberstaatsanwalt. Dieser leitet die Militär-St. Ihm ist die erforderliche Anzahl von Militärstaatsanwälten und Untersuchungsführern beigeordnet. Ihm unterstehen die Militärstaatsanwälte bei den Divisionen und Bataillonen. Der Militäroberstaatsanwalt ist Generalleutnant der→ **NVA**. Anklagen werden vor den Militärgerichten erhoben (→ **Gerichtsverfassung**).

Alle Staatsanwälte sind Mitglieder der SED, zum großen Teil stammen sie aus den früheren Volksrichter-Lehrgängen. Generalstaatsanwalt der DDR war seit Schaffung dieses Amtes bis zu seinem Tod (25. 3. 1960) Ernst Melsheimer (SED). Am 24. 1. 1962 wählte die Volkskammer Josef Streit (SED) zum neuen Generalstaatsanwalt.

3. Personelle und fachliche Voraussetzungen. „Staatsanwalt kann sein, wer nach seiner Persönlichkeit und Tätigkeit die Gewähr dafür bietet, daß er seine Funktion gemäß den Grundsätzen der Verfassung ausübt, sich vorbehaltlos für den Sozialismus einsetzt und der Arbeiter-und-Bauern-Macht treu ergeben ist" (§ 13 StA.-Ges.). Juristische Ausbildung ist grundsätzlich Voraussetzung; es kann jedoch auch ohne eine solche Ausbildung zum Staatsanwalt berufen werden, „wer aufgrund seiner Persönlichkeit und Fähigkeit für die Tätigkeit eines Staatsanwalts geeignet" ist. Ein Staatsanwalt muß praktische Erfahrungen und gute politische und fachliche Kenntnisse besitzen, sich im gesellschaftlichen Leben betätigt haben und ständig an seiner Weiterbildung arbeiten.

4. Aufgaben. Die Tätigkeit der St. dient der einheitlichen und richtigen Anwendung des sozialistischen Rechts und der Festigung der sozialistischen Gesetzlichkeit zur Sicherung der sozialistischen Staats- und Wirtschaftsordnung, des sozialistischen Eigentums und der Rechte der Bürger (§ 1 Abs. 2 StA-Ges.). Zu den der St. gesetzlich zugewiesenen Aufgaben gehören u. a. die entschlossene und wirksame Vorbeugung und Bekämpfung der → **Kriminalität,** die Leitung des Ermittlungsverfahrens und die Aufsicht über die Untersuchungsorgane (→ **Strafverfahren**), die Anklageerhebung und Anklagevertretung vor den staatlichen Gerichten sowie

die Befugnis der Übergabe geringfügiger Strafsachen an die→ **gesellschaftlichen Gerichte,** die Mitwirkung in Zivil-, Familien- und Arbeitsrechtsverfahren, die Aufsicht über die Einhaltung der Gesetzlichkeit bei der Strafvollstreckung und im → **Strafvollzug.** Von besonderer Bedeutung ist die Aufgabe, Verstöße gegen die → **sozialistische Gesetzlichkeit** und Übergriffe gegen die sozialistische Rechtsordnung zu unterbinden und über die Einhaltung der Rechte der Bürger zu wachen (Art. 97 Verf., § 2 c, StA-Ges.). In dieser Tätigkeit wird die St. als „Hüter der sozialistischen Gesetzlichkeit" bezeichnet, die die Gesetzlichkeitsaufsicht ausübt. Dabei hat sie sich zu konzentrieren auf den Schutz der Volkswirtschaft, des sozialistischen Eigentums, der Neuentwicklungen und Patente sowie auf die Sicherung der Rechte und gesetzlich geschützten Interessen der Bürger (§ 36 StA-Ges.). Durch politisch gut durchdachtes und entschiedenes Vorgehen gegen Rechtsverletzungen soll die Gesetzlichkeitsaufsicht in ihrer gesellschaftlichen Wirksamkeit verstärkt werden (Neue Justiz, 1973, H. 2, S. 35). Stellt die St. Gesetzesverletzungen fest, so hat sie dagegen Protest einzulegen oder andere geeignete Maßnahmen zur Beseitigung der Gesetzesverletzungen einzuleiten. Der Protest ist bei dem Organ einzulegen, in dessen Bereich die Gesetzesverletzung begangen wurde. Dieses Organ hat zu dem Protest binnen 2 Wochen Stellung zu nehmen, muß sich also nicht etwa sofort der von der St. vertretenen Auffassung beugen. Wird dem Protest nicht oder nicht in vollem Umfang stattgegeben, so kann der übergeordnete Staatsanwalt den Protest bei der dem betreffenden Organ übergeordneten Stelle einlegen (§ 39 Abs. 3 StA-Ges.). Bleibt auch diese Stelle bei dem von der St. für ungesetzlich gehaltenen Standpunkt, gibt es keine weitere Möglichkeit; der Protest ist abgelehnt. Im Zuge der Gesetzlichkeitsaufsicht kann die St. die Einleitung von Ordnungsstrafverfahren (→ **Ordnungswidrigkeiten**) oder Disziplinarverfahren verlangen.

Das Mitwirkungsrecht der St. in Zivil-, Familien- und Arbeitsrechtsverfahren beinhaltet die Befugnis, an Verhandlungen teilzunehmen, Schriftsätze einzureichen, Protest gegen Urteile einzulegen und sogar Klage zu erheben (ausgenommen Eheverfahren). Dieses bislang nur im Arbeitsrecht praktisch mögliche Klagerecht der St. dürfte auch in Zukunft auf bestimmte Fälle des Zivil- und Familienverfahrens beschränkt bleiben; ein allgemeines Klage- und Antragsrecht wird die St. nicht erhalten. Gegen jede rechtskräftige Gerichtsentscheidung können der Generalstaatsanwalt und die Bezirksstaatsanwälte – letztere nur bei Entscheidungen von Kreisgerichten –→ **Kassation** beantragen. Beim Generalstaatsanwalt der DDR wird das Zentrale → **Strafregister** geführt.

Staatsapparat

Organisation – Aufgaben – Partei und Staatsapparat

Der St. stellt den Teil des Staates dar, der als vollziehend – verfügender Apparat der Volksvertretungen

diesen die Ausübung staatlicher Macht durch Vollzug ihrer Entscheidungen ermöglicht. Gemäß der marxistisch-leninistischen Lehre vom sozialistischen Staat wird die St. nicht als eigenständige staatliche Gewalt gesehen. Seine Existenz und seine organisatorische Gestaltung werden mit funktionalen Erfordernissen, die aus der Rolle und den Funktionen des Staates bei der Entwicklung der Gesellschaft resultieren, begründet.

I. Organisation

Das grundlegende Organisationsprinzip des St. ist der → **demokratische Zentralismus.** Es besagt, daß die Grundfragen der staatlichen Leitung und Planung zentral entschieden werden, daß diese Entscheidungen für die nachgeordneten → **Organe** verbindlich sind, daß die Durchführung dieser Entscheidungen auch im Fall der Existenz zentraler Richtlinien in eigener Verantwortung der nachgeordneten Organe erfolgt, daß eine strenge Staatsdisziplin durchgesetzt und die Mitwirkung der Bürger an der Ausarbeitung und Durchführung staatlicher Entscheidungen gewährleistet werden muß. Der demokratische Zentralismus regelt somit das Verhältnis der hierarchisch geordneten Ebenen im St. zueinander und bestimmt damit auch den jeweiligen Grad der → **Zentralisation,** konstituiert aber auch die Mitwirkung der Bürger an der Leitung der staatlichen Aufgaben als Ausdruck der sozialistischen → **Demokratie.**

Zum St. gehören: der → **Staatsrat,** der → **Ministerrat** mit den Ministerien, Staatssekretariaten, Ämtern, Kommissionen, Verwaltungen und anderen Organen, wie z. B. die → **Arbeiter-und-Bauern-Inspektion,** der → **Nationale Verteidigungsrat,** die örtlichen Räte auf der Ebene der → **Bezirke,** → **Kreise,** Städte, Stadtbezirke und Gemeinden mit ihren Fachabteilungen, das Oberste Gericht mit den Bezirks- und Kreisgerichten sowie der Generalstaatsanwalt und die Bezirks- und Kreisstaatsanwälte, die → **Nationale Volksarmee,** die → **Deutsche Volkspolizei,** die Organe der Staatssicherheit, der Leitungsapparat der Volkswirtschaft mit den zentralen wirtschaftsleitenden Organen, den Generaldirektoren der VVB, der Kombinate und den Direktoren der VEB sowie Leitern anderer staatlicher Institutionen und Einrichtungen, wie z. B. den Rektoren von Hochschulen.

Die Spitze des St. bildet die Regierung, die das höchste Exekutivorgan des Staates darstellt. In der DDR ist diese Funktion von 1949 bis 1960 vom Ministerrat wahrgenommen worden. Mit der Gründung des Staatsrates und der von ihm übernommenen Funktion und Aufgaben ist die Regierungsfunktion auf ihn, faktisch aber seit 1970/71 und offiziell mit dem Gesetz über den Ministerrat der DDR (GBl. I, S. 253) 1972 wieder auf den Ministerrat übergegangen.

In der Verfassung der DDR (in der Fassung vom 7. 10. 1974 heißt es: „Der Ministerrat ist als Organ der Volkskammer die Regierung der Deutschen Demokratischen Republik." Der Staatsrat setzt sich aus dem Vorsitzenden, seinen Stellvertretern, dar-

unter dem 1. Stellvertreter, und den übrigen Mitgliedern zusammen.

Wie der Staatsrat ist auch der Ministerrat Organ der → **Volkskammer.** Er setzt sich aus dem Vorsitzenden, seinen Stellvertretern und den übrigen Mitgliedern zusammen.

II. Die Ministerien

Die Ministerien sind staatliche Organe, die Zweige der Volkswirtschaft (→ **Industrieministerien**) und andere gesellschaftliche Bereiche (Kultur, Volksbildung, Gesundheitswesen usw.) leiten. Sie sind für die planmäßige Entwicklung der von ihnen geleiteten Industriezweige sowie anderer Bereiche der Wirtschaft und des gesellschaftlichen Lebens verantwortlich und verpflichtet, die Beschlüsse der → **SED,** die Gesetze und andere staatliche Rechtsnormen entsprechend den Bedingungen ihrer Bereiche durchzuführen und die dafür notwendigen Entscheidungen zu treffen. Zu diesem Zweck haben sie das Recht, eigenverantwortlich am Rechtsverkehr teilzunehmen und vermögensrechtliche Beziehungen eingehen zu können, wozu ihnen durch den → **Staatshaushalt** der DDR jährlich finanzielle Mittel in Form eines Haushalts übertragen werden.

Zur Verwirklichung der den Ministerien übertragenen Leitungsaufgaben erläßt das Ministerium Erlasse und Verordnungen. Die Beschäftigung der Mitarbeiter wird nach arbeitsrechtlichen, in bestimmten Fällen nach zivilrechtlichen Vorschriften gestaltet. Als Sitz aller Ministerien ist Berlin festgelegt. Die Bildung der Ministerien als zweig- und bereichsleitende Organe wird durch die existierende Spezialisierung und Arbeitsteilung in der Gesellschaft bedingt, wobei das Prinzip der Zweigleitung Ausdruck der zentralisierten staatlichen Leitung ist. Veränderungen der Zahl und der Art von Ministerien erfolgen vor allem dann, wenn durch die Entwicklung der Produktion und der Struktur der Bereiche und Zweige, aber auch durch veränderte staatliche Leitungsaufgaben neue Strukturen erforderlich werden. Die dem Ministerrat in früheren Gesetzen zugesprochene Kompetenz der Strukturveränderung ist im neuen Gesetz nicht enthalten; sie ist ohnehin weitgehend Privileg der Partei. Der Ministerrat legt die Grundsätze für die Tätigkeit der Ministerien fest, bestimmt die Aufgaben und übt die Kontrolle über deren Verwirklichung aus. Er schafft die Voraussetzungen für die Koordination und Kooperation der Ministerien untereinander bzw. mit den örtlichen Räten.

A. Zusammenarbeit der Ministerien mit den Räten der Bezirke

Die Beziehungen zwischen den Ministerien und den örtlichen Räten sind nach dem Prinzip des → **demokratischen Zentralismus** zu gestalten und sollen auf einer klaren Abgrenzung der Kompetenzen beruhen. Die Formen der Zusammenarbeit reichen von gegenseitiger Information und Abstimmung, gemeinsamer Erarbeitung von Entscheidungsvorlagen bis zur arbeitsteiligen Durchführung bestimmter Vorhaben. Diese Zusammenarbeit findet in der Hauptsache zwischen den Räten der Bezirke und den Ministerien bzw. in sogenannten Komplexberatungen zwischen Ministerrat und Rat des Bezirkes, z. B. bei vorbereitenden Plandiskussionen im Bezirk, statt.

B. Zusammenwirken von Ministerien

Das Zusammenwirken von Ministerien geschieht zur Vorbereitung von Ministerrats-Entscheidungen in Form gemeinsamer Arbeitsgruppen; bei der Durchführung komplexer Aufgaben kann der Ministerrat ein Ministerium mit Koordinierungsaufgaben betrauen, wodurch dieses Leitungsfunktionen gegenüber ihm nicht unterstellten Einrichtungen wahrnehmen kann.

C. Aufgaben der Ministerien

Die Aufgaben der Ministerien erstrecken sich auf: die Ausarbeitung von Planvorschlägen für ihren Bereich auf der Grundlage staatlicher Direktiven; die Leitung und Planung des wissenschaftlich-technischen Fortschritts; die Wahrnehmung ihrer Aufgaben auf den Gebieten der Finanzen, Preise und der → **wirtschaftlichen Rechnungsführung;** die Steuerung der → **Arbeitskräfte** und die Erarbeitung der → **Lohnpolitik** ihres Zweiges bzw. Bereiches.

Bei der Erfüllung dieser Aufgaben sind sie verpflichtet, volkswirtschaftliche Verflechtung im nationalen wie internationalen Bereich zu berücksichtigen, mit den für Fragen der → **Planung,** der Wissenschaft und Technik, der Preispolitik (→ **Preissystem und Preispolitik**) und der Lohnpolitik zentral verantwortlichen Organen wie dem → **Ministerium für Wissenschaft und Technik,** der Staatlichen Plankommission, dem Amt für Preise oder dem → **Staatssekretariat für Arbeit und Löhne** zusammenzuarbeiten und ein effektives Wirtschaften der ihnen unterstellten Einrichtungen, Betriebe und Institutionen zu ermöglichen. Bei der Erfüllung ihrer fachspezifischen Leitungsaufgaben sind sie berechtigt, im Rahmen der ihnen übertragenen Kompetenzen im System der → **doppelten Unterstellung** den nachgeordneten Apparaten auf der örtlichen Ebene Weisungen zu erteilen.

D. Die Leitung der Ministerien

Die Ministerien werden vom Minister nach dem Prinzip der → **Einzelleitung** geleitet. Er hat die Befugnis, zur Wahrnehmung seiner Verantwortung rechtlich bindende Entscheidungen zu treffen.

Die dem Minister als Mitglied des Ministerrates übertragenen Rechte und Pflichten kann dieser nicht auf seine Stellvertreter oder den Apparat übertragen. Die wichtigsten dieser Rechte und Pflichten sind: die kollektive Beratung und Beschlußfassung im Ministerrat; die Vorbereitung von Entscheidungen des Ministerrates und das Einbringen von Vorlagen; die Ausübung der Rechtssetzungsbefugnis; die Wahrnehmung von Regierungsverantwortung in auswärtigen Beziehungen, internationalen Gremien und Ausschüssen, z. B. des RGW, und seine Befugnisse als höchster Disziplinarvorgesetzter seines Verantwortungsbereiches.

Die Praxis zeigt, daß bei Verhinderung diese Rechte und Pflichten auch vom 1. Stellvertreter des Ministers wahrgenommen werden.

E. Beratungsorgan

Zur Vorbereitung seiner Entscheidungen stehen dem Minister das Kollegium und bestimmte Einrichtungen seines Ministeriums (Stäbe) zur Verfügung. Außerdem existieren als Beratungsorgane bei den meisten Ministerien wissenschaftliche Beiräte für bestimmte Fachgebiete, wissenschaftliche Räte für den gesamten Bereich des Ministeriums und andere Beratungsgremien, wie z. B. der Hoch- und Fachschulrat beim → **Ministerium für das Hoch- und Fachschulwesen.**

Diese Gremien, deren Mitglieder vom Minister berufen und die häufig von leitenden Mitarbeitern des Ministeriums oder ihm unterstellten Einrichtungen geleitet werden, setzen sich aus Vertretern des St., Wissenschaftlern, Praktikern und Funktionären von den im jeweiligen Bereich tätigen → **Massenorganisationen** (→ **Kammer der Technik; FDGB**) sowie der SED zusammen. Sie werden über anstehende Entscheidungen informiert, diskutieren Vorlagen, informieren über bereichsspezifische Aspekte und Aktivitäten, geben fachspezifische Informationen und erstellen selbst, sowie sie dazu geeignet sind und beauftragt werden, Entscheidungsunterlagen. Sie können sich in Arbeitsgruppen und -kreise untergliedern, arbeiten nach einem mit dem Ministerium abgestimmten Arbeitsplan und werden auch als institutioneller Ausdruck der sozialistischen Demokratie im St. betrachtet.

F. Stellvertreter des Ministers

Der Minister verfügt über mehrere Stellvertreter; ihre Zahl ist abhängig vom Umfang der vom Ministerium wahrzunehmenden Aufgaben und Außenbeziehungen.

Der 1. Stellvertreter im Range eines Staatssekretärs ist verantwortlich für den Geschäftsbetrieb des Ministeriums. Er vertritt den Minister.

Die anderen Stellvertreter sind für einzelne Bereiche des Ministeriums verantwortlich, haben aber gegenüber den Struktureinheiten der ihnen zugeordneten Bereiche (Abteilungen und Sektoren) kein leitungsbezogenes, sondern nur ein aufgabenbezogenes Weisungsrecht. Die Bereiche sind nach inhaltlichen (z. B. Weiterbildung, internationale Beziehungen), funktionalen (z. B. im Sicherheitsbereich) oder regionalen (z. B. im Außenwirtschafts- und Außenministerium) Kriterien organisiert.

G. Organisationsstruktur der Ministerien

Eine verbindliche Organisationsstruktur für alle Ministerien gibt es nicht; der Ministerrat entscheidet nur über die Hauptstruktur. Ministerien gliedern sich in der Regel in Hauptabteilungen (Hauptverwaltungen), Abteilungen (Verwaltungen) und Sektoren, wobei nur in großen Ministerien Hauptabteilungen bzw. -verwaltungen bestehen.

Die Struktureinheiten werden entweder dem funktionalen oder dem linearen Typ zugeordnet. Bei dem funktionalen Strukturtyp werden die unterstellten Bereiche und Zweige durch den Minister und seine Stellvertreter mit Hilfe von Fachstäben geleitet, die für alle unterstellten Einheiten jeweils einen funktional bestimmten Bereich bearbeiten.

Bei dem linearen Typ werden die jeweils unterstellten Zweige in allen Bereichen komplex geleitet, d. h. eine zweigbezogene Abteilung leitet z. B. alle im Wissenschaftlichen Gerätebau vorhandenen Einzelbereiche an. Die Leiter dieser Einheiten, die in den letzten Jahren verstärkt in den Industrieministerien gebildet worden sind, können im Auftrag des Ministers gegenüber den Leitern der unterstellten wirtschaftsleitenden Einheiten anleitend tätig werden.

Die Stabsabteilungen des Ministeriums sind diesen Typen nicht zuzuordnen. Sie stehen vor allem dem Minister als Spezialistengruppen für bestimmte Fragen (grundsätzliche Probleme der Perspektiv- und Jahresplanung, wissenschaftlich-technischer Fortschritt) zur Verfügung, leisten analytische und prognostische Arbeit, ziehen aus wissenschaftlich-technischen sowie organisatorischen Entwicklungen Schlußfolgerungen und legen diese dem Minister zur Entscheidung vor.

Die Entscheidungen des Ministers ergehen in der Form · von Anordnungen, Durchführungsbestimmungen, Verfügungen, Richtlinien und Dienstanweisungen. Sie unterscheiden sich nach Dauer, Umfang, Inhalt und Adressatenkreis.

III. Andere zentrale Organe des Ministerrates

Die anderen zentralen Organe des Ministerrates, wie die Staatssekretariate oder die zentralen Ämter, unterscheiden sich von den Ministerien hinsichtlich ihrer Aufgaben und der Führung z. T. dadurch, daß sie Querschnittsaufgaben wahrnehmen (Amt für Preise), nicht über mehrere Leitungsebenen verfügen und ihre Leiter nicht Mitglied des Ministerrates sind (Ausnahmen: Amt für Preise, ABI, SPK, Staatl. Vertragsgericht, Staatsbank). Sie sind ansonsten den gleichen Prinzipien der Leitung und Organisation unterworfen.

IV. Der Staatsapparat auf der örtlichen Ebene

Die Räte und deren Fachabteilungen bilden den St. auf der örtlichen Ebene. Die Mitglieder der Räte werden durch die Volksvertretung gewählt, die Leiter der Fachabteilungen durch den Rat in Abstimmung mit dem Leiter des übergeordneten Fachorgans, im Falle des Bezirkes mit dem Minister, berufen. Die Volksvertretung bestätigt die Entscheidung. Die Räte bestehen aus dem Vorsitzenden, dem Ersten Stellvertreter, dem Sekretär und den übrigen Mitgliedern. Der Vorsitzende leitet den Rat; er ist berechtigt, den Mitgliedern des Rates, den Leitern der Fachorgane und den dem Rat unterstellten Einrichtungen und Betrieben Weisungen zu erteilen und deren Durchführung zu kontrollieren. Weisungen an den Vorsitzenden dürfen nur vom Vorsitzenden des übergeordneten Rates bzw. dem Vorsitzenden des Ministerrates erteilt werden. Die Leiter der Fachabteilungen haben das Recht, im Rahmen ihrer Kompetenzen im System der doppelten Unterstellung Weisungen an Leiter von Fachabteilungen nachgeordneter Räte zu erteilen, wovon der Ratsvorsitzende unterrichtet werden muß. Weisungen dürfen nicht in die von den örtlichen Volksvertretungen beschlossenen Pläne eingreifen, Entscheidungen der Räte können durch die Volksvertretung, den übergeordneten Rat und den Ministerrat aufgehoben werden.

Die Beziehungen der verschiedenen Ebenen des St. werden durch rechtliche Regelungen fixiert, die entsprechend dem gesellschaftlichen Entwicklungsstand, den Anforderungen an die staatliche Leitung und den erklärten Bedürfnissen (z. B. rasche Umsetzung von wissenschaftlichen Ergebnissen in die Produktion) formuliert werden. Das Prinzip des → **demokratischen Zentralismus** ermöglicht die Regelung der Beziehungen auch dann, wenn eine rechtliche Fixierung noch nicht stattgefunden hat bzw. bestehende durch neue Entwicklungen überholt worden ist und sich die Erfüllung der Rechtsbeziehung als Hemmnis der gesellschaftlichen Entwicklung erweisen würde. Deshalb sind die in der Verfassung und in einzelnen Gesetzen formulierten Vorschriften über Rolle und Funktion der Organe des St. nur bedingt geeignet, verbindliche Aussagen über ihre jeweils aktuelle Bedeutung und Stellung zu machen.

V. Partei und Staatsapparat

Die marxistisch-leninistische → **Staatslehre** definiert den sozialistischen Staat als wichtigstes Instrument der Arbeiterklasse und ihrer Partei zur Gestaltung der gesellschaftlichen Entwicklung. Das Verhältnis von Partei und St. verdeutlicht die instrumentale Rolle des Staates.

Die Beschlüsse der Partei sind die Grundlagen der staatlichen Normsetzung und verbindlich für die Arbeit des St. Seine Entscheidungen konkretisieren die Vorgaben der Partei, soweit diese nicht bereits detaillierte Durchführungsbestimmungen enthalten. Die Umsetzung der Parteibeschlüsse in die staatliche Tätigkeit erfolgt sowohl auf der zentralen wie auf der örtlichen Ebene durch verschiedene Methoden und Mechanismen.

Gemeinsame Beschlüsse von → **Politbüro** der SED und Präsidium des Ministerrates oder des → **ZK der SED** und dem Ministerrat, in sozialpolitischen Angelegenheiten auch mit dem Präsidium des Bundesvorstandes des → **FDGB**, werden ohne Umsetzung direkt von St. verwirklicht.

Partei- und St. bilden gemeinsame Kommissionen bzw. Arbeitsgruppen zur Vorbereitung, operativen Durchführung und Kontrolle von Entscheidungen. Die Parteileitung, d. h. die Sekretariate, geben dem St. der entsprechenden Ebene „Hinweise" zur Erfüllung bestimmter Aufgaben. Sie legen die Grundzüge der Tätigkeit der Parteikader im St. fest. Mitglieder der hauptamtlichen Leitungen der SED sind befugt, an Sitzungen der Leitungsgremien des St. teilzunehmen, Konsultationen mit → **Staatsfunktionären** durchzuführen und grundsätzliche Fragen der Durchführung der staatlichen Politik zu erörtern. Leitende Funktionen im St. werden von Mitgliedern der SED wahrgenommen, die faktisch als Beauftragte der Partei staatliche Funktionen wahrnehmen. Die Vorsitzenden der Räte und anderer Einheiten des St. sind Mitglieder der Sekretariate der Parteileitungen der örtlichen Ebenen. Auf der zentralen Ebene sind z. B. der Vorsitzende des Ministerrates und seine beiden Ersten Stellvertreter Mitglieder des Politbüros des ZK der SED; die Vorsitzenden der Räte der Bezirke, der Bezirksplankommissionen und -wirtschaftsräte sind stets Mitglieder der Sekretariate der Bezirksleitung der SED.

Der Partei kommt das Recht zu, die von ihr als wichtig angesehenen Positionen im St. nach ihren Vorstellungen zu besetzen. Dies geschieht mit Hilfe des Nomenklatursystems (→ **Nomenklatur**).

Die Mitglieder der SED im St. werden in den nach besonderen Vorschriften des Statuts arbeitenden → **BPO** zusammengefaßt. Die BPO bzw. deren Leitungen leisten politisch-ideologische Arbeit, kontrollieren die Tätigkeit der Mitarbeiter und Institutionen bezüglich der Durchführung der Parteibeschlüsse, leiten gemeinsam mit den Gewerkschaftsleitungen Kampagnen und Wettbewerbe, sorgen für die Durchführung des Parteilehrjahres, organisieren die Schulung von Mitgliedern, Kandidaten und Parteilosen und die marxistisch-leninistische Weiterbildung mit Hilfe der Betriebsschulen des Marxismus-Leninismus, informieren die übergeordneten Parteileitungen über die Probleme der Organisationsbereiche und sind bemüht, neben politisch ideologischen auch fachliche Anforderungen zu erfüllen, um so die – früher häufig zu beobachtende – unzureichende Autorität der Parteifunktionäre zu stärken.

Es wird aber davon ausgegangen, daß der Parteiapparat die Funktionen des St. nicht übernehmen kann und darf. Er soll den St. als das wichtigste Instrument der Partei gemäß deren Beschlüssen anleiten, Entwicklungen kontrollieren und, falls notwendig, entstehende Konflikte rechtzeitig kanalisieren, bzw. lösen.

Die Tätigkeitsbedingungen des St. sind im Gegensatz zum Parteiapparat durch andere Bedürfnisse, Organisationsformen und Verhaltensweisen der Mitarbeiter gekennzeichnet. Die wachsende Komplexität des wirtschaftlichen und gesellschaftlichen Lebens sowie die Tatsache, daß der St. stets unmittelbarer Adressat der Wünsche der Bevölkerung ist, wirken sich in besonderer Weise auf die Formen staatlicher Leitungstätigkeit aus und bedingen einen rascheren Wandel. So bedeutet die Anweisung der Parteiführung an die örtlichen Parteileitungen, sich nicht in die Arbeit des St. im Sinne der Übernahme seiner Funktionen einzumischen, auch eine Anerkennung der Tatsache, daß die Tätigkeiten von Partei und St. sich gegenseitig bedingten und die Vermischung der Aufgaben die notwendige Arbeitsteilung durchbricht. Die Mängel der staatlichen Leitungstätigkeit, der gelegentlich dem St. gegenüber erhobene Vorwurf des Bürokratismus und andere kritische Einwände seitens der SED richten sich in der Hauptsache gegen Einzelpersonen. Eine Änderung des Verhältnisses von Partei und St. wird von ihr als unmöglich bezeichnet, da dies die Machtfrage entscheidend berühren würde.

Staatsarchive: Durch Ministerrats-VO vom 17. 6. 1965 erfuhr das gesamte staatliche Archivwesen eine Neuregelung, die zu einer Zentralisation in diesem Bereich führte, wie es sie auf deutschem Boden noch nie gab. Aufsicht und Leitung obliegen nach wie vor dem Minister des Innern. Seine Aufgaben werden praktisch von der Staatlichen Archivverwaltung (Sitz Potsdam) wahrgenommen, der das Deutsche Zentralarchiv, 14 St., 2 Archivdepots, zentrale Technische Werkstätten sowie die Fachschule für Archivwesen unterstellt sind.

Als Archiv mit zentralem Aufgabenbereich verwaltet das Deutsche Zentralarchiv (DZA) Potsdam, gegr. 1946, in seiner Histor. Abt. I die in Mitteldeutschland lagernden Aktenbestände deutscher Reichsbehörden.

Diese Bestände stammen zum größten Teil aus zwischen 1952 und 1960 erfolgten Aktenrückgaben aus der UdSSR und Polen. Die 1960 entstandene „Abt. Sozialismus" des DZA verwaltet unter besonderen Sicherheitsvorkehrungen Akten der seit 1945 auf dem Gebiet der Sowjetzone gebildeten „Staatsbehörden" mit zentralem Aufgabenbereich, jedoch nur, insoweit diese wiederum der Auflösung verfielen.

Ferner werden im DZA wertvolle Urkunden- und Aktenbestände der Archive der Hansestädte Hamburg, Bremen und Lübeck aufbewahrt.

In der 1949 gegründeten Abt. Merseburg, die 1950 ins DZA eingegliedert wurde und jetzt als Histor. Abt. II des DZA firmiert, sind die von Berlin-Dahlem im Kriege ausgelagerten Bestände des Preußischen Geh. St. sowie des Hohenzollernschen Hausarchivs mehr oder weniger provisorisch untergebracht. Insgesamt verwaltet das DZA mit seinen Abteilungen in Potsdam, Merseburg und Coswig 60 000 lfd. Meter Akten, d. h. ein knappes Drittel des gesamten sog. staatlichen Archivfonds.

Die 5 Landeshauptarchive (LHA), deren provinzielle Zuständigkeit den 5 Ländern der SBZ entsprach, sind mit VO vom 17. 6. 1965 zu St. umgebildet worden, deren Zuständigkeit sich nunmehr mit den durch die → **Verwaltungsneugliederung** von 1952 geschaffenen Bezirken weitgehend deckt. Außer den 5 vorhandenen LHA wurden 3 weitere ehemalige Landesarchive in St. umgebildet. Darüber hinaus wurden aus Landesarchiven 6 Histor. St. geschaffen, darunter das einst selbständige Oberbergamtsarchiv Freiberg. Die Tätigkeit der Histor. St. beschränkt sich darauf, alles bis zum Jahre 1945 bzw. 1952 entstandene Archivgut ihres regionalen Bereiches zu verwahren.

Außer den genannten St. bestehen Kreis- Stadt-, Betriebs-, Literatur-, Film-, Bild- und Tonarchive sowie Archive wissenschaftlicher Einrichtungen. Als Verwaltungsarchive haben sie die Funktion von Zwischenarchiven und verwalten das anfallende Schriftgut bis zur Abgabe an das staatliche Endarchiv. Filmmaterial wird gesondert im Staatlichen Filmarchiv aufbewahrt. Für das → **Staatliche Filmarchiv** wurde vor kurzem in Berlin (Ost) ein Neubau mit Bunkern zur Aufbewahrung von 1000 t Filmmaterial errichtet. Für das militärische Schriftgut ist mit Wirkung vom 15. 7. 1964 das Deutsche Militärarchiv in Potsdam gegründet worden. Es ist Zentralarchiv der NVA und historisches Archiv aller militärischen Akten der Zeit bis 1945. In den staatlichen Endarchiven lagert eine Aktensubstanz von annähernd 220 000 lfd. Metern.

Das Ausbildungswesen für den höheren und mittleren Archivdienst wurde seit 1953 in Potsdam zentralisiert und konzentriert. Das für die Ausbildung des höheren Archivdienstes zuständige Institut für Archivwissenschaft, gegründet 1950, wurde durch AO vom 10. 8. 1961 der Philosophischen Fakultät (Fachrichtung Geschichte) der Ost-Berliner Humboldt-Universität angegliedert und besitzt das Promotions- und Habilitationsrecht für Archivwissenschaft. Zur Zeit werden die wissenschaftlichen Archivare nach mehrfach vorangegangenen Umorganisationen nicht mehr in einem 16monatigen Zusatzstudium am Institut für Archivwissenschaft, sondern selbständig im Rahmen der Philosophischen Fakultät der Ost-Berliner Universität in einem geschlossenen 5jährigen Studium ausgebildet. Das Direktstudium für Archivare gliedert sich in drei Phasen: Grundlagenstudium, Fachausbildung und Spezialausbildung und umfaßt 78 Semesterwochen.

Für die Ausbildung des mittleren Archivdienstes ist die am 1. 9. 1955 ebenfalls in Potsdam eröffnete Fachschule für Archivwesen zuständig. Von 1950 bis 1965 wurden insgesamt 162 Archivare des mittleren Dienstes geschult, von denen allerdings ein großer Teil nicht mehr im Archivwesen tätig ist.

Um dem Mangel an Fachkräften abzuhelfen, wurden ferner Sonderkurse abgehalten und ein → **Fernstudium** eingerichtet. Die St. sollen ihre Aufgaben im Einklang und nach Abstimmung „mit den Perspektivplänen der Volkswirtschaft" erfüllen.

In allen Planungen steht die „Erhöhung des gesellschaftlichen Nutzeffekts der Archivarbeit" im Vordergrund. Dazu soll die wissenschaftliche und politisch-ideologische Qualifizierung der Archivare gefördert werden.

Der Begriff „marxistische Archivwissenschaft" hat die Unterschiede zwischen West und Ost zu betonen. Schließlich hat der Archivar in seiner Tätigkeit die „Einheit von Bildung und Erziehung, von Wissenschaftlichkeit und Parteilichkeit" zu verkörpern.

Staatsbank: Eine zentrale Stellung im → **Bankwesen** der DDR nimmt die mit Wirkung vom 1. 1. 1968 aus der → **Deutschen Notenbank** hervorgegangene St. (GBl. I, 1967, S. 132) ein. Sie ist Emissionsbank und Organ des → **Ministerrats** für die Durchführung der Kreditpolitik. Zu ihren wichtigsten Aufgaben zählen: die Planung des Geldumlaufs; die Bilanzierung der Kredite und Kreditquellen; die Ausarbeitung der Grundsätze für den Zahlungs- und Verrechnungsverkehr; die Kontenführung des Staatshaushalts und der übrigen Geld- und Kreditinstitute, von denen sie Einlagen entgegennimmt und denen sie Refinanzierungskredite gewährt; die Regelungen des zwischenstaatlichen Geld- und Verrechnungsverkehrs einschließlich des Reisezahlungsverkehrs der Kreditinstitute; die Festsetzung der Umrechnungssätze der Währung der DDR zu anderen Währungen; die Mitarbeit bei der Erstellung der Zahlungsbilanz.

Zu den Betrieben unterhält sie grundsätzlich keine Geschäftsbeziehungen.

Die Staatsbank mit Sitz in Berlin (Ost) verfügt über einen Eigenmittelfonds in Höhe von 600 Mill. Mark sowie einen Reservefonds und arbeitet nach einem Finanzplan. Die Leitung besteht aus dem Präsidenten, dem Vizepräsidenten, den Direktoren sowie einem Bankrat. Der Vorsitzende des Ministerrates bestellt den Präsidenten (seit dem 29. 4. 1974 Horst Kaminsky), der zugleich Mitglied des Ministerrates, Leiter der DDR-Delegation in den Bankräten der → **Internationalen Bank für Wirtschaftliche Zusammenarbeit** (IBWZ) und der → **Internationalen Investitionsbank** (IIB) sowie Vorsitzender der auf Grund des Ministerratsbeschlusses vom 13. 9. 1972 geschaffenen einheitlichen Leitung der Banken der DDR ist.

Mit Wirkung vom 1. 7. 1974 nimmt die St. durch die Eingliederung der IHB wieder Funktionen einer Geschäftsbank wahr.

Staatsbewußtsein, sozialistisches: Im Verständnis des → **Marxismus-Leninismus** in der DDR ist das SSt. wesentlicher Bestandteil des **gesellschaftlichen** → **Bewußtseins**, da der sozialistische Staat das Hauptinstrument der SED und der von ihr geführten Arbeiterklasse beim Aufbau der entwickelten sozialistischen Gesellschaft ist. Das immer stärker werdende SSt. der Menschen ist, nach Auffassung der SED, Ausdruck des „Bewußtwerdens der Zugehörigkeit zum sozialistischen

Staat" in der DDR. Das spiegele die Überwindung der für kapitalistisch-imperialistische Gesellschaften typischen Trennung von Individuum, Staat und Gesellschaft wider. Praktischer Ausweis und Kriterium des SSt. in der DDR sei die „Arbeitsmoral des sozialistischen Staatsbürgers". Mit Hilfe des SSt. sei auch die lange Jahre vorhandene → **Westorientierung** in der DDR heute weitgehend überwunden worden.

Staatsbibliothek: → **Bibliotheken.**

Staatsbürgerkunde: → **Politisch-ideologische bzw. staatsbürgerliche Erziehung.**

Staatsbürgerrechtsschutzgesetz: Nach Vorschrift des § 1 Abs. 5 des Einführungsgesetzes zum Strafgesetzbuch bleibt das Gesetz zum Schutze der Staatsbürger- und Menschenrechte der Bürger der DDR vom 13. 10. 1966 (GBl. I, S. 81) in Kraft, obwohl der von ihm aufgestellte Straftatbestand in § 90 StGB unter der Überschrift „Völkerrechtswidrige Verfolgung von Bürgern der DDR" wörtlich aufgenommen wurde. Angedroht ist Freiheitsstrafe bis zu 5 Jahren, in schweren Fällen von 1 Jahr bis zu 10 Jahren. Der Beibehaltung dieses Gesetzes kommt nur symbolische Bedeutung zu. In der strafrechtlichen Praxis hat das St., das auch Schadensersatzregelungen gegen die Bundesrepublik Deutschland, Berlin (West) sowie gegen deren Länder, Organe und gegen juristische oder natürliche Personen vorsieht, keine Rolle gespielt.

Staatsbürgerschaft: Nach gegenwärtiger Auffassung der SED-Führung ist mit der Gründung der DDR in Übereinstimmung mit dem Völkerrecht auch die St. der DDR entstanden. Sie soll Ausdruck der Souveränität der DDR sein und zur weiteren allseitigen Stärkung des sozialistischen Staates beitragen. Demgegenüber ging die Verfassung vom 7. 10. 1949 noch von einer einheitlichen deutschen Staatsangehörigkeit aus. Indessen wurden die Begriffe „Bürger der DDR" oder „Staatsbürger der DDR" bereits seit 1957 in gesetzlichen Bestimmungen verwendet. Daneben gab es aber weiterhin, wie z. B. im Wahlgesetz 1958, den Begriff „Deutsche Staatsangehörigkeit". Der Staatsratserlaß vom 21. 8. 1964 (GBl. I, S. 128), der allen vor dem 13. 8. 1961 Geflüchteten Straffreiheit versprach, bezeichnet die Flüchtlinge und alle legal in den Westen übergesiedelten Bürger als „Bürger der DDR, die außerhalb der DDR wohnen". Auch das → **Staatsbürgerrechtsschutzgesetz** vom 13. 10. 1966 (GBl. I, S. 81) gebraucht den Begriff „Bürger der DDR".

Mit dem Gesetz über die St. der Deutschen Demokratischen Republik (St.-Gesetz) vom 20. 2. 1967 (GBl. I, S. 3) erging erstmals zu dieser Frage ein Regelungsgesetz. Das Gesetz legt zunächst fest, wen die DDR als Staatsbürger in Anspruch nimmt. Es sind dies alle Personen a) die zum Zeitpunkt der Gründung der DDR deutsche Staatsangehörige waren, in der DDR ihren Wohnsitz oder ständigen Aufenthalt hatten und die St. der DDR nicht verloren haben, b) die zum Zeitpunkt der Gründung der DDR deutsche Staatsangehörige waren, ihren Wohnsitz oder ständigen Aufenthalt außerhalb der

DDR hatten, danach keine andere St. erworben haben und entsprechend ihrem Willen durch Registrierung bei einem dafür zuständigen Organ der DDR als Bürger der DDR geführt werden, c) die nach den geltenden Bestimmungen die St. der DDR erworben und sie seitdem nicht verloren haben.

Die St. der DDR wird erworben a) durch Abstammung, b) Geburt auf dem Territorium der DDR oder c) Verleihung. Ein Kind erwirbt mit seiner Geburt die St. der DDR, wenn die Eltern oder ein Elternteil Staatsbürger der DDR sind. Ein auf dem Territorium der DDR geborenes Kind erwirbt die St. der DDR, wenn es durch seine Geburt eine andere St. nicht erworben hat. Ein Findelkind auf dem Territorium der DDR ist Staatsbürger der DDR, sofern der Besitz einer anderen St. nicht nachgewiesen wird. Auf Antrag kann einem Bürger eines anderen Staates oder einem Staatenlosen die St. der DDR verliehen werden, „wenn er sich durch sein persönliches Verhalten und seine Einstellung zur Staats- und Gesellschaftsordnung der Deutschen Demokratischen Republik der Verleihung der St. der Deutschen Demokratischen Republik würdig erweist und der Verleihung keine zwingenden Gründe entgegenstehen". Der Antragsteller soll in der Regel seinen Wohnsitz oder ständigen Aufenthalt in der DDR haben. Minderjährige erwerben mit der Verleihung der St. der DDR an die Eltern die St. der DDR, wenn der Antrag auch für sie gestellt ist. Das gilt auch, wenn nur ein Elternteil durch Verleihung Staatsbürger der DDR wird. Hat der Minderjährige das 14. Lebensjahr vollendet, ist seine Einwilligung erforderlich.

Die St. der DDR geht verloren durch a) Entlassung, b) Widerruf der Verleihung oder c) Aberkennung. Ein Staatsbürger der DDR kann auf seinen Antrag aus der St. der DDR entlassen werden, wenn er seinen Wohnsitz mit Genehmigung der zuständigen staatlichen Organe der DDR außerhalb der DDR hat oder nehmen will, er eine andere St. besitzt oder zu erwerben beabsichtigt und der Entlassung aus der St. der DDR keine zwingenden Gründe entgegenstehen. Darüber ist eine Urkunde auszuhändigen. Werden Eltern aus der St. der DDR entlassen, so erstreckt sich die Entlassung auch auf ihre minderjährigen Kinder, wenn der Antrag für sie gestellt war. Wird der Antrag nur von einem Elternteil gestellt, ist der andere Elternteil zu hören. Hat der Minderjährige das 14. Lebensjahr vollendet, ist seine Einwilligung erforderlich. Die Verleihung der St. kann widerrufen werden, wenn der Bürger bei der Antragstellung falsche Angaben gemacht oder Tatsachen verschwiegen hat, welche die Verleihung der St. der DDR ausgeschlossen hätten, oder sich der Bürger der St. der DDR durch grobe Mißachtung der mit ihrer Verleihung übernommenen Verpflichtung nicht würdig erweist. Die St. kann Bürgern, die ihren Wohnsitz oder Aufenthalt außerhalb der DDR haben, wegen grober Verletzung der staatsbürgerlichen Pflichten aberkannt werden.

Durch Gesetz zur Regelung von Fragen der St. vom 16. 10. 1972 verloren die Flüchtlinge aus der DDR, welche die DDR nach dem St.-Gesetz für sich in Anspruch genommen hatte, mit dem 17. 10. 1972 die St. der

DDR. Der Verlust wurde auch für Abkömmlinge der Flüchtlinge, die als Abkömmlinge von DDR-Bürgern ursprünglich in Anspruch genommen worden waren, angeordnet.

Die Bundesrepublik Deutschland respektiert zwar die St. der DDR, hält im übrigen aber an einer einheitlichen deutschen Staatsangehörigkeit fest. Eine Möglichkeit, die St. der DDR mit der einheitlichen deutschen Staatsangehörigkeit zu vereinen, ist, die St. der DDR als eine Regelungsform der einheitlichen deutschen Staatsangehörigkeit anzusehen. Voraussetzung für diese Vorstellung ist, daß an einem Relikt staatlicher deutscher Einheit festgehalten wird. Das entspricht den Vorstellungen des Bundesverfassungsgerichtes in seinem Urteil vom 31. 7. 1973 – 2 BvF 1/73 –.

Die DDR hat mit der UdSSR, mit der Ungarischen Volksrepublik, der Volksrepublik Bulgarien und der Tschechoslowakischen Sozialistischen Republik Verträge zur Regelung von Fragen der doppelten St. abgeschlossen. Diese Verträge dienen der Vermeidung doppelter St. Danach behalten Personen, die am Tage des Inkrafttretens der Verträge aufgrund der Gesetzgebung der vertragschließenden Staaten deren Staatsbürger sind, nur die St. eines der vertragschließenden Staaten. Diese Personen können innerhalb eines Jahres vom Tage des Inkrafttretens der Verträge an optieren, welche St. sie behalten wollen. Personen, die eine Option nicht ausüben, behalten die St. des vertragschließenden Staates, auf dessen Hoheitsgebiet sie am Tage des Ablaufs der Frist ihren Wohnsitz haben. Für Minderjährige können die Eltern die Option ausüben. Kommt keine übereinstimmende Erklärung der Eltern zustande, behalten die Minderjährigen die St. des vertragschließenden Staates, auf dessen Hoheitsgebiet die Eltern am Tage des Ablaufes der genannten Frist ihren Wohnsitz hatten.

Staatsfeiertage: → **Feiertage.**

Staatsflagge: → **Flagge.**

Staatsfunktionär: Als St. werden alle Mitarbeiter des → **Staatsapparates** bezeichnet, die durch Wahl, Ernennung oder Berufung mit der Wahrnehmung einer leitenden Funktion beauftragt werden und dafür rechenschaftspflichtig und verantwortlich sind. An die St. werden besondere Anforderungen gerichtet, die auch für die Kaderpolitik (→ **Kader**) allgemein kennzeichnend sind. Als Beauftragte der Arbeiter-und-Bauern-Macht sollen sie die Fähigkeit entwickeln, sozialistische Kollektive so zu leiten, daß im Produktionswettbewerb eine Übererfüllung der Pläne erreicht wird und sie bei der Gestaltung des gesellschaftlichen Lebens sozialistische Normen durchsetzen. Status und politischer Auftrag des St. unterscheiden sie von den anderen Mitarbeitern des Staatsapparates, die in der Hauptsache mit technisch-organisatorischen Arbeiten, handwerklichen Tätigkeiten und sonstigen Hilfsdiensten beschäftigt sind und nur in jenen Fällen zur Kategorie der St. gezählt werden, wenn das Funktionieren des Staatsapparates unmittelbar von ihrer Tätigkeit abhängt. Rechte und Pflichten der St. sind in der VO über die Pflichten, die Rechte und

die Verantwortlichkeit der Mitarbeiter in den Staatsorganen (GBl. II, 1969, S. 163) niedergelegt. Diese VO gilt nicht für die Vorsitzenden und Mitglieder des Staatsrates und des Ministerrates sowie Richter und Staatsanwälte; auch die Mitarbeiter der VVB, der Betriebe und anderer nach den Erfordernissen der → **Wirtschaftlichen Rechnungsführung** arbeitenden Einrichtungen werden von ihr nicht erfaßt.

Staatsgrenze West: Offizielle Bezeichnung in der DDR für die → **Grenze** zwischen der Bundesrepublik Deutschland und der DDR.

Staatshaftung: Mit Art. 106 der → **Verfassung** vom 6. 4. 1968 (Art. 104 n. F.) wurde die St. eingeführt. Danach haftet für Schäden, die einem Bürger an seinem persönlichen → **Eigentum** durch ungesetzliche Maßnahmen von Mitarbeitern der Staatsorgane zugefügt werden, das staatliche Organ, dessen Mitarbeiter den Schaden verursacht haben. Zur Ausführung des genannten Verfassungsartikels erging das Gesetz zur Regelung der St. der Deutschen Demokratischen Republik – St.-Gesetz – vom 12. 5. 1969 (GBl. I, S. 34).

Die Voraussetzungen der St.:
1. Der Schaden muß einem Bürger oder seinem persönlichen Eigentum zugefügt sein. Ausgeschlossen sind also Schäden, die am sozialistischen Eigentum entstanden sind. Unter Bürgern werden nur die Bürger der DDR verstanden, die ihren Wohnsitz dort haben. Nur ausnahmsweise kann unter Berücksichtigung der Umstände des Einzelfalles Schadensersatz auch dann geleistet werden, wenn Bürger der DDR ihren Wohnsitz dort nicht haben. Personen, die nicht Bürger der DDR sind, steht ein Anspruch nur zu, wenn sie ihren ständigen Wohnsitz dort haben. Im übrigen tritt die Haftung zu Gunsten von Personen, die nicht Bürger der DDR sind, nur dann ein, wenn die Gegenseitigkeit gewährleistet ist.
2. Der Schaden muß in Ausübung staatlicher Tätigkeit zugefügt sein. Es muß also zwischen der Erfüllung dienstlicher Aufgaben und dem Schaden ein unmittelbarer Kausalzusammenhang bestehen.
3. Die Schadenszufügung muß rechtswidrig erfolgt sein. Eine Schuld des Staatsbediensteten braucht nicht vorzuliegen. Es wird nicht zwischen einer schuldhaft-rechtswidrigen und einer schuldlos-rechtswidrigen Handlung oder Unterlassung unterschieden. Es gilt das Prinzip der objektiven Haftung.
4. Unter den Begriff „Mitarbeiter der Staatsorgane" fallen Angestellte eines staatlichen Organs oder einer staatlichen Einrichtung, die im Namen des betreffenden Organs oder der betreffenden Einrichtung tätig sind, und ehrenamtlich Tätige, die berechtigt und ermächtigt sind, selbst Weisungen, Anordnungen oder ähnliche Entscheidungen zu treffen. Dazu gehören auch die Angehörigen der bewaffneten Organe, darunter der → **Deutschen Volkspolizei.** Zum Schadensersatz verpflichtet ist das jeweilige staatliche Organ oder die staatliche Einrichtung, in dem ein Bediensteter arbeitet oder jemand ehrenamtlich tätig ist. Schadensersatzansprüche gegen die Mitarbeiter oder Beauftragte sind ausgeschlossen. § 839 BGB gilt also nicht. Es handelt sich also

nicht um eine St. im strengen Sinne, sondern um eine Amtshaftung.

Der Schadensersatz ist grundsätzlich in Geld zu leisten. Dem staatlichen Organ oder der staatlichen Einrichtung bleibt es jedoch überlassen, den Schaden auch durch Naturalrestitution auszugleichen. Der Umfang des Schadens wird nach zivilrechtlichen Vorschriften berechnet, soweit in Gesetzen oder anderen Rechtsvorschriften nicht anderes bestimmt ist.

Die Verjährungsfrist beträgt ein Jahr, beginnt mit dem Tage, an dem der Geschädigte von dem Schaden und davon Kenntnis hat, daß der Schaden von einem Mitarbeiter oder einem Beauftragten eines staatlichen Organs oder einer staatlichen Einrichtung verursacht wurde.

Der Rechtsweg vor den ordentlichen Gerichten ist ausgeschlossen. Über den Schadensersatzanspruch entscheidet der Leiter des zuständigen staatlichen Organs oder der staatlichen Einrichtung, durch deren Mitarbeiter oder Beauftragten der Schaden verursacht wurde. Bei diesem ist auch der Antrag auf Schadensersatz zu stellen.

Die St. schließt den Regreß nicht aus. Mitarbeiter, die einen Schaden rechtswidrig und schuldhaft verursacht haben, sind nach den arbeitsrechtlichen Vorschriften über die materielle Verantwortlichkeit (→ **Arbeitsrecht**) in Anspruch zu nehmen.

Staatshaushalt: Der St. ist in der DDR nicht identisch mit dem Begriff „Einnahmen und Ausgaben des Staates". Die Differenz zwischen beiden sind die Fonds der VEB, VVB und volkseigenen Kombinate, die diese aus Teilen ihres Gewinns bilden und für bestimmte Investitionen sowie für Leistungsprämien verwenden. Für diese betriebseigenen Fonds sind im St.-Plan 1975 15 Mrd. Mark vorgesehen bei einem Gesamtumfang der „Einnahmen und Ausgaben des Staates" von 121 Mrd. Mark, so daß der St. im engeren Sinne 1975 auf Plan einen Umfang von 106 Mrd. Mark erreicht.

Der St. ist in der DDR geheim, die Einzelheiten des Haushaltsplanes werden nicht veröffentlicht. Lediglich der Gesamtumfang und einige Hauptpositionen der Einnahmen- und Ausgabenseite sind als Globalgrößen bekannt. Dürftig sind die Informationen über die Gliederung der Einnahmenseite. Der weitaus größte Einnahmeposten sind die „Abführungen der volkseigenen Wirtschaft" (1975 65 Mrd. Mark nach Plan), die zur Hälfte und zu je einem Viertel aus produktgebundenen Abgaben, Nettogewinnabführungen und Produktionsfondsabgaben stammen. Diese Abführungen gelten nicht als → **Steuern**, da bei ihrer Übertragung von staatlichen Betrieben zum St. kein Eigentumswechsel eintritt, der in der DDR als wesentliches Kriterium der Steuereigenschaft gilt. Neben den Abgaben der volkseigenen Wirtschaft werden nur noch diejenigen der LPG veröffentlicht (1 Mrd. Mark) und das Beitragsaufkommen der Sozialversicherung, das 1975 rund 11 Mrd. Mark erreichte. Es verbleiben 30 Mrd. Mark auf der Einnahmenseite, deren Herkunft überhaupt nicht ausgewiesen wird. In diesem Rest sind alle Steuern von Arbeitseinkommen enthalten, ferner die Steuern der privaten Wirtschaft, der Handwerkergenossenschaften, Kommissionshändler und freiberuflich Tätigen, sowie Gebühren, Beiträge und Zölle.

Für die Ausgabenseite des St. sind vor allem 3 Schwerpunkte charakteristisch:

1. Ausgaben für kulturelle und soziale Zwecke, die – einschließlich der Zuschüsse zur Sozialversicherung mit rund 37 Mrd. Mark 1975 wie schon in den Vorjahren den größten Ausgabeposten stellen. Zu diesem Komplex gehören vor allem Ausgaben für den Unterhalt des Bildungs-, Gesundheits- und Sozialwesens, für Kultur und Sport; Geldleistungen an die Bevölkerung (Renten, Stipendien, Beihilfen, Krankengeld); produktgebundene Subventionen (Preisstützungen zur Aufrechterhaltung niedriger Verbraucherpreise für Grundnahrungsmittel, Wohnungsmiete, Verkehrstarife, Kinderbekleidung usw.).

2. Ausgaben für Investitions- und Forschungsvorhaben von gesamtgesellschaftlicher Bedeutung (einschließlich Landwirtschaft), für die 1975 rund 9 Mrd. Mark vorgesehen sind.

3. Ausgaben für Verteidigung, die ebenfalls mit rund 9 Mrd. Mark für 1975 ausgewiesen sind. Über die Zusammensetzung der übrigen Ausgaben (ca. 51 Mrd. Mark 1975) ist nichts bekannt. (Möglicherweise sind in dieser Position die Ausgaben für die staatliche Verwaltung, ca. 34 Mrd. Mark, enthalten.)

Ein unmittelbarer Vergleich des DDR-St. mit dem der Bundesrepublik Deutschland ist wegen der unterschiedlichen Abgrenzung der Haushalte wenig sinnvoll. Der scheinbar wesentlich größere Umfang des St. der DDR erklärt sich vor allem daraus, daß er neben dem zentralen Haushalt der Republik auch die der nachgeordneten Gebietskörperschaften, also der Bezirke, Kreise und Gemeinden sowie das Budget der Sozialversicherung umschließt. Um die Haushalte der beiden deutschen Staaten vergleichbar zu machen, müßten dem Bundeshaushalt die Haushalte der Länder und Gemeinden sowie alle sonstigen öffentlichen Finanzmittel (z. B. Lastenausgleich) hinzugerechnet, beim DDR-Budget die beitragsfinanzierten Ausgaben der Sozialversicherung abgezogen werden. Bei dieser Abgrenzung zeigt es sich, daß die öffentlichen Ausgaben je Einwohner mit 3 677 DM in der Bundesrepublik Deutschland bzw. 3 681 Mark in der DDR (Zahlen für 1971) parktisch gleich hoch sind.

Rechtliche Grundlage für den St. ist das Gesetz über die St.-Ordnung vom 13. 12. 1968 (GBl. I, S. 383 ff.), die eine erste gesetzliche Regelung aus dem Jahre 1954 ablöste.

Staatslehre: Nach der marxistisch-leninistischen St. wird der Staat durch seinen Klassengehalt bestimmt. Der Staat wird als ein Machtinstrument in den Händen bestimmter Klassen zur Durchsetzung ihrer Interessen angesehen; er ist ein Produkt der Geschichte, das mit dem Zerfall der Urgesellschaft und dem Auftreten antagonistischer Klassengegensätze entstanden sein und in der klassenlosen kommunistischen Gesellschaft der Zukunft absterben soll. Den einzelnen Formationen der

Ausbeutergesellschaft entsprechend werden 3 Typen des Ausbeuterstaates unterschieden: der Sklavenhalterstaat, der Feudalstaat und der kapitalistische Staat. Alle Ausbeuterstaaten seien Diktaturen von Minderheiten über die Mehrheit, deren Hauptfunktion die Unterdrükkung zum Zwecke der Aufrechterhaltung der jeweiligen Ausbeuterordnung sei.

Für Marx und Engels war der Ausbeuterstaat mit dem Staat überhaupt identisch und ein Fortbestehen des Staates über die proletarische Revolution hinaus nur für die kurze Übergangsphase der Diktatur des Proletariats und ausschließlich zu dem Zwecke denkbar gewesen, die fortbestehenden Reste der ehemaligen Ausbeuterklassen zu unterdrücken. Stalin hat dann, in Anknüpfung an Lenin, die Lehre von einem neuen Staatstyp, dem sozialistischen Staat, entwickelt. Als Rechtfertigung diente ihm die These von der kapitalistischen Einkreisung der Sowjetunion.

Im sozialistischen Staat sollen die wirtschaftlich-organisatorische und die kulturell-erzieherische Funktion im Vordergrund stehen, wohingegen die Unterdrückungsfunktion zunehmend an Bedeutung verliert. Weiterhin wird die äußere Verteidigungsfunktion genannt. Der sozialistische Staat gilt als Machtinstrument der → **Arbeiterklasse**, die die Macht im Bündnis mit den → **Genossenschaftsbauern** und den sonstigen Werktätigen ausübt. Die Lehre vom sozialistischen Staat und seinen Entwicklungsphasen hat in der Folgezeit manche Veränderungen erfahren, die in erster Linie durch die Schwankungen in der → **Periodisierung** bedingt sind.

In der Zeit der durch die sowjetische Besatzungsmacht unterstützten kommunistischen Machtergreifung in den Ländern Osteuropas nach 1945 wurde der Begriff der „Volksdemokratie" geprägt, um die diskreditierte Formel von der „Diktatur des Proletariats" zu kaschieren. Der Sache nach wurde und wird die Volksdemokratie als eine Form der Diktatur des Proletariats neben der Sowjetdemokratie betrachtet. Die Volksdemokratie soll im Ergebnis eines einheitlichen Prozesses zweier Revolutionen, der antifaschistisch-demokratischen und der sozialistischen Revolution, entstanden sein. Dieser Umstand sowie die Existenz einer sozialistischen Weltmacht, der Sowjetunion, sollen trotz gleicher Grundzüge gewisse Besonderheiten des volksdemokratischen Staates im Vergleich zum Sowjetstaat bedingt haben. Diese äußerten sich in der Organisation der Staatsmacht, in dem Fortbestand von politischen Parteien in einer Reihe von Ländern und in der Beibehaltung der → **Nationalen Front** oder Volksfront auch in der Periode des sozialistischen Aufbaus. Die führende Rolle der kommunistischen Partei sei aber ein Wesensmerkmal auch der Volksdemokratie.

In der DDR wurde der Ausdruck „Volksdemokratie" zur Kennzeichnung des eigenen Entwicklungsstadiums seit der 2. Parteikonferenz der SED vom Juli 1952 gebraucht, auf der die „Schaffung der Grundlagen des Sozialismus" und damit das Ende der „antifaschistisch-demokratischen Ordnung" verkündet worden war. Die Bezeichnung „Diktatur des Proletariats" ist erst seit Ende der 50er Jahre verwendet worden.

Bedeutsame Veränderungen hat in der St. die von Chruschtschow entwickelte Konzeption des „Volksstaates" bewirkt. Im Parteiprogramm der KPdSU von 1961 wurde behauptet, die Diktatur des Proletariats habe in der Sowjetunion ihre historische Mission erfüllt, ihr Staat habe sich zu einem Staat des gesamten Volkes gewandelt und die sozialistische Staatlichkeit würde zunehmend in die gesellschaftliche Selbstverwaltung hinüberwachsen. Diese Thesen, die nur für die Sowjetunion, die sich bereits in der fortgeschritteneren Entwicklungsphase des „umfassenden Aufbaus des Kommunismus" befunden haben sollte, unmittelbar Geltung besaßen, wurden in der DDR rezipiert. In dem auf dem VI. Parteitag der SED vom Januar 1963 verabschiedeten Parteiprogramm wurde ebenfalls das baldige Ende der Diktatur des Proletariats und der Übergang zum Volksstaat in Aussicht gestellt. Seither wurde die Bezeichnung „Diktatur des Proletariats" immer weniger gebraucht, ohne daß sie ausdrücklich aufgegeben worden wäre. Stattdessen bürgerte sich der Terminus „sozialistische Demokratie" zur Bezeichnung des politischen Systems der DDR ein. In der St. wurden nur bis 1964/65 verschiedentlich Probleme des Volksstaates erörtert. Der Grund hierfür ist in den ideologischen Auswirkungen von Chruschtschows Sturz Ende 1964 zu suchen. Die neue sowjetische Führung distanzierte sich allmählich von den ideologischen Neuerungen des Parteiprogramms von 1961 und so auch von der Konzeption des Volksstaates. Später ist in der sowjetischen St. der Begriff „allgemeiner Volksstaat" gegen Ende der 60er Jahre wieder aufgegriffen worden. Er wird aber nur für die Sowjetunion angewandt; der enge Zusammenhang zwischen dem allgemeinen Volksstaat und dem Staat der Diktatur des Proletariats wird nachdrücklich hervorgehoben.

In der DDR ist der Terminus „Diktatur des Proletariats" durch eine Rede W. Ulbrichts vom 12. 10. 1968 als Reaktion auf die Ereignisse in der Tschechoslowakei wieder in den allgemeinen politischen Sprachgebrauch eingeführt worden (Staat und Recht, 1968, S. 1735 ff.). Zugleich sind die These von der führenden Rolle der Partei, der Organisationsgrundsatz des demokratischen Zentralismus und sonstige Elemente der orthodox-stalinistischen St. stark in den Vordergrund gerückt worden. Diese Tendenzen haben sich nach der Entmachtung Ulbrichts und seit dem VIII. Parteitag der SED vom Juni 1971 noch verschärft. Die DDR begreift sich heute als Diktatur des Proletariats. Gleichzeitig versteht sie sich als sozialistische Demokratie. Beide Begriffe werden synonym gebraucht, da die Entfaltung der Demokratie für die Massen der Werktätigen ein charakteristisches Merkmal der Diktatur des Proletariats sei (Verf. Komm., Bd. I, S. 217).

Die Anfang der 60er Jahre einsetzenden ideologischen Kursschwankungen sind von der St. der DDR nicht bewältigt worden. Insbesondere hinsichtlich der Formenlehre des sozialistischen Staates sind im Schrifttum kaum substantielle Aussagen anzutreffen. Erst in jüngster Zeit, im Zusammenhang mit den Arbeiten an einem Lehrbuch „Marxistisch-leninistische Staats- und

Rechtstheorie" zeichnet sich eine gewisse Begriffsklärung ab. Nach dem gegenwärtigen Stand soll es nur einen Typus des sozialistischen Staates geben, der allerdings verschiedene Entwicklungsetappen aufweist (Staat und Recht, 1973, S. 1674; Neue Justiz, 1974, S. 80).

Es handelt sich um folgende Entwicklungsetappen: 1. der sozialistische Staat der Diktatur des Proletariats in der Periode von seiner Errichtung bis zum Sieg der sozialistischen Produktionsverhältnisse (Übergangsperiode vom Kapitalismus zum Sozialismus); 2. der sozialistische Staat der Diktatur des Proletariats in der Periode nach dem Sieg der sozialistischen Produktionsverhältnisse bis zur Herausbildung der entwickelten sozialistischen Gesellschaft; 3. der sozialistische Staat des ganzen Volkes nach dem Sieg des Sozialismus in der entwickelten sozialistischen Gesellschaft.

In der letzten Entwicklungsetappe soll sich ausschließlich die Sowjetunion befinden. Die Einordnung der DDR in dieses Schema ist nicht klar ersichtlich; es hat jedoch den Anschein, als ob sie erst seit kurzem in die zweite Etappe eingetreten sei. Zwar wurde im formell immer noch geltenden Parteiprogramm der SED von 1963 der „endgültige Sieg der sozialistischen Produktionsverhältnisse" verkündet, aber der Ausdruck „entwickelte sozialistische Gesellschaft" ist erst auf dem VIII. Parteitag 1971 eingeführt worden.

Staatsmacht: → **Staatsapparat.**

Staatsmonopolistischer Kapitalismus: → **Politische Ökonomie.**

Staatsoberhaupt: → **Staatsrat.**

Staatsplandokument: Das St. ist identisch mit dem vom Staatsrat, Ministerrat und der Volkskammer beschlossenen Volkswirtschaftsplan. → **Planung.**

Staatsplannomenklatur: → **Planung.**

Staatsplanposition: → **Planung.**

Staatsplanvorhaben: → **Planung.**

Staatsrat: Der St. der DDR ist ein Organ der → **Volkskammer** und nimmt Aufgaben wahr, die ihm durch die Verfassung der DDR sowie durch Gesetze und Beschlüsse der Volkskammer übertragen sind. Für seine Tätigkeit ist er der Volkskammer verantwortlich. Die Verfassung der DDR von 1968 in der Fassung vom 7. 10. 1974 nennt als Aufgaben u. a.:
die völkerrechtliche Vertretung der DDR und das Recht der Ratifizierung und Kündigung von Staatsverträgen und anderen ratifizierungsbedürftigen völkerrechtlichen Verträgen;
die Unterstützung der örtlichen Volksvertretungen und die Förderung ihrer Aktivität bei der Gestaltung der Gesellschaft sowie die Einflußnahme auf die Wahrung und Festigung der Gesetzlichkeit in der Tätigkeit dieser Gremien. Damit waren die Anleitung und Kontrolle der Beschlußfassung der örtlichen Volksvertretungen gemäß den bestehenden Bestimmungen (Volkswirtschafts- und Staatshaushaltspläne sowie andere Gesetze und Rechtsvorschriften) gemeint;

die Ausschreibung der → **Wahlen** zu den Volksvertretungen aller Ebenen;
die Verabschiedung grundsätzlicher Beschlüsse zur Landesverteidigung und deren Organisation mit Hilfe des → **Nationalen Verteidigungsrates**;
die ständige Aufsicht über die Verfassungsmäßigkeit und Gesetzlichkeit in der Tätigkeit des Obersten Gerichts sowie des Generalstaatsanwalts sowie die Ausübung des → **Amnestie**- und Begnadigungsrechtes.

Die Arbeit des St. wird vom Vorsitzenden, im Falle seiner Verhinderung von einem beauftragten Stellvertreter geleitet. Der Vorsitzende ernennt die diplomatischen Vertreter der DDR bzw. beruft sie ab und nimmt Beglaubigungs- und Abberufungsschreiben ausländischer diplomatischer Vertreter entgegen. Er verleiht die vom St. gestifteten Orden, Auszeichnungen sowie Ehrentitel.

Der St. wurde 1960 nach dem Tode des damaligen Präsidenten der DDR, W. Pieck, mit der Absicht errichtet, eine bessere Anleitung der Tätigkeit des → **Staatsapparates** gemäß den Beschlüssen der → **SED** zu ermöglichen. Er entwickelte sich seit 1963, und besonders seit 1966, zur wichtigsten zentralen Instanz im Regierungssystem der DDR und bestimmte maßgeblich die staatliche Entscheidungstätigkeit durch Ausübung der Regierungsfunktion. Die Verfassung von 1968 bestätigte die überragende Stellung des St. Das gründete in der Person seines Vorsitzenden W. Ulbricht, der gleichzeitig Erster Sekretär und Vorsitzender des Nationalen Verteidigungsrates und damit auch Oberbefehlshaber der bewaffneten Kräfte war, soweit sie nicht unmittelbar dem Kommando der Vereinten Streitkräfte des Warschauer Vertrages unterstehen, sowie in der partiellen Verlagerung von Kompetenzen der Parteiführung auf den St. Die Rechte des St., u. a. das Recht der Wahrnehmung aller grundsätzlichen Aufgaben, die sich aus den Gesetzen und Beschlüssen der Volkskammer ergaben und die er zwischen ihren Tagungen zu vertreten hatte, die Möglichkeit der Steuerung der zentralen Entscheidungsprozesse durch sein Recht, über die Annahme und Weiterleitung von Gesetzesvorlagen an die Volkskammer zu entscheiden, die Verfassungsmäßigkeit von Vorlagen zu prüfen bzw. über Auslegungen bestehender Vorschriften zu entscheiden sowie durch Erlasse und Beschlüsse die Tätigkeit aller staatlichen Organe verbindlich zu bestimmen, sind nach der Ablösung Ulbrichts im März 1971 und dem damit verbundenen Ende der Personalunion von Erstem Sekretär der Partei und Vorsitzendem im St. weitgehend eingeschränkt bzw. nicht mehr ausgeübt worden.

Durch das Gesetz über den Ministerrat vom Oktober 1972 und die Verfassungsänderung vom 7. 10. 1974 wurden diese Veränderungen staatsrechtlich fixiert. Damit war eine Schwächung der Machtposition des Vorsitzenden des St. verbunden. Auch sein Recht der internationalen Repräsentanz und der Ratifizierung von Staatsverträgen ist auf den St. als Kollektivorgan übergegangen.

Zusammensetzung und Stärke des St. sind gesetzlich nicht festgeschrieben. Der Vorsitzende, der von der stärksten Fraktion der Volkskammer zur Wahl vorgeschlagen wird, sowie seine Stellvertreter und die übrigen Mitglieder werden von der Volkskammer auf die Dauer von 5 Jahren gewählt und nehmen ihre Tätigkeit bis zur Wahl eines neuen St. wahr.

Gegenwärtiger (August 1975) Vorsitzender ist: Willi Stoph (SED).

Stellvertretende Vorsitzende sind:

Friedrich Ebert (SED); Gerald Götting (CDU); Manfred Gerlach (LDPD); Heinrich Homann (NDPD); Hans Rietz (DBD).

Mitglieder:

Kurt Anclam (LDPD); Friedrich Clermont (SED); Erich Correns (ptl.); Willi Grandetzka (DBD); Erich Grützner (SED); Brunhilde Hanke (SED); Lieselotte Herforth (SED); Erich Honecker (SED); Friedrich Kind (CDU); Margarete Müller (SED); Bernhard Quandt (SED); Hans Rodenberg (SED); Klaus Sorgenicht (SED); Paul Strauss (SED); Ilse Thiele (SED); Harry Tisch (SED); Paul Verner (SED); Rosel Walther (NDPD).

Sekretär des St. ist gegenwärtig (1975): Heinz Eichler (SED).

Staatsrecht: → Staatslehre; Verfassung.

Staatsreserven: Staatliche Reserven an Roh- und Hilfsstoffen, Halb- und Fertigfabrikaten und Lebensmitteln, die seit 1952 für die **Kasernierte Volkspolizei** bzw. die → **Nationale Volksarmee**, für die sowjet. Truppen, als Reserven für unvorhergesehene Notstände und auch zur Regulierung von Unplanmäßigkeiten beim Wirtschaftsablauf (→ **Wirtschaft**) angelegt wurden und laufend ergänzt werden. Die St. sind Teil der Reservefonds, zu denen auch finanzielle Mittel (u. a. Haushaltsreserve im Staatshaushalt) gehören. Über Reservefonds verfügen die volkseigenen Betriebe, Kombinate und alle staatlichen Leitungsorgane bis zum Ministerrat. Verwaltungsorgan der materiellen St. ist die „Staatliche Verwaltung der Staatsreserve", ihr Leiter ist Kurt Stoph (SED).

Staatssekretär beim MR: Bezeichnung für einen direkt dem → **Ministerrat** zugeordneten und auf bestimmtem Arbeitsgebiet verantwortlich tätigen leitenden → **Staatsfunktionär**, der nicht Leiter eines → **Organs** des Ministerrates ist. Die Praxis zeigt, daß StbMR. in der Regel nur zur Wahrnehmung befristeter Aufgaben bestellt werden. 1974 wurde der Titel eines StbMR. nach der Ernennung des bisherigen StbMR. Kohl zum Vertreter der DDR in der Bundesrepublik Deutschland nicht wieder verliehen. Der Leiter des Büros des Ministerrates hat den Rang eines Staatssekretärs, ist aber kein StbMR.

Staatssekretär für das Staats- und Wirtschaftsrecht: Im September 1967 berufener St., der die Arbeitsgruppe Staats- und Wirtschaftsrecht leitete. Diese Gruppe wurde aufgelöst, nachdem der letzte St., St. Supranowitz, zum 1. Stellvertreter des Ministers im → **Ministerium der Justiz** berufen und die Funktion dieses Ministeriums im Jahre 1972 erweitert wurde.

Die damalige AG verfügte über Abteilungen, z. B. für Staatsrecht, für Wirtschaftsrecht und für internationales Wirtschaftsrecht und arbeitete u. a. mit dem → **Wissenschaftlichen Rat für die wirtschaftswissenschaftliche Forschung bei der AdW** zusammen, um die Voraussetzungen für die Gesetzgebung auf den Gebieten des → **Wirtschaftsrechts** zu schaffen.

Staatssekretariat für Arbeit und Löhne: Das StAL. arbeitet als Organ des → **Ministerrats** dessen Beschlüsse auf dem Gebiet von Arbeit und Löhnen sowie in weiten Teilen des sozialpolitischen Bereichs aus und koordiniert und kontrolliert ihre Durchführung.

Im August 1972 erhielt das bisherige Staatliche Amt für Arbeit und Löhne die Stellung eines Staatssekretariats. Es wird von einem Staatssekretär nach dem Prinzip der Einzelleitung geleitet, der sich in Grundsatzfragen mit dem Kollegium des StAL., dem seine Stellvertreter, andere leitende Mitarbeiter und die Direktoren der unterstellten Forschungseinrichtungen angehören, berät. Für seine Aufgabengebiete hat das StAL. ein Vorschlagsrecht gegenüber der Staatlichen Plankommission. Es unterstützt die Minister, die Leiter zentraler Staatsorgane und die Räte der Bezirke bei der Durchführung der Beschlüsse und koordiniert deren Tätigkeit auf dem Gebiet von Arbeit und Löhnen. Die Ämter für Arbeit und Löhne der Räte der Bezirke werden vom StAL. angeleitet und kontrolliert, die Berufung bzw. Abberufung ihrer Direktoren bedarf seiner Zustimmung. Das StAL. ist gehalten, bei der Ausarbeitung seiner Beschlußvorlagen und Entscheidungen die Hinweise und Vorschläge des Bundesvorstandes des → **FDGB** zu berücksichtigen.

Das StAL. hat folgende Aufgabengebiete: 1. Erschließung von Arbeitskräftereserven; Entwicklung bzw. Unterstützung der Einführung rationeller Arbeitsverfahren insbesondere der wissenschaftlichen Arbeitsorganisation, der Arbeitsnormung und der Arbeitsklassifizierung; 2. Ausarbeitung von Vorschlägen für die staatliche Lohn- und Prämienpolitik zur Stimulierung hoher Leistungen und für die Gestaltung der Einkommensrelationen zwischen den verschiedenen Beschäftigtengruppen; alle tarifvertraglichen Festlegungen bedürfen seiner Zustimmung; 3. Perspektivische Arbeit auf dem Gebiet der Rentenversicherung und der materiellen Versorgung im Fall der Arbeitsunfähigkeit; 4. Verbesserung der Arbeitsbedingungen für die berufstätigen Frauen; 5. Ausarbeitung von Rechtsvorschriften für die Planung, Bildung und Verwendung der Kultur- und Sozialfonds der VEB; 6. Ausarbeitung von Grundsätzen für die Gestaltung der Arbeitszeit- und Arbeitspausenregelungen sowie für den Erholungsurlaub; 7. Entwicklung und Unterstützung des Arbeitsschutzes, der Planung der Arbeitsschutztechnik, -kleidung und -mittel; 8. Weiterentwicklung des Arbeitsrechts und Einflußnahme auf seine einheitliche Anwendung; in Zusammenarbeit mit dem Bundesvorstand des FDGB Festlegung der Grundsätze für den Inhalt und den Abschluß von Rahmenkollektiv-, Tarif- und Betriebskollektivverträgen; 9. Leitung und Koordinierung der Forschung auf dem Gebiet der Arbeitswissenschaften, des Arbeitsrechts und des Arbeitsschutzes; das Zentrale Forschungsinstitut für Arbeit und das Zentralinstitut für Arbeitsschutz sind ihm unterstellt; 10. Einflußnahme auf die Aus- und Weiterbildung von arbeitswissenschaftlichen Hoch- und Fachschulkadern; Unterstützung der Weiterbildungsarbeit der Kammer der Technik in diesem Bereich; 11. Zusammenarbeit in eigenen Aufgabengebieten im Rahmen des RGW; Leitung der Mitarbeit der DDR in der Internationalen Arbeitsorganisation (ILO).

Das StAL. gibt „Verfügungen und Mitteilungen" heraus, die der Zeitschrift „Arbeit und Arbeitsrecht" beiliegen. Staatssekretär ist (1974) Horst Rademacher.

Staatssekretariat für Berufsbildung: Das StfB. (1966–1970: Staatliches Amt für Berufsausbildung) – Amt. Staatssekretär: Prof. Dr. Horst Kuhn – ist das Organ des→ **Ministerrates** für die Planung und Leitung sowie für die Regelung der bildungspolitischen Grundfragen der beruflichen Aus- und Weiterbildung der Facharbeiter und Meister einschließlich der Berufsberatung für diesen Bereich; es erarbeitet auf der Grundlage der Gesellschaftsprognose, der Richtlinien der Strukturpolitik und der volkswirtschaftlichen Perspektivpläne sowie mit Unterstützung des Zentralinstituts für Berufsbildung die erforderlichen Regelungen und kontrolliert mittels der der HA Koordinierung, Kontrolle und Information unterstellten „Inspektion" (Inspektionsordnung 1973) sowie mit Unterstützung der Abteilungen bzw. Organe Berufsbildung und Berufsberatung der Räte der Bezirke bzw. Kreise deren Erfüllung bzw. Verwirklichung. Durch die Ausarbeitung der Perspektivpläne und die Koordinierung der Jahrespläne für die Berufsbildung, durch die Bestimmung von Grundsätzen für den Inhalt, die Entwicklung, die Organisation und die Finanzierung der Berufsbildung und Berufsberatung, durch die Festlegung der Systematik der Ausbildungsberufe und die Bestätigung der Berufsbilder und der Rahmenausbildungsunterlagen für die Ausbildungsberufe, durch die Koordinierung der Arbeit aller an der Berufsbildung beteiligten Ministerien, Behörden und anderen Stellen sowie durch zahlreiche andere Maßnahmen wie z. B. die Aufsicht über die Berufsbildungsforschung nimmt das StfB. bedeutenden Einfluß auf die bildungspolitische und volkswirtschaftliche Entwicklung der DDR.

Staatssekretariat für Geologie: Das StfG. wurde 1974 in ein Ministerium für Geologie umgewandelt. Minister ist gegenwärtig (1974) Manfred Bochmann.

Staatssekretariat für Kirchenfragen: Die Bildung eines StK. in der DDR, wie es in einigen Staaten des Ostblocks vor allem in der UdSSR bereits bestand, zeichnet sich in den Jahren 1956/57 ab. Bis dahin fielen Fragen, die sich auf den Bereich Kirche bezogen, unter die Zuständigkeit des Ministerpräsidenten der DDR, Grotewohl (SED), bzw. seines Stellvertreters Nuschke (CDU). 1954 wurde Nuschke gelegentlich als verantwortlicher Minister für Kirchenfragen bezeichnet, obwohl ihm bis dahin lediglich eine Art Verbindungsbüro

unterstand. Zwischen diesem Büro und dem Innenministerium hatte es häufig Kompetenzschwierigkeiten gegeben.

Am 1. 3. 1957 ernannte der Ministerrat der DDR einen Staatssekretär für Kirchenfragen. Er wurde dem Amt für Kirchenfragen bei der Regierung Grotewohl, das von Nuschke geleitet wurde, zur Seite gestellt. Mit der Wahrnehmung der Geschäfte des Staatssekretärs für Kirchenfragen wurde der Atheist und Altkommunist Werner Eggerath beauftragt. Der 1900 in Elbersfeld geborene Bauarbeitersohn, der 10 Jahre in NS-Haft verbracht hatte, war nach vorübergehender Tätigkeit als SED-Landesvorsitzender und Ministerpräsident in Thüringen Botschafter der DDR in Rumänien und Staatssekretär beim Ministerpräsidenten der DDR gewesen. Unter Eggerath wurde der Kirchenkampf, vor allem in den Jahren 1957–1959, verschärft. Er richtete sich besonders gegen den Militär-Seelsorge-Vertrag in der Bundesrepublik Deutschland, gegen die atomare Bewaffnung der Bundeswehr, die Polemik gegen Bischof Dibelius und die Einheit der EKD.

Am 17. 11. 1960 trat Eggerath „aus Gesundheitsgründen" zurück. Es deutet jedoch einiges darauf hin, daß die SED zu diesem Zeitpunkt ihr Verhältnis zu den Kirchen einer vorsichtigen Revision unterzog. Nachfolger als Staatssekretär für Kirchenfragen wurde der Altkommunist Hans Seigewasser. Mit seinem Amtsantritt wurde das Amt in StK. umbenannt und gewann in der Folgezeit beträchtlich an Bedeutung. Auch Seigewasser hat mehrere Jahre in Haftanstalten und Konzentrationslagern des Dritten Reiches zugebracht. In den Beginn seiner Amtszeit 1960/61 fiel die von Ulbricht angestrebte Annäherung der SED an die Kirchen, besonders an die evangelische Kirche. Diese Politik warb bei den Christen um Mitarbeit beim Aufbau des Sozialismus und führte zu einer Abschwächung der bisherigen Konfrontation zwischen Staat und Kirche. Dennoch wird Seigewasser als die eigentlich treibende Kraft bei der Spaltung der Evangelischen Kirche in Deutschland (EKD) ansehen.

Die Kontakte des Staatssekretärs mit katholischen Stellen blieben bisher im allgemeinen auf Zusammenkünfte mit dem Beauftragten von Kardinal Bengsch in dessen Eigenschaft als Vorsitzender der Berliner Ordinarienkonferenz beschränkt. Fragen, die die kirchliche Jurisdiktion, das Verhältnis zur katholischen Kirche in der Bundesrepublik Deutschland, die Abgrenzung gegenüber dem westdeutschen Episkopat sowie die sich anbahnenden Kontakte der Regierung der DDR zum Vatikan betreffen, wurden meist oberhalb der Ebene des StK. unter direkter Einschaltung des Politbüros der SED behandelt. Der Staatssekretär für Kirchenfragen nimmt überdies an den in unregelmäßigen Abständen stattfindenden Konferenzen aller Leiter der Kirchenämter, bzw. StK. bei den Regierungen der Ostblockländer teil. Das StK. untersteht dem→ **Ministerium des Innern.**

Staatssekretariat für Körperkultur und Sport: Durch VO des → **Ministerrates** vom 17. 6. 1970 als

Nachfolger des Staatlichen Komitees für Körperkultur und Sport beim Ministerrat der DDR am 1. 6. 1970 eingerichtet. Als „oberste Instanz auf allen Gebieten der Körperkultur und des Sportes in der DDR" ist es der Ministerrats-VO gemäß „für die Planung und Leitung der staatlichen Aufgaben auf dem Gebiet der Körperkultur und des Sportes und für die Wahrnehmung der staatlichen Belange im System für Körperkultur und Sport verantwortlich. Seine Tätigkeit ist auf die Unterstützung des Kinder- und Jugendsports, die Mitgestaltung des Freizeit- und Erholungssports, die Realisierung von Maßnahmen zur körperlichen und sportlichen Ertüchtigung der Bürger im System der sozialistischen Landesverteidigung und auf die Förderung des Leistungssports gerichtet mit dem Ziel, Körperkultur und Sport immer mehr zum Bestandteil der sozialistischen Lebensweise werden zu lassen." Das StKS. beim Ministerrat der DDR entscheidet über alle Investitionen von Staatsmitteln im Sportbereich und stützt sich dabei u. a. auf Empfehlungen des Wissenschaftlichen Rates, der Arbeitsgruppe sozialistische Wehrerziehung, des Beirates für die Koordinierung der Sportartikelproduktion und des Sportartikelhandels und der Zentralen Fachkommission für Sportbauten. Dem StKS. unterstehen das Generalsekretariat des Wissenschaftlichen Rates, die Deutsche Hochschule für Körperkultur in Leipzig, das Forschungsinstitut für Körperkultur und Sport, der Sportmedizinische Dienst, die Forschungs- und Entwicklungsstelle für Sportgeräte, das Büro für Sportbautenprojektierung. Als Staatssekretäre an der Spitze des Staatlichen Komitees bzw. des StKS. fungierten Manfred Ewald (1952 bis 1960), Alfred B. Neumann (1960 bis 1968) und Roland Weißig (1968 bis 1974). Derzeitiger Staatssekretär ist seit März 1974 Professor Dr. Günter Erbach, von 1956 bis 1963 Rektor der DHfK.

Staatssekretariat für westdeutsche Fragen:

Das im Dezember 1965 errichtete Staatssekretariat für gesamtdeutsche Fragen, das nach den Worten seines Leiters, Joachim Herrmann (SED), im Sinn des Konföderationsplanes der DDR „zur Verständigung zwischen beiden deutschen Staaten" beitragen und neue „Möglichkeiten für direkte Beziehungen mit der westdeutschen Regierung" entfalten sollte, wurde am 2. 2. 1967 in StwF. umbenannt und am 7. 7. 1971 aufgelöst. Die Umbenennung wurde mit dem Hinweis begründet, daß seit Ende 1966 „durch die Schuld des westdeutschen Monopolkapitals und seiner Bonner Regierung einschließlich der sozialdemokratischen Minister Begriffe wie ‚gesamtdeutsch' Inhalts entleert und gegenstandslos geworden" seien. Der Beschluß zur Auflösung 1971 – im Zeichen der Politik der → **Abgrenzung** – wurde vom Ministerrat der DDR ohne Begründung mitgeteilt. Nachdem das St. 1966 in dem von einem Autorenkollektiv verfaßten Buch „Wohin? Fragen – Widersprüche – Wege" seine Vorstellungen von einer „demokratischen Zukunft der Bundesrepublik" erläutert hatte, veröffentlichte es in seiner Schriftenreihe „Aus erster Hand" Broschüren über die DDR, die sich vor allem an Leser im westlichen Deutschland wandten.

Soweit das StwF. sich mit der wissenschaftlichen und publizistischen Auswertung von Informationen über die Bundesrepublik Deutschland zu beschäftigen hatte, übernahm nach seiner Auflösung das Ost-Berliner → **Institut für internationale Politik und Wirtschaft** (IPW) seine Funktionen. Erster Direktor des IPW wurde Herbert Häber (SED), der zuvor als Stellv. des Staatssekretärs Herrmann tätig gewesen war.

Staatssekretariat mit eigenem Geschäftsbereich: Heute nicht mehr übliche Bezeichnung für zentrale staatliche Organe des → **Ministerrates**, die als St. in bestimmten Querschnittsbereichen Aufgaben der Entscheidungsvorbereitung für den Ministerrat, der Koordination, Anleitung und Kontrolle wahrnehmen. Die St., z. B. das → **St. für Arbeit und Löhne**, das → **St. für Berufsbildung** und das → **St. für Körperkultur und Sport**, werden von einem Staatssekretär nach dem Prinzip der Einzelleitung geleitet, der dem Ministerrat verantwortlich ist, ihm aber nicht als Mitglied angehört. Eine besondere Stellung nimmt das → **St. für Kirchenfragen** ein, das der Dienstaufsicht des → **Ministeriums des Inneren** untersteht. Die Aufgaben, Rechte und Pflichten sowie der Status eines St. werden in einer Verordnung des Ministerrates festgelegt. Bestimmte Institutionen, wie z. B. das Büro des Ministerrates oder Arbeitsgruppen, die von einem St. geleitet werden, haben damit noch nicht den Status eines St.

Staatsverbrechen: Sammelbegriff für die im 2. Kapitel des Besonderen Teils des Strafgesetzbuchs behandelten „Verbrechen gegen die Deutsche Demokratische Republik". Es handelt sich um Straftatbestände, die bis zum Inkrafttreten des Strafrechtsergänzungsgesetzes am 1. 2. 1958 im wesentlichen in den Art. 6 der Verfassung von 1949 hineininterpretiert worden waren, und die erst durch das Strafrechtsergänzungsgesetz zu selbständigen Straftatbeständen entwickelt wurden. Das StGB fügte dann unter teilweise erheblicher Erweiterung der schon bestehenden noch einige neue Tatbestände hinzu. Gegenwärtig fallen unter St.:
1. *Hochverrat* (§ 96 StGB). Als H. wird das Unternehmen bestraft, die sozialistische Staats- oder Gesellschaftsordnung durch gewaltsamen Umsturz oder planmäßige Untergrabung zu beseitigen oder die Unversehrtheit des Territoriums der DDR und ihre Souveränität anzugreifen. Auch Angriffe auf Leben und Gesundheit der führenden Repräsentanten der DDR und gegen deren verfassungsmäßige Tätigkeit werden als H. angesehen. Der strafrechtliche Schutz erstreckt sich nicht nur auf die Staatsordnung, sondern – und hierin kommt die Einheit von Partei und Staat zum Ausdruck – ebenso auf die sozialistische Gesellschaftsordnung. Schließlich wird von der Strafandrohung des H. auch betroffen, „wer es unternimmt, in verräterischer Weise die Macht zu ergreifen". In diesem Fall braucht der Vorsatz des Täters nicht auf Beseitigung der sozialistischen Staats- oder Gesellschaftsordnung gerichtet zu sein. Einen praktischen Anwendungsfall für diesen 1968 neu eingeführten Tatbestand hat es noch nicht gegeben. Die Strafdrohung für jedes hochverräterische Unternehmen

lautet auf Freiheitsstrafe nicht unter 10 Jahren oder lebenslängliche Freiheitsstrafe. In besonders schweren Fällen kann auf Todesstrafe erkannt werden.

2. *Landesverrat.* Unter die Strafbestimmungen des L. fallen:

a) *Spionage* (§ 97 StGB) und die Sammlung von Nachrichten (§ 98 StGB). Der strafrechtliche Schutz des Spionage-Tatbestandes erstreckt sich auf Tatsachen, Gegenstände, Forschungsergebnisse oder sonstige Nachrichten, die im politischen oder wirtschaftlichen Interesse oder zum Schutze der DDR geheimzuhalten sind. Auch hier ist 1968 mit dem neuen StGB eine Ausdehnung des Tatbestandes erfolgt. Als Empfänger von Spionagenachrichten nennt das StGB „einen imperialistischen Geheimdienst" oder „Organisationen, deren Tätigkeit gegen die DDR oder andere friedliebende Völker gerichtet ist". Spionage für Nachrichtendienste sozialistischer Staaten ist danach begrifflich nicht denkbar. Der Tatbestand ist bereits bei Anwerbung für den erwähnten Empfängerkreis erfüllt. Als Strafen sind Freiheitsstrafe nicht unter 5 Jahren, in besonders schweren Fällen lebenslängliche Freiheitsstrafe oder Todesstrafe angedroht.

Neben der eigentlichen Spionage ist die Sammlung oder Übermittlung nicht geheimzuhaltender Nachrichten, die jedoch geeignet sind, „die gegen die DDR oder andere friedliebende Völker gerichtete Tätigkeit von Organisationen, Einrichtungen, Gruppen oder Personen zu unterstützen", mit Freiheitsstrafe von 2 bis 12 Jahren bedroht („Agententätigkeit").

Spionagehandlungen, durch welche die militärische Sicherheit gefährdet wird, fallen in die Zuständigkeit der Militärgerichtsbarkeit.

b) *Landesverräterischer Treubruch* (§ 99 StGB). Dieser 1968 neu eingeführte Straftatbestand geht von einer besonderen Treuepflicht des sich außerhalb der DDR aufhaltenden Staatsbürgers der DDR gegenüber seinem Staat aus. Er ist in Verbindung mit dem Gesetz über die → **Staatsbürgerschaft** zu verstehen. Danach bleibt grundsätzlich auch derjenige, der die DDR ohne behördliche Genehmigung (Flüchtling) verläßt, Staatsbürger der DDR. Seitdem durch Gesetz vom 16. 10. 1972 bestimmt ist, daß alle Flüchtlinge aus der Zeit vor dem 1. 1. 1972 die DDR-Staatsbürgerschaft verloren haben (einschließlich ihrer Abkömmlinge), hat § 99 StGB für diesen großen Personenkreis keine praktische Bedeutung mehr. Für Flüchtlinge aus der Zeit danach oder für aus anderem Grunde im Ausland lebende Staatsbürger der DDR bleibt er beachtlich. Mit Freiheitsstrafe von 2 bis zu 10 Jahren wird bestraft, wer zu den oben (2. a) mehrfach genannten Organisationen pp., „deren Tätigkeit gegen die DDR oder andere friedliebende Völker gerichtet ist", in Verbindung tritt und diese in ihrer staatsfeindlichen Tätigkeit unterstützt. Sollten geheimzuhaltende Nachrichten verraten werden, reicht die Strafdrohung im besonders schweren Fall sogar bis zur lebenslänglichen Freiheitsstrafe oder Todesstrafe. Diese Strafdrohung entspringt einer auf Abschreckung zielenden Tendenz. Ihr entspricht andererseits die Vorschrift, daß Straffreiheit eintritt, wenn der Täter in die DDR zurückkehrt, sich dort dem Staatssicherheitsdienst stellt, alle Umstände seiner Handlung offenbart, und wenn keine schwerwiegenden Folgen dieser Handlung eingetreten sind. „Mit dieser Regelung kann berücksichtigt werden, daß Bürger der DDR besonders in Westdeutschland oder West-Berlin durch die dortigen Organisationen und auch durch staatliche Stellen unter Druck gesetzt werden, um sie zu strafbaren Handlungen gegen ihren Staat zu veranlassen" (Neue Justiz, 1967, H. 9, S. 271).

c) Aufnahme *staatsfeindlicher Verbindungen* (§ 100 StGB). Wer weder geheimzuhaltende noch offene Tatsachen pp. sammelt oder übermittelt, aber zu staatsfeindlichen Organisationen oder Dienststellen Verbindung aufnimmt, kann mit Freiheitsstrafe von 1 bis zu 5 Jahren bestraft werden, wenn er die Verbindung wegen dieser Tätigkeit aufgenommen hat. Die in der Einführung dieser Motivierung liegende Milderung gegenüber dem Rechtszustand vor 1968 ist nur scheinbar, denn in § 219 StGB wird die Verbindungsaufnahme auch ohne dieses Motiv unter Strafe gestellt. Dann allerdings handelt es sich nicht mehr um ein „Staatsverbrechen". Von § 100 StGB werden in der Hauptsache Personen betroffen, die zwecks Ermöglichung einer → **Republikflucht** mit einer westlichen Fluchthelfergruppe in Verbindung treten.

3. *Terror* (§§ 101, 102 StGB). T. liegt vor, wenn der Täter mit Sprengungen, Brandstiftungen, Zerstörungen oder anderen Gewaltakten das Ziel verfolgt, Widerstand gegen die sozialistische Staats- oder Gesellschaftsordnung oder gegen die Ordnung an der Staatsgrenze der DDR zu leisten oder hervorzurufen. In dieser Zielsetzung liegt das entscheidende Abgrenzungsmerkmal zu anderen Straftatbeständen (Brandstiftung, Widerstand gegen die Staatsgewalt). Wichtige Schutzobjekte dieser Strafbestimmung sind die Mauer in Berlin und die Sperren an der Grenze zur Bundesrepublik Deutschland. Häufig wurde von der Rechtsprechung ein Fluchtunternehmen („Grenzdurchbruch") als T. (früher „Terrorismus") gewertet und hart bestraft. Strafrechtlichen Schutz vor terroristischen Angriffen genießen nach § 102 StGB auch die Funktionäre, und zwar nicht nur die im Staatsapparat tätigen, sondern auch diejenigen, die ausschließlich gesellschaftliche Tätigkeiten ausüben, z. B. hauptamtliche Partei-, FDGB- und FDJ-Funktionäre. Auch hier muß beim Täter die Zielvorstellung bestehen, daß er mit seinem Angriff die sozialistische Staats- oder Gesellschaftsordnung der DDR schädigen will. Die Strafandrohung für beide Arten von T. lautet auf Freiheitsstrafe nicht unter 3 Jahren, in besonders schweren Fällen auf lebenslängliche Freiheitsstrafe oder auf Todesstrafe.

4. *Diversion* (§ 103 StGB). Dieser Begriff wurde durch den Befehl 160 der Sowjetischen Militäradministration in Deutschland (SMAD) in das Strafrecht eingeführt. Unter Strafe gestellt sind das Zerstören, Unbrauchbarmachen, Beschädigen und Beseiteschaffen von Maschinen, technischen Anlagen, Gebäuden u. a. m., was für den sozialistischen Aufbau oder für die Verteidigung wichtig ist. Beim Täter muß die Zielsetzung bestehen,

die Volkswirtschaft, die sozialistische Staatsmacht oder die Verteidigungskraft der DDR zu schädigen. Die Strafdrohung ist Freiheitsstrafe nicht unter 3 Jahren, in besonders schweren Fällen lebenslängliche Freiheitsstrafe oder Todesstrafe. In der strafrechtlichen Praxis der DDR wird dieser Tatbestand seit Jahren vereinzelt bei Brandstiftungen auf dem Lande herangezogen.

5. *Sabotage* (§ 104 StGB). Auch dieses Staatsverbrechen stammt ursprünglich aus dem SMAD-Befehl Nr. 160, der bei den zum Zwecke der Enteignung durchgeführten Strafverfahren der 50er Jahre eine wichtige Rolle spielte. Das StGB versteht unter S. die mit dem Ziel der Schädigung der sozialistischen Staats- oder Gesellschaftsordnung der DDR vorgenommene Irreführung oder andere Behinderung staatlicher oder genossenschaftlicher Einrichtungen oder Betriebe, um dadurch die planmäßige Entwicklung der Volkswirtschaft oder die Erfüllung der Volkswirtschaftspläne zu durchkreuzen oder die Tätigkeit der Staatsorgane, gesellschaftlicher Organisationen oder Verteidigungsmaßnahmen der DDR zu desorganisieren. Damit wurde der Tatbestand gegenüber der alten Bestimmung des Strafrechtsergänzungsgesetzes erweitert. Angedroht ist Freiheitsstrafe nicht unter 3 Jahren, in besonders schweren Fällen lebenslängliche Freiheitsstrafe oder Todesstrafe.

6. *Staatsfeindlicher Menschenhandel* (§ 105 StGB). Im Jahre 1955 hatte das Oberste Gericht begonnen, für die Aufforderung zum Verlassen der DDR oder für die Hilfe bei der → **Republikflucht** den Straftatbestand der „Abwerbung" zu entwickeln, die als eine Erscheinungsform der Boykotthetze im Sinne des Art. 6 der alten Verfassung gewertet wurde. Das Strafrechtsergänzungsgesetz vom 11. 12. 1957 (GBl. S. 643) formulierte diesen Tatbestand dann als „Verleitung zum Verlassen der DDR" und enthielt Strafandrohungen bis zu 15 Jahren Zuchthaus. Mehr und mehr ging die allgemeine Sprachregelung von „Abwerbung" über auf „Menschenhandel" und „Schleusungsverbrechen", bis dann in § 105 StGB der StM. formuliert wurde. Für dessen Abgrenzung zu dem an anderer Stelle im StGB geregelten kriminellen M. und Mädchenhandel sollen in erster Linie die Zielsetzung des Täters, die beim StM. auf Schädigung der DDR gerichtet sein muß, oder seine Zusammenarbeit mit Organisationen, Einrichtungen, Gruppen oder Personen, die einen Kampf gegen die DDR führen, entscheidend sein. Auch hier ist bereits das Unternehmen, nicht nur die vollendete oder versuchte Tat, unter Strafe gestellt. Es sollte erreicht werden, daß „das Mitwirken am M. in jeder Weise erfaßt werden kann" (Neue Justiz, 1967, H. 9, S. 273). Der äußere Tatbestand wird mit „abzuwerben, zu verschleppen, auszuschleusen" beschrieben. Gegenüber dem früheren Rechtszustand ist neu eingefügt worden das Unternehmen, jemanden an der Rückkehr in die DDR zu hindern. Die Strafdrohung für alle Formen des StM. ist Freiheitsstrafe von 2 bis zu 15 Jahren.

In der Praxis spielt § 105 StGB vor allem seit Inkrafttreten des Transitabkommens zwischen der Bundesrepublik Deutschland und der DDR im Kampf gegen westliche Fluchthelfer eine große Rolle. Mit einem vor dem Ost-Berliner Stadtgericht vom 30. 10. bis 5. 11. 1973 durchgeführten Schauprozeß sollte der Nachweis geführt werden, daß Bundesregierung und Senat von Berlin (West) durch Duldung und sogar aktive Förderung der Fluchthelfergruppen sich einer völkerrechtswidrigen Verletzung des Transitabkommens schuldig machten. Zahlreiche weitere Prozesse, auch vor Bezirksgerichten, folgten. Die verhängten Strafen waren hart; sie erreichten in mehreren Fällen die gesetzliche Höchststrafe von 15 Jahren Freiheitsentzug.

Aus der Zeit seit Abschluß des Grundlagenvertrages am 21. 12. 1972 bis zum 31. 12. 1974 sind 183 Verurteilungen wegen StM. bekannt geworden, davon 8 auf Freiheitsstrafe bis zu 3 Jahren, 84 auf Freiheitsstrafe zwischen 3 und 6 Jahren, 65 auf Freiheitsstrafe zwischen 6 und 10 Jahren und 26 auf Freiheitsstrafe über 10 Jahren. Weitere 15 Verhaftungen wurden bekannt, bei denen eine Information über ein Urteil noch aussteht.

7. Staatsfeindliche *Hetze* (§ 106 StGB). Dieser Straftatbestand hat seine Vorgänger in der „Boykotthetze" in Art. 6 der Verfassung von 1949 (→ **Strafrecht**) und in der mit dem Strafrechtsergänzungsgesetz am 1. 2. 1958 eingeführten „staatsgefährdenden Propaganda und Hetze". Jetzt wird als Tatbestandsverwirklichung an erster Stelle das Einführen, Herstellen, Verbreiten oder Anbringen „diskriminierender" Schriften, Gegenstände oder Symbole aufgeführt; es folgen das Androhen von Verbrechen gegen den Staat oder die Aufforderung, Widerstand gegen die sozialistische Staats- oder Gesellschaftsordnung der DDR zu leisten. Wer „Repräsentanten oder andere Bürger der DDR oder die Tätigkeit staatlicher oder gesellschaftlicher Organe und Einrichtungen diskriminiert" oder „den Faschismus oder Militarismus verherrlicht", begeht gleichfalls staatsfeindliche Hetze. Das alles muß jedoch seitens des Täters mit der Zielvorstellung geschehen, die sozialistische Staats- oder Gesellschaftsordnung der DDR zu schädigen oder gegen sie aufzuwiegeln. Fehlt dieses Motiv, kommt Verurteilung wegen Staatsverleumdung nach § 220 StGB (s. u.) in Betracht. Das entscheidende Tatbestandsmerkmal „diskriminieren" ist so allgemein gehalten, daß es jeder Auslegung fähig ist. Angedroht ist Freiheitsstrafe von 1 Jahr bis zu 5 Jahren. Ein schwerer Fall, der Freiheitsstrafen von 2 bis zu 10 Jahren nach sich zieht, liegt vor, wenn die Hetze im Auftrage feindlicher Stellen oder Personen oder planmäßig begangen wird, oder wenn zu ihrer Durchführung Publikationsorgane oder Einrichtungen benutzt werden, die einen Kampf gegen die DDR führen.

8. *Staatsfeindliche Gruppenbildung* (§ 107 StGB.). Es handelt sich um einen vom StGB neu aufgestellten Straftatbestand, um einem inneren Widerstand rechtzeitig mit strafrechtlichen Mitteln begegnen zu können. Er ist erfüllt, wenn sich staatsfeindliche Elemente mit dem Ziel staatsfeindlicher Tätigkeit zu einer Organisation oder Gruppe zusammenschließen. Die staatsfeindliche Tätigkeit wird nicht näher beschrieben. Die Strafandrohung geht für die Angehörigen einer solchen Gruppe von 2 bis zu 8 Jahren Freiheitsstrafe, für die Gründer oder Organisatoren von 2 bis zu 12 Jahren.

9. *Gefährdung der internationalen Beziehungen* (§ 109 StGB). Dieser ebenfalls neue Tatbestand soll dem Schutz der friedlichen internationalen Beziehungen der DDR dienen. Wer diese Beziehungen durch Gewaltanwendung oder Gewaltandrohung gegen Angehörige eines anderen Staates oder Volkes gefährdet, wird mit Freiheitsstrafe von 2 bis zu 10 Jahren bestraft.

Nach § 108 StGB werden die vorgenannten St. (mit Ausnahme Ziff. 9) auch dann bestraft, wenn sie sich gegen Staaten des sozialistischen Weltsystems, ihre Organe, Organisationen, Repräsentanten oder Bürger richten. Mit Einführung dieser auf die „sozialistische Interessengemeinschaft und den proletarischen Internationalismus" gestützten Bestimmung ist die DDR in ihrer Strafgesetzgebung dem Beispiel der Sowjetunion und anderer sozialistischer Staaten gefolgt.

Ebensowenig wie die Republikflucht gehört die *Staatsverleumdung* (§ 220 StGB) in den Katalog der St. Sie besteht darin, daß in der Öffentlichkeit die staatliche Ordnung oder staatliche Organe, Einrichtungen oder gesellschaftliche Organisationen (z. B. Partei und Gewerkschaft) oder Bürger wegen ihrer staatlichen oder gesellschaftlichen Tätigkeit verächtlich gemacht oder verleumdet werden. Auch Äußerungen faschistischen oder militaristischen Charakters in der Öffentlichkeit sind Staatsverleumdung. Die Abgrenzung zur staatsfeindlichen Hetze (s. o. Ziff 7) liegt in der Zielvorstellung des Täters. Zur Frage dieser Abgrenzung sind mehrere richtungsweisende Urteile des Obersten Gerichts ergangen.

Staatsverlag der DDR: → **Verlagswesen.**

Staatsverleumdung: → **Staatsverbrechen.**

Staatswappen: → **Wappen.**

Stadtambulatorium: → **Gesundheitswesen.**

Stadtbezirk: → **Kreis.**

Stadtbezirksgericht: Unterste Gerichtsinstanz in Ost-Berlin.→ **Gerichtsverfassung.**

Stadtbezirksversammlung: → **Kreis.**

Städtebau: Die Stadt ist die „wirtschaftlichste und kulturreichste Siedlungsform". Nach Auffassung der → **Architekten** der DDR baut jede Gesellschaft ihre eigenen Städte, und die Städte wirken ihrerseits auf das Bewußtsein der Menschen zurück. Der St. der DDR sei deshalb Ausdruck der neuen Gesellschaftsordnung in der DDR und zugleich der Raum, innerhalb dessen sich die Gesellschaft weiter entwickele.

Aufgrund dieser Prämissen ist dem St. in der DDR immer eine besondere Bedeutung beigemessen worden. Bereits 1950 wurde das Gesetz über den Aufbau der Städte in der DDR und der Hauptstadt Deutschlands Berlin, das→ **Aufbaugesetz**, beschlossen (GBl. Nr. 104, 6. 9. 1950) und es wurden die „16 Grundsätze des St." erlassen (Ministerialblatt Nr. 25 v. 15. 9. 1950).

In der Entwicklung des St. in der DDR lassen sich 3 Etappen unterscheiden:
1. *1950–1955:* Nationales Aufbauprogramm und 1. Fünfjahrplan: Beseitigung der gröbsten Kriegsschäden;

Beginn des Wiederaufbaus bedeutender Kulturdenkmäler (Staatsoper Berlin, Zwinger Dresden) und einer Reihe von Altstädten; Beginn des Baus von neuen Industriestädten (Eisenhüttenstadt) sowie von Straßenzügen (Lange Straße in Rostock, Karl-Marx-Allee Berlin, 1. Abschnitt) und Plätzen (Altmarkt in Dresden).

2. *1955–1966:* Beginn der Industrialisierung des Bauens, verbunden mit der Typenprojektierung: Bau von neuen Wohnstädten in Hoyerswerda und Schwedt, Baubeginn in Halle-Neustadt sowie Bau von reinen Wohnsiedlungen wie Rostock-Lütten Klein und Hans-Loch-Str. in Berlin.

Die Anwendung des industriellen Bauens führte jedoch zu Schematismus und Monotonie. Das künstlerische Moment des St. war zugunsten des wirtschaftlichen völlig zurückgetreten. Eingeschränktes Typensortiment, starre Vorfertigung und Orientierung an der scheinbar rationellsten Bautechnik („Kran-Ideologie" schafft monotonen Zeilenbau) hatten zwar die Forderung des IV. Parteitages der SED (1954) verwirklicht, schneller, billiger und mehr zu bauen, aber die Eintönigkeit der dabei entstandenen Siedlungen war nicht zu übersehen.

In diese Periode fällt aber auch der Beschluß über die Grundsätze zur Planung und Durchführung des Ausbaus der Stadtzentren vom 4. 5. 1961 (GBl. II, 1961, Nr. 30), der sich in der Errichtung der Wohnhäuser in der Karl-Marx-Allee (2. Bauabschnitt) und dem Wiederaufbau der alten Magistrale Unter den Linden in Berlin (Ost), sowie dem Aufbau der Straße der Nationen in Karl-Marx-Stadt und der Karl-Marx-Allee in Magdeburg niederschlug.

3. *Seit 1966:* Von Beginn bis Mitte der 60er Jahre wurde in der DDR lebhaft über die weitere Entwicklung des St. diskutiert. Mit der Umorganisation des Instituts für St. und Architektur der → **Bauakademie** wurden 1966 die Weichen gestellt für eine verstärkte Berücksichtigung baukünstlerischer Prinzipien und eine Verbesserung der Bautechnik. Der St.-Beschluß von 1961 konnte realisiert werden und mit Blickpunkt auf den 20. Jahrestag der DDR wurde der Aufbau der Stadtzentren der wichtigsten Städte der DDR in den Mittelpunkt gerückt. Im Gegensatz zu früher wurde nun komplexer geplant: Umgestaltung der Siedlungsstruktur, Generalbebauungs- und Verkehrspläne, Bezirkspläne usw. Die Stellung der Chefarchitekten der Städte (z. B. Berlin bis 1973 Joachim Näther, Nachfolger: Roland Korn) wurde gestärkt.

In den Städten Berlin (Alexanderplatz und angrenzende Straßen), Leipzig (Karl-Marx-Platz), Dresden (Prager Straße), Magdeburg (Zentraler Platz), Potsdam (Karl-Liebknecht-Forum) u. a. wurden völlig neue Zentren geschaffen, in einer Vielzahl anderer Städte mit dem Umbau begonnen. Die Stadtzentren waren jeweils als Räume („Ensemble") mit einem beherrschenden Wahrzeichen („Dominante") geplant (z. B. Berlin: Fernsehturm und Hotel „Stadt Berlin", Leipzig: Uni-Hochhaus). Nach den Überlegungen der Städtebauer der DDR erhält ein Stadtzentrum sein Gesicht mittels besonders hervorragender Bauwerke. In Auswahl, Verteilung und Gestaltung dieser Bauwerke drücke sich ein künstlerisches Element des St. aus. Gesetze der menschlichen Wahrnehmung, funktionelle Notwendigkeiten und bautechnische Möglichkeiten führen dazu, diese Bauwerke monumental als typisches Merkmal (Wahrzeichen) einer Stadt zu gestalten (Zeichen-Architektur).

Nach dem Tod von W. Ulbricht hat sich der Schwerpunkt des St. von den Zentren wieder mehr auf die Errichtung von Wohngebieten verlagert (Ausnahme: „Palast der Republik" in Berlin). Im Mittelpunkt der Prognosen stehen neben dem Wohnungsbau vor allem die Erhalten und Verbesserung der Altbausubstanz. Die Mittel für das repräsentative Bauen sind zugunsten dieser Aufgaben gekürzt worden. → **Bau- und Wohnungswesen.**

Städtepartnerschaft: Seit die DDR 1960 Mitglied des „Weltbundes der Partnerstädte" geworden ist, sind 200 Partnerschaften zwischen Städten der DDR und Städten des nichtsozialistischen Auslandes zustande gekommen. St. wird über 3 parallel laufende Aktionen versucht: 1. Kontaktaufnahme mit Kommunalverbänden, 2. Abschluß von Freundschaftsverträgen, 3. internationale Städteverbindungen über den genannten Weltbund. St. bestehen u. a. zwischen: Ost-Berlin und Coventry, Stockholm, Malmö, Neu-Delhi; Dresden und Straßburg; Erfurt und Lüttich; Leipzig und Lyon; Karl-Marx-Stadt und Helsinki; Weimar und Florenz; Potsdam und Rouen.

Städte- und Gemeindetag der DDR: Der StuG. vereinigt in sich die Städte, Gemeinden und Landkreise der DDR. Ihm ist die Aufgabe zugewiesen, bei der Entwicklung der sozialistischen Kommunalpolitik mitzuwirken. Dabei soll vor allem die allseitige Zusammenarbeit mit der Sowjetunion und den anderen sozialistischen Staaten gepflegt werden. Er soll aber auch allgemein die internationale kommunalpolitische Zusammenarbeit und den Erfahrungsaustausch mit kommunalen Verbänden des Auslandes (insbesondere denen der UdSSR und der anderen sozialistischen Staaten) entwickeln und vertiefen sowie die freundschaftlichen Beziehungen zu den Städten und Gemeinden des Auslandes fördern und unterstützen. Organe sind die Vollversammlung, der Hauptausschuß, das Präsidium und die Revisionskommission. Der Hauptausschuß bildet Arbeitsgruppen für verschiedene Arbeitsgebiete sowie Bezirksgruppen. Dem Präsidium untersteht das Institut für Kommunalpolitik des StuG. Der Sitz des Sekretariats befindet sich in Berlin (Ost).

Der StuG. wurde 1955 zunächst als Deutscher Städtetag ins Leben gerufen und 1957 in Deutscher StuG. umbenannt. Die Umbenennung in StuG. der DDR erfolgte im Zuge der Abgrenzungspolitik Ende 1970. Präsident ist seit Juni 1964 Walter Kresse, bis 1970 auch Oberbürgermeister von Leipzig.

Stadtgericht: Mittlere, dem Bezirksgericht entsprechende Gerichtsinstanz in Ost-Berlin. → **Gerichtsverfassung.**

Stadtkreis: → **Kreis.**

Stadtverordnetenversammlung: → **Kreis; Gemeinde.**

Stalinallee: Architektur.

Standardisierung

Arten der Standards – Aufgaben der Standardisierung – Amt für Standardisierung, Meßwesen und Warenprüfung (ASMW)

St. bezeichnet alle Maßnahmen, die der Ausarbeitung und Einführung von Standards, ihrer Kontrolle und Überarbeitung dienen. Der Gegenstand der St. umfaßt

a) die Beschaffenheit von Produktions- und Konsumgütern (Maße, Material- und Oberflächeneigenschaften);

b) die Verfahren zur Fertigung, Konstruktion, Prüfung und Lagerung von Gütern;

c) Begriffe, Formeln und Zeichen (Kommunikationsmittel).

Standards sind rechtsverbindliche Vorschriften zur Vereinheitlichung von Erzeugnis- und Verfahrensmerkmalen. Verbreitet ist hierfür auch die Bezeichnung → **technische Normen.** Prüfstandards ermöglichen die Einheitlichkeit und Vergleichbarkeit der Qualität von Erzeugnissen, indem sie die Prüfmethoden und die Prüfbedingungen festlegen.

I. Arten der Standards

Der Auflösung des einheitlichen deutschen Wirtschaftsgebietes in der Nachkriegszeit und der Umorientierung der Wirtschaftspolitik und des Außenhandels der DDR folgte auch die Umwandlung der reichsdeutschen – und in der Bundesrepublik Deutschland weiterentwickelten – DIN-Normen in Standards der DDR. Die 1964 vorerst abgeschlossene Zusammenstellung eines eigenen Normenwerkes folgte in mehrerlei Hinsicht der DIN-Systematik. Zugleich fanden in einigen Industriebranchen mit intensivem Handelsaustausch zwischen DDR und Sowjetunion auch Annäherungen an die technischen Normen der Sowjetunion (GOST, d. h. Staatlicher Unionsstandard) statt. Gegenwärtig gibt es entsprechend dem unterschiedlichen Geltungsbereich a) DDR-Standards, b) Fachbereichstandards, c) Werkstandards, d) → **RGW**-Standards, bzw. internationale Standards.

DDR-Standards enthalten volkswirtschaftlich bedeutsame Festlegungen zur Entwicklungsrichtung wichtiger Erzeugnisse und Verfahren, über Sortimente und zu Fragen der technischen Sicherheit und des Gesundheitsschutzes.

Fachbereichstandards bestehen aus einer für den Fachbereich erforderlichen Auswahl von DDR-Standards sowie aus ergänzenden Bestimmungen für

Standards

Sortiments- und Erzeugnisstandards	Verfahrensstandards	Kommunikationsstandards
Reihen für Typen, Hauptbemessungen u. a. Parameter	Berechnungsverfahren und -grundlagen für Konstruktion und Projektierung	Symbole, Formelzeichen, Begriffe
Vorzugswerkstoffe, -abmessungen u. a.	Arbeitsverfahren	
Rastermaße, Anschlußwerte	Einsatz von Rohstoffen, Halbzeugen, Bauteilen	
Baueinheiten	Nutzung und Erhaltung von technischen Ausrüstungen	
Standardteile, -baugruppen, Rohteile	Technische Sicherheit und Hygiene	

die jeweilige Erzeugnisgruppe und Fertigungsmethode. Beide Arten tragen das Symbol TGL (ursprünglich für „Technische Normen, Gütevorschriften, Lieferbedingungen") und werden im Gesetzblatt vom Amt für St., Meßwesen und Warenprüfung bekanntgegeben. Eine Auswahl wiederum aus DDR- und Fachbereichstandards, erweitert um werkspezifische Bestimmungen, stellen die Werkstandards dar. Sie werden vom jeweiligen Werkdirektor bekanntgegeben. Während DDR- und Fachbereichstandards für die gesamte Wirtschaft verbindlich sind und damit z. B. automatisch zum Inhalt der Wirtschaftsverträge werden, gelten die Werkstandards nur innerhalb des jeweiligen Betriebes. RGW-Standards stellen Empfehlungen des RGW zur einheitlichen Lösung von technischen und wirtschaftlichen Abläufen in mehreren Ländern dar. Die Empfehlungen werden in der Ständigen Kommission für St. sowie in den Ständigen Fachkommissionen des RGW erarbeitet und von den Organen des Rates angenommen.

II. Aufgaben der Standardisierung

Wichtigste Aufgabe der St. ist es, zur gesamtwirtschaftlichen Arbeitsteilung beizutragen. Indem sie die inner- wie überbetriebliche Konzentration der Fertigung, die Spezialisierung der Betriebe und den Aufbau von Kooperationsverbänden und -ketten ermöglicht, stellt St. eine Hauptform der → **Rationalisierung** dar. Indem sie ferner eine der Voraussetzungen für den Aufbau von Baueinheitssystemen („Baukastenprinzip") und „optimalen" Sortimenten schafft, wirkt sie der – für entwickelte Industriestaaten typischen – Tendenz zur Sortimentsdifferenzierung und -ausweitung entgegen. Gerade diese Aufgabe wird seit der Konferenz des ZK der SED und des Ministerrats zum Thema der „Sozialistischen Rationalisierung und St." im Juni 1966 immer wieder betont. Dies hängt damit zusammen, daß die angestrebte kostengünstige Großserien- bzw. Massenproduktion in der Volkswirtschaft der DDR mit ihren relativ kleinen Beschaffungs- und Absatzmärkten nur durch eine gezielte Sortimentspolitik gesichert werden kann. Als ein Teilgebiet der St. gilt daher die *Typung,* durch die die Produktionprogramme der Betriebe und Fertigungszweige auf die

erforderliche Anzahl der Typen beschränkt wird. In einigen Fertigungszweigen der Regelungstechnik, der Geräteindustrie, des Werkzeugmaschinen- und des Schiffsbaus sowie der Nachrichten- und Meßtechnik konnten so Kostensenkungen durch St. und die Bildung von Baugruppen erzielt werden.

Ferner soll die St. zur allgemeinen Anwendung neuester technischer Kenntnisse führen, indem aus verschiedenen technisch-wirtschaftlichen Lösungsmöglichkeiten die fortgeschrittenste zur Norm erhoben werden soll. Seit 1971 hat die Bedeutung der St. auch für die internationale Arbeitsteilung zugenommen. Im Rahmen des RGW wird St. z. B. auf den Gebieten der elektronischen Datenverarbeitung (ESER), der numerisch gesteuerten Werkzeugmaschinen, der automatischen Mittelpufferkupplung, der einheitlichen Rastermaße im Bauwesen, der Einheitssysteme der Hydraulik und Pneumatik sowie auf dem Gebiet der Konstruktions- und Maßvereinheitlichung angestrebt.

Mit der Sowjetunion wurde Anfang 1973 ein Abkommen über die bilaterale Zusammenarbeit zur Vereinheitlichung der staatlichen Standards geschlossen. Nachdem der gegenseitige Austausch von Investitionsgütern und technischen Konsumgütern zwischen der DDR und der Sowjetunion zugenommen hat, wird nunmehr an einer größeren Übereinstimmung der Verfahren und der Kennwerte der Rohstoffe und Ersatzteile durch St. gearbeitet.

III. Amt für Standardisierung, Meßwesen und Warenprüfung (ASMW)

Die Kompetenz zur Einführung von Standards ist je nach deren Geltungsbereich auf mittlere und Großbetriebe, Kombinate, VVB und die zentrale Verwaltungsebene verteilt. Generell zuständig für die Planung, Anleitung, Koordination und Kontrolle der St. ist das dem Ministerrat unterstellte ASMW. Es ging am 1. 1. 1973 aus dem Zusammenschluß des Amtes für St. (gegründet 1954) mit dem Deutschen Amt für Meßwesen und Warenprüfung hervor. Seine wichtigsten Aufgaben auf dem Gebiet der St. sind:

a) die Entwicklung und Durchsetzung einheitlicher Richtlinien und Zielsetzungen der St. unter Berücksichtigung volkswirtschaftlicher und Gesamtstaatlicher Interessen,

b) die Forderung der schnellen Ausbreitung des technischen Fortschritts,

c) die Bestätigung der DDR- und der Fachbereichstandards,

d) die Überprüfung der technischen und wirtschaftlichen Auswirkungen der St. und

e) die Zusammenarbeit mit der Deutschen Gesellschaft für St. in der → **Kammer der Technik**, dem Amt für Erfindungs- und Patentwesen sowie mit den Institutionen für St. in den Ländern des RGW.

So arbeitet das ASMW vor allem mit der sowjetischen Parallelinstitution GOSTANDART zusammen. In der Ständigen Kommission des RGW für St. lag das Schwergewicht der internationalen Mitwirkung bisher bei der Zusammenstellung von langfristigen RGW-Plänen zur St. im Rahmen der zwei- und mehrseitigen → **wissenschaftlich-technischen Zusammenarbeit**.

Der Organisationsbereich St. des ASMW entwickelt selbständig Standardentwürfe und überprüft alle zur Veröffentlichung vorgeschlagenen DDR- und Fachbereichstandards. Externe und interne Standardentwürfe werden in Prüfungsausschüssen beraten. Sie setzen sich aus Mitarbeitern des ASMW und Vertretern der Ministerien, des FDGB und der KdT zusammen. Gegenwärtig gibt es neben dem Hauptprüfungsausschuß, der Entwürfe von besonderer volkswirtschaftlicher Bedeutung und Fragen der Normenvereinheitlichung mit der Sowjetunion behandelt, Prüfungsausschüsse für die Grundstoff- und metallverarbeitende Industrie, die Leichtindustrie und Nahrungsgüterwirtschaft, das Meßwesen und für Querschnittgebiete in technischer Produktionsvorbereitung, Gesundheits- und Arbeitsschutz. Präsident des ASMW ist gegenwärtig (1974) Prof. Dr. Helmut Lilie.

Standards: → **Standardisierung**.

Standesamt: → **Personenstandswesen**.

Ständige Kommission für die friedliche Nutzung der Atomenergie: Die StKNA. wurde durch die 13. Ratstagung des → **RGW**, die vom 26. bis 29. 7. 1960 in Budapest stattfand, gegründet. Ihr Hauptsitz ist Moskau. Unterkommissionen bestehen: a) für Nuklearenergie und b) für Nukleartechnik. Weiterhin kommt auch einem Arbeitsausschuß für Radioaktive Isotope besondere Bedeutung zu.

Bis zum Jahre 1973 haben 25 Tagungen der StKNA. in verschiedenen Hauptstädten der RGW-Länder stattgefunden, an denen in der Regel jeweils aus den entsprechenden Ländern die Fachminister bzw. deren Vertreter teilnahmen. Ihr Hauptanliegen besteht in einer Vertiefung der Zusammenarbeit auf dem Gebiet der friedlichen Nutzung der Atomenergie, insbesondere auch der Spezialisierung und Standardisierung beim Reaktorbau, beim kerntechnischen Gerätebau, bei der Isotopenforschung und -gewinnung, bei Bestrahlungsprozessen und -anlagen, bei der Einführung von Atomenergie für industrielle Zwecke in den Volkswirtschaften der RGW-Länder sowie auch bei der Technologie der Sicherheits- und Strahlenschutztechnik (→ **Staatliches Amt für Atomsicherheit und Strahlenschutz der DDR**.)

Daneben werden Berichte über Ergebnisse von Forschungsarbeiten sowie Erfahrungen erörtert. So wurden z. B. auf der 22. Tagung im Juli 1972 in Moskau Berichte der Delegation der UdSSR über den Bau einer Wasser-Wasser-Reaktoranlage mit einer Leistung von 1000 MW diskutiert.

In den letzten Jahren, insbesondere 1974, standen Probleme der Integration sowie der gemeinsamen Forschung, Projektierung und Realisierung von Reaktoren mit großen Kapazitäten sowie die weitere Kooperation und Spezialisierung im Bau von Kernkraftwerken im Vordergrund. So prüfte man z. B. auf der 24. Tagung im Juni 1973 in der ČSSR (Brno) einen Vorschlag über die

Zusammenarbeit der RGW-Länder bei der Errichtung eines 1 000 MW Kernreaktors sowie weiterer, sich aus dem RGW-Komplexprogramm ergebender gemeinsamer Aufgaben. Erörtert wurde ebenfalls die Entwicklung von Methoden zur gefahrlosen Beseitigung radioaktiver Abfälle.

Zu der 25. Tagung, die im November 1973 in Moskau stattfand, sind auch Vertreter der internationalen Wirtschaftsvereinigung „Interatominstrument" sowie des „Vereinigten Instituts für Kernforschung der sozialistischen Länder" in Dubna hinzugezogen worden. Dabei wurden neben der Erörterung von Prognosen bezüglich des Energiebedarfs der RGW-Länder bis zum Jahre 1990 unter Berücksichtigung der Kernenergie auch Beschlüsse bezüglich der multilateralen Zusammenarbeit bei der Isotopenproduktion und -verteilung gefaßt. Weiterhin wurden gemeinsame Aufgaben auf dem Gebiet der Atomenergie für den Planungszeitraum 1976 bis 1980 festgelegt.

Ständige Kommissionen: → **Bezirk; Gemeinde; Kreis**.

Standortplanung: → **Territorialplanung; Planung**.

Statistik: → **Einheitliches System von Rechnungsführung und Statistik**.

StEG: Abk. für Strafrechtsergänzungsgesetz. → **Strafrecht**.

Sterbegeld: Das St. wird seit Erlaß des Gesetzbuches der Arbeit Bestattungsbeihilfe (B.) genannt. Die Sozialversicherung gewährt B. beim Tod eines Versicherten, eines anspruchsberechtigten Familienangehörigen, eines Rentners und bei einer Totgeburt. Die Höhe der B. richtet sich nach dem beitragspflichtigen Durchschnittsverdienst, den der Versicherte vor Eintritt des Todes bzw. vor Eintritt des Todes eines anspruchsberechtigten Familienangehörigen erzielt hatte. Sie beträgt beim Tode des Versicherten mindestens 100, beim Tode eines

Familienangehörigen mindestens 50 und bei einer Totgeburt mindestens 25 Mark. An Bergleute wird eine höhere B. gezahlt (→ **Sozialversicherungs- und Versorgungswesen**). Der FDGB gewährt St. an Hinterbliebene

von Gewerkschaftsmitgliedern, das, abhängig von der Dauer der Mitgliedschaft und der Höhe der gezahlten Beiträge, zwischen 100 und 370 Mark liegt. Unfall-St. wird zwischen 300 und 470 Mark gezahlt.

Steuern

Definition – Abführungen an den Staatshaushalt – Genossenschafts- und Landwirtschaftssteuern – Lohnsteuer – Einkommensteuer – Verbrauchsabgaben – Kirchensteuer – Gebühren

I. Definition
In der Terminologie der DDR ist der Begriff St. enger gefaßt als in der Bundesrepublik Deutschland. Er ist praktisch begrenzt auf die Abgaben des nichtvolkseigenen Sektors (z. B. Lohn-St.). Dagegen werden die Abführungen der volkseigenen (staatlichen) Wirtschaft an den Staatshaushalt als „Staatseinnahmen aus der volkseigenen Wirtschaft" bezeichnet. Die Staatseinnahmen aus den volkseigenen Betrieben sind – nach herrschender Auffassung – keine St., sondern Teile des eigenen Einkommens des sozialistischen Staates. Dabei wird davon ausgegangen, daß der Begriff St. einen „Wechsel im Eigentum am betreffenden Teil des Nationaleinkommens darstellt". (Ökonomisches Lexikon, Bd. II, L-Z, 2. Aufl., Berlin [Ost] 1970, S. 744). Dies ist zwar die „herrschende Auffassung", aber sie ist nicht unumstritten; im Schrifttum der DDR findet sich auch die abweichende Auffassung, aus der juristischen und ökonomischen Eigenverantwortung der Betriebe und Kombinate lasse sich ein echter Steuercharakter der Abführungen an den Staatshaushalt ableiten. (Ökonom. Lexikon, a. a. O.).

Auch der in der westlichen Finanzwissenschaft und Finanzpraxis gebräuchliche Oberbegriff „Abgaben" für die vom Staat erhobenen nicht-rückzahlbaren Pflichtzahlungen ist in der DDR nicht eindeutig abgegrenzt. In der Abgabenordnung vom September 1970 (GBl., Sonderdruck Nr. 681 vom 2. 11. 1970) ist er zwar auf St. und Verbrauchsabgaben beschränkt, wird aber an anderer Stelle auch umfassender ausgelegt, vor allem tritt er bei der Bezeichnung spezieller Abführungen aus der volkseigenen Wirtschaft auf (z. B. → **Produktionsfondsabgabe**).

Als Sammelbegriff für alle an den Staat abgeführten Pflichtzahlungen hat sich in der DDR mehr und mehr die Bezeichnung „Staatseinnahmen" durchgesetzt. Dieser Begriff deckt alle denkbaren Einnahmen des Staates ab. Sie stammen im wesentlichen aus 3 Quellen: aus Abführungen der volkseigenen Wirtschaft; aus St. im engeren Sinne (Einnahmen aus dem nicht-volkseigenen Sektor); aus eigentumsunabhängigen St. sowie aus Beiträgen und Gebühren.

II. Abführungen der volkseigenen Wirtschaft
Die Abführungen der volkseigenen Wirtschaft sind mit Abstand die wichtigste Position auf der Einnah-

menseite des → **Staatshaushalts**. Ihr Anteil an den Gesamteinnahmen bewegt sich regelmäßig zwischen 55 und 60 v. H; für 1974 ist ihr Aufkommen mit 58 Mrd. Mark eingeplant. Zusammensetzung und Gewicht der einzelnen Abgabearten haben sich im Laufe der Jahre geändert; es gab aber immer ein System von mehreren aufeinander abgestimmten Arten der Erfassung des „Reineinkommens der volkseigenen Wirtschaft", das im Staatshaushalt „zentralisiert" und umverteilt wurde. In Anlehnung an das sowjetische „Zwei-Kanäle-System" könnte man heute in der DDR von einem „Drei-Kanäle-System" sprechen, denn das Abgabensystem der staatlichen Betriebe besteht gegenwärtig im wesentlichen aus drei Komponenten, nämlich aus der produktgebundenen Abgabe, der Produktionsfonds- bzw. Handelsfondsabgabe, der Nettogewinnabführung.

Die produktgebundene Abgabe ist die wichtigste Abgabenart, die etwa die Hälfte des Gesamtwertes der Abführungen aus der volkseigenen Wirtschaft erbringt – während auf die Produktionsfonds- bzw. Handelsfondsabgabe und auf die Nettogewinnabführung jeweils rund ein Viertel entfallen. Die produktgebundene Abgabe vereinigt in sich (seit 1972) eine Reihe früher getrennt erfaßter Abgabeformen, nämlich die Produktionsabgabe, die Dienstleistungsabgabe und die Verbrauchsabgabe. Sie wird ihrem Wesen nach als „umsatzabhängige Abgabe" definiert, in der Tat ist sie, vor allem in ihrer wichtigsten Form, der Produktionsabgabe, nach dem Vorbilde der sowjetischen „differenzierten Umsatz-St.", praktisch als Zuschlag auf den Betriebsabgabepreis entstanden. Ihre wirtschaftliche Bedeutung geht weit über das rein Fiskalische hinaus. Durch ihre Differenzierung (gesonderte Festsetzung für jedes einzelne Produkt) ist sie ein ausgezeichnetes Instrument zur Durchsetzung wirtschaftspolitischer Ziele (Verbrauchslenkung, Kaufkraftabschöpfung), aber auch außerwirtschaftlicher (bildungspolitischer, gesundheitlicher) Zwecke. (hohe Besteuerung von alkoholischen Getränken, niedrige Besteuerung von Büchern.) Die Differenzierung der produktgebundenen Abgabe schließt auch die Möglichkeit ein, daß das Produkt (Ware oder Dienstleistung) überhaupt nicht besteuert oder sogar subventioniert wird. Solche „produktgebundenen Subventionen" spielen im Finanzsystem der DDR eine große Rolle. Sie ermöglichen die Aufrechterhaltung niedriger Preise für bestimmte Grundnahrungsmittel, Wohnungsmieten, Verkehrstarife, Kinderbekleidung. Rund 10 v. H. der Haushaltsausgaben werden gegenwärtig für solche Preisstützungsmaßnahmen aufgewendet.

Durch ihre Erhebung zum Zeitpunkt des Umsatzes und ihre Ausdehnung auf die überwiegende Mehrheit der Konsumgüter sichert die produktgebundene Abgabe dem Staatshaushalt einen zügigen und kontinuierlichen Geldzufluß, was sich auf die Stabilität und Liquidität des Staatshaushaltes günstig auswirkt.

Darüber hinaus kann sie als Kontrollinstrument des Staates bei der Überwachung des planmäßigen Ablaufs des Wirtschaftsgeschehens angesehen werden. Die Produktionsfonds- bzw. Handelsfondsabgabe ist ihrem Wesen nach eine St. auf das Anlage- und Umlaufvermögen (die „Fonds") der Betriebe in Industrie und Bauwirtschaft, im Groß- und Einzelhandel. Ihre Einführung in den 60er Jahren hatte eindeutig nicht-fiskalische Ursachen; vielmehr sollte die Produktionsfondsabgabe die Betriebe zu einem rationellen Einsatz ihrer Produktionsmittel erziehen. Da sie in einem festen Prozentsatz vom Bruttowert des eingesetzten Kapitals erhoben wird, ist die Höhe ihres Aufkommens leicht vorauszuberechnen; sie kann also in die Finanzplanung fest eingesetzt werden.

Dagegen hat die Nettogewinnabführung (eine „gewinnbezogene" Abgabe der volkseigenen Wirtschaft) den Charakter einer ergänzenden Abgabe. Der Anteil, den die Betriebe von ihrem Gewinn an den Staatshaushalt abzuführen haben, ist nämlich vielfältig und kurzfristig variabel. Er kann jedes Jahr insgesamt und gegenüber jedem Betrieb verändert werden. „Besteht die Spezifik der produktionsgebundenen Abgabe und der Produktionsfondsabgabe in erster Linie in ihrer aufgabenbedingten, langfristigen normativen Anlage, so muß die Nettogewinnabführung überwiegend Erfordernissen der Disponibilität entsprechen . . ." (Wirtschaftswissenschaft, 11, 1973, S. 1645).

III. Steuern im engeren Sinne

Die allgemein als echte St. betrachteten Staatseinnahmen aus dem nicht-volkseigenen Sektor sind in der DDR nach wirtschaftspolitischen und gesellschaftspolitischen Gesichtspunkten zu einem spezifischen St.-System zusammengefaßt. Dabei sind den nicht-volkseigenen Wirtschafts- und Eigentumsformen und den verschiedenen sozioökonomischen Bevölkerungsgruppen spezielle St.-Arten zugeordnet, die sich in folgende Gruppen unterteilen lassen:

1. St. der sozialistischen → **Genossenschaften** und ihrer Mitglieder:
Die wichtigste Gruppe der Genossenschaften in der DDR, die Landwirtschaftlichen Produktionsgenossenschaften (LPG), sind (bis auf weiteres) von der Besteuerung befreit.
Sie zahlen aber seit 1969 einen „Rückführungsbetrag", der im Laufe des Fünfjahrplans 1971–1975 zu einer „ökonomisch begründeten Abgabe der LPG" weiterentwickelt wird. Diese Zahlung ist als eine

Form der Differentialrente anzusehen, mit der die auf der Bodenqualität beruhenden Unterschiede in den Produktionsbedingungen ausgeglichen werden sollen.

Die LPG-Mitglieder werden zur Zahlung von Landwirtschafts-St. (zusammengefaßt aus Einkommen-St., Umsatz-St., Vermögens-St.) herangezogen. Die Höhe der Landwirtschafts-St. bemißt sich nach dem Umfang der Fläche, den das LPG-Mitglied in die Genossenschaft eingebracht hat, wobei das privat genutzte Hofland für die St.-Ermittlung hinzugerechnet wird. Die Mitglieder der (voll sozialisierten) LPG-Stufe III zahlen weniger St. als die (noch mit eigenem Inventar arbeitenden) Mitglieder der LPG-Stufen I und II. Von solchen Mitgliedern, denen keine Bodenanteile ausgezahlt werden, und denjenigen, die vor ihrem Eintritt in die LPG keinen eigenen landwirtschaftlichen Betrieb bewirtschafteten und daher keine Fläche eingebracht haben, werden für ihre Einnahmen aus der LPG und aus ihrer persönlichen Nebenwirtschaft keine St. erhoben.

Die Besteuerung der Produktionsgenossenschaften des Handwerks (PGH) hat ebenso wie die der Einzelhandwerker in den letzten Jahren einschneidende Veränderungen erlebt. (→ **Handwerks-St.**)

Die Konsumgenossenschaften des Handels haben eine einheitliche Gewinn-St. von 15 v. H. zu entrichten, beim Kommissionshandel sind 75 v. H. vom Ergebnis an den Staatshaushalt abzuführen. Ferner sind Umsatz-St. (zwischen 1 und 3 v. H.) sowie eine Grund-St. in Höhe von 1 v. H. der Bruttobilanzwerte der beanspruchten Grundstücke und Gebäude zu zahlen.

2. St. vom → **Arbeitseinkommen** erfassen die aus unselbständiger Arbeit erzielten Lohneinkünfte der Arbeiter und Angestellten sowie einiger Berufsgruppen der (steuerbegünstigten) freischaffendenIntelligenz. Dazu rechnen Schriftsteller, Ärzte und Architekten, nicht aber Rechtsanwälte oder Steuerberater. Die Lohn-St. bemißt sich nach der Höhe der Jahreseinkünfte unter Abzug berufsbedingter Ausgaben und unter Berücksichtigung von Alter und Familienstand. Einkünfte unter 175 Mark (monatlich) sind steuerfrei. Die darüberliegenden Einkünfte werden progressiv besteuert. Bei einem steuerpflichtigen Monatslohn von 1 258 Mark erreicht die Progression mit 20 v. H. ihren höchsten Satz. Bei weiter steigendem Einkommen wächst die St. nur noch linear, so daß die höheren Einkommen relativ begünstigt sind. Mit dieser Regelung soll die Leistungs- und Aufstiegsbereitschaft gerade der qualifizierten Arbeitskräfte unterstützt werden. Aus demselben Grund werden Prämien und Überstundenlöhne nur schwach bzw. überhaupt nicht besteuert.

3. St. der privaten Wirtschaft. Unter diesen hat vor allem die Einkommen-St. Bedeutung, die in der DDR völlig von der Lohn-St. getrennt ist. Sie betrifft vor allem Inhaber von privaten Einzelbetrieben

(ohne → **Handwerk**), private Gesellschafter, Hausbesitzer, freiberuflich Tätige (ohne steuerbegünstigte freischaffende Intelligenz.) Zwar werden bei der Bemessung der Einkommen-St., ebenso wie bei der Lohn-St., soziale Verhältnisse und wirtschaftliche Leistungsfähigkeit des St.-Pflichtigen berücksichtigt, doch ist die Progression sehr viel steiler. Während der Lohnsteuerpflichtige, wie bereits erwähnt, bei einem Jahreseinkommen von 1 258 Mark seine höchste St.-Progression von 20 v. H. erreicht, zahlt der Einkommensteuerpflichtige bei diesem Einkommen bereits 32 v. H., bei weiter steigendem Einkommen kann seine St.-Schuld bis auf 90 v. H. ansteigen. Laut Einkommensteuergesetz von 1970 beträgt sie bei einem Jahreseinkommen von

12 000 Mark	3 826 Mark	= 32 v. H.
20 000 Mark	8 860 Mark	= 44 v. H.
50 000 Mark	34 000 Mark	= 68 v. H.
100 000 Mark	78 000 Mark	= 79 v. H.
250 000 Mark	212 000 Mark	= 85 v. H.
500 000 Mark	450 000 Mark	= 90 v. H.

Bis zu 95 v. H. stieg die Körperschafts-St. an, die private Kapitalgesellschaften auf den steuerpflichtigen Gewinn zu zahlen hatten; diese St.-Form hat praktisch nur noch historische Bedeutung, da nach der letzten Verstaatlichungswelle von 1972 praktisch die gesamte private und halbstaatliche Industrie bis auf einen unbedeutenden Rest in der volkseigenen Wirtschaft aufgegangen ist. Privatbetriebe gibt es dagegen in nennenswertem Umfang noch im Handwerk, das einer gesonderten (günstigen) St.-Regelung unterworfen ist, und im Handel. Die noch bestehenden Privatbetriebe (außer Handwerk) haben eine Reihe von Betriebs-St., vor allem Gewerbe-St., Umsatz-St. und Beförderungs-St. zu zahlen; private Eigentümer zahlen ferner Vermögens-St., die sich am Wert des Gesamtvermögens (ohne Sparzinsen) bemißt.

Für private Erbschaften und Schenkungen sind Erbschafts- bzw. Schenkungs-St. zu entrichten. Die St. sind nach der Höhe der Erbschaft bzw. Schenkung und nach dem Verwandtschaftsgrad gestaffelt. St.-Klasse I gilt für Ehegatten und Kinder, St.-Klasse II für alle übrigen Erwerber.

Der Kraftfahrzeug-St. unterliegen die Halter der in der DDR zugelassenen Kraftfahrzeuge (Privatpersonen, Privatbetriebe, Genossenschaften). Volkseigene Betriebe und Haushaltsorganisationen sind von der Kfz-St. befreit. Schwerbeschädigten kann sie auf Antrag ganz oder teilweise erlassen werden. Bemessungsgrundlage der Kfz-St. ist bei Pkw der Hubraum, bei Zugmaschinen ohne Güterladeraum die PS-Höchstbremsleistung, bei Lkw, Omnibussen und allen übrigen Kraftfahrzeugen das Eigengewicht. Die Kfz-St. wird in einem zusammengefaßten Zahlungsverfahren mit den Beiträgen zur Kfz-Haftpflichtversicherung erhoben.

4. Verbrauchsabgaben. Die Verbrauchsabgabe nimmt insofern eine Sonderstellung im St.-System ein, als sie sowohl von der volkseigenen als auch von der privaten Wirtschaft erhoben werden kann. Sie ist eine Abgabe auf bestimmte Erzeugnisse, deren Erhebung teils preispolitischen Zielen und der Einkommensregulierung dient und teils auf die Beschaffung von Haushaltseinnahmen gerichtet ist. Im Bereich der volkseigenen Wirtschaft ist die Verbrauchsabgabe praktisch in der produktgebundenen Abgabe aufgegangen. Nur in Sonderfällen – z. B. bei importierten Südfrüchten – können volkseigene Betriebe noch Abgabenschuldner der Verbrauchsabgabe sein. Die heute überwiegend von den Produzenten und Handelsbetrieben der nicht-volkseigenen Wirtschaft eingezogenen Verbrauchsabgaben schöpfen einen Teil der bei den einzelnen Erzeugnissen meist unterschiedlich hohen Spannen zwischen staatlich festgesetzten Preisen oder Erlösen einerseits und den Selbstkosten andererseits ab. Die Bedeutung der Verbrauchsabgabe ist rückläufig; erstens, weil der private Sektor der Wirtschaft ständig kleiner wird, zweitens, weil sich nach der → **Industriepreisreform** die Spanne zwischen → **Selbstkosten** und Preisen bzw. Erlösen in der weiterverarbeitenden nicht-volkseigenen Wirtschaft vermindert hat. Zum Ausgleich der hierdurch entstandenen unzumutbaren Nettoeinkommensschmälerung wurden, ebenso wie in der volkseigenen Wirtschaft bezüglich der produktgebundenen Abgabe, auch die Verbrauchsabgaben ermäßigt, teilweise abgeschafft.

5. Kirchensteuer. Die Kirchen-St. wird in der DDR als eine freiwillige Geldleistung der Mitglieder von Religionsgemeinschaften zur Finanzierung der kirchlichen Tätigkeit definiert. Höhe und Bemessungsgrundlage sind je nach Religionsgemeinschaft verschieden. Da die Kirchen-St. keine staatliche St. ist, unterliegt sie nicht der Festsetzung durch staatliche Organe.

Die Kirchenämter sind bei St.-Einziehung daher praktisch auf den guten Willen der Kirchenmitglieder angewiesen. 1972 hat die Kirchenleitung der evangelischen Kirche ihren 8 Landeskirchen empfohlen, die Kirchen St. nach dem Nettoeinkommen zu berechnen. Der St.-Satz soll dabei von 0,3 v. H. (Verheiratete mit 150 Mark monatlichem Nettoeinkommen) bis auf 3 v. H. (Ledige unter 40 Jahren mit mehr als 2 000 Mark netto im Monat) steigen. Der Mindestbetrag je Kirchenmitglied über 18 Jahre soll 5 Mark im Jahr betragen.

IV. Eigentumsunabhängige Steuern, Beiträge und Gebühren

Neben den bisher genannten Pflichtzahlungen, bei denen die Eigentumsform für die Einordnung in das St.-System maßgeblich war, gibt es auch in der DDR eine Reihe von Abgaben, für die die Eigentumsfrage keine Bedeutung hat. Man kann sie als systemneutral bezeichnen, weil ihre Funktionen in der DDR nicht anders sind als etwa in der Bundesrepublik Deutschland, wie z. B. die Hunde-St. und die Vergnügungs-St. Diese auch in der DDR als St. bezeichnete Abgaben werden ihrem wirtschaftlichen Charakter nach mehr als Beiträge angesehen. Beiträge sind „Pflichtzahlungen an den Staatshaushalt, der einem bestimmten Personenkreis bestimmte Rechte bzw. Vorteile gewährt. Das gilt sowohl für die Hunde-St. wie für Anliegerbeiträge und Kurtaxen. Von den Beiträgen zu unterscheiden sind die Gebühren, die – ebenso wie in der Bundesrepublik – ein „spezielles Entgelt für die Inanspruchnahme bestimmter staatlicher Einrichtungen oder Leistungen" sind.

V. Typische Merkmale des Steuersystems der DDR

Kennzeichnend für das St.-System der DDR, wie es sich abweichend von dem der Bundesrepublik Deutschland herausgebildet hat, ist nicht die Höhe der vom Staat erfaßten Zahlungen (bei gleicher Abgrenzung liegen die öffentlichen Ausgaben je Einwohner in beiden Teilen Deutschlands in vergleichbarer Größenordnung), sondern es sind die Konzentration der Mittel im zentralen Republikhaushalt (→ **Staatshaushalt**) und ihre Herkunft aus überwiegend indirekter Besteuerung. Die bewußte Verknüpfung fiskalischer mit wirtschaftlichen und sozialpolitischen Zielen ist kein spezifisches Merkmal des DDR-St.-Systems. St.-Politik ist auch in der Bundesrepublik, bei allerdings sehr viel stärker ausgeprägter fiskalischer Bedeutung zugleich Sozialpolitik und Wirtschaftspolitik, nur sind die außerfiskalischen Motive hier und dort – da systembezogen – an anderen Zielen ausgerichtet.

→ **Agrarsteuern.**

StFB.: Abk. für Staatl. Forstwirtschaftsbetriebe. → **Forstwirtschaft.**

Stipendien: Die Gewährung von St. ist für Studenten der → **Universitäten, Hoch-** und → **Fachschulen** abhängig von der sozialen Stellung des Studenten bzw. seiner Eltern und seiner Leistung. Zugleich sind sie ein Mittel zur Beeinflussung der sozialen Struktur der Studentenschaft. Mehr als 90 v. H. aller Studenten erhalten ein St.

Unterlagen für die Gewährung von St. müssen von den Studenten jährlich bei der Sektion eingereicht werden. Die Entscheidung über die Gewährung von St. trifft der Direktor der Sektion auf der Grundlage von Empfehlungen der „Kommission für Stipendienfragen" und in Übereinstimmung mit den Leitungen der → **FDJ**.

1. Grund-St. Das Grund-St. richtet sich nach dem monatlichen Bruttoeinkommen der Eltern bzw. des Ehegatten und der Anzahl der von diesen zu versorgenden Kinder. Die Einkommensgrenzen sind gestaffelt. Sind beide Eltern berufstätig, erhöhen sie sich um 300 Mark. Das Grund-St. beträgt bei einem monatlichen Bruttoeinkommen eines Elternteils/Ehegatten von

	an Hochschulen:	Fachschulen:
bis 1 000	190	160
1 001–1 200	170	140
1 201–1 400	140	110
1 401–1 500	110	80

(Das durchschnittliche monatliche Arbeitseinkommen der Angehörigen der Volkswirtschaft der DDR lag 1972 bei 815 Mark brutto).

2. Forschungs-St. Forschungs-St. werden unabhängig vom Einkommen der Eltern bzw. Ehegatten gezahlt.

a) Grund-St.

1. Ausbildungsjahr 300 Mark monatlich;
2. Ausbildungsjahr 350 Mark monatlich;
3. Ausbildungsjahr 400 Mark monatlich.

b) Leistungs-St.

an 10 v. H. der Forschungsstudenten bis zu 150 Mark monatlich,

an 20 v. H. der Forschungsstudenten bis zu 75 Mark monatlich.

Für jedes zu versorgende Kind werden Zuschüsse (1. Kind 40 Mark, ab 2. Kind 30 Mark) gezahlt, sofern das Bruttoeinkommen des Ehegatten 500 Mark nicht übersteigt.

3. Leistungs-St. Studenten mit „sehr guten Leistungen und hoher gesellschaftlicher Aktivität" können von den Lehrenden oder der FDJ für ein Leistungs-St. vorgeschlagen werden.

a) im 2. Studienjahr

an 10 v. H. der Studenten 80 Mark monatlich,

an 10 v. H. der Studenten 60 Mark monatlich,

an 20 v. H. der Studenten 40 Mark monatlich,

b) ab 3. Studienjahr

an 10 v. H. der Studenten 80 Mark monatlich,

an 15 v. H. der Studenten 60 Mark monatlich,

an 25 v. H. der Studenten 40 Mark monatlich.

4. Zusatz-St. Studenten, die vor ihrem Studium mindestens 5 Jahre berufstätig waren und dabei eine staatliche Auszeichnung erhalten haben sowie ehemalige Soldaten auf Zeit bzw. Berufssoldaten erhalten ein Zusatz-St. von 80 Mark monatlich.

5. Valuta-St. DDR-Studenten im Ausland erhalten ein Valuta-St. in der Währung des Gastlandes, dessen Höhe im Vertrag mit dem Gastland geregelt wird. Aufgrund dieser Verträge erhalten ausländische Studenten in der DDR ebenfalls St. (→ **Ausländerstudium**).

Im November 1973 erhielten 20 chilenische Studenten und Aspiranten (→ **Aspirantur**) das erstmals verliehene „Salvador-Allende-St.", das alljährlich für Verdienste junger Chilenen „im antiimperialistischen Kampf und für hohe Leistungen im Studium" verliehen wird.

6. Sonder-St. Als Auszeichnung für hervorragende Leistungen werden Sonder-St. verliehen. Seit 1951 wird alljährlich das „Wilhelm-Pieck-St." in einer monatlichen Höhe von 300 Mark an Arbeiter- und Bauernstudenten verliehen. 1974 erhielten 154 Studenten dieses Sonder-St. für „vorbildliche gesellschaftliche und fachliche Leistungen". Seit 1953 wird an jedem 5. Mai an 100

Studenten „für hervorragende Leistungen und besondere Erfolge bei der Aneignung des Marxismus-Leninismus und seiner Anwendung im Fachstudium" das „Karl-Marx-St." in Höhe von 450 Mark vergeben.

25 Studenten der Germanistik können alljährlich mit dem „Johannes-R.-Becher-St." (275 Mark) ausgezeichnet werden.

Sonderregelungen gelten ferner für Studenten, die als Lehrer für das gesellschaftswissenschaftliche Grundstudium ausgebildet werden (220 bis 500 Mark), für Studenten, die von der NVA zum Studium delegiert werden (500 bis 900 Mark), und für Frauen, die von ihren Betrieben zum Frauensonderstudium delegiert werden (bis 800 Mark). Darüber hinaus stehen den Universitäten, Hoch- und Fachschulen Sonderfonds für spezielle Prämien zur Verfügung.

Störfreimachung: → **Innerdeutscher Handel.**

Störsender: → **Rundfunk.**

Strafanstalten: → **Strafvollzug.**

Strafarrest: → **Strafensystem.**

Strafaussetzung: → **Bewährung.**

Strafensystem: Das StGB vom 12. 1. 1968 enthält ein differenziertes St., das sich in folgende Maßnahmen der strafrechtlichen Verantwortlichkeit gliedert: Beratung und Entscheidung durch ein gesellschaftliches Gericht, Strafen ohne Freiheitsentzug, Strafen mit Freiheitsentzug, Todesstrafe, Zusatzstrafen.

1. → **Gesellschaftliche Gerichte** können lediglich Erziehungsmaßnahmen festlegen.

2. Strafen ohne Freiheitsentzug sind: Verurteilung auf → **Bewährung**, Geldstrafe und öffentlicher Tadel. Diese Strafen sind „unter Berücksichtigung der Schwere der Tat und der Schuld des Täters gegenüber Personen anzuwenden, die ein Vergehen aus Undiszipliniertheit, Pflichtvergessenheit, ungefestigtem Verantwortungsbewußtsein oder Unachtsamkeit oder wegen besonderer persönlicher Schwierigkeiten begehen. Zweck der Strafen ohne Freiheitsentzug ist es, den Täter zur eigenen Bewährung und Wiedergutmachung anzuhalten, damit er künftig seiner gesellschaftlichen Verantwortung gerecht wird" (§ 30 StGB).

Die Geldstrafe, lange Zeit als eine für das „kapitalistische" Strafrecht typische Strafart verpönt, beträgt 50 Mark bis 10 000 Mark. Bei Straftaten, die auf erheblicher Gewinnsucht beruhen, kann sie bis auf 100 000 Mark erhöht werden. Sie soll den Täter durch einen empfindlichen Eingriff in seine persönlichen Vermögensinteressen zur Achtung der sozialistischen Gesetzlichkeit und der Rechte der Bürger erziehen (§ 36 StGB).

Der öffentliche Tadel ist auszusprechen, wenn das Vergehen keine erheblichen schädlichen Auswirkungen hat und die Schuld des Täters gering ist (§ 37 StGB).

3. Strafen mit Freiheitsentzug sind: Freiheitsstrafe, Haftstrafe und Arbeitserziehung. Gegenüber Militärpersonen gibt es noch den Strafarrest.

Die Freiheitsstrafe ist bei Verbrechen und bei solchen Vergehen auszusprechen, durch die besonders schädliche Folgen herbeigeführt oder in anderer Weise eine schwerwiegende Mißachtung der gesellschaftlichen Disziplin zum Ausdruck gebracht worden ist oder gegenüber Tätern, die aus bisherigen Strafen keine Lehren gezogen haben (§ 39 StGB). Die zeitige Freiheitsstrafe beträgt mindestens 6 Monate und höchstens 15 Jahre. Außerdem gibt es die lebenslängliche Freiheitsstrafe. Ausnahmsweise kann auch eine Freiheitsstrafe von 3 bis 6 Monaten verhängt werden, wenn die verletzte Strafbestimmung auch Strafen ohne Freiheitsentzug androht (§ 40 StGB).

Auf Haftstrafe ist in den gesetzlich vorgesehenen Fällen zu erkennen, wenn dies „zur unverzüglichen und nachdrücklichen Disziplinierung des Täters notwendig ist." Sie kann für die Dauer von 1 Woche bis zu 6 Wochen ausgesprochen werden. Während ihres Vollzuges ist „gesellschaftlich nützliche Arbeit zu leisten" (§ 41 StGB).

Die Arbeitserziehung (§ 249 StGB) ist bei Gefährdung der öffentlichen Ordnung durch → **asoziales Verhalten** vorgesehen. Sie beträgt mindestens 1 Jahr und dauert so lange, bis der Erziehungserfolg eingetreten ist. Sie darf aber die Obergrenze der Freiheitsstrafe, neben der sie angedroht ist, nicht überschreiten.

4. Die → **Todesstrafe** ist außer bei Mord bei einer Anzahl politischer Delikte und Militärstraftaten vorgesehen.

5. Wenn es „zur Erziehung des Täters oder zum Schutz der Gesellschaft erforderlich ist", können Zusatzstrafen verhängt werden, wenn sie in dem verletzten Gesetz ausdrücklich angedroht sind oder die besonderen Voraussetzungen für die Anwendung der jeweiligen Zusatzstrafe vorliegen. Folgende Zusatzstrafen sind möglich: Geldstrafe in der als Hauptstrafe vorgesehenen Höhe zusätzlich zur Verurteilung auf Bewährung und zur Freiheitsstrafe, wenn dies zur Verstärkung der erzieherischen Wirksamkeit der Strafen geboten ist.

Öffentliche Bekanntmachung der Urteile kann angeordnet werden, „wenn sie zur Erziehung des Täters, zur erzieherischen Einwirkung auf andere Personen oder zur Aufklärung der Bevölkerung oder ihre Mobilisierung zur Bekämpfung bestimmter Erscheinungen der Kriminalität notwendig ist" (§ 50 StGB).

Die Aufenthaltsbeschränkung soll dem Verurteilten durch die Beschränkung seiner Freizügigkeit die Gelegenheit zur Begehung weiterer Straftaten nehmen, die Fortsetzung seiner Beziehungen zu Personen, die einen schädlichen Einfluß auf ihn ausgeübt haben, verhindern und ihn in eine Umgebung bringen, die seiner kollektiven Erziehung und gesellschaftlichen Entwicklung dienlich ist. Durch die Aufenthaltsbeschränkung wird dem Verurteilten auf die Dauer von 2 bis 5 Jahren der Aufenthalt an bestimmten Orten oder Gebieten der DDR untersagt. Wenn es im Interesse der Aufrechterhaltung der öffentlichen Ordnung und Sicherheit in bestimmten Gebieten erforderlich ist, kann die Aufenthaltsbeschränkung in Ausnahmefällen auch zeitlich unbegrenzt ausgesprochen werden (§§ 51, 52 StGB).

Das Verbot bestimmter Tätigkeiten kann verhängt werden, wenn der Täter die Straftat unter Ausnutzung oder im Zusammenhang mit seiner Berufstätigkeit begangen hat und es im Interesse der Gesellschaft notwendig ist, ihm die Ausübung dieser Tätigkeit zeitweilig oder für Dauer zu untersagen (§ 53 StGB).

Der Entzug der Fahrerlaubnis kann zusätzlich zu einer Strafe ausgesprochen werden, wenn der Täter als Fahrer eines Kfz eine Strafe begangen hat (vgl. § 54 StGB). Die Dauer des Entzuges der Fahrerlaubnis oder anderer Erlaubnisse (§ 55 StGB) kann zeitlich begrenzt oder unbegrenzt ausgesprochen werden. Sie beträgt mindestens 3 Monate.

Gegenstände, die zu einer vorsätzlichen Straftat benutzt oder bestimmt oder die durch eine solche Tat erlangt oder hervorgebracht sind, können eingezogen werden, wenn der Eigentümer „die ihm zur Verhinderung eines Mißbrauchs dieser Gegenstände obliegende Sorgfaltspflicht verletzt hat oder wenn die Einziehung zum Schutz der Gesellschaft notwendig ist" (§ 56 StGB).

Auf Vermögenseinziehung kann „bei Verbrechen gegen die Souveränität der DDR" (→ **Aggressionsverbrechen**), schwerer Verbrechen gegen die DDR (→ **Staatsverbrechen**), schwerer Verbrechen gegen die sozialistische Volkswirtschaft oder anderer schwerer Verbrechen" erkannt werden, wenn diese unter Mißbrauch oder zur Erlangung persönlichen Vermögens begangen

worden sind und der sozialistischen Gesellschaft erheblichen Schaden zugefügt haben und wenn deswegen eine Freiheitsstrafe von mindestens 3 Jahren ausgesprochen worden ist. Die Vermögenseinziehung soll dem Verurteilten die Möglichkeit nehmen, „sein Vermögen zum Schaden der sozialistischen Gesellschaftsverhältnisse zu mißbrauchen, ihm die Schwere seines Verbrechens bewußt machen sowie ihn und andere Personen von der Begehung weiterer Verbrechen zurückhalten".

Die Vermögenseinziehung erstreckt sich auf das gesamte Vermögen des Täters, mit Ausnahme der unpfändbaren Gegenstände (§ 57 StGB).

Die Aberkennung staatsbürgerlicher Rechte ist zulässig bei Verbrechen gegen die Souveränität der DDR, Staatsverbrechen und Mord (§ 58 StGB).

Ausweisung ist gegenüber Tätern zulässig, die nicht Bürger der DDR sind. Diese können anstelle oder zusätzlich zu der im verletzten Gesetz angedrohten Strafe aus der DDR ausgewiesen werden (§ 59 StGB).

Für die gegenüber Jugendlichen zulässigen Strafmaßnahmen gelten zusätzlich einige besondere Bestimmungen des 4. Kapitels des StGB (→ **Jugendstrafrecht**).

Strafgesetzbuch: → **Strafrecht.**

Strafpolitik: → **Kriminalität; Rechtswesen.**

Strafprozeßordnung: → **Strafverfahren.**

Strafrecht

Strafgesetzbuch – Grundsätze des Strafrechts – Straftaten – Verfehlungen – Ordnungswidrigkeiten – Schuldbegriff – Geltungsbereich der Strafgesetze – Straftatbestände – Militärstrafrecht – Strafpolitik

I. Strafgesetzbuch

Das materielle St. ist weitgehend im Strafgesetzbuch (StGB) vom 12. 1. 1968 (GBl. I, S. 1) zusammengefaßt, das mit Wirkung vom 1. 7. 1968 an die Stelle des bis dahin noch gültigen Deutschen Strafgesetzbuches von 1871 und des dieses StGB ergänzenden Strafrechtsergänzungsgesetzes vom 11. 12. 1957 (GBl. I, S. 643) getreten ist. In das StGB sind das → **Jugendstrafrecht**, das Militärstrafrecht und die wichtigsten Vorschriften des Wirtschaftsstrafrechts aufgenommen worden. Mit seinem Inkrafttreten sind die meisten strafrechtlichen Bestimmungen in anderen Gesetzen und Verordnungen außer Kraft gesetzt worden. Soweit diese weiter gültig blieben, waren sie den Grundsätzen des StGB anzupassen und vom Justizministerium in einer Zusammenstellung aller geltenden Straftatbestände außerhalb des StGB zu veröffentlichen.

II. Grundsätze des Strafrechts

Die „Grundsätze des sozialistischen St." sind im 1. Kapitel des allgemeinen Teils den eigentlichen strafrechtlichen Bestimmungen des StGB vorangestellt. Darin wird der „Kampf gegen alle Erscheinungen der Kriminalität, besonders gegen die verbrecheri-

schen Anschläge auf den Frieden, auf die Souveränität der DDR" als „gemeinsame Sache der sozialistischen Gesellschaft, ihres Staates und aller Bürger" bezeichnet (Art 1). Aufgaben des St. sind nach Art. 2 der Schutz der sozialistischen Staats- und Gesellschaftsordnung, der Bürger und ihrer Rechte vor kriminellen Handlungen, die Verhütung von Straftaten und die wirksame Erziehung der Gesetzesverletzer zur sozialistischen Staatsdisziplin und zu verantwortungsbewußtem Verhalten (→ **Rechtswesen**).

III. Straftaten und Verfehlungen

Das StGB unterscheidet weiterhin zwischen Vergehen und Verbrechen. Unterscheidungsmerkmal ist der Grad der *Gesellschaftsgefährlichkeit*. Dieser ist wiederum an der im Strafgesetz angedrohten oder im Einzelfall ausgesprochenen Strafe abzulesen. Als *Vergehen* gelten vorsätzlich oder fahrlässig begangene gesellschaftswidrige Straftaten, für die der Täter vor einem → **gesellschaftlichen Gericht** zur Verantwortung gezogen oder zu einer Strafe ohne Freiheitsentzug oder zur Freiheitsstrafe bis zu 2 Jahren verurteilt wird (→ **Strafensystem**). Verbrechen sind gesellschaftsgefährliche Handlungen. Dazu zählen nach § 1 Abs. 3 alle → **Aggressionsverbrechen**, sämtliche → **Staatsverbrechen**, vorsätzliche Tötung sowie solche Straftaten, „die eine schwerwiegende Mißachtung der → **sozialistischen Gesetzlichkeit** darstellen" und für die deshalb mindestens 2 Jahre Freiheitsstrafe angedroht oder im Einzelfall mehr als 2 Jahre verhängt werden. Viele Straftaten, die

grundsätzlich wegen der für den Normalfall angedrohten Höchststrafe Vergehen sind, wie z. B. Diebstahl und Betrug, können somit durch die Wertung
als schwerer Fall und den Ausspruch einer mehr als
2jährigen Freiheitsstrafe vom Richter zu Verbrechen erklärt werden.

Sind die Auswirkungen der Tat und die Schuld des
Täters unbedeutend, können Hausfriedensbruch,
Beleidigung und Verleumdung sowie Diebstahl oder
Betrug zum Nachteil sozialistischen und persönlichen oder privaten Eigentums als *Verfehlungen* gewertet werden. Bei Eigentumsverfehlungen soll der
Schaden den Betrag von 50 Mark nicht wesentlich
übersteigen. Diese Verfehlungen gelten nicht als
Straftat. Sie werden durch disziplinarische, insbesondere arbeitsrechtliche, Erziehungsmaßnahmen,
polizeiliche Strafverfügungen, mit Geldbußen bis zu
150 Mark oder Maßnahmen der gesellschaftlichen
Gerichte geahndet (1. DV zum EG des StGB vom
1. 2. 1968 – GBl. II, S. 89).

Einige, nach dem StGB an sich strafbare, Handlungen können auch als → **Ordnungswidrigkeiten** verfolgt werden (Hausfriedensbruch, Gefährdung der
Brandsicherung, Beeinträchtigung der Brand- oder
Katastrophenbekämpfung).

IV. Schuldbegriff

Der Schuldbegriff des StGB unterstellt, daß in der
sozialistischen Gesellschaft Identität der Interessen
der Gesellschaft und des Bürgers besteht. Deshalb
sei der einzelne für sein Handeln verantwortlich („in
der sozialistischen Gesellschaft braucht niemand
mehr Verbrecher zu werden"; → **Kriminalität**).
Wenn der Täter trotz der ihm gegebenen Möglichkeit zum gesellschaftsgemäßen Verhalten durch ver-
antwortungsloses Handeln den gesetzlichen Tatbestand eines Vergehens oder Verbrechens verwirklicht, so handelt er schuldhaft (§ 5). Auch die Definition des Vorsatzes als bewußte Entscheidung zur Tat
(§ 6) setzt die Entscheidungsfreiheit des Täters voraus. Zum Vorsatz gehört die Kenntnis der Tatum-
stände (§ 13). Unkenntnis des Verbotenen der
Handlung schließt dagegen die Strafbarkeit grundsätzlich nicht aus.

Fahrlässiges Handeln ist strafbar, wo dies ausdrücklich bestimmt ist. Das StGB kennt 3 Arten der Fahr-
lässigkeit (§§ 7, 8): bewußte Pflichtverletzung mit
Voraussehbarkeit der Folgen, bewußte Pflichtverletzung ohne Voraussehbarkeit der Folgen, unbe-
wußte Pflichtverletzung ohne Voraussehbarkeit der
Folgen (Handeln aus verantwortungsloser Gleichgültigkeit).

Das Prinzip „keine Strafe ohne Schuld" wird vom
StGB mehrmals durchbrochen. So kommt der
schuldhaft herbeigeführte, die Zurechnungsfähigkeit ausschließende oder mildernde Rauschzustand
dem Täter überhaupt nicht zugute (→ **Alkoholmißbrauch**). Der Tatbestand der „Herbeiführung eines

schweren Verkehrsunfalls" (§ 196) stellt die Höhe
der Strafe in erster Linie auf den eingetretenen Schaden und nicht auf die Schuld des Täters ab.

Fragwürdig wird das Schuldprinzip auch bei den als
Unternehmensdelikte ausgestalteten Staatsverbrechen. Bei den in den Westen flüchtenden Partei- und
Staatsfunktionären, die wegen der angeblich nach
der Flucht vor westlichen Stellen gemachten Aussagen wegen vollendeter Spionage nach § 97 StGB
verurteilt werden, kann ebensowenig von einer
schuldhaften Verwirklichung des gesetzlichen Tatbestandes die Rede sein wie bei den über eine wün-
schenswerte Demokratisierung der sozialistischen
Gesellschaftsordnung der DDR diskutierenden Studenten von der „bewußten Entscheidung zum
Staatsverrat". Überhaupt werden durch die Ausweitung vieler, insbesondere politischer, Strafbestimmungen, durch unbestimmte Tatbestandsmerkmale,
durch den Begriff des Unternehmens – nach § 94
jede auf die Verwirklichung eines Verbrechens gerichtete Tätigkeit – und die ausdrückliche Strafbarkeit der Vorbereitung bei zahlreichen Delikten (Anwerbung für imperialistische Kriegsdienste, Kriegshetze, faschistische Propaganda, Sammeln von
Nachrichten, landesverräterischer Treubruch,
staatsfeindliche Hetze, Mord, Menschenhandel,
Verursachung einer Katastrophengefahr, Angriffe
auf das Verkehrswesen, ungesetzlicher → **Grenzübertritt** und schweres → **Rowdytum**) die Grenzen
zwischen verbotenem (schuldhaftem) und erlaubtem
Handeln unklar.

Es gibt folgende „Maßnahmen der strafrechtlichen
Verantwortlichkeit": Beratung und Entscheidung
durch ein gesellschaftliches Gericht, Strafen ohne
Freiheitsentzug, Strafen mit Freiheitsentzug, → **Todesstrafe** sowie Zusatzstrafen (§ 23) (→ **Strafensystem**). Für Jugendliche gelten noch einige Besonderheiten (→ **Jugendstrafrecht**).

V. Geltungsbereich der Strafgesetze

Der Geltungsbereich der Strafgesetze ist für politische Straftaten stark ausgeweitet worden. Das StGB
der DDR ist gemäß § 80 nicht nur auf alle im Gebiet
der DDR begangenen Straftaten (Territorialprinzip)
und auf alle Bürger der DDR, auch für die im Ausland begangenen Straftaten (Personalprinzip), sondern auch auf andere Personen für außerhalb der
DDR begangene Aggressions- und Staatsverbrechen anzuwenden.

Die Strafverfolgung verjährt je nach der gesetzlich
angedrohten Strafe in 2 bis 25 Jahren. Die Verjährung ruht aber, solange sich der Täter außerhalb der
DDR aufhält (§ 83). Verbrechen gegen den Frieden,
die Menschlichkeit und die Menschenrechte und
Kriegsverbrechen verjähren überhaupt nicht (§ 84).

VI. Straftatbestände

Inhalt der ersten beiden Kapitel des Besonderen

Teiles des StGB sind die politischen Straftatbestände der→ **Aggressionsverbrechen** und der → **Staatsverbrechen.** Im Gegensatz zu der z. T. westlichen Reformen entsprechenden Neugestaltung strafrechtlicher Bestimmungen im Allgemeinen Teil und im Bereich des kriminellen St., insbesondere des Sexualstrafrechts, ist das politische St. ausgebaut worden. Im 1. Kapitel gibt es eine Reihe neuer mit Höchststrafen bedrohter „Verbrechen gegen die Souveränität der Deutschen Demokratischen Republik, den Frieden, die Menschlichkeit und die Menschenrechte". Die Verbrechen gegen die DDR sind durch neue Delikte (landesverräterischer Treubruch [§ 99], Gefährdung der internationalen Beziehungen [§ 109]) ergänzt, die bereits bestehenden Tatbestände z. T. erweitert und die angedrohten Strafen verschärft worden.

Im 3. Kapitel folgen die Straftaten gegenüber der Persönlichkeit mit den gegen Leben und Gesundheit gerichteten Delikten und den Straftaten gegen die persönliche Freiheit. Das in diesem Abschnitt und z. T. im folgenden Kapitel „Straftaten gegen Jugend und Familie" enthaltene Sexualstrafrecht ist modernisiert worden. Nicht mehr strafbar sind die Unzucht zwischen erwachsenen Männern, die Sodomie, der Geschlechtsverkehr zwischen Verschwägerten und der Ehebruch. Die Doppelehe ist nur noch mit Verurteilung auf Bewährung bedroht.

Den Tatbestand der Kuppelei gibt es zusammengefaßt mit der Zuhälterei nur noch in Form der „Ausnutzung und Förderung der Prostitution" (§ 123). Dagegen ist der Schutz Jugendlicher vor sexuellem Mißbrauch durch Erwachsene auch für den Bereich der Homosexualität auf Angehörige beiderlei Geschlechts erweitert worden. Dem Schutze Jugendlicher und Kinder dienen auch die Strafbestimmungen der Verleitung zum → **Alkoholmißbrauch** (§ 147) und Verleitung zur asozialen Lebensweise (§ 145). Der Tatbestand der „Verbreitung von Schund- und Schmutzerzeugnissen" (§ 146) wird ebenso wie die entsprechenden Strafbestimmungen der früher gültigen VO zum Schutz der Jugend vom 15. 9. 1955 in der Praxis vorwiegend gegen die Verbreitung von Zeitschriften, Zeitungen und sonstiger Literatur aus der westlichen Welt, die zum großen Teil willkürlich zu Schund- und Schmutzerzeugnissen erklärt werden, eingesetzt.

Die Abtreibung durch die Schwangere selbst ist straflos. Die Fremdabtreibung ist nur dann strafbar, wenn sie den Bestimmungen des Gesetzes über die Unterbrechung der Schwangerschaft vom 9. 3. 1972 (GBl. I, S. 89), das die Unterbrechung der Schwangerschaft innerhalb von 12 Wochen nach deren Beginn durch ärztlichen Eingriff in einer geburtshilflichen und gynäkologischen Einrichtung gestattet, widerspricht.

Die gegen das sozialistische sowie gegen das persönliche und private Eigentum gerichteten Straftaten sind trotz weitgehender Übereinstimmung im Wortlaut gesondert in die Kapitel 5 bzw. 6 aufgenommen worden, um den grundsätzlichen Unterschied zwischen diesen Eigentumskategorien (→ **Eigentum**) hervorzuheben. Unterschlagung ist im Diebstahlsbegriff enthalten, aber kein besonderes Delikt mehr. Betrug und Diebstahl werden besonders definiert, aber in der strafrechtlichen Wertung zusammen als Vergehen oder Verbrechen zum Nachteil sozialistischen Eigentums bzw. persönlichen oder privaten Eigentums abgehandelt. Der Strafrahmen ist für alle Eigentumsarten gleich, d. h. bei Vergehen oder Verfahren vor einem gesellschaftlichen Gericht, Strafe ohne Freiheitsentzug oder Freiheitsstrafe bis zu 2 Jahren, bei verbrecherischem Diebstahl oder Betrug 2 bis 10 Jahre Freiheitsstrafe. Die gleichartige Behandlung trifft auch für die Tatbestände der vorsätzlichen bzw. verbrecherischen Beschädigung sozialistischen Eigentums sowie der vorsätzlichen und verbrecherischen Beschädigung von Sachen, die im persönlichen oder privaten Eigentum stehen, zu (die Beschädigung sozialistischen Eigentums kann allerdings bei unterstellter staatsfeindlicher Zielsetzung des Täters als Diversion mit Freiheitsstrafe nicht unter 3 Jahren, lebenslänglicher Freiheitsstrafe oder Todesstrafe geahndet werden).

Der das sozialistische Eigentum betreffende „Vertrauensmißbrauch" (§ 165) ist in den Abschnitt Straftaten gegen die Volkswirtschaft aufgenommen worden. Zum Tatbestand gehört hier ein bedeutender wirtschaftlicher Schaden. Vertrauensmißbrauch wird im Normalfall mit Freiheitsstrafe bis 2 Jahren, Verurteilung auf Bewährung oder Geldstrafe, im schweren Fall mit Freiheitsstrafe von 2 bis 10 Jahren bedroht.

Die Beschädigung sozialistischen Eigentums, Vertrauensmißbrauch sowie die Wirtschaftsstraftaten, Wirtschaftsschädigung (§ 166, 167) und Schädigung des Tierbestandes (§ 168) liegen nicht vor, wenn der Täter im Rahmen eines gerechtfertigten Wirtschafts- oder Forschungs- und Entwicklungsrisikos gehandelt hat. Diese neue in das Wirtschaftsstrafrecht aufgenommene Bestimmung soll dem Staats- und Parteifunktionär die Furcht vor Strafe im Fall des Mißerfolges wirtschaftlicher Maßnahmen nehmen und demzufolge seine Entscheidungsbereitschaft stärken.

Weitere Wirtschaftsstrafbestimmungen sind in anderen gesetzlichen Bestimmungen enthalten. Wichtig vor allem für den innerdeutschen Reise- und Warenverkehr sind insbesondere die Strafbestimmungen der Geldverkehrsordnung vom 20. 9. 1961, des Zollgesetzes vom 28. 3. 1962 (beide i. d. F. des Anpassungsgesetzes vom 11. 6. 1968 – GBl. I, S. 242) sowie des Devisengesetzes vom 19. 12. 1973 (GBl. I, S. 574) (→ **Zollwesen**).

Zu den Straftaten gegen die allgemeine Sicherheit (7. Kapitel) gehören Brandstiftung und Verursachung einer Katastrophengefahr, Straftaten gegen den Gesundheits- und Arbeitsschutz, Straftaten gegen die Verkehrssicherheit, Straftaten gegen den Nachrichtenverkehr sowie Waffendelikte.

Brandstiftung, besonders in landwirtschaftlichen Betrieben, wird bei Unterstellung einer staatsfeindlichen Absicht vielfach als Diversion bestraft.

Erheblich beeinträchtigte Fahrtüchtigkeit und damit Verkehrsgefährdung durch Trunkenheit im Sinne des § 200 StGB wird bei einem Blutalkoholwert ab 1 Promille angenommen.

Hervorzuheben als vor allem in der Praxis bedeutsame Strafbestimmungen des 8. Kapitels „Straftaten gegen die staatliche Ordnung" sind Widerstand gegen staatliche Maßnahmen (§ 212), ungesetzlicher Grenzübertritt (§ 213 → **Republikflucht**), → **Rowdytum** (§§ 215, 216) und im Zusammenhang damit Zusammenrottung (§ 217), Staatsverleumdung (§ 220) und Gefährdung der öffentlichen Ordnung durch → **asoziales Verhalten** (§ 249).

Im Abschnitt Straftaten gegen die Rechtspflege hat der Tatbestand der vorsätzlichen falschen Aussage (§ 230) mit einer Höchststrafe von 3 Jahren Freiheitsentzug den durch den Wegfall des Eides gegenstandslos gewordenen Meineid ersetzt. Außerdem gibt es das mit Strafe ohne Freiheitsentzug oder mit Freiheitsstrafe bis zu 2 Jahren bedrohte Vergehen der falschen Versicherung zum Zwecke des Beweises (§ 231). Bei beiden Delikten kann von Strafe abgesehen werden, wenn der Täter die falsche Aussage so rechtzeitig berichtigt, daß schädliche Auswirkungen nicht eintreten oder evtl. durch die wahrheitsgemäße Aussage sich oder einen nahen Angehörigen der Strafverfolgung ausgesetzt hätte.

Die Nichtanzeige drohender Straftaten ist nach § 225 strafbar bei den meisten Aggressionsverbrechen, fast allen Staatsverbrechen, den vorsätzlichen Tötungsdelikten, Brandstiftung, Verursachung einer Katastrophengefahr, Angriffen auf das Verkehrswesen, Waffenbesitz oder -vernichtung sowie ungesetzlichem Grenzübertritt im schweren Fall und Fahnenflucht. Wer von dem Vorhaben der Vorbereitung oder der Ausführung dieser Delikte vor ihrer Beendigung glaubwürdig Kenntnis erlangt und dies nicht unverzüglich anzeigt, wird mit Freiheitsstrafe bis zu 5 Jahren oder Strafe ohne Freiheitsentzug, im besonders schweren Fall mit Freiheitsstrafe von 2 bis 10 Jahren bestraft. Die gleiche Strafe droht demjenigen, der Kenntnis von einem Waffenversteck erlangt und dies nicht unverzüglich anzeigt. Die Anzeige ist bei einer Dienststelle des → **Ministeriums für Staatssicherheit**, notfalls auch bei einem anderen staatlichen Organ zu erstatten. Die Anzeigepflicht besteht auch für Angehörige des Täters; nur bei Ehegatten, Geschwistern und Personen, die mit dem Täter in gerader Linie verwandt oder durch Adoption verbunden sind, kann von Bestrafung abgesehen werden (§ 226).

VII. Militärstrafrecht

Das letzte (9.) Kapitel enthält das Militärstrafrecht, dessen Bestimmungen an die Stelle des durch das Einführungsgesetz zum StGB außer Kraft gesetzten Militärstrafgesetzes vom 24. 1. 1962 (GBl. I, S. 25) getreten sind. Es gibt folgende Militärstraftaten: Fahnenflucht, unerlaubte Entfernung, Wehrdienstentziehung und Wehrdienstverweigerung, Befehlsverweigerung und Nichtausführung eines Befehls, Meuterei, Feigheit vor dem Feind, Verletzung der Dienstvorschriften über den Wach-, Streifen- oder Tagesdienst, Verletzung der Dienstvorschriften über die Grenzsicherung, Verletzung der Dienstvorschriften über den funktechnischen oder Bereitschaftsdienst, Verletzung der Dienstvorschriften über den Flugbetrieb, Verletzung der Dienstvorschriften über den Dienst auf Schiffen, Booten und anderen schwimmenden Mitteln, Verletzung der Meldepflicht, Angriff, Widerstand und Nötigung gegen Vorgesetzte, Wachen, Streifen oder andere Militärpersonen, Mißbrauch der Dienstbefugnisse, Verletzung der Dienstaufsichtspflicht durch Vorgesetzte, Beleidigung Vorgesetzter oder Unterstellter, Verletzung des Beschwerderechts, Verrat militärischer Geheimnisse, Beeinträchtigung der Einsatzbereitschaft der Kampftechnik, Verlust der Kampftechnik, unberechtigte Benutzung von militärischen Fahrzeugen und Geräten, Straftaten einer in Gefangenschaft geratenen Militärperson, Gewaltanwendung und Plünderung, Schändung Gefallener und Mißbrauch der Lage Verwundeter, Anwendung verbotener Kampfmittel, Verletzung der Rechte der Kriegsgefangenen, Verletzung des Zeichens des Roten Kreuzes, Verletzung der Rechte der Parlamentäre.

Beim Handeln auf Befehl ist zu beachten, daß nach § 258 Abs. 3 die Verweigerung oder Nichtausführung eines Befehls, dessen Ausführung gegen die anerkannten Normen des Völkerrechts oder gegen Strafgesetze verstoßen würde, nicht strafbar ist.

Fahnenflucht, Wehrdienstentziehung und Wehrdienstverweigerung, Befehlsverweigerung und Nichtausführung eines Befehls und Meuterei, im Verteidigungszustand begangen, sowie Feigheit vor dem Feind, Angriff, Widerstand und Nötigung gegen Vorgesetzte pp., Straftaten einer in Gefangenschaft geratenen Militärperson, Gewaltanwendung und Plünderung und Schändung Gefallener und Mißbrauch der Lage Verwundeter können in besonders schweren Fällen mit lebenslänglicher Freiheitsstrafe oder mit → **Todesstrafe** bestraft werden (§ 283 Abs. 2). Auch für eine Reihe anderer Militärstraftaten sind höhere Strafen für den Fall des Verteidigungszustandes vorgesehen.

VIII. Strafpolitik

In der Strafpolitik geht man von der Auffassung aus, daß die → **Kriminalität** ein Erbe der früheren Gesellschaft und ein Ausdruck alter Gewohnheiten und rückständiger Denk- und Lebensweise sei, die vom „Klassenfeind" ständig neu belebt werde. Dabei wird weiterhin zwischen der Mehrzahl der Gesetzesverletzungen, die nicht auf einer feindlichen Einstellung gegen den sozialistischen Staat der Arbeiter und Bauern beruhen, und den eine klassenfeindliche Gesinnung dokumentierenden Verbrechen unterschieden, wie die Definiton der Straftaten in § 1 StGB und der neueingeführte Begriff der Verfehlungen sowie die erweiterten Befugnisse der→ **gesellschaft-**

lichen Gerichte zeigen. Für die richtige Strafpolitik kommt es daher auf den zu treffenden differenzierten Einsatz der staatlichen Zwangsmaßnahmen gegenüber den gesellschaftsgefährlichen Verbrechen und der im StGB angebotenen verschiedenen Maßnahmen zur Erziehung und damit zur Entfaltung des sozialistischen Bewußtseins der Bürger an, wobei der Schwerpunkt zwischen Zwang und Erziehung jeweils entsprechend den politischen Erfordernissen („Klassenkampfsituationen") zu verlagern ist (→ **Rechtswesen**).

Strafrechtsergänzungsgesetz: → **Strafrecht.**

Strafregister: Durch AO vom 3. 6. 1953 (ZBl. S. 270) sind mit Wirkung vom 1. 6. 1953 alle St. zu einem zentralen St. in Ost-Berlin, das unmittelbar dem Generalstaatsanwalt der DDR unterstellt wurde, vereinigt worden.
Nach dem St.-Gesetz vom 11. 6. 1968 i. d. F. des Gesetzes vom 19. 12. 1974 (GBl. I, 1975, S. 119) ist das St. zuständig für Personen, die durch ein Gericht der DDR sowie für Bürger und Personen mit Wohnsitz in der DDR, die wegen einer nach den Gesetzen der DDR strafbaren Handlung durch ein Gericht außerhalb der DDR verurteilt worden sind. Das gilt auch für andere durch ein Gericht angeordnete eintragungspflichtige Maßnahmen. Eintragungspflichtig sind alle Haupt- und Zusatzstrafen (→ **Strafensystem**) und gerichtliche Entscheidungen, durch die eine fachärztliche Heilbehandlung oder Einweisung in eine psychiatrische Einrichtung angeordnet werden. Beim öffentlichen Tadel kann das Gericht festlegen, daß keine Eintragung erfolgen soll. Einzutragen sind auch die bei der Verurteilung auf→ **Bewährung** gemachten Auflagen, die gerichtlichen Maßnahmen zur Wiedereingliederung Vorbestrafter (→ **Strafvollzug**) und die Zulässigkeit staatlicher Kontrollmaßnahmen. Eintragungspflichtige Tatsachen sind weiterhin die Verurteilung der Maßnahmen strafrechtlicher Verantwortlichkeit sowie Amnestien und Gnadenentscheidungen. Die Fristen der Tilgung von St.-Vermerken sind schon durch das St.-Gesetz vom 11. 12. 1957 (GBl. I, S. 647) wesentlich verkürzt worden. Sie betragen im Höchstfall 15 Jahre bei einer Verurteilung wegen Rückfallstraftaten, bei Jugendlichen höchstens 6 Jahre bei Verurteilung zu einer Freiheitsstrafe von mehr als 4 Jahren. Eine Verurteilung auf Bewährung wird im St. getilgt, wenn das Gericht durch Beschluß feststellt, daß der Verurteilte nicht mehr als bestraft gilt, oder wenn sie durch Amnestie oder Gnadenerweis erlassen wird. In Ausnahmefällen kann der Generalstaatsanwalt der DDR die vorfristige Tilgung anordnen, „wenn der Verurteilte durch sein verantwortungsbewußtes und vorbildliches Verhalten im gesellschaftlichen und persönlichen Leben, insbesondere durch die Achtung der sozialistischen Gesetzlichkeit, gezeigt hat, daß er auch künftig seine Pflichten gegenüber der Gesellschaft gewissenhaft erfüllen wird" (§ 34 StGB).

Mit der Tilgung des St.-Vermerks werden alle gesetzlichen Folgen der getilgten Entscheidung unwirksam. Auukucft aus dem St. erhalten die Untersuchungsorgane, die Staatsanwaltschaft, die Gerichte und der Strafvollzug sowie die Dienststellen der Volkspolizei und die „zuständigen Organe des Ministeriums für Nationale Verteidigung".

Strafverfahren: *1. Gesetzliche Grundlage.* Das St. regelt sich nach der Strafprozeßordnung (StPO) vom 12. 1. 1968 (GBl. I, S. 49), die mit ihrem Inkrafttreten am 1. 7. 1968 die im Zuge der ersten Justizreform geschaffene StPO vom 2. 10. 1952 abgelöst hat. Die StPO regelt die Voraussetzungen der Strafverfolgung, das Verfahren der staatlichen Gerichte, des Staatsanwalts und der staatlichen Untersuchungsorgane. Auf Verfahren vor den→ **gesellschaftlichen Gerichten** und in Ordnungsstrafverfahren (→ **Ordnungswidrigkeiten**) findet die StPO keine Anwendung.
2. Grundsatzbestimmungen. Nach § 1 StPO dient das St. „der gerechten Anwendung des sozialistischen Strafrechts und damit dem Schutz der sozialistischen Staats- und Gesellschaftsordnung und jedes Bürgers. Es sichert, daß jeder Schuldige, aber kein Unschuldiger zur Verantwortung gezogen wird". Mit dem St. sollen die Ursachen und Bedingungen von Straftaten beseitigt und neuen Straftaten vorgebeugt werden. Auf diese Weise soll das St. beilragan „zum Schutz der sozialistischen Gesellschaftsordnung und ihres Staates und der Rechte und gesetzlich geschützten Interessen der Bürger vor Straftaten, zur Gestaltung der sozialistischen Beziehungen der Bürger zu ihrem Staat und im gesellschaftlichen Zusammenleben und zur Entwicklung der schöpferischen Kräfte des Menschen und der gesellschaftlichen Verhältnisse" (§ 2 Abs. 3 StPO). In Übereinstimmung mit der Verfassung verpflichtet auch die StPO die Gerichte und die Strafverfolgungsorgane, die Grundrechte und die Würde des Menschen zu achten. Gleichheit der Bürger vor dem Gesetz, Unantastbarkeit der Person, Unverletzlichkeit des Eigentums, der Wohnung und des Post- und Fernmeldegeheimnisses werden garantiert. Willkürliche und unangemessene Strafverfolgungshandlungen sollen, wie der Lehrkommentar zum Strafrecht der DDR ausführt (S. 51), unzulässig sein. Die aus diesen allgemeinen Grundsätzen abgeleitete Auffassung, daß Vernehmungsmethoden, die die Menschen-

würde verletzen, unzulässig sind, haben zur Abkehr von Foltermethoden geführt, die insbesondere der Staatssicherheitsdienst (→ **Ministerium für Staatssicherheit**) in den 50er Jahren praktiziert hat. Nach wie vor ist jedoch die Praxis des SSD von dem Ziel bestimmt, ein Geständnis des Beschuldigten zu erhalten. Die Methoden, ein Geständnis zu erzielen, sind vielseitig. Es wurden Dauerverhöre bis zur völligen Erschöpfung des Vernommenen ebenso festgestellt wie Versprechungen für vorzeitige Haftentlassung oder Zusagen, von Repressalien gegen Familienangehörige absehen zu wollen. Eine Schutzvorschrift wie im Recht der Bundesrepublik Deutschland (§ 136 a StPO) – „verbotene Vernehmungsmethoden" – gibt es in der DDR nicht.

Ausdrücklich hervorgehoben sind in den Grundsatzbestimmungen der StPO die richterliche Unabhängigkeit, das Rechtsprechungsmonopol der Gerichte, das Verbot doppelter Bestrafung („ne bis in idem"), das Recht auf Verteidigung (→ **Verteidiger**) und das Prinzip der Öffentlichkeit der Hauptverhandlung, von dem nur in den gesetzlich vorgesehenen Fällen abgewichen werden darf. Unter Berufung auf eine Gefährdung der Sicherheit des Staates oder auf „die Notwendigkeit der Geheimhaltung bestimmter Tatsachen" (§ 211 Abs. 3 StPO) ist allerdings der Ausschluß der Öffentlichkeit ziemlich leicht zu erreichen. Nicht öffentlich werden St. gegen ehemalige Volkspolizisten und Armeeangehörige sowie solche politische St. verhandelt, in denen der Angeklagte trotz aller Bemühungen nicht zu einem Geständnis gebracht wurde und die Zeugenaussagen oder sonstigen Beweismittel wenig überzeugend sind. Wenn aber von einem St. eine besondere erzieherische Wirkung erwartet wird, dann sollen die Gerichte die Verhandlungen unmittelbar in Betrieben, Genossenschaften pp. zu einer Tageszeit durchführen, die es den Werktätigen ermöglicht, daran teilzunehmen. In → **Schauprozessen** wird die Öffentlichkeit häufig dadurch beeinträchtigt, daß nur ein bestimmter und speziell ausgesuchter Kreis von Zuhörern zugelassen wird.

Am St. kann auch der durch eine Straftat Geschädigte mitwirken. Er ist berechtigt, Schadensersatzanträge geltend zu machen, Beweisanträge zu stellen und Beschwerde in den vom Gesetz vorgesehenen Fällen einzulegen.

In St. gegen Jugendliche gelten keine besonderen Grundsätze; es soll aber auf die entwicklungsbedingten Besonderheiten der Beschuldigten Rücksicht genommen und eng mit den Organen der Jugendhilfe zusammengearbeitet werden. Die Eltern und anderen Erziehungsberechtigten sowie die Schule, der Lehrbetrieb, die Jugendorganisation und sonstige gesellschaftliche Kräfte sind am Verfahren zu beteiligen.

3. Das Ermittlungsverfahren. Das St. gliedert sich in das Ermittlungsverfahren und das gerichtliche Verfahren. Das Ermittlungsverfahren wird unter Leitung der → **Staatsanwaltschaft** von den staatlichen Untersuchungsorganen (UOrg) durchgeführt. Dies sind die Kriminalpolizei, der Staatssicherheitsdienst und die zuständigen Dienststellen der Zollverwaltung (bei Zoll- und Devisenvergehen). Die UOrg haben die Befugnis, durch schriftlich begründete Verfügung ihres Leiters die Einleitung eines Ermittlungsverfahrens anzuordnen und dieses Verfahren durchzuführen. Von ihrer Weisungsbefugnis macht die Staatsanwaltschaft in der Praxis gegenüber dem Staatssicherheitsdienst keinen Gebrauch. Der Leiter eines UOrg ist auch befugt, das Ermittlungsverfahren selbständig einzustellen (§§ 141, 143 StPO) oder an ein → **gesellschaftliches Gericht** zu übergeben (§ 142 StPO). Erfolgt das nicht, so hat das UOrg die Akten dem Staatsanwalt mit einem Schlußbericht, der das Ergebnis der Untersuchung zusammenfaßt, zu übergeben. Alle Ermittlungsverfahren sollen innerhalb einer Frist von höchstens 3 Monaten abgeschlossen sein. Überschreitungen dieser Höchstfrist bedürfen der Genehmigung des Bezirksstaatsanwalts, die in der Regel erteilt wird. Bereits im Ermittlungsverfahren ist den Betriebsleitungen, Dienststellen oder gesellschaftlichen Einrichtungen Mitteilung zu machen, wenn gegen einen Mitarbeiter des Betriebes pp. der Verdacht einer Straftat besteht.

Zwangsmittel im Ermittlungsverfahren sind Untersuchung, *Beschlagnahme,* vorläufige Festnahme und Verhaftung *(Untersuchungshaft).* Obwohl § 121 StPO vorschreibt, daß jede Beschlagnahme einer richterlichen Bestätigung bedarf, wird diese in der Mehrzahl der Fälle nicht eingeholt, vor allem dann nicht, wenn die Beschlagnahme von der Zollverwaltung vorgenommen wird, die das Recht zur selbständigen Anordnung von Beschlagnahmen hat. Die Voraussetzungen für die Anordnung der Untersuchungshaft sind, daß gegen den Beschuldigten dringende Verdachtsgründe vorliegen und daß Fluchtverdacht, Verdunklungsgefahr oder Wiederholungsgefahr gegeben sind, daß ein Verbrechen (→ **Strafrecht**) den Gegenstand des Verfahrens bildet, oder daß bei einem schweren fahrlässigen Vergehen der Ausspruch einer Freiheitsstrafe von über 2 Jahren zu erwarten ist. Untersuchungshaft kann schließlich auch dann verhängt werden, wenn die den Gegenstand des Verfahrens bildende Tat mit Haftstrafe (→ **Strafensystem**) bedroht ist. Bei „Verbrechen" im Sinne des StGB bedarf es also zur Anordnung der Untersuchungshaft keines zusätzlichen Fluchtverdachts, keiner Verdunklungs- oder Wiederholungsgefahr. Das trifft mithin zu bei → **Aggressionsverbrechen**, → **Staatsverbrechen**, vorsätzlichen Straftaten gegen das Leben und bei anderen Straftaten, wenn entweder mindestens 2 Jahre Freiheitsstrafe angedroht oder mehr als 2 Jahre Freiheitsstrafe erwartet werden. Gegen einen richterlichen Haftbefehl ist das Rechtsmittel der Beschwerde zulässig, aber nur ein einziges Mal, und zwar binnen einer Woche nach Erlaß des Haftbefehls. Eine weitere Beschwerde gibt es nicht. Ein formales Haftprüfungsverfahren kennt das DDR-Strafprozeßrecht gleichfalls nicht. § 131 StPO beschränkt sich auf die allgemeine Klausel: „Der Staatsanwalt und nach Einreichung der Anklageschrift auch das Gericht haben jederzeit zu prüfen, ob die Voraussetzungen der Untersuchungshaft noch vorliegen. Das Ergebnis ist zum Zwecke der Nachprüfung aktenkundig zu machen". § 130 StPO schreibt vor, daß dem Verhafteten nur die Beschränkungen auferlegt werden dürfen, die der Zweck der Untersuchungshaft, die Ordnung der Anstalt oder die Sicherheit erfordern. Trotzdem ist vor allem im politischen St. das Recht des in Untersuchungshaft befindlichen Beschuldigten, zusätzlich Lebensmittel zu erhalten, Bücher und Zeitschriften zu lesen, zu schreiben und Besuche zu empfangen, in der Praxis so starken Einschränkungen unterworfen, daß es als nicht bestehend angesehen werden kann. Der Untersuchungsgefangene befindet sich in einer fast totalen Isolierung von der Außenwelt, z. T. auch von Mitgefangenen. Erheblichen Einschränkungen unterliegt der Untersuchungsgefangene auch im brieflichen oder persönlichen Verkehr mit seinem → **Verteidiger**.

Als Beweismittel werden von der StPO für zulässig erklärt: Zeugenaussagen und Aussagen sachverständiger Zeugen, Sachverständigengutachten, Aussagen von Beschuldigten und Angeklagten, Beweisgegenstände und Aufzeichnungen. Beweismittel sind auch die Aussagen von „Vertretern der Kollektive" (s. u. Ziff. 5), soweit sie die Mitteilung von Tatsachen zum Inhalt haben. Unter Beweisgegenständen sind Sachen zu verstehen, „die durch ihre Beschaffenheit und Eigenart oder ihre Beziehung zu der Handlung, die Gegenstand der Untersuchung ist, Aufschluß über die Straftat, ihre Ursachen und Bedingungen sowie den Beschuldigten oder den Angeklagten geben" (§ 49 Abs. 1). Aufzeichnungen sind „Schriftstücke oder in anderer Form fixierte Mitteilungen, deren Inhalt für die Aufklärung der Handlungen, deren Ursachen und Bedingungen und der Person des Beschuldigten oder des Angeklagten von Bedeutung sind" (§ 49 Abs. 2). Mit dieser Definition soll den Erfordernissen der modernen Technik Rechnung getragen werden, so daß also auch Tonbandaufzeichnungen zu den Beweismitteln zählen. Ehegatten und Geschwister des Beschuldigten oder Angeklagten und Personen, die mit ihm in gerader Linie verwandt oder unter Annahme an Kindes Statt verbunden sind, sind zur Verweigerung der Zeugenaussage ebenso berechtigt wie Geistliche, Rechtsanwälte, Notare, Ärzte, Zahnärzte, Psychologen, Apotheker und Hebammen über das, was ihnen bei der Ausübung ihres Berufes oder ihrer Tätigkeit anvertraut oder bekannt geworden ist. Der Kreis der zur Aussageverweigerung berechtigten Personen ist kleiner als nach dem Recht der Bundesrepublik Deutschland. Mit der Ausnahme für Geistliche besteht das Aussageverweigerungsrecht für den gesamten Personenkreis nicht, soweit nach dem Strafgesetz eine Pflicht zur Anzeige besteht. Das ist u. a. nach § 225 StGB bei allen → **Staatsverbrechen** der Fall. Sachverständige, die bei staatlichen Einrichtungen angefordert werden sollen, können vom Angeklagten nicht abgelehnt werden. Der Beschuldigte ist zu der gegen ihn erhobenen Beschuldigung zu vernehmen. Ein Recht, jede Äußerung zur Beschuldigung abzulehnen oder schon vor seiner Vernehmung einen zu wählenden Verteidiger zu befragen, gewährt die StPO nicht. Das Ermittlungsverfahren schließt mit der Einstellung des Verfahrens, der Übergabe der Sache an ein gesellschaftliches Gericht, der vorläufigen Einstellung des Verfahrens oder der Übergabe des Verfahrens an den Staatsanwalt. Der Staatsan-

walt fällt seinen Entschluß nach Prüfung des vom Untersuchungsorgan vorgelegten Schlußberichts (ein „Schlußgehör" im Sinne von § 109 b StPO der Bundesrepublik Deutschland gibt es nicht). Er kann folgende Entscheidungen treffen: Einstellung, vorläufige Einstellung, Übergabe an ein gesellschaftliches Gericht, Rückgabe an das Untersuchungsorgan (mit bestimmten Weisungen), Erhebung der Anklage, Beantragung eines Strafbefehls.

4. Das Gerichtsverfahren. In den Vorschriften über die örtliche Zuständigkeit der Gerichte ist die in der NS-Zeit aufgenommene Bestimmung enthalten, daß auch das Gericht örtlich zuständig ist, in dessen Bereich der Beschuldigte oder Angeklagte auf Anordnung eines staatlichen Organs untergebracht ist (§ 170 Abs. 3). Hierdurch ist es dem Untersuchungsorgan möglich, die gerichtliche Zuständigkeit durch Begründung eines entsprechenden Verwahrungsortes eines inhaftierten Beschuldigten zu bestimmen. Das Gericht beschließt über die Eröffnung oder die Nichteröffnung des Hauptverfahrens unter Mitwirkung der Schöffen. Es kann auch die vorläufige oder endgültige Einstellung des Verfahrens, die Rückgabe an den Staatsanwalt sowie die Übergabe der Sache an ein gesellschaftliches Gericht beschließen. Die gerichtliche Voruntersuchung kennt das St. der DDR nicht. Die Anklageschrift und der Eröffnungsbeschluß müssen dem Angeklagten spätestens mit der Ladung zur Hauptverhandlung zugestellt werden. Bei Gefährdung der Staatssicherheit oder bei Notwendigkeit der Geheimhaltung bestimmter Tatsachen wird die Anklageschrift nicht zugestellt, sondern dem (dann in der Regel inhaftierten) Angeklagten nur zur Kenntnis gebracht (§ 203 Abs. 3). In der Hauptverhandlung soll das Gericht „die Art und Weise der Begehung der Straftat, ihre Ursachen und Bedingungen, den entstandenen Schaden, die Persönlichkeit des Angeklagten, seine Beweggründe, die Art und Schwere seiner Schuld, sein Verhalten vor und nach der Tat in belastender und entlastender Hinsicht allseitig und unvoreingenommen" feststellen (§ 222). Der Angeklagte ist zu vernehmen. Eine Bestimmung des Inhalts, daß es dem Angeklagten freisteht, sich zu der Anklage zu äußern oder nicht zur Sache auszusagen (§ 243 Abs. 4 StPO der Bundesrepublik Deutschland), ist in der StPO/DDR nicht enthalten; der Angeklagte ist zur Aussage verpflichtet. Aussagen des Angeklagten, die in einem richterlichen, staatsanwaltschaftlichen oder polizeilichen Protokoll über eine frühere Vernehmung enthalten sind, können durch Verlesung zum Gegenstand der Beweisaufnahme gemacht werden. Für die Vernehmung der Zeugen gilt der Grundsatz der Unmittelbarkeit der Beweisaufnahme vor dem erkennenden Gericht, der nur bestimmte Ausnahmen für eine Verlesung von früheren Vernehmungsprotokollen zuläßt. Am Schluß der Beweisaufnahme erhalten der Staatsanwalt, der gesellschaftliche Ankläger, der gesellschaftliche Verteidiger, der Angeklagte oder sein Verteidiger das Wort zu ihren Ausführungen und Anträgen. Dem Angeklagten gebührt das letzte Wort. Die Hauptverhandlung schließt mit dem Urteil oder mit einem auf Einstellung oder vorläufige Einstellung lautenden Beschluß. Bei einem auf Freispruch lautenden Urteil sind Formulierungen, welche die Unschuld des Freigesprochenen in Zweifel ziehen (Freispruch „mangels Beweises" oder „mangels ausreichenden Beweisen"), unzulässig. Nicht auf Freisprechung, sondern auf Einstellung des Verfahrens durch Beschluß ist zu erkennen, wenn Voraussetzungen für die Strafverfolgung fehlen, jugendliche Angeklagte eine mangelnde Entwicklungsreife aufweisen oder der Angeklagte zurechnungsunfähig ist. Das Urteil des Gerichts ist während der Beratung schriftlich zu begründen, von allen Richtern (auch den Schöffen) zu unterschreiben und öffentlich „Im Namen des Volkes" zu verkünden.

Die gesetzliche Regelung über die Hauptverhandlung gegen Flüchtige und Abwesende geht recht weit.

Jedes Verfahren gegen einen Abwesenden oder Flüchtigen kann durchgeführt werden. Als flüchtig gilt, wer sich dem Gerichtsverfahren dadurch entzieht, daß er sich außerhalb des Gebietes der DDR aufhält oder sich verbirgt. Diese Bestimmungen über die Durchführung der Hauptverhandlung gegen Flüchtige finden auch auf Personen Anwendung, denen *Kriegsverbrechen* und *Verbrechen gegen die Menschlichkeit* vorgeworfen werden und die sich außerhalb der DDR aufhalten (§ 262).

5. *Einbeziehung gesellschaftlicher Kräfte.* An der Auseinandersetzung mit einem straffällig gewordenen Bürger soll sich nicht nur das Gericht, sondern auch die Gesellschaft beteiligen. Die StPO bestimmt in § 4, daß die „Bürger in Verwirklichung ihres grundlegenden Rechts auf Mitgestaltung aller staatlichen und gesellschaftlichen Angelegenheiten aktiv und unmittelbar an der Durchführung des Strafverfahrens" teilnehmen. Als Formen der Mitwirkung werden erwähnt: Schöffen (→ **Rechtswesen**), Vertreter der Kollektive, gesellschaftliche Ankläger, gesellschaftliche Verteidiger und Übernahme von → **Bürgschaften**. Bereits der Rechtspflege-Erlaß des Staatsrats vom 4. 4. 1963 hatte angeordnet, daß die Gerichte in St. Vertreter von sozialistischen Brigaden, Hausgemeinschaften oder anderen Kollektiven der Werktätigen zur Teilnahme an der Hauptverhandlung laden sollen.

Nach § 53 StPO haben *Vertreter der Kollektive* (VdK) zur allseitigen Aufklärung der Straftaten, ihrer Ursachen und Bedingungen und der Persönlichkeit des Angeklagten im St. mitzuwirken. Als VdK können Personen von einem Kollektiv aus dem Arbeits- und Lebensbereich des Beschuldigten oder Angeklagten beauftragt werden. Neben dem Vertreter des Arbeitskollektivs kann ein Vertreter aus dem Wohngebietskollektiv, aus einer gesellschaftlichen Organisation oder aus der Interessensphäre des Beschuldigten, z. B. Sportgemeinschaft, benannt werden. Der VdK soll dem Gericht die Meinung des Kollektivs zur Straftat, zu ihren Ursachen und begünstigenden Umständen und den vorhandenen Möglichkeiten zu ihrer Beseitigung darlegen. Er soll auch die Person des Angeklagten, insbesondere dessen Arbeitsmoral und seine Arbeitsleistungen, einschätzen (OG Richtlinie Nr. 22 vom 14. 12. 1966 – GBl. II, 1967, S. 17). Der VdK hat im Unterschied zu den Zeugen das Recht auf ununterbrochene Anwesenheit in der Haupt-

verhandlung (§ 221 StPO) und darf auch nach seiner Vernehmung bis zum Schluß der Beweisaufnahme zu allen bedeutenden Fragen Stellung nehmen (§ 227 StPO). Anträge zur Schuld- und Straffrage darf er aber nicht stellen.

Neben den VdK oder an dessen Stelle kann ein *gesellschaftlicher Ankläger* (GA) oder *gesellschaftlicher Verteidiger* (GV) treten. Als GA oder GV können Volksvertreter, Vertreter der Ausschüsse der Nationalen Front, Vertreter der Gewerkschaften, der ehrenamtlichen Organe der Arbeiter-und-Bauern-Inspektion, anderer gesellschaftlicher Organisationen sowie sozialistischer Kollektive in der Hauptverhandlung mitwirken. Voraussetzung ist, daß sie von ihrem Kollektiv einen entsprechenden Auftrag haben und vom Gericht durch Beschluß zugelassen werden. Der ablehnende oder zulassende Beschluß, an dem auch die Schöffen mitwirken müssen, unterliegt nicht der Beschwerde (§ 197). Die GA und GV haben in der Hauptverhandlung eine andere Stellung als die Vertreter der Kollektive. Ihre Darlegungen sind keine Beweismittel. Sie sollen dem Gericht die Auffassung des Kollektivs zur Tat und zur Persönlichkeit des Angeklagten vortragen. Sie können Beweisanträge stellen und ihre Ansicht über die Bestrafung und das Strafmaß darlegen (§ 54 Abs. 2). Das Gericht hat sie bei der Erfüllung ihrer Aufgaben zu unterstützen und in seiner Entscheidung zu ihrem Vorbringen, Anträgen und Vorschlägen Stellung zu nehmen.

Ein GA soll insbesondere dann beauftragt werden, wenn der Verdacht einer schwerwiegenden, die sozialistische Gesetzlichkeit im besonderen Maße verletzenden Straftat besteht und dadurch oder auch durch den Verdacht einer weniger schwerwiegenden Straftat besondere Empörung in der Öffentlichkeit oder im betreffenden Kollektiv hervorgerufen wurde. Ein GV soll beauftragt werden, wenn nach der Auffassung des Kollektivs oder gesellschaftlichen Organs unter Berücksichtigung der Schwere des bestehenden Tatverdachts und des bisherigen Verhaltens des Beschuldigten oder des Angeklagten eine Strafe ohne Freiheitsentzug oder der Verzicht auf eine Strafe möglich erscheinen. GA oder GV sind zur Hauptverhandlung zu laden, Anklageschrift und Eröffnungsbeschluß sind ihnen jedoch nicht zu übersenden. Sie haben das Recht, nach ihrer Zulassung Einsicht in die Akten zu nehmen. Sie sind in der Hauptverhandlung vorzustellen und im Urteilsrubrum aufzuführen. In einem Strafverfahren kann sowohl ein GA als auch ein GV auftreten, die jedoch nicht vom selben Kollektiv oder Organ beauftragt sein dürfen.

Dem Staatsanwalt, dem Angeklagten und seinem Verteidiger ist mitzuteilen, wer als GA oder GV zugelassen wurde. Begründete Einwendungen gegen die Person des Zugelassenen soll der Angeklagte dem Gericht unverzüglich zur Kenntnis bringen. Ob in diesem Falle, wie dies noch die Richtlinie Nr. 22 des Plenums des OG vom 14. 12. 1966 (GBl. II, 1967, S. 17) vorschrieb, das Gericht den Zulassungsbeschluß aufheben muß, wenn das Kollektiv keinen anderen GA oder GV beauftragt, geht aus der StPO nicht eindeutig hervor.

6. *Rechtsmittel.* Rechtsmittel sind die *Berufung* des An-

geklagten, der *Protest* der Staatsanwaltschaft und die *Beschwerde*. Die Einlegungsfrist beträgt eine Woche nach Verkündigung der angefochtenen Entscheidung. Eine Begründung für das eingelegte Rechtsmittel ist nicht mehr zwingend vorgeschrieben. Berufung und Protest sollen aber begründet werden. Die Berufung des Angeklagten kann durch das Rechtsmittelgericht ohne Hauptverhandlung durch einstimmigen Beschluß als „offensichtlich unbegründet" verworfen werden, während über den form- und fristgerecht eingelegten Protest der Staatsanwaltschaft immer verhandelt werden muß. Eine im Entwurf zur StPO insoweit zunächst vorgesehene Gleichbehandlung von Berufung und Protest wurde bei der endgültigen Fassung des Gesetzes wieder fallengelassen, so daß es also bei dieser dem St.-Recht der Bundesrepublik unbekannten Beschlußverwerfung des Rechtsmittels bei der Besserstellung der Staatsanwaltschaft gegenüber dem Angeklagten verblieben ist. Ein Rechtsmittel gegen zweitinstanzliche Entscheidungen, wie etwa die „Revision", gibt es nicht. Die Beschwerde ist zulässig gegen alle von den Gerichten in erster Instanz erlassenen Beschlüsse, sofern diese nicht ausdrücklich einer Anfechtung entzogen sind. Durch Einlegung der Beschwerde wird die Durchführung des angefochtenen Beschlusses nicht gehemmt. Eine „weitere Beschwerde" gibt es nicht. Rechtskräftige Urteile können durch die in der Praxis kaum vorkommende Wiederaufnahme des Verfahrens angefochten werden, deren Einleitung aber nur durch den Staatsanwalt erfolgen kann. Ein bedeutsames Institut für die Beseitigung von rechtskräftigen Entscheidungen, die nicht der sozialistischen Gesetzlichkeit entsprechen, ist die → **Kassation**.
7. Kosten. Gerichtskosten für die Durchführung eines St. werden nicht erhoben. Der Verurteilte hat lediglich die Auslagen des Verfahrens zu tragen. Das sind „die Kosten, die dem Staatshaushalt während der Vorbereitung und Durchführung des Verfahrens für die Entschädigung von Zeugen, Vertretern der Kollektive, Sachverständigen und Pflichtverteidigern, für Post-, Fernsprech- und Telegrammgebühren sowie für ähnliche Zwecke oder für die Veröffentlichung der Entscheidung entstehen, wenn diese Auslagen 3 Mark übersteigen" (§ 362 StPO). Die weiteren Aufwendungen der Untersuchungsorgane und der Staatsanwaltschaft gehören nicht zu diesen Auslagen. Verurteilten, die nicht Bürger der DDR sind und in der DDR keinen Wohnsitz oder gewöhnlichen Aufenthaltsort haben, können auch die weiteren durch die Strafverfolgung, die Untersuchungshaft und den Strafvollzug entstandenen Kosten auferlegt werden (§ 364 Abs. 4 StPO).

Strafvollstreckung: Die St., jetzt „Verwirklichung der Maßnahmen der strafrechtlichen Verantwortlichkeit" (→ **Strafensystem**) genannt, ist im 8. Kapitel der StPO vom 12. 1. 1968 geregelt. Zuständige Organe der St. sind nach § 339:
das Gericht bei Verurteilung auf Bewährung, Auferlegung besonderer Pflichten gegenüber Jugendlichen, Geldstrafe, öffentlichem Tadel und öffentlicher Bekanntmachung des Urteils;

die Organe des Ministeriums des Innern bei Freiheitsstrafe, Arbeitserziehung, Einweisung in ein Jugendhaus, Haftstrafe, Jugendstrafe, Aberkennung staatsbürgerlicher Rechte, Ausweisung und Einziehung von Gegenständen;
der Rat des Kreises bei Vermögenseinziehung, Aufenthaltsbeschränkung und Tätigkeitsverbot;
das für die Erteilung einer Erlaubnis zuständige Organ bei Entzug dieser Erlaubnis.
Den Organen des Ministeriums des Innern obliegt auch die Vollstreckung der Todesstrafe.
Die örtliche Zuständigkeit richtet sich nach dem Sitz des Gerichts 1. Instanz. Der zur Freiheitsstrafe Verurteilte ist an die seinem Wohnsitz nächstgelegene Strafanstalt zum Strafantritt zu laden, wenn er sich in Freiheit befindet. Ohne vorherige Ladung kann ein Einlieferungsersuchen gestellt werden, wenn Fluchtverdacht besteht. Die Untersuchungshaft wird vom Tage der vorläufigen Festnahme an berechnet.
Von der St. kann abgesehen werden, wenn der Verurteilte einem anderen Staat ausgeliefert wird. Die Verjährung der St., deren Fristen je nach Art und Dauer der Freiheitsstrafe 1 bis 20 Jahre betragen, ruht, solange sich der Verurteilte außerhalb der DDR aufhält.

Strafvollzug: Seit dem 1. 7. 1968 regelt sich der St. nach dem „Gesetz über den Vollzug von Strafen mit Freiheitsentzug und über die Wiedereingliederung Strafentlassener in das gesellschaftliche Leben (Strafvollzugs- und Wiedereingliederungsgesetz – SVWG)" vom 12. 1. 1968 (GBl. I, S. 109). Danach sollen die Strafgefangenen durch eine den Besonderheiten der einzelnen Straftaten und deren Strafzweck entsprechende, nach ihrer Tat, Persönlichkeit und Strafdauer differenzierte Ordnung, kollektive gesellschaftlich nützliche Arbeit, staatsbürgerliche Erziehung und Bildung sowie durch berufliche und allgemeinbildende Förderungsmaßnahmen zu gewissenhafter Beachtung der sozialistischen Gesetzlichkeit und gesellschaftlich verantwortungsbewußter Gestaltung ihres Lebens erzogen werden. Alle arbeitsfähigen Strafgefangenen sind zur Arbeitsleistung verpflichtet. Besondere Erziehungs- und Bildungsmaßnahmen sind für jugendliche Strafgefangene vorgesehen. Die Aufsicht über den St. wird, wie dies bereits das Staatsanwaltschaftsgesetz vorsieht, der Staatsanwaltschaft übertragen.
Oberstes Vollzugsorgan ist die im Ministerium des Innern bestehende „Verwaltung St". Ihr unterstehen die verschiedenen St.-Einrichtungen: St.-Anstalten, St.-Kommandos, Jugendstrafanstalten, Arbeitserziehungskommandos, Jugendhäuser, Haftkrankenhäuser, St.-, Strafhaft-, Jugendhaft-, Arbeitserziehungsabteilungen und Militärstrafarrestabteilungen.
Neben den großen St.-Anstalten für Männer (Bautzen, Berlin-Rummelsburg, Brandenburg, Bützow-Dreibergen, Cottbus, Leipzig, Naumburg, Torgau, Waldheim) und Frauen (Berlin, Görlitz, Halle, Stollberg-Hoheneck) gibt es z. Z. ca. 30 St.-Kommandos, früher Haftarbeitslager genannt, und etwa 10 Arbeitserziehungskommandos, die für den Vollzug der wegen → **asozialen**

Verhaltens ausgesprochenen Strafe der Arbeitserziehung bestimmt sind, sowie die Jugendstrafanstalten Dessau, Gräfentonna, Ichtershausen und Luckau, in der die zu Freiheitsstrafen verurteilten Jugendlichen untergebracht werden.

Haftstrafen, Verurteilungen zu Jugendhaus oder zu Jugendhaft sind in jeweils gesonderten Vollzugsarten zu vollziehen, ebenso der Vollzug des Strafarrests gegen Militärpersonen (→ **Strafensystem**). Die bereits mit dem Rechtspflegeerlaß des Staatsrates vom 4. 4. 1963 eingeführte Differenzierung des St. in drei Kategorien wird im SVWG beibehalten. Es gibt die „strenge", „allgemeine" und „erleichterte Vollzugsart". Die Einweisung erfolgt durch die Vollzugsorgane. Dabei sieht § 14 vor, daß „zur Bestimmung eines individuellen Erziehungsprogramms" ein nicht näher beschriebenes „Aufnahmeverfahren" durchgeführt werden kann. Die Vollzugsarten unterscheiden sich nach der Art der Unterbringung der Strafgefangenen, ihrer Beaufsichtigung und Bewegungsfreiheit, den Ordnungs- und Disziplinarbestimmungen, unterschiedlichen Vergütungen für Arbeitsleistungen und unterschiedlicher Behandlung beim Umfang der persönlichen Verbindung mit der Außenwelt. Es sind einzuweisen:

in die allgemeine Vollzugsart: wegen Verbrechens mit einer Freiheitsstrafe bis zu 2 Jahren oder wegen eines vorsätzlichen Vergehens mit Freiheitsstrafe bestrafte Verurteilte;

in die strenge Vollzugsart: wegen eines Verbrechens mit mehr als 2 Jahren Verurteilte, wegen eines Verbrechens bis zu 2 Jahren Verurteilte, die wegen einer vorsätzlichen Straftat mit Freiheitsstrafe von mehr als 1 Jahr oder mit Arbeitserziehung vorbestraft sind, und wegen eines vorsätzlichen Vergehens mit Freiheitsstrafe Verurteilte, die mindestens zweimal mit Freiheitsstrafe oder Arbeitserziehung vorbestraft sind;

in die erleichterte Vollzugsart: wegen eines fahrlässigen Vergehens mit Freiheitsstrafe Verurteilte und alle Verurteilten mit Freiheitsstrafe von 3 bis 6 Monaten, die nicht wegen einer vorsätzlich begangenen Straftat vorbestraft sind.

Innerhalb der strengen Vollzugsart sind bereits zweimal wegen Verbrechens gegen die Persönlichkeit, Jugend und Familie, das Eigentum, die Sicherheit und die staatliche Ordnung Vorbestrafte sowie die nach den speziellen Rückfallbestimmungen Verurteilten getrennt von den übrigen Gefangenen unterzubringen.

Alle arbeitsfähigen Strafgefangenen müssen in volkseigenen Betrieben, die in den großen St.-Anstalten Zweigbetriebe unterhalten, produktive Arbeit leisten. Die meisten der in den St.-Kommandos und Arbeitserziehungskommandos untergebrachten Strafgefangenen arbeiten im Bergbau, in Hütten- und Stahlwerken und Ziegeleien.

Die zur Arbeit eingesetzten Strafgefangenen werden „differenziert nach Vollzugsarten" und entsprechend der „Erfüllung von Leistungskennziffern" für ihre Arbeitsleistung durch die St.-Einrichtung vergütet (AO über die Vergütung der Arbeitsleistung und die Programmierung Strafgefangener sowie die Zahlung von Unterhalt an Unterhaltsberechtigte der Strafgefangenen vom 6. 4. 1972 – GBl. II, S. 340).

Nach § 2 dieser Anordnung wird die Vergütung „von dem Betrag abgeleitet, den Werktätige als Nettolohn für die gleiche Arbeit erhalten würden". Sie erfolgt monatlich nach Abrechnung der Arbeitsleistung der Strafgefangenen. Außerdem können als Anerkennung für hohe Arbeitsleistungen Prämien gezahlt werden. Vergütung und Prämien stehen den Gefangenen zur Ansammlung einer Rücklage zum Einkauf von Lebensmitteln, die die Häftlinge wegen der schlechten und unzureichenden Verpflegung dringend benötigen, und sonstigen Gegenständen des persönlichen Bedarfs sowie zum Bezug von Tageszeitungen und zur Abzahlung finanzieller Verpflichtungen zur Verfügung.

Neben vorgesehenen Maßnahmen zur fachlichen Aus- und Weiterbildung sind gesellschaftliche Kräfte in den St. einzubeziehen; dadurch sollen vor allem die staatsbürgerliche Erziehung und Bildung, die kulturelle Arbeit, die allgemeine und berufliche Qualifizierung unterstützt werden. Außer dieser politischen Schulung werden Kurse zur Weiterbildung besonders für diejenigen Gefangenen durchgeführt, die den Abschluß der 8. Schulklasse nicht erreicht haben.

Das Gesetz sieht Anerkennung für Strafgefangene und Disziplinarmaßnahmen vor. Für vorbildliche Arbeitserfüllung und Arbeitsdisziplin und andere hervorragende Ergebnisse können Anerkennungen erfolgen: Ausspruch eines Lobes, Gewährung von Vergünstigungen, Streichung früher ausgesprochener Disziplinarmaßnahmen, Prämierung, Überweisung in eine leichtere Vollzugsart. Disziplinarmaßnahmen, die bei schuldhaften Verstößen gegen die Pflichten und sonstigen Verhaltensregeln in der St.-Einrichtung angeordnet werden können, sind: Ausspruch einer Mißbilligung, Einschränkung oder Entzug von Vergünstigungen, Arrest, Überweisung in eine strengere Vollzugsart. Der Arrest kann Freizeit-, Einzel- oder strenger Einzelarrest sein. Er ist nur gegenüber erwachsenen Strafgefangenen zulässig und darf höchstens 21 Tage betragen. Gegen gefährliche Strafgefangene sind Sicherungsmaßnahmen zulässig: Absonderung in Einzelhaft, Entzug von Einrichtungs- oder sonstigen Gegenständen (mit Ausnahme des Entzuges der Beleuchtung), Anwendung körperlicher Gewalt mit oder ohne Hilfsmittel, Anwendung der Schußwaffe entsprechend den Schußwaffengebrauchsbestimmungen. Zahlreiche Berichte entlassener gefangener Häftlinge über oft aus geringfügigem Anlaß erfolgte erhebliche Mißhandlungen Strafgefangener durch Angehörige des Wachpersonals zeigen, daß körperliche Gewalt keineswegs nur in Ausnahmefällen gegenüber „gefährlichen Strafgefangenen" angewendet wird.

Das SVWG stellt einen Katalog der Pflichten und Rechte der Strafgefangenen auf. Sie sind u. a. verpflichtet, die ihnen zugewiesene Arbeit ordnungsgemäß zu verrichten und an den staatsbürgerlichen Erziehungs- und Bildungsmaßnahmen sowie am Unterricht zur Vervollkommnung der Allgemeinbildung teilzunehmen. Es werden ihnen u. a. angemessene Verpflegung, Unterbringung und Ausstattung und eine „nach den Grundsätzen des Leistungsprinzips und nach der Vollzugsart differenzierte Vergütung für die geleistete Arbeit" gewährt. Bei Zugehörigkeit zu einer Religionsgemeinschaft soll auf Wunsch religiöse Betätigung „in angemessener Form" ermöglicht werden. Beschwerden von Strafgefangenen sind an den Leiter der St.-Einrichtung zu richten. Hilft dieser der Beschwerde nicht ab, ist sie dem obersten Vollzugsorgan zur Entscheidung vorzulegen. Der Staatsanwalt ist über die Beschwerden zu informieren, hat aber entgegen § 30 Abs. 2 Staatsanwaltsgesetz darüber nicht mehr zu entscheiden.

Besondere Bestimmungen gelten für den *St. an Jugendlichen.* In den Jugendstrafanstalten ist die Erfüllung der Berufsschulpflicht zu gewährleisten. Die Jugendlichen sind zur Teilnahme am Unterricht verpflichtet. Jugendliche, die während des St. das 18. Lebensjahr vollenden, verbleiben in der Jugendstrafanstalt, es sei denn, sie üben einen schädlichen Einfluß auf Mitgefangene aus. Vollzug in einer Jugendstrafanstalt ist auch bei einem Verurteilten möglich, der zur Tatzeit bereits 18, aber noch nicht 21 Jahre alt war, wenn seine Persönlichkeitsentwicklung erhebliche Erziehungs- oder Bildungsmängel aufweist. Jeweils besonders geregelt ist der St. in den Jugendhäusern und der Vollzug der Jugendhaft.

Jugendliche Strafgefangene, die ihre Oberschulpflicht erfüllen, können Vergütung in Form eines monatlichen Taschengeldes erhalten (§ 2 der Anordnung vom 6. 4. 1972).

Unterhaltsberechtigte der arbeitenden Strafgefangenen erhalten monatlichen Unterhalt, der „im Interesse der weitgehenden Verhinderung von Folgen der Bestrafung für die Unterhaltsberechtigten" unabhängig von der Höhe der Vergütung des unterhaltsverpflichteten Strafgefangenen gewährt wird (§ 5 der AO vom 6. 4. 1972). Die Höhe des Unterhalts ist abhängig von der monatlichen Arbeitsleistung des Strafgefangenen und der Anzahl der unterhaltsberechtigten Personen. Bemessungsgrundlage ist der Betrag, den ein unterhaltspflichtiger Werktätiger bei der gleichen Arbeit zahlen müßte.

Der *Resozialisierung* straffällig gewordener und rechtskräftig zu Freiheitsstrafe verurteilter Personen sollen zunächst die Erziehung durch Arbeit, die staatsbürgerliche Erziehung und Bildung, die Erziehung zu Ordnung und Disziplin und die Anerkennungen und Disziplinarmaßnahmen im St. dienen. Darüber hinaus schreibt das SVWG „Maßnahmen zur Wiedereingliederung Strafentlassener in das gesellschaftliche Leben" vor. Verantwortlich für die Vorbereitung und Durchführung der Wiedereingliederung, den Nachweis geeigneter Arbeits- und Ausbildungsplätze, die Bereitstellung von Wohnraum sowie für die Kontrolle der Durchführung der Wiedereingliederung sind die Räte der Kreise, Städte, Stadtbezirke und Gemeinden, in deren Bereich der Entlassene seinen Wohnsitz hat. Zur unmittelbaren Hilfe sind ehrenamtliche Mitarbeiter zu gewinnen, die den Strafentlassenen beratend und unterstützend zur Seite stehen. Die Ämter für Arbeit und Berufsausbildung haben Arbeitsplätze bereitzustellen. Die Arbeitsaufnahme soll möglichst in der früheren Arbeitsstelle oder in solchen Betrieben, Einrichtungen und Arbeits-

kollektiven erfolgen, in denen die günstigsten Bedingungen für die weitere gesellschaftliche Erziehung vorhanden sind (§ 63 Abs. 2 SVWG). Bei strafentlassenen Jugendlichen ist die Weiterführung einer begonnenen Berufsausbildung zu sichern. Erforderlichenfalls soll schon vor der Entlassung der Lehrvertrag abgeschlossen werden. Der Staatsanwaltschaft obliegt die Aufsicht auch über die Wiedereingliederung.

Wenn sich bei Verurteilung eines bereits mit Freiheitsstrafe bestraften Täters herausstellt, „daß die erneute Straftat wesentlich durch seine Disziplinlosigkeit bei der Wiedereingliederung in das gesellschaftliche Leben begünstigt wurde", kann das erkennende Gericht besondere Maßnahmen im Urteil festlegen (§§ 47, 48 StGB). Es kann ein Kollektiv beauftragen, dem Verurteilten bei der Wiedereingliederung zu helfen und erzieherisch auf ihn einzuwirken; der Verurteilte kann verpflichtet werden, einen ihm zuzuweisenden Arbeitsplatz nicht zu wechseln oder sich in bestimmten Gebieten nicht aufzuhalten sowie den für seinen Aufenthalt von den staatlichen Organen erteilten Auflagen strikt nachzukommen. Alle diese Maßnahmen können für die Dauer von 1 bis zu 3 Jahren festgesetzt werden. Bei Verurteilung wegen eines Verbrechens kann auf die Zulässigkeit staatlicher Kontrollmaßnahmen durch die Organe der Deutschen Volkspolizei erkannt werden (Polizeiaufsicht). Wenn sich der unter diese Maßnahmen gestellte Strafentlassene böswillig den Verpflichtungen und Auflagen entzieht, kann er nach § 238 StGB mit Freiheitsstrafe bis zu 2 Jahren, Verurteilung auf Bewährung oder mit Geldstrafe bestraft werden.

Durch Gesetz vom 19. 12. 1974 zur Änderung des SVWG (GBl. I, S. 607) und die 1. DB zum SVWG vom 25. 3. 1975 (GBl. I, S. 313) sind mit Wirkung vom 1. 4. 1975 die Bedingungen des St. wesentlich geändert worden. Für Rückfalltäter ist eine weitere, die verschärfte Vollzugsart, eingeführt worden. Die Neufassung des SVWG ist im GBl. I, Nr. 5, S. 109 bekanntgemacht worden.

Straßen: → **Verkehrswesen.**

Straßenbenutzungsgebühren: Eingeführt durch VO vom 6. 9. 1951 über die Erhebung von St. für Kraftfahrzeuge (GBl. Nr. 115). Für die Benutzung von Straßen der DDR sind entsprechend dem vom Ministerium für Verkehrswesen der DDR festgesetzten Gebührentarif Gebühren zu zahlen. Seit dem 10. 6. 1955 gelten die auf der folgenden Seite genannten Sätze.

Der Gebührenpflicht unterliegen nicht Kfz der Besatzungsmächte, der militärischen und der diplomatischen Missionen. Ebenso sind Kfz mit Kennzeichen der DDR und von Ost-Berlin von der Erhebung der St. ausgenommen. Auch für westdeutsche Fahrzeuge, die Waren für die Wirtschaft der DDR befördern, werden keine St. erhoben.

Die St. sind zwar in Mark der DDR zu zahlen. Da jedoch nach dem Devisengesetz der DDR (→ **Devisen**) die Einfuhr von Mark der DDR verboten ist, muß der Gebührenpflichtige bei der Bezahlung eine Umtauschbescheinigung der Industrie- und Handelsbank der DDR

	Für eine Fahrstrecke im Gebiete der DDR bis			
	200 km	300 km	400 km	500 km
a) Krafträder	4,—	5,—	10,—	15,—
b) Pkw bis 8 Plätze einschl. Fahrer	5,—	15,—	20,—	25,—
c) Kraftomnibusse bis 8 Plätze einschl. Fahrer	5,—	15,—	20,—	25,—
– für jeden weiteren zugelassenen Platz der Kraftomnibusse und Anhänger – je	1,—	2,—	2,—	2,—
d) Lkw einschl. Möbel- und Thermoswagen, zugelassen				
bis 4 t Nutzlast	10,—	25,—	35,—	45,—
bis 7 t Nutzlast	20,—	35,—	45,—	55,—
bis 9 t Nutzlast	35,—	55,—	65,—	75,—
über 9 t Nutzlast	50,—	65,—	75,—	85,—
e) Kfz-Anhänger einschl. Möbel- und Thermosanhänger, zugelassen				
bis 4 t Nutzlast	10,—	25,—	35,—	45,—
bis 7 t Nutzlast	20,—	35,—	45,—	55,—
bis 9 t Nutzlast	35,—	55,—	65,—	75,—
über 9 t Nutzlast	50,—	65,—	75,—	85,—
f) Zugmaschinen, Traktoren, Tankwagen und eindeutig erkennbare Spezialfahrzeuge	15,—	25,—	35,—	45,—

(seit 1. 7. 1974: Staatsbank der DDR) als Nachweis dafür vorlegen, daß er Beträge in Mark der DDR rechtmäßig erworben hat.

St. im Verkehr nach und von Berlin (West) sind seit dem 1. 1. 1972 nicht mehr individuell zu entrichten, sondern werden der DDR von der Bundesregierung pauschal erstattet.

Straßenverkehrsrecht: Die wichtigsten rechtlichen Regelungen über den Straßenverkehr enthalten die VO über das Verhalten im Straßenverkehr (Straßenverkehrsordnung – StVO) vom 30. 1. 1964 (GBl. I, Nr. 49, S. 357 i. d. F. der Bekanntmachung der Neufassung der StVO vom 20. 5. 1971 (GBl. II, Nr. 51, S. 418); VO über die Zulassung von Personen und Fahrzeugen zum Straßenverkehr (Straßenverkehrs-Zulassungsordnung – StVZO) vom 31. 1. 1964 (GBl. II, Nr. 50, S. 313) i. d. F. der Anpassungs-VO vom 13. 6. 1968 (GBl. II, Nr. 62, S. 363; Ber. Nr. 103, S. 827) und die Änderungs-VO zur StVZO vom 20. 5. 1971 (GBl. II, Nr. 51, S. 416); VO über die öffentlichen Straßen – Straßenverordnung vom 22. 8. 1974 (GBl. I, S. 515).

In der DDR und Berlin (Ost) gelten im wesentlichen die gleichen Verkehrsregeln und Verkehrszeichen wie in der Bundesrepublik Deutschland. Wichtige Unterschiede bestehen u. a. in folgenden Punkten:

1. In der DDR und Berlin (Ost) besteht ein absolutes Alkoholverbot (0,0 %).

2. Die Höchstgeschwindigkeit beträgt für Pkw und Motorräder auf Autobahnen 100, auf sonstigen Straßen 90 und in geschlossenen Ortschaften für alle Kfz 50 km/h.

3. An Bahnübergängen darf ab der 1. Warnbake nicht mehr überholt werden. Von der 3. Warnbake an gilt eine Geschwindigkeitsbegrenzung von 30 km/h.

4. Das in der Bundesrepublik geltende Verkehrszeichen für eingeschränktes Halteverbot bedeutet in der DDR und Berlin (Ost) absolutes Halteverbot.

5. Einordnungstafeln (weiße Pfeile auf blauem Grund) sind keine Hinweis-, sondern Gebotszeichen.

6. Bei rotem Ampellicht darf rechts abgebogen werden, wenn keine anderen Verkehrsteilnehmer dadurch behindert werden und kein Rechtsabbiegerpfeil vorhanden ist.

7. Eine Kreuzung, bzw. eine freigegebene Fahrtrichtung darf auch dann noch befahren werden, wenn zum grünen Ampellicht ein gelbes dazugeschaltet wird. Plötzliches Anhalten in dieser Ampelphase kann mit einer Ordnungsstrafe geahndet werden.

8. Gelbrot gestreifte Warnflaggen am Straßenrand signalisieren plötzlich auftretende Rutschgefahr. Vorsichtiges Weiterfahren bei geminderter Fahrgeschwindigkeit ist gestattet.

9. Nähern sich Fahrzeuge mit Sondersignalen (Blaulicht, Martinshorn, Sirenen, gelbe Rundleuchten etc.) ist grundsätzlich rechts heranzufahren und anzuhalten.

10. Fahrzeugkolonnen, insbesondere Vollkettenfahrzeuge, dürfen nicht überholt werden, auch Einreihen in derartige Kolonnen ist verboten.

11. Der Kreisverkehr hat stets Vorfahrt.

12. Die Aufnahme oder Mitnahme von Personen auf den Transitstrecken ist nach dem Transitabkommen strikt verboten.

Geringfügige Ordnungswidrigkeiten können von der Deutschen Volkspolizei mit einem Ordnungsgeld von 1 bis 10 Mark geahndet werden.

Schuldhafte Übertretungen der StVO haben Ordnungsstrafen von 10 bis 150 Mark, bei Personen- oder Sachschäden bis 300 Mark zur Folge.

Fahren unter Alkoholeinfluß kann mit einer Ordnungsstrafe bis zu 1000 Mark belegt werden. Für DDR-Bürger ist damit stets auch ein Führerscheinentzug verbunden. Bürger der Bundesrepublik Deutschland haben stets in westlicher Währung zu zahlen; sie müssen z. B. auch bei geringfügigen Geschwindigkeitsübertretungen mit empfindlichen Strafen rechnen. Haben sie fahrlässig DDR-Bürger verletzt, werden in der Regel von DDR-Gerichten Freiheits- bzw. hohe Geldstrafen verhängt. Schadensersatzansprüche westdeutscher Reisender gegenüber Bürgern der DDR werden vom Verband der

Haftpflicht-, Unfall- und Kraftverkehrsversicherer e. V., 2 Hamburg 1, Glockengießerwall 1, abgewickelt. Ende 1974 waren in der DDR ca. 5,5 Mill. Kfz zugelassen; bei ca. 60000 Verkehrsunfällen wurden (1973) mehr als 2000 Menschen getötet.

Als Ursachen werden genannt: Mißachten der Vorfahrt bzw. der Signalregelungen, Überschreiten der Höchstgeschwindigkeit, Fehler beim Überholen, Fahren unter Alkoholeinfluß, Fehler von Fußgängern und Radfahrern.

Da es in der DDR bis Ende 1974 keine Einrichungen zur regelmäßigen technischen Überprüfung der Kfz gibt (vergleichbar den TÜV in der Bundesrepublik), dürfte ein erheblicher Teil der Verkehrsunfälle auch auf den mangelhaften, bzw. häufig technisch veralteten Zustand der Fahrzeuge zurückzuführen sein.

Gegenwärtig wird in der DDR an einer zusammenfassenden neuen Regelung des gesamten Verkehrsrechtes im Zuge der Schaffung eines „sozialistischen Verkehrsrechtes" gearbeitet. Ein neues Verkehrsgesetz soll Anfang 1976 in Kraft treten.

Streik: Die Verfassung von 1949 garantierte in Art. 14, Abs. 2 das St.-Recht der Gewerkschaften. Indes lehnt der → **FDGB** jeden St. in der „volkseigenen Wirtschaft" ab, da er die Auffassung vertritt, daß der St. dort ein St. gegen die Arbeiter selbst sei, weil das Volk sich dort im Besitz der Produktionsmittel befinde. Im Zusammenhang mit der Einführung der → **Betriebskollektivverträge** ist es mehrfach zu St. gekommen. Der → **Juni-Aufstand** nahm seinen Ausgang von einem St. wegen Erhöhung der Arbeitsnormen. Das → **Gesetzbuch der Arbeit** erwähnt das St.-Recht nicht mehr. Auch die → **Verfassung** kennt das St.-Recht nicht.

Streikkräfte: → **Nationale Volksarmee; Bewaffnete Kräfte.**

Stücklohn: → **Lohnformen und Lohnsystem.**

Studenten: → **Universitäten und Hochschulen.**

Studentenausbildung, militärische: Die MSt. der männlichen und weiblichen Hoch- und Fachschüler in der DDR ist Teil der einheitlichen sozialistischen → **Wehrerziehung**, die alle Kinder mit Beginn der Schulpflicht erfaßt. Sie soll mit dem „Studium eine Einheit" bilden. Die Organisation der MSt. obliegt dem Ministerium für Hoch- und Fachschulwesen. Träger der MSt. sind vor allem die → **Gesellschaft für Sport und Technik** (GST) in enger Zusammenarbeit mit den zuständigen FDJ-Organisationen an den Bildungseinrichtungen.

Mit Erlaß des neuen Jugendgesetzes der DDR vom 1. 1. 1974 (GBl. I, S. 45) ist die Bedeutung der MSt. noch gewachsen. Während sich das alte Jugendgesetz von 1964 lediglich in einem einzigen Paragraphen (§ 44) mit Wehrproblemen befaßte, und darin dem Staat die Verpflichtung auferlegt wurde, auch außerhalb des regulären Militärdienstes Möglichkeiten zur militärischen Betätigung der Jugendlichen zu schaffen, befaßte sich der IV. Hauptteil des neuen Jugendgesetzes ausschließlich mit der „Ehrenpflicht der Jugend zum Schutze des Sozialismus" und verpflichtet jetzt alle Jugendlichen, die ihnen gebotenen Möglichkeiten im Rahmen der MSt. auch auszunutzen.

Für Studenten und Fachschüler besteht (schon seit 1963) die Pflicht, an mindestens einem Tag in der Woche an militärischen Übungen teilzunehmen bzw. Veranstaltungen zur „wehrpolitischen Bildung" zu besuchen. Ein Teil der MSt. wird in von der → **Nationalen Volksarmee** (NVA) organisierten Militärlagern durchgeführt. Als Ausbilder fungieren Funktionäre der GST und Angehörige der sogenannten → **Reservistenkollektive** (i. d. R. Reserveoffiziere) der NVA. Soweit weibliche Hoch- und Fachschüler nicht an der waffentechnischen Ausbildung teilnehmen, müssen sie sich einer Zivilverteidigungs- (u. a. nachrichtentechnischen) bzw. einer Sanitätsausbildung im Rahmen des → **Deutschen Roten Kreuzes** unterziehen.

Studienaufklärung und -beratung: → **Universitäten und Hochschulen.**

Studienlenkung: → **Universitäten und Hochschulen.**

StVA: Abk. für Strafvollzugsanstalt. → **Strafvollzug.**

Subjektiver Faktor: SF. und „objektive Bedingungen" sind allgemeine Kategorien des Historischen Materialismus und bezeichnen die Beziehungen zwischen der bewußten Tätigkeit des Menschen und den äußeren Bedingungen, unter denen sich der Prozeß der Veränderung der Gesellschaftsstruktur durch den Menschen vollzieht.

Als SF. in der Entwicklung der Gesellschaft wird die bewußte Tätigkeit des Menschen, der sozialen Klassen, Schichten, Gruppen (als Träger eines bestimmten Handlungsgeschehens), aber auch ihr Bewußtsein über ihr Tun, ihr Wollen, ihre Energie, zugleich ihre Organisiertheit und die von ihnen geschaffenen Organisationsformen (Parteien, Verbände usw.) bezeichnet, die notwendig für die Lösung der historischen Aufgaben sind. Die Bedeutung des SF. in dieser Sicht liegt darin, daß von ihm die Verwirklichung der durch die objektiven, d. h. sozio-ökonomischen Bedingungen gegebenen Möglichkeiten abhängt.

Dem SF. wird im Sozialismus wachsende Bedeutung zugewiesen, die in dessen Besonderheit gegenüber früheren Gesellschaftsformationen liege: mit der Eroberung der politischen Macht durch das Proletariat umfaßt der SF. nicht nur die Partei der Arbeiterklasse und den Staat, sondern alle Werktätigen. Infolgedessen entstehe erstmals in der Geschichte die reale Möglichkeit, die Entwicklung der Gesellschaft in Übereinstimmung mit den erreichten objektiven Bedingungen zu bringen und auf der Grundlage der im Sozialismus wirkenden und erkannten Gesetze die gesamtgesellschaftliche Entwicklung bewußt zu lenken.

Wichtigste Elemente der bewußten Lenkung sind die wissenschaftliche Führung und Leitung der Gesellschaft sowie die „richtige" Organisation der Führungsorgane; sie soll die Möglichkeit voluntaristischer Entscheidungen ausschließen. Die Tätigkeit der Partei, ihre Strategie und Taktik als SF. muß im Einklang mit den als objektiv bezeichneten historischen Gesetzmäßigkeiten stehen, um den historischen Fortschritt nicht zu behindern, den sie zwar nicht aufhalten, dessen konkrete Realisierung sie aber fördernd oder hemmend beeinflussen kann. Der Ausdruck „subjektiv" ist nicht gleichbedeutend mit „willkürlich" oder „subjektivistisch". Einzelne Vertreter des → **Marxismus-Leninismus** wenden sich gegen eine Überbetonung des SF. ohne genügende Berücksichtigung der als letztlich bestimmend angesehenen objektiven Bedingungen. Eine Absolutierung des SF. stehe in dieser Sicht dem Verständnis von Freiheit entgegen, die nicht als abstrakte Wahlfreiheit, sondern als gesellschaftliche Kategorie, als bewußte Herrschaft des Menschen über die Natur und die sozialen Prozesse, d. h. als Möglichkeit der Realisierung des geschichtlichen Fortschritts begriffen wird.

Subjektivismus: Im Verständnis des → **Marxismus-Leninismus** Bezeichnung für jede philosophische Konzeption, die das Subjekt in den Mittelpunkt stellt und dabei die objektiven Gesetzmäßigkeiten in Geschichte und Gesellschaft unterschätzt. In der pragmatischen Politik führe der S., so wird behauptet, zum → **Voluntarismus.**

Submissionen: → **Binnenhandelsmessen.**

SVK: Abk. für die frühere Kreisgeschäftsstelle der Sozialversicherung. → **Sozialversicherungs- und Versorgungswesen.**

SVWG: Abk. für Strafvollzugs- und Wiedereingliederungsgesetz. → **Strafvollzug.**

Syndikalismus: Im Verständnis des → **Marxismus-Leninismus** jede politische Bewegung, die die Diktatur des Proletariats bzw. die politisch führende Rolle der marxistisch-leninistischen Partei ablehnt. Der S. sowie der Anarcho-S. entwickelten sich gegen Ende des 19. Jahrhunderts besonders innerhalb der französischen Arbeiterbewegung und beeinflußten in erster Linie die sozialistisch-kommunistischen Bewegungen in Spanien und Südamerika. Der S. tritt für einen Generalstreik der Arbeiter ein, der ohne die politische Revolution unter Führung einer marxistisch-leninistischen Partei den Kapitalismus verändern könne. Verwaltung und Organisation der Produktionsmittel sollen ohne Kontrolle der Partei in die Hände der Arbeiterklasse übergehen.
In der DDR sind Spuren des S. und Anarcho-S. in den revisionistischen Konzepten u. a. von Behrens und Benary zu finden (→ **Revisionismus).**

System der fehlerfreien Arbeit: Aus der SU übernommene sog. Arbeitsmethode, durch die die → **Qualität der Erzeugnisse** gewährleistet werden soll.

Systemtheorie: → **Marxismus-Leninismus.**

T

Tageserziehung: → **Einheitliches sozialistisches Bildungssystem**, XIV.

Talsperren: → **Wasserwirtschaft.**

TAN: → **Arbeitsnormung.**

Tanz: Die verschiedenen Arten des T. (Gesellschafts-, Volks- und Bühnen-T.) sowohl auf Berufs- wie auch Laienebene, werden in der DDR von staatlicher Seite gefördert. Da dem T., als einer der ursprünglichsten künstlerischen Lebensäußerungen, bewußtseinsbildende Wirkungen zugesprochen werden, indem er in differenzierter Weise die Wirklichkeit widerzuspiegeln vermag, sind die Kulturpolitiker der SED an unmittelbarer Einflußnahme auf die durch ihn vermittelten Inhalte interessiert. So werden insbesondere Darstellungen von Themen der Gegenwart und der jüngsten Vergangenheit gefördert.

Zentrale Einrichtung, über die staatliche Einflußnahme ausgeübt wird, ist im beruflichen Sektor der Verband der Theaterschaffenden der DDR, in dem die „Ballett- und Tanzschaffenden" organisiert sind, im Laiensektor die Zentrale Arbeitsgemeinschaft Laienbühnen-T. der DDR des Zentralhauses für Kulturarbeit.

Der Bühnen-T. wird vor allem an den Theatern der DDR gepflegt; insgesamt sind gegenwärtig 42 größere und kleinere Ballettgruppen beruflich tätig. Zu den besten Ensembles gehören die Ballettgruppen an den größeren Musiktheatern Berlin (Ost), Leipzig und Dresden. Nachwuchsausbildungsstätten sind die Staatlichen Ballettschulen Berlin (Ost), die Palucca-Schule Dresden (vor allem moderner T. und Ausdrucks-T.) und das Institut für T. in Leipzig. 1974 fanden anläßlich des 25jährigen Bestehens der Palucca-Schule als Staatliche Fachschule für künstlerischen T. und des 50jährigen pädagogischen Wirkens der Künstlerin und T.-Pädagogin Festwochen statt. Während der Festtage wurden die 25. internationalen Sommerkurse der Palucca-Schule eröffnet.

Vom Ministerium für Kultur veranstaltete T.-Konferenzen und Ballettmeisterlehrgänge (seit 1953) sowie – in Zusammenarbeit mit dem Verband der Theaterschaffenden der DDR – Wettbewerbe für Tänzer und Choreographen dienen der Qualifizierung und dem Leistungsanreiz.

Um den Nachwuchs im Gesellschafts-T. zu fördern, werden u. a. von den Bezirksarbeitsgemeinschaften Turnier-T. in Zusammenarbeit mit den Bezirkskabinetten für Kulturarbeit seit 1969 Turniertanzveranstaltungen durchgeführt.

Der Volks-T., als die Quelle aller anderen T.-Formen angesehen, wird durch Berufs- und Laienensembles bühnenmäßig gestaltet. Zu den Spitzenensembles gehören das Staatliche T.-Ensemble der DDR (Volks-T.) und das Erich-Weinert-Ensemble der NVA (Solda-

ten-T., Volks-T.). Zentrale Leistungsvergleiche sind die seit 1955 stattfindenden T.-Feste der DDR in Rudolstadt. Aufführungsmöglichkeiten bieten sich daneben vor allem bei den zahlreichen Betriebsfestspielen sowie den Arbeiterfestspielen. Zentrale Seminare für Laienbühnen-T. dienen der Weiterbildung. Um den jugendlichen Nachwuchs zu fördern, gründete die Zentrale Arbeitsgemeinschaft Laienbühnen-T. 1973 eine Arbeitsgruppe Kinder-T. Als eine der wichtigsten Aufgaben hinsichtlich des Jugendvolks-T. wird die Entwicklung neuer T. angesehen.

Als Informations- und Konsultationszentrum für alle Gebiete des T. in der DDR besteht das 1957 gegründete T.-Archiv der DDR beim Zentralhaus für Kulturarbeit. Dort wird gleichfalls die Monatszeitschrift „der tanz" (für Bühnen- und Gesellschafts-T.) herausgegeben.

Technica: Bezeichnung einer 1965 eingeführten und seitdem alljährlich im Herbst in Leipzig veranstalteten technischen Ausstellung, auf der Rationalisierungsmittel und -verfahren für die Industrie gezeigt werden. Die Ausstellungen dauern jeweils 4 Wochen. Jede von ihnen behandelt ein technisches Hauptthema. → **Rationalisierung.**

Technik, Kammer der: → **Kammer der Technik.**

Technische Intelligenz: → **Intelligenz.**

Technische Kabinette: Unter der Leitung der Betriebssektionen der → **Kammer der Technik** in vielen Industriebetrieben eingerichtete „Zentren der produktionstechnischen Propaganda". In Vortragsveranstaltungen und kleineren Zirkeln der TK. sollen den Betriebsangehörigen die Argumente der Produktionspropaganda vorgetragen werden.

Technische Kontrollorganisation: → **Qualität der Erzeugnisse.**

Technische Normen: Synonyme Bezeichnung für Standards. → **Standardisierung; Normung.**

Technische Revolution: → **Technologie; Wissenschaftlich-technische Revolution.**

Technische Universität Dresden: Sie wurde am 5. 10. 1961 zur TU erhoben (seit 1890 TH, hervorgegangen aus der 1814 gegründeten Industrieschule, 1828 Techn. Bildungsanstalt, 1851 Polytechn. Anstalt). → **Universitäten und Hochschulen.**

Technologie: Der Begriff T. wird mit unterschiedlichen Bedeutungen verwendet. Er bezeichnet a) eine Wissenschaft und b) bestimmte Betriebsabteilungen. Gelegentlich wird unter T. auch c) die Fertigungsorganisation der Industriebetriebe (→ **Rationalisierung**) und d) die technische Ausrüstung der Betriebe verstanden.
1. Technologie als Wissenschaft. Der Gegenstand der T. als Wissenschaft konnte bisher in der DDR nicht ein-

deutig bestimmt werden. Nebeneinander bestehen verschiedene Auffassungen, die sich in erster Linie in der Weite der Gegenstandsdefinition unterscheiden. Unstrittig ist seit Mitte der 50er Jahre, daß der allgemeine Untersuchungsgegenstand der T. der Fertigungsprozeß ist. Nach der gegenwärtig engsten Definition beschränkt sich die T. auf den Fertigungsprozeß als einem rein materiell-technischen Vorgang mit bestimmten technischen Regelmäßigkeiten. Am weitesten geht demgegenüber die Richtung, die neben dem materiell-technischen Vorgang auch die „geistigen Prozesse" der Fertigung, d. h. ihre wirtschaftlichen und organisatorischen Aspekte, mit zum Gegenstand der T. zählt. Hiernach ist T. eine multidisziplinäre Wissenschaft, die neben einem naturwissenschaftlich-technischen Grundlagenbereich (Chemie, Physik), auch Teilbereiche der Wirtschaftswissenschaften sowie die Organisations- und Leitungswissenschaft umfaßt. Unterschiede in der Gegenstandsbestimmung bestehen auch dort, wo die T. einerseits ausschließlich den Fertigungsprozeß untersuchen soll, andererseits jedoch zusätzlich auch die Produktionsvorbereitung.

Seit 1969 haben die Auffassungen, die mit einer weiten Definition T. als die Wissenschaft von den naturwissenschaftlichen, technischen, wirtschaftswissenschaftlichen und organisatorischen Regelmäßigkeiten der Fertigung und Fertigungsvorbereitung als einer Einheit aus Verfahren, Ausrüstungen und Ablaufprozessen bestimmen, an Bedeutung gewonnen.

Ziel der T. ist die optimale Gestaltung des Produktionsprozesses unter Einschluß solcher Hilfsprozesse wie Transport, Lagerung und Qualitätskontrolle.

Die T. wird unterteilt in erzeugnisbezogene T. und allgemeine T. Die allgemeine T. gliedert sich in: a) Verfahrenstechnik, b) Fertigungstechnik, c) Energietechnik, d) Förder- und Hebetechnik.

Entsprechend den von Branche zu Branche abweichenden Sortimenten und Fertigungsbedingungen wurden Branchen-T. („Zweig-T.") vor allem auf der Grundlage von speziellen Produktionserfahrungen entwickelt. Die allgemein-theoretische Fundierung ist weniger stark ausgeprägt, so daß die gegenseitige Zuordnung der verschiedenen Branchen-T. erschwert ist. Die starke Spezialisierung der Branchen-T. wie die allgemeine Unsicherheit über den Gegenstand der T. sind Gründe dafür, daß die T. bisher in Forschung und Lehre immer wieder vernachlässigt wurde, obwohl ihre praktische Bedeutung für die Umsetzung wissenschaftlicher Resultate in die Fertigungsabläufe und damit im weiteren Sinne für das wirtschaftliche Wachstum seit langem offenkundig ist.

Im Mittelpunkt der T. in Anwendung, Forschung und Ausbildung stehen a) die *Verfahrenstechnik* und b) die *Fertigungstechnik*, wenngleich seit den jüngsten Engpässen in der Energieversorgung in den Jahren 1970/71 auch die moderne Energietechnik größeres Gewicht erhalten hat. Die Verfahrenstechnik beschäftigt sich mit der technischen Durchführung von Verfahren zur chemischen und physikalischen Umwandlung natürlicher Stoffe in Erzeugnisse mit neuen verwen-

dungsorientierten Eigenschaften. Sie wird vor allem in der chemischen Industrie, aber auch in der Lebensmittelindustrie, in der Baustoffindustrie und im Hüttenwesen angewendet. Die Verfahrenstechnik enthält auch die bisher entwickelten Verfahren und Methoden zur industriellen Abfallbeseitigung und zum Umweltschutz (Müllverwertung und Reinhaltung von Luft und Wasser). Aufgabe demgegenüber der Fertigungstechnik ist die Herstellung bzw. Bearbeitung mechanisch nutzbarer Gegenstände aus festen Stoffen. Ihre Anwendung ist mithin typisch für die metallverarbeitende Industrie. Der Entwicklungsstand der eingesetzten Verfahren, Maschinen und Werkzeuge bestimmen das Niveau der Fertigungstechnik. Der rationelle und effiziente Einsatz moderner Verfahren setzt hohe Fertigungsstückzahlen voraus, die in der metallverarbeitenden Industrie der DDR aufgrund des breiten Produktionssortiments, der kleineren Absatzmärkte und der noch im Ausbau befindlichen internationalen Fertigungsspezialisierung vielfach nicht erreicht werden. Die Veränderungen in der Verbreitung der einzelnen Hauptverfahrensgruppen der Fertigungstechnik seit 1968 zeigt jedoch, daß der Anteil der modernen Verfahren erhöht werden konnte (vgl. Tabelle „Struktur und Entwicklung der Fertigungstechnik"). Zu den modernen Verfahren zählen die Urformung durch Gießen und die Umformung, deren Anteile zwischen 1968 und 1970 von 5,5 auf 6,5 v. H. bzw. von 4,1 auf 6,1 v. H. anstiegen, während der Anteil der spanabhebenden Bearbeitungsverfahren von 31,3 auf 27 v. H. zurückging.

Struktur und Entwicklung der Fertigungstechnik (1968–1970)

Verfahren	1968	1969 v. H.	1970
Urformen	5,5	6,0	6,5
Umformen	4,1	5,0	6,1
Spanen mit geometrisch bestimmter Schneide	31,3	29,8	27,0
Spanen mit geometrisch unbestimmter Schneide	6,5	7,3	8,0
Sonstiges Trennen[1]	3,1	4,9	5,5
Fügen (Montage)	37,4	35,7	33,2
Stoffeigenschaftsändern (Wärmebehandlung)	2,0	1,7	2,5
Beschichten (Oberflächenbehandlung)	4,0	5,1	6,3
Sonstige technologische Verfahren	6,1	4,5	4,9
Verfahren insgesamt	100	100	100

1 Stanzen, Scheren, elektrochemisches und elektroerosives Abtragen u. a.

Quelle: Statistische Praxis, H. 1, 1972, S. 15.

Die Ausbildung im Hochschulfach Verfahrenstechnik erfolgt seit 1968 (3. Hochschulreform) im Rahmen einer eigenen Grundrichtung „Verfahrensingenieurwesen". In den Jahren davor war die Verfahrenstechnik eine Fachrichtung des Maschinenbaus. Das Studium gliedert sich in ein 2jähriges Grundstudium und ein jeweils 1jähriges Fach- und Spezialstudium und wird mit einem Diplom abgeschlossen. Das Lehrangebot der Hochschulen ist schwerpunktartig auf die Anwendungsfälle der einzelnen Branchen (Branchentechnologien) ausgerichtet. An folgenden Hochschulen ist Verfahrenstechnik als Fach vertreten: Technische Hochschule für Chemie „Carl Schorlemmer", Leuna-Merseburg (Sektion Verfahrenstechnik); Bergakademie Freiberg (Sektion Verfahrenstechnik und Silikattechnik); Technische Universität Dresden (Sektion für Verarbeitungstechnik und Verfahrenstechnik); Technische Hochschule „Otto von Guericke", Magdeburg (Sektion für Apparate- und Anlagenbau); Hochschule für Architektur und Bauwesen, Weimar (Sektion Baustoffverfahrenstechnik).

Ingenieur-technisches Personal für Verfahrenstechnik wird ferner an Ingenieurschulen und Betriebsakademien ausgebildet. Zur Beratung von Ausbildungsfragen auf der zentralen Leitungsebene besteht beim Ministerium für Hoch- und Fachschulwesen ein „Wissenschaftlicher Beirat für Verfahrensingenieurwesen". Die Zahl der Hochschulstudenten in der Fachrichtung Verfahrensingenieurwesen stieg zwischen 1968 und 1973 von 1811 auf 3925 Studenten. Die Absolventenzahl verdoppelte sich von 1972 bis 1973 von 497 auf 1014 Absolventen. Zwischen 1965 und 1973 absolvierten insgesamt 3433 Studenten ein verfahrenstechnisches Studium.

Neben den Sektionen der Hochschulen widmet sich hauptsächlich eine Reihe gut ausgestatteter Zentralinstitute der Akademie der Wissenschaften der DDR – wie die Zentralinstitute für Verfahren der organischen Chemie, für technische Chemie, für Biophysik der → **Forschung** auf dem Gebiet der Verfahrenstechnik. Forschungsstätten sind ferner die Forschungs- und Entwicklungsstellen des Maschinen- und Apparatebaus und des Chemieanlagenbaus. Zu den Schwerpunkten der verfahrenstechnischen Forschung rechnet die Petrochemie („Petrolchemie").

2. Technologie als Betriebsabteilung. Der betriebliche Organisationsbereich T. befaßt sich mit der Planung, Analyse sowie mit der unmittelbaren Festlegung der Fertigungsabläufe. Da analog zur unscharfen Bestimmung der T. als Wissenschaft auch über die praktischen Aufgabenfelder der T. bisher keine allgemeine Übereinstimmung besteht, wird die institutionelle und funktionelle Einordnung der T. in die Industriebetriebe unterschiedlich vorgenommen. Erhebliche Differenzen bestehen sowohl bei der organisatorischen Einbettung der T.-Abteilungen in die Industriebetriebe, ihrem internen Organisationsaufbau wie bei der Aus- und Weiterbildung des Fachpersonals („Technologen"). Im Maschinenbau gliedert sich die T.-Abteilung in der Regel in folgende Unterbereiche: → **Planung** (einschl. Kapazitätsberechnungen und Betriebsvergleiche), Erprobung (von Forschungsresultaten und Verbesserungsvorschlägen), Fertigungsvorbereitung, Arbeitsstudium und -normung, Fertigungsmittel (Werkzeuge, Vorrichtungen). → **Werkstattprinzip; Erzeugnisprinzip; Automatisierung.**

Teilung Deutschlands und Wiedervereinigungspolitik: → **Deutschlandpolitik der SED.**

Teilzahlungskredite: Voraussetzung für die Abtragung einer Kaufschuld in Teilbeträgen (Abzahlung) ist ein T.-Vertrag mit den staatlichen Sparkassen. In einem Wirtschaftssystem, in dem der Bedarf nur in eingeschränktem Maße Produktion und Warenangebot bestimmt und die Konsumgüterpreise staatlich festgesetzt sind, würden eine unbegrenzte Aufnahme von Konsumgüterkrediten und ihre Verwendung nach eigenem Ermessen der Kreditnehmer zu Störungen der zentralgelenkten Konsumgüterversorgung der Bevölkerung führen. Deshalb ist der Konsumentenkredit in der Zentralplanwirtschaft ein Instrument der Absatzlenkung.

Um die Kreditgewährung zentral besser steuern und überwachen zu können, wurde nur eine Form des Konsumentenkredits, die hier behandelten T., geschaffen. Die Vergabe von T. an Betriebe für überwiegend gewerbliche Zwecke ist verboten. T. erhalten nur natürliche Personen für ihren persönlichen Bedarf. Außerdem existieren auch keine speziellen T.-Institute.

Aufgrund ihrer Funktion als Instrument der Absatzlenkung sind T. ferner nur für diejenigen investiven Verbrauchsgüter erhältlich, bei denen ein reichhaltiges Angebot besteht oder unabsetzbare Lager vorhanden sind. Der Konsumentenkredit wird also streng an bestimmte Erzeugnisse gebunden (Warenkredit).

Die Sparkassen, denen ab 1. 3. 1962 das gesamte T.-Geschäft obliegt, prüfen bei Anträgen auf Gewährung eines T. an Hand der für das gesamte Wirtschaftsgebiet einheitlichen „Warenlisten", ob für das betreffende Konsumgut eine Kreditzuteilung möglich ist. Die bei den Sparkassen befindlichen „Warenlisten" werden in ihrer Zusammensetzung in bestimmten Abständen den Änderungen der Versorgungslage angepaßt.

Vor der Kreditgenehmigung werden zwecks Sicherung des Kredits und zur Vermeidung einer übermäßigen Kreditverschuldung der Antragsteller die sozialen Verhältnisse des Kreditnehmers überprüft. Der Kreditnehmer erhält bei Abschluß eines T.-Vertrages über die vereinbarte Kreditsumme einen „Kreditkaufbrief" ausgehändigt, dessen Gültigkeit auf 3 Monate begrenzt ist. Die maximale Kreditsumme bzw. der höchstmögliche Kreditanteil an der Kaufsumme richtet sich nach der Höhe des beim Kauf in bar anzuzahlenden Betrages, der je nach Art der kreditfähigen Ware unterschiedlich festgelegt ist. Der Kauf der Ware im Einzelhandel erfolgt nunmehr teils gegen Barzahlung und teils gegen Vorlage des „Kreditkaufbriefes". Der T. muß jährlich mit 6. v. H. verzinst werden. Die Tilgung erfolgt in monatlichen Raten zu den vereinbarten Terminen und muß innerhalb von 2 Jahren abgeschlossen sein.

Während der Laufzeit des Kredites erwirken die Sparkassen an den gekauften Gütern ein Eigentumsrecht, das nach vollständiger Rückzahlung des geschuldeten Betrages erlischt. Gerät der Kreditnehmer mit der Rückzahlung in Verzug, so wird der restliche Kreditbetrag mit 8 v. H. verzinst. Ferner haben die Sparkassen das Recht, nach Mahnung des Schuldners die Zahlung der fälligen sowie der gesamten restlichen Tilgungsraten durchzusetzen oder die Herausgabe der mit dem Kredit gekauften Ware zu verlangen. Die im Zusammenhang mit der Eintreibung des Kredits oder der Herausgabe der Waren den Sparkassen entstehenden Kosten muß der Schuldner tragen.

Seit dem 1. 7. 1967 dient der T. der Wirtschaftsführung auch als Instrument der Sozialpolitik. Seit diesem Zeitpunkt können Familien mit 4 und mehr Kindern, welche die allgemeinbildende Schule, die Lehrzeit oder das Studium noch nicht abgeschlossen haben, bestimmte, im einzelnen aufgeführte investive Verbrauchsgüter erwerben, die bisher für die Allgemeinheit noch nicht als kreditfähig freigegeben und in die „Warenlisten" aufgenommen wurden. Zu diesen Waren gehören Kühlschränke, Waschmaschinen, Wäscheschleudern sowie Küchenmaschinen neuerer Bautypen, elektrische Teppichklopfer, Kinderwagen und Fahrräder. Die in bar zu leistenden Anzahlungsraten wurden bei den Kühlschränken auf nur 5 v. H., bei Teppichklopfern auf 20 v. H. und bei allen anderen aufgeführten Waren auf nur 10 v. H. festgesetzt. Über diese Vergünstigungen hinaus erhalten diese Familien für den Kauf anderer Industriewaren, die zu diesem Zeitpunkt bereits auf Teilzahlung erworben werden konnten, T. zu Vorzugsbedingungen. So wurden z. B. die Anzahlungsbeträge für Fernsehgeräte auf 5 v. H. des Kaufpreises gesenkt. Die Rückzahlungsfrist wurde von 2 auf 5 Jahre erhöht. Außerdem wurde bestimmt, daß der monatliche Rückzahlungsbetrag 5 v. H. des Nettoeinkommens beider Ehegatten nicht übersteigen darf. Familien mit 6 und mehr Kindern wurden von der Zahlung von Zinsen für T. gänzlich befreit, während Familien mit 4 und 5 Kindern ein Vorzugszinssatz von 3 v. H. eingeräumt wurde.

Die handels- und bankpolitische Bedeutung der Konsumentenkredite ist bisher gering. Dies hat seine Ursache z. T. darin, daß die Kreditbedingungen des T. vor allem für die unteren und mittleren Einkommensgruppen keinen großen Anreiz bieten. Zum anderen ist, mit Ausnahme der kinderreichen Familien, bis heute der T. nur für Waren erhältlich, bei denen sowieso schon eine beträchtliche Sättigung des Bedarfs eingetreten ist. Und letztlich machen die relativ hohen Spareinlagen, die vor allem in Zeiten eines akuten Warenmangels angesammelt wurden, es in vielen Fällen gar nicht erforderlich, sich der Finanzierungshilfe des T. zu bedienen.

Die letzten quantitativen Angaben aus der DDR betreffen das Jahr 1967, in dem 915 Mill. Mark Konsumentenkredite ausgegeben wurden (Bundesrepublik Deutschland 1972: 43 Mrd. DM).

Territorialplanung: → **Planung.**

Territorialprinzip: Allgemeines Organisations- und Leitungsprinzip für die staatliche Verwaltung und verschiedene Bereiche der Gesellschaft.
1. Die staatliche Verwaltung und die politischen Institutionen sind nach dem T. aufgebaut. Dies äußert sich in den politischen regionalen Einheiten, den Bezirken, Kreisen, Städten und Gemeinden sowie in den entspre-

chenden politisch-administrativen Institutionen, den örtlichen Volksvertretungen und Räten.
2. Das T. liegt auch dem Organisationsaufbau der SED zugrunde. Ausgehend von der zentralen Ebene (Politbüro, ZK-Sekretariat und zentraler ZK-Apparat), ist die Partei territorial nach Bezirken, Kreisen, Städten und Ortschaften bzw. Betrieben und Verwaltungen gegliedert. 1963 wurde das T. durch die Einführung des → **Produktionsprinzips** ergänzt. Auf dem VII. Parteitag der SED (April 1967) wurde im Statut der Partei der Vorrang des T. für die Organisation der SED erneut festgelegt.
3. Dem T. folgen die regionale Gliederung und Anleitung der Volkswirtschaft. Das Bemühen der Wirtschaftspolitik, die Vorteile der volkswirtschaftlichen Arbeitsteilung in größerem Maße zu nutzen, hat in letzter Zeit zu einer stärkeren Anwendung des T. geführt, vor allem in den Bereichen, die mit der Versorgung der Bevölkerung zusammenhängen.
Dies spiegelt sich in den umfangreicheren Aufgaben der Räte der Bezirke, Bezirkswirtschaftsräte, Bezirksplankommissionen und der Territorialplanung wider. Die volkswirtschaftliche Konzeption der SED- und Staatsführung sieht eine optimale Verbindung von Produktionsprinzip und T. vor, d. h. eine möglichst wirksame Kombination von zentraler und territorialer Anleitung der Wirtschaft. Die Art der Kombination und die Bedeutung, die dem T. zugemessen wurde, änderte sich in der Vergangenheit mehrfach. → **Wirtschaft; Phasen der Wirtschaftspolitik seit 1963; Planung; Staatsapparat.**

Territorialverteidigung: Zu den Streitkräften der T. in der DDR, die ähnlich wie in allen Staaten des Warschauer Paktes aufgebaut wurde, zählen a) die Stäbe der territorial gebundenen Kräfte der Nationalen Volksarmee (ca. 30 000 Mann); b) die VP-Bereitschaften (ca. 18 000 Mann); c) die infanteriemäßig ausgerüsteten Kampfgruppenbataillone (ca. 150 000 Mann), bzw. die Kampfgruppenhundertschaften (ca. 250 000 Mann); d) Sondereinheiten des Ministeriums für Staatssicherheit (ca. 24 000 Mann); e) die Transportpolizei (8 500 Mann).
Der T. der DDR fallen u. a. die klassischen Aufgaben der Etappensicherung, z. B. der Einsatz gegen feindliche Luftlandeeinheiten, zu. Darüber hinaus hat sie im Falle kriegerischer Auseinandersetzungen den Schutz der Zivilbevölkerung zu übernehmen und die regulären Verbände von Nationaler Volksarmee und Warschauer Pakt sowie deren Versorgung vor Sabotageanschlägen zu schützen. Die Notstandsgesetzgebung der DDR sieht ferner den Einsatz von Verbänden der T. bei inneren Unruhen, Katastrophenfällen und sonstigen Notstandssituationen vor.

Terror: → **Staatsverbrechen.**

Textilindustrie: Entsprechend der Industriezweigsystematik der DDR ab 1968 ein eigenständiger Industriebereich, zu dem folgende Zweige zählen: → **Industrie** zur Aufbereitung textiler Rohstoffe; Spinnereien und Zwirnereien; Industrie textiler Flächengebilde;

Wirkereien und Strickereien; Textilveredelungs- und -reparaturbetriebe.

In der T. sind in 1145 Betrieben 248 343 Arbeiter und Angestellte (8,2 v. H. aller in der Industrie Beschäftigten) tätig (1973). Von 1960 bis 1973 hat sich die Bruttoproduktion der T. um das 1,61fache und damit im Vergleich zur gesamten Industrie unterdurchschnittlich erhöht (die industrielle Bruttoproduktion stieg im gleichen Zeitraum um das 2,17fache). Die T. gehörte vor dem letzten Kriege zu den wichtigsten Industriezweigen Mitteldeutschlands. Gegenwärtig steht die T. mit 6,7 v. H. des industriellen Bruttoprodukts an achter Stelle aller Industriebereiche. Die Spaltung Deutschlands hat innerhalb der T. eine früher besonders enge wirtschaftliche Zusammenarbeit beendet, was beträchtliche Folgen für die beiderseitigen Absatzmöglichkeiten hatte.

In der DDR führte die Vernachlässigung der Verbrauchsgüterindustrie zu erheblichem Rückstand auch in der T. Der Maschinenpark ist veraltet, so daß die T. auf vielen Gebieten nicht mehr wettbewerbsfähig ist. Hauptstandorte der T. sind die Bezirke Karl-Marx-Stadt, Dresden und Leipzig.

TGL: → **Standardisierung.**

Thälmann-Pioniere: → **Pionierorganisation „Ernst Thälmann".**

Theater: 1973 bestanden 112 T., die im gleichen Jahr 12,5 Mill. Besucher zählten. Von 60 selbständigen T. (mit eigenen Intendanten) sind 37 Schauspiel- und Musik-T. (davon 4 auch Puppen- und 1 auch Kinder- und Jugend-T.), 6 Schauspiel-T., 2 Musik-T. (Oper und Operette), 2 Oper (Deutsche Staatsoper und Komische Oper in Berlin), 2 Operette (Metropol-T. Berlin und Staatsoperette Dresden), 3 Kinder- und Jugend-T. (T. der Freundschaft Berlin, T. der Jungen Generation Dresden, T. Junge Garde Halle), 7 Puppen-T. (Berlin, Dessau, Dresden, Halle, Karl-Marx-Stadt, Magdeburg, Naumburg). Wichtigstes T.-Zentrum ist Berlin. Internationalen Ruf besitzen hier: die Deutsche Staatsoper mit einem breiten musikdramatischen Repertoire, die Komische Oper, die seit ihrer Gründung 1947 von dem durch Intendant Walter Felsenstein entwickelten Konzeption eines realistischen Musik-T. geprägt ist; das Berliner Ensemble, das seit der Gründung 1949 unter der Intendanz der 1971 verstorbenen großen Schauspielerin Helene Weigel besonders das Werk ihres Mannes und BE-Mitbegründers Bertolt Brecht pflegte, unter der Intendanz von deren – auch als bedeutende Opern-Regisseurin hervorgetretenen – Nachfolgerin Ruth Berghaus aber auch wieder stärker Stücke anderer Autoren in ihr Repertoire einbezieht; die Volksbühne, die seit Übernahme der künstlerischen Leitung durch den bedeutenden Regisseur Benno Besson (1969) vor allem einen neuen Stil eines intelligenten komödiantischen Volks-T. entwickelt hat; das Deutsche T. mit den Kammerspielen und der Kleinen Komödie. Wichtigste Bühnen in den Bezirken sind das Volks-T. Rostock, das unter seinem Intendanten Hanns Anselm Perten einen be-

sonders weltoffenen Spielplan pflegt und die meisten DDR-Erstaufführungen von Autoren des westlichen Auslands bringt, die Städtischen T. Leipzig, die Staats-T. Dresden, die Städtischen T. Karl-Marx-Stadt, das Deutsche National-T. Weimar, die Bühnen der Stadt Magdeburg und das Hans-Otto-T. Potsdam. Breiten Raum in den Spielplänen nehmen Stücke des → **Kulturellen Erbes** ein, ebenso wie die zeitgenössische Dramatik der DDR. Die zeitgenössische Dramatik des Auslandes ist vor allem durch Werke aus sozialistischen Ländern vertreten, in geringerem Maße durch solche westlicher Autoren, die eine allgemein progressive, humanistische oder sozialkritische Tendenz aufweisen.

Auf kleinen Dépendance- und Studio-Bühnen pflegt man neben literarischen Programmen eine Art unterhaltenden Boulevard-T. sozialistischer Prägung. Die wichtigsten DDR-Dramatiker sind Heiner Müller, Peter Hacks, Volker Braun („Die Kipper"), Ulrich Plenzdorf („Die neuen Leiden des jungen W."), Helmut Baierl, Rainer Kerndl und (im heiteren Genre) Rudi Strahl; die bedeutendsten Regisseure sind Benno Besson, Manfred Karge und Matthias Langhoff, Wolfgang Heinz, Adolf Dresen, Manfred Wekwerth, Ruth Berghaus, Klaus Erforth und Alexander Stillmark, Fritz Marquardt sowie (im Musik-T.) Walter Felsenstein und Joachim Herz.

Die T. unterstehen der Abteilung T. im → **Ministerium für Kultur,** von der auch die Intendanten eingesetzt werden; eine Subventionierung erfolgt durch die Verwaltungen der Bezirke, Kreise und Städte. Die Beziehungen der Autoren zum T. regeln sich durch Direktaufträge und über die Bühnenvertriebe des Henschelverlages und der Musikverlage.

Die T.-Schaffenden sind zum großen Teil in der Gewerkschaft Kunst im FDGB und im → **Verband der Theaterschaffenden** organisiert; ihnen steht ein Zentraler Bühnennachweis zur Verfügung. Die Nachwuchsausbildung erfolgt an der T.-Hochschule „Hans Otto" in Leipzig, Staatlichen Schauspielschulen in Berlin und Rostock; für Ballett an der Staatlichen Ballettschule Berlin, der Palucca-Schule Dresden und der Fachschule für Tanz in Leipzig; für Musik-T. an den Hochschulen für Musik. An der Humboldt-Universität Berlin besteht ein Bereich T.-Wissenschaft, an der Akademie der Künste der DDR eine Sektion Darstellende Kunst mit einer Wissenschaftlichen Abteilung. Die Verbindung der T. zum Publikum ist auf vielfältige Weise geregelt: durch Kooperationsverträge zwischen T. und Betrieben, an den T. bestehende Freundeskreise und Jugendklubs sowie die Veranstaltung von Foyergesprächen, in denen Ensemblemitglieder der T. mit Besuchern über Inszenierungen diskutieren. Ein differenziertes Anrechtssystem ermöglicht T.-Besuche zu ermäßigten Preisen.

Die DDR ist Mitglied in folgenden internationalen T.-Vereinigungen: Internationales T.-Institut, Internationale Vereinigung der Kinder- und Jugend-T. (ASSITEJ), Internationaler Schauspielerverband (FIA), Internationale Föderation für T.-Forschung (FIRT), Internationale Organisation der Szenographen, T.-Architekten und T.-Techniker (OISTT), Internationale Vereinigung für Puppenspiel (UNIMA). Bedeutendstes T.-Festival sind die seit 1957 alljährlich im Herbst veranstalteten Berliner Festtage mit Gastspielen von T. des Auslandes und aus den DDR-Bezirken.

Tierärzte: Mit der Kollektivierung der → **Landwirtschaft** ist den T. für deren bis dahin freiberufliche Tätigkeit der Boden entzogen worden. Sie wurden in ein Staatliches Veterinärwesen überführt, dessen Aufbau dem System der ambulanten Versorgung im → **Gesundheitswesen** (I) sehr ähnlich ist. Tragende Einheit für die behandelnde Tätigkeit sind *Staatliche Tierarztpraxen* mit angestellten T., denen die veterinärmedizinische Versorgung der Betriebe obliegt, die aber auch darüber hinaus tätig werden. Dafür sind T.-Bereiche abgegrenzt (→ **Gesundheitswesen**, IV).

Die Zulassung zur freiberuflichen Tätigkeit ist seit 1958 gesperrt. Jedoch gibt es in den Städten noch immer „T. in eigener Niederlassung" (Behandlung von Hunden u. a. kleinen Haustieren, Schutzimpfungen u. ä.).

Für die veterinärhygienischen Aufgaben – Schlachttier- und Fleischkontrolle, lebensmittelhygienische Überwachung der Verarbeitungs- und Verteilungsbetriebe einschließlich Milchwirtschaft usf. – sind *Veterinärhygienebereiche* und -schwerpunkte sowie für besondere Aufgaben tierärztliche Hygienedienste gebildet, die von Hygiene-T. bzw. Chef-T. geleitet werden und unter Aufsicht der *Veterinärhygiene-Inspektion* (bei jedem Bezirkslandwirtschaftsrat) stehen. Die untersuchungstechnischen Aufgaben werden von Veterinäruntersuchungsämtern wahrgenommen. Ausgenommen von dieser Gliederung sind die Kombinate der Nahrungsgüterwirtschaft: bei jedem von ihnen ist ein *Tierärztlicher Hygienedienst* unter Leitung eines Tierärztlichen Direktors eingerichtet, der in den jeweiligen VEB der → **Nahrungsgüterwirtschaft** eingegliedert ist und dem Direktor des Betriebes untersteht.

Die Ausbildung der T. und des Mittleren veterinärmedizinischen Personals ist analog der der entsprechenden medizinischen Berufsgruppen geordnet (→ **Gesundheitswesen**, III). Veterinärmedizinische Forschung und Fortbildung liegen bei den Hochschulinstituten und bei der Wissenschaftlichen Gesellschaft für Veterinärmedizin der DDR.

Tierzucht: → **Staatliches Komitee für Aufkauf und Verarbeitung landwirtschaftlicher Produkte.**

Titel: → **Auszeichnungen.**

TKO: → **Qualität der Erzeugnisse.**

Todeserklärung: Die T. richtet sich nach dem noch geltenden Verschollenheitsgesetz vom 4. 7. 1939. Allerdings sind, nachdem bereits durch VO vom 22. 2. 1949 (ZVOBl. S. 124) Kriegsteilnehmer vom 1. 8. 1949 ab für tot erklärt werden konnten, durch VO vom 15. 11. 1951 (GBl. S. 1059) die Verschollenheitsfristen allgemein auf 5 bzw. 3 Jahre abgekürzt worden. Zuständig für das Verfahren auf T. sind die Kreisgerichte.

Die T. eines Menschen, der aufgrund einer Verhaftung in der früheren SBZ und späteren DDR verschollen ist,

kann von den in der Bundesrepublik Deutschland oder in West-Berlin lebenden Angehörigen bei dem für sie zuständigen Amtsgericht beantragt werden, da die Anrufung eines Gerichts in der DDR in diesem Fall unzumutbar ist. Sind Zeugen vorhanden, die den Tod des Verschollenen bestätigen können, erteilt das westliche Standesamt eine Sterbeurkunde, ohne daß eine vorherige T. notwendig ist.

Todesstrafe: In der sowjetischen Besatzungszone (SBZ) bzw. in der DDR hat es stets die T. gegeben. Auch das StGB vom 12. 1. 1968 hat die T. beibehalten. Sie wird, soweit das Gesetz sie zuläßt, gegen Personen ausgesprochen, die besonders schwere Verbrechen begangen haben (§ 60). Die T. ist mit der dauernden Aberkennung staatsbürgerlicher Rechte verbunden. Vollstreckt wird die T. durch Erschießen. Bis zum Inkrafttreten des neuen StGB wurden zum Tode Verurteilte enthauptet. Die T. ist wahlweise neben der Freiheitsstrafe angedroht: bei Mord (§ 112), bei folgenden Aggressionsverbrechen: Planung und Durchführung von Aggressionskriegen (§ 85), Vorbereitung und Durchführung von Aggressionsakten (§ 86), Verbrechen gegen die Menschlichkeit (§ 91) und Kriegsverbrechen (§ 93); bei folgenden **Staatsverbrechen:** Hochverrat (§ 96), Spionage (§ 97), landesverräterischem Treuebruch (§ 99), (Terror §§ 101, 102), Diversion (§ 103), Sabotage (§ 104); gemäß § 283 in besonders schweren Fällen von 9 Militärstraftaten, soweit diese im Verteidigungszustand oder bei kriegerischen Auseinandersetzungen begangen werden; in besonders schweren Fällen von Verstößen gegen die Strafbestimmungen der §§ 1 bis 5 des Gesetzes zum Schutz des Friedens vom 15. 12. 1950 (→ **Friedensgefährdung**).

Gegen Jugendliche darf die T. nicht verhängt werden. Gegen Frauen, die z. Z. der Tat, der Verurteilung oder der Vollstreckung schwanger sind, darf die T. nicht ausgesprochen bzw. vollstreckt werden. Auch Geisteskranke dürfen nicht hingerichtet werden.

Wie sich aus einer vom Generalstaatsanwalt und Ministerium der Justiz der DDR 1964 veröffentlichten Dokumentation, ergänzt durch spätere Pressemeldungen, ergibt, sind seit 1945 durch Gerichte der SBZ/DDR 122 Todesurteile wegen nationalsozialistischer Gewaltverbrechen verhängt worden, 32 davon in den 1950 durchgeführten Waldheimer Geheimprozessen (→ **Kriegsverbrecherprozesse**).

Über die aus anderen Gründen verhängten Todesurteile liegen keine offiziellen Informationen seitens der DDR vor. Nach westlichen Beobachtungen sind von 1951 bis 1967 mindestens 77 Todesurteile wegen Staatsverbrechen (davon allein 13 im Juli 1953, 23 im Jahre 1955) sowie 22 Todesurteile wegen Mordes verhängt worden. Seit dem Inkrafttreten des neuen StGB am 1. 7. 1968 sind durch Berichte in der Presse der DDR 3 Todesurteile gegen Kriegsverbrecher und 1 Todesurteil wegen Mordes (Februar 1974) bekanntgeworden.

TOM: Abk. für „technisch-organisatorische Maßnahmen", einen Begriff aus dem Bereich der Produktionspropaganda. Zu jedem → **Betriebskollektivvertrag** wird ein TOM-Plan ausgearbeitet, der in der Regel nur solche Maßnahmen zur Verbesserung der → **Technologie** der Betriebe enthält, die ohne zusätzliche Finanzmittel durchführbar sind. Der TOM-Plan ist ein Teilplan des betrieblichen → **Plans Neue Technik.** → **Planung.**

Toto: → **Lotterie.**

Touristik: Der Bereich der T. umfaßt Freizeit- und Ferienreisen (Camping, Wochenend-, Sonder- und Wanderfahrten, Pauschalreisen) im Inland (Inlands-T.) und im Ausland (Auslands-T.). Unterschieden wird dabei die passive Auslands-T. (Reisen ins Ausland) von der aktiven Auslands-T. (Reisen von Ausländern in die DDR). Die sinnvolle Nutzung und Gestaltung von Urlaub und Freizeit und die Ausnutzung der ökonomischen Möglichkeiten der T. (Abschöpfung des Kaufkraftüberhanges, Förderung wirtschaftlich schwacher Gebiete durch Bildung von Zentren der T., Einnahmen von Devisen westlicher Touristen) sind die Hauptfunktionen der T.

Die Aufgaben der T. sind in Art. 18 Abs. 3 der Verfassung der DDR verankert. Die T. soll als Element der sozialistischen Kultur neben Körperkultur und Sport der allgemeinen körperlichen und geistigen Erholung der Bürger dienen.

„Zur Verwirklichung der potentiellen Übereinstimmung zwischen den persönlichen und gesellschaftlichen Interessen" nimmt der Staat im Bereich der T. bestimmte „Steuerungsfunktionen" wahr. Als Leitungssysteme der T. dienen zentrale Einrichtungen wie der Feriendienst des FDGB, das „Komitee für T. und Wandern" (KTW) und „das Reisebüro der DDR".

1. Komitee für Touristik und Wandern. Das KTW (Vorsitzender: Gerhard Mendl, SED) setzt sich aus Vertretern der Massenorganisationen zusammen. Die Arbeit des KTW beschränkt sich zum größten Teil auf die Inlands-T. Hauptaufgabe des KTW ist die „Erhöhung des politisch-erzieherischen, des fachlichen und kulturellen Niveaus der Touristen- und Wanderbewegung". Neben einem Herbergs- und Zeltlagerverzeichnis gibt das KTW das Touristenmagazin „Unterwegs" heraus.

2. „Reisebüro der DDR". Das Reisebüro der DDR (Generaldirektor: Hans Rudolf Hinzpeter, SED) ist VEB und untersteht dem Ministerium für Verkehrswesen. Es besteht aus der Generaldirektion mit den Direktionsbereichen Inlands-T., sozialistisches und nichtsozialistisches Ausland, Ökonomie und Ausländerbetreuung. Das Reisebüro hat in zahlreichen Hauptstädten des sozialistischen und westlichen Auslands Auslandsvertretungen und unterhält zu über 600 ausländischen Büros Vertrags- bzw. Korrespondenzbeziehungen. Es beschäftigt über 4 000 Personen, vorwiegend Frauen.

Aufgabe des Reisebüros ist die Vermittlung von Leistungen zur „touristischen Bedarfsdeckung" an die Bevölkerung und an die ausländischen Touristen.

In den letzten 15 Jahren hat das Reisebüro für mehr als 50 Mill. Personen auf Inlands- und Auslandsaufenthalten Pauschal- und Rundreisen sowie Wochenend- und Kurzfahrten durchgeführt. Im gleichen Zeitraum betreute es 6,5 Mill. Touristen aus den sozialistischen und anderen Ländern in der DDR.

3. Inlandstouristik. Der Anteil des Reisebüros der DDR an der Inlands-T. ist gering. Im Jahre 1973 vermittelte es 197 708 Pauschalreisen von durchschnittlich 14tägiger Dauer, außerdem für ca. 3,5 Mill. Reisende Tagesund für knapp 240 000 Mehrtagesfahrten.

Träger der Inlands-T. sind in der Hauptsache der Feriendienst des FDGB, das KTW sowie Betriebe und Organisationen, von Privatreisen abgesehen. Im Jahre 1973 verbrachten 18,3 v. H. der 1,92 Mill. Reisenden in den Ostseebädern ihren Urlaub in Betriebsheimen und -Zeltlagern, 22,9 v. H. der Urlauber wurden vom FDGB-Feriendienst betreut und 27,8 v. H. Reisende machten ihren Urlaub auf öffentlichen Zeltplätzen. Lediglich 6,4 v. H. der Urlaubsreisen wurden vom Reisebüro der DDR vermittelt.

4. Auslandstouristik. a) Reisen ins Ausland (passive Auslands-T.). Domäne des Reisebüros ist die Vermittlung von Auslandsreisen. 1973 reisten mit dem Reisebüro 799 640 Personen ins „sozialistische Ausland", davon 229 451 zu mehrwöchigen Pauschalreisen, und 483 450 zu Kurzreisen. Mit rund 390 000 vermittelten Reisen stand die ČSSR an der Spitze, gefolgt von der UdSSR mit 135 982 und Polen mit 127 264 Reisen. Der Anteil der vom Reisebüro der DDR vermittelten Reisen beträgt jedoch weniger als 8 v. H. der insgesamt 10,2 Mill. Reisen ins sozialistische Ausland. Nach amtlichen Angaben der DDR fuhren von den 10,2 Mill. Reisenden 0,1 Mill. nach Bulgarien, je 0,3 Mill. in die UdSSR und nach Ungarn, 4,2 Mill. in die ČSSR und 5,2 Mill. nach Polen. Zu einem sprunghaften Anstieg der Reisezahlen führte die Aufhebung des Paß- und Visumzwanges zwischen der DDR und Polen und für Reisen in die ČSSR. Aufgrund der Erleichterungen im Reiseverkehr zwischen den beiden deutschen Staaten haben auch die Reisen ins Bundesgebiet und nach Berlin (West) zugenommen. Von den nach amtlichen Anganben insgesamt 2,2 Mill. Bewohnern der DDR, die ins westliche Ausland fuhren, führten ca. 1,3 Mill. Reisen ins Bundesgebiet und nach Berlin (West), davon waren 1,25 Mill. Reisen von Rentnern und Invaliden und ca. 40 000 Reisen in dringenden Familienangelegenheiten.

Die durch die Beseitigung administrativer Hindernisse bei Reisen ins sozialistische Ausland und die Schaffung neuer Reisemöglichkeiten im innerdeutschen Reiseverkehr bedingte stürmische Entwicklung der Auslandsreisen von Bewohnern der DDR ergibt sich aus folgenden Zahlen:

Ausreisen aus der DDR

Jahr	Insgesamt 1 000 Pers.	westliche Länder v. H.	Intensität[1] Personen
1970	2 594	32,6	15
1971	3 000	27,0	18
1972	14 550	7,9	85
1973	11 852	19,1	70

1 Ausreisende insgesamt je 100 Einwohner.

Quelle: DIW-Wochenbericht Nr. 32/74.

Die DDR liegt mit 70 Ausreisenden insgesamt je 100 Einwohner unter den sozialistischen Ländern mit Abstand an der Spitze der Ausreiseintensität, gefolgt von Polen, Ungarn und der ČSSR mit ca. 20 Ausreisenden je 100 Einwohner.

b) Reisen von Ausländern in die DDR (aktive Auslands-T.). Auch die Zahl der Reisen von Ausländern in die DDR ist durch administrative Erleichterungen in den letzten Jahren sprunghaft gestiegen:

Einreisen in die DDR

Jahr	Insgesamt 1 000 Pers.	westliche Länder v. H.	Intensität[1] Personen
1970	5 600	50,5	33
1971	5 900	55,9	35
1972	18 650	38,0	109
1973	17 350	48,0	102

1 Einreisende insgesamt je 100 Einwohner.

Quelle: DIW-Wochenbericht Nr. 32/74.

Im Jahr 1973 haben somit mehr Reisende aus dem Ausland und aus dem Bundesgebiet und Berlin (West) die DDR besucht, als sie Einwohner zählt. Der hohe prozentuale Anteil der Reisenden aus den westlichen Ländern ist darauf zurückzuführen, daß hierunter auch die ca. 2,3 Mill. Besucher aus dem Bundesgebiet und die ca. 3,5 Mill. Besucher aus Berlin (West) sowie die rd. 1,4 Mill. Tagesbesucher in Berlin (Ost) fallen.

5. Wirtschaftliche Bedeutung. Die zwischen der DDR und den anderen sozialistischen Ländern bestehenden großen Angebots- und Preisunterschiede, besonders im Konsumgüterbereich, haben vor allem Besucher aus den RGW-Ländern in einem solchen Ausmaß zu Käufen verleitet, daß es bei einzelnen Gütern zu Versorgungsengpässen in der DDR kam; diesen Gefahren wurde mit vorwiegend administrativen Maßnahmen begegnet.

Andererseits hat die Expansion des Reiseverkehrs zu einer Verdoppelung bzw. Verdreifachung der Einnahmen geführt. Im Jahr 1972 hat die DDR allein 50 Mill. Dollar in konvertibler Währung durch den Fremdenverkehr eingenommen. Dabei kann davon ausgegangen werden, daß das Verhältnis von Devisenerlös und Inlandsaufwand im Tourismus günstiger ist als beim Waren-Export.

Transfer-Rubel: Der TR. ist die gemeinsame Währungseinheit der → **Internationalen Bank für Wirtschaftliche Zusammenarbeit** (IBWZ) der → **RGW**-Länder. Sein Wert wird durch den amtlichen Goldgehalt von 0,987412 Gramm bestimmt, d. h. 1 TR. = 1,32 US-$ = 3,47 DM (September 1974). Der TR. ist mit dem Valuta-Rubel, der sowjetischen Außenwährungseinheit, identisch. Die ökonomische Funktion des TR. ist in der Praxis allerdings stark eingeengt: Der Handel zwischen den RGW-Mitgliedsländern wird nach wie vor überwiegend auf der Grundlage von zweiseitigen Regierungsabkommen abgewickelt. Ein Guthaben in TR. ermöglicht in diesem Rahmen nicht unmittelbar Käufe in

einem anderen Partnerland. Denn der Saldenausgleich erfolgt nicht durch die Verrechnung in TR., sondern muß jedesmal in einem Handelsabkommen neu vereinbart werden. Aus diesem Grunde ist kein RGW-Land daran interessiert, im Intrablockhandel Überschüsse, d. h. Guthaben in TR. zu erzielen. Außerhalb des Handelsverkehrs zwischen den RGW-Ländern repräsentiert der TR. keine selbständige Kaufkraft.

Transitvertrag: → **Berlin; Beziehungen zwischen beiden deutschen Staaten.**

Transportausschüsse: → **Verkehrswesen.**

Transportpolizei: Dienstzweig der → **Deutschen Volkspolizei,** zuständig für Ordnung und Sicherheit auf den Anlagen und in den Einrichtungen der → **Deutschen Reichsbahn.** Die Zuständigkeit der T. umfaßt also nicht das gesamte Transportwesen der DDR, sondern nur den Schutz des Eisenbahnverkehrs. Zu ihren Aufgaben gehört u. a. die Kontrolle der Reisenden; hierzu werden Zugbegleitkommandos (ZBK) eingesetzt.

Die T. gliedert sich territorial in 8 Abschnitte, die den 8 Eisenbahndirektionen der DDR entsprechen. Von den ca. 80 Kompanien der T. (mit ca. 8500 Mann) werden 17 kaserniert als Verfügungsverbände gehalten. Der Dienst in der T. ist dem aktiven Wehrdienst gleichgestellt. Die T. ist mit Maschinenpistolen und Granatwerfern ausgerüstet. Auf dem Gebiet der Reichsbahn in West-Berlin wird die T. seit dem 13. 8. 1961 eingesetzt, seit dem 30. 1. 1962 unter der Bezeichnung „Bahnpolizei". Kommandeur der T. ist (1975) Oberst H. Nedwig.

Treubruch, landesverräterischer: → **Staatsverbrechen.**

Treuhandvermögen: Durch die VO über die Verwaltung und den Schutz ausländischen Eigentums in der DDR vom 6. 9. 1951 (GBl. S. 839) ist das **Ausländervermögen** in staatliche „Treuhandverwaltung" genommen worden. Hiervon wurden alle am 8. 5. 1945 vorhandenen Vermögenswerte betroffen, die ganz oder teilweise Ausländern gehörten oder „unmittelbar oder mittelbar unter dem Einfluß von Ausländern" standen. Das Vermögen inländischer juristischer Personen unterlag der Verwaltung, wenn sich mindestens die Hälfte der Anteile in den Händen von Ausländern befand. Entsprechendes galt für das Vermögen von Personalgesellschaften, Erbengemeinschaften und anderes Gesamthandsvermögen (1. DB. vom 11. 8. 1952, GBl. S. 745). Die Verwaltung ausländischer Vermögenswerte (Unternehmen, Beteiligungen, Wertpapiere etc.) wurde den zuständigen Fachministerien bzw. den zuständigen Banken (jetzt der Staatsbank der DDR) übertragen. Die Kontrolle über die Verwaltung übt das Ministerium der Finanzen aus. Die mit der Verwaltung beauftragte Stelle hat lediglich die Interessen des Staates zu berücksichtigen und steht zum Eigentümer des T. in keinem Rechtsverhältnis. Sie hat die alleinige Verfügungsgewalt über das ihr übertragene T. Die bei der Verwaltung ausländischer Vermögenswerte erzielten Gewinne werden auf ein Sammelkonto überwiesen, von dem die mit der Verwaltung des gesamten ausländischen T. verbundenen Kosten gedeckt werden. Die Tatsache der Verwaltung ist in die zuständigen öffentlichen Register (Handelsregister, Grundbuch usw.) einzutragen. Zu „Treuhandbetrieben" zählen auch Großbetriebe der Industrie, z. B. die Chemiewerke des Solvay-Konzerns in Osternienburg und Westeregeln, die Finsterwalder Maschinenfabrik, die IHAGEE-Kamerawerke in Dresden usw. Die endgültige Eigentumsregelung für die T. ist bis zum „Abschluß eines Friedensvertrages mit Deutschland" zurückgestellt.

Das Vermögen von Personen, die nach dem 10. 6. 1953 geflüchtet sind, fällt nach der AO Nr. 2 über die Behandlung des Vermögens von Personen, die die DDR nach dem 10. 6. 1953 verlassen vom 20. 8. 1958 (GBl. I, S. 644), unter Treuhandverwaltung (→ **Flüchtlingsvermögen**), für die im wesentlichen die gleichen Grundsätze gelten wie für ausländisches T.

Als T. werden auch die in Ost-Berlin und der DDR liegenden West-Berlinern gehörenden Grundstücke behandelt (→ **Grundeigentum**). Für Grundstücke, deren Eigentümer in der Bundesrepublik Deutschland wohnen, wird nur dann ein staatlicher Treuhänder bestellt, wenn der Eigentümer nicht selbst einen Verwalter eingesetzt hat. Die Verwaltung wird im allgemeinen durch den VEB Kommunale Wohnungsverwaltung oder durch die Grundstücksverwaltung der Gemeinden ausgeübt. Auch die staatliche Verwaltung ist dem im Westen lebenden Eigentümer zur Auskunft und Rechnungslegung verpflichtet. Die gleichen Grundsätze gelten für Vermögen, das Ausländer nach dem 8. 5. 1945 – z. B. durch Erbfolge – erwerben. Wenn es sich bei dem Ausländer selbst um einen früheren Flüchtling handelt, wird sein Vermögen als Flüchtlingsvermögen behandelt.

Trotzkismus: Nach dem Mitbegründer des Sowjetstaates und Schöpfer der Roten Armee, dem 1929 aus der UdSSR ausgewiesenen und 1940 von einem sowjetischen Geheimdienstagenten in Mexiko ermordeten L. D. Trotzki benannte politische Strömung. Der T. kritisiert die „bürokratische Entartung" des Sowjetsystems, Stalins Auffassungen vom „Aufbau des Sozialismus in einem Land" sowie die schrankenlose Diktatur einer von Partei und Massen losgelösten kommunistischen Parteiführung; er betont den → **Internationalismus** in der Theorie von der „permanenten Revolution". Im Jahr 1938 erfolgte die Gründung der IV., der trotzkistischen Internationale. Sie hat heute Sektionen in 52 Ländern und versteht sich als Weltpartei und Erbe Lenins und Trotzkis. Sie tritt für Rätedemokratie und Arbeiterselbstverwaltung ein.

Nach Stalin waren die Trotzkisten „Agenten des Faschismus". „In Eintracht mit den Imperialisten" erweisen sich die Trotzkisten nach Auffassung des → **Marxismus-Leninismus** als Pseudorevolutionäre, als „verbissene Feinde des Sozialismus und des Fortschritts überhaupt".

Eine inhaltliche Auseinandersetzung mit dem T. hat in der UdSSR niemals stattgefunden.

Von der SED wird der Begriff T. gelegentlich als Synonym für oder im Zusammenhang mit Anarchismus in der Polemik gegen aktionistische, links von der DKP stehende Strömungen in der Bundesrepublik Deutschland gebraucht.

U

Überleitung: → **Forschung.**

Überplanbestände: Bezeichnung für die in Produktionsbetrieben und beim Handel lagernden Bestände an Material, unvollendeten Erzeugnissen und Fertigerzeugnissen, die die im → **Richtsatzplan** festgelegte Höhe der Planbestände überschreiten. Ü. sind ebenso wie Sortimentslücken in der Regel Ausdruck für die mangelnde Anpassungsfähigkeit der Betriebe an Bedarfsschwankungen und Störungen des Wirtschaftsablaufs. Sowohl die Starrheit des Planungssystems wie die Planinterventionen durch übergeordnete Leitungsinstanzen führen zu Ü. In Handelsbetrieben ergeben sich Ü. häufig als Folge nicht bedarfsgerechter oder minderwertiger Produktion. Die Großhandelsgesellschaften versuchen diese Ü. durch überbezirklichen Warenaustausch auf sogenannten Warenbörsen und Submissionen abzubauen. Zum Abbau werden auch finanztechnische Instrumente, z. B. erhöhte Kreditzinssätze, eingesetzt. Neben den planwidrigen Ü. entstehen höhere Bestände plangemäß, wenn sie aufgrund von operativen Planentscheidungen übergeordneter Leitungsinstanzen zur Abwendung von wirtschaftlichen Störungen angelegt werden. → **Binnenhandelsmessen.**

Übersiedler: Nach einer 1965 in der Bundesrepublik Deutschland veröffentlichten amtlichen Statistik sollen von 1950 bis 1964 505 361 Personen in die DDR übergesiedelt sein. Diese sowie andere vom Statistischen Bundesamt veröffentlichten Statistiken der Fortzüge aus dem Bundesgebiet in die DDR und nach Ost-Berlin erfassen jedoch nur solche Übersiedler, die sich unter Angabe ihres Zieles an ihrem bisherigen Wohnort im Bundesgebiet polizeilich abgemeldet haben. Trotzdem lassen diese Statistiken erkennen, daß die Zahl der Ü. seit 1962 stark zurückgegangen ist. Mit 36 676 Abwanderungen aus dem Bundesgebiet ist 1957 die größte Zahl von Ü. gezählt worden. 1961 waren es nur 14 564. In der folgenden Statistik der Jahre 1964–1972 sind die Fortzüge aus dem gesamten Bundesgebiet einschließlich West-Berlins in die DDR einschließlich Ost-Berlins enthalten:

Übersiedler in die DDR

1964	4 446
1965	5 612
1966	4 250
1967	3 636
1968	2 884
1969	2 458
1970	2 082
1971	1 849
1972	1 751
1964–1972	28 968

In dieser Aufstellung fehlen die Ü., die ohne Abmeldung ihren Wohnsitz in die DDR verlegt haben. Deren Anteil ist relativ hoch, da nach den inzwischen auch von den DDR-Behörden gemachten Erfahrungen die meisten Ü. Anlaß haben, ihre Übersiedlung in die DDR geheimzuhalten, sei es, weil sie erhebliche Schulden zurückließen oder weil sie sich der Strafverfolgung in der Bundesrepublik Deutschland entziehen wollen.

Ü., die derartige Motive für das Verlassen ihres westdeutschen Wohnsitzes haben, müssen allerdings seit einigen Jahren damit rechnen, von den Behörden der DDR unverzüglich in die Bundesrepublik zurückgeschickt zu werden. Die Zahl derartiger mißglückter Versuche, in die DDR zu gelangen, ist daher recht groß. So sind z. B. nach den Feststellungen des Bundesgrenzschutz-Kommandos Nord allein im Jahre 1967 1 430 Ü. als unerwünschte Personen von den DDR-Behörden nach Niedersachsen abgeschoben worden.

Seitens der DDR werden seit 1966 überhaupt keine Angaben über Ü. mehr gemacht. Bis dahin hatten Meldungen mit hohen Zahlen von Ü. aus Westdeutschland und in die DDR zurückgekehrten Flüchtlingen sowie eingehende Schilderungen von Einzelfällen den Anschein einer großen politisch bedingten Fluchtbewegung aus der Bundesrepublik Deutschland in die DDR erwecken sollen – als propagandistisches Gegengewicht zu der das Ansehen der DDR mindernden Massenflucht aus der DDR (→ **Flüchtlinge**). Die schlechten Erfahrungen mit Ü. aus Westdeutschland – nach DDR-Veröffentlichungen soll die Kriminalität von Ü. um ein Vierfaches über dem DDR-Durchschnitt gelegen haben – haben die DDR offenbar zur Einstellung dieser Propaganda und zu einer schärferen Auslese bei der Aufnahme der Ü. in die DDR veranlaßt.

Die Ü. werden nach ihrer Ankunft zunächst in eines der „Aufnahmeheime für Ü. und Rückkehrer" in Berlin-Blankenfelde, Barby, Eisenach, Pritzier ü/Hagenow (Mecklbg.) oder Saasa Kr. Eisenberg/Thür. eingewiesen (für desertierte Bundeswehr-Angehörige gibt es besondere Aufnahmestellen), wo sie eingehend durch den Staatssicherheitsdienst geprüft und über die Verhältnisse in ihrer Heimat ausgefragt werden. Wenn die Ü. nach Abschluß dieser einige Wochen dauernden Überprüfung einen Personalausweis der DDR erhalten, sind sie damit Bürger der DDR geworden und können dann wie alle übrigen Bewohner der DDR nicht mehr ohne Genehmigung der DDR-Behörden in die Bundesrepublik Deutschland zurückkehren. Soweit sie nicht bei Verwandten Wohnsitz nehmen können, werden sie in einem der Bezirksaufnahmeheime untergebracht. Dort wird ihnen der Aufenthaltsort und Arbeit zugewiesen.

Dies gilt auch für zurückkehrende Flüchtlinge, die die DDR vor dem 1. 1. 1972 verlassen haben. Ihnen ist durch Gesetz zur Regelung der → **Staatsbürgerschaft** vom 16. 10. 1972 (GBl. I, S. 265) die Staatsbürgerschaft der DDR entzogen und zugleich Straffreiheit wegen des ungenehmigten Verlassens der DDR zugesichert worden. Flüchtlinge, die seit dem 1. 1. 1972 aus der DDR geflüchtet sind, müssen dagegen bei ihrer Rückkehr grundsätzlich mit Bestrafung wegen ungesetzlichen Grenzübertritts (→ **Republikflucht**) rechnen. Sofortige Festnahme haben vor allem auch geflüchtete Partei- und Staatsfunktionäre und Angehörige der bewaffneten Organe zu erwarten, selbst wenn sie vor dem 1. 1. 1972 die DDR verlassen haben. Ihnen droht ein Strafverfahren wegen Spionage, landesverräterischen Treubruchs bzw. Fahnenflucht. Diese Rückkehrer werden im allgemeinen bei ihrer Entlassung aus der Strafhaft wieder in die Bundesrepublik Deutschland abgeschoben.

Ü. können bei Bedürftigkeit vom Rat der Gemeinde ein Überbrückungsgeld bis zu 50 Mark und je 40 bzw. 25 Mark für jeden unterhaltsberechtigten Angehörigen sowie ein Darlehen von 1 000 Mark, bei Zuzug mit Angehörigen bis zu 4 000 Mark erhalten. Rückkehrer müssen alle diese Leistungen grundsätzlich zurückerstatten.

Übersiedlung in die Bundesrepublik Deutschland:
→ **Familienzusammenführung.**

Überstunden: → **Arbeitsrecht; Lohnformen und Lohnsystem.**

Überweisungsverfahren: Die Überweisung gilt seit 1965 als die Grundform der bargeldlosen Verrechnung zwischen den Betrieben. Die besondere Bedeutung dieses → **Verrechnungsverfahrens** liegt darin, daß der Käufer bei festgestellter Vertragsverletzung entsprechend seinen gesetzlichen und vertraglichen Rechten die Bezahlung ganz oder teilweise verweigern kann (Überweisungsanordnung vom 3. 9. 1964; GBl. II, S. 767). Das Ü. soll in den Fällen vereinbart werden, bei denen die Prüfung der Warenlieferung oder Leistung erforderlich ist (Verrechnungs-Verordnung vom 12. 6. 1968; GBl. II, S. 423).

Umlaufmittel: Zu den U. wird in der DDR der Produktionsumlauffonds (Produktionsvorräte, Halbfertigprodukte) und der Zirkulationsfonds (Fertigwaren, Warenbestände des Handels, finanzielle Forderungen, Bankguthaben, Kassenbestände) gerechnet. → **Rechnungswesen.**

Umweltschutz

Ursachen – Besonderheiten in der DDR – Ideologische Aspekte – Gesetzliche Regelungen – Allgemeine Maßnahmen – Sanktionen

I. Ursachen und Gefahren der Umweltverschmutzung

Die Gesundheit des Menschen und der Tierwelt wird heute auch in der DDR zunehmend durch Schadstoffe der belebten und der unbelebten Natur beeinträchtigt, insbesondere durch chemische Faktoren. Luft, Wasser, Boden und Pflanzen werden verunreinigt und schädigen so die Umwelt; über Nahrungsmittel oder direkte Kontakte wirkt sich dies nachteilig auf die menschliche Gesundheit aus.

Die *Luftverunreinigung* wird vor allem durch Staub, durch Industrieabgase und Rußbildung der Feuerungsanlagen der Haushalte – mit Schwefeldioxyd (SO_2) u. a. – sowie durch Kraftfahrzeug- und Flugzeugabgase mit den Hauptschadstoffen Blei (Pb), Kohlenmonoxyd (CO), Benzpyren, hervorgerufen. Dabei wird nicht nur die Gesundheit des Menschen beeinträchtigt und die Pflanzen- und Tierwelt geschädigt, es treten als Folgeerscheinungen auch erhöhte Korrosions- sowie Produktionsschäden in Industrie und Landwirtschaft auf.

Welche Auswirkungen allein für die Gesundheit eintreten, verdeutlicht , daß nach DDR-Berechnungen eine Senkung der Emissionen in stärker belasteten Gebieten auf die Hälfte eine Minderung der allgemeinen Sterberate um 4,5 v. H., eine Erhöhung der durchschnittlichen Lebenserwartung um rund 4 Jahre, einen Rückgang der bösartigen Geschwulste der Atemwege um ein Viertel sowie eine Verminderung von 10–15 v. H. der Herz- und Kreislauferkrankungen bewirken würde.

Bei der *Wasserverschmutzung* erweist sich das Problem der Abwässer – z. B. Überschußkühlwasser von Kraftwerken (5 v. H. des Wasserdurchlaufs der DDR gehen als Kühl- und Brauchwasser an Kraftwerke), ölhaltige Abwässer, Entsalzungswässer, Verunreinigungen durch Farben und Chemikalien – als besonders gefährlich. Sie beeinträchtigen nicht nur die Trink- und Gebrauchswasserversorgung des Menschen, sondern auch die Sauberhaltung der Flüsse, Binnengewässer und Meere. Während die Meere zunehmend organische und mineralogische Verschmutzungen mit den bekannten Gefahren für den Nahrungsmittelkreislauf sowie auch Radioaktivität aufweisen, zeigen die Binnengewässer durch Abwässer hervorgerufene starke Störungen des biologischen Gleichgewichts. Infolge von Temperaturerhöhungen durch industrielles Kühlwasser, durch nährstoffhaltige Abwässer oder durch Auswaschungen von auf Äckern verteilten Düngemitteln wird über ein stimuliertes Wachstum von Flora und Fauna Sauerstoffmangel ausgelöst, der schließlich Fäulnisprozesse anregt. Einzelne Flüsse wie Saale und Weiße Elster führen bereits Wasser der Güteklasse 4 und gelten als hochgradig verunreinigt.

Bei der → **Bodenverschmutzung** spielen neben der Bodenverschlechterung (z. B. durch agrarischen Raubbau, Übermelioration), dem Bodenentzug der Landwirtschaft (z. B. durch den Braunkohlenbergbau) und der ungeordneten Abfalagerung, vor allem auch die Ablagerung von Schadstoffen aus Luft und Wasser eine große Rolle. Bodenschädigende Auswirkungen hat auch der starke Gebrauch von Pflanzenschutz- und Schädlingsbekämpfungspräparaten (Insektizide, Herbizide, Fungizide und Pestizide).

Die *Lärmbelästigung* erweist sich zunehmend als

Störfaktor, da in der DDR lärmbedingte Berufs-krankheiten mit einem Anteil von über 50 v. H. seit Mitte der 60er Jahre an der Spitze der Berufserkran-kungen stehen. Quelle der Lärmbelästigung ist ne-ben dem Lärm der Produktionsstätten vor allem der Straßenverkehr. Geht man davon aus, daß drei Vier-tel der Bevölkerung der DDR in Städten lebt und be-rücksichtigt man davon die Hälfte, so dürften ca. 6 Mill. Menschen ständiger Lärmeinwirkung ausge-setzt sein.

Schließlich nehmen *Strahlenschäden* zu, einerseits durch die natürliche Strahlenbelastung der Bevölke-rung und andererseits durch radioaktive Stoffe. Da-bei spielen sowohl Schädigungen von Personen eine Rolle, die beruflich Strahlenbelastungen ausgesetzt sind, als auch radioaktive Verunreinigungen von Sachgütern sowie Folgen unzureichender Lagerung radioaktiver Abfälle (→ **nuklearer Umweltschutz**).

II. Besonderheiten der DDR

Die DDR hat mit spezifischen Umweltproblemen zu kämpfen:

a) Die Braunkohle als Primärenergiebasis führt – wegen der Braunkohlenverbrennung in Industrie und Haushalt – zu einer besonders hohen *Luftver-schmutzung* durch Schwefeldioxyd, Staub und Asche, die sich besonders stark in den Ballungsge-bieten von Industrie und Bevölkerung (z. B. in den Bezirken Halle, Dresden, Karl-Marx-Stadt und Leipzig) auswirken. Zudem erfordert der Braun-kohlentagebau eine hohe Inanspruchnahme land- und forstwirtschaftlicher Nutzfläche.

b) Die → **Wasserwirtschaft** befindet sich in einer be-sonders prekären Situation, da die Inanspruchnah-me des Wassers außerordentlich hoch ist. So stehen je Kopf der Bevölkerung pro Jahr nur 880 m³ Was-ser (natürlicher Abfluß) – in Trockenjahren lediglich 430 m³ – zur Verfügung bei einem derzeitigen Ge-samtverbrauch von fast 8 Mrd. m³, der bis 1980 auf etwa 14 Mrd. m³ ansteigen dürfte. Für die Bundesre-publik Deutschland beträgt der gegenwärtige Ver-brauch ca. 30 Mrd. m³ und wird bis zum Jahre 2 000 auf 41 Mrd. m³ ansteigen.

Da nur 17 v. H. der Hauptwasserläufe – nach ent-sprechender Wasseraufbereitung – zur Trinkwasser-versorgung herangezogen werden können, muß das Wasser in industriellen Ballungsgebieten bis zu fünf-mal genutzt werden. Damit beträgt der Nutzungs-grad das Doppelte bis 4fache der Nachbarstaaten. Regional konzentriert sich die Wasserverschmut-zung besonders auf den – von chemischen Betrieben dicht besiedelten – Raum Halle, Leipzig und Bitter-feld, erheblich weniger entfällt auf die nördlichen Gebiete und die Umgebung Berlins.

Obwohl von 1967 bis 1970 in der DDR Kläranlagen (vor allem auf der Basis mechanischer Verfahren) mit einer Tagesleistung von insgesamt 382 000 m³ gebaut wurden, gelten die Klärkapazitäten in der DDR immer noch als unzureichend, wodurch die wasserwirtschaftliche Situation zusätzlich belastet wird.

c) Das *Müllproblem* gestaltet sich etwas einfacher als in westlichen Industrieländern, da in der DDR ein Engpaß an Verpackungsmaterialien gegeben ist und die generelle Rohstoffknappheit zu stärkerem Ein-satz von Sekundärrohstoffen zwingt. So spielen bei-spielsweise die Nutzung von Schrott und Altpapier sowie die Verwendung von Schlacken und Aschen als Baustoffe schon seit langem eine erhebliche Rol-le. Dennoch fallen jährlich ca. 11,5 Mill. m³ (1970) Siedlungsmüll an, 1980 dürften es 17 und 1990 25 Mill. m³ sein, die in geordneter Deponie abgela-gert oder durch Verbrennung bzw. Umwandlung in Humus beseitigt werden müßten. Bislang erfolgt je-doch die Ablagerung von Abfallstoffen aus der Pro-duktion und von Siedlungsabfällen vor allem auf „wilden" Müllkippen; eine erste geordnete Deponie wurde 1972 im Kreis Döbeln angelegt. Komposti-erungswerke größerer Kapazität zur Verarbeitung von Siedlungsabfällen fehlen bisher ganz. Vorrangi-ges Ziel der DDR dürfte daher die Schließung wilder Müllkippen zugunsten geordneter Deponien sein, da die Realisierung weitergehender Programme vor-läufig an den hohen Kosten scheitern dürfte.

III. Politisch-ideologische Aspekte

In der DDR wird immer wieder betont, daß die kapi-talistische Gesellschaftordnung wegen ihres Profit-strebens für das hohe Ausmaß der Umweltver-schmutzung verantwortlich sei: Lediglich aufgrund der Initiativen einzelner Persönlichkeiten seien im Kapitalismus Landschaftsschutzgebiete zum Schutze der Natur vor dem Menschen angelegt worden. Demgegenüber soll im Sozialismus die Natur für den Menschen geschützt werden. Der „Raubbau an der natürlichen Umwelt" sei ein typisches Merkmal des Kapitalismus, während der Sozialismus den U. nicht nur als bloße Abwehrmaßnahme verstehe, sondern eine aktive zukunftsbezogene Umweltgestaltung an-strebe. In der kapitalistischen Gesellschaftsordnung vollziehe man zwar auch eine „Reparatur von Um-weltschäden", jedoch sei der U. dabei eine neue Pro-fitquelle. Demgegenüber wolle der Sozialismus eine bewußte und planmäßige Gestaltung der Lebensum-welt.

Die Existenz von Umweltproblemen wird als Hin-terlassenschaft des Imperialismus bezeichnet. Man spricht von einem traurigen Erbe, das die DDR an-zutreten hatte, denn beispielsweise seien nach 1945 für industrielle, mit Verbrennungsvorgängen ver-knüpfte Produktionsprozesse praktisch keine Ab-gasreinigungsanlagen vorhanden gewesen, da diese Probleme vor und im II. Weltkrieg völlig vernachläs-sigt worden seien. Es wird interessanterweise hinzu-gefügt, daß in der DDR nach dem Kriege die An-strengungen zunächst dem Wiederaufbau galten und deshalb längere Zeit auch wieder die Aufgaben der Reinigung der Abgase und des Wassers zurückgestellt werden mußten.

Der ideologischen Verknüpfung von Umweltproblematik und Wirtschaftssystem ist entgegenzuhalten, daß jede Produktion – unabhängig vom Wirtschaftssystem – als Umwandlungsprozeß von Gütern einer Produktionsstufe zu solchen einer anderen Stufe immer einen nicht zu nutzenden Rest hinterläßt, der dann im Wasser, in der Luft oder auf Abraumhalden wiedergefunden werden kann. Selbst der Konsum ist eine Umwandlung in nur teilweise oder gar nicht verwendbare Abfallprodukte. Mit diesem Tatbestand sind Produktion und Verbrauch in allen Wirtschaftssystemen konfrontiert. Entscheidend ist, daß der Erkenntnisstand über die Gefahren der ,,Abfälle'' sowie über die Möglichkeiten ihrer Vermeidung bzw. Einschränkung erheblich hinter der Entwicklung der Produktionsprozesse hinterherhinkt, zumal die Orientierung auf starkes Wachstum – auch in sozialistischen Volkswirtschaften – Produktivitätsfortschritten erheblich höhere Priorität einräumt als der Durchführung kostspieliger U.-Maßnahmen.

IV. Gesetzliche Regelungen in der DDR

Gesetzliche Basis des U. ist das auf der Grundlage des Art. 15 der DDR-Verfassung von 1968 aufbauende → **Landeskulturgesetz** vom Mai 1970 mit mehreren Durchführungsverordnungen und Durchführungsbestimmungen. Daneben ist auf eine ganze Reihe von Sondergesetzen hinzuweisen. Von diesen verdienen besonders hervorgehoben zu werden: das die Instandhaltung und Nutzung der Gewässer sowie den Schutz vor Hochwassergefahren regelnde Wassergesetz von 1963 (GBl. I, 1963, S. 77 ff.) mit mehreren Durchführungsverordnungen, die Bodennutzungsverordnung von 1964 (GBl. II, 1965, S. 233 ff.), die AO über die Bewirtschaftung der Wälder von 1965 (GBl. II, 1965, S. 773 f.), die Luftverunreinigungsanordnung von 1968 (GBl. II, 1968, S. 640 ff.), die AO über die Erhöhung der Verantwortung der Städte und Gemeinden für Ordnung, Sauberkeit und Hygiene im Territorium von 1969 (GBl. II, 1969, S. 149 ff.) sowie die Strahlenschutzverordnung von 1969 (GBl. II, 1969, S. 627 ff.). Diese Gesetze werden laufend durch Verordnungen und Durchführungsbestimmungen ergänzt. So wurden in jüngster Zeit z. B. 2 Anordnungen über Rückstände von Pflanzenschutz- und Schädlingsbekämpfungsmitteln in Lebensmitteln (GBl. II, 1971, S. 526 ff. sowie I. 1973, S. 27 ff.) erlassen.

Während wesentliche Grundsätze zum U. bereits seit längerer Zeit gesetzlich verankert sind – sowohl in den genannten als auch in anderen Gesetzen – werden erst seit einigen Jahren auch Regelungen bezüglich der maximal zulässigen Immissionskonzentrationen (MIK-Werte) erlassen sowie Sanktionen bei Überschreitungen und Unterlassungen von vorgeschriebenen U.-Maßnahmen festgelegt. So wurde beispielsweise im August 1974 eine Verordnung über Schutzgebiete für die Wasserentnahme zur Trinkwasserversorgung erlassen und zur Eindämmung der Luftverschmutzung durch Kraftfahrzeuge mit weiteren Bestimmungen eine Minderung des Bleigehaltes im Benzin von 0,42 auf 0,4 g Ph/l – ab 1980: 0,311 g Ph/l – verordnet (in der Bundesrepublik gelten bereits seit 1972 0,4 g Ph/l, ab 1976 sollen es 0,15 g Ph/l sein). Daneben sind einige Emissionsgrenzwerte und Methoden der Messung und Überwachung von Abgasmengen für Fahrzeuge und Motoren für verbindlich erklärt worden.

V. Allgemeine Umweltschutzmaßnahmen

Bei den U.-Maßnahmen spielt neben der – z. T. schon seit längerer Zeit realisierten – Bildung von Naturschutzgebieten und Landschaftsschutzgebieten (→ **Naturschutz**) zunächst einmal die Durchführung einer ganzen Reihe von Messungen der verschiedensten Verschmutzungsarten eine große Rolle: Für die generelle Überwachung der Luftverschmutzung sind die Hygiene-Institute der Bezirke zuständig, für die Kraftfahrzeugabgaskontrolle zeichnen die Abgasprüfstelle der DDR in Berlin-Adlershof sowie die Leitstelle für Abprodukte beim Ministerium für Verkehrswesen verantwortlich. Von diesen Instituten werden laufend Messungen – beispielsweise während und nach den Messen in Leipzig, im Industriezentrum Bitterfeld, in Ost-Berlin – durchgeführt, um vor allem die Schadstoffkonzentrationen von Blei (Pb), Kohlenmonoxyd (CO), Stickstoffmonoxyd (NO), Stickstoffdioxyd (NO_2), Formaldehyd (H.CHO), Kohlenwasserstoffen (CmHn), Kohlendioxyd (CO_2), von Schwebstoffen und Schwefeldioxyd (SO_2) zu messen und dem maximal zulässigen, im ganzen RGW-Gebiet gültigen Immissionskonzentrationen (MIK-Werte), vergleichen zu können. Daneben erfolgen aber auch Messungen durch eine Vielzahl anderer Institute. Z. B. ist das → **Staatliche Amt für Atomsicherheit und Strahlenschutz** in Berlin (Ost) für die Messung und Vermeidung von Strahlenschäden zuständig. Die Messungen dienen außer der Überwachung auch der wissenschaftlichen Forschung, vor allem der Entwicklung von Reinigungstechnologien und der Vorbereitung legislatorischer Maßnahmen.

In über 50 wissenschaftlichen Forschungseinrichtungen wird an U.-Problemen gearbeitet. So wird z. B. in einem besonderen Institut im Tharandter Waldgebiet (im Bezirk Dresden) die Resistenz von Pflanzen, insbesondere Laubbäumen, gegenüber Schadstoffen – wie z. B. Schwefeldioxyd, Fluor- und Chlorverbindungen sowie Industrieabgasen – getestet, um widerstandsfähige Arten erkennen zu können, mit denen um Ballungszentren Grüngürtel anlegbar sind. Ein anderes Beispiel ist die von Forschern der DDR durchgeführte Messung der Bodenverunreinigung

durch das bei Verbrennungsvorgängen (Kraftfahrzeuge, Industrie) entstehende, stark krebsfördernde
3,4-Benzpyren. Interessant sind auch die vom Institut für Meereskunde des DAW in Rostock-Warnemünde gemeinsam mit anderen Ländern (Polen,
UdSSR, Finnland, Schweden und der Bundesrepublik) durchgeführten Messungen in der Ostsee. Diese wird wegen ihrer ozeanologischen Besonderheiten (erschwerter Wasseraustausch) besonders stark
von Umweltverschmutzungen beeinträchtigt. Erforscht werden insbesondere die Sauerstoffverhält-
nisse, die Zunahme von Giftstoffen (Quecksilber-
verbindungen, chlorierte Kohlenwasserstoffe aus
Pflanzenschutzmitteln, Mineralöl, Zink, Kadmium,
Blei), aber auch die Ausbreitung des – die Lebensbedingungen der Fische stark beeinträchtigenden –
Schwefelwasserstoffs. Daneben wird in der DDR
auch – angesichts der starken Verbreitung lärmbe-
dingter Berufskrankheiten – den Forschungen über
den Lärmschutz große Aufmerksamkeit gewidmet.
Vom 29. 5. –2. 6. 1972 fand in Dresden der VII.
Kongreß der Internationalen Vereinigung gegen
Lärm (AICB) statt.

In Erdproben in der DDR nachgewiesenes Benzpyren
(in μg/kg)

Ostseestrand	$\approx$ 1
Vorort (abseits)	$\approx$ 100
Vorort (Straßennähe)	$\approx$ 400
Chaussee	1 000
Industrieortschaft	$\approx$ 1 500
Bushaltestelle	1 500
Vorortbahnhof	3 000
Autobahn	3 000
250 m vom städtischen Gaswerk	6 000
Gelände eines Braunkohlenwerkes	$\approx$ 7 500

Quelle: Mensch und Umwelt, Sonderheft der Urania, Berlin
(Ost) 1972, S. 55.

Erwähnung verdient auch, daß in jüngster Zeit eini-
ge wissenschaftliche Kommissionen zur U.-For-
schung gebildet worden sind. U. a. wurde an der
Akademie der Wissenschaften der DDR eine aus
Medizinern, Biologen, Chemikern, Ernährungs- und
Geowissenschaftlern zusammengesetzte „Kommission für Umweltforschung" geschaffen, die unter
Leitung von Prof. Mottek steht und die die von den
Akademieinstituten durchgeführten Umweltfor-
schungen leiten, koordinieren und kontrollieren soll.
Aber auch die mehr und mehr mit Umweltfragen
konfrontierte → **Kammer der Technik** hat im September 1972 eine zentrale Kommission „U." eingerichtet.
Um die besondere Bedeutung der Umweltprobleme
zu unterstreichen und geeignete U.-Maßnahmen zu
erarbeiten bzw. zu koordinieren, wurde im November 1971 das → **Ministerium für Umweltschutz und
Wasserwirtschaft** gegründet.

VI. Sanktionen

Die Fülle der gesetzlichen Bestimmungen zum U.,
die grundsätzlich allgemeinen Charakter tragen, bietet allein keine Gewähr für ausreichenden U., wenn
nicht entsprechende Sanktionen ihre Einhaltung erzwingen. Dabei besteht allerdings einerseits wieder
das Problem, daß man nicht nur Verursacher von
Umweltverschmutzungen „bestrafen" kann, ohne
ihnen gleichzeitig auch vertretbare Möglichkeiten
und Wege zur Vermeidung der Verunreinigungen zu
zeigen. Andererseits bringt die Festlegung von
Grenzwerten erhebliche Schwierigkeiten mit sich,
weil in der Regel hierfür entsprechende Forschungen und auch Abstimmungen mit den anderen
RGW-Partnerländern und den übrigen Anlieger-
staaten wie der Bundesrepublik Deutschland Voraussetzung sind.
Für Wasserverschmutzungen wurde 1971 in der
2. DVO zum Wassergesetz (GBl. II, S. 25 ff.) das
Abwassergeld festgelegt. Überschreitet ein Betrieb
oder ein anderer Verursacher bei der von ihm durchgeführten bzw. bei unterlassener Abwasserbehandlung die – anhand vorgegebener Grenzwerte zu er-
mittelnde – Abwasserlast, so muß er entsprechend
den in einer Kennzifferntabelle festgelegten Gebüh-
rensätzen Abwassergeld bezahlen. Dies beträgt beispielsweise für Giftstoffe und freies Cyan 100
Mark/kg, für Sulfide und Schwefelwasserstoffe 75
Mark/kg, für wasserdampfflüchtige Phenole 75
Mark/kg, für Schwermetalle (außer Eisen) 13,60
Mark/kg, für Öle und Fette 5 Mark/kg sowie für Ab-
fallstoffe 200 Mark/m³. Welche Sanktionen dabei
herauskommen können, zeigt ein Beispiel aus dem
Jahre 1972: Das Gelatinewerk Calbe, das Mansfeld-
Kombinat sowie die Reichsbahndirektion Magdeburg mußten 800 000 Mark Buße zahlen, da sie
übermäßig verschmutzte Abwässer in die Saale geleitet hatten.
Bei Luftverunreinigungen wurden Immissionsgrenz-
werte – sowohl Kurzzeit- als auch Dauergrenzwer-
te – gesetzlich festgelegt (GBl. I, 1973, S. 164 ff. und
I, 1974, S. 353), bei deren Überschreitung ein sogenanntes *Staub- und Abgasgeld* erhoben wird. Dieses
wird aus der Differenz zwischen der zulässigen und
tatsächlichen Emission unter Berücksichtigung der
Überschreitungsdauer nach folgender Formel berechnet:

Staub- und Abgasgeld = $(e - e_z) \cdot n \cdot f$

e	= tatsächliche Emission	
e_z	= zulässige Emission	
n	= Überschreitungsdauer	
f	= Kostenfaktoren für	
	toxische Stäube	0,25 M/kg
	nichttoxische silikogene Stäube	0,25 M/kg
	Säureaerosole (SO_3, HCl)	0,25 M/kg
	Öl- und Teernebel	0,20 M/kg
	Ruß	0,10 M/kg
	sonstige Stäube	0,05 M/kg

Die Betriebe sind dabei zu laufender Emissionsmessung verpflichtet; bei Unterlassung nehmen die Bezirkshygieneinspektionen Kontrollmessungen zu Lasten des Betriebes vor – bei doppeltem Gebührensatz.

VII. Das Umweltschutzprogramm bis 1975

Mit dem laufenden Fünfjahrplan 1971–1975 ist ein größeres Programm zur Verbesserung der Umweltbedingungen in Angriff genommen worden:
a) Zur Erhöhung der Bereitstellung von Trink- und Brauchwasser, um den im Zeitraum von 1971 bis 1975 auf 120 v. H. ansteigenden Wasserbedarf zu decken, sowie für den Hochwasserschutz ist vorgesehen, bis 1975 250 Mill. m³ zusätzliche Speicherkapazitäten zu schaffen (→ **Wasserwirtschaft**). Daneben ist geplant, den Anteil der an zentrale Wasserversorgungssysteme angeschlossenen Wohnungen von 82 v. H. (1970) auf 84 v. H. (1975) zu erhöhen und insbesondere dem dringlichen Problem der veralteten Abwassersysteme durch Erweiterung und Erneuerung bestehender Anlagen zu begegnen.
b) Durch Wiederurbarmachung bisher vom Braunkohlenbergbau beanspruchter Bodenflächen sollen mindestens 9 700 ha der land- und fortstwirtschaftlichen sowie der touristischen Nutzung zugeführt werden – in den Jahren 1967 bis 1970 waren es 9 500 ha. In der Zeit von 1966 bis 1970 sind zudem 154 000 ha Land neu aufgeforstet worden; allein 1971 wurden 420 Mill. Bäume auf 30 500 ha Wald- und Brachland gepflanzt.
Für die Durchführung von Meliorationen sollen bis 1975 4 Mrd. Mark bereitgestellt werden, um über 800 000 ha Bodenfläche be- bzw. entwässern zu können. Diese Aufwendungen, die zum großen Teil als normale Investitionen der Landwirtschaft zur Bodengewinnung und -verbesserung anzusehen sind, werden in der DDR dem U. zugerechnet, wahrscheinlich, um das U. Programm aufzuwerten.
c) Zur Minderung der Luftverunreinigung, die infolge der vielen nicht oder nur mit veralteten Reinigungsanlagen ausgerüsteten Industriebetriebe (insbesondere Kraftwerke, Brikettfabriken, Zementfabriken, Hüttenwerke und Chemiebetriebe) in der DDR hoch ist, sollen wirksamere Abgasreinigungsverfahren entwickelt und vor allem in Ballungsgebieten eingesetzt werden: So ist vorgesehen, in volkswirtschaftlich wichtigen Kombinaten und Betrieben die Luftverunreinigung um 40 bis 60 v. H. zu senken, insbesondere aber alle neu zu errichtenden Kraftwerke mit hochwirksamen Entstaubungsanlagen auszustatten. Im Jahr 1972 wurden für die Chemische Industrie 270 Mill. Mark an Investitionen zur Verringerung der Luftverschmutzung geplant.
d) Zur Bekämpfung des Lärms, zu der als erster Schritt die bereits durchgeführte Erfassung aller „Lärmarbeitsplätze" (Plätze mit einem Lärmpegel über dem kritischen Wert von 85 dB) durch

Betriebsärzte gehörte, sollen in allen größeren Städten „Lärmkarten" als Voraussetzung für eine künftige schrittweise Lärmminderung erstellt werden. Daneben steht der Versuch, die Lärmbeeinflussung in Neubaugebieten durch entsprechende Planungen zu verringern. Dies soll durch geeignete Gruppierung der Wohnbauten und die Anpflanzung von Baumgruppen und schallabsorbierenden Kletter- und Rankgewächsen erreicht werden.
e) Der Verbesserung der Ablagerung, Beseitigung und Verwertung von Siedlungsabfall sollen zusätzliche Anstrengungen dienen: 100 Mill. Mark sind für die Errichtung 51 neuer Anlagen der Mülldeponie (einschließlich einer neuen Verbrennungsanlage in Ost-Berlin, bei der die entstehende Wärme der Fernheizung dienen soll) sowie für 5 Anlagen der Müllkompostierung vorgesehen. Von diesen sollen 3 in den Bezirken Leipzig, Potsdam und Rostock entstehen; mit ihnen sollen aus je 140 000 t Müll 100 000 t Kompost erzeugt werden.
Für diese Maßnahmen – einschließlich der Meliorationen – sollen insgesamt 7 Mrd. Mark aufgewendet werden. Während bis 1972 in den Jahresplänen lediglich ganz bestimmte Umweltaufgaben – z. B. Abwasserreinigung, Bodengewinnung – geplant waren, finden seit 1973 jeweils ganze Schutzprogramme Berücksichtigung: Im Volkswirtschaftsplan 1973 waren für den U. 1,6 Mrd. Mark vorgesehen, wovon über 0,6 Mrd. Mark auf die Reinhaltung von Luft und Wasser sowie die Lärmminderung und 0,75 Mrd. Mark auf Meliorationen entfielen. Dafür sind 67 000 ha Bodenfläche be- und 105 000 ha entwässert worden (1972 wurden mit der gleichen Summe 56 000 ha be- und 106 000 ha entwässert). Der Volkswirtschaftsplan 1974 sieht für die Verbesserung der Wasserversorgung Investitionen in Höhe von 575 Mill. Mark vor, um damit die Wasserwerkskapazitäten gegenüber 1973 um 5 v. H. und die Kapazitäten der Kläranlagen um 4 v. H. zu steigern. Insbesondere soll der Stauraum der Talsperren – vor allem durch die Fertigstellung der Vorhaben in Gottleuba, Bautzen und Niemtsch-Koschen – um 100 Mill. m³ erweitert werden. Daneben sind aber auch Investitionsmaßnahmen zur Reinhaltung der Luft sowie zur Nutzbarmachung und Beseitigung von Abfallprodukten geplant. Für Meliorationen sind 1974 715 Mill. Mark vorgesehen, um Be- und Entwässerungsmaßnahmen für 170 000 ha durchzuführen.

VIII. Besondere Probleme des Umweltschutzes in der DDR

Zweifellos hat sich das Umweltbewußtsein bei der Bevölkerung und in der Industrie in den letzten Jahren verstärkt, staatliche Stellen bemühen sich, die Forschung vermehrt auf Umweltprobleme zu lenken und die Betriebe zu einer Minderung und Beseitigung der Umweltgefahren zu veranlassen. Auch wenn beim DDR-Umweltprogramm „normale" Maßnahmen – wie Meliorationen, Vergrößerung der Wasserbereitstellungskapazitäten – einbezogen werden, die nicht ausschließlich Umweltfunktionen erfüllen, so sind doch die eingeleiteten Bemühungen (Gewinnung von Sekundärrohstoffen, Müllkompostierung, Lärmschutz) sowie die beginnende Zusammenarbeit innerhalb des RGW beachtenswert. So betreffen allein 37 der 97 wissenschaftlich-technischen Forschungsaufgaben des Komplexprogramms den Umweltschutz, an denen die DDR besonders beteiligt ist.

Bedenklich ist hingegen die bisher nur geringe Zusammenarbeit der DDR mit westlichen Ländern, da die grenzüberschreitenden Wirkungen von verschmutzten Flüssen, von Abgasen und anderen Schadstoffen außerordentlich schwerwiegend sein können. In der Bundesrepublik Deutschland wirken sich z. B. die Abwässer der Thüringischen Kaliwerke – wegen Versalzung der Werra – ungünstig auf das Bremer Trinkwasser aus, aber auch der nordbayerische Raum wird durch aus der DDR stammende Abwässer beeinträchtigt. Immerhin konnten im September 1973 Vereinbarungen zwischen der Bundesrepublik und der DDR über Grundsätze der Schadensbekämpfung an der Grenze sowie zu Instandhaltung und Ausbau der Grenzgewässer (einschl. der dazugehörigen wasserwirtschaftlichen Anlagen) abgeschlossen werden.

Wirksame Lösungen der heutigen und künftigen Umweltprobleme erfordern neben einer umfassenden internationalen Zusammenarbeit, neben einer Intensivierung der Forschung sowie der Berücksichtigung von Umweltaspekten bei der Festlegung der regionalen Investitionsstruktur vor allem die Bereitstellung umfangreicher finanzieller Mittel. Bei allen guten Ansätzen zum U. dürfte die Wirtschaftsführung der DDR jedoch auch noch in den nächsten Jahren dem Einsatz aller verfügbaren Mittel für Produktionssteigerungen Vorrang einräumen.

Uneheliche Kinder: → **Familienrecht; Zivilrecht.**

Unfälle: Den U. als Ursache vermeidbarer Todesfälle und bleibender Körperschäden wie als Anlaß vermeidbarer Beanspruchung medizinischer Leistungen wird von den staatlichen Organen der DDR große Beachtung geschenkt, und zwar besonders den Verkehrs-U. und den Arbeits- und Wege-U. der Erwerbstätigen. In den Betrieben sind neben hauptamtlichen Sicherheitsbeauftragten Arbeitssicherheitsaktivs tätig; innerbetriebliche und überbetriebliche Wettbewerbe setzen wirksame Anreize. Ähnlich werden für die Verhütung von Verkehrs-U. in den Städten und Kreisen „Verkehrssicherheitsaktivs" und „Arbeitsgruppen für Verkehrssicherheit" gebildet; zwischen den größeren Städten werden Wettbewerbe zur Hebung der Verkehrssicherheit und Minderung der Zahl der Verkehrs-U. veranstaltet. DRK einerseits, Motorclubs des Allg. Dtsch. Motorsport-Verbandes andererseits leisten rege Arbeit; Koordinator ist das Komitee für Gesundheitserziehung. Diese Bemühungen hatten eine deutliche Abnahme der Verkehrsunfall- und Arbeitsunfallzahlen zur Folge.

Die Unfallhäufigkeit läßt sich zwischenstaatlich infolge von Unterschieden in der statistischen Erfassung der U. nur bedingt vergleichen. Allenfalls die Gesamtzahl der Todesfälle als Unfallfolge läßt Vergleiche zu. An U. überhaupt sind 1972 auf 100 000 Einwohner 55,4 Menschen gestorben, und zwar 62,8 bei den Männern und 49,0 bei den Frauen (Bundesrepublik 62,3/79,5/46,9). Die Zahl der Toten nach Verkehrs-U. ist mit 12,2 auf 100 000 Einwohner niedrig (Bundesrepublik 30,3). Das ist sicherlich in erster Linie der geringeren Verkehrsdichte zuzuschreiben, zu einem nicht geringen Teil aber der Disziplinierung im Straßenverkehr.

Die Zahl der Arbeits-U. ist seit 1960 um fast ein Viertel gesunken, nicht nur absolut, sondern auch nach der Zahl der Beschäftigten. Das dürfte vielfältige Gründe haben, unter denen die Verkürzung der Arbeitszeit wahrscheinlich das größte Gewicht hat (Minderung der Zahl der geleisteten Arbeitsstunden überhaupt und damit des Risikos sowie Minderung der Arbeitsstunden über 8 Stunden hinaus, die die größte Unfallhäufigkeit bringen). Die Zahl der Arbeitswege-U. ist erst seit 1970 gesunken – dies trotz Zunahme der Verkehrsdichte. – Über die Häufigkeit tödlicher Arbeits-U. gibt es für einen Vergleich mit der Bundesrepublik keine geeigneten Unterlagen. Auch die Häufigkeit der Arbeits- und Wege-U. läßt sich zwischen DDR und Bundesrepublik wegen gänzlich unterschiedlicher Erfassungsweisen nicht vergleichen.

Über die Häufigkeit *häuslicher U.* gibt es kein zuverlässiges Material. Anhaltspunkte bieten die Unfalltodesfälle oberhalb des 65. Lebensjahres, an denen die häuslichen U. gewöhnlich den größten Anteil haben (in der Bundesrepublik fallen jedoch auch die Fußgänger-U. im Straßenverkehr stark ins Gewicht). Hier liegen die Sterbefälle bei den Frauen um 20 v. H. über denen der Männer. Sie sind, wenn man die Verkehrs-U. außer Betracht läßt, erheblich zahlreicher als in der Bundesrepublik Deutschland. → **Deutsches Rotes Kreuz; Sozialversicherungs- und Versorgungswesen.**

Unfallversicherung, Private: Durch Abschluß einer PU. können sich die Bürger der DDR vor den finanziellen Folgen eines Unfalls über die Leistungen der gesetzlichen Sozialversicherung hinaus versichern. Die Leistungen der PU. können in einer einmaligen Zahlung im Falle der Invalidität oder des Todes sowie in Tagegeldzahlungen bei vorübergehender Arbeitsunfähigkeit bestehen. In der DDR gibt es eine einheitliche (nicht nach Gefahrenarten differenzierte) U., die jedoch dem Versicherungsnehmer die Wahl zwischen mehreren Tarifkombinationen läßt. Darüber hinaus existieren Sonderformen der U., die den Versicherungsschutz auf bestimmte Zeiten, bestimmte Tätigkeiten oder bestimmte

Personenkreise begrenzen. Zuständig für den Abschluß von PU. ist allein die → **Staatliche Versicherung der DDR.**

Universität Rostock: Sie besteht seit dem Jahre 1419 und wurde nach dem II. Weltkrieg am 25. 2. 1946 wiedereröffnet. → **Universitäten und Hochschulen.**

Universitäten und Hochschulen

Geschichte – Organisation – Studium – Bedarfsplanung – Forschung – Qualifizierung – Internationale Zusammenarbeit

Im Bildungssystem der DDR besteht die vorrangige Aufgabe der UuH. darin, hochqualifizierte → **Kader** für alle gesellschaftlichen Bereiche aus- und weiterzubilden.

Ihre zweite zentrale Aufgabenstellung liegt in der Forschung, vor allem der Grundlagenforschung. Ebenso wie die Lehre soll sich auch die Forschung an den Bedürfnissen der Gesellschaft orientieren, wie sie im Programm und in den Beschlüssen der SED zum Ausdruck kommen. Im wesentlichen sind 2 Typen von UuH. zu unterscheiden:

1. UuH., die in die Struktur des → **einheitlichen sozialistischen Bildungssystems** integriert sind. An diesen UuH. können im Rahmen der vorhandenen Kapazitäten alle DDR-Bürger mit Hochschulreife ein Studium aufnehmen. Diese UuH. sind, ihren fachlichen Schwerpunkten entsprechend, verschiedenen Ministerien und zentralen Staatsorganen unterstellt.

2. Hochschulähnliche Einrichtungen mit speziellen Ausbildungsgängen. Hier werden in der Regel ausgewählte Kader der verschiedenen staatlichen und gesellschaftlichen Bereiche ausgebildet, die, den Prinzipien der Kaderpolitik entsprechend, von ihrer Dienststelle zum Studium delegiert werden.

I. Zur Geschichte

In einem gemeinsamen Aufruf der KPD und der SPD in der SBZ vom 18. 10. 1945 wurden eine demokratische Schulreform und eine „gründliche Reform des gesamten Hochschul- und Universitätswesens" gefordert. Auf dem Gebiet der SBZ lagen 6 Universitäten (Berlin, Jena, Halle, Leipzig, Greifswald, Rostock), doch nur 2 von 13 Technischen Hochschulen in Deutschland (Bergakademie Freiberg, TH Dresden). Schwerpunkte der Umgestaltung der UuH. (1. Hochschulreform) waren die Entnazifizierung des Hochschulwesens, die „Einbeziehung der Wissenschaftler in den demokratischen Wiederaufbau", die Brechung des Bildungsprivilegs des Bürgertums und die Schaffung einer „neuen Intelligenz" insbesondere durch die Öffnung der UuH. für Arbeiter- und Bauernkinder. Zu diesem Zweck wurden sog. Vorstudienanstalten eingerichtet (seit 1949 Arbeiter-und-Bauern-Fakultät/ABF).

1951 wurde eine 2. Hochschulreform mit folgenden Schwerpunkten eingeleitet: Bildung des Staatssekretariats für Hochschulwesen und einer Abteilung Wissenschaft und H. im Apparat des ZK der SED; Gründung neuer, vor allem Technischer H.; Ausbau der ABF; Einführung eines 10monatigen Studienjahres; Bindung der Studentenvertretungen an die FDJ; Einführung eines verbindlichen gesellschaftswissenschaftlichen Studiums für alle Fächer.

Die Entwicklung nach dem XX. Parteitag der KPdSU und die Ereignisse in Ungarn und Polen (1956) führten auch zu Unruhen an den UuH. der DDR und zeigten, daß das Hochschulwesen noch nicht deerwartungen der SED entsprechend politisch voll integriert war. Als Antwort beschloß die SED 1958 ein „Programm für die sozialistische Umgestaltung der Universitäten und Hochschulen in der DDR", das auf die Erhöhung des wissenschaftlichen Niveaus und eine engere Verbindung von Lehre und Forschung mit der Praxis, die Einbeziehung der Wissenschaft in die allgemeine volkswirtschaftliche Planung und die Auseinandersetzung mit „reaktionären Theorien und kleinbürgerlichen Auffassungen" gerichtet war.

Auf der Grundlage der Beschlüsse des VI. (1963) und VII. (1967) Parteitages der SED und des Bildungsgesetzes von 1965 wurde 1967 die 3. Hochschulreform eingeleitet, die zur einer völligen Neugestaltung des Hochschulwesens führte.

Die Hochschulreform zielte darauf ab, die inhaltlichen und organisatorischen Bedingungen zu schaffen, unter denen eine beschleunigte Umsetzung wissenschaftlicher Erkenntnisse in die Praxis und die Aufnahme wichtiger praktischer Probleme in die wissenschaftliche Fragestellung möglich erschien. erschien.

Schwerpunkte dieser Reform waren: die verstärkte Einbeziehung der UuH. in den gesamtgesellschaftlichen Planungsprozeß; die Reform der Organisationsstruktur der UuH.; die Studienreform; die Reform der Forschungsorganisation; die verstärkte Beteiligung der UuH. an der Qualifizierung.

II. Struktur des Hochschulwesens

In der DDR bestehen gegenwärtig 53 UuH. Dem → **Ministerium für Hoch- und Fachschulwesen** (MHF) sind unterstellt:

Universitäten

1. Humboldt-U. zu Berlin
2. Technische U. Dresden
3. Ernst-Moritz-Arndt-U. Greifswald
4. Friedrich-Schiller-U. Jena
5. Karl-Marx-U. Leipzig
6. Martin-Luther-U. Halle-Wittenberg
7. U. Rostock

Technische Hochschulen

8. Bergakademie Freiberg
9. Technische H. Ilmenau
10. Technische H. Karl-Marx-Stadt
11. Technische H. für Chemie „Carl Schorlemmer" Leuna – Merseburg

12. Technische H. „Otto von Guericke" Magdeburg

Sonstige Hochschulen

13. H. für Ökonomie Berlin
14. H. für Verkehrswesen „Friedrich List" Dresden
15. Handels-H. Leipzig
16. H. für Bauwesen Leipzig
17. H. für Architektur und Bauwesen Weimar

→ **Ingenieurhochschulen** *(IHS)*

18. IHS Berlin-Wartenberg
19. IHS Cottbus
20. IHS Dresden
21. IHS Köthen
22. IHS Leipzig
23. IHS Mittweida
24. IHS für Seefahrt Warnemünde-Wustrow
25. IHS Wismar
26. IHS Zittau
27. IHS Zwickau

Medizinische Akademien

28. Medizinische Akademie „Carl-Gustav Carus" Dresden
29. Medizinische Akademie Erfurt
30. Medizinische Akademie Magdeburg

Dem → **Ministerium für Volksbildung** sind die *Pädagogischen H. (PH)* unterstellt:

31. PH „Karl Friedrich Wilhelm Wander" Dresden
32. PH „Dr. Theodor Neubauer" Erfurt – Mühlhausen
33. PH „Lilo Herrmann" Güstrow
34. PH „N. K. Krupskaja" Halle
35. PH „Wolfgang Ratke" Köthen
36. PH „Clara Zetkin" Leipzig
37. PH „Erich Weinert" Magdeburg
38. PH „Karl Liebknecht" Potsdam
39. PH „Ernst Schneller" Zwickau

Dem → **Ministerium für Kultur** sind unterstellt:

40. Deutsche H. für Musik „Hanns Eisler" Berlin.
41. H. für bildende und angewandte Kunst Berlin-Weißensee
42. H. für bildende Künste Dresden
43. H. für Musik „Carl Maria von Weber" Dresden
44. H. für industrielle Formgestaltung Halle
45. H. für Graphik und Buchkunst Leipzig
46. H. für Musik „Felix Mendelssohn Bartholdy" Leipzig
47. Theater-H. „Hans Otto" Leipzig
48. Institut für Literatur „Johannes R. Becher" Leipzig
49. H. für Film und Fernsehen der DDR Potsdam-Babelsberg
50. Franz-Liszt-H. Weimar.

Dem → **Rat für Landwirtschaft und Nahrungsgüterwirtschaft** unterstehen:

51. H. für landwirtschaftliche Produktionsgenossenschaften Meißen
52. H. für Landwirtschaft und Nahrungsgüterwirtschaft Bernburg.

Dem Staatlichen Komitee für Körperkultur und → **Sport** untersteht die

53. Deutsche H. für Körperkultur und Sport Leipzig.

Hochschulähnliche Einrichtungen mit eigenen Ausbildungsgängen bzw. Promotionsrecht und unterschiedlicher Unterstellung sind u. a. die → **Parteihochschule „Karl Marx"** Berlin; das → **Institut für Gesellschaftswissenschaften beim ZK der SED** Berlin; die → **Akademie für Staats- und Rechtswissenschaft der DDR** Potsdam-Babelsberg; das → **Zentralinstitut für sozialistische Wirtschaftsführung** Berlin-Rahnsdorf; die H. der Deutschen Gewerkschaften „Fritz Heckert" Bernau; die H. der Deutschen Volkspolizei Berlin; die Militärakademie „Friedrich Engels" Dresden und 5 Offiziers-H.

III. Organisationsstruktur der Universitäten und Hochschulen

Die VO über die Aufgaben der Universitäten, wissenschaftlichen Hochschulen und wissenschaftlichen Einrichtungen mit Hochschulcharakter von 1970 (GBl. II, Nr. 26, S. 189 f.) konstituiert 2 Leitungsebenen:

1. Leitungsebene. Die Leitung der UuH. erfolgt durch den Rektor bzw. seine Stellvertreter, die Prorektoren. Der Rektor ist Dienstvorgesetzter aller Universitätsangehörigen (→ **Hochschullehrer, wissenschaftliche Mitarbeiter**). Er wird vom „Wissenschaftlichen Rat" auf 3 Jahre gewählt und vom Minister für Hoch- und Fachschulwesen bestätigt. Zu seiner Unterstützung werden die Direktorate als Funktionalorgane gebildet.

Das „Konzil" ist die Versammlung der Delegierten aller Hochschulangehörigen und nimmt jährlich den Rechenschaftsbericht des Rektors entgegen.

Der „Wissenschaftliche Rat" ist das zentrale wissenschaftliche Beratungsorgan des Rektors, seine Aufgaben bestehen vor allem in der Verleihung von → **akademischen Graden,** der facultas docendi (Lehrbefähigung), und der Beratung des Rektors bei Berufungsfragen. Der Wissenschaftliche Rat untergliedert sich in einzelne, für die verschiedenen Wissenschaftsbereiche zuständige Fakultäten.

Als weiteres Beratungsorgan wird der „Gesellschaftliche Rat" gebildet, der sich aus Mitgliedern der UuH. und verschiedener gesellschaftlicher Bereiche zusammensetzt. Er soll eine enge Verbindung zwischen UuH. und gesellschaftlichen Kooperationspartnern in Lehre, Forschung und Qualifizierung herstellen.

2. Leitungsebene. Struktureinheit der 2. Leitungsebene ist die Sektion. Sie löst die alten Fakultäten und Institute ab. Die Sektion wird von einem Direktor geleitet, der dem Rektor der UuH. direkt unterstellt ist. Stellvertreter des Direktors werden für die Bereiche Erziehung, Aus- und Weiterbildung sowie Forschung eingesetzt. Abweichend von der Sek-

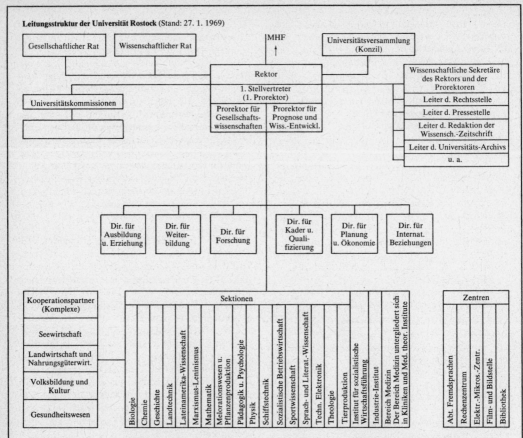

Leitungsstruktur der Universität Rostock (Stand: 27. 1. 1969)

Die Mitwirkung in Gremien der örtlichen territorialen Staatsorgane (Bezirk, Stadt) ist bzw. wird auf vertraglicher Grundlage geregelt.

tionsgliederung wird die Medizin in sogenannten „Bereichen" zusammengefaßt, die den alten Fakultäten entsprechen. An großen U. bestehen weiterhin einzelne Institute für besondere Aufgaben, die den Sektionen gleichgestellt sind. Das dem Konzil entsprechende Organ ist die „Versammlung der Sektion", das dem Gesellschaftlichen Rat der UuH. entsprechende Organ ist der „Rat der Sektion".

An allen UuH. besteht eine Kreisleitung der → **SED** und der → **FDJ.** Beide haben, ebenso wie die Gewerkschaftsleitung (→ **FDGB**) der UuH., Sitz und Stimme in verschiedenen Gremien wie dem Gesellschaftlichen – und Wissenschaftlichen Rat.

Weitere gesellschaftliche Organisationen an den UuH. sind die → **Gesellschaft für Deutsch-Sowjetische Freundschaft** (DSF), der → **Kulturbund der DDR**, die → **Gesellschaft für Sport und Technik** (GST), die → **Urania**, die → **Kammer der Technik** (KdT).

Die Hochschulreform brachte eine Konzentration des Lehr- und Forschungspotentials der UuH. auf bestimmte Schwerpunktbereiche. Innerhalb des Hochschulwesens wurde eine Aufgabenverteilung

vorgenommen und einzelnen UuH. Leitfunktionen für bestimmte Wissenschaftsgebiete übertragen. Die Übernahme einer Leitfunktion beinhaltet die Koordinierung der Arbeit aller im jeweiligen Wissenschaftsgebiet tätigen UuH. in der Ausbildung, Weiterbildung und Forschung, ferner die Pflege des Kontakts mit anderen wissenschaftlichen Einrichtungen, vor allem der → **Akademie der Wissenschaften.**

IV. Bedarfsplanung

Die Aufgaben der UuH. sind integraler Bestandteil der gesamtgesellschaftlichen Planung. Die Reform des gesamten Bildungswesens legte die Grundlagen für eine effektivere Planung des Hochschulwesens und die Bestimmung des Stellenwerts des Hochschulwesens in der Wissenschaftsorganisation der DDR. Zentrales Problem der Planung des Hochschulwesens ist die möglichst exakte Ermittlung des zukünftigen Bedarfs an Hochschulkadern in den einzelnen Zweigen der Volkswirtschaft nach Qualifikationsarten (Wissenschaftszweigen und Fachrichtungen) und Qualifikationsstufen (Verhältnis von Hochschulkadern zu Kadern anderer Qualifikationen) als Voraussetzung für eine bildungsökonomisch sinnvolle Entwicklung der Studentenzahlen.

Die sich beschleunigende Entwicklung von → **Wissenschaft** und Technik, unvollkommene Prognosemethoden (→ **Prognose**), die relative Kürze der gegenwärtigen Perspektivplanzeiträume (5 Jahre) und die zeitliche Dauer von Bildungsprozessen erschweren jedoch die Möglichkeiten der Planung. Diese Bedingungen gestatten in der Praxis allenfalls eine optimale Verteilung bereits in der Ausbildung befindlicher zukünftiger Absolventen auf die einzelnen Volkswirtschaftszweige. Somit ist es für die Hochschulpolitik der SED sehr schwer, den Umfang und den zahlenmäßigen Bedarf für einzelne Fächer im Rahmen der Neuzulassungen zum Studium aus den zukünftigen volkswirtschaftlichen Erfordernissen abzuleiten, die gegenwärtig auf der Grundlage von Prognosen, nicht aber verbindlicher und bilanzierter Perspektivpläne ermittelt werden. Die Planung des Bedarfs an Hochschulkadern stützt sich gegenwärtig weitgehend auf praktische Erfahrungen und Fortschreibung der bisherigen Entwicklung und wenig auf theoretische Einsichten. Der VIII. Parteitag der SED markiert eine bildungspolitische Wende, indem er zu hochgesteckte Erwartungen korrigierte. Von 1961 bis 1971 war der Anteil der Hochschulabsolventen unter den Berufstätigen der Wirtschaft von 2,18 v. H. auf 4,86 v. H. gestiegen. Diese Steigerung konnte nur durch einen großzügigen Ausbau der UuH. und der dadurch möglichen stetigen Erhöhung der Studentenzahlen aller Ausbildungsformen (Direktstudium, → **Fernstudium,** Abendstudium) erreicht werden.

Studierende im Hochschulstudium

Jahr	insges.	Direktstud.	Fernstud.	Abendstudium
1951	31 512	27 822	3 690	–
1960	101 773	69 129	22 544	1 221
1965	108 791	74 896	29 548	3 372
1970	138 541	100 204	36 276	1 277
1971	152 315	110 991	39 344	1 194
1972	153 997	113 665	39 050	618
1973	145 717	109 536	35 177	492

Quelle: Statistisches Jahrbuch der DDR 1974, S. 363.

Ende der 60er Jahre begann sich die Gefahr eines Überangebots an Hochschulabsolventen, bei gleichzeitiger Verschärfung der Arbeitsmarktsituation im unteren Qualifikationsbereich, abzuzeichnen. In der Folge wurde auf eine Steigerung der Zulassungszahlen in allen 3 Studienformen verzichtet. (1970 41 000; 1971 41 676; 1972 36 537, 1973 31 267 Neuzulassungen). Desgleichen erwies sich die fachliche Differenzierung der Neuzulassungen als ungenügend. Bereits 1969 wurde durch die

Gründung der Ingenieur-H. der Versuch unternommen, den akuten Mangel an qualifizierten Technologen zu verringern. Die Zahl der Neuzulassungen in den Schwerpunktbereichen Mathematik, Naturwissenschaften, technische Wissenschaften und Wirtschaftswissenschaft wurde von 1968 bis 1970 verdoppelt. Diese starke Expansion wurde nach dem VIII. Parteitag durch Drosselung der Zulassungen gestoppt und teilweise rückgängig gemacht. (Neuzulassungen in den Technischen Wissenschaften: 1968 7070; 1969 12 869; 1970 15 443; 1971 15 172; 1972 11 995; 1973 8 349).

In den Absolventenzahlen kann sich diese Entwicklung jedoch erst 1975/76 niederschlagen.

V. Studium
A. Zulassung zum Studium

Bereits während der Schulzeit wird durch ein umfangreiches System der Berufsberatung und Berufsaufklärung versucht, die Schüler für solche Berufe bzw. Ausbildungsrichtungen zu interessieren, denen im Rahmen der Volkswirtschaftsplanung Priorität zukommt. Der Prozeß der Zulassung zum Studium bildet eine weitere wirksame Handhabe zur Lenkung der Kapazität einzelner Studienfächer. Die Berechtigung zur Aufnahme eines Studiums ist allein abhängig vom Nachweis der Hochschulreife, die an den Erweiterten Oberschulen, Abiturklassen, in den Einrichtungen der Berufsausbildung, in den Abiturlehrgängen der Volkshochschulen, durch das Studium an einer Ingenieur- oder → **Fachschule** oder durch den Besuch der → **ABF** in Halle erlangt werden kann.

Für die Zulassung gelten jedoch noch weitere Maßstäbe, die über einen Nachweis der fachlichen Leistungen hinausgehen. Zu nennen sind vor allem die „aktive Mitwirkung an der Gestaltung der sozialistischen Gesellschaft", die als integraler Bestandteil von fachlicher Leistung angesehen wird und die Bereitschaft zur aktiven Verteidigung des Sozialismus. Der Bewerber verpflichtet sich im Rahmen einer sogenannten „Verpflichtungserklärung zur Erfüllung des Studienauftrages", die Bestandteil der Bewerbungsunterlagen ist, nach Abschluß des Studiums ein bereits während der Ausbildung mit der künftigen Arbeitsstätte vertraglich fixiertes Arbeitsverhältnis einzugehen.

Ein weiteres wesentliches Auswahlkriterium ist die soziale Struktur der Studentenschaft, die der der Gesamtgesellschaft entsprechen soll, um die Schaffung neuer Bildungsprivilegien zu verhindern.

Eine vom Rektor der UuH. geleitete Zulassungskommission entscheidet anhand dieser Kriterien über die Zulassung zum Studium. In bestimmten, vom MHF jährlich neu zu bestimmenden Studienrichtungen können zusätzliche Eignungsprüfungen durchgeführt werden. Dabei handelt es sich in der Regel um solche Fächer, in denen die Zahl der Be-

werbungen die Zahl der vorhandenen Plätze übersteigt, oder die nicht dem im Rahmen des Fünfjahrplanes festgelegten volkswirtschaftlichen Schwer-
punktprogramm entsprechen, so daß durch eine Erschwerung der Bedingungen eine Umlenkung der
Bewerber erreicht werden kann. Nicht zugelassene
Bewerber werden auf die Möglichkeit hingewiesen,
ein anderes Studienfach zu wählen, bzw. einen Beruf
zu ergreifen.

B. Studiengang

Im Mittelpunkt der 3. Hochschulreform stand neben
der Reform der Organisationsstruktur der UuH. die
Studienreform. Durch die Festlegung einer Regel-
studienzeit von 4 Jahren, die Gliederung des Stu-
dienganges in 3 festgelegte Etappen: 1. Grundstudium, 2. Fachstudium, 3. Forschungsstudium, die
Einführung neuer Studienfächer und die Ausarbeitung neuer Studienpläne für alle Fachrichtungen
sollte versucht werden, die Ausbildung der Studenten stärker an den Bedürfnissen der Gesellschaft zu
orientieren. Während die Grundstudienrichtungen
sich weitgehend an die Systematik der Wissenschaftszweige anlehnen, entspricht die Aufteilung in
Fachstudienrichtungen vor allem den Erfordernissen der Praxis. So gliedert sich z. B. die Grundstudienrichtung Wirtschaftswissenschaft mit den Aus-
bildungsschwerpunkten Volkswirtschaftslehre, Sozialistische Betriebswirtschaft/Ingenieurökonomie
(SBW/IÖ) und Organisationswissenschaft in
21 Fachstudienrichtungen, wie z. B. Außenwirtschaft, Finanzwirtschaft, SBW/IÖ der Grundstoffindustrie, Sozialistische Wissenschaftsorganisation.
Die Orientierung der Ausbildung an den Bedürfnissen der Praxis führte in der ersten Phase der Hochschulreform (1967–1969) zu dem Versuch, durch
eine starke Spezialisierung im Rahmen eines 1jähri-
gen, an das Fachstudium anschließenden „Spezialstudiums" die Studenten für eng begrenzte Berufs-
felder auszubilden und die Einarbeitungszeit im Beruf zu verkürzen. Die starke Spezialisierung der Studenten entsprach jedoch meist nicht den praktischen
Anforderungen im Beruf. In Auswertung dieser Erfahrungen wurde das Spezialstudium abgeschafft
und verstärkt Wert auf eine hohe Disponibilität der
Absolventen gelegt.

1. Grundstudium

Das 2jährige Grundstudium knüpft an die Lehrpläne der Erweiterten Oberschule an. Im G. werden
gesellschaftswissenschaftliche, naturwissenschaftliche und fachspezifische Grundkenntnisse vermittelt.
Die Vermittlung wissenschaftlicher Arbeitsmethoden und die Erziehung zu eigenständiger wissenschaftlicher Arbeit bilden einen Schwerpunkt der
Lehre. Weiterer Schwerpunkt des G. ist das sogenannte marxistisch-leninistische Grundlagenstudium.
Um eine laufende Beratung und Anleitung der Stu-

dierenden zu erreichen, werden „wissenschaftliche
Betreuer" – zumeist wissenschaftliche Mitarbeiter
der UuH. – für Gruppen von etwa 20 Studenten eingesetzt. Ihre Arbeit soll dazu beitragen, die Anfangs-
schwierigkeiten zu überwinden und die Bildung von
Studentenkollektiven zu fördern. Neben der fachlichen Betreuung sollen sie auch die gesellschaftliche
Arbeit und das charakterliche Verhalten der Studenten beurteilen. Die Betreuer sind zu einer engen Zusammenarbeit mit der FDJ verpflichtet. Am Ende
des 1. Studienjahres steht in den meisten Fächern
ein erstes etwa 4wöchiges Praktikum in der Ausbildungsrichtung entsprechenden Praxisbereichen. Im
2. Studienjahr sind alle Studenten verpflichtet, eine
ca. 5wöchige militärische Ausbildung, bzw. Ausbildung im Bereich der Zivilverteidigung (dies vor allem für Studentinnen) zu absolvieren. Einmal während seines Studiums ist jeder Student gehalten, im
Rahmen des „Studentensommers" an einem 3- bis
4wöchigen bezahlten Arbeitseinsatz in der Industrie,
der Landwirtschaft, dem Bauwesen oder als Betreuer in Pionierferienlagern teilzunehmen. Das Grundstudium schließt nach 2 Jahren mit einer Vorprüfung
ab.

2. Fachstudium

Im 2jährigen Fachstudium wird die Ausbildung differenziert nach einzelnen Fachstudienrichtungen
weitergeführt. Sie soll sich vorrangig an den künftigen Anforderungen im Beruf orientieren und zugleich die neuesten wissenschaftlichen Erkenntnisse
des jeweiligen Faches in die Lehre einbeziehen. Bereits während des Studiums sollen Studenten mit der
Lösung praktischer Aufgaben betraut werden, um
ihre theoretisch erworbenen Kenntnisse praktisch
anwenden zu lernen. Dies bedeutet in erster Linie
ihre Beteiligung an der Forschung. Im Rahmen des
sogenannten wissenschaftlich-produktiven Studiums (WPS) sollen alle Studenten mit jeweils dem
Ausbildungsstand angepaßten Aufgabenstellungen
in die auftragsgebundene Forschung der UuH. einbezogen werden. Versuche, WPS schon während des
Grundstudiums zu beginnen, waren jedoch wenig erfolgreich. Das WPS erfordert eine exakte Bestimmung des Grades der angestrebten Spezialisierung
im Fachstudium und den Aufbau eines Studiengan-
ges, der die Studenten in die Forschungstätigkeit der
UuH. bzw. Sektionen einbezieht, ohne die systematische Wissensvermittlung zu gefährden. Zugleich
sollen durch das WPS die Ergebnisse studentischer
Arbeit für die Volkswirtschaft nutzbar gemacht werden (→ **MMM**). Im Rahmen des Fachstudiums wird
– je nach Studienrichtung – ein 2. mehrmonatiges
Praktikum (in den technischen Disziplinen „Inge-
nieurpraktikum") in der Industrie, der Landwirtschaft oder in gesellschaftlichen Institutionen absolviert. Es wird angestrebt, das Praktikum am Ende
des 3. Studienjahres bereits in den Betrieben oder

Einrichtungen durchzuführen, in denen der Student nach Abschluß des Studiums seine Tätigkeit aufnimmt. Im Rahmen des Praktikums werden die Studenten mit der Bearbeitung kleinerer Problembereiche betraut, die zumeist in größere Forschungsvorhaben eingebettet sind und die zwischen den UuH. und den jeweiligen Praxisbereichen vertraglich vereinbart werden. Das Fachstudium schließt nach anderthalb Jahren mit einer Hauptprüfung ab, die zur Führung einer Berufsbezeichnung berechtigt. Durch die Anfertigung einer eigenständigen wissenschaftlichen Arbeit und ihre öffentliche Verteidigung kann in einem weiteren halben Jahr ein Diplom erworben werden. Das Thema der Diplomarbeit ergibt sich in den meisten Fällen aus der am Ende des Praktikums anzufertigenden Abschlußarbeit. Ihre Ergebnisse sollen, soweit möglich, praktisch verwertet werden.

Nur ein geringer Prozentsatz der Studenten macht von der Möglichkeit Gebrauch, die Universität oder Hochschule nach der Hauptprüfung zu verlassen und das Diplom extern zu erwerben. Mehr als 90 v. H. der DDR-Studenten erhalten ein → **Stipendium** entsprechend ihrer sozialen Lage.

3. Forschungsstudium

Das Forschungsstudium soll der Ausbildung qualifizierten wissenschaftlichen Nachwuchses vor allem für den Hochschulbereich dienen. Es führt die Studenten nach 2 bis 3 Jahren zur Promotion (Doktor eines Wissenschaftszweiges). Das gleiche Ausbildungsziel kann auch in der Form einer → **Aspirantur** erreicht werden. Die Auswahl der Forschungsstudenten erfolgt unter Verantwortung der UuH. und in Übereinstimmung mit den Zielsetzungen des Volkswirtschaftsplanes bereits im Verlauf des 3. Studienjahres. Neben der Anfertigung der Dissertation umfaßt das Forschungsstudium eine vertiefende Ausbildung in den Gesellschaftswissenschaften, die Vervollkommnung der Sprachkenntnisse in 2 Fremdsprachen, die verantwortliche Mitarbeit in Forschungskollektiven und die Verpflichtung zur Lehre im jeweiligen Fachgebiet (2 Wochenstunden). Forschungsstudenten erhalten ein Stipendium.

C. Studium des Marxismus-Leninismus

Das „marxistisch-leninistische Grundlagenstudium" soll dem Ziel dienen, den Marxismus-Leninismus zur „weltanschaulichen und politischen Grundlage der Ausbildung und Erziehung der Studenten und zur philosophisch-methodischen Grundlage der Forschung und der sozialistischen Wissenschaftsorganisation" an den UuH. zu machen.

Das 1951 eingeführte und für die Studenten aller Fachrichtungen verbindliche marxistisch-leninistische Grundlagenstudium erstreckt sich über 3 Studienjahre. Im Mittelpunkt steht das Studium der grundlegenden Werke von Marx, Engels, Lenin, der Parteibeschlüsse, Berichte der ZK-Tagungen und

anderer für die politische Entwicklung der DDR bedeutsamer Texte; die Bildung sozialistischer Studentenkollektive, gesellschaftliche Arbeit in der FDJ oder SED, d. h. die Einbeziehung der Studenten in die Lösung aktueller gesellschaftspolitischer Probleme. Die Lehre erfolgt auf der Grundlage zentraler, im Auftrag des MHF erarbeiteter und für alle UuH. der DDR verbindlicher Studienanweisungen in 3 Abschnitten: 1. Studienjahr: dialektischer und historischer Materialismus; 2. Studienjahr: politische Ökonomie des Kapitalismus und des Sozialismus; 3. Studienjahr: wissenschaftlicher Kommunismus – Grundlagen der Geschichte der Arbeiterbewegung. In den letzten Jahren hat sich eine gewisse Verschiebung der Inhalte und Bewertungskriterien des marxistisch-leninistischen Grundlagenstudiums ergeben, die sich vor allem in den technischen und naturwissenschaftlichen Fächern zeigt. In ihnen wird zunehmend versucht, die gesellschaftliche Funktion der wissenschaftlich-technischen Arbeit zu verdeutlichen. Versuche dieser Art werden jedoch durch die Tatsache erschwert, daß meist Studenten unterschiedlichster Fachrichtungen die entsprechenden Veranstaltungen besuchen und die Kooperation zwischen den für das marxistisch-leninistische Grundlagenstudium verantwortlichen Sektionen und den anderen Sektionen sowie das Verständnis für die jeweils speziellen Probleme der einzelnen Fächer noch ungenügend entwickelt sind.

D. Absolventenlenkung

Die Absolventenordnung von 1971 regelt den Einsatz im zentralen und örtlichen → **Staatsapparat,** den VVB, VEB und Kombinaten, in der → **Landwirtschaft** (LPG, VEG) und im genossenschaftlichen → **Handwerk** (PGH). Die für diese Bereiche zuständigen Ministerien, zentralen Staatsorgane und Räte der Bezirke erfassen, differenziert nach Fachstudienrichtungen, ihren Bedarf an Hochschulabsolventen und leiten die Anforderungen an das MHF weiter. Das MHF erarbeitet die Bilanz der Verteilung von Hochschulabsolventen nach volkswirtschaftlichen Bereichen und Fachstudienrichtungen auf der Grundlage der eingereichten Bedarfsanforderungen und der im Perspektivplan festgelegten Kennziffern. Dann übergibt das MHF die Bilanz der Staatlichen Plankommission zur Einordnung in die volkswirtschaftliche Gesamtbilanz, in der, neben der des MHF, auch die Bilanzen der für einzelne Studienrichtungen zuständigen Ministerien und zentralen Organe enthalten sind. Diese Gesamtbilanz ist Bestandteil des Jahres-Volkswirtschaftsplanes. Nach Bestätigung oder Änderung der Bilanz durch den Ministerrat werden die die in den Bilanzen enthaltenen Kennziffern für die einzelnen volkswirtschaftlichen Bereiche aufgeschlüsselt. Diese Kennziffern sind dann verbindlich und bilden die Grundlage für die Vermittlung der Absolventen. Die Vorbereitung des Absolventeneinsatzes beginnt bereits während des Studiums.

Im 3. Studienjahr werden die Studenten über die künftige Arbeitsmöglichkeit informiert und eine Verteilung der zukünftigen Absolventen auf die zur Verfügung stehenden Arbeitsstellen vorgenommen. Danach übersenden die UuH. die Personalunterlagen an die Einsatzbetriebe, die verpflichtet sind, sofort Einstellungsgespräche durchzuführen und bereits zu Beginn des letzten Studienjahres verbindliche Arbeitsverträge abzuschließen. Neben allgemeinen arbeitsrechtlichen Bestimmungen bilden Festlegungen über die Qualifizierung einen wesentlichen Bestandteil des Arbeitsvertrages. Die Arbeitsverträge laufen in der Regel über 3 Jahre und sind in diesem Zeitraum – von im einzelnen festgelegten Ausnahmen abgesehen – unkündbar.

VI. Forschung

Seit der 3. Hochschulreform ist die naturwissenschaftlich-technische und gesellschaftswissenschaftliche Forschung vorwiegend Auftragsforschung. 1971 wurden ca. 80 v. H. der Hochschulforschung von gesellschaftspolitischen Auftraggebern finanziert. In der 1. Phase der Hochschulreform wurden fast keine Staatshaushaltmittel mehr für die Hochschulforschung zur Verfügung gestellt, sie wurde weitgehend durch die VEB, Kombinate und VVB als Auftraggeber finanziert. Dies führte zu einer Zersplitterung des Forschungspotentials, der Vernachlässigung der Grundlagenforschung und zu einseitiger Abhängigkeit der UuH. von wenigen finanziell starken Partnern in der Wirtschaft.

Nach dem VIII. Parteitag erfolgte eine stärkere Einbindung der Hochschulforschung in die Aufgabenstellung des „Staatsplanes Wissenschaft und Technik" und des „Zentralen Forschungsplanes der marxistisch-leninistischen Gesellschaftswissenschaft". Auf der Grundlage dieser Pläne erarbeiten das Ministerium für Hoch- und Fachschulwesen bzw. die anderen Ministerien, denen UuH. unterstehen, und die Akademie der Wissenschaften als zentrale Koordinationsstelle, in Abstimmung mit anderen zentralen Organen, Forschungspläne für ihre Bereiche. Die Forschung der UuH. ist entweder Bestandteil des Forschungsplanes des jeweiligen Ministeriums oder mit Praxispartnern vertraglich vereinbart. Entsprechend erfolgt die Finanzierung entweder durch den Staatshaushalt oder aus Planmitteln des Auftraggebers, die der Grundlagenforschung grundsätzlich über den Staatshaushalt.

In zunehmendem Maße tritt die Akademie als Auftraggeber gegenüber den UuH. auf. Als Auftraggeber können aber nach wie vor auch zentrale und örtliche Staatsorgane, wirtschaftsleitende Organe, VEB und Kombinate fungieren. Die Forschungsvorhaben sind Bestandteil der Pläne des Auftraggebers und der UuH. Die Verträge müssen die wissen-

schaftliche Aufgabenstellung und den Leistungsumfang, Termine, Rechte und Pflichten von Auftraggeber und Auftragnehmer, das Ausmaß der erforderlichen internationalen Zusammenarbeit und den finanziellen Aufwand genau festlegen. Die Verträge werden langfristig, der geplanten Dauer des Vorhabens entsprechend, abgeschlossen und in den Jahresplänen präzisiert. Aus der Forschungsleistung werden besondere Prämienfonds gebildet, deren Mittel sowohl den UuH. als auch den am Forschungsprojekt beteiligten Hochschullehrern, wissenschaftlichen Mitarbeitern und Studenten zugute kommen. Im Rahmen derartiger Forschungsverträge sollen Lehre und Forschung durch Aufnahme konkreter Bestimmungen über die Beteiligung von Studenten am Forschungsprojekt, die Bereitstellung von Praktikantenstellen seitens des Auftraggebers, die Vergabe von Diplomarbeiten und die gemeinsame Erarbeitung von Studienplänen abgesichert werden.

VII. Qualifizierung

Die Qualifizierung an den UuH. ist Teil eines differenzierten Qualifizierungssystems. Die UuH. führen vor allem Qualifizierungsmaßnahmen zur beruflichen und fachlichen Spezialisierung und zur Vermittlung von Erkenntnissen angrenzender Wissenschaftsgebiete, daneben aber auch allgemeinbildende Veranstaltungen durch. Hochschulabsolventen aller Bereiche aus Staat und Gesellschaft sind Teilnehmer. Ihre wichtigsten Formen sind:

1. Kurzzeitige intensive Qualifizierungsmaßnahmen in Gestalt von Lehrgängen, Tagungen und Kolloquien.

2. Das postgraduale Studium. Es soll Hochschulkadern ohne Unterbrechung ihrer beruflichen Tätigkeit die Möglichkeit bieten, im Rahmen ihrer bisherigen Ausbildung eine zusätzliche Spezialisierung zu erlangen. Voraussetzung ist ein Hochschulabschluß. Seine Dauer beträgt je nach Studienziel 1 bis 3 Jahre.

3. Das postgraduale Zusatzstudium. Es soll Hochschulkadern, im Zeitraum von 1 bis 3 Jahren, aufbauend auf der bisherigen Ausbildung, eine Zusatzausbildung in einem anderen Fachgebiet vermitteln (z. B. wirtschaftswissenschaftliches Zusatzstudium für Technologen).

4. Das Fern- und das Abendstudium. Diese Qualifizierungsformen sind vor allem auf die Weiterbildung von Kadern aus der Praxis zugeschnitten.

Darüber hinaus sind die UuH. für die Qualifizierung der an ihnen tätigen wissenschaftlichen Mitarbeiter und Hochschullehrer verantwortlich. Im Mittelpunkt stehen fachwissenschaftliche und hochschulpädagogische Fragestellungen. Die politisch-ideologische Qualifizierung der Mitarbeiter erfolgt in sogenannten Abendschulen des Marxismus-Leninismus. Das geschieht in Kolloquien, Lehrgängen, Studienaufenthalten im Ausland, durch Mitarbeit in Forschungsgruppen oder Einsatz in der Praxis.

VIII. Internationale Zusammenarbeit

Seit Verabschiedung des „Komplexprogramms der sozialistischen ökonomischen Integration" im Rahmen des RGW ist die Zusammenarbeit der DDR mit anderen sozialistischen Staaten verstärkt worden. Enge Beziehungen bestehen seit Anfang der 50er Jahre zur UdSSR. Seit 1951 studierten 6000 DDR-Studenten in der UdSSR, davon ca. 2600 im Direktstudium; die anderen absolvierten ein postgraduales Studium, ein Teilstudium oder eine Aspirantur. Im Studienjahr 1973/74 hielten sich zu diesem Zweck 3000 DDR-Studenten in der Sowjetunion auf.

Die Hochschulpolitik der sozialistischen Länder wird auf seit 1965 jährlich stattfindenden Konferenzen der Hochschulminister koordiniert. Konkrete Verträge werden aber weiterhin bilateral, auf der Grundlage gemeinsamer Arbeitspläne der Ministerien, vereinbart. Seit 1962 finden alle 2 Jahre gemeinsame Rektorenkonferenzen der Hochschulen der DDR und der UdSSR statt. 1972 fand eine 1. entsprechende Konferenz mit der ČSSR, 1967 und 1972 mit der VR Polen statt. Schwerpunkte der Zusammenarbeit sind: Bearbeitung gemeinsamer Forschungsprojekte; Austausch von Gastdozenten; Studentenaustausch; Lösung hochschulpädagogischer und didaktischer Probleme.

Mit der UdSSR wurde 1973 die Bearbeitung von 104 gesellschaftswissenschaftlichen Forschungsvorhaben und 171 Vorhaben aus dem Bereich der Mathematik, Naturwissenschaft, Technik und Agrarwissenschaft vereinbart. Diese Abmachungen wurden in den Verträgen zwischen Partnerhochschulen fixiert. 1973 bestanden derartige Partnerschaftsbeziehungen mit 55 Hochschulen der UdSSR, 38 der ČSSR und 30 der VR Polen. Der Austausch von Gastdozenten wird zunehmend mit allen sozialistischen Staaten gepflegt, im Vordergrund stehen jedoch auch hier die Beziehungen zur UdSSR. 1972 lehrten 45 Gastdozenten aus der UdSSR an UuH. der DDR, 35 aus der DDR in der UdSSR.

Im Rahmen des Studentenaustausches finden seit 1965 alljährlich Sonderpraktika statt. 1972 absolvierten 2350 DDR-Studenten ein Praktikum in der UdSSR, ca. 1000 in der ČSSR und der VR Polen. Etwa gleichviel Studenten dieser Länder leisteten ein entsprechendes Praktikum in der DDR. In den letzten Jahren wurden diese Praktika zunehmend in die Lehrpläne eingebaut. Auch hochschulpädagogische und -didaktische Probleme werden in stärkerem Maße als bisher durch internationale Zusammenarbeit gelöst. So wurde eine Reihe von neu erarbeiteten Fachstudienplänen, neue Hochschullehrbücher, Konzeptionen für die Einbeziehung technischer Lehr- und Lernmittel u. a. gemeinsam mit Hochschulen der UdSSR und anderer sozialistischer Staaten erarbeitet. → **Ausländerstudium.**

Unterhaltspflicht: → **Familienrecht.**

Unterhalts- und Ausbildungsbeihilfen: → **Stipendien.**

Unterrichtsmittel und Programmierter Unterricht:

Als U. werden alle für eine effektive Gestaltung des Bildungs- und Erziehungsprozesses auf allen Stufen und in allen Bereichen des Bildungssystems benötigten materiellen Mittel zur Realisierung der Lehrplanforderungen bezeichnet; sie werden in 2 Gruppen untergliedert: in die indirekten bzw. Querschnitts-U. und in die direkten bzw. fachspezifischen U. Zu den Querschnitts-U. bzw. Ausstattungsgegenständen gehören vor allem das Mobiliar und die *Technische Grundausstattung* (TGA) der Schule, z. B. mit Film-, Bild-, Schreibprojektoren, Fernseh-, Rundfunk-, Tonbandgeräten usw., die vom Lehrplanstoff unabhängig und nur mittelbar bildungs- und erziehungswirksam sind. Demgegenüber sind die fachspezifischen U. vom Lehrplanstoff abhängig sowie unmittelbar bildungs- und erziehungswirksam; zu ihnen zählen Maschinen, Instrumente, Werkzeuge und Werkstoffe, Modelle, Filme, Lichtbilder, Landkarten, Schallplatten, Tonbänder, Fachbücher, programmierte Lehrmaterialien usw.

Meistens wird von U. (im engeren Sinne) unter Ausklammerung der verbindlichen Schul- und Lehrbücher gesprochen.

Ein wesentliches Kennzeichen, insbesondere der neugestalteten U., ist ihr unmittelbarer Lehrplanbezug; denn zu den jeweiligen Lehrplänen – verstanden als curriculare Grundmaterialien – wurden die jeweils erforderlichen *curricularen Nachfolgematerialien*, also die U. und besonders die Schul- und Lehrbücher, aber auch die Unterrichtshilfen für die Lehrer, „lehrplantreu" gestaltet.

Die *Unterrichtshilfen,* die für jeden Einzellehrplan (eines Faches einer Klasse) hergestellt wurden, geben dem Lehrer detaillierte Hinweise, Begründungen und Beispiele für die Planung seines Unterrichts, gehören also auch zu den Planungshilfen für den Schulunterricht. Zum Unterschied von den verbindlichen Lehrplänen haben die Unterrichtshilfen vorwiegend empfehlenden Charakter und zeigen daher auch verschiedene Möglichkeiten der Realisierung der in den Lehrplänen verbindlich festgelegten Ziele, Inhalte und methodischen Grundlinien auf. Wenn viele Lehrer in der DDR sich dennoch eng an die „Empfehlungen" der Unterrichtshilfen halten, so hat dies verschiedene Gründe; es ist u. a. auf gewisse politisch-ideologische Unsicherheiten der Lehrer bei der Interpretation der Lehrplanangaben zurückzuführen.

Die wichtigsten curricularen Nachfolgematerialien und U. (im weiteren Sinne) sind die *Schul- und Lehrbücher,* die sich in jüngster Zeit auch durch „Lehrplantreue" auszeichnen und ausschließlich zum Zwecke der Lehrplanrealisierung entwickelt worden sind. Im Prinzip gilt, daß für eine Klasse und ein Unterrichtsfach ein Schul- bzw. Lehrbuch hergestellt und verwendet wird, wenn auch dazu z. B. noch entsprechende Schülerarbeitshefte, „Wissensspeicher", d. h. fachliche Übersichtswerke, insbesondere für die naturwissenschaftlichen Fächer und andere Mittel, herausgegeben und verwendet werden. In bezug auf die inhaltlich-strukturelle und typographische Gestaltung wurden die Schul- und Lehrbücher in jüngster Zeit deutlich verbessert, insbesondere durch erhebliche Vermehrung der Abbildungen, Tabellen, Übersichten, Diagramme usw., sowie der Aufgaben und Kontrollfragen.

Die Schul- und Lehrbücher werden von den Schülern und Lehrlingen teils gekauft, teils erhalten sie sie kostenlos; es besteht also nur eine beschränkte *Lernmittelfreiheit*. Für den Unterricht in den allgemeinbildenden Oberschulen und den Berufsschulen sind nur diejenigen Schul- und Lehrbücher zugelassen, die im jährlich erscheinenden Bücherverzeichnis des Volkseigenen Verlages Volk und Wissen bzw. im „Literaturkatalog Berufsbildung" des Zentralinstituts für Berufsbildung aufgeführt sind. Der Direktor der jeweiligen Bildungseinrichtung entscheidet, welche der in diesen Verzeichnissen aufgeführten Schul- und Lehrbücher von den Schülern und Lehrlingen zu kaufen sind. Die unentgeltlich ausgegebenen Schul- und Lehrbücher, die mit Angabe der Dauer ihrer Gültigkeit im Bücherverzeichnis des VE Verlages Volk und Wissen für das jeweilige Schul- und Lehrjahr festgelegt werden, sind grundsätzlich Volkseigentum und bleiben in der Verwaltung der Schule.

Alle Schüler und Lehrlinge bzw. deren Eltern sind verpflichtet, die für die einzelnen Unterrichtsfächer für den Kauf festgelegten Schul- und Lehrbücher anzuschaffen. Die als verbindlich erklärte *berufsbildende Literatur* sowie Hinweise zur Nutzung entsprechender Ersatz- und Zusatzliteratur und der entsprechenden Fachzeitschriften sind in dem „Literaturkatalog Berufsbildung" enthalten. Der Literaturkatalog Berufsbildung 1971/72 enthält rund 500 Titel verbindlicher Berufsliteratur, darunter etwa 20 Wissensspeicher, 66 programmierte Lehrmaterialien und 65 Arbeitsplatz-, Aufgaben- und Experimentieranleitungssammlungen.

Die für die Realisierung der neuen Lehrpläne für die einzelnen Fächer und Klassen (→ **Lehrplanreform**) notwendigen fachspezifischen U. (im engeren Sinne) bilden zusammen mit den entsprechenden technischen Geräten und Einrichtungen die Grundausstattung einer jeden Oberschule und sind in dem verbindlichen „Gesamtbedarfsplan für U. der 10klassigen allgemeinbildenden polytechnischen Oberschule" zusammengefaßt. In diesem Gesamtbedarfsplan sind die verbindlichen U., die in jeder Oberschule vorhanden sein müssen, aber auch die empfohlenen U. aufgeführt, die zwar schon vor Einführung der neuen Lehrpläne hergestellt wurden, aber auch im Unterricht nach dem neuen Lehrplan eingesetzt werden können. In gesondert veröffentlichten Bedarfsplänen für die einzelnen Unterrichtsfächer und Klassen werden die erforderlichen fachspezifischen U., entsprechend ihren wichtigsten Einsatzmöglichkeiten, den einzelnen Lehrplanabschnitten zugeordnet. Dadurch gewinnen die Lehrer auf einfache Weise einen Überblick darüber, welche U. ihnen für die Behandlung

eines bestimmten Lehrplanthemas zur Verfügung stehen.

Die didaktische Wirksamkeit und der rationelle Einsatz der U. werden durch die Bereitstellung und Nutzung von *Fachunterrichtsräumen* bedeutend gefördert; darum wird der Ausstattung der Schulen mit Fachunterrichtsräumen zunehmende Bedeutung beigemessen. Bisher gibt es Fachunterrichtsräume für Physik, Chemie, Biologie, Zeichnen, Musik, Werken und den polytechnischen Unterricht sowie die Turnhallen; die Fachunterrichtsräume werden auch als *Kabinette* bezeichnet. Der Bedeutung entsprechend, die den neuen beruflichen Grundlagenfächern beigemessen wird, wurden kombinierte Unterrichtskabinette für die beruflichen Grundlagenfächer Grundlagen der Elektronik, Grundlagen der BMSR-Technik und Grundlagen der Datenverarbeitung entwickelt und dafür Ausrüstungsnormative verbindlich festgelegt. Darüber hinaus wurden 124 weitere Ausrüstungsnormative erarbeitet, die als Grundlage für die zielgerichtete Entwicklung, Herstellung und Bereitstellung berufsspezifischer U. für 202 Ausbildungsberufe dienen.

Für die Versorgung der Bildungseinrichtungen mit U. sind die Bezirks- und die Kreisstellen für U. tätig, die den jeweiligen Abteilungen Volksbildung der Räte der Bezirke bzw. der Kreise unterstehen; sie fördern u. a. auch den Selbstbau von U. durch Schüler, für die bestimmte Normen festgelegt wurden. Die Ausstattung der Bildungseinrichtungen mit Mobiliar usw. erfolgt über das Staatliche Kontor für U. und Schulmöbel (Leipzig). Die Hauptentwicklungsrichtung zur Ausrüstung und Versorgung der im Bereich des Ministeriums für Volksbildung bestehenden Einrichtungen mit U., Schul- und Kindergartenmöbeln, Sportgeräten, Schul- und Lehrbüchern, Lernmitteln des allgemeinen Schulbedarfs, Schuldokumenten und Vordrucken zu erarbeiten, ist Aufgabe der Hauptverwaltung U. und Schulversorgung im → **Ministerium für Volksbildung**.

Als programmierter Unterricht (PU.) wird derjenige Unterricht bezeichnet, „der sich unter der Führung eines *Lehrprogrammes* vollzieht, in dem die Funktionen des Lehrsystems (Lehrprogramm) weitgehend objektiviert und die Tätigkeit des Lernsystems (Schüler) weitestgehend programmiert sind und der einem im Lehrprogramm gespeicherten Lehralgorithmus folgt, der die Tätigkeit jedes einzelnen Schülers determiniert". Dabei werden Programmierung des Gegenstandsystems, des Lehrsystems und des Lernsystems sowie *lineare, verzweigte* und *kombinierte Lehrprogramme* unterschieden. Aufgrund der Forderung des Bildungsgesetzes, die Programmierung des Lehr- und Lernprozesses zielstrebig zu entwickeln, wurden zunächst in der DDR erhebliche Aktivitäten zur Entwicklung und Erprobung von Lernprogrammen bzw. des PU in Gang gesetzt. Auf dem VII. Pädagogischen Kongreß (1970) wurde jedoch festgestellt, daß die Programmierung zwar weitere Reserven für eine höhere Effektivität des Unterrichts erschließt, die genutzt werden müssen, jedoch zugleich darauf verwiesen, daß herkömmlicher und PU. keine Alternativen darstellen und daß auch beim Einsatz programmierter U. nach wie vor die führende Rolle des Lehrers bestimmend ist.

Zur Sicherung und Nutzung des Prinzips der Vielseitigkeit des Lernens wurden mit der „Konzeption zur Weiterentwicklung der Forschung auf dem Gebiete der Programmierung von Lehr- und Lernprozessen" (1971) weitere Untersuchungen in Gang gesetzt und durchgeführt, die vor allem danach fragten, welche Anwendungsmöglichkeiten und welchen Stellenwert der PU. innerhalb des gesamten Unterrichts einnehmen kann und welche die Unterrichtsarbeit des Lehrers bereichernden, ergänzenden und rationalisierenden Formen der Lernprogrammierung – bei Wahrung der führenden Rolle des Lehrers – optimale Lernergebnisse erzielen. Entgegen einer zeitweilig vorherrschenden Tendenz zur Kybernetisierung des Unterrichts und besonders des PU. wird gegenwärtig der Standpunkt vertreten, daß das Programmieren von Lehr- und Lernprozessen ein integrativer Bestandteil der Theorie und der Praxis des Schulunterrichts ist. Theoretische Fragen, die mit der Programmierung von Unterrichtsprozessen sowie mit der Ausarbeitung und dem Einsatz von Lehrprogrammen verbunden sind, stehen zur Unterrichtstheorie und ihrer weiteren Entwicklung im Verhältnis des Besonderen zum Allgemeinen. Die „Idee des Programmierens" im Sinne der Unterstützung planmäßiger Einflüsse auf die Gesamtentwicklung der Schülerpersönlichkeit und der wissenschaftlichen Herausarbeitung effektiver Lernformen gehöre seit langem zur sozialistischen Pädagogik, und zwar „schon ehe die bürgerliche Propagandawelle in den in den ersten Jahren selbst in den USA wenig attraktiven programmierten Unterricht hochgespielt" hat. Dennoch können die zahlreichen Anstöße, die die Entwicklung des PU. in der DDR wie auch in der UdSSR und in anderen Ländern in Ost und West aus den USA empfangen hat, nicht geleugnet werden. Lehrprogramme wurden und werden vor allem für spezielle Themen des mathematisch-naturwissenschaftlichen und des berufstheoretischen Unterrichts entwickelt und genutzt. → **Einheitliches sozialistisches Bildungssystem.**

Unterrichtstag in der sozialistischen Produktion: → **Polytechnische Bildung und polytechnischer Unterricht.**

Unterstützung für alleinstehende Werktätige: Alleinstehende Berufstätige werden zur Pflege erkrankter Kinder für die Dauer von 2 Tagen von der Arbeit freigestellt. Sie erhalten für diese Zeit → **Krankengeld** und → **Lohnausgleich**, also 90 v. H. des Nettodurchschnittsverdienstes. Der Anspruch entsteht bei jeder Erkrankung des Kindes. Müssen Alleinstehende wegen notwendiger Pflege erkrankter Kinder länger als 2 Tage der Arbeit fernbleiben, wird von der Sozialversicherung als Unterstützung Krankengeld bzw. erhöhtes Krankengeld an Alleinstehende mit 1 Kind bis zu 4 Wochen, mit 2 Kindern bis zu 6 Wochen, mit 3 Kindern bis zu 8 Wochen, mit 4 Kindern bis zu 10 Wochen und mit 5 oder mehr Kindern längstens 13 Wochen im Kalenderjahr gewährt. Diese Regelung gilt grundsätzlich auch für berufstätige Ehegatten, die zur Pflege erkrankter Kinder

zu Hause bleiben müssen, berufstätige Ehegatten von voll erwerbsunfähigen Rentnern oder Studenten mit einem geringeren Einkommen als 300 Mark monatlich sowie für erwerbstätige Ehefrauen, deren Ehemänner Militärdienst ableisten.

Untersuchungshaft: → **Strafverfahren.**

Untersuchungsorgane: → **Strafverfahren.**

Uranbergbau: Der U. ist im Gebiet der DDR durch die Sowjetunion begründet worden. Er wird von der SDAG Wismut (Sowjetisch-deutsche Aktiengesellschaft) betrieben. Dieses Unternehmen wurde 1947 als SAG Wismut gegründet; die Umbenennung erfolgte 1954 aufgrund einer deutschen Kapitalbeteiligung in Höhe von 50 v. H. Mit der Gründung der SAG Wismut schufen die Sowjets ein völkerrechtliches Novum, weil erstmalig die Siegermacht eines Krieges ohne Fühlungnahme mit früheren Verbündeten in dem von ihr besetzten Gebiet die Bodenschätze als Reparationsleistung ohne zeitliche Begrenzung ausbeutete. Innerhalb der sowjetischen Aktiengesellschaften in der DDR nahm die Wismut AG auch insofern eine Sonderstellung ein, als sie nicht zur Verwaltung der sowjetischen Vermögen in Deutschland gehörte. Die Hauptverwaltung der SAG Wismut in Siegmar-Schönau bei Karl-Marx-Stadt war direkt sowjetischen Stellen in Moskau unterstellt. Die Gründer des Unternehmens waren die Hauptverwaltung des sowjetischen Vermögens im Ausland des Ministerrats der UdSSR und die Staatliche Aktiengesellschaft der Buntmetallindustrie „Medj" in der UdSSR. Die Wismut AG hat seit 1946 – also bereits vor ihrer offiziellen Gründung – systematisch allen Boden, der Uranvorkommen vermuten ließ, durch sog. Geologenbrigaden untersucht. Die Arbeiten erfolgen sowohl im Tage- als auch im Tiefbau.

Nach vergeblichen Schürfungen im Harz und im Zittauer Gebirge konzentriert sich der U. gegenwärtig auf folgende Gebiete: 1. Erzgebirge und Vogtland mit Hauptzentren um Johanngeorgenstadt; 2. Thüringen mit Hauptzentrum Ronneburg.

Nach zuverlässigen Schätzungen betrug der Beschäftigungsstand bei der SAG Wismut im Herbst 1951 etwa 225 000. Diese Zahl entsprach ca. 10 v. H. aller Beschäftigten in Industrie und Bergbau. Gegenwärtig dürften noch immer etwa 40 000 Arbeitnehmer im U. tätig sein. Die Ausbeuteergebnisse des U. werden streng geheimgehalten. Vermutlich entspricht die Uranerzförderung einem U-238-Gehalt von etwa 2 000 bis 2 500 t jährlich. Das geförderte Uranerz wird in der DDR lediglich angereichert. Das dabei gewonnene granulierte Konzentrat wird von der UdSSR beansprucht. Es wird in der UdSSR weiterverarbeitet. Die DDR muß den eigenen Uranbedarf für Isotope und für den Betrieb der Atomkraftwerke Rheinsberg und Lubmin von der UdSSR kaufen.

Art und Höhe der Finanzierung liegen völlig im dunkeln, da weder aus dem → **Staatshaushalt** noch aus Unterlagen der Planungsstellen Angaben ersichtlich sind. Rückschlüsse aus der wechselnden Zahl der Beschäftigten und den im Erzbergbau allgemein üblichen Kosten ergeben allein für 1946 bis 1953 einen Gesamtaufwand von etwa 7,75 Mrd. Mark. Diese Summe ist in den unter → **Reparationen** angegebenen Zahlen enthalten. Von Fachleuten wird angenommen, daß bis jetzt mehr als die Hälfte der Uranvorräte abgebaut wurde.

Urania (Gesellschaft zur Verbreitung wissenschaftlicher Kenntnisse): Gesellschaftliche Organisation zur Popularisierung von Ergebnissen aus allen Gebieten der Wissenschaften und zur propagandistischen Unterstützung der jeweilig gegebenen politischen Schwerpunktaufgaben.

Die U. wurde am 17. 6. 1954 in Anlehnung an das Vorbild der sowjetischen Allunionsgesellschaft zur Verbreitung politischer und wissenschaftlicher Kenntnisse gegründet; auf ihrem 4. Kongreß 1966 nahm sie ihren jetzigen Namen an. Mitglieder der U. sind Angehörige der Intelligenz und erfahrene Praktiker, die sich verpflichten, ihre Kenntnisse in populär-wissenschaftlichen Vorträgen einem breiten Interessentenkreis zu vermitteln. Höchstes Organ der U. sind der Kongreß, das Präsidium und dessen Büro. Die U. untergliedert sich weiter in Bezirks- und Kreisorganisationen mit den entsprechenden Leitungsgremien. In Großbetrieben und an den Hoch- und Fachschulen bestehen Mitgliedergruppen. Beim Präsidium der U. arbeiten über 20 zentrale Sektionen bzw. Arbeitsgruppen, die in ihrer Aufgabenstellung der Unterteilung der Gesellschafts- und Naturwissenschaften bzw. gewissen politischen Schwerpunkten folgen (z. B. Agrarwissenschaften, Astronomie, Biologie, Internationale Fragen, Militärpolitik, Staats- und Rechtswissenschaft). Diese leiten ihrerseits die entsprechenden Einrichtungen auf Bezirks- und Kreisebene an, organisieren den Erfahrungsaustausch und versorgen sie mit Informationsmaterial. Konferenzen und wissenschaftliche Kolloquien sind die bevorzugten Formen, in denen die U. die eigenen Mitglieder/Referenten weiterbildet. Als populärwissenschaftliche Zeitschrift wird die „Urania" gemeinsam mit dem Kulturbund herausgegeben. Präsident der U. ist gegenwärtig (1974) Prof. Dr.-Ing. Eberhard Leibnitz.

Die Tätigkeit der U. versteht sich als ein Beitrag zur sozialistischen Allgemeinbildung. Diesem Zweck dient die Vermittlung parteilicher Informationen über die Entwicklungen im In- und Ausland ebenso wie die Verbreitung neuester wissenschaftlicher und technischer Erkenntnisse unter dem Gesichtspunkt ihrer Anwendbarkeit in der Produktion. Die U. hat in ihren allgemeinverständlichen Veranstaltungen weitgehend die allgemeinbildenden Aufgaben der traditionellen Volkshochschule übernommen. Neuerdings ist sie darüber hinaus in die Weiterbildungsmaßnahmen einbezogen worden. Die Urania leistet ihre Arbeit in Form von Vorträgen, Kursen, Aussprachen, Exkursionen und Ausstellungen. Sie stützt sich dabei auf Vortragszentren, Betriebs- und Dorfakademien sowie auf die Kultur- und Klubhäuser. Über ein Fünftel der Veranstaltungen der U. fanden auf den Dörfern und in landwirtschaftlichen Betrieben statt. Die Zusammenarbeit der U. mit dem FDGB wurde ver-

traglich fixiert; die U. unterstützt besonders die Schulung der Gesprächsleiter der Schulen der sozialistischen Arbeit.

1972 hatte die U. etwa 28 000 Mitglieder. 1973 wurden auf 254 695 Veranstaltungen über 8,9 Mill. Besucher gezählt.

Urheberrecht: Nach Art. 11 Abs. 2 der Verfassung vom 6. 4. 1968 genießen die Urheber den Schutz des sozialistischen Staates. Durch das am 1. 1. 1966 in Kraft getretene Gesetz über das U. vom 13. 9. 1965 (GBl. I, S. 209) ist das U. eigenständig kodifiziert und sind die bis dahin noch geltenden Reichsgesetze auf dem Gebiete des U., das Literatururheberrechtsgesetz und das Kunsturheberrechtsgesetz, das Gesetz über das Verlagsrecht und das Gesetz über die Filmberichterstattung, ersetzt worden. Das U.-Gesetz soll die Verbindung der persönlichen Interessen der Urheber mit denen der Gesellschaft herstellen. Das U. wird als „sozialistisches Persönlichkeitsrecht" verstanden, aus dem sich nichtvermögensrechtliche und vermögensrechtliche Befugnisse des Urhebers ergeben. Der Urheber literarischer, künstlerischer und wissenschaftlicher Werke erlangt mit deren Schaffung das Recht auf Anerkennung der Urheberschaft, das ausschließliche Recht, die Veröffentlichung des Werkes zu genehmigen, die Art der Veröffentlichung und Nutzung zu bestimmen, das Recht auf Namensnennung, auf Unverletzlichkeit des Werkes und den Schutz des künstlerischen oder wissenschaftlichen Ansehens des Urhebers sowie das Recht auf Vergütung entsprechend seiner Leistung.

Den Interessen der Gesellschaft tragen einige Bestimmungen über die „freie Werknutzung" Rechnung. So dürfen Werke zur Aneignung der Schätze von Kunst und Wissen durch die gesamte Gesellschaft und zur Entfaltung von Wissenschaft und Kunst ohne Einwilligung des Urhebers und ohne Zahlung einer Vergütung frei genutzt werden. Dem Rundfunk und Fernsehen ist eine gesetzliche Lizenz eingeräumt, ohne Einwilligung des Urhebers jedes veröffentlichte Werk unverändert gegen ein in einer staatlichen Honorarordnung festgelegtes Honorar zu übertragen. Auch die Beendigung des U. 50 Jahre nach dem Tode des Urhebers bringt das gesellschaftliche Interesse zum Ausdruck.

Der Inhalt von Verträgen zur Übertragung von Nutzungsbefugnissen soll in Musterverträgen festgelegt werden, die vom → **Ministerium für Kultur** bzw. vom Staatlichen Rundfunk-Komitee in Zusammenarbeit mit den gesellschaftlichen Organisationen der Urheber und den Gewerkschaften auszuarbeiten und zu veröffentlichen sind. Das U.-Gesetz trägt auch dem Umstand Rechnung, daß heute ein Großteil urheberrechtlich geschützter Werke im Rahmen der Erfüllung arbeitsrechtlicher Verpflichtungen geschaffen werden und gesteht auch in diesen Fällen dem Urheber das U. zu. Dem Betrieb oder der Institution räumt das Gesetz das Recht der Nutzung ein, soweit diese unmittelbar der Lösung ihrer eigenen Aufgaben dient, wobei der Urheber grundsätzlich das Recht auf Vergütung hat (§ 20).

Die Vorschriften des U.-Gesetzes finden Anwendung

auf Bürger der DDR unabhängig vom Ort der Veröffentlichung ihrer Werke, ferner auf Bürger anderer Staaten oder Staatenlose, soweit Werke von ihnen erstmalig in der DDR veröffentlicht werden. Im übrigen ist die DDR den internationalen Vereinbarungen auf dem Gebiete des U., insbesondere der Berner Übereinkunft vom 2. 6. 1928, beigetreten (Bekanntmachung vom 16. 4. 1959, GBl. I, S. 805). Über die Anwendung internationaler Abkommen hinaus wird Urheberschutz im Rahmen der Gegenseitigkeit gewährt. Mit der Aufgabe, an deutschen und internationalen Einrichtungen auf dem Gebiete des U. mitzuarbeiten, die Arbeiten zur Entwicklung des U. und den Abschluß von Verträgen zu unterstützen sowie die Rechte der in der DDR ansässigen Urheber wahrzunehmen, ist das „Büro für U." mit Sitz in Berlin betraut, das der Aufsicht des Ministeriums für Kultur unterliegt (AO vom 23. 10. 1956, GBl. II, S. 365). Insbesondere ist das Büro zuständig für die Genehmigung über den Erwerb und die Vergabe urheberrechtlicher Nutzungsrechte, wenn der Vertragspartner außerhalb der DDR wohnt (AO vom 7. 2. 1966, GBl. II, S. 107). Dabei kann das Büro verlangen, daß die Nutzungsrechte zunächst einem Verlag oder einer anderen kulturellen Einrichtung in der DDR angeboten werden. Ausgenommen von der Genehmigungspflicht sind der Erwerb und die Vergabe von U. durch Presseorgane, wissenschaftliche Fachzeitschriften, Rundfunk und Fernsehen sowie Verträge, die durch die → **Anstalt zur Wahrung der Aufführungsrechte** (AWA) für das Gebiet der Musik geschlossen werden.

Verstöße gegen die Anbietungs- oder Genehmigungspflicht können mit einer Ordnungsstrafe von 10,– bis 500,– Mark belegt werden.

Urkundenstellen: → **Personenstandswesen.**

Urlaub: → **Arbeitsrecht.**

V

Valutamark: → **Währung, Währungspolitik.**

Vaterland, sozialistisches: → **Patriotismus; Staatsbewußtsein, sozialistisches.**

VdgB: Abk. für Vereinigung der gegenseitigen Bauernhilfe. **Ländliche** → **Genossenschaften.**

VEB: Abk. für Volkseigener Betrieb. → **Betriebsformen und Kooperation.**

VEB-Plan: Jahresplan eines volkseigenen Betriebes. → **Planung.**

VEG: Abk. für Volkseigene Güter. → **Landwirtschaftliche Betriebsformen.**

VEH: Abk. für Volkseigener Handel. → **Binnenhandel.**

Verband Bildender Künstler der DDR: → **Bildende Kunst.**

Verband der Film- und Fernsehschaffenden der DDR: 1967 gegründet, macht der V. seinen Mitgliedern laut Statut und „Grundsätzen zur ideologisch-politischen Orientierung des V." u. a. zur Aufgabe, „in ständiger Auseinandersetzung mit der reaktionären bürgerlichen Ideologie in ihren Werken mitzuhelfen, die Ideen des Marxismus-Leninismus zu verbreiten, die Verbundenheit der Werktätigen zu ihrem Staat und die neuen menschlich-gesellschaftlichen Beziehungen zu festigen sowie den Geist des Internationalismus zu vertiefen; anknüpfend an die besten künstlerischen Traditionen die Gestaltung des neuen Gegenstandes, des Helden unserer Epoche, und die weitere Ausprägung des sozialistischen Menschenbildes zur Hauptlinie des Schaffens zu machen und dazu alle Genres und Gattungen des künstlerischen und publizistischen Ausdrucks als differenzierte, spezifische Wirkungsmittel von Film und Fernsehen komplex zu nutzen."
Die Mitglieder arbeiten in den Sektionen Dramatische Kunst im Fernsehen, Spielfilm in Kino und Fernsehen, Unterhaltung, Dokumentarfilm und Publizistik, populärwissenschaftlicher Film, Trickfilm, Wissenschaft und Technik, Theorie und Kritik sowie in den Kommissionen für internationale Verbindungen, für Nachwuchs und für Verbandsfragen. Der V. veranstaltet Diskussionen über künstlerische und ideologische Fragen des Filmschaffens, informiert seine Mitglieder durch Vorführungen über die internationale Filmproduktion und beeinflußt die Entwicklung von Film und Fernsehen in der DDR durch Vorschläge an die zuständigen staatlichen Organe. Er pflegt durch Arbeitsvereinbarungen geregelte enge Kontakte mit gleichartigen Organisationen der anderen sozialistischen Länder, insbesondere der Sowjetunion. Diese bestehen z. B. in gegenseitigem Erfahrungsaustausch dienenden Zusammenkünften, bei denen neue Produktionen vorgeführt und diskutiert werden; der V. ist Mitveranstalter alljährlich durchge-

führter Informationstage des sowjetischen Films in der DDR. Der V. nimmt Einfluß auf die Verleihung von Auszeichnungen, Prädikaten, Preisen und Titeln an seine Mitglieder. Seit September 1973 gibt er die Monatszeitschrift „Film und Fernsehen" heraus. Präsident des V. ist seit Gründung der Dokumentarist Andrew Thorndike. → **Filmwesen.**

Verband der Journalisten der DDR: → **Journalismus.**

Verband der Komponisten und Musikwissenschaftler der DDR: Organisation der Komponisten und Musikwissenschaftler, solistisch tätiger Musikinterpreten, Dirigenten und führender Musikerzieher. Der im April 1951 gegründete V. löste sich 1952 aus der Zugehörigkeit zum 1945 gegründeten „Deutschen Kulturbund" (→ **Kulturbund der DDR**) und wurde selbständig. Der V. hat in den verschiedenen staatlichen und gesellschaftlichen Einrichtungen, wo Fragen der Musik, des Musiklebens und der Musikpolitik zur Diskussion und Entscheidung stehen, direktes oder indirektes Mitspracherecht (Beirat des → **Ministeriums für Kultur;** Beirat für Musikwissenschaft beim Ministerium für Hoch- und Fachschulwesen; Beirat des Rundfunkkomitees; im Büro für Urheberrechte; im Musikrat der DDR u. a. m.).
Von den Sektionen „Volksmusik" des V. werden die in Zirkeln komponierender Arbeiter zusammengefaßten Laienkomponisten betreut.
Präsident ist gegenwärtig (1974) der Komponist und Musikwissenschaftler Prof. Dr. Dr. h. c. Ernst-Hermann Meyer (Mitglied des ZK der SED); Generelsekretär: Komponist Wolfgang Lesser. Seit 1956 untersteht dem V. die Internationale Musikbibliothek (IMB). Seit 1963 berät er die Deutsche Künstleragentur (DKA), die Zentrale des „VEB Deutsche Konzert- und Gastspieldirektion" (DKGD) bei der Programmgestaltung von In- und Auslandskonzerten. Die Agentur ist verpflichtet, dem V. über das Auftreten von Künstlern der DDR im In- und Ausland zu berichten.
Der V. verfügt über einen eigenen Verlag neue Musik, in dem Studienpartituren bedeutender neuer Werke von DDR-Komponisten sowie musik-wissenschaftliche Arbeiten zum neuen Schaffen in der DDR veröffentlicht werden. Verbandseigene Zeitschriften sind „Musik und Gesellschaft" (gegr. 1951, mtl.) und „Beiträge zur Musikwissenschaft" (seit 1959, vierteljährlich). Die Tätigkeit des V., dessen musikpolitische Aktivitäten sich vor allem auf die DDR selber konzentrieren, wird ergänzt durch diejenige des Musikrats der DDR, Sektion DDR im Internationalen Musikrat. Dieser repräsentiert die DDR außerhalb ihrer Grenzen. Die enge Verbindung beider Organisationen wird durch die Personalunion seiner führenden Vertreter deutlich: Präsident des M. ist der Konzertpianist Dieter Zechlin, Mitglied des Präsidiums des V., Erster Sekretär: Wolfgang Lesser.

Verband der Theaterschaffenden der DDR: 1966 gegründet, dient der V. der ideologischen und künstlerischen Weiterbildung seiner Mitglieder und fördert die Diskussion fachlicher Probleme. „Dabei ist sein Hauptanliegen das sozialistische Menschenbild auf der Bühne" (Statut).

Die Mitglieder arbeiten in den Sektionen Schauspiel, Musiktheater, Puppentheater, Bühnentanz und Ausstattung. Der V. organisiert zu wichtigen Inszenierungen Kolloquien und Foren, veranstaltet wissenschaftliche Konferenzen und für bestimmte Berufsgruppen Informationskurse und Seminare. Auf der Grundlage von Arbeitsabkommen pflegt er die Beziehungen zu gleichartigen Verbänden in den anderen sozialistischen Ländern und führt mit ihnen einen Informationsaustausch durch. Der V. publiziert „Mitteilungen" und „Material zum Theater" und dokumentiert bedeutende Inszenierungen, zu denen auch Materialien archiviert werden. Organ des V. ist die seit 1946 erscheinende Monatszeitschrift „Theater der Zeit". Präsident des Verbandes ist seit Gründung der Regisseur Wolfgang Heinz. → **Theater.**

Verbandsauftrag: Für den Bereich der → **FDJ** geltende Form des → **Parteiauftrags.**

Verbrauch, privater: Mit höheren → **Einkommen** stieg auch der PV. in der DDR; 1972 hatte er die 80-Mrd.-Mark-Grenze erreicht und lag damit um 50 v. H. über dem Verbrauch von 1960. Eine Zunahme war durchweg auch bei allen Waren- und Leistungsuntergruppen festzustellen, lediglich der Naturalverbrauch nahm ab, weil die persönliche Hauswirtschaft bei den Bauern und auch die Selbstversorgung (z. B. durch Kleingärten) bei anderen Bevölkerungsschichten zurückgingen.

Privater Verbrauch (in Mrd. Mark)

	1960	1965	1970	1972
Warenkäufe	45,4	51,4	64,2	69,9
Nahrungsmittel	18,8	21,1	25,2	26,3
Genußmittel	7,4	8,8	11,4	12,4
Schuhe	1,0	1,4	1,7	2,0
Textilien und Bekleidung	6,9	7,0	8,6	9,6
Sonstige Industriewaren	11,3	13,1	17,3	19,6
Naturalverbrauch	2,5	2,6	2,3	2,0
Leistungen	6,6	7,5	8,7	9,5
Privater Verbrauch	54,5	61,5	75,2	81,4

Quellen: Statistische Jahrbücher der DDR; Deutsches Institut für Wirtschaftsforschung. Berlin (West).

An der Ausweitung des PV. partizipierten die einzelnen Verbrauchsarten in unterschiedlichem Maße. Strukturveränderungen sind erkennbar, halten sich jedoch in relativ engen Grenzen, weil sich das Konsumentenverhalten in der DDR – wie auch in westlichen Ländern – über längere Perioden nur geringfügig ändert.

Immerhin nahm der Anteil der Nahrungsmittel, der etwa ein Drittel des PV. ausmacht, leicht ab. Diese Entwicklung folgt damit dem Engelschen Gesetz. Mit stei-

gendem Wohlstand wird ein fallender Prozentsatz des Einkommens für Nahrungsmittel verwendet. Der Lebensmittelverbrauch strebt offensichtlich einem mengenmäßigen Sättigungsniveau entgegen, und der Übergang zu qualitativ besseren (und teureren) Nahrungsmitteln geht nicht zuletzt wegen Angebotsbeschränkungen nur langsam voran.

Die anteilmäßige Zunahme der industriellen Konsumgüter am PV. – von 35 v. H. (1960) auf 38 v. H. (1972) – deutet ebenfalls auf einen gestiegenen → **Lebensstandard** hin. Ein an Umfang und Vielfalt verbessertes Konsumgüterangebot trug wesentlich zu dieser Entwicklung bei.

Auf Leistungen (Handwerksleistungen, Verkehr- und Postleistungen, Mieten, Strom, Gas, Wasser, Bildung, Unterhaltung u. ä.) entfielen nur 12 v. H. des PV. Dieser im Vergleich zu westlichen Ländern geringe Anteil am PV. resultiert aus Beschränkungen im Angebot und aus der starken Subventionierung vieler Leistungen (z. B. extrem niedrige Mieten). Der Dienstleistungssektor wurde in der Vergangenheit stark vernachlässigt, und die angekündigten Verbesserungen werden, mit Ausnahme einiger forciert vorangetriebener Schwerpunktvorhaben (Wäscherei- und Reinigungswesen, Kindergärten und -krippen), wahrscheinlich erst langfristig wirksam werden.

Durchschnittlicher monatlicher Pro-Kopf-Verbrauch (in Mark)

	1960	1965	1970	1972
Warenkäufe	219	251	314	342
Nahrungsmittel	90	103	123	128
Genußmittel	36	43	56	61
Schuhe	5	7	8	10
Textilien u. Bekleidung	33	34	42	47
Sonstige Industriewaren	55	64	85	96
Naturalverbrauch	12	13	11	10
Leistungen	32	37	43	46
Privater Verbrauch	263	301	368	398

Quellen: Statistische Jahrbücher der DDR; DIW, Berlin (West).

Verbraucherpreise: → **Einzelhandels-Verkaufspreise; Preissystem und Preispolitik.**

Verbrauchsabgaben: → **Steuern.**

Verbrauchssteuern: → **Steuern.**

Vereinigung der gegenseitigen Bauernhilfe: Ländliche → **Genossenschaften.**

Vereinigung der Juristen der DDR: Unter dem Namen „Vereinigung Demokratischer Juristen Deutschlands" (VDJD) als Sektion der „Internationalen Vereinigung Demokratischer Juristen" am 20. 6. 1949 gegründet, mit dem Ziel, „durch gegenseitige Verständigung der progressiven Juristen aller Zonen die Voraussetzungen für eine einheitliche demokratische Justiz zu schaffen und zur Verwirklichung der deutschen Rechtseinheit beizutragen". Der VDJD gehörten daher auch westdeutsche Juristen an. Die internationale Arbeit der VDJD war darauf gerichtet, durch Auslandspropaganda, Durchführung und Teilnahme an internationalen Veranstaltungen das Ansehen der DDR zu stärken und gleichzeitig die „friedensgefährdende Aggressionspolitik der Alleinvertretungsanmaßung der Bonner Regierung" anzuprangern (Neue Justiz, 1969, Heft 19, S. 621). Auf der Zentralen Delegiertenkonferenz am 30. 10. 1970 wurde „unter Berücksichtigung der gegenwärtigen Entwicklungsbedingungen der neu formulierten Hauptaufgaben und der Erfordernisse der sozialistischen Demokratie" beschlossen, das Statut der Juristen-Vereinigung zu überarbeiten und den Namen in „Vereinigung der Juristen der DDR" zu ändern.

Hauptaufgaben der Organisation bei der Gestaltung des entwickelten gesellschaftlichen Systems des Sozialismus bleiben die Rechtspropaganda im Innern, die Mitwirkung an der Erfüllung bildungspolitischer Aufgaben und die „internationale Arbeit als Beitrag zur Verwirklichung der sozialistischen Außenpolitik der DDR" (Neue Justiz, H. 3, 1971, S. 81).

Präsident ist seit 1962 der Präsident des Obersten Gerichts der DDR, Heinrich Töplitz (CDU), Generalsekretär ist Walter Baur.

Vereinigung der Verfolgten des Naziregimes (VVN): → **Komitee der antifaschistischen Widerstandskämpfer.**

Vereinigung Organisationseigener Betriebe (VOB): Wirtschaftliche Unternehmen der → **Parteien**, meist Zeitungsverlage. Es gibt je eine VOB → **Zentrag** (SED), VOB Aufwärts (LDP), VOB Union (CDU) und VOB National (NDPD). Diese Wirtschaftsbetriebe stellen die Hauptquellen für die Finanzierung der Parteien dar. VOB Zentrag besteht aus 90 großen Druckereien und Verlagen, die knapp 90 v. H. des Leistungsvermögens aller Druckereien und Verlage ausmachen.

Vereinigung Volkseigener Betriebe (VVB): → **Planung; Betriebsformen und Kooperation.**

Vereinigung volkseigener Betriebe Saat- und Pflanzgut (VVB Saat- und Pflanzgut): → **Staatliches Komitee für Aufkauf und Verarbeitung landwirtschaftlicher Produkte** (SKAV).

Vereinigung Volkseigener Betriebe Tierzucht (VVB Tierzucht): → **Staatliches Komitee für Aufkauf und Verarbeitung landwirtschaftlicher Produkte.**

Vereinigung Volkseigener Warenhäuser (VVW) „Centrum": → **Binnenhandel.**

Verfassung

Entwicklung – Strukturelemente und -prinzipien – Außenpolitische Maximen – Staatsgebiet und Landesverteidigung – Einheit Deutschlands – Bürger und Gemeinschaften in der sozialistischen Gesellschaft – Aufbau und System der staatlichen Leitung – Sozialistische Gesetzlichkeit und Rechtspflege

Die Verfassung vom 6. 4. 1968 bezeichnet die DDR als sozialistischen Staat. Sie ist die zweite V. der DDR. Mit Wirkung vom 7. 10. 1974 erging zu ihr ein Gesetz zur Ergänzung und Änderung (GBl. I, Nr. 47, S. 432 ff.).

I. Entwicklung

Die erste V. war mit der Konstituierung der DDR am 7. 10. 1949 in Kraft gesetzt worden. Sie wies Strukturelemente und -prinzipien eines parlamentarisch-demokratischen Systems mit föderalistischen und rechtsstaatlichen Zügen auf, bekannte sich jedoch bereits zum Prinzip der Gewaltenkonzentration, indem sie die Volkskammer zum höchsten Organ erklärte. Die V. enthielt den Grundsatz der Volkssouveränität und einen Grundrechtskatalog. An der Gesetzgebung war auch die Länderkammer als Vertretung der Länder, wenn auch nur schwach, beteiligt. Abweichend von den üblichen parlamentarisch-demokratischen Regeln war die Bestimmung, daß die Regierung, deren Ministerpräsident von der stärksten Fraktion zu benennen war, unter Beteiligung aller Fraktionen der Volkskammer gebildet werden sollte, jedoch konnte sich eine Fraktion,

wenn sie es wollte, dem Wortlaut der V. nach von der Regierungsbildung ausschließen. Wegen der Blockpolitik wurde von dieser Ausnahme jedoch niemals Gebrauch gemacht. Staatsoberhaupt war der Präsident der Republik. Die Unabhängigkeit der Richter wurde ebenso garantiert, wie die Selbstverwaltung der Gemeinden gewährleistet wurde.

Die V. von 1949 hat unter ihrer Geltung den Aufbau einer sozialistischen Staatsordnung nicht verhindert. Einige ihrer Strukturprinzipien, wie das Prinzip der Gewaltenkonzentration, das Fehlen einer V.-Gerichtsbarkeit, aber auch ihre Bestimmungen zur Eigentumsordnung, haben diese Entwicklung begünstigt, weshalb sich auf der Basis dieser V. einer antifaschistisch-demokratischen Ordnung eine sozialistische Umwälzung vollziehen konnte. Diese Umwälzung vollzog sich außerhalb und zum Teil gegen die V. von 1949. Nur dreimal wurde die V. von 1949 ergänzt oder geändert. 1955 wurde sie um Vorschriften über den Wehrdienst erweitert, 1958 wurde die Länderkammer abgeschafft. 1960 wurde der → **Staatsrat** geschaffen, während gleichzeitig das Amt des Präsidenten der Republik beseitigt wurde. Im übrigen vollzog sich die Entwicklung zunächst außerhalb der Gesetze. Mit der → **Verwaltungsneugliederung** wurde 1952 indessen eine Entwicklung eingeleitet, durch die die V.-Urkunde mehr und mehr durch andere gesetzliche Bestimmungen abgelöst wurde und so einer neuen materiellen Rechts-V. Platz machte, die bereits die Strukturelemente und -prinzipien des sozialistischen Staates aufwies. Diese Strukturelemente sind: 1. die führende Rolle der marxistisch-leninistischen, also kommunistischen, Partei, die in kritischer Sicht als deren Suprematie zu bezeichnen ist, weil sie ein Herrschaftsverhältnis ist. 2. das sozialistische Eigentum an den Produktionsmitteln, das sozialistische Produktions- oder Eigentumsverhältnisse schuf, und 3. auf dessen Grundlage die planmäßige Leitung aller Lebensvorgänge unter der Suprematie der SED sowie als Grundsätze 1. die Gewalteneinheit und 2. der demokratische Zentralismus.

Aus diesen Grundlagen und Grundsätzen folgt ein bestimmtes Verhältnis des einzelnen zum ganzen, das durch den Begriff „sozialistisches Persönlichkeitsrecht" charakterisiert wird, für das in letzter Zeit der Begriff „sozialistisches Grundrecht" (→ **Grundrechte, sozialistische**) verwendet wird.

II. Die Grundlagen der sozialistischen Gesellschafts- und Staatsordnung

A. Die Strukturelemente und -prinzipien der Verfassung

Die V. transformiert im Abschnitt I das im Zuge der V.-Entwicklung entstandene materielle V.-Recht in formelles V.-Recht. Die Strukturelemente und -prinzipien eines sozialistischen Staates bilden die politischen Grundlagen der DDR. Die „führende Rolle" der marxistisch-leninistischen Partei als Vortrupp der Arbeiterklasse – ihre Suprematie – kommt in Art. 1, Abs. 1 Satz 2 zum Ausdruck, wonach die DDR die politische Organisation der Werktätigen in Stadt und Land sei, die gemeinsam unter Führung der Arbeiterklasse und ihrer marxistisch-leninischen Partei den Sozialismus verwirkliche. Die marxistisch-leninistische Partei der DDR ist die Sozialistische Einheitspartei Deutschlands, die → **SED**, wenn sie auch in der V. nicht mit ihrem Namen genannt ist. Im Licht dieser besonderen Stellung der SED ist auch Art. 2 Satz 1 zu lesen. Nach ihm wird alle politische Macht in der DDR von den „Werktätigen", also nicht vom „Volke" ausgeübt. Unter den Werktätigen werden freilich nicht nur die Angehörigen der Arbeiterklasse verstanden, sondern auch die Genossenschaftsbauern, die Angehörigen der Intelligenz und andere soziale Gruppen und Schichten – vorausgesetzt, daß sie sich als im festen Bündnis mit der Arbeiterklasse befindlich betrachten. Die V. versteht daher unter „Werktätigen" nicht nur die in Betrieben und Verwaltung Beschäftigten, wie das → **Arbeitsrecht**, sondern die „Bürger", diese jedoch eingeordnet in die Klassenordnung der Gesellschaft der DDR. Art. 2 Abs. 2 bezeichnet das feste Bündnis der Arbeiterklasse mit der Klasse der Genossenschaftsbauern, den Angehörigen der Intelligenz und den anderen Schichten des Volkes als eine unantastbare Grundlage der sozialistischen Gesellschaftsordnung. Allerdings ist im Verlauf der V.-Änderung vom 7. 10. 1974 der Abs. 4 des Art. 2 ersatzlos gestrichen worden. In ihm war die „Übereinstim-

mung . . . der Interessen der Werktätigen . . . mit den gesellschaftlichen Erfordernissen" zur „wichtigsten Triebkraft der sozialistischen Gesellschaft" erklärt worden. Den darin zum Ausdruck kommenden „harmonistischen" Vorstellungen von der „sozialistischen Menschengemeinschaft" – von Ulbricht geprägte Formel zur Beschreibung des Zustandes der Gesellschaft in der DDR – wurde damit auch verfassungsrechtlich eine Absage erteilt, nachdem sie schon 1971 von der SED faktisch aufgegeben worden war.

In der DDR sind zwar außer der SED auch andere Parteien zugelassen (→ **DBD; CDU; LDPD; NDPD**). Da die politischen Parteien als Ausdruck der fortbestehenden Klassenstruktur angesehen werden, die Klassen in einer sozialistischen Gesellschaft aber eng miteinander verbunden sind, stehen die Parteien im Sinne der Blockpolitik unverbunden nebeneinander. Nach Art. 3 findet das Bündnis aller Kräfte des Volkes in der → **Nationalen Front der DDR** seinen organisierten Ausdruck. In ihr vereinigen die Parteien und Massenorganisationen alle Kräfte des Volkes zum gemeinsamen Handeln für die Entwicklung der Gesellschaft.

Als eine weitere unantastbare Grundlage der Gesellschaftsordnung der DDR bezeichnet Art. 2 Abs. 2 das sozialistische Eigentum an den Produktionsmitteln. Seine Existenz wird für die Garantie gehalten, daß es in der DDR keine der Arbeiterklasse feindlich gegenüberstehenden Klassen, also Kapitalisten oder Großgrundbesitzer, mehr gibt. Ohne sozialistisches Eigentum an den Produktionsmitteln wäre das Klassenbündnis in der DDR, das alle sozialen Gruppen und Schichten umfaßt, nicht denkbar. Vor allem ist das sozialistische → **Eigentum** Grundlage für die Volkswirtschaft der DDR (Art. 9 Abs. 1).

Die dritte unantastbare Grundlage der sozialistischen Gesellschaftsordnung ist nach Art. 2 Abs. 2 die Planung und Leitung der gesellschaftlichen Entwicklung nach den fortgeschrittensten Erkenntnissen der Wissenschaft.

Kernstück der Planung und Leitung ist jedoch die Volkswirtschaft, die in Art. 9 Abs. 3 ausdrücklich als sozialistische Planwirtschaft bezeichnet wird. Sache des sozialistischen Staates ist es, das Währungs- und Finanzsystem festzulegen (→ **Finanzsystem; Währung**). Abgaben und → **Steuern** dürfen nur auf der Grundlage von Gesetzen erhoben werden (Art. 9 Abs. 4). Die → **Außenwirtschaft** einschließlich des Außenhandels und der Valutawirtschaft werden zum staatlichen Monopol erklärt (Art. 9 Abs. 5). Das Prinzip der Gewaltenkonzentration ist in Art. 5 ausgedrückt, wonach die Bürger der DDR ihre politische Macht durch demokratisch gewählte Volksvertretungen (→ **Wahlen**) ausüben. Die Volksvertretungen werden als die Grundlage des Systems der Staatsorgane bezeichnet. Sie sollen ihre Tätigkeit auf die aktive Mitgestaltung der Bürger an der Vorbereitung, Durchführung und Kontrolle ihrer Entscheidungen stützen. Das Prinzip des → **demokratischen Zentralismus** wird in Art. 47 Abs. 2 als die Grundlage genannt, auf der sich die „Souveränität des werktätigen Volkes" verwirkliche. Es wird als das tragende Prinzip des Staatsaufbaues bezeichnet.

Nach Art. 17 soll die DDR Wissenschaft, Forschung und Bildung fördern sowie mittels des → **Einheitlichen sozialistischen Bildungssystems** allen Bürgern eine den ständig steigenden gesellschaftlichen Erfordernissen entsprechende hohe Bildung sichern. Nach Art. 18 gehört auch die sozialistische Nationalkultur zu den Grundlagen der sozialistischen Gesellschaft. Der DDR wird aufgetragen, die sozialistische Kultur zu fördern und zu schützen sowie die „imperialistische Unkultur" zu bekämpfen (→ **Kulturpolitik**).

B. Außenpolitische Maximen

Art. 6 Abs. 1 enthält außenpolitische Maxime. Danach hat die „DDR getreu den Interessen des Volkes und den internationalen Verpflichtungen auf ihrem Gebiet den deutschen Militarismus und Nazismus ausgerottet. Sie betreibt eine dem Frieden und dem Sozialismus, der Völkerverständigung und der Sicherheit dienende Außenpolitik".

Das Verhältnis zur Sowjetunion und zu den anderen sozialistischen Staaten legt Art. 6 Abs. 2 fest. Nach dessen ursprünglicher Fassung hatte die DDR „entsprechend den Prinzipien des sozialistischen Internationalismus die allseitige Zusammenarbeit und Freundschaft mit der Union der Sozialistischen Sowjetrepubliken und den anderen sozialistischen Staaten" zu pflegen und zu entwickeln. Nach der Änderung der V. von 1974 ist die DDR „für immer und unwiderruflich mit der Union der Sozialistischen Sowjetrepubliken verbündet. Das enge und brüderliche Bündnis mit ihr garantiert dem Volk der Deutschen Demokratischen Republik das weitere Voranschreiten auf dem Wege des Sozialismus und des Friedens." Die DDR wird als ein untrennbarer Bestandteil der sozialistischen Staatengemeinschaft bezeichnet. Sie soll getreu den Prinzipien des sozialistischen → **Internationalismus** zu deren Stärkung beitragen, die Freundschaft, die allseitige Zusammenarbeit und den gegenseitigen Beistand mit allen Staaten der sozialistischen Gemeinschaft pflegen und entwickeln. Ferner soll nach Art. 6 n. F. die DDR die Staaten und Völker, die gegen den Imperialismus und sein Kolonialregime, für nationale Freiheit und Unabhängigkeit kämpfen, in ihrem Ringen um gesellschaftlichen Fortschritt unterstützen.

Schließlich soll sie für die Verwirklichung der Prinzipien der → **friedlichen Koexistenz** eintreten und auf der Grundlage der Gleichberechtigung und gegenseitigen Achtung die Zusammenarbeit mit allen Staaten pflegen und sich für Sicherheit und Zusammenarbeit in Europa, für eine stabile Friedensord-

nung in der Welt und für allgemeine Abrüstung einsetzen. In diesem Zusammenhang wird bestimmt, daß militaristische und revanchistische Propaganda in jeder Form, Kriegshetze und Bekundung von Glaubens-, Rassen- und Völkerhaß als Verbrechen geahndet werden.

C. Staatsgebiet und Landesverteidigung

Nach Art. 7 Abs. 1 n. F. haben die Staatsorgane die territoriale Integrität der DDR und die Unverletzlichkeit ihrer Staatsgrenzen einschließlich ihres Luftraums und ihrer Territorialgewässer sowie den Schutz und die Nutzung des Festlandsockels zu gewährleisten.

Art. 7 Abs. 2 Satz 1 bestimmt, daß die DDR die Landesverteidigung sowie den Schutz der sozialistischen Ordnung und des friedlichen Lebens der Bürger organisiert. Weiter wird als Aufgabe der Nationalen Volksarmee und der anderen Organe der Landesverteidigung der Schutz der sozialistischen Errungenschaften des Volkes gegen alle Angriffe von außen bezeichnet.

D. Außenpolitische Maximen und Völkerrecht

Nach Art. 8 sind die allgemeinen anerkannten, dem Frieden und der friedlichen Zusammenarbeit der Völker dienenden Regeln des Völkerrechtes für die Staatsmacht und jeden Bürger verbindlich. In diesem Zusammenhang wird angekündigt: „Die Deutsche Demokratische Republik wird niemals einen Eroberungskrieg unternehmen oder ihre Streitkräfte gegen die Freiheit eines anderen Volkes einsetzen."

E. Einheit Deutschlands

In Art. 1 wurde in der ursprünglichen Fassung die DDR als sozialistischer Staat deutscher Nation bezeichnet. Nach Art. 8 Abs. 2 a. F. sollten die Herstellung und Pflege normaler Beziehungen und die Zusammenarbeit der beiden deutschen Staaten auf der Grundlage der Gleichberechtigung ein nationales Anliegen der DDR sein. Ferner hieß es, daß die DDR und ihre Bürger die „Überwindung der vom Imperialismus der Deutschen Nation aufgezwungenen Spaltung Deutschlands, die schrittweise Annäherung der beiden deutschen Staaten bis zu ihrer Vereinigung auf der Grundlage der Demokratie und des Sozialismus" erstreben.

Im Zuge der Abgrenzungspolitik wurde behauptet, in der DDR bilde sich eine eigene sozialistische Nation heraus. Deshalb wurden anläßlich der V.-Änderung von 1974 alle Hinweise auf die deutsche Nation, das Wort „Deutschland" sowie das Gebot, nach der Vereinigung beider deutscher Staaten zu streben, aus dem Text der V. gestrichen. Nunmehr wird die DDR in Art. 1 der revidierten Verfassung als „sozialistischer Staat der Arbeiter und Bauern" (in der alten Fassung „. . . deutscher Nation") bezeichnet (→ **Nation und nationale Frage; Deutschlandpolitik der SED; Abgrenzung**).

F. Hauptstadt, Staatsflagge, Staatswappen

Art. 1 bezeichnet Berlin als Hauptstadt der DDR und nimmt keine Rücksicht darauf, daß nur der Ostteil der Stadt – im Widerspruch zum Viermächte-Status ganz Berlins – faktisch vollständig in die DDR eingegliedert wurde. Ferner legt derselbe Artikel die Staatsflagge (→ **Flagge**) und das Staatswappen (→ **Wappen**) fest.

III. Bürger und Gemeinschaften in der sozialistischen Gesellschaft

Die Stellung der Bürger und Gemeinschaften in der sozialistischen Gesellschaft wird durch die Grundlagen der in der V. festgelegten Ordnung bestimmt. Jedem Bürger der DDR werden nach Art. 20 Abs 1, unabhängig von seiner Nationalität, seiner Rasse, seinem weltanschaulichen oder religiösen Bekenntnis, seiner sozialen Herkunft und Stellung die gleichen Rechte und Pflichten zugebilligt. Der Gleichheit des Gesetzes entspricht die Gleichheit aller Bürger vor dem Gesetz. Besonders betont wird die Gleichberechtigung von Mann und Frau und ihre gleiche Rechtsstellung in allen Bereichen des gesellschaftlichen, staatlichen und persönlichen Lebens. Die Förderung der Frau, besonders in der beruflichen Qualifizierung, wird als gesellschaftliche und staatliche Aufgabe bezeichnet (→ **Frauen**). Die Jugend soll in ihrer gesellschaftlichen und beruflichen Entwicklung besonders gefördert werden. Ihr wird die Möglichkeit versprochen, an der Entwicklung der sozialistischen Gesellschaftsordnung verantwortungsbewußt teilzunehmen (→ **Jugend**). Als allen anderen Rechten zugrundeliegendes Grundrecht wird das Recht, das politische, wirtschaftliche, soziale und kulturelle Leben der sozialistischen Gemeinschaft und des sozialistischen Staates umfassend mitzugestalten, verstanden (Art. 21 Abs. 1). Damit wird, auch in Verbindung mit Art. 5 Abs. 2 Satz 2, ein konsultatives Element in die V. eingeführt, ohne daß dieses damit freilich zu einem Strukturprinzip der V. würde.

Im einzelnen werden aufgeführt: Das Recht der Gleichbehandlung unabhängig von Nationalität, Rasse, weltanschaulichem und religiösem Bekenntnis sowie sozialer Herkunft und Stellung, Gewissens- und Glaubensfreiheit (Art. 20 Abs. 1), Wahlrecht (Art. 21 Abs. 2 und Art. 22), Recht auf Arbeit, das aus dem Recht auf einen Arbeitsplatz und dessen freier Wahl entsprechend den gesellschaftlichen Erfordernissen und der persönlichen Qualifikation sowie auf Lohn nach Qualität und Quantität der Arbeit besteht (Art. 24) (→ **Arbeitsrecht**), Recht auf Bildung, das die Möglichkeit des Übergangs zur nächst höheren Bildungsstufe bis zu den höchsten Bildungsstätten, den Universitäten und Hochschulen, entsprechend dem Leistungsprinzip, den gesellschaftlichen Erfordernissen und unter Berücksichtigung der Sozialstruktur der Bevölkerung, das Recht der Ju-

gendlichen auf Erlernung eines Berufs sowie das Recht auf Teilnahme am kulturellen Leben einschließt (Art. 25, 26) (→ **Einheitliches sozialistisches Bildungssystem; Kulturpolitik**), Recht auf freie und öffentliche Meinungsäußerung sowie die Freiheit der Presse, des Rundfunks und des Fernsehens (Art. 27), Recht auf friedliche Versammlung (Art. 28), Vereinigungsrecht (Art. 29). Recht auf Freizügigkeit innerhalb des Staatsgebietes der DDR (Art. 32), Anspruch auf Rechtsschutz durch die Organe der DDR und Auslieferungsverbot (Art. 33), Recht auf Freizeit und Erholung (Art. 34), Recht auf Schutz der Gesundheit und der Arbeitskraft (Art. 35), Recht auf Fürsorge der Gesellschaft im Alter und bei Invalidität (Art. 36), Recht auf Wohnraum entsprechend den volkswirtschaftlichen Möglichkeiten und örtlichen Bedingungen (Art. 37), das Recht, sich zu einem religiösen Glauben zu bekennen und religiöse Handlungen auszuüben (Art. 39 Abs. 1), für Bürger der DDR sorbischer Nationalität das Recht zur Pflege ihrer Muttersprache und Kultur (Art. 40). Ferner werden die Persönlichkeit und die Freiheit jedes Bürgers der DDR für unantastbar erklärt. Einschränkungen sind nur im Zusammenhang mit strafbaren Handlungen oder einer Heilbehandlung zulässig und müssen gesetzlich begründet sein. Dabei dürfen die Rechte solcher Bürger nur insoweit eingeschränkt werden, als dies gesetzlich zulässig und unumgänglich ist (→ **Strafrecht**). Zum Schutze seiner Freiheit und der Unantastbarkeit seiner Persönlichkeit hat ferner jeder Bürger den Anspruch auf die Hilfe der staatlichen und gesellschaftlichen Organe (Art. 30). Das Post- und Fernmeldegeheimnis wird für unverletzbar erklärt. Es darf jedoch auf gesetzlicher Grundlage eingeschränkt werden, wenn es die Sicherheit des Staates oder eine strafrechtliche Verfolgung erfordern (Art. 31). Ehe, Familie, Mutterschaft sind unter den besonderen Schutz des Staates gestellt. Jeder Bürger der DDR hat das Recht auf Achtung, Schutz und Förderung seiner Ehe und Familie. Mutter und Kind genießen den besonderen Schutz des sozialistischen Staates (Art. 38) (→ **Familienrecht; Schwangerschaftsunterbrechung**).

Die den Bürgern zugesagten Grundrechte werden durch die Grundlagen der Staats- und Gesellschaftsordnung inhaltlich bestimmt und zugleich beschränkt. Soweit etwa dem Bürger klassische Freiheitsrechte wie die Meinungsfreiheit, die Versammlungsfreiheit und die Vereinigungsfreiheit versprochen sind, darf er diese, wie in der V. in den Art. 27 bis 29 ausdrücklich gesagt ist, nur den Grundsätzen der V. gemäß oder im Rahmen der Grundsätze und Ziele der V. oder zu dem Zweck, seine Interessen in Übereinstimmung mit den Grundsätzen und Zielen der V. zu verwirklichen, ausüben.

Im Grundrechtsverständnis der DDR wird zuweilen jedes Grundrecht mit einer entsprechenden Grundpflicht gekoppelt. Das Mutterrecht aller politischen

Grundrechte, das Recht auf Mitgestaltung, wird bereits in der V. (Art. 21 Abs. 3) als hohe moralische Verpflichtung für jeden Bürger gekennzeichnet und als Pflicht interpretiert, alle geistigen und körperlichen Kräfte zur Verwirklichung der sozialistischen Gesellschafts- und Staatsordnung einzusetzen.

Die Verwirklichung der sozialen Grundrechte ist an die wirtschaftliche Leistungsfähigkeit des Staates gebunden. Welcher Anteil am Nationaleinkommen in Form sozialer Leistungen gewährt wird, ist außerdem in der DDR eine politische Entscheidung, die nicht als Kompromiß zwischen widerstreitenden Interessen zustande kommt, sondern allein von der politischen Führungskraft der SED gefällt wird.

In kritischer Sicht fehlt den Grundrechten eine ausreichende Garantie für ihre Durchsetzung. Nach Art. 19 garantiert zwar die DDR allen Bürgern die Ausübung ihrer Rechte und ihre Mitwirkung an der Leitung der gesellschaftlichen Entwicklung. Sie verspricht auch, die sozialistische Gesetzlichkeit und die Rechtssicherheit zu gewährleisten. Achtung und Schutz der Würde und Freiheit der Persönlichkeiten werden zum Gebot für alle staatlichen Organe, alle gesellschaftlichen Kräfte und jeden einzelnen Bürger erklärt (Art. 19 Abs. 1 und 2), jedoch stellt die Rechtsordnung der DDR keine geeigneten Mittel wie etwa eine V.-Gerichtsbarkeit oder eine Verwaltungsgerichtsbarkeit zur Verfügung und kennt auch keine Zuständigkeit der ordentlichen Gerichtsbarkeit für Streitigkeiten zwischen dem Einzelnen und den Staatsorganen (→ **Gerichtsverfassung; Grundrechte, sozialistische**).

Den Kirchen und anderen Religionsgemeinschaften wird zugestanden, ihre Angelegenheiten zu ordnen und ihre Tätigkeit auszuüben, jedoch nur „in Übereinstimmung mit der Verfassung und den gesetzlichen Bestimmungen der DDR" (Art. 39, Abs. 2).

Die sozialistischen Betriebe, Städte, → **Gemeinden** und → **Gemeindeverbände** werden als eigenverantwortliche Gemeinschaften im Rahmen der zentralen staatlichen Leitung und Planung bezeichnet, in denen die Bürger arbeiten und ihre gesellschaftlichen Verhältnisse gestalten. Sie sollen die Wahrnehmung der Grundrechte der Bürger, die wirksame Verbindung der persönlichen mit den gesellschaftlichen Interessen sowie ein vielfältiges gesellschaftlich-politisches und kulturell-geistiges Leben sichern. Sie werden ausdrücklich unter den Schutz der V. gestellt. Eingriffe in ihre Rechte sollen nur auf der Grundlage von Gesetzen erfolgen dürfen (Art. 41). Indessen werden im einfachen Gesetzesrecht kaum Konsequenzen aus dem Charakter der genannten Einheiten als eigenverantwortliche Gemeinschaften der Bürger gezogen. Insbesondere ist der Rahmen der zentralen staatlichen Leitung und Planung so eng, daß eine → **Selbstverwaltung** im hergebrachten Sinn nicht festgestellt werden kann.

Ein Novum der V. von 1968 war, den Einzelgewerk-

schaften, vereinigt im Freien Deutschen Gewerkschaftsbund (→ **FDGB**), eine verfassungsrechtliche Grundlage zu geben (Art. 44 u. 45). Er wird als die umfassende Klassenorganisation der Arbeiterklasse bezeichnet. Die Gewerkschaften sollen die Interessen der Arbeiter, Angestellten und Angehörigen der Intelligenz durch umfassende Mitbestimmung in Staat, Wirtschaft und Gesellschaft wahrnehmen. Sie werden als unabhängig bezeichnet, niemand soll sie in ihrer Tätigkeit einschränken oder behindern dürfen. Die V. räumt den Gewerkschaften umfangreiche Befugnisse ein. So sollen sie an der Gestaltung der sozialistischen Gesellschaft, an der Leitung und Planung der Volkswirtschaft, an der Verwirklichung der wissenschaftlich-technischen Revolution, an der Entwicklung der Arbeits- und Lebensbedingungen, des Gesundheits- und Arbeitsschutzes, der Arbeitskultur, des kulturellen und sportlichen Lebens der Werktätigen maßgeblich teilnehmen. Sie haben das Recht, über alle die Arbeits- und Lebensbedingungen der Werktätigen betreffenden Fragen mit staatlichen Organen, mit Betriebsleitungen und anderen wirtschaftsleitenden Organen Vereinbarungen abzuschließen. Sie sollen auch aktiven Anteil an der Gestaltung der sozialistischen Rechtsordnung nehmen und besitzen das Recht der Gesetzesinitiative sowie der gesellschaftlichen Kontrolle über die Wahrung der gesetzlich garantierten Rechte der Werktätigen. Schließlich leiten die Gewerkschaften die Sozialversicherung der Arbeiter und Angestellten (→ **Arbeitsrecht; FDGB; Mitbestimmungs-, Mitgestaltungs-, Mitwirkungsrechte; Sozialversicherungs- und Versorgungswesen**). In kritischer Sicht muß die Stellung des FDGB als einer von der SED geführten Massenorganisation in Betracht gezogen werden. Sie ist das Unterpfand dafür, daß die dem FDGB übertragenen umfangreichen Befugnisse nur im Sinn der Partei- und damit auch der Staatsführung ausgeübt werden können.

Schließlich regelt die V. in diesem Zusammenhang auch die Stellung der landwirtschaftlichen Produktionsgenossenschaften (Art. 46), die als freiwillige Vereinigungen der Bauern zur gemeinsamen sozialistischen Produktion, zur ständig besseren Befriedigung ihrer materiellen und kulturellen Bedürfnisse und zur Versorgung des Volkes und der Volkswirtschaft bezeichnet werden. Sie sollen durch ihre Organisationen und ihre Vertreter in den Staatsorganen aktiv an der staatlichen Leitung und Planung der gesellschaftlichen Entwicklung teilnehmen. Der Staat wird verpflichtet, den landwirtschaftlichen Produktionsgenossenschaften die sozialistische Großproduktion auf der Grundlage fortgeschrittener Wissenschaft und Technik zu ermöglichen. Die gleichen Grundsätze gelten für die sozialistischen Produktionsgenossenschaften der Fischer, der Gärtner und der Handwerker. Für ihre Stellung im gesamtgesellschaftlichen System gilt das für den FDGB

Festgestellte entsprechend (→ **Landwirtschaft; Gartenbau; Handwerk**).

IV. Aufbau und System der staatlichen Leitung

Die V. legt Aufbau und System der staatlichen Leitung fest, deren tragendes Prinzip die „Souveränität des werktätigen Volkes" auf der Grundlage des demokratischen Zentralismus ist. Im einzelnen legt sie die Stellung, die Aufgaben und Kompetenzen von → **Volkskammer**, → **Staatsrat**, → **Ministerrat** sowie der örtlichen Volksvertretungen (→ **Bezirk; Gemeinde; Kreis**) fest (→ **Gesetzgebung**).

Art. 5 Abs. 3 bestimmt, daß zu keiner Zeit und unter keinen Umständen andere als die verfassungsmäßig vorgesehenen Organe staatliche Macht ausüben dürfen. Die Ausübung der staatlichen Macht liegt also allein bei den genannten Staatsorganen. Von der staatlichen Macht ist aber die politische Macht zu unterscheiden, als deren Träger das werktätige Volk unter Führung der Arbeiterklasse und ihrer marxistisch-leninistischen Partei im Bündnis mit den anderen sozialen Klassen und Schichten gilt. Träger der politischen Macht ist die SED. Als politische Führungskraft bestimmt sie, wie die staatliche Macht ausgeübt wird. Das geschieht, indem sie als führende Kraft der in der → **Nationalen Front** zusammengefaßten Parteien und Massenorganisationen die Zusammensetzung der Volkskammer und der örtlichen Volksvertretungen mittels der Wahlen bestimmt. Zwar sind nicht alle Mitglieder der Volksvertretungen Mitglieder der SED, jedoch gewährleistet das Auswahlsystem, daß sich auch Nicht-SED-Mitglieder loyal gegenüber Partei- und Staatsführung verhalten. Da die Volksvertretungen alle anderen Organe in ihrer personellen Zusammensetzung zu bestimmen haben, kann die SED über diese auch den Staatsrat, den Ministerrat, die örtlichen Räte sowie die Rechtsprechungsorgane vom Obersten Gericht abwärts (→ **Gerichtsverfassung; Rechtswesen**) kontrollieren, indem sie diese Organe mit Parteimitgliedern oder ihr genehmen Personen besetzen läßt. Alle Inhaber von Funktionen in den Staatsorganen sind der SED verpflichtet, die damit unmittelbar auf die Staatsorgane einwirken kann und nicht den Weg über die Volksvertretungen zu nehmen braucht. Nach der V. ist zwar die → **Volkskammer** das oberste staatliche Machtorgan der DDR, die in ihren Plenarsitzungen über die Grundfragen der Staatspolitik zu entscheiden hat. Auch wird hervorgehoben, daß sie das einzige verfassungs- und gesetzgebende Organ der DDR ist und daß niemand ihre Rechte einschränken darf. Ihre Kompetenzen sind dementsprechend weit gefaßt, ihre Rolle in der V.-Wirklichkeit ist jedoch noch immer stark eingeschränkt.

Der → **Staatsrat** sollte bis zur V.-Änderung von 1974 als Organ der Volkskammer zwischen deren Tagungen alle grundsätzlichen Aufgaben erfüllen, die sich aus den Gesetzen und Beschlüssen der Volkskammer ergeben. Der Vorsitzende des Staatsrates hatte eine hervorgehobene Stellung. Bis zum Jahre 1971 wurden die Ämter des Ersten Sekretärs des ZK der SED und des Vorsitzenden des Staatsrates in Personalunion wahrgenommen. Seit der Auflösung dieser Personalunion mit der Wahl Erich Honeckers zum Ersten Sekretär des ZK der SED war bereits ein Funktionsverlust des Staatsrates und seines Vorsitzenden zu beobachten.

Die V.-Änderung von 1974 trug dem Rechnung. Der Staatsrat nimmt nach Art. 66 n. F. nunmehr nur noch die Aufgaben wahr, die ihm durch die V. sowie die Gesetze und Beschlüsse der Volkskammer übertragen sind, ist also nicht mehr ein die Volkskammer zwischen ihren Tagungen in der Ausübung der ihr zustehenden Funktionen vertretendes Organ. Vor allem ist die Funktion des Staatsrates als kollektives Staatsoberhaupt nunmehr stärker ausgeprägt.

Im Unterschied hierzu hat der → **Ministerrat** eine Stärkung erfahren. Seine Stellung war ursprünglich in der V. nur sehr summarisch beschrieben (Art. 78 bis 80). Diese V.-Artikel wurden ergänzt und neu interpretiert durch das Gesetz über den Ministerrat der Deutschen Demokratischen Republik vom 16. 10. 1972 (GBl. I, S. 253). Der Ministerrat wird darin wieder als die Regierung der DDR bezeichnet, die für die einheitliche Durchsetzung der grundsätzlichen Beschlüsse der Parteiführung auf allen staatlichen Ebenen verantwortlich ist. Der Ministerrat ist damit wieder ein operatives Führungsorgan geworden, dessen Kompetenz alle Bereiche staatlicher Politik umfaßt. Nur hinsichtlich der Verteidigung ist diese beschränkt, denn der Ministerrat hat nur die ihm übertragenen, also nicht alle Verteidigungsaufgaben der DDR durchzuführen.

Die V.-Änderung von 1974 erhob diese Regelung durch eine Neufassung der Art. 76–80 in V.-Rang. Durch das Ministerratsgesetz von 1972 gewann der Vorsitzende des Ministerrates eine hervorgehobene Stellung. So ist er u. a. jetzt berechtigt, den Mitgliedern des Ministerrates und den Leitern der anderen Staatsorgane Weisungen zu erteilen und deren Durchführung zu kontrollieren.

Er ist auch für die Anleitung und Kontrolle der Vorsitzenden der Räte der Bezirke verantwortlich und befugt, den Vorsitzenden der Räte der Bezirke Weisungen zu erteilen. Da der Vorsitzende des übergeordneten örtlichen Rates dem Vorsitzenden des nachgeordneten örtlichen Rates ebenfalls Weisungen erteilen kann, besteht eine Leitungslinie vom Vorsitzenden des Ministerrates bis zum Vorsitzenden des Rates der kleinsten Gemeinde. Diese Stellung des Vorsitzenden des Ministerrates ist auch nach der V.-Änderung von 1974 nur Bestandteil des einfachen Gesetzesrechtes geblieben. Auch im Ministerratsgesetz von 1972 wurde aber die Suprematie der SED unterstrichen. An sieben Stellen wird die führende Rolle der SED oder der Arbeiterklasse hervorgehoben; in der V.-Änderung von 1974 fand dieses politische Grundprinzip in der V. selbst an dieser Stelle keinen Niederschlag.

Auch für die Stellung und die innere Ordnung der örtlichen → **Volksvertretungen** und ihrer Organe gibt die V. nur Rahmenbestimmungen. Im einzelnen sollten die Aufgaben und Befugnisse der örtlichen Volksvertretungen, ihrer Abgeordnetenkommissionen und ihrer Räte in den Bezirken, Kreisen, Städten, Stadtbezirken, Gemeinden und Gemeindeverbänden durch Gesetz festgelegt werden. Das erfolgte durch das Gesetz über die örtlichen Volksvertretungen und ihre Organe in der Deutschen Demokratischen Republik vom 12. 7. 1973 (GBl. I, S. 313) (→ **Bezirk; Gemeinde; Gemeindeverband; Kreis, Stadt, Stadtbezirk**).

V. Sozialistische Gesetzlichkeit und Rechtspflege

Zur → **sozialistischen Gesetzlichkeit** und Rechtspflege legt die V. einige Grundsätze fest. So sollen nach Art. 87 Gesellschaft und Staat die Gesetzlichkeit durch die Einbeziehung der Bürger und ihrer Gemeinschaften in die Rechtspflege und in die gesellschaftliche und staatliche Kontrolle über die Einhaltung des sozialistischen Rechts gewährleisten (→ **Gesellschaftliche Gerichte; Gerichtsverfassung; Rechtswesen**).

Nach Art. 88 soll die Verantwortlichkeit aller leitenden Mitarbeiter in Staat und Wirtschaft gegenüber den Bürgern durch ein System der Rechenschaftspflicht gewährleistet werden (→ **Rechenschaftslegung**).

Art. 89 legt fest, daß die Gesetze und anderen allgemein verbindlichen Rechtsvorschriften im Gesetzblatt und anderweitig veröffentlicht werden müssen; Rechtsvorschriften der örtlichen Volksvertretungen sollen in „geeigneter Form" veröffentlicht werden (→ **Gesetzgebung**).

Art. 90 bis 102 befassen sich mit dem Rechtswesen (→ **Gerichtsverfassung; Richter; Staatsanwaltschaft**).

Art. 103 (früher Art. 103 bis 105) regelt das Eingabe- und Beschwerdewesen (→ **Eingaben**).

Art. 104 legt die Staatshaftung für Schäden fest, die einem Bürger an seinem persönlichen Eigentum durch gesetzliche Maßnahmen von Mitarbeitern der Staatsorgane zugefügt werden (→ **Staatshaftung**).

Schlußbestimmungen

Nach Art. 105 ist die V. unmittelbar geltendes Recht.

Nach Art. 106 kann die V. nur durch Gesetz der Volkskammer geändert werden, das den Wortlaut der V. ausdrücklich ändert oder ergänzt.

Verfehlungen: → Strafrecht.

Verflechtungsbilanz: Eine Methode zur zahlenförmigen Darstellung materieller Beziehungen in der Wirtschaft. → **Planung.**

Verfügungsfonds: → **Planung.**

Vergesellschaftung: → **Marxismus-Leninismus.**

Verkaufsnormen: Bezeichnung für die Arbeitsnormen der Beschäftigten im Einzelhandel. Sie beziehen sich auf den zu erzielenden Umsatz. → **Arbeitsnormung; Normung.**

Verkehrsvertrag: → **Beziehungen zwischen beiden deutschen Staaten; Deutschlandpolitik der SED.**

Verkehrswesen

Verkehrswege – Transportleistung – Transportträger – Transportplanung – Deutsche Reichsbahn – Containerverkehr – Reiseverkehr – Kraftverkehr – Güterkraftverkehr – Straßen – Binnenschiffahrt – Wasserstraßen – Seeschiffahrt – Fährverkehr – Seehäfen – Luftverkehr – Ausbildung

Das V. in der DDR gilt als „vierte Sphäre der materiellen Produktion". Durch die zunehmende Arbeitsteilung und Spezialisierung hat das V. als selbständiger Wirtschaftszweig in den letzten Jahren erheblich an Bedeutung gewonnen. Sein politischer und strategischer Wert ist in der DDR unbestritten. Bis Anfang der 60er Jahre war das V. durch Kriegseinwirkungen und Demontagen erheblich beeinträchtigt. Die Anstrengungen liefen darauf hinaus, „ohne Rücksicht auf Verluste" den quantitativen Anforderungen gerecht zu werden. Kennzeichnend waren die Disproportionen in den Investitionen von

Industrie und V. (in den ersten Nachkriegsjahren 60 v. H. : 6 v. H.).

Schwierigkeiten bereitete die Umpolung des Hauptverkehrsstromes von der Ost-West-Richtung in die Nord-Süd-Richtung infolge der Teilung Deutschlands. Die in Wandlung befindliche Territorial- und Siedlungsstruktur, das Aufgeben traditioneller Produktionsgebiete und Schaffen neuer Industriebasen verändern noch heute ständig Güterströme und Qualitätsanforderungen an die Verkehrsbedienung.

Seit 1967 werden größere materielle Anstrengungen unternommen, um das qualitative Angebot des V. zu verbessern. Durch Erhöhen des Investitionsanteils auf jetzt jährlich ca. 16 v. H. für das V. konnten neue Verkehrsanlagen in Dienst gestellt und alte Anlagen modernisiert werden.

I. Verkehrswege

Das Verkehrswegenetz der DDR ist mit 593 km/1000 km² eines der dichtesten in Europa. Allerdings ist die Netzdichte in den Bezirken unterschiedlich. Der südliche und westliche Raum der DDR sind verkehrmäßig besser erschlossen als der nördliche und östliche Teil. Der Bezirk Karl-Marx-Stadt (Chemnitz) hat z. B. eine Verkehrswegedichte von ca. 1 000 km Länge pro 1 000 km², der Bezirk Schwerin nur etwa ein Drittel davon.

Länge der Verkehrswege (in km)

	1960	1972
Eisenbahnstrecken	16 174	14 384
Staatsstraßen		
(Autobahnen, Fernverkehrsstraßen)	12 335	12 364
Bezirksstraßen		
(Landstr. I. u. II. Ordnung)	33 144	33 208
Binnenwasserstraßen	2 644	2 546
Erdölleitungen	–	710

II. Transportleistung

Gütertransportmenge (in Mill. Tonnen)

Jahr	DR	Kraftverkehr öffentl.	Werk-	Binnen- schiffahrt	See- schiffahrt	Luft- verk.
1950	129	44	43	10	–	–
1958	227	93	133	15	0,6	0,002
1967	253	165	207	14	7	0,014
1972	274	186	332	13	10	0,019

Gütertransportleistung (in Mill. Tonnenkilometern)

Jahr	DR	Kraftverkehr öffentl.	Werk-	Binnen- schiffahrt	See- schiffahrt	Luft- verk.
1950	15 064	973	972	1 479	–	–
1958	30 101	1 861	2 286	2 398	3 738	2,3
1967	38 473	4 437	3 734	2 576	43 722	21,8
1972	44 630	6 484	6 869	2 304	70 636	29,2

Personenbeförderung (in Mill. Personen)

Jahr	DR	Kraftverkehr öffentl.	Werk-	Städt. Nah- verk.	Binnen- schiff- fahrt	See- schiff- fahrt	Luft- ver- kehr
1950	954	111	–	1 758	7	–	–
1958	980	507	25	1 906	8	–	0,01
1967	649	988	21	1 823	9	13	0,06
1972	641	1 185	35	1 738	8	11	0,09

III. Transportträger

Transportträger sind die → **Deutsche Reichsbahn**, der VEB Deutsche Binnenreederei und die von ihm an der Erfüllung der Transportaufgaben beteiligten Schiffseigner, der VEB Deutsche Seereederei, die volkseigenen Kombinate und die Betriebe des Kraftverkehrs sowie andere Betriebe und Einrichtungen, sofern ihre Kraftfahrzeuge durch die Kraftverkehrseinsatzstellen für öffentliche Transportaufgaben eingesetzt werden.

Neben den Transportkunden und den Transportträgern wirken am öffentlichen Gütertransport mit: Die sozialistischen und privaten Speditions- und Umschlagsbetriebe sowie Binnenhafen- und Seehafenbetriebe, soweit sie Transportraum der Transportträger be- und entladen.

Die Transportaufgaben sollen so auf die Transportträger aufgeteilt werden, daß mit den geringsten Kosten für das Transportwesen und gegen geringstmögliches Entgelt für Transport- und Umschlagleistungen zu Lasten der Transportkunden transportiert wird.

Zur Durchsetzung der Aufgabenteilung kann der Minister für V. Transportaufgaben bestimmten Transportträgern übertragen.

IV. Transportplanung

Das V. der DDR („sozialistisches V.") unterscheidet sich im wesentlichen dadurch von dem westlicher Länder, daß es keinen Verkehrsmarkt gibt, auf dem Angebot und Nachfrage auch in bezug auf Verkehrsleistungen geregelt werden. Es wird dirigistisch von Organen der Staatsmacht „gelenkt". Das wichtigste Mittel dazu ist die „Operative Transportplanung". Charakteristisch für das V. ist eine Fülle von kurz-, mittel- und langfristigen (Perspektiv-)Plänen, nach denen sich die Leistungen der Transportträger zu entwickeln haben.

Das wichtigste Planungsinstrument ist die Transportverordnung (TVO), in der u. a. die Grundsätze für die Aufgabenverteilung zwischen Eisenbahn und Binnenschiffahrt bzw. Kraftverkehr festgelegt werden, d. h. welche Transporte „schiffsgünstig" bzw. „kraftverkehrsgünstig" sind. Sollen abweichend von diesen Bestimmungen schiffs- oder kraftverkehrsgünstige Transporte von der Eisenbahn durchgeführt werden, bedarf dies der Zustimmung verschiedener Gremien. Bis dahin hat die DR Wagenbestellungen für solche Transporte abzulehnen. Umgekehrt können die in Frage kommenden Gremien beschließen, ausnahmsweise eisenbahngünstige Transporte dem Kraftverkehr oder der Binnenschiffahrt zuzuweisen. Allgemein gelten Transporte im 50-km-Luftlinienumkreis als „kraftverkehrsgünstig".

Für die einheitliche Planung, Leitung, Koordinierung und Entwicklung des V. ist das → **Ministerium für Verkehrswesen** (MfV) zuständig. Außerdem sind zahlreiche zentrale und örtliche Staatsorgane, wirtschaftsleitende Organe, Kombinate und Betriebe in Verbindung mit den Organen des MfV am Verkehrsprozeß beteiligt.

Zum Planmechanismus gehören das Erfassen und Verteilen der Transportkapazitäten auch von Eisenbahn, Kraftverkehr und Binnenschiffahrt.

1965 wurde als Grundlage der komplexen Verkehrsplanung mit der Aufstellung der **Generalverkehrspläne** für die einzelnen Bezirke begonnen. Sie sollen den prognostischen Verkehrsbedarf und die ökonomisch günstigste Arbeitsteilung der Verkehrsträger festlegen. Für die gesamte DDR entstand, abgestimmt mit den regionalen Generalverkehrsplänen, ein **Generalverkehrsschema**. Diese neuen Konzepte sollen die materiell-technische Territorialstruktur des Verkehrswesens langfristig verbessern und eine volkswirtschaftlich optimale Koordination der Verkehrsträger bewirken.

In diesen Plänen sollen die Strukturveränderungen des V. und der gesamten Volkswirtschaft mit den Substitutionsprozessen in der Material- und Energiebasis berücksichtigt sein.

Das MfV ist auch das höchste exekutive Organ für das komplizierte Plan- und Lenkungssystem des V. An seiner Spitze steht der Minister für V., der zugleich Generaldirektor der Deutschen Reichsbahn (DR) ist. Der Minister ist der Abteilung Verkehr und Verbindungswesen des ZK der SED rechenschaftspflichtig.

Dem Minister für V. sind 7 Stellvertreter beigegeben, von denen der Stellvertreter des Ministers für die 4 operativen Hauptverwaltungen – Betriebs- und Verkehrsdienst, Maschinendienst, Wagenwirtschaft, Reichsbahnausbesserungswerke – als „Staatssekretär Deutsche Reichsbahn" – fungiert. Die anderen 6 Stellvertreter des Ministers leiten die Hauptverwaltungen (HV) der DR für Bahnanlagen und HV Sicherungs- und Fernmeldewesen sowie die HV Kraftverkehr, HV Straßenwesen, HV Zivile Luftfahrt, HV Seeschiffahrt und Hafenwirtschaft, HV Binnenschiffahrt und Wasserstraßen.

Die örtlichen Räte haben die Kooperation der am Gütertransport Beteiligten zu organisieren. Als beratende Organe zur Koordinierung der Transportaufgaben bestehen **Transportausschüsse** (TPA) (1 Zentraler TPA sowie Bezirks-, Kreis-TPA und Stadt-TPA). Die Entscheidungen der Vorsitzenden der TPA sind für alle Staats- und Wirtschaftsorgane im Zuständigkeitsbereich verbindlich. Dem Zentralen TPA gehören außer den Vorsitzenden der Bezirks-TPA auch der Minister für V. und andere führende Mitarbeiter zentraler Staats- und wirtschaftsleitender Organe an.

V. Deutsche Reichsbahn

Die Deutsche Reichsbahn bewältigt immer noch ca. 75 v. H. der tonnenkilometrischen Verkehrsleistungen des Binnenverkehrs in der DDR. Sie wird auch künftig noch für lange Zeit der wichtigste Verkehrsträger bleiben. Von den Kriegszerstörungen und Demontagen ist die DR besonders hart betroffen gewesen. Über die Hälfte des Fahrzeugparks war vernichtet oder als Beutegut abtransportiert worden. Auch die Bahnanlagen, Gleise, Bahnbetriebswerke, Ausbesserungswerke, Bahnkraftwerke usw. waren überwiegend zerstört oder den Demontagen zum Opfer gefallen. Die Länge des Streckennetzes verringerte sich von 18 500 km auf 14 500 km. Fast alle zweiten

Gleise wurden demontiert, so daß bis in die Gegenwart der Eisenbahnbetrieb weitgehend eingleisig durchgeführt wird. Erst in jüngster Zeit konnten 15 v. H. der Strecken wieder zweigleisig hergerichtet werden.

Umstrukturierungen des Eisenbahnnetzes waren aufgrund der neuen territorialen Verhältnisse erforderlich. Mangels Material und Geld konnten diese nur langsam vollzogen werden. Dadurch gab es beträchtliche betriebliche Schwierigkeiten. In den 50er Jahren durften kurze Streckenabschnitte für Überholungen und zum Umfahren von großen Gleisknoten gebaut werden. Die Abschnürung West-Berlins bedingte 1959 den Bau eines großen Gleisaußenringes um Berlin.

Die wichtigste Maßnahme zur Leistungssteigerung des eingleisigen Streckennetzes der DDR war die Einführung des → **Dispatchersystems** nach sowjetischem Vorbild. Es handelt sich um ein Informations- und Zugleitungssystem zur optimalen Ausnutzung sowohl der Bahnanlagen als auch der Schienenfahrzeuge. Im Vergleich zum klassischen Zug- und Lokomotivleitungssystem westlicher Länder ist das Dispatchersystem perfekter, weil es durch die wesentlich erweiterten Befehlsverhältnisse eine dynamische Lenkungsweise ermöglicht. Das wirkt sich vor allem bei den auf eingleisigen Strecken häufig auftretenden Unregelmäßigkeiten günstig aus. Von Nachteil ist allerdings der hohe Personalaufwand bei diesem System. Die weitgehenden Befugnisse der Dispatcher, die bis in den Privatbereich der Eisenbahner reichen, wären bei westlichen Eisenbahnen nicht möglich. Zur Zeit gibt es bei der DR 150 Dispatcher-Zentralen und 250 Streckendispatcher-Stellen.

Das Dispatchersystem setzt das „*Vierbrigadesystem*" für den Personaleinsatz im operativen Dienst voraus. In jeder Dienstschicht leisten bestimmte Brigaden Dienst, deren Einsatz in Vierbrigadeplänen geregelt ist. Das Vierbrigadesystem soll einen kontinuierlichen Arbeitsablauf bewirken und ermöglichen, die Leistung jeder Brigade an allen Tagen – einschließlich Sonn- und Feiertagen – zu kontrollieren und durch gegenseitige Wettbewerbe zu steigern.

Mitte der 60er Jahre hat bei der DR ein Rekonstruktionsprozeß eingesetzt mit dem Ziel, den im Vergleich zu westlichen Eisenbahnen immer größer werdenden technischen und leistungsspezifischen Rückstand zu verringern: Beabsichtigt wurde die Erneuerung des Fahrzeugparks, der Traktionswandel (Umstellung von Dampftraktion auf Diesel- bzw. E-Traktion), der Bau moderner Stellwerke, der Einbau von Gleisbremsen in Rangieranlagen, das Einrichten von Rangierfunkanlagen usw. Wichtigste Aktion war in diesem Zusammenhang die Rekonstruktion des Oberbaues bzw. der Strecken. Die jahrelangen Versäumnisse auf diesem Sektor konnten jedoch bis heute noch nicht wieder ausgeglichen werden.

Beachtliche Rationalisierungserfolge sind durch Konzentrierung des Stückgut- und Wagenladungsverkehrs auf wenige Knotenbahnhöfe erzielt worden (→ **Rationalisierung**).

Die „Perspektivpläne" der DR sehen vor, das derzeitige Eisenbahnnetz bis 1985 zu reduzieren. Nicht ausgelastete Strecken sollen stillgelegt werden, volkswirtschaftlich unrentable Transporte auf andere Verkehrsträger übergehen. Auf 6 000 km Hauptstrecken (= 30 v. H. des Netzes) werden nach den derzeitigen Prognosen 90 v. H. der Verkehrsströme liegen. Bis 1985 soll schrittweise der zwei- und mehrgleisige Ausbau dieser Strecken erfolgen. Etwa 10 v. H. der Hauptstrecken sind für Geschwindigkeiten bis 160 km/h und 50 v. H. für 120 km/h gedacht. Am künftigen Hauptnetz liegen alle Bezirksstädte und 75 v. H. der Kreisstädte, so daß sich 90 v. H. der Bevölkerung im Einzugsgebiet der Hauptstrecken befinden.

Die nicht zum Hauptnetz gehörenden 8 000 km Strecken sollen aufgrund ihrer Zubringer- und Verteilerfunktion ausreichend, aber nicht voll ausgelastet sein. Es besteht aller Voraussicht nach aber keine Möglichkeit, die hier noch vorhandenen Kapazitätsreserven zu nutzen. Die künftige Verkehrsteilung sowie die vorgesehenen Automatisierungsvorhaben zwingen zur Konzentrierung der Zugangsstellen für den Güter- und Personenverkehr. Im Güterverkehr sollen die Zugangsstellen auf die Hälfte verringert werden, nachdem in den vergangenen 10 Jahren durch Einführen des Wagenladungs-Knotenpunktverkehrs bereits 20 v. H. der Zugangsstellen geschlossen wurden.

VI. Containerverkehr

Der → **Containerverkehr** wird seit 1968 als neue Transporttechnologie propagiert. Ihm wird große Bedeutung beigemessen, um den Transportaufwand zu verringern. Für den grenzüberschreitenden Verkehr mit Transcontainern wurde die *DDR-Transcontainer-Organisation (DDR-CONT)* gebildet, als zentrale Dienststelle der DR. Sie übernimmt die diesbezüglichen Aufgaben, die bislang von der Generaldirektion des volkseigenen Speditionsunternehmens VEB → **Deutrans** wahrgenommen worden waren, insbesondere die Zusammenarbeit mit den Außenhandels- und Exportbetrieben der DDR, desgleichen die Abrechnung internationaler Transporte mit Kunden innerhalb und außerhalb der DDR. Künftig soll DDR-CONT auch die kommerziellen Belange des Binnenverkehrs wahrnehmen, damit optimale Bedingungen für den Ausbau eines großen Netzes von Containerzug-Verbindungen zwischen allen Ländern des RGW geschaffen werden können. 1971 wurden von der DR wöchentlich 325 Containerzüge gefahren, 1973 waren es ca. 500 Züge pro

Woche. Größter Container-Terminal ist Berlin-Frankfurter Allee. Auch Kleinbehälter- und Palettenverkehr werden begünstigt, um durchgehende Transportketten zu ermöglichen.

Anlagen für **Elektronische → Datenverarbeitung** (EDV) werden in zunehmenden Maße eingesetzt. Die DR ist in bezug auf EDV am weitesten fortgeschritten. Ihr *„System ADAG"* (Automatische Disposition und Abrechnung des Fahrzeugparkes im Güterverkehr) gilt als vorbildlich für alle Eisenbahnen des RGW. Es handelt sich um ein umfassendes Datenverarbeitungssystem zur Betriebsleitung, Abrechnung und Statistik. 1973 wurde im Rahmen dieses Systems die „Zentrale Frachtbe- und -abrechnung" (ZEFBA) eingeführt. Die technische Basis bildet ein Rechenzentrum (RZDR) mit 8 Rechenstationen. Auch die auf dem Netz der DR befindlichen Fremdwagen werden im System ADAG erfaßt.

VII. Reiseverkehr

Der Reiseverkehr und ganz besonders der *Berufsverkehr* sind nach wie vor Gegenstand der öffentlichen Kritik in der DDR, obwohl auf diesem Sektor in den vergangenen Jahren ebenfalls erhebliche Verbesserungen zu verzeichnen sind. Unregelmäßigkeiten im Güterverkehr wirken sich auf den eingleisigen Strecken zwangsläufig auf die Pünktlichkeit im Reiseverkehr aus. Da mit Ausnahme von Ost-Berlin der Berufsverkehr in den Ballungszentren der DDR auf Ferngleisen abgewickelt werden muß, sind auch zum Teil beträchtliche Verspätungen im Eisenbahn-Berufsverkehr nicht zu vermeiden.

Zur Verbesserung des Berufsverkehrs werden in Ballungsräumen bzw. Industriezentren S-Bahnen geschaffen, die allerdings bis auf weiteres auf den Fernstrecken verkehren. Ihr Vorteil liegt in einer dichteren Zugfolge, verbesserten Relationen und besserem Wagenpark. Neuerdings werden außer Doppelstockeinheiten auch moderne Triebzüge eingesetzt.

VIII. Kraftverkehr

Im Kraftverkehr sind insgesamt etwa 130 000 Personen beschäftigt. Trotz allgemeiner Verstaatlichung war noch lange Zeit ein beträchtlicher Anteil der Kraftfahrzeugkapazität in privater Hand. Auch heute noch gibt es private Kraftverkehrsbetriebe. Allerdings bestanden von Anfang an Vertragsverhältnisse der privaten Eigner mit den volkseigenen Kraftverkehrsbetrieben.

Der Kraftverkehr wird von Bezirksdirektionen für Kraftverkehr geleitet. Oberste Instanz ist die Hauptverwaltung Kraftverkehr im Ministerium für Verkehrswesen. In jüngster Zeit werden zwecks noch strafferer Organisation und besserer Ausnutzung der Kapazitäten Kombinate für Kraftverkehr gebildet. Das erste und größte Kombinat ist das VEB Kombinat Trans, Sitz Berlin (Ost).

IX. Güterkraftverkehr

Der Güter-Kraftverkehr hat sich zwar in bezug auf die beförderten Mengen (von 1963 bis 1973 Steigerung um 20 v. H.) nicht ungünstig entwickelt, doch entlastet er die Eisenbahn nicht im gewünschten Maße. Das beweist sein geringer Anteil an den tonnenkilometrischen Leistungen des gesamten Güterverkehrs, der keine 10 v. H. ausmacht. Das liegt einerseits an den Grundsätzen für die Aufteilung der Transporte zwischen Eisenbahn und Kraftverkehr (zulässig bis 50 km) und zum anderen am immer noch unzureichenden Kfz-Park.

1972 entfielen auf den öffentlichen Güterkraftverkehr 36 v. H. der beförderten Menge (in t) und auf den Werkverkehr 64 v. H. Bei den Beförderungsleistungen (tkm) lag der Anteil des öffentlichen Kraftverkehrs und des Werkverkehrs bei je 50 v. H.

Das Wachstumstempo des Lkw-Bestandes (1949 90 000, 1970 220 000, 1973 ca. 350 000) liegt weit unter den volkswirtschaftlichen Notwendigkeiten. Das liegt zum Teil auch daran, daß bestimmte Lkw nicht mehr in der DDR produziert werden dürfen, sondern aus der ČSSR importiert werden müssen. Das in Ludwigsfelde bei Ost-Berlin errichtete Lkw-Werk baut nur 5-t-Typen.

X. Personenkraftverkehr

Im Zuge von Stillegungen unwirtschaftlicher Nebenbahnstrecken hat der Personen-Kraftverkehr mit Omnibussen als Schienen-Ersatzverkehr und für den Berufsverkehr an Bedeutung gewonnen. Dem „Arbeiter-, Berufs- und Schülerverkehr" wird in Zukunft Aufmerksamkeit gewidmet. Berufsverkehraktive arbeiten mit den Betrieben und kommunalen Stellen zusammen, um das Platzangebot zu erhöhen und um Pünktlichkeit, Sauberkeit und Sicherheit zu gewährleisten. Anfang 1974 bediente der öffentliche Personenkraftverkehr 12 862 Linien mit einer Gesamtlänge von 442 110 km.

Der private, individuelle Personenkraftverkehr wird nicht gefördert, aber auch nicht unterdrückt. Dennoch nimmt der private Besitz von Pkw immer mehr zu, auch wenn die Lieferzeiten für Pkw mehrere Jahre betragen.

Kraftfahrzeugbestand

	1950	1960	1972
Lkw	13 454	117 795	205 811
Spezialfahrzeuge	3 342	12 943	49 667
Zugmaschinen, Traktoren	11 574	85 612	202 713
Kraftomnibusse	1 925	9 365	17 774
Pkw	75 710	298 575	1 400 390
Krafträder	197 547	848 004	1 372 900

Der relativ hohe Bestand an Pkw läßt noch keine Schlüsse auf die private Motorisierung zu, weil ein großer Teil davon den gesellschaftlichen Organisationen und VEB und nicht privaten Besitzern gehört.

Auch Taxis und Mietwagen sind in diesen Zahlen enthalten.

XI. Straßen

Das Straßennetz ist nach dem Kriege nicht in dem Maße ausgebaut worden wie in der Bundesrepublik Deutschland. Lediglich die Kriegszerstörungen wurden beseitigt. Die Gesamtlänge der klassifizierten Straßen ist deshalb mit ca. 45 000 km nahezu unverändert geblieben. Auch in absehbarer Zukunft wird sich da daran nicht viel ändern. Lediglich die Qualität der Straßen soll verbessert werden. Bis jetzt fehlte es an Steinkohlenbitumen für den Straßenbau. Das reichlich vorhandene Braunkohlenbitumen ist nicht ausreichend verschleißfest. Künftig soll Bitumen aus Erdölrückständen verwendet werden. Eine Verbesserung der Straßenqualität wird auch im Zusammenhang mit der Einführung des Knotenverkehrs bei der DR für erforderlich gehalten, um einen optimalen Effekt dieses Verkehrs zu erzielen.

Die in der DDR nach dem Kriege vorhanden gewesenen Autobahnstrecken haben durch Neubauten keine nennenswerte Veränderung erfahren. 1971 wurde nur die Autobahn Leipzig-Dresden (74 km) als Neubaustrecke dem Verkehr übergeben.

500 km Autobahn-Neubauten sind seit längerer Zeit geplant. Zur Zeit ist das Autobahnprojekt Rostock–Berlin geplant, um den größten Seehafen der DDR in Rostock mit dem Hinterland zu verbinden. Diese Autobahn ist auch als Nord-Süd-Magistrale für den Transitverkehr mit den skandinavischen Ländern gedacht.

XII. Binnenschiffahrt

Aufgabe des Verkehrsträgers Binnenschiffahrt ist es, die DR durch den Transport von Massengütern auf den Wasserstraßen zu entlasten. Das ist heute nur in ungenügendem Maße der Fall. Seit Jahren stagniert das Leistungsvolumen mit ca. 14 Mill. t/Jahr Transportmenge und ca. 2 400 Mill. tkm/Jahr Beförderungsleistung. Auf den zunehmenden gesamten Gütertransport der DDR bezogen geht der Prozentanteil der Binnenschiffahrt immer mehr zurück. Er liegt bereits unter 2 v. H.

Hauptgrund für die relativ geringen Transportleistungen trotz guter Wasserstraßen ist die Tatsache, daß das Wasserstraßennetz der DR auf die ursprünglichen Verkehrsbeziehungen Ost-West orientiert ist und eine Umpolung nur durch kostspielige Kanalbauten ermöglicht werden kann. Ein verhältnismäßig kleiner Teil der neuen Wirtschaftszentren ist an das Wasserstraßennetz angeschlossen. Vor allem fehlt ein Anschluß der neuen Ostseehäfen, in erster Linie Rostocks, an das Binnenwasserstraßennetz.

Für den Bereich Binnenschiffahrt ist der VEB Deutsche Binnenreederei alleiniger Frachtführer für alle Gütertransporte der Binnenschiffahrt auf allen Wasserstraßen der DDR sowie im Import- und Exportverkehr. Der VEB Deutsche Binnenreederei beteiligt alle Betriebe, die Eigentümer von Schiffsraum für den Gütertransport sind. Soweit noch private Schiffahrtsbetriebe existieren, sind diese verpflichtet, ihren Schiffsraum für den VEB Deutsche Binnenreederei ständig einsatzbereit zu halten und seinen Dispositionen Folge zu leisten. Die sich daraus ergebenden wechselseitigen Beziehungen werden durch Schiffsraum-, Charter-, Überlassungs- oder Mietverträge geregelt.

Wasserfahrzeuge und schwimmende Geräte, die im Schiffsregister eingetragen sind, dürfen nur abgewrackt, stillgelegt oder in ihrer Transportraumkapazität gemindert werden, wenn dies staatlich genehmigt ist.

Vom VEB Deutsche Binnenreederei werden hauptsächlich Massengüter transportiert. Dabei bilden Baustoffe, Kohle, Düngemittel, Salze sowie im Herbst- und Winterverkehr landwirtschaftliche Massenprodukte wie Zuckerrüben den Hauptanteil. Im grenzüberschreitenden Verkehr werden Kalisalze, Getreide, Futtermittel sowie Stahl- und Walzwerkerzeugnisse befördert. Es wird angestrebt, die Binnenschiffahrt für den Containerverkehr einzuschalten. Die meisten Reedereien wurden nach dem Kriege durch den Befehl Nr. 124 der SMAD zunächst unter Sequester gestellt und dann enteignet. Ausgenommen die Reedereien auf der Oder, die im Rahmen der Reparationsleistungen vorübergehend in der „Sowjetischen Staatlichen Oderschiffahrt AG (SSOAG)" zusammengefaßt wurden. Nach ihrer Rückgabe 1952 wurden auch diese Reedereien mit dem Rest der Tonnage in den „sozialistischen Sektor der Binnenschiffahrt" überführt.

Der „Aderlaß" in der B. durch Abzug von ca. 2500 Lastkähnen als Reparationen ist heute durch Neubauten moderner Frachtkähne mit eigenem Antrieb, durch Indienststellen neuer Schlepper und vor allem durch Aufbau einer Schubflotte überwunden.

Anteil der Schiffstypen an den Gütertransportleistungen der Binnenschiffahrt (in v. H.)

	1960	1965	1972
Insgesamt	100	100	100
Motorgüterschiffe (Selbstfahrer)	8,9	33,6	31,9
Motorisierte Schleppkähne	12,2	8,5	5,9
Schubprähme	–	6,9	48,6
Schleppkähne	78,9	51,0	13,6

Aus diesen Zahlen ist deutlich die Modernisierung der Binnenschiffsflotte zu erkennen.

Der Güterverkehr mit Binnenschiffen ist auf die zentralen Bezirke der DDR konzentriert, wobei Magdeburg, Frankfurt (Oder), Potsdam und Ost-Berlin Schwerpunkte bilden. In diesen Bezirken liegen fast zwei Drittel der Wasserstraßen von Elbe, Oder, Havel und das sie verbindende Kanalsystem. Für die Energieversorgung Berlins spielt die Binnenschiffahrt eine große Rolle. In Königs Wusterhausen wird Kohle von der Eisenbahn auf Binnenschiffe umgeschlagen und zum Ost-Berliner Kraftwerk Klingenberg transportiert. Auch die Versorgung des Heizkraftwerkes Berlin-Mitte mit Heizöl erfolgt mit Binnenschiffen.

Im Zusammenhang mit der Modernisierung der Binnenschiffsflotte sind auch die Binnenhäfen in den vergangenen Jahren zu leistungsfähigen Umschlagplätzen ausgebaut worden. Wichtigster Binnenhafen der DDR ist Magdeburg. Dann folgen: Frankfurt (Oder), Dresden, Berlin, Potsdam und Halle. Durch die Transportverordnung und die Durchführungsbestimmungen sind alle Fragen der Transportplanung, Transportverträge, des Einsatzes von Schiffsraum, der Inanspruchnahme und Bereitstellung des Transportraumes, Lade- und Löschfristen, Schiffsliegegelder und Zuschläge, Lieferfristen, Aufnahme von Schäden an Schiffen sowie die allgemeinen Leistungsbedingungen für Transportverträge mit dem VEB Deutsche Binnenreederei gesetzlich geregelt. Die DR ist danach verpflichtet, Wagenbestellungen für schiffsgünstige Transporte abzulehnen, wenn der Absender nicht den entsprechenden Beschluß des Transportausschusses vorlegt. Schiffsgünstig sind Massentransporte, die zum überwiegenden Teil der Transportstrecke auf dem Wasserwege durchgeführt werden können. Es gelten folgende Grundsätze: Die Bahnvor- bzw. -nachlaufstrecke im kombinierten Transport darf eine Entfernung von 125 km (bei Im- und Exporten 300 km) nicht überschreiten, 50 v. H. der direkten Bahnstrecke nicht übersteigen und nicht länger sein als der anteilige Wasserweg. Beim kombinierten Importverkehr über DDR-Seehäfen ist eine Bahnvor- oder -nachlaufstrecke bis 200 km zulässig. Beim kombinierten Exportverkehr über DDR-Seehäfen sind in der Bahnvorlaufstrecke bis 300 km, in der Bahnnachlaufstrecke bis 200 km erlaubt.

XIII. Wasserstraßen

Wichtigste Wasserstraßen sind die Elbe (566 km auf DDR-Gebiet) mit Anschlüssen an den Weser-Elbe-kanal, die Saale und die Oder. Auf diesen ca. 1900 km langen Haupt-W. werden ca. 90 v. H. der Transportleistungen der Binnenschiffahrt abgewickelt. Die Neben-W. in den Bezirken Schwerin, Neubrandenburg und Potsdam haben nur für den lokalen Verkehr Bedeutung. Von Nachteil ist, daß die Mündungen von Elbe und Oder nicht im Gebiet der DDR liegen und die Industriegebiete von diesen Strömen zu weit entfernt sind. Bis jetzt ist es trotz verschiedener Plansätze nicht gelungen, den Mittellauf der Elbe zu kanalisieren. Niedrigwasserperioden beeinträchtigen deshalb die Schiffahrt auf der Elbe. Während bei normalen Wasserverhältnissen die Elbe mit 1350-t-Schiffen befahren werden kann, ist die Saale bis Halle-Trotha nur für Schiffe bis 750 t geeignet. Auch die Saale schwankt in der Wasserführung. Die Oder als die zweitgrößte natürliche Wasserstraße ist in noch stärkerem Maße als die Elbe Tauchtiefenschwankungen unterworfen. Der schiffbare Teil der Oder im DDR-Bereich ist 163 km lang. Bei Mittelwasser kann er von Schiffen bis 750 t befahren werden.

Das Kanal- und Flußsystem zwischen Elbe und Oder ist bei annähernd konstanten Tauchtiefen bis zu 2 m für Schiffe von 750 bis 1 000 t Tragfähigkeit befahrbar.

Der alte Plan, den Häfen Wismar und Rostock durch Ausbau der bestehenden Gewässer eine Verbindung zum Hinterland zu verschaffen, ist Ende 1957 neu aufgegriffen worden. Das Projekt eines Nord-Süd-Kanals sieht vor, im Zusammenhang mit dem Ausbau des Seehafens Rostock einen 150 km langen Kanal zu bauen, der über Sternberg-Crivitz zum Elbe-Müritz-Kanal führen, ab Neustadt-Gleve in südöstlicher Richtung verlaufen und bei Wittenberge „in das Elbe-Wasserstraßennetz" einmünden soll. Die Bauzeit würde etwa 15 Jahre betragen. Um den Bau dieses Kanals ist es in den letzten Jahren still geworden. Von anderen Projekten ist nach 1945 nur der aus politischen Gründen zur Umgehung von Berlin (West) gebaute Kanal Paretz-Nieder-Neuendorf mit einer Länge von 35 km ausgeführt worden.

Im Zusammenhang mit der Einführung der Schubschiffahrt sollen nunmehr die Wasserstraßen durch Baggerungen, Erhöhung der Deiche, Begradigungen usw. ausgebaut werden. Zu diesen Vorhaben gehört auch der Plan der schrittweisen Kanalisierung der Elbe bei Magdeburg; schließlich soll auch Leipzig an das Wasserstraßennetz angeschlossen werden. Die Verwirklichung dieser Pläne wird mindestens 10 Jahre dauern. Es gibt einige weitere Zukunftspläne; z. B. soll ein Verbindungskanal von der Elbe zur Oder gebaut werden, so daß über einen weiteren Kanal zwischen Kosel an der Oder und Bratislava (Preßburg) an der Donau – unter Einbeziehung der March – der Anschluß an das Schwarze Meer gewonnen werden kann.

An eine Realisierung solcher Pläne (wie in der Bundesrepublik Deutschland das Rhein-Main-Donau-Kanalprojekt) ist aber vorläufig aus Kostengründen nicht zu denken.

Die Binnenschiffahrt der DDR ist in starkem Maße von den klimatischen Gegebenheiten abhängig. Wegen Niedrigwassers kommt es in den Sommermonaten meist zu Schwierigkeiten. Im Winter erliegt bei starken Frösten der Binnenschiffsverkehr. Nur wichtige Strecken können von Eisbrechern befahren gehalten werden.

XIV. Seeschiffahrt

Die Seeschiffahrt mußte unter sehr schwierigen Bedingungen völlig neu aufgebaut werden. Unter Berufung auf das Potsdamer Abkommen und die Direktiven des Alliierten Kontrolrates waren alle Seeschiffe konfisziert. In den ersten Nachkriegsjahren wurden auf den durch Reparationsentnahmen weitgehend dezimierten Werften der DDR zunächst lediglich Schiffe für die Sowjetunion repariert (→ **Schiffbau**).

Ab 1950 gestattete die Sowjetische Besatzungsmacht den Aufbau einer Handelsflotte, die sich inzwischen zu einem stattlichen Instrument einer aktiven Seefahrtspolitik der DDR entwickelt hat. Anfang 1973 betrug die Tonnage der S. ca. 1,5 Mill. tdw. Hinter der UdSSR und Polen rangiert die DDR damit an 3. Stelle in der Flottenrangordnung der Staaten des RGW. Die Flotte besteht aus modernen, auch teilautomatisierten Schiffen.

Schiffsbestand der Handelsflotte

	Anzahl	BRT	NRT	tdw
1952	1	917	503	1 250
1960	47	196 898	112 499	277 424
1972	194	1 027 671	575 626	1 463 869

Der Schiffsbestand 1972 teilt sich wie folgt auf:

Anzahl	Größengruppe
61	bis 1 000 tdw
17	› 1 000 bis 2 500 tdw
32	› 2 500 bis 5 000 tdw
64	› 5 000 bis 10 000 tdw
11	› 10 000 bis 15 000 tdw
9	über 15 000 tdw

1972 verfügte die DDR über 9 Tanker mit 168 974 BRT bzw. 106 776 NRT (204 906 tdw), darunter 2 Schiffe mit je 45 000 tdw und 1 Spezialtanker für flüssigen Leim.

Parallel mit dem Aufbau der Flotte erfolgte ein Ausbau der Seehäfen an der Ostseeküste. Von den 3 verfügbaren Häfen Wismar, Rostock, Stralsund ist vor allem Rostock groß ausgebaut worden. Es verfügt über einen Überseehafen als Universalhafen mit Ölhafen, Schüttgutbereich, Stückgutbereich und über den Passagierkai Warnemünde.

Die Seeschiffahrt ist vollständig verstaatlicht. Ausführender Betrieb ist der VEB → **Deutsche Seereederei**, Sitz Rostock. Die organisatorische Struktur wurde mehrere Male geändert, zuletzt 1970. Der VEB Deutsche Seereederei ist seitdem nur noch für die Linienschiffahrt zuständig. Es wurde ein zweites Unternehmen „*Deutfracht Internationale Befrachtung und Reederei*" gegründet, das neben der Befrachtung von Schiffen auch die gesamte Massengut-Tank- und Spezialschiffstonnage der DDR bereedert.

Für die Abfertigung in- und ausländischer Schiffe in

den Häfen ist der *VEB Deutsche Schiffsmaklerei* (Rostock) zuständig. Zum organisatorischen Komplex gehören noch *VEB Lotsen-Bugsier- und Bergungsdienst* und der *VEB Schiffsversorgung* sowie die *Deutsche Tallierungs-Gesellschaft mbH.* Darüber hinaus gehören als Komplex für die S. das Institut des Seeverkehrs und der Hafenwirtschaft und das Ingenieurbüro für Rationalisierung zur *Direktion des Seeverkehrs und der Hafenwirtschaft.*

Mehrere Liniendienste werden in Gemeinschaft mit ausländischen Reedereien bedient, darunter mit der polnischen Reederei RZM in der Relation Europa-Westafrika (UNIAFRICA), der gemeinsam mit der polnischen Reederei PZM sowie der tschechoslowakischen Reederei Československo Namoni Plovba unterhaltene Liniendienst in der Relation Rostock/Stettin-Kuba (CUBALCO) und der gemeinsam mit der polnischen Reederei PLO betriebene Liniendienst nach Ostafrika (BALTAFRICA).

Oberste Instanz für alle Organe der Seeschiffahrt ist die Hauptverwaltung Seeschiffahrt und Hafenwirtschaft im Ministerium für Verkehrswesen. Ausgenommen sind die Fährschiffe für den Trajektverkehr, die der DR unterstehen.

XV. Fährverkehr

Die DR ist Partner der Gemeinschaftslinien DDR–Schweden zwischen Saßnitz und Trelleborg (107 km) sowie DDR–Dänemark zwischen Warnemünde und Gedser (47 km). Die Eisenbahn-Fährschiffe unterstehen dem Fährschiffamt der DR in Saßnitz.

Auf der Route Saßnitz–Trelleborg sind folgende DR-Fährschiffe eingesetzt: „Saßnitz" seit 1959, „Stubbenkammer" seit 1971, „Rügen" seit 1972. Schwedischerseits verkehren auf dieser Route „Skane" seit 1966, „Götaland" und „Sveland" seit 1973. Die Route Warnemünde–Gedser wird seit 1955 von der dänischen „König Frederick IX" und seit 1963 von dem DDR-Schiff „Warnemünde" befahren.

1965 wurden insgesamt 1,5 Mill. t Eisenbahngüter zwischen Saßnitz und Trelleborg trajektiert, 1972 waren es 2,3 Mill. t. Im Lkw-Verkehr stieg die Zahl von ca. 1 000 im Jahr 1967 auf 7 000 im Jahr 1972.

Fährroute Saßnitz-Trelleborg

	1950	1960	1970
Nettogütertonnen	137 601	854 287	2 100 000
Reisende	3 120	243 888	230 800
Kfz (insges.)	40	7 412	37 200

Fährroute Warnemünde-Gedser

	1950	1960	1970
Nettogütertonnen	76 830	147 971	301 708
Reisende	4 175	31 722	131 593
Kfz (insges.)	–	–	22 141

XVI. Seehäfen

Die DDR verfügt über 3 für Seeschiffe benutzbare Häfen, die allerdings keinen direkten Binnenwasserstraßenanschluß haben: Rostock, Wismar und Stralsund. In Rostock konnten wegen ständiger Versandung bis 1960 nur Schiffe bis 7 000 BRT anlegen. Wismar kann von Schiffen bis 12 000 BRT angelaufen werden, Stralsund nur von kleineren Schiffen bis 2 500 BRT. Der steigende Außenhandel löste Pläne aus, entweder Wismar, Stralsund oder Rostock zu einem großen Überseehafen auszubauen. Die Entscheidung fiel 1957 zugunsten von Rostock. Ausschlaggebend waren die Nähe der Werften in Rostock und Warnemünde, die relative Nähe des Nord-Ostsee-Kanals und die günstigen Voraussetzungen für den Bau eines Binnenwasserweges für den Anschluß des Hafens an Wasserstraßen, die alle Teile der DDR miteinander, aber auch mit der ČSSR verbinden.

Der neue Seehafen Rostock gewinnt zunehmend an Bedeutung. Seine Umschlagskapazität soll bis 1980 20 Mill. t/Jahr erreichen. Es können dort Überseeschiffe bis 25 000 BRT abgefertigt werden. Er verfügt u. a. über einen Ölhafen mit 2 Liegeplätzen und 100 000 m³ Tanklagerkapazität, eine Schüttgutpier mit 3 Liegeplätzen, 13 200 m² Freilagerfläche und 6 Bunkerkranbrücken, 1 Schwergutumschlagplatz, Pier 1 mit 15 Stückgutkränen, Pier 2 mit 13 Liegeplätzen, 85 000 m² gedeckten Flächen, 52 Kränen; die Tauchtiefe der Hafenbecken beträgt 10 m. Die Verbindung mit der offenen See stellt ein 7 km langer Kanal her. Das Fahrwasser soll im Laufe der nächsten Jahre für 80 000-t-Schiffe vertieft werden. Im Ölhafen wurden 1974 ca. 7 Mill. t gelöscht. Der Anteil des Umschlags von Rostock am gesamten Umschlag in den Seehäfen der DDR beträgt 80 v. H. Mit dem Hinterland verbindet Rostock allerdings nur eine Eisenbahnmagistrale nach Berlin. Bis 1976 soll die neue Autobahn Rostock–Berlin fertigge-

Güterumschlag in den Seehäfen (in 1 000 t)

Rostock	Insgesamt	Entladen	Beladen
1955	704	505	199
1967	7 380	5 999	1 381
1972	12 952	11 676	1 276
Wismar			
1955	970	281	674
1967	1 855	543	1 312
1972	2 171	1 031	1.140
Stralsund			
1955	669	87	476
1967	878	522	331
1972	834	534	273

stellt sein. Die Pläne für einen Nord–Süd–Kanal zum Anschluß Rostocks an das Wasserstraßennetz der DDR sind jedoch auf unbestimmte Zeit vertagt worden.

Während sich Rostock zu einem universellen Stückguthafen und zu einem Importhafen für Schüttgüter, Früchte und Rohöle entwickelt hat, ist Wismar zum Spezialhafen für den Umschlag von Getreide und für den Kaliexport geworden. Der Hafen ist über eine 28 km lange Zufahrt mit 8,2 m Tauchtiefe zu erreichen. Im Seehafen Stralsund werden vorwiegend Holz und Schüttgüter (Salz) umgeschlagen. Der Hafen ist 60 km von der offenen See entfernt.

Organisatorisch sind die 3 Häfen selbständige VEB-Betriebe.

XVII. Luftverkehr

Der Luftverkehr hat sich in den vergangenen Jahren stark entwickelt. Aufgrund des Potsdamer Abkommens durfte dieser Verkehrsträger lange Zeit nicht tätig werden. Die Luftverkehrsmittel waren an die Alliierten abzuliefern. Auch die Hoheitsrechte des Luftverkehrs übernahm die Besatzungsmacht.

Nach Abschluß des Vertrages zwischen der DDR und der UdSSR am 20. 9. 1955 waren die rechtlichen Grundlagen für den Aufbau eines zivilen Luftverkehrs gegeben. Noch im selben Jahr sind der sowjetischen Verkehrsfliegerschule Uljanowsk die ersten Flugzeugbesatzungen für den DDR-Luftverkehr zur Ausbildung zugewiesen worden. Die sowjetische Fluggesellschaft AEROFLOT leistet bis auf den heutigen Tag dem Luftverkehr der DDR Entwicklungshilfe.

Seit 1955 werden für den Luftverkehr Flugzeuge der sowjetischen Flugzeugindustrie geliefert, zunächst zweimotorige Passagier-Flugzeuge vom Typ JL 14, die zeitweilig auch im Dresdner Flugzeugwerk in Lizenz gebaut worden sind. Die Eigenproduktion wurde indessen nach Absturz eines selbst entwickelten Mittelstreckenflugzeuges mit Strahlantrieb aufgegeben.

Die Luftfahrtgesellschaft der DDR erhielt zunächst den traditionellen Namen „Deutsche Lufthansa". Sie war bis 1957 dem Ministerium des Innern, dann dem Ministerium für Nationale Verteidigung unterstellt. Heute ist das Ministerium für Verkehr für zivile Luftfahrt zuständig.

Da aufgrund von Gerichtsentscheidungen Flugzeuge der DDR-Lufthansa unter dem Namen „Deutsche Lufthansa" Flughäfen westlicher Länder nicht anfliegen dürfen, wurde 1958 in Ost-Berlin eine neue Luftfahrtgesellschaft, die *Interflug* GmbH., gegründet. Nachdem diese 5 Jahre lang neben der „Lufthansa" bestanden hatte, wurde ihr nach Auflösung der „Lufthansa" der gesamte Luftverkehr übertragen.

1974 verfügte die Interflug über folgenden Flugzeugpark:

Anzahl	Type	Sitzplätze	
		je Flugzeug	insgesamt
5	JL 62	150	750
13	JL 18	100	1 300
3	TU 134	72	216
2	TU 134 A	78	156
6	AN 24	48	288

Das Flugliniennetz hat eine Länge von ca. 85 000 km. Mehr als 40 Zielflughäfen in 31 Ländern wurden 1974 im Liniendienst und Messeflugverkehr angeflogen. Mit 27 Staaten hat die DDR Luftverkehrsabkommen geschlossen, in 24 unterhält die Interflug eigene Stadtbüros, 16 ausländische Luftverkehrsgesellschaften haben Vertretungen in Berlin (Ost), darunter die niederländische KLM, die skandinavische SAS, die finnische FINNAIR und die österreichische AUA (Stand 30. 6. 1974). 1972 wurden in Berlin-Schönefeld, dem Hauptflughafen, 1,285 Mill. Passagiere bei ca. 34 000 Starts und Landungen abgefertigt, das entspricht 1,099 Mill. Personenkilometern. Neben den Hauptstädten aller europäischer Mitgliedsstaaten des Rates für Gegenseitige Wirtschaftshilfe (sowie Leningrad und Kiew) wurden 1974 regelmäßig u. a. Bagdad, Beirut, Belgrad, Conakry, Damaskus, Kairo, Khartum und Tirana bedient. Ferner werden Kopenhagen, Amsterdam, Helsinki, Wien und Mailand von der Interflug direkt angeflogen.

Die Interflug ist Mitglied in mehreren internationalen Luftverkehrsorganisationen, so z. B. in der Société Internationale de Télécommunications Aéronautiques (SITA), gehört jedoch nicht dem Internationalen Lufttransportverband (IATA) an.

XVIII. Ausbildung

Der wissenschaftliche Nachwuchs für das V. kommt von der 1952 gegründeten Hochschule für V. (HfV) Dresden. Sie trägt den Namen des deutschen Eisenbahnpioniers Friedrich List. Gegenwärtig (1974) gehören zum Lehrkörper 124 Professoren und Dozenten sowie 600 wissenschaftliche Mitarbeiter. Die Zahl der Studenten beträgt 4 400; 15 v. H. sind Studenten im Fernstudium (Anteil der ausländischen Studenten 2 v. H.) Die Ausbildung erfolgt in 5 Grund- und 12 Fachstudienrichtungen. Dazu gehören: Verkehrs- und Betriebswirtschaft, Fahrzeugdienst, Technische Verkehrskybernetik, Verkehrsbauwesen, Mathematik, Rechentechnik und Naturwissenschaften. Vorlesungen in der Sektion „Marxismus-Leninismus" sind Pflicht. 1971 wurde die Sektion „Militärisches Transport- und Nachrichtenwesen" gegründet.

Seit 1973 gibt es die Hauptabteilung für Wissenschaft und Technik im MfV. Sie besteht aus den Abteilungen I Entwicklung des V., II Entwicklung der DR, III. Neuererbewegung und Standardisierung.

Die bisherigen zentralen Abteilungen „Forschung und Entwicklung", „Prognose und Generalverkehrsplanung" sowie die „Arbeitsgruppe für Automatisierung und Rationalisierung" wurden neben anderen Büros und Koordinierungsgruppen in die neue HA überführt. Durch die Neuorganisation wird eine höhere Effektivität von Wissenschaft und Technik erwartet.

Der neuen HA sind das „Zentrale Forschungsinstitut des V. der DDR", das „Forschungs- und Entwicklungswerk Blankenburg", die „Zentrale Prüf- und Entwicklungsstelle Kirchmöser" und das „Rechenzentrum der DR" zugeordnet.

Alle übrigen Forschungs- und Entwicklungseinrichtungen des V. und die technischen Prüf- und Kontrollstellen wurden ebenfalls der HA Wissenschaft und Technik unterstellt. Dazu gehören die Versuchs- und Entwicklungsstelle (VES) in Dresden der HV Betrieb und Verkehr, die VES in Halle der HV Maschinenwirtschaft, die VES in Delitzsch der HV Wagenwirtschaft, die VES Magdeburg-Buckau der HV Bahnanlagen und die VES in Berlin der HV Sicherungs- und Fernmeldewesen; ferner die VES „Kraftverkehr", „Straßenwesen", „Zivile Luftfahrt", „Seeschiffahrt und Hafenwirtschaft" sowie „Binnenschiffahrt".

Verlagswesen: Wie jeder andere Wirtschaftszweig unterliegt auch das V. der zentralen Wirtschaftsplanung (→ **Wirtschaft**).

Angeleitet und kontrolliert wird das V. durch das → **Ministerium für Kultur**, dem es (nach seinem Statut von 1964) obliegt, „auf die Entwicklung einer vielseitigen, sozialistischen, schöngeistigen Literatur zu orientieren und insbesondere jene literarischen Werke zu fördern, die die Gegenwart in fortschrittlichem Geiste darstellen; das literarische deutsche und ausländische → **kulturelle Erbe** zu pflegen; die Bewegungen der schreibenden Arbeiter und Bauern zu unterstützen, um im Geist des Bitterfelder Weges die breite künstlerische Selbstbetätigung auf literarischem Gebiet zu fördern". Zuständig ist seit Anfang 1963 die Hauptverwaltung Verlage und Buchhandel im MfK. (Leiter: Klaus Höpcke); sie übernahm die Aufgaben der bisherigen Abteilung Literatur und Buchwesen sowie der VVB Verlage und des Druckerei- und Verlagskontors. Die graphische (in der DDR „polygraphische") Industrie und neuerdings auch die Buchbindereien unterstehen dagegen dem → **Ministerium für Leichtindustrie**. Die Hauptverwaltung hat „die Verlage zu lizenzieren, die unterstellten Verlage anzuleiten und für eine zweckentsprechende Arbeitsteilung zwischen den Verlagen Sorge zu tragen; die thematische Jahres- und Perspektivplanung der Verlage anzuleiten, zu koordinieren und ihre Erfüllung zu kontrollieren; die Manuskripte der Buchverlage und die Erzeugnisse der nicht lizenzierten Verlage (Gelegenheitspublikationen, lokale Festschriften, Heimatblätter usw. D. Red.) zu begutachten und Druckgenehmigungen zu erteilen"; sie leitet ferner auch den → **Buchhandel**, vornehmlich den Volksbuchhandel, und das allgemeinbildende Bibliothekswesen fachlich und ideologisch an. Die Editionspläne sind außerdem auf Verlegerkonferenzen Gegenstand von → **Kritik und Selbstkritik**. Die „Begutachtung" der Verlagsprogramme zielt u. a. auf deren klare Abgrenzung durch Zuweisung thematischer Zuständigkeiten ab; auch werden „Schwerpunkttitel" festgelegt, deren Produktion unter Hintanstellung aller sonstigen Vorhaben besonders zu fördern ist. Um das System der Steuerung zu vervollständigen, werden Autorenverpflichtungen im Sinne des Vertragsgesetzes angestrebt. Seit einer Anordnung vom 7. 2. 1966 bedürfen schließ-

lich Erwerb und Vergabe von urheberrechtlichen Nutzungsberechtigungen (Lizenzen) im Verkehr mit Partnern außerhalb der DDR vor Abschluß eines Vertrages der Genehmigung durch das Büro für → **Urheberrechte**. Bei der Vergabe kann die Genehmigung davon abhängig gemacht werden, daß die Nutzungsberechtigung zuvor einem Verlag oder einer anderen kulturellen Einrichtung in der DDR angeboten wurde.

Nach dem „Perspektivprogramm" der Hauptverwaltung Verlage und Buchhandel, das im Febr. 1965 veröffentlicht wurde, sollen die staatlichen Organe die Voraussetzungen dafür schaffen, „daß zu gegebener Zeit eine allmähliche Ersetzung der staatlichen Kontrolle und die volle Eigenverantwortlichkeit der Verlage erfolgen kann".

1973 waren an der Buch-, Zeitschriften-, Kunstblätter- und Musikalien-Produktion annähernd 90 Verlage beteiligt. Obschon nachprüfbare Angaben über die Eigentumsverhältnisse im V. nicht veröffentlicht werden, lassen sich etwa 60 Verlage, darunter alle größeren, einwandfrei als entweder „volkseigen" (d. h. Staatsverlage) oder „organisationseigen" (d. h. im Besitz von Parteien, Massenorganisationen usw.) identifizieren. Etwa 20 Verlage waren (von den 3 kirchlichen abgesehen) wahrscheinlich noch Privateigentum; ihr Anteil an der Produktion dürfte (nach Titeln) unter 5 v. H. gelegen haben. Alle staats- und organisationseigenen Verlage wurden 1959 in einer VVB Verlage zusammengeschlossen; diese VVB wurde 1962 aufgelöst und in die Hauptverwaltung Verlage und Buchhandel im Ministerium für Kultur überführt. Zu den volkseigenen Verlagen gehören u. a. das Bibliographische Institut, die Verlage Breitkopf & Härtel, Brockhaus, Gustav Fischer, Niemeyer, Reclam, Seemann, Teubner, Thieme, die enteignet wurden; die meisten produzieren trotzdem unter dem gleichen Namen wie in der Bundesrepublik Deutschland. Einzelne Ministerien haben eigene Verlage; der Staatsverlag der DDR bringt seit Anfang 1963 die amtlichen Veröffentlichungen der Volkskammer, des → **Staatsrates** usw. heraus. Der Ost-Berliner Dietz-Verlag gehört der SED, der Aufbau-Verlag dem → **Kulturbund**, der Verlag Neues Leben der FDJ, der Urania-Verlag der → **Urania** und der Verlag Tribüne dem → **FDGB**.

Die Buchproduktion brachte 1973 (einschl. Broschüren und Nachauflagen) 5330 Titel, darunter 912 Übersetzungen, in einer Auflage von 119,7 Mill. Exemplaren auf den Markt, womit sich die Gesamtauflage im Verhältnis zu 1955 nahezu verdoppelt hat.

Auch in der technischen Qualität hat die Produktion in manchen Bereichen den alten Standard des „Leipziger Platzes" wieder erreicht; wie in der Bundesrepublik Deutschland werden die „Schönsten Bücher des Jahres" ausgezeichnet. Die Auflagen der Bücher liegen im Durchschnitt höher als in der Bundesrepublik Deutschland, doch sind die Größen aus verschiedenen Gründen schwer vergleichbar; neben der Breite und Vielfalt des Angebots in der Bundesrepublik Deutschland ist zu berücksichtigen, daß die Auflagen vieler Titel, und insbesondere der „Bestseller" in der DDR, wenn nicht gesteuert, so doch beeinflußt sind durch den Pflichtbedarf der → **Bibliotheken**, durch den Verbrauch von Prämien und Buchgeschenken der „gesellschaftlichen Organisationen" und durch die Absperrung des Lesepublikums von der Literatur der Bundesrepublik Deutschland und des „kapitalistischen" Auslandes. Die Bemessung der Auflagen ist daher auch nicht allein oder in erster Linie abhängig von der Nachfrage, sondern von den Direktiven des Literaturapparates. Im Absatz der Fachliteratur schlägt sich aber auch die von der SED verbreitete „Atmosphäre des Lernens" positiv nieder. Lizenzausgaben oder Übersetzungen „westlicher" Literatur, die in ideologisch bestimmter Auswahl zugelassen werden, aber auch Unterhaltungsliteratur jeglichen Niveaus ohne politischen Einschlag, sind meist schnell vergriffen.

Die durchschnittlichen Bücherpreise liegen teilweise beträchtlich unter den westdeutschen. Der → **Buchexport** ist monopolisiert; im Verkehr mit der Bundesrepublik Deutschland vollzieht er sich im Rahmen des → **innerdeutschen Handels**. → **Kulturpolitik; Zeitschriften; Literatur und Literaturpolitik.**

Verluste: → Gewinn; Rentabilität.

Vermessungs- und Kartenwesen: Oberstes Organ des VuK. ist die Verwaltung VuK. (VVK) im Ministerium des Innern. Zu unterscheiden sind 2 große Bereiche: die allg. Landesvermessung und die Durchführung ingenieur-geodätischer Arbeiten für die verschiedensten Zweige der Volkswirtschaft. Gemäß AO Nr. 2 über die Koordinierung der geodätischen, aero-photogrammetrischen, topographischen und kartographischen Arbeiten – Koordinierungsanordnung – vom 21. 6. 1966 (GBl. II, 1966, Nr. 72, S. 465 f.) ist die Staatliche Geodätische Kontrolle Dresden zuständig für die Bezirke Dresden, Karl-Marx-Stadt, Leipzig und Cottbus; die Staatl. Geodät. Kontrolle Erfurt für die Bezirke Erfurt, Gera, Suhl, Halle und Magdeburg; die Staatl. Geodät. Kontrolle Potsdam für die Bezirke Potsdam und Frankfurt (Oder) sowie Berlin (Ost); die Staatl. Geodät. Kontrolle Schwerin für die Bezirke Schwerin, Rostock und Neubrandenburg.

Die VVK-Kartographie hat entsprechend dem Vorbild der UdSSR ihre gesamte Blattschnittsystematik in das Internat. Weltkartensystem 1:1 Mill. eingepaßt. Ab 1:5000 (etwa 50 x 50 cm) sind alle Kartenwerke nach geographischen Netzlinien geschnitten. Im Gegensatz zu Kartenwerken der Bundesrepublik Deutschland erfolgt in der DDR die Unterteilung vom kleinen zum größeren Maßstab; aber auch hier füllen von 1:1 Mill. auf 1:500000 und ab 1:200000 je 4 Blätter des größeren Maßstabes 1 Blatt des kleineren. 1954 wurde das Kartenwerk 1:5000 zugunsten des Maßstabes 1:10000 aufgegeben, das 1965 in DDR-Flächendeckung neu vorlag. Das gilt auch für alle kleineren Maßstäbe: 1:25000, 1:50000, 1:100000, 1:200000, 1:500000 und 1:1 Mill. 1965 kam im Rahmen osteuropäischer Zusammenarbeit die Weltkarte 1:2500000 hinzu. Das VVK-Kartenwerk 1:200000 ist als Verkehrskarte (10 Blätter) und Verwaltungskartenwerk (Bezirke) in der Bundesrepublik Deutschland käuflich. In der DDR sind im Unterschied zur Bundesrepublik Kartenwerke größeren Maßstabes, insbesondere das Kartenwerk 1:10000, jedoch der allgemeinen Nutzung entzogen, weil der VVK-Kartenauftrag „für die Volkswirtschaft und für die Verteidigung" eine wichtige militärische Komponente hat, die charakteristisch ist für das ganze Kartenschaffen der VVK und dem Vorbild der UdSSR im Detail folgt. Wanderkarten und etliche Stadtpläne sind freilich in der DDR käuflich.

Durch AO über das Statut des Seehydrographischen Dienstes der DDR vom 27. 10. 1965 untersteht dieser dem Ministerium für Nationale Verteidigung, Kommando Volksmarine, und hat seinen Sitz in Rostock. Zu seinen Aufgaben gehört die Veröffentlichung von Seekarten, nicht nur der DDR-Ostseeküste (GBl. III, Nr. 28). Die vermessungstechnischen Kader sind in den VEB Ingenieur-V. zusammengefaßt. Gemäß der Ersten DB zur VO über das Ingenieur-V. vom 6. 10. 1970 (GBl. II, Nr. 85, S. 589) wurden die VEB Ingenieur-V. Rostock, Potsdam, Halle, Erfurt, Dresden, Leipzig und Berlin mit weiteren dem Ministerium des Innern unterstehenden Betrieben und Einrichtungen zu dem mit Wirkung vom 1. 1. 1971 gegründeten Kombinat Geodäsie und Kartographie zusammengelegt.

Der wichtigste Betrieb für die Kartenherstellung ist der VEB Hermann Haack, Geographisch-Kartographische Anstalt, Gotha/Leipzig.

Vermögenseinziehung: → Strafensystem.

Verrechnungseinheiten: → Innerdeutscher Handel.

Verrechnungsverfahren: In einer Zentralplanwirtschaft wird die Art der Bezahlung von Lieferungen und Leistungen zwischen den Wirtschaftsbetrieben nicht in das freie Ermessen der Betriebsleitungen gestellt. Als V. werden demnach in der DDR diejenigen bargeldlosen Zahlungstechniken bezeichnet, die der Gesetzgeber den inländischen Wirtschaftsbetrieben verbindlich vorschreibt, damit diese nur so ihre Geldverbindlichkeiten begleichen und ihre Forderungen einziehen. Die im Bereich der produzierenden Wirtschaft gegenwärtig gültigen Verrechnungsmethoden wurden durch die am 12. 6. 1968 erlassene VO über die Verrechnung von Geldforderungen aus zwischenbetrieblichen Ware-Geld-Beziehungen – Verrechnungs-Verordnung – festgelegt (GBl.

II, Nr. 64, S. 423 ff.). Ihre Verwendung ist für den gesamten staatlichen Bereich der Wirtschaft (VEB, Kombinate, VVB), für die Produktionsgenossenschaften, die halbstaatlichen Betriebe, die gesellschaftlichen Organisationen und alle sonstigen Haushaltsorganisationen verpflichtend.

Abgesehen von Bagatellfällen, wo Barzahlung möglich ist, stehen den Wirtschaftsbetrieben in der DDR 4 Möglichkeiten zur Verfügung, um Forderungen zu begleichen: 1. die Überweisung; 2. der Scheck; 3. die Einwilligung in automatische Abzüge vom Sichtguthabenkonto (= Lastschriftverfahren) und 4. die Stellung eines Akkreditivs.

Mit der Vorgabe standardisierter Verfahren zur Abwicklung des Verrechnungsverkehrs verfolgt die Wirtschaftsführung vor allem folgende Ziele: 1. die Wirtschaftsbetriebe zu zwingen, möglichst alle Forderungen aufgrund von Warenlieferungen und Leistungen bargeldlos über das Gironetz der Banken und Postscheckämter verrechnen zu lassen; 2. die vorgeschriebene bargeldlose Verrechnung der Geldforderungen dafür zu benutzen, um die Wirtschaftsbeziehungen der Produktionseinheiten untereinander zu kontrollieren; 3. eine sichere und schnelle Refinanzierung der Gläubiger zu gewährleisten; 4. die Technik des Verrechnungsverkehrs als Erziehungsmittel zu verwenden, um die Wirtschaftsbetriebe zu bewegen, pünktlich ihre Schulden zu bezahlen, und 5. die Käuferbetriebe, trotz des Verlangens nach unverzüglicher Begleichung ihrer Schulden, in den Stand zu setzen, die erhaltene Ware sorgfältig prüfen zu können. Darüber hinaus erhielten sie auch das Recht, über das Druckmittel der Zahlungsverweigerung die Lieferanten zu zwingen, ihre Lieferzusagen vertragsgerecht und qualitativ einwandfrei zu erfüllen.

Seit 1965 sind das (Bank)Überweisungs- und das Scheckverfahren die beiden meistbenutzten Verrechnungsmethoden zur Begleichung von Geldforderungen zwischen den Betrieben.

Beim Überweisungs- und beim Scheckverfahren liegt die Initiative zur Zahlung jeweils beim Käufer. Dagegen ist das Lastschriftverfahren eine automatisierte Form der Sofortzahlung aufgrund von Forderungen. Bei dieser Verrechnungsart wird das Einverständnis des Käufers zur Abbuchung entstandener Forderungen generell im voraus erteilt. Jedoch kann der Käufer in begründeten Fällen auch hier eine bereits erfolgte Abbuchung nachträglich wieder rückgängig machen.

Durch die Umstellung der Verrechnungstechnik vorwiegend auf das Überweisungs- und das Scheckverfahren wurde der frühere Automatismus bei der Begleichung von Geldforderungen durch das „Rechnungs-Einzugsverfahren" (1952–1961) und das „Forderungs-Einzugsverfahren" (1961–1964) weitgehend beseitigt. Hierdurch konnte die Stellung des Käufers gestärkt werden. Er bestimmt heute – in den Grenzen der mit dem Verkäufer getroffenen vertraglichen Vereinbarungen –, an welchem Termin nach Abschluß der Wareneingangskontrolle gezahlt wird, und ob die Lieferung auch die volle Überweisung des geforderten Kaufpreises rechtfertigt.

Vor 1965 dagegen hatte die Bank des Käufers schon bei Vorlage eines Lastschriftauftrages durch den Verkäufer die Zahlung auszuführen, ohne daß der Käufer praktisch eine Chance besaß, bei Vertragsverletzungen des Lieferanten und bei nachweislicher Schlechterfüllung der vereinbarten Warenlieferungen eine Bezahlung der Rechnung ganz oder teilweise zu verweigern.

Durch das den Käufern seit 1965 eingeräumte Kontrollrecht soll die Eigenverantwortlichkeit der Wirtschaftsbetriebe dahingehend gestärkt werden, selbst für eine hohe Leistungsqualität der staatseigenen Lieferbetriebe zu sorgen.

Hier soll nur das Überweisungsverfahren vorgestellt werden. Diese Grundform zur Abwicklung von zwischenbetrieblichen Ware-Geld-Beziehungen ist für die meisten vorkommenden Geschäfte der Warenzirkulation und den größten Teil der Wirtschaftsbetriebe durch Gesetz oder durch abgeschlossene Koordinierungsvereinbarungen zwingend vorgeschrieben. Für alle übrigen Verrechnungen kann dieses Verfahren zwischen den Handelspartnern durch Vertrag vereinbart werden, es sei denn, eines der übrigen V. ist für die Abwicklung der betreffenden Wirtschaftsbeziehungen zur verbindlichen Verrechnungsmethode erklärt worden. Beim Überweisungsverfahren übersenden die Kunden nach Prüfung der eingegangenen Waren der für sie zuständigen Bank einen Gutschriftträger (Überweisungsauftrag) über die von ihnen einem Lieferbetrieb geschuldete Summe. Die Bank bucht auf diese Aufforderung hin die fällige Summe vom Konto ihres Kunden ab und überweist sie auf das angegebene Konto des Lieferanten.

Zur Vereinfachung der Arbeiten bei der Erledigung der täglich anfallenden Masse an Verrechnungen sind den Wirtschaftsbetrieben innerhalb der Volkswirtschaft der DDR die Benutzung normierter Verrechnungsvordrucke (= Formularstrenge) und die Einhaltung gleicher Sicherungsgrundsätze im Zahlungsverkehr vorgeschrieben. → **Bankwesen; Sparkassen; Staatsbank; Bargeldumlauf; Kontenführungspflicht; Sparen.**

Versandhandel: → **Binnenhandel.**

Versicherung der volkseigenen Wirtschaft: Am 1. 1. 1969 trat eine Neuregelung des Versicherungssystems der volkseigenen Betriebe in Kraft, das verschiedene Formen der → **Pflichtversicherung** und der freiwilligen V. miteinander verbindet. Seitdem bleibt – im Zuge der stärker betonten Eigenverantwortlichkeit der Betriebe – die Pflicht-V. auf ein Mindestmaß begrenzt, während das Angebot an freiwilligen V.-Formen erweitert wurde. Rechnungstechnisch werden die Beiträge unterschiedlich behandelt: die Beiträge der Pflicht-V. erscheinen in der Bilanz als Bestandteil der Kosten, die der freiwilligen V. sind aus den Nettogewinnen der Betriebe zu zahlen. Aus den Beitragszahlungen der Betriebe werden die Fonds der V.-Einrichtungen gebildet.

Die Pflicht-V. gewährt den Betrieben V.-Schutz für ihr Anlage- und Umlaufvermögen gegen unvorhergesehene Naturereignisse wie etwa Blitzschlag, Hagel, Sturmflut, Erdbeben und andere Katastrophen, z. B. Brand oder Explosion. Bestandteile der Pflicht-V. sind ferner die → **Kraftfahrzeug-Haftpflichtversicherung** und die Unfall-Versicherung für die Arbeiter und Angestellten der volkseigenen Betriebe und Einrichtungen. Die gebräuchlichsten Formen der freiwilligen V. sind die allgemeine Haftpflicht-V., die Kfz-Kasko-V., die Transport-V., die Leitungswasser- und die Einbruch-Diebstahl-V.

Versicherungsaufsicht: Die staatliche Aufsicht über das Versicherungswesen oblag bis 1952 dem damaligen Deutschen Aufsichtsamt für Versicherungswesen. Mit Erlaß vom 6. 11. 1952 über die Errichtung der DVA (Deutschen Versicherungsanstalt) wurde das Aufsichtsamt zu einer Hauptverwaltung der DVA umgebildet. Gegenwärtig ist die Dachorganisation für alle Zweige des Versicherungswesens die → **Staatliche Versicherung der DDR**, die ihrerseits der Anleitung und Kontrolle des Finanzministeriums unterliegt. Das → **Ministerium der Finanzen** entscheidet über die Besetzung der Direktorenposten der Staatlichen Versicherung; ihm sind die Versicherungsbilanzen und Geschäftsberichte vorzulegen. Die Ordnungsmäßigkeit der Jahresbilanz wird von der Staatlichen Finanzrevision geprüft und bestätigt.

Versorgung: → **Kraftstoffversorgung; Verbrauch, privater; Lebensstandard.**

Versorgungskontore: → **Binnenhandel.**

Verteidiger: Verfassung und Strafprozeßordnung der DDR geben einem einer strafbaren Handlung Beschuldigten das Recht, in jeder Lage des Verfahrens die Hilfe eines V. in Anspruch zu nehmen (Art. 102 der Verf., § 15 StPO). Als V. kann jeder in der DDR zugelassene Rechtsanwalt gewählt werden. Während in der Bundesrepublik Deutschland und in Berlin (West) jeder deutsche Rechtsanwalt, also auch ein Anwalt aus der DDR, als V. in Strafsachen auftreten kann, ist dies einem Rechtsanwalt aus der Bundesrepublik Deutschland oder aus Berlin (West) vor den Gerichten der DDR oder Ost-Berlins nicht möglich. Das DDR-Recht kennt auch das Institut der Pflichtverteidigung: In allen Strafverfahren erster und zweiter Instanz vor dem Obersten Gericht und in Strafverfahren erster Instanz vor den Bezirksgerichten (→ **Gerichtsverfassung**) ist dem Angeklagten, der sich keinen V. gewählt hat, ein solcher von Amts wegen zu bestellen, in gewissen Ausnahmefällen auch vor dem Kreisgericht (§ 63 StPO). Die Wahl eines V. steht aus den Einzelanwälten und den Kollegiumsanwälten (→ **Rechtsanwaltschaft**) offen. Als Pflicht-V. darf hingegen nur ein Rechtsanwalt bestellt werden, der einem Kollegium der Rechtsanwälte angehört.
Der V. soll unabhängig von anderen Prozeßbeteiligten die Rechte des Beschuldigten zu dessen Verteidigung wahrnehmen, den Beschuldigten beraten und alle entla-

stenden oder die Verantwortlichkeit mindernden Umstände vortragen. Ihm wird das Recht eingeräumt, den inhaftierten Beschuldigten zu sprechen, Beweisanträge zu stellen, an der gerichtlichen Hauptverhandlung mitzuwirken sowie Rechtsmittel einzulegen. Dabei ist jedoch festzustellen, daß dem Recht des V. enge Grenzen gezogen sind. Die dem V. auferlegte Pflicht zur Mitwirkung an der Wahrheitsfindung hat vor dem Schutzinteresse für den Beschuldigten oder Angeklagten den Vorrang. Entscheidend für den V. in seiner praktischen Tätigkeit dürfen mithin nicht etwa nur die Rechte des Angeklagten sein, sondern vor allem die Interessen der Gesellschaft: weil es „im Arbeiter-und-Bauern-Staat keine Gegensätzlichkeit der Interessen der Gesellschaft zu den gesetzlich geschützten Interessen des einzelnen Bürgers gibt, bedeutet die richtige, die gesetzlich fundierte Wahrung der Rechte des einzelnen zugleich Schutz der Interessen und Rechte aller, also der Rechte der Gesellschaft" (Neue Justiz, 1963, H. 1, S. 18). Der V. ist zur Festigung der → **sozialistischen Gesetzlichkeit** und zur Entwicklung des sozialistischen Staats- und Rechtsbewußtseins der Bürger verpflichtet. Eine Unabhängigkeit des V. von Partei und Staat gibt es nicht. Das dem V. gewährte Recht auf Akteneinsicht ist dadurch eingeschränkt, daß diese Einsicht nur an Gerichtsstelle vorgenommen werden darf; der V. darf die Akten nicht in sein Büro mitnehmen. Die Sprech- oder Korrespondenzerlaubnis kann der Staatsanwalt mit einschränkenden Bedingungen versehen. Weitere Einschränkungen des Rechts auf Verteidigung ergeben sich aus Bestimmungen der Strafprozeßordnung (→ **Strafverfahren**). Mit einem rechtskräftigen Urteil ist die Aufgabe des V. noch nicht beendet. Er soll bei der Auswertung von Strafverfahren, der Erziehung des Verurteilten und der Eingliederung entlassener Strafgefangener in das gesellschaftliche Leben mitwirken. → **Strafvollzug.**

Verteidigungsgesetz: Als Gesetz zur Verteidigung der Deutschen Demokratischen Republik – Verteidigungsgesetz – am 20. 9. 1961 von der → **Volkskammer** beschlossen (GBl. I, S. 175).
Es enthält u. a. Bestimmungen über die Vollmachten des → **Staatsrates** im Verteidigungsfall, die Aufgaben des → **Nationalen Verteidigungsrates**, den → **Wehrdienst**, im Verteidigungsfall zu erbringende Dienst- und Sachleistungen von Personen und Institutionen.
Das V. stellt die staatsrechtliche Grundlage der → **Notstandsgesetzgebung** in der DDR dar. → **Militärpolitik; Nationale Volksarmee.**

Verteidigungsrat, Nationaler: → **Nationaler Verteidigungsrat.**

Vertragsforschung: → **Forschung.**

Vertragsgesetz: → **Vertragssystem.**

Vertragssystem
Vertragssystem – Vertragsgesetz – Wirtschaftsverträge – Staatliches Vertragsgericht

Gesamtheit der Maßnahmen zur Regelung des zwischenbetrieblichen Austauschs von Lieferungen und Leistungen durch Wirtschaftsverträge. Es umfaßt alle auf gesetzlicher Grundlage vertraglich gestalteten Kooperationsbeziehungen zwischen den Betrieben. Das V. wird als „wichtiges Mittel zur planmäßigen Leitung der sozialistischen Betriebe und zur Festigung der wirtschaftlichen Rechnungsführung" bezeichnet. Die Betriebe werden durch das V. zur rechtsverbindlichen Fixierung ihrer planmäßigen Liefer- und Abnehmerpflichten angehalten. Zugleich dienen die Wirtschaftsverträge – zu deren Abschluß die Betriebe verpflichtet sind – der Vorbereitung, Konkretisierung und Erfüllung der Wirtschaftspläne. Im Rahmen der ihnen zugewiesenen Entscheidungsmöglichkeiten unterstützen die Betriebe durch den Abschluß und die Erfüllung von Wirtschaftsverträgen die Feinplanung der jeweiligen zwischenbetrieblichen Verflechtung.

Das V. erfaßt die Betriebe aller Eigentumsformen, Genossenschaften, VVB und staatliche Einrichtungen, und stellt auch insofern ein Instrument dar, das die zentrale Planung und Leitung mit den eigenverantwortlichen Aktivitäten der Wirtschaftseinheiten und staatlichen Einrichtungen verbindet. Das V. wurde 1951 eingeführt. Die wichtigsten gesetzlichen Bestimmungen sind in dem Gesetz über das Vertragssystem in der sozialistischen Wirtschaft – Vertragsgesetz – vom 25. 2. 1965 (GBl. I, 1965, Nr. 7, S. 107) und in den inzwischen erlassenen Durchführungsverordnungen enthalten.

I. Vertragsgesetz

Das Vertragsgesetz von 1965 ersetzte das bis dahin gültige Vertragsgesetz vom 11. 12. 1957 (GBl. I, 1957 Nr. 77, S. 627). Es geht davon aus, daß die Wirtschaftsverträge ein kennzeichnender Bestandteil der zentralen Planung und der im Rahmen des Neuen ökonomischen Systems der Planung und Leitung

entwickelten „Wissenschaftlichen Führungstätigkeit mittels ökonomischer Hebel" sind. Das Gesetz regelt die „wechselseitigen Beziehungen der Betriebe bei der Lieferung von Erzeugnissen, bei der Durchführung von Bau- und Montageleistungen, von wissenschaftlich-technischen und sonstigen Leistungen und bestimmt die Aufgaben wirtschaftsleitender Organe bei der Organisation dieser Beziehungen" (§ 1). Es enthält materielles Zivilrecht, das den Bestimmungen des BGB und anderer Zivilgesetze vorgeht.

Betriebe im Sinne des Vertragsgesetzes sind VEB, Kombinate, VVB, rechtlich selbständige staatliche Organe und Einrichtungen, soweit sie Partner von Wirtschaftsverträgen sind, sozialistische Genossenschaften und ihre rechtlich selbständigen Einrichtungen, andere Betriebe, die Planaufgaben erhalten, gesellschaftliche Organisationen und ihre rechtlich selbständigen Einrichtungen.

II. Wirtschaftsverträge

Die Betriebe haben miteinander Wirtschaftsverträge abzuschließen, in denen Lieferumfang, Lieferfristen, Qualität und Sortiment u. a. m. geregelt sind. Dafür stehen verschiedene Vertragstypen des Leistungsrechts zur Verfügung (vgl. zur Abgrenzung der Leistungs- und Kooperationsverträge das untenstehende Schema): 1. Liefervertrag, 2. Vertrag über wissenschaftlich-technische Leistungen, 3. Investitionsleistungsvertrag, 4. Werkvertrag, 5. Nutzungs- und Kommissionsverträge, 6. Kreditvertrag, 7. Gütertransportvertrag, 8. Versicherungsvertrag, 9. Kooperationsvertrag.

Zu jedem Typ bestehen Untertypen, die auf verschiedenartige Anwendungsfälle zugeschnitten sind. So bestehen Untertypen des Liefervertrages für die Landwirtschaft, über die Binnenbeziehungen des

Arten der Wirtschaftsverträge

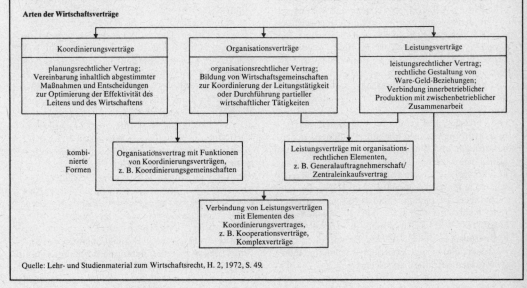

Quelle: Lehr- und Studienmaterial zum Wirtschaftsrecht, H. 2, 1972, S. 49.

Außenhandels, für die Lieferung an militärische Abnehmer sowie über die Lieferung von Konsumgütern und von gebrauchten Anlagen und Ausrüstungen. Spezielle Ausprägungen des Vertrags über wissenschaftlich-technische Leistungen sind der Forschungsvertrag, der Entwicklungs- oder Erprobungsvertrag sowie Wirtschaftsverträge über Standardisierungsleistungen, über die Entwicklung neuer Konstruktionen und Erzeugnisse, die Entwicklung und Lieferung neuer chemischer Produkte sowie die entgeltliche Nachnutzung wissenschaftlich-technischer Resultate. Insgesamt besteht ein breit gefächertes System von Vertragsarten zur Regelung der unterschiedlichen Austauschprozesse in der Wirtschaft.

Das Vertragsgesetz von 1965 erhöht die Verantwortung der Betriebsleiter für den Abschluß und die Gestaltung der Wirtschaftsverträge. Während zuvor der Zeitpunkt des Vertragsabschlusses vielfach festlag, soll jetzt der Vertrag erst dann abgeschlossen werden, wenn die dafür erforderlichen wirtschaftlichen Voraussetzungen gegeben sind. Diese neue Regelung soll eine größere Beweglichkeit und Kontinuität in der Planung sichern. Da andererseits die Jahresverträge möglichst schon in der Phase der Planausarbeitung abgeschlossen werden sollen, gibt es häufig Auseinandersetzungen zwischen den Liefer- und Abnehmerbetrieben über den Zeitpunkt des Vertragsabschlusses. Dem Vertragsgesetz liegt das Prinzip der materiellen Verantwortlichkeit zugrunde. Bei Nichterfüllung oder nicht vertragsgerechter Erfüllung der vertraglichen Pflichten hat der Verletzer alle materiellen Folgen der Vertragsverletzung zu tragen. Der Partner ist berechtigt, die Abnahme der Leistungen zu verweigern, Garantieforderungen zu erheben, Vertragsstrafen und Preissanktionen zu veranlassen und Ersatz des darüber hinausgehenden Schadens zu verlangen. Bei mangelhafter Leistung ist der Lieferer zur Nachbesserung, Ersatzleistung oder Minderung seiner Forderung verpflichtet. Bei Leistungsverzug müssen Vertrags- und Preisstrafen zwischen 8 v. H. und 12 v. H. des Wertes der Leistung gezahlt werden. Zur Absicherung eines bedarfsgerechten Konsumgüterangebots wurde 1972 mit der „Wirtschaftssanktion" eine weitere Sanktionsform eingeführt.

Die Verträge sollen genügend Spielraum für die Berücksichtigung von nachfolgenden technischen Verbesserungen und Weiterentwicklungen der Erzeugnisse sowie Kundenwünschen aufweisen. Sie laufen in der Regel über 1 Jahr (bis zur konkreten Planentscheidung für das anschließende Planjahr). Bei längerfristigen Fertigungs- und Leistungsprozessen werden auf der Grundlage von Fünfjahrplänen auch langfristige Wirtschaftsverträge, die vor allem die Kooperation in der Forschung, Entwicklung, Projektierung und bei der Errichtung kompletter Industrieanlagen betreffen, abgeschlossen.

III. Staatliches Vertragsgericht

Das durch VO vom 6. 12. 1951 geschaffene Vertragsgericht nahm im April 1952 seine Tätigkeit auf. Aufbau und Verfahren sind zuletzt in der VO über die Aufgaben und die Arbeitsweise des Staatlichen Vertragsgerichts vom 12. 3. 1970 (GBl. II, 1970, Nr. 29, S. 209 ff.) geregelt worden. Das Staatliche Vertragsgericht ist kein Gericht, sondern ein zentrales staatliches Organ, das dem → **Ministerrat** unterstellt und rechenschaftspflichtig ist. Das Gericht wird von einem Vorsitzenden (gegenwärtig: Manfred Flegel) geleitet. Es gliedert sich in das zentrale Vertragsgericht und in die Vertragsgerichte in den Bezirken und in Berlin (Ost) (Bezirks-Vertragsgerichte).

Die Tätigkeit des Staatlichen Vertragsgerichts wird durch Arbeitspläne geregelt, die nach „politisch-ökonomischen Schwerpunkten" aufzustellen sind. Es hat die Betriebe und wirtschaftsleitenden Organe bei der Anwendung des V. zu unterstützen. Das Staatliche Vertragsgericht ist das zentrale staatliche Organ zur Entscheidung von Streitigkeiten aus Wirtschaftsrechtsverhältnissen. Es ist ferner zuständig für alle anderen vermögensrechtlichen Streitigkeiten zwischen Betrieben, Genossenschaften, staatlichen Organen und gesellschaftlichen Organisationen.

Über Streitfälle entscheidet das Staatliche Vertragsgericht in Schiedsverfahren. Diese Verfahren können sich auf die Gestaltung von Wirtschaftsverträgen und auf die Feststellung ihres Bestehens sowie auf den Anspruch auf Vertragsleistungen und auf die Sicherung der Vertragserfüllung richten. Daneben erteilt es auch besondere Auflagen (kontrollfähige Forderungen) zur Herbeiführung von notwendigen Entscheidungen durch die Leiter der Betriebe und wirtschaftlichen Instanzen. Die Tätigkeit des Vertragsgerichts besteht nicht nur in Konfliktentscheidungen, sondern auch darin, mit seiner Tätigkeit auf den planmäßigen Ablauf des Reproduktionsprozesses einzuwirken. Deshalb kann das Vertragsgericht auch Verfahren ohne Antrag einleiten, um eine plangerechte zwischenbetriebliche Zusammenarbeit zu sichern. Damit obliegen dem Vertragsgericht neben der Feststellung von Leistungsansprüchen und Ansprüchen zum Ausgleich von Nachteilen auch Verfahren zum Abschluß, zur Änderung oder Aufhebung von Verträgen. So sind vom Vertragsgericht Verfahren einzuleiten, wenn Wirtschaftsverträge zur Steuerung volkswirtschaftlich bedeutsamer Aufgaben nicht oder nicht rechtzeitig abgeschlossen werden, durch einseitiges betriebliches Verhalten volkswirtschaftliche Interessen bei der Gestaltung und Durchführung von zwischenbetrieblichen Kooperationsbeziehungen beeinträchtigt werden oder pflichtwidriges Unterlassen der Berechnung von Vertragsstrafe und anderen Sanktionen zu einer Störung in den zwischenbetrieblichen Beziehungen führen.

Hinzu kommt, daß auch außerplanmäßige Eingriffe übergeordneter Organe in den Planungsablauf Vertragskorrekturen bedingen; einen Anspruch auf Ausgleich der daraus resultierenden wirtschaftlichen Nachteile kommt dem Betrieb nach der neuen VEB-VO (GBl. I, 1973, Nr. 15, S. 129 ff.) allerdings nicht mehr zu.

Handlungen oder Leistungen können vom Staatlichen Vertragsgericht durch Festsetzung eines Zwangsgeldes bis zu 50 000 Mark erzwungen werden. Die Beitreibung von Geldforderungen erfolgt gegenüber sozialistischen Betrieben durch Abbuchung vom Konto des Schuldners. Zur Vollstreckung in das Bankguthaben oder in eine andere Forderung eines nichtsozialistischen Betriebes erläßt das Gericht einen Pfändungs- und Überweisungsbeschluß zugunsten des Staatshaushalts. Vertragsstrafen kann das Staatliche Vertragsgericht einziehen, wenn ihre Durchsetzung durch den Berechtigten nicht mehr möglich, pflichtwidrig unterlassen oder verzögert worden ist. Gegen Leiter und leitende Mit-

arbeiter eines Betriebes kann das Vertragsgericht bei Verletzung der Vertragsdisziplin Ordnungsstrafen bis zu 1 000 Mark verhängen.

Gegen Schiedssprüche der Bezirks-Vertragsgerichte können die Beteiligten und ihre übergeordneten Organe beim Vorsitzenden des Staatlichen Vertragsgerichts Einspruch einlegen. Dieser hat ein Nachprüfungsverfahren anzuordnen, wenn der Schiedsspruch „den im sozialistischen Recht enthaltenen Grundsätzen der Wirtschaftspolitik widerspricht und dem betroffenen Partner schwerwiegende Nachteile entstehen".

Das Nachprüfungsverfahren kann der Vorsitzende des Staatlichen Vertragsgerichts selbst oder eine von ihm eingesetzte Nachprüfungskommission ohne mündliche Verhandlung durchführen. In den Verfahren vor den Vertragsgerichten können sich die Partner durch einen Rechtsanwalt, der Mitglied eines Anwaltskollegiums ist, vertreten lassen.

→ **Planung; Wirtschaftsrecht; Rechtsanwaltschaft.**

Vertrauensmann: → **Betriebsgewerkschaftsorganisation.**

Vertriebene: → **Bevölkerung.**

Verwaltung: → **Bezirk; Gemeinde; Ministerrat.**

Verwaltungsbeschwerde: Die V. ist kein generell gegebener Rechtsbehelf, sondern wird in der einfachen Gesetzgebung von Fall zu Fall eröffnet. Eine gewisse Einheitlichkeit wurde durch das Gesetz über die Neufassung von Regelungen über Rechtsmittel gegen Entscheidungen staatlicher Organe vom 24. 6. 1971 (GBl. I, S. 49) sowie die VO vom 24. 6. 1971 (GBl. II, S. 465, 480) sowie die AO vom 28. 7. 1971 (GBl. II, S. 559), 3. 8. 1971 (GBl. II, S. 545) und vom 13. 8. 1971 (GBl. II, S. 576) geschaffen. Danach ist jede Entscheidung mit einer Rechtsmittelbelehrung zu versehen, die nur dann entfallen darf, soweit das durch die Umstände, unter denen die Maßnahme durchgeführt werden muß, ausgeschlossen ist. Die V. kann schriftlich oder mündlich unter Angabe der Gründe innerhalb einer Frist bei dem Organ eingelegt werden, das die Entscheidung getroffen oder die Maßnahme angeordnet hat. Die Frist ist unterschiedlich. Sie beträgt meist 4 Wochen, zuweilen aber auch nur 2 Wochen. Auch ob die V. aufschiebende Wirkung hat oder nicht, ist unterschiedlich geregelt. Innerhalb einer bestimmten Frist nach ihrem Eingang ist über die V. zu entscheiden. Diese Frist beträgt in der Regel 1 Woche, manchmal auch 2 Wochen. Wird der V. nicht oder nicht in vollem Umfange stattgegeben, ist sie innerhalb der genannten Frist dem Leiter des übergeordneten Organs zur Entscheidung zuzuleiten. Der Einreicher der V. ist davon zu unterrichten. Der Leiter des übergeordneten Organs hat innerhalb einer weiteren Frist endgültig zu entscheiden. Diese Frist beträgt meistens 2 Wochen, zuweilen auch 4 Wochen. Richtet sich die V. gegen eine Entscheidung eines Bürgermeisters, und gibt

dieser der V. nicht oder nicht in vollem Umfange statt, hat darüber der Rat der Gemeinde, der Stadt oder des Stadtbezirkes endgültig zu entscheiden. Werden Fristen nicht eingehalten, so sind wenigstens Zwischenbescheide unter Angaben der Gründe sowie des voraussichtlichen Abschlußtermines zu geben. Entscheidungen über V. sind den Einreichern der V. bekanntzugeben und zu begründen.

Verwaltungsgerichtsbarkeit: Verwaltungsgerichte gibt es in der DDR ebensowenig wie Finanz- und Sozialgerichte. Eine V. würde in Widerspruch zur marxistisch-leninistischen → **Staatslehre** stehen, da mit ihr die einheitliche, vom → **Volk** getragene, unbeschränkte Staatsgewalt durchbrochen würde. Trotzdem wird in jüngster Zeit ein Rechtsschutzbedürfnis des Bürgers gegen Eingriffe der Verwaltung als notwendig erkannt, diesem jedoch nur unzureichend Rechnung getragen. Dem Rechtschutz des Bürgers dienen die → **Verwaltungsbeschwerde**, die Beschwerden als → **Eingaben** sowie mittelbar die Gesetzlichkeitsaufsicht der → **Staatsanwaltschaft** und die Gerichtskritik (→ **Rechtswesen**).

In der Verfassung von 1949 waren Verfassungsgerichte noch vorgesehen. Sie bestanden auch in Thüringen, Brandenburg und Mecklenburg. Mit der → **Verwaltungsneugliederung** im Jahre 1952 wurden diese Verwaltungsgerichte durch interne Anweisung des → **Ministeriums des Innern** aufgelöst.

Verwaltungsneugliederung: Mit der V. wurde die Umwandlung der DDR von einem Staate mit föderalistischen Anklängen zu einem Staate bezweckt, der nach dem marxistisch-leninistischen Strukturprinzip des → **demokratischen Zentralismus** aufgebaut ist. Die Beschlüsse der 2. Parteikonferenz der SED (9.–12. 7. 1952) leitete die entscheidende Phase der V. ein. Das auf diesen Beschlüssen beruhende Gesetz über die weitere Demokratisierung des Aufbaues und der Arbeitsweise der staatlichen Organe in den Ländern der Deutschen Demokratischen Republik vom 23. 7. 1952 (GBl. S. 613) wies die Länder der DDR an, eine Neugliederung ihres Gebietes vorzunehmen, und ordnete die Überleitung der bisher von der Länderregierung wahrgenommenen Aufgaben auf die Organe der neugebildeten Bezirke an. Darauf beschlossen die Landtage bereits am 25. 7. 1952 gleichlautende Gesetze „Über die weitere Demokratisierung des Aufbaues und der Arbeitsweise der staatlichen Organe" in den Ländern. Danach hatten die Länder eine Neugliederung ihrer Gebiete in Kreise vorzunehmen und jeweils mehrere Kreise in Bezirke zusammenzufassen. Die Organe der Länder (Landtage, Landesregierungen) stellten nach Bildung der Bezirke und der Konstituierung ihre Arbeit ein. Seitdem ist die DDR ein zentralisierter Einheitsstaat. Die Länderkammer, die Vertretung der Länder im Gesetzgebungsverfahren, blieb noch einige Jahre als staatsrechtliches Unikum bestehen. Ihre Abgeordneten wurden nach Wegfall der Landtage ohne verfassungsrechtliche Grundlage noch zweimal – 1954 und 1958 – durch die Bezirkstage gewählt. Mit dem Gesetz vom 8. 12. 1958 über die Auflösung der Länderkammer (GBl. I, S. 867) war die Tätigkeit der Länderkammer beendet.

VEW: Abk. für Volkseigene → **Wirtschaft.**

Viermächte-Abkommen: → Berlin; Beziehungen zwischen beiden deutschen Staaten.

Viermächte-Verwaltung: → Berlin; Besatzungspolitik; Kontrollrat.

VOB: Abk. für → **Vereinigung Organisationseigener Betriebe.**

Volk: Im → **Marxismus-Leninismus** unterschiedlich gebrauchter Begriff. V. wird 1. als historische Kategorie begriffen. Als solche umfaßt V. „alle jene Klassen und sozialen Schichten der Gesellschaft, die daran interessiert und objektiv in der Lage sind, den gesellschaftlichen Fortschritt zu verwirklichen". Die Werktätigen bzw. die Arbeiterklasse sind die bestimmenden Elemente des V. Daneben bezeichnet V. 2. eine Form „vornationaler menschlicher Gemeinschaftsbildung". Nach dem Historischen Materialismus lebten die Menschen in Völkern zusammen, bevor die Nationen als Produkt des modernen Kapitalismus aufkamen. → **Nation und nationale Frage; Klasse.**

Volksabstimmung: Nach Art. 53 der Verfassung kann die → **Volkskammer** die Durchführung von V. beschließen. Nach Art. 21 Abs. 2 der → **Verfassung** wird das → **Grundrecht** auf Mitbestimmung und Mitgestaltung unter anderem dadurch gewährleistet, daß die Bürger in V. ihren Willen bekunden können (→ **Mitbestimmungs-, Mitgestaltungs-, Mitwirkungsrechte**).
Die Verfassung sieht also nicht die Möglichkeit vor, daß Gruppen von Bürgern, seien sie organisiert oder nicht, im Wege des Volksbegehrens einen Volksentscheid herbeiführen können. Diese Regelung war in der Verfassung von 1949 noch enthalten. Zur V. kann sowohl eine politische Frage wie auch ein Gesetzentwurf gestellt

werden. Die Verfassung von 1968 wurde nach einer am 6. 4. 1969 veranstalteten V., die nach amtlichen Angaben eine Zustimmung von 94,49 v. H. der abgegebenen Stimmen brachte, in Kraft gesetzt.

Volksarmee, Nationale: → **Nationale Volksarmee.**

Volksaufstand: → **Juni-Aufstand.**

Volksaussprache: Nach Art. 65, Abs. 4 der → **Verfassung** vom April 1968 sollen Entwürfe grundlegender Gesetze vor ihrer Verabschiedung der Bevölkerung zur Erörterung unterbreitet werden. Die Ergebnisse der V. sind bei der endgültigen Fassung auszuwerten. In der V. darf am Kern des Entwurfes nicht gerührt werden. Vorschläge auf Abänderungen in Randfragen, in technischen Fragen oder in der Formulierung finden dagegen Gehör. Ein Fall der unmittelbaren Beteiligung der Bevölkerung am Gesetzgebungsverfahren (→ **Gesetzgebung**) war die „Teilnahme der Werktätigen" an der Diskussion des Entwurfes des Gesetzes über die örtlichen Volksvertretungen und ihre Organe in der Deutschen Demokratischen Republik, die nach Ziffer 3 des Beschlusses der → **Volkskammer** vom 14. 12. 1972 (GBl. I, S. 290) die örtlichen → **Volksvertretungen** und ihre Organe gewährleisten sollten.

Volksbegehren: → **Volksabstimmung.**

Volksdemokratie: → **Volksabstimmung; Staatslehre.**

Volkseigene Betriebe: → **Betriebsformen und Kooperation.**

Volkseigene Erfassungs- und Aufkaufbetriebe (VEAB): → **Staatliches Komitee für Erfassung und Aufkauf landwirtschaftlicher Produkte; Landwirtschaft.**

Volkseigene Güter: → **Landwirtschaftliche Betriebsformen.**

Volkseigene Industrie: Zusammenfassende Bezeichnung für die im staatlichen Eigentum befindlichen Industriebetriebe. Mit Beginn des Jahres 1972 wurden durch die Überführung von halbstaatlichen, privaten Betrieben und industriell produzierenden Genossenschaften des Handwerks in Volkseigentum insgesamt ca. 10000 neue VI.-Betriebe gegründet.
An der industriellen Warenproduktion aller Industriebetriebe war die VI. 1973 mit 94,9 v. H. (1971: 83,1 v. H.) beteiligt. 98,5 v. H. (1971: 82,4 v. H.) aller industriellen Arbeiter und Angestellten arbeiteten in VI.-Betrieben. Im Bereich der → **Industrieministerien** (→ **zentralgeleitete Industrie**) betrug der Anteil der VI.-Betriebe an der industriellen Warenproduktion 1973 99,6 v. H., der Anteil der Arbeiter und Angestellten 99,4 v. H.

Volkseigene Wirtschaft: → **Wirtschaft.**

Volkseigener Handel: → **Binnenhandel.**

Volkseigentum: → **Eigentum.**

Volkseinkommen: Gesellschaftliches → **Gesamtprodukt.**

Volksentscheid: → **Volksabstimmung.**

Volksfront: Der Begriff der V. entstand auf dem VII. Weltkongreß der Komintern 1935 und bedeutete die Aufforderung zu einer Bündnispolitik zwischen Kommunisten und nichtkommunistischen Parteien und politischen Strömungen, die den Faschismus bekämpften. Daraufhin kam es in Frankreich und Spanien zur Bildung von V.-Regierungen aus Kommunisten und Linkssozialisten, denen allerdings starke politische Kräfte des bürgerlich-konservativen Lagers gegenüberstanden.

Das der V. zugrundeliegende Streben nach einer Einheitsfront aller Linksparteien fand in der SBZ/DDR am Ende des II. Weltkrieges in der → **Bündnis-** (zunächst Block-) **Politik** der SED, d. h. auch in der Gründung der → **Nationalen Front,** seinen historisch gewandelten Ausdruck. Allerdings bedeutete das nunmehr auch die Ausschaltung jeder politischen Opposition. Alle inzwischen wiedergegründeten bürgerlichen Parteien (CDU, LDPD, NDPD und DBD) mußten die führende Rolle der SED anerkennen und sich ihrer Kontrolle unterwerfen. Insofern spielt die Vorstellung von einer V. innerhalb der DDR heute keine Rolle mehr. Allerdings gab es in der → **Deutschlandpolitik der SED** immer wieder Versuche, eine auf das historische Vorbild der V. zurückgehende Einheitsfront zwischen SED und sozialdemokratischen und gewerkschaftlichen Gruppen in der Bundesrepublik Deutschland herzustellen. → **Aktionseinheit der Arbeiterklasse.**

Volkshochschulen: → **Einheitliches sozialistisches Bildungssystem,** XII.

Volkskammer

Verfassungsrechtliche Stellung – Sozialstruktur der Abgeordneten – Parteien in der Volkskammer – Aufgaben der Organe – Verhältnis zu den anderen Staatsorganen

I. Verfassungsrechtliche Stellung und Zusammensetzung

Die V. wird in Art. 48 der → **Verfassung** als das oberste staatliche Machtorgan der DDR bezeichnet. Sie wird in ihrer Rolle und Funktion durch das in der DDR herrschende Selbstverständnis des Prinzips der Volkssouveränität bestimmt. Danach üben die Werktätigen durch die → **Volksvertretungen** die Macht aus, wobei dies gemäß dem Prinzip des → **demokratischen Zentralismus** auf der Basis einer bestimmten → **Bündnispolitik** der Klassen und Schichten der Gesellschaft der DDR verwirklicht wird. Damit wird auch die Funktion der V. im Regierungssystem der DDR festgelegt.

Die V. entstand 1949 aus der Bewegung des → **Deutschen Volkskongresses,** dessen 3. Kongreß im Mai 1949 den → **Deutschen Volksrat** wählte. Dieser konstituierte sich am 7. 10. 1949 (Tag der Gründung der DDR) als „Provisorische Volkskammer" der DDR. Mit der ersten Wahl zur V. 1950 entfiel das „Provisorische"; seitdem erfolgen alle 4 Jahre (statt 1962 erst 1963) die → **Wahlen** zur V. Seit 1963 umfaßt sie 500 (vorher 466) Abgeordnete, von ihnen sind 66 (vorher ebenfalls 66) Berliner Vertreter, die von der Stadtverordnetenversammlung von Berlin (Ost) nominiert werden. In der 6. Wahlperiode (seit 1971) setzte sich die V. wie folgt zusammen (die Zuordnung erfolgt nach erlerntem Beruf bzw. erster Erwerbstätigkeit):
Arbeiter 219, werktätige Bauern 77, Angestellte 102, Intelligenz 101, Sonstige 1.

Zu Beginn der Wahlperiode waren von den 398 Angehörigen der Gruppen der Arbeiter, Bauern und Angestellten 79 zum Facharbeiter und 48 zum Meister (Industrie, Handwerk, Landwirtschaft) aufgestiegen: 105 hatten eine Fachschulbildung, 170 eine Hochschulausbildung (110 mit Diplom, 27 promoviert) erworben; 14 weitere waren Professoren geworden.

Die 341 Männer und 159 Frauen verteilten sich auf die einzelnen Altersgruppen wie folgt:
21–25 = 31 (6,2 v. H.), 26–30 = 30 (6 v. H.), 31–40 = 102 (20,4 v. H.), 41–50 = 214 (42,8 v. H.), 51–60 (16 v. H.), über 60 waren 43 (8,6 v. H.) der Abgeordneten (nach: Die V. der DDR, 6. Wahlperiode, Berlin [Ost] 1972).

Die Pflichten und Rechte der Abgeordneten sind in der Verfassung und der Geschäftsordnung der V. festgelegt. Sie sollen u. a. ihre Fähigkeiten und Kenntnisse für das Wohl und die Interessen des sozialistischen Staates und der Bürger einsetzen, deren Mitwirkung an der Vorbereitung und Verwirklichung der Gesetze fördern und enge Verbindung zu den Wählern durch Sprechstunden, Aussprachen und Rechenschaftslegungen halten. Sie unterliegen nicht einem imperativen Mandat der Wähler, dürfen an den Sitzungen der örtlichen Volksvertretungen mit beratender Stimme teilnehmen, Anfragen an den → **Ministerrat** oder eines seiner Mitglieder richten und persönliche Schutzrechte (Immunität, Aussageverweigerung in bestimmten Fällen) wahrnehmen. Aus ihrer Tätigkeit dürfen ihnen keine materiellen Nachteile entstehen; sie werden deshalb zu Plenartagungen und Ausschußarbeiten bei Weiterzahlung von Lohn oder Gehalt freigestellt und erhalten eine Entschädigung von 500 Mark sowie einen Freifahrtausweis der Deutschen Reichsbahn.

II. Parteien und Massenorganisationen in der Volkskammer

Die Abgeordneten bilden die Fraktionen der V. Seit 1963 sind die Fraktionen mit der folgenden Zahl von Abgeordneten vertreten (in Klammern die Berliner Vertreter):
→ **SED** 110 (+ 17), → **FDGB** 60 (+ 8), → **DBD,** → **NDPD,** → **LDPD** und → **CDU** je 45 (+ 7), → **FDJ** 35 (+ 5), → **DFD** 30 (+ 5), → **Kulturbund** 19 (+ 3). Fraktionswechsel von Abgeordneten sind

unbekannt; sie könnten auch durch Antrag der betroffenen Fraktion auf Aberkennung des Mandats verhindert werden.

Die Zugehörigkeit zu einer Fraktion der → **Massenorganisationen** sagt nichts aus über die Mitgliedschaft in einer Partei. Von den 22 Mitgliedern der Kulturbund-Fraktion sind 3 parteilos, 1 in der NDPD, 18 Mitglieder der SED. In der Fraktion des FDGB gehören 60 der 68 Mitglieder der SED an. Alle Mitglieder der SED sind zudem in der Parteigruppe der SED in der V. zusammengefaßt, was angesichts der ohnehin engen Zusammenarbeit der → **Parteien** und Massenorganisationen im Demokratischen Block nur rudimentäre Bedeutung hat.

III. Sozialstruktur der Abgeordneten

Die soziale Zusammensetzung der Fraktionen weist auf die unterschiedlichen Strukturen der Parteien hin. So sind z. B. 75 v. H. der Mitglieder der Fraktion der DBD in der Landwirtschaft bzw. in damit zusammenhängenden Bereichen tätig.

In der Fraktion der CDU sind 14 Angestellte, 26 Angehörige der Intelligenz, vor allem Lehrer; 4 Abgeordnete arbeiten in der Landwirtschaft, 2 sind Handwerker und 1 (war) privater Unternehmer.

Von den 127 Mitgliedern der Fraktion der SED sind nach ihrer gegenwärtigen Tätigkeit 4 Arbeiter, 7 in der Landwirtschaft Tätige, 23 Intelligenzler, 92 Angestellte und 1 „Sonstiger", nämlich Rentner. (Angaben ausgezählt nach den Angaben in: Die Volkskammer der Deutschen Demokratischen Republik, 6. Wahlperiode, Berlin [Ost] 1972).

IV. Aufgaben der Organe der Volkskammer

A. Fraktionen

Die Fraktionen haben im wesentlichen nur für die Plenartagungen Bedeutung. Sie verfügen über 1 Vorsitzenden und 1 Stellvertreter (außer der FDJ), haben das Recht, im Präsidium der V. vertreten zu sein, Anfragen und Anträge einzubringen und Stellungnahmen, vor allem zu Gesetzesanträgen, abzugeben. Das Recht der Gesetzesinitiative steht ihnen ebenfalls zu (außer ihnen noch dem Präsidium, 15 Abgeordneten und dem Bundesvorstand des FDGB), wurde aber bisher nur vom → **Ministerrat** und vom → **Staatsrat** wahrgenommen.

B. Präsidium

Das Präsidium der V. leitet die Arbeit der Volkskammer gemäß der Geschäftsordnung. Es wird auf der konstituierenden Sitzung der neugewählten V. für die Dauer der – seit der Verfassungsänderung vom Oktober 1974 von 4 auf 5 Jahre verlängerten – Wahlperiode gewählt und besteht aus dem Präsidenten (gegenwärtig G. Götting, CDU), dem Stellvertreter des Präsidenten, F. Ebert, SED, sowie den weiteren Mitgliedern (jede Fraktion stellt 1 Mitglied) und dem Sekretär des Staatsrates.

C. Ausschüsse

Die Beteiligung der V. am Entscheidungsprozeß geht im wesentlichen durch die Tätigkeit ihrer Ausschüsse vor sich. Seit 1963 werden in der V. in jeder Wahlperiode 15 Ausschüsse gebildet. Sie werden mit einer unterschiedlichen Anzahl von Abgeordneten und, bis auf 4, einer Anzahl Nachfolgekandidaten besetzt. Nachfolgekandidaten sind die auf der Liste placierten, aber nicht gewählten Kandidaten, die mit beratender Stimme an den Ausschußsitzungen teilnehmen. Insgesamt sind 326 Abgeordnete und 97 Nachfolgekandidaten (von 150) in den Ausschüssen der V. tätig.

Die Aufgaben der Ausschüsse werden in der Verfassung und der Geschäftsordnung der V. festgelegt. Die Ausschüsse arbeiten nach einem Arbeitsplan, in dem die Vorhaben eines Jahres festgelegt werden. Ihr Arbeitsgebiet kann sich auf einen bestimmten Bereich der Wirtschaft konzentrieren, z. B. Handel und Versorgung. Dabei findet eine Zusammenarbeit mit dem zuständigen Ministerium statt. Sie kann sich jedoch auch, wie z. B. im Fall des Ausschusses für Industrie, Bauwesen und Verkehr, auf mehrere Bereiche erstrecken. Die Rechte der Ausschüsse liegen im Bereich der Information und Kontrolle. So ist z. B. der Ministerrat verpflichtet, sie über wichtige Fragen der Durchführung der staatlichen Politik zu informieren und die Ergebnisse der Tätigkeit der Ausschüsse in seine Arbeit einzubeziehen. Die Ausschüsse können die Anwesenheit eines Ministers bei ihren Beratungen verlangen; für die Betreuung eines Ausschusses ist im Ministerium oder einem anderen leitenden Organ ein leitender Mitarbeiter zuständig, der den Ausschuß über Vorhaben des Bereichs informiert und Informationen entgegennimmt.

Die Tätigkeit der Ausschüsse erstreckt sich auf die Beratung von Gesetzesvorhaben und schließt die öffentliche Diskussion der Gesetzesentwürfe ebenso wie Untersuchungen zu spezifischen Problemen, z. B. der verbesserten Nutzung des vorhandenen Arbeitskräftepotentials oder Formen der Wettbewerbsführung, ein. Während dieser Tätigkeit gewonnene Informationen sollen in die Entwürfe eingehen; die über die Vorhaben zu informierender Werktätigen werden angeregt, Initiativen zu ihrer Durchführung einzuleiten.

D. Volkskammerplenum

Als oberstes staatliches Machtorgan entscheidet die V. über die „Grundfragen der Staatspolitik" und „verwirklicht in ihrer Tätigkeit den Grundsatz der Einheit von Beschlußfassung und Durchführung" (Art. 48). Damit ist der Bezug auf das in der marxistisch-leninistischen Lehre vom Staat verankerte Prinzip der Gewalteneinheit und der Volksvertretungen als „arbeitender Körperschaften" (Marx) hergestellt. Die Einheit ihrer Tätigkeit verwirklicht die V., indem sie einerseits durch Gesetze und Beschlüsse „die Ziele der Entwicklung der DDR" sowie die „Hauptregeln für das Zusammenwirken der Bürger, Gemeinschaften und Staatsorgane sowie deren Aufgaben bei der Durchführung der staatlichen Pläne" festlegt, (Art. 49 Abs. 1 und 2), andererseits mit der Durchführung dieser Entscheidungen ihre Organe beauftragt, die auf der Grundlage der von der V. bestimmten Grundsätze tätig werden. Diese Organe sind der Staatsrat, der Ministerrat, der → **Nationale Verteidigungsrat**, das Oberste Gericht und der Generalstaatsanwalt. Die Festlegung als „oberstes staatliches Machtorgan" bedeutet, daß die Entscheidungen der V. die verbindlichen staatsrechtlichen Grundlagen der Tätigkeit des → **Staatsapparates** sind. Die Konzentration auf die „Grundfragen" soll bewirken, daß die V. sich mit wichtigen Fragen der staatlichen Politik befaßt.

Weder die Ausarbeitung sachlicher noch personeller Alternativen entspricht dem Selbstverständnis der V. und ihrer Ausschüsse. Die Wahl von Personen gilt als Bestätigung der von der Parteiführung, in be-

stimmten Fällen in Zusammenarbeit mit den anderen Parteien und Massenorganisationen im Demokratischen Block, erarbeiteten Vorschläge. Die V. wählt u. a. den Vorsitzenden des Staatsrates und dessen Mitglieder, den Vorsitzenden des Ministerrates, die Mitglieder des Ministerrates auf Vorschlag des Vorsitzenden, den Vorsitzenden des Nationalen Verteidigungsrates, den Präsidenten und die Richter des Obersten Gerichts sowie den Generalstaatsanwalt.

Die sachlichen Entscheidungen sollen sich an den „objektiven Gesetzmäßigkeiten der gesellschaftlichen Entwicklung" orientieren, deren Erkenntnis ebenso wie die Ausarbeitung der daraus abzuleitenden Aufgaben der Partei und damit dem staatlichen Willensbildungsprozeß entzogen ist. Dem entspricht auch der politische Charakter der von der V. verabschiedeten Gesetze, die Ausdruck der einheitlichen Interessen der Mitglieder der Gesellschaft und der Grundlage ihres Zusammenwirkens auf ein gemeinsames Ziel hin sein sollen.

Volkskongreß: → **Deutscher Volkskongreß.**

Volkskontrolle: → **Arbeiter-und-Bauern-Inspektion.**

Volkskorrespondent: → **Korrespondenten.**

Volkskunst: V. im herkömmlichen Sinne, also vor allem die Herstellung handwerklicher Gegenstände nach überlieferten Traditionen (z. B. erzgebirgische Schnitzereien) sowie Volkstanz und Volksmusik, wird im Rahmen der unter dem Oberbegriff Künstlerisches Volksschaffen geförderten → **Laienkunst** gepflegt und weiterentwickelt.

Volksmusikschulen: Vereinzelt auch Volkskunstschulen genannt; → **Musikschulen.**

Volkspolizei: → **Deutsche Volkspolizei.**

Volksrat: → **Deutscher Volksrat.**

Volksrichter: → **Rechtswesen.**

Volkssolidarität: Eine → **Massenorganisation** zur freiwilligen solidarischen Hilfe, insbesondere für alte und kranke Menschen.

Im Oktober 1945 in Dresden von allen Parteien und dem FDGB als überparteiliche Hilfsorganisation gegründet, entwickelte sich die V. zur gesellschaftlichen Betreuungsorganisation für alte und in Not geratene Gesellschaftsmitglieder. Nach Ausbau der staatlichen Sozialfürsorge und der Verbesserung der Rentenleistungen haben für die V. die kulturelle Fürsorge und die Einbeziehung der Alten in das gesellschaftliche Leben an Bedeutung gewonnen. Die soziale Hilfstätigkeit wird wesentlich von ehrenamtlichen Volkshelfern und in organisierter Nachbarschaftshilfe geleistet. Zentren der kulturellen und gesellschaftlichen Arbeit sind die Veteranenklubs und -treffpunkte. Daneben unterstützt die V. materiell die internationalen Solidaritätsaktionen, besonders für die Dritte Welt. Die Mittel für die Aktivi-

täten der V. werden durch Mitgliedsbeiträge, Spenden, Sammlungen und Veranstaltungseinnahmen aufgebracht. Höchste Organe der V. sind die Zentrale Delegiertenkonferenz, der Zentralausschuß, sein Präsidium und das Zentralsekretariat. Vorsitzender des Präsidiums ist gegenwärtig Robert Lehmann.

1973 hatte die V. 1,67 Mill. Mitglieder und Freunde in 10 593 Ortsgruppen mit 117 551 ehrenamtlichen Volkshelfern. Auf 125 398 Veranstaltungen wurden 9,5 Mill. Besucher gezählt. Für die 352 Klubs der V. wurden 6 Mill. Mark aufgewendet, daneben bestanden über 250 Treffpunkte. Über 17,48 Mill. Arbeitsstunden wurden in der Hauspflege und in der Nachbarschaftshilfe geleistet. Im ganzen wurden für die Altenbetreuung 54,76 Mill. Mark aufgebracht neben 515 000 Mark für internationale Solidaritätsaktionen.

Volksstaat: → **Staatslehre.**

Volksvertretungen: Nach Art. 5 der → **Verfassung** üben die Bürger der DDR ihre politische Macht durch demokratisch gewählte V. aus (→ **Wahlen**). Sie sind die Grundlagen des Systems der Staatsorgane. Von ihnen werden die Räte, an der Spitze der → **Ministerrat**, als vollziehende und verfügende Organe und die Richter an den staatlichen Gerichten (→ **Gerichtsverfassung)** und die Mitglieder der Schiedskommissionen (→ **Gesellschaftliche Gerichte**) gewählt. Die V. sind die → **Volkskammer** und die örtlichen V. (Bezirkstag, Kreistag, Stadtverordnetenversammlung, Stadtbezirksversammlung, Gemeindevertretung). → **Bezirk; Gemeinde; Kreis.**

Volkswald: → **Forstwirtschaft.**

Volkswirtschaftsbilanz: Eine zahlenförmige Zusammenstellung volkswirtschaftlicher Größen, dargestellt in Bilanzen und Bilanzgleichungen. Die V. soll die wichtigsten Proportionen und Relationen der Volkswirtschaft erfassen. → **Planung.**

Volkswirtschaftsplan: Übliche Bezeichnung für *Jahresvolkswirtschaftsplan,* das verbindliche wirtschaftspolitische Programm der Gesamtwirtschaft für ein Jahr. → **Planung.**

Volkswirtschaftsrat (VWR): Zentrales Organ des → **Ministerrats** für Planung und Leitung der Industrie in der Zeit von Juli 1961 bis Ende 1965. Er wurde durch die Ausgliederung der Hauptabteilungen für Industrie und für Materialversorgung aus der Staatlichen Plankommission gebildet. Zunächst nur zuständig für die Leitung der Industrie, der Dienstleistungsbetriebe und des Handwerks, übernahm der VWR 1963 beim Übergang zum Neuen Ökonomischen System der Planung und Leitung der Volkswirtschaft zusätzlich die Aufgabe, den → **Volkswirtschaftsplan** der Industrie auf der Grundlage der Beschlüsse des Ministerrats und der Richtlinien der Staatlichen Plankommission auszuarbeiten. Der VWR war für die Plandurchführung zuständig und hatte insoweit Weisungsrecht gegenüber den ihm unterstellten → **Bezirkswirtschaftsräten** und entsprechenden Abteilungen der örtlichen Räte, den ihm zugeordneten VVB, einzelnen wissenschaftlichen Instituten und Projektierungsbüros. Zu seinen Aufgaben zählte auch die Organisation von Rationalisierungsmaßnahmen.
Der VWR war hauptsächlich nach dem Prinzip der „Komplexabteilungen" organisiert. Für eine oder mehrere VVB existierte eine Komplex- bzw. Industrieabteilung, die Probleme dieser VVB analysierte und dem Abteilungsleiter Vorlagen zur Entscheidung erarbeitete. Daneben existierten 2 bis 3 Fachabteilungen (z. B. Ökonomie und Technik), die Grundsatzfragen zu lösen hatten. Außerdem gab es reine Führungsabteilungen des Leiters der Industrieabteilung (z. B. für → **Kader**, Information und Dokumentation). Der Nachteil dieser Struktur bestand darin, daß die Mitarbeiter mit operativer Anleitungstätigkeit überhäuft waren und die Grundsatzfragen immer mehr in den Hintergrund traten. Das Unvermögen des VWR zur Planung und Leitung einer raschen industriellen Entwicklung führte zu seiner Auflösung. Seine Industrieabteilungen wurden zu selbständigen → **Industrieministerien** umgebildet. Leiter des VWR war Alfred Neumann. → **Phasen der Wirtschaftspolitik seit 1963.**

Volkszählung: → **Bevölkerung; Sozialstruktur.**

Vollendung des Sozialismus: → **Periodisierung.**

Volljährigkeit: Durch Gesetz vom 17. 5. 1950 (GBl. S. 437) ist der Eintritt der V. auf das 18. Lebensjahr herabgesetzt worden.
Die Ehemündigkeit tritt ebenfalls mit Vollendung des 18. Lebensjahres ein. Die vorzeitige V.-Erklärung gibt es nicht mehr. → **Familienrecht.**

Voluntarismus: Im Verständnis des → **Marxismus-Leninismus** Bezeichnung für jede „idealistische" Konzeption, die den Willen des Subjekts als das Primäre auf-

faßt. Der Begriff des V. wurde von F. Paulsen und F. Tönnies geprägt; allerdings ist er u. a. auch schon in den Philosophien M. Stirners und F. Nietzsches zu finden. Der V. gründet, nach marxistisch-leninistischer Auffassung, auf dem → **Subjektivismus** und führt politisch zum Radikalismus und → **Anarchismus.**

Vopo: Abk. für Volkspolizei im Sprachgebrauch der Bevölkerung. → **Deutsche Volkspolizei.**

Vormilitärische Ausbildung: → **Gesellschaft für Sport und Technik; militärische → Studentenausbildung; Wehrerziehung.**

Vormundschaft: → **Freiwillige Gerichtsbarkeit.**

Vorratsnormen: → **Planung.**

Vorschlagswesen: → **Sozialistischer Wettbewerb.**

Vorschulerziehung: → **Einheitliches sozialistisches Bildungssystem,** IV.

VP: Abk. für Volkspolizei. Amtliche Abk. ist: DVP (→ **Deutsche Volkspolizei**).

VP-Bereitschaften: Seit 1969 Bezeichnung für die kasernierte und militärisch gegliederte Bereitschaftspolizei; sie bildet mit den Kompanien der → **Transportpolizei** und den motorisierten Kampfgruppenbataillonen der Bezirksreserve (→ **Kampfgruppen**) den Kern der Streitkräfte der Territorialverteidigung. Die ersten Verbände wurden 1950 durch das → **Ministerium für Staatssicherheit** aufgestellt. Seit dem 1. 5. 1955 führten sie die Bezeichnung „Innere Truppen". Am 1. 5. 1956 wurden diese Einheiten in Bereitschaftspolizei umbenannt, ohne daß sich an ihrem militärischen Charakter etwas änderte. Am 15. 2. 1957 wurden sie aus der Zuständigkeit des MfS herausgelöst und dem → **Ministerium des Innern** unterstellt. Die militärisch ausgerüstete Bereitschaftspolizei wurde am 13. 8. 1961 in Berlin eingesetzt. Das Wehrpflichtgesetz vom 24. 1. 1962 stellt den Dienst in der Bereitschaftspolizei dem aktiven Militärdienst gleich. Diese Einheiten waren in motorisierte Bereitschaften gegliedert, die modern ausgerüsteten Infanterieregimentern entsprachen, bis im Mai 1963 die Umstellung auf schwächere Bereitschaften in Bataillonsstärke erfolgte.
Die im Frühjahr 1969 in V. umbenannte Bereitschaftspolizei bildet seit 1970 offiziell einen Teil der Streitkräfte der Territorialverteidigung und nahm in dieser Funktion im Oktober 1970 am Manöver „Waffenbrüderschaft" des → **Warschauer Paktes** teil. Ihre Manöveraufgabe bestand darin, gegnerische Kommandoeinheiten unschädlich zu machen und die eigenen Operativverbände beim Vormarsch ins Hinterland des Gegners zu decken. Zu den Einsatzmöglichkeiten der V. gehören ferner innere Unruhen und Katastrophenfälle.
Die V. ist mit Schützenpanzerwagen, Feldgeschützen, Granatwerfern, schweren Maschinengewehren und Wasserwerfern ausgerüstet. Die graugrüne Uniform entspricht der der Deutschen Volkspolizei. Oberste Behörde der 18 000 Mann zählenden V. ist das Kommando der V. in Berlin, das fachdienstlich dem Ministerium des

Innern untersteht. Die Ausbildung der Offiziere erfolgt in 3jährigem Studium an der Offiziershochschule der V. „Artur Becker" in Dresden. Offiziere der V. führen militärische, Unteroffiziere und Mannschaften dagegen Dienstgrade der Deutschen Volkspolizei.

Die V. stehen in oder nahe den 14 Bezirksstädten (außer Rostock) in Garnison. In den Industriebezirken sind je 2 V. stationiert. Die Bereitschaften in Basdorf (nördl. Berlin) dienen als zusätzliche Sicherungskräfte für das Regierungswohngebiet bei Bernau.

Standorte der V.:

Nr. 1: Schwerin
Nr. 2: „Hans Kahle" Neustrelitz
Nr. 3: „Hans Marchwitza" Potsdam
Nr. 20: „Käte Niederkirchner" Potsdam
Nr. 4: „Ernst Thälmann" Magdeburg
Nr. 11: Magdeburg
Nr. 5: „Arthur Hoffmann" Leipzig
Nr. 14: Leipzig
Nr. 6: „Bernhard Koenen" Halle
Nr. 12: Halle
Nr. 7: Erfurt
Nr. 8: „Dr. Kurt Fischer" Dresden
Nr. 9: „Ernst Schneller" Karl-Marx-Stadt
Nr. 10: Rudolstadt-Cumbach
Nr. 13: „Magnus Poser" Meiningen
Nr. 15: Eisenhüttenstadt

Nr. 16: Cottbus
Nr. 17: „Robert Uhrig" Basdorf (Kreis Bernau)
Nr. 18: „Heinrich Rau" Basdorf
Nr. 19: „Conrad Blenkle" Basdorf
Nr. 21: Stralsund.

VPKA: Abk. für Volkspolizeikreisamt. → **Deutsche Volkspolizei.**

VVB: Abk. für Vereinigung Volkseigener Betriebe. → **Betriebsformen und Kooperation; Planung.**

VVB-Binnenfischerei: → **Fischwirtschaft.**

VVB-Forstwirtschaft: → **Forstwirtschaft.**

VVB Landtechnische Instandsetzung: → **Landtechnik; Staatliches Komitee für Landtechnik und materielltechnische Versorgung.**

VVG: Abk. für Vereinigung Volkseigener Güter. → **Landwirtschaftliche Betriebsformen.**

VVN: Abk. für Vereinigung der Verfolgten des Naziregimes. → **Komitee der antifaschistischen Widerstandskämpfer.**

VVW: Abk. für Vereinigung Volkseigener Warenhäuser. → **Binnenhandel.**

VWR: → **Volkswirtschaftsrat.**

W

Waffenbesitz: Gesetzlich geregelt sind lediglich das Recht zum Besitz von Luftdruckwaffen und zum Besitz von Jagdwaffen (GBl., 1957, S. 163, u. GBl. II, 1962, S. 255). Jeder andere W. ist verboten; eine gesetzliche Regelung zur Behandlung von Ausnahmefällen fehlt. Rechtsgrundlage für die Bestrafung von unbefugtem W. und Waffenverlust bilden heute §§ 206–209 des Strafgesetzbuchs. Angedroht ist Freiheitsstrafe bis zu 5 Jahren, in qualifizierten Fällen Freiheitsstrafe nicht unter 2 Jahren. Nach § 225 StGB wird mit Freiheitsstrafe bis zu 5 Jahren, Verurteilung auf Bewährung, Geldstrafe oder mit öffentlichem Tadel bestraft, wer in Kenntnis von unbefugtem W. diesen nicht unverzüglich zur Anzeige bringt, oder wer glaubwürdig von einem Waffenversteck Kenntnis erlangt und dies nicht unverzüglich anzeigt. In schweren Fällen kann auf Freiheitsstrafe von 2 bis zu 10 Jahren erkannt werden. → **Jagd.**

Wahlen: Die W. haben in der DDR eine andere Funktion als in Staaten parlamentarisch-demokratischen Typs. Sie haben nicht die Aufgabe, eine Entscheidung des → **Volkes** darüber herbeizuführen, welche der verschiedenen, miteinander konkurrierenden politischen Kräfte für begrenzte Zeit die Regierungsmacht ausüben soll. Diese Entscheidung gilt nach der marxistisch-leninistischen Partei- und Staatslehre als ein für allemal getroffen. Die politische Macht liegt bei der SED als der Partei der → **Arbeiterklasse** und der mit ihr verbündeten Klassen und Schichten. Folglich geht es bei den W. in der DDR nicht um politische Alternativen. Anders als in einigen anderen kommunistischen Ländern geht es auch nicht um personelle Alternativen im Rahmen eines einheitlichen politischen Programms. Die Funktion der W. besteht in der plebiszitären Bestätigung der Inhaber der politischen Macht, der Demonstration der ideologisch-politischen Einheit des Volkes und der Mobilisierung der Volksmassen für die jeweils aktuellen politischen Zielsetzungen der → **SED**-Führung. „So wird die Durchführung der Wahlen zu einer Bewegung, in der sich das sozialistische Staatsbewußtsein von Millionen Bürgern manifestiert" (Verf. Komm. Bd. II, S. 55 f.). Die W. haben daher die Funktion, die gesellschaftliche Integration, die ideologische Indoktrination und die politische Mobilisierung der Bürger zu fördern.

In der DDR werden alle 4 Jahre W. zu der Volkskammer und den örtlichen → **Volksvertretungen** (Bezirks- und Kreistage, Stadtverordneten- und Stadtbezirksversammlungen, Gemeindevertretungen) abgehalten. Die Einzelheiten sind im Wahlgesetz vom 31. 7. 1963 (GBl. I, S. 97) i. d. F. vom 17. 12. 1969 (GBl. I, 1970, S. 2) und in der Wahlordnung vom 31. 7. 1963 (GBl. I, S. 99) i. d. F. vom 25. 2. 1974 (GBl. I, S. 93) geregelt. Formal beruht das Wahlrecht auf den Grundsätzen der allgemeinen, gleichen, unmittelbaren und geheimen W. und dem System der lose gebundenen Listenwahl in

Mehrmannwahlkreisen. Träger der W. ist die → **Nationale Front**. Mit ihrer Hilfe und unter Einsatz der Massenmedien veranstalten Partei und Regierung eine Wahlkampagne, deren erklärtes Ziel es ist, die Politik von Partei und Regierung zu propagieren, die Wähler durch eine Masseninitiative zur Verwirklichung dieser Politik zu aktivieren und den sozialistischen Wettbewerb zum Zwecke der Planerfüllung zu intensivieren. Die Wahlvorschläge der → **Parteien** und → **Massenorganisationen** werden von der Nationalen Front in einer Einheitsliste zusammengefaßt. Innerhalb der Nationalen Front entscheidet das zuständige SED-Organ über die Nominierung und die Reihenfolge aller Kandidaten. Die → **Volkskammer-** und Bezirkstagsmandate gehören zur → **Nomenklatur** des → **Zentralkomitees der SED**; die Vorbereitung der personalpolitischen Entscheidungen obliegt der ZK-Abteilung für Kaderfragen (→ **Kader**). Die → **Kandidaten** werden den Wählern ihres Wahlkreises auf Wählerversammlungen und Wählervertreterkonferenzen vorgestellt. Die Wähler und Wählervertreter können die Absetzung von Kandidaten vorschlagen. In der Praxis kommt dies jedoch relativ selten vor. Die Entscheidung über die Absetzung ist der Nationalen Front vorbehalten.

Bei der Stimmabgabe hat der Wähler das Recht, auf dem Stimmzettel, der die Kandidaten der Einheitsliste enthält, Änderungen vorzunehmen. Seit 1965 enthalten die Wahlvorschläge für die einzelnen Wahlkreise mehr Kandidaten, als Mandate zu vergeben sind. Die überzähligen Kandidaten sind die Nachfolgekandidaten. Der Wähler könnte demnach durch Streichungen einen gewissen Einfluß auf die personelle Zusammensetzung der Volksvertretungen ausüben. Allerdings müßte mehr als die Hälfte der Wähler einen Kandidaten streichen, damit sich an der listenmäßigen Reihenfolge etwas ändert, denn in der Regel entscheidet nicht die Anzahl der für die einzelnen Kandidaten und Nachfolgekandidaten abgegebenen Stimmen. § 39 Abs. 2 Wahlordnung bestimmt: „Erhält eine größere Zahl der Kandidaten mehr als 50 % der gültigen Stimmen, als Mandate im jeweiligen Wahlkreis vorhanden sind, entscheidet die Reihenfolge der Kandidaten auf dem Wahlvorschlag über die Besetzung der Abgeordnetenmandate und über die Nachfolgekandidaten." Da ferner ein faktischer Zwang zur offenen Stimmabgabe besteht, zu der sich Haus- und Betriebsgemeinschaften vielfach „freiwillig" verpflichten, kann der Mehrfachkandidatur nur geringe praktische Bedeutung beigemessen werden. Es ist lediglich bekannt, daß bei den Kommunal-W. 1965, bei denen 186 107 Mandate zu vergeben waren, 2 Kandidaten nicht gewählt worden sind (Neues Deutschland vom 12. 10. 1965). Die Einheitsliste erhält seit 1950 stets über 99 v. H. der abgegebenen Stimmen, wobei die Ergebnisse in Berlin (Ost) immer etwas „schlechter" sind als in der übrigen DDR. Bei den letzten W. zur Volkskammer im November 1971 entfielen auf die Einheitsliste in der DDR 99,85 v. H, in Berlin (Ost) 99,63 v. H. der abgegebenen gültigen Stimmen (Neues Deutschland vom 17. 11. 1971).

Die Sitze in den Volksvertretungen werden den einzelnen Parteien und Massenorganisationen nach einem seit 1948 festgelegten Schlüssel zugeteilt. Von den 500 Volkskammersitzen entfallen seit 1963 auf die SED 127, auf LDPD, CDU, NDPD und DBD je 52, auf den FDGB 68, auf die FDJ 40, auf den Demokratischen Frauenbund 35 und auf den Kulturbund 22 Sitze. In den kommunalen Volksvertretungen erhalten auch die Vereinigung der gegenseitigen Bauernhilfe, die Konsumgenossenschaften und die Nationale Front Sitze.

Wählerauftrag: → **Wahlen.**

Wählerversammlung: → **Wahlen.**

Wählervertreterkonferenz: → **Wahlen.**

Währung/Währungspolitik

Währungseinheit – Währungsreform – Währungsgebiet – Geldordnung – Mengen- und wertmäßige Planung – Kontrolle durch die Mark – Innerer und äußerer Verrechnungsverkehr – Wechselkurs und Stimulierung – Verschiedene Wechselkurse – Abstimmung der finanziellen und materiellen Planung – Reglementierung des Zahlungsverkehrs – Kaufkraftstau

Der Begriff W. bezeichnet 1. die *Geldeinheit* eines Landes und 2. die gesamte *Geldordnung* eines Staates.

I. Geldeinheit und Geldordnung

A. Währungsreform

I. Die W.-Einheit der DDR ist die Mark. Mit den W.-Reformen in den Westsektoren und der damaligen Sowjetzone begann 1948 in den beiden Teilen Deutschlands eine voneinander getrennte währungspolitische Entwicklung. Durch die W.-Reform in der Sowjetzone wurde die „Deutsche Mark der Deutschen Notenbank" geschaffen. Der Umtausch und die Umbewertung der Reichsmarkguthaben erfolgten je nach Personengruppe und Guthabenhöhe zu recht unterschiedlichen Sätzen. Die Guthaben bestimmter Personenkreise wurden konfisziert. Sparguthaben und Lebensversicherungspolicen wurden begünstigt umgerechnet. Guthaben der Volkseigenen Betriebe sowie sämtliche Schuldverhältnisse unterlagen nicht der Umwertung. Das Geldvolumen wurde bei stabilen Lohn-, Preis- und Schuldverhältnissen vermindert.

Die Bezeichnung der W.-Einheit wurde am 31. 7. 1964 in „Mark der Deutschen Notenbank" geändert; damit war allein ein entsprechender Banknotenumtausch verbunden, während der Wert der Zahlungsmittel, Spareinlagen, Forderungen, Schecks, Wechsel, die Umtauschrelationen und die Geldpolitik unberührt blieben. Seit Dezember 1967 trägt die W.-Einheit der DDR die Bezeichnung „Mark der Deutschen Demokratischen Republik". Die „Mark", abgekürzt „M", ist gesetzliches Zahlungsmittel für das Gebiet der DDR und den Ostsektor Berlins (W.-Gebiet).

B. Währungsgebiet

Bedeutsam ist, daß die Abgrenzung der W.-Gebiete für die „Mark" und die „D-Mark" (Bundesrepublik Deutschland und Berlin [West]) bisher auch für Vereinbarungen zwischen Institutionen der Bundesrepublik Deutschland und der DDR bedeutsam geworden ist. Um politische Begriffe zur Kennzeichnung der beiden Territorien zu vermeiden, einigte man sich auf die Bezeichnung „Währungsgebiet der D-Mark West" für die Bundesrepublik Deutschland einschließlich Berlin (West) und „Währungsgebiet der Mark der Deutschen Demokratischen Republik" für die DDR und Berlin (Ost). Besondere Bedeutung haben diese Begriffe im → **innerdeutschen Handel**, der im Interzonenhandelsabkommen als Handel zwischen den beiden genannten Währungsgebieten bezeichnet wird, und im Rahmen des innerdeutschen → **Zahlungsverkehrs**. Die finanziellen Transaktionen zwischen den beiden W.-Gebieten werden von der Deutschen Bundesbank und der → **Staatsbank** der DDR abgewickelt.

C. Geldordnung

Die *Geldordnung* eines Staates umfaßt die gesetzliche Festlegung der W.-Einheit, die Festlegung des Volumens und der Struktur des umlaufenden Bar- und Buchgeldes im Reproduktionsprozeß, die Art und Weise der Geldemission, die Regulierung und Organisation der Geldzirkulation, die Abstimmung von W.- und Preispolitik, die Festlegung des Umlaufbereichs des Geldes, die Festlegung des Verhältnisses zwischen der W.-Einheit und der allgemeinen Geldware Gold (Goldgehalt), die Festlegung des Austauschverhältnisses der eigenen W. zu den W. anderer Länder, Absicherung der W. gegen Einflüsse des Auslandes.

II. Mengen- und wertmäßige Planung

A. Komplexe Kategorie Währung

Die W. ist eine komplexe Kategorie, in der sich alle wertmäßigen Beziehungen einer Volkswirtschaft widerspiegeln. Sie umfaßt die der → **Produktionsweise** entsprechenden Geldbeziehungen. In der DDR unterliegt das W.-System der zentralen → **Planung** und Leitung durch den sozialistischen Staat. Für die Gestaltung und das Funktionieren des W.-Systems sind ferner 2 andere das DDR-System konstituierende Elemente wesentlich: das staatliche → **Eigentum** an den → **Produktionsmitteln** und das Außenhandels- und Valutamonopol des Staates. Wird der Wirtschaftsprozeß (Produktion, → **Investi-**

tionen, Konsumtion, → **Außenwirtschaft**, Verteilung) in der DDR auch nur zum Teil mengenmäßig geplant, so wird doch nahezu der gesamte Prozeß wertmäßig (d. h. in Geldeinheiten) geplant, gelenkt und kontrolliert. Die doppelte (mengen- und wertmäßige) Erfassung des Prozesses soll gewährleisten, daß die wirtschaftliche Entwicklung quantitativ und strukturell entsprechend der zentral formulierten Zielfunktion, d. h. ohne Disproportionen (z. B. unbefriedigte Nachfrage nach bestimmten Investitions- und Konsumgütern einerseits und ungeplante Lagerhaltung anderer nicht absetzbarer Güter andererseits), verläuft. Entsprechend hat die Wp. sicherzustellen, daß die Geldemission (sie erfolgt in der DDR als Kreditgeld) in enger Beziehung zum Wertbildungsprozeß geschieht, wodurch die materielle Deckung der Mark gewährleistet sein soll.

B. Kontrolle durch die Mark

Jeder Veränderung im materiellen Prozeß muß also eine geldmäßige Veränderung parallel laufen. Deshalb wird dieser Zusammenhang zur Kontrolle des Maßes der Planverwirklichung ausgenutzt. Diese → **Finanzkontrolle** (Kontrolle durch die Mark) erlaubt eine Überwachung sämtlicher Wirtschaftseinheiten. Voraussetzung ist die umfassende Reglementierung des bargeldlosen Zahlungsverkehrs, des Bargeldverkehrs und des Kreditverkehrs. Durchgeführt wird diese Kontrolle von den Banken, insbesondere der Staatsbank der DDR (bis zu ihrer Eingliederung in die Staatsbank im Jahre 1974 auch von der Industrie- und Handelsbank).

Träger der Wp. in der DDR sind der → **Ministerrat**, das → **Ministerium der Finanzen**, die Staatliche Plankommission, die Staatsbank der DDR, das → **Ministerium für Außenhandel** (bis 31. 12. 1973 Ministerium für Außenwirtschaft; GBl. I, Nr. 55, 1973) und die Zollverwaltung der DDR. Die Aufgaben und Instrumente der Wp. der DDR bestimmen sich weitgehend durch das in der DDR praktizierte Wirtschaftssystem. Der Wp. obliegt die Aufgabe, für das Funktionieren der Geldordnung Sorge zu tragen; dabei hat sie die oben im einzelnen genannten Aufgaben zu erfüllen. Diese sind zum überwiegenden Teil auf den binnenländischen Wirtschaftsprozeß gerichtet, betreffen aber auch z. T. die außenwirtschaftlichen Beziehungen der DDR.

C. Binnenwährung

Wie die W. aller anderen → **RGW**-Länder ist auch die W. der DDR als eine reine Binnen-W. konzipiert. Dies bedeutet, daß die „Mark" nicht konvertierbar, nicht als Zahlungsmittel im internationalen Handel verwendbar ist und nicht offiziell auf dem Devisenmarkt gehandelt wird (→ **Devisen**). Das Weltmarktgeschehen kann also keinerlei unkontrollierten Einfluß auf den binnenländischen Wirtschaftsprozeß haben. Einwirkungen auf das W.- und Geldwesen im Inland durch Vorgänge im Weltwäh-

rungssystem, durch finanzpolitische Aktivitäten anderer Länder, durch den freien Devisenhandel oder den Reiseverkehr sind durch die nahezu vollständige Reglementierung des Im- und Exports aufgrund des staatlichen Außenhandelsmonopols einerseits und durch die Devisengesetzgebung und die Maßnahmen der mit dem Valutamonopol ausgestatteten Staatsbank andererseits unmöglich geworden.

D. Ein- und Ausfuhr der Mark

Die *Ein- und Ausfuhr der Mark* in das oder aus dem Gebiet der DDR ist grundsätzlich verboten. Ausnahmeregelungen trifft der Minister der Finanzen, so z. B. für den Reiseverkehr, (Devisengesetz vom 19. 12. 1973, GBl. I, 1973, Nr. 58; 1. Durchführungsbestimmung zum Devisengesetz, Reiseverkehr, GBl. I, 1973, Nr. 58). *Devisenwertumläufe* zwischen Privatpersonen des Deviseninlands (DDR) einerseits mit Devisenausländern andererseits bedürfen grundsätzlich der Genehmigung. Die Genehmigungspflicht besteht auch für den Devisenverkehr zwischen privaten Deviseninländern sowie für Verfügungen von Devisenausländern über in der DDR erworbene und befindliche Vermögenswerte.

Deviseninländer sind übrigens verpflichtet, Devisenwerte der sich in ihrem Besitz befindlichen Forderungen wie auch Verbindlichkeiten gegenüber Devisenausländern sowie von ihnen genutzte Vermögenswerte von Devisenausländern anzumelden und, soweit es sich um ausländische W. handelt, diese der Staatsbank oder den dafür zugelassenen Banken zum Kauf anzubieten. Westdeutsche, West-Berliner und Ausländer müssen – und dies ist als eine die bisher genannten Bestimmungen ergänzende Kontrollmaßnahme zu sehen – bei der Ein- bzw. Ausreise mitgeführte Devisen in einem Zoll- und Devisendokument angeben und bei Wiederaus- bzw. Wiedereinreise über den Verbleib der Zahlungsmittel Rechenschaft ablegen.

E. Zwangsumtausch

Die Bemühungen zur Unterbindung eines freien Umtausches von „Mark" in Devisen innerhalb des W.-Gebietes werden durch den seit dem 1. 12. 1964 verlangten *Zwangsumtausch* von D-Mark West und Devisen zum Kurs von 1 Mark Ost = 1 Mark West unterstützt. Die bis zum 20. 12. 1974 gültige AO über die Durchführung eines verbindlichen Mindestumtausches von Zahlungsmitteln (GBl. I, 1973, Nr. 51) sah folgendes vor: Personen mit ständigem Wohnsitz in nichtsozialistischen Staaten und in West-Berlin, die zum besuchsweisen Aufenthalt in der DDR weilen, hatten eine verbindlichen Mindestumtausch von Zahlungsmitteln fremder W. zum Gegenwert von 20 Mark der DDR zu den in der DDR geltenden Umrechnungsverhältnissen vorzunehmen. Bei einem Tagesaufenthalt in Ost-Berlin mußten die entsprechenden Personen einen Mindestumtausch von 10 Mark der DDR zu den in der DDR geltenden Umrechnungsverhältnissen vornehmen. (→ **Zahlungsverkehr**). Ein Rücktausch des verbindlichen Mindestumtausch-Betrages findet bei der Ausreise aus der DDR bzw. Ost-Berlin nicht statt. Nicht verbrauchte Mindestumtauschbeträge können allerdings bei den Wechselstellen der Staatsbank der DDR an den Grenzübergängen bei der Ausreise hinterlegt und bei einem folgenden Besuch verbraucht werden. Nur Personen unter 16 Jahren sind vom verbindlichen Mindestumtausch befreit. Mit Wirkung vom 20. 12. 1974 gelten folgende Umtauschsätze: 13 DM für einen Besuch in der DDR, 6,50 DM pro Tag bei einem Besuch in Ost-Berlin.

III. Wechselkurs der Mark

Die Festlegung des *Wechselkurses der Mark* gegenüber anderen W. erfolgt – mit Ausnahme derjenigen gegenüber den W. der RGW-Länder – nicht durch internationale Absprachen wie grundsätzlich zwischen den westlichen Industrieländern (Internationaler Währungsfonds, Zehnerclub, Weltbank, EWG), sondern durch autonome Festlegungen seitens des Ministerrats in Zusammenarbeit mit dem Ministerium der Finanzen und der Staatsbank. Sowohl im Verhältnis zu den W. der sozialistischen Länder als auch der kapitalistischen Länder existieren – wenn auch aus unterschiedlichen Gründen – keine einheitlichen, für die gesamten zwischenstaatlichen Transaktionen und sonstigen Beziehungen anwendbaren Devisenumrechnungssätze.

A. Formen des internationalen Zahlungsverkehrs

Bei der Durchführung des Außenhandels mit den Partnerländern spielen weder die Binnenpreise noch die W. der DDR eine Rolle; denn erstens ist die preispolitische Autonomie der Planungsbehörden der DDR auf das Inland beschränkt, und zweitens ist die Mark als Zahlungsmittel allein für den Binnenverkehr geeignet. Dem Handel mit westlichen Ländern werden Weltmarktpreise zugrunde gelegt und den Wirtschaftsbeziehungen zwischen den RGW-Ländern bilateral ausgehandelte Preise, die sich an den Weltmarktpreisen orientieren. Daraus ergeben sich für den internationalen Zahlungsverkehr der DDR 3 verschiedene Formen: Gegenüber Ländern mit konvertierbarer W. findet die W. des Partners Anwendung. Im innerdeutschen Handel, im Verkehr mit Entwicklungsländern und nicht dem RGW angehörenden sozialistischen Ländern findet der Zahlungsverkehr im Regelfall auf dem Verrechnungswege in sog. Verrechnungseinheiten statt. Der wirtschaftliche Austausch zwischen den RGW-Ländern wird mit Hilfe des transferablen Rubels abgerechnet. (Die Verrechnung der Außenhandelstransaktionen zwischen den RGW-Ländern erfolgt seit 1964 bei der Internationalen Bank für wirtschaftliche Zusammenarbeit in Moskau.) In der DDR sind also der äußere und der innere Verrechnungsverkehr streng voneinander getrennt. Die

Verbindung zwischen diesen beiden Verrechnungsweisen wurde bisher über ein Preisausgleichskonto des Staatshaushalts hergestellt. Die Notwendigkeit solch eines Außenhandelspreisdifferenzkontos ergab sich daraus, daß die mit der Durchführung der Außenhandelsgeschäfte betrauten Außenhandelsorganisationen mit den Produzenten von Exportgütern und den Verbrauchern von Importgütern die Transaktionen auf der Basis der DDR-Binnenpreise abwickelten.

Die im Ausland bezahlten bzw. erzielten Preise (in ausländischer W.) werden mit einem administrativ festgesetzten Verrechnungskurs umgerechnet, man erhält dann die Außenhandelspreise in Valutamark. (Die Valutamark ist die in der DDR verwendete Verrechnungseinheit zur Umrechnung der in ausländischer W. – einschließlich transferabler Rubel – ausgedrückten Weltmarktpreise der Export- und Importgüter. Die VM hat in der DDR vor allem als Planungskennziffer Bedeutung. In VM erfolgt heute auch der Ausweis der Leistungen des gesamten Außenhandels.)

Der in VM angegebene Außenhandelsumsatz ist aber keinesfalls mit dem Außenhandelsumsatz in Binnenmark identisch. Die Höhe der über den Staatshaushalt auszugleichenden Preisdifferenzen zwischen Binnen- und Außenpreisen ergibt sich aus der Gegenüberstellung von Exporten und Importen zu Binnenpreisen und den Exporten und Importen in VM. Da die Höhe des in VM ausgewiesenen Betrages von dem zugrunde gelegten Wechselkurs abhängt, wird der endgültig vorzunehmende Preisausgleich eben von diesem Wechselkurs mitbestimmt. Für die Betriebe wird der Wechselkurs wirtschaftlich relevant, wenn die Abrechnung der Exporte nicht zu Binnenpreisen – verbunden mit dem Preisausgleich – erfolgt, sondern direkt über die Valutarechnungspreise in das Betriebsergebnis eingeht und somit für die betriebliche Gewinnbildung entscheidende Bedeutung gewinnt. (Einführung des einheitlichen Betriebsergebnisses 1968 zunächst experimentell in wenigen Betrieben, ab 1969 in allen wesentlichen Betrieben und Kombinaten, 1971 in fast allen Betrieben. Überplanmäßige Exporte gehen jedoch – nach jüngsten Informationen – nicht in das einheitliche Betriebsergebnis ein, und zwar mit der Begründung, daß sie zur Finanzierung von Rohstoffimporten herangezogen werden sollen.) Da die Höhe des Wechselkurses bei diesem Verrechnungsverfahren direkt auf die Exporterlöse einwirkt, bestimmen diese den betrieblichen Gewinn oder Verlust und zielen somit stimulierend auf das betriebliche Interesse an Exportgeschäften. Bei der Planung des Außenhandels in der DDR werden heute nicht die offiziellen Kurse, sondern korrigierte Kurse angewendet, da ansonsten wirtschaftliche Fehlentscheidungen unvermeidbar wären. Daher müssen die korrigierten Kurse auch bei der betrieblichen Exportabrechnung zum Zuge kommen, wenn die Außenhandelspreise Einfluß auf das Betriebsergebnis und damit auf das Exportverhalten der Betriebe haben. Der Wechselkurs wird damit zum zentralen Lenkungsinstrument, um die Exportbetriebe im Sinne der staatlichen Handelspolitik zu beeinflussen.

Eine Einflußnahme auf die ausländische Nachfrage nach DDR-Waren ist dagegen weder durch eine Änderung der Parität der VM noch durch eine Änderung der DDR-Binnenpreise möglich, weil einmal die VM lediglich als interne Verrechnungseinheit dient und zum anderen die Binnenpreise für den internationalen Handel nicht zur Anwendung kommen. Dabei ist es ohne Bedeutung, ob die betriebliche Verrechnung der Exporte zu Binnenpreisen – mit Preisausgleich – oder über das Betriebsergebnis erfolgt.

Für die Verrechnung der Importe gilt auch heute noch in weiten Bereichen das Preisausgleichsverfahren über den Staatshaushalt. Zu den Großbetrieben, die die Abrechnung auch der Importe direkt über das Betriebsergebnis vornehmen können, gehören die VVB Schiffbau, Rostock, und das Kombinat Carl Zeiss, Jena.

B. Verschiedene Wechselkurse

Da in der DDR mehrere in ihrer Höhe und in ihrem Anwendungsbereich (Verrechnungszweck) verschiedene Wechselkurse bestehen, werden im folgenden die wichtigsten Kurse kurz vorgestellt und – soweit bekannt – anschließend in ihren quantitativen Relationen in der Tabelle auf S. 921 erfaßt. Die DDR hat – wie alle anderen RGW-Länder – den Kurs der Mark gegenüber anderen W. auf der Basis eines fiktiven Goldgehalts festgelegt; die Mark wird mit 0,399902 Gramm Feingold gerechnet. Der fiktive Charakter des *Goldstandards* kommt darin deutlich zum Ausdruck, daß die Mark nicht durch Gold gedeckt ist, daß sie nicht in Gold einlösbar ist und daß diese „Goldparitätskurse" nicht die Kaufkraftparität der Mark im Verhältnis zu anderen W. widerspiegelt. In der Literatur der DDR wird bisweilen noch heute behauptet, daß der Festlegung des Feingoldgehalts der Mark ein internationaler Kaufkraftvergleich der verschiedenen Währungen zugrunde liege (→ **Kaufkraft**). Tatsächlich spielen die Goldparitätskurse im internationalen Zahlungsverkehr keine Rolle. Nichtsdestoweniger wurden bei der binnenwirtschaftlichen Verrechnung der Außenhandelsumsätze über den Preisausgleich bis Ende 1958 die Goldparitätskurse angewendet.

Ohne hier näher auf die Probleme eines Vergleichs der effektiven Kaufkraft der Mark im Verhältnis zu anderen W. eingehen zu können, ist festzuhalten, daß der Goldgehalt der Mark der DDR höher als der der DM (in Verbindung mit der Kursfreigabe der DM wird heute kein Feingoldgehalt für die DM mehr angegeben) festgesetzt worden ist (übrigens

genauso wie derjenige des Rubels höher als der des Dollars ist); wahrscheinlich werden damit allein propagandistische Zwecke verfolgt.

Mit der Anwendung neuer Umrechnungskurse bei den Außenhandelsumsätzen ab 1. 1. 1959 wurde in der DDR für die Devisengegenwerte die Bezeichnung *Valutamark* eingeführt. Dieser neue Kurs stellte gegenüber dem bis 1958 angewendeten Goldparitätenkurs inhaltlich eine Abwertung der Mark dar. Die Umrechnung in andere westliche W. erfolgte vor der 1. Aufwertung der DM entsprechend der Relation 1,– DM-West = 1,– VM; d. h. 1 US $ = 4,20 VM. Der Umrechnungskurs ausländischer W. in VM hat(te) folgende Funktionen:

Von 1959 bis 1964 wurden zu diesem Kurs die Außenhandelsumsätze – bei Preisausgleich – umgerechnet. Seit Januar 1965 erfolgte die interne Verrechnung zu erneut korrigierten Kursen. Man spricht zwar weiter von der VM, arbeitet jedoch mit einer Reihe von Exportprämien und Importaufschlägen, die, da sie als prozentuale Aufschläge auf den Kurs der VM vorgenommen werden, einer Kurskorrektur gleichkommen.

Seit 1965 wird der Außenhandel in der offiziellen Statistik der DDR nicht mehr in Rubel, sondern in VM ausgewiesen. Der Kurs der VM dient heute noch allein der Aufstellung der Außenhandelsstatistik, nicht aber mehr der binnenwirtschaftlichen Verrechnung. Daß der Kurs der VM nicht die Parität zwischen dem Binnenpreisniveau und dem Niveau der Auslandspreise wiedergibt, wird daran deutlich, daß der in VM ausgewiesene Außenhandelsumsatz erheblich vom Außenhandelsumsatz zu Binnenpreisen abweicht.

Neben den genannten Kursen existieren die sog. *Touristenkurse,* die bei nichtkommerziellen Zahlungen angewendet werden. Zu unterscheiden ist hierbei zwischen dem nichtkommerziellen Zahlungsverkehr der sozialistischen Länder untereinander und dem Touristenkurs für westliche W. Während die Touristenkurse die westlichen W. unterbewerten, stellen sie in bezug auf die Ostblock-W. annähernd eine realistische Verbindung der in Frage kommenden Preissysteme dar. In einer gemeinsamen Vereinbarung haben die sozialistischen Länder im Februar 1963 die W.-Paritäten für nichtkommerzielle Zahlungen auf der Basis eines internationalen Warenkorbes festgelegt, der zu den jeweiligen Binnenpreisen in den einzelnen sozialistischen Ländern bewertet worden ist. Diese Kurse dienen außer dem Touristenverkehr auch der Verrechnung von Forderungen und Verbindlichkeiten aus dem sonstigen nichtkommerziellen Verkehr, wie z. B. Unterhalt diplomatischer Vertretungen, Leistungen im Post- und Fernmeldewesen, Zahlungen im sportlichen, kulturellen und wissenschaftlichen Austausch usw. Der Touristenkurs ist auf keinen Fall für die binnenwirtschaftliche Verrechnung der Außenhandelsumsätze anwendbar; denn der zugrunde gelegte Warenkorb enthält nur 60 Positionen aus dem Konsumgütersektor, also im wesentlichen keine Güter des internationalen Handels; im übrigen liegen der Touristenkursberechnung Binnenpreise zugrunde, während im internationalen Handel modifizierte Weltmarktpreise zur Anwendung kommen.

Oben wurde bereits ausgeführt, daß die VM im strengen Sinne nicht mehr zur binnenwirtschaftlichen Abrechnung des Außenhandels verwendet wird. Heute gelten vielmehr *multiple Verrechnungskurse,* die quasi korrigierte VM-Kurse darstellen. Offiziell sind diese Kurskorrekturen in der DDR nicht erläutert worden; sie gehen wahrscheinlich auf eine nicht veröffentlichte Verfügung des Ministers für Außenhandel vom Dezember 1964 zurück und werden im übrigen aus verschiedenen Gründen quasi wie Staatsgeheimnisse behandelt. Technisch wurde diese Kurskorrektur durch Aufschläge auf den Kurs der VM vorgenommen (Exportprämien und Importaufschläge). Hinter dieser Kurskorrektur steht die Absicht, zu realistischen Paritäten zwischen den zu Binnenpreisen bewerteten Außenhandelsgütern und dem Außenhandelspreisniveau der gehandelten Güter zu kommen. Die Kurse wurden zunächst nach 5 W.-Gebieten getrennt, mit anderen Sätzen geändert. Später differenzierte man die Kurse, die ja nur auf groben Durchschnitten von Kaufkraftvergleichen beruhen konnten, weiter nach einzelnen Ländern – z. T. sogar nach Warengruppen –,

indem man sog. *Richtungskoeffizienten* einführte. Gegenüber dem Kurs der VM im Verhältnis zu den ausländischen W. stellten diese Maßnahmen eine Abwertung dar.

Je nach der binnenwirtschaftlich angewandten Verrechnungsmethode – Preisausgleich oder direkte Beteiligung der Betriebe am Außenhandelsergebnis – wirken sich diese Maßnahmen auf die Höhe des notwendigen Preisausgleichs aus, oder aber sie wirken stimulierend auf die außenwirtschaftlichen Aktivitäten der Produktionsbetriebe und Außenhandelsunternehmen. Die differenzierten Richtungskoeffizienten bieten dem Staat die Möglichkeit, die Betriebe entsprechend seinen handelspolitischen Zielen gegenüber bestimmten Ländern bzw. Ländergruppen am Außenhandel zu interessieren. Andererseits sind die multiplen Kurse – je nach deren Ausgestaltung – auch geeignet, regionale Unterschiede im Preisniveau zwischen den Ländern bei der binnenwirtschaftlichen Verrechnung auszugleichen.

Schließlich gibt es einen *freien Kurs der Mark,* der sich aber nur auf westlichen Geldmärkten – überwiegend in der Bundesrepublik Deutschland und insbesondere in West-Berlin – bilden kann. Dieser freie Kurs gibt die tatsächlichen Kaufkraftverhältnisse nicht wieder. Er bewertet die Mark zu gering. Da die Mark in westlichen Ländern kaum gefragt ist, fällt der durch Angebot und Nachfrage zustande kommende Kurs automatisch zu niedrig aus.

	Bundesrepublik Deutschland	DDR	USA	UdSSR
Währungseinheit	DM	M	Dollar	Rubel
Goldparität (1 WE = ...g Feingold)	–	0,399902	0,736662	0,987412
Gegenwert für 1 WE (Stand Mai 1974)				
DM	–	1,00[2] 0,28[3]	2,52	3,44
M	1,00[2] 3,57[3]	–	1,84[4] 2,60[5] T 4,20[1]	2,47[4] 3,20[6]
Dollar	0,398	0,54 [4] 0,384[5] T 0,238[1]	–	1,32
Rubel	0,30	0,405[4] 0,31 [6]	0,90[4] 0,77	–

1 In der DDR festgelegter Touristenkurs für westliche Währungen.
2 Tauschverhältnis der DM-West und M für nichtkommerzielle Zahlungen = 1:1.
3 Freier Marktkurs der Mark in der Bundesrepublik Deutschland am 24. 6. 1974 (Auskunft Deutsche Bank).
4 Kurse aufgrund der offiziellen Goldparitäten.
5 Kurse nach Angaben der unten genannten Quelle.
6 Am 8. 2. 1963 in Prag festgelegte Währungsparität für nichtkommerzielle Zahlungen als Touristenkurs.

Quellen: Die Währungen der Welt. Statistische Beihefte zu den Monatsberichten der Deutschen Bundesbank. Reihe 5. Mai 1974, Nr. 2, Ziffer 9 und 10; Nattland, K.-H., Der Außenhandel in der Wirtschaftsreform der DDR. Berlin 1972, S. 132 ff.

IV. Währungsstabilität

Zentrale Aufgabe der Wp. ist die Sicherung der *Währungsstabilität* im Inland. Sie ist gewährleistet, wenn eine Übereinstimmung zwischen materieller und finanzieller Planung und damit die Vermeidung von Disproportionen zwischen Geld- und Güterkreislauf gesichert ist. Für die Stabilität der Mark sind im einzelnen z. B. folgende Faktoren relevant: das plangerechte Wachstum des Volkseinkommens und dessen Verwendung sowie die Einhaltung geplanter Verteilungsrelationen zwischen den Nettogeldeinkommen der Bevölkerung und den gesamtgesellschaftlichen Bedürfnissen, ein ausgeglichener oder mit einem Überschuß abschließender Staatshaushalt, die Planmäßigkeit des Geldumlaufs in der baren und bargeldlosen Form, eine planmäßige Preisentwicklung, die Durchsetzung des staatlichen Valutamonopols, die Ausgeglichenheit der Zahlungsbilanz sowie die planmäßige Gestaltung der Wechselbeziehungen innerhalb des einheitlichen sozialistischen → **Finanzsystems**.

Der Erreichung des Stabilitätsziels dienen letztlich sämtliche oben detailliert aufgeführten Aufgaben der Wp., die in diesem Zusammenhang auch als Instrumente zur Erreichung des obersten Ziels bezeichnet werden können, einschließlich der bereits angesprochenen „Kontrolle durch die Mark" (Finanzkontrolle).

W.-Stabilität ist im übrigen nicht nur ein von der Wp. anzustrebendes Ziel, sondern gleichermaßen eine von der gesamten Volkswirtschaft wahrzunehmende Aufgabe: Naturgemäß erhält in diesem Prozeß das Bankensystem eine Schlüsselstellung, da es für die Ausstattung der Volkswirtschaft mit finanziellen Mitteln verantwortlich ist.

A. Reglementierungsmaßnahmen

Währungspolitisches Hilfsmittel zur Verwirklichung des Stabilitätsziels sind der für die produzierenden und verwaltenden Wirtschaftseinheiten vorgeschriebene bargeldlose Zahlungs- und Verrechnungsverkehr durch die Banken bis auf bestimmte gesetzlich vorgeschriebene Ausnahmen, die allgemeine Kontoführungspflicht für diese Wirtschaftseinheiten, die Begrenzung ihrer Kassenhaltung an Bargeld auf eine geringe Reserve für Bargeldzahlungen, das Gebot zur unverzüglichen Einzahlung von Bareinnahmen bei den Banken, die Beschränkung des → **Bargeldumlaufs** im wesentlichen auf die Konsumtionssphäre (Lohn-, Gehalts- und Prämienzahlungen, Zahlungen innerhalb der Bevölkerung, Erwerb von Waren im Einzelhandel sowie Bezahlung von Dienstleistungen) und die strenge Reglementierung der Kreditgewährung.

Infolge dieser Reglementierungsmaßnahmen des Zahlungsverkehrs und Bargeldumlaufs dürfen nur Privatpersonen Bargeld uneingeschränkt besitzen und verwenden. Diese Gründe sind auch maßgebend

dafür, daß das Volumen des Bargeldumlaufs – gemessen am Entwicklungsstand der DDR-Wirtschaft – im Verhältnis zu dem westlicher Industrieländer gering ist. So erhöhte sich das Volumen an umlaufenden Noten und Münzen von 1957 – dem Jahr der zweiten Kaufkraftabschöpfung durch Geldumtausch – von 3 479 Mill. Mark bis Ende 1973 auf 8 778 Mill. Mark. Der Geldumlauf nahm somit in 15 Jahren um 5 299 Mill. Mark zu. Der Geldumlauf pro Kopf der Bevölkerung stieg im gleichen Zeitraum von 199,82 Mark auf 515,05 Mark.

Trotz der aufgezeigten Maßnahmen, die alle auf die Abstimmung des materiellen und finanziellen Wirtschaftsprozesses gerichtet sind, treten immer wieder Disproportionen auf, weil mit den vorhandenen Lenkungsinstrumenten der komplexe Wirtschaftsprozeß der hochentwickelten DDR-Wirtschaft offensichtlich nicht störungsfrei zu steuern ist. Dabei gilt das Hauptaugenmerk der Wp. der Vermeidung von Kaufkraftstauungen bei der Bevölkerung, da gehortetes Bargeld in seiner Verausgabung (Nachfrage) hinsichtlich Zeitpunkt und Richtung vom Staat nicht kontrollierbar ist und daher zu Störungen der zentralgelenkten gleichmäßigen Konsumgüterversorgung führen kann und – infolge der festgelegten Planpreise – die Entstehung schwarzer Märkte bei begehrten Gütern des Konsums begünstigt. Solche Kaufkraftstauungen entstehen dann, wenn dem (unplanmäßigen, d. h. nicht abgestimmten) Anstieg der Lohn-, Gehalts- und Prämieneinkommen der Bevölkerung eine relativ geringe Zunahme des Angebots an Waren und Dienstleistungen gegenübersteht bzw. bei quantitativ ausreichender Angebotszunahme die Warenstruktur so gestaltet ist, daß diese Waren von der Bevölkerung nicht „angenommen" werden.

Eine ernsthafte Beschränkung der monetären Stabilität tritt aber erst dann ein, wenn eine disproportionale Entwicklung über mehrere Jahre anhält und damit die Bevölkerung das Vertrauen in den Wert der W. verliert. Bedenklich ist solch eine Entwicklung nicht zuletzt deshalb, weil sich auch in einer Planwirtschaft die Disproportionen verschärfenden Kräfte entwickeln können, z. B. weil das Stimulierungs-(Prämien-)system seine Wirkung z. T. einbüßt und damit das Güterangebot von dieser Seite her Gefahren der Schrumpfung ausgesetzt wird. Zeitweilige Disproportionen (z. B. aufgrund der partiellen Nichterfüllung einiger Konsumgüterproduktionsziele, relativ hoher Ausschußproduktion, Überziehung des geplanten volkswirtschaftlichen Lohnfonds) gefährden die monetäre Stabilität dagegen weniger, da sie zu erhöhtem Sparen der Bevölkerung führen. Im übrigen besteht für die Wirtschaft der DDR die Möglichkeit, solche Ungleichgewichtssituationen durch Importe – am ehesten dazu geeignet sind relativ schnell zu realisierende Westimporte – zu entschärfen. Diese Möglichkeit zur Überwindung von Engpässen im Konsumgüterangebot wurde von der DDR-Führung vor allem im letzten Drittel des Jahres 1973 genutzt.

B. Kaufkraftstau

Von Störungen infolge von Kaufkraftstauungen war die Wirtschaft der DDR in der Vergangenheit vor allem in Phasen intensiver Wachstumsanstrengungen betroffen, die von einer vorrangigen Entwicklung der Produktionsmittelindustrie vor der Konsumgüterindustrie gekennzeichnet waren. Eine solche Entwicklung führte beispielsweise im Oktober 1967 zum Geldumtausch, durch den Privatpersonen einen Teil ihrer zu Hause gehorteten Bargeldbestände verloren (s. GBl. I, 1967, S. 603 und 1958, S. 687). Wie auch an der Entwicklung des Bargeldumlaufs abzulesen ist, hat es die Wirtschaftsführung der DDR in solchen Jahren (vgl. auch die Vorgänge 1960–1963 und 1965/66) durch Sparwerbung – verbunden mit entsprechenden Anreizen – verstanden, die Bevölkerung zu vermehrtem Sparen im Bankensystem anzuregen. Damit sind die Mittel als Kaufkraft zwar nicht endgültig verschwunden, werden aber für die Wirtschaftsführung zu einer kontrollierbaren Größe. Auffallend ist, daß in der DDR zur Absorbierung „überschüssiger" Kaufkraft kaum mit Preiserhöhungen bei Konsumgütern gearbeitet worden ist.

Preiserhöhungen wurden in der Regel nur bei Gütern des gehobenen Bedarfs vorgenommen, und diese nur in begrenztem Umfang. An der Politik einer relativen Preisstabilität hat auch die → **Industriepreisreform** in der DDR grundsätzlich nichts geändert. Auch direkte Steuererhöhungen wurden als Mittel der Kaufkraftabschöpfung bis auf wenige Ausnahmen (Handwerkssteuer) nicht vorgenommen (→ **Steuern**).

Daß die DDR die Kaufkraft ihrer W. trotz zeitweiligen Kaufkraftstaus bei der Bevölkerung insgesamt stabil halten konnte, zeigt einmal die Entwicklung des Index der Einzelhandelsverkaufspreise, der Leistungspreise und der Tarife für die Bevölkerung, zum anderen der entsprechende Index der Kaufkraft der Mark. Der Index der → **Einzelhandels-Verkaufspreise**, Leistungspreise und Tarife sank in den ersten 10 Jahren des Bestehens der DDR und ist seither mit nur geringen Schwankungen – ausgelöst durch einzelne Preiserhöhungen und Preissenkungen – weitgehend konstant geblieben (1950: 189,8 /1955: 110,4 / 1965: 100,1 / 1970: 99,9 / 1971: 100,2 / 1972: 99,9 / 1973: 99,5). Der Index für die Kaufkraft der Mark entwickelte sich entsprechend (1950: 52,7 / 1955: 90,6 / 1965: 99,9 / 1970: 100,1 / 1971: 99,8 / 1972: 100,1 / 1973: 100,5).

Waldheimer Prozesse: → **Kriegsverbrecherprozesse.**

Wappen: Das W. der DDR besteht aus Hammer und Zirkel, umgeben von einem Ährenkranz, der im unteren Teil von einem schwarzrotgoldenen Band umschlungen ist (Gesetz vom 26. 9. 1955 – GBl. I, S. 705). → **Flagge.**

Warenfonds: In der → **Planung** verwendeter Begriff für die Summe der Preise der im Einzelhandel angebotenen Waren. → **Kauffonds; Lohnfonds; Kaufkraft; Produktionsmittel.**

Warenhäuser: → **Binnenhandel.**

Warenkontore, Zentrale: → **Binnenhandel.**

Warenverkehr, innerdeutscher: → **Innerdeutscher Handel.**

Warenverkehr, Nichtkommerzieller: Der NW. zwischen Bewohnern der Bundesrepublik Deutschland und Bewohnern der DDR läßt sich untergliedern in den Geschenkpaket- und päckchenverkehr; das Verbringen von Geschenken außerhalb des Postverkehrs (Bahnversand, Reiseverkehr); die Versendung von Umzugs- und Erbschaftsgut.

Das Verfahren für die Ein- und Ausfuhr von Gegenständen im grenzüberschreitenden *Geschenkpaket- und päckchenverkehr* auf dem Postwege ist in der 20. Durchführungsbestimmung zum Zollgesetz der DDR vom 14. 6. 1973 geregelt, die am 21. 6. 1973 in Kraft getreten ist. Dazu erlassen wurden die Anlagen zu § 7 der 20. DB mit den Zollsätzen für die Einfuhr von Gegenständen im grenzüberschreitenden Geschenkpaket- und

-päckchenverkehr auf dem Postwege, die Bekanntmachung über im grenzüberschreitenden Geschenkpaket- und -päckchenverkehr geltende Verbote und Beschränkungen vom 14. 6. 1973 und die AO über die Aussetzung der Erhebung von Zöllen bei der Einfuhr von Geschenksendungen auf dem Postwege vom 14. 6. 1973 (GBl. I, Nr. 28). Nach diesen DDR-Bestimmungen darf jeder Bewohner der DDR jährlich bis zu 12 Geschenksendungen empfangen.

Bei Sendungen aus dem Ausland in die DDR wird Zoll in Höhe von 10–40 v. H. erhoben, sofern der Wert der Sendung 200 Mark der DDR übersteigt. Ausgesetzt ist die Zollerhebung für Empfänger, die im Rentenalter stehen, bzw. Invalidenrentner oder Sozialunterstützungsempfänger sind.

Für Sendungen aus der Bundesrepublik Deutschland und Berlin (West) in die DDR ist die Zollerhebung ohne Wertgrenze ausgesetzt.

Zulässige Höchstmengen für Sendungen in die DDR sind nur für Genußmittel (Kaffee, Kakao, Schokolade, Tabakwaren, alkoholische Getränke) festgesetzt. Für alle anderen Geschenke gilt die Vorschrift, daß sie für den persönlichen Bedarf des Empfängers bestimmt sein müssen. Der Versand von Büchern ist erlaubt. Dies gilt jedoch nicht für Literatur, sonstige Druckerzeugnisse, Bilder und Darstellungen, deren Inhalt „gegen die Erhaltung des Friedens gerichtet sind oder andere Hetze enthält" oder „deren Inhalt bzw. Einfuhr in anderer Weise den Interessen des sozialistischen Staates und seiner Bürger widerspricht". Nicht erlaubt ist der Versand von Adressenverzeichnissen, Kalendern, Almanachen,

Jahrbüchern sowie Presseerzeugnissen, die nicht in der Postzeitungsliste der DDR enthalten sind.

Ausnahmslos verboten ist z. B. der Versand von Arzneimitteln und ihnen gleichgestellten Stoffen oder Zubereitungen, Werbematerial und Zahlungsmitteln.

Der Versand von Schallplatten ist gestattet, „soweit diese Werke des kulturellen Erbes oder des wirklichen kulturellen Gegenwartschaffens betreffen''.

Die Deutsche Post der DDR ist verpflichtet, alle Geschenksendungen der Zollverwaltung der DDR vorzuführen. Verstöße gegen die DDR-Bestimmungen können zu entschädigungslosem Einziehen der gesamten Sendung bzw. des beanstandeten Teils der Sendung oder zur Zurücksendung an den Absender führen.

Für Geschenksendungen aus der DDR gelten größere Einschränkungen als umgekehrt. Die jährlich bis zu 12 zugelassenen Geschenksendungen je Absender in der DDR dürfen nur einen Wert bis zu je 100 Mark der DDR haben. Sind in den Sendungen Textilien enthalten, so dürfen diese den Gesamtwert von 60 Mark der DDR je Geschenksendung nicht übersteigen, wobei z. B. der Versand von Arbeits- und Berufskleidung aus Textilien und Ledermaterialien, Kinder- und Babykleidung sowie Bettwäsche und Bettwäschestoffen generell verboten ist. Ferner ist z. B. der Versand von Zahlungsmitteln, Schuhwaren aller Art, Fleisch und Fleischwaren aus der DDR verboten.

Einzelheiten über den zulässigen Inhalt von Geschenksendungen in die DDR und über die Haftung der Deutschen Bundespost beim Verlust von Sendungen sind aus einem bei den Postämtern in der Bundesrepublik Deutschland und in Berlin (West) erhältlichen *Merkblatt* zu ersehen.

Das *Verbringen von Geschenken* außerhalb des Postverkehrs ist nur im Reiseverkehr möglich, weil die DDR für den Bahnversand erforderliche Genehmigungen in der Regel nicht erteilt.

Das Genehmigungsverfahren für die Aus- und Einfuhr von Gegenständen im grenzüberschreitenden Reiseverkehr ist in der 11. Durchführungsbestimmung zum Zollgesetz der DDR – Genehmigungsverfahrensordnung – vom 13. 12. 1968 (GBl. II, Nr. 132), zuletzt geändert durch die 21. Durchführungsbestimmung zum Zollgesetz der DDR vom 14. 6. 1973 (GBl. I, Nr. 28), geregelt. Die Erhebung von Gebühren für die Erteilung von Genehmigungen zur Aus- und Einfuhr von Gegenständen im grenzüberschreitenden Reiseverkehr richtet sich nach der AO (Nr. 1) – Genehmigungsgebührenordnung – vom 12. 12. 1968 (GBl. II, Nr. 132) i. d. F. der AO Nr. 2 vom 12. 12. 1969 (GBl. II, Nr. 100) und der AO Nr. 3 vom 24. 6. 1971 (GBl. II, Nr. 54).

Nach diesen Bestimmungen der DDR dürfen Reisegebrauchs- und -verbrauchsgegenstände genehmigungs- und gebührenfrei ein- und ausgeführt werden.

Bei der *Einreise* in die DDR ist die Mitnahme von Geschenken, deren Einfuhr nicht verboten ist (einfuhrverboten sind z. B. Kinderspielzeug militärischen Charakters, Briefmarken und Briefmarkenkataloge, bestimmte Druckerzeugnisse, Fernsehgeräte und gebrauchte Gegenstände mit Ausnahme von Textilien und Schuhen),

im Gesamtwert bis zu 500 Mark der DDR genehmigungs- und gebührenfrei zulässig. Bei Kurzreisen bis zu 5 Tagen beträgt die Freigrenze 100 Mark der DDR je Tag des Aufenthalts.

Für Genußmittel (Tabakwaren, Kaffee, alkoholische Getränke) sind im Rahmen der Freigrenzen Höchstgrenzen festgesetzt.

Übersteigt der Wert der mitgenommenen Geschenke, der sich nach den Einzelhandelsverkaufspreisen in der DDR richtet, die Genehmigungsfreigrenzen, so werden Genehmigungsgebühren zwischen 10 v. H. und 40 v. H. erhoben.

Bei der *Ausreise* aus der DDR dürfen Gegenstände, deren Ausfuhr nicht verboten ist (verboten ist z. B. die Ausfuhr von ungültigen Zahlungsmitteln und Münzen, Kunstgegenständen, Briefmarken, Porzellan, feuerfesten Glaswaren, Fleisch und Fleischwaren sowie einer Reihe von Textilerzeugnissen) im Gesamtwert bis zu 100 Mark der DDR genehmigungs- und gebührenfrei mitgebracht werden. Bei Kurzreisen bis zu 5 Tagen beträgt die Freigrenze 20 Mark der DDR je Tag des Aufenthalts. Über diese Wertgrenze hinaus bedarf die Mitnahme der Genehmigung der Zollstelle. Dafür sind Genehmigungsgebühren zwischen 20 v. H. und 50 v. H. des Warenwerts zu entrichten.

Für Gegenstände, die in der DDR mit Devisen oder mit ordnungsgemäß eingetauschter Mark der DDR gekauft sind, gelten besondere Vergünstigungen.

Nähere Einzelheiten über die Mitnahme von Gegenständen im Reiseverkehr mit der DDR sind aus einem bei den Reisebüros und den Auskunftsstellen der Deutschen Bundesbahn erhältlichen *Merkblatt „Reisen in die DDR''* zu ersehen, das vom Bundesministerium für innerdeutsche Beziehungen der Bundesrepublik Deutschland herausgegeben wird.

Das *Aus- und Einfuhrverfahren für Umzugs- und Erbschaftsgut* richtet sich nach der 22. Durchführungsbestimmung zum Zollgesetz der DDR vom 14. 6. 1973 und der Bekanntmachung über bei der Aus- und Einfuhr von Umzugs- und Erbschaftsgut geltende Verbote und Beschränkungen vom 14. 6. 1973, die am 21. 6. 1973 in Kraft getreten sind (GBl. I, Nr. 28). Nach diesen Bestimmungen bedarf die Ein- und Ausfuhr von Umzugs- und Erbschaftsgut keiner Genehmigung, es sei denn, es handelt sich um Kraftfahrzeuge und Produktionsmittel.

Die Ein- und Ausfuhr von Umzugsgut muß grundsätzlich zusammen mit der Übersiedlung abgewickelt werden; sie ist in Ausnahmefällen innerhalb eines Jahres danach zulässig.

Die Ein- und Ausfuhr von Erbschaftsgut muß grundsätzlich innerhalb eines Jahres nach der Annahme der Erbschaft bzw. nach Abschluß der Erbauseinandersetzung erfolgt sein.

Die Ein- und Ausfuhr von Umzugsgut unterliegt der Zollabfertigung, wobei die Ausfuhr 3 Wochen vorher beim zuständigen Binnenzollamt beantragt werden muß. Der Zollantrag ist durch eine Aufstellung aller zur Ein- oder Ausfuhr vorgesehenen Gegenstände in 2facher Ausfertigung zu stellen. Beizufügen ist für Umzugsgut eine Bestätigung der zuständigen DDR-Behörden über die Notwendigkeit der vorübergehenden Ein- oder Ausfuhr oder eine Übersiedlungsgenehmigung sowie bei verspäteter Ein- oder Ausfuhr ein Nachweis, daß die Verspätung gerechtfertigt ist.

Für Erbschaftsgut ist der Nachweis der Erbberechtigung durch die Vorlage einer Ausfertigung des Erbscheines oder dessen notariell beglaubigter Abschrift zu erbringen.

Umzugs- und Erbschaftsgut darf aus der DDR nur durch einen volkseigenen Kraftverkehrs- oder Speditionsbetrieb verbracht werden. Der Transportauftragsschein ist ebenfalls dem Zollantrag beizufügen.

Zu beachten sind die von der DDR bekanntgemachten Ein- und Ausfuhrverbote und Beschränkungen für Umzugs- und Erbschaftsgut.

Nicht eingeführt werden dürfen z. B. Schußwaffen, topographische Karten, Personaldokumente, Akten, Sparkassenbücher und andere Wertpapiere, bestimmte Druckerzeugnisse und Briefmarken sowie Briefmarkensammlungen, Münzen und Münzsammlungen, „soweit deren Inhalt gegen die Erhaltung des Friedens gerichtet ist oder andere Hetzen enthält''.

Von der Ausfuhr sind die gleichen Gegenstände ausgenommen und darüber hinaus z. B. Kunstgegenstände und Archivgut.

Warenzeichen: Nach dem W.-Gesetz vom 17. 2. 1954 (GBl. S. 216 i. d. F. vom 15. 11. 1968, GBl. I, S. 360) sind alle industriellen Erzeugnisse so zu kennzeichnen, daß der Hersteller eindeutig festgestellt werden kann. Daneben gibt es den freiwilligen Markenschutz durch W., die in das beim Amt für Erfindungs- und → **Patentwesen** geführte W.-Register eingetragen werden. Die Schutzdauer beträgt 10 Jahre, sie kann um jeweils 10 Jahre verlängert werden. Durch die 3. DB zum W.-Gesetz vom 1. 3. 1971 (GBl. II, S. 269) ist die Gründung von W.-Verbänden ermöglicht worden, denen sozialistische Betriebe und Vereinigungen, aber auch Privatbetriebe als Mitglieder angehören können.

Im Ausland darf ein W. erst nach Anmeldung beim Patentamt der DDR angemeldet werden. Die Anmeldung und Aufrechterhaltung des Schutzrechts bedarf der staatlichen Genehmigung. Für Rechtssuchende, die in der DDR weder Niederlassung noch Wohnsitz haben, ist das Büro für die Vertretung in Patent-, Muster- und Zeichenangelegenheiten („Internationales Patentbüro Berlin'') zuständig. Für Streitigkeiten in W.-Angelegenheiten ist nach der VO vom 8. 3. 1965 (GBl. II, S. 243) das Bezirksgericht Leipzig ausschließlich zuständig (→ **Gerichtsverfassung**). Seit 1956 ist die DDR wieder dem Madrider Abkommen über die internationale Registrierung von Fabrik- und Handelsmarken vom 14. 4. 1891 angeschlossen (VO vom 15. 3. 1956, GBl., S. 271). Ein Urteil des Bundesgerichtshofes vom 18. 12. 1959 (Recht in Ost und West, 1960, S. 201), wonach die internationalen Marken der DDR in der Bundesrepublik Deutschland keinen Schutz genießen, weil die DDR von der Bundesrepublik nicht als ein für den Beitritt zu internationalen Abkommen geeignetes Völkerrechts-

subjekt anerkannt werde, muß insoweit seit Abschluß des Grundlagenvertrages vom 8. 11. 1972 als gegenstandslos angesehen werden.

Warschauer Pakt: Im Westen gebräuchliche Kurzform für den „Vertrag über Freundschaft, Zusammenarbeit und gegenseitigen Beistand'', der am 14. 5. 1955 zwischen der UdSSR, Albanien, Bulgarien, Polen, Rumänien, der ČSSR und Ungarn als militärischer Beistandspakt abgeschlossen wurde. Die DDR wurde offiziell am 28. 1. 1956 als Mitglied, die → **NVA** (bis 18. 1. 1956 gab es nur eine „Kasernierte Volkspolizei'') am 24. 6. 1956 in das Vereinte Oberkommando aufgenommen. Albanien ist im September 1968 aus der Paktorganisation ausgetreten. Der WP. soll ausschließlich bei einem Angriff auf einen oder mehrere Unterzeichnerstaaten „in Europa'' wirksam werden. Er wurde auf die Dauer von 20 Jahren abgeschlossen und bleibt danach weitere 10 Jahre in Kraft, wenn er nicht vorher gekündigt wird.

Organe des WP. sind:

Der *Politisch Beratende Ausschuß (PBA);* ihm gehören die Vorsitzenden der Ministerräte, d. h. die Regierungschefs der Mitgliedstaaten an. Dem PBA stehen Hilfsorganisationen zur Verfügung: a) Ständige Kommissionen (für Logistik, Rüstungsforschung etc.), b) das Vereinte Sekretariat; Vorsitzender ist in Personalunion der Chef des Stabes des Vereinten Oberkommandos. Die Position ist stets mit einem hohen sowjetischen Armeeführer besetzt, gegenwärtig mit Armeegeneral Schtemenko (seit 1968). Der PBA gilt formal als höchstes Organ des WP.

Das *Vereinte Oberkommando* mit Sitz in Moskau; an der Spitze steht seit 1956 stets ein sowjetischer General, seit 1967 Marschall Jakubowski. Die Verteidigungsminister der Mitgliedstaaten fungieren als seine Stellvertreter. Sie leiten gelegentlich auch gemeinsame Manöver der Paktstreitkräfte.

Das *Komitee der Verteidigungsminister* (seit 1969); sie sind gleichzeitig stellvertretende Oberbefehlshaber der Vereinten Streitkräfte und Oberste Befehlshaber der Streitkräfte des eigenen Landes. Außerdem delegiert jedes Mitgliedsland einen hochrangigen Offizier als Vertreter in das Vereinte Oberkommando; das Oberkommando seinerseits entsendet einen „Vertreter des Vereinten Oberkommandos'' in jedes Teilnehmerland.

Der *Stab des Vereinten Oberkommandos* mit Sitz in Moskau. Chef des Stabes ist bisher stets ein sowjetischer Militärführer. Stabskonferenzen mit den Stabschefs bzw. den Chefs der Hauptstäbe der Armeen der Mitgliedstaaten finden regelmäßig statt.

Als beratendes Organ der *Militärrat der Vereinten Streitkräfte;* Vorsitzender ist ebenfalls der Oberbefehlshaber bzw. Chef des Vereinten Oberkommandos.

Dem Vereinten Oberkommando unterstehen im Kriegsfall alle Land- und Luftstreitkräfte der Teilnehmerstaaten, die Seestreitkräfte Polens, der DDR und der sowjetischen Ostseeflotte auch zu Friedenszeiten der Vereinten Ostseeflotte mit Sitz in Leningrad. In Friedenszeiten unterstellen die Teilnehmerstaaten nur

Teile ihrer Streitkräfte dem Vereinten Oberkommando. Ständig unterstellt sind:

die sowjetischen Truppen in Polen (Gruppe Nord – 2 Divisionen), in Ungarn (Gruppe Süd – 4 Divisionen), in der ČSSR (Zentrale Gruppe – Stärke unbekannt); die → **Gruppe sowjetischer Streitkräfte in Deutschland** (GSSD) (Hauptquartier Wünsdorf – 20 Divisionen mit ca. 400 000 Mann, einschließlich 20 Raketen-Bataillonen, die mit taktischen Kurzstreckenraketen ausgerüstet sind. Ferner untersteht der GSSD die 24. Taktische Luftflotte, die als modernste Luftstreitmacht der Roten Armee gilt);

alle bewaffneten Verbände der Nationalen Volksarmee der DDR (NVA, Hauptquartier Strausberg, insgesamt ca. 202 000 Mann, einschließlich Grenz- und Sicherheitstruppen) ohne Einheiten der → **Territorialverteidigung** (ca. 485 000 Mann).

In der konventionellen Bewaffnung scheint der WP. dem Nordatlantischen Verteidigungsbündnis (NATO) zahlenmäßig weit überlegen zu sein.

Allerdings ist die Kampfkraft der Verbände nur schwer einzuschätzen; Vorteile auf seiten des WP. bestehen aber darin, daß die Waffensysteme im Gegensatz zur NATO weitgehend standardisiert und bei einzelnen Typen vollständig vereinheitlicht worden sind.

Die Bewaffnung aller Verbände der Mitgliedstaaten des WP. wurde auch qualitativ der der Roten Armee angeglichen und wird von westlichen Militärexperten als sehr modern und teilweise der NATO überlegen eingeschätzt. Obwohl die UdSSR sowohl der Ausrüstung als auch der Reorganisation der Armeen des WP., insbesondere nach der Invasion der ČSSR 1968, größere Aufmerksamkeit widmete, hat sie bisher weder Atomwaffen noch strategische Trägersysteme an die Armeen der übrigen Mitgliedstaaten weitergegeben. Unbekannt ist, ob sie Personal der anderen „Bruderarmeen" an atomaren Waffen ausbildet.

Seit 1961 werden gemeinsame Manöver der WP.-Staaten abgehalten. Neben einer großen Zahl von Kommando- bzw. Kommandostabs-, Nachschub- und Flotten-

Die Streitkräfte der Staaten des Warschauer Pakts

Staat	Bevölke-rung in Mill.	Gesamt-streit-kräfte[1] in 1 000	Heeresverbände	Panzer	Kriegs-schiffe[2]	Kampf-flug-zeuge[6]	Wehrdienst	
Bulgarien	8,6	152	5 PzDiv 8 motSchDiv	2 000	72	252	Armee u. Luftw. Flotte	2 Jahre 3 Jahre
ČSSR	14,6	190	5 PzDiv 7 motSchDiv 1 LuftlandeBrig	3 400	–	504	Armee Luftw.	2 Jahre 27 Mon.
DDR	17,0	132	2 PzDiv 4 motSchDiv	2 000	203[3]	320	Armee, Flotte u. Luftw. 18 Mon.	
Polen	33,7	280	5 PzDiv 8 motSchDiv 1 LuftlandeDiv 1 amph SturmDiv	3 400	149	700	Armee Flotte Luftw.	2 Jahre 3 Jahre 2 Jahre
Rumänien	20,9	170	2 PzDiv 7 motSchDiv 1 LuftlandeReg 1 GebirgsjägBrig	1 700	47	252	Armee u. Luftwaffe 16 Mon. Flotte 2 Jahre	
UdSSR	250,5	3 425	50 PzDiv 107 motSchDiv 7 LuftlandeDiv Strat. Raketentruppen: 350 000 Mann, 1 527 ICBM, 600 IRBM + MRBM	36 000[4]	1 313[5]	10 250	Armee Luftw. Flotte	2 Jahre 2 Jahre 3 Jahre
Ungarn	10,5	103	1 PzDiv 4 motSchDiv	1 500	–	108	Armee Luftw.	3 Jahre 3 Jahre

1 Heer, Luftwaffe (einschließlich Luftverteidigung), Marine
2 Einschließlich Küstenschutzeinheiten.
3 Einschließlich Landungsschiffen.
4 Nur Ausrüstung der PzDiv. und motSchDiv.
5 Nur Überwasserschiffe (davon 1 Hubschrauberträger), hinzu kommen 285 U-Boote, davon 65 mit Nuklear-Antrieb und 628 SLBM.
6 Einschließlich Transportflugzeugen.

Quelle: The Military Balance 1973–1974, hrsg. vom International Institute for Strategic Studies, London 1973.

Das strategische Kräfteverhältnis
(Stand: 1. November 1973)

	Atlantisches Bündnis			Warschauer Pakt	China
	USA	Großbritannien	Frankreich	UdSSR	
Landgestützte Interkontinental-Raketen Reichweiten: 8 000–12 000 km und landgestützte Raketen mit variabler Reichweite: 1 000–10 000 km	1054[1]			1550[1]	
Landgestützte Mittelstrecken-Raketen			18	590	etwa 50
Flugkörper auf U-Booten Reichweiten: NATO: 2 220–4 600 km UdSSR: 480–2 400 km	656[1]	64	32	620[1]	
Flugkörper-U-Boote	41	4	2	65	
Schwere Bomber	400			170	
Mittlere Bomber	60		36	640	etwa 100

1 Die amerikanischen Waffensysteme dieser Kategorie können mit mehreren, unabhängig voneinander in verschiedene Ziele steuerbaren Sprengköpfen (MIRV) ausgerüstet werden. Vergleichbare Einrichtungen entsprechender sowjetischer Waffensysteme werden erprobt.

übungen fanden u. a. folgende größere Landmanöver statt:
September 1962 „Vito" (UdSSR, DDR, ČSSR)
September 1963 „Quartett" (UdSSR, DDR, Polen, ČSSR)
April 1965 „Manöverübung Berlin" (UdSSR, DDR)
Oktober 1965 „Oktobersturm" (UdSSR, DDR, Polen, ČSSR)
September 1966 „Moldau" (UdSSR, DDR, ČSSR, Ungarn)
Juli/August 1968 „Njemen" (UdSSR, DDR, Polen, Ungarn)
September/Oktober 1969 „Oder-Neiße" (UdSSR, Polen, DDR)
Oktober 1970 „Waffenbrüderschaft" (UdSSR, DDR, ČSSR, Ungarn, Bulgarien, Rumänien)
Oktober/November 1972 „Schild" (UdSSR, DDR, ČSSR, Polen, Ungarn)
Die NVA nimmt im Rahmen der Vereinten Streitkräfte des WP. eine Sonderstellung ein:

Regionaler Kräftevergleich NATO – Warschauer Pakt
(Stand: 1. November 1973)

Landstreitkräfte	NATO[1] (Belgien, Bundesrepublik Deutschland, Niederlande, Luxemburg, Dänemark)	Warschauer Pakt	
		(DDR. Polen, ČSSR)	(3 westliche Militärbezirke der Sowjetunion)
Soldaten	802 000	920 000	340 000
Divisionen	28²/₃	60	30
Kampfpanzer[2]	6 200	15 500	6 800

1 Die französischen Streitkräfte sind einbezogen.
2 In diesen Zahlen sind nicht enthalten: leichte Panzer, Kampfpanzer in einer Reihe von sowjetischen Einheiten im westlichen Vorfeld der Sowjetunion, die sich in der Aufstellung oder Reorganisation befinden, und die dort vorhandenen Reserven. Diese sind auf seiten des Warschauer Paktes erheblich größer als bei der NATO. Insgesamt ist das Verhältnis zwischen NATO und Warschauer Pakt bei den Kampfpanzern etwa 1:3.

Luftstreitkräfte[1]	NATO (alle europäischen Kommandobereiche der NATO)		Warschauer Pakt (alle Länder, UdSSR nur westliche Militärbezirke und Luftverteidigungsbereiche)
Taktische Kampfflugzeuge	Aufklärer	400	800
	Jabo	1 800	1 800
	Jäger	700[2]	4 800[2]
		2 900	7 400
Raketensysteme der Luftverteidigung	rund 1 000[3]		rund 1 200[4]

1 Ohne Seeluftstreitkräfte.
2 Davon können bei der NATO etwa 100 und beim Warschauer Pakt etwa 2 100 taktische Jäger auch als Jagdbomber eingesetzt werden.
3 In der Bundesrepublik Deutschland und den Benelux-Ländern.
4 In der DDR, ČSSR und Polen.

Quelle: Weißbuch 1973/74, S. 11 ff.

Sie gilt gegenwärtig als bestausgerüstete Truppe neben der Roten Armee.
Ihre Verbände gehören der 1965 gebildeten „1. Strategischen Staffel", d. h. einer Gruppierung an, die vor allem aus Truppen der UdSSR, der DDR und Polen besteht. Diese voll mobile Formation hat im Fall einer kriegerischen Auseinandersetzung besondere Aufgaben zu erfüllen. Westliche Manöveranalysen legen die Vermutung nahe, daß sie auch für offensive Einsätze gerüstet ist.

Waffenstärke der „inneren" Staaten beider Bündnisse

	NATO (Bundesrepublik, Benelux, Dänemark)	Warschauer Pakt (DDR, ČSSR, Polen)
Divisionen	28²/₃ (= 802 000 Mann)	60 (= 920 000 Mann)
Panzer	6 200	15 500

Quelle: Weißbuch 1973/74.

DDR-Verteidigungsminister H. Hoffmann hat bisher, als einziger der Stellvertreter des sowjetischen Oberkommandierenden, (mindestens) 2 große Manöver geleitet („Quartett" und „Waffenbrüderschaft").
Als einzige Armee ist die NVA voll in die Vereinten Streitkräfte integriert, sie besitzt keinen eigenen Generalstab.
Die Analyse des Textes des Warschauer Vertrages zeigt eine entscheidende Benachteiligung der DDR: Während alle nichtdeutschen Fassungen festlegen, daß die Teilnehmerstaaten selbst Umfang und Zeitpunkt der von ihnen zu leistenden Hilfe (im Beistandsfall) bestimmen, heißt es in der deutschen Übersetzung, daß der von der DDR zugunsten der anderen Mitglieder zu leistende Beistand *von diesen* bestimmt wird (Art. 11. Abs. 3).
Im Gegensatz zu dem Stationierungsvertrag, der den Aufenthalt sowjetischer Truppen in Polen regelt und der polnischen Regierung formell ein Mitspracherecht bei Truppenbewegungen einräumt, sieht der Truppenstationierungsvertrag zwischen DDR und UdSSR (1957) nur eine „Verständigung" vor.
Dia politische Bedeutung des WP. resultiert vor allem aus seiner Funktion für die Blockpolitik der UdSSR. Aufgrund ihres militärischen und politischen Übergewichts in der Paktorganisation sichert er der sowjetischen Führung die Kontrolle über alle Streitkräfte der übrigen Staaten, die in Ausbildung, Ausrüstung, Bewaffnung und Logistik vollständig von der UdSSR abhängig sind. Darüber hinaus ist es der UdSSR möglich, durch direkte und indirekte Beeinflussung im Rahmen des WP., ihre sicherheits- und militärpolitischen Vorstellungen innerhalb ihres Einflußbereiches uneingeschränkt zur Geltung zu bringen.
Über die unmittelbare militärische Bedeutung des WP., d. h. seine Verteidigungsfunktion für das westliche Glacis der UdSSR, hinaus, garantiert er gleichzeitig die politische Stabilität des „sozialistischen Lagers", wie der Einsatz der WP.-Truppen im August 1968 in der ČSSR deutlich macht. Ein Austritt aus der Paktorganisation, wie 1956 von der Regierung Nagy in Ungarn verkündet, wird von der UdSSR als Angriff gegen alle Mitglieder verstanden. Er hat den Einsatz militärischer Machtmittel der „Verbündeten" zur Folge und ist daher praktisch unmöglich.
Die für den Fall der Auflösung der NATO dem Westen angebotene Kündigung des Warschuuer Vertrages ist politisch ohne Bedeutung, da gegenwärtig zwischen al-

len Mitgliedstaaten und der UdSSR (wie zwischen den Teilnehmerländern selbst) bilaterale Beistandspakte geschlossen wurden, die von einer Auflösung des WP. nicht betroffen wären. Die DDR hat mit der UdSSR (1964), mit Polen, ČSSR, Ungarn und Bulgarien (1967) und Rumänien (1972) ebenfalls derartige zweiseitige Verträge unterzeichnet, deren Beistandsklauseln denen des WP. entsprechen.
Die militärische Niederschlagung des ungarischen Aufstandes 1956 und die bewaffnete Invasion von Truppen des WP. in der ČSSR 1968 stellen bisher die einzigen Fälle der „Anwendung" des Warschauer Vertrages dar. In beiden Fällen handelt es sich um einen objektiven Bruch des Vertrages, der nur gegen Angreifer *„von außen"* wirksam werden sollte.

Wartezeiten: → **Ausfallzeiten.**

Wasserstraßen: → **Verkehrswesen.**

Wasserwirtschaft: Bereich der Industrie, der für die Wasserbereitstellung und die Verteilung von Wasservorkommen an die Bedarfsträger Sorge zu tragen hat. Im einzelnen fallen diesem Bereich folgende 4 Aufgaben zu:
1. Bereitstellung von Trink- und Brauchwasser für Haushalte, Industrie, Landwirtschaft, Verkehrswesen sowie Feuerwehr u. a.
2. Ableitung, Behandlung und Reinigung der Abwässer zur Gewährleistung einer schnellen Wasserwiederbenutzung; hiermit in Zusammenhang stehen der Schutz der Gewässer vor Verunreinigungen (z. B. um Beeinträchtigungen der → **Fischwirtschaft** zu vermeiden; → **Umweltschutz).**
3. Kontinuierlicher Ausbau der Gewässer und laufende Instandhaltung der Talsperren, Rückhaltebecken sowie der Wasserförderungs- und Leitungssysteme, um dadurch dem steigenden Wasserbedarf gerecht werden zu können.
4. Realisierung eines wirksamen Hochwasser- und Küstenschutzes.
Die Leitung, Planung und Organisation der W. obliegt dem → **Ministerium für Umweltschutz und Wasserwirtschaft.** Es sorgt z. B. für die Aufstellung von *Wasserbilanzen,* in denen Wasserbedarf und -dargebot für bestimmte Gebiete unter Berücksichtigung der Wassergüte gegenübergestellt werden. Dabei muß die regionale Witterungsabhängigkeit von Bedarf und Dargebot berücksichtigt werden, weil einige Gebiete niederschlagsarm und andere niederschlagsreich sind. Für Trinkwasser werden Bilanzen sowohl für alle Bezirke als auch für das Gebiet der gesamten DDR ausgearbeitet.
Die Reproduktion der gegebenen Wasserresourcen erfolgt durch den natürlichen Wasserkreislauf, dessen Phasen in der Wasserhaushaltsgleichung dargestellt werden können. Die kurzfristige Wasserhaushaltsgleichung lautet: N (Niederschlag) minus A (Abfluß) minus V (Verdunstung) = B (Bodenspeicherung) minus G (Grundwasserminderung). Die langfristige Wasserhaushaltsgleichung ist: A (Abfluß) plus V (Verdunstung) = N (Niederschlag).

In der DDR ist das durchschnittliche jährliche Wasserdargebot auf 15 Mrd. m³ Wasser zu beziffern. Während in Trockenjahren nur etwa 6 Mrd. m³ Wasser anfallen, sind es in niederschlagsreichen Jahren bis zu 30 Mrd. m³. Die Hauptdargebotsarten sind Oberflächenwasser, Grundwasser sowie uferfiltriertes Wasser. Dem steht gegenwärtig ein Gesamtverbrauch bei Industrie, Landwirtschaft und privaten Haushalten von ca. 8 Mrd. m³ gegenüber.

Diese Gegenüberstellung allein wird allerdings der wasserwirtschaftlichen Situation der DDR nicht gerecht, denn es muß berücksichtigt werden, daß dort die Inanspruchnahme des Wassers – bei einem zwei bis dreimal so hohen Nutzungsgrad wie in anderen mitteleuropäischen Ländern – extrem hoch ist. In Trockenjahren muß das Wasser in industriellen Ballungsgebieten (so z. B. das der Flüsse Saale und Pleiße) bis zu fünfmal genutzt werden. Hinzukommt, daß der Wasserbedarf sprunghaft ansteigt; So zeigen offizielle Berechnungen, daß im Jahre 1975 allein in der Vegetationsperiode von der Landwirtschaft ein Mehrverbrauch von 2,2 Mrd. m³ Wasser gegenüber 1970 erforderlich ist, um den vorgesehenen Ertragszuwachs der Pflanzenproduktion auf 44 dt Getreideeinheiten/ha landw. Nutzfläche erreichen zu können. Noch gravierender ist jedoch der Wasserverbrauch der Industrie; auf sie sind bisher rund 80 v. H. des gesamten Bedarfs – neben je 10 v. H. für die Bevölkerung und Landwirtschaft entfallen. Industrielle Großverbraucher sind die Energie mit 41 v. H., die Chemie mit 25 v. H. sowie der Bergbau und die Metallurgie mit je 9 v. H. des Wasserbedarfs der Industrie. Dieser hohe spezifische Bedarf zeigt sich auch bei den Einzelprodukten; z. B. beträgt in der DDR der Wasserverbrauch zur Erzeugung einer t Zellstoff 230 m³, für eine t Garn zur Trikotagenherstellung 200 m³, für eine t Stahl 150 m³ (Walzstahl 35 m³) sowie für eine t Zucker 100 m³. Entscheidend ist, daß bei der Industrie gerade die starken Wassernutzer – wie Kraftwerke, chemische Betriebe, Einrichtungen der Metallurgie, der Kaliindustrie sowie der Zellstoff- und Papiererzeugung – auch künftig noch erheblich expandieren werden. Für das Jahr 1980 rechnet man deshalb bereits mit einem Wasserbedarf von ca. 14 Mrd. m³.

In der Zeit von 1945 bis 1970 sind in der DDR ca. 80 Talsperren, Rückhaltebecken und andere Speicheranlagen mit einem Speicherraum von 460 Mill. m³ gebaut worden; damit beläuft sich der gesamte Stauraum gegenwärtig auf über 1 Mrd. m³.

Das 1. größere wasserwirtschaftliche Bauvorhaben war die Errichtung der „Sosa-Talsperre" im Erzgebirge mit einem Fassungsvermögen von 6 Mill. m³, die 1953 fertiggestellt wurde. Sie dient der Sicherstellung des Wasserbedarfs für den → **Uranbergbau** im Erzgebirge. Das 2. Projekt war der 1952 in Angriff genommene und 1959 fertiggestellte Bau der „Rapp-Bode-Talsperre" bei Blankenburg im Harz. Sie kann 110 Mill. m³ Wasser speichern und dient der Wasserversorgung von Industrie, Landwirtschaft sowie der 2 Mill. Einwohner im Raum Halle-Magdeburg. Das 3. größere Vorhaben war der Bau der Talsperre „Pöhl" im Vogtland in den

Jahren 1958–1965; sie hat ein Fassungsvermögen von 64 Mill. m³. Ein weiteres Großvorhaben ist das Projekt Elbaue", das später dem im Regenschatten des Harzes liegenden Industriegebiet Halle-Leipzig Elbwasser zuführen soll. In den Jahren 1966–1970 sind Speicherkapazitäten von ca. 120 Mill. m³ geschaffen worden. Neben der Errichtung von Talsperren hat dabei zunehmend auch der Bau von Kleinspeichern – in der Größenordnung von 1 000 m³ bis zu einigen Mill. m³ – eine Rolle gespielt. Aber auch die Bedeutung von größeren „Wasserleitungssystemen" zur Umleitung von Wasser aus niederschlagsreichen in niederschlagsarme Gebiete (Beispiel: Bewässerungsanlagen, die 5 400 ha landwirtschaftlicher Nutzfläche im Kreis Riesa über Pump- und Rohrleitungssysteme mit Elbwasser künstlich beregnen) hat zugenommen.

Für den Zeitraum von 1971 bis 1975 ist der Bau von 250 Mill. m³ zusätzlicher Speicherkapazität vorgesehen, insbesondere sollen die Talsperren „Gottleuba", „Lichtenberg", „Zeulenroda", „Schönbrunn", „Quitzdorf", „Bautzen" sowie das Speicherbecken „Lohsa" fertiggestellt werden. Die 3 zuletzt genannten Projekte sind im Zusammenhang mit dem DDR-Energieprogramm zu sehen: Da Großkraftwerke in der Nähe von natürlichen Kohlevorkommen entstehen, aber ebenfalls in erheblichem Umfang Wasser benötigen, ergab sich die Notwendigkeit des Baues von *Flachlandtalsperren*. Die 1. dieser Art entstand nördlich von Spremberg, und zwar sowohl zur Wasserversorgung der Kraftwerke Lübbenau und Vetschau, als auch als Regulator des Wasserstandes im Spreewald.

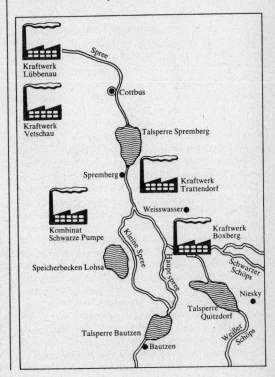

Parallel zum Bau des Kraftwerkes Boxberg ist nun ein weiteres Talsperrenbauprogramm mit den Talsperren „Quitzdorf" und „Bautzen" sowie dem Speicherbecken „Lohsa" angelaufen, das bis zum Jahre 1975 fertiggestellt werden soll. Bemerkenswert ist die zur Abdichtung des Untergrundes angewandte Technologie: Mit speziellen Schlitzschleifgeräten wird der lockere Untergrund bis zu einer Tiefe von 45 m aufgeschlitzt, und die so entstandenen Öffnungen werden dann mit Zementbeton ausgefüllt. Damit entsteht unter dem Damm eine stabile Mauer in einer Dicke von 60 bis 80 m, um ein Durchsickern des Wassers zu verhindern.

Trotz interessanter und durchaus auch beachtlicher Neubauten ist die W. insgesamt – als ein wichtiger Infrastrukturbereich – doch stark vernachlässigt worden: So ist der Anteil des Brutto-Anlagevermögens der W. an der Industrie in der Zeit von 1960 bis 1973 von 8,4 auf 7,0 v. H. zu rückgegangen (vgl. Statistisches Jahrbuch der DDR 1974, S. 49). Dieser Rückgang ist mit den stark ansteigenden Anforderungen an die W. – überproportional zunehmender Wasserbedarf – nicht vereinbar. Erhebliche Schwierigkeiten macht auch das Problem der Regenerierung und Wiederverwendung der in immer größeren Mengen anfallenden Abwässer der → Industrie, besonders der → Chemischen Industrie, wofür nur unzureichend Investitionsmittel bereitgestellt werden. Gegenwärtig wird noch ein großer Teil der industriellen Brauchwässer ungenügend regeneriert wieder in die Flüsse, Seen und Grundwässer eingespeist.

WBDJ: → **Weltbund der Demokratischen Jugend.**

Wehrbezirkskommando: Seit Februar 1962 die Rekrutierungsstelle der → **Nationalen Volksarmee** im Bereich eines der → **Bezirke.** Es hieß vorher Bezirkskommando. Entsprechende Stelle für Bereich eines → **Kreises** heißt seit Februar 1962 Wehrkreiskommando (hieß vorher Kreiskommando).

Wehrdienst: In der DDR wird der W. als Recht und Pflicht jedes wehrfähigen Bürgers betrachtet, da er die Verwirklichung des Verfassungsauftrages zum Schutze des sozialistischen Vaterlandes, des Staates, der Bürger und ihrer sozialen Errungenschaften bedeutet.

W. kann als aktiver W. oder Reservisten-W in der → **Nationalen Volksarmee** und den Grenztruppen der DDR geleistet werden (→ **Deutsche Grenzpolizei**). Der aktive W. kann aufgrund des Wehrpflichtgesetzes als Grund-W. (18 Monate) oder freiwillig als Soldat auf Zeit („Längerdienende Kader", mindestens 3jährige Dienstzeit) oder Berufssoldat („Ständige Kader", seit 1973 mit mindestens 10jähriger Dienstzeit) geleistet werden. Dem W. ist der Wehrersatzdienst gleichgestellt. Gesetzliche Grundlagen des W. sind das Gesetz zur Verteidigung der DDR vom 20. 9. 1961 und die darauf beruhenden Beschlüsse des → **Staatsrates** und Anordnungen des → **Nationalen Verteidigungsrates,** wie z. B. die Dienstlaufbahnordnung vom 10. 12. 1973. Die besonderen Rechte und Pflichten der W.-Leistenden werden auch durch das Wehrpflichtgesetz, die W.-Ordnung sowie andere Rechtsvorschriften und militärische Bestim-

mungen geregelt, zu deren Erlaß der Minister für Nationale Verteidigung berechtigt ist.

Der W. kann als Wehrersatzdienst in den → **VP-Bereitschaften,** den Kompanien der → **Transportpolizei,** dem → **Ministerium für Staatssicherheit** und Baueinheiten der Nationalen Volksarmee geleistet werden. Bis zur Verabschiedung des Wehrpflichtgesetzes vom 24. 1. 1962 (GBl. I, S. 2) war der W. freiwillig. Durch von der → **SED,** den Gewerkschaften und besonders der → **FDJ** geführte Kampagnen sollten genügend Freiwillige zum Dienst in der NVA veranlaßt werden. Es gelang jedoch nur unzureichend, genügend und vor allem fachlich ausreichend qualifizierte Bürger zum W. zu bewegen, da u. a. auch Betriebe sich weigerten, Beschäftigte freizustellen. Die Anforderungen an die personelle Verstärkung der NVA und die Bedingungen der modernen Waffentechnik sowie die Notwendigkeit des planmäßigen Auf- und Ausbaus der personellen Reserven führten zur Einführung der Wehrpflicht.

Nach dem Wehrpflichtgesetz sind alle Bürger vom 18. bis zum 50. Lebensjahr, Offiziere bis zum 60., wehrpflichtig. Im Verteidigungsfall erhöht sich die Altersgrenze auf 60 Jahre.

Die Wehrpflichtigen werden für 18 Monate zum Grund-W. eingezogen. Für Soldaten und Unteroffiziere auf Zeit beträgt die Dienstzeit mindestens 3 Jahre; die Altersgrenze im aktiven W. für Berufsunteroffiziere, Fähnriche und Berufsoffiziere das vollendete 65. Lebensjahr, bei weiblichen Armeeangehörigen das vollendete 60. Lebensjahr; Ausnahmen sind möglich.

Nach der Beendigung des aktiven W. erfolgt die Versetzung in die Reserve, sofern nicht das Höchstalter für die Wehrpflicht erreicht ist, Dienstuntauglichkeit festgestellt wurde oder ein Ausschluß vom W. erfolgte. In der Regel erfolgt die Entlassung nach Ablauf der Dienstzeit.

Die **Wehrdienstverweigerung** ist entsprechend dem Verständnis des W. in der DDR als Alternative zum aktiven W. oder zum Wehrersatzdienst nicht vorgesehen. Möglich ist der waffenlose Wehrersatzdienst in den durch AO des Nationalen Verteidigungsrates vom 7. 9. 1964 geschaffenen Baueinheiten im Bereich des Ministeriums für Nationale Verteidigung. Unter Leitung von Offizieren und Unteroffizieren der NVA werden diese „Bausoldaten" ausgebildet und z. B. zum Bau militärischer Anlagen eingesetzt.

Angehörige von Glaubensgemeinschaften, die auch den Wehrersatzdienst in den Baueinheiten ablehnen, wurden früher mit Haft bestraft; seit einiger Zeit werden sie als „dienstuntauglich" gemustert und dann vom W. befreit. Benachteiligungen im Sozialbereich, der Ausbildung oder im Berufsleben sind dann zu erwarten, wenn entlassene Bausoldaten z. B. keinen Mangelberuf ausüben.

Wehrdienstverweigerung: → **Wehrdienst.**

Wehrersatzdienst: → **Wehrdienst.**

Wehrerziehung: Die sozialistische W. soll die Bereitschaft aller Bürger wecken, den militärischen Schutz des Sozialismus zu gewährleisten und sich die für den Verteidigungsfall notwendigen militärisch-technischen Kenntnisse und Fähigkeiten anzueignen. Die Erziehung zum „sozialistischen → **Internationalismus**", zur „Waffenbrüderschaft" mit der Sowjetunion und den anderen Staaten des → **Warschauer Paktes**, zur „Liebe zum sozialistischen Vaterland" und zur „Opferbereitschaft" für die Errungenschaften des Sozialismus wird als Grundlage der W. gesehen.

Die W. gilt als Bestandteil der gesamten Bildungs- und Erziehungsarbeit in der DDR; sie ist von allen am Bildungs- und Erziehungsprozeß Beteiligten in Zusammenarbeit mit fachkundigen Kräften der bewaffneten Organe und der → **Zivilverteidigung** zu leisten. Sie soll zum einen als übergreifendes bzw. durchgehendes Prinzip in allen Bereichen des Bildungssystems, zum anderen als Aufgabe spezieller Einrichtungen und Veranstaltungen realisiert werden. Die W. umfaßt die politisch-ideologische (wehrpolitische) Arbeit, die Vermittlung militärisch-technischer Kenntnisse und Fähigkeiten und die wehrsportliche Tätigkeit.

Entsprechend der besonderen Bedeutung, die der W. in der DDR beigemessen wird, soll die sozialistische W. bereits Bestandteil der Erziehung in Vorschule und Schulhort sein. So sieht der „Rahmenplan für Bildung und Erziehung im Schulhort" für den Lernbereich „Sportlich-touristische Betätigung" für Schüler der 1. Klasse die Vermittlung einfacher touristischer und militärischer Kenntnisse und Fähigkeiten, insbesondere im Geländespiel, vor. In der Pionierorganisation „Ernst Thälmann" wird die W. der Schulkinder unterstützt; Aufgabe dieser Organisation ist u. a. die Erziehung zur „Liebe und Achtung" gegenüber den Soldaten der → **NVA** und der Armeen der verbündeten Staaten.

Aufgrund eines Maßnahmeplans des → **Ministeriums für Volksbildung** und des → **Ministeriums für Nationale Verteidigung** wurde die W. der Jugendlichen seit 1971 erweitert und intensiviert. Entsprechend dem Grundsatz, die W. nicht nur in besonderen Einrichtungen und Veranstaltungen zu verwirklichen, sondern als intentionales Prinzip alle Unterrichtsfächer zu durchdringen, finden sich in den neueren Lehrplänen inhaltliche Bestimmungen zur Realisierung der Ziele der W.; das gilt insbesondere für die Fächer Deutsche Sprache und Literatur, Geschichte, Staatsbürgerkunde, Geographie und Sport, aber auch für musische, naturwissenschaftliche und polytechnische Fächer.

Darüber hinaus dienen der W. der Jugendlichen die verschiedenen Veranstaltungen der → **Gesellschaft für Sport und Technik** (GST), die „Hans-Beimler-Wettkämpfe" der → **FDJ** für Schüler der 8.–10. Klassen, die Arbeitsgemeinschaften „Wehrausbildung" für Schüler der 9. und 10. Klassen sowie die vormilitärische Ausbildung für Schüler der 11. Klasse und männliche Lehrlinge bzw. die Sanitätsausbildung (im Rahmen der Zivilverteidigung) für Schülerinnen der 11. Klasse und weibliche Lehrlinge.

Die „Hans-Beimler-Wettkämpfe" der FJD für Schüler der 8.–10. Klassen stellen die Hauptform der außerunterrichtlichen wehrpolitischen und wehrsportlichen Tätigkeit der FDJ-Grundorganisationen an den 10klassi-

gen Oberschulen dar; sie umfassen wehrpolitische Foren, wehrsportliche Mehrkämpfe und militärische Geländespiele; sie dienen gleichzeitig der Vorbereitung auf die Kreis- und Bezirks-Wehrspartakiaden der GST (→ **Spartakiaden**). Die Arbeitsgemeinschaften „Wehrausbildung" für Schüler der 9. und 10. Klassen befassen sich mit Grundfragen der Landesverteidigung, Geländeausbildung, Schießausbildung, Zivilschutzausbildung und Sanitätsausbildung; sie sollen die wehrerzieherische Tätigkeit der FDJ, insbesondere die Durchführung der Hans-Beimler-Wettkämpfe, unterstützen. Die FDJ hat zur Förderung der W. der Jugendlichen sogenannte Militärpolitische Kabinette eingerichtet; berufsberatende Organe bedienen sich dieser Kabinette bei der Gewinnung von länger dienenden Freiwilligen bzw. von Berufssoldaten für die NVA.

Die vormilitärische Ausbildung und die Sanitätsausbildung betrifft alle Schüler und Schülerinnen der 11. Klassen der Erweiterten Oberschulen und der Spezialschulen; sie erfolgt in einem 12tägigen Lehrgang während der Sommerferien. Die Ausbildung wird für die Schüler als vormilitärische Ausbildung, d. h. als vormilitärische Grund- und Laufbahnausbildung, in Verantwortung der GST in zentralen Ausbildungslagern durchgeführt; für Schülerinnen erfolgt sie als Sanitätsausbildung in Verantwortung sowie nach Lehrplänen des → **Deutschen Roten Kreuzes** der DDR. Die vormilitärische Ausbildung der Lehrlinge im Rahmen der Berufsausbildung erstreckt sich über die gesamte Lehrzeit, in der Regel also über 2 Jahre; sie wird im 1. Lehrjahr als vormilitärische Grundausbildung, im 2. Lehrjahr als vormilitärische Laufbahnausbildung durchgeführt. Die Sanitätsausbildung der weiblichen Lehrlinge wird wie die vormilitärische Ausbildung gleichfalls in 2 Etappen absolviert; die Ausbildung in den Sanitätszügen der Zivilverteidigung schließt die Ausbildung „Erste Hilfe" sowie die Ausbildung zur DRK-Gesundheitshelferin ein.

Weitere Träger der W. sind die Universitäten und Hochschulen; die Ausbildungspläne für W. werden von der GST und dem → **Ministerium für Hoch- und Fachschulwesen** vorbereitet; sie sehen die vormilitärische Ausbildung und Vorlesungen über → **Militärpolitik** vor. Wesentliche wehrerzieherische Aufgaben erfüllen die NVA und andere bewaffnete Organe; von Bedeutung ist hier auch die militärpolitische Öffentlichkeitsarbeit der NVA, die u. a. auf die Stabilisierung des Verhältnisses von Bevölkerung und Armee („Einheit von Volk und Armee") zielt. Aufgaben der sozialistischen W. übernehmen ferner: die Reservisten und ihre Kollektive. Ihnen wird der Auftrag erteilt, die W. der Jugend zu unterstützen, die Traditionen der NVA zu pflegen, die Verbindung von aktivem → **Wehrdienst** und Reserve zu halten etc.; die → **Kampfgruppen** der Arbeiterklasse und die Zivilverteidigung; die → **Parteien** und → **Massenorganisationen;** insbesondere die → **Nationaldemokratische Partei Deutschlands** und ihre Publikationsorgane nehmen sich der wehrpolitischen Arbeit an; von Bedeutung für die W. im Betrieb ist u. a. die Gewerkschaftsorganisation; die Kommissionen für sozialistische W. bei den Räten der Bezirke und Kreise; in diesen Kommissionen arbeiten Vertreter der Parteien, der FDJ, der GST, der Gewerkschaft, der NVA und der → **Wehrbezirks-** bzw. → **Wehrkreiskommandos**; ihre Aufgabe ist, einheitliche Ausbildungspläne für die W. zu erarbeiten und allgemein die W. zu unterstützen und zu kontrollieren.

Sozialistische W. soll, wie die Militärpolitik der DDR insgesamt, ausschließlich auf die Verteidigung des Sozialismus und des Friedens gerichtet sein. Angesichts des Umfangs und der Intensität der den gesamten Erziehungs- und Bildungsbereich erfassenden W. sind Ansätze der Verselbständigung militärischer Denk- und Verhaltensweisen nicht auszuschließen und in Teilbereichen militaristische Tendenzen feststellbar, die mit den Prinzipien → **friedlicher Koexistenz** und den Bemühungen um allgemeine → **Abrüstung** aus westlicher Sicht nicht vereinbar sind.

Wehrkreiskommando: → **Wehrbezirkskommando.**

Wehrpflicht: → **Wehrdienst.**

Weinbau: → **Gartenbau.**

Weltbund der Demokratischen Jugend (WBDJ):

Der WBDJ wurde am 10. 11. 1945 auf einer internationalen Jugendkonferenz in London als internationale, überparteiliche, antifaschistische Vereinigung fortschrittlicher Jugendverbände gegründet. Heute steht (nach der „Prinzipienerklärung" der VIII. Generalversammlung des WBDJ in Budapest vom 26. 10. bis 5. 11. 1970) die „Solidarität mit allen Jugendlichen im Kampf gegen Imperialismus und seine Aggressionspolitik, gegen Kolonialismus, Neokolonialismus, für Unabhängigkeit, Demokratie, Fortschritt und Frieden" im Mittelpunkt der Tätigkeit des Verbandes.

Dem WBDJ gehören (1973) „über 200" (keineswegs ausschließlich kommunistische) Jugend- und Studentenorganisationen aus 115 Ländern des RGW, der westlichen und der Dritten Welt mit „über 110 Mill." Einzelmitgliedern an. Neben Vollmitgliedern gibt es beobachtende Mitglieder, die „nicht in allen Punkten mit der Zielstellung des WBDJ" übereinstimmen, sowie assoziierte Mitglieder, d. h. Mitglieder einer der Spezialorganisationen des WBDJ. Spezialorganisationen sind: Das Internationale Büro für Tourismus und Jugendaustausch (BITEJ) und das Internationale Komitee der Kinder- und Jugendbewegung (CIMEA), dem auch die Pionierorganisation der DDR angehört. Die → **FDJ** wurde am 21. 8. 1948 Vollmitglied des WBDJ.

Höchstes Organ des Verbandes ist die Generalversammlung der Mitgliedsorganisation, die alle 3 Jahre zusammentritt. Sie wählt die Kontrollkommission und das einmal jährlich zusammentretende Exekutivkomitee, das die Mitglieder des Büros des WBDJ bestimmt. Das Büro (Sitz: Budapest) ist das ständige Organ des Verbandes zwischen den Tagungen. Der WBDJ hat in erster Linie koordinierende Aufgaben, regt aber auch politische Kampagnen an und ist Initiator der „Weltjugendfestspiele" (→ **Festival**). Gegenwärtiger Präsident des WBDJ (1973), ist Roberto Viezzi (Italien); Generalsekretär: Alain Therouse (Frankreich). Publikationen:

„WFDY-News" (monatl.), „Weltjugend" (6mal jährl. in 3 Sprachen).

Weltfestspiele der Jugend: → **Festival.**

Weltfriedensrat: Vom II. Weltkongreß der Kämpfer für den Frieden 1950 in Warschau gewähltes repräsentatives und beschließendes Organ der Weltfriedensbewegung. Vorläufer war das vom I. Weltkongreß der Kämpfer für den Frieden 1949 in Paris und Prag gebildete *Ständige Komitee des Weltfriedenskongresses.*

Der W. koordiniert und fördert die Aktionen der Weltfriedensbewegung. Seine Arbeit wird wesentlich getragen von nationalen Friedensräten oder -komitees. Entscheidende Unterstützung erfährt der W. durch die Sowjetunion und die mit ihr verbündeten sozialistischen Staaten; 1973 fand der Weltkongreß der Friedenskräfte auf Vorschlag des W. im Oktober in Moskau statt. Organisationen wie der → **Weltgewerkschaftsbund**, der → **Weltbund der Demokratischen Jugend**, die → **Internationale Demokratische Frauenföderation** u. a. sind Kollektivmitglieder des W.

Der W. tritt ein für friedliche Koexistenz zwischen Staaten unterschiedlicher Gesellschaftsordnung, für ein System der Sicherheit und Zusammenarbeit in Europa, für Unterstützung der nationalen Befreiungskämpfe gegen imperialistische Unterdrückung, für nationale Unabhängigkeit und Souveränität, für ein absolutes Verbot des Einsatzes aller Massenvernichtungsmittel, für eine Weltabrüstungskonferenz unter Teilnahme aller Staaten zur Erreichung einer allgemeinen und vollständigen Abrüstung u. a. m. Der W. erstrebt eine Intensivierung seiner Zusammenarbeit mit der UNO und ihren Organisationen. Generalsekretär des W. ist z. Z. Romesh Chandra (Indien). → **Friedensrat der DDR.**

Weltgewerkschaftsbund (WGB):

Englisch: World Federation of Trade Unions (WFTU); französisch: Fédération Syndicale Mondiale (F.S.M.).

Oberstes Organ des WGB ist der „Weltgewerkschaftskongreß". Dem Gründungskongreß vom 3. bis 8. 10. 1945 in Paris ging eine internationale Konferenz im Februar 1945 in London voraus. Schon der II. WGB-Kongreß vom 29. 6. bis 9. 7. 1949 in Mailand mußte sich damit auseinandersetzen, daß einige wichtige nationale Gewerkschaftsbünde, unter ihnen der britische TUC, den WGB wegen eindeutiger kommunistischer Manipulationen durch die Führungsgremien verlassen und den „Internationalen Bund Freier Gewerkschaften" (IBFG) mit Sitz in Brüssel gegründet hatten. Der III. WGB-Kongreß fand vom 10. bis 21. 10. 1953 in Wien statt, dann folgten der IV. WGB-Kongreß vom 4. bis 15. 10. 1957 in Leipzig, der V. WGB-Kongreß vom 4. bis 15. 12. 1961 in Moskau, der VI. WGB-Kongreß vom 9. bis 22. 10. 1965 in Warschau, der VII. WGB-Kongreß vom 17. bis 31. 10. 1969 in Budapest und der VIII. WGB-Kongreß vom 15. bis 22. 10. 1973 in Varna (Bulgarien).

Die Zahl der Delegierten für die Kongresse wird nach einem Schlüssel ermittelt, der der Mitgliederzahl und der „Bedeutung" der nationalen Mitgliedsorganisationen entsprechen soll. Damit ist das Übergewicht des Einflusses der Gewerkschaften der UdSSR und der osteuropäischen Volksdemokratien garantiert. Die Mitgliedschaft Rotchinas ist bisher noch nicht in Frage gestellt worden, obwohl seit Mitte der 60er Jahre die chinesischen Gewerkschaften keinen Vertreter mehr in ein WGB-Gremium entsandt haben.

Weitere Führungsgremien sind der Generalrat, der die Politik zwischen den Kongressen zu bestimmen hat, das Büro und das Sekretariat.

Sitz des WGB und seiner Gremien war zuerst Wien. Im Februar 1956 von dort ausgewiesen, siedelte der WGB nach Prag über.

Die bisherigen WGB-Präsidenten waren Lord Walter Citrine (TUC Großbritannien) 1945, Arthur Deakin (TUC Großbritannien) 1946–1948, Guiseppe di Vittorio (CGIL Italien) 1949–1957, Agostino Novella (CGIL Italien) 1958–1961 und Renato Bitossi (CGIL Italien) 1961–1969. Er starb kurz vor dem VII. Kongreß. Seit 1969 ist Enrique Pastorino (Uruguay) WGB-Präsident.

Louis Saillant (CGT Frankreich) war Generalsekretär des WGB von 1945 bis 1969. Auf dem VII. Kongreß in Budapest trat er zurück und wurde zum WGB-Ehrenpräsidenten gewählt. Sein Nachfolger als Generalsekretär ist seit 1969 Pierre Gensous (CGT Frankreich).

Organ des WGB ist die monatlich in Prag (in mehreren Sprachen) herausgegebene Zeitschrift „Weltgewerkschaftsbewegung".

Nach eigenen (nicht kontrollierbaren) Angaben sind im WGB ca. 120 Gewerkschaftsorganisationen aus mehr als 100 Ländern zusammengeschlossen und repräsentieren eine Gesamtzahl von angeblich weit mehr als 200 Millionen Mitgliedern.

Ein nicht geringer Teil der WGB-Tätigkeit spielt sich in den nach Berufen bzw. Branchen gegliederten Internationalen Gewerkschaftsvereinigungen (IVG) ab. Es gibt zur Zeit elf solche Vereinigungen: die Internationale Vereinigung der Gewerkschaften der Land- und Forstarbeiter, die IVG im Nahrungs-, Genuß- und Gaststättengewerbe, die IVG der Bau-, Holz- und Baustoffindustrie, die IVG der Chemie-, Erdöl- und verwandter Industrien, die IVG des Handels, die IVG des öffentlichen Dienstes und verwandter Berufe, den Internationalen Lehrergewerkschaftsbund, die IVG der Metall- und Maschinenbauindustrie, die Internationale Vereinigung der Bergarbeitergewerkschaften, die IVG der Textil-, Bekleidungs-, Leder- und Häuteindustrie und die IVG im Transport, in den Häfen und im Fischereiwesen.

In den ersten Nachkriegsjahren wurde im WGB die Auffassung vertreten, daß der Aufnahme einer deutschen Mitgliedsorganisation der Zusammenschluß der Gewerkschaftsorganisationen der 4 Besatzungszonen vorangehen sollte. Nach dem Scheitern der Interzonenkonferenzen der deutschen Gewerkschaften (10 Konferenzen 1946–1948) wurde der → **FDGB** im Januar 1949 Mitglied im WGB. (Der Deutsche Gewerkschaftsbund konstituierte sich auf seinem Gründungskongreß vom 12. bis 14. 10. 1949 in München). Der damalige FDGB-Vorsitzende, Herbert Warnke, dankte den De-

legierten des II. WGB-Kongresses in Mailand Anfang Juli 1949 für den durch die Aufnahme ausgedrückten „Akt der Solidarität".

Obwohl es der FDGB seitdem nie versäumt hat, sich in allen WGB-Aktionen (z. B. für Korea, Afrika, Lateinamerika, Vietnam) durch hohe Spenden und engagierte Mitarbeit in den Vordergrund zu rücken, ist sein Einfluß innerhalb des WGB verhältnismäßig gering geblieben. Herbert Warnke rückte 1956 in die Reihe der Vizepräsidenten vor, fiel aber Mitte der 60er Jahre auf den Platz eines Büromitglieds (Vertreter: Wolfgang Beyreuther) zurück. In den 11 Internationalen Gewerkschaftsvereinigungen (IVG) des WGB behaupten sich Lothar Lindner – zuerst Vizepräsident, dann stellvertretender Generalsekretär – bei den Bauarbeitern und Dagobert Krause, seit 1969 als Generalsekretär an der Spitze der IVG des öffentlichen Dienstes. Harry Weber, der langjährige Leiter der Abteilung Bundesfinanzen im FDGB-Bundesvorstand, gehört seit mehreren Jahren zu den 5 Revisoren der WGB-Führung.

Die „deutsche Frage" ist im WGB in der Regel nicht Gegenstand gewerkschaftspolitischer Erörterungen. Nach dem Bau der Berliner Mauer schaltete sich jedoch der WGB mit einer außerordentlichen Konferenz in Ost-Berlin vom 22. bis 24. 9. 1961 in die Deutschlandpolitik unmittelbar ein, indem ca. 200 WGB-Vertreter „aus mehr als 40 Ländern" unter der Leitung des WGB-Präsidenten Agostino Novella den Bau der Mauer ausdrücklich billigten, sowie den Abschluß eines Friedensvertrages mit Deutschland und eine „friedliche Lösung der Westberlin-Frage" im Sinne der sowjetischen Vorstellungen forderten. Seit der Einleitung der Entspannungspolitik Ende der 60er Jahre begnügen sich die Aussagen der WGB-Führung damit, die Entspannungs-Fortschritte auf das Erfolgskonto der sowjetischen Außenpolitik zu buchen und zur „Wachsamkeit" gegenüber der nach wie vor angeblich „imperialistischen" Bundesrepublik Deutschland aufzurufen.

Nach dem VIII. Kongreß in Varna (Bulgarien) im Oktober 1973 ist der WGB dazu übergegangen, Zusammenarbeit und gemeinsame Aktionen mit anderen internationalen Gewerkschaftsorganisationen zu suchen. In Genf kamen am 19. 1. 1974 anläßlich der II. Europäischen Regionalkonferenz der Internationalen Arbeitsorganisation (IAO) die Vertreter von 41 nationalen Gewerkschaftszentralen (davon 17 des IBFG und 14 des WGB) zu einem Konsultationstreffen zusammen. Herbert Warnke erklärte auf der 17. Arbeiterkonferenz der Ostseeländer, Norwegens und Islands in Rostock im Juli 1974, die Aktionseinheit und Zusammenarbeit der europäischen Gewerkschaften stehe „als Erfordernis unserer Zeit nicht nur vor den nationalen Gewerkschaftszentralen, auch die internationalen Gewerkschaftsorganisationen" müßten hierzu „einen eindeutigen Standpunkt beziehen" (Neues Deutschland vom 11. 7. 1974). Anfang 1975 setzte der WGB diese Politik durch Beteiligung an einer „Europäischen Gewerkschaftskonferenz", wieder in Genf, fort, wobei Themen wie die Verbesserung der Arbeitsumwelt bzw. der Arbeits- und Gesundheitsschutz im Vordergrund standen.

Weltraumforschung: Die DDR betreibt bisher keine eigene W. Mit anderen Ostblockländern ist sie aber seit November 1965 in das Satellitenprogramm der UdSSR mit einbezogen. Für die gemeinsame Erforschung und Nutzung des kosmischen Raumes wurde im April 1967 ein Arbeitsprogramm vereinbart und nach dem Koordinationsorgan, dem Rat Interkosmos bei der Akademie der Wissenschaften der UdSSR, *Interkosmos* benannt. Erster Gemeinschaftssatellit war *Kosmos 261* (Start: 20. 12. 1968), der von der UdSSR gebaut worden war. Die anderen Ostblockländer arbeiteten am Meßprogramm mit und beteiligten sich am Auswerten der Beobachtungsergebnisse.

An den mit *Interkosmos* und *Rakete Vertikal* bezeichneten Forschungsobjekten für Untersuchungen der kurzwelligen solaren Strahlung, der Hochatmosphäre und der interplanetaren Materie ist die DDR vielfach direkt beteiligt, und zwar mit Bordgeräten (z. B. Sender, Stromversorgungsgeräte, Fotometer, Elektronikblocks, Hochfrequenzsonden), die in der DDR hergestellt werden. Der wissenschaftliche Gerätebau, den die Kosmostechnik erfordert, wird zugleich für weitere Spezialgebiete, wie Meteorologie, Wehrtechnik, Industrieprozeßsteuerung, genutzt.

Bisher sind zehn *Interkosmos*-Flugkörper gestartet worden. An ihrer Konzeption und Entwicklung waren das Institut für Elektronik der Akademie der Wissenschaften der DDR sowie das Zentralinstitut für solar-terrestrische Physik (Heinrich-Hertz-Institut) der Akademie der Wissenschaften der DDR, das auch die Empfangsanlage für Wettersatellitenbilder entwickelt hat, beteiligt.

Der Meteorologische Dienst der DDR nutzt die Ergebnisse der W. für seine Aufgaben.

Die DDR ist dem internationalen „Vertrag über die Prinzipien für die Tätigkeit der Staaten bei der Erforschung und Nutzung des Weltraums einschließlich des Mondes und anderer Himmelskörper" vom 17. 1. 1967 sowie der „Konvention über die internationale Verantwortlichkeit für Schäden, die durch Weltraumobjekte verursacht werden", vom 29. 3. 1972, beigetreten.

Das von den Ostblockländern geschlossene Abkommen über die Schaffung des internationalen Systems und der Organisation für kosmische Fernmeldeverbindungen *Intersputnik* hat auch die DDR unterzeichnet. *Intersputnik* ist eine internationale, auch anderen Ländern offenstehende Organisation (Sitz in Moskau), die ein internationales Fernmeldesystem über künstliche Erdsatelliten errichten soll.

Wenden: → Sorben.

Werbung: Als Mittel zur ziel- und zweckgerichteten Beeinflussung von Menschen ist auch die W. ein Monopol der → **SED** bzw. der von ihr kontrollierten Organe und Einrichtungen. Sie durchdringt das gesamte gesellschaftliche, politische, kulturelle und wirtschaftliche Leben und ist als methodischer Bestandteil der kommunistischen → **Agitation und Propaganda** aufzufassen. Ständige Aufgaben und Ziele, die zeitweilig mit kampagneartigen Einsätzen angestrebt werden, sind z. B.: W.

neuer Mitglieder für die SED und die → **Massenorganisationen**; W. zur Verpflichtung als Längerdienender in der NVA; W. für die SED-Presse und sonstige politische Publikationen; W. zur Beeinflussung von Kaufentscheidungen (Wirtschafts-W.).

Eine wichtige Methode der W. ist die Sicht-W., die Agitation durch Plakate, Bilder, Transparente, Spruchbänder, Wandzeitungen usw., die an auffallenden Stellen im Straßenverkehr und in vielbesuchten Räumen (Fabrikhallen, Wartezimmern, Bahnhöfen) angebracht werden. Die Losungen und Parolen hierzu werden zentral von der SED ausgegeben. Wettbewerbe und ständige Aufforderungen zu vermehrter Sicht-W. führten dazu, daß das Straßen- und Landschaftsbild von den Darstellungen der Sicht-W. beherrscht war. Gegenwärtig tritt die Sicht-W. nicht mehr so stark hervor; es wird auf Einpassung in das Straßenbild Wert gelegt, und bei Kongressen mit ausländischen und westdeutschen Gästen oder während der Leipziger Messe wird die Sicht-W. vorübergehend ganz eingestellt. Zur allgemeinen Sicht-W. tritt die individuelle, in der persönlich-politische Bekenntnisse, ergänzt durch Selbstverpflichtungen, ausgehängt werden. Die gesamte Sicht-W. ist ein Monopol der parteieigenen „Deutschen Werbe- und Anzeigen-Gesellschaft" (DEWAG), Berlin (Ost).

Der Monopolstellung der SED in der W. entspricht, daß für Ideen und Ziele, mit denen die Partei nicht übereinstimmt, keine W. getrieben werden darf. So sind vor allem die Kirchen (Kirchenpolitik) in ihrer W. stark behindert.

Die kommerzielle W. war in der DDR nach dem II. Weltkrieg ein stark vernachlässigter Wirtschaftsfaktor. Sie schien zum einen ein Restposten des kapitalistischen Systems zu sein, der geduldet, niemals aber gefördert werden sollte, da sie mit einer Verschwendung des volkswirtschaftlichen Vermögens gleichgestellt wurde. Zum anderen war die wirtschaftliche Situation gekennzeichnet durch einen strukturellen Nachfrageüberhang. Die administrativ vorgenommene Verteilung der Produktion konnte weitgehend ohne W. abgesetzt werden. Bis zu Beginn der 60er Jahre war die binnenländische W. der DDR vorwiegend darauf bedacht, schwerverkäufliche, oft auch minderwertige Waren mit Unterstützung der W. besser und schneller verkaufen zu können. Menge und Sortiment vieler industrieller und landwirtschaftlicher Güter haben sich im letzten Jahrzehnt stark vergrößert. Das strenge Verteilungssystem wurde mit dem Übergang zum Neuen ökonomischen System der Planung und Leitung der Volkswirtschaft im Jahre 1963 zum Teil gelockert und eine beträchtliche Zahl verschiedener Warenarten für den Markt freigegeben. Seitdem steigen die W.-Anstrengungen der DDR kontinuierlich. Die Notwendigkeit der kommerziellen W. entsteht aus der örtlichen und zeitlichen Trennung von Produktion und Konsumtion und dem Abrücken von der orthodoxen Zentralplanwirtschaft bei teilweiser Einbeziehung des wirtschaftlichen Instruments des Marktes. Die W. übt sowohl gesamtwirtschaftliche als auch einzelwirtschaftliche Funktionen aus, wobei die volkswirtschaftliche Orientierung darin zum Ausdruck kommt, daß z. B.

durch die W. Einfluß genommen werden kann auf die Realisierung der Außenwirtschaftspolitik (z. B. W. durch ganzseitige Anzeigen in westlichen Publikationsorganen). Die einzelwirtschaftliche W. verfolgt die Absatz- und Marktbearbeitung der Betriebe. Die Ziele der W. beinhalten sowohl die Erhöhung betrieblicher Gewinne (durch Absatzförderung und Bedarfsweckung) als auch die kulturelle, ästhetische, moralische und politisch-ideologische Erziehung der Konsumenten im Sinne der SED-Führung (Konsumentenerziehung). Daneben erfüllt die W. vorrangig Informationsfunktionen. W.-Maßnahmen erstrecken sich auf die Schaufenstergestaltung, Prospekte, Anzeigen, Werbediapositive, Plakate, Leuchtschriften, Werbefilme, Werbereisen etc. Lange hat die DDR gezögert, W. auch im Fernsehen zuzulassen. 1962 wurde mit einer Sendezeit von jährlich 20 Stunden begonnen. Inzwischen ist es täglich eine Viertelstunde (?), die über 80 v. H. der Fernsehzuschauer regelmäßig oder gelegentlich verfolgen. Konsumenten-W. wird vornehmlich in Zeitschriften, Illustrierten und Magazinen relativ bunt betrieben, seltener in Tageszeitungen. Potentielle in- und ausländische Käufer von Investitionsgütern werden vor allem über Anzeigen in DDR-Fachzeitschriften, Branchenkatalogen etc. angesprochen. Sichtwerbung findet vor allem bei Messen und Ausstellungen in der DDR statt. Werbetexte müssen politisch und ideologisch „einwandfrei" sein; auf Auslandsmessen und -ausstellungen wird die Überlegenheit des sozialistischen gegenüber dem kapitalistischen System in der W. herausgestrichen. Die W.-Organisation beschränkt sich auf zwei Agenturen, wobei die „DEWAG" für die Inlands- und die „Interwerbung" für die Auslands-W. zuständig ist. Die Berechtigung der W. wird heute grundsätzlich nicht mehr in Frage gestellt; die Aufwendungen dafür werden aber nach wie vor als unproduktiv gemäß dem Marxschen Klassifizierungsschema eingestuft. Die W.-Aufwendungen bleiben sowohl hinsichtlich der Export-W. als auch der Binnen-W. weit hinter denen westlicher Länder zurück.

Werkstattprinzip: In der → **Wirtschaft** der DDR verbreitetes Fertigungsprinzip, demzufolge Arbeitsplätze und Maschinen einer Abteilung („Werkstättenfertigung") auf die Ausführung eines oder weniger bestimmter Verfahren, z. B. Bohren, Fräsen, Gießen, an verschiedenartigen Erzeugnissen spezialisiert sind. Mit dem W. läßt sich eine rationale Massenfertigung nicht durchführen, so daß die Nachteile des W. gegenwärtig weithin erkannt werden (→ **Rationalisierung**). Den Gegensatz zum W. stellt das → **Erzeugnisprinzip** dar.

Werktätiger: Ideologisch gefärbter Begriff zur Bezeichnung aller im Arbeitsprozeß stehender Personen. Der Begriff W. hat in der DDR wie in den meisten anderen Ostblockstaaten die Bezeichnung „Proletarier" weitgehend abgelöst. Zu den Werktätigen gehören: Arbeiter, → **Angestellte**, → **Genossenschaftsbauern** und die „werktätige → **Intelligenz**". → **Arbeiterklasse; Proletariat; Bevölkerung; Sozialstruktur.**

Werkzeugmaschinenbau: Entsprechend der Industriezweigsystematik der DDR ab 1968 ein Industriezweig des Industriebereichs Maschinen- und Fahrzeugbau, der alle Betriebe zum Bau, zur Reparatur und Montage von spanabhebenden und kaltumformenden Werkzeugmaschinen sowie von Scheren- und Schmiedeausrüstungen umfaßt. Erzeugt wurden 1973 u. a. 3 069 Drehmaschinen (ohne Uhrmacherdrehmaschinen), 596 Revolverdrehmaschinen, 431 Drehautomaten, 2 684 Fräsmaschinen (ohne Verzahnungsmaschinen), 823 Exzenter-, Kurbel- und Kniehebelpressen, 1380 hydraulische Pressen. Ein bedeutender Betrieb dieses Industriezweiges ist der VEB Werkzeugmaschinenfabrik Vogtland, Plauen (Hauptproduktion: Feinbohrwerke, Spezial- und Einzweckmaschinen, komplette Fertigungsstraßen). Die Bruttoproduktion des W. stieg von 1960 bis 1973 um das 2,58fache (zum Vergleich: die industrielle Bruttoproduktion stieg im gleichen Zeitraum nur um das 2,17fache).
Bis Ende 1967 gehörte der W. zum Industriezweig → **Schwermaschinenbau** im Industriebereich Metallverarbeitende Industrie. Der W. umfaßte damals ca. 70 Betriebe mit etwa 30 000 Beschäftigten.
Der hohe Eigenbedarf an Werkzeugmaschinen kann durch die DDR nicht gedeckt werden, da mit der UdSSR langfristige Lieferabkommen eingegangen wurden, die die Maschinenbaukapazitäten auf Jahre hinaus beanspruchen.

Wertgesetz: → **Politische Ökonomie.**

Wertpapiere: Im Wirtschaftssystem der DDR sind Umfang und Bedeutung der W. relativ unwesentlich, da der Kapitalbedarf zur Finanzierung der → **Investitionen** direkt durch den → **Staatshaushalt** und das System der Eigenerwirtschaftung der Mittel (→ **Kredit; Gewinn; Amortisationen**) gedeckt wird. So befinden sich z. Z. nur 2 Arten von W. im Umlauf.
Hypothekenpfandbriefe wurden seit 1954 von der → **Deutschen Investitionsbank** in verschiedenen Serien mit einem Zinssatz zwischen 5 v. H. und $3^1/_4$ v. H. ausgegeben. Sie gelten als mündelsicheres und lombardfähiges Inhaberpapier. Nach 3 tilgungsfreien Jahren werden sie in 25 gleichen Jahresraten durch Auslosung zum Nennwert (500, 1 000 bzw. 5 000 Mark) oder Rückkauf eingelöst. Ihre Verwaltung obliegt der → **Industrie- und Handelsbank.**
Kommunalobligationen, die seit 1958 von den „VEB Kommunale Wohnungsverwaltung" ausgegeben werden, sind übertragbare Namenspapiere mit einer Laufzeit von 20 Jahren. Sie können nach 6monatiger Kündigung zum Jahresende eingelöst und durch die Banken beliehen werden. Sie sind mündelsicher und werden mit 4 v. H. verzinst. Ausgabe und Verwaltung liegen in Händen der → **Sparkassen.**

Wert- und Mehrwerttheorie: Von der → **Politischen Ökonomie** des → **Marxismus-Leninismus** entwickelte Theorie zur Erklärung der Entstehung des Werts und seiner Vermehrung. Die von der klassischen bürgerlichen Politischen Ökonomie begründete W. führte den

Wert auf menschliche Arbeit zurück (sog. objektive W.); sie wurde von der Marxschen Politischen Ökonomie mit der Erklärung des Doppelcharakters der warenproduzierenden Arbeit (konkrete und abstrakte Arbeit) sowie des Doppelcharakters der Ware (Gebrauchswert und Wert) vervollständigt.

Die Marxschen Ausführungen beziehen sich auf die kapitalistische → **Produktionsweise** mit dem Ziele, die Struktur und die „Bewegungsgesetze" der kapitalistischen Gesellschaft zu erklären. Grundlagen dieser Gesellschaft sind nach Marx die Warenproduktion und das gesellschaftliche Verhältnis von Lohnarbeit und Kapital.

Merkmal einer warenproduzierenden Gesellschaft ist einmal die Arbeitsteilung der gesellschaftlichen Produktion; weiterhin zeichnet eine solche Gesellschaft aus, daß sich der Zusammenhang der einzelnen selbständigen Privatarbeiten nicht über einen gesellschaftlichen Plan herstellt, sondern durch den Austausch der Produkte über den Markt. Die Produkte sind vergegenständlichte Formen der Arbeiten der Produzenten. Sie tauschen sich als Waren aus, weil sie Gebrauchswerte sind für andere als den Hersteller, und weil sie Werte sind (Tauschwerte) für den Hersteller. Daher muß der Doppelcharakter der Ware (Gebrauchswert und Wert) seine Entsprechung finden im Doppelcharakter der Arbeit, nämlich gebrauchswertschaffende und wertschaffende zu sein. Die konkret-nützliche Arbeit – z. B. Tischler- oder Schneiderarbeit – schafft unterschiedliche Gebrauchswerte – Tisch, Hose etc. Sieht man ab von der unterschiedlichen konkret-nützlichen Form der verschiedenen Arbeiten, so bleibt allen Arbeiten gemeinsam, daß sie allgemein menschliche Arbeit sind, Arbeit als Verausgabung von Herz, Muskel und Hirn schlechthin, abstrahiert von jeder spezifischen Form ihrer Verausgabung, also abstrakt-menschliche Arbeit. Diese abstrakt-menschliche Arbeit ist die Eigenschaft, die alle Arbeiten vergleichbar und damit austauschbar macht. Der Tauschwert der Ware ist so die Erscheinungsform ihres Wertes, nämlich aufgehäufte abstrakt-menschliche Arbeit zu enthalten. Der gleiche Prozeß, der die konkrete Arbeit auf die abstrakte Arbeit zurückführt, erlaubt es, die komplizierte Arbeit auf einfache Durchschnittsarbeit zurückzuführen, wobei die komplizierte als ein Vielfaches der einfachen gilt. Da alle Arbeit, welche die Substanz des Wertes einer Ware bildet, gleiche allgemein menschliche Arbeit ist, kann nur die unterschiedliche Zeitdauer ihrer Aufwendung (Arbeitszeit) die unterschiedlichen Wertgrößen verschiedener Waren ausmachen. Hier zählt allerdings nur die Arbeitszeit, die gesellschaftlich notwendig ist, d. h. die zur Produktion eines Exemplars einer Warenart mit den existierenden gesellschaftlichen Produktionsbedingungen und dem gesellschaftlichen Durchschnittsgrad von Geschick und Intensität der Arbeit erforderlich ist.

Im Austausch werden die Waren als Werte aufeinander bezogen; der Austausch realisiert sich nur, wenn es ein allgemein anerkanntes Tauschmittel gibt, in dem sich die Werte aller Waren darstellen können: das Geld. Dieses allgemeine Tauschmittel (Äquivalent) bildete

sich in einem langen historischen Prozeß heraus und fungiert im Austauschprozeß als Maß des Wertes und als Zirkulationsmittel. Dieser Austauschprozeß hat seine eigenen (Aneignungs-)Gesetze, die letztlich Gesetze aus der Produktionssphäre sind: Fremde Ware kann nur durch Weggabe eigener Arbeit angeeignet werden (abgesehen von Raub, Prellerei usw.). „So erscheint das dem Austausch vorhergehende Eigentum an der Ware . . . unmittelbar entspringend aus der Arbeit ihres Besitzers und die Arbeit als die ursprüngliche Weise der Aneignung" . . . „Arbeit und Eigentum an dem Resultat der eigenen Arbeit erscheinen also als die Grundvoraussetzung, ohne welche die sekundäre Aneignung durch die Zirkulation nicht stattfände" (K. Marx, Grundrisse, Berlin [Ost], 1953, S. 902). Im Austausch erkennen sich die Produzenten wechselseitig als Eigentümer ihrer Waren an. Als Subjekte des Austausches treten sie sich als gleiche gegenüber, wie auch ihre Waren als Gegenstände des Austausches dem Gesetz der Gleichheit unterworfen sind (Äquivalententausch = Tausch gleicher Wertgrößen).

Diese einfache Warenzirkulation ist darauf gerichtet, durch den Tausch der eigenen Ware mittels des Geldes in den Besitz einer anderen Ware zu gelangen – zwecks Konsumtion ihres Gebrauchswertes. Ziel der kapitalistischen Warenzirkulation ist nicht die individuelle Konsumtion einer anderen Ware, sondern der Wert: Eine Wertsumme – Geld – wird gegen einen Gebrauchswert – Ware – ausgetauscht, um eine neue Wertsumme – Geld – zu realisieren. In der Bewegung Geld – Ware – Geld (G–W–G) vermittelt nicht mehr das Geld die Zirkulation der Waren, sondern die Waren vermitteln die Bewegung des Geldes. Diese Bewegung hat jedoch nur dann einen Sinn, wenn am Ende mehr Geld aus der Zirkulation herausgezogen wird, als hineingeworfen wurde. Die Bewegung heißt nun G–W–G', wobei G' größer als G ist; die Differenz wird Mehrwert genannt. Geld, das diese Bewegung vollzieht, heißt Kapital. Ziel der Bewegung G–W–G' war ausschließlich die Verwertung des vorgeschossenen Geldes, eine Bewegung, die kontinuierlich vollzogen werden muß, soll das Geld als Kapital erhalten bleiben.

Da sich für die Warenzirkulation bei der Gleichberechtigung aller Warenbesitzer Äquivalententausch als zwingend erwiesen hat, die Zirkulation daher keinen Wert schafft, kann auch aus ihr kein Mehrwert entspringen. Die Selbstverwertung des Wertes kann deshalb nur aus einer Ware entspringen, deren besondere Eigenschaft sie vor allen anderen Waren auszeichnet, nämlich in ihrem Gebrauch Quelle von Wert zu sein, und zwar von mehr Wert, als sie selbst hat.

Da in der warenproduzierenden Gesellschaft nur die Arbeit wertschaffend ist, kann es sich auch nur um die Ware Arbeitskraft handeln, die die Verwertung des Kapitals bewerkstelligt. Damit der Geldbesitzer diese besondere Ware Arbeitskraft auf dem Warenmarkt vorfindet, mußten bestimmte Voraussetzungen gegeben sein, die sich in einem historischen Prozeß herausbildeten (ursprüngliche Akkumulation): „Zur Verwandlung von Geld in Kapital muß der Geldbesitzer also den freien Arbeiter auf dem Warenmarkt vorfinden, frei in dem Doppelsinn, daß er als freie Person über seine Arbeitskraft als seine Ware verfügt, daß er andererseits andere Waren nicht zu verkaufen hat, los und ledig, frei ist von allen zur Verwirklichung seiner Arbeitskraft nötigen Sachen", nämlich frei von Produktionsmitteln (Marx/Engels Werke, Band 23, Berlin [Ost] 1969, S. 183). Eine weitere Voraussetzung zur Verwertung des Kapitals ist der hochentwickelte Stand der Produktivkraft der Arbeit schon zu Beginn der kapitalistischen Epoche (Übergang Zunftwesen – Kooperation – Manufaktur), der die Produktion eines Mehrprodukts und damit die Aneignung fremder Arbeit (Ausbeutung) ermöglichte, wie schon die Sklaverei und die Feudalordnung zeigten.

Der Arbeiter verkauft seine Arbeitskraft und erhält in Form des Lohnes ein Äquivalent dafür. Wie jede andere Ware ist der Wert der Ware Arbeitskraft bestimmt durch die zu ihrer Reproduktion (Nahrung, Wohnung, Kleidung, Ausbildung, Nachwuchs usw.) gesellschaftlich notwendige Arbeitszeit. Der Gebrauchswert der Ware Arbeitskraft für den Kapitalbesitzer – Quelle von Mehrwert zu sein – kann sich nur im Prozeß der Warenproduktion verwirklichen, der in seiner kapitalistischen Form Einheit von Arbeit und Wertbildung bzw. Verwertungsprozeß ist.

Um den → **Produktionsprozeß** einzuleiten, muß der Kapitalbesitzer die verschiedenen Elemente des Produktionsprozesses kaufen: → **Produktionsmittel**, deren Kapitalanteil konstantes Kapital (C) genannt wird, da sein Wert nur übertragen wird und sich seine Wertgröße somit nicht ändert; Arbeitskräfte, deren Kapitalanteil variables Kapital (V) genannt wird, da er im Produktionsprozeß einen Überschuß über sein eigenes Äquivalent erzielt, seine Wertgröße also wechselt. Der gesamte Kapitalvorschuß besteht aus K = C + V. Mit dem variablen Kapital kauft der Kapitalbesitzer die Ware Arbeitskraft z. B. zu ihrem Tageswert, und er kann und wird sie während eines Tages im Produktionsprozeß verbrauchen, arbeiten lassen. Aufgrund des Standes der → **Produktivkräfte** produziert der Arbeiter einen größeren Wert als den, dem seine Arbeitskraft entspricht. Er leistet über die zur Reproduktion von V notwendige Arbeitszeit hinaus Mehrarbeit, die die Form des Mehrwerts annimmt. Der Wertbildungs- wurde zum Verwertungsprozeß, wodurch sich der Kapitalbesitzer einen Teil der Arbeit des Arbeiters, die unbezahlte Mehrarbeit, ohne Äquivalent aneignet. „Der Umstand, daß die tägliche Erhaltung der Arbeitskraft nur einen halben Arbeitstag kostet, obgleich die Arbeitskraft einen ganzen wirken, arbeiten kann, daß daher der Wert, den ihr Gebrauch eines Tages schafft, doppelt so groß ist wie ihr eigener Tageswert, ist ein besonderes Glück für den Käufer, aber durchaus kein Unrecht gegen den Verkäufer", da „die Gesetze des Warentausches nicht verletzt wurden. Äquivalent wurde gegen Äquivalent getauscht" (a..a. O. S. 208/209).

Der Grad der Aneignung von Mehrarbeit, der Ausbeutungsgrad, drückt sich aus in dem Verhältnis von Mehrarbeit / notwendige Arbeit, bzw., da die Mehrarbeit die Form des Mehrwerts annimmt und die notwendige Arbeit das variable Kapital reproduziert, in dem Verhältnis Mehrwert / variables Kapital = M/V, in der sogenannten Mehrwertrate. Der Wert einer Ware zerfällt also in W = C + V + M.

Da sich auf gesamtgesellschaftlichem Maßstab eine allgemeine Steigerung der Produktivkraft der Arbeit durchsetzt, soll damit zugleich tendenziell eine Steigerung der Mehrwertrate, also ein Steigerung des Ausbeutungsgrades trotz Anhebung des variablen Kapitalteils verbunden sein. Im Begriff der Mehrwertrate wird das innere notwendige Verhältnis von Lohnarbeit und Kapital als charakteristisches Produktionsverhältnis des Kapitalismus ausgedrückt. Den einzelnen Kapitalbesitzer interessiert aber nicht die Herkunft, sondern die Größe seines Profits (als Erscheinungsform des Mehrwertes an der Oberfläche der Gesellschaft), bzw. die Größe seines Profits, bezogen auf sein vorgeschossenes Gesamtkapital, die sogenannte Profitrate. Nicht die Mehrwertrate, die den Ausbeutungsgrad anzeigt, sondern die Profitrate als Grad der Verwertung des Kapitals ist für ihn wichtig. Und nach Marx fällt diese Profitrate, die sich gesamtgesellschaftlich als Durchschnittsprofitrate darstellt, tendenziell, d. h. über lange Zeiträume gesehen, und trotz aller ihr entgegenwirkenden Ursachen. Dieser tendenzielle Fall der Durchschnittsprofitrate – unter Marxisten ist umstritten, ob er empirisch nachweisbar ist – bereite notwendig den Boden für die Umwälzung der kapitalistischen Gesellschaftsformation.

In der Betrachtungsweise von Marx wird der Austauschprozeß von einem sachlichen Verhältnis von Produkten zu einem gesellschaftlichen Verhältnis von Produzenten. Diese Auffassung der Arbeitswertlehre als einer bestimmten Betrachtungsweise des Tausches unterscheidet Marx von der klassischen Ökonomie, die sich für die Arbeitswertlehre immer nur als Preistheorie interessiert hat. Auch die moderne bürgerliche Ökonomie ist vorrangig an der Preisbildung interessiert und führt sie auf das Verhältnis von Angebot und Nachfrage zurück. Die subjektive Einschätzung des Konsumentensouveräns (der Gebrauchswert bestimmt den Tauschwert) sei ausschlaggebend.

Westgeldeinnahmen: Die genaue Höhe der W. der DDR ist nicht bekannt. Annäherungsweise lassen sich die Zuflüsse für 1973 auf eine Größenordnung von 1 Mrd. DM schätzen.

Der größte Anteil entfällt auf den Reiseverkehr. Zur Abgeltung der früher im Berlinverkehr individuell erhobenen → **Straßenbenutzungsgebühren**, *Steuerausgleichsabgabe und Visagebühren* zahlt die Bundesregierung aufgrund Artikel 18 des Abkommens über den Transitverkehr von zivilen Personen und Gütern zwischen der Bundesrepublik Deutschland und Berlin (West) in den Jahren 1972–1975 eine jährliche Pauschalsumme von 234,9 Mill. DM. Daneben erhebt die DDR im Wechselverkehr, d. h. im Verkehr zwischen der Bundesrepublik Deutschland einschließlich Berlin (West) und der DDR, Visagebühren in einer Höhe von etwa 80 Mill. DM und Straßenbenutzungsgebühren in Höhe von ca. 12 Mill. DM. Bei Reisen in die DDR und nach Berlin (Ost) besteht außerdem seit 1964 ein sog. verbindlicher *Mindestumtausch* von DM in Mark der DDR. Bis zum 15. 11. 1973 betrug dieser *Zwangsumtausch* 10 DM je Besucher und Tag (bei Tagesaufenthalten in Berlin [Ost] 5 DM). Danach wurde er auf 20 bzw. 10 DM verdoppelt und auch auf die bis dahin vom Umtausch befreiten Rentner ausgedehnt. Eine teilweise Rücknahme dieser Maßnahme erfolgte mit Wirkung vom 15. 11. 1974; die neuen Umtauschsätze lauten jetzt 13 bzw. 6,50 DM. Rentner wurden jedoch erst wieder mit Wirkung vom 20. 12. 1974 von der Umtauschpflicht befreit. Die daraus resultierende Einnahme beläuft sich auf eine Größenordnung von 150 Mill. DM jährlich. Im Reiseverkehr werden außerdem sog. → **Genehmigungsgebühren** (Zoll) für die Mitnahme von Geschenken erhoben, deren Einnahmehöhe sich jedoch einer verläßlichen Schätzung ebenso entzieht, wie die der erhobenen Strafgelder für Ordnungswidrigkeiten (z. B. Geschwindigkeitsübertretungen) oder Zollvergehen. Außerdem erzielt die DDR W. aus einer Reihe kommerzieller Vorgänge, die außerhalb des Berliner Abkommens über den innerdeutschen Handel und somit nicht im Clearing über Verrechnungseinheiten abgewickelt werden.

Hierzu gehören Warenverkäufe über den DDR-„*Genex*"-*Geschenkdienst* und über die Verkaufseinrichtungen von „*Intershop*" und „*Intertank*" in einer Größenordnung von 200 bis 300 Mill. DM jährlich. Für touristische Dienstleistungen („*Interflug*", Reisebüros) fließen der DDR Zahlungen von rund 100 Mill. DM zu. Außerdem erzielt die DDR aus dem Güter- und Personenverkehr zwischen dem Bundesgebiet und Berlin (West), aus dem S-Bahnverkehr im westlichen Teil Berlins sowie aus einem Saldenausgleich der Bundesbahn für Wagenmiete, Zugdienste usw. im Wechselverkehr W. von etwa 130 Mill. DM jährlich. Schließlich werden in Berlin (West) für eine Reihe von Dienstleistungen (z. B. für Müllabfuhr, Abwässerbeseitigung, Streckenbenutzung durch U-Bahnzüge) Zahlungen an die DDR geleistet, die sich in einer jährlichen Größenordnung von mehr als 20 Mill. DM bewegen.

In einigen Bereichen stehen den W. Westgeldausgaben gegenüber. Beispielsweise muß die DDR für den Ankauf der bei „Intershop" verkauften Westwaren Westgeld (oder westliche Devisen) aufwenden. Westgeldzahlungen müssen auch für den S-Bahnbetrieb in Berlin (West) geleistet werden. Außerdem erhalten Besuchsreisende bei Ausreise aus der DDR eine geringfügige DM-Ausstattung in Höhe von 15 DM je Person für die gesamte Aufenthaltsdauer, was zu DM-Abflüssen von höchstens 30 Mill. DM im Jahr führt. Im Vergleich zu den W. sind die damit verbundenen Westgeldausgaben relativ gering, so daß die DDR jährlich (1973) einen Devisengewinn in einer Größenordnung von ca. 900 Mill. DM erzielt.

Westorientierung: Bezeichnung für jede Ausprägung einer geistig-politischen Haltung, die den „Westen"

(d. s. die kapitalistisch-imperialistischen Industriegesellschaften) vor allem im technisch-wissenschaftlichen Bereich als Maßstab wählt. Die Einstellung der SED-Führung hinsichtlich der W. ist stets ambivalent gewesen. Einerseits wurden und werden westliche Technik und Wissenschaft bewundert und benutzt; andererseits haben führende SED-Mitglieder immer wieder verkündet, daß der „Kampf um den wissenschaftlich-technischen Höchststand" nicht „mit dem Blick auf den Westen" geführt werden könne. → **Bewußtsein, gesellschaftliches; Staatsbewußtsein, sozialistisches.**

Wettbewerb, Sozialistischer: → **Sozialistischer Wettbewerb.**

WGB: Abk. für → **Weltgewerkschaftsbund.**

Widerstand: → **Opposition und Widerstand.**

Wiedergutmachung: Eine individuelle W. nationalsozialistischen Unrechts erfolgt für Vermögensschäden und in Form von Haftentschädigungen in der DDR nicht. Auch mit anderen Staaten sind keine W.-Abkommen abgeschlossen worden. Die anerkannten Verfolgten des Naziregimes genießen gewisse Vorteile, darunter Gesundheitshilfe sowie erhöhten Urlaub, Vorrechte bei der Zuteilung von Wohnraum (→ **Bau- und Wohnungswesen**), bei der Beschaffung von Hausrat und durch Gewährung von Studienbeihilfen für Kinder. Bis zum 30. 4. 1965 erhielten sie bei Erwerbsminderung Leistungen aus der Sozialversicherung, die denen bei Arbeitsunfällen glichen, auch wenn sie keine Versicherungszeiten aufweisen konnten. Seit dem 1. 5. 1965 erhalten anerkannte „Kämpfer gegen den Faschismus" und „Verfolgte des Faschismus" aus dem Staatshaushalt über die Sozialversicherung der Arbeiter und Angestellten Ehrenpensionen. Die Ehrenpension für „Kämpfer" beträgt 800 Mark, für „Verfolgte" 600 Mark monatlich. An Witwen und Waisen werden Hinterbliebenenpensionen gezahlt von 120 Mark für arbeitsfähige Witwen und bis 500 Mark für arbeitsunfähige Witwen. Das Pensionsalter wird von Männern mit 60 Jahren, von Frauen mit 55 Jahren erreicht. Ist das Pensionsalter noch nicht erreicht, wird eine Teilpension, entsprechend dem Prozentsatz des Körperschadens, auf jeden Fall aber wird 20 v. H. der Vollpension gezahlt (→ **Sozialversicherungs- und Versorgungswesen**).

Neben der Ehrenpension erhalten „Kämpfer" und „Verfolgte" vom Erreichen der vorgezogenen Altersgrenze an oder bei Invalidität eine Alters- oder Invalidenrente in Höhe von 350 Mark bzw. von 240 Mark, wenn noch Altersversorgung der Intelligenz gezahlt wird; hinzu tritt ggf. Ehegattenzuschlag.

Neben der Hinterbliebenen(ehren)pension wird Witwen-(Witwer-)Rente in Höhe von 210 Mark bzw. 60 v. H. der gekürzten Rente, Vollwaisenrente in Höhe von 150 Mark bzw. 40 v. H. und Halbwaisenrente in Höhe von 105 Mark bzw. 30 v. H. der Rente des Verstorbenen gezahlt.

Bei Anspruch auf zwei Renten der Sozialversicherung gelten die allgemeinen Anrechnungsbestimmungen (→ **Renten**).

Kämpfer gegen den Faschismus und Verfolgte des Faschismus erhalten bei Krankheit, Arbeitsunfall, Berufskrankheit und Quarantäne für die Dauer des Krankengeldbezuges zum Krankengeld einen → **Lohnausgleich** bis zu 100 v. H. des Nettodurchschnittsverdienstes.

Wiedervereinigungspolitik der SED: → **Deutschlandpolitik der SED.**

Wirtschaft

Wirtschaftspolitik – Wirtschaftsfläche und Raumordnung – Wirtschaftssystem

I. Wirtschaftspolitik

A. Allgemeine Bestimmung und Aufgaben

W.-Politik wird verstanden als die Gesamtheit der gestaltenden Maßnahmen, die der Staat im Hinblick auf die Erreichung der politischen und wirtschaftlichen Ziele „der „herrschenden Klasse" trifft. Die Maßnahmen beziehen sich auf die Abläufe und Strukturen des W.-Systems. Das bestehende W.-System wird als *„sozialistische Planwirtschaft"* (Art. 8 der DDR-Verfassung von 1968) gekennzeichnet. Entscheidend für die Eigenart der W.-Politik ist, daß die sozialistische Plan.-W. in ihren Grundelementen bewußt als Wertsystem aufgefaßt wird. Es soll im Rahmen einer neuen gesamtgesellschaftlichen Wertordnung auf die Dauer in Staat und Gesellschaft von oben durchgesetzt werden.

Eine entsprechende W.-Politik zu führen, war und ist das Ziel der KPD bzw. SED. Typisch dafür ist eine grundsätzlich klassenkämpferische Einstellung der SED auch im wirtschaftspolitischen Bereich. Sie zeigte sich am deutlichsten dort, wo z. B. durch → **Enteignung**, Zwangskollektivierung und Berufslenkung gewaltsam das überkommene W.-System zerstört und eine neue W.-Ordnung schrittweise eingeführt wurde. Die allgemeine ideologische Orientierungsbasis ist der → **Marxismus-Leninismus,** im Speziellen die → **Politische Ökonomie.** Die Veränderungen im wirtschaftlichen Lenkungssystem seit Beginn des Neuen ökonomischen Systems der → **Planung** und Leitung der Volks-W. und die starke Förderung von praxisbezogenen Teilbereichen der **W.-Wissenschaften** (z. B. → **Sozialistische Betriebswirtschaftslehre; Sozialistische Wirtschaftsführung)** zeigen jedoch, daß die Lösung von Problemen in entwickelten, vielschichtig verflochtenen hochindustrialisierten Volks-W. andere Instrumente erfordert, als sie die traditionelle Politische Ökonomie bereitstellt.

Die W.-Politik hat zur Aufgabe, bestimmte Grundbestandteile des Gesamtsystems – gesellschaftliches Eigentum und zentrale Planung und Leitung – entweder zu schaffen oder so funktionsbereit zu halten, daß über wirtschaftliche Wachstumsprozesse die Erreichung staatlicher Strukturziele sowie eine Anhebung des Lebensstandards möglich werden. Daher wird die W.-Politik zu Recht als der „wichtigste Teil der Gesamtpolitik" der SED und der staatlichen Verwaltung angesehen. Machtgewinn, -behauptung und -sicherung der SED sind eng mit der Gestaltung der wirtschaftlichen Struktur, der Organisationsformen, der Institutionen und des wirtschaftlichen Ablaufs (W.-Prozeß, makro- und mikroökonomische Beziehungen) verknüpft.

Im einzelnen sind wichtige Aufgaben der W.-Politik: 1. der allgemeine Aufbau des W.-Systems durch Bildung und Auflösung von W.-Organen, 2. die Verteilung von Entscheidungskompetenzen derart, daß ein kooperationsfähiges Entscheidungssystem entsteht, 3. die Festlegung der volkswirtschaftlichen Grundstruktur, der Branchen uund Produktionssortimente sowie der territorialen wirtschaftlichen Verflechtung, 4. die Bestimmung der Wachstumsziele und -strategien, der volkswirtschaftlichen Effektivität im zentralen Plan, 5. die Regelung eines Systems direkter und indirekter Lenkungsinstrumente („ökonomische Hebel"), wie Preisplanung- und -gestaltung, Haushaltsabführungen, Prämiensätze, 6. Entscheidungen über Investitionen, die vor allem den Umfang und die Proportionierung von Neu-, Erweiterungs- und Rationalisierungsinvestitionen betreffen, 7. Entscheidungen über den Außenhandel und die → **wissenschaftlich-technische Zusammenarbeit** innerhalb und außerhalb des → **RGW**, 8. die Festlegung des Gewinnanteils, der den VEB verbleibt, 9. die Lenkung der Branchen durch Ministerien, VVB, Kombinate und VEB im Hinblick auf Forschung, Entwicklung, Fertigung und Absatz sowie der regionalen W.-Organe (Bezirke und Kreise, Städte und Gemeinden), 10. die rationelle Nutzung der Produktionsfaktoren und die Verteilung der Erzeugnisse, 11. die Regelung der Finanzbeziehungen, z. B. zwischen Bank, Betrieb und Staatshaushalt.

B. Phasen der Wirtschaftspolitik

Bei dem Abbau des überkommenen W.-Systems und dem Aufbau einer sozialistischen Plan.-W. lassen sich bis jetzt 6 Phasen unterscheiden. Sie sind zugleich die Hauptetappen der allgemeinen politischen Entwicklung.

Die *1. Phase von 1945 bis 1949* war dadurch gekennzeichnet, daß die wirtschaftlichen Grundlagen politischer Macht (z. B. privatkapitalistisches Eigentum) zerstört bzw. von der SED übernommen wurden. Es war die Etappe der „Eroberung der politischen und wirtschaftlichen Kommandohöhen" durch Industrie- und Bodenreformen. In der Industrie wurden das staatliche und „nationalsozialistische" Eigentum, später auch das Privateigentum enteignet.

Der Befehl Nr. 124 der Sowjetischen Militäradministration in Deutschland (→ **SMAD**) vom 30. 10. 1945 („Sequesterbefehl") ordnete unter der Bezeichnung „Über die Beschlagnahme und provisorische Übernahme einiger Eigentumskategorien" die Beschlagnahme wichtiger Industriebetriebe an. Formal sollte sich die Maßnahme vor allem gegen „Naziaktivisten und Rüstungsfabrikanten" richten. Ein kleiner Teil der beschlagnahmten Betriebe wurde mit dem Befehl Nr. 167 vom 5. 6. 1946 in das „Eigentum der UdSSR auf Grund der Reparationsansprüche der UdSSR" überführt („SAG-Betriebe"), während der größere Teil zu „Volkseigentum" erklärt wurde (Befehl Nr. 64 vom 17. 4. 1948). In der Provinz Sachsen bestimmte ein am 30. 6. 1946 durchgeführter „Volksentscheid über die entschädigungslose Enteignung der sequestrierten Betriebe der Kriegsverbrecher und aktiven Faschisten" die Übernahme in „Volkseigentum". 1947 gingen alle Bodenschätze in „Volkseigentum" über (Ländergesetze „Über die Überführung der Bodenschätze und Bergwerksbetriebe in die Hand des Volkes").

Parallel dazu lief seit 1945 eine Bodenreform, durch die aller landwirtschaftlicher Privatbesitz über 100 ha sowie der führenden Nationalsozialisten oder anderen „Kriegsverbrechern" gehörende Boden entschädigungslos enteignet und in einem allgemeinen „Bodenfonds" zusammengefaßt wurde. Etwa $^2/_3$ des Landes wurde an 550 000 landlose Bauern, Landarbeiter, Pächter u. a. verteilt, etwa $^1/_3$ übernahmen Länder, → **Kreise** und → **Gemeinden**.

Diese 1. Phase charakterisierten weiterhin Demontagen und Reparationsleistungen an die UdSSR. Letztere wurden formal 1953 abgeschlossen. Am 27. 6. 1947 konstituierte sich auf Befehl Nr. 138 der SMAD die → **Deutsche Wirtschaftskommission** als zentrale deutsche Verwaltungsinstanz. Die aus 12 Zentralverwaltungen bestehende DWK brachte eine stärkere Zentralisierung des wirtschaftlichen Leitungssystems. Ein Teil der volkseigenen Betriebe unterstand ab Juli 1948 direkt der DWK. Die anderen VEB wurden entweder von Länderregierungen, unteren Gebietskörperschaften oder genossenschaftlich verwaltet. Als Zwischeninstanzen schuf die DWK ein Ministerium für Industrie und von diesem angeleitete Vereinigungen Volkseigener Betriebe (VVB) mit den VEB als unselbständigen Filialbetrieben. Die DWK wurde der Kern der späteren Regierung.

Während der *2. Phase von 1949 bis 1958* wurden die Grundlagen für die die volkswirtschaftliche Grundstruktur kennzeichnenden Branchen der chemischen und elektrotechnischen Industrie und des Maschinenbaus erweitert sowie durch Kriegsschäden und Demontagen bedingte Verluste und Disproportionen beseitigt. Die 1948 mit einem Halbjahresplan eingeführte zentrale → **Planung** brachte 1949 einen Zweijahrplan, 1951 einen 1. und 1956 einen 2. Fünfjahrplan. Die Industrieverwaltung wurde zweimal reorganisiert: Ende 1950 wurde das Ministerium für Industrie durch einzelne Industrieministerien ersetzt. Sie übernahmen den größeren Teil der bis dahin den Länderregierungen unterstehenden VEB-L

(jetzt VEB-Z), der kleinere Teil wurde als „Örtliche Industrie" den Kreiskörperschaften unterstellt. Gleichzeitig wurden neue Branchenverwaltungen (VVB-Z) gegründet. Ende 1951 wurden dann die Branchenverwaltungen aufgelöst und die angeschlossenen Betriebe in selbständige, nach der „wirtschaftlichen Rechnungsführung" arbeitende W.-Einheiten umgewandelt.

Allgemein führte die SED in dieser Phase einen verschärften „Klassenkampf nach innen". Die Sozialisierung wurde weiterbetrieben, so durch die Gründung von Produktionsgenossenschaften des → **Handwerks** und von landwirtschaftlichen Produktionsgenossenschaften (LPG). Die Zwangskollektivierung der selbständigen Bauern-W. lief von Juli 1952 bis April 1960. Sie stagnierte in den Jahren 1953 (→ **Juni-Aufstand**), 1956 (Unruhen in Polen) und 1957 (Ungarn-Aufstand).

1950 wurde die DDR in den 1949 gegründeten → **Rat für Gegenseitige Wirtschaftshilfe** (RGW) aufgenommen, womit eine intensivere wirtschaftliche Verflechtung mit den Ostblockländern, in erster Linie mit der UdSSR, begann.

Die *3. Phase von 1958 bis 1962* begann mit einer erneuten Reorganisation des Staats- und W.-Apparates. Der Auflösung der Industrieministerien folgten die Gründung von Vereinigungen Volkseigener Betriebe und Betriebszusammenschlüsse mit der Aufgabe, unterstellte VEB „operativ und produktionsnah anzuleiten". Bis zur Bildung des → **Volkswirtschaftsrats** 1961 unterstanden sie der aus dem Ministerium für Planung hervorgegangenen Staatlichen Plankommission. Die örtliche Industrie gewann an Bedeutung, indem den Räten der Bezirke und Kreise ehemals zentralverwaltete Industriebetriebe weisungsgemäß unterstellt wurden. Im Zusammenhang damit konstituierten sich bei den Räten der Bezirke besondere Wirtschaftsräte. Währenddessen wurde die Industrie stark ausgebaut (z. B. VEB Braunkohlenkombinat „Schwarze Pumpe", Werk II des VEB Leuna-Werke, Erdölleitung „Freundschaft").

Die Jahre 1958 und 1959 brachten insgesamt eine erste Konsolidierung des wirtschaftlichen und politischen Systems, der in den Jahren bis 1962 dann jedoch, hervorgerufen durch die Vollkollektivierung der Landwirtschaft, die Fluchtbewegung und den Bau der Mauer in Berlin, Krisen folgten. Unter der Formel „Störfreimachung" wurden eine stärkere Umstellung der W. auf Materialimporte aus der UdSSR und anderen Ostblockländern sowie die Eigenfertigung bisher importierter Erzeugnisse propagiert. Durch die Umstellung sollte der Umfang des Interzonenhandels verringert werden; er stieg im Umfang allerdings ab 1962 wieder an.

Die Veränderung der regionalen Außenwirtschaftsstruktur war ein wichtiges Teilziel des 1. Siebenjahrplanes, dessen Laufzeit in Anlehnung an die sowjetische Planperiodisierung für die Jahre 1959–1965

Regionalstruktur der Volkswirtschaft (Anteile der Bezirke in v. H.)

Bezirk	Fläche	Wohn-bevölke-rung	Berufstätige (ohne Lehrlinge)	Landwirtsch. Nutzfläche	Einzelhandels-umsatz	Sparguthaben bei den Kreditinstituten
Berlin (Ost)	0,4	6,4	7,2	0,5	8,8	5,8
Cottbus	7,6	5,1	5,1	5,5	4,9	5,3
Dresden	6,2	10,9	11,3	6,4	11,0	12,3
Erfurt	6,8	7,4	7,3	7,5	7,0	6,8
Frankfurt (Oder)	6,6	4,1	3,5	5,7	3,8	3,6
Gera	3,7	4,4	4,5	3,3	4,3	5,0
Halle	8,1	11,2	11,2	9,1	10,6	9,9
Karl-Marx-Stadt	5,6	11,9	12,4	5,4	11,7	14,1
Leipzig	4,6	8,7	8,8	5,6	8,8	9,0
Magdeburg	10,7	7,7	7,6	11,8	7,3	7,4
Neubrandenburg	10,0	3,7	3,3	10,7	3,5	3,2
Potsdam	11,6	6,7	6,1	9,9	6,4	6,3
Rostock	6,5	5,1	4,9	7,8	5,5	4,3
Schwerin	8,0	3,5	3,2	8,7	3,3	3,3
Suhl	3,6	3,3	3,5	2,3	3,2	3,8

Bezirk	Industrielle Brutto-produktion	Energie- und Brenn-stoffindustrie	Chemische Industrie	Metallurgie	Bau-materialien-industrie	Wasser-wirtschaft
Berlin (Ost)	5,9	3,0	3,8	3,1	0,3	11,6
Cottbus	5,1	38,2	4,0	0,7	4,4	4,5
Dresden	12,3	7,3	7,8	16,0	15,8	10,7
Erfurt	7,3	4,0	4,4	0,5	4,9	5,5
Frankfurt (Oder)	4,5	0,0	8,6	19,2	8,1	4,4
Gera	4,7	0,6	4,6	5,1	2,6	4,8
Halle	14,4	18,9	38,2	22,7	24,6	10,4
Karl-Marx–Stadt	14,6	5,4	4,7	8,2	4,0	9,0
Leipzig	8,6	13,9	10,0	3,7	10,0	11,7
Magdeburg	6,4	–	5,9	1,4	11,3	6,8
Neubrandenburg	1,6	–	0,3	–	3,1	3,4
Potsdam	6,1	6,1	4,2	18,7	3,5	6,3
Rostock	3,1	2,4	0,1	–	1,6	5,5
Schwerin	2,2	0,0	1,0	–	3,5	2,7
Suhl	3,1	–	2,3	0,7	2,3	3,2

Bezirk	Maschinen- und Fahrzeug-bau	Elektro-technik/ Elektronik/ Gerätebau	Leichtindustrie (ohne Textil-industrie)	Lebens-mittel-industrie	Bauindustrie	Handwerk
Berlin (Ost)	4,2	18,2	9,2	5,1	8,7	7,0
Cottbus	3,5	1,1	4,2	3,8	6,5	3,9
Dresden	12,0	16,6	14,0	11,5	9,0	12,4
Erfurt	8,2	12,0	6,8	9,8	6,8	7,2
Frankfurt (Oder)	1,6	2,7	3,6	2,9	5,8	2,6
Gera	2,8	9,3	6,9	3,8	3,9	4,1
Halle	11,5	2,8	6,6	10,4	9,6	9,2
Karl-Marx-Stadt	16,3	12,7	19,5	8,2	8,2	16,1
Leipzig	10,2	6,0	9,5	7,1	8,8	10,5
Magdeburg	9,9	4,7	4,5	10,6	9,8	7,9
Neubrandenburg	1,5	0,2	1,1	5,5	4,3	1,7
Potsdam	6,7	4,9	3,0	6,0	6,6	7,4
Rostock	5,6	1,3	1,8	7,1	5,8	4,1
Schwerin	2,1	1,6	1,8	6,4	3,0	3,0
Suhl	3,9	5,9	6,8	1,9	3,1	2,9

Quelle: Statistisches Jahrbuch der DDR, 1974, S. 75 f.

vorgesehen war. Nach der Beendigung der Reparationsleistungen an die UdSSR und der Beseitigung der gröbsten Disproportionen in der Angebotsstruktur sollte mit diesem Plan das Leistungsniveau vergleichbarer westlicher Industrieländer erreicht werden. Als die „ökonomische Hauptaufgabe" des Siebenjahrplanes wurde die Angleichung des Versorgungsniveaus (privater Verbrauch) an die westdeutschen Verhältnisse bezeichnet. Wie die Plandurchführung bereits im Jahre 1960 zeigte, reichten die Produktionsmöglichkeiten für das geplante Expansionstempo nicht aus. Der Rückstand in der Produktion und im privaten Verbrauch gegenüber der Bundesrepublik Deutschland, der 1958 bei 25 v. H. bis 30 v. H. (Sozialprodukt und **privater** → **Verbrauch** je Einwohner) lag, konnte nicht aufgeholt werden. Der Siebenjahrplan wurde 1961/62 abgebrochen.

Auf die krisenhafte Zuspitzung in den Jahren 1960–1962 reagierte die Partei- und Staatsführung 1963 mit einem wirtschaftspolitischen Reformprogramm, dem „Neuen Ökonomischen System der Planung und Leitung der Volkswirtschaft". Es zielte nicht auf eine Veränderung der Grundelemente des W.-Systems und der bezeichnenden Instrumente der W.-Politik, sondern auf ihre effektivere Gestaltung und Anwendung. Die Parteitage der SED in den Jahren 1963, 1967 und 1971 markierten in der Folgezeit die Phasen in der W.-Politik: *4. Phase 1963–1967, 5. Phase 1967–1971, 6. Phase ab 1971.* (Für diesen Zeitraum: → **Phasen der Wirtschaftspolitik seit 1963**.)

II. Wirtschaftsfläche und Raumordnung

Die W.-Fläche zählt neben der → **Bevölkerung** – insbesondere der erwerbstätigen Bevölkerung –, den Rohstoffvorkommen, dem technischen Wissen und der Kapitalausstattung zu den bestimmenden Faktoren des W.-Potentials der DDR. Sie umfaßte 1973 10 832 745 ha und entsprach damit etwa der W.-Fläche der Bundesländer Schleswig-Holstein, Niedersachsen, Nordrhein-Westfalen und Hessen. Nach der Größe ihrer W.-Fläche steht die DDR in Europa an 16. Stelle. Von der Gesamtfläche waren 6 287 128 ha landwirtschaftliche Nutzungsfläche, 2 950 134 ha Forsten und Holzungen, 79 021 ha Ödland, 220 509 ha Umland und Abbauland sowie 214 721 ha nutzbare Gewässer. Die landwirtschaftliche Nutzungsfläche, nach Eigentumsformen gegliedert, ergab für 1973 folgende Verteilung: 7. v. H. entfielen auf nichtsozialistische Betriebe und Eigentümer, 94 v. H. auf sozialistische Betriebe, darunter 86 v. H. auf Landwirtschaftliche Produktionsgenossenschaften und 7. v. H. auf Volkseigene Güter. Der Anteil der landwirtschaftlichen Nutzungsfläche an der W.-Fläche geht seit Jahren leicht zurück. Gegenüber 1951, dem Jahr mit dem höchsten Hektaranteil, betrug der Rückgang 1972 258 991 ha.

Wichtiges Merkmal der räumlichen Verteilung der wirtschaftlichen Aktivitäten und der Bevölkerung besteht in einem Süd-Nord-Gefälle. So wird die industrielle Raumordnung durch die südlichen Ballungsgebiete der Bezirke Dresden, Halle, Leipzig und Karl-Marx-Stadt geprägt, in denen Bevölkerung, Industrie und Infrastruktureinrichtungen konzentriert sind. Auf einem Viertel der Fläche der DDR wird über die Hälfte der industriellen Bruttoproduktion erzeugt, gegenüber einem Anteil von nur knapp 7 v. H. in den etwa gleich großen Nordbezirken Schwerin, Neubrandenburg und Rostock (vergleiche Tabelle Regionalstruktur der Volkswirtschaft).

Die Bevölkerungszahl ist in den 3 Südbezirken dreimal so hoch wie in den drei Nordbezirken. Die Zahl der Einwohner je km² schwankte 1973 zwischen 59 im Bezirk Neubrandenburg und 334 im Bezirk Karl-Marx-Stadt. Im Zusammenhang mit der Konzentration von Industrieproduktion und Bevölkerung in den südlichen und mittleren Gebieten der DDR steht die ebenfalls differierende Ausstattung der Bezirke mit Einrichtungen der Infrastruktur, z. B. des Verkehrs- und Nachrichtenwesens, der Kultur und Volksbildung, des Handels und des Gesundheits- und Sozialwesens. Allerdings konnten hier die Unterschiede der Regionen durch eine gezielte Raumordnungspolitik verringert werden.

Regionale Unterschiede weist auch die Siedlungsstruktur auf. Während in den landwirtschaftlich orientierten Nordbezirken Schwerin und Neubrandenburg nur ca. 40 v. H. der Bevölkerung in Siedlungen mit über 10 000 Einwohnern leben, wohnt in den 4 Südbezirken über die Hälfte der Bevölkerung in städtischen Siedlungen dieser Größenordnung (vergleiche Tabelle Siedlungsstruktur). Entsprechend überwiegen in den schwach industrialisierten Gebieten kleinere Gemeinden in relativ großer Entfernung von großstädtischen Zentren. Partiell wurde diese überkommene Siedlungsstruktur durch städtische Neugründungen und Aufbau größerer Industriekomplexe (z. B. Eisenhüttenstadt, Schwedt) durchbrochen.

III. Wirtschaftssystem

Das W.-System wird bestimmt durch die ausdrückliche parteiprogrammatische und verfassungsrechtliche Festlegung auf eine bestimmte Form der W.-Ordnung, die „sozialistische Volks-W.". Sie versteht sich als endgültige historische Überwindung kapitalistischer W.-Strukturen und rechnet demgemäß zu den „unantastbaren Grundlagen der sozialistischen Gesellschaftsordnung" (Art. 2, Abs. 2 der DDR-Verfassung von 1968). Die verfassungsrechtliche Bestimmung, daß die Volks-W. sich auf der Grundlage sozialistischer → **Produktionsverhältnisse** und gemäß den ökonomischen Gesetzen des Sozialismus entwickle, verweist zugleich auf die Rezeption einer spezifischen W.-Theorie (→ **Politische Ökonomie**).

Ähnlich deutlich festgelegt ist auch das Instrumentarium, mit dessen Hilfe die Ziele des W.-Systems verwirklicht werden sollen. Die DDR-Verfassung von 1968 hebt hervor, daß der Grundsatz der Planung und Leitung der gesellschaftlichen Entwicklung vor allem auch die Volks-W. beherrscht und ihr damit die Merkmale einer „sozialistischen Planwirtschaft" verleiht. Zur Darstellung und Analyse der Funktionsfähigkeit des W.-Systems reicht eine derartige Charakterisierung allerdings nicht aus. Hier kommt es auf die Gestaltung der prozeduralen und institutionellen Regelungen an, auf die Verteilung der Verfügungsmacht über die wirtschaftlichen Ressourcen und deren Nutzung und die Berücksichtigung der Interessen aller am W.-Leben Beteiligten. So gesehen sind die Hauptmerkmale des W.-Systems:
1. Vergesellschaftetes → **Eigentum** an den Produktionsmitteln, über das der Staat verfügt;
2. zentrale Planung und Leitung der Produktion und Distribution einschließlich der Koordination von W.-Planung und Finanz- und Sozialpolitik sowie die Gestaltung eines Systems der Leistungsanreize;
3. eingeschränkte Autonomie der Betriebe und Haushalte sowie begrenzte Aktionsmöglichkeiten der Massenorganisationen und der nachgeordneten territorialen Verwaltung.

A. Eigentumsverhältnisse

Eine der primären Differenzen zwischen dem W.-System der DDR und dem der Bundesrepublik Deutschland sind die unterschiedlichen Eigentumsverhältnisse. Sie werden von der Politischen Ökonomie als die wichtigsten gesellschaftlichen Verhältnisse interpretiert, die den Charakter aller anderen gesellschaftlichen Beziehungen bestimmen sollen. Im sozialistischen System wird das gegenüber dem Privateigentum dominierende „sozialistische Eigentum" an → **Produktionsmitteln** als die wirtschaftliche Basis der gesamtgesellschaftlichen Steuerung durch die SED (→ **Arbeiter-und-Bauern-Macht**) angesehen. Die Bildung von Privateigentum an Produktionsmitteln durch Unternehmer und von großen Kapitalgruppen mit gesellschaftspolitischen Einflußmöglichkeiten wird verhindert.

Das sozialistische Eigentum existiert in zwei Formen: als „Volkseigentum", das die durch Vergesellschaftung in direkten staatlichen Besitz gelangten Betriebe und Unternehmen erfaßt, und als „genos-

Siedlungsstruktur (1972)

	Bevölkerungsverteilung nach Gemeindegrößengruppen in v. H.						Anzahl der Gemeinden insgesamt	Anteil der Gemeindegrößengruppen an den Gemeinden in v. H.						Bevölkerungsdichte (Einw. je qkm)
	unter 500	500 bis 2000	2000 bis 10000	10000 bis 20000	20000 bis 50000	mehr als 50000		unter 500	500 bis 2000	2000 bis 10000	10000 bis 20000	20000 bis 50000	mehr als 50000	
	Einwohner							Einwohner						
DDR insgesamt														
1939	11,3	16,5	20,7	8,1	11,3	32,1	12168	66,4	24,4	7,2	0,8	0,5	0,2	155
1946	10,1	22,2	23,2	8,4	11,5	24,6	12249	53,1	36,5	8,7	0,9	0,6	0,2	170
1950	6,9	22,1	22,9	9,0	13,6	25,5	9776	42,0	44,9	10,9	1,2	0,8	0,2	171
1960	7,8	20,2	21,8	9,7	13,9	26,6	9375	47,2	40,4	10,1	1,3	0,8	0,2	159
1965	7,9	19,0	20,9	9,1	15,2	28,0	9069	49,0	38,8	9,9	1,2	0,9	0,3	158
1970	7,4	18,8	20,2	9,5	15,3	28,8	8868	48,3	39,3	9,8	1,3	0,9	0,3	158
1972	7,4	18,4	20,0	9,1	15,5	29,7	8777	48,9	38,7	9,9	1,3	0,9	0,3	157
Nach Bezirken (1972)														
Berlin (Ost)						100,0	1						100,0	2704
Cottbus	14,2	17,5	23,5	4,3	23,3	17,2	711	66,4	25,3	6,5	0,4	1,1	0,3	105
Dresden	4,7	18,4	19,8	7,5	17,8	31,8	758	36,4	48,4	12,7	1,2	1,0	0,3	277
Erfurt	8,7	25,6	17,4	5,1	13,6	29,6	801	48,7	42,1	7,6	0,5	0,6	0,5	171
Frankfurt (Oder)	11,8	18,1	23,0	10,6	27,0	9,5	473	60,5	28,5	8,4	1,3	1,1	0,2	96
Gera	13,1	14,3	17,1	13,6	14,0	27,9	577	70,2	21,5	6,1	1,4	0,5	0,3	185
Halle	3,2	21,4	21,8	5,5	24,1	24,0	723	25,3	55,9	15,3	1,1	1,8	0,6	218
Karl-Marx-Stadt	3,0	15,0	29,1	13,3	12,0	27,6	671	31,5	42,2	21,6	2,8	1,3	0,6	337
Leipzig	5,0	15,6	16,2	9,6	14,5	39,1	554	39,3	47,5	9,6	2,0	1,4	0,2	297
Magdeburg	8,6	21,5	19,7	11,1	18,3	20,8	771	48,8	39,7	9,3	1,2	0,9	0,1	114
Neubrandenburg	15,5	28,3	19,2	17,3	11,4	8,3	578	52,8	40,6	4,5	1,4	0,5	0,2	59
Potsdam	13,4	17,6	25,3	11,6	13,7	18,4	831	62,5	27,3	8,1	1,2	0,7	0,2	90
Rostock	6,4	21,4	15,3	12,6	5,7	38,6	404	39,4	48,3	9,4	2,0	0,2	0,7	122
Schwerin	15,7	24,2	17,6	10,0	15,6	16,9	518	58,9	34,9	4,4	1,0	0,6	0,2	69
Suhl	9,5	28,1	32,0	10,5	19,9	–	406	45,3	40,1	12,6	1,0	1,0	–	143

Quelle: Statistisches Jahrbuch der DDR 1973, S. 3 und 9 f.

senschaftliches Eigentum", das durch den Zusammenschluß von Einzelproduzenten zu Erzeugergenossenschaften entsteht. Die Basis des Volkseigentums entstand 1946 durch die entschädigungslose Enteignung der „Nazi- und Kriegsverbrecher". Durch die Errichtung und Erweiterung zahlreicher Großbetriebe wuchs der staatliche W.-Bereich stark an. Der Anteil der volkseigenen Betriebe am Nationaleinkommen der Gesamt-W. stieg von 51 v. H. im Jahr 1950 über 69 v. H. im Jahr 1970 auf 81 v. H. im Jahr 1973 an (vgl. Tabellen Eigentumsformen). Das verfassungsrechtlich privilegierte Volkseigentum erfaßt alle wichtigen Produktionsmittel: Bodenschätze, größere Gewässer, mittlere und größere Industriebetriebe, Banken, Versicherungen, Verkehrswege, Transport- und Nachrichteneinrichtungen. Als Subjekt des Volkseigentums werden der Staat und das Volk gesehen. Konzeptionen eines delegierten Gruppeneigentums, z. B. der Betriebsbelegschaften, fanden in der DDR keine Verbreitung.

Anteil der Eigentumsformen am Nettoprodukt je Wirtschaftsbereich (in v. H.)

Jahr	Ins gesamt[1]	Nettoprodukt					
		Je Wirtschaftsbereich					
		Industrie und produzierendes Handwerk (ohne Bauhandwerk)	Bauwirtschaft	Land- und Forstwirtschaft[1]	Verkehr, Post- und Fernmeldewesen	Binnenhandel	Sonstige produzierende Zweige
				Sozialistische Betriebe			
1950	56,8	68,8	41,3	3,4	83,7	60,7	83,1
1970	85,5	82,9	80,6	95,4	93,2	87,2	94,1
1971	85,7	83,1	80,7	94,8	93,3	88,2	93,6
1972	94,7	96,0	91,5	95,9	94,0	90,1	96,9
1973	95,2	96,3	93,1	95,5	95,1	91,0	97,7
				Volkseigene Betriebe			
1950	50,5	67,4	41,3	3,4	83,7	30,8	83,1
1970	68,6	79,8	52,1	16,1	93,2	63,5	92,4
1971	68,7	79,2	52,0	15,6	93,3	65,3	92,0
1972	79,7	95,4	72,2	15,8	94,0	66,6	95,5
1973	81,2	95,5	73,6	16,2	95,1	67,3	96,6
				Genossenschaftliche Betriebe			
1950	6,3	1,4	–	–	–	29,9	–
1970	16,9	3,1	28,5	79,3	–	23,7	1,6
1971	16,9	3,9	28,8	79,2	–	22,9	1,6
1972	15,0	0,7	19,3	80,1	–	23,5	1,5
1973	14,0	0,7	19,5	79,3	–	23,7	1,2
				Betriebe mit staatlicher Beteiligung oder Kommissionsvertrag			
1950	–	–	–	–	–	–	–
1970	8,9	11,5	10,3	0,1	3,7	7,1	3,1
1971	8,9	11,5	10,5	0,1	3,7	6,9	3,5
1972	1,0	0,0	0,0	–	3,0	5,9	0,7
1973	0,9	0,0	0,0	–	2.1	5,4	0,4
				Private Betriebe			
1950	43,2	31,2	58,7	96,6	16,3	39,3	16,9
1970	5,6	5,6	9,1	4,5	3,1	5,7	2,9
1971	5,4	5,4	8,8	5,1	3,0	4,9	2,9
1972	4,3	3,9	8,4	4,1	3,0	4,0	2,4
1973	3,9	3,7	6,9	4,5	2,8	3,6	1,8

1 Ohne Nettoprodukt der Haus- und Kleingärten.

Quelle: Statistisches Jahrbuch der DDR 1974, S. 39.

Die Eigentumsformen der Industriebetriebe

Jahr	Insgesamt	sozialistisch	halbstaatlich	privat
		Betriebe		
1956	18 344	5 922	144	12 278
1959	16 791	5 131	3 534	7 826
1963	14 861	4 658	5 384	4 819
1967	13 159	3 705	5 562	3 892
1969	12 255	3 193	5 646	3 416
1971	11 253	2 619	5 658	2 976
		Arbeiter und Angestellte		
1956	2 539 689	2 113 125	14 331	412 233
1959	2 762 441	2 301 641	240 498	220 302
1963	2 775 031	2 315 988	340 476	118 567
1967	2 746 493	2 305 024	349 217	92 252
1969	2 818 756	2 379 342	359 865	79 549
1971	2 825 397	2 410 123	348 068	67 206
		Industrielle Bruttoproduktion (1000 Mark)		
1956	47 615 262	42 190 032	163 435	5 261 795
1959	64 181 022	57 050 412	3 930 199	3 200 411
1963	81 490 993	72 186 081	7 279 915	2 024 997
1967	100 755 656	88 402 207	10 360 319	1 993 130
1969	137 710 000	122 013 900	13 615 600	2 080 500
1971	154 626 445	137 333 794	15 295 343	1 997 308

Quelle: Statistische Jahrbücher der DDR, 1968, S. 115; 1970, S. 103; 1972, S. 118.

Faktisch ist der Staat der primäre Eigentümer, der die daraus entstehenden Rechte durch die Institutionen der zentralen W.-Lenkung (vor allem Industrieministerien und Staatliche Plankommission) und die von diesen eingesetzten Betriebsleiter verwirklicht. Das genossenschaftliche Eigentum besteht in den Organisationsformen von Produktionsgenossenschaften, die vor allem in der → **Landwirtschaft** und im → **Handwerk** sowie im Gartenbau und in der → **Fischwirtschaft** verbreitet sind, und von Konsumgenossenschaften und → **Arbeiterwohnungsbaugenossenschaften**. Das genossenschaftliche Eigentum wird als eine niedere Entwicklungsstufe des sozialistischen Eigentums angesehen. Es läßt den Genossenschaften die Möglichkeit, im Rahmen der Gesetze und Pläne selbständig über ihre Betriebseinrichtungen und die Produktionsergebnisse verfügen zu können.

Zum sozialistischen Eigentum wird seit einigen Jahren auch das Eigentum von gesellschaftlichen Organisationen wie den → **Parteien** und → **Massenorganisationen**, die Verlagsbetriebe und soziale und kulturelle Einrichtungen unterhalten, gezählt (→ **Vereinigung organisationseigener Betriebe**, VOB).

Das ist der DDR noch vorhandene private Produktionsmitteleigentum existiert vorwiegend in der Form von Einzelhandelsgeschäften, Gaststätten und Handwerksbetrieben. Nur unter der Voraussetzung,

daß die Privatbetriebe „gesellschaftliche Bedürfnisse befriedigen, der Erhöhung des Volkswohlstands und der Mehrung des gesellschaftlichen Reichtums dienen" (Art. 14, Abs. 1 der DDR-Verf. von 1968) ist privates Produktionsmitteleigentum zulässig.

Die wichtigsten Methoden der Verbindung von privatem und sozialistischem Eigentum sind die staatliche Beteiligung am Privatunternehmen und der Abschluß von Kommissionsverträgen. Das aus solchen Verbindungen entstehende „halbstaatliche Eigentum" hat seit der letzten Sozialisierungswelle, die im Anschluß an den VIII. Parteitag der SED im Jahr 1972 zur Umwandlung fast aller halbstaatlichen und privaten Industrie- und Baubetriebe sowie der industriemäßig produzierenden Handwerksbetriebe (Stat. Jahrbuch der DDR, 1969, S. 111) in VEB führte, stark an Bedeutung verloren. Im Jahre 1967 hatten 5 556 halbstaatliche Betriebe, die 42 v. H. der Industriebetriebe darstellten, noch 10 v. H. der industriellen Bruttoproduktion aufgebracht, während die Privatbetriebe (29 v. H. der Zahl der Betriebe) 2 v. H. produzierten. Seit 1972 sind halbstaatliche Betriebe vorwiegend noch im → **Binnenhandel** und im → **Verkehrswesen** anzutreffen. Private Betriebe konzentrieren sich auch in der Bauwirtschaft, wo sie 1973 6 v. H. des gesamten Bauvolumens sowie 7 v. H. des Nettoprodukts dieses W.-Bereichs erwirtschafteten.

B. Zentrale Planung

Die zentrale Planung ist neben den spezifischen Eigentumsverhältnissen das entscheidende Strukturmerkmal des W.-Systems. Danach sollen grundsätzlich alle wirtschaftlichen Einzeldispositionen über zentrale Pläne gelenkt und koordiniert werden. Die zentrale Planung muß die Wachstums- und Strukturziele der W.-Politik mit den Ressourcen und Realisierungsmöglichkeiten der Branchen und Betriebe in Übereinstimmung bringen und Prioritäten setzen. Neben einer die gesamte W. überziehenden Planungsorganisation und besonderen Planungsverfahren ist die zentrale Planung weiterhin an die Voraussetzung einer beschränkten Betriebsautonomie (Pflicht zur Planerfüllung) und staatlich festgelegter Preise gebunden. In der Vergangenheit hat sich die Form, nach der vor allem die Beziehungen zwischen Planungszentrale und W.-Einheiten geregelt wurde, wiederholt geändert. Seit 1948 gab es allein sieben größere Umbildungen der Planorganisation. Sehr verschiedene Planarten wurden, zumeist diskontinuierlich, angewendet: neben Jahres- und kurzfristigen Plänen Halbjahr-, Zweijahr-, Fünfjahr- und Siebenjahrpläne. Die früher durchgeführte einfache Mengenplanung mit der Bruttoproduktion als entscheidender Kennziffer ist inzwischen durch einige Qualitäts- und Effektivitätskriterien ergänzt worden, ohne daß allerdings eine einzelne Kennziffer (z. B. der Gewinn) Priorität erlangte und ein in sich konsistentes Plankennziffernsystem entwickelt werden konnte. Hier wie auch bei anderen Problemen der zentralen Planung wirkt sich negativ das Fehlen einer entwickelten Planungstheorie aus. Seit 1967 wurden die langfristige Planung und Prognose stärker als wichtiges wirtschaftspolitisches Instrument ausgebaut. Neuere Entwicklungen (Vorgabe umfassender Plankennziffern, Einschränkung der betrieblichen Investitionsentscheidungen) haben seit 1971 zu einer stärkeren Rezentralisierung geführt. Auch wenn seit dem Beginn des Neuen Ökonomischen Systems im Jahre 1963 wettbewerbliche Elemente in das W.-System eingebaut wurden, blieb doch der Planungszentrale nach wie vor die Aufgabe, ein volkswirtschaftliches Gleichgewicht zu sichern. Starke Spannungen bestehen aber zwischen den Mengen- und Preisregulierungen. Einerseits ist der unmittelbare Preis-Mengenzusammenhang unterbrochen, andererseits können die staatlichen Preisorgane die einmal fixierten Preise nicht fortlaufend den unterschiedlichen Versorgungs- und Kostenlagen anpassen. Zeitweilig erforderliche schnelle Umdispositionen begegnen vielfach bürokratischen Hemmnissen, was die durchschnittliche volkswirtschaftliche Effektivität mindert. Dies gewinnt Bedeutung, wenn – wie in letzter Zeit verstärkt – die W.-Branchen unmittelbar an den internationalen Markt herantreten. Die relativ hohe Effizienz, die einer zentralgelenkten W. bei der Bildung von Schwerpunkten oder bei radikalen Umstellungen innerhalb des W.-Systems möglich ist, kann dagegen eine entwickelte, in den Grundzügen proportionierte Plan-W. nach allen bisherigen Erfahrungen nicht erreichen.

C. Wirtschaftseinheiten und Leitungsorgane

Die Organisationseinheiten des W.-Systems sind die unmittelbar wirtschaftenden Einheiten und die staatlichen Träger der W.-Politik sowie der allgemeinen Verwaltung. Letztere werden auch „wirtschaftsleitende Organe" genannt. Dagegen umfaßt die ältere Bezeichnung „Produktionsleitungen" Einheiten beider Arten: Vereinigungen volkseigener Betriebe, → **Bezirkswirtschaftsräte** und → **Räte für Landwirtschaft und Nahrungsgüterwirtschaft.**
Die Organe der W.-Politik und Verwaltung sind hierarchisch gegliedert. Höchstes Organ der W.-Leitung ist der → **Ministerrat**. Er transformiert wirtschaftspolitische Ziele, Strategien und Mittelpräferenzen aus dem Parteiapparat der SED in Sollgrößen und Handlungsanweisungen für den Bereich der W. und arbeitet direkt mit dem → **Staatsrat** und der → **Volkskammer** zusammen. Auf seiner Ebene werden die wichtigen wirtschaftspolitischen Entscheidungen mit den beteiligten Ressorts (z. B. Bildungswesen → **Gesundheitswesen**) abgestimmt.
Dem Ministerrat unterstehen zur Leitung, Verwaltung und Kontrolle der W. spezielle Organe, die sich nach Funktionen unterscheiden lassen. Dies sind erstens Organe, denen produktive W.-Bereiche zugeordnet sind: → **Industrieministerien,** das → **Ministerium für Bezirksgeleitete Industrie und Lebensmittelindustrie,** das → **Ministerium für Land-, Forst- und Nahrungsgüterwirtschaft,** die → **Ministerien für Bauwesen, Verkehrswesen, Post und Fernmeldewesen, Handel und Versorgung, Umweltschutz und Wasserwirtschaft.** Eine 2. Gruppe hat neben spezifischen Hauptaufgaben, wie z. B. die Planungsaufgaben der Staatlichen Plankommission, im Zusammenhang mit der W.-Leitung und -Verwaltung vorwiegend koordinierende und indirekt regelnde Funktionen: die Staatl. Plankommission, die → **Ministerien für Wissenschaft und Technik** sowie **der Finanzen,** besondere Staatssekretariate und Staatliche Ämter für Arbeit, Löhne und Preise, die → **Staats-**

Leitungsstruktur der Wirtschaft (Stand: 1974) vereinfacht

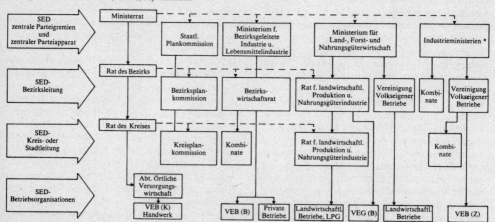

* ferner: Ministerium der Finanzen; Ministerium für Außenhandel; Ministerium für Handel und Versorgung; Ministerium für Bauwesen; Ministerium für Wirtschaft und Technik; Ministerium für Materialwirtschaft; Amt für Preise etc.

bank der DDR. Kontrollaufgaben vor allem hat die dritte Gruppe der wirtschaftsleitenden Organe: wie die Staatliche Zentralverwaltung für Statistik, das ASMW und das Staatliche Vertragsgericht.

Auf regionaler Ebene existieren folgende wichtige Organe der W.-Leitung:

1. die die Industrie der Bezirke leitenden und den Räten der Bezirke sowie dem Ministerium für Bezirksgeleitete Industrie und Lebensmittelindustrie unterstellten → **Bezirkswirtschaftsräte**, 2. Räte für Landwirtschaft und Nahrungsgüterwirtschaft auf Bezirks- und Kreisebene, 3. Bezirks- und Kreisbauämter und 4. Räte der Gemeinden, soweit sie kommunale Dienstleistungs- oder Versorgungsbetriebe verwalten.

Die unmittelbar wirtschaftenden Einheiten umfassen Produktions- und Dienstleistungsbetriebe, Handelsorganisationen (HO, Großhandel, → **Außenwirtschaft**) → **Genossenschaften** und Banken (→ **Bankwesen**). Im Vordergrund des allgemeinen W.-Prozesses stehen die Industriebetriebe (→ **Betriebsformen und Kooperation**). Der Grad der erreichten Annäherung an optimale Größenordnungen der Betriebe, der technisch-ökonomisch adäquaten Ausstattung mit Sachmitteln u. Fertigungsverfahren und der rationellen Verflechtung in den überbetrieblichen Produktionsprozeß ist von erheblicher Auswirkung auf die gesamtwirtschaftliche Effektivität. Wichtiges Ziel der W.-Politik der vergangenen 10 Jahre war es, den auf diesen Gebieten bestehenden Rückstand gegenüber führenden westlichen Industrieländern zu verringern.

Wirtschaftliche Rechnungsführung: Die WR. gilt im Selbstverständnis der DDR als eine zentrale objektive Kategorie der sozialistischen → **Produktionsverhältnisse**, die der Ausnutzung der ökonomischen Gesetze des Sozialismus durch die als sozialistische Warenproduzenten organisierten Betriebe dient. In der Einschätzung, daß die VEB Erzeugnisse und Leistungen produzieren, die von vornherein für den Austausch, vermittelt durch Geld, bestimmt und daher Waren sind, obliegen der WR. maßgebliche Meß-, Kontroll- und Stimulierungsfunktionen für die Realisierung der Betriebsprozesse im Zeichen der Ware-Geld-Beziehungen. Die in der Literatur der DDR genannten Grundprinzipien der WR. sind, „mit möglichst niedrigen Ausgaben möglichst hohe Einnahmen zu erzielen", eine dauerhafte hohe → **Rentabilität** zu sichern und einen maximalen Nettogewinn zu erwirtschaften, letzterer definiert als Zielfunktion für die operative Betriebsführung (→ **Gewinn**).

Als wichtigste Voraussetzungen hierfür werden genannt: a) treuhänderische Ausstattung der Betriebe mit sog. Eigenen Fonds (unter Beachtung der prinzipiell unterschiedlichen Eigentums- und Dispositionsverhältnisse im Sinne der buchhalterischen Bilanz rechnerisch zu begreifen als Quasi-Korrelat zum Eigen-, Stamm- oder Grundkapital einer marktwirtschaftlichen Unternehmung); b) Verleihung des Status juristischer Selbständigkeit (Rechtsfähigkeit) an die VEB; c) Verpflichtung der Betriebe zur Aufbringung der Mittel für planmäßige, von übergeordneten Instanzen bewilligte → **Investitionen** („Prinzip der Eigenerwirtschaftung der Mittel für die erweiterte Reproduktion"); d) Installierung und streng leistungsorientierte Nutzung des „Prinzips der → **Materiellen Interessiertheit**"); e) materielle Verantwortung und Haftung der VEB für ihre wirtschaftliche Tätigkeit; f) exakte wert- und mengenmäßige Widerspiegelung der betrieblichen Ablaufprozesse durch eine vollständig reglementierte Buchführung und Berichterstattung, sowie nicht zuletzt g) permanente Kontrolle und Analyse der wirtschaftlichen Tätigkeit der Betriebe durch betriebswirtschaftliche, finanzwirtschaftliche, administrative, technische und gesellschaftliche Kontrolleinrichtungen und -organe. Hierzu zählen u. a. intensive Buch- und Betriebsprüfungen, innerbetrieblich durch den → **Hauptbuchhalter**, überbetrieblich durch die „Staatliche Finanzrevision" vertreten, eine dezidierte Bankenaufsicht in Verbindung mit dem Prinzip „Kontrolle durch die Mark", die Berichtspflicht und Weisungsabhängigkeit der VEB-Leitung gegenüber übergeordneten Instanzen, Empfehlungsfunktionen der → **Technischen Kontrollorganisation** (TKO) im Betrieb sowie insbesondere Einsichtnahme-, Mitwirkungs- und Anzeigebefugnisse der Betriebsparteiorganisation, der → **Betriebsgewerkschaftsorganisation**, der betrieblichen Ständigen → **Produktionsberatungen** und der → **Arbeiter-und-Bauern-Inspektionen** (ABI).

Die Geltung des Prinzips der WR. stand bis 1971 unter der Devise, das Problem der „Dialektik von schöpferischer Initiative der Betriebe und gesellschaftlicher Plandisziplin" zu meistern. Nach neuerer Definition sollen damit die materiellen Interessen der Betriebe mit den Interessen der Gesellschaft in Verbindung gebracht werden.

Ideologisch-zeithistorische Basis für das heute in der DDR geltende Verständnis von WR. ist das von Lenin entwickelte Prinzip „CHOSRASTSCHOT" (Kurzbezeichnung für „chosjaistwennyi rastschot", in den amtlichen Übersetzungen der DDR interimistisch kurze Zeit als „Prinzip der Eigenwirtschaftlichkeit" wiedergegeben, seitdem einheitlich WR genannt). Von Lenin selbst möglicherweise lediglich als Übergangsempfehlung für die Periode der „Neuen Ökonomischen Politik" (NEP) gedacht, wurde das Chosrastschot-Prinzip auch nach Beendigung des NEP durch einen Beschluß des ZK der KPdSU (B) vom 28. 12. 1929 ausdrücklich als weiter gültige Methode sozialistischer Betriebsführung bestätigt. Bis in die Gegenwart wird die konsequente Entwicklung der Prinzipien der WR. in Industriebetrieben, in Kolchosen, Sowchosen und den übrigen Teilbereichen der Wirtschaft sowohl in der UdSSR wie in der DDR als „sehr aktuell" bezeichnet.

In der DDR wurde schon anläßlich der „Großen Fi-

nanzpolitischen Konferenz'' vom September 1951 das
System der WR, als die grundlegende Methode verkündet, die nach den Erfahrungen des sozialistischen Aufbaus in der Sowjetunion als die zweckmäßigste Form der
Leitung der VEB anzuwenden sei. Ihre erste gesetzliche
Untermauerung fand die WR. mit der VO über Maß-
nahmen zur Einführung des Prinzips der WR. in den Betrieben der volkseigenen Wirtschaft vom 20. 3. 1952.
Unbeschadet mancher Schwankungen in der Wertung
anderer Elemente der Planung und Leitung im Zuge der
Wirtschaftsreformen der DDR in den letzten zwei Jahrzehnten bildet die WR. seitdem konstant ein zentrales
Anliegen der wirtschaftsleitenden Organe der DDR.
Dies gilt gleichermaßen für die Periode des → **Neuen
Ökonomischen Systems** (NÖS) von 1963 bis 1967, für
die Phase des auf dem VII. Parteitag der SED (1967)
verkündeten → **Ökonomischen Systems des Sozialismus** (ÖSS) und seiner Anwendung in der DDR, sowie
für die neueren Direktiven seit dem VIII. Parteitag der
SED (1971).
Der *Verwirklichung des Systems der WR.* in der betrieblichen Praxis der DDR dient ein umfangreiches Bündel
von Verfahrens- und Verhaltensweisen. Hierzu zählen
u. a. das Sparsamkeitsregime (,,Spare mit jeder Sekunde, mit jedem Pfennig und jedem Gramm''), das Vertragssystem, das Dispatchersystem, Nutzung des technischen Fortschrittes, → **Standardisierung** und → **Normung**, Mechanisierung und → **Automatisierung**, die
Initiierung des → **sozialistischen Wettbewerbs** und seine
Nutzung für innerbetriebliche WR. zum Zwecke der
Steigerung der → **Arbeitsproduktivität** sowie die Anwendung solcher mit dem ,,Wertgesetz'' verbundenen
Kategorien wie Umsatz, Preis, Kosten, → **Gewinn**,
Lohn, Prämien, → **Produktionsfondsabgabe** oder zins-
pflichtiger Kredit für die ökonomische Stimulierung der
Betriebe.
Wenn auch die WR. prinzipiell als ein komplexes Gesamtsystem für alle Tätigkeitsbereiche und Aktionsfor-
men der als sozialistische Warenproduzenten organisierten VEB zu verstehen ist und ihre Funktionen somit
– was sich vom Terminus her anbietet – keineswegs auf
die Begriffe Buchführung oder → **Rechnungswesen** reduziert werden dürfen, bilden dennoch eben diese Bereiche betriebswirtschaftlich zwangsläufig einen besonders wichtigen Bestandteil der verschiedenen Methoden, mit deren Hilfe die Erfüllung der Anforderungen
der WR. stimuliert und kontrolliert werden soll.
In diesem Kontext ist auf mannigfaltige Verordnungen
zur Gestaltung des betrieblichen Rechnungswesens in
der DDR zu verweisen, bei denen vielfach Empfohlenes
widerrufen und Widerrufenes erneut empfohlen wurde.
(So z. B. VO über die Finanzwirtschaft volkseigener Betriebe von 1948, Grundsätze des ,,Neuen Rechnungswesens'' von 1952, VO über die Buchführung und buch-
halterische Berichterstattung der volkseigenen Industriebetriebe von 1955, Selbstkostenverordnung vom
12. 7. 1962, Einführung des → **Einheitlichen Systems
von Rechnungsführung und Statistik:** ab 1968 gem. allgemeiner VO und industriebetrieblich ergänzender AO
in den Gesetzblättern der DDR – Teil II – vom 5. und

30. 7. 1966, VO über die Produktionsfondsabgabe vom
16. 12. 1970 oder AO über die zentrale staatliche Kalkulationsrichtlinie vom 1. 11. 1972 mit Wirkung ab
1. 1. 1973.)
Wie auch immer diese gesetzlichen Bestimmungen im
einzelnen ausgestaltet sein mögen, läßt sich aus ihnen
doch immer wieder das generelle Anliegen der Wirtschaftsorgane der DDR ablesen, das System der betrieblichen Wirtschaftsrechnung tendenziell aus einer
statischen Gegenüberstellung von Aufwands- und Er-
tragskomponenten herauszuführen und so weiter zu
entwickeln, daß es der Dynamik des Reproduktionsprozesses unter den Bedingungen der → **wissenschaftlich-
technischen Revolution** gerecht wird. Daß dieses Ziel
bisher noch nicht erreicht ist, wird in den einschlägigen
Verlautbarungen der DDR nicht nur nicht bestritten,
sondern (so u. a. regelmäßig in den Präambeln der einschlägigen, etappenweise wiederkehrenden VO) ausdrücklich eingeräumt. Es ist folglich kein Zufall, daß in
der wirtschaftswissenschaftlichen Literatur der DDR
Probleme der Vervollkommnung und der weiteren Ausprägung der WR. einen breiten Raum einnehmen.

Wirtschaftsausschüsse: Ständige, von Vertretern jeweils zweier Mitgliedsländer des → **Rates für Gegenseitige Wirtschaftshilfe** gebildete Ausschüsse, in denen die
speziellen Fragen der Zusammenarbeit dieser beiden
Länder geregelt werden sollen im Unterschied zu den
über die Zentrale des RGW in Moskau zu regelnden
Fragen, die alle Mitgliedsländer gemeinsam betreffen.

Wirtschaftsausstellungen: Es gibt folgende regelmäßige W., die teils Verkaufsveranstaltungen, teils reine
Ausstellungen sind:
1. → **Leipziger Messen** (Internationale Investitions-
und Konsumgütermessen).
2. → **Landwirtschafts- und Gartenbauausstellung
Markkleeberg** (Leistungs- und Lehrschau).
3. → **Binnenhandelsmessen** (Verkaufsveranstaltungen
für industrielle Verarbeiter und den Großhandel), vor
1973: Submissionen.
4. → **Messen der Meister von Morgen** (Ausstellungen
technischer Neuerungen).

Wirtschaftspläne: Oberbegriff für die verschiedenen
Planarten, die zur Wirtschaftslenkung angewendet werden. → **Planung.**

Wirtschaftspolitik: → **Wirtschaft.**

Wirtschaftsrecht: Ein besonderer Rechtszweig (neben
dem → **Zivilrecht**), dessen Aufbau mit dem Gesetz über
das Vertragssystem in der sozialistischen Wirtschaft –
Vertragsgesetz – vom 25. 2. 1965 (GBl. I, S. 107) sowie
der VO über die Aufgaben, Rechte und Pflichten der
volkseigenen Produktionsbetriebe vom 9. 2. 1967
(GBl. II, S. 121) einen ersten Abschluß fand. Das künftige Zivilgesetzbuch (ZGB) soll nach der 1967 nach dem
VII. SED-Parteitag verkündeten neuen Konzeption nur
die zivilrechtlichen Beziehungen der Bürger regeln. Für
den Bereich der Wirtschaft wurde inzwischen eine Reihe besonderer Wirtschaftsgesetze geschaffen. Bedeutung erlangten die Durchführungsverordnungen zum

Vertragsgesetz, die VO über die vertragliche Sicherung der Kooperation für volkswirtschaftliche strukturbestimmende Erzeugnisse und Erzeugnisgruppen vom 21. 12. 1967 (GBl. II, S. 43) sowie die zusammenfassende VO über die Aufgaben, Rechte und Pflichten der volkseigenen Betriebe, Kombinate und VVB vom 28. 3. 1973 (GBl. I, S. 129). Gegenstand des W. ist die Gesamtheit der Rechtsnormen, die die Beziehungen zwischen der staatlichen Verwaltung, den Wirtschaftseinheiten und staatlichen Einrichtungen sowie der Wirtschaftseinheiten untereinander regeln. Subjekte des W. sind mithin die staatlichen Institutionen der Wirtschaftsführung und die nach der wirtschaftlichen Rechnungsführung arbeitenden Wirtschaftseinheiten. Das W. gliedert sich in a) Planungsrecht, b) Organisationsrecht, c) Leistungsrecht (vgl. Schema). Die Aufgabe des W. wird gegenwärtig vor allem in der optimalen Gestaltung der Wechselbeziehungen im Planungsprozeß gesehen. → **Vertragssystem**.

Wirtschaftsstrafrecht: → **Strafrecht**.

Wirtschaftssystem: → **Wirtschaft**.

Wirtschaftsverband: Landwirtschaftliche Organisationsform, die entsprechend dem Musterstatut für kooperative Einrichtungen der LPG, VEG, GPG sowie der sozialistischen Betriebe der Nahrungsgüterwirtschaft und des Handels vom 1. 11. 1972 (GBl. II, Nr. 68, S. 781 f.) von industriemäßig produzierenden Betrieben der Landwirtschaft mit gleicher Produktionsrichtung gebildet werden kann. Die Bildung eines W. bedarf der Zustimmung des Ministeriums für Land-, Forst- und Nahrungsgüterwirtschaft, von dem er auch seine Planaufgaben erhält. Der Vorsitzende ist dem Minister für die Erfüllung der Verbandsaufgaben verant-

wortlich und rechenschaftspflichtig und erhält von ihm direkt Weisungen. Da z. Z. nur die Geflügelwirtschaft in ausreichendem Umfang in industriemäßig produzierenden Anlagen konzentriert ist, konnte bisher nur der → **Geflügelwirtschaftsverband** gegründet werden. Sozialistische → **Leitungswissenschaft**.

Wirtschaftsverträge: → **Vertragssystem**.

Wirtschaftswerbung: → **Werbung**.

Wirtschaftswissenschaften: Bezeichnung für Wissenschaften, die wirtschaftliche und soziale Zusammenhänge, Prozesse und Erscheinungen untersuchen und „ökonomische Gesetze" in unterschiedlichen Gesellschaftssystemen erforschen. Sie umfassen Forschung und Lehre. Zu den W. des Sozialismus werden gezählt: 1. die → **Politische Ökonomie**, 2. eine „Theorie der Volkswirtschaftsplanung", 3. eine „sozialistische Betriebswirtschaftslehre", 4. eine Lehre der → **sozialistischen Wirtschaftsführung**, 5. Spezialdisziplinen wie Industrieökonomie, Agrarökonomie, Handelsökonomie, Verkehrsökonomie, Finanzökonomie, 6. Disziplinen im Grenzbereich zu anderen Wissenschaften wie Wirtschaftsstatistik, Wirtschaftsmathematik, Wirtschaftsrecht, Wirtschaftsgeographie.

Die W. beschränkten sich lange auf die aus dem Russischen übersetzte Politische Ökonomie als einer normativistischen Lehre auf der Grundlage – wie als Bestandteil – des → **Marxismus-Leninismus**. Für die Planung, Leitung und Kontrolle eines industriellen Wirtschaftssystems erwies sie sich als nicht ausreichend, so daß heute die Anwendung von Ergebnissen und Methoden der W. auch anderer Länder und Gesellschaftssysteme diskutiert und damit experimentiert werden. Heute versucht man, durch empirische Untersuchungen die Daten und

Struktur des Wirtschaftsrechts

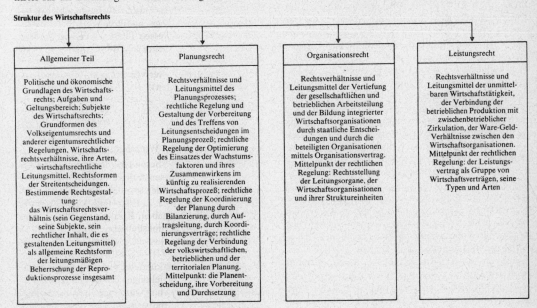

Allgemeiner Teil	Planungsrecht	Organisationsrecht	Leistungsrecht
Politische und ökonomische Grundlagen des Wirtschaftsrechts; Aufgaben und Geltungsbereich; Subjekte des Wirtschaftsrechts; Grundformen des Volkseigentumsrechts und anderer eigentumsrechtlicher Regelungen, Wirtschaftsrechtsverhältnisse, ihre Arten, wirtschaftsrechtliche Leitungsmittel, Rechtsformen der Streitentscheidungen. Bestimmende Rechtsgestaltung: das Wirtschaftsrechtsverhältnis (sein Gegenstand, seine Subjekte, sein rechtlicher Inhalt, die es gestaltenden Leitungsmittel) als allgemeine Rechtsform der leitungsmäßigen Beherrschung der Reproduktionsprozesse insgesamt	Rechtsverhältnisse und Leitungsmittel des Planungsprozesses; rechtliche Regelung und Gestaltung der Vorbereitung und des Treffens von Leitungsentscheidungen im Planungsprozeß; rechtliche Regelung der Optimierung des Einsatzes der Wachstumsfaktoren und ihres Zusammenwirkens im künftig zu realisierenden Wirtschaftsprozeß; rechtliche Regelung der Koordinierung der Planung durch Bilanzierung, durch Auftragsleitung, durch Koordinierungsverträge; rechtliche Regelung der Verbindung der volkswirtschaftlichen, betrieblichen und der territorialen Planung. Mittelpunkt: die Planentscheidung, ihre Vorbereitung und Durchsetzung	Rechtsverhältnisse und Leitungsmittel der Vertiefung der gesellschaftlichen und betrieblichen Arbeitsteilung und der Bildung integrierter Wirtschaftsorganisationen durch staatliche Entscheidungen und durch die beteiligten Organisationen mittels Organisationsvertrag. Mittelpunkt der rechtlichen Regelung: Rechtsstellung der Leitungsorgane, der Wirtschaftsorganisationen und ihrer Struktureinheiten	Rechtsverhältnisse und Leitungsmittel der unmittelbaren Wirtschaftstätigkeit, der Verbindung der betrieblichen Produktion mit zwischenbetrieblicher Zirkulation, der Ware-Geld-Verhältnisse zwischen den Wirtschaftsorganisationen. Mittelpunkt der rechtlichen Regelung: der Leistungsvertrag als Gruppe von Wirtschaftsverträgen, seine Typen und Arten

Quelle: Lehr- und Studienmaterial zum Wirtschaftsrecht, H. 1, 1972, S. 78.

Strukturen wirtschaftlich-sozialer Abläufe in einer sozialistisch verfaßten Industriegesellschaft zu gewinnen. Dies geschieht im Rahmen einer besonders seit Einführung des → **Neuen Ökonomischen Systems** 1963 geforderten „schöpferischen Weiterentwicklung" der W., speziell der „ökonomischen Lehren des Sozialismus und des Übergangs zum Kommunismus". In erster Linie erfolgt die Weiterentwicklung durch die Anwendung der → **Mathematik**, entweder zur Formalisierung ökonomischer Strukturen (z. B. in der Form der Verflechtungsbilanzen) oder als Operationsforschung. Durch das NÖS bzw. ÖSS erfuhren die W. eine Aufwertung.

Im Anschluß an den VIII. Parteitag der SED im Juni 1971 erfolgte eine engere Verbindung der Einzeldisziplinen mit der traditionellen Politischen Ökonomie. Das unter der Leitung des→ **Politbüros** der SED erarbeitete Buch „Politische Ökonomie des Sozialismus und ihre Anwendung in der DDR", Berlin (Ost) 1969, wurde zurückgezogen und durch russische Lehrbücher ersetzt. Die wesentlichen Aufgaben der W. sind:

1. Grundlagen für die Beratung der Wirtschaftspolitik der SED und des Ministerrats zu schaffen;
2. neue Erkenntnisse, Analysen und Vorschläge für die Lösung grundsätzlicher und aktueller Fragestellungen bereitzustellen;
3. Wissenschaftler und Fachleute für die verschiedenen Wirtschaftsbereiche und die wirtschaftlich-politische Leitung und Planung aus- und weiterzubilden.

Der Gegenstand von Forschung und Lehre wird in erheblichem Umfang durch aktuelle Probleme der Wirtschaftspolitik bestimmt. Durch die Neuorientierung der Wirtschaftspolitik seit dem VIII. SED-Parteitag erfuhren die „Theorie der Volkswirtschaftsplanung" und die „sozialistische Betriebswirtschaftslehre" eine Aufwertung als selbständige Teildisziplinen.

Im Zentrum der W. steht jedoch unverändert die Politische Ökonomie; als wichtiges neues Arbeitsgebiet wurden die Probleme der zukünftigen wirtschaftlichen Zusammenarbeit mit→ **RGW**-Mitgliedsländern („sozialistische ökonomische Integration") aufgenommen. Die Schwerpunkte der wirtschaftswissenschaftlichen Forschung liegen bei den Themen a) der Politischen Ökonomie des Sozialismus, b) der sozialistischen Wirtschaftsführung (Leitungswissenschaft), c) der Planung, wirtschaftlichen Rechnungsführung und der wirtschaftlichen Anreizsysteme, d) der Wirtschaftsintegration und e) der Arbeitswissenschaft. Die Lehre umfaßt in der Grundstudienrichtung W. folgende Hauptgebiete: a) Politische Ökonomie des Sozialismus und des Kapitalismus, b) Geschichte der Politischen Ökonomie, c) Lehre der Volkswirtschaftsplanung, d) Betriebswirtschaftslehre, e) Statistik, f) Leitung der Wirtschaft, g) Wirtschaftsgeschichte und h) elektronische Datenverarbeitung. Als allgemeines Kriterium für Forschung und Lehre wird die Nutzanwendung in der Praxis gesehen.

Die W. sind an fast allen Universitäten vertreten, ferner an einer Reihe spezieller Hochschulen (z. B. Hochschule für Landwirtschaft Bernburg) und Fachschulen. Wirtschaftswissenschaftliche Forschung wird auch an den → **Industriezweiginstituten** der Ministerien, VVB und

Großbetriebe durchgeführt. Von herausragender Bedeutung sind die → **Hochschule für Ökonomie** in Berlin-Karlshorst und das Institut für Wirtschaftswissenschaften der Akademie der Wissenschaften der DDR. Leitende Institutionen für die W. sind das Zentralinstitut für sozialistische Wirtschaftsführung und das Institut für Gesellschaftswissenschaften beim ZK der SED. Im Bereich des Staatsapparates sind es das „Ökonomische Forschungsinstitut" bei der SPK und das→ **Ministerium für Hoch- und Fachschulwesen**. Zur einheitlichen Leitung und Koordinierung der wirtschaftswissenschaftlichen Forschung bestand von 1963 bis 1968 ein „Beirat für ökonomische Forschung" bei der Staatlichen Plankommission. 1972 wurde mit dem „Wissenschaftlichen Rat für die wirtschaftswissenschaftliche Forschung" ein ähnliches Gremium bei der Akademie der Wissenschaften gegründet. Der Rat gliedert sich in 5 spezielle Räte für Hauptgebiete der W. Ratsvorsitzender ist Prof. Dr. Helmut Koziolek (Direktor des Zentralinstituts für sozialistische Wirtschaftsführung). 24 260 Hochschulstudenten studierten 1973 W. (1967: 13 577 Studenten).

Wirtschaftszweig-Lohngruppenkatalog: Die W. sind die Grundlage für die Eingruppierung der Arbeiter in die Lohngruppen. § 42 des Gesetzbuches der Arbeit bestimmt, daß der W. sich nach den Arbeitsanforderungen der Arbeitsbereiche gliedern soll. In den Betrieben sind die Arbeitsbereiche in die W. einzugruppieren. Die Lohngruppe des Arbeiters richtet sich nach dem im Arbeitsvertrag vereinbarten Arbeitsbereich unter Berücksichtigung seiner Qualifikation.

Wismut-AG: → **Uranbergbau.**

Wissenschaft: W. im weitesten Sinne bezeichnet im Verständnis des Marxismus-Leninismus den fortdauernden Prozeß der Gewinnung neuer Erkenntnisse – „die höchste Form der theoretischen Tätigkeit der Menschen" – und als deren Ergebnis den gesamten Vorrat menschlichen Wissens über die Gesetzmäßigkeiten der Natur, Gesellschaft und des Denkens. Gemäß diesem Verständnis ist W. nicht Selbstzweck, sondern Hilfsmittel zur Gestaltung des praktischen Lebens. W. dient der Beherrschung der natürlichen und sozialen Umwelt: W. ist „das aus der gesellschaftlichen Praxis erwachsende, sich ständig entwickelnde System der Erkenntnisse über die wesentlichen Eigenschaften, kausalen Zusammenhänge und Gesetzmäßigkeiten der Natur, der Gesellschaft und des Denkens, das in Form von Begriffen, Kategorien, Maßbestimmungen, Gesetzen, Theorien und Hypothesen fixiert wird, als Grundlage der menschlichen Tätigkeit eine wachsende Beherrschung der natürlichen und – seit der Beseitigung der antagonistischen Klassengesellschaft – auch der sozialen Umwelt ermöglicht und durch die Praxis fortlaufend überprüft wird" (Philosophisches Wörterbuch, Bd. 2, 6. Aufl., Berlin [Ost] 1969).

Die allgemeine Kennzeichnung der W. als eine „komplizierte und vielschichtige soziale Erscheinung" hat sich in der philosophischen und wissenschaftstheoretischen Literatur der DDR weitgehend durchgesetzt. Bei der genaueren Bestimmung des W.-Begriffs werden verschiedene „Merkmale", „Aspekte", „Zusammenhänge" oder „Funktionen" nebeneinander gestellt, ohne daß jedoch das primäre Merkmal bzw. der Zusammenhang der „Aspekte" und „Funktionen" genügend deutlich wird. So etwa wird die moderne W. im Philosophischen Wörterbuch (a. a. O.) als eine „spezifische Form des gesellschaftlichen Bewußtseins, ein besonderes Gebiet der gesellschaftlichen Arbeitsteilung, eine soziale Institution und unmittelbare Produktivkraft der Gesellschaft sowie theoretische Grundlage der Leitung der Gesellschaft" dargestellt.

Die Vielzahl der W.-Definitionen führt vor allem folgende Momente an: 1. W. das System von Wissen und als System von Theorien und Methoden, 2. W. als Form menschlicher Tätigkeit, 3. W. als Form gesellschaftlichen Bewußtseins, 4. W. als Bereich gesellschaftlicher Arbeitsteilung, als soziale Institution, 5. W. als Produktivkraft der Gesellschaft, 6. W. als Grundlage für die Leitung und Planung der sozialen und wirtschaftlichen Entwicklung.

Die Aufnahme der einzelnen Momente und Seiten der W. und ihre marxistisch-leninistische Analyse erfolgten in der Vergangenheit durchaus nicht einheitlich. Sie wurden insbesondere von den unterschiedlichen disziplinären Betrachtungsweisen beeinflußt. So war es lange Zeit umstritten, ob aus der von marxistischen Erkenntnistheoretikern bevorzugten Darstellung der W. als einer Erscheinung des gesellschaftlichen Bewußtseins zu folgern sei, daß nicht die W. selbst, sondern nur ihre Ergebnisse Produktivkraftfunktion haben könnten. Dies wurde von Vertretern der Produktivkraftlehre des historischen Materialismus bestritten. Stärker als in der Vergangenheit wird seit dem VIII. Parteitag der SED (15.–19. 6. 1971) die Aufgabe der W. hervorgehoben, theoretische Grundlagen für die weitere Ausgestaltung des Gesellschaftssystems der DDR zu liefern und insofern vor allem Instrument zur Leitung der gesellschaftlichen Entwicklung zu sein. In der wissenschaftstheoretischen Diskussion wurde in diesem Zusammenhang vorgeschlagen, W. primär von dieser Aufgabenstellung her zu bestimmen und etwa auch die Produktivkraftfunktion der W. einer solchen hauptsächlichen Bestimmung nachzuordnen.

Die allgemeine Abklärung und Definition dessen, was W. ist, ist Aufgabe der philosophischen Grundlagenforschung, d. h. die Bestimmung des Gegenstandes der W. und die Beantwortung der Fragen nach der Ziel- und Zwecksetzung von W. sowie der Art ihrer Praktizierung erfolgen ausschließlich auf der Grundlage und im Rahmen des historischen und dialektischen Materialismus. Bis Mitte der 60er Jahre befaßte sich die marxistische Philosophie vorzugsweise mit Einzelaspekten der W. und der W.-Entwicklung. Historischer und dialektischer Materialismus sowie marxistisch-leninistische Erkenntnistheorie behandelten ihre die W. betreffenden Aspekte zu isoliert, als daß die weltweit zu beachtenden „revolutionären" Veränderungen der W. umfassend analysiert werden konnten. Diese Veränderungen, die die W.

vor allem seit dem II. Weltkrieg erfährt, bestehen neben einer rapiden quantitativen Zunahme des Wissens und einer erhöhten Formalisierung und Symbolisierung der W.-Sprache in erster Linie in einer fortschreitenden Differenzierung und Integration früher relativ stabil abgegrenzter Einzeldisziplinen wie auch in einer stärkeren sozialen Institutionalisierung der wissenschaftlichen Tätigkeiten.

Seit 1967 wurde wiederholt von einzelnen Wissenschaftlern sowie von der SED-Führung (Beschluß des SED-Politbüros über „Die weitere Entwicklung der marxistisch-leninistischen Gesellschaftswissenschaften in der DDR" vom 22. 10. 1968) die Untersuchung der W. sowohl als Ganzes als auch im Hinblick auf die Gesellschaftsentwicklung und in diesem Zusammenhang die Ausarbeitung einer *W.-Theorie* gefordert. Nach dem gegenwärtigen Stand der Diskussion zur Bestimmung des Gegenstandes der W.-Theorie soll sie die Gesamtheit der W. sowie die Gesetzmäßigkeiten ihrer Entwicklung, Struktur, Funktion, Leitung und Organisation untersuchen. Im Mittelpunkt soll der alle Aspekte von W. vereinende „reale Prozeß der wissenschaftlichen Tätigkeit" stehen. Von der W.-Theorie wird ein wichtiger Beitrag zur theoretischen Fundierung der W.-Politik, -Planung und -Organisation erwartet. Sie soll darüber hinaus eine einheitliche theoretische Ausgangslage für die bisher unter der Bezeichnung *W. von der W.* zusammengefaßten W.-Forschungen unterschiedlicher Art abgeben.

Dies sind vor allem erkenntnistheoretische, philosophische, methodologische, logische, semiotische und soziologische Untersuchungen der W. a) als Erkenntnissystem, b) als soziale Institution und c) als informationsverarbeitendes System. Erste wissenschaftstheoretische Studien werden gegenwärtig zum Problem der Bestimmung von Auswahlkriterien für die langfristige Grundlagenforschung, zur Überleitungsproblematik sowie zu den Kommunikationsprozessen in interdisziplinären Forschungsgruppen durchgeführt. → **Marxismus-Leninismus; Forschung.**

Wissenschaftlich-technische Revolution (WTR): Bezeichnung für die sich aus dem Prozeß einer zunehmenden Bedeutung der Wissenschaften für alle Bereiche des Gesellschaftlichen Lebens ergebenden qualitativen Veränderungen.

Nach marxistisch-leninistischer Deutung wird die → **Wissenschaft** immer mehr zur „unmittelbaren Produktivkraft". In der Diskussion werden wesentlich 4 Richtungen der Einwirkung auf die Gesellschaft thematisiert:

1. Die Ergebnisse der wissenschaftlichen Forschung vergegenständlichen sich direkt in neuen → **Produktionsmitteln** Produktionsverfahren und → **Technologien**; umgekehrt werden auch die Wissenschaften inhaltlich und organisatorisch von den Bedürfnissen der Produktion geprägt.

2. eines der wichtigsten Ergebnisse der neuen Qualität der Wissenschaft im → **Produktionsprozeß** ist die Ablösung der bisherigen Maschinentechnik durch die → **Au-**

tomatisierung der Fertigungsprozesse; die Kontrolle und Regelung der Produktion erfolgt weitgehend durch kybernetische Steuerungssysteme. An die Stelle natürlicher Rohstoffe treten verstärkt künstliche Materialien (Chemisierung der Produktion);

3. nicht nur die Naturkräfte werden durch die Wissenschaft beherrschbar, vielmehr wird die rationelle Organisation der Arbeit selbst Gegenstand spezieller Wissenschaften; auch die Gesellschaftswissenschaften werden unmittelbar produktiv und verschmelzen teilweise mit den Naturwissenschaften, beispielsweise in den technischen Wissenschaften. **Wissenschaftliche → Arbeitsorganisation** bestimmt die Formen der gesellschaftlichen Arbeitsteilung, die Verwendung der gesellschaftlichen Arbeitskräftefonds und des Arbeitsablaufs;

4. die Stellung des Menschen in der Produktion unterliegt einem grundlegenden Wandel. Der Mensch tritt neben den Fertigungsprozeß; er wird von schwerer Handarbeit und schematischen geistigen Arbeiten befreit. Zugleich wachsen die Anforderungen an das Bildungsniveau. Die Wissenschaft, zum wichtigsten Hebel zur Steigerung der → **Arbeitsproduktivität** geworden, schafft die Möglichkeit, die gesellschaftlich notwendige Arbeitszeit zu verkürzen und damit die materiellen Voraussetzungen für die Aneignung der erforderlichen kulturellen und technischen Fähigkeiten durch die Gesellschaftsmitglieder. Die Aufhebung des Unterschieds zwischen geistiger und körperlicher Arbeit, eine der Voraussetzungen für die angestrebte klassenlose, kommunistische Gesellschaft, wird möglich.

Die zentrale Bedeutung, die der Entwicklung der Wissenschaften in der WTR zugemessen wird, die außerordentlichen Aufwendungen, die moderne Forschungen erfordern, und ihre Orientierung an langfristigen Zielvorstellungen macht die Einbeziehung der Wissenschaften in die volkswirtschaftliche Planung notwendig. Wissenschaftsplanung und -organisation werden zu einem Kernstück der Gesellschaftsplanung.

Die WTR vollzieht sich in allen entwickelten Industriegesellschaften unabhängig von deren Gesellschaftsordnung. Der → **Marxismus-Leninismus** geht jedoch davon aus, daß die WTR in kapitalistischen Systemen die gesellschaftlichen Gegensätze verschärft und daher die Umwandlung dieser Gesellschaften in sozialistische beschleunigt. Nur in sozialistischen Systemen, wie sie in den Mitgliedsstaaten des RGW bestehen, könne die WTR zum Abschluß gebracht werden. Im Prozeß der WTR werden die ökonomischen, technischen, kulturellen und sozialen Grundlagen für die kommunistische Gesellschaft geschaffen. Darüber hinaus erfordert die WTR eine die nationalen Grenzen überschreitende Kooperation zwischen den sozialistischen Staaten des → **RGW,** sie fördert die „sozialistische Integration" und hat diese für ihren weiteren erfolgreichen Verlauf zur Voraussetzung.

Das Konzept der WTR hat sich erst in langwierigen Auseinandersetzungen nicht zuletzt mit westlichen soziologischen Theorien und Konzeptionen über die Entwicklungsperspektiven der Industriegesellschaften, die Folgen der Automatisierung und der Anwendung der

→ **Kybernetik,** die Möglichkeit konvergierender Entwicklungstendenzen in hochindustrialisierten Gesellschaften mit unterschiedlicher Eigentumsordnung Ende der 50er, Anfang der 60er Jahre durchgesetzt. Maßgebend für die Widerstände gegen die Auffassung von einer erneuten Revolution war vor allem die Befürchtung, daß die bestehenden politischen Strukturen in Frage gestellt und die Systemunterschiede verwischt werden könnten.

Die WTR verspricht einen konkreten Weg zur Annäherung an die Zukunftsgesellschaft, läßt einen kontrollierten Wandel des eigenen Systems zu und ermöglicht gewisse Formen der ökonomischen, technischen und wissenschaftlichen Kooperation mit kapitalistischen Staaten, ohne die Systemunterschiede im Grundsätzlichen preiszugeben.

Die besonders in der DDR in der Zeit des Ökonomischen Systems des Sozialismus zu beobachtende, im nachhinein häufig naiv anmutende Hoffnung auf rasche Ergebnisse der WTR, von der die kurzfristige Lösung aller offenen Probleme erwartet wurde, ist spätestens seit dem VIII. Parteitag der SED (1971) einer nüchterneren und problemorientierteren Sicht gewichen. Die Vorrangstellung der → **Intelligenz,** als der soziologischen Trägerin der „Hauptproduktivkraft" Wissenschaft, wurde durch eine stärkere sozialpolitische Orientierung auf die Bedürfnisse der breiten Massen beschnitten, das Bildungsprogramm an die volkswirtschaftlichen Notwendigkeiten und Möglichkeiten angeglichen, die Investitionsvorhaben stärker an einem technisch-evolutionären Fortschritt orientiert. Die ungewollten Folgen der WTR (→ **Umweltschutz**, Arbeitsschutz, Monotonieprobleme am Arbeitsplatz, zunehmende Differenzierung der gesellschaftlichen Strukturen usw.) nehmen einen immer größeren Raum in den Diskussionen um die WTR ein und sind ein Hinweis, daß die sich aus diesem Wandlungsprozeß ergebenden Konflikte deutlicher in das Blickfeld geraten sind.

Wissenschaftlich-technische Zentren: → **Forschung.**

Wissenschaftlich-technische Zusammenarbeit (WTZ): Bezeichnung für den kostenlosen oder entgeltlichen Austausch von wissenschaftlich-technischen Informationen, von Produktions-know-how und von Naturwissenschaftlern und Technikern zwischen Mitgliedsländern des Rates für gegenseitige Wirtschaftshilfe. Im einzelnen beinhaltet WTZ: 1. die Überlassung wissenschaftlich-technischer Dokumentation über bestimmte Produktionsanlagen und Fertigungsverfahren, 2. die Überlassung von Unterlagen über erfolgreich abgeschlossene Forschungs- und Entwicklungsaufgaben, 3. die Übernahme der Ausbildung von technischen Fachkräften des Partnerstaates in den eigenen Industriebetrieben und wissenschaftlichen Einrichtungen, 4. die Entsendung von Fachkräften zur technischen Hilfeleistung beim wirtschaftlichen, vor allem industriellen Aufbau in das Land des Vertragspartners und 5. die Zusammenarbeit in den industriellen Forschungs- und Entwicklungszentren. Unter wissenschaftlich-technischen Dokumentationen werden Zeichnungen, Spezifikationen, Wartungs-, Bedienungs- und Montageanleitungen, Ersatzteilkataloge und Reparaturvorschriften verstanden.

Der Austausch erfolgt auf der Grundlage bilateraler Abkommen. Das 1. Abkommen über WTZ wurde 1951 mit der Sowjetunion geschlossen. Zur Beschleunigung des gegenseitigen Entscheidungsprozesses bei Austauschgesuchen sowie zur allgemeinen Förderung der WTZ bildete die DDR in den 60er Jahren eine Reihe zweiseitiger Institutionen:

1. Paritätische Kommission für ökonomische und WTZ der DDR und der UdSSR;
2. Gemeinsamer deutsch-tschechoslowakischer Ausschuß für wirtschaftliche und WTZ;
3. Deutsch-polnischer Ausschuß für wirtschaftliche und WTZ;
4. Deutsch-ungarischer Ausschuß für wirtschaftliche und WTZ;
5. Gemeinsame Regierungskommission für wirtschaftliche Zusammenarbeit zwischen der DDR und der Sozialistischen Republik Rumänien;
6. Deutsch-bulgarischer Ausschuß für WTZ;
7. Deutsch-jugoslawisches Komitee für wirtschaftliche und WTZ;
8. Ständige Kommission für WTZ zwischen der DDR und der Volksrepublik China;
9. Ständige Kommission für WTZ zwischen der DDR und der Demokratischen Republik Vietnam.

Im RGW wurde eine „Ständige Kommission für die Koordinierung der wissenschaftlichen und technischen Forschung" mit Sitz in Moskau geschaffen. Diese versucht, die einzelnen Forschungsvorhaben abzustimmen, wobei sowohl Gesichtspunkte wirtschaftlicher Rationalität als auch politische Erwägungen – vor allem der sowjetischen Blockpolitik – bestimmend sind.

Die zunächst bestehende Regelung, daß der wissenschaftlich-technische Austausch grundsätzlich kostenlos erfolgen sollte, führte tendenziell zur Benachteiligung der weiter entwickelten Industriestaaten DDR und ČSSR, deren wissenschaftlich-technisches Potential von den übrigen RGW-Mitgliedsländern weitgehend genutzt werden konnte. Sie erleichterte auch den Mißbrauch ausgetauschter Informationen. Aufgrund der überlassenen Dokumentationen wurden in den Partnerländern gleichartige Produktionsstätten aufgebaut, die zudem eine Konkurrenz für den Ursprungsbetrieb auf den Außenmärkten bedeuteten. Im Hinblick auf das Innovationstempo war bedeutsam, daß ausschließlich bereits bestehende Erfindungen, Verfahren und Erfahrungen („altes Wissen") ausgetauscht wurden. Die danach 1966 einsetzende Wendung brachte die Kommerzialisierung der WTZ. Zusätzlich wurde nun auch die Abstimmung laufender Forschungs- und Entwicklungsarbeiten vertraglich mit erfaßt. Mit der Übertragung des bisher lediglich innerstaatlich angewandten geschäftsförmigen Vertrages auf die zwischenstaatlichen Beziehungen im Jahr 1970 wurde die WTZ über den reinen Austausch hinaus auf die Koordinierung, Kooperation und gemeinsame Durchführung von Forschungsarbei-

ten ausgeweitet. Für die Verrechnung der Aufwendungen werden verschiedene Vertragstypen benutzt.

Wichtigster WTZ-Partner der DDR ist die UdSSR. Quantitativ überwog ihre Austauschleistung: sie lieferte zwischen 1951 und 1971 technische Dokumentationen zu ca. 5000 Themen und erhielt solche zu ca. 3000 Themen. Im gleichen Zeitraum entsandte die DDR 12000 Wissenschaftler und Techniker und empfing 8000 sowjetische Fachkräfte. Inzwischen verstärken sich Austausch und Zusammenarbeit weiter. Im Jahr 1974 bestanden über 60 Abkommen und Vereinbarungen mit der Sowjetunion. 1974 sollen 2600 naturwissenschaftlich-technische Aufgaben kooperativ bearbeitet worden sein, woran auf Seiten der DDR über 15000 Wissenschaftler und Ingenieure mitgewirkt haben sollen. → RGW; Forschung.

Wissenschaftlich-technischer Vorlauf: 1. Bezeichnung im weiteren Sinn für die Analyse und Prognose der Entwicklungstendenzen von Wissenschaft und Technik innerhalb der DDR und in internationaler Sicht, auf deren Grundlage wissenschaftlich-technische Arbeitsprogramme zusammengestellt und durchgeführt werden. Programme und deren Ergebnisse sollen als „Erkenntnisvorlauf" ein schnelles Wirtschaftswachstum und eine gesellschaftspolitisch vertretbare soziale Entwicklung über einen längeren Zeitraum hervorrufen.

2. Bezeichnung im engeren Sinne für die Phase der wissenschaftlichen und technischen Vorbereitung der industriellen Produktion. Ziel des WtV. ist es, den Anschluß an die führenden Industrieländer im technischen Niveau, der Rentabilität der Fertigungsprozesse und der Erzeugnisprogramme („Weltniveau") durch eine ausreichende Grundlagenforschung, angewandte Forschung und Konstruktion zu erreichen bzw. zu stabilisieren. Die wachstumspolitische Bedeutung der WtV. wird seit 1967 in der Wirtschaftspolitik der DDR stärker betont. Mechanisierte und automatisierte Produktions- und Leitungsprozesse der Wirtschaft erfordern im Vergleich zu manuell durchgeführten Arbeitsvorgängen umfangreichere Produktionsvorbereitungen.

Die Erreichung des WtV. wird gegenwärtig vor allem von folgenden Maßnahmen erwartet: a) Analyse, Prognose und konzeptionelle Umsetzung der wissenschaftlichen und technischen Entwicklung; b) intensivierte Arbeitsteilung in der Forschung und Entwicklung mit RGW-Mitgliedsländern, besonders der Sowjetunion, und stärkere Abstimmung der noch einzelstaatlich geprägten Wissenschafts- und Technologiepolitik; c) Rationalisierung und Modernisierung der Wirtschaftsabläufe; d) Anwendung effizienter Planungs- und Leitungsmethoden; e) Bildung gemischter Arbeitsgruppen, in denen sowohl Wissenschaftler und Ingenieure als auch Arbeiter und Ökonomen wirken.

→ **Forschung; Wissenschaftlich-technische Zusammenarbeit; Planung.**

Wissenschaftliche Industriebetriebe: → **Forschung.**

Wissenschaftliche Räte: WR. werden als forschungsleitende und koordinierende Gremien für verschiedene

Bereiche der Gesellschaftswissenschaften gebildet und erlangen in der Wissenschaftsorganisation der DDR eine zunehmende Bedeutung.

Ihre Gründung geht auf einen Beschluß des Politbüros des ZK der SED vom 22. 10. 1968 über die Entwicklung der Gesellschaftswissenschaften in der DDR zurück. Im Rahmen des „Zentralen Forschungsplans der marxistisch-leninistischen Gesellschaftswissenschaft" sind sie für die inhaltliche Ausgestaltung, Organisation und Koordinierung der Forschungsvorhaben verantwortlich. Die WR. übernehmen damit Funktionen, die vor 1969 allein beim → **Institut für Gesellschaftswissenschaften beim ZK der SED** (IfG) und beim → **Institut für Marxismus-Leninismus beim ZK der SED** (IML) lagen. Die Ratskonstruktion soll eine effektivere Zusammenarbeit der gesellschaftswissenschaftlichen For-schungsinstitutionen gewährleisten. Die WR. werden dem IfG, IML, der → **Akademie der Wissenschaften der DDR** (AdW) und anderen zentralen wissenschaftlichen Insitutionen zugeordnet.

Die Aufwertung der Akademie nach dem VIII. Parteitag der SED führte zur Angliederung wichtiger WR. an die AdW. Mitglieder der WR. sind Fachleute für das entsprechende Wissenschaftsgebiet aus Wissenschaft, Forschung, dem Partei-, Wirtschafts- und Staatsapparat und anderen gesellschaftlichen Bereichen.

Wissenschaftlicher Beirat für Jugendforschung: → Jugend; Jugendforschung.

Wissenschaftlicher Rat für die wirtschaftswissenschaftliche Forschung bei der AdW: 1972 bei der → **Akademie der Wissenschaften der DDR** gegründetes

Wissenschaftliche Räte der DDR für die gesellschaftswissenschaftliche Forschung

Wissenschaftlicher Rat	Wissenschaftliche Einrichtung (Sitz des Wissenschaftlichen Rates)
1. Wissenschaftlicher Rat für marxistisch-leninistische Philosophie	Institut für Gesellschaftswissenschaften beim ZK der SED
2. Rat für Wissenschaftlichen Kommunismus	Institut für Gesellschaftswissenschaften beim ZK der SED
3. Wissenschaftlicher Rat für soziologische Forschung	Institut für Gesellschaftswissenschaften beim ZK der SED
4. Wissenschaftlicher Rat für marxistisch-leninistische Kultur- und Kunstwissenschaften	Institut für Gesellschaftswissenschaften beim ZK der SED
5. Wissenschaftlicher Rat für internationale Arbeiterbewegung	Institut für Gesellschaftswissenschaften beim ZK der SED
6. Wissenschaftlicher Rat für Grundfragen der führenden Rolle der Arbeiterklasse und ihrer marxistisch-leninistischen Partei	Parteihochschule „Karl Marx" beim ZK der SED
7. Wissenschaftlicher Rat „Die marxistisch-leninistische Lehre von der Partei und dem Parteiaufbau"	Parteihochschule „Karl Marx" beim ZK der SED
8. Rat für Geschichtswissenschaft	Institut für Marxismus-Leninismus beim ZK der SED
9. Wissenschaftlicher Rat für Marx-Engels-Forschung	Institut für Marxismus-Leninismus beim ZK der SED
10. Wissenschaftlicher Rat für die wirtschaftswissenschaftliche Forschung	Akademie der Wissenschaften der DDR
Diesem Rat sind zugeordnet:	
Wissenschaftlicher Rat für Politische Ökonomie des Sozialismus	Institut für Gesellschaftswissenschaften beim ZK der SED
Wissenschaftlicher Rat für Fragen der Leitung in der Wirtschaft	Zentralinstitut für Sozialistische Wirtschaftsführung beim ZK der SED
Wissenschaftlicher Rat für Fragen der sozialistischen ökonomischen Integration	Zentralinstitut für Sozialistische Wirtschaftsführung beim ZK der SED
Wissenschaftlicher Rat für Fragen der Vervollkommnung der Planung und wirtschaftlichen Rechnungsführung	Ökonomisches Forschungsinstitut der Staatlichen Plankommission
Wissenschaftlicher Rat für Fragen der Ökonomie und der Organisation der Arbeit	Zentrales Forschungsinstitut für Arbeit beim Staatssekretariat für Arbeit und Löhne, Dresden
Wissenschaftlicher Rat für Fragen der sozialistischen Betriebswirtschaft	Technische Hochschule „Carl Schorlemmer", Leuna-Merseburg
Wissenschaftlicher Rat für Sozialpolitik und Demographie	Gewerkschaftshochschule „Fritz Heckert", Bernau
Wissenschaftlicher Rat für ökonomische Fragen des wissenschaftlich-technischen Fortschritts	Forschungsstelle beim Ministerium für Wissenschaft und Technik
11. Rat für staats- und rechtswissenschaftliche Forschung	Akademie der Wissenschaften der DDR
12. Wissenschaftlicher Rat für die sprachwissenschaftliche Forschung	Akademie der Wissenschaften der DDR
13. Wissenschaftlicher Beirat „Die Frau in der sozialistischen Gesellschaft".	Akademie der Wissenschaften der DDR
14. Wissenschaftlicher Rat für Jugendforschung	Zentralinstitut für Jugendforschung. Leipzig
15. Rat für die Koordinierung der pädagogischen Forschung	Akademie der Pädagogischen Wissenschaften der DDR
16. Wissenschaftlicher Rat für Imperialismusforschung	Institut für Internationale Politik und Wirtschaft
17. Wissenschaftlicher Rat für außenpolitische Forschung	Institut für Internationale Beziehungen

Quelle: Einheit, Nr. 9, 1975, S. 1054 f.

Lenkungs- und Konsultationsgremium für wirtschaftswissenschaftliche Forschung. Die Aufgabe des Rates besteht darin, die Arbeit der Wissenschaftler zu koordinieren und auf thematische Schwerpunkte zu lenken. Der Rat organisiert Konferenzen und fördert die fachspezifische Diskussion im Rahmen der gesetzten Schwerpunkte.

Hierbei bedient er sich besonderer Problemräte für die jeweiligen Hauptgebiete der wirtschaftswissenschaftlichen Forschung.

Vorsitzender des Rates ist Prof. Dr. Helmut Koziolek.
→ **Wirtschaftswissenschaft; Forschung; Wissenschaftliche Räte.**

Wissenschaftlicher Sozialismus: → **Marxismus-Leninismus.**

Wohnbezirk: In allen Städten der DDR bestehen W., die je nach den örtlichen Erfordernissen ursprünglich aus der Zusammenlegung von 2 oder mehreren Stimmbezirken entstanden sind. Die W. umfassen in der Regel 1 000–3 000 wahlberechtigte Bürger. W. haben als kleinste territoriale Gliederungseinheiten Bedeutung für den organisatorischen Aufbau der → **SED** (Wohnparteiorganisation) und der → **Nationalen Front** der DDR, die an der Basis über die W.-Ausschüsse verfügt. Der Beschluß des Politbüros des ZK der SED vom 6. 8. 1963 „Das System der politisch-ideologischen Arbeit in den städtischen Wohngebieten" sah als neue, mehrere W. einschließende Gliederungseinheit Wohngebiete vor, die 10 000–12 000 Einwohner umfassen sollten. In den Wohngebieten sollten Stützpunkte der SED zur Anleitung der Wohnparteiorganisationen und der zu bildenden Wohngebietsausschüsse der Nationalen Front eingerichtet werden. Jedem Wohngebiet wurde außerdem durch die SED ein Leitbetrieb zugeordnet, dessen Aufgabe es sein sollte, die vorhandenen Reserven besser zu nutzen und die Bevölkerung stärker zur Erfüllung der Volkswirtschaftspläne heranzuziehen.

Der Beschluß des Sekretariats des ZK der SED vom 7. 7. 1965 „Zur Parteiarbeit in den städtischen Wohnbezirken" gestand ein, daß sich die Einrichtung von Stützpunkten der SED und Wohngebietsausschüssen der Nationalen Front nicht bewährt hatte, und verfügte daher deren Auflösung. Der Beschluß orientierte die Aktivität von SED und Nationaler Front im Territorium erneut auf die W. Die Schaffung der Wohngebiete als neuer territorialer Ebene oberhalb der W. war somit gescheitert. Wenn im heutigen Sprachgebrauch der Begriff „Wohngebiet" verwendet wird, so ist damit keine fest umrissene territoriale Einheit, sondern allgemein der Wohnbereich als wichtigster Bereich für Erholung und Freizeit im Gegensatz zur Produktionssphäre gemeint.

Wohnungsbau: → **Bau- und Wohnungswesen.**

Wohnungswesen: → **Bau- und Wohnungswesen.**

WTR: Abk. für → **Wissenschaftlich-technische Revolution.**

WTZ: Abk. für → **Wissenschaftlich-technische Zusammenarbeit.**

Z

Zahlenlotto: → **Lotterie.**

Zahlungsverkehr: I. Der *kommerzielle Z. zwischen der Bundesrepublik Deutschland und der DDR* wird auf der Grundlage der Vereinbarungen im „Abkommen über den Handel zwischen den Währungsgebieten der Deutschen Mark (DM West) und den Währungsgebieten der Deutschen Mark der Deutschen Notenbank (DM Ost)" (Berliner Abkommen) vom 20. 9. 1951 ausschließlich im bilateralen Verrechnungsweg (Clearing) in Verrechnungseinheiten über die Deutsche Bundesbank und die Staatsbank der DDR abgewickelt (→ **Innerdeutscher Handel**).

II. Der *kommerzielle Z. zwischen dem westlichen Ausland und der DDR* wurde früher gleichfalls auf der Grundlage bilateraler Verrechnungsvereinbarungen durchgeführt. Inzwischen werden Zahlungen für Außenhandelsgeschäfte vorwiegend in frei konvertierbaren Währungen über Devisenkonten in westlichen Ländern abgewickelt. Westliche Importeure zahlen den Kaufpreis in konvertierbarer Währung auf ein Konto der DDR, westliche Exporteure erhalten den Verkaufspreis ebenfalls in konvertierbarer Währung ausgezahlt. Vornehmlich mit Entwicklungsländern werden kommerzielle Zahlungen jedoch auch weiterhin im bilateralen Clearing durchgeführt.

III. Der *kommerzielle Z. mit den RGW-Ländern* wird auf der Grundlage langfristiger bilateraler Zahlungsabkommen unter Umrechnung in Verrechnungsrubel durchgeführt. Nach dem „Abkommen über die mehrseitige Verrechnung in transferablen Rubeln und die Gründung der → **Internationalen Bank für wirtschaftliche Zusammenarbeit**" von 1964 sind die Abkommenspartner gehalten, ihre Handelsabkommen so abzuschließen, daß sich die Zahlungseingänge und -ausgänge in sog. transferablen Rubeln innerhalb eines Kalenderjahres mit allen anderen Abkommenspartnern insgesamt ausgleichen.

Die technische Abwicklung kommerzieller Zahlungen erfolgt nach den Allgemeinen Lieferbedingungen des RGW vorwiegend im sog. Sofortbezahlungsverfahren (Inkasso mit Nachakzept). Der Exporteur erhält bei Vorlage der die Ware vertretenden Dokumente von seiner Bank den Verkaufspreis sofort ausgezahlt. Die Bank belastet dabei gleichzeitig das Konto der Bank im Käuferland.

Der Importeur wird von seiner Bank erst nach Eingang der Dokumente aus dem Verkäuferland belastet, wobei zugleich das Konto der Bank des Verkäuferlandes erkannt wird.

IV. Im Gegensatz zum kommerziellen Z. bestand im Bereich des *nichtkommerziellen Z. zwischen den beiden deutschen Staaten* bis 1974 ein vertragloser Zustand. In begrenztem Umfang erfolgte eine Verrechnung von Unterhaltszahlungen für Minderjährige durch die Jugend-

ämter; außerdem ließ die DDR über ein Verrechnungskonto des Handels (Unterkonto 3) einseitig nichtkommerzielle Zahlungen in die DDR zu, erteilte jedoch keine Genehmigungen für Überweisungen in die Bundesrepublik Deutschland. Viele Zahlungen, z. B. die Überweisung von Grabpflegekosten, Unterstützungszahlungen oder Erbschaften, konnten entweder gar nicht oder nicht in erforderlichem Umfange transferiert werden. Aufgrund dieser begrenzten Transfermöglichkeiten zwischen den beiden deutschen Staaten sind auf beiden Seiten zahlreiche Sperrkonten entstanden. Die Verfügungsmöglichkeiten über diese Guthaben sind gemäß den devisenrechtlichen Bestimmungen beider Seiten in der DDR wesentlich enger als in der Bundesrepublik Deutschland (→ **Devisen**).

Um auch im Bereich des nichtkommerziellen Z. eine schrittweise Normalisierung einzuleiten, ist in einem Zusatzprotokoll zum „Vertrag über die Grundlagen der Beziehungen zwischen der Bundesrepublik Deutschland und der DDR" vereinbart worden, im Interesse der beteiligten Menschen Verhandlungen zur Regelung des nichtkommerziellen Zahlungs- und Verrechnungsverkehrs aufzunehmen und dabei vorrangig für den kurzfristigen Abschluß von Vereinbarungen unter sozialen Gesichtspunkten Sorge zu tragen.

In Ausführung dieses Verhandlungsauftrages sind am 25. 4. 1974 zwischen dem Bundesminister der Finanzen der Bundesrepublik Deutschland und dem Minister der Finanzen der DDR zwei Teilvereinbarungen über den Transfer nichtkommerzieller Zahlungen unterzeichnet worden (BGBl. II, S. 621).

A. Die Vereinbarung über den *Transfer von Unterhaltszahlungen* löst die unzureichende Jugendamtsverrechnung ab und ermöglicht seit dem 1. 6. 1974, Unterhaltszahlungen zur Erfüllung familienrechtlich begründeter Verpflichtungen in vollem Umfange an die Berechtigten im jeweils anderen Staat zu überweisen. Hierunter fallen insbesondere Unterhaltszahlungen an unterhaltsberechtigte Kinder, Ehegatten und Eltern. Die Vereinbarung ermöglicht außerdem den Transfer von Schadensersatzzahlungen aufgrund gesetzlicher Haftpflichtbestimmungen, soweit nicht anderweitige Regelungen bestehen (z. B. HUK-Abkommen über Kraftfahrzeug-Haftpflichtschäden).

B. Die Vereinbarung über den *Transfer aus Sperrguthaben* ermöglicht es auf der Grundlage der Gegenseitigkeit, monatliche Teilbeträge bis zu 200 DM/M aus Sperrguthaben an den Kontoinhaber zu überweisen. Voraussetzung für die Überweisung ist, daß die Einkünfte des Kontoinhabers vorwiegend aus einer Altersversorgung (Rente, Pension), einer Invalidenrente, Sozialhilfe oder einer Waisenrente bestehen. In der DDR zwangsverwaltete Guthaben von Flüchtlingen und aus Grundstückserträgen entstandene Guthaben werden von der DDR nicht zum Transfer zugelassen.

Nach der Vereinbarung müssen sich die Zahlungen gegenseitig ausgleichen, d. h. die Überweisungen aus dem einen Staat können nicht höher sein als die Überweisungen aus dem anderen Staat. Für das erste Jahr wurde ein Plafond in jeder Richtung von bis zu 30 Mill. DM/M festgelegt.

Bei beiden Vereinbarungen erfolgt die Verrechnung im Verhältnis 1:1, ohne daß dadurch eine Parität zwischen den beiden deutschen Währungen festgelegt worden ist. Die Verhandlungen zur Regelung des Transfers weiterer nichtkommerzieller Zahlungen (z. B. Honorare, Gebühren, Unterstützungszahlungen, Erbschaften usw.) sowie zur Erweiterung der Teilvereinbarung über den Sperrkontentransfer werden fortgesetzt.

V. Der *nichtkommerzielle Z. zwischen dem westlichen Ausland und der DDR* ist relativ gering und wird wie im kommerziellen Bereich über Devisenkonten in freikonvertierbaren Devisen oder im bilateralen Clearing abgewickelt.

VI. Der *nichtkommerzielle Z. mit den RGW-Ländern* wird auf der Grundlage der 1963 zwischen den Staatsbanken dieser Länder festgelegten Wechselkurse für nichtkommerzielle Zahlungen durchgeführt. Die 1963 vereinbarten sog. Touristenkurse finden sowohl für den gesamten Reiseverkehr innerhalb der RGW-Staaten als auch für den Transfer von Erbschaften, Unterhaltszahlungen, Honoraren usw. Anwendung. Die für die Umrechnung maßgebenden Kurse wurden letztmalig im Statistischen Jahrbuch der DDR 1971, Internationale Übersichten, Seite 86 veröffentlicht. → **Währung; Verrechnungsverfahren; Außenwirtschaft und Außenhandel.**

Zehn Gebote der Sozialistischen Moral: Sozialistische → Moral.

Zeitlohn: → **Lohnformen und Lohnsystem.**

Zeitnormative: Begriff aus dem Gebiet der Arbeitsnormen mit unterschiedlicher Bedeutung: 1. Bis etwa Mitte 1961 wurden als Z. ausschließlich die kleinsten Zeiteinheiten bezeichnet, aus denen eine „technisch begründete" Arbeitsnorm zusammengesetzt ist. 2. Seit Mitte 1961 gilt der Begriff Z. für „überbetrieblich gültige Arbeitsnormen".

Zeitschriften: Teil des nach „marxistisch-leninistischen Prinzipien gestalteten sozialistischen Pressesystems", Massenkommunikationsmittel (→ **Medienpolitik** und → **Presse**). DDR-Z. haben eine größere politische Bedeutung als westliche Z. Sie sind – abgesehen von speziellen wissenschaftlichen und technischen Fach-Z. etc. – quasi Monopol-Organe der SED, der von ihr geführten Verbände, Ministerien oder staatlichen Institutionen (Akademien etc.). Ihr Aussagewert ist systemimmanent-parteilich. Inhaltlich sind die wichtigsten gesellschaftspolitischen Z. thematisch nicht abgrenzbar, da sie weltanschauliche, politische, wirtschaftliche und kulturelle Probleme der DDR, des „sozialistischen Lagers" unter Führung der Sowjetunion und aus dieser Sicht auch das internationale Geschehen behandeln. Zu ihnen gehören:

„Einheit", Organ des ZK der SED für „Theorie und Praxis des wissenschaftlichen Sozialismus", Auflage: 210 000. „Deutsche Zeitschrift für Philosophie"; „Deutsche Außenpolitik"; „Staat und Recht". Hinzuzuzählen sind: „Sowjetwissenschaft – Gesellschaftswissenschaftliche Beiträge" (Übersetzungen aus relevanten sowjetischen Z.) und „Probleme des Friedens und des Sozialismus", internationale KP-Zeitschrift, Redaktion Prag, deutsche Ausgabe: Dietz-Verlag der SED.
Spezielle Thematik: „IPW-Berichte" (Auflage: 10 000), ‚Imperialismus'-Analysen des „Instituts für Internationale Politik und Wirtschaft", vorrangig über die Bundesrepublik Deutschland; „Beiträge zur Geschichte der Arbeiterbewegung", herausgegeben vom Institut für Marxismus-Leninismus. „Neue Justiz", herausgegeben vom Ministerium der Justiz, dem Generalstaatsanwalt und dem Obersten Gericht der DDR. „Die Wirtschaft" (Wochenzeitung), „Wirtschaftswissenschaft", „DDR-Außenwirtschaft", „Statistische Praxis" (Staatliche Zentralverwaltung für Statistik), „Wirtschaftsrecht", „Sozialistische Finanzwissenschaft", „Arbeit und Arbeitsrecht", „Die Arbeit". „Kooperation", Zeitschrift für sozialistische Land- und Nahrungsgüterwirtschaft, „internationale zeitschrift der landwirtschaft" (RGW). „Der Handel", „Handelswoche", „Das neue Handwerk", Organ der Handwerkskammern. „Pädagogik", Zeitschrift für Theorie und Praxis der sozialistischen Erziehung; „Deutsche Lehrerzeitung", Organ des Ministeriums für Volksbildung und der Gewerkschaft für Unterricht und Erziehung. „Sonntag", Organ des Kulturbundes (Wochenzeitung). „Neue Deutsche Literatur", Organ des Schriftstellerverbandes, „Weimarer Beiträge"; „Bildende Kunst", Organ des Verbandes Bildender Künstler; „Sinn und Form" (Akademie der Künste); „Theater der Zeit", Organ des Verbandes der Theaterschaffenden; „Kunst und Literatur" (relevante sowjetische Beiträge); „Neue Deutsche Presse", Organ des Journalistenverbandes für Presse, Rundfunk und Fernsehen; „Film und Fernsehen", Organ des Verbandes der Film- und Fernsehschaffenden; „Filmspiegel", Illustrierte Zeitschriften („parteiliche" Massenblätter, Auflagen: 500 000 – 1 Mill.); „NBI – Neue Berliner Illustrierte"; „Freie Welt", Organ der Gesellschaft für Deutsch-Sowjetische Freundschaft; „Für Dich", Frauenzeitschrift, Auflage über 800 000; „FF – Dabei", Funk- und Fernseh-Programm-Illustrierte, Auflage über 1,4 Mill. (1974).
Satirische Zeitschrift: „Eulenspiegel". Unterhaltung: „Das Magazin", Auflage: über 400 000.
Propaganda-Z. für das Ausland: „DDR", in deutsch, osteuropäischen Sprachen und spanisch; „DDR-Revue", in deutsch und westlichen Sprachen, zusätzlich „Democratic German Report".
Insgesamt erschienen 1973 in der DDR 509 Zeitschriften (ohne Wochenzeitungen) mit einer Jahresgesamtauflage von 212,75 Mill. Exemplaren (Sachgruppen-Übersicht in: „Statistisches Jahrbuch der DDR, Einzeltitel in: Postzeitungsliste für die Deutsche Demokratische Republik).
Die höchste Zahl an Z. wurde 1971 mit 521 Titeln (mit

Wochenzeitungen: 541) erreicht, bei gleichbleibendem Papierkontingent seit 1963. Seitdem sind einige Z. zusammengelegt (z. B. „Zeit im Bild" mit „NBI") oder eingestellt worden, darunter auch die „Sozialistische Demokratie" (Organ des Staatsrates und des Ministerrates).

Einige Z., die im Titel das Adjektiv „deutsch" führten, haben diesen im Verlauf der Abgrenzungspolitik nach dem VIII. Parteitag der SED 1971 geändert, z. B. die Zeitschrift „Deutsche Architektur" in „Architektur der DDR" (1974).

Zeitungsaustausch: Zwischen den beiden Teilen Deutschlands wurden nach dem Verbot des freien Zeitungsvertriebes in der sowjetischen Besatzungszone im August 1948 Tageszeitungen und Zeitschriften in verhältnismäßig geringer Anzahl gegenseitig im Abonnementsverfahren für Regierungsstellen, Massenmedien, Partei- und Verbandszentralen, Institute und dazu berechtigte Einzelpersonen (Genehmigungspflicht) bezogen. Seit dem 1. 8. 1968 (zunächst befristet, ab 1. 4. 1971 unbefristet) ist in der Bundesrepublik Deutschland der Bezug von DDR-Zeitungen und Zeitschriften ohne Einschränkungen erlaubt (völlig einseitige Liberalisierung ohne Gegenleistungen). Trotz Nachfrage westlicher Großhändler sind jedoch von der DDR nicht mehr politische Tageszeitungen ausgeliefert worden (Kontingentierung). Bereits ab 1. 11. 1961 hatte die DDR die Lieferung von Bezirks- und Kreiszeitungen eingestellt (Exportverbot für Bundesrepublik und Berlin [West]). 1970 wurden monatlich ca. 2 800 Abonnenten im Westen mit Tageszeitungen der DDR (Ost-Berliner Zentralblätter, davon 1 640 „Neues Deutschland") beliefert; einschließlich Zeitschriften waren es über 5 000 Abonnenten. Bestellung und Lieferung erfolgen über den westlichen Großhandel, in der DDR über die Firma → **Buchexport**, Leipzig (Bestellung, Angebot in besonderem Katalog), und die Exportabteilung des Postzeitungsvertriebsamtes in Berlin (Ost) (Lieferung).

Anstoß zur völligen Liberalisierung des Bezuges von DDR-Zeitungen in der Bundesrepublik gab ein Vorschlag Ulbrichts auf der II. Bitterfelder Konferenz am 25. 4. 1964: „. . . wären wir bereit, einige westdeutsche Zeitungen, wie etwa ‚Die Zeit' oder die ‚Süddeutsche Zeitung', bei uns zum Verkauf auszulegen, wenn die Garantie dafür gegeben wäre, daß in Westdeutschland das ‚Neue Deutschland', in gleichem Maße öffentlich verkauft wird". Das SED-Zentralorgan „Neues Deutschland" schlug daraufhin der Hamburger Wochenzeitung „Die Zeit" zur Vorbereitung dieses Zeitungsaustausches einen „vereinbarten Artikelaustausch" vor, der aber nach einem ersten gegenseitigen Artikelabdruck vom „ND" abgebrochen wurde („Die Zeit" vom 14. 8. 1964). Zögerndes Verhalten der Bundesregierung (Erhard) und neue Bedingungen der DDR (Vereinbarungen auf Regierungsebene) führten in der Frage des Z. zu keinem Ergebnis: Während die Bedenken in Bonn gegen die Einfuhr propagandistischer Druckerzeugnisse aus der DDR im Laufe der Zeit ab-

nahmen, stiegen in Berlin (Ost) die Befürchtungen vor ideologischer Aufweichung. Die in der Bundesrepublik Deutschland notwendige Änderung der Staatsschutzgesetzgebung (Genehmigungspflicht für den Bezug von DDR-Zeitungen) erfolgte 1968 (große Koalition): ab 1. 8. wurde der Bezug, zunächst befristet bis März 1971, ab 1. 4. 1971 (sozialliberale Koalition) unbefristet freigegeben.

Nach der Alliierten Kontrollratsdirektive Nr. 55 war die freie Verbreitung von Zeitungen und Zeitschriften, die von den einzelnen Besatzungsmächten lizensiert waren, in allen Besatzungszonen erlaubt. Mit der Zentralisierung und Verstaatlichung des Zeitungsvertriebes in der sowjetischen Besatzungszone (SMAD-Befehl Nr. 105 vom 8. 6. 1948, Postzeitungsamt gegründet am 1. 8. 1948) wurde auch der Vertrieb westlich lizenzierter Zeitungen und Zeitschriften in der sowjetischen Besatzungszone verboten. Der westliche Zeitungshandel beantwortete das Verbot mit dem Boykott der Ostzeitungen, deren Bezug später (Staatsschutzgesetzgebung der Bundesrepublik Deutschland) genehmigungspflichtig gemacht wurde. → **Deutschlandpolitik der SED.**

Zeitungsvertriebsamt (ZVA): Das ZVA in Berlin ist aus dem am 1. 8. 1948 auf Befehl der damaligen Sowjetischen Militäradministration (→ **SMAD**) entstandenen Postzeitungsamt hervorgegangen. Es gliedert sich in Bereiche, Abteilungen und Sektoren und ist geleichzeitig Verlagspostamt für alle ausländischen Zeitungen und Zeitschriften, wozu auch die aus der Bundesrepublik Deutschland und aus West-Berlin gezählt werden.

Während das ZVA mit seiner Außenstelle in Leipzig Großhandelsaufgaben im Postzeitungsvertrieb (PZV) wahrnimmt, haben die Bezirksdirektionen Post (BDP) nur die Stellung und Funktion eines Leitungsorgans des Einzelhandels auf Bezirksebene, die Hauptpostämter auf Kreisebene und die örtlichen Dienststellen des PZV Einzelhandelsaufgaben im bestimmten territorialen Bereich.

Als Großhandelsbetrieb arbeitet das ZVA für jedes Jahr einen Großhandelsumsatzplan aus und sichert durch Lieferverträge mit den Verlagen die plan- und termingerechte Lieferung der Presseerzeugnisse.

Die bestellten Auflagen aller Zeitungen und Zeitschriften werden fest abgenommen, so daß die Post auch für die Finanzierung des Warenverlustes aufzukommen hat und planmäßige Werbetätigkeit betreibt.

Auch der Lesezirkel, ein Tausch-Leih-Verkehr mit gangbaren Wochen- und Monatszeitschriften, ist unter der Bezeichnung „Deutsche Post-Lesezirkel" in den → **Postzeitungsvertrieb** eingegliedert.

Zensur: Bereits vor Einstellung der offiziellen sowjetischen Z. (Zensoren der → **SMAD**) im August 1949 wurde von der SED ein politisch-ideologisches und administratives (indirektes) Z.-System für alle Publikationen und Massenmedien aufgebaut und nach der Übergabe aller Verwaltungsfunktionen durch die SMAD an die Regierung der DDR (10. 10. 1949) ausgebaut, das bis zur Gegenwart im wesentlichen unverändert geblieben ist. Zu diesem Z.-System gehören:

1. die *Kaderpolitik,* die die Besetzung aller Entscheidungspositionen, auch der in den staatlichen Kulturinstitutionen, Massenmedien, Verlagen, im Filmwesen, in den Künstlerverbänden etc., mit loyalen Anhängern der SED garantiert (→ **Kader**).

2. Die *Informations- und Meinungs-Z.* durch die → **Medienpolitik** der SED, durch staatliche Lizenzpflicht (Erlaubnis) für alle Publikationen (zuständig für Presse ist das → **Presseamt** beim Vorsitzenden des Ministerrates, für Bücher das → **Ministerium für Kultur**, Hauptabteilung Verlage und Buchhandel, für Filme die Hauptabteilung Film des Ministeriums für Kultur), durch Einfuhrbeschränkungen für Zeitungen und Bücher z. B. aus dem Westen, durch Post- und Paket-Z. und durch das politische → **Strafrecht.**

3. die *ideologische Selbst-Z.* („Kritik und Selbstkritik"). Die Schriftstellerin Christa Wolf („Der geteilte Himmel", „Nachdenken über Christa T.") schrieb 1974 zum Problem der Selbst-Z. in der Literatur: „Der Mechanismus der Selbstzensur, der dem der Zensur folgt, ist gefährlicher als dieser: Er verinnerlicht Forderungen, die das Entstehen von Literatur verhindern können, und verwickelt manchen Autor in ein unfruchtbares und aussichtsloses Gerangel mit einander ausschließenden Geboten: daß er realistisch schreiben soll zum Beispiel und zugleich auf Konflikte verzichten, daß er wahrheitsgetreu schreiben soll, aber sich selbst nicht glauben, was er sieht, weil es nicht ‚typisch' sei" (Weimarer Beiträge, 6/1974. S. 102).

Zentrag: Abk. für „Zentrale Druckerei-, Einkaufs- und Revisionsgesellschaft". Bezeichnung für die dem ZK der SED unterstehende und direkt vom Apparat des ZK angeleitete → **Vereinigung Organisationseigener Betriebe** (VOB), in der mehr als 90 Druckereien, Zeitungs-Verlage und Vertriebsorgane zusammengefaßt sind. Ihr gehören u. a. die Verlage aller SED- und FDJ-Zeitungen auf zentraler und Bezirksebene an.
Mit der VOB Zentrag hat die SED auch organisatorisch fast 90 v. H. der Druckkapazitäten der DDR monopolisiert. Darüber hinaus trägt die VOB Zentrag – neben den Mitgliedsbeiträgen – wesentlich zur Finanzierung der Parteiarbeit bei.

Zentrale Arbeitskreise für Forschung und Technik (ZAK): → **Forschungsrat der DDR.**

Zentrale Entwicklungs- und Konstruktionsbüros: Neben den betrieblichen E. und K. gibt es zentrale Büros dieser Art bei den Industriezweigleitungen (→ **Vereinigungen Volkseigener Betriebe**). Als Vorteile werden genannt: Konzentration der Kräfte und Mittel sowie die Möglichkeit, für kleinere Betriebe, die keine eigenen E. und K. unterhalten können, die Produktion technisch vorzubereiten durch Fertigung der Konstruktionszeichnungen und der Materialstücklisten. → **Forschung.**

Zentrale Organe der Staatsmacht: → **Ministerien; Staatssekretariate mit eigenem Geschäftsbereich.**

Zentrale Revisionskommissionen (ZRK): → **Revisionskommissionen.**

Zentrales Forschungsinstitut für Arbeit (ZFA): Forschungsinstitut des → **Staatssekretariats für Arbeit und Löhne** mit Sitz in Dresden. Das ZFA entstand aus dem Institut für Arbeitsökonomik und Arbeitsschutzforschung, nachdem das → **Zentralinstitut für Arbeitsschutz** dessen Aufgaben auf dem Gebiet des Arbeitsschutzes einschließlich der Arbeitserleichterungen übernommen hatte. Seine Aufgabe erstreckt sich vor allem auf die wissenschaftliche Erforschung der Gebiete → **Arbeitsstudium,** Arbeitsgestaltung und → **Arbeitsnormung** sowie des Arbeitseinkommens (Lohngestaltung, Tarifsystem). Das ZFA betreibt sowohl Grundlagenforschung als auch angewandte Forschung und bietet darüber hinaus unmittelbare Unterstützung bei der Fortentwicklung der staatlichen Arbeitspolitik.
Es ist Leitinstitut des Koordinierungsbereichs Arbeit und Löhne, dem interdisziplinär zusammengesetzten Beirat des Staatssekretariats für Arbeit und Löhne für Forschungsfragen. Zu den Aufgaben des ZFA rechnen auch die Dokumentation und Information auf arbeitswissenschaftlichem Gebiet. Neben der ständigen Mitwirkung am → **Arbeitsrecht** stehen im Zeitraum des Fünfjahrplans 1971–1975 besonders arbeitssoziologische Probleme im Vordergrund. Direktor des ZFA ist Prof. Dr. Kurt Walter.

Zentrales Konsum-, Handels- und Produktionsunternehmen „konsument": → **Binnenhandel.**

Zentralgeleitete Industrie: Gesamtheit der Volkseigenen Industriebetriebe, die in der Regel unter Zwischenschaltung der VVB bzw. Kombinate (gegenwärtig bestehen 40 Kombinate mit insgesamt 800 000 Beschäftigten, die den → **Industrieministerien** direkt unterstellt sind) von den Industrieministerien angeleitet werden. Der Anteil der ZI. an der gesamten industriellen Warenproduktion betrug 1973 79,4 v. H. Die ZI. umfaßt vorwiegend Groß- und Mittelbetriebe; kleinere und konsumnahe Industriebetriebe gehören überwiegend zur bezirksgeleiteten Industrie.

Zentralhaus für Kulturarbeit: Das Z. ist eine staatliche Einrichtung zur Entwicklung der unter dem Begriff Künstlerisches Volksschaffen zusammengefaßten verschiedenen Zweige der → **Laienkunst** und der Klubarbeit (→ **Kulturstätten**). Das Z. wurde 1952 als Zentralhaus für Laienkunst gegründet, 1954 in Zentralhaus für → **Volkskunst** umbenannt und erhielt 1962 seinen heutigen Namen. Es ist dem → **Ministerium für Kultur** unterstellt. Das Z. hat die Aufgaben, die politisch-künstlerische Entwicklungslinie der gesamten Laienkunst auszuarbeiten; die besten Methoden zur Erhöhung von deren Niveau und gesellschaftlicher Wirksamkeit und zur Gestaltung des Klublebens zu studieren und zu entwickeln; Repertoires für alle Gebiete der Laienkunst herauszugeben; die theoretischen Grundlagen für die Ausbildung der Leiter des künstlerischen Volksschaffens zu erarbeiten und entsprechende Aus- und Weiterbildungsveranstaltungen durchzuführen; die Entwicklung der Laienkunst in den anderen sozialistischen Ländern, besonders der Sowjetunion, zu verfolgen und auszuwerten.

Im Z. arbeitet die Leitstelle für Information und Dokumentation des künstlerischen Volksschaffens in der DDR. Zum Z. gehören das Institut für Volkskunstforschung, das die „Chronologie des künstlerischen Volksschaffens" und ein „Jahrbuch des Instituts für Volkskunstforschung" herausgibt, das 1957 gegründete Deutsche Tanzarchiv der DDR sowie 17 Zentrale Arbeitsgemeinschaften des künstlerischen Volksschaffens. Das Z. führt Fachberatungen, Leistungsschauen auf einzelnen Gebieten der Laienkunst und Weiterbildungsveranstaltungen durch. Es ist Herausgeber der Monatszeitschriften „Mitteilungen des Z.", „szene" (für Laientheater und Kabarett), „Bildnerisches Volksschaffen" (für alle Gebiete der bildenden und angewandten Kunst), „Die Volksmusik" (für Vokal- und Instrumentalmusik), „der tanz" (für Bühnen- und Gesellschaftstanz) und „ich schreibe" (für die Bewegung schreibender Arbeiter).

Zentralinstitut für Arbeitsmedizin: → **Arbeitshygiene; Gesundheitswesen,** III C.

Zentralinstitut für Arbeitsschutz, Dresden: Das ZfA. mit Sitz in Dresden dient der „Durchsetzung des wissenschaftlich-technischen Fortschritts im Arbeitsschutz". Es hat die wissenschaftlichen Grundlagen für die Lösung der Grundsatzfragen auf dem Gebiete des Arbeitsschutzes einschließlich der Arbeitserleichterung zu schaffen. Es ist juristische Person und Rechtsträger des ihm übertragenen Volkseigentums und hat ein Statut (GBl. II, 1964, S. 726). Es untersteht dem → **Staatssekretariat für Arbeit und Löhne.**

Zentralinstitut für Fertigungstechnik des Maschinenbaus der DDR (ZIF): Wichtiges, dem → **Ministerium für Werkzeug- und Verarbeitungsmaschinenbau** unterstelltes Industriezweiginstitut mit Sitz in Karl-Marx-Stadt. Das ZIF entstand 1960 aus dem Zusammenschluß des Instituts für Technologie und Organisation des Maschinenbaus (ITO) – gegründet 1954 – mit dem Institut für bildsame Formung der Metalle, gegründet 1956. Das ZIF ist als zentrales Industriezweiginstitut des → **Maschinenbaus** für die Fortentwicklung der Fertigungstechnologien und -organisation, für die Rationalisierung, Mechanisierung und Automatisierung der Produktion zuständig. Es befaßt sich mit der Analyse der → **Technologie,** der Arbeitsmittel, der Fertigungsorganisation und des Materialflusses und arbeitet, auf den Analysen aufbauend, Entwürfe für optimale technische Produktionsprozesse aus.

Bedeutsame Aufgaben sind ferner: die Entwicklung, Erprobung und Durchsetzung moderner Fertigungstechnologien; das fortgesetzte Studium und die wissenschaftliche Analyse der internationalen Entwicklung auf dem Gebiet des Maschinenbaus; die Bearbeitung von Neuerermethoden sowie die Weiterbildung von Beschäftigten aus den Betrieben des Maschinenbaus. Das ZIF gibt regelmäßig Mitteilungsblätter heraus. → **Forschung.**

Zentralinstitut für Hochenergie-Physik: Nachfolgeinstitution des Zentralinstituts für Physik hoher Energien, das bereits Anfang der 50er Jahre gegründet wurde. Die Umbenennung und möglicherweise auch eine Umorganisation erfolgten Anfang der 70er Jahre. Das Institut hat seinen Sitz in Zeuthen; es wird gegenwärtig von Prof. Karl Lanius geleitet.

Zum Aufgabengebiet gehören theoretische und experimentelle Untersuchungen der Wechselwirkung von Elementarteilchen. Das Institut beschäftigt sich mit der Entwicklung und Erprobung von experimentellen Anlagen zur Meßwerterfassung und -verwertung für Experimente auf dem Gebiet der Hochenergie-Physik.

Das ZfHP ist in starkem Maße beteiligt an gemeinsamen Arbeiten mit dem Vereinigten Kernforschungsinstitut in Dubna, das im Rahmen des → **RGW** Forschungen zur Physik des Atomkerns und zur Physik hoher Energien durchführt.

Zentralinstitut für Information und Dokumentation (ZIID): Das ZIID wurde durch Ministerratsbeschluß vom 8. 8. 1963 aus dem seit 1958 bei der Deutschen Akademie der Wissenschaften bestehenden Institut für Dokumentation gebildet und der Staatlichen Plankommission, später dem Staatssekretariat, dem heutigen → **Ministerium für Wissenschaft und Technik,** unterstellt. Die Tätigkeit des ZIID wurde auf die Bereiche Wissenschaft, Technik und Ökonomie orientiert. Es ist zugleich für die Koordinierung aller auf diesen Gebieten arbeitenden Stellen verantwortlich. Das ZIID führt seine Aufgabe auf der Grundlage der Beschlüsse der SED, der Gesetze der DDR und anderer Rechtsvorschriften sowie der Weisungen des Ministers für Wissenschaft und Technik durch. Die AO über das Statut des ZIID vom 25. 7. 1972, (GBl. II, Nr. 50, S. 565/66) trat am 15. 8. 1972 in Kraft und löste das 1963er Statut ab (GBl. II, Nr. 93, S. 737). Das ZIID gibt eine eigene Zeitschrift heraus, die ab Januar 1969 den Titel „Informatik" trägt (Untertitel: Theorie und Praxis der wissenschaftlich-technischen Information).

Die AO zur Bereitstellung von Informationen über wissenschaftlich-technische Ergebnisse und zur zentralen Erfassung von Forschungs- und Entwicklungsberichten sowie von Dissertationen vom 13. 8. 1973 (GBl. I, Nr. 41, S. 426 ff.) schreibt vor, daß zur effektiven Nutzung und breiten Anwendung von Forschungs- und Entwicklungsergebnissen in der Volkswirtschaft Informationen und Berichte zu Forschungs- und Entwicklungsaufgaben (F/E-Aufgaben) der Pläne Wissenschaft und Technik sowie Dissertationen zu Problemen der Naturwissenschaft und Technik zentral bereitzustellen sind. Damit werden weitere Voraussetzungen für eine enge Zusammenarbeit mit der UdSSR und anderen Mitgliedsländern des RGW geschaffen. Das ZIID führt die zentrale Erfassung der F/E-Berichte sowie aller Dissertationen in dem erwähnten Forschungsbereich durch. Ihm sind zu allen F/E-Berichten und Dissertationen, die seit dem 1. 1. 1973 fertiggestellt bzw. verteidigt wurden, ein für Mikroverfilmung geeignetes Exemplar sowie eine Informationskarte in russischer Sprache für den internationalen Austausch zuzuleiten.

Zentralinstitut für Jugendforschung: → **Jugend; Jugendforschung.**

Zentralinstitut für Kernforschung: → **Atomenergie.**

Zentralinstitut für Schweißtechnik (ZIS): Dem → **Ministerium für Schwermaschinen- und Anlagenbau** unterstelltes Industriezweiginstitut mit Sitz in Halle-Trotha. Es entstand 1952 durch die Umwandlung der Schweißtechnischen Lehr- und Versuchsanstalt, Halle. Das ZIS entwickelte sich zum Zentrum der Schweißtechnik in der DDR. Das Institut behandelt alle schweißtechnischen Aufgaben des Maschinenbaus und ist für die schweißtechnische Instandhaltung und -setzung in der Grundstoffindustrie und der Energieerzeugung zuständig. Dieser umfassenden Aufgabenstellung entspricht eine breitangelegte Forschungs- und Entwicklungstätigkeit, deren Schwerpunkt die Erforschung, Neu- und Weiterentwicklung mechanisierter und automatisierter Schweißgeräte darstellt. Breiten Raum nimmt auch die Grundlagenforschung ein. Weitere Aufgaben des ZIS: die Einführung von modernen Schweißverfahren; die direkte schweißtechnische Unterstützung der Produktionsbetriebe; die fachliche Kontrolle der Schweißbetriebe in der DDR sowie die Aus- und Weiterbildung von Fachkräften (von 1964 bis 1972 wurden 358 Ingenieurpraktika für Schweißtechnik durchgeführt). → **Forschung; Technologie.**

Zentralinstitut für Sozialistische Wirtschaftsführung beim ZK der SED: Gegründet im November 1965, Sitz: Berlin-Rahnsdorf, Direktor (seit 1965): Prof. Dr. habil. Helmut Kosiolek (geb. 1927), Stellvertreter: G. Friedrich und W. Kunz.
Aufgaben: 1. Beratung der politischen Führungsgremien (→ **Politbüro; Sekretariat des ZK der SED; Ministerrat**) bei der Vorbereitung grundsätzlicher wirtschaftspolitischer Entscheidungen. 2. Koordinierung der Grundlagen der Lehr- und Forschungsarbeit auf dem Gebiet der → **sozialistischen Wirtschaftsführung** entsprechend den Beschlüssen des ZK der SED. 3. Weiterbildung von „zentralen Führungskadern" (Ministern, Staatssekretären, Generaldirektoren der VVB, Vorsitzenden und Stellvertretenden Vorsitzenden von Bezirkswirtschaftsräten, Werkdirektoren besonders aus den Bereichen Industrie, Bau- und Verkehrswesen, Binnenhandel und Außenwirtschaft) in Grundlehrgängen von ca. 4 Wochen Dauer. 4. Organisation von Halbjahreskursen für Nachwuchsführungskräfte. 5. Durchführung von Informationsseminaren von 2- bis 10tägiger Dauer für jeweils ca. 40 bis 60 mittlere Führungskräfte. Diese Informationsseminare finden etwa 6- bis 8mal im Jahr statt. Sie sind als „Rahnsdorfer Gespräche" bekannt geworden. Die Teilnahme an kurz-, mittel- und langfristigen Lehrgängen erfolgt entsprechend einer Delegierungsordnung und einer → **Nomenklatur.** 6. Aufbau eigener Forschungsschwerpunkte in Forschungsabteilungen. Dabei wird eng mit anderen Institutionen der SED und des Staatsapparates zusammengearbeitet, insbesondere mit der → **Parteihochschule**

„**Karl Marx**" und dem → **Institut für Gesellschaftswissenschaften beim ZK der SED.** 7. Im Ausbildungssektor Zusammenarbeit vor allem mit den Industrieministerien sowie den regionalen, zumeist an Universitäten und Hochschulen gegründeten Instituten für sozialistische Wirtschaftsführung. Das Z. ist Leitstelle für „Führungswissenschaft".
Zur Organisationsstruktur: Am Z. sind nach und nach Lehrstühle und Abteilungen eingerichtet worden, u. a. für Operations Research, **elektronische** → **Datenverarbeitung**, Wirtschaftsrecht, Prognostik, → **Planung.** Das Z. hat Promotionsrecht und gibt eine eigene Schriftenreihe heraus.

Zentralisation: Z. drückt ein bestimmtes Verhältnis in der Kompetenzverteilung zwischen Strukturelementen einer Organisation aus, in dem die Mehrzahl der Kompetenzen an der Spitze der Organisation zu finden ist. Dieses Verhältnis kann unveränderlich sein (wie in militärischen Organisationen), aber auch (wie in staatlichen oder wirtschaftlichen Organisationen) Veränderungen durch ökonomische oder andere Bedingungen unterworfen sein, wobei (wie im Staatsapparat der DDR) das Ausmaß der Veränderungen durch das Prinzip des → **demokratischen Zentralismus** politisch begrenzt wird.
Der unterschiedliche Grad der Z. ergibt sich aus den Bedingungen und Funktionen der jeweiligen Organisationen. Die Anhäufung von Kompetenzen wird als Zentralisierung verstanden; ihr Gegenteil ist die Dezentralisierung, die im Ergebnis zur Dezentralisation, d. h. zur Verschiebung von bisher der Zentrale vorbehaltenen Kompetenzen auf nachgeordnete Organe, führt. Dezentralisation schließt dabei eine erhöhte Entscheidungsmöglichkeit mit der Chance der Durchsetzung ein. Der Begriff der Dezentralisation ist in der DDR in der zweiten Hälfte der 50er Jahre positiv gesehen worden, als zwischen 1956 und 1958 Überlegungen zur Neugestaltung der staatlichen und wirtschaftsleitenden Organisation angestellt wurden. Sie fanden teilweise einen Niederschlag in der Konstruktion der Wirtschaftsräte. Inzwischen wird Dezentralisation grundsätzlich abgelehnt und als abwertender Begriff gebraucht, weil sie – als Gegensatz zum demokratischen Zentralismus verstanden – dessen „Negation" und damit die Auflösung bestehender Strukturen bedeute und im Staat Ressortegoismus und schließlich → **Selbstverwaltung** hervorbringe, in der Wirtschaft zur Selbständigkeit der sich im Gruppeneigentum befindlichen Betriebe auf der Grundlage einer „sozialistischen Marktwirtschaft" führe.

Zentralkomitee (ZK) der SED: Das ZK „führt die Beschlüsse des Parteitages aus" und ist „zwischen den Parteitagen" das höchste Leitungsorgan der Partei (4. Statut der SED von 1963, Punkt 39). Es ist dem Parteitag rechenschaftspflichtig.
Mit der Umwandlung der SED in eine „Partei neuen Typus" wurde sukzessive auch die Führungsstruktur der Partei derjenigen der → **KPdSU** angeglichen. Mit dem III. Parteitag (20.–24. 7. 1950) löste das ZK aus 50

(stimmberechtigten) und 31 (nichtstimmberechtigten) Kandidaten den bisherigen – 80köpfigen – Parteivorstand ab.

Das ZK besteht aus Mitgliedern und Kandidaten. Ihre Zahl ist nicht verbindlich festgelegt und veränderte sich seit 1950 wie folgt:

Parteitag		Mitglieder	Kandidaten
III.	(Juli 1950)	51	30
IV.	(April 1954)	91	44
V.	(Juli 1958)	111	44
VI.	(Januar 1963)	121	60
VII.	(April 1967)	131	50
VIII.	(Juni 1971)	135	54

Die personelle Zusammensetzung des ZK spiegelt z. T. den Trend der jeweiligen Parteilinie wider.

Mit dem VI. Parteitag (1963) wurde die Tendenz deutlich, akademische → **Kader**, Fachleute aus Technik, Wissenschaft und Wirtschaft, in größerer Zahl in das

Berufsstruktur des ZK im Juni 1971

Ausgeübte Berufe	Mit-glieder	Kandi-daten	Ins-gesamt	Anteil in v. H.
Funktionäre des zentralen Partei-apparates	31	4	35	18,5
Funktionäre des regionalen Partei-apparates	27	10	37	19,6
Funktionäre des zentralen Staats-apparates	33	11	44	23,3
Funktionäre des regionalen Staats-apparates	2	1	3	1,6
Wirtschafts-funktionäre	9	8	17	9,0
Funktionäre und An-gehörige wissen-schaftlicher und kultureller Berufe	13	10	23	12,2
Funktionäre der Massenorganisa-tionen	8	6	14	7,4
Sonstige Werktätige	5	4	9	4,7
Parteiveteranen	7	0	7	3,7
Insgesamt	135	54	189	100,0

höchste repräsentative Gremium der Partei aufzunehmen. Die Wahlen des VIII. Parteitages zum ZK wie die des ZK zum → **Politbüro** und zum → **Sekretariat** lassen personalpolitische Stabilität und Kontinuität erkennen. Erst das 10. Plenum des ZK (Oktober 1973) spiegelte bei den obersten Exekutiv- und Beschlußgremien die inhaltlichen Veränderungen der Honecker-Ära andeutungsweise wider. (Das gilt allerdings weniger für das ZK. Für die seit dem Juni 1971 verstorbenen 6 ZK-Mitglieder wurden Kandidaten zu Vollmitgliedern ge-

wählt.) Das ZK verkörpert die führende Rolle der Partei in Staat und Gesellschaft, in ihm sind wichtige Funktionsinhaber aller gesellschaftlichen Bereiche vertreten. Unterrepräsentiert sind die nachgeordneten staatlichen Ebenen (Bezirke und Kreise), die Universitäten, die Mitglieder ohne besondere Funktionen und die Frauen. Trotz seiner von der Parteiführung manipulierten Zusammensetzung und seiner Funktion hat das ZK das Potential für ein Beratungs- und Konsultationsgremium.

Ca. 68 v. H. der Mitglieder und Kandidaten des amtierenden ZK haben eine Hoch- oder Fachschule (einschließlich der Parteischulen der SED) absolviert.

Das Durchschnittsalter der Mitglieder und Kandidaten des ZK lag 1963 bei 45, 1967 bei 48 Jahren.

Altersstruktur des ZK im Juni 1971

Alter	Mit-glieder	Kandi-daten	Ins-gesamt	Anteil in v. H.
21 bis 30 Jahre	0	0	0	0,0
31 bis 40 Jahre	4	9	13	6,8
41 bis 50 Jahre	65	35	100	53,0
51 bis 60 Jahre	31	9	40	21,2
61 bis 70 Jahre	26	1	27	14,3
über 70 Jahre	9	0	9	4,7
Insgesamt	135	54	189	100,0

Zusammensetzung des auf dem VIII. Parteitag gewählten ZK nach Geschlechtern

Geschlecht	Mitglieder	Kandidaten	Insges.	Anteil
Männlich	117	48	165	87,3 v. H.
Weiblich	18	6	24	12,7 v. H.
Insgesamt	135	54	189	100,0 v. H.

Quelle: Bericht zur Lage der Nation 1972, S. 39, und Neues Deutschland vom 20. 6. 1971.

Wahl und Mitgliedschaft. Die Mitglieder und Kandidaten des ZK werden vom Parteitag gewählt. Voraussetzung ihrer Wahl ist eine mindestens 6jährige Mitgliedschaft in der SED. Ausnahmen bedürfen der Bestätigung des Parteitages, der formal auch die Zahl der Kandidaten und Mitglieder des ZK festlegt. Das vom VIII. Parteitag (Juni 1971) gewählte ZK hat 135 Mitglieder und 54 Kandidaten. Die Auswahl der Delegierten zum Parteitag und damit der potentiellen Mitglieder und Kandidaten des ZK ist eine der wichtigsten Aufgaben der Kaderpolitik.

Funktionen. Bei den Funktionen des ZK ist zwischen den „legislativen" („. . . ist zwischen den Parteitagen das höchste Organ der Partei . . .") und den „exekutivadministrativen" („. . . leitet . . ., vertritt . . ., entsendet . . ., lenkt . . .") zu unterscheiden.

Das Plenum des ZK tritt statuarisch mindestens einmal in 6 Monaten zu einer Sitzung zusammen. Zwischen Juni 1971 (VIII. Parteitag) und Juni 1975 fanden 14 Sitzun-

gen statt. (Zum Vergleich: zwischen dem III. und IV.
Parteitag, dem IV. und V. Parteitag und zwischen dem
V. und VI. Parteitag gab es 18, zwischen dem VI. und
VII. Parteitag 15 ZK-Tagungen und zwischen dem VII.
und VIII. Parteitag 17 ZK-Plena). Die ZK-Plena haben
heute den Charakter von Arbeitstagungen. Das Plenum
nimmt den Rechenschaftsbericht des Politbüros über
dessen Arbeit seit der letzten ZK-Tagung entgegen und
diskutiert ihn. Häufig hält ein Mitglied oder Kandidat
des Politbüros ein Grundsatz-Referat zu einem wichtigen Thema, das ebenfalls in Diskussionen erörtert wird.
Zu wichtigen Problemkomplexen können auch Experten und andere Funktionäre hinzugezogen werden
(Neuerung des 4. Statuts von 1963); dies wurde besonders in der ersten Hälfte der 60er Jahre praktiziert. Der
Politbürobericht, die Referate und Diskussionen werden zumeist nur in Auszügen im „Neuen Deutschland"
– dem Zentralorgan der SED – veröffentlicht und müssen von den Parteimitgliedern für die konkrete Parteiarbeit „ausgewertet" werden. Personelle Veränderungen
werden in der Regel ohne Kommentar bekanntgegeben.
Formell wird auf der Tagung des ZK die weitere Politik
der Partei im Rahmen der vom letzten Parteitag verabschiedeten Grundsätze festgelegt. Der tatsächliche Einfluß des Plenums auf Personalpolitik und Generallinie
ist jedoch nur schwer abzuschätzen. Immerhin hat das
ZK der KPdSU sowohl in der Frühphase des Sowjetstaates als auch in der Chruschtschow-Ära mehrmals
entscheidend den Kurs der Partei mitbestimmt. Vom
ZK der SED läßt sich Ähnliches bis heute nicht feststellen. Der Einfluß des Politbüros der SED ist nach wie vor
ausschlaggebend.
Viele Jahre schien das ZK ein reines Akklamationsorgan zu sein, obwohl die meisten seiner Mitglieder in
wichtigen Regierungs-, Verwaltungs-, Wirtschafts- und
Funktionen des Parteiapparates tätig sind. Einzelne leiten wissenschaftliche Institutionen, andere gehören von
Fachleuten beratenen Kommissionen in verschiedenen
gesellschaftlichen Bereichen an, die durch Rückinfor-
mationen von der Basis auf Entscheidungen der Parteiführung Einfluß nehmen. Gegenwärtig sind daher Ansätze eines Wandels des ZK zu einem „Transforma-
tions- und Konsultationsgremium" (P. C. Ludz, Parteielite im Wandel, Köln-Opladen, 1968) nicht zu übersehen.
Das ZK beruft die Zentrale → **Parteikontrollkommission** (ZPKK) und beschließt über deren Zusammensetzung. In den 40er und 50er Jahren erfüllte die ZPKK
eine wichtige Funktion, wenn es um die Erhaltung der
„Einheit und Reinheit der Partei" im Rahmen der Par-
teisäuberungen ging. Ihre Beschlüsse bedürfen ebenfalls
der Zustimmung des ZK.
Zur politischen Leitung der Arbeit zwischen den Plena
wählt das ZK das Politbüro und zur Durchführung der
laufenden Arbeiten das Sekretariat des ZK. Diese beiden Gremien sind die tatsächlichen Träger des Entscheidungsprozesses in der SED und damit in der DDR.
Das ZK kann in den Parteiorganisationen wichtiger gesellschaftspolitischer Bereiche Parteiorganisatoren einsetzen und/oder Sonderabteilungen einrichten. Es kann

ferner zwischen den Parteitagen Parteikonferenzen einberufen, um personalpolitische Veränderungen oder inhaltlich grundlegende Beschlüsse verabschieden zu lassen. (Bisher gab es in der Geschichte der SED 3 solcher
Parteikonferenzen.)
Formell hat das ZK als Kollektivorgan ferner die zumeist langjährig im Apparat tätigen Abteilungsleiter des
ZK zu bestätigen. Durch seinen Apparat, der in über 35

ZK-Abteilungen Juni 1975

Abteilung	Leiter
Agitation	Heinz Geggel
Auslandsinformation	Manfred Feist
Bauwesen	Gerhard Troelitsch
Büro des Politbüros	Gisela Glende
Zeitschrift „Einheit"	Manfred Banaschak
Forschung und Technische	
Entwicklung	Hermann Pöschel
Frauen	Ingeborg Lange
Fernmeldewesen	Heinz Zumpe
Gesundheitspolitik	Werner Hering
Gewerkschaften und	
Sozialpolitik	Fritz Brock
Grundstoffindustrie	Horst Wambutt
Handel, Versorgung und	
Außenhandel	Hilmar Weiß
Internationale	
Verbindungen	Paul Markowski
Jugend	Siegfried Lorenz
Kaderfragen	Fritz Müller
Kirchenfragen	Willi Barth
Kultur	Peter Heldt
Landwirtschaft	Bruno Kiesler
Leicht-, Lebensmittel-	
u. Bezirksgel. Industrie	Hans-Joachim Rüscher
Maschinenbau und	
Metallurgie	Gerhard Tautenhahn
Zentralorgan „Neues	
Deutschland"	Joachim Herrmann
Zeitschrift „Neuer Weg"	Dr. Werner Scholz
Parteien und Massen-	
organisationen	Waldemar Pilz
Parteifinanzen und	
Parteibetriebe	Karl Raab
Parteiorgane	Horst Dohlus
Planung und Finanzen	Günter Ehrensprenger
Propaganda	Kurt Tiedke
Protokoll	(nicht bekannt)
RGW	Horst Tschanter
Sicherheitsfragen	Generaloberst
	Herbert Scheibe
Sozialistische	
Wirtschaftsführung	Carl-Heinz Janson
Sport	Rudolf Hellmann
Staats- und Rechtsfragen	Klaus Sorgenicht
Transport- und	
Nachrichtenwesen	Hubert Egemann
Volksbildung	Lothar Oppermann
West	Herbert Häber
Verwaltung der	
Wirtschaftsbetriebe	Günther Glende
Wissenschaften	Johannes Hörnig
Zentrag	Paul Kubach
Sozialistische Wehrerziehung	Werner Hübner

Abteilungen (mit ca. 2000 hauptamtlichen Funktionären) gegliedert ist, die den Sekretären des ZK unterstehen, vertritt 1. das ZK die SED im Verkehr mit anderen Parteien und Organisationen, bestimmt 2. das Leitungspersonal für gesellschaftspolitisch wichtige Funktionen (Kaderpolitik), lenkt 3. die Arbeit der zentralen staatlichen Organe und Organisationen durch die in ihnen bestehenden Parteigruppen; leitet und kontrolliert 4. die parteieigenen Betriebe; setzt 5. die Redaktionskollegien der Parteizeitungen und -zeitschriften ein, die der Kontrolle des zentralen Apparates unterliegen, und informiert 6. die Parteiorganisationen über die Linie der Partei (regelmäßige schriftliche, nicht veröffentlichte Parteiinformationen) und die Tätigkeit des Apparates. Die Fachabteilungen sind in Sektoren und Arbeitsgruppen unterteilt. In ihrer Struktur entsprechen die Abteilungen des ZK denen von ihnen angeleiteten und kontrollierten Organisationen des Staatsapparates. In der Regel ist der zuständige Abteilungsleiter des ZK jedoch einflußreicher als das „entsprechende" Mitglied des Ministerrates. Mit ihren Vorlagen und Anregungen setzen die Abteilungen die legislative Tätigkeit der Volkskammer in Gang und kontrollieren den gesamten Regierungsapparat.

Ständig oder zeitweilig sind dem ZK bzw. dem Politbüro – gelegentlich zusammen mit dem Ministerrat oder seinem Präsidium – Kommissionen oder Arbeitsgruppen zugeordnet, die einzelne Sachgebiete übergreifende Aufgaben des ZK oder des Ministerrates koordinieren sollen (zum Beispiel: Kommission für Nationale Sicherheit, Ltr. P. Verner; Kommission zur Überarbeitung des Parteiprogramms, Ltr. E. Honecker; Kommission zur Überarbeitung des Parteistatuts, Ltr. P. Verner; Kommission für Agitation, Ltr. W. Lamberz).

Dem ZK angeschlossen sind: a) das → **Institut für Marxismus-Leninismus** (Direktor: G. Heyden); b) das → **Institut für Gesellschaftswissenschaften** (Direktor: O. Reinhold); c) die → **Parteihochschule „Karl Marx"** (Direktor: H. Wolf); d) das → **Institut für Meinungsforschung** (Direktor: H. Berg); e) das → **Zentralinstitut für sozialistische Wirtschaftsführung** (Direktor: H. Koziolek) sowie weitere Institute und Schulen zur Kaderbildung. Andere Institutionen – wie das → **Institut für Internationale Politik und Wirtschaft** (IPW, Direktor: M. Schmidt) – arbeiten besonders eng mit einzelnen ZK-Abteilungen zusammen.

Zentralrat der FDJ: → **FDJ.**

Zentralstelle für Primärdokumentation (ZPD): Die ZPD ist ursprünglich ein Organ der Staatlichen Zentralverwaltung für Statistik gewesen. Die AO über das Statut vom 8. 10. 1968 (GBl. II, Nr. 118, S. 931–33) wurde durch die AO über die Auflösung der ZPD vom 20. 2. 1974 mit Wirkung vom 1. 3. 1974 außer Kraft gesetzt. Die Aufgaben der ZPD werden jetzt direkt von der Staatlichen Zentralverwaltung für Statistik wahrgenommen.

Zentralverwaltung für Statistik: → **Einheitliches System von Rechnungsführung und Statistik.**

Zeugen Jehovas: Sekte, die in der DDR bereits im August 1950 durch den Minister des Innern, Dr. Steinhoff, verboten wurde. Zur Begründung führte Steinhoff an, daß die Sekte „illegales Schriftenmaterial" verbreite, „systematische Hetze gegen die bestehende demokratische Ordnung und deren Gesetze unter dem Deckmantel einer religiösen Veranstaltung" treibe und „dem Spionagedienst einer imperialisten Macht dienstbar" sei.

ZEW: Abk. für zwischengenossenschaftliche Einrichtungen Waldwirtschaft; → **Forstwirtschaft.**

ZGB: Abk. für Zivilgesetzbuch. → **Zivilrecht.**

Zins: Die Rechtfertigung des Z. als ein ökonomisches Bauelement, auf das auch eine sozialistisch geführte Wirtschaft nicht verzichten kann, hat den marxistischen Politökonomen in den kommunistisch regierten Staaten immer große Schwierigkeiten bereitet. Marx hatte das Wesen des Z. im Kapitalismus im Zusammenhang mit der Rolle des Leihkapitals untersucht (K. Marx, „Das Kapital", Bd. III, Dietz Verlag, Berlin [Ost] 1965, Abschnitt V. S. 350–403). Er kam dabei zu dem Ergebnis, daß der Z. kein Abkömmling des Kapitals ist, sondern eine besondere Form des Mehrwertes darstellt, den diejenigen Arbeiter geschaffen haben, welche mit den Kapitalgütern (Produktionsmitteln) zusammen den „Neuwert" (= das Reineinkommen / die Wertschöpfung) produzierten. Der Verleiher des durch einen Unternehmer industriell genutzten Leihkapitals eigne sich demnach mit den empfangenen Z. einen Teil der unbezahlten Arbeit (= Mehrwert) an.

Vor dem Hintergrund solcher Vorstellungen bei Marx fiel es den Wirtschaftswissenschaftlern in der DDR naturgemäß schwer, ideologisch überzeugend darzulegen, daß die „sozialistischen Finanzen (Geld /Kredit / Z. / Steuern usw.) eine bedeutsame Kategorie der sozialistischen Volkswirtschaft ... (und) ... wesentlicher Bestandteil der Leitung und Planunv der sozialistischen Gesellschaft sind" (G. Gerhard, „Sozialistische Finanzen", in „Sozialistische Finanzwirtschaft", Berlin [Ost], Nr. 11/1974, S. 41/42). Wie sollten sie z. B. begründen, daß an Privathaushalte Haben-Z. für gezeichnete Staatsanleihen oder für Spareinlagen gezahlt werden – und daß volkseigene Betriebe aufgrund von Bankguthaben Z.-Einkommen von volkseigenen Banken beziehen, wo doch „arbeitslose Einkommen" in einer sozialistischen Wirtschaftsordnung prinzipiell nicht mehr erzielt werden sollen?

In der DDR wird seit etwa Mitte der 60er Jahre der Z. meist als „Maß und Geldausdruck für den einmaligen Aufwand" beim Einsatz von Kapital für eine bestimmte Investition angesehen, wobei dieses „Verwendendürfen" eben für diesen Investitionszweck seinen Preis hat. Die hiermit vorgelegte Wesenserklärung charakterisiert den Z. vor allem in seiner Rolle als „Kapital-Z.". Er ist unter diesem Aspekt ein „Aufwand ..., der der Gesellschaft dadurch entsteht, daß sie Produktionsfonds (= Anlage- und Umlaufkapital) erst einmal vorschießen muß, um eine Produktion aufzunehmen" (Harry Nick).

Dabei soll das „ökonomische Gewicht", das ein solcher „Fondsvorschuß" im Rahmen der gesamtgesellschaftlichen Wirtschaftsrechnung besitzt, dadurch sichtbar gemacht werden, daß die zeitliche Bindung des vorgeschossenen Kapitals in einem bestimmten Produktionsbetrieb (= Zeitfaktor) in Form eines Z. preislich bewertet wird. Dahinter steht die Überlegung, daß der jeweilige Investor (z. B. ein volkseigener Betrieb) dafür bezahlen soll, daß gerade er die Erlaubnis erhält zu investieren, während dafür andere Investitionsziele zurückstehen müssen. Damit erkennt die marxistische Politökonomie heute praktisch an, daß in einem sozialistischen Wirtschaftssystem das Phänomen der Knappheit auch beim Einsatz von Kapital berücksichtigt werden muß und durch einen Preis (= Z.) zu bewerten ist.

Bis Mitte der 60er Jahre hatte die geschilderte Wesenserklärung des Z. durch Marx verhindert, daß in den sowjetisch-sozialistischen Wirtschaftssystemen die Knappheit des Produktionsfaktors Kapital in Form eines „Kapital-Z." in der laufenden betrieblichen Wirtschaftsrechnung berücksichtigt wurde. Kapital hatte daher im Rechnungswesen der staatlichen Betriebe keinen Preis. Seine Inanspruchnahme führte nicht zur Einrechnung einer entsprechenden Aufwandsgröße in die Kosten der Produktion und in die Angebotspreise der Produzenten. In der DDR hat seit 1966/67 die → **Produktionsfondsabgabe** in gewissem Grade die Funktion des Kapital-Z. übernommen.

Ganz anders dagegen behandelte die Wirtschaftsführung die Kredit-Z. für Leihkapital. Ihren Kostencharakter erkannte sie schon bald an. In diesem Sinne wurde auch der Kredit-Z. als ein staatlich festgesetztes Entgelt für die zeitweilige Inanspruchnahme staatlicher Geldkapitalfonds definiert. Es leuchtete ihr ein, daß die gewünschte Vervollkommnung der → **wirtschaftlichen Rechnungsführung** auf Betriebsebene dann nicht zu erreichen war, wenn aus ideologischen Gründen oder zu Strafzwecken allzuviele Ausgaben und/oder Kostenfaktoren aus der Wirtschaftsrechnung der Produktionseinheiten herausgenommen wurden. Eine solche Z.- und Kostenpolitik würde von vornherein eine auch nur einigermaßen ökonomisch begründete Messung der Wirtschaftlichkeit und Rentabilität der Einzelbetriebe unmöglich machen, welche – vom wirtschaftlichen Standpunkt aus betrachtet – sowieso schon durch die Rechnung mit nicht knappheitsgerechten Planpreisen beträchtlich verfälscht wird. Zur Anerkennung der „Sanktions-Z." als Kostenelement fand sich die Wirtschaftsführung bisher nicht bereit. Sie sind daher auch heute werden „planbar" noch bei der Stückkostenermittlung und Preisbildung „kalkulationsfähig" (GBl. II, 1973, Nr. 6, S. 75).

In der Wirtschaftsrechnung und Wirtschaftsplanung der Planbehörden, Produktionseinheiten und Banken in der DDR spielt der Z. in folgenden Formen eine Rolle:
1. Als „Rückflußdauer-Normativ" oder als „normativer Nutzenkoeffizient" in der → **Investitionsrechnung** (= Auslese von Investitionsvarianten);
2. als „Produktionsfondsabgabe", sofern man diese Abgabe nicht wegen ihrer Erhebungs- und Abführungs-

technik zu den Steuern rechnet oder sie als eine „Vorabdividende" des Staates auf sein in der „volkseigenen Wirtschaft" eingesetzes Kapital betrachtet;
3. als Schuld- oder Soll-Z. bei der Aufnahme von Investitions-, Umlaufmittel- und Forderungskrediten sowie bei der Gewährung von Konsumentenkrediten;
4. als Sanktions- oder Straf-Z., sofern eine außerordentliche Kreditaufnahme einzelner Wirtschaftseinheiten eine Ansatzmöglichkeit liefert, erzieherisch, lenkend und stimulierend auf die betreffenden Problembetriebe einzuwirken; und letztlich
5. als Verzugs-Z. bei Überschreiten der vertraglich oder gesetzlich festgelegten Zahlungsfristen.

Die wirtschafts- und finanzpolitische Bedeutung des Z. für die Wirtschaftsführung einer Zentralplanwirtschaft besteht darin, daß sie diesen als „Mittel zur Festigung der wirtschaftlichen Rechnungsführung und zur Durchsetzung der Plan- und Finanzdisziplin" einsetzen kann. So wird die Z.-Politik im Kreditwesen dazu verwendet, um folgende staatlichen Wirtschaftsziele praktisch durchzusetzen: sie soll die Kreditnehmer zu einer rationellen und sparsamen Verwendung des eigenen und des geliehenen Geldkapitals stimulieren. Gezielte Z.-Verbilligungen und -verteuerungen sollen es dem Staat ermöglichen, in privilegierten Wirtschaftszweigen die Investitionstätigkeit zu aktivieren und sie in nichtprivilegierten zu bremsen; Z.-Ermäßigungen sollen ferner dazu beitragen, daß bestimmte volkswirtschaftliche Schwerpunktaufgaben, wie die komplexe → **Rationalisierung** der Produktionsprozesse, beschleunigt gelöst werden. Erfolgversprechend ist die Verwendung des Z. als „ökonomischer Hebel" jedoch nur dann, wenn diese mit dem Einsatz und den Wirkungen anderer finanzwirtschaftlicher Lenkungsinstrumente abgestimmt wird, wie z. B. der Preise, der Fondsabgaben, der Gewinnabführungssätze und der Gewinnverwendungsvorschriften.

Mit einer derart politisch orientierten Z.-Politik ist es natürlich nicht vereinbar, für alle Wirtschaftsbetriebe und gesellschaftlichen Organisationen in der Volkswirtschaft einheitliche Kreditzinssätze, gestaffelt nach der Laufzeit der Kredite und der Bonität der Kreditnehmer, verbindlich festzulegen. Es ist in einer Zentralplanwirtschaft wie der der DDR auch nicht möglich, die Z.-Sätze durch Angebot und Nachfrage auf dem Geld- und Kapitalmarkt bestimmen zu lassen, zumal es in der DDR einen solchen Markt für kurz- und langfristiges Geldkapital gar nicht gibt.

Aus diesem Grunde hat auch die Wirtschaftsführung der DDR nur einen „Grundzinssatz" festgelegt, um den die Effektiv-Z. schwanken. Dieser Grundzinssatz für Kredite beträgt gegenwärtig 5 v. H. pro Jahr. Er repräsentiert nach offizieller Verlautbarung die durchschnittliche „volkswirtschaftliche Anforderung an einen bestimmten Teilnutzen, der aus der kreditierten Maßnahme zu erwirtschaften und zusammen mit der Kredittilgung an die Bank abzuführen ist" („Ökonomisches Lexikon", Bd. II, L–Z, Berlin [Ost] 1970, S. 1204). Sofern es die vom → **Ministerrat** und der → **Staatsbank** beschlossenen kreditpolitischen Förderungsmaßnahmen erlauben, können die staatlichen Geschäftsbanken Abschläge vom Grundzinssatz differenziert bis auf einen Satz von 1,8 v. H. jährlich (= Mindestverzinsung) gewähren. Benötigen Staatsbetriebe außerhalb ihres jedes Jahr neu genehmigten Kreditlimits (= Betriebskreditplan) zusätzliche Kredite, um damit zeitweilige Liquiditätsschwierigkeiten aufgrund von Planwidrigkeiten zu überbrücken, so kann die Bank dem Kreditnehmer einen Zuschlag zum Grundzinssatz von 3 v. H. abverlangen (= Risiko- oder Straf-Z.). Der maximale Gesamt-Z. beträgt in diesem Falle 8 v. H. Verletzt ein Betrieb seinen Kreditvertrag, den er mit seiner Hausbank geschlossen hat, so kann diese über den miteinander vereinbarten Z.-Satz hinaus noch einen Sanktions-Z. erheben. Insgesamt darf die Z.-Belastung durch den vereinbarten und den Straf-Z. nicht über 10 v. H. pro Jahr hinausgehen.

Die Guthaben der Staatsbetriebe bei den staatlichen Banken werden mit 1 v. H. verzinst (Haben-Z.). Ausgenommen von der Verzinsung sind zeitweilig nicht in Anspruch genommene Haushaltszuschüsse für die Produktionseinheiten, welche den Betrieben bereits überwiesen wurden. Es ist ausgeschlossen, daß von diesem Beinahe-Null-Z. ein nachweislicher Anreiz auf die VEB, Kombinate und VVB ausgeübt wird, ihre liquiden Mittel auf Bankkonten zu halten. Solch ein durchschlagender Z.-Anreiz ist in der Zentralplanwirtschaft der DDR ökonomisch auch nicht erforderlich, da sämtliche kontoführungspflichtigen Wirtschaftseinheiten sowieso gesetzlich darauf festgelegt wurden, ihre freien Geldmittel nur in Form von Giralgeldguthaben bei den jeweils für sie zuständigen Banken zu verwahren (→ **Kontoführungspflicht**). Die Konsumgenossenschaften, die sozialistischen Wohnungsbaugenossenschaften und die Molkereigenossenschaften der „Vereinigung der gegenseitigen Bauernhilfe" (VdgB) erhalten gegenüber den staatlichen Produktionseinheiten etwas höhere Z. für ihre Einlagen. Bei einer Anlagedauer von 12 bis 24 Monaten betragen die Z. 2 v. H. jährlich, bei einer Festlegungszeit von 24 bis 36 Monaten 3 v. H. jährlich, und bei einer Laufzeit von 36 Monaten und mehr erhalten sie jährlich eine Verzinsung von 4 v. H. (siehe hierzu die VO über die Durchführung der Kredit- und Zinspolitik gegenüber volkseigenen Betrieben, konsumgenossenschaftlichen Betrieben und sozialistischen Wohnungsbaugenossenschaften vom 22. 12. 1971, GBl. II, Nr. 4, S. 41 ff.).

Während die Sparkassen und Geschäftsbanken in der DDR den privaten Sparern vor dem 15. 12. 1970 unterschiedliche Verzinsungsmöglichkeiten je nach der Festlegungszeit der Ersparnisse offerierten, bekommen die privaten Haushalte seitdem sämtliche Sparguthaben mit dem Einheitszinssatz von 3,25 v. H. verzinst. Für Spargiroeinlagen (Sichtguthaben) wird der gleiche Z.-Satz gewährt. → **Kredit; Bankwesen; Sparkassen; Staatsbank.**

Zinspolitik: → Zins.

Zivilgesetzbuch: → Zivilrecht.

Zivilprozeß: Der Z. ist durch das Gesetz über das gerichtliche Verfahren in Zivil-, Familien- und Arbeitsrechtssachen – Zivilprozeßordnung – (ZPO) vom 19. 6. 1975 (GBl. I, S. 533), in Kraft befindlich ab 1. 1. 1976, geregelt. Die ZPO von 1975 löst die ZPO von 1877 ab, die in der DDR zusammen mit anderen reichsrechtlichen Verfahrensregelungen (Konkursordnung von 1877, Gerichtskostengesetz von 1878, Zwangsversteigerungsgesetz von 1897, Vergleichsordnung von 1935) bis 1975 grundsätzlich weitergegolten haben. Sie überwindet darüber hinaus den Zustand der im Bereich des Z. entstandenen Rechtszersplitterung durch Zusammenfassung des Rechtsstoffes in einer abschließenden Kodifikation. Diese Rechtszersplitterung war dadurch entstanden, daß auf der Basis der fortgeltenden ZPO von 1877 wegen der Veränderung der → **Gerichtsverfassung** zusätzliche Sonderregelungen erlassen worden waren (wichtig vor allem die Angleichungs-VO vom 4. 10. 1952, GBl., S. 988). Auch andere Änderungen des Z.-rechts erfolgten durch nicht in die ZPO eingearbeitete Sonderbestimmungen. Hinzu kam, daß die Verfahren in Arbeits- und Familiensachen aus der ZPO ausgeklammert und durch eigene Verfahrensordnungen geregelt wurden (Arbeitsgerichtsordnung vom 29. 6. 1961, GBl. II, S. 271; Familienverfahrensordnung vom 17. 2. 1966, GBl. II, S. 171); ebenso das Gerichtsvollzieherwesen (VO vom 4. 10. 1952, GBl., S. 993). Die Neukodifizierung des Z.-rechts war seit 1958 vorgesehen. Ein von einer Kommission des Ministerrates zur Ausarbeitung des Zivilgesetzbuches fertiggestellter erster Entwurf einer ZPO ist im Jahre 1970 Mitarbeitern der Gerichte, der Staatsanwaltschaft, der Rechtsanwaltschaft und der rechtswissenschaftlichen Sektionen der Universitäten zur Diskussion zugänglich gemacht worden (Wünsche, Neue Justiz, 1970, H. 6, S. 161 ff.). Eine Veröffentlichung des Entwurfs ist jedoch nicht erfolgt.

Mit der ZPO von 1975 ist wiederum eine allgemeine Verfahrensordnung für Verfahren der ordentlichen Gerichte in Zivil-, Familien- und Arbeitssachen geschaffen worden. Ihre Bestimmungen sind auch auf sonstige den Kammern oder Senaten für Zivil-, Familien- und Arbeitsrecht zur Entscheidung übertragene Angelegenheiten anzuwenden. Damit hat sich der Gesetzgeber für einen weiteren Begriff des Z. entschieden, dessen Anwendbarkeit nicht auf das materielle → **Zivilrecht** beschränkt ist, sondern über dieses hinausgeht. Grundsätzlich keine Anwendung findet das Z.-recht auf vermögensrechtliche Streitigkeiten zwischen sozialistischen Betrieben und auf sämtliche Streitfälle bei der Gestaltung und Erfüllung von Verträgen im Rahmen des → **Vertragssystems.** Diese fallen in die Zuständigkeit des Staatlichen Vertragsgerichts mit eigenen Verfahrensregelungen. Ebenso gelten besondere Verfahrensbestimmungen für die Konflikt- und Schiedskommissionen (→ **Gesellschaftliche Gerichte**), obwohl die bei ihnen anhängigen Verfahren z. T. in den Geltungsbereich des Z.-rechts gehören (Zivil- oder Arbeitssachen).

Die ZPO enthält 209 §§ und ist in 7 Teile gegliedert: 1. Grundsätzliche Bestimmungen, 2. Verfahren vor dem Kreisgericht (einschließlich Vollstreckungsrecht), 3. Rechtsmittelverfahren, 4. Kassations- und Wiederaufnahmeverfahren, 5. Kosten des Verfahrens, 6. Rechtsverkehr mit anderen Staaten und 7. Übergangs- und Schlußbestimmungen. Wesentliche Abweichungen im Aufbau gegenüber der alten ZPO liegen in dem Verzicht auf die Voranstellung eines umfänglichen eigenen Teils mit allgemeinen Vorschriften, in der Einarbeitung der besonderen Bestimmungen für Familien- und Arbeitssachen, aber auch anderer besonderer Verfahrensarten, wie des Entmündigungs- und Aufgebotsverfahrens sowie des gesamten Vollstreckungsrechts in die Bestimmungen für das hierfür zuständige Kreisgericht, ferner in der Einarbeitung des Kostenrechts in die ZPO. Die Vereinfachung der Gliederung ist zum Teil dadurch möglich geworden, daß in Zivilsachen in erster Instanz grundsätzlich das Kreisgericht zuständig ist, sofern wegen der besonderen Bedeutung des Falles nicht das Bezirksgericht für zuständig erklärt wird.

Die ZPO ist von der Offizialmaxime beherrscht; d. h., die Gerichte sind verpflichtet, die für die Entscheidung erheblichen Tatsachen aufzuklären und wahrheitsgemäß festzustellen (§ 2). Dem dient auch ein Mitwirkungsrecht des Staatsanwalts an jedem Verfahren einschließlich der Befugnis, Rechtsmittel einzulegen und in den rechtlich vorgesehenen Fällen auch selbständig zu klagen (§ 7). Sofern es zur Aufklärung des Sachverhalts oder zur Erhöhung der Wirksamkeit des Verfahrens erforderlich ist, haben die Gerichte auch Beauftragte von Kollektiven der Werktätigen und gesellschaftlichen Organisationen am Verfahren zu beteiligen (§ 4). Die Prozeßparteien sind berechtigt und verpflichtet, am Verfahren teilzunehmen und bei der Feststellung des Sachverhalts mitzuwirken. Sie haben Anspruch auf rechtliches Gehör und Akteneinsicht. Sie können sich durch Prozeßbevollmächtigte vertreten lassen (§ 3). In Arbeitsrechtssachen hat der → **FDGB** ein allgemeines Prozeßvertretungsrecht (§ 5).

Die ZPO kennt folgende Klagen: die Leistungs-, Vornahme-, Duldungs- oder Unterlassungsklage, die Gestaltungsklage, die Feststellungsklage, die Änderungsklage sowie die Anfechtungsklage gegen Entscheidungen eines gesellschaftlichen Gerichts oder eines Verwaltungsorgans, letztere, soweit dies rechtlich zulässig ist. Klagen auf künftig fällig werdende Leistungen sind, mit Ausnahme von Unterhaltsforderungen, nur bei Gefahr im Verzuge zulässig (§ 10). Klagen auf Beendigung einer Ehe sind mit dem Verfahren über die Regelung des elterlichen Erziehungsrechts, des Unterhalts der minderjährigen Kinder und gegebenenfalls der Unterhaltsregelung zwischen den Ehegatten zu verbinden. Andere Folgeregelungen können auf Antrag mit der Klage verbunden werden (§ 13). Nach Einreichung der Klage prüft das Gericht die Schlüssigkeit. Es kann dem Kläger Gelegenheit geben, unschlüssige Klagen zu korrigieren. Offensichtlich unbegründete Klagen kann es durch Beschluß abweisen (§ 28). Ebenfalls durch Beschluß ist die Klage als unzulässig abzuweisen, wenn Gründe vorliegen, die eine Verhandlung und Entscheidung in der Sache ausschließen (§ 31). Bei der Vorbereitung der Ver-

handlung hat der Vorsitzende gegebenenfalls auch einen Beauftragten eines Kollektivs der Werktätigen oder einer gesellschaftlichen Organisation zu laden. In Arbeitsrechtssachen ist der zuständige Kreisvorstand des FDGB zu benachrichtigen. Erfordert es die Bedeutung der Sache, ist der Staatsanwalt zu informieren (§ 32). Mehrere Ansprüche können vom Gericht miteinander verbunden oder voneinander getrennt werden (§ 34). Ein von einem Verfahren Betroffener kann auf Antrag als Kläger oder Verklagter in den Prozeß einbezogen werden (§ 35). Einer Prozeßpartei, die ihre Interessen nicht selbst wahrnehmen kann, hat das Gericht einen Prozeßbeauftragten zu bestellen (§ 36).

Für die Verhandlung gelten die Grundsätze der Mündlichkeit (§ 42), wovon Ausnahmen zulässig sind (§ 65), und der Öffentlichkeit (§ 43), wobei das Gericht, wenn die Bedeutung und die Auswirkung der Sache dies erfordern, die Anwesenheit von Kollektiven aus den verschiedenen gesellschaftlichen Bereichen veranlassen, sich in der Terminierung hierauf einstellen und auch den Verhandlungsort außerhalb des Gerichtsgebäudes wählen kann (erweiterte Öffentlichkeit) (§ 43). Der Ausschluß der Öffentlichkeit ist aus Gründen der Staatssicherheit, der öffentlichen Ordnung, der Geheimhaltung und der Sittlichkeit, in Ehescheidungssachen darüber hinaus im Interesse der Sachaufklärung oder der Überwindung des Ehekonflikts, möglich (§ 44). Bei der Verhandlung hat das Gericht auf eine Einigung (Vergleich) hinzuwirken (§ 45), sie muß jedoch den Grundsätzen des sozialistischen Rechts entsprechen (§ 46). In Ehescheidungssachen ist im Normfall eine Aussöhnungsverhandlung durchzuführen, in deren Ergebnis das Ehescheidungsverfahren bis zu einem Jahr ausgesetzt werden kann (§§ 48, 49). Über unaufgeklärte oder streitige Tatsachen hat das Gericht Beweis zu erheben. Es kann auch über von den Prozeßparteien nicht vorgebrachte Tatsachen Beweis erheben (Inquisitionsmaxime) (§ 54). Als Beweismittel gelten: Zeugenaussagen (einschließlich schriftlicher Erklärungen von Zeugen), Aussagen über Tatsachen von Beauftragten von Kollektiven, Sachverständigengutachten, Aussagen von Prozeßparteien, Urkunden und sonstige Aufzeichnungen oder Gegenstände, Auskünfte von staatlichen Organen, Betrieben oder gesellschaftlichen Organisationen (§53). Ein Zeugnisverweigerungsrecht haben der Ehegatte, Geschwister, Verwandte in gerader Linie und durch Annahme an Kindes Statt mit einer Prozeßpartei verbundene Personen; außerdem jeder Zeuge, der sich oder eine Person, zu der er in einer der erwähnten Beziehungen steht, durch seine Aussage der Gefahr einer strafrechtlichen Verfolgung aussetzen würde. Das Zeugnisverweigerungsrecht besteht nicht, soweit nach dem Strafgesetz eine Anzeigepflicht besteht (§ 56). Eine Vereidigung von Zeugen und Sachverständigen ist nicht mehr vorgesehen.

Die Entscheidung zur Sache ergeht durch Urteil auf der Grundlage des festgestellten Sachverhalts. Eine Sachentscheidung darf nur ergehen, wenn der Sachverhalt geklärt ist; ein Versäumnisurteil gibt es nur mehr unter dieser modifizierten Voraussetzung (§§ 66, 67). Grundsätzlich ist das Urteil schriftlich zu begründen (Ausnahmen in § 78 Abs. 3); es ist zu verkünden und den Prozeßparteien innerhalb von zwei Wochen zuzustellen. Bei Verurteilungen zur Zahlung soll das Urteil zugleich Bestimmungen über Art und Weise der Erfüllung enthalten, darüber hinaus können Leistungsfristen und Ratenzahlungen festgelegt werden (§ 79). Ein Urteil wird spätestens zwei Wochen nach Zustellung rechtskräftig, sofern kein Rechtsmittel eingelegt wurde.

Ordentliche Rechtsmittel sind die Berufung der Prozeßparteien, der Protest des Staatsanwalts gegen alle erstinstanzlichen Urteile, mit Ausnahme von Ehescheidungsurteilen, und die Beschwerde gegen Beschlüsse. Berufung und Protest bewirken eine Überprüfung des angefochtenen Urteils in tatsächlicher und rechtlicher Hinsicht (§ 154). Berufungsgericht für erstinstanzliche Urteile des Kreisgerichts ist das Bezirksgericht, für erstinstanzliche Urteile des Bezirksgerichts das Oberste Gericht. Das Berufungsgericht kann das angefochtene Urteil aufheben und in der Sache selbst entscheiden oder die Berufung abweisen. Eine Zurückweisung zur erneuten Verhandlung und Entscheidung soll nur ausnahmsweise erfolgen (§ 156). Rechtskräftige Entscheidungen können binnen eines Jahres nach Eintritt der Rechtskraft vom Generalstaatsanwalt oder vom Präsidenten des Obersten Gerichts (Entscheidungen des Kreisgerichts auch vom Bezirksstaatsanwalt oder vom Direktor des Bezirksgerichts) durch → **Kassation** angefochten werden (§ 160). Das Kassationsgericht kann die angefochtene Entscheidung aufheben und in der Sache selbst entscheiden, den Fall zur erneuten Verhandlung zurückverweisen oder den Kassationsantrag abweisen (§ 162). Daneben besteht unter bestimmten Voraussetzungen die Möglichkeit der Wiederaufnahme des Verfahrens (§ 163).

Im Vollstreckungsrecht räumt die ZPO bei der Vollstreckung gegen Einzelschuldner der Pfändung der Arbeitseinkünfte Vorrang ein (§ 86). Bei Vollstreckungen gegen volkseigene Betriebe muß das übergeordnete Organ die Erfüllung aus Mitteln des Betriebes veranlassen; bei Genossenschaften und gesellschaftlichen Organisationen erfolgt die Vollstreckung nur in Geld und Sachen, die nicht Grundlage ihrer Tätigkeit oder Aufgaben sind (§ 87). Vollstreckungsgericht ist das Kreisgericht. Mit der Durchführung ist der Sekretär betraut; er kann im Interesse der Gläubiger oder des Schuldners Entscheidungen über die Art und Weise der Erfüllung eines Anspruchs treffen oder diese ändern (§ 94).

Der Z. ist grundsätzlich kostenpflichtig (Gerichtskosten und außergerichtliche Kosten). Keine Gerichtskosten werden in Arbeitsrechtssachen, für einstweilige Anordnungen, für Entmündigungsverfahren, für Vollstreckbarkeitserklärungen von Beschlüssen gesellschaftlicher Gerichte und für das Kassationsverfahren erhoben (§ 168). Eine Prozeßpartei, die nicht über die erforderlichen Geldmittel verfügt, kann von der Vorauszahlungspflicht befreit werden; außerdem kann ihr ein Rechtsanwalt zur Staatskosten beigeordnet werden (§ 170). Der Grundsatz, daß die unterliegende Partei die Kosten des Verfahrens zu tragen hat, ist, von Ausnahmen abgesehen, beibehalten worden (§ 174).

Im Rechtsverkehr mit anderen Staaten gilt der Grundsatz der Gleichbehandlung von Bürgern anderer Staaten, Staatenlosen und juristischen Personen, deren Rechtsstellung sich nach fremdem Recht bestimmt (§ 181). Für die Gewährung von Rechtshilfe gegenüber Gerichten anderer Staaten gelten der Grundsatz des ordre public und der Gegenseitigkeit (§ 187); entsprechendes gilt für die Anerkennung von Entscheidungen von Gerichten anderer Staaten (§ 193).

Zivilrecht

Gegenstand – Entwicklung – Zivilgesetzbuch – Vertragsrecht – Schadensrecht – Erbrecht

I. Begriff und Gegenstand

Das Z. ist ein eigenständiges Rechtsgebiet innerhalb der einheitlichen sozialistischen Rechtsordnung der DDR. Es regelt Beziehungen, die von den Bürgern zur Befriedigung ihrer materiellen und kulturellen Bedürfnisse mit Betrieben sowie untereinander eingegangen werden und dient dem Schutz des sozialistischen Eigentums der Bürger. Die Bestimmungen des Z. beruhen auf dem Prinzip der Einheit von Rechten und Pflichten und der Übereinstimmung von persönlichen Interessen mit den gesellschaftlichen Erfordernissen. Sie räumen den Bürgern auf der Basis der vorgegebenen sozialistischen gesellschaftlichen Verhältnisse sowie der gesetzlich vorgesehenen Möglichkeiten das Recht ein, ihre persönlichen Verhältnisse zu gestalten. Im Rahmen ihrer Versorgungsaufgaben gegenüber der Bevölkerung

nehmen auch Betriebe als juristische Personen am Z.-Verkehr teil. Das gleiche gilt für staatliche Organe und Einrichtungen, gesellschaftliche und andere rechtlich selbständige Organisationen und Vereinigungen. Entsprechend der marxistisch-leninistischen Gesellschafts- und Wirtschaftstheorie wird das Z. nicht mehr als Privatrecht verstanden und bildet nicht mehr das rechtliche Kernstück des Wirtschaftssystems. Die Rechtsbeziehungen der sozialistischen Betriebe untereinander werden nicht durch das Z., sondern durch das → **Wirtschaftsrecht** geregelt; die Bestimmungen des Z. finden hierauf allenfalls subsidiäre Anwendung.

II. Entwicklung und Normenmaterie

Der Kernbereich des Z. der DDR ist im Zivilgesetzbuch (ZGB) vom 19. 6. 1975 (GBl. I, S. 465) kodifiziert, das am 1. 1. 1976 in Kraft tritt. Das ZGB löst das Bürgerliche Gesetzbuch (BGB) von 1896 ab, das zusammen mit einer Reihe reichsrechtlicher Gesetze zivilrechtlichen Charakters bis 1975 auch in der DDR formell fortgegolten hat (zu den aufgehobenen

Rechtsvorschriften siehe § 15 EGZGB vom 19. 6. 1975, GBl. I, S. 517). Die Anwendbarkeit des bis zum 31. 12. 1975 geltenden Z. ist durch das EGZGB nur für wenige Ausnahmen von vor dem Inkrafttreten des ZGB begründeter Z.-verhältnisse vorgesehen.

Trotz der Fortgeltung des BGB und anderer reichsrechtlicher Bestimmungen auch in der DDR bis 1975 hat das Z. zwischenzeitlich durch Gesetzgebungsakte und Rechtsprechung erhebliche Veränderungen erfahren. Wichtige, die Substanz des Z. betreffende Rechtsakte, die zum Teil wieder aufgehoben wurden, zum Teil aber auch weitergelten, waren: Das Gesetz über die Herabsetzung des Volljährigkeitsalters vom 17. 5. 1950 (GBl. I, S. 437); das Gesetzbuch der Arbeit vom 12. 4. 1961 (GBl. I, S. 27), durch das die Bestimmungen des BGB über den Dienstvertrag (§§ 611 ff.) für das → **Arbeitsrecht** gegenstandslos wurden; die Grundstücksverkehrsordnung vom 11. 1. 1963 (GBl. II, S. 159); das Familiengesetzbuch vom 20. 12. 1965 (GBl. I, 1966, S. 19) mit Änderungen des Erbrechts des Ehegatten und des nichtehelichen Kindes; das Vertragsgesetz vom 25. 2. 1965 (GBl. I, S. 107), durch das weite Teile des Schuldrechts des BGB für den sozialistischen Sektor gegenstandslos wurden; die Verordnung über die Lenkung des Wohnraumes vom 14. 9. 1967 (GBl. II, S. 733), durch die das Mietrecht des BGB mit einem verwaltungsrechtlichen Zuweisungsverfahren gekoppelt wurde. Bedeutung für das Z. hatte auch die Verfassung vom 6. 4. 1968 (GBl. I, S. 199), deren grundlegende Bestimmungen zum Eigentum (Art. 9–16) die zwischenzeitlich erfolgte Umgestaltung sanktionierten und damit zugleich den Rahmen für die Interpretation der eigentumsrechtlichen Regelungen des BGB absteckten. Darüber hinaus unterlagen jedoch auch alle übrigen Normen des Z. grundsätzlich einer veränderten Auslegbarkeit unter dem Gesichtspunkt der sozialistischen Gesetzlichkeit und der für die politische Ordnung der DDR geltenden gesellschaftspolitischen Wertmaßstäbe. Im Ergebnis galt daher auch schon vor der Aufhebung des BGB in der DDR ein anderes Z. als in der Bundesrepublik Deutschland.

Die erklärte Absicht, das BGB durch ein eigenes Zivilgesetzbuch abzulösen, bestand seit 1958 (V. Parteitag der SED). Dieses sollte nach der ursprünglichen Planung am 1. 1. 1962 in Kraft treten. Dieser Termin konnte vor allem wegen zwischenzeitlicher konzeptioneller Änderungen des Z. nicht eingehalten werden. Im Laufe der Jahre sind mehrere Entwürfe (vermutlich 3) ausgearbeitet worden, jedoch nicht zur Ausführung gekommen. Das jetzt verabschiedete ZGB beruht auf einem Entwurf, der der Volkskammer im September 1974 vorgelegt, sodann von dieser dem Rechtsausschuß zur Einarbeitung vorgeschlagener Änderungen zugeleitet und nach erneuter Einbringung am 19. 6. 1975 verabschiedet

wurde. Keiner der Entwürfe ist veröffentlicht worden.

III. Das ZGB von 1975

Das ZGB besteht aus 480 §§, es ist damit die kürzeste aller bekannten Z.-kodifikationen (auch im Vergleich mit sozialistischen Staaten). Es ist in 7 Teile gegliedert: 1. Grundsätze des sozialistischen Zivilrechts; 2. Das sozialistische Eigentum und das persönliche Eigentum; 3. Verträge zur Gestaltung des materiellen und kulturellen Lebens; 4. Nutzung von Grundstücken und Gebäuden zum Wohnen und zur Erholung; 5. Schutz des Lebens, der Gesundheit und des Eigentums vor Schadenszufügung; 6. Erbrecht; 7. Besondere Bestimmungen für einzelne Zivilrechtsverhältnisse.

Mit dieser Gliederung verläßt das ZGB das traditionelle, von der Pandektenwissenschaft beeinflußte Aufbauschema westeuropäischer, aber auch sozialistischer (UdSSR, Polen, Ungarn), Zivilgesetzbücher, das an unterscheidbaren Gegenständen (Personen, Sachen, Verträgen) und systematisch aufeinander bezogenen Rechtsinstituten orientiert ist.

Der für die Gliederung des ZGB (im Anschluß an das tschechoslowakische ZGB von 1964) maßgebliche Ordnungsgesichtspunkt ist die sachliche Zusammengehörigkeit sozialer Tatbestände (Lebensbereiche). Auffallendstes Ergebnis ist das Fehlen von geschlossenen Teilen, die dem „Allgemeinen Teil" und dem „Sachenrecht" des BGB entsprechen würden. Die vergleichbaren Bestimmungen sind auf die verschiedenen Teile des ZGB unter dem Gesichtspunkt ihrer sachlichen Zugehörigkeit verteilt. Die hinter dem Verzicht auf einen „Allgemeinen Teil" stehende Absicht, den hohen Abstraktionsgrad des BGB zu vermeiden und eine größere Verständlichkeit der Z.-normen für Laien zu erzielen, kann nur teilweise als gelungen bezeichnet werden, da auch das ZGB ohne allgemeine Bestimmungen von hoher Abstraktion, wenn auch an anderer Stelle, nicht auskommt. Im Ergebnis stellt das ZGB einen Kompromiß zwischen den beiden Aufbauprinzipien dar. Am klarsten durchgeführt ist die Gliederung nach Lebensbereichen bei den Teilen 4 (Nutzungsverhältnisse), 5 (Schadensersatzrecht) und 6 (Erbrecht), während der umfangreichste Teil 3 (Verträge zur Gestaltung des materiellen und kulturellen Lebens) zwar von der Überschrift her eine scheinbare Klammer unter dem Aspekt realer Zusammengehörigkeit erhalten hat, in Wirklichkeit aber ein „Schuldrecht" im herkömmlichen Sinne darstellt. Keines der beiden genannten Aufbauprinzipien wird im 7. Teil (Besondere Bestimmungen über einzelne Zivilrechtsverhältnisse) sichtbar, wo mit der nicht überzeugenden Begründung, atypische Fallregelungen zusammenfassen zu wollen, allgemeine, schuldrechtliche und sachrechtliche Bestimmungen ohne sachlichen und systematischen Zusammenhang geregelt sind.

Obwohl das ZGB eine Z.-konzeption realisiert, die die Anwendbarkeit des Z. auf die Rechtsverhältnisse der Bürger beschränkt und Betriebe am Z.-verkehr nur insoweit teilnehmen läßt, als sie Rechtsverhältnisse mit Bürgern eingehen, ergibt sich aus der Wirklichkeit eine Umkehr der Problemlage. Angesichts der bestehenden sozialistischen Produktionsverhältnisse müssen die Bürger die Masse der über das Z. abzuwickelnden Versorgungsbeziehungen mit Betrieben des sozialistischen Sektors (Kauf, Miete, Dienstleistungen usw.) oder gar Staatsorganen (Bodennutzung) eingehen, während das Rechtsverhältnis zwischen Bürgern die Ausnahme bildet. Das Z. ist daher in erster Linie Versorgungsrecht, nämlich das rechtliche Instrumentarium zur Realisierung der staatlichen Versorgungspolitik gegenüber der Bevölkerung, soweit diese nicht über andere Instrumentarien abgewickelt wird. Die vorgegebene ökonomische und reale Ungleichheit der Partner in den meisten Z.-verhältnissen versucht das ZGB durch einen bewußten Verzicht auf den für das herkömmliche Z. charakteristischen Grundsatz der formalen Gleichheit der Partner auszugleichen. Dies findet darin seinen Ausdruck, daß die Verpflichtung der Betriebe zur Erfüllung ihrer Versorgungsaufgaben gegenüber der Bevölkerung auch im ZGB ausgesprochen wird (§ 10), daß für sie im Rahmen dieser Aufgaben eine generelle Pflicht zum Vertragsabschluß (Kontrahierungszwang) festgelegt wird (§ 12), daß ihnen zusätzliche Pflichten bei besonderen Vertragsverhältnissen auferlegt werden (so etwa beim Kauf eine Informations- und Beratungspflicht), daß für sie im Vertragsrecht weitgehende Garantiepflichten und im Schadensersatzrecht strengere Verantwortungskriterien gelten als für die Bürger. Inwieweit all diese Bestimmungen, die das ZGB insgesamt verbraucherfreundlich erscheinen lassen, ausreichen werden, die Gefahren einer faktischen Monopolstellung der Betriebe zu neutralisieren, wird die Praxis erweisen müssen. Der Versuch einer Bewältigung dieses sozialen Problems im Rahmen einer Z.-kodifikation verdient jedoch Interesse und stellt (von Ansätzen im Z. anderer sozialistischer Länder und z. B. im Mietrecht westlicher Länder abgesehen) ein Novum in der Zivilgesetzgebung dar.

Unter dem Gesichtspunkt der Versorgungsfunktion des Z. sind auch die unter Berufung auf das Recht auf Mitwirkung (§ 9) für einige Z.-verhältnisse vorgesehenen gesellschaftlichen Beteiligungsformen zu sehen, so im Mietrecht die Mietergemeinschaften, die insbesondere Eigeninitiative bei der Instandhaltung der Häuser entwickeln sollen, und im Kaufrecht die Kundenbeiräte und Ausschüsse, die beratend und kontrollierend tätig werden sollen.

Auch in anderer Hinsicht beschreitet das ZGB teilweise neuartige Wege. Entsprechend der Instrumentalfunktion des Z. bei der Planung und Leitung gesellschaftlicher Prozesse sind in das ZGB eine Reihe von Instrumentarien aufgenommen worden, die eine Lenkung und Kontrolle von Z.-verhältnissen durch den Staat oder gar seine Beteiligung an ihnen gewährleisten sollen. So verpflichtet § 13 jedermann, „die gesellschaftlichen Erfordernisse zu berücksichtigen" und „die Regeln des sozialistischen Zusammenlebens einzuhalten", und § 15 bestimmt, daß Rechte „entsprechend ihrem gesellschaftlichen Inhalt und ihrer Zweckbestimmung auszuüben" sind. und erklärt eine den „Grundsätzen der sozialistischen Moral" widersprechende Rechtsverfolgung für unzulässig. Diesen allgemeinen Generalklauseln des ordre public steht eine Vielzahl weiterer Gemeinwohlfloskeln im Zusammenhang mit konkreten Regelungen zur Seite, die bei der Anwendung und Auslegung der Bestimmungen zu beachten sein werden.

Eine Reihe von Rechtsgeschäften bedürfen zu ihrer Gültigkeit einer staatlichen Genehmigung. Dies gilt vornehmlich für Grundstücksgeschäfte (einschließlich des Kaufpreises, der Einräumung eines Vorkaufsrechts, der Einräumung eines Wege- und Überfahrtrechts, eines Nutzungsrechts an land- und forstwirtschaftlich nicht genutzten Bodenflächen sowie der Bestellung und Abtretung einer Hypothek), ferner der Erbschaftserwerb durch einen Betrieb oder durch eine Organisation und die Vereinbarung der Zahlung in fremder Währung. Eng hiermit verbunden ist die Bindung der Vertragspartner an die staatlichen Güte-, Sicherheits-, Schutz- und Preisvorschriften, die grundsätzlich Vertragsinhalt sind (§§ 61, 62). Eine Sonderform der Genehmigungspflicht sieht das Mietrecht vor. Mietverhältnisse können nur auf der Grundlage staatlicher Zuweisung von Wohnraum geschlossen werden, und auch die Vereinbarung des Mietpreises beruht auf staatlicher Festsetzung (§§ 99, 103).

Bei einigen Rechtsgeschäften verzichtet das ZGB auf zivilrechtliche Formen ihrer Begründung und ersetzt sie durch verwaltungsrechtliche. So werden die Rechtsinstitute „Verteilung von Nutzungsrechten an volkseigenen Grundstücken" (§§ 287–290) und „Persönliche Nutzung genossenschaftlich genutzten Bodens" (§§ 291–294) nicht durch Vertrag, sondern durch Verleihung bzw. Zuweisung, also durch Verwaltungsakt, begründet. Dementsprechend kann das Nutzungsrecht unter bestimmten Voraussetzungen auch wieder durch Verwaltungsakt entzogen werden. Die Entstehung eines Z.-verhältnisses aufgrund staatlichen Antrages bzw. einer Rechtsvorschrift ist auch bei der Bestellung einer Aufbauhypothek und der Einrichtung eines Kontos möglich.

Schließlich kennt das ZGB eine Reihe von Fällen, in denen der Staat in die Rechte eines Z.-subjekts eintritt. Dies gilt insbesondere für die Einziehung des zu Unrecht Erlangten bei nichtigen Verträgen (§ 69 II), ferner aber auch im Hinblick auf Aneignungsrechte des Staates (bei Grundstücksaufgabe, herrenlosen Sachen von erheblichem gesellschaftlichen Wert, nichtabgeholten Fundsachen, Schatzfund, Entzug des Nutzungsrechts an volkseigenen Grundstücken). Schließlich ist der Staat gesetzlicher Erbe, wenn keine Erben bis zur dritten Ordnung vorhanden sind (§ 369).

Bei aller grundsätzlichen Verschiedenheit im Vergleich zum BGB enthält das ZGB zahlreiche Regelungen, die Ergebnisse der rechtswissenschaftlichen Diskussion und der Rechtsprechung zum BGB verwerten und als Weiterentwicklungen und auch Verbesserungen des bisherigen Z. angesehen werden können. So verzichtet das ZGB auf die komplizierte und für den Laien schwer zugängliche Unterscheidung zwischen allgemeinen Bestimmungen für Willenserklärungen und Verträgen einerseits und Schuldverhältnissen aus Verträgen andererseits, sondern orientiert sich von vornherein an der Figur des Vertrages als dem wichtigsten Rechtsgeschäft bei der Gestaltung zivilrechtlicher Verhältnisse und erst recht der Geltung der allgemeinen Vertragsbestimmungen auch auf einseitige Rechtsgeschäfte und andere nicht durch Vertrag begründete Rechte und Pflichten. Eine Vereinfachung bedeutet auch der Verzicht auf die Unterscheidung von Verpflichtungs- und Erfüllungsgeschäft im Kaufrecht. Weiterentwicklungen lassen sich auch im Hinblick auf die Anpassung des Vertragsrechts an zeitgemäße Lebensvorgänge durch die Konkretisierung bestimmter Vertragstypen konstatieren, so bei einigen

Dienstleistungsverträgen, bei den Konto-, Sparkonto-, Kredit- und Darlehnsverträgen und bei den Versicherungsverträgen. Verbessert gegenüber dem früheren Rechtszustand sind auch die vertraglichen Gewährleistungsansprüche (Garantie) worden, wobei insbesondere der Verzicht auf den Verschuldensgrundsatz sowie im Kaufrecht der kostenlose Nachbesserungsanspruch und gewisse Durchgriffsrechte auf Hersteller und Vertragswerkstätten (Produzentenhaftung) hervorzuheben sind. Das Problem der „Allgemeinen Geschäftsbedingungen" löst das ZGB dadurch, daß ihre Geltung von ihrem Erlaß als Rechtsvorschrift abhängig gemacht und den Betrieben eine Bekanntmachungspflicht auferlegt wird. Verbessert ist auch das Schadensersatzrecht durch die Zusammenfassung des vertraglichen und außervertraglichen Schadensersatzrechts in einem Komplex unter Einbeziehung der Gefährdungshaftung, durch die Normierung des zivilrechtlichen Persönlichkeitsschutzes sowie eines Beseitigungs- und Unterlassungsanspruchs. Im Erbrecht sind die Einreihung des überlebenden Ehegatten unter die gesetzlichen Erben erster Ordnung, die Erhöhung des Pflichtteils auf zwei Drittel des gesetzlichen Erbteils bei gleichzeitiger Privilegierung des Ehegatten, die Beschränkung der Erbenhaftung auf den Nachlaßwert sowie die Aufhebung der noch in § 9 EGFGB enthaltenen erbrechtlichen Beschränkungen des nichtehelichen Kindes gegenüber seinem Vater und damit die erbrechtliche Gleichstellung des nichtehelichen mit dem ehelichen Kind zu erwähnen.

Zivilverteidigung: Zwischen 1967 und 1970 wurde in der DDR das System der Z. aufgebaut. Im 1970 von der Volkskammer der DDR verabschiedeten Gesetz über die Z. der DDR (GBl. I, Nr. 20) wurde die Reorganisation bzw. Zusammenfassung der bis dahin bestehenden Luftschutzorganisation der DDR und des Katastrophenschutzes vorgenommen. Damit wurde die Eingliederung der Z. in das System der Territorialverteidigung der DDR bzw. die Zusammenfassung von Z. und Territorialverteidigung angestrebt.

Verantwortlich für die Z. ist der Vorsitzende des Ministerrates der DDR, der auch den Leiter der Z. (gegenwärtig der Minister des Innern, Generaloberst F. Dikkel) ernennt. Der Leiter der Z. beruft einen Stab der Z. (gegenwärtiger Leiter: Generalmajor R. Trinks) und ist selbst Mitglied der Zentralen Einsatzleitung beim Vorsitzenden des Ministerrates.

Auf allen staatlichen Ebenen sind die Vorsitzenden der Räte der Bezirke, Kreise bzw. die Bürgermeister gleichzeitig die örtlichen Leiter der Z., denen ebenfalls Stäbe der Z. unterstehen. In den Betrieben und in der Landwirtschaft sollen Betriebskomitees der Z. gebildet werden, die den Werkdirektoren bzw. Vorsitzenden der LPG unterstehen. Die Wohnbezirksausschüsse der Nationalen Front sollen darüber hinaus sogenannte Selbstschutzkomitees der Z. bilden.

Ab Bezirksebene werden die Stäbe der Z. von Offizieren der Nationalen Volksarmee geführt. Zur Z. gehören in erster Linie die ehemaligen Kasernierten Luftschutzbataillone (ca. 15 000 Mann), die heute „Einsatzkräfte" der Z. heißen, ferner „Aufklärungskräfte" und weitere „Spezialeinrichtungen" sowie rüstungswirtschaftliche Betriebe und Einrichtungen.

Im Rahmen der Z. können die Bürger der DDR dienstverpflichtet werden. Aufgabe der Z. ist es, „in allererster Linie das eigene Territorium zu sichern, vor allem gegen eingeschleuste Saboteure, Agenten und bewaffnete Banden". Ferner haben die Kräfte der Z. „die Marschbewegungen unserer Truppen und der verbündeten Armeen zu sichern, die auf unserem Territorium kämpfen". Damit obliegt der Z. vor allem auch die Bekämpfung von feindlichen Luftlandeeinheiten einschließlich der Aufgaben des allgemeinen Luftschutzes.

ZK: Abk. für → **Zentralkomitee der SED.**

Zollbestimmungen im innerdeutschen Reiseverkehr: → **Genehmigungsgebühren.**

Zölle: → **Zollwesen.**

Zollgesetz: → **Zollwesen.**

Zollverwaltung der DDR: → **Zollwesen.**

Zollwesen: Die Aufgaben des Z. unterscheiden sich in einer staatlich verwalteten Planwirtschaft grundsätzlich von den herkömmlichen Funktionen des Zollrechts, das von marktwirtschaftlich orientierten Wirtschaftsordnungen geprägt ist. Während es nämlich Aufgabe des Zolldienstes im traditionellen Sinne ist, sowohl im Interesse des Staatshaushaltes als auch der Wirtschaft dafür zu sorgen, daß Auslandswaren nicht ohne Mitwirkung des Zolldienstes in den Inlandsverkehr kommen, der Wettbewerb und die Inlandspreisbildung nicht durch Einschleusen billiger Auslandserzeugnisse in den Inlandsverkehr gestört werden, treffen diese Funktionen nur z. T. auf den Zolldienst einer zentral verwalteten Planwirtschaft zu. Das Außenwirtschaftsmonopol und die Art der Preisgestaltung können Zölle sogar entbehrlich machen, da die Steuerung von Export und Import bereits durch Plandirektiven erfolgt (→ **Planung**). Auch eine fiskalpolitische Bedeutung kommt den Zöllen nicht zu, weil die staatlichen Handelsorgane ohnehin die Preise für Außenhandelsgüter festlegen.

Das Z. der DDR rechtfertigt sich aufgrund folgender Aufgabenstellung:

1. einen ordnungsgemäßen, den Interessen des sozialistischen Staates und seiner Bürger entsprechenden Warenverkehr über die Grenzen zu gewährleisten, somit eine störungsfreie Abwicklung des Außenhandels zu sichern;

2. im Rahmen des Warenverkehrs über die Grenzen die für den Schutz der menschlichen Gesundheit und der Tier- und Pflanzenwelt notwendigen Maßnahmen durchzuführen;

3. den Nationalreichtum zu sichern, besonders aber zur Erhaltung des Kunstbesitzes und anderer Kulturwerte der DDR beizutragen.

Insbesondere die beiden letzten Punkte machen die Abkehr vom herkömmlichen Zollrecht deutlich. Insgesamt wird aus der Aufgabenstellung ersichtlich, daß das Zollrecht ein außen- und innenpolitisches Instrument ist, dem gelegentlich polizeiordnungsrechtliche Züge innewohnen.

Grundlage des Z. ist das Gesetz über das Z. der DDR vom 28. 3. 1962 (GBl. I, S. 42), zu dem inzwischen 22 Durchführungsbestimmungen (DB) – die sich indessen teilweise wieder aufgehoben haben – und Verordnungen (VO) mit ebenfalls mehreren DB und Anordnungen (AO) ergangen sind. Der Zeitpunkt des Erlasses des Zollgesetzes (ZG) ist ursächlich dafür gewesen, daß sehr konkrete Ziele der → **Deutschland-** und → **Außenpolitik** der SED in das Zollrecht Eingang gefunden haben, das formal der Durchsetzung des Außenhandels- und Valutamonopols dient (vgl. auch Art. 9 Abs. 5 der → **Verfassung** von 1968). Als Zollgebiet gilt das Territorium der DDR, das von der Zollgrenze umschlossen wird. „Westberlin" ist im Zollrecht ein eigener Abschnitt gewidmet. Es wird festgelegt, daß „Westberlin" nicht zum Hoheitsgebiet der Bundesrepublik Deutschland gehört. Die zollrechtliche Stellung soll im Rahmen vertraglicher Vereinbarungen geregelt werden. Es wird aber auch nicht als Zollinland der DDR behandelt.

Im ZG ist ein 3stufiger Zolltarif vorgesehen: 1. der

Grundzolltarif, der den bis vor Erlaß des Gesetzes für private Sendungen geltenden Tarif ablöst; 2. der Vertragszolltarif, der für Länder gelten soll, die der DDR die Meistbegünstigung einräumen; 3. der Sonderzolltarif, der auf Staaten abgestellt ist, die der DDR die Meistbegünstigung nicht gewähren. Diese Tarifdifferenzierung – sehr niedrige oder keine Zölle im Falle der Meistbegünstigung; hohe Zölle (Kampfzölle) bei deren Fehlen – richtete sich partiell gegen die Außenhandelspolitik der EWG. Indessen ist die DDR wie die übrigen Mitgliedstaaten des RGW im Interesse des Funktionierens der eigenen Wirtschaft vorwiegend an einer handelspolitischen Zusammenarbeit auch mit der EG interessiert. Freilich kann die Zolldifferenzierung je nach politischer Lage und Zielsetzung verwendet werden.

Die Hauptelemente des Z. sind die Genehmigungspflichtigkeit von Warenbewegungen über die Zollgrenze hinweg, von der einige DB wiederum Ausnahmen vorsehen, sowie das Entstehen der Zollschuld bei der Ein- und Ausfuhr von Waren. Gegenstand, Grundlage, Höhe und Fälligkeit des Zolls sind in einem nicht im GBl. veröffentlichten Zolltarif festgelegt. Der Zolltarif ist ein alphabetisch oder nach anderen Gesichtspunkten (z. B. stoffliche Zusammensetzung, wirtschaftliche Herkunft) geordnetes Verzeichnis der Waren und der für sie geltenden Zollsätze. Im einzelnen wird unterschieden nach 1. Einfuhr-, Ausfuhr- und Transitzöllen; 2. autonomen Zöllen (gesetzlich festgelegten, jederzeit veränderbaren Zollsätzen gegenüber Staaten, mit denen keine vertraglichen Vereinbarungen bestehen) und Konventionalzöllen; 3. der Bemessungsgrundlage (Bemessung nach dem Wert in Form des Normalpreises des Zollgutes, Kombination von spezifischen Zöllen, Wertzöllen und negativem Wertansatz); 4. Schutzzöllen zum Schutz der inländischen Wirtschaft vor ausländischer Konkurrenz; 5. Finanzzöllen.

Das ZG. regelt im übrigen die technischen Modalitäten beim Grenzübertritt von Waren, Geld, Devisen und Personen bzw. überträgt die Befugnis zur Regelung von Einzelfragen den zuständigen Stellen des Ministerrats. Im einzelnen sind geregelt: die Kontrolle, Untersuchung und evtl. Sicherstellung von Waren und Beförderungsmitteln beim Grenzübertritt, die Einholung von Gutachten und Auskünften, der Erlaß von Verfügungen und deren Durchsetzung auch durch unmittelbaren Zwang, die körperliche Durchsuchung von Personen, das Genehmigungsverfahren für den Warenverkehr, Zollverfahrensfragen, die Art der Zollerhebung, die Zollstrafen- und Strafbestimmungen zur Durchsetzung dieser Regelungen.

Für folgende Kategorien von Waren bzw. Warenbewegungen sind besondere Vorschriften in den DB und VO ergangen: die Ein- und Ausfuhr von Handelswaren, von Waren im Rahmen der Kulturabkommen, von Mustern, Proben und Werbematerial, von Waren für den Bedarf und die Zwecke der diplomatischen oder anderen Vertretungen der DDR sowie für den Bedarf und die Zwecke der in der DDR akkreditierten diplomatischen und anderen ausländischen Vertretungen, von Waren zu Messen und Ausstellungen, von Kraftfahrzeugen, Zubehör und Ersatzteilen, von Reisebedarf und sonstigen mitgeführten Gegenständen im Reiseverkehr, von Waren im Geschenkverkehr, von Literatur, anderen Druckerzeugnissen, Ton- und Bildträgern, von Rückwaren und Reparaturgut, von Umzugs- und Erbschaftsgut sowie die Durchfuhr von Waren aller Art durch das Zollgebiet der DDR auf allen Verkehrswegen.

Gemäß der VO vom 25. 6. 1959 (GBl. I, S. 610) ist die Einfuhr von Kraftfahrzeugen sowie Zubehör- und Ersatzteilen nur über die staatlichen Außenhandelsbetriebe zulässig. In besonderen Fällen kann der zuständige Rat des Bezirks die Einfuhr von Personenwagen, Motorrädern und Mopeds erlauben, die dann aber nicht in der DDR vermietet, verpachtet oder veräußert werden dürfen.

Die 20. DB zum ZG vom 14. 6. 1973 (GBl. I, S. 271) regelt das Verfahren für die Ein- und Ausfuhr von Gegenständen im grenzüberschreitenden Geschenkpaket- und -päckchenverkehr auf dem Postwege. Genußmittel dürfen danach bis zu bestimmten Höchstmengen eingeführt werden. Geschenksendungen werden gemäß einem in einer Anlage zur DB enthaltenen Tarif verzollt. Bis zu einem Wert von 200 Mark kommt die Zollerhebung nicht zur Anwendung. Nach der AO über die Aussetzung der Erhebung von Zöllen bei der Einfuhr von Geschenksendungen auf dem Postwege vom 14. 6. 1973 (GBl. I, S. 273) erhalten Rentner und Sozialunterstützungsempfänger die zulässige Zahl von Einfuhrgeschenksendungen (jährlich 12) ohne Zollerhebung. Für Einfuhrgeschenksendungen aus der Bundesrepublik Deutschland und aus ,,Westberlin" wird die Zollerhebung ausgesetzt. In einer Bekanntmachung zur 20. DB ist eine umfangreiche Liste von Gegenständen genannt, die von der Ein- und Ausfuhr als Geschenksendungen ausgenommen sind. Die Bestimmungen über den grenzüberschreitenden Reiseverkehr enthalten nach dem gleichen Prinzip Genehmigungsgrenzen für die Ein- und Ausfuhr von Geschenken, in der DDR gekauften Gegenständen, Reisegebrauchsgegenständen und besonderen Waren – ausgenommen sind Perlen, Edelmetalle und Kraftfahrzeuge. Die Höhe der Genehmigungsfreigrenze richtet sich nach dem Wohnsitz (in oder außerhalb der DDR) und nach der Dauer der Ausreise bzw. des Aufenthaltes in der DDR. Innerhalb der Freigrenzen sind bei der Einfuhr von Genußmitteln wiederum bestimmte Höchstgrenzen zu beachten. Außerdem gelten auch für den Reiseverkehr Ein- und Ausfuhrverbote, die politisch, devisenrechtlich (→ **Devisen**) und ideologisch motiviert sind und insofern die Aufgabenstellung des Z. verdeutlichen.

Genehmigungsfrei sind schließlich auch die Ein- und Ausfuhr von beweglichem Erbschafts- und Umzugsgut mit Ausnahme von Kraftfahrzeugen und Produktionsmitteln sowie von Gegenständen, die wiederum grundsätzlich von der Ein- und Ausfuhr als Erbschafts- oder Umzugsgut ausgenommen sind (22. DB zum ZG vom 14. 6. 1973 – GBl. I, S. 274). Die Liste der Ein- und Ausfuhrverbote umfaßt weniger Gegenstände als die für den Reise- und Geschenkpaketverkehr geltende. Die Ein- und Ausfuhr von Umzugsgut muß mit der Über-

siedlung, die von Erbschaftsgut innerhalb eines Jahres nach Annahme der Erbschaft oder nach Abschluß der Erbauseinandersetzung erfolgen.

Die Ein- und Ausfuhr von Handelswaren richtet sich vollständig nach dem Außenhandelsmonopol (→ **Außenwirtschaft**) und ist daher nur über die Außenhandelsbetriebe und andere vom Minister für Außenhandel ermächtigte Betriebe und Organe möglich. Der Definition nach gelten als Handelswaren somit Waren, die im Rahmen des Außenhandelsplanes aus- und eingeführt werden sowie z. B. Einfuhren aus Valutaanrechten und Devisenkrediten.

Wegen der besonderen Berlin-Regelung im ZG sind die meisten DB zum ZG für Berlin (West) durch AO in Kraft gesetzt worden. Bei der 22. DB ist jedoch davon Abstand genommen worden. Dies läßt die Vermutung zu, daß, ähnlich wie bereits im Devisenrecht, nun auch im Zollrecht das Zollgebiet auf den Bereich der DDR und Ost-Berlins begrenzt wird und die Fiktion von ,,Westberlin als im Territorium der DDR" liegend nicht mehr aufrechterhalten wird.

Die Durchführung der Aufgaben nach dem Zollrecht obliegt der Zollverwaltung der DDR, die als zentral geleitetes Organ dem → **Ministerium für Außenhandel** untersteht. Die Zollverwaltung gliedert sich in die Hauptverwaltung, Bezirksverwaltungen – meist 2 politische Verwaltungsbezirke zusammengefaßt –, Zollämter und Zollstellen. Grenz-, Binnen- und Postzollämter unterstehen den Bezirksverwaltungen, während für die Überwachung der Zollstellen die Zollämter zuständig sind. Mit dem ZG vom 28. 3. 1962 übernahm die Zollverwaltung die Aufgaben des früheren Amts für Zoll und Kontrolle des Warenverkehrs.

Zum Aufgabengebiet gehören hauptsächlich die Kontrolle der Ein-, Aus- und Durchfuhr von Waren, Devisen und Zahlungsmitteln nach den Bestimmungen des ZG und die Erhebung von Zöllen im Außenhandels-, Post- und Eisenbahnverkehr. Zur Erfüllung dieser Aufgaben arbeitet die Zollverwaltung eng mit anderen Kontroll- und bewaffneten Organen wie auch mit anderen zentralen und örtlichen Staatsorganen zusammen. → **Genehmigungsgebühren; Warenverkehr, nichtkommerzieller.**

Zoologische Gärten: In der DDR bestehen 8 große ZG.: Berlin, Cottbus, Dresden, Erfurt, Halle, Leipzig, Magdeburg und Rostock. Durch hervorragende Zucht- und Forschungsergebnisse haben einige (z. B. Berlin, Dresden, Leipzig) internationalen Ruf erworben.

ZPKK: Abk. für Zentrale → **Parteikontrollkommission.**

ZRK: Abk. für Zentrale → **Revisionskommission.**

Zusatzrentenversicherung, Freiwillige (FZR): Die Mitte 1968 eingeführte freiwillige Versicherung auf Zusatzrente ist zum 1. 3. 1971 zu einer neuen FZR umgestaltet worden. Sie ist Bestandteil der Sozialversicherung und inzwischen zu einer quasi-Pflichtversicherung geworden: vier Fünftel aller mehr als 600 Mark verdienen Berufstätigen der DDR sind inzwischen Mitglieder der FZR geworden, deren Leistungen (erhöhtes Krankengeld, Zusatzrente) von den Verwaltungen der Sozialversicherung des FDGB, den Betrieben und den Kreisdirektionen der Staatlichen Versicherung der DDR ausgezahlt werden. → **Sozialversicherungs- und Versorgungswesen; Rentenversicherung, freiwillige.**

Zuwachsrate: → **Agrarpolitik.**

Zwangsvollstreckung: → **Zivilprozeß.**

Zweijahrplan: → **Planung.**

Zwei-Staaten-Theorie: → **Deutschlandpolitik der SED.**

Literatur-Hinweise

Die 11., erweiterte und überarbeitete Auflage des „A bis Z – Ein Taschen- und Nachschlagebuch über den anderen Teil Deutschlands" stammt aus dem Jahre 1969.

Angesichts der Fülle der seitdem erschienenen wissenschaftlichen und publizistischen Arbeiten über die DDR hat sich die Redaktion des Handbuches auf die Wiedergabe ausgewählter Literaturangaben beschränkt.

Mit dieser vorliegenden Auswahlbibliographie soll dem Benutzer des Handbuches die Möglichkeit gegeben werden, sich in einzelnen Fragen vertiefend mit Problemen der DDR zu beschäftigen. Von wenigen Titeln abgesehen, wurden nur Monographien vor allem westdeutscher und angelsächsischer Autoren aufgenommen. Maßstab für ihre Aufnahme war, möglichst repräsentative Vertreter der einzelnen Disziplinen zu berücksichtigen und Standardwerke zu erfassen.

Soweit einzelne Schriften aus der Bibliographie der 11. Auflage des Lexikons übernommen wurden, lag dem die Vorstellung zugrunde, dem Benutzer ein Urteil über die Entwicklung der DDR-Forschung, ihre Stärken und Schwächen, zu ermöglichen.

Von der Aufnahme von Aufsätzen wurde fast vollständig abgesehen, da sie von dem zu erwartenden Benutzerkreis in der Regel schwerer zu erreichen sind. Die meisten der aufgeführten Titel enthalten im übrigen umfangreiche Bibliographien, die dem Leser zusätzliche Orientierungsmöglichkeiten und weiterführende Literatur bieten. Ferner wurden auch Titel aus der DDR nicht aufgenommen, da davon auszugehen ist, daß die Mehrzahl der Benutzer des Handbuches keinen Zugang zu DDR-Quellen besitzt. In diesem Zusammenhang ist auf die in regelmäßigen Abständen im „Deutschland Archiv" veröffentlichten bibliographischen Zusammenstellungen von DDR-Literatur und den Rezensionsteil dieser Zeitschrift zu verweisen.

Die Unterteilung in 13 Bereiche erfolgte zu dem Zweck, Lesern mit spezifischem Interesse die Information zu erleichtern. Da einzelne Werke jedoch nicht nur zu dem Hauptgebiet Aussagen machen, in dem sie aufgeführt wurden, bleibt der Benutzer aufgefordert, auch in den Nachbargebieten die aufgeführte Literatur zu verfolgen. Da es sich um eine Auswahlbibliographie handelt, bedeutet die Nichtaufnahme weiterer Titel kein Werturteil über deren Qualität.

Abkürzungen:

BMG = Herausgegeben vom Bundesministerium für gesamtdeutsche Fragen
BMB = Herausgegeben vom Bundesministerium für innerdeutsche Beziehungen
BB = „Bonner Berichte aus Mittel- und Ostdeutschland" (1950 bis 1967)
Fachb. = „Bonner Fachberichte aus der Sowjetzone" (1953 bis 1967)
FB = „Aus der Arbeit des Forschungsbeirates . . ." (seit 1957)
Mat. = „Materialien zur Wirtschaftslage in der sowjetischen Zone"
(1951 bis 1959)
GI = Herausgegeben vom Gesamtdeutschen Institut

Die Literatur-Hinweise sind in folgende Sachgruppen gegliedert:

I. Marxismus-Leninismus, Wissenschaft, Philosophie, Geschichte

Adorno, Theodor W. et al.: Der Positivismusstreit in der deutschen Soziologie (Soziologische Texte, Bd. 58, hrsgg. von Heinz **Maus** und Friedrich **Fürstenberg**). Neuwied und Berlin, Luchterhand, 1969, 348 S.

Avineri, Shlomo: The Social and Political Thought of Karl Marx. Cambridge University Press, 1968, 269 S.

Bahr, Hans-Eckehard (Hrsg.): Weltfrieden und Revolution. Neun politisch-theologische Analysen. Hamburg, Rowohlt, 1968, 320 S.

Berlin, Isaiah: Karl Marx – sein Leben und sein Werk (a. d. Engl.). München, Piper, 1959, 310 S.

Bloch, Ernst: Über Marx. Berlin, Suhrkamp, 1968, 178 S.

Bochenski, Joseph M.: Der sowjetrussische dialektische Materialismus (Diamat). (Dalp-Taschenbücher 325.) Bern, Francke, 1960, 180 S.

Buber, Martin: Der utopische Sozialismus. Köln, Hegner, 1967, 272 S.

Demetz, Peter: Marx, Engels und die Dichter – Zur Grundlagenforschung des Marxismus. Stuttgart, Deutsche Verlags-Anstalt, 1959, 352 S.

Euchner, Walter, und Alfred **Schmidt** (Hrsg.): Kritik der politischen Ökonomie heute. 100 Jahre „Kapital". Referate und Diskussionen vom Frankfurter Colloquium im September 1967. Frankfurt/M., Europäische Verlagsanstalt, 1968, 359 S.

Fetscher, Iring: Von Marx zur Sowjetideologie. Darstellung, Kritik und Dokumentation des sowjetischen, jugoslawischen und chinesischen Marxismus. 17. Aufl., Frankfurt/M., Diesterweg, 1972, 286 S.

Ders.: Die Freiheit im Lichte des Marxismus-Leninismus. 4. Aufl. Bonn, Bundeszentrale für politische Bildung, 1963, 121 S.

Ders.: Der Marxismus – Seine Geschichte in Dokumenten. Bd. I. (Philosophie u. Ideologie) München, Piper, 1962, 491 S.; Bd. II (Ökonomie u. Soziologie) 1964. 492 S.; Bd. III (Politik) 1965. 512 S.

Ders.: Karl Marx und der Marxismus. Von der Philosophie des Proletariats zur proletarischen Weltanschauung. München, Piper, 1967. 352 S.

Ders.: Der Sozialismus. Vom Klassenkampf zum Wohlfahrtsstaat. München, Desch, 1968. 400 S.

Ders.: Der Kommunismus. Von Marx bis Mao Tse-tung. München, Desch, 1968. 400 S.

Fischer, Ernst: Was Marx wirklich sagte. München, Molden, 1968. 188 S.

Fleron, Frederic J. (ed.): Communist Studies and the Social Sciences. Essays on Methodology and Empirical Theory. Chicago Rand McNally Comp., 1969, 481 S.

Freier, Udo, und Paul **Lieber:** Politische Ökonomie des Sozialismus in der DDR. Frankfurt/M., Makol Verlag, 1972, 283 S.

Fromm, Erich: Das Menschenbild bei Marx. Mit den wichtigsten Teilen der Frühschriften von Karl Marx. Deutsche Ausgabe von Renate Müller-Isenburg und C. Barry Hyams. („res novae" Bd. 21.) 2. Aufl. Frankfurt/M., Europäische Verlagsanstalt, 1968, 224 S.

Goerdt, Wilhelm: Die Sowjetphilosophie. Wendigkeit und Bestimmtheit. Dokumente. Basel und Stuttgart, Schwabe, 1967, VIII, 358 S.

Görlich, J. Wolfgang: Geist und Macht in der DDR. Die Integration der kommunistischen Ideologie. Freiburg/Br., Walter, 1968, 204 S.

Graham, Loren R.: Science and Philosophy in the Soviet Union. New York, Alfred A. Knopf, 1972, XVI, 584 S.

Grassi, Ernesto: Humanismus und Marxismus. Zur Kritik der Verselbständigung von Wissenschaft. Reinbek, Rowohlt, 1973, 256 S.

Hansen, Ulrich: Ur- und Frühgeschichte in Forschung und Lehre in der Sowjetischen Besatzungszone Deutschlands. (BB) 1964, 64 S.

Ders.: Die Vorgeschichte des Zweiten Weltkrieges in kommunistischer Sicht. (BB) 1965, 119 S.

Jordan, Z. A.: Philosophy and Ideology (Reihe Sovietica, hrsgg. von J. M. **Bochenski**). Dordrecht, D. Reidel Publishing Comp., 1963, 600 S.

Kanet, Roger E. (ed.): The Behavioral Revolution and Communist Studies. New York, The Free Press, 1971, 376 S.

Kirschenmann, Peter Paul: Information and Reflection (Reihe Sovietica, hrsgg. von J. M. **Bochenski**). Dordrecht, D. Reidel Publishing Comp., 1970, 225 S.

Kiss, Gabor: Marxismus als Soziologie (rowohlts deutsche enzyklopädie 329). Reinbek, Rowohlt, 1971, 304 S.

Knötzsch, Dieter: Innerkommunistische Opposition. Das Beispiel Robert Havemann. Opladen, Leske, 1968, 89 S.

Kolakowski, Leszek: Der Mensch ohne Alternative – Von der Möglichkeit und Unmöglichkeit, Marxist zu sein (a. d. Poln.). 2. Aufl., München, Piper, 1967, 256 S.

Ders.: Der revolutionäre Geist (Urban Taschenbücher, Bd. 833). Stuttgart usw., Kohlhammer, 1972, 99 S.

Ders.: Die Gegenwärtigkeit des Mythos (a. d. Poln.). München, Piper, 1972, 169 S.

Ders.: Traktat über die Sterblichkeit der Vernunft (a. d. Poln.). München, Piper, 1967, 270 S.

Korsch, Karl: Karl Marx. Im Auftrage des Internationalen Instituts für Sozialgeschichte hrsgg. von Götz **Langkau** („Politische Texte"). 3. Aufl., Frankfurt/M., Europäische Verlagsanstalt, 1971, XV, 280 S.

Ders.: Marxismus und Philosophie. Hrsgg. und eingeleitet von Erich **Gerlach**. („Politische Texte"). Frankfurt/M., Europäische Verlagsanstalt, 1971, 178 S.

Kux, Ernst: Karl Marx – die revolutionäre Konfession. Zürich, Rentsch, 1967, 137 S.

Lehmbruch, Gerhard: Kleiner Wegweiser zum Studium der Sowjetideologie. (BMG) 1959, 90 S.

Lemberg, Eugen: Ideologische Wandlungen im Marxismus-Leninismus Osteuropas. Stuttgart, Klett, 1967, 112 S.

Ders.: Ideologie und Gesellschaft. Eine Theorie der ideologischen Systeme, ihrer Struktur und Funktion. Stuttgart, Kohlhammer, 1971, 350 S.

Lenk, Kurt (Hrsg.): Ideologie, Ideologiekritik und Wissenssoziologie (Soziologische Texte, Bd. 4, hrsgg. von Heinz **Maus** und Friedrich **Fürstenberg**). 2. Aufl., Neuwied und Berlin, Luchterhand, 1964, 413 S.

Ders.: Marx in der Wissenssoziologie. Berlin und Neuwied, Luchterhand, 1972, 410 S.

Leonhard, Wolfgang: Sowjetideologie heute, Bd. II – Die politischen Lehren (Fischer-Bücherei, 461). Frankfurt/M., 1962, 328 S., (Bd. I siehe Wetter, Gustav).

Lieber, Hans-Joachim: Die Philosophie des Bolschewismus in den Grundzügen ihrer Entwicklung (Staat u. Gesellschaft, Bd. 3). Frankfurt/M., Diesterweg, 1957, 107 S.

Ders.: Individuum und Gesellschaft in der Sowjetideologie (hrsgg. v. d. Niedersächs. Landeszentr. f. Polit. Bildung). Hannover, 1964, 100 S.

Ders.: Philosophie Soziologie Gesellschaft. Gesammelte Studien zum Ideologieproblem. Berlin, de Gruyter, 1965, 247 S.

Ders. und Karl-Heinz **Ruffmann** (Hrsg.): Der Sowjetkommunismus – Dokumente, Bd. I (Die Politisch-ideologische Konzeption. Köln, Kiepenheuer und Witsch, 1963, 518 S.; Bd. II (Die Ideologie in Aktion), 1964, 664 S.

Ders. (Hrsg.): Ideologienlehre und Wissenssoziologie. Die Diskussion um das Ideologieproblem in den zwanziger Jahren. Darmstadt, Wissenschaftliche Buchgemeinschaft, 1974, 621 S.

Lücke, Peter R.: Sowjetzonale Hochschulschriften aus dem Gebiet der Geschichte 1946–1963. (BMG) 1965. 98 S.

Ludz, Peter Christian (Hrsg.): Studien und Materialien zur Soziologie der DDR (Sonderheft 8 der Kölner Zeitschrift für Soziologie . . .), 2. Aufl. Köln, Westdeutscher Verlag, 1971, 540 S.

Ders.: Ideologiebegriff und marxistische Theorie. Ansätze zu einer immanenten Kritik. Düsseldorf, Westdeutscher Verlag 1975, 357 S.

Lukacs, Georg: Schriften zur Literatursoziologie, ausgew. und eingel. von Peter C. **Ludz** (Soziologische Texte, Bd. 9, hrsgg. von Heinz **Maus** und Friedrich **Fürstenberg**). Neuwied, Luchterhand, 1961, 568 S.

Ders.: Schriften zur Ideologie und Politik, ausgew. und eingel. von Peter C. **Ludz** (Soziologische Texte, Bd. 51, hrsgg. von Heinz **Maus** und Friedrich **Fürstenberg**). Neuwied und Berlin, Luchterhand, 1967, 851 S.

Marko, Kurt: Evolution wider Willen. Die Sowjetideologie zwischen Orthodoxie und Revision. Hrsgg. vom Bundesinstitut für ostw. u. internat. Studien. Köln, Böhlau, 1968, 219 S.

Ders.: Pragmatische Koexistenz-Partnerschaft von Ost und West? Der Staatssozialismus im Wandel von der Reformutopie zum Defensivrealismus. Stuttgart, Seewald, 1973, 110 S.

Markovic, Mihailo: Dialektik der Praxis (a. d. Serb.), (edition suhrkamp 285), 2. Aufl. Frankfurt/M., Suhrkamp, 1968, 194 S.

Marx, Karl: Das Kapital. Kritik der politischen Ökonomie. Nach den von Friedrich Engels herausgegebenen Auflagen von 1890 bis 1894. Frankfurt/M., Europäische Verlagsanstalt, 1968, 1. Bd. 955 S., 2. Bd. 559 S., 3. Bd. 1007 S.

Ders.: Grundrisse der Kritik der politischen Ökonomie. (Rohentwurf) 1857 bis 1858, Anhang 1850–1859. Frankfurt/M., Europäische Verlagsanstalt, 1968, 1102 S.

Ders.: Theorien über den Mehrwert, 4. Bd. d. „Kapital", 3 Teile. Frankfurt/M., Europäische Verlagsanstalt, 1968, XXIV, T. 1: 497 S., T. 2: 705 S., T. 3: 674 S.

Marxismus und Ethik, Texte zum neukantianischen Sozialismus, m. e. Einl. von Hans Jörg **Sandkühler,** hrsgg. von Rafael **de la Vega** und Hans Jörg **Sandkühler.** Frankfurt/M., Suhrkamp, 1970, 373 S.

Marxismusstudien, Sammelband, hrsgg. v. E. **Metzke** (Schr. d. ev. Studiengemeinsch. Nr. 3). Tübingen, Mohr, 1954, 243 S.

Desgl.: 2. F., Sammelband, hrsgg. von I. **Fetscher** (Schr. d. ev. Studiengemeinsch. Nr. 5). Tübingen, Mohr, 1957, 265 S.

Desgl.: 3. F., Sammelband, hrsgg. von I. **Fetscher** (Schr. d. ev. Studiengemeinsch. Nr. 6). Tübingen, Mohr, 1960, 221 S.

Desgl.: 4. F., Sammelband, hrsgg. von I. **Fetscher** (Schr. d. ev. Studiengemeinsch. Nr. 7). Tübingen, Mohr, 1962, 265 S.

Desgl.: 5. F., Sammelband, hrsgg. von I. **Fetscher** (Schr. d. ev. Studiengemeinsch. Nr. 8). Tübingen, Mohr, 1968, VI, 226 S.

Mehring, Franz: Karl Marx. Geschichte seines Lebens. Frankfurt/M., Europäische Verlagsanstalt, 1968, 620 S.

Meissner, Boris: Das Parteiprogramm der KPdSU 1903 bis 1961. Köln, Wissenschaft und Politik, 1962, 245 S.

Müller, Marianne u. Egon Erwin **Müller:** „Stürmt die Festung Wissenschaft". Die Sowjetisierung der mitteldeutschen Universitäten seit 1945. Berlin, Colloquium-Verlag, 1953, 415 S.

Müller-Markus, Siegfried: Der Aufstand des Denkens. Sowjetunion zwischen Ideologie und Wirklichkeit. Düsseldorf, Econ, 1967, 416 S.

Münch, Richard: Gesellschaftstheorie und Ideologiekritik. Hamburg, Hoffmann und Campe, 1973, 221 S.

Nettl, Peter: Rosa Luxemburg. Köln, Kiepenheuer und Witsch, 1968, 930 S.

Nirumand, Bahmann, u. Eckhard **Siepmann:** Dialektik der Revolution. Von der Freiheit des Kapitals zur befreiten Gesellschaft. Hamburg, Rowohlt, 1968, 384 S.

Osteuropa in der historischen Forschung der DDR, hrsgg. von Manfred **Hellmann,** 2 Bde., Düsseldorf, Droste, 1972, insges. 767 S.

Petrovic, Gaja: Wider den autoritären Marxismus (a. d. Amerik.). Frankfurt/M., Europäische Verlagsanstalt, 1969, 128 S.

Popitz, Heinrich: Der entfremdete Mensch. Zeitkritik und Geschichtsphilosophie des jungen Marx. (Reihe Kritische Studien zur Philosophie.) Frankfurt/M., Europäische Verlagsanstalt, 1968, 155 S.

Reuter, Frank: Geschichtsbewußtsein in der DDR. Programm und Aktion. Köln, Wissenschaft und Politik, 1973, 77 S.

Der **Revisionismus.** Sammelband, hrsgg. v. Leopold **Labedz** (a. d. Engl.). 2. Aufl. Köln, Kiepenheuer und Witsch, 1966, 496 S.

Schack, H.: Marx-Mao-Neomarxismus, Wandlungen einer Ideologie. Frankfurt/M., Akademische Verlagsgesellschaft, 1969, 232 S.

Schaff, Adam: Marxismus und das menschliche Individuum. Wien usw., Europa-Verlag, 1965, 349 S.

Ders.: Geschichte und Wahrheit. Wien usw., Europa-Verlag, 1970, 280 S.

Schmid, Michael: Leerformeln und Ideologiekritik (Heidelberger Sociologica 11, hrsgg. von Wilhelm E. **Mühlmann** et al.). Tübingen, J. C. B. Mohr (Paul Siebeck), 1972, 261 S.

Schmidt, Alfred: Zur Idee der Kritischen Theorie (Reihe Hanser 149). München, Hanser, 1974, 143 S.

Skrzypczak, Henryk: Marx, Engels, Revolution. Standortbestimmung des Marxismus der Gegenwart. Berlin, Colloquium-Verlag, 1968, 120 S.

Soziologie und Marxismus in der Deutschen Demokratischen Republik, hrsgg. und eingeleitet von Peter Christian **Ludz,** 2 Bde. Neuwied und Berlin, Luchterhand, 1972, insges. 985 S.

Soziologische Exkurse, in: Frankfurter Beiträge zur Soziologie, im Auftrag des Instituts für Sozialforschung, hrsgg. von Theodor W. **Adorno** und Walter **Dirks,** Bd. 4. Frankfurt/M., Europäische Verlagsanstalt, 1956, 181 S.

Stadler, Peter: Karl Marx, Ideologie und Politik. Göttingen, Musterschmidt, 1967, 146 S.

Stalin: Über dialektischen und historischen Materialismus (vollst. Texte, mit krit. Kommentar von Iring **Fetscher**). Frankfurt/M., Diesterweg, 1956, 126 S.

Stojanovic, Svetozar: Kritik und Zukunft des Sozialismus (a. d. Serb., (Reihe Hanser 41). München, Hanser, 1970, 222 S.

Theimer, Walter: Der Marxismus. Lehre – Wirkung – Kritik (Sammlung Dalp, Bd. 73). Bern, Francke, 1950, 253 S.

Thomas, Stephan: Das neue Parteiprogramm der KPdSU. Köln, Wissenschaft und Politik, 1962, 128 S.

Timm, Albrecht: Das Fach Geschichte in Forschung und Lehre in der sowjetischen Besatzungszone seit 1945. 4., erw. Aufl. (BB) 1965, 196 S.

Topitsch, Ernst: Sozialphilosophie zwischen Ideologie und Wissenschaft (Soziologische Texte, Bd. 10, hrsgg. von Heinz **Maus** und Friedrich **Fürstenberg**). Neuwied, Luchterhand, 1961, 302 S.

Vranicki, Predhag: Geschichte des Marxismus, 2 Bde. Frankfurt/M., Suhrkamp, 1974, insges. 1136 S.

Wagenlehner, Günther: Kommunismus ohne Zukunft – das neue Parteiprogramm der KPdSU. Stuttgart, Seewald, 1962, 274 S.

Waxman, Chaim I. (ed.): The End of Ideology Debate. New York, Simon und Schuster, 1968, 397 S.

Wetter, Gustav A.: Der dialektische Materialismus. Seine Geschichte und sein System in der Sowjetunion, 4., erw. Aufl. Freiburg, Herder, 1958, 693 S.

Ders.: Philosophie und Naturwissenschaft in der Sowjetunion (rowohlts deutsche enzyklopädie, 67). Hamburg, Rowohlt, 1958, 195 S.

Ders.: Sowjetideologie heute. I. Dialektischer und historischer Materialismus (Fischer-Bücherei, 460). Frankfurt/M., 1962, 333 S. (Bd. II siehe Wolfgang **Leonhard**).

Ders.: Die Umkehrung Hegels – Grundzüge und Ursprünge der Sowjetphilosophie. Köln, Wissenschaft und Politik, 1963, 96 S.

Weymann, Ansgar: Gesellschaftswissenschaften und Marxismus. Zur methodologischen Entwicklung der marxistisch-leninistischen Gesellschaftswissenschaften in der DDR (Studien zur Sozialwissenschaft, Bd. 2). Düsseldorf, Bertelsmann Universitätsverlag, 1972, 170 S.

Wissenschaft in der DDR, Beiträge zur Wissenschaftspolitik und Wissenschaftsentwicklung nach dem VIII. Parteitag, mit einem Vorwort von Franz **Ronneberger** (Bibliothek Wissenschaft und Politik, 8, hrsgg. vom Institut für Gesellschaft und Wissenschaft Erlangen). Köln, Wissenschaft und Politik, 1973, 215 S.

Wissenschaft und Forschung im geteilten Deutschland, 20. Aug. 1969, Bundestagsdrucksache V/4631.

Wissenschaft und Gesellschaft in der DDR, eingel. von Peter C. **Ludz,** Redaktion Rüdiger **Thomas.** München, Hanser, 1971, 316 S.

Wolfe, Bertram D.: Marx und die Marxisten. Berlin, Ullstein, 1968, 372 S.

Zuber, Manfred: Wissenschaftswissenschaft in der DDR. Ein Experiment. Köln, Wissenschaft und Politik, 1973, 74 S.

II. Internationaler Kommunismus (RGW, WP, Blockpolitik), Sowjetische Deutschlandpolitik

Ahlberg, René: Weltrevolution durch Koexistenz, Berlin, Colloquium-Verlag, 1962, 80 S. m. Kt.

Der **Anarchismus.** Hrsgg. und eingel. v. Erwin **Oberländer.** (Dokumente der Weltrevolution. Bd. 4). Olten und Freiburg/Br., Walter, 1972, 479 S.

Arbeiterdemokratie oder Parteidiktatur. Hrsgg. von Frits **Kool** und Erwin **Oberländer,** eingel. v. Oskar **Anweiler.** (Dokumente der Weltrevolution, Bd. 2). Olten und Freiburg/Br., Walter, 1967, 535 S.

Bender, Peter: 6 x Sicherheit. Befürchtungen in Osteuropa. Köln und Berlin, Kiepenheuer und Witsch, 1970, 251 S.

Bilstein, Helmut et. al.: Organisierter Kommunismus in der Bundesrepublik. DKP, SDAJ, MSB, Spartakus, Opladen, Westdeutscher Verlag, 1972, 91 S.

Birke, Ernst, u. Rudolf **Neumann:** Die Sowjetisierung Ost-Mittel-Europas. Frankfurt/M., Metzner, 1959, 398 S.

Borkenau, Franz: The Communist International. London, Faber & Faber, 1938, 442 S.

Ders.: Der europäische Kommunismus. Seine Gesch. v. 1917 bis z. Gegenwart. München, Lehnen, 1952, 540 S.

Brzezinski, Zbigniew K.: The Soviet Bloc. Unity and conflict. rev. and enl. ed. Cambridge (Mass.), Harvard Univ. Press, 1967, 559 S.

Buber-Neumann, Margarete: Kriegsschauplätze der Weltrevolution. Ein Bericht aus der Praxis der Komintern 1919–1943. Stuttgart, Seewald, 1967, 522 S.

Dallin, David J.: Die sowjetische Außenpolitik seit Stalins Tod (a. d. Amerik.). Köln, Kiepenheuer und Witsch, 1961, 640 S.

Deutscher, Isaac: Die unvollendete Revolution 1917–1967. Anh.: Der Verlauf der Revolution 1917 (a. d. Engl.). Frankfurt/M., Europäische Verlagsanstalt, 1967, 188 S.

*: Die sowjetische **Deutschlandpolitik** 1917–1941. Bonn, Studiengesellschaft für Zeitprobleme, 1962, 135 S.

Desgl.: 2: 1945–1949 (1962) 176 S.

Desgl.: 3: 1949–1953 (1962) 168 S.

Desgl.: 4: 1953–1956 (1963) 151 S.

Desgl.: 5: 1956–1960 (1966) 256 S.

Desgl.: 6: 1960–1963 (1966) 144 S.

Desgl.: 7: 1961–1963. Zusammenfassung (1966) 168 S.

Djilas, Milovan: Die neue Klasse – eine Analyse des kommunistischen Systems. München, Kindler, 1958, 284 S.

Ders.: Gespräche mit Stalin (a. d. Amerik.). Frankfurt/M., Fischer, 1962, 271 S.

Erdmenger, Klaus: Das folgenschwere Mißverständnis. Bonn und die sowjetische Deutschlandpolitik 1949–1955. Freiburg/Br., Rombach, 1967, 177 S.

Fainsod, Merle: Wie Rußland regiert wird. Ergänzt und auf den neuesten Stand gebracht von Georg **Brunner** (a. d. Amerik.). Köln, Kiepenheuer und Witsch, 1967, 680 S.

Fiedler, Heinz: Der sowjetische Neutralitätsbegriff in Theorie und Praxis – Ein Beitrag zum Problem des Disengagement. Köln, Politik und Wirtschaft, 1959, 302 S.

Flechtheim, Ossip K.: Bolschewismus 1917–1967. Von der Weltrevolution zum Sowjetimperium. Wien, Frankfurt, Zürich, Europa-Verlag, 1967, 256 S.

Ders.: Weltkommunismus im Wandel. Köln, Wissenschaft und Politik, 1968, 256 S.

Frenzke, Dietrich, Jens **Hacker** u. Alexander **Uschakow:** Die Feindstaatenartikel und das Problem des Gewaltverzichts der Sowjetunion im Vertrag vom 12. 8. 1970. Berlin (West), Berlin Verlag, 1971, 184 S.

Friedrich, Carl J. (unter Mitarb. von Z. K. **Brzezinski**): Totalitäre Diktatur. Stuttgart, Kohlhammer, 1957, 315 S.

Gamarnikow, Michael: Economic Reforms in Eastern Europe. Detroit, Wayne State University Press, 1968, 205 S.

Gati, Charles (ed.): The Politics of Modernization in Eastern Europe. Testing the Soviet Model. New York usw., Praeger Publ., 1974, 389 S.

Grottian, Walter: Lenins Anleitung zum Handeln – Theorie und Praxis sowjetischer Außenpolitik. Köln, Westdeutscher Verlag, 1962, 452 S.

Der **Gründungsparteitag der KPD,** Protokoll und Materialien, hrsgg. von Hermann **Weber.** Frankfurt/M., Europäische Verlagsanstalt, 1969, 345 S.

Hacker, Jens: Sowjetunion und DDR zum Potsdamer Abkommen. Köln, Wissenschaft und Politik, 1968, 176 S.

Hammond, Thomas Taylor: Soviet Foreign Relations and World Communism. A selected and annoted Bibliography of

7000 Books in 30 Languages. Princeton, Univ. Press, 1965, XXIV, 1240 S.

Höhmann, Hans-Hermann, Gertrud **Seidenstecher** u. Thomas **Vajna:** Umweltschutz und ökonomisches System in Osteuropa. Stuttgart usw., Kohlhammer, 1973, 175 S.

Jaehne, Günter: Landwirtschaft und landwirtschaftliche Zusammenarbeit im Rat für Gegenseitige Wirtschaftshilfe. Wiesbaden 1968.

Jahrbuch der Wirtschaft Osteuropas. Yearbook of East European economics. Veröffentlichungen des Osteuropa-Instituts München, hrsgg. von Hans **Raupach.** München und Wien, 1970 ff.

Johnson, Chalmers (ed.): Change in Communist Systems. Stanford, Calif., Stanford University Press, 1970, 368 S.

Jonescu, Chita: Die Zukunft des Kommunismus in Osteuropa (a. d. Engl.). Berlin, Ullstein/Propyläen, 1968, 250 S.

Kaser, Michael: Comecon. 2. Aufl. London/New York/Toronto, Oxford Univ. Press, 1967, 279 S.

Kennan, George F.: Sowjetische Außenpolitik unter Lenin und Stalin. Stuttgart, Steingrüben, 1961, 551 S.

Kovrig, Bennett: The Myth of Liberation, East-Central Europe in U. S. Diplomacy and Politics since 1941, Baltimore und London, The Johns Hopkins Univ. Press, 1973, 360 S.

Krisch, Henry: German Politics under Soviet Occupation. New York and London, Columbia Univ. Press. 1974, 312 S.

Leonhard, Wolfgang: Die Revolution entläßt ihre Kinder. Köln, Kiepenheuer und Witsch, 1955, 558 S.

Ders.: Kreml ohne Stalin. Köln, Politik und Wirtschaft, 1959, 648 S. u. 25 Abb.

Ders.: Am Vorabend einer neuen Revolution? Die Zukunft des Sowjetkommunismus. München, Gütersloh, Wien, Bertelsmann, 1975, 431 S.

Lewytzkyj, Borys: Die rote Inquisition. Die Geschichte der sowjetischen Sicherheitsdienste. Frankfurt/M., Societäts-Verlag, 1967, 392 S.

Ders.: Die Kommunistische Partei der Sowjetunion. Porträt eines Ordens. Stuttgart, Klett, 1968, 288 S.

Die **Linke** gegen die Parteiherrschaft. Hrsgg. u. eingel. v. Frits **Kool.** (Dokumente der Weltrevolution, Bd. 3). Olten und Freiburg/Br., Walter, 1970, 639 S.

Löwenthal, Richard: Der geborstene Monolith. Von Stalins Weltpartei zum kommunistischen Pluralismus. 2. bearb. u. erg. Auflage v. „Chruschtschow und der Weltkommunismus". Stuttgart usw., Kohlhammer, 1967, 245 S.

Ders.: Ist der Osten noch ein Block? Hrsg. im Auftr. d. Dt. Ges. f. Osteuropakunde. Stuttgart usw., Kohlhammer, 1967, 216 S.

Ders.: Vom Kalten Krieg zur Ostpolitik. Stuttgart, Seewald, 1974, 96 S.

Ders., und Heinrich **Vogel** (Hrsg.): Sowjetpolitik der 70er Jahre, Stuttgart usw., Kohlhammer, 1972, 153 S.

Ludz, Peter C.: Ostpolitik: Detente from a European Perspective, in: Detente in Historical Perspektive, The first CUNY Conference on History and Politics, hrsgg. von George **Schwab** und Henry **Friedlander,** New York. Cyrco Press, 1975, S. 80–95.

Die Technik der **Macht.** Hrsgg. von Helmut **Dahm** und Frits **Kool,** eingel. v. Nikolaus **Lobkowicz,** Einführung und Dokumentationen von Wolf D. **Behschnitt** (et. al.) (Dokumente der Weltrevolution, Bd. 5). Olten und Freiburg/Br., Walter, 1974, 525 S.

Meissner, Boris: Sowjetunion und Selbstbestimmungsrecht (Dokumente zum Ostrecht, Bd. 3). Köln, Wissenschaft und Politik, 1963, 432 S.

Ders.: Das Selbstbestimmungsrecht der Völker in Osteuropa und China, mit einem Beitrag von Hans Werner **Bracht** et al. Köln, Wissenschaft und Politik, 1968, 236 S.

Ders.: Die Breshnew-Doktrin. Das Prinzip des proletarisch-sozialistischen Internationalismus und die Theorie von den verschiedenen Wegen zum Sozialismus. Köln, Wissenschaft und Politik, 1969, 189 S.

Moeller, Hans Walter: Der völkerrechtliche Gehalt des Prinzips des sozialistischen Internationalismus. Dissertation. Würzburg, 1970.

Moskau – Bonn. Die Beziehungen der Sowjetunion und der Bundesrepublik Deutschland (Dokumente zur Außenpolitik Bd. 3). Hrsgg. v. Boris **Meissner,** 2 Bde., Köln, Wissenschaft und Politik, 1973, 1700 S.

Nollau, Günter: Zerfall des Weltkommunismus – Einheit oder Polyzentrismus. Köln, Kiepenheuer und Witsch, 1963, 154 S.

Die deutsche **Ostpolitik** 1961–1970, Kontinuität und Wandel. Dokumentation, hrsgg. von Boris **Meissner.** Köln, Wissenschaft und Politik, 1970, 448 S.

Pächter, Heinz: Weltmacht Rußland. Außenpolitische Strategie in drei Jahrhunderten. Oldenburg und Hamburg, Stalling, 1968, 400 S.

Paschke, Manfred: Die internationalen Wirtschaftsvereinbarungen der DDR (Studien zum internationalen Wirtschaftsrecht und Atomenergierecht, 43), Göttingen, 1970, XXXVII, 219 S.

Pounds, Norman J. G.: Eastern Europe. 2. Aufl. London, Longman, 1969, XX, 912 S.

Probleme des Industrialismus in Ost und West. Festschrift für Hans Raupach, hrsgg. von Werner **Gumpel** und Dietmar **Keese.** München, Olzog, 1973, 513 S.

Rauch, Georg von: W. I. Lenin – Grundlegung des Sowjetsystems. Göttingen, Musterschmidt, 1957, 101 S.

Remington, Robin A.: The Warsaw Pact. Case Studies in Communist Conflict Resolution. Cambridge (Mass.) and London, M.I.T. Press. 1971, XIX, 268 S. u. 2 Taf.

Ressing, Gerd: Versagte der Westen in Jalta und Potsdam? Ein dokumentierter Wegweiser durch die alliierten Kriegskonferenzen. Frankfurt/M., Akademische Verlagsanstalt Athenaion, 1970, 173 S.

Révész, László: Die Rolle der KPdSU. Bern, Verlag Schweizerisches Ostinstitut, 1967, 145 S.

Ders.: Ideologie u. Praxis in der sowjetischen Innen- u. Außenpolitik. Mit einem Anhang: Nach Chruschtschows Sturz. Eine politische u. wirtschaftliche Bilanz. Von Borys **Lewytzkyj.** Mainz, von Hase und Koehler, 1969, 129 S.

Ribi, Rolf C.: Das Comecon. Eine Untersuchung über die Problematik der wirtschaftlichen Integration sozialistischer Länder. Zürich/St. Gallen, Polygraphischer Vlg. AG, 1970, 462 S.

Die **Rolle der DDR** in Osteuropa, hrsgg. von Gert **Leptin** im Auftrag der Deutschen Gesellschaft für Osteuropakunde. Berlin, Duncker und Humblot, 1974, 121 S.

Rosenberg, Arthur: Geschichte des Bolschewismus, Frankfurt/M., Europäische Verlagsanstalt, 1968, 268 S. Mit einer Einleitung von Ossip K. **Flechtheim.**

Rush, Myron: How Communist States Change Their Rulers. Ithaca/London, Cornell University Press, 1974, 346 S.

Schaefer, Henry W.: Comecon and the Politics of Integration, New York usw., Praeger Publ., 1972, 200 S.

Schapiro, Leonhard: Die Geschichte der Kommunistischen Partei der Sowjetunion. Berlin, Fischer, 1962, 711 S.

Scharndorff, Werner: Moskaus permanente Säuberungen. München, Olzog, 1968, 388 S.

Ders.: Die Geschichte der KPdSU. 3. Aufl. München, Olzog, 1968, 140 S.

Scharpf, Peter: Europäische Wirtschaftsgemeinschaft und Deutsche Demokratische Republik. Tübingen, J. C. B. Mohr (Paul Siebeck), 1973, 194 S.

Schickling, Willi: Hoffnung auf Entspannung – Illusion und Wirklichkeit 1944–1964. Stuttgart, Seewald, 1964, 235 S.

Schramm, Friedrich-Karl, Wolfram-Georg **Riggert** u. Alois **Friedel:** Sicherheitskonferenz in Europa. Dokumentation 1954–1972. Frankfurt/M., Metzner, 1972, 976 S.

Seton-Watson, Hugh: Von Lenin bis Malenkow – Bolschewistische Strategie (a. d. Engl.). München, Isar-Verlag, 1955, 372 S.

Sinanian, Sylvia, Istvan **Deak** u. Peter C. **Ludz:** Eastern Europe in the 1970s. New York usw., Praeger Publ., 1972, (besonders Kap. 9, S. 242 ff.).

Sokolowski, Wassili D.: Militär-Strategie (a. d. Russ.), deutsche Einl. v. Johannes **Gerber.** 3. veränderte u. erg. Aufl. Köln, Markus, 1969, 525 S.

Sowjetunion. Verträge und Abkommen. Verzeichnis der Quellen und Nachweise 1917–1962. Unter Mitwirkung v. Jörg K. **Hoensch** und Helmut **König.** Osteuropa-Handbuch. Namens der Arbeitsgemeinschaft f. Osteuropaforsch., hrsgg. v. Werner Markert u. Dietrich Geyer. Köln und Graz, Böhlau, 1966, XII, 611 S.

Sowjetunion 1974/75: Innenpolitik, Wirtschaft, Außenpolitik. Analyse und Bilanz. Hrsgg. vom Bundesinstitut für ostwissenschaftliche und internationale Studien. München, Hanser, 1975, 298 S.

Die frühen **Sozialisten.** Hrsgg. von Frits **Kool** u. Werner **Krause,** eingel. v. Peter **Stadler.** (Dokumente der Weltrevolution, Bd. 1) Olten und Freiburg/Br., Walter, 1967, 686 S.

Steffens, Rolf: Integrationsprobleme im Rat für Gegenseitige Wirtschaftshilfe (RGW). Lösungsansätze bis zum Komplexprogramm des RGW. Hamburg, Verlag Weltarchiv, 1974.

Stelzl, Diethard: Die internationalen Banken des Rats für gegenseitige Wirtschaftshilfe (Gegenwartsfragen der Ostwirtschaft, 7, hrsgg. v. Osteuropa-Institut München). München und Wien, Olzog, 1973, 191 S.

Strategie und Abrüstungspolitik der Sowjetunion . . . sowjet. Studien und Reden (m. Einführung von Curt **Gasteyger)** (Schr. d. Forsch.-Inst. d. Deutschen Gesellsch. f. Ausw. Pol., Bd. 5). Frankfurt/M., Metzner, 1964, 346 S.

Thomas, Stephan: Perspektiven sowjetischer Macht. Der XXIII. Parteitag der KPdSU und das Parteiprogramm, Köln. Wissenschaft und Politik, 1967, 144 S.

Triska, Jan F.: Constitutions of the Communist Party-States. Stanford, Calif., Stanford Univ. Press, 1968, 541 S.

Ulam, Adam B.: Die Bolschewiki. Vorgeschichte und Verlauf der Kommunistischen Revolution in Rußland (a. d. Engl.). Köln, Kiepenheuer u. Witsch, 1967, 668 S.

Ders.: Expansion and Coexistence. The History of Soviet Foreign Policy. 1917–1967, 4. Aufl. New York-Washington, Praeger Publ., 1971, 775 S.

Uschakow, Alexander: Der Ostmarkt im Comecon. Eine Dokumentation (Schriftenreihe Europäische Wirtschaft, 54). Baden-Baden, Nomos, 1972, 486 S.

Der **Vertrag** vom 12. August 1970 zwischen der Bundesrepublik Deutschland und der Union der Sozialistischen Sowjetrepubliken, hrsgg. vom Presse- und Informationsamt der Bundesregierung. Bonn o. J., 264 S.

Der **Vertrag** zwischen der Bundesrepublik Deutschland und der Volksrepublik Polen, hrsgg. vom Presse- und Informationsamt der Bundesregierung. Bonn o. J., 288 S.

Wagner, Wolfgang: Die Teilung Europas – Geschichte der sowjetischen Expansion bis zur Spaltung Deutschlands 1918–1945. Stuttgart, Deutsche Verlags-Anstalt, 1959, 242 S.

Der **Warschauer Pakt** – Dokumentensammlung. Hrsgg. von Boris **Meissner** (Dokumente zum Ostrecht, Bd. 1). Köln, Wissenschaft und Politik, 1961, 205 S.

Weber, Hermann: Die SED und die Geschichte der deutschen Arbeiterbewegung. In: Neue Politische Literatur, 12. Jg., H. 4, 1967, S. 449–462.

Ders.: Von Rosa Luxemburg zu Walter Ulbricht. Wandlungen des Kommunismus in Deutschland (Edition Zeitgeschehen, 6), 4. verb. Aufl. Hannover, Verlag für Literatur und Zeitgeschehen, 1970, 135 S.

Ders. u. Gerda **Weber:** Lenin-Chronik. Daten zu Leben und Werk (Reihe Hanser, 152). München, Hanser, 1974, 276 S.

Westen, Klaus: Die Kommunistische Partei der Sowjetunion und der Sowjetstaat. Eine verfassungsrechtliche Untersuchung. Köln, Wissenschaft und Politik, 1968, 360 S.

Wetter, Gustav A.: Die sowjetische Konzeption der Koexistenz. Bonn, Bundeszentrale f. Heimatdienst, 1959, 45 S.

Wettig, Gerhard: Europäische Sicherheit. Das europäische Staatensystem in der sowjetischen Außenpolitik 1966–1972. Düsseldorf, Bertelsmann Univ.-Verlag, 1972, 213 S.

Wilczynski, Joseph: Technology in Comecon. Acceleration of Technological Progress through Economic Planning and the Market. London usw., 1974.

Wolfe, Bertram D.: Lenin, Trotzkij, Stalin – drei, die eine Revolution machten. Frankfurt/M., Europäische Verlagsanstalt, 1968, 816 S.

Yearbook on International Communist Affairs, hrsgg. von Milorad M. Drachkovitch. Stanford, Calif., Hoover Institution Publications, 1967 ff.

III. Deutsche Frage, Innerdeutsche Beziehungen, Völkerrecht

Albano-Müller, Armin: Die Deutschland-Artikel in der Satzung der Vereinten Nationen. Stuttgart usw., Kohlhammer, 1967, 146 S.

*: **Antworten** des demokratischen Deutschland zum VII. SED-Parteitag. Hrsgg. vom Vorstand der SPD. Bad Godesberg, Verlag Neuer Vorwärts, 1967, 48 S.

Arndt, Adolf: Der deutsche Staat als Rechtsproblem (Schr.-Reihe der Jurist. Gesellschaft Berlin, H. 3). Berlin, de Gruyter, 1960, 50 S.

Arndt, Claus: Die Verträge von Moskau und Warschau. Politische, verfassungsrechtliche und völkerrechtliche Aspekte. Bonn-Bad Godesberg, Neue Gesellschaft GmbH., 1973, 216 S.

Balfour, Michael: Viermächtekontrolle in Deutschland 1945–1946 (a. d. Engl.). Düsseldorf, Droste, 1959, 408 S., 1 Kt.

Die **Bemühungen** der Bundesrepublik um Wiederherstellung der Einheit Deutschlands durch gesamtdeutsche Wahlen. Dokumente u. Akten. (BMG), I. Teil (4., erw. Aufl.) 1958. 153 S.; II. Teil (erw. Neuaufl.) 1958. 290 S.; III. Teil: Systemat. Regist. (2., verb. Aufl.) 1961, 58 S.
Je eine englische und eine französische Ausgabe in einem Bande enthält die Dokumente bis Jan. 1954.

Die **Bemühungen** der deutschen Regierung und ihrer Verbündeten um die Einheit Deutschlands 1955–1966. Hrsgg. v. Auswärtigen Amt. 1966. 562 S.

Berg, Michael von: Zwanzig Jahre Interzonenhandel. Wirtschaftliche und politische Entwicklung einer gesamtdeutschen Institution. (BMG) 1967, 22 S.

Binder, Gerhart: Deutschland seit 1945. Eine dokumentierte

Gesamtdeutsche Geschichte in der Zeit der Teilung. Stuttgart, Seewald, 1969, 608 S.

Birnbaum, Karl E.: East and West Germany: A Modus Vivendi (2. impr.). Lexington (Mass.), Heath, 1973, XIII, 175 S.

Blank, Karl: Beiträge zum innerdeutschen Gewerkschaftsdialog. Die DDR, Realitäten – Argumente, Bd. 1, hrsgg. von der Friedrich-Ebert-Stiftung, Bonn. Vlg. Neue Gesellschaft, 1971, 292 S.

Brandt, Willy: Außenpolitik, Deutschlandpolitik, Europapolitik. Berlin, Berlin-Verlag, 1968, 168 S.

Ders.: Friedenspolitik in Europa. Frankfurt/M., Fischer, 1968, 223 S.

Braunmühl, Claudia von: Kalter Krieg und Friedliche Koexistenz. Die Außenpolitik der SPD in der Großen Koalition. Frankfurt/M., Suhrkamp, 1973, 161 S.

Brzezinski, Zbigniew K.: Alternative zur Teilung. Neue Möglichkeiten für eine gesamteuropäische Politik (a. d. Amerik.), (Information, Bd. 18). Köln, Kiepenheuer und Witsch, 1966, 223 S.

Colotti, Enzo: Storia delle due Germanie. Turin, Einaudi, 1968, XXV, 1122 S.

Cramer, Dettmar: Deutschland nach dem Grundvertrag. Stuttgart, Vlg. Bonn aktuell, 1973, 174 S.

Dasbach-Mallinckrodt, Anita: Propaganda hinter der Mauer. Stuttgart usw., Kohlhammer, 1971, 152 S.

Deuerlein, Ernst: Deutschland 1963–1970. Hannover, Verlag f. Literatur und Zeitgeschehen, 1970, 140 S.

Ders.: Die Einheit Deutschlands. Die Erörterungen und Entscheidungen der Kriegs- und Nachkriegskonferenzen 1941–1949. Darstellung und Dokumente, Bd. 1. Frankfurt/M., Metzner, 1961, 495 S.

Ders.: Deutschland, wie Chruschtschow es will. Zielbestimmung der sowjetischen Deutschlandpolitik 1955–1961. Bonn, Berto, 1961, 217 S.

Deuerlein, Ernst, Alexander **Fischer,** Eberhard **Menzel,** Gerhard **Wettig:** Potsdam und die deutsche Frage. Köln, Wissenschaft und Politik, 1970, 158 S.

Deutschlandpläne. Dokumente und Materialien zur deutschen Frage. Hrsgg. v. Kurt **Hirsch** mit einer Einleitung v. Harry **Pross.** München, Rütten u. Loening, 1968, 395 S.

Deutschland und die UNO. Hrsgg. von Ingo v. **Münch.** (Reihe Aktuelle Dokumente), Berlin und New York, de Gruyter, 1973, 167 S.

Dokumentation zur Deutschlandfrage, Bd. I–VIII, zusammengestellt von Heinrich **Siegler.** Bonn/Wien/Zürich, Vlg. für Zeitarchive, 1961–1975.

Dokumente des geteilten Deutschland. Quellentexte zur Rechtslage des Deutschen Reiches, der Bundesrepublik Deutschland und der Deutschen Demokratischen Republik. M. e. Einf. hrsgg. v. Ingo **Münch.** Stuttgart, Kröner, 1968, 588 S.

Dokumente des geteilten Deutschland. Bd. II: seit 1968. Quellentexte zur Rechtslage des Deutschen Reiches, der Bundesrepublik Deutschland und der Deutschen Demokratischen Republik. M. e. Einf. hrsgg. von Ingo von **Münch** unter Mitarb. v. Ondolf **Rojahn.** Stuttgart, Kröner, 1975, 642 S.

Dokumente zur Deutschlandpolitik. Begründet von Ernst **Deuerlein.** Wiss. Leitung: Karl Dietrich Bracher und Hans-Adolf **Jacobsen.** Hrsg.: BMB (bis III/4: BMG).
III. Reihe, Bd. 1: 5. Mai bis 31. Dezember 1955. Bearb. von Ernst **Deuerlein** unter Mitwirkung von Hansjürgen **Schierbaum.** Frankfurt/M. usw., Metzner, 1961, 883 S.
III. Reihe, Bd. 2: 1. Januar bis 31. Dezember 1956 (2 Halbbän-

de). Bearb. von Ernst **Deuerlein** und Hansjürgen **Schierbaum.** Frankfurt/M. usw., Metzner, 1963, 1176 S.
III. Reihe, Bd. 3: 1. Januar bis 31. Dezember 1957 (3 Drittelbände). Bearb. von Ernst **Deuerlein,** Gisela **Biewer** und Hansjürgen **Schierbaum.** Frankfurt/M. usw., Metzner, 1967, 2510 S.
III. Reihe, Bd. 4: 1. Januar bis 9. November 1958 (3 Drittelbände). Bearb. von Ernst **Deuerlein** und Gisela **Biewer.** Frankfurt/M. usw., Metzner, 1969, 2132 S.
IV. Reihe, Bd. 1: 10. November 1958 bis 9. Mai 1959 (2 Halbbände). Bearb. von Ernst **Deuerlein** und Hannelore **Nathan.** Frankfurt/M. usw., Metzner, 1971, 1703 S.
IV. Reihe, Bd. 2: 9. Mai bis 10. August 1959 (2 Halbbände). Bearb. von Ernst **Deuerlein** und Werner **John.** Frankfurt/M. usw. , Metzner, 1971, 1339 S.
IV. Reihe, Bd. 3: 11. August bis 31. Dezember 1959. Bearb. von Ernst **Deuerlein** und Werner **John.** Frankfurt/M. usw., Metzner, 1972, 1489 S.
IV. Reihe, Bd. 4: 1. Januar bis 30. Juni 1960 (2 Halbbände). Bearb. von Ernst **Deuerlein** und Gunter **Holzweißig.** Frankfurt/M. usw., Metzner, 1972, 1489 S.
IV. Reihe, Bd. 5: 1. Juli bis 31. Dezember 1960. Bearb. von Gunter **Holzweißig.** Frankfurt/M. usw., Metzner, 1973, 765 S.
IV. Reihe, Bd. 6: 1. Januar bis 11. August 1961 (2 Halbbände). Bearb. von Rainer **Salzmann.** Frankfurt/M. usw., Metzner, 1975, 1744 S.

Mitteilungen über die **Dreimächtekonferenz** von Berlin. Auszug aus dem Amtsblatt des Kontrollrats in Deutschland. Nachdruck 1969. (BMG) 1969, 24 S.

Ehlermann, Claus-Dieter, Siegfried **Kupper,** Horst **Lambrecht** u. Gerhard **Ollig:** Handelspartner DDR – Innerdeutsche Wirtschaftsbeziehungen. Baden-Baden, Nomos, 1975, 336 S.

Erler, Fritz: Politik für Deutschland. M. e. Vorwort von Willy **Brandt.** Hrsgg. von Wolfgang Gaebler. Stuttgart, Seewald, 1968, 650 S.

Eschenburg, Theodor: Die deutsche Frage – die Verfassungsprobleme der Wiedervereinigung (hrsgg. v. Forschungsinst. d. Dt. Gesellschaft f. Ausw. Politik). München, Oldenbourg, 1959, 56 S.

Faust, Fritz: Das Potsdamer Abkommen und seine völkerrechtliche Bedeutung, 4., neubearb. Aufl. Frankfurt/M. und Berlin, Metzner, 1969, 420 S.

Fischer, Alexander (Hrsg.): Teheran, Jalta, Potsdam. Die sowjet. Protokolle von d. Kriegskonferenzen d. Großen Drei. (a. d. Russ.) (Dokumente zur Außenpolitik, Bd. I.). Köln, Wissenschaft und Politik, 1968, 414 S.

Frenzke, Dietrich: Die Anerkennung der DDR. Völkerrechtliche Möglichkeiten und Folgen. Köln, Wissenschaft und Politik, 1970, 128 S.

Ders.: Die kommunistische Anerkennungslehre – Die Anerkennung von Staaten in der osteuropäischen Völkerrechtstheorie. Köln, Wissenschaft und Politik, 1972, 382 S.

Die Politik des **Gewaltverzichts.** Eine Dokumentation der deutschen und sowjetischen Erklärungen zum Gewaltverzicht. 1949–Juli 1968. Veröffentlicht durch das Presse- und Informationsamt d. Bundesregierung. Bonn, 1968, 48 S.

Grosser, Alfred: Deutschlandbilanz, Geschichte Deutschlands seit 1945. München, Hanser, 1970, 576 S.

Hacker, Jens: Der Rechtsstatus Deutschlands aus der Sicht der DDR. Köln, Wissenschaft und Politik, 1974, 509 S.

Herre, Franz: Nation ohne Staat. Die Entstehung der deutschen Frage. Köln, Kiepenheuer u. Witsch, 1968, 375 S.

Hubatsch, Walther (in Verb. m. a.): Die deutsche Frage. 2., erw. Aufl. Würzburg, Ploetz, 1964, 348 S., 5 Kt.

Die deutsche Frage 1952–1956 – Notenwechsel und Konferenzdokumente der vier Mächte, hrsgg. v. Eberhard **Jäckel** (Dokumente, Bd. XXIII, hrsgg. v. d. Forschungsstelle f. Völkerrecht . . . d. Univ. Hamburg). Frankfurt/M., Metzner, 1957, 169 S.

Nach 25 Jahren. Eine Deutschland-Bilanz, hrsgg. von Karl Dietrich Bracher. München, Kindler, 1970, 300 S.

Jansen, Thomas: Abrüstung und Deutschlandfrage. Abrüstungsfrage als Problem der deutschen Außenpolitik. Mainz, von Hase und Koehler, 1968, 206 S.

Kewenig, Wilhelm, Karl **Doehring** u. Georg **Ress**: Staats- und völkerrechtliche Aspekte der Deutschland- und Ostpolitik (Völkerrecht und Außenpolitik, Bd. 9). Frankfurt/M., Athenäum, 1971, 134 S.

Kitzmüller, Erich, Heinz **Kuby** u. Lutz **Niethammer**: Der Wandel der nationalen Frage in der Bundesrepublik Deutschland. Nationalstaat ohne Nationalökonomie? Aus Politik und Zeitgeschichte, B 33 (Teil I) und B 34 (Teil II) vom 18. und 25. 8. 1973.

Kluke, Paul: Selbstbestimmung – Vom Weg einer Idee durch die Geschichte. Göttingen, Vandenhoeck & Ruprecht, 1963, 165 S.

Kluth, Hans: Die KPD in der Bundesrepublik – ihre politische Tätigkeit u. Organisation 1945–1956. Köln, Westdeutscher Verlag, 1959, 154 S.

*****: Die dritte Norm der Generale **Korfes**, Lattmann . . . und Genossen . . . Köln, Markus-Verlag, 1960, 36 S. (Über „Arbeitsgemeinschaft ehem. Offiziere".)

Krengel, Rolf: Die Bedeutung des Ost-West-Handels für die Ost-West-Beziehungen. Göttingen, Zürich, Vandenhoeck & Ruprecht, 1967, 124 S.

Kreusel, Dietmar: Nation und Vaterland in der Militärpresse der DDR. Stuttgart, Seewald, 1970, 305 S.

Kristof, Erich: Die Lehre vom Selbstbestimmungsrecht in der Völkerrechtsdoktrin der DDR. (Reihe Völkerrecht und Außenpolitik, Bd. 17.) Frankfurt/M., Athenäum, 1973, 194 S.

Kupper, Siegfried: Der innerdeutsche Handel. Köln, Markus, 1972, 127 S.

Lemmer, Ernst: Manches war doch anders. Erinnerungen eines deutschen Demokraten. Frankfurt/M., Scheffler, 1968, 397 S.

Löwenthal, Richard, u. Hans-Peter **Schwarz** (Hrsg.): Die zweite Republik. 25 Jahre Bundesrepublik Deutschland. – Eine Bilanz. Stuttgart, Seewald, 1974, 970 S.

Ludz, Peter Christian, u. Johannes **Kuppe**: Literatur zum politischen und gesellschaftlichen System der DDR, unter Mitarbeit von Hanns-Michael Hepp, Irmhild Rudolph, Ralf Rytlewski, Ehrenfried Schnebel, Erhard Stölting und Hartmut Zimmermann, in: Politische Vierteljahresschrift, 10. Jg., H. 2/3, 1969, S. 328–387.

Ders.: Deutschlands doppelte Zukunft. Bundesrepublik und DDR in der Welt von morgen, 3. Aufl. München, Hanser, 1974, 181 S.

Mattfeld, Antje: Modelle einer Normalisierung zwischen beiden deutschen Staaten. Düsseldorf, Droste, 1973, 198 S.

Meier, Christian: Das Trauma der deutschen Außenpolitik. Die sowjetischen Bemühungen um die internationale Anerkennung der DDR (Schr.-reihe d. Studienges. für Zeitprobleme, Bd. 5). Stuttgart, Seewald, 1968, 104 S.

Meinungen und Dokumente zur Deutschlandpolitik und zu den Ostverträgen. (BMB) 1972, 606 S.

Meissner, Boris: Rußland, die Westmächte und Deutschland. Die sowjetische Deutschlandpolitik 1943–1953. Hamburg, Nölke, 1954, 375 S.

Mentzel, Jörg P., u. Wolfgang **Pfeiler**: Deutschlandbilder. Die Bundesrepublik aus der Sicht der DDR und der Sowjetunion. Düsseldorf, Droste, 1972, 396 S.

Merkl, Peter H.: German Foreign Politicies West and East. Santa Barbara, Calif., ABC-CLIO, 1974, 232 S.

Die Deutsche Ministerpräsidenten-Konferenz in München vom 6. bis 8. Juni 1947 (hrsgg. v. d. Bayer. Staatskanzlei). München, 1947, 123 S.

Müller-Gangloff, Erich: Mit der Teilung leben (List-Taschenbuch, Bd. 299). München, List, 1965.

Osten, Walter: Die Außenpolitik der DDR. Opladen, Westdeutscher Verlag, 1969, 160 S.

Pawelka, Peter: Die UNO und das Deutschlandproblem (Tübinger Studien zur Geschichte und Politik, 28). Tübingen, J. C. B. Mohr (Paul Siebeck), 1971, XIII, 232 S.

Pfeiler, Wolfgang: DDR-Lehrbuch. Bonn, NBV-Neue Verlagsgesellschaft, 1974, 182 S.

Rabl, Kurt: Das Selbstbestimmungsrecht der Völker, 2., umgearb. und erw. Aufl. Köln und Wien, Böhlau, 1973, 808 S.

Rauschning, Dietrich (Hrsg.): Die Gesamtverfassung Deutschlands . . . Texte zur Rechtslage Deutschlands. Mit e. Einl. von Herbert **Krüger**. (Die Staatsverf. der Welt in Einzelausg., Bd. 1.) Frankfurt/M., Metzner, 1962, 798 S.

Offensive Auseinandersetzung über den **Redneraustausch** 1966 zwischen SPD und SED. 2., durchgesehener Nachdruck. (BMG) 1967. 112 S.

Reichelt, Paul: Deutsche Chronik 1945–1970, Daten und Fakten aus beiden Teilen Deutschlands (Reihe Bonn aktuell, hrsgg. von Alois Rummel), I. Band: 1945–1957, Freudenstadt, Eurobuch-Verlag August Lutzeyer, 1970, 311 S.

Ders. u. Hans Ulrich **Behn:** Deutsche Chronik 1945 bis 1970, Daten und Fakten aus beiden Teilen Deutschlands (Reihe Bonn aktuell, hrsgg. von Alois Rummel), II. Band: 1958 bis 1970, Freudenstadt, Eurobuch-Verlag August Lutzeyer, 1971, 324 S.

Richardson, James L.: Deutschland und die NATO. Strategie und Politik im Spannungsfeld zwischen Ost und West. Opladen, 1967, 363 S.

Rothstein, Siegmar: Die Londoner Sechsmächtekonferenz 1948 und ihre Bedeutung für die Gründung der Bundesrepublik Deutschland. Diss. Freiburg, 1968, XXVIII, 194 S.

Rumpf, Helmut: Land ohne Souveränität. (Recht-Justiz-Zeitgeschehen, Reihe RJZ. Bd. 5), 2. Aufl. Karlsruhe, C. F. Müller, 1973, 211 S.

Schmid, Günther: Politik des Ausverkaufs? Die Deutschlandpolitik der Regierung Brandt/Scheel. München. tuduv Verlagsgesellschaft, 1975, 313 S.

Schnitzer, Martin: East and West Germany: A Comparative Economic Analysis. New York usw., Praeger Publ., 1972 XXIII, 446 S.

Schütz, Wilhelm Wolfgang: Reform d. Deutschlandpolitik. Köln, Kiepenheuer und Witsch, 1965, 240 S.

Ders.: Der uneigentliche Punkt. Ein politischer Dialog (Information, Bd. 16). Köln, Kiepenheuer u. Witsch, 1967, 136 S.

Ders.: Modelle der Deutschlandpolitik. Auf dem Weg zu einer neuen Außenpolitik (Information, Bd. 19). 2. Aufl. Köln, Kiepenheuer und Witsch, 1967, 192 S.

Schwarz, Hans-Peter: Vom Reich zur Bundesrepublik. Deutschland im Widerstreit der außenpolitischen Konzeptionen in den Jahren der Besatzungsherrschaft 1945–1949. („politica", Abhandlungen und Texte zur polit. Wissenschaft, hrsgg. v. Wilhelm Hennis u. Hans Maier, Bd. 38.) Neuwied und Berlin. Luchterhand, 1966, 884 S.

Schweigler, Gerhard: Nationalbewußtsein in der BRD und der

DDR (Studien zur Sozialwissenschaft, Bd. 8). Düsseldorf, Bertelsmann Universitätsverlag, 1973, 235 S.

Siegler, Heinrich von: Von der gescheiterten Gipfelkonferenz Mai 1960 bis zur Berlinsperre August 1961. Bonn, Verlag für Zeitarchive, 1961, 126 S.

Siewert, Regina, u. Helmut **Bilstein:** Gesamtdeutsche Kontakte. Erfahrung mit Parteien- und Regierungsdialog. Opladen, Westdeutscher Verlag, 1969, 100 S.

Stehle, Hansjakob: Die Ostpolitik des Vatikans. München, Piper, 1975, 496 S.

Student und Politik im geteilten Deutschland – Ergebnisse einer Diskussion. Hrsgg. v. Kuratorium Unteilb. Deutschland. Bonn, 1967, 212 S.

Tudyka, Kurt P.: Das geteilte Deutschland – Eine Dokumentation der Meinungen. Stuttgart usw., Kohlhammer, 1965, 206 S.

Weber, Werner: Die Frage der gesamtdeutschen Verfassung. München, C. H. Beck, 1950, 28 S.

Ders. u. Werner **Jahn:** Synopse zur Deutschlandpolitik 1941–1973. Göttingen, Schwartz, 1973, 1070 S.

Wehner, Herbert: Beiträge zur Deutschlandpolitik. Reden und Interviews vom 7. 2.–26. 7. 1967. (BMG) 1967. 155 S.

Ders. u. Wolfang **Schütz:** Kommunalpolitik und Wiedervereinigungspolitik. Zwei Vorträge vor dem Hauptausschuß des Deutschen Städtebundes am 27. 4. 1967 in Berlin (Schriftenreihe des Dt. Städtebundes, H. 19). Göttingen, Schwartz, 1967, 44 S.

Ders.: Wandel und Bewährung. Ausgewählte Reden und Schriften. 1930/1967. Hrsgg. Hans-Werner Graf **Finkenstein** u. Gerhard **Jahn.** M. e. Einl. von Günter **Gaus.** Berlin, Ullstein, 1968, 398 S.

Texte zur Deutschlandpolitik. Bd. 1–12. (BMB), 1966–1973.

Wiedervereinigung und Sicherheit Deutschlands. Eine dokumentarische Diskussionsgrundlage, hrsgg. von Heinrich **Siegler.** Bd. I: 1944–1963, 405 S., Bd. II: 1964–1967, 444 S., Bonn/Wien/Zürich, Vlg. für Zeitarchive, 1967 ff.

Zieger, Gottfried: Das Staatsbürgerschaftsgesetz der DDR. Frankfurt/M. und Berlin, Metzner, 1969, 81 S.

IV. Berlin

Berger, Alfred: Berlin 1945–1965 – Quellenleseheft . . . 5. erw. Aufl. München, Gersbach u. S., 1965, 92 S.

Berlin – Kampf um Freiheit u. Selbstverwaltung 1945 bis 1946 (Schriftenreihe zur Berliner Zeitgeschichte, 3, hrsgg. im Auftrag des Senats von Berlin). 2., erw. Aufl. Berlin, Spitzing, 1961, 623 S.

Berlin – Behauptung von Freiheit und Selbstverwaltung 1946 bis 1948 (hrsgg. im Auftrag des Senats von Berlin). Berlin, Spitzing, 1959, 760 S.

Berlin – Ringen um Einheit und Wiederaufbau 1948 bis 1951 (hrsgg. im Auftrag des Senats von Berlin) Berlin, Spitzing, 1962, 956 S.

Berlin – Quellen und Dokumente 1945–1951. 2 Bde. (hrsgg. im Auftrage des Senats von Berlin). Berlin, Spitzing, 1964, Zus. 2172 S.

Mitteilung über die Dreimächtekonferenz von **Berlin.** Auszug aus dem Amtsblatt des Kontrollrats in Deutschland. Ergänzungsblatt Nr. 1. (BMG) 1967, 24 S.

Dokumente zur **Berlin-Frage** 1944 bis 1962 (hrsgg. v. Forschungsinst. d. Dt. Gesellsch. f. Ausw. Pol. in Zusarb. m. dem Senat von Berlin). 2., erw. Aufl. München, Oldenbourg, 1962, 622 S. m. Tafeln.

Entwicklung in der **Berlin-Frage** (1944–1971), zusammengestellt von Ferdinand **Matthey** (Reihe Aktuelle Dokumente,

hrsgg. von Ingo von Münch) Boston und New York, de Gruyter, 1972, 291 S.

Die **Berlin-Frage** vor der Versammlung der Westeuropäischen Union. Dokumentation der Beratungen der Versammlung der Westeuropäischen Union in den Jahren 1961 bis 1965 über die Lage in Berlin. Hrsgg. v. der Deutschen Delegation bei der WEU-Versammlung. Bonn, 1967, 192 S.

Berlin Sowjetsektor – Die politische, rechtliche, wirtschaftliche, soziale und kulturelle Entwicklung . . . (Sammelband). Berlin, Colloquium Verlag, 1965, 228 S.

Davison, W. Phillips: Die Blockade von Berlin. – Modellfall des Kalten Krieges. Frankfurt/M., Metzner, 1959, 485 S.

Dulles, Eleanor Lansing: Berlin und die Amerikaner. M. e. Vorw. v. Konrad Adenauer (a. d. Amerik.). Köln, Wissenschaft und Politik, 1967, 295 S.

Fijalkowski, Jürgen, Peter **Hauck,** Axel **Holst,** Gerd-Heinrich **Kemper** u. Alf **Mintzel:** Berlin – Hauptstadtanspruch und Westintegration. (Schr. d. Inst. f. Politische Wissenschaften, Bd. 20). Köln, Westdeutscher Verlag, 1968, 353 S.

Friedensburg, Ferdinand. Berlin – Schicksal und Aufgabe. Berlin, Schulz, 1953, 99 S.

Heidelmeyer, Wolfgang, u. Günther **Hindrichs:** Die Berlin-Frage – Polit. Dokumentation 1944–1965. (Fischer-Bücherei, 698). Hamburg, Fischer, 1965, 184 S.

Herzfeld, Hans: Berlin in der Weltpolitik 1945–1970. Berlin und New York, de Gruyter, 1973, 666 S.

Hillgruber, Andreas: Berlin – Dokumente 1944 bis 1961. Darmstadt, Stephan, 1961, 236 S. m. 13 Abb.

Horn, Klaus: Die Berlin-Krise 1958–1961. Frankfurt/M., Europäische Verlagsanstalt, 1970, 75 S.

Kreutzer, Heinz: Die Rechtsstellung Berlins – Eine rechtliche Beurteilung des Berliner Vier-Mächte-Status. (Berliner Forum, 6/68). Hrsg. Presse- u. Informationsamt des Landes Berlin. Berlin, 1968, 32 S.

Legien, Rudolf R.: Die Viermächtevereinbarungen über Berlin. 2., erg. Aufl. Berlin, Carl Heymann, 1961, 64 S.

Mahnke, Dieter: Berlin im geteilten Deutschland. München und Wien, Oldenbourg, 1973, 325 S.

Mai, Renate, u. Klaus-Dieter **Schulz-Vobach:** Ost-Berlin heute in Bild und Wort. Berlin, arani, 1968, 61 Bilder, 2 Karten, 34 S.

Mampel, Siegfried: Der Sowjetsektor von Berlin – eine Analyse seines inneren u. äußeren Status. Frankfurt/M., Metzner, 1963, 496 S.

Die **Mauer** oder der 13. August, hrsgg. v. Hans Werner **Richter,** (rororo Tb. 482). Reinbek, Rowohlt, 1961, 196 S.

Nawrocki, Joachim: Brennpunkt Berlin – Politische und wirtschaftliche Realitäten. Köln, Wissenschaft und Politik, 1971, 160 S.

Prowe, Diethelm: Weltstadt in Krisen, Berlin 1949–1958 (Veröffentlichungen der historischen Kommission zu Berlin, Bd. 42). Berlin und New York, de Gruyter, 1973, 359 S.

Riklin, Alois: Das Berlinproblem – Historisch-politische und völkerrechtliche Darstellung des Viermächtestatus. (Abh. d. Bundesinst. z. Erforsch. d. Marxismus-Leninismus, Bd. 6) Köln, Wissenschaft und Politik, 1964, 448 S.

Rottmann, Joachim: Der Viermächte-Status Berlins. 2., verb. Aufl. (BMG) 1959, 83 S.

Ruge, Hans Georg: Das Zugangsrecht der Westmächte auf dem Luftweg nach Berlin (Schriften zum öffentlichen Recht, Bd. 85). Berlin, Duncker und Humblot, 1968, 124 S.

Scholz, Arno: Berlin. Hauptstadt – gestern, heute, morgen. Mit einer Chronik der Jahre 1134–1967 (Korr.: 1237–1968). 9., völlig überarb. Sonderauflage, Berlin, arani, 1968, 41 Bilder, 14 S.

Schulz, Klaus-Peter: Auftakt zum Kalten Krieg – Der Freiheitskampf der SPD 1945/46. Berlin, Colloquium-Verlag, 1965, 384 S.

Shell, Kurt L.: Bedrohung und Bewährung – Führung und Bevölkerung in der Berlin-Krise (Schr. d. Inst. f. Polit. Wissenschaft, 19). Köln, Westdeutscher Verlag, 1965, 480 S. m. Tab. (Behandelt die Jahre 1958–1963.)

Smith, Jean Edward: Der Weg ins Dilemma – Preisgabe und Verteidigung der Stadt Berlin (a. d. Amerik.). Berlin, Propyläen, 1965, 308 S.

Speier, Hans: Die Bedrohung Berlins. Eine Analyse der Berlin-Krise von 1958 bis heute. Köln, Kiepenheuer und Witsch, 1961, 156 S.

Storbeck, Dietrich: Berlin – Bestand und Möglichkeiten. (Dortmunder Schr. z. Sozialforschung, Bd. 27.) Köln, Westdeutscher Verlag, 1964, 168 S., 7 Kt. u. 18 Tab.

Studien zur Lage der Entwicklung West-Berlins. Gutachten erstattet von der Wissenschaftlichen Beratungskommission beim Senat von Berlin, Leitung der Kommission: Ludwig von **Friedeburg,** Carl-Ludwig **Furck,** Rolf **Krengel,** Peter Christian **Ludz,** Horst **Sanmann,** Berlin 1968, 367 S.

Das **Viermächteabkommen** über Berlin vom 3. September 1971. Hrsgg. vom Presse- und Informationsamt der Bundesregierung, Bonn o. J., 198 S.

Waldman, Eric: Die Sozialistische Einheitspartei Westberlins und die sowjetische Berlinpolitik. Boppard, Boldt, 1972, 336 S.

Zivier, Ernst R.: Der Rechtsstatus des Landes Berlin. Berlin, Berlin Vlg., 1973, 264 S.

Zolling, Hermann, u. Uwe **Bahnsen:** Kalter Winter im August. Die Berlin-Krise 1961/63. Ihre Hintergründe und Folgen. Oldenburg und Hamburg, Stalling, 1967, 236 S. m. Abb.

V. Allgemeine Darstellungen über die DDR

Baring, Arnulf: Der 17. Juni 1953. M. e. Vorw. v. Richard Löwenthal. Köln, Kiepenheuer und Witsch, 1965, 185 S.

Baylis, Thomas A.: The Technical Intelligentsia and the East German Elite. Berkeley/Los Angeles/London, University of California Press, 1974, 314 S.

Bericht der Bundesregierung und Materialien zur Lage der Nation, 3 Bde., 1971, 1972, 1974 (BMB). (Verfaßt von einer wissenschaftlichen Arbeitsgruppe unter Leitung von Peter Christian **Ludz.**) Bonn, 1971: 416 S., 1972: 361 S., 1974: 594 S.

Brandt, Heinz: Ein Traum, der nicht entführbar ist. Mein Weg zwischen Ost und West. M. e. Vorwort v. Erich Fromm. München, List, 1967, 376 S.

Brant, Stefan: Der Aufstand – Vorgeschichte, Geschichte und Deutung des 17. Juni 1953. Stuttgart, Steingrüben, 1954, 325 S. m. 1 Kt. u. zahlr. Taf.

Childs, David: East Germany. New York usw., Praeger Publ., 1969, 286 S.

Dasbach-Mallinckrodt, Anita: Wer macht die Außenpolitik der DDR? Apparat, Methoden, Ziele. (Geschichtliche Studien zu Politik und Gesellschaft, Bd. 4.) Düsseldorf, Droste, 1972, 364 S.

Deuerlein, Ernst (Hrsg.): DDR. Geschichte und Bestandsaufnahme. (dtv Dokumente Nr. 347). 3. Aufl. München, Deutscher Taschenbuch Verlag, 1971, 303 S.

*: **Dokumente** und Materialien über Gewaltakte der bewaffneten Organe des Sowjetzonenregimes an der Demarkationslinie und in Berlin. (BMG) 1965, 60 S.

Dornberg, John: Deutschlands andere Hälfte. Profil und Charakter der DDR. Wien, Molden, 1969, 344 S.

*: **Ehemalige Nationalsozialisten** in Pankows Diensten. Hrsgg. vom Unters.-Ausschuß Freiheitl. Juristen. 5., erg. Aufl. Berlin, 1965, 102 S. m. Abb.

End, Heinrich: Zweimal deutsche Außenpolitik. Internationale Dimensionen des innerdeutschen Konflikts, 1949–1972. Köln, Wissenschaft und Politik, 1973, 200 S.

Die **Entwicklung** der Beziehungen zwischen der Bundesrepublik Deutschland und der Deutschen Demokratischen Republik, Bericht und Dokumentation. (BMB) 1973, 154 S.

Forster, Thomas M.: NVA – Das Kernstück der DDR-Landesverteidigung. Köln, Markus, 1971, 356 S.

Fricke, Karl W.: Selbstbehauptung und politischer Widerstand in der Sowjetischen Besatzungszone Deutschlands. (BB) 2., erg. Aufl. 1966, 195 S.

Ders.: Warten auf Gerechtigkeit. Kommunistische Säuberungen und Rehabilitierungen. Köln, Wissenschaft und Politik, 1971, 256 S.

*: Politische **Gefangene** in der DDR. Hrsgg. von Amnesty International. Köln, 1967, 80 S.

Gniffke, Erich W.: Jahre mit Ulbricht. M. e. Vorw. v. Herbert **Wehner.** Köln, Wissenschaft und Politik, 1966, 376 S.

Hanhardt, jr., Arthur M.: The German Democratic Republic. Baltimore, The Johns Hopkins Press, 1968, 126 S.

Herspring, Dale R.: East German Civil-Military Relations. The Impact of Technology 1949–1972 (m. e. Vorw. v. Peter C. **Ludz**). New York usw., Praeger Publ., 1973, XXXVII, 216 S.

Herz, Peter: Berlin-Lichtenberg, Normannenstraße 22 – Agentenzentrale SSD (hrsgg. v. Unters.-Ausschuß Freiheitl. Juristen). 3. Aufl. Berlin 1964, 51 S.

Hindrichs, Armin: Die Bürgerkriegsarmee – die militanten Kampfgruppen des deutschen Kommunismus. 2., verb. Aufl. Berlin, arani, 1964, 174 S.

Hoffmann, Manfred: Wohnungspolitik der DDR. Das Leistungs- und Interessenproblem. Düsseldorf, Vlg. Deutsche Wohnungswirtschaft GmbH, 1972, 411 S.

Hoffmann, Ursula: Die Veränderungen in der Sozialstruktur des Ministerrates der DDR 1949–1969. Düsseldorf, Droste, 1971, 114 S.

Hornstein, Erika von: Die deutsche Not. Flüchtlinge berichten. Köln, Kiepenheuer und Witsch, 1960, 344 S.

Dies.: Staatsfeinde. Sieben Prozesse in der „DDR". Köln, Kiepenheuer und Witsch, 1963, 322 S.

Jänicke, Martin: Der dritte Weg – Die antistalinistische Opposition gegen Ulbricht seit 1953. Köln, Neuer Deutscher Verlag, 1964, 267 S.

Jungermann, Peter: Die Wehrideologie der SED und das Leitbild der Nationalen Volksarmee vom sozialistischen deutschen Soldaten. Stuttgart, Seewald, 1973, 339 S.

*: Der Volksaufstand vom 17. Juni 1953 – Denkschrift über den **Juni-Aufstand** ... (BMG). Nachdr. 1963, 88 S.

Kabel, Rudolf: Die Militarisierung der Sowjetischen Besatzungszone Deutschlands, Bericht und Dokumentation. (BB) 1966. 316 S. (davon 28 Bild- und Faks.-S.) u. 4 Taf.

Kahlenberg, Friedrich: Deutsche Archive in West und Ost. Zur Entwicklung der staatlichen Archivwesens seit 1945 (Mannheimer Schriften zur Politik und Zeitgeschichte, 4, hrsgg. von Erich **Matthias** i. Verb. mit anderen). Düsseldorf, Droste, 1972, 153 S. (insbes. Kap. IV).

Kantorowicz, Alfred: Der geistige Widerstand in der DDR.

(Reihe „Politik für alle", hrsgg. von Otto Blessing). Troisdorf, Kammwegverlag, 1968, 72 S.

Knecht, Willi: Die geteilte Arena. Nürnberg, Bahr, 1968, 98 S.

Ders.: Die ungleichen Brüder, Fakten, Thesen und Kommentare zu den Beziehungen zwischen den beiden deutschen Sportorganisationen DSB und DTSB. Mainz, von Hase und Köhler, 1971, 144 S.

Kopp, Fritz: Kurs auf ganz Deutschland? Die Deutschlandpolitik der SED. Stuttgart, Seewald, 1965, 346 S.

Die **KPD-SED** an der Macht. Dokumente. Sonderdruck aus „Der deutsche Kommunismus". Hrsgg. u. kommentiert v. Hermann **Weber.** Köln, Kiepenheuer und Witsch, 1963, VII, 248 S.

Krieg, Harald: LPD und NDP in der „DDR". Ein Beitrag zur Geschichte der „nichtsozialistischen" Parteien . . . Köln, Westdeutscher Verlag, 1965, 77 S.

Krippendorf, Ekkehart: Die Liberal-Demokratische Partei Deutschlands in der SBZ 1945/48 . . . (Beitr. z. Gesch. d. Parlamentarismus u. d. polit. Parteien . . . 21). Düsseldorf, Droste, 1959, 178 S.

Kulbach, Roderich, u. Helmut **Weber** (in Zus. m. E. **Förtsch):** Parteien im Blocksystem der DDR. Funktion und Aufbau der LDPD und der NDPD (Schriftenr. d. Studienkollegs f. zeitgesch. Fragen, 3, hrsgg. vom Institut f. Gesellschaft und Wissenschaft in Mitteldeutschland, Erlangen). Köln, Wissenschaft und Politik, 1969, 123 S.

Lapp, Peter Joachim: Der Staatsrat im politischen System der DDR 1960–1971 (Beiträge zur Sozialwissenschaftlichen Forschung, 9). Opladen, Westdeutscher Verlag, 1972, 193 S.

Lindemann, Hans, u. Kurt **Müller:** Auswärtige Kulturpolitik der DDR. Die kulturelle Abgrenzung der DDR von der Bundesrepublik Deutschland. Bonn-Bad Godesberg, Vlg. Neue Gesellschaft, 1974, 212 S.

Lippmann, Heinz: Honecker. Portrait eines Nachfolgers. Köln, Wissenschaft und Politik, 1971, 200 S.

Ludz, Peter Christian: Parteielite im Wandel. Funktionsaufbau, Sozialstruktur und Ideologie der SED-Führung. Eine empirisch-systematische Untersuchung. (Schr. d. Inst. f. Pol. Wissensch. a. d. Freien Universität Berlin, Bd. 21). 3. Aufl. Köln, Westdeutscher Verlag, 1970, XX, 438 S.

Ders.: The German Democratic Republic from the Sixties to the Seventies. A Socio-Political Analysis (Occasional Papers in International Affairs, 26, publ. by the Center for International Affairs, Harvard University). 1970, 99 S.

Marks, Heinz: GST – Vormilitärische Ausbildung in der DDR. Köln, Markus, 1970, 158 S.

Martin, Dietrich: Schulsport in Deutschland. Schorndorf, Karl Hofmann, 1972, 234 S.

Mattedi, Norbert: Gründung und Entwicklung der Parteien in der sowjetischen Besatzungszone Deutschlands. (BB) 1966, 184 S.

Ulbrichts **Mauer.** Zahlen – Fakten – Daten. 5., durchgesehene u. erg. Aufl. (BMG) 1965, 60 S.

Aufzeichnung über die Verletzung der **Menschenrechte** in der Sowjetischen Besatzungszone Deutschlands. (BMG) 1966, 68 S.

Mikat, Berthold: Das Gesundheitswesen der Deutschen Demokratischen Republik im Jahre 1973 (Berichte des Osteuropa-Instituts an der Freien Universität Berlin, H. 104, Medizinische Folge, hrsgg. v. Heinz Müller-Dietz). Berlin, 1974, 132 S.

Mitten in Deutschland. Die Sperrmaßnahmen der DDR und ihre Auswirkungen. Bamberg, St. Otto, 1971, 96 S. u. 120 Abb.

Murawski, Klaus-Eberhard: Der andere Teil Deutschlands. Eine Übersicht über die Gesamtlage Deutschlands außerhalb des Geltungsbereiches des Grundgesetzes der Bundesrepublik Deutschland (Geschichte und Staat. Bd. 117). 2. Aufl. München und Wien. Olzog, 1968, 160 S.

Namen und Daten. Biographien wichtiger Personen der DDR. Bearb. von Günther **Buch.** Berlin und Bonn. J. H. W. Dietz Nachf. GmbH, 1973, 336 S.

Nette, Wolfgang: DDR-Report, Düsseldorf, Eugen Diederichs, 1968, 128 S.

Nettl, J. Peter: Die deutsche Sowjetzone bis heute – Politik, Wirtschaft, Gesellschaft. Frankfurt/M., Verlag Frankfurter Hefte, 1953, 464 S.

Noack, Paul: Deutsche Außenpolitik seit 1945. Stuttgart usw., Kohlhammer, 1972, 206 S.

NVA in Stichworten, bearbeitet von Ulrich **Rühmland,** 4. Aufl. Bonn, 1974, 221 S.

Richert, Ernst (zus. m. Carola **Stern** u. Peter **Dietrich):** Agitation und Propaganda – das System der publizistischen Massenführung in der Sowjetzone (Schr. d. Inst. f. pol. Wissensch., Berlin, Bd. 10). Berlin, Vahlen, 1958, 320 S.

Ders. (m. e. Einl. von Martin **Drath):** Macht ohne Mandat – der Staatsapparat in der SBZ. 2., erw. Aufl. (Schr. d. Inst. f. pol. Wissenschaft, Berlin, Bd. 11). Köln, Westdeutscher Verlag, 1963, 34 S.

Ders.: Die DDR-Elite oder Unsere Partner von morgen? (rororo aktuell, Bd. 1038) Hamburg, Rowohlt, 1968, 122 S.

Riess, Curt: Der 17. Juni. Berlin, Ullstein, 1954, 260 S.

Riklin, Alois, u. Klaus **Westen:** Selbstzeugnisse des SED-Regimes (hrsgg. v. Bundesinst. z. Erforsch. d. Marxismus-Leninismus). Köln, Wissenschaft und Politik, 1963, 212 S.

Roggemann, Herwig (Hrsg.): Die Staatsordnung der DDR. Berlin, Berlin Vlg., 1973, 428 S.

Rudolph, Hermann: Die Gesellschaft der DDR – eine deutsche Möglichkeit? München, Piper, 1972, 138 S.

Rüthers, Bernd: Arbeitsrecht und politisches System. BRD : DDR. Frankfurt/M., Athenäum, 1972, 178 S.

SBZ von 1945 bis 1954 – Die Sowjetische Besatzungszone Deutschlands in den Jahren 1945 bis 1954 (zusammengestellt und bearbeitet von Fritz **Kopp** und Günter **Fischbach).** (BMG) 1956. 364 S. m. 9 Anlagen und 1 Karte. Nachdr. 1964. Taschenausgabe, 3., durchges. Aufl. (1961), 322 S.

SBZ von 1955 bis 1956 – Die Sowjetische Besatzungszone Deutschlands . . . 1955 bis 1956 (zusammengestellt und bearbeitet von Fritz **Kopp** und Günter **Fischbach).** (BMG) 1958. 255 S. m. 3 Anlagen. Nachdr. 1964.

SBZ von 1957 bis 1958 – Die Sowjetische Besatzungszone Deutschlands . . . 1957 bis 1958 (zusammengestellt und bearbeitet von Fritz **Kopp** und Günter **Fischbach).** (BMG) 1960, 370 S. m. 5 Anlagen.

SBZ von 1955 bis 1958 – Die Sowjetische Besatzungszone Deutschlands . . . 1955 bis 1958. Taschenausgabe (zusammengestellt u. bearb. v. Fritz **Kopp** und Günter **Fischbach).** (BMG) 1961, 580 S.

SBZ von 1959 bis 1960 – Die Sowjetische Besatzungszone Deutschlands . . . 1959 bis 1960 (zusammengestellt u. bearb. v. Günter **Fischbach** und Fritz **Schatten).** (BMG) 1964, 317 S. m. 4 Anl.

Chronik **1961–1962.** Der andere Teil Deutschlands . . . 1961–1962 (zusammengestellt u. bearb. v. Günter **Fischbach** u. Julian **Lehnecke).** (BMG) 1969, 310 S. m. 1 Anl.

Schmitz, Helmut: Notstandsverfassung und Notstandsrecht der DDR (Abhandlungen zum Ostrecht, Bd. 10). Köln, Wissenschaft und Politik, 1971, 110 S.

Schultz, Joachim: Der Funktionär in der Einheitspartei – Kaderpolitik und Bürokratisierung in der SED (Schr. d. Inst. f. pol. Wissensch., Berlin, Bd. 8). Stuttgart, Ring-Verlag, 1956, 285 S.

Schulz, Eberhard, u. Hans Dieter Schulz: Braucht der Osten die DDR? Opladen, Leske, 1968, 120 S.

Schuster, Dieter: Die Gewerkschaften in der BRD und DDR. Stuttgart, Kohlhammer. 1972, 150 S.

Die SED. Historische Entwicklung – Ideologische Grundlagen – Programm und Organisation. (BMG) 1967, 106 S.

Sontheimer, Kurt, u. Wilhelm Bleek: Die DDR. Politik, Gesellschaft, Wirtschaft. Hamburg, Hoffmann und Campe, 1972, 260 S.

*: Der Staatssicherheitsdienst – Ein Instrument der politischen Verfolgung in der sowjetischen Besatzungszone Deutschlands. (BMG) 1962, 251 S.

Stern, Carola: Porträt einer bolschewistischen Partei – Entwicklung, Funktion und Situation der SED. Köln, Politik und Wirtschaft, 1957, 372 S.

Dies.: Ulbricht – eine politische Biographie. Köln, Kiepenheuer und Witsch, 1964, 352 S. m. Abb.

Strobel, Georg W.: Der Warschauer Vertrag und die Nationale Volksarmee. (Wehrpolit. Schr.-reihe, Nr. 18.) Bonn, Studienges. f. Zeitprobleme, 1965, 96 S.

Die Tätigkeit der DDR in den nichtkommunistischen Ländern, hrsgg. vom Forschungsinstitut der Deutschen Gesellschaft für Auswärtige Politik e. V.
Heft I: Lateinamerika (Friedrich Eymelt). Bonn 1968, 125 S.
Heft II: Die nordischen Staaten (Friedrich Eymelt). Bonn 1970, 91 S.
Heft III: Indien, Ceylon, Malediven (Siegfried Kupper). Bonn 1970, 90 S.
Heft IV: EWG-Staaten (ohne Bundesrepublik) (Sibylle Reime). Bonn 1970, 185 S.
Heft V: Großbritannien (Friedrich Eymelt). Bonn, 1970, 44 S.
Heft VI: Arabische Staaten und Israel (Siegfried Kupper). Bonn 1971, 278 S.
Heft VII: Japan (Siegfried Kupper). Bonn 1971, 63 S.
Heft VIII: Schwarzafrika (Sibylle Reime). Bonn 1972, 197 S.
Heft IX: Südostasien und Australien (Siegfried Kupper). Bonn o. J., 109 S.

Thomas, Rüdiger: Modell DDR. Die kalkulierte Emanzipation. München, Hanser, 1972, 284 S.

Thomas, Stefan (Hrsg.): Das Programm der SED. 1. Programm der SED. Das 4. Statut der SED. Das nationale Dokument. Köln, Wissenschaft und Politik, 1963, 160 S.

Voigt, Dieter: Montagearbeiter in der Deutschen Demokratischen Republik, Darmstadt und Neuwied, Luchterhand, 1973, 300 S.

Die Wahlen in der Sowjetzone, Dokumente und Materialien. 6., erw. Aufl. (BMG) 1964, 216 S.

Weber, Hermann (Hrsg.): Der deutsche Kommunismus – Dokumente. 3. Aufl. Köln, Kiepenheuer und Witsch, 1964, 679 S.

Ders.: Ulbricht fälscht Geschichte – Ein Kommentar m. Dok. zum „Grundriß der Geschichte der deutschen Arbeiterbewegung", Köln, Neuer Deutscher Verlag, 1964, 179 S. m. Abb.

Ders.: Von der SBZ zur DDR. 1945 bis 1968. Hannover, Vlg. für Literatur und Zeitgeschehen, 1968, 382 S.

Ders.: Die Sozialistische Einheitspartei Deutschlands 1946–1971. Hannover, Vlg. für Literatur und Zeitgeschehen, 1971, 220 S.

Ders.: Die SED nach Ulbricht. Hannover, Fackelträger Vlg., 1974, 135 S.

Ders. u. Fred Oldenburg: 25 Jahre SED. Chronik einer Partei. Köln, Wissenschaft und Politik, 1971, 204 S.

Weck, Jörg: Wehrverfassung und Wehrrecht der DDR (Abhandlungen zum Ostrecht, Bd. 8). Köln, Wissenschaft und Politik, 1970, 109 S.

Woitzik, Karl-Heinz: Die Auslandsaktivität der sowjetischen Besatzungszone Deutschlands. Organisationen – Wege – Ziele. Mainz, von Hase und Köhler, 1967, 284 S.

VI. Recht, Verfassung

Bechthold, Ilse: Das neue sozialistische Strafverfahrensrecht in der DDR. In: Jahrbuch für Ostrecht, Bd. 9, 1968, S. 19–76.

Böckenförde, Ernst-Wolfgang: Die Rechtsauffassung im kommunistischen Staat. München, Kösel, 1967, 110 S.

Bruhn, Hans-Henning: Die Rechtsanwaltschaft in der DDR. Stellung und Aufgaben (Abhandlungen zum Ostrecht, Bd. 11). Köln, Wissenschaft und Politik, 1972, 190 S.

Brunner, Georg, u. Klaus Westen: Notstandsregelungen im kommunistischen Machtbereich. Sonderdr. aus „Archiv d. Ö. R.", 92. Bd. Heft 2, Mai 1967. Tübingen, Mohr, 1968, 31 S.

Ders.: Kontrolle in Deutschland. Eine Untersuchung zur Verfassungsordnung in beiden Teilen Deutschlands. Köln, Markus, 1972, 604 S.

Ders.: Einführung in das Recht der DDR (Schriftenreihe d. jurist. Schulung, 29). München, C. H. Beck, 1975, XIV u. 210 S.

Drath, Martin: Verfassungsrecht und Verfassungswirklichkeit in der sowjetischen Besatzungszone Deutschlands. 4., erw. Aufl. (BMG) 1956, 91 S.

Fink, Hermann: Sozialistisches Internationales Wirtschaftsrecht. Berlin, Berlin Vlg., 1973, 240 S.

Finn, Gerhard: Die politischen Häftlinge der Sowjetzone 1945 bis 1959. 2. Aufl. Pfaffenhofen, Ilmgau-Verlag, 1960, 243 S. m. zahlr. Abb. und Karten.

Frowein, Jochen A.: Das De-facto-Regime im Völkerrecht. Eine Untersuchung zur Rechtsstellung „nichtanerkannter Staaten" u. ähnl. Gebilde. (Beiträge zum ausl. öff. Recht, 46, hrsgg. vom Max-Planck-Institut f. ausl. öff. Recht und Völkerrecht). Berlin, Heymann. 1968. 243 S.

Grasemann, Hans-Jürgen: Das Blocksystem und die Nationale Front im Verfassungsrecht der DDR. Dissertation, Göttingen, 1973, 313 S.

*: Die Rechtslage des in der SBZ und in Ostberlin liegenden Grundbesitzes West-Berliner und westdeutscher Bürger (BMG) 1960, 36 S.

Grünewald, Joachim: Das Eigentum und das Eigentumsrecht in der sowjetischen Besatzungszone (Bonner rechtswiss. Abhandl., 49). Bonn, Röhrscheid, 1961, 44 S.

Hofmann, Paul: Subjektives Recht und Wirtschaftsordnung – Untersuchungen zum Zivilrecht in der Bundesrepublik Deutschland und der SBZ. (Schriftenreihe zum Vergleich von Wirtschaftsmaßnahmen, Bd. 9). Stuttgart, Fischer, 1968, XVII, 346 S.

Krömer, Eckart: Die Sozialisierung in der sowjetischen Besatzungszone Deutschlands als Rechtsproblem. Göttingen, Schwartz, 1952, 184 S.

Leissner, Gustav: Verwaltung und öffentlicher Dienst in der sowjetischen Besatzungszone Deutschlands. Stuttgart usw., Kohlhammer, 1961, XIII, 483 S.

Lieser, Karl-Theodor: Sowjetzonales Strafrecht und ordre public. Frankfurt/M., Metzner, 1962, 256 S.

Lüers, Hartwig: Das Polizeirecht in der DDR. Aufgaben, Befugnisse und Organisation der Deutschen Volkspolizei. Köln, Wissenschaft und Politik, 1973, 160 S.

Macht und Recht im Kommunistischen Herrschaftssystem (Sammelbd.) Köln, Wissenschaft und Politik, 1965, 334 S.

Mampel, Siegfried: Die Entwicklung der Verfassungsordnung in der Sowjetzone Deutschlands von 1945 bis 1963 (Sonderdr. a. d. Jahrb. d. öffentl. Rechts, Bd. 13). Tübingen, J. C. B. Mohr, 1964, S. 456–579.

Ders.: Das Recht in Mitteldeutschland. Staats- und Rechtslehre – Verfassungsrecht. Köln usw., Heymann, 1966, 280 S.

Ders.: Die Stellung der „DDR" im sowjetischen Paktsystem. (BMG) 1966, 32 S.

Ders.: Die Verfassung der sowjetischen Besatzungszone Deutschlands. Text u. Kommentar. 2., neubearb. u. erg. Aufl. Frankfurt/M., Metzner, 1966, 516 S.

Ders.: Die Volksdemokratische Ordnung in Mitteldeutschland. Texte zur verfassungsrechtlichen Situation. 3., neubearb. Aufl. Frankfurt/M., Metzner, 1967, 175 S.

Ders.: Herrschaftssystem und Verfassungsstruktur in Mitteldeutschland. Die formelle und die materielle Rechtsverfassung der „DDR" (Abhandlungen zum Ostrecht, Bd. 5). Köln, Wissenschaft und Politik, 1968, 157 S.

Ders.: Die sozialistische Verfassung der Deutschen Demokratischen Republik. Text und Kommentar. Frankfurt/M., Metzner, 1972, 452 S.

Markovits, Inga: Sozialistisches und bürgerliches Zivilrechtsdenken in der DDR (Abhandlungen zum Ostrecht, Bd. 8). Köln, Wissenschaft und Politik, 1969, 200 S.

Maurach, Reinhart, u. Boris **Meissner** (Hrsg.): Völkerrecht in Ost und West. Stuttgart usw., Kohlhammer, 1967, 248 S.

Meissner, Boris (Hrsg.): Das Selbstbestimmungsrecht der Völker in Osteuropa und China, Köln, Wissenschaft und Politik, 1968, 237 S.

Müller-Römer, Dietrich: Die Grundrechte in Mitteldeutschland (Abh. des Bundesinst. z. Erforsch. d. Marxismus-Leninismus, Bd. 9). Köln, Wissenschaft und Politik, 1965, 256 S.

Ders.: Ulbrichts Grundgesetz. Die sozialistische Verfassung der DDR. M. e. einl. Kommentar. Köln, Wissenschaft und Politik, 1968, 112 S.

Ders.: DDR-Gesetze, Textausgabe (Loseblattsammlung), Köln, Wissenschaft und Politik, 1970, bis 1975 ca. 2300 S.

Ders.: Die neue Verfassung der DDR. M. e. einl. Kommentar. Köln, Wissenschaft und Politik, 1974, 111 S.

Murawo, Bernhard: Das Außenhandelsrecht in den Wirtschaftsordnungen des geteilten Deutschland. Ein Systemvergleich. Berlin, Omnia, 1969. XXVIII u. 162 S.

Pfarr, Heide M.: Auslegungstheorie und Auslegungspraxis im Zivil- und Arbeitsrecht der DDR. (Schriften zur Rechtstheorie, Bd. 30) Berlin, 1972, 169 S.

Pleyer, Klemens: Die rechtliche Stellung der Vereinigung Volkseigener Betriebe (VVB) im Neuen Ökonomischen System. (FB.) 1968, 38 S.

Ders. u. Joachim **Lieser:** Zentralplanung und Recht. Untersuchungen zur Entwicklung des Zivil-, Wirtschafts-, Arbeits- und Sozialrechts in beiden Teilen Deutschlands aus den Jahren 1966–1968. Stuttgart, Fischer, 1969, VIII, 249 S.

Dies.: Das Zivil- und Wirtschaftsrecht der DDR im Ausklang eines Reformjahrzehnts. Beiträge aus den Jahren 1969–1972. Stuttgart, Fischer, 1973, 182 S.

Probleme des DDR-Rechts, hrsgg. von Richard **Lange,** Boris **Meissner** u. Klemens **Pleyer.** Köln, Wissenschaft und Politik, 1973, 183 S.

Roggemann, Herwig: Die Gesetzgebung der DDR (Quellen zur Rechtsvergleichung, 3), unter Mitarbeit von Hansjörg **Buck** et al., Loseblattsammlung. Berlin, Spitz, 1971.

Ders.: Die Verfassung der DDR – Entstehung, Analyse, Vergleich, Text. Opladen, Leske, 1970, 248 S.

Ders.: Strafrechtsanordnung und Rechtshilfe zwischen beiden deutschen Staaten (Rechtswiss. Veröff., Bd. 5, hrsg. v. Osteuropa-Institut an der Freien Universität Berlin). Baden-Baden, Nomos, 1975, 124 S.

Rosenthal, Walther, Richard **Lange** u. Arwed **Blomeyer:** Die Justiz in der sowjetischen Besatzungszone Deutschlands, 4., überarb. Aufl. (BB) 1959, 206 S.

Rosenthal, Walther: Die Justiz in der sowjetischen Besatzungszone Deutschlands – Aufgaben, Methoden und Aufbau. (BB) 1962, 175 S.

Ders.: Das neue politische Strafrecht in der DDR. Frankfurt/M., Metzner, 1968, 104 S.

Schlicht, Götz: Das Familien- und Familienverfahrensrecht (Studien des Instituts für Ostrecht, München, 21). Tübingen/Basel, Erdmann, 1970, 414 S.

Schneider, Eberhard: Das Wirtschaftsrecht im kommunistischen Rechtsdenken (Abh. z. Ostrecht, Bd. 1). Köln, Wissenschaft und Politik, 1964, 136 S.

Schroeder, Friedrich-Christian: Die Strafgesetzgebung in Deutschland. Eine synoptische Darstellung der Strafgesetzbücher der Bundesrepublik Deutschland und der DDR. Tübingen, J. C. B. Mohr (Paul Siebeck), 1972, 285 S.

Schulz, Werner: Recht und Staat als Herrschaftsinstrumente der Kommunisten (Inst. f. Ostrecht München). München, 1963, 111 S.

Ders.: Einführung in die Staatslehre Mitteldeutschlands (Inst. f. Ostrecht München). Tübingen, Erdmann, 1968, 80 S.

Schumann, Peter: Das Recht des Bank- und Kreditwesens in der volkseigenen Wirtschaft der DDR. Berlin, Omnia, 1968. XX u. 145 S.

Fragen des **Staatsrechts** im Ostblock (Stud. d. Inst. f. Ostrecht München, Bd. I), (Sammelband). Berlin, Verlag f. intern. Kulturaustausch, 1958, 95 S.

Stoll, Christian Th.: Die Rechtsstellung der deutschen Staatsangehörigkeit in den polnisch verwalteten Gebieten. Frankfurt/M., Metzner, 1968, 278 S.

Strafrechtsreform der SED. M. e. Einf. v. Walther **Rosenthal.** (BMG) 1968, 252 S.

Türke, Joachim: Demokratischer Zentralismus und kommunale Selbstverwaltung in der sowjetischen Besatzungszone Deutschlands (Göttinger rechtswiss. Stud., 32). Göttingen, Schwartz, 1960, 219 S.

Voigtländer, Heinz: Arbeitswissenschaft und Arbeitsstudium in der DDR (Reihe Leistung und Lohn, Nr. 45/48, März 1974, hrsg. von der Bundesvereinigung der Deutschen Arbeitgeberverbände). Bergisch-Gladbach, Heider, 1974, 76 S.

Weber, Gerda: Das Familiengesetz der SBZ. (BMG) 1966, 76 S.

Westen, Klaus: Das Hochschulrecht in der DDR (Berichte des Bundesinstituts für ostwissenschaftliche und internationale Studien 47/69). Köln, 1969, 49 S.

Wirsing, Armin: Das eheliche Güterrecht der DDR – Teil einer sozialistischen Gesetzgebung (Juristische Studien, 49). Tübingen, J. C. B. Mohr (Paul Siebeck), 1973, XIII und 352 S.

Ziesche, Lutz: Die Rechtsstellung des volkseigenen Produktionsbetriebes in der DDR seit 1945, Dissertation, Köln, 1971, 263 S.

Zivier, Ernst R.: Die Nichtanerkennung im modernen Völkerrecht. Probleme staatlicher Willensäußerung. Berlin, Berlin-Verlag, 1967, 311 S.

VII. Kunst, Kultur

Anderle, Hans P.: Die Literatur der Gegenwart in der DDR. Stuttgart, Metzler, 1968, 100 S.

Das **Aueler Protokoll.** Deutsche Sprache im Spannungsfeld zwischen West und Ost. (Die Sprache im geteilten Deutschland, Bd. I.) Düsseldorf, Schwann, 1964, 176 S.

Autorenkollektiv Frankfurt: Probleme sozialistischer Kulturpolitik am Beispiel DDR (Texte zur politischen Theorie und Praxis, hrsgg. von Elmar **Altvater** et al.). (Fischer Tb. Nr. 6524.) Frankfurt/M., Fischer, 1974, 236 S.

Balluseck. Lothar von: Dichter im Dienst – Der sozialistische Realismus in der deutschen Literatur. 2., erw. Auflage. Wiesbaden, Limes-Verlag, 1963, 288 S. u. 16 Taf.

Ders. u. Karl Heinz **Brokerhoff:** Gedichte von drüben – Lyrik und Propaganda aus Mitteldeutschland . . . Godesberg, Hohwacht, 1963, 112. S.

Dies.: Geschichten von drüben – Erzählungen und Kurzgeschichten aus Mitteldeutschland. Godesberg, Hohwacht, 1963, 112 S.

Bartholmes, Herbert: Das Wort „Volk" im Sprachgebrauch der SED. (Die Sprache im geteilten Deutschland, Bd. II.) Düsseldorf, Schwann, 1964, 242 S.

Blumensath, Heinz, u. Christel **Nebach:** Einführung in die Literaturgeschichte der DDR. Zur Praxis des Deutschunterrichts 5. Stuttgart, Metzler, 1975, 133 S. u. 95 S. Anhang.

Brenner, Hildegard (Hrsg.): Nachrichten aus Deutschland. Lyrik – Prosa – Dramatik. Eine Anthologie der neueren DDR-Literatur. Hamburg, Rowohlt, 1967, 416 S.

Brokerhoff, Karl Heinz: Gedichte von drüben II. Lyrik und Propagandaverse aus Mitteldeutschland. Godesberg, Hohwacht, 1968, 136 S.

Ders.: Geschichten von drüben II. Erzählungen und Kurzgeschichten aus dem anderen Teil Deutschlands. Godesberg, Hohwacht, 1968, 176 S.

Dokumente zur Kunst-, Literatur- und Kulturpolitik der SED, hrsgg. von Elimar **Schubbe.** Stuttgart, Seewald, 1972, 1813 S.

Franke, Konrad: Die zeitgenössische Literatur der Deutschen Demokratischen Republik. München, Kindler, 1971, 608 S.

Geyer, Dietrich: Wissenschaft in kommunistischen Ländern. Tübingen, Wunderlich, 1967, 312 S.

Greiner, Bernhard: Die Literatur der Arbeitswelt in der DDR. Heidelberg, Quelle & Meyer, 1973, 200 S.

Gutsche, Heinz: Die Erwachsenenbildung in der SBZ. (BB) 1958, Teil I (Text) 147 S., Teil II (Anlagen) 109 S.

Haese, Jürgen: Das Gegenwartshörspiel in der sowjet. Besatzungszone Deutschlands . . . (Abhdl. u. Materialien zur Publizistik, Bd. 3). Berlin, Colloquium-Verlag, 1963, 218 S.

Hagelweide, Gert: Das publizistische Erscheinungsbild des Menschen im kommunistischen Lied. Eine Untersuchung der Liedpublizistik der KPD (1919–1933) und der SED (1945 bis 1960). Bremen, im Selbstverlag 1968, 371 S.

Heil, K. Heinz: Das Fernsehen in der Sowjetischen Besatzungszone Deutschlands 1953–1963. (BB) 1967, 168 S.

Hempert, Horst: Kirchen in Mitteldeutschland – Bestand. Vernichtung, Erhaltung, Frankfurt/M., Weidlich, 1963, 124 S., mit Abb.

Herrmann, Elisabeth M.: Die Presse in der sowjetischen Besatzungszone Deutschlands. 2., überarb. Aufl. (BB) 1962, 180 S.

Holst, Niels von: Mitteldeutschland ohne Berlin – Kunst-Reiseführer. Bonn, Athenäum, 1958, 80 S., 211 Abb.

Jäger, Manfred: Sozialliteraten. Funktion und Selbstverständnis der Schriftsteller in der DDR. Düsseldorf, Bertelsmann Universitätsverlag, 1973, 240 S.

Klunker, Heinz: Theater in der DDR. Hannover, Vlg. für Literatur und Zeitgeschehen, 1971, 240 S.

*: Die Verluste der öffentlichen **Kunstsammlungen** in Mittel- und Ostdeutschland 1943 bis 1946. (BB) 1954, 103 S. m. 106 Abb.

Langenbucher, Wolfgang R., u. Konrad **Franke** (Hrsg.): Deutsche Erzähler aus der DDR. Tübingen, Erdmann, 1973, 495 S.

Lingenberg, Jörg: Das Fernsehspiel in der DDR. Ein Beitrag zur Erforschung künstlerischer Formen marxistisch-leninistischer Publizistik. München, Verlag Dokumentation, 1968, 340 S.

Luftbilder aus der DDR. Ein Bildband. München, Simon, 1968, 168 S.

Merian, Matthaeus. Die schönsten Städte von Königsberg bis Helmstedt. Aus den Topographien u. dem Theater Europaeum, m. e. Einl. v. Christian **Ferber** (Merian Bibliothek) Hamburg, Hoffmann und Campe, 1964, 47 Bögen.

Ders.: Die schönsten Städte von Breslau bis Eisenach. Aus den Topographien m. e. Einl. v. Hugo **Hartung** (Merian Bibliothek). Hamburg, Hoffmann und Campe, 1964, 50 Bögen.

Mönnich, Horst: Einreisegenehmigung. Ein Deutscher fährt nach Deutschland. (dtv-Taschenbuch, 371.) München, Deutscher Taschenbuchverlag, 1969, 290 S.

Morawietz, Kurt (Hrsg.): Deutsche Teilung. Ein Lyrik-Lesebuch. Wiesbaden, Limes, 1966, 368 S.

Prieberg, Fred K.: Musik im anderen Deutschland. Köln, Wissenschaft und Politik, 1968, 350 S.

Raddatz, Fritz J.: Traditionen und Tendenzen, Materialien zur Literatur der DDR. Frankfurt/M., Suhrkamp, 1972, 696 S.

Reich, H. Hans: Sprache und Politik. Untersuchungen zu Wortschatz und Wortwahl des offiziellen Sprachgebrauchs in der DDR. (Münchener Germanistische Beiträge, Bd. 1) München, Hueber, 1968, 368 S.

Reich-Ranicki, Marcel: Deutsche Literatur in Ost und West – Prosa seit 1945. München, Piper, 1963, 498 S.

Reinhardt, Helmut (Hrsg.): Städte drüben. Illustrationen v. Elfriede **Weidenhaus.** Hamburg, Fackelträger-Verlag, 1968, 262 S.

Rudorf, Reginald: Jazz in der Zone. Köln, Kiepenheuer und Witsch, 1964, 133 S.

Rühle, Jürgen: Das gefesselte Theater – vom Revolutionstheater zum sozialistischen Realismus, Köln, Kiepenheuer und Witsch, 1957, 457 S. m. 16 Abb.

Ders.: Literatur und Revolution. Die Schriftsteller und der Kommunismus. Köln, Kiepenheuer und Witsch, 1960, 576 S., 72 Abb.

Ders.: Die Schriftsteller und der Kommunismus in Deutschland (Auszüge aus „Literatur und Revolution" und „Das gefesselte Theater" nebst Beitr. von Sabine **Brandt).** Köln, Kiepenheuer und Witsch, 1960, 272 S.

Sander, Hans-Dietrich: Geschichte der Schönen Literatur in der DDR. Freiburg, Rombach, 1972, 354 S.

Ders.: Marxistische Ideologie und allgemeine Kunsttheorie. Tübingen, Kyklof Vlg. Basel / J. C. B. Mohr (Paul Siebeck), 1970, 280 S.

Schivelbusch, Wolfgang: Sozialistisches Drama nach Brecht. Drei Modelle: Peter Hacks – Heiner Müller – Hartmut Lange. Darmstadt und Neuwied. Luchterhand, 1974, 264 S.

Schmitt, Hans-Jürgen (Hrsg.): Einführung in Theorie, Geschichte und Funktion der DDR-Literatur. Mit Beiträgen von Harald **Hartung** et al. (Reihe Literaturwissenschaft und Sozialwissenschaft 6). Stuttgart, Metzler, 1975, 340 S.

Spittmann, Ilse, u. Gisela **Helwig** (Hrsg.): Reise nach drüben. Vergangenheit und Gegenwart im Land zwischen Elbe und Oder. Ein Lesebuch. Köln, Kiepenheuer und Witsch, 1968, 416 S.

Zum öffentlichen **Sprachgebrauch** in der Bundesrepublik Deutschland und in der DDR. Methoden und Probleme seiner Erforschung (Sprache der Gegenwart, Schriften des Instituts für deutsche Sprache, Bd. XVIII), aus den Referaten einer Tagung zusammengestellt von Manfred W. **Hellmann.** Düsseldorf, Schwann, 1973, 352 S.

Thilo, Martin: Das Bibliothekswesen in der Sowjetischen Besatzungszone Deutschlands. 2., erg. Aufl. (BB) 1965, 243 S.

Ullmann, Ernst: Baudenkmäler im Osten Deutschlands. Hanau, Verlag Werner Dausien, 1967, 152 S. m. 115 Bildtaf.

*****: **Universitäten** und Hochschulen in der Sowjetzone. 4., erw. Aufl. (Fachb.) 1964, 69 S.

*****: Das **Verlagswesen** in der SBZ. 2. Aufl. (Fachb.) 1959, 16 S.

VIII. Wirtschaft, Landwirtschaft

Benda, Robert von: Die Betriebswirtschaftlichen Auswirkungen der Sowjetisierung auf die Landwirtschaft Nordosteuropas. Hamburg, Agricola-Verlag, 1955, 101 S.

Bestimmungen der DDR zu Eigentumsfragen und Enteignungen. (GI) 1971, 540 S.

Böttcher, Erich: Wirtschaftsplanung im Ostblock. Stuttgart usw., Kohlhammer, 1966, 142 S.

Bröll, Werner: Die Wirtschaft der DDR. Lage und Aussichten. 2., überarb. Aufl. München und Wien, Olzog, 1973, 152 S.

Brück, F.: Die Funktion der Geldpolitik in zentralgelenkten Wirtschaften, dargestellt am Beispiel der DDR. Dissertation, Gießen, 1968.

Buck, Hannsjörg: Technik der Wirtschaftslenkung in kommunistischen Staaten. Funktionsweise und Funktionsschwächen der Zentralplanwirtschaft sowjetischen Typs in der UdSSR, in Mitteldeutschland und in den osteuropäischen Ländern, 2 Bde. Coburg, Verlagsanstalt Neue Presse, 1969, insges. 1041 S.

Damus, Renate: Entscheidungsstrukturen und Funktionsprobleme in der DDR-Wirtschaft. Frankfurt/M., Suhrkamp, 1973, 232 S.

DDR-Wirtschaft. Eine Bestandsaufnahme, hrsgg. vom Deutschen Institut für Wirtschaftsforschung Berlin, bearb. von Peter Mitzscherling, Manfred **Melzer** et. al. (Fischer Tb. Nr. 6137), 3. überarb. Aufl., Frankfurt/M., Fischer, 1974, 462 S.

Demmler, Horst: Verkehrspolitik in der Sowjetzone Deutschlands. Heidelberg, Quelle und Meyer, 1967, 255 S.

Förster, Wolfgang: Das Außenhandelssystem der sowjetischen Besatzungszone Deutschlands. 3., verb. Aufl. (BMG) 1957, 137 S. m. 2 Anlagen u. 1 Karte.

Ders.: Rechnungswesen und Wirtschaftsordnung. Ein Beitrag zur Diagnose der Zentralverwaltungswirtschaft sowjetischen Typs und ihrer Reformen aus betriebswirtschaftlicher Sicht. (Wirtschaftswiss. Veröffentl. d. Osteuropainstituts a. d. FU Berlin, 27.). Berlin, in Komm. bei Duncker und Humblot, 1967, 246 S. m. Tab.

Gleitze, Bruno: Die wirtschaftliche Entwicklung Mitteldeutschlands zwischen dem VI. u. VII. Parteitag der SED u. die Perspektiven bis 1970. (FB) 1967, 38 S.

Haller, Frank: Die wirtschaftliche Entwicklung der BRD und der DDR 1950–1970. Methode und Ergebnisse eines Vergleichs der beiden volkswirtschaftlichen Rechnungssysteme (Schriften des Bremer Ausschusses für Wirtschaftsforschung 12, hrsgg. von Werner **Gatz**). Bremen, 1974, 97 S.

Ders.: Sozialistische Akkumulations- und Wachstumstheorie. Zur Kritik der politischen Ökonomie des Sozialismus in der DDR (Wirtschaftswissenschaftliche Veröffentlichungen des Osteuropa-Instituts an der FU Berlin, Bd. 35). Berlin, Duncker und Humblot, 1974, 192 S.

Hartmann, Thomas T.: Die Kooperation in der sozialistischen Landwirtschaft der DDR – Theoretische Grundlagen, Formen und praktische Beispiele. Berlin, Duncker und Humblot, 1971, 207 S.

Heyn, Gerhard: Die Entwicklung der Ernährungswirtschaft in der Sowjetzone 1959 bis 1962 – Die unerfüllten Planforderungen des 1. Siebenjahrplanes 1959–1965 und der Perspektiven des 2. Siebenjahrplanes 1964–1970 (BMG). 1964, 77 S. m. Tab.

Immler, Hans: Agrarpolitik der DDR. Köln, Wissenschaft und Politik, 1971, 222 S.

Klinkmüller, Erich, u. Maria E. **Ruban:** Die wirtschaftliche Zusammenarbeit der Ostblockstaaten (Wirtschaftswiss. Veröff. d. Osteuropa-Inst. a. d. Freien Univ. Berlin, Bd. 12). Berlin, Duncker und Humblot, 1960, 319 S.

Kosta, Jiri, Jan **Meyer** u. Sybille **Werner:** Warenproduktion im Sozialismus (Fischer Tb. Nr. 6184), Frankfurt/M., Fischer, 1973, 237 S.

Kramer, Matthias: Die Landwirtschaft in der sowjetischen Besatzungszone. 4. Aufl. (unter Mitarb. v. Gerhard **Heyn** und Konrad **Merkel**). (BB) 1957, Teil I (Text) 159 S., Teil II (Anlagen) 224 S.

Krevet, Reinhold: Das Vertragsrecht in der mitteldeutschen Industrie (Abh. zum Ostrecht, Bd. 4). Köln, Wissenschaft und Politik, 1966, 150 S.

Krol, Gerd-Jan: Die Wirtschaftsreform in der DDR und ihre Ursachen (Schriften zur Kooperationsforschung, Bd. 4). Tübingen, J. C. B. Mohr (Paul Siebeck), 1972, 220 S.

Kunze, Bernd: Das Informationsproblem in der Zentralverwaltungswirtschaft sowjetsozialistischen Typs und die Einführung des Neuen Ökonomischen Systems der Planung und Leitung der Volkswirtschaft (Veröffentlichungen des HWWA – Institut für Wirtschaftsforschung). Hamburg, 1973, 299 S.

Kunze, Christian: Änderungen in Bankpolitik und Bankwesen als Teil der Wirtschaftsreformen der DDR (Untersuchungen über das Spar-, Giro- und Kreditwesen, Bd. 62). Berlin, Duncker und Humblot, 1972, 200 S.

Lauterbach, Günter: Zur Theorie der sozialistischen Wirtschaftsführung in der DDR. Köln, Wissenschaft und Politik, 1973, 91 S.

Legahn, Ernst: Sozialistische Seeschiffahrt. Volkseigene Seewirtschaft. Kapitän u. Kollektiv. Hamburg, Wulf, 1968, 192 S.

Lieser, Joachim: Genossenschaft und Wirtschaftsordnung. Ein Systemvergleich zwischen Genossenschaftsgesetz und LPG-Recht. Marburg, Eukerdruck KG, 1969, 307 S.

Mandel, Ernest: Marxistische Wirtschaftstheorie. Berlin, Suhrkamp, 1968, 800 S.

*****: Der allgemeine und spezielle **Maschinenbau** in der sowjetischen Besatzungszone (Mat.) 1954, 48 S. m. 13 Anl.

Meier, Helmut: Die Entwicklung des Haushaltswesens in der SBZ (Wirtschaftswiss. Veröff. d. Osteuropa-Inst. a. d. Freien Univ. Berlin, Bd. 10). Berlin, 1960, in Komm. b. Duncker und Humblot, 191 S. m. zahlr. Tab.

Merkel, Konrad, u. Eduard **Schuhans:** Die Agrarwirtschaft in

Mitteldeutschland – Sozialisierung und Produktionsergebnisse. (BB) 2., erw. Aufl. 1963, 200 S. m. 53 Tab.

Ders.: Agrarproduktion im zwischenvolkswirtschaftlichen Vergleich – Auswertungsprobleme der Statistik am Beispiel des geteilten Deutschland. Berlin, Duncker und Humblot, 1963, 105 S. m. 50 Tab.

Ders. u. Hans **Immler** (Hrsg.): DDR-Landwirtschaft in der Diskussion. Köln, Wissenschaft und Politik, 1973, 128 S.

Mitzscherling, Peter, Horst **Lambrecht,** Manfred **Melzer** et. al.: System und Entwicklung in der DDR-Wirtschaft (Sonderheft 98, hrsgg. vom Deutschen Institut für Wirtschaftsforschung, Berlin). Berlin, Duncker und Humblot, 1974, 298 S.

Nattland, Karl-Heinz: Der Außenhandel in der Wirtschaftsreform der DDR. Berlin, Duncker und Humblot, 1972, 208 S.

Nawrocki, Joachim: Das geplante Wunder, Leben und Wirtschaften im anderen Teil Deutschlands. Hamburg, Wegner, 1967, 292 S.

Pattis, Peter, u. Hans-Ulrich **Sonderegger:** Wirtschaftsfragen in und zwischen Ost und West. Düsseldorf, Econ, 1966, 272 S.

Pritzel, Konstantin: Die Wirtschaftsintegration Mitteldeutschlands. Köln, Wissenschaft und Politik, 1969, 263 S.

Reimann, Guenter: Der rote Profit. Preise, Märkte, Kredite im Osten. Frankfurt/M., Knapp, 1968, 236 S.

*: Die **Reparationen** der Sowjetzone in den Jahren 1945 bis Ende 1953. (Fortführung der Unters. von **Rupp** über die Reparationsleistungen der SBZ.) (BB) 1953, 27 S. m. 4 Anlagen.

Rupp, Franz: Die Reparationsleistungen in der sowjetischen Besatzungszone. (BB) 1951, 96 S.

Sawitzki, Eberhard: Das Geld- und Kreditwesen in Mitteldeutschland (Taschenbücher für Geld, Bank und Börse, Bd. 29). Frankfurt/M., Knapp, 1964, 83 S.

Schenk, Fritz: Im Vorzimmer der Diktatur – 12 Jahre Pankow. Köln, Kiepenheuer und Witsch, 1962, 412 S.

Ders.: Das rote Wirtschaftswunder. Stuttgart, Seewald, 1968, 112 S.

Schlenk, Hans: Der Binnenhandel der DDR. Köln, Wissenschaft und Politik, 1970, 220 S.

Standke, Klaus-Heinrich: Der Handel mit dem Osten. Die Wirtschaftsbeziehungen mit den Staatshandelsländern. Baden-Baden, Nomos, 1968, 245 S.

Thieme, H. Jörg: Die sozialistische Agrarverfassung – Ein Ausnahmebereich im Wirtschaftssystem der DDR. Stuttgart, Fischer, 1969, 180 S.

Tümmler, Edgar, Konrad **Merkel** u. Georg **Blohm:** Die Agrarpolitik in Mitteldeutschland und ihre Auswirkung auf Produktion und Verbrauch landwirtschaftlicher Erzeugnisse. Berlin, Duncker und Humblot, 1969, 441 S.

Uschakow, Alexander: Der Rat für gegenseitige Wirtschaftshilfe (Comecon) (Dokumente zum Ostrecht, Bd. 2). Köln, Wissenschaft und Politik, 1962, 206 S.

Vásárhelyi, Miklós: Die Entwicklung des sowjetischen Außenhandels mit den europäischen Ostblockstaaten seit der Gründung des Comecon (1949 bis 1963). Freiburg/Schweiz und Aarau, Keller, 1967, 222 S.

Wirth, Margaret: Kapitalismustheorie in der DDR. Frankfurt/M., Suhrkamp, 1972, 216 S.

Die **Wirtschaft Osteuropas** zu Beginn der 70er Jahre, hrsgg. von Hans Hermann **Höhmann.** Stuttgart usw., Kohlhammer, 1972, 300 S.

IX. Jugend, Frauen, Studenten, Bildungssystem

*: Die **akademischen Grade** im anderen Teil Deutschlands. Eine Zusammenstellung. (BMG) 1968, 72 S.

Anweiler, Oskar: Die Sowjetpädagogik in der Welt von heute. Heidelberg, Quelle u. Meyer, 1968, 200 S.

Baske, Siegfried, u. Martha **Engelbert** (Hrsg.): Zwei Jahrzehnte Bildungspolitik in der Sowjetzone Deutschlands. Dokumente. 1. Teil: 1945–1958; 2. Teil: 1959–1965, Berlin, Quelle u. Meyer. 1966, XL, 414 S., XI, 484 S.

Dies.: Dokumente zur Bildungspolitik in der Sowjetischen Besatzungszone. (BMG) 1966, XXXVI, 462 S.

Busch, Friedrich W.: Familienerziehung in der Sozialistischen Pädagogik der DDR. Düsseldorf, Schwann, 1972, 340 S.

Dübel, Siegfried: Dokumente zur Jugendpolitik der SED. München, Juventa, 1964, 192 S.

Engelhardt, Gerhard: Die Leibeserziehung an den Schulen in der sowjetischen Besatzungszone – Zielsetzung und Entwicklung. (BB) 1965, 158 S.

Gast, Gabriele: Die politische Rolle der Frau in der DDR (Studien zur Sozialwissenschaft, Bd. 17). Düsseldorf, Bertelsmann Universitätsverlag, 1973, 306 S.

Glaeßner, Gert J., Herwig **Haase** u. Ralf **Rytlewski:** Student und Studium in der DDR (Studentische Politik. Informationen – Materialien – Berichte, hrsgg. vom Forschungsinstitut der Friedrich-Ebert-Stiftung, H. 7/8). Bonn, 1973, 190 S.

Hearnden, Arthur: Bildungspolitik in der BRD und DDR. Düsseldorf, Schwann/Pathmos, 1973, 260 S.

Helwig, Gisela: Frau '75, Bundesrepublik Deutschland – DDR. Köln, Wissenschaft und Politik, 1975, 120 S.

Dies.: Zwischen Familie und Beruf. Die Stellung der Frau in beiden deutschen Staaten. Köln, Wissenschaft und Politik, 1974, 150 S.

Herz, Hanns-Peter: Freie Deutsche Jugend. 2., erw. Aufl. München, Juventa, 1965, 159 S.

Hetmann, Frederik: Enteignete Jahre – Junge Leute berichten von drüben. München, Juventa, 1961, 191 S.

Heyen, Rolf: Jugend in der DDR. Bad Honnef und Darmstadt, Neue Darmstädter Verlagsanstalt, 1972, 123 S.

Ihmels, Karl: Sport und Spaltung in der Politik der SED. Köln, Wissenschaft und Politik, 1965, 144 S.

*: Zur Lage der **Jugend** im anderen Teil Deutschlands. Auszug aus dem zweiten Bericht der Bundesregierung über die Lage der Jugend und die Bestrebungen auf dem Gebiet der Jugendhilfe gemäß § 25 Abs. 2 des Jugendwohlfahrtsgesetzes – Jugendbericht. (BMG) 1968, 54 S.

Knoll, Joachim H., u. Horst **Siebert:** Erwachsenenbildung – Erwachsenenqualifizierung. Darstellung und Dokumente der Erwachsenenbildung in der DDR. Heidelberg, Quelle u. Meyer, 1967, 216 S.

König, Helmut: Rote Sterne glühn – Lieder im Dienste der Sowjetisierung, 3., erw. Aufl. Godesberg, Voggenreiter, 1962, 128 S.

Lange, Max Gustav: Totalitäre Erziehung – Das Erziehungssystems der Sowjetzone Deutschlands. M. e. Einl. v. A. R. L. Gurland (Schr. d. Inst. f. pol. Wissenschaft, Berlin, Bd. 3). Frankfurt/M., Verlag Frankfurter Hefte. 1954, 432 S.

Maerker, Rudolf: Jugend im anderen Teil Deutschlands. Schrittmacher oder Mitmacher? München, Juventa, 1969, 168 S.

Mende, Klaus-Dieter: Schulreform und Gesellschaft in der DDR 1945–1965. Stuttgart, Klett, 1971, 153 S.

Micksch, Jürgen: Jugend und Freizeit in der DDR. (Beiträge zur soziologischen Forschung, Bd. 5). Opladen, Westdeutscher Verlag, 1972, 204 S.

Mieskes, Hans: Die Pädagogik der DDR in Theorie und Praxis.

Entwicklung und Entwicklungsstand, 2 Bde. Oberursel, Finken, 1971, insges. 731 S.

Möbus, Gerhard: Unterwerfung durch Erziehung – Zur politischen Pädagogik im sowjetisch besetzten Deutschland. Mainz, von Hase und Koehler, 1965, 434 S.

Niehuis, Edith: Analyse der Erwachsenenbildung in der BRD und DDR (UTB 271). Heidelberg, Quelle u. Meyer, 1975, 181 S.

Niermann, Johannes: Lehrer in der DDR. Ausbildung, Tätigkeit, Weiterbildung und gesellschaftliche Stellung in Theorie und Praxis. Heidelberg, Quelle u. Meyer, 1972, 112 S.

Ders.: Sozialistische Pädagogik in der DDR. Eine wissenschaftstheoretische Untersuchung. Heidelberg, Quelle u. Meyer, 1972, 112 S.

Otto, Detlev E.: Studenten im geteilten Deutschland – Beziehungen zw. den Studentenschaften in Ost- und Westdeutschland 1945 bis 1958 (Schr. d. Verb. Dt. Studentensch., Nr. 1). Bonn, 1959, 128 S.

Richert, Ernst: Sozialistische Universität. Die Hochschulpolitik der SED. Berlin, Colloquium Vlg., 1967, 279 S.

Riesenberger, Dieter: Geschichte und Geschichtsunterricht in der DDR. Göttingen. Vandenhoeck & Ruprecht, 1973, 69 S.

Schmidt, Gerlind: Die polytechnische Bildung in der Sowjetunion und in der DDR (Erziehungswissenschaftliche Veröffentlichungen des Osteuropa-Instituts an der FU Berlin, 8). Heidelberg, Quelle u. Meyer, 1975, 209 S.

Siebert, Horst: Bildungspraxis in Deutschland. BRD und DDR im Vergleich. Düsseldorf, Bertelsmann Universitätsverlag, 1970, 199 S.

Usko, Marianne: Hochschulen in der DDR. Berlin, Gebr. Holzapfel, 1974, 136 S.

Voelmy, Willi: Polytechnischer Unterricht in der zehnklassigen allgemeinbildenden polytechnischen Oberschule der DDR seit 1964. Frankfurt/M., Diesterweg, 1969, 172 S.

Vogt, Hartmut: Gegenwartsprobleme der Sowjetpädagogik. Braunschweig, Westermann, 1965, 266 S.

Ders.: Bildung für die Zukunft? Entwicklungstendenzen im deutschen Bildungswesen in West und Ost. Göttingen, Vandenhoeck & Ruprecht, 1967, 145 S.

Ders. u. Uwe **Zänker** u. Elke **Schellerberg:** Pädagogische Kybernetik und programmierte Instruktion in der Sowjetunion und in der DDR 1965/66 mit Bibliographie. Weinheim und Berlin, Julius Beltz, 1968, 250 S.

Ders.: Bildung und Erziehung in der DDR. Sozialistisch-industriegesellschaftliche Curriculum-Reform in Kindergarten, Schule und Berufsbildung. Stuttgart, Klett, 1969, 314 S.

Ders. (unter Mitarbeit von Siegfried **Baston** et al): Vorschulerziehung und Schulvorbereitung in der DDR. Köln, Wissenschaft und Politik, 1972, 263 S.

Ders.: Berufliche Grundlagenfächer und Grundberufe in der DDR (Schriften zur Berufsbildungsforschung, Bd. 2, hrsgg. vom Bundesinstitut für Berufsbildungsforschung). Hannover, Gebrüder Jähneke, 1972, 273 S.

Ders. u. a.: Primärstufenunterricht in der DDR sowie in der BRD und UdSSR, in Schweden und Polen. Grundlagen, Ziele, Inhalte und Realisationsformen, 3 Bde. Ratingen, Kastellaun, Düsseldorf, Aloys Heim, 1974.

Wittig, Horst E.: Pläne und Praktiken der polytechnischen Erziehung in Mitteldeutschland. Harzburg, Verlag Wissenschaft, Wirtschaft und Technik, 1962, 60 S. m. Abb., 75 S. Dok.

Ders.: Schule und Freizeit. Ein Beitrag zum pädagogischen Problem der Jugendkulturhilfe. M. e. Dokumentation z. Freizeit-

pädagogik. (Wirtschaft und Schule, Bd. 9) Neuausgabe, 2., verb. Aufl. Hrsgg. v. d. Dt. Volkswirtschaftl. Ges. e. V., Bad Harzburg, Verlag Wissenschaft, Wirtschaft und Technik, 1965, 222 S. (Enthält ein Kapitel über „Freizeit und Jugendarbeit in Mitteldeutschland".)

X. Arbeits- und Sozialpolitik

Graf **Blücher,** Viggo: Industriearbeiterschaft in der Sowjetzone (Veröff. Infratest). Stuttgart, Ferdinand Enke, 1959, 103 S., 24 Abb. u. Tab.

Bosch, Werner: Die Sozialstruktur in West- und Mitteldeutschland. (FB) 1958, 240 S. m. 43 Tab.

Der **FDGB** – Erfüllungsgehilfe der SED. 3., erw. Aufl. (hrsgg. v. DGB). Düsseldorf, 1964, 224 S. m. zahlr. Abb.

Haas, Gerhard, u. Julian **Lehnecke:** Der Gewerkschaftsapparat der SED-Organisation, Hauptaufgaben und politische Entwicklung . . . (BMG) 1963, 40 S.

von **Hoff,** Falk-Ulrich: Mitbestimmung in der DDR und in der UdSSR. Dissertation. Göttingen, 1973, 354 S.

Mampel, Siegfried, u. Karl **Hauck:** Sozialpolitik in Mitteldeutschland (Sozialpolitik in Deutschland, H. 48, hrsgg. v. Bundesmin. f. Arbeit . . .). Stuttgart usw., Kohlhammer, 1961, 87 S.

Ders.: Das Gesetzbuch der Arbeit der Sowjetzone und das Arbeitsrecht der Bundesrepublik Deutschland – ein Vergleich. 5. Aufl. (hrsgg. v. Bundesmin. f. Arbeit . . .). Bonn 1962, 64 S.

Ders.: Arbeitsverfassung und Arbeitsrecht in Mitteldeutschland. Köln, Kohlhammer, 1966, 567 S.

Mitzscherling, Peter: Soziale Sicherung in der DDR. Ziele, Methoden und Erfolge mitteldeutscher Sozialpolitik. (Deutsches Inst. f. Wirtschaftsforsch., Berlin, Sonderheft, Nr. 81.) Berlin, Duncker und Humblot, 1968, 165 S.

Storbeck, Dietrich: Die Wohnungswirtschaft in Mitteldeutschland – regionale Aspekte und Tendenzen. (BMG) 1963, 84 S. m. 11 Tab.

Ders.: Soziale Strukturen in Mitteldeutschland – eine sozialstatistische Bevölkerungsanalyse im gesamtdeutschen Vergleich (Wirtschaft u. Gesellschaft in Mitteldeutschland, Bd. 4), Berlin, Duncker und Humblot, 1964, 335 S.

Weiß, Wilhelm: Das Gesundheitswesen in der sowjetischen Besatzungszone. 3., erw., von Erwin **Jahn** völlig umgearb. Aufl. (BB) 1957, Teil I (Text) 98 S., Teil II (Anlagen) 189 S.

XI. Kirchen

Bund der Evangelischen Kirchen in der DDR. Dokumente zu seiner Entstehung, ausgewählt und kommentiert von Reinhard **Henkys** (epd Dokumentation, 1). Witten/Frankfurt/M./Berlin, Eckart Vlg., 1970, 212 S.

Hutten, Kurt: Christen hinter dem Eisernen Vorhang. 2 Bde., Stuttgart, Quell-Verlag, 1962, 1963, insges. 824 S.

Karisch, Rudolf: Christ und Diamat – Der Christ und der Dialektische Materialismus. 3., erw. Aufl. Berlin, Morus-Verlag, 1958, 206 S.

*: Die **Katholische Kirche** in Berlin u. Mitteldeutschland. 3., erw. Aufl. Berlin, Morus-Verlag, 1962, 80 S. m. 29 Abb.

*: Die **Kirchen** in der „Deutschen Demokratischen Republik" (Sonderdr. a. d. Kirchl. Jahrb. f. d. Evang. Kirche in Deutschland). 1964. Gütersloh, Mohn, 1965, S. 117–220.

Koch, Gerhard: Die Abschaffung Gottes – der materialistische Atheismus . . . Stuttgart, Quell-Verlag, 1961, 291 S.

Ders.: Neue Erde ohne Himmel – Der Kampf des Atheismus gegen das Christentum in der „DDR" . . . Stuttgart, Quell-Verlag, 1963, 591 S.

Ders.: Luthers Reformation in kommunistischer Sicht, Stuttgart, Quell-Verlag, 1967, 264 S.

Maser, Werner: Genossen beten nicht – Kirchenkampf des Kommunismus. Köln, Wissenschaft und Politik, 1963, 264 S. m. 8 Abb. u. 2 Kt.

Reding, Marcel: Der politische Atheismus. Graz, Styria, 1957, 361 S.

Shuster, George N.: Religion hinter d. Eisernen Vorhang (a. d. Amerik.). Würzburg, Marienburg Verlag, 1954, 288 S.

Solberg, Richard W.: Kirche in der Anfechtung – Der Konflikt zwischen Staat und Kirche in Mitteldeutschland seit 1945. Berlin, Lutherisches Verlagshaus, 1962, 276 S.

Disputation zwischen Christen und Marxisten. Hrsgg. u. eingeleitet v. Martin **Stöhr.** München, Kaiser, 1966, 272 S.

Wilkens, Erwin: Die Kirchen in der Deutschen Demokratischen Republik, in: Kirchliches Jahrbuch für Evangelische Kirche in Deutschland 1972. Hrsgg. von Joachim Beckmann, Gütersloh, Gütersloher Verlagshaus Gerd Mohn, 1974, S. 217–270.

XII. Nachschlagewerke, Wörterbücher

Beck, Reinhart: Wörterbuch der Zeitgeschichte seit 1945. (Kröners Taschenausg., Bd. 372.) Stuttgart, Kröner, 1967, VIII, 464 S.

Hunt, Carew: Wörterbuch des kommunistischen Jargons (a. d. Engl.). (Herder-Bücherei, 35.) Freiburg/Br., Herder, 1958, 155 S.

Literatur zur deutschen Frage – Bibliographische Hinweise auf neuere Veröffentlichungen aus dem In- und Ausland (bearb. v. Günter **Fischbach).** 4., erw. Aufl. (BMG) 1966, 323 S.

Marko, Kurt: Sic et non – Kritisches Wörterbuch des sowjetrussischen Marxismus-Leninismus der Gegenwart (Veröff. d. Osteuropa-Inst. München, Bd. 18). München, Harrassowitz, 1962, 294 S.

Ruffmann, Karl-Heinz et. al.: Kommunismus in Geschichte und Gegenwart – Ausgewähltes Bücherverzeichnis. Bonn. Bundeszentrale f. polit. Bildung, 1964, 285 S.

Schumann, Hans-Gerd: Die politischen Parteien in Deutschland nach 1945. Eine Bibliographie. (Schr. d. Bibliothek f. Zeitgeschichte, H. 6.) Frankfurt/M., Bernard & Graefe, 1967, XXII, 223 S.

Sowjetsystem und Demokratische Gesellschaft. Eine vergleichende Enzyklopädie. Hrsgg. von C. D. **Kernig,** 6 Bde. und 1 Zusatzband. Freiburg/Br., Herder, 1966–1972, insges. 8175 S.

XIII. Zeitschriften

„**DDR-Report.** Zeitschriften der DDR". Hrsgg. von der Gesellschaft für Politische Bildung. Erscheint monatlich seit 1968.

„**Deutschland Archiv".** Zeitschrift für Fragen der DDR und der Deutschlandpolitik. Erscheint (anstelle des SBZ-Archivs) seit April 1968 monatlich.

„**Digest des Ostens".** Artikel und Buchauszüge über Ostprobleme, hrsgg. vom Haus der Begegnung. Königstein (Taunus). Erscheint monatlich seit 1957.

„**Europa-Archiv",** hrsgg. von der „Deutschen Gesellschaft für Auswärtige Politik" (Bonn). Erscheint halbmonatlich seit 1946.

„**IGW-Referatedienst aus Gesellschaft und Wissenschaft in der DDR",** hrsgg. vom Institut für Gesellschaft und Wissenschaft (IGW) an der Universität Erlangen-Nürnberg. Erscheint seit April 1972 monatlich.

„**Jahrbuch für Ostrecht",** hrsgg. vom Institut für Ostrecht (München). Erscheint halbjährlich seit 1960.

„**Osteuropa".** Zeitschrift für Gegenwartsfragen des Ostens. Hrsgg. von der Dt. Gesellschaft für Osteuropakunde, Berlin u. Stuttgart. Erscheint seit 1950 monatlich.

„**Pressespiegel".** Aus Zeitungen und Zeitschriften der DDR (BMB). Erscheint seit Nov. 1972 zwei- bis dreimal monatlich.

„**Recht in Ost und West"** – Zeitschrift für Rechtsvergleichung und innerdeutsche Rechtsprobleme, hrsgg. von Arwed Blomeyer und Walther Rosenthal. Erscheint seit 1957 zweimonatlich.